BOOKS FOR PROFESSIONAL MARINERS

Marine engineering • Cargo work & stability • Ship handling • Ship's business
Tugs & towing • Maritime safety & security • Navigation

BOOKS FOR LEISURE SAILORS

Seamanship • Cruising • Voyages • Racing • Knots • Coffee Table Books
Electrical • Boat construction • Great Lakes • History

MARINE CHARTS

Paper • Digital • Chartbooks • Charting Tools
Canadian Hydrographic • Imray • NOAA

nauticalmind.com

Marine Booksellers & Chart Agents

249 Queen's Quay West Toronto, Ontario 416-203-1163 | 800-463-9951
books@nauticalmind.com

Established 1985 on Toronto's waterfront

A2 ALTITUDE CORRECTION TABLES 10°–90°—SUN, STARS, PLANETS

OCT.–MAR. SUN APR.–SEPT.				STARS AND PLANETS		DIP				
App. Alt.	Lower Limb	Upper Limb	App. Alt.	Lower Limb	Upper Limb	App Alt.	Corrⁿ	App. Alt.	Additional Corrⁿ	Ht. of Eye	Corrⁿ	Ht. of Eye	Ht. of Eye	Corrⁿ

App. Alt.	Lower Limb	Upper Limb	App. Alt.	Lower Limb	Upper Limb	App Alt.	Corrⁿ	App. Alt. / Additional Corrⁿ	Ht. of Eye	Corrⁿ	Ht. of Eye	Ht. of Eye	Corrⁿ
° ′	′	′	° ′	′	′	° ′	′	**2021**	m	′	ft.	m	′
9 33	+10·8	−21·5	9 39	+10·6	−21·2	9 55	−5·3	**VENUS**	2·4	−2·8	8·0	1·0	−1·8
9 45	+10·9	−21·4	9 50	+10·7	−21·1	10 07	−5·2	Jan. 1–Sept. 19	2·6	−2·9	8·6	1·5	−2·2
9 56	+11·0	−21·3	10 02	+10·8	−21·0	10 20	−5·1	° ′	2·8	−3·0	9·2	2·0	−2·5
10 08	+11·1	−21·2	10 14	+10·9	−20·9	10 32	−5·0	0 +0·1	3·0	−3·1	9·8	2·5	−2·8
10 20	+11·2	−21·1	10 27	+11·0	−20·8	10 46	−4·9	60	3·2	−3·2	10·5	3·0	−3·0
10 33	+11·3	−21·0	10 40	+11·1	−20·7	10 59	−4·8	Sept. 20–Nov. 9	3·4	−3·3	11·2	See table ←
10 46	+11·4	−20·9	10 53	+11·2	−20·6	11 14	−4·7	° ′	3·6	−3·4	11·9	
11 00	+11·5	−20·8	11 07	+11·3	−20·5	11 29	−4·6	0 +0·2	3·8	−3·5	12·6	m ′
11 15	+11·6	−20·7	11 22	+11·4	−20·4	11 44	−4·5	41 +0·1	4·0	−3·6	13·3	20 −7·9
11 30	+11·7	−20·6	11 37	+11·5	−20·3	12 00	−4·4	76	4·3	−3·7	14·1	22 −8·3
11 45	+11·8	−20·5	11 53	+11·6	−20·2	12 17	−4·3	Nov. 10–Dec. 2	4·5	−3·8	14·9	24 −8·6
12 01	+11·9	−20·4	12 10	+11·7	−20·1	12 35	−4·2	° ′	4·7	−3·9	15·7	26 −9·0
12 18	+12·0	−20·3	12 27	+11·8	−20·0	12 53	−4·1	0 +0·3	5·0	−4·0	16·5	28 −9·3
12 36	+12·1	−20·2	12 45	+11·9	−19·9	13 12	−4·0	34 +0·2	5·2	−4·1	17·4	
12 54	+12·2	−20·1	13 04	+12·0	−19·8	13 32	−3·9	60 +0·1	5·5	−4·2	18·3	30 −9·6
13 14	+12·3	−20·0	13 24	+12·1	−19·7	13 53	−3·8	80	5·8	−4·3	19·1	32 −10·0
13 34	+12·4	−19·9	13 44	+12·2	−19·6	14 16	−3·7	Dec. 3–Dec. 18	6·1	−4·4	20·1	34 −10·3
13 55	+12·5	−19·8	14 06	+12·3	−19·5	14 39	−3·6	° ′	6·3	−4·5	21·0	36 −10·6
14 17	+12·6	−19·7	14 29	+12·4	−19·4	15 03	−3·5	0 +0·4	6·6	−4·6	22·0	38 −10·8
14 41	+12·7	−19·6	14 53	+12·5	−19·3	15 29	−3·4	29 +0·3	6·9	−4·7	22·9	
15 05	+12·8	−19·5	15 18	+12·6	−19·2	15 56	−3·3	51 +0·2	7·2	−4·8	23·9	40 −11·1
15 31	+12·9	−19·4	15 45	+12·7	−19·1	16 25	−3·2	68 +0·1	7·5	−4·9	24·9	42 −11·4
15 59	+13·0	−19·3	16 13	+12·8	−19·0	16 55	−3·1	83	7·9	−5·0	26·0	44 −11·7
16 27	+13·1	−19·2	16 43	+12·9	−18·9	17 27	−3·0	Dec. 19–Dec. 31	8·2	−5·1	27·1	46 −11·9
16 58	+13·2	−19·1	17 14	+13·0	−18·8	18 01	−2·9	° ′	8·5	−5·2	28·1	48 −12·2
17 30	+13·3	−19·0	17 47	+13·1	−18·7	18 37	−2·8	26 +0·5	8·8	−5·3	29·2	
18 05	+13·4	−18·9	18 23	+13·2	−18·6	19 16	−2·7	46 +0·4	9·2	−5·4	30·4	ft. ′
18 41	+13·5	−18·8	19 00	+13·3	−18·5	19 56	−2·6	60 +0·3	9·5	−5·5	31·5	2 −1·4
19 20	+13·6	−18·7	19 41	+13·4	−18·4	20 40	−2·5	73 +0·2	9·9	−5·6	32·7	4 −1·9
20 02	+13·7	−18·6	20 24	+13·5	−18·3	21 27	−2·4	84 +0·1	10·3	−5·7	33·9	6 −2·4
20 46	+13·8	−18·5	21 10	+13·6	−18·2	22 17	−2·3	**MARS**	10·6	−5·8	35·1	8 −2·7
21 34	+13·9	−18·4	21 59	+13·7	−18·1	23 11	−2·2	Jan. 1–Jan. 9	11·0	−5·9	36·3	10 −3·1
22 25	+14·0	−18·3	22 52	+13·8	−18·0	24 09	−2·1	° ′	11·4	−6·0	37·6	See table ←
23 20	+14·1	−18·2	23 49	+13·9	−17·9	25 12	−2·0	0 +0·2	11·8	−6·1	38·9	
24 20	+14·2	−18·1	24 51	+14·0	−17·8	26 20	−1·9	41 +0·1	12·2	−6·2	40·1	ft. ′
25 24	+14·3	−18·0	25 58	+14·1	−17·7	27 34	−1·8	76	12·6	−6·3	41·5	70 −8·1
26 34	+14·4	−17·9	27 11	+14·2	−17·6	28 54	−1·7	Jan. 10–Dec. 31	13·0	−6·4	42·8	75 −8·4
27 50	+14·5	−17·8	28 31	+14·3	−17·5	30 22	−1·6	° ′	13·4	−6·5	44·2	80 −8·7
29 13	+14·6	−17·7	29 58	+14·4	−17·4	31 58	−1·5	0 +0·1	13·8	−6·6	45·5	85 −8·9
30 44	+14·7	−17·6	31 33	+14·5	−17·3	33 43	−1·4	60	14·2	−6·7	46·9	90 −9·2
32 24	+14·8	−17·5	33 18	+14·6	−17·2	35 38	−1·3		14·7	−6·8	48·4	95 −9·5
34 15	+14·9	−17·4	35 15	+14·7	−17·1	37 45	−1·2		15·1	−6·9	49·8	
36 17	+15·0	−17·3	37 24	+14·8	−17·0	40 06	−1·1		15·5	−7·0	51·3	100 −9·7
38 34	+15·1	−17·2	39 48	+14·9	−16·9	42 42	−1·0		16·0	−7·1	52·8	105 −9·9
41 06	+15·2	−17·1	42 28	+15·0	−16·8	45 34	−0·9		16·5	−7·2	54·3	110 −10·2
43 56	+15·3	−17·0	45 29	+15·1	−16·7	48 45	−0·8		16·9	−7·3	55·8	115 −10·4
47 07	+15·4	−16·9	48 52	+15·2	−16·6	52 16	−0·7		17·4	−7·4	57·4	120 −10·6
50 43	+15·5	−16·8	52 41	+15·3	−16·5	56 09	−0·6		17·9	−7·5	58·9	125 −10·8
54 46	+15·6	−16·7	56 59	+15·4	−16·4	60 26	−0·5		18·4	−7·6	60·5	
59 21	+15·7	−16·6	61 50	+15·5	−16·3	65 06	−0·4		18·8	−7·7	62·1	130 −11·1
64 28	+15·8	−16·5	67 15	+15·6	−16·2	70 09	−0·3		19·3	−7·8	63·8	135 −11·3
70 10	+15·9	−16·4	73 14	+15·7	−16·1	75 32	−0·2		19·8	−7·9	65·4	140 −11·5
76 24	+16·0	−16·3	79 42	+15·8	−16·0	81 12	−0·1		20·4	−8·0	67·1	145 −11·7
83 05	+16·1	−16·2	86 31	+15·9	−15·9	87 03	0·0		20·9	−8·1	68·8	150 −11·9
90 00			90 00			90 00			21·4		70·5	155 −12·1

App. Alt. = Apparent altitude = Sextant altitude corrected for index error and dip.

ALTITUDE CORRECTION TABLES 0°–10°—SUN, STARS, PLANETS A3

App. Alt.	SUN OCT.–MAR. Lower Limb	Upper Limb	SUN APR.–SEPT. Lower Limb	Upper Limb	STARS PLANETS	App. Alt.	SUN OCT.–MAR. Lower Limb	Upper Limb	SUN APR.–SEPT. Lower Limb	Upper Limb	STARS PLANETS
° ′	′	′	′	′	′	° ′	′	′	′	′	′
0 00	−17·5	−49·8	−17·8	−49·6	−33·8	3 30	+3·4	−28·9	+3·1	−28·7	−12·9
0 03	16·9	49·2	17·2	49·0	33·2	3 35	3·6	28·7	3·3	28·5	12·7
0 06	16·3	48·6	16·6	48·4	32·6	3 40	3·8	28·5	3·6	28·2	12·5
0 09	15·7	48·0	16·0	47·8	32·0	3 45	4·0	28·3	3·8	28·0	12·3
0 12	15·2	47·5	15·4	47·2	31·5	3 50	4·2	28·1	4·0	27·8	12·1
0 15	14·6	46·9	14·8	46·6	30·9	3 55	4·4	27·9	4·1	27·7	11·9
0 18	−14·1	−46·4	−14·3	−46·1	−30·4	4 00	+4·6	−27·7	+4·3	−27·5	−11·7
0 21	13·5	45·8	13·8	45·6	29·8	4 05	4·8	27·5	4·5	27·3	11·5
0 24	13·0	45·3	13·3	45·1	29·3	4 10	4·9	27·4	4·7	27·1	11·4
0 27	12·5	44·8	12·8	44·6	28·8	4 15	5·1	27·2	4·9	26·9	11·2
0 30	12·0	44·3	12·3	44·1	28·3	4 20	5·3	27·0	5·0	26·8	11·0
0 33	11·6	43·9	11·8	43·6	27·9	4 25	5·4	26·9	5·2	26·6	10·9
0 36	−11·1	−43·4	−11·3	−43·1	−27·4	4 30	+5·6	−26·7	+5·3	−26·5	−10·7
0 39	10·6	42·9	10·9	42·7	26·9	4 35	5·7	26·6	5·5	26·3	10·6
0 42	10·2	42·5	10·5	42·3	26·5	4 40	5·9	26·4	5·6	26·2	10·4
0 45	9·8	42·1	10·0	41·8	26·1	4 45	6·0	26·3	5·8	26·0	10·3
0 48	9·4	41·7	9·6	41·4	25·7	4 50	6·2	26·1	5·9	25·9	10·1
0 51	9·0	41·3	9·2	41·0	25·3	4 55	6·3	26·0	6·1	25·7	10·0
0 54	−8·6	−40·9	−8·8	−40·6	−24·9	5 00	+6·4	−25·9	+6·2	−25·6	−9·8
0 57	8·2	40·5	8·4	40·2	24·5	5 05	6·6	25·7	6·3	25·5	9·7
1 00	7·8	40·1	8·0	39·8	24·1	5 10	6·7	25·6	6·5	25·3	9·6
1 03	7·4	39·7	7·7	39·5	23·7	5 15	6·8	25·5	6·6	25·2	9·5
1 06	7·1	39·4	7·3	39·1	23·4	5 20	7·0	25·3	6·7	25·1	9·3
1 09	6·7	39·0	7·0	38·8	23·0	5 25	7·1	25·2	6·8	25·0	9·2
1 12	−6·4	−38·7	−6·6	−38·4	−22·7	5 30	+7·2	−25·1	+6·9	−24·9	−9·1
1 15	6·0	38·3	6·3	38·1	22·3	5 35	7·3	25·0	7·1	24·7	9·0
1 18	5·7	38·0	6·0	37·8	22·0	5 40	7·4	24·9	7·2	24·6	8·9
1 21	5·4	37·7	5·7	37·5	21·7	5 45	7·5	24·8	7·3	24·5	8·8
1 24	5·1	37·4	5·3	37·1	21·4	5 50	7·6	24·7	7·4	24·4	8·7
1 27	4·8	37·1	5·0	36·8	21·1	5 55	7·7	24·6	7·5	24·3	8·6
1 30	−4·5	−36·8	−4·7	−36·5	−20·8	6 00	+7·8	−24·5	+7·6	−24·2	−8·5
1 35	4·0	36·3	4·3	36·1	20·3	6 10	8·0	24·3	7·8	24·0	8·3
1 40	3·6	35·9	3·8	35·6	19·9	6 20	8·2	24·1	8·0	23·8	8·1
1 45	3·1	35·4	3·4	35·2	19·4	6 30	8·4	23·9	8·2	23·6	7·9
1 50	2·7	35·0	2·9	34·7	19·0	6 40	8·6	23·7	8·3	23·5	7·7
1 55	2·3	34·6	2·5	34·3	18·6	6 50	8·7	23·6	8·5	23·3	7·6
2 00	−1·9	−34·2	−2·1	−33·9	−18·2	7 00	+8·9	−23·4	+8·7	−23·1	−7·4
2 05	1·5	33·8	1·7	33·5	17·8	7 10	9·1	23·2	8·8	23·0	7·2
2 10	1·1	33·4	1·4	33·2	17·4	7 20	9·2	23·1	9·0	22·8	7·1
2 15	0·8	33·1	1·0	32·8	17·1	7 30	9·3	23·0	9·1	22·7	6·9
2 20	0·4	32·7	0·7	32·5	16·7	7 40	9·5	22·8	9·2	22·6	6·8
2 25	−0·1	32·4	−0·3	32·1	16·4	7 50	9·6	22·7	9·4	22·4	6·7
2 30	+0·2	−32·1	0·0	−31·8	−16·1	8 00	+9·7	−22·6	+9·5	−22·3	−6·6
2 35	0·5	31·8	+0·3	31·5	15·8	8 10	9·9	22·4	9·6	22·2	6·4
2 40	0·8	31·5	0·6	31·2	15·4	8 20	10·0	22·3	9·7	22·1	6·3
2 45	1·1	31·2	0·9	30·9	15·2	8 30	10·1	22·2	9·9	21·9	6·2
2 50	1·4	30·9	1·2	30·6	14·9	8 40	10·2	22·1	10·0	21·8	6·1
2 55	1·7	30·6	1·4	30·4	14·6	8 50	10·3	22·0	10·1	21·7	6·0
3 00	+2·0	−30·3	+1·7	−30·1	−14·3	9 00	+10·4	−21·9	+10·2	−21·6	−5·9
3 05	2·2	30·1	2·0	29·8	14·1	9 10	10·5	21·8	10·3	21·5	5·8
3 10	2·5	29·8	2·2	29·6	13·8	9 20	10·6	21·7	10·4	21·4	5·7
3 15	2·7	29·6	2·5	29·3	13·6	9 30	10·7	21·6	10·5	21·3	5·6
3 20	2·9	29·4	2·7	29·1	13·4	9 40	10·8	21·5	10·6	21·2	5·5
3 25	3·2	29·1	2·9	28·9	13·1	9 50	10·9	21·4	10·6	21·2	5·4
3 30	+3·4	−28·9	+3·1	−28·7	−12·9	10 00	+11·0	−21·3	+10·7	−21·1	−5·3

Additional corrections for temperature and pressure are given on the following page.

For bubble sextant observations ignore dip and use the star corrections for Sun, planets and stars.

A4 ALTITUDE CORRECTION TABLES—ADDITIONAL CORRECTIONS
ADDITIONAL REFRACTION CORRECTIONS FOR NON-STANDARD CONDITIONS

App. Alt.	A	B	C	D	E	F	G	H	J	K	L	M	N	P	App. Alt.
° ′	′	′	′	′	′	′	′	′	′	′	′	′	′	′	° ′
00 00	−7·3	−5·9	−4·6	−3·4	−2·2	−1·1	0·0	+1·0	+2·0	+3·0	+4·0	+4·9	+5·9	+6·9	00 00
00 30	5·5	4·5	3·5	2·6	1·7	0·8	0·0	0·8	1·6	2·3	3·1	3·8	4·5	5·3	00 30
01 00	4·4	3·5	2·8	2·0	1·3	0·7	0·0	0·6	1·2	1·8	2·4	3·0	3·6	4·2	01 00
01 30	3·5	2·9	2·2	1·7	1·1	0·5	0·0	0·5	1·0	1·5	2·0	2·5	2·9	3·4	01 30
02 00	2·9	2·4	1·9	1·4	0·9	0·4	0·0	0·4	0·8	1·3	1·7	2·0	2·4	2·8	02 00
02 30	−2·5	−2·0	−1·6	−1·2	−0·8	−0·4	0·0	+0·4	+0·7	+1·1	+1·4	+1·7	+2·1	+2·4	02 30
03 00	2·1	1·7	1·4	1·0	0·7	0·3	0·0	0·3	0·6	0·9	1·2	1·5	1·8	2·1	03 00
03 30	1·9	1·5	1·2	0·9	0·6	0·3	0·0	0·3	0·5	0·8	1·1	1·3	1·6	1·8	03 30
04 00	1·6	1·3	1·1	0·8	0·5	0·3	0·0	0·2	0·5	0·7	0·9	1·2	1·4	1·6	04 00
04 30	1·5	1·2	0·9	0·7	0·5	0·2	0·0	0·2	0·4	0·6	0·8	1·0	1·3	1·5	04 30
05 00	−1·3	−1·1	−0·9	−0·6	−0·4	−0·2	0·0	+0·2	+0·4	+0·6	+0·8	+0·9	+1·1	+1·3	05 00
06	1·1	0·9	0·7	0·5	0·3	0·2	0·0	0·2	0·3	0·5	0·6	0·8	0·9	1·1	06
07	1·0	0·8	0·6	0·5	0·3	0·1	0·0	0·1	0·3	0·4	0·5	0·7	0·8	0·9	07
08	0·8	0·7	0·5	0·4	0·3	0·1	0·0	0·1	0·2	0·4	0·5	0·6	0·7	0·8	08
09	0·7	0·6	0·5	0·4	0·2	0·1	0·0	0·1	0·2	0·3	0·4	0·5	0·6	0·7	09
10 00	−0·7	−0·5	−0·4	−0·3	−0·2	−0·1	0·0	+0·1	+0·2	+0·3	+0·4	+0·5	+0·6	+0·7	10 00
12	0·6	0·5	0·4	0·3	0·2	0·1	0·0	0·1	0·2	0·2	0·3	0·4	0·5	0·5	12
14	0·5	0·4	0·3	0·2	0·1	0·1	0·0	0·1	0·1	0·2	0·3	0·3	0·4	0·5	14
16	0·4	0·3	0·3	0·2	0·1	0·1	0·0	0·1	0·1	0·2	0·2	0·3	0·3	0·4	16
18	0·4	0·3	0·2	0·2	0·1	−0·1	0·0	+0·1	0·1	0·2	0·2	0·3	0·3	0·4	18
20 00	−0·3	−0·3	−0·2	−0·2	−0·1	0·0	0·0	0·0	+0·1	+0·1	+0·2	+0·2	+0·3	+0·3	20 00
25	0·3	0·2	0·2	0·1	0·1	0·0	0·0	0·0	0·1	0·1	0·1	0·2	0·2	0·2	25
30	0·2	0·2	0·1	0·1	0·1	0·0	0·0	0·0	+0·1	0·1	0·1	0·1	0·2	0·2	30
35	0·2	0·1	0·1	0·1	−0·1	0·0	0·0	0·0	0·0	0·1	0·1	0·1	0·1	0·2	35
40	0·1	0·1	0·1	−0·1	0·0	0·0	0·0	0·0	+0·1	0·1	0·1	0·1	0·1	0·1	40
50 00	−0·1	−0·1	−0·1	0·0	0·0	0·0	0·0	0·0	0·0	0·0	+0·1	+0·1	+0·1	+0·1	50 00

The graph is entered with arguments temperature and pressure to find a zone letter; using as arguments this zone letter and apparent altitude (sextant altitude corrected for index error and dip), a correction is taken from the table. This correction is to be applied to the sextant altitude in addition to the corrections for standard conditions (for the Sun, stars and planets from page A2-A3 and for the Moon from pages xxxiv and xxxv).

2021
Nautical Almanac
COMMERCIAL EDITION

PUBLISHED BY:

Paradise Cay Publications, Inc.
PO Box 29
Arcata, CA 95518-0029
Tel: 1-707-822-9063
Fax: 1-707-822-9163
www.paracay.com

ISBN: 9781951116255

© British Crown Copyright 2020. All rights reserved.

Printed and distributed with permissions by Paradise Cay Publications

NOTE

Every care is taken to prevent errors in the production of this publication. As a final precaution it is recommended that the sequence of pages in this copy be examined on receipt. If faulty, it should be returned for replacement.

PREFACE

The first three sections of this book are a complete and accurate duplications from *The Nautical Almanac* produced jointly by Her Majesty's Nautical Almanac Office, United Kingdom Hydrographic Office, Admiralty Way, Taunton, Somerset, TA1 2DN, United Kingdom and the Nautical Almanac Office of the US Naval Observatory.

The material reproduced from the HM Nautical Almanac is protected by © British Crown Copyright. All rights reserved. No part of this publication may be reproduced, stored in a retrieval system or transmitted in any form by any means, electronic, mechanical, photocopying, recording or otherwise without prior permission of HM Nautical Almanac Office, United Kingdom Hydrographic Office, Admiralty Way, Taunton, Somerset, TA1 2DN, United Kingdom.

The following United States government work is excerpted from the above notice and no copyright is claimed for it in the United States: pages 6 and 7, and pages 286-317.

The UK Hydrographic Office makes the accompanying 2019 Nautical Almanac data available to Paradise Cay Publications Inc for use in accordance with Licence agreement GB CS-001-Paradise Cay Publications.

We gratefully acknowledge the United Kingdom Hydrographic Office and the United States Naval Observatory for permission to use the material contained in the almanac section of this publication.

CONDITIONS OF RELEASE

The supplied material is protected by Crown Copyright. No part of the supplied material may be reproduced, stored in a retrieval system or transmitted in any form or by any means, electronic, mechanical, photocopying, recording or otherwise except as required to fulfil the purpose above.

DISCLAIMER

Whilst the UK Hydrographic Office has endeavoured to ensure that the material supplied is suitable for the purpose, it accepts no liability (to the maximum extent permitted by law) for any damage or loss of any nature arising from its use. The material supplied is used entirely at the Recipient's own risk.

All material not originating from The Nautical Almanac is copyrighted © by Paradise Cay Publications, Inc. and may not be reproduced in any form or by any means without permission from Paradise Cay Publications, Inc. The front cover was designed by and is property of Paradise Cay Publications, Inc. All rights reserved. Copyright 2019 Paradise Cay Publications, Inc. The name "Nautical Almanac Commercial Edition" is a trademark of Paradise Cay Publications, Inc.

THE NAUTICAL ALMANAC 2021

LIST OF CONTENTS

Pages	
A2 — A3	Altitude correction tables for Sun, stars, planets
A4	Additional refraction corrections for non-standard conditions
1 — 3	Title page, preface, etc.
4	Phases of the Moon
4 — 5	Calendars
5 — 7	Eclipses
8 — 9	Planet notes and diagram
10 — 253	Daily pages: Ephemerides of Sun, Moon, Aries and planets; sunrise, sunset, twilights, moonrise, moonset, etc.
254 — 261	Explanation
262 — 265	Standard times
266 — 267	Star charts
268 — 273	Stars: SHA and Dec of 173 stars, in order of SHA (accuracy 0.1)
274 — 276	*Polaris* (Pole Star) tables
277 — 283	Sight reduction procedures; direct computation
284 — 318	Concise sight reduction tables
319	Form for use with concise sight reduction tables
320 — 321	Polar Phenomena
322	Semi-duration of sunlight and twilight
323 — 325	Semi-duration of moonlight
i	Conversion of arc to time
ii — xxxi	Tables of increments and corrections for Sun, planets, Aries, Moon
xxxii	Tables for interpolating sunrise, sunset, twilights, moonrise, moonset, Moon's meridian passage
xxxiii	Index to selected stars
xxxiv — xxxv	Altitude correction tables for the Moon
Bookmark	Same as pages A2 and xxxiii

CALENDAR, 2021

RELIGIOUS CALENDARS

Epiphany	Jan. 6	Low Sunday	Apr. 11
Septuagesima Sunday	Jan. 31	Rogation Sunday	May 9
Quinquagesima Sunday	Feb. 14	Ascension Day—Holy Thursday	May 13
Ash Wednesday	Feb. 17	Whit Sunday—Pentecost	May 23
Quadragesima Sunday	Feb. 21	Trinity Sunday	May 30
Palm Sunday	Mar. 28	Corpus Christi	June 3
Good Friday	Apr. 2	First Sunday in Advent	Nov. 28
Easter Day	Apr. 4	Christmas Day (Saturday)	Dec. 25
First Day of Passover (Pesach)	Mar. 28	Day of Atonement (Yom Kippur)	Sept. 16
Feast of Weeks (Shavuot)	May 17	First day of Tabernacles (Succoth)	Sept. 21
Jewish New Year 5782 (Rosh Hashanah)	Sept. 7		
Ramadân, First day of (tabular)	Apr. 13	Islamic New Year (1443)	Aug. 10

The Jewish and Islamic dates above are tabular dates, which begin at sunset on the previous evening and end at sunset on the date tabulated. In practice, the dates of Islamic fasts and festivals are determined by an actual sighting of the appropriate new moon.

CIVIL CALENDAR—UNITED KINGDOM

Accession of Queen Elizabeth II	Feb. 6	Birthday of Prince Philip, Duke of Edinburgh	June 10
St David (Wales)	Mar. 1	The Queen's Official Birthday†	June 12
Commonwealth Day	Mar. 8	Remembrance Sunday	Nov. 14
St Patrick (Ireland)	Mar. 17	Birthday of the Prince of Wales	Nov. 14
Birthday of Queen Elizabeth II	Apr. 21	St Andrew (Scotland)	Nov. 30
St George (England)	Apr. 23		
Coronation Day	June 2		

PUBLIC HOLIDAYS

England and Wales—Jan. 1†, Apr. 2, Apr. 5, May 3†, May 31, Aug. 30, Dec. 27†, Dec. 28†
Northern Ireland—Jan. 1†, Mar. 17, Apr. 2, Apr. 5, May 3†, May 31, July 12†, Aug. 30, Dec. 27†, Dec. 28†
Scotland—Jan. 1, Jan. 4†, Apr. 2, May 3, May 31†, Aug. 2, Dec. 27†, Dec. 28†

CIVIL CALENDAR—UNITED STATES OF AMERICA

New Year's Day	Jan. 1	Labor Day	Sept. 6
Martin Luther King's Birthday	Jan. 18	Columbus Day	Oct. 11
Washington's Birthday	Feb. 15	Election Day (in certain States)	Nov. 2
Memorial Day	May 31	Veterans Day	Nov. 11
Independence Day	July 4	Thanksgiving Day	Nov. 25

†Dates subject to confirmation

PHASES OF THE MOON

	New Moon			First Quarter			Full Moon			Last Quarter		
	d	h	m	d	h	m	d	h	m	d	h	m
Jan.										6	09	37
Jan.	13	05	00	20	21	02	28	19	16	Feb. 4	17	37
Feb.	11	19	06	19	18	47	27	08	17	Mar. 6	01	30
Mar.	13	10	21	21	14	40	28	18	48	Apr. 4	10	02
Apr.	12	02	31	20	06	59	27	03	32	May 3	19	50
May	11	19	00	19	19	13	26	11	14	June 2	07	24
June	10	10	53	18	03	54	24	18	40	July 1	21	11
July	10	01	17	17	10	11	24	02	37	July 31	13	16
Aug.	8	13	50	15	15	20	22	12	02	Aug. 30	07	13
Sept.	7	00	52	13	20	39	20	23	55	Sept. 29	01	57
Oct.	6	11	05	13	03	25	20	14	57	Oct. 28	20	05
Nov.	4	21	15	11	12	46	19	08	57	Nov. 27	12	28
Dec.	4	07	43	11	01	36	19	04	35	Dec. 27	02	24

CALENDAR, 2021

DAYS OF THE WEEK AND DAYS OF THE YEAR

Day	JAN. Wk Yr	FEB. Wk Yr	MAR. Wk Yr	APR. Wk Yr	MAY Wk Yr	JUNE Wk Yr	JULY Wk Yr	AUG. Wk Yr	SEPT. Wk Yr	OCT. Wk Yr	NOV. Wk Yr	DEC. Wk Yr
1	F. 1	M. 32	M. 60	Th. 91	Sa. 121	Tu. 152	Th. 182	Su. 213	W. 244	F. 274	M. 305	W. 335
2	Sa. 2	Tu. 33	Tu. 61	F. 92	Su. 122	W. 153	F. 183	M. 214	Th. 245	Sa. 275	Tu. 306	Th. 336
3	Su. 3	W. 34	W. 62	Sa. 93	M. 123	Th. 154	Sa. 184	Tu. 215	F. 246	Su. 276	W. 307	F. 337
4	M. 4	Th. 35	Th. 63	Su. 94	Tu. 124	F. 155	Su. 185	W. 216	Sa. 247	M. 277	Th. 308	Sa. 338
5	Tu. 5	F. 36	F. 64	M. 95	W. 125	Sa. 156	M. 186	Th. 217	Su. 248	Tu. 278	F. 309	Su. 339
6	W. 6	Sa. 37	Sa. 65	Tu. 96	Th. 126	Su. 157	Tu. 187	F. 218	M. 249	W. 279	Sa. 310	M. 340
7	Th. 7	Su. 38	Su. 66	W. 97	F. 127	M. 158	W. 188	Sa. 219	Tu. 250	Th. 280	Su. 311	Tu. 341
8	F. 8	M. 39	M. 67	Th. 98	Sa. 128	Tu. 159	Th. 189	Su. 220	W. 251	F. 281	M. 312	W. 342
9	Sa. 9	Tu. 40	Tu. 68	F. 99	Su. 129	W. 160	F. 190	M. 221	Th. 252	Sa. 282	Tu. 313	Th. 343
10	Su. 10	W. 41	W. 69	Sa. 100	M. 130	Th. 161	Sa. 191	Tu. 222	F. 253	Su. 283	W. 314	F. 344
11	M. 11	Th. 42	Th. 70	Su. 101	Tu. 131	F. 162	Su. 192	W. 223	Sa. 254	M. 284	Th. 315	Sa. 345
12	Tu. 12	F. 43	F. 71	M. 102	W. 132	Sa. 163	M. 193	Th. 224	Su. 255	Tu. 285	F. 316	Su. 346
13	W. 13	Sa. 44	Sa. 72	Tu. 103	Th. 133	Su. 164	Tu. 194	F. 225	M. 256	W. 286	Sa. 317	M. 347
14	Th. 14	Su. 45	Su. 73	W. 104	F. 134	M. 165	W. 195	Sa. 226	Tu. 257	Th. 287	Su. 318	Tu. 348
15	F. 15	M. 46	M. 74	Th. 105	Sa. 135	Tu. 166	Th. 196	Su. 227	W. 258	F. 288	M. 319	W. 349
16	Sa. 16	Tu. 47	Tu. 75	F. 106	Su. 136	W. 167	F. 197	M. 228	Th. 259	Sa. 289	Tu. 320	Th. 350
17	Su. 17	W. 48	W. 76	Sa. 107	M. 137	Th. 168	Sa. 198	Tu. 229	F. 260	Su. 290	W. 321	F. 351
18	M. 18	Th. 49	Th. 77	Su. 108	Tu. 138	F. 169	Su. 199	W. 230	Sa. 261	M. 291	Th. 322	Sa. 352
19	Tu. 19	F. 50	F. 78	M. 109	W. 139	Sa. 170	M. 200	Th. 231	Su. 262	Tu. 292	F. 323	Su. 353
20	W. 20	Sa. 51	Sa. 79	Tu. 110	Th. 140	Su. 171	Tu. 201	F. 232	M. 263	W. 293	Sa. 324	M. 354
21	Th. 21	Su. 52	Su. 80	W. 111	F. 141	M. 172	W. 202	Sa. 233	Tu. 264	Th. 294	Su. 325	Tu. 355
22	F. 22	M. 53	M. 81	Th. 112	Sa. 142	Tu. 173	Th. 203	Su. 234	W. 265	F. 295	M. 326	W. 356
23	Sa. 23	Tu. 54	Tu. 82	F. 113	Su. 143	W. 174	F. 204	M. 235	Th. 266	Sa. 296	Tu. 327	Th. 357
24	Su. 24	W. 55	W. 83	Sa. 114	M. 144	Th. 175	Sa. 205	Tu. 236	F. 267	Su. 297	W. 328	F. 358
25	M. 25	Th. 56	Th. 84	Su. 115	Tu. 145	F. 176	Su. 206	W. 237	Sa. 268	M. 298	Th. 329	Sa. 359
26	Tu. 26	F. 57	F. 85	M. 116	W. 146	Sa. 177	M. 207	Th. 238	Su. 269	Tu. 299	F. 330	Su. 360
27	W. 27	Sa. 58	Sa. 86	Tu. 117	Th. 147	Su. 178	Tu. 208	F. 239	M. 270	W. 300	Sa. 331	M. 361
28	Th. 28	Su. 59	Su. 87	W. 118	F. 148	M. 179	W. 209	Sa. 240	Tu. 271	Th. 301	Su. 332	Tu. 362
29	F. 29		M. 88	Th. 119	Sa. 149	Tu. 180	Th. 210	Su. 241	W. 272	F. 302	M. 333	W. 363
30	Sa. 30		Tu. 89	F. 120	Su. 150	W. 181	F. 211	M. 242	Th. 273	Sa. 303	Tu. 334	Th. 364
31	Su. 31		W. 90		M. 151		Sa. 212	Tu. 243		Su. 304		F. 365

ECLIPSES

There are two eclipses of the Sun.

1. *A total eclipse of the Moon,* May 26. The umbral eclipse begins at $09^h 45^m$ and ends at $12^h 53^m$. Totality lasts from $11^h 09^m$ to $11^h 28^m$. It is visible from the southern part of South America, Mexico, western parts of the United States and Canada, Alaska, the Pacific Ocean region, north-easternmost Russia, Japan, south-eastern China, Indonesia, the Philippines, and Australasia.

2. *An annular eclipse of the Sun,* June 10. See map on page 6. The eclipse begins at $08^h 12^m$ and ends at $13^h 11^m$; the annular phase begins at $09^h 50^m$ and ends at $11^h 33^m$. The maximum duration of annularity is $3^m 48^s$.

3. *A partial eclipse of the Moon,* November 19. The eclipse begins at $07^h 18^m$ and ends at $10^h 47^m$. The time of maximum eclipse is $09^h 03^m$ when 0·98 of the Moon's diameter is obscured. It is visible from the British Isles, the Americas, the Pacific Ocean region, most of Russia and China, south-east Asia and Australasia.

4. *A total eclipse of the Sun,* December 04. See map on page 7. The eclipse begins at $05^h 29^m$ and ends at $09^h 37^m$; the total phase begins at $07^h 00^m$ and ends at $08^h 06^m$. The maximum duration of totality is $1^m 57^s$.

ANNULAR SOLAR ECLIPSE OF 2021 JUNE 10

SOLAR ECLIPSE DIAGRAMS

The principal features shown on the above diagrams are: the paths of total and annular eclipses; the northern and southern limits of partial eclipse; the sunrise and sunset curves; dashed lines which show the times of beginning and end of partial eclipse at hourly intervals.

TOTAL SOLAR ECLIPSE OF 2021 DECEMBER 4

SOLAR ECLIPSE DIAGRAMS

Further details of the paths and times of central eclipse are given in *The Astronomical Almanac*.

PLANET NOTES, 2021

VISIBILITY OF PLANETS

VENUS is a brilliant object in the morning sky from the beginning of the year until mid-February when it becomes too close to the Sun for observation. In early May it reappears in the evening sky where it stays until the end of the year. Venus is in conjunction with Jupiter on February 11, with Mercury on May 29 and December 29 and with Mars on July 13.

MARS is visible as a reddish object in Pisces in the evening sky at the beginning of the year. Its eastward elongation decreases as it moves through Aries from early January, Taurus from late February (passing 7° N of *Aldebaran* on March 23), into Gemini from late April, Cancer in early June (passing 5° S of *Pollux* on June 2) and then Leo in mid-July (passing 0.7° N of *Regulus* on July 29). It becomes too close to the Sun for observation in late August. It reappears in the morning sky during late November in Libra, moving into Scorpius in mid-December and then into Ophiuchus in late December (passing 5° N of *Antares* on December 26), where it remains for the rest of the year. Mars is in conjunction with Venus on July 13 and with Mercury on August 19.

JUPITER can be seen in Capricornus until mid-January, when it becomes too close to the Sun for observation. It reappears in the morning sky in the second week of February. Its westward elongation gradually increases, moving into Aquarius in late April. From late May it can be seen for more than half the night. It moves into Capricornus in mid-August and is at opposition on August 20 when it is visible throughout the night. Its eastward elongation then decreases and from mid-November it can only be seen in the evening sky passing into Aquarius in mid-December. Jupiter is in conjunction with Mercury on January 11, February 13 and March 5 and with Venus on February 11.

SATURN can be seen in Capricornus for the first week of January. It then becomes too close to the Sun for observation. It reappears in the morning sky in the second week of February. Its westward elongation gradually increases and from early May it can be seen for more than half the night. It is at opposition on August 2 when it is visible throughout the night. Its eastward elongation then decreases and from late October it can only be seen in the evening sky.

MERCURY can only be seen low in the east before sunrise, or low in the west after sunset (about the time of beginning or end of civil twilight). It is visible in the mornings between the following approximate dates: February 15 (+2·2) to April 10 (−1·1), June 20 (+3·2) to July 25 (−1·5), and October 16 (+1·8) to November 13 (−0·9); the planet is brighter at the end of each period. It is visible in the evenings between the following approximate dates: January 5 (−0·9) to February 2 (+1·5), April 27 (−1·5) to June 1 (+3·0), August 10 (−1·1) to October 3 (+2·2) and December 16 (−0·8) to December 31 (−0·7); the planet is brighter at the beginning of each period. The figures in parentheses are the magnitudes.

PLANET DIAGRAM

General Description. The diagram on the opposite page shows, in graphical form for any date during the year, the local mean time of meridian passage of the Sun, of the five planets Mercury, Venus, Mars, Jupiter, and Saturn, and of each 30° of SHA; intermediate lines corresponding to particular stars, may be drawn in by the user if desired. It is intended to provide a general picture of the availability of planets and stars for observation.

On each side of the line marking the time of meridian passage of the Sun a band, 45^m wide, is shaded to indicate that planets and most stars crossing the meridian within 45^m of the Sun are too close to the Sun for observation.

Method of use and interpretation. For any date, the diagram provides immediately the local mean times of meridian passage of the Sun, planets and stars, and thus the following information:

(a) whether a planet or star is too close to the Sun for observation;

(b) some indication of its position in the sky, especially during twilight;

(c) the proximity of other planets.

When the meridian passage of an outer planet occurs at midnight, the body is in opposition to the Sun and is visible all night; a planet may then be observable during both morning and evening twilights. As the time of meridian passage decreases, the body eventually ceases to be observable in the morning, but its altitude above the eastern horizon at sunset gradually increases; this continues until the body is on the meridian during evening twilight. From then onwards, the body is observable above the western horizon and its altitude at sunset gradually decreases; eventually the body becomes too close to the Sun for observation. When the body again becomes visible it is seen low in the east during morning twilight; its altitude at sunrise increases until meridian passage occurs during morning twilight. Then, as the time of meridian passage decreases to 0^h, the body is observable in the west during morning twilight with a gradually decreasing altitude, until it once again reaches opposition.

DO NOT CONFUSE

Jupiter with Saturn in the early January and with Mercury in mid-January and mid-February to mid-March; on all occasions Jupiter is the brighter object.

Venus with Saturn in the second week of February, with Jupiter in mid-February, with Mercury in late May and in late December and with Mars in July; on all occasions Venus is the brighter object.

Mercury with Saturn in late February and with Mars in mid-August; on both occasions Mercury is the brighter object.

PLANETS, 2021

LOCAL MEAN TIME OF MERIDIAN PASSAGE

2021 JANUARY 1, 2, 3 (FRI., SAT., SUN.)

UT	ARIES	VENUS −3.9	MARS −0.2	JUPITER −2.0	SATURN +0.6	STARS		
	GHA	GHA Dec	GHA Dec	GHA Dec	GHA Dec	Name	SHA	Dec
d h	° '	° ' ° '	° ' ° '	° ' ° '	° ' ° '		° '	° '
1 00	100 51.9	201 14.8 S22 26.0	75 47.3 N11 20.7	155 40.7 S20 00.7	156 54.3 S20 10.5	Acamar	315 14.1	S40 13.6
01	115 54.3	216 13.9 26.4	90 48.8 21.1	170 42.6 00.6	171 56.4 10.4	Achernar	335 22.6	S57 08.2
02	130 56.8	231 12.9 26.7	105 50.3 21.6	185 44.5 00.5	186 58.6 10.4	Acrux	173 03.5	S63 12.5
03	145 59.3	246 12.0 .. 27.0	120 51.7 .. 22.0	200 46.3 .. 00.4	202 00.8 .. 10.3	Adhara	255 08.0	S29 00.1
04	161 01.7	261 11.1 27.3	135 53.2 22.4	215 48.2 00.2	217 02.9 10.2	Aldebaran	290 43.0	N16 33.0
05	176 04.2	276 10.2 27.6	150 54.6 22.9	230 50.1 00.1	232 05.1 10.2			
06	191 06.7	291 09.3 S22 28.0	165 56.1 N11 23.3	245 52.0 S20 00.0	247 07.3 S20 10.1	Alioth	166 16.0	N55 50.6
07	206 09.1	306 08.4 28.3	180 57.5 23.7	260 53.8 19 59.8	262 09.4 10.1	Alkaid	152 54.8	N49 12.4
08	221 11.6	321 07.5 28.6	195 59.0 24.2	275 55.7 59.7	277 11.6 10.0	Alnair	27 37.4	S46 51.8
F 09	236 14.1	336 06.6 .. 28.9	211 00.4 .. 24.6	290 57.6 .. 59.6	292 13.8 .. 09.9	Alnilam	275 40.7	S 1 11.4
R 10	251 16.5	351 05.7 29.2	226 01.9 25.0	305 59.4 59.5	307 16.0 09.9	Alphard	217 50.7	S 8 44.9
I 11	266 19.0	6 04.8 29.6	241 03.3 25.5	321 01.3 59.3	322 18.1 09.8			
D 12	281 21.4	21 03.9 S22 29.9	256 04.8 N11 25.9	336 03.2 S19 59.2	337 20.3 S20 09.7	Alphecca	126 06.8	N26 38.6
A 13	296 23.9	36 03.0 30.2	271 06.2 26.3	351 05.1 59.1	352 22.5 09.7	Alpheratz	357 38.2	N29 12.4
Y 14	311 26.4	51 02.1 30.5	286 07.7 26.8	6 06.9 58.9	7 24.6 09.6	Altair	62 03.5	N 8 55.4
15	326 28.8	66 01.1 .. 30.8	301 09.1 .. 27.2	21 08.8 .. 58.8	22 26.8 .. 09.6	Ankaa	353 10.5	S42 11.9
16	341 31.3	81 00.2 31.1	316 10.6 27.7	36 10.7 58.7	37 29.0 09.5	Antares	112 20.1	S26 28.5
17	356 33.8	95 59.3 31.4	331 12.0 28.1	51 12.5 58.6	52 31.1 09.4			
18	11 36.2	110 58.4 S22 31.7	346 13.5 N11 28.5	66 14.4 S19 58.4	67 33.3 S20 09.4	Arcturus	145 51.1	N19 04.4
19	26 38.7	125 57.5 32.0	1 14.9 29.0	81 16.3 58.3	82 35.5 09.3	Atria	107 17.8	S69 03.6
20	41 41.2	140 56.6 32.3	16 16.3 29.4	96 18.2 58.2	97 37.6 09.3	Avior	234 15.4	S59 34.5
21	56 43.6	155 55.7 .. 32.6	31 17.8 .. 29.8	111 20.0 .. 58.0	112 39.8 .. 09.2	Bellatrix	278 26.0	N 6 22.0
22	71 46.1	170 54.8 32.9	46 19.2 30.3	126 21.9 57.9	127 42.0 09.1	Betelgeuse	270 55.3	N 7 24.6
23	86 48.6	185 53.9 33.2	61 20.7 30.7	141 23.8 57.8	142 44.1 09.1			
2 00	101 51.0	200 52.9 S22 33.5	76 22.1 N11 31.1	156 25.6 S19 57.6	157 46.3 S20 09.0	Canopus	263 53.3	S52 42.5
01	116 53.5	215 52.0 33.8	91 23.6 31.6	171 27.5 57.5	172 48.5 09.0	Capella	280 26.2	N46 01.1
02	131 55.9	230 51.1 34.1	106 25.0 32.0	186 29.4 57.4	187 50.6 08.9	Deneb	49 28.4	N45 21.4
03	146 58.4	245 50.2 .. 34.4	121 26.4 .. 32.5	201 31.3 .. 57.3	202 52.8 .. 08.8	Denebola	182 28.3	N14 27.3
04	162 00.9	260 49.3 34.7	136 27.9 32.9	216 33.1 57.1	217 55.0 08.8	Diphda	348 50.6	S17 52.5
05	177 03.3	275 48.4 35.0	151 29.3 33.3	231 35.0 57.0	232 57.1 08.7			
06	192 05.8	290 47.5 S22 35.3	166 30.8 N11 33.8	246 36.9 S19 56.9	247 59.3 S20 08.6	Dubhe	193 44.8	N61 38.1
07	207 08.3	305 46.5 35.6	181 32.2 34.2	261 38.7 56.7	263 01.5 08.6	Elnath	278 05.6	N28 37.4
S 08	222 10.7	320 45.6 35.9	196 33.6 34.6	276 40.6 56.6	278 03.6 08.5	Eltanin	90 44.2	N51 29.1
A 09	237 13.2	335 44.7 .. 36.2	211 35.1 .. 35.1	291 42.5 .. 56.5	293 05.8 .. 08.5	Enif	33 42.2	N 9 58.2
T 10	252 15.7	350 43.8 36.5	226 36.5 35.5	306 44.4 56.4	308 08.0 08.4	Fomalhaut	15 18.3	S29 30.9
U 11	267 18.1	5 42.9 36.8	241 38.0 35.9	321 46.2 56.2	323 10.1 08.3			
R 12	282 20.6	20 42.0 S22 37.1	256 39.4 N11 36.4	336 48.1 S19 56.1	338 12.3 S20 08.3	Gacrux	171 55.1	S57 13.5
D 13	297 23.1	35 41.1 37.3	271 40.8 36.8	351 50.0 56.0	353 14.5 08.2	Gienah	175 46.9	S17 39.3
A 14	312 25.5	50 40.1 37.6	286 42.3 37.3	6 51.8 55.8	8 16.6 08.2	Hadar	148 40.7	S60 28.0
Y 15	327 28.0	65 39.2 .. 37.9	301 43.7 .. 37.7	21 53.7 .. 55.7	23 18.8 .. 08.1	Hamal	327 54.7	N23 33.7
16	342 30.4	80 38.3 38.2	316 45.1 38.1	36 55.6 55.6	38 21.0 08.0	Kaus Aust.	83 37.3	S34 22.4
17	357 32.9	95 37.4 38.5	331 46.6 38.6	51 57.5 55.4	53 23.1 08.0			
18	12 35.4	110 36.5 S22 38.7	346 48.0 N11 39.0	66 59.3 S19 55.3	68 25.3 S20 07.9	Kochab	137 20.6	N74 03.9
19	27 37.8	125 35.6 39.0	1 49.4 39.4	82 01.2 55.2	83 27.5 07.8	Markab	13 33.3	N15 19.1
20	42 40.3	140 34.6 39.3	16 50.9 39.9	97 03.1 55.1	98 29.6 07.8	Menkar	314 09.4	N 4 10.2
21	57 42.8	155 33.7 .. 39.6	31 52.3 .. 40.3	112 04.9 .. 54.9	113 31.8 .. 07.7	Menkent	148 01.6	S36 28.1
22	72 45.2	170 32.8 39.8	46 53.7 40.8	127 06.8 54.8	128 34.0 07.7	Miaplacidus	221 38.0	S69 48.0
23	87 47.7	185 31.9 40.1	61 55.2 41.2	142 08.7 54.7	143 36.1 07.6			
3 00	102 50.2	200 31.0 S22 40.4	76 56.6 N11 41.6	157 10.5 S19 54.5	158 38.3 S20 07.5	Mirfak	308 32.5	N49 56.2
01	117 52.6	215 30.0 40.7	91 58.0 42.1	172 12.4 54.4	173 40.4 07.5	Nunki	75 52.2	S26 16.2
02	132 55.1	230 29.1 40.9	106 59.4 42.5	187 14.3 54.3	188 42.6 07.4	Peacock	53 11.5	S56 40.2
03	147 57.5	245 28.2 .. 41.2	122 00.9 .. 43.0	202 16.2 .. 54.1	203 44.8 .. 07.4	Pollux	243 20.9	N27 58.4
04	163 00.0	260 27.3 41.5	137 02.3 43.4	217 18.0 54.0	218 46.9 07.3	Procyon	244 53.9	N 5 10.2
05	178 02.5	275 26.4 41.7	152 03.7 43.8	232 19.9 53.9	233 49.1 07.2			
06	193 04.9	290 25.4 S22 42.0	167 05.2 N11 44.3	247 21.8 S19 53.7	248 51.3 S20 07.2	Rasalhague	96 01.9	N12 32.7
07	208 07.4	305 24.5 42.3	182 06.6 44.7	262 23.6 53.6	263 53.4 07.1	Regulus	207 37.7	N11 51.8
08	223 09.9	320 23.6 42.5	197 08.0 45.1	277 25.5 53.5	278 55.6 07.0	Rigel	281 06.7	S 8 10.8
S 09	238 12.3	335 22.7 .. 42.8	212 09.4 .. 45.6	292 27.4 .. 53.4	293 57.8 .. 07.0	Rigil Kent.	139 45.0	S60 54.9
U 10	253 14.8	350 21.8 43.0	227 10.9 46.0	307 29.2 53.2	308 59.9 06.9	Sabik	102 06.8	S15 44.9
N 11	268 17.3	5 20.8 43.3	242 12.3 46.5	322 31.1 53.1	324 02.1 06.9			
D 12	283 19.7	20 19.9 S22 43.6	257 13.7 N11 46.9	337 33.0 S19 53.0	339 04.3 S20 06.8	Schedar	349 34.6	N56 39.3
A 13	298 22.2	35 19.0 43.8	272 15.1 47.3	352 34.9 52.8	354 06.4 06.7	Shaula	96 15.2	S37 07.0
Y 14	313 24.7	50 18.1 44.1	287 16.6 47.8	7 36.7 52.7	9 08.6 06.7	Sirius	258 28.7	S16 44.8
15	328 27.1	65 17.2 .. 44.3	302 18.0 .. 48.2	22 38.6 .. 52.6	24 10.8 .. 06.6	Spica	158 25.8	S11 16.1
16	343 29.6	80 16.2 44.6	317 19.4 48.7	37 40.5 52.4	39 12.9 06.5	Suhail	222 48.3	S43 30.9
17	358 32.0	95 15.3 44.8	332 20.8 49.1	52 42.3 52.3	54 15.1 06.5			
18	13 34.5	110 14.4 S22 45.1	347 22.2 N11 49.5	67 44.2 S19 52.2	69 17.3 S20 06.4	Vega	80 35.9	N38 48.2
19	28 37.0	125 13.5 45.3	2 23.7 50.0	82 46.1 52.0	84 19.4 06.4	Zuben'ubi	136 59.8	S16 07.6
20	43 39.4	140 12.5 45.6	17 25.1 50.4	97 47.9 51.9	99 21.6 06.3		SHA	Mer. Pass.
21	58 41.9	155 11.6 .. 45.8	32 26.5 .. 50.9	112 49.8 .. 51.8	114 23.8 .. 06.2		° '	h m
22	73 44.4	170 10.7 46.1	47 27.9 51.3	127 51.7 51.6	129 25.9 06.2	Venus	99 01.9	10 37
23	88 46.8	185 09.8 46.3	62 29.3 51.7	142 53.5 51.5	144 28.1 06.1	Mars	334 31.1	18 53
	h m					Jupiter	54 34.6	13 33
Mer. Pass. 17 09.8		v −0.9 d 0.3	v 1.4 d 0.4	v 1.9 d 0.1	v 2.2 d 0.1	Saturn	55 55.3	13 27

2021 JANUARY 1, 2, 3 (FRI., SAT., SUN.)

UT	SUN GHA	SUN Dec	MOON GHA	MOON v	MOON Dec	MOON d	MOON HP	Lat.	Twilight Naut.	Twilight Civil	Sunrise	Moonrise 1	Moonrise 2	Moonrise 3	Moonrise 4
d h	° ′	° ′	° ′	′	° ′	′	′	°	h m	h m	h m	h m	h m	h m	h m
								N 72	08 23	10 39	■	□	15 55	19 10	21 30
1 00	179 08.3	S23 00.0	334 57.7	8.5	N23 01.3	5.5	56.7	N 70	08 04	09 47	■	□	17 10	19 34	21 40
01	194 08.0	22 59.7	349 25.2	8.5	22 55.8	5.7	56.8	68	07 49	09 16	■	15 16	17 47	19 52	21 48
02	209 07.7	59.5	3 52.7	8.5	22 50.1	5.8	56.8	66	07 37	08 52	10 25	16 14	18 14	20 06	21 54
03	224 07.4	.. 59.3	18 20.2	8.5	22 44.3	6.0	56.8	64	07 26	08 33	09 48	16 48	18 33	20 18	22 00
04	239 07.2	59.1	32 47.7	8.6	22 38.3	6.0	56.8	62	07 17	08 18	09 22	17 12	18 50	20 28	22 05
05	254 06.9	58.9	47 15.3	8.6	22 32.3	6.3	56.8	60	07 09	08 05	09 02	17 32	19 03	20 36	22 09
06	269 06.6	S22 58.7	61 42.9	8.6	N22 26.0	6.3	56.9	N 58	07 02	07 54	08 45	17 48	19 15	20 43	22 13
07	284 06.3	58.5	76 10.5	8.7	22 19.7	6.5	56.9	56	06 55	07 44	08 31	18 01	19 24	20 50	22 16
08	299 06.0	58.3	90 38.2	8.7	22 13.2	6.6	56.9	54	06 50	07 35	08 19	18 13	19 33	20 56	22 19
F 09	314 05.7	.. 58.1	105 05.9	8.7	22 06.6	6.7	56.9	52	06 44	07 27	08 08	18 23	19 41	21 01	22 21
R 10	329 05.4	57.9	119 33.6	8.8	21 59.9	6.8	56.9	50	06 39	07 20	07 58	18 32	19 48	21 06	22 24
I 11	344 05.1	57.6	134 01.4	8.8	21 53.1	7.0	57.0	45	06 28	07 05	07 38	18 52	20 03	21 16	22 29
D 12	359 04.8	S22 57.4	148 29.2	8.8	N21 46.1	7.1	57.0	N 40	06 18	06 52	07 22	19 07	20 15	21 24	22 33
A 13	14 04.5	57.2	162 57.0	8.9	21 39.0	7.2	57.0	35	06 09	06 40	07 08	19 21	20 26	21 31	22 37
Y 14	29 04.2	57.0	177 24.9	8.9	21 31.8	7.4	57.0	30	06 00	06 30	06 56	19 32	20 35	21 38	22 40
15	44 03.9	.. 56.8	191 52.8	9.0	21 24.4	7.4	57.0	20	05 44	06 12	06 35	19 52	20 50	21 48	22 46
16	59 03.6	56.6	206 20.8	8.9	21 17.0	7.6	57.1	N 10	05 28	05 55	06 17	20 09	21 04	21 58	22 51
17	74 03.4	56.3	220 48.7	9.1	21 09.4	7.7	57.1	0	05 12	05 38	06 00	20 25	21 17	22 07	22 55
18	89 03.1	S22 56.1	235 16.8	9.0	N21 01.7	7.9	57.1	S 10	04 53	05 20	05 43	20 40	21 29	22 15	23 00
19	104 02.8	55.9	249 44.8	9.1	20 53.8	7.9	57.1	20	04 31	05 00	05 25	20 57	21 43	22 25	23 05
20	119 02.5	55.7	264 12.9	9.2	20 45.9	8.1	57.1	30	04 03	04 36	05 03	21 17	21 58	22 35	23 11
21	134 02.2	.. 55.5	278 41.1	9.1	20 37.8	8.2	57.2	35	03 45	04 21	04 51	21 28	22 07	22 42	23 14
22	149 01.9	55.2	293 09.2	9.2	20 29.6	8.3	57.2	40	03 22	04 03	04 36	21 41	22 17	22 48	23 17
23	164 01.6	55.0	307 37.4	9.3	20 21.3	8.4	57.2	45	02 52	03 41	04 18	21 56	22 29	22 57	23 22
2 00	179 01.3	S22 54.8	322 05.7	9.3	N20 12.9	8.5	57.2	S 50	02 09	03 13	03 57	22 14	22 43	23 06	23 27
01	194 01.0	54.6	336 34.0	9.3	20 04.4	8.7	57.2	52	01 43	02 58	03 46	22 23	22 49	23 11	23 29
02	209 00.7	54.3	351 02.3	9.4	19 55.7	8.7	57.3	54	01 04	02 41	03 34	22 33	22 57	23 15	23 31
03	224 00.4	.. 54.1	5 30.7	9.5	19 47.0	8.9	57.3	56	////	02 20	03 20	22 44	23 05	23 21	23 34
04	239 00.2	53.9	19 59.2	9.4	19 38.1	9.0	57.3	58	////	01 52	03 04	22 56	23 14	23 27	23 37
05	253 59.9	53.6	34 27.6	9.5	19 29.1	9.1	57.3	S 60	////	01 10	02 45	23 11	23 24	23 34	23 41
06	268 59.6	S22 53.4	48 56.1	9.6	N19 20.0	9.2	57.3								
07	283 59.3	53.2	63 24.7	9.6	19 10.8	9.3	57.4	Lat.	Sunset	Twilight Civil	Twilight Naut.	Moonset 1	Moonset 2	Moonset 3	Moonset 4
S 08	298 59.0	53.0	77 53.3	9.6	19 01.5	9.5	57.4								
A 09	313 58.7	.. 52.7	92 21.9	9.7	18 52.0	9.5	57.4	°	h m	h m	h m	h m	h m	h m	h m
T 10	328 58.4	52.5	106 50.6	9.7	18 42.5	9.7	57.4	N 72	■	13 30	15 46	□	14 30	13 02	12 26
U 11	343 58.1	52.3	121 19.3	9.8	18 32.8	9.7	57.4	N 70	■	14 21	16 05	□	13 14	12 36	12 13
R 12	358 57.8	S22 52.0	135 48.1	9.8	N18 23.1	9.9	57.4	68	■	14 53	16 20	13 17	12 35	12 16	12 03
D 13	13 57.5	51.8	150 16.9	9.9	18 13.2	9.9	57.5	66	13 43	15 17	16 32	12 18	12 08	12 00	11 54
A 14	28 57.3	51.6	164 45.8	9.9	18 03.3	10.1	57.5	64	14 20	15 35	16 42	11 44	11 47	11 47	11 47
Y 15	43 57.0	.. 51.3	179 14.7	10.0	17 53.2	10.1	57.5	62	14 47	15 50	16 52	11 19	11 30	11 36	11 40
16	58 56.7	51.1	193 43.7	9.9	17 43.1	10.3	57.5	60	15 07	16 03	17 00	10 59	11 16	11 27	11 35
17	73 56.4	50.8	208 12.6	10.1	17 32.8	10.4	57.5								
18	88 56.1	S22 50.6	222 41.7	10.1	N17 22.4	10.4	57.6	N 58	15 24	16 15	17 07	10 42	11 03	11 18	11 30
19	103 55.8	50.4	237 10.8	10.1	17 12.0	10.6	57.6	56	15 38	16 24	17 13	10 28	10 53	11 11	11 26
20	118 55.5	50.1	251 39.9	10.2	17 01.4	10.6	57.6	54	15 50	16 33	17 19	10 16	10 43	11 04	11 22
21	133 55.2	.. 49.9	266 09.1	10.2	16 50.8	10.8	57.6	52	16 01	16 41	17 24	10 05	10 35	10 58	11 18
22	148 55.0	49.6	280 38.3	10.2	16 40.0	10.8	57.6	50	16 10	16 48	17 29	09 56	10 27	10 53	11 15
23	163 54.7	49.4	295 07.5	10.3	16 29.2	11.0	57.7	45	16 30	17 04	17 41	09 36	10 11	10 41	11 08
3 00	178 54.4	S22 49.2	309 36.8	10.4	N16 18.2	11.0	57.7	N 40	16 46	17 17	17 51	09 19	09 58	10 32	11 02
01	193 54.1	48.9	324 06.2	10.4	16 07.2	11.1	57.7	35	17 00	17 28	18 00	09 05	09 46	10 23	10 56
02	208 53.8	48.7	338 35.6	10.4	15 56.1	11.2	57.7	30	17 12	17 38	18 08	08 53	09 36	10 16	10 52
03	223 53.5	.. 48.4	353 05.0	10.5	15 44.9	11.3	57.7	20	17 33	17 57	18 24	08 32	09 19	10 03	10 44
04	238 53.2	48.2	7 34.5	10.5	15 33.6	11.4	57.7	N 10	17 51	18 14	18 40	08 14	09 04	09 51	10 37
05	253 52.9	47.9	22 04.0	10.6	15 22.2	11.5	57.8	0	18 08	18 30	18 56	07 57	08 50	09 41	10 30
06	268 52.7	S22 47.7	36 33.6	10.6	N15 10.7	11.5	57.8	S 10	18 25	18 48	19 15	07 40	08 35	09 30	10 23
07	283 52.4	47.4	51 03.2	10.6	14 59.2	11.7	57.8	20	18 43	19 08	19 37	07 21	08 20	09 19	10 16
08	298 52.1	47.2	65 32.8	10.7	14 47.5	11.7	57.8	30	19 05	19 32	20 05	07 00	08 02	09 05	10 08
S 09	313 51.8	.. 46.9	80 02.5	10.7	14 35.8	11.8	57.8	35	19 18	19 47	20 23	06 47	07 52	08 57	10 03
U 10	328 51.5	46.7	94 32.2	10.8	14 24.0	11.9	57.9	40	19 32	20 05	20 46	06 33	07 40	08 48	09 57
N 11	343 51.2	46.4	109 02.0	10.8	14 12.1	12.0	57.9	45	19 50	20 27	21 15	06 15	07 25	08 38	09 51
D 12	358 50.9	S22 46.2	123 31.8	10.8	N14 00.1	12.1	57.9	S 50	20 11	20 55	21 58	05 54	07 08	08 25	09 43
A 13	13 50.7	45.9	138 01.6	10.9	13 48.0	12.1	57.9	52	20 22	21 10	22 24	05 44	07 00	08 19	09 39
Y 14	28 50.4	45.7	152 31.5	10.9	13 35.9	12.2	57.9	54	20 34	21 27	23 02	05 32	06 50	08 12	09 35
15	43 50.1	.. 45.4	167 01.4	11.0	13 23.7	12.3	58.0	56	20 47	21 47	////	05 19	06 40	08 05	09 31
16	58 49.8	45.2	181 31.4	10.9	13 11.4	12.4	58.0	58	21 03	22 15	////	05 03	06 28	07 56	09 26
17	73 49.5	44.9	196 01.3	11.1	12 59.0	12.4	58.0	S 60	21 22	22 56	////	04 45	06 14	07 47	09 20
18	88 49.2	S22 44.6	210 31.4	11.0	N12 46.6	12.5	58.0			SUN			MOON		
19	103 49.0	44.4	225 01.4	11.1	12 34.1	12.6	58.0	Day	Eqn. of Time		Mer.	Mer. Pass.		Age	Phase
20	118 48.7	44.1	239 31.5	11.1	12 21.5	12.6	58.0		00ʰ	12ʰ	Pass.	Upper	Lower		
21	133 48.4	.. 43.9	254 01.7	11.1	12 08.9	12.8	58.1	d	m s	m s	h m	h m	h m	d	%
22	148 48.1	43.6	268 31.8	11.2	11 56.1	12.7	58.1	1	03 26	03 40	12 04	01 44	14 11	18	94
23	163 47.8	43.3	283 02.0	11.3	N11 43.4	12.9	58.1	2	03 54	04 08	12 04	02 37	15 03	19	88
	SD 16.3	d 0.2	SD 15.5		15.7		15.8	3	04 22	04 36	12 05	03 29	15 54	20	80

2021 JANUARY 4, 5, 6 (MON., TUES., WED.)

UT	ARIES	VENUS −3.9	MARS −0.1	JUPITER −2.0	SATURN +0.6	STARS		
d h	GHA ° ′	GHA ° ′	Dec ° ′	GHA ° ′	Dec ° ′	GHA ° ′	Dec ° ′	GHA ° ′	Dec ° ′	Name	SHA ° ′	Dec ° ′

MONDAY (4)

UT	ARIES GHA	VENUS GHA	Dec	MARS GHA	Dec	JUPITER GHA	Dec	SATURN GHA	Dec
00	103 49.3	200 08.9	S22 46.6	77 30.8	N11 52.2	157 55.4	S19 51.4	159 30.3	S20 06.1
01	118 51.8	215 07.9	46.8	92 32.2	52.6	172 57.3	51.3	174 32.4	06.0
02	133 54.2	230 07.0	47.0	107 33.6	53.1	187 59.2	51.1	189 34.6	05.9
03	148 56.7	245 06.1 ..	47.3	122 35.0 ..	53.5	203 01.0 ..	51.0	204 36.7 ..	05.9
04	163 59.2	260 05.2	47.5	137 36.4	53.9	218 02.9	50.9	219 38.9	05.8
05	179 01.6	275 04.2	47.8	152 37.8	54.4	233 04.8	50.7	234 41.1	05.7
06	194 04.1	290 03.3	S22 48.0	167 39.3	N11 54.8	248 06.6	S19 50.6	249 43.2	S20 05.7
07	209 06.5	305 02.4	48.2	182 40.7	55.2	263 08.5	50.5	264 45.4	05.6
08	224 09.0	320 01.5	48.5	197 42.1	55.7	278 10.4	50.3	279 47.6	05.6
09	239 11.5	335 00.5 ..	48.7	212 43.5 ..	56.1	293 12.2 ..	50.2	294 49.7 ..	05.5
10	254 13.9	349 59.6	48.9	227 44.9	56.6	308 14.1	50.1	309 51.9	05.4
11	269 16.4	4 58.7	49.1	242 46.3	57.0	323 16.0	49.9	324 54.1	05.4
12	284 18.9	19 57.7	S22 49.4	257 47.7	N11 57.5	338 17.8	S19 49.8	339 56.2	S20 05.3
13	299 21.3	34 56.8	49.6	272 49.1	57.9	353 19.7	49.7	354 58.4	05.2
14	314 23.8	49 55.9	49.8	287 50.6	58.3	8 21.6	49.5	10 00.6	05.2
15	329 26.3	64 55.0 ..	50.1	302 52.0 ..	58.8	23 23.4 ..	49.4	25 02.7 ..	05.1
16	344 28.7	79 54.0	50.3	317 53.4	59.2	38 25.3	49.3	40 04.9	05.1
17	359 31.2	94 53.1	50.5	332 54.8	11 59.7	53 27.2	49.1	55 07.0	05.0
18	14 33.6	109 52.2	S22 50.7	347 56.2	N12 00.1	68 29.0	S19 49.0	70 09.2	S20 04.9
19	29 36.1	124 51.3	50.9	2 57.6	00.5	83 30.9	48.9	85 11.4	04.9
20	44 38.6	139 50.3	51.2	17 59.0	01.0	98 32.8	48.7	100 13.5	04.8
21	59 41.0	154 49.4 ..	51.4	33 00.4 ..	01.4	113 34.7 ..	48.6	115 15.7 ..	04.7
22	74 43.5	169 48.5	51.6	48 01.8	01.9	128 36.5	48.5	130 17.9	04.7
23	89 46.0	184 47.5	51.8	63 03.2	02.3	143 38.4	48.3	145 20.0	04.6

TUESDAY (5)

UT	ARIES GHA	VENUS GHA	Dec	MARS GHA	Dec	JUPITER GHA	Dec	SATURN GHA	Dec
00	104 48.4	199 46.6	S22 52.0	78 04.6	N12 02.7	158 40.3	S19 48.2	160 22.2	S20 04.6
01	119 50.9	214 45.7	52.2	93 06.0	03.2	173 42.1	48.1	175 24.4	04.5
02	134 53.4	229 44.8	52.5	108 07.4	03.6	188 44.0	48.0	190 26.5	04.4
03	149 55.8	244 43.8 ..	52.7	123 08.8 ..	04.1	203 45.9 ..	47.8	205 28.7 ..	04.4
04	164 58.3	259 42.9	52.9	138 10.3	04.5	218 47.7	47.7	220 30.9	04.3
05	180 00.8	274 42.0	53.1	153 11.7	04.9	233 49.6	47.6	235 33.0	04.2
06	195 03.2	289 41.0	S22 53.3	168 13.1	N12 05.4	248 51.5	S19 47.4	250 35.2	S20 04.2
07	210 05.7	304 40.1	53.5	183 14.5	05.8	263 53.3	47.3	265 37.3	04.1
08	225 08.1	319 39.2	53.7	198 15.9	06.3	278 55.2	47.2	280 39.5	04.1
09	240 10.6	334 38.2 ..	53.9	213 17.3 ..	06.7	293 57.1 ..	47.0	295 41.7 ..	04.0
10	255 13.1	349 37.3	54.1	228 18.7	07.1	308 58.9	46.9	310 43.8	03.9
11	270 15.5	4 36.4	54.3	243 20.1	07.6	324 00.8	46.8	325 46.0	03.9
12	285 18.0	19 35.4	S22 54.5	258 21.5	N12 08.0	339 02.7	S19 46.6	340 48.2	S20 03.8
13	300 20.5	34 34.5	54.7	273 22.9	08.5	354 04.5	46.5	355 50.3	03.7
14	315 22.9	49 33.6	54.9	288 24.3	08.9	9 06.4	46.4	10 52.5	03.7
15	330 25.4	64 32.6 ..	55.1	303 25.7 ..	09.4	24 08.3 ..	46.2	25 54.7 ..	03.6
16	345 27.9	79 31.7	55.3	318 27.1	09.8	39 10.1	46.1	40 56.8	03.6
17	0 30.8	94 30.8	55.5	333 28.5	10.2	54 12.0	46.0	55 59.0	03.5
18	15 32.8	109 29.9	S22 55.7	348 29.9	N12 10.7	69 13.9	S19 45.8	71 01.1	S20 03.4
19	30 35.3	124 28.9	55.9	3 31.2	11.1	84 15.7	45.7	86 03.3	03.4
20	45 37.7	139 28.0	56.1	18 32.6	11.6	99 17.6	45.6	101 05.5	03.3
21	60 40.2	154 27.1 ..	56.2	33 34.0 ..	12.0	114 19.5 ..	45.4	116 07.6 ..	03.2
22	75 42.6	169 26.1	56.4	48 35.4	12.4	129 21.3	45.3	131 09.8	03.2
23	90 45.1	184 25.2	56.6	63 36.8	12.9	144 23.2	45.2	146 12.0	03.1

WEDNESDAY (6)

UT	ARIES GHA	VENUS GHA	Dec	MARS GHA	Dec	JUPITER GHA	Dec	SATURN GHA	Dec
00	105 47.6	199 24.3	S22 56.8	78 38.2	N12 13.3	159 25.1	S19 45.0	161 14.1	S20 03.1
01	120 50.0	214 23.3	57.0	93 39.6	13.8	174 26.9	44.9	176 16.3	03.0
02	135 52.5	229 22.4	57.2	108 41.0	14.2	189 28.8	44.8	191 18.4	02.9
03	150 55.0	244 21.5 ..	57.4	123 42.4 ..	14.7	204 30.7 ..	44.6	206 20.6 ..	02.9
04	165 57.4	259 20.5	57.5	138 43.8	15.1	219 32.5	44.5	221 22.8	02.8
05	180 59.9	274 19.6	57.7	153 45.2	15.5	234 34.4	44.4	236 24.9	02.7
06	196 02.4	289 18.6	S22 57.9	168 46.6	N12 16.0	249 36.3	S19 44.2	251 27.1	S20 02.7
07	211 04.8	304 17.7	58.1	183 48.0	16.4	264 38.1	44.1	266 29.3	02.6
08	226 07.3	319 16.8	58.2	198 49.4	16.9	279 40.0	43.9	281 31.4	02.6
09	241 09.7	334 15.8 ..	58.4	213 50.7 ..	17.3	294 41.9 ..	43.8	296 33.6 ..	02.5
10	256 12.2	349 14.9	58.6	228 52.1	17.8	309 43.7	43.7	311 35.7	02.4
11	271 14.7	4 14.0	58.8	243 53.5	18.2	324 45.6	43.5	326 37.9	02.4
12	286 17.1	19 13.0	S22 58.9	258 54.9	N12 18.6	339 47.5	S19 43.4	341 40.1	S20 02.3
13	301 19.6	34 12.1	59.1	273 56.3	19.1	354 49.3	43.3	356 42.2	02.2
14	316 22.1	49 11.2	59.3	288 57.7	19.5	9 51.2	43.1	11 44.4	02.2
15	331 24.5	64 10.2 ..	59.4	303 59.1 ..	20.0	24 53.1 ..	43.0	26 46.6 ..	02.1
16	346 27.0	79 09.3	59.6	319 00.5	20.4	39 54.9	42.9	41 48.7	02.0
17	1 29.5	94 08.4	59.8	334 01.8	20.9	54 56.8	42.7	56 50.9	02.0
18	16 31.9	109 07.4	S22 59.9	349 03.2	N12 21.3	69 58.7	S19 42.6	71 53.0	S20 01.9
19	31 34.4	124 06.5	23 00.1	4 04.6	21.7	85 00.5	42.5	86 55.2	01.9
20	46 36.9	139 05.5	00.3	19 06.0	22.2	100 02.4	42.3	101 57.4	01.8
21	61 39.3	154 04.6 ..	00.4	34 07.4 ..	22.6	115 04.3 ..	42.2	116 59.5 ..	01.7
22	76 41.8	169 03.7	00.6	49 08.8	23.1	130 06.1	42.1	132 01.7	01.7
23	91 44.2	184 02.7	00.7	64 10.1	23.5	145 08.0	41.9	147 03.9	01.6

	h m								
Mer. Pass.	16 58.0	v −0.9	d 0.2	v 1.4	d 0.4	v 1.9	d 0.1	v 2.2	d 0.1

STARS

Name	SHA ° ′	Dec ° ′
Acamar	315 14.1	S40 13.6
Achernar	335 22.6	S57 08.2
Acrux	173 03.4	S63 12.5
Adhara	255 08.0	S29 00.1
Aldebaran	290 43.1	N16 33.0
Alioth	166 15.9	N55 50.6
Alkaid	152 54.8	N49 12.3
Alnair	27 37.4	S46 51.8
Alnilam	275 40.7	S 1 11.4
Alphard	217 50.7	S 8 44.9
Alphecca	126 06.8	N26 38.6
Alpheratz	357 38.2	N29 12.4
Altair	62 03.5	N 8 55.4
Ankaa	353 10.5	S42 11.9
Antares	112 20.1	S26 28.5
Arcturus	145 51.0	N19 04.4
Atria	107 17.7	S69 03.6
Avior	234 15.3	S59 34.5
Bellatrix	278 26.0	N 6 22.0
Betelgeuse	270 55.3	N 7 24.6
Canopus	263 53.3	S52 42.5
Capella	280 26.2	N46 01.1
Deneb	49 28.4	N45 21.4
Denebola	182 28.2	N14 27.3
Diphda	348 50.6	S17 52.5
Dubhe	193 44.8	N61 38.1
Elnath	278 05.6	N28 37.4
Eltanin	90 44.2	N51 29.1
Enif	33 42.2	N 9 58.2
Fomalhaut	15 18.3	S29 30.9
Gacrux	171 55.1	S57 13.5
Gienah	175 46.8	S17 39.3
Hadar	148 40.7	S60 28.1
Hamal	327 54.7	N23 33.7
Kaus Aust.	83 37.2	S34 22.4
Kochab	137 20.5	N74 03.9
Markab	13 33.3	N15 19.1
Menkar	314 09.4	N 4 10.2
Menkent	148 01.5	S36 28.1
Miaplacidus	221 37.9	S69 48.0
Mirfak	308 32.5	N49 56.2
Nunki	75 52.2	S26 16.2
Peacock	53 11.5	S56 40.2
Pollux	243 20.9	N27 58.4
Procyon	244 53.9	N 5 10.2
Rasalhague	96 01.9	N12 32.7
Regulus	207 37.7	N11 51.8
Rigel	281 06.7	S 8 10.8
Rigil Kent.	139 45.0	S60 54.9
Sabik	102 06.8	S15 44.9
Schedar	349 34.7	N56 39.3
Shaula	96 15.2	S37 07.0
Sirius	258 28.7	S16 44.8
Spica	158 25.8	S11 16.1
Suhail	222 48.2	S43 30.9
Vega	80 35.8	N38 48.2
Zuben'ubi	136 59.8	S16 07.6

	SHA ° ′	Mer. Pass. h m
Venus	94 58.2	10 42
Mars	333 16.2	18 46
Jupiter	53 51.8	13 24
Saturn	55 33.8	13 17

2021 JANUARY 4, 5, 6 (MON., TUES., WED.)

UT	SUN GHA	SUN Dec	MOON GHA	MOON v	MOON Dec	MOON d	MOON HP	Lat.	Twilight Naut.	Twilight Civil	Sunrise	Moonrise 4	Moonrise 5	Moonrise 6	Moonrise 7
d h	° '	° '	° '	'	° '	'	'	°	h m	h m	h m	h m	h m	h m	h m
								N 72	08 19	10 29	■	21 30	23 40	25 53	01 53
4 00	178 47.5	S22 43.1	297 32.3	11.2	N11 30.5	12.9	58.1	N 70	08 01	09 42	■	21 40	23 41	25 43	01 43
01	193 47.3	42.8	312 02.5	11.3	11 17.6	13.0	58.1	68	07 47	09 12	11 27	21 48	23 41	25 36	01 36
02	208 47.0	42.6	326 32.8	11.4	11 04.6	13.1	58.1	66	07 35	08 49	10 19	21 54	23 41	25 30	01 30
03	223 46.7	42.3	341 03.2	11.3	10 51.5	13.1	58.2	64	07 25	08 31	09 44	22 00	23 41	25 24	01 24
04	238 46.4	42.0	355 33.5	11.4	10 38.4	13.2	58.2	62	07 16	08 16	09 19	22 05	23 42	25 20	01 20
05	253 46.1	41.8	10 03.9	11.4	10 25.2	13.2	58.2	60	07 08	08 04	08 59	22 09	23 42	25 16	01 16
06	268 45.8	S22 41.5	24 34.3	11.4	N10 12.0	13.3	58.2	N 58	07 01	07 53	08 43	22 13	23 42	25 12	01 12
07	283 45.6	41.2	39 04.7	11.5	9 58.7	13.3	58.2	56	06 55	07 43	08 29	22 16	23 42	25 09	01 09
08	298 45.3	41.0	53 35.2	11.5	9 45.4	13.4	58.3	54	06 49	07 35	08 18	22 19	23 42	25 07	01 07
M 09	313 45.0	40.7	68 05.7	11.5	9 32.0	13.5	58.3	52	06 44	07 27	08 07	22 21	23 42	25 04	01 04
O 10	328 44.7	40.4	82 36.2	11.6	9 18.5	13.5	58.3	50	06 39	07 20	07 58	22 24	23 42	25 02	01 02
N 11	343 44.4	40.1	97 06.8	11.5	9 05.0	13.6	58.3	45	06 28	07 05	07 38	22 29	23 42	24 57	00 57
D 12	358 44.1	S22 39.9	111 37.3	11.6	N 8 51.4	13.6	58.3	N 40	06 18	06 52	07 22	22 33	23 43	24 53	00 53
A 13	13 43.9	39.6	126 07.9	11.6	8 37.8	13.7	58.3	35	06 09	06 41	07 09	22 37	23 43	24 50	00 50
Y 14	28 43.6	39.3	140 38.5	11.7	8 24.1	13.7	58.4	30	06 01	06 31	06 57	22 40	23 43	24 47	00 47
15	43 43.3	39.0	155 09.2	11.6	8 10.4	13.8	58.4	20	05 45	06 12	06 36	22 46	23 43	24 41	00 41
16	58 43.0	38.8	169 39.8	11.7	7 56.6	13.8	58.4	N 10	05 30	05 56	06 19	22 51	23 43	24 37	00 37
17	73 42.7	38.5	184 10.5	11.7	7 42.8	13.9	58.4	0	05 13	05 39	06 02	22 55	23 44	24 33	00 33
18	88 42.5	S22 38.2	198 41.2	11.7	N 7 28.9	13.9	58.4	S 10	04 55	05 22	05 45	23 00	23 44	24 28	00 28
19	103 42.2	37.9	213 11.9	11.7	7 15.0	14.0	58.4	20	04 33	05 02	05 27	23 05	23 44	24 24	00 24
20	118 41.9	37.7	227 42.6	11.7	7 01.0	14.0	58.5	30	04 05	04 38	05 05	23 11	23 45	24 19	00 19
21	133 41.6	37.4	242 13.3	11.8	6 47.0	14.0	58.5	35	03 47	04 24	04 53	23 14	23 45	24 16	00 16
22	148 41.3	37.1	256 44.1	11.7	6 33.0	14.1	58.5	40	03 25	04 06	04 39	23 17	23 45	24 13	00 13
23	163 41.1	36.8	271 14.8	11.8	6 18.9	14.1	58.5	45	02 56	03 45	04 21	23 22	23 45	24 09	00 09
5 00	178 40.8	S22 36.5	285 45.6	11.8	N 6 04.8	14.2	58.5	S 50	02 14	03 16	04 00	23 27	23 46	24 05	00 05
01	193 40.5	36.3	300 16.4	11.8	5 50.6	14.2	58.5	52	01 49	03 02	03 50	23 29	23 46	24 03	00 03
02	208 40.2	36.0	314 47.2	11.8	5 36.4	14.2	58.6	54	01 13	02 46	03 38	23 31	23 46	24 01	00 01
03	223 40.0	35.7	329 18.0	11.8	5 22.2	14.3	58.6	56	////	02 25	03 25	23 34	23 46	23 59	24 12
04	238 39.7	35.4	343 48.8	11.9	5 07.9	14.3	58.6	58	////	01 59	03 09	23 37	23 47	23 56	24 07
05	253 39.4	35.1	358 19.7	11.8	4 53.6	14.3	58.6	S 60	////	01 20	02 50	23 41	23 47	23 53	24 01
06	268 39.1	S22 34.8	12 50.5	11.8	N 4 39.3	14.4	58.6			Twilight			Moonset		
07	283 38.8	34.6	27 21.3	11.9	4 24.9	14.4	58.6	Lat.	Sunset	Civil	Naut.	4	5	6	7
T 08	298 38.6	34.3	41 52.2	11.8	4 10.5	14.4	58.7								
U 09	313 38.3	34.0	56 23.0	11.8	3 56.1	14.5	58.7	°	h m	h m	h m	h m	h m	h m	h m
E 10	328 38.0	33.7	70 53.8	11.9	3 41.6	14.5	58.7	N 72	■	13 43	15 53	12 26	11 58	11 33	11 05
S 11	343 37.7	33.4	85 24.7	11.8	3 27.1	14.5	58.7	N 70	■	14 29	16 10	12 13	11 54	11 36	11 17
D 12	358 37.5	S22 33.1	99 55.5	11.9	N 3 12.7	14.6	58.7	68	12 44	15 00	16 25	12 03	11 51	11 39	11 27
A 13	13 37.2	32.8	114 26.4	11.9	2 58.1	14.5	58.7	66	13 52	15 22	16 37	11 54	11 48	11 42	11 35
Y 14	28 36.9	32.5	128 57.2	11.9	2 43.6	14.6	58.7	64	14 27	15 40	16 47	11 47	11 45	11 44	11 43
15	43 36.6	32.2	143 28.1	11.8	2 29.0	14.6	58.8	62	14 52	15 55	16 56	11 40	11 43	11 46	11 49
16	58 36.3	31.9	157 58.9	11.8	2 14.4	14.6	58.8	60	15 12	16 08	17 03	11 35	11 41	11 47	11 54
17	73 36.1	31.7	172 29.7	11.9	1 59.8	14.6	58.8								
18	88 35.8	S22 31.4	187 00.6	11.8	N 1 45.2	14.6	58.8	N 58	15 28	16 19	17 10	11 30	11 40	11 49	11 59
19	103 35.5	31.1	201 31.4	11.8	1 30.6	14.7	58.8	56	15 42	16 28	17 17	11 26	11 38	11 50	12 03
20	118 35.2	30.8	216 02.2	11.8	1 15.9	14.7	58.8	54	15 54	16 37	17 22	11 22	11 37	11 51	12 07
21	133 35.0	30.5	230 33.0	11.8	1 01.2	14.6	58.9	52	16 04	16 44	17 28	11 18	11 36	11 52	12 10
22	148 34.7	30.2	245 03.8	11.7	0 46.6	14.7	58.9	50	16 13	16 51	17 32	11 15	11 34	11 53	12 13
23	163 34.4	29.9	259 34.5	11.8	0 31.9	14.7	58.9	45	16 33	17 07	17 43	11 08	11 32	11 56	12 20
6 00	178 34.1	S22 29.6	274 05.3	11.7	N 0 17.2	14.8	58.9	N 40	16 49	17 19	17 53	11 02	11 30	11 57	12 26
01	193 33.9	29.3	288 36.0	11.8	N 0 02.4	14.7	58.9	35	17 03	17 31	18 02	10 56	11 28	11 59	12 31
02	208 33.6	29.0	303 06.8	11.7	S 0 12.3	14.7	58.9	30	17 14	17 41	18 10	10 52	11 26	12 00	12 35
03	223 33.3	28.7	317 37.5	11.7	0 27.0	14.7	58.9	20	17 35	17 59	18 26	10 44	11 23	12 03	12 43
04	238 33.0	28.4	332 08.2	11.7	0 41.7	14.8	59.0	N 10	17 53	18 15	18 41	10 37	11 21	12 05	12 50
05	253 32.8	28.1	346 38.9	11.6	0 56.5	14.7	59.0	0	18 09	18 32	18 58	10 30	11 18	12 07	12 56
06	268 32.5	S22 27.8	1 09.5	11.7	S 1 11.2	14.7	59.0	S 10	18 26	18 49	19 16	10 23	11 16	12 09	13 03
W 07	283 32.2	27.5	15 40.2	11.6	1 25.9	14.8	59.0	20	18 44	19 09	19 38	10 16	11 13	12 11	13 10
E 08	298 32.0	27.1	30 10.8	11.6	1 40.7	14.7	59.0	30	19 05	19 32	20 05	10 08	11 10	12 13	13 17
D 09	313 31.7	26.8	44 41.4	11.5	1 55.4	14.8	59.0	35	19 18	19 47	20 23	10 03	11 08	12 15	13 23
N 10	328 31.4	26.5	59 11.9	11.6	2 10.2	14.7	59.0	40	19 32	20 04	20 45	09 57	11 06	12 16	13 27
E 11	343 31.1	26.2	73 42.5	11.5	2 24.9	14.7	59.1	45	19 49	20 26	21 14	09 51	11 04	12 18	13 33
S 12	358 30.9	S22 25.9	88 13.0	11.5	S 2 39.6	14.7	59.1	S 50	20 11	20 54	21 56	09 43	11 01	12 20	13 40
D 13	13 30.6	25.6	102 43.5	11.4	2 54.3	14.7	59.1	52	20 21	21 08	22 20	09 39	11 00	12 21	13 44
A 14	28 30.3	25.3	117 13.9	11.5	3 09.0	14.7	59.1	54	20 32	21 25	22 55	09 35	10 58	12 22	13 47
Y 15	43 30.0	25.0	131 44.4	11.4	3 23.7	14.7	59.1	56	20 46	21 45	////	09 31	10 57	12 23	13 51
16	58 29.8	24.7	146 14.8	11.3	3 38.4	14.7	59.1	58	21 01	22 11	////	09 26	10 55	12 25	13 56
17	73 29.5	24.4	160 45.1	11.4	3 53.1	14.7	59.1	S 60	21 20	22 48	////	09 20	10 53	12 26	14 01
18	88 29.2	S22 24.0	175 15.5	11.3	S 4 07.8	14.6	59.2		SUN			MOON			
19	103 29.0	23.7	189 45.8	11.2	4 22.4	14.6	59.2	Day	Eqn. of Time		Mer.	Mer. Pass.		Age	Phase
20	118 28.7	23.4	204 16.0	11.2	4 37.0	14.7	59.2		00ʰ	12ʰ	Pass.	Upper	Lower		
21	133 28.4	23.1	218 46.2	11.2	4 51.7	14.5	59.2								
22	148 28.2	22.8	233 16.4	11.2	5 06.2	14.6	59.2	d	m s	m s	h m	h m	h m	d %	
23	163 27.9	22.5	247 46.6	11.1	S 5 20.8	14.6	59.2	4	04 49	05 03	12 05	04 18	16 43	21 71	
								5	05 16	05 30	12 05	05 07	17 31	22 60	◐
	SD 16.3	d 0.3	SD 15.9		16.0		16.1	6	05 43	05 56	12 06	05 55	18 20	23 49	

2021 JANUARY 7, 8, 9 (THURS., FRI., SAT.)

UT	ARIES GHA	VENUS −3.9 GHA / Dec	MARS −0.1 GHA / Dec	JUPITER −2.0 GHA / Dec	SATURN +0.5 GHA / Dec	STARS Name / SHA / Dec
7 00	106 46.7	199 01.8 S23 00.9	79 11.5 N12 24.0	160 09.9 S19 41.8	162 06.0 S20 01.5	Acamar 315 14.1 S40 13.6
01	121 49.2	214 00.9 01.0	94 12.9 24.4	175 11.7 41.7	177 08.2 01.5	Achernar 335 22.7 S57 08.2
02	136 51.6	228 59.9 01.2	109 14.3 24.8	190 13.6 41.5	192 10.3 01.4	Acrux 173 03.4 S63 12.5
03	151 54.1	243 59.0 .. 01.3	124 15.7 .. 25.3	205 15.5 .. 41.4	207 12.5 .. 01.4	Adhara 255 08.0 S29 00.1
04	166 56.6	258 58.0 01.5	139 17.0 25.7	220 17.3 41.3	222 14.7 01.3	Aldebaran 290 43.1 N16 33.0
05	181 59.0	273 57.1 01.6	154 18.4 26.2	235 19.2 41.1	237 16.8 01.2	
06	197 01.5	288 56.2 S23 01.8	169 19.8 N12 26.6	250 21.1 S19 41.0	252 19.0 S20 01.2	Alioth 166 15.9 N55 50.6
07	212 04.0	303 55.2 01.9	184 21.2 27.1	265 22.9 40.9	267 21.2 01.1	Alkaid 152 54.8 N49 12.3
T 08	227 06.4	318 54.3 02.1	199 22.6 27.5	280 24.8 40.7	282 23.3 01.0	Alnair 27 37.4 S46 51.8
H 09	242 08.9	333 53.4 .. 02.2	214 23.9 .. 27.9	295 26.7 .. 40.6	297 25.5 .. 01.0	Alnilam 275 40.7 S 1 11.4
U 10	257 11.4	348 52.4 02.4	229 25.3 28.4	310 28.5 40.4	312 27.6 00.9	Alphard 217 50.7 S 8 45.0
R 11	272 13.8	3 51.5 02.5	244 26.7 28.8	325 30.4 40.3	327 29.8 00.8	
S 12	287 16.3	18 50.5 S23 02.7	259 28.1 N12 29.3	340 32.2 S19 40.2	342 32.0 S20 00.8	Alphecca 126 06.8 N26 38.6
D 13	302 18.7	33 49.6 02.8	274 29.4 29.7	355 34.1 40.0	357 34.1 00.7	Alpheratz 357 38.2 N29 12.4
A 14	317 21.2	48 48.7 02.9	289 30.8 30.2	10 36.0 39.9	12 36.3 00.7	Altair 62 03.4 N 8 55.4
Y 15	332 23.7	63 47.7 .. 03.1	304 32.2 .. 30.6	25 37.8 .. 39.8	27 38.5 .. 00.6	Ankaa 353 10.5 S42 11.9
16	347 26.1	78 46.8 03.2	319 33.6 31.1	40 39.7 39.6	42 40.6 00.5	Antares 112 20.1 S26 28.5
17	2 28.6	93 45.8 03.4	334 34.9 31.5	55 41.6 39.5	57 42.8 00.5	
18	17 31.1	108 44.9 S23 03.5	349 36.3 N12 31.9	70 43.4 S19 39.4	72 44.9 S20 00.4	Arcturus 145 51.0 N19 04.4
19	32 33.5	123 44.0 03.6	4 37.7 32.4	85 45.3 39.2	87 47.1 00.3	Atria 107 17.7 S69 03.6
20	47 36.0	138 43.0 03.8	19 39.1 32.8	100 47.2 39.1	102 49.3 00.3	Avior 234 15.3 S59 34.5
21	62 38.5	153 42.1 .. 03.9	34 40.4 .. 33.3	115 49.0 .. 39.0	117 51.4 .. 00.2	Bellatrix 278 26.1 N 6 22.0
22	77 40.9	168 41.1 04.0	49 41.8 33.7	130 50.9 38.8	132 53.6 00.1	Betelgeuse 270 55.3 N 7 24.6
23	92 43.4	183 40.2 04.1	64 43.2 34.2	145 52.8 38.7	147 55.7 00.1	
8 00	107 45.8	198 39.3 S23 04.3	79 44.5 N12 34.6	160 54.6 S19 38.6	162 57.9 S20 00.0	Canopus 263 53.3 S52 42.5
01	122 48.3	213 38.3 04.4	94 45.9 35.0	175 56.5 38.4	178 00.1 20 00.0	Capella 280 26.2 N46 01.1
02	137 50.8	228 37.4 04.5	109 47.3 35.5	190 58.4 38.3	193 02.2 19 59.9	Deneb 49 28.4 N45 21.4
03	152 53.2	243 36.4 .. 04.6	124 48.7 .. 35.9	206 00.2 .. 38.1	208 04.4 .. 59.8	Denebola 182 28.2 N14 27.3
04	167 55.7	258 35.5 04.8	139 50.0 36.4	221 02.1 38.0	223 06.6 59.8	Diphda 348 50.6 S17 52.5
05	182 58.2	273 34.6 04.9	154 51.4 36.8	236 04.0 37.9	238 08.7 59.7	
06	198 00.6	288 33.6 S23 05.0	169 52.8 N12 37.3	251 05.8 S19 37.7	253 10.9 S19 59.6	Dubhe 193 44.8 N61 38.1
07	213 03.1	303 32.7 05.1	184 54.1 37.7	266 07.7 37.6	268 13.0 59.6	Elnath 278 05.6 N28 37.4
08	228 05.6	318 31.7 05.2	199 55.5 38.2	281 09.5 37.5	283 15.2 59.5	Eltanin 90 44.2 N51 29.1
F 09	243 08.0	333 30.8 .. 05.4	214 56.9 .. 38.6	296 11.4 .. 37.3	298 17.4 .. 59.4	Enif 33 42.2 N 9 58.2
R 10	258 10.5	348 29.8 05.5	229 58.2 39.0	311 13.3 37.2	313 19.5 59.4	Fomalhaut 15 18.3 S29 30.9
I 11	273 13.0	3 28.9 05.6	244 59.6 39.5	326 15.1 37.1	328 21.7 59.3	
D 12	288 15.4	18 28.0 S23 05.7	260 01.0 N12 39.9	341 17.0 S19 36.9	343 23.8 S19 59.3	Gacrux 171 55.0 S57 13.5
A 13	303 17.9	33 27.0 05.8	275 02.3 40.4	356 18.9 36.8	358 26.0 59.2	Gienah 175 46.8 S17 39.3
Y 14	318 20.3	48 26.1 05.9	290 03.7 40.8	11 20.7 36.6	13 28.2 59.1	Hadar 148 40.7 S60 28.1
15	333 22.8	63 25.1 .. 06.0	305 05.0 .. 41.3	26 22.6 .. 36.5	28 30.3 .. 59.1	Hamal 327 54.7 N23 33.7
16	348 25.3	78 24.2 06.1	320 06.4 41.7	41 24.5 36.4	43 32.5 59.0	Kaus Aust. 83 37.2 S34 22.4
17	3 27.7	93 23.3 06.2	335 07.8 42.2	56 26.3 36.2	58 34.6 58.9	
18	18 30.2	108 22.3 S23 06.3	350 09.1 N12 42.6	71 28.2 S19 36.1	73 36.8 S19 58.9	Kochab 137 20.5 N74 03.9
19	33 32.7	123 21.4 06.4	5 10.5 43.0	86 30.1 36.0	88 39.0 58.8	Markab 13 33.3 N15 19.0
20	48 35.1	138 20.4 06.5	20 11.9 43.5	101 31.9 35.8	103 41.1 58.7	Menkar 314 09.4 N 4 10.2
21	63 37.6	153 19.5 .. 06.6	35 13.2 .. 43.9	116 33.8 .. 35.7	118 43.3 .. 58.7	Menkent 148 01.5 S36 28.1
22	78 40.1	168 18.5 06.7	50 14.6 44.4	131 35.6 35.6	133 45.5 58.6	Miaplacidus 221 37.9 S69 48.0
23	93 42.5	183 17.6 06.8	65 15.9 44.8	146 37.5 35.4	148 47.6 58.6	
9 00	108 45.0	198 16.6 S23 06.9	80 17.3 N12 45.3	161 39.4 S19 35.3	163 49.8 S19 58.5	Mirfak 308 32.5 N49 56.2
01	123 47.5	213 15.7 07.0	95 18.6 45.7	176 41.2 35.1	178 51.9 58.4	Nunki 75 52.2 S26 16.2
02	138 49.9	228 14.8 07.1	110 20.0 46.2	191 43.1 35.0	193 54.1 58.4	Peacock 53 11.5 S56 40.2
03	153 52.4	243 13.8 .. 07.2	125 21.4 .. 46.6	206 45.0 .. 34.9	208 56.3 .. 58.3	Pollux 243 20.9 N27 58.4
04	168 54.8	258 12.9 07.3	140 22.7 47.1	221 46.8 34.7	223 58.4 58.2	Procyon 244 53.9 N 5 10.2
05	183 57.3	273 11.9 07.4	155 24.1 47.5	236 48.7 34.6	239 00.6 58.2	
06	198 59.8	288 11.0 S23 07.5	170 25.4 N12 47.9	251 50.6 S19 34.5	254 02.7 S19 58.1	Rasalhague 96 01.9 N12 32.7
07	214 02.2	303 10.0 07.6	185 26.8 48.4	266 52.4 34.3	269 04.9 58.0	Regulus 207 37.7 N11 53.8
S 08	229 04.7	318 09.1 07.7	200 28.1 48.8	281 54.3 34.2	284 07.1 58.0	Rigel 281 06.7 S 8 10.8
A 09	244 07.2	333 08.2 .. 07.8	215 29.5 .. 49.3	296 56.1 .. 34.0	299 09.2 .. 57.9	Rigil Kent. 139 44.9 S60 54.9
T 10	259 09.6	348 07.2 07.8	230 30.9 49.7	311 58.0 33.9	314 11.4 57.8	Sabik 102 06.8 S15 44.9
U 11	274 12.1	3 06.3 07.9	245 32.2 50.2	326 59.9 33.8	329 13.5 57.8	
R 12	289 14.6	18 05.3 S23 08.0	260 33.6 N12 50.6	342 01.7 S19 33.6	344 15.7 S19 57.7	Schedar 349 34.7 N56 39.3
D 13	304 17.0	33 04.4 08.1	275 34.9 51.1	357 03.6 33.5	359 17.9 57.7	Shaula 96 15.2 S37 07.0
A 14	319 19.5	48 03.4 08.2	290 36.3 51.5	12 05.5 33.4	14 20.0 57.6	Sirius 258 28.7 S16 44.8
Y 15	334 22.0	63 02.5 .. 08.3	305 37.6 .. 51.9	27 07.3 .. 33.2	29 22.2 .. 57.5	Spica 158 25.7 S11 16.1
16	349 24.4	78 01.5 08.3	320 39.0 52.4	42 09.2 33.1	44 24.3 57.5	Suhail 222 48.2 S43 30.9
17	4 26.9	93 00.6 08.4	335 40.3 52.8	57 11.1 32.9	59 26.5 57.4	
18	19 29.3	107 59.7 S23 08.5	350 41.7 N12 53.3	72 12.9 S19 32.8	74 28.7 S19 57.3	Vega 80 35.8 N38 48.2
19	34 31.8	122 58.7 08.6	5 43.0 53.7	87 14.8 32.7	89 30.8 57.3	Zuben'ubi 136 59.8 S16 07.6
20	49 34.3	137 57.8 08.6	20 44.4 54.2	102 16.6 32.5	104 33.0 57.2	
21	64 36.7	152 56.8 .. 08.7	35 45.7 .. 54.6	117 18.5 .. 32.4	119 35.1 .. 57.1	SHA / Mer.Pass.
22	79 39.2	167 55.9 08.8	50 47.1 55.1	132 20.4 32.3	134 37.3 57.1	Venus 90 53.4 10 46
23	94 41.7	182 54.9 08.8	65 48.4 55.5	147 22.2 32.1	149 39.5 57.0	Mars 331 58.7 18 39
Mer. Pass. 16 46.2	v −0.9 d 0.1	v 1.4 d 0.4	v 1.9 d 0.1	v 2.2 d 0.1		Jupiter 53 08.8 13 15 / Saturn 55 12.1 13 06

2021 JANUARY 7, 8, 9 (THURS., FRI., SAT.)

UT	SUN GHA	SUN Dec	MOON GHA	MOON v	MOON Dec	MOON d	MOON HP	Lat.	Twilight Naut.	Twilight Civil	Sunrise	Moonrise 7	Moonrise 8	Moonrise 9	Moonrise 10
d h	° '	° '	° '	'	° '	'	'	°	h m	h m	h m	h m	h m	h m	h m
								N 72	08 14	10 18	■	01 53	04 18	■	■
7 00	178 27.6	S22 22.1	262 16.7	11.0	S 5 35.4	14.5	59.2	N 70	07 57	09 36	■	01 43	03 55	06 31	■
01	193 27.3	21.8	276 46.7	11.1	5 49.9	14.5	59.2	68	07 44	09 07	11 08	01 36	03 37	05 51	09 06
02	208 27.1	21.5	291 16.8	11.0	6 04.4	14.5	59.3	66	07 32	08 45	10 12	01 30	03 23	05 24	07 37
03	223 26.8	.. 21.2	305 46.8	10.9	6 18.9	14.4	59.3	64	07 22	08 28	09 39	01 24	03 11	05 03	06 59
04	238 26.5	20.9	320 16.7	10.9	6 33.3	14.5	59.3	62	07 14	08 14	09 15	01 20	03 01	04 46	06 33
05	253 26.3	20.5	334 46.6	10.8	6 47.8	14.4	59.3	60	07 06	08 02	08 57	01 16	02 53	04 32	06 12
06	268 26.0	S22 20.2	349 16.4	10.8	S 7 02.2	14.3	59.3	N 58	07 00	07 51	08 41	01 12	02 45	04 20	05 55
07	283 25.7	19.9	3 46.2	10.8	7 16.5	14.3	59.3	56	06 54	07 42	08 28	01 09	02 39	04 10	05 41
T 08	298 25.5	19.6	18 16.0	10.7	7 30.8	14.3	59.3	54	06 48	07 33	08 16	01 07	02 33	04 01	05 29
H 09	313 25.2	.. 19.3	32 45.7	10.6	7 45.1	14.3	59.3	52	06 43	07 26	08 06	01 04	02 28	03 53	05 18
U 10	328 24.9	18.9	47 15.3	10.6	7 59.4	14.2	59.4	50	06 38	07 19	07 57	01 02	02 23	03 46	05 09
R 11	343 24.7	18.6	61 44.9	10.5	8 13.6	14.2	59.4	45	06 27	07 04	07 37	00 57	02 13	03 31	04 49
S 12	358 24.4	S22 18.3	76 14.4	10.5	S 8 27.8	14.1	59.4	N 40	06 18	06 52	07 22	00 53	02 05	03 18	04 32
D 13	13 24.1	17.9	90 43.9	10.5	8 41.9	14.1	59.4	35	06 09	06 41	07 09	00 50	01 58	03 08	04 19
A 14	28 23.9	17.6	105 13.4	10.3	8 56.0	14.1	59.4	30	06 01	06 31	06 57	00 47	01 52	02 59	04 07
Y 15	43 23.6	.. 17.3	119 42.7	10.4	9 10.1	14.0	59.4	20	05 46	06 13	06 37	00 41	01 41	02 43	03 47
16	58 23.3	17.0	134 12.1	10.2	9 24.1	14.0	59.4	N 10	05 31	05 57	06 20	00 37	01 32	02 29	03 30
17	73 23.1	16.6	148 41.3	10.2	9 38.1	13.9	59.4	0	05 15	05 41	06 03	00 33	01 23	02 17	03 13
18	88 22.8	S22 16.3	163 10.5	10.2	S 9 52.0	13.9	59.4	S 10	04 57	05 24	05 47	00 28	01 15	02 04	02 57
19	103 22.5	16.0	177 39.7	10.1	10 05.9	13.8	59.4	20	04 35	05 04	05 29	00 24	01 06	01 51	02 40
20	118 22.3	15.6	192 08.8	10.0	10 19.7	13.8	59.5	30	04 08	04 41	05 08	00 19	00 55	01 35	02 21
21	133 22.0	.. 15.3	206 37.8	10.0	10 33.5	13.7	59.5	35	03 50	04 26	04 56	00 16	00 50	01 27	02 09
22	148 21.7	15.0	221 06.8	9.9	10 47.2	13.6	59.5	40	03 29	04 09	04 41	00 13	00 43	01 17	01 56
23	163 21.5	14.6	235 35.7	9.8	11 00.8	13.6	59.5	45	03 00	03 48	04 25	00 09	00 35	01 05	01 41
8 00	178 21.2	S22 14.3	250 04.5	9.8	S11 14.4	13.6	59.5	S 50	02 20	03 21	04 04	00 05	00 26	00 51	01 22
01	193 20.9	13.9	264 33.3	9.7	11 28.0	13.4	59.5	52	01 56	03 07	03 54	00 03	00 22	00 45	01 14
02	208 20.7	13.6	279 02.0	9.6	11 41.4	13.5	59.5	54	01 23	02 51	03 42	00 01	00 18	00 38	01 04
03	223 20.4	.. 13.3	293 30.6	9.6	11 54.9	13.3	59.5	56	////	02 31	03 29	24 12	00 12	00 30	00 53
04	238 20.1	12.9	307 59.2	9.5	12 08.2	13.3	59.5	58	////	02 06	03 14	24 07	00 07	00 21	00 40
05	253 19.9	12.6	322 27.7	9.4	12 21.5	13.2	59.5	S 60	////	01 31	02 56	24 01	00 01	00 11	00 26
06	268 19.6	S22 12.3	336 56.1	9.4	S12 34.7	13.2	59.5	Lat.	Sunset	Twilight Civil	Twilight Naut.	Moonset 7	Moonset 8	Moonset 9	Moonset 10
07	283 19.3	11.9	351 24.5	9.3	12 47.9	13.1	59.6								
08	298 19.1	11.6	5 52.8	9.2	13 01.0	13.0	59.6								
F 09	313 18.8	.. 11.2	20 21.0	9.1	13 14.0	13.0	59.6	°	h m	h m	h m	h m	h m	h m	h m
R 10	328 18.6	10.9	34 49.1	9.1	13 27.0	12.8	59.6	N 72	■	13 56	16 00	11 05	10 27	■	■
I 11	343 18.3	10.5	49 17.2	9.0	13 39.8	12.8	59.6	N 70	■	14 39	16 17	11 17	10 53	10 10	■
D 12	358 18.0	S22 10.2	63 45.2	9.0	S13 52.6	12.8	59.6	68	13 06	15 07	16 31	11 27	11 13	10 51	09 37
A 13	13 17.8	09.8	78 13.2	8.8	14 05.4	12.6	59.6	66	14 02	15 29	16 42	11 35	11 28	11 20	11 06
Y 14	28 17.5	09.5	92 41.0	8.8	14 18.0	12.6	59.6	64	14 35	15 46	16 52	11 43	11 42	11 42	11 45
15	43 17.2	.. 09.1	107 08.8	8.7	14 30.6	12.4	59.6	62	14 59	16 00	17 00	11 49	11 53	11 59	12 12
16	58 17.0	08.8	121 36.5	8.7	14 43.0	12.4	59.6	60	15 17	16 12	17 08	11 54	12 02	12 14	12 33
17	73 16.7	08.5	136 04.2	8.5	14 55.4	12.4	59.6								
18	88 16.5	S22 08.1	150 31.7	8.5	S15 07.8	12.2	59.6	N 58	15 33	16 23	17 14	11 59	12 11	12 27	12 50
19	103 16.2	07.7	164 59.2	8.4	15 20.0	12.1	59.6	56	15 46	16 32	17 20	12 03	12 18	12 38	13 05
20	118 15.9	07.4	179 26.6	8.4	15 32.1	12.1	59.6	54	15 58	16 40	17 26	12 07	12 25	12 47	13 18
21	133 15.7	.. 07.0	193 54.0	8.2	15 44.2	11.9	59.6	52	16 08	16 48	17 31	12 10	12 31	12 56	13 29
22	148 15.4	06.7	208 21.2	8.2	15 56.1	11.9	59.6	50	16 17	16 55	17 36	12 13	12 36	13 04	13 39
23	163 15.2	06.3	222 48.4	8.1	16 08.0	11.8	59.6	45	16 36	17 10	17 46	12 20	12 48	13 20	14 00
9 00	178 14.9	S22 06.0	237 15.5	8.0	S16 19.8	11.6	59.7	N 40	16 52	17 22	17 56	12 26	12 58	13 34	14 17
01	193 14.6	05.6	251 42.5	7.9	16 31.4	11.6	59.7	35	17 05	17 33	18 04	12 31	13 06	13 46	14 31
02	208 14.4	05.3	266 09.4	7.9	16 43.0	11.5	59.7	30	17 17	17 43	18 12	12 35	13 13	13 56	14 44
03	223 14.1	.. 04.9	280 36.3	7.8	16 54.5	11.4	59.7	20	17 37	18 00	18 28	12 43	13 26	14 13	15 05
04	238 13.9	04.6	295 03.1	7.7	17 05.9	11.2	59.7	N 10	17 54	18 17	18 43	12 50	13 38	14 29	15 24
05	253 13.6	04.2	309 29.8	7.6	17 17.1	11.2	59.7	0	18 10	18 33	18 59	12 56	13 48	14 43	15 41
06	268 13.4	S22 03.8	323 56.4	7.6	S17 28.3	11.1	59.7	S 10	18 27	18 50	19 17	13 03	13 59	14 58	15 59
07	283 13.1	03.5	338 23.0	7.5	17 39.4	10.9	59.7	20	18 45	19 09	19 38	13 10	14 10	15 13	16 18
S 08	298 12.8	03.1	352 49.5	7.3	17 50.3	10.9	59.7	30	19 06	19 33	20 05	13 17	14 23	15 31	16 39
A 09	313 12.6	.. 02.8	7 15.8	7.4	18 01.2	10.7	59.7	35	19 18	19 47	20 23	13 22	14 31	15 42	16 52
T 10	328 12.3	02.4	21 42.2	7.2	18 11.9	10.6	59.7	40	19 32	20 04	20 44	13 27	14 40	15 54	17 07
U 11	343 12.1	02.0	36 08.4	7.1	18 22.5	10.5	59.7	45	19 48	20 25	21 12	13 33	14 50	16 08	17 24
R 12	358 11.8	S22 01.7	50 34.5	7.1	S18 33.0	10.4	59.7	S 50	20 09	20 52	21 53	13 40	15 02	16 25	17 46
D 13	13 11.6	01.3	65 00.6	7.0	18 43.4	10.3	59.7	52	20 19	21 06	22 16	13 44	15 08	16 34	17 56
A 14	28 11.3	00.9	79 26.6	6.9	18 53.7	10.2	59.7	54	20 30	21 22	22 48	13 47	15 15	16 43	18 08
Y 15	43 11.0	.. 00.6	93 52.5	6.9	19 03.9	10.0	59.7	56	20 43	21 41	////	13 51	15 22	16 53	18 22
16	58 10.8	22 00.2	108 18.4	6.8	19 13.9	9.9	59.7	58	20 58	22 06	////	13 56	15 30	17 05	18 37
17	73 10.5	21 59.8	122 44.2	6.7	19 23.8	9.8	59.7	S 60	21 16	22 40	////	14 01	15 39	17 19	18 56
18	88 10.3	S21 59.5	137 09.9	6.6	S19 33.6	9.7	59.7		SUN			MOON			
19	103 10.0	59.1	151 35.5	6.5	19 43.3	9.6	59.7	Day	Eqn. of Time		Mer. Pass.	Mer. Pass. Upper	Mer. Pass. Lower	Age	Phase
20	118 09.8	58.7	166 01.0	6.5	19 52.9	9.4	59.7		00h	12h					
21	133 09.5	.. 58.4	180 26.5	6.4	20 02.3	9.3	59.7								
22	148 09.3	58.0	194 51.9	6.3	20 11.6	9.1	59.7	d	m s	m s	h m	h m	h m	d	%
23	163 09.0	57.6	209 17.2	6.2	S20 20.7	9.1	59.7	7	06 09	06 22	12 06	06 44	19 10	24	38
								8	06 35	06 47	12 07	07 36	20 02	25	27
	SD 16.3	d 0.3	SD 16.2		16.2		16.3	9	07 00	07 12	12 07	08 30	20 58	26	17

2021 JANUARY 10, 11, 12 (SUN., MON., TUES.)

UT	ARIES	VENUS −3.9	MARS +0.0	JUPITER −2.0	SATURN +0.5	STARS
	GHA	GHA Dec	GHA Dec	GHA Dec	GHA Dec	Name SHA Dec
d h	° ′	° ′ ° ′	° ′ ° ′	° ′ ° ′	° ′ ° ′	° ′ ° ′
10 00	109 44.1	197 54.0 S23 08.9	80 49.8 N12 56.0	162 24.1 S19 32.0	164 41.6 S19 56.9	Acamar 315 14.1 S40 13.6
01	124 46.6	212 53.0 09.0	95 51.1 56.4	177 26.0 31.8	179 43.8 56.9	Achernar 335 22.7 S57 08.2
02	139 49.1	227 52.1 09.0	110 52.5 56.9	192 27.8 31.7	194 45.9 56.8	Acrux 173 03.3 S63 12.6
03	154 51.5	242 51.1 .. 09.1	125 53.8 .. 57.3	207 29.7 .. 31.6	209 48.1 .. 56.8	Adhara 255 08.0 S29 00.1
04	169 54.0	257 50.2 09.2	140 55.1 57.7	222 31.5 31.4	224 50.3 56.7	Aldebaran 290 43.1 N16 33.0
05	184 56.4	272 49.3 09.2	155 56.5 58.2	237 33.4 31.3	239 52.4 56.6	
06	199 58.9	287 48.3 S23 09.3	170 57.8 N12 58.6	252 35.3 S19 31.2	254 54.6 S19 56.6	Alioth 166 15.9 N55 50.5
07	215 01.4	302 47.4 09.4	185 59.2 59.1	267 37.1 31.0	269 56.7 56.5	Alkaid 152 54.7 N49 12.3
08	230 03.8	317 46.4 09.4	201 00.5 12 59.5	282 39.0 30.9	284 58.9 56.4	Alnair 27 37.4 S46 51.8
S 09	245 06.3	332 45.5 .. 09.5	216 01.9 13 00.0	297 40.9 .. 30.7	300 01.1 .. 56.4	Alnilam 275 40.7 S 1 11.4
U 10	260 08.8	347 44.5 09.5	231 03.2 00.4	312 42.7 30.6	315 03.2 56.3	Alphard 217 50.6 S 8 45.0
N 11	275 11.2	2 43.6 09.6	246 04.6 00.9	327 44.6 30.5	330 05.4 56.2	
D 12	290 13.7	17 42.6 S23 09.6	261 05.9 N13 01.3	342 46.4 S19 30.3	345 07.5 S19 56.2	Alphecca 126 06.7 N26 38.6
A 13	305 16.2	32 41.7 09.7	276 07.2 01.8	357 48.3 30.2	0 09.7 56.1	Alpheratz 357 38.2 N29 12.4
Y 14	320 18.6	47 40.7 09.7	291 08.6 02.2	12 50.2 30.0	15 11.9 56.0	Altair 62 03.4 N 8 55.4
15	335 21.1	62 39.8 .. 09.8	306 09.9 .. 02.6	27 52.0 .. 29.9	30 14.0 .. 56.0	Ankaa 353 10.5 S42 11.9
16	350 23.6	77 38.9 09.8	321 11.3 03.1	42 53.9 29.8	45 16.2 55.9	Antares 112 20.1 S26 28.5
17	5 26.0	92 37.9 09.9	336 12.6 03.5	57 55.8 29.6	60 18.3 55.9	
18	20 28.5	107 37.0 S23 09.9	351 13.9 N13 04.0	72 57.6 S19 29.5	75 20.5 S19 55.8	Arcturus 145 51.0 N19 04.3
19	35 30.9	122 36.0 10.0	6 15.3 04.4	87 59.5 29.4	90 22.7 55.7	Atria 107 17.6 S69 03.6
20	50 33.4	137 35.1 10.0	21 16.6 04.9	103 01.3 29.2	105 24.8 55.7	Avior 234 15.3 S59 34.5
21	65 35.9	152 34.1 .. 10.0	36 17.9 .. 05.3	118 03.2 .. 29.1	120 27.0 .. 55.6	Bellatrix 278 26.0 N 6 22.0
22	80 38.3	167 33.2 10.1	51 19.3 05.8	133 05.1 28.9	135 29.1 55.5	Betelgeuse 270 55.3 N 7 24.5
23	95 40.8	182 32.2 10.1	66 20.6 06.2	148 06.9 28.8	150 31.3 55.5	
11 00	110 43.3	197 31.3 S23 10.2	81 22.0 N13 06.7	163 08.8 S19 28.7	165 33.5 S19 55.4	Canopus 263 53.3 S52 42.5
01	125 45.7	212 30.3 10.2	96 23.3 07.1	178 10.7 28.5	180 35.6 55.3	Capella 280 26.2 N46 01.1
02	140 48.2	227 29.4 10.2	111 24.6 07.6	193 12.5 28.4	195 37.8 55.3	Deneb 49 28.4 N45 21.3
03	155 50.7	242 28.4 .. 10.3	126 26.0 .. 08.0	208 14.4 .. 28.2	210 39.9 .. 55.2	Denebola 182 28.1 N14 27.2
04	170 53.1	257 27.5 10.3	141 27.3 08.5	223 16.2 28.1	225 42.1 55.1	Diphda 348 50.6 S17 52.5
05	185 55.6	272 26.5 10.3	156 28.6 08.9	238 18.1 28.0	240 44.3 55.1	
06	200 58.1	287 25.6 S23 10.4	171 30.0 N13 09.3	253 20.0 S19 27.8	255 46.4 S19 55.0	Dubhe 193 44.7 N61 38.1
07	216 00.5	302 24.7 10.4	186 31.3 09.8	268 21.8 27.7	270 48.6 54.9	Elnath 278 05.6 N28 37.4
08	231 03.0	317 23.7 10.4	201 32.6 10.2	283 23.7 27.5	285 50.7 54.9	Eltanin 90 44.2 N51 29.1
M 09	246 05.4	332 22.8 .. 10.5	216 34.0 .. 10.7	298 25.6 .. 27.4	300 52.9 .. 54.8	Enif 33 42.2 N 9 58.2
O 10	261 07.9	347 21.8 10.5	231 35.3 11.1	313 27.4 27.3	315 55.1 54.8	Fomalhaut 15 18.4 S29 30.9
N 11	276 10.4	2 20.9 10.5	246 36.6 11.6	328 29.3 27.1	330 57.2 54.7	
D 12	291 12.8	17 19.9 S23 10.5	261 38.0 N13 12.0	343 31.1 S19 27.0	345 59.4 S19 54.6	Gacrux 171 55.0 S57 13.5
A 13	306 15.3	32 19.0 10.6	276 39.3 12.5	358 33.0 26.8	1 01.5 54.6	Gienah 175 46.8 S17 39.4
Y 14	321 17.8	47 18.0 10.6	291 40.6 12.9	13 34.9 26.7	16 03.7 54.5	Hadar 148 40.6 S60 28.1
15	336 20.2	62 17.1 .. 10.6	306 42.0 .. 13.4	28 36.7 .. 26.6	31 05.8 .. 54.4	Hamal 327 54.7 N23 33.7
16	351 22.7	77 16.1 10.6	321 43.3 13.8	43 38.6 26.4	46 08.0 54.4	Kaus Aust. 83 37.2 S34 22.4
17	6 25.2	92 15.2 10.6	336 44.6 14.3	58 40.5 26.3	61 10.2 54.3	
18	21 27.6	107 14.2 S23 10.7	351 45.9 N13 14.7	73 42.3 S19 26.2	76 12.3 S19 54.2	Kochab 137 20.4 N74 03.9
19	36 30.1	122 13.3 10.7	6 47.3 15.1	88 44.2 26.0	91 14.5 54.2	Markab 13 33.3 N15 19.0
20	51 32.6	137 12.3 10.7	21 48.6 15.6	103 46.0 25.9	106 16.6 54.1	Menkar 314 09.4 N 4 10.2
21	66 35.0	152 11.4 .. 10.7	36 49.9 .. 16.0	118 47.9 .. 25.7	121 18.8 .. 54.1	Menkent 148 01.5 S36 28.1
22	81 37.5	167 10.4 10.7	51 51.2 16.5	133 49.8 25.6	136 21.0 54.0	Miaplacidus 221 37.9 S69 48.0
23	96 39.9	182 09.5 10.7	66 52.6 16.9	148 51.6 25.5	151 23.1 53.9	
12 00	111 42.4	197 08.6 S23 10.7	81 53.9 N13 17.4	163 53.5 S19 25.3	166 25.3 S19 53.8	Mirfak 308 32.5 N49 56.2
01	126 44.9	212 07.6 10.7	96 55.2 17.8	178 55.3 25.2	181 27.4 53.8	Nunki 75 52.2 S26 16.2
02	141 47.3	227 06.7 10.7	111 56.5 18.3	193 57.2 25.0	196 29.6 53.7	Peacock 53 11.5 S56 40.1
03	156 49.8	242 05.7 .. 10.7	126 57.9 .. 18.7	208 59.1 .. 24.9	211 31.8 .. 53.6	Pollux 243 20.9 N27 58.4
04	171 52.3	257 04.8 10.7	141 59.2 19.2	224 00.9 24.8	226 33.9 53.6	Procyon 244 53.9 N 5 10.2
05	186 54.7	272 03.8 10.7	157 00.5 19.6	239 02.8 24.6	241 36.1 53.5	
06	201 57.2	287 02.9 S23 10.7	172 01.8 N13 20.1	254 04.7 S19 24.5	256 38.2 S19 53.5	Rasalhague 96 01.9 N12 32.7
07	216 59.7	302 01.9 10.7	187 03.2 20.5	269 06.5 24.3	271 40.4 53.4	Regulus 207 37.6 N11 51.8
08	232 02.1	317 01.0 10.7	202 04.5 21.0	284 08.4 24.2	286 42.5 53.3	Rigel 281 06.7 S 8 10.8
T 09	247 04.6	332 00.0 .. 10.7	217 05.8 .. 21.4	299 10.2 .. 24.1	301 44.7 .. 53.3	Rigil Kent. 139 44.9 S60 54.9
U 10	262 07.1	346 59.1 10.7	232 07.1 21.9	314 12.1 23.9	316 46.9 53.2	Sabik 102 06.8 S15 45.0
E 11	277 09.5	1 58.1 10.7	247 08.4 22.3	329 14.0 23.8	331 49.0 53.1	
S 12	292 12.0	16 57.2 S23 10.7	262 09.8 N13 22.7	344 15.8 S19 23.6	346 51.2 S19 53.1	Schedar 349 34.7 N56 39.3
D 13	307 14.4	31 56.2 10.7	277 11.1 23.2	359 17.7 23.5	1 53.3 53.0	Shaula 96 15.1 S37 07.0
A 14	322 16.9	46 55.3 10.7	292 12.4 23.6	14 19.5 23.4	16 55.5 52.9	Sirius 258 28.7 S16 44.8
Y 15	337 19.4	61 54.3 .. 10.7	307 13.7 .. 24.1	29 21.4 .. 23.2	31 57.7 .. 52.9	Spica 158 25.7 S11 16.1
16	352 21.8	76 53.4 10.7	322 15.0 24.5	44 23.3 23.1	46 59.8 52.8	Suhail 222 48.2 S43 30.9
17	7 24.3	91 52.5 10.7	337 16.4 25.0	59 25.1 22.9	62 02.0 52.7	
18	22 26.8	106 51.5 S23 10.7	352 17.7 N13 25.4	74 27.0 S19 22.8	77 04.1 S19 52.7	Vega 80 35.8 N38 48.1
19	37 29.2	121 50.6 10.6	7 19.0 25.9	89 28.8 22.6	92 06.3 52.6	Zuben'ubi 136 59.7 S16 07.6
20	52 31.7	136 49.6 10.6	22 20.3 26.3	104 30.7 22.5	107 08.5 52.5	SHA Mer.Pass.
21	67 34.2	151 48.7 .. 10.6	37 21.6 .. 26.8	119 32.6 .. 22.4	122 10.6 .. 52.5	° ′ h m
22	82 36.6	166 47.7 10.6	52 22.9 27.2	134 34.4 22.2	137 12.8 52.4	Venus 86 48.0 10 51
23	97 39.1	181 46.8 10.6	67 24.3 27.7	149 36.3 22.1	152 14.9 52.3	Mars 330 38.7 18 33
	h m					Jupiter 52 25.5 13 06
Mer.Pass. 16 34.4		v −0.9 d 0.0	v 1.3 d 0.4	v 1.9 d 0.1	v 2.2 d 0.1	Saturn 54 50.2 12 56

2021 JANUARY 10, 11, 12 (SUN., MON., TUES.)

UT	SUN GHA	SUN Dec	MOON GHA	MOON v	MOON Dec	MOON d	MOON HP	Lat.	Twilight Naut.	Twilight Civil	Sunrise	Moonrise 10	Moonrise 11	Moonrise 12	Moonrise 13
d h	° '	° '	° '	'	° '	'	'	°	h m	h m	h m	h m	h m	h m	h m
10 00	178 08.7	S21 57.3	223 42.4	6.2	S20 29.8	8.9	59.7	N 72	08 09	10 07	■	■	■	■	■
01	193 08.5	56.9	238 07.6	6.1	20 38.7	8.7	59.7	N 70	07 53	09 28	■	■	■	■	■
02	208 08.2	56.5	252 32.7	6.0	20 47.4	8.7	59.7	68	07 40	09 01	10 51	09 06	■	■	■
03	223 08.0	56.1	266 57.7	6.0	20 56.1	8.5	59.7	66	07 29	08 41	10 04	07 37	■	■	12 11
04	238 07.7	55.8	281 22.7	5.9	21 04.6	8.3	59.7	64	07 20	08 24	09 34	06 59	08 54	10 18	10 49
05	253 07.5	55.4	295 47.6	5.8	21 12.9	8.2	59.7	62	07 11	08 11	09 11	06 33	08 13	09 29	10 12
								60	07 04	07 59	08 53	06 12	07 45	08 58	09 46
S 06	268 07.2	S21 55.0	310 12.4	5.7	S21 21.1	8.1	59.7	N 58	06 58	07 49	08 38	05 55	07 24	08 35	09 25
U 07	283 07.0	54.6	324 37.1	5.7	21 29.2	8.0	59.7	56	06 52	07 40	08 25	05 41	07 06	08 16	09 07
N 08	298 06.7	54.2	339 01.8	5.6	21 37.2	7.8	59.6	54	06 47	07 32	08 14	05 29	06 51	08 00	08 53
D 09	313 06.5	53.9	353 26.4	5.6	21 45.0	7.6	59.6	52	06 42	07 25	08 04	05 18	06 38	07 46	08 40
A 10	328 06.2	53.5	7 51.0	5.5	21 52.6	7.5	59.6	50	06 37	07 18	07 55	05 09	06 27	07 34	08 29
Y 11	343 06.0	53.1	22 15.5	5.4	22 00.1	7.4	59.6	45	06 27	07 03	07 36	04 49	06 03	07 10	08 05
12	358 05.7	S21 52.7	36 39.9	5.4	S22 07.5	7.2	59.6	N 40	06 18	06 51	07 21	04 32	05 44	06 50	07 46
13	13 05.5	52.3	51 04.3	5.3	22 14.7	7.0	59.6	35	06 09	06 41	07 08	04 19	05 28	06 33	07 31
14	28 05.2	52.0	65 28.6	5.2	22 21.7	6.9	59.6	30	06 01	06 31	06 57	04 07	05 15	06 19	07 17
15	43 05.0	51.6	79 52.8	5.2	22 28.6	6.8	59.6	20	05 47	06 14	06 37	03 47	04 52	05 55	06 54
16	58 04.7	51.2	94 17.0	5.2	22 35.4	6.6	59.6	N 10	05 32	05 58	06 20	03 30	04 32	05 34	06 33
17	73 04.5	50.8	108 41.2	5.0	22 42.0	6.4	59.6	0	05 16	05 42	06 04	03 13	04 13	05 14	06 14
18	88 04.2	S21 50.4	123 05.2	5.1	S22 48.4	6.3	59.6	S 10	04 59	05 25	05 48	02 57	03 54	04 55	05 55
19	103 04.0	50.0	137 29.3	5.0	22 54.7	6.2	59.6	20	04 38	05 06	05 31	02 40	03 35	04 34	05 35
20	118 03.7	49.6	151 53.3	4.9	23 00.9	5.9	59.6	30	04 11	04 43	05 10	02 21	03 12	04 10	05 12
21	133 03.5	49.3	166 17.2	4.9	23 06.8	5.9	59.5	35	03 54	04 29	04 58	02 09	02 59	03 55	04 58
22	148 03.2	48.9	180 41.1	4.8	23 12.7	5.6	59.6	40	03 32	04 13	04 45	01 56	02 43	03 39	04 42
23	163 03.0	48.5	195 04.9	4.8	23 18.3	5.5	59.5	45	03 05	03 52	04 28	01 41	02 25	03 20	04 23
11 00	178 02.7	S21 48.1	209 28.7	4.7	S23 23.8	5.4	59.5	S 50	02 26	03 25	04 08	01 22	02 03	02 55	03 59
01	193 02.5	47.7	223 52.4	4.7	23 29.2	5.2	59.5	52	02 04	03 12	03 58	01 14	01 52	02 43	03 48
02	208 02.2	47.3	238 16.1	4.7	23 34.4	5.0	59.5	54	01 33	02 56	03 47	01 04	01 40	02 30	03 35
03	223 02.0	46.9	252 39.8	4.6	23 39.4	4.8	59.5	56	00 34	02 38	03 35	00 53	01 26	02 15	03 20
04	238 01.7	46.5	267 03.4	4.6	23 44.2	4.7	59.5	58	////	02 14	03 20	00 40	01 10	01 56	03 02
05	253 01.5	46.1	281 27.0	4.6	23 48.9	4.6	59.5	S 60	////	01 42	03 03	00 26	00 51	01 34	02 40
06	268 01.2	S21 45.7	295 50.6	4.5	S23 53.5	4.3	59.5								
07	283 01.0	45.3	310 14.1	4.5	23 57.8	4.2	59.5	Lat.	Sunset	Twilight Civil	Twilight Naut.	Moonset 10	Moonset 11	Moonset 12	Moonset 13
08	298 00.7	44.9	324 37.6	4.5	24 02.0	4.1	59.4								
M 09	313 00.5	44.5	339 01.1	4.4	24 06.1	3.8	59.4	°	h m	h m	h m	h m	h m	h m	h m
O 10	328 00.3	44.1	353 24.5	4.5	24 09.9	3.7	59.4	N 72	■	14 10	16 08	■	■	■	■
N 11	343 00.0	43.7	7 48.0	4.4	24 13.6	3.6	59.4	N 70	■	14 49	16 24	■	■	■	■
D 12	357 59.8	S21 43.3	22 11.4	4.3	S24 17.2	3.3	59.4	68	13 25	15 15	16 37	09 37	■	■	■
A 13	12 59.5	42.9	36 34.7	4.4	24 20.5	3.2	59.4	66	14 13	15 36	16 48	11 06	■	■	12 52
Y 14	27 59.3	42.5	50 58.1	4.3	24 23.7	3.1	59.4	64	14 43	15 52	16 57	11 45	11 56	12 40	14 14
15	42 59.0	42.1	65 21.4	4.4	24 26.8	2.8	59.4	62	15 05	16 06	17 05	12 12	12 37	13 29	14 51
16	57 58.8	41.7	79 44.8	4.3	24 29.6	2.7	59.3	60	15 23	16 17	17 12	12 33	13 05	14 00	15 17
17	72 58.5	41.3	94 08.1	4.3	24 32.3	2.5	59.3								
18	87 58.3	S21 40.9	108 31.4	4.3	S24 34.8	2.4	59.3	N 58	15 39	16 28	17 19	12 50	13 27	14 23	15 37
19	102 58.1	40.5	122 54.7	4.3	24 37.2	2.2	59.3	56	15 51	16 37	17 24	13 05	13 45	14 42	15 54
20	117 57.8	40.1	137 18.0	4.3	24 39.4	2.0	59.3	54	16 02	16 45	17 30	13 18	14 00	14 58	16 09
21	132 57.6	39.7	151 41.3	4.3	24 41.4	1.8	59.3	52	16 12	16 52	17 35	13 29	14 13	15 11	16 21
22	147 57.3	39.3	166 04.6	4.3	24 43.2	1.7	59.2	50	16 21	16 59	17 39	13 39	14 25	15 23	16 32
23	162 57.1	38.9	180 27.9	4.3	24 44.9	1.5	59.2	45	16 40	17 13	17 49	14 00	14 49	15 48	16 55
12 00	177 56.8	S21 38.5	194 51.2	4.3	S24 46.4	1.3	59.2	N 40	16 55	17 25	17 59	14 17	15 08	16 08	17 13
01	192 56.6	38.1	209 14.5	4.3	24 47.7	1.1	59.2	35	17 08	17 36	18 07	14 31	15 24	16 24	17 29
02	207 56.4	37.7	223 37.8	4.3	24 48.8	1.0	59.2	30	17 19	17 45	18 15	14 44	15 38	16 39	17 42
03	222 56.1	37.3	238 01.1	4.3	24 49.8	0.8	59.2	20	17 39	18 02	18 30	15 05	16 02	17 03	18 05
04	237 55.9	36.9	252 24.4	4.4	24 50.6	0.7	59.1	N 10	17 56	18 18	18 44	15 24	16 23	17 24	18 24
05	252 55.6	36.5	266 47.8	4.3	24 51.3	0.5	59.1	0	18 12	18 34	19 00	15 41	16 42	17 43	18 42
06	267 55.4	S21 36.0	281 11.1	4.4	S24 51.8	0.3	59.1	S 10	18 28	18 51	19 17	15 59	17 01	18 02	19 00
07	282 55.2	35.6	295 34.5	4.4	24 52.1	0.1	59.1	20	18 45	19 09	19 38	16 18	17 22	18 23	19 20
T 08	297 54.9	35.2	309 57.9	4.5	24 52.2	0.0	59.1	30	19 05	19 32	20 05	16 39	17 46	18 47	19 42
U 09	312 54.7	34.8	324 21.4	4.4	24 52.2	0.3	59.1	35	19 17	19 46	20 22	16 52	18 00	19 01	19 55
E 10	327 54.4	34.4	338 44.8	4.5	24 51.9	0.3	59.0	40	19 31	20 03	20 43	17 07	18 16	19 17	20 09
S 11	342 54.2	34.0	353 08.3	4.5	24 51.6	0.5	59.0	45	19 47	20 23	21 10	17 24	18 35	19 37	20 27
D 12	357 54.0	S21 33.6	7 31.8	4.6	S24 51.0	0.7	59.0	S 50	20 08	20 50	21 49	17 46	18 59	20 01	20 49
A 13	12 53.7	33.1	21 55.4	4.6	24 50.3	0.9	59.0	52	20 17	21 03	22 11	17 56	19 11	20 12	20 59
Y 14	27 53.5	32.7	36 19.0	4.6	24 49.4	1.0	59.0	54	20 28	21 18	22 40	18 08	19 24	20 26	21 11
15	42 53.2	32.3	50 42.6	4.6	24 48.4	1.2	58.9	56	20 41	21 37	23 33	18 22	19 40	20 41	21 24
16	57 53.0	31.9	65 06.2	4.7	24 47.2	1.4	58.9	58	20 55	22 00	////	18 37	19 58	20 59	21 39
17	72 52.8	31.5	79 29.9	4.8	24 45.8	1.5	58.9	S 60	21 12	22 32	////	18 56	20 20	21 21	21 57
18	87 52.5	S21 31.0	93 53.7	4.8	S24 44.3	1.7	58.9		SUN	SUN	SUN	MOON	MOON	MOON	MOON
19	102 52.3	30.6	108 17.5	4.8	24 42.6	1.9	58.8	Day	Eqn. of Time	Eqn. of Time	Mer. Pass.	Mer. Pass. Upper	Mer. Pass. Lower	Age	Phase
20	117 52.1	30.2	122 41.3	4.9	24 40.7	2.1	58.8		00ʰ	12ʰ					
21	132 51.8	29.8	137 05.2	4.9	24 38.6	2.2	58.8	d	m s	m s	h m	h m	h m	d	%
22	147 51.6	29.3	151 29.1	5.0	24 36.4	2.3	58.8	10	07 25	07 37	12 08	09 27	21 57	27	9
23	162 51.3	28.9	165 53.1	5.0	S24 34.1	2.5	58.8	11	07 49	08 00	12 08	10 27	22 58	28	4
	SD 16.3	d 0.4	SD 16.2		16.2		16.1	12	08 12	08 24	12 08	11 29	23 59	29	1

2021 JANUARY 13, 14, 15 (WED., THURS., FRI.)

UT	ARIES	VENUS −3.9	MARS +0.1	JUPITER −1.9	SATURN +0.5	STARS
	GHA	GHA Dec	GHA Dec	GHA Dec	GHA Dec	Name SHA Dec
d h	° ′	° ′ ° ′	° ′ ° ′	° ′ ° ′	° ′ ° ′	° ′ ° ′
13 00	112 41.6	196 45.8 S23 10.5	82 25.6 N13 28.1	164 38.2 S19 21.9	167 17.1 S19 52.3	Acamar 315 14.1 S40 13.6
01	127 44.0	211 44.9 10.5	97 26.9 28.6	179 40.0 21.8	182 19.2 52.2	Achernar 335 22.7 S57 08.2
02	142 46.5	226 43.9 10.5	112 28.2 29.0	194 41.9 21.7	197 21.4 52.1	Acrux 173 03.3 S63 12.6
03	157 48.9	241 43.0 . . 10.5	127 29.5 . . 29.5	209 43.7 . . 21.5	212 23.6 . . 52.1	Adhara 255 08.0 S29 00.1
04	172 51.4	256 42.0 10.5	142 30.8 29.9	224 45.6 21.4	227 25.7 52.0	Aldebaran 290 43.1 N16 33.0
05	187 53.9	271 41.1 10.4	157 32.1 30.3	239 47.5 21.2	242 27.9 52.0	
06	202 56.3	286 40.1 S23 10.4	172 33.4 N13 30.8	254 49.3 S19 21.1	257 30.0 S19 51.9	Alioth 166 15.8 N55 50.5
W 07	217 58.8	301 39.2 10.4	187 34.8 31.2	269 51.2 21.0	272 32.2 51.8	Alkaid 152 54.7 N49 12.3
E 08	233 01.3	316 38.2 10.3	202 36.1 31.7	284 53.0 20.8	287 34.4 51.8	Alnair 27 37.4 S46 51.8
D 09	248 03.7	331 37.3 . . 10.3	217 37.4 . . 32.1	299 54.9 . . 20.7	302 36.5 . . 51.7	Alnilam 275 40.7 S 1 11.4
N 10	263 06.2	346 36.4 10.3	232 38.7 32.6	314 56.8 20.5	317 38.7 51.6	Alphard 217 50.6 S 8 45.0
E 11	278 08.7	1 35.4 10.2	247 40.0 33.0	329 58.6 20.4	332 40.8 51.6	
S 12	293 11.1	16 34.5 S23 10.2	262 41.3 N13 33.5	345 00.5 S19 20.3	347 43.0 S19 51.5	Alphecca 126 06.7 N26 38.6
D 13	308 13.6	31 33.5 10.2	277 42.6 33.9	0 02.3 20.1	2 45.1 51.4	Alpheratz 357 38.2 N29 12.4
A 14	323 16.1	46 32.6 10.1	292 43.9 34.4	15 04.2 20.0	17 47.3 51.4	Altair 62 03.4 N 8 55.4
Y 15	338 18.5	61 31.6 . . 10.1	307 45.2 . . 34.8	30 06.1 . . 19.8	32 49.5 . . 51.3	Ankaa 353 10.5 S42 11.9
16	353 21.0	76 30.7 10.0	322 46.5 35.3	45 07.9 19.7	47 51.6 51.2	Antares 112 20.0 S26 28.5
17	8 23.4	91 29.7 10.0	337 47.8 35.7	60 09.8 19.5	62 53.8 51.2	
18	23 25.9	106 28.8 S23 10.0	352 49.2 N13 36.2	75 11.6 S19 19.4	77 55.9 S19 51.1	Arcturus 145 51.0 N19 04.3
19	38 28.4	121 27.8 09.9	7 50.5 36.6	90 13.5 19.3	92 58.1 51.0	Atria 107 17.6 S69 03.6
20	53 30.8	136 26.9 09.9	22 51.8 37.1	105 15.4 19.1	108 00.2 51.0	Avior 234 15.3 S59 34.5
21	68 33.3	151 25.9 . . 09.8	37 53.1 . . 37.5	120 17.2 . . 19.0	123 02.4 . . 50.9	Bellatrix 278 26.0 N 6 22.0
22	83 35.8	166 25.0 09.8	52 54.4 38.0	135 19.1 18.8	138 04.6 50.8	Betelgeuse 270 55.3 N 7 24.5
23	98 38.2	181 24.0 09.7	67 55.7 38.4	150 20.9 18.7	153 06.7 50.8	
14 00	113 40.7	196 23.1 S23 09.7	82 57.0 N13 38.8	165 22.8 S19 18.6	168 08.9 S19 50.7	Canopus 263 53.3 S52 42.5
01	128 43.2	211 22.2 09.6	97 58.3 39.3	180 24.7 18.4	183 11.0 50.6	Capella 280 26.2 N46 01.1
02	143 45.6	226 21.2 09.6	112 59.6 39.7	195 26.5 18.3	198 13.2 50.6	Deneb 49 28.4 N45 21.3
03	158 48.1	241 20.3 . . 09.5	128 00.9 . . 40.2	210 28.4 . . 18.1	213 15.4 . . 50.5	Denebola 182 28.1 N14 27.2
04	173 50.6	256 19.3 09.5	143 02.2 40.6	225 30.2 18.0	228 17.5 50.4	Diphda 348 50.6 S17 52.5
05	188 53.0	271 18.4 09.4	158 03.5 41.1	240 32.1 17.8	243 19.7 50.4	
06	203 55.5	286 17.4 S23 09.3	173 04.8 N13 41.5	255 34.0 S19 17.7	258 21.8 S19 50.3	Dubhe 193 44.7 N61 38.1
T 07	218 57.9	301 16.5 09.3	188 06.1 42.0	270 35.8 17.6	273 24.0 50.2	Elnath 278 05.6 N28 37.4
H 08	234 00.4	316 15.5 09.2	203 07.4 42.4	285 37.7 17.4	288 26.1 50.2	Eltanin 90 44.2 N51 29.1
U 09	249 02.9	331 14.6 . . 09.2	218 08.7 . . 42.9	300 39.6 . . 17.3	303 28.3 . . 50.1	Enif 33 42.2 N 9 58.2
R 10	264 05.3	346 13.6 09.1	233 10.0 43.3	315 41.4 17.1	318 30.5 50.1	Fomalhaut 15 18.4 S29 30.9
S 11	279 07.8	1 12.7 09.0	248 11.3 43.8	330 43.3 17.0	333 32.6 50.0	
D 12	294 10.3	16 11.7 S23 09.0	263 12.6 N13 44.2	345 45.1 S19 16.8	348 34.8 S19 49.9	Gacrux 171 55.0 S57 13.5
A 13	309 12.7	31 10.8 08.9	278 13.9 44.7	0 47.0 16.7	3 36.9 49.9	Gienah 175 46.8 S17 39.4
Y 14	324 15.2	46 09.9 08.8	293 15.2 45.1	15 48.9 16.6	18 39.1 49.8	Hadar 148 40.6 S60 28.1
15	339 17.7	61 08.9 . . 08.8	308 16.5 . . 45.6	30 50.7 . . 16.4	33 41.2 . . 49.7	Hamal 327 54.7 N23 33.7
16	354 20.1	76 08.0 08.7	323 17.8 46.0	45 52.6 16.3	48 43.4 49.7	Kaus Aust. 83 37.2 S34 22.4
17	9 22.6	91 07.0 08.6	338 19.1 46.5	60 54.4 16.1	63 45.6 49.6	
18	24 25.0	106 06.1 S23 08.5	353 20.4 N13 46.9	75 56.3 S19 16.0	78 47.7 S19 49.5	Kochab 137 20.4 N74 03.9
19	39 27.5	121 05.1 08.5	8 21.7 47.4	90 58.2 15.8	93 49.9 49.5	Markab 13 33.3 N15 19.0
20	54 30.0	136 04.2 08.4	23 23.0 47.8	106 00.0 15.7	108 52.0 49.4	Menkar 314 09.4 N 4 10.2
21	69 32.4	151 03.2 . . 08.3	38 24.3 . . 48.2	121 01.9 . . 15.6	123 54.2 . . 49.3	Menkent 148 01.4 S36 28.1
22	84 34.9	166 02.3 08.2	53 25.6 48.7	136 03.7 15.4	138 56.4 49.3	Miaplacidus 221 37.9 S69 48.0
23	99 37.4	181 01.3 08.2	68 26.9 49.1	151 05.6 15.3	153 58.5 49.2	
15 00	114 39.8	196 00.4 S23 08.1	83 28.1 N13 49.6	166 07.5 S19 15.1	169 00.7 S19 49.1	Mirfak 308 32.6 N49 56.2
01	129 42.3	210 59.5 08.0	98 29.4 50.0	181 09.3 15.0	184 02.8 49.1	Nunki 75 52.1 S26 16.2
02	144 44.8	225 58.5 07.9	113 30.7 50.5	196 11.2 14.9	199 05.0 49.0	Peacock 53 11.5 S56 40.1
03	159 47.2	240 57.6 . . 07.8	128 32.0 . . 50.9	211 13.0 . . 14.7	214 07.1 . . 48.9	Pollux 243 20.9 N27 58.4
04	174 49.7	255 56.6 07.7	143 33.3 51.4	226 14.9 14.6	229 09.3 48.9	Procyon 244 53.9 N 5 10.2
05	189 52.2	270 55.7 07.7	158 34.6 51.8	241 16.8 14.4	244 11.5 48.8	
06	204 54.6	285 54.7 S23 07.6	173 35.9 N13 52.3	256 18.6 S19 14.3	259 13.6 S19 48.7	Rasalhague 96 01.8 N12 32.7
07	219 57.1	300 53.8 07.5	188 37.2 52.7	271 20.5 14.1	274 15.8 48.7	Regulus 207 37.6 N11 51.8
08	234 59.5	315 52.8 07.4	203 38.5 53.2	286 22.3 14.0	289 17.9 48.6	Rigel 281 06.7 S 8 10.8
F 09	250 02.0	330 51.9 . . 07.3	218 39.8 . . 53.6	301 24.2 . . 13.8	304 20.1 . . 48.5	Rigil Kent. 139 44.8 S60 54.9
R 10	265 04.5	345 50.9 07.2	233 41.1 54.1	316 26.0 13.7	319 22.2 48.5	Sabik 102 06.8 S15 45.0
I 11	280 06.9	0 50.0 07.1	248 42.3 54.5	331 27.9 13.6	334 24.4 48.4	
D 12	295 09.4	15 49.1 S23 07.0	263 43.6 N13 55.0	346 29.8 S19 13.4	349 26.6 S19 48.3	Schedar 349 34.7 N56 39.3
A 13	310 11.9	30 48.1 06.9	278 44.9 55.4	1 31.6 13.3	4 28.7 48.3	Shaula 96 15.1 S37 07.0
Y 14	325 14.3	45 47.2 06.8	293 46.2 55.9	16 33.5 13.1	19 30.9 48.2	Sirius 258 28.7 S16 44.8
15	340 16.8	60 46.2 . . 06.7	308 47.5 . . 56.3	31 35.3 . . 13.0	34 33.0 . . 48.1	Spica 158 25.7 S11 16.1
16	355 19.3	75 45.3 06.6	323 48.8 56.7	46 37.2 12.8	49 35.2 48.1	Suhail 222 48.2 S43 30.9
17	10 21.7	90 44.3 06.5	338 50.1 57.2	61 39.1 12.7	64 37.3 48.0	
18	25 24.2	105 43.4 S23 06.4	353 51.4 N13 57.6	76 40.9 S19 12.6	79 39.5 S19 47.9	Vega 80 35.8 N38 48.1
19	40 26.7	120 42.5 06.3	8 52.6 58.1	91 42.8 12.4	94 41.7 47.9	Zuben'ubi 136 59.7 S16 07.6
20	55 29.1	135 41.5 06.2	23 53.9 58.5	106 44.6 12.3	109 43.8 47.8	
21	70 31.6	150 40.6 . . 06.1	38 55.2 . . 59.0	121 46.5 . . 12.1	124 46.0 . . 47.7	SHA Mer. Pass.
22	85 34.0	165 39.6 06.0	53 56.5 59.4	136 48.4 12.0	139 48.1 47.7	Venus ° ′ h m
23	100 36.5	180 38.7 05.9	68 57.8 59.9	151 50.2 11.8	154 50.3 47.6	Venus 82 42.4 10 55
	h m					Mars 329 16.3 18 27
Mer. Pass. 16 22.6	v −0.9 d 0.1	v 1.3 d 0.4	v 1.9 d 0.1	v 2.2 d 0.1	Jupiter 51 42.1 12 57
						Saturn 54 28.2 12 46

2021 JANUARY 13, 14, 15 (WED., THURS., FRI.)

UT	SUN GHA	SUN Dec	MOON GHA	MOON v	MOON Dec	MOON d	MOON HP	Lat.	Twilight Naut.	Twilight Civil	Sunrise	Moonrise 13	Moonrise 14	Moonrise 15	Moonrise 16
d h	° '	° '	° '	'	° '	'	'	°	h m	h m	h m	h m	h m	h m	h m
								N 72	08 02	09 55	■■	■■	■■	13 32	12 12
13 00	177 51.1	S21 28.5	180 17.1	5.1	S24 31.6	2.7	58.7	N 70	07 47	09 20	■■	■■	12 23	11 47
01	192 50.9	28.1	194 41.2	5.2	24 28.9	2.9	58.7	68	07 35	08 55	10 37	■■	12 29	11 46	11 27
02	207 50.6	27.6	209 05.4	5.2	24 26.0	3.0	58.7	66	07 25	08 36	09 55	12 11	11 31	11 20	11 12
03	222 50.4	27.2	223 29.6	5.3	24 23.0	3.1	58.7	64	07 16	08 20	09 27	10 49	10 57	10 59	10 59
04	237 50.2	26.8	237 53.9	5.3	24 19.9	3.3	58.6	62	07 08	08 07	09 06	10 12	10 32	10 42	10 48
05	252 49.9	26.4	252 18.2	5.4	24 16.6	3.5	58.6	60	07 02	07 56	08 49	09 46	10 13	10 28	10 38
06	267 49.7	S21 25.9	266 42.6	5.5	S24 13.1	3.6	58.6	N 58	06 56	07 46	08 34	09 25	09 56	10 16	10 30
W 07	282 49.5	25.5	281 07.1	5.6	24 09.5	3.8	58.6	56	06 50	07 37	08 22	09 07	09 42	10 06	10 23
E 08	297 49.2	25.1	295 31.7	5.6	24 05.7	3.9	58.5	54	06 45	07 30	08 11	08 53	09 30	09 57	10 16
D 09	312 49.0	24.6	309 56.3	5.7	24 01.8	4.1	58.5	52	06 40	07 23	08 02	08 40	09 20	09 49	10 10
N 10	327 48.8	24.2	324 21.0	5.7	23 57.7	4.2	58.5	50	06 36	07 16	07 53	08 29	09 10	09 41	10 05
E 11	342 48.5	23.8	338 45.7	5.9	23 53.5	4.4	58.5	45	06 26	07 02	07 35	08 05	08 50	09 25	09 54
S 12	357 48.3	S21 23.3	353 10.6	5.9	S23 49.1	4.5	58.4	N 40	06 17	06 51	07 20	07 46	08 33	09 12	09 44
D 13	12 48.1	22.9	7 35.5	6.0	23 44.6	4.7	58.4	35	06 09	06 40	07 08	07 31	08 20	09 01	09 36
A 14	27 47.8	22.5	22 00.5	6.1	23 39.9	4.8	58.4	30	06 01	06 31	06 57	07 17	08 08	08 51	09 28
Y 15	42 47.6	22.0	36 25.6	6.1	23 35.1	5.0	58.4	20	05 47	06 14	06 38	06 54	07 47	08 34	09 16
16	57 47.4	21.6	50 50.7	6.3	23 30.1	5.1	58.3	N 10	05 33	05 59	06 21	06 33	07 29	08 19	09 05
17	72 47.1	21.2	65 16.0	6.3	23 25.0	5.3	58.3	0	05 17	05 43	06 05	06 14	07 12	08 05	08 54
18	87 46.9	S21 20.7	79 41.3	6.4	S23 19.7	5.4	58.3	S 10	05 00	05 27	05 50	05 55	06 55	07 51	08 44
19	102 46.7	20.3	94 06.7	6.5	23 14.3	5.5	58.2	20	04 40	05 09	05 33	05 35	06 37	07 36	08 32
20	117 46.5	19.8	108 32.2	6.6	23 08.8	5.7	58.2	30	04 14	04 46	05 13	05 12	06 16	07 19	08 20
21	132 46.2	19.4	122 57.8	6.6	23 03.1	5.8	58.2	35	03 57	04 32	05 01	04 58	06 03	07 09	08 12
22	147 46.0	19.0	137 23.4	6.8	22 57.3	5.9	58.2	40	03 36	04 16	04 48	04 42	05 49	06 57	08 04
23	162 45.8	18.5	151 49.2	6.8	22 51.4	6.1	58.1	45	03 10	03 56	04 32	04 23	05 32	06 44	07 54
14 00	177 45.5	S21 18.1	166 15.0	7.0	S22 45.3	6.2	58.1	S 50	02 32	03 30	04 12	03 59	05 11	06 27	07 41
01	192 45.3	17.6	180 41.0	7.0	22 39.1	6.3	58.1	52	02 11	03 17	04 03	03 48	05 01	06 19	07 36
02	207 45.1	17.2	195 07.0	7.1	22 32.8	6.5	58.0	54	01 44	03 02	03 52	03 35	04 50	06 10	07 29
03	222 44.9	16.7	209 33.1	7.2	22 26.3	6.6	58.0	56	00 58	02 45	03 40	03 20	04 37	06 00	07 22
04	237 44.6	16.3	223 59.3	7.4	22 19.7	6.7	58.0	58	////	02 22	03 26	03 02	04 22	05 49	07 15
05	252 44.4	15.8	238 25.7	7.4	22 13.0	6.9	58.0	S 60	////	01 53	03 09	02 40	04 05	05 36	07 06
06	267 44.2	S21 15.4	252 52.1	7.5	S22 06.1	6.9	57.9								
07	282 43.9	15.0	267 18.6	7.6	21 59.2	7.1	57.9	Lat.	Sunset	Twilight Civil	Twilight Naut.	Moonset 13	Moonset 14	Moonset 15	Moonset 16
T 08	297 43.7	14.5	281 45.2	7.7	21 52.1	7.3	57.9								
H 09	312 43.5	14.1	296 11.9	7.8	21 44.8	7.3	57.8	°	h m	h m	h m	h m	h m	h m	h m
U 10	327 43.3	13.6	310 38.7	7.9	21 37.5	7.5	57.8	N 72	■■	14 25	16 17	■■	■■	15 22	18 22
R 11	342 43.0	13.2	325 05.6	8.0	21 30.0	7.6	57.8	N 70	■■	14 59	16 32	■■	■■	16 29	18 45
S 12	357 42.8	S21 12.7	339 32.6	8.1	S21 22.4	7.6	57.8	68	13 42	15 24	16 44	■■	14 33	17 05	19 03
D 13	12 42.6	12.3	353 59.7	8.2	21 14.8	7.9	57.7	66	14 24	15 43	16 54	12 52	15 30	17 30	19 17
A 14	27 42.4	11.8	8 26.9	8.3	21 06.9	7.9	57.7	64	14 52	15 59	17 03	14 14	16 03	17 50	19 29
Y 15	42 42.1	11.4	22 54.2	8.4	20 59.0	8.0	57.7	62	15 13	16 12	17 10	14 51	16 28	18 05	19 39
16	57 41.9	10.9	37 21.6	8.5	20 51.0	8.2	57.6	60	15 30	16 23	17 17	15 17	16 47	18 18	19 47
17	72 41.7	10.4	51 49.1	8.6	20 42.8	8.2	57.6	N 58	15 44	16 33	17 23	15 37	17 03	18 30	19 54
18	87 41.5	S21 10.0	66 16.7	8.7	S20 34.6	8.4	57.6	56	15 57	16 41	17 29	15 54	17 16	18 39	20 01
19	102 41.2	09.5	80 44.4	8.8	20 26.2	8.4	57.5	54	16 07	16 49	17 34	16 09	17 28	18 48	20 06
20	117 41.0	09.1	95 12.2	8.9	20 17.8	8.6	57.5	52	16 17	16 56	17 39	16 21	17 38	18 56	20 12
21	132 40.8	08.6	109 40.1	9.0	20 09.2	8.7	57.5	50	16 25	17 02	17 43	16 32	17 47	19 03	20 16
22	147 40.6	08.2	124 08.1	9.1	20 00.5	8.7	57.5	45	16 43	17 16	17 53	16 55	18 06	19 17	20 26
23	162 40.4	07.7	138 36.2	9.2	19 51.8	8.9	57.4								
15 00	177 40.1	S21 07.2	153 04.4	9.3	S19 42.9	9.0	57.4	N 40	16 58	17 28	18 01	17 13	18 22	19 29	20 35
01	192 39.9	06.8	167 32.7	9.4	19 33.9	9.0	57.4	35	17 11	17 38	18 09	17 29	18 35	19 39	20 42
02	207 39.7	06.3	182 01.1	9.6	19 24.9	9.2	57.3	30	17 22	17 48	18 17	17 42	18 46	19 48	20 48
03	222 39.5	05.9	196 29.7	9.6	19 15.7	9.3	57.3	20	17 41	18 04	18 31	18 05	19 05	20 04	20 58
04	237 39.2	05.4	210 58.3	9.7	19 06.4	9.3	57.3	N 10	17 57	18 20	18 46	18 24	19 22	20 17	21 08
05	252 39.0	04.9	225 27.0	9.8	18 57.1	9.5	57.2	0	18 13	18 35	19 01	18 42	19 38	20 29	21 16
06	267 38.8	S21 04.5	239 55.8	10.0	S18 47.6	9.5	57.2	S 10	18 29	18 51	19 18	19 00	19 53	20 41	21 25
07	282 38.6	04.0	254 24.8	10.0	18 38.1	9.6	57.2	20	18 45	19 10	19 38	19 20	20 10	20 54	21 34
08	297 38.4	03.5	268 53.8	10.1	18 28.5	9.7	57.1	30	19 05	19 32	20 04	19 42	20 29	21 09	21 44
F 09	312 38.1	03.1	283 22.9	10.3	18 18.8	9.8	57.1	35	19 17	19 46	20 21	19 55	20 40	21 18	21 50
R 10	327 37.9	02.6	297 52.2	10.3	18 09.0	9.9	57.1	40	19 30	20 02	20 41	20 09	20 52	21 27	21 57
I 11	342 37.7	02.1	312 21.5	10.4	17 59.1	9.9	57.1	45	19 46	20 21	21 08	20 27	21 07	21 39	22 05
D 12	357 37.5	S21 01.7	326 50.9	10.6	S17 49.2	10.1	57.0	S 50	20 05	20 47	21 45	20 49	21 25	21 52	22 14
A 13	12 37.3	01.2	341 20.5	10.6	17 39.1	10.1	57.0	52	20 15	21 00	22 05	20 59	21 33	21 58	22 18
Y 14	27 37.1	00.7	355 50.1	10.7	17 29.0	10.2	57.0	54	20 25	21 14	22 32	21 11	21 42	22 05	22 23
15	42 36.8	21 00.3	10 19.8	10.9	17 18.8	10.2	56.9	56	20 37	21 32	23 14	21 24	21 53	22 13	22 28
16	57 36.6	20 59.8	24 49.7	10.9	17 08.6	10.4	56.9	58	20 51	21 54	////	21 39	22 05	22 22	22 34
17	72 36.4	59.3	39 19.6	11.0	16 58.2	10.4	56.9	S 60	21 07	22 23	////	21 57	22 19	22 32	22 40
18	87 36.2	S20 58.9	53 49.6	11.1	S16 47.8	10.5	56.8		SUN	SUN	SUN	MOON	MOON	MOON	
19	102 36.0	58.4	68 19.7	11.3	16 37.3	10.5	56.8	Day	Eqn. of Time 00h	Eqn. of Time 12h	Mer. Pass	Mer. Pass. Upper	Mer. Pass. Lower	Age	Phase
20	117 35.8	57.9	82 50.0	11.3	16 26.8	10.7	56.8								
21	132 35.5	57.4	97 20.3	11.4	16 16.1	10.7	56.7	d	m s	m s	h m	h m	h m	d	%
22	147 35.3	57.0	111 50.7	11.5	16 05.4	10.7	56.7	13	08 35	08 46	12 09	12 28	24 57	00	0
23	162 35.1	56.5	126 21.2	11.6	S15 54.7	10.9	56.7	14	08 57	09 08	12 09	13 25	00 57	01	2
	SD 16.3	d 0.5	SD 15.9		15.7		15.5	15	09 19	09 30	12 09	14 17	01 52	02	6

2021 JANUARY 16, 17, 18 (SAT., SUN., MON.)

UT	ARIES GHA	VENUS −3.9 GHA / Dec	MARS +0.1 GHA / Dec	JUPITER −1.9 GHA / Dec	SATURN +0.5 GHA / Dec	STARS Name	SHA	Dec
16 00	115 39.0	195 37.7 S23 05.8	83 59.1 N14 00.3	166 52.1 S19 11.7	169 52.4 S19 47.5	Acamar	315 14.1	S40 13.6
01	130 41.4	210 36.8 05.7	99 00.3 00.8	181 53.9 11.6	184 54.6 47.5	Achernar	335 22.7	S57 08.2
02	145 43.9	225 35.9 05.6	114 01.6 01.2	196 55.8 11.4	199 56.8 47.4	Acrux	173 03.3	S63 12.6
03	160 46.4	240 34.9 .. 05.4	129 02.9 .. 01.7	211 57.7 .. 11.3	214 58.9 .. 47.3	Adhara	255 08.0	S29 00.1
04	175 48.8	255 34.0 05.3	144 04.2 02.1	226 59.5 11.1	230 01.1 47.3	Aldebaran	290 43.1	N16 33.0
05	190 51.3	270 33.0 05.2	159 05.5 02.6	242 01.4 11.0	245 03.2 47.2			
06	205 53.8	285 32.1 S23 05.1	174 06.8 N14 03.0	257 03.2 S19 10.8	260 05.4 S19 47.1	Alioth	166 15.8	N55 50.5
07	220 56.2	300 31.1 05.0	189 08.0 03.5	272 05.1 10.7	275 07.5 47.1	Alkaid	152 54.6	N49 12.3
S 08	235 58.7	315 30.2 04.9	204 09.3 03.9	287 07.0 10.5	290 09.7 47.0	Al Na'ir	27 37.4	S46 51.8
A 09	251 01.1	330 29.3 .. 04.7	219 10.6 .. 04.4	302 08.8 .. 10.4	305 11.9 .. 46.9	Alnilam	275 40.7	S 1 11.5
T 10	266 03.6	345 28.3 04.6	234 11.9 04.8	317 10.7 10.3	320 14.0 46.9	Alphard	217 50.6	S 8 45.0
U 11	281 06.1	0 27.4 04.5	249 13.1 05.3	332 12.5 10.1	335 16.2 46.8			
R 12	296 08.5	15 26.4 S23 04.4	264 14.4 N14 05.7	347 14.4 S19 10.0	350 18.3 S19 46.8	Alphecca	126 06.7	N26 38.5
D 13	311 11.0	30 25.5 04.2	279 15.7 06.1	2 16.3 09.8	5 20.5 46.7	Alpheratz	357 38.2	N29 12.4
A 14	326 13.5	45 24.5 04.1	294 17.0 06.6	17 18.1 09.7	20 22.6 46.6	Altair	62 03.4	N 8 55.4
Y 15	341 15.9	60 23.6 .. 04.0	309 18.3 .. 07.0	32 20.0 .. 09.5	35 24.8 .. 46.6	Ankaa	353 10.5	S42 11.9
16	356 18.4	75 22.7 03.8	324 19.5 07.5	47 21.8 09.4	50 27.0 46.5	Antares	112 20.0	S26 28.5
17	11 20.9	90 21.7 03.7	339 20.8 07.9	62 23.7 09.3	65 29.1 46.4			
18	26 23.3	105 20.8 S23 03.6	354 22.1 N14 08.4	77 25.6 S19 09.1	80 31.3 S19 46.4	Arcturus	145 50.9	N19 04.3
19	41 25.8	120 19.8 03.4	9 23.4 08.8	92 27.4 09.0	95 33.4 46.3	Atria	107 17.5	S69 03.6
20	56 28.3	135 18.9 03.3	24 24.6 09.3	107 29.3 08.8	110 35.6 46.2	Avior	234 15.3	S59 34.6
21	71 30.7	150 18.0 .. 03.2	39 25.9 .. 09.7	122 31.1 .. 08.7	125 37.7 .. 46.2	Bellatrix	278 26.0	N 6 22.0
22	86 33.2	165 17.0 03.0	54 27.2 10.2	137 33.0 08.5	140 39.9 46.1	Betelgeuse	270 55.3	N 7 24.5
23	101 35.6	180 16.1 02.9	69 28.5 10.6	152 34.8 08.4	155 42.1 46.0			
17 00	116 38.1	195 15.1 S23 02.8	84 29.7 N14 11.1	167 36.7 S19 08.2	170 44.2 S19 46.0	Canopus	263 53.3	S52 42.6
01	131 40.6	210 14.2 02.6	99 31.0 11.5	182 38.6 08.1	185 46.4 45.9	Capella	280 26.2	N46 01.1
02	146 43.0	225 13.3 02.5	114 32.3 12.0	197 40.4 08.0	200 48.5 45.8	Deneb	49 28.4	N45 21.3
03	161 45.5	240 12.3 .. 02.3	129 33.5 .. 12.4	212 42.3 .. 07.8	215 50.7 .. 45.8	Denebola	182 28.1	N14 27.2
04	176 48.0	255 11.4 02.2	144 34.8 12.9	227 44.1 07.7	230 52.8 45.7	Diphda	348 50.6	S17 52.5
05	191 50.4	270 10.4 02.0	159 36.1 13.3	242 46.0 07.5	245 55.0 45.6			
06	206 52.9	285 09.5 S23 01.9	174 37.4 N14 13.8	257 47.9 S19 07.4	260 57.2 S19 45.6	Dubhe	193 44.6	N61 38.1
07	221 55.4	300 08.6 01.7	189 38.6 14.2	272 49.7 07.2	275 59.3 45.5	Elnath	278 05.6	N28 37.4
08	236 57.8	315 07.6 01.6	204 39.9 14.6	287 51.6 07.1	291 01.5 45.4	Eltanin	90 44.2	N51 29.0
S 09	252 00.3	330 06.7 .. 01.4	219 41.2 .. 15.1	302 53.4 .. 06.9	306 03.6 .. 45.4	Enif	33 42.2	N 9 58.2
U 10	267 02.8	345 05.7 01.3	234 42.4 15.5	317 55.3 06.8	321 05.8 45.3	Fomalhaut	15 18.4	S29 30.9
N 11	282 05.2	0 04.8 01.1	249 43.7 16.0	332 57.2 06.6	336 07.9 45.2			
D 12	297 07.7	15 03.9 S23 01.0	264 45.0 N14 16.4	347 59.0 S19 06.5	351 10.1 S19 45.2	Gacrux	171 54.9	S57 13.5
A 13	312 10.1	30 02.9 00.8	279 46.2 16.9	3 00.9 06.4	6 12.3 45.1	Gienah	175 46.7	S17 39.4
Y 14	327 12.6	45 02.0 00.7	294 47.5 17.3	18 02.7 06.2	21 14.4 45.0	Hadar	148 40.5	S60 28.1
15	342 15.1	60 01.0 .. 00.5	309 48.8 .. 17.8	33 04.6 .. 06.1	36 16.6 .. 45.0	Hamal	327 54.8	N23 33.7
16	357 17.5	75 00.1 00.4	324 50.0 18.2	48 06.5 05.9	51 18.7 44.9	Kaus Aust.	83 37.2	S34 22.4
17	12 20.0	89 59.2 00.2	339 51.3 18.7	63 08.3 05.8	66 20.9 44.8			
18	27 22.5	104 58.2 S23 00.0	354 52.6 N14 19.1	78 10.2 S19 05.6	81 23.0 S19 44.8	Kochab	137 20.3	N74 03.9
19	42 24.9	119 57.3 22 59.9	9 53.8 19.6	93 12.0 05.5	96 25.2 44.7	Markab	13 33.3	N15 19.0
20	57 27.4	134 56.3 59.7	24 55.1 20.0	108 13.9 05.3	111 27.4 44.6	Menkar	314 09.4	N 4 10.2
21	72 29.9	149 55.4 .. 59.5	39 56.4 .. 20.5	123 15.7 .. 05.2	126 29.5 .. 44.6	Menkent	148 01.4	S36 28.1
22	87 32.3	164 54.5 59.4	54 57.6 20.9	138 17.6 05.0	141 31.7 44.5	Miaplacidus	221 37.9	S69 48.0
23	102 34.8	179 53.5 59.2	69 58.9 21.4	153 19.5 04.9	156 33.8 44.4			
18 00	117 37.2	194 52.6 S22 59.0	85 00.2 N14 21.8	168 21.3 S19 04.8	171 36.0 S19 44.4	Mirfak	308 32.6	N49 56.2
01	132 39.7	209 51.7 58.9	100 01.4 22.2	183 23.2 04.6	186 38.1 44.3	Nunki	75 52.1	S26 16.2
02	147 42.2	224 50.7 58.7	115 02.7 22.7	198 25.0 04.5	201 40.3 44.2	Peacock	53 11.5	S56 40.1
03	162 44.6	239 49.8 .. 58.5	130 04.0 .. 23.1	213 26.9 .. 04.3	216 42.4 .. 44.2	Pollux	243 20.9	N27 58.4
04	177 47.1	254 48.9 58.3	145 05.2 23.6	228 28.8 04.2	231 44.6 44.1	Procyon	244 53.9	N 5 10.2
05	192 49.6	269 47.9 58.2	160 06.5 24.0	243 30.6 04.0	246 46.8 44.0			
06	207 52.0	284 47.0 S22 58.0	175 07.7 N14 24.5	258 32.5 S19 03.9	261 48.9 S19 44.0	Rasalhague	96 01.8	N12 32.7
07	222 54.5	299 46.0 57.8	190 09.0 24.9	273 34.3 03.7	276 51.1 43.9	Regulus	207 37.6	N11 51.8
08	237 57.0	314 45.1 57.6	205 10.3 25.4	288 36.2 03.6	291 53.2 43.8	Rigel	281 06.7	S 8 10.8
M 09	252 59.4	329 44.2 .. 57.5	220 11.5 .. 25.8	303 38.1 .. 03.4	306 55.4 .. 43.8	Rigil Kent.	139 44.8	S60 54.9
O 10	268 01.9	344 43.2 57.3	235 12.8 26.3	318 39.9 03.3	321 57.5 43.7	Sabik	102 06.7	S15 45.0
N 11	283 04.4	359 42.3 57.1	250 14.0 26.7	333 41.8 03.2	336 59.7 43.6			
D 12	298 06.8	14 41.4 S22 56.9	265 15.3 N14 27.2	348 43.6 S19 03.0	352 01.9 S19 43.6	Schedar	349 34.7	N56 39.3
A 13	313 09.3	29 40.4 56.7	280 16.5 27.6	3 45.5 02.9	7 04.0 43.5	Shaula	96 15.1	S37 07.0
Y 14	328 11.7	44 39.5 56.5	295 17.8 28.1	18 47.3 02.7	22 06.2 43.4	Sirius	258 28.7	S16 44.8
15	343 14.2	59 38.6 .. 56.4	310 19.1 .. 28.5	33 49.2 .. 02.6	37 08.3 .. 43.4	Spica	158 25.7	S11 16.1
16	358 16.7	74 37.6 56.2	325 20.3 29.0	48 51.1 02.4	52 10.5 43.3	Suhail	222 48.2	S43 31.0
17	13 19.1	89 36.7 56.0	340 21.6 29.4	63 52.9 02.3	67 12.6 43.2			
18	28 21.6	104 35.8 S22 55.8	355 22.8 N14 29.8	78 54.8 S19 02.1	82 14.8 S19 43.2	Vega	80 35.8	N38 48.1
19	43 24.1	119 34.8 55.6	10 24.1 30.3	93 56.6 02.0	97 17.0 43.1	Zuben'ubi	136 59.7	S16 07.6
20	58 26.5	134 33.9 55.4	25 25.3 30.7	108 58.5 01.8	112 19.1 43.0		SHA	Mer. Pass.
21	73 29.0	149 33.0 .. 55.2	40 26.6 .. 31.2	124 00.4 .. 01.7	127 21.3 .. 43.0			h m
22	88 31.5	164 32.0 55.0	55 27.9 31.6	139 02.2 01.5	142 23.4 42.9	Venus	78 37.0	11 00
23	103 33.9	179 31.1 54.8	70 29.1 32.1	154 04.1 01.4	157 25.6 42.8	Mars	327 51.6	18 20
	h m	v −0.9 d 0.2	v 1.3 d 0.4	v 1.9 d 0.1	v 2.2 d 0.1	Jupiter	50 58.6	12 48
Mer. Pass.	16 10.8					Saturn	54 06.1	12 35

2021 JANUARY 16, 17, 18 (SAT., SUN., MON.)

UT	SUN GHA	SUN Dec	MOON GHA	MOON v	MOON Dec	MOON d	MOON HP	Lat.	Twilight Naut.	Twilight Civil	Sunrise	Moonrise 16	Moonrise 17	Moonrise 18	Moonrise 19
d h	° '	° '	° '	'	° '	'	'	°	h m	h m	h m	h m	h m	h m	h m
								N 72	07 55	09 42	■■■	12 12	11 37	11 12	10 49
16 00	177 34.9	S20 56.0	140 51.8 11.7		S15 43.8	10.9	56.7	N 70	07 41	09 11	11 37	11 47	11 24	11 07	10 51
01	192 34.7	55.5	155 22.5 11.8		15 32.9	10.9	56.6	68	07 30	08 48	10 22	11 27	11 14	11 02	10 52
02	207 34.5	55.0	169 53.3 11.9		15 22.0	11.1	56.6	66	07 20	08 30	09 46	11 12	11 05	10 59	10 53
03	222 34.3	.. 54.6	184 24.2 11.9		15 10.9	11.0	56.6	64	07 12	08 15	09 20	10 59	10 57	10 56	10 54
04	237 34.0	54.1	198 55.1 12.1		14 59.9	11.2	56.5	62	07 05	08 03	09 00	10 48	10 51	10 53	10 55
05	252 33.8	53.6	213 26.2 12.2		14 48.7	11.2	56.5	60	06 58	07 52	08 44	10 38	10 45	10 51	10 55
06	267 33.6	S20 53.1	227 57.4 12.2		S14 37.5	11.2	56.5	N 58	06 53	07 43	08 30	10 30	10 40	10 48	10 56
07	282 33.4	52.7	242 28.6 12.3		14 26.3	11.4	56.4	56	06 47	07 34	08 19	10 23	10 36	10 47	10 56
S 08	297 33.2	52.2	256 59.9 12.5		14 14.9	11.3	56.4	54	06 43	07 27	08 08	10 16	10 32	10 45	10 57
A 09	312 33.0	.. 51.7	271 31.4 12.5		14 03.6	11.4	56.4	52	06 38	07 20	07 59	10 10	10 28	10 43	10 57
T 10	327 32.8	51.2	286 02.9 12.6		13 52.2	11.5	56.3	50	06 34	07 14	07 51	10 05	10 25	10 42	10 58
11	342 32.6	50.7	300 34.5 12.6		13 40.7	11.5	56.3	45	06 25	07 01	07 33	09 54	10 18	10 39	10 59
D 12	357 32.3	S20 50.2	315 06.1 12.8		S13 29.2	11.6	56.3	N 40	06 16	06 49	07 19	09 44	10 11	10 36	10 59
A 13	12 32.1	49.8	329 37.9 12.9		13 17.6	11.6	56.3	35	06 09	06 40	07 07	09 36	10 06	10 34	11 00
Y 14	27 31.9	49.3	344 09.8 12.9		13 06.0	11.7	56.2	30	06 01	06 31	06 56	09 28	10 02	10 32	11 01
15	42 31.7	.. 48.8	358 41.7 13.0		12 54.3	11.7	56.2	20	05 47	06 14	06 38	09 16	09 53	10 28	11 02
16	57 31.5	48.3	13 13.7 13.1		12 42.6	11.8	56.2	N 10	05 33	05 59	06 22	09 05	09 46	10 25	11 03
17	72 31.3	47.8	27 45.8 13.2		12 30.8	11.8	56.1	0	05 19	05 44	06 07	08 54	09 40	10 22	11 04
18	87 31.1	S20 47.3	42 18.0 13.2		S12 19.0	11.8	56.1	S 10	05 02	05 29	05 51	08 44	09 33	10 19	11 04
19	102 30.9	46.8	56 50.2 13.4		12 07.2	11.9	56.1	20	04 42	05 11	05 35	08 32	09 26	10 16	11 05
20	117 30.7	46.3	71 22.6 13.4		11 55.3	11.9	56.1	30	04 17	04 49	05 15	08 20	09 18	10 13	11 07
21	132 30.5	.. 45.8	85 55.0 13.5		11 43.4	12.0	56.0	35	04 00	04 35	05 04	08 12	09 13	10 11	11 07
22	147 30.2	45.4	100 27.5 13.5		11 31.4	12.0	56.0	40	03 40	04 20	04 51	08 04	09 07	10 09	11 08
23	162 30.0	44.9	115 00.0 13.7		11 19.4	12.0	56.0	45	03 15	04 00	04 36	07 54	09 01	10 06	11 09
17 00	177 29.8	S20 44.4	129 32.7 13.7		S11 07.4	12.1	55.9	S 50	02 39	03 35	04 17	07 41	08 53	10 03	11 10
01	192 29.6	43.9	144 05.4 13.8		10 55.3	12.1	55.9	52	02 19	03 23	04 08	07 36	08 50	10 01	11 10
02	207 29.4	43.4	158 38.2 13.8		10 43.2	12.1	55.9	54	01 54	03 09	03 57	07 29	08 46	10 00	11 11
03	222 29.2	.. 42.9	173 11.0 14.0		10 31.1	12.2	55.9	56	01 16	02 52	03 46	07 22	08 42	09 58	11 12
04	237 29.0	42.4	187 44.0 14.0		10 18.9	12.2	55.8	58	////	02 31	03 33	07 15	08 37	09 56	11 12
05	252 28.8	41.9	202 17.0 14.0		10 06.7	12.2	55.8	S 60	////	02 04	03 17	07 06	08 32	09 54	11 13
06	267 28.6	S20 41.4	216 50.0 14.2		S 9 54.5	12.3	55.8	Lat.	Sunset	Twilight Civil	Twilight Naut.	Moonset 16	Moonset 17	Moonset 18	Moonset 19
07	282 28.4	40.9	231 23.2 14.2		9 42.2	12.3	55.7								
08	297 28.2	40.4	245 56.4 14.3		9 29.9	12.3	55.7								
S 09	312 28.0	.. 39.9	260 29.7 14.3		9 17.6	12.4	55.7	°	h m	h m	h m	h m	h m	h m	h m
U 10	327 27.8	39.4	275 03.0 14.4		9 05.2	12.3	55.7	N 72	■■■	14 39	16 26	18 22	20 29	22 23	24 13
N 11	342 27.6	38.9	289 36.4 14.5		8 52.9	12.4	55.6	N 70	12 44	15 10	16 40	18 45	20 40	22 25	24 08
D 12	357 27.4	S20 38.4	304 09.9 14.5		S 8 40.5	12.5	55.6	68	13 59	15 33	16 51	19 03	20 48	22 27	24 03
A 13	12 27.2	37.9	318 43.4 14.6		8 28.0	12.4	55.6	66	14 35	15 51	17 01	19 17	20 56	22 29	23 59
Y 14	27 27.0	37.4	333 17.0 14.6		8 15.6	12.5	55.6	64	15 01	16 06	17 09	19 29	21 02	22 30	23 56
15	42 26.8	.. 36.9	347 50.6 14.7		8 03.1	12.5	55.5	62	15 21	16 18	17 16	19 39	21 07	22 31	23 53
16	57 26.6	36.4	2 24.3 14.8		7 50.6	12.5	55.5	60	15 37	16 29	17 23	19 47	21 11	22 32	23 51
17	72 26.4	35.9	16 58.1 14.8		7 38.1	12.5	55.5	N 58	15 51	16 38	17 28	19 54	21 15	22 33	23 49
18	87 26.2	S20 35.4	31 31.9 14.9		S 7 25.6	12.5	55.5	56	16 02	16 46	17 33	20 01	21 19	22 33	23 47
19	102 26.0	34.9	46 05.8 14.9		7 13.1	12.6	55.4	54	16 13	16 54	17 38	20 06	21 22	22 34	23 45
20	117 25.8	34.4	60 39.7 15.0		7 00.5	12.6	55.4	52	16 22	17 00	17 43	20 12	21 24	22 35	23 43
21	132 25.6	.. 33.9	75 13.7 15.0		6 47.9	12.6	55.4	50	16 30	17 07	17 47	20 16	21 27	22 35	23 42
22	147 25.4	33.4	89 47.7 15.1		6 35.3	12.6	55.4	45	16 47	17 20	17 56	20 26	21 33	22 36	23 39
23	162 25.2	32.8	104 21.8 15.2		6 22.7	12.6	55.3	N 40	17 02	17 31	18 04	20 35	21 37	22 37	23 36
18 00	177 25.0	S20 32.3	118 56.0 15.1		S 6 10.1	12.6	55.3	35	17 14	17 41	18 12	20 42	21 41	22 38	23 34
01	192 24.8	31.8	133 30.1 15.3		5 57.5	12.7	55.3	30	17 24	17 50	18 19	20 48	21 44	22 39	23 32
02	207 24.6	31.3	148 04.4 15.3		5 44.8	12.7	55.3	20	17 43	18 06	18 33	20 58	21 50	22 40	23 29
03	222 24.4	.. 30.8	162 38.7 15.3		5 32.1	12.6	55.2	N 10	17 59	18 21	18 47	21 08	21 56	22 41	23 26
04	237 24.2	30.3	177 13.0 15.4		5 19.5	12.7	55.2	0	18 14	18 36	19 02	21 16	22 00	22 42	23 23
05	252 24.0	29.8	191 47.4 15.4		5 06.8	12.7	55.2	S 10	18 29	18 52	19 18	21 25	22 05	22 43	23 20
06	267 23.8	S20 29.3	206 21.8 15.4		S 4 54.1	12.7	55.2	20	18 46	19 09	19 38	21 34	22 10	22 44	23 17
07	282 23.6	28.8	220 56.2 15.6		4 41.4	12.7	55.1	30	19 05	19 31	20 03	21 44	22 16	22 45	23 14
08	297 23.4	28.2	235 30.8 15.5		4 28.7	12.7	55.1	35	19 16	19 44	20 19	21 50	22 19	22 46	23 12
M 09	312 23.2	.. 27.7	250 05.3 15.6		4 16.0	12.7	55.1	40	19 29	20 00	20 39	21 57	22 23	22 47	23 10
O 10	327 23.0	27.2	264 39.9 15.6		4 03.3	12.7	55.1	45	19 44	20 19	21 05	22 05	22 27	22 48	23 07
N 11	342 22.8	26.7	279 14.5 15.7		3 50.6	12.8	55.1								
D 12	357 22.6	S20 26.2	293 49.2 15.7		S 3 37.8	12.7	55.0	S 50	20 03	20 44	21 40	22 14	22 32	22 49	23 04
A 13	12 22.4	25.7	308 23.9 15.9		3 25.1	12.7	55.0	52	20 12	20 56	21 59	22 18	22 35	22 49	23 03
Y 14	27 22.2	25.1	322 58.6 15.8		3 12.4	12.8	55.0	54	20 22	21 10	22 24	22 23	22 37	22 50	23 02
15	42 22.0	.. 24.6	337 33.4 15.8		2 59.6	12.7	55.0	56	20 33	21 27	23 00	22 28	22 40	22 50	23 00
16	57 21.8	24.1	352 08.2 15.8		2 46.9	12.7	55.0	58	20 46	21 47	////	22 34	22 43	22 51	22 58
17	72 21.6	23.6	6 43.0 15.9		2 34.2	12.8	54.9	S 60	21 02	22 13	////	22 40	22 46	22 51	22 56
18	87 21.4	S20 23.1	21 17.9 15.9		S 2 21.4	12.7	54.9		SUN			MOON			
19	102 21.2	22.5	35 52.8 15.9		2 08.7	12.7	54.9	Day	Eqn. of Time		Mer. Pass.	Mer. Pass. Upper	Mer. Pass. Lower	Age	Phase
20	117 21.0	22.0	50 27.7 15.9		1 56.0	12.8	54.9		00h	12h					
21	132 20.8	.. 21.5	65 02.6 16.0		1 43.2	12.7	54.9	d	m s	m s	h m	h m	h m	d	%
22	147 20.6	21.0	79 37.6 16.0		1 30.5	12.7	54.8	16	09 40	09 50	12 10	15 05	02 42	03	12
23	162 20.4	20.4	94 12.6 16.0		S 1 17.8	12.8	54.8	17	10 00	10 10	12 10	15 50	03 28	04	20
	SD 16.3	d 0.5	SD 15.3		15.2		15.0	18	10 20	10 29	12 10	16 32	04 11	05	28

2021 JANUARY 19, 20, 21 (TUES., WED., THURS.)

UT	ARIES	VENUS −3.9	MARS +0.2	JUPITER −1.9	SATURN +0.5	STARS
	GHA	GHA Dec	GHA Dec	GHA Dec	GHA Dec	Name SHA Dec
d h	° ′	° ′ ° ′	° ′ ° ′	° ′ ° ′	° ′ ° ′	° ′ ° ′
19 00	118 36.4	194 30.2 S22 54.6	85 30.4 N14 32.5	169 05.9 S19 01.3	172 27.7 S19 42.8	Acamar 315 14.1 S40 13.6
01	133 38.9	209 29.2 54.4	100 31.6 33.0	184 07.8 01.1	187 29.9 42.7	Achernar 335 22.7 S57 08.2
02	148 41.3	224 28.3 54.2	115 32.9 33.4	199 09.7 01.0	202 32.0 42.6	Acrux 173 03.2 S63 12.6
03	163 43.8	239 27.4 .. 54.0	130 34.1 .. 33.9	214 11.5 .. 00.8	217 34.2 .. 42.6	Adhara 255 08.0 S29 00.2
04	178 46.2	254 26.4 53.8	145 35.4 34.3	229 13.4 00.7	232 36.4 42.5	Aldebaran 290 43.1 N16 33.0
05	193 48.7	269 25.5 53.6	160 36.6 34.8	244 15.2 00.5	247 38.5 42.4	
06	208 51.2	284 24.6 S22 53.4	175 37.9 N14 35.2	259 17.1 S19 00.4	262 40.7 S19 42.4	Alioth 166 15.8 N55 50.5
07	223 53.6	299 23.6 53.2	190 39.1 35.6	274 18.9 00.2	277 42.8 42.3	Alkaid 152 54.6 N49 12.3
T 08	238 56.1	314 22.7 53.0	205 40.4 36.1	289 20.8 19 00.1	292 45.0 42.2	Al Na'ir 27 37.4 S46 51.8
U 09	253 58.6	329 21.8 .. 52.8	220 41.6 .. 36.5	304 22.7 18 59.9	307 47.1 .. 42.2	Alnilam 275 40.7 S 1 11.5
E 10	269 01.0	344 20.8 52.6	235 42.9 37.0	319 24.5 59.8	322 49.3 42.1	Alphard 217 50.6 S 8 45.0
S 11	284 03.5	359 19.9 52.3	250 44.1 37.4	334 26.4 59.6	337 51.5 42.0	
D 12	299 06.0	14 19.0 S22 52.1	265 45.4 N14 37.9	349 28.2 S18 59.5	352 53.6 S19 41.9	Alphecca 126 06.7 N26 38.5
A 13	314 08.4	29 18.0 51.9	280 46.6 38.3	4 30.1 59.3	7 55.8 41.9	Alpheratz 357 38.2 N29 12.4
Y 14	329 10.9	44 17.1 51.7	295 47.9 38.8	19 32.0 59.2	22 57.9 41.8	Altair 62 03.4 N 8 55.4
15	344 13.3	59 16.2 .. 51.5	310 49.1 .. 39.2	34 33.8 .. 59.1	38 00.1 .. 41.7	Ankaa 353 10.6 S42 11.9
16	359 15.8	74 15.2 51.3	325 50.4 39.7	49 35.7 58.9	53 02.2 41.7	Antares 112 20.0 S26 28.6
17	14 18.3	89 14.3 51.0	340 51.6 40.1	64 37.5 58.8	68 04.4 41.6	
18	29 20.7	104 13.4 S22 50.8	355 52.9 N14 40.6	79 39.4 S18 58.6	83 06.6 S19 41.5	Arcturus 145 50.9 N19 04.3
19	44 23.2	119 12.5 50.6	10 54.1 41.0	94 41.3 58.5	98 08.7 41.5	Atria 107 17.5 S69 03.6
20	59 25.7	134 11.5 50.4	25 55.4 41.4	109 43.1 58.3	113 10.9 41.4	Avior 234 15.3 S59 34.6
21	74 28.1	149 10.6 .. 50.1	40 56.6 .. 41.9	124 45.0 .. 58.2	128 13.0 .. 41.3	Bellatrix 278 26.1 N 6 22.0
22	89 30.6	164 09.7 49.9	55 57.8 42.3	139 46.8 58.0	143 15.2 41.3	Betelgeuse 270 55.3 N 7 24.5
23	104 33.1	179 08.7 49.7	70 59.1 42.8	154 48.7 57.9	158 17.3 41.2	
20 00	119 35.5	194 07.8 S22 49.5	86 00.3 N14 43.2	169 50.5 S18 57.7	173 19.5 S19 41.1	Canopus 263 53.3 S52 42.6
01	134 38.0	209 06.9 49.2	101 01.6 43.7	184 52.4 57.6	188 21.6 41.1	Capella 280 26.2 N46 01.1
02	149 40.5	224 05.9 49.0	116 02.8 44.1	199 54.3 57.4	203 23.8 41.0	Deneb 49 28.4 N45 21.3
03	164 42.9	239 05.0 .. 48.8	131 04.1 .. 44.6	214 56.1 .. 57.3	218 26.0 .. 40.9	Denebola 182 28.1 N14 27.2
04	179 45.4	254 04.1 48.5	146 05.3 45.0	229 58.0 57.1	233 28.1 40.9	Diphda 348 50.7 S17 52.5
05	194 47.8	269 03.2 48.3	161 06.5 45.5	244 59.8 57.0	248 30.3 40.8	
06	209 50.3	284 02.2 S22 48.1	176 07.8 N14 45.9	260 01.7 S18 56.8	263 32.4 S19 40.7	Dubhe 193 44.6 N61 38.1
W 07	224 52.8	299 01.3 47.8	191 09.0 46.4	275 03.6 56.7	278 34.6 40.7	Elnath 278 05.6 N28 37.4
E 08	239 55.2	314 00.4 47.6	206 10.3 46.8	290 05.4 56.6	293 36.7 40.6	Eltanin 90 44.1 N51 29.0
D 09	254 57.7	328 59.5 .. 47.4	221 11.5 .. 47.2	305 07.3 .. 56.4	308 38.9 .. 40.5	Enif 33 42.2 N 9 58.2
N 10	270 00.2	343 58.5 47.1	236 12.7 47.7	320 09.1 56.3	323 41.1 40.5	Fomalhaut 15 18.4 S29 30.9
E 11	285 02.6	358 57.6 46.9	251 14.0 48.1	335 11.0 56.1	338 43.2 40.4	
S 12	300 05.1	13 56.7 S22 46.6	266 15.2 N14 48.6	350 12.8 S18 56.0	353 45.4 S19 40.3	Gacrux 171 54.9 S57 13.5
D 13	315 07.6	28 55.7 46.4	281 16.5 49.0	5 14.7 55.8	8 47.5 40.3	Gienah 175 46.7 S17 39.4
A 14	330 10.0	43 54.8 46.1	296 17.7 49.5	20 16.6 55.7	23 49.7 40.2	Hadar 148 40.5 S60 28.1
Y 15	345 12.5	58 53.9 .. 45.9	311 18.9 .. 49.9	35 18.4 .. 55.5	38 51.8 .. 40.1	Hamal 327 54.8 N23 33.7
16	0 14.9	73 53.0 45.7	326 20.2 50.4	50 20.3 55.4	53 54.0 40.1	Kaus Aust. 83 37.2 S34 22.4
17	15 17.4	88 52.0 45.4	341 21.4 50.8	65 22.1 55.2	68 56.1 40.0	
18	30 19.9	103 51.1 S22 45.2	356 22.7 N14 51.3	80 24.0 S18 55.1	83 58.3 S19 39.9	Kochab 137 20.2 N74 03.9
19	45 22.3	118 50.2 44.9	11 23.9 51.7	95 25.9 54.9	99 00.5 39.9	Markab 13 33.3 N15 19.0
20	60 24.8	133 49.3 44.7	26 25.1 52.1	110 27.7 54.8	114 02.6 39.8	Menkar 314 09.4 N 4 10.2
21	75 27.3	148 48.3 .. 44.4	41 26.4 .. 52.6	125 29.6 .. 54.6	129 04.8 .. 39.7	Menkent 148 01.4 S36 28.1
22	90 29.7	163 47.4 44.1	56 27.6 53.0	140 31.4 54.5	144 06.9 39.7	Miaplacidus 221 37.8 S69 48.1
23	105 32.2	178 46.5 43.9	71 28.8 53.5	155 33.3 54.3	159 09.1 39.6	
21 00	120 34.7	193 45.6 S22 43.6	86 30.1 N14 53.9	170 35.1 S18 54.2	174 11.2 S19 39.5	Mirfak 308 32.6 N49 56.2
01	135 37.1	208 44.6 43.4	101 31.3 54.4	185 37.0 54.0	189 13.4 39.5	Nunki 75 52.1 S26 16.2
02	150 39.6	223 43.7 43.1	116 32.5 54.8	200 38.9 53.9	204 15.6 39.4	Peacock 53 11.5 S56 40.1
03	165 42.1	238 42.8 .. 42.9	131 33.8 .. 55.3	215 40.7 .. 53.7	219 17.7 .. 39.3	Pollux 243 20.9 N27 58.4
04	180 44.5	253 41.9 42.6	146 35.0 55.7	230 42.6 53.6	234 19.9 39.3	Procyon 244 53.9 N 5 10.2
05	195 47.0	268 41.0 42.3	161 36.2 56.2	245 44.4 53.4	249 22.0 39.2	
06	210 49.4	283 40.0 S22 42.1	176 37.5 N14 56.6	260 46.3 S18 53.3	264 24.2 S19 39.1	Rasalhague 96 01.8 N12 32.6
07	225 51.9	298 39.1 41.8	191 38.7 57.0	275 48.2 53.1	279 26.3 39.1	Regulus 207 37.6 N11 51.8
T 08	240 54.4	313 38.2 41.5	206 39.9 57.5	290 50.0 53.0	294 28.5 39.0	Rigel 281 06.7 S 8 10.8
H 09	255 56.8	328 37.3 .. 41.3	221 41.2 .. 57.9	305 51.9 .. 52.9	309 30.7 .. 38.9	Rigil Kent. 139 44.7 S60 54.9
U 10	270 59.3	343 36.3 41.0	236 42.4 58.4	320 53.7 52.7	324 32.8 38.9	Sabik 102 06.7 S15 45.0
R 11	286 01.8	358 35.4 40.7	251 43.6 58.8	335 55.6 52.6	339 35.0 38.8	
S 12	301 04.2	13 34.5 S22 40.5	266 44.9 N14 59.3	350 57.5 S18 52.4	354 37.1 S19 38.7	Schedar 349 34.8 N56 39.3
D 13	316 06.7	28 33.6 40.2	281 46.1 14 59.7	5 59.3 52.3	9 39.3 38.7	Shaula 96 15.1 S37 07.0
A 14	331 09.2	43 32.7 39.9	296 47.3 15 00.2	21 01.2 52.1	24 41.4 38.6	Sirius 258 28.7 S16 44.8
Y 15	346 11.6	58 31.7 .. 39.6	311 48.5 .. 00.6	36 03.0 .. 52.0	39 43.6 .. 38.5	Spica 158 25.6 S11 16.2
16	1 14.1	73 30.8 39.4	326 49.8 01.0	51 04.9 51.8	54 45.7 38.4	Suhail 222 48.2 S43 31.0
17	16 16.6	88 29.9 39.1	341 51.0 01.5	66 06.7 51.7	69 47.9 38.4	
18	31 19.0	103 29.0 S22 38.8	356 52.2 N15 01.9	81 08.6 S18 51.5	84 50.1 S19 38.3	Vega 80 35.8 N38 48.1
19	46 21.5	118 28.1 38.5	11 53.5 02.4	96 10.5 51.4	99 52.2 38.2	Zuben'ubi 136 59.7 S16 07.6
20	61 23.9	133 27.1 38.2	26 54.7 02.8	111 12.3 51.2	114 54.4 38.2	SHA Mer.Pass.
21	76 26.4	148 26.2 .. 38.0	41 55.9 .. 03.3	126 14.2 .. 51.1	129 56.5 .. 38.1	° ′ h m
22	91 28.9	163 25.3 37.7	56 57.1 03.7	141 16.0 50.9	144 58.7 38.0	Venus 74 32.3 11 04
23	106 31.3	178 24.4 37.4	71 58.4 04.2	156 17.9 50.8	160 00.8 38.0	Mars 326 24.8 18 14
	h m					Jupiter 50 15.0 12 39
Mer.Pass. 15 59.0	v −0.9 d 0.2	v 1.2 d 0.4	v 1.9 d 0.1	v 2.2 d 0.1	Saturn 53 44.0 12 25

2021 JANUARY 19, 20, 21 (TUES., WED., THURS.)

UT	SUN GHA	SUN Dec	MOON GHA	MOON v	MOON Dec	MOON d	MOON HP	Lat.	Twilight Naut.	Twilight Civil	Sunrise	Moonrise 19	Moonrise 20	Moonrise 21	Moonrise 22
d h	° ′	° ′	° ′	′	° ′	′	′	°	h m	h m	h m	h m	h m	h m	h m
								N 72	07 47	09 30	■■■	10 49	10 26	10 00	09 22
19 00	177 20.3	S20 19.9	108 47.6	16.1	S 1 05.0	12.7	54.8	N 70	07 34	09 01	11 03	10 51	10 34	10 16	09 53
01	192 20.1	19.4	123 22.7	16.1	0 52.3	12.7	54.8	68	07 24	08 40	10 09	10 52	10 41	10 30	10 16
02	207 19.9	18.9	137 57.8	16.1	0 39.6	12.7	54.8	66	07 15	08 23	09 36	10 53	10 47	10 41	10 35
03	222 19.7 ..	18.3	152 32.9	16.1	0 26.9	12.7	54.7	64	07 07	08 10	09 13	10 54	10 52	10 50	10 49
04	237 19.5	17.8	167 08.0	16.1	0 14.2	12.7	54.7	62	07 01	07 58	08 54	10 55	10 56	10 58	11 02
05	252 19.3	17.3	181 43.1	16.2	S 0 01.5	12.7	54.7	60	06 55	07 48	08 39	10 55	11 00	11 05	11 12
06	267 19.1	S20 16.8	196 18.3	16.2	N 0 11.2	12.6	54.7	N 58	06 49	07 39	08 26	10 56	11 03	11 12	11 22
07	282 18.9	16.2	210 53.5	16.2	0 23.8	12.7	54.7	56	06 44	07 31	08 15	10 56	11 06	11 17	11 30
T 08	297 18.7	15.7	225 28.7	16.2	0 36.5	12.6	54.7	54	06 40	07 24	08 05	10 57	11 09	11 22	11 37
U 09	312 18.5 ..	15.2	240 03.9	16.2	0 49.1	12.7	54.6	52	06 36	07 18	07 56	10 57	11 11	11 26	11 44
E 10	327 18.4	14.6	254 39.1	16.2	1 01.8	12.6	54.6	50	06 32	07 12	07 48	10 58	11 14	11 30	11 50
S 11	342 18.2	14.1	269 14.3	16.3	1 14.4	12.6	54.6	45	06 23	06 59	07 31	10 59	11 18	11 39	12 02
D 12	357 18.0	S20 13.6	283 49.6	16.2	N 1 27.0	12.6	54.6	N 40	06 15	06 48	07 18	10 59	11 22	11 47	12 13
A 13	12 17.8	13.0	298 24.8	16.3	1 39.6	12.6	54.6	35	06 08	06 39	07 06	11 00	11 26	11 53	12 22
Y 14	27 17.6	12.5	313 00.1	16.3	1 52.2	12.6	54.6	30	06 01	06 30	06 56	11 01	11 29	11 59	12 30
15	42 17.4 ..	12.0	327 35.4	16.2	2 04.8	12.6	54.6	20	05 47	06 14	06 38	11 02	11 35	12 09	12 44
16	57 17.2	11.4	342 10.6	16.3	2 17.4	12.5	54.5	N 10	05 34	06 00	06 22	11 03	11 40	12 17	12 57
17	72 17.0	10.9	356 45.9	16.3	2 29.9	12.6	54.5	0	05 20	05 45	06 07	11 04	11 44	12 25	13 08
18	87 16.9	S20 10.4	11 21.2	16.3	N 2 42.5	12.5	54.5	S 10	05 04	05 30	05 53	11 04	11 49	12 34	13 20
19	102 16.7	09.8	25 56.5	16.3	2 55.0	12.5	54.5	20	04 44	05 13	05 37	11 05	11 54	12 42	13 32
20	117 16.5	09.3	40 31.8	16.3	3 07.5	12.4	54.5	30	04 20	04 52	05 18	11 07	12 00	12 53	13 47
21	132 16.3 ..	08.7	55 07.1	16.3	3 19.9	12.5	54.5	35	04 04	04 39	05 07	11 07	12 03	12 59	13 55
22	147 16.1	08.2	69 42.4	16.3	3 32.4	12.4	54.5	40	03 45	04 24	04 55	11 08	12 07	13 05	14 05
23	162 15.9	07.7	84 17.7	16.4	3 44.8	12.5	54.5	45	03 20	04 05	04 40	11 09	12 11	13 13	14 16
20 00	177 15.7	S20 07.1	98 53.1	16.3	N 3 57.3	12.4	54.4	S 50	02 46	03 41	04 22	11 10	12 16	13 23	14 30
01	192 15.6	06.6	113 28.4	16.3	4 09.7	12.4	54.4	52	02 27	03 29	04 13	11 10	12 19	13 27	14 36
02	207 15.4	06.0	128 03.7	16.3	4 22.1	12.3	54.4	54	02 04	03 16	04 03	11 11	12 21	13 32	14 43
03	222 15.2 ..	05.5	142 39.0	16.3	4 34.4	12.4	54.4	56	01 32	03 00	03 52	11 12	12 24	13 37	14 51
04	237 15.0	04.9	157 14.3	16.3	4 46.8	12.3	54.4	58	////	02 40	03 39	11 12	12 28	13 43	15 00
05	252 14.8	04.4	171 49.6	16.3	4 59.1	12.3	54.4	S 60	////	02 15	03 24	11 13	12 32	13 50	15 11
06	267 14.6	S20 03.9	186 24.8	16.3	N 5 11.4	12.2	54.4			Twilight			Moonset		
W 07	282 14.5	03.3	201 00.1	16.3	5 23.6	12.3	54.4	Lat.	Sunset	Civil	Naut.	19	20	21	22
E 08	297 14.3	02.8	215 35.4	16.3	5 35.9	12.2	54.4								
D 09	312 14.1 ..	02.2	230 10.7	16.2	5 48.1	12.2	54.3	°	h m	h m	h m	h m	h m	h m	h m
N 10	327 13.9	01.7	244 45.9	16.2	6 00.3	12.1	54.3	N 72	■■■	14 54	16 36	24 13	00 13	02 06	04 12
E 11	342 13.7	01.1	259 21.1	16.3	6 12.4	12.3	54.3	N 70	13 20	15 22	16 49	24 08	00 08	01 51	03 42
S 12	357 13.6	S20 00.6	273 56.4	16.2	N 6 24.6	12.1	54.3	68	14 14	15 43	16 59	24 03	00 03	01 40	03 20
D 13	12 13.4	20 00.0	288 31.6	16.2	6 36.7	12.1	54.3	66	14 47	16 00	17 08	23 59	25 30	01 30	03 03
A 14	27 13.2	19 59.5	303 06.8	16.2	6 48.8	12.0	54.3	64	15 10	16 13	17 16	23 56	25 22	01 22	02 50
Y 15	42 13.0 ..	58.9	317 42.0	16.1	7 00.8	12.1	54.3	62	15 29	16 25	17 22	23 53	25 15	01 15	02 38
16	57 12.8	58.4	332 17.1	16.2	7 12.9	12.0	54.3	60	15 44	16 35	17 28	23 51	25 09	01 09	02 29
17	72 12.7	57.8	346 52.3	16.1	7 24.9	11.9	54.3	N 58	15 57	16 44	17 33	23 49	25 04	01 04	02 20
18	87 12.5	S19 57.3	1 27.4	16.1	N 7 36.8	12.0	54.3	56	16 08	16 52	17 38	23 47	24 59	00 59	02 13
19	102 12.3	56.7	16 02.5	16.1	7 48.8	11.9	54.3	54	16 18	16 59	17 43	23 45	24 55	00 55	02 06
20	117 12.1	56.2	30 37.6	16.1	8 00.7	11.8	54.3	52	16 27	17 05	17 47	23 43	24 52	00 52	02 00
21	132 12.0 ..	55.6	45 12.7	16.0	8 12.5	11.9	54.3	50	16 35	17 11	17 51	23 42	24 48	00 48	01 55
22	147 11.8	55.0	59 47.7	16.0	8 24.4	11.8	54.3	45	16 51	17 24	18 00	23 39	24 41	00 41	01 43
23	162 11.6	54.5	74 22.7	16.0	8 36.2	11.7	54.3	N 40	17 05	17 34	18 08	23 36	24 35	00 35	01 34
21 00	177 11.4	S19 53.9	88 57.7	16.0	N 8 47.9	11.8	54.3	35	17 17	17 44	18 15	23 34	24 30	00 30	01 26
01	192 11.3	53.4	103 32.7	16.0	8 59.7	11.7	54.3	30	17 27	17 53	18 22	23 32	24 25	00 25	01 19
02	207 11.1	52.8	118 07.7	15.9	9 11.4	11.6	54.2	20	17 45	18 09	18 35	23 29	24 17	00 17	01 06
03	222 10.9 ..	52.3	132 42.6	15.9	9 23.0	11.7	54.2	N 10	18 00	18 22	18 48	23 26	24 10	00 10	00 56
04	237 10.7	51.7	147 17.5	15.9	9 34.7	11.5	54.2	0	18 15	18 37	19 02	23 23	24 04	00 04	00 46
05	252 10.6	51.1	161 52.4	15.8	9 46.2	11.6	54.2	S 10	18 29	18 52	19 18	23 20	23 57	24 36	00 36
06	267 10.4	S19 50.6	176 27.2	15.8	N 9 57.8	11.5	54.2	20	18 45	19 09	19 37	23 17	23 51	24 25	00 25
07	282 10.2	50.0	191 02.0	15.8	10 09.3	11.5	54.2	30	19 04	19 30	20 02	23 14	23 43	24 13	00 13
T 08	297 10.0	49.5	205 36.8	15.7	10 20.8	11.4	54.2	35	19 15	19 43	20 18	23 12	23 38	24 06	00 06
H 09	312 09.9 ..	48.9	220 11.5	15.7	10 32.2	11.4	54.2	40	19 27	19 58	20 37	23 10	23 33	23 58	24 27
U 10	327 09.7	48.3	234 46.2	15.7	10 43.6	11.3	54.2	45	19 42	20 16	21 01	23 07	23 28	23 49	24 14
R 11	342 09.5	47.8	249 20.9	15.6	10 54.9	11.4	54.2	S 50	20 00	20 40	21 35	23 04	23 21	23 38	23 59
S 12	357 09.3	S19 47.2	263 55.5	15.6	N11 06.3	11.2	54.2	52	20 08	20 52	21 53	23 03	23 17	23 33	23 52
D 13	12 09.2	46.6	278 30.1	15.6	11 17.5	11.2	54.2	54	20 18	21 05	22 15	23 02	23 14	23 28	23 45
A 14	27 09.0	46.1	293 04.7	15.5	11 28.7	11.2	54.2	56	20 29	21 21	22 46	23 00	23 10	23 22	23 36
Y 15	42 08.8 ..	45.5	307 39.2	15.5	11 39.9	11.2	54.2	58	20 41	21 40	23 52	22 58	23 06	23 15	23 26
16	57 08.7	44.9	322 13.7	15.4	11 51.1	11.0	54.2	S 60	20 56	22 04	////	22 56	23 01	23 07	23 15
17	72 08.5	44.4	336 48.1	15.5	12 02.1	11.1	54.2			SUN			MOON		
18	87 08.3	S19 43.8	351 22.6	15.3	N12 13.2	11.0	54.2	Day	Eqn. of Time		Mer.	Mer. Pass.		Age	Phase
19	102 08.1	43.2	5 56.9	15.3	12 24.2	10.9	54.2		00ʰ	12ʰ	Pass.	Upper	Lower		
20	117 08.0	42.7	20 31.2	15.3	12 35.1	10.9	54.2	d	m s	m s	h m	h m	h m	d	%
21	132 07.8 ..	42.1	35 05.5	15.3	12 46.0	10.9	54.2	19	10 39	10 48	12 11	17 13	04 53	06	37
22	147 07.6	41.5	49 39.8	15.2	12 56.9	10.8	54.2	20	10 57	11 05	12 11	17 54	05 34	07	47
23	162 07.5	41.0	64 14.0	15.1	N13 07.7	10.7	54.2	21	11 14	11 22	12 11	18 36	06 15	08	56
	SD 16.3	d 0.5	SD 14.9		14.8		14.8								

2021 JANUARY 22, 23, 24 (FRI., SAT., SUN.)

UT	ARIES	VENUS −3.9		MARS +0.3		JUPITER −1.9		SATURN +0.4		STARS		
	GHA	GHA	Dec	GHA	Dec	GHA	Dec	GHA	Dec	Name	SHA	Dec
d h	° ′	° ′	° ′	° ′	° ′	° ′	° ′	° ′	° ′		° ′	° ′
22 00	121 33.8	193 23.5	S22 37.1	86 59.6	N15 04.6	171 19.8	S18 50.6	175 03.0	S19 37.9	Acamar	315 14.2	S40 13.6
01	136 36.3	208 22.5	36.8	102 00.8	05.0	186 21.6	50.5	190 05.2	37.8	Achernar	335 22.8	S57 08.2
02	151 38.7	223 21.6	36.5	117 02.0	05.5	201 23.5	50.3	205 07.3	37.8	Acrux	173 03.2	S63 12.6
03	166 41.2	238 20.7	36.2	132 03.3	05.9	216 25.3	50.2	220 09.5	37.7	Adhara	255 08.0	S29 00.2
04	181 43.7	253 19.8	35.9	147 04.5	06.4	231 27.2	50.0	235 11.6	37.6	Aldebaran	290 43.1	N16 33.0
05	196 46.1	268 18.9	35.6	162 05.7	06.8	246 29.0	49.9	250 13.8	37.6			
06	211 48.6	283 18.0	S22 35.2	177 06.9	N15 07.3	261 30.9	S18 49.7	265 15.9	S19 37.5	Alioth	166 15.7	N55 50.5
07	226 51.0	298 17.0	35.1	192 08.2	07.7	276 32.8	49.6	280 18.1	37.4	Alkaid	152 54.6	N49 12.3
08	241 53.5	313 16.1	34.8	207 09.4	08.2	291 34.6	49.4	295 20.2	37.4	Alnair	27 37.4	S46 51.8
F 09	256 56.0	328 15.2	34.5	222 10.6	08.6	306 36.5	49.3	310 22.4	37.3	Alnilam	275 40.7	S 1 11.5
R 10	271 58.4	343 14.3	34.2	237 11.8	09.0	321 38.3	49.1	325 24.6	37.2	Alphard	217 50.6	S 8 45.0
I 11	287 00.9	358 13.4	33.9	252 13.1	09.5	336 40.2	49.0	340 26.7	37.2			
D 12	302 03.4	13 12.5	S22 33.6	267 14.3	N15 09.9	351 42.1	S18 48.8	355 28.9	S19 37.1	Alphecca	126 06.6	N26 38.5
A 13	317 05.8	28 11.5	33.3	282 15.5	10.4	6 43.9	48.7	10 31.0	37.0	Alpheratz	357 38.2	N29 12.4
Y 14	332 08.3	43 10.6	33.0	297 16.7	10.8	21 45.8	48.5	25 33.2	37.0	Altair	62 03.4	N 8 55.4
15	347 10.8	58 09.7	32.7	312 17.9	11.3	36 47.6	48.4	40 35.3	36.9	Ankaa	353 10.6	S42 11.9
16	2 13.2	73 08.8	32.4	327 19.2	11.7	51 49.5	48.2	55 37.5	36.8	Antares	112 20.0	S26 28.6
17	17 15.7	88 07.9	32.1	342 20.4	12.2	66 51.3	48.1	70 39.7	36.8			
18	32 18.2	103 07.0	S22 31.7	357 21.6	N15 12.6	81 53.2	S18 47.9	85 41.8	S19 36.7	Arcturus	145 50.9	N19 04.3
19	47 20.6	118 06.1	31.4	12 22.8	13.0	96 55.1	47.8	100 44.0	36.6	Atria	107 17.5	S69 03.6
20	62 23.1	133 05.1	31.1	27 24.0	13.5	111 56.9	47.6	115 46.1	36.6	Avior	234 15.3	S59 34.6
21	77 25.5	148 04.2	30.8	42 25.2	13.9	126 58.8	47.5	130 48.3	36.5	Bellatrix	278 26.1	N 6 22.0
22	92 28.0	163 03.3	30.5	57 26.5	14.4	142 00.6	47.3	145 50.4	36.5	Betelgeuse	270 55.3	N 7 24.5
23	107 30.5	178 02.4	30.2	72 27.7	14.8	157 02.5	47.2	160 52.6	36.4			
23 00	122 32.9	193 01.5	S22 29.9	87 28.9	N15 15.3	172 04.4	S18 47.0	175 54.7	S19 36.3	Canopus	263 53.3	S52 42.6
01	137 35.4	208 00.6	29.6	102 30.1	15.7	187 06.2	46.9	190 56.9	36.2	Capella	280 26.3	N46 01.1
02	152 37.9	222 59.7	29.2	117 31.3	16.1	202 08.1	46.7	205 59.1	36.1	Deneb	49 28.4	N45 21.3
03	167 40.3	237 58.8	28.9	132 32.5	16.6	217 09.9	46.6	221 01.2	36.1	Denebola	182 28.1	N14 27.2
04	182 42.8	252 57.8	28.6	147 33.8	17.0	232 11.8	46.4	236 03.4	36.0	Diphda	348 50.7	S17 52.5
05	197 45.3	267 56.9	28.3	162 35.0	17.5	247 13.6	46.3	251 05.5	35.9			
06	212 47.7	282 56.0	S22 28.0	177 36.2	N15 17.9	262 15.5	S18 46.1	266 07.7	S19 35.9	Dubhe	193 44.6	N61 38.1
07	227 50.2	297 55.1	27.6	192 37.4	18.4	277 17.4	46.0	281 09.8	35.8	Elnath	278 05.6	N28 37.4
S 08	242 52.7	312 54.2	27.3	207 38.6	18.8	292 19.2	45.8	296 12.0	35.7	Eltanin	90 44.1	N51 29.0
A 09	257 55.1	327 53.3	27.0	222 39.8	19.2	307 21.1	45.7	311 14.1	35.7	Enif	33 42.2	N 9 58.2
T 10	272 57.6	342 52.4	26.7	237 41.0	19.7	322 22.9	45.5	326 16.3	35.6	Fomalhaut	15 18.4	S29 30.9
U 11	288 00.0	357 51.5	26.3	252 42.3	20.1	337 24.8	45.4	341 18.5	35.5			
R 12	303 02.5	12 50.6	S22 26.0	267 43.5	N15 20.6	352 26.7	S18 45.2	356 20.6	S19 35.5	Gacrux	171 54.9	S57 13.5
D 13	318 05.0	27 49.7	25.7	282 44.7	21.0	7 28.5	45.1	11 22.8	35.4	Gienah	175 46.7	S17 39.4
A 14	333 07.4	42 48.8	25.3	297 45.9	21.5	22 30.4	44.9	26 24.9	35.3	Hadar	148 40.5	S60 28.1
Y 15	348 09.9	57 47.8	25.0	312 47.1	21.9	37 32.2	44.8	41 27.1	35.3	Hamal	327 54.8	N23 33.7
16	3 12.4	72 46.9	24.7	327 48.3	22.3	52 34.1	44.6	56 29.2	35.2	Kaus Aust.	83 37.1	S34 22.4
17	18 14.8	87 46.0	24.3	342 49.5	22.8	67 35.9	44.5	71 31.4	35.1			
18	33 17.3	102 45.1	S22 24.0	357 50.7	N15 23.2	82 37.8	S18 44.3	86 33.6	S19 35.1	Kochab	137 20.2	N74 03.9
19	48 19.8	117 44.2	23.7	12 51.9	23.7	97 39.7	44.2	101 35.7	35.0	Markab	13 33.3	N15 19.0
20	63 22.2	132 43.3	23.3	27 53.2	24.1	112 41.5	44.0	116 37.9	34.9	Menkar	314 09.4	N 4 10.2
21	78 24.7	147 42.4	23.0	42 54.4	24.6	127 43.4	43.9	131 40.0	34.9	Menkent	148 01.4	S36 28.1
22	93 27.2	162 41.5	22.6	57 55.6	25.0	142 45.2	43.7	146 42.2	34.8	Miaplacidus	221 37.8	S69 48.1
23	108 29.6	177 40.6	22.3	72 56.8	25.4	157 47.1	43.6	161 44.3	34.7			
24 00	123 32.1	192 39.7	S22 22.0	87 58.0	N15 25.9	172 49.0	S18 43.4	176 46.5	S19 34.7	Mirfak	308 32.6	N49 56.2
01	138 34.5	207 38.8	21.6	102 59.2	26.3	187 50.8	43.3	191 48.7	34.6	Nunki	75 52.1	S26 16.2
02	153 37.0	222 37.9	21.3	118 00.4	26.8	202 52.7	43.1	206 50.8	34.5	Peacock	53 11.4	S56 40.1
03	168 39.5	237 37.0	20.9	133 01.6	27.2	217 54.5	43.0	221 53.0	34.5	Pollux	243 20.9	N27 58.4
04	183 41.9	252 36.1	20.6	148 02.8	27.7	232 56.4	42.8	236 55.1	34.4	Procyon	244 53.9	N 5 10.2
05	198 44.4	267 35.2	20.2	163 04.0	28.1	247 58.3	42.7	251 57.3	34.3			
06	213 46.9	282 34.3	S22 19.9	178 05.2	N15 28.5	263 00.1	S18 42.5	266 59.4	S19 34.3	Rasalhague	96 01.8	N12 32.6
07	228 49.3	297 33.4	19.5	193 06.4	29.0	278 02.0	42.4	282 01.6	34.2	Regulus	207 37.6	N11 51.8
08	243 51.8	312 32.4	19.2	208 07.6	29.4	293 03.8	42.2	297 03.8	34.1	Rigel	281 06.7	S 8 10.8
S 09	258 54.3	327 31.5	18.8	223 08.8	29.9	308 05.7	42.1	312 05.9	34.1	Rigil Kent.	139 44.7	S60 54.9
U 10	273 56.7	342 30.6	18.5	238 10.1	30.3	323 07.5	41.9	327 08.1	34.0	Sabik	102 06.7	S15 45.0
N 11	288 59.2	357 29.7	18.1	253 11.3	30.7	338 09.4	41.8	342 10.2	33.9			
D 12	304 01.6	12 28.8	S22 17.7	268 12.5	N15 31.2	353 11.3	S18 41.6	357 12.4	S19 33.8	Schedar	349 34.8	N56 39.3
A 13	319 04.1	27 27.9	17.4	283 13.7	31.6	8 13.1	41.5	12 14.5	33.8	Shaula	96 15.1	S37 07.0
Y 14	334 06.6	42 27.0	17.0	298 14.9	32.1	23 15.0	41.3	27 16.7	33.7	Sirius	258 28.7	S16 44.8
15	349 09.0	57 26.1	16.7	313 16.1	32.5	38 16.8	41.2	42 18.9	33.6	Spica	158 25.6	S11 16.2
16	4 11.5	72 25.2	16.3	328 17.3	33.0	53 18.7	41.0	57 21.0	33.6	Suhail	222 48.2	S43 31.0
17	19 14.0	87 24.3	15.9	343 18.5	33.4	68 20.6	40.9	72 23.2	33.5			
18	34 16.4	102 23.4	S22 15.6	358 19.7	N15 33.8	83 22.4	S18 40.7	87 25.3	S19 33.4	Vega	80 35.8	N38 48.1
19	49 18.9	117 22.5	15.2	13 20.9	34.3	98 24.3	40.6	102 27.5	33.4	Zuben'ubi	136 59.6	S16 07.6
20	64 21.4	132 21.6	14.8	28 22.1	34.7	113 26.1	40.4	117 29.6	33.3		SHA	Mer. Pass.
21	79 23.8	147 20.7	14.5	43 23.3	35.2	128 28.0	40.3	132 31.8	33.2		° ′	h m
22	94 26.3	162 19.8	14.1	58 24.5	35.6	143 29.8	40.1	147 34.0	33.2	Venus	70 28.6	11 09
23	109 28.8	177 18.9	13.7	73 25.7	36.0	158 31.7	40.0	162 36.1	33.1	Mars	324 56.0	18 09
	h m									Jupiter	49 31.4	12 30
Mer. Pass. 15 47.2		v −0.9	d 0.3	v 1.2	d 0.4	v 1.9	d 0.2	v 2.2	d 0.1	Saturn	53 21.8	12 15

2021 JANUARY 22, 23, 24 (FRI., SAT., SUN.)

UT	SUN GHA	SUN Dec	MOON GHA	MOON v	MOON Dec	MOON d	MOON HP	Lat.	Twilight Naut.	Twilight Civil	Sunrise	Moonrise 22	Moonrise 23	Moonrise 24	Moonrise 25
d h	° '	° '	° '	'	° '	'	'	°	h m	h m	h m	h m	h m	h m	h m
22 00	177 07.3	S19 40.4	78 48.1	15.1	N13 18.4	10.7	54.2	N 72	07 38	09 17	▬	09 22	☐	☐	☐
01	192 07.1	39.8	93 22.2	15.1	13 29.1	10.7	54.2	N 70	07 27	08 51	10 39	09 53	09 13	☐	☐
02	207 07.0	39.2	107 56.3	15.0	13 39.8	10.6	54.3	68	07 17	08 32	09 55	10 16	09 58	09 12	☐
03	222 06.8	.. 38.7	122 30.3	14.9	13 50.4	10.5	54.3	66	07 09	08 16	09 27	10 35	10 27	10 17	09 51
04	237 06.6	38.1	137 04.2	14.9	14 00.9	10.5	54.3	64	07 02	08 03	09 05	10 49	10 50	10 52	11 02
05	252 06.5	37.5	151 38.1	14.9	14 11.4	10.5	54.3	62	06 56	07 52	08 47	11 02	11 08	11 18	11 38
								60	06 51	07 43	08 33	11 12	11 23	11 38	12 03
06	267 06.3	S19 36.9	166 12.0	14.8	N14 21.9	10.4	54.3	N 58	06 46	07 35	08 21	11 22	11 35	11 55	12 24
07	282 06.1	36.4	180 45.8	14.7	14 32.3	10.3	54.3	56	06 41	07 27	08 10	11 30	11 46	12 09	12 41
08	297 06.0	35.8	195 19.5	14.7	14 42.6	10.2	54.3	54	06 37	07 21	08 01	11 37	11 56	12 21	12 55
F 09	312 05.8	.. 35.2	209 53.2	14.7	14 52.8	10.3	54.3	52	06 33	07 15	07 52	11 44	12 05	12 32	13 08
R 10	327 05.6	34.6	224 26.9	14.6	15 03.1	10.1	54.3	50	06 29	07 09	07 45	11 50	12 13	12 42	13 19
I 11	342 05.5	34.1	239 00.5	14.5	15 13.2	10.1	54.3	45	06 21	06 57	07 29	12 02	12 29	13 02	13 42
D 12	357 05.3	S19 33.5	253 34.0	14.5	N15 23.3	10.1	54.3	N 40	06 14	06 46	07 16	12 13	12 43	13 19	14 01
A 13	12 05.2	32.9	268 07.5	14.4	15 33.4	9.9	54.3	35	06 07	06 37	07 04	12 22	12 55	13 33	14 16
Y 14	27 05.0	32.3	282 40.9	14.4	15 43.3	9.9	54.3	30	06 00	06 29	06 55	12 30	13 05	13 45	14 30
15	42 04.8	.. 31.7	297 14.3	14.3	15 53.2	9.9	54.3	20	05 47	06 14	06 37	12 44	13 23	14 06	14 53
16	57 04.7	31.1	311 47.6	14.2	16 03.1	9.8	54.3	N 10	05 35	06 00	06 22	12 57	13 39	14 24	15 13
17	72 04.5	30.6	326 20.8	14.2	16 12.9	9.7	54.3	0	05 21	05 46	06 08	13 08	13 53	14 41	15 32
18	87 04.3	S19 30.0	340 54.0	14.2	N16 22.6	9.7	54.4	S 10	05 05	05 32	05 54	13 20	14 08	14 58	15 51
19	102 04.2	29.4	355 27.2	14.1	16 32.3	9.6	54.4	20	04 47	05 15	05 39	13 32	14 24	15 17	16 11
20	117 04.0	28.8	10 00.3	14.0	16 41.9	9.5	54.4	30	04 23	04 54	05 21	13 47	14 42	15 38	16 35
21	132 03.9	.. 28.2	24 33.3	13.9	16 51.4	9.5	54.4	35	04 08	04 42	05 10	13 55	14 53	15 51	16 49
22	147 03.7	27.6	39 06.2	13.9	17 00.9	9.4	54.4	40	03 49	04 27	04 58	14 05	15 05	16 05	17 05
23	162 03.5	27.1	53 39.1	13.8	17 10.3	9.3	54.4	45	03 25	04 09	04 44	14 16	15 19	16 23	17 24
23 00	177 03.4	S19 26.5	68 11.9	13.8	N17 19.6	9.3	54.4	S 50	02 53	03 47	04 26	14 30	15 37	16 44	17 48
01	192 03.2	25.9	82 44.7	13.7	17 28.9	9.2	54.4	52	02 36	03 35	04 18	14 36	15 46	16 54	18 00
02	207 03.1	25.3	97 17.4	13.6	17 38.1	9.1	54.4	54	02 14	03 22	04 09	14 43	15 55	17 06	18 13
03	222 02.9	.. 24.7	111 50.0	13.6	17 47.2	9.1	54.4	56	01 46	03 07	03 58	14 51	16 06	17 19	18 28
04	237 02.7	24.1	126 22.6	13.5	17 56.3	8.9	54.5	58	00 57	02 49	03 46	15 00	16 18	17 35	18 46
05	252 02.6	23.5	140 55.1	13.4	18 05.2	9.0	54.5	S 60	////	02 26	03 32	15 11	16 32	17 53	19 08
06	267 02.4	S19 22.9	155 27.5	13.4	N18 14.2	8.8	54.5	Lat.	Sunset	Twilight Civil	Twilight Naut.	Moonset 22	Moonset 23	Moonset 24	Moonset 25
07	282 02.3	22.3	169 59.9	13.3	18 23.0	8.8	54.5
S 08	297 02.1	21.8	184 32.2	13.3	18 31.8	8.6	54.5
A 09	312 02.0	.. 21.2	199 04.5	13.1	18 40.4	8.6	54.5	°	h m	h m	h m	h m	h m	h m	h m
T 10	327 01.8	20.6	213 36.6	13.1	18 49.0	8.6	54.5	N 72	▬	15 08	16 47	04 12	☐	☐	☐
U 11	342 01.6	20.0	228 08.7	13.1	18 57.6	8.4	54.5	N 70	13 46	15 33	16 58	03 42	05 54	☐	☐
R 12	357 01.5	S19 19.4	242 40.8	12.9	N19 06.0	8.4	54.6	68	14 29	15 53	17 08	03 20	05 11	07 34	☐
D 13	12 01.3	18.8	257 12.7	12.9	19 14.4	8.3	54.6	66	14 58	16 08	17 16	03 03	04 43	06 30	08 41
A 14	27 01.2	18.2	271 44.6	12.9	19 22.7	8.2	54.6	64	15 20	16 21	17 22	02 50	04 21	05 56	07 31
Y 15	42 01.0	.. 17.6	286 16.5	12.7	19 30.9	8.1	54.6	62	15 37	16 32	17 29	02 38	04 04	05 31	06 55
16	57 00.9	17.0	300 48.2	12.7	19 39.0	8.1	54.6	60	15 51	16 42	17 34	02 29	03 49	05 11	06 29
17	72 00.7	16.4	315 19.9	12.6	19 47.1	8.0	54.6								
18	87 00.6	S19 15.8	329 51.5	12.6	N19 55.1	7.8	54.6	N 58	16 04	16 50	17 39	02 20	03 37	04 55	06 09
19	102 00.4	15.2	344 23.1	12.4	20 02.9	7.8	54.7	56	16 14	16 57	17 43	02 13	03 27	04 41	05 52
20	117 00.3	14.6	358 54.5	12.4	20 10.7	7.8	54.7	54	16 24	17 04	17 48	02 06	03 18	04 29	05 38
21	132 00.1	.. 14.0	13 25.9	12.4	20 18.5	7.6	54.7	52	16 32	17 10	17 51	02 00	03 09	04 19	05 26
22	147 00.0	13.4	27 57.3	12.2	20 26.1	7.5	54.7	50	16 39	17 15	17 55	01 55	03 02	04 09	05 15
23	161 59.8	12.8	42 28.5	12.2	20 33.6	7.5	54.7	45	16 55	17 27	18 03	01 43	02 46	03 50	04 52
24 00	176 59.6	S19 12.2	56 59.7	12.1	N20 41.1	7.3	54.7	N 40	17 09	17 38	18 11	01 34	02 34	03 34	04 34
01	191 59.5	11.6	71 30.8	12.0	20 48.4	7.3	54.7	35	17 20	17 47	18 18	01 26	02 23	03 21	04 19
02	206 59.3	11.0	86 01.8	12.0	20 55.7	7.2	54.8	30	17 30	17 55	18 24	01 19	02 13	03 09	04 06
03	221 59.2	.. 10.4	100 32.8	11.9	21 02.9	7.1	54.8	20	17 47	18 10	18 37	01 06	01 57	02 49	03 43
04	236 59.0	09.8	115 03.7	11.8	21 10.0	7.0	54.8	N 10	18 01	18 24	18 49	00 56	01 43	02 32	03 24
05	251 58.9	09.2	129 34.5	11.8	21 17.0	6.9	54.8	0	18 15	18 37	19 03	00 46	01 30	02 16	03 05
06	266 58.7	S19 08.6	144 05.3	11.7	N21 23.9	6.8	54.8	S 10	18 30	18 52	19 18	00 36	01 16	02 00	02 47
07	281 58.6	08.0	158 36.0	11.6	21 30.7	6.7	54.9	20	18 45	19 09	19 37	00 25	01 02	01 43	02 28
08	296 58.5	07.4	173 06.6	11.5	21 37.4	6.6	54.9	30	19 03	19 29	20 00	00 13	00 46	01 23	02 06
S 09	311 58.3	.. 06.8	187 37.1	11.4	21 44.0	6.5	54.9	35	19 13	19 41	20 15	00 06	00 37	01 12	01 53
U 10	326 58.2	06.1	202 07.5	11.4	21 50.5	6.4	54.9	40	19 25	19 56	20 34	24 27	00 27	00 59	01 37
N 11	341 58.0	05.5	216 37.9	11.3	21 56.9	6.3	54.9	45	19 39	20 13	20 57	24 14	00 14	00 44	01 20
D 12	356 57.9	S19 04.9	231 08.2	11.3	N22 03.2	6.2	54.9	S 50	19 56	20 36	21 29	23 59	24 25	00 25	00 57
A 13	11 57.7	04.3	245 38.5	11.1	22 09.4	6.2	55.0	52	20 05	20 47	21 46	23 52	24 16	00 16	00 47
Y 14	26 57.6	03.7	260 08.6	11.1	22 15.6	6.0	55.0	54	20 14	21 00	22 07	23 45	24 06	00 06	00 35
15	41 57.4	.. 03.1	274 38.7	11.0	22 21.6	5.9	55.0	56	20 24	21 15	22 34	23 36	23 55	24 21	00 21
16	56 57.3	02.5	289 08.7	11.0	22 27.5	5.8	55.0	58	20 36	21 32	23 19	23 26	23 42	24 05	00 05
17	71 57.1	01.9	303 38.7	10.9	22 33.3	5.7	55.0	S 60	20 50	21 55	////	23 15	23 27	23 46	24 19
18	86 57.0	S19 01.3	318 08.6	10.8	N22 39.0	5.6	55.1			SUN			MOON		
19	101 56.8	00.6	332 38.4	10.7	22 44.6	5.5	55.1	Day	Eqn. of Time 00h	Eqn. of Time 12h	Mer. Pass.	Mer. Pass. Upper	Mer. Pass. Lower	Age	Phase
20	116 56.7	19 00.0	347 08.1	10.7	22 50.1	5.4	55.1
21	131 56.6	18 59.4	1 37.8	10.6	22 55.5	5.2	55.1
22	146 56.4	58.8	16 07.4	10.5	23 00.7	5.2	55.1	d	m s	m s	h m	h m	h m	d	%
23	161 56.3	58.2	30 36.9	10.4	N23 05.9	5.1	55.2	22	11 30	11 38	12 12	19 19	06 57	09	65
								23	11 46	11 54	12 12	20 05	07 41	10	74
	SD 16.3	d 0.6	SD 14.8		14.9		15.0	24	12 01	12 08	12 12	20 53	08 28	11	82

2021 JANUARY 25, 26, 27 (MON., TUES., WED.)

UT	ARIES	VENUS −3.9	MARS +0.3	JUPITER −1.9	SATURN +0.5	STARS		
	GHA	GHA Dec	GHA Dec	GHA Dec	GHA Dec	Name	SHA	Dec
d h	° ′	° ′ ° ′	° ′ ° ′	° ′ ° ′	° ′ ° ′		° ′	° ′
25 00	124 31.2	192 18.0 S22 13.4	88 26.9 N15 36.5	173 33.6 S18 39.8	177 38.3 S19 33.0	Acamar	315 14.2	S40 13.6
01	139 33.7	207 17.1 13.0	103 28.1 36.9	188 35.4 39.7	192 40.4 33.0	Achernar	335 22.8	S57 08.2
02	154 36.1	222 16.2 12.6	118 29.3 37.4	203 37.3 39.5	207 42.6 32.9	Acrux	173 03.1	S63 12.6
03	169 38.6	237 15.3 . . 12.2	133 30.5 . . 37.8	218 39.1 . . 39.3	222 44.7 . . 32.8	Adhara	255 08.0	S29 00.2
04	184 41.1	252 14.4 11.9	148 31.7 38.3	233 41.0 39.2	237 46.9 32.7	Aldebaran	290 43.1	N16 33.0
05	199 43.5	267 13.5 11.5	163 32.9 38.7	248 42.9 39.0	252 49.0 32.7			
06	214 46.0	282 12.7 S22 11.1	178 34.1 N15 39.1	263 44.7 S18 38.9	267 51.2 S19 32.6	Alioth	166 15.7	N55 50.5
07	229 48.5	297 11.8 10.7	193 35.3 39.6	278 46.6 38.7	282 53.4 32.5	Alkaid	152 54.6	N49 12.3
08	244 50.9	312 10.9 10.3	208 36.5 40.0	293 48.4 38.6	297 55.5 32.5	Alnair	27 37.4	S46 51.8
M 09	259 53.4	327 10.0 . . 10.0	223 37.7 . . 40.5	308 50.3 . . 38.4	312 57.7 . . 32.4	Alnilam	275 40.7	S 1 11.5
O 10	274 55.9	342 09.1 09.6	238 38.9 40.9	323 52.2 38.3	327 59.8 32.3	Alphard	217 50.6	S 8 45.0
N 11	289 58.3	357 08.2 09.2	253 40.0 41.3	338 54.0 38.1	343 02.0 32.3			
D 12	305 00.8	12 07.3 S22 08.8	268 41.2 N15 41.8	353 55.9 S18 38.0	358 04.1 S19 32.2	Alphecca	126 06.6	N26 38.5
A 13	320 03.3	27 06.4 08.4	283 42.4 42.2	8 57.7 37.8	13 06.3 32.1	Alpheratz	357 38.2	N29 12.4
Y 14	335 05.7	42 05.5 08.0	298 43.6 42.7	23 59.6 37.7	28 08.5 32.1	Altair	62 03.4	N 8 55.4
15	350 08.2	57 04.6 . . 07.6	313 44.8 . . 43.1	39 01.4 . . 37.5	43 10.6 . . 32.0	Ankaa	353 10.6	S42 11.9
16	5 10.6	72 03.7 07.3	328 46.0 43.5	54 03.3 37.4	58 12.8 31.9	Antares	112 20.0	S26 28.6
17	20 13.1	87 02.8 06.9	343 47.2 44.0	69 05.2 37.2	73 14.9 31.9			
18	35 15.6	102 01.9 S22 06.5	358 48.4 N15 44.4	84 07.0 S18 37.1	88 17.1 S19 31.8	Arcturus	145 50.9	N19 04.3
19	50 18.0	117 01.0 06.1	13 49.6 44.9	99 08.9 36.9	103 19.2 31.7	Atria	107 17.4	S69 03.6
20	65 20.5	132 00.1 05.7	28 50.8 45.3	114 10.7 36.8	118 21.4 31.7	Avior	234 15.3	S59 34.6
21	80 23.0	146 59.2 . . 05.3	43 52.0 . . 45.7	129 12.6 . . 36.6	133 23.6 . . 31.6	Bellatrix	278 26.1	N 6 22.0
22	95 25.4	161 58.3 04.9	58 53.2 46.2	144 14.5 36.5	148 25.7 31.5	Betelgeuse	270 55.3	N 7 24.5
23	110 27.9	176 57.5 04.5	73 54.4 46.6	159 16.3 36.3	163 27.9 31.4			
26 00	125 30.4	191 56.6 S22 04.1	88 55.6 N15 47.1	174 18.2 S18 36.2	178 30.0 S19 31.4	Canopus	263 53.3	S52 42.6
01	140 32.8	206 55.7 03.7	103 56.7 47.5	189 20.0 36.0	193 32.2 31.3	Capella	280 26.3	N46 01.2
02	155 35.3	221 54.8 03.3	118 57.9 47.9	204 21.9 35.9	208 34.3 31.2	Deneb	49 28.4	N45 21.3
03	170 37.8	236 53.9 . . 02.9	133 59.1 . . 48.4	219 23.8 . . 35.7	223 36.5 . . 31.2	Denebola	182 28.0	N14 27.2
04	185 40.2	251 53.0 02.5	149 00.3 48.8	234 25.6 35.6	238 38.6 31.1	Diphda	348 50.7	S17 52.5
05	200 42.7	266 52.1 02.1	164 01.5 49.3	249 27.5 35.4	253 40.8 31.0			
06	215 45.1	281 51.2 S22 01.7	179 02.7 N15 49.7	264 29.3 S18 35.2	268 43.0 S19 31.0	Dubhe	193 44.5	N61 38.1
07	230 47.6	296 50.3 01.3	194 03.9 50.1	279 31.2 35.1	283 45.1 30.9	Elnath	278 05.6	N28 37.4
08	245 50.1	311 49.4 00.9	209 05.1 50.6	294 33.0 34.9	298 47.3 30.8	Eltanin	90 44.1	N51 29.0
T 09	260 52.5	326 48.6 . . 00.4	224 06.3 . . 51.0	309 34.9 . . 34.8	313 49.4 . . 30.8	Enif	33 42.2	N 9 58.2
U 10	275 55.0	341 47.7 22 00.0	239 07.4 51.4	324 36.8 34.6	328 51.6 30.7	Fomalhaut	15 18.4	S29 30.9
E 11	290 57.5	356 46.8 21 59.6	254 08.6 51.9	339 38.6 34.5	343 53.7 30.6			
S 12	305 59.9	11 45.9 S21 59.2	269 09.8 N15 52.3	354 40.5 S18 34.3	358 55.9 S19 30.6	Gacrux	171 54.8	S57 13.5
D 13	321 02.4	26 45.0 58.8	284 11.0 52.8	9 42.3 34.2	13 58.1 30.5	Gienah	175 46.7	S17 39.4
A 14	336 04.9	41 44.1 58.4	299 12.2 53.2	24 44.2 34.0	29 00.2 30.4	Hadar	148 40.4	S60 28.1
Y 15	351 07.3	56 43.2 . . 58.0	314 13.4 . . 53.6	39 46.1 . . 33.9	44 02.4 . . 30.4	Hamal	327 54.8	N23 33.7
16	6 09.8	71 42.4 57.5	329 14.6 54.1	54 47.9 33.7	59 04.5 30.3	Kaus Aust.	83 37.1	S34 22.4
17	21 12.3	86 41.5 57.1	344 15.7 54.5	69 49.8 33.6	74 06.7 30.2			
18	36 14.7	101 40.6 S21 56.7	359 16.9 N15 55.0	84 51.6 S18 33.4	89 08.8 S19 30.1	Kochab	137 20.1	N74 03.9
19	51 17.2	116 39.7 56.3	14 18.1 55.4	99 53.5 33.3	104 11.0 30.1	Markab	13 33.3	N15 19.0
20	66 19.6	131 38.8 55.9	29 19.3 55.8	114 55.4 33.1	119 13.2 30.0	Menkar	314 09.4	N 4 10.2
21	81 22.1	146 37.9 . . 55.4	44 20.5 . . 56.3	129 57.2 . . 33.0	134 15.3 . . 29.9	Menkent	148 01.3	S36 28.2
22	96 24.6	161 37.0 55.0	59 21.7 56.7	144 59.1 32.8	149 17.5 29.9	Miaplacidus	221 37.8	S69 48.1
23	111 27.0	176 36.2 54.6	74 22.9 57.2	160 00.9 32.7	164 19.6 29.8			
27 00	126 29.5	191 35.3 S21 54.2	89 24.0 N15 57.6	175 02.8 S18 32.5	179 21.8 S19 29.7	Mirfak	308 32.6	N49 56.2
01	141 32.0	206 34.4 53.7	104 25.2 58.0	190 04.6 32.3	194 23.9 29.7	Nunki	75 52.1	S26 16.2
02	156 34.4	221 33.5 53.3	119 26.4 58.5	205 06.5 32.2	209 26.1 29.6	Peacock	53 11.4	S56 40.1
03	171 36.9	236 32.6 . . 52.9	134 27.6 . . 58.9	220 08.4 . . 32.0	224 28.3 . . 29.5	Pollux	243 20.9	N27 58.4
04	186 39.4	251 31.8 52.4	149 28.8 59.3	235 10.2 31.9	239 30.4 29.5	Procyon	244 53.9	N 5 10.2
05	201 41.8	266 30.9 52.0	164 29.9 15 59.8	250 12.1 31.7	254 32.6 29.4			
06	216 44.3	281 30.0 S21 51.6	179 31.1 N16 00.2	265 13.9 S18 31.6	269 34.7 S19 29.3	Rasalhague	96 01.8	N12 32.6
W 07	231 46.7	296 29.1 51.1	194 32.3 00.7	280 15.8 31.4	284 36.9 29.3	Regulus	207 37.6	N11 51.8
E 08	246 49.2	311 28.2 50.7	209 33.5 01.1	295 17.7 31.3	299 39.0 29.2	Rigel	281 06.7	S 8 10.8
D 09	261 51.7	326 27.4 . . 50.3	224 34.7 . . 01.5	310 19.5 . . 31.1	314 41.2 . . 29.1	Rigil Kent.	139 44.6	S60 54.9
N 10	276 54.1	341 26.5 49.8	239 35.8 02.0	325 21.4 31.0	329 43.4 29.1	Sabik	102 06.7	S15 45.0
E 11	291 56.6	356 25.6 49.4	254 37.0 02.4	340 23.2 30.8	344 45.5 29.0			
S 12	306 59.1	11 24.7 S21 48.9	269 38.2 N16 02.8	355 25.1 S18 30.7	359 47.7 S19 28.9	Schedar	349 34.8	N56 39.3
D 13	322 01.5	26 23.8 48.5	284 39.4 03.3	10 27.0 30.5	14 49.8 28.8	Shaula	96 15.0	S37 07.0
A 14	337 04.0	41 23.0 48.0	299 40.6 03.7	25 28.8 30.4	29 52.0 28.8	Sirius	258 28.7	S16 44.9
Y 15	352 06.5	56 22.1 . . 47.6	314 41.7 . . 04.2	40 30.7 . . 30.2	44 54.1 . . 28.7	Spica	158 25.6	S11 16.2
16	7 08.9	71 21.2 47.2	329 42.9 04.6	55 32.5 30.0	59 56.3 28.6	Suhail	222 48.2	S43 31.0
17	22 11.4	86 20.3 46.7	344 44.1 05.0	70 34.4 29.9	74 58.5 28.6			
18	37 13.9	101 19.5 S21 46.3	359 45.3 N16 05.5	85 36.3 S18 29.7	90 00.6 S19 28.5	Vega	80 35.8	N38 48.1
19	52 16.3	116 18.6 45.8	14 46.4 05.9	100 38.1 29.6	105 02.8 28.4	Zuben'ubi	136 59.6	S16 07.6
20	67 18.8	131 17.7 45.4	29 47.6 06.3	115 40.0 29.4	120 04.9 28.4		SHA	Mer. Pass.
21	82 21.2	146 16.8 . . 44.9	44 48.8 . . 06.8	130 41.8 . . 29.3	135 07.1 . . 28.3		° ′	h m
22	97 23.7	161 15.9 44.5	59 50.0 07.2	145 43.7 29.1	150 09.2 28.2	Venus	66 26.2	11 13
23	112 26.2	176 15.1 44.0	74 51.1 07.7	160 45.6 29.0	165 11.4 28.2	Mars	323 25.2	18 03
	h m					Jupiter	48 47.8	12 21
Mer. Pass. 15 35.4		v −0.9 d 0.4	v 1.2 d 0.4	v 1.9 d 0.2	v 2.2 d 0.1	Saturn	52 59.7	12 04

2021 JANUARY 25, 26, 27 (MON., TUES., WED.)

UT	SUN GHA	SUN Dec	MOON GHA	MOON v	MOON Dec	MOON d	MOON HP	Lat.	Naut. Twilight	Civil Twilight	Sunrise	Moonrise 25	Moonrise 26	Moonrise 27	Moonrise 28
d h	° '	° '	° '	'	° '	'	'	°	h m	h m	h m	h m	h m	h m	h m
25 00	176 56.1	S18 57.6	45 06.3	10.4	N23 11.0	4.9	55.2	N 72	07 29	09 04	11 33	▭	▭	▭	▭
01	191 56.0	57.0	59 35.7	10.3	23 15.9	4.8	55.2	N 70	07 19	08 41	10 19	▭	▭	▭	▭
02	206 55.8	56.3	74 05.0	10.3	23 20.7	4.8	55.2	68	07 10	08 23	09 42	▭	▭	▭	▭
03	221 55.7	55.7	88 34.3	10.1	23 25.5	4.6	55.2	66	07 03	08 09	09 16	09 51	▭	▭	13 37
04	236 55.6	55.1	103 03.4	10.2	23 30.1	4.5	55.3	64	06 57	07 57	08 56	11 02	11 30	12 40	14 19
05	251 55.4	54.5	117 32.6	10.0	23 34.6	4.3	55.3	62	06 51	07 47	08 40	11 38	12 15	13 20	14 48
06	266 55.3	S18 53.9	132 01.6	10.0	N23 38.9	4.3	55.3	60	06 46	07 38	08 27	12 03	12 45	13 48	15 10
07	281 55.1	53.2	146 30.6	9.9	23 43.2	4.1	55.3	N 58	06 41	07 30	08 15	12 24	13 08	14 10	15 27
M 08	296 55.0	52.6	160 59.5	9.8	23 47.3	4.1	55.4	56	06 37	07 23	08 05	12 41	13 26	14 27	15 42
O 09	311 54.9	52.0	175 28.3	9.8	23 51.4	3.9	55.4	54	06 33	07 17	07 56	12 55	13 42	14 42	15 55
N 10	326 54.7	51.4	189 57.1	9.7	23 55.3	3.8	55.4	52	06 30	07 11	07 48	13 08	13 55	14 55	16 06
D 11	341 54.6	50.8	204 25.8	9.6	23 59.1	3.6	55.4	50	06 26	07 06	07 41	13 19	14 07	15 06	16 16
A 12	356 54.4	S18 50.1	218 54.4	9.6	N24 02.7	3.6	55.5	45	06 19	06 54	07 26	13 42	14 31	15 30	16 37
Y 13	11 54.3	49.5	233 23.0	9.6	24 06.3	3.4	55.5	N 40	06 12	06 44	07 14	14 01	14 51	15 49	16 54
14	26 54.2	48.9	247 51.6	9.4	24 09.7	3.3	55.5	35	06 05	06 36	07 03	14 16	15 07	16 05	17 08
15	41 54.0	48.3	262 20.0	9.4	24 13.0	3.2	55.5	30	05 59	06 28	06 53	14 30	15 21	16 19	17 20
16	56 53.9	47.6	276 48.4	9.4	24 16.2	3.0	55.5	20	05 47	06 14	06 37	14 53	15 45	16 42	17 41
17	71 53.7	47.0	291 16.8	9.2	24 19.2	3.0	55.6	N 10	05 35	06 00	06 23	15 13	16 06	17 02	17 59
18	86 53.6	S18 46.4	305 45.0	9.3	N24 22.2	2.8	55.6	0	05 22	05 47	06 09	15 32	16 26	17 21	18 16
19	101 53.5	45.7	320 13.3	9.1	24 25.0	2.7	55.6	S 10	05 07	05 33	05 55	15 51	16 45	17 40	18 33
20	116 53.3	45.1	334 41.4	9.1	24 27.7	2.5	55.6	20	04 49	05 17	05 41	16 11	17 06	18 00	18 51
21	131 53.2	44.5	349 09.5	9.1	24 30.2	2.4	55.7	30	04 26	04 57	05 23	16 35	17 30	18 23	19 11
22	146 53.1	43.9	3 37.6	9.0	24 32.6	2.3	55.7	35	04 11	04 45	05 13	16 49	17 45	18 37	19 23
23	161 52.9	43.2	18 05.6	8.9	24 34.9	2.2	55.7	40	03 54	04 31	05 02	17 05	18 01	18 52	19 37
								45	03 31	04 14	04 48	17 24	18 21	19 11	19 53
26 00	176 52.8	S18 42.6	32 33.5	8.9	N24 37.1	2.0	55.7	S 50	03 00	03 52	04 32	17 48	18 46	19 34	20 14
01	191 52.7	42.0	47 01.4	8.9	24 39.1	1.9	55.8	52	02 44	03 42	04 24	18 00	18 58	19 45	20 23
02	206 52.5	41.3	61 29.3	8.8	24 41.0	1.8	55.8	54	02 24	03 29	04 15	18 13	19 11	19 58	20 34
03	221 52.4	40.7	75 57.1	8.7	24 42.8	1.7	55.8	56	01 59	03 15	04 05	18 28	19 27	20 13	20 46
04	236 52.3	40.1	90 24.8	8.7	24 44.5	1.5	55.8	58	01 21	02 58	03 54	18 46	19 46	20 30	21 00
05	251 52.1	39.4	104 52.5	8.6	24 46.0	1.3	55.9	S 60	////	02 38	03 40	19 08	20 09	20 50	21 16
06	266 52.0	S18 38.8	119 20.1	8.6	N24 47.3	1.3	55.9								
07	281 51.9	38.2	133 47.7	8.6	24 48.6	1.1	55.9	Lat.	Sunset	Twilight Civil	Twilight Naut.	Moonset 25	Moonset 26	Moonset 27	Moonset 28
T 08	296 51.7	37.5	148 15.3	8.5	24 49.7	1.0	55.9								
U 09	311 51.6	36.9	162 42.8	8.5	24 50.7	0.8	56.0	°	h m	h m	h m	h m	h m	h m	h m
E 10	326 51.5	36.3	177 10.3	8.4	24 51.5	0.7	56.0	N 72	12 53	15 23	16 57	▭	▭	▭	▭
S 11	341 51.3	35.6	191 37.7	8.4	24 52.2	0.6	56.0	N 70	14 07	15 45	17 08	▭	▭	▭	▭
D 12	356 51.2	S18 35.0	206 05.1	8.3	N24 52.8	0.4	56.0	68	14 44	16 03	17 16	▭	▭	▭	▭
A 13	11 51.1	34.3	220 32.4	8.3	24 53.2	0.3	56.1	66	15 10	16 17	17 23	08 41	▭	▭	10 35
Y 14	26 51.0	33.7	234 59.7	8.3	24 53.5	0.2	56.1	64	15 30	16 29	17 30	07 31	08 52	09 37	09 52
15	41 50.8	33.1	249 27.0	8.2	24 53.7	0.0	56.1	62	15 46	16 39	17 35	06 55	08 07	08 56	09 24
16	56 50.7	32.4	263 54.2	8.2	24 53.7	0.1	56.1	60	15 59	16 48	17 40	06 29	07 37	08 28	09 01
17	71 50.6	31.8	278 21.4	8.2	24 53.6	0.3	56.2	N 58	16 11	16 56	17 45	06 09	07 15	08 07	08 43
18	86 50.4	S18 31.1	292 48.6	8.1	N24 53.3	0.4	56.2	56	16 21	17 03	17 49	05 52	06 57	07 49	08 28
19	101 50.3	30.5	307 15.7	8.1	24 52.9	0.5	56.2	54	16 29	17 09	17 52	05 38	06 41	07 34	08 15
20	116 50.2	29.9	321 42.8	8.1	24 52.4	0.7	56.3	52	16 37	17 15	17 56	05 26	06 28	07 21	08 03
21	131 50.1	29.2	336 09.9	8.0	24 51.7	0.8	56.3	50	16 44	17 20	17 59	05 15	06 16	07 09	07 53
22	146 49.9	28.6	350 36.9	8.0	24 50.9	0.9	56.3	45	17 00	17 31	18 07	04 52	05 52	06 45	07 31
23	161 49.8	27.9	5 03.9	8.0	24 50.0	1.1	56.3								
27 00	176 49.7	S18 27.3	19 30.9	8.0	N24 48.9	1.3	56.4	N 40	17 12	17 41	18 14	04 34	05 32	06 26	07 14
01	191 49.5	26.6	33 57.9	7.9	24 47.6	1.4	56.4	35	17 23	17 50	18 20	04 19	05 16	06 10	06 59
02	206 49.4	26.0	48 24.8	8.0	24 46.2	1.5	56.4	30	17 32	17 57	18 26	04 06	05 02	05 56	06 46
03	221 49.3	25.4	62 51.8	7.9	24 44.7	1.6	56.5	20	17 48	18 12	18 38	03 43	04 38	05 32	06 24
04	236 49.2	24.7	77 18.7	7.9	24 43.1	1.8	56.5	N 10	18 03	18 25	18 50	03 24	04 17	05 11	06 05
05	251 49.1	24.1	91 45.6	7.8	24 41.3	2.0	56.5	0	18 16	18 38	19 03	03 05	03 58	04 52	05 47
06	266 48.9	S18 23.4	106 12.4	7.9	N24 39.3	2.1	56.5	S 10	18 30	18 52	19 18	02 47	03 38	04 33	05 29
W 07	281 48.8	22.8	120 39.3	7.8	24 37.2	2.2	56.5	20	18 44	19 08	19 36	02 28	03 18	04 12	05 10
E 08	296 48.7	22.1	135 06.1	7.8	24 35.0	2.4	56.6	30	19 01	19 27	19 59	02 06	02 54	03 48	04 47
D 09	311 48.6	21.5	149 32.9	7.8	24 32.6	2.5	56.6	35	19 11	19 39	20 13	01 53	02 40	03 34	04 34
N 10	326 48.4	20.8	163 59.7	7.9	24 30.1	2.7	56.6	40	19 23	19 53	20 31	01 37	02 23	03 17	04 19
E 11	341 48.3	20.2	178 26.6	7.7	24 27.4	2.8	56.6	45	19 36	20 10	20 53	01 20	02 04	02 58	04 01
S 12	356 48.2	S18 19.5	192 53.3	7.8	N24 24.6	2.9	56.7	S 50	19 53	20 32	21 23	00 57	01 40	02 33	03 38
D 13	11 48.1	18.9	207 20.1	7.8	24 21.7	3.1	56.7	52	20 00	20 42	21 39	00 47	01 28	02 21	03 27
A 14	26 47.9	18.2	221 46.9	7.8	24 18.6	3.2	56.7	54	20 09	20 54	21 58	00 35	01 15	02 08	03 15
Y 15	41 47.8	17.5	236 13.7	7.8	24 15.4	3.4	56.8	56	20 19	21 08	22 23	00 21	00 59	01 52	03 01
16	56 47.7	16.9	250 40.5	7.7	24 12.0	3.5	56.8	58	20 30	21 25	22 58	00 05	00 41	01 33	02 44
17	71 47.6	16.2	265 07.2	7.8	24 08.5	3.6	56.8	S 60	20 43	21 45	////	24 19	00 19	01 10	02 24
18	86 47.5	S18 15.6	279 34.0	7.8	N24 04.9	3.8	56.8		SUN			MOON			
19	101 47.3	14.9	294 00.8	7.7	24 01.1	4.0	56.9	Day	Eqn. of Time		Mer.	Mer. Pass.		Age	Phase
20	116 47.2	14.3	308 27.5	7.8	23 57.1	4.1	56.9		00h	12h	Pass.	Upper	Lower		
21	131 47.1	13.6	322 54.3	7.8	23 53.0	4.2	56.9	d	m s	m s	h m	h m	h m	d	%
22	146 47.0	13.0	337 21.1	7.8	23 48.8	4.3	56.9	25	12 15	12 22	12 12	21 45	09 19	12	89
23	161 46.9	12.3	351 47.9	7.8	N23 44.5	4.5	57.0	26	12 29	12 35	12 13	22 39	10 12	13	94
	SD 16.3	d 0.6	SD 15.1		15.3		15.4	27	12 41	12 47	12 13	23 34	11 06	14	98

2021 JANUARY 28, 29, 30 (THURS., FRI., SAT.)

UT	ARIES GHA	VENUS −3.9 GHA / Dec	MARS +0.4 GHA / Dec	JUPITER −1.9 GHA / Dec	SATURN +0.5 GHA / Dec	STARS Name / SHA / Dec
d h	° '	° ' / ° '	° ' / ° '	° ' / ° '	° ' / ° '	° ' / ° '
28 00	127 28.6	191 14.2 S21 43.5	89 52.3 N16 08.1	175 47.4 S18 28.8	180 13.6 S19 28.1	Acamar 315 14.2 S40 13.6
01	142 31.1	206 13.3 43.1	104 53.5 08.5	190 49.3 28.7	195 15.7 28.0	Achernar 335 22.8 S57 08.2
02	157 33.6	221 12.5 42.6	119 54.7 09.0	205 51.1 28.5	210 17.9 28.0	Acrux 173 03.1 S63 12.6
03	172 36.0	236 11.6 .. 42.2	134 55.8 .. 09.4	220 53.0 .. 28.4	225 20.0 .. 27.9	Adhara 255 08.0 S29 00.2
04	187 38.5	251 10.7 41.7	149 57.0 09.8	235 54.8 28.2	240 22.2 27.8	Aldebaran 290 43.1 N16 33.0
05	202 41.0	266 09.8 41.3	164 58.2 10.3	250 56.7 28.1	255 24.3 27.7	
06	217 43.4	281 09.0 S21 40.8	179 59.4 N16 10.7	265 58.6 S18 27.9	270 26.5 S19 27.7	Alioth 166 15.6 N55 50.5
07	232 45.9	296 08.1 40.3	195 00.5 11.1	281 00.4 27.7	285 28.7 27.6	Alkaid 152 54.5 N49 12.3
T 08	247 48.4	311 07.2 39.9	210 01.7 11.6	296 02.3 27.6	300 30.8 27.5	Alnair 27 37.4 S46 51.8
H 09	262 50.8	326 06.3 .. 39.4	225 02.9 .. 12.0	311 04.1 .. 27.4	315 33.0 .. 27.5	Alnilam 275 40.7 S 1 11.5
U 10	277 53.3	341 05.5 38.9	240 04.0 12.4	326 06.0 27.3	330 35.1 27.4	Alphard 217 50.6 S 8 45.0
R 11	292 55.7	356 04.6 38.5	255 05.2 12.9	341 07.9 27.1	345 37.3 27.3	
S 12	307 58.2	11 03.7 S21 38.0	270 06.4 N16 13.3	356 09.7 S18 27.0	0 39.4 S19 27.3	Alphecca 126 06.6 N26 38.5
D 13	323 00.7	26 02.9 37.5	285 07.6 13.8	11 11.6 26.8	15 41.6 27.2	Alpheratz 357 38.2 N29 12.4
A 14	338 03.1	41 02.0 37.1	300 08.7 14.2	26 13.4 26.7	30 43.8 27.1	Altair 62 03.4 N 8 55.3
Y 15	353 05.6	56 01.1 .. 36.6	315 09.9 .. 14.6	41 15.3 .. 26.5	45 45.9 .. 27.1	Ankaa 353 10.6 S42 11.8
16	8 08.1	71 00.3 36.1	330 11.1 15.1	56 17.2 26.4	60 48.1 27.0	Antares 112 19.9 S26 28.6
17	23 10.5	85 59.4 35.6	345 12.2 15.5	71 19.0 26.2	75 50.2 26.9	
18	38 13.0	100 58.5 S21 35.2	0 13.4 N16 15.9	86 20.9 S18 26.1	90 52.4 S19 26.9	Arcturus 145 50.8 N19 04.3
19	53 15.5	115 57.7 34.7	15 14.6 16.4	101 22.7 25.9	105 54.5 26.8	Atria 107 17.3 S69 03.6
20	68 17.9	130 56.8 34.2	30 15.7 16.8	116 24.6 25.8	120 56.7 26.7	Avior 234 15.3 S59 34.6
21	83 20.4	145 55.9 .. 33.7	45 16.9 .. 17.2	131 26.5 .. 25.6	135 58.9 .. 26.6	Bellatrix 278 26.1 N 6 22.0
22	98 22.9	160 55.1 33.3	60 18.1 17.7	146 28.3 25.4	151 01.0 26.6	Betelgeuse 270 55.3 N 7 24.5
23	113 25.3	175 54.2 32.8	75 19.2 18.1	161 30.2 25.3	166 03.2 26.5	
29 00	128 27.8	190 53.3 S21 32.3	90 20.4 N16 18.5	176 32.0 S18 25.1	181 05.3 S19 26.4	Canopus 263 53.3 S52 42.6
01	143 30.2	205 52.5 31.8	105 21.6 19.0	191 33.9 25.0	196 07.5 26.4	Capella 280 26.3 N46 01.2
02	158 32.7	220 51.6 31.3	120 22.7 19.4	206 35.8 24.8	211 09.6 26.3	Deneb 49 28.4 N45 21.3
03	173 35.2	235 50.7 .. 30.8	135 23.9 .. 19.8	221 37.6 .. 24.7	226 11.8 .. 26.2	Denebola 182 28.0 N14 27.2
04	188 37.6	250 49.9 30.3	150 25.1 20.3	236 39.5 24.5	241 14.0 26.2	Diphda 348 50.7 S17 52.5
05	203 40.1	265 49.0 29.9	165 26.2 20.7	251 41.3 24.4	256 16.1 26.1	
06	218 42.6	280 48.1 S21 29.4	180 27.4 N16 21.2	266 43.2 S18 24.2	271 18.3 S19 26.0	Dubhe 193 44.5 N61 38.1
07	233 45.0	295 47.3 28.9	195 28.6 21.6	281 45.1 24.1	286 20.4 26.0	Elnath 278 05.6 N28 37.5
08	248 47.5	310 46.4 28.4	210 29.7 22.0	296 46.9 23.9	301 22.6 25.9	Eltanin 90 44.1 N51 29.0
F 09	263 50.0	325 45.6 .. 27.9	225 30.9 .. 22.5	311 48.8 .. 23.7	316 24.7 .. 25.8	Enif 33 42.2 N 9 58.2
R 10	278 52.4	340 44.7 27.4	240 32.0 22.9	326 50.6 23.6	331 26.9 25.8	Fomalhaut 15 18.4 S29 30.9
I 11	293 54.9	355 43.8 26.9	255 33.2 23.3	341 52.5 23.4	346 29.1 25.7	
D 12	308 57.4	10 43.0 S21 26.4	270 34.4 N16 23.8	356 54.4 S18 23.3	1 31.2 S19 25.6	Gacrux 171 54.8 S57 13.6
A 13	323 59.8	25 42.1 25.9	285 35.5 24.2	11 56.2 23.1	16 33.4 25.5	Gienah 175 46.7 S17 39.4
Y 14	339 02.3	40 41.3 25.4	300 36.7 24.6	26 58.1 23.0	31 35.5 25.5	Hadar 148 40.4 S60 28.1
15	354 04.7	55 40.4 .. 24.9	315 37.9 .. 25.1	41 59.9 .. 22.8	46 37.7 .. 25.4	Hamal 327 54.8 N23 33.7
16	9 07.2	70 39.5 24.4	330 39.0 25.5	57 01.8 22.7	61 39.9 25.3	Kaus Aust. 83 37.1 S34 22.4
17	24 09.7	85 38.7 23.9	345 40.2 25.9	72 03.7 22.5	76 42.0 25.3	
18	39 12.1	100 37.8 S21 23.4	0 41.3 N16 26.4	87 05.5 S18 22.3	91 44.2 S19 25.2	Kochab 137 20.0 N74 03.9
19	54 14.6	115 37.0 22.9	15 42.5 26.8	102 07.4 22.2	106 46.3 25.1	Markab 13 33.3 N15 19.0
20	69 17.1	130 36.1 22.4	30 43.7 27.2	117 09.2 22.0	121 48.5 25.1	Menkar 314 09.4 N 4 10.2
21	84 19.5	145 35.2 .. 21.9	45 44.8 .. 27.7	132 11.1 .. 21.9	136 50.6 .. 25.0	Menkent 148 01.3 S36 28.2
22	99 22.0	160 34.4 21.4	60 46.0 28.1	147 13.0 21.7	151 52.8 24.9	Miaplacidus 221 37.8 S69 48.1
23	114 24.5	175 33.5 20.9	75 47.1 28.5	162 14.8 21.6	166 55.0 24.9	
30 00	129 26.9	190 32.7 S21 20.4	90 48.3 N16 29.0	177 16.7 S18 21.4	181 57.1 S19 24.8	Mirfak 308 32.6 N49 56.2
01	144 29.4	205 31.8 19.9	105 49.5 29.4	192 18.5 21.3	196 59.3 24.7	Nunki 75 52.1 S26 16.2
02	159 31.8	220 31.0 19.4	120 50.6 29.8	207 20.4 21.1	212 01.4 24.7	Peacock 53 11.4 S56 40.1
03	174 34.3	235 30.1 .. 18.8	135 51.8 .. 30.3	222 22.3 .. 21.0	227 03.6 .. 24.6	Pollux 243 20.9 N27 58.4
04	189 36.8	250 29.3 18.3	150 52.9 30.7	237 24.1 20.8	242 05.7 24.5	Procyon 244 53.8 N 5 10.2
05	204 39.2	265 28.4 17.8	165 54.1 31.1	252 26.0 20.6	257 07.9 24.4	
06	219 41.7	280 27.5 S21 17.3	180 55.2 N16 31.6	267 27.9 S18 20.5	272 10.1 S19 24.4	Rasalhague 96 01.8 N12 32.6
07	234 44.2	295 26.7 16.8	195 56.4 32.0	282 29.7 20.3	287 12.2 24.3	Regulus 207 37.5 N11 51.8
S 08	249 46.6	310 25.8 16.3	210 57.6 32.4	297 31.6 20.2	302 14.4 24.2	Rigel 281 06.7 S 8 10.8
A 09	264 49.1	325 25.0 .. 15.8	225 58.7 .. 32.8	312 33.4 .. 20.0	317 16.5 .. 24.2	Rigil Kent. 139 44.6 S60 54.9
T 10	279 51.6	340 24.1 15.2	240 59.9 33.3	327 35.3 19.9	332 18.7 24.1	Sabik 102 06.7 S15 45.0
U 11	294 54.0	355 23.3 14.7	256 01.0 33.7	342 37.2 19.7	347 20.9 24.0	
R 12	309 56.5	10 22.4 S21 14.2	271 02.2 N16 34.1	357 39.0 S18 19.6	2 23.0 S19 24.0	Schedar 349 34.8 N56 39.3
D 13	324 59.0	25 21.6 13.7	286 03.3 34.6	12 40.9 19.4	17 25.2 23.9	Shaula 96 15.0 S37 07.0
A 14	340 01.4	40 20.7 13.1	301 04.5 35.0	27 42.7 19.2	32 27.3 23.8	Sirius 258 28.7 S16 44.9
Y 15	355 03.9	55 19.9 .. 12.6	316 05.6 .. 35.4	42 44.6 .. 19.1	47 29.5 .. 23.8	Spica 158 25.6 S11 16.2
16	10 06.3	70 19.0 12.1	331 06.8 35.9	57 46.5 18.9	62 31.6 23.7	Suhail 222 48.1 S43 31.0
17	25 08.8	85 18.2 11.6	346 07.9 36.3	72 48.3 18.8	77 33.8 23.6	
18	40 11.3	100 17.3 S21 11.0	1 09.1 N16 36.7	87 50.2 S18 18.6	92 36.0 S19 23.6	Vega 80 35.7 N38 48.0
19	55 13.7	115 16.5 10.5	16 10.2 37.2	102 52.0 18.5	107 38.1 23.5	Zuben'ubi 136 59.6 S16 07.6
20	70 16.2	130 15.6 10.0	31 11.4 37.6	117 53.9 18.3	122 40.3 23.4	
21	85 18.7	145 14.8 .. 09.4	46 12.5 .. 38.0	132 55.8 .. 18.2	137 42.4 .. 23.3	SHA / Mer. Pass.
22	100 21.1	160 13.9 08.9	61 13.7 38.5	147 57.6 18.0	152 44.6 23.3	Venus 62 25.5 / 11h 17m
23	115 23.6	175 13.1 08.4	76 14.9 38.9	162 59.5 17.8	167 46.7 23.2	Mars 321 52.6 / 17 57
	h m					Jupiter 48 04.3 / 12 12
Mer. Pass.	15 23.6	v −0.9 d 0.5	v 1.2 d 0.4	v 1.9 d 0.2	v 2.2 d 0.1	Saturn 52 37.5 / 11 54

2021 JANUARY 28, 29, 30 (THURS., FRI., SAT.)

UT	SUN GHA	SUN Dec	MOON GHA	MOON v	MOON Dec	MOON d	MOON HP	Lat.	Twilight Naut.	Twilight Civil	Sunrise	Moonrise 28	Moonrise 29	Moonrise 30	Moonrise 31
d h	° ′	° ′	° ′	′	° ′	′	′	°	h m	h m	h m	h m	h m	h m	h m
								N 72	07 19	08 51	10 53	▬	▬	16 30	19 00
28 00	176 46.8	S18 11.6	6 14.7	7.8	N23 40.0	4.7	57.0	N 70	07 10	08 30	10 01	▬	14 15	17 01	19 14
01	191 46.6	11.0	20 41.5	7.8	23 35.3	4.8	57.0	68	07 03	08 14	09 29	▬	15 10	17 23	19 24
02	206 46.5	10.3	35 08.3	7.8	23 30.5	4.9	57.0	66	06 56	08 01	09 06	13 37	15 43	17 41	19 33
03	221 46.4	.. 09.7	49 35.1	7.8	23 25.6	5.1	57.1	64	06 50	07 50	08 48	14 19	16 07	17 55	19 40
04	236 46.3	09.0	64 01.9	7.9	23 20.5	5.2	57.1	62	06 45	07 40	08 33	14 48	16 26	18 07	19 47
05	251 46.2	08.3	78 28.8	7.8	23 15.3	5.3	57.1	60	06 41	07 32	08 20	15 10	16 42	18 17	19 52
06	266 46.1	S18 07.7	92 55.6	7.9	N23 10.0	5.5	57.1	N 58	06 37	07 25	08 09	15 27	16 55	18 26	19 57
T 07	281 45.9	07.0	107 22.5	7.9	23 04.5	5.6	57.2	56	06 33	07 18	08 00	15 42	17 06	18 33	20 01
H 08	296 45.8	06.4	121 49.4	7.9	22 58.9	5.8	57.2	54	06 30	07 13	07 52	15 55	17 16	18 40	20 05
U 09	311 45.7	.. 05.7	136 16.3	7.9	22 53.1	5.9	57.2	52	06 26	07 07	07 44	16 06	17 24	18 46	20 08
R 10	326 45.6	05.0	150 43.2	8.0	22 47.2	6.0	57.2	50	06 23	07 02	07 37	16 16	17 32	18 51	20 11
S 11	341 45.5	04.4	165 10.2	7.9	22 41.2	6.2	57.3	45	06 16	06 52	07 23	16 37	17 49	19 03	20 18
D 12	356 45.4	S18 03.7	179 37.1	8.0	N22 35.0	6.3	57.3	N 40	06 10	06 42	07 11	16 54	18 02	19 13	20 24
A 13	11 45.3	03.0	194 04.1	8.0	22 28.7	6.4	57.3	35	06 04	06 34	07 01	17 08	18 14	19 21	20 28
Y 14	26 45.1	02.4	208 31.1	8.1	22 22.3	6.6	57.3	30	05 58	06 27	06 52	17 20	18 24	19 28	20 33
15	41 45.0	.. 01.7	222 58.2	8.0	22 15.7	6.7	57.4	20	05 47	06 13	06 36	17 41	18 41	19 41	20 40
16	56 44.9	01.0	237 25.2	8.1	22 09.0	6.8	57.4	N 10	05 35	06 01	06 23	17 59	18 56	19 52	20 46
17	71 44.8	18 00.4	251 52.3	8.1	22 02.2	7.0	57.4	0	05 23	05 48	06 10	18 16	19 10	20 02	20 52
18	86 44.7	S17 59.7	266 19.4	8.2	N21 55.2	7.1	57.4	S 10	05 08	05 34	05 57	18 33	19 24	20 12	20 58
19	101 44.6	59.0	280 46.6	8.1	21 48.1	7.2	57.5	20	04 51	05 19	05 42	18 51	19 38	20 23	21 04
20	116 44.5	58.4	295 13.7	8.2	21 40.9	7.4	57.5	30	04 29	05 00	05 26	19 11	19 55	20 35	21 11
21	131 44.4	.. 57.7	309 40.9	8.3	21 33.5	7.5	57.5	35	04 15	04 49	05 17	19 23	20 05	20 42	21 16
22	146 44.3	57.0	324 08.2	8.2	21 26.0	7.6	57.5	40	03 58	04 35	05 06	19 37	20 16	20 50	21 20
23	161 44.2	56.3	338 35.4	8.3	21 18.4	7.8	57.6	45	03 36	04 19	04 53	19 53	20 29	20 59	21 26
29 00	176 44.0	S17 55.7	353 02.7	8.4	N21 10.6	7.9	57.6	S 50	03 07	03 58	04 37	20 14	20 45	21 10	21 32
01	191 43.9	55.0	7 30.1	8.3	21 02.7	8.0	57.6	52	02 52	03 48	04 29	20 23	20 52	21 15	21 35
02	206 43.8	54.3	21 57.4	8.4	20 54.7	8.1	57.6	54	02 34	03 37	04 21	20 34	21 00	21 21	21 38
03	221 43.7	.. 53.7	36 24.8	8.5	20 46.6	8.3	57.7	56	02 11	03 23	04 12	20 46	21 09	21 27	21 42
04	236 43.6	53.0	50 52.3	8.4	20 38.3	8.4	57.7	58	01 40	03 08	04 01	21 00	21 20	21 34	21 45
05	251 43.5	52.3	65 19.7	8.5	20 29.9	8.5	57.7	S 60	00 30	02 48	03 49	21 16	21 32	21 42	21 50
06	266 43.4	S17 51.6	79 47.2	8.6	N20 21.4	8.6	57.7	Lat.	Sunset	Twilight Civil	Twilight Naut.	Moonset 28	Moonset 29	Moonset 30	Moonset 31
07	281 43.3	51.0	94 14.8	8.6	20 12.8	8.8	57.8								
08	296 43.2	50.3	108 42.4	8.6	20 04.0	8.8	57.8	°	h m	h m	h m	h m	h m	h m	h m
F 09	311 43.1	.. 49.6	123 10.0	8.6	19 55.2	9.0	57.8	N 72	13 35	15 37	17 09	▬	▬	11 30	10 46
R 10	326 43.0	48.9	137 37.6	8.7	19 46.2	9.2	57.8	N 70	14 26	15 57	17 18	▬	11 52	10 57	10 30
I 11	341 42.9	48.2	152 05.3	8.8	19 37.0	9.2	57.8	68	14 58	16 13	17 25	▬	10 56	10 33	10 18
D 12	356 42.8	S17 47.6	166 33.1	8.8	N19 27.8	9.4	57.9	66	15 21	16 27	17 31	10 35	10 22	10 14	10 07
A 13	11 42.7	46.9	181 00.9	8.8	19 18.4	9.4	57.9	64	15 39	16 37	17 37	09 52	09 57	09 59	09 58
Y 14	26 42.6	46.2	195 28.7	8.8	19 09.0	9.6	57.9	62	15 54	16 47	17 42	09 24	09 38	09 46	09 50
15	41 42.4	.. 45.5	209 56.5	8.9	18 59.4	9.7	57.9	60	16 07	16 55	17 46	09 01	09 22	09 35	09 44
16	56 42.3	44.8	224 24.4	9.0	18 49.7	9.8	58.0								
17	71 42.2	44.2	238 52.4	9.0	18 39.9	9.9	58.0	N 58	16 18	17 02	17 50	08 43	09 08	09 25	09 38
18	86 42.1	S17 43.5	253 20.4	9.0	N18 30.0	10.1	58.0	56	16 27	17 09	17 54	08 28	08 56	09 17	09 32
19	101 42.0	42.8	267 48.4	9.1	18 19.9	10.1	58.0	54	16 35	17 14	17 57	08 15	08 46	09 09	09 28
20	116 41.9	42.1	282 16.5	9.1	18 09.8	10.3	58.0	52	16 43	17 20	18 01	08 03	08 36	09 02	09 23
21	131 41.8	.. 41.4	296 44.6	9.2	17 59.5	10.3	58.1	50	16 49	17 25	18 04	07 53	08 28	08 56	09 19
22	146 41.7	40.8	311 12.8	9.2	17 49.2	10.5	58.1	45	17 04	17 35	18 11	07 31	08 10	08 43	09 11
23	161 41.6	40.1	325 41.0	9.2	17 38.7	10.6	58.1								
30 00	176 41.5	S17 39.4	340 09.2	9.3	N17 28.1	10.7	58.1	N 40	17 16	17 44	18 17	07 14	07 56	08 32	09 04
01	191 41.4	38.7	354 37.5	9.3	17 17.4	10.8	58.1	35	17 26	17 53	18 23	06 59	07 43	08 22	08 58
02	206 41.3	38.0	9 05.8	9.4	17 06.6	10.8	58.2	30	17 35	18 00	18 29	06 46	07 32	08 14	08 52
03	221 41.2	.. 37.3	23 34.2	9.4	16 55.8	11.0	58.2	20	17 50	18 13	18 40	06 24	07 14	08 00	08 42
04	236 41.1	36.6	38 02.6	9.5	16 44.8	11.1	58.2	N 10	18 04	18 26	18 51	06 05	06 57	07 47	08 34
05	251 41.0	35.9	52 31.1	9.5	16 33.7	11.2	58.2	0	18 17	18 38	19 04	05 47	06 42	07 35	08 26
06	266 40.9	S17 35.3	66 59.6	9.6	N16 22.5	11.3	58.2	S 10	18 30	18 52	19 18	05 29	06 26	07 23	08 18
07	281 40.8	34.6	81 28.2	9.6	16 11.2	11.4	58.3	20	18 44	19 07	19 35	05 10	06 10	07 10	08 09
S 08	296 40.7	33.9	95 56.8	9.6	15 59.8	11.5	58.3	30	19 00	19 26	19 57	04 47	05 50	06 55	07 59
A 09	311 40.6	.. 33.2	110 25.4	9.7	15 48.3	11.5	58.3	35	19 09	19 37	20 11	04 34	05 39	06 46	07 53
T 10	326 40.5	32.5	124 54.1	9.8	15 36.8	11.7	58.3	40	19 20	19 50	20 27	04 19	05 26	06 36	07 47
U 11	341 40.4	31.8	139 22.9	9.7	15 25.1	11.7	58.3	45	19 33	20 06	20 49	04 01	05 11	06 24	07 39
R 12	356 40.3	S17 31.1	153 51.6	9.9	N15 13.4	11.9	58.4	S 50	19 49	20 27	21 17	03 38	04 51	06 10	07 29
D 13	11 40.3	30.4	168 20.5	9.8	15 01.5	11.9	58.4	52	19 56	20 37	21 32	03 27	04 42	06 03	07 25
A 14	26 40.2	29.7	182 49.3	9.9	14 49.6	12.1	58.4	54	20 04	20 48	21 50	03 15	04 32	05 55	07 20
Y 15	41 40.1	.. 29.0	197 18.2	10.0	14 37.5	12.1	58.4	56	20 13	21 01	22 12	03 01	04 21	05 47	07 15
16	56 40.0	28.3	211 47.2	10.0	14 25.4	12.2	58.4	58	20 24	21 17	22 42	02 44	04 07	05 37	07 09
17	71 39.9	27.7	226 16.2	10.0	14 13.2	12.2	58.4	S 60	20 36	21 35	23 37	02 24	03 52	05 26	07 02
18	86 39.8	S17 27.0	240 45.2	10.1	N14 01.0	12.4	58.5		SUN			MOON			
19	101 39.7	26.3	255 14.3	10.1	13 48.6	12.5	58.5	Day	Eqn. of Time 00h	Eqn. of Time 12h	Mer. Pass.	Mer. Pass. Upper	Mer. Pass. Lower	Age	Phase
20	116 39.6	25.6	269 43.4	10.2	13 36.1	12.5	58.5								
21	131 39.5	.. 24.9	284 12.6	10.2	13 23.6	12.6	58.5	d	m s	m s	h m	h m	h m	d	%
22	146 39.4	24.2	298 41.8	10.2	13 11.0	12.7	58.5	28	12 53	12 58	12 13	24 29	12 02	15	100
23	161 39.3	23.5	313 11.0	10.3	N12 58.3	12.7	58.5	29	13 04	13 09	12 13	00 29	12 56	16	99
	SD 16.3	d 0.7	SD 15.6		15.8		15.9	30	13 14	13 18	12 13	01 22	13 48	17	96

2021 JAN. 31, FEB. 1, 2 (SUN., MON., TUES.)

UT	ARIES	VENUS −3.9		MARS +0.4		JUPITER −1.9		SATURN +0.5		STARS		
	GHA	GHA	Dec	GHA	Dec	GHA	Dec	GHA	Dec	Name	SHA	Dec
d h	° ′	° ′	° ′	° ′	° ′	° ′	° ′	° ′	° ′		° ′	° ′
31 00	130 26.1	190 12.2	S21 07.8	91 16.0	N16 39.3	178 01.3	S18 17.7	182 48.9	S19 23.1	Acamar	315 14.2	S40 13.6
01	145 28.5	205 11.4	07.3	106 17.2	39.8	193 03.2	17.5	197 51.1	23.1	Achernar	335 22.8	S57 08.2
02	160 31.0	220 10.6	06.8	121 18.3	40.2	208 05.1	17.4	212 53.2	23.0	Acrux	173 03.1	S63 12.6
03	175 33.5	235 09.7 . .	06.2	136 19.5 . .	40.6	223 06.9 . .	17.2	227 55.4 . .	22.9	Adhara	255 08.0	S29 00.2
04	190 35.9	250 08.9	05.7	151 20.6	41.0	238 08.8	17.1	242 57.5	22.9	Aldebaran	290 43.1	N16 33.0
05	205 38.4	265 08.0	05.1	166 21.7	41.5	253 10.6	16.9	257 59.7	22.8			
06	220 40.8	280 07.2	S21 04.6	181 22.9	N16 41.9	268 12.5	S18 16.8	273 01.9	S19 22.7	Alioth	166 15.6	N55 50.5
07	235 43.3	295 06.3	04.1	196 24.0	42.3	283 14.4	16.6	288 04.0	22.7	Alkaid	152 54.5	N49 12.3
08	250 45.8	310 05.5	03.5	211 25.2	42.8	298 16.2	16.4	303 06.2	22.6	Alnair	27 37.4	S46 51.7
S 09	265 48.2	325 04.6 . .	03.0	226 26.3 . .	43.2	313 18.1 . .	16.3	318 08.3 . .	22.5	Alnilam	275 40.7	S 1 11.5
U 10	280 50.7	340 03.8	02.4	241 27.5	43.6	328 19.9	16.1	333 10.5	22.4	Alphard	217 50.5	S 8 45.0
N 11	295 53.2	355 03.0	01.9	256 28.6	44.1	343 21.8	16.0	348 12.6	22.4			
D 12	310 55.6	10 02.1	S21 01.3	271 29.8	N16 44.5	358 23.7	S18 15.8	3 14.8	S19 22.3	Alphecca	126 06.6	N26 38.5
A 13	325 58.1	25 01.3	00.8	286 30.9	44.9	13 25.5	15.7	18 17.0	22.2	Alpheratz	357 38.3	N29 12.4
Y 14	341 00.6	40 00.4	21 00.2	301 32.1	45.3	28 27.4	15.5	33 19.1	22.2	Altair	62 03.4	N 8 55.3
15	356 03.0	54 59.6	20 59.7	316 33.2 . .	45.8	43 29.2 . .	15.3	48 21.3 . .	22.1	Ankaa	353 10.6	S42 11.8
16	11 05.5	69 58.8	59.1	331 34.4	46.2	58 31.1	15.2	63 23.4	22.0	Antares	112 19.9	S26 28.6
17	26 07.9	84 57.9	58.6	346 35.5	46.6	73 33.0	15.0	78 25.6	22.0			
18	41 10.4	99 57.1	S20 58.0	1 36.7	N16 47.1	88 34.8	S18 14.9	93 27.8	S19 21.9	Arcturus	145 50.8	N19 04.3
19	56 12.9	114 56.2	57.5	16 37.8	47.5	103 36.7	14.7	108 29.9	21.8	Atria	107 17.3	S69 03.6
20	71 15.3	129 55.4	56.9	31 38.9	47.9	118 38.6	14.6	123 32.1	21.8	Avior	234 15.3	S59 34.6
21	86 17.8	144 54.6 . .	56.3	46 40.1 . .	48.4	133 40.4 . .	14.4	138 34.2 . .	21.7	Bellatrix	278 26.1	N 6 22.0
22	101 20.3	159 53.7	55.8	61 41.2	48.8	148 42.3	14.3	153 36.4	21.6	Betelgeuse	270 55.3	N 7 24.5
23	116 22.7	174 52.9	55.2	76 42.4	49.2	163 44.1	14.1	168 38.6	21.5			
1 00	131 25.2	189 52.1	S20 54.7	91 43.5	N16 49.6	178 46.0	S18 13.9	183 40.7	S19 21.5	Canopus	263 53.3	S52 42.6
01	146 27.7	204 51.2	54.1	106 44.7	50.1	193 47.9	13.8	198 42.9	21.4	Capella	280 26.3	N46 01.2
02	161 30.1	219 50.4	53.5	121 45.8	50.5	208 49.7	13.6	213 45.0	21.3	Deneb	49 28.4	N45 21.2
03	176 32.6	234 49.5 . .	53.0	136 46.9 . .	50.9	223 51.6 . .	13.5	228 47.2 . .	21.3	Denebola	182 28.0	N14 27.2
04	191 35.1	249 48.7	52.4	151 48.1	51.4	238 53.4	13.3	243 49.3	21.2	Diphda	348 50.7	S17 52.5
05	206 37.5	264 47.9	51.8	166 49.2	51.8	253 55.3	13.2	258 51.5	21.1			
06	221 40.0	279 47.0	S20 51.3	181 50.4	N16 52.2	268 57.2	S18 13.0	273 53.7	S19 21.1	Dubhe	193 44.5	N61 38.1
07	236 42.4	294 46.2	50.7	196 51.5	52.6	283 59.0	12.8	288 55.8	21.0	Elnath	278 05.6	N28 37.5
08	251 44.9	309 45.4	50.1	211 52.7	53.1	299 00.9	12.7	303 58.0	20.9	Eltanin	90 44.1	N51 29.0
M 09	266 47.4	324 44.5 . .	49.6	226 53.8 . .	53.5	314 02.7 . .	12.5	319 00.1 . .	20.9	Enif	33 42.2	N 9 58.2
O 10	281 49.8	339 43.7	49.0	241 54.9	53.9	329 04.6	12.4	334 02.3	20.8	Fomalhaut	15 18.4	S29 30.9
N 11	296 52.3	354 42.9	48.4	256 56.1	54.3	344 06.5	12.2	349 04.5	20.7			
D 12	311 54.8	9 42.1	S20 47.8	271 57.2	N16 54.8	359 08.3	S18 12.1	4 06.6	S19 20.7	Gacrux	171 54.8	S57 13.6
A 13	326 57.2	24 41.2	47.3	286 58.3	55.2	14 10.2	11.9	19 08.8	20.6	Gienah	175 46.6	S17 39.4
Y 14	341 59.7	39 40.4	46.7	301 59.5	55.6	29 12.1	11.7	34 10.9	20.5	Hadar	148 40.3	S60 28.1
15	357 02.2	54 39.6 . .	46.1	317 00.6 . .	56.1	44 13.9 . .	11.6	49 13.1 . .	20.4	Hamal	327 54.8	N23 33.7
16	12 04.6	69 38.7	45.5	332 01.8	56.5	59 15.8	11.4	64 15.3	20.4	Kaus Aust.	83 37.1	S34 22.4
17	27 07.1	84 37.9	44.9	347 02.9	56.9	74 17.6	11.3	79 17.4	20.3			
18	42 09.5	99 37.1	S20 44.4	2 04.0	N16 57.3	89 19.5	S18 11.1	94 19.6	S19 20.2	Kochab	137 20.0	N74 03.9
19	57 12.0	114 36.2	43.8	17 05.2	57.8	104 21.4	11.0	109 21.7	20.2	Markab	13 33.3	N15 19.0
20	72 14.5	129 35.4	43.2	32 06.3	58.2	119 23.2	10.8	124 23.9	20.1	Menkar	314 09.4	N 4 10.2
21	87 16.9	144 34.6 . .	42.6	47 07.4 . .	58.6	134 25.1 . .	10.6	139 26.0 . .	20.0	Menkent	148 01.3	S36 28.2
22	102 19.4	159 33.8	42.0	62 08.6	59.0	149 26.9	10.5	154 28.2	20.0	Miaplacidus	221 37.8	S69 48.1
23	117 21.9	174 32.9	41.4	77 09.7	59.5	164 28.8	10.3	169 30.4	19.9			
2 00	132 24.3	189 32.1	S20 40.9	92 10.9	N16 59.9	179 30.7	S18 10.2	184 32.5	S19 19.8	Mirfak	308 32.7	N49 56.2
01	147 26.8	204 31.3	40.3	107 12.0	17 00.3	194 32.5	10.0	199 34.7	19.8	Nunki	75 52.0	S26 16.2
02	162 29.3	219 30.5	39.7	122 13.1	00.8	209 34.4	09.9	214 36.8	19.7	Peacock	53 11.4	S56 40.1
03	177 31.7	234 29.6 . .	39.1	137 14.3 . .	01.2	224 36.3 . .	09.7	229 39.0 . .	19.6	Pollux	243 20.9	N27 58.4
04	192 34.2	249 28.8	38.5	152 15.4	01.6	239 38.1	09.5	244 41.2	19.5	Procyon	244 53.9	N 5 10.2
05	207 36.7	264 28.0	37.9	167 16.5	02.0	254 40.0	09.4	259 43.3	19.5			
06	222 39.1	279 27.2	S20 37.3	182 17.7	N17 02.5	269 41.8	S18 09.2	274 45.5	S19 19.4	Rasalhague	96 01.7	N12 32.6
07	237 41.6	294 26.3	36.7	197 18.8	02.9	284 43.7	09.1	289 47.6	19.3	Regulus	207 37.5	N11 51.8
08	252 44.0	309 25.5	36.1	212 19.9	03.3	299 45.6	08.9	304 49.8	19.3	Rigel	281 06.7	S 8 10.8
T 09	267 46.5	324 24.7 . .	35.5	227 21.1 . .	03.7	314 47.4 . .	08.8	319 52.0 . .	19.2	Rigil Kent.	139 44.6	S60 54.9
U 10	282 49.0	339 23.9	34.9	242 22.2	04.2	329 49.3	08.6	334 54.1	19.1	Sabik	102 06.6	S15 45.0
E 11	297 51.4	354 23.1	34.3	257 23.3	04.6	344 51.1	08.4	349 56.3	19.1			
S 12	312 53.9	9 22.2	S20 33.7	272 24.5	N17 05.0	359 53.0	S18 08.3	4 58.4	S19 19.0	Schedar	349 34.9	N56 39.3
D 13	327 56.4	24 21.4	33.1	287 25.6	05.4	14 54.9	08.1	20 00.6	18.9	Shaula	96 15.0	S37 07.0
A 14	342 58.8	39 20.6	32.5	302 26.7	05.9	29 56.7	08.0	35 02.8	18.9	Sirius	258 28.7	S16 44.9
Y 15	358 01.3	54 19.8 . .	31.9	317 27.8 . .	06.3	44 58.6 . .	07.8	50 04.9 . .	18.8	Spica	158 25.5	S11 16.2
16	13 03.8	69 19.0	31.3	332 29.0	06.7	60 00.5	07.7	65 07.1	18.7	Suhail	222 48.1	S43 31.0
17	28 06.2	84 18.1	30.7	347 30.1	07.1	75 02.3	07.5	80 09.2	18.6			
18	43 08.7	99 17.3	S20 30.1	2 31.2	N17 07.6	90 04.2	S18 07.3	95 11.4	S19 18.6	Vega	80 35.7	N38 48.0
19	58 11.2	114 16.5	29.5	17 32.4	08.0	105 06.0	07.2	110 13.6	18.5	Zuben'ubi	136 59.5	S16 07.6
20	73 13.6	129 15.7	28.9	32 33.5	08.4	120 07.9	07.0	125 15.7	18.4		SHA	Mer. Pass.
21	88 16.1	144 14.9 . .	28.3	47 34.6 . .	08.8	135 09.8 . .	06.9	140 17.9 . .	18.4		° ′	h m
22	103 18.5	159 14.0	27.7	62 35.8	09.3	150 11.6	06.7	155 20.0	18.3	Venus	58 26.9	11 21
23	118 21.0	174 13.2	27.0	77 36.9	09.7	165 13.5	06.6	170 22.2	18.2	Mars	320 18.3	17 52
	h m									Jupiter	47 20.8	12 03
Mer. Pass. 15 11.8		v −0.8	d 0.6	v 1.1	d 0.4	v 1.9	d 0.2	v 2.2	d 0.1	Saturn	52 15.5	11 44

2021 JAN. 31, FEB. 1, 2 (SUN., MON., TUES.)

UT	SUN GHA	SUN Dec	MOON GHA	MOON v	MOON Dec	MOON d	MOON HP	Lat.	Twilight Naut.	Twilight Civil	Sunrise	Moonrise 31	Moonrise 1	Moonrise 2	Moonrise 3
d h	° '	° '	° '	'	° '	'	'	°	h m	h m	h m	h m	h m	h m	h m
								N 72	07 09	08 37	10 25	19 00	21 15	23 27	25 48
31 00	176 39.2	S17 22.8	327 40.3	10.4	N12 45.6	12.9	58.6	N 70	07 01	08 19	09 44	19 14	21 18	23 21	25 29
01	191 39.1	22.1	342 09.7	10.3	12 32.7	12.9	58.6	68	06 54	08 04	09 16	19 24	21 20	23 15	25 14
02	206 39.0	21.4	356 39.0	10.4	12 19.8	13.0	58.6	66	06 49	07 52	08 55	19 33	21 22	23 11	25 02
03	221 38.9	. . 20.7	11 08.4	10.5	12 06.8	13.0	58.6	64	06 44	07 42	08 39	19 40	21 24	23 07	24 53
04	236 38.9	20.0	25 37.9	10.5	11 53.8	13.2	58.6	62	06 39	07 34	08 25	19 47	21 25	23 04	24 44
05	251 38.8	19.3	40 07.4	10.5	11 40.6	13.1	58.6	60	06 35	07 26	08 13	19 52	21 27	23 01	24 37
06	266 38.7	S17 18.6	54 36.9	10.5	N11 27.5	13.3	58.7	N 58	06 32	07 19	08 03	19 57	21 28	22 59	24 31
07	281 38.6	17.9	69 06.4	10.6	11 14.2	13.3	58.7	56	06 28	07 13	07 54	20 01	21 29	22 57	24 25
08	296 38.5	17.2	83 36.0	10.7	11 00.9	13.4	58.7	54	06 25	07 08	07 47	20 05	21 30	22 55	24 20
S 09	311 38.4	. . 16.5	98 05.7	10.6	10 47.5	13.5	58.7	52	06 22	07 03	07 40	20 08	21 31	22 53	24 16
U 10	326 38.3	15.8	112 35.3	10.7	10 34.0	13.5	58.7	50	06 20	06 58	07 33	20 11	21 31	22 51	24 12
N 11	341 38.2	15.1	127 05.0	10.8	10 20.5	13.6	58.7	45	06 13	06 48	07 20	20 18	21 33	22 48	24 03
D 12	356 38.1	S17 14.4	141 34.8	10.7	N10 06.9	13.6	58.7	N 40	06 07	06 40	07 08	20 24	21 34	22 45	23 56
A 13	11 38.1	13.7	156 04.5	10.8	9 53.3	13.7	58.8	35	06 02	06 32	06 59	20 28	21 35	22 42	23 50
Y 14	26 38.0	13.0	170 34.3	10.9	9 39.6	13.8	58.8	30	05 57	06 25	06 50	20 33	21 36	22 40	23 45
15	41 37.9	. . 12.2	185 04.2	10.8	9 25.8	13.8	58.8	20	05 46	06 12	06 35	20 40	21 38	22 37	23 36
16	56 37.8	11.5	199 34.0	10.9	9 12.0	13.8	58.8	N 10	05 35	06 00	06 22	20 46	21 40	22 33	23 28
17	71 37.7	10.8	214 03.9	10.9	8 58.2	14.0	58.8	0	05 23	05 48	06 10	20 52	21 41	22 30	23 20
18	86 37.6	S17 10.1	228 33.8	11.0	N 8 44.2	13.9	58.8	S 10	05 10	05 36	05 58	20 58	21 43	22 27	23 13
19	101 37.5	09.4	243 03.8	11.0	8 30.3	14.0	58.8	20	04 53	05 21	05 44	21 04	21 44	22 24	23 05
20	116 37.4	08.7	257 33.8	11.0	8 16.3	14.1	58.8	30	04 32	05 03	05 29	21 11	21 46	22 21	22 56
21	131 37.4	. . 08.0	272 03.8	11.0	8 02.2	14.1	58.9	35	04 19	04 52	05 20	21 16	21 47	22 19	22 51
22	146 37.3	07.3	286 33.8	11.1	7 48.1	14.2	58.9	40	04 02	04 39	05 09	21 20	21 49	22 16	22 46
23	161 37.2	06.6	301 03.9	11.1	7 33.9	14.2	58.9	45	03 42	04 24	04 57	21 26	21 50	22 14	22 39
1 00	176 37.1	S17 05.9	315 34.0	11.1	N 7 19.7	14.2	58.9	S 50	03 15	04 04	04 42	21 32	21 52	22 11	22 31
01	191 37.0	05.2	330 04.1	11.1	7 05.5	14.3	58.9	52	03 01	03 54	04 35	21 35	21 52	22 09	22 28
02	206 36.9	04.4	344 34.2	11.2	6 51.2	14.3	58.9	54	02 44	03 44	04 27	21 38	21 53	22 08	22 24
03	221 36.9	. . 03.7	359 04.4	11.2	6 36.9	14.4	58.9	56	02 23	03 31	04 18	21 42	21 54	22 06	22 19
04	236 36.8	03.0	13 34.6	11.2	6 22.5	14.4	58.9	58	01 56	03 17	04 08	21 45	21 55	22 04	22 15
05	251 36.7	02.3	28 04.8	11.2	6 08.1	14.4	58.9	S 60	01 12	02 59	03 57	21 50	21 56	22 02	22 09
06	266 36.6	S17 01.6	42 35.0	11.2	N 5 53.7	14.5	59.0								
07	281 36.5	00.9	57 05.2	11.3	5 39.2	14.5	59.0	Lat.	Sunset	Twilight Civil	Twilight Naut.	Moonset 31	Moonset 1	Moonset 2	Moonset 3
08	296 36.5	17 00.2	71 35.5	11.3	5 24.7	14.6	59.0								
M 09	311 36.4	16 59.4	86 05.8	11.3	5 10.1	14.5	59.0	°	h m	h m	h m	h m	h m	h m	h m
O 10	326 36.3	58.7	100 36.1	11.3	4 55.6	14.7	59.0	N 72	14 03	15 51	17 20	10 46	10 17	09 51	09 24
N 11	341 36.2	58.0	115 06.4	11.3	4 40.9	14.6	59.0	N 70	14 44	16 09	17 28	10 30	10 10	09 52	09 34
D 12	356 36.1	S16 57.3	129 36.7	11.4	N 4 26.3	14.6	59.0	68	15 12	16 24	17 34	10 18	10 05	09 53	09 41
A 13	11 36.1	56.6	144 07.1	11.3	4 11.7	14.7	59.0	66	15 33	16 36	17 40	10 07	10 01	09 55	09 48
Y 14	26 36.0	55.9	158 37.4	11.4	3 57.0	14.7	59.0	64	15 49	16 46	17 44	09 58	09 57	09 55	09 54
15	41 35.9	. . 55.1	173 07.8	11.4	3 42.3	14.8	59.0	62	16 03	16 54	17 49	09 50	09 54	09 56	09 59
16	56 35.8	54.4	187 38.2	11.4	3 27.5	14.7	59.0	60	16 15	17 02	17 53	09 44	09 51	09 57	10 03
17	71 35.7	53.7	202 08.6	11.4	3 12.8	14.8	59.1	N 58	16 25	17 09	17 56	09 38	09 48	09 57	10 07
18	86 35.7	S16 53.0	216 39.0	11.4	N 2 58.0	14.8	59.1	56	16 33	17 15	18 00	09 32	09 46	09 58	10 10
19	101 35.6	52.3	231 09.4	11.4	2 43.2	14.8	59.1	54	16 41	17 20	18 03	09 28	09 44	09 58	10 13
20	116 35.5	51.5	245 39.8	11.4	2 28.4	14.8	59.1	52	16 48	17 25	18 05	09 23	09 42	09 59	10 16
21	131 35.4	. . 50.8	260 10.2	11.4	2 13.6	14.8	59.1	50	16 55	17 29	18 08	09 19	09 40	09 59	10 19
22	146 35.4	50.1	274 40.6	11.5	1 58.8	14.9	59.1	45	17 08	17 39	18 14	09 11	09 36	10 00	10 24
23	161 35.3	49.4	289 11.1	11.4	1 43.9	14.8	59.1								
2 00	176 35.2	S16 48.7	303 41.5	11.4	N 1 29.1	14.9	59.1	N 40	17 19	17 48	18 20	09 04	09 33	10 01	10 29
01	191 35.1	47.9	318 11.9	11.5	1 14.2	14.9	59.1	35	17 29	17 55	18 26	08 58	09 30	10 01	10 33
02	206 35.1	47.2	332 42.4	11.4	0 59.3	14.9	59.1	30	17 37	18 02	18 31	08 52	09 28	10 02	10 37
03	221 35.0	. . 46.5	347 12.8	11.4	0 44.4	14.9	59.1	20	17 52	18 15	18 41	08 42	09 23	10 03	10 43
04	236 34.9	45.8	1 43.2	11.5	0 29.5	14.9	59.1	N 10	18 05	18 27	18 52	08 34	09 19	10 04	10 49
05	251 34.8	45.0	16 13.7	11.4	N 0 14.6	14.9	59.1	0	18 17	18 39	19 04	08 26	09 16	10 04	10 54
06	266 34.8	S16 44.3	30 44.1	11.4	S 0 00.3	14.9	59.1	S 10	18 29	18 51	19 17	08 18	09 12	10 05	10 59
07	281 34.7	43.6	45 14.5	11.5	0 15.2	14.9	59.1	20	18 43	19 06	19 34	08 09	09 08	10 06	11 05
08	296 34.6	42.8	59 45.0	11.4	0 30.1	14.9	59.2	30	18 58	19 24	19 54	07 59	09 03	10 07	11 11
T 09	311 34.5	. . 42.1	74 15.4	11.4	0 45.0	14.9	59.2	35	19 07	19 35	20 08	07 53	09 00	10 07	11 15
U 10	326 34.5	41.4	88 45.8	11.4	0 59.9	14.9	59.2	40	19 17	19 47	20 24	07 47	08 57	10 08	11 19
E 11	341 34.4	40.7	103 16.2	11.4	1 14.8	14.9	59.2	45	19 29	20 03	20 44	07 39	08 54	10 09	11 24
S 12	356 34.3	S16 39.9	117 46.6	11.4	S 1 29.7	14.9	59.2	S 50	19 44	20 22	21 11	07 29	08 49	10 09	11 30
D 13	11 34.3	39.2	132 17.0	11.3	1 44.6	14.9	59.2	52	19 51	20 31	21 25	07 25	08 47	10 10	11 32
A 14	26 34.2	38.5	146 47.3	11.4	1 59.5	14.8	59.2	54	19 59	20 42	21 41	07 20	08 45	10 10	11 35
Y 15	41 34.1	. . 37.7	161 17.7	11.3	2 14.3	14.9	59.2	56	20 07	20 54	22 01	07 15	08 43	10 10	11 38
16	56 34.0	37.0	175 48.0	11.4	2 29.2	14.8	59.2	58	20 17	21 08	22 27	07 09	08 40	10 11	11 42
17	71 34.0	36.3	190 18.4	11.3	2 44.0	14.9	59.2	S 60	20 29	21 26	23 07	07 02	08 37	10 11	11 46
18	86 33.9	S16 35.5	204 48.7	11.3	S 2 58.9	14.8	59.2		SUN			MOON			
19	101 33.8	34.8	219 19.0	11.3	3 13.7	14.8	59.2	Day	Eqn. of Time		Mer.	Mer. Pass.		Age	Phase
20	116 33.8	34.1	233 49.3	11.2	3 28.5	14.8	59.2		00h	12h	Pass.	Upper	Lower		
21	131 33.7	. . 33.3	248 19.5	11.3	3 43.3	14.7	59.2	d	m s	m s	h m	h m	h m	d	%
22	146 33.6	32.6	262 49.8	11.2	3 58.0	14.8	59.2	31	13 23	13 27	12 13	02 14	14 39	18	91
23	161 33.6	31.9	277 20.0	11.2	S 4 12.8	14.7	59.2	1	13 31	13 35	12 14	03 04	15 28	19	84
	SD 16.3	d 0.7	SD 16.0		16.1		16.1	2	13 39	13 43	12 14	03 53	16 17	20	75

2021 FEBRUARY 3, 4, 5 (WED., THURS., FRI.)

UT	ARIES	VENUS −3.9	MARS +0.5	JUPITER −1.9	SATURN +0.6	STARS		
	GHA	GHA Dec	GHA Dec	GHA Dec	GHA Dec	Name	SHA	Dec
d h	° ′	° ′ ° ′	° ′ ° ′	° ′ ° ′	° ′ ° ′		° ′	° ′
3 00	133 23.5	189 12.4 S20 26.4	92 38.0 N17 10.1	180 15.4 S18 06.4	185 24.4 S19 18.2	Acamar	315 14.2	S40 13.6
01	148 25.9	204 11.6 25.8	107 39.1 10.5	195 17.2 06.2	200 26.5 18.1	Achernar	335 22.9	S57 08.2
02	163 28.4	219 10.8 25.2	122 40.3 11.0	210 19.1 06.1	215 28.7 18.0	Acrux	173 03.0	S63 12.7
03	178 30.9	234 10.0 .. 24.6	137 41.4 .. 11.4	225 20.9 .. 05.9	230 30.8 .. 18.0	Adhara	255 08.0	S29 00.2
04	193 33.3	249 09.2 24.0	152 42.5 11.8	240 22.8 05.8	245 33.0 17.9	Aldebaran	290 43.1	N16 33.0
05	208 35.8	264 08.3 23.4	167 43.6 12.2	255 24.7 05.6	260 35.1 17.8			
06	223 38.3	279 07.5 S20 22.7	182 44.8 N17 12.7	270 26.5 S18 05.5	275 37.3 S19 17.7	Alioth	166 15.6	N55 50.5
W 07	238 40.7	294 06.7 22.1	197 45.9 13.1	285 28.4 05.3	290 39.5 17.7	Alkaid	152 54.5	N49 12.3
E 08	253 43.2	309 05.9 21.5	212 47.0 13.5	300 30.3 05.1	305 41.6 17.6	Alnair	27 37.4	S46 51.7
D 09	268 45.6	324 05.1 .. 20.9	227 48.1 .. 13.9	315 32.1 .. 05.0	320 43.8 .. 17.5	Alnilam	275 40.7	S 1 11.5
N 10	283 48.1	339 04.3 20.2	242 49.3 14.4	330 34.0 04.8	335 45.9 17.5	Alphard	217 50.5	S 8 45.0
E 11	298 50.6	354 03.5 19.6	257 50.4 14.8	345 35.8 04.7	350 48.1 17.4			
S 12	313 53.0	9 02.7 S20 19.0	272 51.5 N17 15.2	0 37.7 S18 04.5	5 50.3 S19 17.3	Alphecca	126 06.5	N26 38.5
D 13	328 55.5	24 01.9 18.4	287 52.6 15.6	15 39.6 04.3	20 52.4 17.3	Alpheratz	357 38.3	N29 12.3
A 14	343 58.0	39 01.0 17.7	302 53.8 16.0	30 41.4 04.2	35 54.6 17.2	Altair	62 03.4	N 8 55.3
Y 15	359 00.4	54 00.2 .. 17.1	317 54.9 .. 16.5	45 43.3 .. 04.0	50 56.7 .. 17.1	Ankaa	353 10.6	S42 11.8
16	14 02.9	68 59.4 16.5	332 56.0 16.9	60 45.2 03.9	65 58.9 17.1	Antares	112 19.9	S26 28.6
17	29 05.4	83 58.6 15.9	347 57.1 17.3	75 47.0 03.7	81 01.1 17.0			
18	44 07.8	98 57.8 S20 15.2	2 58.3 N17 17.7	90 48.9 S18 03.6	96 03.2 S19 16.9	Arcturus	145 50.8	N19 04.3
19	59 10.3	113 57.0 14.6	17 59.4 18.2	105 50.7 03.4	111 05.4 16.8	Atria	107 17.2	S69 03.6
20	74 12.8	128 56.2 14.0	33 00.5 18.6	120 52.6 03.2	126 07.6 16.8	Avior	234 15.3	S59 34.7
21	89 15.2	143 55.4 .. 13.3	48 01.6 .. 19.0	135 54.5 .. 03.1	141 09.7 .. 16.7	Bellatrix	278 26.1	N 6 22.0
22	104 17.7	158 54.6 12.7	63 02.7 19.4	150 56.3 02.9	156 11.9 16.6	Betelgeuse	270 55.3	N 7 24.5
23	119 20.1	173 53.8 12.0	78 03.9 19.8	165 58.2 02.8	171 14.0 16.6			
4 00	134 22.6	188 53.0 S20 11.4	93 05.0 N17 20.3	181 00.1 S18 02.6	186 16.2 S19 16.5	Canopus	263 53.4	S52 42.6
01	149 25.1	203 52.2 10.8	108 06.1 20.7	196 01.9 02.4	201 18.4 16.4	Capella	280 26.3	N46 01.2
02	164 27.5	218 51.4 10.1	123 07.2 21.1	211 03.8 02.3	216 20.5 16.4	Deneb	49 28.4	N45 21.2
03	179 30.0	233 50.6 .. 09.5	138 08.3 .. 21.5	226 05.6 .. 02.1	231 22.7 .. 16.3	Denebola	182 28.0	N14 27.2
04	194 32.5	248 49.8 08.8	153 09.5 22.0	241 07.5 02.0	246 24.8 16.2	Diphda	348 50.7	S17 52.5
05	209 34.9	263 49.0 08.2	168 10.6 22.4	256 09.4 01.8	261 27.0 16.2			
06	224 37.4	278 48.2 S20 07.6	183 11.7 N17 22.8	271 11.2 S18 01.7	276 29.2 S19 16.1	Dubhe	193 44.5	N61 38.1
07	239 39.9	293 47.4 06.9	198 12.8 23.2	286 13.1 01.5	291 31.3 16.0	Elnath	278 05.6	N28 37.5
T 08	254 42.3	308 46.6 06.3	213 13.9 23.6	301 15.0 01.3	306 33.5 15.9	Eltanin	90 44.0	N51 29.0
H 09	269 44.8	323 45.8 .. 05.6	228 15.0 .. 24.1	316 16.8 .. 01.2	321 35.6 .. 15.9	Enif	33 42.2	N 9 58.2
U 10	284 47.2	338 45.0 05.0	243 16.2 24.5	331 18.7 01.0	336 37.8 15.8	Fomalhaut	15 18.4	S29 30.9
R 11	299 49.7	353 44.2 04.3	258 17.3 24.9	346 20.5 00.9	351 40.0 15.7			
S 12	314 52.2	8 43.4 S20 03.7	273 18.4 N17 25.3	1 22.4 S18 00.7	6 42.1 S19 15.7	Gacrux	171 54.7	S57 13.6
D 13	329 54.6	23 42.6 03.0	288 19.5 25.7	16 24.3 00.5	21 44.3 15.6	Gienah	175 46.6	S17 39.5
A 14	344 57.1	38 41.8 02.4	303 20.6 26.2	31 26.1 00.4	36 46.4 15.5	Hadar	148 40.3	S60 28.1
Y 15	359 59.6	53 41.0 .. 01.7	318 21.7 .. 26.6	46 28.0 .. 00.2	51 48.6 .. 15.5	Hamal	327 54.8	N23 33.6
16	15 02.0	68 40.2 01.1	333 22.9 27.0	61 29.9 18 00.1	66 50.8 15.4	Kaus Aust.	83 37.1	S34 22.4
17	30 04.5	83 39.4 20 00.4	348 24.0 27.4	76 31.7 17 59.9	81 52.9 15.3			
18	45 07.0	98 38.6 S19 59.7	3 25.1 N17 27.8	91 33.6 S17 59.8	96 55.1 S19 15.3	Kochab	137 19.9	N74 03.9
19	60 09.4	113 37.8 59.1	18 26.2 28.3	106 35.5 59.6	111 57.2 15.2	Markab	13 33.3	N15 19.0
20	75 11.9	128 37.0 58.4	33 27.3 28.7	121 37.3 59.4	126 59.4 15.1	Menkar	314 09.5	N 4 10.2
21	90 14.4	143 36.2 .. 57.8	48 28.4 .. 29.1	136 39.2 .. 59.3	142 01.6 .. 15.0	Menkent	148 01.3	S36 28.2
22	105 16.8	158 35.4 57.1	63 29.5 29.5	151 41.0 59.1	157 03.7 15.0	Miaplacidus	221 37.8	S69 48.2
23	120 19.3	173 34.6 56.5	78 30.7 29.9	166 42.9 59.0	172 05.9 14.9			
5 00	135 21.7	188 33.8 S19 55.8	93 31.8 N17 30.4	181 44.8 S17 58.8	187 08.0 S19 14.8	Mirfak	308 32.7	N49 56.2
01	150 24.2	203 33.0 55.1	108 32.9 30.8	196 46.6 58.6	202 10.2 14.8	Nunki	75 52.0	S26 16.2
02	165 26.7	218 32.2 54.5	123 34.0 31.2	211 48.5 58.5	217 12.4 14.7	Peacock	53 11.4	S56 40.0
03	180 29.1	233 31.4 .. 53.8	138 35.1 .. 31.6	226 50.4 .. 58.3	232 14.5 .. 14.6	Pollux	243 20.9	N27 58.4
04	195 31.6	248 30.6 53.1	153 36.2 32.0	241 52.2 58.2	247 16.7 14.6	Procyon	244 23.9	N 5 10.1
05	210 34.1	263 29.8 52.5	168 37.3 32.5	256 54.1 58.0	262 18.9 14.5			
06	225 36.5	278 29.1 S19 51.8	183 38.4 N17 32.9	271 56.0 S17 57.8	277 21.0 S19 14.4	Rasalhague	96 01.7	N12 32.6
07	240 39.0	293 28.3 51.1	198 39.5 33.3	286 57.8 57.7	292 23.2 14.4	Regulus	207 37.5	N11 51.8
08	255 41.5	308 27.5 50.5	213 40.7 33.7	301 59.7 57.5	307 25.3 14.3	Rigel	281 06.7	S 8 10.8
F 09	270 43.9	323 26.7 .. 49.8	228 41.8 .. 34.1	317 01.5 .. 57.4	322 27.5 .. 14.2	Rigil Kent.	139 44.5	S60 54.9
R 10	285 46.4	338 25.9 49.1	243 42.9 34.6	332 03.4 57.2	337 29.7 14.1	Sabik	102 06.6	S15 45.0
I 11	300 48.9	353 25.1 48.4	258 44.0 35.0	347 05.3 57.0	352 31.8 14.1			
D 12	315 51.3	8 24.3 S19 47.8	273 45.1 N17 35.4	2 07.1 S17 56.9	7 34.0 S19 14.0	Schedar	349 34.9	N56 39.2
A 13	330 53.8	23 23.5 47.1	288 46.2 35.8	17 09.0 56.7	22 36.1 13.9	Shaula	96 14.9	S37 07.0
Y 14	345 56.2	38 22.7 46.4	303 47.3 36.2	32 10.9 56.6	37 38.3 13.9	Sirius	258 28.7	S16 44.9
15	0 58.7	53 22.0 .. 45.7	318 48.4 .. 36.6	47 12.7 .. 56.4	52 40.5 .. 13.8	Spica	158 25.5	S11 16.2
16	16 01.2	68 21.2 45.0	333 49.5 37.1	62 14.6 56.3	67 42.6 13.7	Suhail	222 48.1	S43 31.1
17	31 03.6	83 20.4 44.4	348 50.6 37.5	77 16.5 56.1	82 44.8 13.7			
18	46 06.1	98 19.6 S19 43.7	3 51.7 N17 37.9	92 18.3 S17 55.9	97 46.9 S19 13.6	Vega	80 35.7	N38 48.0
19	61 08.6	113 18.8 43.0	18 52.8 38.3	107 20.2 55.8	112 49.1 13.5	Zuben'ubi	136 59.5	S16 07.6
20	76 11.0	128 18.0 42.3	33 54.0 38.7	122 22.0 55.6	127 51.3 13.4		SHA	Mer. Pass.
21	91 13.5	143 17.2 .. 41.6	48 55.1 .. 39.2	137 23.9 .. 55.5	142 53.4 .. 13.4		° ′	h m
22	106 16.0	158 16.5 41.0	63 56.2 39.6	152 25.8 55.3	157 55.6 13.3	Venus	54 30.4	11 25
23	121 18.4	173 15.7 40.3	78 57.3 40.0	167 27.6 55.1	172 57.8 13.2	Mars	318 42.4	17 46
	h m					Jupiter	46 37.4	11 55
Mer. Pass. 15 00.0		v −0.8 d 0.7	v 1.1 d 0.4	v 1.9 d 0.2	v 2.2 d 0.1	Saturn	51 53.6	11 33

2021 FEBRUARY 3, 4, 5 (WED., THURS., FRI.)

UT	SUN GHA	SUN Dec	MOON GHA	MOON v	MOON Dec	MOON d	MOON HP	Lat.	Twilight Naut.	Twilight Civil	Sunrise	Moonrise 3	Moonrise 4	Moonrise 5	Moonrise 6
d h	° ′	° ′	° ′	′	° ′	′	′	°	h m	h m	h m	h m	h m	h m	h m
3 00	176 33.5	S16 31.1	291 50.2	11.2	S 4 27.5	14.7	59.2	N 72	06 58	08 24	10 02	25 48	01 48	04 42	■
01	191 33.4	30.4	306 20.4	11.1	4 42.2	14.7	59.2	N 70	06 51	08 08	09 28	25 29	01 29	03 53	■
02	206 33.4	29.7	320 50.5	11.2	4 56.9	14.7	59.2	68	06 46	07 55	09 04	25 14	01 14	03 22	05 55
03	221 33.3	28.9	335 20.7	11.1	5 11.6	14.6	59.2	66	06 41	07 44	08 45	25 02	01 02	02 59	05 06
04	236 33.2	28.2	349 50.8	11.0	5 26.2	14.6	59.2	64	06 37	07 35	08 30	24 53	00 53	02 41	04 35
05	251 33.2	27.5	4 20.8	11.1	5 40.8	14.6	59.2	62	06 33	07 27	08 17	24 44	00 44	02 27	04 11
								60	06 30	07 20	08 06	24 37	00 37	02 15	03 53
06	266 33.1	S16 26.7	18 50.9	11.0	S 5 55.4	14.5	59.2	N 58	06 26	07 14	07 57	24 31	00 31	02 04	03 38
W 07	281 33.0	26.0	33 20.9	11.0	6 09.9	14.5	59.2	56	06 24	07 08	07 49	24 25	00 25	01 55	03 25
E 08	296 33.0	25.2	47 50.9	11.0	6 24.4	14.5	59.2	54	06 21	07 03	07 41	24 20	00 20	01 47	03 14
D 09	311 32.9	24.5	62 20.9	10.9	6 38.9	14.4	59.2	52	06 18	06 59	07 35	24 16	00 16	01 40	03 04
N 10	326 32.8	23.8	76 50.8	10.9	6 53.3	14.4	59.2	50	06 16	06 54	07 29	24 12	00 12	01 34	02 55
E 11	341 32.8	23.0	91 20.7	10.8	7 07.7	14.4	59.2	45	06 10	06 45	07 16	24 03	00 03	01 20	02 36
S 12	356 32.7	S16 22.3	105 50.5	10.9	S 7 22.1	14.3	59.2	N 40	06 05	06 37	07 05	23 56	25 08	01 08	02 21
D 13	11 32.7	21.5	120 20.4	10.8	7 36.4	14.3	59.2	35	06 00	06 30	06 56	23 50	24 59	00 59	02 08
A 14	26 32.6	20.8	134 50.2	10.7	7 50.7	14.2	59.2	30	05 55	06 23	06 48	23 45	24 50	00 50	01 57
Y 15	41 32.5	20.1	149 19.9	10.7	8 04.9	14.2	59.2	20	05 45	06 11	06 34	23 36	24 36	00 36	01 38
16	56 32.5	19.3	163 49.6	10.7	8 19.1	14.2	59.2	N 10	05 35	06 00	06 22	23 28	24 24	00 24	01 22
17	71 32.4	18.6	178 19.3	10.6	8 33.3	14.1	59.2	0	05 24	05 49	06 10	23 20	24 12	00 12	01 06
18	86 32.3	S16 17.8	192 48.9	10.6	S 8 47.4	14.0	59.2	S 10	05 11	05 37	05 59	23 13	24 01	00 01	00 51
19	101 32.3	17.1	207 18.5	10.6	9 01.4	14.1	59.2	20	04 55	05 23	05 46	23 05	23 48	24 35	00 35
20	116 32.2	16.3	221 48.1	10.5	9 15.5	13.9	59.2	30	04 35	05 06	05 31	22 56	23 34	24 17	00 17
21	131 32.2	15.6	236 17.6	10.5	9 29.4	13.9	59.2	35	04 22	04 55	05 23	22 51	23 27	24 06	00 06
22	146 32.1	14.8	250 47.1	10.4	9 43.3	13.9	59.2	40	04 07	04 43	05 13	22 46	23 17	23 54	24 37
23	161 32.0	14.1	265 16.5	10.4	9 57.2	13.8	59.2	45	03 47	04 28	05 01	22 39	23 07	23 40	24 20
4 00	176 32.0	S16 13.3	279 45.9	10.3	S10 11.0	13.7	59.2	S 50	03 22	04 10	04 47	22 31	22 54	23 23	23 59
01	191 31.9	12.6	294 15.2	10.3	10 24.7	13.7	59.2	52	03 09	04 01	04 41	22 28	22 49	23 15	23 48
02	206 31.9	11.9	308 44.5	10.2	10 38.4	13.6	59.2	54	02 53	03 51	04 33	22 24	22 42	23 06	23 37
03	221 31.8	11.1	323 13.7	10.2	10 52.0	13.6	59.2	56	02 34	03 39	04 25	22 19	22 35	22 55	23 24
04	236 31.8	10.4	337 42.9	10.2	11 05.6	13.5	59.2	58	02 10	03 26	04 16	22 15	22 27	22 44	23 09
05	251 31.7	09.6	352 12.1	10.1	11 19.1	13.4	59.2	S 60	01 36	03 10	04 05	22 09	22 18	22 31	22 51
06	266 31.6	S16 08.9	6 41.2	10.0	S11 32.5	13.4	59.2	Lat.	Sunset	Twilight Civil	Twilight Naut.	Moonset 3	Moonset 4	Moonset 5	Moonset 6
T 07	281 31.6	08.1	21 10.2	10.0	11 45.9	13.3	59.2								
H 08	296 31.5	07.4	35 39.2	9.9	11 59.2	13.3	59.2								
U 09	311 31.5	06.6	50 08.1	9.9	12 12.5	13.1	59.2	°	h m	h m	h m	h m	h m	h m	h m
R 10	326 31.4	05.8	64 37.0	9.8	12 25.6	13.2	59.2	N 72	14 27	16 05	17 32	09 24	08 50	07 46	■
S 11	341 31.4	05.1	79 05.8	9.8	12 38.8	13.0	59.2	N 70	15 01	16 22	17 38	09 34	09 11	08 37	■
D 12	356 31.3	S16 04.3	93 34.6	9.7	S12 51.8	12.9	59.2	68	15 25	16 35	17 44	09 41	09 28	09 09	08 31
A 13	11 31.2	03.6	108 03.3	9.7	13 04.7	12.9	59.2	66	15 44	16 45	17 48	09 48	09 41	09 33	09 21
Y 14	26 31.2	02.8	122 32.0	9.6	13 17.6	12.8	59.2	64	15 59	16 54	17 52	09 54	09 52	09 52	09 53
15	41 31.1	02.1	137 00.6	9.6	13 30.4	12.8	59.2	62	16 12	17 02	17 56	09 59	10 02	10 07	10 17
16	56 31.1	01.3	151 29.2	9.4	13 43.2	12.6	59.2	60	16 23	17 09	17 59	10 03	10 10	10 21	10 36
17	71 31.0	16 00.6	165 57.6	9.5	13 55.8	12.6	59.2								
18	86 31.0	S15 59.8	180 26.1	9.3	S14 08.4	12.5	59.2	N 58	16 32	17 15	18 02	10 07	10 18	10 32	10 52
19	101 30.9	59.1	194 54.4	9.4	14 20.9	12.4	59.2	56	16 40	17 21	18 05	10 10	10 24	10 42	11 06
20	116 30.9	58.3	209 22.8	9.2	14 33.3	12.3	59.2	54	16 47	17 25	18 08	10 13	10 30	10 51	11 17
21	131 30.8	57.5	223 51.0	9.2	14 45.6	12.3	59.2	52	16 54	17 30	18 10	10 16	10 35	10 58	11 28
22	146 30.8	56.8	238 19.2	9.1	14 57.9	12.1	59.2	50	17 00	17 34	18 13	10 19	10 40	11 06	11 37
23	161 30.7	56.0	252 47.3	9.1	15 10.0	12.1	59.2	45	17 12	17 43	18 18	10 24	10 51	11 21	11 57
5 00	176 30.7	S15 55.3	267 15.4	9.0	S15 22.1	12.0	59.2	N 40	17 23	17 51	18 24	10 29	10 59	11 33	12 13
01	191 30.6	54.5	281 43.4	9.0	15 34.1	11.9	59.2	35	17 32	17 58	18 28	10 33	11 07	11 44	12 27
02	206 30.6	53.7	296 11.4	8.8	15 46.0	11.8	59.2	30	17 40	18 05	18 33	10 37	11 13	11 54	12 39
03	221 30.5	53.0	310 39.2	8.9	15 57.8	11.7	59.2	20	17 54	18 17	18 43	10 43	11 25	12 10	12 59
04	236 30.5	52.2	325 07.1	8.7	16 09.5	11.6	59.2	N 10	18 06	18 28	18 53	10 49	11 35	12 24	13 17
05	251 30.4	51.5	339 34.8	8.7	16 21.1	11.5	59.2	0	18 17	18 39	19 04	10 54	11 45	12 38	13 33
06	266 30.4	S15 50.7	354 02.5	8.6	S16 32.6	11.4	59.2	S 10	18 29	18 51	19 17	10 59	11 54	12 51	13 50
07	281 30.3	49.9	8 30.1	8.6	16 44.0	11.3	59.2	20	18 42	19 05	19 32	11 05	12 04	13 05	14 08
08	296 30.3	49.2	22 57.7	8.5	16 55.3	11.2	59.2	30	18 56	19 22	19 52	11 11	12 16	13 22	14 29
F 09	311 30.2	48.4	37 25.2	8.4	17 06.5	11.1	59.2	35	19 05	19 32	20 05	11 15	12 23	13 32	14 41
R 10	326 30.2	47.7	51 52.6	8.4	17 17.6	11.0	59.1	40	19 14	19 44	20 20	11 19	12 31	13 43	14 55
I 11	341 30.1	46.9	66 20.0	8.3	17 28.6	10.9	59.1	45	19 26	19 58	20 39	11 24	12 40	13 56	15 11
D 12	356 30.1	S15 46.1	80 47.3	8.2	S17 39.5	10.8	59.1	S 50	19 40	20 17	21 04	11 30	12 51	14 12	15 32
A 13	11 30.0	45.4	95 14.5	8.2	17 50.3	10.7	59.1	52	19 46	20 25	21 17	11 32	12 56	14 20	15 42
Y 14	26 30.0	44.6	109 41.7	8.1	18 01.0	10.6	59.1	54	19 53	20 35	21 32	11 35	13 01	14 28	15 53
15	41 30.0	43.8	124 08.8	8.0	18 11.6	10.5	59.1	56	20 01	20 47	21 50	11 38	13 08	14 37	16 05
16	56 29.9	43.1	138 35.8	8.0	18 22.1	10.3	59.1	58	20 10	21 00	22 14	11 42	13 15	14 48	16 20
17	71 29.9	42.3	153 02.8	7.9	18 32.4	10.3	59.1	S 60	20 21	21 16	22 46	11 46	13 23	15 01	16 37
18	86 29.8	S15 41.5	167 29.7	7.9	S18 42.7	10.1	59.1		SUN			MOON			
19	101 29.8	40.8	181 56.6	7.7	18 52.8	10.0	59.1	Day	Eqn. of Time		Mer.	Mer. Pass.		Age	Phase
20	116 29.7	40.0	196 23.3	7.8	19 02.8	9.9	59.1		00ʰ	12ʰ	Pass.	Upper	Lower		
21	131 29.7	39.2	210 50.1	7.6	19 12.7	9.8	59.1	d	m s	m s	h m	h m	h m	d	%
22	146 29.6	38.5	225 16.7	7.6	19 22.5	9.7	59.1	3	13 46	13 49	12 14	04 42	17 07	21	64
23	161 29.6	37.7	239 43.3	7.5	S19 32.2	9.5	59.1	4	13 52	13 55	12 14	05 32	17 58	22	53
	SD 16.3	d 0.8	SD 16.1		16.1		16.1	5	13 57	14 00	12 14	06 25	18 52	23	41

2021 FEBRUARY 6, 7, 8 (SAT., SUN., MON.)

UT	ARIES	VENUS −3.9	MARS +0.5	JUPITER −2.0	SATURN +0.6	STARS
	GHA	GHA Dec	GHA Dec	GHA Dec	GHA Dec	Name SHA Dec
d h	° ′	° ′ ° ′	° ′ ° ′	° ′ ° ′	° ′ ° ′	° ′ ° ′
6 00	136 20.9	188 14.9 S19 39.6	93 58.4 N17 40.4	182 29.5 S17 55.0	187 59.9 S19 13.2	Acamar 315 14.2 S40 13.6
01	151 23.4	203 14.1 38.9	108 59.5 40.8	197 31.4 54.8	203 02.1 13.1	Achernar 335 22.9 S57 08.2
02	166 25.8	218 13.3 38.2	124 00.6 41.2	212 33.2 54.7	218 04.2 13.0	Acrux 173 03.0 S63 12.7
03	181 28.3	233 12.6 .. 37.5	139 01.7 .. 41.7	227 35.1 .. 54.5	233 06.4 .. 13.0	Adhara 255 08.0 S29 00.2
04	196 30.7	248 11.8 36.8	154 02.8 42.1	242 37.0 54.3	248 08.6 12.9	Aldebaran 290 43.1 N16 33.0
05	211 33.2	263 11.0 36.1	169 03.9 42.5	257 38.8 54.2	263 10.7 12.8	
06	226 35.7	278 10.2 S19 35.4	184 05.0 N17 42.9	272 40.7 S17 54.0	278 12.9 S19 12.8	Alioth 166 15.6 N55 50.5
07	241 38.1	293 09.4 34.7	199 06.1 43.3	287 42.6 53.9	293 15.0 12.7	Alkaid 152 54.4 N49 12.3
S 08	256 40.6	308 08.7 34.1	214 07.2 43.7	302 44.4 53.7	308 17.2 12.6	Alnair 27 37.4 S46 51.7
A 09	271 43.1	323 07.9 .. 33.4	229 08.3 .. 44.2	317 46.3 .. 53.5	323 19.4 .. 12.5	Alnilam 275 40.7 S 1 11.5
T 10	286 45.5	338 07.1 32.7	244 09.4 44.6	332 48.1 53.4	338 21.5 12.5	Alphard 217 50.5 S 8 45.1
U 11	301 48.0	353 06.3 32.0	259 10.5 45.0	347 50.0 53.2	353 23.7 12.4	
R 12	316 50.5	8 05.6 S19 31.3	274 11.6 N17 45.4	2 51.9 S17 53.1	8 25.9 S19 12.3	Alphecca 126 06.5 N26 38.5
D 13	331 52.9	23 04.8 30.6	289 12.7 45.8	17 53.7 52.9	23 28.0 12.3	Alpheratz 357 38.3 N29 12.3
A 14	346 55.4	38 04.0 29.9	304 13.8 46.2	32 55.6 52.7	38 30.2 12.2	Altair 62 03.4 N 8 55.3
Y 15	1 57.8	53 03.2 .. 29.2	319 14.9 .. 46.6	47 57.5 .. 52.6	53 32.3 .. 12.1	Ankaa 353 10.6 S42 11.8
16	17 00.3	68 02.4 28.5	334 16.0 47.1	62 59.3 52.4	68 34.5 12.1	Antares 112 19.8 S26 28.6
17	32 02.8	83 01.7 27.8	349 17.1 47.5	78 01.2 52.3	83 36.7 12.0	
18	47 05.2	98 00.9 S19 27.0	4 18.2 N17 47.9	93 03.1 S17 52.1	98 38.8 S19 11.9	Arcturus 145 50.8 N19 04.3
19	62 07.7	113 00.1 26.3	19 19.3 48.3	108 04.9 51.9	113 41.0 11.9	Atria 107 17.2 S69 03.6
20	77 10.2	127 59.4 25.6	34 20.4 48.7	123 06.8 51.8	128 43.2 11.8	Avior 234 15.3 S59 34.7
21	92 12.6	142 58.6 .. 24.9	49 21.5 .. 49.1	138 08.7 .. 51.6	143 45.3 .. 11.7	Bellatrix 278 26.1 N 6 22.0
22	107 15.1	157 57.8 24.2	64 22.6 49.6	153 10.5 51.5	158 47.5 11.6	Betelgeuse 270 55.3 N 7 24.5
23	122 17.6	172 57.0 23.5	79 23.7 50.0	168 12.4 51.3	173 49.6 11.6	
7 00	137 20.0	187 56.3 S19 22.8	94 24.8 N17 50.4	183 14.3 S17 51.1	188 51.8 S19 11.5	Canopus 263 53.4 S52 42.7
01	152 22.5	202 55.5 22.1	109 25.9 50.8	198 16.1 51.0	203 54.0 11.4	Capella 280 26.3 N46 01.2
02	167 25.0	217 54.7 21.4	124 27.0 51.2	213 18.0 50.8	218 56.1 11.4	Deneb 49 28.4 N45 21.2
03	182 27.4	232 54.0 .. 20.7	139 28.1 .. 51.6	228 19.8 .. 50.7	233 58.3 .. 11.3	Denebola 182 28.0 N14 27.2
04	197 29.9	247 53.2 19.9	154 29.2 52.0	243 21.7 50.5	249 00.5 11.2	Diphda 348 50.7 S17 52.5
05	212 32.3	262 52.4 19.2	169 30.3 52.5	258 23.6 50.3	264 02.6 11.2	
06	227 34.8	277 51.7 S19 18.5	184 31.4 N17 52.9	273 25.4 S17 50.2	279 04.8 S19 11.1	Dubhe 193 44.4 N61 38.1
07	242 37.3	292 50.9 17.8	199 32.5 53.3	288 27.3 50.0	294 06.9 11.0	Elnath 278 05.7 N28 37.5
08	257 39.7	307 50.1 17.1	214 33.6 53.7	303 29.2 49.9	309 09.1 11.0	Eltanin 90 44.0 N51 28.9
S 09	272 42.2	322 49.4 .. 16.4	229 34.7 .. 54.1	318 31.0 .. 49.7	324 11.3 .. 10.9	Enif 33 42.2 N 9 58.2
U 10	287 44.7	337 48.6 15.6	244 35.8 54.5	333 32.9 49.5	339 13.4 10.8	Fomalhaut 15 18.4 S29 30.9
N 11	302 47.1	352 47.8 14.9	259 36.9 54.9	348 34.8 49.4	354 15.6 10.7	
D 12	317 49.6	7 47.1 S19 14.2	274 38.0 N17 55.3	3 36.6 S17 49.2	9 17.8 S19 10.7	Gacrux 171 54.7 S57 13.6
A 13	332 52.1	22 46.3 13.5	289 39.1 55.8	18 38.5 49.1	24 19.9 10.6	Gienah 175 46.6 S17 39.5
Y 14	347 54.5	37 45.5 12.7	304 40.2 56.2	33 40.4 48.9	39 22.1 10.5	Hadar 148 40.2 S60 28.1
15	2 57.0	52 44.8 .. 12.0	319 41.2 .. 56.6	48 42.2 .. 48.7	54 24.2 .. 10.5	Hamal 327 54.8 N23 33.6
16	17 59.5	67 44.0 11.3	334 42.3 57.0	63 44.1 48.6	69 26.4 10.4	Kaus Aust. 83 37.0 S34 22.4
17	33 01.9	82 43.2 10.6	349 43.4 57.4	78 46.0 48.4	84 28.6 10.3	
18	48 04.4	97 42.5 S19 09.8	4 44.5 N17 57.8	93 47.8 S17 48.3	99 30.7 S19 10.3	Kochab 137 19.9 N74 03.9
19	63 06.8	112 41.7 09.1	19 45.6 58.2	108 49.7 48.1	114 32.9 10.2	Markab 13 33.3 N15 19.0
20	78 09.3	127 41.0 08.4	34 46.7 58.6	123 51.6 47.9	129 35.1 10.1	Menkar 314 09.5 N 4 10.2
21	93 11.8	142 40.2 .. 07.7	49 47.8 .. 59.1	138 53.4 .. 47.8	144 37.2 .. 10.0	Menkent 148 01.2 S36 28.2
22	108 14.2	157 39.4 06.9	64 48.9 59.5	153 55.3 47.6	159 39.4 10.0	Miaplacidus 221 37.8 S69 48.2
23	123 16.7	172 38.7 06.2	79 50.0 17 59.9	168 57.2 47.5	174 41.5 09.9	
8 00	138 19.2	187 37.9 S19 05.5	94 51.1 N18 00.3	183 59.0 S17 47.3	189 43.7 S19 09.8	Mirfak 308 32.7 N49 56.2
01	153 21.6	202 37.2 04.7	109 52.2 00.7	199 00.9 47.1	204 45.9 09.8	Nunki 75 52.0 S26 16.2
02	168 24.1	217 36.4 04.0	124 53.3 01.1	214 02.8 47.0	219 48.0 09.7	Peacock 53 11.4 S56 40.0
03	183 26.6	232 35.7 .. 03.2	139 54.3 .. 01.5	229 04.6 .. 46.8	234 50.2 .. 09.6	Pollux 243 20.9 N27 58.5
04	198 29.0	247 34.9 02.5	154 55.4 01.9	244 06.5 46.6	249 52.4 09.6	Procyon 244 53.9 N 5 10.1
05	213 31.5	262 34.1 01.8	169 56.5 02.4	259 08.4 46.5	264 54.5 09.5	
06	228 34.0	277 33.4 S19 01.0	184 57.6 N18 02.8	274 10.2 S17 46.3	279 56.7 S19 09.4	Rasalhague 96 01.7 N12 32.6
07	243 36.4	292 32.6 19 00.3	199 58.7 03.2	289 12.1 46.2	294 58.8 09.4	Regulus 207 37.5 N11 51.8
08	258 38.9	307 31.9 18 59.5	214 59.8 03.6	304 14.0 46.0	310 01.0 09.3	Rigel 281 06.7 S 8 10.9
M 09	273 41.3	322 31.1 .. 58.8	230 00.9 .. 04.0	319 15.8 .. 45.8	325 03.2 .. 09.2	Rigil Kent. 139 44.5 S60 55.0
O 10	288 43.8	337 30.4 58.1	245 02.0 04.4	334 17.7 45.7	340 05.3 09.1	Sabik 102 06.6 S15 45.0
N 11	303 46.3	352 29.6 57.3	260 03.0 04.8	349 19.6 45.5	355 07.5 09.1	
D 12	318 48.7	7 28.9 S18 56.6	275 04.1 N18 05.2	4 21.4 S17 45.4	10 09.7 S19 09.0	Schedar 349 34.9 N56 39.2
A 13	333 51.2	22 28.1 55.8	290 05.2 05.6	19 23.3 45.2	25 11.8 08.9	Shaula 96 14.9 S37 07.0
Y 14	348 53.7	37 27.4 55.1	305 06.3 06.0	34 25.2 45.0	40 14.0 08.9	Sirius 258 28.8 S16 44.9
15	3 56.1	52 26.6 .. 54.3	320 07.4 .. 06.5	49 27.0 .. 44.9	55 16.2 .. 08.8	Spica 158 25.5 S11 16.2
16	18 58.6	67 25.9 53.6	335 08.5 06.9	64 28.9 44.7	70 18.3 08.7	Suhail 222 48.1 S43 31.1
17	34 01.1	82 25.1 52.8	350 09.6 07.3	79 30.8 44.6	85 20.5 08.7	
18	49 03.5	97 24.4 S18 52.1	5 10.7 N18 07.7	94 32.6 S17 44.4	100 22.6 S19 08.6	Vega 80 35.7 N38 48.0
19	64 06.0	112 23.6 51.3	20 11.7 08.1	109 34.5 44.2	115 24.8 08.5	Zuben'ubi 136 59.5 S16 07.7
20	79 08.5	127 22.9 50.6	35 12.8 08.5	124 36.4 44.1	130 27.0 08.5	SHA Mer. Pass.
21	94 10.9	142 22.1 .. 49.8	50 13.9 .. 08.9	139 38.2 .. 43.9	145 29.1 .. 08.4	° ′ h m
22	109 13.4	157 21.4 49.1	65 15.0 09.3	154 40.1 43.8	160 31.3 08.3	Venus 50 36.2 11 29
23	124 15.8	172 20.6 48.3	80 16.1 09.7	169 42.0 43.6	175 33.5 08.2	Mars 317 04.8 17 41
	h m					Jupiter 45 54.2 11 46
Mer. Pass. 14 48.2	v −0.8 d 0.7	v 1.1 d 0.4	v 1.9 d 0.2	v 2.2 d 0.1	Saturn 51 31.8 11 23

2021 FEBRUARY 6, 7, 8 (SAT., SUN., MON.)

UT	SUN GHA	SUN Dec	MOON GHA	MOON v	MOON Dec	MOON d	MOON HP
d h	° '	° '	° '	'	° '	'	'
6 00	176 29.6	S15 36.9	254 09.8	7.4	S19 41.7	9.5	59.1
01	191 29.5	36.1	268 36.2	7.4	19 51.2	9.3	59.1
02	206 29.5	35.4	283 02.6	7.4	20 00.5	9.2	59.1
03	221 29.4	34.6	297 29.0	7.2	20 09.7	9.0	59.0
04	236 29.4	33.8	311 55.2	7.2	20 18.7	8.9	59.0
05	251 29.3	33.1	326 21.4	7.1	20 27.6	8.8	59.0
S 06	266 29.3	S15 32.3	340 47.5	7.1	S20 36.4	8.7	59.0
A 07	281 29.3	31.5	355 13.6	7.0	20 45.1	8.5	59.0
T 08	296 29.2	30.7	9 39.6	7.0	20 53.6	8.5	59.0
U 09	311 29.2	30.0	24 05.6	6.9	21 02.1	8.2	59.0
R 10	326 29.1	29.2	38 31.5	6.8	21 10.3	8.2	59.0
D 11	341 29.1	28.4	52 57.3	6.8	21 18.5	8.0	59.0
A 12	356 29.1	S15 27.6	67 23.1	6.7	S21 26.5	7.9	59.0
Y 13	11 29.0	26.9	81 48.8	6.6	21 34.4	7.7	59.0
14	26 29.0	26.1	96 14.4	6.6	21 42.1	7.6	59.0
15	41 29.0	25.3	110 40.0	6.6	21 49.7	7.5	59.0
16	56 28.9	24.5	125 05.6	6.4	21 57.2	7.3	58.9
17	71 28.9	23.7	139 31.0	6.5	22 04.5	7.2	58.9
18	86 28.8	S15 23.0	153 56.5	6.3	S22 11.7	7.0	58.9
19	101 28.8	22.2	168 21.8	6.4	22 18.7	6.9	58.9
20	116 28.8	21.4	182 47.2	6.2	22 25.6	6.8	58.9
21	131 28.7	20.6	197 12.4	6.3	22 32.4	6.6	58.9
22	146 28.7	19.9	211 37.7	6.1	22 39.0	6.5	58.9
23	161 28.7	19.1	226 02.8	6.2	22 45.5	6.3	58.9
7 00	176 28.6	S15 18.3	240 28.0	6.0	S22 51.8	6.1	58.9
01	191 28.6	17.5	254 53.0	6.1	22 57.9	6.1	58.9
02	206 28.6	16.7	269 18.1	5.9	23 04.0	5.8	58.8
03	221 28.5	15.9	283 43.0	6.0	23 09.8	5.8	58.8
04	236 28.5	15.2	298 08.0	5.9	23 15.6	5.5	58.8
05	251 28.5	14.4	312 32.9	5.8	23 21.1	5.5	58.8
S 06	266 28.4	S15 13.6	326 57.7	5.8	S23 26.6	5.2	58.8
U 07	281 28.4	12.8	341 22.5	5.8	23 31.8	5.1	58.8
N 08	296 28.4	12.0	355 47.3	5.8	23 36.9	5.0	58.8
D 09	311 28.3	11.2	10 12.1	5.7	23 41.9	4.8	58.8
A 10	326 28.3	10.5	24 36.8	5.6	23 46.7	4.7	58.8
Y 11	341 28.3	09.7	39 01.4	5.7	23 51.4	4.5	58.8
12	356 28.2	S15 08.9	53 26.1	5.6	S23 55.9	4.3	58.7
13	11 28.2	08.1	67 50.7	5.5	24 00.2	4.2	58.7
14	26 28.2	07.3	82 15.2	5.6	24 04.4	4.0	58.7
15	41 28.2	06.5	96 39.8	5.5	24 08.4	3.9	58.7
16	56 28.1	05.7	111 04.3	5.5	24 12.3	3.7	58.7
17	71 28.1	04.9	125 28.8	5.5	24 16.0	3.6	58.7
18	86 28.1	S15 04.2	139 53.3	5.4	S24 19.6	3.4	58.7
19	101 28.0	03.4	154 17.7	5.4	24 23.0	3.2	58.7
20	116 28.0	02.6	168 42.1	5.4	24 26.2	3.1	58.6
21	131 28.0	01.8	183 06.5	5.4	24 29.3	2.9	58.6
22	146 28.0	01.0	197 30.9	5.4	24 32.2	2.8	58.6
23	161 27.9	15 00.2	211 55.3	5.4	24 35.0	2.6	58.6
8 00	176 27.9	S14 59.4	226 19.7	5.3	S24 37.6	2.4	58.6
01	191 27.9	58.6	240 44.0	5.4	24 40.0	2.3	58.6
02	206 27.9	57.8	255 08.4	5.3	24 42.3	2.1	58.6
03	221 27.8	57.0	269 32.7	5.3	24 44.4	1.9	58.6
04	236 27.8	56.2	283 57.0	5.3	24 46.3	1.8	58.5
05	251 27.8	55.4	298 21.3	5.4	24 48.1	1.6	58.5
M 06	266 27.8	S14 54.6	312 45.7	5.3	S24 49.7	1.5	58.5
O 07	281 27.7	53.8	327 10.0	5.3	24 51.2	1.3	58.5
N 08	296 27.7	53.1	341 34.3	5.3	24 52.5	1.1	58.5
D 09	311 27.7	52.3	355 58.6	5.4	24 53.6	1.0	58.5
A 10	326 27.7	51.5	10 23.0	5.3	24 54.6	0.8	58.5
Y 11	341 27.6	50.7	24 47.3	5.3	24 55.4	0.7	58.4
12	356 27.6	S14 49.9	39 11.6	5.4	S24 56.1	0.5	58.4
13	11 27.6	49.1	53 36.0	5.3	24 56.6	0.3	58.4
14	26 27.6	48.3	68 00.3	5.4	24 56.9	0.1	58.4
15	41 27.6	47.5	82 24.7	5.4	24 57.0	0.1	58.4
16	56 27.5	46.7	96 49.1	5.4	24 57.1	0.2	58.4
17	71 27.5	45.9	111 13.5	5.4	24 56.9	0.3	58.4
18	86 27.5	S14 45.1	125 37.9	5.5	S24 56.6	0.5	58.3
19	101 27.5	44.3	140 02.4	5.5	24 56.1	0.6	58.3
20	116 27.5	43.5	154 26.9	5.5	24 55.5	0.9	58.3
21	131 27.4	42.7	168 51.4	5.5	24 54.6	0.9	58.3
22	146 27.4	41.9	183 15.9	5.5	24 53.7	1.1	58.3
23	161 27.4	41.1	197 40.5	5.5	S24 52.6	1.3	58.3
	SD 16.2	d 0.8	SD 16.1		16.0		15.9

Twilight / Sunrise / Moonrise

Lat.	Naut.	Civil	Sunrise	Moonrise 6	7	8	9
N 72	06 46	08 10	09 41	▬	▬	▬	▬
N 70	06 41	07 56	09 12	▬	▬	▬	▬
68	06 37	07 44	08 51	05 55	▬	▬	▬
66	06 33	07 35	08 34	05 06	07 40	▬	▬
64	06 29	07 26	08 20	04 35	06 28	08 07	08 54
62	06 26	07 19	08 09	04 11	05 53	07 17	08 11
60	06 23	07 13	07 59	03 53	05 27	06 46	07 42
N 58	06 21	07 07	07 50	03 38	05 07	06 23	07 19
56	06 18	07 02	07 42	03 25	04 50	06 04	07 01
54	06 16	06 58	07 36	03 14	04 36	05 48	06 45
52	06 14	06 54	07 30	03 04	04 23	05 34	06 32
50	06 12	06 50	07 24	02 55	04 13	05 22	06 20
45	06 07	06 41	07 12	02 36	03 50	04 58	05 56
N 40	06 02	06 34	07 02	02 21	03 32	04 38	05 36
35	05 57	06 27	06 54	02 08	03 16	04 21	05 20
30	05 53	06 21	06 46	01 57	03 03	04 07	05 06
20	05 44	06 10	06 33	01 38	02 41	03 43	04 42
N 10	05 35	06 00	06 22	01 22	02 22	03 22	04 21
0	05 24	05 49	06 11	01 06	02 04	03 03	04 02
S 10	05 12	05 38	06 00	00 51	01 46	02 43	03 42
20	04 57	05 25	05 48	00 35	01 27	02 22	03 22
30	04 38	05 08	05 34	00 17	01 05	01 59	02 58
35	04 26	04 59	05 26	00 06	00 52	01 45	02 43
40	04 11	04 47	05 17	24 37	00 37	01 28	02 27
45	03 53	04 33	05 06	24 20	00 20	01 09	02 08
S 50	03 29	04 16	04 53	23 59	24 45	00 45	01 43
52	03 17	04 07	04 46	23 48	24 33	00 33	01 31
54	03 02	03 58	04 40	23 37	24 20	00 20	01 18
56	02 45	03 47	04 32	23 24	24 05	00 05	01 02
58	02 24	03 35	04 23	23 09	23 47	24 44	00 44
S 60	01 55	03 20	04 13	22 51	23 26	24 21	00 21

Sunset / Twilight / Moonset

Lat.	Sunset	Civil	Naut.	Moonset 6	7	8	9
N 72	14 48	16 19	17 44	▬	▬	▬	▬
N 70	15 17	16 34	17 49	▬	▬	▬	▬
68	15 39	16 45	17 53	08 31	▬	▬	▬
66	15 55	16 55	17 57	09 21	08 48	▬	▬
64	16 09	17 03	18 00	09 53	10 00	10 26	11 41
62	16 21	17 10	18 03	10 17	10 36	11 15	12 25
60	16 31	17 16	18 06	10 36	11 02	11 46	12 54
N 58	16 39	17 22	18 09	10 52	11 23	12 10	13 16
56	16 47	17 27	18 11	11 06	11 40	12 28	13 34
54	16 53	17 31	18 13	11 17	11 54	12 44	13 49
52	16 59	17 35	18 15	11 28	12 07	12 58	14 02
50	17 05	17 39	18 17	11 37	12 18	13 10	14 14
45	17 17	17 47	18 22	11 57	12 41	13 35	14 38
N 40	17 26	17 55	18 27	12 13	13 00	13 55	14 57
35	17 35	18 01	18 31	12 27	13 16	14 12	15 13
30	17 42	18 07	18 36	12 39	13 29	14 26	15 27
20	17 55	18 18	18 44	12 59	13 53	14 50	15 50
N 10	18 07	18 28	18 54	13 17	14 13	15 11	16 11
0	18 18	18 39	19 04	13 33	14 32	15 31	16 30
S 10	18 29	18 50	19 16	13 50	14 50	15 51	16 48
20	18 40	19 03	19 30	14 08	15 11	16 11	17 09
30	18 54	19 19	19 49	14 29	15 34	16 36	17 32
35	19 02	19 29	20 01	14 41	15 48	16 50	17 45
40	19 11	19 40	20 16	14 55	16 04	17 06	18 01
45	19 22	19 54	20 34	15 11	16 23	17 26	18 19
S 50	19 35	20 11	20 58	15 32	16 46	17 51	18 42
52	19 41	20 19	21 10	15 42	16 58	18 02	18 53
54	19 47	20 29	21 24	15 53	17 11	18 16	19 06
56	19 55	20 39	21 40	16 05	17 26	18 32	19 20
58	20 03	20 52	22 01	16 20	17 43	18 50	19 37
S 60	20 13	21 06	22 28	16 37	18 05	19 13	19 57

SUN / MOON

Day	Eqn. of Time 00h	Eqn. of Time 12h	Mer. Pass.	Mer. Pass. Upper	Mer. Pass. Lower	Age	Phase
d	m s	m s	h m	h m	h m	d	%
6	14 02	14 04	12 14	07 20	19 48	24	31
7	14 05	14 07	12 14	08 18	20 47	25	21
8	14 08	14 09	12 14	09 17	21 46	26	12

2021 FEBRUARY 9, 10, 11 (TUES., WED., THURS.)

UT	ARIES GHA	VENUS −3.9 GHA / Dec	MARS +0.6 GHA / Dec	JUPITER −2.0 GHA / Dec	SATURN +0.6 GHA / Dec	STARS Name / SHA / Dec
d h	° '	° ' / ° '	° ' / ° '	° ' / ° '	° ' / ° '	° ' / ° '
9 00	139 18.3	187 19.9 S18 47.5	95 17.2 N18 10.1	184 43.8 S17 43.4	190 35.6 S19 08.2	Acamar 315 14.3 S40 13.6
01	154 20.8	202 19.1 46.8	110 18.2 10.5	199 45.7 43.3	205 37.8 08.1	Achernar 335 22.9 S57 08.2
02	169 23.2	217 18.4 46.0	125 19.3 11.0	214 47.6 43.1	220 40.0 08.0	Acrux 173 03.0 S63 12.7
03	184 25.7	232 17.6 .. 45.3	140 20.4 .. 11.4	229 49.4 .. 42.9	235 42.1 .. 08.0	Adhara 255 08.0 S29 00.2
04	199 28.2	247 16.9 44.5	155 21.5 11.8	244 51.3 42.8	250 44.3 07.9	Aldebaran 290 43.1 N16 33.0
05	214 30.6	262 16.1 43.8	170 22.6 12.2	259 53.2 42.6	265 46.4 07.8	
06	229 33.1	277 15.4 S18 43.0	185 23.6 N18 12.6	274 55.0 S17 42.5	280 48.6 S19 07.8	Alioth 166 15.5 N55 50.5
07	244 35.6	292 14.6 42.2	200 24.7 13.0	289 56.9 42.3	295 50.8 07.7	Alkaid 152 54.4 N49 12.3
T 08	259 38.0	307 13.9 41.5	215 25.8 13.4	304 58.8 42.1	310 52.9 07.6	Alnair 27 37.4 S46 51.7
U 09	274 40.5	322 13.2 .. 40.7	230 26.9 .. 13.8	320 00.6 .. 42.0	325 55.1 .. 07.6	Alnilam 275 40.7 S 1 11.5
E 10	289 43.0	337 12.4 39.9	245 28.0 14.2	335 02.5 41.8	340 57.3 07.5	Alphard 217 50.5 S 8 45.1
S 11	304 45.4	352 11.7 39.2	260 29.1 14.6	350 04.4 41.7	355 59.4 07.4	
D 12	319 47.9	7 10.9 S18 38.4	275 30.1 N18 15.0	5 06.2 S17 41.5	11 01.6 S19 07.3	Alphecca 126 06.5 N26 38.5
A 13	334 50.3	22 10.2 37.6	290 31.2 15.4	20 08.1 41.3	26 03.8 07.3	Alpheratz 357 38.3 N29 12.3
Y 14	349 52.8	37 09.5 36.9	305 32.3 15.9	35 10.0 41.2	41 05.9 07.2	Altair 62 03.3 N 8 55.3
15	4 55.3	52 08.7 .. 36.1	320 33.4 .. 16.3	50 11.8 .. 41.0	56 08.1 .. 07.1	Ankaa 353 10.6 S42 11.8
16	19 57.7	67 08.0 35.3	335 34.4 16.7	65 13.7 40.8	71 10.3 07.1	Antares 112 19.8 S26 28.6
17	35 00.2	82 07.2 34.5	350 35.5 17.1	80 15.6 40.7	86 12.4 07.0	
18	50 02.7	97 06.5 S18 33.8	5 36.6 N18 17.5	95 17.4 S17 40.5	101 14.6 S19 06.9	Arcturus 145 50.7 N19 04.3
19	65 05.1	112 05.8 33.0	20 37.7 17.9	110 19.3 40.4	116 16.8 06.9	Atria 107 17.1 S69 03.6
20	80 07.6	127 05.0 32.2	35 38.8 18.3	125 21.2 40.2	131 18.9 06.8	Avior 234 15.3 S59 34.7
21	95 10.1	142 04.3 .. 31.4	50 39.8 .. 18.7	140 23.0 .. 40.0	146 21.1 .. 06.7	Bellatrix 278 26.1 N 6 22.0
22	110 12.5	157 03.6 30.7	65 40.9 19.1	155 24.9 39.9	161 23.2 06.7	Betelgeuse 270 55.3 N 7 24.5
23	125 15.0	172 02.8 29.9	80 42.0 19.5	170 26.8 39.7	176 25.4 06.6	
10 00	140 17.4	187 02.1 S18 29.1	95 43.1 N18 19.9	185 28.6 S17 39.6	191 27.6 S19 06.5	Canopus 263 53.4 S52 42.7
01	155 19.9	202 01.4 28.3	110 44.1 20.3	200 30.5 39.4	206 29.7 06.4	Capella 280 26.3 N46 01.2
02	170 22.4	217 00.6 27.5	125 45.2 20.7	215 32.4 39.2	221 31.9 06.4	Deneb 49 28.4 N45 21.2
03	185 24.8	231 59.9 .. 26.8	140 46.3 .. 21.1	230 34.2 .. 39.1	236 34.1 .. 06.3	Denebola 182 27.9 N14 27.2
04	200 27.3	246 59.2 26.0	155 47.4 21.5	245 36.1 38.9	251 36.2 06.2	Diphda 348 50.7 S17 52.5
05	215 29.8	261 58.4 25.2	170 48.4 21.9	260 38.0 38.7	266 38.4 06.2	
06	230 32.2	276 57.7 S18 24.4	185 49.5 N18 22.4	275 39.8 S17 38.6	281 40.6 S19 06.1	Dubhe 193 44.4 N61 38.1
W 07	245 34.7	291 57.0 23.6	200 50.6 22.8	290 41.7 38.4	296 42.7 06.0	Elnath 278 05.7 N28 37.5
E 08	260 37.2	306 56.2 22.8	215 51.7 23.2	305 43.6 38.3	311 44.9 06.0	Eltanin 90 44.0 N51 28.9
D 09	275 39.6	321 55.5 .. 22.1	230 52.7 .. 23.6	320 45.4 .. 38.1	326 47.1 .. 05.9	Enif 33 42.2 N 9 58.2
N 10	290 42.1	336 54.8 21.3	245 53.8 24.0	335 47.3 37.9	341 49.2 05.8	Fomalhaut 15 18.4 S29 30.9
E 11	305 44.6	351 54.0 20.5	260 54.9 24.4	350 49.2 37.8	356 51.4 05.8	
S 12	320 47.0	6 53.3 S18 19.7	275 56.0 N18 24.8	5 51.1 S17 37.6	11 53.6 S19 05.7	Gacrux 171 54.7 S57 13.6
D 13	335 49.5	21 52.6 18.9	290 57.0 25.2	20 52.9 37.5	26 55.7 05.6	Gienah 175 46.6 S17 39.5
A 14	350 51.9	36 51.9 18.1	305 58.1 25.6	35 54.8 37.3	41 57.9 05.5	Hadar 148 40.2 S60 28.1
Y 15	5 54.4	51 51.1 .. 17.3	320 59.2 .. 26.0	50 56.7 .. 37.1	57 00.0 .. 05.5	Hamal 327 54.8 N23 33.6
16	20 56.9	66 50.4 16.5	336 00.2 26.4	65 58.5 37.0	72 02.2 05.4	Kaus Aust. 83 37.0 S34 22.4
17	35 59.3	81 49.7 15.7	351 01.3 26.8	81 00.4 36.8	87 04.4 05.3	
18	51 01.8	96 49.0 S18 14.9	6 02.4 N18 27.2	96 02.3 S17 36.6	102 06.5 S19 05.3	Kochab 137 19.8 N74 03.9
19	66 04.3	111 48.2 14.1	21 03.5 27.6	111 04.1 36.5	117 08.7 05.2	Markab 13 33.3 N15 19.0
20	81 06.7	126 47.5 13.3	36 04.5 28.0	126 06.0 36.3	132 10.9 05.1	Menkar 314 09.5 N 4 10.2
21	96 09.2	141 46.8 .. 12.5	51 05.6 .. 28.4	141 07.9 .. 36.2	147 13.0 .. 05.1	Menkent 148 01.2 S36 28.2
22	111 11.7	156 46.1 11.7	66 06.7 28.8	156 09.7 36.0	162 15.2 05.0	Miaplacidus 221 37.8 S69 48.2
23	126 14.1	171 45.3 10.9	81 07.7 29.2	171 11.6 35.8	177 17.4 04.9	
11 00	141 16.6	186 44.6 S18 10.1	96 08.8 N18 29.6	186 13.5 S17 35.7	192 19.5 S19 04.8	Mirfak 308 32.7 N49 56.2
01	156 19.1	201 43.9 09.3	111 09.9 30.0	201 15.3 35.5	207 21.7 04.8	Nunki 75 52.0 S26 16.2
02	171 21.5	216 43.2 08.5	126 10.9 30.4	216 17.2 35.3	222 23.9 04.7	Peacock 53 11.3 S56 40.0
03	186 24.0	231 42.4 .. 07.7	141 12.0 .. 30.8	231 19.1 .. 35.2	237 26.0 .. 04.6	Pollux 243 20.8 N27 58.5
04	201 26.4	246 41.7 06.9	156 13.1 31.2	246 21.0 35.0	252 28.2 04.6	Procyon 244 53.8 N 5 10.1
05	216 28.9	261 41.0 06.1	171 14.2 31.6	261 22.8 34.9	267 30.4 04.5	
06	231 31.4	276 40.3 S18 05.3	186 15.2 N18 32.0	276 24.7 S17 34.7	282 32.5 S19 04.4	Rasalhague 96 01.7 N12 32.6
07	246 33.8	291 39.6 04.5	201 16.3 32.4	291 26.6 34.5	297 34.7 04.4	Regulus 207 37.5 N11 51.9
T 08	261 36.3	306 38.8 03.7	216 17.4 32.8	306 28.4 34.4	312 36.9 04.3	Rigel 281 06.7 S 8 10.9
H 09	276 38.8	321 38.1 .. 02.9	231 18.4 .. 33.2	321 30.3 .. 34.2	327 39.0 .. 04.2	Rigil Kent. 139 44.4 S60 55.0
U 10	291 41.2	336 37.4 02.1	246 19.5 33.6	336 32.2 34.1	342 41.2 04.2	Sabik 102 06.6 S15 45.0
R 11	306 43.7	351 36.7 01.3	261 20.6 34.0	351 34.0 33.9	357 43.4 04.1	
S 12	321 46.2	6 36.0 S18 00.4	276 21.6 N18 34.4	6 35.9 S17 33.7	12 45.5 S19 04.0	Schedar 349 34.9 N56 39.2
D 13	336 48.6	21 35.3 17 59.6	291 22.7 34.9	21 37.8 33.6	27 47.7 03.9	Shaula 96 14.9 S37 07.0
A 14	351 51.1	36 34.5 58.8	306 23.8 35.3	36 39.6 33.4	42 49.9 03.9	Sirius 258 28.8 S16 44.9
Y 15	6 53.6	51 33.8 .. 58.0	321 24.8 .. 35.7	51 41.5 .. 33.2	57 52.0 .. 03.8	Spica 158 25.5 S11 16.2
16	21 56.0	66 33.1 57.2	336 25.9 36.1	66 43.4 33.1	72 54.2 03.7	Suhail 222 48.1 S43 31.1
17	36 58.5	81 32.4 56.4	351 26.9 36.5	81 45.3 32.9	87 56.4 03.7	
18	52 00.9	96 31.7 S17 55.6	6 28.0 N18 36.9	96 47.1 S17 32.8	102 58.5 S19 03.6	Vega 80 35.7 N38 48.0
19	67 03.4	111 31.0 54.7	21 29.1 37.3	111 49.0 32.6	118 00.7 03.5	Zuben'ubi 136 59.5 S16 07.7
20	82 05.9	126 30.3 53.9	36 30.1 37.7	126 50.9 32.4	133 02.9 03.5	SHA / Mer. Pass.
21	97 08.3	141 29.6 .. 53.1	51 31.2 .. 38.1	141 52.7 .. 32.3	148 05.0 .. 03.4	° ' / h m
22	112 10.8	156 28.8 52.3	66 32.3 38.5	156 54.6 32.1	163 07.2 03.3	Venus 46 44.6 11 32
23	127 13.3	171 28.1 51.5	81 33.3 38.9	171 56.5 31.9	178 09.4 03.3	Mars 315 25.6 17 36
	h m					Jupiter 45 11.2 11 37
Mer. Pass. 14 36.4		v −0.7 d 0.8	v 1.1 d 0.4	v 1.9 d 0.2	v 2.2 d 0.1	Saturn 51 10.1 11 13

2021 FEBRUARY 9, 10, 11 (TUES., WED., THURS.)

UT	SUN GHA	SUN Dec	MOON GHA	MOON v	MOON Dec	MOON d	MOON HP
d h	° ′	° ′	° ′	′	° ′	′	′
9 00	176 27.4	S14 40.3	212 05.0	5.7	S24 51.3	1.5	58.2
01	191 27.4	39.5	226 29.7	5.6	24 49.8	1.6	58.2
02	206 27.3	38.7	240 54.3	5.7	24 48.2	1.7	58.2
03	221 27.3	37.9	255 19.0	5.7	24 46.5	1.9	58.2
04	236 27.3	37.1	269 43.7	5.8	24 44.6	2.1	58.2
05	251 27.3	36.2	284 08.5	5.8	24 42.5	2.2	58.2
T 06	266 27.3	S14 35.4	298 33.3	5.8	S24 40.3	2.4	58.1
U 07	281 27.3	34.6	312 58.1	5.9	24 37.9	2.5	58.1
E 08	296 27.2	33.8	327 23.0	6.0	24 35.4	2.7	58.1
S 09	311 27.2	33.0	341 48.0	6.0	24 32.7	2.9	58.1
D 10	326 27.2	32.2	356 13.0	6.0	24 29.8	3.0	58.1
A 11	341 27.2	31.4	10 38.0	6.1	24 26.8	3.1	58.1
Y 12	356 27.2	S14 30.6	25 03.1	6.1	S24 23.7	3.3	58.0
13	11 27.2	29.8	39 28.2	6.2	24 20.4	3.5	58.0
14	26 27.2	29.0	53 53.4	6.2	24 16.9	3.6	58.0
15	41 27.1	28.2	68 18.6	6.4	24 13.3	3.7	58.0
16	56 27.1	27.4	82 44.0	6.3	24 09.6	3.9	58.0
17	71 27.1	26.6	97 09.3	6.4	24 05.7	4.0	58.0
18	86 27.1	S14 25.7	111 34.7	6.5	S24 01.7	4.2	57.9
19	101 27.1	24.9	126 00.2	6.6	23 57.5	4.4	57.9
20	116 27.1	24.1	140 25.8	6.6	23 53.1	4.4	57.9
21	131 27.1	23.3	154 51.4	6.7	23 48.7	4.7	57.9
22	146 27.1	22.5	169 17.1	6.7	23 44.0	4.7	57.9
23	161 27.0	21.7	183 42.8	6.8	23 39.3	4.9	57.8
10 00	176 27.0	S14 20.9	198 08.6	6.9	S23 34.4	5.1	57.8
01	191 27.0	20.1	212 34.5	6.9	23 29.3	5.2	57.8
02	206 27.0	19.3	227 00.4	7.1	23 24.1	5.3	57.8
03	221 27.0	18.4	241 26.5	7.0	23 18.8	5.5	57.8
04	236 27.0	17.6	255 52.5	7.2	23 13.3	5.6	57.7
05	251 27.0	16.8	270 18.7	7.3	23 07.7	5.7	57.7
W 06	266 27.0	S14 16.0	284 45.0	7.3	S23 02.0	5.9	57.7
E 07	281 27.0	15.2	299 11.3	7.4	22 56.1	6.0	57.7
D 08	296 27.0	14.4	313 37.7	7.4	22 50.1	6.1	57.7
N 09	311 27.0	13.5	328 04.1	7.6	22 44.0	6.2	57.6
E 10	326 27.0	12.7	342 30.7	7.6	22 37.8	6.4	57.6
S 11	341 26.9	11.9	356 57.3	7.7	22 31.4	6.5	57.6
D 12	356 26.9	S14 11.1	11 24.0	7.8	S22 24.9	6.7	57.6
A 13	11 26.9	10.3	25 50.8	7.9	22 18.2	6.8	57.6
Y 14	26 26.9	09.5	40 17.7	7.9	22 11.4	6.9	57.5
15	41 26.9	08.6	54 44.6	8.1	22 04.5	7.0	57.5
16	56 26.9	07.8	69 11.7	8.1	21 57.5	7.1	57.5
17	71 26.9	07.0	83 38.8	8.2	21 50.4	7.3	57.5
18	86 26.9	S14 06.2	98 06.0	8.3	S21 43.1	7.3	57.4
19	101 26.9	05.4	112 33.3	8.4	21 35.8	7.5	57.4
20	116 26.9	04.5	127 00.7	8.4	21 28.3	7.7	57.4
21	131 26.9	03.7	141 28.1	8.6	21 20.6	7.7	57.4
22	146 26.9	02.9	155 55.7	8.6	21 12.9	7.8	57.4
23	161 26.9	02.1	170 23.3	8.7	21 05.1	8.0	57.3
11 00	176 26.9	S14 01.3	184 51.0	8.8	S20 57.1	8.0	57.3
01	191 26.9	14 00.4	199 18.8	8.9	20 49.1	8.2	57.3
02	206 26.9	13 59.6	213 46.7	9.0	20 40.9	8.3	57.3
03	221 26.9	58.8	228 14.7	9.1	20 32.6	8.4	57.2
04	236 26.9	58.0	242 42.8	9.2	20 24.2	8.5	57.2
05	251 26.9	57.1	257 11.0	9.2	20 15.7	8.6	57.2
T 06	266 26.9	S13 56.3	271 39.2	9.4	S20 07.1	8.7	57.2
H 07	281 26.9	55.5	286 07.6	9.4	19 58.4	8.8	57.2
U 08	296 26.9	54.7	300 36.0	9.5	19 49.6	8.9	57.1
R 09	311 26.9	53.8	315 04.5	9.6	19 40.7	9.0	57.1
S 10	326 26.9	53.0	329 33.1	9.7	19 31.7	9.1	57.1
D 11	341 26.9	52.2	344 01.8	9.8	19 22.6	9.2	57.1
A 12	356 26.9	S13 51.4	358 30.6	9.9	S19 13.4	9.3	57.1
Y 13	11 26.9	50.5	12 59.5	10.0	19 04.1	9.4	57.0
14	26 26.9	49.7	27 28.5	10.1	18 54.7	9.5	57.0
15	41 26.9	48.9	41 57.6	10.1	18 45.2	9.6	57.0
16	56 26.9	48.0	56 26.7	10.3	18 35.6	9.7	57.0
17	71 26.9	47.2	70 56.0	10.3	18 25.9	9.7	56.9
18	86 26.9	S13 46.4	85 25.3	10.4	S18 16.2	9.9	56.9
19	101 26.9	45.6	99 54.7	10.5	18 06.3	9.9	56.9
20	116 26.9	44.7	114 24.2	10.6	17 56.4	10.0	56.9
21	131 26.9	43.9	128 53.8	10.7	17 46.4	10.1	56.8
22	146 26.9	43.1	143 23.5	10.8	17 36.3	10.2	56.8
23	161 26.9	42.2	157 53.3	10.9	S17 26.1	10.2	56.8
	SD 16.2	d 0.8	SD 15.8		15.7		15.5

Lat.	Twilight Naut.	Twilight Civil	Sunrise	Moonrise 9	Moonrise 10	Moonrise 11	Moonrise 12
°	h m	h m	h m	h m	h m	h m	h m
N 72	06 34	07 57	09 22	■	■	■	10 45
N 70	06 30	07 44	08 57	■	■	11 10	10 10
68	06 27	07 34	08 38	■	■	10 10	09 45
66	06 24	07 25	08 23	■	09 52	09 35	09 26
64	06 21	07 18	08 11	08 54	09 07	09 10	09 10
62	06 19	07 12	08 00	08 11	08 37	08 50	08 57
60	06 17	07 06	07 51	07 42	08 15	08 34	08 46
N 58	06 15	07 01	07 43	07 19	07 56	08 20	08 36
56	06 13	06 57	07 36	07 01	07 41	08 08	08 27
54	06 11	06 52	07 30	06 45	07 28	07 58	08 19
52	06 09	06 49	07 24	06 32	07 16	07 48	08 13
50	06 07	06 45	07 19	06 20	07 06	07 40	08 06
45	06 03	06 38	07 08	05 56	06 44	07 22	07 53
N 40	05 59	06 31	06 59	05 36	06 26	07 07	07 42
35	05 55	06 25	06 51	05 20	06 11	06 55	07 32
30	05 51	06 19	06 44	05 06	05 58	06 44	07 24
20	05 43	06 09	06 32	04 42	05 36	06 25	07 09
N 10	05 34	05 59	06 21	04 21	05 17	06 09	06 56
0	05 25	05 49	06 11	04 02	04 59	05 54	06 44
S 10	05 13	05 39	06 00	03 42	04 41	05 38	06 32
20	04 59	05 26	05 49	03 22	04 22	05 22	06 19
30	04 41	05 11	05 36	02 58	04 00	05 03	06 04
35	04 30	05 02	05 29	02 43	03 47	04 52	05 56
40	04 16	04 51	05 20	02 27	03 32	04 39	05 46
45	03 58	04 38	05 10	02 08	03 14	04 24	05 34
S 50	03 36	04 22	04 58	01 43	02 51	04 05	05 20
52	03 24	04 14	04 52	01 31	02 41	03 56	05 14
54	03 11	04 05	04 46	01 18	02 28	03 46	05 06
56	02 56	03 55	04 39	01 02	02 14	03 35	04 58
58	02 37	03 43	04 31	00 44	01 58	03 22	04 49
S 60	02 12	03 30	04 22	00 21	01 38	03 07	04 38

Lat.	Sunset	Twilight Civil	Twilight Naut.	Moonset 9	Moonset 10	Moonset 11	Moonset 12
°	h m	h m	h m	h m	h m	h m	h m
N 72	15 08	16 33	17 56	■	■	■	15 28
N 70	15 33	16 46	18 00	■	■	13 19	16 01
68	15 52	16 56	18 03	■	■	14 17	16 25
66	16 07	17 04	18 06	■	12 43	14 51	16 43
64	16 19	17 12	18 08	11 41	13 27	15 15	16 58
62	16 29	17 18	18 11	12 25	13 56	15 34	17 10
60	16 38	17 23	18 13	12 54	14 18	15 50	17 20
N 58	16 46	17 28	18 15	13 16	14 36	16 03	17 29
56	16 53	17 33	18 17	13 34	14 51	16 14	17 37
54	16 59	17 37	18 19	13 49	15 04	16 24	17 44
52	17 05	17 40	18 20	14 02	15 16	16 33	17 50
50	17 10	17 44	18 22	14 14	15 26	16 41	17 56
45	17 21	17 52	18 26	14 38	15 47	16 57	18 08
N 40	17 30	17 58	18 30	14 57	16 03	17 11	18 18
35	17 38	18 04	18 34	15 13	16 18	17 23	18 26
30	17 45	18 09	18 38	15 27	16 30	17 33	18 33
20	17 57	18 20	18 46	15 50	16 51	17 50	18 46
N 10	18 08	18 29	18 54	16 11	17 09	18 05	18 57
0	18 18	18 39	19 04	16 30	17 26	18 18	19 07
S 10	18 28	18 50	19 15	16 48	17 43	18 32	19 17
20	18 39	19 02	19 29	17 09	18 00	18 47	19 28
30	18 52	19 17	19 47	17 32	18 21	19 03	19 41
35	18 59	19 26	19 58	17 45	18 33	19 13	19 48
40	19 07	19 36	20 12	18 01	18 46	19 24	19 56
45	19 17	19 49	20 29	18 19	19 02	19 37	20 05
S 50	19 29	20 05	20 51	18 42	19 22	19 52	20 16
52	19 35	20 13	21 02	18 53	19 31	19 59	20 21
54	19 41	20 22	21 15	19 06	19 42	20 07	20 27
56	19 48	20 32	21 30	19 20	19 53	20 16	20 33
58	19 56	20 43	21 49	19 37	20 07	20 26	20 40
S 60	20 05	20 56	22 12	19 57	20 23	20 38	20 48

Day	SUN Eqn. of Time 00h	SUN Eqn. of Time 12h	SUN Mer. Pass.	MOON Mer. Pass. Upper	MOON Mer. Pass. Lower	MOON Age	MOON Phase
d	m s	m s	h m	h m	h m	d	%
9	14 10	14 11	12 14	10 16	22 45	27	6
10	14 12	14 12	12 14	11 13	23 40	28	2
11	14 12	14 12	12 14	12 06	24 32	29	0

2021 FEBRUARY 12, 13, 14 (FRI., SAT., SUN.)

UT	ARIES	VENUS −3.9	MARS +0.7	JUPITER −2.0	SATURN +0.6	STARS		
	GHA	GHA Dec	GHA Dec	GHA Dec	GHA Dec	Name	SHA	Dec
d h	° '	° ' ° '	° ' ° '	° ' ° '	° ' ° '		° '	° '
12 00	142 15.7	186 27.4 S17 50.6	96 34.4 N18 39.3	186 58.3 S17 31.8	193 11.5 S19 03.2	Acamar	315 14.3	S40 13.6
01	157 18.2	201 26.7 49.8	111 35.4 39.7	202 00.2 31.6	208 13.7 03.1	Achernar	335 22.9	S57 08.2
02	172 20.7	216 26.0 49.0	126 36.5 40.1	217 02.1 31.5	223 15.9 03.0	Acrux	173 02.9	S63 12.7
03	187 23.1	231 25.3 . . 48.2	141 37.6 . . 40.5	232 04.0 . . 31.3	238 18.0 . . 03.0	Adhara	255 08.0	S29 00.2
04	202 25.6	246 24.6 47.3	156 38.6 40.9	247 05.8 31.1	253 20.2 02.9	Aldebaran	290 43.1	N16 33.0
05	217 28.0	261 23.9 46.5	171 39.7 41.3	262 07.7 31.0	268 22.4 02.8			
06	232 30.5	276 23.2 S17 45.7	186 40.8 N18 41.7	277 09.6 S17 30.8	283 24.5 S19 02.8	Alioth	166 15.5	N55 50.5
07	247 33.0	291 22.5 44.8	201 41.8 42.1	292 11.4 30.6	298 26.7 02.7	Alkaid	152 54.4	N49 12.3
08	262 35.4	306 21.8 44.0	216 42.9 42.5	307 13.3 30.5	313 28.9 02.6	Alnair	27 37.4	S46 51.7
F 09	277 37.9	321 21.1 . . 43.2	231 43.9 . . 42.9	322 15.2 . . 30.3	328 31.0 . . 02.6	Alnilam	275 40.8	S 1 11.5
R 10	292 40.4	336 20.3 42.4	246 45.0 43.2	337 17.0 30.2	343 33.2 02.5	Alphard	217 50.5	S 8 45.1
I 11	307 42.8	351 19.6 41.5	261 46.1 43.6	352 18.9 30.0	358 35.4 02.4			
D 12	322 45.3	6 18.9 S17 40.7	276 47.1 N18 44.0	7 20.8 S17 29.8	13 37.5 S19 02.4	Alphecca	126 06.4	N26 38.5
A 13	337 47.8	21 18.2 39.9	291 48.2 44.4	22 22.7 29.7	28 39.7 02.3	Alpheratz	357 38.3	N29 12.3
Y 14	352 50.2	36 17.5 39.0	306 49.2 44.8	37 24.5 29.5	43 41.9 02.2	Altair	62 03.3	N 8 55.3
15	7 52.7	51 16.8 . . 38.2	321 50.3 . . 45.2	52 26.4 . . 29.3	58 44.0 . . 02.2	Ankaa	353 10.6	S42 11.8
16	22 55.2	66 16.1 37.3	336 51.3 45.6	67 28.3 29.2	73 46.2 02.1	Antares	112 19.8	S26 28.6
17	37 57.6	81 15.4 36.5	351 52.4 46.0	82 30.1 29.0	88 48.4 02.0			
18	53 00.1	96 14.7 S17 35.7	6 53.5 N18 46.4	97 32.0 S17 28.9	103 50.5 S19 01.9	Arcturus	145 50.7	N19 04.2
19	68 02.5	111 14.0 34.8	21 54.5 46.8	112 33.9 28.7	118 52.7 01.9	Atria	107 17.0	S69 03.6
20	83 05.0	126 13.3 34.0	36 55.6 47.2	127 35.8 28.5	133 54.9 01.8	Avior	234 15.3	S59 34.7
21	98 07.5	141 12.6 . . 33.2	51 56.6 . . 47.6	142 37.6 . . 28.4	148 57.0 . . 01.7	Bellatrix	278 26.1	N 6 22.0
22	113 09.9	156 11.9 32.3	66 57.7 48.0	157 39.5 28.2	163 59.2 01.7	Betelgeuse	270 55.3	N 7 24.5
23	128 12.4	171 11.2 31.5	81 58.7 48.4	172 41.4 28.0	179 01.4 01.6			
13 00	143 14.9	186 10.5 S17 30.6	96 59.8 N18 48.8	187 43.2 S17 27.9	194 03.5 S19 01.5	Canopus	263 53.4	S52 42.7
01	158 17.3	201 09.8 29.8	112 00.9 49.2	202 45.1 27.7	209 05.7 01.5	Capella	280 26.3	N46 01.2
02	173 19.8	216 09.1 28.9	127 01.9 49.6	217 47.0 27.5	224 07.9 01.4	Deneb	49 28.6	N45 21.2
03	188 22.3	231 08.4 . . 28.1	142 03.0 . . 50.0	232 48.8 . . 27.4	239 10.0 . . 01.3	Denebola	182 27.9	N14 27.2
04	203 24.7	246 07.7 27.2	157 04.0 50.4	247 50.7 27.2	254 12.2 01.3	Diphda	348 50.7	S17 52.5
05	218 27.2	261 07.1 26.4	172 05.1 50.8	262 52.6 27.1	269 14.4 01.2			
06	233 29.6	276 06.4 S17 25.5	187 06.1 N18 51.2	277 54.5 S17 26.9	284 16.5 S19 01.1	Dubhe	193 44.4	N61 38.1
07	248 32.1	291 05.7 24.7	202 07.2 51.6	292 56.3 26.7	299 18.7 01.0	Elnath	278 05.7	N28 37.5
S 08	263 34.6	306 05.0 23.8	217 08.2 52.0	307 58.2 26.6	314 20.9 01.0	Eltanin	90 44.0	N51 28.9
A 09	278 37.0	321 04.3 . . 23.0	232 09.3 . . 52.4	323 00.1 . . 26.4	329 23.1 . . 00.9	Enif	33 42.2	N 9 58.1
T 10	293 39.5	336 03.6 22.1	247 10.3 52.8	338 01.9 26.2	344 25.2 00.8	Fomalhaut	15 18.4	S29 30.9
U 11	308 42.0	351 02.9 21.3	262 11.4 53.2	353 03.8 26.1	359 27.4 00.8			
R 12	323 44.4	6 02.2 S17 20.4	277 12.4 N18 53.6	8 05.7 S17 25.9	14 29.6 S19 00.7	Gacrux	171 54.6	S57 13.6
D 13	338 46.9	21 01.5 19.6	292 13.5 54.0	23 07.6 25.8	29 31.7 00.6	Gienah	175 46.6	S17 39.5
A 14	353 49.4	36 00.8 18.7	307 14.5 54.4	38 09.4 25.6	44 33.9 00.6	Hadar	148 40.2	S60 28.2
Y 15	8 51.8	51 00.1 . . 17.9	322 15.6 . . 54.7	53 11.3 . . 25.4	59 36.1 . . 00.5	Hamal	327 54.9	N23 33.6
16	23 54.3	65 59.4 17.0	337 16.6 55.1	68 13.2 25.3	74 38.2 00.4	Kaus Aust.	83 37.0	S34 22.4
17	38 56.8	80 58.8 16.2	352 17.7 55.5	83 15.1 25.1	89 40.4 00.4			
18	53 59.2	95 58.1 S17 15.3	7 18.7 N18 55.9	98 16.9 S17 24.9	104 42.6 S19 00.3	Kochab	137 19.7	N74 03.9
19	69 01.7	110 57.4 14.4	22 19.8 56.3	113 18.8 24.8	119 44.7 00.2	Markab	13 33.3	N15 19.0
20	84 04.1	125 56.7 13.6	37 20.8 56.7	128 20.7 24.6	134 46.9 00.1	Menkar	314 09.5	N 4 10.2
21	99 06.6	140 56.0 . . 12.7	52 21.9 . . 57.1	143 22.5 . . 24.4	149 49.1 . . 00.1	Menkent	148 01.2	S36 28.2
22	114 09.1	155 55.3 11.8	67 22.9 57.5	158 24.4 24.3	164 51.2 19 00.0	Miaplacidus	221 37.8	S69 48.2
23	129 11.5	170 54.6 11.0	82 24.0 57.9	173 26.3 24.1	179 53.4 18 59.9			
14 00	144 14.0	185 53.9 S17 10.1	97 25.0 N18 58.3	188 28.2 S17 24.0	194 55.6 S18 59.9	Mirfak	308 32.7	N49 56.2
01	159 16.5	200 53.3 09.3	112 26.1 58.7	203 30.0 23.8	209 57.8 59.8	Nunki	75 52.0	S26 16.2
02	174 18.9	215 52.6 08.4	127 27.1 59.1	218 31.9 23.6	224 59.9 59.7	Peacock	53 11.3	S56 40.0
03	189 21.4	230 51.9 . . 07.5	142 28.2 . . 59.5	233 33.8 . . 23.5	240 02.1 . . 59.7	Pollux	243 20.9	N27 58.5
04	204 23.9	245 51.2 06.7	157 29.2 18 59.9	248 35.6 23.3	255 04.3 59.6	Procyon	244 53.9	N 5 10.1
05	219 26.3	260 50.5 05.8	172 30.3 19 00.3	263 37.5 23.1	270 06.4 59.5			
06	234 28.8	275 49.8 S17 04.9	187 31.3 N19 00.7	278 39.4 S17 23.0	285 08.6 S18 59.5	Rasalhague	96 01.7	N12 32.6
07	249 31.3	290 49.2 04.0	202 32.4 01.0	293 41.3 22.8	300 10.8 59.4	Regulus	207 37.5	N11 51.8
08	264 33.7	305 48.5 03.2	217 33.4 01.4	308 43.1 22.7	315 12.9 59.3	Rigel	281 06.8	S 8 10.9
S 09	279 36.2	320 47.8 . . 02.3	232 34.5 . . 01.8	323 45.0 . . 22.5	330 15.1 . . 59.2	Rigil Kent.	139 44.4	S60 55.0
U 10	294 38.6	335 47.1 01.4	247 35.5 02.2	338 46.9 22.3	345 17.3 59.2	Sabik	102 06.5	S15 45.0
N 11	309 41.1	350 46.4 17 00.6	262 36.6 02.6	353 48.8 22.2	0 19.4 59.1			
D 12	324 43.6	5 45.8 S16 59.7	277 37.6 N19 03.0	8 50.6 S17 22.0	15 21.6 S18 59.0	Schedar	349 34.9	N56 39.2
A 13	339 46.0	20 45.1 58.8	292 38.6 03.4	23 52.5 21.8	30 23.8 59.0	Shaula	96 14.9	S37 07.0
Y 14	354 48.5	35 44.4 57.9	307 39.7 03.8	38 54.4 21.7	45 26.0 58.9	Sirius	258 28.8	S16 44.9
15	9 51.0	50 43.7 . . 57.1	322 40.7 . . 04.2	53 56.3 . . 21.5	60 28.1 . . 58.8	Spica	158 25.4	S11 16.2
16	24 53.4	65 43.0 56.2	337 41.8 04.6	68 58.1 21.3	75 30.3 58.8	Suhail	222 48.1	S43 31.1
17	39 55.9	80 42.4 55.3	352 42.8 05.0	84 00.0 21.2	90 32.5 58.7			
18	54 58.4	95 41.7 S16 54.4	7 43.9 N19 05.3	99 01.9 S17 21.0	105 34.6 S18 58.6	Vega	80 35.6	N38 48.0
19	70 00.8	110 41.0 53.5	22 44.9 05.7	114 03.7 20.9	120 36.8 58.6	Zuben'ubi	136 59.4	S16 07.7
20	85 03.3	125 40.3 52.7	37 46.0 06.1	129 05.6 20.7	135 39.0 58.5		SHA	Mer. Pass.
21	100 05.7	140 39.7 . . 51.8	52 47.0 . . 06.5	144 07.5 . . 20.5	150 41.1 . . 58.4		° '	h m
22	115 08.2	155 39.0 50.9	67 48.0 06.9	159 09.4 20.4	165 43.3 58.4	Venus	42 55.7	11 36
23	130 10.7	170 38.3 50.0	82 49.1 07.3	174 11.2 20.2	180 45.5 58.3	Mars	313 44.9	17 31
	h m					Jupiter	44 28.4	11 28
Mer. Pass. 14 24.6		v −0.7 d 0.9	v 1.1 d 0.4	v 1.9 d 0.2	v 2.2 d 0.1	Saturn	50 48.7	11 02

2021 FEBRUARY 12, 13, 14 (FRI., SAT., SUN.)

UT	SUN GHA	SUN Dec	MOON GHA	MOON v	MOON Dec	MOON d	MOON HP	Lat.	Twilight Naut.	Twilight Civil	Sunrise	Moonrise 12	Moonrise 13	Moonrise 14	Moonrise 15
d h	° ′	° ′	° ′	′	° ′	′	′	°	h m	h m	h m	h m	h m	h m	h m
								N 72	06 22	07 43	09 04	10 45	10 01	09 33	09 09
12 00	176 26.9	S13 41.4	172 23.2 10.9		S17 15.9	10.4	56.8	N 70	06 20	07 32	08 42	10 10	09 44	09 24	09 07
01	191 26.9	40.6	186 53.1 11.1		17 05.5	10.4	56.7	68	06 17	07 23	08 26	09 45	09 30	09 18	09 06
02	206 26.9	39.7	201 23.2 11.1		16 55.1	10.5	56.7	66	06 15	07 16	08 12	09 26	09 18	09 12	09 06
03	221 27.0	38.9	215 53.3 11.2		16 44.6	10.5	56.7	64	06 13	07 09	08 01	09 10	09 09	09 07	09 05
04	236 27.0	38.1	230 23.5 11.3		16 34.1	10.7	56.7	62	06 12	07 04	07 51	08 57	09 01	09 03	09 04
05	251 27.0	37.2	244 53.8 11.4		16 23.4	10.7	56.6	60	06 10	06 59	07 43	08 46	08 53	08 59	09 04
06	266 27.0	S13 36.4	259 24.2 11.5		S16 12.7	10.8	56.6	N 58	06 08	06 54	07 36	08 36	08 47	08 56	09 03
07	281 27.0	35.6	273 54.7 11.6		16 01.9	10.8	56.6	56	06 07	06 50	07 29	08 27	08 41	08 53	09 03
08	296 27.0	34.7	288 25.3 11.6		15 51.1	10.9	56.6	54	06 05	06 47	07 24	08 19	08 36	08 50	09 03
F 09	311 27.0	33.9	302 55.9 11.8		15 40.2	11.0	56.5	52	06 04	06 43	07 19	08 13	08 32	08 48	09 02
R 10	326 27.0	33.1	317 26.7 11.8		15 29.2	11.1	56.5	50	06 02	06 40	07 14	08 06	08 28	08 46	09 02
I 11	341 27.0	32.2	331 57.5 11.9		15 18.1	11.1	56.5	45	05 59	06 33	07 04	07 53	08 18	08 41	09 01
D 12	356 27.0	S13 31.4	346 28.4 12.0		S15 07.0	11.2	56.5	N 40	05 56	06 27	06 55	07 42	08 11	08 37	09 01
A 13	11 27.0	30.5	0 59.4 12.1		14 55.8	11.2	56.4	35	05 52	06 22	06 48	07 32	08 04	08 33	09 00
Y 14	26 27.0	29.7	15 30.5 12.1		14 44.6	11.3	56.4	30	05 49	06 17	06 41	07 24	07 59	08 30	09 00
15	41 27.1	28.9	30 01.6 12.2		14 33.3	11.4	56.4	20	05 42	06 08	06 30	07 09	07 49	08 25	08 59
16	56 27.1	28.0	44 32.8 12.3		14 21.9	11.4	56.4	N 10	05 34	05 59	06 20	06 56	07 40	08 20	08 58
17	71 27.1	27.2	59 04.1 12.4		14 10.5	11.5	56.4	0	05 25	05 50	06 11	06 44	07 31	08 16	08 58
18	86 27.1	S13 26.4	73 35.5 12.5		S13 59.0	11.5	56.3	S 10	05 14	05 40	06 01	06 32	07 23	08 11	08 57
19	101 27.1	25.5	88 07.0 12.6		13 47.5	11.6	56.3	20	05 01	05 28	05 51	06 19	07 14	08 06	08 56
20	116 27.1	24.7	102 38.6 12.6		13 35.9	11.7	56.3	30	04 44	05 14	05 39	06 04	07 04	08 01	08 56
21	131 27.1	23.8	117 10.2 12.7		13 24.2	11.6	56.3	35	04 33	05 05	05 32	05 56	06 58	07 58	08 55
22	146 27.1	23.0	131 41.9 12.8		13 12.6	11.8	56.2	40	04 20	04 55	05 24	05 46	06 51	07 54	08 55
23	161 27.2	22.2	146 13.7 12.8		13 00.8	11.8	56.2	45	04 04	04 43	05 15	05 34	06 43	07 50	08 54
13 00	176 27.2	S13 21.3	160 45.5 13.0		S12 49.0	11.8	56.2	S 50	03 43	04 28	05 03	05 20	06 34	07 45	08 54
01	191 27.2	20.5	175 17.5 13.0		12 37.2	11.9	56.2	52	03 32	04 20	04 58	05 14	06 29	07 43	08 53
02	206 27.2	19.6	189 49.5 13.1		12 25.3	12.0	56.1	54	03 20	04 12	04 52	05 06	06 24	07 40	08 53
03	221 27.2	18.8	204 21.6 13.1		12 13.3	11.9	56.1	56	03 06	04 03	04 46	04 58	06 19	07 37	08 53
04	236 27.2	17.9	218 53.7 13.3		12 01.4	12.1	56.1	58	02 48	03 52	04 38	04 49	06 13	07 34	08 52
05	251 27.2	17.1	233 26.0 13.3		11 49.3	12.0	56.1	S 60	02 27	03 40	04 30	04 38	06 06	07 31	08 52
06	266 27.3	S13 16.3	247 58.3 13.3		S11 37.3	12.2	56.0	Lat.	Sunset	Twilight Civil	Twilight Naut.	Moonset 12	Moonset 13	Moonset 14	Moonset 15
07	281 27.3	15.4	262 30.6 13.5		11 25.1	12.1	56.0								
S 08	296 27.3	14.6	277 03.1 13.5		11 13.0	12.1	56.0								
A 09	311 27.3	13.7	291 35.6 13.6		11 00.8	12.2	56.0	°	h m	h m	h m	h m	h m	h m	h m
T 10	326 27.3	12.9	306 08.2 13.6		10 48.6	12.3	55.9	N 72	15 26	16 47	18 08	15 28	17 48	19 48	21 41
U 11	341 27.3	12.0	320 40.8 13.7		10 36.3	12.3	55.9	N 70	15 47	16 58	18 11	16 01	18 04	19 54	21 38
R 12	356 27.4	S13 11.2	335 13.5 13.8		S10 24.0	12.3	55.9	68	16 04	17 07	18 13	16 25	18 16	19 58	21 36
D 13	11 27.4	10.3	349 46.3 13.9		10 11.7	12.4	55.9	66	16 18	17 14	18 15	16 43	18 25	20 02	21 34
A 14	26 27.4	09.5	4 19.2 13.9		9 59.3	12.4	55.9	64	16 29	17 20	18 16	16 58	18 34	20 05	21 33
Y 15	41 27.4	08.6	18 52.1 13.9		9 46.9	12.5	55.8	62	16 38	17 26	18 18	17 10	18 41	20 07	21 31
16	56 27.4	07.8	33 25.0 14.1		9 34.4	12.4	55.8	60	16 46	17 31	18 20	17 20	18 47	20 10	21 30
17	71 27.4	07.0	47 58.1 14.1		9 22.0	12.5	55.8	N 58	16 54	17 35	18 21	17 29	18 52	20 12	21 29
18	86 27.5	S13 06.1	62 31.2 14.1		S 9 09.5	12.5	55.8	56	17 00	17 39	18 23	17 37	18 57	20 14	21 28
19	101 27.5	05.3	77 04.3 14.3		8 57.0	12.6	55.7	54	17 05	17 42	18 24	17 44	19 01	20 15	21 28
20	116 27.5	04.4	91 37.6 14.2		8 44.4	12.6	55.7	52	17 11	17 46	18 25	17 50	19 05	20 17	21 27
21	131 27.5	03.6	106 10.8 14.4		8 31.8	12.6	55.7	50	17 15	17 49	18 27	17 56	19 08	20 18	21 26
22	146 27.5	02.7	120 44.2 14.4		8 19.2	12.6	55.7	45	17 25	17 56	18 30	18 08	19 16	20 21	21 25
23	161 27.6	01.9	135 17.6 14.4		8 06.6	12.7	55.6	N 40	17 34	18 02	18 33	18 18	19 24	20 24	21 24
14 00	176 27.6	S13 01.0	149 51.0 14.5		S 7 53.9	12.6	55.6	35	17 41	18 07	18 37	18 26	19 27	20 26	21 23
01	191 27.6	13 00.2	164 24.5 14.6		7 41.3	12.7	55.6	30	17 47	18 12	18 40	18 33	19 32	20 27	21 22
02	206 27.6	12 59.3	178 58.1 14.6		7 28.6	12.7	55.6	20	17 58	18 21	18 47	18 46	19 39	20 31	21 20
03	221 27.7	58.5	193 31.7 14.7		7 15.9	12.7	55.5	N 10	18 08	18 30	18 55	18 57	19 46	20 33	21 19
04	236 27.7	57.6	208 05.4 14.7		7 03.1	12.7	55.5	0	18 18	18 39	19 03	19 07	19 53	20 36	21 17
05	251 27.7	56.8	222 39.1 14.7		6 50.4	12.8	55.5	S 10	18 27	18 49	19 14	19 17	19 59	20 38	21 16
06	266 27.7	S12 55.9	237 12.8 14.9		S 6 37.6	12.8	55.5	20	18 37	19 00	19 27	19 28	20 06	20 41	21 15
07	281 27.7	55.0	251 46.7 14.8		6 24.8	12.8	55.5	30	18 49	19 14	19 44	19 41	20 14	20 44	21 13
08	296 27.8	54.2	266 20.5 14.9		6 12.0	12.8	55.4	35	18 56	19 22	19 54	19 48	20 18	20 46	21 12
S 09	311 27.8	53.3	280 54.4 15.0		5 59.2	12.9	55.4	40	19 04	19 32	20 07	19 56	20 23	20 48	21 11
U 10	326 27.8	52.5	295 28.4 15.0		5 46.3	12.8	55.4	45	19 13	19 45	20 23	20 05	20 29	20 50	21 10
N 11	341 27.8	51.6	310 02.4 15.1		5 33.5	12.9	55.4	S 50	19 24	20 00	20 44	20 16	20 35	20 53	21 09
D 12	356 27.9	S12 50.8	324 36.5 15.1		S 5 20.6	12.8	55.4	52	19 29	20 07	20 54	20 21	20 39	20 54	21 08
A 13	11 27.9	49.9	339 10.6 15.1		5 07.8	12.9	55.3	54	19 35	20 15	21 06	20 27	20 42	20 55	21 07
Y 14	26 27.9	49.1	353 44.7 15.2		4 54.9	12.9	55.3	56	19 41	20 24	21 20	20 33	20 46	20 57	21 06
15	41 27.9	48.2	8 18.9 15.2		4 42.0	12.9	55.3	58	19 48	20 34	21 37	20 40	20 50	20 58	21 05
16	56 28.0	47.4	22 53.1 15.3		4 29.1	12.9	55.3	S 60	19 57	20 46	21 58	20 48	20 55	21 00	21 05
17	71 28.0	46.5	37 27.4 15.3		4 16.2	12.9	55.2			SUN			MOON		
18	86 28.0	S12 45.6	52 01.7 15.3		S 4 03.3	12.9	55.2	Day	Eqn. of Time		Mer. Pass.	Mer. Pass. Upper	Mer. Pass. Lower	Age	Phase
19	101 28.1	44.8	66 36.0 15.4		3 50.4	12.9	55.2		00h	12h					
20	116 28.1	43.9	81 10.4 15.4		3 37.5	13.0	55.2	d	m s	m s	h m	h m	h m	d	%
21	131 28.1	43.1	95 44.8 15.5		3 24.5	12.9	55.2	12	14 12	14 12	12 14	12 56	00 32	01	1
22	146 28.1	42.2	110 19.3 15.5		3 11.6	12.9	55.1	13	14 11	14 11	12 14	13 42	01 19	02	3
23	161 28.2	41.4	124 53.8 15.5		S 2 58.7	13.0	55.1	14	14 10	14 09	12 14	14 26	02 04	03	8
	SD 16.2	d 0.8	SD 15.4		15.2		15.1								

2021 FEBRUARY 15, 16, 17 (MON., TUES., WED.)

UT	ARIES	VENUS −3.9	MARS +0.7	JUPITER −2.0	SATURN +0.6	STARS
	GHA	GHA Dec	GHA Dec	GHA Dec	GHA Dec	Name SHA Dec
d h	° '	° ' ° '	° ' ° '	° ' ° '	° ' ° '	° ' ° '
15 00	145 13.1	185 37.7 S16 49.1	97 50.1 N19 07.7	189 13.1 S17 20.0	195 47.6 S18 58.2	Acamar 315 14.3 S40 13.6
01	160 15.6	200 37.0 48.2	112 51.2 08.1	204 15.0 19.9	210 49.8 58.1	Achernar 335 22.9 S57 08.2
02	175 18.1	215 36.3 47.4	127 52.2 08.5	219 16.9 19.7	225 52.0 58.1	Acrux 173 02.9 S63 12.7
03	190 20.5	230 35.6 .. 46.5	142 53.3 .. 08.9	234 18.7 .. 19.5	240 54.2 .. 58.0	Adhara 255 08.1 S29 00.3
04	205 23.0	245 35.0 45.6	157 54.3 09.2	249 20.6 19.4	255 56.3 57.9	Aldebaran 290 43.2 N16 33.0
05	220 25.5	260 34.3 44.7	172 55.3 09.6	264 22.5 19.2	270 58.5 57.9	
06	235 27.9	275 33.6 S16 43.8	187 56.4 N19 10.0	279 24.4 S17 19.1	286 00.7 S18 57.8	Alioth 166 15.5 N55 50.5
07	250 30.4	290 33.0 42.9	202 57.4 10.4	294 26.2 18.9	301 02.8 57.7	Alkaid 152 54.3 N49 12.3
08	265 32.9	305 32.3 42.0	217 58.5 10.8	309 28.1 18.7	316 05.0 57.7	Alnair 27 37.4 S46 51.7
M 09	280 35.3	320 31.6 .. 41.1	232 59.5 .. 11.2	324 30.0 .. 18.6	331 07.2 .. 57.6	Alnilam 275 40.8 S 1 11.5
O 10	295 37.8	335 31.0 40.2	248 00.5 11.6	339 31.9 18.4	346 09.4 57.5	Alphard 217 50.5 S 8 45.1
N 11	310 40.2	350 30.3 39.4	263 01.6 12.0	354 33.7 18.2	1 11.5 57.5	
D 12	325 42.7	5 29.6 S16 38.5	278 02.6 N19 12.4	9 35.6 S17 18.1	16 13.7 S18 57.4	Alphecca 126 06.4 N26 38.5
A 13	340 45.2	20 29.0 37.6	293 03.6 12.7	24 37.5 17.9	31 15.9 57.3	Alpheratz 357 38.3 N29 12.3
Y 14	355 47.6	35 28.3 36.7	308 04.7 13.1	39 39.3 17.7	46 18.0 57.3	Altair 62 03.3 N 8 55.3
15	10 50.1	50 27.6 .. 35.8	323 05.7 .. 13.5	54 41.2 .. 17.6	61 20.2 .. 57.2	Ankaa 353 10.6 S42 11.8
16	25 52.6	65 27.0 34.9	338 06.8 13.9	69 43.1 17.4	76 22.4 57.1	Antares 112 19.8 S26 28.6
17	40 55.0	80 26.3 34.0	353 07.8 14.3	84 45.0 17.2	91 24.5 57.0	
18	55 57.5	95 25.6 S16 33.1	8 08.8 N19 14.7	99 46.8 S17 17.1	106 26.7 S18 57.0	Arcturus 145 50.7 N19 04.2
19	71 00.0	110 25.0 32.2	23 09.9 15.1	114 48.7 16.9	121 28.9 56.9	Atria 107 17.0 S69 03.6
20	86 02.4	125 24.3 31.3	38 10.9 15.5	129 50.6 16.8	136 31.1 56.8	Avior 234 15.3 S59 34.7
21	101 04.9	140 23.6 .. 30.4	53 11.9 .. 15.8	144 52.5 .. 16.6	151 33.2 .. 56.8	Bellatrix 278 26.1 N 6 22.0
22	116 07.3	155 23.0 29.5	68 13.0 16.2	159 54.3 16.4	166 35.4 56.7	Betelgeuse 270 55.3 N 7 24.5
23	131 09.8	170 22.3 28.6	83 14.0 16.6	174 56.2 16.3	181 37.6 56.6	
16 00	146 12.3	185 21.7 S16 27.7	98 15.1 N19 17.0	189 58.1 S17 16.1	196 39.7 S18 56.6	Canopus 263 53.4 S52 42.7
01	161 14.7	200 21.0 26.8	113 16.1 17.4	205 00.0 15.9	211 41.9 56.5	Capella 280 26.4 N46 01.2
02	176 17.2	215 20.3 25.9	128 17.1 17.8	220 01.8 15.8	226 44.1 56.4	Deneb 49 28.3 N45 21.2
03	191 19.7	230 19.7 .. 25.0	143 18.2 .. 18.2	235 03.7 .. 15.6	241 46.3 .. 56.4	Denebola 182 27.9 N14 27.2
04	206 22.1	245 19.0 24.0	158 19.2 18.5	250 05.6 15.4	256 48.4 56.3	Diphda 348 50.7 S17 52.5
05	221 24.6	260 18.4 23.1	173 20.2 18.9	265 07.5 15.3	271 50.6 56.2	
06	236 27.1	275 17.7 S16 22.2	188 21.3 N19 19.3	280 09.3 S17 15.1	286 52.8 S18 56.1	Dubhe 193 44.4 N61 38.2
07	251 29.5	290 17.1 21.3	203 22.3 19.7	295 11.2 15.0	301 54.9 56.1	Elnath 278 05.7 N28 37.5
08	266 32.0	305 16.4 20.4	218 23.3 20.1	310 13.1 14.8	316 57.1 56.0	Eltanin 90 43.9 N51 28.9
T 09	281 34.5	320 15.7 .. 19.5	233 24.4 .. 20.5	325 15.0 .. 14.6	331 59.3 .. 55.9	Enif 33 42.2 N 9 58.1
U 10	296 36.9	335 15.1 18.6	248 25.4 20.9	340 16.9 14.5	347 01.5 55.9	Fomalhaut 15 18.4 S29 30.9
E 11	311 39.4	350 14.4 17.7	263 26.4 21.2	355 18.7 14.3	2 03.6 55.8	
S 12	326 41.8	5 13.8 S16 16.8	278 27.5 N19 21.6	10 20.6 S17 14.1	17 05.8 S18 55.7	Gacrux 171 54.6 S57 13.7
D 13	341 44.3	20 13.1 15.9	293 28.5 22.0	25 22.5 14.0	32 08.0 55.7	Gienah 175 46.6 S17 39.5
A 14	356 46.8	35 12.5 14.9	308 29.5 22.4	40 24.4 13.8	47 10.1 55.6	Hadar 148 40.1 S60 28.2
Y 15	11 49.2	50 11.8 .. 14.0	323 30.6 .. 22.8	55 26.2 .. 13.6	62 12.3 .. 55.5	Hamal 327 54.9 N23 33.6
16	26 51.7	65 11.2 13.1	338 31.6 23.2	70 28.1 13.5	77 14.5 55.5	Kaus Aust. 83 37.0 S34 22.4
17	41 54.2	80 10.5 12.2	353 32.6 23.6	85 30.0 13.3	92 16.7 55.4	
18	56 56.6	95 09.9 S16 11.3	8 33.6 N19 23.9	100 31.9 S17 13.1	107 18.8 S18 55.3	Kochab 137 19.6 N74 03.9
19	71 59.1	110 09.2 10.4	23 34.7 24.3	115 33.7 13.0	122 21.0 55.3	Markab 13 33.3 N15 19.0
20	87 01.6	125 08.6 09.4	38 35.7 24.7	130 35.6 12.8	137 23.2 55.2	Menkar 314 09.5 N 4 10.2
21	102 04.0	140 07.9 .. 08.5	53 36.7 .. 25.1	145 37.5 .. 12.7	152 25.3 .. 55.1	Menkent 148 01.1 S36 28.2
22	117 06.5	155 07.3 07.6	68 37.8 25.5	160 39.4 12.5	167 27.5 55.0	Miaplacidus 221 37.9 S69 48.2
23	132 08.9	170 06.6 06.7	83 38.8 25.9	175 41.2 12.3	182 29.7 55.0	
17 00	147 11.4	185 06.0 S16 05.7	98 39.8 N19 26.2	190 43.1 S17 12.2	197 31.9 S18 54.9	Mirfak 308 32.8 N49 56.2
01	162 13.9	200 05.3 04.8	113 40.9 26.6	205 45.0 12.0	212 34.0 54.8	Nunki 75 51.9 S26 16.2
02	177 16.3	215 04.7 03.9	128 41.9 27.0	220 46.9 11.8	227 36.2 54.8	Peacock 53 11.3 S56 40.0
03	192 18.8	230 04.0 .. 03.0	143 42.9 .. 27.4	235 48.7 .. 11.7	242 38.4 .. 54.7	Pollux 243 20.9 N27 58.5
04	207 21.3	245 03.4 02.1	158 43.9 27.8	250 50.6 11.5	257 40.6 54.6	Procyon 244 53.9 N 5 10.1
05	222 23.7	260 02.7 01.1	173 45.0 28.1	265 52.5 11.3	272 42.7 54.6	
06	237 26.2	275 02.1 S16 00.2	188 46.0 N19 28.5	280 54.4 S17 11.2	287 44.9 S18 54.5	Rasalhague 96 01.6 N12 32.6
W 07	252 28.7	290 01.4 15 59.3	203 47.0 28.9	295 56.3 11.0	302 47.1 54.4	Regulus 207 37.5 N11 51.8
E 08	267 31.1	305 00.8 58.3	218 48.0 29.3	310 58.1 10.8	317 49.2 54.4	Rigel 281 06.8 S 8 10.9
D 09	282 33.6	320 00.2 .. 57.4	233 49.1 .. 29.7	326 00.0 .. 10.7	332 51.4 .. 54.3	Rigil Kent. 139 44.4 S60 55.0
N 10	297 36.1	334 59.5 56.5	248 50.1 30.1	341 01.9 10.5	347 53.6 54.2	Sabik 102 06.5 S15 45.0
E 11	312 38.5	349 58.9 55.5	263 51.1 30.4	356 03.8 10.3	2 55.8 54.2	
S 12	327 41.0	4 58.2 S15 54.6	278 52.2 N19 30.8	11 05.6 S17 10.2	17 57.9 S18 54.1	Schedar 349 35.0 N56 39.2
D 13	342 43.4	19 57.6 53.7	293 53.2 31.2	26 07.5 10.0	33 00.1 54.0	Shaula 96 14.8 S37 07.0
A 14	357 45.9	34 56.9 52.8	308 54.2 31.6	41 09.4 09.9	48 02.3 54.0	Sirius 258 28.8 S16 44.9
Y 15	12 48.4	49 56.3 .. 51.8	323 55.2 .. 32.0	56 11.3 .. 09.7	63 04.5 .. 53.9	Spica 158 25.4 S11 16.2
16	27 50.8	64 55.7 50.9	338 56.3 32.3	71 13.1 09.5	78 06.6 53.8	Suhail 222 48.1 S43 31.1
17	42 53.3	79 55.0 49.9	353 57.3 32.7	86 15.0 09.4	93 08.8 53.7	
18	57 55.8	94 54.4 S15 49.0	8 58.3 N19 33.1	101 16.9 S17 09.2	108 11.0 S18 53.7	Vega 80 35.6 N38 48.0
19	72 58.2	109 53.7 48.1	23 59.3 33.5	116 18.9 09.0	123 13.2 53.6	Zuben'ubi 136 59.4 S16 07.7
20	88 00.7	124 53.1 47.1	39 00.4 33.9	131 20.7 08.9	138 15.3 53.5	SHA Mer.Pass.
21	103 03.2	139 52.5 .. 46.2	54 01.4 .. 34.2	146 22.5 .. 08.7	153 17.5 .. 53.5	° ' h m
22	118 05.6	154 51.8 45.3	69 02.4 34.6	161 24.4 08.5	168 19.7 53.4	Venus 39 09.4 11 39
23	133 08.1	169 51.2 44.3	84 03.4 35.0	176 26.3 08.4	183 21.8 53.3	Mars 312 02.8 17 26
	h m					Jupiter 43 45.8 11 19
Mer.Pass. 14 12.8	v −0.7 d 0.9	v 1.0 d 0.4	v 1.9 d 0.2	v 2.2 d 0.1	Saturn 50 27.5 10 52

2021 FEBRUARY 15, 16, 17 (MON., TUES., WED.)

UT	SUN GHA Dec	MOON GHA v Dec d HP	Lat.	Twilight Naut. Civil	Sunrise	Moonrise 15	16	17	18
d h	° ' ° '	° ' ' ° ' ' '	N 72	h m h m	h m	h m	h m	h m	h m
				06 09 07 29	08 47	09 09	08 46	08 20	07 48
15 00	176 28.2 S12 40.5	139 28.3 15.6 S 2 45.7 12.9 55.1	N 70	06 08 07 12	08 28	09 07	08 51	08 34	08 12
01	191 28.2 39.6	154 02.9 15.5 2 32.8 12.9 55.1	68	06 07 07 12	08 13	09 06	08 56	08 44	08 31
02	206 28.3 38.8	168 37.4 15.7 2 19.9 13.0 55.1	66	06 06 07 06	08 01	09 06	09 00	08 53	08 47
03	221 28.3 .. 37.9	183 12.1 15.6 2 06.9 12.9 55.0	64	06 05 07 00	07 51	09 05	09 03	09 01	08 59
04	236 28.3 37.1	197 46.7 15.7 1 54.0 12.9 55.0	62	06 04 06 55	07 42	09 04	09 06	09 07	09 10
05	251 28.3 36.2	212 21.4 15.7 1 41.1 13.0 55.0	60	06 03 06 51	07 35	09 04	09 08	09 13	09 19
06	266 28.4 S12 35.3	226 56.1 15.7 S 1 28.1 12.9 55.0	N 58	06 02 06 47	07 28	09 03	09 11	09 18	09 27
07	281 28.4 34.5	241 30.8 15.8 1 15.2 12.9 55.0	56	06 01 06 44	07 23	09 03	09 13	09 23	09 35
08	296 28.4 33.6	256 05.6 15.8 1 02.3 12.9 55.0	54	06 00 06 41	07 17	09 03	09 14	09 27	09 41
M 09	311 28.5 .. 32.8	270 40.4 15.8 0 49.4 12.9 54.9	52	05 58 06 38	07 13	09 02	09 16	09 31	09 47
O 10	326 28.5 31.9	285 15.2 15.8 0 36.5 12.9 54.9	50	05 57 06 35	07 08	09 02	09 18	09 34	09 52
N 11	341 28.5 31.0	299 50.0 15.8 0 23.6 12.9 54.9	45	05 55 06 29	06 59	09 01	09 21	09 41	10 03
D 12	356 28.6 S12 30.2	314 24.8 15.9 S 0 10.7 12.9 54.9	N 40	05 52 06 24	06 51	09 01	09 24	09 47	10 13
A 13	11 28.6 29.3	328 59.7 15.9 N 0 02.2 12.9 54.9	35	05 49 06 19	06 45	09 00	09 26	09 53	10 21
Y 14	26 28.6 28.4	343 34.6 15.9 0 15.1 12.8 54.8	30	05 46 06 14	06 39	09 00	09 28	09 58	10 28
15	41 28.7 .. 27.6	358 09.5 15.9 0 27.9 12.9 54.8	20	05 40 06 06	06 29	08 59	09 32	10 06	10 41
16	56 28.7 26.7	12 44.4 16.0 0 40.8 12.8 54.8	N 10	05 33 05 58	06 19	08 58	09 36	10 13	10 52
17	71 28.7 25.8	27 19.4 15.9 0 53.6 12.9 54.8	0	05 25 05 49	06 11	08 58	09 39	10 20	11 02
18	86 28.8 S12 25.0	41 54.3 16.0 N 1 06.5 12.8 54.8	S 10	05 15 05 40	06 02	08 57	09 42	10 27	11 12
19	101 28.8 24.1	56 29.3 16.0 1 19.3 12.8 54.8	20	05 03 05 30	05 52	08 56	09 45	10 34	11 24
20	116 28.8 23.2	71 04.3 16.0 1 32.1 12.8 54.7	30	04 47 05 16	05 41	08 56	09 49	10 43	11 37
21	131 28.9 .. 22.4	85 39.3 16.0 1 44.9 12.7 54.7	35	04 37 05 08	05 35	08 55	09 52	10 48	11 44
22	146 28.9 21.5	100 14.3 16.1 1 57.6 12.8 54.7	40	04 24 04 59	05 28	08 55	09 54	10 53	11 53
23	161 28.9 20.6	114 49.4 16.0 2 10.4 12.7 54.7	45	04 09 04 48	05 19	08 54	09 57	11 00	12 03
16 00	176 29.0 S12 19.8	129 24.4 16.1 N 2 23.1 12.8 54.7	S 50	03 49 04 33	05 09	08 54	10 01	11 08	12 15
01	191 29.0 18.9	143 59.5 16.0 2 35.9 12.7 54.7	52	03 40 04 27	05 04	08 53	10 03	11 12	12 21
02	206 29.1 18.0	158 34.5 16.1 2 48.6 12.7 54.7	54	03 28 04 19	04 58	08 53	10 05	11 16	12 27
03	221 29.1 .. 17.2	173 09.6 16.1 3 01.3 12.6 54.6	56	03 15 04 10	04 52	08 53	10 07	11 20	12 34
04	236 29.1 16.3	187 44.7 16.0 3 13.9 12.7 54.6	58	03 00 04 01	04 46	08 52	10 09	11 25	12 42
05	251 29.2 15.4	202 19.7 16.1 3 26.6 12.6 54.6	S 60	02 40 03 49	04 38	08 52	10 12	11 31	12 51
06	266 29.2 S12 14.6	216 54.8 16.1 N 3 39.2 12.6 54.6			Twilight		Moonset		
07	281 29.2 13.7	231 29.9 16.1 3 51.8 12.6 54.6	Lat.	Sunset		15	16	17	18
T 08	296 29.3 12.8	246 05.0 16.1 4 04.4 12.6 54.6			Civil Naut.				
U 09	311 29.3 .. 12.0	260 40.1 16.1 4 17.0 12.5 54.6	°	h m	h m h m	h m	h m	h m	h m
E 10	326 29.4 11.1	275 15.2 16.1 4 29.5 12.5 54.5	N 72	15 43	17 01 18 21	21 41	23 33	25 33	01 33
S 11	341 29.4 10.2	289 50.3 16.0 4 42.0 12.5 54.5	N 70	16 02	17 10 18 22	21 38	23 22	25 10	01 10
D 12	356 29.4 S12 09.3	304 25.3 16.1 N 4 54.5 12.5 54.5	68	16 17	17 17 18 23	21 36	23 13	24 52	00 52
A 13	11 29.5 08.5	319 00.4 16.1 5 07.0 12.4 54.5	66	16 28	17 24 18 24	21 34	23 06	24 38	00 38
Y 14	26 29.5 07.6	333 35.5 16.1 5 19.4 12.4 54.5	64	16 38	17 29 18 25	21 33	22 59	24 27	00 27
15	41 29.6 .. 06.7	348 10.6 16.1 5 31.8 12.4 54.5	62	16 47	17 34 18 26	21 31	22 54	24 17	00 17
16	56 29.6 05.9	2 45.7 16.1 5 44.2 12.4 54.5	60	16 54	17 38 18 27	21 30	22 50	24 09	00 09
17	71 29.7 05.0	17 20.8 16.0 5 56.6 12.3 54.5	N 58	17 01	17 42 18 28	21 29	22 46	24 02	00 02
18	86 29.7 S12 04.1	31 55.8 16.1 N 6 08.9 12.3 54.4	56	17 06	17 45 18 29	21 28	22 42	23 55	25 09
19	101 29.7 03.2	46 30.9 16.0 6 21.2 12.3 54.4	54	17 12	17 48 18 30	21 28	22 39	23 50	25 01
20	116 29.8 02.4	61 05.9 16.1 6 33.5 12.2 54.4	52	17 16	17 51 18 30	21 27	22 36	23 45	24 54
21	131 29.8 .. 01.5	75 41.0 16.0 6 45.7 12.2 54.4	50	17 20	17 54 18 31	21 26	22 33	23 40	24 47
22	146 29.9 12 00.6	90 16.0 16.0 6 57.9 12.2 54.4	45	17 30	18 00 18 34	21 25	22 28	23 30	24 33
23	161 29.9 11 59.7	104 51.0 16.0 7 10.1 12.2 54.4							
17 00	176 30.0 S11 58.9	119 26.0 16.0 N 7 22.3 12.1 54.4	N 40	17 37	18 05 18 37	21 24	22 23	23 22	24 21
01	191 30.0 58.0	134 01.0 16.0 7 34.4 12.1 54.4	35	17 44	18 10 18 39	21 23	22 19	23 15	24 11
02	206 30.0 57.1	148 36.0 15.9 7 46.5 12.0 54.4	30	17 50	18 14 18 42	21 22	22 15	23 09	24 03
03	221 30.1 .. 56.2	163 10.9 16.0 7 58.5 12.0 54.4	20	18 00	18 22 18 48	21 20	22 09	22 58	23 48
04	236 30.1 55.4	177 45.9 15.9 8 10.5 12.0 54.3	N 10	18 09	18 30 18 55	21 19	22 04	22 49	23 35
05	251 30.2 54.5	192 20.8 15.9 8 22.5 11.9 54.3	0	18 17	18 39 19 03	21 17	21 59	22 40	23 23
06	266 30.2 S11 53.6	206 55.7 15.9 N 8 34.4 11.9 54.3	S 10	18 26	18 48 19 13	21 16	21 53	22 31	23 11
W 07	281 30.3 52.7	221 30.6 15.9 8 46.3 11.9 54.3	20	18 36	18 58 19 25	21 15	21 48	22 22	22 58
E 08	296 30.3 51.9	236 05.5 15.9 8 58.2 11.8 54.3	30	18 46	19 11 19 41	21 13	21 42	22 12	22 43
D 09	311 30.4 .. 51.0	250 40.4 15.8 9 10.0 11.8 54.3	35	18 53	19 19 19 51	21 12	21 38	22 06	22 35
N 10	326 30.4 50.1	265 15.2 15.8 9 21.8 11.8 54.3	40	19 00	19 28 20 03	21 11	21 35	21 59	22 25
E 11	341 30.5 49.2	279 50.0 15.8 9 33.6 11.7 54.3	45	19 08	19 40 20 18	21 10	21 30	21 51	22 14
S 12	356 30.5 S11 48.3	294 24.8 15.8 N 9 45.3 11.6 54.3	S 50	19 18	19 53 20 37	21 09	21 24	21 41	22 01
D 13	11 30.6 47.5	308 59.6 15.7 9 56.9 11.7 54.3	52	19 23	20 00 20 47	21 08	21 22	21 37	21 54
A 14	26 30.6 46.6	323 34.3 15.7 10 08.6 11.6 54.3	54	19 28	20 08 20 58	21 07	21 19	21 32	21 48
Y 15	41 30.7 .. 45.7	338 09.0 15.7 10 20.2 11.5 54.3	56	19 34	20 16 21 10	21 06	21 16	21 27	21 40
16	56 30.7 44.8	352 43.7 15.7 10 31.7 11.5 54.3	58	19 41	20 26 21 26	21 05	21 13	21 21	21 31
17	71 30.8 43.9	7 18.4 15.6 10 43.2 11.5 54.3	S 60	19 48	20 37 21 44	21 05	21 09	21 14	21 21
18	86 30.8 S11 43.1	21 53.0 15.6 N10 54.7 11.4 54.3		SUN			MOON		
19	101 30.9 42.2	36 27.6 15.6 11 06.1 11.3 54.2	Day	Eqn. of Time	Mer.	Mer. Pass.	Age	Phase	
20	116 30.9 41.3	51 02.2 15.5 11 17.4 11.3 54.2		00h 12h	Pass.	Upper Lower			
21	131 31.0 .. 40.4	65 36.7 15.5 11 28.7 11.3 54.2	d	m s m s	h m	h m h m	d %		
22	146 31.0 39.5	80 11.2 15.5 11 40.0 11.2 54.2	15	14 07 14 06	12 14	15 08 02 47	04 14		
23	161 31.1 38.6	94 45.7 15.5 N11 51.2 11.2 54.2	16	14 04 14 02	12 14	15 49 03 28	05 21		
	SD 16.2 d 0.9	SD 15.0 14.9 14.8	17	14 00 13 58	12 14	16 30 04 09	06 29		

41

2021 FEBRUARY 18, 19, 20 (THURS., FRI., SAT.)

UT	ARIES	VENUS −3.9		MARS +0.7		JUPITER −2.0		SATURN +0.6		STARS		
	GHA	GHA	Dec	GHA	Dec	GHA	Dec	GHA	Dec	Name	SHA	Dec
d h	° ′	° ′	° ′	° ′	° ′	° ′	° ′	° ′	° ′		° ′	° ′
18 00	148 10.6	184 50.6	S15 43.4	99 04.4	N19 35.4	191 28.2	S17 08.2	198 24.0	S18 53.3	Acamar	315 14.3	S40 13.6
01	163 13.0	199 49.9	42.4	114 05.5	35.8	206 30.0	08.0	213 26.2	53.2	Achernar	335 23.0	S57 08.2
02	178 15.5	214 49.3	41.5	129 06.5	36.1	221 31.9	07.9	228 28.4	53.1	Acrux	173 02.9	S63 12.7
03	193 17.9	229 48.7 ..	40.5	144 07.5 ..	36.5	236 33.8 ..	07.7	243 30.5 ..	53.1	Adhara	255 08.1	S29 00.3
04	208 20.4	244 48.0	39.6	159 08.5	36.9	251 35.7	07.6	258 32.7	53.0	Aldebaran	290 43.2	N16 33.0
05	223 22.9	259 47.4	38.7	174 09.6	37.3	266 37.6	07.4	273 34.9	52.9			
06	238 25.3	274 46.8	S15 37.7	189 10.6	N19 37.6	281 39.4	S17 07.2	288 37.1	S18 52.9	Alioth	166 15.4	N55 50.6
07	253 27.8	289 46.1	36.8	204 11.6	38.0	296 41.3	07.1	303 39.2	52.8	Alkaid	152 54.3	N49 12.3
T 08	268 30.3	304 45.5	35.8	219 12.6	38.4	311 43.2	06.9	318 41.4	52.7	Alnair	27 37.4	S46 51.7
H 09	283 32.7	319 44.9 ..	34.9	234 13.6 ..	38.8	326 45.1 ..	06.7	333 43.6 ..	52.6	Alnilam	275 40.8	S 1 11.5
U 10	298 35.2	334 44.2	33.9	249 14.7	39.2	341 47.0	06.6	348 45.8	52.6	Alphard	217 50.5	S 8 45.1
R 11	313 37.7	349 43.6	33.0	264 15.7	39.5	356 48.8	06.4	3 47.9	52.5			
S 12	328 40.1	4 43.0	S15 32.0	279 16.7	N19 39.9	11 50.7	S17 06.2	18 50.1	S18 52.4	Alphecca	126 06.4	N26 38.5
D 13	343 42.6	19 42.3	31.1	294 17.7	40.3	26 52.6	06.1	33 52.3	52.4	Alpheratz	357 38.3	N29 12.3
A 14	358 45.0	34 41.7	30.1	309 18.7	40.7	41 54.5	05.9	48 54.5	52.3	Altair	62 03.3	N 8 55.3
Y 15	13 47.5	49 41.1 ..	29.2	324 19.8 ..	41.0	56 56.3 ..	05.7	63 56.6 ..	52.2	Ankaa	353 10.7	S42 11.8
16	28 50.0	64 40.5	28.2	339 20.8	41.4	71 58.2	05.6	78 58.8	52.2	Antares	112 19.7	S26 28.6
17	43 52.4	79 39.8	27.3	354 21.8	41.8	87 00.1	05.4	94 01.0	52.1			
18	58 54.9	94 39.2	S15 26.3	9 22.8	N19 42.2	102 02.0	S17 05.2	109 03.2	S18 52.0	Arcturus	145 50.7	N19 04.2
19	73 57.4	109 38.6	25.4	24 23.8	42.5	117 03.9	05.1	124 05.3	52.0	Atria	107 16.9	S69 03.6
20	88 59.8	124 38.0	24.4	39 24.8	42.9	132 05.7	04.9	139 07.5	51.9	Avior	234 15.4	S59 34.8
21	104 02.3	139 37.3 ..	23.4	54 25.9 ..	43.3	147 07.6 ..	04.7	154 09.7 ..	51.8	Bellatrix	278 26.1	N 6 22.0
22	119 04.8	154 36.7	22.5	69 26.9	43.7	162 09.5	04.6	169 11.9	51.8	Betelgeuse	270 55.3	N 7 24.5
23	134 07.2	169 36.1	21.5	84 27.9	44.0	177 11.4	04.4	184 14.0	51.7			
19 00	149 09.7	184 35.5	S15 20.6	99 28.9	N19 44.4	192 13.3	S17 04.3	199 16.2	S18 51.6	Canopus	263 53.5	S52 42.7
01	164 12.2	199 34.8	19.6	114 29.9	44.8	207 15.1	04.1	214 18.4	51.6	Capella	280 26.4	N46 01.2
02	179 14.6	214 34.2	18.6	129 30.9	45.2	222 17.0	03.9	229 20.6	51.5	Deneb	49 28.3	N45 21.1
03	194 17.1	229 33.6 ..	17.7	144 32.0 ..	45.5	237 18.9 ..	03.8	244 22.7 ..	51.4	Denebola	182 27.9	N14 27.2
04	209 19.5	244 33.0	16.7	159 33.0	45.9	252 20.8	03.6	259 24.9	51.3	Diphda	348 50.7	S17 52.5
05	224 22.0	259 32.4	15.8	174 34.0	46.3	267 22.7	03.4	274 27.1	51.3			
06	239 24.5	274 31.7	S15 14.8	189 35.0	N19 46.7	282 24.5	S17 03.3	289 29.3	S18 51.2	Dubhe	193 44.3	N61 38.2
07	254 26.9	289 31.1	13.8	204 36.0	47.0	297 26.4	03.1	304 31.4	51.1	Elnath	278 05.7	N28 37.5
08	269 29.4	304 30.5	12.9	219 37.0	47.4	312 28.3	02.9	319 33.6	51.1	Eltanin	90 43.9	N51 28.9
F 09	284 31.9	319 29.9 ..	11.9	234 38.0 ..	47.8	327 30.2 ..	02.8	334 35.8 ..	51.0	Enif	33 42.2	N 9 58.1
R 10	299 34.3	334 29.3	10.9	249 39.1	48.2	342 32.1	02.6	349 38.0	50.9	Fomalhaut	15 18.4	S29 30.8
I 11	314 36.8	349 28.6	10.0	264 40.1	48.5	357 33.9	02.4	4 40.1	50.9			
D 12	329 39.3	4 28.0	S15 09.0	279 41.1	N19 48.9	12 35.8	S17 02.3	19 42.3	S18 50.8	Gacrux	171 54.6	S57 13.7
A 13	344 41.7	19 27.4	08.0	294 42.1	49.3	27 37.7	02.1	34 44.5	50.7	Gienah	175 46.5	S17 39.5
Y 14	359 44.2	34 26.8	07.1	309 43.1	49.7	42 39.6	01.9	49 46.7	50.7	Hadar	148 40.1	S60 28.2
15	14 46.7	49 26.2 ..	06.1	324 44.1 ..	50.0	57 41.5 ..	01.8	64 48.8 ..	50.6	Hamal	327 54.9	N23 33.6
16	29 49.1	64 25.6	05.1	339 45.1	50.4	72 43.3	01.6	79 51.0	50.5	Kaus Aust.	83 36.9	S34 22.4
17	44 51.6	79 24.9	04.2	354 46.2	50.8	87 45.2	01.4	94 53.2	50.5			
18	59 54.0	94 24.3	S15 03.2	9 47.2	N19 51.2	102 47.1	S17 01.3	109 55.4	S18 50.4	Kochab	137 19.6	N74 03.9
19	74 56.5	109 23.7	02.2	24 48.2	51.5	117 49.0	01.1	124 57.5	50.3	Markab	13 33.3	N15 19.0
20	89 59.0	124 23.1	01.2	39 49.2	51.9	132 50.9	01.0	139 59.7	50.3	Menkar	314 09.5	N 4 10.1
21	105 01.4	139 22.5 ..	15 00.3	54 50.2 ..	52.3	147 52.7 ..	00.8	155 01.9 ..	50.2	Menkent	148 01.1	S36 28.2
22	120 03.9	154 21.9	14 59.3	69 51.2	52.6	162 54.6	00.6	170 04.1	50.1	Miaplacidus	221 37.9	S69 48.3
23	135 06.4	169 21.3	58.3	84 52.2	53.0	177 56.5	00.5	185 06.2	50.0			
20 00	150 08.8	184 20.6	S14 57.3	99 53.2	N19 53.4	192 58.4	S17 00.3	200 08.4	S18 50.0	Mirfak	308 32.8	N49 56.2
01	165 11.3	199 20.0	56.4	114 54.2	53.8	208 00.3	00.1	215 10.6	49.9	Nunki	75 51.9	S26 16.2
02	180 13.8	214 19.4	55.4	129 55.3	54.1	223 02.1	17 00.0	230 12.8	49.8	Peacock	53 11.3	S56 40.0
03	195 16.2	229 18.8 ..	54.4	144 56.3 ..	54.5	238 04.0	16 59.8	245 15.0 ..	49.8	Pollux	243 20.9	N27 58.5
04	210 18.7	244 18.2	53.4	159 57.3	54.9	253 05.9	59.6	260 17.1	49.7	Procyon	244 53.9	N 5 10.1
05	225 21.1	259 17.6	52.4	174 58.3	55.2	268 07.8	59.5	275 19.3	49.6			
06	240 23.6	274 17.0	S14 51.5	189 59.3	N19 55.6	283 09.7	S16 59.3	290 21.5	S18 49.6	Rasalhague	96 01.6	N12 32.6
07	255 26.1	289 16.4	50.5	205 00.3	56.0	298 11.6	59.1	305 23.7	49.5	Regulus	207 37.5	N11 51.8
S 08	270 28.5	304 15.8	49.5	220 01.3	56.3	313 13.4	59.0	320 25.8	49.4	Rigel	281 06.8	S 8 10.9
A 09	285 31.0	319 15.2 ..	48.5	235 02.3 ..	56.7	328 15.3 ..	58.8	335 28.0 ..	49.4	Rigil Kent.	139 44.3	S60 55.0
T 10	300 33.5	334 14.6	47.5	250 03.3	57.1	343 17.2	58.6	350 30.2	49.3	Sabik	102 06.5	S15 45.0
U 11	315 35.9	349 14.0	46.5	265 04.3	57.5	358 19.1	58.5	5 32.4	49.2			
R 12	330 38.4	4 13.4	S14 45.6	280 05.3	N19 57.8	13 21.0	S16 58.3	20 34.5	S18 49.2	Schedar	349 35.0	N56 39.2
D 13	345 40.9	19 12.7	44.6	295 06.3	58.2	28 22.8	58.1	35 36.7	49.1	Shaula	96 14.8	S37 07.0
A 14	0 43.3	34 12.1	43.6	310 07.4	58.6	43 24.7	58.0	50 38.9	49.0	Sirius	258 28.8	S16 44.9
Y 15	15 45.8	49 11.5 ..	42.6	325 08.4 ..	58.9	58 26.6 ..	57.8	65 41.1 ..	49.0	Spica	158 25.4	S11 16.2
16	30 48.3	64 10.9	41.6	340 09.4	59.3	73 28.5	57.6	80 43.3	48.9	Suhail	222 48.1	S43 31.1
17	45 50.7	79 10.3	40.6	355 10.4	19 59.7	88 30.4	57.5	95 45.4	48.8			
18	60 53.2	94 09.7	S14 39.6	10 11.4	N20 00.0	103 32.3	S16 57.3	110 47.6	S18 48.8	Vega	80 35.6	N38 48.0
19	75 55.7	109 09.1	38.7	25 12.4	00.4	118 34.1	57.1	125 49.8	48.7	Zuben'ubi	136 59.4	S16 07.7
20	90 58.1	124 08.5	37.7	40 13.4	00.8	133 36.0	57.0	140 52.0	48.6		SHA	Mer. Pass.
21	106 00.6	139 07.9 ..	36.7	55 14.4 ..	01.1	148 37.9 ..	56.8	155 54.1 ..	48.5		° ′	h m
22	121 03.0	154 07.3	35.7	70 15.4	01.5	163 39.8	56.7	170 56.3	48.5	Venus	35 25.8	11 42
23	136 05.5	169 06.7	34.7	85 16.4	01.9	178 41.7	56.5	185 58.5	48.4	Mars	310 19.2	17 21
	h m									Jupiter	43 03.6	11 10
Mer. Pass. 14 01.1		v −0.6	d 1.0	v 1.0	d 0.4	v 1.9	d 0.2	v 2.2	d 0.1	Saturn	50 06.5	10 41

2021 FEBRUARY 18, 19, 20 (THURS., FRI., SAT.)

UT	SUN GHA	SUN Dec	MOON GHA	MOON v	MOON Dec	MOON d	MOON HP	Lat.	Twilight Naut.	Twilight Civil	Sunrise	Moonrise 18	Moonrise 19	Moonrise 20	Moonrise 21
d h	° ′	° ′	° ′	′	° ′	′	′	°	h m	h m	h m	h m	h m	h m	h m
18 00	176 31.1	S11 37.8	109 20.2 15.4		N12 02.4 11.2		54.2	N 72	05 56	07 15	08 30	07 48	06 46	▭	▭
01	191 31.2	36.9	123 54.6 15.4		12 13.6 11.0		54.2	N 70	05 56	07 07	08 13	08 12	07 41	▭	▭
02	206 31.2	36.0	138 29.0 15.3		12 24.6 11.1		54.2	68	05 56	07 01	08 00	08 31	08 15	07 45	▭
03	221 31.3 ..	35.1	153 03.3 15.3		12 35.7 10.9		54.2	66	05 56	06 56	07 50	08 47	08 39	08 29	08 11
04	236 31.3	34.2	167 37.6 15.3		12 46.6 11.0		54.2	64	05 56	06 51	07 41	08 59	08 58	08 59	09 04
05	251 31.4	33.3	182 11.9 15.2		12 57.6 10.9		54.2	62	05 56	06 47	07 33	09 10	09 14	09 22	09 36
								60	05 55	06 43	07 27	09 19	09 28	09 40	10 00
06	266 31.4	S11 32.5	196 46.1 15.2		N13 08.5 10.8		54.2	N 58	05 55	06 40	07 21	09 27	09 39	09 55	10 19
07	281 31.5	31.6	211 20.3 15.2		13 19.3 10.8		54.2	56	05 54	06 37	07 16	09 35	09 49	10 08	10 35
T 08	296 31.5	30.7	225 54.5 15.1		13 30.1 10.7		54.2	54	05 54	06 35	07 11	09 41	09 58	10 20	10 49
H 09	311 31.6 ..	29.8	240 28.6 15.0		13 40.8 10.6		54.2	52	05 53	06 32	07 07	09 47	10 06	10 30	11 01
U 10	326 31.6	28.9	255 02.6 15.1		13 51.4 10.7		54.2	50	05 52	06 30	07 03	09 52	10 13	10 39	11 12
R 11	341 31.7	28.0	269 36.7 15.0		14 02.1 10.5		54.2	45	05 50	06 25	06 54	10 03	10 28	10 58	11 34
S 12	356 31.7	S11 27.1	284 10.7 14.9		N14 12.6 10.5		54.2	N 40	05 48	06 20	06 47	10 13	10 41	11 14	11 52
D 13	11 31.8	26.3	298 44.6 14.9		14 23.1 10.4		54.2	35	05 46	06 16	06 41	10 21	10 52	11 27	12 08
A 14	26 31.9	25.4	313 18.5 14.9		14 33.5 10.4		54.2	30	05 44	06 12	06 36	10 28	11 01	11 39	12 21
Y 15	41 31.9 ..	24.5	327 52.4 14.8		14 43.9 10.4		54.2	20	05 38	06 04	06 27	10 41	11 18	11 58	12 43
16	56 32.0	23.6	342 26.2 14.7		14 54.3 10.2		54.2	N 10	05 32	05 57	06 18	10 52	11 32	12 16	13 03
17	71 32.0	22.7	356 59.9 14.7		15 04.5 10.2		54.2	0	05 25	05 49	06 11	11 02	11 46	12 32	13 21
18	86 32.1	S11 21.8	11 33.6 14.7		N15 14.7 10.2		54.2	S 10	05 16	05 41	06 02	11 12	12 00	12 49	13 40
19	101 32.1	20.9	26 07.3 14.6		15 24.9 10.1		54.2	20	05 05	05 31	05 54	11 24	12 14	13 06	14 00
20	116 32.2	20.0	40 40.9 14.6		15 35.0 10.0		54.2	30	04 50	05 19	05 44	11 37	12 31	13 27	14 23
21	131 32.3 ..	19.1	55 14.5 14.5		15 45.0 9.9		54.2	35	04 40	05 11	05 38	11 44	12 41	13 39	14 36
22	146 32.3	18.3	69 48.0 14.5		15 54.9 9.9		54.2	40	04 29	05 03	05 31	11 53	12 52	13 52	14 52
23	161 32.4	17.4	84 21.5 14.4		16 04.8 9.9		54.2	45	04 14	04 52	05 23	12 03	13 06	14 09	15 10
19 00	176 32.4	S11 16.5	98 54.9 14.4		N16 14.7 9.7		54.2	S 50	03 56	04 39	05 14	12 15	13 22	14 29	15 34
01	191 32.5	15.6	113 28.3 14.3		16 24.4 9.7		54.2	52	03 47	04 33	05 09	12 21	13 30	14 39	15 45
02	206 32.6	14.7	128 01.6 14.2		16 34.1 9.7		54.2	54	03 37	04 26	05 05	12 27	13 38	14 49	15 58
03	221 32.6 ..	13.8	142 34.8 14.2		16 43.8 9.5		54.3	56	03 25	04 18	04 59	12 34	13 48	15 02	16 12
04	236 32.7	12.9	157 08.0 14.2		16 53.3 9.5		54.3	58	03 10	04 09	04 53	12 42	13 59	15 16	16 30
05	251 32.7	12.0	171 41.2 14.1		17 02.8 9.5		54.3	S 60	02 53	03 59	04 46	12 51	14 12	15 33	16 51
06	266 32.8	S11 11.1	186 14.3 14.0		N17 12.3 9.3		54.3								
07	281 32.9	10.2	200 47.3 14.0		17 21.6 9.3		54.3	Lat.	Sunset	Twilight Civil	Twilight Naut.	Moonset 18	Moonset 19	Moonset 20	Moonset 21
08	296 32.9	09.3	215 20.3 13.9		17 30.9 9.3		54.3								
F 09	311 33.0 ..	08.4	229 53.2 13.9		17 40.2 9.1		54.3	°	h m	h m	h m	h m	h m	h m	h m
R 10	326 33.0	07.6	244 26.1 13.8		17 49.3 9.1		54.3	N 72	16 00	17 15	18 34	01 33	04 05	▭	▭
I 11	341 33.1	06.7	258 58.9 13.8		17 58.4 9.0		54.3	N 70	16 16	17 22	18 33	01 10	03 11	▭	▭
D 12	356 33.2	S11 05.8	273 31.7 13.7		N18 07.4 8.9		54.3	68	16 29	17 28	18 33	00 52	02 39	04 43	▭
A 13	11 33.2	04.9	288 04.4 13.6		18 16.3 8.9		54.3	66	16 39	17 33	18 33	00 38	02 15	03 59	05 58
Y 14	26 33.3	04.0	302 37.0 13.6		18 25.2 8.8		54.3	64	16 48	17 38	18 33	00 27	01 57	03 30	05 06
15	41 33.3 ..	03.1	317 09.6 13.5		18 34.0 8.7		54.3	62	16 56	17 42	18 33	00 17	01 42	03 08	04 34
16	56 33.4	02.2	331 42.1 13.5		18 42.7 8.6		54.3	60	17 02	17 45	18 34	00 09	01 29	02 51	04 10
17	71 33.5	01.3	346 14.6 13.3		18 51.3 8.6		54.4								
18	86 33.5	S11 00.4	0 46.9 13.4		N18 59.9 8.4		54.4	N 58	17 08	17 48	18 34	00 00	01 19	02 36	03 52
19	101 33.6	10 59.5	15 19.3 13.2		19 08.3 8.4		54.4	56	17 13	17 51	18 35	25 09	01 09	02 23	03 36
20	116 33.7	58.6	29 51.5 13.2		19 16.7 8.4		54.4	54	17 18	17 54	18 35	25 01	01 01	02 12	03 22
21	131 33.7 ..	57.7	44 23.7 13.2		19 25.1 8.2		54.4	52	17 22	17 56	18 36	24 54	00 54	02 03	03 11
22	146 33.8	56.8	58 55.9 13.1		19 33.3 8.1		54.4	50	17 26	17 59	18 36	24 47	00 47	01 54	03 00
23	161 33.9	55.9	73 28.0 13.0		19 41.4 8.1		54.4	45	17 34	18 04	18 38	24 33	00 33	01 36	02 38
20 00	176 33.9	S10 55.0	88 00.0 12.9		N19 49.5 8.0		54.4	N 40	17 41	18 08	18 40	24 21	00 21	01 21	02 21
01	191 34.0	54.1	102 31.9 12.9		19 57.5 7.9		54.4	35	17 47	18 12	18 42	24 11	00 11	01 09	02 06
02	206 34.1	53.2	117 03.8 12.8		20 05.4 7.8		54.5	30	17 52	18 16	18 44	24 03	00 03	00 58	01 52
03	221 34.1 ..	52.3	131 35.6 12.8		20 13.2 7.8		54.5	20	18 01	18 24	18 49	23 48	24 39	00 39	01 32
04	236 34.2	51.4	146 07.4 12.7		20 21.0 7.6		54.5	N 10	18 09	18 31	18 55	23 35	24 23	00 23	01 13
05	251 34.3	50.5	160 39.1 12.6		20 28.6 7.6		54.5	0	18 17	18 38	19 03	23 23	24 08	00 08	00 56
06	266 34.3	S10 49.6	175 10.7 12.6		N20 36.2 7.5		54.5	S 10	18 25	18 47	19 12	23 11	23 53	24 38	00 38
07	281 34.4	48.7	189 42.3 12.4		20 43.7 7.4		54.5	20	18 34	18 56	19 23	22 58	23 37	24 19	00 19
S 08	296 34.5	47.8	204 13.7 12.5		20 51.1 7.3		54.5	30	18 43	19 08	19 37	22 43	23 18	23 58	24 43
A 09	311 34.5 ..	46.9	218 45.2 12.3		20 58.4 7.2		54.5	35	18 49	19 15	19 47	22 35	23 08	23 45	24 29
T 10	326 34.6	46.0	233 16.5 12.3		21 05.6 7.1		54.6	40	18 56	19 24	19 58	22 25	22 56	23 31	24 13
U 11	341 34.7	45.1	247 47.8 12.2		21 12.7 7.0		54.6	45	19 03	19 34	20 12	22 14	22 41	23 14	23 54
R 12	356 34.7	S10 44.2	262 19.0 12.2		N21 19.7 7.0		54.6	S 50	19 13	19 47	20 30	22 01	22 24	22 53	23 30
D 13	11 34.8	43.3	276 50.2 12.1		21 26.7 6.8		54.6	52	19 17	19 53	20 39	21 54	22 16	22 43	23 19
A 14	26 34.9	42.4	291 21.3 12.0		21 33.5 6.7		54.6	54	19 22	20 00	20 49	21 48	22 07	22 32	23 06
Y 15	41 35.0 ..	41.5	305 52.3 11.9		21 40.2 6.7		54.6	56	19 27	20 08	21 01	21 40	21 56	22 19	22 50
16	56 35.0	40.6	320 23.2 11.9		21 46.9 6.6		54.6	58	19 33	20 17	21 15	21 31	21 45	22 04	22 33
17	71 35.1	39.7	334 54.1 11.8		21 53.5 6.4		54.7	S 60	19 40	20 27	21 31	21 21	21 31	21 46	22 12
18	86 35.2	S10 38.8	349 24.9 11.8		N21 59.9 6.4		54.7			SUN			MOON		
19	101 35.2	37.9	3 55.7 11.7		22 06.3 6.2		54.7	Day	Eqn. of Time	Eqn. of Time	Mer.	Mer. Pass.	Mer. Pass.	Age	Phase
20	116 35.3	37.0	18 26.4 11.6		22 12.5 6.2		54.7		00h	12h	Pass.	Upper	Lower		
21	131 35.4 ..	36.1	32 57.0 11.5		22 18.7 6.1		54.7	d	m s	m s	h m	h m	h m	d	%
22	146 35.5	35.2	47 27.5 11.5		22 24.8 5.9		54.8	18	13 56	13 53	12 14	17 12	04 51	07	38
23	161 35.5	34.3	61 58.0 11.4		N22 30.7 5.9		54.8	19	13 50	13 47	12 14	17 57	05 34	08	47
	SD 16.2	d 0.9	SD 14.8		14.8		14.9	20	13 44	13 41	12 14	18 44	06 20	09	57

2021 FEBRUARY 21, 22, 23 (SUN., MON., TUES.)

UT	ARIES	VENUS −3.9		MARS +0.8		JUPITER −2.0		SATURN +0.6		STARS		
	GHA	GHA	Dec	GHA	Dec	GHA	Dec	GHA	Dec	Name	SHA	Dec
d h	° ′	° ′	° ′	° ′	° ′	° ′	° ′	° ′	° ′		° ′	° ′
21 00	151 08.0	184 06.1	S14 33.7	100 17.4	N20 02.2	193 43.5	S16 56.3	201 00.7	S18 48.3	Acamar	315 14.3	S40 13.6
01	166 10.4	199 05.5	32.7	115 18.4	02.6	208 45.4	56.2	216 02.9	48.3	Achernar	335 23.0	S57 08.2
02	181 12.9	214 04.9	31.7	130 19.4	03.0	223 47.3	56.0	231 05.0	48.2	Acrux	173 02.9	S63 12.8
03	196 15.4	229 04.3 . .	30.7	145 20.4 . .	03.3	238 49.2 . .	55.8	246 07.2 . .	48.1	Adhara	255 08.1	S29 00.3
04	211 17.8	244 03.7	29.7	160 21.4	03.7	253 51.1	55.7	261 09.4	48.1	Aldebaran	290 43.2	N16 33.0
05	226 20.3	259 03.1	28.7	175 22.4	04.1	268 53.0	55.5	276 11.6	48.0			
06	241 22.8	274 02.5	S14 27.7	190 23.4	N20 04.4	283 54.8	S16 55.3	291 13.7	S18 47.9	Alioth	166 15.4	N55 50.6
07	256 25.2	289 01.9	26.7	205 24.4	04.8	298 56.7	55.2	306 15.9	47.9	Alkaid	152 54.3	N49 12.3
08	271 27.7	304 01.3	25.7	220 25.4	05.2	313 58.6	55.0	321 18.1	47.8	Alnair	27 37.4	S46 51.7
S 09	286 30.1	319 00.8 . .	24.7	235 26.4 . .	05.5	329 00.5 . .	54.8	336 20.3 . .	47.7	Alnilam	275 40.8	S 1 11.5
U 10	301 32.6	334 00.2	23.7	250 27.4	05.9	344 02.4	54.7	351 22.5	47.7	Alphard	217 50.5	S 8 45.1
N 11	316 35.1	348 59.6	22.7	265 28.4	06.3	359 04.3	54.5	6 24.6	47.6			
D 12	331 37.5	3 59.0	S14 21.7	280 29.4	N20 06.6	14 06.1	S16 54.4	21 26.8	S18 47.5	Alphecca	126 06.4	N26 38.5
A 13	346 40.0	18 58.4	20.7	295 30.4	07.0	29 08.0	54.2	36 29.0	47.5	Alpheratz	357 38.3	N29 12.3
Y 14	1 42.5	33 57.8	19.7	310 31.4	07.4	44 09.9	54.0	51 31.2	47.4	Altair	62 03.3	N 8 55.3
15	16 44.9	48 57.2 . .	18.7	325 32.4 . .	07.7	59 11.8 . .	53.8	66 33.3 . .	47.3	Ankaa	353 10.7	S42 11.8
16	31 47.4	63 56.6	17.7	340 33.4	08.1	74 13.7	53.7	81 35.5	47.3	Antares	112 19.7	S26 28.6
17	46 49.9	78 56.0	16.7	355 34.4	08.5	89 15.6	53.5	96 37.7	47.2			
18	61 52.3	93 55.4	S14 15.7	10 35.4	N20 08.8	104 17.4	S16 53.3	111 39.9	S18 47.1	Arcturus	145 50.7	N19 04.2
19	76 54.8	108 54.8	14.7	25 36.4	09.2	119 19.3	53.2	126 42.1	47.1	Atria	107 16.9	S69 03.6
20	91 57.3	123 54.2	13.7	40 37.4	09.6	134 21.2	53.0	141 44.2	47.0	Avior	234 15.4	S59 34.8
21	106 59.7	138 53.7 . .	12.7	55 38.4 . .	09.9	149 23.1 . .	52.8	156 46.4 . .	46.9	Bellatrix	278 26.1	N 6 22.0
22	122 02.2	153 53.1	11.7	70 39.4	10.3	164 25.0	52.7	171 48.6	46.8	Betelgeuse	270 55.3	N 7 24.5
23	137 04.6	168 52.5	10.7	85 40.4	10.6	179 26.9	52.5	186 50.8	46.8			
22 00	152 07.1	183 51.9	S14 09.7	100 41.4	N20 11.0	194 28.7	S16 52.3	201 53.0	S18 46.7	Canopus	263 53.5	S52 42.7
01	167 09.6	198 51.3	08.6	115 42.4	11.4	209 30.6	52.2	216 55.1	46.6	Capella	280 26.4	N46 01.2
02	182 12.0	213 50.7	07.6	130 43.4	11.7	224 32.5	52.0	231 57.3	46.6	Deneb	49 28.3	N45 21.1
03	197 14.5	228 50.1 . .	06.6	145 44.4 . .	12.1	239 34.4 . .	51.8	246 59.5 . .	46.5	Denebola	182 27.9	N14 27.2
04	212 17.0	243 49.5	05.6	160 45.4	12.5	254 36.3	51.7	262 01.7	46.4	Diphda	348 50.7	S17 52.5
05	227 19.4	258 49.0	04.6	175 46.4	12.8	269 38.2	51.5	277 03.9	46.4			
06	242 21.9	273 48.4	S14 03.6	190 47.4	N20 13.2	284 40.1	S16 51.4	292 06.0	S18 46.3	Dubhe	193 44.3	N61 38.2
07	257 24.4	288 47.8	02.6	205 48.4	13.5	299 41.9	51.2	307 08.2	46.2	Elnath	278 05.7	N28 37.5
08	272 26.8	303 47.2	01.5	220 49.4	13.9	314 43.8	51.0	322 10.4	46.2	Eltanin	90 43.9	N51 28.9
M 09	287 29.3	318 46.6	14 00.5	235 50.4 . .	14.3	329 45.7 . .	50.9	337 12.6 . .	46.1	Enif	33 42.2	N 9 58.1
O 10	302 31.7	333 46.0	13 59.5	250 51.4	14.6	344 47.6	50.7	352 14.8	46.0	Fomalhaut	15 18.4	S29 30.8
N 11	317 34.2	348 45.5	58.5	265 52.4	15.0	359 49.5	50.5	7 16.9	46.0			
D 12	332 36.7	3 44.9	S13 57.5	280 53.4	N20 15.4	14 51.4	S16 50.4	22 19.1	S18 45.9	Gacrux	171 54.6	S57 13.7
A 13	347 39.1	18 44.3	56.5	295 54.4	15.7	29 53.3	50.2	37 21.3	45.8	Gienah	175 46.5	S17 39.5
Y 14	2 41.6	33 43.7	55.4	310 55.4	16.1	44 55.1	50.0	52 23.5	45.8	Hadar	148 40.1	S60 28.2
15	17 44.1	48 43.1 . .	54.4	325 56.4 . .	16.4	59 57.0 . .	49.9	67 25.7 . .	45.7	Hamal	327 54.9	N23 33.6
16	32 46.5	63 42.6	53.4	340 57.4	16.8	74 58.9	49.7	82 27.8	45.6	Kaus Aust.	83 36.9	S34 22.4
17	47 49.0	78 42.0	52.4	355 58.4	17.2	90 00.8	49.5	97 30.0	45.6			
18	62 51.5	93 41.4	S13 51.4	10 59.4	N20 17.5	105 02.7	S16 49.4	112 32.2	S18 45.5	Kochab	137 19.5	N74 03.9
19	77 53.9	108 40.8	50.3	26 00.4	17.9	120 04.6	49.2	127 34.4	45.4	Markab	13 33.3	N15 19.0
20	92 56.4	123 40.2	49.3	41 01.4	18.2	135 06.4	49.0	142 36.6	45.4	Menkar	314 09.5	N 4 10.1
21	107 58.9	138 39.7 . .	48.3	56 02.4 . .	18.6	150 08.3 . .	48.9	157 38.7 . .	45.3	Menkent	148 01.1	S36 28.2
22	123 01.3	153 39.1	47.3	71 03.4	19.0	165 10.2	48.7	172 40.9	45.2	Miaplacidus	221 37.9	S69 48.3
23	138 03.8	168 38.5	46.2	86 04.3	19.3	180 12.1	48.5	187 43.1	45.2			
23 00	153 06.2	183 37.9	S13 45.2	101 05.3	N20 19.7	195 14.0	S16 48.4	202 45.3	S18 45.1	Mirfak	308 32.8	N49 56.2
01	168 08.7	198 37.4	44.2	116 06.3	20.0	210 15.9	48.2	217 47.5	45.0	Nunki	75 51.9	S26 16.2
02	183 11.2	213 36.8	43.2	131 07.3	20.4	225 17.8	48.0	232 49.6	45.0	Peacock	53 11.3	S56 40.0
03	198 13.6	228 36.2 . .	42.1	146 08.3 . .	20.8	240 19.7 . .	47.9	247 51.8 . .	44.9	Pollux	243 20.9	N27 58.5
04	213 16.1	243 35.6	41.1	161 09.3	21.1	255 21.5	47.7	262 54.0	44.8	Procyon	244 53.9	N 5 10.1
05	228 18.6	258 35.1	40.1	176 10.3	21.5	270 23.4	47.5	277 56.2	44.8			
06	243 21.0	273 34.5	S13 39.1	191 11.3	N20 21.8	285 25.3	S16 47.4	292 58.4	S18 44.7	Rasalhague	96 01.6	N12 32.6
07	258 23.5	288 33.9	38.0	206 12.3	22.2	300 27.2	47.2	308 00.5	44.6	Regulus	207 37.5	N11 51.8
T 08	273 26.0	303 33.3	37.0	221 13.3	22.5	315 29.1	47.0	323 02.7	44.5	Rigel	281 06.8	S 8 10.9
U 09	288 28.4	318 32.8 . .	36.0	236 14.3 . .	22.9	330 31.0 . .	46.9	338 04.9 . .	44.5	Rigil Kent.	139 44.3	S60 55.0
E 10	303 30.9	333 32.2	34.9	251 15.3	23.3	345 32.9	46.7	353 07.1	44.4	Sabik	102 06.5	S15 45.0
S 11	318 33.4	348 31.6	33.9	266 16.2	23.6	0 34.7	46.5	8 09.3	44.3			
D 12	333 35.8	3 31.1	S13 32.9	281 17.2	N20 24.0	15 36.6	S16 46.4	23 11.5	S18 44.3	Schedar	349 35.0	N56 39.2
A 13	348 38.3	18 30.5	31.8	296 18.2	24.3	30 38.5	46.2	38 13.6	44.2	Shaula	96 14.8	S37 07.0
Y 14	3 40.7	33 29.9	30.8	311 19.2	24.7	45 40.4	46.0	53 15.8	44.1	Sirius	258 28.8	S16 44.9
15	18 43.2	48 29.3 . .	29.8	326 20.2 . .	25.0	60 42.3 . .	45.9	68 18.0 . .	44.1	Spica	158 25.4	S11 16.3
16	33 45.7	63 28.8	28.7	341 21.2	25.4	75 44.2	45.7	83 20.2	44.0	Suhail	222 48.1	S43 31.2
17	48 48.1	78 28.2	27.7	356 22.2	25.8	90 46.1	45.5	98 22.4	43.9			
18	63 50.6	93 27.6	S13 26.7	11 23.2	N20 26.1	105 48.0	S16 45.4	113 24.5	S18 43.9	Vega	80 35.6	N38 48.0
19	78 53.1	108 27.1	25.6	26 24.2	26.5	120 49.8	45.2	128 26.7	43.8	Zuben'ubi	136 59.4	S16 07.7
20	93 55.5	123 26.5	24.6	41 25.1	26.8	135 51.7	45.0	143 28.9	43.7		SHA	Mer. Pass.
21	108 58.0	138 25.9 . .	23.5	56 26.1 . .	27.2	150 53.6 . .	44.9	158 31.1 . .	43.7		° ′	h m
22	124 00.5	153 25.4	22.5	71 27.1	27.5	165 55.5	44.7	173 33.3	43.6	Venus	31 44.8	11 45
23	139 02.9	168 24.8	21.5	86 28.1	27.9	180 57.4	44.5	188 35.5	43.5	Mars	308 34.3	17 16
	h m									Jupiter	42 21.6	11 01
Mer.Pass. 13 49.3		v −0.6	d 1.0	v 1.0	d 0.4	v 1.9	d 0.2	v 2.2	d 0.1	Saturn	49 45.9	10 31

INDEX TO SELECTED STARS, 2021

Name	No	Mag	SHA	Dec
			°	°
Acamar	7	3·2	315	S 40
Achernar	5	0·5	335	S 57
Acrux	30	1·3	173	S 63
Adhara	19	1·5	255	S 29
Aldebaran	10	0·9	291	N 17
Alioth	32	1·8	166	N 56
Alkaid	34	1·9	153	N 49
Alnair	55	1·7	28	S 47
Alnilam	15	1·7	276	S 1
Alphard	25	2·0	218	S 9
Alphecca	41	2·2	126	N 27
Alpheratz	1	2·1	358	N 29
Altair	51	0·8	62	N 9
Ankaa	2	2·4	353	S 42
Antares	42	1·0	112	S 26
Arcturus	37	0·0	146	N 19
Atria	43	1·9	107	S 69
Avior	22	1·9	234	S 60
Bellatrix	13	1·6	278	N 6
Betelgeuse	16	Var.*	271	N 7
Canopus	17	−0·7	264	S 53
Capella	12	0·1	280	N 46
Deneb	53	1·3	49	N 45
Denebola	28	2·1	182	N 14
Diphda	4	2·0	349	S 18
Dubhe	27	1·8	194	N 62
Elnath	14	1·7	278	N 29
Eltanin	47	2·2	91	N 51
Enif	54	2·4	34	N 10
Fomalhaut	56	1·2	15	S 30
Gacrux	31	1·6	172	S 57
Gienah	29	2·6	176	S 18
Hadar	35	0·6	149	S 60
Hamal	6	2·0	328	N 24
Kaus Australis	48	1·9	84	S 34
Kochab	40	2·1	137	N 74
Markab	57	2·5	14	N 15
Menkar	8	2·5	314	N 4
Menkent	36	2·1	148	S 36
Miaplacidus	24	1·7	222	S 70
Mirfak	9	1·8	309	N 50
Nunki	50	2·0	76	S 26
Peacock	52	1·9	53	S 57
Pollux	21	1·1	243	N 28
Procyon	20	0·4	245	N 5
Rasalhague	46	2·1	96	N 13
Regulus	26	1·4	208	N 12
Rigel	11	0·1	281	S 8
Rigil Kentaurus	38	−0·3	140	S 61
Sabik	44	2·4	102	S 16
Schedar	3	2·2	350	N 57
Shaula	45	1·6	96	S 37
Sirius	18	−1·5	258	S 17
Spica	33	1·0	158	S 11
Suhail	23	2·2	223	S 44
Vega	49	0·0	81	N 39
Zubenelgenubi	39	2·8	137	S 16

No	Name	Mag	SHA	Dec
			°	°
1	Alpheratz	2·1	358	N 29
2	Ankaa	2·4	353	S 42
3	Schedar	2·2	350	N 57
4	Diphda	2·0	349	S 18
5	Achernar	0·5	335	S 57
6	Hamal	2·0	328	N 24
7	Acamar	3·2	315	S 40
8	Menkar	2·5	314	N 4
9	Mirfak	1·8	309	N 50
10	Aldebaran	0·9	291	N 17
11	Rigel	0·1	281	S 8
12	Capella	0·1	280	N 46
13	Bellatrix	1·6	278	N 6
14	Elnath	1·7	278	N 29
15	Alnilam	1·7	276	S 1
16	Betelgeuse	Var.*	271	N 7
17	Canopus	−0·7	264	S 53
18	Sirius	−1·5	258	S 17
19	Adhara	1·5	255	S 29
20	Procyon	0·4	245	N 5
21	Pollux	1·1	243	N 28
22	Avior	1·9	234	S 60
23	Suhail	2·2	223	S 44
24	Miaplacidus	1·7	222	S 70
25	Alphard	2·0	218	S 9
26	Regulus	1·4	208	N 12
27	Dubhe	1·8	194	N 62
28	Denebola	2·1	182	N 14
29	Gienah	2·6	176	S 18
30	Acrux	1·3	173	S 63
31	Gacrux	1·6	172	S 57
32	Alioth	1·8	166	N 56
33	Spica	1·0	158	S 11
34	Alkaid	1·9	153	N 49
35	Hadar	0·6	149	S 60
36	Menkent	2·1	148	S 36
37	Arcturus	0·0	146	N 19
38	Rigil Kentaurus	−0·3	140	S 61
39	Zubenelgenubi	2·8	137	S 16
40	Kochab	2·1	137	N 74
41	Alphecca	2·2	126	N 27
42	Antares	1·0	112	S 26
43	Atria	1·9	107	S 69
44	Sabik	2·4	102	S 16
45	Shaula	1·6	96	S 37
46	Rasalhague	2·1	96	N 13
47	Eltanin	2·2	91	N 51
48	Kaus Australis	1·9	84	S 34
49	Vega	0·0	81	N 39
50	Nunki	2·0	76	S 26
51	Altair	0·8	62	N 9
52	Peacock	1·9	53	S 57
53	Deneb	1·3	49	N 45
54	Enif	2·4	34	N 10
55	Alnair	1·7	28	S 47
56	Fomalhaut	1·2	15	S 30
57	Markab	2·5	14	N 15

*0·1 — 1·6

ALTITUDE CORRECTION TABLES 10°–90°—SUN, STARS, PLANETS

OCT.–MAR. SUN APR.–SEPT.		STARS AND PLANETS		DIP		
App. Alt. / Lower Limb / Upper Limb	App. Alt. / Lower Limb / Upper Limb	App. Alt. / Corrⁿ	App. Alt. / Additional Corrⁿ	Ht. of Eye / Corrⁿ	Ht. of Eye	Ht. of Eye / Corrⁿ

OCT.–MAR. Sun	APR.–SEPT. Sun	Stars/Planets	Additional	DIP (m)	DIP (ft)	DIP (extra)
9 33 +10.8 −21.5	9 39 +10.6 −21.2	9 55 −5.3	**2021** VENUS	2.4 −2.8	8.0 −2.8	m
9 45 +10.9 −21.4	9 50 +10.7 −21.1	10 07 −5.2	Jan. 1–Sept. 19	2.6 −2.8	8.6 −2.8	1.0 −1.8
9 56 +11.0 −21.3	10 02 +10.8 −21.0	10 20 −5.1	° ′	2.8 −2.9	9.2	1.5 −2.2
10 08 +11.1 −21.2	10 14 +10.9 −20.9	10 32 −5.0	0 +0.1	3.0 −3.0	9.8	2.0 −2.5
10 20 +11.2 −21.1	10 27 +11.0 −20.8	10 46 −4.9	60	3.2 −3.1	10.5	2.5 −2.8
10 33 +11.3 −21.0	10 40 +11.1 −20.7	10 59 −4.8	Sept. 20–Nov. 9	3.4 −3.2	11.2	3.0 −3.0
10 46 +11.4 −20.9	10 53 +11.2 −20.6	11 14 −4.7	° ′	3.6 −3.3	11.9	See table ←
11 00 +11.5 −20.8	11 07 +11.3 −20.5	11 29 −4.6	0 +0.2	3.8 −3.4	12.6	
11 15 +11.6 −20.7	11 22 +11.4 −20.4	11 44 −4.5	41 +0.1	4.0 −3.5	13.3	m ′
11 30 +11.7 −20.6	11 37 +11.5 −20.3	12 00 −4.4	76	4.3 −3.6	14.1	20 −7.9
11 45 +11.8 −20.5	11 53 +11.6 −20.2	12 17 −4.3	Nov. 10–Dec. 2	4.5 −3.7	14.9	22 −8.3
12 01 +11.9 −20.4	12 10 +11.7 −20.1	12 35 −4.2	° ′	4.7 −3.8	15.7	24 −8.6
12 18 +12.0 −20.3	12 27 +11.8 −20.0	12 53 −4.1	0 +0.3	5.0 −3.9	16.5	26 −9.0
12 36 +12.1 −20.2	12 45 +11.9 −19.9	13 12 −4.0	34 +0.2	5.2 −4.0	17.4	28 −9.3
12 54 +12.2 −20.1	13 04 +12.0 −19.8	13 32 −3.9	60 +0.1	5.5 −4.1	18.3	
13 14 +12.3 −20.0	13 24 +12.1 −19.7	13 53 −3.8	80	5.8 −4.2	19.1	30 −9.6
13 34 +12.4 −19.9	13 44 +12.2 −19.6	14 16 −3.7	Dec. 3–Dec. 18	6.1 −4.3	20.1	32 −10.0
13 55 +12.5 −19.8	14 06 +12.3 −19.5	14 39 −3.6	° ′	6.3 −4.4	21.0	34 −10.3
14 17 +12.6 −19.7	14 29 +12.4 −19.4	15 03 −3.5	0 +0.4	6.6 −4.5	22.0	36 −10.6
14 41 +12.7 −19.6	14 53 +12.5 −19.3	15 29 −3.4	29 +0.3	6.9 −4.6	22.9	38 −10.8
15 05 +12.8 −19.5	15 18 +12.6 −19.2	15 56 −3.3	51 +0.2	7.2 −4.7	23.9	
15 31 +12.9 −19.4	15 45 +12.7 −19.1	16 25 −3.2	68 +0.1	7.5 −4.8	24.9	40 −11.1
15 59 +13.0 −19.3	16 13 +12.8 −19.0	16 55 −3.1	83	7.9 −4.9	26.0	42 −11.4
16 27 +13.1 −19.2	16 43 +12.9 −18.9	17 27 −3.0	Dec. 19–Dec. 31	8.2 −5.0	27.1	44 −11.7
16 58 +13.2 −19.1	17 14 +13.0 −18.8	18 01 −2.9	° ′	8.5 −5.1	28.1	46 −11.9
17 30 +13.3 −19.0	17 47 +13.1 −18.7	18 37 −2.8	0 +0.5	8.8 −5.2	29.2	48 −12.2
18 05 +13.4 −18.9	18 23 +13.2 −18.6	19 16 −2.7	26 +0.4	9.2 −5.3	30.4	ft.
18 41 +13.5 −18.8	19 00 +13.3 −18.5	19 56 −2.6	46 +0.3	9.5 −5.4	31.5	2 −1.4
19 20 +13.6 −18.7	19 41 +13.4 −18.4	20 40 −2.5	60 +0.2	9.9 −5.5	32.7	4 −1.9
20 02 +13.7 −18.6	20 24 +13.5 −18.3	21 27 −2.4	73 +0.1	10.3 −5.6	33.9	6 −2.4
20 46 +13.8 −18.5	21 10 +13.6 −18.2	22 17 −2.3	84	10.6 −5.7	35.1	8 −2.7
21 34 +13.9 −18.4	21 59 +13.7 −18.1	23 11 −2.2	**MARS**	11.0 −5.8	36.3	10 −3.1
22 25 +14.0 −18.3	22 52 +13.8 −18.0	24 09 −2.1	Jan. 1–Jan. 9	11.4 −5.9	37.6	See table ←
23 20 +14.1 −18.2	23 49 +13.9 −17.9	25 12 −2.0	° ′	11.8 −6.0	38.9	
24 20 +14.2 −18.1	24 51 +14.0 −17.8	26 20 −1.9	0 +0.2	12.2 −6.1	40.1	ft. ′
25 24 +14.3 −18.0	25 58 +14.1 −17.7	27 34 −1.8	41 +0.1	12.6 −6.2	41.5	70 −8.1
26 34 +14.4 −17.9	27 11 +14.2 −17.6	28 54 −1.7	76	13.0 −6.3	42.8	75 −8.4
27 50 +14.5 −17.8	28 31 +14.3 −17.5	30 22 −1.6	Jan. 10–Dec. 31	13.4 −6.4	44.2	80 −8.7
29 13 +14.6 −17.7	29 58 +14.4 −17.4	31 58 −1.5	° ′	13.8 −6.5	45.5	85 −8.9
30 44 +14.7 −17.6	31 33 +14.5 −17.3	33 43 −1.4	60 +0.1	14.2 −6.6	46.9	90 −9.2
32 24 +14.8 −17.5	33 18 +14.6 −17.2	35 38 −1.3		14.7 −6.7	48.4	95 −9.5
34 15 +14.9 −17.4	35 15 +14.7 −17.1	37 45 −1.2		15.1 −6.8	49.8	
36 17 +15.0 −17.3	37 24 +14.8 −17.0	40 06 −1.1		15.5 −6.9	51.3	100 −9.7
38 34 +15.1 −17.2	39 48 +14.9 −16.9	42 42 −1.0		16.0 −7.0	52.8	105 −9.9
41 06 +15.2 −17.1	42 28 +15.0 −16.8	45 34 −0.9		16.5 −7.1	54.3	110 −10.2
43 56 +15.3 −17.0	45 29 +15.1 −16.7	48 45 −0.8		16.9 −7.2	55.8	115 −10.4
47 07 +15.4 −16.9	48 52 +15.2 −16.6	52 16 −0.7		17.4 −7.3	57.4	120 −10.6
50 43 +15.5 −16.8	52 41 +15.3 −16.5	56 09 −0.6		17.9 −7.4	58.9	125 −10.8
54 46 +15.6 −16.7	56 59 +15.4 −16.4	60 26 −0.5		18.4 −7.5	60.5	
59 21 +15.7 −16.6	61 50 +15.5 −16.3	65 06 −0.4		18.8 −7.6	62.1	130 −11.1
64 28 +15.8 −16.5	67 15 +15.6 −16.2	70 09 −0.3		19.3 −7.7	63.8	135 −11.3
70 10 +15.9 −16.4	73 14 +15.7 −16.1	75 32 −0.2		19.8 −7.8	65.4	140 −11.5
76 24 +16.0 −16.3	79 42 +15.8 −16.0	81 12 −0.1		20.4 −7.9	67.1	145 −11.7
83 05 +16.1 −16.2	86 31 +15.9 −15.9	87 03 0.0		20.9 −8.0	68.8	150 −11.9
90 00	90 00	90 00		21.4 −8.1	70.5	155 −12.1

App. Alt. = Apparent altitude = Sextant altitude corrected for index error and dip.

2021 FEBRUARY 21, 22, 23 (SUN., MON., TUES.)

UT	SUN GHA	SUN Dec	MOON GHA	MOON v	MOON Dec	MOON d	MOON HP	Lat.	Twilight Naut.	Twilight Civil	Sunrise	Moonrise 21	Moonrise 22	Moonrise 23	Moonrise 24
d h	° ′	° ′	° ′	′	° ′	′	′	°	h m	h m	h m	h m	h m	h m	h m
								N 72	05 42	07 01	08 13	▭	▭	▭	▭
21 00	176 35.6	S10 33.4	76 28.4	11.3	N22 36.6	5.8	54.8	N 70	05 44	06 55	07 59	▭	▭	▭	▭
01	191 35.7	32.5	90 58.7	11.3	22 42.4	5.6	54.8	68	05 45	06 50	07 48	▭	▭	▭	▭
02	206 35.7	31.6	105 29.0	11.2	22 48.0	5.6	54.8	66	05 46	06 45	07 39	08 11	▭	▭	10 37
03	221 35.8	.. 30.7	119 59.2	11.1	22 53.6	5.4	54.8	64	05 47	06 42	07 31	09 04	09 20	10 10	11 41
04	236 35.9	29.8	134 29.3	11.1	22 59.0	5.4	54.9	62	05 47	06 38	07 24	09 36	10 04	10 56	12 15
05	251 36.0	28.9	148 59.4	11.0	23 04.4	5.2	54.9	60	05 47	06 35	07 18	10 00	10 33	11 26	12 40
06	266 36.0	S10 27.9	163 29.4	10.9	N23 09.6	5.1	54.9	N 58	05 47	06 33	07 13	10 19	10 56	11 49	13 00
07	281 36.1	27.0	177 59.3	10.9	23 14.7	5.1	54.9	56	05 47	06 30	07 08	10 35	11 14	12 08	13 17
08	296 36.2	26.1	192 29.2	10.8	23 19.8	4.9	54.9	54	05 47	06 28	07 04	10 49	11 29	12 23	13 31
S 09	311 36.3	.. 25.2	206 59.0	10.7	23 24.7	4.8	55.0	52	05 47	06 26	07 00	11 01	11 43	12 37	13 43
U 10	326 36.3	24.3	221 28.7	10.7	23 29.5	4.7	55.0	50	05 47	06 24	06 57	11 12	11 54	12 48	13 54
N 11	341 36.4	23.4	235 58.4	10.6	23 34.2	4.6	55.0	45	05 46	06 20	06 50	11 34	12 19	13 13	14 16
D 12	356 36.5	S10 22.5	250 28.0	10.5	N23 38.8	4.4	55.0	N 40	05 44	06 16	06 43	11 52	12 38	13 32	14 34
A 13	11 36.6	21.6	264 57.5	10.5	23 43.2	4.4	55.1	35	05 43	06 12	06 38	12 08	12 55	13 49	14 49
Y 14	26 36.6	20.7	279 27.0	10.4	23 47.6	4.2	55.1	30	05 41	06 09	06 33	12 21	13 09	14 03	15 02
15	41 36.7	.. 19.8	293 56.4	10.3	23 51.8	4.2	55.1	20	05 37	06 02	06 25	12 43	13 33	14 27	15 25
16	56 36.8	18.9	308 25.7	10.3	23 56.0	4.0	55.1	N 10	05 31	05 56	06 17	13 03	13 54	14 48	15 44
17	71 36.9	18.0	322 55.0	10.2	24 00.0	3.9	55.1	0	05 25	05 49	06 10	13 21	14 13	15 07	16 02
18	86 37.0	S10 17.1	337 24.2	10.1	N24 03.9	3.8	55.2	S 10	05 17	05 41	06 03	13 40	14 33	15 27	16 20
19	101 37.0	16.1	351 53.3	10.1	24 07.7	3.6	55.2	20	05 06	05 32	05 55	14 00	14 54	15 47	16 39
20	116 37.1	15.2	6 22.4	10.0	24 11.3	3.6	55.2	30	04 52	05 21	05 46	14 23	15 18	16 11	17 01
21	131 37.2	.. 14.3	20 51.4	10.0	24 14.9	3.4	55.2	35	04 43	05 15	05 41	14 36	15 32	16 26	17 14
22	146 37.3	13.4	35 20.4	9.9	24 18.3	3.3	55.3	40	04 33	05 06	05 35	14 52	15 49	16 42	17 29
23	161 37.3	12.5	49 49.3	9.8	24 21.6	3.2	55.3	45	04 19	04 57	05 28	15 10	16 09	17 01	17 47
22 00	176 37.4	S10 11.6	64 18.1	9.8	N24 24.8	3.1	55.3	S 50	04 02	04 45	05 19	15 34	16 34	17 26	18 09
01	191 37.5	10.7	78 46.9	9.7	24 27.9	2.9	55.3	52	03 54	04 39	05 15	15 45	16 46	17 38	18 19
02	206 37.6	09.8	93 15.6	9.7	24 30.8	2.8	55.4	54	03 44	04 33	05 11	15 58	16 59	17 51	18 31
03	221 37.7	.. 08.9	107 44.3	9.5	24 33.6	2.7	55.4	56	03 33	04 25	05 06	16 12	17 15	18 06	18 44
04	236 37.7	07.9	122 12.8	9.6	24 36.3	2.6	55.4	58	03 21	04 17	05 00	16 30	17 34	18 25	19 00
05	251 37.8	07.0	136 41.4	9.5	24 38.9	2.5	55.4	S 60	03 05	04 08	04 54	16 51	17 58	18 47	19 18
06	266 37.9	S10 06.1	151 09.9	9.4	N24 41.4	2.3	55.5	Lat.	Sunset	Twilight Civil	Twilight Naut.	Moonset 21	Moonset 22	Moonset 23	Moonset 24
07	281 38.0	05.2	165 38.3	9.4	24 43.7	2.2	55.5								
08	296 38.1	04.3	180 06.7	9.3	24 45.9	2.0	55.5								
M 09	311 38.2	.. 03.4	194 35.0	9.3	24 47.9	2.0	55.5	°	h m	h m	h m	h m	h m	h m	h m
O 10	326 38.2	02.5	209 03.3	9.2	24 49.9	1.8	55.6								
N 11	341 38.3	01.5	223 31.5	9.1	24 51.7	1.7	55.6	N 72	16 16	17 28	18 47	▭	▭	▭	▭
D 12	356 38.4	S10 00.6	237 59.6	9.1	N24 53.4	1.5	55.6	N 70	16 29	17 34	18 45	▭	▭	▭	▭
A 13	11 38.5	9 59.7	252 27.7	9.1	24 54.9	1.5	55.6	68	16 41	17 39	18 44	▭	▭	▭	▭
Y 14	26 38.6	58.8	266 55.8	9.0	24 56.4	1.3	55.7	66	16 50	17 43	18 42	05 58	▭	▭	09 06
15	41 38.7	.. 57.9	281 23.8	9.0	24 57.7	1.1	55.7	64	16 57	17 47	18 42	05 06	06 36	07 38	08 02
16	56 38.7	57.0	295 51.8	8.9	24 58.8	1.1	55.7	62	17 04	17 50	18 41	04 34	05 52	06 52	07 27
17	71 38.8	56.1	310 19.7	8.8	24 59.9	0.9	55.8	60	17 10	17 53	18 41	04 10	05 23	06 22	07 01
18	86 38.8	S 9 55.1	324 47.5	8.9	N25 00.8	0.7	55.8	N 58	17 15	17 55	18 41	03 52	05 01	05 59	06 41
19	101 39.0	54.2	339 15.4	8.7	25 01.5	0.7	55.8	56	17 19	17 57	18 41	03 36	04 43	05 40	06 24
20	116 39.1	53.3	353 43.1	8.8	25 02.2	0.5	55.8	54	17 24	18 00	18 41	03 22	04 28	05 24	06 10
21	131 39.2	.. 52.4	8 10.9	8.6	25 02.7	0.3	55.9	52	17 27	18 02	18 41	03 11	04 14	05 11	05 57
22	146 39.2	51.5	22 38.5	8.7	25 03.0	0.3	55.9	50	17 31	18 03	18 41	03 00	04 03	04 59	05 46
23	161 39.3	50.6	37 06.2	8.6	25 03.3	0.1	55.9	45	17 39	18 08	18 42	02 38	03 39	04 34	05 23
23 00	176 39.4	S 9 49.6	51 33.8	8.5	N25 03.4	0.1	56.0	N 40	17 44	18 12	18 43	02 21	03 19	04 15	05 05
01	191 39.5	48.7	66 01.3	8.6	25 03.3	0.2	56.0	35	17 49	18 15	18 45	02 06	03 03	03 58	04 49
02	206 39.6	47.8	80 28.9	8.5	25 03.1	0.3	56.0	30	17 54	18 18	18 46	01 54	02 49	03 44	04 36
03	221 39.7	.. 46.9	94 56.4	8.4	25 02.8	0.4	56.1	20	18 02	18 25	18 50	01 32	02 26	03 20	04 12
04	236 39.8	46.0	109 23.8	8.4	25 02.4	0.6	56.1	N 10	18 10	18 31	18 56	01 13	02 05	02 59	03 52
05	251 39.9	45.0	123 51.2	8.4	25 01.8	0.7	56.1	0	18 17	18 38	19 02	00 56	01 46	02 39	03 34
06	266 39.9	S 9 44.1	138 18.6	8.3	N25 01.1	0.9	56.1	S 10	18 24	18 45	19 10	00 38	01 27	02 19	03 15
07	281 40.0	43.2	152 45.9	8.4	25 00.2	1.0	56.2	20	18 32	18 54	19 20	00 19	01 06	01 58	02 54
08	296 40.1	42.3	167 13.3	8.2	24 59.2	1.2	56.2	30	18 40	19 05	19 34	24 43	00 43	01 34	02 31
T 09	311 40.2	.. 41.4	181 40.5	8.3	24 58.0	1.2	56.2	35	18 46	19 12	19 43	24 29	00 29	01 20	02 17
U 10	326 40.3	40.5	196 07.8	8.2	24 56.8	1.5	56.3	40	18 52	19 19	19 53	24 13	00 13	01 03	02 01
E 11	341 40.4	39.5	210 35.0	8.2	24 55.3	1.5	56.3	45	18 58	19 29	20 06	23 54	24 43	00 43	01 42
S 12	356 40.5	S 9 38.6	225 02.2	8.2	N24 53.8	1.7	56.3	S 50	19 07	19 41	20 23	23 30	24 18	00 18	01 18
D 13	11 40.6	37.7	239 29.4	8.1	24 52.1	1.9	56.4	52	19 11	19 47	20 31	23 19	24 06	00 06	01 06
A 14	26 40.7	36.8	253 56.5	8.1	24 50.2	2.0	56.4	54	19 15	19 53	20 41	23 06	23 52	24 53	00 53
Y 15	41 40.7	.. 35.8	268 23.6	8.1	24 48.2	2.1	56.4	56	19 20	20 00	20 51	22 51	23 36	24 38	00 38
16	56 40.8	34.9	282 50.7	8.1	24 46.1	2.3	56.5	58	19 25	20 08	21 04	22 33	23 17	24 19	00 19
17	71 40.9	34.0	297 17.8	8.1	24 43.8	2.4	56.5	S 60	19 31	20 17	21 19	22 12	22 53	23 57	25 20
18	86 41.0	S 9 33.1	311 44.9	8.0	N24 41.4	2.5	56.5		SUN			MOON			
19	101 41.1	32.2	326 11.9	8.0	24 38.9	2.7	56.6	Day	Eqn. of Time		Mer.	Mer. Pass.		Age	Phase
20	116 41.2	31.2	340 38.9	8.0	24 36.2	2.9	56.6		00ʰ	12ʰ	Pass.	Upper	Lower		
21	131 41.3	.. 30.3	355 05.9	8.0	24 33.3	2.9	56.6	d	m s	m s	h m	h m	h m	d	%
22	146 41.4	29.4	9 32.9	8.0	24 30.4	3.0	56.6	21	13 38	13 34	12 14	19 34	07 08	10	66
23	161 41.5	28.5	23 59.9	7.9	N24 27.2	3.2	56.7	22	13 30	13 27	12 13	20 26	08 00	11	75
	SD 16.2	d 0.9	SD 15.0		15.2		15.3	23	13 22	13 18	12 13	21 20	08 53	12	83

2021 FEBRUARY 24, 25, 26 (WED., THURS., FRI.)

UT	ARIES GHA	VENUS −3.9 GHA / Dec	MARS +0.8 GHA / Dec	JUPITER −2.0 GHA / Dec	SATURN +0.6 GHA / Dec	STARS Name / SHA / Dec
d h	° ′	° ′ / ° ′	° ′ / ° ′	° ′ / ° ′	° ′ / ° ′	° ′ / ° ′
24 00	154 05.4	183 24.2 S13 20.4	101 29.1 N20 28.2	195 59.3 S16 44.4	203 37.6 S18 43.5	Acamar 315 14.3 S40 13.6
01	169 07.9	198 23.7 19.4	116 30.1 28.6	211 01.2 44.2	218 39.8 43.4	Achernar 335 23.0 S57 08.1
02	184 10.3	213 23.1 18.3	131 31.1 28.9	226 03.1 44.1	233 42.0 43.3	Acrux 173 02.8 S63 12.8
03	199 12.8	228 22.6 .. 17.3	146 32.1 .. 29.3	241 04.9 .. 43.9	248 44.2 .. 43.3	Adhara 255 08.1 S29 00.3
04	214 15.2	243 22.0 16.3	161 33.0 29.7	256 06.8 43.7	263 46.4 43.2	Aldebaran 290 43.2 N16 33.0
05	229 17.7	258 21.4 15.2	176 34.0 30.0	271 08.7 43.6	278 48.5 43.1	
06	244 20.2	273 20.9 S13 14.2	191 35.0 N20 30.4	286 10.6 S16 43.4	293 50.7 S18 43.1	Alioth 166 15.4 N55 50.6
W 07	259 22.6	288 20.3 13.1	206 36.0 30.7	301 12.5 43.2	308 52.9 43.0	Alkaid 152 54.3 N49 12.3
E 08	274 25.1	303 19.7 12.1	221 37.0 31.1	316 14.4 43.1	323 55.1 42.9	Alnair 27 37.4 S46 51.6
D 09	289 27.6	318 19.2 .. 11.0	236 38.0 .. 31.4	331 16.3 .. 42.9	338 57.3 .. 42.9	Alnilam 275 40.8 S 1 11.5
N 10	304 30.0	333 18.6 10.0	251 39.0 31.8	346 18.2 42.7	353 59.5 42.8	Alphard 217 50.5 S 8 45.1
E 11	319 32.5	348 18.1 08.9	266 39.9 32.1	1 20.0 42.6	9 01.6 42.7	
S 12	334 35.0	3 17.5 S13 07.9	281 40.9 N20 32.5	16 21.9 S16 42.4	24 03.8 S18 42.7	Alphecca 126 06.4 N26 38.4
D 13	349 37.4	18 17.0 06.8	296 41.9 32.8	31 23.8 42.2	39 06.0 42.6	Alpheratz 357 38.3 N29 12.3
A 14	4 39.9	33 16.4 05.8	311 42.9 33.2	46 25.7 42.1	54 08.2 42.5	Altair 62 03.3 N 8 55.3
Y 15	19 42.3	48 15.8 .. 04.7	326 43.9 .. 33.5	61 27.6 .. 41.9	69 10.4 .. 42.5	Ankaa 353 10.7 S42 11.8
16	34 44.8	63 15.3 03.7	341 44.9 33.9	76 29.5 41.7	84 12.6 42.4	Antares 112 19.7 S26 28.6
17	49 47.3	78 14.7 02.6	356 45.8 34.2	91 31.4 41.6	99 14.7 42.3	
18	64 49.7	93 14.2 S13 01.6	11 46.8 N20 34.6	106 33.3 S16 41.4	114 16.9 S18 42.3	Arcturus 145 50.6 N19 04.2
19	79 52.2	108 13.6 13 00.5	26 47.8 34.9	121 35.2 41.2	129 19.1 42.2	Atria 107 16.8 S69 03.6
20	94 54.7	123 13.1 12 59.5	41 48.8 35.3	136 37.0 41.1	144 21.3 42.1	Avior 234 15.4 S59 34.8
21	109 57.1	138 12.5 .. 58.4	56 49.8 .. 35.6	151 38.9 .. 40.9	159 23.5 .. 42.1	Bellatrix 278 26.1 N 6 22.0
22	124 59.6	153 11.9 57.4	71 50.8 36.0	166 40.8 40.7	174 25.7 42.0	Betelgeuse 270 55.3 N 7 24.5
23	140 02.1	168 11.4 56.3	86 51.7 36.3	181 42.7 40.6	189 27.8 41.9	
25 00	155 04.5	183 10.8 S12 55.3	101 52.7 N20 36.7	196 44.6 S16 40.4	204 30.0 S18 41.9	Canopus 263 53.5 S52 42.7
01	170 07.0	198 10.3 54.2	116 53.7 37.0	211 46.5 40.2	219 32.2 41.8	Capella 280 26.4 N46 01.2
02	185 09.5	213 09.7 53.1	131 54.7 37.4	226 48.4 40.1	234 34.4 41.7	Deneb 49 28.3 N45 21.1
03	200 11.9	228 09.2 .. 52.1	146 55.7 .. 37.7	241 50.3 .. 39.9	249 36.6 .. 41.7	Denebola 182 27.9 N14 27.2
04	215 14.4	243 08.6 51.0	161 56.6 38.1	256 52.2 39.7	264 38.8 41.6	Diphda 348 50.7 S17 52.5
05	230 16.8	258 08.1 50.0	176 57.6 38.4	271 54.1 39.6	279 41.0 41.6	
06	245 19.3	273 07.5 S12 48.9	191 58.6 N20 38.8	286 55.9 S16 39.4	294 43.1 S18 41.5	Dubhe 193 44.3 N61 38.2
07	260 21.8	288 07.0 47.9	206 59.6 39.1	301 57.8 39.2	309 45.3 41.4	Elnath 278 05.7 N28 37.5
T 08	275 24.2	303 06.4 46.8	222 00.6 39.5	316 59.7 39.1	324 47.5 41.3	Eltanin 90 43.9 N51 28.9
H 09	290 26.7	318 05.9 .. 45.7	237 01.5 .. 39.8	332 01.6 .. 38.9	339 49.7 .. 41.3	Enif 33 42.2 N 9 58.1
U 10	305 29.2	333 05.3 44.7	252 02.5 40.2	347 03.5 38.7	354 51.9 41.2	Fomalhaut 15 18.4 S29 30.8
R 11	320 31.6	348 04.8 43.6	267 03.5 40.5	2 05.4 38.6	9 54.1 41.1	
S 12	335 34.1	3 04.2 S12 42.5	282 04.5 N20 40.9	17 07.3 S16 38.4	24 56.2 S18 41.1	Gacrux 171 54.5 S57 13.7
D 13	350 36.6	18 03.7 41.5	297 05.5 41.2	32 09.2 38.2	39 58.4 41.0	Gienah 175 46.5 S17 39.5
A 14	5 39.0	33 03.1 40.4	312 06.4 41.6	47 11.1 38.1	55 00.6 40.9	Hadar 148 40.0 S60 28.2
Y 15	20 41.5	48 02.6 .. 39.4	327 07.4 .. 41.9	62 13.0 .. 37.9	70 02.8 .. 40.8	Hamal 327 54.9 N23 33.6
16	35 44.0	63 02.0 38.3	342 08.4 42.3	77 14.8 37.7	85 05.0 40.8	Kaus Aust. 83 36.9 S34 22.4
17	50 46.4	78 01.5 37.2	357 09.4 42.6	92 16.7 37.6	100 07.2 40.7	
18	65 48.9	93 01.0 S12 36.2	12 10.3 N20 43.0	107 18.6 S16 37.4	115 09.4 S18 40.6	Kochab 137 19.5 N74 03.9
19	80 51.3	108 00.4 35.1	27 11.3 43.3	122 20.5 37.2	130 11.5 40.6	Markab 13 33.3 N15 19.0
20	95 53.8	122 59.9 34.0	42 12.3 43.7	137 22.4 37.1	145 13.7 40.5	Menkar 314 09.5 N 4 10.1
21	110 56.3	137 59.3 .. 33.0	57 13.3 .. 44.0	152 24.3 .. 36.9	160 15.9 .. 40.4	Menkent 148 01.1 S36 28.3
22	125 58.7	152 58.8 31.9	72 14.3 44.4	167 26.2 36.7	175 18.1 40.4	Miaplacidus 221 37.9 S69 48.3
23	141 01.2	167 58.2 30.8	87 15.2 44.7	182 28.1 36.6	190 20.3 40.3	
26 00	156 03.7	182 57.7 S12 29.7	102 16.2 N20 45.0	197 30.0 S16 36.4	205 22.5 S18 40.2	Mirfak 308 32.8 N49 56.2
01	171 06.1	197 57.1 28.7	117 17.2 45.4	212 31.9 36.2	220 24.7 40.2	Nunki 75 51.9 S26 16.2
02	186 08.6	212 56.6 27.6	132 18.2 45.7	227 33.8 36.1	235 26.8 40.1	Peacock 53 11.2 S56 40.0
03	201 11.1	227 56.1 .. 26.5	147 19.1 .. 46.1	242 35.7 .. 35.9	250 29.0 .. 40.0	Pollux 243 20.9 N27 58.5
04	216 13.5	242 55.5 25.5	162 20.1 46.4	257 37.5 35.7	265 31.2 40.0	Procyon 244 53.9 N 5 10.1
05	231 16.0	257 55.0 24.4	177 21.1 46.8	272 39.4 35.6	280 33.4 39.9	
06	246 18.4	272 54.4 S12 23.3	192 22.1 N20 47.1	287 41.3 S16 35.4	295 35.6 S18 39.8	Rasalhague 96 01.6 N12 32.5
07	261 20.9	287 53.9 22.2	207 23.0 47.5	302 43.2 35.2	310 37.8 39.8	Regulus 207 37.5 N11 51.8
08	276 23.4	302 53.4 21.2	222 24.0 47.8	317 45.1 35.1	325 40.0 39.7	Rigel 281 06.8 S 8 10.9
F 09	291 25.8	317 52.8 .. 20.1	237 25.0 .. 48.2	332 47.0 .. 34.9	340 42.1 .. 39.6	Rigil Kent. 139 44.2 S60 55.0
R 10	306 28.3	332 52.3 19.0	252 26.0 48.5	347 48.9 34.7	355 44.3 39.6	Sabik 102 06.4 S15 45.0
I 11	321 30.8	347 51.8 17.9	267 26.9 48.8	2 50.8 34.6	10 46.5 39.5	
D 12	336 33.2	2 51.2 S12 16.9	282 27.9 N20 49.2	17 52.7 S16 34.4	25 48.7 S18 39.4	Schedar 349 35.0 N56 39.2
A 13	351 35.7	17 50.7 15.8	297 28.9 49.5	32 54.6 34.2	40 50.9 39.4	Shaula 96 14.7 S37 07.0
Y 14	6 38.2	32 50.1 14.7	312 29.8 49.9	47 56.5 34.1	55 53.1 39.3	Sirius 258 28.8 S16 44.9
15	21 40.6	47 49.6 .. 13.6	327 30.8 .. 50.2	62 58.4 .. 33.9	70 55.3 .. 39.2	Spica 158 25.4 S11 16.3
16	36 43.1	62 49.1 12.5	342 31.8 50.6	78 00.3 33.7	85 57.4 39.2	Suhail 222 48.1 S43 31.2
17	51 45.6	77 48.5 11.5	357 32.8 50.9	93 02.1 33.6	100 59.6 39.1	
18	66 48.0	92 48.0 S12 10.4	12 33.7 N20 51.2	108 04.0 S16 33.4	116 01.8 S18 39.0	Vega 80 35.6 N38 47.9
19	81 50.5	107 47.5 09.3	27 34.7 51.6	123 05.9 33.2	131 04.0 39.0	Zuben'ubi 136 59.4 S16 07.7
20	96 52.9	122 46.9 08.2	42 35.7 51.9	138 07.8 33.1	146 06.2 38.9	SHA / Mer.Pass.
21	111 55.4	137 46.4 .. 07.1	57 36.7 .. 52.3	153 09.7 .. 32.9	161 08.4 .. 38.8	° ′ / h m
22	126 57.9	152 45.9 06.1	72 37.6 52.6	168 11.6 32.8	176 10.6 38.8	Venus 28 06.3 11 48
23	142 00.3	167 45.3 05.0	87 38.6 53.0	183 13.5 32.6	191 12.8 38.7	Mars 306 48.2 17 11
	h m					Jupiter 41 40.1 10 52
Mer.Pass. 13 37.5	v −0.5 d 1.1	v 1.0 d 0.3	v 1.9 d 0.2	v 2.2 d 0.1	Saturn 49 25.5 10 20

2021 FEBRUARY 24, 25, 26 (WED., THURS., FRI.)

UT	SUN GHA	SUN Dec	MOON GHA	MOON v	MOON Dec	MOON d	MOON HP	Lat.	Twilight Naut.	Twilight Civil	Sunrise	Moonrise 24	Moonrise 25	Moonrise 26	Moonrise 27
d h	° ′	° ′	° ′	′	° ′	′	′	°	h m	h m	h m	h m	h m	h m	h m
24 00	176 41.6	S 9 27.5	38 26.8	8.0	N24 24.0	3.4	56.7	N 72	05 28	06 46	07 57	▬▬	▬▬	13 15	16 12
01	191 41.7	26.6	52 53.8	7.9	24 20.6	3.6	56.7	N 70	05 32	06 42	07 45	▬▬	▬▬	14 06	16 31
02	206 41.8	25.7	67 20.7	7.9	24 17.0	3.7	56.8	68	05 34	06 38	07 35	▬▬	12 08	14 38	16 46
03	221 41.8	24.8	81 47.6	7.9	24 13.3	3.8	56.8	66	05 36	06 35	07 27	10 37	12 57	15 01	16 58
04	236 41.9	23.8	96 14.5	7.9	24 09.5	4.0	56.8	64	05 37	06 32	07 21	11 41	13 28	15 19	17 08
05	251 42.0	22.9	110 41.4	7.9	24 05.5	4.1	56.9	62	05 38	06 30	07 15	12 15	13 51	15 33	17 16
								60	05 39	06 27	07 10	12 40	14 10	15 46	17 24
06	266 42.1	S 9 22.0	125 08.3	7.9	N24 01.4	4.3	56.9	N 58	05 40	06 25	07 05	13 00	14 25	15 56	17 30
W 07	281 42.2	21.1	139 35.2	7.9	23 57.1	4.4	56.9	56	05 40	06 23	07 01	13 17	14 38	16 05	17 36
E 08	296 42.3	20.1	154 02.1	7.9	23 52.7	4.5	57.0	54	05 41	06 22	06 57	13 31	14 49	16 14	17 41
D 09	311 42.4	19.2	168 29.0	7.9	23 48.2	4.7	57.0	52	05 41	06 20	06 54	13 43	14 59	16 21	17 45
N 10	326 42.5	18.3	182 55.9	7.8	23 43.5	4.8	57.0	50	05 41	06 19	06 51	13 54	15 08	16 27	17 49
E 11	341 42.6	17.4	197 22.7	7.9	23 38.7	5.0	57.1	45	05 41	06 15	06 45	14 16	15 27	16 41	17 58
S 12	356 42.7	S 9 16.4	211 49.6	7.9	N23 33.7	5.1	57.1	N 40	05 40	06 12	06 39	14 34	15 42	16 53	18 05
D 13	11 42.8	15.5	226 16.5	7.9	23 28.6	5.3	57.1	35	05 39	06 09	06 34	14 49	15 55	17 03	18 12
A 14	26 42.9	14.6	240 43.4	7.9	23 23.3	5.4	57.2	30	05 38	06 06	06 30	15 02	16 06	17 11	18 17
Y 15	41 43.0	13.7	255 10.3	7.9	23 17.9	5.5	57.2	20	05 35	06 00	06 23	15 25	16 25	17 26	18 27
16	56 43.1	12.7	269 37.2	7.9	23 12.4	5.7	57.2	N 10	05 30	05 55	06 16	15 44	16 41	17 39	18 35
17	71 43.2	11.8	284 04.1	7.9	23 06.7	5.8	57.3	0	05 24	05 49	06 10	16 02	16 57	17 50	18 43
18	86 43.3	S 9 10.9	298 31.0	7.9	N23 00.9	6.0	57.3	S 10	05 17	05 42	06 03	16 20	17 12	18 02	18 50
19	101 43.4	10.0	312 57.9	7.9	22 54.9	6.1	57.3	20	05 08	05 34	05 56	16 39	17 29	18 15	18 59
20	116 43.5	09.0	327 24.8	8.0	22 48.8	6.2	57.4	30	04 55	05 24	05 48	17 01	17 47	18 29	19 08
21	131 43.6	08.1	341 51.8	7.9	22 42.6	6.4	57.4	35	04 47	05 17	05 43	17 14	17 58	18 38	19 13
22	146 43.7	07.2	356 18.7	8.0	22 36.2	6.5	57.4	40	04 37	05 10	05 38	17 29	18 11	18 47	19 19
23	161 43.8	06.2	10 45.7	7.9	22 29.7	6.6	57.5	45	04 24	05 01	05 32	17 47	18 25	18 58	19 26
25 00	176 43.9	S 9 05.3	25 12.6	8.0	N22 23.1	6.8	57.5	S 50	04 09	04 50	05 24	18 09	18 43	19 11	19 35
01	191 44.0	04.4	39 39.6	8.0	22 16.3	7.0	57.5	52	04 01	04 45	05 21	18 19	18 52	19 17	19 38
02	206 44.1	03.5	54 06.6	8.0	22 09.3	7.0	57.6	54	03 52	04 39	05 17	18 31	19 01	19 24	19 43
03	221 44.2	02.5	68 33.6	8.1	22 02.3	7.2	57.6	56	03 42	04 33	05 12	18 44	19 12	19 32	19 47
04	236 44.3	01.6	83 00.7	8.0	21 55.1	7.4	57.6	58	03 30	04 25	05 08	19 00	19 24	19 40	19 52
05	251 44.4	9 00.7	97 27.7	8.1	21 47.7	7.4	57.7	S 60	03 16	04 17	05 02	19 18	19 37	19 50	19 58
06	266 44.5	S 8 59.7	111 54.8	8.1	N21 40.3	7.6	57.7								
07	281 44.6	58.8	126 21.9	8.1	21 32.7	7.8	57.7	Lat.	Sunset	Twilight Civil	Twilight Naut.	Moonset 24	Moonset 25	Moonset 26	Moonset 27
T 08	296 44.7	57.9	140 49.0	8.1	21 24.9	7.8	57.8								
H 09	311 44.8	56.9	155 16.1	8.2	21 17.1	8.0	57.8	°	h m	h m	h m	h m	h m	h m	h m
U 10	326 44.9	56.0	169 43.3	8.1	21 09.1	8.2	57.8	N 72	16 31	17 42	19 00	▬▬	▬▬	10 19	09 13
R 11	341 45.0	55.1	184 10.4	8.2	21 00.9	8.2	57.9	N 70	16 43	17 46	18 57	▬▬	▬▬	09 27	08 52
S 12	356 45.1	S 8 54.1	198 37.6	8.3	N20 52.7	8.4	57.9	68	16 52	17 50	18 54	▬▬	09 30	08 54	08 35
D 13	11 45.2	53.2	213 04.9	8.2	20 44.3	8.6	57.9	66	17 00	17 53	18 52	09 06	08 40	08 29	08 21
A 14	26 45.3	52.3	227 32.1	8.3	20 35.7	8.6	58.0	64	17 07	17 55	18 50	08 02	08 09	08 10	08 10
Y 15	41 45.4	51.3	241 59.4	8.3	20 27.1	8.8	58.0	62	17 13	17 58	18 49	07 27	07 45	07 55	08 00
16	56 45.5	50.4	256 26.7	8.3	20 18.3	8.9	58.0	60	17 18	18 00	18 48	07 01	07 26	07 41	07 52
17	71 45.6	49.5	270 54.0	8.4	20 09.4	9.1	58.1								
18	86 45.7	S 8 48.5	285 21.4	8.3	N20 00.3	9.1	58.1	N 58	17 22	18 02	18 47	06 41	07 10	07 30	07 44
19	101 45.8	47.6	299 48.7	8.4	19 51.2	9.3	58.1	56	17 26	18 04	18 47	06 24	06 57	07 20	07 38
20	116 45.9	46.7	314 16.1	8.5	19 41.9	9.4	58.2	54	17 30	18 05	18 46	06 10	06 45	07 11	07 32
21	131 46.0	45.7	328 43.6	8.4	19 32.5	9.6	58.2	52	17 33	18 07	18 46	05 57	06 34	07 03	07 26
22	146 46.1	44.8	343 11.0	8.5	19 22.9	9.6	58.2	50	17 36	18 08	18 46	05 46	06 25	06 56	07 21
23	161 46.2	43.9	357 38.5	8.6	19 13.3	9.8	58.2	45	17 42	18 12	18 46	05 23	06 05	06 41	07 11
26 00	176 46.3	S 8 42.9	12 06.1	8.5	N19 03.5	9.9	58.3	N 40	17 47	18 15	18 46	05 05	05 49	06 28	07 02
01	191 46.4	42.0	26 33.6	8.6	18 53.6	10.0	58.3	35	17 52	18 18	18 47	04 49	05 36	06 17	06 54
02	206 46.5	41.1	41 01.2	8.6	18 43.6	10.2	58.3	30	17 56	18 20	18 48	04 36	05 24	06 07	06 47
03	221 46.6	40.1	55 28.8	8.7	18 33.4	10.2	58.4	20	18 04	18 26	18 52	04 12	05 03	05 51	06 36
04	236 46.7	39.2	69 56.5	8.6	18 23.2	10.4	58.4	N 10	18 10	18 31	18 56	03 52	04 45	05 36	06 25
05	251 46.8	38.3	84 24.1	8.8	18 12.8	10.5	58.4	0	18 16	18 37	19 02	03 34	04 28	05 23	06 15
06	266 46.9	S 8 37.3	98 51.9	8.7	N18 02.3	10.6	58.5	S 10	18 23	18 44	19 09	03 15	04 12	05 09	06 06
07	281 47.0	36.4	113 19.6	8.8	17 51.7	10.7	58.5	20	18 29	18 52	19 18	02 54	03 53	04 54	05 55
08	296 47.2	35.5	127 47.4	8.8	17 41.0	10.9	58.5	30	18 37	19 02	19 31	02 31	03 32	04 37	05 43
F 09	311 47.3	34.5	142 15.2	8.8	17 30.1	10.9	58.6	35	18 42	19 08	19 39	02 17	03 20	04 27	05 36
R 10	326 47.4	33.6	156 43.0	8.9	17 19.2	11.1	58.6	40	18 47	19 15	19 48	02 01	03 06	04 15	05 27
I 11	341 47.5	32.6	171 10.9	8.8	17 08.1	11.2	58.6	45	18 53	19 24	20 00	01 42	02 49	04 02	05 18
D 12	356 47.6	S 8 31.7	185 38.8	9.0	N16 56.9	11.2	58.6	S 50	19 01	19 35	20 16	01 18	02 28	03 45	05 06
A 13	11 47.7	30.8	200 06.8	9.0	16 45.7	11.4	58.7	52	19 04	19 40	20 23	01 06	02 18	03 37	05 01
Y 14	26 47.8	29.8	214 34.8	9.0	16 34.3	11.5	58.7	54	19 08	19 45	20 32	00 53	02 06	03 28	04 55
15	41 47.9	28.9	229 02.8	9.0	16 22.8	11.6	58.7	56	19 12	19 52	20 42	00 38	01 53	03 19	04 48
16	56 48.0	28.0	243 30.8	9.1	16 11.2	11.7	58.7	58	19 17	19 59	20 53	00 19	01 38	03 07	04 40
17	71 48.1	27.0	257 58.9	9.1	15 59.5	11.8	58.8	S 60	19 22	20 07	21 07	25 20	01 20	02 54	04 32
18	86 48.2	S 8 26.1	272 27.0	9.2	N15 47.7	11.9	58.8			SUN			MOON		
19	101 48.3	25.1	286 55.2	9.2	15 35.8	12.0	58.8	Day	Eqn. of Time 00h	Eqn. of Time 12h	Mer. Pass.	Mer. Pass. Upper	Mer. Pass. Lower	Age	Phase
20	116 48.4	24.2	301 23.4	9.2	15 23.8	12.1	58.9								
21	131 48.5	23.3	315 51.6	9.3	15 11.7	12.2	58.9	d	m s	m s	h m	h m	h m	d	%
22	146 48.6	22.3	330 19.9	9.3	14 59.5	12.3	58.9	24	13 14	13 09	12 13	22 15	09 48	13	90
23	161 48.7	21.4	344 48.2	9.3	N14 47.2	12.4	58.9	25	13 05	13 00	12 13	23 10	10 43	14	96
	SD 16.2	d 0.9	SD 15.6		15.8		16.0	26	12 55	12 50	12 13	24 03	11 37	15	99

47

2021 FEB. 27, 28, MAR. 1 (SAT., SUN., MON.)

UT	ARIES GHA	VENUS −3.9 GHA / Dec	MARS +0.9 GHA / Dec	JUPITER −2.0 GHA / Dec	SATURN +0.6 GHA / Dec	STARS Name	SHA / Dec
d h	° ′	° ′ / ° ′	° ′ / ° ′	° ′ / ° ′	° ′ / ° ′		° ′ / ° ′
27 00	157 02.8	182 44.8 S12 03.9	102 39.6 N20 53.3	198 15.4 S16 32.4	206 14.9 S18 38.6	Acamar	315 14.4 S40 13.6
01	172 05.3	197 44.3 02.8	117 40.5 53.6	213 17.3 32.3	221 17.1 38.6	Achernar	335 23.0 S57 08.1
02	187 07.7	212 43.7 01.7	132 41.5 54.0	228 19.2 32.1	236 19.3 38.5	Acrux	173 02.8 S63 12.8
03	202 10.2	227 43.2 .. 12 00.6	147 42.5 .. 54.3	243 21.1 .. 31.9	251 21.5 .. 38.4	Adhara	255 08.1 S29 00.3
04	217 12.7	242 42.7 11 59.6	162 43.4 54.7	258 23.0 31.8	266 23.7 38.4	Aldebaran	290 43.2 N16 33.0
05	232 15.1	257 42.2 58.5	177 44.4 55.0	273 24.9 31.6	281 25.9 38.3		
06	247 17.6	272 41.6 S11 57.4	192 45.4 N20 55.3	288 26.8 S16 31.4	296 28.1 S18 38.2	Alioth	166 15.4 N55 50.6
S 07	262 20.1	287 41.1 56.3	207 46.4 55.7	303 28.6 31.3	311 30.3 38.2	Alkaid	152 54.2 N49 12.3
A 08	277 22.5	302 40.6 55.2	222 47.3 56.0	318 30.5 31.1	326 32.4 38.1	Al Na'ir	27 37.4 S46 51.6
T 09	292 25.0	317 40.0 .. 54.1	237 48.3 .. 56.4	333 32.4 .. 30.9	341 34.6 .. 38.0	Alnilam	275 40.8 S 1 11.5
U 10	307 27.4	332 39.5 53.0	252 49.3 56.7	348 34.3 30.8	356 36.8 38.0	Alphard	217 50.5 S 8 45.1
R 11	322 29.9	347 39.0 51.9	267 50.2 57.0	3 36.2 30.6	11 39.0 37.9		
D 12	337 32.4	2 38.5 S11 50.9	282 51.2 N20 57.4	18 38.1 S16 30.4	26 41.2 S18 37.8	Alphecca	126 06.3 N26 38.4
A 13	352 34.8	17 37.9 49.8	297 52.2 57.7	33 40.0 30.3	41 43.4 37.8	Alpheratz	357 38.3 N29 12.3
Y 14	7 37.3	32 37.4 48.7	312 53.1 58.0	48 41.9 30.1	56 45.6 37.7	Altair	62 03.2 N 8 55.3
15	22 39.8	47 36.9 .. 47.6	327 54.1 .. 58.4	63 43.8 .. 29.9	71 47.8 .. 37.7	Ankaa	353 10.7 S42 11.8
16	37 42.2	62 36.4 46.5	342 55.1 58.7	78 45.7 29.8	86 49.9 37.6	Antares	112 19.7 S26 28.6
17	52 44.7	77 35.8 45.4	357 56.0 59.1	93 47.6 29.6	101 52.1 37.5		
18	67 47.2	92 35.3 S11 44.3	12 57.0 N20 59.4	108 49.5 S16 29.4	116 54.3 S18 37.5	Arcturus	145 50.6 N19 04.2
19	82 49.6	107 34.8 43.2	27 58.0 20 59.7	123 51.4 29.3	131 56.5 37.4	Atria	107 16.8 S69 03.6
20	97 52.1	122 34.3 42.1	42 58.9 21 00.1	138 53.3 29.1	146 58.7 37.3	Avior	234 15.4 S59 34.8
21	112 54.5	137 33.7 .. 41.0	57 59.9 .. 00.4	153 55.2 .. 28.9	162 00.9 .. 37.3	Bellatrix	278 26.2 N 6 22.0
22	127 57.0	152 33.2 39.9	73 00.9 00.7	168 57.1 28.8	177 03.1 37.2	Betelgeuse	270 55.4 N 7 24.5
23	142 59.5	167 32.7 38.8	88 01.8 01.1	183 59.0 28.6	192 05.3 37.1		
28 00	158 01.9	182 32.2 S11 37.7	103 02.8 N21 01.4	199 00.9 S16 28.4	207 07.5 S18 37.1	Canopus	263 53.5 S52 42.7
01	173 04.4	197 31.6 36.6	118 03.8 01.8	214 02.8 28.3	222 09.6 37.0	Capella	280 26.4 N46 01.2
02	188 06.9	212 31.1 35.5	133 04.7 02.1	229 04.6 28.1	237 11.8 36.9	Deneb	49 28.3 N45 21.1
03	203 09.3	227 30.6 .. 34.4	148 05.7 .. 02.4	244 06.5 .. 27.9	252 14.0 .. 36.9	Denebola	182 27.9 N14 27.2
04	218 11.8	242 30.1 33.3	163 06.7 02.8	259 08.4 27.8	267 16.2 36.8	Diphda	348 50.7 S17 52.5
05	233 14.3	257 29.6 32.2	178 07.6 03.1	274 10.3 27.6	282 18.4 36.7		
06	248 16.7	272 29.1 S11 31.1	193 08.6 N21 03.4	289 12.2 S16 27.4	297 20.6 S18 36.7	Dubhe	193 44.3 N61 38.2
07	263 19.2	287 28.5 30.0	208 09.5 03.8	304 14.1 27.3	312 22.8 36.6	Elnath	278 05.7 N28 37.5
08	278 21.7	302 28.0 28.9	223 10.5 04.1	319 16.0 27.1	327 25.0 36.5	Eltanin	90 43.8 N51 28.9
S 09	293 24.1	317 27.5 .. 27.8	238 11.5 .. 04.4	334 17.9 .. 26.9	342 27.2 .. 36.5	Enif	33 42.2 N 9 58.1
U 10	308 26.6	332 27.0 26.7	253 12.4 04.8	349 19.8 26.8	357 29.3 36.4	Fomalhaut	15 18.4 S29 30.8
N 11	323 29.0	347 26.5 25.6	268 13.4 05.1	4 21.7 26.6	12 31.5 36.3		
D 12	338 31.5	2 25.9 S11 24.5	283 14.4 N21 05.4	19 23.6 S16 26.4	27 33.7 S18 36.3	Gacrux	171 54.5 S57 13.7
A 13	353 34.0	17 25.4 23.4	298 15.3 05.8	34 25.5 26.3	42 35.9 36.2	Gienah	175 46.5 S17 39.5
Y 14	8 36.4	32 24.9 22.3	313 16.3 06.1	49 27.4 26.1	57 38.1 36.1	Hadar	148 40.0 S60 28.2
15	23 38.9	47 24.4 .. 21.2	328 17.2 .. 06.4	64 29.3 .. 25.9	72 40.3 .. 36.1	Hamal	327 54.9 N23 33.6
16	38 41.4	62 23.9 20.1	343 18.2 06.8	79 31.2 25.8	87 42.5 36.0	Kaus Aust.	83 36.9 S34 22.4
17	53 43.8	77 23.4 19.0	358 19.2 07.1	94 33.1 25.6	102 44.7 35.9		
18	68 46.3	92 22.9 S11 17.9	13 20.1 N21 07.4	109 35.0 S16 25.5	117 46.9 S18 35.9	Kochab	137 19.4 N74 03.9
19	83 48.8	107 22.3 16.8	28 21.1 07.8	124 36.9 25.3	132 49.1 35.8	Markab	13 33.3 N15 18.9
20	98 51.2	122 21.8 15.7	43 22.1 08.1	139 38.8 25.1	147 51.2 35.7	Menkar	314 09.5 N 4 10.1
21	113 53.7	137 21.3 .. 14.6	58 23.0 .. 08.4	154 40.7 .. 24.9	162 53.4 .. 35.7	Menkent	148 01.0 S36 28.3
22	128 56.1	152 20.8 13.5	73 24.0 08.8	169 42.6 24.8	177 55.6 35.6	Miaplacidus	221 37.9 S69 48.3
23	143 58.6	167 20.3 12.4	88 24.9 09.1	184 44.5 24.6	192 57.8 35.5		
1 00	159 01.1	182 19.8 S11 11.2	103 25.9 N21 09.4	199 46.4 S16 24.4	208 00.0 S18 35.5	Mirfak	308 32.8 N49 56.2
01	174 03.5	197 19.3 10.1	118 26.9 09.8	214 48.3 24.3	223 02.2 35.4	Nunki	75 51.9 S26 16.2
02	189 06.0	212 18.8 09.0	133 27.8 10.1	229 50.2 24.1	238 04.4 35.3	Peacock	53 11.2 S56 40.0
03	204 08.5	227 18.2 .. 07.9	148 28.8 .. 10.4	244 52.1 .. 23.9	253 06.6 .. 35.3	Pollux	243 20.9 N27 58.5
04	219 10.9	242 17.7 06.8	163 29.7 10.8	259 54.0 23.8	268 08.8 35.2	Procyon	244 53.9 N 5 10.1
05	234 13.4	257 17.2 05.7	178 30.7 11.1	274 55.9 23.6	283 11.0 35.1		
06	249 15.9	272 16.7 S11 04.6	193 31.7 N21 11.4	289 57.8 S16 23.4	298 13.2 S18 35.1	Rasalhague	96 01.5 N12 32.5
07	264 18.3	287 16.2 03.5	208 32.6 11.8	304 59.6 23.3	313 15.3 35.0	Regulus	207 37.5 N11 51.8
08	279 20.8	302 15.7 02.3	223 33.6 12.1	320 01.5 23.1	328 17.5 34.9	Rigel	281 06.8 S 8 10.9
M 09	294 23.3	317 15.2 .. 01.2	238 34.5 .. 12.4	335 03.4 .. 22.9	343 19.7 .. 34.9	Rigil Kent.	139 44.2 S60 55.0
O 10	309 25.7	332 14.7 11 00.1	253 35.5 12.7	350 05.3 22.8	358 21.9 34.8	Sabik	102 06.4 S15 45.0
N 11	324 28.2	347 14.2 10 59.0	268 36.4 13.1	5 07.2 22.6	13 24.1 34.7		
D 12	339 30.6	2 13.7 S10 57.9	283 37.4 N21 13.4	20 09.1 S16 22.4	28 26.3 S18 34.7	Schedar	349 35.0 N56 39.2
A 13	354 33.1	17 13.2 56.8	298 38.4 13.7	35 11.0 22.3	43 28.5 34.6	Shaula	96 14.7 S37 07.0
Y 14	9 35.6	32 12.7 55.7	313 39.3 14.1	50 12.9 22.1	58 30.7 34.5	Sirius	258 28.8 S16 44.9
15	24 38.0	47 12.2 .. 54.5	328 40.3 .. 14.4	65 14.8 .. 21.9	73 32.9 .. 34.5	Spica	158 25.4 S11 16.3
16	39 40.5	62 11.7 53.4	343 41.2 14.7	80 16.7 21.8	88 35.1 34.4	Suhail	222 48.2 S43 31.2
17	54 43.0	77 11.2 52.3	358 42.2 15.1	95 18.6 21.6	103 37.3 34.3		
18	69 45.4	92 10.6 S10 51.2	13 43.1 N21 15.4	110 20.5 S16 21.4	118 39.5 S18 34.3	Vega	80 35.5 N38 47.9
19	84 47.9	107 10.1 50.1	28 44.1 15.7	125 22.4 21.3	133 41.6 34.2	Zuben'ubi	136 59.3 S16 07.7
20	99 50.4	122 09.6 48.9	43 45.1 16.0	140 24.3 21.1	148 43.8 34.2		SHA / Mer.Pass.
21	114 52.8	137 09.1 .. 47.8	58 46.0 .. 16.4	155 26.2 .. 20.9	163 46.0 .. 34.1		° ′ / h m
22	129 55.3	152 08.6 46.7	73 47.0 16.7	170 28.1 20.8	178 48.2 34.0	Venus	24 30.2 11 50
23	144 57.7	167 08.1 45.6	88 47.9 17.0	185 30.0 20.6	193 50.4 34.0	Mars	305 00.9 17 07
	h m					Jupiter	40 58.9 10 43
Mer.Pass. 13 25.7		v −0.5 d 1.1	v 1.0 d 0.3	v 1.9 d 0.2	v 2.2 d 0.1	Saturn	49 05.5 10 10

2021 FEB. 27, 28, MAR. 1 (SAT., SUN., MON.)

UT	SUN GHA	SUN Dec	MOON GHA	MOON v	MOON Dec	MOON d	MOON HP	Lat.	Twilight Naut.	Twilight Civil	Sunrise	Moonrise 27	Moonrise 28	Moonrise 1	Moonrise 2
d h	° ′	° ′	° ′	′	° ′	′	′	°	h m	h m	h m	h m	h m	h m	h m
								N 72	05 14	06 32	07 41	16 12	18 35	20 53	23 14
27 00	176 48.9	S 8 20.4	359 16.5	9.3	N14 34.8	12.5	59.0	N 70	05 19	06 29	07 31	16 31	18 42	20 49	23 00
01	191 49.0	19.5	13 44.8	9.4	14 22.3	12.5	59.0	68	05 22	06 26	07 23	16 46	18 47	20 47	22 48
02	206 49.1	18.6	28 13.2	9.5	14 09.8	12.7	59.0	66	05 25	06 24	07 16	16 58	18 52	20 45	22 39
03	221 49.2	. . 17.6	42 41.7	9.4	13 57.1	12.8	59.0	64	05 28	06 22	07 10	17 08	18 56	20 43	22 31
04	236 49.3	16.7	57 10.1	9.5	13 44.3	12.8	59.1	62	05 29	06 21	07 05	17 16	18 59	20 41	22 24
05	251 49.5	15.7	71 38.6	9.5	13 31.5	13.0	59.1	60	05 31	06 19	07 01	17 24	19 02	20 40	22 18
06	266 49.6	S 8 14.8	86 07.1	9.6	N13 18.5	13.0	59.1	N 58	05 32	06 18	06 57	17 30	19 04	20 38	22 13
07	281 49.7	13.9	100 35.7	9.6	13 05.5	13.1	59.1	56	05 33	06 16	06 54	17 36	19 06	20 37	22 09
S 08	296 49.8	12.9	115 04.3	9.6	12 52.4	13.2	59.2	54	05 34	06 15	06 50	17 41	19 08	20 36	22 05
A 09	311 49.9	. . 12.0	129 32.9	9.7	12 39.2	13.3	59.2	52	05 35	06 14	06 48	17 45	19 10	20 35	22 01
T 10	326 50.0	11.0	144 01.6	9.7	12 25.9	13.3	59.2	50	05 35	06 13	06 45	17 49	19 12	20 35	21 58
U 11	341 50.1	10.1	158 30.3	9.7	12 12.6	13.4	59.2	45	05 36	06 10	06 39	17 58	19 15	20 33	21 51
R 12	356 50.2	S 8 09.1	172 59.0	9.7	N11 59.2	13.5	59.3	N 40	05 36	06 08	06 35	18 05	19 18	20 31	21 45
D 13	11 50.4	08.2	187 27.7	9.8	11 45.7	13.6	59.3	35	05 36	06 05	06 31	18 12	19 21	20 30	21 40
A 14	26 50.5	07.3	201 56.5	9.8	11 32.1	13.7	59.3	30	05 35	06 03	06 27	18 17	19 23	20 29	21 35
Y 15	41 50.6	. . 06.3	216 25.3	9.9	11 18.4	13.7	59.3	20	05 33	05 58	06 20	18 27	19 27	20 27	21 28
16	56 50.7	05.4	230 54.2	9.8	11 04.7	13.8	59.3	N 10	05 29	05 54	06 15	18 35	19 30	20 26	21 21
17	71 50.8	04.4	245 23.0	9.9	10 50.9	13.9	59.4	0	05 24	05 48	06 09	18 43	19 34	20 24	21 15
18	86 50.9	S 8 03.5	259 51.9	10.0	N10 37.0	14.0	59.4	S 10	05 18	05 42	06 04	18 50	19 37	20 23	21 09
19	101 51.0	02.5	274 20.9	9.9	10 23.0	14.0	59.4	20	05 09	05 35	05 57	18 59	19 40	20 21	21 03
20	116 51.2	01.6	288 49.8	10.0	10 09.0	14.1	59.4	30	04 57	05 26	05 50	19 08	19 44	20 20	20 56
21	131 51.3	8 00.7	303 18.8	10.0	9 54.9	14.1	59.5	35	04 50	05 20	05 46	19 13	19 46	20 19	20 52
22	146 51.4	7 59.7	317 47.8	10.0	9 40.8	14.2	59.5	40	04 41	05 14	05 41	19 19	19 49	20 18	20 47
23	161 51.5	58.8	332 16.8	10.1	9 26.6	14.3	59.5	45	04 29	05 06	05 36	19 26	19 52	20 16	20 42
28 00	176 51.6	S 7 57.8	346 45.9	10.1	N 9 12.3	14.3	59.5	S 50	04 15	04 56	05 29	19 35	19 55	20 15	20 35
01	191 51.7	56.9	1 15.0	10.1	8 58.0	14.4	59.5	52	04 08	04 51	05 26	19 38	19 57	20 14	20 32
02	206 51.9	55.9	15 44.1	10.1	8 43.6	14.5	59.5	54	04 00	04 46	05 23	19 43	19 59	20 14	20 29
03	221 52.0	. . 55.0	30 13.2	10.2	8 29.1	14.5	59.6	56	03 50	04 40	05 19	19 47	20 01	20 13	20 25
04	236 52.1	54.0	44 42.4	10.1	8 14.6	14.5	59.6	58	03 40	04 33	05 15	19 52	20 03	20 12	20 22
05	251 52.2	53.1	59 11.5	10.2	8 00.1	14.6	59.6	S 60	03 27	04 25	05 10	19 58	20 05	20 11	20 17
06	266 52.3	S 7 52.2	73 40.7	10.3	N 7 45.5	14.7	59.6	Lat.	Sunset	Twilight Civil	Twilight Naut.	Moonset 27	Moonset 28	Moonset 1	Moonset 2
07	281 52.4	51.2	88 10.0	10.2	7 30.8	14.7	59.6								
08	296 52.6	50.3	102 39.2	10.3	7 16.1	14.8	59.6								
S 09	311 52.7	. . 49.3	117 08.5	10.2	7 01.3	14.8	59.7	°	h m	h m	h m	h m	h m	h m	h m
U 10	326 52.8	48.4	131 37.7	10.3	6 46.5	14.8	59.7	N 72	16 46	17 56	19 14	09 13	08 39	08 11	07 43
N 11	341 52.9	47.4	146 07.0	10.3	6 31.7	14.9	59.7	N 70	16 56	17 58	19 09	08 52	08 29	08 10	07 50
D 12	356 53.0	S 7 46.5	160 36.3	10.4	N 6 16.8	15.0	59.7	68	17 04	18 00	19 05	08 35	08 21	08 08	07 56
A 13	11 53.1	45.5	175 05.7	10.3	6 01.8	14.9	59.7	66	17 10	18 02	19 02	08 21	08 14	08 08	08 01
Y 14	26 53.3	44.6	189 35.0	10.4	5 46.9	15.0	59.7	64	17 16	18 04	18 59	08 10	08 09	08 07	08 05
15	41 53.4	. . 43.6	204 04.4	10.4	5 31.9	15.1	59.7	62	17 21	18 06	18 57	08 00	08 04	08 06	08 08
16	56 53.5	42.7	218 33.8	10.4	5 16.8	15.1	59.8	60	17 25	18 07	18 55	07 52	07 59	08 05	08 11
17	71 53.6	41.7	233 03.2	10.4	5 01.7	15.1	59.8	N 58	17 29	18 09	18 54	07 44	07 55	08 05	08 14
18	86 53.7	S 7 40.8	247 32.6	10.4	N 4 46.6	15.2	59.8	56	17 32	18 10	18 53	07 38	07 52	08 04	08 17
19	101 53.9	39.8	262 02.0	10.4	4 31.4	15.2	59.8	54	17 35	18 11	18 52	07 32	07 49	08 04	08 19
20	116 54.0	38.9	276 31.4	10.4	4 16.2	15.2	59.8	52	17 38	18 12	18 51	07 26	07 46	08 03	08 21
21	131 54.1	. . 37.9	291 00.8	10.5	4 01.0	15.2	59.8	50	17 41	18 13	18 51	07 21	07 43	08 03	08 23
22	146 54.2	37.0	305 30.3	10.4	3 45.8	15.3	59.8	45	17 46	18 16	18 50	07 11	07 37	08 02	08 27
23	161 54.3	36.0	319 59.7	10.5	3 30.5	15.3	59.8								
1 00	176 54.5	S 7 35.1	334 29.2	10.5	N 3 15.2	15.3	59.9	N 40	17 51	18 18	18 49	07 02	07 33	08 02	08 30
01	191 54.6	34.1	348 58.7	10.5	2 59.9	15.3	59.9	35	17 55	18 20	18 50	06 54	07 28	08 01	08 33
02	206 54.7	33.2	3 28.2	10.4	2 44.6	15.4	59.9	30	17 58	18 23	18 50	06 47	07 25	08 00	08 36
03	221 54.8	. . 32.2	17 57.6	10.5	2 29.2	15.4	59.9	20	18 05	18 27	18 53	06 36	07 18	07 59	08 40
04	236 55.0	31.3	32 27.1	10.5	2 13.8	15.4	59.9	N 10	18 10	18 32	18 56	06 25	07 12	07 58	08 44
05	251 55.1	30.3	46 56.6	10.5	1 58.4	15.4	59.9	0	18 16	18 37	19 01	06 15	07 07	07 58	08 48
06	266 55.2	S 7 29.4	61 26.1	10.5	N 1 43.0	15.4	59.9	S 10	18 21	18 42	19 07	06 06	07 01	07 57	08 52
07	281 55.3	28.4	75 55.6	10.5	1 27.6	15.4	59.9	20	18 27	18 50	19 16	05 55	06 56	07 56	08 56
08	296 55.4	27.5	90 25.1	10.5	1 12.2	15.5	59.9	30	18 34	18 58	19 27	05 43	06 49	07 55	09 01
M 09	311 55.6	. . 26.5	104 54.6	10.5	0 56.7	15.4	59.9	35	18 38	19 04	19 34	05 36	06 45	07 54	09 03
O 10	326 55.7	25.6	119 24.1	10.5	0 41.3	15.5	59.9	40	18 43	19 10	19 43	05 27	06 40	07 53	09 06
N 11	341 55.8	24.6	133 53.6	10.5	0 25.8	15.4	59.9	45	18 48	19 18	19 55	05 18	06 35	07 52	09 10
D 12	356 55.9	S 7 23.7	148 23.1	10.5	N 0 10.4	15.5	60.0	S 50	18 55	19 28	20 09	05 06	06 28	07 51	09 14
A 13	11 56.1	22.7	162 52.6	10.4	S 0 05.1	15.5	60.0	52	18 58	19 33	20 16	05 01	06 26	07 51	09 16
Y 14	26 56.2	21.8	177 22.0	10.5	0 20.6	15.4	60.0	54	19 01	19 38	20 24	04 55	06 22	07 50	09 18
15	41 56.3	. . 20.8	191 51.5	10.5	0 36.0	15.5	60.0	56	19 05	19 44	20 33	04 48	06 19	07 49	09 20
16	56 56.4	19.9	206 21.0	10.5	0 51.5	15.4	60.0	58	19 09	19 50	20 43	04 40	06 15	07 49	09 23
17	71 56.6	18.9	220 50.5	10.4	1 07.0	15.4	60.0	S 60	19 13	19 58	20 55	04 32	06 10	07 48	09 26
18	86 56.7	S 7 18.0	235 19.9	10.5	S 1 22.4	15.5	60.0			SUN			MOON		
19	101 56.9	17.0	249 49.4	10.4	1 37.9	15.4	60.0	Day	Eqn. of Time 00h	Eqn. of Time 12h	Mer. Pass.	Mer. Pass. Upper	Mer. Pass. Lower	Age	Phase
20	116 56.9	16.1	264 18.8	10.4	1 53.3	15.6	60.0								
21	131 57.1	. . 15.1	278 48.2	10.4	2 08.7	15.5	60.0	d	m s	m s	h m	h m	h m	d	%
22	146 57.2	14.2	293 17.6	10.4	2 24.2	15.4	60.0	27	12 45	12 39	12 13	00 03	12 29	16	100
23	161 57.3	13.2	307 47.0	10.4	S 2 39.6	15.4	60.0	28	12 34	12 28	12 12	00 55	13 20	17	98
	SD 16.2	d 0.9	SD 16.1		16.3		16.3	1	12 22	12 16	12 12	01 46	14 11	18	94

2021 MARCH 2, 3, 4 (TUES., WED., THURS.)

UT	ARIES	VENUS −3.9		MARS +0.9		JUPITER −2.0		SATURN +0.6		STARS		
	GHA	GHA	Dec	GHA	Dec	GHA	Dec	GHA	Dec	Name	SHA	Dec
d h	° ′	° ′	° ′	° ′	° ′	° ′	° ′	° ′	° ′		° ′	° ′
2 00	160 00.2	182 07.6	S10 44.5	103 48.9	N21 17.3	200 31.9	S16 20.4	208 52.6	S18 33.9	Acamar	315 14.4	S40 13.6
01	175 02.7	197 07.1	43.3	118 49.8	17.7	215 33.8	20.3	223 54.8	33.8	Achernar	335 23.0	S57 08.1
02	190 05.1	212 06.6	42.2	133 50.8	18.0	230 35.7	20.1	238 57.0	33.8	Acrux	173 02.8	S63 12.8
03	205 07.6	227 06.1 ..	41.1	148 51.7 ..	18.3	245 37.6 ..	19.9	253 59.2 ..	33.7	Adhara	255 08.1	S29 00.3
04	220 10.1	242 05.6	40.0	163 52.7	18.7	260 39.5	19.8	269 01.4	33.6	Aldebaran	290 43.2	N16 33.0
05	235 12.5	257 05.1	38.8	178 53.6	19.0	275 41.4	19.6	284 03.6	33.6			
06	250 15.0	272 04.6	S10 37.7	193 54.6	N21 19.3	290 43.3	S16 19.4	299 05.8	S18 33.5	Alioth	166 15.3	N55 50.6
07	265 17.5	287 04.1	36.6	208 55.6	19.6	305 45.2	19.3	314 08.0	33.4	Alkaid	152 54.2	N49 12.3
T 08	280 19.9	302 03.6	35.5	223 56.5	20.0	320 47.1	19.1	329 10.2	33.4	Alnair	27 37.4	S46 51.6
U 09	295 22.4	317 03.1 ..	34.3	238 57.5 ..	20.3	335 49.0 ..	18.9	344 12.3 ..	33.3	Alnilam	275 40.8	S 1 11.5
E 10	310 24.9	332 02.6	33.2	253 58.4	20.6	350 50.9	18.8	359 14.5	33.2	Alphard	217 50.5	S 8 45.1
S 11	325 27.3	347 02.1	32.1	268 59.4	20.9	5 52.8	18.6	14 16.7	33.2			
D 12	340 29.8	2 01.6	S10 31.0	284 00.3	N21 21.3	20 54.7	S16 18.4	29 18.9	S18 33.1	Alphecca	126 06.3	N26 38.4
A 13	355 32.2	17 01.1	29.8	299 01.3	21.6	35 56.6	18.3	44 21.1	33.0	Alpheratz	357 38.3	N29 12.3
Y 14	10 34.7	32 00.6	28.7	314 02.2	21.9	50 58.5	18.1	59 23.3	33.0	Altair	62 03.2	N 8 55.3
15	25 37.2	47 00.2 ..	27.6	329 03.2 ..	22.2	66 00.4 ..	17.9	74 25.5 ..	32.9	Ankaa	353 10.7	S42 11.8
16	40 39.6	61 59.7	26.4	344 04.1	22.6	81 02.3	17.8	89 27.7	32.8	Antares	112 19.6	S26 28.6
17	55 42.1	76 59.2	25.3	359 05.1	22.9	96 04.2	17.6	104 29.9	32.8			
18	70 44.6	91 58.7	S10 24.2	14 06.0	N21 23.2	111 06.1	S16 17.4	119 32.1	S18 32.7	Arcturus	145 50.6	N19 04.2
19	85 47.0	106 58.2	23.1	29 07.0	23.5	126 08.0	17.3	134 34.3	32.6	Atria	107 16.7	S69 03.6
20	100 49.5	121 57.7	21.9	44 07.9	23.8	141 09.9	17.1	149 36.5	32.6	Avior	234 15.4	S59 34.8
21	115 52.0	136 57.2 ..	20.8	59 08.9 ..	24.2	156 11.8 ..	16.9	164 38.7 ..	32.5	Bellatrix	278 26.2	N 6 22.0
22	130 54.4	151 56.7	19.7	74 09.8	24.5	171 13.7	16.8	179 40.9	32.4	Betelgeuse	270 55.4	N 7 24.5
23	145 56.9	166 56.2	18.5	89 10.8	24.8	186 15.6	16.6	194 43.1	32.4			
3 00	160 59.4	181 55.7	S10 17.4	104 11.7	N21 25.1	201 17.5	S16 16.4	209 45.2	S18 32.3	Canopus	263 53.6	S52 42.7
01	176 01.8	196 55.2	16.3	119 12.7	25.5	216 19.4	16.3	224 47.4	32.3	Capella	280 26.4	N46 01.2
02	191 04.3	211 54.7	15.1	134 13.6	25.8	231 21.3	16.1	239 49.6	32.2	Deneb	49 28.3	N45 21.1
03	206 06.7	226 54.2 ..	14.0	149 14.6 ..	26.1	246 23.2 ..	15.9	254 51.8 ..	32.1	Denebola	182 27.8	N14 27.7
04	221 09.2	241 53.7	12.8	164 15.5	26.4	261 25.1	15.8	269 54.0	32.1	Diphda	348 50.7	S17 52.5
05	236 11.7	256 53.3	11.7	179 16.5	26.7	276 27.0	15.6	284 56.2	32.0			
06	251 14.1	271 52.8	S10 10.6	194 17.4	N21 27.1	291 28.9	S16 15.4	299 58.4	S18 31.9	Dubhe	193 44.3	N61 38.2
W 07	266 16.6	286 52.3	09.4	209 18.4	27.4	306 30.8	15.3	315 00.6	31.9	Elnath	278 05.8	N28 37.5
E 08	281 19.1	301 51.8	08.3	224 19.3	27.7	321 32.7	15.1	330 02.8	31.8	Eltanin	90 43.8	N51 28.9
D 09	296 21.5	316 51.3 ..	07.2	239 20.3 ..	28.0	336 34.6 ..	14.9	345 05.0 ..	31.7	Enif	33 42.2	N 9 58.1
N 10	311 24.0	331 50.8	06.0	254 21.2	28.3	351 36.5	14.8	0 07.2	31.7	Fomalhaut	15 18.4	S29 30.8
E 11	326 26.5	346 50.3	04.9	269 22.2	28.7	6 38.4	14.6	15 09.4	31.6			
S 12	341 28.9	1 49.8	S10 03.7	284 23.1	N21 29.0	21 40.4	S16 14.4	30 11.6	S18 31.5	Gacrux	171 54.5	S57 13.7
D 13	356 31.4	16 49.3	02.6	299 24.1	29.3	36 42.3	14.3	45 13.8	31.5	Gienah	175 46.5	S17 39.5
A 14	11 33.8	31 48.9	01.5	314 25.0	29.6	51 44.2	14.1	60 16.0	31.4	Hadar	148 40.0	S60 28.2
Y 15	26 36.3	46 48.4	10 00.3	329 26.0 ..	29.9	66 46.1 ..	13.9	75 18.2 ..	31.3	Hamal	327 54.9	N23 33.6
16	41 38.8	61 47.9	9 59.2	344 26.9	30.3	81 48.0	13.8	90 20.4	31.3	Kaus Aust.	83 36.8	S34 22.4
17	56 41.2	76 47.4	58.0	359 27.8	30.6	96 49.9	13.6	105 22.6	31.2			
18	71 43.7	91 46.9	S 9 56.9	14 28.8	N21 30.9	111 51.8	S16 13.4	120 24.8	S18 31.1	Kochab	137 19.3	N74 03.9
19	86 46.2	106 46.4	55.8	29 29.7	31.2	126 53.7	13.3	135 27.0	31.1	Markab	13 33.3	N15 18.9
20	101 48.6	121 45.9	54.6	44 30.7	31.5	141 55.6	13.1	150 29.2	31.0	Menkar	314 09.6	N 4 10.1
21	116 51.1	136 45.5 ..	53.5	59 31.6 ..	31.9	156 57.5 ..	12.9	165 31.3 ..	30.9	Menkent	148 01.0	S36 28.3
22	131 53.6	151 45.0	52.3	74 32.6	32.2	171 59.4	12.8	180 33.5	30.9	Miaplacidus	221 37.9	S69 48.3
23	146 56.0	166 44.5	51.2	89 33.5	32.5	187 01.3	12.6	195 35.7	30.8			
4 00	161 58.5	181 44.0	S 9 50.0	104 34.5	N21 32.8	202 03.2	S16 12.4	210 37.9	S18 30.8	Mirfak	308 32.9	N49 56.2
01	177 01.0	196 43.5	48.9	119 35.4	33.1	217 05.1	12.3	225 40.1	30.7	Nunki	75 51.8	S26 16.2
02	192 03.4	211 43.0	47.8	134 36.3	33.4	232 07.0	12.1	240 42.3	30.6	Peacock	53 11.2	S56 39.9
03	207 05.9	226 42.6 ..	46.6	149 37.3 ..	33.8	247 08.9 ..	11.9	255 44.5 ..	30.6	Pollux	243 20.9	N27 58.5
04	222 08.3	241 42.1	45.5	164 38.2	34.1	262 10.8	11.8	270 46.7	30.5	Procyon	244 53.9	N 5 10.1
05	237 10.8	256 41.6	44.3	179 39.2	34.4	277 12.7	11.6	285 48.9	30.4			
06	252 13.3	271 41.1	S 9 43.2	194 40.1	N21 34.7	292 14.6	S16 11.4	300 51.1	S18 30.4	Rasalhague	96 01.5	N12 32.5
07	267 15.7	286 40.6	42.0	209 41.1	35.0	307 16.5	11.3	315 53.3	30.3	Regulus	207 37.5	N11 51.8
T 08	282 18.2	301 40.2	40.9	224 42.0	35.3	322 18.4	11.1	330 55.5	30.2	Rigel	281 06.8	S 8 10.9
H 09	297 20.7	316 39.7 ..	39.7	239 43.0 ..	35.6	337 20.3 ..	10.9	345 57.7 ..	30.2	Rigil Kent.	139 44.2	S60 55.0
U 10	312 23.1	331 39.2	38.6	254 43.9	36.0	352 22.2	10.8	0 59.9	30.1	Sabik	102 06.4	S15 45.0
R 11	327 25.6	346 38.7	37.4	269 44.8	36.3	7 24.1	10.6	16 02.1	30.0			
S 12	342 28.1	1 38.2	S 9 36.3	284 45.8	N21 36.6	22 26.0	S16 10.4	31 04.3	S18 30.0	Schedar	349 35.0	N56 39.2
D 13	357 30.5	16 37.8	35.1	299 46.7	36.9	37 27.9	10.3	46 06.5	29.9	Shaula	96 14.7	S37 07.0
A 14	12 33.0	31 37.3	34.0	314 47.7	37.2	52 29.8	10.1	61 08.7	29.8	Sirius	258 28.8	S16 44.9
Y 15	27 35.5	46 36.8 ..	32.8	329 48.6 ..	37.5	67 31.7 ..	09.9	76 10.9 ..	29.8	Spica	158 25.3	S11 16.3
16	42 37.9	61 36.3	31.7	344 49.5	37.8	82 33.7	09.8	91 13.1	29.7	Suhail	222 48.2	S43 31.2
17	57 40.4	76 35.9	30.5	359 50.5	38.2	97 35.6	09.6	106 15.3	29.6			
18	72 42.8	91 35.4	S 9 29.4	14 51.4	N21 38.5	112 37.5	S16 09.4	121 17.5	S18 29.6	Vega	80 35.5	N38 47.9
19	87 45.3	106 34.9	28.2	29 52.4	38.8	127 39.4	09.3	136 19.7	29.5	Zuben'ubi	136 59.3	S16 07.7
20	102 47.8	121 34.4	27.1	44 53.3	39.1	142 41.3	09.1	151 21.9	29.5		SHA	Mer. Pass.
21	117 50.2	136 33.9 ..	25.9	59 54.2 ..	39.4	157 43.2 ..	08.9	166 24.1 ..	29.4		° ′	h m
22	132 52.7	151 33.5	24.7	74 55.2	39.7	172 45.1	08.8	181 26.3	29.3	Venus	20 56.4	11 53
23	147 55.2	166 33.0	23.6	89 56.1	40.0	187 47.0	08.6	196 28.5	29.3	Mars	303 12.4	17 02
	h m									Jupiter	40 18.2	10 33
Mer. Pass. 13 13.9		v −0.5	d 1.1	v 0.9	d 0.3	v 1.9	d 0.2	v 2.2	d 0.1	Saturn	48 45.9	10 00

2021 MARCH 2, 3, 4 (TUES., WED., THURS.)

UT	SUN GHA	SUN Dec	MOON GHA	MOON v	MOON Dec	MOON d	MOON HP	Lat.	Twilight Naut.	Twilight Civil	Sunrise	Moonrise 2	Moonrise 3	Moonrise 4	Moonrise 5
d h	° ′	° ′	° ′	′	° ′	′	′	°	h m	h m	h m	h m	h m	h m	h m
2 00	176 57.4	S 7 12.2	322 16.4	10.4	S 2 55.0	15.4	60.0	N 72	04 59	06 17	07 25	23 14	25 58	01 58	■■■
01	191 57.6	11.3	336 45.8	10.4	3 10.4	15.3	60.0	N 70	05 05	06 16	07 17	23 00	25 22	01 22	■■■
02	206 57.7	10.3	351 15.2	10.3	3 25.7	15.4	60.0	68	05 10	06 14	07 10	22 48	24 56	00 56	03 23
03	221 57.8	.. 09.4	5 44.5	10.3	3 41.1	15.3	60.0	66	05 14	06 13	07 05	22 39	24 37	00 37	02 44
04	236 58.0	08.4	20 13.8	10.3	3 56.4	15.3	60.0	64	05 17	06 12	07 00	22 31	24 22	00 22	02 16
05	251 58.1	07.5	34 43.1	10.3	4 11.7	15.3	60.0	62	05 20	06 11	06 56	22 24	24 09	00 09	01 56
06	266 58.2	S 7 06.5	49 12.4	10.3	S 4 27.0	15.2	60.0	60	05 22	06 10	06 52	22 18	23 58	25 39	01 39
07	281 58.3	05.6	63 41.7	10.2	4 42.2	15.2	60.0	N 58	05 24	06 09	06 49	22 13	23 49	25 25	01 25
T 08	296 58.5	04.6	78 10.9	10.2	4 57.4	15.2	60.0	56	05 26	06 09	06 46	22 09	23 41	25 13	01 13
U 09	311 58.6	.. 03.7	92 40.1	10.3	5 12.6	15.2	60.0	54	05 27	06 08	06 43	22 05	23 34	25 02	01 02
E 10	326 58.7	02.7	107 09.4	10.1	5 27.8	15.1	60.0	52	05 28	06 07	06 41	22 01	23 27	24 53	00 53
S 11	341 58.9	01.7	121 38.5	10.2	5 42.9	15.1	60.0	50	05 29	06 07	06 39	21 58	23 21	24 45	00 45
D 12	356 59.0	S 7 00.8	136 07.7	10.1	S 5 58.0	15.1	60.0	45	05 31	06 05	06 34	21 51	23 09	24 27	00 27
A 13	11 59.1	6 59.8	150 36.8	10.1	6 13.1	15.0	60.0	N 40	05 32	06 03	06 30	21 45	22 59	24 13	00 13
Y 14	26 59.2	58.9	165 05.9	10.1	6 28.1	15.0	60.0	35	05 32	06 01	06 27	21 40	22 50	24 01	00 01
15	41 59.4	.. 57.9	179 35.0	10.0	6 43.1	14.9	60.0	30	05 32	06 00	06 24	21 35	22 43	23 50	24 57
16	56 59.5	57.0	194 04.0	10.0	6 58.0	15.0	60.0	20	05 30	05 56	06 18	21 28	22 30	23 32	24 35
17	71 59.6	56.0	208 33.0	10.0	7 13.0	14.8	60.0	N 10	05 28	05 52	06 13	21 21	22 18	23 17	24 16
18	86 59.8	S 6 55.0	223 02.0	10.0	S 7 27.8	14.8	60.0	0	05 24	05 48	06 09	21 15	22 08	23 02	23 59
19	101 59.9	54.1	237 31.0	9.9	7 42.6	14.8	60.0	S 10	05 18	05 43	06 04	21 09	21 57	22 48	23 42
20	117 00.0	53.1	251 59.9	9.9	7 57.4	14.7	60.0	20	05 11	05 36	05 58	21 03	21 46	22 33	23 23
21	132 00.1	.. 52.2	266 28.8	9.9	8 12.1	14.7	60.0	30	05 00	05 28	05 52	20 56	21 34	22 15	23 02
22	147 00.3	51.2	280 57.7	9.8	8 26.8	14.6	60.0	35	04 53	05 23	05 49	20 52	21 27	22 05	22 49
23	162 00.4	50.3	295 26.5	9.8	8 41.4	14.6	60.0	40	04 44	05 17	05 45	20 47	21 18	21 54	22 35
								45	04 34	05 10	05 40	20 42	21 09	21 41	22 18
3 00	177 00.5	S 6 49.3	309 55.3	9.7	S 8 56.0	14.5	59.9	S 50	04 21	05 01	05 34	20 35	20 58	21 24	21 58
01	192 00.7	48.3	324 24.0	9.7	9 10.5	14.5	59.9	52	04 14	04 57	05 32	20 32	20 52	21 17	21 48
02	207 00.8	47.4	338 52.7	9.7	9 25.0	14.4	59.9	54	04 07	04 52	05 29	20 29	20 47	21 08	21 37
03	222 00.9	.. 46.4	353 21.4	9.7	9 39.4	14.3	59.9	56	03 58	04 47	05 25	20 26	20 40	20 59	21 25
04	237 01.1	45.5	7 50.1	9.6	9 53.7	14.3	59.9	58	03 49	04 41	05 22	20 22	20 33	20 48	21 10
05	252 01.2	44.5	22 18.7	9.5	10 08.0	14.2	59.9	S 60	03 37	04 34	05 18	20 17	20 25	20 36	20 54
06	267 01.3	S 6 43.5	36 47.2	9.6	S10 22.2	14.2	59.9	Lat.	Sunset	Twilight Civil	Twilight Naut.	Moonset 2	Moonset 3	Moonset 4	Moonset 5
W 07	282 01.5	42.6	51 15.8	9.4	10 36.4	14.1	59.9								
E 08	297 01.6	41.6	65 44.2	9.5	10 50.5	14.0	59.9	°	h m	h m	h m	h m	h m	h m	h m
D 09	312 01.7	.. 40.7	80 12.7	9.4	11 04.5	13.9	59.9	N 72	17 01	18 09	19 28	07 43	07 11	06 20	■■■
N 10	327 01.9	39.7	94 41.1	9.3	11 18.4	13.9	59.9	N 70	17 09	18 10	19 21	07 50	07 28	06 57	■■■
E 11	342 02.0	38.7	109 09.4	9.4	11 32.3	13.9	59.7	68	17 15	18 11	19 16	07 56	07 42	07 24	06 53
S 12	357 02.1	S 6 37.8	123 37.8	9.2	S11 46.2	13.7	59.9	66	17 21	18 12	19 12	08 01	07 53	07 45	07 33
D 13	12 02.3	36.8	138 06.0	9.3	11 59.9	13.7	59.8	64	17 25	18 13	19 08	08 05	08 03	08 02	08 01
A 14	27 02.4	35.9	152 34.3	9.1	12 13.6	13.6	59.8	62	17 29	18 14	19 05	08 08	08 11	08 15	08 23
Y 15	42 02.5	.. 34.9	167 02.4	9.2	12 27.2	13.5	59.8	60	17 33	18 15	19 03	08 11	08 18	08 27	08 40
16	57 02.7	33.9	181 30.6	9.1	12 40.7	13.4	59.8	N 58	17 36	18 15	19 01	08 14	08 25	08 37	08 55
17	72 02.8	33.0	195 58.7	9.0	12 54.1	13.4	59.8	56	17 39	18 16	18 59	08 17	08 30	08 46	09 08
18	87 02.9	S 6 32.0	210 26.7	9.0	S13 07.5	13.2	59.8	54	17 41	18 17	18 58	08 19	08 35	08 54	09 19
19	102 03.1	31.1	224 54.7	8.9	13 20.7	13.2	59.8	52	17 44	18 17	18 56	08 21	08 40	09 02	09 29
20	117 03.2	30.1	239 22.6	8.9	13 33.9	13.1	59.8	50	17 46	18 18	18 55	08 23	08 44	09 08	09 38
21	132 03.3	.. 29.1	253 50.5	8.9	13 47.0	13.1	59.8	45	17 50	18 20	18 54	08 27	08 53	09 22	09 57
22	147 03.5	28.2	268 18.4	8.8	14 00.1	12.9	59.8								
23	162 03.6	27.2	282 46.2	8.7	14 13.0	12.8	59.7	N 40	17 54	18 21	18 53	08 30	09 00	09 34	10 12
4 00	177 03.8	S 6 26.3	297 13.9	8.7	S14 25.8	12.8	59.7	35	17 58	18 23	18 52	08 33	09 07	09 44	10 25
01	192 03.9	25.3	311 41.6	8.7	14 38.6	12.6	59.7	30	18 01	18 25	18 52	08 36	09 13	09 52	10 36
02	207 04.0	24.3	326 09.3	8.6	14 51.2	12.6	59.7	20	18 06	18 28	18 54	08 40	09 23	10 08	10 56
03	222 04.2	.. 23.4	340 36.9	8.5	15 03.8	12.5	59.7	N 10	18 11	18 32	18 56	08 44	09 32	10 21	11 13
04	237 04.3	22.4	355 04.4	8.5	15 16.3	12.4	59.7	0	18 15	18 36	19 00	08 48	09 40	10 33	11 29
05	252 04.4	21.4	9 31.9	8.5	15 28.7	12.2	59.7								
06	267 04.6	S 6 20.5	23 59.4	8.3	S15 40.9	12.2	59.7	S 10	18 20	18 41	19 06	08 52	09 48	10 46	11 45
07	282 04.7	19.5	38 26.7	8.4	15 53.1	12.1	59.6	20	18 25	18 47	19 13	08 56	09 57	10 59	12 02
T 08	297 04.8	18.6	52 54.1	8.3	16 05.2	12.0	59.6	30	18 31	18 55	19 23	09 01	10 07	11 15	12 22
H 09	312 05.0	.. 17.6	67 21.4	8.2	16 17.2	11.9	59.6	35	18 34	19 00	19 30	09 03	10 13	11 24	12 34
U 10	327 05.1	16.6	81 48.6	8.2	16 29.1	11.7	59.6	40	18 38	19 06	19 38	09 06	10 20	11 34	12 47
R 11	342 05.3	15.7	96 15.8	8.1	16 40.8	11.7	59.6	45	18 43	19 13	19 49	09 10	10 28	11 46	13 03
S 12	357 05.4	S 6 14.7	110 42.9	8.1	S16 52.5	11.6	59.6	S 50	18 48	19 22	20 02	09 14	10 37	12 01	13 23
D 13	12 05.5	13.7	125 10.0	8.0	17 04.1	11.4	59.6	52	18 51	19 26	20 08	09 16	10 42	12 08	13 32
A 14	27 05.7	12.8	139 37.0	7.9	17 15.5	11.3	59.5	54	18 54	19 30	20 15	09 18	10 47	12 16	13 42
Y 15	42 05.8	.. 11.8	154 03.9	8.0	17 26.8	11.3	59.5	56	18 57	19 36	20 23	09 20	10 52	12 24	13 54
16	57 06.0	10.8	168 30.9	7.8	17 38.1	11.1	59.5	58	19 00	19 41	20 33	09 23	10 58	12 34	14 08
17	72 06.1	09.9	182 57.7	7.8	17 49.2	11.0	59.5	S 60	19 04	19 48	20 44	09 26	11 05	12 45	14 24
18	87 06.2	S 6 08.9	197 24.5	7.8	S18 00.2	10.9	59.5		SUN	SUN	SUN	MOON	MOON	MOON	MOON
19	102 06.4	07.9	211 51.3	7.7	18 11.1	10.8	59.5	Day	Eqn. of Time 00h	Eqn. of Time 12h	Mer. Pass.	Mer. Pass. Upper	Mer. Pass. Lower	Age	Phase
20	117 06.5	07.0	226 18.0	7.6	18 21.9	10.6	59.4								
21	132 06.6	.. 06.0	240 44.6	7.6	18 32.5	10.5	59.4	d	m s	m s	h m	h m	h m	d	%
22	147 06.8	05.0	255 11.2	7.5	18 43.0	10.5	59.4	2	12 10	12 04	12 12	02 36	15 02	19	87
23	162 06.9	04.1	269 37.7	7.5	S18 53.5	10.3	59.4	3	11 58	11 52	12 12	03 28	15 54	20	78
	SD 16.2	d 1.0	SD 16.3		16.3		16.2	4	11 45	11 39	12 12	04 20	16 48	21	68

51

2021 MARCH 5, 6, 7 (FRI., SAT., SUN.)

UT	ARIES	VENUS −3.9		MARS +1.0		JUPITER −2.0		SATURN +0.6		STARS		
	GHA	GHA	Dec	GHA	Dec	GHA	Dec	GHA	Dec	Name	SHA	Dec
d h	° ′	° ′	° ′	° ′	° ′	° ′	° ′	° ′	° ′		° ′	° ′
5 00	162 57.6	181 32.5	S 9 22.4	104 57.1	N21 40.4	202 48.9	S16 08.4	211 30.7	S18 29.2	Acamar	315 14.4	S40 13.6
01	178 00.1	196 32.1	21.3	119 58.0	40.7	217 50.8	08.3	226 32.9	29.1	Achernar	335 23.1	S57 08.1
02	193 02.6	211 31.6	20.1	134 58.9	41.0	232 52.7	08.1	241 35.1	29.1	Acrux	173 02.8	S63 12.8
03	208 05.0	226 31.1 ..	19.0	149 59.9 ..	41.3	247 54.6 ..	07.9	256 37.3 ..	29.0	Adhara	255 08.1	S29 00.3
04	223 07.5	241 30.6	17.8	165 00.8	41.6	262 56.5	07.8	271 39.5	28.9	Aldebaran	290 43.2	N16 33.0
05	238 09.9	256 30.2	16.6	180 01.8	41.9	277 58.4	07.6	286 41.7	28.9			
06	253 12.4	271 29.7	S 9 15.5	195 02.7	N21 42.2	293 00.3	S16 07.4	301 43.9	S18 28.8	Alioth	166 15.3	N55 50.6
07	268 14.9	286 29.2	14.3	210 03.6	42.5	308 02.2	07.3	316 46.1	28.7	Alkaid	152 54.2	N49 12.3
08	283 17.3	301 28.7	13.2	225 04.6	42.8	323 04.1	07.1	331 48.3	28.7	Alnair	27 37.3	S46 51.6
F 09	298 19.8	316 28.3 ..	12.0	240 05.5 ..	43.2	338 06.0 ..	06.9	346 50.5 ..	28.6	Alnilam	275 40.8	S 1 11.5
R 10	313 22.3	331 27.8	10.9	255 06.5	43.5	353 08.0	06.8	1 52.7	28.5	Alphard	217 50.5	S 8 45.1
I 11	328 24.7	346 27.3	09.7	270 07.4	43.8	8 09.9	06.6	16 54.9	28.5			
D 12	343 27.2	1 26.9	S 9 08.5	285 08.3	N21 44.1	23 11.8	S16 06.4	31 57.1	S18 28.4	Alphecca	126 06.3	N26 38.4
A 13	358 29.7	16 26.4	07.4	300 09.3	44.4	38 13.7	06.3	46 59.3	28.4	Alpheratz	357 38.3	N29 12.3
Y 14	13 32.1	31 25.9	06.2	315 10.2	44.7	53 15.6	06.1	62 01.4	28.3	Altair	62 03.2	N 8 55.3
15	28 34.6	46 25.5 ..	05.1	330 11.1 ..	45.0	68 17.5 ..	05.9	77 03.6 ..	28.2	Ankaa	353 10.7	S42 11.7
16	43 37.1	61 25.0	03.9	345 12.1	45.3	83 19.4	05.8	92 05.8	28.2	Antares	112 19.6	S26 28.6
17	58 39.5	76 24.5	02.7	0 13.0	45.6	98 21.3	05.6	107 08.0	28.1			
18	73 42.0	91 24.0	S 9 01.6	15 13.9	N21 45.9	113 23.2	S16 05.4	122 10.2	S18 28.0	Arcturus	145 50.6	N19 04.2
19	88 44.4	106 23.6	9 00.4	30 14.9	46.2	128 25.1	05.3	137 12.4	28.0	Atria	107 16.6	S69 03.6
20	103 46.9	121 23.1	8 59.2	45 15.8	46.6	143 27.0	05.1	152 14.6	27.9	Avior	234 15.5	S59 34.8
21	118 49.4	136 22.6 ..	58.1	60 16.8 ..	46.9	158 28.9 ..	05.0	167 16.8 ..	27.8	Bellatrix	278 26.2	N 6 22.0
22	133 51.8	151 22.2	56.9	75 17.7	47.2	173 30.8	04.8	182 19.0	27.8	Betelgeuse	270 55.4	N 7 24.5
23	148 54.3	166 21.7	55.7	90 18.6	47.5	188 32.7	04.6	197 21.2	27.7			
6 00	163 56.8	181 21.2	S 8 54.6	105 19.6	N21 47.8	203 34.7	S16 04.5	212 23.4	S18 27.6	Canopus	263 53.6	S52 42.7
01	178 59.2	196 20.8	53.4	120 20.5	48.1	218 36.6	04.3	227 25.6	27.6	Capella	280 26.5	N46 01.2
02	194 01.7	211 20.3	52.2	135 21.4	48.4	233 38.5	04.1	242 27.8	27.5	Deneb	49 28.3	N45 21.1
03	209 04.2	226 19.9 ..	51.1	150 22.4 ..	48.7	248 40.4 ..	04.0	257 30.0 ..	27.5	Denebola	182 27.8	N14 27.2
04	224 06.6	241 19.4	49.9	165 23.3	49.0	263 42.3	03.8	272 32.2	27.4	Diphda	348 50.7	S17 52.5
05	239 09.1	256 18.9	48.7	180 24.2	49.3	278 44.2	03.6	287 34.4	27.3			
06	254 11.6	271 18.5	S 8 47.6	195 25.2	N21 49.6	293 46.1	S16 03.5	302 36.6	S18 27.3	Dubhe	193 44.3	N61 38.2
07	269 14.0	286 18.0	46.4	210 26.1	49.9	308 48.0	03.3	317 38.8	27.2	Elnath	278 05.8	N28 37.5
S 08	284 16.5	301 17.5	45.2	225 27.0	50.2	323 49.9	03.1	332 41.0	27.1	Eltanin	90 43.8	N51 28.9
A 09	299 18.9	316 17.1 ..	44.1	240 28.0 ..	50.5	338 51.8 ..	03.0	347 43.2 ..	27.1	Enif	33 42.2	N 9 58.1
T 10	314 21.4	331 16.6	42.9	255 28.9	50.8	353 53.7	02.8	2 45.5	27.0	Fomalhaut	15 18.4	S29 30.8
U 11	329 23.9	346 16.1	41.7	270 29.8	51.1	8 55.6	02.6	17 47.7	26.9			
R 12	344 26.3	1 15.7	S 8 40.6	285 30.8	N21 51.5	23 57.6	S16 02.5	32 49.9	S18 26.9	Gacrux	171 54.5	S57 13.8
D 13	359 28.8	16 15.2	39.4	300 31.7	51.8	38 59.5	02.3	47 52.1	26.8	Gienah	175 46.5	S17 39.6
A 14	14 31.3	31 14.8	38.2	315 32.6	52.1	54 01.4	02.1	62 54.3	26.7	Hadar	148 39.9	S60 28.2
Y 15	29 33.7	46 14.3 ..	37.0	330 33.5 ..	52.4	69 03.3 ..	02.0	77 56.5 ..	26.7	Hamal	327 54.9	N23 33.6
16	44 36.2	61 13.8	35.9	345 34.5	52.7	84 05.2	01.8	92 58.7	26.6	Kaus Aust.	83 36.8	S34 22.4
17	59 38.7	76 13.4	34.7	0 35.4	53.0	99 07.1	01.6	108 00.9	26.6			
18	74 41.1	91 12.9	S 8 33.5	15 36.3	N21 53.3	114 09.0	S16 01.5	123 03.1	S18 26.5	Kochab	137 19.3	N74 03.9
19	89 43.6	106 12.5	32.4	30 37.3	53.6	129 10.9	01.3	138 05.3	26.4	Markab	13 33.3	N15 18.9
20	104 46.1	121 12.0	31.2	45 38.2	53.9	144 12.8	01.1	153 07.5	26.4	Menkar	314 09.6	N 4 10.1
21	119 48.5	136 11.5 ..	30.0	60 39.1 ..	54.2	159 14.7 ..	01.0	168 09.7 ..	26.3	Menkent	148 01.0	S36 28.3
22	134 51.0	151 11.1	28.8	75 40.1	54.5	174 16.6	00.8	183 11.9	26.2	Miaplacidus	221 38.0	S69 48.3
23	149 53.4	166 10.6	27.7	90 41.0	54.8	189 18.6	00.6	198 14.1	26.2			
7 00	164 55.9	181 10.2	S 8 26.5	105 41.9	N21 55.1	204 20.5	S16 00.5	213 16.3	S18 26.1	Mirfak	308 32.9	N49 56.2
01	179 58.4	196 09.7	25.3	120 42.9	55.4	219 22.4	00.3	228 18.5	26.0	Nunki	75 51.8	S26 16.2
02	195 00.8	211 09.3	24.1	135 43.8	55.7	234 24.3	00.1	243 20.7	26.0	Peacock	53 11.1	S56 39.9
03	210 03.3	226 08.8 ..	22.9	150 44.7 ..	56.0	249 26.2	16 00.0	258 22.9 ..	25.9	Pollux	243 20.9	N27 58.5
04	225 05.8	241 08.3	21.8	165 45.6	56.3	264 28.1	15 59.8	273 25.1	25.9	Procyon	244 53.9	N 5 10.1
05	240 08.2	256 07.9	20.6	180 46.6	56.6	279 30.0	59.6	288 27.3	25.8			
06	255 10.7	271 07.4	S 8 19.4	195 47.5	N21 56.9	294 31.9	S15 59.5	303 29.5	S18 25.7	Rasalhague	96 01.5	N12 32.5
07	270 13.2	286 07.0	18.2	210 48.4	57.2	309 33.8	59.3	318 31.7	25.7	Regulus	207 37.5	N11 51.8
08	285 15.6	301 06.5	17.1	225 49.3	57.5	324 35.8	59.1	333 33.9	25.6	Rigel	281 06.8	S 8 10.9
S 09	300 18.1	316 06.1 ..	15.9	240 50.3 ..	57.8	339 37.7 ..	59.0	348 36.1 ..	25.5	Rigil Kent.	139 44.1	S60 55.0
U 10	315 20.5	331 05.6	14.7	255 51.2	58.1	354 39.6	58.8	3 38.3	25.5	Sabik	102 06.4	S15 45.0
N 11	330 23.0	346 05.2	13.5	270 52.1	58.4	9 41.5	58.6	18 40.5	25.4			
D 12	345 25.5	1 04.7	S 8 12.3	285 53.1	N21 58.7	24 43.4	S15 58.5	33 42.7	S18 25.3	Schedar	349 35.0	N56 39.1
A 13	0 27.9	16 04.2	11.2	300 54.0	59.0	39 45.3	58.3	48 44.9	25.3	Shaula	96 14.7	S37 07.0
Y 14	15 30.4	31 03.8	10.0	315 54.9	59.3	54 47.2	58.1	63 47.1	25.2	Sirius	258 28.8	S16 44.9
15	30 32.9	46 03.3 ..	08.8	330 55.8 ..	59.6	69 49.1 ..	58.0	78 49.3 ..	25.2	Spica	158 25.3	S11 16.3
16	45 35.3	61 02.9	07.6	345 56.8	21 59.9	84 51.0	57.8	93 51.5	25.1	Suhail	222 48.2	S43 31.2
17	60 37.8	76 02.4	06.4	0 57.7	22 00.2	99 53.0	57.6	108 53.7	25.0			
18	75 40.3	91 02.0	S 8 05.3	15 58.6	N22 00.5	114 54.9	S15 57.5	123 55.9	S18 25.0	Vega	80 35.5	N38 47.9
19	90 42.7	106 01.5	04.1	30 59.5	00.8	129 56.8	57.3	138 58.1	24.9	Zuben'ubi	136 59.3	S16 07.7
20	105 45.2	121 01.1	02.9	46 00.5	01.1	144 58.7	57.1	154 00.3	24.8		SHA	Mer. Pass.
21	120 47.7	136 00.6 ..	01.7	61 01.4 ..	01.4	160 00.6 ..	57.0	169 02.5 ..	24.8		° ′	h m
22	135 50.1	151 00.2	8 00.5	76 02.3	01.7	175 02.5	56.8	184 04.7	24.7	Venus	17 24.5	11 55
23	150 52.6	165 59.7	S 7 59.3	91 03.2	02.0	190 04.4	56.6	199 06.9	24.6	Mars	301 22.8	16 58
	h m									Jupiter	39 37.9	10 24
Mer. Pass. 13 02.1		v −0.5	d 1.2	v 0.9	d 0.3	v 1.9	d 0.2	v 2.2	d 0.1	Saturn	48 26.7	9 49

2021 MARCH 5, 6, 7 (FRI., SAT., SUN.)

Sun and Moon Ephemeris

UT	SUN GHA	SUN Dec	MOON GHA	v	MOON Dec	d	HP
d h	° '	° '	° '	'	° '	'	'
5 00	177 07.1	S 6 03.1	284 04.2	7.4	S19 03.8	10.1	59.4
01	192 07.2	02.1	298 30.6	7.4	19 13.9	10.1	59.4
02	207 07.4	01.2	312 57.0	7.3	19 24.0	9.9	59.4
03	222 07.5	6 00.2	327 23.3	7.3	19 33.9	9.8	59.3
04	237 07.6	5 59.3	341 49.6	7.2	19 43.7	9.7	59.3
05	252 07.8	58.3	356 15.8	7.2	19 53.4	9.5	59.3
06	267 07.9	S 5 57.3	10 42.0	7.1	S20 02.9	9.4	59.3
07	282 08.1	56.4	25 08.1	7.1	20 12.3	9.3	59.3
08	297 08.2	55.4	39 34.2	7.0	20 21.6	9.2	59.2
F 09	312 08.3	54.4	54 00.2	7.0	20 30.8	9.0	59.2
R 10	327 08.5	53.4	68 26.2	6.9	20 39.8	8.9	59.2
I 11	342 08.6	52.5	82 52.1	6.9	20 48.7	8.7	59.2
D 12	357 08.8	S 5 51.5	97 18.0	6.8	S20 57.4	8.6	59.2
A 13	12 08.9	50.5	111 43.8	6.8	21 06.0	8.5	59.2
Y 14	27 09.1	49.6	126 09.6	6.7	21 14.5	8.4	59.1
15	42 09.2	48.6	140 35.3	6.7	21 22.9	8.2	59.1
16	57 09.3	47.6	155 01.0	6.6	21 31.1	8.0	59.1
17	72 09.5	46.7	169 26.6	6.6	21 39.1	7.9	59.1
18	87 09.6	S 5 45.7	183 52.2	6.5	S21 47.0	7.8	59.1
19	102 09.8	44.7	198 17.7	6.5	21 54.8	7.7	59.0
20	117 09.9	43.8	212 43.2	6.5	22 02.5	7.5	59.0
21	132 10.1	42.8	227 08.7	6.4	22 10.0	7.3	59.0
22	147 10.2	41.8	241 34.1	6.4	22 17.3	7.2	59.0
23	162 10.3	40.9	255 59.5	6.4	22 24.5	7.1	59.0
6 00	177 10.5	S 5 39.9	270 24.9	6.3	S22 31.6	6.9	59.0
01	192 10.6	38.9	284 50.2	6.2	22 38.5	6.8	58.9
02	207 10.8	38.0	299 15.4	6.3	22 45.3	6.6	58.9
03	222 10.9	37.0	313 40.7	6.2	22 51.9	6.4	58.9
04	237 11.1	36.0	328 05.9	6.1	22 58.3	6.4	58.9
05	252 11.2	35.0	342 31.0	6.1	23 04.7	6.1	58.9
06	267 11.4	S 5 34.1	356 56.1	6.1	S23 10.8	6.1	58.8
07	282 11.5	33.1	11 21.2	6.1	23 16.9	5.8	58.8
S 08	297 11.7	32.1	25 46.3	6.0	23 22.7	5.7	58.8
A 09	312 11.8	31.2	40 11.3	6.0	23 28.4	5.6	58.8
T 10	327 11.9	30.2	54 36.3	6.0	23 34.0	5.5	58.8
U 11	342 12.1	29.2	69 01.3	6.0	23 39.4	5.3	58.7
R 12	357 12.2	S 5 28.3	83 26.3	5.9	S23 44.7	5.1	58.7
D 13	12 12.4	27.3	97 51.2	5.9	23 49.8	4.9	58.7
A 14	27 12.5	26.3	112 16.1	5.9	23 54.7	4.8	58.7
Y 15	42 12.7	25.3	126 41.0	5.9	23 59.5	4.6	58.7
16	57 12.8	24.4	141 05.9	5.8	24 04.1	4.5	58.6
17	72 13.0	23.4	155 30.7	5.8	24 08.6	4.3	58.6
18	87 13.1	S 5 22.4	169 55.5	5.8	S24 12.9	4.2	58.6
19	102 13.3	21.5	184 20.3	5.8	24 17.1	4.0	58.6
20	117 13.4	20.5	198 45.1	5.8	24 21.1	3.9	58.6
21	132 13.6	19.5	213 09.9	5.8	24 25.0	3.7	58.5
22	147 13.7	18.5	227 34.7	5.7	24 28.7	3.5	58.5
23	162 13.9	17.6	241 59.4	5.7	24 32.2	3.4	58.5
7 00	177 14.0	S 5 16.6	256 24.1	5.8	S24 35.6	3.2	58.5
01	192 14.2	15.6	270 48.9	5.7	24 38.8	3.0	58.5
02	207 14.3	14.6	285 13.6	5.7	24 41.8	2.9	58.4
03	222 14.5	13.7	299 38.3	5.8	24 44.7	2.8	58.4
04	237 14.6	12.7	314 03.1	5.7	24 47.5	2.5	58.4
05	252 14.8	11.7	328 27.8	5.7	24 50.0	2.5	58.4
06	267 14.9	S 5 10.8	342 52.5	5.7	S24 52.5	2.2	58.4
07	282 15.1	09.8	357 17.2	5.7	24 54.7	2.1	58.3
08	297 15.2	08.8	11 41.9	5.8	24 56.8	2.0	58.3
S 09	312 15.4	07.8	26 06.7	5.7	24 58.8	1.7	58.3
U 10	327 15.5	06.9	40 31.4	5.7	25 00.5	1.6	58.3
N 11	342 15.7	05.9	54 56.1	5.8	25 02.1	1.5	58.3
D 12	357 15.8	S 5 04.9	69 20.9	5.8	S25 03.6	1.3	58.2
A 13	12 16.0	03.9	83 45.7	5.7	25 04.9	1.1	58.2
Y 14	27 16.1	03.0	98 10.4	5.8	25 06.0	1.0	58.2
15	42 16.3	02.0	112 35.2	5.8	25 07.0	0.8	58.2
16	57 16.4	01.0	127 00.0	5.8	25 07.8	0.7	58.1
17	72 16.6	5 00.0	141 24.8	5.9	25 08.5	0.5	58.1
18	87 16.7	S 4 59.1	155 49.7	5.8	S25 09.0	0.4	58.1
19	102 16.9	58.1	170 14.5	5.9	25 09.4	0.1	58.1
20	117 17.0	57.1	184 39.4	5.9	25 09.5	0.1	58.1
21	132 17.2	56.1	199 04.3	6.0	25 09.6	0.2	58.0
22	147 17.3	55.2	213 29.3	5.9	25 09.4	0.3	58.0
23	162 17.5	54.2	227 54.2	6.0	S25 09.1	0.4	58.0
	SD 16.1	d 1.0	SD 16.1		16.0		15.9

Twilight, Sunrise, Moonrise

Lat.	Naut.	Civil	Sunrise	Moonrise 5	6	7	8
°	h m	h m	h m	h m	h m	h m	h m
N 72	04 43	06 02	07 10	■	■	■	■
N 70	04 51	06 02	07 03	■	■	■	■
68	04 58	06 02	06 58	03 23	■	■	■
66	05 03	06 02	06 53	02 44	05 09	■	■
64	05 07	06 02	06 49	02 16	04 13	06 01	07 04
62	05 11	06 02	06 46	01 56	03 40	05 11	06 14
60	05 14	06 02	06 43	01 39	03 16	04 40	05 42
N 58	05 16	06 02	06 41	01 25	02 57	04 17	05 19
56	05 18	06 01	06 38	01 13	02 40	03 58	04 59
54	05 20	06 01	06 36	01 02	02 27	03 42	04 43
52	05 22	06 01	06 34	00 53	02 15	03 29	04 30
50	05 23	06 00	06 33	00 45	02 04	03 17	04 17
45	05 26	06 00	06 29	00 27	01 42	02 52	03 52
N 40	05 27	05 59	06 26	00 13	01 25	02 32	03 32
35	05 28	05 58	06 23	00 01	01 10	02 16	03 16
30	05 29	05 56	06 20	24 57	00 57	02 02	03 01
20	05 28	05 54	06 16	24 35	00 35	01 37	02 37
N 10	05 26	05 51	06 12	24 16	00 16	01 17	02 16
0	05 23	05 47	06 08	23 59	24 57	00 57	01 56
S 10	05 18	05 43	06 04	23 42	24 38	00 38	01 36
20	05 11	05 37	06 00	23 23	24 17	00 17	01 15
30	05 02	05 30	05 54	23 02	23 54	24 51	00 51
35	04 56	05 26	05 51	22 49	23 40	24 36	00 36
40	04 48	05 21	05 48	22 35	23 24	24 20	00 20
45	04 39	05 14	05 44	22 18	23 05	24 00	00 00
S 50	04 26	05 06	05 39	21 58	22 41	23 35	24 39
52	04 20	05 02	05 37	21 48	22 29	23 23	24 28
54	04 14	04 58	05 35	21 37	22 16	23 09	24 15
56	04 06	04 53	05 32	21 25	22 01	22 53	24 00
58	03 57	04 48	05 29	21 10	21 44	22 34	23 43
S 60	03 47	04 42	05 25	20 54	21 23	22 11	23 21

Sunset, Twilight, Moonset

Lat.	Sunset	Civil	Naut.	Moonset 5	6	7	8
°	h m	h m	h m	h m	h m	h m	h m
N 72	17 15	18 23	19 42	■	■	■	■
N 70	17 21	18 22	19 34	■	■	■	■
68	17 26	18 22	19 27	06 53	■	■	■
66	17 31	18 22	19 22	07 33	07 07	■	■
64	17 34	18 22	19 17	08 01	08 04	08 19	09 17
62	17 38	18 22	19 13	08 23	08 38	09 08	10 08
60	17 40	18 22	19 10	08 40	09 02	09 40	10 39
N 58	17 43	18 22	19 08	08 55	09 22	10 03	11 03
56	17 45	18 22	19 05	09 08	09 38	10 22	11 22
54	17 47	18 22	19 03	09 19	09 52	10 38	11 38
52	17 49	18 23	19 02	09 29	10 05	10 52	11 52
50	17 51	18 23	19 00	09 38	10 16	11 04	12 04
45	17 54	18 24	18 58	09 57	10 38	11 29	12 28
N 40	17 57	18 24	18 56	10 12	10 57	11 49	12 48
35	18 00	18 25	18 55	10 25	11 12	12 06	13 05
30	18 03	18 26	18 54	10 36	11 25	12 20	13 19
20	18 07	18 29	18 54	10 56	11 48	12 44	13 43
N 10	18 11	18 32	18 56	11 13	12 08	13 06	14 04
0	18 14	18 35	18 59	11 29	12 27	13 25	14 23
S 10	18 18	18 39	19 04	11 45	12 45	13 45	14 43
20	18 23	18 45	19 11	12 02	13 05	14 06	15 04
30	18 27	18 52	19 20	12 22	13 28	14 31	15 27
35	18 30	18 56	19 26	12 34	13 42	14 45	15 41
40	18 34	19 01	19 33	12 47	13 57	15 01	15 58
45	18 37	19 07	19 43	13 03	14 16	15 21	16 17
S 50	18 42	19 15	19 55	13 23	14 39	15 46	16 41
52	18 44	19 19	20 00	13 32	14 50	15 58	16 52
54	18 47	19 23	20 07	13 42	15 03	16 12	17 05
56	18 49	19 27	20 14	13 54	15 18	16 28	17 20
58	18 52	19 33	20 23	14 08	15 35	16 47	17 38
S 60	18 55	19 38	20 33	14 24	15 56	17 10	18 00

SUN / MOON

Day	Eqn. of Time 00h	Eqn. of Time 12h	Mer. Pass.	Mer. Pass. Upper	Mer. Pass. Lower	Age	Phase
d	m s	m s	h m	h m	h m	d	%
5	11 32	11 25	12 11	05 16	17 44	22	56
6	11 18	11 11	12 11	06 13	18 42	23	45
7	11 04	10 57	12 11	07 11	19 41	24	34

2021 MARCH 8, 9, 10 (MON., TUES., WED.)

UT	ARIES	VENUS −3.9	MARS +1.0	JUPITER −2.0	SATURN +0.6	STARS
	GHA	GHA Dec	GHA Dec	GHA Dec	GHA Dec	Name SHA Dec
d h	° ′	° ′ ° ′	° ′ ° ′	° ′ ° ′	° ′ ° ′	° ′ ° ′
8 00	165 55.0	180 59.3 S 7 58.2	106 04.2 N22 02.3	205 06.3 S15 56.5	214 09.1 S18 24.6	Acamar 315 14.4 S40 13.6
01	180 57.5	195 58.8 57.0	121 05.1 02.6	220 08.2 56.3	229 11.4 24.5	Achernar 335 23.1 S57 08.1
02	196 00.0	210 58.4 55.8	136 06.0 02.9	235 10.2 56.1	244 13.6 24.5	Acrux 173 02.8 S63 12.9
03	211 02.4	225 57.9 . . 54.6	151 06.9 . . 03.2	250 12.1 . . 56.0	259 15.8 . . 24.4	Adhara 255 08.1 S29 00.3
04	226 04.9	240 57.5 53.4	166 07.9 03.5	265 14.0 55.8	274 18.0 24.3	Aldebaran 290 43.2 N16 33.0
05	241 07.4	255 57.0 52.2	181 08.8 03.8	280 15.9 55.6	289 20.2 24.3	
06	256 09.8	270 56.6 S 7 51.0	196 09.7 N22 04.0	295 17.8 S15 55.5	304 22.4 S18 24.2	Alioth 166 15.3 N55 50.6
07	271 12.3	285 56.1 49.9	211 10.6 04.3	310 19.7 55.3	319 24.6 24.1	Alkaid 152 54.2 N49 12.3
08	286 14.8	300 55.7 48.7	226 11.6 04.6	325 21.6 55.1	334 26.8 24.1	Al Na'ir 27 37.3 S46 51.6
M 09	301 17.2	315 55.2 . . 47.5	241 12.5 . . 04.9	340 23.6 . . 55.0	349 29.0 . . 24.0	Alnilam 275 40.9 S 1 11.5
O 10	316 19.7	330 54.8 46.3	256 13.4 05.2	355 25.5 54.8	4 31.2 23.9	Alphard 217 50.5 S 8 45.1
N 11	331 22.2	345 54.3 45.1	271 14.3 05.5	10 27.4 54.6	19 33.4 23.9	
D 12	346 24.6	0 53.9 S 7 43.9	286 15.2 N22 05.8	25 29.3 S15 54.5	34 35.6 S18 23.8	Alphecca 126 06.3 N26 38.4
A 13	1 27.1	15 53.5 42.7	301 16.2 06.1	40 31.2 54.3	49 37.8 23.8	Alpheratz 357 38.3 N29 12.3
Y 14	16 29.5	30 53.0 41.5	316 17.1 06.4	55 33.1 54.1	64 40.0 23.7	Altair 62 03.2 N 8 55.3
15	31 32.0	45 52.6 . . 40.3	331 18.0 . . 06.7	70 35.0 . . 54.0	79 42.2 . . 23.6	Ankaa 353 10.7 S42 11.7
16	46 34.5	60 52.1 39.2	346 18.9 07.0	85 36.9 53.8	94 44.4 23.6	Antares 112 19.6 S26 28.6
17	61 36.9	75 51.7 38.0	1 19.9 07.3	100 38.9 53.6	109 46.6 23.5	
18	76 39.4	90 51.2 S 7 36.8	16 20.8 N22 07.6	115 40.8 S15 53.5	124 48.8 S18 23.4	Arcturus 145 50.6 N19 04.2
19	91 41.9	105 50.8 35.6	31 21.7 07.9	130 42.7 53.3	139 51.0 23.4	Atria 107 16.6 S69 03.6
20	106 44.3	120 50.3 34.4	46 22.6 08.2	145 44.6 53.1	154 53.2 23.3	Avior 234 15.5 S59 34.8
21	121 46.8	135 49.9 . . 33.2	61 23.5 . . 08.5	160 46.5 . . 53.0	169 55.5 . . 23.3	Bellatrix 278 26.2 N 6 22.0
22	136 49.3	150 49.5 32.0	76 24.5 08.7	175 48.4 52.8	184 57.7 23.2	Betelgeuse 270 55.4 N 7 24.5
23	151 51.7	165 49.0 30.8	91 25.4 09.0	190 50.3 52.6	199 59.9 23.1	
9 00	166 54.2	180 48.6 S 7 29.6	106 26.3 N22 09.3	205 52.3 S15 52.5	215 02.1 S18 23.1	Canopus 263 53.6 S52 42.7
01	181 56.7	195 48.1 28.4	121 27.2 09.6	220 54.2 52.3	230 04.3 23.0	Capella 280 26.5 N46 01.2
02	196 59.1	210 47.7 27.2	136 28.1 09.9	235 56.1 52.2	245 06.5 22.9	Deneb 49 28.2 N45 21.1
03	212 01.6	225 47.2 . . 26.0	151 29.1 . . 10.2	250 58.0 . . 52.0	260 08.7 . . 22.9	Denebola 182 27.8 N14 27.2
04	227 04.0	240 46.8 24.8	166 30.0 10.5	265 59.9 51.8	275 10.9 22.8	Diphda 348 50.7 S17 52.5
05	242 06.5	255 46.4 23.7	181 30.9 10.8	281 01.8 51.7	290 13.1 22.7	
06	257 09.0	270 45.9 S 7 22.5	196 31.8 N22 11.1	296 03.8 S15 51.5	305 15.3 S18 22.7	Dubhe 193 44.3 N61 38.2
07	272 11.4	285 45.5 21.3	211 32.7 11.4	311 05.7 51.3	320 17.5 22.6	Elnath 278 05.8 N28 37.5
T 08	287 13.9	300 45.0 20.1	226 33.6 11.7	326 07.6 51.2	335 19.7 22.6	Eltanin 90 43.7 N51 28.9
U 09	302 16.4	315 44.6 . . 18.9	241 34.6 . . 11.9	341 09.5 . . 51.0	350 21.9 . . 22.5	Enif 33 42.1 N 9 58.1
E 10	317 18.8	330 44.2 17.7	256 35.5 12.2	356 11.4 50.8	5 24.1 22.4	Fomalhaut 15 18.3 S29 30.8
S 11	332 21.3	345 43.7 16.5	271 36.4 12.5	11 13.3 50.7	20 26.3 22.4	
D 12	347 23.8	0 43.3 S 7 15.3	286 37.3 N22 12.8	26 15.2 S15 50.5	35 28.6 S18 22.3	Gacrux 171 54.5 S57 13.8
A 13	2 26.2	15 42.8 14.1	301 38.2 13.1	41 17.2 50.3	50 30.8 22.2	Gienah 175 46.5 S17 39.6
Y 14	17 28.7	30 42.4 12.9	316 39.2 13.4	56 19.1 50.2	65 33.0 22.2	Hadar 148 39.9 S60 28.3
15	32 31.1	45 42.0 . . 11.7	331 40.1 . . 13.7	71 21.0 . . 50.0	80 35.2 . . 22.1	Hamal 327 54.9 N23 33.6
16	47 33.6	60 41.5 10.5	346 41.0 14.0	86 22.9 49.8	95 37.4 22.1	Kaus Aust. 83 36.8 S34 22.4
17	62 36.1	75 41.1 09.3	1 41.9 14.3	101 24.8 49.7	110 39.6 22.0	
18	77 38.5	90 40.6 S 7 08.1	16 42.8 N22 14.5	116 26.7 S15 49.5	125 41.8 S18 21.9	Kochab 137 19.2 N74 03.9
19	92 41.0	105 40.2 06.9	31 43.7 14.8	131 28.7 49.3	140 44.0 21.9	Markab 13 33.3 N15 18.9
20	107 43.5	120 39.8 05.7	46 44.7 15.1	146 30.6 49.2	155 46.2 21.8	Menkar 314 09.6 N 4 10.1
21	122 45.9	135 39.3 . . 04.5	61 45.6 . . 15.4	161 32.5 . . 49.0	170 48.4 . . 21.7	Menkent 148 01.0 S36 28.3
22	137 48.4	150 38.9 03.3	76 46.5 15.7	176 34.4 48.8	185 50.6 21.7	Miaplacidus 221 38.0 S69 48.4
23	152 50.9	165 38.5 02.1	91 47.4 16.0	191 36.3 48.7	200 52.8 21.6	
10 00	167 53.3	180 38.0 S 7 00.9	106 48.3 N22 16.3	206 38.2 S15 48.5	215 55.0 S18 21.6	Mirfak 308 32.9 N49 56.2
01	182 55.8	195 37.6 6 59.7	121 49.2 16.5	221 40.2 48.3	230 57.3 21.5	Nunki 75 51.8 S26 16.2
02	197 58.3	210 37.2 58.5	136 50.1 16.8	236 42.1 48.2	245 59.5 21.4	Peacock 53 11.1 S56 39.9
03	213 00.7	225 36.7 . . 57.3	151 51.1 . . 17.1	251 44.0 . . 48.0	261 01.7 . . 21.4	Pollux 243 20.9 N27 58.5
04	228 03.2	240 36.3 56.1	166 52.0 17.4	266 45.9 47.8	276 03.9 21.3	Procyon 244 53.9 N 5 10.1
05	243 05.6	255 35.9 54.9	181 52.9 17.7	281 47.8 47.7	291 06.1 21.2	
06	258 08.1	270 35.4 S 6 53.7	196 53.8 N22 18.0	296 49.8 S15 47.5	306 08.3 S18 21.2	Rasalhague 96 01.5 N12 32.5
07	273 10.6	285 35.0 52.5	211 54.7 18.3	311 51.7 47.3	321 10.5 21.1	Regulus 207 37.5 N11 51.8
W 08	288 13.0	300 34.6 51.3	226 55.6 18.5	326 53.6 47.2	336 12.7 21.1	Rigel 281 06.9 S 8 10.9
E 09	303 15.5	315 34.1 . . 50.1	241 56.5 . . 18.8	341 55.5 . . 47.0	351 14.9 . . 21.0	Rigil Kent. 139 44.1 S60 55.1
D 10	318 18.0	330 33.7 48.9	256 57.5 19.1	356 57.4 46.8	6 17.1 20.9	Sabik 102 06.4 S15 45.0
N 11	333 20.4	345 33.3 47.7	271 58.4 19.4	11 59.3 46.7	21 19.3 20.9	
E 12	348 22.9	0 32.8 S 6 46.5	286 59.3 N22 19.7	27 01.3 S15 46.5	36 21.6 S18 20.8	Schedar 349 35.0 N56 39.1
S 13	3 25.4	15 32.4 45.2	302 00.2 20.0	42 03.2 46.3	51 23.8 20.7	Shaula 96 14.6 S37 07.0
D 14	18 27.8	30 32.0 44.0	317 01.1 20.2	57 05.1 46.2	66 26.0 20.7	Sirius 258 28.9 S16 44.9
A 15	33 30.3	45 31.5 . . 42.8	332 02.0 . . 20.5	72 07.0 . . 46.0	81 28.2 . . 20.6	Spica 158 25.3 S11 16.3
Y 16	48 32.8	60 31.1 41.6	347 02.9 20.8	87 08.9 45.9	96 30.4 20.6	Suhail 222 48.2 S43 31.2
17	63 35.2	75 30.7 40.4	2 03.8 21.1	102 10.9 45.7	111 32.6 20.5	
18	78 37.7	90 30.2 S 6 39.2	17 04.7 N22 21.4	117 12.8 S15 45.5	126 34.8 S18 20.5	Vega 80 35.5 N38 47.9
19	93 40.1	105 29.8 38.0	32 05.7 21.7	132 14.7 45.4	141 37.0 20.4	Zuben'ubi 136 59.3 S16 07.7
20	108 42.6	120 29.4 36.8	47 06.6 21.9	147 16.6 45.2	156 39.2 20.3	SHA Mer. Pass.
21	123 45.1	135 28.9 . . 35.6	62 07.5 . . 22.2	162 18.5 . . 45.0	171 41.4 . . 20.2	° ′ h m
22	138 47.5	150 28.5 34.4	77 08.4 22.5	177 20.5 44.9	186 43.7 20.2	Venus 13 54.4 11 57
23	153 50.0	165 28.1 33.2	92 09.3 22.8	192 22.4 44.7	201 45.9 20.1	Mars 299 32.1 16 53
	h m					Jupiter 38 58.1 10 15
Mer.Pass. 12 50.3		v −0.4 d 1.2	v 0.9 d 0.3	v 1.9 d 0.2	v 2.2 d 0.1	Saturn 48 07.9 9 38

2021 MARCH 8, 9, 10 (MON., TUES., WED.)

UT	SUN GHA	SUN Dec	MOON GHA	MOON v	MOON Dec	MOON d	MOON HP	Lat.	Twilight Naut.	Twilight Civil	Sunrise	Moonrise 8	Moonrise 9	Moonrise 10	Moonrise 11
d h	° ′	° ′	° ′	′	° ′	′	′	°	h m	h m	h m	h m	h m	h m	h m
								N 72	04 27	05 47	06 54	▬	▬	▬	09 30
8 00	177 17.6	S 4 53.2	242 19.2	6.0	S25 08.7	0.6	58.0	N 70	04 37	05 49	06 49	▬	▬	▬	08 38
01	192 17.8	52.2	256 44.2	6.1	25 08.1	0.8	58.0	68	04 45	05 50	06 45	▬	▬	08 41	08 06
02	207 17.9	51.3	271 09.3	6.1	25 07.3	0.9	57.9	66	04 51	05 51	06 42	▬	08 24	07 54	07 42
03	222 18.1	50.3	285 34.4	6.1	25 06.4	1.1	57.9	64	04 57	05 52	06 39	07 04	07 20	07 24	07 23
04	237 18.2	49.3	299 59.5	6.1	25 05.3	1.2	57.9	62	05 01	05 52	06 37	06 14	06 46	07 00	07 08
05	252 18.4	48.3	314 24.6	6.2	25 04.1	1.4	57.9	60	05 05	05 53	06 34	05 42	06 20	06 42	06 55
06	267 18.5	S 4 47.4	328 49.8	6.3	S25 02.7	1.5	57.9	N 58	05 08	05 53	06 32	05 19	06 00	06 26	06 43
07	282 18.7	46.4	343 15.1	6.2	25 01.2	1.7	57.8	56	05 11	05 54	06 31	04 59	05 43	06 13	06 33
08	297 18.8	45.4	357 40.3	6.3	24 59.5	1.8	57.8	54	05 13	05 54	06 29	04 43	05 29	06 01	06 25
M 09	312 19.0	44.4	12 05.6	6.4	24 57.7	2.0	57.8	52	05 15	05 54	06 28	04 30	05 16	05 51	06 17
O 10	327 19.2	43.5	26 31.0	6.4	24 55.7	2.2	57.8	50	05 17	05 54	06 26	04 17	05 05	05 42	06 10
N 11	342 19.3	42.5	40 56.4	6.5	24 53.5	2.3	57.8	45	05 20	05 54	06 23	03 52	04 42	05 22	05 55
D 12	357 19.5	S 4 41.5	55 21.9	6.5	S24 51.2	2.4	57.7	N 40	05 23	05 54	06 21	03 32	04 24	05 07	05 42
A 13	12 19.6	40.5	69 47.4	6.5	24 48.8	2.6	57.7	35	05 24	05 54	06 19	03 16	04 08	04 53	05 31
Y 14	27 19.8	39.6	84 12.9	6.6	24 46.2	2.8	57.7	30	05 25	05 53	06 17	03 01	03 55	04 41	05 22
15	42 19.9	38.6	98 38.5	6.6	24 43.4	2.9	57.7	20	05 26	05 51	06 13	02 37	03 32	04 21	05 06
16	57 20.1	37.6	113 04.1	6.7	24 40.5	3.0	57.6	N 10	05 25	05 49	06 10	02 16	03 12	04 04	04 52
17	72 20.2	36.6	127 29.8	6.8	24 37.5	3.2	57.6	0	05 22	05 46	06 07	01 56	02 53	03 47	04 38
18	87 20.4	S 4 35.6	141 55.6	6.8	S24 34.3	3.3	57.6	S 10	05 18	05 43	06 04	01 36	02 34	03 31	04 25
19	102 20.5	34.7	156 21.4	6.9	24 31.0	3.5	57.6	20	05 13	05 38	06 01	01 15	02 14	03 13	04 10
20	117 20.7	33.7	170 47.3	6.9	24 27.5	3.6	57.6	30	05 04	05 32	05 56	00 51	01 51	02 53	03 54
21	132 20.9	32.7	185 13.2	7.0	24 23.9	3.8	57.5	35	04 59	05 29	05 54	00 36	01 37	02 41	03 44
22	147 21.0	31.7	199 39.2	7.0	24 20.1	3.9	57.5	40	04 52	05 24	05 51	00 20	01 22	02 27	03 33
23	162 21.2	30.8	214 05.2	7.2	24 16.2	4.1	57.5	45	04 43	05 18	05 48	00 00	01 03	02 11	03 20
9 00	177 21.3	S 4 29.8	228 31.4	7.1	S24 12.1	4.2	57.5	S 50	04 32	05 11	05 44	24 39	00 39	01 50	03 03
01	192 21.5	28.8	242 57.5	7.3	24 07.9	4.3	57.5	52	04 27	05 08	05 42	24 28	00 28	01 41	02 57
02	207 21.6	27.8	257 23.8	7.3	24 03.6	4.5	57.4	54	04 21	05 04	05 40	24 15	00 15	01 30	02 48
03	222 21.8	26.8	271 50.1	7.3	23 59.1	4.6	57.4	56	04 14	05 00	05 38	24 00	00 00	01 18	02 39
04	237 22.0	25.9	286 16.4	7.5	23 54.5	4.7	57.4	58	04 06	04 56	05 36	23 43	25 03	01 03	02 28
05	252 22.1	24.9	300 42.9	7.5	23 49.8	4.9	57.4	S 60	03 57	04 50	05 33	23 21	24 46	00 46	02 16
06	267 22.3	S 4 23.9	315 09.4	7.5	S23 44.9	5.0	57.4	Lat.	Sunset	Twilight Civil	Twilight Naut.	Moonset 8	Moonset 9	Moonset 10	Moonset 11
07	282 22.4	22.9	329 35.9	7.7	23 39.9	5.2	57.3								
T 08	297 22.6	22.0	344 02.6	7.7	23 34.7	5.3	57.3								
U 09	312 22.7	21.0	358 29.3	7.8	23 29.4	5.4	57.3	°	h m	h m	h m	h m	h m	h m	h m
E 10	327 22.9	20.0	12 56.1	7.8	23 24.0	5.6	57.3	N 72	17 29	18 36	19 57	▬	▬	▬	12 30
S 11	342 23.1	19.0	27 22.9	7.9	23 18.4	5.6	57.3	N 70	17 34	18 34	19 47	▬	▬	▬	13 20
D 12	357 23.2	S 4 18.0	41 49.8	8.0	S23 12.8	5.9	57.2	68	17 37	18 33	19 39	▬	▬	11 31	13 51
A 13	12 23.4	17.1	56 16.8	8.1	23 06.9	5.9	57.2	66	17 41	18 32	19 32	▬	09 56	12 18	14 14
Y 14	27 23.5	16.1	70 43.9	8.2	23 01.0	6.1	57.2	64	17 43	18 31	19 26	09 17	11 00	12 48	14 31
15	42 23.7	15.1	85 11.1	8.2	22 54.9	6.2	57.2	62	17 46	18 30	19 22	10 08	11 34	13 10	14 46
16	57 23.8	14.1	99 38.3	8.3	22 48.7	6.3	57.1	60	17 48	18 29	19 18	10 39	11 59	13 28	14 58
17	72 24.0	13.1	114 05.6	8.4	22 42.4	6.4	57.1	N 58	17 50	18 29	19 15	11 03	12 19	13 43	15 09
18	87 24.2	S 4 12.2	128 33.0	8.4	S22 36.0	6.6	57.1	56	17 51	18 28	19 12	11 22	12 35	13 56	15 18
19	102 24.3	11.2	143 00.4	8.6	22 29.4	6.7	57.1	54	17 53	18 28	19 09	11 38	12 49	14 07	15 26
20	117 24.5	10.2	157 28.0	8.6	22 22.7	6.8	57.1	52	17 54	18 28	19 07	11 52	13 01	14 17	15 33
21	132 24.6	09.2	171 55.6	8.7	22 15.9	6.9	57.0	50	17 56	18 28	19 05	12 04	13 12	14 25	15 40
22	147 24.8	08.2	186 23.3	8.8	22 09.0	7.1	57.0	45	17 58	18 28	19 02	12 28	13 34	14 44	15 53
23	162 25.0	07.3	200 51.1	8.8	22 01.9	7.1	57.0								
10 00	177 25.1	S 4 06.3	215 18.9	9.0	S21 54.8	7.3	57.0	N 40	18 01	18 28	18 59	12 48	13 52	14 59	16 05
01	192 25.3	05.3	229 46.9	9.0	21 47.5	7.4	57.0	35	18 03	18 28	18 57	13 05	14 07	15 11	16 14
02	207 25.4	04.3	244 14.9	9.1	21 40.1	7.5	56.9	30	18 05	18 28	18 56	13 19	14 20	15 22	16 23
03	222 25.6	03.3	258 43.0	9.2	21 32.6	7.7	56.9	20	18 08	18 30	18 55	13 43	14 43	15 41	16 37
04	237 25.8	02.4	273 11.2	9.2	21 24.9	7.7	56.9	N 10	18 11	18 32	18 56	14 04	15 02	15 57	16 50
05	252 25.9	01.4	287 39.4	9.4	21 17.2	7.8	56.9	0	18 14	18 34	18 59	14 23	15 19	16 12	17 01
06	267 26.1	S 4 00.4	302 07.8	9.4	S21 09.4	8.0	56.9	S 10	18 17	18 38	19 02	14 43	15 37	16 27	17 13
W 07	282 26.2	3 59.4	316 36.2	9.5	21 01.4	8.1	56.8	20	18 20	18 42	19 08	15 04	15 56	16 43	17 25
E 08	297 26.4	58.4	331 04.7	9.6	20 53.3	8.1	56.8	30	18 24	18 48	19 16	15 27	16 18	17 01	17 39
D 09	312 26.6	57.5	345 33.3	9.7	20 45.2	8.3	56.8	35	18 26	18 52	19 22	15 41	16 30	17 12	17 47
N 10	327 26.7	56.5	0 02.0	9.8	20 36.9	8.4	56.8	40	18 29	18 56	19 28	15 58	16 45	17 24	17 57
E 11	342 26.9	55.5	14 30.8	9.8	20 28.5	8.4	56.8	45	18 32	19 02	19 37	16 17	17 02	17 38	18 07
S 12	357 27.0	S 3 54.5	28 59.6	9.9	S20 20.1	8.6	56.7	S 50	18 36	19 08	19 48	16 41	17 23	17 55	18 20
D 13	12 27.2	53.5	43 28.5	10.0	20 11.5	8.7	56.7	52	18 37	19 12	19 53	16 52	17 33	18 03	18 26
A 14	27 27.4	52.6	57 57.5	10.1	20 02.8	8.8	56.7	54	18 39	19 15	19 59	17 05	17 44	18 12	18 32
Y 15	42 27.5	51.6	72 26.6	10.2	19 54.0	8.9	56.7	56	18 41	19 19	20 05	17 20	17 57	18 22	18 40
16	57 27.7	50.6	86 55.8	10.3	19 45.1	8.9	56.7	58	18 44	19 24	20 13	17 38	18 12	18 33	18 48
17	72 27.8	49.6	101 25.1	10.3	19 36.2	9.1	56.6	S 60	18 46	19 29	20 22	18 00	18 29	18 46	18 57
18	87 28.0	S 3 48.6	115 54.4	10.5	S19 27.1	9.2	56.6		SUN			MOON			
19	102 28.2	47.6	130 23.9	10.5	19 17.9	9.2	56.6	Day	Eqn. of Time		Mer. Pass.	Mer. Pass. Upper	Mer. Pass. Lower	Age	Phase
20	117 28.3	46.7	144 53.4	10.6	19 08.7	9.4	56.6		00ʰ	12ʰ					
21	132 28.5	45.7	159 23.0	10.7	18 59.3	9.4	56.5	d	m s	m s	h m	h m	h m	d	%
22	147 28.7	44.7	173 52.7	10.7	18 49.9	9.6	56.5	8	10 50	10 42	12 11	08 10	20 38	25	24
23	162 28.8	43.7	188 22.4	10.9	S18 40.3	9.6	56.5	9	10 35	10 27	12 10	09 06	21 33	26	16
	SD 16.1	d 1.0	SD 15.7		15.6		15.5	10	10 20	10 12	12 10	10 00	22 25	27	9

2021 MARCH 11, 12, 13 (THURS., FRI., SAT.)

UT	ARIES	VENUS −3.9	MARS +1.1	JUPITER −2.0	SATURN +0.6	STARS		
	GHA	GHA Dec	GHA Dec	GHA Dec	GHA Dec	Name	SHA	Dec
d h	° ′	° ′ ° ′	° ′ ° ′	° ′ ° ′	° ′ ° ′		° ′	° ′
11 00	168 52.5	180 27.7 S 6 32.0	107 10.2 N22 23.1	207 24.3 S15 44.5	216 48.1 S18 20.1	Acamar	315 14.4	S40 13.5
01	183 54.9	195 27.2 30.8	122 11.1 23.3	222 26.2 44.4	231 50.3 20.0	Achernar	335 23.1	S57 08.1
02	198 57.4	210 26.8 29.5	137 12.0 23.6	237 28.1 44.2	246 52.5 19.9	Acrux	173 02.7	S63 12.9
03	213 59.9	225 26.4 .. 28.3	152 12.9 .. 23.9	252 30.0 .. 44.0	261 54.7 .. 19.9	Adhara	255 08.2	S29 00.3
04	229 02.3	240 25.9 27.1	167 13.9 24.2	267 32.0 43.9	276 56.9 19.8	Aldebaran	290 43.3	N16 33.0
05	244 04.8	255 25.5 25.9	182 14.8 24.5	282 33.9 43.7	291 59.1 19.7			
06	259 07.2	270 25.1 S 6 24.7	197 15.7 N22 24.7	297 35.8 S15 43.5	307 01.3 S18 19.7	Alioth	166 15.3	N55 50.6
07	274 09.7	285 24.7 23.5	212 16.6 25.0	312 37.7 43.4	322 03.5 19.6	Alkaid	152 54.1	N49 12.3
T 08	289 12.2	300 24.2 22.3	227 17.5 25.3	327 39.7 43.2	337 05.8 19.6	Al Na'ir	27 37.3	S46 51.6
H 09	304 14.6	315 23.8 .. 21.1	242 18.4 .. 25.6	342 41.6 .. 43.0	352 08.0 .. 19.5	Alnilam	275 40.9	S 1 11.5
U 10	319 17.1	330 23.4 19.9	257 19.3 25.9	357 43.5 42.9	7 10.2 19.4	Alphard	217 50.5	S 8 45.1
R 11	334 19.6	345 23.0 18.7	272 20.2 26.1	12 45.4 42.7	22 12.4 19.4			
S 12	349 22.0	0 22.5 S 6 17.4	287 21.1 N22 26.4	27 47.3 S15 42.5	37 14.6 S18 19.3	Alphecca	126 06.2	N26 38.4
D 13	4 24.5	15 22.1 16.2	302 22.0 26.7	42 49.3 42.4	52 16.8 19.3	Alpheratz	357 38.3	N29 12.3
A 14	19 27.0	30 21.7 15.0	317 22.9 27.0	57 51.2 42.2	67 19.0 19.2	Altair	62 03.2	N 8 55.3
Y 15	34 29.4	45 21.3 .. 13.8	332 23.8 .. 27.2	72 53.1 .. 42.0	82 21.2 .. 19.1	Ankaa	353 10.7	S42 11.7
16	49 31.9	60 20.8 12.6	347 24.7 27.5	87 55.0 41.9	97 23.5 19.1	Antares	112 19.6	S26 28.6
17	64 34.4	75 20.4 11.4	2 25.7 27.8	102 56.9 41.7	112 25.7 19.0			
18	79 36.8	90 20.0 S 6 10.2	17 26.6 N22 28.1	117 58.9 S15 41.5	127 27.9 S18 18.9	Arcturus	145 50.5	N19 04.2
19	94 39.3	105 19.6 08.9	32 27.5 28.4	133 00.8 41.4	142 30.1 18.9	Atria	107 16.5	S69 03.6
20	109 41.7	120 19.1 07.7	47 28.4 28.6	148 02.7 41.2	157 32.3 18.8	Avior	234 15.5	S59 34.8
21	124 44.2	135 18.7 .. 06.5	62 29.3 .. 28.9	163 04.6 .. 41.1	172 34.5 .. 18.8	Bellatrix	278 26.2	N 6 22.0
22	139 46.7	150 18.3 05.3	77 30.2 29.2	178 06.6 40.9	187 36.7 18.7	Betelgeuse	270 55.4	N 7 24.5
23	154 49.1	165 17.9 04.1	92 31.1 29.5	193 08.5 40.7	202 38.9 18.6			
12 00	169 51.6	180 17.4 S 6 02.9	107 32.0 N22 29.7	208 10.4 S15 40.6	217 41.2 S18 18.6	Canopus	263 53.6	S52 42.7
01	184 54.1	195 17.0 01.7	122 32.9 30.0	223 12.3 40.4	232 43.4 18.5	Capella	280 26.5	N46 01.2
02	199 56.5	210 16.6 6 00.4	137 33.8 30.3	238 14.2 40.2	247 45.6 18.5	Deneb	49 28.2	N45 21.1
03	214 59.0	225 16.2 5 59.2	152 34.7 .. 30.6	253 16.2 .. 40.1	262 47.8 .. 18.4	Denebola	182 27.8	N14 27.2
04	230 01.5	240 15.8 58.0	167 35.6 30.8	268 18.1 39.9	277 50.0 18.3	Diphda	348 50.7	S17 52.5
05	245 03.9	255 15.3 56.8	182 36.5 31.1	283 20.0 39.7	292 52.2 18.3			
06	260 06.4	270 14.9 S 5 55.6	197 37.4 N22 31.4	298 21.9 S15 39.6	307 54.4 S18 18.2	Dubhe	193 44.3	N61 38.2
07	275 08.9	285 14.5 54.4	212 38.3 31.7	313 23.9 39.4	322 56.6 18.1	Elnath	278 05.8	N28 37.5
08	290 11.3	300 14.1 53.1	227 39.2 31.9	328 25.8 39.2	337 58.9 18.1	Eltanin	90 43.7	N51 28.8
F 09	305 13.8	315 13.7 .. 51.9	242 40.1 .. 32.2	343 27.7 .. 39.1	353 01.1 .. 18.0	Enif	33 42.1	N 9 58.1
R 10	320 16.2	330 13.2 50.7	257 41.0 32.5	358 29.6 38.9	8 03.3 18.0	Fomalhaut	15 18.3	S29 30.8
I 11	335 18.7	345 12.8 49.5	272 41.9 32.7	13 31.5 38.7	23 05.5 17.9			
D 12	350 21.2	0 12.4 S 5 48.3	287 42.8 N22 33.0	28 33.5 S15 38.6	38 07.7 S18 17.8	Gacrux	171 54.5	S57 13.8
A 13	5 23.6	15 12.0 47.0	302 43.8 33.3	43 35.4 38.4	53 09.9 17.8	Gienah	175 46.5	S17 39.6
Y 14	20 26.1	30 11.6 45.8	317 44.7 33.6	58 37.3 38.2	68 12.1 17.7	Hadar	148 39.9	S60 28.3
15	35 28.6	45 11.1 .. 44.6	332 45.6 .. 33.8	73 39.2 .. 38.1	83 14.4 .. 17.7	Hamal	327 54.9	N23 33.6
16	50 31.0	60 10.7 43.4	347 46.5 34.1	88 41.2 37.9	98 16.6 17.6	Kaus Aust.	83 36.7	S34 22.4
17	65 33.5	75 10.3 42.2	2 47.4 34.4	103 43.1 37.7	113 18.8 17.5			
18	80 36.0	90 09.9 S 5 40.9	17 48.3 N22 34.7	118 45.0 S15 37.6	128 21.0 S18 17.5	Kochab	137 19.2	N74 03.9
19	95 38.4	105 09.5 39.7	32 49.2 34.9	133 46.9 37.4	143 23.2 17.4	Markab	13 33.3	N15 18.9
20	110 40.9	120 09.0 38.5	47 50.1 35.2	148 48.9 37.3	158 25.4 17.3	Menkar	314 09.6	N 4 10.1
21	125 43.3	135 08.6 .. 37.3	62 51.0 .. 35.5	163 50.8 .. 37.1	173 27.6 .. 17.3	Menkent	148 01.0	S36 28.3
22	140 45.8	150 08.2 36.1	77 51.9 35.7	178 52.7 36.9	188 29.9 17.2	Miaplacidus	221 38.0	S69 48.4
23	155 48.3	165 07.8 34.8	92 52.8 36.0	193 54.6 36.8	203 32.1 17.2			
13 00	170 50.7	180 07.4 S 5 33.6	107 53.7 N22 36.3	208 56.6 S15 36.6	218 34.3 S18 17.1	Mirfak	308 32.9	N49 56.2
01	185 53.2	195 07.0 32.4	122 54.6 36.5	223 58.5 36.4	233 36.5 17.0	Nunki	75 51.8	S26 16.2
02	200 55.7	210 06.5 31.2	137 55.5 36.8	239 00.4 36.3	248 38.7 17.0	Peacock	53 11.1	S56 39.9
03	215 58.1	225 06.1 .. 29.9	152 56.4 .. 37.1	254 02.3 .. 36.1	263 40.9 .. 16.9	Pollux	243 20.9	N27 58.5
04	231 00.6	240 05.7 28.7	167 57.3 37.3	269 04.3 35.9	278 43.2 16.9	Procyon	244 53.9	N 5 10.1
05	246 03.1	255 05.3 27.5	182 58.2 37.6	284 06.2 35.8	293 45.4 16.8			
06	261 05.5	270 04.9 S 5 26.3	197 59.1 N22 37.9	299 08.1 S15 35.6	308 47.6 S18 16.7	Rasalhague	96 01.5	N12 32.5
07	276 08.0	285 04.5 25.1	213 00.0 38.2	314 10.0 35.4	323 49.8 16.7	Regulus	207 37.5	N11 51.8
S 08	291 10.5	300 04.0 23.8	228 00.9 38.4	329 12.0 35.3	338 52.0 16.6	Rigel	281 06.9	S 8 10.9
A 09	306 12.9	315 03.6 .. 22.6	243 01.8 .. 38.7	344 13.9 .. 35.1	353 54.2 .. 16.6	Rigil Kent.	139 44.1	S60 55.1
T 10	321 15.4	330 03.2 21.4	258 02.7 39.0	359 15.8 34.9	8 56.4 16.5	Sabik	102 06.3	S15 45.0
U 11	336 17.8	345 02.8 20.2	273 03.6 39.2	14 17.7 34.8	23 58.7 16.4			
R 12	351 20.3	0 02.4 S 5 18.9	288 04.5 N22 39.5	29 19.7 S15 34.6	39 00.9 S18 16.4	Schedar	349 35.0	N56 39.1
D 13	6 22.8	15 02.0 17.7	303 05.4 39.8	44 21.6 34.4	54 03.1 16.3	Shaula	96 14.5	S37 07.0
A 14	21 25.2	30 01.6 16.5	318 06.3 40.0	59 23.5 34.3	69 05.3 16.2	Sirius	258 28.9	S16 44.9
Y 15	36 27.7	45 01.2 .. 15.3	333 07.2 .. 40.3	74 25.4 .. 34.1	84 07.5 .. 16.2	Spica	158 25.3	S11 16.3
16	51 30.2	60 00.7 14.0	348 08.1 40.6	89 27.4 34.0	99 09.7 16.1	Suhail	222 48.2	S43 31.2
17	66 32.6	75 00.3 12.8	3 09.0 40.8	104 29.3 33.8	114 12.0 16.1			
18	81 35.1	89 59.9 S 5 11.6	18 09.9 N22 41.1	119 31.2 S15 33.6	129 14.2 S18 16.0	Vega	80 35.4	N38 47.9
19	96 37.6	104 59.5 10.3	33 10.8 41.4	134 33.2 33.5	144 16.4 15.9	Zuben'ubi	136 59.3	S16 07.7
20	111 40.0	119 59.1 09.1	48 11.7 41.6	149 35.1 33.3	159 18.6 15.9		SHA	Mer. Pass.
21	126 42.5	134 58.7 .. 07.9	63 12.6 .. 41.9	164 37.0 .. 33.1	174 20.8 .. 15.8		° ′	h m
22	141 44.9	149 58.3 06.7	78 13.4 42.1	179 38.9 33.0	189 23.0 15.8	Venus	10 25.8	11 59
23	156 47.4	164 57.9 05.4	93 14.3 42.4	194 40.9 32.8	204 25.3 15.7	Mars	297 40.4	16 49
	h m					Jupiter	38 18.8	10 06
Mer. Pass. 12 38.5		v −0.4 d 1.2	v 0.9 d 0.3	v 1.9 d 0.2	v 2.2 d 0.1	Saturn	47 49.6	9 28

2021 MARCH 11, 12, 13 (THURS., FRI., SAT.)

UT	SUN GHA	SUN Dec	MOON GHA	MOON v	MOON Dec	MOON d	MOON HP	Lat.	Twilight Naut.	Twilight Civil	Sunrise	Moonrise 11	Moonrise 12	Moonrise 13	Moonrise 14
d h	° ′	° ′	° ′	′	° ′	′	′	°	h m	h m	h m	h m	h m	h m	h m
								N 72	04 10	05 32	06 39	09 30	08 27	07 54	07 29
11 00	177 29.0	S 3 42.7	202 52.3	10.9	S18 30.7	9.7	56.5	N 70	04 22	05 35	06 35	08 38	08 05	07 43	07 25
01	192 29.1	41.8	217 22.2	11.0	18 21.0	9.8	56.5	68	04 32	05 38	06 33	08 06	07 48	07 34	07 22
02	207 29.3	40.8	231 52.2	11.1	18 11.2	9.9	56.4	66	04 39	05 40	06 30	07 42	07 33	07 26	07 19
03	222 29.5	. . 39.8	246 22.3	11.2	18 01.3	9.9	56.4	64	04 46	05 41	06 29	07 23	07 22	07 19	07 17
04	237 29.6	38.8	260 52.5	11.2	17 51.4	10.1	56.4	62	04 51	05 43	06 27	07 08	07 12	07 14	07 15
05	252 29.8	37.8	275 22.7	11.4	17 41.3	10.1	56.4	60	04 55	05 44	06 25	06 55	07 03	07 09	07 13
06	267 30.0	S 3 36.8	289 53.1	11.4	S17 31.2	10.2	56.4	N 58	04 59	05 45	06 24	06 43	06 55	07 04	07 12
07	282 30.1	35.9	304 23.5	11.5	17 21.0	10.3	56.3	56	05 03	05 46	06 23	06 33	06 49	07 00	07 10
T 08	297 30.3	34.9	318 54.0	11.6	17 10.7	10.3	56.3	54	05 06	05 47	06 22	06 25	06 42	06 57	07 09
H 09	312 30.5	. . 33.9	333 24.6	11.6	17 00.4	10.5	56.3	52	05 08	05 47	06 21	06 17	06 37	06 54	07 08
U 10	327 30.6	32.9	347 55.2	11.8	16 49.9	10.5	56.3	50	05 10	05 48	06 20	06 10	06 32	06 51	07 07
R 11	342 30.8	31.9	2 26.0	11.8	16 39.4	10.5	56.3	45	05 15	05 49	06 18	05 55	06 21	06 44	07 05
S 12	357 30.9	S 3 30.9	16 56.8	11.9	S16 28.8	10.6	56.2	N 40	05 18	05 49	06 16	05 42	06 12	06 39	07 03
D 13	12 31.1	30.0	31 27.7	12.0	16 18.2	10.8	56.2	35	05 20	05 49	06 15	05 31	06 05	06 34	07 01
A 14	27 31.3	29.0	45 58.7	12.0	16 07.4	10.8	56.2	30	05 22	05 49	06 13	05 22	05 58	06 30	07 00
Y 15	42 31.4	. . 28.0	60 29.7	12.1	15 56.6	10.8	56.2	20	05 23	05 49	06 11	05 06	05 46	06 23	06 57
16	57 31.6	27.0	75 00.8	12.2	15 45.8	11.0	56.2	N 10	05 23	05 48	06 09	04 52	05 36	06 16	06 55
17	72 31.8	26.0	89 32.0	12.3	15 34.8	11.0	56.1	0	05 22	05 46	06 06	04 38	05 26	06 10	06 53
18	87 31.9	S 3 25.0	104 03.3	12.4	S15 23.8	11.0	56.1	S 10	05 19	05 43	06 04	04 25	05 16	06 04	06 51
19	102 32.1	24.1	118 34.7	12.4	15 12.8	11.2	56.1	20	05 14	05 39	06 01	04 10	05 05	05 58	06 49
20	117 32.3	23.1	133 06.1	12.5	15 01.6	11.2	56.1	30	05 06	05 34	05 58	03 54	04 53	05 51	06 46
21	132 32.4	. . 22.1	147 37.6	12.6	14 50.4	11.2	56.1	35	05 01	05 31	05 57	03 44	04 46	05 46	06 45
22	147 32.6	21.1	162 09.2	12.7	14 39.2	11.3	56.0	40	04 55	05 27	05 55	03 33	04 38	05 42	06 43
23	162 32.8	20.1	176 40.9	12.7	14 27.9	11.4	56.0	45	04 48	05 23	05 52	03 20	04 29	05 36	06 41
12 00	177 32.9	S 3 19.1	191 12.6	12.8	S14 16.5	11.4	56.0	S 50	04 38	05 17	05 49	03 04	04 18	05 29	06 39
01	192 33.1	18.2	205 44.4	12.9	14 05.1	11.5	56.0	52	04 33	05 14	05 48	02 57	04 12	05 26	06 38
02	207 33.3	17.2	220 16.3	12.9	13 53.6	11.6	56.0	54	04 27	05 10	05 46	02 48	04 07	05 23	06 37
03	222 33.4	. . 16.2	234 48.2	13.0	13 42.0	11.6	55.9	56	04 21	05 07	05 45	02 39	04 00	05 19	06 35
04	237 33.6	15.2	249 20.2	13.1	13 30.4	11.6	55.9	58	04 14	05 03	05 43	02 28	03 53	05 15	06 34
05	252 33.8	14.2	263 52.3	13.2	13 18.8	11.7	55.9	S 60	04 06	04 58	05 41	02 16	03 44	05 10	06 32

UT	SUN GHA	SUN Dec	MOON GHA	MOON v	MOON Dec	MOON d	MOON HP	Lat.	Sunset	Twilight Civil	Twilight Naut.	Moonset 11	Moonset 12	Moonset 13	Moonset 14
06	267 33.9	S 3 13.2	278 24.5	13.2	S13 07.1	11.8	55.9	°	h m	h m	h m	h m	h m	h m	h m
07	282 34.1	12.2	292 56.7	13.3	12 55.3	11.8	55.9	N 72	17 43	18 50	20 13	12 30	15 10	17 15	19 09
08	297 34.3	11.3	307 29.0	13.3	12 43.5	11.9	55.9	N 70	17 46	18 47	20 00	13 20	15 30	17 24	19 10
F 09	312 34.4	. . 10.3	322 01.3	13.4	12 31.6	11.9	55.8	68	17 48	18 44	19 51	13 51	15 46	17 31	19 10
R 10	327 34.6	09.3	336 33.7	13.5	12 19.7	11.9	55.8	66	17 51	18 42	19 42	14 14	15 59	17 37	19 11
I 11	342 34.8	08.3	351 06.2	13.6	12 07.8	12.1	55.8	64	17 52	18 40	19 36	14 31	16 09	17 42	19 11
D 12	357 34.9	S 3 07.3	5 38.8	13.6	S11 55.7	12.0	55.8	62	17 54	18 38	19 30	14 46	16 18	17 46	19 11
A 13	12 35.1	06.3	20 11.4	13.7	11 43.7	12.1	55.8	60	17 55	18 37	19 26	14 58	16 26	17 50	19 11
Y 14	27 35.3	05.4	34 44.1	13.7	11 31.6	12.1	55.7	N 58	17 57	18 36	19 22	15 09	16 32	17 53	19 11
15	42 35.4	. . 04.4	49 16.8	13.8	11 19.5	12.2	55.7	56	17 58	18 35	19 18	15 18	16 38	17 56	19 11
16	57 35.6	03.4	63 49.6	13.9	11 07.3	12.2	55.7	54	17 59	18 34	19 15	15 26	16 43	17 58	19 12
17	72 35.8	02.4	78 22.5	13.9	10 55.1	12.3	55.7	52	18 00	18 33	19 12	15 33	16 48	18 01	19 12
18	87 35.9	S 3 01.4	92 55.4	14.0	S10 42.8	12.3	55.7	50	18 00	18 33	19 10	15 40	16 52	18 03	19 12
19	102 36.1	3 00.4	107 28.4	14.0	10 30.5	12.3	55.6	45	18 02	18 31	19 06	15 53	17 01	18 08	19 12
20	117 36.3	. . 2 59.4	122 01.4	14.1	10 18.2	12.4	55.6	N 40	18 04	18 31	19 02	16 05	17 09	18 11	19 12
21	132 36.4	58.5	136 34.5	14.2	10 05.8	12.4	55.6	35	18 05	18 30	19 00	16 14	17 16	18 15	19 12
22	147 36.6	57.5	151 07.7	14.2	9 53.4	12.4	55.6	30	18 06	18 30	18 58	16 23	17 21	18 18	19 12
23	162 36.8	56.5	165 40.9	14.3	9 41.0	12.5	55.6	20	18 09	18 31	18 56	16 37	17 31	18 23	19 13
13 00	177 36.9	S 2 55.5	180 14.2	14.3	S 9 28.5	12.5	55.5	N 10	18 11	18 32	18 56	16 50	17 40	18 27	19 13
01	192 37.1	54.5	194 47.5	14.4	9 16.0	12.5	55.5	0	18 13	18 34	18 58	17 01	17 47	18 31	19 13
02	207 37.3	53.5	209 20.9	14.4	9 03.5	12.6	55.5	S 10	18 15	18 36	19 01	17 13	17 55	18 35	19 13
03	222 37.5	. . 52.5	223 54.3	14.5	8 50.9	12.6	55.5	20	18 18	18 40	19 05	17 25	18 04	18 39	19 13
04	237 37.6	51.6	238 27.8	14.5	8 38.3	12.6	55.5	30	18 20	18 44	19 12	17 39	18 13	18 44	19 13
05	252 37.8	50.6	253 01.3	14.6	8 25.7	12.7	55.5	35	18 22	18 47	19 17	17 47	18 19	18 47	19 13
06	267 38.0	S 2 49.6	267 34.9	14.6	S 8 13.0	12.7	55.4	40	18 24	18 51	19 23	17 57	18 25	18 50	19 13
07	282 38.1	48.6	282 08.5	14.7	8 00.3	12.7	55.4	45	18 26	18 56	19 31	18 07	18 32	18 53	19 14
S 08	297 38.3	47.6	296 42.2	14.8	7 47.6	12.7	55.4	S 50	18 29	19 02	19 40	18 20	18 40	18 58	19 14
A 09	312 38.5	. . 46.6	311 16.0	14.7	7 34.9	12.7	55.4	52	18 31	19 04	19 45	18 26	18 44	19 00	19 14
T 10	327 38.6	45.6	325 49.7	14.9	7 22.2	12.8	55.4	54	18 32	19 08	19 50	18 32	18 48	19 02	19 14
U 11	342 38.8	44.7	340 23.6	14.8	7 09.4	12.8	55.3	56	18 34	19 11	19 57	18 40	18 53	19 04	19 14
R 12	357 39.0	S 2 43.7	354 57.4	14.9	S 6 56.6	12.8	55.3	58	18 35	19 15	20 03	18 48	18 58	19 07	19 14
D 13	12 39.1	42.7	9 31.3	15.0	6 43.8	12.9	55.3	S 60	18 37	19 19	20 11	18 57	19 04	19 09	19 14
A 14	27 39.3	41.7	24 05.3	15.0	6 30.9	12.8	55.3								
Y 15	42 39.5	. . 40.7	38 39.3	15.1	6 18.1	12.9	55.3								
16	57 39.7	39.7	53 13.4	15.0	6 05.2	12.9	55.2								
17	72 39.8	38.7	67 47.4	15.2	5 52.3	12.9	55.2								

								Day	SUN Eqn. of Time 00h	SUN Eqn. of Time 12h	Mer. Pass.	MOON Mer. Pass. Upper	MOON Mer. Pass. Lower	Age	Phase
18	87 40.0	S 2 37.8	82 21.6	15.1	S 5 39.4	12.9	55.2								
19	102 40.2	36.8	96 55.7	15.2	5 26.5	12.9	55.2								
20	117 40.3	35.8	111 29.9	15.3	5 13.6	13.0	55.2		m s	m s	h m	h m	h m	d	%
21	132 40.5	. . 34.8	126 04.2	15.3	5 00.6	12.9	55.2	11	10 04	09 57	12 10	10 50	23 14	28	4
22	147 40.7	33.8	140 38.5	15.3	4 47.7	13.0	55.1	12	09 49	09 41	12 10	11 37	23 59	29	1
23	162 40.9	32.8	155 12.8	15.3	S 4 34.7	13.0	55.1	13	09 33	09 24	12 09	12 21	24 42	00	0
	SD 16.1	d 1.0	SD 15.3		15.2		15.1								●

2021 MARCH 14, 15, 16 (SUN., MON., TUES.)

UT	ARIES	VENUS −3.9	MARS +1.1	JUPITER −2.0	SATURN +0.6	STARS		
	GHA	GHA Dec	GHA Dec	GHA Dec	GHA Dec	Name	SHA	Dec
d h	° '	° ' ° '	° ' ° '	° ' ° '	° ' ° '		° '	° '
14 00	171 49.9	179 57.4 S 5 04.2	108 15.2 N22 42.7	209 42.8 S15 32.6	219 27.5 S18 15.6	Acamar	315 14.4	S40 13.5
01	186 52.3	194 57.0 03.0	123 16.1 42.9	224 44.7 32.5	234 29.7 15.6	Achernar	335 23.1	S57 08.1
02	201 54.8	209 56.6 01.7	138 17.0 43.2	239 46.6 32.3	249 31.9 15.5	Acrux	173 02.7	S63 12.9
03	216 57.3	224 56.2 5 00.5	153 17.9 .. 43.5	254 48.6 .. 32.1	264 34.1 .. 15.5	Adhara	255 08.2	S29 00.3
04	231 59.7	239 55.8 4 59.3	168 18.8 43.7	269 50.5 32.0	279 36.4 15.4	Aldebaran	290 43.3	N16 33.0
05	247 02.2	254 55.4 58.1	183 19.7 44.0	284 52.4 31.8	294 38.6 15.3			
06	262 04.7	269 55.0 S 4 56.8	198 20.6 N22 44.3	299 54.4 S15 31.6	309 40.8 S18 15.3	Alioth	166 15.3	N55 50.6
07	277 07.1	284 54.6 55.6	213 21.5 44.5	314 56.3 31.5	324 43.0 15.2	Alkaid	152 54.1	N49 12.3
08	292 09.6	299 54.2 54.4	228 22.4 44.8	329 58.2 31.3	339 45.2 15.2	Alnair	27 37.3	S46 51.6
S 09	307 12.1	314 53.8 .. 53.1	243 23.3 .. 45.0	345 00.1 .. 31.2	354 47.4 .. 15.1	Alnilam	275 40.9	S 1 11.5
U 10	322 14.5	329 53.3 51.9	258 24.2 45.3	0 02.1 31.0	9 49.7 15.0	Alphard	217 50.5	S 8 45.1
N 11	337 17.0	344 52.9 50.7	273 25.1 45.6	15 04.0 30.8	24 51.9 15.0			
D 12	352 19.4	359 52.5 S 4 49.4	288 26.0 N22 45.8	30 05.9 S15 30.7	39 54.1 S18 14.9	Alphecca	126 06.2	N26 38.4
A 13	7 21.9	14 52.1 48.2	303 26.9 46.1	45 07.9 30.5	54 56.3 14.9	Alpheratz	357 38.3	N29 12.2
Y 14	22 24.4	29 51.7 47.0	318 27.8 46.4	60 09.8 30.3	69 58.5 14.8	Altair	62 03.2	N 8 55.3
15	37 26.8	44 51.3 .. 45.8	333 28.7 .. 46.6	75 11.7 .. 30.2	85 00.8 .. 14.7	Ankaa	353 10.7	S42 11.7
16	52 29.3	59 50.9 44.5	348 29.6 46.9	90 13.7 30.0	100 03.0 14.7	Antares	112 19.5	S26 28.6
17	67 31.8	74 50.5 43.3	3 30.5 47.1	105 15.6 29.8	115 05.2 14.6			
18	82 34.2	89 50.1 S 4 42.1	18 31.3 N22 47.4	120 17.5 S15 29.7	130 07.4 S18 14.6	Arcturus	145 50.5	N19 04.2
19	97 36.7	104 49.7 40.8	33 32.2 47.7	135 19.4 29.5	145 09.6 14.5	Atria	107 16.5	S69 03.6
20	112 39.2	119 49.3 39.6	48 33.1 47.9	150 21.4 29.3	160 11.9 14.4	Avior	234 15.5	S59 34.9
21	127 41.6	134 48.9 .. 38.4	63 34.0 .. 48.2	165 23.3 .. 29.2	175 14.1 .. 14.4	Bellatrix	278 26.2	N 6 22.0
22	142 44.1	149 48.5 37.1	78 34.9 48.4	180 25.2 29.0	190 16.3 14.3	Betelgeuse	270 55.4	N 7 24.5
23	157 46.5	164 48.0 35.9	93 35.8 48.7	195 27.2 28.8	205 18.5 14.3			
15 00	172 49.0	179 47.6 S 4 34.7	108 36.7 N22 48.9	210 29.1 S15 28.7	220 20.7 S18 14.2	Canopus	263 53.7	S52 42.7
01	187 51.5	194 47.2 33.4	123 37.6 49.2	225 31.0 28.5	235 23.0 14.1	Capella	280 26.5	N46 01.2
02	202 53.9	209 46.8 32.2	138 38.5 49.5	240 33.0 28.4	250 25.2 14.1	Deneb	49 28.2	N45 21.1
03	217 56.4	224 46.4 .. 31.0	153 39.4 .. 49.7	255 34.9 .. 28.2	265 27.4 .. 14.0	Denebola	182 27.8	N14 27.2
04	232 58.9	239 46.0 29.7	168 40.3 50.0	270 36.8 28.0	280 29.6 14.0	Diphda	348 50.8	S17 52.5
05	248 01.3	254 45.6 28.5	183 41.2 50.2	285 38.7 27.9	295 31.8 13.9			
06	263 03.8	269 45.2 S 4 27.3	198 42.1 N22 50.5	300 40.7 S15 27.7	310 34.1 S18 13.8	Dubhe	193 44.3	N61 38.3
07	278 06.3	284 44.8 26.0	213 42.9 50.7	315 42.6 27.5	325 36.3 13.8	Elnath	278 05.8	N28 37.5
08	293 08.7	299 44.4 24.8	228 43.8 51.0	330 44.5 27.4	340 38.5 13.7	Eltanin	90 43.7	N51 28.8
M 09	308 11.2	314 44.0 .. 23.5	243 44.7 .. 51.3	345 46.5 .. 27.2	355 40.7 .. 13.7	Enif	33 42.1	N 9 58.1
O 10	323 13.7	329 43.6 22.3	258 45.6 51.5	0 48.4 27.0	10 42.9 13.6	Fomalhaut	15 18.3	S29 30.8
N 11	338 16.1	344 43.2 21.1	273 46.5 51.8	15 50.3 26.9	25 45.2 13.5			
D 12	353 18.6	359 42.8 S 4 19.8	288 47.4 N22 52.0	30 52.3 S15 26.7	40 47.4 S18 13.5	Gacrux	171 54.5	S57 13.8
A 13	8 21.0	14 42.4 18.6	303 48.3 52.3	45 54.2 26.5	55 49.6 13.4	Gienah	175 46.4	S17 39.6
Y 14	23 23.5	29 42.0 17.4	318 49.2 52.5	60 56.1 26.4	70 51.8 13.4	Hadar	148 39.8	S60 28.3
15	38 26.0	44 41.6 .. 16.1	333 50.1 .. 52.8	75 58.1 .. 26.2	85 54.0 .. 13.3	Hamal	327 55.0	N23 33.6
16	53 28.4	59 41.2 14.9	348 51.0 53.0	91 00.0 26.1	100 56.3 13.2	Kaus Aust.	83 36.7	S34 22.4
17	68 30.9	74 40.8 13.7	3 51.8 53.3	106 01.9 25.9	115 58.5 13.2			
18	83 33.4	89 40.4 S 4 12.4	18 52.7 N22 53.6	121 03.9 S15 25.7	131 00.7 S18 13.1	Kochab	137 19.1	N74 03.9
19	98 35.8	104 40.0 11.2	33 53.6 53.8	136 05.8 25.6	146 02.9 13.1	Markab	13 33.3	N15 18.9
20	113 38.3	119 39.6 09.9	48 54.5 54.1	151 07.7 25.4	161 05.1 13.0	Menkar	314 09.6	N 4 10.1
21	128 40.8	134 39.2 .. 08.7	63 55.4 .. 54.3	166 09.7 .. 25.2	176 07.4 .. 12.9	Menkent	148 01.0	S36 28.3
22	143 43.2	149 38.8 07.5	78 56.3 54.6	181 11.6 25.1	191 09.6 12.9	Miaplacidus	221 38.1	S69 48.4
23	158 45.7	164 38.4 06.2	93 57.2 54.8	196 13.5 24.9	206 11.8 12.8			
16 00	173 48.1	179 38.0 S 4 05.0	108 58.1 N22 55.1	211 15.5 S15 24.7	221 14.0 S18 12.8	Mirfak	308 32.9	N49 56.2
01	188 50.6	194 37.6 03.8	123 58.9 55.3	226 17.4 24.6	236 16.3 12.7	Nunki	75 51.7	S26 16.2
02	203 53.1	209 37.2 02.5	138 59.8 55.6	241 19.3 24.4	251 18.5 12.6	Peacock	53 11.1	S56 39.9
03	218 55.5	224 36.8 .. 01.3	154 00.7 .. 55.8	256 21.3 .. 24.3	266 20.7 .. 12.6	Pollux	243 20.9	N27 58.5
04	233 58.0	239 36.4 4 00.0	169 01.6 56.1	271 23.2 24.1	281 22.9 12.5	Procyon	244 53.9	N 5 10.1
05	249 00.5	254 36.0 3 58.8	184 02.5 56.3	286 25.1 23.9	296 25.1 12.5			
06	264 02.9	269 35.6 S 3 57.6	199 03.4 N22 56.6	301 27.1 S15 23.8	311 27.4 S18 12.4	Rasalhague	96 01.4	N12 32.5
07	279 05.4	284 35.2 56.3	214 04.3 56.8	316 29.0 23.6	326 29.6 12.3	Regulus	207 37.5	N11 51.8
08	294 07.9	299 34.8 55.1	229 05.2 57.1	331 30.9 23.4	341 31.8 12.3	Rigel	281 06.9	S 8 10.9
T 09	309 10.3	314 34.4 .. 53.8	244 06.0 .. 57.3	346 32.9 .. 23.3	356 34.0 .. 12.2	Rigil Kent.	139 44.0	S60 55.1
U 10	324 12.8	329 34.0 52.6	259 06.9 57.6	1 34.8 23.1	11 36.3 12.2	Sabik	102 06.3	S15 45.0
E 11	339 15.3	344 33.6 51.4	274 07.8 57.8	16 36.7 22.9	26 38.5 12.1			
S 12	354 17.7	359 33.2 S 3 50.1	289 08.7 N22 58.1	31 38.7 S15 22.8	41 40.7 S18 12.0	Schedar	349 35.0	N56 39.1
D 13	9 20.2	14 32.8 48.9	304 09.6 58.3	46 40.6 22.6	56 42.9 12.0	Shaula	96 14.6	S37 07.0
A 14	24 22.6	29 32.4 47.6	319 10.5 58.6	61 42.5 22.4	71 45.2 11.9	Sirius	258 28.9	S16 44.9
Y 15	39 25.1	44 32.0 .. 46.4	334 11.4 .. 58.8	76 44.5 .. 22.3	86 47.4 .. 11.9	Spica	158 25.3	S11 16.3
16	54 27.6	59 31.6 45.1	349 12.2 59.1	91 46.4 22.1	101 49.6 11.8	Suhail	222 48.2	S43 31.3
17	69 30.0	74 31.2 43.9	4 13.1 59.3	106 48.3 22.0	116 51.8 11.7			
18	84 32.5	89 30.8 S 3 42.7	19 14.0 N22 59.6	121 50.3 S15 21.8	131 54.1 S18 11.7	Vega	80 35.4	N38 47.9
19	99 35.0	104 30.4 41.4	34 14.9 22 59.8	136 52.2 21.6	146 56.3 11.6	Zuben'ubi	136 59.2	S16 07.7
20	114 37.4	119 30.0 40.2	49 15.8 23 00.1	151 54.1 21.5	161 58.5 11.6		SHA	Mer. Pass.
21	129 39.9	134 29.6 .. 38.9	64 16.7 .. 00.3	166 56.1 .. 21.3	177 00.7 .. 11.5		° '	h m
22	144 42.4	149 29.2 37.7	79 17.5 00.6	181 58.0 21.1	192 03.0 11.4	Venus	6 58.6	12 01
23	159 44.8	164 28.8 36.4	94 18.4 00.8	196 59.9 21.0	207 05.2 11.4	Mars	295 47.7	16 45
	h m					Jupiter	37 40.1	9 57
Mer. Pass. 12 26.7		v −0.4 d 1.2	v 0.9 d 0.3	v 1.9 d 0.2	v 2.2 d 0.1	Saturn	47 31.7	9 17

2021 MARCH 14, 15, 16 (SUN., MON., TUES.)

UT	SUN GHA	SUN Dec	MOON GHA	MOON v	MOON Dec	MOON d	MOON HP	Lat.	Twilight Naut.	Twilight Civil	Sunrise	Moonrise 14	Moonrise 15	Moonrise 16	Moonrise 17
d h	° ′	° ′	° ′	′	° ′	′	′	°	h m	h m	h m	h m	h m	h m	h m
								N 72	03 52	05 16	06 23	07 29	07 05	06 40	06 11
14 00	177 41.0	S 2 31.8	169 47.1 15.4	S 4 21.7	13.0	55.1	N 70	04 07	05 21	06 22	07 25	07 08	06 51	06 31
01	192 41.2	30.8	184 21.5 15.4	4 08.7	13.0	55.1	68	04 18	05 25	06 20	07 22	07 11	06 59	06 46
02	207 41.4	29.9	198 55.9 15.5	3 55.7	13.0	55.1	66	04 27	05 28	06 19	07 19	07 13	07 06	06 59
03	222 41.5	28.9	213 30.4 15.5	3 42.7	13.0	55.1	64	04 34	05 31	06 18	07 17	07 15	07 12	07 10
04	237 41.7	27.9	228 04.9 15.5	3 29.7	13.0	55.0	62	04 41	05 33	06 17	07 15	07 16	07 17	07 19
05	252 41.9	26.9	242 39.4 15.5	3 16.7	13.1	55.0	60	04 46	05 35	06 16	07 13	07 17	07 22	07 27
06	267 42.1	S 2 25.9	257 13.9 15.6	S 3 03.6	13.0	55.0	N 58	04 51	05 37	06 16	07 12	07 19	07 26	07 34
07	282 42.2	24.9	271 48.5 15.6	2 50.6	13.0	55.0	56	04 55	05 38	06 15	07 10	07 20	07 29	07 40
08	297 42.4	23.9	286 23.1 15.6	2 37.6	13.1	55.0	54	04 58	05 39	06 14	07 09	07 21	07 33	07 46
S 09	312 42.6	23.0	300 57.7 15.7	2 24.5	13.0	55.0	52	05 01	05 40	06 14	07 08	07 22	07 36	07 51
U 10	327 42.8	22.0	315 32.4 15.7	2 11.5	13.0	54.9	50	05 04	05 41	06 13	07 07	07 23	07 38	07 55
N 11	342 42.9	21.0	330 07.1 15.7	1 58.5	13.1	54.9	45	05 09	05 43	06 12	07 05	07 24	07 44	08 05
D 12	357 43.1	S 2 20.0	344 41.8 15.7	S 1 45.4	13.0	54.9	N 40	05 13	05 44	06 11	07 03	07 26	07 49	08 14
A 13	12 43.3	19.0	359 16.5 15.8	1 32.4	13.0	54.9	35	05 16	05 45	06 11	07 01	07 27	07 54	08 21
Y 14	27 43.4	18.0	13 51.3 15.7	1 19.4	13.1	54.9	30	05 18	05 46	06 10	07 00	07 29	07 57	08 27
15	42 43.6	17.0	28 26.0 15.8	1 06.3	13.0	54.9	20	05 21	05 46	06 08	06 57	07 31	08 04	08 38
16	57 43.8	16.0	43 00.8 15.8	0 53.3	13.0	54.9	N 10	05 22	05 46	06 07	06 55	07 33	08 10	08 48
17	72 44.0	15.1	57 35.6 15.9	0 40.3	13.1	54.8	0	05 21	05 45	06 06	06 53	07 34	08 15	08 57
18	87 44.1	S 2 14.1	72 10.5 15.8	S 0 27.2	13.0	54.8	S 10	05 19	05 43	06 04	06 51	07 36	08 21	09 06
19	102 44.3	13.1	86 45.3 15.9	0 14.2	13.0	54.8	20	05 15	05 40	06 02	06 49	07 38	08 27	09 16
20	117 44.5	12.1	101 20.2 15.9	S 0 01.2	13.0	54.8	30	05 08	05 36	06 00	06 46	07 40	08 34	09 28
21	132 44.7	11.1	115 55.1 15.9	N 0 11.8	13.0	54.8	35	05 04	05 34	05 59	06 45	07 42	08 38	09 34
22	147 44.8	10.1	130 30.0 15.9	0 24.8	13.0	54.8	40	04 59	05 31	05 58	06 43	07 43	08 43	09 42
23	162 45.0	09.1	145 04.9 15.9	0 37.8	12.9	54.7	45	04 52	05 27	05 56	06 41	07 45	08 48	09 51
15 00	177 45.2	S 2 08.1	159 39.8 16.0	N 0 50.7	13.0	54.7	S 50	04 43	05 22	05 54	06 39	07 47	08 54	10 02
01	192 45.4	07.2	174 14.8 15.9	1 03.7	13.0	54.7	52	04 39	05 19	05 53	06 38	07 48	08 57	10 07
02	207 45.5	06.2	188 49.7 16.0	1 16.7	12.9	54.7	54	04 34	05 16	05 52	06 37	07 49	09 01	10 12
03	222 45.7	05.2	203 24.7 16.0	1 29.6	12.9	54.7	56	04 28	05 13	05 51	06 35	07 50	09 04	10 18
04	237 45.9	04.2	217 59.7 16.0	1 42.5	12.9	54.7	58	04 22	05 10	05 50	06 34	07 51	09 08	10 25
05	252 46.1	03.2	232 34.7 16.0	1 55.4	13.0	54.7	S 60	04 15	05 06	05 48	06 32	07 53	09 13	10 33
06	267 46.2	S 2 02.2	247 09.7 16.0	N 2 08.4	12.8	54.6								

Lat.	Sunset	Twilight Civil	Twilight Naut.	Moonset 14	Moonset 15	Moonset 16	Moonset 17
°	h m	h m	h m	h m	h m	h m	h m
N 72	17 57	19 04	20 30	19 09	21 02	22 59	25 15
N 70	17 58	18 59	20 15	19 10	20 54	22 41	24 37
68	17 59	18 55	20 03	19 10	20 48	22 27	24 11
66	18 00	18 52	19 53	19 11	20 43	22 16	23 52
64	18 01	18 49	19 46	19 11	20 38	22 06	23 36
62	18 02	18 46	19 39	19 11	20 35	21 58	23 23
60	18 03	18 44	19 33	19 11	20 31	21 51	23 12
N 58	18 03	18 42	19 29	19 11	20 28	21 45	23 02
56	18 04	18 41	19 25	19 11	20 26	21 40	22 54
54	18 04	18 40	19 21	19 12	20 23	21 35	22 46
52	18 05	18 38	19 18	19 12	20 21	21 31	22 40
50	18 05	18 37	19 15	19 12	20 19	21 27	22 34
45	18 06	18 35	19 10	19 12	20 15	21 18	22 21
N 40	18 07	18 34	19 05	19 12	20 12	21 11	22 11
35	18 08	18 33	19 02	19 12	20 09	21 05	22 02
30	18 08	18 32	19 00	19 12	20 06	21 00	21 54
20	18 10	18 32	18 57	19 13	20 02	20 51	21 40
N 10	18 11	18 32	18 56	19 13	19 58	20 43	21 29
0	18 12	18 33	18 57	19 13	19 54	20 35	21 18
S 10	18 13	18 34	18 59	19 13	19 50	20 28	21 07
20	18 15	18 37	19 03	19 13	19 46	20 20	20 55
30	18 17	18 41	19 09	19 13	19 42	20 11	20 42
35	18 18	18 43	19 13	19 13	19 39	20 06	20 34
40	18 19	18 46	19 18	19 13	19 37	20 00	20 26
45	18 21	18 50	19 25	19 14	19 33	19 54	20 16
S 50	18 23	18 55	19 33	19 14	19 29	19 45	20 04
52	18 24	18 57	19 38	19 14	19 27	19 42	19 58
54	18 25	19 00	19 42	19 14	19 25	19 38	19 52
56	18 26	19 03	19 48	19 14	19 23	19 33	19 45
58	18 27	19 06	19 54	19 14	19 21	19 28	19 37
S 60	18 28	19 10	20 01	19 14	19 18	19 23	19 28

Day	SUN Eqn. of Time 00h	SUN Eqn. of Time 12h	SUN Mer. Pass.	MOON Mer. Pass. Upper	MOON Mer. Pass. Lower	Age	Phase
d	m s	m s	h m	h m	h m	d	%
14	09 16	09 08	12 09	13 03	00 42	01	1
15	09 00	08 51	12 09	13 44	01 24	02	4
16	08 43	08 34	12 09	14 25	02 05	03	9

SD 16.1 d 1.0   SD 15.0 14.9 14.8

(Monday and Tuesday entries continue in SUN/MOON table: 07–23 for 15, 00–23 for 16)

07	282 46.4	01.2	261 44.7 16.0	2 21.2	12.9	54.6	
08	297 46.6	2 00.2	276 19.7 16.0	2 34.1	12.9	54.6	
M 09	312 46.8	1 59.3	290 54.7 16.0	2 47.0	12.8	54.6	
O 10	327 46.9	58.3	305 29.7 16.1	2 59.8	12.8	54.6	
N 11	342 47.1	57.3	320 04.8 16.0	3 12.6	12.8	54.6	
D 12	357 47.3	S 1 56.3	334 39.8 16.0	N 3 25.4	12.8	54.6	
A 13	12 47.5	55.3	349 14.8 16.1	3 38.2	12.8	54.6	
Y 14	27 47.6	54.3	3 49.9 16.0	3 51.0	12.7	54.5	
15	42 47.8	53.3	18 24.9 16.1	4 03.7	12.7	54.5	
16	57 48.0	52.3	33 00.0 16.0	4 16.4	12.7	54.5	
17	72 48.2	51.3	47 35.0 16.0	4 29.1	12.7	54.5	
18	87 48.3	S 1 50.4	62 10.0 16.1	N 4 41.8	12.6	54.5	
19	102 48.5	49.4	76 45.1 16.0	4 54.4	12.7	54.5	
20	117 48.7	48.4	91 20.1 16.0	5 07.1	12.5	54.5	
21	132 48.9	47.4	105 55.1 16.0	5 19.6	12.6	54.5	
22	147 49.0	46.4	120 30.1 16.1	5 32.2	12.6	54.4	
23	162 49.2	45.4	135 05.2 16.0	5 44.8	12.5	54.4	
16 00	177 49.4	S 1 44.4	149 40.2 16.0	N 5 57.3	12.5	54.4	
01	192 49.6	43.4	164 15.2 16.0	6 09.8	12.4	54.4	
02	207 49.7	42.5	178 50.2 16.0	6 22.2	12.5	54.4	
03	222 49.9	41.5	193 25.2 15.9	6 34.7	12.4	54.4	
04	237 50.1	40.5	208 00.1 16.0	6 47.1	12.3	54.4	
05	252 50.3	39.5	222 35.1 15.9	6 59.4	12.4	54.4	
06	267 50.4	S 1 38.5	237 10.0 16.0	N 7 11.8	12.3	54.4	
07	282 50.6	37.5	251 45.0 15.9	7 24.1	12.2	54.3	
08	297 50.8	36.5	266 19.9 15.9	7 36.3	12.3	54.3	
T 09	312 51.0	35.5	280 54.8 15.9	7 48.6	12.2	54.3	
U 10	327 51.2	34.5	295 29.7 15.9	8 00.8	12.1	54.3	
E 11	342 51.3	33.6	310 04.6 15.9	8 12.9	12.2	54.3	
S 12	357 51.5	S 1 32.6	324 39.5 15.8	N 8 25.1	12.1	54.3	
D 13	12 51.7	31.6	339 14.3 15.9	8 37.2	12.0	54.3	
A 14	27 51.9	30.6	353 49.2 15.8	8 49.2	12.0	54.3	
Y 15	42 52.0	29.6	8 24.0 15.8	9 01.2	12.0	54.3	
16	57 52.2	28.6	22 58.8 15.7	9 13.2	12.0	54.3	
17	72 52.4	27.6	37 33.5 15.8	9 25.2	11.9	54.3	
18	87 52.6	S 1 26.6	52 08.3 15.7	N 9 37.1	11.8	54.3	
19	102 52.8	25.6	66 43.0 15.7	9 48.9	11.8	54.2	
20	117 52.9	24.7	81 17.7 15.7	10 00.7	11.8	54.2	
21	132 53.1	23.7	95 52.4 15.7	10 12.5	11.7	54.2	
22	147 53.3	22.7	110 27.1 15.6	10 24.2	11.7	54.2	
23	162 53.5	21.7	125 01.7 15.6	N10 35.9	11.7	54.2	

2021 MARCH 17, 18, 19 (WED., THURS., FRI.)

UT	ARIES	VENUS −3.9	MARS +1.1	JUPITER −2.0	SATURN +0.6	STARS
	GHA	GHA Dec	GHA Dec	GHA Dec	GHA Dec	Name SHA Dec
d h	° ′	° ′ ° ′	° ′ ° ′	° ′ ° ′	° ′ ° ′	° ′ ° ′
17 00	174 47.3	179 28.4 S 3 35.2	109 19.3 N23 01.1	212 01.9 S15 20.8	222 07.4 S18 11.3	Acamar 315 14.5 S40 13.5
01	189 49.8	194 28.0 34.0	124 20.2 01.3	227 03.8 20.6	237 09.6 11.3	Achernar 335 23.1 S57 08.0
02	204 52.2	209 27.6 32.7	139 21.1 01.6	242 05.8 20.5	252 11.9 11.2	Acrux 173 02.7 S63 12.9
03	219 54.7	224 27.2 . . 31.5	154 22.0 . . 01.8	257 07.7 . . 20.3	267 14.1 . . 11.2	Adhara 255 08.2 S29 00.3
04	234 57.1	239 26.8 30.2	169 22.8 02.1	272 09.6 20.2	282 16.3 11.1	Aldebaran 290 43.3 N16 33.0
05	249 59.6	254 26.4 29.0	184 23.7 02.3	287 11.6 20.0	297 18.5 11.0	
06	265 02.1	269 26.0 S 3 27.7	199 24.6 N23 02.5	302 13.5 S15 19.8	312 20.8 S18 11.0	Alioth 166 15.3 N55 50.6
W 07	280 04.5	284 25.6 26.5	214 25.5 02.8	317 15.4 19.7	327 23.0 10.9	Alkaid 152 54.1 N49 12.3
E 08	295 07.0	299 25.2 25.3	229 26.4 03.0	332 17.4 19.5	342 25.2 10.9	Al Na'ir 27 37.3 S46 51.6
D 09	310 09.5	314 24.8 . . 24.0	244 27.3 . . 03.3	347 19.3 . . 19.3	357 27.4 . . 10.8	Alnilam 275 40.9 S 1 11.5
N 10	325 11.9	329 24.4 22.8	259 28.1 03.5	2 21.3 19.2	12 29.7 10.7	Alphard 217 50.5 S 8 45.1
E 11	340 14.4	344 24.0 21.5	274 29.0 03.8	17 23.2 19.0	27 31.9 10.7	
S 12	355 16.9	359 23.6 S 3 20.3	289 29.9 N23 04.0	32 25.1 S15 18.8	42 34.1 S18 10.6	Alphecca 126 06.2 N26 38.4
D 13	10 19.3	14 23.2 19.0	304 30.8 04.3	47 27.1 18.7	57 36.3 10.6	Alpheratz 357 38.3 N29 12.2
A 14	25 21.8	29 22.8 17.8	319 31.7 04.5	62 29.0 18.5	72 38.6 10.5	Altair 62 03.1 N 8 55.3
Y 15	40 24.2	44 22.4 . . 16.5	334 32.5 . . 04.7	77 30.9 . . 18.4	87 40.8 . . 10.4	Ankaa 353 10.7 S42 11.7
16	55 26.7	59 22.1 15.3	349 33.4 05.0	92 32.9 18.2	102 43.0 10.4	Antares 112 19.5 S26 28.6
17	70 29.2	74 21.7 14.0	4 34.3 05.2	107 34.8 18.0	117 45.2 10.3	
18	85 31.6	89 21.3 S 3 12.8	19 35.2 N23 05.5	122 36.8 S15 17.9	132 47.5 S18 10.3	Arcturus 145 50.5 N19 04.2
19	100 34.1	104 20.9 11.6	34 36.1 05.7	137 38.7 17.7	147 49.7 10.2	Atria 107 16.4 S69 03.6
20	115 36.6	119 20.5 10.3	49 36.9 06.0	152 40.6 17.5	162 51.9 10.2	Avior 234 15.6 S59 34.9
21	130 39.0	134 20.1 . . 09.1	64 37.8 . . 06.2	167 42.6 . . 17.4	177 54.1 . . 10.1	Bellatrix 278 26.2 N 6 22.0
22	145 41.5	149 19.7 07.8	79 38.7 06.4	182 44.5 17.2	192 56.4 10.0	Betelgeuse 270 55.4 N 7 24.5
23	160 44.0	164 19.3 06.6	94 39.6 06.7	197 46.4 17.1	207 58.6 10.0	
18 00	175 46.4	179 18.9 S 3 05.3	109 40.5 N23 06.9	212 48.4 S15 16.9	223 00.8 S18 09.9	Canopus 263 53.7 S52 42.7
01	190 48.9	194 18.5 04.1	124 41.3 07.2	227 50.3 16.7	238 03.1 09.9	Capella 280 26.5 N46 01.2
02	205 51.4	209 18.1 02.8	139 42.2 07.4	242 52.3 16.6	253 05.3 09.8	Deneb 49 28.2 N45 21.0
03	220 53.8	224 17.7 . . 01.6	154 43.1 . . 07.6	257 54.2 . . 16.4	268 07.5 . . 09.7	Denebola 182 27.8 N14 27.2
04	235 56.3	239 17.3 3 00.3	169 44.0 07.9	272 56.1 16.2	283 09.7 09.7	Diphda 348 50.8 S17 52.5
05	250 58.7	254 16.9 2 59.1	184 44.9 08.1	287 58.1 16.1	298 12.0 09.6	
06	266 01.2	269 16.5 S 2 57.8	199 45.7 N23 08.4	303 00.0 S15 15.9	313 14.2 S18 09.6	Dubhe 193 44.3 N61 38.3
07	281 03.7	284 16.2 56.6	214 46.6 08.6	318 02.0 15.7	328 16.4 09.5	Elnath 278 05.8 N28 37.5
T 08	296 06.1	299 15.8 55.3	229 47.5 08.8	333 03.9 15.6	343 18.6 09.5	Eltanin 90 43.6 N51 28.8
H 09	311 08.6	314 15.4 . . 54.1	244 48.4 . . 09.1	348 05.8 . . 15.4	358 20.9 . . 09.4	Enif 33 42.1 N 9 58.1
U 10	326 11.1	329 15.0 52.8	259 49.3 09.3	3 07.8 15.3	13 23.1 09.3	Fomalhaut 15 18.3 S29 30.8
R 11	341 13.5	344 14.6 51.6	274 50.1 09.6	18 09.7 15.1	28 25.3 09.3	
S 12	356 16.0	359 14.2 S 2 50.3	289 51.0 N23 09.8	33 11.7 S15 14.9	43 27.6 S18 09.2	Gacrux 171 54.5 S57 13.8
D 13	11 18.5	14 13.8 49.1	304 51.9 10.0	48 13.6 14.8	58 29.8 09.2	Gienah 175 46.4 S17 39.6
A 14	26 20.9	29 13.4 47.8	319 52.8 10.3	63 15.5 14.6	73 32.0 09.1	Hadar 148 39.8 S60 28.3
Y 15	41 23.4	44 13.0 . . 46.6	334 53.6 . . 10.5	78 17.5 . . 14.4	88 34.2 . . 09.0	Hamal 327 55.0 N23 33.6
16	56 25.8	59 12.6 45.3	349 54.5 10.7	93 19.4 14.3	103 36.5 09.0	Kaus Aust. 83 36.7 S34 22.4
17	71 28.3	74 12.2 44.1	4 55.4 11.0	108 21.4 14.1	118 38.7 08.9	
18	86 30.8	89 11.9 S 2 42.9	19 56.3 N23 11.2	123 23.3 S15 14.0	133 40.9 S18 08.9	Kochab 137 19.1 N74 03.9
19	101 33.2	104 11.5 41.6	34 57.1 11.5	138 25.2 13.8	148 43.2 08.8	Markab 13 33.3 N15 18.9
20	116 35.7	119 11.1 40.4	49 58.0 11.7	153 27.2 13.6	163 45.4 08.8	Menkar 314 09.6 N 4 10.1
21	131 38.2	134 10.7 . . 39.1	64 58.9 . . 11.9	168 29.1 . . 13.5	178 47.6 . . 08.7	Menkent 148 00.9 S36 28.3
22	146 40.6	149 10.3 37.9	79 59.8 12.2	183 31.1 13.3	193 49.9 08.6	Miaplacidus 221 38.1 S69 48.4
23	161 43.1	164 09.9 36.6	95 00.7 12.4	198 33.0 13.1	208 52.1 08.6	
19 00	176 45.6	179 09.5 S 2 35.3	110 01.5 N23 12.6	213 35.0 S15 13.0	223 54.3 S18 08.5	Mirfak 308 33.0 N49 56.2
01	191 48.0	194 09.1 34.1	125 02.4 12.9	228 36.9 12.8	238 56.5 08.5	Nunki 75 51.7 S26 16.2
02	206 50.5	209 08.7 32.8	140 03.3 13.1	243 38.8 12.7	253 58.8 08.4	Peacock 53 11.0 S56 39.9
03	221 53.0	224 08.3 . . 31.6	155 04.2 . . 13.3	258 40.8 . . 12.5	269 01.0 . . 08.3	Pollux 243 21.0 N27 58.5
04	236 55.4	239 08.0 30.3	170 05.0 13.6	273 42.7 12.3	284 03.2 08.3	Procyon 244 54.0 N 5 10.1
05	251 57.9	254 07.6 29.1	185 05.9 13.8	288 44.7 12.2	299 05.5 08.2	
06	267 00.3	269 07.2 S 2 27.8	200 06.8 N23 14.0	303 46.6 S15 12.0	314 07.7 S18 08.2	Rasalhague 96 01.4 N12 32.5
07	282 02.8	284 06.8 26.6	215 07.7 14.3	318 48.6 11.8	329 09.9 08.1	Regulus 207 37.5 N11 51.8
08	297 05.3	299 06.4 25.3	230 08.5 14.5	333 50.5 11.7	344 12.2 08.1	Rigel 281 06.9 S 8 10.9
F 09	312 07.7	314 06.0 . . 24.1	245 09.4 . . 14.7	348 52.4 . . 11.5	359 14.4 . . 08.0	Rigil Kent. 139 44.0 S60 55.1
R 10	327 10.2	329 05.6 22.8	260 10.3 15.0	3 54.4 11.3	14 16.6 07.9	Sabik 102 06.3 S15 45.0
I 11	342 12.7	344 05.2 21.6	275 11.1 15.2	18 56.3 11.2	29 18.8 07.9	
D 12	357 15.1	359 04.9 S 2 20.3	290 12.0 N23 15.4	33 58.3 S15 11.0	44 21.1 S18 07.8	Schedar 349 35.1 N56 39.1
A 13	12 17.6	14 04.5 19.1	305 12.9 15.7	49 00.2 10.9	59 23.3 07.8	Shaula 96 14.6 S37 07.0
Y 14	27 20.1	29 04.1 17.8	320 13.8 15.9	64 02.1 10.7	74 25.5 07.7	Sirius 258 28.9 S16 44.9
15	42 22.5	44 03.7 . . 16.6	335 14.6 . . 16.1	79 04.1 . . 10.5	89 27.8 . . 07.7	Spica 158 25.3 S11 16.3
16	57 25.0	59 03.3 15.3	350 15.5 16.4	94 06.0 10.4	104 30.0 07.6	Suhail 222 48.2 S43 31.3
17	72 27.5	74 02.9 14.1	5 16.4 16.6	109 08.0 10.2	119 32.2 07.5	
18	87 29.9	89 02.5 S 2 12.8	20 17.3 N23 16.8	124 09.9 S15 10.0	134 34.5 S18 07.5	Vega 80 35.4 N38 47.9
19	102 32.4	104 02.1 11.6	35 18.1 17.1	139 11.9 09.9	149 36.7 07.4	Zuben'ubi 136 59.2 S16 07.7
20	117 34.8	119 01.8 10.3	50 19.0 17.3	154 13.8 09.7	164 38.9 07.4	SHA Mer. Pass.
21	132 37.3	134 01.4 . . 09.1	65 19.9 . . 17.5	169 15.8 . . 09.6	179 41.2 . . 07.3	° ′ h m
22	147 39.8	149 01.0 07.8	80 20.7 17.7	184 17.7 09.4	194 43.4 07.3	Venus 3 32.5 12 03
23	162 42.2	164 00.6 06.6	95 21.6 18.0	199 19.7 09.2	209 45.6 07.2	Mars 293 54.0 16 40
	h m					Jupiter 37 02.0 9 48
Mer. Pass. 12 14.9		v −0.4 d 1.2	v 0.9 d 0.2	v 1.9 d 0.2	v 2.2 d 0.1	Saturn 47 14.4 9 07

2021 MARCH 17, 18, 19 (WED., THURS., FRI.)

UT	SUN GHA	SUN Dec	MOON GHA	MOON v	MOON Dec	MOON d	MOON HP	Lat.	Twilight Naut.	Twilight Civil	Sunrise	Moonrise 17	Moonrise 18	Moonrise 19	Moonrise 20
d h	° ′	° ′	° ′	′	° ′	′	′	°	h m	h m	h m	h m	h m	h m	h m
								N 72	03 33	05 00	06 08	06 11	05 24	☐	☐
17 00	177 53.7	S 1 20.7	139 36.3	15.6	N10 47.6	11.6	54.2	N 70	03 50	05 07	06 08	06 31	06 03	05 01	☐
01	192 53.8	19.7	154 10.9	15.6	10 59.2	11.5	54.2	68	04 04	05 12	06 08	06 46	06 30	06 06	☐
02	207 54.0	18.7	168 45.5	15.5	11 10.7	11.5	54.2	66	04 14	05 16	06 07	06 59	06 51	06 41	06 25
03	222 54.2	. . 17.7	183 20.0	15.5	11 22.2	11.5	54.2	64	04 23	05 20	06 07	07 10	07 08	07 07	07 08
04	237 54.4	16.7	197 54.5	15.5	11 33.7	11.4	54.2	62	04 30	05 23	06 07	07 19	07 22	07 27	07 37
05	252 54.5	15.8	212 29.0	15.4	11 45.1	11.3	54.2	60	04 36	05 26	06 07	07 27	07 34	07 44	08 00
06	267 54.7	S 1 14.8	227 03.4	15.4	N11 56.4	11.4	54.2	N 58	04 42	05 28	06 07	07 34	07 44	07 58	08 18
W 07	282 54.9	13.8	241 37.8	15.4	12 07.8	11.2	54.2	56	04 46	05 30	06 07	07 40	07 53	08 10	08 33
E 08	297 55.1	12.8	256 12.2	15.3	12 19.0	11.2	54.2	54	04 50	05 32	06 07	07 46	08 01	08 20	08 46
D 09	312 55.3	. . 11.8	270 46.5	15.3	12 30.2	11.2	54.2	52	04 54	05 33	06 07	07 51	08 08	08 30	08 57
N 10	327 55.4	10.8	285 20.8	15.3	12 41.4	11.1	54.2	50	04 57	05 35	06 07	07 55	08 15	08 38	09 08
E 11	342 55.6	09.8	299 55.1	15.3	12 52.5	11.1	54.1	45	05 03	05 38	06 07	08 05	08 29	08 56	09 29
S 12	357 55.8	S 1 08.8	314 29.4	15.2	N13 03.6	11.0	54.1	N 40	05 08	05 40	06 07	08 14	08 40	09 11	09 47
D 13	12 56.0	07.8	329 03.6	15.1	13 14.6	10.9	54.1	35	05 12	05 41	06 06	08 21	08 50	09 24	10 01
A 14	27 56.2	06.9	343 37.7	15.2	13 25.5	10.9	54.1	30	05 15	05 42	06 06	08 27	08 59	09 34	10 14
Y 15	42 56.3	. . 05.9	358 11.9	15.1	13 36.4	10.8	54.1	20	05 18	05 44	06 06	08 38	09 14	09 53	10 36
16	57 56.5	04.9	12 46.0	15.0	13 47.2	10.8	54.1	N 10	05 20	05 44	06 05	08 48	09 28	10 10	10 55
17	72 56.7	03.9	27 20.0	15.1	13 58.0	10.8	54.1	0	05 20	05 44	06 05	08 57	09 40	10 25	11 13
18	87 56.9	S 1 02.9	41 54.1	14.9	N14 08.8	10.6	54.1	S 10	05 19	05 43	06 04	09 06	09 53	10 41	11 31
19	102 57.1	01.9	56 28.0	15.0	14 19.4	10.6	54.1	20	05 16	05 41	06 03	09 16	10 06	10 58	11 50
20	117 57.2	1 00.9	71 02.0	14.9	14 30.0	10.6	54.1	30	05 10	05 38	06 02	09 28	10 22	11 17	12 12
21	132 57.4	0 59.9	85 35.9	14.9	14 40.6	10.5	54.1	35	05 07	05 36	06 02	09 34	10 31	11 28	12 26
22	147 57.6	58.9	100 09.8	14.8	14 51.1	10.4	54.1	40	05 02	05 34	06 01	09 42	10 42	11 41	12 41
23	162 57.8	58.0	114 43.6	14.8	15 01.5	10.4	54.1	45	04 56	05 31	06 00	09 51	10 54	11 57	12 59
18 00	177 58.0	S 0 57.0	129 17.4	14.7	N15 11.9	10.3	54.1	S 50	04 48	05 26	05 59	10 02	11 09	12 16	13 22
01	192 58.2	56.0	143 51.1	14.7	15 22.2	10.2	54.1	52	04 44	05 24	05 58	10 07	11 16	12 25	13 32
02	207 58.3	55.0	158 24.8	14.6	15 32.4	10.1	54.1	54	04 40	05 22	05 58	10 12	11 24	12 35	13 45
03	222 58.5	. . 54.0	172 58.4	14.6	15 42.6	10.1	54.1	56	04 35	05 20	05 57	10 18	11 33	12 47	13 59
04	237 58.7	53.0	187 32.0	14.6	15 52.7	10.1	54.1	58	04 30	05 17	05 56	10 25	11 43	13 00	14 15
05	252 58.9	52.0	202 05.6	14.5	16 02.8	10.0	54.1	S 60	04 23	05 14	05 55	10 33	11 54	13 16	14 36
06	267 59.1	S 0 51.0	216 39.1	14.5	N16 12.8	9.9	54.1								
07	282 59.2	50.0	231 12.6	14.4	16 22.7	9.8	54.1	Lat.	Sunset	Twilight Civil	Twilight Naut.	Moonset 17	Moonset 18	Moonset 19	Moonset 20
T 08	297 59.4	49.1	245 46.0	14.4	16 32.5	9.8	54.1								
H 09	312 59.6	. . 48.1	260 19.4	14.3	16 42.3	9.7	54.1	°	h m	h m	h m	h m	h m	h m	h m
U 10	327 59.8	47.1	274 52.7	14.3	16 52.0	9.7	54.1	N 72	18 11	19 19	20 47	25 15	01 15	☐	☐
R 11	343 00.0	46.1	289 26.0	14.2	17 01.7	9.6	54.1	N 70	18 11	19 12	20 29	24 37	00 37	03 12	☐
S 12	358 00.1	S 0 45.1	303 59.2	14.2	N17 11.3	9.5	54.1	68	18 10	19 06	20 16	24 11	00 11	02 08	☐
D 13	13 00.3	44.1	318 32.4	14.1	17 20.8	9.4	54.1	66	18 10	19 02	20 04	23 52	25 33	01 33	03 27
A 14	28 00.5	43.1	333 05.5	14.1	17 30.2	9.4	54.1	64	18 10	18 58	19 55	23 36	25 08	01 08	02 44
Y 15	43 00.7	. . 42.1	347 38.6	14.0	17 39.6	9.3	54.1	62	18 10	18 54	19 48	23 23	24 49	00 49	02 16
16	58 00.9	41.1	2 11.6	14.0	17 48.9	9.2	54.1	60	18 10	18 52	19 41	23 12	24 33	00 33	01 54
17	73 01.1	40.2	16 44.6	13.9	17 58.1	9.2	54.1								
18	88 01.2	S 0 39.2	31 17.5	13.8	N18 07.3	9.0	54.1	N 58	18 10	18 49	19 36	23 02	24 20	00 20	01 36
19	103 01.4	38.2	45 50.3	13.9	18 16.3	9.0	54.1	56	18 10	18 47	19 31	22 54	24 08	00 08	01 21
20	118 01.6	37.2	60 23.2	13.7	18 25.3	9.0	54.1	54	18 10	18 45	19 27	22 46	23 58	25 09	01 09
21	133 01.8	. . 36.2	74 55.9	13.7	18 34.3	8.8	54.1	52	18 10	18 44	19 23	22 40	23 49	24 58	00 58
22	148 02.0	35.2	89 28.6	13.7	18 43.1	8.8	54.1	50	18 10	18 42	19 20	22 34	23 41	24 48	00 48
23	163 02.1	34.2	104 01.3	13.6	18 51.9	8.7	54.1	45	18 10	18 39	19 14	22 21	23 24	24 27	00 27
19 00	178 02.3	S 0 33.2	118 33.9	13.5	N19 00.6	8.6	54.2	N 40	18 10	18 37	19 09	22 11	23 10	24 10	00 10
01	193 02.5	32.2	133 06.4	13.5	19 09.2	8.5	54.2	35	18 10	18 35	19 05	22 02	22 59	23 56	24 53
02	208 02.7	31.3	147 38.9	13.4	19 17.7	8.5	54.2	30	18 10	18 34	19 02	21 54	22 49	23 44	24 39
03	223 02.9	. . 30.3	162 11.3	13.4	19 26.2	8.3	54.2	20	18 11	18 33	18 58	21 40	22 31	23 23	24 16
04	238 03.1	29.3	176 43.7	13.3	19 34.5	8.3	54.2	N 10	18 11	18 32	18 56	21 29	22 16	23 05	23 56
05	253 03.2	28.3	191 16.0	13.3	19 42.8	8.2	54.2	0	18 11	18 32	18 56	21 18	22 02	22 48	23 37
06	268 03.4	S 0 27.3	205 48.3	13.2	N19 51.0	8.2	54.2	S 10	18 12	18 33	18 57	21 07	21 48	22 31	23 18
07	283 03.6	26.3	220 20.5	13.2	19 59.2	8.0	54.2	20	18 12	18 34	19 00	20 55	21 33	22 13	22 58
08	298 03.8	25.3	234 52.7	13.0	20 07.2	7.9	54.2	30	18 13	18 37	19 05	20 42	21 15	21 53	22 35
F 09	313 04.0	. . 24.3	249 24.7	13.1	20 15.1	7.9	54.2	35	18 14	18 39	19 09	20 34	21 05	21 41	22 21
R 10	328 04.2	23.3	263 56.8	13.0	20 23.0	7.8	54.2	40	18 14	18 41	19 13	20 26	20 54	21 27	22 06
I 11	343 04.3	22.4	278 28.8	13.0	20 30.8	7.7	54.2	45	18 15	18 45	19 19	20 16	20 41	21 11	21 47
D 12	358 04.5	S 0 21.4	293 00.7	12.8	N20 38.5	7.6	54.2	S 50	18 16	18 48	19 27	20 04	20 25	20 51	21 24
A 13	13 04.7	20.4	307 32.5	12.8	20 46.1	7.5	54.2	52	18 17	18 50	19 30	19 58	20 17	20 41	21 13
Y 14	28 04.9	19.4	322 04.3	12.8	20 53.6	7.5	54.2	54	18 18	18 52	19 34	19 52	20 09	20 31	21 00
15	43 05.1	. . 18.4	336 36.1	12.7	21 01.1	7.3	54.3	56	18 18	18 55	19 39	19 45	19 59	20 19	20 46
16	58 05.3	17.4	351 07.8	12.6	21 08.4	7.2	54.3	58	18 18	18 58	19 45	19 37	19 49	20 05	20 29
17	73 05.4	16.4	5 39.4	12.5	21 15.6	7.2	54.3	S 60	18 19	19 01	19 51	19 28	19 36	19 49	20 08
18	88 05.6	S 0 15.4	20 10.9	12.5	N21 22.8	7.1	54.3		SUN			MOON			
19	103 05.8	14.4	34 42.4	12.5	21 29.9	6.9	54.3	Day	Eqn. of Time		Mer. Pass.	Mer. Pass. Upper	Mer. Pass. Lower	Age	Phase
20	118 06.0	13.5	49 13.9	12.4	21 36.8	6.9	54.3		00ʰ	12ʰ					
21	133 06.2	. . 12.5	63 45.3	12.3	21 43.7	6.8	54.3	d	m s	m s	h m	h m	h m	d	%
22	148 06.4	11.5	78 16.6	12.3	21 50.5	6.7	54.3	17	08 26	08 17	12 08	15 07	02 46	04	15
23	163 06.6	10.5	92 47.9	12.2	N21 57.2	6.6	54.3	18	08 08	08 00	12 08	15 51	03 29	05	22
	SD 16.1	d 1.0	SD 14.8		14.7		14.8	19	07 51	07 42	12 08	16 37	04 13	06	30

61

2021 MARCH 20, 21, 22 (SAT., SUN., MON.)

UT	ARIES GHA	VENUS −3.9 GHA Dec	MARS +1.2 GHA Dec	JUPITER −2.0 GHA Dec	SATURN +0.6 GHA Dec	STARS Name SHA Dec
d h	° ′	° ′ ° ′	° ′ ° ′	° ′ ° ′	° ′ ° ′	° ′ ° ′
20 00	177 44.7	179 00.2 S 2 05.3	110 22.5 N23 18.2	214 21.6 S15 09.1	224 47.9 S18 07.1	Acamar 315 14.5 S40 13.5
01	192 47.2	193 59.8 04.0	125 23.4 18.4	229 23.5 08.9	239 50.1 07.1	Achernar 335 23.1 S57 08.0
02	207 49.6	208 59.4 02.8	140 24.2 18.7	244 25.5 08.8	254 52.3 07.0	Acrux 173 02.7 S63 12.9
03	222 52.1	223 59.1 .. 01.5	155 25.1 .. 18.9	259 27.4 .. 08.6	269 54.6 .. 07.0	Adhara 255 08.2 S29 00.3
04	237 54.6	238 58.7 2 00.3	170 26.0 19.1	274 29.4 08.4	284 56.8 06.9	Aldebaran 290 43.3 N16 33.0
05	252 57.0	253 58.3 1 59.0	185 26.8 19.3	289 31.3 08.3	299 59.0 06.9	
06	267 59.5	268 57.9 S 1 57.8	200 27.7 N23 19.6	304 33.3 S15 08.1	315 01.3 S18 06.8	Alioth 166 15.2 N55 50.7
07	283 02.0	283 57.5 56.5	215 28.6 19.8	319 35.2 07.9	330 03.5 06.7	Alkaid 152 54.1 N49 12.4
S 08	298 04.4	298 57.1 55.3	230 29.5 20.0	334 37.2 07.8	345 05.7 06.7	Alnair 27 37.3 S46 51.5
A 09	313 06.9	313 56.7 .. 54.0	245 30.3 .. 20.2	349 39.1 .. 07.6	0 08.0 .. 06.6	Alnilam 275 40.9 S 1 11.5
T 10	328 09.3	328 56.4 52.8	260 31.2 20.5	4 41.1 07.5	15 10.2 06.6	Alphard 217 50.5 S 8 45.1
U 11	343 11.8	343 56.0 51.5	275 32.1 20.7	19 43.0 07.3	30 12.4 06.5	
R 12	358 14.3	358 55.6 S 1 50.3	290 32.9 N23 20.9	34 44.9 S15 07.1	45 14.7 S18 06.4	Alphecca 126 06.2 N26 38.5
D 13	13 16.7	13 55.2 49.0	305 33.8 21.2	49 46.9 07.0	60 16.9 06.4	Alpheratz 357 38.3 N29 12.2
A 14	28 19.2	28 54.8 47.7	320 34.7 21.4	64 48.8 06.8	75 19.1 06.3	Altair 62 03.1 N 8 55.3
Y 15	43 21.7	43 54.4 .. 46.5	335 35.5 .. 21.6	79 50.8 .. 06.6	90 21.4 .. 06.3	Ankaa 353 10.7 S42 11.7
16	58 24.1	58 54.0 45.2	350 36.4 21.8	94 52.7 06.5	105 23.6 06.2	Antares 112 19.5 S26 28.6
17	73 26.6	73 53.7 44.0	5 37.3 22.1	109 54.7 06.3	120 25.8 06.2	
18	88 29.1	88 53.3 S 1 42.7	20 38.2 N23 22.3	124 56.6 S15 06.2	135 28.1 S18 06.1	Arcturus 145 50.5 N19 04.2
19	103 31.5	103 52.9 41.5	35 39.0 22.5	139 58.6 06.0	150 30.3 06.1	Atria 107 16.4 S69 03.6
20	118 34.0	118 52.5 40.2	50 39.9 22.7	155 00.5 05.8	165 32.5 06.0	Avior 234 15.6 S59 34.9
21	133 36.4	133 52.1 .. 39.0	65 40.8 .. 22.9	170 02.5 .. 05.7	180 34.8 .. 05.9	Bellatrix 278 26.3 N 6 22.0
22	148 38.9	148 51.7 37.7	80 41.6 23.2	185 04.4 05.5	195 37.0 05.9	Betelgeuse 270 55.5 N 7 24.5
23	163 41.4	163 51.4 36.4	95 42.5 23.4	200 06.4 05.3	210 39.2 05.8	
21 00	178 43.8	178 51.0 S 1 35.2	110 43.4 N23 23.6	215 08.3 S15 05.2	225 41.5 S18 05.8	Canopus 263 53.7 S52 42.7
01	193 46.3	193 50.6 33.9	125 44.2 23.8	230 10.3 05.0	240 43.7 05.7	Capella 280 26.6 N46 01.2
02	208 48.8	208 50.2 32.7	140 45.1 24.1	245 12.2 04.9	255 45.9 05.7	Deneb 49 28.2 N45 21.0
03	223 51.2	223 49.8 .. 31.4	155 46.0 .. 24.3	260 14.2 .. 04.7	270 48.2 .. 05.6	Denebola 182 27.8 N14 27.2
04	238 53.7	238 49.4 30.2	170 46.8 24.5	275 16.1 04.5	285 50.4 05.5	Diphda 348 50.8 S17 52.5
05	253 56.2	253 49.1 28.9	185 47.7 24.7	290 18.1 04.4	300 52.6 05.5	
06	268 58.6	268 48.7 S 1 27.7	200 48.6 N23 25.0	305 20.0 S15 04.2	315 54.9 S18 05.4	Dubhe 193 44.3 N61 38.3
07	284 01.1	283 48.3 26.4	215 49.4 25.2	320 22.0 04.1	330 57.1 05.4	Elnath 278 05.8 N28 37.5
08	299 03.6	298 47.9 25.1	230 50.3 25.4	335 23.9 03.9	345 59.4 05.3	Eltanin 90 43.6 N51 28.8
S 09	314 06.0	313 47.5 .. 23.9	245 51.2 .. 25.6	350 25.9 .. 03.7	1 01.6 .. 05.3	Enif 33 42.1 N 9 58.1
U 10	329 08.5	328 47.1 22.6	260 52.0 25.8	5 27.8 03.6	16 03.8 05.2	Fomalhaut 15 18.3 S29 30.8
N 11	344 10.9	343 46.8 21.4	275 52.9 26.1	20 29.8 03.4	31 06.1 05.1	
D 12	359 13.4	358 46.4 S 1 20.1	290 53.8 N23 26.3	35 31.7 S15 03.2	46 08.3 S18 05.1	Gacrux 171 54.4 S57 13.8
A 13	14 15.9	13 46.0 18.9	305 54.6 26.5	50 33.6 03.1	61 10.5 05.0	Gienah 175 46.4 S17 39.6
Y 14	29 18.3	28 45.6 17.6	320 55.5 26.7	65 35.6 02.9	76 12.8 05.0	Hadar 148 39.8 S60 28.3
15	44 20.8	43 45.2 .. 16.3	335 56.4 .. 26.9	80 37.5 .. 02.8	91 15.0 .. 04.9	Hamal 327 55.0 N23 33.6
16	59 23.3	58 44.8 15.1	350 57.2 27.2	95 39.5 02.6	106 17.2 04.9	Kaus Aust. 83 36.7 S34 22.4
17	74 25.7	73 44.5 13.8	5 58.1 27.4	110 41.4 02.4	121 19.5 04.8	
18	89 28.2	88 44.1 S 1 12.6	20 59.0 N23 27.6	125 43.4 S15 02.3	136 21.7 S18 04.8	Kochab 137 19.0 N74 03.9
19	104 30.7	103 43.7 11.3	35 59.8 27.8	140 45.4 02.1	151 24.0 04.7	Markab 13 33.3 N15 18.9
20	119 33.1	118 43.3 10.1	51 00.7 28.0	155 47.3 02.0	166 26.2 04.6	Menkar 314 09.6 N 4 10.1
21	134 35.6	133 42.9 .. 08.8	66 01.6 .. 28.2	170 49.3 .. 01.8	181 28.4 .. 04.6	Menkent 148 00.9 S36 28.3
22	149 38.1	148 42.6 07.5	81 02.4 28.5	185 51.2 01.6	196 30.7 04.5	Miaplacidus 221 38.1 S69 48.4
23	164 40.5	163 42.2 06.3	96 03.3 28.7	200 53.2 01.5	211 32.9 04.5	
22 00	179 43.0	178 41.8 S 1 05.0	111 04.2 N23 28.9	215 55.1 S15 01.3	226 35.1 S18 04.4	Mirfak 308 33.0 N49 56.2
01	194 45.4	193 41.4 03.8	126 05.0 29.1	230 57.1 01.1	241 37.4 04.4	Nunki 75 51.7 S26 16.2
02	209 47.9	208 41.0 02.5	141 05.9 29.3	245 59.0 01.0	256 39.6 04.3	Peacock 53 11.0 S56 39.9
03	224 50.4	223 40.6 .. 01.3	156 06.7 .. 29.5	261 01.0 .. 00.8	271 41.9 .. 04.2	Pollux 243 21.0 N27 58.5
04	239 52.8	238 40.3 1 00.0	171 07.6 29.8	276 02.9 00.7	286 44.1 04.2	Procyon 244 54.0 N 5 10.1
05	254 55.3	253 39.9 0 58.7	186 08.5 30.0	291 04.9 00.5	301 46.3 04.1	
06	269 57.8	268 39.5 S 0 57.5	201 09.3 N23 30.2	306 06.8 S15 00.3	316 48.6 S18 04.1	Rasalhague 96 01.4 N12 32.5
07	285 00.2	283 39.1 56.2	216 10.2 30.4	321 08.8 00.2	331 50.8 04.0	Regulus 207 37.5 N11 51.8
08	300 02.7	298 38.7 55.0	231 11.1 30.6	336 10.7 15 00.0	346 53.0 04.0	Rigel 281 06.9 S 8 10.9
M 09	315 05.2	313 38.4 .. 53.7	246 11.9 .. 30.8	351 12.7 14 59.9	1 55.3 .. 03.9	Rigil Kent. 139 44.0 S60 55.1
O 10	330 07.6	328 38.0 52.4	261 12.8 31.0	6 14.6 59.7	16 57.5 03.9	Sabik 102 06.3 S15 45.0
N 11	345 10.1	343 37.6 51.2	276 13.7 31.3	21 16.6 59.5	31 59.8 03.8	
D 12	0 12.6	358 37.2 S 0 49.9	291 14.5 N23 31.5	36 18.5 S14 59.4	47 02.0 S18 03.7	Schedar 349 35.0 N56 39.1
A 13	15 15.0	13 36.8 48.7	306 15.4 31.7	51 20.5 59.2	62 04.2 03.7	Shaula 96 14.5 S37 07.0
Y 14	30 17.5	28 36.5 47.4	321 16.2 31.9	66 22.4 59.1	77 06.5 03.6	Sirius 258 28.9 S16 45.0
15	45 19.9	43 36.1 .. 46.2	336 17.1 .. 32.1	81 24.4 .. 58.9	92 08.7 .. 03.6	Spica 158 25.3 S11 16.3
16	60 22.4	58 35.7 44.9	351 18.0 32.3	96 26.3 58.7	107 11.0 03.5	Suhail 222 48.2 S43 31.3
17	75 24.9	73 35.3 43.6	6 18.8 32.5	111 28.3 58.6	122 13.2 03.5	
18	90 27.3	88 34.9 S 0 42.4	21 19.7 N23 32.8	126 30.2 S14 58.4	137 15.4 S18 03.4	Vega 80 35.4 N38 47.9
19	105 29.8	103 34.6 41.1	36 20.5 33.0	141 32.2 58.2	152 17.7 03.4	Zuben'ubi 136 59.2 S16 07.8
20	120 32.3	118 34.2 39.9	51 21.4 33.2	156 34.2 58.1	167 19.9 03.3	SHA Mer.Pass.
21	135 34.7	133 33.8 .. 38.6	66 22.3 .. 33.4	171 36.1 .. 57.9	182 22.2 .. 03.2	° ′ h m
22	150 37.2	148 33.4 37.3	81 23.1 33.6	186 38.1 57.8	197 24.4 03.2	Venus 0 07.1 12 05
23	165 39.7	163 33.0 36.1	96 24.0 33.8	201 40.0 57.6	212 26.6 03.1	Mars 291 59.5 16 36
	h m					Jupiter 36 24.5 9 38
Mer.Pass. 12 03.1		v −0.4 d 1.3	v 0.9 d 0.2	v 1.9 d 0.2	v 2.2 d 0.1	Saturn 46 57.6 8 56

2021 MARCH 20, 21, 22 (SAT., SUN., MON.)

UT	SUN GHA	SUN Dec	MOON GHA	MOON v	MOON Dec	MOON d	MOON HP	Lat.	Twilight Naut.	Twilight Civil	Sunrise	Moonrise 20	Moonrise 21	Moonrise 22	Moonrise 23
d h	° ′	° ′	° ′	′	° ′	′	′	°	h m	h m	h m	h m	h m	h m	h m
								N 72	03 13	04 44	05 52	▯	▯	▯	▯
20 00	178 06.7	S 0 09.5	107 19.1	12.1	N22 03.8	6.5	54.4	N 70	03 33	04 52	05 54	▯	▯	▯	▯
01	193 06.9	08.5	121 50.2	12.1	22 10.3	6.4	54.4	68	03 49	04 59	05 55	▯	▯	▯	▯
02	208 07.1	07.5	136 21.3	12.0	22 16.7	6.3	54.4	66	04 01	05 05	05 56	06 25	▯	▯	▯
03	223 07.3	.. 06.5	150 52.3	12.0	22 23.0	6.2	54.4	64	04 11	05 09	05 57	07 08	07 15	07 45	09 01
04	238 07.5	05.6	165 23.3	11.9	22 29.2	6.1	54.4	62	04 19	05 13	05 58	07 37	07 57	08 36	09 44
05	253 07.7	04.6	179 54.2	11.8	22 35.3	6.0	54.4	60	04 27	05 17	05 58	08 00	08 25	09 08	10 13
06	268 07.8	S 0 03.6	194 25.0	11.8	N22 41.3	5.9	54.4	N 58	04 33	05 20	05 59	08 18	08 47	09 32	10 35
07	283 08.0	02.6	208 55.8	11.7	22 47.2	5.8	54.4	56	04 38	05 22	05 59	08 33	09 05	09 51	10 53
S 08	298 08.2	01.6	223 26.5	11.7	22 53.0	5.7	54.5	54	04 42	05 24	06 00	08 46	09 21	10 07	11 08
A 09	313 08.4	S 00.6	237 57.2	11.6	22 58.7	5.6	54.5	52	04 47	05 26	06 00	08 57	09 34	10 21	11 21
T 10	328 08.6	N 00.4	252 27.8	11.5	23 04.3	5.5	54.5	50	04 50	05 28	06 00	09 08	09 45	10 33	11 33
U 11	343 08.8	01.4	266 58.3	11.5	23 09.8	5.4	54.5	45	04 57	05 32	06 01	09 29	10 09	10 58	11 57
R 12	358 09.0	N 0 02.4	281 28.8	11.4	N23 15.2	5.3	54.5	N 40	05 03	05 35	06 02	09 47	10 29	11 18	12 16
D 13	13 09.1	03.3	295 59.2	11.4	23 20.5	5.2	54.5	35	05 07	05 37	06 02	10 01	10 45	11 35	12 32
A 14	28 09.3	04.3	310 29.6	11.3	23 25.7	5.0	54.5	30	05 11	05 39	06 03	10 14	10 59	11 50	12 46
Y 15	43 09.5	.. 05.3	324 59.9	11.2	23 30.7	5.0	54.6	20	05 16	05 41	06 03	10 36	11 23	12 14	13 09
16	58 09.7	06.3	339 30.1	11.2	23 35.7	4.8	54.6	N 10	05 18	05 43	06 04	10 55	11 44	12 35	13 30
17	73 09.9	07.3	354 00.3	11.2	23 40.5	4.8	54.6	0	05 19	05 43	06 04	11 13	12 03	12 55	13 49
18	88 10.1	N 0 08.3	8 30.5	11.0	N23 45.3	4.6	54.6	S 10	05 19	05 43	06 04	11 31	12 22	13 15	14 08
19	103 10.2	09.3	23 00.5	11.0	23 49.9	4.6	54.6	20	05 17	05 42	06 04	11 50	12 43	13 36	14 28
20	118 10.4	10.3	37 30.5	11.0	23 54.5	4.4	54.6	30	05 12	05 40	06 04	12 12	13 07	14 01	14 51
21	133 10.6	.. 11.2	52 00.5	10.9	23 58.9	4.3	54.7	35	05 09	05 39	06 04	12 26	13 22	14 15	15 05
22	148 10.8	12.2	66 30.4	10.8	24 03.2	4.2	54.7	40	05 05	05 37	06 04	12 41	13 38	14 32	15 21
23	163 11.0	13.2	81 00.2	10.8	24 07.4	4.0	54.7	45	05 00	05 35	06 04	12 59	13 58	14 52	15 40
21 00	178 11.2	N 0 14.2	95 30.0	10.7	N24 11.4	4.0	54.7	S 50	04 53	05 31	06 04	13 22	14 23	15 18	16 03
01	193 11.4	15.2	109 59.7	10.7	24 15.4	3.9	54.7	52	04 50	05 30	06 03	13 32	14 35	15 30	16 15
02	208 11.5	16.2	124 29.4	10.6	24 19.3	3.7	54.8	54	04 46	05 28	06 03	13 45	14 49	15 44	16 28
03	223 11.7	.. 17.2	138 59.0	10.6	24 23.0	3.6	54.8	56	04 42	05 26	06 03	13 59	15 05	16 00	16 42
04	238 11.9	18.2	153 28.6	10.5	24 26.6	3.5	54.8	58	04 37	05 24	06 03	14 15	15 24	16 19	17 00
05	253 12.1	19.1	167 58.1	10.5	24 30.1	3.4	54.8	S 60	04 31	05 21	06 03	14 36	15 47	16 43	17 21

UT	SUN GHA	SUN Dec	MOON GHA	MOON v	MOON Dec	MOON d	MOON HP	Lat.	Sunset	Twilight Civil	Twilight Naut.	Moonset 20	Moonset 21	Moonset 22	Moonset 23
06	268 12.3	N 0 20.1	182 27.6	10.4	N24 33.5	3.3	54.8	°	h m	h m	h m	h m	h m	h m	h m
07	283 12.5	21.1	196 57.0	10.3	24 36.8	3.1	54.9	N 72	18 24	19 33	21 06	▯	▯	▯	▯
08	298 12.7	22.1	211 26.3	10.3	24 39.9	3.1	54.9	N 70	18 23	19 25	20 45	▯	▯	▯	▯
S 09	313 12.8	.. 23.1	225 55.6	10.3	24 43.0	2.9	54.9	68	18 21	19 18	20 29	▯	▯	▯	▯
U 10	328 13.0	24.1	240 24.9	10.1	24 45.9	2.8	54.9	66	18 20	19 12	20 16	03 27	▯	▯	▯
N 11	343 13.2	25.1	254 54.0	10.2	24 48.7	2.6	54.9	64	18 19	19 07	20 06	02 44	04 20	05 38	06 13
D 12	358 13.4	N 0 26.1	269 23.2	10.1	N24 51.3	2.6	55.0	62	18 18	19 03	19 57	02 16	03 38	04 46	05 30
A 13	13 13.6	27.0	283 52.3	10.0	24 53.9	2.4	55.0	60	18 17	18 59	19 50	01 54	03 10	04 14	05 01
Y 14	28 13.8	28.0	298 21.3	10.0	24 56.3	2.3	55.0	N 58	18 17	18 56	19 43	01 36	02 48	03 51	04 38
15	43 14.0	.. 29.0	312 50.3	10.0	24 58.6	2.2	55.0	56	18 16	18 53	19 38	01 21	02 31	03 31	04 20
16	58 14.2	30.0	327 19.3	9.8	25 00.8	2.1	55.1	54	18 16	18 51	19 33	01 09	02 16	03 15	04 05
17	73 14.3	31.0	341 48.1	9.9	25 02.9	1.9	55.1	52	18 15	18 49	19 29	00 58	02 03	03 02	03 51
18	88 14.5	N 0 32.0	356 17.0	9.8	N25 04.8	1.8	55.1	50	18 15	18 47	19 25	00 48	01 51	02 49	03 40
19	103 14.7	33.0	10 45.8	9.8	25 06.6	1.7	55.1	45	18 14	18 43	19 18	00 27	01 28	02 24	03 15
20	118 14.9	34.0	25 14.6	9.7	25 08.3	1.6	55.2	N 40	18 13	18 40	19 12	00 10	01 09	02 04	02 56
21	133 15.1	.. 34.9	39 43.3	9.6	25 09.9	1.4	55.2	35	18 13	18 38	19 07	24 53	00 53	01 48	02 39
22	148 15.3	35.9	54 11.9	9.7	25 11.3	1.3	55.2	30	18 12	18 36	19 04	24 39	00 39	01 33	02 25
23	163 15.5	36.9	68 40.6	9.5	25 12.6	1.2	55.2	20	18 11	18 33	18 59	24 16	00 16	01 09	02 01
22 00	178 15.6	N 0 37.9	83 09.1	9.6	N25 13.8	1.0	55.3	N 10	18 11	18 32	18 56	23 56	24 48	00 48	01 40
01	193 15.8	38.9	97 37.7	9.5	25 14.8	1.0	55.3	0	18 10	18 31	18 55	23 37	24 28	00 28	01 21
02	208 16.0	39.9	112 06.2	9.4	25 15.8	0.8	55.3	S 10	18 10	18 31	18 55	23 18	24 08	00 08	01 01
03	223 16.2	.. 40.9	126 34.6	9.4	25 16.6	0.6	55.3	20	18 10	18 32	18 57	22 58	23 47	24 40	00 40
04	238 16.4	41.9	141 03.0	9.4	25 17.2	0.6	55.4	30	18 10	18 34	19 01	22 35	23 22	24 16	00 16
05	253 16.6	42.8	155 31.4	9.4	25 17.8	0.4	55.4	35	18 10	18 35	19 04	22 21	23 08	24 01	00 01
06	268 16.8	N 0 43.8	169 59.8	9.3	N25 18.2	0.2	55.4	40	18 10	18 37	19 08	22 06	22 51	23 45	24 46
07	283 17.0	44.8	184 28.1	9.2	25 18.4	0.2	55.4	45	18 10	18 39	19 13	21 47	22 31	23 25	24 27
08	298 17.1	45.8	198 56.3	9.3	25 18.6	0.0	55.5	S 50	18 10	18 42	19 20	21 24	22 06	23 00	24 04
M 09	313 17.3	.. 46.8	213 24.6	9.1	25 18.6	0.1	55.5	52	18 10	18 43	19 23	21 13	21 54	22 48	23 53
O 10	328 17.5	47.8	227 52.7	9.2	25 18.5	0.3	55.5	54	18 10	18 45	19 27	21 00	21 40	22 34	23 41
N 11	343 17.7	48.8	242 20.9	9.1	25 18.2	0.4	55.5	56	18 10	18 47	19 31	20 46	21 24	22 18	23 26
D 12	358 17.9	N 0 49.7	256 49.0	9.1	N25 17.8	0.5	55.6	58	18 10	18 49	19 36	20 29	21 05	21 58	23 09
A 13	13 18.1	50.7	271 17.1	9.1	25 17.3	0.6	55.6	S 60	18 10	18 51	19 41	20 08	20 41	21 34	22 48
Y 14	28 18.3	51.7	285 45.2	9.0	25 16.7	0.8	55.6			SUN			MOON		
15	43 18.5	.. 52.7	300 13.2	9.0	25 15.9	0.9	55.7	Day	Eqn. of Time	Eqn. of Time	Mer. Pass.	Mer. Pass. Upper	Mer. Pass. Lower	Age	Phase
16	58 18.6	53.7	314 41.2	9.0	25 15.0	1.1	55.7		00h	12h					
17	73 18.8	54.7	329 09.2	9.0	25 13.9	1.2	55.7	d	m s	m s	h m	h m	h m	d	%
18	88 19.0	N 0 55.7	343 37.2	8.9	N25 12.7	1.3	55.8	20	07 33	07 25	12 07	17 25	05 00	07	40
19	103 19.2	56.6	358 05.1	8.9	25 11.4	1.5	55.8	21	07 16	07 07	12 07	18 15	05 50	08	49
20	118 19.4	57.6	12 33.0	8.8	25 09.9	1.6	55.8	22	06 58	06 49	12 07	19 08	06 41	09	59
21	133 19.6	58.6	27 00.8	8.8	25 08.3	1.7	55.8								
22	148 19.8	0 59.6	41 28.7	8.8	25 06.6	1.9	55.9								
23	163 20.0	N 1 00.6	55 56.5	8.8	N25 04.7	2.0	55.9								
	SD 16.1	d 1.0	SD 14.9		15.0		15.1								

2021 MARCH 23, 24, 25 (TUES., WED., THURS.)

UT	ARIES GHA	VENUS −3.9 GHA Dec	MARS +1.2 GHA Dec	JUPITER −2.0 GHA Dec	SATURN +0.6 GHA Dec	STARS Name	SHA Dec
d h	° '	° ' ° '	° ' ° '	° ' ° '	° ' ° '		° ' ° '
23 00	180 42.1	178 32.7 S 0 34.8	111 24.8 N23 34.0	216 42.0 S14 57.4	227 28.9 S18 03.1	Acamar	315 14.5 S40 13.5
01	195 44.6	193 32.3 33.6	126 25.7 34.2	231 43.9 57.3	242 31.1 03.0	Achernar	335 23.1 S57 08.0
02	210 47.0	208 31.9 32.3	141 26.6 34.4	246 45.9 57.1	257 33.4 03.0	Acrux	173 02.7 S63 12.9
03	225 49.5	223 31.5 .. 31.0	156 27.4 .. 34.7	261 47.8 .. 57.0	272 35.6 .. 02.9	Adhara	255 08.2 S29 00.3
04	240 52.0	238 31.1 29.8	171 28.3 34.9	276 49.8 56.8	287 37.8 02.9	Aldebaran	290 43.3 N16 33.0
05	255 54.4	253 30.8 28.5	186 29.2 35.1	291 51.7 56.6	302 40.1 02.8		
06	270 56.9	268 30.4 S 0 27.3	201 30.0 N23 35.3	306 53.7 S14 56.5	317 42.3 S18 02.7	Alioth	166 15.2 N55 50.7
07	285 59.4	283 30.0 26.0	216 30.9 35.5	321 55.7 56.3	332 44.6 02.7	Alkaid	152 54.1 N49 12.4
T 08	301 01.8	298 29.6 24.8	231 31.7 35.7	336 57.6 56.2	347 46.8 02.6	Alnair	27 37.2 S46 51.5
U 09	316 04.3	313 29.2 .. 23.5	246 32.6 .. 35.9	351 59.6 .. 56.0	2 49.0 .. 02.6	Alnilam	275 40.9 S 1 11.5
E 10	331 06.8	328 28.9 22.2	261 33.4 36.1	7 01.5 55.8	17 51.3 02.5	Alphard	217 50.6 S 8 45.1
S 11	346 09.2	343 28.5 21.0	276 34.3 36.3	22 03.5 55.7	32 53.5 02.5		
D 12	1 11.7	358 28.1 S 0 19.7	291 35.2 N23 36.5	37 05.4 S14 55.5	47 55.8 S18 02.4	Alphecca	126 06.2 N26 38.5
A 13	16 14.2	13 27.7 18.5	306 36.0 36.7	52 07.4 55.4	62 58.0 02.4	Alpheratz	357 38.3 N29 12.2
Y 14	31 16.6	28 27.4 17.2	321 36.9 36.9	67 09.3 55.2	78 00.3 02.3	Altair	62 03.1 N 8 55.3
15	46 19.1	43 27.0 .. 15.9	336 37.7 .. 37.2	82 11.3 .. 55.0	93 02.5 .. 02.2	Ankaa	353 10.7 S42 11.7
16	61 21.5	58 26.6 14.7	351 38.6 37.4	97 13.3 54.9	108 04.7 02.2	Antares	112 19.5 S26 28.6
17	76 24.0	73 26.2 13.4	6 39.5 37.6	112 15.2 54.7	123 07.0 02.1		
18	91 26.5	88 25.8 S 0 12.2	21 40.3 N23 37.8	127 17.2 S14 54.6	138 09.2 S18 02.1	Arcturus	145 50.5 N19 04.2
19	106 28.9	103 25.5 10.9	36 41.2 38.0	142 19.1 54.4	153 11.5 02.0	Atria	107 16.3 S69 03.6
20	121 31.4	118 25.1 09.6	51 42.0 38.2	157 21.1 54.2	168 13.7 02.0	Avior	234 15.6 S59 34.9
21	136 33.9	133 24.7 .. 08.4	66 42.9 .. 38.4	172 23.0 .. 54.1	183 16.0 .. 01.9	Bellatrix	278 26.3 N 6 22.0
22	151 36.3	148 24.3 07.1	81 43.7 38.6	187 25.0 53.9	198 18.2 01.9	Betelgeuse	270 55.5 N 7 24.5
23	166 38.8	163 23.9 05.9	96 44.6 38.8	202 27.0 53.8	213 20.4 01.8		
24 00	181 41.3	178 23.6 S 0 04.6	111 45.5 N23 39.0	217 28.9 S14 53.6	228 22.7 S18 01.8	Canopus	263 53.7 S52 42.7
01	196 43.7	193 23.2 03.3	126 46.3 39.2	232 30.9 53.4	243 24.9 01.7	Capella	280 26.1 N46 01.2
02	211 46.2	208 22.8 02.1	141 47.2 39.4	247 32.8 53.3	258 27.2 01.6	Deneb	49 28.1 N45 21.0
03	226 48.7	223 22.4 S 00.8	156 48.0 .. 39.6	262 34.8 .. 53.1	273 29.4 .. 01.6	Denebola	182 27.8 N14 27.2
04	241 51.1	238 22.1 N 00.4	171 48.9 39.8	277 36.7 53.0	288 31.7 01.5	Diphda	348 50.7 S17 52.5
05	256 53.6	253 21.7 01.7	186 49.7 40.0	292 38.7 52.8	303 33.9 01.5		
06	271 56.0	268 21.3 N 0 03.0	201 50.6 N23 40.2	307 40.7 S14 52.6	318 36.1 S18 01.4	Dubhe	193 44.3 N61 38.3
W 07	286 58.5	283 20.9 04.2	216 51.5 40.4	322 42.6 52.5	333 38.4 01.4	Elnath	278 05.9 N28 37.5
E 08	302 01.0	298 20.5 05.5	231 52.3 40.6	337 44.6 52.3	348 40.6 01.3	Eltanin	90 43.6 N51 28.8
D 09	317 03.4	313 20.2 .. 06.7	246 53.2 .. 40.8	352 46.5 .. 52.2	3 42.9 .. 01.3	Enif	33 42.1 N 9 58.1
N 10	332 05.9	328 19.8 08.0	261 54.0 41.0	7 48.5 52.0	18 45.1 01.2	Fomalhaut	15 18.3 S29 30.7
E 11	347 08.4	343 19.4 09.3	276 54.9 41.2	22 50.5 51.8	33 47.4 01.2		
S 12	2 10.8	358 19.0 N 0 10.5	291 55.7 N23 41.4	37 52.4 S14 51.7	48 49.6 S18 01.1	Gacrux	171 54.4 S57 13.9
D 13	17 13.3	13 18.7 11.8	306 56.6 41.6	52 54.4 51.5	63 51.8 01.0	Gienah	175 46.4 S17 39.6
A 14	32 15.8	28 18.3 13.0	321 57.5 41.8	67 56.3 51.4	78 54.1 01.0	Hadar	148 39.8 S60 28.3
Y 15	47 18.2	43 17.9 .. 14.3	336 58.3 .. 42.0	82 58.3 .. 51.2	93 56.3 .. 00.9	Hamal	327 55.0 N23 33.6
16	62 20.7	58 17.5 15.6	351 59.2 42.2	98 00.2 51.0	108 58.6 00.9	Kaus Aust.	83 36.6 S34 22.4
17	77 23.1	73 17.1 16.8	7 00.0 42.4	113 02.2 50.9	124 00.8 00.8		
18	92 25.6	88 16.8 N 0 18.1	22 00.9 N23 42.6	128 04.2 S14 50.7	139 03.1 S18 00.8	Kochab	137 19.0 N74 03.9
19	107 28.1	103 16.4 19.3	37 01.7 42.8	143 06.1 50.6	154 05.3 00.7	Markab	13 33.3 N15 18.9
20	122 30.5	118 16.0 20.6	52 02.6 43.0	158 08.1 50.4	169 07.6 00.7	Menkar	314 09.6 N 4 10.1
21	137 33.0	133 15.6 .. 21.9	67 03.4 .. 43.2	173 10.0 .. 50.2	184 09.8 .. 00.6	Menkent	148 00.9 S36 28.4
22	152 35.5	148 15.3 23.1	82 04.3 43.4	188 12.0 50.1	199 12.1 00.6	Miaplacidus	221 38.1 S69 48.4
23	167 37.9	163 14.9 24.4	97 05.1 43.6	203 14.0 49.9	214 14.3 00.5		
25 00	182 40.4	178 14.5 N 0 25.6	112 06.0 N23 43.8	218 15.9 S14 49.8	229 16.5 S18 00.4	Mirfak	308 33.0 N49 56.2
01	197 42.9	193 14.1 26.9	127 06.9 44.0	233 17.9 49.6	244 18.8 00.4	Nunki	75 51.7 S26 16.2
02	212 45.3	208 13.7 28.2	142 07.7 44.2	248 19.9 49.4	259 21.0 00.3	Peacock	53 11.0 S56 39.9
03	227 47.8	223 13.4 .. 29.4	157 08.6 .. 44.4	263 21.8 .. 49.3	274 23.3 .. 00.3	Pollux	243 21.0 N27 58.5
04	242 50.3	238 13.0 30.7	172 09.4 44.6	278 23.8 49.1	289 25.5 00.2	Procyon	244 54.0 N 5 10.1
05	257 52.7	253 12.6 32.0	187 10.3 44.8	293 25.7 49.0	304 27.8 00.2		
06	272 55.2	268 12.2 N 0 33.2	202 11.1 N23 45.0	308 27.7 S14 48.8	319 30.0 S18 00.1	Rasalhague	96 01.4 N12 32.5
07	287 57.6	283 11.9 34.5	217 12.0 45.2	323 29.7 48.6	334 32.3 00.1	Regulus	207 37.5 N11 51.8
T 08	303 00.1	298 11.5 35.7	232 12.8 45.4	338 31.6 48.5	349 34.5 00.0	Rigel	281 06.9 S 8 10.9
H 09	318 02.6	313 11.1 .. 37.0	247 13.7 .. 45.6	353 33.6 .. 48.3	4 36.8 18 00.0	Rigil Kent.	139 44.0 S60 55.1
U 10	333 05.0	328 10.7 38.3	262 14.5 45.8	8 35.5 48.2	19 39.0 17 59.9	Sabik	102 06.2 S15 45.0
R 11	348 07.5	343 10.4 39.5	277 15.4 46.0	23 37.5 48.0	34 41.3 59.9		
S 12	3 10.0	358 10.0 N 0 40.8	292 16.2 N23 46.2	38 39.5 S14 47.9	49 43.5 S17 59.8	Schedar	349 35.0 N56 39.1
D 13	18 12.4	13 09.6 42.0	307 17.1 46.4	53 41.4 47.7	64 45.8 59.7	Shaula	96 14.5 S37 07.0
A 14	33 14.9	28 09.2 43.3	322 17.9 46.6	68 43.5 47.5	79 48.0 59.7	Sirius	258 28.9 S16 44.9
Y 15	48 17.4	43 08.8 .. 44.6	337 18.8 .. 46.8	83 45.4 .. 47.4	94 50.2 .. 59.6	Spica	158 25.3 S11 16.3
16	63 19.8	58 08.5 45.8	352 19.6 47.0	98 47.3 47.2	109 52.5 59.6	Suhail	222 48.2 S43 31.3
17	78 22.3	73 08.1 47.1	7 20.5 47.2	113 49.3 47.1	124 54.7 59.5		
18	93 24.8	88 07.7 N 0 48.3	22 21.3 N23 47.3	128 51.2 S14 46.9	139 57.0 S17 59.5	Vega	80 35.3 N38 47.9
19	108 27.2	103 07.3 49.6	37 22.2 47.5	143 53.2 46.7	154 59.2 59.4	Zuben'ubi	136 59.2 S16 07.8
20	123 29.7	118 07.0 50.9	52 23.1 47.7	158 55.2 46.6	170 01.5 59.4		SHA Mer.Pass.
21	138 32.1	133 06.6 .. 52.1	67 23.9 .. 47.9	173 57.1 .. 46.4	185 03.7 .. 59.3		° ' h m
22	153 34.6	148 06.2 53.4	82 24.8 48.1	188 59.1 46.3	200 06.0 59.3	Venus	356 42.3 12 07
23	168 37.1	163 05.8 54.6	97 25.6 48.3	204 01.1 46.1	215 08.2 59.2	Mars	290 04.2 16 32
	h m					Jupiter	35 47.7 9 29
Mer.Pass.	11 51.3	v −0.4 d 1.3	v 0.9 d 0.2	v 2.0 d 0.2	v 2.2 d 0.1	Saturn	46 41.4 8 45

2021 MARCH 23, 24, 25 (TUES., WED., THURS.)

UT	SUN GHA	SUN Dec	MOON GHA	MOON v	MOON Dec	MOON d	MOON HP	Lat.	Twilight Naut.	Twilight Civil	Sunrise	Moonrise 23	Moonrise 24	Moonrise 25	Moonrise 26
d h	° ′	° ′	° ′	′	° ′	′	′	°	h m	h m	h m	h m	h m	h m	h m
								N 72	02 51	04 27	05 37	▢	▢	▢	13 01
23 00	178 20.1	N 1 01.6	70 24.3	8.8	N25 02.7	2.1	55.9	N 70	03 15	04 38	05 40	▢	▢	10 42	13 31
01	193 20.3	02.6	84 52.1	8.8	25 00.6	2.3	56.0	68	03 33	04 46	05 42	▢	▢	11 37	13 53
02	208 20.5	03.5	99 19.9	8.7	24 58.3	2.4	56.0	66	03 47	04 53	05 44	▢	10 00	12 10	14 10
03	223 20.7	04.5	113 47.6	8.7	24 55.9	2.6	56.0	64	03 59	04 58	05 46	09 01	10 44	12 34	14 24
04	238 20.9	05.5	128 15.3	8.7	24 53.3	2.7	56.1	62	04 08	05 03	05 48	09 44	11 13	12 53	14 36
05	253 21.1	06.5	142 43.0	8.7	24 50.6	2.8	56.1	60	04 16	05 07	05 49	10 13	11 35	13 08	14 45
06	268 21.3	N 1 07.5	157 10.7	8.7	N24 47.8	2.9	56.1	N 58	04 23	05 11	05 50	10 35	11 53	13 21	14 54
07	283 21.5	08.5	171 38.4	8.6	24 44.9	3.1	56.2	56	04 29	05 14	05 51	10 53	12 08	13 32	15 01
T 08	298 21.6	09.5	186 06.0	8.7	24 41.8	3.3	56.2	54	04 35	05 17	05 52	11 08	12 21	13 42	15 08
U 09	313 21.8	10.4	200 33.7	8.6	24 38.5	3.4	56.2	52	04 39	05 19	05 53	11 21	12 32	13 51	15 14
E 10	328 22.0	11.4	215 01.3	8.6	24 35.1	3.5	56.3	50	04 43	05 22	05 54	11 33	12 42	13 59	15 19
S 11	343 22.2	12.4	229 28.9	8.7	24 31.6	3.6	56.3	45	04 52	05 26	05 55	11 57	13 03	14 15	15 31
D 12	358 22.4	N 1 13.4	243 56.6	8.6	N24 28.0	3.8	56.3	N 40	04 58	05 30	05 57	12 16	13 20	14 29	15 40
A 13	13 22.6	14.4	258 24.2	8.5	24 24.2	4.0	56.4	35	05 03	05 33	05 58	12 32	13 34	14 40	15 48
Y 14	28 22.8	15.4	272 51.7	8.6	24 20.2	4.0	56.4	30	05 07	05 35	05 59	12 46	13 46	14 50	15 56
15	43 23.0	16.4	287 19.3	8.6	24 16.2	4.2	56.4	20	05 13	05 39	06 01	13 09	14 07	15 07	16 08
16	58 23.2	17.3	301 46.9	8.6	24 12.0	4.4	56.5	N 10	05 16	05 41	06 02	13 30	14 26	15 22	16 18
17	73 23.3	18.3	316 14.5	8.6	24 07.6	4.5	56.5	0	05 18	05 42	06 03	13 49	14 43	15 36	16 28
18	88 23.5	N 1 19.3	330 42.1	8.5	N24 03.1	4.6	56.5	S 10	05 19	05 43	06 04	14 08	14 59	15 50	16 38
19	103 23.7	20.3	345 09.6	8.6	23 58.5	4.8	56.6	20	05 17	05 43	06 05	14 28	15 17	16 04	16 49
20	118 23.9	21.3	359 37.2	8.5	23 53.7	4.9	56.6	30	05 14	05 42	06 06	14 51	15 38	16 21	17 01
21	133 24.1	22.3	14 04.7	8.6	23 48.8	5.0	56.6	35	05 12	05 41	06 06	15 05	15 50	16 31	17 08
22	148 24.3	23.2	28 32.3	8.5	23 43.8	5.2	56.7	40	05 09	05 40	06 07	15 21	16 04	16 42	17 16
23	163 24.5	24.2	42 59.8	8.6	23 38.6	5.3	56.7	45	05 04	05 38	06 08	15 40	16 21	16 55	17 25
24 00	178 24.7	N 1 25.2	57 27.4	8.5	N23 33.3	5.4	56.8	S 50	04 58	05 36	06 08	16 03	16 41	17 11	17 36
01	193 24.9	26.2	71 54.9	8.6	23 27.9	5.6	56.8	52	04 55	05 35	06 09	16 15	16 50	17 18	17 41
02	208 25.0	27.2	86 22.5	8.6	23 22.3	5.7	56.8	54	04 52	05 34	06 09	16 28	17 01	17 26	17 46
03	223 25.2	28.2	100 50.1	8.5	23 16.6	5.9	56.9	56	04 48	05 32	06 09	16 42	17 13	17 35	17 52
04	238 25.4	29.2	115 17.6	8.6	23 10.7	6.0	56.9	58	04 44	05 31	06 10	17 00	17 27	17 46	17 59
05	253 25.6	30.1	129 45.2	8.6	23 04.7	6.1	56.9	S 60	04 39	05 29	06 10	17 21	17 43	17 57	18 07
06	268 25.8	N 1 31.1	144 12.8	8.5	N22 58.6	6.3	57.0	Lat.	Sunset	Twilight Civil	Twilight Naut.	Moonset 23	Moonset 24	Moonset 25	Moonset 26
W 07	283 26.0	32.1	158 40.3	8.6	22 52.3	6.4	57.0								
E 08	298 26.2	33.1	173 07.9	8.6	22 45.9	6.5	57.0								
D 09	313 26.4	34.1	187 35.5	8.6	22 39.4	6.7	57.1	°	h m	h m	h m	h m	h m	h m	h m
N 10	328 26.6	35.1	202 03.1	8.6	22 32.7	6.8	57.1	N 72	18 38	19 49	21 27	▢	▢	▢	07 52
E 11	343 26.7	36.0	216 30.7	8.6	22 25.9	6.9	57.2	N 70	18 35	19 38	21 02	▢	▢	08 19	07 20
S 12	358 26.9	N 1 37.0	230 58.3	8.7	N22 19.0	7.1	57.2	68	18 32	19 29	20 43	▢	▢	07 23	06 57
D 13	13 27.1	38.0	245 26.0	8.6	22 11.9	7.2	57.2	66	18 30	19 22	20 28	▢	07 07	06 49	06 38
A 14	28 27.3	39.0	259 53.6	8.7	22 04.7	7.4	57.3	64	18 28	19 16	20 16	06 13	06 22	06 24	06 23
Y 15	43 27.5	40.0	274 21.3	8.6	21 57.3	7.4	57.3	62	18 26	19 11	20 06	05 30	05 53	06 04	06 11
16	58 27.7	41.0	288 48.9	8.7	21 49.9	7.7	57.3	60	18 25	19 07	19 58	05 01	05 30	05 48	06 00
17	73 27.9	41.9	303 16.6	8.7	21 42.2	7.7	57.4								
18	88 28.1	N 1 42.9	317 44.3	8.7	N21 34.5	7.9	57.4	N 58	18 23	19 03	19 51	04 38	05 12	05 34	05 50
19	103 28.3	43.9	332 12.0	8.7	21 26.6	8.0	57.5	56	18 22	19 00	19 45	04 20	04 56	05 23	05 42
20	118 28.4	44.9	346 39.7	8.7	21 18.6	8.1	57.5	54	18 21	18 57	19 39	04 05	04 43	05 12	05 34
21	133 28.6	45.9	1 07.4	8.8	21 10.5	8.3	57.5	52	18 20	18 55	19 35	03 51	04 31	05 03	05 28
22	148 28.8	46.9	15 35.2	8.8	21 02.2	8.3	57.6	50	18 20	18 52	19 30	03 40	04 21	04 54	05 22
23	163 29.0	47.8	30 03.0	8.7	20 53.9	8.6	57.6	45	18 18	18 47	19 22	03 15	03 59	04 37	05 08
25 00	178 29.2	N 1 48.8	44 30.7	8.8	N20 45.3	8.6	57.7	N 40	18 16	18 43	19 15	02 56	03 42	04 22	04 58
01	193 29.4	49.8	58 58.5	8.8	20 36.7	8.8	57.7	35	18 15	18 40	19 10	02 39	03 27	04 10	04 48
02	208 29.6	50.8	73 26.3	8.9	20 27.9	8.9	57.7	30	18 14	18 38	19 06	02 25	03 14	03 59	04 40
03	223 29.8	51.8	87 54.2	8.8	20 19.0	9.0	57.8	20	18 12	18 34	19 00	02 01	02 52	03 40	04 26
04	238 30.0	52.7	102 22.0	8.9	20 10.0	9.2	57.8	N 10	18 11	18 32	18 56	01 40	02 33	03 24	04 13
05	253 30.1	53.7	116 49.9	8.9	20 00.8	9.3	57.8	0	18 09	18 30	18 54	01 21	02 14	03 08	04 01
06	268 30.3	N 1 54.7	131 17.8	8.9	N19 51.5	9.4	57.9	S 10	18 08	18 29	18 54	01 01	01 56	02 53	03 49
07	283 30.5	55.7	145 45.7	8.9	19 42.1	9.5	57.9	20	18 07	18 29	18 55	00 40	01 37	02 36	03 36
T 08	298 30.7	56.7	160 13.6	9.0	19 32.6	9.6	58.0	30	18 06	18 30	18 58	00 16	01 14	02 17	03 21
H 09	313 30.9	57.7	174 41.6	8.9	19 22.9	9.7	58.0	35	18 05	18 31	19 00	00 01	01 01	02 05	03 12
U 10	328 31.1	58.6	189 09.5	9.0	19 13.2	9.9	58.0	40	18 05	18 32	19 03	24 46	00 46	01 52	03 03
R 11	343 31.3	1 59.6	203 37.5	9.0	19 03.3	10.0	58.1	45	18 04	18 33	19 07	24 27	00 27	01 37	02 51
S 12	358 31.5	N 2 00.6	218 05.5	9.1	N18 53.3	10.2	58.1	S 50	18 03	18 35	19 13	24 04	00 04	01 17	02 36
D 13	13 31.7	01.6	232 33.6	9.0	18 43.1	10.2	58.2	52	18 03	18 36	19 16	23 53	25 08	01 08	02 30
A 14	28 31.9	02.6	247 01.6	9.1	18 32.9	10.4	58.2	54	18 02	18 37	19 19	23 41	24 58	00 58	02 22
Y 15	43 32.0	03.5	261 29.7	9.1	18 22.5	10.5	58.2	56	18 02	18 39	19 22	23 26	24 47	00 47	02 14
16	58 32.2	04.5	275 57.8	9.1	18 12.0	10.6	58.3	58	18 01	18 40	19 27	23 09	24 33	00 33	02 04
17	73 32.4	05.5	290 25.9	9.1	18 01.4	10.7	58.3	S 60	18 01	18 42	19 31	22 48	24 17	00 17	01 53
18	88 32.6	N 2 06.5	304 54.0	9.2	N17 50.7	10.9	58.3		SUN			MOON			
19	103 32.8	07.5	319 22.2	9.2	17 39.8	10.9	58.4	Day	Eqn. of Time		Mer. Pass.	Mer. Pass. Upper	Mer. Pass. Lower	Age	Phase
20	118 33.0	08.5	333 50.4	9.2	17 28.9	11.1	58.4		00ʰ	12ʰ					
21	133 33.2	09.4	348 18.6	9.2	17 17.8	11.2	58.5	d	m s	m s	h m	h m	h m	d	%
22	148 33.4	10.4	2 46.8	9.2	17 06.6	11.3	58.5	23	06 40	06 31	12 07	20 02	07 35	10	68
23	163 33.6	11.4	17 15.0	9.3	N16 55.3	11.4	58.5	24	06 22	06 13	12 06	20 55	08 29	11	78
	SD 16.1	d 1.0	SD 15.3		15.6		15.8	25	06 04	05 54	12 06	21 48	09 22	12	86

2021 MARCH 26, 27, 28 (FRI., SAT., SUN.)

UT	ARIES	VENUS −3.9		MARS +1.2		JUPITER −2.0		SATURN +0.6		STARS		
	GHA	GHA	Dec	GHA	Dec	GHA	Dec	GHA	Dec	Name	SHA	Dec
d h	° ′	° ′	° ′	° ′	° ′	° ′	° ′	° ′	° ′		° ′	° ′
26 00	183 39.5	178 05.5	N 0 55.9	112 26.5	N23 48.5	219 03.0	S14 45.9	230 10.5	S17 59.2	Acamar	315 14.5	S40 13.5
01	198 42.0	193 05.1	57.2	127 27.3	48.7	234 05.0	45.8	245 12.7	59.1	Achernar	335 23.1	S57 08.0
02	213 44.5	208 04.7	58.4	142 28.2	48.9	249 07.0	45.6	260 15.0	59.1	Acrux	173 02.7	S63 13.0
03	228 46.9	223 04.3	0 59.7	157 29.0	.. 49.1	264 08.9	.. 45.5	275 17.2	.. 59.0	Adhara	255 08.2	S29 00.3
04	243 49.4	238 03.9	1 00.9	172 29.9	49.3	279 10.9	45.3	290 19.5	58.9	Aldebaran	290 43.3	N16 33.0
05	258 51.9	253 03.6	02.2	187 30.7	49.5	294 12.8	45.2	305 21.7	58.9			
06	273 54.3	268 03.2	N 1 03.5	202 31.6	N23 49.6	309 14.8	S14 45.0	320 24.0	S17 58.8	Alioth	166 15.2	N55 50.7
07	288 56.8	283 02.8	04.7	217 32.4	49.8	324 16.8	44.8	335 26.2	58.8	Alkaid	152 54.1	N49 12.4
08	303 59.2	298 02.4	06.0	232 33.3	50.0	339 18.7	44.7	350 28.5	58.7	Alnair	27 37.2	S46 51.5
F 09	319 01.7	313 02.1	.. 07.2	247 34.1	.. 50.2	354 20.7	.. 44.5	5 30.7	.. 58.7	Alnilam	275 40.9	S 1 11.5
R 10	334 04.2	328 01.7	08.5	262 35.0	50.4	9 22.7	44.4	20 33.0	58.6	Alphard	217 50.6	S 8 45.1
I 11	349 06.6	343 01.3	09.8	277 35.8	50.6	24 24.6	44.2	35 35.2	58.6			
D 12	4 09.1	358 00.9	N 1 11.0	292 36.7	N23 50.8	39 26.6	S14 44.0	50 37.5	S17 58.5	Alphecca	126 06.1	N26 38.5
A 13	19 11.6	13 00.6	12.3	307 37.5	51.0	54 28.6	43.9	65 39.7	58.5	Alpheratz	357 38.3	N29 12.2
Y 14	34 14.0	28 00.2	13.5	322 38.4	51.2	69 30.5	43.7	80 42.0	58.4	Altair	62 03.1	N 8 55.3
15	49 16.5	42 59.8	.. 14.8	337 39.2	.. 51.3	84 32.5	.. 43.6	95 44.2	.. 58.4	Ankaa	353 10.7	S42 11.6
16	64 19.0	57 59.4	16.1	352 40.1	51.5	99 34.5	43.4	110 46.5	58.3	Antares	112 19.4	S26 28.6
17	79 21.4	72 59.0	17.3	7 40.9	51.7	114 36.4	43.2	125 48.7	58.3			
18	94 23.9	87 58.7	N 1 18.6	22 41.7	N23 51.9	129 38.4	S14 43.1	140 51.0	S17 58.2	Arcturus	145 50.5	N19 04.2
19	109 26.4	102 58.3	19.8	37 42.6	52.1	144 40.4	42.9	155 53.2	58.1	Atria	107 16.2	S69 03.6
20	124 28.8	117 57.9	21.1	52 43.4	52.3	159 42.3	42.8	170 55.5	58.1	Avior	234 15.6	S59 34.9
21	139 31.3	132 57.5	.. 22.4	67 44.3	.. 52.5	174 44.3	.. 42.6	185 57.7	.. 58.0	Bellatrix	278 26.3	N 6 22.0
22	154 33.7	147 57.2	23.6	82 45.1	52.7	189 46.3	42.5	201 00.0	58.0	Betelgeuse	270 55.5	N 7 24.5
23	169 36.2	162 56.8	24.9	97 46.0	52.8	204 48.2	42.3	216 02.2	57.9			
27 00	184 38.7	177 56.4	N 1 26.1	112 46.8	N23 53.0	219 50.2	S14 42.1	231 04.5	S17 57.9	Canopus	263 53.8	S52 42.7
01	199 41.1	192 56.0	27.4	127 47.7	53.2	234 52.2	42.0	246 06.7	57.8	Capella	280 26.6	N46 01.2
02	214 43.6	207 55.7	28.7	142 48.5	53.4	249 54.1	41.8	261 09.0	57.8	Deneb	49 28.1	N45 21.0
03	229 46.1	222 55.3	.. 29.9	157 49.4	.. 53.6	264 56.1	.. 41.7	276 11.2	.. 57.7	Denebola	182 27.8	N14 27.2
04	244 48.5	237 54.9	31.2	172 50.2	53.8	279 58.1	41.5	291 13.5	57.7	Diphda	348 50.7	S17 52.5
05	259 51.0	252 54.5	32.4	187 51.1	53.9	295 00.0	41.4	306 15.7	57.6			
06	274 53.5	267 54.1	N 1 33.7	202 51.9	N23 54.1	310 02.0	S14 41.2	321 18.0	S17 57.6	Dubhe	193 44.3	N61 38.3
07	289 55.9	282 53.8	35.0	217 52.8	54.3	325 04.0	41.0	336 20.2	57.5	Elnath	278 05.9	N28 37.5
S 08	304 58.4	297 53.4	36.2	232 53.6	54.5	340 05.9	40.9	351 22.5	57.5	Eltanin	90 43.5	N51 28.8
A 09	320 00.9	312 53.0	.. 37.5	247 54.5	.. 54.7	355 07.9	.. 40.7	6 24.8	.. 57.4	Enif	33 42.1	N 9 58.1
T 10	335 03.3	327 52.6	38.7	262 55.3	54.9	10 09.9	40.6	21 27.0	57.4	Fomalhaut	15 18.3	S29 30.7
U 11	350 05.8	342 52.3	40.0	277 56.2	55.0	25 11.9	40.4	36 29.3	57.3			
R 12	5 08.2	357 51.9	N 1 41.2	292 57.0	N23 55.2	40 13.8	S14 40.2	51 31.5	S17 57.3	Gacrux	171 54.4	S57 13.9
D 13	20 10.7	12 51.5	42.5	307 57.8	55.4	55 15.8	40.1	66 33.8	57.2	Gienah	175 46.4	S17 39.6
A 14	35 13.2	27 51.1	43.8	322 58.7	55.6	70 17.8	39.9	81 36.0	57.2	Hadar	148 39.7	S60 28.3
Y 15	50 15.6	42 50.8	.. 45.0	337 59.5	.. 55.8	85 19.7	.. 39.8	96 38.3	.. 57.1	Hamal	327 55.0	N23 33.6
16	65 18.1	57 50.4	46.3	353 00.4	56.0	100 21.7	39.6	111 40.5	57.0	Kaus Aust.	83 36.6	S34 22.4
17	80 20.6	72 50.0	47.5	8 01.2	56.1	115 23.7	39.5	126 42.8	57.0			
18	95 23.0	87 49.6	N 1 48.8	23 02.1	N23 56.3	130 25.6	S14 39.3	141 45.0	S17 56.9	Kochab	137 19.0	N74 03.9
19	110 25.5	102 49.2	50.1	38 02.9	56.5	145 27.6	39.1	156 47.3	56.9	Markab	13 33.3	N15 18.9
20	125 28.0	117 48.9	51.3	53 03.8	56.7	160 29.6	39.0	171 49.5	56.8	Menkar	314 09.6	N 4 10.2
21	140 30.4	132 48.5	.. 52.6	68 04.6	.. 56.9	175 31.6	.. 38.8	186 51.8	.. 56.8	Menkent	148 00.9	S36 28.4
22	155 32.9	147 48.1	53.8	83 05.5	57.0	190 33.5	38.7	201 54.0	56.7	Miaplacidus	221 38.2	S69 48.4
23	170 35.3	162 47.7	55.1	98 06.3	57.2	205 35.5	38.5	216 56.3	56.7			
28 00	185 37.8	177 47.4	N 1 56.4	113 07.1	N23 57.4	220 37.5	S14 38.4	231 58.6	S17 56.6	Mirfak	308 33.0	N49 56.2
01	200 40.3	192 47.0	57.6	128 08.0	57.6	235 39.4	38.2	247 00.8	56.6	Nunki	75 51.6	S26 16.2
02	215 42.7	207 46.6	1 58.9	143 08.8	57.7	250 41.4	38.0	262 03.1	56.5	Peacock	53 10.9	S56 39.9
03	230 45.2	222 46.2	2 00.1	158 09.7	.. 57.9	265 43.4	.. 37.9	277 05.3	.. 56.5	Pollux	243 21.0	N27 58.5
04	245 47.7	237 45.8	01.4	173 10.5	58.1	280 45.3	37.7	292 07.6	56.4	Procyon	244 54.0	N 5 10.1
05	260 50.1	252 45.5	02.6	188 11.4	58.3	295 47.3	37.6	307 09.8	56.4			
06	275 52.6	267 45.1	N 2 03.9	203 12.2	N23 58.5	310 49.3	S14 37.4	322 12.1	S17 56.3	Rasalhague	96 01.3	N12 32.5
07	290 55.1	282 44.7	05.2	218 13.1	58.6	325 51.3	37.3	337 14.3	56.3	Regulus	207 37.5	N11 51.8
08	305 57.5	297 44.3	06.4	233 13.9	58.8	340 53.2	37.1	352 16.6	56.2	Rigel	281 06.9	S 8 10.9
S 09	321 00.0	312 44.0	.. 07.7	248 14.7	.. 59.0	355 55.2	.. 36.9	7 18.9	.. 56.2	Rigil Kent.	139 43.9	S60 55.1
U 10	336 02.5	327 43.6	08.9	263 15.6	59.2	10 57.2	36.8	22 21.1	56.1	Sabik	102 06.2	S15 45.0
N 11	351 04.9	342 43.2	10.2	278 16.4	59.3	25 59.2	36.6	37 23.4	56.1			
D 12	6 07.4	357 42.8	N 2 11.4	293 17.3	N23 59.5	41 01.1	S14 36.5	52 25.6	S17 56.0	Schedar	349 35.0	N56 39.1
A 13	21 09.8	12 42.4	12.7	308 18.1	59.7	56 03.1	36.3	67 27.9	56.0	Shaula	96 14.5	S37 07.0
Y 14	36 12.3	27 42.1	14.0	323 19.0	23 59.9	71 05.1	36.2	82 30.1	55.9	Sirius	258 28.9	S16 44.9
15	51 14.8	42 41.7	.. 15.2	338 19.8	24 00.0	86 07.0	.. 36.0	97 32.4	.. 55.9	Spica	158 25.2	S11 16.3
16	66 17.2	57 41.3	16.5	353 20.6	00.2	101 09.0	35.8	112 34.6	55.8	Suhail	222 48.3	S43 31.3
17	81 19.7	72 40.9	17.7	8 21.5	00.4	116 11.0	35.7	127 36.9	55.7			
18	96 22.2	87 40.6	N 2 19.0	23 22.3	N24 00.6	131 13.0	S14 35.5	142 39.2	S17 55.7	Vega	80 35.3	N38 47.9
19	111 24.6	102 40.2	20.3	38 23.2	00.7	146 14.9	35.4	157 41.4	55.6	Zuben'ubi	136 59.2	S16 07.8
20	126 27.1	117 39.8	21.5	53 24.0	00.9	161 16.9	35.2	172 43.7	55.6		SHA	Mer. Pass.
21	141 29.6	132 39.4	.. 22.8	68 24.9	.. 01.1	176 18.9	.. 35.1	187 45.9	.. 55.5		° ′	h m
22	156 32.0	147 39.0	24.0	83 25.7	01.3	191 20.9	34.9	202 48.2	55.5	Venus	353 17.7	12 09
23	171 34.5	162 38.7	25.3	98 26.5	01.4	206 22.8	34.7	217 50.4	55.4	Mars	288 08.2	16 28
	h m									Jupiter	35 11.5	9 19
Mer. Pass. 11 39.5		v −0.4	d 1.3	v 0.8	d 0.2	v 2.0	d 0.2	v 2.3	d 0.1	Saturn	46 25.8	8 34

2021 MARCH 26, 27, 28 (FRI., SAT., SUN.)

UT	SUN GHA	SUN Dec	MOON GHA	MOON v	MOON Dec	MOON d	MOON HP	Lat.	Naut.	Civil	Sunrise	Moonrise 26	Moonrise 27	Moonrise 28	Moonrise 29
d h	° '	° '	° '	'	° '	'	'	°	h m	h m	h m	h m	h m	h m	h m
								N 72	02 27	04 10	05 21	13 01	15 37	17 59	20 22
26 00	178 33.7	N 2 12.4	31 43.3	9.3	N16 43.9	11.5	58.6	N 70	02 56	04 22	05 26	13 31	15 49	18 00	20 13
01	193 33.9	13.4	46 11.6	9.3	16 32.4	11.6	58.6	68	03 17	04 32	05 30	13 53	15 59	18 01	20 05
02	208 34.1	14.3	60 39.9	9.4	16 20.8	11.7	58.6	66	03 33	04 40	05 33	14 10	16 07	18 02	19 59
03	223 34.3	15.3	75 08.3	9.3	16 09.1	11.9	58.7	64	03 46	04 47	05 36	14 24	16 14	18 03	19 54
04	238 34.5	16.3	89 36.6	9.4	15 57.2	11.9	58.7	62	03 57	04 53	05 38	14 36	16 19	18 04	19 49
05	253 34.7	17.3	104 05.0	9.4	15 45.3	12.1	58.8	60	04 06	04 58	05 40	14 45	16 24	18 04	19 46
06	268 34.9	N 2 18.3	118 33.4	9.4	N15 33.2	12.1	58.8	N 58	04 14	05 02	05 42	14 54	16 29	18 05	19 42
07	283 35.1	19.2	133 01.8	9.5	15 21.1	12.3	58.8	56	04 21	05 06	05 43	15 01	16 33	18 05	19 39
08	298 35.3	20.2	147 30.3	9.5	15 08.8	12.3	58.9	54	04 26	05 09	05 45	15 08	16 36	18 06	19 37
F 09	313 35.5	21.2	161 58.8	9.4	14 56.5	12.5	58.9	52	04 32	05 12	05 46	15 14	16 39	18 06	19 34
R 10	328 35.6	22.2	176 27.2	9.6	14 44.0	12.5	58.9	50	04 36	05 15	05 47	15 19	16 42	18 07	19 32
I 11	343 35.8	23.2	190 55.8	9.5	14 31.5	12.7	59.0	45	04 46	05 20	05 50	15 31	16 48	18 07	19 27
D 12	358 36.0	N 2 24.1	205 24.3	9.5	N14 18.8	12.7	59.0	N 40	04 53	05 25	05 52	15 40	16 54	18 08	19 23
A 13	13 36.2	25.1	219 52.8	9.6	14 06.1	12.8	59.1	35	04 59	05 28	05 54	15 48	16 58	18 09	19 20
Y 14	28 36.4	26.1	234 21.4	9.6	13 53.3	13.0	59.1	30	05 03	05 31	05 55	15 56	17 02	18 09	19 17
15	43 36.6	27.1	248 50.0	9.6	13 40.3	13.0	59.1	20	05 10	05 36	05 58	16 08	17 09	18 10	19 12
16	58 36.8	28.1	263 18.6	9.7	13 27.3	13.1	59.2	N 10	05 15	05 39	06 00	16 18	17 15	18 11	19 08
17	73 37.0	29.0	277 47.3	9.6	13 14.2	13.2	59.2	0	05 17	05 41	06 02	16 28	17 20	18 12	19 04
18	88 37.2	N 2 30.0	292 15.9	9.7	N13 01.0	13.3	59.2	S 10	05 19	05 43	06 04	16 38	17 26	18 12	19 00
19	103 37.4	31.0	306 44.6	9.7	12 47.7	13.4	59.3	20	05 18	05 44	06 06	16 49	17 31	18 13	18 55
20	118 37.5	32.0	321 13.3	9.7	12 34.3	13.5	59.3	30	05 16	05 44	06 08	17 01	17 38	18 14	18 51
21	133 37.7	33.0	335 42.0	9.7	12 20.8	13.6	59.3	35	05 14	05 44	06 09	17 08	17 42	18 15	18 48
22	148 37.9	33.9	350 10.7	9.7	12 07.2	13.6	59.4	40	05 12	05 43	06 10	17 16	17 46	18 15	18 45
23	163 38.1	34.9	4 39.4	9.8	11 53.6	13.7	59.4	45	05 08	05 42	06 11	17 25	17 51	18 16	18 41
27 00	178 38.3	N 2 35.9	19 08.2	9.8	N11 39.9	13.9	59.4	S 50	05 03	05 41	06 13	17 36	17 57	18 17	18 37
01	193 38.5	36.9	33 37.0	9.8	11 26.0	13.9	59.5	52	05 01	05 40	06 14	17 41	18 00	18 17	18 35
02	208 38.7	37.8	48 05.8	9.8	11 12.1	13.9	59.5	54	04 58	05 39	06 15	17 46	18 03	18 18	18 33
03	223 38.9	38.8	62 34.6	9.8	10 58.2	14.1	59.5	56	04 55	05 38	06 15	17 52	18 06	18 18	18 31
04	238 39.1	39.8	77 03.4	9.8	10 44.1	14.1	59.6	58	04 51	05 37	06 16	17 59	18 10	18 19	18 28
05	253 39.2	40.8	91 32.2	9.9	10 30.0	14.2	59.6	S 60	04 47	05 36	06 17	18 07	18 14	18 20	18 26
06	268 39.4	N 2 41.8	106 01.1	9.8	N10 15.8	14.3	59.6								
07	283 39.6	42.7	120 29.9	9.9	10 01.5	14.3	59.7	Lat.	Sunset	Twilight Civil	Twilight Naut.	Moonset 26	Moonset 27	Moonset 28	Moonset 29
S 08	298 39.8	43.7	134 58.8	9.9	9 47.2	14.5	59.7								
A 09	313 40.0	44.7	149 27.7	9.9	9 32.7	14.4	59.7	°	h m	h m	h m	h m	h m	h m	h m
T 10	328 40.2	45.7	163 56.6	9.9	9 18.3	14.6	59.7	N 72	18 52	20 04	21 51	07 52	07 07	06 36	06 07
U 11	343 40.4	46.6	178 25.5	9.9	9 03.7	14.6	59.8	N 70	18 47	19 51	21 20	07 20	06 52	06 31	06 10
R 12	358 40.6	N 2 47.6	192 54.4	10.0	N 8 49.1	14.7	59.8	68	18 43	19 41	20 57	06 57	06 40	06 26	06 13
D 13	13 40.8	48.6	207 23.4	9.9	8 34.4	14.8	59.8	66	18 40	19 33	20 41	06 38	06 30	06 22	06 15
A 14	28 41.0	49.6	221 52.3	9.9	8 19.6	14.8	59.9	64	18 37	19 25	20 27	06 23	06 21	06 19	06 17
Y 15	43 41.1	50.6	236 21.2	10.0	8 04.8	14.9	59.9	62	18 34	19 20	20 16	06 11	06 14	06 16	06 18
16	58 41.3	51.5	250 50.2	10.0	7 49.9	14.9	59.9	60	18 32	19 14	20 06	06 00	06 08	06 14	06 20
17	73 41.5	52.5	265 19.2	9.9	7 35.0	15.0	59.9								
18	88 41.7	N 2 53.5	279 48.1	10.0	N 7 20.0	15.0	60.0	N 58	18 30	19 10	19 59	05 50	06 02	06 12	06 21
19	103 41.9	54.5	294 17.1	10.0	7 05.0	15.1	60.0	56	18 28	19 06	19 52	05 42	05 57	06 10	06 22
20	118 42.1	55.4	308 46.1	10.0	6 49.9	15.2	60.0	54	18 27	19 03	19 46	05 34	05 52	06 08	06 23
21	133 42.3	56.4	323 15.1	9.9	6 34.7	15.2	60.1	52	18 26	19 00	19 40	05 28	05 48	06 07	06 24
22	148 42.5	57.4	337 44.0	10.0	6 19.5	15.2	60.1	50	18 24	18 57	19 36	05 22	05 45	06 05	06 25
23	163 42.7	58.4	352 13.0	10.0	6 04.3	15.4	60.1	45	18 22	18 51	19 26	05 08	05 36	06 02	06 27
28 00	178 42.8	N 2 59.3	6 42.0	10.0	N 5 48.9	15.3	60.1	N 40	18 19	18 47	19 19	04 58	05 29	05 59	06 28
01	193 43.0	3 00.3	21 11.0	10.0	5 33.6	15.4	60.2	35	18 17	18 43	19 13	04 48	05 23	05 57	06 29
02	208 43.2	01.3	35 40.0	10.0	5 18.2	15.4	60.2	30	18 16	18 40	19 08	04 40	05 18	05 55	06 31
03	223 43.4	02.3	50 09.0	10.0	5 02.8	15.5	60.2	20	18 13	18 35	19 01	04 26	05 09	05 51	06 33
04	238 43.6	03.3	64 38.0	10.0	4 47.3	15.5	60.2	N 10	18 11	18 32	18 56	04 13	05 01	05 48	06 34
05	253 43.8	04.2	79 07.0	10.0	4 31.8	15.6	60.3	0	18 09	18 29	18 53	04 01	04 53	05 44	06 36
06	268 44.0	N 3 05.2	93 36.0	10.0	N 4 16.2	15.6	60.3	S 10	18 07	18 28	18 52	03 49	04 45	05 41	06 38
07	283 44.2	06.2	108 05.0	9.9	4 00.6	15.6	60.3	20	18 05	18 27	18 52	03 36	04 37	05 38	06 39
08	298 44.4	07.2	122 33.9	10.0	3 45.0	15.7	60.3	30	18 02	18 26	18 54	03 21	04 27	05 34	06 41
S 09	313 44.6	08.1	137 02.9	10.0	3 29.3	15.7	60.4	35	18 01	18 26	18 56	03 12	04 21	05 31	06 42
U 10	328 44.7	09.1	151 31.9	9.9	3 13.6	15.7	60.4	40	18 00	18 27	18 58	03 03	04 15	05 29	06 44
N 11	343 44.9	10.1	166 00.8	10.0	2 57.9	15.8	60.4	45	17 58	18 28	19 02	02 51	04 08	05 26	06 45
D 12	358 45.1	N 3 11.1	180 29.8	9.9	N 2 42.1	15.8	60.4	S 50	17 57	18 29	19 06	02 36	03 58	05 22	06 47
A 13	13 45.3	12.0	194 58.7	10.0	2 26.3	15.8	60.4	52	17 56	18 29	19 09	02 30	03 54	05 20	06 48
Y 14	28 45.5	13.0	209 27.7	9.9	2 10.5	15.8	60.5	54	17 55	18 30	19 11	02 22	03 50	05 18	06 49
15	43 45.7	14.0	223 56.6	9.9	1 54.7	15.9	60.5	56	17 54	18 31	19 14	02 14	03 44	05 16	06 50
16	58 45.9	15.0	238 25.5	9.9	1 38.8	15.8	60.5	58	17 53	18 32	19 18	02 04	03 39	05 14	06 51
17	73 46.1	15.9	252 54.4	9.9	1 23.0	15.9	60.5	S 60	17 52	18 33	19 22	01 53	03 32	05 11	06 52
18	88 46.3	N 3 16.9	267 23.3	9.9	N 1 07.1	15.9	60.5			SUN			MOON		
19	103 46.4	17.9	281 52.2	9.8	0 51.2	16.0	60.5	Day	Eqn. of Time		Mer.	Mer. Pass.		Age	Phase
20	118 46.6	18.8	296 21.0	9.9	0 35.2	15.9	60.6		00ʰ	12ʰ	Pass.	Upper	Lower		
21	133 46.8	19.8	310 49.9	9.8	0 19.3	15.9	60.6								
22	148 47.0	20.8	325 18.7	9.8	N 0 03.4	16.0	60.6	d	m s	m s	h m	h m	h m	d	%
23	163 47.2	21.8	339 47.5	9.8	S 0 12.6	15.9	60.6	26	05 45	05 36	12 06	22 41	10 15	13	93
								27	05 27	05 18	12 05	23 32	11 07	14	97
	SD 16.1	d 1.0	SD 16.1		16.3		16.5	28	05 09	05 00	12 05	24 24	11 58	15	100

2021 MARCH 29, 30, 31 (MON., TUES., WED.)

UT	ARIES	VENUS −3.9		MARS +1.3		JUPITER −2.1		SATURN +0.6		STARS		
	GHA	GHA	Dec	GHA	Dec	GHA	Dec	GHA	Dec	Name	SHA	Dec
d h	° ′	° ′	° ′	° ′	° ′	° ′	° ′	° ′	° ′		° ′	° ′
29 00	186 36.9	177 38.3	N 2 26.5	113 27.4	N24 01.6	221 24.8	S14 34.6	232 52.7	S17 55.4	Acamar	315 14.5	S40 13.5
01	201 39.4	192 37.9	27.8	128 28.2	01.8	236 26.8	34.4	247 55.0	55.3	Achernar	335 23.1	S57 08.0
02	216 41.9	207 37.5	29.0	143 29.1	01.9	251 28.8	34.3	262 57.2	55.3	Acrux	173 02.7	S63 13.0
03	231 44.3	222 37.2	. . 30.3	158 29.9	. . 02.1	266 30.7	. . 34.1	277 59.5	. . 55.2	Adhara	255 08.3	S29 00.3
04	246 46.8	237 36.8	31.6	173 30.7	02.3	281 32.7	34.0	293 01.7	55.2	Aldebaran	290 43.3	N16 33.0
05	261 49.3	252 36.4	32.8	188 31.6	02.5	296 34.7	33.8	308 04.0	55.1			
06	276 51.7	267 36.0	N 2 34.1	203 32.4	N24 02.6	311 36.7	S14 33.6	323 06.2	S17 55.1	Alioth	166 15.2	N55 50.7
07	291 54.2	282 35.6	35.3	218 33.3	02.8	326 38.6	33.5	338 08.5	55.0	Alkaid	152 54.1	N49 12.4
08	306 56.7	297 35.3	36.6	233 34.1	03.0	341 40.6	33.3	353 10.8	55.0	Al Na'ir	27 37.2	S46 51.5
M 09	321 59.1	312 34.9	. . 37.8	248 34.9	. . 03.1	356 42.6	. . 33.2	8 13.0	. . 54.9	Alnilam	275 41.0	S 1 11.5
O 10	337 01.6	327 34.5	39.1	263 35.8	03.3	11 44.6	33.0	23 15.3	54.9	Alphard	217 50.6	S 8 45.1
N 11	352 04.1	342 34.1	40.4	278 36.6	03.5	26 46.5	32.9	38 17.5	54.8			
D 12	7 06.5	357 33.7	N 2 41.6	293 37.5	N24 03.6	41 48.5	S14 32.7	53 19.8	S17 54.8	Alphecca	126 06.1	N26 38.5
A 13	22 09.0	12 33.4	42.9	308 38.3	03.8	56 50.5	32.6	68 22.1	54.7	Alpheratz	357 38.3	N29 12.2
Y 14	37 11.4	27 33.0	44.1	323 39.1	04.0	71 52.5	32.4	83 24.3	54.7	Altair	62 03.1	N 8 55.3
15	52 13.9	42 32.6	. . 45.4	338 40.0	. . 04.2	86 54.4	. . 32.2	98 26.6	. . 54.6	Ankaa	353 10.7	S42 11.6
16	67 16.4	57 32.2	46.6	353 40.8	04.3	101 56.4	32.1	113 28.8	54.6	Antares	112 19.4	S26 28.6
17	82 18.8	72 31.9	47.9	8 41.7	04.5	116 58.4	31.9	128 31.1	54.5			
18	97 21.3	87 31.5	N 2 49.1	23 42.5	N24 04.7	132 00.4	S14 31.8	143 33.3	S17 54.5	Arcturus	145 50.5	N19 04.3
19	112 23.8	102 31.1	50.4	38 43.3	04.8	147 02.3	31.6	158 35.6	54.4	Atria	107 16.2	S69 03.6
20	127 26.2	117 30.7	51.7	53 44.2	05.0	162 04.3	31.5	173 37.9	54.4	Avior	234 15.7	S59 34.9
21	142 28.7	132 30.3	. . 52.9	68 45.0	. . 05.2	177 06.3	. . 31.3	188 40.1	. . 54.3	Bellatrix	278 26.3	N 6 22.0
22	157 31.2	147 30.0	54.2	83 45.9	05.3	192 08.3	31.1	203 42.4	54.3	Betelgeuse	270 55.5	N 7 24.5
23	172 33.6	162 29.6	55.4	98 46.7	05.5	207 10.2	31.0	218 44.6	54.2			
30 00	187 36.1	177 29.2	N 2 56.7	113 47.5	N24 05.7	222 12.2	S14 30.8	233 46.9	S17 54.2	Canopus	263 53.8	S52 42.7
01	202 38.5	192 28.8	57.9	128 48.4	05.8	237 14.2	30.7	248 49.2	54.1	Capella	280 26.6	N46 01.2
02	217 41.0	207 28.4	2 59.2	143 49.2	06.0	252 16.2	30.5	263 51.4	54.1	Deneb	49 28.1	N45 21.0
03	232 43.5	222 28.1	3 00.4	158 50.1	. . 06.2	267 18.2	. . 30.4	278 53.7	. . 54.0	Denebola	182 27.8	N14 27.2
04	247 45.9	237 27.7	01.7	173 50.9	06.3	282 20.1	30.2	293 56.0	54.0	Diphda	348 50.7	S17 52.5
05	262 48.4	252 27.3	02.9	188 51.7	06.5	297 22.1	30.1	308 58.2	53.9			
06	277 50.9	267 26.9	N 3 04.2	203 52.6	N24 06.6	312 24.1	S14 29.9	324 00.5	S17 53.9	Dubhe	193 44.3	N61 38.3
07	292 53.3	282 26.5	05.5	218 53.4	06.8	327 26.1	29.7	339 02.7	53.8	Elnath	278 05.9	N28 37.5
T 08	307 55.8	297 26.2	06.7	233 54.2	07.0	342 28.1	29.6	354 05.0	53.8	Eltanin	90 43.5	N51 28.9
U 09	322 58.3	312 25.8	. . 08.0	248 55.1	. . 07.1	357 30.0	. . 29.4	9 07.3	. . 53.7	Enif	33 42.0	N 9 58.1
E 10	338 00.7	327 25.4	09.2	263 55.9	07.3	12 32.0	29.3	24 09.5	53.7	Fomalhaut	15 18.3	S29 30.7
S 11	353 03.2	342 25.0	10.5	278 56.8	07.5	27 34.0	29.1	39 11.8	53.6			
D 12	8 05.7	357 24.6	N 3 11.7	293 57.6	N24 07.6	42 36.0	S14 29.0	54 14.0	S17 53.6	Gacrux	171 54.4	S57 13.9
A 13	23 08.1	12 24.3	13.0	308 58.4	07.8	57 37.9	28.8	69 16.3	53.5	Gienah	175 46.4	S17 39.6
Y 14	38 10.6	27 23.9	14.2	323 59.3	07.9	72 39.9	28.7	84 18.6	53.5	Hadar	148 39.7	S60 28.4
15	53 13.0	42 23.5	. . 15.5	339 00.1	. . 08.1	87 41.9	. . 28.5	99 20.8	. . 53.4	Hamal	327 55.0	N23 33.6
16	68 15.5	57 23.1	16.7	354 00.9	08.3	102 43.9	28.3	114 23.1	53.4	Kaus Aust.	83 36.6	S34 22.4
17	83 18.0	72 22.7	18.0	9 01.8	08.4	117 45.9	28.2	129 25.4	53.3			
18	98 20.4	87 22.4	N 3 19.2	24 02.6	N24 08.6	132 47.8	S14 28.0	144 27.6	S17 53.3	Kochab	137 18.9	N74 04.0
19	113 22.9	102 22.0	20.5	39 03.5	08.8	147 49.8	27.9	159 29.9	53.2	Markab	13 33.1	N15 18.9
20	128 25.4	117 21.6	21.8	54 04.3	08.9	162 51.8	27.7	174 32.1	53.2	Menkar	314 09.6	N 4 10.1
21	143 27.8	132 21.2	. . 23.0	69 05.1	. . 09.1	177 53.8	. . 27.6	189 34.4	. . 53.1	Menkent	148 00.9	S36 28.4
22	158 30.3	147 20.8	24.3	84 06.0	09.2	192 55.8	27.4	204 36.7	53.1	Miaplacidus	221 38.2	S69 48.5
23	173 32.8	162 20.4	25.5	99 06.8	09.4	207 57.8	27.3	219 38.9	53.0			
31 00	188 35.2	177 20.1	N 3 26.8	114 07.6	N24 09.6	222 59.7	S14 27.1	234 41.2	S17 53.0	Mirfak	308 33.0	N49 56.1
01	203 37.7	192 19.7	28.0	129 08.5	09.7	238 01.7	26.9	249 43.5	52.9	Nunki	75 51.6	S26 16.2
02	218 40.1	207 19.3	29.3	144 09.3	09.9	253 03.7	26.8	264 45.7	52.9	Peacock	53 10.9	S56 39.9
03	233 42.6	222 18.9	. . 30.5	159 10.1	. . 10.0	268 05.7	. . 26.6	279 48.0	. . 52.8	Pollux	243 21.0	N27 58.5
04	248 45.1	237 18.5	31.8	174 11.0	10.2	283 07.7	26.5	294 50.2	52.8	Procyon	244 54.0	N 5 10.1
05	263 47.5	252 18.2	33.0	189 11.8	10.3	298 09.6	26.3	309 52.5	52.7			
06	278 50.0	267 17.8	N 3 34.3	204 12.7	N24 10.5	313 11.6	S14 26.2	324 54.8	S17 52.7	Rasalhague	96 01.3	N12 32.5
07	293 52.5	282 17.4	35.5	219 13.5	10.7	328 13.6	26.0	339 57.0	52.6	Regulus	207 37.5	N11 51.8
W 08	308 54.9	297 17.0	36.8	234 14.3	10.8	343 15.6	25.9	354 59.3	52.6	Rigel	281 07.0	S 8 10.9
E 09	323 57.4	312 16.6	. . 38.0	249 15.2	. . 11.0	358 17.6	. . 25.7	10 01.6	. . 52.5	Rigil Kent.	139 43.9	S60 55.2
D 10	338 59.9	327 16.2	39.3	264 16.0	11.1	13 19.6	25.6	25 03.8	52.5	Sabik	102 06.2	S15 45.0
N 11	354 02.3	342 15.9	40.5	279 16.8	11.3	28 21.5	25.4	40 06.1	52.4			
E 12	9 04.8	357 15.5	N 3 41.8	294 17.7	N24 11.4	43 23.5	S14 25.2	55 08.4	S17 52.4	Schedar	349 35.0	N56 39.0
S 13	24 07.3	12 15.1	43.0	309 18.5	11.6	58 25.5	25.1	70 10.6	52.3	Shaula	96 14.4	S37 07.0
D 14	39 09.7	27 14.7	44.3	324 19.3	11.8	73 27.5	24.9	85 12.9	52.3	Sirius	258 29.0	S16 44.9
A 15	54 12.2	42 14.3	. . 45.5	339 20.2	. . 11.9	88 29.5	. . 24.8	100 15.2	. . 52.2	Spica	158 25.2	S11 16.3
Y 16	69 14.6	57 14.0	46.8	354 21.0	12.1	103 31.5	24.6	115 17.4	52.2	Suhail	222 48.3	S43 31.3
17	84 17.1	72 13.6	48.0	9 21.8	12.2	118 33.4	24.5	130 19.7	52.1			
18	99 19.6	87 13.2	N 3 49.3	24 22.7	N24 12.4	133 35.4	S14 24.3	145 21.9	S17 52.1	Vega	80 35.3	N38 47.9
19	114 22.0	102 12.8	50.5	39 23.5	12.5	148 37.4	24.2	160 24.2	52.0	Zuben'ubi	136 59.2	S16 07.8
20	129 24.5	117 12.4	51.8	54 24.3	12.7	163 39.4	24.0	175 26.5	52.0		SHA	Mer. Pass.
21	144 27.0	132 12.0	. . 53.0	69 25.2	. . 12.8	178 41.4	. . 23.9	190 28.7	. . 51.9		° ′	h m
22	159 29.4	147 11.7	54.3	84 26.0	13.0	193 43.4	23.7	205 31.0	51.9	Venus	349 53.1	12 10
23	174 31.9	162 11.3	55.5	99 26.8	13.1	208 45.3	23.5	220 33.3	51.8	Mars	286 11.5	16 24
	h m									Jupiter	34 36.1	9 10
Mer. Pass. 11 27.7	v −0.4	d 1.3	v 0.8	d 0.2	v 2.0	d 0.2	v 2.3	d 0.1	Saturn	46 10.8	8 24

2021 MARCH 29, 30, 31 (MON., TUES., WED.)

UT	SUN GHA	SUN Dec	MOON GHA	MOON v	MOON Dec	MOON d	MOON HP	Lat.	Twilight Naut.	Twilight Civil	Sunrise	Moonrise 29	Moonrise 30	Moonrise 31	Moonrise 1
d h	° '	° '	° '	'	° '	'	'	°	h m	h m	h m	h m	h m	h m	h m
29 00	178 47.4	N 3 22.7	354 16.3	9.8	S 0 28.5	16.0	60.6	N 72	01 59	03 52	05 06	20 22	22 59	▓▓	▓▓
01	193 47.6	23.7	8 45.1	9.8	0 44.5	16.0	60.6	N 70	02 35	04 07	05 12	20 13	22 34	25 27	01 27
02	208 47.8	24.7	23 13.9	9.7	1 00.5	16.0	60.7	68	03 00	04 19	05 17	20 05	22 15	24 39	00 39
03	223 48.0	.. 25.7	37 42.6	9.7	1 16.5	15.9	60.7	66	03 19	04 28	05 21	19 59	22 00	24 09	00 09
04	238 48.2	26.6	52 11.3	9.7	1 32.4	16.0	60.7	64	03 33	04 36	05 25	19 54	21 48	23 47	25 49
05	253 48.3	27.6	66 40.0	9.7	1 48.4	16.0	60.7	62	03 46	04 43	05 28	19 49	21 38	23 29	25 20
06	268 48.5	N 3 28.6	81 08.7	9.6	S 2 04.4	15.9	60.7	60	03 56	04 48	05 31	19 46	21 29	23 14	24 58
07	283 48.7	29.6	95 37.3	9.6	2 20.3	16.0	60.7	N 58	04 04	04 53	05 33	19 42	21 22	23 02	24 40
08	298 48.9	30.5	110 05.9	9.6	2 36.3	15.9	60.7	56	04 12	04 58	05 36	19 39	21 15	22 51	24 25
M 09	313 49.1	.. 31.5	124 34.5	9.6	2 52.2	16.0	60.7	54	04 18	05 02	05 37	19 37	21 09	22 42	24 12
O 10	328 49.3	32.5	139 03.1	9.5	3 08.2	15.9	60.8	52	04 24	05 05	05 39	19 34	21 04	22 33	24 01
N 11	343 49.5	33.4	153 31.6	9.6	3 24.1	15.9	60.8	50	04 29	05 08	05 41	19 32	20 59	22 26	23 51
D 12	358 49.7	N 3 34.4	168 00.2	9.4	S 3 40.0	15.9	60.8	45	04 40	05 15	05 44	19 27	20 48	22 10	23 30
A 13	13 49.9	35.4	182 28.6	9.5	3 55.9	15.8	60.8	N 40	04 48	05 20	05 47	19 23	20 40	21 57	23 13
Y 14	28 50.0	36.4	196 57.1	9.4	4 11.7	15.9	60.8	35	04 54	05 24	05 50	19 20	20 33	21 46	22 59
15	43 50.2	.. 37.3	211 25.5	9.4	4 27.6	15.8	60.8	30	05 00	05 28	05 52	19 17	20 26	21 36	22 46
16	58 50.4	38.3	225 53.9	9.3	4 43.4	15.8	60.8	20	05 07	05 33	05 55	19 12	20 15	21 20	22 26
17	73 50.6	39.3	240 22.2	9.4	4 59.2	15.8	60.8	N 10	05 13	05 37	05 58	19 08	20 06	21 06	22 08
18	88 50.8	N 3 40.3	254 50.6	9.3	S 5 15.0	15.7	60.8	0	05 16	05 40	06 01	19 04	19 57	20 53	21 51
19	103 51.0	41.2	269 18.9	9.2	5 30.7	15.8	60.8	S 10	05 18	05 43	06 04	19 00	19 48	20 40	21 34
20	118 51.2	42.2	283 47.1	9.2	5 46.5	15.7	60.8	20	05 19	05 45	06 07	18 55	19 39	20 26	21 16
21	133 51.4	.. 43.2	298 15.3	9.2	6 02.2	15.6	60.8	30	05 18	05 46	06 10	18 51	19 29	20 10	20 56
22	148 51.5	44.1	312 43.5	9.1	6 17.8	15.6	60.8	35	05 17	05 46	06 11	18 48	19 23	20 01	20 44
23	163 51.7	45.1	327 11.6	9.1	6 33.4	15.6	60.8	40	05 15	05 46	06 13	18 45	19 16	19 51	20 31
30 00	178 51.9	N 3 46.1	341 39.7	9.1	S 6 49.0	15.6	60.8	45	05 12	05 46	06 15	18 41	19 08	19 39	20 15
01	193 52.1	47.0	356 07.8	9.0	7 04.6	15.5	60.9	S 50	05 08	05 46	06 18	18 37	18 59	19 24	19 56
02	208 52.3	48.0	10 35.8	9.0	7 20.1	15.4	60.9	52	05 06	05 45	06 19	18 35	18 55	19 17	19 47
03	223 52.5	.. 49.0	25 03.8	9.0	7 35.5	15.4	60.9	54	05 04	05 45	06 20	18 33	18 50	19 10	19 36
04	238 52.7	50.0	39 31.8	8.9	7 50.9	15.4	60.9	56	05 01	05 44	06 21	18 31	18 45	19 02	19 25
05	253 52.9	50.9	53 59.7	8.8	8 06.3	15.3	60.9	58	04 58	05 44	06 23	18 28	18 39	18 52	19 12
06	268 53.1	N 3 51.9	68 27.5	8.8	S 8 21.6	15.3	60.9	S 60	04 55	05 43	06 25	18 26	18 32	18 42	18 56

UT	SUN GHA	SUN Dec	MOON GHA	MOON v	MOON Dec	MOON d	MOON HP	Lat.	Sunset	Twilight Civil	Twilight Naut.	Moonset 29	Moonset 30	Moonset 31	Moonset 1
07	283 53.2	52.9	82 55.3	8.8	8 36.9	15.2	60.9	°	h m	h m	h m	h m	h m	h m	h m
T 08	298 53.4	53.8	97 23.1	8.7	8 52.1	15.2	60.9	N 72	19 06	20 20	22 19	06 07	05 37	04 54	▓▓
U 09	313 53.6	.. 54.8	111 50.8	8.7	9 07.3	15.1	60.9	N 70	18 59	20 05	21 40	06 10	05 49	05 21	04 27
E 10	328 53.8	55.8	126 18.5	8.6	9 22.4	15.0	60.9	68	18 54	19 53	21 13	06 13	05 59	05 42	05 15
S 11	343 54.0	56.7	140 46.1	8.6	9 37.4	15.0	60.9	66	18 49	19 43	20 54	06 15	06 07	05 58	05 47
D 12	358 54.2	N 3 57.7	155 13.7	8.5	S 9 52.4	14.9	60.8	N 70	18 49	19 43	20 54	06 15	06 07	05 58	05 47
A 13	13 54.4	58.7	169 41.2	8.5	10 07.3	14.9	60.8	64	18 46	19 35	20 38	06 17	06 14	06 12	06 10
Y 14	28 54.6	3 59.7	184 08.7	8.5	10 22.2	14.8	60.8	62	18 42	19 28	20 26	06 18	06 20	06 24	06 29
15	43 54.7	4 00.6	198 36.2	8.4	10 37.0	14.8	60.8	60	18 39	19 22	20 15	06 20	06 26	06 34	06 45
16	58 54.9	01.6	213 03.6	8.3	10 51.7	14.7	60.8	N 58	18 37	19 17	20 06	06 21	06 31	06 42	06 58
17	73 55.1	02.6	227 30.9	8.3	11 06.4	14.6	60.8	56	18 35	19 12	19 59	06 22	06 35	06 50	07 09
18	88 55.3	N 4 03.5	241 58.2	8.2	S11 21.0	14.5	60.8	54	18 33	19 08	19 52	06 23	06 39	06 57	07 19
19	103 55.5	04.5	256 25.4	8.2	11 35.5	14.4	60.8	52	18 31	19 05	19 46	06 24	06 42	07 03	07 28
20	118 55.7	05.5	270 52.6	8.2	11 49.9	14.4	60.8	50	18 29	19 02	19 41	06 25	06 45	07 09	07 37
21	133 55.9	.. 06.4	285 19.8	8.0	12 04.3	14.3	60.8	45	18 25	18 55	19 30	06 27	06 52	07 21	07 54
22	148 56.1	07.4	299 46.8	8.1	12 18.6	14.2	60.8	N 40	18 22	18 50	19 22	06 28	06 58	07 31	08 08
23	163 56.2	08.4	314 13.9	7.9	12 32.8	14.1	60.8	35	18 20	18 45	19 15	06 29	07 03	07 40	08 20
31 00	178 56.4	N 4 09.3	328 40.8	8.0	S12 46.9	14.1	60.8	30	18 18	18 42	19 10	06 31	07 08	07 47	08 31
01	193 56.6	10.3	343 07.8	7.8	13 01.0	13.9	60.8	20	18 14	18 36	19 02	06 33	07 15	08 01	08 49
02	208 56.8	11.3	357 34.6	7.8	13 14.9	13.9	60.8	N 10	18 11	18 32	18 56	06 34	07 22	08 12	09 05
03	223 57.0	.. 12.2	12 01.4	7.8	13 28.8	13.8	60.8	0	18 08	18 28	18 52	06 36	07 29	08 23	09 20
04	238 57.2	13.2	26 28.2	7.7	13 42.6	13.7	60.7	S 10	18 05	18 26	18 50	06 38	07 35	08 34	09 35
05	253 57.4	14.2	40 54.9	7.7	13 56.3	13.6	60.7	20	18 02	18 24	18 49	06 39	07 42	08 46	09 51
06	268 57.6	N 4 15.1	55 21.6	7.5	S14 09.9	13.5	60.7	30	17 59	18 23	18 50	06 41	07 50	09 00	10 10
W 07	283 57.7	16.1	69 48.1	7.6	14 23.4	13.4	60.7	35	17 57	18 22	18 52	06 42	07 54	09 08	10 21
E 08	298 57.9	17.1	84 14.7	7.5	14 36.8	13.3	60.7	40	17 55	18 22	18 53	06 44	08 00	09 17	10 33
D 09	313 58.1	.. 18.0	98 41.2	7.4	14 50.1	13.2	60.7	45	17 53	18 22	18 56	06 45	08 06	09 27	10 48
N 10	328 58.3	19.0	113 07.6	7.4	15 03.3	13.1	60.7	S 50	17 50	18 22	19 00	06 47	08 13	09 40	11 06
E 11	343 58.5	20.0	127 34.0	7.3	15 16.4	13.0	60.7	52	17 49	18 22	19 02	06 48	08 16	09 46	11 15
S 12	358 58.7	N 4 20.9	142 00.3	7.2	S15 29.4	12.9	60.6	54	17 48	18 23	19 04	06 49	08 20	09 53	11 25
D 13	13 58.9	21.9	156 26.5	7.2	15 42.3	12.8	60.6	56	17 46	18 23	19 06	06 50	08 24	10 00	11 36
A 14	28 59.1	22.9	170 52.7	7.2	15 55.1	12.7	60.6	58	17 45	18 24	19 09	06 51	08 29	10 09	11 48
Y 15	43 59.2	.. 23.8	185 18.9	7.0	16 07.8	12.6	60.6	S 60	17 43	18 24	19 13	06 52	08 34	10 18	12 03
16	58 59.4	24.8	199 44.9	7.1	16 20.4	12.4	60.6								
17	73 59.6	25.8	214 11.0	6.9	16 32.8	12.4	60.6		SUN			MOON			
18	88 59.8	N 4 26.7	228 36.9	7.0	S16 45.2	12.2	60.6	Day	Eqn. of Time		Mer. Pass.	Mer. Pass. Upper	Mer. Pass. Lower	Age	Phase
19	104 00.0	27.7	243 02.9	6.8	16 57.4	12.2	60.5		00h	12h					
20	119 00.2	28.7	257 28.7	6.8	17 09.6	12.0	60.5	d	m s	m s	h m	h m	h m	d	%
21	134 00.4	.. 29.6	271 54.5	6.8	17 21.6	11.9	60.5	29	04 51	04 42	12 05	00 24	12 50	16	99
22	149 00.6	30.6	286 20.3	6.6	17 33.5	11.7	60.5	30	04 33	04 24	12 04	01 16	13 43	17	96
23	164 00.7	31.6	300 45.9	6.7	S17 45.2	11.7	60.5	31	04 15	04 06	12 04	02 10	14 38	18	89
	SD 16.0	d 1.0	SD 16.6		16.6		16.5								

2021 APRIL 1, 2, 3 (THURS., FRI., SAT.)

UT	ARIES	VENUS −3.9	MARS +1.3	JUPITER −2.1	SATURN +0.6	STARS		
	GHA	GHA Dec	GHA Dec	GHA Dec	GHA Dec	Name	SHA	Dec
d h	° ′	° ′ ° ′	° ′ ° ′	° ′ ° ′	° ′ ° ′		° ′	° ′
1 00	189 34.4	177 10.9 N 3 56.8	114 27.7 N24 13.3	223 47.3 S14 23.4	235 35.5 S17 51.8	Acamar	315 14.5	S40 13.5
01	204 36.8	192 10.5 58.0	129 28.5 13.4	238 49.3 23.2	250 37.8 51.7	Achernar	335 23.1	S57 08.0
02	219 39.3	207 10.1 3 59.3	144 29.3 13.6	253 51.3 23.1	265 40.1 51.7	Acrux	173 02.7	S63 13.0
03	234 41.8	222 09.7 4 00.5	159 30.2 .. 13.7	268 53.3 .. 22.9	280 42.3 .. 51.6	Adhara	255 08.3	S29 00.3
04	249 44.2	237 09.4 01.8	174 31.0 13.9	283 55.3 22.8	295 44.6 51.6	Aldebaran	290 43.3	N16 33.0
05	264 46.7	252 09.0 03.0	189 31.8 14.0	298 57.3 22.6	310 46.9 51.5			
06	279 49.1	267 08.6 N 4 04.3	204 32.7 N24 14.2	313 59.2 S14 22.5	325 49.1 S17 51.5	Alioth	166 15.2	N55 50.7
07	294 51.6	282 08.2 05.5	219 33.5 14.3	329 01.2 22.3	340 51.4 51.4	Alkaid	152 54.0	N49 12.4
T 08	309 54.1	297 07.8 06.8	234 34.3 14.5	344 03.2 22.2	355 53.7 51.4	Alnair	27 37.2	S46 51.5
H 09	324 56.5	312 07.4 .. 08.0	249 35.2 .. 14.6	359 05.2 .. 22.0	10 55.9 .. 51.3	Alnilam	275 41.0	S 1 11.5
U 10	339 59.0	327 07.0 09.3	264 36.0 14.8	14 07.2 21.8	25 58.2 51.3	Alphard	217 50.6	S 8 45.1
R 11	355 01.5	342 06.7 10.5	279 36.8 14.9	29 09.2 21.7	41 00.5 51.2			
S 12	10 03.9	357 06.3 N 4 11.8	294 37.7 N24 15.1	44 11.2 S14 21.5	56 02.7 S17 51.2	Alphecca	126 06.1	N26 38.5
D 13	25 06.4	12 05.9 13.0	309 38.5 15.2	59 13.1 21.4	71 05.0 51.1	Alpheratz	357 38.3	N29 12.2
A 14	40 08.9	27 05.5 14.3	324 39.3 15.4	74 15.1 21.2	86 07.3 51.1	Altair	62 03.0	N 8 55.3
Y 15	55 11.3	42 05.1 .. 15.5	339 40.2 .. 15.5	89 17.1 .. 21.1	101 09.6 .. 51.0	Ankaa	353 10.7	S42 11.6
16	70 13.8	57 04.7 16.7	354 41.0 15.7	104 19.1 20.9	116 11.8 51.0	Antares	112 19.4	S26 28.7
17	85 16.3	72 04.3 18.0	9 41.8 15.8	119 21.1 20.8	131 14.1 50.9			
18	100 18.7	87 04.0 N 4 19.2	24 42.6 N24 16.0	134 23.1 S14 20.6	146 16.4 S17 50.9	Arcturus	145 50.4	N19 04.3
19	115 21.2	102 03.6 20.5	39 43.5 16.1	149 25.1 20.5	161 18.6 50.8	Atria	107 16.1	S69 03.6
20	130 23.6	117 03.2 21.7	54 44.3 16.3	164 27.1 20.3	176 20.9 50.8	Avior	234 15.7	S59 34.9
21	145 26.1	132 02.8 .. 23.0	69 45.1 .. 16.4	179 29.0 .. 20.2	191 23.2 .. 50.8	Bellatrix	278 26.3	N 6 22.0
22	160 28.6	147 02.4 24.2	84 46.0 16.6	194 31.0 20.0	206 25.4 50.7	Betelgeuse	270 55.5	N 7 24.5
23	175 31.0	162 02.0 25.5	99 46.8 16.7	209 33.0 19.8	221 27.7 50.7			
2 00	190 33.5	177 01.6 N 4 26.7	114 47.6 N24 16.9	224 35.0 S14 19.7	236 30.0 S17 50.6	Canopus	263 53.8	S52 42.7
01	205 36.0	192 01.3 28.0	129 48.5 17.0	239 37.0 19.5	251 32.2 50.6	Capella	280 26.6	N46 01.2
02	220 38.4	207 00.9 29.2	144 49.3 17.2	254 39.0 19.4	266 34.5 50.5	Deneb	49 28.1	N45 21.0
03	235 40.9	222 00.5 .. 30.5	159 50.1 .. 17.3	269 41.0 .. 19.2	281 36.8 .. 50.5	Denebola	182 27.8	N14 27.2
04	250 43.4	237 00.1 31.7	174 51.0 17.4	284 43.0 19.1	296 39.0 50.4	Diphda	348 50.7	S17 52.4
05	265 45.8	251 59.7 32.9	189 51.8 17.6	299 44.9 18.9	311 41.3 50.4			
06	280 48.3	266 59.3 N 4 34.2	204 52.6 N24 17.7	314 46.9 S14 18.8	326 43.6 S17 50.3	Dubhe	193 44.3	N61 38.3
07	295 50.7	281 58.9 35.4	219 53.4 17.9	329 48.9 18.6	341 45.9 50.3	Elnath	278 05.9	N28 37.5
08	310 53.2	296 58.5 36.7	234 54.3 18.0	344 50.9 18.5	356 48.1 50.2	Eltanin	90 43.5	N51 28.9
F 09	325 55.7	311 58.2 .. 37.9	249 55.1 .. 18.2	359 52.9 .. 18.3	11 50.4 .. 50.2	Enif	33 42.0	N 9 58.1
R 10	340 58.1	326 57.8 39.2	264 55.9 18.3	14 54.9 18.2	26 52.7 50.1	Fomalhaut	15 18.3	S29 30.7
I 11	356 00.6	341 57.4 40.4	279 56.8 18.5	29 56.9 18.0	41 54.9 50.1			
D 12	11 03.1	356 57.0 N 4 41.6	294 57.6 N24 18.6	44 58.9 S14 17.9	56 57.2 S17 50.0	Gacrux	171 54.4	S57 13.9
A 13	26 05.5	11 56.6 42.9	309 58.4 18.7	60 00.9 17.7	71 59.5 50.0	Gienah	175 46.4	S17 39.6
Y 14	41 08.0	26 56.2 44.1	324 59.3 18.9	75 02.9 17.6	87 01.8 49.9	Hadar	148 39.7	S60 28.4
15	56 10.5	41 55.8 .. 45.4	340 00.1 .. 19.0	90 04.8 .. 17.4	102 04.0 .. 49.9	Hamal	327 55.0	N23 33.6
16	71 12.9	56 55.4 46.6	355 00.9 19.2	105 06.8 17.2	117 06.3 49.8	Kaus Aust.	83 36.6	S34 22.3
17	86 15.4	71 55.1 47.9	10 01.7 19.3	120 08.8 17.1	132 08.6 49.8			
18	101 17.9	86 54.7 N 4 49.1	25 02.6 N24 19.4	135 10.8 S14 16.9	147 10.8 S17 49.7	Kochab	137 18.9	N74 04.0
19	116 20.3	101 54.3 50.4	40 03.4 19.6	150 12.8 16.8	162 13.1 49.7	Markab	13 33.2	N15 18.9
20	131 22.8	116 53.9 51.6	55 04.2 19.7	165 14.8 16.6	177 15.4 49.6	Menkar	314 09.6	N 4 10.2
21	146 25.2	131 53.5 .. 52.8	70 05.1 .. 19.9	180 16.8 .. 16.5	192 17.7 .. 49.6	Menkent	148 00.9	S36 28.4
22	161 27.7	146 53.1 54.1	85 05.9 20.0	195 18.8 16.3	207 19.9 49.6	Miaplacidus	221 38.3	S69 48.5
23	176 30.2	161 52.7 55.3	100 06.7 20.1	210 20.8 16.2	222 22.2 49.5			
3 00	191 32.6	176 52.3 N 4 56.6	115 07.5 N24 20.3	225 22.8 S14 16.0	237 24.5 S17 49.5	Mirfak	308 33.0	N49 56.1
01	206 35.1	191 51.9 57.8	130 08.4 20.4	240 24.8 15.9	252 26.7 49.4	Nunki	75 51.6	S26 16.2
02	221 37.6	206 51.6 4 59.0	145 09.2 20.6	255 26.8 15.7	267 29.0 49.4	Peacock	53 10.9	S56 39.8
03	236 40.0	221 51.2 5 00.3	160 10.0 .. 20.7	270 28.7 .. 15.6	282 31.3 .. 49.3	Pollux	243 21.0	N27 58.5
04	251 42.5	236 50.8 01.5	175 10.8 20.8	285 30.7 15.4	297 33.6 49.3	Procyon	244 54.0	N 5 10.1
05	266 45.0	251 50.4 02.8	190 11.7 21.0	300 32.7 15.3	312 35.8 49.2			
06	281 47.4	266 50.0 N 5 04.0	205 12.5 N24 21.1	315 34.7 S14 15.1	327 38.1 S17 49.2	Rasalhague	96 01.3	N12 32.5
07	296 49.9	281 49.6 05.2	220 13.3 21.3	330 36.7 15.0	342 40.4 49.1	Regulus	207 37.5	N11 51.8
S 08	311 52.4	296 49.2 06.5	235 14.2 21.4	345 38.7 14.8	357 42.6 49.1	Rigel	281 07.0	S 8 10.9
A 09	326 54.8	311 48.8 .. 07.7	250 15.0 .. 21.5	0 40.7 .. 14.6	12 44.9 .. 49.0	Rigil Kent.	139 43.9	S60 55.2
T 10	341 57.3	326 48.4 09.0	265 15.8 21.7	15 42.7 14.5	27 47.2 49.0	Sabik	102 06.2	S15 45.0
U 11	356 59.8	341 48.0 10.2	280 16.6 21.8	30 44.7 14.3	42 49.5 48.9			
R 12	12 02.2	356 47.6 N 5 11.4	295 17.5 N24 21.9	45 46.7 S14 14.2	57 51.7 S17 48.9	Schedar	349 35.0	N56 39.0
D 13	27 04.7	11 47.3 12.7	310 18.3 22.1	60 48.7 14.0	72 54.0 48.8	Shaula	96 14.4	S37 07.0
A 14	42 07.1	26 46.9 13.9	325 19.1 22.2	75 50.7 13.9	87 56.3 48.8	Sirius	258 29.0	S16 44.9
Y 15	57 09.6	41 46.5 .. 15.2	340 19.9 .. 22.3	90 52.7 .. 13.7	102 58.6 .. 48.7	Spica	158 25.2	S11 16.3
16	72 12.1	56 46.1 16.4	355 20.8 22.5	105 54.7 13.6	118 00.8 48.7	Suhail	222 48.3	S43 31.3
17	87 14.5	71 45.7 17.6	10 21.6 22.6	120 56.7 13.4	133 03.1 48.7			
18	102 17.0	86 45.3 N 5 18.9	25 22.4 N24 22.7	135 58.7 S14 13.3	148 05.4 S17 48.6	Vega	80 35.3	N38 47.9
19	117 19.5	101 44.9 20.1	40 23.2 22.9	151 00.7 13.1	163 07.7 48.6	Zuben'ubi	136 59.1	S16 07.8
20	132 21.9	116 44.5 21.4	55 24.1 23.0	166 02.6 13.0	178 09.9 48.5		SHA	Mer. Pass.
21	147 24.4	131 44.1 .. 22.6	70 24.9 .. 23.1	181 04.6 .. 12.8	193 12.2 .. 48.5		° ′	h m
22	162 26.9	146 43.7 23.8	85 25.7 23.3	196 06.6 12.7	208 14.5 48.4	Venus	346 28.1	12 12
23	177 29.3	161 43.3 25.1	100 26.5 23.4	211 08.6 12.5	223 16.8 48.4	Mars	284 14.1	16 20
	h m					Jupiter	34 01.5	9 00
Mer. Pass. 11 15.9		v −0.4 d 1.2	v 0.8 d 0.1	v 2.0 d 0.2	v 2.3 d 0.0	Saturn	45 56.5	8 13

2021 APRIL 1, 2, 3 (THURS., FRI., SAT.)

UT	SUN GHA	SUN Dec	MOON GHA	MOON v	MOON Dec	MOON d	MOON HP	Lat.	Twilight Naut.	Twilight Civil	Sunrise	Moonrise 1	Moonrise 2	Moonrise 3	Moonrise 4
d h	° ′	° ′	° ′	′	° ′	′	′	°	h m	h m	h m	h m	h m	h m	h m
								N 72	01 22	03 34	04 50	■	■	■	■
1 00	179 00.9	N 4 32.5	315 11.6	6.6	S17 56.9	11.5	60.5	N 70	02 11	03 51	04 58	01 27	■	■	■
01	194 01.1	33.5	329 37.2	6.5	18 08.4	11.4	60.4	68	02 41	04 05	05 04	00 39	■	■	■
02	209 01.3	34.5	344 02.7	6.5	18 19.8	11.3	60.4	66	03 03	04 16	05 10	00 09	02 34	■	■
03	224 01.5	35.4	358 28.2	6.4	18 31.1	11.1	60.4	64	03 20	04 25	05 14	25 49	01 49	03 50	05 17
04	239 01.7	36.4	12 53.6	6.3	18 42.2	11.0	60.4	62	03 34	04 32	05 18	25 20	01 20	03 02	04 17
05	254 01.9	37.3	27 18.9	6.3	18 53.2	10.9	60.4	60	03 45	04 39	05 22	24 58	00 58	02 31	03 43
06	269 02.0	N 4 38.3	41 44.2	6.3	S19 04.1	10.8	60.3	N 58	03 55	04 45	05 25	24 40	00 40	02 08	03 18
07	284 02.2	39.3	56 09.5	6.2	19 14.9	10.6	60.3	56	04 03	04 50	05 28	24 25	00 25	01 50	02 58
T 08	299 02.4	40.2	70 34.7	6.1	19 25.5	10.5	60.3	54	04 10	04 54	05 30	24 12	00 12	01 34	02 41
H 09	314 02.6	41.2	84 59.8	6.1	19 36.0	10.3	60.3	52	04 16	04 58	05 32	24 01	00 01	01 20	02 27
U 10	329 02.8	42.2	99 24.9	6.1	19 46.3	10.2	60.3	50	04 22	05 01	05 34	23 51	25 09	01 09	02 15
R 11	344 03.0	43.1	113 50.0	6.0	19 56.5	10.1	60.2	45	04 34	05 09	05 39	23 30	24 44	00 44	01 49
S 12	359 03.2	N 4 44.1	128 15.0	5.9	S20 06.6	9.9	60.2	N 40	04 43	05 15	05 42	23 13	24 25	00 25	01 29
D 13	14 03.3	45.1	142 39.9	5.9	20 16.5	9.8	60.2	35	04 50	05 20	05 45	22 59	24 08	00 08	01 12
A 14	29 03.5	46.0	157 04.8	5.9	20 26.3	9.7	60.2	30	04 56	05 24	05 48	22 46	23 54	24 57	00 57
Y 15	44 03.7	47.0	171 29.7	5.8	20 36.0	9.5	60.1	20	05 05	05 31	05 53	22 26	23 30	24 32	00 32
16	59 03.9	47.9	185 54.5	5.7	20 45.5	9.3	60.1	N 10	05 11	05 36	05 57	22 08	23 10	24 11	00 11
17	74 04.1	48.9	200 19.2	5.7	20 54.8	9.3	60.1	0	05 15	05 39	06 00	21 51	22 51	23 51	24 49
18	89 04.3	N 4 49.9	214 43.9	5.7	S21 04.1	9.0	60.1	S 10	05 18	05 43	06 04	21 34	22 32	23 31	24 30
19	104 04.5	50.8	229 08.6	5.6	21 13.1	8.9	60.0	20	05 20	05 45	06 07	21 16	22 11	23 09	24 09
20	119 04.6	51.8	243 33.2	5.6	21 22.0	8.8	60.0	30	05 20	05 47	06 11	20 56	21 48	22 44	23 45
21	134 04.8	52.8	257 57.8	5.5	21 30.8	8.6	60.0	35	05 19	05 48	06 14	20 44	21 34	22 30	23 31
22	149 05.0	53.7	272 22.3	5.5	21 39.4	8.5	60.0	40	05 18	05 49	06 16	20 31	21 18	22 13	23 14
23	164 05.2	54.7	286 46.8	5.5	21 47.9	8.3	60.0	45	05 16	05 50	06 19	20 15	20 59	21 53	22 55
2 00	179 05.4	N 4 55.6	301 11.3	5.4	S21 56.2	8.2	59.9	S 50	05 13	05 50	06 22	19 56	20 36	21 28	22 30
01	194 05.6	56.6	315 35.7	5.4	22 04.4	8.0	59.9	52	05 11	05 50	06 24	19 47	20 25	21 15	22 18
02	209 05.7	57.6	330 00.1	5.3	22 12.4	7.9	59.9	54	05 09	05 50	06 26	19 36	20 12	21 02	22 05
03	224 05.9	58.5	344 24.4	5.3	22 20.3	7.7	59.8	56	05 07	05 50	06 28	19 25	19 58	20 45	21 49
04	239 06.1	4 59.5	358 48.7	5.3	22 28.0	7.5	59.8	58	05 05	05 50	06 30	19 12	19 41	20 26	21 30
05	254 06.3	5 00.4	13 13.0	5.3	22 35.5	7.4	59.8	S 60	05 02	05 50	06 32	18 56	19 20	20 02	21 07
06	269 06.5	N 5 01.4	27 37.3	5.2	S22 42.9	7.2	59.8	Lat.	Sunset	Twilight Civil	Twilight Naut.	Moonset 1	Moonset 2	Moonset 3	Moonset 4
07	284 06.7	02.4	42 01.5	5.1	22 50.1	7.1	59.7								
08	299 06.9	03.3	56 25.6	5.2	22 57.2	6.9	59.7	°	h m	h m	h m	h m	h m	h m	h m
F 09	314 07.0	04.3	70 49.8	5.1	23 04.1	6.7	59.7	N 72	19 20	20 37	22 59	■	■	■	■
R 10	329 07.2	05.2	85 13.9	5.1	23 10.8	6.6	59.7	N 70	19 12	20 19	22 03	04 27	■	■	■
I 11	344 07.4	06.2	99 38.0	5.1	23 17.4	6.5	59.6	68	19 05	20 05	21 31	05 15	■	■	■
D 12	359 07.6	N 5 07.2	114 02.1	5.0	S23 23.9	6.2	59.6	66	18 59	19 54	21 08	05 47	05 25	■	■
A 13	14 07.8	08.1	128 26.1	5.1	23 30.1	6.1	59.6	64	18 54	19 45	20 50	06 10	06 10	06 15	06 54
Y 14	29 08.0	09.1	142 50.2	5.0	23 36.2	6.0	59.5	62	18 50	19 37	20 36	06 29	06 40	07 03	07 54
15	44 08.1	10.0	157 14.2	5.0	23 42.2	5.7	59.5	60	18 47	19 30	20 24	06 45	07 03	07 34	08 27
16	59 08.3	11.0	171 38.1	4.9	23 47.9	5.6	59.5	N 58	18 43	19 24	20 14	06 58	07 21	07 57	08 52
17	74 08.5	12.0	186 02.1	5.0	23 53.5	5.5	59.5	56	18 41	19 19	20 06	07 09	07 37	08 16	09 12
18	89 08.7	N 5 12.9	200 26.1	4.9	S23 59.0	5.3	59.4	54	18 38	19 14	19 59	07 19	07 50	08 32	09 29
19	104 08.9	13.9	214 50.0	4.9	24 04.3	5.1	59.4	52	18 36	19 10	19 52	07 28	08 02	08 46	09 43
20	119 09.1	14.8	229 13.9	5.0	24 09.4	4.9	59.4	50	18 34	19 07	19 46	07 37	08 12	08 58	09 55
21	134 09.2	15.8	243 37.9	4.9	24 14.3	4.8	59.3	45	18 29	18 59	19 34	07 54	08 34	09 23	10 21
22	149 09.4	16.7	258 01.8	4.9	24 19.1	4.6	59.3								
23	164 09.6	17.7	272 25.7	4.9	24 23.7	4.4	59.3								
3 00	179 09.8	N 5 18.7	286 49.6	4.8	S24 28.1	4.3	59.3	N 40	18 25	18 53	19 25	08 08	08 52	09 43	10 41
01	194 10.0	19.6	301 13.4	4.9	24 32.4	4.1	59.2	35	18 22	18 48	19 18	08 20	09 07	09 59	10 58
02	209 10.2	20.6	315 37.3	4.9	24 36.5	4.0	59.2	30	18 19	18 44	19 12	08 31	09 20	10 14	11 13
03	224 10.3	21.5	330 01.2	4.9	24 40.5	3.7	59.2	20	18 15	18 37	19 03	08 49	09 42	10 38	11 38
04	239 10.5	22.5	344 25.1	4.9	24 44.2	3.6	59.1	N 10	18 11	18 32	18 56	09 05	10 01	11 00	11 59
05	254 10.7	23.4	358 49.0	4.9	24 47.8	3.5	59.1	0	18 07	18 28	18 52	09 20	10 19	11 19	12 19
06	269 10.9	N 5 24.4	13 12.9	4.9	S24 51.3	3.3	59.1	S 10	18 03	18 24	18 49	09 35	10 37	11 39	12 39
07	284 11.1	25.4	27 36.8	4.9	24 54.6	3.0	59.0	20	17 59	18 21	18 47	09 51	10 57	12 00	13 00
S 08	299 11.3	26.3	42 00.7	4.9	24 57.6	3.0	59.0	30	17 55	18 19	18 47	10 10	11 19	12 25	13 24
A 09	314 11.4	27.3	56 24.6	4.9	25 00.6	2.7	59.0	35	17 53	18 18	18 47	10 21	11 32	12 39	13 39
T 10	329 11.6	28.2	70 48.5	4.9	25 03.3	2.6	59.0	40	17 50	18 17	18 48	10 33	11 47	12 56	13 55
U 11	344 11.8	29.2	85 12.4	5.0	25 05.9	2.5	58.9	45	17 47	18 17	18 50	10 48	12 06	13 16	14 15
R 12	359 12.0	N 5 30.1	99 36.4	4.9	S25 08.4	2.2	58.9	S 50	17 44	18 16	18 53	11 06	12 28	13 41	14 40
D 13	14 12.2	31.1	114 00.4	4.9	25 10.6	2.1	58.9	52	17 42	18 16	18 55	11 15	12 39	13 53	14 52
A 14	29 12.4	32.0	128 24.3	5.1	25 12.7	1.9	58.8	54	17 40	18 16	18 56	11 25	12 51	14 07	15 06
Y 15	44 12.5	33.0	142 48.4	5.0	25 14.6	1.8	58.8	56	17 38	18 15	18 58	11 36	13 06	14 23	15 22
16	59 12.7	34.0	157 12.4	5.0	25 16.4	1.6	58.8	58	17 36	18 15	19 01	11 48	13 22	14 42	15 41
17	74 12.9	34.9	171 36.4	5.1	25 18.0	1.4	58.8	S 60	17 34	18 15	19 03	12 03	13 42	15 06	16 04
18	89 13.1	N 5 35.9	186 00.5	5.1	S25 19.4	1.2	58.7		SUN			MOON			
19	104 13.3	36.8	200 24.6	5.1	25 20.6	1.1	58.7	Day	Eqn. of Time 00h	Eqn. of Time 12h	Mer. Pass.	Mer. Pass. Upper	Mer. Pass. Lower	Age	Phase
20	119 13.5	37.8	214 48.7	5.2	25 21.7	0.9	58.7								
21	134 13.6	38.7	229 12.9	5.2	25 22.6	0.8	58.6	d	m s	m s	h m	h m	h m	d	%
22	149 13.8	39.7	243 37.1	5.2	25 23.4	0.6	58.6	1	03 57	03 48	12 04	03 06	15 35	19	81
23	164 14.0	40.6	258 01.3	5.3	S25 24.0	0.4	58.6	2	03 39	03 30	12 03	04 05	16 35	20	71
	SD 16.0	d 1.0	SD 16.4		16.2		16.0	3	03 21	03 12	12 03	05 05	17 35	21	60

2021 APRIL 4, 5, 6 (SUN., MON., TUES.)

UT	ARIES GHA	VENUS −3.9 GHA Dec	MARS +1.3 GHA Dec	JUPITER −2.1 GHA Dec	SATURN +0.6 GHA Dec	STARS Name	SHA	Dec
d h	° ′	° ′ ° ′	° ′ ° ′	° ′ ° ′	° ′ ° ′		° ′	° ′
4 00	192 31.8	176 42.9 N 5 26.3	115 27.4 N24 23.5	226 10.6 S14 12.4	238 19.0 S17 48.3	Acamar	315 14.5	S40 13.5
01	207 34.2	191 42.5 27.5	130 28.2 23.7	241 12.6 12.2	253 21.3 48.3	Achernar	335 23.1	S57 07.9
02	222 36.7	206 42.2 28.8	145 29.0 23.8	256 14.6 12.1	268 23.6 48.2	Acrux	173 02.7	S63 13.0
03	237 39.2	221 41.8 .. 30.0	160 29.8 .. 23.9	271 16.6 .. 11.9	283 25.9 .. 48.2	Adhara	255 08.3	S29 00.3
04	252 41.6	236 41.4 31.2	175 30.7 24.1	286 18.6 11.8	298 28.1 48.1	Aldebaran	290 43.3	N16 33.0
05	267 44.1	251 41.0 32.5	190 31.5 24.2	301 20.6 11.6	313 30.4 48.1			
06	282 46.6	266 40.6 N 5 33.7	205 32.3 N24 24.3	316 22.6 S14 11.5	328 32.7 S17 48.0	Alioth	166 15.2	N55 50.7
07	297 49.0	281 40.2 35.0	220 33.1 24.5	331 24.6 11.3	343 35.0 48.0	Alkaid	152 54.0	N49 12.4
08	312 51.5	296 39.8 36.2	235 34.0 24.6	346 26.6 11.2	358 37.2 48.0	Alnair	27 37.2	S46 51.5
S 09	327 54.0	311 39.4 .. 37.4	250 34.8 .. 24.7	1 28.6 .. 11.0	13 39.5 .. 47.9	Alnilam	275 41.0	S 1 11.5
U 10	342 56.5	326 39.0 38.7	265 35.6 24.9	16 30.6 10.9	28 41.8 47.9	Alphard	217 50.6	S 8 45.2
N 11	357 58.9	341 38.6 39.9	280 36.4 25.0	31 32.6 10.7	43 44.1 47.8			
D 12	13 01.4	356 38.2 N 5 41.1	295 37.3 N24 25.1	46 34.6 S14 10.6	58 46.4 S17 47.8	Alphecca	126 06.1	N26 38.5
A 13	28 03.8	11 37.8 42.4	310 38.1 25.2	61 36.6 10.4	73 48.6 47.7	Alpheratz	357 38.3	N29 12.2
Y 14	43 06.3	26 37.4 43.6	325 38.9 25.4	76 38.6 10.2	88 50.9 47.7	Altair	62 03.0	N 8 55.3
15	58 08.7	41 37.0 .. 44.8	340 39.7 .. 25.5	91 40.6 .. 10.1	103 53.2 .. 47.6	Ankaa	353 10.7	S42 11.6
16	73 11.2	56 36.6 46.1	355 40.6 25.6	106 42.6 09.9	118 55.5 47.6	Antares	112 19.4	S26 28.7
17	88 13.7	71 36.2 47.3	10 41.4 25.8	121 44.6 09.8	133 57.7 47.5			
18	103 16.1	86 35.8 N 5 48.5	25 42.2 N24 25.9	136 46.6 S14 09.6	149 00.0 S17 47.5	Arcturus	145 50.4	N19 04.3
19	118 18.6	101 35.4 49.8	40 43.0 26.0	151 48.6 09.5	164 02.3 47.4	Atria	107 16.1	S69 03.6
20	133 21.1	116 35.0 51.0	55 43.9 26.1	166 50.6 09.3	179 04.6 47.4	Avior	234 15.7	S59 34.9
21	148 23.5	131 34.6 .. 52.2	70 44.7 .. 26.3	181 52.6 .. 09.2	194 06.9 .. 47.4	Bellatrix	278 26.3	N 6 22.0
22	163 26.0	146 34.2 53.5	85 45.5 26.4	196 54.6 09.0	209 09.1 47.3	Betelgeuse	270 55.5	N 7 24.5
23	178 28.5	161 33.8 54.7	100 46.3 26.5	211 56.6 08.9	224 11.4 47.3			
5 00	193 30.9	176 33.5 N 5 55.9	115 47.2 N24 26.6	226 58.6 S14 08.7	239 13.7 S17 47.2	Canopus	263 53.8	S52 42.7
01	208 33.4	191 33.1 57.2	130 48.0 26.8	242 00.6 08.6	254 16.0 47.2	Capella	280 26.6	N46 01.2
02	223 35.8	206 32.7 58.4	145 48.8 26.9	257 02.6 08.4	269 18.2 47.1	Deneb	49 28.0	N45 21.0
03	238 38.3	221 32.3 5 59.6	160 49.6 .. 27.0	272 04.6 .. 08.3	284 20.5 .. 47.1	Denebola	182 27.8	N14 27.2
04	253 40.8	236 31.9 6 00.9	175 50.4 27.1	287 06.6 08.1	299 22.8 47.0	Diphda	348 50.7	S17 52.4
05	268 43.2	251 31.5 02.1	190 51.3 27.3	302 08.6 08.0	314 25.1 47.0			
06	283 45.7	266 31.1 N 6 03.3	205 52.1 N24 27.4	317 10.6 S14 07.8	329 27.4 S17 46.9	Dubhe	193 44.3	N61 38.4
07	298 48.2	281 30.7 04.5	220 52.9 27.5	332 12.6 07.7	344 29.6 46.9	Elnath	278 05.9	N28 37.5
08	313 50.6	296 30.3 05.8	235 53.7 27.6	347 14.6 07.5	359 31.9 46.8	Eltanin	90 43.5	N51 28.9
M 09	328 53.1	311 29.9 .. 07.0	250 54.6 .. 27.8	2 16.6 .. 07.4	14 34.2 .. 46.8	Enif	33 42.0	N 9 58.1
O 10	343 55.6	326 29.5 08.2	265 55.4 27.9	17 18.6 07.2	29 36.5 46.8	Fomalhaut	15 18.2	S29 30.7
N 11	358 58.0	341 29.1 09.5	280 56.2 28.0	32 20.6 07.1	44 38.8 46.7			
D 12	14 00.5	356 28.7 N 6 10.7	295 57.0 N24 28.1	47 22.6 S14 06.9	59 41.0 S17 46.7	Gacrux	171 54.4	S57 13.9
A 13	29 03.0	11 28.3 11.9	310 57.8 28.2	62 24.6 06.8	74 43.3 46.6	Gienah	175 46.4	S17 39.6
Y 14	44 05.4	26 27.9 13.2	325 58.7 28.4	77 26.6 06.6	89 45.6 46.6	Hadar	148 39.7	S60 28.4
15	59 07.9	41 27.5 .. 14.4	340 59.5 .. 28.5	92 28.6 .. 06.5	104 47.9 .. 46.5	Hamal	327 55.0	N23 33.6
16	74 10.3	56 27.1 15.6	356 00.3 28.6	107 30.6 06.3	119 50.2 46.5	Kaus Aust.	83 36.5	S34 22.3
17	89 12.8	71 26.7 16.8	11 01.1 28.7	122 32.6 06.2	134 52.4 46.4			
18	104 15.3	86 26.3 N 6 18.1	26 01.9 N24 28.9	137 34.6 S14 06.0	149 54.7 S17 46.4	Kochab	137 18.9	N74 04.0
19	119 17.7	101 25.9 19.3	41 02.8 29.0	152 36.6 05.9	164 57.0 46.3	Markab	13 33.2	N15 18.9
20	134 20.2	116 25.5 20.5	56 03.6 29.1	167 38.6 05.7	179 59.3 46.3	Menkar	314 09.6	N 4 10.2
21	149 22.7	131 25.1 .. 21.8	71 04.4 .. 29.2	182 40.6 .. 05.6	195 01.6 .. 46.3	Menkent	148 00.8	S36 28.4
22	164 25.1	146 24.7 23.0	86 05.2 29.3	197 42.6 05.4	210 03.9 46.2	Miaplacidus	221 38.3	S69 48.5
23	179 27.6	161 24.3 24.2	101 06.0 29.5	212 44.6 05.3	225 06.1 46.2			
6 00	194 30.1	176 23.9 N 6 25.4	116 06.9 N24 29.6	227 46.6 S14 05.1	240 08.4 S17 46.1	Mirfak	308 33.0	N49 56.1
01	209 32.5	191 23.5 26.7	131 07.7 29.7	242 48.6 05.0	255 10.7 46.1	Nunki	75 51.6	S26 16.2
02	224 35.0	206 23.1 27.9	146 08.5 29.8	257 50.6 04.8	270 13.0 46.0	Peacock	53 10.8	S56 39.8
03	239 37.5	221 22.7 .. 29.1	161 09.3 .. 29.9	272 52.6 .. 04.7	285 15.3 .. 46.0	Pollux	243 21.0	N27 58.5
04	254 39.9	236 22.3 30.3	176 10.2 30.0	287 54.6 04.5	300 17.5 45.9	Procyon	244 54.0	N 5 10.1
05	269 42.4	251 21.9 31.6	191 11.0 30.2	302 56.6 04.4	315 19.8 45.9			
06	284 44.8	266 21.5 N 6 32.8	206 11.8 N24 30.3	317 58.6 S14 04.2	330 22.1 S17 45.9	Rasalhague	96 01.3	N12 32.5
07	299 47.3	281 21.0 34.0	221 12.6 30.4	333 00.6 04.1	345 24.4 45.8	Regulus	207 37.5	N11 51.8
08	314 49.8	296 20.6 35.2	236 13.4 30.5	348 02.6 03.9	0 26.7 45.8	Rigel	281 07.0	S 8 10.9
T 09	329 52.2	311 20.2 .. 36.5	251 14.2 .. 30.6	3 04.7 .. 03.8	15 29.0 .. 45.7	Rigil Kent.	139 43.9	S60 55.2
U 10	344 54.7	326 19.8 37.7	266 15.1 30.7	18 06.7 03.6	30 31.2 45.7	Sabik	102 06.1	S15 45.0
E 11	359 57.2	341 19.4 38.9	281 15.9 30.9	33 08.7 03.5	45 33.5 45.6			
S 12	14 59.6	356 19.0 N 6 40.1	296 16.7 N24 31.0	48 10.7 S14 03.3	60 35.8 S17 45.6	Schedar	349 35.0	N56 39.0
D 13	30 02.1	11 18.6 41.4	311 17.5 31.1	63 12.7 03.2	75 38.1 45.5	Shaula	96 14.4	S37 07.0
A 14	45 04.6	26 18.2 42.6	326 18.3 31.2	78 14.7 03.0	90 40.4 45.5	Sirius	258 29.0	S16 44.9
Y 15	60 07.0	41 17.8 .. 43.8	341 19.2 .. 31.3	93 16.7 .. 02.9	105 42.7 .. 45.5	Spica	158 25.2	S11 16.3
16	75 09.5	56 17.4 45.0	356 20.0 31.4	108 18.7 02.7	120 44.9 45.4	Suhail	222 48.3	S43 31.3
17	90 11.9	71 17.0 46.2	11 20.8 31.6	123 20.7 02.6	135 47.2 45.4			
18	105 14.4	86 16.6 N 6 47.5	26 21.6 N24 31.7	138 22.7 S14 02.4	150 49.5 S17 45.3	Vega	80 35.2	N38 47.9
19	120 16.9	101 16.2 48.7	41 22.4 31.8	153 24.7 02.3	165 51.8 45.3	Zuben'ubi	136 59.1	S16 07.8
20	135 19.3	116 15.8 49.9	56 23.3 31.9	168 26.7 02.1	180 54.1 45.2		SHA	Mer. Pass.
21	150 21.8	131 15.4 .. 51.1	71 24.1 .. 32.0	183 28.7 .. 02.0	195 56.4 .. 45.2		° ′	h m
22	165 24.3	146 15.0 52.3	86 24.9 32.1	198 30.7 01.8	210 58.6 45.1	Venus	343 02.5	12 14
23	180 26.7	161 14.6 53.6	101 25.7 32.2	213 32.7 01.7	226 00.9 45.1	Mars	282 16.2	16 16
Mer. Pass. h m 11 04.1	v −0.4 d 1.2	v 0.8 d 0.1	v 2.0 d 0.2	v 2.3 d 0.0	Jupiter Saturn	33 27.7 45 42.8	8 51 8 02

2021 APRIL 4, 5, 6 (SUN., MON., TUES.)

UT	SUN GHA	SUN Dec	MOON GHA	MOON v	MOON Dec	MOON d	MOON HP	Lat.	Twilight Naut.	Twilight Civil	Sunrise	Moonrise 4	Moonrise 5	Moonrise 6	Moonrise 7
d h	° '	° '	° '	'	° '	'	'	°	h m	h m	h m	h m	h m	h m	h m
4 00	179 14.2	N 5 41.6	272 25.6	5.3	S25 24.4	0.2	58.5	N 72	////	03 14	04 34	■■■	■■■	■■■	■■■
01	194 14.4	42.5	286 49.9	5.3	25 24.6	0.1	58.5	N 70	01 43	03 35	04 44	■■■	■■■	■■■	07 13
02	209 14.5	43.5	301 14.2	5.4	25 24.7	0.0	58.5	68	02 21	03 50	04 51	■■■	■■■	07 41	06 30
03	224 14.7	.. 44.4	315 38.6	5.4	25 24.7	0.3	58.4	66	02 47	04 03	04 58	■■■	■■■	06 17	06 01
04	239 14.9	45.4	330 03.0	5.5	25 24.4	0.4	58.4	64	03 06	04 13	05 04	05 17	05 37	05 39	05 38
05	254 15.1	46.4	344 27.5	5.5	25 24.0	0.5	58.4	62	03 21	04 22	05 09	04 17	04 55	05 13	05 21
06	269 15.3	N 5 47.3	358 52.0	5.5	S25 23.5	0.7	58.4	60	03 34	04 29	05 13	03 43	04 27	04 52	05 06
07	284 15.4	48.3	13 16.5	5.6	25 22.8	0.9	58.3	N 58	03 45	04 36	05 17	03 18	04 05	04 34	04 53
08	299 15.6	49.2	27 41.1	5.7	25 21.9	1.1	58.3	56	03 54	04 41	05 20	02 58	03 47	04 20	04 42
S 09	314 15.8	.. 50.2	42 05.8	5.7	25 20.8	1.2	58.3	54	04 02	04 46	05 23	02 41	03 32	04 07	04 32
U 10	329 16.0	51.1	56 30.5	5.8	25 19.6	1.3	58.2	52	04 09	04 51	05 25	02 27	03 19	03 56	04 24
N 11	344 16.2	52.1	70 55.3	5.8	25 18.3	1.5	58.2	50	04 15	04 55	05 28	02 15	03 07	03 46	04 16
D								45	04 28	05 03	05 33	01 49	02 43	03 25	03 59
A 12	359 16.4	N 5 53.0	85 20.1	5.8	S25 16.8	1.7	58.2	N 40	04 37	05 10	05 38	01 29	02 23	03 08	03 45
Y 13	14 16.5	54.0	99 44.9	6.0	25 15.1	1.9	58.1	35	04 45	05 16	05 41	01 12	02 07	02 54	03 34
14	29 16.7	54.9	114 09.9	6.0	25 13.2	1.9	58.1	30	04 52	05 21	05 45	00 57	01 53	02 42	03 23
15	44 16.9	.. 55.9	128 34.9	6.0	25 11.3	2.2	58.1	20	05 02	05 28	05 50	00 32	01 29	02 20	03 06
16	59 17.1	56.8	142 59.9	6.1	25 09.1	2.3	58.0	N 10	05 09	05 34	05 55	00 11	01 08	02 02	02 50
17	74 17.3	57.8	157 25.0	6.2	25 06.8	2.4	58.0	0	05 14	05 39	05 59	24 49	00 49	01 44	02 36
18	89 17.4	N 5 58.7	171 50.2	6.2	S25 04.4	2.6	58.0	S 10	05 18	05 43	06 04	24 30	00 30	01 27	02 21
19	104 17.6	5 59.7	186 15.4	6.3	25 01.8	2.8	58.0	20	05 20	05 46	06 08	24 09	00 09	01 08	02 06
20	119 17.8	6 00.6	200 40.7	6.4	24 59.0	2.9	57.9	30	05 21	05 49	06 13	23 45	24 47	00 47	01 48
21	134 18.0	.. 01.6	215 06.1	6.4	24 56.1	3.0	57.9	35	05 21	05 51	06 16	23 31	24 34	00 34	01 37
22	149 18.2	02.5	229 31.5	6.5	24 53.1	3.3	57.9	40	05 21	05 52	06 19	23 14	24 19	00 19	01 25
23	164 18.3	03.5	243 57.0	6.6	24 49.8	3.3	57.8	45	05 19	05 53	06 23	22 55	24 02	00 02	01 11
5 00	179 18.5	N 6 04.4	258 22.6	6.6	S24 46.5	3.5	57.8	S 50	05 17	05 55	06 27	22 30	23 40	24 53	00 53
01	194 18.7	05.4	272 48.2	6.8	24 43.0	3.6	57.8	52	05 16	05 55	06 29	22 18	23 30	24 45	00 45
02	209 18.9	06.3	287 14.0	6.7	24 39.4	3.8	57.7	54	05 15	05 56	06 31	22 05	23 18	24 36	00 36
03	224 19.0	.. 07.3	301 39.7	6.9	24 35.6	4.0	57.7	56	05 13	05 56	06 34	21 49	23 05	24 25	00 25
04	239 19.2	08.2	316 05.6	7.0	24 31.6	4.0	57.7	58	05 11	05 57	06 36	21 30	22 49	24 14	00 14
05	254 19.4	09.2	330 31.6	7.0	24 27.6	4.3	57.7	S 60	05 09	05 57	06 39	21 07	22 30	24 00	00 00

UT	SUN GHA	SUN Dec	MOON GHA	MOON v	MOON Dec	MOON d	MOON HP	Lat.	Sunset	Twilight Civil	Twilight Naut.	Moonset 4	Moonset 5	Moonset 6	Moonset 7
06	269 19.6	N 6 10.1	344 57.6	7.1	S24 23.3	4.3	57.6								
07	284 19.8	11.1	359 23.7	7.1	24 19.0	4.5	57.6								
08	299 19.9	12.0	13 49.8	7.3	24 14.5	4.7	57.6	°	h m	h m	h m	h m	h m	h m	h m
M 09	314 20.1	.. 13.0	28 16.1	7.3	24 09.8	4.7	57.5	N 72	19 35	20 56	////	■■■	■■■	■■■	■■■
O 10	329 20.3	13.9	42 42.4	7.4	24 05.1	4.9	57.5	N 70	19 24	20 35	22 31	■■■	■■■	■■■	10 40
N 11	344 20.5	14.9	57 08.8	7.5	24 00.2	5.1	57.5	68	19 16	20 18	21 50	■■■	■■■	08 25	11 21
D 12	359 20.7	N 6 15.8	71 35.3	7.6	S23 55.1	5.2	57.4	66	19 09	20 05	21 23	■■■	■■■	09 48	11 50
A 13	14 20.8	16.7	86 01.9	7.7	23 49.9	5.3	57.4	64	19 03	19 55	21 03	06 54	08 34	10 25	12 11
Y 14	29 21.0	17.7	100 28.6	7.7	23 44.6	5.4	57.4	62	18 58	19 46	20 47	07 54	09 15	10 51	12 28
15	44 21.2	.. 18.6	114 55.3	7.9	23 39.2	5.6	57.4	60	18 54	19 38	20 34	08 27	09 44	11 12	12 42
16	59 21.4	19.6	129 22.2	7.9	23 33.6	5.7	57.3	N 58	18 50	19 31	20 23	08 52	10 05	11 28	12 54
17	74 21.5	20.5	143 49.1	8.0	23 27.9	5.8	57.3	56	18 47	19 25	20 13	09 12	10 23	11 42	13 04
18	89 21.7	N 6 21.5	158 16.1	8.1	S23 22.1	6.0	57.3	54	18 44	19 20	20 05	09 29	10 38	11 55	13 13
19	104 21.9	22.4	172 43.2	8.1	23 16.1	6.1	57.2	52	18 41	19 16	19 58	09 43	10 51	12 05	13 21
20	119 22.1	23.4	187 10.3	8.3	23 10.0	6.2	57.2	50	18 38	19 12	19 52	09 55	11 02	12 15	13 28
21	134 22.3	.. 24.3	201 37.6	8.4	23 03.8	6.3	57.2	45	18 33	19 03	19 39	10 21	11 26	12 35	13 44
22	149 22.4	25.3	216 05.0	8.4	22 57.5	6.5	57.2								
23	164 22.6	26.2	230 32.4	8.5	22 51.0	6.6	57.1								
6 00	179 22.8	N 6 27.2	244 59.9	8.6	S22 44.4	6.7	57.1	N 40	18 28	18 56	19 29	10 41	11 45	12 51	13 57
01	194 23.0	28.1	259 27.5	8.7	22 37.7	6.8	57.1	35	18 25	18 50	19 21	10 58	12 01	13 04	14 07
02	209 23.1	29.0	273 55.2	8.8	22 30.9	6.9	57.1	30	18 21	18 45	19 14	11 13	12 14	13 16	14 17
03	224 23.3	.. 30.0	288 23.0	8.9	22 24.0	7.1	57.0	20	18 15	18 38	19 05	11 38	12 37	13 36	14 33
04	239 23.5	30.9	302 50.9	9.0	22 16.9	7.2	57.0	N 10	18 10	18 32	18 56	11 59	12 57	13 53	14 46
05	254 23.7	31.9	317 18.9	9.1	22 09.7	7.2	57.0	0	18 06	18 27	18 51	12 19	13 16	14 09	14 59
06	269 23.9	N 6 32.8	331 47.0	9.1	S22 02.5	7.4	56.9	S 10	18 01	18 23	18 47	12 39	13 34	14 26	15 12
07	284 24.0	33.8	346 15.1	9.3	21 55.1	7.6	56.9	20	17 57	18 19	18 44	13 00	13 54	14 43	15 26
08	299 24.2	34.7	0 43.4	9.3	21 47.5	7.6	56.9	30	17 52	18 16	18 43	13 24	14 17	15 02	15 41
T 09	314 24.4	.. 35.6	15 11.7	9.4	21 39.9	7.7	56.9	35	17 49	18 14	18 43	13 39	14 30	15 13	15 50
U 10	329 24.6	36.6	29 40.1	9.5	21 32.2	7.8	56.8	40	17 46	18 13	18 44	13 55	14 45	15 26	16 00
E 11	344 24.7	37.5	44 08.6	9.7	21 24.4	8.0	56.8	45	17 42	18 11	18 45	14 15	15 03	15 42	16 12
S 12	359 24.9	N 6 38.5	58 37.3	9.7	S21 16.4	8.0	56.8	S 50	17 37	18 10	18 47	14 40	15 26	16 00	16 26
D 13	14 25.1	39.4	73 06.0	9.7	21 08.4	8.2	56.8	52	17 35	18 09	18 48	14 52	15 37	16 09	16 33
A 14	29 25.3	40.4	87 34.7	9.9	21 00.2	8.2	56.7	54	17 33	18 08	18 49	15 06	15 49	16 19	16 40
Y 15	44 25.4	.. 41.3	102 03.6	10.0	20 52.0	8.4	56.7	56	17 31	18 08	18 51	15 22	16 02	16 30	16 49
16	59 25.6	42.2	116 32.6	10.1	20 43.6	8.5	56.7	58	17 28	18 07	18 53	15 41	16 18	16 42	16 58
17	74 25.8	43.2	131 01.7	10.1	20 35.1	8.5	56.6	S 60	17 25	18 07	18 55	16 04	16 38	16 57	17 08
18	89 26.0	N 6 44.1	145 30.8	10.3	S20 26.6	8.7	56.6			SUN			MOON		
19	104 26.1	45.1	160 00.1	10.3	20 17.9	8.7	56.6	Day	Eqn. of Time		Mer.	Mer. Pass.		Age	Phase
20	119 26.3	46.0	174 29.4	10.4	20 09.2	8.9	56.6		00h	12h	Pass.	Upper	Lower		
21	134 26.5	.. 47.0	188 58.8	10.5	20 00.3	8.9	56.5	d	m s	m s	h m	h m	h m	d %	
22	149 26.7	47.9	203 28.3	10.6	19 51.4	9.1	56.5	4	03 04	02 55	12 03	06 05	18 34	22 49	
23	164 26.8	48.8	217 57.9	10.7	S19 42.3	9.1	56.5	5	02 46	02 38	12 03	07 03	19 30	23 38	◐
	SD 16.0	d 0.9	SD 15.8		15.7		15.5	6	02 29	02 21	12 02	07 57	20 23	24 29	

2021 APRIL 7, 8, 9 (WED., THURS., FRI.)

UT	ARIES	VENUS −3.9	MARS +1.4	JUPITER −2.1	SATURN +0.6	STARS
	GHA	GHA Dec	GHA Dec	GHA Dec	GHA Dec	Name SHA Dec
d h	° ′	° ′ ° ′	° ′ ° ′	° ′ ° ′	° ′ ° ′	° ′ ° ′
7 00	195 29.2	176 14.2 N 6 54.8	116 26.5 N24 32.3	228 34.7 S14 01.6	241 03.2 S17 45.1	Acamar 315 14.5 S40 13.4
01	210 31.7	191 13.8 56.0	131 27.3 32.5	243 36.8 01.4	256 05.5 45.0	Achernar 335 23.1 S57 07.9
02	225 34.1	206 13.4 57.2	146 28.2 32.6	258 38.8 01.3	271 07.8 45.0	Acrux 173 02.7 S63 13.0
03	240 36.6	221 12.9 .. 58.4	161 29.0 .. 32.7	273 40.8 .. 01.1	286 10.1 .. 44.9	Adhara 255 08.3 S29 00.3
04	255 39.1	236 12.5 6 59.7	176 29.8 32.8	288 42.8 01.0	301 12.4 44.9	Aldebaran 290 43.4 N16 33.0
05	270 41.5	251 12.1 7 00.9	191 30.6 32.9	303 44.8 00.8	316 14.6 44.8	
W 06	285 44.0	266 11.7 N 7 02.1	206 31.4 N24 33.0	318 46.8 S14 00.7	331 16.9 S17 44.8	Alioth 166 15.2 N55 50.7
E 07	300 46.4	281 11.3 03.3	221 32.3 33.1	333 48.8 00.5	346 19.2 44.7	Alkaid 152 54.0 N49 12.4
D 08	315 48.9	296 10.9 04.5	236 33.1 33.2	348 50.8 00.4	1 21.5 44.7	Alnair 27 37.1 S46 51.5
N 09	330 51.4	311 10.5 .. 05.8	251 33.9 .. 33.3	3 52.8 .. 00.2	16 23.8 .. 44.7	Alnilam 275 41.0 S 1 11.5
E 10	345 53.8	326 10.1 07.0	266 34.7 33.4	18 54.8 14 00.1	31 26.1 44.6	Alphard 217 50.6 S 8 45.2
S 11	0 56.3	341 09.7 08.2	281 35.5 33.6	33 56.8 13 59.9	46 28.4 44.6	
D 12	15 58.8	356 09.3 N 7 09.4	296 36.3 N24 33.7	48 58.8 S13 59.8	61 30.6 S17 44.5	Alphecca 126 06.1 N26 38.5
A 13	31 01.2	11 08.9 10.6	311 37.2 33.8	64 00.9 59.6	76 32.9 44.5	Alpheratz 357 38.3 N29 12.2
Y 14	46 03.7	26 08.5 11.8	326 38.0 33.9	79 02.9 59.5	91 35.2 44.4	Altair 62 03.0 N 8 55.3
15	61 06.2	41 08.0 .. 13.1	341 38.8 .. 34.0	94 04.9 .. 59.3	106 37.5 .. 44.4	Ankaa 353 10.6 S42 11.6
16	76 08.6	56 07.6 14.3	356 39.6 34.1	109 06.9 59.2	121 39.8 44.4	Antares 112 19.4 S26 28.7
17	91 11.1	71 07.2 15.5	11 40.4 34.2	124 08.9 59.0	136 42.1 44.3	
18	106 13.6	86 06.8 N 7 16.7	26 41.2 N24 34.3	139 10.9 S13 58.9	151 44.4 S17 44.3	Arcturus 145 50.4 N19 04.3
19	121 16.0	101 06.4 17.9	41 42.1 34.4	154 12.9 58.7	166 46.7 44.2	Atria 107 16.0 S69 03.6
20	136 18.5	116 06.0 19.1	56 42.9 34.5	169 14.9 58.6	181 48.9 44.2	Avior 234 15.8 S59 34.9
21	151 20.9	131 05.6 .. 20.4	71 43.7 .. 34.6	184 16.9 .. 58.4	196 51.2 .. 44.1	Bellatrix 278 26.3 N 6 22.0
22	166 23.4	146 05.2 21.6	86 44.5 34.7	199 18.9 58.3	211 53.5 44.1	Betelgeuse 270 55.5 N 7 24.5
23	181 25.9	161 04.8 22.8	101 45.3 34.8	214 21.0 58.1	226 55.8 44.0	
8 00	196 28.3	176 04.3 N 7 24.0	116 46.1 N24 34.9	229 23.0 S13 58.0	241 58.1 S17 44.0	Canopus 263 53.9 S52 42.7
01	211 30.8	191 03.9 25.2	131 47.0 35.1	244 25.0 57.8	257 00.4 44.0	Capella 280 26.6 N46 01.2
02	226 33.3	206 03.5 26.4	146 47.8 35.2	259 27.0 57.7	272 02.7 43.9	Deneb 49 28.0 N45 21.0
03	241 35.7	221 03.1 .. 27.6	161 48.6 .. 35.3	274 29.0 .. 57.6	287 05.0 .. 43.9	Denebola 182 27.8 N14 27.2
04	256 38.2	236 02.7 28.8	176 49.4 35.4	289 31.0 57.4	302 07.3 43.8	Diphda 348 50.7 S17 52.4
05	271 40.7	251 02.3 30.1	191 50.2 35.5	304 33.0 57.3	317 09.5 43.8	
06	286 43.1	266 01.9 N 7 31.3	206 51.0 N24 35.6	319 35.0 S13 57.1	332 11.8 S17 43.7	Dubhe 193 44.3 N61 38.4
07	301 45.6	281 01.5 32.5	221 51.8 35.7	334 37.1 57.0	347 14.1 43.7	Elnath 278 05.9 N28 37.5
T 08	316 48.0	296 01.0 33.7	236 52.7 35.8	349 39.1 56.8	2 16.4 43.7	Eltanin 90 43.4 N51 28.9
H 09	331 50.5	311 00.6 .. 34.9	251 53.5 .. 35.9	4 41.1 .. 56.7	17 18.7 .. 43.6	Enif 33 42.0 N 9 58.1
U 10	346 53.0	326 00.2 36.1	266 54.3 36.0	19 43.1 56.5	32 21.0 43.6	Fomalhaut 15 18.2 S29 30.7
R 11	1 55.4	340 59.8 37.3	281 55.1 36.1	34 45.1 56.4	47 23.3 43.5	
S 12	16 57.9	355 59.4 N 7 38.5	296 55.9 N24 36.2	49 47.1 S13 56.2	62 25.6 S17 43.5	Gacrux 171 54.4 S57 13.9
D 13	32 00.4	10 59.0 39.7	311 56.7 36.3	64 49.1 56.1	77 27.9 43.4	Gienah 175 46.4 S17 39.6
A 14	47 02.8	25 58.6 41.0	326 57.5 36.4	79 51.1 55.9	92 30.1 43.4	Hadar 148 39.7 S60 28.4
Y 15	62 05.3	40 58.1 .. 42.2	341 58.4 .. 36.5	94 53.2 .. 55.8	107 32.4 .. 43.4	Hamal 327 55.0 N23 33.6
16	77 07.8	55 57.7 43.4	356 59.2 36.6	109 55.2 55.6	122 34.7 43.3	Kaus Aust. 83 36.5 S34 22.3
17	92 10.2	70 57.3 44.6	12 00.0 36.7	124 57.2 55.5	137 37.0 43.3	
18	107 12.7	85 56.9 N 7 45.8	27 00.8 N24 36.8	139 59.2 S13 55.3	152 39.3 S17 43.2	Kochab 137 18.8 N74 04.0
19	122 15.2	100 56.5 47.0	42 01.6 36.9	155 01.2 55.2	167 41.6 43.2	Markab 13 33.2 N15 18.9
20	137 17.6	115 56.1 48.2	57 02.4 37.0	170 03.2 55.1	182 43.9 43.1	Menkar 314 09.6 N 4 10.2
21	152 20.1	130 55.6 .. 49.4	72 03.2 .. 37.1	185 05.3 .. 54.9	197 46.2 .. 43.1	Menkent 148 00.8 S36 28.4
22	167 22.5	145 55.2 50.6	87 04.1 37.2	200 07.3 54.8	212 48.5 43.1	Miaplacidus 221 38.3 S69 48.5
23	182 25.0	160 54.8 51.8	102 04.9 37.3	215 09.3 54.6	227 50.8 43.0	
9 00	197 27.5	175 54.4 N 7 53.0	117 05.7 N24 37.4	230 11.3 S13 54.5	242 53.1 S17 43.0	Mirfak 308 33.0 N49 56.1
01	212 29.9	190 54.0 54.2	132 06.5 37.5	245 13.3 54.3	257 55.3 42.9	Nunki 75 51.5 S26 16.2
02	227 32.4	205 53.6 55.5	147 07.3 37.6	260 15.3 54.2	272 57.6 42.9	Peacock 53 10.8 S56 39.8
03	242 34.9	220 53.1 .. 56.7	162 08.1 .. 37.7	275 17.3 .. 54.0	287 59.9 .. 42.8	Pollux 243 21.0 N27 58.5
04	257 37.3	235 52.7 57.9	177 08.9 37.8	290 19.4 53.9	303 02.2 42.8	Procyon 244 54.0 N 5 10.1
05	272 39.8	250 52.3 7 59.1	192 09.8 37.9	305 21.4 53.7	318 04.5 42.8	
06	287 42.3	265 51.9 N 8 00.3	207 10.6 N24 38.0	320 23.4 S13 53.6	333 06.8 S17 42.7	Rasalhague 96 01.3 N12 32.5
07	302 44.7	280 51.5 01.5	222 11.4 38.1	335 25.4 53.4	348 09.1 42.7	Regulus 207 37.5 N11 51.8
08	317 47.2	295 51.0 02.7	237 12.2 38.2	350 27.4 53.3	3 11.4 42.6	Rigel 281 07.0 S 8 10.9
F 09	332 49.6	310 50.6 .. 03.9	252 13.0 .. 38.3	5 29.4 .. 53.1	18 13.7 .. 42.6	Rigil Kent. 139 43.8 S60 55.2
R 10	347 52.1	325 50.2 05.1	267 13.8 38.4	20 31.5 53.0	33 16.0 42.6	Sabik 102 06.1 S15 45.0
I 11	2 54.6	340 49.8 06.3	282 14.6 38.5	35 33.5 52.9	48 18.3 42.5	
D 12	17 57.0	355 49.4 N 8 07.5	297 15.4 N24 38.6	50 35.5 S13 52.7	63 20.6 S17 42.5	Schedar 349 35.0 N56 39.0
A 13	32 59.5	10 48.9 08.7	312 16.3 38.6	65 37.5 52.6	78 22.9 42.4	Shaula 96 14.4 S37 07.0
Y 14	48 02.0	25 48.5 09.9	327 17.1 38.7	80 39.5 52.4	93 25.2 42.4	Sirius 258 29.0 S16 44.9
15	63 04.4	40 48.1 .. 11.1	342 17.9 .. 38.8	95 41.5 .. 52.3	108 27.4 .. 42.3	Spica 158 25.2 S11 16.3
16	78 06.9	55 47.7 12.3	357 18.7 38.9	110 43.6 52.1	123 29.7 42.3	Suhail 222 48.3 S43 31.3
17	93 09.4	70 47.3 13.5	12 19.5 39.0	125 45.6 52.0	138 32.0 42.3	
18	108 11.8	85 46.8 N 8 14.7	27 20.3 N24 39.1	140 47.6 S13 51.8	153 34.3 S17 42.2	Vega 80 35.2 N38 47.9
19	123 14.3	100 46.4 15.9	42 21.1 39.2	155 49.6 51.7	168 36.6 42.2	Zuben'ubi 136 59.1 S16 07.8
20	138 16.8	115 46.0 17.1	57 21.9 39.3	170 51.6 51.5	183 38.9 42.1	SHA Mer.Pass.
21	153 19.2	130 45.6 .. 18.3	72 22.8 .. 39.4	185 53.7 .. 51.4	198 41.2 .. 42.1	° ′ h m
22	168 21.7	145 45.2 19.5	87 23.6 39.5	200 55.7 51.2	213 43.5 42.1	Venus 339 36.0 12 16
23	183 24.1	160 44.7 20.7	102 24.4 39.6	215 57.7 51.1	228 45.8 42.0	Mars 280 17.8 16 12
	h m					Jupiter 32 54.6 8 41
Mer.Pass. 10 52.3		v −0.4 d 1.2	v 0.8 d 0.1	v 2.0 d 0.1	v 2.3 d 0.0	Saturn 45 29.8 7 51

2021 APRIL 7, 8, 9 (WED., THURS., FRI.)

UT	SUN GHA	SUN Dec	MOON GHA	MOON v	MOON Dec	MOON d	MOON HP
d h	° '	° '	° '	'	° '	'	'
7 00	179 27.0	N 6 49.8	232 27.6	10.8	S19 33.2	9.2	56.5
01	194 27.2	50.7	246 57.4	10.9	19 24.0	9.3	56.4
02	209 27.4	51.7	261 27.3	10.9	19 14.7	9.4	56.4
03	224 27.5	52.6	275 57.2	11.1	19 05.3	9.5	56.4
04	239 27.7	53.5	290 27.3	11.1	18 55.8	9.6	56.4
05	254 27.9	54.5	304 57.4	11.2	18 46.2	9.6	56.3
06	269 28.1	N 6 55.4	319 27.6	11.3	S18 36.6	9.8	56.3
W 07	284 28.2	56.3	333 57.9	11.4	18 26.8	9.8	56.3
E 08	299 28.4	57.3	348 28.3	11.5	18 17.0	9.9	56.3
D 09	314 28.6	58.2	2 58.8	11.6	18 07.1	10.0	56.2
N 10	329 28.8	6 59.2	17 29.4	11.6	17 57.1	10.0	56.2
E 11	344 28.9	7 00.1	32 00.1	11.8	17 47.1	10.2	56.2
S 12	359 29.1	N 7 01.0	46 30.8	11.8	S17 36.9	10.2	56.2
D 13	14 29.3	02.0	61 01.6	11.9	17 26.7	10.3	56.2
A 14	29 29.5	02.9	75 32.5	12.0	17 16.4	10.4	56.1
Y 15	44 29.6	03.9	90 03.5	12.0	17 06.0	10.4	56.1
16	59 29.8	04.8	104 34.5	12.2	16 55.6	10.5	56.1
17	74 30.0	05.7	119 05.7	12.2	16 45.1	10.6	56.1
18	89 30.2	N 7 06.7	133 36.9	12.3	S16 34.5	10.7	56.0
19	104 30.3	07.6	148 08.2	12.4	16 23.8	10.7	56.0
20	119 30.5	08.5	162 39.6	12.5	16 13.1	10.8	56.0
21	134 30.7	09.5	177 11.1	12.5	16 02.3	10.8	56.0
22	149 30.8	10.4	191 42.6	12.6	15 51.5	11.0	55.9
23	164 31.0	11.3	206 14.2	12.7	15 40.5	10.9	55.9
8 00	179 31.2	N 7 12.3	220 45.9	12.8	S15 29.6	11.1	55.9
01	194 31.4	13.2	235 17.7	12.9	15 18.5	11.1	55.9
02	209 31.5	14.1	249 49.6	12.9	15 07.4	11.2	55.9
03	224 31.7	15.1	264 21.5	13.0	14 56.2	11.2	55.8
04	239 31.9	16.0	278 53.5	13.1	14 45.0	11.3	55.8
05	254 32.1	17.0	293 25.6	13.1	14 33.7	11.4	55.8
06	269 32.2	N 7 17.9	307 57.7	13.3	S14 22.3	11.4	55.8
T 07	284 32.4	18.8	322 30.0	13.2	14 10.9	11.4	55.7
H 08	299 32.6	19.8	337 02.2	13.4	13 59.5	11.5	55.7
U 09	314 32.7	20.7	351 34.6	13.4	13 48.0	11.6	55.7
R 10	329 32.9	21.6	6 07.0	13.5	13 36.4	11.6	55.7
S 11	344 33.1	22.6	20 39.5	13.6	13 24.8	11.7	55.7
D 12	359 33.3	N 7 23.5	35 12.1	13.7	S13 13.1	11.7	55.6
A 13	14 33.4	24.4	49 44.8	13.7	13 01.4	11.8	55.6
Y 14	29 33.6	25.4	64 17.5	13.7	12 49.6	11.8	55.6
15	44 33.8	26.3	78 50.2	13.9	12 37.8	11.9	55.6
16	59 33.9	27.2	93 23.1	13.9	12 25.9	11.9	55.6
17	74 34.1	28.1	107 56.0	13.9	12 14.0	12.0	55.5
18	89 34.3	N 7 29.1	122 28.9	14.1	S12 02.0	12.0	55.5
19	104 34.4	30.0	137 02.0	14.0	11 50.0	12.0	55.5
20	119 34.6	30.9	151 35.0	14.2	11 38.0	12.1	55.5
21	134 34.8	31.9	166 08.2	14.2	11 25.9	12.1	55.5
22	149 35.0	32.8	180 41.4	14.3	11 13.8	12.2	55.4
23	164 35.1	33.7	195 14.7	14.3	11 01.6	12.2	55.4
9 00	179 35.3	N 7 34.7	209 48.0	14.4	S10 49.4	12.3	55.4
01	194 35.5	35.6	224 21.4	14.4	10 37.1	12.3	55.4
02	209 35.6	36.5	238 54.8	14.5	10 24.8	12.3	55.4
03	224 35.8	37.5	253 28.3	14.6	10 12.5	12.3	55.3
04	239 36.0	38.4	268 01.9	14.6	10 00.2	12.4	55.3
05	254 36.1	39.3	282 35.5	14.6	9 47.8	12.4	55.3
06	269 36.3	N 7 40.2	297 09.1	14.7	S 9 35.4	12.5	55.3
07	284 36.5	41.2	311 42.8	14.8	9 22.9	12.5	55.3
08	299 36.7	42.1	326 16.6	14.8	9 10.4	12.5	55.3
F 09	314 36.8	43.0	340 50.4	14.9	8 57.9	12.6	55.2
R 10	329 37.0	44.0	355 24.3	14.9	8 45.3	12.5	55.2
I 11	344 37.2	44.9	9 58.2	14.9	8 32.8	12.7	55.2
D 12	359 37.3	N 7 45.8	24 32.1	15.0	S 8 20.1	12.6	55.2
A 13	14 37.5	46.7	39 06.1	15.1	8 07.5	12.6	55.2
Y 14	29 37.7	47.7	53 40.2	15.1	7 54.9	12.7	55.1
15	44 37.8	48.6	68 14.3	15.1	7 42.2	12.7	55.1
16	59 38.0	49.5	82 48.4	15.2	7 29.5	12.8	55.1
17	74 38.2	50.4	97 22.6	15.2	7 16.7	12.7	55.1
18	89 38.3	N 7 51.4	111 56.8	15.3	S 7 04.0	12.8	55.1
19	104 38.5	52.3	126 31.1	15.3	6 51.2	12.8	55.1
20	119 38.7	53.2	141 05.4	15.3	6 38.4	12.8	55.0
21	134 38.8	54.1	155 39.7	15.4	6 25.6	12.9	55.0
22	149 39.0	55.1	170 14.1	15.5	6 12.7	12.8	55.0
23	164 39.2	56.0	184 48.6	15.4	S 5 59.9	12.9	55.0
	SD 16.0	d 0.9	SD 15.3		15.2		15.0

Twilight / Sunrise / Moonrise

Lat.	Naut.	Civil	Sunrise	7	8	9	10
°	h m	h m	h m	h m	h m	h m	h m
N 72	////	02 54	04 17	■■	06 57	06 18	05 50
N 70	01 06	03 17	04 29	07 13	06 28	06 03	05 44
68	01 58	03 35	04 39	06 30	06 07	05 52	05 39
66	02 29	03 50	04 47	06 01	05 50	05 42	05 34
64	02 51	04 01	04 53	05 38	05 36	05 34	05 31
62	03 09	04 11	04 59	05 21	05 24	05 26	05 27
60	03 23	04 20	05 04	05 06	05 14	05 20	05 25
N 58	03 35	04 27	05 08	04 53	05 06	05 15	05 22
56	03 45	04 33	05 12	04 42	04 58	05 10	05 20
54	03 53	04 39	05 15	04 32	04 51	05 05	05 18
52	04 01	04 44	05 19	04 24	04 45	05 01	05 16
50	04 08	04 48	05 21	04 16	04 39	04 58	05 14
45	04 22	04 58	05 28	03 59	04 27	04 50	05 11
N 40	04 32	05 05	05 33	03 45	04 16	04 43	05 07
35	04 41	05 11	05 37	03 34	04 08	04 37	05 05
30	04 48	05 17	05 41	03 23	04 00	04 32	05 02
20	04 59	05 25	05 48	03 06	03 47	04 24	04 58
N 10	05 07	05 32	05 53	02 50	03 35	04 16	04 55
0	05 13	05 38	05 58	02 36	03 24	04 09	04 51
S 10	05 18	05 42	06 04	02 21	03 13	04 01	04 48
20	05 21	05 47	06 09	02 06	03 01	03 53	04 44
30	05 23	05 51	06 15	01 48	02 47	03 44	04 40
35	05 24	05 53	06 18	01 37	02 39	03 39	04 37
40	05 24	05 55	06 22	01 25	02 30	03 33	04 35
45	05 23	05 57	06 27	01 11	02 20	03 26	04 31
S 50	05 22	05 59	06 32	00 53	02 07	03 18	04 28
52	05 21	06 00	06 34	00 45	02 01	03 14	04 26
54	05 20	06 01	06 37	00 36	01 54	03 10	04 24
56	05 19	06 02	06 40	00 25	01 46	03 05	04 22
58	05 18	06 03	06 43	00 14	01 38	03 00	04 19
S 60	05 16	06 04	06 46	00 00	01 28	02 54	04 17

Sunset / Twilight / Moonset

Lat.	Sunset	Civil	Naut.	7	8	9	10
°	h m	h m	h m	h m	h m	h m	h m
N 72	19 50	21 15	////	■■	12 35	14 46	16 43
N 70	19 37	20 50	23 14	10 40	13 02	14 58	16 46
68	19 27	20 32	22 12	11 21	13 21	15 08	16 48
66	19 19	20 17	21 39	11 50	13 37	15 16	16 51
64	19 12	20 05	21 16	12 11	13 50	15 23	16 52
62	19 06	19 55	20 58	12 28	14 00	15 29	16 54
60	19 01	19 46	20 43	12 42	14 10	15 34	16 55
N 58	18 57	19 39	20 31	12 54	14 17	15 38	16 57
56	18 53	19 32	20 21	13 04	14 24	15 42	16 58
54	18 49	19 26	20 12	13 13	14 31	15 46	16 59
52	18 46	19 21	20 04	13 21	14 36	15 49	17 00
50	18 43	19 17	19 57	13 28	14 41	15 52	17 00
45	18 37	19 07	19 43	13 44	14 52	15 58	17 02
N 40	18 31	18 59	19 32	13 57	15 01	16 03	17 04
35	18 27	18 53	19 23	14 07	15 08	16 07	17 05
30	18 23	18 47	19 16	14 17	15 15	16 11	17 06
20	18 16	18 39	19 05	14 33	15 26	16 18	17 08
N 10	18 10	18 32	18 56	14 46	15 36	16 24	17 10
0	18 05	18 26	18 50	14 59	15 46	16 29	17 11
S 10	18 00	18 21	18 45	15 12	15 55	16 35	17 13
20	17 54	18 16	18 42	15 26	16 05	16 40	17 14
30	17 48	18 12	18 40	15 41	16 16	16 47	17 16
35	17 45	18 10	18 39	15 50	16 22	16 50	17 17
40	17 41	18 08	18 39	16 00	16 29	16 54	17 18
45	17 36	18 06	18 40	16 12	16 37	16 59	17 19
S 50	17 31	18 03	18 41	16 26	16 47	17 05	17 21
52	17 29	18 02	18 41	16 33	16 52	17 08	17 21
54	17 26	18 01	18 42	16 40	16 57	17 10	17 22
56	17 23	18 00	18 43	16 49	17 02	17 14	17 23
58	17 20	17 59	18 44	16 58	17 09	17 17	17 24
S 60	17 16	17 58	18 46	17 08	17 16	17 21	17 25

SUN / MOON

Day	Eqn. of Time 00h	Eqn. of Time 12h	Mer. Pass.	Mer. Pass. Upper	Mer. Pass. Lower	Age	Phase
d	m s	m s	h m	h m	h m	d	%
7	02 12	02 04	12 02	08 48	21 12	25	20
8	01 56	01 47	12 02	09 35	21 57	26	12
9	01 39	01 31	12 02	10 19	22 40	27	7

2021 APRIL 10, 11, 12 (SAT., SUN., MON.)

UT	ARIES GHA	VENUS −3.9 GHA / Dec	MARS +1.4 GHA / Dec	JUPITER −2.1 GHA / Dec	SATURN +0.6 GHA / Dec	STARS Name	SHA	Dec
d h	° '	° ' / ° '	° ' / ° '	° ' / ° '	° ' / ° '		° '	° '
10 00	198 26.6	175 44.3 N 8 21.9	117 25.2 N24 39.7	230 59.7 S13 51.0	243 48.1 S17 42.0	Acamar	315 14.5	S40 13.4
01	213 29.1	190 43.9 23.1	132 26.0 39.8	246 01.7 50.8	258 50.4 41.9	Achernar	335 23.1	S57 07.9
02	228 31.5	205 43.5 24.3	147 26.8 39.9	261 03.8 50.7	273 52.7 41.9	Acrux	173 02.7	S63 13.0
03	243 34.0	220 43.0 .. 25.5	162 27.6 .. 39.9	276 05.8 .. 50.5	288 55.0 .. 41.8	Adhara	255 08.3	S29 00.3
04	258 36.5	235 42.6 26.7	177 28.4 40.0	291 07.8 50.4	303 57.3 41.8	Aldebaran	290 43.4	N16 33.0
05	273 38.9	250 42.2 27.9	192 29.2 40.1	306 09.8 50.2	318 59.6 41.8			
06	288 41.4	265 41.8 N 8 29.1	207 30.1 N24 40.2	321 11.8 S13 50.1	334 01.9 S17 41.7	Alioth	166 15.2	N55 50.7
07	303 43.9	280 41.3 30.3	222 30.9 40.3	336 13.9 49.9	349 04.2 41.7	Alkaid	152 54.0	N49 12.4
S 08	318 46.3	295 40.9 31.5	237 31.7 40.4	351 15.9 49.8	4 06.5 41.6	Al Na'ir	27 37.1	S46 51.5
A 09	333 48.8	310 40.5 .. 32.7	252 32.5 .. 40.5	6 17.9 .. 49.7	19 08.8 .. 41.6	Alnilam	275 41.0	S 1 11.5
T 10	348 51.3	325 40.1 33.9	267 33.3 40.6	21 19.9 49.5	34 11.1 41.6	Alphard	217 50.6	S 8 45.2
U 11	3 53.7	340 39.6 35.1	282 34.1 40.7	36 21.9 49.4	49 13.3 41.5			
R 12	18 56.2	355 39.2 N 8 36.3	297 34.9 N24 40.7	51 24.0 S13 49.2	64 15.6 S17 41.5	Alphecca	126 06.1	N26 38.5
D 13	33 58.6	10 38.8 37.5	312 35.7 40.8	66 26.0 49.1	79 17.9 41.4	Alpheratz	357 38.3	N29 12.2
A 14	49 01.1	25 38.4 38.7	327 36.5 40.9	81 28.0 48.9	94 20.2 41.4	Altair	62 03.0	N 8 55.3
Y 15	64 03.6	40 37.9 .. 39.8	342 37.3 .. 41.0	96 30.0 .. 48.8	109 22.5 .. 41.3	Ankaa	353 10.6	S42 11.6
16	79 06.0	55 37.5 41.0	357 38.2 41.1	111 32.1 48.6	124 24.8 41.3	Antares	112 19.3	S26 28.7
17	94 08.5	70 37.1 42.2	12 39.0 41.2	126 34.1 48.5	139 27.1 41.3			
18	109 11.0	85 36.6 N 8 43.4	27 39.8 N24 41.3	141 36.1 S13 48.3	154 29.4 S17 41.2	Arcturus	145 50.4	N19 04.3
19	124 13.4	100 36.2 44.6	42 40.6 41.4	156 38.1 48.2	169 31.7 41.2	Atria	107 16.0	S69 03.7
20	139 15.9	115 35.8 45.8	57 41.4 41.4	171 40.1 48.1	184 34.0 41.1	Avior	234 15.8	S59 34.9
21	154 18.4	130 35.4 .. 47.0	72 42.2 .. 41.5	186 42.2 .. 47.9	199 36.3 .. 41.1	Bellatrix	278 26.3	N 6 22.0
22	169 20.8	145 34.9 48.2	87 43.0 41.6	201 44.2 47.8	214 38.6 41.1	Betelgeuse	270 55.5	N 7 24.5
23	184 23.3	160 34.5 49.4	102 43.8 41.7	216 46.2 47.6	229 40.9 41.0			
11 00	199 25.7	175 34.1 N 8 50.6	117 44.6 N24 41.8	231 48.2 S13 47.5	244 43.2 S17 41.0	Canopus	263 53.9	S52 42.7
01	214 28.2	190 33.6 51.8	132 45.4 41.9	246 50.3 47.3	259 45.5 40.9	Capella	280 26.7	N46 01.2
02	229 30.7	205 33.2 53.0	147 46.3 41.9	261 52.3 47.2	274 47.8 40.9	Deneb	49 28.0	N45 21.0
03	244 33.1	220 32.8 .. 54.1	162 47.1 .. 42.0	276 54.3 .. 47.0	289 50.1 .. 40.9	Denebola	182 27.8	N14 27.2
04	259 35.6	235 32.3 55.3	177 47.9 42.1	291 56.3 46.9	304 52.4 40.8	Diphda	348 50.7	S17 52.4
05	274 38.1	250 31.9 56.5	192 48.7 42.2	306 58.4 46.8	319 54.7 40.8			
06	289 40.5	265 31.5 N 8 57.7	207 49.5 N24 42.3	322 00.4 S13 46.6	334 57.0 S17 40.7	Dubhe	193 44.3	N61 38.4
07	304 43.0	280 31.1 8 58.9	222 50.3 42.4	337 02.4 46.5	349 59.3 40.7	Elnath	278 05.9	N28 37.5
08	319 45.5	295 30.6 9 00.1	237 51.1 42.4	352 04.4 46.3	5 01.6 40.7	Eltanin	90 43.4	N51 28.9
S 09	334 47.9	310 30.2 .. 01.3	252 51.9 .. 42.5	7 06.5 .. 46.2	20 03.9 .. 40.6	Enif	33 42.0	N 9 58.1
U 10	349 50.4	325 29.8 02.5	267 52.7 42.6	22 08.5 46.0	35 06.2 40.6	Fomalhaut	15 18.2	S29 30.7
N 11	4 52.9	340 29.3 03.7	282 53.5 42.7	37 10.5 45.9	50 08.5 40.5			
D 12	19 55.3	355 28.9 N 9 04.8	297 54.3 N24 42.8	52 12.5 S13 45.8	65 10.8 S17 40.5	Gacrux	171 54.4	S57 14.0
A 13	34 57.8	10 28.5 06.0	312 55.2 42.9	67 14.6 45.6	80 13.1 40.5	Gienah	175 46.4	S17 39.6
Y 14	50 00.2	25 28.0 07.2	327 56.0 42.9	82 16.6 45.5	95 15.4 40.4	Hadar	148 39.7	S60 28.4
15	65 02.7	40 27.6 .. 08.4	342 56.8 .. 43.0	97 18.6 .. 45.3	110 17.7 .. 40.4	Hamal	327 55.0	N23 33.6
16	80 05.2	55 27.2 09.6	357 57.6 43.1	112 20.6 45.2	125 20.0 40.3	Kaus Aust.	83 36.5	S34 22.3
17	95 07.6	70 26.7 10.8	12 58.4 43.2	127 22.7 45.0	140 22.3 40.3			
18	110 10.1	85 26.3 N 9 12.0	27 59.2 N24 43.3	142 24.7 S13 44.9	155 24.6 S17 40.3	Kochab	137 18.8	N74 04.0
19	125 12.6	100 25.9 13.1	43 00.0 43.3	157 26.7 44.7	170 26.9 40.2	Markab	13 33.2	N15 18.9
20	140 15.0	115 25.4 14.3	58 00.8 43.4	172 28.8 44.6	185 29.2 40.2	Menkar	314 09.7	N 4 10.2
21	155 17.5	130 25.0 .. 15.5	73 01.6 .. 43.5	187 30.8 .. 44.5	200 31.5 .. 40.1	Menkent	148 00.8	S36 28.4
22	170 20.0	145 24.5 16.7	88 02.4 43.6	202 32.8 44.3	215 33.8 40.1	Miaplacidus	221 38.4	S69 48.5
23	185 22.4	160 24.1 17.9	103 03.2 43.6	217 34.8 44.2	230 36.1 40.1			
12 00	200 24.9	175 23.7 N 9 19.1	118 04.0 N24 43.7	232 36.9 S13 44.0	245 38.4 S17 40.0	Mirfak	308 33.0	N49 56.1
01	215 27.3	190 23.2 20.2	133 04.8 43.8	247 38.9 43.9	260 40.7 40.0	Nunki	75 51.5	S26 16.2
02	230 29.8	205 22.8 21.4	148 05.7 43.9	262 40.9 43.7	275 43.0 39.9	Peacock	53 10.7	S56 39.8
03	245 32.3	220 22.4 .. 22.6	163 06.5 .. 44.0	277 43.0 .. 43.6	290 45.3 .. 39.9	Pollux	243 21.1	N27 58.5
04	260 34.7	235 21.9 23.8	178 07.3 44.0	292 45.0 43.5	305 47.6 39.9	Procyon	244 54.0	N 5 10.1
05	275 37.2	250 21.5 25.0	193 08.1 44.1	307 47.0 43.3	320 49.9 39.8			
06	290 39.7	265 21.0 N 9 26.1	208 08.9 N24 44.2	322 49.0 S13 43.2	335 52.2 S17 39.8	Rasalhague	96 01.2	N12 32.5
07	305 42.1	280 20.6 27.3	223 09.7 44.3	337 51.1 43.0	350 54.5 39.7	Regulus	207 37.5	N11 51.8
08	320 44.6	295 20.2 28.5	238 10.5 44.3	352 53.1 42.9	5 56.8 39.7	Rigel	281 07.0	S 8 10.8
M 09	335 47.1	310 19.7 .. 29.7	253 11.3 .. 44.4	7 55.1 .. 42.7	20 59.1 .. 39.7	Rigil Kent.	139 43.8	S60 55.2
O 10	350 49.5	325 19.3 30.9	268 12.1 44.5	22 57.2 42.6	36 01.4 39.6	Sabik	102 06.1	S15 45.0
N 11	5 52.0	340 18.9 32.0	283 12.9 44.6	37 59.2 42.5	51 03.7 39.6			
D 12	20 54.5	355 18.4 N 9 33.2	298 13.7 N24 44.6	53 01.2 S13 42.3	66 06.0 S17 39.5	Schedar	349 35.0	N56 39.0
A 13	35 56.9	10 18.0 34.4	313 14.5 44.7	68 03.2 42.2	81 08.4 39.5	Shaula	96 14.3	S37 07.0
Y 14	50 59.4	25 17.5 35.6	328 15.3 44.8	83 05.3 42.0	96 10.7 39.5	Sirius	258 29.0	S16 44.9
15	66 01.8	40 17.1 .. 36.7	343 16.1 .. 44.8	98 07.3 .. 41.9	111 13.0 .. 39.4	Spica	158 25.2	S11 16.3
16	81 04.3	55 16.7 37.9	358 17.0 44.9	113 09.3 41.7	126 15.3 39.4	Suhail	222 48.3	S43 31.3
17	96 06.8	70 16.2 39.1	13 17.8 45.0	128 11.4 41.6	141 17.6 39.3			
18	111 09.2	85 15.8 N 9 40.3	28 18.6 N24 45.1	143 13.4 S13 41.5	156 19.9 S17 39.3	Vega	80 35.2	N38 47.9
19	126 11.7	100 15.3 41.4	43 19.4 45.1	158 15.4 41.3	171 22.2 39.3	Zuben'ubi	136 59.1	S16 07.8
20	141 14.2	115 14.9 42.6	58 20.2 45.2	173 17.5 41.2	186 24.5 39.2		SHA	Mer. Pass.
21	156 16.6	130 14.4 .. 43.8	73 21.0 .. 45.3	188 19.5 .. 41.0	201 26.8 .. 39.2		° '	h m
22	171 19.1	145 14.0 45.0	88 21.8 45.4	203 21.5 40.9	216 29.1 39.2	Venus	336 08.3	12 18
23	186 21.6	160 13.6 46.1	103 22.6 45.4	218 23.6 40.8	231 31.4 39.1	Mars	278 18.9	16 08
	h m					Jupiter	32 22.5	8 32
Mer. Pass. 10 40.5		v −0.4 d 1.2	v 0.8 d 0.1	v 2.0 d 0.1	v 2.3 d 0.0	Saturn	45 17.5	7 40

2021 APRIL 10, 11, 12 (SAT., SUN., MON.)

UT	SUN GHA	SUN Dec	MOON GHA	MOON v	MOON Dec	MOON d	MOON HP	Lat.	Twilight Naut.	Twilight Civil	Sunrise	Moonrise 10	Moonrise 11	Moonrise 12	Moonrise 13
d h	° '	° '	° '	'	° '	'	'	°	h m	h m	h m	h m	h m	h m	h m
10 00	179 39.3	N 7 56.9	199 23.0	15.5	S 5 47.0	12.9	55.0	N 72	////	02 31	04 01	05 50	05 26	05 01	04 33
01	194 39.5	57.8	213 57.5	15.5	5 34.1	12.9	55.0	N 70	////	02 59	04 15	05 44	05 26	05 09	04 49
02	209 39.7	58.8	228 32.0	15.6	5 21.2	12.9	55.0	68	01 31	03 20	04 26	05 39	05 27	05 15	05 02
03	224 39.8	7 59.7	243 06.6	15.6	5 08.3	12.9	54.9	66	02 10	03 36	04 35	05 34	05 27	05 20	05 13
04	239 40.0	8 00.6	257 41.2	15.6	4 55.4	13.0	54.9	64	02 36	03 50	04 43	05 31	05 28	05 25	05 22
05	254 40.2	01.5	272 15.8	15.7	4 42.4	12.9	54.9	62	02 56	04 01	04 49	05 27	05 28	05 29	05 30
								60	03 11	04 10	04 55	05 25	05 28	05 32	05 37
06	269 40.3	N 8 02.5	286 50.5	15.7	S 4 29.5	13.0	54.9	N 58	03 24	04 18	05 00	05 22	05 29	05 35	05 43
07	284 40.5	03.4	301 25.2	15.7	4 16.5	13.0	54.9	56	03 35	04 25	05 04	05 20	05 29	05 38	05 48
S 08	299 40.7	04.3	315 59.9	15.8	4 03.5	13.0	54.9	54	03 45	04 31	05 08	05 18	05 29	05 40	05 53
A 09	314 40.8	.. 05.2	330 34.7	15.7	3 50.5	13.0	54.8	52	03 53	04 37	05 12	05 16	05 29	05 43	05 57
T 10	329 41.0	06.2	345 09.4	15.9	3 37.5	13.0	54.8	50	04 00	04 42	05 15	05 14	05 30	05 45	06 01
U 11	344 41.2	07.1	359 44.3	15.8	3 24.5	13.0	54.8	45	04 15	04 52	05 22	05 11	05 30	05 49	06 09
R 12	359 41.3	N 8 08.0	14 19.1	15.8	S 3 11.5	13.0	54.8	N 40	04 27	05 00	05 28	05 07	05 30	05 53	06 17
D 13	14 41.5	08.9	28 53.9	15.9	2 58.5	13.0	54.8	35	04 37	05 07	05 33	05 05	05 31	05 56	06 23
A 14	29 41.7	09.8	43 28.8	15.9	2 45.5	13.1	54.8	30	04 45	05 13	05 38	05 02	05 31	05 59	06 28
Y 15	44 41.8	.. 10.8	58 03.7	16.0	2 32.4	13.0	54.8	20	04 57	05 23	05 45	04 58	05 31	06 04	06 38
16	59 42.0	11.7	72 38.7	15.9	2 19.4	13.0	54.7	N 10	05 06	05 30	05 52	04 55	05 32	06 09	06 46
17	74 42.2	12.6	87 13.6	16.0	2 06.4	13.1	54.7	0	05 13	05 37	05 58	04 51	05 32	06 13	06 54
18	89 42.3	N 8 13.5	101 48.6	16.0	S 1 53.3	13.0	54.7	S 10	05 18	05 42	06 04	04 48	05 33	06 17	07 02
19	104 42.5	14.5	116 23.6	16.0	1 40.3	13.1	54.7	20	05 22	05 48	06 10	04 44	05 33	06 22	07 11
20	119 42.7	15.4	130 58.6	16.0	1 27.2	13.0	54.7	30	05 25	05 53	06 17	04 40	05 34	06 27	07 21
21	134 42.8	.. 16.3	145 33.6	16.1	1 14.2	13.0	54.7	35	05 26	05 55	06 21	04 37	05 34	06 30	07 27
22	149 43.0	17.2	160 08.7	16.1	1 01.2	13.1	54.7	40	05 26	05 58	06 25	04 35	05 35	06 34	07 33
23	164 43.1	18.1	174 43.7	16.1	0 48.1	13.0	54.6	45	05 27	06 01	06 30	04 31	05 35	06 38	07 41
11 00	179 43.3	N 8 19.0	189 18.8	16.1	S 0 35.1	13.0	54.6	S 50	05 26	06 04	06 36	04 28	05 36	06 43	07 50
01	194 43.5	20.0	203 53.9	16.1	0 22.1	13.1	54.6	52	05 26	06 05	06 39	04 26	05 36	06 45	07 55
02	209 43.6	20.9	218 29.0	16.1	S 0 09.0	13.0	54.6	54	05 26	06 06	06 42	04 24	05 36	06 48	07 59
03	224 43.8	.. 21.8	233 04.1	16.1	N 0 04.0	13.0	54.6	56	05 25	06 08	06 46	04 22	05 36	06 50	08 05
04	239 44.0	22.7	247 39.2	16.2	0 17.0	13.0	54.6	58	05 24	06 10	06 49	04 19	05 37	06 54	08 11
05	254 44.1	23.6	262 14.4	16.1	0 30.0	13.0	54.6	S 60	05 23	06 11	06 54	04 17	05 37	06 57	08 17
06	269 44.3	N 8 24.6	276 49.5	16.2	N 0 43.0	13.0	54.6	Lat.	Sunset	Twilight Civil	Twilight Naut.	Moonset 10	Moonset 11	Moonset 12	Moonset 13
07	284 44.5	25.5	291 24.7	16.1	0 56.0	13.0	54.5								
08	299 44.6	26.4	305 59.8	16.2	1 09.0	13.0	54.5	°	h m	h m	h m	h m	h m	h m	h m
S 09	314 44.8	.. 27.3	320 35.0	16.2	1 22.0	13.0	54.5	N 72	20 05	21 37	////	16 43	18 35	20 30	22 37
U 10	329 44.9	28.2	335 10.2	16.2	1 35.0	12.9	54.5	N 70	19 50	21 07	////	16 46	18 30	20 16	22 08
N 11	344 45.1	29.1	349 45.4	16.2	1 47.9	13.0	54.5	68	19 39	20 46	22 40	16 48	18 26	20 04	21 47
D 12	359 45.3	N 8 30.1	4 20.6	16.2	N 2 00.9	12.9	54.5	66	19 29	20 29	21 58	16 51	18 23	19 55	21 30
A 13	14 45.4	31.0	18 55.8	16.2	2 13.8	12.9	54.5	64	19 21	20 15	21 30	16 52	18 19	19 48	21 17
Y 14	29 45.6	31.9	33 31.0	16.2	2 26.7	12.9	54.5	62	19 15	20 04	21 10	16 54	18 18	19 41	21 06
15	44 45.8	.. 32.8	48 06.2	16.2	2 39.6	12.9	54.4	60	19 09	19 54	20 53	16 55	18 16	19 35	20 56
16	59 45.9	33.7	62 41.4	16.2	2 52.5	12.9	54.4	N 58	19 04	19 46	20 40	16 57	18 14	19 30	20 48
17	74 46.1	34.6	77 16.6	16.2	3 05.4	12.8	54.4	56	18 59	19 39	20 29	16 58	18 12	19 26	20 40
18	89 46.2	N 8 35.6	91 51.8	16.2	N 3 18.2	12.9	54.4	54	18 55	19 32	20 19	16 59	18 11	19 22	20 34
19	104 46.4	36.5	106 27.0	16.2	3 31.1	12.8	54.4	52	18 51	19 27	20 10	17 00	18 09	19 19	20 28
20	119 46.6	37.4	121 02.2	16.2	3 43.9	12.8	54.4	50	18 48	19 22	20 03	17 00	18 08	19 15	20 23
21	134 46.7	.. 38.3	135 37.4	16.2	3 56.7	12.8	54.4	45	18 41	19 11	19 48	17 02	18 05	19 08	20 11
22	149 46.9	39.2	150 12.6	16.2	4 09.5	12.8	54.4								
23	164 47.0	40.1	164 47.8	16.2	4 22.3	12.7	54.4								
12 00	179 47.2	N 8 41.0	179 23.0	16.2	N 4 35.0	12.7	54.3	N 40	18 35	19 02	19 36	17 04	18 03	19 03	20 02
01	194 47.4	41.9	193 58.2	16.1	4 47.7	12.7	54.3	35	18 29	18 55	19 26	17 05	18 01	18 58	19 54
02	209 47.5	42.9	208 33.3	16.2	5 00.4	12.7	54.3	30	18 25	18 49	19 18	17 06	18 00	18 53	19 47
03	224 47.7	.. 43.8	223 08.5	16.2	5 13.1	12.7	54.3	20	18 17	18 40	19 06	17 07	17 57	18 46	19 35
04	239 47.9	44.7	237 43.7	16.1	5 25.8	12.6	54.3	N 10	18 10	18 32	18 57	17 10	17 54	18 39	19 25
05	254 48.0	45.6	252 18.8	16.1	5 38.4	12.6	54.3	0	18 04	18 25	18 49	17 11	17 52	18 33	19 15
06	269 48.2	N 8 46.5	266 53.9	16.2	N 5 51.0	12.6	54.3	S 10	17 58	18 19	18 44	17 13	17 50	18 27	19 05
07	284 48.3	47.4	281 29.1	16.1	6 03.6	12.5	54.3	20	17 52	18 14	18 40	17 14	17 47	18 20	18 55
08	299 48.5	48.3	296 04.2	16.1	6 16.1	12.5	54.3	30	17 45	18 09	18 37	17 16	17 44	18 13	18 43
M 09	314 48.7	.. 49.2	310 39.3	16.1	6 28.6	12.5	54.3	35	17 41	18 06	18 36	17 17	17 43	18 09	18 36
O 10	329 48.8	50.2	325 14.4	16.1	6 41.1	12.5	54.3	40	17 36	18 03	18 35	17 18	17 41	18 04	18 28
N 11	344 49.0	51.1	339 49.5	16.0	6 53.6	12.4	54.2	45	17 31	18 01	18 35	17 19	17 39	17 58	18 19
D 12	359 49.1	N 8 52.0	354 24.5	16.1	N 7 06.0	12.4	54.2	S 50	17 25	17 57	18 35	17 21	17 36	17 51	18 08
A 13	14 49.3	52.9	8 59.6	16.0	7 18.4	12.4	54.2	52	17 22	17 56	18 35	17 21	17 35	17 48	18 03
Y 14	29 49.4	53.8	23 34.6	16.0	7 30.8	12.4	54.2	54	17 19	17 54	18 35	17 22	17 33	17 45	17 58
15	44 49.6	.. 54.7	38 09.6	16.0	7 43.2	12.3	54.2	56	17 15	17 53	18 36	17 23	17 32	17 41	17 52
16	59 49.8	55.6	52 44.6	16.0	7 55.5	12.2	54.2	58	17 12	17 51	18 37	17 24	17 31	17 37	17 45
17	74 49.9	56.5	67 19.6	15.9	8 07.7	12.3	54.2	S 60	17 07	17 49	18 37	17 25	17 29	17 33	17 38
18	89 50.1	N 8 57.4	81 54.5	16.0	N 8 20.0	12.2	54.2		SUN			MOON			
19	104 50.2	58.3	96 29.5	15.9	8 32.2	12.2	54.2	Day	Eqn. of Time 00h	Eqn. of Time 12h	Mer. Pass.	Mer. Pass. Upper	Mer. Pass. Lower	Age	Phase
20	119 50.4	8 59.2	111 04.4	15.9	8 44.4	12.1	54.2								
21	134 50.6	9 00.2	125 39.3	15.9	8 56.5	12.1	54.2								
22	149 50.7	01.1	140 14.2	15.8	9 08.6	12.0	54.2	d	m s	m s	h m	h m	h m	d %	
23	164 50.9	02.0	154 49.0	15.8	N 9 20.6	12.1	54.1	10	01 23	01 15	12 01	11 01	23 22	28 3	●
	SD 16.0	d 0.9	SD 14.9		14.8		14.8	11	01 07	00 59	12 01	11 42	24 03	29 0	
								12	00 51	00 44	12 01	12 23	00 03	00 0	

77

2021 APRIL 13, 14, 15 (TUES., WED., THURS.)

UT	ARIES GHA	VENUS −3.9 GHA / Dec	MARS +1.4 GHA / Dec	JUPITER −2.1 GHA / Dec	SATURN +0.6 GHA / Dec	STARS Name / SHA / Dec
d h	° ′	° ′ ° ′	° ′ ° ′	° ′ ° ′	° ′ ° ′	° ′ ° ′
13 00	201 24.0	175 13.1 N 9 47.3	118 23.4 N24 45.5	233 25.6 S13 40.6	246 33.7 S17 39.1	Acamar 315 14.5 S40 13.4
01	216 26.5	190 12.7 48.5	133 24.2 45.6	248 27.6 40.5	261 36.0 39.0	Achernar 335 23.2 S57 07.9
02	231 28.9	205 12.2 49.7	148 25.0 45.6	263 29.7 40.3	276 38.3 39.0	Acrux 173 02.7 S63 13.1
03	246 31.4	220 11.8 .. 50.8	163 25.8 .. 45.7	278 31.7 .. 40.2	291 40.6 .. 39.0	Adhara 255 08.3 S29 00.3
04	261 33.9	235 11.3 52.0	178 26.6 45.8	293 33.7 40.0	306 42.9 38.9	Aldebaran 290 43.4 N16 33.0
05	276 36.3	250 10.9 53.2	193 27.4 45.8	308 35.8 39.9	321 45.2 38.9	
06	291 38.8	265 10.4 N 9 54.3	208 28.2 N24 45.9	323 37.8 S13 39.8	336 47.5 S17 38.8	Alioth 166 15.2 N55 50.8
T 07	306 41.3	280 10.0 55.5	223 29.0 46.0	338 39.8 39.6	351 49.8 38.8	Alkaid 152 54.0 N49 12.4
U 08	321 43.7	295 09.6 56.7	238 29.8 46.0	353 41.9 39.5	6 52.1 38.8	Alnair 27 37.1 S46 51.4
E 09	336 46.2	310 09.1 .. 57.9	253 30.6 .. 46.1	8 43.9 .. 39.3	21 54.5 .. 38.7	Alnilam 275 41.0 S 1 11.5
S 10	351 48.7	325 08.7 9 59.0	268 31.5 46.2	23 45.9 39.2	36 56.8 38.7	Alphard 217 50.6 S 8 45.2
D 11	6 51.1	340 08.2 10 00.2	283 32.3 46.3	38 48.0 39.0	51 59.1 38.7	
A 12	21 53.6	355 07.8 N10 01.4	298 33.1 N24 46.3	53 50.0 S13 38.9	67 01.4 S17 38.6	Alphecca 126 06.0 N26 38.5
Y 13	36 56.1	10 07.3 02.5	313 33.9 46.4	68 52.0 38.8	82 03.7 38.6	Alpheratz 357 38.2 N29 12.2
14	51 58.5	25 06.9 03.7	328 34.7 46.5	83 54.1 38.6	97 06.0 38.5	Altair 62 02.9 N 8 55.3
15	67 01.0	40 06.4 .. 04.9	343 35.5 .. 46.5	98 56.1 .. 38.5	112 08.3 .. 38.5	Ankaa 353 10.6 S42 11.6
16	82 03.4	55 06.0 06.0	358 36.3 46.6	113 58.1 38.3	127 10.6 38.5	Antares 112 19.3 S26 28.7
17	97 05.9	70 05.5 07.2	13 37.1 46.7	129 00.2 38.2	142 12.9 38.4	
18	112 08.4	85 05.1 N10 08.4	28 37.9 N24 46.7	144 02.2 S13 38.1	157 15.2 S17 38.4	Arcturus 145 50.4 N19 04.3
19	127 10.8	100 04.6 09.5	43 38.7 46.8	159 04.2 37.9	172 17.5 38.3	Atria 107 15.9 S69 03.7
20	142 13.3	115 04.2 10.7	58 39.5 46.8	174 06.3 37.8	187 19.8 38.3	Avior 234 15.8 S59 34.9
21	157 15.8	130 03.7 .. 11.9	73 40.3 .. 46.9	189 08.3 .. 37.6	202 22.1 .. 38.3	Bellatrix 278 26.4 N 6 22.0
22	172 18.2	145 03.3 13.0	88 41.1 47.0	204 10.4 37.5	217 24.5 38.2	Betelgeuse 270 55.6 N 7 24.5
23	187 20.7	160 02.8 14.2	103 41.9 47.0	219 12.4 37.4	232 26.8 38.2	
14 00	202 23.2	175 02.4 N10 15.3	118 42.7 N24 47.1	234 14.4 S13 37.2	247 29.1 S17 38.2	Canopus 263 53.9 S52 42.7
01	217 25.6	190 01.9 16.5	133 43.5 47.2	249 16.5 37.1	262 31.4 38.1	Capella 280 26.7 N46 01.2
02	232 28.1	205 01.5 17.7	148 44.3 47.2	264 18.5 36.9	277 33.7 38.1	Deneb 49 28.0 N45 21.0
03	247 30.6	220 01.0 .. 18.8	163 45.1 .. 47.3	279 20.5 .. 36.8	292 36.0 .. 38.0	Denebola 182 27.8 N14 27.2
04	262 33.0	235 00.6 20.0	178 45.9 47.3	294 22.6 36.7	307 38.3 38.0	Diphda 348 50.7 S17 52.4
05	277 35.5	250 00.1 21.2	193 46.7 47.4	309 24.6 36.5	322 40.6 38.0	
06	292 37.9	264 59.7 N10 22.3	208 47.5 N24 47.5	324 26.7 S13 36.4	337 42.9 S17 37.9	Dubhe 193 44.4 N61 38.4
W 07	307 40.4	279 59.2 23.5	223 48.3 47.5	339 28.7 36.2	352 45.2 37.9	Elnath 278 05.9 N28 37.5
E 08	322 42.9	294 58.8 24.6	238 49.1 47.6	354 30.7 36.1	7 47.5 37.9	Eltanin 90 43.4 N51 28.9
D 09	337 45.3	309 58.3 .. 25.8	253 50.0 .. 47.7	9 32.8 .. 36.0	22 49.9 .. 37.8	Enif 33 42.0 N 9 58.1
N 10	352 47.8	324 57.9 27.0	268 50.8 47.7	24 34.8 35.8	37 52.2 37.8	Fomalhaut 15 18.2 S29 30.7
E 11	7 50.3	339 57.4 28.1	283 51.6 47.8	39 36.8 35.7	52 54.5 37.7	
S 12	22 52.7	354 56.9 N10 29.3	298 52.4 N24 47.8	54 38.9 S13 35.5	67 56.8 S17 37.7	Gacrux 171 54.4 S57 14.0
D 13	37 55.2	9 56.5 30.4	313 53.2 47.9	69 40.9 35.4	82 59.1 37.7	Gienah 175 46.4 S17 39.6
A 14	52 57.7	24 56.0 31.6	328 54.0 48.0	84 43.0 35.2	98 01.4 37.6	Hadar 148 39.6 S60 28.4
Y 15	68 00.1	39 55.6 .. 32.7	343 54.8 .. 48.0	99 45.0 .. 35.1	113 03.7 .. 37.6	Hamal 327 55.0 N23 33.6
16	83 02.6	54 55.1 33.9	358 55.6 48.1	114 47.0 35.0	128 06.0 37.6	Kaus Aust. 83 36.5 S34 22.3
17	98 05.0	69 54.7 35.1	13 56.4 48.1	129 49.1 34.8	143 08.3 37.5	
18	113 07.5	84 54.2 N10 36.2	28 57.2 N24 48.2	144 51.1 S13 34.7	158 10.7 S17 37.5	Kochab 137 18.8 N74 04.0
19	128 10.0	99 53.8 37.4	43 58.0 48.3	159 53.2 34.6	173 13.0 37.4	Markab 13 33.2 N15 18.9
20	143 12.4	114 53.3 38.5	58 58.8 48.3	174 55.2 34.4	188 15.3 37.4	Menkar 314 09.7 N 4 10.2
21	158 14.9	129 52.8 .. 39.7	73 59.6 .. 48.4	189 57.2 .. 34.3	203 17.6 .. 37.4	Menkent 148 00.8 S36 28.4
22	173 17.4	144 52.4 40.8	89 00.4 48.4	204 59.3 34.1	218 19.9 37.3	Miaplacidus 221 38.4 S69 48.5
23	188 19.8	159 51.9 42.0	104 01.2 48.5	220 01.3 34.0	233 22.2 37.3	
15 00	203 22.3	174 51.5 N10 43.1	119 02.0 N24 48.5	235 03.4 S13 33.9	248 24.5 S17 37.3	Mirfak 308 33.1 N49 56.1
01	218 24.8	189 51.0 44.3	134 02.8 48.6	250 05.4 33.7	263 26.8 37.2	Nunki 75 51.5 S26 16.2
02	233 27.2	204 50.5 45.4	149 03.6 48.7	265 07.4 33.6	278 29.1 37.2	Peacock 53 10.7 S56 39.8
03	248 29.7	219 50.1 .. 46.6	164 04.4 .. 48.7	280 09.5 .. 33.4	293 31.5 .. 37.1	Pollux 243 21.1 N27 58.5
04	263 32.2	234 49.6 47.7	179 05.2 48.8	295 11.5 33.3	308 33.8 37.1	Procyon 244 54.1 N 5 10.1
05	278 34.6	249 49.2 48.9	194 06.0 48.8	310 13.6 33.2	323 36.1 37.1	
06	293 37.1	264 48.7 N10 50.0	209 06.8 N24 48.9	325 15.6 S13 33.0	338 38.4 S17 37.0	Rasalhague 96 01.2 N12 32.5
07	308 39.5	279 48.2 51.2	224 07.6 48.9	340 17.7 32.9	353 40.7 37.0	Regulus 207 37.5 N11 51.8
T 08	323 42.0	294 47.8 52.3	239 08.4 49.0	355 19.7 32.7	8 43.0 37.0	Rigel 281 07.0 S 8 10.8
H 09	338 44.5	309 47.3 .. 53.5	254 09.2 .. 49.0	10 21.7 .. 32.6	23 45.3 .. 36.9	Rigil Kent. 139 43.8 S60 55.2
U 10	353 46.9	324 46.9 54.6	269 10.0 49.1	25 23.8 32.5	38 47.7 36.9	Sabik 102 06.1 S15 45.0
R 11	8 49.4	339 46.4 55.8	284 10.8 49.1	40 25.8 32.3	53 50.0 36.9	
S 12	23 51.9	354 45.9 N10 56.9	299 11.6 N24 49.2	55 27.9 S13 32.2	68 52.3 S17 36.8	Schedar 349 35.0 N56 39.0
D 13	38 54.3	9 45.5 58.1	314 12.4 49.2	70 29.9 32.0	83 54.6 36.8	Shaula 96 14.3 S37 07.0
A 14	53 56.8	24 45.0 10 59.2	329 13.2 49.3	85 32.0 31.9	98 56.9 36.7	Sirius 258 29.0 S16 44.9
Y 15	68 59.3	39 44.5 11 00.4	344 14.0 .. 49.4	100 34.0 .. 31.8	113 59.2 .. 36.7	Spica 158 25.2 S11 16.3
16	84 01.7	54 44.1 01.5	359 14.8 49.4	115 36.0 31.6	129 01.5 36.7	Suhail 222 48.4 S43 31.3
17	99 04.2	69 43.6 02.7	14 15.6 49.5	130 38.1 31.5	144 03.9 36.6	
18	114 06.7	84 43.2 N11 03.8	29 16.4 N24 49.5	145 40.1 S13 31.4	159 06.2 S17 36.6	Vega 80 35.2 N38 47.9
19	129 09.1	99 42.7 05.0	44 17.2 49.6	160 42.2 31.2	174 08.5 36.6	Zuben'ubi 136 59.1 S16 07.8
20	144 11.6	114 42.2 06.1	59 18.0 49.6	175 44.2 31.1	189 10.8 36.5	
21	159 14.0	129 41.8 .. 07.2	74 18.8 .. 49.7	190 46.3 .. 30.9	204 13.1 .. 36.5	
22	174 16.5	144 41.3 08.4	89 19.6 49.7	205 48.3 30.8	219 15.4 36.5	
23	189 19.0	159 40.8 09.5	104 20.4 49.8	220 50.4 30.7	234 17.7 36.4	

	h m					SHA / Mer.Pass.
Mer. Pass.	10 28.7	v −0.5 d 1.2	v 0.8 d 0.1	v 2.0 d 0.1	v 2.3 d 0.0	Venus 332 39.2 12 20
						Mars 276 19.6 16 04
						Jupiter 31 51.3 8 22
						Saturn 45 05.9 7 29

2021 APRIL 13, 14, 15 (TUES., WED., THURS.)

UT	SUN GHA	SUN Dec	MOON GHA	MOON v	MOON Dec	MOON d	MOON HP	Lat.	Twilight Naut.	Twilight Civil	Sunrise	Moonrise 13	Moonrise 14	Moonrise 15	Moonrise 16
d h	° '	° '	° '	'	° '	'	'	°	h m	h m	h m	h m	h m	h m	h m
13 00	179 51.0	N 9 02.9	169 23.8	15.8	N 9 32.7	11.9	54.1	N 72	////	02 05	03 44	04 33	03 54	▭	▭
01	194 51.2	03.8	183 58.6	15.8	9 44.6	12.0	54.1	N 70	////	02 40	04 00	04 49	04 24	03 41	▭
02	209 51.3	04.7	198 33.4	15.8	9 56.6	11.9	54.1	68	00 53	03 04	04 13	05 02	04 47	04 25	03 30
03	224 51.5	05.6	213 08.2	15.7	10 08.5	11.8	54.1	66	01 48	03 23	04 23	05 13	05 05	04 55	04 40
04	239 51.7	06.5	227 42.9	15.7	10 20.3	11.9	54.1	64	02 19	03 38	04 32	05 22	05 19	05 17	05 16
05	254 51.8	07.4	242 17.6	15.7	10 32.2	11.7	54.1	62	02 42	03 50	04 39	05 30	05 32	05 35	05 43
06	269 52.0	N 9 08.3	256 52.3	15.6	N10 43.9	11.8	54.1	60	02 59	04 00	04 46	05 37	05 42	05 50	06 03
T 07	284 52.1	09.2	271 26.9	15.6	10 55.7	11.6	54.1	N 58	03 14	04 09	04 52	05 43	05 51	06 03	06 20
U 08	299 52.3	10.1	286 01.5	15.6	11 07.3	11.7	54.1	56	03 26	04 17	04 57	05 48	05 59	06 14	06 34
E 09	314 52.4	11.0	300 36.1	15.6	11 19.0	11.6	54.1	54	03 36	04 23	05 01	05 53	06 07	06 24	06 47
S 10	329 52.6	11.9	315 10.7	15.5	11 30.6	11.5	54.1	52	03 45	04 30	05 05	05 57	06 13	06 33	06 58
D 11	344 52.8	12.8	329 45.2	15.5	11 42.1	11.5	54.1	50	03 53	04 35	05 09	06 01	06 19	06 41	07 07
A 12	359 52.9	N 9 13.7	344 19.7	15.4	N11 53.6	11.5	54.1	45	04 09	04 46	05 17	06 09	06 32	06 57	07 28
Y 13	14 53.1	14.6	358 54.1	15.4	12 05.1	11.4	54.1	N 40	04 22	04 56	05 24	06 17	06 42	07 11	07 45
14	29 53.2	15.6	13 28.5	15.4	12 16.5	11.3	54.1	35	04 32	05 03	05 29	06 23	06 51	07 23	07 59
15	44 53.4	16.5	28 02.9	15.4	12 27.8	11.3	54.1	30	04 41	05 10	05 34	06 28	06 59	07 33	08 11
16	59 53.5	17.4	42 37.3	15.3	12 39.1	11.3	54.1	20	04 54	05 20	05 43	06 38	07 13	07 51	08 32
17	74 53.7	18.3	57 11.6	15.3	12 50.4	11.1	54.0	N 10	05 04	05 29	05 50	06 46	07 25	08 07	08 51
18	89 53.8	N 9 19.2	71 45.9	15.2	N13 01.5	11.2	54.0	0	05 12	05 36	05 57	06 54	07 37	08 21	09 08
19	104 54.0	20.1	86 20.1	15.2	13 12.7	11.1	54.0	S 10	05 18	05 42	06 04	07 02	07 48	08 36	09 25
20	119 54.2	21.0	100 54.3	15.2	13 23.8	11.0	54.0	20	05 23	05 48	06 11	07 11	08 01	08 52	09 44
21	134 54.3	21.9	115 28.5	15.1	13 34.8	11.0	54.0	30	05 27	05 54	06 19	07 21	08 15	09 10	10 05
22	149 54.5	22.8	130 02.6	15.1	13 45.8	10.9	54.0	35	05 28	05 57	06 23	07 27	08 23	09 21	10 18
23	164 54.6	23.7	144 36.7	15.1	13 56.7	10.9	54.0	40	05 29	06 01	06 28	07 33	08 33	09 33	10 33
14 00	179 54.8	N 9 24.6	159 10.8	15.0	N14 07.6	10.8	54.0	45	05 30	06 04	06 34	07 41	08 44	09 48	10 50
01	194 54.9	25.5	173 44.8	15.0	14 18.4	10.8	54.0	S 50	05 31	06 08	06 41	07 50	08 58	10 05	11 12
02	209 55.1	26.4	188 18.8	14.9	14 29.2	10.6	54.0	52	05 31	06 10	06 44	07 55	09 04	10 14	11 22
03	224 55.2	27.3	202 52.7	14.9	14 39.8	10.7	54.0	54	05 31	06 12	06 48	07 59	09 11	10 23	11 34
04	239 55.4	28.2	217 26.6	14.8	14 50.5	10.6	54.0	56	05 31	06 14	06 52	08 05	09 19	10 34	11 47
05	254 55.5	29.1	232 00.4	14.8	15 01.1	10.5	54.0	58	05 30	06 16	06 56	08 11	09 28	10 46	12 03
06	269 55.7	N 9 30.0	246 34.2	14.8	N15 11.6	10.4	54.0	S 60	05 30	06 18	07 01	08 17	09 39	11 01	12 22

UT	SUN GHA	SUN Dec	MOON GHA	MOON v	MOON Dec	MOON d	MOON HP	Lat.	Sunset	Twilight Civil	Twilight Naut.	Moonset 13	Moonset 14	Moonset 15	Moonset 16
W 07	284 55.8	30.9	261 08.0	14.7	15 22.0	10.4	54.0	°	h m	h m	h m	h m	h m	h m	h m
E 08	299 56.0	31.8	275 41.7	14.7	15 32.4	10.3	54.0	N 72	20 20	22 03	////	22 37	▭	▭	▭
D 09	314 56.2	32.7	290 15.4	14.6	15 42.7	10.3	54.0	N 70	20 04	21 26	////	22 08	24 23	00 23	▭
N 10	329 56.3	33.6	304 49.0	14.6	15 53.0	10.2	54.0	68	19 50	21 00	23 26	21 47	23 39	26 10	02 10
E 11	344 56.5	34.5	319 22.6	14.5	16 03.2	10.1	54.0	66	19 40	20 41	22 19	21 30	23 11	25 01	01 01
S 12	359 56.6	N 9 35.4	333 56.1	14.5	N16 13.3	10.1	54.0	64	19 31	20 26	21 46	21 17	22 49	24 25	00 25
D 13	14 56.8	36.3	348 29.6	14.5	16 23.4	10.0	54.0	62	19 23	20 13	21 22	21 06	22 32	24 00	00 00
A 14	29 56.9	37.2	3 03.1	14.4	16 33.4	9.9	54.0	60	19 16	20 02	21 04	20 56	22 18	23 40	24 59
Y 15	44 57.1	38.0	17 36.5	14.3	16 43.3	9.9	54.0	N 58	19 10	19 53	20 49	20 48	22 06	23 23	24 38
16	59 57.2	38.9	32 09.8	14.3	16 53.2	9.8	54.0	56	19 05	19 45	20 37	20 40	21 55	23 09	24 21
17	74 57.4	39.8	46 43.1	14.3	17 03.0	9.7	54.0	54	19 00	19 38	20 26	20 34	21 46	22 57	24 06
18	89 57.5	N 9 40.7	61 16.4	14.2	N17 12.7	9.7	54.0	52	18 56	19 32	20 17	20 28	21 38	22 47	23 54
19	104 57.7	41.6	75 49.6	14.1	17 22.4	9.5	54.0	50	18 53	19 27	20 09	20 23	21 30	22 38	23 42
20	119 57.8	42.5	90 22.7	14.1	17 31.9	9.5	54.0	45	18 44	19 15	19 52	20 11	21 15	22 18	23 19
21	134 58.0	43.4	104 55.8	14.1	17 41.4	9.5	54.0	N 40	18 38	19 06	19 39	20 02	21 02	22 02	23 01
22	149 58.1	44.3	119 28.9	14.0	17 50.9	9.3	54.0	35	18 32	18 58	19 29	19 54	20 51	21 48	22 45
23	164 58.3	45.2	134 01.9	14.0	18 00.2	9.3	54.0	30	18 27	18 51	19 20	19 47	20 42	21 37	22 32
15 00	179 58.4	N 9 46.1	148 34.9	13.9	N18 09.5	9.2	54.0	20	18 18	18 40	19 07	19 35	20 25	21 17	22 09
01	194 58.6	47.0	163 07.8	13.8	18 18.7	9.2	54.0	N 10	18 10	18 32	18 57	19 25	20 11	21 00	21 50
02	209 58.7	47.9	177 40.6	13.8	18 27.9	9.0	54.0	0	18 04	18 25	18 49	19 15	19 58	20 43	21 31
03	224 58.9	48.8	192 13.4	13.8	18 36.9	9.0	54.0	S 10	17 57	18 18	18 43	19 05	19 45	20 27	21 13
04	239 59.0	49.7	206 46.2	13.7	18 45.9	8.9	54.0	20	17 50	18 12	18 38	18 55	19 31	20 10	20 53
05	254 59.2	50.6	221 18.9	13.6	18 54.8	8.9	54.0	30	17 42	18 06	18 34	18 43	19 15	19 51	20 31
06	269 59.3	N 9 51.5	235 51.5	13.6	N19 03.7	8.7	54.0	35	17 37	18 02	18 32	18 36	19 06	19 39	20 17
T 07	284 59.5	52.4	250 24.1	13.5	19 12.4	8.7	54.0	40	17 32	17 59	18 31	18 28	18 55	19 26	20 02
H 08	299 59.6	53.2	264 56.6	13.5	19 21.1	8.6	54.0	45	17 26	17 55	18 29	18 19	18 43	19 11	19 44
U 09	314 59.8	54.1	279 29.1	13.5	19 29.7	8.5	54.0	S 50	17 19	17 51	18 29	18 08	18 28	18 52	19 22
R 10	329 59.9	55.0	294 01.6	13.3	19 38.2	8.4	54.0	52	17 15	17 50	18 29	18 03	18 21	18 43	19 11
S 11	345 00.1	55.9	308 33.9	13.4	19 46.6	8.3	54.0	54	17 12	17 48	18 29	17 58	18 13	18 33	18 59
D 12	0 00.2	N 9 56.8	323 06.3	13.2	N19 54.9	8.3	54.0	56	17 08	17 46	18 29	17 52	18 05	18 22	18 45
A 13	15 00.4	57.7	337 38.5	13.2	20 03.2	8.1	54.0	58	17 04	17 43	18 29	17 45	17 55	18 09	18 29
Y 14	30 00.5	58.6	352 10.7	13.2	20 11.3	8.1	54.0	S 60	16 59	17 41	18 29	17 38	17 44	17 54	18 10
15	45 00.7	9 59.5	6 42.9	13.1	20 19.4	8.0	54.0			SUN			MOON		
16	60 00.8	10 00.4	21 15.0	13.1	20 27.4	7.9	54.0	Day	Eqn. of Time	Eqn. of Time	Mer. Pass.	Mer. Pass. Upper	Mer. Pass. Lower	Age	Phase
17	75 01.0	01.3	35 47.1	13.0	20 35.3	7.8	54.0		00ʰ	12ʰ					
18	90 01.1	N10 02.2	50 19.1	12.9	N20 43.1	7.8	54.1	d	m s	m s	h m	h m	h m	d	%
19	105 01.3	03.0	64 51.0	12.9	20 50.9	7.6	54.1	13	00 36	00 29	12 00	13 05	00 44	01	2
20	120 01.4	03.9	79 22.9	12.8	20 58.5	7.6	54.1	14	00 21	00 14	12 00	13 47	01 26	02	5
21	135 01.6	04.8	93 54.7	12.8	21 06.1	7.4	54.1	15	00 07	00 01	12 00	14 32	02 10	03	10
22	150 01.7	05.7	108 26.5	12.7	21 13.5	7.4	54.1								
23	165 01.9	06.6	122 58.2	12.7	N21 20.9	7.3	54.1								
	SD 16.0	d 0.9	SD 14.7		14.7		14.7								

2021 APRIL 16, 17, 18 (FRI., SAT., SUN.)

UT	ARIES	VENUS −3.9		MARS +1.5		JUPITER −2.1		SATURN +0.6		STARS		
	GHA	GHA	Dec	GHA	Dec	GHA	Dec	GHA	Dec	Name	SHA	Dec
d h	° ′	° ′	° ′	° ′	° ′	° ′	° ′	° ′	° ′		° ′	° ′
16 00	204 21.4	174 40.4	N11 10.7	119 21.2	N24 49.8	235 52.4	S13 30.5	249 20.1	S17 36.4	Acamar	315 14.5	S40 13.4
01	219 23.9	189 39.9	11.8	134 22.0	49.9	250 54.5	30.4	264 22.4	36.3	Achernar	335 23.1	S57 07.9
02	234 26.4	204 39.4	13.0	149 22.8	49.9	265 56.5	30.3	279 24.7	36.3	Acrux	173 02.7	S63 13.1
03	249 28.8	219 39.0	. . 14.1	164 23.6	. . 50.0	280 58.5	. . 30.1	294 27.0	. . 36.3	Adhara	255 08.4	S29 00.3
04	264 31.3	234 38.5	15.2	179 24.4	50.0	296 00.6	30.0	309 29.3	36.2	Aldebaran	290 43.4	N16 33.0
05	279 33.8	249 38.0	16.4	194 25.2	50.1	311 02.6	29.8	324 31.6	36.2			
06	294 36.2	264 37.6	N11 17.5	209 26.0	N24 50.1	326 04.7	S13 29.7	339 34.0	S17 36.2	Alioth	166 15.2	N55 50.8
07	309 38.7	279 37.1	18.7	224 26.8	50.1	341 06.7	29.6	354 36.3	36.1	Alkaid	152 54.0	N49 12.5
08	324 41.1	294 36.6	19.8	239 27.6	50.2	356 08.8	29.4	9 38.6	36.1	Alnair	27 37.1	S46 51.4
F 09	339 43.6	309 36.1	. . 20.9	254 28.4	. . 50.2	11 10.8	. . 29.3	24 40.9	. . 36.1	Alnilam	275 41.0	S 1 11.5
R 10	354 46.1	324 35.7	22.1	269 29.2	50.3	26 12.9	29.1	39 43.2	36.0	Alphard	217 50.6	S 8 45.2
I 11	9 48.5	339 35.2	23.2	284 30.0	50.3	41 14.9	29.0	54 45.5	36.0			
D 12	24 51.0	354 34.7	N11 24.4	299 30.8	N24 50.4	56 17.0	S13 28.9	69 47.9	S17 36.0	Alphecca	126 06.0	N26 38.5
A 13	39 53.5	9 34.3	25.5	314 31.6	50.4	71 19.0	28.7	84 50.2	35.9	Alpheratz	357 38.2	N29 12.2
Y 14	54 55.9	24 33.8	26.6	329 32.4	50.5	86 21.1	28.6	99 52.5	35.9	Altair	62 02.9	N 8 55.3
15	69 58.4	39 33.3	. . 27.8	344 33.2	. . 50.5	101 23.1	. . 28.5	114 54.8	. . 35.8	Ankaa	353 10.6	S42 11.5
16	85 00.9	54 32.8	28.9	359 34.0	50.5	116 25.2	28.3	129 57.1	35.8	Antares	112 19.3	S26 28.7
17	100 03.3	69 32.4	30.0	14 34.8	50.6	131 27.2	28.2	144 59.4	35.8			
18	115 05.8	84 31.9	N11 31.2	29 35.6	N24 50.6	146 29.3	S13 28.0	160 01.8	S17 35.7	Arcturus	145 50.4	N19 04.3
19	130 08.3	99 31.4	32.3	44 36.4	50.7	161 31.3	27.9	175 04.1	35.7	Atria	107 15.9	S69 03.7
20	145 10.7	114 31.0	33.4	59 37.2	50.7	176 33.4	27.8	190 06.4	35.7	Avior	234 15.8	S59 34.9
21	160 13.2	129 30.5	. . 34.6	74 38.0	. . 50.8	191 35.4	. . 27.6	205 08.7	. . 35.6	Bellatrix	278 26.4	N 6 22.0
22	175 15.6	144 30.0	35.7	89 38.8	50.8	206 37.5	27.5	220 11.0	35.6	Betelgeuse	270 55.6	N 7 24.5
23	190 18.1	159 29.5	36.8	104 39.6	50.9	221 39.5	27.4	235 13.4	35.6			
17 00	205 20.6	174 29.1	N11 38.0	119 40.4	N24 50.9	236 41.6	S13 27.2	250 15.7	S17 35.5	Canopus	263 54.0	S52 42.7
01	220 23.0	189 28.6	39.1	134 41.2	50.9	251 43.6	27.1	265 18.0	35.5	Capella	280 26.7	N46 01.2
02	235 25.5	204 28.1	40.2	149 42.0	51.0	266 45.7	26.9	280 20.3	35.5	Deneb	49 27.9	N45 21.0
03	250 28.0	219 27.6	. . 41.3	164 42.8	. . 51.0	281 47.7	. . 26.8	295 22.6	. . 35.4	Denebola	182 27.8	N14 27.2
04	265 30.4	234 27.2	42.5	179 43.6	51.1	296 49.8	26.7	310 25.0	35.4	Diphda	348 50.7	S17 52.4
05	280 32.9	249 26.7	43.6	194 44.4	51.1	311 51.8	26.5	325 27.3	35.4			
06	295 35.4	264 26.2	N11 44.7	209 45.2	N24 51.2	326 53.9	S13 26.4	340 29.6	S17 35.3	Dubhe	193 44.4	N61 38.4
07	310 37.8	279 25.7	45.9	224 46.0	51.2	341 55.9	26.3	355 31.9	35.3	Elnath	278 06.0	N28 37.5
S 08	325 40.3	294 25.2	47.0	239 46.8	51.2	356 58.0	26.1	10 34.2	35.3	Eltanin	90 43.3	N51 28.9
A 09	340 42.8	309 24.8	. . 48.1	254 47.6	. . 51.3	12 00.0	. . 26.0	25 36.6	. . 35.2	Enif	33 41.9	N 9 58.1
T 10	355 45.2	324 24.3	49.2	269 48.4	51.3	27 02.1	25.9	40 38.9	35.2	Fomalhaut	15 18.2	S29 30.7
U 11	10 47.7	339 23.8	50.4	284 49.2	51.4	42 04.1	25.7	55 41.2	35.1			
R 12	25 50.1	354 23.3	N11 51.5	299 50.0	N24 51.4	57 06.2	S13 25.6	70 43.5	S17 35.1	Gacrux	171 54.4	S57 14.0
D 13	40 52.6	9 22.8	52.6	314 50.8	51.4	72 08.2	25.4	85 45.8	35.1	Gienah	175 46.4	S17 39.6
A 14	55 55.1	24 22.4	53.7	329 51.6	51.5	87 10.3	25.3	100 48.2	35.0	Hadar	148 39.6	S60 28.5
Y 15	70 57.5	39 21.9	. . 54.9	344 52.4	. . 51.5	102 12.3	. . 25.2	115 50.5	. . 35.0	Hamal	327 55.0	N23 33.6
16	86 00.0	54 21.4	56.0	359 53.2	51.5	117 14.4	25.0	130 52.8	35.0	Kaus Aust.	83 36.4	S34 22.3
17	101 02.5	69 20.9	57.1	14 54.0	51.6	132 16.4	24.9	145 55.1	34.9			
18	116 04.9	84 20.4	N11 58.2	29 54.8	N24 51.6	147 18.5	S13 24.8	160 57.5	S17 34.9	Kochab	137 18.8	N74 04.1
19	131 07.4	99 20.0	11 59.4	44 55.6	51.7	162 20.5	24.6	175 59.8	34.9	Markab	13 33.2	N15 18.9
20	146 09.9	114 19.5	12 00.5	59 56.4	51.7	177 22.6	24.5	191 02.1	34.8	Menkar	314 09.7	N 4 10.2
21	161 12.3	129 19.0	. . 01.6	74 57.2	. . 51.7	192 24.7	. . 24.4	206 04.4	. . 34.8	Menkent	148 00.8	S36 28.4
22	176 14.8	144 18.5	02.7	89 58.0	51.8	207 26.7	24.2	221 06.7	34.8	Miaplacidus	221 38.5	S69 48.5
23	191 17.3	159 18.0	03.8	104 58.8	51.8	222 28.8	24.1	236 09.1	34.7			
18 00	206 19.7	174 17.5	N12 05.0	119 59.6	N24 51.8	237 30.8	S13 24.0	251 11.4	S17 34.7	Mirfak	308 33.1	N49 56.1
01	221 22.2	189 17.1	06.1	135 00.4	51.9	252 32.9	23.8	266 13.7	34.7	Nunki	75 51.5	S26 16.2
02	236 24.6	204 16.6	07.2	150 01.2	51.9	267 34.9	23.7	281 16.0	34.6	Peacock	53 10.7	S56 39.8
03	251 27.1	219 16.1	. . 08.3	165 02.0	. . 51.9	282 37.0	. . 23.5	296 18.4	. . 34.6	Pollux	243 21.1	N27 58.5
04	266 29.6	234 15.6	09.4	180 02.8	52.0	297 39.0	23.4	311 20.7	34.6	Procyon	244 54.1	N 5 10.1
05	281 32.0	249 15.1	10.5	195 03.6	52.0	312 41.1	23.3	326 23.0	34.5			
06	296 34.5	264 14.6	N12 11.7	210 04.4	N24 52.0	327 43.2	S13 23.1	341 25.3	S17 34.5	Rasalhague	96 01.2	N12 32.6
07	311 37.0	279 14.2	12.8	225 05.2	52.1	342 45.2	23.0	356 27.7	34.5	Regulus	207 37.5	N11 51.8
08	326 39.4	294 13.7	13.9	240 06.0	52.1	357 47.3	22.9	11 30.0	34.4	Rigel	281 07.0	S 8 10.8
S 09	341 41.9	309 13.2	. . 15.0	255 06.8	. . 52.1	12 49.3	. . 22.7	26 32.3	. . 34.4	Rigil Kent.	139 43.8	S60 55.2
U 10	356 44.4	324 12.7	16.1	270 07.6	52.2	27 51.4	22.6	41 34.6	34.4	Sabik	102 06.1	S15 45.0
N 11	11 46.8	339 12.2	17.2	285 08.4	52.2	42 53.4	22.5	56 37.0	34.3			
D 12	26 49.3	354 11.7	N12 18.3	300 09.2	N24 52.2	57 55.5	S13 22.3	71 39.3	S17 34.3	Schedar	349 35.0	N56 39.0
A 13	41 51.7	9 11.2	19.5	315 10.0	52.3	72 57.6	22.2	86 41.6	34.3	Shaula	96 14.3	S37 07.0
Y 14	56 54.2	24 10.7	20.6	330 10.8	52.3	87 59.6	22.1	101 43.9	34.2	Sirius	258 29.0	S16 44.9
15	71 56.7	39 10.2	. . 21.7	345 11.6	. . 52.3	103 01.7	. . 21.9	116 46.3	. . 34.2	Spica	158 25.2	S11 16.3
16	86 59.1	54 09.8	22.8	0 12.4	52.4	118 03.7	21.8	131 48.6	34.2	Suhail	222 48.4	S43 31.3
17	102 01.6	69 09.3	23.9	15 13.2	52.4	133 05.8	21.7	146 50.9	34.1			
18	117 04.1	84 08.8	N12 25.0	30 14.0	N24 52.4	148 07.8	S13 21.5	161 53.2	S17 34.1	Vega	80 35.1	N38 47.9
19	132 06.5	99 08.3	26.1	45 14.8	52.5	163 09.9	21.4	176 55.6	34.1	Zuben'ubi	136 59.1	S16 07.8
20	147 09.0	114 07.8	27.2	60 15.6	52.5	178 12.0	21.3	191 57.9	34.0		SHA	Mer. Pass.
21	162 11.5	129 07.3	. . 28.3	75 16.4	. . 52.5	193 14.0	. . 21.1	207 00.2	. . 34.0		° ′	h m
22	177 13.9	144 06.8	29.5	90 17.2	52.5	208 16.1	21.0	222 02.5	34.0	Venus	329 08.5	12 22
23	192 16.4	159 06.3	30.6	105 18.0	52.6	223 18.1	20.9	237 04.9	33.9	Mars	274 19.9	16 00
	h m									Jupiter	31 21.0	8 12
Mer. Pass. 10 16.9		v −0.5	d 1.1	v 0.8	d 0.0	v 2.1	d 0.1	v 2.3	d 0.0	Saturn	44 55.1	7 18

2021 APRIL 16, 17, 18 (FRI., SAT., SUN.)

UT	SUN GHA	SUN Dec	MOON GHA	MOON v	MOON Dec	MOON d	MOON HP
d h	° '	° '	° '	'	° '	'	'
16 00	180 02.0	N10 07.5	137 29.9	12.6	N21 28.2	7.2	54.1
01	195 02.2	08.4	152 01.5	12.6	21 35.4	7.1	54.1
02	210 02.3	09.3	166 33.1	12.5	21 42.5	7.0	54.1
03	225 02.4	.. 10.1	181 04.6	12.4	21 49.5	6.9	54.1
04	240 02.6	11.0	195 36.0	12.4	21 56.4	6.8	54.1
05	255 02.7	11.9	210 07.4	12.3	22 03.2	6.7	54.1
06	270 02.9	N10 12.8	224 38.7	12.3	N22 09.9	6.6	54.1
07	285 03.0	13.7	239 10.0	12.2	22 16.5	6.5	54.1
08	300 03.2	14.6	253 41.2	12.2	22 23.0	6.4	54.1
F 09	315 03.3	.. 15.5	268 12.4	12.1	22 29.4	6.3	54.1
R 10	330 03.5	16.3	282 43.5	12.1	22 35.7	6.3	54.2
I 11	345 03.6	17.2	297 14.6	12.0	22 42.0	6.1	54.2
D 12	0 03.8	N10 18.1	311 45.6	11.9	N22 48.1	6.0	54.2
A 13	15 03.9	19.0	326 16.5	11.9	22 54.1	5.9	54.2
Y 14	30 04.0	19.9	340 47.4	11.9	23 00.0	5.8	54.2
15	45 04.2	.. 20.8	355 18.3	11.8	23 05.8	5.7	54.2
16	60 04.3	21.6	9 49.1	11.7	23 11.5	5.6	54.2
17	75 04.5	22.5	24 19.8	11.7	23 17.1	5.5	54.2
18	90 04.6	N10 23.4	38 50.5	11.6	N23 22.6	5.4	54.2
19	105 04.8	24.3	53 21.1	11.6	23 28.0	5.3	54.2
20	120 04.9	25.2	67 51.7	11.5	23 33.3	5.2	54.3
21	135 05.1	.. 26.0	82 22.2	11.5	23 38.5	5.1	54.3
22	150 05.2	26.9	96 52.7	11.4	23 43.6	4.9	54.3
23	165 05.3	27.8	111 23.1	11.4	23 48.5	4.9	54.3
17 00	180 05.5	N10 28.7	125 53.5	11.3	N23 53.4	4.7	54.3
01	195 05.6	29.6	140 23.8	11.3	23 58.1	4.7	54.3
02	210 05.8	30.4	154 54.1	11.2	24 02.8	4.5	54.3
03	225 05.9	.. 31.3	169 24.3	11.2	24 07.3	4.4	54.3
04	240 06.1	32.2	183 54.5	11.1	24 11.7	4.3	54.3
05	255 06.2	33.1	198 24.6	11.0	24 16.0	4.2	54.4
06	270 06.3	N10 34.0	212 54.6	11.1	N24 20.2	4.1	54.4
S 07	285 06.5	34.8	227 24.7	10.9	24 24.3	4.0	54.4
A 08	300 06.6	35.7	241 54.6	11.0	24 28.3	3.8	54.4
T 09	315 06.8	.. 36.6	256 24.6	10.8	24 32.1	3.8	54.4
U 10	330 06.9	37.5	270 54.4	10.9	24 35.9	3.6	54.4
R 11	345 07.1	38.3	285 24.3	10.8	24 39.5	3.5	54.4
D 12	0 07.2	N10 39.2	299 54.1	10.7	N24 43.0	3.4	54.5
A 13	15 07.3	40.1	314 23.8	10.7	24 46.4	3.2	54.5
Y 14	30 07.5	41.0	328 53.5	10.6	24 49.6	3.2	54.5
15	45 07.6	.. 41.8	343 23.1	10.7	24 52.8	3.0	54.5
16	60 07.8	42.7	357 52.8	10.5	24 55.8	3.0	54.5
17	75 07.9	43.6	12 22.3	10.5	24 58.8	2.8	54.5
18	90 08.0	N10 44.5	26 51.8	10.5	N25 01.6	2.6	54.6
19	105 08.2	45.3	41 21.3	10.5	25 04.2	2.6	54.6
20	120 08.3	46.2	55 50.8	10.4	25 06.8	2.4	54.6
21	135 08.5	.. 47.1	70 20.2	10.3	25 09.2	2.4	54.6
22	150 08.6	48.0	84 49.5	10.3	25 11.6	2.2	54.6
23	165 08.7	48.8	99 18.8	10.3	25 13.8	2.0	54.6
18 00	180 08.9	N10 49.7	113 48.1	10.3	N25 15.8	2.0	54.7
01	195 09.0	50.6	128 17.4	10.2	25 17.8	1.8	54.7
02	210 09.2	51.5	142 46.6	10.1	25 19.6	1.7	54.7
03	225 09.3	.. 52.3	157 15.7	10.2	25 21.3	1.6	54.7
04	240 09.4	53.2	171 44.9	10.1	25 22.9	1.5	54.7
05	255 09.6	54.1	186 14.0	10.0	25 24.4	1.3	54.7
06	270 09.7	N10 54.9	200 43.0	10.1	N25 25.7	1.2	54.8
07	285 09.9	55.8	215 12.1	10.0	25 26.9	1.1	54.8
08	300 10.0	56.7	229 41.1	9.9	25 28.0	0.9	54.8
S 09	315 10.1	.. 57.6	244 10.0	10.0	25 28.9	0.9	54.8
U 10	330 10.3	58.4	258 39.0	9.9	25 29.8	0.7	54.8
N 11	345 10.4	10 59.3	273 07.9	9.8	25 30.5	0.6	54.9
D 12	0 10.5	N11 00.2	287 36.7	9.9	N25 31.1	0.4	54.9
A 13	15 10.7	01.0	302 05.6	9.8	25 31.5	0.3	54.9
Y 14	30 10.8	01.9	316 34.4	9.8	25 31.8	0.2	54.9
15	45 11.0	.. 02.8	331 03.2	9.8	25 32.0	0.1	55.0
16	60 11.1	03.6	345 32.0	9.7	25 32.1	0.1	55.0
17	75 11.2	04.5	0 00.7	9.7	25 32.0	0.2	55.0
18	90 11.4	N11 05.4	14 29.4	9.7	N25 31.8	0.3	55.0
19	105 11.5	06.2	28 58.1	9.7	25 31.5	0.4	55.0
20	120 11.6	07.1	43 26.8	9.6	25 31.1	0.6	55.1
21	135 11.8	.. 08.0	57 55.4	9.6	25 30.5	0.7	55.1
22	150 11.9	08.8	72 24.0	9.6	25 29.8	0.8	55.1
23	165 12.0	09.7	86 52.6	9.6	N25 29.0	1.0	55.1
	SD 16.0	d 0.9	SD 14.8		14.8		15.0

Twilight / Sunrise / Moonrise

Lat.	Naut.	Civil	Sunrise	Moonrise 16	17	18	19
°	h m	h m	h m	h m	h m	h m	h m
N 72	////	01 35	03 26	□	□	□	□
N 70	////	02 19	03 45	□	□	□	□
68	////	02 48	04 00	03 30	□	□	□
66	01 22	03 09	04 12	04 40	□	□	□
64	02 01	03 25	04 21	05 16	05 19	05 32	06 29
62	02 27	03 39	04 30	05 43	05 57	06 26	07 22
60	02 47	03 50	04 37	06 03	06 24	06 59	07 53
N 58	03 03	04 00	04 44	06 20	06 45	07 23	08 17
56	03 16	04 09	04 49	06 34	07 02	07 42	08 36
54	03 28	04 16	04 54	06 47	07 17	07 58	08 53
52	03 37	04 23	04 59	06 58	07 30	08 12	09 06
50	03 46	04 28	05 03	07 07	07 41	08 25	09 18
45	04 04	04 41	05 12	07 28	08 05	08 50	09 43
N 40	04 17	04 51	05 19	07 45	08 24	09 10	10 03
35	04 28	04 59	05 25	07 59	08 40	09 27	10 20
30	04 37	05 06	05 31	08 11	08 54	09 41	10 34
20	04 51	05 18	05 40	08 32	09 17	10 06	10 59
N 10	05 02	05 27	05 49	08 51	09 38	10 28	11 20
0	05 11	05 35	05 56	09 08	09 57	10 47	11 40
S 10	05 18	05 42	06 04	09 25	10 16	11 07	11 59
20	05 23	05 49	06 12	09 44	10 36	11 29	12 20
30	05 28	05 56	06 20	10 05	11 00	11 54	12 45
35	05 30	06 00	06 25	10 18	11 14	12 09	12 59
40	05 32	06 04	06 31	10 33	11 31	12 26	13 15
45	05 34	06 08	06 38	10 50	11 50	12 46	13 35
S 50	05 35	06 13	06 46	11 12	12 15	13 12	14 00
52	05 35	06 15	06 49	11 22	12 27	13 24	14 12
54	05 36	06 17	06 53	11 34	12 40	13 38	14 26
56	05 36	06 19	06 58	11 47	12 56	13 55	14 41
58	05 36	06 22	07 02	12 03	13 15	14 15	15 00
S 60	05 37	06 25	07 08	12 22	13 38	14 40	15 23

Sunset / Twilight / Moonset

Lat.	Sunset	Civil	Naut.	Moonset 16	17	18	19
°	h m	h m	h m	h m	h m	h m	h m
N 72	20 37	22 34	////	□	□	□	□
N 70	20 17	21 46	////	□	□	□	□
68	20 02	21 16	////	02 10	□	□	□
66	19 50	20 54	22 46	01 01	□	□	□
64	19 40	20 37	22 03	00 25	02 03	03 34	04 25
62	19 31	20 23	21 36	00 00	01 25	02 40	03 33
60	19 24	20 11	21 15	24 59	00 59	02 08	03 01
N 58	19 17	20 01	20 59	24 38	00 38	01 44	02 37
56	19 11	19 52	20 45	24 21	00 21	01 25	02 17
54	19 06	19 45	20 33	24 06	00 06	01 09	02 01
52	19 01	19 38	20 23	23 54	24 55	00 55	01 47
50	18 57	19 32	20 15	23 42	24 43	00 43	01 35
45	18 48	19 19	19 57	23 19	24 17	00 17	01 10
N 40	18 41	19 09	19 43	23 01	23 57	24 50	00 50
35	18 34	19 00	19 32	22 45	23 41	24 33	00 33
30	18 29	18 53	19 22	22 32	23 26	24 19	00 19
20	18 19	18 41	19 08	22 09	23 02	23 54	24 44
N 10	18 11	18 32	18 57	21 50	22 41	23 32	24 24
0	18 03	18 24	18 48	21 31	22 21	23 12	24 05
S 10	17 55	18 17	18 41	21 13	22 01	22 52	23 46
20	17 47	18 10	18 35	20 53	21 40	22 31	23 25
30	17 38	18 03	18 30	20 31	21 16	22 06	23 01
35	17 33	17 59	18 28	20 17	21 01	21 51	22 47
40	17 27	17 55	18 26	20 02	20 45	21 34	22 31
45	17 21	17 50	18 25	19 44	20 25	21 14	22 12
S 50	17 13	17 46	18 23	19 22	20 00	20 48	21 47
52	17 09	17 43	18 23	19 11	19 48	20 36	21 36
54	17 05	17 41	18 22	18 59	19 34	20 22	21 22
56	17 01	17 39	18 22	18 45	19 18	20 05	21 07
58	16 56	17 36	18 21	18 29	18 59	19 45	20 48
S 60	16 50	17 33	18 21	18 10	18 36	19 20	20 25

SUN / MOON

Day	Eqn. of Time 00h	Eqn. of Time 12h	Mer. Pass.	Mer. Pass. Upper	Mer. Pass. Lower	Age	Phase
d	m s	m s	h m	h m	h m	d	%
16	00 08	00 15	12 00	15 19	02 56	04	16
17	00 22	00 29	12 00	16 09	03 44	05	24
18	00 35	00 42	11 59	17 00	04 34	06	33

2021 APRIL 19, 20, 21 (MON., TUES., WED.)

UT	ARIES GHA	VENUS −3.9 GHA / Dec	MARS +1.5 GHA / Dec	JUPITER −2.1 GHA / Dec	SATURN +0.6 GHA / Dec	STARS Name	SHA	Dec
d h	° ′	° ′ ° ′	° ′ ° ′	° ′ ° ′	° ′ ° ′		° ′	° ′
19 00	207 18.9	174 05.8 N12 31.7	120 18.8 N24 52.6	238 20.2 S13 20.7	252 07.2 S17 33.9	Acamar	315 14.5	S40 13.4
01	222 21.3	189 05.3 32.8	135 19.6 52.6	253 22.3 20.6	267 09.5 33.9	Achernar	335 23.1	S57 07.9
02	237 23.8	204 04.8 33.9	150 20.4 52.7	268 24.3 20.5	282 11.8 33.8	Acrux	173 02.7	S63 13.1
03	252 26.2	219 04.3 .. 35.0	165 21.2 .. 52.7	283 26.4 .. 20.3	297 14.2 .. 33.8	Adhara	255 08.4	S29 00.3
04	267 28.7	234 03.9 36.1	180 22.0 52.7	298 28.4 20.2	312 16.5 33.8	Aldebaran	290 43.4	N16 33.0
05	282 31.2	249 03.4 37.2	195 22.8 52.7	313 30.5 20.1	327 18.8 33.7			
06	297 33.6	264 02.9 N12 38.3	210 23.6 N24 52.8	328 32.6 S13 19.9	342 21.1 S17 33.7	Alioth	166 15.2	N55 50.8
07	312 36.1	279 02.4 39.4	225 24.4 52.8	343 34.6 19.8	357 23.5 33.7	Alkaid	152 54.0	N49 12.5
08	327 38.6	294 01.9 40.5	240 25.2 52.8	358 36.7 19.6	12 25.8 33.6	Alnair	27 37.0	S46 51.4
M 09	342 41.0	309 01.4 .. 41.6	255 25.9 .. 52.8	13 38.7 .. 19.5	27 28.1 .. 33.6	Alnilam	275 41.0	S 1 11.5
O 10	357 43.5	324 00.9 42.7	270 26.7 52.9	28 40.8 19.4	42 30.5 33.6	Alphard	217 50.6	S 8 45.2
N 11	12 46.0	339 00.4 43.8	285 27.5 52.9	43 42.9 19.2	57 32.8 33.5			
D 12	27 48.4	353 59.9 N12 44.9	300 28.3 N24 52.9	58 44.9 S13 19.1	72 35.1 S17 33.5	Alphecca	126 06.0	N26 38.5
A 13	42 50.9	8 59.4 46.0	315 29.1 52.9	73 47.0 19.0	87 37.4 33.5	Alpheratz	357 38.2	N29 12.2
Y 14	57 53.4	23 58.9 47.1	330 29.9 53.0	88 49.0 18.8	102 39.8 33.4	Altair	62 02.9	N 8 55.3
15	72 55.8	38 58.4 .. 48.2	345 30.7 .. 53.0	103 51.1 .. 18.7	117 42.1 .. 33.4	Ankaa	353 10.6	S42 11.5
16	87 58.3	53 57.9 49.3	0 31.5 53.0	118 53.2 18.6	132 44.4 33.4	Antares	112 19.3	S26 28.7
17	103 00.7	68 57.4 50.4	15 32.3 53.0	133 55.2 18.4	147 46.8 33.3			
18	118 03.2	83 56.9 N12 51.5	30 33.1 N24 53.1	148 57.3 S13 18.3	162 49.1 S17 33.3	Arcturus	145 50.4	N19 04.3
19	133 05.7	98 56.4 52.6	45 33.9 53.1	163 59.4 18.2	177 51.4 33.3	Atria	107 15.8	S69 03.7
20	148 08.1	113 55.9 53.7	60 34.7 53.1	179 01.4 18.1	192 53.7 33.2	Avior	234 15.9	S59 34.9
21	163 10.6	128 55.4 .. 54.8	75 35.5 .. 53.1	194 03.5 .. 17.9	207 56.1 .. 33.2	Bellatrix	278 26.4	N 6 22.0
22	178 13.1	143 54.9 55.9	90 36.3 53.1	209 05.6 17.8	222 58.4 33.2	Betelgeuse	270 55.6	N 7 24.5
23	193 15.5	158 54.4 57.0	105 37.1 53.2	224 07.6 17.7	238 00.7 33.2			
20 00	208 18.0	173 53.9 N12 58.1	120 37.9 N24 53.2	239 09.7 S13 17.5	253 03.1 S17 33.1	Canopus	263 54.0	S52 42.7
01	223 20.5	188 53.4 12 59.2	135 38.7 53.2	254 11.7 17.4	268 05.4 33.1	Capella	280 26.7	N46 01.2
02	238 22.9	203 52.9 13 00.3	150 39.5 53.2	269 13.8 17.3	283 07.7 33.1	Deneb	49 27.9	N45 21.0
03	253 25.4	218 52.4 .. 01.4	165 40.3 .. 53.2	284 15.9 .. 17.1	298 10.1 .. 33.0	Denebola	182 27.8	N14 27.2
04	268 27.9	233 51.9 02.4	180 41.1 53.3	299 17.9 17.0	313 12.4 33.0	Diphda	348 50.7	S17 52.4
05	283 30.3	248 51.4 03.5	195 41.9 53.3	314 20.0 16.9	328 14.7 33.0			
06	298 32.8	263 50.9 N13 04.6	210 42.7 N24 53.3	329 22.1 S13 16.7	343 17.0 S17 32.9	Dubhe	193 44.4	N61 38.4
07	313 35.2	278 50.4 05.7	225 43.5 53.3	344 24.1 16.6	358 19.4 32.9	Elnath	278 06.0	N28 37.5
T 08	328 37.7	293 49.9 06.8	240 44.3 53.3	359 26.2 16.5	13 21.7 32.9	Eltanin	90 43.3	N51 28.9
U 09	343 40.2	308 49.4 .. 07.9	255 45.1 .. 53.4	14 28.3 .. 16.3	28 24.0 .. 32.8	Enif	33 41.9	N 9 58.1
E 10	358 42.6	323 48.9 09.0	270 45.9 53.4	29 30.3 16.2	43 26.4 32.8	Fomalhaut	15 18.2	S29 30.6
S 11	13 45.1	338 48.3 10.1	285 46.7 53.4	44 32.4 16.1	58 28.7 32.8			
D 12	28 47.6	353 47.8 N13 11.2	300 47.5 N24 53.4	59 34.5 S13 15.9	73 31.0 S17 32.7	Gacrux	171 54.4	S57 14.0
A 13	43 50.0	8 47.3 12.2	315 48.2 53.4	74 36.5 15.8	88 33.4 32.7	Gienah	175 46.4	S17 39.7
Y 14	58 52.5	23 46.8 13.3	330 49.0 53.4	89 38.6 15.7	103 35.7 32.7	Hadar	148 39.6	S60 28.5
15	73 55.0	38 46.3 .. 14.4	345 49.8 .. 53.5	104 40.7 .. 15.5	118 38.0 .. 32.6	Hamal	327 55.0	N23 33.6
16	88 57.4	53 45.8 15.5	0 50.6 53.5	119 42.7 15.4	133 40.4 32.6	Kaus Aust.	83 36.4	S34 22.3
17	103 59.9	68 45.3 16.6	15 51.4 53.5	134 44.8 15.3	148 42.7 32.6			
18	119 02.3	83 44.8 N13 17.7	30 52.2 N24 53.5	149 46.9 S13 15.1	163 45.0 S17 32.5	Kochab	137 18.8	N74 04.1
19	134 04.8	98 44.3 18.8	45 53.0 53.5	164 48.9 15.0	178 47.4 32.5	Markab	13 33.1	N15 18.9
20	149 07.3	113 43.8 19.8	60 53.8 53.5	179 51.0 14.9	193 49.7 32.5	Menkar	314 09.7	N 4 10.2
21	164 09.7	128 43.3 .. 20.9	75 54.6 .. 53.6	194 53.1 .. 14.7	208 52.0 .. 32.5	Menkent	148 00.8	S36 28.4
22	179 12.2	143 42.7 22.0	90 55.4 53.6	209 55.1 14.6	223 54.4 32.4	Miaplacidus	221 38.5	S69 48.5
23	194 14.7	158 42.2 23.1	105 56.2 53.6	224 57.2 14.5	238 56.7 32.4			
21 00	209 17.1	173 41.7 N13 24.2	120 57.0 N24 53.6	239 59.3 S13 14.4	253 59.0 S17 32.4	Mirfak	308 33.1	N49 56.1
01	224 19.6	188 41.2 25.2	135 57.8 53.6	255 01.3 14.2	269 01.4 32.3	Nunki	75 51.4	S26 16.1
02	239 22.1	203 40.7 26.3	150 58.6 53.6	270 03.4 14.1	284 03.7 32.3	Peacock	53 10.6	S56 39.8
03	254 24.5	218 40.2 .. 27.4	165 59.4 .. 53.6	285 05.5 .. 14.0	299 06.0 .. 32.3	Pollux	243 21.1	N27 58.5
04	269 27.0	233 39.7 28.5	181 00.2 53.7	300 07.6 13.8	314 08.4 32.2	Procyon	244 54.1	N 5 10.1
05	284 29.5	248 39.2 29.6	196 01.0 53.7	315 09.6 13.7	329 10.7 32.2			
06	299 31.9	263 38.7 N13 30.6	211 01.8 N24 53.7	330 11.7 S13 13.6	344 13.0 S17 32.2	Rasalhague	96 01.2	N12 32.6
W 07	314 34.4	278 38.1 31.7	226 02.6 53.7	345 13.8 13.4	359 15.4 32.1	Regulus	207 37.5	N11 51.8
E 08	329 36.8	293 37.6 32.8	241 03.4 53.7	0 15.8 13.3	14 17.7 32.1	Rigel	281 07.0	S 8 10.8
D 09	344 39.3	308 37.1 .. 33.9	256 04.2 .. 53.7	15 17.9 .. 13.2	29 20.0 .. 32.1	Rigil Kent.	139 43.8	S60 55.3
N 10	359 41.8	323 36.6 34.9	271 05.0 53.7	30 20.0 13.0	44 22.4 32.1	Sabik	102 06.0	S15 45.0
E 11	14 44.2	338 36.1 36.0	286 05.7 53.7	45 22.1 12.9	59 24.7 32.0			
S 12	29 46.7	353 35.6 N13 37.1	301 06.5 N24 53.7	60 24.1 S13 12.8	74 27.1 S17 32.0	Schedar	349 35.0	N56 39.0
D 13	44 49.2	8 35.0 38.2	316 07.3 53.8	75 26.2 12.7	89 29.4 32.0	Shaula	96 14.3	S37 07.0
A 14	59 51.6	23 34.5 39.2	331 08.1 53.8	90 28.3 12.5	104 31.7 31.9	Sirius	258 29.1	S16 44.9
Y 15	74 54.1	38 34.0 .. 40.3	346 08.9 .. 53.8	105 30.3 .. 12.4	119 34.1 .. 31.9	Spica	158 25.2	S11 16.4
16	89 56.6	53 33.5 41.4	1 09.7 53.8	120 32.4 12.3	134 36.4 31.9	Suhail	222 48.4	S43 31.3
17	104 59.0	68 33.0 42.5	16 10.5 53.8	135 34.5 12.1	149 38.7 31.8			
18	120 01.5	83 32.5 N13 43.5	31 11.3 N24 53.8	150 36.6 S13 12.0	164 41.1 S17 31.8	Vega	80 35.1	N38 47.9
19	135 04.0	98 31.9 44.6	46 12.1 53.8	165 38.6 11.9	179 43.4 31.8	Zuben'ubi	136 59.1	S16 07.8
20	150 06.4	113 31.4 45.7	61 12.9 53.8	180 40.7 11.7	194 45.7 31.8		SHA	Mer. Pass.
21	165 08.9	128 30.9 .. 46.7	76 13.7 .. 53.8	195 42.8 .. 11.6	209 48.1 .. 31.7		° ′	h m
22	180 11.3	143 30.4 47.8	91 14.5 53.8	210 44.8 11.5	224 50.4 31.7	Venus	325 35.9	12 25
23	195 13.8	158 29.9 48.9	106 15.3 53.8	225 46.9 11.4	239 52.8 31.7	Mars	272 19.9	15 57
	h m					Jupiter	30 51.7	8 02
Mer. Pass.	10 05.1	v −0.5 d 1.1	v 0.8 d 0.0	v 2.1 d 0.1	v 2.3 d 0.0	Saturn	44 45.1	7 07

2021 APRIL 19, 20, 21 (MON., TUES., WED.)

UT	SUN GHA	SUN Dec	MOON GHA	MOON v	MOON Dec	MOON d	MOON HP
d h	° ′	° ′	° ′	′	° ′	′	′
19 00	180 12.2	N11 10.6	101 21.2	9.6	N25 28.0	1.1	55.2
01	195 12.3	11.4	115 49.8	9.5	25 26.9	1.2	55.2
02	210 12.4	12.3	130 18.3	9.6	25 25.7	1.4	55.2
03	225 12.6	13.2	144 46.9	9.5	25 24.3	1.5	55.2
04	240 12.7	14.0	159 15.4	9.5	25 22.8	1.6	55.3
05	255 12.9	14.9	173 43.9	9.5	25 21.2	1.8	55.3
06	270 13.0	N11 15.7	188 12.4	9.4	N25 19.4	1.8	55.3
07	285 13.1	16.6	202 40.8	9.5	25 17.6	2.1	55.3
08	300 13.3	17.5	217 09.3	9.5	25 15.5	2.1	55.4
M 09	315 13.4	18.3	231 37.8	9.4	25 13.4	2.3	55.4
O 10	330 13.5	19.2	246 06.2	9.4	25 11.1	2.4	55.4
N 11	345 13.7	20.1	260 34.6	9.4	25 08.7	2.6	55.4
D 12	0 13.8	N11 20.9	275 03.0	9.4	N25 06.1	2.6	55.5
A 13	15 13.9	21.8	289 31.4	9.4	25 03.5	2.8	55.5
Y 14	30 14.1	22.6	303 59.8	9.4	25 00.7	3.0	55.5
15	45 14.2	23.5	318 28.2	9.4	24 57.7	3.0	55.6
16	60 14.3	24.4	332 56.6	9.4	24 54.7	3.3	55.6
17	75 14.5	25.2	347 25.0	9.4	24 51.4	3.3	55.6
18	90 14.6	N11 26.1	1 53.4	9.4	N24 48.1	3.5	55.6
19	105 14.7	26.9	16 21.8	9.3	24 44.6	3.6	55.7
20	120 14.9	27.8	30 50.1	9.4	24 41.0	3.7	55.7
21	135 15.0	28.7	45 18.5	9.4	24 37.3	3.9	55.7
22	150 15.1	29.5	59 46.9	9.3	24 33.4	4.0	55.8
23	165 15.2	30.4	74 15.2	9.4	24 29.4	4.1	55.8
20 00	180 15.4	N11 31.2	88 43.6	9.4	N24 25.3	4.2	55.8
01	195 15.5	32.1	103 12.0	9.3	24 21.1	4.4	55.8
02	210 15.6	32.9	117 40.3	9.4	24 16.7	4.6	55.9
03	225 15.8	33.8	132 08.7	9.4	24 12.1	4.6	55.9
04	240 15.9	34.7	146 37.1	9.4	24 07.5	4.8	55.9
05	255 16.0	35.5	161 05.5	9.4	24 02.7	4.9	56.0
06	270 16.2	N11 36.4	175 33.9	9.3	N23 57.8	5.1	56.0
07	285 16.3	37.2	190 02.2	9.4	23 52.7	5.1	56.0
T 08	300 16.4	38.1	204 30.6	9.4	23 47.6	5.4	56.1
U 09	315 16.6	38.9	218 59.0	9.5	23 42.2	5.4	56.1
E 10	330 16.7	39.8	233 27.5	9.4	23 36.8	5.6	56.1
S 11	345 16.8	40.6	247 55.9	9.4	23 31.2	5.7	56.2
D 12	0 16.9	N11 41.5	262 24.3	9.4	N23 25.5	5.8	56.2
A 13	15 17.1	42.3	276 52.7	9.5	23 19.7	6.0	56.2
Y 14	30 17.2	43.2	291 21.2	9.4	23 13.7	6.1	56.3
15	45 17.3	44.0	305 49.6	9.5	23 07.6	6.2	56.3
16	60 17.5	44.9	320 18.1	9.5	23 01.4	6.3	56.3
17	75 17.6	45.8	334 46.6	9.5	22 55.1	6.5	56.4
18	90 17.7	N11 46.6	349 15.1	9.5	N22 48.6	6.6	56.4
19	105 17.8	47.5	3 43.6	9.5	22 42.0	6.7	56.4
20	120 18.0	48.3	18 12.1	9.5	22 35.3	6.9	56.5
21	135 18.1	49.2	32 40.6	9.5	22 28.4	7.0	56.5
22	150 18.2	50.0	47 09.1	9.6	22 21.4	7.1	56.5
23	165 18.3	50.9	61 37.7	9.6	22 14.3	7.2	56.6
21 00	180 18.5	N11 51.7	76 06.3	9.6	N22 07.1	7.4	56.6
01	195 18.6	52.6	90 34.9	9.6	21 59.7	7.5	56.6
02	210 18.7	53.4	105 03.5	9.6	21 52.2	7.6	56.7
03	225 18.9	54.2	119 32.1	9.6	21 44.6	7.7	56.7
04	240 19.0	55.1	134 00.7	9.7	21 36.9	7.9	56.8
05	255 19.1	55.9	148 29.4	9.6	21 29.0	8.0	56.8
06	270 19.2	N11 56.8	162 58.0	9.7	N21 21.0	8.1	56.8
W 07	285 19.4	57.6	177 26.7	9.7	21 12.9	8.2	56.9
E 08	300 19.5	58.5	191 55.4	9.7	21 04.7	8.4	56.9
D 09	315 19.6	11 59.3	206 24.1	9.8	20 56.3	8.5	56.9
N 10	330 19.7	12 00.2	220 52.9	9.7	20 47.8	8.6	57.0
E 11	345 19.9	01.0	235 21.6	9.8	20 39.2	8.7	57.0
S 12	0 20.0	N12 01.9	249 50.4	9.8	N20 30.5	8.8	57.1
D 13	15 20.1	02.7	264 19.2	9.8	20 21.7	9.0	57.1
A 14	30 20.2	03.6	278 48.0	9.8	20 12.7	9.1	57.1
Y 15	45 20.4	04.4	293 16.8	9.9	20 03.6	9.2	57.2
16	60 20.5	05.2	307 45.7	9.9	19 54.4	9.3	57.2
17	75 20.6	06.1	322 14.6	9.8	19 45.1	9.4	57.2
18	90 20.7	N12 06.9	336 43.4	10.0	N19 35.7	9.6	57.3
19	105 20.9	07.8	351 12.4	9.9	19 26.1	9.6	57.3
20	120 21.0	08.6	5 41.3	9.9	19 16.5	9.8	57.4
21	135 21.1	09.5	20 10.2	10.0	19 06.7	9.9	57.4
22	150 21.2	10.3	34 39.2	10.0	18 56.8	10.0	57.4
23	165 21.3	11.1	49 08.2	10.0	N18 46.8	10.1	57.5
	SD 15.9	d 0.9	SD 15.1		15.3		15.5

Twilight / Sunrise / Moonrise

Lat.	Naut.	Civil	Sunrise	19	20	21	22
°	h m	h m	h m	h m	h m	h m	h m
N 72	////	00 52	03 08	☐	☐	☐	09 33
N 70	////	01 56	03 30	☐	☐	☐	10 27
68	////	02 30	03 46	☐	☐	08 30	11 00
66	00 45	02 54	04 00	☐	06 53	09 22	11 23
64	01 41	03 13	04 11	06 29	08 06	09 53	11 42
62	02 12	03 28	04 20	07 22	08 42	10 17	11 57
60	02 34	03 40	04 28	07 53	09 09	10 35	12 09
N 58	02 52	03 51	04 35	08 17	09 28	10 51	12 20
56	03 07	04 00	04 42	08 36	09 45	11 04	12 29
54	03 19	04 08	04 47	08 53	09 59	11 15	12 37
52	03 30	04 16	04 52	09 06	10 12	11 25	12 45
50	03 39	04 22	04 57	09 18	10 23	11 34	12 51
45	03 58	04 36	05 07	09 43	10 45	11 53	13 06
N 40	04 12	04 46	05 15	10 03	11 03	12 09	13 17
35	04 24	04 55	05 22	10 20	11 19	12 22	13 27
30	04 34	05 03	05 28	10 34	11 32	12 33	13 36
20	04 49	05 16	05 38	10 59	11 54	12 52	13 51
N 10	05 01	05 26	05 47	11 20	12 14	13 09	14 03
0	05 10	05 34	05 56	11 40	12 32	13 24	14 15
S 10	05 18	05 42	06 04	11 59	12 50	13 40	14 27
20	05 24	05 50	06 12	12 20	13 09	13 56	14 40
30	05 30	05 58	06 22	12 45	13 32	14 15	14 55
35	05 32	06 02	06 28	12 59	13 45	14 26	15 03
40	05 35	06 07	06 34	13 15	14 00	14 38	15 13
45	05 37	06 11	06 41	13 35	14 18	14 53	15 24
S 50	05 39	06 17	06 50	14 00	14 40	15 11	15 37
52	05 40	06 19	06 54	14 12	14 50	15 20	15 43
54	05 41	06 22	06 59	14 26	15 02	15 29	15 50
56	05 42	06 25	07 04	14 41	15 15	15 40	15 58
58	05 42	06 28	07 09	15 00	15 31	15 52	16 06
S 60	05 43	06 32	07 15	15 23	15 50	16 06	16 16

Sunset / Twilight / Moonset

Lat.	Sunset	Civil	Naut.	19	20	21	22
°	h m	h m	h m	h m	h m	h m	h m
N 72	20 54	23 29	////	☐	☐	☐	06 52
N 70	20 31	22 09	////	☐	☐	☐	05 56
68	20 14	21 33	////	☐	☐	06 04	05 22
66	20 00	21 07	23 33	☐	05 51	05 12	04 58
64	19 49	20 48	22 23	04 25	04 38	04 39	04 38
62	19 39	20 32	21 50	03 33	04 01	04 15	04 22
60	19 31	20 19	21 27	03 01	03 35	03 56	04 09
N 58	19 24	20 08	21 08	02 37	03 14	03 40	03 57
56	19 17	19 59	20 53	02 17	02 57	03 26	03 47
54	19 12	19 51	20 41	02 01	02 43	03 14	03 38
52	19 07	19 43	20 30	01 47	02 30	03 04	03 30
50	19 02	19 37	20 21	01 35	02 19	02 54	03 23
45	18 52	19 23	20 01	01 10	01 56	02 34	03 07
N 40	18 44	19 12	19 46	00 50	01 37	02 18	02 54
35	18 37	19 03	19 35	00 33	01 21	02 05	02 43
30	18 30	18 55	19 25	00 19	01 07	01 53	02 34
20	18 20	18 43	19 09	24 44	00 44	01 32	02 17
N 10	18 11	18 32	18 57	24 24	00 24	01 14	02 03
0	18 02	18 23	18 48	24 05	00 05	00 57	01 49
S 10	17 54	18 15	18 40	23 46	24 40	00 40	01 35
20	17 45	18 07	18 33	23 25	24 22	00 22	01 20
30	17 35	17 59	18 27	23 01	24 01	00 01	01 03
35	17 29	17 55	18 25	22 47	23 48	24 53	00 53
40	17 23	17 51	18 22	22 31	23 34	24 41	00 41
45	17 16	17 46	18 20	22 12	23 17	24 27	00 27
S 50	17 07	17 40	18 18	21 47	22 56	24 10	00 10
52	17 03	17 37	18 17	21 36	22 46	24 03	00 03
54	16 58	17 35	18 16	21 22	22 34	23 54	25 18
56	16 53	17 32	18 15	21 07	22 21	23 44	25 11
58	16 48	17 29	18 14	20 48	22 06	23 32	25 03
S 60	16 42	17 25	18 13	20 25	21 47	23 19	24 54

SUN / MOON

Day	Eqn. of Time 00h	Eqn. of Time 12h	Mer. Pass.	Mer. Pass. Upper	Mer. Pass. Lower	Age	Phase
d	m s	m s	h m	h m	h m	d	%
19	00 48	00 55	11 59	17 52	05 26	07	42
20	01 01	01 07	11 59	18 45	06 18	08	52
21	01 14	01 20	11 59	19 36	07 11	09	63

2021 APRIL 22, 23, 24 (THURS., FRI., SAT.)

UT	ARIES	VENUS −3.9	MARS +1.5	JUPITER −2.2	SATURN +0.6	STARS
	GHA	GHA Dec	GHA Dec	GHA Dec	GHA Dec	Name SHA Dec
d h	° ′	° ′ ° ′	° ′ ° ′	° ′ ° ′	° ′ ° ′	° ′ ° ′
22 00	210 16.3	173 29.3 N13 49.9	121 16.1 N24 53.8	240 49.0 S13 11.2	254 55.1 S17 31.6	Acamar 315 14.5 S40 13.4
01	225 18.7	188 28.8 51.0	136 16.9 53.8	255 51.1 11.1	269 57.4 31.6	Achernar 335 23.1 S57 07.8
02	240 21.2	203 28.3 52.1	151 17.7 53.9	270 53.1 11.0	284 59.8 31.6	Acrux 173 02.7 S63 13.1
03	255 23.7	218 27.8 . . 53.1	166 18.5 . . 53.9	285 55.2 . . 10.8	300 02.1 . . 31.5	Adhara 255 08.4 S29 00.3
04	270 26.1	233 27.2 54.2	181 19.3 53.9	300 57.3 10.7	315 04.4 31.5	Aldebaran 290 43.4 N16 33.0
05	285 28.6	248 26.7 55.3	196 20.1 53.9	315 59.4 10.6	330 06.8 31.5	
06	300 31.1	263 26.2 N13 56.3	211 20.8 N24 53.9	331 01.4 S13 10.5	345 09.1 S17 31.5	Alioth 166 15.2 N55 50.8
07	315 33.5	278 25.7 57.4	226 21.6 53.9	346 03.5 10.3	0 11.5 31.4	Alkaid 152 54.0 N49 12.5
T 08	330 36.0	293 25.1 58.4	241 22.4 53.9	1 05.6 10.2	15 13.8 31.4	Alnair 27 37.0 S46 51.4
H 09	345 38.4	308 24.6 13 59.5	256 23.2 . . 53.9	16 07.7 . . 10.1	30 16.1 . . 31.4	Alnilam 275 41.0 S 1 11.5
U 10	0 40.9	323 24.1 14 00.6	271 24.0 53.9	31 09.7 09.9	45 18.5 31.3	Alphard 217 50.6 S 8 45.2
R 11	15 43.4	338 23.6 01.6	286 24.8 53.9	46 11.8 09.8	60 20.8 31.3	
S 12	30 45.8	353 23.0 N14 02.7	301 25.6 N24 53.9	61 13.9 S13 09.7	75 23.2 S17 31.3	Alphecca 126 06.0 N26 38.5
D 13	45 48.3	8 22.5 03.7	316 26.4 53.9	76 16.0 09.5	90 25.5 31.2	Alpheratz 357 38.2 N29 12.2
A 14	60 50.8	23 22.0 04.8	331 27.2 53.9	91 18.0 09.4	105 27.8 31.2	Altair 62 02.9 N 8 55.3
Y 15	75 53.2	38 21.5 . . 05.9	346 28.0 . . 53.9	106 20.1 . . 09.3	120 30.2 . . 31.2	Ankaa 353 10.6 S42 11.5
16	90 55.7	53 20.9 06.9	1 28.8 53.9	121 22.2 09.2	135 32.5 31.2	Antares 112 19.3 S26 28.7
17	105 58.2	68 20.4 08.0	16 29.6 53.9	136 24.3 09.0	150 34.9 31.1	
18	121 00.6	83 19.9 N14 09.0	31 30.4 N24 53.9	151 26.4 S13 08.9	165 37.2 S17 31.1	Arcturus 145 50.4 N19 04.3
19	136 03.1	98 19.4 10.1	46 31.2 53.9	166 28.4 08.8	180 39.5 31.1	Atria 107 15.8 S69 03.7
20	151 05.6	113 18.8 11.1	61 32.0 53.9	181 30.5 08.6	195 41.9 31.0	Avior 234 15.9 S59 34.9
21	166 08.0	128 18.3 . . 12.2	76 32.8 . . 53.9	196 32.6 . . 08.5	210 44.2 . . 31.0	Bellatrix 278 26.4 N 6 22.0
22	181 10.5	143 17.8 13.3	91 33.6 53.9	211 34.7 08.4	225 46.6 31.0	Betelgeuse 270 55.6 N 7 24.5
23	196 12.9	158 17.2 14.3	106 34.3 53.9	226 36.7 08.3	240 48.9 31.0	
23 00	211 15.4	173 16.7 N14 15.4	121 35.1 N24 53.9	241 38.8 S13 08.1	255 51.2 S17 30.9	Canopus 263 54.0 S52 42.7
01	226 17.9	188 16.2 16.4	136 35.9 53.9	256 40.9 08.0	270 53.6 30.9	Capella 280 26.7 N46 01.2
02	241 20.3	203 15.6 17.5	151 36.7 53.9	271 43.0 07.9	285 55.9 30.9	Deneb 49 27.9 N45 21.0
03	256 22.8	218 15.1 . . 18.5	166 37.5 . . 53.9	286 45.1 . . 07.8	300 58.3 . . 30.8	Denebola 182 27.8 N14 27.2
04	271 25.3	233 14.6 19.6	181 38.3 53.9	301 47.1 07.6	316 00.6 30.8	Diphda 348 50.7 S17 52.4
05	286 27.7	248 14.0 20.6	196 39.1 53.9	316 49.2 07.5	331 02.9 30.8	
06	301 30.2	263 13.5 N14 21.7	211 39.9 N24 53.9	331 51.3 S13 07.4	346 05.3 S17 30.8	Dubhe 193 44.4 N61 38.4
07	316 32.7	278 13.0 22.7	226 40.7 53.9	346 53.4 07.2	1 07.6 30.7	Elnath 278 06.0 N28 37.5
08	331 35.1	293 12.4 23.8	241 41.5 53.9	1 55.5 07.1	16 10.0 30.7	Eltanin 90 43.3 N51 28.9
F 09	346 37.6	308 11.9 . . 24.8	256 42.3 . . 53.9	16 57.5 . . 07.0	31 12.3 . . 30.7	Enif 33 41.9 N 9 58.1
R 10	1 40.1	323 11.4 25.9	271 43.1 53.9	31 59.6 06.9	46 14.7 30.6	Fomalhaut 15 18.1 S29 30.6
I 11	16 42.5	338 10.8 26.9	286 43.9 53.9	47 01.7 06.7	61 17.0 30.6	
D 12	31 45.0	353 10.3 N14 27.9	301 44.7 N24 53.9	62 03.8 S13 06.6	76 19.3 S17 30.6	Gacrux 171 54.4 S57 14.0
A 13	46 47.4	8 09.8 29.0	316 45.5 53.9	77 05.9 06.5	91 21.7 30.6	Gienah 175 46.4 S17 39.7
Y 14	61 49.9	23 09.2 30.0	331 46.3 53.9	92 07.9 06.3	106 24.0 30.5	Hadar 148 39.6 S60 28.5
15	76 52.4	38 08.7 . . 31.1	346 47.1 . . 53.9	107 10.0 . . 06.2	121 26.4 . . 30.5	Hamal 327 55.0 N23 33.6
16	91 54.8	53 08.1 32.1	1 47.8 53.9	122 12.1 06.1	136 28.7 30.5	Kaus Aust. 83 36.4 S34 22.3
17	106 57.3	68 07.6 33.2	16 48.6 53.9	137 14.2 06.0	151 31.1 30.4	
18	121 59.8	83 07.1 N14 34.2	31 49.4 N24 53.9	152 16.3 S13 05.8	166 33.4 S17 30.4	Kochab 137 18.7 N74 04.1
19	137 02.2	98 06.5 35.2	46 50.2 53.9	167 18.4 05.7	181 35.8 30.4	Markab 13 33.1 N15 18.9
20	152 04.7	113 06.0 36.3	61 51.0 53.9	182 20.4 05.6	196 38.1 30.4	Menkar 314 09.7 N 4 10.2
21	167 07.2	128 05.4 . . 37.3	76 51.8 . . 53.8	197 22.5 . . 05.5	211 40.4 . . 30.3	Menkent 148 00.8 S36 28.5
22	182 09.6	143 04.9 38.4	91 52.6 53.8	212 24.6 05.3	226 42.8 30.3	Miaplacidus 221 38.6 S69 48.5
23	197 12.1	158 04.4 39.4	106 53.4 53.8	227 26.7 05.2	241 45.1 30.3	
24 00	212 14.5	173 03.8 N14 40.4	121 54.2 N24 53.8	242 28.8 S13 05.1	256 47.5 S17 30.2	Mirfak 308 33.1 N49 56.1
01	227 17.0	188 03.3 41.5	136 55.0 53.8	257 30.9 05.0	271 49.8 30.2	Nunki 75 51.4 S26 16.1
02	242 19.5	203 02.7 42.5	151 55.8 53.8	272 32.9 04.8	286 52.2 30.2	Peacock 53 10.6 S56 39.8
03	257 21.9	218 02.2 . . 43.5	166 56.6 . . 53.8	287 35.0 . . 04.7	301 54.5 . . 30.2	Pollux 243 21.1 N27 58.5
04	272 24.4	233 01.7 44.6	181 57.4 53.8	302 37.1 04.6	316 56.9 30.1	Procyon 244 54.1 N 5 10.1
05	287 26.9	248 01.1 45.6	196 58.2 53.8	317 39.2 04.4	331 59.2 30.1	
06	302 29.3	263 00.6 N14 46.6	211 59.0 N24 53.8	332 41.3 S13 04.3	347 01.5 S17 30.1	Rasalhague 96 01.2 N12 32.6
07	317 31.8	278 00.0 47.7	226 59.7 53.8	347 43.4 04.2	2 03.9 30.1	Regulus 207 37.5 N11 51.8
S 08	332 34.3	292 59.5 48.7	242 00.5 53.7	2 45.4 04.1	17 06.2 30.0	Rigel 281 07.0 S 8 10.8
A 09	347 36.7	307 58.9 . . 49.7	257 01.3 . . 53.7	17 47.5 . . 03.9	32 08.6 . . 30.0	Rigil Kent. 139 43.8 S60 55.3
T 10	2 39.2	322 58.4 50.8	272 02.1 53.7	32 49.6 03.8	47 10.9 30.0	Sabik 102 06.0 S15 45.0
U 11	17 41.7	337 57.8 51.8	287 02.9 53.7	47 51.7 03.7	62 13.3 29.9	
R 12	32 44.1	352 57.3 N14 52.8	302 03.7 N24 53.7	62 53.8 S13 03.6	77 15.6 S17 29.9	Schedar 349 35.0 N56 39.0
D 13	47 46.6	7 56.7 53.9	317 04.5 53.7	77 55.9 03.4	92 18.0 29.9	Shaula 96 14.2 S37 07.0
A 14	62 49.0	22 56.2 54.9	332 05.3 53.7	92 58.0 03.3	107 20.3 29.9	Sirius 258 29.1 S16 44.9
Y 15	77 51.5	37 55.7 . . 55.9	347 06.1 . . 53.7	108 00.0 . . 03.2	122 22.7 . . 29.8	Spica 158 25.2 S11 16.4
16	92 54.0	52 55.1 56.9	2 06.9 53.7	123 02.1 03.1	137 25.0 29.8	Suhail 222 48.4 S43 31.3
17	107 56.4	67 54.6 58.0	17 07.7 53.6	138 04.2 02.9	152 27.4 29.8	
18	122 58.9	82 54.0 N14 59.0	32 08.5 N24 53.6	153 06.3 S13 02.8	167 29.7 S17 29.8	Vega 80 35.1 N38 47.9
19	138 01.4	97 53.5 15 00.0	47 09.3 53.6	168 08.4 02.7	182 32.1 29.7	Zuben'ubi 136 59.1 S16 07.8
20	153 03.8	112 52.9 01.1	62 10.1 53.6	183 10.5 02.6	197 34.4 29.7	SHA Mer. Pass.
21	168 06.3	127 52.4 . . 02.1	77 10.9 . . 53.6	198 12.6 . . 02.4	212 36.8 . . 29.7	° ′ h m
22	183 08.8	142 51.8 03.1	92 11.6 53.6	213 14.7 02.3	227 39.1 29.6	Venus 322 01.3 12 27
23	198 11.2	157 51.3 04.1	107 12.4 53.6	228 16.7 02.2	242 41.5 29.6	Mars 270 19.7 15 53
	h m					Jupiter 30 23.4 7 52
Mer. Pass. 9 53.3	v −0.5 d 1.0	v 0.8 d 0.0	v 2.1 d 0.1	v 2.3 d 0.0	Saturn 44 35.8 6 56

2021 APRIL 22, 23, 24 (THURS., FRI., SAT.)

UT	SUN GHA	SUN Dec	MOON GHA	MOON v	MOON Dec	MOON d	MOON HP	Lat.	Twilight Naut.	Twilight Civil	Sunrise	Moonrise 22	Moonrise 23	Moonrise 24	Moonrise 25
d h	° ′	° ′	° ′	′	° ′	′	′	°	h m	h m	h m	h m	h m	h m	h m
22 00	180 21.5	N12 12.0	63 37.2	10.0	N18 36.7	10.3	57.5	N 72	////	////	02 49	09 33	12 31	14 56	17 17
01	195 21.6	12.8	78 06.2	10.0	18 26.4	10.3	57.6	N 70	////	01 28	03 14	10 27	12 51	15 03	17 13
02	210 21.7	13.7	92 35.2	10.1	18 16.1	10.5	57.6	68	////	02 11	03 33	11 00	13 07	15 09	17 11
03	225 21.8	14.5	107 04.3	10.1	18 05.6	10.6	57.6	66	////	02 39	03 48	11 23	13 19	15 13	17 08
04	240 22.0	15.3	121 33.4	10.1	17 55.0	10.7	57.7	64	01 17	03 00	04 00	11 42	13 29	15 17	17 07
05	255 22.1	16.2	136 02.5	10.1	17 44.3	10.7	57.7	62	01 55	03 17	04 11	11 57	13 38	15 20	17 05
								60	02 21	03 31	04 20	12 09	13 45	15 23	17 03
06	270 22.2	N12 17.0	150 31.6	10.2	N17 33.6	10.9	57.8	N 58	02 41	03 42	04 28	12 20	13 52	15 26	17 02
07	285 22.3	17.9	165 00.8	10.1	17 22.7	11.1	57.8	56	02 57	03 52	04 34	12 29	13 58	15 28	17 01
T 08	300 22.4	18.7	179 29.9	10.2	17 11.6	11.1	57.8	54	03 10	04 01	04 41	12 37	14 03	15 30	17 00
H 09	315 22.6	19.5	193 59.1	10.2	17 00.5	11.2	57.9	52	03 22	04 09	04 46	12 45	14 07	15 32	16 59
U 10	330 22.7	20.4	208 28.3	10.2	16 49.3	11.3	57.9	50	03 32	04 16	04 51	12 51	14 12	15 34	16 58
R 11	345 22.8	21.2	222 57.5	10.2	16 38.0	11.5	58.0	45	03 52	04 30	05 02	13 06	14 21	15 38	16 57
S 12	0 22.9	N12 22.0	237 26.7	10.3	N16 26.5	11.5	58.0	N 40	04 07	04 42	05 11	13 17	14 28	15 41	16 55
D 13	15 23.0	22.9	251 56.0	10.2	16 15.0	11.6	58.0	35	04 20	04 52	05 18	13 27	14 34	15 43	16 54
A 14	30 23.2	23.7	266 25.2	10.3	16 03.4	11.8	58.1	30	04 30	05 00	05 25	13 36	14 40	15 46	16 53
Y 15	45 23.3	24.5	280 54.5	10.3	15 51.6	11.8	58.1	20	04 47	05 13	05 36	13 51	14 50	15 50	16 51
16	60 23.4	25.4	295 23.8	10.3	15 39.8	12.0	58.2	N 10	04 59	05 24	05 46	14 03	14 58	15 53	16 49
17	75 23.5	26.2	309 53.1	10.4	15 27.8	12.0	58.2	0	05 09	05 34	05 55	14 15	15 06	15 57	16 48
18	90 23.6	N12 27.1	324 22.5	10.3	N15 15.8	12.1	58.2	S 10	05 18	05 42	06 04	14 27	15 14	16 00	16 46
19	105 23.8	27.9	338 51.8	10.3	15 03.7	12.3	58.3	20	05 25	05 51	06 13	14 40	15 22	16 03	16 45
20	120 23.9	28.7	353 21.2	10.3	14 51.4	12.3	58.3	30	05 31	06 00	06 24	14 55	15 32	16 07	16 43
21	135 24.0	29.6	7 50.5	10.4	14 39.1	12.4	58.4	35	05 35	06 04	06 30	15 03	15 37	16 10	16 42
22	150 24.1	30.4	22 19.9	10.4	14 26.7	12.6	58.4	40	05 38	06 09	06 37	15 13	15 43	16 12	16 41
23	165 24.2	31.2	36 49.3	10.5	14 14.1	12.6	58.4	45	05 41	06 15	06 45	15 24	15 51	16 15	16 40
23 00	180 24.4	N12 32.0	51 18.8	10.4	N14 01.5	12.7	58.5	S 50	05 43	06 21	06 55	15 37	15 59	16 19	16 38
01	195 24.5	32.9	65 48.2	10.4	13 48.8	12.8	58.5	52	05 45	06 24	06 59	15 43	16 03	16 21	16 38
02	210 24.6	33.7	80 17.6	10.5	13 36.0	12.9	58.6	54	05 46	06 27	07 04	15 50	16 07	16 22	16 37
03	225 24.7	34.5	94 47.1	10.5	13 23.1	13.0	58.6	56	05 47	06 31	07 10	15 58	16 12	16 24	16 36
04	240 24.8	35.4	109 16.6	10.4	13 10.1	13.1	58.6	58	05 48	06 34	07 16	16 06	16 17	16 27	16 35
05	255 24.9	36.2	123 46.0	10.5	12 57.0	13.1	58.7	S 60	05 50	06 38	07 22	16 16	16 23	16 29	16 34
06	270 25.1	N12 37.0	138 15.5	10.5	N12 43.9	13.3	58.7			Twilight			Moonset		
07	285 25.2	37.9	152 45.0	10.5	12 30.6	13.3	58.8	Lat.	Sunset	Civil	Naut.	22	23	24	25
08	300 25.3	38.7	167 14.5	10.6	12 17.3	13.5	58.8								
F 09	315 25.4	39.5	181 44.1	10.5	12 03.8	13.5	58.8	°	h m	h m	h m	h m	h m	h m	h m
R 10	330 25.5	40.4	196 13.6	10.5	11 50.3	13.6	58.9	N 72	21 12	////	////	06 52	05 41	05 04	04 35
I 11	345 25.6	41.2	210 43.1	10.5	11 36.7	13.6	58.9	N 70	20 46	22 38	////	05 56	05 19	04 54	04 33
D 12	0 25.8	N12 42.0	225 12.7	10.5	N11 23.1	13.8	59.0	68	20 27	21 51	////	05 22	05 02	04 46	04 32
A 13	15 25.9	42.8	239 42.2	10.6	11 09.3	13.8	59.0	66	20 11	21 21	////	04 58	04 48	04 39	04 31
Y 14	30 26.0	43.7	254 11.8	10.5	10 55.5	13.9	59.0	64	19 58	21 00	22 49	04 38	04 36	04 33	04 30
15	45 26.1	44.5	268 41.3	10.6	10 41.6	14.0	59.1	62	19 48	20 42	22 06	04 22	04 26	04 28	04 30
16	60 26.2	45.3	283 10.9	10.5	10 27.6	14.1	59.1	60	19 38	20 28	21 39	04 09	04 17	04 24	04 29
17	75 26.3	46.1	297 40.4	10.6	10 13.5	14.1	59.2								
18	90 26.4	N12 47.0	312 10.0	10.6	N 9 59.4	14.2	59.2	N 58	19 31	20 16	21 18	03 57	04 10	04 20	04 28
19	105 26.6	47.8	326 39.6	10.5	9 45.2	14.3	59.2	56	19 24	20 06	21 02	03 47	04 03	04 16	04 28
20	120 26.7	48.6	341 09.1	10.6	9 30.9	14.4	59.3	54	19 17	19 57	20 48	03 38	03 57	04 13	04 27
21	135 26.8	49.4	355 38.7	10.6	9 16.5	14.4	59.3	52	19 12	19 49	20 37	03 30	03 51	04 10	04 27
22	150 26.9	50.3	10 08.3	10.6	9 02.1	14.5	59.4	50	19 07	19 42	20 27	03 23	03 46	04 07	04 27
23	165 27.0	51.1	24 37.9	10.5	8 47.6	14.6	59.4	45	18 56	19 27	20 06	03 07	03 36	04 01	04 26
24 00	180 27.1	N12 51.9	39 07.4	10.6	N 8 33.0	14.6	59.4	N 40	18 47	19 15	19 50	02 54	03 27	03 56	04 25
01	195 27.2	52.7	53 37.0	10.6	8 18.4	14.7	59.5	35	18 39	19 06	19 37	02 43	03 19	03 52	04 24
02	210 27.3	53.6	68 06.6	10.5	8 03.7	14.7	59.5	30	18 32	18 57	19 27	02 34	03 12	03 48	04 24
03	225 27.5	54.4	82 36.1	10.6	7 49.0	14.9	59.5	20	18 21	18 44	19 10	02 17	03 00	03 42	04 23
04	240 27.6	55.2	97 05.7	10.6	7 34.1	14.8	59.6	N 10	18 11	18 32	18 58	02 03	02 50	03 36	04 22
05	255 27.7	56.0	111 35.2	10.6	7 19.3	15.0	59.6	0	18 02	18 23	18 47	01 49	02 40	03 30	04 21
06	270 27.8	N12 56.8	126 04.8	10.5	N 7 04.3	15.0	59.6	S 10	17 53	18 14	18 39	01 35	02 30	03 24	04 20
07	285 27.9	57.7	140 34.3	10.5	6 49.3	15.0	59.7	20	17 43	18 05	18 31	01 20	02 19	03 18	04 19
S 08	300 28.0	58.5	155 03.8	10.5	6 34.3	15.1	59.7	30	17 32	17 57	18 25	01 03	02 06	03 11	04 17
A 09	315 28.1	12 59.3	169 33.4	10.5	6 19.2	15.2	59.8	35	17 26	17 52	18 22	00 53	01 59	03 07	04 17
T 10	330 28.2	13 00.1	184 02.9	10.6	6 04.0	15.2	59.8	40	17 19	17 47	18 18	00 41	01 51	03 02	04 16
U 11	345 28.4	00.9	198 32.4	10.5	5 48.8	15.3	59.8	45	17 11	17 41	18 15	00 27	01 41	02 57	04 15
R 12	0 28.5	N13 01.8	213 01.9	10.4	N 5 33.5	15.3	59.9	S 50	17 01	17 34	18 12	00 10	01 29	02 50	04 14
D 13	15 28.6	02.6	227 31.3	10.5	5 18.2	15.4	59.9	52	16 57	17 32	18 11	00 03	01 24	02 47	04 13
A 14	30 28.7	03.4	242 00.8	10.4	5 02.8	15.4	59.9	54	16 52	17 28	18 10	25 18	01 18	02 44	04 13
Y 15	45 28.8	04.2	256 30.2	10.5	4 47.4	15.4	60.0	56	16 46	17 25	18 09	25 11	01 11	02 40	04 12
16	60 28.9	05.0	270 59.7	10.4	4 32.0	15.5	60.0	58	16 40	17 21	18 07	25 03	01 03	02 36	04 11
17	75 29.0	05.9	285 29.1	10.4	4 16.5	15.6	60.0	S 60	16 33	17 17	18 06	24 54	00 54	02 31	04 10
18	90 29.1	N13 06.7	299 58.5	10.4	N 4 00.9	15.6	60.1			SUN			MOON		
19	105 29.2	07.5	314 27.9	10.3	3 45.3	15.6	60.1	Day	Eqn. of Time		Mer.	Mer. Pass.		Age	Phase
20	120 29.3	08.3	328 57.2	10.3	3 29.7	15.7	60.2		00h	12h	Pass.	Upper	Lower		
21	135 29.5	09.1	343 26.6	10.3	3 14.0	15.7	60.2	d	m s	m s	h m	h m	h m	d	%
22	150 29.6	09.9	357 55.9	10.3	2 58.3	15.7	60.2	22	01 26	01 31	11 58	20 28	08 02	10	73
23	165 29.7	10.7	12 25.2	10.2	N 2 42.6	15.8	60.2	23	01 37	01 43	11 58	21 18	08 53	11	82
	SD 15.9	d 0.8	SD 15.8		16.1		16.3	24	01 48	01 54	11 58	22 09	09 43	12	90

2021 APRIL 25, 26, 27 (SUN., MON., TUES.)

UT	ARIES	VENUS −3.9	MARS +1.5	JUPITER −2.2	SATURN +0.6	STARS		
	GHA	GHA Dec	GHA Dec	GHA Dec	GHA Dec	Name	SHA	Dec
d h	° ′	° ′ ° ′	° ′ ° ′	° ′ ° ′	° ′ ° ′		° ′	° ′
25 00	213 13.7	172 50.7 N15 05.1	122 13.2 N24 53.5	243 18.8 S13 02.1	257 43.8 S17 29.6	Acamar	315 14.5	S40 13.4
01	228 16.1	187 50.1 06.2	137 14.0 53.5	258 20.9 01.9	272 46.1 29.6	Achernar	335 23.1	S57 07.8
02	243 18.6	202 49.6 07.2	152 14.8 53.5	273 23.0 01.8	287 48.5 29.5	Acrux	173 02.7	S63 13.1
03	258 21.1	217 49.0 .. 08.2	167 15.6 .. 53.5	288 25.1 .. 01.7	302 50.8 .. 29.5	Adhara	255 08.4	S29 00.3
04	273 23.5	232 48.5 09.2	182 16.4 53.5	303 27.2 01.6	317 53.2 29.5	Aldebaran	290 43.4	N16 33.0
05	288 26.0	247 47.9 10.2	197 17.2 53.5	318 29.3 01.4	332 55.5 29.5			
06	303 28.5	262 47.4 N15 11.3	212 18.0 N24 53.4	333 31.4 S13 01.3	347 57.9 S17 29.4	Alioth	166 15.2	N55 50.8
07	318 30.9	277 46.8 12.3	227 18.8 53.4	348 33.5 01.2	3 00.2 29.4	Alkaid	152 54.0	N49 12.5
08	333 33.4	292 46.3 13.3	242 19.6 53.4	3 35.5 01.1	18 02.6 29.4	Alnair	27 37.0	S46 51.4
S 09	348 35.9	307 45.7 .. 14.3	257 20.4 .. 53.4	18 37.6 .. 00.9	33 04.9 .. 29.4	Alnilam	275 41.0	S 1 11.5
U 10	3 38.3	322 45.2 15.3	272 21.2 53.4	33 39.7 00.8	48 07.3 29.3	Alphard	217 50.7	S 8 45.1
N 11	18 40.8	337 44.6 16.3	287 22.0 53.4	48 41.8 00.7	63 09.6 29.3			
D 12	33 43.3	352 44.0 N15 17.4	302 22.7 N24 53.3	63 43.9 S13 00.6	78 12.0 S17 29.3	Alphecca	126 06.0	N26 38.5
A 13	48 45.7	7 43.5 18.4	317 23.5 53.3	78 46.0 00.4	93 14.3 29.2	Alpheratz	357 38.2	N29 12.2
Y 14	63 48.2	22 42.9 19.4	332 24.3 53.3	93 48.1 00.3	108 16.7 29.2	Altair	62 02.9	N 8 55.3
15	78 50.6	37 42.4 .. 20.4	347 25.1 .. 53.3	108 50.2 .. 00.2	123 19.0 .. 29.2	Ankaa	353 10.6	S42 11.5
16	93 53.1	52 41.8 21.4	2 25.9 53.3	123 52.3 00.1	138 21.4 29.2	Antares	112 19.2	S26 28.7
17	108 55.6	67 41.2 22.4	17 26.7 53.2	138 54.4 13 00.0	153 23.8 29.1			
18	123 58.0	82 40.7 N15 23.4	32 27.5 N24 53.2	153 56.5 S12 59.8	168 26.1 S17 29.1	Arcturus	145 50.4	N19 04.3
19	139 00.5	97 40.1 24.4	47 28.3 53.2	168 58.6 59.7	183 28.5 29.1	Atria	107 15.8	S69 03.7
20	154 03.0	112 39.6 25.4	62 29.1 53.2	184 00.6 59.6	198 30.8 29.1	Avior	234 15.9	S59 34.9
21	169 05.4	127 39.0 .. 26.5	77 29.9 .. 53.2	199 02.7 .. 59.5	213 33.2 .. 29.0	Bellatrix	278 26.4	N 6 22.0
22	184 07.9	142 38.4 27.5	92 30.7 53.1	214 04.8 59.3	228 35.5 29.0	Betelgeuse	270 55.6	N 7 24.5
23	199 10.4	157 37.9 28.5	107 31.5 53.1	229 06.9 59.2	243 37.9 29.0			
26 00	214 12.8	172 37.3 N15 29.5	122 32.3 N24 53.1	244 09.0 S12 59.1	258 40.2 S17 29.0	Canopus	263 54.0	S52 42.7
01	229 15.3	187 36.8 30.5	137 33.1 53.1	259 11.1 59.0	273 42.6 28.9	Capella	280 26.7	N46 01.1
02	244 17.8	202 36.2 31.5	152 33.8 53.1	274 13.2 58.8	288 44.9 28.9	Deneb	49 27.8	N45 21.0
03	259 20.2	217 35.6 .. 32.5	167 34.6 .. 53.0	289 15.3 .. 58.7	303 47.3 .. 28.9	Denebola	182 27.8	N14 27.2
04	274 22.7	232 35.1 33.5	182 35.4 53.0	304 17.4 58.6	318 49.6 28.9	Diphda	348 50.7	S17 52.4
05	289 25.1	247 34.5 34.5	197 36.2 53.0	319 19.5 58.5	333 52.0 28.8			
06	304 27.6	262 33.9 N15 35.5	212 37.0 N24 53.0	334 21.6 S12 58.3	348 54.3 S17 28.8	Dubhe	193 44.4	N61 38.4
07	319 30.1	277 33.4 36.5	227 37.8 52.9	349 23.7 58.2	3 56.7 28.8	Elnath	278 06.0	N28 37.5
08	334 32.5	292 32.8 37.5	242 38.6 52.9	4 25.8 58.1	18 59.0 28.8	Eltanin	90 43.3	N51 28.9
M 09	349 35.0	307 32.2 .. 38.5	257 39.4 .. 52.9	19 27.9 .. 58.0	34 01.4 .. 28.7	Enif	33 41.9	N 9 58.1
O 10	4 37.5	322 31.7 39.5	272 40.2 52.9	34 30.0 57.9	49 03.7 28.7	Fomalhaut	15 18.1	S29 30.6
N 11	19 39.9	337 31.1 40.5	287 41.0 52.8	49 32.1 57.7	64 06.1 28.7			
D 12	34 42.4	352 30.5 N15 41.5	302 41.8 N24 52.8	64 34.2 S12 57.6	79 08.5 S17 28.7	Gacrux	171 54.4	S57 14.0
A 13	49 44.9	7 30.0 42.5	317 42.6 52.8	79 36.3 57.5	94 10.8 28.6	Gienah	175 46.4	S17 39.7
Y 14	64 47.3	22 29.4 43.5	332 43.4 52.8	94 38.3 57.4	109 13.2 28.6	Hadar	148 39.6	S60 28.5
15	79 49.8	37 28.8 .. 44.5	347 44.1 .. 52.7	109 40.4 .. 57.2	124 15.5 .. 28.6	Hamal	327 55.0	N23 33.5
16	94 52.2	52 28.3 45.5	2 44.9 52.7	124 42.5 57.1	139 17.9 28.6	Kaus Aust.	83 36.3	S34 22.3
17	109 54.7	67 27.7 46.5	17 45.7 52.7	139 44.6 57.0	154 20.2 28.5			
18	124 57.2	82 27.1 N15 47.5	32 46.5 N24 52.6	154 46.7 S12 56.9	169 22.6 S17 28.5	Kochab	137 18.7	N74 04.1
19	139 59.6	97 26.5 48.5	47 47.3 52.6	169 48.8 56.8	184 24.9 28.5	Markab	13 33.1	N15 18.9
20	155 02.1	112 26.0 49.5	62 48.1 52.6	184 50.9 56.6	199 27.3 28.5	Menkar	314 09.7	N 4 10.2
21	170 04.6	127 25.4 .. 50.4	77 48.9 .. 52.6	199 53.0 .. 56.5	214 29.7 .. 28.4	Menkent	148 00.8	S36 28.5
22	185 07.0	142 24.8 51.4	92 49.7 52.5	214 55.1 56.4	229 32.0 28.4	Miaplacidus	221 38.6	S69 48.5
23	200 09.5	157 24.3 52.4	107 50.5 52.5	229 57.2 56.3	244 34.4 28.4			
27 00	215 12.0	172 23.7 N15 53.4	122 51.3 N24 52.5	244 59.3 S12 56.1	259 36.7 S17 28.4	Mirfak	308 33.1	N49 56.1
01	230 14.4	187 23.1 54.4	137 52.1 52.4	260 01.4 56.0	274 39.1 28.3	Nunki	75 51.4	S26 16.1
02	245 16.9	202 22.5 55.4	152 52.9 52.4	275 03.5 55.9	289 41.4 28.3	Peacock	53 10.5	S56 39.8
03	260 19.4	217 22.0 .. 56.4	167 53.7 .. 52.4	290 05.6 .. 55.8	304 43.8 .. 28.3	Pollux	243 21.1	N27 58.5
04	275 21.8	232 21.4 57.4	182 54.4 52.4	305 07.7 55.7	319 46.1 28.3	Procyon	244 54.1	N 5 10.1
05	290 24.3	247 20.8 58.4	197 55.2 52.3	320 09.8 55.5	334 48.5 28.2			
06	305 26.7	262 20.2 N15 59.3	212 56.0 N24 52.3	335 11.9 S12 55.4	349 50.9 S17 28.2	Rasalhague	96 01.1	N12 32.6
07	320 29.2	277 19.7 16 00.3	227 56.8 52.3	350 14.0 55.3	4 53.2 28.2	Regulus	207 37.6	N11 51.8
08	335 31.7	292 19.1 01.3	242 57.6 52.2	5 16.1 55.2	19 55.6 28.2	Rigel	281 07.0	S 8 10.8
T 09	350 34.1	307 18.5 .. 02.3	257 58.4 .. 52.2	20 18.2 .. 55.1	34 57.9 .. 28.1	Rigil Kent.	139 43.8	S60 55.3
U 10	5 36.6	322 17.9 03.3	272 59.2 52.2	35 20.3 54.9	50 00.3 28.1	Sabik	102 06.0	S15 45.0
E 11	20 39.1	337 17.3 04.3	288 00.0 52.1	50 22.4 54.8	65 02.7 28.1			
S 12	35 41.5	352 16.8 N16 05.2	303 00.8 N24 52.1	65 24.5 S12 54.7	80 05.0 S17 28.1	Schedar	349 34.9	N56 38.9
D 13	50 44.0	7 16.2 06.2	318 01.6 52.1	80 26.6 54.6	95 07.4 28.0	Shaula	96 14.2	S37 07.0
A 14	65 46.5	22 15.6 07.2	333 02.4 52.0	95 28.7 54.4	110 09.7 28.0	Sirius	258 29.1	S16 44.9
Y 15	80 48.9	37 15.0 .. 08.2	348 03.2 .. 52.0	110 30.8 .. 54.3	125 12.1 .. 28.0	Spica	158 25.2	S11 16.4
16	95 51.4	52 14.4 09.2	3 04.0 52.0	125 32.9 54.2	140 14.4 28.0	Suhail	222 48.4	S43 31.3
17	110 53.8	67 13.9 10.1	18 04.7 51.9	140 35.0 54.1	155 16.8 27.9			
18	125 56.3	82 13.3 N16 11.1	33 05.5 N24 51.9	155 37.1 S12 54.0	170 19.2 S17 27.9	Vega	80 35.1	N38 47.9
19	140 58.8	97 12.7 12.1	48 06.3 51.9	170 39.2 53.8	185 21.5 27.9	Zuben'ubi	136 59.0	S16 07.8
20	156 01.2	112 12.1 13.1	63 07.1 51.8	185 41.3 53.7	200 23.9 27.9		SHA	Mer. Pass.
21	171 03.7	127 11.5 .. 14.0	78 07.9 .. 51.8	200 43.4 .. 53.6	215 26.2 .. 27.8		° ′	h m
22	186 06.2	142 10.9 15.0	93 08.7 51.8	215 45.5 53.5	230 28.6 27.8	Venus	318 24.5	12 30
23	201 08.6	157 10.4 16.0	108 09.5 51.7	230 47.6 53.4	245 31.0 27.8	Mars	268 19.4	15 49
	h m					Jupiter	29 56.2	7 42
Mer. Pass. 9 41.6		v −0.6 d 1.0	v 0.8 d 0.0	v 2.1 d 0.1	v 2.4 d 0.0	Saturn	44 27.4	6 44

2021 APRIL 25, 26, 27 (SUN., MON., TUES.)

UT	SUN GHA	SUN Dec	MOON GHA	MOON v	MOON Dec	MOON d	MOON HP
d h	° ′	° ′	° ′	′	° ′	′	′
25 00	180 29.8	N13 11.6	26 54.4	10.3	N 2 26.8	15.8	60.3
01	195 29.9	12.4	41 23.7	10.2	2 11.0	15.8	60.3
02	210 30.0	13.2	55 52.9	10.2	1 55.2	15.8	60.3
03	225 30.1	14.0	70 22.1	10.2	1 39.4	15.9	60.4
04	240 30.2	14.8	84 51.3	10.1	1 23.5	15.9	60.4
05	255 30.3	15.6	99 20.4	10.2	1 07.6	16.0	60.4
06	270 30.4	N13 16.4	113 49.6	10.0	N 0 51.6	15.9	60.5
07	285 30.5	17.3	128 18.6	10.1	0 35.7	16.0	60.5
S 08	300 30.6	18.1	142 47.7	10.0	0 19.7	16.0	60.5
U 09	315 30.7	18.9	157 16.7	10.0	N 0 03.7	16.0	60.5
N 10	330 30.9	19.7	171 45.7	10.0	S 0 12.3	16.0	60.6
D 11	345 31.0	20.5	186 14.7	9.9	0 28.3	16.1	60.6
A 12	0 31.1	N13 21.3	200 43.6	9.9	S 0 44.4	16.0	60.6
Y 13	15 31.2	22.1	215 12.5	9.8	1 00.4	16.1	60.6
14	30 31.3	22.9	229 41.3	9.8	1 16.5	16.0	60.7
15	45 31.4	23.7	244 10.1	9.8	1 32.5	16.1	60.7
16	60 31.5	24.5	258 38.9	9.9	1 48.6	16.1	60.7
17	75 31.6	25.3	273 07.6	9.7	2 04.7	16.0	60.8
18	90 31.7	N13 26.2	287 36.3	9.7	S 2 20.7	16.1	60.8
19	105 31.8	27.0	302 05.0	9.6	2 36.8	16.1	60.8
20	120 31.9	27.8	316 33.6	9.6	2 52.9	16.1	60.8
21	135 32.0	28.6	331 02.2	9.5	3 09.0	16.0	60.8
22	150 32.1	29.4	345 30.7	9.5	3 25.0	16.1	60.9
23	165 32.2	30.2	359 59.2	9.4	3 41.1	16.0	60.9
26 00	180 32.3	N13 31.0	14 27.6	9.4	S 3 57.1	16.1	60.9
01	195 32.4	31.8	28 56.0	9.3	4 13.2	16.0	60.9
02	210 32.5	32.6	43 24.3	9.3	4 29.2	16.0	61.0
03	225 32.6	33.4	57 52.6	9.2	4 45.2	16.0	61.0
04	240 32.7	34.2	72 20.8	9.2	5 01.2	16.0	61.0
05	255 32.8	35.0	86 49.0	9.1	5 17.2	15.9	61.0
06	270 32.9	N13 35.8	101 17.1	9.1	S 5 33.1	16.0	61.0
07	285 33.0	36.6	115 45.2	9.0	5 49.1	15.9	61.1
08	300 33.1	37.4	130 13.2	9.0	6 05.0	15.9	61.1
M 09	315 33.2	38.2	144 41.2	8.9	6 20.9	15.8	61.1
O 10	330 33.3	39.0	159 09.1	8.9	6 36.7	15.8	61.1
N 11	345 33.4	39.8	173 37.0	8.8	6 52.5	15.8	61.1
D 12	0 33.5	N13 40.6	188 04.8	8.7	S 7 08.3	15.8	61.1
A 13	15 33.6	41.4	202 32.5	8.7	7 24.1	15.7	61.2
Y 14	30 33.7	42.2	217 00.2	8.6	7 39.8	15.7	61.2
15	45 33.8	43.0	231 27.8	8.6	7 55.5	15.6	61.2
16	60 33.9	43.8	245 55.4	8.5	8 11.1	15.6	61.2
17	75 34.0	44.6	260 22.9	8.4	8 26.7	15.6	61.2
18	90 34.1	N13 45.4	274 50.3	8.4	S 8 42.3	15.5	61.2
19	105 34.2	46.2	289 17.7	8.3	8 57.8	15.4	61.2
20	120 34.3	47.0	303 45.0	8.2	9 13.2	15.5	61.2
21	135 34.4	47.8	318 12.2	8.2	9 28.7	15.3	61.3
22	150 34.5	48.6	332 39.4	8.1	9 44.0	15.3	61.3
23	165 34.6	49.4	347 06.5	8.1	9 59.3	15.2	61.3
27 00	180 34.7	N13 50.2	1 33.6	8.0	S10 14.5	15.2	61.3
01	195 34.8	51.0	16 00.6	7.9	10 29.7	15.1	61.3
02	210 34.9	51.8	30 27.5	7.8	10 44.8	15.1	61.3
03	225 35.0	52.6	44 54.3	7.8	10 59.9	15.0	61.3
04	240 35.1	53.4	59 21.1	7.7	11 14.9	14.9	61.3
05	255 35.2	54.2	73 47.8	7.6	11 29.8	14.9	61.3
06	270 35.3	N13 55.0	88 14.4	7.6	S11 44.7	14.8	61.3
07	285 35.4	55.8	102 41.0	7.5	11 59.5	14.7	61.3
T 08	300 35.5	56.6	117 07.5	7.4	12 14.2	14.6	61.3
U 09	315 35.6	57.3	131 33.9	7.4	12 28.8	14.6	61.3
E 10	330 35.7	58.1	146 00.3	7.3	12 43.4	14.4	61.3
S 11	345 35.8	58.9	160 26.6	7.2	12 57.8	14.4	61.4
D 12	0 35.9	N13 59.7	174 52.8	7.1	S13 12.2	14.3	61.4
A 13	15 36.0	14 00.5	189 18.9	7.1	13 26.5	14.3	61.4
Y 14	30 36.1	01.3	203 45.0	7.0	13 40.8	14.1	61.4
15	45 36.2	02.1	218 11.0	6.9	13 54.9	14.0	61.4
16	60 36.3	02.9	232 36.9	6.8	14 08.9	14.0	61.4
17	75 36.4	03.7	247 02.7	6.8	14 22.9	13.8	61.4
18	90 36.5	N14 04.5	261 28.5	6.7	S14 36.7	13.8	61.4
19	105 36.6	05.2	275 54.2	6.6	14 50.5	13.7	61.4
20	120 36.7	06.0	290 19.8	6.5	15 04.2	13.5	61.4
21	135 36.8	06.8	304 45.3	6.5	15 17.7	13.5	61.3
22	150 36.8	07.6	319 10.8	6.4	15 31.2	13.3	61.3
23	165 36.9	08.4	333 36.2	6.3	S15 44.5	13.3	61.3
	SD 15.9	d 0.8	SD 16.5		16.7		16.7

Twilight / Sunrise / Moonrise

Lat.	Naut.	Civil	Sunrise	25	26	27	28
°	h m	h m	h m	h m	h m	h m	h m
N 72	////	////	02 29	17 17	19 46	22 50	■■
N 70	////	00 49	02 58	17 13	19 31	22 06	■■
68	////	01 50	03 20	17 11	19 18	21 38	24 30
66	////	02 23	03 36	17 08	19 08	21 16	23 37
64	00 43	02 47	03 50	17 07	19 00	20 59	23 05
62	01 37	03 06	04 02	17 05	18 53	20 46	22 42
60	02 07	03 21	04 11	17 03	18 47	20 34	22 23
N 58	02 29	03 33	04 20	17 02	18 41	20 24	22 07
56	02 47	03 44	04 27	17 01	18 37	20 15	21 54
54	03 01	03 54	04 34	17 00	18 33	20 07	21 43
52	03 14	04 02	04 40	16 59	18 29	20 01	21 33
50	03 24	04 10	04 45	16 58	18 25	19 54	21 24
45	03 46	04 25	04 57	16 57	18 18	19 41	21 05
N 40	04 03	04 38	05 06	16 55	18 12	19 30	20 50
35	04 16	04 48	05 15	16 54	18 06	19 21	20 37
30	04 27	04 57	05 22	16 53	18 02	19 13	20 26
20	04 44	05 11	05 34	16 51	17 54	18 59	20 07
N 10	04 58	05 23	05 45	16 49	17 47	18 47	19 50
0	05 08	05 33	05 54	16 48	17 41	18 36	19 35
S 10	05 18	05 43	06 04	16 46	17 34	18 25	19 20
20	05 26	05 52	06 14	16 45	17 28	18 14	19 04
30	05 33	06 01	06 26	16 43	17 20	18 00	18 45
35	05 37	06 07	06 33	16 42	17 16	17 53	18 35
40	05 40	06 12	06 40	16 41	17 11	17 44	18 22
45	05 44	06 18	06 49	16 40	17 05	17 34	18 08
S 50	05 48	06 26	06 59	16 38	16 59	17 22	17 51
52	05 49	06 29	07 04	16 38	16 56	17 17	17 43
54	05 51	06 32	07 10	16 37	16 52	17 11	17 34
56	05 52	06 36	07 15	16 36	16 49	17 04	17 24
58	05 54	06 40	07 22	16 35	16 45	16 56	17 12
S 60	05 56	06 45	07 30	16 34	16 40	16 48	16 59

Sunset / Twilight / Moonset

Lat.	Sunset	Civil	Naut.	25	26	27	28
°	h m	h m	h m	h m	h m	h m	h m
N 72	21 32	////	////	04 35	04 05	03 30	02 25
N 70	21 01	23 27	////	04 33	04 12	03 48	03 10
68	20 39	22 12	////	04 32	04 18	04 02	03 41
66	20 22	21 37	////	04 31	04 23	04 14	04 03
64	20 08	21 12	23 31	04 30	04 27	04 24	04 22
62	19 56	20 53	22 25	04 30	04 31	04 33	04 37
60	19 46	20 37	21 52	04 29	04 34	04 41	04 49
N 58	19 37	20 24	21 29	04 28	04 37	04 47	05 00
56	19 30	20 13	21 11	04 28	04 40	04 53	05 10
54	19 23	20 03	20 56	04 27	04 42	04 58	05 19
52	19 17	19 55	20 44	04 27	04 44	05 03	05 26
50	19 11	19 47	20 34	04 27	04 46	05 08	05 33
45	18 59	19 31	20 11	04 26	04 50	05 17	05 48
N 40	18 50	19 19	19 54	04 25	04 54	05 25	06 00
35	18 41	19 08	19 40	04 24	04 57	05 32	06 11
30	18 34	18 59	19 29	04 24	05 00	05 38	06 20
20	18 22	18 45	19 12	04 23	05 04	05 49	06 36
N 10	18 11	18 33	18 58	04 22	05 09	05 58	06 50
0	18 01	18 22	18 47	04 21	05 12	06 07	07 04
S 10	17 51	18 13	18 38	04 20	05 16	06 15	07 17
20	17 41	18 04	18 30	04 19	05 21	06 25	07 31
30	17 29	17 54	18 22	04 17	05 25	06 35	07 47
35	17 23	17 49	18 18	04 17	05 28	06 42	07 57
40	17 15	17 43	18 15	04 16	05 31	06 49	08 08
45	17 06	17 36	18 11	04 15	05 35	06 57	08 21
S 50	16 56	17 29	18 07	04 14	05 39	07 07	08 37
52	16 51	17 26	18 06	04 13	05 41	07 12	08 44
54	16 45	17 22	18 04	04 12	05 43	07 17	08 52
56	16 39	17 19	18 02	04 12	05 46	07 23	09 02
58	16 33	17 14	18 01	04 11	05 49	07 29	09 12
S 60	16 25	17 10	17 59	04 10	05 52	07 37	09 25

SUN / MOON

Day	Eqn. of Time 00h	Eqn. of Time 12h	Mer. Pass.	Mer. Pass. Upper	Mer. Pass. Lower	Age	Phase
d	m s	m s	h m	h m	h m	d	%
25	01 59	02 04	11 58	23 00	10 34	13	96
26	02 09	02 14	11 58	23 54	11 26	14	99
27	02 19	02 23	11 58	24 50	12 21	15	100

2021 APRIL 28, 29, 30 (WED., THURS., FRI.)

UT	ARIES GHA	VENUS −3.9 GHA	Dec	MARS +1.5 GHA	Dec	JUPITER −2.2 GHA	Dec	SATURN +0.6 GHA	Dec	STARS Name	SHA	Dec
d h	° ′	° ′	° ′	° ′	° ′	° ′	° ′	° ′	° ′		° ′	° ′
28 00	216 11.1	172 09.8	N16 17.0	123 10.3	N24 51.7	245 49.8	S12 53.2	260 33.3	S17 27.8	Acamar	315 14.5	S40 13.3
01	231 13.6	187 09.2	17.9	138 11.1	51.6	260 51.9	53.1	275 35.7	27.8	Achernar	335 23.1	S57 07.8
02	246 16.0	202 08.6	18.9	153 11.9	51.6	275 54.0	53.0	290 38.0	27.7	Acrux	173 02.7	S63 13.1
03	261 18.5	217 08.0 ..	19.9	168 12.7 ..	51.6	290 56.1 ..	52.9	305 40.4 ..	27.7	Adhara	255 08.4	S29 00.3
04	276 21.0	232 07.4	20.8	183 13.5	51.5	305 58.2	52.8	320 42.8	27.7	Aldebaran	290 43.4	N16 33.0
05	291 23.4	247 06.8	21.8	198 14.3	51.5	321 00.3	52.6	335 45.1	27.7			
06	306 25.9	262 06.3	N16 22.8	213 15.0	N24 51.5	336 02.4	S12 52.5	350 47.5	S17 27.6	Alioth	166 15.2	N55 50.8
W 07	321 28.3	277 05.7	23.8	228 15.8	51.4	351 04.5	52.4	5 49.8	27.6	Alkaid	152 54.0	N49 12.5
E 08	336 30.8	292 05.1	24.7	243 16.6	51.4	6 06.6	52.3	20 52.2	27.6	Alnair	27 36.9	S46 51.4
D 09	351 33.3	307 04.5 ..	25.7	258 17.4 ..	51.3	21 08.7 ..	52.2	35 54.6 ..	27.6	Alnilam	275 41.1	S 1 11.5
N 10	6 35.7	322 03.9	26.7	273 18.2	51.3	36 10.8	52.0	50 56.9	27.5	Alphard	217 50.7	S 8 45.2
E 11	21 38.2	337 03.3	27.6	288 19.0	51.3	51 12.9	51.9	65 59.3	27.5			
S 12	36 40.7	352 02.7	N16 28.6	303 19.8	N24 51.2	66 15.0	S12 51.8	81 01.7	S17 27.5	Alphecca	126 06.0	N26 38.5
D 13	51 43.1	7 02.1	29.5	318 20.6	51.2	81 17.1	51.7	96 04.0	27.5	Alpheratz	357 38.2	N29 12.2
A 14	66 45.6	22 01.5	30.5	333 21.4	51.1	96 19.2	51.6	111 06.4	27.5	Altair	62 02.8	N 8 55.3
Y 15	81 48.1	37 00.9 ..	31.5	348 22.2 ..	51.1	111 21.3 ..	51.5	126 08.7 ..	27.4	Ankaa	353 10.6	S42 11.5
16	96 50.5	52 00.4	32.4	3 23.0	51.1	126 23.4	51.3	141 11.1	27.4	Antares	112 19.2	S26 28.7
17	111 53.0	66 59.8	33.4	18 23.8	51.0	141 25.5	51.2	156 13.5	27.4			
18	126 55.5	81 59.2	N16 34.3	33 24.5	N24 51.0	156 27.7	S12 51.1	171 15.8	S17 27.3	Arcturus	145 50.4	N19 04.3
19	141 57.9	96 58.6	35.3	48 25.3	50.9	171 29.8	51.0	186 18.2	27.3	Atria	107 15.7	S69 03.7
20	157 00.4	111 58.0	36.3	63 26.1	50.9	186 31.9	50.9	201 20.6	27.3	Avior	234 16.0	S59 34.9
21	172 02.8	126 57.4 ..	37.2	78 26.9 ..	50.9	201 34.0 ..	50.7	216 22.9 ..	27.3	Bellatrix	278 26.4	N 6 22.0
22	187 05.3	141 56.8	38.2	93 27.7	50.8	216 36.1	50.6	231 25.3	27.3	Betelgeuse	270 55.6	N 7 24.5
23	202 07.8	156 56.2	39.1	108 28.5	50.8	231 38.2	50.5	246 27.6	27.2			
29 00	217 10.2	171 55.6	N16 40.1	123 29.3	N24 50.7	246 40.3	S12 50.4	261 30.0	S17 27.2	Canopus	263 54.0	S52 42.7
01	232 12.7	186 55.0	41.0	138 30.1	50.7	261 42.4	50.3	276 32.4	27.2	Capella	280 26.7	N46 01.1
02	247 15.2	201 54.4	42.0	153 30.9	50.6	276 44.5	50.1	291 34.7	27.2	Deneb	49 27.8	N45 21.0
03	262 17.6	216 53.8 ..	43.0	168 31.7 ..	50.6	291 46.6 ..	50.0	306 37.1 ..	27.2	Denebola	182 27.8	N14 27.2
04	277 20.1	231 53.2	43.9	183 32.5	50.5	306 48.7	49.9	321 39.5	27.1	Diphda	348 50.7	S17 52.4
05	292 22.6	246 52.6	44.9	198 33.3	50.5	321 50.8	49.8	336 41.8	27.1			
06	307 25.0	261 52.0	N16 45.8	213 34.1	N24 50.5	336 53.0	S12 49.7	351 44.2	S17 27.1	Dubhe	193 44.5	N61 38.4
07	322 27.5	276 51.4	46.8	228 34.8	50.4	351 55.1	49.6	6 46.6	27.1	Elnath	278 06.0	N28 37.4
T 08	337 30.0	291 50.8	47.7	243 35.6	50.4	6 57.2	49.4	21 48.9	27.0	Eltanin	90 43.2	N51 28.9
H 09	352 32.4	306 50.2 ..	48.7	258 36.4 ..	50.3	21 59.3 ..	49.3	36 51.3 ..	27.0	Enif	33 41.9	N 9 58.1
U 10	7 34.9	321 49.6	49.6	273 37.2	49.2	37 01.4	49.2	51 53.7	27.0	Fomalhaut	15 18.1	S29 30.6
R 11	22 37.3	336 49.0	50.6	288 38.0	50.2	52 03.5	49.1	66 56.0	27.0			
S 12	37 39.8	351 48.4	N16 51.5	303 38.8	N24 50.2	67 05.6	S12 49.0	81 58.4	S17 27.0	Gacrux	171 54.4	S57 14.0
D 13	52 42.3	6 47.8	52.4	318 39.6	50.1	82 07.7	48.9	97 00.8	26.9	Gienah	175 46.4	S17 39.7
A 14	67 44.7	21 47.2	53.4	333 40.4	50.1	97 09.8	48.7	112 03.1	26.9	Hadar	148 39.6	S60 28.5
Y 15	82 47.2	36 46.6 ..	54.3	348 41.2 ..	50.0	112 12.0 ..	48.6	127 05.5 ..	26.9	Hamal	327 55.0	N23 33.5
16	97 49.7	51 46.0	55.3	3 42.0	50.0	127 14.1	48.5	142 07.9	26.9	Kaus Aust.	83 36.3	S34 22.3
17	112 52.1	66 45.4	56.2	18 42.8	49.9	142 16.2	48.4	157 10.2	26.8			
18	127 54.6	81 44.8	N16 57.2	33 43.6	N24 49.9	157 18.3	S12 48.3	172 12.6	S17 26.8	Kochab	137 18.7	N74 04.1
19	142 57.1	96 44.2	58.1	48 44.3	49.8	172 20.4	48.1	187 15.0	26.8	Markab	13 33.1	N15 18.9
20	157 59.5	111 43.6	16 59.0	63 45.1	49.8	187 22.5	48.0	202 17.3	26.8	Menkar	314 09.6	N 4 10.2
21	173 02.0	126 43.0	17 00.0	78 45.9 ..	49.7	202 24.6 ..	47.9	217 19.7 ..	26.8	Menkent	148 00.8	S36 28.5
22	188 04.5	141 42.4	00.9	93 46.7	49.7	217 26.7	47.8	232 22.1	26.7	Miaplacidus	221 38.7	S69 48.5
23	203 06.9	156 41.8	01.9	108 47.5	49.6	232 28.9	47.7	247 24.4	26.7			
30 00	218 09.4	171 41.2	N17 02.8	123 48.3	N24 49.6	247 31.0	S12 47.6	262 26.8	S17 26.7	Mirfak	308 33.1	N49 56.1
01	233 11.8	186 40.6	03.7	138 49.1	49.5	262 33.1	47.4	277 29.2	26.7	Nunki	75 51.4	S26 16.1
02	248 14.3	201 39.9	04.7	153 49.9	49.5	277 35.2	47.3	292 31.5	26.7	Peacock	53 10.5	S56 39.8
03	263 16.8	216 39.3 ..	05.6	168 50.7 ..	49.4	292 37.3 ..	47.2	307 33.9 ..	26.6	Pollux	243 21.1	N27 58.5
04	278 19.2	231 38.7	06.5	183 51.5	49.4	307 39.4	47.1	322 36.3	26.6	Procyon	244 54.1	N 5 10.1
05	293 21.7	246 38.1	07.5	198 52.3	49.3	322 41.6	47.0	337 38.6	26.6			
06	308 24.2	261 37.5	N17 08.4	213 53.1	N24 49.3	337 43.7	S12 46.9	352 41.0	S17 26.6	Rasalhague	96 01.1	N12 32.6
07	323 26.6	276 36.9	09.3	228 53.9	49.2	352 45.8	46.8	7 43.4	26.5	Regulus	207 37.6	N11 51.8
08	338 29.1	291 36.3	10.3	243 54.6	49.2	7 47.9	46.6	22 45.7	26.5	Rigel	281 07.1	S 8 10.8
F 09	353 31.6	306 35.7 ..	11.2	258 55.4 ..	49.1	22 50.0 ..	46.5	37 48.1 ..	26.5	Rigil Kent.	139 43.7	S60 55.3
R 10	8 34.0	321 35.1	12.1	273 56.2	49.1	37 52.1	46.4	52 50.5	26.5	Sabik	102 06.0	S15 45.0
I 11	23 36.5	336 34.4	13.1	288 57.0	49.0	52 54.2	46.3	67 52.8	26.5			
D 12	38 38.9	351 33.8	N17 14.0	303 57.8	N24 49.0	67 56.4	S12 46.2	82 55.2	S17 26.4	Schedar	349 34.9	N56 38.9
A 13	53 41.4	6 33.2	14.9	318 58.6	48.9	82 58.5	46.1	97 57.6	26.4	Shaula	96 14.2	S37 07.0
Y 14	68 43.9	21 32.6	15.8	333 59.4	48.8	98 00.6	45.9	113 00.0	26.4	Sirius	258 29.1	S16 44.9
15	83 46.3	36 32.0 ..	16.8	349 00.2 ..	48.8	113 02.7 ..	45.8	128 02.3 ..	26.4	Spica	158 25.2	S11 16.4
16	98 48.8	51 31.4	17.7	4 01.0	48.7	128 04.8	45.7	143 04.7	26.4	Suhail	222 48.5	S43 31.3
17	113 51.3	66 30.8	18.6	19 01.8	48.7	143 06.9	45.6	158 07.1	26.3			
18	128 53.7	81 30.1	N17 19.5	34 02.6	N24 48.6	158 09.1	S12 45.5	173 09.4	S17 26.3	Vega	80 35.0	N38 48.0
19	143 56.2	96 29.5	20.5	49 03.4	48.5	173 11.2	45.4	188 11.8	26.3	Zuben'ubi	136 59.0	S16 07.8
20	158 58.7	111 28.9	21.4	64 04.1	48.5	188 13.3	45.2	203 14.2	26.3		SHA	Mer. Pass.
21	174 01.1	126 28.3 ..	22.3	79 04.9 ..	48.4	203 15.4 ..	45.1	218 16.6 ..	26.3		° ′	h m
22	189 03.6	141 27.7	23.2	94 05.7	48.4	218 17.5	45.0	233 18.9	26.2	Venus	314 45.4	12 33
23	204 06.1	156 27.1	24.1	109 06.5	48.3	233 19.7	44.9	248 21.3	26.2	Mars	266 19.1	15 45
	h m									Jupiter	29 30.1	7 32
Mer. Pass. 9 29.8		v −0.6 d 0.9		v 0.8 d 0.0		v 2.1 d 0.1		v 2.4 d 0.0		Saturn	44 19.8	6 33

88

2021 APRIL 28, 29, 30 (WED., THURS., FRI.)

UT	SUN GHA	SUN Dec	MOON GHA	MOON v	MOON Dec	MOON d	MOON HP	Lat.	Twilight Naut.	Twilight Civil	Sunrise	Moonrise 28	Moonrise 29	Moonrise 30	Moonrise 1
d h	° '	° '	° '	'	° '	'	'	°	h m	h m	h m	h m	h m	h m	h m
28 00	180 37.0	N14 09.2	348 01.5	6.3	S15 57.8	13.1	61.3	N 72	////	////	02 07	■■	■■	■■	■■
01	195 37.1	10.0	2 26.8	6.1	16 10.9	13.1	61.3	N 70	////	////	02 41	■■	■■	■■	■■
02	210 37.2	10.8	16 51.9	6.1	16 24.0	12.9	61.3	68	////	01 25	03 06	24 30	00 30	■■	■■
03	225 37.3 ..	11.5	31 17.0	6.1	16 36.9	12.8	61.3	66	////	02 06	03 25	23 37	■■	■■	■■
04	240 37.4	12.3	45 42.1	5.9	16 49.7	12.7	61.3	64	////	02 34	03 40	23 05	25 15	01 15	03 14
05	255 37.5	13.1	60 07.0	5.9	17 02.4	12.5	61.3	62	01 15	02 54	03 52	22 42	24 35	00 35	02 08
								60	01 52	03 11	04 03	22 23	24 07	00 07	01 33
06	270 37.6	N14 13.9	74 31.9	5.8	S17 14.9	12.5	61.3	N 58	02 17	03 25	04 12	22 07	23 46	25 08	01 08
W 07	285 37.7	14.7	88 56.7	5.7	17 27.4	12.3	61.3	56	02 37	03 36	04 20	21 54	23 28	24 48	00 48
E 08	300 37.8	15.5	103 21.4	5.7	17 39.7	12.2	61.3	54	02 53	03 47	04 28	21 43	23 13	24 31	00 31
D 09	315 37.9 ..	16.2	117 46.1	5.5	17 51.9	12.1	61.3	52	03 06	03 56	04 34	21 33	23 00	24 16	00 16
N 10	330 37.9	17.0	132 10.6	5.6	18 04.0	11.9	61.3	50	03 17	04 04	04 40	21 24	22 49	24 04	00 04
E 11	345 38.0	17.8	146 35.2	5.4	18 15.9	11.8	61.2	45	03 40	04 20	04 52	21 05	22 26	23 38	24 38
S 12	0 38.1	N14 18.6	160 59.6	5.4	S18 27.7	11.7	61.2	N 40	03 58	04 33	05 02	20 50	22 07	23 17	24 18
D 13	15 38.2	19.4	175 24.0	5.3	18 39.4	11.6	61.2	35	04 12	04 44	05 11	20 37	21 51	23 00	24 01
A 14	30 38.3	20.1	189 48.3	5.2	18 51.0	11.4	61.2	30	04 24	04 54	05 19	20 26	21 38	22 45	23 46
Y 15	45 38.4 ..	20.9	204 12.5	5.2	19 02.4	11.3	61.2	20	04 42	05 09	05 32	20 07	21 15	22 20	23 22
16	60 38.5	21.7	218 36.7	5.1	19 13.7	11.1	61.2	N 10	04 56	05 22	05 43	19 50	20 55	21 59	23 00
17	75 38.6	22.5	233 00.8	5.0	19 24.8	11.0	61.2	0	05 08	05 33	05 54	19 35	20 36	21 39	22 40
18	90 38.7	N14 23.3	247 24.8	4.9	S19 35.8	10.9	61.2	S 10	05 18	05 43	06 04	19 20	20 18	21 19	22 20
19	105 38.8	24.0	261 48.7	4.9	19 46.7	10.7	61.1	20	05 27	05 53	06 15	19 04	19 58	20 57	21 59
20	120 38.8	24.8	276 12.6	4.9	19 57.4	10.6	61.1	30	05 35	06 03	06 28	18 45	19 36	20 33	21 34
21	135 38.9 ..	25.6	290 36.5	4.7	20 08.0	10.4	61.1	35	05 39	06 09	06 35	18 35	19 23	20 18	21 20
22	150 39.0	26.4	305 00.2	4.7	20 18.4	10.3	61.1	40	05 43	06 15	06 43	18 22	19 08	20 02	21 03
23	165 39.1	27.2	319 23.9	4.7	20 28.7	10.1	61.1	45	05 47	06 22	06 53	18 08	18 50	19 42	20 42
29 00	180 39.2	N14 27.9	333 47.6	4.6	S20 38.8	10.0	61.1	S 50	05 52	06 30	07 04	17 51	18 28	19 16	20 17
01	195 39.3	28.7	348 11.2	4.5	20 48.8	9.8	61.0	52	05 53	06 33	07 09	17 43	18 18	19 04	20 05
02	210 39.4	29.5	2 34.7	4.4	20 58.6	9.7	61.0	54	05 55	06 37	07 15	17 34	18 06	18 51	19 51
03	225 39.5 ..	30.3	16 58.1	4.5	21 08.3	9.5	61.0	56	05 57	06 42	07 21	17 24	17 52	18 35	19 34
04	240 39.5	31.0	31 21.6	4.3	21 17.8	9.3	61.0	58	06 00	06 46	07 29	17 12	17 37	18 16	19 15
05	255 39.6	31.8	45 44.9	4.3	21 27.1	9.2	61.0	S 60	06 02	06 51	07 37	16 59	17 18	17 52	18 50
06	270 39.7	N14 32.6	60 08.2	4.2	S21 36.3	9.1	60.9	Lat.	Sunset	Twilight Civil	Twilight Naut.	Moonset 28	Moonset 29	Moonset 30	Moonset 1
07	285 39.8	33.4	74 31.4	4.2	21 45.4	8.9	60.9								
T 08	300 39.9	34.1	88 54.6	4.2	21 54.3	8.7	60.9	°	h m	h m	h m	h m	h m	h m	h m
H 09	315 40.0 ..	34.9	103 17.8	4.1	22 03.0	8.5	60.9	N 72	21 54	////	////	02 25	■■	■■	■■
U 10	330 40.1	35.7	117 40.9	4.0	22 11.5	8.4	60.9	N 70	21 18	////	////	03 10	■■	■■	■■
R 11	345 40.1	36.4	132 03.9	4.0	22 19.9	8.2	60.8	68	20 52	22 38	////	03 41	02 53	■■	■■
S 12	0 40.2	N14 37.2	146 26.9	4.0	S22 28.1	8.1	60.8	66	20 33	21 53	////	04 03	03 47	■■	■■
D 13	15 40.3	38.0	160 49.9	3.9	22 36.2	7.9	60.8	64	20 17	21 25	////	04 22	04 19	04 19	04 32
A 14	30 40.4	38.8	175 12.8	3.8	22 44.1	7.7	60.8	62	20 04	21 03	22 47	04 37	04 44	05 00	05 38
Y 15	45 40.5 ..	39.5	189 35.6	3.9	22 51.8	7.6	60.7	60	19 53	20 46	22 07	04 49	05 03	05 28	06 13
16	60 40.6	40.3	203 58.5	3.8	22 59.4	7.3	60.7	N 58	19 44	20 32	21 40	05 00	05 20	05 50	06 39
17	75 40.6	41.1	218 21.3	3.7	23 06.7	7.3	60.7	56	19 36	20 21	21 20	05 10	05 33	06 08	06 59
18	90 40.7	N14 41.8	232 44.0	3.7	S23 14.0	7.0	60.7	54	19 28	20 10	21 04	05 19	05 46	06 23	07 16
19	105 40.8	42.6	247 06.7	3.7	23 21.0	6.9	60.6	52	19 22	20 00	20 50	05 26	05 56	06 36	07 30
20	120 40.9	43.4	261 29.4	3.7	23 27.9	6.6	60.6	50	19 16	19 52	20 39	05 33	06 06	06 48	07 43
21	135 41.0 ..	44.1	275 52.1	3.6	23 34.5	6.5	60.6	45	19 03	19 35	20 15	05 48	06 26	07 12	08 09
22	150 41.1	44.9	290 14.7	3.6	23 41.0	6.4	60.6								
23	165 41.1	45.7	304 37.3	3.6	23 47.4	6.1	60.5								
30 00	180 41.2	N14 46.4	318 59.9	3.6	S23 53.5	6.0	60.5	N 40	18 53	19 22	19 58	06 00	06 42	07 32	08 29
01	195 41.3	47.2	333 22.5	3.5	23 59.5	5.8	60.5	35	18 44	19 11	19 43	06 11	06 56	07 48	08 47
02	210 41.4	48.0	347 45.0	3.5	24 05.3	5.7	60.4	30	18 36	19 01	19 32	06 20	07 08	08 02	09 01
03	225 41.5 ..	48.7	2 07.5	3.5	24 11.0	5.4	60.4	20	18 23	18 46	19 13	06 36	07 29	08 26	09 27
04	240 41.6	49.5	16 30.0	3.5	24 16.4	5.3	60.4	N 10	18 11	18 33	18 59	06 50	07 47	08 47	09 48
05	255 41.6	50.3	30 52.5	3.5	24 21.7	5.1	60.4	0	18 01	18 22	18 47	07 04	08 04	09 06	10 08
06	270 41.7	N14 51.0	45 15.0	3.4	S24 26.8	4.9	60.3	S 10	17 50	18 12	18 37	07 17	08 21	09 25	10 29
07	285 41.8	51.8	59 37.4	3.5	24 31.7	4.7	60.3	20	17 39	18 02	18 28	07 31	08 39	09 46	10 50
08	300 41.9	52.6	73 59.9	3.4	24 36.4	4.5	60.3	30	17 26	17 51	18 19	07 47	09 00	10 10	11 15
F 09	315 42.0 ..	53.3	88 22.3	3.5	24 40.9	4.4	60.2	35	17 19	17 45	18 15	07 57	09 12	10 25	11 30
R 10	330 42.0	54.1	102 44.8	3.4	24 45.3	4.2	60.2	40	17 11	17 39	18 11	08 08	09 27	10 41	11 47
I 11	345 42.1	54.8	117 07.2	3.5	24 49.5	4.0	60.2	45	17 02	17 32	18 07	08 21	09 44	11 01	12 07
D 12	0 42.2	N14 55.6	131 29.7	3.4	S24 53.5	3.8	60.1	S 50	16 50	17 24	18 02	08 37	10 05	11 25	12 33
A 13	15 42.3	56.4	145 52.1	3.5	24 57.3	3.6	60.1	52	16 45	17 20	18 00	08 44	10 15	11 37	12 45
Y 14	30 42.3	57.1	160 14.6	3.5	25 00.9	3.5	60.1	54	16 39	17 17	17 58	08 52	10 26	11 51	12 59
15	45 42.4 ..	57.9	174 37.1	3.4	25 04.4	3.3	60.0	56	16 33	17 12	17 56	09 02	10 39	12 06	13 16
16	60 42.5	58.6	188 59.5	3.5	25 07.7	3.0	60.0	58	16 25	17 08	17 54	09 12	10 54	12 25	13 36
17	75 42.6	14 59.4	203 22.0	3.5	25 10.7	3.0	60.0	S 60	16 17	17 02	17 52	09 25	11 12	12 48	14 00
18	90 42.7	N15 00.2	217 44.5	3.5	S25 13.7	2.7	59.9		SUN			MOON			
19	105 42.7	00.9	232 07.0	3.6	25 16.4	2.5	59.9	Day	Eqn. of Time		Mer.	Mer. Pass.		Age	Phase
20	120 42.8	01.7	246 29.6	3.5	25 18.9	2.4	59.9		00h	12h	Pass.	Upper	Lower		
21	135 42.9 ..	02.4	260 52.1	3.6	25 21.3	2.2	59.8	d	m s	m s	h m	h m	h m	d	%
22	150 43.0	03.2	275 14.7	3.6	25 23.5	1.9	59.8	28	02 28	02 32	11 57	00 50	13 19	16	97
23	165 43.0	04.0	289 37.3	3.6	S25 25.4	1.9	59.8	29	02 37	02 41	11 57	01 49	14 20	17	92
	SD 15.9	d 0.8	SD 16.7		16.6		16.4	30	02 45	02 49	11 57	02 51	15 22	18	84

2021 MAY 1, 2, 3 (SAT., SUN., MON.)

UT	ARIES	VENUS −3.9	MARS +1.6	JUPITER −2.2	SATURN +0.5	STARS
	GHA	GHA Dec	GHA Dec	GHA Dec	GHA Dec	Name SHA Dec
d h	° ′	° ′ ° ′	° ′ ° ′	° ′ ° ′	° ′ ° ′	° ′ ° ′
1 00	219 08.5	171 26.4 N17 25.1	124 07.3 N24 48.3	248 21.8 S12 44.8	263 23.7 S17 26.2	Acamar 315 14.5 S40 13.3
01	234 11.0	186 25.8 26.0	139 08.1 48.2	263 23.9 44.7	278 26.0 26.2	Achernar 335 23.1 S57 07.8
02	249 13.4	201 25.2 26.9	154 08.9 48.2	278 26.0 44.6	293 28.4 26.2	Acrux 173 02.7 S63 13.1
03	264 15.9	216 24.6 . . 27.8	169 09.7 . . 48.1	293 28.1 . . 44.4	308 30.8 . . 26.1	Adhara 255 08.4 S29 00.3
04	279 18.4	231 24.0 28.7	184 10.5 48.0	308 30.3 44.3	323 33.2 26.1	Aldebaran 290 43.4 N16 33.0
05	294 20.8	246 23.3 29.6	199 11.3 48.0	323 32.4 44.2	338 35.5 26.1	
06	309 23.3	261 22.7 N17 30.6	214 12.1 N24 47.9	338 34.5 S12 44.1	353 37.9 S17 26.1	Alioth 166 15.2 N55 50.8
07	324 25.8	276 22.1 31.5	229 12.9 47.9	353 36.6 44.0	8 40.3 26.1	Alkaid 152 54.0 N49 12.5
S 08	339 28.2	291 21.5 32.4	244 13.6 47.8	8 38.7 43.9	23 42.6 26.0	Alnair 27 36.9 S46 51.4
A 09	354 30.7	306 20.8 . . 33.3	259 14.4 . . 47.7	23 40.9 . . 43.8	38 45.0 . . 26.0	Alnilam 275 41.1 S 1 11.5
T 10	9 33.2	321 20.2 34.2	274 15.2 47.7	38 43.0 43.6	53 47.4 26.0	Alphard 217 50.7 S 8 45.2
U 11	24 35.6	336 19.6 35.1	289 16.0 47.6	53 45.1 43.5	68 49.8 26.0	
R 12	39 38.1	351 19.0 N17 36.0	304 16.8 N24 47.6	68 47.2 S12 43.4	83 52.1 S17 26.0	Alphecca 126 06.0 N26 38.6
D 13	54 40.6	6 18.3 36.9	319 17.6 47.5	83 49.3 43.3	98 54.5 25.9	Alpheratz 357 38.1 N29 12.2
A 14	69 43.0	21 17.7 37.9	334 18.4 47.4	98 51.5 43.2	113 56.9 25.9	Altair 62 02.8 N 8 55.3
Y 15	84 45.5	36 17.1 . . 38.8	349 19.2 . . 47.4	113 53.6 . . 43.1	128 59.3 . . 25.9	Ankaa 353 10.5 S42 11.5
16	99 47.9	51 16.5 39.7	4 20.0 47.3	128 55.7 43.0	144 01.6 25.9	Antares 112 19.2 S26 28.7
17	114 50.4	66 15.8 40.6	19 20.8 47.2	143 57.8 42.8	159 04.0 25.9	
18	129 52.9	81 15.2 N17 41.5	34 21.6 N24 47.2	159 00.0 S12 42.7	174 06.4 S17 25.8	Arcturus 145 50.4 N19 04.3
19	144 55.3	96 14.6 42.4	49 22.4 47.1	174 02.1 42.6	189 08.8 25.8	Atria 107 15.7 S69 03.7
20	159 57.8	111 14.0 43.3	64 23.1 47.1	189 04.2 42.5	204 11.1 25.8	Avior 234 16.5 S59 34.9
21	175 00.3	126 13.3 . . 44.2	79 23.9 . . 47.0	204 06.3 . . 42.4	219 13.5 . . 25.8	Bellatrix 278 26.4 N 6 22.0
22	190 02.7	141 12.7 45.1	94 24.7 46.9	219 08.5 42.3	234 15.9 25.8	Betelgeuse 270 55.6 N 7 24.5
23	205 05.2	156 12.1 46.0	109 25.5 46.9	234 10.6 42.2	249 18.3 25.7	
2 00	220 07.7	171 11.4 N17 46.9	124 26.3 N24 46.8	249 12.7 S12 41.5	264 20.6 S17 25.7	Canopus 263 54.1 S52 42.7
01	235 10.1	186 10.8 47.8	139 27.1 46.7	264 14.8 41.9	279 23.0 25.7	Capella 280 26.7 N46 01.1
02	250 12.6	201 10.2 48.7	154 27.9 46.7	279 17.0 41.8	294 25.4 25.7	Deneb 49 27.8 N45 21.0
03	265 15.1	216 09.5 . . 49.6	169 28.7 . . 46.6	294 19.1 . . 41.7	309 27.8 . . 25.7	Denebola 182 27.8 N14 27.2
04	280 17.5	231 08.9 50.5	184 29.5 46.5	309 21.2 41.6	324 30.1 25.6	Diphda 348 50.6 S17 52.3
05	295 20.0	246 08.3 51.4	199 30.3 46.5	324 23.3 41.5	339 32.5 25.6	
06	310 22.4	261 07.6 N17 52.3	214 31.1 N24 46.4	339 25.5 S12 41.4	354 34.9 S17 25.6	Dubhe 193 44.5 N61 38.4
07	325 24.9	276 07.0 53.2	229 31.9 46.3	354 27.6 41.3	9 37.3 25.6	Elnath 278 06.0 N28 37.4
08	340 27.4	291 06.4 54.1	244 32.6 46.3	9 29.7 41.2	24 39.6 25.6	Eltanin 90 43.2 N51 28.9
S 09	355 29.8	306 05.7 . . 55.0	259 33.4 . . 46.2	24 31.8 . . 41.0	39 42.0 . . 25.5	Enif 33 41.8 N 9 58.1
U 10	10 32.3	321 05.1 55.8	274 34.2 46.1	39 34.0 40.9	54 44.4 25.5	Fomalhaut 15 18.1 S29 30.6
N 11	25 34.8	336 04.5 56.7	289 35.0 46.1	54 36.1 40.8	69 46.8 25.5	
D 12	40 37.2	351 03.8 N17 57.6	304 35.8 N24 46.0	69 38.2 S12 40.7	84 49.2 S17 25.5	Gacrux 171 54.4 S57 14.1
A 13	55 39.7	6 03.2 58.5	319 36.6 45.9	84 40.3 40.6	99 51.5 25.5	Gienah 175 46.4 S17 39.7
Y 14	70 42.2	21 02.6 17 59.4	334 37.4 45.9	99 42.5 40.5	114 53.9 25.5	Hadar 148 39.6 S60 28.5
15	85 44.6	36 01.9 18 00.3	349 38.2 . . 45.8	114 44.6 . . 40.4	129 56.3 . . 25.4	Hamal 327 54.9 N23 33.5
16	100 47.1	51 01.3 01.2	4 39.0 45.7	129 46.7 40.3	144 58.7 25.4	Kaus Aust. 83 36.3 S34 22.3
17	115 49.6	66 00.6 02.1	19 39.8 45.6	144 48.9 40.1	160 01.0 25.4	
18	130 52.0	81 00.0 N18 03.0	34 40.6 N24 45.6	159 51.0 S12 40.0	175 03.4 S17 25.4	Kochab 137 18.7 N74 04.1
19	145 54.5	95 59.4 03.8	49 41.4 45.5	174 53.1 39.9	190 05.8 25.4	Markab 13 33.1 N15 18.9
20	160 56.9	110 58.7 04.7	64 42.2 45.4	189 55.2 39.8	205 08.2 25.3	Menkar 314 09.6 N 4 10.2
21	175 59.4	125 58.1 . . 05.6	79 42.9 . . 45.4	204 57.4 . . 39.7	220 10.6 . . 25.3	Menkent 148 00.8 S36 28.5
22	191 01.9	140 57.4 06.5	94 43.7 45.3	219 59.5 39.6	235 12.9 25.3	Miaplacidus 221 38.7 S69 48.5
23	206 04.3	155 56.8 07.4	109 44.5 45.2	235 01.6 39.5	250 15.3 25.3	
3 00	221 06.8	170 56.2 N18 08.2	124 45.3 N24 45.1	250 03.8 S12 39.4	265 17.7 S17 25.3	Mirfak 308 33.0 N49 56.1
01	236 09.3	185 55.5 09.1	139 46.1 45.1	265 05.9 39.3	280 20.1 25.3	Nunki 75 51.3 S26 16.1
02	251 11.7	200 54.9 10.0	154 46.9 45.0	280 08.0 39.1	295 22.5 25.2	Peacock 53 10.5 S56 39.8
03	266 14.2	215 54.2 . . 10.9	169 47.7 . . 44.9	295 10.2 . . 39.0	310 24.8 . . 25.2	Pollux 243 21.1 N27 58.5
04	281 16.7	230 53.6 11.8	184 48.5 44.9	310 12.3 38.9	325 27.2 25.2	Procyon 244 54.1 N 5 10.1
05	296 19.1	245 52.9 12.6	199 49.3 44.8	325 14.4 38.8	340 29.6 25.2	
06	311 21.6	260 52.3 N18 13.5	214 50.1 N24 44.7	340 16.5 S12 38.7	355 32.0 S17 25.2	Rasalhague 96 01.1 N12 32.6
07	326 24.1	275 51.7 14.4	229 50.9 44.6	355 18.7 38.6	10 34.4 25.1	Regulus 207 37.6 N11 51.8
08	341 26.5	290 51.0 15.3	244 51.7 44.6	10 20.8 38.5	25 36.7 25.1	Rigel 281 07.1 S 8 10.8
M 09	356 29.0	305 50.4 . . 16.1	259 52.4 . . 44.5	25 22.9 . . 38.4	40 39.1 . . 25.1	Rigil Kent. 139 43.7 S60 55.3
O 10	11 31.4	320 49.7 17.0	274 53.2 44.4	40 25.1 38.3	55 41.5 25.1	Sabik 102 06.0 S15 45.0
N 11	26 33.9	335 49.1 17.9	289 54.0 44.3	55 27.2 38.1	70 43.9 25.1	
D 12	41 36.4	350 48.4 N18 18.7	304 54.8 N24 44.3	70 29.3 S12 38.0	85 46.3 S17 25.1	Schedar 349 34.9 N56 38.9
A 13	56 38.8	5 47.8 19.6	319 55.6 44.2	85 31.5 37.9	100 48.6 25.0	Shaula 96 14.2 S37 07.0
Y 14	71 41.3	20 47.1 20.5	334 56.4 44.1	100 33.6 37.8	115 51.0 25.0	Sirius 258 29.1 S16 44.9
15	86 43.8	35 46.5 . . 21.4	349 57.2 . . 44.0	115 35.7 . . 37.7	130 53.4 . . 25.0	Spica 158 25.2 S11 16.4
16	101 46.2	50 45.8 22.2	4 58.0 43.9	130 37.9 37.6	145 55.8 25.0	Suhail 222 48.5 S43 31.3
17	116 48.7	65 45.2 23.1	19 58.8 43.9	145 40.0 37.5	160 58.2 25.0	
18	131 51.2	80 44.5 N18 24.0	34 59.6 N24 43.8	160 42.1 S12 37.4	176 00.6 S17 25.0	Vega 80 35.0 N38 48.0
19	146 53.6	95 43.9 24.8	50 00.4 43.7	175 44.3 37.3	191 02.9 24.9	Zuben'ubi 136 59.0 S16 07.8
20	161 56.1	110 43.2 25.7	65 01.2 43.6	190 46.4 37.2	206 05.3 24.9	
21	176 58.5	125 42.6 . . 26.5	80 01.9 . . 43.6	205 48.5 . . 37.0	221 07.7 . . 24.9		SHA Mer. Pass.
22	192 01.0	140 41.9 27.4	95 02.7 43.5	220 50.7 36.9	236 10.1 24.9	Venus 311 03.8 12 36
23	207 03.5	155 41.3 28.3	110 03.5 43.4	235 52.8 36.8	251 12.5 24.9	Mars 264 18.7 15 41
	h m					Jupiter 29 05.0 7 22
Mer. Pass.	9 18.0	v −0.6 d 0.9	v 0.8 d 0.1	v 2.1 d 0.1	v 2.4 d 0.0	Saturn 44 13.0 6 22

2021 MAY 1, 2, 3 (SAT., SUN., MON.)

UT	SUN GHA	SUN Dec	MOON GHA	MOON v	MOON Dec	MOON d	MOON HP	Lat.	Twilight Naut.	Twilight Civil	Sunrise	Moonrise 1	Moonrise 2	Moonrise 3	Moonrise 4
d h	° ′	° ′	° ′	′	° ′	′	′	°	h m	h m	h m	h m	h m	h m	h m
1 00	180 43.1	N15 04.7	303 59.9	3.7	S25 27.3	1.6	59.7	N 72	////	////	01 42	■■■	■■■	■■■	■■■
01	195 43.2	05.5	318 22.6	3.7	25 28.9	1.5	59.7	N 70	////	////	02 24	■■■	■■■	■■■	06 09
02	210 43.3	06.2	332 45.3	3.7	25 30.4	1.2	59.7	68	////	00 53	02 52	■■■	■■■	■■■	04 58
03	225 43.3	07.0	347 08.0	3.8	25 31.6	1.1	59.6	66	////	01 48	03 13	■■■	■■■	04 47	04 21
04	240 43.4	07.7	1 30.8	3.8	25 32.7	0.9	59.6	64	////	02 20	03 30	03 14	03 54	03 56	03 54
05	255 43.5	08.5	15 53.6	3.8	25 33.6	0.8	59.6	62	00 46	02 43	03 43	02 08	03 01	03 24	03 33
								60	01 36	03 01	03 55	01 33	02 29	03 00	03 17
06	270 43.6	N15 09.2	30 16.4	3.9	S25 34.4	0.5	59.5	N 58	02 05	03 16	04 05	01 08	02 05	02 41	03 02
07	285 43.6	10.0	44 39.3	3.9	25 34.9	0.4	59.5	56	02 27	03 29	04 14	00 48	01 46	02 25	02 50
S 08	300 43.7	10.7	59 02.2	4.0	25 35.3	0.2	59.5	54	02 44	03 40	04 21	00 31	01 30	02 11	02 39
A 09	315 43.8	11.5	73 25.2	4.0	25 35.5	0.0	59.4	52	02 58	03 49	04 28	00 16	01 16	01 59	02 30
T 10	330 43.9	12.2	87 48.2	4.1	25 35.5	0.1	59.4	50	03 11	03 58	04 34	00 04	01 03	01 48	02 21
U 11	345 43.9	13.0	102 11.3	4.2	25 35.4	0.3	59.3	45	03 35	04 15	04 48	24 38	00 38	01 26	02 03
R 12	0 44.0	N15 13.7	116 34.5	4.1	S25 35.1	0.5	59.3	N 40	03 54	04 29	04 59	24 18	00 18	01 08	01 48
D 13	15 44.1	14.5	130 57.6	4.3	25 34.6	0.7	59.3	35	04 08	04 41	05 08	24 01	00 01	00 52	01 35
A 14	30 44.2	15.3	145 20.9	4.3	25 33.9	0.9	59.2	30	04 21	04 51	05 16	23 46	24 39	00 39	01 24
Y 15	45 44.2	16.0	159 44.2	4.4	25 33.0	1.0	59.2	20	04 40	05 07	05 30	23 22	24 17	00 17	01 05
16	60 44.3	16.7	174 07.6	4.4	25 32.0	1.2	59.2	N 10	04 55	05 20	05 42	23 00	23 57	24 48	00 48
17	75 44.4	17.5	188 31.0	4.5	25 30.8	1.3	59.1	0	05 07	05 32	05 54	22 40	23 39	24 33	00 33
18	90 44.5	N15 18.2	202 54.5	4.5	S25 29.5	1.6	59.1	S 10	05 18	05 43	06 05	22 20	23 20	24 17	00 17
19	105 44.5	19.0	217 18.0	4.7	25 27.9	1.7	59.1	20	05 27	05 54	06 16	21 59	23 01	24 00	00 00
20	120 44.6	19.7	231 41.7	4.7	25 26.2	1.8	59.0	30	05 36	06 05	06 30	21 34	22 38	23 41	24 41
21	135 44.7	20.5	246 05.4	4.7	25 24.4	2.1	59.0	35	05 41	06 11	06 37	21 20	22 24	23 29	24 33
22	150 44.7	21.2	260 29.1	4.9	25 22.3	2.1	58.9	40	05 46	06 18	06 46	21 03	22 09	23 16	24 23
23	165 44.8	22.0	274 53.0	4.9	25 20.2	2.4	58.9	45	05 50	06 25	06 56	20 42	21 50	23 01	24 11
2 00	180 44.9	N15 22.7	289 16.9	5.0	S25 17.8	2.5	58.9	S 50	05 56	06 34	07 08	20 17	21 27	22 42	23 56
01	195 44.9	23.5	303 40.9	5.1	25 15.3	2.7	58.8	52	05 58	06 38	07 14	20 05	21 16	22 32	23 49
02	210 45.0	24.2	318 05.0	5.1	25 12.6	2.9	58.8	54	06 00	06 42	07 20	19 51	21 03	22 22	23 42
03	225 45.1	25.0	332 29.1	5.3	25 09.7	3.0	58.8	56	06 03	06 47	07 27	19 34	20 49	22 11	23 33
04	240 45.2	25.7	346 53.4	5.3	25 06.7	3.1	58.7	58	06 05	06 52	07 35	19 15	20 32	21 57	23 24
05	255 45.2	26.5	1 17.7	5.4	25 03.6	3.4	58.7	S 60	06 08	06 58	07 44	18 50	20 11	21 42	23 13
06	270 45.3	N15 27.2	15 42.1	5.5	S25 00.2	3.4	58.6	Lat.	Sunset	Twilight Civil	Twilight Naut.	Moonset 1	Moonset 2	Moonset 3	Moonset 4
07	285 45.4	27.9	30 06.6	5.6	24 56.8	3.7	58.6								
08	300 45.4	28.7	44 31.2	5.6	24 53.1	3.8	58.6	°	h m	h m	h m	h m	h m	h m	h m
S 09	315 45.5	29.4	58 55.8	5.8	24 49.3	3.9	58.5	N 72	22 20	////	////	■■■	■■■	■■■	■■■
U 10	330 45.6	30.2	73 20.6	5.8	24 45.4	4.1	58.5	N 70	21 35	////	////	■■■	■■■	■■■	07 37
N 11	345 45.6	30.9	87 45.4	6.0	24 41.3	4.2	58.4	68	21 06	23 16	////	■■■	■■■	■■■	08 47
D 12	0 45.7	N15 31.6	102 10.4	6.0	S24 37.1	4.4	58.4	66	20 44	22 12	////	■■■	■■■	07 07	09 23
A 13	15 45.8	32.4	116 35.4	6.1	24 32.7	4.6	58.4	64	20 27	21 38	////	04 32	06 00	07 58	09 49
Y 14	30 45.8	33.1	131 00.5	6.3	24 28.1	4.7	58.3	62	20 13	21 14	23 21	05 38	06 52	08 29	10 09
15	45 45.9	33.9	145 25.8	6.3	24 23.4	4.8	58.3	60	20 01	20 55	22 23	06 13	07 24	08 52	10 25
16	60 46.0	34.6	159 51.1	6.4	24 18.6	5.0	58.3	N 58	19 51	20 40	21 52	06 39	07 48	09 11	10 38
17	75 46.0	35.3	174 16.5	6.5	24 13.6	5.1	58.2	56	19 42	20 27	21 30	06 59	08 07	09 27	10 50
18	90 46.1	N15 36.1	188 42.0	6.6	S24 08.5	5.3	58.2	54	19 34	20 16	21 12	07 16	08 23	09 40	11 00
19	105 46.2	36.8	203 07.6	6.7	24 03.2	5.3	58.1	52	19 27	20 06	20 58	07 30	08 37	09 52	11 09
20	120 46.2	37.6	217 33.3	6.8	23 57.9	5.6	58.1	50	19 20	19 57	20 45	07 43	08 49	10 02	11 17
21	135 46.3	38.3	231 59.1	6.9	23 52.3	5.7	58.1	45	19 07	19 40	20 20	08 09	09 14	10 24	11 34
22	150 46.4	39.0	246 25.0	7.1	23 46.6	5.8	58.0								
23	165 46.4	39.8	260 51.1	7.1	23 40.8	5.9	58.0								
3 00	180 46.5	N15 40.5	275 17.2	7.2	S23 34.9	6.1	58.0	N 40	18 56	19 25	20 01	08 29	09 34	10 41	11 48
01	195 46.6	41.2	289 43.4	7.3	23 28.8	6.2	57.9	35	18 46	19 14	19 46	08 47	09 50	10 55	12 00
02	210 46.6	42.0	304 09.7	7.4	23 22.6	6.3	57.9	30	18 38	19 04	19 34	09 01	10 04	11 08	12 10
03	225 46.7	42.7	318 36.1	7.6	23 16.3	6.5	57.9	20	18 24	18 47	19 14	09 27	10 28	11 29	12 28
04	240 46.7	43.4	333 02.7	7.6	23 09.8	6.6	57.8	N 10	18 12	18 34	18 59	09 48	10 49	11 48	12 43
05	255 46.8	44.2	347 29.3	7.8	23 03.2	6.7	57.8	0	18 00	18 22	18 47	10 08	11 09	12 05	12 57
06	270 46.9	N15 44.9	1 56.1	7.8	S22 56.5	6.8	57.7	S 10	17 49	18 11	18 36	10 29	11 28	12 22	13 11
07	285 46.9	45.6	16 22.9	7.9	22 49.7	7.0	57.7	20	17 37	18 00	18 26	10 50	11 49	12 40	13 26
08	300 47.0	46.4	30 49.8	8.1	22 42.7	7.1	57.7	30	17 24	17 49	18 17	11 15	12 12	13 01	13 43
M 09	315 47.1	47.1	45 16.9	8.2	22 35.6	7.2	57.6	35	17 16	17 42	18 13	11 30	12 26	13 13	13 53
O 10	330 47.1	47.8	59 44.1	8.2	22 28.4	7.3	57.6	40	17 07	17 36	18 08	11 47	12 42	13 27	14 04
N 11	345 47.2	48.6	74 11.3	8.4	22 21.1	7.5	57.6	45	16 57	17 28	18 03	12 07	13 01	13 44	14 17
D 12	0 47.2	N15 49.3	88 38.7	8.5	S22 13.6	7.5	57.5	S 50	16 45	17 19	17 58	12 33	13 25	14 04	14 33
A 13	15 47.3	50.0	103 06.2	8.6	22 06.1	7.7	57.5	52	16 39	17 15	17 55	12 45	13 37	14 13	14 40
Y 14	30 47.4	50.7	117 33.8	8.7	21 58.4	7.8	57.5	54	16 33	17 11	17 53	12 59	13 49	14 24	14 48
15	45 47.4	51.5	132 01.5	8.8	21 50.6	7.9	57.4	56	16 26	17 06	17 51	13 16	14 04	14 36	14 57
16	60 47.5	52.2	146 29.3	8.9	21 42.7	8.0	57.4	58	16 18	17 01	17 48	13 36	14 22	14 50	15 08
17	75 47.6	52.9	160 57.2	9.0	21 34.7	8.1	57.3	S 60	16 09	16 55	17 45	14 00	14 43	15 06	15 20
18	90 47.6	N15 53.7	175 25.2	9.2	S21 26.6	8.2	57.3		SUN			MOON			
19	105 47.7	54.4	189 53.4	9.2	21 18.4	8.3	57.3	Day	Eqn. of Time 00h	Eqn. of Time 12h	Mer. Pass.	Mer. Pass. Upper	Mer. Pass. Lower	Age	Phase
20	120 47.7	55.1	204 21.6	9.3	21 10.1	8.4	57.2								
21	135 47.8	55.8	218 49.9	9.5	21 01.7	8.6	57.2	d	m s	m s	h m	h m	h m	d %	
22	150 47.9	56.6	233 18.4	9.6	20 53.1	8.6	57.2	1	02 52	02 56	11 57	03 54	16 24	19 75	
23	165 47.9	57.3	247 46.9	9.7	S20 44.5	8.7	57.1	2	02 59	03 03	11 57	04 55	17 24	20 64	
	SD 15.9	d 0.7	SD 16.2		15.9		15.7	3	03 06	03 09	11 57	05 52	18 19	21 54	

2021 MAY 4, 5, 6 (TUES., WED., THURS.)

UT	ARIES	VENUS −3.9		MARS +1.6		JUPITER −2.2		SATURN +0.5		STARS		
	GHA	GHA	Dec	GHA	Dec	GHA	Dec	GHA	Dec	Name	SHA	Dec
d h	° ′	° ′	° ′	° ′	° ′	° ′	° ′	° ′	° ′		° ′	° ′
4 00	222 05.9	170 40.6	N18 29.1	125 04.3	N24 43.3	250 55.0	S12 36.7	266 14.8	S17 24.9	Acamar	315 14.5	S40 13.3
01	237 08.4	185 39.9	30.0	140 05.1	43.2	265 57.1	36.6	281 17.2	24.8	Achernar	335 23.1	S57 07.8
02	252 10.9	200 39.3	30.9	155 05.9	43.2	280 59.2	36.5	296 19.6	24.8	Acrux	173 02.8	S63 13.2
03	267 13.3	215 38.6 ..	31.7	170 06.7 ..	43.1	296 01.4 ..	36.4	311 22.0 ..	24.8	Adhara	255 08.4	S29 00.3
04	282 15.8	230 38.0	32.6	185 07.5	43.0	311 03.5	36.3	326 24.4	24.8	Aldebaran	290 43.4	N16 33.0
05	297 18.3	245 37.3	33.4	200 08.3	42.9	326 05.6	36.2	341 26.8	24.8			
06	312 20.7	260 36.7	N18 34.3	215 09.1	N24 42.8	341 07.8	S12 36.1	356 29.2	S17 24.7	Alioth	166 15.2	N55 50.9
07	327 23.2	275 36.0	35.1	230 09.9	42.8	356 09.9	36.0	11 31.5	24.7	Alkaid	152 54.0	N49 12.5
T 08	342 25.7	290 35.4	36.0	245 10.7	42.7	11 12.0	35.8	26 33.9	24.7	Alnair	27 36.9	S46 51.4
U 09	357 28.1	305 34.7 ..	36.8	260 11.5 ..	42.6	26 14.2 ..	35.7	41 36.3 ..	24.7	Alnilam	275 41.1	S 1 11.5
E 10	12 30.6	320 34.0	37.7	275 12.2	42.5	41 16.3	35.6	56 38.7	24.7	Alphard	217 50.7	S 8 45.1
S 11	27 33.0	335 33.4	38.5	290 13.0	42.4	56 18.5	35.5	71 41.1	24.7			
D 12	42 35.5	350 32.7	N18 39.4	305 13.8	N24 42.3	71 20.6	S12 35.4	86 43.5	S17 24.7	Alphecca	126 06.0	N26 38.6
A 13	57 38.0	5 32.1	40.2	320 14.6	42.3	86 22.7	35.3	101 45.8	24.6	Alpheratz	357 38.1	N29 12.2
Y 14	72 40.4	20 31.4	41.1	335 15.4	42.2	101 24.9	35.2	116 48.2	24.6	Altair	62 02.8	N 8 55.3
15	87 42.9	35 30.7 ..	41.9	350 16.2 ..	42.1	116 27.0 ..	35.1	131 50.6 ..	24.6	Ankaa	353 10.5	S42 11.4
16	102 45.4	50 30.1	42.8	5 17.0	42.0	131 29.2	35.0	146 53.0	24.6	Antares	112 19.2	S26 28.7
17	117 47.8	65 29.4	43.6	20 17.8	41.9	146 31.3	34.9	161 55.4	24.6			
18	132 50.3	80 28.7	N18 44.5	35 18.6	N24 41.8	161 33.4	S12 34.8	176 57.8	S17 24.6	Arcturus	145 50.4	N19 04.3
19	147 52.8	95 28.1	45.3	50 19.4	41.8	176 35.6	34.7	192 00.2	24.5	Atria	107 15.6	S69 03.7
20	162 55.2	110 27.4	46.2	65 20.2	41.7	191 37.7	34.5	207 02.6	24.5	Avior	234 16.5	S59 34.9
21	177 57.7	125 26.8 ..	47.0	80 21.0 ..	41.6	206 39.9 ..	34.4	222 04.9 ..	24.5	Bellatrix	278 26.4	N 6 22.0
22	193 00.2	140 26.1	47.9	95 21.8	41.5	221 42.0	34.3	237 07.3	24.5	Betelgeuse	270 55.6	N 7 24.5
23	208 02.6	155 25.4	48.7	110 22.5	41.4	236 44.1	34.2	252 09.7	24.5			
5 00	223 05.1	170 24.8	N18 49.5	125 23.3	N24 41.3	251 46.3	S12 34.1	267 12.1	S17 24.5	Canopus	263 54.1	S52 42.7
01	238 07.5	185 24.1	50.4	140 24.1	41.2	266 48.4	34.0	282 14.5	24.4	Capella	280 26.7	N46 01.1
02	253 10.0	200 23.4	51.2	155 24.9	41.2	281 50.6	33.9	297 16.9	24.4	Deneb	49 22.9	N45 21.0
03	268 12.5	215 22.8 ..	52.1	170 25.7 ..	41.1	296 52.7 ..	33.8	312 19.3 ..	24.4	Denebola	182 27.8	N14 27.2
04	283 14.9	230 22.1	52.9	185 26.5	41.0	311 54.8	33.7	327 21.6	24.4	Diphda	348 50.6	S17 52.3
05	298 17.4	245 21.4	53.7	200 27.3	40.9	326 57.0	33.6	342 24.0	24.4			
06	313 19.9	260 20.8	N18 54.6	215 28.1	N24 40.8	341 59.1	S12 33.5	357 26.4	S17 24.4	Dubhe	193 44.5	N61 38.5
W 07	328 22.3	275 20.1	55.4	230 28.9	40.7	357 01.3	33.4	12 28.8	24.3	Elnath	278 06.0	N28 37.4
E 08	343 24.8	290 19.4	56.2	245 29.7	40.6	12 03.4	33.3	27 31.2	24.3	Eltanin	90 43.2	N51 28.9
D 09	358 27.3	305 18.7 ..	57.1	260 30.5 ..	40.5	27 05.6 ..	33.2	42 33.6 ..	24.3	Enif	33 41.8	N 9 58.2
N 10	13 29.7	320 18.1	57.9	275 31.3	40.4	42 07.7	33.0	57 36.0	24.3	Fomalhaut	15 18.0	S29 30.6
E 11	28 32.2	335 17.4	58.7	290 32.1	40.4	57 09.8	32.9	72 38.4	24.3			
S 12	43 34.6	350 16.7	N18 59.6	305 32.8	N24 40.3	72 12.0	S12 32.8	87 40.8	S17 24.3	Gacrux	171 54.5	S57 14.1
D 13	58 37.1	5 16.1	19 00.4	320 33.6	40.2	87 14.1	32.7	102 43.1	24.3	Gienah	175 46.4	S17 39.7
A 14	73 39.6	20 15.4	01.2	335 34.4	40.1	102 16.3	32.6	117 45.5	24.2	Hadar	148 39.6	S60 28.5
Y 15	88 42.0	35 14.7 ..	02.0	350 35.2 ..	40.0	117 18.4 ..	32.5	132 47.9 ..	24.2	Hamal	327 54.9	N23 33.6
16	103 44.5	50 14.0	02.9	5 36.0	39.9	132 20.6	32.4	147 50.3	24.2	Kaus Aust.	83 36.3	S34 22.3
17	118 47.0	65 13.4	03.7	20 36.8	39.8	147 22.7	32.3	162 52.7	24.2			
18	133 49.4	80 12.7	N19 04.5	35 37.6	N24 39.7	162 24.9	S12 32.2	177 55.1	S17 24.2	Kochab	137 18.7	N74 04.1
19	148 51.9	95 12.0	05.3	50 38.4	39.6	177 27.0	32.1	192 57.5	24.2	Markab	13 33.1	N15 18.9
20	163 54.4	110 11.3	06.2	65 39.2	39.5	192 29.1	32.0	207 59.9	24.2	Menkar	314 09.6	N 4 10.2
21	178 56.8	125 10.7 ..	07.0	80 40.0 ..	39.4	207 31.3 ..	31.9	223 02.3 ..	24.1	Menkent	148 00.8	S36 28.5
22	193 59.3	140 10.0	07.8	95 40.8	39.3	222 33.4	31.8	238 04.7	24.1	Miaplacidus	221 38.7	S69 48.5
23	209 01.8	155 09.3	08.6	110 41.6	39.3	237 35.6	31.7	253 07.1	24.1			
6 00	224 04.2	170 08.6	N19 09.4	125 42.4	N24 39.2	252 37.7	S12 31.6	268 09.4	S17 24.1	Mirfak	308 33.0	N49 56.0
01	239 06.7	185 08.0	10.3	140 43.1	39.1	267 39.9	31.5	283 11.8	24.1	Nunki	75 51.3	S26 16.1
02	254 09.1	200 07.3	11.1	155 43.9	39.0	282 42.0	31.4	298 14.2	24.1	Peacock	53 10.4	S56 39.8
03	269 11.6	215 06.6 ..	11.9	170 44.7 ..	38.9	297 44.2 ..	31.2	313 16.6 ..	24.0	Pollux	243 21.1	N27 58.5
04	284 14.1	230 05.9	12.7	185 45.5	38.8	312 46.3	31.1	328 19.0	24.0	Procyon	244 54.1	N 5 10.1
05	299 16.5	245 05.2	13.5	200 46.3	38.7	327 48.5	31.0	343 21.4	24.0			
06	314 19.0	260 04.6	N19 14.3	215 47.1	N24 38.6	342 50.6	S12 30.9	358 23.8	S17 24.0	Rasalhague	96 01.1	N12 32.6
07	329 21.5	275 03.9	15.2	230 47.9	38.5	357 52.8	30.8	13 26.2	24.0	Regulus	207 37.6	N11 51.8
T 08	344 23.9	290 03.2	16.0	245 48.7	38.4	12 54.9	30.7	28 28.6	24.0	Rigel	281 07.1	S 8 10.8
H 09	359 26.4	305 02.5 ..	16.8	260 49.5 ..	38.3	27 57.1 ..	30.6	43 31.0 ..	24.0	Rigil Kent.	139 43.7	S60 55.3
U 10	14 28.9	320 01.8	17.6	275 50.3	38.2	42 59.2	30.5	58 33.4	23.9	Sabik	102 06.0	S15 45.0
R 11	29 31.3	335 01.2	18.4	290 51.1	38.1	58 01.4	30.4	73 35.8	23.9			
S 12	44 33.8	350 00.5	N19 19.2	305 51.9	N24 38.0	73 03.5	S12 30.3	88 38.2	S17 23.9	Schedar	349 34.9	N56 38.9
D 13	59 36.3	4 59.8	20.0	320 52.7	37.9	88 05.7	30.2	103 40.5	23.9	Shaula	96 14.1	S37 07.0
A 14	74 38.7	19 59.1	20.8	335 53.4	37.8	103 07.8	30.1	118 42.9	23.9	Sirius	258 29.1	S16 44.9
Y 15	89 41.2	34 58.4 ..	21.6	350 54.2 ..	37.7	118 10.0 ..	30.0	133 45.3 ..	23.9	Spica	158 25.2	S11 16.4
16	104 43.6	49 57.7	22.4	5 55.0	37.6	133 12.1	29.9	148 47.7	23.9	Suhail	222 48.5	S43 31.3
17	119 46.1	64 57.0	23.2	20 55.8	37.5	148 14.3	29.8	163 50.1	23.8			
18	134 48.6	79 56.4	N19 24.0	35 56.6	N24 37.4	163 16.4	S12 29.7	178 52.5	S17 23.8	Vega	80 35.0	N38 48.0
19	149 51.0	94 55.7	24.8	50 57.4	37.3	178 18.6	29.6	193 54.9	23.8	Zuben'ubi	136 59.0	S16 07.8
20	164 53.5	109 55.0	25.6	65 58.2	37.2	193 20.7	29.5	208 57.3	23.8		SHA	Mer. Pass.
21	179 56.0	124 54.3 ..	26.4	80 59.0 ..	37.1	208 22.9 ..	29.4	223 59.7 ..	23.8		° ′	h m
22	194 58.4	139 53.6	27.2	95 59.8	37.0	223 25.0	29.3	239 02.1	23.8	Venus	307 19.7	12 39
23	210 00.9	154 52.9	28.0	111 00.6	36.9	238 27.2	29.2	254 04.5	23.8	Mars	262 18.3	15 38
	h m									Jupiter	28 41.2	7 12
Mer. Pass.	9 06.2	v −0.7	d 0.8	v 0.8	d 0.1	v 2.1	d 0.1	v 2.4	d 0.0	Saturn	44 07.0	6 10

2021 MAY 4, 5, 6 (TUES., WED., THURS.)

UT	SUN GHA	SUN Dec	MOON GHA	v	MOON Dec	d	HP	Lat.	Twilight Naut.	Twilight Civil	Sunrise	Moonrise 4	Moonrise 5	Moonrise 6	Moonrise 7
d h	° ′	° ′	° ′	′	° ′	′	′	°	h m	h m	h m	h m	h m	h m	h m
4 00	180 48.0	N15 58.0	262 15.6	9.7	S20 35.8	8.9	57.1	N 72	////	////	01 12	■■■	05 31	04 43	04 12
01	195 48.0	58.7	276 44.3	9.9	20 26.9	8.9	57.1	N 70	////	////	02 05	06 09	04 54	04 25	04 04
02	210 48.1	15 59.5	291 13.2	10.0	20 18.0	9.0	57.0	68	////	01 27	02 38	04 58	04 28	04 10	03 56
03	225 48.1	16 00.2	305 42.2	10.1	20 09.0	9.1	57.0	66	////	02 05	03 01	04 21	04 08	03 58	03 50
04	240 48.2	00.9	320 11.3	10.1	19 59.9	9.2	57.0	64	////	02 31	03 19	03 54	03 51	03 48	03 45
05	255 48.3	01.6	334 40.4	10.3	19 50.7	9.3	56.9	62	////	02 51	03 34	03 33	03 38	03 40	03 41
06	270 48.3	N16 02.3	349 09.7	10.4	S19 41.4	9.4	56.9	60	01 17	03 07	03 47	03 17	03 26	03 32	03 37
T 07	285 48.4	03.1	3 39.1	10.5	19 32.0	9.5	56.9	N 58	01 52	03 21	03 58	03 02	03 16	03 20	03 33
U 08	300 48.4	03.8	18 08.6	10.6	19 22.5	9.6	56.8	56	02 16	03 33	04 07	02 50	03 07	03 20	03 30
E 09	315 48.5	.. 04.5	32 38.2	10.7	19 12.9	9.7	56.8	54	02 35	03 43	04 15	02 39	02 59	03 15	03 27
S 10	330 48.5	05.2	47 07.9	10.8	19 03.2	9.7	56.8	52	02 51	03 52	04 23	02 30	02 52	03 10	03 25
D 11	345 48.6	05.9	61 37.7	10.9	18 53.5	9.8	56.7	50	03 04	04 11	04 29	02 21	02 46	03 06	03 23
A								45	03 30		04 43	02 03	02 32	02 56	03 18
Y 12	0 48.7	N16 06.7	76 07.6	11.0	S18 43.7	9.9	56.7	N 40	03 49	04 25	04 55	01 48	02 21	02 49	03 13
13	15 48.7	07.4	90 37.6	11.1	18 33.8	10.0	56.7	35	04 05	04 38	05 05	01 35	02 11	02 42	03 10
14	30 48.8	08.1	105 07.7	11.2	18 23.8	10.1	56.6	30	04 18	04 48	05 14	01 24	02 02	02 36	03 06
15	45 48.8	.. 08.8	119 37.9	11.3	18 13.7	10.1	56.6	20	04 38	05 05	05 29	01 05	01 48	02 26	03 01
16	60 48.9	09.5	134 08.2	11.3	18 03.6	10.3	56.6	N 10	04 54	05 19	05 41	00 48	01 34	02 17	02 56
17	75 48.9	10.3	148 38.5	11.5	17 53.3	10.3	56.5	0	05 07	05 32	05 53	00 33	01 22	02 08	02 51
18	90 49.0	N16 11.0	163 09.0	11.6	S17 43.0	10.3	56.5	S 10	05 18	05 43	06 05	00 17	01 10	01 59	02 46
19	105 49.0	11.7	177 39.6	11.7	17 32.7	10.5	56.5	20	05 28	05 55	06 17	00 00	00 57	01 50	02 41
20	120 49.1	12.4	192 10.3	11.8	17 22.2	10.5	56.4	30	05 38	06 07	06 32	24 41	00 41	01 40	02 35
21	135 49.1	.. 13.1	206 41.1	11.8	17 11.7	10.6	56.4	35	05 43	06 13	06 40	24 33	00 33	01 33	02 32
22	150 49.2	13.8	221 11.9	12.0	17 01.1	10.7	56.4	40	05 48	06 20	06 49	24 23	00 23	01 27	02 28
23	165 49.2	14.5	235 42.9	12.0	16 50.4	10.7	56.3	45	05 54	06 29	07 00	24 11	00 11	01 18	02 24
5 00	180 49.3	N16 15.3	250 13.9	12.2	S16 39.7	10.8	56.3	S 50	05 59	06 38	07 13	23 56	25 09	01 09	02 19
01	195 49.4	16.0	264 45.1	12.2	16 28.9	10.8	56.3	52	06 02	06 42	07 19	23 49	25 04	01 04	02 16
02	210 49.4	16.7	279 16.3	12.3	16 18.1	11.0	56.3	54	06 05	06 47	07 25	23 42	24 59	00 59	02 13
03	225 49.5	.. 17.4	293 47.6	12.5	16 07.1	11.0	56.2	56	06 07	06 52	07 33	23 33	24 53	00 53	02 10
04	240 49.5	18.1	308 19.1	12.5	15 56.1	11.0	56.2	58	06 10	06 58	07 41	23 24	24 47	00 47	02 07
05	255 49.6	18.8	322 50.6	12.5	15 45.1	11.1	56.2	S 60	06 14	07 04	07 51	23 13	24 40	00 40	02 03
06	270 49.6	N16 19.5	337 22.1	12.7	S15 34.0	11.2	56.1	Lat.	Sunset	Twilight Civil	Twilight Naut.	Moonset 4	Moonset 5	Moonset 6	Moonset 7
W 07	285 49.7	20.2	351 53.8	12.8	15 22.8	11.3	56.1								
E 08	300 49.7	20.9	6 25.6	12.8	15 11.5	11.3	56.1	°	h m	h m	h m	h m	h m	h m	h m
D 09	315 49.8	.. 21.7	20 57.4	12.9	15 00.2	11.3	56.0	N 72	22 53	////	////	■■■	09 57	12 19	14 19
N 10	330 49.8	22.4	35 29.3	13.1	14 48.9	11.4	56.0	N 70	21 53	////	////	07 37	10 32	12 35	14 25
E 11	345 49.9	23.1	50 01.4	13.1	14 37.5	11.5	56.0	68	21 19	////	////	08 47	10 57	12 48	14 29
S 12	0 49.9	N16 23.8	64 33.5	13.1	S14 26.0	11.5	56.0	66	20 55	22 33	////	09 23	11 16	12 58	14 33
D 13	15 50.0	24.5	79 05.6	13.3	14 14.5	11.6	55.9	64	20 36	21 52	////	09 49	11 31	13 07	14 37
A 14	30 50.0	25.2	93 37.9	13.3	14 02.9	11.6	55.9	62	20 21	21 25	////	10 09	11 44	13 14	14 40
Y 15	45 50.1	.. 25.9	108 10.2	13.4	13 51.3	11.7	55.9	60	20 08	21 05	22 42	10 25	11 55	13 20	14 42
16	60 50.1	26.6	122 42.6	13.5	13 39.6	11.7	55.9	N 58	19 57	20 48	22 05	10 38	12 04	13 26	14 45
17	75 50.2	27.3	137 15.1	13.6	13 27.9	11.7	55.8	56	19 48	20 34	21 40	10 50	12 12	13 31	14 47
18	90 50.2	N16 28.0	151 47.7	13.6	S13 16.2	11.9	55.8	54	19 39	20 22	21 21	11 00	12 19	13 35	14 48
19	105 50.3	28.7	166 20.3	13.7	13 04.3	11.8	55.8	52	19 32	20 12	21 05	11 09	12 25	13 39	14 50
20	120 50.3	29.4	180 53.0	13.8	12 52.5	11.9	55.7	50	19 25	20 03	20 51	11 17	12 31	13 42	14 51
21	135 50.3	.. 30.1	195 25.8	13.9	12 40.6	12.0	55.7	45	19 11	19 44	20 25	11 34	12 43	13 50	14 55
22	150 50.4	30.8	209 58.7	13.9	12 28.6	12.0	55.7								
23	165 50.4	31.5	224 31.6	14.0	12 16.6	12.0	55.7								
6 00	180 50.5	N16 32.2	239 04.6	14.1	S12 04.6	12.1	55.6	N 40	18 59	19 29	20 05	11 48	12 54	13 56	14 57
01	195 50.5	32.9	253 37.7	14.1	11 52.5	12.1	55.6	35	18 49	19 16	19 49	12 00	13 02	14 02	15 00
02	210 50.6	33.6	268 10.8	14.3	11 40.4	12.2	55.6	30	18 40	19 06	19 36	12 10	13 10	14 07	15 02
03	225 50.6	.. 34.3	282 44.1	14.2	11 28.2	12.2	55.6	20	18 25	18 48	19 16	12 28	13 23	14 15	15 05
04	240 50.7	35.0	297 17.3	14.4	11 16.0	12.2	55.5	N 10	18 12	18 34	19 00	12 43	13 34	14 22	15 08
05	255 50.7	35.7	311 50.7	14.4	11 03.8	12.3	55.5	0	18 00	18 22	18 47	12 57	13 45	14 29	15 11
06	270 50.8	N16 36.4	326 24.1	14.4	S10 51.5	12.3	55.5	S 10	17 48	18 10	18 35	13 11	13 55	14 35	15 14
T 07	285 50.8	37.1	340 57.5	14.6	10 39.2	12.3	55.4	20	17 36	17 59	18 25	13 26	14 06	14 43	15 17
H 08	300 50.8	37.8	355 31.1	14.6	10 26.9	12.4	55.4	30	17 21	17 46	18 15	13 43	14 19	14 50	15 20
U 09	315 50.9	.. 38.5	10 04.7	14.6	10 14.5	12.4	55.4	35	17 13	17 40	18 10	13 53	14 26	14 55	15 22
R 10	330 50.9	39.2	24 38.3	14.7	10 02.1	12.5	55.4	40	17 04	17 32	18 05	14 04	14 34	15 00	15 24
S 11	345 51.0	39.9	39 12.0	14.8	9 49.6	12.4	55.4	45	16 53	17 24	17 59	14 17	14 44	15 06	15 26
D 12	0 51.0	N16 40.6	53 45.8	14.8	S 9 37.2	12.5	55.3	S 50	16 40	17 15	17 53	14 33	14 55	15 13	15 29
A 13	15 51.1	41.3	68 19.6	14.9	9 24.7	12.6	55.3	52	16 34	17 10	17 51	14 40	15 00	15 16	15 30
Y 14	30 51.1	42.0	82 53.5	14.9	9 12.1	12.5	55.3	54	16 27	17 06	17 48	14 48	15 06	15 20	15 32
15	45 51.2	.. 42.7	97 27.4	15.0	8 59.6	12.6	55.3	56	16 20	17 00	17 45	14 57	15 12	15 24	15 33
16	60 51.2	43.4	112 01.4	15.1	8 47.0	12.6	55.3	58	16 11	16 55	17 42	15 08	15 20	15 28	15 35
17	75 51.2	44.1	126 35.5	15.1	8 34.4	12.6	55.2	S 60	16 02	16 48	17 39	15 20	15 28	15 33	15 37
18	90 51.3	N16 44.8	141 09.6	15.1	S 8 21.8	12.7	55.2		SUN			MOON			
19	105 51.3	45.5	155 43.7	15.2	8 09.1	12.7	55.2	Day	Eqn. of Time 00ʰ	Eqn. of Time 12ʰ	Mer. Pass.	Mer. Pass. Upper	Mer. Pass. Lower	Age	Phase
20	120 51.4	46.2	170 17.9	15.3	7 56.4	12.7	55.2								
21	135 51.4	.. 46.9	184 52.2	15.3	7 43.7	12.7	55.1	d	m s	m s	h m	h m	h m	d	%
22	150 51.4	47.6	199 26.5	15.3	7 31.0	12.8	55.1	4	03 12	03 14	11 57	06 45	19 10	22	43
23	165 51.5	48.2	214 00.8	15.4	S 7 18.2	12.8	55.1	5	03 17	03 20	11 57	07 33	19 56	23	33
	SD 15.9	d 0.7	SD 15.4		15.2		15.1	6	03 22	03 24	11 57	08 18	20 40	24	24

2021 MAY 7, 8, 9 (FRI., SAT., SUN.)

UT	ARIES GHA	VENUS −3.9 GHA / Dec	MARS +1.6 GHA / Dec	JUPITER −2.2 GHA / Dec	SATURN +0.5 GHA / Dec	STARS Name / SHA / Dec
7 00	225 03.4	169 52.2 N19 28.8	126 01.4 N24 36.8	253 29.3 S12 29.1	269 06.9 S17 23.8	Acamar 315 14.5 S40 13.3
01	240 05.8	184 51.5 29.6	141 02.2 36.7	268 31.5 29.0	284 09.3 23.7	Achernar 335 23.1 S57 07.8
02	255 08.3	199 50.9 30.4	156 03.0 36.6	283 33.6 28.9	299 11.7 23.7	Acrux 173 02.8 S63 13.2
03	270 10.7	214 50.2 .. 31.2	171 03.8 .. 36.5	298 35.8 .. 28.7	314 14.1 .. 23.7	Adhara 255 08.4 S29 00.3
04	285 13.2	229 49.5 32.0	186 04.5 36.4	313 37.9 28.6	329 16.5 23.7	Aldebaran 290 43.4 N16 33.0
05	300 15.7	244 48.8 32.8	201 05.3 36.3	328 40.1 28.5	344 18.9 23.7	
06	315 18.1	259 48.1 N19 33.6	216 06.1 N24 36.2	343 42.2 S12 28.4	359 21.3 S17 23.7	Alioth 166 15.2 N55 50.9
07	330 20.6	274 47.4 34.4	231 06.9 36.1	358 44.4 28.3	14 23.7 23.7	Alkaid 152 54.0 N49 12.6
08	345 23.1	289 46.7 35.2	246 07.7 36.0	13 46.6 28.2	29 26.1 23.6	Alnair 27 36.9 S46 51.4
F 09	0 25.5	304 46.0 .. 36.0	261 08.5 .. 35.9	28 48.7 .. 28.1	44 28.5 .. 23.6	Alnilam 275 41.1 S 1 11.5
R 10	15 28.0	319 45.3 36.8	276 09.3 35.8	43 50.9 28.0	59 30.9 23.6	Alphard 217 50.7 S 8 45.1
I 11	30 30.5	334 44.6 37.6	291 10.1 35.7	58 53.0 27.9	74 33.2 23.6	
D 12	45 32.9	349 43.9 N19 38.3	306 10.9 N24 35.6	73 55.2 S12 27.8	89 35.6 S17 23.6	Alphecca 126 06.0 N26 38.6
A 13	60 35.4	4 43.2 39.1	321 11.7 35.5	88 57.3 27.7	104 38.0 23.6	Alpheratz 357 38.1 N29 12.2
Y 14	75 37.9	19 42.5 39.9	336 12.5 35.4	103 59.5 27.6	119 40.4 23.6	Altair 62 02.8 N 8 55.3
15	90 40.3	34 41.8 .. 40.7	351 13.3 .. 35.3	119 01.6 .. 27.5	134 42.8 .. 23.6	Ankaa 353 10.5 S42 11.4
16	105 42.8	49 41.1 41.5	6 14.1 35.2	134 03.8 27.4	149 45.2 23.5	Antares 112 19.2 S26 28.7
17	120 45.2	64 40.4 42.3	21 14.9 35.1	149 05.9 27.3	164 47.6 23.5	
18	135 47.7	79 39.7 N19 43.0	36 15.7 N24 35.0	164 08.1 S12 27.2	179 50.0 S17 23.5	Arcturus 145 50.4 N19 04.3
19	150 50.2	94 39.0 43.8	51 16.4 34.8	179 10.3 27.1	194 52.4 23.5	Atria 107 15.6 S69 03.8
20	165 52.6	109 38.4 44.6	66 17.2 34.7	194 12.4 27.0	209 54.8 23.5	Avior 234 16.1 S59 34.9
21	180 55.1	124 37.7 .. 45.4	81 18.0 .. 34.6	209 14.6 .. 26.9	224 57.2 .. 23.5	Bellatrix 278 26.4 N 6 22.0
22	195 57.6	139 37.0 46.2	96 18.8 34.5	224 16.7 26.8	239 59.6 23.5	Betelgeuse 270 55.6 N 7 24.5
23	211 00.0	154 36.3 46.9	111 19.6 34.4	239 18.9 26.7	255 02.0 23.5	
8 00	226 02.5	169 35.6 N19 47.7	126 20.4 N24 34.3	254 21.1 S12 26.6	270 04.4 S17 23.4	Canopus 263 54.1 S52 42.7
01	241 05.0	184 34.9 48.5	141 21.2 34.2	269 23.2 26.5	285 06.8 23.4	Capella 280 26.8 N46 01.1
02	256 07.4	199 34.1 49.3	156 22.0 34.1	284 25.4 26.4	300 09.2 23.4	Deneb 49 27.7 N45 21.0
03	271 09.9	214 33.4 .. 50.0	171 22.8 .. 34.0	299 27.5 .. 26.3	315 11.6 .. 23.4	Denebola 182 27.8 N14 27.3
04	286 12.3	229 32.7 50.8	186 23.6 33.9	314 29.7 26.2	330 14.0 23.4	Diphda 348 50.6 S17 52.3
05	301 14.8	244 32.0 51.6	201 24.4 33.8	329 31.8 26.1	345 16.4 23.4	
06	316 17.3	259 31.3 N19 52.3	216 25.2 N24 33.7	344 34.0 S12 26.0	0 18.8 S17 23.4	Dubhe 193 44.5 N61 38.5
07	331 19.7	274 30.6 53.1	231 26.0 33.5	359 36.2 25.9	15 21.2 23.4	Elnath 278 06.0 N28 37.4
S 08	346 22.2	289 29.9 53.9	246 26.8 33.4	14 38.3 25.8	30 23.6 23.3	Eltanin 90 43.2 N51 29.0
A 09	1 24.7	304 29.2 .. 54.7	261 27.6 .. 33.3	29 40.5 .. 25.7	45 26.0 .. 23.3	Enif 33 41.8 N 9 58.2
T 10	16 27.1	319 28.5 55.4	276 28.3 33.2	44 42.6 25.6	60 28.4 23.3	Fomalhaut 15 18.0 S29 30.6
U 11	31 29.6	334 27.8 56.2	291 29.1 33.1	59 44.8 25.5	75 30.8 23.3	
R 12	46 32.1	349 27.1 N19 57.0	306 29.9 N24 33.0	74 47.0 S12 25.4	90 33.2 S17 23.3	Gacrux 171 54.5 S57 14.1
D 13	61 34.5	4 26.4 57.7	321 30.7 32.9	89 49.1 25.3	105 35.6 23.3	Gienah 175 46.4 S17 39.7
A 14	76 37.0	19 25.7 58.5	336 31.5 32.8	104 51.3 25.2	120 38.0 23.3	Hadar 148 39.6 S60 28.6
Y 15	91 39.5	34 25.0 19 59.2	351 32.3 .. 32.7	119 53.5 .. 25.1	135 40.4 .. 23.3	Hamal 327 54.9 N23 33.5
16	106 41.9	49 24.3 20 00.0	6 33.1 32.5	134 55.6 25.0	150 42.8 23.3	Kaus Aust. 83 36.2 S34 22.4
17	121 44.4	64 23.6 00.8	21 33.9 32.4	149 57.8 24.9	165 45.2 23.2	
18	136 46.8	79 22.9 N20 01.5	36 34.7 N24 32.3	164 59.9 S12 24.8	180 47.6 S17 23.2	Kochab 137 18.7 N74 04.2
19	151 49.3	94 22.1 02.3	51 35.5 32.2	180 02.1 24.7	195 50.0 23.2	Markab 13 33.0 N15 18.9
20	166 51.8	109 21.4 03.0	66 36.3 32.1	195 04.3 24.6	210 52.4 23.2	Menkar 314 09.6 N 4 10.2
21	181 54.2	124 20.7 .. 03.8	81 37.1 .. 32.0	210 06.4 .. 24.5	225 54.9 .. 23.2	Menkent 148 00.8 S36 28.5
22	196 56.7	139 20.0 04.5	96 37.9 31.9	225 08.6 24.4	240 57.3 23.2	Miaplacidus 221 38.8 S69 48.5
23	211 59.2	154 19.3 05.3	111 38.7 31.7	240 10.8 24.3	255 59.7 23.2	
9 00	227 01.6	169 18.6 N20 06.1	126 39.5 N24 31.6	255 12.9 S12 24.2	271 02.1 S17 23.2	Mirfak 308 33.0 N49 56.0
01	242 04.1	184 17.9 06.8	141 40.2 31.5	270 15.1 24.1	286 04.5 23.1	Nunki 75 51.3 S26 16.1
02	257 06.6	199 17.2 07.6	156 41.0 31.4	285 17.2 24.0	301 06.9 23.1	Peacock 53 10.4 S56 39.8
03	272 09.0	214 16.5 .. 08.3	171 41.8 .. 31.3	300 19.4 .. 23.9	316 09.3 .. 23.1	Pollux 243 21.2 N27 58.5
04	287 11.5	229 15.7 09.1	186 42.6 31.2	315 21.6 23.8	331 11.7 23.1	Procyon 244 54.1 N 5 10.2
05	302 13.9	244 15.0 09.8	201 43.4 31.1	330 23.7 23.7	346 14.1 23.1	
06	317 16.4	259 14.3 N20 10.6	216 44.2 N24 30.9	345 25.9 S12 23.6	1 16.5 S17 23.1	Rasalhague 96 01.1 N12 32.6
07	332 18.9	274 13.6 11.3	231 45.0 30.8	0 28.1 23.5	16 18.9 23.1	Regulus 207 37.6 N11 51.8
08	347 21.3	289 12.9 12.1	246 45.8 30.7	15 30.2 23.4	31 21.3 23.1	Rigel 281 07.1 S 8 10.8
S 09	2 23.8	304 12.2 .. 12.8	261 46.6 .. 30.6	30 32.4 .. 23.3	46 23.7 .. 23.1	Rigil Kent. 139 43.7 S60 55.3
U 10	17 26.3	319 11.4 13.5	276 47.4 30.5	45 34.6 23.2	61 26.1 23.0	Sabik 102 05.9 S15 45.0
N 11	32 28.7	334 10.7 14.3	291 48.2 30.3	60 36.7 23.1	76 28.5 23.0	
D 12	47 31.2	349 10.0 N20 15.0	306 49.0 N24 30.2	75 38.9 S12 23.0	91 30.9 S17 23.0	Schedar 349 34.8 N56 38.9
A 13	62 33.7	4 09.3 15.8	321 49.8 30.1	90 41.1 22.9	106 33.3 23.0	Shaula 96 14.1 S37 07.0
Y 14	77 36.1	19 08.6 16.5	336 50.6 30.0	105 43.2 22.8	121 35.7 23.0	Sirius 258 29.1 S16 44.9
15	92 38.6	34 07.9 .. 17.2	351 51.4 .. 29.9	120 45.4 .. 22.7	136 38.1 .. 23.0	Spica 158 25.2 S11 16.4
16	107 41.1	49 07.1 18.0	6 52.2 29.7	135 47.6 22.6	151 40.5 23.0	Suhail 222 48.5 S43 31.3
17	122 43.5	64 06.4 18.7	21 53.0 29.6	150 49.7 22.5	166 42.9 23.0	
18	137 46.0	79 05.7 N20 19.5	36 53.7 N24 29.5	165 51.9 S12 22.4	181 45.4 S17 23.0	Vega 80 35.0 N38 48.0
19	152 48.4	94 05.0 20.2	51 54.5 29.4	180 54.1 22.3	196 47.8 23.0	Zuben'ubi 136 59.0 S16 07.8
20	167 50.9	109 04.2 20.9	66 55.3 29.3	195 56.3 22.2	211 50.2 22.9	SHA / Mer.Pass.
21	182 53.4	124 03.5 .. 21.7	81 56.1 .. 29.1	210 58.4 .. 22.1	226 52.6 .. 22.9	Venus 303 33.1 12 42
22	197 55.8	139 02.8 22.4	96 56.9 29.0	226 00.6 22.0	241 55.0 22.9	Mars 260 17.9 15 34
23	212 58.3	154 02.1 23.1	111 57.7 28.9	241 02.8 21.9	256 57.4 22.9	Jupiter 28 18.6 7 02
Mer.Pass.	h m 8 54.4	v −0.7 d 0.8	v 0.8 d 0.1	v 2.2 d 0.1	v 2.4 d 0.0	Saturn 44 01.9 5 59

2021 MAY 7, 8, 9 (FRI., SAT., SUN.)

UT	SUN GHA	SUN Dec	MOON GHA	MOON v	MOON Dec	MOON d	MOON HP	Lat.	Twilight Naut.	Twilight Civil	Sunrise	Moonrise 7	Moonrise 8	Moonrise 9	Moonrise 10
d h	° ′	° ′	° ′	′	° ′	′	′	°	h m	h m	h m	h m	h m	h m	h m
								N 72	////	////	00 18	04 12	03 47	03 22	02 56
7 00	180 51.5	N16 48.9	228 35.2 15.4	S 7 05.4	12.7	55.1	N 70	////	////	01 45	04 04	03 45	03 28	03 09
01	195 51.6	49.6	243 09.6 15.5	6 52.7	12.9	55.1	68	////	////	02 23	03 56	03 44	03 32	03 19
02	210 51.6	50.3	257 44.1 15.5	6 39.8	12.8	55.0	66	////	01 02	02 49	03 50	03 43	03 36	03 28
03	225 51.6	51.0	272 18.6 15.6	6 27.0	12.8	55.0	64	////	01 50	03 09	03 45	03 42	03 39	03 36
04	240 51.7	51.7	286 53.2 15.6	6 14.2	12.9	55.0	62	////	02 19	03 26	03 41	03 41	03 41	03 42
05	255 51.7	52.4	301 27.8 15.6	6 01.3	12.9	55.0	60	00 55	02 41	03 39	03 37	03 40	03 44	03 48
06	270 51.8	N16 53.1	316 02.4 15.7	S 5 48.4	12.9	55.0	N 58	01 38	02 59	03 51	03 33	03 40	03 46	03 53
07	285 51.8	53.8	330 37.1 15.7	5 35.5	12.9	54.9	56	02 06	03 14	04 01	03 30	03 39	03 48	03 57
08	300 51.8	54.4	345 11.8 15.8	5 22.6	12.9	54.9	54	02 26	03 26	04 09	03 27	03 39	03 50	04 01
F 09	315 51.9	55.1	359 46.6 15.7	5 09.7	12.9	54.9	52	02 43	03 37	04 17	03 25	03 38	03 51	04 05
R 10	330 51.9	55.8	14 21.3 15.9	4 56.8	13.0	54.9	50	02 57	03 46	04 24	03 23	03 38	03 53	04 08
I 11	345 52.0	56.5	28 56.2 15.8	4 43.8	12.9	54.9	45	03 24	04 06	04 39	03 18	03 37	03 56	04 15
D 12	0 52.0	N16 57.2	43 31.0 15.9	S 4 30.9	13.0	54.9	N 40	03 45	04 22	04 52	03 13	03 36	03 58	04 21
A 13	15 52.0	57.9	58 05.9 15.9	4 17.9	13.0	54.8	35	04 01	04 35	05 02	03 10	03 35	04 01	04 27
Y 14	30 52.1	58.6	72 40.8 16.0	4 04.9	12.9	54.8	30	04 15	04 46	05 11	03 06	03 35	04 03	04 31
15	45 52.1	59.2	87 15.8 16.0	3 52.0	13.0	54.8	20	04 36	05 04	05 27	03 01	03 34	04 06	04 39
16	60 52.1	16 59.9	101 50.8 16.0	3 39.0	13.0	54.8	N 10	04 53	05 18	05 40	02 56	03 33	04 10	04 47
17	75 52.2	17 00.6	116 25.8 16.0	3 26.0	13.0	54.8	0	05 06	05 31	05 53	02 51	03 32	04 13	04 53
18	90 52.2	N17 01.3	131 00.8 16.1	S 3 13.0	13.0	54.7	S 10	05 18	05 44	06 05	02 46	03 31	04 16	05 00
19	105 52.3	02.0	145 35.9 16.1	3 00.0	13.0	54.7	20	05 29	05 56	06 19	02 41	03 30	04 19	05 08
20	120 52.3	02.6	160 11.0 16.1	2 47.0	13.1	54.7	30	05 40	06 08	06 33	02 35	03 29	04 23	05 16
21	135 52.3	03.3	174 46.1 16.1	2 33.9	13.0	54.7	35	05 45	06 15	06 42	02 32	03 29	04 25	05 21
22	150 52.4	04.0	189 21.2 16.2	2 20.9	13.0	54.7	40	05 51	06 23	06 52	02 28	03 28	04 27	05 26
23	165 52.4	04.7	203 56.4 16.1	2 07.9	13.1	54.7	45	05 57	06 32	07 03	02 24	03 27	04 30	05 33
8 00	180 52.4	N17 05.4	218 31.5 16.2	S 1 54.9	13.1	54.7	S 50	06 03	06 42	07 17	02 19	03 27	04 34	05 41
01	195 52.5	06.0	233 06.7 16.3	1 41.8	13.0	54.6	52	06 06	06 47	07 24	02 16	03 26	04 35	05 44
02	210 52.5	06.7	247 42.0 16.2	1 28.8	13.0	54.6	54	06 09	06 52	07 31	02 13	03 26	04 37	05 48
03	225 52.5	07.4	262 17.2 16.3	1 15.8	13.0	54.6	56	06 12	06 57	07 39	02 10	03 25	04 39	05 53
04	240 52.6	08.1	276 52.5 16.2	1 02.8	13.0	54.6	58	06 16	07 03	07 48	02 07	03 25	04 41	05 58
05	255 52.6	08.7	291 27.7 16.3	0 49.8	13.1	54.6	S 60	06 19	07 10	07 58	02 03	03 24	04 44	06 03
06	270 52.6	N17 09.4	306 03.0 16.3	S 0 36.7	13.0	54.6								
07	285 52.7	10.1	320 38.3 16.3	0 23.7	13.0	54.5	Lat.	Sunset	Twilight Civil	Twilight Naut.	Moonset 7	Moonset 8	Moonset 9	Moonset 10
S 08	300 52.7	10.8	335 13.6 16.4	S 0 10.7	13.0	54.5								
A 09	315 52.7	11.4	349 49.0 16.3	N 0 02.3	13.0	54.5	°	h m	h m	h m	h m	h m	h m	h m
T 10	330 52.8	12.1	4 24.3 16.3	0 15.3	13.0	54.5	N 72	▭	▭	▭	14 19	16 11	18 04	20 05
U 11	345 52.8	12.8	18 59.6 16.4	0 28.3	13.0	54.5	N 70	22 14	////	////	14 25	16 09	17 53	19 42
R 12	0 52.8	N17 13.5	33 35.0 16.4	N 0 41.3	13.0	54.5	68	21 34	////	////	14 29	16 07	17 44	19 25
D 13	15 52.9	14.1	48 10.4 16.3	0 54.3	12.9	54.5	66	21 07	23 01	////	14 33	16 06	17 37	19 11
A 14	30 52.9	14.8	62 45.7 16.4	1 07.2	13.0	54.4	64	20 46	22 08	////	14 37	16 04	17 31	19 00
Y 15	45 52.9	15.5	77 21.1 16.4	1 20.2	12.9	54.4	62	20 29	21 37	////	14 40	16 03	17 26	18 50
16	60 52.9	16.2	91 56.5 16.4	1 33.1	13.0	54.4	60	20 16	21 14	23 07	14 42	16 02	17 22	18 42
17	75 53.0	16.8	106 31.9 16.4	1 46.1	12.9	54.4								
18	90 53.0	N17 17.5	121 07.3 16.4	N 1 59.0	12.9	54.4	N 58	20 04	20 56	22 19	14 45	16 02	17 18	18 35
19	105 53.0	18.2	135 42.7 16.4	2 11.9	12.9	54.4	56	19 54	20 41	21 50	14 47	16 01	17 14	18 28
20	120 53.1	18.8	150 18.1 16.4	2 24.8	12.9	54.4	54	19 45	20 28	21 29	14 48	16 00	17 11	18 23
21	135 53.1	19.5	164 53.5 16.4	2 37.7	12.9	54.3	52	19 37	20 17	21 12	14 50	16 00	17 09	18 18
22	150 53.1	20.2	179 28.9 16.4	2 50.6	12.8	54.3	50	19 30	20 08	20 58	14 51	15 59	17 06	18 13
23	165 53.1	20.8	194 04.3 16.4	3 03.4	12.9	54.3	45	19 14	19 48	20 30	14 55	15 58	17 00	18 03
9 00	180 53.2	N17 21.5	208 39.7 16.4	N 3 16.3	12.8	54.3	N 40	19 02	19 32	20 09	14 57	15 57	16 56	17 55
01	195 53.2	22.2	223 15.1 16.4	3 29.1	12.8	54.3	35	18 51	19 19	19 52	15 00	15 56	16 52	17 48
02	210 53.2	22.8	237 50.5 16.4	3 41.9	12.8	54.3	30	18 42	19 08	19 39	15 02	15 55	16 48	17 42
03	225 53.3	23.5	252 25.9 16.4	3 54.7	12.8	54.3	20	18 26	18 50	19 17	15 05	15 54	16 42	17 31
04	240 53.3	24.2	267 01.3 16.4	4 07.5	12.8	54.3	N 10	18 13	18 35	19 01	15 08	15 53	16 37	17 22
05	255 53.3	24.8	281 36.7 16.4	4 20.3	12.7	54.3	0	18 00	18 22	18 47	15 11	15 52	16 32	17 13
06	270 53.3	N17 25.5	296 12.1 16.4	N 4 33.0	12.7	54.3	S 10	17 47	18 09	18 35	15 14	15 51	16 27	17 05
07	285 53.4	26.2	310 47.5 16.3	4 45.7	12.7	54.2	20	17 34	17 57	18 24	15 17	15 49	16 22	16 56
08	300 53.4	26.8	325 22.8 16.4	4 58.4	12.7	54.2	30	17 19	17 44	18 13	15 20	15 48	16 16	16 45
S 09	315 53.4	27.5	339 58.2 16.3	5 11.1	12.6	54.2	35	17 10	17 37	18 07	15 22	15 47	16 13	16 39
U 10	330 53.4	28.1	354 33.5 16.3	5 23.7	12.7	54.2	40	17 01	17 29	18 02	15 24	15 46	16 09	16 32
N 11	345 53.5	28.8	9 08.8 16.4	5 36.4	12.6	54.2	45	16 49	17 20	17 56	15 26	15 45	16 04	16 25
D 12	0 53.5	N17 29.5	23 44.2 16.3	N 5 49.0	12.5	54.2	S 50	16 35	17 10	17 49	15 29	15 44	15 59	16 15
A 13	15 53.5	30.1	38 19.5 16.3	6 01.5	12.6	54.2	52	16 29	17 06	17 46	15 30	15 44	15 57	16 11
Y 14	30 53.5	30.8	52 54.8 16.2	6 14.1	12.5	54.2	54	16 22	17 00	17 43	15 32	15 43	15 54	16 06
15	45 53.6	31.4	67 30.0 16.3	6 26.6	12.5	54.2	56	16 14	16 55	17 40	15 33	15 42	15 51	16 01
16	60 53.6	32.1	82 05.3 16.3	6 39.1	12.5	54.2	58	16 05	16 49	17 36	15 35	15 42	15 48	15 55
17	75 53.6	32.8	96 40.6 16.2	6 51.6	12.4	54.2	S 60	15 54	16 42	17 33	15 37	15 41	15 44	15 48
18	90 53.6	N17 33.4	111 15.8 16.2	N 7 04.0	12.4	54.1		SUN			MOON			
19	105 53.7	34.1	125 51.0 16.2	7 16.4	12.4	54.1	Day	Eqn. of Time 00h	Eqn. of Time 12h	Mer. Pass.	Mer. Pass. Upper	Mer. Pass. Lower	Age	Phase
20	120 53.7	34.7	140 26.2 16.2	7 28.8	12.4	54.1								
21	135 53.7	35.4	155 01.4 16.1	7 41.2	12.3	54.1	d	m s	m s	h m	h m	h m	d	%
22	150 53.7	36.0	169 36.5 16.1	7 53.5	12.3	54.1	7	03 26	03 28	11 57	09 01	21 22	25	16
23	165 53.8	36.7	184 11.6 16.2	N 8 05.8	12.2	54.1	8	03 30	03 31	11 56	09 42	22 02	26	10
	SD 15.9	d 0.7	SD 14.9		14.8		14.8	9	03 33	03 34	11 56	10 22	22 43	27	5

95

2021 MAY 10, 11, 12 (MON., TUES., WED.)

UT	ARIES	VENUS −3.9		MARS +1.6		JUPITER −2.3		SATURN +0.5		STARS		
	GHA	GHA	Dec	GHA	Dec	GHA	Dec	GHA	Dec	Name	SHA	Dec
d h	° '	° '	° '	° '	° '	° '	° '	° '	° '		° '	° '
10 00	228 00.8	169 01.4	N20 23.9	126 58.5	N24 28.8	256 04.9	S12 21.8	271 59.8	S17 22.9	Acamar	315 14.5	S40 13.3
01	243 03.2	184 00.6	24.6	141 59.3	28.7	271 07.1	21.7	287 02.2	22.9	Achernar	335 23.1	S57 07.7
02	258 05.7	198 59.9	25.3	157 00.1	28.5	286 09.3	21.6	302 04.6	22.9	Acrux	173 02.8	S63 13.2
03	273 08.2	213 59.2 ..	26.0	172 00.9 ..	28.4	301 11.4 ..	21.5	317 07.0 ..	22.9	Adhara	255 08.5	S29 00.3
04	288 10.6	228 58.5	26.8	187 01.7	28.3	316 13.6	21.4	332 09.4	22.9	Aldebaran	290 43.4	N16 33.0
05	303 13.1	243 57.7	27.5	202 02.5	28.2	331 15.8	21.3	347 11.8	22.9			
06	318 15.6	258 57.0	N20 28.2	217 03.3	N24 28.0	346 18.0	S12 21.2	2 14.2	S17 22.8	Alioth	166 15.3	N55 50.9
07	333 18.0	273 56.3	28.9	232 04.1	27.9	1 20.1	21.1	17 16.7	22.8	Alkaid	152 54.0	N49 12.6
08	348 20.5	288 55.6	29.7	247 04.9	27.8	16 22.3	21.1	32 19.1	22.8	Alnair	27 36.8	S46 51.3
M 09	3 22.9	303 54.8 ..	30.4	262 05.7 ..	27.7	31 24.5 ..	21.0	47 21.5 ..	22.8	Alnilam	275 41.1	S 1 11.4
O 10	18 25.4	318 54.1	31.1	277 06.5	27.5	46 26.6	20.9	62 23.9	22.8	Alphard	217 50.7	S 8 45.1
N 11	33 27.9	333 53.4	31.8	292 07.3	27.4	61 28.8	20.8	77 26.3	22.8			
D 12	48 30.3	348 52.6	N20 32.6	307 08.0	N24 27.3	76 31.0	S12 20.7	92 28.7	S17 22.8	Alphecca	126 06.0	N26 38.6
A 13	63 32.8	3 51.9	33.3	322 08.8	27.2	91 33.2	20.6	107 31.1	22.8	Alpheratz	357 38.1	N29 12.2
Y 14	78 35.3	18 51.2	34.0	337 09.6	27.0	106 35.3	20.5	122 33.5	22.8	Altair	62 02.7	N 8 55.3
15	93 37.7	33 50.4 ..	34.7	352 10.4 ..	26.9	121 37.5 ..	20.4	137 35.9 ..	22.8	Ankaa	353 10.5	S42 11.4
16	108 40.2	48 49.7	35.4	7 11.2	26.8	136 39.7	20.3	152 38.3	22.7	Antares	112 19.2	S26 28.7
17	123 42.7	63 49.0	36.1	22 12.0	26.7	151 41.9	20.2	167 40.7	22.7			
18	138 45.1	78 48.3	N20 36.8	37 12.8	N24 26.5	166 44.0	S12 20.1	182 43.2	S17 22.7	Arcturus	145 50.4	N19 04.3
19	153 47.6	93 47.5	37.6	52 13.6	26.4	181 46.2	20.0	197 45.6	22.7	Atria	107 15.6	S69 03.8
20	168 50.0	108 46.8	38.3	67 14.4	26.3	196 48.4	19.9	212 48.0	22.7	Avior	234 16.1	S59 34.9
21	183 52.5	123 46.1 ..	39.0	82 15.2 ..	26.1	211 50.6 ..	19.8	227 50.4 ..	22.7	Bellatrix	278 26.4	N 6 22.0
22	198 55.0	138 45.3	39.7	97 16.0	26.0	226 52.7	19.7	242 52.8	22.7	Betelgeuse	270 55.6	N 7 24.5
23	213 57.4	153 44.6	40.4	112 16.8	25.9	241 54.9	19.6	257 55.2	22.7			
11 00	228 59.9	168 43.9	N20 41.1	127 17.6	N24 25.8	256 57.1	S12 19.5	272 57.6	S17 22.7	Canopus	263 54.1	S52 42.7
01	244 02.4	183 43.1	41.8	142 18.4	25.6	271 59.3	19.4	288 00.0	22.7	Capella	280 26.8	N46 01.1
02	259 04.8	198 42.4	42.5	157 19.2	25.5	287 01.4	19.3	303 02.4	22.7	Deneb	49 27.7	N45 21.0
03	274 07.3	213 41.6 ..	43.2	172 20.0 ..	25.4	302 03.6 ..	19.2	318 04.9 ..	22.6	Denebola	182 27.9	N14 27.3
04	289 09.8	228 40.9	43.9	187 20.8	25.2	317 05.8	19.1	333 07.3	22.6	Diphda	348 50.6	S17 52.3
05	304 12.2	243 40.2	44.6	202 21.6	25.1	332 08.0	19.0	348 09.7	22.6			
06	319 14.7	258 39.4	N20 45.3	217 22.4	N24 25.0	347 10.1	S12 18.9	3 12.1	S17 22.6	Dubhe	193 44.5	N61 38.5
07	334 17.2	273 38.7	46.0	232 23.2	24.8	2 12.3	18.9	18 14.5	22.6	Elnath	278 06.0	N28 37.4
T 08	349 19.6	288 38.0	46.7	247 23.9	24.7	17 14.5	18.8	33 16.9	22.6	Eltanin	90 43.2	N51 29.0
U 09	4 22.1	303 37.2 ..	47.4	262 24.7 ..	24.6	32 16.7 ..	18.7	48 19.3 ..	22.6	Enif	33 41.8	N 9 58.2
E 10	19 24.5	318 36.5	48.1	277 25.5	24.4	47 18.9	18.6	63 21.8	22.6	Fomalhaut	15 18.0	S29 30.6
S 11	34 27.0	333 35.7	48.8	292 26.3	24.3	62 21.0	18.5	78 24.2	22.6			
D 12	49 29.5	348 35.0	N20 49.5	307 27.1	N24 24.2	77 23.2	S12 18.4	93 26.6	S17 22.6	Gacrux	171 54.5	S57 14.1
A 13	64 31.9	3 34.3	50.2	322 27.9	24.0	92 25.4	18.3	108 29.0	22.6	Gienah	175 46.4	S17 39.7
Y 14	79 34.4	18 33.5	50.9	337 28.7	23.9	107 27.6	18.2	123 31.4	22.6	Hadar	148 39.6	S60 28.6
15	94 36.9	33 32.8 ..	51.6	352 29.5 ..	23.8	122 29.8 ..	18.1	138 33.8 ..	22.5	Hamal	327 54.9	N23 33.5
16	109 39.3	48 32.0	52.3	7 30.3	23.6	137 31.9	18.0	153 36.2	22.5	Kaus Aust.	83 36.2	S34 22.4
17	124 41.8	63 31.3	53.0	22 31.1	23.5	152 34.1	17.9	168 38.6	22.5			
18	139 44.3	78 30.5	N20 53.7	37 31.9	N24 23.4	167 36.3	S12 17.8	183 41.1	S17 22.5	Kochab	137 18.7	N74 04.2
19	154 46.7	93 29.8	54.4	52 32.7	23.2	182 38.5	17.7	198 43.5	22.5	Markab	13 33.0	N15 18.9
20	169 49.2	108 29.1	55.1	67 33.5	23.1	197 40.7	17.6	213 45.9	22.5	Menkar	314 09.6	N 4 10.2
21	184 51.7	123 28.3 ..	55.7	82 34.3 ..	23.0	212 42.8 ..	17.5	228 48.3 ..	22.5	Menkent	148 00.8	S36 28.5
22	199 54.1	138 27.6	56.4	97 35.1	22.8	227 45.0	17.4	243 50.7	22.5	Miaplacidus	221 38.8	S69 48.5
23	214 56.6	153 26.8	57.1	112 35.9	22.7	242 47.2	17.3	258 53.1	22.5			
12 00	229 59.0	168 26.1	N20 57.8	127 36.7	N24 22.6	257 49.4	S12 17.3	273 55.6	S17 22.5	Mirfak	308 33.0	N49 56.0
01	245 01.5	183 25.3	58.5	142 37.5	22.4	272 51.6	17.2	288 58.0	22.5	Nunki	75 51.3	S26 16.1
02	260 04.0	198 24.6	59.2	157 38.3	22.3	287 53.7	17.1	304 00.4	22.5	Peacock	53 10.4	S56 39.8
03	275 06.4	213 23.8	20 59.8	172 39.1 ..	22.2	302 55.9 ..	17.0	319 02.8 ..	22.5	Pollux	243 21.2	N27 58.5
04	290 08.9	228 23.1	21 00.5	187 39.9	22.0	317 58.1	16.9	334 05.2	22.4	Procyon	244 54.2	N 5 10.2
05	305 11.4	243 22.3	01.2	202 40.7	21.9	333 00.3	16.8	349 07.6	22.4			
06	320 13.8	258 21.6	N21 01.9	217 41.5	N24 21.7	348 02.5	S12 16.7	4 10.1	S17 22.4	Rasalhague	96 01.1	N12 32.6
W 07	335 16.3	273 20.9	02.5	232 42.2	21.6	3 04.7	16.6	19 12.5	22.4	Regulus	207 37.6	N11 51.8
E 08	350 18.8	288 20.1	03.2	247 43.0	21.5	18 06.8	16.5	34 14.9	22.4	Rigel	281 07.1	S 8 10.8
D 09	5 21.2	303 19.4 ..	03.9	262 43.8 ..	21.3	33 09.0 ..	16.4	49 17.3 ..	22.4	Rigil Kent.	139 43.7	S60 55.4
N 10	20 23.7	318 18.6	04.6	277 44.6	21.2	48 11.2	16.3	64 19.7	22.4	Sabik	102 05.9	S15 45.0
E 11	35 26.1	333 17.9	05.2	292 45.4	21.0	63 13.4	16.2	79 22.1	22.4			
S 12	50 28.6	348 17.1	N21 05.9	307 46.2	N24 20.9	78 15.6	S12 16.1	94 24.6	S17 22.4	Schedar	349 34.8	N56 38.9
D 13	65 31.1	3 16.3	06.6	322 47.0	20.8	93 17.8	16.1	109 27.0	22.4	Shaula	96 14.1	S37 07.0
A 14	80 33.5	18 15.6	07.3	337 47.8	20.6	108 20.0	16.0	124 29.4	22.4	Sirius	258 29.1	S16 44.9
Y 15	95 36.0	33 14.8 ..	07.9	352 48.6 ..	20.5	123 22.1 ..	15.9	139 31.8 ..	22.4	Spica	158 25.2	S11 16.4
16	110 38.5	48 14.1	08.6	7 49.4	20.3	138 24.3	15.8	154 34.2	22.4	Suhail	222 48.5	S43 31.3
17	125 40.9	63 13.3	09.3	22 50.2	20.2	153 26.5	15.7	169 36.6	22.3			
18	140 43.4	78 12.6	N21 09.9	37 51.0	N24 20.1	168 28.7	S12 15.6	184 39.1	S17 22.3	Vega	80 35.0	N38 48.0
19	155 45.9	93 11.8	10.6	52 51.8	19.9	183 30.9	15.5	199 41.5	22.3	Zuben'ubi	136 59.0	S16 07.8
20	170 48.3	108 11.1	11.3	67 52.6	19.8	198 33.1	15.4	214 43.9	22.3		SHA	Mer. Pass.
21	185 50.8	123 10.3 ..	11.9	82 53.4 ..	19.6	213 35.3 ..	15.3	229 46.3 ..	22.3		° '	h m
22	200 53.3	138 09.6	12.6	97 54.2	19.5	228 37.4	15.2	244 48.7	22.3	Venus	299 43.9	12 46
23	215 55.7	153 08.8	13.2	112 55.0	19.3	243 39.6	15.1	259 51.2	22.3	Mars	258 17.7	15 30
	h m									Jupiter	27 57.2	6 51
Mer. Pass.	8 42.6	v −0.7	d 0.7	v 0.8	d 0.1	v 2.2	d 0.1	v 2.4	d 0.0	Saturn	43 57.7	5 47

2021 MAY 10, 11, 12 (MON., TUES., WED.)

UT	SUN GHA	SUN Dec	MOON GHA	MOON v	MOON Dec	MOON d	MOON HP	Lat.	Twilight Naut.	Twilight Civil	Sunrise	Moonrise 10	Moonrise 11	Moonrise 12	Moonrise 13
d h	° '	° '	° '	'	° '	'	'	° N 72	h m ▭	h m ▭	h m ▭	h m 02 56	h m 02 22	h m 01 14	h m ▭
10 00	180 53.8	N17 37.4	198 46.8	16.0	N 8 18.0	12.3	54.1	N 70	////	////	01 21	03 09	02 46	02 11	▭
01	195 53.8	38.0	213 21.8	16.1	8 30.3	12.1	54.1	68	////	////	02 08	03 19	03 05	02 46	02 10
02	210 53.8	38.7	227 56.9	16.1	8 42.4	12.2	54.1	66	////	00 20	02 37	03 28	03 20	03 11	02 57
03	225 53.8 ..	39.3	242 32.0	16.0	8 54.6	12.1	54.1	64	////	01 33	02 59	03 36	03 33	03 30	03 28
04	240 53.9	40.0	257 07.0	16.0	9 06.7	12.1	54.1	62	////	02 07	03 17	03 42	03 43	03 46	03 51
05	255 53.9	40.6	271 42.0	15.9	9 18.8	12.1	54.1	60	00 17	02 32	03 32	03 48	03 53	03 59	04 10
06	270 53.9	N17 41.3	286 16.9	16.0	N 9 30.8	12.0	54.1	N 58	01 23	02 51	03 44	03 53	04 01	04 11	04 26
07	285 53.9	41.9	300 51.9	15.9	9 42.8	12.0	54.1	56	01 55	03 06	03 55	03 57	04 08	04 21	04 39
08	300 54.0	42.6	315 26.8	15.9	9 54.8	11.9	54.1	54	02 17	03 20	04 04	04 01	04 14	04 30	04 50
M 09	315 54.0 ..	43.2	330 01.7	15.8	10 06.7	11.9	54.0	52	02 35	03 31	04 12	04 05	04 20	04 38	05 01
O 10	330 54.0	43.9	344 36.5	15.8	10 18.6	11.9	54.0	50	02 50	03 41	04 20	04 08	04 25	04 45	05 10
N 11	345 54.0	44.5	359 11.3	15.8	10 30.5	11.8	54.0	45	03 19	04 02	04 36	04 15	04 37	05 01	05 29
D 12	0 54.0	N17 45.2	13 46.1	15.8	N10 42.3	11.7	54.0	N 40	03 41	04 18	04 49	04 21	04 46	05 14	05 45
A 13	15 54.1	45.8	28 20.9	15.7	10 54.0	11.8	54.0	35	03 58	04 32	05 00	04 27	04 54	05 24	05 59
Y 14	30 54.1	46.5	42 55.6	15.7	11 05.8	11.6	54.0	30	04 12	04 43	05 09	04 31	05 01	05 34	06 10
15	45 54.1 ..	47.1	57 30.3	15.7	11 17.4	11.7	54.0	20	04 34	05 02	05 26	04 39	05 14	05 51	06 31
16	60 54.1	47.8	72 05.0	15.6	11 29.1	11.5	54.0	N 10	04 52	05 18	05 40	04 47	05 25	06 05	06 48
17	75 54.1	48.4	86 39.6	15.6	11 40.6	11.6	54.0	0	05 06	05 31	05 53	04 53	05 35	06 19	07 05
18	90 54.1	N17 49.0	101 14.2	15.5	N11 52.2	11.5	54.0	S 10	05 18	05 44	06 06	05 00	05 46	06 33	07 21
19	105 54.2	49.7	115 48.7	15.5	12 03.7	11.4	54.0	20	05 30	05 57	06 20	05 08	05 57	06 47	07 39
20	120 54.2	50.3	130 23.2	15.5	12 15.1	11.4	54.0	30	05 41	06 10	06 35	05 16	06 10	07 04	08 00
21	135 54.2 ..	51.0	144 57.7	15.5	12 26.5	11.4	54.0	35	05 47	06 18	06 44	05 21	06 17	07 14	08 12
22	150 54.2	51.6	159 32.2	15.4	12 37.9	11.3	54.0	40	05 53	06 26	06 55	05 26	06 26	07 26	08 26
23	165 54.2	52.3	174 06.6	15.3	12 49.2	11.2	54.0	45	06 00	06 35	07 07	05 33	06 36	07 39	08 43
11 00	180 54.2	N17 52.9	188 40.9	15.4	N13 00.4	11.2	54.0	S 50	06 07	06 46	07 21	05 41	06 48	07 56	09 03
01	195 54.3	53.5	203 15.3	15.2	13 11.6	11.1	54.0	52	06 10	06 51	07 28	05 44	06 54	08 04	09 13
02	210 54.3	54.2	217 49.5	15.3	13 22.7	11.1	54.0	54	06 13	06 56	07 36	05 48	07 00	08 12	09 24
03	225 54.3 ..	54.8	232 23.8	15.2	13 33.8	11.1	54.0	56	06 17	07 02	07 44	05 53	07 07	08 22	09 37
04	240 54.3	55.5	246 58.0	15.2	13 44.9	11.0	54.0	58	06 21	07 09	07 54	05 58	07 15	08 33	09 51
05	255 54.3	56.1	261 32.2	15.1	13 55.9	10.9	54.0	S 60	06 25	07 16	08 05	06 03	07 24	08 46	10 09

UT	SUN GHA	SUN Dec	MOON GHA	MOON v	MOON Dec	MOON d	MOON HP	Lat.	Sunset	Twilight Civil	Twilight Naut.	Moonset 10	Moonset 11	Moonset 12	Moonset 13
06	270 54.3	N17 56.7	276 06.3	15.1	N14 06.8	10.9	54.0								
07	285 54.4	57.4	290 40.4	15.0	14 17.7	10.8	54.0	°	h m	h m	h m	h m	h m	h m	h m
T 08	300 54.4	58.0	305 14.4	15.0	14 28.5	10.7	54.0	N 72	▭	▭	▭	20 05	22 43	▭	▭
U 09	315 54.4 ..	58.7	319 48.4	14.9	14 39.2	10.7	54.0	N 70	22 39	////	////	19 42	21 47	▭	▭
E 10	330 54.4	59.3	334 22.3	14.9	14 49.9	10.7	54.0	68	21 49	////	////	19 25	21 14	23 23	▭
S 11	345 54.4	17 59.9	348 56.2	14.9	15 00.6	10.5	53.9	66	21 19	////	////	19 11	20 50	22 37	24 45
D 12	0 54.4	N18 00.6	3 30.1	14.8	N15 11.1	10.6	53.9	64	20 56	22 25	////	19 00	20 31	22 06	23 45
A 13	15 54.4	01.2	18 03.9	14.7	15 21.7	10.4	53.9	62	20 38	21 49	////	18 50	20 16	21 44	23 11
Y 14	30 54.4	01.8	32 37.6	14.7	15 32.1	10.4	53.9	60	20 23	21 24	////	18 42	20 03	21 26	22 47
15	45 54.5 ..	02.5	47 11.3	14.7	15 42.5	10.3	53.9	N 58	20 10	21 04	22 34	18 35	19 53	21 11	22 27
16	60 54.5	03.1	61 45.0	14.6	15 52.8	10.3	53.9	56	19 59	20 48	22 01	18 28	19 43	20 58	22 11
17	75 54.5	03.7	76 18.6	14.6	16 03.1	10.2	53.9	54	19 50	20 35	21 38	18 23	19 35	20 47	21 57
18	90 54.5	N18 04.4	90 52.2	14.5	N16 13.3	10.2	53.9	52	19 42	20 23	21 19	18 18	19 27	20 37	21 45
19	105 54.5	05.0	105 25.7	14.5	16 23.5	10.0	53.9	50	19 34	20 13	21 04	18 13	19 21	20 28	21 35
20	120 54.5	05.6	119 59.2	14.4	16 33.5	10.0	53.9	45	19 18	19 52	20 34	18 03	19 06	20 10	21 12
21	135 54.5 ..	06.3	134 32.6	14.4	16 43.5	10.0	53.9	N 40	19 05	19 35	20 13	17 55	18 55	19 55	20 55
22	150 54.5	06.9	149 06.0	14.3	16 53.5	9.8	53.9	35	18 54	19 21	19 55	17 48	18 45	19 42	20 40
23	165 54.6	07.5	163 39.3	14.3	17 03.3	9.8	53.9	30	18 44	19 10	19 41	17 42	18 36	19 31	20 27
12 00	180 54.6	N18 08.2	178 12.6	14.2	N17 13.1	9.8	53.9	20	18 27	18 51	19 19	17 31	18 21	19 12	20 05
01	195 54.6	08.8	192 45.8	14.1	17 22.9	9.6	53.9	N 10	18 13	18 35	19 01	17 22	18 08	18 56	19 46
02	210 54.6	09.4	207 18.9	14.1	17 32.5	9.6	53.9	0	18 00	18 22	18 47	17 13	17 56	18 41	19 28
03	225 54.6 ..	10.0	221 52.0	14.1	17 42.1	9.5	53.9	S 10	17 47	18 09	18 34	17 05	17 44	18 26	19 10
04	240 54.6	10.7	236 25.1	14.0	17 51.6	9.5	53.9	20	17 33	17 56	18 23	16 56	17 31	18 09	18 51
05	255 54.6	11.3	250 58.1	14.0	18 01.1	9.3	53.9	30	17 17	17 42	18 11	16 45	17 16	17 51	18 29
06	270 54.6	N18 11.9	265 31.1	13.9	N18 10.4	9.3	53.9	35	17 08	17 35	18 05	16 39	17 08	17 40	18 17
W 07	285 54.6	12.6	280 04.0	13.8	18 19.7	9.3	53.9	40	16 58	17 26	17 59	16 32	16 58	17 28	18 02
E 08	300 54.6	13.2	294 36.8	13.8	18 29.0	9.1	53.9	45	16 45	17 17	17 52	16 25	16 47	17 13	17 45
D 09	315 54.6 ..	13.8	309 09.6	13.7	18 38.1	9.1	53.9	S 50	16 31	17 06	17 45	16 15	16 34	16 56	17 23
N 10	330 54.7	14.4	323 42.3	13.7	18 47.2	9.0	54.0	52	16 24	17 01	17 42	16 11	16 27	16 47	17 13
E 11	345 54.7	15.1	338 15.0	13.6	18 56.2	8.9	54.0	54	16 16	16 56	17 39	16 06	16 20	16 38	17 02
S 12	0 54.7	N18 15.7	352 47.6	13.6	N19 05.1	8.8	54.0	56	16 08	16 50	17 35	16 01	16 13	16 28	16 48
D 13	15 54.7	16.3	7 20.2	13.5	19 13.9	8.7	54.0	58	15 58	16 43	17 31	15 55	16 04	16 16	16 33
A 14	30 54.7	16.9	21 52.7	13.5	19 22.6	8.7	54.0	S 60	15 47	16 36	17 27	15 48	15 54	16 02	16 15
Y 15	45 54.7 ..	17.5	36 25.2	13.4	19 31.3	8.6	54.0								
16	60 54.7	18.2	50 57.6	13.3	19 39.9	8.5	54.0			SUN			MOON		
17	75 54.7	18.8	65 29.9	13.3	19 48.4	8.4	54.0	Day	Eqn. of Time 00h	Eqn. of Time 12h	Mer. Pass.	Mer. Pass. Upper	Mer. Pass. Lower	Age	Phase
18	90 54.7	N18 19.4	80 02.2	13.3	N19 56.8	8.3	54.0	d	m s	m s	h m	h m	h m	d	%
19	105 54.7	20.0	94 34.5	13.2	20 05.1	8.3	54.0	10	03 35	03 36	11 56	11 03	23 24	28	2
20	120 54.7	20.6	109 06.7	13.1	20 13.4	8.2	54.0	11	03 37	03 38	11 56	11 46	24 07	29	0
21	135 54.7 ..	21.3	123 38.8	13.0	20 21.6	8.0	54.0	12	03 38	03 39	11 56	12 30	00 07	01	0
22	150 54.7	21.9	138 10.8	13.1	20 29.6	8.0	54.0								
23	165 54.7	22.5	152 42.9	12.9	N20 37.6	7.9	54.0								
	SD 15.9	d 0.6	SD 14.7		14.7		14.7								

2021 MAY 13, 14, 15 (THURS., FRI., SAT.)

UT	ARIES	VENUS −3.9		MARS +1.6		JUPITER −2.3		SATURN +0.5		STARS		
	GHA	GHA	Dec	GHA	Dec	GHA	Dec	GHA	Dec	Name	SHA	Dec
d h	° ′	° ′	° ′	° ′	° ′	° ′	° ′	° ′	° ′		° ′	° ′
13 00	230 58.2	168 08.1	N21 13.9	127 55.8	N24 19.2	258 41.8	S12 15.0	274 53.6	S17 22.3	Acamar	315 14.5	S40 13.3
01	246 00.6	183 07.3	14.6	142 56.6	19.1	273 44.0	15.0	289 56.0	22.3	Achernar	335 23.0	S57 07.7
02	261 03.1	198 06.5	15.2	157 57.4	18.9	288 46.2	14.9	304 58.4	22.3	Acrux	173 02.8	S63 13.2
03	276 05.6	213 05.8 ..	15.9	172 58.2 ..	18.8	303 48.4 ..	14.8	320 00.8 ..	22.3	Adhara	255 08.5	S29 00.3
04	291 08.0	228 05.0	16.5	187 59.0	18.6	318 50.6	14.7	335 03.3	22.3	Aldebaran	290 43.4	N16 33.0
05	306 10.5	243 04.3	17.2	202 59.8	18.5	333 52.8	14.6	350 05.7	22.3			
06	321 13.0	258 03.5	N21 17.8	218 00.6	N24 18.3	348 55.0	S12 14.5	5 08.1	S17 22.3	Alioth	166 15.3	N55 50.9
07	336 15.4	273 02.7	18.5	233 01.4	18.2	3 57.1	14.4	20 10.5	22.3	Alkaid	152 54.0	N49 12.6
T 08	351 17.9	288 02.0	19.1	248 02.2	18.0	18 59.3	14.3	35 12.9	22.3	Al Na'ir	27 36.8	S46 51.3
H 09	6 20.4	303 01.2 ..	19.8	263 03.0 ..	17.9	34 01.5 ..	14.2	50 15.4 ..	22.2	Alnilam	275 41.1	S 1 11.4
U 10	21 22.8	318 00.5	20.4	278 03.8	17.8	49 03.7	14.1	65 17.8	22.2	Alphard	217 50.7	S 8 45.1
R 11	36 25.3	332 59.7	21.1	293 04.5	17.6	64 05.9	14.1	80 20.2	22.2			
S 12	51 27.8	347 58.9	N21 21.7	308 05.3	N24 17.5	79 08.1	S12 14.0	95 22.6	S17 22.2	Alphecca	126 05.9	N26 38.6
D 13	66 30.2	2 58.2	22.4	323 06.1	17.3	94 10.3	13.9	110 25.1	22.2	Alpheratz	357 38.1	N29 12.2
A 14	81 32.7	17 57.4	23.0	338 06.9	17.2	109 12.5	13.8	125 27.5	22.2	Altair	62 02.7	N 8 55.4
Y 15	96 35.1	32 56.7 ..	23.7	353 07.7 ..	17.0	124 14.7 ..	13.7	140 29.9 ..	22.2	Ankaa	353 10.5	S42 11.4
16	111 37.6	47 55.9	24.3	8 08.5	16.9	139 16.9	13.6	155 32.3	22.2	Antares	112 19.2	S26 28.7
17	126 40.1	62 55.1	25.0	23 09.3	16.7	154 19.1	13.5	170 34.7	22.2			
18	141 42.5	77 54.4	N21 25.6	38 10.1	N24 16.6	169 21.2	S12 13.4	185 37.2	S17 22.2	Arcturus	145 50.4	N19 04.4
19	156 45.0	92 53.6	26.2	53 10.9	16.4	184 23.4	13.3	200 39.6	22.2	Atria	107 15.5	S69 03.8
20	171 47.5	107 52.8	26.9	68 11.7	16.3	199 25.6	13.2	215 42.0	22.2	Avior	234 16.1	S59 34.9
21	186 49.9	122 52.1 ..	27.5	83 12.5 ..	16.1	214 27.8 ..	13.2	230 44.4 ..	22.2	Bellatrix	278 26.4	N 6 22.0
22	201 52.4	137 51.3	28.2	98 13.3	16.0	229 30.0	13.1	245 46.9	22.2	Betelgeuse	270 55.6	N 7 24.5
23	216 54.9	152 50.5	28.8	113 14.1	15.8	244 32.2	13.0	260 49.3	22.2			
14 00	231 57.3	167 49.8	N21 29.4	128 14.9	N24 15.7	259 34.4	S12 12.9	275 51.7	S17 22.2	Canopus	263 54.1	S52 42.6
01	246 59.8	182 49.0	30.1	143 15.7	15.5	274 36.6	12.8	290 54.1	22.2	Capella	280 26.8	N46 01.1
02	262 02.3	197 48.2	30.7	158 16.5	15.4	289 38.8	12.7	305 56.6	22.1	Deneb	49 27.7	N45 21.1
03	277 04.7	212 47.5 ..	31.3	173 17.3 ..	15.2	304 41.0 ..	12.6	320 59.0 ..	22.1	Denebola	182 27.9	N14 27.3
04	292 07.2	227 46.7	32.0	188 18.1	15.1	319 43.2	12.5	336 01.4	22.1	Diphda	348 50.6	S17 52.3
05	307 09.6	242 45.9	32.6	203 18.9	14.9	334 45.4	12.4	351 03.8	22.1			
06	322 12.1	257 45.2	N21 33.2	218 19.7	N24 14.8	349 47.6	S12 12.4	6 06.3	S17 22.1	Dubhe	193 44.6	N61 38.5
07	337 14.6	272 44.4	33.8	233 20.5	14.6	4 49.8	12.3	21 08.7	22.1	Elnath	278 06.0	N28 37.4
08	352 17.0	287 43.6	34.5	248 21.3	14.5	19 52.0	12.2	36 11.1	22.1	Eltanin	90 43.1	N51 29.0
F 09	7 19.5	302 42.8 ..	35.1	263 22.1 ..	14.3	34 54.2 ..	12.1	51 13.5 ..	22.1	Enif	33 41.7	N 9 58.2
R 10	22 22.0	317 42.1	35.7	278 22.9	14.2	49 56.4	12.0	66 16.0	22.1	Fomalhaut	15 18.0	S29 30.6
I 11	37 24.4	332 41.3	36.3	293 23.7	14.0	64 58.6	11.9	81 18.4	22.1			
D 12	52 26.9	347 40.5	N21 37.0	308 24.5	N24 13.8	80 00.8	S12 11.8	96 20.8	S17 22.1	Gacrux	171 54.5	S57 14.1
A 13	67 29.4	2 39.8	37.6	323 25.3	13.7	95 03.0	11.7	111 23.2	22.1	Gienah	175 46.4	S17 39.7
Y 14	82 31.8	17 39.0	38.2	338 26.1	13.5	110 05.2	11.7	126 25.7	22.1	Hadar	148 39.6	S60 28.6
15	97 34.3	32 38.2 ..	38.8	353 26.9 ..	13.4	125 07.3 ..	11.6	141 28.1 ..	22.1	Hamal	327 54.9	N23 33.5
16	112 36.7	47 37.4	39.4	8 27.7	13.2	140 09.5	11.5	156 30.5	22.1	Kaus Aust.	83 36.2	S34 22.4
17	127 39.2	62 36.7	40.1	23 28.5	13.1	155 11.7	11.4	171 32.9	22.1			
18	142 41.7	77 35.9	N21 40.7	38 29.3	N24 12.9	170 13.9	S12 11.3	186 35.4	S17 22.1	Kochab	137 18.7	N74 04.2
19	157 44.1	92 35.1	41.3	53 30.1	12.8	185 16.1	11.2	201 37.8	22.1	Markab	13 33.0	N15 19.0
20	172 46.6	107 34.3	41.9	68 30.9	12.6	200 18.3	11.1	216 40.2	22.1	Menkar	314 09.6	N 4 10.2
21	187 49.1	122 33.6 ..	42.5	83 31.7 ..	12.4	215 20.5 ..	11.0	231 42.6 ..	22.1	Menkent	148 00.8	S36 28.5
22	202 51.5	137 32.8	43.1	98 32.5	12.3	230 22.7	11.0	246 45.1	22.1	Miaplacidus	221 38.9	S69 48.5
23	217 54.0	152 32.0	43.7	113 33.3	12.1	245 24.9	10.9	261 47.5	22.0			
15 00	232 56.5	167 31.2	N21 44.4	128 34.1	N24 12.0	260 27.1	S12 10.8	276 49.9	S17 22.0	Mirfak	308 33.0	N49 56.0
01	247 58.9	182 30.5	45.0	143 34.9	11.8	275 29.3	10.7	291 52.4	22.0	Nunki	75 51.2	S26 16.1
02	263 01.4	197 29.7	45.6	158 35.7	11.7	290 31.5	10.6	306 54.8	22.0	Peacock	53 10.3	S56 39.8
03	278 03.9	212 28.9 ..	46.2	173 36.5 ..	11.5	305 33.7 ..	10.5	321 57.2 ..	22.0	Pollux	243 21.2	N27 58.5
04	293 06.3	227 28.1	46.8	188 37.3	11.3	320 35.9	10.4	336 59.6	22.0	Procyon	244 54.2	N 5 10.2
05	308 08.8	242 27.3	47.4	203 38.1	11.2	335 38.1	10.4	352 02.1	22.0			
06	323 11.2	257 26.6	N21 48.0	218 38.9	N24 11.0	350 40.3	S12 10.3	7 04.5	S17 22.0	Rasalhague	96 01.0	N12 32.6
07	338 13.7	272 25.8	48.6	233 39.7	10.9	5 42.6	10.2	22 06.9	22.0	Regulus	207 37.6	N11 51.8
S 08	353 16.2	287 25.0	49.2	248 40.5	10.7	20 44.8	10.1	37 09.4	22.0	Rigel	281 07.1	S 8 10.8
A 09	8 18.6	302 24.2 ..	49.8	263 41.3 ..	10.5	35 47.0 ..	10.0	52 11.8 ..	22.0	Rigil Kent.	139 43.7	S60 55.4
T 10	23 21.1	317 23.4	50.4	278 42.1	10.4	50 49.2	09.9	67 14.2	22.0	Sabik	102 05.9	S15 45.0
U 11	38 23.6	332 22.7	51.0	293 42.9	10.2	65 51.4	09.8	82 16.6	22.0			
R 12	53 26.0	347 21.9	N21 51.6	308 43.7	N24 10.1	80 53.6	S12 09.8	97 19.1	S17 22.0	Schedar	349 34.8	N56 38.9
D 13	68 28.5	2 21.1	52.2	323 44.5	09.9	95 55.8	09.7	112 21.5	22.0	Shaula	96 14.5	S37 07.0
A 14	83 31.0	17 20.3	52.8	338 45.3	09.7	110 58.0	09.6	127 23.9	22.0	Sirius	258 29.1	S16 44.9
Y 15	98 33.4	32 19.5 ..	53.4	353 46.1 ..	09.6	126 00.2 ..	09.5	142 26.4 ..	22.0	Spica	158 25.2	S11 16.4
16	113 35.9	47 18.7	54.0	8 46.9	09.4	141 02.4	09.4	157 28.8	22.0	Suhail	222 48.5	S43 31.3
17	128 38.4	62 18.0	54.6	23 47.7	09.3	156 04.6	09.3	172 31.2	22.0			
18	143 40.8	77 17.2	N21 55.1	38 48.5	N24 09.1	171 06.8	S12 09.2	187 33.7	S17 22.0	Vega	80 34.9	N38 48.0
19	158 43.3	92 16.4	55.7	53 49.3	08.9	186 09.0	09.2	202 36.1	22.0	Zuben'ubi	136 59.0	S16 07.8
20	173 45.7	107 15.6	56.3	68 50.1	08.8	201 11.2	09.1	217 38.5	22.0		SHA	Mer. Pass.
21	188 48.2	122 14.8 ..	56.9	83 50.8 ..	08.6	216 13.4 ..	09.0	232 41.0 ..	22.0		° ′	h m
22	203 50.7	137 14.0	57.5	98 51.6	08.4	231 15.6	08.9	247 43.4	22.0	Venus	295 52.4	12 49
23	218 53.1	152 13.2	58.1	113 52.4	08.3	246 17.8	08.8	262 45.8	22.0	Mars	256 17.6	15 26
	h m									Jupiter	27 37.1	6 41
Mer. Pass. 8 30.8		v −0.8	d 0.6	v 0.8	d 0.2	v 2.2	d 0.1	v 2.4	d 0.0	Saturn	43 54.4	5 36

2021 MAY 13, 14, 15 (THURS., FRI., SAT.)

UT	SUN GHA	SUN Dec	MOON GHA	MOON v	MOON Dec	MOON d	MOON HP	Lat.	Twilight Naut.	Twilight Civil	Sunrise	Moonrise 13	Moonrise 14	Moonrise 15	Moonrise 16
d h	° ′	° ′	° ′	′	° ′	′	′	°	h m	h m	h m	h m	h m	h m	h m
13 00	180 54.7	N18 23.1	167 14.8	12.9	N20 45.5	7.8	54.0	N 72	▢	▢	▢	▢	▢	▢	▢
01	195 54.7	23.7	181 46.7	12.9	20 53.3	7.8	54.0	N 70	////	////	00 51	▢	▢	▢	▢
02	210 54.7	24.3	196 18.6	12.8	21 01.1	7.6	54.0	68	////	////	01 52	02 10	▢	▢	▢
03	225 54.8	.. 25.0	210 50.4	12.7	21 08.7	7.5	54.0	66	////	////	02 25	02 57	02 27	▢	▢
04	240 54.8	25.6	225 22.1	12.7	21 16.2	7.5	54.0	64	////	01 14	02 50	03 28	03 28	03 34	04 11
05	255 54.8	26.2	239 53.8	12.6	21 23.7	7.3	54.0	62	////	01 55	03 09	03 51	04 02	04 25	05 10
06	270 54.8	N18 26.8	254 25.4	12.5	N21 31.0	7.3	54.0	60	////	02 22	03 24	04 10	04 27	04 56	05 44
07	285 54.8	27.4	268 56.9	12.4	21 38.3	7.2	54.0	N 58	01 06	02 42	03 37	04 26	04 47	05 20	06 08
T 08	300 54.8	28.0	283 28.5	12.4	21 45.5	7.1	54.0	56	01 43	02 59	03 49	04 39	05 04	05 39	06 28
H 09	315 54.8	.. 28.6	297 59.9	12.4	21 52.6	6.9	54.0	54	02 09	03 13	03 59	04 50	05 18	05 55	06 45
U 10	330 54.8	29.3	312 31.3	12.3	21 59.5	6.9	54.0	52	02 28	03 26	04 07	05 01	05 30	06 09	06 59
R 11	345 54.8	29.9	327 02.6	12.3	22 06.4	6.8	54.0	50	02 44	03 36	04 15	05 10	05 41	06 21	07 11
S 12	0 54.8	N18 30.5	341 33.9	12.3	N22 13.2	6.7	54.1	45	03 15	03 58	04 32	05 29	06 04	06 46	07 37
D 13	15 54.8	31.1	356 05.2	12.1	22 19.9	6.6	54.1	N 40	03 37	04 15	04 46	05 45	06 22	07 06	07 57
A 14	30 54.8	31.7	10 36.3	12.2	22 26.5	6.5	54.1	35	03 55	04 29	04 57	05 59	06 38	07 23	08 14
Y 15	45 54.8	.. 32.3	25 07.5	12.0	22 33.0	6.4	54.1	30	04 10	04 41	05 07	06 10	06 51	07 37	08 28
16	60 54.8	32.9	39 38.5	12.0	22 39.4	6.2	54.1	20	04 33	05 01	05 24	06 31	07 14	08 02	08 53
17	75 54.8	33.5	54 09.5	12.0	22 45.6	6.2	54.1	N 10	04 51	05 17	05 39	06 48	07 34	08 23	09 15
18	90 54.8	N18 34.1	68 40.5	11.9	N22 51.8	6.1	54.1	0	05 06	05 31	05 53	07 05	07 53	08 43	09 35
19	105 54.8	34.7	83 11.4	11.8	22 57.9	6.0	54.1	S 10	05 19	05 44	06 06	07 21	08 12	09 03	09 55
20	120 54.8	35.3	97 42.2	11.8	23 03.9	5.9	54.1	20	05 31	05 58	06 21	07 39	08 32	09 25	10 16
21	135 54.8	.. 35.9	112 13.0	11.8	23 09.8	5.8	54.1	30	05 43	06 12	06 37	08 00	08 55	09 49	10 41
22	150 54.8	36.5	126 43.8	11.7	23 15.6	5.6	54.1	35	05 49	06 20	06 47	08 12	09 09	10 04	10 56
23	165 54.8	37.2	141 14.5	11.6	23 21.2	5.6	54.1	40	05 56	06 29	06 58	08 26	09 25	10 21	11 12
								45	06 03	06 38	07 10	08 43	09 44	10 41	11 33
14 00	180 54.8	N18 37.8	155 45.1	11.6	N23 26.8	5.4	54.1	S 50	06 11	06 50	07 26	09 03	10 08	11 07	11 58
01	195 54.8	38.4	170 15.7	11.5	23 32.2	5.4	54.1	52	06 14	06 55	07 33	09 13	10 19	11 20	12 11
02	210 54.8	39.0	184 46.2	11.5	23 37.6	5.2	54.2	54	06 18	07 01	07 41	09 24	10 33	11 34	12 25
03	225 54.8	.. 39.6	199 16.7	11.5	23 42.8	5.2	54.2	56	06 21	07 07	07 50	09 37	10 48	11 50	12 41
04	240 54.8	40.2	213 47.2	11.3	23 48.0	5.0	54.2	58	06 26	07 14	08 00	09 51	11 06	12 10	13 01
05	255 54.8	40.8	228 17.5	11.4	23 53.0	4.9	54.2	S 60	06 30	07 22	08 11	10 09	11 28	12 36	13 25
06	270 54.8	N18 41.4	242 47.9	11.3	N23 57.9	4.8	54.2	Lat.	Sunset	Twilight Civil	Twilight Naut.	Moonset 13	Moonset 14	Moonset 15	Moonset 16
07	285 54.8	42.0	257 18.2	11.2	24 02.7	4.7	54.2								
08	300 54.8	42.6	271 48.4	11.2	24 07.4	4.6	54.2	°	h m	h m	h m	h m	h m	h m	h m
F 09	315 54.7	.. 43.2	286 18.6	11.1	24 12.0	4.5	54.2	N 72	▢	▢	▢	▢	▢	▢	▢
R 10	330 54.7	43.8	300 48.7	11.1	24 16.5	4.3	54.2	N 70	23 15	////	////	▢	▢	▢	▢
I 11	345 54.7	44.4	315 18.8	11.1	24 20.8	4.3	54.2	68	22 06	////	////	▢	▢	▢	▢
D 12	0 54.7	N18 45.0	329 48.9	11.0	N24 25.1	4.1	54.2	66	21 31	////	////	24 45	00 45	▢	▢
A 13	15 54.7	45.6	344 18.9	10.9	24 29.2	4.0	54.3	64	21 05	22 45	////	23 45	25 22	01 22	02 33
Y 14	30 54.7	46.2	358 48.8	11.0	24 33.2	3.9	54.3	62	20 46	22 02	////	23 11	24 32	00 32	01 33
15	45 54.7	.. 46.7	13 18.8	10.8	24 37.1	3.8	54.3	60	20 30	21 34	////	22 47	24 01	00 01	01 00
16	60 54.7	47.3	27 48.6	10.9	24 40.9	3.7	54.3	N 58	20 17	21 12	22 52	22 27	23 37	24 35	00 35
17	75 54.7	47.9	42 18.5	10.7	24 44.6	3.5	54.3	56	20 05	20 55	22 12	22 11	23 18	24 15	00 15
18	90 54.7	N18 48.5	56 48.2	10.8	N24 48.1	3.5	54.3	54	19 55	20 41	21 46	21 57	23 02	23 59	24 44
19	105 54.7	49.1	71 18.0	10.7	24 51.6	3.3	54.3	52	19 46	20 28	21 26	21 45	22 49	23 44	24 30
20	120 54.7	49.7	85 47.7	10.7	24 54.9	3.2	54.3	50	19 38	20 18	21 10	21 35	22 37	23 32	24 19
21	135 54.7	.. 50.3	100 17.4	10.6	24 58.1	3.1	54.3	45	19 21	19 56	20 39	21 12	22 12	23 06	23 54
22	150 54.7	50.9	114 47.0	10.6	25 01.2	2.9	54.4								
23	165 54.7	51.5	129 16.6	10.5	25 04.1	2.9	54.4	N 40	19 08	19 38	20 16	20 55	21 52	22 46	23 35
15 00	180 54.7	N18 52.1	143 46.1	10.5	N25 07.0	2.7	54.4	35	18 56	19 24	19 58	20 40	21 36	22 29	23 18
01	195 54.7	52.7	158 15.6	10.5	25 09.7	2.6	54.4	30	18 46	19 12	19 43	20 27	21 22	22 14	23 04
02	210 54.6	53.3	172 45.1	10.4	25 12.3	2.5	54.4	20	18 29	18 52	19 20	20 05	20 57	21 50	22 40
03	225 54.6	.. 53.9	187 14.5	10.4	25 14.8	2.3	54.4	N 10	18 14	18 36	19 02	19 46	20 36	21 28	22 19
04	240 54.6	54.4	201 43.9	10.4	25 17.1	2.3	54.4	0	18 00	18 22	18 47	19 28	20 17	21 08	22 00
05	255 54.6	55.0	216 13.3	10.3	25 19.4	2.1	54.4	S 10	17 46	18 08	18 34	19 10	19 58	20 48	21 40
06	270 54.6	N18 55.6	230 42.6	10.3	N25 21.5	2.0	54.5	20	17 32	17 55	18 22	18 51	19 37	20 26	21 19
07	285 54.6	56.2	245 11.9	10.3	25 23.5	1.9	54.5	30	17 15	17 41	18 09	18 29	19 13	20 01	20 54
S 08	300 54.6	56.8	259 41.2	10.2	25 25.4	1.7	54.5	35	17 06	17 33	18 03	18 17	18 59	19 46	20 40
A 09	315 54.6	.. 57.4	274 10.4	10.3	25 27.1	1.6	54.5	40	16 55	17 24	17 57	18 02	18 42	19 29	20 23
T 10	330 54.6	58.0	288 39.7	10.1	25 28.7	1.5	54.5	45	16 42	17 14	17 49	17 45	18 23	19 09	20 03
U 11	345 54.6	58.5	303 08.8	10.2	25 30.2	1.4	54.5								
R 12	0 54.6	N18 59.1	317 38.0	10.1	N25 31.6	1.3	54.5	S 50	16 27	17 02	17 42	17 23	17 58	18 43	19 38
D 13	15 54.5	18 59.7	332 07.1	10.1	25 32.9	1.1	54.5	52	16 19	16 57	17 38	17 13	17 47	18 31	19 26
A 14	30 54.5	19 00.3	346 36.2	10.1	25 34.0	1.0	54.6	54	16 11	16 51	17 35	17 02	17 33	18 16	19 12
Y 15	45 54.5	.. 00.9	1 05.3	10.0	25 35.0	0.9	54.6	56	16 02	16 45	17 31	16 48	17 18	17 59	18 55
16	60 54.5	01.5	15 34.3	10.0	25 35.9	0.7	54.6	58	15 52	16 38	17 26	16 33	17 00	17 39	18 36
17	75 54.5	02.0	30 03.4	10.0	25 36.6	0.6	54.6	S 60	15 41	16 30	17 22	16 15	16 37	17 14	18 12
18	90 54.5	N19 02.6	44 32.4	9.9	N25 37.2	0.5	54.6		SUN			MOON			
19	105 54.5	03.2	59 01.3	10.0	25 37.7	0.4	54.7	Day	Eqn. of Time		Mer. Pass.	Mer. Pass. Upper	Mer. Pass. Lower	Age	Phase
20	120 54.5	03.8	73 30.3	9.9	25 38.1	0.2	54.7		00h	12h					
21	135 54.5	.. 04.4	87 59.2	10.0	25 38.3	0.1	54.7	d	m s	m s	h m	h m	h m	d	%
22	150 54.4	04.9	102 28.2	9.9	25 38.4	0.0	54.7	13	03 39	03 39	11 56	13 16	00 53	02	3
23	165 54.4	05.5	116 57.1	9.9	N25 38.4	0.1	54.7	14	03 39	03 39	11 56	14 05	01 40	03	6
	SD 15.8	d 0.6	SD 14.7		14.8		14.9	15	03 39	03 38	11 56	14 55	02 30	04	12

2021 MAY 16, 17, 18 (SUN., MON., TUES.)

UT	ARIES GHA	VENUS −3.9 GHA / Dec	MARS +1.7 GHA / Dec	JUPITER −2.3 GHA / Dec	SATURN +0.5 GHA / Dec	STARS Name / SHA / Dec
d h	° ′	° ′ / ° ′	° ′ / ° ′	° ′ / ° ′	° ′ / ° ′	° ′ / ° ′
16 00	233 55.6	167 12.4 N21 58.7	128 53.2 N24 08.1	261 20.0 S12 08.7	277 48.2 S17 22.0	Acamar 315 14.5 S40 13.3
01	248 58.1	182 11.7 59.3	143 54.0 07.9	276 22.2 08.7	292 50.7 22.0	Achernar 335 23.0 S57 07.7
02	264 00.5	197 10.9 21 59.8	158 54.8 07.8	291 24.4 08.6	307 53.1 21.9	Acrux 173 02.8 S63 13.2
03	279 03.0	212 10.1 22 00.4	173 55.6 . . 07.6	306 26.6 . . 08.5	322 55.5 . . 21.9	Adhara 255 08.5 S29 00.3
04	294 05.5	227 09.3 01.0	188 56.4 07.4	321 28.9 08.4	337 58.0 21.9	Aldebaran 290 43.4 N16 33.0
05	309 07.9	242 08.5 01.6	203 57.2 07.3	336 31.1 08.3	353 00.4 21.9	
06	324 10.4	257 07.7 N22 02.2	218 58.0 N24 07.1	351 33.3 S12 08.2	8 02.8 S17 21.9	Alioth 166 15.3 N55 50.9
07	339 12.9	272 06.9 02.7	233 58.8 06.9	6 35.5 08.1	23 05.3 21.9	Alkaid 152 54.0 N49 12.6
08	354 15.3	287 06.1 03.3	248 59.6 06.8	21 37.7 08.1	38 07.7 21.9	Alnair 27 36.8 S46 51.3
S 09	9 17.8	302 05.3 . . 03.9	264 00.4 . . 06.6	36 39.9 . . 08.0	53 10.1 . . 21.9	Alnilam 275 41.1 S 1 11.4
U 10	24 20.2	317 04.6 04.5	279 01.2 06.4	51 42.1 07.9	68 12.6 21.9	Alphard 217 50.7 S 8 45.1
N 11	39 22.7	332 03.8 05.0	294 02.0 06.3	66 44.3 07.8	83 15.0 21.9	
D 12	54 25.2	347 03.0 N22 05.6	309 02.8 N24 06.1	81 46.5 S12 07.7	98 17.4 S17 21.9	Alphecca 126 05.9 N26 38.6
A 13	69 27.6	2 02.2 06.2	324 03.6 05.9	96 48.7 07.7	113 19.9 21.9	Alpheratz 357 38.0 N29 12.2
Y 14	84 30.1	17 01.4 06.7	339 04.4 05.8	111 50.9 07.6	128 22.3 21.9	Altair 62 02.7 N 8 55.4
15	99 32.6	32 00.6 . . 07.3	354 05.3 . . 05.6	126 53.2 . . 07.5	143 24.7 . . 21.9	Ankaa 353 10.4 S42 11.4
16	114 35.0	46 59.8 07.9	9 06.1 05.4	141 55.4 07.4	158 27.2 21.9	Antares 112 19.1 S26 28.7
17	129 37.5	61 59.0 08.4	24 06.9 05.3	156 57.6 07.3	173 29.6 21.9	
18	144 40.0	76 58.2 N22 09.0	39 07.7 N24 05.1	171 59.8 S12 07.2	188 32.1 S17 21.9	Arcturus 145 50.4 N19 04.4
19	159 42.4	91 57.4 09.6	54 08.5 04.9	187 02.0 07.2	203 34.5 21.9	Atria 107 15.5 S69 03.8
20	174 44.9	106 56.6 10.1	69 09.3 04.8	202 04.2 07.1	218 36.9 21.9	Avior 234 16.1 S59 34.9
21	189 47.4	121 55.8 . . 10.7	84 10.1 . . 04.6	217 06.4 . . 07.0	233 39.4 . . 21.9	Bellatrix 278 26.4 N 6 22.0
22	204 49.8	136 55.0 11.3	99 10.9 04.4	232 08.6 06.9	248 41.8 21.9	Betelgeuse 270 55.6 N 7 24.5
23	219 52.3	151 54.2 11.8	114 11.7 04.2	247 10.8 06.8	263 44.2 21.9	
17 00	234 54.7	166 53.4 N22 12.4	129 12.5 N24 04.1	262 13.1 S12 06.7	278 46.7 S17 21.9	Canopus 263 54.1 S52 42.6
01	249 57.2	181 52.6 12.9	144 13.3 03.9	277 15.3 06.7	293 49.1 21.9	Capella 280 26.8 N46 01.1
02	264 59.7	196 51.8 13.5	159 14.1 03.7	292 17.5 06.6	308 51.5 21.9	Deneb 49 27.6 N45 21.1
03	280 02.1	211 51.0 . . 14.0	174 14.9 . . 03.6	307 19.7 . . 06.5	323 54.0 . . 21.9	Denebola 182 27.9 N14 27.3
04	295 04.6	226 50.2 14.6	189 15.7 03.4	322 21.9 06.4	338 56.4 21.9	Diphda 348 50.6 S17 52.3
05	310 07.1	241 49.4 15.2	204 16.5 03.2	337 24.1 06.3	353 58.8 21.9	
06	325 09.5	256 48.6 N22 15.7	219 17.3 N24 03.0	352 26.3 S12 06.3	9 01.3 S17 21.9	Dubhe 193 44.6 N61 38.5
07	340 12.0	271 47.8 16.3	234 18.1 02.9	7 28.6 06.2	24 03.7 21.9	Elnath 278 06.0 N28 37.4
08	355 14.5	286 47.0 16.8	249 18.9 02.7	22 30.8 06.1	39 06.2 21.9	Eltanin 90 43.1 N51 29.0
M 09	10 16.9	301 46.2 . . 17.4	264 19.7 . . 02.5	37 33.0 . . 06.0	54 08.6 . . 21.9	Enif 33 41.7 N 9 58.2
O 10	25 19.4	316 45.4 17.9	279 20.5 02.3	52 35.2 05.9	69 11.0 21.9	Fomalhaut 15 18.0 S29 30.5
N 11	40 21.9	331 44.6 18.5	294 21.3 02.2	67 37.4 05.8	84 13.5 21.9	
D 12	55 24.3	346 43.8 N22 19.0	309 22.1 N24 02.0	82 39.6 S12 05.8	99 15.9 S17 21.9	Gacrux 171 54.5 S57 14.1
A 13	70 26.8	1 43.0 19.5	324 22.9 01.8	97 41.9 05.7	114 18.4 21.9	Gienah 175 46.5 S17 39.7
Y 14	85 29.2	16 42.2 20.1	339 23.7 01.6	112 44.1 05.6	129 20.8 21.9	Hadar 148 39.6 S60 28.6
15	100 31.7	31 41.4 . . 20.6	354 24.5 . . 01.5	127 46.3 . . 05.5	144 23.2 . . 21.9	Hamal 327 54.9 N23 33.6
16	115 34.2	46 40.6 21.2	9 25.3 01.3	142 48.5 05.4	159 25.7 21.9	Kaus Aust. 83 36.2 S34 22.4
17	130 36.6	61 39.8 21.7	24 26.1 01.1	157 50.7 05.4	174 28.1 21.9	
18	145 39.1	76 39.0 N22 22.2	39 26.9 N24 00.9	172 52.9 S12 05.3	189 30.5 S17 21.9	Kochab 137 18.8 N74 04.2
19	160 41.6	91 38.2 22.8	54 27.7 00.8	187 55.2 05.2	204 33.0 21.9	Markab 13 33.0 N15 19.0
20	175 44.0	106 37.4 23.3	69 28.5 00.6	202 57.4 05.1	219 35.4 21.9	Menkar 314 09.6 N 4 10.2
21	190 46.5	121 36.6 . . 23.9	84 29.3 . . 00.4	217 59.6 . . 05.0	234 37.9 . . 21.9	Menkent 148 00.8 S36 28.5
22	205 49.0	136 35.8 24.4	99 30.1 00.2	233 01.8 05.0	249 40.3 21.9	Miaplacidus 221 38.9 S69 48.5
23	220 51.4	151 35.0 24.9	114 30.9 24 00.1	248 04.0 04.9	264 42.7 21.9	
18 00	235 53.9	166 34.2 N22 25.5	129 31.7 N23 59.9	263 06.2 S12 04.8	279 45.2 S17 21.9	Mirfak 308 33.0 N49 56.0
01	250 56.3	181 33.4 26.0	144 32.5 59.7	278 08.5 04.7	294 47.6 21.9	Nunki 75 51.2 S26 16.1
02	265 58.8	196 32.6 26.5	159 33.3 59.5	293 10.7 04.6	309 50.1 21.9	Peacock 53 10.3 S56 39.8
03	281 01.3	211 31.8 . . 27.1	174 34.1 . . 59.3	308 12.9 . . 04.6	324 52.5 . . 21.9	Pollux 243 21.2 N27 58.5
04	296 03.7	226 31.0 27.6	189 34.9 59.2	323 15.1 04.5	339 54.9 21.9	Procyon 244 54.2 N 5 10.2
05	311 06.2	241 30.2 28.1	204 35.7 59.0	338 17.3 04.4	354 57.4 21.9	
06	326 08.7	256 29.4 N22 28.6	219 36.5 N23 58.8	353 19.6 S12 04.3	9 59.8 S17 21.9	Rasalhague 96 01.0 N12 32.6
07	341 11.1	271 28.5 29.2	234 37.3 58.6	8 21.8 04.2	25 02.3 21.9	Regulus 207 37.6 N11 51.8
08	356 13.6	286 27.7 29.7	249 38.1 58.4	23 24.0 04.2	40 04.7 21.9	Rigel 281 07.1 S 8 10.8
T 09	11 16.1	301 26.9 . . 30.2	264 38.9 . . 58.3	38 26.2 . . 04.1	55 07.2 . . 21.9	Rigil Kent. 139 43.7 S60 55.4
U 10	26 18.5	316 26.1 30.7	279 39.7 58.1	53 28.5 04.0	70 09.6 21.9	Sabik 102 05.9 S15 45.0
E 11	41 21.0	331 25.3 31.2	294 40.5 57.9	68 30.7 03.9	85 12.0 21.9	
S 12	56 23.5	346 24.5 N22 31.8	309 41.3 N23 57.7	83 32.9 S12 03.9	100 14.5 S17 21.9	Schedar 349 34.8 N56 38.9
D 13	71 25.9	1 23.7 32.3	324 42.1 57.5	98 35.1 03.8	115 16.9 21.9	Shaula 96 14.1 S37 07.0
A 14	86 28.4	16 22.9 32.8	339 42.9 57.3	113 37.3 03.7	130 19.4 21.9	Sirius 258 29.1 S16 44.9
Y 15	101 30.8	31 22.1 . . 33.3	354 43.7 . . 57.2	128 39.6 . . 03.6	145 21.8 . . 21.9	Spica 158 25.2 S11 16.4
16	116 33.3	46 21.3 33.8	9 44.5 57.0	143 41.8 03.5	160 24.2 21.9	Suhail 222 48.6 S43 31.3
17	131 35.8	61 20.4 34.3	24 45.3 56.8	158 44.0 03.5	175 26.7 21.9	
18	146 38.2	76 19.6 N22 34.9	39 46.1 N23 56.6	173 46.2 S12 03.4	190 29.1 S17 21.9	Vega 80 34.9 N38 48.0
19	161 40.7	91 18.8 35.4	54 46.9 56.4	188 48.5 03.3	205 31.6 21.9	Zuben'ubi 136 59.0 S16 07.8
20	176 43.2	106 18.0 35.9	69 47.8 56.2	203 50.7 03.2	220 34.0 21.9	SHA Mer.Pass.
21	191 45.6	121 17.2 . . 36.4	84 48.6 . . 56.1	218 52.9 . . 03.2	235 36.5 . . 21.9	° ′ h m
22	206 48.1	136 16.4 36.9	99 49.4 55.9	233 55.1 03.1	250 38.9 21.9	Venus 291 58.7 12 53
23	221 50.6	151 15.6 37.4	114 50.2 55.7	248 57.4 03.0	265 41.4 21.9	Mars 254 17.7 15 22
	h m					Jupiter 27 18.3 6 30
Mer.Pass.	8 19.0	v −0.8 d 0.5	v 0.8 d 0.2	v 2.2 d 0.1	v 2.4 d 0.0	Saturn 43 51.9 5 24

2021 MAY 16, 17, 18 (SUN., MON., TUES.)

UT	SUN GHA	SUN Dec	MOON GHA	MOON v	MOON Dec	MOON d	MOON HP	Lat.	Twilight Naut.	Twilight Civil	Sunrise	Moonrise 16	Moonrise 17	Moonrise 18	Moonrise 19
d h	° '	° '	° '	'	° '	'	'	°	h m	h m	h m	h m	h m	h m	h m
16 00	180 54.4	N19 06.1	131 26.0	9.8	N25 38.3	0.3	54.7	N 72	▭	▭	▭	▭	▭	▭	▭
01	195 54.4	06.7	145 54.8	9.9	25 38.0	0.4	54.8	N 70	▭	▭	▭	▭	▭	▭	07 28
02	210 54.4	07.2	160 23.7	9.8	25 37.6	0.5	54.8	68	////	////	01 34	▭	▭	▭	08 17
03	225 54.4 ..	07.8	174 52.5	9.8	25 37.1	0.7	54.8	66	////	////	02 13	▭	▭	06 44	08 48
04	240 54.4	08.4	189 21.3	9.9	25 36.4	0.8	54.8	64	////	00 51	02 40	04 11	05 40	07 25	09 11
05	255 54.4	09.0	203 50.2	9.8	25 35.6	0.9	54.8	62	////	01 42	03 01	05 10	06 23	07 52	09 29
								60	////	02 12	03 17	05 44	06 51	08 14	09 44
06	270 54.3	N19 09.5	218 19.0	9.8	N25 34.7	1.0	54.8	N 58	00 45	02 35	03 31	06 08	07 13	08 31	09 56
07	285 54.3	10.1	232 47.8	9.7	25 33.7	1.2	54.9	56	01 32	02 53	03 43	06 28	07 31	08 46	10 07
S 08	300 54.3	10.7	247 16.5	9.8	25 32.5	1.3	54.9	54	02 00	03 07	03 54	06 45	07 47	08 58	10 17
U 09	315 54.3 ..	11.3	261 45.3	9.8	25 31.2	1.4	54.9	52	02 21	03 20	04 03	06 59	08 00	09 09	10 25
N 10	330 54.3	11.8	276 14.1	9.7	25 29.8	1.6	54.9	50	02 38	03 31	04 11	07 11	08 11	09 19	10 33
D 11	345 54.3	12.4	290 42.8	9.8	25 28.2	1.7	54.9	45	03 10	03 54	04 29	07 37	08 35	09 40	10 49
A 12	0 54.2	N19 13.0	305 11.6	9.8	N25 26.5	1.8	55.0	N 40	03 34	04 12	04 43	07 57	08 54	09 56	11 02
Y 13	15 54.2	13.5	319 40.4	9.7	25 24.7	1.9	55.0	35	03 52	04 27	04 55	08 14	09 10	10 10	11 13
14	30 54.2	14.1	334 09.1	9.7	25 22.8	2.1	55.0	30	04 08	04 39	05 05	08 28	09 24	10 22	11 23
15	45 54.2 ..	14.7	348 37.8	9.8	25 20.7	2.2	55.0	20	04 31	04 59	05 23	08 53	09 47	10 43	11 40
16	60 54.2	15.2	3 06.6	9.7	25 18.5	2.4	55.0	N 10	04 50	05 16	05 39	09 15	10 08	11 01	11 54
17	75 54.2	15.8	17 35.3	9.8	25 16.1	2.4	55.1	0	05 05	05 31	05 53	09 35	10 26	11 18	12 08
18	90 54.1	N19 16.4	32 04.1	9.7	N25 13.7	2.6	55.1	S 10	05 19	05 45	06 07	09 55	10 45	11 34	12 21
19	105 54.1	16.9	46 32.8	9.8	25 11.1	2.7	55.1	20	05 32	05 59	06 22	10 16	11 05	11 52	12 36
20	120 54.1	17.5	61 01.5	9.8	25 08.4	2.9	55.1	30	05 45	06 14	06 39	10 41	11 29	12 12	12 52
21	135 54.1 ..	18.1	75 30.3	9.7	25 05.5	3.0	55.1	35	05 51	06 22	06 49	10 56	11 42	12 24	13 02
22	150 54.1	18.6	89 59.0	9.8	25 02.5	3.1	55.2	40	05 58	06 31	07 00	11 12	11 58	12 38	13 12
23	165 54.1	19.2	104 27.8	9.7	24 59.4	3.2	55.2	45	06 06	06 41	07 14	11 33	12 17	12 54	13 25
17 00	180 54.0	N19 19.8	118 56.5	9.8	N24 56.2	3.4	55.2	S 50	06 14	06 54	07 30	11 58	12 40	13 14	13 40
01	195 54.0	20.3	133 25.3	9.8	24 52.8	3.5	55.2	52	06 18	06 59	07 37	12 11	12 51	13 23	13 48
02	210 54.0	20.9	147 54.1	9.7	24 49.3	3.6	55.2	54	06 22	07 05	07 46	12 25	13 04	13 33	13 56
03	225 54.0 ..	21.5	162 22.8	9.8	24 45.7	3.8	55.3	56	06 26	07 12	07 55	12 41	13 18	13 45	14 04
04	240 54.0	22.0	176 51.6	9.8	24 41.9	3.8	55.3	58	06 30	07 19	08 06	13 01	13 35	13 59	14 14
05	255 53.9	22.6	191 20.4	9.8	24 38.1	4.1	55.3	S 60	06 35	07 28	08 18	13 25	13 56	14 14	14 26

UT	SUN GHA	SUN Dec	MOON GHA	MOON v	MOON Dec	MOON d	MOON HP	Lat.	Sunset	Twilight Civil	Twilight Naut.	Moonset 16	Moonset 17	Moonset 18	Moonset 19
06	270 53.9	N19 23.1	205 49.2	9.8	N24 34.0	4.1	55.3								
07	285 53.9	23.7	220 18.0	9.9	24 29.9	4.3	55.4								
08	300 53.9	24.3	234 46.9	9.8	24 25.6	4.3	55.4	°	h m	h m	h m	h m	h m	h m	h m
M 09	315 53.9 ..	24.8	249 15.7	9.8	24 21.3	4.6	55.4	N 72	▭	▭	▭	▭	▭	▭	▭
O 10	330 53.8	25.4	263 44.5	9.9	24 16.7	4.6	55.4	N 70	▭	▭	▭	▭	▭	▭	04 39
N 11	345 53.8	25.9	278 13.4	9.9	24 12.1	4.8	55.5	68	22 24	////	////	▭	▭	▭	03 49
D 12	0 53.8	N19 26.5	292 42.3	9.9	N24 07.3	4.9	55.5	66	21 43	////	////	▭	▭	03 35	03 17
A 13	15 53.8	27.0	307 11.2	9.9	24 02.4	5.0	55.5	64	21 15	23 12	////	02 33	02 51	02 54	02 53
Y 14	30 53.7	27.6	321 40.1	9.9	23 57.4	5.2	55.5	62	20 54	22 15	////	01 33	02 08	02 25	02 34
15	45 53.7 ..	28.2	336 09.0	9.9	23 52.2	5.2	55.6	60	20 37	21 43	////	01 00	01 39	02 04	02 18
16	60 53.7	28.7	350 37.9	10.0	23 47.0	5.4	55.6	N 58	20 23	21 20	23 16	00 35	01 17	01 46	02 05
17	75 53.7	29.3	5 06.9	10.0	23 41.6	5.5	55.6	56	20 11	21 02	22 24	00 15	00 59	01 31	01 53
18	90 53.7	N19 29.8	19 35.9	10.0	N23 36.1	5.7	55.6	54	20 00	20 47	21 55	24 44	00 44	01 18	01 43
19	105 53.6	30.4	34 04.9	10.0	23 30.4	5.8	55.7	52	19 51	20 34	21 34	24 30	00 30	01 06	01 34
20	120 53.6	30.9	48 33.9	10.0	23 24.6	5.9	55.7	50	19 42	20 22	21 16	24 19	00 19	00 56	01 26
21	135 53.6 ..	31.5	63 02.9	10.1	23 18.7	6.0	55.7	45	19 25	19 59	20 44	23 54	24 35	00 35	01 09
22	150 53.6	32.0	77 32.0	10.0	23 12.7	6.1	55.7	N 40	19 11	19 41	20 20	23 35	24 17	00 17	00 54
23	165 53.5	32.6	92 01.0	10.1	23 06.6	6.3	55.8	35	18 58	19 27	20 01	23 18	24 03	00 03	00 42
18 00	180 53.5	N19 33.1	106 30.1	10.1	N23 00.3	6.4	55.8	30	18 48	19 14	19 46	23 04	23 50	24 31	00 31
01	195 53.5	33.7	120 59.2	10.2	22 53.9	6.5	55.8	20	18 30	18 54	19 22	22 40	23 28	24 13	00 13
02	210 53.5	34.2	135 28.4	10.1	22 47.4	6.6	55.8	N 10	18 14	18 37	19 03	22 19	23 09	23 57	24 43
03	225 53.4 ..	34.8	149 57.5	10.2	22 40.8	6.8	55.9	0	18 00	18 22	18 47	22 00	22 51	23 42	24 31
04	240 53.4	35.3	164 26.7	10.2	22 34.0	6.9	55.9								
05	255 53.4	35.9	178 55.9	10.2	22 27.1	6.9	55.9	S 10	17 46	18 08	18 34	21 40	22 33	23 27	24 20
06	270 53.4	N19 36.4	193 25.1	10.3	N22 20.2	7.2	56.0	20	17 31	17 54	18 21	21 19	22 14	23 10	24 07
07	285 53.3	37.0	207 54.4	10.3	22 13.0	7.2	56.0	30	17 13	17 39	18 08	20 54	21 52	22 51	23 53
T 08	300 53.3	37.5	222 23.7	10.3	22 05.8	7.3	56.0	35	17 03	17 31	18 01	20 40	21 38	22 40	23 44
U 09	315 53.3 ..	38.0	236 53.0	10.3	21 58.5	7.5	56.0	40	16 52	17 21	17 54	20 23	21 23	22 27	23 34
E 10	330 53.3	38.6	251 22.3	10.3	21 51.0	7.6	56.1	45	16 39	17 11	17 47	20 03	21 05	22 12	23 23
S 11	345 53.3	39.1	265 51.6	10.4	21 43.4	7.7	56.1	S 50	16 23	16 59	17 38	19 38	20 43	21 54	23 09
D 12	0 53.2	N19 39.7	280 21.0	10.4	N21 35.7	7.8	56.1	52	16 15	16 53	17 35	19 26	20 32	21 45	23 02
A 13	15 53.2	40.2	294 50.4	10.4	21 27.9	8.0	56.2	54	16 07	16 47	17 31	19 12	20 19	21 35	22 55
Y 14	30 53.2	40.8	309 19.8	10.5	21 19.9	8.0	56.2	56	15 57	16 40	17 26	18 56	20 05	21 24	22 47
15	45 53.1 ..	41.3	323 49.3	10.5	21 11.9	8.2	56.2	58	15 47	16 33	17 22	18 36	19 48	21 11	22 38
16	60 53.1	41.8	338 18.8	10.5	21 03.7	8.3	56.3	S 60	15 34	16 24	17 17	18 12	19 28	20 55	22 27
17	75 53.1	42.4	352 48.3	10.5	20 55.4	8.4	56.3								

								Day	SUN Eqn. of Time 00h	SUN Eqn. of Time 12h	Mer. Pass.	MOON Mer. Pass. Upper	MOON Mer. Pass. Lower	Age	Phase
18	90 53.0	N19 42.9	7 17.8	10.6	N20 47.0	8.5	56.3								
19	105 53.0	43.5	21 47.4	10.5	20 38.5	8.6	56.3								
20	120 53.0	44.0	36 16.9	10.7	20 29.9	8.7	56.4	d	m s	m s	h m	h m	h m	d	%
21	135 53.0 ..	44.5	50 46.6	10.6	20 21.2	8.9	56.4	16	03 38	03 37	11 56	15 47	03 21	05	19
22	150 52.9	45.1	65 16.2	10.7	20 12.3	8.9	56.4	17	03 36	03 35	11 56	16 39	04 13	06	27
23	165 52.9	45.6	79 45.9	10.6	N20 03.4	9.1	56.5	18	03 34	03 33	11 56	17 30	05 04	07	37
	SD 15.8	d 0.6	SD 15.0		15.1		15.3								

101

2021 MAY 19, 20, 21 (WED., THURS., FRI.)

UT	ARIES	VENUS −3.9	MARS +1.7	JUPITER −2.3	SATURN +0.5	STARS
	GHA	GHA Dec	GHA Dec	GHA Dec	GHA Dec	Name SHA Dec
d h	° ′	° ′ ° ′	° ′ ° ′	° ′ ° ′	° ′ ° ′	° ′ ° ′
19 00	236 53.0	166 14.7 N22 37.9	129 51.0 N23 55.5	263 59.6 S12 02.9	280 43.8 S17 21.9	Acamar 315 14.5 S40 13.2
01	251 55.5	181 13.9 38.4	144 51.8 55.3	279 01.8 02.8	295 46.2 21.9	Achernar 335 23.0 S57 07.7
02	266 58.0	196 13.1 38.9	159 52.6 55.1	294 04.0 02.8	310 48.7 21.9	Acrux 173 02.8 S63 13.2
03	282 00.4	211 12.3 .. 39.4	174 53.4 .. 55.0	309 06.3 .. 02.7	325 51.1 .. 21.9	Adhara 255 08.5 S29 00.2
04	297 02.9	226 11.5 39.9	189 54.2 54.8	324 08.5 02.6	340 53.6 21.9	Aldebaran 290 43.4 N16 33.0
05	312 05.3	241 10.7 40.4	204 55.0 54.6	339 10.7 02.5	355 56.0 21.9	
06	327 07.8	256 09.8 N22 40.9	219 55.8 N23 54.4	354 12.9 S12 02.5	10 58.5 S17 21.9	Alioth 166 15.3 N55 50.9
W 07	342 10.3	271 09.0 41.4	234 56.6 54.2	9 15.2 02.4	26 00.9 21.9	Alkaid 152 54.0 N49 12.6
E 08	357 12.7	286 08.2 41.9	249 57.4 54.0	24 17.4 02.3	41 03.4 21.9	Alnair 27 36.7 S46 51.3
D 09	12 15.2	301 07.4 .. 42.4	264 58.2 .. 53.8	39 19.6 .. 02.2	56 05.8 .. 21.9	Alnilam 275 41.1 S 1 11.4
N 10	27 17.7	316 06.6 42.9	279 59.0 53.6	54 21.9 02.2	71 08.3 21.9	Alphard 217 50.7 S 8 45.1
E 11	42 20.1	331 05.8 43.4	294 59.8 53.5	69 24.1 02.1	86 10.7 21.9	
S 12	57 22.6	346 04.9 N22 43.9	310 00.6 N23 53.3	84 26.3 S12 02.0	101 13.1 S17 21.9	Alphecca 126 05.9 N26 38.6
D 13	72 25.1	1 04.1 44.4	325 01.4 53.1	99 28.5 01.9	116 15.6 21.9	Alpheratz 357 38.0 N29 12.2
A 14	87 27.5	16 03.3 44.9	340 02.2 52.9	114 30.8 01.8	131 18.0 21.9	Altair 62 02.7 N 8 55.4
Y 15	102 30.0	31 02.5 .. 45.4	355 03.0 .. 52.7	129 33.0 .. 01.8	146 20.5 .. 21.9	Ankaa 353 10.4 S42 11.4
16	117 32.4	46 01.7 45.9	10 03.8 52.5	144 35.2 01.7	161 22.9 21.9	Antares 112 19.1 S26 28.7
17	132 34.9	61 00.8 46.3	25 04.6 52.3	159 37.5 01.6	176 25.4 21.9	
18	147 37.4	76 00.0 N22 46.8	40 05.4 N23 52.1	174 39.7 S12 01.5	191 27.8 S17 21.9	Arcturus 145 50.4 N19 04.4
19	162 39.8	90 59.2 47.3	55 06.2 51.9	189 41.9 01.5	206 30.3 21.9	Atria 107 15.5 S69 03.8
20	177 42.3	105 58.4 47.8	70 07.0 51.7	204 44.2 01.4	221 32.7 21.9	Avior 234 16.2 S59 34.9
21	192 44.8	120 57.5 .. 48.3	85 07.9 .. 51.6	219 46.4 .. 01.3	236 35.2 .. 21.9	Bellatrix 278 26.4 N 6 22.0
22	207 47.2	135 56.7 48.8	100 08.7 51.4	234 48.6 01.2	251 37.6 21.9	Betelgeuse 270 55.6 N 7 24.6
23	222 49.7	150 55.9 49.2	115 09.5 51.2	249 50.9 01.2	266 40.1 21.9	
20 00	237 52.2	165 55.1 N22 49.7	130 10.3 N23 51.0	264 53.1 S12 01.1	281 42.5 S17 21.9	Canopus 263 54.2 S52 42.6
01	252 54.6	180 54.3 50.2	145 11.1 50.8	279 55.3 01.0	296 45.0 21.9	Capella 280 26.8 N46 01.1
02	267 57.1	195 53.4 50.7	160 11.9 50.6	294 57.5 00.9	311 47.4 21.9	Deneb 49 27.6 N45 21.1
03	282 59.6	210 52.6 .. 51.1	175 12.7 .. 50.4	309 59.8 .. 00.9	326 49.9 .. 21.9	Denebola 182 27.9 N14 27.3
04	298 02.0	225 51.8 51.6	190 13.5 50.2	325 02.0 00.8	341 52.3 21.9	Diphda 348 50.5 S17 52.3
05	313 04.5	240 51.0 52.1	205 14.3 50.0	340 04.2 00.7	356 54.8 21.9	
06	328 06.9	255 50.1 N22 52.6	220 15.1 N23 49.8	355 06.5 S12 00.6	11 57.2 S17 21.9	Dubhe 193 44.6 N61 38.5
T 07	343 09.4	270 49.3 53.0	235 15.9 49.6	10 08.7 00.6	26 59.7 21.9	Elnath 278 06.0 N28 37.4
H 08	358 11.9	285 48.5 53.5	250 16.7 49.4	25 10.9 00.5	42 02.1 21.9	Eltanin 90 43.1 N51 29.0
U 09	13 14.3	300 47.7 .. 54.0	265 17.5 .. 49.2	40 13.2 .. 00.4	57 04.6 .. 21.9	Enif 33 41.7 N 9 58.2
R 10	28 16.8	315 46.8 54.4	280 18.3 49.0	55 15.4 00.4	72 07.0 21.9	Fomalhaut 15 17.9 S29 30.5
S 11	43 19.3	330 46.0 54.9	295 19.1 48.8	70 17.7 00.3	87 09.5 21.9	
D 12	58 21.7	345 45.2 N22 55.4	310 19.9 N23 48.7	85 19.9 S12 00.2	102 11.9 S17 21.9	Gacrux 171 54.5 S57 14.1
A 13	73 24.2	0 44.3 55.8	325 20.7 48.5	100 22.1 00.1	117 14.4 21.9	Gienah 175 46.5 S17 39.7
Y 14	88 26.7	15 43.5 56.3	340 21.5 48.3	115 24.4 00.1	132 16.8 21.9	Hadar 148 39.6 S60 28.6
15	103 29.1	30 42.7 .. 56.8	355 22.4 .. 48.1	130 26.6 12 00.0	147 19.3 .. 21.9	Hamal 327 54.9 N23 33.6
16	118 31.6	45 41.9 57.2	10 23.2 47.9	145 28.8 11 59.9	162 21.7 21.9	Kaus Aust. 83 36.2 S34 22.4
17	133 34.1	60 41.0 57.7	25 24.0 47.7	160 31.1 59.8	177 24.2 21.9	
18	148 36.5	75 40.2 N22 58.1	40 24.8 N23 47.5	175 33.3 S11 59.8	192 26.6 S17 21.9	Kochab 137 18.8 N74 04.2
19	163 39.0	90 39.4 58.6	55 25.6 47.3	190 35.5 59.7	207 29.1 21.9	Markab 13 32.9 N15 19.0
20	178 41.4	105 38.5 59.1	70 26.4 47.1	205 37.8 59.6	222 31.5 21.9	Menkar 314 09.6 N 4 10.2
21	193 43.9	120 37.7 22 59.5	85 27.2 .. 46.9	220 40.0 .. 59.5	237 34.0 .. 21.9	Menkent 148 00.8 S36 28.5
22	208 46.4	135 36.9 23 00.0	100 28.0 46.7	235 42.3 59.5	252 36.4 21.9	Miaplacidus 221 39.0 S69 48.5
23	223 48.8	150 36.0 00.4	115 28.8 46.5	250 44.5 59.4	267 38.9 21.9	
21 00	238 51.3	165 35.2 N23 00.9	130 29.6 N23 46.3	265 46.7 S11 59.3	282 41.3 S17 21.9	Mirfak 308 33.0 N49 56.0
01	253 53.8	180 34.4 01.3	145 30.4 46.1	280 49.0 59.3	297 43.8 21.9	Nunki 75 51.2 S26 16.1
02	268 56.2	195 33.6 01.8	160 31.2 45.9	295 51.2 59.2	312 46.2 22.0	Peacock 53 10.2 S56 39.8
03	283 58.7	210 32.7 .. 02.2	175 32.0 .. 45.7	310 53.5 .. 59.1	327 48.7 .. 22.0	Pollux 243 21.2 N27 58.5
04	299 01.2	225 31.9 02.7	190 32.8 45.5	325 55.7 59.0	342 51.1 22.0	Procyon 244 54.2 N 5 10.2
05	314 03.6	240 31.1 03.1	205 33.6 45.3	340 57.9 59.0	357 53.6 22.0	
06	329 06.1	255 30.2 N23 03.6	220 34.5 N23 45.1	356 00.2 S11 58.9	12 56.0 S17 22.0	Rasalhague 96 01.0 N12 32.6
07	344 08.5	270 29.4 04.0	235 35.3 44.9	11 02.4 58.8	27 58.5 22.0	Regulus 207 37.6 N11 51.8
08	359 11.0	285 28.6 04.4	250 36.1 44.7	26 04.7 58.8	43 01.0 22.0	Rigel 281 07.1 S 8 10.8
F 09	14 13.5	300 27.7 .. 04.9	265 36.9 .. 44.5	41 06.9 .. 58.7	58 03.4 .. 22.0	Rigil Kent. 139 43.7 S60 55.4
R 10	29 15.9	315 26.9 05.3	280 37.7 44.3	56 09.1 58.6	73 05.9 22.0	Sabik 102 05.9 S15 45.0
I 11	44 18.4	330 26.1 05.8	295 38.5 44.1	71 11.4 58.5	88 08.3 22.0	
D 12	59 20.9	345 25.2 N23 06.2	310 39.3 N23 43.9	86 13.6 S11 58.5	103 10.8 S17 22.0	Schedar 349 34.7 N56 38.9
A 13	74 23.3	0 24.4 06.6	325 40.1 43.7	101 15.9 58.4	118 13.2 22.0	Shaula 96 14.0 S37 07.0
Y 14	89 25.8	15 23.5 07.1	340 40.9 43.5	116 18.1 58.3	133 15.7 22.0	Sirius 258 29.1 S16 44.9
15	104 28.3	30 22.7 .. 07.5	355 41.7 .. 43.3	131 20.3 .. 58.3	148 18.1 .. 22.0	Spica 158 25.2 S11 16.4
16	119 30.7	45 21.9 07.9	10 42.5 43.1	146 22.6 58.2	163 20.6 22.0	Suhail 222 48.6 S43 31.3
17	134 33.2	60 21.0 08.4	25 43.3 42.9	161 24.8 58.1	178 23.0 22.0	
18	149 35.7	75 20.2 N23 08.8	40 44.1 N23 42.7	176 27.1 S11 58.0	193 25.5 S17 22.0	Vega 80 34.9 N38 48.0
19	164 38.1	90 19.4 09.2	55 44.9 42.4	191 29.3 58.0	208 28.0 22.0	Zuben'ubi 136 59.0 S16 07.8
20	179 40.6	105 18.5 09.7	70 45.8 42.2	206 31.6 57.9	223 30.4 22.0	SHA Mer. Pass.
21	194 43.0	120 17.7 .. 10.1	85 46.6 .. 42.0	221 33.8 .. 57.8	238 32.9 .. 22.0	° ′ h m
22	209 45.5	135 16.8 10.5	100 47.4 41.8	236 36.0 57.8	253 35.3 22.0	Venus 288 02.9 12 57
23	224 48.0	150 16.0 10.9	115 48.2 41.6	251 38.3 57.7	268 37.8 22.0	Mars 252 18.1 15 18
	h m					Jupiter 27 00.9 6 20
Mer. Pass. 8 07.2	v −0.8 d 0.5	v 0.8 d 0.2	v 2.2 d 0.1	v 2.5 d 0.0	Saturn 43 50.4 5 12

2021 MAY 19, 20, 21 (WED., THURS., FRI.)

UT	SUN GHA	SUN Dec	MOON GHA	MOON v	MOON Dec	MOON d	MOON HP	Lat.	Twilight Naut.	Twilight Civil	Sunrise	Moonrise 19	Moonrise 20	Moonrise 21	Moonrise 22
d h	° ′	° ′	° ′	′	° ′	′	′	°	h m	h m	h m	h m	h m	h m	h m
19 00	180 52.9	N19 46.1	94 15.5	10.8	N19 54.3	9.2	56.5	N 72	▨	▨	▨	▨	09 35	12 03	14 19
01	195 52.8	46.7	108 45.3	10.7	19 45.1	9.3	56.5	N 70	▨	▨	▨	07 28	10 04	12 15	14 21
02	210 52.8	47.2	123 15.0	10.8	19 35.8	9.4	56.6	68	////	////	01 15	08 17	10 25	12 25	14 22
03	225 52.8	47.7	137 44.8	10.8	19 26.4	9.5	56.6	66	////	////	02 01	08 48	10 42	12 33	14 23
04	240 52.7	48.3	152 14.6	10.8	19 16.9	9.6	56.6	64	////	00 06	02 31	09 11	10 55	12 39	14 24
05	255 52.7	48.8	166 44.4	10.9	19 07.3	9.7	56.7	62	////	01 28	02 53	09 29	11 07	12 45	14 25
								60	////	02 02	03 11	09 44	11 16	12 50	14 26
06	270 52.7	N19 49.3	181 14.3	10.9	N18 57.6	9.8	56.7	N 58	00 05	02 27	03 26	09 56	11 25	12 55	14 27
W 07	285 52.6	49.9	195 44.1	10.9	18 47.8	10.0	56.7	56	01 20	02 46	03 38	10 07	11 32	12 58	14 27
E 08	300 52.6	50.4	210 14.0	11.0	18 37.8	10.0	56.8	54	01 51	03 02	03 49	10 17	11 38	13 02	14 28
D 09	315 52.6	51.0	224 44.0	10.9	18 27.8	10.1	56.8	52	02 14	03 15	03 59	10 25	11 44	13 05	14 28
N 10	330 52.6	51.5	239 13.9	11.0	18 17.7	10.3	56.8	50	02 32	03 27	04 07	10 33	11 49	13 08	14 29
E 11	345 52.5	52.0	253 43.9	11.0	18 07.4	10.3	56.9	45	03 06	03 51	04 26	10 49	12 01	13 14	14 30
S 12	0 52.5	N19 52.5	268 13.9	11.0	N17 57.1	10.5	56.9	N 40	03 31	04 09	04 40	11 02	12 10	13 19	14 30
D 13	15 52.5	53.1	282 43.9	11.1	17 46.6	10.5	56.9	35	03 50	04 24	04 53	11 13	12 18	13 24	14 31
A 14	30 52.4	53.6	297 14.0	11.1	17 36.1	10.7	57.0	30	04 05	04 37	05 04	11 23	12 25	13 28	14 32
Y 15	45 52.4	54.1	311 44.1	11.1	17 25.4	10.7	57.0	20	04 30	04 58	05 22	11 40	12 37	13 34	14 33
16	60 52.4	54.6	326 14.2	11.1	17 14.7	10.9	57.0	N 10	04 49	05 16	05 38	11 54	12 47	13 40	14 34
17	75 52.3	55.2	340 44.3	11.2	17 03.8	10.9	57.1	0	05 05	05 31	05 53	12 08	12 57	13 46	14 35
18	90 52.3	N19 55.7	355 14.5	11.3	N16 52.9	11.1	57.1	S 10	05 20	05 45	06 08	12 21	13 07	13 51	14 36
19	105 52.3	56.2	9 44.6	11.2	16 41.8	11.1	57.1	20	05 33	06 00	06 23	12 36	13 17	13 57	14 37
20	120 52.2	56.7	24 14.8	11.3	16 30.7	11.2	57.2	30	05 46	06 15	06 41	12 52	13 29	14 04	14 38
21	135 52.2	57.3	38 45.1	11.2	16 19.5	11.4	57.2	35	05 53	06 24	06 51	13 02	13 36	14 07	14 38
22	150 52.1	57.8	53 15.3	11.3	16 08.1	11.4	57.2	40	06 00	06 34	07 03	13 12	13 43	14 12	14 39
23	165 52.1	58.3	67 45.6	11.3	15 56.7	11.5	57.3	45	06 08	06 44	07 17	13 25	13 52	14 17	14 40
20 00	180 52.1	N19 58.8	82 15.9	11.3	N15 45.2	11.7	57.3	S 50	06 17	06 57	07 34	13 40	14 03	14 23	14 41
01	195 52.0	59.3	96 46.2	11.3	15 33.5	11.7	57.4	52	06 21	07 03	07 41	13 48	14 08	14 25	14 42
02	210 52.0	19 59.9	111 16.5	11.3	15 21.8	11.8	57.4	54	06 25	07 09	07 50	13 56	14 13	14 28	14 42
03	225 52.0	20 00.4	125 46.8	11.4	15 10.0	11.9	57.4	56	06 30	07 17	08 00	14 04	14 19	14 32	14 43
04	240 51.9	00.9	140 17.2	11.4	14 58.1	11.9	57.5	58	06 35	07 24	08 11	14 14	14 26	14 35	14 43
05	255 51.9	01.4	154 47.6	11.4	14 46.2	12.1	57.5	S 60	06 40	07 33	08 24	14 26	14 33	14 39	14 44
06	270 51.9	N20 01.9	169 18.0	11.4	N14 34.1	12.2	57.5								
07	285 51.8	02.5	183 48.4	11.4	14 21.9	12.2	57.6	Lat.	Sunset	Twilight Civil	Twilight Naut.	Moonset 19	Moonset 20	Moonset 21	Moonset 22
T 08	300 51.8	03.0	198 18.8	11.5	14 09.7	12.3	57.6								
H 09	315 51.7	03.5	212 49.3	11.5	13 57.4	12.5	57.6	°	h m	h m	h m	h m	h m	h m	h m
U 10	330 51.7	04.0	227 19.8	11.4	13 44.9	12.5	57.7	N 72	▨	▨	▨	▨	04 17	03 33	03 02
R 11	345 51.7	04.5	241 50.2	11.5	13 32.4	12.6	57.7	N 70	▨	▨	▨	04 39	03 46	03 18	02 56
S 12	0 51.6	N20 05.0	256 20.7	11.6	N13 19.8	12.6	57.8	68	22 44	////	////	03 49	03 23	03 06	02 52
D 13	15 51.6	05.5	270 51.3	11.5	13 07.2	12.8	57.8	66	21 55	////	////	03 17	03 05	02 56	02 48
A 14	30 51.6	06.1	285 21.8	11.5	12 54.4	12.8	57.8	64	21 25	////	////	02 53	02 50	02 48	02 45
Y 15	45 51.5	06.6	299 52.3	11.6	12 41.6	12.9	57.9	62	21 02	22 29	////	02 34	02 38	02 40	02 42
16	60 51.5	07.1	314 22.9	11.5	12 28.7	13.0	57.9	60	20 44	21 53	////	02 18	02 27	02 34	02 39
17	75 51.4	07.6	328 53.4	11.6	12 15.7	13.1	57.9								
18	90 51.4	N20 08.1	343 24.0	11.6	N12 02.6	13.2	58.0	N 58	20 29	21 28	////	02 05	02 18	02 28	02 37
19	105 51.4	08.6	357 54.6	11.6	11 49.4	13.2	58.0	56	20 16	21 09	22 37	01 53	02 10	02 23	02 35
20	120 51.3	09.1	12 25.2	11.6	11 36.2	13.3	58.1	54	20 05	20 53	22 04	01 43	02 03	02 19	02 33
21	135 51.3	09.6	26 55.8	11.6	11 22.9	13.4	58.1	52	19 55	20 39	21 41	01 34	01 56	02 15	02 32
22	150 51.2	10.1	41 26.4	11.6	11 09.5	13.4	58.1	50	19 46	20 27	21 22	01 26	01 50	02 11	02 30
23	165 51.2	10.7	55 57.0	11.6	10 56.1	13.5	58.2	45	19 28	20 03	20 48	01 09	01 37	02 03	02 27
21 00	180 51.2	N20 11.2	70 27.6	11.6	N10 42.6	13.6	58.2	N 40	19 13	19 44	20 23	00 54	01 27	01 56	02 24
01	195 51.1	11.7	84 58.2	11.7	10 29.0	13.7	58.2	35	19 01	19 29	20 04	00 42	01 18	01 50	02 21
02	210 51.1	12.2	99 28.9	11.6	10 15.3	13.7	58.3	30	18 50	19 16	19 48	00 31	01 10	01 45	02 19
03	225 51.0	12.7	113 59.5	11.6	10 01.6	13.9	58.3	20	18 31	18 55	19 23	00 13	00 55	01 36	02 15
04	240 51.0	13.2	128 30.1	11.7	9 47.7	13.8	58.4	N 10	18 15	18 38	19 04	24 43	00 43	01 28	02 12
05	255 51.0	13.7	143 00.8	11.6	9 33.9	14.0	58.4	0	18 00	18 22	18 48	24 31	00 31	01 20	02 09
06	270 50.9	N20 14.2	157 31.4	11.6	N 9 19.9	14.0	58.4	S 10	17 45	18 08	18 33	24 20	00 20	01 13	02 06
07	285 50.9	14.7	172 02.0	11.7	9 05.9	14.1	58.5	20	17 30	17 53	18 20	24 07	00 07	01 04	02 02
08	300 50.8	15.2	186 32.7	11.6	8 51.8	14.1	58.5	30	17 12	17 38	18 07	23 53	24 55	00 55	01 58
F 09	315 50.8	15.7	201 03.3	11.6	8 37.7	14.2	58.5	35	17 02	17 29	18 00	23 44	24 49	00 49	01 56
R 10	330 50.7	16.2	215 33.9	11.7	8 23.5	14.3	58.6	40	16 50	17 19	17 52	23 34	24 43	00 43	01 53
I 11	345 50.7	16.7	230 04.6	11.6	8 09.2	14.3	58.6	45	16 36	17 08	17 44	23 23	24 35	00 35	01 50
D 12	0 50.7	N20 17.2	244 35.2	11.6	N 7 54.9	14.4	58.7	S 50	16 19	16 55	17 35	23 09	24 27	00 27	01 46
A 13	15 50.6	17.7	259 05.8	11.6	7 40.5	14.4	58.7	52	16 11	16 50	17 31	23 02	24 22	00 22	01 44
Y 14	30 50.6	18.2	273 36.4	11.6	7 26.1	14.5	58.7	54	16 02	16 43	17 27	22 55	24 18	00 18	01 42
15	45 50.5	18.7	288 07.0	11.6	7 11.6	14.6	58.8	56	15 52	16 36	17 23	22 47	24 13	00 13	01 40
16	60 50.5	19.2	302 37.6	11.6	6 57.0	14.6	58.8	58	15 41	16 28	17 18	22 38	24 07	00 07	01 38
17	75 50.4	19.7	317 08.2	11.5	6 42.4	14.6	58.9	S 60	15 28	16 19	17 12	22 27	24 01	00 01	01 35
18	90 50.4	N20 20.2	331 38.7	11.6	N 6 27.8	14.7	58.9		SUN			MOON			
19	105 50.3	20.7	346 09.3	11.5	6 13.1	14.8	58.9	Day	Eqn. of Time		Mer. Pass.	Mer. Pass. Upper	Mer. Pass. Lower	Age	Phase
20	120 50.3	21.2	0 39.8	11.6	5 58.3	14.8	59.0		00h	12h					
21	135 50.3	21.7	15 10.4	11.5	5 43.5	14.9	59.0	d	m s	m s	h m	h m	h m	d	%
22	150 50.2	22.2	29 40.9	11.5	5 28.6	14.9	59.0	19	03 32	03 30	11 57	18 20	05 55	08	47
23	165 50.2	22.7	44 11.4	11.5	N 5 13.7	15.0	59.1	20	03 28	03 27	11 57	19 09	06 44	09	58
	SD 15.8	d 0.5	SD 15.5		15.7		16.0	21	03 25	03 23	11 57	19 57	07 33	10	68

2021 MAY 22, 23, 24 (SAT., SUN., MON.)

UT	ARIES	VENUS −3.9	MARS +1.7	JUPITER −2.3	SATURN +0.5	STARS
	GHA	GHA Dec	GHA Dec	GHA Dec	GHA Dec	Name SHA Dec
d h	° ′	° ′ ° ′	° ′ ° ′	° ′ ° ′	° ′ ° ′	° ′ ° ′
22 00	239 50.4	165 15.2 N23 11.4	130 49.0 N23 41.4	266 40.5 S11 57.6	283 40.2 S17 22.0	Acamar 315 14.5 S40 13.2
01	254 52.9	180 14.3 11.8	145 49.8 41.2	281 42.8 57.5	298 42.7 22.0	Achernar 335 23.0 S57 07.7
02	269 55.4	195 13.5 12.2	160 50.6 41.0	296 45.0 57.5	313 45.1 22.0	Acrux 173 02.9 S63 13.2
03	284 57.8	210 12.7 .. 12.6	175 51.4 .. 40.8	311 47.3 .. 57.4	328 47.6 .. 22.0	Adhara 255 08.5 S29 00.2
04	300 00.3	225 11.8 13.1	190 52.2 40.6	326 49.5 57.3	343 50.1 22.0	Aldebaran 290 43.4 N16 33.0
05	315 02.8	240 11.0 13.5	205 53.0 40.4	341 51.8 57.3	358 52.5 22.1	
06	330 05.2	255 10.1 N23 13.9	220 53.8 N23 40.2	356 54.0 S11 57.2	13 55.0 S17 22.1	Alioth 166 15.3 N55 50.9
07	345 07.7	270 09.3 14.3	235 54.6 40.0	11 56.3 57.1	28 57.4 22.1	Alkaid 152 54.0 N49 12.6
S 08	0 10.2	285 08.4 14.7	250 55.5 39.8	26 58.5 57.1	43 59.9 22.1	Al Na'ir 27 36.7 S46 51.3
A 09	15 12.6	300 07.6 .. 15.1	265 56.3 .. 39.6	42 00.8 .. 57.0	59 02.4 .. 22.1	Alnilam 275 41.1 S 1 11.4
T 10	30 15.1	315 06.8 15.5	280 57.1 39.3	57 03.0 56.9	74 04.8 22.1	Alphard 217 50.8 S 8 45.1
U 11	45 17.5	330 05.9 16.0	295 57.9 39.1	72 05.3 56.9	89 07.3 22.1	
R 12	60 20.0	345 05.1 N23 16.4	310 58.7 N23 38.9	87 07.5 S11 56.8	104 09.7 S17 22.1	Alphecca 126 05.9 N26 38.6
D 13	75 22.5	0 04.2 16.8	325 59.5 38.7	102 09.8 56.7	119 12.2 22.1	Alpheratz 357 38.0 N29 12.2
A 14	90 24.9	15 03.4 17.2	341 00.3 38.5	117 12.0 56.6	134 14.6 22.1	Altair 62 02.7 N 8 55.4
Y 15	105 27.4	30 02.5 .. 17.6	356 01.1 .. 38.3	132 14.2 .. 56.6	149 17.1 .. 22.1	Ankaa 353 10.4 S42 11.4
16	120 29.9	45 01.7 18.0	11 01.9 38.1	147 16.5 56.5	164 19.6 22.1	Antares 112 19.1 S26 28.7
17	135 32.3	60 00.9 18.4	26 02.7 37.9	162 18.7 56.4	179 22.0 22.1	
18	150 34.8	75 00.0 N23 18.8	41 03.5 N23 37.7	177 21.0 S11 56.4	194 24.5 S17 22.1	Arcturus 145 50.4 N19 04.4
19	165 37.3	89 59.2 19.2	56 04.4 37.5	192 23.2 56.3	209 26.9 22.1	Atria 107 15.4 S69 03.8
20	180 39.7	104 58.3 19.6	71 05.2 37.2	207 25.5 56.2	224 29.4 22.1	Avior 234 16.2 S59 34.9
21	195 42.2	119 57.5 .. 20.0	86 06.0 .. 37.0	222 27.7 .. 56.2	239 31.9 .. 22.1	Bellatrix 278 26.4 N 6 22.0
22	210 44.6	134 56.6 20.4	101 06.8 36.8	237 30.0 56.1	254 34.3 22.1	Betelgeuse 270 55.6 N 7 24.6
23	225 47.1	149 55.8 20.8	116 07.6 36.6	252 32.3 56.0	269 36.8 22.1	
23 00	240 49.6	164 54.9 N23 21.2	131 08.4 N23 36.4	267 34.5 S11 56.0	284 39.2 S17 22.1	Canopus 263 54.2 S52 42.6
01	255 52.0	179 54.1 21.6	146 09.2 36.2	282 36.8 55.9	299 41.7 22.1	Capella 280 26.8 N46 01.1
02	270 54.5	194 53.3 22.0	161 10.0 36.0	297 39.0 55.8	314 44.2 22.2	Deneb 49 27.6 N45 21.1
03	285 57.0	209 52.4 .. 22.4	176 10.8 .. 35.8	312 41.3 .. 55.8	329 46.6 .. 22.2	Denebola 182 27.9 N14 27.3
04	300 59.4	224 51.6 22.8	191 11.6 35.5	327 43.5 55.7	344 49.1 22.2	Diphda 348 50.5 S17 52.3
05	316 01.9	239 50.7 23.2	206 12.5 35.3	342 45.8 55.6	359 51.5 22.2	
06	331 04.4	254 49.9 N23 23.6	221 13.3 N23 35.1	357 48.0 S11 55.6	14 54.0 S17 22.2	Dubhe 193 44.6 N61 38.5
07	346 06.8	269 49.0 23.9	236 14.1 34.9	12 50.3 55.5	29 56.5 22.2	Elnath 278 06.0 N28 37.4
08	1 09.3	284 48.2 24.3	251 14.9 34.7	27 52.5 55.4	44 58.9 22.2	Eltanin 90 43.1 N51 29.0
S 09	16 11.8	299 47.3 .. 24.7	266 15.7 .. 34.5	42 54.8 .. 55.4	60 01.4 .. 22.2	Enif 33 41.7 N 9 58.2
U 10	31 14.2	314 46.5 25.1	281 16.5 34.3	57 57.0 55.3	75 03.9 22.2	Fomalhaut 15 17.9 S29 30.5
N 11	46 16.7	329 45.6 25.5	296 17.3 34.0	72 59.3 55.2	90 06.3 22.2	
D 12	61 19.1	344 44.8 N23 25.9	311 18.1 N23 33.8	88 01.5 S11 55.2	105 08.8 S17 22.2	Gacrux 171 54.5 S57 14.1
A 13	76 21.6	359 43.9 26.2	326 18.9 33.6	103 03.8 55.1	120 11.2 22.2	Gienah 175 46.5 S17 39.7
Y 14	91 24.1	14 43.1 26.6	341 19.8 33.4	118 06.1 55.0	135 13.7 22.2	Hadar 148 39.6 S60 28.6
15	106 26.5	29 42.2 .. 27.0	356 20.6 .. 33.2	133 08.3 .. 55.0	150 16.2 .. 22.2	Hamal 327 54.9 N23 33.6
16	121 29.0	44 41.4 27.4	11 21.4 33.0	148 10.6 54.9	165 18.6 22.2	Kaus Aust. 83 36.1 S34 22.4
17	136 31.5	59 40.5 27.8	26 22.2 32.7	163 12.8 54.8	180 21.1 22.2	
18	151 33.9	74 39.7 N23 28.1	41 23.0 N23 32.5	178 15.1 S11 54.8	195 23.6 S17 22.2	Kochab 137 18.8 N74 04.2
19	166 36.4	89 38.8 28.5	56 23.8 32.3	193 17.3 54.7	210 26.0 22.2	Markab 13 32.9 N15 19.0
20	181 38.9	104 38.0 28.9	71 24.6 32.1	208 19.6 54.6	225 28.5 22.3	Menkar 314 09.6 N 4 10.2
21	196 41.3	119 37.1 .. 29.3	86 25.4 .. 31.9	223 21.9 .. 54.6	240 31.0 .. 22.3	Menkent 148 00.8 S36 28.5
22	211 43.8	134 36.3 29.6	101 26.2 31.6	238 24.1 54.5	255 33.4 22.3	Miaplacidus 221 39.0 S69 48.5
23	226 46.2	149 35.4 30.0	116 27.1 31.4	253 26.4 54.4	270 35.9 22.3	
24 00	241 48.7	164 34.6 N23 30.4	131 27.9 N23 31.2	268 28.6 S11 54.4	285 38.3 S17 22.3	Mirfak 308 33.0 N49 56.0
01	256 51.2	179 33.7 30.7	146 28.7 31.0	283 30.9 54.3	300 40.8 22.3	Nunki 75 51.2 S26 16.1
02	271 53.6	194 32.8 31.1	161 29.5 30.8	298 33.1 54.2	315 43.3 22.3	Peacock 53 10.2 S56 39.8
03	286 56.1	209 32.0 .. 31.5	176 30.3 .. 30.5	313 35.4 .. 54.2	330 45.7 .. 22.3	Pollux 243 21.2 N27 58.5
04	301 58.6	224 31.1 31.8	191 31.1 30.3	328 37.7 54.1	345 48.2 22.3	Procyon 244 54.2 N 5 10.2
05	317 01.0	239 30.3 32.2	206 31.9 30.1	343 39.9 54.0	0 50.7 22.3	
06	332 03.5	254 29.4 N23 32.5	221 32.7 N23 29.9	358 42.2 S11 54.0	15 53.1 S17 22.3	Rasalhague 96 01.0 N12 32.6
07	347 06.0	269 28.6 32.9	236 33.6 29.7	13 44.4 53.9	30 55.6 22.3	Regulus 207 37.6 N11 51.8
08	2 08.4	284 27.7 33.3	251 34.4 29.4	28 46.7 53.9	45 58.1 22.3	Rigel 281 07.1 S 8 10.8
M 09	17 10.9	299 26.9 .. 33.6	266 35.2 .. 29.2	43 49.0 .. 53.8	61 00.5 .. 22.3	Rigil Kent. 139 43.7 S60 55.4
O 10	32 13.4	314 26.0 34.0	281 36.0 29.0	58 51.2 53.7	76 03.0 22.3	Sabik 102 05.9 S15 45.0
N 11	47 15.8	329 25.2 34.3	296 36.8 28.8	73 53.5 53.7	91 05.5 22.4	
D 12	62 18.3	344 24.3 N23 34.7	311 37.6 N23 28.6	88 55.7 S11 53.6	106 07.9 S17 22.4	Schedar 349 34.7 N56 38.9
A 13	77 20.7	359 23.4 35.0	326 38.4 28.3	103 58.0 53.5	121 10.4 22.4	Shaula 96 14.0 S37 07.1
Y 14	92 23.2	14 22.6 35.4	341 39.2 28.1	119 00.3 53.5	136 12.9 22.4	Sirius 258 29.1 S16 44.9
15	107 25.7	29 21.7 .. 35.7	356 40.1 .. 27.9	134 02.5 .. 53.4	151 15.3 .. 22.4	Spica 158 25.2 S11 16.4
16	122 28.1	44 20.9 36.1	11 40.9 27.7	149 04.8 53.3	166 17.8 22.4	Suhail 222 48.6 S43 31.3
17	137 30.6	59 20.0 36.4	26 41.7 27.4	164 07.1 53.3	181 20.3 22.4	
18	152 33.1	74 19.2 N23 36.8	41 42.5 N23 27.2	179 09.3 S11 53.2	196 22.7 S17 22.4	Vega 80 34.9 N38 48.0
19	167 35.5	89 18.3 37.1	56 43.3 27.0	194 11.6 53.1	211 25.2 22.4	Zuben'ubi 136 59.0 S16 07.8
20	182 38.0	104 17.4 37.5	71 44.1 26.8	209 13.9 53.1	226 27.7 22.4		SHA Mer. Pass.
21	197 40.5	119 16.6 .. 37.8	86 44.9 .. 26.5	224 16.1 .. 53.0	241 30.1 .. 22.4		° ′ h m
22	212 42.9	134 15.7 38.2	101 45.7 26.3	239 18.4 53.0	256 32.6 22.4	Venus 284 05.4 13 01
23	227 45.4	149 14.9 38.5	116 46.6 26.1	254 20.6 52.9	271 35.1 22.4	Mars 250 18.8 15 15
	h m					Jupiter 26 44.9 6 09
Mer. Pass. 7 55.4		v −0.8 d 0.4	v 0.8 d 0.2	v 2.3 d 0.1	v 2.5 d 0.0	Saturn 43 49.7 5 01

2021 MAY 22, 23, 24 (SAT., SUN., MON.)

Sun and Moon Ephemeris

UT	SUN GHA	SUN Dec	MOON GHA	MOON v	MOON Dec	MOON d	MOON HP
d h	° '	° '	° '	'	° '	'	'
22 00	180 50.1	N20 23.2	58 41.9	11.4	N 4 58.7	15.0	59.1
01	195 50.1	23.6	73 12.3	11.5	4 43.7	15.0	59.2
02	210 50.0	24.1	87 42.8	11.4	4 28.7	15.1	59.2
03	225 50.0	24.6	102 13.2	11.4	4 13.6	15.2	59.2
04	240 49.9	25.1	116 43.6	11.4	3 58.4	15.1	59.3
05	255 49.9	25.6	131 14.0	11.4	3 43.3	15.3	59.3
06	270 49.8	N20 26.1	145 44.4	11.3	N 3 28.0	15.2	59.3
07	285 49.8	26.6	160 14.7	11.3	3 12.8	15.3	59.4
S 08	300 49.7	27.1	174 45.0	11.3	2 57.5	15.3	59.4
A 09	315 49.7	27.6	189 15.3	11.2	2 42.2	15.4	59.4
T 10	330 49.6	28.0	203 45.5	11.3	2 26.8	15.4	59.5
U 11	345 49.6	28.5	218 15.8	11.2	2 11.4	15.4	59.5
R 12	0 49.5	N20 29.0	232 46.0	11.1	N 1 56.0	15.5	59.6
D 13	15 49.5	29.5	247 16.1	11.2	1 40.5	15.5	59.6
A 14	30 49.5	30.0	261 46.3	11.1	1 25.0	15.5	59.6
Y 15	45 49.4	30.5	276 16.4	11.0	1 09.5	15.5	59.7
16	60 49.4	31.0	290 46.4	11.1	0 54.0	15.6	59.7
17	75 49.3	31.4	305 16.5	11.0	0 38.4	15.5	59.7
18	90 49.3	N20 31.9	319 46.5	10.9	N 0 22.9	15.6	59.8
19	105 49.2	32.4	334 16.4	10.9	N 0 07.3	15.7	59.8
20	120 49.2	32.9	348 46.3	10.9	S 0 08.4	15.6	59.8
21	135 49.1	33.4	3 16.2	10.8	0 24.0	15.7	59.9
22	150 49.1	33.8	17 46.0	10.8	0 39.7	15.6	59.9
23	165 49.0	34.3	32 15.8	10.8	0 55.3	15.7	59.9
23 00	180 48.9	N20 34.8	46 45.6	10.7	S 1 11.0	15.7	60.0
01	195 48.9	35.3	61 15.3	10.6	1 26.7	15.7	60.0
02	210 48.8	35.7	75 44.9	10.6	1 42.4	15.8	60.0
03	225 48.8	36.2	90 14.5	10.6	1 58.2	15.7	60.1
04	240 48.7	36.7	104 44.1	10.5	2 13.9	15.7	60.1
05	255 48.7	37.2	119 13.6	10.5	2 29.6	15.8	60.1
06	270 48.6	N20 37.6	133 43.1	10.4	S 2 45.4	15.7	60.2
07	285 48.6	38.1	148 12.5	10.3	3 01.1	15.7	60.2
08	300 48.5	38.6	162 41.8	10.3	3 16.8	15.8	60.2
S 09	315 48.5	39.1	177 11.1	10.3	3 32.6	15.7	60.3
U 10	330 48.4	39.5	191 40.4	10.2	3 48.3	15.8	60.3
N 11	345 48.4	40.0	206 09.6	10.1	4 04.1	15.7	60.3
D 12	0 48.3	N20 40.5	220 38.7	10.1	S 4 19.8	15.7	60.4
A 13	15 48.3	40.9	235 07.8	10.0	4 35.5	15.7	60.4
Y 14	30 48.2	41.4	249 36.8	9.9	4 51.2	15.7	60.4
15	45 48.2	41.9	264 05.7	9.9	5 06.9	15.7	60.4
16	60 48.1	42.4	278 34.6	9.9	5 22.6	15.7	60.5
17	75 48.0	42.8	293 03.5	9.7	5 38.3	15.6	60.5
18	90 48.0	N20 43.3	307 32.2	9.7	S 5 53.9	15.7	60.5
19	105 47.9	43.8	322 00.9	9.7	6 09.6	15.6	60.6
20	120 47.9	44.2	336 29.6	9.5	6 25.2	15.6	60.6
21	135 47.8	44.7	350 58.1	9.5	6 40.8	15.5	60.6
22	150 47.8	45.2	5 26.6	9.5	6 56.3	15.6	60.6
23	165 47.7	45.6	19 55.1	9.3	7 11.9	15.5	60.7
24 00	180 47.7	N20 46.1	34 23.4	9.3	S 7 27.4	15.5	60.7
01	195 47.6	46.5	48 51.7	9.2	7 42.9	15.5	60.7
02	210 47.5	47.0	63 19.9	9.2	7 58.4	15.4	60.7
03	225 47.5	47.5	77 48.1	9.0	8 13.8	15.4	60.8
04	240 47.4	47.9	92 16.1	9.0	8 29.2	15.3	60.8
05	255 47.4	48.4	106 44.1	8.9	8 44.5	15.3	60.8
06	270 47.3	N20 48.8	121 12.0	8.9	S 8 59.8	15.3	60.8
07	285 47.3	49.3	135 39.9	8.7	9 15.1	15.2	60.9
08	300 47.2	49.8	150 07.6	8.7	9 30.3	15.2	60.9
M 09	315 47.1	50.2	164 35.3	8.6	9 45.5	15.1	60.9
O 10	330 47.1	50.7	179 02.9	8.5	10 00.6	15.1	60.9
N 11	345 47.0	51.1	193 30.4	8.5	10 15.7	15.1	60.9
D 12	0 47.0	N20 51.6	207 57.9	8.3	S10 30.8	14.9	61.0
A 13	15 46.9	52.0	222 25.2	8.3	10 45.7	15.0	61.0
Y 14	30 46.8	52.5	236 52.5	8.2	11 00.7	14.8	61.0
15	45 46.8	52.9	251 19.7	8.1	11 15.5	14.9	61.0
16	60 46.7	53.4	265 46.8	8.0	11 30.4	14.7	61.0
17	75 46.7	53.9	280 13.8	7.9	11 45.1	14.7	61.1
18	90 46.6	N20 54.3	294 40.7	7.9	S11 59.8	14.6	61.1
19	105 46.5	54.8	309 07.6	7.8	12 14.4	14.6	61.1
20	120 46.5	55.2	323 34.4	7.6	12 29.0	14.4	61.1
21	135 46.4	55.7	338 01.0	7.6	12 43.4	14.5	61.1
22	150 46.4	56.1	352 27.6	7.5	12 57.9	14.3	61.1
23	165 46.3	56.6	6 54.1	7.4	S13 12.2	14.2	61.2
	SD 15.8	d 0.5	SD 16.2		16.4		16.6

Twilight, Sunrise and Moonrise

Lat.	Naut.	Civil	Sunrise	Moonrise 22	23	24	25
°	h m	h m	h m	h m	h m	h m	h m
N 72	☐	☐	☐	14 19	16 39	19 16	■
N 70	☐	☐	☐	14 21	16 30	18 52	21 50
68	////	////	00 52	14 22	16 23	18 33	21 02
66	////	////	01 49	14 23	16 17	18 19	20 32
64	////	////	02 22	14 24	16 13	18 07	20 09
62	////	01 14	02 46	14 25	16 08	17 57	19 51
60	////	01 53	03 05	14 26	16 05	17 48	19 37
N 58	////	02 19	03 20	14 27	16 02	17 41	19 24
56	01 06	02 40	03 33	14 27	15 59	17 34	19 13
54	01 43	02 57	03 45	14 28	15 56	17 29	19 04
52	02 07	03 11	03 55	14 28	15 54	17 23	18 56
50	02 27	03 23	04 04	14 29	15 52	17 19	18 48
45	03 02	03 48	04 23	14 30	15 48	17 09	18 32
N 40	03 28	04 07	04 38	14 30	15 44	17 00	18 19
35	03 48	04 23	04 51	14 31	15 41	16 53	18 08
30	04 04	04 36	05 02	14 32	15 38	16 47	17 59
20	04 29	04 57	05 21	14 33	15 33	16 36	17 42
N 10	04 49	05 15	05 38	14 34	15 29	16 27	17 28
0	05 05	05 31	05 53	14 35	15 25	16 18	17 15
S 10	05 20	05 46	06 08	14 36	15 21	16 10	17 02
20	05 34	06 01	06 24	14 37	15 17	16 01	16 48
30	05 48	06 17	06 43	14 38	15 13	15 50	16 32
35	05 55	06 26	06 53	14 38	15 10	15 45	16 23
40	06 03	06 36	07 06	14 39	15 07	15 38	16 13
45	06 11	06 47	07 20	14 40	15 04	15 30	16 01
S 50	06 20	07 01	07 37	14 41	15 00	15 21	15 47
52	06 25	07 07	07 46	14 42	14 58	15 17	15 40
54	06 29	07 13	07 55	14 42	14 56	15 12	15 32
56	06 34	07 21	08 05	14 43	14 54	15 07	15 24
58	06 39	07 29	08 17	14 43	14 52	15 02	15 15
S 60	06 45	07 38	08 30	14 44	14 49	14 56	15 04

Sunset, Twilight and Moonset

Lat.	Sunset	Civil	Naut.	Moonset 22	23	24	25
°	h m	h m	h m	h m	h m	h m	h m
N 72	☐	☐	☐	03 02	02 33	02 02	01 19
N 70	☐	☐	☐	02 56	02 36	02 14	01 45
68	23 11	////	////	02 52	02 38	02 23	02 05
66	22 08	////	////	02 48	02 40	02 31	02 22
64	21 34	////	////	02 45	02 41	02 38	02 35
62	21 10	22 45	////	02 42	02 43	02 44	02 46
60	20 50	22 03	////	02 39	02 44	02 49	02 56
N 58	20 35	21 36	////	02 37	02 45	02 54	03 05
56	20 21	21 15	22 51	02 35	02 46	02 58	03 12
54	20 10	20 58	22 13	02 33	02 47	03 02	03 19
52	19 59	20 44	21 48	02 32	02 48	03 05	03 25
50	19 50	20 32	21 28	02 30	02 48	03 08	03 31
45	19 31	20 07	20 52	02 27	02 50	03 15	03 43
N 40	19 16	19 47	20 27	02 24	02 51	03 20	03 53
35	19 03	19 31	20 07	02 21	02 53	03 25	04 01
30	18 52	19 18	19 50	02 19	02 54	03 30	04 09
20	18 32	18 56	19 25	02 15	02 55	03 37	04 22
N 10	18 16	18 38	19 05	02 12	02 57	03 44	04 34
0	18 00	18 22	18 48	02 09	02 58	03 50	04 45
S 10	17 45	18 08	18 33	02 06	03 00	03 56	04 56
20	17 29	17 53	18 19	02 02	03 01	04 03	05 07
30	17 11	17 36	18 06	01 58	03 03	04 10	05 21
35	17 00	17 27	17 58	01 56	03 04	04 15	05 29
40	16 48	17 17	17 51	01 53	03 05	04 20	05 37
45	16 33	17 06	17 42	01 50	03 06	04 26	05 48
S 50	16 16	16 53	17 33	01 46	03 08	04 33	06 01
52	16 08	16 46	17 29	01 44	03 09	04 36	06 07
54	15 58	16 40	17 24	01 42	03 09	04 40	06 13
56	15 48	16 32	17 19	01 40	03 10	04 43	06 21
58	15 36	16 24	17 14	01 38	03 11	04 48	06 29
S 60	15 23	16 15	17 08	01 35	03 12	04 53	06 39

SUN and MOON

Day	Eqn. of Time 00h	Eqn. of Time 12h	Mer. Pass.	Mer. Pass. Upper	Mer. Pass. Lower	Age	Phase
d	m s	m s	h m	h m	h m	d	%
22	03 21	03 18	11 57	20 46	08 22	11	78
23	03 16	03 13	11 57	21 37	09 12	12	87
24	03 11	03 08	11 57	22 31	10 04	13	94

2021 MAY 25, 26, 27 (TUES., WED., THURS.)

UT	ARIES GHA	VENUS −3.9 GHA / Dec	MARS +1.7 GHA / Dec	JUPITER −2.4 GHA / Dec	SATURN +0.4 GHA / Dec	STARS Name / SHA / Dec
d h	° ′	° ′ / ° ′	° ′ / ° ′	° ′ / ° ′	° ′ / ° ′	/ ° ′ / ° ′
25 00	242 47.9	164 14.0 N23 38.8	131 47.4 N23 25.9	269 22.9 S11 52.8	286 37.6 S17 22.4	Acamar 315 14.5 S40 13.2
01	257 50.3	179 13.2 39.2	146 48.2 25.6	284 25.2 52.8	301 40.0 22.5	Achernar 335 23.0 S57 07.6
02	272 52.8	194 12.3 39.5	161 49.0 25.4	299 27.4 52.7	316 42.5 22.5	Acrux 173 02.9 S63 13.2
03	287 55.2	209 11.4 .. 39.9	176 49.8 .. 25.2	314 29.7 .. 52.6	331 45.0 .. 22.5	Adhara 255 08.5 S29 00.2
04	302 57.7	224 10.6 40.2	191 50.6 25.0	329 32.0 52.6	346 47.4 22.5	Aldebaran 290 43.4 N16 33.0
05	318 00.2	239 09.7 40.5	206 51.4 24.7	344 34.2 52.5	1 49.9 22.5	
06	333 02.6	254 08.9 N23 40.9	221 52.3 N23 24.5	359 36.5 S11 52.5	16 52.4 S17 22.5	Alioth 166 15.3 N55 50.9
07	348 05.1	269 08.0 41.2	236 53.1 24.3	14 38.8 52.4	31 54.8 22.5	Alkaid 152 54.0 N49 12.6
T 08	3 07.6	284 07.1 41.5	251 53.9 24.0	29 41.0 52.3	46 57.3 22.5	Alnair 27 36.7 S46 51.3
U 09	18 10.0	299 06.3 .. 41.8	266 54.7 .. 23.8	44 43.3 .. 52.3	61 59.8 .. 22.5	Alnilam 275 41.1 S 1 11.4
E 10	33 12.5	314 05.4 42.2	281 55.5 23.6	59 45.6 52.2	77 02.3 22.5	Alphard 217 50.8 S 8 45.1
S 11	48 15.0	329 04.5 42.5	296 56.3 23.4	74 47.8 52.2	92 04.7 22.5	
D 12	63 17.4	344 03.7 N23 42.8	311 57.1 N23 23.1	89 50.1 S11 52.1	107 07.2 S17 22.5	Alphecca 126 05.9 N26 38.6
A 13	78 19.9	359 02.8 43.2	326 58.0 22.9	104 52.4 52.0	122 09.7 22.5	Alpheratz 357 38.0 N29 12.2
Y 14	93 22.4	14 02.0 43.5	341 58.8 22.7	119 54.6 52.0	137 12.1 22.6	Altair 62 02.6 N 8 55.4
15	108 24.8	29 01.1 .. 43.8	356 59.6 .. 22.4	134 56.9 .. 51.9	152 14.6 .. 22.6	Ankaa 353 10.4 S42 11.3
16	123 27.3	44 00.2 44.1	12 00.4 22.2	149 59.2 51.8	167 17.1 22.6	Antares 112 19.1 S26 28.7
17	138 29.7	58 59.4 44.4	27 01.2 22.0	165 01.5 51.8	182 19.5 22.6	
18	153 32.2	73 58.5 N23 44.8	42 02.0 N23 21.7	180 03.7 S11 51.7	197 22.0 S17 22.6	Arcturus 145 50.4 N19 04.4
19	168 34.7	88 57.6 45.1	57 02.8 21.5	195 06.0 51.7	212 24.5 22.6	Atria 107 15.4 S69 03.8
20	183 37.1	103 56.8 45.4	72 03.7 21.3	210 08.3 51.6	227 27.0 22.6	Avior 234 16.2 S59 34.9
21	198 39.6	118 55.9 .. 45.7	87 04.5 .. 21.0	225 10.5 .. 51.5	242 29.4 .. 22.6	Bellatrix 278 26.4 N 6 22.0
22	213 42.1	133 55.1 46.0	102 05.3 20.8	240 12.8 51.5	257 31.9 22.6	Betelgeuse 270 55.6 N 7 24.6
23	228 44.5	148 54.2 46.3	117 06.1 20.6	255 15.1 51.4	272 34.4 22.6	
26 00	243 47.0	163 53.3 N23 46.6	132 06.9 N23 20.4	270 17.4 S11 51.4	287 36.9 S17 22.6	Canopus 263 54.2 S52 42.6
01	258 49.5	178 52.5 46.9	147 07.7 20.1	285 19.6 51.3	302 39.3 22.6	Capella 280 26.7 N46 01.1
02	273 51.9	193 51.6 47.3	162 08.6 19.9	300 21.9 51.2	317 41.8 22.7	Deneb 49 27.6 N45 21.1
03	288 54.4	208 50.7 .. 47.6	177 09.4 .. 19.6	315 24.2 .. 51.2	332 44.3 .. 22.7	Denebola 182 27.9 N14 27.3
04	303 56.8	223 49.9 47.9	192 10.2 19.4	330 26.4 51.1	347 46.7 22.7	Diphda 348 50.5 S17 52.2
05	318 59.3	238 49.0 48.2	207 11.0 19.2	345 28.7 51.1	2 49.2 22.7	
06	334 01.8	253 48.1 N23 48.5	222 11.8 N23 18.9	0 31.0 S11 51.0	17 51.7 S17 22.7	Dubhe 193 44.7 N61 38.5
W 07	349 04.2	268 47.3 48.8	237 12.6 18.7	15 33.3 50.9	32 54.2 22.7	Elnath 278 06.0 N28 37.4
E 08	4 06.7	283 46.4 49.1	252 13.4 18.5	30 35.5 50.9	47 56.6 22.7	Eltanin 90 43.1 N51 29.1
D 09	19 09.2	298 45.5 .. 49.4	267 14.3 .. 18.2	45 37.8 .. 50.8	62 59.1 .. 22.7	Enif 33 41.6 N 9 58.2
N 10	34 11.6	313 44.7 49.7	282 15.1 18.0	60 40.1 50.8	78 01.6 22.7	Fomalhaut 15 17.9 S29 30.5
E 11	49 14.1	328 43.8 50.0	297 15.9 17.8	75 42.4 50.7	93 04.1 22.7	
S 12	64 16.6	343 42.9 N23 50.3	312 16.7 N23 17.5	90 44.6 S11 50.6	108 06.5 S17 22.7	Gacrux 171 54.5 S57 14.1
D 13	79 19.0	358 42.1 50.6	327 17.5 17.3	105 46.9 50.6	123 09.0 22.8	Gienah 175 46.5 S17 39.7
A 14	94 21.5	13 41.2 50.9	342 18.3 17.1	120 49.2 50.5	138 11.5 22.8	Hadar 148 39.6 S60 28.6
Y 15	109 24.0	28 40.3 .. 51.2	357 19.2 .. 16.8	135 51.5 .. 50.5	153 14.0 .. 22.8	Hamal 327 54.8 N23 33.6
16	124 26.4	43 39.5 51.5	12 20.0 16.6	150 53.7 50.4	168 16.4 22.8	Kaus Aust. 83 36.1 S34 22.4
17	139 28.9	58 38.6 51.7	27 20.8 16.3	165 56.0 50.3	183 18.9 22.8	
18	154 31.3	73 37.7 N23 52.0	42 21.6 N23 16.1	180 58.3 S11 50.2	198 21.4 S17 22.8	Kochab 137 18.8 N74 04.2
19	169 33.8	88 36.9 52.3	57 22.4 15.9	196 00.6 50.2	213 23.9 22.8	Markab 13 32.9 N15 19.0
20	184 36.3	103 36.0 52.6	72 23.2 15.6	211 02.8 50.2	228 26.3 22.8	Menkar 314 09.6 N 4 10.2
21	199 38.7	118 35.1 .. 52.9	87 24.1 .. 15.4	226 05.1 .. 50.1	243 28.8 .. 22.8	Menkent 148 00.8 S36 28.5
22	214 41.2	133 34.2 53.2	102 24.9 15.2	241 07.4 50.1	258 31.3 22.8	Miaplacidus 221 39.1 S69 48.5
23	229 43.7	148 33.4 53.5	117 25.7 14.9	256 09.7 50.0	273 33.8 22.9	
27 00	244 46.1	163 32.5 N23 53.7	132 26.5 N23 14.7	271 12.0 S11 49.9	288 36.3 S17 22.9	Mirfak 308 33.0 N49 56.0
01	259 48.6	178 31.6 54.0	147 27.3 14.4	286 14.2 49.9	303 38.7 22.9	Nunki 75 51.2 S26 16.1
02	274 51.1	193 30.8 54.3	162 28.1 14.2	301 16.5 49.8	318 41.2 22.9	Peacock 53 10.2 S56 39.8
03	289 53.5	208 29.9 .. 54.6	177 29.0 .. 14.0	316 18.8 .. 49.8	333 43.7 .. 22.9	Pollux 243 21.2 N27 58.5
04	304 56.0	223 29.0 54.9	192 29.8 13.7	331 21.1 49.7	348 46.2 22.9	Procyon 244 54.2 N 5 10.2
05	319 58.5	238 28.2 55.1	207 30.6 13.5	346 23.4 49.7	3 48.6 22.9	
06	335 00.9	253 27.3 N23 55.4	222 31.4 N23 13.2	1 25.6 S11 49.6	18 51.1 S17 22.9	Rasalhague 96 01.0 N12 32.7
07	350 03.4	268 26.4 55.7	237 32.2 13.0	16 27.9 49.5	33 53.6 22.9	Regulus 207 37.7 N11 51.8
T 08	5 05.8	283 25.5 56.0	252 33.1 12.8	31 30.2 49.5	48 56.1 22.9	Rigel 281 07.1 S 8 10.8
H 09	20 08.3	298 24.7 .. 56.2	267 33.9 .. 12.5	46 32.5 .. 49.4	63 58.6 .. 23.0	Rigil Kent. 139 43.7 S60 55.4
U 10	35 10.8	313 23.8 56.5	282 34.7 12.3	61 34.8 49.4	79 01.0 23.0	Sabik 102 05.9 S15 45.0
R 11	50 13.2	328 22.9 56.8	297 35.5 12.0	76 37.0 49.3	94 03.5 23.0	
S 12	65 15.7	343 22.1 N23 57.0	312 36.3 N23 11.8	91 39.3 S11 49.3	109 06.0 S17 23.0	Schedar 349 34.7 N56 38.9
D 13	80 18.2	358 21.2 57.3	327 37.1 11.5	106 41.6 49.2	124 08.5 23.0	Shaula 96 14.0 S37 07.1
A 14	95 20.6	13 20.3 57.6	342 38.0 11.3	121 43.9 49.1	139 10.9 23.0	Sirius 258 29.2 S16 44.9
Y 15	110 23.1	28 19.4 .. 57.8	357 38.8 .. 11.1	136 46.2 .. 49.1	154 13.4 .. 23.0	Spica 158 25.2 S11 16.4
16	125 25.6	43 18.6 58.1	12 39.6 10.8	151 48.5 49.0	169 15.9 23.0	Suhail 222 48.6 S43 31.3
17	140 28.0	58 17.7 58.4	27 40.4 10.6	166 50.7 49.0	184 18.4 23.0	
18	155 30.5	73 16.8 N23 58.6	42 41.2 N23 10.3	181 53.0 S11 48.9	199 20.9 S17 23.0	Vega 80 34.9 N38 48.1
19	170 33.0	88 15.9 58.9	57 42.1 10.1	196 55.3 48.9	214 23.3 23.1	Zuben'ubi 136 59.0 S16 07.8
20	185 35.4	103 15.1 59.1	72 42.9 09.8	211 57.6 48.8	229 25.8 23.1	SHA / Mer. Pass.
21	200 37.9	118 14.2 .. 59.4	87 43.7 .. 09.6	226 59.9 .. 48.8	244 28.3 .. 23.1	° ′ / h m
22	215 40.3	133 13.3 59.7	102 44.5 09.3	242 02.2 48.7	259 30.8 23.1	Venus 280 06.3 13 05
23	230 42.8	148 12.4 59.9	117 45.3 09.1	257 04.4 48.6	274 33.3 23.1	Mars 248 19.9 15 11
	h m					Jupiter 26 30.4 5 58
Mer. Pass.	7 43.6	v −0.9 d 0.3	v 0.8 d 0.2	v 2.3 d 0.1	v 2.5 d 0.0	Saturn 43 49.9 4 49

2021 MAY 25, 26, 27 (TUES., WED., THURS.)

UT	SUN GHA	SUN Dec	MOON GHA	MOON v	MOON Dec	MOON d	MOON HP
d h	° ′	° ′	° ′	′	° ′	′	′
25 00	180 46.2	N20 57.0	21 20.5	7.3	S13 26.4	14.2	61.2
01	195 46.2	57.5	35 46.8	7.2	13 40.6	14.1	61.2
02	210 46.1	57.9	50 13.0	7.2	13 54.7	14.1	61.2
03	225 46.1	58.3	64 39.2	7.0	14 08.8	13.9	61.2
04	240 46.0	58.8	79 05.2	7.0	14 22.7	13.8	61.2
05	255 45.9	59.2	93 31.2	6.8	14 36.5	13.8	61.2
06	270 45.9	N20 59.7	107 57.0	6.8	S14 50.3	13.7	61.3
07	285 45.8	21 00.1	122 22.8	6.7	15 04.0	13.5	61.3
T 08	300 45.7	00.6	136 48.5	6.5	15 17.5	13.5	61.3
U 09	315 45.7	01.0	151 14.0	6.5	15 31.0	13.4	61.3
E 10	330 45.6	01.5	165 39.5	6.4	15 44.4	13.3	61.3
S 11	345 45.5	01.9	180 04.9	6.3	15 57.7	13.1	61.3
D 12	0 45.5	N21 02.3	194 30.2	6.2	S16 10.8	13.1	61.3
A 13	15 45.4	02.8	208 55.4	6.1	16 23.9	13.0	61.3
Y 14	30 45.4	03.2	223 20.5	6.1	16 36.9	12.9	61.3
15	45 45.3	03.6	237 45.6	5.9	16 49.8	12.7	61.3
16	60 45.2	04.1	252 10.5	5.8	17 02.5	12.6	61.3
17	75 45.2	04.5	266 35.3	5.8	17 15.1	12.6	61.3
18	90 45.1	N21 05.0	281 00.1	5.6	S17 27.7	12.4	61.4
19	105 45.0	05.4	295 24.7	5.6	17 40.1	12.3	61.4
20	120 45.0	05.8	309 49.3	5.4	17 52.4	12.1	61.4
21	135 44.9	06.3	324 13.7	5.4	18 04.5	12.1	61.4
22	150 44.8	06.7	338 37.1	5.3	18 16.6	11.9	61.4
23	165 44.8	07.1	353 02.4	5.2	18 28.5	11.8	61.4
26 00	180 44.7	N21 07.6	7 26.6	5.1	S18 40.3	11.7	61.4
01	195 44.6	08.0	21 50.7	5.0	18 52.0	11.5	61.4
02	210 44.6	08.4	36 14.7	4.9	19 03.5	11.4	61.4
03	225 44.5	08.9	50 38.6	4.9	19 14.9	11.3	61.4
04	240 44.4	09.3	65 02.5	4.7	19 26.2	11.1	61.4
05	255 44.4	09.7	79 26.2	4.7	19 37.3	11.0	61.4
06	270 44.3	N21 10.2	93 49.9	4.5	S19 48.3	10.8	61.4
W 07	285 44.2	10.6	108 13.4	4.5	19 59.1	10.7	61.4
E 08	300 44.2	11.0	122 36.9	4.4	20 09.8	10.6	61.4
D 09	315 44.1	11.4	137 00.3	4.4	20 20.4	10.4	61.4
N 10	330 44.0	11.9	151 23.7	4.2	20 30.8	10.3	61.3
E 11	345 44.0	12.3	165 46.9	4.1	20 41.1	10.1	61.3
S 12	0 43.9	N21 12.7	180 10.0	4.1	S20 51.2	10.0	61.3
D 13	15 43.8	13.1	194 33.1	4.0	21 01.2	9.8	61.3
A 14	30 43.7	13.6	208 56.1	3.9	21 11.0	9.6	61.3
Y 15	45 43.7	14.0	223 19.0	3.9	21 20.6	9.5	61.3
16	60 43.6	14.4	237 41.9	3.8	21 30.1	9.4	61.3
17	75 43.5	14.8	252 04.7	3.7	21 39.5	9.2	61.3
18	90 43.5	N21 15.3	266 27.4	3.6	S21 48.7	9.0	61.3
19	105 43.4	15.7	280 50.0	3.5	21 57.7	8.8	61.3
20	120 43.3	16.1	295 12.5	3.5	22 06.5	8.7	61.3
21	135 43.3	16.5	309 35.0	3.4	22 15.2	8.6	61.3
22	150 43.2	16.9	323 57.4	3.4	22 23.8	8.3	61.3
23	165 43.1	17.4	338 19.8	3.3	22 32.1	8.2	61.2
27 00	180 43.0	N21 17.8	352 42.1	3.2	S22 40.3	8.0	61.2
01	195 43.0	18.2	7 04.3	3.2	22 48.3	7.9	61.2
02	210 42.9	18.6	21 26.5	3.1	22 56.2	7.6	61.2
03	225 42.8	19.0	35 48.6	3.1	23 03.8	7.5	61.2
04	240 42.8	19.4	50 10.7	3.0	23 11.3	7.4	61.2
05	255 42.7	19.8	64 32.7	2.9	23 18.7	7.1	61.2
06	270 42.6	N21 20.3	78 54.6	2.9	S23 25.8	7.0	61.1
T 07	285 42.5	20.7	93 16.5	2.9	23 32.8	6.8	61.1
H 08	300 42.5	21.1	107 38.4	2.8	23 39.6	6.6	61.1
U 09	315 42.4	21.5	122 00.2	2.7	23 46.2	6.4	61.1
R 10	330 42.3	21.9	136 21.9	2.7	23 52.6	6.2	61.1
S 11	345 42.2	22.3	150 43.6	2.7	23 58.8	6.1	61.1
D 12	0 42.2	N21 22.7	165 05.3	2.7	S24 04.9	5.9	61.0
A 13	15 42.1	23.1	179 27.0	2.6	24 10.8	5.7	61.0
Y 14	30 42.0	23.6	193 48.6	2.6	24 16.5	5.5	61.0
15	45 41.9	24.0	208 10.2	2.5	24 22.0	5.3	61.0
16	60 41.9	24.4	222 31.7	2.5	24 27.3	5.1	61.0
17	75 41.8	24.8	236 53.2	2.5	24 32.4	4.9	60.9
18	90 41.7	N21 25.2	251 14.7	2.5	S24 37.3	4.8	60.9
19	105 41.6	25.6	265 36.2	2.5	24 42.1	4.6	60.9
20	120 41.6	26.0	279 57.7	2.4	24 46.7	4.3	60.9
21	135 41.5	26.4	294 19.1	2.5	24 51.0	4.2	60.8
22	150 41.4	26.8	308 40.6	2.4	24 55.2	4.0	60.8
23	165 41.3	27.2	323 02.0	2.4	S24 59.2	3.8	60.8
	SD 15.8	d 0.4	SD 16.7		16.7		16.6

Twilight / Sunrise / Moonrise

Lat.	Naut.	Civil	Sunrise	25	26	27	28
°	h m	h m	h m	h m	h m	h m	h m
N 72	▭	▭	▭	■	■	■	■
N 70	▭	▭	▭	21 50	■	■	■
68	////	////	00 11	21 02	■	■	■
66	////	////	01 37	20 32	23 08	■	■
64	////	////	02 13	20 09	22 20	24 33	00 33
62	////	00 57	02 39	19 51	21 49	23 39	24 55
60	////	01 44	02 59	19 37	21 26	23 06	24 20
N 58	////	02 12	03 15	19 24	21 08	22 42	23 54
56	00 52	02 34	03 29	19 13	20 52	22 23	23 34
54	01 34	02 52	03 41	19 04	20 39	22 06	23 17
52	02 01	03 07	03 52	18 56	20 28	21 52	23 02
50	02 22	03 19	04 01	18 48	20 17	21 40	22 50
45	02 59	03 45	04 20	18 32	19 56	21 15	22 24
N 40	03 25	04 05	04 36	18 19	19 39	20 55	22 03
35	03 45	04 21	04 50	18 08	19 24	20 38	21 46
30	04 02	04 34	05 01	17 59	19 12	20 24	21 31
20	04 28	04 57	05 21	17 42	18 51	20 00	21 06
N 10	04 48	05 15	05 38	17 28	18 33	19 39	20 44
0	05 06	05 31	05 53	17 15	18 16	19 19	20 23
S 10	05 21	05 47	06 09	17 02	17 59	19 00	20 03
20	05 35	06 02	06 26	16 48	17 41	18 39	19 41
30	05 49	06 19	06 45	16 32	17 20	18 15	19 16
35	05 57	06 28	06 55	16 23	17 08	18 01	19 02
40	06 05	06 38	07 08	16 13	16 55	17 45	18 45
45	06 14	06 50	07 23	16 01	16 39	17 26	18 24
S 50	06 23	07 04	07 41	15 47	16 19	17 02	17 58
52	06 28	07 10	07 49	15 40	16 10	16 51	17 46
54	06 32	07 17	07 59	15 32	15 59	16 38	17 32
56	06 37	07 25	08 10	15 24	15 48	16 23	17 15
58	06 43	07 34	08 22	15 15	15 34	16 05	16 55
S 60	06 49	07 43	08 36	15 04	15 19	15 44	16 31

Sunset / Twilight / Moonset

Lat.	Sunset	Civil	Naut.	25	26	27	28
°	h m	h m	h m	h m	h m	h m	h m
N 72	▭	▭	▭	01 19	■	■	■
N 70	▭	▭	▭	01 45	00 48	■	■
68	▭	▭	▭	02 05	01 37	■	■
66	22 21	////	////	02 22	02 08	01 41	■
64	21 43	////	////	02 35	02 32	02 30	02 31
62	21 17	23 03	////	02 46	02 51	03 01	03 26
60	20 57	22 13	////	02 56	03 07	03 25	03 59
N 58	20 40	21 44	////	03 05	03 20	03 44	04 23
56	20 26	21 21	23 08	03 12	03 32	04 00	04 43
54	20 14	21 04	22 22	03 19	03 42	04 14	04 59
52	20 03	20 49	21 55	03 25	03 51	04 26	05 13
50	19 54	20 36	21 34	03 31	03 59	04 36	05 26
45	19 34	20 10	20 56	03 43	04 16	04 58	05 51
N 40	19 18	19 50	20 30	03 53	04 31	05 17	06 12
35	19 05	19 34	20 09	04 01	04 43	05 32	06 29
30	18 53	19 20	19 52	04 09	04 54	05 45	06 43
20	18 34	18 58	19 26	04 22	05 12	06 08	07 08
N 10	18 16	18 39	19 06	04 34	05 28	06 27	07 30
0	18 01	18 23	18 49	04 45	05 43	06 46	07 50
S 10	17 45	18 07	18 33	04 56	05 58	07 04	08 10
20	17 28	17 52	18 19	05 07	06 15	07 24	08 32
30	17 09	17 35	18 05	05 21	06 33	07 47	08 56
35	16 58	17 26	17 57	05 29	06 44	08 00	09 11
40	16 46	17 16	17 49	05 37	06 57	08 15	09 28
45	16 31	17 04	17 40	05 48	07 12	08 34	09 48
S 50	16 13	16 50	17 30	06 01	07 30	08 57	10 14
52	16 04	16 44	17 26	06 07	07 39	09 08	10 26
54	15 55	16 37	17 21	06 13	07 49	09 21	10 41
56	15 44	16 29	17 16	06 21	08 00	09 35	10 57
58	15 32	16 20	17 11	06 29	08 13	09 52	11 17
S 60	15 17	16 10	17 05	06 39	08 28	10 13	11 42

SUN / MOON

Day	Eqn. of Time 00ʰ	Eqn. of Time 12ʰ	Mer. Pass.	Mer. Pass. Upper	Mer. Pass. Lower	Age	Phase
d	m s	m s	h m	h m	h m	d	%
25	03 05	03 02	11 57	23 29	11 00	14	99
26	02 59	02 56	11 57	24 30	11 59	15	100
27	02 52	02 49	11 57	00 30	13 02	16	98

2021 MAY 28, 29, 30 (FRI., SAT., SUN.)

UT	ARIES	VENUS −3.9	MARS +1.7	JUPITER −2.4	SATURN +0.4	STARS
	GHA	GHA Dec	GHA Dec	GHA Dec	GHA Dec	Name SHA Dec
d h	° ′	° ′ ° ′	° ′ ° ′	° ′ ° ′	° ′ ° ′	° ′ ° ′
28 00	245 45.3	163 11.6 N24 00.2	132 46.2 N23 08.8	272 06.7 S11 48.6	289 35.7 S17 23.1	Acamar 315 14.5 S40 13.2
01	260 47.7	178 10.7 00.4	147 47.0 08.6	287 09.0 48.5	304 38.2 23.1	Achernar 335 22.9 S57 07.6
02	275 50.2	193 09.8 00.7	162 47.8 08.4	302 11.3 48.5	319 40.7 23.1	Acrux 173 02.9 S63 13.2
03	290 52.7	208 08.9 .. 00.9	177 48.6 .. 08.1	317 13.6 .. 48.4	334 43.2 .. 23.1	Adhara 255 08.5 S29 00.2
04	305 55.1	223 08.1 01.2	192 49.4 07.9	332 15.9 48.4	349 45.7 23.1	Aldebaran 290 43.4 N16 33.0
05	320 57.6	238 07.2 01.4	207 50.2 07.6	347 18.2 48.3	4 48.2 23.2	
06	336 00.1	253 06.3 N24 01.7	222 51.1 N23 07.4	2 20.4 S11 48.3	19 50.6 S17 23.2	Alioth 166 15.3 N55 50.9
07	351 02.5	268 05.4 01.9	237 51.9 07.1	17 22.7 48.2	34 53.1 23.2	Alkaid 152 54.0 N49 12.6
08	6 05.0	283 04.6 02.1	252 52.7 06.9	32 25.0 48.1	49 55.6 23.2	Alnair 27 36.6 S46 51.3
F 09	21 07.5	298 03.7 .. 02.4	267 53.5 .. 06.6	47 27.3 .. 48.1	64 58.1 .. 23.2	Alnilam 275 41.1 S 1 11.4
R 10	36 09.9	313 02.8 02.6	282 54.3 06.4	62 29.6 48.0	80 00.6 23.2	Alphard 217 50.8 S 8 45.1
I 11	51 12.4	328 01.9 02.9	297 55.2 06.1	77 31.9 48.0	95 03.0 23.2	
D 12	66 14.8	343 01.1 N24 03.1	312 56.0 N23 05.9	92 34.2 S11 47.9	110 05.5 S17 23.2	Alphecca 126 05.9 N26 38.7
A 13	81 17.3	358 00.2 03.3	327 56.8 05.6	107 36.5 47.9	125 08.0 23.3	Alpheratz 357 37.9 N29 12.2
Y 14	96 19.8	12 59.3 03.6	342 57.6 05.4	122 38.7 47.8	140 10.5 23.3	Altair 62 02.6 N 8 55.4
15	111 22.2	27 58.4 .. 03.8	357 58.4 .. 05.1	137 41.0 .. 47.8	155 13.0 .. 23.3	Ankaa 353 10.3 S42 11.3
16	126 24.7	42 57.6 04.0	12 59.3 04.9	152 43.3 47.7	170 15.5 23.3	Antares 112 19.1 S26 28.7
17	141 27.2	57 56.7 04.3	28 00.1 04.6	167 45.6 47.7	185 17.9 23.3	
18	156 29.6	72 55.8 N24 04.5	43 00.9 N23 04.4	182 47.9 S11 47.6	200 20.4 S17 23.3	Arcturus 145 50.4 N19 04.4
19	171 32.1	87 54.9 04.7	58 01.7 04.1	197 50.2 47.6	215 22.9 23.3	Atria 107 15.4 S69 03.8
20	186 34.6	102 54.0 05.0	73 02.6 03.9	212 52.5 47.5	230 25.4 23.3	Avior 234 16.2 S59 34.9
21	201 37.0	117 53.2 .. 05.2	88 03.4 .. 03.6	227 54.8 .. 47.5	245 27.9 .. 23.4	Bellatrix 278 26.4 N 6 22.0
22	216 39.5	132 52.3 05.4	103 04.2 03.4	242 57.1 47.4	260 30.4 23.4	Betelgeuse 270 55.6 N 7 24.6
23	231 42.0	147 51.4 05.6	118 05.0 03.1	257 59.4 47.3	275 32.9 23.4	
29 00	246 44.4	162 50.5 N24 05.9	133 05.8 N23 02.9	273 01.7 S11 47.3	290 35.3 S17 23.4	Canopus 263 54.2 S52 42.6
01	261 46.9	177 49.7 06.1	148 06.7 02.6	288 04.0 47.2	305 37.8 23.4	Capella 280 26.7 N46 01.1
02	276 49.3	192 48.8 06.3	163 07.5 02.4	303 06.2 47.2	320 40.3 23.4	Deneb 49 27.5 N45 21.1
03	291 51.8	207 47.9 .. 06.5	178 08.3 .. 02.1	318 08.5 .. 47.1	335 42.8 .. 23.4	Denebola 182 27.9 N14 27.3
04	306 54.3	222 47.0 06.8	193 09.1 01.8	333 10.8 47.1	350 45.3 23.4	Diphda 348 50.5 S17 52.2
05	321 56.7	237 46.1 07.0	208 09.9 01.6	348 13.1 47.0	5 47.8 23.5	
06	336 59.2	252 45.3 N24 07.2	223 10.8 N23 01.3	3 15.4 S11 47.0	20 50.2 S17 23.5	Dubhe 193 44.7 N61 38.5
07	352 01.7	267 44.4 07.4	238 11.6 01.1	18 17.7 46.9	35 52.7 23.5	Elnath 278 06.0 N28 37.4
S 08	7 04.1	282 43.5 07.6	253 12.4 00.8	33 20.0 46.9	50 55.2 23.5	Eltanin 90 43.1 N51 29.1
A 09	22 06.6	297 42.6 .. 07.8	268 13.2 .. 00.6	48 22.3 .. 46.8	65 57.7 .. 23.5	Enif 33 41.6 N 9 58.2
T 10	37 09.1	312 41.7 08.0	283 14.0 00.3	63 24.6 46.8	81 00.2 23.5	Fomalhaut 15 17.8 S29 30.5
U 11	52 11.5	327 40.9 08.3	298 14.9 23 00.1	78 26.9 46.7	96 02.7 23.5	
R 12	67 14.0	342 40.0 N24 08.5	313 15.7 N22 59.8	93 29.2 S11 46.7	111 05.2 S17 23.5	Gacrux 171 54.6 S57 14.1
D 13	82 16.5	357 39.1 08.7	328 16.5 59.6	108 31.5 46.6	126 07.7 23.6	Gienah 175 46.5 S17 39.7
A 14	97 18.9	12 38.2 08.9	343 17.3 59.3	123 33.8 46.6	141 10.1 23.6	Hadar 148 39.6 S60 28.6
Y 15	112 21.4	27 37.3 .. 09.1	358 18.2 .. 59.0	138 36.1 .. 46.5	156 12.6 .. 23.6	Hamal 327 54.8 N23 33.6
16	127 23.8	42 36.5 09.3	13 19.0 58.8	153 38.4 46.5	171 15.1 23.6	Kaus Aust. 83 36.1 S34 22.4
17	142 26.3	57 35.6 09.5	28 19.8 58.5	168 40.7 46.4	186 17.6 23.6	
18	157 28.8	72 34.7 N24 09.7	43 20.6 N22 58.3	183 43.0 S11 46.4	201 20.1 S17 23.6	Kochab 137 18.8 N74 04.3
19	172 31.2	87 33.8 09.9	58 21.5 58.0	198 45.3 46.3	216 22.6 23.6	Markab 13 32.9 N15 19.0
20	187 33.7	102 32.9 10.1	73 22.3 57.8	213 47.6 46.3	231 25.1 23.6	Menkar 314 09.6 N 4 10.2
21	202 36.2	117 32.1 .. 10.3	88 23.1 .. 57.5	228 49.9 .. 46.2	246 27.6 .. 23.7	Menkent 148 00.8 S36 28.5
22	217 38.6	132 31.2 10.5	103 23.9 57.2	243 52.2 46.2	261 30.0 23.7	Miaplacidus 221 39.1 S69 48.5
23	232 41.1	147 30.3 10.7	118 24.7 57.0	258 54.5 46.1	276 32.5 23.7	
30 00	247 43.6	162 29.4 N24 10.9	133 25.6 N22 56.7	273 56.8 S11 46.1	291 35.0 S17 23.7	Mirfak 308 32.9 N49 56.0
01	262 46.0	177 28.5 11.1	148 26.4 56.5	288 59.1 46.0	306 37.5 23.7	Nunki 75 51.1 S26 16.1
02	277 48.5	192 27.6 11.3	163 27.2 56.2	304 01.4 46.0	321 40.0 23.7	Peacock 53 10.5 S56 39.8
03	292 51.0	207 26.8 .. 11.5	178 28.0 .. 55.9	319 03.7 .. 45.9	336 42.5 .. 23.7	Pollux 243 21.2 N27 58.5
04	307 53.4	222 25.9 11.6	193 28.9 55.7	334 06.0 45.9	351 45.0 23.7	Procyon 244 54.2 N 5 10.2
05	322 55.9	237 25.0 11.8	208 29.7 55.4	349 08.3 45.8	6 47.5 23.8	
06	337 58.3	252 24.1 N24 12.0	223 30.5 N22 55.2	4 10.6 S11 45.8	21 50.0 S17 23.8	Rasalhague 96 01.0 N12 32.7
07	353 00.8	267 23.2 12.2	238 31.3 54.9	19 12.9 45.7	36 52.5 23.8	Regulus 207 37.7 N11 51.8
08	8 03.3	282 22.3 12.4	253 32.2 54.6	34 15.2 45.7	51 54.9 23.8	Rigel 281 07.1 S 8 10.7
S 09	23 05.7	297 21.5 .. 12.6	268 33.0 .. 54.4	49 17.5 .. 45.6	66 57.4 .. 23.8	Rigil Kent. 139 43.7 S60 55.4
U 10	38 08.2	312 20.6 12.8	283 33.8 54.1	64 19.8 45.6	81 59.9 23.8	Sabik 102 05.8 S15 45.0
N 11	53 10.7	327 19.7 12.9	298 34.6 53.8	79 22.1 45.5	97 02.4 23.8	
D 12	68 13.1	342 18.8 N24 13.1	313 35.4 N22 53.6	94 24.4 S11 45.5	112 04.9 S17 23.9	Schedar 349 34.6 N56 38.9
A 13	83 15.6	357 17.9 13.3	328 36.3 53.3	109 26.7 45.4	127 07.4 23.9	Shaula 96 14.0 S37 07.1
Y 14	98 18.1	12 17.0 13.5	343 37.1 53.1	124 29.0 45.4	142 09.9 23.9	Sirius 258 29.1 S16 44.8
15	113 20.5	27 16.2 .. 13.7	358 37.9 .. 52.8	139 31.3 .. 45.3	157 12.4 .. 23.9	Spica 158 25.2 S11 16.4
16	128 23.0	42 15.3 13.8	13 38.7 52.5	154 33.6 45.3	172 14.9 23.9	Suhail 222 48.6 S43 31.3
17	143 25.4	57 14.4 14.0	28 39.6 52.3	169 35.9 45.2	187 17.4 23.9	
18	158 27.9	72 13.5 N24 14.2	43 40.4 N22 52.0	184 38.2 S11 45.2	202 19.9 S17 23.9	Vega 80 34.8 N38 48.1
19	173 30.4	87 12.6 14.3	58 41.2 51.7	199 40.5 45.1	217 22.3 24.0	Zuben'ubi 136 59.0 S16 07.8
20	188 32.8	102 11.7 14.5	73 42.0 51.5	214 42.8 45.1	232 24.8 24.0	SHA Mer. Pass.
21	203 35.3	117 10.9 .. 14.7	88 42.9 .. 51.2	229 45.1 .. 45.0	247 27.3 .. 24.0	° ′ h m
22	218 37.8	132 10.0 14.9	103 43.7 50.9	244 47.4 45.0	262 29.8 24.0	Venus 276 06.1 13 09
23	233 40.2	147 09.1 15.0	118 44.5 50.7	259 49.7 44.9	277 32.3 24.0	Mars 246 21.4 15 07
	h m					Jupiter 26 17.2 5 47
Mer. Pass. 7 31.8	v −0.9 d 0.2	v 0.8 d 0.3	v 2.3 d 0.1	v 2.5 d 0.0	Saturn 43 50.9 4 37

2021 MAY 28, 29, 30 (FRI., SAT., SUN.)

UT	SUN GHA	SUN Dec	MOON GHA	MOON v	MOON Dec	MOON d	MOON HP	Lat.	Twilight Naut.	Twilight Civil	Sunrise	Moonrise 28	Moonrise 29	Moonrise 30	Moonrise 31
d h	° '	° '	° '	'	° '	'	'	°	h m	h m	h m	h m	h m	h m	h m
28 00	180 41.3	N21 27.6	337 23.4	2.4	S25 03.0	3.6	60.8	N 72	☐	☐	☐	■	■	■	■
01	195 41.2	28.0	351 44.8	2.4	25 06.6	3.5	60.7	N 70	☐	☐	☐	■	■	■	03 38
02	210 41.1	28.4	6 06.2	2.4	25 10.1	3.2	60.7	68	☐	☐	☐	■	■	■	02 42
03	225 41.0	28.8	20 27.6	2.4	25 13.3	3.0	60.7	66	////	////	01 24	■	■	■	02 42
04	240 41.0	29.2	34 49.0	2.4	25 16.3	2.9	60.7	64	////	////	02 05	00 33	02 02	02 10	02 09
05	255 40.9	29.6	49 10.4	2.4	25 19.2	2.6	60.6	62	////	00 37	02 33	24 55	00 55	01 30	01 44
								60	////	01 34	02 54	24 20	00 20	01 02	01 24
06	270 40.8	N21 30.0	63 31.8	2.4	S25 21.8	2.5	60.6	N 58	////	02 06	03 11	23 54	24 40	00 40	01 08
07	285 40.7	30.4	77 53.2	2.5	25 24.3	2.2	60.6	56	00 34	02 29	03 25	23 34	24 23	00 23	00 54
08	300 40.6	30.8	92 14.7	2.4	25 26.5	2.1	60.6	54	01 26	02 47	03 38	23 17	24 08	00 08	00 42
F 09	315 40.6	31.2	106 36.1	2.5	25 28.6	1.9	60.5	52	01 55	03 03	03 48	23 02	23 55	24 31	00 31
R 10	330 40.5	31.6	120 57.6	2.5	25 30.5	1.7	60.5	50	02 17	03 16	03 58	22 50	23 43	24 22	00 22
I 11	345 40.4	32.0	135 19.1	2.5	25 32.2	1.5	60.5	45	02 55	03 42	04 18	22 24	23 19	24 02	00 02
D 12	0 40.3	N21 32.4	149 40.6	2.6	S25 33.7	1.3	60.4	N 40	03 23	04 03	04 35	22 03	23 00	23 45	24 22
A 13	15 40.3	32.8	164 02.2	2.6	25 35.0	1.1	60.4	35	03 44	04 19	04 48	21 46	22 44	23 31	24 11
Y 14	30 40.2	33.2	178 23.8	2.6	25 36.1	1.0	60.4	30	04 01	04 33	05 00	21 31	22 30	23 19	24 01
15	45 40.1	33.6	192 45.4	2.6	25 37.1	0.7	60.3	20	04 27	04 56	05 20	21 06	22 06	22 59	23 45
16	60 40.0	34.0	207 07.0	2.7	25 37.8	0.5	60.3	N 10	04 48	05 15	05 38	20 44	21 45	22 41	23 30
17	75 39.9	34.3	221 28.7	2.7	25 38.3	0.4	60.3	0	05 06	05 32	05 54	20 23	21 26	22 24	23 17
18	90 39.9	N21 34.7	235 50.4	2.8	S25 38.7	0.2	60.3	S 10	05 21	05 47	06 10	20 03	21 06	22 07	23 03
19	105 39.8	35.1	250 12.2	2.8	25 38.9	0.0	60.2	20	05 36	06 03	06 27	19 41	20 46	21 48	22 48
20	120 39.7	35.5	264 34.0	2.8	25 38.9	0.2	60.2	30	05 51	06 20	06 46	19 16	20 22	21 27	22 31
21	135 39.6	35.9	278 55.8	2.9	25 38.7	0.4	60.2	35	05 59	06 30	06 57	19 02	20 07	21 15	22 21
22	150 39.5	36.3	293 17.7	3.0	25 38.3	0.6	60.1	40	06 07	06 40	07 10	18 45	19 51	21 01	22 10
23	165 39.5	36.7	307 39.7	3.0	25 37.7	0.8	60.1	45	06 16	06 53	07 26	18 24	19 31	20 44	21 57
29 00	180 39.4	N21 37.1	322 01.7	3.1	S25 36.9	0.9	60.1	S 50	06 26	07 07	07 44	17 58	19 07	20 23	21 40
01	195 39.3	37.5	336 23.8	3.1	25 36.0	1.2	60.0	52	06 31	07 13	07 53	17 46	18 55	20 13	21 33
02	210 39.2	37.8	350 45.9	3.2	25 34.8	1.3	60.0	54	06 36	07 21	08 03	17 32	18 42	20 02	21 24
03	225 39.1	38.2	5 08.1	3.3	25 33.5	1.5	60.0	56	06 41	07 29	08 14	17 15	18 26	19 49	21 14
04	240 39.0	38.6	19 30.4	3.3	25 32.0	1.6	59.9	58	06 47	07 38	08 27	16 55	18 07	19 34	21 03
05	255 39.0	39.0	33 52.7	3.4	25 30.4	1.9	59.9	S 60	06 53	07 48	08 42	16 31	17 44	19 16	20 50

UT	SUN GHA	SUN Dec	MOON GHA	MOON v	MOON Dec	MOON d	MOON HP	Lat.	Sunset	Twilight Civil	Twilight Naut.	Moonset 28	Moonset 29	Moonset 30	Moonset 31
06	270 38.9	N21 39.4	48 15.1	3.5	S25 28.5	2.0	59.8								
07	285 38.8	39.8	62 37.6	3.5	25 26.5	2.2	59.8		h m	h m	h m	h m	h m	h m	h m
S 08	300 38.7	40.1	77 00.1	3.6	25 24.3	2.4	59.8	N 72	☐	☐	☐	■	■	■	■
A 09	315 38.6	40.5	91 22.7	3.7	25 21.9	2.6	59.7	N 70	☐	☐	☐	■	■	■	■
T 10	330 38.6	40.9	105 45.4	3.8	25 19.3	2.7	59.7	68	☐	☐	☐	■	■	■	05 49
U 11	345 38.5	41.3	120 08.2	3.8	25 16.6	2.9	59.7	66	22 34	////	////	■	■	■	06 44
R 12	0 38.4	N21 41.7	134 31.0	4.0	S25 13.7	3.1	59.6	64	21 52	////	////	02 31	03 17	05 18	07 17
D 13	15 38.3	42.0	148 54.0	4.0	25 10.6	3.2	59.6	62	21 24	23 26	////	03 26	04 24	05 57	07 41
A 14	30 38.2	42.4	163 17.0	4.1	25 07.4	3.5	59.6	60	21 02	22 23	////	03 59	04 59	06 25	08 00
Y 15	45 38.1	42.8	177 40.1	4.2	25 03.9	3.6	59.5	N 58	20 45	21 51	////	04 23	05 25	06 46	08 16
16	60 38.0	43.2	192 03.3	4.3	25 00.4	3.8	59.5	56	20 31	21 27	23 29	04 43	05 45	07 03	08 29
17	75 38.0	43.5	206 26.6	4.4	24 56.6	3.9	59.4	54	20 18	21 09	22 31	04 59	06 02	07 18	08 40
18	90 37.9	N21 43.9	220 50.0	4.5	S24 52.7	4.1	59.4	52	20 07	20 53	22 01	05 13	06 16	07 31	08 51
19	105 37.8	44.3	235 13.5	4.6	24 48.6	4.2	59.4	50	19 57	20 40	21 39	05 26	06 29	07 42	09 00
20	120 37.7	44.7	249 37.1	4.7	24 44.4	4.4	59.3	45	19 37	20 13	21 00	05 51	06 55	08 05	09 19
21	135 37.6	45.0	264 00.8	4.8	24 40.0	4.6	59.3	N 40	19 21	19 53	20 33	06 12	07 15	08 24	09 34
22	150 37.5	45.4	278 24.6	4.8	24 35.4	4.7	59.2	35	19 07	19 36	20 12	06 29	07 32	08 40	09 47
23	165 37.5	45.8	292 48.4	5.0	24 30.7	4.9	59.2	30	18 55	19 22	19 55	06 43	07 47	08 53	09 58
30 00	180 37.4	N21 46.2	307 12.4	5.1	S24 25.8	5.0	59.2	20	18 35	18 59	19 28	07 08	08 12	09 16	10 17
01	195 37.3	46.5	321 36.5	5.2	24 20.8	5.2	59.1	N 10	18 17	18 40	19 07	07 30	08 33	09 36	10 34
02	210 37.2	46.9	336 00.7	5.3	24 15.6	5.4	59.1	0	18 01	18 23	18 49	07 50	08 54	09 54	10 50
03	225 37.1	47.3	350 25.0	5.4	24 10.2	5.5	59.1	S 10	17 45	18 08	18 34	08 10	09 14	10 12	11 05
04	240 37.0	47.6	4 49.4	5.5	24 04.7	5.6	59.0	20	17 28	17 52	18 19	08 32	09 35	10 32	11 21
05	255 36.9	48.0	19 13.9	5.6	23 59.1	5.8	59.0	30	17 09	17 34	18 04	08 56	10 00	10 54	11 40
06	270 36.8	N21 48.4	33 38.5	5.8	S23 53.3	5.9	58.9	35	16 57	17 25	17 56	09 11	10 14	11 07	11 51
07	285 36.8	48.7	48 03.3	5.8	23 47.4	6.1	58.9	40	16 44	17 14	17 48	09 28	10 31	11 22	12 03
08	300 36.7	49.1	62 28.1	6.0	23 41.3	6.2	58.9	45	16 29	17 02	17 39	09 48	10 51	11 40	12 17
S 09	315 36.6	49.5	76 53.1	6.0	23 35.1	6.4	58.8	S 50	16 10	16 48	17 28	10 14	11 16	12 02	12 35
U 10	330 36.5	49.8	91 18.1	6.2	23 28.7	6.5	58.8	52	16 02	16 41	17 24	10 26	11 28	12 12	12 43
N 11	345 36.4	50.2	105 43.3	6.3	23 22.2	6.6	58.8	54	15 52	16 34	17 19	10 41	11 41	12 24	12 53
D 12	0 36.3	N21 50.6	120 08.6	6.4	S23 15.6	6.8	58.7	56	15 41	16 26	17 14	10 57	11 57	12 37	13 03
A 13	15 36.2	50.9	134 34.0	6.6	23 08.8	6.9	58.7	58	15 28	16 17	17 08	11 17	12 16	12 53	13 15
Y 14	30 36.1	51.3	148 59.6	6.6	23 01.9	7.0	58.6	S 60	15 13	16 07	17 01	11 42	12 39	13 11	13 28
15	45 36.1	51.6	163 25.2	6.8	22 54.9	7.2	58.6								
16	60 36.0	52.0	177 51.0	6.8	22 47.7	7.3	58.5			SUN			MOON		
17	75 35.9	52.4	192 16.8	7.0	22 40.4	7.4	58.5	Day	Eqn. of Time		Mer. Pass.	Mer. Pass. Upper	Mer. Pass. Lower	Age	Phase
18	90 35.8	N21 52.7	206 42.8	7.2	S22 33.0	7.5	58.5		00h	12h					
19	105 35.7	53.1	221 09.0	7.2	22 25.5	7.7	58.4		m s	m s	h m	h m	h m	d	%
20	120 35.6	53.4	235 35.2	7.3	22 17.8	7.8	58.4	28	02 45	02 41	11 57	01 35	14 07	17	94
21	135 35.5	53.8	250 01.5	7.5	22 10.0	7.9	58.3	29	02 38	02 34	11 57	02 39	15 10	18	87
22	150 35.4	54.2	264 28.0	7.6	22 02.1	8.0	58.3	30	02 30	02 25	11 58	03 40	16 09	19	78
23	165 35.3	54.5	278 54.6	7.7	S21 54.1	8.2	58.3								
	SD 15.8	d 0.4	SD 16.5		16.2		16.0								

2021 MAY 31, JUNE 1, 2 (MON., TUES., WED.)

UT	ARIES	VENUS −3.9		MARS +1.7		JUPITER −2.4		SATURN +0.4		STARS		
	GHA	GHA	Dec	GHA	Dec	GHA	Dec	GHA	Dec	Name	SHA	Dec
d h	° '	° '	° '	° '	° '	° '	° '	° '	° '		° '	° '
31 00	248 42.7	162 08.2	N24 15.2	133 45.3	N22 50.4	274 52.0	S11 44.9	292 34.8	S17 24.0	Acamar	315 14.5	S40 13.2
01	263 45.2	177 07.3	15.3	148 46.2	50.2	289 54.3	44.8	307 37.3	24.0	Achernar	335 22.9	S57 07.6
02	278 47.6	192 06.4	15.5	163 47.0	49.9	304 56.6	44.8	322 39.8	24.1	Acrux	173 02.9	S63 13.2
03	293 50.1	207 05.5 ..	15.7	178 47.8 ..	49.6	319 58.9 ..	44.8	337 42.3 ..	24.1	Adhara	255 08.5	S29 00.2
04	308 52.6	222 04.7	15.8	193 48.6	49.4	335 01.2	44.7	352 44.8	24.1	Aldebaran	290 43.4	N16 33.0
05	323 55.0	237 03.8	16.0	208 49.5	49.1	350 03.6	44.7	7 47.3	24.1			
06	338 57.5	252 02.9	N24 16.1	223 50.3	N22 48.8	5 05.9	S11 44.6	22 49.8	S17 24.1	Alioth	166 15.4	N55 50.9
07	353 59.9	267 02.0	16.3	238 51.1	48.6	20 08.2	44.6	37 52.3	24.1	Alkaid	152 54.1	N49 12.6
08	9 02.4	282 01.1	16.5	253 51.9	48.3	35 10.5	44.5	52 54.8	24.1	Alnair	27 36.6	S46 51.3
M 09	24 04.9	297 00.2 ..	16.6	268 52.8 ..	48.0	50 12.8 ..	44.5	67 57.3 ..	24.2	Alnilam	275 41.1	S 1 11.4
O 10	39 07.3	311 59.3	16.8	283 53.6	47.7	65 15.1	44.4	82 59.7	24.2	Alphard	217 50.8	S 8 45.1
N 11	54 09.8	326 58.5	16.9	298 54.4	47.5	80 17.4	44.4	98 02.2	24.2			
D 12	69 12.3	341 57.6	N24 17.1	313 55.2	N22 47.2	95 19.7	S11 44.3	113 04.7	S17 24.2	Alphecca	126 05.9	N26 38.7
A 13	84 14.7	356 56.7	17.2	328 56.1	46.9	110 22.0	44.3	128 07.2	24.2	Alpheratz	357 37.9	N29 12.2
Y 14	99 17.2	11 55.8	17.4	343 56.9	46.7	125 24.3	44.2	143 09.7	24.2	Altair	62 02.6	N 8 55.4
15	114 19.7	26 54.9 ..	17.5	358 57.7 ..	46.4	140 26.6 ..	44.2	158 12.2 ..	24.3	Ankaa	353 10.3	S42 11.3
16	129 22.1	41 54.0	17.7	13 58.6	46.1	155 29.0	44.2	173 14.7	24.3	Antares	112 19.1	S26 28.7
17	144 24.6	56 53.1	17.8	28 59.4	45.9	170 31.3	44.1	188 17.2	24.3			
18	159 27.1	71 52.3	N24 17.9	44 00.2	N22 45.6	185 33.6	S11 44.1	203 19.7	S17 24.3	Arcturus	145 50.4	N19 04.4
19	174 29.5	86 51.4	18.1	59 01.0	45.3	200 35.9	44.0	218 22.2	24.3	Atria	107 15.4	S69 03.9
20	189 32.0	101 50.5	18.2	74 01.9	45.0	215 38.2	44.0	233 24.7	24.3	Avior	234 16.3	S59 34.9
21	204 34.4	116 49.6 ..	18.4	89 02.7 ..	44.8	230 40.5 ..	43.9	248 27.2 ..	24.3	Bellatrix	278 26.4	N 6 22.0
22	219 36.9	131 48.7	18.5	104 03.5	44.5	245 42.8	43.9	263 29.7	24.4	Betelgeuse	270 55.6	N 7 24.6
23	234 39.4	146 47.8	18.6	119 04.3	44.2	260 45.1	43.8	278 32.2	24.4			
1 00	249 41.8	161 46.9	N24 18.8	134 05.2	N22 44.0	275 47.5	S11 43.8	293 34.7	S17 24.4	Canopus	263 54.2	S52 42.6
01	264 44.3	176 46.0	18.9	149 06.0	43.7	290 49.8	43.7	308 37.2	24.4	Capella	280 26.7	N46 01.1
02	279 46.8	191 45.2	19.0	164 06.8	43.4	305 52.1	43.7	323 39.7	24.4	Deneb	49 27.5	N45 21.1
03	294 49.2	206 44.3 ..	19.2	179 07.6 ..	43.1	320 54.4 ..	43.7	338 42.2 ..	24.4	Denebola	182 27.9	N14 27.3
04	309 51.7	221 43.4	19.3	194 08.5	42.9	335 56.7	43.6	353 44.7	24.5	Diphda	348 50.5	S17 52.2
05	324 54.2	236 42.5	19.4	209 09.3	42.6	350 59.0	43.6	8 47.2	24.5			
06	339 56.6	251 41.6	N24 19.6	224 10.1	N22 42.3	6 01.3	S11 43.5	23 49.7	S17 24.5	Dubhe	193 44.7	N61 38.5
07	354 59.1	266 40.7	19.7	239 11.0	42.0	21 03.7	43.5	38 52.2	24.5	Elnath	278 06.0	N28 37.4
T 08	10 01.6	281 39.8	19.8	254 11.8	41.8	36 06.0	43.4	53 54.7	24.5	Eltanin	90 43.0	N51 29.1
U 09	25 04.0	296 38.9 ..	19.9	269 12.6 ..	41.5	51 08.3 ..	43.4	68 57.2 ..	24.5	Enif	33 41.6	N 9 58.2
E 10	40 06.5	311 38.1	20.1	284 13.4	41.2	66 10.6	43.4	83 59.7	24.5	Fomalhaut	15 17.8	S29 30.5
S 11	55 08.9	326 37.2	20.2	299 14.3	41.0	81 12.9	43.3	99 02.2	24.6			
D 12	70 11.4	341 36.3	N24 20.3	314 15.1	N22 40.7	96 15.2	S11 43.3	114 04.7	S17 24.6	Gacrux	171 54.6	S57 14.1
A 13	85 13.9	356 35.4	20.4	329 15.9	40.4	111 17.6	43.2	129 07.2	24.6	Gienah	175 46.5	S17 39.7
Y 14	100 16.3	11 34.5	20.5	344 16.8	40.1	126 19.9	43.2	144 09.7	24.6	Hadar	148 39.6	S60 28.7
15	115 18.8	26 33.6 ..	20.7	359 17.6 ..	39.8	141 22.2 ..	43.1	159 12.2 ..	24.6	Hamal	327 54.8	N23 33.6
16	130 21.3	41 32.7	20.8	14 18.4	39.6	156 24.5	43.1	174 14.7	24.6	Kaus Aust.	83 36.1	S34 22.4
17	145 23.7	56 31.8	20.9	29 19.2	39.3	171 26.8	43.1	189 17.2	24.7			
18	160 26.2	71 30.9	N24 21.0	44 20.1	N22 39.0	186 29.1	S11 43.0	204 19.7	S17 24.7	Kochab	137 18.8	N74 04.3
19	175 28.7	86 30.1	21.1	59 20.9	38.7	201 31.5	43.0	219 22.2	24.7	Markab	13 32.8	N15 19.0
20	190 31.1	101 29.2	21.2	74 21.7	38.5	216 33.8	42.9	234 24.7	24.7	Menkar	314 09.5	N 4 10.3
21	205 33.6	116 28.3 ..	21.3	89 22.6 ..	38.2	231 36.1 ..	42.9	249 27.2 ..	24.7	Menkent	148 00.8	S36 28.6
22	220 36.0	131 27.4	21.4	104 23.4	37.9	246 38.4	42.8	264 29.7	24.7	Miaplacidus	221 39.1	S69 48.5
23	235 38.5	146 26.5	21.5	119 24.2	37.6	261 40.7	42.8	279 32.2	24.8			
2 00	250 41.0	161 25.6	N24 21.7	134 25.0	N22 37.4	276 43.1	S11 42.8	294 34.7	S17 24.8	Mirfak	308 32.9	N49 56.0
01	265 43.4	176 24.7	21.8	149 25.9	37.1	291 45.4	42.7	309 37.2	24.8	Nunki	75 51.1	S26 16.1
02	280 45.9	191 23.8	21.9	164 26.7	36.8	306 47.7	42.7	324 39.7	24.8	Peacock	53 10.5	S56 39.8
03	295 48.4	206 22.9 ..	22.0	179 27.5 ..	36.5	321 50.0 ..	42.6	339 42.2 ..	24.8	Pollux	243 21.2	N27 58.5
04	310 50.8	221 22.1	22.1	194 28.4	36.2	336 52.3	42.6	354 44.7	24.8	Procyon	244 54.2	N 5 10.2
05	325 53.3	236 21.2	22.2	209 29.2	36.0	351 54.7	42.5	9 47.2	24.9			
06	340 55.8	251 20.3	N24 22.3	224 30.0	N22 35.7	6 57.0	S11 42.5	24 49.7	S17 24.9	Rasalhague	96 01.0	N12 32.7
07	355 58.2	266 19.4	22.4	239 30.8	35.4	21 59.3	42.5	39 52.2	24.9	Regulus	207 37.7	N11 51.8
W 08	11 00.7	281 18.5	22.5	254 31.7	35.1	37 01.6	42.4	54 54.7	24.9	Rigel	281 07.0	S 8 10.7
E 09	26 03.2	296 17.6 ..	22.5	269 32.5 ..	34.8	52 04.0 ..	42.4	69 57.2 ..	24.9	Rigil Kent.	139 43.7	S60 55.4
D 10	41 05.6	311 16.7	22.6	284 33.3	34.5	67 06.3	42.3	84 59.7	24.9	Sabik	102 05.8	S15 45.0
N 11	56 08.1	326 15.8	22.7	299 34.2	34.3	82 08.6	42.3	100 02.2	25.0			
E 12	71 10.5	341 14.9	N24 22.8	314 35.0	N22 34.0	97 10.9	S11 42.3	115 04.7	S17 25.0	Schedar	349 34.6	N56 38.9
S 13	86 13.0	356 14.1	22.9	329 35.8	33.7	112 13.3	42.2	130 07.2	25.0	Shaula	96 14.0	S37 07.1
D 14	101 15.5	11 13.2	23.0	344 36.7	33.4	127 15.6	42.2	145 09.7	25.0	Sirius	258 29.1	S16 44.8
A 15	116 17.9	26 12.3 ..	23.1	359 37.5 ..	33.1	142 17.9 ..	42.1	160 12.2 ..	25.0	Spica	158 25.2	S11 16.4
Y 16	131 20.4	41 11.4	23.2	14 38.3	32.9	157 20.2	42.1	175 14.7	25.1	Suhail	222 48.6	S43 31.3
17	146 22.9	56 10.5	23.3	29 39.1	32.6	172 22.6	42.1	190 17.2	25.1			
18	161 25.3	71 09.6	N24 23.3	44 40.0	N22 32.3	187 24.9	S11 42.0	205 19.7	S17 25.1	Vega	80 34.8	N38 48.1
19	176 27.8	86 08.7	23.4	59 40.8	32.0	202 27.2	42.0	220 22.2	25.1	Zuben'ubi	136 59.0	S16 07.8
20	191 30.3	101 07.8	23.5	74 41.6	31.7	217 29.5	41.9	235 24.7	25.1		SHA	Mer.Pass.
21	206 32.7	116 06.9 ..	23.6	89 42.5 ..	31.4	232 31.9 ..	41.9	250 27.2 ..	25.1		° '	h m
22	221 35.2	131 06.0	23.7	104 43.3	31.2	247 34.2	41.9	265 29.7	25.2	Venus	272 05.1	13 14
23	236 37.7	146 05.2	23.7	119 44.1	30.9	262 36.5	41.8	280 32.2	25.2	Mars	244 23.3	15 03
	h m									Jupiter	26 05.6	5 36
Mer.Pass.	7 20.0	v −0.9	d 0.1	v 0.8	d 0.3	v 2.3	d 0.0	v 2.5	d 0.0	Saturn	43 52.9	4 25

2021 MAY 31, JUNE 1, 2 (MON., TUES., WED.)

UT	SUN GHA	SUN Dec	MOON GHA	MOON v	MOON Dec	MOON d	MOON HP	Lat.	Twilight Naut.	Twilight Civil	Sunrise	Moonrise 31	Moonrise 1	Moonrise 2	Moonrise 3
d h	° '	° '	° '	'	° '	'	'	°	h m	h m	h m	h m	h m	h m	h m
31 00	180 35.3	N21 54.9	293 21.3	7.8	S21 45.9	8.3	58.2	N 72	▢	▢	▢	▬	04 22	03 10	02 35
01	195 35.2	55.2	307 48.1	8.0	21 37.6	8.3	58.2	N 70	▢	▢	▢	▬	03 25	02 47	02 23
02	210 35.1	55.6	322 15.1	8.1	21 29.3	8.5	58.1	68	▢	▢	▢	03 38	02 50	02 29	02 14
03	225 35.0	55.9	336 42.2	8.1	21 20.8	8.6	58.1	66	////	////	01 11	02 42	02 25	02 15	02 06
04	240 34.9	56.3	351 09.3	8.4	21 12.2	8.8	58.1	64	////	////	01 57	02 09	02 06	02 03	01 59
05	255 34.8	56.6	5 36.7	8.4	21 03.4	8.8	58.0	62	////	////	02 27	01 44	01 50	01 52	01 54
								60	////	01 26	02 49	01 24	01 36	01 44	01 49
06	270 34.7	N21 57.0	20 04.1	8.5	S20 54.6	8.9	58.0	N 58	////	02 00	03 07	01 08	01 25	01 36	01 44
07	285 34.6	57.3	34 31.6	8.7	20 45.7	9.0	57.9	56	////	02 24	03 22	00 54	01 15	01 29	01 40
M 08	300 34.5	57.7	48 59.3	8.8	20 36.7	9.2	57.9	54	01 18	02 43	03 35	00 42	01 06	01 23	01 36
O 09	315 34.4	. . 58.0	63 27.1	8.9	20 27.5	9.2	57.9	52	01 50	02 59	03 46	00 31	00 58	01 17	01 33
N 10	330 34.3	58.4	77 55.0	9.0	20 18.3	9.4	57.9	50	02 13	03 13	03 56	00 22	00 50	01 12	01 30
D 11	345 34.2	58.7	92 23.0	9.1	20 08.9	9.4	57.8	45	02 53	03 40	04 17	00 02	00 35	01 01	01 24
A 12	0 34.2	N21 59.1	106 51.1	9.3	S19 59.5	9.5	57.7	N 40	03 21	04 01	04 33	24 22	00 22	00 52	01 18
Y 13	15 34.1	59.4	121 19.4	9.4	19 50.0	9.6	57.7	35	03 42	04 18	04 47	24 11	00 11	00 44	01 13
14	30 34.0	21 59.8	135 47.8	9.5	19 40.4	9.8	57.7	30	04 00	04 32	04 59	24 01	00 01	00 37	01 09
15	45 33.9	22 00.1	150 16.3	9.6	19 30.6	9.8	57.6	20	04 27	04 56	05 20	23 45	24 25	00 25	01 02
16	60 33.8	00.5	164 44.9	9.7	19 20.8	9.9	57.6	N 10	04 48	05 15	05 38	23 30	24 15	00 15	00 55
17	75 33.7	00.8	179 13.6	9.8	19 10.9	10.0	57.5	0	05 06	05 32	05 54	23 17	24 05	00 05	00 49
18	90 33.6	N22 01.2	193 42.4	10.0	S19 00.9	10.0	57.5	S 10	05 22	05 48	06 11	23 03	23 55	24 43	00 43
19	105 33.5	01.5	208 11.4	10.0	18 50.9	10.2	57.5	20	05 37	06 04	06 28	22 48	23 44	24 37	00 37
20	120 33.4	01.8	222 40.4	10.2	18 40.7	10.2	57.4	30	05 52	06 22	06 48	22 31	23 32	24 29	00 29
21	135 33.3	. . 02.2	237 09.6	10.3	18 30.5	10.4	57.4	35	06 00	06 32	06 59	22 21	23 25	24 25	00 25
22	150 33.2	02.5	251 38.9	10.4	18 20.1	10.4	57.4	40	06 09	06 42	07 13	22 10	23 17	24 20	00 20
23	165 33.1	02.9	266 08.3	10.5	18 09.7	10.5	57.3	45	06 18	06 55	07 28	21 57	23 07	24 14	00 14
1 00	180 33.0	N22 03.2	280 37.8	10.7	S17 59.2	10.5	57.3	S 50	06 29	07 10	07 47	21 40	22 56	24 08	00 08
01	195 32.9	03.5	295 07.5	10.7	17 48.7	10.7	57.2	52	06 34	07 16	07 56	21 33	22 50	24 04	00 04
02	210 32.8	03.9	309 37.2	10.8	17 38.0	10.7	57.2	54	06 39	07 24	08 06	21 24	22 44	24 01	00 01
03	225 32.7	. . 04.2	324 07.0	11.0	17 27.3	10.8	57.2	56	06 44	07 32	08 18	21 14	22 38	23 57	25 13
04	240 32.6	04.6	338 37.0	11.1	17 16.5	10.8	57.1	58	06 50	07 41	08 31	21 03	22 30	23 53	25 12
05	255 32.5	04.9	353 07.1	11.1	17 05.7	11.0	57.1	S 60	06 57	07 52	08 47	20 50	22 22	23 48	25 10
06	270 32.5	N22 05.2	7 37.2	11.3	S16 54.7	11.0	57.0								
07	285 32.4	05.6	22 07.5	11.4	16 43.7	11.0	57.0	Lat.	Sunset	Twilight Civil	Twilight Naut.	Moonset 31	Moonset 1	Moonset 2	Moonset 3
T 08	300 32.3	05.9	36 37.9	11.5	16 32.7	11.2	57.0								
U 09	315 32.2	. . 06.2	51 08.4	11.5	16 21.5	11.2	56.9	°	h m	h m	h m	h m	h m	h m	h m
E 10	330 32.1	06.6	65 38.9	11.7	16 10.3	11.2	56.9	N 72	▢	▢	▢	▬	06 56	09 46	11 52
S 11	345 32.0	06.9	80 09.6	11.8	15 59.1	11.4	56.9	N 70	▢	▢	▢	▬	07 51	10 07	12 01
D 12	0 31.9	N22 07.2	94 40.4	11.9	S15 47.7	11.4	56.8	68	▢	▢	▢	05 49	08 24	10 23	12 08
A 13	15 31.8	07.6	109 11.3	12.0	15 36.3	11.4	56.8	66	22 48	////	////	06 44	08 48	10 36	12 14
Y 14	30 31.7	07.9	123 42.3	12.1	15 24.9	11.5	56.8	64	22 00	////	////	07 17	09 06	10 46	12 20
15	45 31.6	. . 08.2	138 13.4	12.2	15 13.4	11.6	56.7	62	21 30	////	////	07 41	09 21	10 56	12 24
16	60 31.5	08.5	152 44.6	12.3	15 01.8	11.6	56.7	60	21 08	22 33	////	08 00	09 34	11 03	12 28
17	75 31.4	08.9	167 15.9	12.3	14 50.2	11.7	56.6								
18	90 31.3	N22 09.2	181 47.2	12.5	S14 38.5	11.7	56.6	N 58	20 50	21 58	////	08 16	09 45	11 10	12 31
19	105 31.2	09.5	196 18.7	12.6	14 26.8	11.8	56.6	56	20 35	21 33	////	08 29	09 54	11 16	12 34
20	120 31.1	09.9	210 50.3	12.6	14 15.0	11.8	56.5	54	20 22	21 13	22 40	08 40	10 02	11 21	12 37
21	135 31.0	. . 10.2	225 21.9	12.8	14 03.2	11.9	56.5	52	20 11	20 57	22 08	08 51	10 10	11 26	12 39
22	150 30.9	10.5	239 53.7	12.8	13 51.3	12.0	56.5	50	20 01	20 43	21 41	09 00	10 17	11 30	12 41
23	165 30.8	10.8	254 25.5	13.0	13 39.3	11.9	56.4	45	19 40	20 16	21 04	09 19	10 31	11 40	12 46
2 00	180 30.7	N22 11.2	268 57.5	13.0	S13 27.4	12.1	56.4	N 40	19 23	19 55	20 36	09 34	10 42	11 47	12 50
01	195 30.6	11.5	283 29.5	13.1	13 15.3	12.0	56.4	35	19 09	19 38	20 14	09 47	10 52	11 54	12 53
02	210 30.5	11.8	298 01.6	13.2	13 03.3	12.2	56.3	30	18 57	19 24	19 56	09 58	11 01	12 00	12 56
03	225 30.4	. . 12.1	312 33.8	13.2	12 51.1	12.1	56.3	20	18 36	19 00	19 29	10 17	11 15	12 10	13 01
04	240 30.3	12.4	327 06.0	13.4	12 39.0	12.2	56.3	N 10	18 18	18 41	19 08	10 34	11 28	12 18	13 06
05	255 30.2	12.8	341 38.4	13.4	12 26.8	12.3	56.2	0	18 02	18 24	18 50	10 50	11 40	12 27	13 10
06	270 30.1	N22 13.1	356 10.8	13.6	S12 14.5	12.3	56.2	S 10	17 45	18 08	18 34	11 05	11 52	12 35	13 14
W 07	285 30.0	13.4	10 43.4	13.6	12 02.2	12.3	56.2	20	17 28	17 51	18 19	11 21	12 05	12 43	13 18
E 08	300 29.9	13.7	25 16.0	13.7	11 49.9	12.3	56.1	30	17 08	17 34	18 03	11 40	12 19	12 53	13 23
D 09	315 29.8	. . 14.0	39 48.7	13.7	11 37.6	12.4	56.1	35	16 56	17 24	17 55	11 51	12 27	12 58	13 26
N 10	330 29.7	14.4	54 21.4	13.9	11 25.2	12.5	56.1	40	16 43	17 13	17 47	12 03	12 36	13 04	13 29
E 11	345 29.6	14.7	68 54.3	13.9	11 12.7	12.4	56.0	45	16 27	17 01	17 37	12 17	12 47	13 11	13 33
S 12	0 29.5	N22 15.0	83 27.2	14.0	S11 00.3	12.5	56.0	S 50	16 08	16 46	17 27	12 35	13 00	13 20	13 37
D 13	15 29.4	15.3	98 00.2	14.0	10 47.8	12.6	56.0	52	15 59	16 39	17 22	12 43	13 06	13 24	13 39
A 14	30 29.3	15.6	112 33.2	14.2	10 35.2	12.6	55.9	54	15 49	16 31	17 17	12 53	13 13	13 28	13 41
Y 15	45 29.2	. . 15.9	127 06.4	14.2	10 22.7	12.6	55.9	56	15 37	16 23	17 11	13 03	13 20	13 33	13 43
16	60 29.1	16.2	141 39.6	14.3	10 10.1	12.6	55.9	58	15 24	16 14	17 05	13 15	13 29	13 38	13 46
17	75 29.0	16.5	156 12.9	14.3	9 57.5	12.7	55.9	S 60	15 09	16 03	16 59	13 28	13 38	13 44	13 49
18	90 28.9	N22 16.9	170 46.2	14.4	S 9 44.8	12.7	55.8		SUN			MOON			
19	105 28.8	17.2	185 19.6	14.5	9 32.1	12.7	55.8	Day	Eqn. of Time		Mer. Pass.	Mer. Pass. Upper	Mer. Pass. Lower	Age	Phase
20	120 28.7	17.5	199 53.1	14.5	9 19.4	12.8	55.7		00h	12h					
21	135 28.6	. . 17.8	214 26.6	14.7	9 06.7	12.8	55.7	d	m s	m s	h m	h m	h m	d %	
22	150 28.5	18.1	229 00.3	14.6	8 53.9	12.8	55.7	31	02 21	02 17	11 58	04 37	17 03	20 69	
23	165 28.4	18.4	243 33.9	14.8	S 8 41.1	12.8	55.7	1	02 12	02 08	11 58	05 28	17 53	21 58	
	SD 15.8	d 0.3	SD 15.7		15.5		15.3	2	02 03	01 58	11 58	06 16	18 38	22 48	

2021 JUNE 3, 4, 5 (THURS., FRI., SAT.)

UT	ARIES	VENUS −3.9		MARS +1.8		JUPITER −2.4		SATURN +0.4		STARS		
	GHA	GHA	Dec	GHA	Dec	GHA	Dec	GHA	Dec	Name	SHA	Dec
d h	° ′	° ′	° ′	° ′	° ′	° ′	° ′	° ′	° ′		° ′	° ′
3 00	251 40.1	161 04.3	N24 23.8	134 45.0	N22 30.6	277 38.8	S11 41.8	295 34.7	S17 25.2	Acamar	315 14.4	S40 13.1
01	266 42.6	176 03.4	23.9	149 45.8	30.3	292 41.2	41.7	310 37.2	25.2	Achernar	335 22.9	S57 07.6
02	281 45.0	191 02.5	24.0	164 46.6	30.0	307 43.5	41.7	325 39.7	25.2	Acrux	173 03.0	S63 13.3
03	296 47.5	206 01.6 ..	24.0	179 47.5 ..	29.7	322 45.8 ..	41.7	340 42.3 ..	25.2	Adhara	255 08.5	S29 00.2
04	311 50.0	221 00.7	24.1	194 48.3	29.4	337 48.2	41.6	355 44.8	25.3	Aldebaran	290 43.4	N16 33.0
05	326 52.4	235 59.8	24.2	209 49.1	29.2	352 50.5	41.6	10 47.3	25.3			
06	341 54.9	250 58.9	N24 24.2	224 50.0	N22 28.9	7 52.8	S11 41.5	25 49.8	S17 25.3	Alioth	166 15.4	N55 50.9
07	356 57.4	265 58.0	24.3	239 50.8	28.6	22 55.1	41.5	40 52.3	25.3	Alkaid	152 54.1	N49 12.7
T 08	11 59.8	280 57.1	24.4	254 51.6	28.3	37 57.5	41.5	55 54.8	25.3	Alnair	27 36.6	S46 51.3
H 09	27 02.3	295 56.3 ..	24.4	269 52.4 ..	28.0	52 59.8 ..	41.4	70 57.3 ..	25.4	Alnilam	275 41.1	S 1 11.4
U 10	42 04.8	310 55.4	24.5	284 53.3	27.7	68 02.1	41.4	85 59.8	25.4	Alphard	217 50.8	S 8 45.1
R 11	57 07.2	325 54.5	24.6	299 54.1	27.4	83 04.5	41.4	101 02.3	25.4			
S 12	72 09.7	340 53.6	N24 24.6	314 54.9	N22 27.1	98 06.8	S11 41.3	116 04.8	S17 25.4	Alphecca	126 05.9	N26 38.7
D 13	87 12.1	355 52.7	24.7	329 55.8	26.9	113 09.1	41.3	131 07.3	25.4	Alpheratz	357 37.9	N29 12.2
A 14	102 14.6	10 51.8	24.7	344 56.6	26.6	128 11.5	41.2	146 09.8	25.4	Altair	62 02.6	N 8 55.4
Y 15	117 17.1	25 50.9 ..	24.8	359 57.4 ..	26.3	143 13.8 ..	41.2	161 12.3 ..	25.5	Ankaa	353 10.3	S42 11.3
16	132 19.5	40 50.0	24.9	14 58.3	26.0	158 16.1	41.2	176 14.8	25.5	Antares	112 19.1	S26 28.7
17	147 22.0	55 49.1	24.9	29 59.1	25.7	173 18.5	41.1	191 17.3	25.5			
18	162 24.5	70 48.2	N24 25.0	44 59.9	N22 25.4	188 20.8	S11 41.1	206 19.9	S17 25.5	Arcturus	145 50.4	N19 04.4
19	177 26.9	85 47.3	25.0	60 00.8	25.1	203 23.1	41.1	221 22.4	25.5	Atria	107 15.4	S69 03.9
20	192 29.4	100 46.5	25.1	75 01.6	24.8	218 25.5	41.0	236 24.9	25.6	Avior	234 16.3	S59 34.9
21	207 31.9	115 45.6 ..	25.1	90 02.4 ..	24.5	233 27.8 ..	41.0	251 27.4 ..	25.6	Bellatrix	278 26.4	N 6 22.0
22	222 34.3	130 44.7	25.2	105 03.3	24.2	248 30.1	40.9	266 29.9	25.6	Betelgeuse	270 55.6	N 7 24.6
23	237 36.8	145 43.8	25.2	120 04.1	24.0	263 32.5	40.9	281 32.4	25.6			
4 00	252 39.3	160 42.9	N24 25.3	135 04.9	N22 23.7	278 34.8	S11 40.9	296 34.9	S17 25.6	Canopus	263 54.2	S52 42.5
01	267 41.7	175 42.0	25.3	150 05.8	23.4	293 37.1	40.8	311 37.4	25.7	Capella	280 26.7	N46 01.1
02	282 44.2	190 41.1	25.3	165 06.6	23.1	308 39.5	40.8	326 39.9	25.7	Deneb	49 27.5	N45 21.1
03	297 46.6	205 40.2 ..	25.4	180 07.4 ..	22.8	323 41.8 ..	40.8	341 42.4 ..	25.7	Denebola	182 27.9	N14 27.3
04	312 49.1	220 39.3	25.4	195 08.3	22.5	338 44.1	40.7	356 44.9	25.7	Diphda	348 50.4	S17 52.2
05	327 51.6	235 38.4	25.5	210 09.1	22.2	353 46.5	40.7	11 47.5	25.7			
06	342 54.0	250 37.5	N24 25.5	225 09.9	N22 21.9	8 48.8	S11 40.7	26 50.0	S17 25.8	Dubhe	193 44.7	N61 38.5
07	357 56.5	265 36.7	25.5	240 10.8	21.6	23 51.1	40.6	41 52.5	25.8	Elnath	278 06.0	N28 37.4
08	12 59.0	280 35.8	25.6	255 11.6	21.3	38 53.5	40.6	56 55.0	25.8	Eltanin	90 43.0	N51 29.1
F 09	28 01.4	295 34.9 ..	25.6	270 12.4 ..	21.0	53 55.8 ..	40.5	71 57.5 ..	25.8	Enif	33 41.6	N 9 58.2
R 10	43 03.9	310 34.0	25.7	285 13.3	20.7	68 58.2	40.5	87 00.0	25.8	Fomalhaut	15 17.8	S29 30.5
I 11	58 06.4	325 33.1	25.7	300 14.1	20.4	84 00.5	40.5	102 02.5	25.8			
D 12	73 08.8	340 32.2	N24 25.7	315 14.9	N22 20.1	99 02.8	S11 40.4	117 05.0	S17 25.9	Gacrux	171 54.6	S57 14.2
A 13	88 11.3	355 31.3	25.7	330 15.8	19.9	114 05.2	40.4	132 07.5	25.9	Gienah	175 46.5	S17 39.7
Y 14	103 13.7	10 30.4	25.8	345 16.6	19.6	129 07.5	40.4	147 10.0	25.9	Hadar	148 39.6	S60 28.7
15	118 16.2	25 29.5 ..	25.8	0 17.4 ..	19.3	144 09.8 ..	40.3	162 12.6 ..	25.9	Hamal	327 54.8	N23 33.6
16	133 18.7	40 28.6	25.8	15 18.3	19.0	159 12.2	40.3	177 15.1	25.9	Kaus Aust.	83 36.1	S34 22.4
17	148 21.1	55 27.8	25.9	30 19.1	18.7	174 14.5	40.3	192 17.6	26.0			
18	163 23.6	70 26.9	N24 25.9	45 20.0	N22 18.4	189 16.9	S11 40.2	207 20.1	S17 26.0	Kochab	137 18.9	N74 04.3
19	178 26.1	85 26.0	25.9	60 20.8	18.1	204 19.2	40.2	222 22.6	26.0	Markab	13 32.8	N15 19.0
20	193 28.5	100 25.1	25.9	75 21.6	17.8	219 21.5	40.2	237 25.1	26.0	Menkar	314 09.5	N 4 10.3
21	208 31.0	115 24.2 ..	25.9	90 22.5 ..	17.5	234 23.9 ..	40.1	252 27.6 ..	26.0	Menkent	148 00.8	S36 28.6
22	223 33.5	130 23.3	26.0	105 23.3	17.2	249 26.2	40.1	267 30.1	26.1	Miaplacidus	221 39.2	S69 48.5
23	238 35.9	145 22.4	26.0	120 24.1	16.9	264 28.6	40.1	282 32.7	26.1			
5 00	253 38.4	160 21.5	N24 26.0	135 25.0	N22 16.6	279 30.9	S11 40.0	297 35.2	S17 26.1	Mirfak	308 32.9	N49 56.0
01	268 40.9	175 20.6	26.0	150 25.8	16.3	294 33.3	40.0	312 37.7	26.1	Nunki	75 51.1	S26 16.1
02	283 43.3	190 19.7	26.0	165 26.6	16.0	309 35.6	40.0	327 40.2	26.1	Peacock	53 10.5	S56 39.8
03	298 45.8	205 18.8 ..	26.0	180 27.5 ..	15.7	324 37.9 ..	39.9	342 42.7 ..	26.2	Pollux	243 21.2	N27 58.5
04	313 48.2	220 18.0	26.0	195 28.3	15.4	339 40.3	39.9	357 45.2	26.2	Procyon	244 54.2	N 5 10.2
05	328 50.7	235 17.1	26.0	210 29.1	15.1	354 42.6	39.9	12 47.7	26.2			
06	343 53.2	250 16.2	N24 26.1	225 30.0	N22 14.8	9 45.0	S11 39.8	27 50.3	S17 26.2	Rasalhague	96 00.9	N12 32.7
07	358 55.6	265 15.3	26.1	240 30.8	14.5	24 47.3	39.8	42 52.8	26.2	Regulus	207 37.7	N11 51.9
S 08	13 58.1	280 14.4	26.1	255 31.6	14.2	39 49.7	39.8	57 55.3	26.3	Rigel	281 07.0	S 8 10.7
A 09	29 00.6	295 13.5 ..	26.1	270 32.5 ..	13.9	54 52.0 ..	39.7	72 57.8 ..	26.3	Rigil Kent.	139 43.7	S60 55.5
T 10	44 03.0	310 12.6	26.1	285 33.3	13.6	69 54.3	39.7	88 00.3	26.3	Sabik	102 05.8	S15 45.0
U 11	59 05.5	325 11.7	26.1	300 34.2	13.3	84 56.7	39.7	103 02.8	26.3			
R 12	74 08.0	340 10.8	N24 26.1	315 35.0	N22 13.0	99 59.0	S11 39.6	118 05.3	S17 26.3	Schedar	349 34.6	N56 38.9
D 13	89 10.4	355 09.9	26.1	330 35.8	12.7	115 01.4	39.6	133 07.9	26.4	Shaula	96 14.0	S37 07.1
A 14	104 12.9	10 09.1	26.1	345 36.7	12.4	130 03.7	39.6	148 10.4	26.4	Sirius	258 29.2	S16 44.8
Y 15	119 15.4	25 08.2 ..	26.1	0 37.5 ..	12.1	145 06.1 ..	39.5	163 12.9 ..	26.4	Spica	158 25.2	S11 16.4
16	134 17.8	40 07.3	26.1	15 38.3	11.8	160 08.4	39.5	178 15.4	26.4	Suhail	222 48.7	S43 31.3
17	149 20.3	55 06.4	26.1	30 39.2	11.5	175 10.8	39.5	193 17.9	26.5			
18	164 22.7	70 05.5	N24 26.1	45 40.0	N22 11.2	190 13.1	S11 39.4	208 20.4	S17 26.5	Vega	80 34.8	N38 48.1
19	179 25.2	85 04.6	26.1	60 40.9	10.9	205 15.5	39.4	223 22.9	26.5	Zuben'ubi	136 59.0	S16 07.8
20	194 27.7	100 03.7	26.0	75 41.7	10.6	220 17.8	39.4	238 25.5	26.5		SHA	Mer. Pass.
21	209 30.1	115 02.8 ..	26.0	90 42.5 ..	10.3	235 20.2 ..	39.3	253 28.0 ..	26.5		° ′	h m
22	224 32.6	130 01.9	26.0	105 43.4	10.0	250 22.5	39.3	268 30.5	26.6	Venus	268 03.6	13 18
23	239 35.1	145 01.0	26.0	120 44.2	09.7	265 24.9	39.3	283 33.0	26.6	Mars	242 25.7	14 59
	h m									Jupiter	25 55.5	5 25
Mer. Pass.	7 08.2	v −0.9	d 0.0	v 0.8	d 0.3	v 2.3	d 0.0	v 2.5	d 0.0	Saturn	43 55.7	4 13

2021 JUNE 3, 4, 5 (THURS., FRI., SAT.)

UT	SUN GHA	SUN Dec	MOON GHA	MOON v	MOON Dec	MOON d	MOON HP	Lat.	Twilight Naut.	Twilight Civil	Sunrise	Moonrise 3	Moonrise 4	Moonrise 5	Moonrise 6
d h	° ′	° ′	° ′	′	° ′	′	′	°	h m	h m	h m	h m	h m	h m	h m
								N 72	▨	▨	▨	02 35	02 08	01 44	01 18
3 00	180 28.3	N22 18.7	258 07.7 14.8	S 8 28.3	12.8	55.6	N 70	▨	▨	▨	02 23	02 04	01 46	01 28
01	195 28.2	19.0	272 41.5 14.8	8 15.5	12.8	55.6	68	▨	▨	▨	02 14	02 01	01 49	01 37
02	210 28.1	19.3	287 15.3 14.9	8 02.7	12.9	55.6	66	////	////	00 58	02 06	01 58	01 51	01 44
03	225 28.0 ..	19.6	301 49.2 15.0	7 49.8	12.9	55.6	64	////	////	01 50	01 59	01 56	01 53	01 50
04	240 27.9	19.9	316 23.2 15.0	7 36.9	12.9	55.5	62	////	////	02 22	01 54	01 54	01 54	01 55
05	255 27.8	20.2	330 57.2 15.1	7 24.0	12.9	55.5	60	////	01 17	02 45	01 49	01 52	01 56	01 59
06	270 27.6	N22 20.5	345 31.3 15.2	S 7 11.1	12.9	55.5	N 58	////	01 54	03 04	01 44	01 51	01 57	02 03
T 07	285 27.5	20.8	0 05.5 15.2	6 58.2	13.0	55.5	56	////	02 20	03 19	01 40	01 49	01 58	02 07
H 08	300 27.4	21.1	14 39.7 15.2	6 45.2	13.0	55.4	54	01 10	02 40	03 32	01 36	01 48	01 59	02 10
U 09	315 27.3 ..	21.5	29 13.9 15.3	6 32.2	13.0	55.4	52	01 45	02 57	03 44	01 33	01 47	02 00	02 13
R 10	330 27.2	21.8	43 48.2 15.3	6 19.2	13.0	55.4	50	02 09	03 11	03 54	01 30	01 46	02 01	02 16
S 11	345 27.1	22.1	58 22.5 15.4	6 06.2	13.0	55.3	45	02 50	03 38	04 15	01 24	01 44	02 02	02 22
D 12	0 27.0	N22 22.4	72 56.9 15.5	S 5 53.2	13.0	55.3	N 40	03 19	04 00	04 32	01 18	01 42	02 04	02 27
A 13	15 26.9	22.6	87 31.4 15.4	5 40.2	13.0	55.3	35	03 41	04 17	04 46	01 13	01 40	02 05	02 31
Y 14	30 26.8	22.9	102 05.8 15.6	5 27.2	13.1	55.3	30	03 59	04 32	04 59	01 09	01 38	02 07	02 35
15	45 26.7 ..	23.2	116 40.4 15.5	5 14.1	13.0	55.2	20	04 27	04 55	05 20	01 02	01 36	02 09	02 41
16	60 26.6	23.5	131 14.9 15.6	5 01.1	13.1	55.2	N 10	04 48	05 15	05 38	00 55	01 34	02 10	02 47
17	75 26.5	23.8	145 49.6 15.6	4 48.0	13.0	55.2	0	05 06	05 32	05 55	00 49	01 31	02 12	02 53
18	90 26.4	N22 24.1	160 24.2 15.7	S 4 35.0	13.1	55.2	S 10	05 23	05 49	06 11	00 43	01 29	02 14	02 58
19	105 26.3	24.4	174 58.9 15.7	4 21.9	13.1	55.1	20	05 38	06 05	06 29	00 37	01 27	02 16	03 04
20	120 26.2	24.7	189 33.6 15.8	4 08.8	13.1	55.1	30	05 53	06 23	06 49	00 29	01 24	02 18	03 11
21	135 26.1 ..	25.0	204 08.4 15.8	3 55.7	13.1	55.1	35	06 02	06 33	07 01	00 25	01 23	02 19	03 15
22	150 26.0	25.3	218 43.2 15.9	3 42.6	13.1	55.1	40	06 11	06 44	07 15	00 20	01 21	02 21	03 20
23	165 25.9	25.6	233 18.1 15.8	3 29.5	13.1	55.1	45	06 20	06 57	07 30	00 14	01 19	02 22	03 25
4 00	180 25.7	N22 25.9	247 52.9 15.9	S 3 16.4	13.1	55.0	S 50	06 31	07 12	07 50	00 08	01 17	02 24	03 31
01	195 25.6	26.2	262 27.8 16.0	3 03.3	13.1	55.0	52	06 36	07 19	07 59	00 04	01 16	02 25	03 34
02	210 25.5	26.5	277 02.8 16.0	2 50.2	13.1	55.0	54	06 41	07 27	08 10	00 01	01 15	02 26	03 38
03	225 25.4 ..	26.8	291 37.8 16.0	2 37.1	13.1	55.0	56	06 47	07 35	08 22	25 13	01 13	02 28	03 41
04	240 25.3	27.0	306 12.8 16.0	2 24.0	13.1	54.9	58	06 53	07 45	08 35	25 12	01 12	02 29	03 45
05	255 25.2	27.3	320 47.8 16.1	2 10.9	13.1	54.9	S 60	07 00	07 56	08 51	25 10	01 10	02 30	03 50
06	270 25.1	N22 27.6	335 22.9 16.1	S 1 57.8	13.1	54.9								
07	285 25.0	27.9	349 58.0 16.1	1 44.7	13.1	54.9	Lat.	Sunset	Twilight Civil	Twilight Naut.	Moonset 3	Moonset 4	Moonset 5	Moonset 6
08	300 24.9	28.2	4 33.1 16.1	1 31.6	13.1	54.9								
F 09	315 24.8 ..	28.5	19 08.2 16.2	1 18.5	13.1	54.8	°	h m	h m	h m	h m	h m	h m	h m
R 10	330 24.7	28.8	33 43.4 16.1	1 05.4	13.1	54.8	N 72	▨	▨	▨	11 52	13 47	15 39	17 36
I 11	345 24.6	29.0	48 18.5 16.3	0 52.3	13.0	54.8	N 70	▨	▨	▨	12 01	13 47	15 31	17 18
D 12	0 24.5	N22 29.3	62 53.8 16.2	S 0 39.3	13.1	54.8	68	▨	▨	▨	12 08	13 48	15 25	17 04
A 13	15 24.3	29.6	77 29.0 16.2	0 26.2	13.1	54.8	66	23 03	////	////	12 14	13 48	15 20	16 53
Y 14	30 24.2	29.9	92 04.2 16.3	0 13.1	13.0	54.7	64	22 08	////	////	12 20	13 48	15 15	16 43
15	45 24.1 ..	30.2	106 39.5 16.3	S 0 00.1	13.1	54.7	62	21 36	////	////	12 24	13 49	15 12	16 35
16	60 24.0	30.5	121 14.8 16.3	N 0 13.0	13.0	54.7	60	21 13	22 42	////	12 28	13 49	15 08	16 28
17	75 23.9	30.7	135 50.1 16.3	0 26.0	13.1	54.7	N 58	20 54	22 04	////	12 31	13 49	15 06	16 22
18	90 23.8	N22 31.0	150 25.4 16.3	N 0 39.1	13.0	54.7	56	20 39	21 38	////	12 34	13 49	15 03	16 17
19	105 23.7	31.3	165 00.7 16.3	0 52.1	13.0	54.6	54	20 25	21 18	22 49	12 37	13 49	15 01	16 12
20	120 23.6	31.6	179 36.0 16.4	1 05.1	13.0	54.6	52	20 14	21 01	22 13	12 39	13 49	14 59	16 08
21	135 23.5 ..	31.8	194 11.4 16.3	1 18.1	13.0	54.6	50	20 03	20 47	21 49	12 41	13 50	14 57	16 04
22	150 23.4	32.1	208 46.7 16.4	1 31.1	13.0	54.6	45	19 42	20 19	21 07	12 46	13 50	14 53	15 55
23	165 23.2	32.4	223 22.1 16.4	1 44.1	12.9	54.6								
5 00	180 23.1	N22 32.7	237 57.5 16.3	N 1 57.0	12.9	54.6	N 40	19 25	19 57	20 38	12 50	13 50	14 49	15 48
01	195 23.0	32.9	252 32.8 16.4	2 10.0	12.9	54.5	35	19 11	19 40	20 16	12 53	13 50	14 46	15 42
02	210 22.9	33.2	267 08.2 16.4	2 22.9	12.9	54.5	30	18 58	19 25	19 58	12 56	13 50	14 44	15 37
03	225 22.8 ..	33.5	281 43.6 16.4	2 35.8	12.9	54.5	20	18 37	19 01	19 30	13 01	13 51	14 39	15 28
04	240 22.7	33.8	296 19.0 16.4	2 48.8	12.8	54.5	N 10	18 19	18 42	19 09	13 06	13 51	14 35	15 20
05	255 22.6	34.0	310 54.4 16.4	3 01.6	12.9	54.5	0	18 02	18 24	18 50	13 10	13 51	14 32	15 12
06	270 22.5	N22 34.3	325 29.8 16.4	N 3 14.5	12.9	54.5	S 10	17 45	18 08	18 34	13 14	13 51	14 28	15 05
07	285 22.4	34.6	340 05.2 16.4	3 27.4	12.8	54.4	20	17 28	17 51	18 19	13 18	13 51	14 24	14 57
S 08	300 22.2	34.8	354 40.6 16.4	3 40.2	12.8	54.4	30	17 07	17 33	18 03	13 23	13 52	14 20	14 48
A 09	315 22.1 ..	35.1	9 16.0 16.4	3 53.0	12.8	54.4	35	16 56	17 23	17 55	13 26	13 52	14 17	14 43
T 10	330 22.0	35.4	23 51.4 16.4	4 05.8	12.8	54.4	40	16 42	17 12	17 46	13 29	13 52	14 14	14 37
U 11	345 21.9	35.6	38 26.8 16.4	4 18.6	12.7	54.4	45	16 26	16 59	17 36	13 33	13 52	14 11	14 31
R 12	0 21.8	N22 35.9	53 02.2 16.4	N 4 31.3	12.7	54.4	S 50	16 06	16 44	17 25	13 37	13 52	14 07	14 23
D 13	15 21.7	36.2	67 37.6 16.4	4 44.0	12.8	54.4	52	15 57	16 37	17 20	13 39	13 52	14 05	14 19
A 14	30 21.6	36.4	82 13.0 16.4	4 56.8	12.6	54.4	54	15 47	16 30	17 15	13 41	13 52	14 03	14 15
Y 15	45 21.5 ..	36.7	96 48.4 16.4	5 09.4	12.7	54.3	56	15 35	16 21	17 09	13 43	13 52	14 01	14 10
16	60 21.3	37.0	111 23.8 16.3	5 22.1	12.6	54.3	58	15 21	16 12	17 03	13 46	13 52	13 59	14 05
17	75 21.2	37.2	125 59.1 16.4	5 34.7	12.6	54.3	S 60	15 05	16 01	16 56	13 49	13 52	13 56	14 00
18	90 21.1	N22 37.5	140 34.5 16.3	N 5 47.3	12.6	54.3			SUN			MOON		
19	105 21.0	37.8	155 09.8 16.4	5 59.9	12.6	54.3	Day	Eqn. of Time 00h	Eqn. of Time 12h	Mer. Pass.	Mer. Pass. Upper	Mer. Pass. Lower	Age	Phase
20	120 20.9	38.0	169 45.2 16.3	6 12.5	12.5	54.3								
21	135 20.8 ..	38.3	184 20.5 16.3	6 25.0	12.5	54.3	d	m s	m s	h m	h m	h m	d	%
22	150 20.7	38.5	198 55.8 16.3	6 37.5	12.5	54.3	3	01 53	01 48	11 58	07 00	19 21	23	38
23	165 20.5	38.8	213 31.1 16.3	N 6 50.0	12.4	54.2	4	01 43	01 38	11 58	07 41	20 02	24	29
	SD 15.8	d 0.3	SD 15.1		14.9		14.8	5	01 33	01 27	11 59	08 22	20 42	25	21

113

2021 JUNE 6, 7, 8 (SUN., MON., TUES.)

UT	ARIES	VENUS −3.9		MARS +1.8		JUPITER −2.5		SATURN +0.4		STARS		
	GHA	GHA	Dec	GHA	Dec	GHA	Dec	GHA	Dec	Name	SHA	Dec
d h	° ′	° ′	° ′	° ′	° ′	° ′	° ′	° ′	° ′		° ′	° ′
6 00	254 37.5	160 00.2	N24 26.0	135 45.0	N22 09.4	280 27.2	S11 39.2	298 35.5	S17 26.6	Acamar	315 14.4	S40 13.1
01	269 40.0	174 59.3	26.0	150 45.9	09.1	295 29.6	39.2	313 38.0	26.6	Achernar	335 22.9	S57 07.6
02	284 42.5	189 58.4	26.0	165 46.7	08.8	310 31.9	39.2	328 40.6	26.6	Acrux	173 03.0	S63 13.3
03	299 44.9	204 57.5	25.9	180 47.6	08.5	325 34.3	39.2	343 43.1	26.7	Adhara	255 08.5	S29 00.2
04	314 47.4	219 56.6	25.9	195 48.4	08.2	340 36.6	39.1	358 45.6	26.7	Aldebaran	290 43.3	N16 33.0
05	329 49.8	234 55.7	25.9	210 49.2	07.8	355 39.0	39.1	13 48.1	26.7			
06	344 52.3	249 54.8	N24 25.9	225 50.1	N22 07.5	10 41.3	S11 39.1	28 50.6	S17 26.7	Alioth	166 15.4	N55 51.0
07	359 54.8	264 53.9	25.9	240 50.9	07.2	25 43.7	39.0	43 53.2	26.7	Alkaid	152 54.1	N49 12.7
08	14 57.2	279 53.0	25.8	255 51.7	06.9	40 46.0	39.0	58 55.7	26.8	Alnair	27 36.5	S46 51.3
S 09	29 59.7	294 52.2	25.8	270 52.6	06.6	55 48.4	39.0	73 58.2	26.8	Alnilam	275 41.1	S 1 11.4
U 10	45 02.2	309 51.3	25.8	285 53.4	06.3	70 50.7	38.9	89 00.7	26.8	Alphard	217 50.8	S 8 45.1
N 11	60 04.6	324 50.4	25.8	300 54.3	06.0	85 53.1	38.9	104 03.2	26.8			
D 12	75 07.1	339 49.5	N24 25.7	315 55.1	N22 05.7	100 55.4	S11 38.9	119 05.7	S17 26.9	Alphecca	126 05.9	N26 38.7
A 13	90 09.6	354 48.6	25.7	330 55.9	05.4	115 57.8	38.9	134 08.3	26.9	Alpheratz	357 37.9	N29 12.2
Y 14	105 12.0	9 47.7	25.7	345 56.8	05.1	131 00.1	38.8	149 10.8	26.9	Altair	62 02.6	N 8 55.4
15	120 14.5	24 46.8	25.6	0 57.6	04.8	146 02.5	38.8	164 13.3	26.9	Ankaa	353 10.3	S42 11.3
16	135 17.0	39 45.9	25.6	15 58.4	04.5	161 04.8	38.8	179 15.8	26.9	Antares	112 19.1	S26 28.7
17	150 19.4	54 45.0	25.6	30 59.3	04.2	176 07.2	38.7	194 18.3	27.0			
18	165 21.9	69 44.2	N24 25.5	46 00.1	N22 03.9	191 09.6	S11 38.7	209 20.9	S17 27.0	Arcturus	145 50.4	N19 04.4
19	180 24.3	84 43.3	25.5	61 01.0	03.5	206 11.9	38.7	224 23.4	27.0	Atria	107 15.3	S69 03.9
20	195 26.8	99 42.4	25.5	76 01.8	03.2	221 14.3	38.7	239 25.9	27.0	Avior	234 16.3	S59 34.9
21	210 29.3	114 41.5	25.4	91 02.6	02.9	236 16.6	38.6	254 28.4	27.1	Bellatrix	278 26.4	N 6 22.0
22	225 31.7	129 40.6	25.4	106 03.5	02.6	251 19.0	38.6	269 30.9	27.1	Betelgeuse	270 55.6	N 7 24.6
23	240 34.2	144 39.7	25.3	121 04.3	02.3	266 21.3	38.6	284 33.5	27.1			
7 00	255 36.7	159 38.8	N24 25.3	136 05.2	N22 02.0	281 23.7	S11 38.5	299 36.0	S17 27.1	Canopus	263 54.2	S52 42.5
01	270 39.1	174 37.9	25.2	151 06.0	01.7	296 26.0	38.5	314 38.5	27.1	Capella	280 26.7	N46 01.1
02	285 41.6	189 37.1	25.2	166 06.8	01.4	311 28.4	38.5	329 41.0	27.2	Deneb	49 27.5	N45 21.1
03	300 44.1	204 36.2	25.1	181 07.7	01.1	326 30.8	38.5	344 43.5	27.2	Denebola	182 27.9	N14 27.3
04	315 46.5	219 35.3	25.1	196 08.5	00.8	341 33.1	38.4	359 46.1	27.2	Diphda	348 50.4	S17 52.2
05	330 49.0	234 34.4	25.0	211 09.4	00.4	356 35.5	38.4	14 48.6	27.2			
06	345 51.5	249 33.5	N24 25.0	226 10.2	N22 00.1	11 37.8	S11 38.4	29 51.1	S17 27.3	Dubhe	193 44.8	N61 38.5
07	0 53.9	264 32.6	24.9	241 11.0	21 59.8	26 40.2	38.3	44 53.6	27.3	Elnath	278 06.0	N28 37.4
08	15 56.4	279 31.7	24.9	256 11.9	59.5	41 42.6	38.3	59 56.2	27.3	Eltanin	90 43.0	N51 29.1
M 09	30 58.8	294 30.8	24.8	271 12.7	59.2	56 44.9	38.3	74 58.7	27.3	Enif	33 41.5	N 9 58.2
O 10	46 01.3	309 30.0	24.8	286 13.6	58.9	71 47.3	38.3	90 01.2	27.3	Fomalhaut	15 17.8	S29 30.5
N 11	61 03.8	324 29.1	24.7	301 14.4	58.6	86 49.6	38.2	105 03.7	27.4			
D 12	76 06.2	339 28.2	N24 24.7	316 15.2	N21 58.3	101 52.0	S11 38.2	120 06.2	S17 27.4	Gacrux	171 54.6	S57 14.2
A 13	91 08.7	354 27.3	24.6	331 16.1	57.9	116 54.4	38.2	135 08.8	27.4	Gienah	175 46.5	S17 39.7
Y 14	106 11.2	9 26.4	24.5	346 16.9	57.6	131 56.7	38.2	150 11.3	27.4	Hadar	148 39.6	S60 28.7
15	121 13.6	24 25.5	24.5	1 17.8	57.3	146 59.1	38.1	165 13.8	27.5	Hamal	327 54.8	N23 33.6
16	136 16.1	39 24.6	24.4	16 18.6	57.0	162 01.4	38.1	180 16.3	27.5	Kaus Aust.	83 36.0	S34 22.4
17	151 18.6	54 23.7	24.3	31 19.5	56.7	177 03.8	38.1	195 18.9	27.5			
18	166 21.0	69 22.9	N24 24.3	46 20.3	N21 56.4	192 06.2	S11 38.0	210 21.4	S17 27.5	Kochab	137 18.9	N74 04.3
19	181 23.5	84 22.0	24.2	61 21.1	56.1	207 08.5	38.0	225 23.9	27.6	Markab	13 32.8	N15 19.0
20	196 25.9	99 21.1	24.1	76 22.0	55.7	222 10.9	38.0	240 26.4	27.6	Menkar	314 09.5	N 4 10.3
21	211 28.4	114 20.2	24.1	91 22.8	55.4	237 13.2	38.0	255 29.0	27.6	Menkent	148 00.8	S36 28.6
22	226 30.9	129 19.3	24.0	106 23.7	55.1	252 15.6	37.9	270 31.5	27.6	Miaplacidus	221 39.2	S69 48.5
23	241 33.3	144 18.4	23.9	121 24.5	54.8	267 18.0	37.9	285 34.0	27.6			
8 00	256 35.8	159 17.5	N24 23.9	136 25.3	N21 54.5	282 20.3	S11 37.9	300 36.5	S17 27.7	Mirfak	308 32.9	N49 56.0
01	271 38.3	174 16.7	23.8	151 26.2	54.2	297 22.7	37.9	315 39.1	27.7	Nunki	75 51.1	S26 16.1
02	286 40.7	189 15.8	23.7	166 27.0	53.8	312 25.1	37.8	330 41.6	27.7	Peacock	53 10.0	S56 39.8
03	301 43.2	204 14.9	23.6	181 27.9	53.5	327 27.4	37.8	345 44.1	27.7	Pollux	243 21.2	N27 58.5
04	316 45.7	219 14.0	23.5	196 28.7	53.2	342 29.8	37.8	0 46.6	27.8	Procyon	244 54.2	N 5 10.2
05	331 48.1	234 13.1	23.5	211 29.6	52.9	357 32.2	37.8	15 49.2	27.8			
06	346 50.6	249 12.2	N24 23.4	226 30.4	N21 52.6	12 34.5	S11 37.7	30 51.7	S17 27.8	Rasalhague	96 00.9	N12 32.7
07	1 53.1	264 11.3	23.3	241 31.2	52.3	27 36.9	37.7	45 54.2	27.8	Regulus	207 37.7	N11 51.9
08	16 55.5	279 10.5	23.2	256 32.1	51.9	42 39.3	37.7	60 56.7	27.9	Rigel	281 07.0	S 8 10.7
T 09	31 58.0	294 09.6	23.1	271 32.9	51.6	57 41.6	37.7	75 59.3	27.9	Rigil Kent.	139 43.7	S60 55.5
U 10	47 00.4	309 08.7	23.0	286 33.8	51.3	72 44.0	37.6	91 01.8	27.9	Sabik	102 05.8	S15 45.0
E 11	62 02.9	324 07.8	23.0	301 34.6	51.0	87 46.4	37.6	106 04.3	27.9			
S 12	77 05.4	339 06.9	N24 22.9	316 35.5	N21 50.7	102 48.7	S11 37.6	121 06.8	S17 28.0	Schedar	349 34.5	N56 38.9
D 13	92 07.8	354 06.0	22.8	331 36.3	50.3	117 51.1	37.6	136 09.4	28.0	Shaula	96 13.9	S37 07.1
A 14	107 10.3	9 05.2	22.7	346 37.1	50.0	132 53.5	37.5	151 11.9	28.0	Sirius	258 29.2	S16 44.8
Y 15	122 12.8	24 04.3	22.6	1 38.0	49.7	147 55.8	37.5	166 14.4	28.0	Spica	158 25.2	S11 16.4
16	137 15.2	39 03.4	22.5	16 38.8	49.4	162 58.2	37.5	181 16.9	28.0	Suhail	222 48.7	S43 31.3
17	152 17.7	54 02.5	22.4	31 39.7	49.1	178 00.6	37.5	196 19.5	28.1			
18	167 20.2	69 01.6	N24 22.3	46 40.5	N21 48.7	193 02.9	S11 37.5	211 22.0	S17 28.1	Vega	80 34.8	N38 48.1
19	182 22.6	84 00.7	22.2	61 41.4	48.4	208 05.3	37.4	226 24.5	28.1	Zuben'ubi	136 59.0	S16 07.8
20	197 25.1	98 59.8	22.1	76 42.2	48.1	223 07.7	37.4	241 27.1	28.1		SHA	Mer. Pass.
21	212 27.6	113 59.0	22.0	91 43.0	47.8	238 10.1	37.4	256 29.6	28.2		° ′	h m
22	227 30.0	128 58.1	21.9	106 43.9	47.5	253 12.4	37.4	271 32.1	28.2	Venus	264 02.2	13 22
23	242 32.5	143 57.2	21.8	121 44.7	47.1	268 14.8	37.3	286 34.6	28.2	Mars	240 28.5	14 55
	h m									Jupiter	25 47.0	5 14
Mer. Pass.	6 56.4	v −0.9	d 0.1	v 0.8	d 0.3	v 2.4	d 0.0	v 2.5	d 0.0	Saturn	43 59.3	4 01

2021 JUNE 6, 7, 8 (SUN., MON., TUES.)

UT	SUN GHA	SUN Dec	MOON GHA	MOON v	MOON Dec	MOON d	MOON HP	Lat.	Twilight Naut.	Twilight Civil	Sunrise	Moonrise 6	Moonrise 7	Moonrise 8	Moonrise 9
d h	° ′	° ′	° ′	′	° ′	′	′	°	h m	h m	h m	h m	h m	h m	h m
6 00	180 20.4	N22 39.1	228 06.4 16.2	N 7 02.4	12.4	54.2	N 72	▯	▯	▯	01 18	(00 47 / 23 58)	▯	
01	195 20.3	39.3	242 41.6 16.3	7 14.8	12.4	54.2	N 70	▯	▯	▯	01 28	01 07	(00 38 / 23 28)	▯
02	210 20.2	39.6	257 16.9 16.2	7 27.2	12.4	54.2	68	▯	▯	▯	01 37	01 23	01 06	00 38
03	225 20.1 ..	39.8	271 52.1 16.2	7 39.6	12.3	54.2	66	////	////	00 44	01 44	01 36	01 27	01 15
04	240 20.0	40.1	286 27.3 16.2	7 51.9	12.3	54.2	64	////	////	01 44	01 50	01 46	01 44	01 41
05	255 19.9	40.3	301 02.5 16.2	8 04.2	12.2	54.2	62	////	////	02 17	01 55	01 56	01 58	02 02
06	270 19.7	N22 40.6	315 37.7 16.1	N 8 16.4	12.2	54.2	60	////	01 09	02 42	01 59	02 04	02 10	02 19
07	285 19.6	40.8	330 12.8 16.1	8 28.6	12.2	54.2	N 58	////	01 50	03 01	02 03	02 11	02 20	02 33
S 08	300 19.5	41.1	344 47.9 16.1	8 40.8	12.2	54.2	56	////	02 17	03 17	02 07	02 17	02 29	02 45
U 09	315 19.4 ..	41.4	359 23.0 16.1	8 53.0	12.1	54.1	54	01 03	02 37	03 30	02 10	02 22	02 37	02 56
N 10	330 19.3	41.6	13 58.1 16.1	9 05.1	12.1	54.1	52	01 41	02 54	03 42	02 13	02 27	02 44	03 05
D 11	345 19.2	41.9	28 33.2 16.0	9 17.2	12.0	54.1	50	02 06	03 09	03 52	02 16	02 32	02 51	03 14
A								45	02 48	03 37	04 14	02 22	02 42	03 05	03 32
Y 12	0 19.1	N22 42.1	43 08.2 16.0	N 9 29.2	12.0	54.1	N 40	03 18	03 59	04 31	02 27	02 50	03 17	03 47
13	15 18.9	42.4	57 43.2 16.0	9 41.2	11.9	54.1	35	03 40	04 16	04 46	02 31	02 58	03 27	04 00
14	30 18.8	42.6	72 18.2 15.9	9 53.1	12.0	54.1	30	03 58	04 31	04 58	02 35	03 04	03 36	04 11
15	45 18.7 ..	42.8	86 53.1 15.9	10 05.1	11.9	54.1	20	04 26	04 55	05 20	02 41	03 15	03 51	04 30
16	60 18.6	43.1	101 28.0 15.9	10 17.0	11.8	54.1	N 10	04 48	05 15	05 38	02 47	03 25	04 04	04 46
17	75 18.5	43.3	116 02.9 15.9	10 28.8	11.8	54.1	0	05 07	05 33	05 55	02 53	03 34	04 17	05 02
18	90 18.4	N22 43.6	130 37.8 15.8	N10 40.6	11.7	54.1	S 10	05 23	05 49	06 12	02 58	03 43	04 30	05 18
19	105 18.2	43.8	145 12.6 15.8	10 52.3	11.8	54.1	20	05 39	06 06	06 30	03 04	03 53	04 43	05 35
20	120 18.1	44.1	159 47.4 15.8	11 04.1	11.6	54.1	30	05 55	06 24	06 51	03 11	04 05	04 59	05 54
21	135 18.0 ..	44.3	174 22.2 15.7	11 15.7	11.7	54.1	35	06 03	06 35	07 03	03 15	04 11	05 08	06 06
22	150 17.9	44.6	188 56.9 15.7	11 27.4	11.5	54.1	40	06 12	06 46	07 16	03 20	04 19	05 19	06 19
23	165 17.8	44.8	203 31.6 15.6	11 38.9	11.6	54.1	45	06 22	06 59	07 33	03 25	04 28	05 31	06 35
7 00	180 17.7	N22 45.0	218 06.2 15.7	N11 50.5	11.5	54.0	S 50	06 33	07 15	07 53	03 31	04 38	05 46	06 54
01	195 17.5	45.3	232 40.9 15.5	12 02.0	11.4	54.0	52	06 38	07 22	08 02	03 34	04 43	05 53	07 03
02	210 17.4	45.5	247 15.4 15.6	12 13.4	11.4	54.0	54	06 44	07 29	08 13	03 38	04 49	06 01	07 13
03	225 17.3 ..	45.8	261 50.0 15.5	12 24.8	11.3	54.0	56	06 50	07 38	08 25	03 41	04 55	06 10	07 25
04	240 17.2	46.0	276 24.5 15.5	12 36.1	11.3	54.0	58	06 56	07 48	08 39	03 45	05 02	06 20	07 39
05	255 17.1	46.2	290 59.0 15.4	12 47.4	11.3	54.0	S 60	07 03	07 59	08 55	03 50	05 10	06 32	07 55
06	270 16.9	N22 46.5	305 33.4 15.4	N12 58.7	11.2	54.0								
07	285 16.8	46.7	320 07.8 15.3	13 09.9	11.1	54.0	Lat.	Sunset	Twilight Civil	Twilight Naut.	Moonset 6	Moonset 7	Moonset 8	Moonset 9
08	300 16.7	47.0	334 42.1 15.3	13 21.0	11.1	54.0								
M 09	315 16.6 ..	47.2	349 16.4 15.3	13 32.1	11.0	54.0	°	h m	h m	h m	h m	h m	h m	h m
O 10	330 16.5	47.4	3 50.7 15.2	13 43.1	11.0	54.0	N 72	▯	▯	▯	17 36	19 54	▯	
N 11	345 16.4	47.7	18 24.9 15.2	13 54.1	10.9	54.0	N 70	▯	▯	▯	17 18	19 15	21 58	▯
D 12	0 16.2	N22 47.9	32 59.1 15.1	N14 05.0	10.9	54.0	68	▯	▯	▯	17 04	18 49	20 49	▯
A 13	15 16.1	48.1	47 33.2 15.1	14 15.9	10.8	54.0	66	23 19	////	////	16 53	18 29	20 13	22 10
Y 14	30 16.0	48.4	62 07.3 15.1	14 26.7	10.8	54.0	64	22 15	////	////	16 43	18 13	19 47	21 25
15	45 15.9 ..	48.6	76 41.4 15.0	14 37.5	10.7	54.0	62	21 42	////	////	16 35	18 00	19 27	20 56
16	60 15.8	48.8	91 15.4 14.9	14 48.2	10.6	54.0	60	21 17	22 51	////	16 28	17 49	19 11	20 33
17	75 15.6	49.0	105 49.3 14.9	14 58.8	10.6	54.0	N 58	20 58	22 09	////	16 22	17 39	18 58	20 15
18	90 15.5	N22 49.3	120 23.2 14.9	N15 09.4	10.6	54.0	56	20 42	21 42	////	16 17	17 31	18 46	20 00
19	105 15.4	49.5	134 57.1 14.8	15 20.0	10.4	54.0	54	20 28	21 21	22 57	16 12	17 24	18 36	19 47
20	120 15.3	49.7	149 30.9 14.7	15 30.4	10.4	54.0	52	20 16	21 04	22 19	16 08	17 17	18 27	19 36
21	135 15.2 ..	50.0	164 04.6 14.7	15 40.8	10.4	54.0	50	20 06	20 50	21 53	16 04	17 11	18 19	19 26
22	150 15.0	50.2	178 38.3 14.7	15 51.2	10.2	54.0	45	19 44	20 21	21 10	15 55	16 58	18 02	19 05
23	165 14.9	50.4	193 12.0 14.6	16 01.4	10.3	54.0								
8 00	180 14.8	N22 50.6	207 45.6 14.5	N16 11.7	10.1	54.0	N 40	19 27	19 59	20 40	15 48	16 48	17 48	18 48
01	195 14.7	50.9	222 19.1 14.5	16 21.8	10.1	54.0	35	19 12	19 42	20 18	15 42	16 39	17 36	18 33
02	210 14.6	51.1	236 52.6 14.5	16 31.9	10.0	54.0	30	19 00	19 27	20 00	15 37	16 31	17 26	18 21
03	225 14.4 ..	51.3	251 26.1 14.4	16 41.9	10.0	54.0	20	18 38	19 03	19 32	15 28	16 17	17 08	18 00
04	240 14.3	51.5	265 59.5 14.3	16 51.9	9.8	54.0	N 10	18 20	18 43	19 10	15 20	16 05	16 53	17 42
05	255 14.2	51.8	280 32.8 14.3	17 01.7	9.9	54.0	0	18 03	18 25	18 51	15 12	15 54	16 38	17 25
06	270 14.1	N22 52.0	295 06.1 14.3	N17 11.6	9.7	54.0	S 10	17 46	18 08	18 35	15 05	15 43	16 24	17 08
07	285 14.0	52.2	309 39.4 14.1	17 21.3	9.7	54.0	20	17 28	17 52	18 19	14 57	15 32	16 09	16 50
T 08	300 13.8	52.4	324 12.5 14.2	17 31.0	9.6	54.0	30	17 07	17 33	18 03	14 48	15 19	15 52	16 29
U 09	315 13.7 ..	52.6	338 45.7 14.0	17 40.6	9.5	54.0	35	16 55	17 23	17 55	14 43	15 11	15 42	16 17
E 10	330 13.6	52.9	353 18.7 14.1	17 50.1	9.5	54.0	40	16 41	17 12	17 46	14 37	15 02	15 30	16 03
S 11	345 13.5	53.1	7 51.8 13.9	17 59.6	9.4	54.0	45	16 25	16 59	17 36	14 31	14 52	15 17	15 46
D 12	0 13.3	N22 53.3	22 24.7 13.9	N18 09.0	9.3	54.0	S 50	16 05	16 43	17 24	14 23	14 40	15 01	15 26
A 13	15 13.2	53.5	36 57.6 13.9	18 18.3	9.2	54.0	52	15 56	16 36	17 19	14 19	14 34	14 53	15 16
Y 14	30 13.1	53.7	51 30.5 13.8	18 27.5	9.2	54.0	54	15 45	16 28	17 14	14 15	14 28	14 44	15 06
15	45 13.0 ..	53.9	66 03.3 13.7	18 36.7	9.1	54.0	56	15 33	16 19	17 08	14 10	14 21	14 35	14 54
16	60 12.9	54.1	80 36.0 13.7	18 45.8	9.0	54.0	58	15 19	16 10	17 02	14 05	14 13	14 24	14 39
17	75 12.7	54.4	95 08.7 13.6	18 54.8	8.9	54.0	S 60	15 02	15 58	16 54	14 00	14 05	14 12	14 23
18	90 12.6	N22 54.6	109 41.3 13.6	N19 03.7	8.9	54.0			SUN			MOON		
19	105 12.5	54.8	124 13.9 13.5	19 12.6	8.7	54.0	Day	Eqn. of Time		Mer. Pass.	Mer. Pass. Upper	Mer. Pass. Lower	Age	Phase
20	120 12.4	55.0	138 46.4 13.4	19 21.3	8.7	54.0		00h	12h					
21	135 12.2 ..	55.2	153 18.8 13.4	19 30.0	8.6	54.0	d	m s	m s	h m	h m	h m	d	%
22	150 12.1	55.4	167 51.2 13.3	19 38.6	8.6	54.0	6	01 22	01 16	11 59	09 03	21 23	26	14
23	165 12.0	55.6	182 23.5 13.3	N19 47.2	8.4	54.0	7	01 11	01 05	11 59	09 44	22 06	27	8
	SD 15.8	d 0.2	SD 14.7		14.7		14.7	8	00 59	00 54	11 59	10 28	22 50	28	3

2021 JUNE 9, 10, 11 (WED., THURS., FRI.)

UT	ARIES	VENUS −3.9		MARS +1.8		JUPITER −2.5		SATURN +0.4		STARS		
	GHA	GHA	Dec	GHA	Dec	GHA	Dec	GHA	Dec	Name	SHA	Dec
d h	° ′	° ′	° ′	° ′	° ′	° ′	° ′	° ′	° ′		° ′	° ′
9 00	257 34.9	158 56.3	N24 21.7	136 45.6	N21 46.8	283 17.2	S11 37.3	301 37.2	S17 28.2	Acamar	315 14.4	S40 13.1
01	272 37.4	173 55.4	21.6	151 46.4	46.5	298 19.5	37.3	316 39.7	28.3	Achernar	335 22.8	S57 07.6
02	287 39.9	188 54.5	21.5	166 47.3	46.2	313 21.9	37.3	331 42.2	28.3	Acrux	173 03.0	S63 13.3
03	302 42.3	203 53.7 . .	21.4	181 48.1 . .	45.8	328 24.3 . .	37.2	346 44.8 . .	28.3	Adhara	255 08.5	S29 00.2
04	317 44.8	218 52.8	21.3	196 49.0	45.5	343 26.7	37.2	1 47.3	28.3	Aldebaran	290 43.3	N16 33.0
05	332 47.3	233 51.9	21.2	211 49.8	45.2	358 29.0	37.2	16 49.8	28.4			
06	347 49.7	248 51.0	N24 21.1	226 50.6	N21 44.9	13 31.4	S11 37.2	31 52.3	S17 28.4	Alioth	166 15.4	N55 51.0
W 07	2 52.2	263 50.1	20.9	241 51.5	44.5	28 33.8	37.2	46 54.9	28.4	Alkaid	152 54.1	N49 12.7
E 08	17 54.7	278 49.3	20.8	256 52.3	44.2	43 36.2	37.1	61 57.4	28.4	Al Na'ir	27 36.5	S46 51.3
D 09	32 57.1	293 48.4 . .	20.7	271 53.2 . .	43.9	58 38.5 . .	37.1	76 59.9 . .	28.5	Alnilam	275 41.0	S 1 11.4
N 10	47 59.6	308 47.5	20.6	286 54.0	43.6	73 40.9	37.1	92 02.5	28.5	Alphard	217 50.8	S 8 45.1
E 11	63 02.1	323 46.6	20.5	301 54.9	43.2	88 43.3	37.1	107 05.0	28.5			
S 12	78 04.5	338 45.7	N24 20.4	316 55.7	N21 42.9	103 45.7	S11 37.1	122 07.5	S17 28.5	Alphecca	126 05.9	N26 38.7
D 13	93 07.0	353 44.8	20.2	331 56.6	42.6	118 48.0	37.0	137 10.1	28.6	Alpheratz	357 37.9	N29 12.2
A 14	108 09.4	8 44.0	20.1	346 57.4	42.3	133 50.4	37.0	152 12.6	28.6	Altair	62 02.5	N 8 55.4
Y 15	123 11.9	23 43.1 . .	20.0	1 58.3 . .	41.9	148 52.8 . .	37.0	167 15.1 . .	28.6	Ankaa	353 10.2	S42 11.3
16	138 14.4	38 42.2	19.9	16 59.1	41.6	163 55.2	37.0	182 17.6	28.6	Antares	112 19.1	S26 28.7
17	153 16.8	53 41.3	19.7	31 59.9	41.3	178 57.5	36.9	197 20.2	28.7			
18	168 19.3	68 40.4	N24 19.6	47 00.8	N21 41.0	193 59.9	S11 36.9	212 22.7	S17 28.7	Arcturus	145 50.4	N19 04.4
19	183 21.8	83 39.6	19.5	62 01.6	40.6	209 02.3	36.9	227 25.2	28.7	Atria	107 15.3	S69 03.9
20	198 24.2	98 38.7	19.4	77 02.5	40.3	224 04.7	36.9	242 27.8	28.7	Avior	234 16.3	S59 34.9
21	213 26.7	113 37.8 . .	19.2	92 03.3 . .	40.0	239 07.0 . .	36.9	257 30.3 . .	28.8	Bellatrix	278 26.4	N 6 22.0
22	228 29.2	128 36.9	19.1	107 04.2	39.6	254 09.4	36.8	272 32.8	28.8	Betelgeuse	270 55.6	N 7 24.6
23	243 31.6	143 36.0	19.0	122 05.0	39.3	269 11.8	36.8	287 35.4	28.8			
10 00	258 34.1	158 35.2	N24 18.8	137 05.9	N21 39.0	284 14.2	S11 36.8	302 37.9	S17 28.8	Canopus	263 54.2	S52 42.5
01	273 36.5	173 34.3	18.7	152 06.7	38.7	299 16.6	36.8	317 40.4	28.9	Capella	280 26.7	N46 01.0
02	288 39.0	188 33.4	18.6	167 07.6	38.3	314 18.9	36.8	332 43.0	28.9	Deneb	49 27.4	N45 21.2
03	303 41.5	203 32.5 . .	18.4	182 08.4 . .	38.0	329 21.3 . .	36.7	347 45.5 . .	28.9	Denebola	182 27.9	N14 27.3
04	318 43.9	218 31.6	18.3	197 09.3	37.7	344 23.7	36.7	2 48.0	28.9	Diphda	348 50.4	S17 52.2
05	333 46.4	233 30.8	18.2	212 10.1	37.3	359 26.1	36.7	17 50.6	29.0			
06	348 48.9	248 29.9	N24 18.0	227 10.9	N21 37.0	14 28.5	S11 36.7	32 53.1	S17 29.0	Dubhe	193 44.8	N61 38.5
07	3 51.3	263 29.0	17.9	242 11.8	36.7	29 30.8	36.7	47 55.6	29.0	Elnath	278 06.0	N28 37.4
T 08	18 53.8	278 28.1	17.7	257 12.6	36.4	44 33.2	36.7	62 58.2	29.0	Eltanin	90 43.0	N51 29.1
H 09	33 56.3	293 27.3 . .	17.6	272 13.5 . .	36.0	59 35.6 . .	36.6	78 00.7 . .	29.1	Enif	33 41.5	N 9 58.3
U 10	48 58.7	308 26.4	17.4	287 14.3	35.7	74 38.0	36.6	93 03.2	29.1	Fomalhaut	15 17.7	S29 30.5
R 11	64 01.2	323 25.5	17.3	302 15.2	35.4	89 40.4	36.6	108 05.8	29.1			
S 12	79 03.7	338 24.6	N24 17.1	317 16.0	N21 35.0	104 42.8	S11 36.6	123 08.3	S17 29.1	Gacrux	171 54.6	S57 14.2
D 13	94 06.1	353 23.7	17.0	332 16.9	34.7	119 45.1	36.6	138 10.8	29.2	Gienah	175 46.5	S17 39.7
A 14	109 08.6	8 22.9	16.8	347 17.7	34.4	134 47.5	36.5	153 13.4	29.2	Hadar	148 39.6	S60 28.7
Y 15	124 11.0	23 22.0 . .	16.7	2 18.6 . .	34.0	149 49.9 . .	36.5	168 15.9 . .	29.2	Hamal	327 54.7	N23 33.6
16	139 13.5	38 21.1	16.5	17 19.4	33.7	164 52.3	36.5	183 18.4	29.3	Kaus Aust.	83 36.0	S34 22.4
17	154 16.0	53 20.2	16.4	32 20.3	33.4	179 54.7	36.5	198 21.0	29.3			
18	169 18.4	68 19.4	N24 16.2	47 21.1	N21 33.0	194 57.1	S11 36.5	213 23.5	S17 29.3	Kochab	137 18.9	N74 04.3
19	184 20.9	83 18.5	16.1	62 22.0	32.7	209 59.4	36.5	228 26.0	29.3	Markab	13 32.8	N15 19.0
20	199 23.4	98 17.6	15.9	77 22.8	32.4	225 01.8	36.4	243 28.6	29.4	Menkar	314 09.5	N 4 10.3
21	214 25.8	113 16.7 . .	15.7	92 23.7 . .	32.0	240 04.2 . .	36.4	258 31.1 . .	29.4	Menkent	148 00.8	S36 28.6
22	229 28.3	128 15.9	15.6	107 24.5	31.7	255 06.6	36.4	273 33.6	29.4	Miaplacidus	221 39.3	S69 48.5
23	244 30.8	143 15.0	15.4	122 25.4	31.4	270 09.0	36.4	288 36.2	29.4			
11 00	259 33.2	158 14.1	N24 15.3	137 26.2	N21 31.0	285 11.4	S11 36.4	303 38.7	S17 29.5	Mirfak	308 32.9	N49 56.0
01	274 35.7	173 13.2	15.1	152 27.1	30.7	300 13.8	36.3	318 41.3	29.5	Nunki	75 51.1	S26 16.1
02	289 38.2	188 12.4	14.9	167 27.9	30.4	315 16.1	36.3	333 43.8	29.5	Peacock	53 10.5	S56 39.8
03	304 40.6	203 11.5 . .	14.8	182 28.8 . .	30.0	330 18.5 . .	36.3	348 46.3 . .	29.5	Pollux	243 21.2	N27 58.5
04	319 43.1	218 10.6	14.6	197 29.6	29.7	345 20.9	36.3	3 48.9	29.6	Procyon	244 54.2	N 5 10.2
05	334 45.5	233 09.7	14.4	212 30.5	29.3	0 23.3	36.3	18 51.4	29.6			
06	349 48.0	248 08.9	N24 14.3	227 31.3	N21 29.0	15 25.7	S11 36.3	33 53.9	S17 29.6	Rasalhague	96 00.9	N12 32.7
07	4 50.5	263 08.0	14.1	242 32.2	28.7	30 28.1	36.3	48 56.5	29.7	Regulus	207 37.7	N11 51.9
08	19 52.9	278 07.1	13.9	257 33.0	28.3	45 30.5	36.2	63 59.0	29.7	Rigel	281 07.0	S 8 10.7
F 09	34 55.4	293 06.2 . .	13.7	272 33.9 . .	28.0	60 32.9 . .	36.2	79 01.6 . .	29.7	Rigil Kent.	139 43.7	S60 55.5
R 10	49 57.9	308 05.4	13.6	287 34.7	27.7	75 35.3	36.2	94 04.1	29.7	Sabik	102 05.8	S15 45.0
I 11	65 00.3	323 04.5	13.4	302 35.6	27.3	90 37.6	36.2	109 06.6	29.8			
D 12	80 02.8	338 03.6	N24 13.2	317 36.4	N21 27.0	105 40.0	S11 29.8	124 09.2	S17 29.8	Schedar	349 34.5	N56 38.9
A 13	95 05.3	353 02.7	13.0	332 37.3	26.7	120 42.4	36.2	139 11.7	29.8	Shaula	96 13.9	S37 07.1
Y 14	110 07.7	8 01.9	12.8	347 38.1	26.3	135 44.8	36.1	154 14.2	29.8	Sirius	258 29.2	S16 44.8
15	125 10.2	23 01.0 . .	12.7	2 39.0 . .	26.0	150 47.2 . .	36.1	169 16.8 . .	29.9	Spica	158 25.2	S11 16.3
16	140 12.7	38 00.1	12.5	17 39.8	25.6	165 49.6	36.1	184 19.3	29.9	Suhail	222 48.7	S43 31.3
17	155 15.1	52 59.2	12.3	32 40.7	25.3	180 52.0	36.1	199 21.9	29.9			
18	170 17.6	67 58.4	N24 12.1	47 41.5	N21 25.0	195 54.4	S11 36.1	214 24.4	S17 29.9	Vega	80 34.8	N38 48.1
19	185 20.0	82 57.5	11.9	62 42.4	24.6	210 56.8	36.1	229 26.9	30.0	Zuben'ubi	136 59.0	S16 07.8
20	200 22.5	97 56.6	11.7	77 43.2	24.3	225 59.2	36.0	244 29.5	30.0		SHA	Mer. Pass.
21	215 25.0	112 55.8 . .	11.5	92 44.1 . .	23.9	241 01.6 . .	36.0	259 32.0 . .	30.0		° ′	h m
22	230 27.4	127 54.9	11.4	107 44.9	23.6	256 04.0	36.0	274 34.6	30.1	Venus	260 01.1	13 26
23	245 29.9	142 54.0	11.2	122 45.8	23.3	271 06.3	36.0	289 37.1	30.1	Mars	238 31.8	14 51
										Jupiter	25 40.1	5 02
Mer. Pass.	h m 6 44.6	v −0.9	d 0.1	v 0.8	d 0.3	v 2.4	d 0.0	v 2.5	d 0.0	Saturn	44 03.8	3 49

2021 JUNE 9, 10, 11 (WED., THURS., FRI.)

UT	SUN GHA	SUN Dec	MOON GHA	MOON v	MOON Dec	MOON d	MOON HP	Lat.	Twilight Naut.	Twilight Civil	Sunrise	Moonrise 9	Moonrise 10	Moonrise 11	Moonrise 12
d h	° ′	° ′	° ′	′	° ′	′	′	°	h m	h m	h m	h m	h m	h m	h m
								N 72	☐	☐	☐	☐	☐	☐	☐
9 00	180 11.9	N22 55.8	196 55.8 13.2		N19 55.6	8.4	54.0	N 70	☐	☐	☐	☐	☐	☐	☐
01	195 11.8	56.0	211 28.0 13.1		20 04.0	8.3	54.0	68	☐	☐	☐	00 38	☐	☐	☐
02	210 11.6	56.2	226 00.1 13.1		20 12.3	8.1	54.0	66	////	////	00 27	01 15	00 55	☐	☐
03	225 11.5	56.4	240 32.2 13.1		20 20.4	8.2	54.0	64	////	////	01 39	01 41	01 40	01 43	02 06
04	240 11.4	56.7	255 04.3 12.9		20 28.6	8.0	54.0	62	////	////	02 14	02 02	02 10	02 28	03 05
05	255 11.3	56.9	269 36.2 12.9		20 36.6	7.9	54.0	60	////	01 02	02 39	02 19	02 33	02 58	03 39
06	270 11.1	N22 57.1	284 08.1 12.9		N20 44.5	7.9	54.0	N 58	////	01 46	02 59	02 33	02 52	03 21	04 04
W 07	285 11.0	57.3	298 40.0 12.8		20 52.4	7.7	54.0	56	////	02 14	03 15	02 45	03 07	03 39	04 24
E 08	300 10.9	57.5	313 11.8 12.7		21 00.1	7.7	54.1	54	00 57	02 35	03 29	02 56	03 21	03 55	04 40
D 09	315 10.8	57.7	327 43.5 12.7		21 07.8	7.5	54.1	52	01 37	02 52	03 41	03 05	03 32	04 08	04 54
N 10	330 10.6	57.9	342 15.2 12.6		21 15.3	7.5	54.1	50	02 03	03 07	03 51	03 14	03 43	04 20	05 07
E 11	345 10.5	58.1	356 46.8 12.6		21 22.8	7.4	54.1	45	02 47	03 36	04 13	03 32	04 05	04 44	05 32
S 12	0 10.4	N22 58.3	11 18.4 12.5		N21 30.2	7.3	54.1	N 40	03 17	03 58	04 31	03 47	04 22	05 04	05 53
D 13	15 10.3	58.5	25 49.9 12.4		21 37.5	7.2	54.1	35	03 40	04 16	04 46	04 00	04 37	05 20	06 10
A 14	30 10.1	58.7	40 21.3 12.4		21 44.7	7.1	54.1	30	03 58	04 31	04 58	04 11	04 50	05 35	06 24
Y 15	45 10.0	58.9	54 52.7 12.3		21 51.8	7.0	54.1	20	04 26	04 55	05 20	04 30	05 12	05 59	06 49
16	60 09.9	59.1	69 24.0 12.2		21 58.8	6.9	54.1	N 10	04 49	05 16	05 39	04 46	05 32	06 20	07 11
17	75 09.8	59.3	83 55.2 12.2		22 05.7	6.9	54.1	0	05 07	05 33	05 56	05 02	05 50	06 40	07 31
18	90 09.6	N22 59.5	98 26.4 12.2		N22 12.6	6.7	54.1	S 10	05 24	05 50	06 13	05 18	06 08	06 59	07 51
19	105 09.5	59.7	112 57.6 12.1		22 19.3	6.6	54.1	20	05 40	06 07	06 31	05 35	06 27	07 20	08 13
20	120 09.4	22 59.8	127 28.7 12.0		22 25.9	6.5	54.1	30	05 56	06 26	06 52	05 54	06 50	07 45	08 38
21	135 09.3	23 00.0	141 59.7 12.0		22 32.4	6.5	54.1	35	06 04	06 36	07 04	06 06	07 03	07 59	08 52
22	150 09.1	00.2	156 30.7 11.9		22 38.9	6.3	54.1	40	06 14	06 48	07 18	06 19	07 19	08 16	09 09
23	165 09.0	00.4	171 01.6 11.8		22 45.2	6.2	54.1	45	06 24	07 01	07 34	06 35	07 37	08 36	09 30
10 00	180 08.9	N23 00.6	185 32.4 11.8		N22 51.4	6.1	54.2	S 50	06 35	07 17	07 55	06 54	08 00	09 02	09 56
01	195 08.8	00.8	200 03.2 11.7		22 57.5	6.0	54.2	52	06 40	07 24	08 04	07 03	08 11	09 14	10 08
02	210 08.6	01.0	214 33.9 11.7		23 03.5	5.9	54.2	54	06 46	07 32	08 15	07 13	08 23	09 28	10 23
03	225 08.5	01.2	229 04.6 11.6		23 09.4	5.8	54.2	56	06 52	07 41	08 28	07 25	08 38	09 44	10 39
04	240 08.4	01.4	243 35.2 11.6		23 15.2	5.7	54.2	58	06 58	07 51	08 42	07 39	08 55	10 04	10 59
05	255 08.3	01.6	258 05.8 11.5		N23 20.9	5.6	54.2	S 60	07 06	08 02	08 59	07 55	09 16	10 28	11 24

UT	SUN GHA	SUN Dec	MOON	Lat.	Sunset	Twilight Civil	Twilight Naut.	Moonset 9	Moonset 10	Moonset 11	Moonset 12
06	270 08.1	N23 01.7									
07	285 08.0	01.9	An annular eclipse of the Sun occurs on this date. See page 5.								
T 08	300 07.9	02.1									
H 09	315 07.8	02.3		°	h m	h m	h m	h m	h m	h m	h m
U 10	330 07.6	02.5		N 72	☐	☐	☐	☐	☐	☐	☐
R 11	345 07.5	02.7		N 70	☐	☐	☐	☐	☐	☐	☐
S 12	0 07.4	N23 02.9	359 38.3 11.1 N23 57.8 4.8 54.3	68	☐	☐	☐	☐	☐	☐	☐
D 13	15 07.3	03.0	14 08.4 11.1 24 02.6 4.8 54.3	66	23 39	////	////	22 10	☐	☐	☐
A 14	30 07.1	03.2	28 38.5 11.1 24 07.4 4.6 54.3	64	22 21	////	////	21 25	23 05	24 29	00 29
Y 15	45 07.0	03.4	43 08.6 10.9 24 12.0 4.5 54.3	62	21 46	////	////	20 56	22 20	23 29	24 12
16	60 06.9	03.6	57 38.5 11.0 24 16.5 4.3 54.3	60	21 21	22 59	////	20 33	21 51	22 56	23 42
17	75 06.7	03.8	72 08.5 10.9 24 20.8 4.3 54.3								
18	90 06.6	N23 03.9	86 38.4 10.8 N24 25.1 4.1 54.3	N 58	21 01	22 14	////	20 15	21 28	22 31	23 18
19	105 06.5	04.1	101 08.2 10.8 24 29.2 4.1 54.3	56	20 45	21 46	////	20 00	21 10	22 11	22 59
20	120 06.4	04.3	115 38.0 10.8 24 33.3 3.9 54.3	54	20 31	21 25	23 04	19 47	20 55	21 55	22 43
21	135 06.2	04.5	130 07.8 10.7 24 37.2 3.8 54.3	52	20 19	21 07	22 23	19 36	20 42	21 40	22 30
22	150 06.1	04.6	144 37.5 10.6 24 41.0 3.7 54.4	50	20 08	20 52	21 57	19 26	20 30	21 28	22 18
23	165 06.0	04.8	159 07.1 10.7 24 44.7 3.6 54.4	45	19 46	20 23	21 12	19 05	20 06	21 02	21 53
11 00	180 05.8	N23 05.0	173 36.8 10.5 N24 48.3 3.4 54.4	N 40	19 28	20 01	20 42	18 48	19 47	20 42	21 33
01	195 05.7	05.2	188 06.3 10.6 24 51.7 3.3 54.4	35	19 14	19 43	20 20	18 33	19 30	20 25	21 16
02	210 05.6	05.3	202 35.9 10.5 24 55.0 3.2 54.4	30	19 01	19 28	20 01	18 21	19 17	20 11	21 02
03	225 05.5	05.5	217 05.4 10.4 24 58.2 3.1 54.4	20	18 39	19 04	19 33	18 00	18 53	19 46	20 37
04	240 05.3	05.7	231 34.8 10.4 25 01.3 3.0 54.4	N 10	18 20	18 43	19 10	17 42	18 33	19 24	20 16
05	255 05.2	05.9	246 04.2 10.4 25 04.3 2.8 54.4	0	18 03	18 26	18 52	17 25	18 13	19 04	19 56
06	270 05.1	N23 06.0	260 33.6 10.3 N25 07.1 2.8 54.5	S 10	17 46	18 09	18 35	17 08	17 54	18 44	19 36
07	285 05.0	06.2	275 02.9 10.3 25 09.9 2.6 54.5	20	17 28	17 52	18 19	16 50	17 34	18 23	19 15
08	300 04.8	06.4	289 32.2 10.3 25 12.5 2.5 54.5	30	17 07	17 33	18 03	16 29	17 11	17 58	18 50
F 09	315 04.7	06.5	304 01.5 10.2 25 15.0 2.3 54.5	35	16 55	17 23	17 54	16 17	16 57	17 43	18 35
R 10	330 04.6	06.7	318 30.7 10.2 25 17.3 2.2 54.5	40	16 41	17 11	17 45	16 03	16 41	17 26	18 18
I 11	345 04.4	06.9	332 59.9 10.1 25 19.5 2.2 54.5	45	16 24	16 58	17 35	15 46	16 22	17 06	17 58
D 12	0 04.3	N23 07.0	347 29.0 10.1 N25 21.7 1.9 54.5	S 50	16 04	16 42	17 24	15 26	15 59	16 40	17 33
A 13	15 04.2	07.2	1 58.1 10.1 25 23.6 1.9 54.5	52	15 54	16 35	17 19	15 16	15 47	16 28	17 20
Y 14	30 04.1	07.4	16 27.2 10.0 25 25.5 1.7 54.5	54	15 44	16 27	17 13	15 06	15 35	16 14	17 06
15	45 03.9	07.5	30 56.3 10.0 25 27.2 1.7 54.5	56	15 31	16 18	17 07	14 54	15 20	15 57	16 49
16	60 03.8	07.7	45 25.3 10.0 25 28.9 1.4 54.6	58	15 17	16 08	17 00	14 39	15 02	15 38	16 29
17	75 03.7	07.9	59 54.3 10.0 25 30.3 1.4 54.6	S 60	15 00	15 57	16 53	14 23	14 41	15 13	16 04

	SUN	SUN	SUN	MOON	MOON	MOON	MOON
18	90 03.5	N23 08.0	74 23.3 9.9 N25 31.7 1.2 54.6				
19	105 03.4	08.2	88 52.2 9.9 25 32.9 1.1 54.6	Day	Eqn. of Time 00ʰ	Eqn. of Time 12ʰ	Mer. Pass.	Mer. Pass. Upper	Mer. Pass. Lower	Age	Phase
20	120 03.3	08.3	103 21.1 9.9 25 34.0 1.0 54.6								
21	135 03.1	08.5	117 50.0 9.9 25 35.0 0.9 54.6	d	m s	m s	h m	h m	h m	d	%
22	150 03.0	08.7	132 18.9 9.8 25 35.9 0.7 54.6	9	00 48	00 42	11 59	11 13	23 37	29	1
23	165 02.9	08.8	146 47.7 9.9 N25 36.6 0.6 54.7	10	00 36	00 30	12 00	12 01	24 26	00	0
	SD 15.8	d 0.2	SD 14.7 14.8 14.9	11	00 24	00 17	12 00	12 52	00 26	01	1

2021 JUNE 12, 13, 14 (SAT., SUN., MON.)

UT	ARIES	VENUS −3.9		MARS +1.8		JUPITER −2.5		SATURN +0.4		STARS		
	GHA	GHA	Dec	GHA	Dec	GHA	Dec	GHA	Dec	Name	SHA	Dec
d h	° ′	° ′	° ′	° ′	° ′	° ′	° ′	° ′	° ′		° ′	° ′
12 00	260 32.4	157 53.1	N24 11.0	137 46.6	N21 22.9	286 08.7	S11 36.0	304 39.6	S17 30.1	Acamar	315 14.4	S40 13.1
01	275 34.8	172 52.3	10.8	152 47.5	22.6	301 11.1	36.0	319 42.2	30.1	Achernar	335 22.8	S57 07.6
02	290 37.3	187 51.4	10.6	167 48.3	22.2	316 13.5	36.0	334 44.7	30.2	Acrux	173 03.0	S63 13.3
03	305 39.8	202 50.5 ..	10.4	182 49.2 ..	21.9	331 15.9 ..	36.0	349 47.3 ..	30.2	Adhara	255 08.5	S29 00.2
04	320 42.2	217 49.7	10.2	197 50.0	21.6	346 18.3	35.9	4 49.8	30.2	Aldebaran	290 43.3	N16 33.0
05	335 44.7	232 48.8	10.0	212 50.9	21.2	1 20.7	35.9	19 52.3	30.3			
06	350 47.2	247 47.9	N24 09.8	227 51.7	N21 20.9	16 23.1	S11 35.9	34 54.9	S17 30.3	Alioth	166 15.4	N55 51.0
07	5 49.6	262 47.1	09.6	242 52.6	20.5	31 25.5	35.9	49 57.4	30.3	Alkaid	152 54.1	N49 12.7
S 08	20 52.1	277 46.2	09.4	257 53.4	20.2	46 27.9	35.9	65 00.0	30.3	Alnair	27 36.5	S46 51.3
A 09	35 54.5	292 45.3 ..	09.2	272 54.3 ..	19.8	61 30.3 ..	35.9	80 02.5 ..	30.4	Alnilam	275 41.0	S 1 11.4
T 10	50 57.0	307 44.5	09.0	287 55.1	19.5	76 32.7	35.9	95 05.0	30.4	Alphard	217 50.8	S 8 45.1
U 11	65 59.5	322 43.6	08.8	302 56.0	19.2	91 35.1	35.8	110 07.6	30.4			
R 12	81 01.9	337 42.7	N24 08.6	317 56.8	N21 18.8	106 37.5	S11 35.8	125 10.1	S17 30.4	Alphecca	126 05.9	N26 38.7
D 13	96 04.4	352 41.8	08.3	332 57.7	18.5	121 39.9	35.8	140 12.7	30.5	Alpheratz	357 37.8	N29 12.2
A 14	111 06.9	7 41.0	08.1	347 58.5	18.1	136 42.3	35.8	155 15.2	30.5	Altair	62 02.5	N 8 55.4
Y 15	126 09.3	22 40.1 ..	07.9	2 59.4 ..	17.8	151 44.7 ..	35.8	170 17.8 ..	30.5	Ankaa	353 10.2	S42 11.3
16	141 11.8	37 39.2	07.7	18 00.2	17.4	166 47.1	35.8	185 20.3	30.6	Antares	112 19.1	S26 28.7
17	156 14.3	52 38.4	07.5	33 01.1	17.1	181 49.5	35.8	200 22.8	30.6			
18	171 16.7	67 37.5	N24 07.3	48 02.0	N21 16.7	196 51.9	S11 35.8	215 25.4	S17 30.6	Arcturus	145 50.4	N19 04.4
19	186 19.2	82 36.6	07.1	63 02.8	16.4	211 54.3	35.7	230 27.9	30.6	Atria	107 15.3	S69 03.9
20	201 21.7	97 35.8	06.8	78 03.7	16.1	226 56.7	35.7	245 30.5	30.7	Avior	234 16.3	S59 34.8
21	216 24.1	112 34.9 ..	06.6	93 04.5 ..	15.7	241 59.1 ..	35.7	260 33.0 ..	30.7	Bellatrix	278 26.4	N 6 22.1
22	231 26.6	127 34.0	06.4	108 05.4	15.4	257 01.5	35.7	275 35.6	30.7	Betelgeuse	270 55.6	N 7 24.6
23	246 29.0	142 33.2	06.2	123 06.2	15.0	272 03.9	35.7	290 38.1	30.8			
13 00	261 31.5	157 32.3	N24 06.0	138 07.1	N21 14.7	287 06.3	S11 35.7	305 40.6	S17 30.8	Canopus	263 54.2	S52 42.5
01	276 34.0	172 31.5	05.7	153 07.9	14.3	302 08.7	35.7	320 43.2	30.8	Capella	280 26.7	N46 01.0
02	291 36.4	187 30.6	05.5	168 08.8	14.0	317 11.1	35.7	335 45.7	30.8	Deneb	49 27.4	N45 21.2
03	306 38.9	202 29.7 ..	05.3	183 09.6 ..	13.6	332 13.5 ..	35.7	350 48.3 ..	30.9	Denebola	182 27.9	N14 27.3
04	321 41.4	217 28.9	05.1	198 10.5	13.3	347 15.9	35.6	5 50.8	30.9	Diphda	348 50.4	S17 52.2
05	336 43.8	232 28.0	04.8	213 11.3	12.9	2 18.3	35.6	20 53.4	30.9			
06	351 46.3	247 27.1	N24 04.6	228 12.2	N21 12.6	17 20.7	S11 35.6	35 55.9	S17 31.0	Dubhe	193 44.8	N61 38.5
07	6 48.8	262 26.3	04.4	243 13.1	12.2	32 23.1	35.6	50 58.4	31.0	Elnath	278 05.9	N28 37.4
08	21 51.2	277 25.4	04.1	258 13.9	11.9	47 25.5	35.6	66 01.0	31.0	Eltanin	90 43.0	N51 29.1
S 09	36 53.7	292 24.5 ..	03.9	273 14.8 ..	11.5	62 27.9 ..	35.6	81 03.5 ..	31.0	Enif	33 41.5	N 9 58.3
U 10	51 56.1	307 23.7	03.7	288 15.6	11.2	77 30.3	35.6	96 06.1	31.1	Fomalhaut	15 17.7	S29 30.5
N 11	66 58.6	322 22.8	03.4	303 16.5	10.8	92 32.7	35.6	111 08.6	31.1			
D 12	82 01.1	337 22.0	N24 03.2	318 17.3	N21 10.5	107 35.1	S11 35.6	126 11.2	S17 31.1	Gacrux	171 54.6	S57 14.2
A 13	97 03.5	352 21.1	03.0	333 18.2	10.1	122 37.5	35.6	141 13.7	31.2	Gienah	175 46.5	S17 39.7
Y 14	112 06.0	7 20.2	02.7	348 19.0	09.8	137 40.0	35.5	156 16.3	31.2	Hadar	148 39.6	S60 28.7
15	127 08.5	22 19.4 ..	02.5	3 19.9 ..	09.4	152 42.4 ..	35.5	171 18.8 ..	31.2	Hamal	327 54.7	N23 33.6
16	142 10.9	37 18.5	02.2	18 20.7	09.1	167 44.8	35.5	186 21.4	31.3	Kaus Aust.	83 36.0	S34 22.4
17	157 13.4	52 17.6	02.0	33 21.6	08.7	182 47.2	35.5	201 23.9	31.3			
18	172 15.9	67 16.8	N24 01.8	48 22.5	N21 08.4	197 49.6	S11 35.5	216 26.4	S17 31.3	Kochab	137 19.0	N74 04.3
19	187 18.3	82 15.9	01.5	63 23.3	08.0	212 52.0	35.5	231 29.0	31.3	Markab	13 32.8	N15 19.0
20	202 20.8	97 15.1	01.3	78 24.2	07.7	227 54.4	35.5	246 31.5	31.4	Menkar	314 09.5	N 4 10.3
21	217 23.3	112 14.2 ..	01.0	93 25.0 ..	07.3	242 56.8 ..	35.5	261 34.1 ..	31.4	Menkent	148 00.8	S36 28.6
22	232 25.7	127 13.3	00.8	108 25.9	07.0	257 59.2	35.5	276 36.6	31.4	Miaplacidus	221 39.3	S69 48.5
23	247 28.2	142 12.5	00.5	123 26.7	06.6	273 01.6	35.5	291 39.2	31.5			
14 00	262 30.6	157 11.6	N24 00.3	138 27.6	N21 06.3	288 04.0	S11 35.5	306 41.7	S17 31.5	Mirfak	308 32.8	N49 56.0
01	277 33.1	172 10.8	24 00.0	153 28.4	05.9	303 06.4	35.4	321 44.3	31.5	Nunki	75 51.0	S26 16.1
02	292 35.6	187 09.9	23 59.8	168 29.3	05.6	318 08.8	35.4	336 46.8	31.5	Peacock	53 09.9	S56 39.8
03	307 38.0	202 09.0 ..	59.5	183 30.2 ..	05.2	333 11.3 ..	35.4	351 49.4 ..	31.6	Pollux	243 21.2	N27 58.5
04	322 40.5	217 08.2	59.2	198 31.0	04.9	348 13.7	35.4	6 51.9	31.6	Procyon	244 54.2	N 5 10.2
05	337 43.0	232 07.3	59.0	213 31.9	04.5	3 16.1	35.4	21 54.5	31.6			
06	352 45.4	247 06.5	N23 58.7	228 32.7	N21 04.2	18 18.5	S11 35.4	36 57.0	S17 31.7	Rasalhague	96 00.9	N12 32.7
07	7 47.9	262 05.6	58.5	243 33.6	03.8	33 20.9	35.4	51 59.6	31.7	Regulus	207 37.7	N11 51.9
08	22 50.4	277 04.8	58.2	258 34.4	03.4	48 23.3	35.4	67 02.1	31.7	Rigel	281 07.0	S 8 10.7
M 09	37 52.8	292 03.9 ..	57.9	273 35.3 ..	03.1	63 25.7 ..	35.4	82 04.7 ..	31.8	Rigil Kent.	139 43.8	S60 55.5
O 10	52 55.3	307 03.0	57.7	288 36.2	02.7	78 28.1	35.4	97 07.2	31.8	Sabik	102 05.8	S15 45.0
N 11	67 57.8	322 02.2	57.4	303 37.0	02.4	93 30.6	35.4	112 09.8	31.8			
D 12	83 00.2	337 01.3	N23 57.1	318 37.9	N21 02.0	108 33.0	S11 35.4	127 12.3	S17 31.8	Schedar	349 34.5	N56 38.9
A 13	98 02.7	352 00.5	56.9	333 38.7	01.7	123 35.4	35.4	142 14.9	31.9	Shaula	96 13.9	S37 07.1
Y 14	113 05.1	6 59.6	56.6	348 39.6	01.3	138 37.8	35.4	157 17.4	31.9	Sirius	258 29.2	S16 44.8
15	128 07.6	21 58.8 ..	56.3	3 40.4 ..	01.0	153 40.2 ..	35.3	172 20.0 ..	31.9	Spica	158 25.2	S11 16.3
16	143 10.1	36 57.9	56.1	18 41.3	00.6	168 42.6	35.3	187 22.5	32.0	Suhail	222 48.7	S43 31.3
17	158 12.5	51 57.1	55.8	33 42.2	21 00.2	183 45.0	35.3	202 25.1	32.0			
18	173 15.0	66 56.2	N23 55.5	48 43.0	N20 59.9	198 47.4	S11 35.3	217 27.6	S17 32.0	Vega	80 34.8	N38 48.2
19	188 17.5	81 55.3	55.2	63 43.9	59.5	213 49.9	35.3	232 30.2	32.1	Zuben'ubi	136 59.0	S16 07.8
20	203 19.9	96 54.5	55.0	78 44.7	59.2	228 52.3	35.3	247 32.7	32.1		SHA	Mer. Pass.
21	218 22.4	111 53.6	54.7	93 45.6 ..	58.8	243 54.7	35.3	262 35.3	32.1		° ′	h m
22	233 24.9	126 52.8	54.4	108 46.5	58.5	258 57.1	35.3	277 37.8	32.1	Venus	256 00.8	13 31
23	248 27.3	141 51.9	54.1	123 47.3	58.1	273 59.5	35.3	292 40.4	32.2	Mars	236 35.6	14 47
	h m									Jupiter	25 34.8	4 51
Mer. Pass. 6 32.8		v −0.9	d 0.2	v 0.9	d 0.3	v 2.4	d 0.0	v 2.5	d 0.0	Saturn	44 09.1	3 37

2021 JUNE 12, 13, 14 (SAT., SUN., MON.)

UT	SUN GHA	SUN Dec	MOON GHA	MOON v	MOON Dec	MOON d	MOON HP	Lat.	Twilight Naut.	Twilight Civil	Sunrise	Moonrise 12	Moonrise 13	Moonrise 14	Moonrise 15
d h	° '	° '	° '	'	° '	'	'	°	h m	h m	h m	h m	h m	h m	h m
12 00	180 02.8	N23 09.0	161 16.6	9.8	N25 37.2	0.5	54.7	N 72	☐	☐	☐	☐	☐	☐	☐
01	195 02.6	09.1	175 45.4	9.7	25 37.7	0.3	54.7	N 70	☐	☐	☐	☐	☐	☐	☐
02	210 02.5	09.3	190 14.1	9.8	25 38.0	0.2	54.7	68	☐	☐	☐	☐	☐	☐	05 44
03	225 02.4	09.4	204 42.9	9.8	25 38.2	0.1	54.7	66	☐	☐	☐	☐	☐	04 12	06 23
04	240 02.2	09.6	219 11.7	9.7	25 38.3	0.1	54.7	64	////	////	01 35	02 06	03 22	05 04	06 50
05	255 02.1	09.7	233 40.4	9.7	25 38.2	0.1	54.7	62	////	////	02 11	03 05	04 10	05 36	07 11
06	270 02.0	N23 09.9	248 09.1	9.7	N25 38.1	0.3	54.8	60	////	00 56	02 37	03 39	04 41	06 00	07 27
07	285 01.8	10.1	262 37.8	9.7	25 37.8	0.5	54.8	N 58	////	01 43	02 57	04 04	05 04	06 19	07 41
S 08	300 01.7	10.2	277 06.5	9.7	25 37.3	0.5	54.8	56	////	02 12	03 14	04 24	05 23	06 34	07 54
A 09	315 01.6	10.4	291 35.2	9.6	25 36.8	0.7	54.8	54	00 51	02 34	03 28	04 40	05 39	06 48	08 04
T 10	330 01.5	10.5	306 03.8	9.7	25 36.1	0.9	54.8	52	01 34	02 51	03 40	04 54	05 52	07 00	08 13
U 11	345 01.3	10.7	320 32.5	9.7	25 35.2	0.9	54.8	50	02 01	03 06	03 50	05 07	06 04	07 10	08 22
R 12	0 01.2	N23 10.8	335 01.2	9.6	N25 34.3	1.1	54.8	45	02 46	03 35	04 13	05 32	06 29	07 32	08 39
D 13	15 01.1	11.0	349 29.8	9.6	25 33.2	1.2	54.9	N 40	03 16	03 58	04 31	05 53	06 49	07 49	08 54
A 14	30 00.9	11.1	3 58.4	9.7	25 32.0	1.4	54.9	35	03 39	04 16	04 45	06 10	07 05	08 04	09 06
Y 15	45 00.8	11.2	18 27.1	9.6	25 30.6	1.4	54.9	30	03 58	04 31	04 58	06 24	07 19	08 17	09 16
16	60 00.7	11.4	32 55.7	9.6	25 29.2	1.7	54.9	20	04 27	04 56	05 20	06 49	07 43	08 38	09 34
17	75 00.5	11.5	47 24.3	9.6	25 27.5	1.7	54.9	N 10	04 49	05 16	05 39	07 11	08 04	08 57	09 50
18	90 00.4	N23 11.7	61 52.9	9.7	N25 25.8	1.9	54.9	0	05 08	05 34	05 56	07 31	08 23	09 14	10 05
19	105 00.3	11.8	76 21.6	9.6	25 23.9	2.0	55.0	S 10	05 25	05 51	06 14	07 51	08 42	09 32	10 19
20	120 00.1	12.0	90 50.2	9.6	25 21.9	2.1	55.0	20	05 41	06 08	06 32	08 13	09 03	09 50	10 35
21	135 00.0	12.1	105 18.8	9.6	25 19.8	2.2	55.0	30	05 57	06 27	06 53	08 38	09 27	10 12	10 52
22	149 59.9	12.3	119 47.4	9.6	25 17.6	2.4	55.0	35	06 06	06 37	07 05	08 52	09 41	10 24	11 03
23	164 59.8	12.4	134 16.0	9.7	25 15.2	2.5	55.0	40	06 15	06 49	07 19	09 09	09 57	10 39	11 14
								45	06 25	07 02	07 36	09 30	10 16	10 56	11 28
13 00	179 59.6	N23 12.5	148 44.7	9.6	N25 12.7	2.7	55.0	S 50	06 37	07 18	07 57	09 56	10 41	11 16	11 45
01	194 59.5	12.7	163 13.3	9.7	25 10.0	2.8	55.1	52	06 42	07 26	08 06	10 08	10 52	11 26	11 53
02	209 59.4	12.8	177 42.0	9.7	25 07.2	2.9	55.1	54	06 48	07 34	08 17	10 23	11 05	11 38	12 02
03	224 59.2	13.0	192 10.6	9.7	25 04.3	3.0	55.1	56	06 54	07 43	08 30	10 39	11 21	11 50	12 11
04	239 59.1	13.1	206 39.3	9.6	25 01.3	3.2	55.1	58	07 00	07 53	08 44	10 59	11 39	12 05	12 22
05	254 59.0	13.2	221 07.9	9.7	24 58.1	3.3	55.1	S 60	07 08	08 04	09 02	11 24	12 01	12 22	12 35
06	269 58.8	N23 13.4	235 36.6	9.7	N24 54.8	3.4	55.1			Twilight			Moonset		
07	284 58.7	13.5	250 05.3	9.7	24 51.4	3.6	55.2	Lat.	Sunset	Civil	Naut.	12	13	14	15
08	299 58.6	13.6	264 34.0	9.7	24 47.8	3.6	55.2								
S 09	314 58.4	13.8	279 02.7	9.7	24 44.2	3.8	55.2	°	h m	h m	h m	h m	h m	h m	h m
U 10	329 58.3	13.9	293 31.4	9.8	24 40.4	4.0	55.2	N 72	☐	☐	☐	☐	☐	☐	☐
N 11	344 58.2	14.0	308 00.2	9.7	24 36.4	4.0	55.2	N 70	☐	☐	☐	☐	☐	☐	☐
D 12	359 58.0	N23 14.2	322 28.9	9.8	N24 32.4	4.2	55.3	68	☐	☐	☐	☐	☐	☐	02 14
A 13	14 57.9	14.3	336 57.7	9.8	24 28.2	4.3	55.3	66	☐	☐	☐	☐	☐	01 59	01 34
Y 14	29 57.8	14.4	351 26.5	9.8	24 23.9	4.5	55.3	64	22 26	////	////	00 29	01 01	01 06	01 06
15	44 57.6	14.6	5 55.3	9.9	24 19.4	4.6	55.3	62	21 50	////	////	24 12	00 12	00 34	00 44
16	59 57.5	14.7	20 24.2	9.8	24 14.8	4.7	55.3	60	21 24	23 06	////	23 42	24 10	00 10	00 27
17	74 57.4	14.8	34 53.0	9.9	24 10.1	4.8	55.3	N 58	21 04	22 18	////	23 18	23 51	24 12	00 12
18	89 57.2	N23 14.9	49 21.9	9.9	N24 05.3	4.9	55.4	56	20 47	21 49	////	22 59	23 34	23 59	24 18
19	104 57.1	15.1	63 50.8	9.9	24 00.4	5.1	55.4	54	20 33	21 27	23 11	22 43	23 21	23 48	24 09
20	119 57.0	15.2	78 19.7	9.9	23 55.3	5.2	55.4	52	20 21	21 09	22 27	22 30	23 09	23 39	24 02
21	134 56.8	15.3	92 48.6	10.0	23 50.1	5.3	55.4	50	20 10	20 54	21 59	22 18	22 58	23 30	23 55
22	149 56.7	15.4	107 17.6	10.0	23 44.8	5.5	55.4	45	19 48	20 25	21 14	21 53	22 35	23 11	23 41
23	164 56.6	15.6	121 46.6	10.0	23 39.3	5.5	55.5								
14 00	179 56.4	N23 15.7	136 15.6	10.0	N23 33.8	5.7	55.5	N 40	19 30	20 03	20 44	21 33	22 17	22 56	23 29
01	194 56.3	15.8	150 44.6	10.1	23 28.1	5.9	55.5	35	19 15	19 45	20 21	21 16	22 02	22 43	23 19
02	209 56.2	15.9	165 13.7	10.1	23 22.2	5.9	55.5	30	19 02	19 29	20 03	21 02	21 49	22 31	23 10
03	224 56.0	16.1	179 42.8	10.1	23 16.3	6.0	55.6	20	18 40	19 05	19 34	20 37	21 26	22 12	22 55
04	239 55.9	16.2	194 11.9	10.2	23 10.3	6.2	55.6	N 10	18 21	18 44	19 11	20 16	21 06	21 55	22 41
05	254 55.8	16.3	208 41.1	10.1	23 04.1	6.3	55.6	0	18 04	18 26	18 53	19 56	20 48	21 39	22 28
06	269 55.7	N23 16.4	223 10.2	10.2	N22 57.8	6.4	55.6	S 10	17 46	18 09	18 36	19 36	20 29	21 23	22 15
07	284 55.5	16.5	237 39.4	10.3	22 51.4	6.6	55.6	20	17 28	17 52	18 19	19 15	20 09	21 05	22 01
08	299 55.4	16.7	252 08.7	10.3	22 44.8	6.6	55.6	30	17 07	17 33	18 03	18 50	19 46	20 45	21 45
M 09	314 55.3	16.8	266 38.0	10.3	22 38.2	6.8	55.7	35	16 55	17 23	17 55	18 35	19 33	20 33	21 36
O 10	329 55.1	16.9	281 07.3	10.3	22 31.4	6.9	55.7	40	16 41	17 11	17 45	18 18	19 17	20 20	21 25
N 11	344 55.0	17.0	295 36.6	10.3	22 24.5	7.0	55.7	45	16 24	16 58	17 35	17 58	18 58	20 04	21 12
D 12	359 54.9	N23 17.1	310 05.9	10.4	N22 17.5	7.2	55.7	S 50	16 04	16 42	17 23	17 33	18 34	19 44	20 57
A 13	14 54.7	17.2	324 35.3	10.5	22 10.3	7.2	55.8	52	15 54	16 35	17 18	17 20	18 23	19 34	20 50
Y 14	29 54.6	17.3	339 04.8	10.4	22 03.1	7.4	55.8	54	15 43	16 26	17 13	17 06	18 10	19 23	20 42
15	44 54.4	17.5	353 34.2	10.5	21 55.7	7.6	55.8	56	15 30	16 17	17 06	16 49	17 55	19 11	20 32
16	59 54.3	17.6	8 03.7	10.6	21 48.1	7.6	55.8	58	15 16	16 07	17 00	16 29	17 37	18 57	20 22
17	74 54.2	17.7	22 33.3	10.5	21 40.7	7.7	55.9	S 60	14 58	15 56	16 52	16 04	17 16	18 40	20 10
18	89 54.0	N23 17.8	37 02.8	10.6	N21 33.0	7.9	55.9			SUN			MOON		
19	104 53.9	17.9	51 32.4	10.7	21 25.1	7.9	55.9	Day	Eqn. of Time		Mer.	Mer. Pass.		Age	Phase
20	119 53.8	18.0	66 02.1	10.6	21 17.2	8.0	55.9		00h	12h	Pass.	Upper	Lower		
21	134 53.6	18.1	80 31.7	10.7	21 09.2	8.2	55.9	d	m s	m s	h m	h m	h m	d	%
22	149 53.5	18.2	95 01.4	10.8	21 01.0	8.2	56.0	12	00 11	00 05	12 00	13 44	01 18	02	4
23	164 53.4	18.3	109 31.2	10.7	N20 52.8	8.4	56.0	13	00 01	00 08	12 00	14 35	02 10	03	9
	SD 15.8	d 0.1	SD 14.9		15.1		15.2	14	00 14	00 20	12 00	15 27	03 01	04	15

2021 JUNE 15, 16, 17 (TUES., WED., THURS.)

UT	ARIES GHA	VENUS −3.9 GHA	Dec	MARS +1.8 GHA	Dec	JUPITER −2.5 GHA	Dec	SATURN +0.3 GHA	Dec	STARS Name	SHA	Dec
d h	° '	° '	° '	° '	° '	° '	° '	° '	° '		° '	° '
15 00	263 29.8	156 51.1 N23	53.9	138 48.2 N20	57.7	289 01.9 S11	35.3	307 42.9 S17	32.2	Acamar	315 14.4	S40 13.1
01	278 32.3	171 50.2	53.6	153 49.0	57.4	304 04.4	35.3	322 45.5	32.2	Achernar	335 22.8	S57 07.5
02	293 34.7	186 49.4	53.3	168 49.9	57.0	319 06.8	35.3	337 48.0	32.3	Acrux	173 03.0	S63 13.3
03	308 37.2	201 48.5 ..	53.0	183 50.7 ..	56.7	334 09.2 ..	35.3	352 50.6 ..	32.3	Adhara	255 08.5	S29 00.1
04	323 39.6	216 47.7	52.7	198 51.6	56.3	349 11.6	35.3	7 53.1	32.3	Aldebaran	290 43.3	N16 33.0
05	338 42.1	231 46.8	52.4	213 52.5	55.9	4 14.0	35.3	22 55.7	32.4			
06	353 44.6	246 46.0 N23	52.1	228 53.3 N20	55.6	19 16.5 S11	35.3	37 58.2 S17	32.4	Alioth	166 15.4	N55 51.0
07	8 47.0	261 45.1	51.9	243 54.2	55.2	34 18.9	35.3	53 00.8	32.4	Alkaid	152 54.1	N49 12.7
T 08	23 49.5	276 44.3	51.6	258 55.0	54.9	49 21.3	35.3	68 03.3	32.5	Alnair	27 36.4	S46 51.3
U 09	38 52.0	291 43.4 ..	51.3	273 55.9 ..	54.5	64 23.7 ..	35.2	83 05.9 ..	32.5	Alnilam	275 41.0	S 1 11.4
E 10	53 54.4	306 42.6	51.0	288 56.8	54.1	79 26.1	35.2	98 08.4	32.5	Alphard	217 50.8	S 8 45.1
S 11	68 56.9	321 41.7	50.7	303 57.6	53.8	94 28.6	35.2	113 11.0	32.6			
D 12	83 59.4	336 40.9 N23	50.4	318 58.5 N20	53.4	109 31.0 S11	35.2	128 13.5 S17	32.6	Alphecca	126 05.9	N26 38.7
A 13	99 01.8	351 40.0	50.1	333 59.3	53.1	124 33.4	35.2	143 16.1	32.6	Alpheratz	357 37.8	N29 12.3
Y 14	114 04.3	6 39.2	49.8	349 00.2	52.7	139 35.8	35.2	158 18.6	32.6	Altair	62 02.5	N 8 55.5
15	129 06.7	21 38.3 ..	49.5	4 01.1 ..	52.3	154 38.2 ..	35.2	173 21.2 ..	32.7	Ankaa	353 10.2	S42 11.3
16	144 09.2	36 37.5	49.2	19 01.9	52.0	169 40.7	35.2	188 23.7	32.7	Antares	112 19.0	S26 28.7
17	159 11.7	51 36.6	48.9	34 02.8	51.6	184 43.1	35.2	203 26.3	32.7			
18	174 14.1	66 35.8 N23	48.6	49 03.6 N20	51.2	199 45.5 S11	35.2	218 28.9 S17	32.8	Arcturus	145 50.4	N19 04.4
19	189 16.6	81 34.9	48.3	64 04.5	50.9	214 47.9	35.2	233 31.4	32.8	Atria	107 15.3	S69 03.9
20	204 19.1	96 34.1	48.0	79 05.4	50.5	229 50.3	35.2	248 34.0	32.8	Avior	234 16.4	S59 34.8
21	219 21.5	111 33.2 ..	47.7	94 06.2 ..	50.2	244 52.8 ..	35.2	263 36.5 ..	32.9	Bellatrix	278 26.3	N 6 22.1
22	234 24.0	126 32.4	47.4	109 07.1	49.8	259 55.2	35.2	278 39.1	32.9	Betelgeuse	270 55.6	N 7 24.6
23	249 26.5	141 31.6	47.1	124 07.9	49.4	274 57.6	35.2	293 41.6	32.9			
16 00	264 28.9	156 30.7 N23	46.8	139 08.8 N20	49.1	290 00.0 S11	35.2	308 44.2 S17	33.0	Canopus	263 54.2	S52 42.5
01	279 31.4	171 29.9	46.4	154 09.7	48.7	305 02.5	35.2	323 46.7	33.0	Capella	280 26.7	N46 01.0
02	294 33.9	186 29.0	46.1	169 10.5	48.3	320 04.9	35.2	338 49.3	33.0	Deneb	49 27.4	N45 21.2
03	309 36.3	201 28.2 ..	45.8	184 11.4 ..	48.0	335 07.3 ..	35.2	353 51.8 ..	33.1	Denebola	182 27.9	N14 27.3
04	324 38.8	216 27.3	45.5	199 12.3	47.6	350 09.7	35.2	8 54.4	33.1	Diphda	348 50.3	S17 52.2
05	339 41.2	231 26.5	45.2	214 13.1	47.2	5 12.2	35.2	23 56.9	33.1			
06	354 43.7	246 25.6 N23	44.9	229 14.0 N20	46.9	20 14.6 S11	35.2	38 59.5 S17	33.1	Dubhe	193 44.8	N61 38.5
W 07	9 46.2	261 24.8	44.5	244 14.8	46.5	35 17.0	35.2	54 02.1	33.2	Elnath	278 05.9	N28 37.4
E 08	24 48.6	276 24.0	44.2	259 15.7	46.1	50 19.5	35.2	69 04.6	33.2	Eltanin	90 43.0	N51 29.2
D 09	39 51.1	291 23.1 ..	43.9	274 16.6 ..	45.8	65 21.9 ..	35.2	84 07.2 ..	33.2	Enif	33 41.5	N 9 58.3
N 10	54 53.6	306 22.3	43.6	289 17.4	45.4	80 24.3	35.2	99 09.7	33.3	Fomalhaut	15 17.7	S29 30.4
E 11	69 56.0	321 21.4	43.3	304 18.3	45.0	95 26.7	35.2	114 12.3	33.3			
S 12	84 58.5	336 20.6 N23	42.9	319 19.1 N20	44.7	110 29.2 S11	35.2	129 14.8 S17	33.3	Gacrux	171 54.7	S57 14.2
D 13	100 01.0	351 19.7	42.6	334 20.0	44.3	125 31.6	35.2	144 17.4	33.4	Gienah	175 46.5	S17 39.7
A 14	115 03.4	6 18.9	42.3	349 20.9	43.9	140 34.0	35.2	159 20.0	33.4	Hadar	148 39.7	S60 28.7
Y 15	130 05.9	21 18.1 ..	42.0	4 21.7 ..	43.6	155 36.4 ..	35.2	174 22.5 ..	33.4	Hamal	327 54.7	N23 33.6
16	145 08.4	36 17.2	41.6	19 22.6	43.2	170 38.9	35.2	189 25.1	33.5	Kaus Aust.	83 36.0	S34 22.4
17	160 10.8	51 16.4	41.3	34 23.5	42.8	185 41.3	35.2	204 27.6	33.5			
18	175 13.3	66 15.5 N23	41.0	49 24.3 N20	42.5	200 43.7 S11	35.2	219 30.2 S17	33.5	Kochab	137 19.0	N74 04.3
19	190 15.7	81 14.7	40.6	64 25.2	42.1	215 46.2	35.2	234 32.7	33.6	Markab	13 32.7	N15 19.1
20	205 18.2	96 13.9	40.3	79 26.1	41.7	230 48.6	35.2	249 35.3	33.6	Menkar	314 09.5	N 4 10.3
21	220 20.7	111 13.0 ..	40.0	94 26.9 ..	41.4	245 51.0 ..	35.2	264 37.9 ..	33.6	Menkent	148 00.8	S36 28.6
22	235 23.1	126 12.2	39.6	109 27.8	41.0	260 53.5	35.2	279 40.4	33.7	Miaplacidus	221 39.3	S69 48.5
23	250 25.6	141 11.4	39.3	124 28.6	40.6	275 55.9	35.2	294 43.0	33.7			
17 00	265 28.1	156 10.5 N23	39.0	139 29.5 N20	40.2	290 58.3 S11	35.2	309 45.5 S17	33.7	Mirfak	308 32.8	N49 56.0
01	280 30.5	171 09.7	38.6	154 30.4	39.9	306 00.8	35.2	324 48.1	33.8	Nunki	75 51.0	S26 16.1
02	295 33.0	186 08.8	38.3	169 31.2	39.5	321 03.2	35.2	339 50.6	33.8	Peacock	53 09.5	S56 39.8
03	310 35.5	201 08.0 ..	37.9	184 32.1 ..	39.1	336 05.6 ..	35.2	354 53.2 ..	33.8	Pollux	243 21.2	N27 58.5
04	325 37.9	216 07.2	37.6	199 33.0	38.8	351 08.1	35.2	9 55.8	33.9	Procyon	244 54.2	N 5 10.2
05	340 40.4	231 06.3	37.2	214 33.8	38.4	6 10.5	35.2	24 58.3	33.9			
06	355 42.9	246 05.5 N23	36.9	229 34.7 N20	38.0	21 12.9 S11	35.2	40 00.9 S17	33.9	Rasalhague	96 00.9	N12 32.7
07	10 45.3	261 04.7	36.6	244 35.6	37.7	36 15.4	35.2	55 03.4	34.0	Regulus	207 37.7	N11 51.9
T 08	25 47.8	276 03.8	36.2	259 36.4	37.3	51 17.8	35.2	70 06.0	34.0	Rigel	281 07.0	S 8 10.7
H 09	40 50.2	291 03.0 ..	35.9	274 37.3 ..	36.9	66 20.2 ..	35.2	85 08.6 ..	34.0	Rigil Kent.	139 43.8	S60 55.5
U 10	55 52.7	306 02.2	35.5	289 38.2	36.5	81 22.7	35.2	100 11.1	34.1	Sabik	102 05.8	S15 45.0
R 11	70 55.2	321 01.3	35.2	304 39.0	36.2	96 25.1	35.2	115 13.7	34.1			
S 12	85 57.6	336 00.5 N23	34.8	319 39.9 N20	35.8	111 27.5 S11	35.2	130 16.2 S17	34.1	Schedar	349 34.4	N56 38.9
D 13	101 00.1	350 59.7	34.4	334 40.7	35.4	126 30.0	35.2	145 18.8	34.2	Shaula	96 13.9	S37 07.1
A 14	116 02.6	5 58.8	34.1	349 41.6	35.0	141 32.4	35.2	160 21.4	34.2	Sirius	258 29.1	S16 44.8
Y 15	131 05.0	20 58.0 ..	33.7	4 42.5 ..	34.7	156 34.8 ..	35.2	175 23.9 ..	34.2	Spica	158 25.2	S11 16.3
16	146 07.5	35 57.2	33.4	19 43.3	34.3	171 37.3	35.2	190 26.5	34.3	Suhail	222 48.7	S43 31.3
17	161 10.0	50 56.3	33.0	34 44.2	33.9	186 39.7	35.2	205 29.0	34.3			
18	176 12.4	65 55.5 N23	32.7	49 45.1 N20	33.5	201 42.2 S11	35.2	220 31.6 S17	34.3	Vega	80 34.8	N38 48.2
19	191 14.9	80 54.7	32.3	64 45.9	33.2	216 44.6	35.2	235 34.2	34.4	Zuben'ubi	136 59.0	S16 07.8
20	206 17.3	95 53.8	31.9	79 46.8	32.8	231 47.0	35.2	250 36.7	34.4		SHA	Mer. Pass.
21	221 19.8	110 53.0 ..	31.6	94 47.7 ..	32.4	246 49.5 ..	35.2	265 39.3 ..	34.4		° '	h m
22	236 22.3	125 52.2	31.2	109 48.5	32.0	261 51.9	35.2	280 41.8	34.5	Venus	252 01.8	13 35
23	251 24.7	140 51.3	30.8	124 49.4	31.7	276 54.4	35.2	295 44.4	34.5	Mars	234 39.9	14 43
	h m									Jupiter	25 31.1	4 39
Mer. Pass.	6 21.0	v −0.8	d 0.3	v 0.9	d 0.4	v 2.4	d 0.0	v 2.6	d 0.0	Saturn	44 15.2	3 24

2021 JUNE 15, 16, 17 (TUES., WED., THURS.)

UT	SUN GHA	SUN Dec	MOON GHA	MOON v	MOON Dec	MOON d	MOON HP	Lat.	Twilight Naut.	Twilight Civil	Sunrise	Moonrise 15	Moonrise 16	Moonrise 17	Moonrise 18
d h	° ′	° ′	° ′	′	° ′	′	′	°	h m	h m	h m	h m	h m	h m	h m
15 00	179 53.2	N23 18.4	124 00.9	10.8	N20 44.4	8.5	56.0	N 72	▨	▨	▨	▨	06 51	09 26	11 40
01	194 53.1	18.5	138 30.7	10.9	20 35.9	8.6	56.0	N 70	▨	▨	▨	▨	07 31	09 42	11 45
02	209 53.0	18.7	153 00.6	10.9	20 27.3	8.7	56.1	68	▨	▨	▨	05 44	07 57	09 56	11 49
03	224 52.8	18.8	167 30.5	10.9	20 18.6	8.8	56.1	66	▨	▨	▨	06 23	08 17	10 06	11 53
04	239 52.7	18.9	182 00.4	10.9	20 09.8	8.9	56.1	64	////	////	01 32	06 50	08 34	10 15	11 56
05	254 52.6	19.0	196 30.3	11.0	20 00.9	9.0	56.1	62	////	////	02 10	07 11	08 47	10 23	11 59
06	269 52.4	N23 19.1	211 00.3	11.1	N19 51.9	9.2	56.2	60	////	00 52	02 36	07 27	08 58	10 29	12 01
07	284 52.3	19.2	225 30.4	11.0	19 42.7	9.2	56.2	N 58	////	01 41	02 56	07 41	09 08	10 35	12 03
T 08	299 52.2	19.3	240 00.4	11.1	19 33.5	9.3	56.2	56	////	02 11	03 13	07 54	09 16	10 40	12 05
U 09	314 52.0	19.4	254 30.5	11.2	19 24.2	9.5	56.2	54	00 47	02 33	03 27	08 04	09 24	10 45	12 07
E 10	329 51.9	19.5	269 00.7	11.1	19 14.7	9.5	56.3	52	01 33	02 51	03 39	08 13	09 30	10 49	12 08
S 11	344 51.8	19.6	283 30.8	11.2	19 05.2	9.6	56.3	50	02 00	03 06	03 50	08 22	09 36	10 52	12 10
D 12	359 51.6	N23 19.7	298 01.0	11.3	N18 55.6	9.8	56.3	45	02 46	03 35	04 13	08 39	09 49	11 00	12 13
A 13	14 51.5	19.8	312 31.3	11.2	18 45.8	9.8	56.3	N 40	03 16	03 58	04 31	08 54	10 00	11 07	12 15
Y 14	29 51.4	19.9	327 01.5	11.4	18 36.0	10.0	56.4	35	03 39	04 16	04 46	09 06	10 09	11 13	12 17
15	44 51.2	19.9	341 31.9	11.3	18 26.0	10.0	56.4	30	03 58	04 31	04 59	09 16	10 17	11 18	12 19
16	59 51.1	20.0	356 02.2	11.4	18 16.0	10.1	56.4	20	04 27	04 56	05 21	09 34	10 30	11 26	12 22
17	74 51.0	20.1	10 32.6	11.4	18 05.9	10.3	56.4	N 10	04 49	05 16	05 40	09 50	10 42	11 34	12 25
18	89 50.8	N23 20.2	25 03.0	11.5	N17 55.6	10.3	56.5	0	05 08	05 35	05 57	10 05	10 53	11 41	12 28
19	104 50.7	20.3	39 33.5	11.4	17 45.3	10.4	56.5	S 10	05 25	05 52	06 14	10 19	11 04	11 48	12 31
20	119 50.6	20.4	54 03.9	11.6	17 34.9	10.6	56.5	20	05 41	06 09	06 33	10 35	11 16	11 55	12 34
21	134 50.4	20.5	68 34.5	11.5	17 24.3	10.6	56.5	30	05 58	06 28	06 54	10 52	11 29	12 04	12 37
22	149 50.3	20.6	83 05.0	11.6	17 13.7	10.7	56.6	35	06 07	06 38	07 06	11 03	11 37	12 09	12 39
23	164 50.2	20.7	97 35.6	11.6	17 03.0	10.8	56.6	40	06 16	06 50	07 21	11 14	11 46	12 14	12 41
								45	06 26	07 04	07 37	11 28	11 56	12 20	12 43
16 00	179 50.0	N23 20.8	112 06.2	11.7	N16 52.2	10.9	56.6	S 50	06 38	07 20	07 58	11 45	12 08	12 28	12 46
01	194 49.9	20.9	126 36.9	11.7	16 41.3	11.0	56.6	52	06 43	07 27	08 08	11 53	12 14	12 32	12 48
02	209 49.7	21.0	141 07.6	11.7	16 30.3	11.0	56.7	54	06 49	07 35	08 19	12 02	12 20	12 35	12 49
03	224 49.6	21.0	155 38.3	11.7	16 19.3	11.2	56.7	56	06 55	07 44	08 32	12 11	12 27	12 40	12 51
04	239 49.5	21.1	170 09.0	11.8	16 08.1	11.2	56.7	58	07 02	07 54	08 46	12 22	12 35	12 44	12 52
05	254 49.3	21.2	184 39.8	11.8	15 56.9	11.4	56.8	S 60	07 09	08 06	09 04	12 35	12 44	12 50	12 54
06	269 49.2	N23 21.3	199 10.6	11.9	N15 45.5	11.4	56.8								
W 07	284 49.1	21.4	213 41.5	11.8	15 34.1	11.5	56.8	Lat.	Sunset	Twilight Civil	Twilight Naut.	Moonset 15	Moonset 16	Moonset 17	Moonset 18
E 08	299 48.9	21.5	228 12.3	12.0	15 22.6	11.6	56.8								
D 09	314 48.8	21.5	242 43.3	11.9	15 11.0	11.7	56.9	°	h m	h m	h m	h m	h m	h m	h m
N 10	329 48.7	21.6	257 14.2	11.9	14 59.3	11.7	56.9	N 72	▨	▨	▨	▨	02 51	01 58	01 25
E 11	344 48.5	21.7	271 45.1	12.0	14 47.6	11.9	56.9	N 70	▨	▨	▨	▨	02 11	01 39	01 16
S 12	359 48.4	N23 21.8	286 16.1	12.0	N14 35.7	11.9	57.0	68	▨	▨	▨	02 14	01 42	01 24	01 09
D 13	14 48.3	21.9	300 47.1	12.1	14 23.8	12.0	57.0	66	▨	▨	▨	01 34	01 21	01 11	01 03
A 14	29 48.1	21.9	315 18.2	12.0	14 11.8	12.1	57.0	64	22 30	////	////	01 06	01 04	01 01	00 58
Y 15	44 48.0	22.0	329 49.2	12.1	13 59.7	12.2	57.0	62	21 52	////	////	00 44	00 50	00 52	00 54
16	59 47.9	22.1	344 20.3	12.1	13 47.5	12.2	57.1	60	21 26	23 11	////	00 27	00 37	00 44	00 50
17	74 47.7	22.2	358 51.4	12.1	13 35.3	12.3	57.1	N 58	21 06	22 21	////	00 12	00 27	00 38	00 46
18	89 47.6	N23 22.3	13 22.6	12.1	N13 23.0	12.4	57.1	56	20 49	21 51	////	24 18	00 18	00 32	00 43
19	104 47.4	22.3	27 53.7	12.2	13 10.6	12.5	57.2	54	20 35	21 29	23 15	24 09	00 09	00 26	00 40
20	119 47.3	22.4	42 24.9	12.2	12 58.1	12.5	57.2	52	20 22	21 11	22 29	24 02	00 02	00 21	00 38
21	134 47.2	22.5	56 56.1	12.3	12 45.6	12.6	57.2	50	20 12	20 56	22 02	23 55	24 17	00 17	00 35
22	149 47.0	22.6	71 27.4	12.2	12 33.0	12.7	57.2	45	19 49	20 26	21 16	23 41	24 07	00 07	00 30
23	164 46.9	22.6	85 58.6	12.3	12 20.3	12.8	57.3								
17 00	179 46.8	N23 22.7	100 29.9	12.3	N12 07.5	12.8	57.3	N 40	19 31	20 04	20 46	23 29	23 59	24 26	00 26
01	194 46.6	22.8	115 01.2	12.3	11 54.7	12.9	57.3	35	19 16	19 46	20 22	23 19	23 52	24 22	00 22
02	209 46.5	22.8	129 32.5	12.3	11 41.8	13.0	57.4	30	19 03	19 30	20 04	23 10	23 46	24 19	00 19
03	224 46.4	22.9	144 03.8	12.3	11 28.8	13.0	57.4	20	18 41	19 06	19 35	22 55	23 35	24 13	00 13
04	239 46.2	23.0	158 35.1	12.4	11 15.8	13.2	57.4	N 10	18 22	18 45	19 12	22 41	23 25	24 08	00 08
05	254 46.1	23.0	173 06.5	12.4	11 02.6	13.1	57.4	0	18 04	18 27	18 53	22 28	23 16	24 03	00 03
06	269 46.0	N23 23.1	187 37.9	12.3	N10 49.5	13.3	57.5	S 10	17 47	18 10	18 36	22 15	23 07	23 58	24 50
T 07	284 45.8	23.2	202 09.2	12.4	10 36.2	13.3	57.5	20	17 29	17 53	18 20	22 01	22 57	23 53	24 50
H 08	299 45.7	23.2	216 40.6	12.4	10 22.9	13.3	57.5	30	17 07	17 34	18 04	21 45	22 46	23 47	24 49
U 09	314 45.6	23.3	231 12.0	12.5	10 09.6	13.5	57.6	35	16 55	17 23	17 55	21 36	22 39	23 43	24 49
R 10	329 45.4	23.4	245 43.5	12.4	9 56.1	13.5	57.6	40	16 41	17 11	17 45	21 25	22 32	23 39	24 48
S 11	344 45.3	23.4	260 14.9	12.5	9 42.6	13.5	57.6	45	16 24	16 58	17 35	21 12	22 23	23 35	24 48
D 12	359 45.1	N23 23.5	274 46.3	12.5	N 9 29.1	13.6	57.7	S 50	16 03	16 42	17 23	20 57	22 12	23 29	24 47
A 13	14 45.0	23.6	289 17.8	12.4	9 15.5	13.7	57.7	52	15 54	16 34	17 18	20 50	22 07	23 26	24 47
Y 14	29 44.9	23.6	303 49.2	12.5	9 01.8	13.7	57.7	54	15 42	16 26	17 12	20 42	22 02	23 24	24 47
15	44 44.7	23.7	318 20.7	12.5	8 48.1	13.8	57.8	56	15 30	16 17	17 06	20 32	21 56	23 20	24 46
16	59 44.6	23.7	332 52.2	12.5	8 34.3	13.8	57.8	58	15 15	16 07	17 00	20 22	21 49	23 17	24 46
17	74 44.5	23.8	347 23.6	12.5	8 20.5	13.9	57.8	S 60	14 58	15 55	16 52	20 10	21 41	23 13	24 45
18	89 44.3	N23 23.9	1 55.1	12.5	N 8 06.6	14.0	57.8								
19	104 44.2	23.9	16 26.6	12.5	7 52.6	14.0	57.9		SUN			MOON			
20	119 44.1	24.0	30 58.1	12.5	7 38.6	14.0	57.9	Day	Eqn. of Time		Mer. Pass.	Mer. Pass. Upper	Mer. Pass. Lower	Age	Phase
21	134 43.9	24.0	45 29.6	12.5	7 24.6	14.1	57.9		00ʰ	12ʰ					
22	149 43.8	24.1	60 01.1	12.4	7 10.5	14.2	58.0	d	m s	m s	h m	h m	h m	d	%
23	164 43.7	24.1	74 32.5	12.5	N 6 56.3	14.2	58.0	15	00 27	00 33	12 01	16 16	03 52	05	23
								16	00 40	00 46	12 01	17 05	04 41	06	33
	SD 15.8	d 0.1	SD 15.3		15.5		15.7	17	00 53	00 59	12 01	17 52	05 28	07	43

2021 JUNE 18, 19, 20 (FRI., SAT., SUN.)

UT	ARIES	VENUS −3.9	MARS +1.8	JUPITER −2.5	SATURN +0.3	STARS		
	GHA	GHA Dec	GHA Dec	GHA Dec	GHA Dec	Name	SHA	Dec
d h	° ′	° ′ ° ′	° ′ ° ′	° ′ ° ′	° ′ ° ′		° ′	° ′
18 00	266 27.2	155 50.5 N23 30.5	139 50.3 N20 31.3	291 56.8 S11 35.2	310 47.0 S17 34.5	Acamar	315 14.3	S40 13.1
01	281 29.7	170 49.7 30.1	154 51.1 30.9	306 59.2 35.2	325 49.5 34.6	Achernar	335 22.7	S57 07.5
02	296 32.1	185 48.9 29.7	169 52.0 30.5	322 01.7 35.2	340 52.1 34.6	Acrux	173 03.1	S63 13.3
03	311 34.6	200 48.0 . . 29.4	184 52.9 . . 30.2	337 04.1 . . 35.2	355 54.7 . . 34.6	Adhara	255 08.5	S29 00.1
04	326 37.1	215 47.2 29.0	199 53.7 29.8	352 06.6 35.2	10 57.2 34.7	Aldebaran	290 43.3	N16 33.0
05	341 39.5	230 46.4 28.6	214 54.6 29.4	7 09.0 35.2	25 59.8 34.7			
06	356 42.0	245 45.5 N23 28.3	229 55.5 N20 29.0	22 11.4 S11 35.2	41 02.3 S17 34.7	Alioth	166 15.5	N55 51.0
07	11 44.5	260 44.7 27.9	244 56.3 28.7	37 13.9 35.2	56 04.9 34.8	Alkaid	152 54.1	N49 12.7
08	26 46.9	275 43.9 27.5	259 57.2 28.3	52 16.3 35.2	71 07.5 34.8	Alnair	27 36.4	S46 51.3
F 09	41 49.4	290 43.1 . . 27.1	274 58.1 . . 27.9	67 18.8 . . 35.2	86 10.0 . . 34.8	Alnilam	275 41.0	S 1 11.4
R 10	56 51.8	305 42.2 26.7	289 58.9 27.5	82 21.2 35.3	101 12.6 34.9	Alphard	217 50.8	S 8 45.1
I 11	71 54.3	320 41.4 26.4	304 59.8 27.1	97 23.6 35.3	116 15.2 34.9			
D 12	86 56.8	335 40.6 N23 26.0	320 00.7 N20 26.8	112 26.1 S11 35.3	131 17.7 S17 34.9	Alphecca	126 05.9	N26 38.7
A 13	101 59.2	350 39.8 25.6	335 01.5 26.4	127 28.5 35.3	146 20.3 35.0	Alpheratz	357 37.8	N29 12.3
Y 14	117 01.7	5 38.9 25.2	350 02.4 26.0	142 31.0 35.3	161 22.8 35.0	Altair	62 02.5	N 8 55.5
15	132 04.2	20 38.1 . . 24.8	5 03.3 . . 25.6	157 33.4 . . 35.3	176 25.4 . . 35.0	Ankaa	353 10.1	S42 11.2
16	147 06.6	35 37.3 24.4	20 04.1 25.3	172 35.9 35.3	191 28.0 35.1	Antares	112 19.0	S26 28.7
17	162 09.1	50 36.5 24.1	35 05.0 24.9	187 38.3 35.3	206 30.5 35.1			
18	177 11.6	65 35.7 N23 23.7	50 05.9 N20 24.5	202 40.8 S11 35.3	221 33.1 S17 35.1	Arcturus	145 50.4	N19 04.4
19	192 14.0	80 34.8 23.3	65 06.8 24.1	217 43.2 35.3	236 35.7 35.2	Atria	107 15.3	S69 03.9
20	207 16.5	95 34.0 22.9	80 07.6 23.7	232 45.6 35.3	251 38.2 35.2	Avior	234 16.4	S59 34.8
21	222 18.9	110 33.2 . . 22.5	95 08.5 . . 23.4	247 48.1 . . 35.3	266 40.8 . . 35.2	Bellatrix	278 26.3	N 6 22.1
22	237 21.4	125 32.4 22.1	110 09.4 23.0	262 50.5 35.3	281 43.4 35.3	Betelgeuse	270 55.6	N 7 24.6
23	252 23.9	140 31.5 21.7	125 10.2 22.6	277 53.0 35.3	296 45.9 35.3			
19 00	267 26.3	155 30.7 N23 21.3	140 11.1 N20 22.2	292 55.4 S11 35.3	311 48.5 S17 35.3	Canopus	263 54.2	S52 42.5
01	282 28.8	170 29.9 20.9	155 12.0 21.8	307 57.9 35.3	326 51.1 35.4	Capella	280 26.7	N46 01.0
02	297 31.3	185 29.1 20.5	170 12.8 21.4	323 00.3 35.3	341 53.6 35.4	Deneb	49 27.4	N45 21.2
03	312 33.7	200 28.3 . . 20.1	185 13.7 . . 21.1	338 02.8 . . 35.3	356 56.2 . . 35.4	Denebola	182 27.9	N14 27.3
04	327 36.2	215 27.4 19.7	200 14.6 20.7	353 05.2 35.4	11 58.7 35.5	Diphda	348 50.3	S17 52.1
05	342 38.7	230 26.6 19.3	215 15.4 20.3	8 07.7 35.4	27 01.3 35.5			
06	357 41.1	245 25.8 N23 18.9	230 16.3 N20 19.9	23 10.1 S11 35.4	42 03.9 S17 35.5	Dubhe	193 44.8	N61 38.5
07	12 43.6	260 25.0 18.5	245 17.2 19.5	38 12.6 35.4	57 06.4 35.6	Elnath	278 05.9	N28 37.4
S 08	27 46.1	275 24.2 18.1	260 18.1 19.2	53 15.0 35.4	72 09.0 35.6	Eltanin	90 43.0	N51 29.2
A 09	42 48.5	290 23.4 . . 17.7	275 18.9 . . 18.8	68 17.5 . . 35.4	87 11.6 . . 35.7	Enif	33 41.5	N 9 58.3
T 10	57 51.0	305 22.5 17.3	290 19.8 18.4	83 19.9 35.4	102 14.1 35.7	Fomalhaut	15 17.7	S29 30.4
U 11	72 53.4	320 21.7 16.9	305 20.7 18.0	98 22.4 35.4	117 16.7 35.7			
R 12	87 55.9	335 20.9 N23 16.5	320 21.5 N20 17.6	113 24.8 S11 35.4	132 19.3 S17 35.8	Gacrux	171 54.7	S57 14.2
D 13	102 58.4	350 20.1 16.1	335 22.4 17.2	128 27.3 35.4	147 21.8 35.8	Gienah	175 46.5	S17 39.7
A 14	118 00.8	5 19.3 15.7	350 23.3 16.8	143 29.7 35.4	162 24.4 35.8	Hadar	148 39.7	S60 28.7
Y 15	133 03.3	20 18.5 . . 15.3	5 24.1 . . 16.5	158 32.2 . . 35.4	177 27.0 . . 35.9	Hamal	327 54.7	N23 33.6
16	148 05.8	35 17.7 14.8	20 25.0 16.1	173 34.6 35.4	192 29.5 35.9	Kaus Aust.	83 36.0	S34 22.4
17	163 08.2	50 16.8 14.4	35 25.9 15.7	188 37.1 35.4	207 32.1 35.9			
18	178 10.7	65 16.0 N23 14.0	50 26.8 N20 15.3	203 39.5 S11 35.4	222 34.7 S17 36.0	Kochab	137 19.1	N74 04.3
19	193 13.2	80 15.2 13.6	65 27.6 14.9	218 42.0 35.5	237 37.2 36.0	Markab	13 32.7	N15 19.1
20	208 15.6	95 14.4 13.2	80 28.5 14.5	233 44.4 35.5	252 39.8 36.0	Menkar	314 09.4	N 4 10.3
21	223 18.1	110 13.6 . . 12.8	95 29.4 . . 14.1	248 46.9 . . 35.5	267 42.4 . . 36.1	Menkent	148 00.8	S36 28.6
22	238 20.6	125 12.8 12.3	110 30.2 13.8	263 49.4 35.5	282 45.0 36.1	Miaplacidus	221 39.4	S69 48.5
23	253 23.0	140 12.0 11.9	125 31.1 13.4	278 51.8 35.5	297 47.5 36.1			
20 00	268 25.5	155 11.2 N23 11.5	140 32.0 N20 13.0	293 54.3 S11 35.5	312 50.1 S17 36.2	Mirfak	308 32.8	N49 56.0
01	283 27.9	170 10.3 11.1	155 32.9 12.6	308 56.7 35.5	327 52.7 36.2	Nunki	75 51.0	S26 16.1
02	298 30.4	185 09.5 10.6	170 33.7 12.2	323 59.2 35.5	342 55.2 36.3	Peacock	53 09.9	S56 39.8
03	313 32.9	200 08.7 . . 10.2	185 34.6 . . 11.8	339 01.6 . . 35.5	357 57.8 . . 36.3	Pollux	243 21.2	N27 58.5
04	328 35.3	215 07.9 09.8	200 35.5 11.4	354 04.1 35.5	13 00.4 36.3	Procyon	244 54.2	N 5 10.2
05	343 37.8	230 07.1 09.4	215 36.3 11.0	9 06.5 35.6	28 02.9 36.4			
06	358 40.3	245 06.3 N23 08.9	230 37.2 N20 10.7	24 09.0 S11 35.6	43 05.5 S17 36.4	Rasalhague	96 00.9	N12 32.7
07	13 42.7	260 05.5 08.5	245 38.1 10.3	39 11.5 35.6	58 08.1 36.4	Regulus	207 37.7	N11 51.9
08	28 45.2	275 04.7 08.1	260 39.0 09.9	54 13.9 35.6	73 10.6 36.5	Rigel	281 07.0	S 8 10.7
S 09	43 47.7	290 03.9 . . 07.6	275 39.8 . . 09.5	69 16.4 . . 35.6	88 13.2 . . 36.5	Rigil Kent.	139 43.8	S60 55.5
U 10	58 50.1	305 03.1 07.2	290 40.7 09.1	84 18.8 35.6	103 15.8 36.5	Sabik	102 05.8	S15 45.0
N 11	73 52.6	320 02.3 06.8	305 41.6 08.7	99 21.3 35.6	118 18.4 36.6			
D 12	88 55.0	335 01.5 N23 06.3	320 42.5 N20 08.3	114 23.8 S11 35.6	133 20.9 S17 36.6	Schedar	349 34.4	N56 38.9
A 13	103 57.5	350 00.6 05.9	335 43.3 07.9	129 26.2 35.6	148 23.5 36.6	Shaula	96 13.9	S37 07.1
Y 14	119 00.0	4 59.8 05.4	350 44.2 07.5	144 28.7 35.6	163 26.1 36.7	Sirius	258 29.1	S16 44.8
15	134 02.4	19 59.0 . . 05.0	5 45.1 . . 07.2	159 31.1 . . 35.7	178 28.6 . . 36.7	Spica	158 25.2	S11 16.3
16	149 04.9	34 58.2 04.6	20 45.9 06.8	174 33.6 35.7	193 31.2 36.8	Suhail	222 48.7	S43 31.3
17	164 07.4	49 57.4 04.1	35 46.8 06.4	189 36.0 35.7	208 33.8 36.8			
18	179 09.8	64 56.6 N23 03.7	50 47.7 N20 06.0	204 38.5 S11 35.7	223 36.3 S17 36.8	Vega	80 34.8	N38 48.2
19	194 12.3	79 55.8 03.2	65 48.6 05.6	219 41.0 35.7	238 38.9 36.9	Zuben'ubi	136 59.0	S16 07.8
20	209 14.8	94 55.0 02.8	80 49.4 05.2	234 43.4 35.7	253 41.5 36.9		SHA	Mer. Pass.
21	224 17.2	109 54.2 . . 02.3	95 50.3 . . 04.8	249 45.9 . . 35.7	268 44.1 . . 36.9		° ′	h m
22	239 19.7	124 53.4 01.9	110 51.2 04.4	264 48.4 35.7	283 46.6 37.0	Venus	248 04.4	13 39
23	254 22.2	139 52.6 01.4	125 52.1 04.0	279 50.8 35.7	298 49.2 37.0	Mars	232 44.8	14 38
	h m					Jupiter	25 29.1	4 28
Mer. Pass.	6 09.2	v −0.8 d 0.4	v 0.9 d 0.4	v 2.5 d 0.0	v 2.6 d 0.0	Saturn	44 22.1	3 12

2021 JUNE 18, 19, 20 (FRI., SAT., SUN.)

123

UT	SUN GHA	SUN Dec	MOON GHA	MOON v	MOON Dec	MOON d	MOON HP	Lat.	Twilight Naut.	Twilight Civil	Sunrise	Moonrise 18	Moonrise 19	Moonrise 20	Moonrise 21
d h	° '	° '	° '	'	° '	'	'	°	h m	h m	h m	h m	h m	h m	h m
18 00	179 43.5	N23 24.2	89 04.0	12.5	N 6 42.1	14.3	58.0	N 72	▭	▭	▭	11 40	13 52	16 13	19 09
01	194 43.4	24.3	103 35.5	12.5	6 27.8	14.2	58.1	N 70	▭	▭	▭	11 45	13 48	15 57	18 27
02	209 43.2	24.3	118 07.0	12.4	6 13.6	14.4	58.1	68	▭	▭	▭	11 49	13 44	15 45	17 58
03	224 43.1	24.4	132 38.4	12.5	5 59.2	14.4	58.1	66	▭	▭	▭	11 53	13 41	15 35	17 37
04	239 43.0	24.4	147 09.9	12.5	5 44.8	14.4	58.2	64	////	////	01 31	11 56	13 39	15 26	17 21
05	254 42.8	24.5	161 41.4	12.4	5 30.4	14.5	58.2	62	////	////	02 09	11 59	13 37	15 19	17 07
								60	////	00 49	02 36	12 01	13 35	15 13	16 56
06	269 42.7	N23 24.5	176 12.8	12.4	N 5 15.9	14.5	58.2	N 58	////	01 40	02 56	12 03	13 34	15 08	16 46
07	284 42.6	24.6	190 44.2	12.5	5 01.4	14.5	58.3	56	////	02 10	03 13	12 05	13 32	15 03	16 37
08	299 42.4	24.6	205 15.7	12.4	4 46.9	14.6	58.3	54	00 45	02 33	03 27	12 07	13 31	14 59	16 30
F 09	314 42.3	24.7	219 47.1	12.4	4 32.3	14.7	58.3	52	01 32	02 51	03 39	12 08	13 30	14 55	16 23
R 10	329 42.2	24.7	234 18.5	12.4	4 17.6	14.6	58.3	50	02 00	03 06	03 50	12 10	13 29	14 51	16 17
I 11	344 42.0	24.8	248 49.9	12.3	4 03.0	14.7	58.4	45	02 46	03 35	04 13	12 13	13 27	14 44	16 04
D 12	359 41.9	N23 24.8	263 21.2	12.4	N 3 48.3	14.8	58.4	N 40	03 16	03 58	04 31	12 15	13 25	14 37	15 53
A 13	14 41.7	24.8	277 52.6	12.3	3 33.5	14.8	58.4	35	03 40	04 16	04 46	12 17	13 24	14 32	15 44
Y 14	29 41.6	24.9	292 23.9	12.4	3 18.7	14.8	58.5	30	03 58	04 32	04 59	12 19	13 22	14 27	15 36
15	44 41.5	24.9	306 55.3	12.3	3 03.9	14.8	58.5	20	04 27	04 57	05 21	12 22	13 20	14 19	15 22
16	59 41.3	25.0	321 26.6	12.2	2 49.1	14.9	58.5	N 10	04 50	05 17	05 40	12 25	13 18	14 12	15 10
17	74 41.2	25.0	335 57.8	12.3	2 34.2	14.9	58.6	0	05 09	05 35	05 58	12 28	13 16	14 06	14 59
18	89 41.1	N23 25.1	350 29.1	12.2	N 2 19.3	14.9	58.6	S 10	05 26	05 52	06 15	12 31	13 14	13 59	14 48
19	104 40.9	25.1	5 00.3	12.2	2 04.4	14.9	58.6	20	05 42	06 10	06 34	12 34	13 12	13 53	14 37
20	119 40.8	25.1	19 31.5	12.2	1 49.5	15.0	58.7	30	05 59	06 29	06 55	12 37	13 10	13 45	14 23
21	134 40.7	25.2	34 02.7	12.2	1 34.5	15.0	58.7	35	06 08	06 39	07 07	12 39	13 09	13 41	14 16
22	149 40.5	25.2	48 33.9	12.1	1 19.5	15.0	58.7	40	06 17	06 51	07 22	12 41	13 08	13 36	14 07
23	164 40.4	25.3	63 05.0	12.1	1 04.5	15.1	58.8	45	06 27	07 05	07 38	12 43	13 06	13 30	13 57
19 00	179 40.3	N23 25.3	77 36.1	12.1	N 0 49.4	15.0	58.8	S 50	06 39	07 21	07 59	12 46	13 04	13 23	13 46
01	194 40.1	25.3	92 07.2	12.0	0 34.4	15.1	58.8	52	06 44	07 28	08 09	12 48	13 03	13 20	13 40
02	209 40.0	25.4	106 38.2	12.0	0 19.3	15.1	58.9	54	06 50	07 36	08 20	12 49	13 02	13 17	13 34
03	224 39.8	25.4	121 09.2	12.0	N 0 04.2	15.1	58.9	56	06 56	07 45	08 33	12 51	13 01	13 13	13 27
04	239 39.7	25.4	135 40.2	11.9	S 0 10.9	15.2	58.9	58	07 03	07 56	08 48	12 52	13 00	13 09	13 20
05	254 39.6	25.5	150 11.1	11.9	0 26.1	15.1	58.9	S 60	07 11	08 07	09 05	12 54	12 59	13 04	13 11

UT	SUN GHA	SUN Dec	MOON GHA	MOON v	MOON Dec	MOON d	MOON HP	Lat.	Sunset	Twilight Civil	Twilight Naut.	Moonset 18	Moonset 19	Moonset 20	Moonset 21
06	269 39.4	N23 25.5	164 42.0	11.9	S 0 41.2	15.2	59.0								
07	284 39.3	25.5	179 12.9	11.8	0 56.4	15.2	59.0								
S 08	299 39.2	25.6	193 43.7	11.8	1 11.6	15.1	59.0					h m	h m	h m	h m
A 09	314 39.0	25.6	208 14.5	11.7	1 26.7	15.2	59.1	°	h m	h m	h m				
T 10	329 38.9	25.6	222 45.2	11.7	1 41.9	15.2	59.1	N 72	▭	▭	▭	01 25	00 57	(00 28)	22 51
U 11	344 38.8	25.7	237 15.9	11.7	1 57.1	15.1	59.1	N 70	▭	▭	▭	01 16	00 56	00 36	(00 12)
R 12	359 38.6	N23 25.7	251 46.6	11.6	S 2 12.3	15.2	59.2	68	▭	▭	▭	01 09	00 56	00 42	00 26
D 13	14 38.5	25.7	266 17.2	11.6	2 27.5	15.3	59.2	66	▭	▭	▭	01 03	00 55	00 47	00 38
A 14	29 38.4	25.7	280 47.8	11.5	2 42.8	15.2	59.2	64	22 32	////	////	00 58	00 55	00 52	00 48
Y 15	44 38.2	25.8	295 18.3	11.4	2 58.0	15.2	59.3	62	21 54	////	////	00 54	00 55	00 56	00 57
16	59 38.1	25.8	309 48.7	11.5	3 13.2	15.2	59.3	60	21 27	23 14	////	00 50	00 54	00 59	01 05
17	74 37.9	25.8	324 19.2	11.3	3 28.4	15.2	59.3	N 58	21 07	22 23	////	00 46	00 54	01 02	01 11
18	89 37.8	N23 25.8	338 49.5	11.3	S 3 43.6	15.2	59.3	56	20 50	21 53	////	00 43	00 54	01 05	01 17
19	104 37.7	25.9	353 19.8	11.3	3 58.8	15.2	59.4	54	20 36	21 30	23 18	00 40	00 54	01 07	01 22
20	119 37.5	25.9	7 50.1	11.2	4 14.0	15.2	59.4	52	20 23	21 12	22 31	00 38	00 53	01 09	01 27
21	134 37.4	25.9	22 20.3	11.2	4 29.2	15.2	59.4	50	20 13	20 57	22 03	00 35	00 53	01 11	01 32
22	149 37.3	25.9	36 50.5	11.0	4 44.4	15.2	59.5	45	19 50	20 27	21 17	00 30	00 53	01 16	01 41
23	164 37.1	26.0	51 20.5	11.1	4 59.6	15.2	59.5	N 40	19 32	20 05	20 47	00 26	00 53	01 20	01 49
20 00	179 37.0	N23 26.0	65 50.6	10.9	S 5 14.8	15.2	59.5	35	19 17	19 47	20 23	00 22	00 52	01 23	01 56
01	194 36.9	26.0	80 20.5	11.0	5 30.0	15.1	59.5	30	19 04	19 31	20 05	00 19	00 52	01 26	02 02
02	209 36.7	26.0	94 50.5	10.8	5 45.1	15.1	59.6	20	18 42	19 06	19 36	00 13	00 52	01 31	02 13
03	224 36.6	26.0	109 20.3	10.8	6 00.2	15.1	59.6	N 10	18 23	18 46	19 13	00 08	00 51	01 35	02 22
04	239 36.5	26.0	123 50.1	10.7	6 15.3	15.1	59.6	0	18 05	18 28	18 54	00 03	00 51	01 39	02 31
05	254 36.3	26.1	138 19.8	10.7	6 30.4	15.1	59.7	S 10	17 48	18 10	18 37	24 50	00 50	01 43	02 39
06	269 36.2	N23 26.1	152 49.5	10.6	S 6 45.5	15.1	59.7	20	17 29	17 53	18 21	24 50	00 50	01 48	02 49
07	284 36.0	26.1	167 19.1	10.5	7 00.6	15.0	59.7	30	17 08	17 34	18 04	24 49	00 49	01 53	03 00
08	299 35.9	26.1	181 48.6	10.4	7 15.6	15.0	59.8	35	16 55	17 24	17 55	24 49	00 49	01 56	03 06
S 09	314 35.8	26.1	196 18.0	10.4	7 30.6	15.0	59.8	40	16 41	17 12	17 46	24 48	00 48	01 59	03 13
U 10	329 35.6	26.1	210 47.4	10.3	7 45.6	14.9	59.8	45	16 24	16 58	17 36	24 48	00 48	02 03	03 21
N 11	344 35.5	26.1	225 16.7	10.4	8 00.5	15.0	59.8	S 50	16 04	16 42	17 24	24 47	00 47	02 08	03 31
D 12	359 35.4	N23 26.2	239 46.0	10.1	S 8 15.5	14.9	59.9	52	15 54	16 35	17 18	24 47	00 47	02 10	03 36
A 13	14 35.2	26.2	254 15.1	10.1	8 30.4	14.8	59.9	54	15 43	16 26	17 13	24 47	00 47	02 12	03 41
Y 14	29 35.1	26.2	268 44.2	10.0	8 45.2	14.8	59.9	56	15 30	16 17	17 07	24 46	00 46	02 15	03 47
15	44 35.0	26.2	283 13.2	10.0	9 00.0	14.8	59.9	58	15 15	16 07	17 00	24 46	00 46	02 18	03 53
16	59 34.8	26.2	297 42.2	9.8	9 14.8	14.8	60.0	S 60	14 58	15 55	16 52	24 45	00 45	02 21	04 01
17	74 34.7	26.2	312 11.0	9.8	9 29.6	14.7	60.0			SUN			MOON		
18	89 34.6	N23 26.2	326 39.8	9.7	S 9 44.3	14.6	60.0	Day	Eqn. of Time	Eqn. of Time	Mer.	Mer. Pass.	Mer. Pass.	Age	Phase
19	104 34.4	26.2	341 08.5	9.6	9 58.9	14.7	60.0		00h	12h	Pass.	Upper	Lower		
20	119 34.3	26.2	355 37.1	9.5	10 13.6	14.5	60.1	d	m s	m s	h m	h m	h m	d	%
21	134 34.1	26.2	10 05.6	9.5	10 28.1	14.6	60.1	18	01 06	01 12	12 01	18 39	06 16	08	54
22	149 34.0	26.2	24 34.1	9.4	10 42.7	14.4	60.1	19	01 19	01 25	12 01	19 28	07 03	09	65
23	164 33.9	26.2	39 02.5	9.2	S10 57.1	14.5	60.1	20	01 32	01 38	12 02	20 18	07 53	10	76
	SD 15.8	d 0.0	SD 15.9		16.1		16.3								☾

2021 JUNE 21, 22, 23 (MON., TUES., WED.)

UT	ARIES	VENUS −3.9		MARS +1.8		JUPITER −2.6		SATURN +0.3		STARS		
	GHA	GHA	Dec	GHA	Dec	GHA	Dec	GHA	Dec	Name	SHA	Dec
d h	° ′	° ′	° ′	° ′	° ′	° ′	° ′	° ′	° ′		° ′	° ′
21 00	269 24.6	154 51.8	N23 01.0	140 52.9	N20 03.6	294 53.3	S11 35.8	313 51.8	S17 37.0	Acamar	315 14.3	S40 13.1
01	284 27.1	169 51.0	00.5	155 53.8	03.2	309 55.7	35.8	328 54.3	37.1	Achernar	335 22.7	S57 07.5
02	299 29.5	184 50.2	23 00.1	170 54.7	02.8	324 58.2	35.8	343 56.9	37.1	Acrux	173 03.1	S63 13.3
03	314 32.0	199 49.4	22 59.6	185 55.6 . .	02.5	340 00.7 . .	35.8	358 59.5 . .	37.1	Adhara	255 08.5	S29 00.1
04	329 34.5	214 48.6	59.2	200 56.4	02.1	355 03.1	35.8	14 02.1	37.2	Aldebaran	290 43.3	N16 33.0
05	344 36.9	229 47.8	58.7	215 57.3	01.7	10 05.6	35.8	29 04.6	37.2			
06	359 39.4	244 47.0	N22 58.3	230 58.2	N20 01.3	25 08.1	S11 35.8	44 07.2	S17 37.3	Alioth	166 15.5	N55 51.0
07	14 41.9	259 46.2	57.8	245 59.1	00.9	40 10.5	35.8	59 09.8	37.3	Alkaid	152 54.1	N49 12.7
08	29 44.3	274 45.4	57.3	260 59.9	00.5	55 13.0	35.9	74 12.4	37.3	Alnair	27 36.4	S46 51.3
M 09	44 46.8	289 44.6 . .	56.9	276 00.8	20 00.1	70 15.5 . .	35.9	89 14.9 . .	37.4	Alnilam	275 41.0	S 1 11.4
O 10	59 49.3	304 43.8	56.4	291 01.7	19 59.7	85 17.9	35.9	104 17.5	37.4	Alphard	217 50.8	S 8 45.1
N 11	74 51.7	319 43.0	56.0	306 02.6	59.3	100 20.4	35.9	119 20.1	37.4			
D 12	89 54.2	334 42.2	N22 55.5	321 03.4	N19 58.9	115 22.9	S11 35.9	134 22.6	S17 37.5	Alphecca	126 05.9	N26 38.7
A 13	104 56.7	349 41.4	55.0	336 04.3	58.5	130 25.3	35.9	149 25.2	37.5	Alpheratz	357 37.7	N29 12.3
Y 14	119 59.1	4 40.6	54.6	351 05.2	58.1	145 27.8	35.9	164 27.8	37.6	Altair	62 02.5	N 8 55.5
15	135 01.6	19 39.8 . .	54.1	6 06.1 . .	57.7	160 30.3 . .	36.0	179 30.4 . .	37.6	Ankaa	353 10.1	S42 11.2
16	150 04.0	34 39.1	53.6	21 06.9	57.3	175 32.7	36.0	194 32.9	37.6	Antares	112 19.0	S26 28.7
17	165 06.5	49 38.3	53.2	36 07.8	56.9	190 35.2	36.0	209 35.5	37.7			
18	180 09.0	64 37.5	N22 52.7	51 08.7	N19 56.5	205 37.7	S11 36.0	224 38.1	S17 37.7	Arcturus	145 50.4	N19 04.4
19	195 11.4	79 36.7	52.2	66 09.6	56.1	220 40.1	36.0	239 40.7	37.7	Atria	107 15.3	S69 03.9
20	210 13.9	94 35.9	51.7	81 10.4	55.7	235 42.6	36.0	254 43.2	37.8	Avior	234 16.4	S59 34.8
21	225 16.4	109 35.1 . .	51.3	96 11.3 . .	55.3	250 45.1 . .	36.0	269 45.8 . .	37.8	Bellatrix	278 26.3	N 6 22.1
22	240 18.8	124 34.3	50.8	111 12.2	54.9	265 47.5	36.0	284 48.4	37.8	Betelgeuse	270 55.6	N 7 24.6
23	255 21.3	139 33.5	50.3	126 13.1	54.5	280 50.0	36.1	299 51.0	37.9			
22 00	270 23.8	154 32.7	N22 49.8	141 14.0	N19 54.1	295 52.5	S11 36.1	314 53.5	S17 37.9	Canopus	263 54.2	S52 42.5
01	285 26.2	169 31.9	49.3	156 14.8	53.7	310 54.9	36.1	329 56.1	38.0	Capella	280 26.7	N46 01.0
02	300 28.7	184 31.1	48.9	171 15.7	53.3	325 57.4	36.1	344 58.7	38.0	Deneb	49 27.4	N45 21.2
03	315 31.2	199 30.3 . .	48.4	186 16.6 . .	52.9	340 59.9 . .	36.1	0 01.3 . .	38.0	Denebola	182 28.0	N14 27.3
04	330 33.6	214 29.6	47.9	201 17.5	52.5	356 02.4	36.1	15 03.8	38.1	Diphda	348 50.3	S17 52.1
05	345 36.1	229 28.8	47.4	216 18.3	52.1	11 04.8	36.2	30 06.4	38.1			
06	0 38.5	244 28.0	N22 46.9	231 19.2	N19 51.7	26 07.3	S11 36.2	45 09.0	S17 38.1	Dubhe	193 44.9	N61 38.5
07	15 41.0	259 27.2	46.5	246 20.1	51.3	41 09.8	36.2	60 11.6	38.2	Elnath	278 05.9	N28 37.4
08	30 43.5	274 26.4	46.0	261 21.0	50.9	56 12.2	36.2	75 14.1	38.2	Eltanin	90 43.0	N51 29.2
T 09	45 45.9	289 25.6 . .	45.5	276 21.9 . .	50.5	71 14.7 . .	36.2	90 16.7 . .	38.3	Enif	33 41.4	N 9 58.3
U 10	60 48.4	304 24.8	45.0	291 22.7	50.1	86 17.2	36.2	105 19.3	38.3	Fomalhaut	15 17.6	S29 30.4
E 11	75 50.9	319 24.0	44.5	306 23.6	49.7	101 19.7	36.2	120 21.9	38.3			
S 12	90 53.3	334 23.3	N22 44.0	321 24.5	N19 49.3	116 22.1	S11 36.3	135 24.5	S17 38.4	Gacrux	171 54.7	S57 14.2
D 13	105 55.8	349 22.5	43.5	336 25.4	48.9	131 24.6	36.3	150 27.0	38.4	Gienah	175 46.5	S17 39.7
A 14	120 58.3	4 21.7	43.0	351 26.2	48.5	146 27.1	36.3	165 29.6	38.4	Hadar	148 39.7	S60 28.7
Y 15	136 00.7	19 20.9 . .	42.5	6 27.1 . .	48.1	161 29.6 . .	36.3	180 32.2 . .	38.5	Hamal	327 54.6	N23 33.6
16	151 03.2	34 20.1	42.0	21 28.0	47.7	176 32.0	36.3	195 34.8	38.5	Kaus Aust.	83 36.0	S34 22.4
17	166 05.6	49 19.3	41.5	36 28.9	47.3	191 34.5	36.3	210 37.3	38.6			
18	181 08.1	64 18.6	N22 41.0	51 29.8	N19 46.9	206 37.0	S11 36.4	225 39.9	S17 38.6	Kochab	137 19.1	N74 04.4
19	196 10.6	79 17.8	40.5	66 30.7	46.5	221 39.5	36.4	240 42.5	38.6	Markab	13 32.7	N15 19.1
20	211 13.0	94 17.0	40.0	81 31.5	46.1	236 41.9	36.4	255 45.1	38.7	Menkar	314 09.4	N 4 10.3
21	226 15.5	109 16.2 . .	39.5	96 32.4 . .	45.7	251 44.4 . .	36.4	270 47.6 . .	38.7	Menkent	148 00.8	S36 28.6
22	241 18.0	124 15.4	39.0	111 33.3	45.3	266 46.9	36.4	285 50.2	38.7	Miaplacidus	221 39.4	S69 48.5
23	256 20.4	139 14.6	38.5	126 34.2	44.9	281 49.4	36.4	300 52.8	38.8			
23 00	271 22.9	154 13.9	N22 38.0	141 35.0	N19 44.5	296 51.9	S11 36.5	315 55.4	S17 38.8	Mirfak	308 32.8	N49 56.0
01	286 25.4	169 13.1	37.5	156 35.9	44.1	311 54.3	36.5	330 58.0	38.9	Nunki	75 51.0	S26 16.1
02	301 27.8	184 12.3	37.0	171 36.8	43.7	326 56.8	36.5	346 00.5	38.9	Peacock	53 09.9	S56 39.8
03	316 30.3	199 11.5 . .	36.5	186 37.7 . .	43.3	341 59.3 . .	36.5	1 03.1 . .	38.9	Pollux	243 21.2	N27 58.5
04	331 32.8	214 10.8	36.0	201 38.6	42.9	357 01.8	36.5	16 05.7	39.0	Procyon	244 54.2	N 5 10.2
05	346 35.2	229 10.0	35.5	216 39.4	42.5	12 04.2	36.6	31 08.3	39.0			
06	1 37.7	244 09.2	N22 35.0	231 40.3	N19 42.1	27 06.7	S11 36.6	46 10.9	S17 39.0	Rasalhague	96 00.9	N12 32.7
W 07	16 40.1	259 08.4	34.5	246 41.2	41.7	42 09.2	36.6	61 13.4	39.1	Regulus	207 37.7	N11 51.9
E 08	31 42.6	274 07.6	33.9	261 42.1	41.3	57 11.7	36.6	76 16.0	39.1	Rigel	281 07.0	S 8 10.7
D 09	46 45.1	289 06.9 . .	33.4	276 43.0 . .	40.9	72 14.2 . .	36.6	91 18.6 . .	39.2	Rigil Kent.	139 43.8	S60 55.5
N 10	61 47.5	304 06.1	32.9	291 43.8	40.5	87 16.7	36.6	106 21.2	39.2	Sabik	102 05.8	S15 45.0
E 11	76 50.0	319 05.3	32.4	306 44.7	40.1	102 19.1	36.7	121 23.8	39.2			
S 12	91 52.5	334 04.5	N22 31.9	321 45.6	N19 39.7	117 21.6	S11 36.7	136 26.3	S17 39.3	Schedar	349 34.4	N56 38.9
D 13	106 54.9	349 03.8	31.4	336 46.5	39.3	132 24.1	36.7	151 28.9	39.3	Shaula	96 13.9	S37 07.1
A 14	121 57.4	4 03.0	30.8	351 47.4	38.8	147 26.6	36.7	166 31.5	39.4	Sirius	258 29.1	S16 44.8
Y 15	136 59.9	19 02.2 . .	30.3	6 48.2 . .	38.4	162 29.1 . .	36.7	181 34.1 . .	39.4	Spica	158 25.2	S11 16.3
16	152 02.3	34 01.4	29.8	21 49.1	38.0	177 31.5	36.8	196 36.7	39.4	Suhail	222 48.7	S43 31.3
17	167 04.8	49 00.7	29.3	36 50.0	37.6	192 34.0	36.8	211 39.2	39.5			
18	182 07.3	63 59.9	N22 28.7	51 50.9	N19 37.2	207 36.5	S11 36.8	226 41.8	S17 39.5	Vega	80 34.7	N38 48.2
19	197 09.7	78 59.1	28.2	66 51.8	36.8	222 39.0	36.8	241 44.4	39.5	Zuben'ubi	136 59.0	S16 07.8
20	212 12.2	93 58.4	27.7	81 52.7	36.4	237 41.5	36.8	256 47.0	39.6		SHA	Mer. Pass.
21	227 14.6	108 57.6 . .	27.2	96 53.5 . .	36.0	252 44.0 . .	36.9	271 49.6 . .	39.6		° ′	h m
22	242 17.1	123 56.8	26.6	111 54.4	35.6	267 46.4	36.9	286 52.1	39.7	Venus	244 09.0	13 43
23	257 19.6	138 56.1	26.1	126 55.3	35.2	282 48.9	36.9	301 54.7	39.7	Mars	230 50.2	14 34
	h m									Jupiter	25 28.7	4 16
Mer. Pass.	5 57.4	v −0.8	d 0.5	v 0.9	d 0.4	v 2.5	d 0.0	v 2.6	d 0.0	Saturn	44 29.8	3 00

2021 JUNE 21, 22, 23 (MON., TUES., WED.)

UT	SUN GHA	SUN Dec	MOON GHA	MOON v	MOON Dec	MOON d	MOON HP
d h	° '	° '	° '	'	° '	'	'
21 00	179 33.7	N23 26.2	53 30.7	9.2	S11 11.6	14.3	60.2
01	194 33.6	26.2	67 58.9	9.1	11 25.9	14.4	60.2
02	209 33.5	26.2	82 27.0	9.1	11 40.3	14.2	60.2
03	224 33.3	26.2	96 55.1	8.9	11 54.5	14.2	60.2
04	239 33.2	26.2	111 23.0	8.8	12 08.7	14.2	60.2
05	254 33.1	26.2	125 50.8	8.8	12 22.9	14.1	60.3
06	269 32.9	N23 26.2	140 18.6	8.6	S12 37.0	14.0	60.3
07	284 32.8	26.2	154 46.2	8.6	12 51.0	14.0	60.3
08	299 32.7	26.2	169 13.8	8.5	13 05.0	13.8	60.3
M 09	314 32.5	26.2	183 41.3	8.4	13 18.8	13.9	60.4
O 10	329 32.4	26.2	198 08.7	8.2	13 32.7	13.7	60.4
N 11	344 32.3	26.2	212 35.9	8.2	13 46.4	13.7	60.4
D 12	359 32.1	N23 26.2	227 03.1	8.1	S14 00.1	13.6	60.4
A 13	14 32.0	26.2	241 30.2	8.0	14 13.7	13.5	60.4
Y 14	29 31.8	26.2	255 57.2	7.9	14 27.2	13.4	60.5
15	44 31.7	26.2	270 24.1	7.8	14 40.6	13.4	60.5
16	59 31.6	26.2	284 50.9	7.7	14 54.0	13.3	60.5
17	74 31.4	26.2	299 17.6	7.6	15 07.3	13.2	60.5
18	89 31.3	N23 26.2	313 44.2	7.5	S15 20.5	13.1	60.5
19	104 31.2	26.2	328 10.7	7.4	15 33.6	13.0	60.6
20	119 31.0	26.2	342 37.1	7.4	15 46.6	12.9	60.6
21	134 30.9	26.1	357 03.5	7.2	15 59.5	12.9	60.6
22	149 30.8	26.1	11 29.7	7.1	16 12.4	12.7	60.6
23	164 30.6	26.1	25 55.8	7.0	16 25.1	12.6	60.6
22 00	179 30.5	N23 26.1	40 21.8	6.9	S16 37.7	12.6	60.6
01	194 30.4	26.1	54 47.7	6.8	16 50.3	12.4	60.7
02	209 30.2	26.1	69 13.5	6.7	17 02.7	12.4	60.7
03	224 30.1	26.0	83 39.2	6.6	17 15.1	12.2	60.7
04	239 30.0	26.0	98 04.8	6.5	17 27.3	12.1	60.7
05	254 29.8	26.0	112 30.3	6.4	17 39.4	12.0	60.7
06	269 29.7	N23 26.0	126 55.7	6.3	S17 51.4	11.9	60.7
07	284 29.6	26.0	141 21.0	6.2	18 03.3	11.8	60.7
T 08	299 29.4	26.0	155 46.2	6.0	18 15.1	11.7	60.8
U 09	314 29.3	25.9	170 11.2	6.0	18 26.8	11.6	60.8
E 10	329 29.2	25.9	184 36.2	5.9	18 38.4	11.4	60.8
S 11	344 29.0	25.9	199 01.1	5.8	18 49.8	11.3	60.8
D 12	359 28.9	N23 25.9	213 25.9	5.7	S19 01.1	11.2	60.8
A 13	14 28.7	25.8	227 50.6	5.6	19 12.3	11.1	60.8
Y 14	29 28.6	25.8	242 15.2	5.5	19 23.4	10.9	60.8
15	44 28.5	25.8	256 39.7	5.4	19 34.3	10.9	60.8
16	59 28.3	25.8	271 04.1	5.2	19 45.2	10.6	60.8
17	74 28.2	25.7	285 28.3	5.2	19 55.8	10.6	60.8
18	89 28.1	N23 25.7	299 52.5	5.1	S20 06.4	10.4	60.9
19	104 27.9	25.7	314 16.6	5.0	20 16.8	10.3	60.9
20	119 27.8	25.7	328 40.6	4.9	20 27.1	10.1	60.9
21	134 27.7	25.6	343 04.5	4.8	20 37.2	10.0	60.9
22	149 27.5	25.6	357 28.3	4.7	20 47.2	9.9	60.9
23	164 27.4	25.6	11 52.0	4.6	20 57.1	9.7	60.9
23 00	179 27.3	N23 25.5	26 15.6	4.6	S21 06.8	9.6	60.9
01	194 27.1	25.5	40 39.2	4.4	21 16.4	9.4	60.9
02	209 27.0	25.5	55 02.6	4.3	21 25.8	9.3	60.9
03	224 26.9	25.4	69 25.9	4.3	21 35.1	9.1	60.9
04	239 26.7	25.4	83 49.2	4.2	21 44.2	8.9	60.9
05	254 26.6	25.4	98 12.4	4.0	21 53.1	8.9	60.9
06	269 26.5	N23 25.3	112 35.4	4.0	S22 02.0	8.6	60.9
W 07	284 26.3	25.3	126 58.4	3.9	22 10.6	8.5	60.9
E 08	299 26.2	25.3	141 21.3	3.9	22 19.1	8.3	60.9
D 09	314 26.1	25.2	155 44.2	3.7	22 27.4	8.2	60.9
N 10	329 25.9	25.2	170 06.9	3.7	22 35.6	8.0	60.9
E 11	344 25.8	25.1	184 29.6	3.6	22 43.6	7.9	60.9
S 12	359 25.7	N23 25.1	198 52.2	3.5	S22 51.5	7.7	60.9
D 13	14 25.5	25.1	213 14.7	3.4	22 59.2	7.5	60.9
A 14	29 25.4	25.0	227 37.1	3.4	23 06.7	7.3	60.9
Y 15	44 25.3	25.0	241 59.5	3.3	23 14.0	7.2	60.9
16	59 25.1	24.9	256 21.8	3.2	23 21.2	7.0	60.9
17	74 25.0	24.9	270 44.0	3.1	23 28.2	6.8	60.9
18	89 24.9	N23 24.8	285 06.1	3.1	S23 35.0	6.7	60.9
19	104 24.7	24.8	299 28.2	3.1	23 41.7	6.5	60.9
20	119 24.6	24.7	313 50.3	2.9	23 48.2	6.3	60.9
21	134 24.5	24.7	328 12.2	2.9	23 54.5	6.1	60.9
22	149 24.3	24.7	342 34.1	2.9	24 00.6	6.0	60.9
23	164 24.2	24.6	356 56.0	2.8	S24 06.6	5.7	60.9
	SD 15.8	d 0.0	SD 16.5		16.6		16.6

Twilight / Sunrise / Moonrise

Lat.	Naut.	Civil	Sunrise	21	22	23	24
°	h m	h m	h m	h m	h m	h m	h m
N 72	☐	☐	☐	19 09	■	■	■
N 70	☐	☐	☐	18 27	■	■	■
68	☐	☐	☐	17 58	20 46	■	■
66	☐	☐	☐	17 37	19 56	■	■
64	////	////	01 31	17 21	19 24	21 36	23 41
62	////	////	02 10	17 07	19 01	20 56	22 32
60	////	00 49	02 36	16 56	18 43	20 28	21 57
N 58	////	01 41	02 57	16 46	18 27	20 07	21 32
56	////	02 11	03 13	16 37	18 14	19 49	21 11
54	00 45	02 33	03 28	16 30	18 03	19 34	20 54
52	01 33	02 51	03 40	16 23	17 53	19 21	20 40
50	02 01	03 06	03 51	16 17	17 44	19 10	20 27
45	02 46	03 36	04 14	16 04	17 26	18 47	20 01
N 40	03 17	03 59	04 32	15 53	17 10	18 28	19 41
35	03 40	04 17	04 47	15 44	16 58	18 12	19 23
30	03 59	04 32	05 00	15 36	16 47	17 59	19 09
20	04 28	04 57	05 22	15 22	16 28	17 36	18 44
N 10	04 51	05 18	05 41	15 10	16 11	17 16	18 22
0	05 10	05 36	05 58	14 59	15 56	16 58	18 02
S 10	05 27	05 53	06 16	14 48	15 41	16 39	17 42
20	05 43	06 10	06 34	14 37	15 25	16 20	17 20
30	05 59	06 29	06 56	14 23	15 07	15 58	16 55
35	06 08	06 40	07 08	14 16	14 57	15 45	16 41
40	06 18	06 52	07 22	14 07	14 44	15 30	16 24
45	06 28	07 05	07 39	13 57	14 30	15 12	16 04
S 50	06 40	07 21	08 00	13 46	14 13	14 50	15 39
52	06 45	07 29	08 10	13 40	14 05	14 40	15 27
54	06 51	07 37	08 21	13 34	13 56	14 28	15 13
56	06 57	07 46	08 34	13 27	13 46	14 15	14 57
58	07 04	07 56	08 48	13 20	13 35	13 59	14 38
S 60	07 11	08 08	09 06	13 11	13 22	13 41	14 15

Sunset / Twilight / Moonset

Lat.	Sunset	Civil	Naut.	21	22	23	24
°	h m	h m	h m	h m	h m	h m	h m
N 72	☐	☐	☐	22 51	■	■	■
N 70	☐	☐	☐	(00 12 / 23 35)	■	■	■
68	☐	☐	☐	00 26	(00 05 / 23 19)	■	■
66	☐	☐	☐	00 38	00 27	00 11	■
64	22 33	////	////	00 48	00 45	00 43	00 42
62	21 54	////	////	00 57	01 00	01 07	01 22
60	21 28	23 14	////	01 05	01 13	01 26	01 50
N 58	21 07	22 23	////	01 11	01 24	01 42	02 12
56	20 51	21 53	////	01 17	01 33	01 56	02 30
54	20 36	21 31	23 18	01 22	01 42	02 08	02 45
52	20 24	21 13	22 31	01 27	01 49	02 18	02 58
50	20 13	20 58	22 03	01 32	01 56	02 28	03 10
45	19 51	20 28	21 18	01 41	02 11	02 48	03 34
N 40	19 33	20 05	20 47	01 49	02 23	03 04	03 54
35	19 17	19 47	20 24	01 56	02 34	03 18	04 10
30	19 04	19 32	20 05	02 02	02 43	03 30	04 24
20	18 42	19 07	19 36	02 13	02 59	03 50	04 48
N 10	18 23	18 46	19 14	02 22	03 13	04 08	05 09
0	18 06	18 28	18 55	02 31	03 26	04 25	05 28
S 10	17 48	18 11	18 37	02 39	03 39	04 42	05 47
20	17 30	17 54	18 21	02 49	03 53	05 00	06 08
30	17 08	17 35	18 05	03 00	04 09	05 21	06 32
35	16 56	17 24	17 56	03 06	04 19	05 33	06 47
40	16 42	17 12	17 47	03 13	04 29	05 47	07 03
45	16 25	16 59	17 36	03 21	04 42	06 04	07 23
S 50	16 04	16 43	17 24	03 31	04 58	06 25	07 47
52	15 54	16 35	17 19	03 36	05 05	06 35	07 59
54	15 43	16 27	17 13	03 41	05 13	06 46	08 13
56	15 31	16 18	17 07	03 47	05 23	06 59	08 29
58	15 16	16 08	17 00	03 53	05 33	07 14	08 47
S 60	14 58	15 56	16 53	04 01	05 45	07 32	09 11

SUN / MOON

Day	Eqn. of Time 00ʰ	Eqn. of Time 12ʰ	Mer. Pass.	Mer. Pass. Upper	Mer. Pass. Lower	Age	Phase
d	m s	m s	h m	h m	h m	d	%
21	01 45	01 51	12 02	21 12	08 45	11	85
22	01 58	02 04	12 02	22 11	09 41	12	92
23	02 11	02 17	12 02	23 13	10 41	13	98

2021 JUNE 24, 25, 26 (THURS., FRI., SAT.)

UT	ARIES	VENUS −3.9		MARS +1.8		JUPITER −2.6		SATURN +0.3		STARS		
	GHA	GHA	Dec	GHA	Dec	GHA	Dec	GHA	Dec	Name	SHA	Dec
d h	° ′	° ′	° ′	° ′	° ′	° ′	° ′	° ′	° ′		° ′	° ′
24 00	272 22.0	153 55.3	N22 25.6	141 56.2	N19 34.8	297 51.4	S11 36.9	316 57.3	S17 39.7	Acamar	315 14.3	S40 13.0
01	287 24.5	168 54.5	25.0	156 57.1	34.4	312 53.9	36.9	331 59.9	39.8	Achernar	335 22.7	S57 07.5
02	302 27.0	183 53.7	24.5	171 58.0	34.0	327 56.4	37.0	347 02.5	39.8	Acrux	173 03.1	S63 13.3
03	317 29.4	198 53.0 ..	24.0	186 58.8 ..	33.5	342 58.9 ..	37.0	2 05.0 ..	39.9	Adhara	255 08.5	S29 00.1
04	332 31.9	213 52.2	23.4	201 59.7	33.1	358 01.4	37.0	17 07.6	39.9	Aldebaran	290 43.3	N16 33.0
05	347 34.4	228 51.4	22.9	217 00.6	32.7	13 03.8	37.0	32 10.2	39.9			
06	2 36.8	243 50.7	N22 22.4	232 01.5	N19 32.3	28 06.3	S11 37.0	47 12.8	S17 40.0	Alioth	166 15.5	N55 51.0
07	17 39.3	258 49.9	21.8	247 02.4	31.9	43 08.8	37.1	62 15.4	40.0	Alkaid	152 54.2	N49 12.7
T 08	32 41.8	273 49.2	21.3	262 03.2	31.5	58 11.3	37.1	77 18.0	40.1	Al Na'ir	27 36.3	S46 51.3
H 09	47 44.2	288 48.4 ..	20.7	277 04.1 ..	31.1	73 13.8 ..	37.1	92 20.5 ..	40.1	Alnilam	275 41.0	S 1 11.3
U 10	62 46.7	303 47.6	20.2	292 05.0	30.7	88 16.3	37.1	107 23.1	40.1	Alphard	217 50.8	S 8 45.1
R 11	77 49.1	318 46.9	19.6	307 05.9	30.3	103 18.8	37.2	122 25.7	40.2			
S 12	92 51.6	333 46.1	N22 19.1	322 06.8	N19 29.8	118 21.3	S11 37.2	137 28.3	S17 40.2	Alphecca	126 05.9	N26 38.7
D 13	107 54.1	348 45.3	18.6	337 07.7	29.4	133 23.8	37.2	152 30.9	40.2	Alpheratz	357 37.7	N29 12.3
A 14	122 56.5	3 44.6	18.0	352 08.6	29.0	148 26.2	37.2	167 33.5	40.3	Altair	62 02.5	N 8 55.5
Y 15	137 59.0	18 43.8 ..	17.5	7 09.4 ..	28.6	163 28.7 ..	37.2	182 36.0 ..	40.3	Ankaa	353 10.1	S42 11.2
16	153 01.5	33 43.0	16.9	22 10.3	28.2	178 31.2	37.3	197 38.6	40.4	Antares	112 19.0	S26 28.7
17	168 03.9	48 42.3	16.4	37 11.2	27.8	193 33.7	37.3	212 41.2	40.4			
18	183 06.4	63 41.5	N22 15.8	52 12.1	N19 27.4	208 36.2	S11 37.3	227 43.8	S17 40.4	Arcturus	145 50.4	N19 04.4
19	198 08.9	78 40.8	15.3	67 13.0	27.0	223 38.7	37.3	242 46.4	40.5	Atria	107 15.3	S69 04.0
20	213 11.3	93 40.0	14.7	82 13.9	26.5	238 41.2	37.4	257 49.0	40.5	Avior	234 16.4	S59 34.8
21	228 13.8	108 39.2 ..	14.1	97 14.7 ..	26.1	253 43.7 ..	37.4	272 51.5 ..	40.6	Bellatrix	278 26.3	N 6 22.1
22	243 16.3	123 38.5	13.6	112 15.6	25.7	268 46.2	37.4	287 54.1	40.6	Betelgeuse	270 55.6	N 7 24.6
23	258 18.7	138 37.7	13.0	127 16.5	25.3	283 48.7	37.4	302 56.7	40.6			
25 00	273 21.2	153 37.0	N22 12.5	142 17.4	N19 24.9	298 51.2	S11 37.4	317 59.3	S17 40.7	Canopus	263 54.2	S52 42.4
01	288 23.6	168 36.2	11.9	157 18.3	24.5	313 53.7	37.5	333 01.9	40.7	Capella	280 26.6	N46 01.0
02	303 26.1	183 35.5	11.4	172 19.2	24.1	328 56.1	37.5	348 04.5	40.8	Deneb	49 27.3	N45 21.2
03	318 28.6	198 34.7 ..	10.8	187 20.1 ..	23.6	343 58.6 ..	37.5	3 07.1 ..	40.8	Denebola	182 28.0	N14 27.3
04	333 31.0	213 33.9	10.2	202 20.9	23.2	359 01.1	37.5	18 09.6	40.8	Diphda	348 50.3	S17 52.1
05	348 33.5	228 33.2	09.7	217 21.8	22.8	14 03.6	37.6	33 12.2	40.9			
06	3 36.0	243 32.4	N22 09.1	232 22.7	N19 22.4	29 06.1	S11 37.6	48 14.8	S17 40.9	Dubhe	193 44.9	N61 38.5
07	18 38.4	258 31.7	08.5	247 23.6	22.0	44 08.6	37.6	63 17.4	41.0	Elnath	278 05.9	N28 37.4
08	33 40.9	273 30.9	08.0	262 24.5	21.6	59 11.1	37.6	78 20.0	41.0	Eltanin	90 43.0	N51 29.2
F 09	48 43.4	288 30.2 ..	07.4	277 25.4 ..	21.2	74 13.6 ..	37.7	93 22.6 ..	41.0	Enif	33 41.4	N 9 58.3
R 10	63 45.8	303 29.4	06.8	292 26.3	20.7	89 16.1	37.7	108 25.2	41.1	Fomalhaut	15 17.6	S29 30.4
I 11	78 48.3	318 28.7	06.3	307 27.1	20.3	104 18.6	37.7	123 27.7	41.1			
D 12	93 50.8	333 27.9	N22 05.7	322 28.0	N19 19.9	119 21.1	S11 37.7	138 30.3	S17 41.2	Gacrux	171 54.7	S57 14.2
A 13	108 53.2	348 27.2	05.1	337 28.9	19.5	134 23.6	37.8	153 32.9	41.2	Gienah	175 46.5	S17 39.7
Y 14	123 55.7	3 26.4	04.6	352 29.8	19.1	149 26.1	37.8	168 35.5	41.2	Hadar	148 39.7	S60 28.7
15	138 58.1	18 25.7 ..	04.0	7 30.7 ..	18.7	164 28.6 ..	37.8	183 38.1 ..	41.3	Hamal	327 54.6	N23 33.6
16	154 00.6	33 24.9	03.4	22 31.6	18.2	179 31.1	37.8	198 40.7	41.3	Kaus Aust.	83 35.9	S34 22.4
17	169 03.1	48 24.2	02.8	37 32.5	17.8	194 33.6	37.9	213 43.3	41.4			
18	184 05.5	63 23.4	N22 02.3	52 33.3	N19 17.4	209 36.1	S11 37.9	228 45.8	S17 41.4	Kochab	137 19.1	N74 04.4
19	199 08.0	78 22.7	01.7	67 34.2	17.0	224 38.6	37.9	243 48.4	41.4	Markab	13 32.7	N15 19.1
20	214 10.5	93 21.9	01.1	82 35.1	16.6	239 41.1	37.9	258 51.0	41.5	Menkar	314 09.4	N 4 10.3
21	229 12.9	108 21.2	22 00.5	97 36.0 ..	16.1	254 43.6 ..	38.0	273 53.6 ..	41.5	Menkent	148 00.8	S36 28.6
22	244 15.4	123 20.4	21 59.9	112 36.9	15.7	269 46.1	38.0	288 56.2	41.6	Miaplacidus	221 39.4	S69 48.5
23	259 17.9	138 19.7	59.4	127 37.8	15.3	284 48.6	38.0	303 58.8	41.6			
26 00	274 20.3	153 18.9	N21 58.8	142 38.7	N19 14.9	299 51.1	S11 38.0	319 01.4	S17 41.6	Mirfak	308 32.7	N49 56.0
01	289 22.8	168 18.2	58.2	157 39.6	14.5	314 53.6	38.1	334 04.0	41.7	Nunki	75 51.0	S26 16.1
02	304 25.3	183 17.4	57.6	172 40.4	14.0	329 56.1	38.1	349 06.5	41.7	Peacock	53 09.8	S56 39.8
03	319 27.7	198 16.7 ..	57.0	187 41.3 ..	13.6	344 58.6 ..	38.1	4 09.1 ..	41.8	Pollux	243 21.2	N27 58.5
04	334 30.2	213 16.0	56.4	202 42.2	13.2	0 01.1	38.1	19 11.7	41.8	Procyon	244 54.2	N 5 10.2
05	349 32.6	228 15.2	55.8	217 43.1	12.8	15 03.6	38.2	34 14.3	41.8			
06	4 35.1	243 14.5	N21 55.2	232 44.0	N19 12.4	30 06.1	S11 38.2	49 16.9	S17 41.9	Rasalhague	96 00.9	N12 32.7
07	19 37.6	258 13.7	54.7	247 44.9	11.9	45 08.6	38.2	64 19.5	41.9	Regulus	207 37.7	N11 51.9
S 08	34 40.0	273 13.0	54.1	262 45.8	11.5	60 11.1	38.3	79 22.1	42.0	Rigel	281 07.0	S 8 10.7
A 09	49 42.5	288 12.2 ..	53.5	277 46.7 ..	11.1	75 13.6 ..	38.3	94 24.7 ..	42.0	Rigil Kent.	139 43.8	S60 55.5
T 10	64 45.0	303 11.5	52.9	292 47.6	10.7	90 16.1	38.3	109 27.3	42.1	Sabik	102 05.8	S15 45.0
U 11	79 47.4	318 10.8	52.3	307 48.4	10.3	105 18.6	38.3	124 29.8	42.1			
R 12	94 49.9	333 10.0	N21 51.7	322 49.3	N19 09.8	120 21.1	S11 38.4	139 32.4	S17 42.1	Schedar	349 34.3	N56 38.9
D 13	109 52.4	348 09.3	51.1	337 50.2	09.4	135 23.6	38.4	154 35.0	42.2	Shaula	96 13.9	S37 07.1
A 14	124 54.8	3 08.5	50.5	352 51.1	09.0	150 26.1	38.4	169 37.6	42.2	Sirius	258 29.1	S16 44.8
Y 15	139 57.3	18 07.8 ..	49.9	7 52.0 ..	08.6	165 28.6 ..	38.4	184 40.2 ..	42.3	Spica	158 25.2	S11 16.3
16	154 59.8	33 07.1	49.3	22 52.9	08.1	180 31.1	38.5	199 42.8	42.3	Suhail	222 48.7	S43 31.3
17	170 02.2	48 06.3	48.7	37 53.8	07.7	195 33.6	38.5	214 45.4	42.3			
18	185 04.7	63 05.6	N21 48.1	52 54.7	N19 07.3	210 36.2	S11 38.5	229 48.0	S17 42.4	Vega	80 34.7	N38 48.2
19	200 07.1	78 04.9	47.5	67 55.6	06.9	225 38.7	38.6	244 50.6	42.4	Zuben'ubi	136 59.0	S16 07.8
20	215 09.6	93 04.1	46.9	82 56.4	06.5	240 41.2	38.6	259 53.2	42.5		SHA	Mer. Pass.
21	230 12.1	108 03.4 ..	46.3	97 57.3 ..	06.0	255 43.7 ..	38.6	274 55.7 ..	42.5		° ′	h m
22	245 14.5	123 02.7	45.7	112 58.2	05.6	270 46.2	38.6	289 58.3	42.5	Venus	240 15.8	13 46
23	260 17.0	138 01.9	45.0	127 59.1	05.2	285 48.7	38.7	305 00.9	42.6	Mars	228 56.2	14 30
	h m									Jupiter	25 30.0	4 04
Mer. Pass. 5 45.6		v −0.8	d 0.6	v 0.9	d 0.4	v 2.5	d 0.0	v 2.6	d 0.0	Saturn	44 38.1	2 48

2021 JUNE 24, 25, 26 (THURS., FRI., SAT.)

UT	SUN GHA	SUN Dec	MOON GHA	MOON v	MOON Dec	MOON d	MOON HP	Lat.	Twilight Naut.	Twilight Civil	Sunrise	Moonrise 24	Moonrise 25	Moonrise 26	Moonrise 27
	° ′	° ′	° ′	′	° ′	′	′	°	h m	h m	h m	h m	h m	h m	h m
24 00	179 24.1	N23 24.6	11 17.8	2.7	S24 12.3	5.6	60.9	N 72	▬	▬	▬	▬	▬	▬	▬
01	194 23.9	24.5	25 39.5	2.7	24 17.9	5.4	60.9	N 70	▬	▬	▬	▬	▬	▬	▬
02	209 23.8	24.5	40 01.2	2.7	24 23.3	5.2	60.9	68	▬	▬	▬	▬	▬	▬	01 08
03	224 23.7	24.4	54 22.9	2.6	24 28.5	5.1	60.8	66	▬	▬	▬	▬	▬	▬	00 21
04	239 23.5	24.4	68 44.5	2.6	24 33.6	4.8	60.8	64	////	////	01 33	23 41	24 20	00 20	23 59
05	254 23.4	24.3	83 06.1	2.5	24 38.4	4.7	60.8	62	////	////	02 11	22 32	23 28	23 50	23 43
								60	////	00 52	02 37	21 57	22 56	23 27	
06	269 23.3	N23 24.2	97 27.6	2.5	S24 43.1	4.4	60.8	N 58	////	01 42	02 58	21 32	22 32	23 08	23 30
T 07	284 23.1	24.2	111 49.1	2.4	24 47.5	4.3	60.8	56	////	02 12	03 15	21 11	22 12	22 52	23 18
H 08	299 23.0	24.1	126 10.5	2.4	24 51.8	4.1	60.8	54	00 48	02 34	03 29	20 54	21 56	22 39	23 07
U 09	314 22.9	24.1	140 31.9	2.4	24 55.9	3.9	60.8	52	01 34	02 52	03 41	20 40	21 42	22 27	22 58
R 10	329 22.7	24.0	154 53.3	2.4	24 59.8	3.8	60.8	50	02 02	03 07	03 52	20 27	21 30	22 16	22 50
S 11	344 22.6	24.0	169 14.7	2.3	25 03.6	3.5	60.8	45	02 47	03 37	04 14	20 01	21 04	21 54	22 32
D 12	359 22.5	N23 23.9	183 36.0	2.4	S25 07.1	3.3	60.7	N 40	03 18	04 00	04 32	19 41	20 44	21 36	22 18
A 13	14 22.3	23.9	197 57.4	2.3	25 10.4	3.2	60.7	35	03 41	04 18	04 47	19 23	20 27	21 21	22 06
Y 14	29 22.2	23.8	212 18.7	2.2	25 13.6	2.9	60.7	30	04 00	04 33	05 00	19 09	20 13	21 08	21 55
15	44 22.1	23.7	226 39.9	2.3	25 16.5	2.8	60.7	20	04 29	04 58	05 23	18 44	19 48	20 45	21 36
16	59 21.9	23.7	241 01.2	2.3	25 19.3	2.6	60.7	N 10	04 51	05 18	05 41	18 22	19 26	20 26	21 20
17	74 21.8	23.6	255 22.5	2.2	25 21.9	2.4	60.7	0	05 10	05 36	05 59	18 02	19 06	20 08	21 05
18	89 21.7	N23 23.6	269 43.7	2.3	S25 24.3	2.1	60.7	S 10	05 27	05 54	06 16	17 42	18 46	19 50	20 49
19	104 21.6	23.5	284 05.0	2.2	25 26.4	2.0	60.6	20	05 43	06 11	06 35	17 20	18 25	19 30	20 33
20	119 21.4	23.4	298 26.2	2.3	25 28.4	1.8	60.6	30	06 00	06 30	06 56	16 56	18 00	19 07	20 14
21	134 21.3	23.4	312 47.5	2.2	25 30.2	1.6	60.6	35	06 09	06 40	07 09	16 41	17 45	18 54	20 03
22	149 21.2	23.3	327 08.7	2.3	25 31.8	1.5	60.6	40	06 18	06 52	07 23	16 24	17 28	18 39	19 50
23	164 21.0	23.2	341 30.0	2.3	25 33.3	1.2	60.6	45	06 28	07 06	07 39	16 04	17 08	18 20	19 35
25 00	179 20.9	N23 23.2	355 51.3	2.3	S25 34.5	1.0	60.6	S 50	06 40	07 22	08 00	15 39	16 43	17 57	19 17
01	194 20.8	23.1	10 12.6	2.3	25 35.5	0.8	60.5	52	06 45	07 29	08 10	15 27	16 30	17 46	19 08
02	209 20.6	23.0	24 33.9	2.3	25 36.3	0.7	60.5	54	06 51	07 37	08 21	15 13	16 16	17 34	18 58
03	224 20.5	23.0	38 55.2	2.3	25 37.0	0.4	60.5	56	06 57	07 46	08 34	14 57	16 00	17 19	18 47
04	239 20.4	22.9	53 16.5	2.4	25 37.4	0.3	60.5	58	07 04	07 57	08 48	14 38	15 40	17 02	18 34
05	254 20.2	22.8	67 37.9	2.4	25 37.7	0.1	60.5	S 60	07 11	08 08	09 06	14 15	15 16	16 42	18 19
06	269 20.1	N23 22.8	81 59.3	2.4	S25 37.8	0.2	60.4			Twilight			Moonset		
07	284 20.0	22.7	96 20.7	2.5	25 37.6	0.3	60.4	Lat.	Sunset	Civil	Naut.	24	25	26	27
08	299 19.8	22.6	110 42.2	2.5	25 37.3	0.5	60.4								
F 09	314 19.7	22.5	125 03.7	2.5	25 36.8	0.7	60.4	°	h m	h m	h m	h m	h m	h m	h m
R 10	329 19.6	22.5	139 25.2	2.6	25 36.1	0.9	60.3	N 72	▬	▬	▬	▬	▬	▬	▬
I 11	344 19.4	22.4	153 46.8	2.6	25 35.2	1.0	60.3	N 70	▬	▬	▬	▬	▬	▬	▬
D 12	359 19.3	N23 22.3	168 08.4	2.7	S25 34.2	1.3	60.3	68	▬	▬	▬	▬	▬	▬	▬
A 13	14 19.2	22.2	182 30.1	2.7	25 32.9	1.4	60.3	66	▬	▬	▬	▬	▬	▬	03 47
Y 14	29 19.1	22.2	196 51.8	2.7	25 31.5	1.7	60.2	64	22 31	////	////	00 42	00 52	02 28	04 33
15	44 18.9	22.1	211 13.5	2.9	25 29.8	1.8	60.2	62	21 54	////	////	01 22	02 01	03 20	05 03
16	59 18.8	22.0	225 35.4	2.8	25 28.0	2.0	60.2	60	21 28	23 12	////	01 50	02 36	03 51	05 26
17	74 18.7	21.9	239 57.2	3.0	25 26.0	2.2	60.2								
18	89 18.5	N23 21.8	254 19.2	3.0	S25 23.8	2.4	60.1	N 58	21 07	22 23	////	02 12	03 02	04 15	05 44
19	104 18.4	21.8	268 41.2	3.0	25 21.4	2.5	60.1	56	20 51	21 53	////	02 30	03 22	04 34	06 00
20	119 18.3	21.7	283 03.2	3.2	25 18.9	2.8	60.1	54	20 36	21 31	23 17	02 45	03 39	04 50	06 13
21	134 18.1	21.6	297 25.4	3.2	25 16.1	2.9	60.1	52	20 24	21 13	22 31	02 58	03 54	05 04	06 24
22	149 18.0	21.5	311 47.6	3.3	25 13.2	3.1	60.0	50	20 13	20 58	22 03	03 10	04 06	05 16	06 34
23	164 17.9	21.5	326 09.9	3.3	25 10.1	3.2	60.0	45	19 51	20 28	21 18	03 34	04 32	05 41	06 56
26 00	179 17.7	N23 21.4	340 32.2	3.4	S25 06.9	3.5	60.0	N 40	19 33	20 06	20 47	03 54	04 53	06 01	07 13
01	194 17.6	21.3	354 54.6	3.5	25 03.4	3.6	60.0	35	19 18	19 48	20 24	04 10	05 10	06 17	07 27
02	209 17.5	21.2	9 17.1	3.6	24 59.8	3.8	59.9	30	19 05	19 32	20 06	04 24	05 25	06 32	07 39
03	224 17.4	21.1	23 39.7	3.7	24 56.0	4.0	59.9	20	18 43	19 07	19 37	04 48	05 51	06 56	08 00
04	239 17.2	21.0	38 02.4	3.7	24 52.0	4.1	59.9	N 10	18 24	18 47	19 14	05 09	06 12	07 17	08 19
05	254 17.1	20.9	52 25.1	3.9	24 47.9	4.3	59.8	0	18 06	18 29	18 55	05 28	06 33	07 36	08 36
06	269 17.0	N23 20.9	66 48.0	3.9	S24 43.6	4.5	59.8	S 10	17 49	18 12	18 38	05 47	06 53	07 55	08 52
07	284 16.8	20.8	81 10.9	4.0	24 39.1	4.7	59.8	20	17 30	17 54	18 22	06 08	07 15	08 16	09 10
S 08	299 16.7	20.7	95 33.9	4.1	24 34.4	4.8	59.7	30	17 09	17 36	18 06	06 32	07 40	08 40	09 31
A 09	314 16.6	20.6	109 57.0	4.2	24 29.6	5.0	59.7	35	16 57	17 25	17 57	06 47	07 55	08 53	09 43
T 10	329 16.5	20.5	124 20.2	4.3	24 24.6	5.1	59.7	40	16 43	17 13	17 47	07 03	08 12	09 09	09 56
U 11	344 16.3	20.4	138 43.5	4.4	24 19.5	5.3	59.6	45	16 26	17 00	17 37	07 23	08 32	09 28	10 12
R 12	359 16.2	N23 20.3	153 06.9	4.5	S24 14.2	5.5	59.6	S 50	16 05	16 44	17 25	07 47	08 58	09 52	10 32
D 13	14 16.1	20.2	167 30.4	4.6	24 08.7	5.6	59.6	52	15 55	16 36	17 20	07 59	09 10	10 03	10 41
A 14	29 15.9	20.1	181 54.0	4.7	24 03.1	5.8	59.5	54	15 44	16 28	17 14	08 13	09 24	10 16	10 52
Y 15	44 15.8	20.0	196 17.7	4.8	23 57.3	5.9	59.5	56	15 32	16 19	17 08	08 29	09 41	10 31	11 03
16	59 15.7	19.9	210 41.5	4.9	23 51.4	6.1	59.5	58	15 17	16 09	17 02	08 47	10 00	10 48	11 17
17	74 15.5	19.9	225 05.4	5.1	23 45.3	6.2	59.4	S 60	15 00	15 57	16 54	09 11	10 25	11 09	11 33
18	89 15.4	N23 19.8	239 29.5	5.1	S23 39.1	6.4	59.4		SUN			MOON			
19	104 15.3	19.7	253 53.6	5.2	23 32.7	6.5	59.4	Day	Eqn. of Time		Mer.	Mer. Pass.		Age	Phase
20	119 15.2	19.6	268 17.8	5.4	23 26.2	6.7	59.3		00ʰ	12ʰ	Pass.	Upper	Lower		
21	134 15.0	19.5	282 42.2	5.4	23 19.5	6.8	59.3		m s	m s	h m	h m	h m	d	%
22	149 14.9	19.4	297 06.6	5.6	23 12.7	7.0	59.3	24	02 23	02 30	12 02	24 17	11 45	14	100
23	164 14.8	19.3	311 31.2	5.7	S23 05.7	7.1	59.2	25	02 36	02 42	12 03	00 17	12 50	15	99
	SD 15.8	d 0.1	SD 16.6		16.4		16.2	26	02 49	02 55	12 03	01 21	13 52	16	96

2021 JUNE 27, 28, 29 (SUN., MON., TUES.)

UT	ARIES	VENUS −3.9	MARS +1.8	JUPITER −2.6	SATURN +0.3	STARS
	GHA	GHA Dec	GHA Dec	GHA Dec	GHA Dec	Name SHA Dec
d h	° ′	° ′ ° ′	° ′ ° ′	° ′ ° ′	° ′ ° ′	° ′ ° ′
27 00	275 19.5	153 01.2 N21 44.4	143 00.0 N19 04.8	300 51.2 S11 38.7	320 03.5 S17 42.6	Acamar 315 14.3 S40 13.0
01	290 21.9	168 00.5 43.8	158 00.9 04.3	315 53.7 38.7	335 06.1 42.7	Achernar 335 22.6 S57 07.5
02	305 24.4	182 59.7 43.2	173 01.8 03.9	330 56.2 38.8	350 08.7 42.7	Acrux 173 03.1 S63 13.3
03	320 26.9	197 59.0 .. 42.6	188 02.7 .. 03.5	345 58.7 .. 38.8	5 11.3 .. 42.8	Adhara 255 08.5 S29 00.1
04	335 29.3	212 58.3 42.0	203 03.6 03.1	1 01.2 38.8	20 13.9 42.8	Aldebaran 290 43.2 N16 33.0
05	350 31.8	227 57.5 41.4	218 04.5 02.6	16 03.7 38.8	35 16.5 42.8	
06	5 34.2	242 56.8 N21 40.8	233 05.4 N19 02.2	31 06.3 S11 38.9	50 19.1 S17 42.9	Alioth 166 15.5 N55 51.0
07	20 36.7	257 56.1 40.1	248 06.2 01.8	46 08.8 38.9	65 21.7 42.9	Alkaid 152 54.2 N49 12.7
08	35 39.2	272 55.3 39.5	263 07.1 01.4	61 11.3 38.9	80 24.2 43.0	Alnair 27 36.3 S46 51.3
S 09	50 41.6	287 54.6 .. 38.9	278 08.0 .. 00.9	76 13.8 .. 39.0	95 26.8 .. 43.0	Alnilam 275 41.0 S 1 11.3
U 10	65 44.1	302 53.9 38.3	293 08.9 00.5	91 16.3 39.0	110 29.4 43.0	Alphard 217 50.8 S 8 45.1
N 11	80 46.6	317 53.2 37.7	308 09.8 19 00.1	106 18.8 39.0	125 32.0 43.1	
D 12	95 49.0	332 52.4 N21 37.0	323 10.7 N18 59.6	121 21.3 S11 39.1	140 34.6 S17 43.1	Alphecca 126 05.9 N26 38.7
A 13	110 51.5	347 51.7 36.4	338 11.6 59.2	136 23.8 39.1	155 37.2 43.2	Alpheratz 357 37.7 N29 12.3
Y 14	125 54.0	2 51.0 35.8	353 12.5 58.8	151 26.3 39.1	170 39.8 43.2	Altair 62 02.4 N 8 55.5
15	140 56.4	17 50.2 .. 35.2	8 13.4 .. 58.4	166 28.9 .. 39.2	185 42.4 .. 43.2	Ankaa 353 10.1 S42 11.2
16	155 58.9	32 49.5 34.5	23 14.3 57.9	181 31.4 39.2	200 45.0 43.3	Antares 112 19.0 S26 28.7
17	171 01.4	47 48.8 33.9	38 15.2 57.5	196 33.9 39.2	215 47.6 43.3	
18	186 03.8	62 48.1 N21 33.3	53 16.1 N18 57.1	211 36.4 S11 39.2	230 50.2 S17 43.4	Arcturus 145 50.4 N19 04.5
19	201 06.3	77 47.3 32.7	68 16.9 56.6	226 38.9 39.3	245 52.8 43.4	Atria 107 15.3 S69 04.0
20	216 08.7	92 46.6 32.0	83 17.8 56.2	241 41.4 39.3	260 55.4 43.5	Avior 234 16.4 S59 34.8
21	231 11.2	107 45.9 .. 31.4	98 18.7 .. 55.8	256 43.9 .. 39.3	275 58.0 .. 43.5	Bellatrix 278 26.3 N 6 22.1
22	246 13.7	122 45.2 30.8	113 19.6 55.4	271 46.5 39.4	291 00.5 43.5	Betelgeuse 270 55.5 N 7 24.6
23	261 16.1	137 44.5 30.1	128 20.5 54.9	286 49.0 39.4	306 03.1 43.6	
28 00	276 18.6	152 43.7 N21 29.5	143 21.4 N18 54.5	301 51.5 S11 39.4	321 05.7 S17 43.6	Canopus 263 54.2 S52 42.4
01	291 21.1	167 43.0 28.9	158 22.3 54.1	316 54.0 39.5	336 08.3 43.7	Capella 280 26.6 N46 01.0
02	306 23.5	182 42.3 28.2	173 23.2 53.6	331 56.5 39.5	351 10.9 43.7	Deneb 49 27.3 N45 21.3
03	321 26.0	197 41.6 .. 27.6	188 24.1 .. 53.2	346 59.0 .. 39.5	6 13.5 .. 43.8	Denebola 182 28.0 N14 27.3
04	336 28.5	212 40.9 27.0	203 25.0 52.8	2 01.6 39.6	21 16.1 43.8	Diphda 348 50.2 S17 52.1
05	351 30.9	227 40.1 26.3	218 25.9 52.3	17 04.1 39.6	36 18.7 43.8	
06	6 33.4	242 39.4 N21 25.7	233 26.8 N18 51.9	32 06.6 S11 39.6	51 21.3 S17 43.9	Dubhe 193 44.9 N61 38.5
07	21 35.9	257 38.7 25.0	248 27.7 51.5	47 09.1 39.7	66 23.9 43.9	Elnath 278 05.9 N28 37.4
08	36 38.3	272 38.0 24.4	263 28.6 51.1	62 11.6 39.7	81 26.5 44.0	Eltanin 90 43.0 N51 29.2
M 09	51 40.8	287 37.3 .. 23.7	278 29.4 .. 50.6	77 14.1 .. 39.7	96 29.1 .. 44.0	Enif 33 41.4 N 9 58.3
O 10	66 43.2	302 36.5 23.1	293 30.3 50.2	92 16.7 39.8	111 31.7 44.0	Fomalhaut 15 17.6 S29 30.4
N 11	81 45.7	317 35.8 22.5	308 31.2 49.8	107 19.2 39.8	126 34.3 44.1	
D 12	96 48.2	332 35.1 N21 21.8	323 32.1 N18 49.3	122 21.7 S11 39.8	141 36.9 S17 44.1	Gacrux 171 54.7 S57 14.2
A 13	111 50.6	347 34.4 21.2	338 33.0 48.9	137 24.2 39.9	156 39.5 44.2	Gienah 175 46.5 S17 39.7
Y 14	126 53.1	2 33.7 20.5	353 33.9 48.5	152 26.7 39.9	171 42.1 44.2	Hadar 148 39.7 S60 28.2
15	141 55.6	17 33.0 .. 19.9	8 34.8 .. 48.0	167 29.3 .. 39.9	186 44.7 .. 44.3	Hamal 327 54.6 N23 33.6
16	156 58.0	32 32.3 19.2	23 35.7 47.6	182 31.8 40.0	201 47.3 44.3	Kaus Aust. 83 35.9 S34 22.4
17	172 00.5	47 31.5 18.6	38 36.6 47.2	197 34.3 40.0	216 49.9 44.3	
18	187 03.0	62 30.8 N21 17.9	53 37.5 N18 46.7	212 36.8 S11 40.0	231 52.4 S17 44.4	Kochab 137 19.2 N74 04.4
19	202 05.4	77 30.1 17.3	68 38.4 46.3	227 39.4 40.1	246 55.0 44.4	Markab 13 32.6 N15 19.1
20	217 07.9	92 29.4 16.6	83 39.3 45.9	242 41.9 40.1	261 57.6 44.5	Menkar 314 09.4 N 4 10.3
21	232 10.4	107 28.7 .. 15.9	98 40.2 .. 45.4	257 44.4 .. 40.1	277 00.2 .. 44.5	Menkent 148 00.8 S36 28.6
22	247 12.8	122 28.0 15.3	113 41.1 45.0	272 46.9 40.2	292 02.8 44.6	Miaplacidus 221 39.5 S69 48.5
23	262 15.3	137 27.3 14.6	128 42.0 44.6	287 49.4 40.2	307 05.4 44.6	
29 00	277 17.7	152 26.6 N21 14.0	143 42.9 N18 44.1	302 52.0 S11 40.2	322 08.0 S17 44.6	Mirfak 308 32.7 N49 56.0
01	292 20.2	167 25.9 13.3	158 43.8 43.7	317 54.5 40.3	337 10.6 44.7	Nunki 75 51.0 S26 16.1
02	307 22.7	182 25.2 12.6	173 44.7 43.3	332 57.0 40.3	352 13.2 44.7	Peacock 53 09.8 S56 39.8
03	322 25.1	197 24.5 .. 12.0	188 45.6 .. 42.8	347 59.5 .. 40.3	7 15.8 .. 44.8	Pollux 243 21.2 N27 58.5
04	337 27.6	212 23.7 11.3	203 46.5 42.4	3 02.1 40.4	22 18.4 44.8	Procyon 244 54.2 N 5 10.2
05	352 30.1	227 23.0 10.7	218 47.3 41.9	18 04.6 40.4	37 21.0 44.9	
06	7 32.5	242 22.3 N21 10.0	233 48.2 N18 41.5	33 07.1 S11 40.4	52 23.6 S17 44.9	Rasalhague 96 00.9 N12 32.8
07	22 35.0	257 21.6 09.3	248 49.1 41.1	48 09.6 40.5	67 26.2 44.9	Regulus 207 37.7 N11 51.9
08	37 37.5	272 20.9 08.7	263 50.0 40.6	63 12.2 40.5	82 28.8 45.0	Rigel 281 07.0 S 8 10.6
T 09	52 39.9	287 20.2 .. 08.0	278 50.9 .. 40.2	78 14.7 .. 40.5	97 31.4 .. 45.0	Rigil Kent. 139 43.8 S60 55.5
U 10	67 42.4	302 19.5 07.3	293 51.8 39.8	93 17.2 40.6	112 34.0 45.1	Sabik 102 05.8 S15 45.0
E 11	82 44.9	317 18.8 06.6	308 52.7 39.3	108 19.7 40.6	127 36.6 45.1	
S 12	97 47.3	332 18.1 N21 06.0	323 53.6 N18 38.9	123 22.3 S11 40.7	142 39.2 S17 45.2	Schedar 349 34.3 N56 38.9
D 13	112 49.8	347 17.4 05.3	338 54.5 38.4	138 24.7 40.7	157 41.8 45.2	Shaula 96 13.9 S37 07.1
A 14	127 52.2	2 16.7 04.6	353 55.4 38.0	153 27.3 40.7	172 44.4 45.2	Sirius 258 29.1 S16 44.7
Y 15	142 54.7	17 16.0 .. 04.0	8 56.3 .. 37.6	168 29.9 .. 40.8	187 47.0 .. 45.3	Spica 158 25.2 S11 16.3
16	157 57.2	32 15.3 03.3	23 57.2 37.1	183 32.4 40.8	202 49.6 45.3	Suhail 222 48.7 S43 31.2
17	172 59.6	47 14.6 02.6	38 58.1 36.7	198 34.9 40.8	217 52.2 45.4	
18	188 02.1	62 13.9 N21 01.9	53 59.0 N18 36.3	213 37.4 S11 40.9	232 54.8 S17 45.4	Vega 80 34.7 N38 48.2
19	203 04.6	77 13.2 01.3	68 59.9 35.8	228 40.0 40.9	247 57.4 45.5	Zuben'ubi 136 59.0 S16 07.8
20	218 07.0	92 12.5 21 00.6	84 00.8 35.4	243 42.5 41.0	263 00.0 45.5	
21	233 09.5	107 11.8 20 59.9	99 01.7 .. 34.9	258 45.0 .. 41.0	278 02.6 .. 45.6		SHA Mer. Pass.
22	248 12.0	122 11.1 59.2	114 02.6 34.5	273 47.6 41.0	293 05.2 45.6	Venus 236 25.1 13 50
23	263 14.4	137 10.4 58.5	129 03.5 34.1	288 50.1 41.1	308 07.8 45.6	Mars 227 02.8 14 26
	h m					Jupiter 25 32.9 3 52
Mer. Pass. 5 33.8	v −0.7 d 0.6	v 0.9 d 0.4	v 2.5 d 0.0	v 2.6 d 0.0	Saturn 44 47.1 2 35

2021 JUNE 27, 28, 29 (SUN., MON., TUES.)

129

UT	SUN GHA	SUN Dec	MOON GHA	MOON v	MOON Dec	MOON d	MOON HP
d h	° '	° '	° '	'	° '	'	'
27 00	179 14.6	N23 19.2	325 55.9	5.7	S22 58.6	7.3	59.2
01	194 14.5	19.1	340 20.6	6.0	22 51.3	7.4	59.2
02	209 14.4	19.0	354 45.6	6.0	22 43.9	7.5	59.1
03	224 14.2	18.9	9 10.6	6.1	22 36.4	7.7	59.1
04	239 14.1	18.8	23 35.7	6.3	22 28.7	7.8	59.1
05	254 14.0	18.7	38 01.0	6.4	22 20.9	7.9	59.0
06	269 13.9	N23 18.6	52 26.4	6.4	S22 13.0	8.0	59.0
07	284 13.7	18.4	66 51.8	6.7	22 05.0	8.2	59.0
08	299 13.6	18.3	81 17.5	6.7	21 56.8	8.3	58.9
S 09	314 13.5	18.2	95 43.2	6.8	21 48.5	8.5	58.9
U 10	329 13.3	18.1	110 09.0	7.0	21 40.0	8.5	58.8
N 11	344 13.2	18.0	124 35.0	7.1	21 31.5	8.7	58.8
D 12	359 13.1	N23 17.9	139 01.1	7.2	S21 22.8	8.8	58.8
A 13	14 13.0	17.8	153 27.3	7.3	21 14.0	8.9	58.7
Y 14	29 12.8	17.7	167 53.6	7.5	21 05.1	9.0	58.7
15	44 12.7	17.6	182 20.1	7.6	20 56.1	9.2	58.7
16	59 12.6	17.5	196 46.7	7.7	20 46.9	9.2	58.6
17	74 12.5	17.4	211 13.4	7.8	20 37.7	9.4	58.6
18	89 12.3	N23 17.2	225 40.2	7.9	S20 28.3	9.4	58.5
19	104 12.2	17.1	240 07.1	8.1	20 18.9	9.6	58.5
20	119 12.1	17.0	254 34.2	8.2	20 09.3	9.7	58.5
21	134 11.9	16.9	269 01.4	8.3	19 59.6	9.8	58.4
22	149 11.8	16.8	283 28.7	8.4	19 49.8	9.9	58.4
23	164 11.7	16.7	297 56.1	8.5	19 39.9	10.0	58.4
28 00	179 11.6	N23 16.6	312 23.6	8.7	S19 29.9	10.0	58.3
01	194 11.4	16.4	326 51.3	8.8	19 19.9	10.2	58.3
02	209 11.3	16.3	341 19.1	8.9	19 09.7	10.3	58.2
03	224 11.2	16.2	355 47.0	9.0	18 59.4	10.3	58.2
04	239 11.1	16.1	10 15.0	9.2	18 49.1	10.5	58.2
05	254 10.9	16.0	24 43.2	9.2	18 38.6	10.5	58.1
06	269 10.8	N23 15.8	39 11.4	9.4	S18 28.1	10.7	58.1
07	284 10.7	15.7	53 39.8	9.5	18 17.4	10.7	58.1
08	299 10.5	15.6	68 08.3	9.6	18 06.7	10.8	58.0
M 09	314 10.4	15.5	82 36.9	9.7	17 55.9	10.9	58.0
O 10	329 10.3	15.3	97 05.6	9.9	17 45.0	10.9	57.9
N 11	344 10.2	15.2	111 34.5	9.9	17 34.1	11.1	57.9
D 12	359 10.0	N23 15.1	126 03.4	10.1	S17 23.0	11.1	57.9
A 13	14 09.9	15.0	140 32.5	10.2	17 11.9	11.2	57.8
Y 14	29 09.8	14.8	155 01.7	10.3	17 00.7	11.3	57.8
15	44 09.7	14.7	169 31.0	10.4	16 49.4	11.3	57.7
16	59 09.5	14.6	184 00.4	10.5	16 38.1	11.4	57.7
17	74 09.4	14.5	198 29.9	10.7	16 26.7	11.5	57.7
18	89 09.3	N23 14.3	212 59.6	10.7	S16 15.2	11.5	57.6
19	104 09.2	14.2	227 29.3	10.9	16 03.7	11.7	57.6
20	119 09.0	14.1	241 59.2	10.9	15 52.0	11.6	57.5
21	134 08.9	13.9	256 29.1	11.1	15 40.4	11.8	57.5
22	149 08.8	13.8	270 59.2	11.2	15 28.6	11.8	57.5
23	164 08.7	13.7	285 29.4	11.3	15 16.8	11.9	57.4
29 00	179 08.5	N23 13.5	299 59.7	11.3	S15 04.9	11.9	57.4
01	194 08.4	13.4	314 30.0	11.5	14 53.0	12.0	57.4
02	209 08.3	13.3	329 00.5	11.6	14 41.0	12.0	57.3
03	224 08.2	13.1	343 31.1	11.7	14 29.0	12.1	57.3
04	239 08.0	13.0	358 01.8	11.8	14 16.9	12.2	57.3
05	254 07.9	12.9	12 32.6	11.9	14 04.7	12.1	57.2
06	269 07.8	N23 12.7	27 03.5	12.0	S13 52.6	12.3	57.2
07	284 07.7	12.6	41 34.5	12.1	13 40.3	12.3	57.1
08	299 07.5	12.4	56 05.6	12.2	13 28.0	12.3	57.1
T 09	314 07.4	12.3	70 36.8	12.3	13 15.7	12.4	57.1
U 10	329 07.3	12.2	85 08.1	12.3	13 03.3	12.5	57.0
E 11	344 07.2	12.0	99 39.4	12.5	12 50.8	12.5	57.0
S 12	359 07.0	N23 11.9	114 10.9	12.6	S12 38.3	12.5	57.0
D 13	14 06.9	11.7	128 42.5	12.6	12 25.8	12.6	56.9
A 14	29 06.8	11.6	143 14.1	12.8	12 13.2	12.6	56.9
Y 15	44 06.7	11.4	157 45.9	12.8	12 00.6	12.6	56.8
16	59 06.5	11.3	172 17.7	12.9	11 48.0	12.7	56.8
17	74 06.4	11.1	186 49.6	13.0	11 35.3	12.7	56.8
18	89 06.3	N23 11.0	201 21.6	13.1	S11 22.6	12.8	56.7
19	104 06.2	10.9	215 53.7	13.2	11 09.8	12.8	56.7
20	119 06.0	10.7	230 25.9	13.3	10 57.0	12.8	56.7
21	134 05.9	10.6	244 58.2	13.3	10 44.2	12.8	56.6
22	149 05.8	10.4	259 30.5	13.5	10 31.4	12.9	56.6
23	164 05.7	10.3	274 03.0	13.5	S10 18.5	12.9	56.6
	SD 15.8	d 0.1	SD 16.0		15.8		15.5

Twilight / Sunrise / Moonrise

Lat.	Naut.	Civil	Sunrise	27	28	29	30
°	h m	h m	h m	h m	h m	h m	h m
N 72	▭	▭	▭	■	■	01 43	00 59
N 70	▭	▭	▭	■	02 10	01 12	00 44
68	▭	▭	▭	■	01 16	00 49	00 31
66	▭	▭	▭	01 08	00 43	00 30	00 21
64	////	////	01 37	00 21	00 19	00 16	00 12
62	////	////	02 14	23 59	24 03	00 03	00 05
60	////	00 57	02 39	23 43	23 53	23 58	24 03
N 58	////	01 45	03 00	23 30	23 43	23 53	24 00
56	////	02 14	03 16	23 18	23 35	23 48	23 58
54	00 52	02 36	03 30	23 07	23 28	23 43	23 56
52	01 37	02 54	03 43	22 58	23 21	23 39	23 54
50	02 04	03 09	03 53	22 50	23 15	23 35	23 52
45	02 49	03 38	04 16	22 32	23 02	23 27	23 48
N 40	03 19	04 01	04 34	22 18	22 52	23 20	23 45
35	03 42	04 19	04 49	22 06	22 42	23 14	23 42
30	04 01	04 34	05 01	21 55	22 34	23 09	23 40
20	04 30	04 59	05 23	21 36	22 20	22 59	23 35
N 10	04 52	05 19	05 42	21 20	22 08	22 51	23 31
0	05 11	05 37	06 00	21 05	21 56	22 44	23 28
S 10	05 28	05 54	06 17	20 49	21 45	22 36	23 24
20	05 44	06 11	06 35	20 33	21 32	22 28	23 20
30	06 00	06 30	06 56	20 14	21 18	22 19	23 16
35	06 09	06 41	07 09	20 03	21 10	22 13	23 13
40	06 18	06 52	07 23	19 50	21 00	22 07	23 11
45	06 29	07 06	07 39	19 35	20 49	22 00	23 07
S 50	06 40	07 22	08 00	19 17	20 36	21 51	23 03
52	06 45	07 29	08 10	19 08	20 29	21 47	23 01
54	06 51	07 37	08 21	18 58	20 22	21 43	22 59
56	06 57	07 46	08 33	18 47	20 14	21 38	22 57
58	07 04	07 56	08 48	18 34	20 05	21 32	22 55
S 60	07 11	08 08	09 05	18 19	19 55	21 26	22 52

Sunset / Twilight / Moonset

Lat.	Sunset	Civil	Naut.	27	28	29	30
°	h m	h m	h m	h m	h m	h m	h m
N 72	▭	▭	▭	■	■	06 57	09 17
N 70	▭	▭	▭	■	04 42	07 26	09 30
68	▭	▭	▭	■	05 35	07 48	09 40
66	▭	▭	▭	03 47	06 07	08 04	09 49
64	22 29	////	////	04 33	06 31	08 18	09 56
62	21 52	////	////	05 03	06 49	08 29	10 02
60	21 27	23 08	////	05 26	07 05	08 39	10 07
N 58	21 07	22 21	////	05 44	07 17	08 47	10 12
56	20 50	21 52	////	06 00	07 28	08 54	10 16
54	20 36	21 30	23 13	06 13	07 38	09 01	10 20
52	20 24	21 12	22 29	06 24	07 47	09 07	10 23
50	20 13	20 57	22 02	06 34	07 54	09 12	10 26
45	19 51	20 28	21 17	06 56	08 11	09 23	10 33
N 40	19 33	20 06	20 47	07 13	08 24	09 33	10 38
35	19 18	19 48	20 24	07 27	08 35	09 41	10 42
30	19 05	19 33	20 06	07 39	08 45	09 48	10 47
20	18 43	19 08	19 37	08 00	09 02	10 00	10 53
N 10	18 24	18 47	19 15	08 19	09 16	10 10	11 00
0	18 07	18 30	18 56	08 36	09 30	10 20	11 05
S 10	17 50	18 13	18 39	08 52	09 43	10 29	11 11
20	17 31	17 55	18 23	09 10	09 58	10 39	11 17
30	17 10	17 37	18 08	09 31	10 14	10 51	11 23
35	16 58	17 26	17 58	09 43	10 23	10 57	11 27
40	16 44	17 14	17 48	09 56	10 34	11 05	11 31
45	16 27	17 01	17 38	10 12	10 46	11 14	11 36
S 50	16 07	16 45	17 27	10 32	11 01	11 24	11 42
52	15 57	16 38	17 21	10 41	11 08	11 29	11 45
54	15 46	16 30	17 16	10 52	11 16	11 34	11 48
56	15 33	16 21	17 10	11 03	11 25	11 40	11 51
58	15 19	16 11	17 03	11 17	11 35	11 46	11 55
S 60	15 02	15 59	16 56	11 33	11 46	11 54	11 59

SUN / MOON

Day	Eqn. of Time 00h	Eqn. of Time 12h	Mer. Pass.	Mer. Pass. Upper	Mer. Pass. Lower	Age	Phase
d	m s	m s	h m	h m	h m	d	%
27	03 01	03 07	12 03	02 22	14 50	17	90
28	03 13	03 20	12 03	03 17	15 43	18	82
29	03 26	03 32	12 04	04 08	16 32	19	73

2021 JUNE 30, JULY 1, 2 (WED., THURS., FRI.)

UT	ARIES	VENUS −3.9		MARS +1.8		JUPITER −2.6		SATURN +0.3		STARS		
	GHA	GHA	Dec	GHA	Dec	GHA	Dec	GHA	Dec	Name	SHA	Dec
d h	° ′	° ′	° ′	° ′	° ′	° ′	° ′	° ′	° ′		° ′	° ′
30 00	278 16.9	152 09.7	N20 57.8	144 04.4	N18 33.6	303 52.6	S11 41.1	323 10.4	S17 45.7	Acamar	315 14.3	S40 13.0
01	293 19.3	167 09.0	57.2	159 05.3	33.2	318 55.2	41.1	338 13.0	45.7	Achernar	335 22.6	S57 07.5
02	308 21.8	182 08.3	56.5	174 06.2	32.7	333 57.7	41.2	353 15.6	45.8	Acrux	173 03.2	S63 13.3
03	323 24.3	197 07.6 ..	55.8	189 07.1 ..	32.3	349 00.2 ..	41.2	8 18.2 ..	45.8	Adhara	255 08.5	S29 00.1
04	338 26.7	212 06.9	55.1	204 08.0	31.9	4 02.8	41.3	23 20.8	45.9	Aldebaran	290 43.2	N16 33.0
05	353 29.2	227 06.2	54.4	219 08.9	31.4	19 05.3	41.3	38 23.4	45.9			
06	8 31.7	242 05.6	N20 53.7	234 09.8	N18 31.0	34 07.8	S11 41.3	53 26.0	S17 45.9	Alioth	166 15.5	N55 51.0
W 07	23 34.1	257 04.9	53.0	249 10.7	30.5	49 10.4	41.4	68 28.6	46.0	Alkaid	152 54.2	N49 12.7
E 08	38 36.6	272 04.2	52.3	264 11.6	30.1	64 12.9	41.4	83 31.2	46.0	Alnair	27 36.3	S46 51.3
D 09	53 39.1	287 03.5 ..	51.6	279 12.5 ..	29.7	79 15.4 ..	41.4	98 33.8 ..	46.1	Alnilam	275 41.0	S 1 11.3
N 10	68 41.5	302 02.8	51.0	294 13.4	29.2	94 18.0	41.5	113 36.4	46.1	Alphard	217 50.8	S 8 45.1
E 11	83 44.0	317 02.1	50.3	309 14.3	28.8	109 20.5	41.5	128 39.0	46.2			
S 12	98 46.5	332 01.4	N20 49.6	324 15.2	N18 28.3	124 23.0	S11 41.6	143 41.6	S17 46.2	Alphecca	126 05.9	N26 38.8
D 13	113 48.9	347 00.7	48.9	339 16.1	27.9	139 25.6	41.6	158 44.2	46.3	Alpheratz	357 37.7	N29 12.3
A 14	128 51.4	2 00.0	48.2	354 17.0	27.4	154 28.1	41.6	173 46.8	46.3	Altair	62 02.4	N 8 55.5
Y 15	143 53.8	16 59.3 ..	47.5	9 17.9 ..	27.0	169 30.6 ..	41.7	188 49.4 ..	46.3	Ankaa	353 10.0	S42 11.2
16	158 56.3	31 58.7	46.8	24 18.8	26.6	184 33.2	41.7	203 52.0	46.4	Antares	112 19.0	S26 28.7
17	173 58.8	46 58.0	46.1	39 19.7	26.1	199 35.7	41.8	218 54.6	46.4			
18	189 01.2	61 57.3	N20 45.4	54 20.6	N18 25.7	214 38.2	S11 41.8	233 57.2	S17 46.5	Arcturus	145 50.4	N19 04.5
19	204 03.7	76 56.6	44.7	69 21.5	25.2	229 40.8	41.8	248 59.8	46.5	Atria	107 15.3	S69 04.0
20	219 06.2	91 55.9	44.0	84 22.4	24.8	244 43.3	41.9	264 02.4	46.6	Avior	234 16.4	S59 34.8
21	234 08.6	106 55.2 ..	43.3	99 23.3 ..	24.3	259 45.8 ..	41.9	279 05.0 ..	46.6	Bellatrix	278 26.3	N 6 22.1
22	249 11.1	121 54.5	42.6	114 24.2	23.9	274 48.4	42.0	294 07.6	46.6	Betelgeuse	270 55.5	N 7 24.6
23	264 13.6	136 53.9	41.8	129 25.1	23.4	289 50.9	42.0	309 10.2	46.7			
1 00	279 16.0	151 53.2	N20 41.1	144 26.0	N18 23.0	304 53.5	S11 42.0	324 12.8	S17 46.7	Canopus	263 54.2	S52 42.4
01	294 18.5	166 52.5	40.4	159 26.9	22.6	319 56.0	42.1	339 15.4	46.8	Capella	280 26.6	N46 01.0
02	309 20.9	181 51.8	39.7	174 27.8	22.1	334 58.5	42.1	354 18.0	46.8	Deneb	49 27.3	N45 21.3
03	324 23.4	196 51.1 ..	39.0	189 28.7 ..	21.7	350 01.1 ..	42.2	9 20.6 ..	46.9	Denebola	182 28.0	N14 27.3
04	339 25.9	211 50.4	38.3	204 29.6	21.2	5 03.6	42.2	24 23.2	46.9	Diphda	348 50.2	S17 52.1
05	354 28.3	226 49.8	37.6	219 30.5	20.8	20 06.2	42.2	39 25.8	47.0			
06	9 30.8	241 49.1	N20 36.9	234 31.4	N18 20.3	35 08.7	S11 42.3	54 28.4	S17 47.0	Dubhe	193 44.9	N61 38.5
07	24 33.3	256 48.4	36.2	249 32.3	19.9	50 11.2	42.3	69 31.0	47.0	Elnath	278 05.9	N28 37.4
T 08	39 35.7	271 47.7	35.4	264 33.2	19.4	65 13.8	42.4	84 33.6	47.1	Eltanin	90 43.0	N51 29.2
H 09	54 38.2	286 47.1 ..	34.7	279 34.1 ..	19.0	80 16.3 ..	42.4	99 36.2 ..	47.1	Enif	33 41.4	N 9 58.3
U 10	69 40.7	301 46.4	34.0	294 35.0	18.5	95 18.9	42.4	114 38.9	47.2	Fomalhaut	15 17.6	S29 30.4
R 11	84 43.1	316 45.7	33.3	309 35.9	18.1	110 21.4	42.5	129 41.5	47.2			
S 12	99 45.6	331 45.0	N20 32.6	324 36.8	N18 17.6	125 24.0	S11 42.5	144 44.1	S17 47.3	Gacrux	171 54.8	S57 14.2
D 13	114 48.1	346 44.3	31.9	339 37.7	17.2	140 26.5	42.6	159 46.7	47.3	Gienah	175 46.6	S17 39.7
A 14	129 50.5	1 43.7	31.1	354 38.6	16.7	155 29.0	42.6	174 49.3	47.4	Hadar	148 39.7	S60 28.7
Y 15	144 53.0	16 43.0 ..	30.4	9 39.5 ..	16.3	170 31.6 ..	42.7	189 51.9 ..	47.4	Hamal	327 54.6	N23 33.6
16	159 55.4	31 42.3	29.7	24 40.4	15.8	185 34.1	42.7	204 54.5	47.4	Kaus Aust.	83 35.9	S34 22.4
17	174 57.9	46 41.6	29.0	39 41.3	15.4	200 36.7	42.7	219 57.1	47.5			
18	190 00.4	61 41.0	N20 28.2	54 42.2	N18 15.0	215 39.2	S11 42.8	234 59.7	S17 47.5	Kochab	137 19.2	N74 04.4
19	205 02.8	76 40.3	27.5	69 43.1	14.5	230 41.8	42.8	250 02.3	47.6	Markab	13 32.6	N15 19.1
20	220 05.3	91 39.6	26.8	84 44.0	14.1	245 44.3	42.9	265 04.9	47.6	Menkar	314 09.4	N 4 10.3
21	235 07.8	106 39.0 ..	26.1	99 44.9 ..	13.6	260 46.8 ..	42.9	280 07.5 ..	47.7	Menkent	148 00.8	S36 28.6
22	250 10.2	121 38.3	25.3	114 45.8	13.2	275 49.4	43.0	295 10.1	47.7	Miaplacidus	221 39.5	S69 48.4
23	265 12.7	136 37.6	24.6	129 46.7	12.7	290 51.9	43.0	310 12.7	47.8			
2 00	280 15.2	151 36.9	N20 23.9	144 47.6	N18 12.3	305 54.5	S11 43.0	325 15.3	S17 47.8	Mirfak	308 32.7	N49 56.0
01	295 17.6	166 36.3	23.1	159 48.5	11.8	320 57.0	43.1	340 17.9	47.9	Nunki	75 51.0	S26 16.1
02	310 20.1	181 35.6	22.4	174 49.4	11.4	335 59.6	43.1	355 20.5	47.9	Peacock	53 09.8	S56 39.8
03	325 22.5	196 34.9 ..	21.7	189 50.3 ..	10.9	351 02.1 ..	43.2	10 23.1 ..	47.9	Pollux	243 21.2	N27 58.5
04	340 25.0	211 34.3	20.9	204 51.2	10.5	6 04.7	43.2	25 25.7	48.0	Procyon	244 54.2	N 5 10.2
05	355 27.5	226 33.6	20.2	219 52.1	10.0	21 07.2	43.3	40 28.3	48.0			
06	10 29.9	241 32.9	N20 19.5	234 53.0	N18 09.6	36 09.8	S11 43.3	55 31.0	S17 48.1	Rasalhague	96 00.9	N12 32.8
07	25 32.4	256 32.3	18.7	249 53.9	09.1	51 12.3	43.3	70 33.6	48.1	Regulus	207 37.7	N11 51.9
08	40 34.9	271 31.6	18.0	264 54.8	08.6	66 14.9	43.4	85 36.2	48.2	Rigel	281 07.0	S 8 10.6
F 09	55 37.3	286 30.9 ..	17.2	279 55.7 ..	08.2	81 17.4 ..	43.4	100 38.8 ..	48.2	Rigil Kent.	139 43.8	S60 55.5
R 10	70 39.8	301 30.3	16.5	294 56.7	07.7	96 20.0	43.5	115 41.4	48.3	Sabik	102 05.8	S15 45.0
I 11	85 42.3	316 29.6	15.8	309 57.6	07.3	111 22.5	43.5	130 44.0	48.3			
D 12	100 44.7	331 28.9	N20 15.0	324 58.5	N18 06.8	126 25.1	S11 43.6	145 46.6	S17 48.3	Schedar	349 34.2	N56 38.9
A 13	115 47.2	346 28.3	14.3	339 59.4	06.4	141 27.6	43.6	160 49.2	48.4	Shaula	96 13.9	S37 07.1
Y 14	130 49.7	1 27.6	13.5	355 00.3	05.9	156 30.2	43.7	175 51.8	48.4	Sirius	258 29.1	S16 44.7
15	145 52.1	16 27.0 ..	12.8	10 01.2 ..	05.5	171 32.7 ..	43.7	190 54.4 ..	48.5	Spica	158 25.3	S11 16.3
16	160 54.6	31 26.3	12.0	25 02.1	05.0	186 35.3	43.7	205 57.0	48.5	Suhail	222 48.7	S43 31.2
17	175 57.0	46 25.6	11.3	40 03.0	04.6	201 37.8	43.8	220 59.6	48.6			
18	190 59.5	61 25.0	N20 10.5	55 03.9	N18 04.1	216 40.4	S11 43.8	236 02.2	S17 48.6	Vega	80 34.7	N38 48.2
19	206 02.0	76 24.3	09.8	70 04.8	03.7	231 42.9	43.9	251 04.8	48.7	Zuben'ubi	136 59.0	S16 07.8
20	221 04.4	91 23.7	09.1	85 05.7	03.2	246 45.5	43.9	266 07.4	48.7		SHA	Mer. Pass.
21	236 06.9	106 23.0 ..	08.3	100 06.6 ..	02.8	261 48.0 ..	44.0	281 10.1 ..	48.8		° ′	h m
22	251 09.4	121 22.3	07.5	115 07.5	02.3	276 50.6	44.0	296 12.7	48.8	Venus	232 37.2	13 53
23	266 11.8	136 21.7	06.8	130 08.4	01.8	291 53.1	44.1	311 15.3	48.8	Mars	225 10.0	14 21
	h m									Jupiter	25 37.4	3 40
Mer. Pass. 5 22.1	v −0.7	d 0.7		v 0.9	d 0.4	v 2.5	d 0.0	v 2.6	d 0.0	Saturn	44 56.8	2 23

2021 JUNE 30, JULY 1, 2 (WED., THURS., FRI.)

UT	SUN GHA	SUN Dec	MOON GHA	MOON v	MOON Dec	MOON d	MOON HP	Lat.	Twilight Naut.	Twilight Civil	Sunrise	Moonrise 30	Moonrise 1	Moonrise 2	Moonrise 3
d h	° ′	° ′	° ′	′	° ′	′	′	° N 72	h m	h m	h m	h m 00 59	h m 00 29	h m (00 04 23 39)	h m 23 11
30 00	179 05.6	N23 10.1	288 35.5	13.5	S10 05.6	13.0	56.5	N 70				00 44	00 23	(00 23 05 47)	23 27
01	194 05.4	10.0	303 08.0	13.7	9 52.6	13.0	56.5	68				00 31	00 18	(00 23 05 05)	23 40
02	209 05.3	09.8	317 40.7	13.7	9 39.6	12.9	56.5	66	////	////	00 21	00 21	00 13	(00 23 05 58)	23 50
03	224 05.2	09.6	332 13.4	13.9	9 26.7	13.1	56.4	64	////	////	01 41	00 12	00 09	00 06	(00 23 03 59)
04	239 05.1	09.5	346 46.3	13.8	9 13.6	13.0	56.4	62	////	////	02 17	00 05	00 06	00 06	00 06
05	254 04.9	09.3	1 19.1	14.0	9 00.6	13.1	56.4	60	////	01 04	02 42	24 03	00 03	00 06	00 10
06	269 04.8	N23 09.2	15 52.1	14.0	S 8 47.5	13.1	56.3	N 58	////	01 49	03 02	24 00	00 00	00 07	00 13
W 07	284 04.7	09.0	30 25.1	14.1	8 34.4	13.1	56.3	56	////	02 17	03 18	23 58	24 07	00 07	00 16
E 08	299 04.6	08.9	44 58.2	14.2	8 21.3	13.1	56.3	54	00 58	02 39	03 32	23 56	24 07	00 07	00 18
D 09	314 04.5	08.7	59 31.4	14.2	8 08.2	13.2	56.2	52	01 40	02 56	03 44	23 54	24 07	00 07	00 20
N 10	329 04.3	08.6	74 04.6	14.3	7 55.0	13.1	56.2	50	02 07	03 11	03 55	23 52	24 07	00 07	00 22
E 11	344 04.2	08.4	88 37.9	14.4	7 41.9	13.2	56.2	45	02 51	03 40	04 17	23 48	24 08	00 08	00 27
S 12	359 04.1	N23 08.2	103 11.3	14.4	S 7 28.7	13.2	56.1	N 40	03 21	04 02	04 35	23 45	24 08	00 08	00 31
D 13	14 04.0	08.1	117 44.7	14.5	7 15.5	13.2	56.1	35	03 44	04 20	04 50	23 42	24 08	00 08	00 34
A 14	29 03.8	07.9	132 18.2	14.6	7 02.3	13.3	56.1	30	04 02	04 35	05 03	23 40	24 08	00 08	00 37
Y 15	44 03.7	07.8	146 51.8	14.6	6 49.0	13.3	56.0	20	04 31	05 00	05 24	23 35	24 09	00 09	00 42
16	59 03.6	07.6	161 25.4	14.7	6 35.8	13.3	56.0	N 10	04 53	05 20	05 43	23 31	24 09	00 09	00 46
17	74 03.5	07.4	175 59.1	14.7	6 22.5	13.2	56.0	0	05 12	05 38	06 00	23 28	24 10	00 10	00 51
18	89 03.4	N23 07.3	190 32.8	14.8	S 6 09.3	13.3	55.9	S 10	05 28	05 55	06 17	23 24	24 10	00 10	00 55
19	104 03.2	07.1	205 06.6	14.9	5 56.0	13.3	55.9	20	05 44	06 12	06 36	23 20	24 10	00 10	00 59
20	119 03.1	06.9	219 40.5	14.9	5 42.7	13.3	55.9	30	06 00	06 30	06 57	23 16	24 11	00 11	01 05
21	134 03.0	06.8	234 14.4	14.9	5 29.4	13.3	55.8	35	06 09	06 41	07 09	23 13	24 11	00 11	01 08
22	149 02.9	06.6	248 48.3	15.1	5 16.1	13.3	55.8	40	06 18	06 52	07 23	23 11	24 12	00 12	01 11
23	164 02.8	06.4	263 22.4	15.0	5 02.8	13.3	55.8	45	06 28	07 05	07 39	23 07	24 12	00 12	01 15
1 00	179 02.6	N23 06.3	277 56.4	15.1	S 4 49.5	13.3	55.7	S 50	06 40	07 21	07 59	23 03	24 12	00 12	01 20
01	194 02.5	06.1	292 30.5	15.2	4 36.2	13.4	55.7	52	06 45	07 29	08 09	23 01	24 13	00 13	01 23
02	209 02.4	05.9	307 04.7	15.2	4 22.8	13.3	55.7	54	06 51	07 37	08 20	22 59	24 13	00 13	01 25
03	224 02.3	05.8	321 38.9	15.2	4 09.5	13.3	55.7	56	06 57	07 45	08 32	22 57	24 13	00 13	01 28
04	239 02.1	05.6	336 13.1	15.3	3 56.2	13.3	55.6	58	07 03	07 55	08 47	22 55	24 14	00 14	01 31
05	254 02.0	05.4	350 47.4	15.4	3 42.9	13.3	55.6	S 60	07 10	08 07	09 04	22 52	24 14	00 14	01 34
06	269 01.9	N23 05.2	5 21.8	15.4	S 3 29.5	13.3	55.6								
07	284 01.8	05.1	19 56.2	15.4	3 16.2	13.3	55.5	Lat.	Sunset	Twilight Civil	Twilight Naut.	Moonset 30	Moonset 1	Moonset 2	Moonset 3
T 08	299 01.7	04.9	34 30.6	15.5	3 02.9	13.4	55.5								
H 09	314 01.6	04.7	49 05.1	15.5	2 49.5	13.3	55.5	°	h m	h m	h m	h m	h m	h m	h m
U 10	329 01.4	04.6	63 39.6	15.5	2 36.2	13.3	55.5	N 72				09 17	11 18	13 11	15 07
R 11	344 01.3	04.4	78 14.1	15.6	2 22.9	13.3	55.4	N 70				09 30	11 21	13 07	14 53
S 12	359 01.2	N23 04.2	92 48.7	15.6	S 2 09.6	13.3	55.4	68				09 40	11 24	13 03	14 42
D 13	14 01.1	04.0	107 23.3	15.6	1 56.3	13.3	55.4	66	23 39	////	////	09 49	11 26	13 00	14 32
A 14	29 01.0	03.8	121 57.9	15.7	1 42.9	13.3	55.3	64	22 25	////	////	09 56	11 28	12 57	14 25
Y 15	44 00.8	03.7	136 32.6	15.7	1 29.6	13.3	55.3	62	21 50	////	////	10 02	11 30	12 55	14 18
16	59 00.7	03.5	151 07.3	15.8	1 16.3	13.3	55.3	60	21 25	23 02	////	10 07	11 31	12 53	14 13
17	74 00.6	03.3	165 42.1	15.8	1 03.0	13.2	55.3								
18	89 00.5	N23 03.1	180 16.9	15.8	S 0 49.8	13.3	55.2	N 58	21 05	22 18	////	10 12	11 33	12 51	14 08
19	104 00.4	02.9	194 51.7	15.8	0 36.5	13.3	55.2	56	20 49	21 50	////	10 16	11 34	12 49	14 03
20	119 00.2	02.8	209 26.5	15.9	0 23.2	13.2	55.2	54	20 35	21 29	23 07	10 20	11 35	12 48	13 59
21	134 00.1	02.6	224 01.4	15.8	S 0 10.0	13.2	55.2	52	20 23	21 11	22 27	10 23	11 36	12 46	13 56
22	149 00.0	02.4	238 36.2	15.9	N 0 03.3	13.2	55.1	50	20 12	20 57	22 01	10 26	11 37	12 45	13 53
23	163 59.9	02.2	253 11.1	16.0	0 16.5	13.2	55.1	45	19 50	20 27	21 17	10 33	11 39	12 43	13 46
2 00	178 59.8	N23 02.0	267 46.1	15.9	N 0 29.7	13.2	55.1	N 40	19 33	20 05	20 47	10 38	11 40	12 40	13 40
01	193 59.6	01.8	282 21.0	16.0	0 42.9	13.2	55.1	35	19 18	19 48	20 24	10 42	11 41	12 39	13 35
02	208 59.5	01.7	296 56.0	16.0	0 56.1	13.2	55.1	30	19 05	19 33	20 06	10 47	11 43	12 37	13 31
03	223 59.4	01.5	311 31.0	16.0	1 09.3	13.2	55.0	20	18 44	19 08	19 37	10 53	11 45	12 34	13 23
04	238 59.3	01.3	326 06.0	16.0	1 22.5	13.2	55.0	N 10	18 25	18 48	19 15	11 00	11 46	12 32	13 16
05	253 59.2	01.1	340 41.0	16.1	1 35.6	13.1	55.0	0	18 08	18 30	18 56	11 05	11 48	12 29	13 10
06	268 59.1	N23 00.9	355 16.1	16.0	N 1 48.7	13.1	55.0	S 10	17 50	18 13	18 39	11 11	11 50	12 27	13 04
07	283 58.9	00.7	9 51.1	16.1	2 01.8	13.1	54.9	20	17 32	17 56	18 24	11 17	11 51	12 24	12 58
08	298 58.8	00.5	24 26.2	16.1	2 14.9	13.1	54.9	30	17 11	17 38	18 07	11 23	11 53	12 22	12 50
F 09	313 58.7	00.3	39 01.3	16.1	2 28.0	13.0	54.9	35	16 59	17 27	17 59	11 27	11 54	12 20	12 46
R 10	328 58.6	00.1	53 36.4	16.1	2 41.1	13.0	54.9	40	16 45	17 16	17 50	11 31	11 55	12 18	12 41
I 11	343 58.5	23 00.0	68 11.5	16.1	2 54.1	13.0	54.8	45	16 29	17 03	17 40	11 36	11 57	12 16	12 36
D 12	358 58.4	N22 59.8	82 46.6	16.1	N 3 07.1	13.0	54.8	S 50	16 09	16 47	17 28	11 42	11 58	12 14	12 29
A 13	13 58.2	59.6	97 21.7	16.2	3 20.1	12.9	54.8	52	15 59	16 39	17 23	11 45	11 59	12 12	12 26
Y 14	28 58.1	59.4	111 56.9	16.1	3 33.1	12.9	54.8	54	15 48	16 31	17 17	11 48	12 00	12 11	12 23
15	43 58.0	59.2	126 32.0	16.1	3 46.0	12.9	54.8	56	15 36	16 23	17 12	11 51	12 01	12 10	12 19
16	58 57.9	59.0	141 07.1	16.2	3 58.9	13.0	54.8	58	15 21	16 13	17 05	11 55	12 02	12 08	12 15
17	73 57.8	58.8	155 42.3	16.1	4 11.9	12.8	54.7	S 60	15 04	16 01	16 58	11 59	12 03	12 06	12 10
18	88 57.7	N22 58.6	170 17.4	16.2	N 4 24.7	12.9	54.7		SUN			MOON			
19	103 57.5	58.4	184 52.6	16.2	4 37.6	12.8	54.7	Day	Eqn. of Time 00h	Eqn. of Time 12h	Mer. Pass.	Mer. Pass. Upper	Mer. Pass. Lower	Age	Phase
20	118 57.4	58.2	199 27.8	16.1	4 50.4	12.8	54.7								
21	133 57.3	58.0	214 02.9	16.2	5 03.2	12.8	54.7	d	m s	m s	h m	h m	h m	d	%
22	148 57.2	57.8	228 38.1	16.1	5 16.0	12.7	54.6	30	03 38	03 43	12 04	04 55	17 17	20	64
23	163 57.1	57.6	243 13.2	16.2	N 5 28.7	12.7	54.6	1	03 49	03 55	12 04	05 38	17 59	21	54
	SD 15.8	d 0.2	SD 15.3		15.1		14.9	2	04 01	04 06	12 04	06 19	18 40	22	44

131

2021 JULY 3, 4, 5 (SAT., SUN., MON.)

UT	ARIES GHA	VENUS −3.9 GHA / Dec	MARS +1.8 GHA / Dec	JUPITER −2.7 GHA / Dec	SATURN +0.3 GHA / Dec	STARS Name / SHA / Dec
d h	° ′	° ′ / ° ′	° ′ / ° ′	° ′ / ° ′	° ′ / ° ′	° ′ / ° ′
3 00	281 14.3	151 21.0 N20 06.0	145 09.3 N18 01.4	306 55.7 S11 44.1	326 17.9 S17 48.9	Acamar 315 14.2 S40 13.0
01	296 16.8	166 20.4 05.3	160 10.2 00.9	321 58.2 44.2	341 20.5 48.9	Achernar 335 22.6 S57 07.5
02	311 19.2	181 19.7 04.5	175 11.1 00.5	337 00.8 44.2	356 23.1 49.0	Acrux 173 03.2 S63 13.3
03	326 21.7	196 19.1 . . 03.8	190 12.0 18 00.0	352 03.4 . . 44.2	11 25.7 . . 49.0	Adhara 255 08.5 S29 00.1
04	341 24.2	211 18.4 03.0	205 12.9 17 59.6	7 05.9 44.3	26 28.3 49.1	Aldebaran 290 43.2 N16 33.0
05	356 26.6	226 17.8 02.3	220 13.8 59.1	22 08.5 44.3	41 30.9 49.1	
06	11 29.1	241 17.1 N20 01.5	235 14.8 N17 58.7	37 11.0 S11 44.4	56 33.5 S17 49.2	Alioth 166 15.6 N55 51.0
07	26 31.5	256 16.5 00.7	250 15.7 58.2	52 13.6 44.4	71 36.1 49.2	Alkaid 152 54.2 N49 12.7
S 08	41 34.0	271 15.8 20 00.0	265 16.6 57.7	67 16.1 44.5	86 38.8 49.3	Alnair 27 36.3 S46 51.3
A 09	56 36.5	286 15.1 19 59.2	280 17.5 . . 57.3	82 18.7 . . 44.5	101 41.4 . . 49.3	Alnilam 275 41.0 S 1 11.3
T 10	71 38.9	301 14.5 58.4	295 18.4 56.8	97 21.2 44.6	116 44.0 49.4	Alphard 217 50.8 S 8 45.1
U 11	86 41.4	316 13.8 57.7	310 19.3 56.4	112 23.8 44.6	131 46.6 49.4	
R 12	101 43.9	331 13.2 N19 56.9	325 20.2 N17 55.9	127 26.4 S11 44.7	146 49.2 S17 49.4	Alphecca 126 05.9 N26 38.8
D 13	116 46.3	346 12.5 56.2	340 21.1 55.5	142 28.9 44.7	161 51.8 49.5	Alpheratz 357 37.6 N29 12.3
A 14	131 48.8	1 11.9 55.4	355 22.0 55.0	157 31.5 44.8	176 54.4 49.5	Altair 62 02.4 N 8 55.5
Y 15	146 51.3	16 11.2 . . 54.6	10 22.9 . . 54.5	172 34.0 . . 44.8	191 57.0 . . 49.6	Ankaa 353 10.0 S42 11.2
16	161 53.7	31 10.6 53.8	25 23.8 54.1	187 36.6 44.9	206 59.6 49.6	Antares 112 19.0 S26 28.7
17	176 56.2	46 10.0 53.1	40 24.7 53.6	202 39.2 44.9	222 02.2 49.7	
18	191 58.6	61 09.3 N19 52.3	55 25.6 N17 53.2	217 41.7 S11 44.9	237 04.8 S17 49.7	Arcturus 145 50.4 N19 04.5
19	207 01.1	76 08.7 51.5	70 26.5 52.7	232 44.3 45.0	252 07.5 49.8	Atria 107 15.3 S69 04.0
20	222 03.6	91 08.0 50.8	85 27.5 52.3	247 46.8 45.0	267 10.1 49.8	Avior 234 16.4 S59 34.8
21	237 06.0	106 07.4 . . 50.0	100 28.4 . . 51.8	262 49.4 . . 45.1	282 12.7 . . 49.9	Bellatrix 278 26.3 N 6 22.1
22	252 08.5	121 06.7 49.2	115 29.3 51.3	277 52.0 45.1	297 15.3 49.9	Betelgeuse 270 55.5 N 7 24.6
23	267 11.0	136 06.1 48.4	130 30.2 50.9	292 54.5 45.2	312 17.9 49.9	
4 00	282 13.4	151 05.4 N19 47.7	145 31.1 N17 50.4	307 57.1 S11 45.2	327 20.5 S17 50.0	Canopus 263 54.2 S52 42.4
01	297 15.9	166 04.8 46.9	160 32.0 50.0	322 59.6 45.3	342 23.1 50.0	Capella 280 26.6 N46 01.0
02	312 18.4	181 04.2 46.1	175 32.9 49.5	338 02.2 45.3	357 25.7 50.1	Deneb 49 27.3 N45 21.3
03	327 20.8	196 03.5 . . 45.3	190 33.8 . . 49.0	353 04.8 . . 45.4	12 28.3 . . 50.1	Denebola 182 28.0 N14 27.3
04	342 23.3	211 02.9 44.5	205 34.7 48.6	8 07.3 45.4	27 31.0 50.2	Diphda 348 50.2 S17 52.1
05	357 25.8	226 02.2 43.8	220 35.6 48.1	23 09.9 45.5	42 33.6 50.2	
06	12 28.2	241 01.6 N19 43.0	235 36.5 N17 47.6	38 12.4 S11 45.5	57 36.2 S17 50.3	Dubhe 193 44.9 N61 38.5
07	27 30.7	256 01.0 42.2	250 37.4 47.2	53 15.0 45.6	72 38.8 50.3	Elnath 278 05.9 N28 37.4
08	42 33.1	271 00.3 41.4	265 38.4 46.7	68 17.6 45.6	87 41.4 50.4	Eltanin 90 43.0 N51 29.3
S 09	57 35.6	285 59.7 . . 40.6	280 39.3 . . 46.3	83 20.1 . . 45.7	102 44.0 . . 50.4	Enif 33 41.4 N 9 58.3
U 10	72 38.1	300 59.0 39.8	295 40.2 45.8	98 22.7 45.7	117 46.6 50.5	Fomalhaut 15 17.5 S29 30.4
N 11	87 40.5	315 58.4 39.1	310 41.1 45.3	113 25.3 45.8	132 49.2 50.5	
D 12	102 43.0	330 57.8 N19 38.3	325 42.0 N17 44.9	128 27.8 S11 45.8	147 51.8 S17 50.6	Gacrux 171 54.8 S57 14.2
A 13	117 45.5	345 57.1 37.5	340 42.9 44.4	143 30.4 45.9	162 54.5 50.6	Gienah 175 46.6 S17 39.6
Y 14	132 47.9	0 56.5 36.7	355 43.8 44.0	158 33.0 45.9	177 57.1 50.6	Hadar 148 39.8 S60 28.7
15	147 50.4	15 55.9 . . 35.9	10 44.7 . . 43.5	173 35.5 . . 46.0	192 59.7 . . 50.7	Hamal 327 54.5 N23 33.6
16	162 52.9	30 55.2 35.1	25 45.6 43.0	188 38.1 46.0	208 02.3 50.7	Kaus Aust. 83 35.9 S34 22.4
17	177 55.3	45 54.6 34.3	40 46.5 42.6	203 40.7 46.1	223 04.9 50.8	
18	192 57.8	60 54.0 N19 33.5	55 47.4 N17 42.1	218 43.2 S11 46.1	238 07.5 S17 50.8	Kochab 137 19.3 N74 04.4
19	208 00.3	75 53.3 32.7	70 48.4 41.6	233 45.8 46.2	253 10.1 50.9	Markab 13 32.6 N15 19.1
20	223 02.7	90 52.7 31.9	85 49.3 41.2	248 48.4 46.2	268 12.7 50.9	Menkar 314 09.3 N 4 10.3
21	238 05.2	105 52.1 . . 31.1	100 50.2 . . 40.7	263 50.9 . . 46.3	283 15.4 . . 51.0	Menkent 148 00.8 S36 28.6
22	253 07.6	120 51.4 30.3	115 51.1 40.2	278 53.5 46.3	298 18.0 51.0	Miaplacidus 221 39.5 S69 48.4
23	268 10.1	135 50.8 29.5	130 52.0 39.8	293 56.1 46.4	313 20.6 51.1	
5 00	283 12.6	150 50.2 N19 28.7	145 52.9 N17 39.3	308 58.6 S11 46.4	328 23.2 S17 51.1	Mirfak 308 32.7 N49 56.0
01	298 15.0	165 49.5 27.9	160 53.8 38.8	324 01.2 46.5	343 25.8 51.2	Nunki 75 50.9 S26 16.1
02	313 17.5	180 48.9 27.1	175 54.7 38.4	339 03.8 46.5	358 28.4 51.2	Peacock 53 09.7 S56 39.8
03	328 20.0	195 48.3 . . 26.3	190 55.6 . . 37.9	354 06.3 . . 46.6	13 31.0 . . 51.3	Pollux 243 21.2 N27 58.5
04	343 22.4	210 47.7 25.5	205 56.5 37.5	9 08.9 46.6	28 33.7 51.3	Procyon 244 54.2 N 5 10.2
05	358 24.9	225 47.0 24.7	220 57.5 37.0	24 11.5 46.7	43 36.3 51.3	
06	13 27.4	240 46.4 N19 23.9	235 58.4 N17 36.5	39 14.1 S11 46.7	58 38.9 S17 51.4	Rasalhague 96 00.9 N12 32.8
07	28 29.8	255 45.8 23.1	250 59.3 36.1	54 16.6 46.8	73 41.5 51.4	Regulus 207 37.7 N11 51.9
08	43 32.3	270 45.2 22.3	266 00.2 35.6	69 19.2 46.9	88 44.1 51.5	Rigel 281 06.9 S 8 10.6
M 09	58 34.8	285 44.5 . . 21.5	281 01.1 . . 35.1	84 21.8 . . 46.9	103 46.7 . . 51.5	Rigil Kent. 139 43.9 S60 55.5
O 10	73 37.2	300 43.9 20.7	296 02.0 34.7	99 24.3 47.0	118 49.3 51.6	Sabik 102 05.8 S15 45.0
N 11	88 39.7	315 43.3 19.9	311 02.9 34.2	114 26.9 47.0	133 52.0 51.6	
D 12	103 42.1	330 42.7 N19 19.1	326 03.8 N17 33.7	129 29.5 S11 47.1	148 54.6 S17 51.7	Schedar 349 34.2 N56 38.9
A 13	118 44.6	345 42.0 18.3	341 04.7 33.3	144 32.1 47.1	163 57.2 51.7	Shaula 96 13.9 S37 07.1
Y 14	133 47.1	0 41.4 17.5	356 05.7 32.8	159 34.6 47.2	178 59.8 51.8	Sirius 258 29.1 S16 44.7
15	148 49.5	15 40.8 . . 16.7	11 06.6 . . 32.3	174 37.2 . . 47.2	194 02.4 . . 51.8	Spica 158 25.3 S11 16.3
16	163 52.0	30 40.2 15.8	26 07.5 31.9	189 39.8 47.3	209 05.0 51.9	Suhail 222 48.8 S43 31.2
17	178 54.5	45 39.6 15.0	41 08.4 31.4	204 42.4 47.3	224 07.6 51.9	
18	193 56.9	60 38.9 N19 14.2	56 09.3 N17 30.9	219 44.9 S11 47.4	239 10.3 S17 52.0	Vega 80 34.7 N38 48.3
19	208 59.4	75 38.3 13.4	71 10.2 30.5	234 47.5 47.4	254 12.9 52.0	Zuben'ubi 136 59.0 S16 07.8
20	224 01.9	90 37.7 12.6	86 11.1 30.0	249 50.1 47.5	269 15.5 52.1	SHA Mer.Pass.
21	239 04.3	105 37.1 . . 11.8	101 12.0 . . 29.5	264 52.7 . . 47.5	284 18.1 . . 52.1	° ′ h m
22	254 06.8	120 36.5 10.9	116 13.0 29.0	279 55.2 47.6	299 20.7 52.1	Venus 228 52.0 13 56
23	269 09.2	135 35.8 10.1	131 13.9 28.6	294 57.8 47.7	314 23.3 52.2	Mars 223 17.6 14 17
	h m					Jupiter 25 43.6 3 28
Mer. Pass.	5 10.3	v −0.6 d 0.8	v 0.9 d 0.5	v 2.6 d 0.0	v 2.6 d 0.0	Saturn 45 07.1 2 10

2021 JULY 3, 4, 5 (SAT., SUN., MON.)

UT	SUN GHA	SUN Dec	MOON GHA	MOON v	MOON Dec	MOON d	MOON HP	Lat.	Twilight Naut.	Twilight Civil	Sunrise	Moonrise 3	Moonrise 4	Moonrise 5	Moonrise 6
d h	° ′	° ′	° ′	′	° ′	′	′	°	h m	h m	h m	h m	h m	h m	h m
3 00	178 57.0	N22 57.4	257 48.4	16.1	N 5 41.4	12.7	54.6	N 72	▨	▨	▨	23 11	22 31	▨	▨
01	193 56.9	57.2	272 23.5	16.1	5 54.1	12.7	54.6	N 70	▨	▨	▨	23 27	23 01	22 17	▨
02	208 56.7	57.0	286 58.6	16.2	6 06.8	12.6	54.6	68	▨	▨	▨	23 40	23 24	23 02	22 02
03	223 56.6	.. 56.8	301 33.8	16.1	6 19.4	12.6	54.6	66	////	////	00 43	23 50	23 42	23 31	23 16
04	238 56.5	56.6	316 08.9	16.1	6 32.0	12.6	54.5	64	////	////	01 47	(00 00 / 23 59)	23 56	23 54	23 53
05	253 56.4	56.4	330 44.0	16.1	6 44.6	12.5	54.5	62	////	////	02 21	00 06	00 07	00 09	00 12
								60	////	01 12	02 46	00 10	00 14	00 19	00 27
06	268 56.3	N22 56.2	345 19.1	16.1	N 6 57.1	12.5	54.5	N 58	////	01 53	03 05	00 13	00 20	00 28	00 40
07	283 56.2	56.0	359 54.2	16.1	7 09.6	12.5	54.5	56	////	02 21	03 21	00 16	00 25	00 37	00 51
S 08	298 56.1	55.8	14 29.3	16.1	7 22.1	12.4	54.5	54	01 06	02 42	03 35	00 18	00 30	00 44	01 01
A 09	313 55.9	.. 55.5	29 04.4	16.0	7 34.5	12.4	54.5	52	01 44	02 59	03 47	00 20	00 34	00 50	01 10
T 10	328 55.8	55.3	43 39.4	16.1	7 46.9	12.4	54.5	50	02 10	03 13	03 57	00 22	00 38	00 56	01 17
U 11	343 55.7	55.1	58 14.5	16.0	7 59.3	12.3	54.4	45	02 53	03 42	04 19	00 27	00 47	01 09	01 34
R 12	358 55.6	N22 54.9	72 49.5	16.0	N 8 11.6	12.3	54.4	N 40	03 23	04 04	04 36	00 31	00 54	01 19	01 48
D 13	13 55.5	54.7	87 24.5	16.0	8 23.9	12.3	54.4	35	03 45	04 22	04 51	00 34	01 00	01 28	02 00
A 14	28 55.4	54.5	101 59.5	16.0	8 36.2	12.2	54.4	30	04 03	04 36	05 04	00 37	01 06	01 36	02 10
Y 15	43 55.3	.. 54.3	116 34.5	16.0	8 48.4	12.2	54.4	20	04 32	05 01	05 25	00 42	01 15	01 50	02 28
16	58 55.1	54.1	131 09.5	15.9	9 00.6	12.1	54.4	N 10	04 54	05 21	05 44	00 46	01 24	02 03	02 44
17	73 55.0	53.9	145 44.4	15.9	9 12.7	12.1	54.4	0	05 12	05 38	06 01	00 51	01 32	02 14	02 58
18	88 54.9	N22 53.6	160 19.3	15.9	N 9 24.8	12.1	54.4	S 10	05 29	05 55	06 18	00 55	01 40	02 26	03 13
19	103 54.8	53.4	174 54.2	15.9	9 36.9	12.0	54.3	20	05 45	06 12	06 36	00 59	01 48	02 38	03 29
20	118 54.7	53.2	189 29.1	15.9	9 48.9	12.0	54.3	30	06 00	06 30	06 56	01 05	01 58	02 52	03 47
21	133 54.6	.. 53.0	204 04.0	15.8	10 00.9	11.9	54.3	35	06 09	06 40	07 08	01 08	02 04	03 01	03 58
22	148 54.5	52.8	218 38.8	15.8	10 12.8	11.9	54.3	40	06 18	06 52	07 22	01 11	02 11	03 10	04 10
23	163 54.4	52.6	233 13.6	15.8	10 24.7	11.8	54.3	45	06 28	07 05	07 38	01 15	02 18	03 21	04 25
4 00	178 54.2	N22 52.3	247 48.4	15.7	N10 36.5	11.8	54.3	S 50	06 39	07 20	07 59	01 20	02 28	03 35	04 43
01	193 54.1	52.1	262 23.1	15.7	10 48.3	11.8	54.3	52	06 44	07 28	08 08	01 23	02 32	03 42	04 51
02	208 54.0	51.9	276 57.8	15.7	11 00.1	11.7	54.3	54	06 50	07 35	08 19	01 25	02 37	03 49	05 01
03	223 53.9	.. 51.7	291 32.5	15.7	11 11.8	11.7	54.3	56	06 56	07 44	08 31	01 28	02 42	03 57	05 12
04	238 53.8	51.5	306 07.2	15.6	11 23.5	11.6	54.2	58	07 02	07 54	08 45	01 31	02 48	04 06	05 24
05	253 53.7	51.2	320 41.8	15.6	11 35.1	11.6	54.2	S 60	07 09	08 05	09 01	01 34	02 55	04 16	05 39
06	268 53.6	N22 51.0	335 16.4	15.6	N11 46.7	11.5	54.2	Lat.	Sunset	Twilight Civil	Twilight Naut.	Moonset 3	Moonset 4	Moonset 5	Moonset 6
07	283 53.5	50.8	349 51.0	15.5	11 58.2	11.5	54.2								
08	298 53.3	50.6	4 25.5	15.5	12 09.7	11.4	54.2								
S 09	313 53.2	.. 50.4	19 00.0	15.5	12 21.1	11.4	54.2	°	h m	h m	h m	h m	h m	h m	h m
U 10	328 53.1	50.1	33 34.5	15.4	12 32.5	11.3	54.2	N 72	▨	▨	▨	15 07	17 14	▨	▨
N 11	343 53.0	49.9	48 08.9	15.4	12 43.8	11.3	54.2	N 70	▨	▨	▨	14 53	16 46	19 01	▨
D 12	358 52.9	N22 49.7	62 43.3	15.4	N12 55.1	11.2	54.2	68	▨	▨	▨	14 42	16 24	18 17	20 53
A 13	13 52.8	49.5	77 17.7	15.3	13 06.3	11.2	54.2	66	23 21	////	////	14 32	16 08	17 48	19 40
Y 14	28 52.7	49.2	91 52.0	15.3	13 17.5	11.1	54.2	64	22 20	////	////	14 25	15 54	17 27	19 03
15	43 52.6	.. 49.0	106 26.3	15.2	13 28.6	11.1	54.2	62	21 46	////	////	14 18	15 43	17 09	18 38
16	58 52.5	48.8	121 00.5	15.2	13 39.7	11.0	54.2	60	21 22	22 55	////	14 13	15 33	16 55	18 18
17	73 52.4	48.5	135 34.7	15.2	13 50.7	10.9	54.2								
18	88 52.2	N22 48.3	150 08.9	15.1	N14 01.6	10.9	54.1	N 58	21 03	22 14	////	14 08	15 25	16 43	18 01
19	103 52.1	48.1	164 43.0	15.1	14 12.5	10.9	54.1	56	20 47	21 47	////	14 03	15 18	16 33	17 47
20	118 52.0	47.8	179 17.1	15.0	14 23.4	10.8	54.1	54	20 34	21 26	23 01	13 59	15 11	16 23	17 35
21	133 51.9	.. 47.6	193 51.1	15.0	14 34.2	10.7	54.1	52	20 22	21 09	22 23	13 56	15 05	16 15	17 25
22	148 51.8	47.4	208 25.1	15.0	14 44.9	10.7	54.1	50	20 11	20 55	21 51	13 53	15 00	16 08	17 15
23	163 51.7	47.1	222 59.1	14.9	14 55.5	10.6	54.1	45	19 50	20 27	21 15	13 46	14 49	15 52	16 55
5 00	178 51.6	N22 46.9	237 33.0	14.8	N15 06.2	10.5	54.1	N 40	19 32	20 05	20 46	13 40	14 39	15 39	16 39
01	193 51.5	46.7	252 06.8	14.8	15 16.7	10.5	54.1	35	19 18	19 47	20 23	13 35	14 31	15 28	16 26
02	208 51.4	46.4	266 40.6	14.8	15 27.2	10.4	54.1	30	19 05	19 32	20 05	13 31	14 24	15 19	16 14
03	223 51.3	.. 46.2	281 14.4	14.7	15 37.6	10.4	54.1	20	18 44	19 08	19 37	13 23	14 12	15 03	15 54
04	238 51.2	46.0	295 48.1	14.7	15 48.0	10.3	54.1	N 10	18 25	18 48	19 15	13 16	14 02	14 48	15 37
05	253 51.0	45.7	310 21.8	14.6	15 58.3	10.2	54.1	0	18 08	18 31	18 57	13 10	13 52	14 35	15 21
06	268 50.9	N22 45.5	324 55.4	14.6	N16 08.5	10.1	54.1	S 10	17 51	18 14	18 40	13 04	13 42	14 22	15 05
07	283 50.8	45.2	339 29.0	14.5	16 18.6	10.1	54.1	20	17 33	17 57	18 24	12 58	13 32	14 08	14 47
08	298 50.7	45.0	354 02.5	14.4	16 28.7	10.1	54.1	30	17 13	17 39	18 09	12 50	13 20	13 52	14 28
M 09	313 50.6	.. 44.8	8 35.9	14.4	16 38.8	9.9	54.1	35	17 01	17 29	18 00	12 46	13 13	13 43	14 16
O 10	328 50.5	44.5	23 09.3	14.4	16 48.7	9.9	54.1	40	16 47	17 17	17 51	12 41	13 05	13 32	14 03
N 11	343 50.4	44.3	37 42.7	14.3	16 58.6	9.9	54.1	45	16 31	17 04	17 41	12 36	12 56	13 20	13 48
D 12	358 50.3	N22 44.0	52 16.0	14.3	N17 08.5	9.7	54.1	S 50	16 11	16 49	17 30	12 29	12 46	13 05	13 29
A 13	13 50.2	43.8	66 49.3	14.2	17 18.2	9.7	54.1	52	16 01	16 42	17 25	12 26	12 41	12 58	13 20
Y 14	28 50.1	43.6	81 22.5	14.1	17 27.9	9.6	54.1	54	15 50	16 34	17 20	12 23	12 35	12 50	13 10
15	43 50.0	.. 43.3	95 55.6	14.1	17 37.5	9.6	54.1	56	15 38	16 25	17 14	12 19	12 29	12 42	12 58
16	58 49.9	43.1	110 28.7	14.1	17 47.1	9.5	54.1	58	15 24	16 15	17 07	12 15	12 22	12 32	12 46
17	73 49.8	42.8	125 01.8	13.9	17 56.6	9.4	54.1	S 60	15 08	16 04	17 00	12 10	12 15	12 21	12 31
18	88 49.6	N22 42.6	139 34.7	14.0	N18 06.0	9.3	54.1			SUN			MOON			
19	103 49.5	42.3	154 07.7	13.8	18 15.3	9.3	54.1	Day	Eqn. of Time 00h	Eqn. of Time 12h	Mer. Pass.	Mer. Pass. Upper	Mer. Pass. Lower	Age	Phase
20	118 49.4	42.1	168 40.5	13.8	18 24.6	9.2	54.1								
21	133 49.3	.. 41.8	183 13.3	13.8	18 33.7	9.2	54.1	d	m s	m s	h m	h m	h m	d	%
22	148 49.2	41.6	197 46.1	13.7	18 42.8	9.1	54.1	3	04 12	04 17	12 04	07 00	19 21	23	35
23	163 49.1	41.3	212 18.8	13.6	N18 51.9	8.9	54.1	4	04 23	04 28	12 04	07 42	20 03	24	26
	SD 15.8	d 0.2	SD 14.8		14.8		14.7	5	04 33	04 39	12 05	08 25	20 47	25	18

133

2021 JULY 6, 7, 8 (TUES., WED., THURS.)

UT	ARIES GHA	VENUS −3.9 GHA / Dec	MARS +1.8 GHA / Dec	JUPITER −2.7 GHA / Dec	SATURN +0.2 GHA / Dec	STARS Name / SHA / Dec
d h	° '	° ' ° '	° ' ° '	° ' ° '	° ' ° '	° ' ° '
6 00	284 11.7	150 35.2 N19 09.3	146 14.8 N17 28.1	310 00.4 S11 47.7	329 26.0 S17 52.2	Acamar 315 14.2 S40 13.0
01	299 14.2	165 34.6 08.5	161 15.7 27.6	325 03.0 47.8	344 28.6 52.3	Achernar 335 22.5 S57 07.5
02	314 16.6	180 34.0 07.7	176 16.6 27.2	340 05.5 47.8	359 31.2 52.3	Acrux 173 03.2 S63 13.3
03	329 19.1	195 33.4 . . 06.8	191 17.5 . . 26.7	355 08.1 . . 47.9	14 33.8 . . 52.4	Adhara 255 08.5 S29 00.1
04	344 21.6	210 32.8 06.0	206 18.4 26.2	10 10.7 47.9	29 36.4 52.4	Aldebaran 290 43.2 N16 33.0
05	359 24.0	225 32.2 05.2	221 19.4 25.8	25 13.3 48.0	44 39.0 52.5	
06	14 26.5	240 31.5 N19 04.4	236 20.3 N17 25.3	40 15.8 S11 48.0	59 41.7 S17 52.5	Alioth 166 15.6 N55 51.0
07	29 29.0	255 30.9 03.5	251 21.2 24.8	55 18.4 48.1	74 44.3 52.6	Alkaid 152 54.2 N49 12.7
T 08	44 31.4	270 30.3 02.7	266 22.1 24.3	70 21.0 48.1	89 46.9 52.6	Alnair 27 36.2 S46 51.3
U 09	59 33.9	285 29.7 . . 01.9	281 23.0 . . 23.9	85 23.6 . . 48.2	104 49.5 . . 52.7	Alnilam 275 41.0 S 1 11.3
E 10	74 36.4	300 29.1 01.1	296 23.9 23.4	100 26.2 48.3	119 52.1 52.7	Alphard 217 50.8 S 8 45.1
S 11	89 38.8	315 28.5 19 00.2	311 24.8 22.9	115 28.7 48.3	134 54.7 52.8	
D 12	104 41.3	330 27.9 N18 59.4	326 25.7 N17 22.5	130 31.3 S11 48.4	149 57.4 S17 52.8	Alphecca 126 06.0 N26 38.8
A 13	119 43.7	345 27.3 58.6	341 26.7 22.0	145 33.9 48.4	165 00.0 52.9	Alpheratz 357 37.6 N29 12.3
Y 14	134 46.2	0 26.7 57.7	356 27.6 21.5	160 36.5 48.5	180 02.6 52.9	Altair 62 02.4 N 8 55.5
15	149 48.7	15 26.1 . . 56.9	11 28.5 . . 21.0	175 39.1 . . 48.5	195 05.2 . . 53.0	Ankaa 353 10.0 S42 11.2
16	164 51.1	30 25.5 56.1	26 29.4 20.6	190 41.6 48.6	210 07.8 53.0	Antares 112 19.0 S26 28.7
17	179 53.6	45 24.8 55.2	41 30.3 20.1	205 44.2 48.6	225 10.4 53.1	
18	194 56.1	60 24.2 N18 54.4	56 31.2 N17 19.6	220 46.8 S11 48.7	240 13.1 S17 53.1	Arcturus 145 50.4 N19 04.5
19	209 58.5	75 23.6 53.6	71 32.1 19.1	235 49.4 48.8	255 15.7 53.1	Atria 107 15.3 S69 04.0
20	225 01.0	90 23.0 52.7	86 33.1 18.7	250 52.0 48.8	270 18.3 53.2	Avior 234 16.5 S59 34.7
21	240 03.5	105 22.4 . . 51.9	101 34.0 . . 18.2	265 54.5 . . 48.9	285 20.9 . . 53.2	Bellatrix 278 26.3 N 6 22.1
22	255 05.9	120 21.8 51.0	116 34.9 17.7	280 57.1 48.9	300 23.5 53.3	Betelgeuse 270 55.5 N 7 24.6
23	270 08.4	135 21.2 50.2	131 35.8 17.3	295 59.7 49.0	315 26.1 53.3	
7 00	285 10.9	150 20.6 N18 49.4	146 36.7 N17 16.8	311 02.3 S11 49.0	330 28.8 S17 53.4	Canopus 263 54.2 S52 42.4
01	300 13.3	165 20.0 48.5	161 37.6 16.3	326 04.9 49.1	345 31.4 53.4	Capella 280 26.6 N46 01.0
02	315 15.8	180 19.4 47.7	176 38.6 15.8	341 07.5 49.1	0 34.0 53.5	Deneb 49 27.3 N45 21.3
03	330 18.2	195 18.8 . . 46.8	191 39.5 . . 15.4	356 10.0 . . 49.2	15 36.6 . . 53.5	Denebola 182 08.0 N14 27.3
04	345 20.7	210 18.2 46.0	206 40.4 14.9	11 12.6 49.3	30 39.2 53.6	Diphda 348 50.2 S17 52.1
05	0 23.2	225 17.6 45.1	221 41.3 14.4	26 15.2 49.3	45 41.9 53.6	
06	15 25.6	240 17.0 N18 44.3	236 42.2 N17 13.9	41 17.8 S11 49.4	60 44.5 S17 53.7	Dubhe 193 45.0 N61 38.5
W 07	30 28.1	255 16.4 43.4	251 43.1 13.5	56 20.4 49.4	75 47.1 53.7	Elnath 278 05.8 N28 37.4
E 08	45 30.6	270 15.8 42.6	266 44.0 13.0	71 23.0 49.5	90 49.7 53.8	Eltanin 90 43.0 N51 29.3
D 09	60 33.0	285 15.2 . . 41.7	281 45.0 . . 12.5	86 25.6 . . 49.5	105 52.3 . . 53.8	Enif 33 41.3 N 9 58.4
N 10	75 35.5	300 14.6 40.9	296 45.9 12.0	101 28.1 49.6	120 55.0 53.9	Fomalhaut 15 17.5 S29 30.4
E 11	90 38.0	315 14.0 40.0	311 46.8 11.6	116 30.7 49.7	135 57.6 53.9	
S 12	105 40.4	330 13.4 N18 39.2	326 47.7 N17 11.1	131 33.3 S11 49.7	151 00.2 S17 54.0	Gacrux 171 54.8 S57 14.2
D 13	120 42.9	345 12.8 38.3	341 48.6 10.6	146 35.9 49.8	166 02.8 54.0	Gienah 175 46.6 S17 39.6
A 14	135 45.4	0 12.2 37.5	356 49.5 10.1	161 38.5 49.8	181 05.4 54.1	Hadar 148 39.8 S60 28.7
Y 15	150 47.8	15 11.7 . . 36.6	11 50.5 . . 09.6	176 41.1 . . 49.9	196 08.1 . . 54.1	Hamal 327 54.5 N23 33.6
16	165 50.3	30 11.1 35.8	26 51.4 09.2	191 43.7 50.0	211 10.7 54.2	Kaus Aust. 83 35.9 S34 22.4
17	180 52.7	45 10.5 34.9	41 52.3 08.7	206 46.3 50.0	226 13.3 54.2	
18	195 55.2	60 09.9 N18 34.1	56 53.2 N17 08.2	221 48.9 S11 50.1	241 15.9 S17 54.3	Kochab 137 19.3 N74 04.4
19	210 57.7	75 09.3 33.2	71 54.1 07.7	236 51.4 50.1	256 18.5 54.3	Markab 13 32.6 N15 19.1
20	226 00.1	90 08.7 32.3	86 55.1 07.3	251 54.0 50.2	271 21.2 54.4	Menkar 314 09.3 N 4 10.4
21	241 02.6	105 08.1 . . 31.5	101 56.0 . . 06.8	266 56.6 . . 50.2	286 23.8 . . 54.4	Menkent 148 00.8 S36 28.6
22	256 05.1	120 07.5 30.6	116 56.9 06.3	281 59.2 50.3	301 26.4 54.4	Miaplacidus 221 39.5 S69 48.4
23	271 07.5	135 06.9 29.8	131 57.8 05.8	297 01.8 50.4	316 29.0 54.5	
8 00	286 10.0	150 06.3 N18 28.9	146 58.7 N17 05.3	312 04.4 S11 50.4	331 31.6 S17 54.5	Mirfak 308 32.6 N49 55.9
01	301 12.5	165 05.7 28.0	161 59.6 04.9	327 07.0 50.5	346 34.3 54.6	Nunki 75 50.9 S26 16.1
02	316 14.9	180 05.2 27.2	177 00.6 04.4	342 09.6 50.5	1 36.9 54.6	Peacock 53 09.7 S56 39.8
03	331 17.4	195 04.6 . . 26.3	192 01.5 . . 03.9	357 12.2 . . 50.6	16 39.5 . . 54.7	Pollux 243 21.2 N27 58.5
04	346 19.8	210 04.0 25.4	207 02.4 03.4	12 14.8 50.7	31 42.1 54.7	Procyon 244 54.2 N 5 10.2
05	1 22.3	225 03.4 24.6	222 03.3 02.9	27 17.3 50.7	46 44.7 54.8	
06	16 24.8	240 02.8 N18 23.7	237 04.2 N17 02.5	42 19.9 S11 50.8	61 47.4 S17 54.8	Rasalhague 96 00.9 N12 32.8
07	31 27.2	255 02.2 22.8	252 05.1 02.0	57 22.5 50.8	76 50.0 54.9	Regulus 207 37.7 N11 51.9
T 08	46 29.7	270 01.6 22.0	267 06.1 01.5	72 25.1 50.9	91 52.6 54.9	Rigel 281 06.9 S 8 10.6
H 09	61 32.2	285 01.1 . . 21.1	282 07.0 . . 01.0	87 27.7 . . 51.0	106 55.2 . . 55.0	Rigil Kent. 139 43.9 S60 55.5
U 10	76 34.6	300 00.5 20.2	297 07.9 00.5	102 30.3 51.0	121 57.8 55.0	Sabik 102 05.8 S15 45.0
R 11	91 37.1	314 59.9 19.4	312 08.8 17 00.1	117 32.9 51.1	137 00.5 55.1	
S 12	106 39.6	329 59.3 N18 18.5	327 09.7 N16 59.6	132 35.5 S11 51.1	152 03.1 S17 55.1	Schedar 349 34.2 N56 38.9
D 13	121 42.0	344 58.7 17.6	342 10.7 59.1	147 38.1 51.2	167 05.7 55.2	Shaula 96 13.9 S37 07.1
A 14	136 44.5	359 58.2 16.7	357 11.6 58.6	162 40.7 51.3	182 08.3 55.2	Sirius 258 29.1 S16 44.7
Y 15	151 47.0	14 57.6 . . 15.9	12 12.5 . . 58.1	177 43.3 . . 51.3	197 11.0 . . 55.3	Spica 158 25.3 S11 16.3
16	166 49.4	29 57.0 15.0	27 13.4 57.7	192 45.9 51.4	212 13.6 55.3	Suhail 222 48.8 S43 31.2
17	181 51.9	44 56.4 14.1	42 14.3 57.2	207 48.5 51.5	227 16.2 55.4	
18	196 54.3	59 55.8 N18 13.2	57 15.3 N16 56.7	222 51.1 S11 51.5	242 18.8 S17 55.4	Vega 80 34.7 N38 48.3
19	211 56.8	74 55.3 12.4	72 16.2 56.2	237 53.7 51.6	257 21.4 55.5	Zuben'ubi 136 59.0 S16 07.8
20	226 59.3	89 54.7 11.5	87 17.1 55.7	252 56.3 51.6	272 24.1 55.5	SHA Mer. Pass.
21	242 01.7	104 54.1 . . 10.6	102 18.0 . . 55.2	267 58.9 . . 51.7	287 26.7 . . 55.6	° ' h m
22	257 04.2	119 53.5 09.7	117 18.9 54.8	283 01.5 51.8	302 29.3 55.6	Venus 225 09.8 13 59
23	272 06.7	134 53.0 08.8	132 19.9 54.3	298 04.1 51.8	317 31.9 55.7	Mars 221 25.9 14 13
	h m					Jupiter 25 51.4 3 15
Mer. Pass. 4 58.5	v −0.6 d 0.9	v 0.9 d 0.5	v 2.6 d 0.1	v 2.6 d 0.0	Saturn 45 17.9 1 58

2021 JULY 6, 7, 8 (TUES., WED., THURS.)

UT	SUN GHA	SUN Dec	MOON GHA	MOON v	MOON Dec	MOON d	MOON HP	Lat.	Twilight Naut.	Twilight Civil	Sunrise	Moonrise 6	Moonrise 7	Moonrise 8	Moonrise 9
d h	° ′	° ′	° ′	′	° ′	′	′	°	h m	h m	h m	h m	h m	h m	h m
6 00	178 49.0	N22 41.1	226 51.4	13.6	N19 00.8	8.9	54.1	N 72	▢	▢	▢	▢	▢	▢	▢
01	193 48.9	40.8	241 24.0	13.5	19 09.7	8.8	54.1	N 70	▢	▢	▢	22 02	▢	▢	▢
02	208 48.8	40.6	255 56.5	13.5	19 18.5	8.7	54.1	68	▢	▢	▢	23 16	▢	▢	▢
03	223 48.7	40.3	270 29.0	13.4	19 27.2	8.6	54.1	66	////	////	00 59	23 53	23 54	24 07	00 07
04	238 48.6	40.1	285 01.4	13.4	19 35.8	8.6	54.1	64	////	////	01 54	00 12	00 19	00 33	01 03
05	253 48.5	39.8	299 33.8	13.2	19 44.4	8.4	54.1	62	////	////	02 26	00 27	00 40	01 00	01 36
06	268 48.4	N22 39.6	314 06.0	13.3	N19 52.8	8.4	54.1	60	////	01 20	02 50	00 40	00 56	01 22	02 00
07	283 48.3	39.3	328 38.3	13.1	20 01.2	8.3	54.1	N 58	////	01 59	03 09	00 51	01 11	01 39	02 19
T 08	298 48.2	39.0	343 10.4	13.1	20 09.5	8.2	54.1	56	////	02 25	03 24	01 01	01 23	01 54	02 36
U 09	313 48.1	38.8	357 42.5	13.1	20 17.7	8.1	54.1	54	01 14	02 45	03 38	01 10	01 34	02 07	02 50
E 10	328 48.0	38.5	12 14.6	13.0	20 25.8	8.1	54.1	52	01 49	03 02	03 49	01 17	01 44	02 18	03 02
S 11	343 47.9	38.3	26 46.6	12.9	20 33.9	7.9	54.1	50	02 14	03 16	04 00	01 34	02 05	02 42	03 28
D 12	358 47.8	N22 38.0	41 18.5	12.9	N20 41.8	7.9	54.1	45	02 56	03 44	04 21	01 48	02 22	03 01	03 48
A 13	13 47.7	37.7	55 50.4	12.8	20 49.7	7.8	54.2	N 40	03 25	04 06	04 38	02 00	02 36	03 17	04 05
Y 14	28 47.6	37.5	70 22.2	12.7	20 57.5	7.7	54.2	35	03 47	04 23	04 53	02 10	02 48	03 31	04 19
15	43 47.4	37.2	84 53.9	12.7	21 05.2	7.6	54.2	30	04 05	04 38	05 05	02 28	03 09	03 55	04 44
16	58 47.3	37.0	99 25.6	12.6	21 12.8	7.5	54.2	20	04 33	05 02	05 26	02 44	03 28	04 15	05 06
17	73 47.2	36.7	113 57.2	12.5	21 20.3	7.4	54.2	N 10	04 55	05 22	05 44	02 58	03 45	04 35	05 26
18	88 47.1	N22 36.4	128 28.7	12.5	N21 27.7	7.3	54.2	0	05 13	05 39	06 01	03 13	04 03	04 54	05 46
19	103 47.0	36.2	143 00.2	12.3	21 35.0	7.2	54.2	S 10	05 29	05 55	06 18	03 29	04 21	05 15	06 08
20	118 46.9	35.9	157 31.7	12.3	21 42.2	7.2	54.2	20	05 45	06 12	06 36	03 47	04 43	05 39	06 33
21	133 46.8	35.6	172 03.0	12.3	21 49.4	7.0	54.2	30	06 00	06 30	06 56	03 58	04 56	05 53	06 47
22	148 46.7	35.4	186 34.3	12.3	21 56.4	6.9	54.2	35	06 09	06 40	07 08	04 10	05 10	06 09	07 04
23	163 46.6	35.1	201 05.6	12.2	22 03.3	6.9	54.2	40	06 17	06 51	07 21	04 25	05 28	06 29	07 25
								45	06 27	07 04	07 37				
7 00	178 46.5	N22 34.8	215 36.8	12.1	N22 10.2	6.7	54.2	S 50	06 38	07 19	07 57	04 43	05 50	06 53	07 51
01	193 46.4	34.6	230 07.9	12.1	22 16.9	6.7	54.2	52	06 43	07 26	08 06	04 51	06 00	07 05	08 03
02	208 46.3	34.3	244 39.0	12.0	22 23.6	6.5	54.2	54	06 48	07 34	08 17	05 01	06 12	07 19	08 18
03	223 46.2	34.0	259 10.0	11.9	22 30.1	6.5	54.2	56	06 54	07 43	08 29	05 12	06 26	07 35	08 34
04	238 46.1	33.8	273 40.9	11.9	22 36.6	6.3	54.3	58	07 00	07 52	08 42	05 24	06 42	07 54	08 55
05	253 46.0	33.5	288 11.8	11.8	22 42.9	6.3	54.3	S 60	07 07	08 03	08 59	05 39	07 01	08 17	09 20
06	268 45.9	N22 33.2	302 42.6	11.8	N22 49.2	6.1	54.3	Lat.	Sunset	Twilight Civil	Twilight Naut.	Moonset 6	Moonset 7	Moonset 8	Moonset 9
W 07	283 45.8	33.0	317 13.4	11.7	22 55.3	6.1	54.3								
E 08	298 45.7	32.7	331 44.1	11.6	23 01.4	5.9	54.3	°	h m	h m	h m	h m	h m	h m	h m
D 09	313 45.6	32.4	346 14.7	11.6	23 07.3	5.8	54.3	N 72	▢	▢	▢	▢	▢	▢	▢
N 10	328 45.5	32.1	0 45.3	11.5	23 13.1	5.8	54.3	N 70	▢	▢	▢	▢	▢	▢	▢
E 11	343 45.4	31.9	15 15.8	11.5	23 18.9	5.6	54.3	68	▢	▢	▢	20 53	▢	▢	▢
S 12	358 45.3	N22 31.6	29 46.3	11.4	N23 24.5	5.5	54.3	66	23 07	////	////	19 40	▢	▢	▢
D 13	13 45.2	31.3	44 16.7	11.3	23 30.0	5.4	54.3	64	22 14	////	////	19 03	20 43	22 16	23 07
A 14	28 45.1	31.0	58 47.0	11.3	23 35.4	5.3	54.3	62	21 42	////	////	18 38	20 04	21 20	22 13
Y 15	43 45.0	30.7	73 17.3	11.3	23 40.7	5.2	54.3	60	21 19	22 47	////	18 18	19 37	20 48	21 40
16	58 44.9	30.5	87 47.6	11.1	23 45.9	5.1	54.4	N 58	21 00	22 10	////	18 01	19 16	20 23	21 16
17	73 44.8	30.2	102 17.7	11.1	23 51.0	5.0	54.4	56	20 45	21 44	////	17 47	18 59	20 04	20 57
18	88 44.7	N22 29.9	116 47.8	11.1	N23 56.0	4.8	54.4	54	20 32	21 24	22 54	17 35	18 45	19 48	20 41
19	103 44.6	29.6	131 17.9	11.0	24 00.8	4.8	54.4	52	20 20	21 07	22 19	17 25	18 32	19 34	20 27
20	118 44.5	29.4	145 47.9	11.0	24 05.6	4.6	54.4	50	20 10	20 53	21 55	17 15	18 21	19 21	20 14
21	133 44.4	29.1	160 17.9	10.9	24 10.2	4.5	54.4	45	19 48	20 25	21 11	16 55	17 57	18 56	19 49
22	148 44.3	28.8	174 47.8	10.8	24 14.7	4.4	54.4								
23	163 44.2	28.5	189 17.6	10.8	24 19.1	4.3	54.4								
8 00	178 44.1	N22 28.2	203 47.4	10.8	N24 23.4	4.2	54.4	N 40	19 31	20 04	20 45	16 39	17 39	18 36	19 29
01	193 44.0	27.9	218 17.2	10.7	24 27.6	4.1	54.5	35	19 17	19 46	20 23	16 26	17 23	18 19	19 12
02	208 43.9	27.7	232 46.9	10.6	24 31.7	3.9	54.5	30	19 05	19 32	20 05	16 14	17 10	18 05	18 57
03	223 43.8	27.4	247 16.5	10.6	24 35.6	3.9	54.5	20	18 44	19 08	19 37	15 54	16 47	17 40	18 33
04	238 43.7	27.1	261 46.1	10.5	24 39.5	3.7	54.5	N 10	18 25	18 48	19 15	15 37	16 27	17 19	18 11
05	253 43.6	26.8	276 15.6	10.5	24 43.2	3.6	54.5	0	18 09	18 31	18 57	15 21	16 09	16 59	17 51
06	268 43.6	N22 26.5	290 45.1	10.5	N24 46.8	3.4	54.5	S 10	17 52	18 15	18 41	15 05	15 50	16 39	17 31
07	283 43.5	26.2	305 14.6	10.4	24 50.2	3.4	54.5	20	17 34	17 58	18 25	14 47	15 31	16 18	17 09
T 08	298 43.4	25.9	319 44.0	10.3	24 53.6	3.2	54.5	30	17 14	17 40	18 10	14 28	15 08	15 54	16 45
H 09	313 43.3	25.6	334 13.3	10.3	24 56.8	3.1	54.6	35	17 02	17 30	18 02	14 16	14 55	15 39	16 30
U 10	328 43.2	25.3	348 42.6	10.3	24 59.9	3.0	54.6	40	16 49	17 19	17 53	14 03	14 39	15 22	16 13
R 11	343 43.1	25.1	3 11.9	10.2	25 02.9	2.9	54.6	45	16 33	17 06	17 43	13 48	14 21	15 02	15 52
S 12	358 43.0	N22 24.8	17 41.1	10.2	N25 05.8	2.8	54.6	S 50	16 13	16 51	17 32	13 29	13 59	14 37	15 26
D 13	13 42.9	24.5	32 10.3	10.1	25 08.6	2.6	54.6	52	16 04	16 44	17 27	13 20	13 48	14 25	15 14
A 14	28 42.8	24.2	46 39.4	10.1	25 11.2	2.5	54.6	54	15 53	16 36	17 22	13 10	13 36	14 11	15 00
Y 15	43 42.7	23.9	61 08.5	10.0	25 13.7	2.4	54.6	56	15 41	16 28	17 16	12 58	13 22	13 55	14 43
16	58 42.6	23.6	75 37.5	10.0	25 16.1	2.2	54.6	58	15 28	16 18	17 10	12 46	13 06	13 36	14 23
17	73 42.5	23.3	90 06.5	10.0	25 18.3	2.2	54.7	S 60	15 12	16 07	17 03	12 31	12 46	13 13	13 57
18	88 42.4	N22 23.0	104 35.5	9.9	N25 20.5	2.0	54.7			SUN			MOON		
19	103 42.3	22.7	119 04.4	9.9	25 22.5	1.8	54.7	Day	Eqn. of Time		Mer.	Mer. Pass.		Age	Phase
20	118 42.2	22.4	133 33.3	9.9	25 24.3	1.8	54.7		00ʰ	12ʰ	Pass.	Upper	Lower		
21	133 42.1	22.1	148 02.2	9.8	25 26.1	1.6	54.7	d	m s	m s	h m	h m	h m	d	%
22	148 42.0	21.8	162 31.0	9.8	25 27.7	1.5	54.7	6	04 44	04 49	12 05	09 09	21 33	26	11
23	163 41.9	21.5	176 59.8	9.8	N25 29.2	1.4	54.7	7	04 54	04 59	12 05	09 57	22 22	27	6
	SD 15.8	d 0.3	SD 14.8	14.8			14.9	8	05 03	05 08	12 05	10 47	23 12	28	2

2021 JULY 9, 10, 11 (FRI., SAT., SUN.)

UT	ARIES	VENUS −3.9		MARS +1.8		JUPITER −2.7		SATURN +0.2		STARS		
	GHA	GHA	Dec	GHA	Dec	GHA	Dec	GHA	Dec	Name	SHA	Dec
d h	° ′	° ′	° ′	° ′	° ′	° ′	° ′	° ′	° ′		° ′	° ′
9 00	287 09.1	149 52.4	N18 07.9	147 20.8	N16 53.8	313 06.7	S11 51.9	332 34.6	S17 55.7	Acamar	315 14.2	S40 13.0
01	302 11.6	164 51.8	07.1	162 21.7	53.3	328 09.3	51.9	347 37.2	55.8	Achernar	335 22.5	S57 07.5
02	317 14.1	179 51.2	06.2	177 22.6	52.8	343 11.9	52.0	2 39.8	55.8	Acrux	173 03.3	S63 13.3
03	332 16.5	194 50.7 ..	05.3	192 23.5 ..	52.3	358 14.5 ..	52.1	17 42.4 ..	55.9	Adhara	255 08.5	S29 00.0
04	347 19.0	209 50.1	04.4	207 24.5	51.9	13 17.1	52.1	32 45.1	55.9	Aldebaran	290 43.2	N16 33.0
05	2 21.5	224 49.5	03.5	222 25.4	51.4	28 19.7	52.2	47 47.7	56.0			
06	17 23.9	239 48.9	N18 02.6	237 26.3	N16 50.9	43 22.3	S11 52.3	62 50.3	S17 56.0	Alioth	166 15.6	N55 51.0
07	32 26.4	254 48.4	01.7	252 27.2	50.4	58 24.9	52.3	77 52.9	56.1	Alkaid	152 54.2	N49 12.7
08	47 28.8	269 47.8	00.9	267 28.1	49.9	73 27.5	52.4	92 55.5	56.1	Alnair	27 36.2	S46 51.3
F 09	62 31.3	284 47.2	18 00.0	282 29.1 ..	49.4	88 30.1 ..	52.4	107 58.2 ..	56.2	Alnilam	275 40.9	S 1 11.3
R 10	77 33.8	299 46.7	17 59.1	297 30.0	48.9	103 32.7	52.5	123 00.8	56.2	Alphard	217 50.8	S 8 45.1
I 11	92 36.2	314 46.1	58.2	312 30.9	48.5	118 35.3	52.6	138 03.4	56.3			
D 12	107 38.7	329 45.5	N17 57.3	327 31.8	N16 48.0	133 37.9	S11 52.6	153 06.0	S17 56.3	Alphecca	126 06.0	N26 38.8
A 13	122 41.2	344 45.0	56.4	342 32.7	47.5	148 40.5	52.7	168 08.7	56.4	Alpheratz	357 37.6	N29 12.3
Y 14	137 43.6	359 44.4	55.5	357 33.7	47.0	163 43.1	52.8	183 11.3	56.4	Altair	62 02.4	N 8 55.5
15	152 46.1	14 43.8 ..	54.6	12 34.6 ..	46.5	178 45.7 ..	52.8	198 13.9 ..	56.5	Ankaa	353 09.9	S42 11.2
16	167 48.6	29 43.3	53.7	27 35.5	46.0	193 48.3	52.9	213 16.5	56.5	Antares	112 19.0	S26 28.7
17	182 51.0	44 42.7	52.8	42 36.4	45.5	208 50.9	53.0	228 19.2	56.6			
18	197 53.5	59 42.1	N17 51.9	57 37.4	N16 45.1	223 53.5	S11 53.0	243 21.8	S17 56.6	Arcturus	145 50.4	N19 04.5
19	212 56.0	74 41.6	51.0	72 38.3	44.6	238 56.1	53.1	258 24.4	56.7	Atria	107 15.3	S69 04.0
20	227 58.4	89 41.0	50.1	87 39.2	44.1	253 58.7	53.1	273 27.0	56.7	Avior	234 16.5	S59 34.7
21	243 00.9	104 40.4 ..	49.2	102 40.1 ..	43.6	269 01.3 ..	53.2	288 29.7 ..	56.8	Bellatrix	278 26.2	N 6 22.1
22	258 03.3	119 39.9	48.3	117 41.0	43.1	284 03.9	53.3	303 32.3	56.8	Betelgeuse	270 55.5	N 7 24.6
23	273 05.8	134 39.3	47.4	132 42.0	42.6	299 06.5	53.3	318 34.9	56.9			
10 00	288 08.3	149 38.8	N17 46.5	147 42.9	N16 42.1	314 09.1	S11 53.4	333 37.5	S17 56.9	Canopus	263 54.2	S52 42.4
01	303 10.7	164 38.2	45.6	162 43.8	41.6	329 11.7	53.5	348 40.2	57.0	Capella	280 26.5	N46 01.0
02	318 13.2	179 37.6	44.7	177 44.7	41.2	344 14.3	53.5	3 42.8	57.0	Deneb	49 27.3	N45 21.3
03	333 15.7	194 37.1 ..	43.8	192 45.7 ..	40.7	359 16.9 ..	53.6	18 45.4 ..	57.1	Denebola	182 28.0	N14 27.3
04	348 18.1	209 36.5	42.9	207 46.6	40.2	14 19.5	53.7	33 48.0	57.1	Diphda	348 50.1	S17 52.1
05	3 20.6	224 36.0	42.0	222 47.5	39.7	29 22.1	53.7	48 50.7	57.2			
06	18 23.1	239 35.4	N17 41.1	237 48.4	N16 39.2	44 24.7	S11 53.8	63 53.3	S17 57.2	Dubhe	193 45.0	N61 38.5
07	33 25.5	254 34.9	40.2	252 49.3	38.7	59 27.3	53.9	78 55.9	57.3	Elnath	278 05.8	N28 37.4
S 08	48 28.0	269 34.3	39.3	267 50.3	38.2	74 30.0	53.9	93 58.5	57.3	Eltanin	90 43.0	N51 29.3
A 09	63 30.5	284 33.7 ..	38.4	282 51.2 ..	37.7	89 32.6 ..	54.0	109 01.2 ..	57.4	Enif	33 41.3	N 9 58.4
T 10	78 32.9	299 33.2	37.4	297 52.1	37.2	104 35.2	54.1	124 03.8	57.4	Fomalhaut	15 17.5	S29 30.4
U 11	93 35.4	314 32.6	36.5	312 53.0	36.8	119 37.8	54.1	139 06.4	57.5			
R 12	108 37.8	329 32.1	N17 35.6	327 54.0	N16 36.3	134 40.4	S11 54.2	154 09.0	S17 57.5	Gacrux	171 54.8	S57 14.2
D 13	123 40.3	344 31.5	34.7	342 54.9	35.8	149 43.0	54.2	169 11.7	57.5	Gienah	175 46.6	S17 39.6
A 14	138 42.8	359 31.0	33.8	357 55.8	35.3	164 45.6	54.3	184 14.3	57.6	Hadar	148 39.8	S60 28.7
Y 15	153 45.2	14 30.4 ..	32.9	12 56.7 ..	34.8	179 48.2 ..	54.4	199 16.9 ..	57.6	Hamal	327 54.5	N23 33.6
16	168 47.7	29 29.9	32.0	27 57.7	34.3	194 50.8	54.4	214 19.6	57.7	Kaus Aust.	83 35.9	S34 22.4
17	183 50.2	44 29.3	31.1	42 58.6	33.8	209 53.4	54.5	229 22.2	57.7			
18	198 52.6	59 28.8	N17 30.1	57 59.5	N16 33.3	224 56.0	S11 54.6	244 24.8	S17 57.8	Kochab	137 19.4	N74 04.4
19	213 55.1	74 28.2	29.2	73 00.4	32.8	239 58.7	54.6	259 27.4	57.8	Markab	13 32.5	N15 19.1
20	228 57.6	89 27.7	28.3	88 01.4	32.3	255 01.3	54.7	274 30.1	57.9	Menkar	314 09.3	N 4 10.4
21	244 00.0	104 27.1 ..	27.4	103 02.3 ..	31.8	270 03.9 ..	54.8	289 32.7 ..	57.9	Menkent	148 00.8	S36 28.6
22	259 02.5	119 26.6	26.5	118 03.2	31.4	285 06.5	54.8	304 35.3	58.0	Miaplacidus	221 39.6	S69 48.4
23	274 05.0	134 26.0	25.5	133 04.1	30.9	300 09.1	54.9	319 37.9	58.0			
11 00	289 07.4	149 25.5	N17 24.6	148 05.1	N16 30.4	315 11.7	S11 55.0	334 40.6	S17 58.1	Mirfak	308 32.6	N49 56.0
01	304 09.9	164 24.9	23.7	163 06.0	29.9	330 14.3	55.0	349 43.2	58.1	Nunki	75 50.9	S26 16.1
02	319 12.4	179 24.4	22.8	178 06.9	29.4	345 16.9	55.1	4 45.8	58.2	Peacock	53 09.7	S56 39.8
03	334 14.8	194 23.8 ..	21.8	193 07.8 ..	28.9	0 19.6 ..	55.2	19 48.5 ..	58.2	Pollux	243 21.2	N27 58.5
04	349 17.3	209 23.3	20.9	208 08.8	28.4	15 22.2	55.3	34 51.1	58.3	Procyon	244 54.2	N 5 10.2
05	4 19.7	224 22.7	20.0	223 09.7	27.9	30 24.8	55.3	49 53.7	58.4			
06	19 22.2	239 22.2	N17 19.1	238 10.6	N16 27.4	45 27.4	S11 55.4	64 56.3	S17 58.4	Rasalhague	96 00.9	N12 32.8
07	34 24.7	254 21.7	18.1	253 11.5	26.9	60 30.0	55.5	79 59.0	58.5	Regulus	207 37.7	N11 51.9
08	49 27.1	269 21.1	17.2	268 12.5	26.4	75 32.6	55.5	95 01.6	58.5	Rigel	281 06.9	S 8 10.6
S 09	64 29.6	284 20.6 ..	16.3	283 13.4 ..	25.9	90 35.2 ..	55.6	110 04.2 ..	58.6	Rigil Kent.	139 43.9	S60 55.5
U 10	79 32.1	299 20.0	15.4	298 14.3	25.4	105 37.9	55.7	125 06.8	58.6	Sabik	102 05.7	S15 45.0
N 11	94 34.5	314 19.5	14.4	313 15.2	24.9	120 40.5	55.7	140 09.5	58.7			
D 12	109 37.0	329 19.0	N17 13.5	328 16.2	N16 24.4	135 43.1	S11 55.8	155 12.1	S17 58.7	Schedar	349 34.1	N56 39.0
A 13	124 39.4	344 18.4	12.6	343 17.1	23.9	150 45.7	55.9	170 14.7	58.8	Shaula	96 13.8	S37 07.1
Y 14	139 41.9	359 17.9	11.6	358 18.0	23.5	165 48.3	55.9	185 17.4	58.8	Sirius	258 29.1	S16 44.7
15	154 44.4	14 17.3 ..	10.7	13 18.9 ..	23.0	180 50.9 ..	56.0	200 20.0 ..	58.9	Spica	158 25.3	S11 16.3
16	169 46.8	29 16.8	09.8	28 19.9	22.5	195 53.6	56.1	215 22.6	58.9	Suhail	222 48.8	S43 31.2
17	184 49.3	44 16.3	08.8	43 20.8	22.0	210 56.2	56.1	230 25.2	59.0			
18	199 51.8	59 15.7	N17 07.9	58 21.7	N16 21.5	225 58.8	S11 56.2	245 27.9	S17 59.0	Vega	80 34.7	N38 48.3
19	214 54.2	74 15.2	07.0	73 22.7	21.0	241 01.4	56.3	260 30.5	59.1	Zuben'ubi	136 59.0	S16 07.8
20	229 56.7	89 14.7	06.0	88 23.6	20.5	256 04.0	56.3	275 33.1	59.1		SHA	Mer.Pass.
21	244 59.2	104 14.1 ..	05.1	103 24.5 ..	20.0	271 06.6 ..	56.4	290 35.8 ..	59.2		° ′	h m
22	260 01.6	119 13.6	04.1	118 25.4	19.5	286 09.3	56.5	305 38.4	59.2	Venus	221 30.5	14 02
23	275 04.1	134 13.1	03.2	133 26.4	19.0	301 11.9	56.6	320 41.0	59.3	Mars	219 34.6	14 08
	h m									Jupiter	26 00.8	3 03
Mer. Pass. 4 46.7	v −0.6	d 0.9	v 0.9	d 0.5	v 2.6	d 0.1	v 2.6	d 0.0	Saturn	45 29.3	1 45

2021 JULY 9, 10, 11 (FRI., SAT., SUN.)

UT	SUN GHA	SUN Dec	MOON GHA	MOON v	MOON Dec	MOON d	MOON HP
d h	° '	° '	° '	'	° '	'	'
9 00	178 41.8	N22 21.2	191 28.6	9.7	N25 30.6	1.2	54.8
01	193 41.7	20.9	205 57.3	9.7	25 31.8	1.1	54.8
02	208 41.7	20.6	220 26.0	9.7	25 32.9	1.0	54.8
03	223 41.6 ..	20.3	234 54.7	9.6	25 33.9	0.9	54.8
04	238 41.5	20.0	249 23.3	9.6	25 34.8	0.7	54.8
05	253 41.4	19.7	263 51.9	9.6	25 35.5	0.6	54.8
06	268 41.3	N22 19.4	278 20.5	9.6	N25 36.1	0.5	54.8
07	283 41.2	19.1	292 49.1	9.5	25 36.6	0.3	54.9
08	298 41.1	18.8	307 17.6	9.6	25 36.9	0.2	54.9
F 09	313 41.0 ..	18.5	321 46.2	9.5	25 37.1	0.1	54.9
R 10	328 40.9	18.2	336 14.7	9.4	25 37.2	0.1	54.9
I 11	343 40.8	17.9	350 43.1	9.5	25 37.1	0.2	54.9
D 12	358 40.7	N22 17.6	5 11.6	9.4	N25 36.9	0.3	54.9
A 13	13 40.6	17.3	19 40.0	9.5	25 36.6	0.5	55.0
Y 14	28 40.5	16.9	34 08.5	9.4	25 36.1	0.5	55.0
15	43 40.5 ..	16.6	48 36.9	9.4	25 35.6	0.8	55.0
16	58 40.4	16.3	63 05.3	9.3	25 34.8	0.8	55.0
17	73 40.3	16.0	77 33.6	9.4	25 34.0	1.0	55.0
18	88 40.2	N22 15.7	92 02.0	9.4	N25 33.0	1.1	55.0
19	103 40.1	15.4	106 30.4	9.3	25 31.9	1.2	55.1
20	118 40.0	15.1	120 58.7	9.4	25 30.7	1.4	55.1
21	133 39.9 ..	14.8	135 27.1	9.3	25 29.3	1.5	55.1
22	148 39.8	14.4	149 55.4	9.3	25 27.8	1.7	55.1
23	163 39.7	14.1	164 23.7	9.3	25 26.1	1.8	55.1
10 00	178 39.6	N22 13.8	178 52.0	9.4	N25 24.3	1.9	55.1
01	193 39.6	13.5	193 20.4	9.3	25 22.4	2.0	55.2
02	208 39.5	13.2	207 48.7	9.3	25 20.4	2.2	55.2
03	223 39.4 ..	12.9	222 17.0	9.3	25 18.2	2.3	55.2
04	238 39.3	12.5	236 45.3	9.3	25 15.9	2.4	55.2
05	253 39.2	12.2	251 13.6	9.3	25 13.5	2.6	55.2
06	268 39.1	N22 11.9	265 41.9	9.4	N25 10.9	2.7	55.2
07	283 39.0	11.6	280 10.3	9.3	25 08.2	2.9	55.3
S 08	298 38.9	11.3	294 38.6	9.3	25 05.3	2.9	55.3
A 09	313 38.8 ..	10.9	309 06.9	9.3	25 02.4	3.1	55.3
T 10	328 38.8	10.6	323 35.2	9.4	24 59.3	3.3	55.3
U 11	343 38.7	10.3	338 03.6	9.3	24 56.0	3.3	55.3
R 12	358 38.6	N22 10.0	352 31.9	9.4	N24 52.7	3.5	55.3
D 13	13 38.5	09.6	7 00.3	9.4	24 49.2	3.7	55.4
A 14	28 38.4	09.3	21 28.7	9.4	24 45.5	3.7	55.4
Y 15	43 38.3 ..	09.0	35 57.1	9.4	24 41.8	3.9	55.4
16	58 38.2	08.7	50 25.5	9.4	24 37.9	4.0	55.4
17	73 38.2	08.3	64 53.9	9.4	24 33.9	4.2	55.4
18	88 38.1	N22 08.0	79 22.3	9.5	N24 29.7	4.3	55.5
19	103 38.0	07.7	93 50.8	9.4	24 25.4	4.4	55.5
20	118 37.9	07.4	108 19.2	9.5	24 21.0	4.5	55.5
21	133 37.8 ..	07.0	122 47.7	9.5	24 16.5	4.7	55.5
22	148 37.7	06.7	137 16.2	9.5	24 11.8	4.8	55.5
23	163 37.6	06.4	151 44.7	9.6	24 07.0	4.9	55.6
11 00	178 37.6	N22 06.0	166 13.3	9.5	N24 02.1	5.1	55.6
01	193 37.5	05.7	180 41.8	9.6	23 57.0	5.2	55.6
02	208 37.4	05.4	195 10.4	9.6	23 51.8	5.3	55.6
03	223 37.3 ..	05.0	209 39.0	9.6	23 46.5	5.4	55.6
04	238 37.2	04.7	224 07.6	9.7	23 41.1	5.6	55.6
05	253 37.1	04.4	238 36.3	9.7	23 35.5	5.7	55.7
06	268 37.1	N22 04.0	253 05.0	9.7	N23 29.8	5.8	55.7
07	283 37.0	03.7	267 33.7	9.7	23 24.0	5.9	55.7
08	298 36.9	03.4	282 02.4	9.8	23 18.1	6.1	55.7
S 09	313 36.8 ..	03.0	296 31.2	9.8	23 12.0	6.2	55.7
U 10	328 36.7	02.7	311 00.0	9.8	23 05.8	6.3	55.8
N 11	343 36.6	02.3	325 28.8	9.9	22 59.5	6.4	55.8
D 12	358 36.6	N22 02.0	339 57.7	9.9	N22 53.1	6.6	55.8
A 13	13 36.5	01.7	354 26.6	9.9	22 46.5	6.7	55.8
Y 14	28 36.4	01.3	8 55.5	10.0	22 39.8	6.8	55.8
15	43 36.3 ..	01.0	23 24.5	10.0	22 33.0	6.9	55.9
16	58 36.2	00.6	37 53.5	10.0	22 26.1	7.0	55.9
17	73 36.1	00.3	52 22.5	10.1	22 19.1	7.2	55.9
18	88 36.1	N22 00.0	66 51.6	10.0	N22 11.9	7.3	55.9
19	103 36.0	21 59.6	81 20.6	10.2	22 04.6	7.4	55.9
20	118 35.9	59.3	95 49.8	10.1	21 57.2	7.5	56.0
21	133 35.8 ..	58.9	110 18.9	10.2	21 49.7	7.6	56.0
22	148 35.7	58.6	124 48.1	10.3	21 42.1	7.7	56.0
23	163 35.7	58.2	139 17.4	10.3	N21 34.4	7.9	56.0
	SD 15.8	d 0.3	SD 15.0		15.1		15.2

Twilight / Sunrise / Moonrise

Lat.	Naut.	Civil	Sunrise	Moonrise 9	10	11	12
°	h m	h m	h m	h m	h m	h m	h m
N 72	☐	☐	☐	☐	☐	☐	☐
N 70	☐	☐	☐	☐	☐	☐	03 07
68	////	////	☐	☐	☐	01 30	03 59
66	////	////	01 13	☐	01 05	02 44	04 31
64	////	////	02 02	00 07	01 05	02 44	04 31
62	////	////	02 32	01 03	01 59	03 21	04 54
60	////	01 29	02 55	01 36	02 31	03 46	05 13
N 58	////	02 05	03 13	02 00	02 55	04 07	05 28
56	////	02 30	03 28	02 19	03 15	04 24	05 42
54	01 22	02 50	03 41	02 36	03 31	04 38	05 53
52	01 55	03 06	03 52	02 50	03 45	04 50	06 03
50	02 18	03 19	04 02	03 02	03 57	05 01	06 12
45	02 59	03 47	04 23	03 28	04 22	05 24	06 31
N 40	03 27	04 08	04 40	03 48	04 42	05 42	06 46
35	03 49	04 25	04 54	04 05	04 59	05 57	06 59
30	04 07	04 39	05 07	04 19	05 13	06 11	07 10
20	04 34	05 03	05 27	04 44	05 37	06 33	07 30
N 10	04 56	05 22	05 45	05 06	05 59	06 52	07 46
0	05 13	05 39	06 02	05 26	06 18	07 11	08 02
S 10	05 29	05 56	06 18	05 46	06 38	07 29	08 17
20	05 45	06 12	06 36	06 08	06 59	07 48	08 34
30	06 00	06 30	06 56	06 33	07 24	08 10	08 53
35	06 08	06 39	07 07	06 47	07 38	08 23	09 04
40	06 17	06 50	07 20	07 04	07 54	08 38	09 16
45	06 26	07 03	07 36	07 25	08 14	08 56	09 31
S 50	06 37	07 18	07 55	07 51	08 39	09 18	09 49
52	06 42	07 25	08 04	08 03	08 51	09 29	09 57
54	06 47	07 32	08 15	08 18	09 05	09 40	10 07
56	06 52	07 40	08 26	08 34	09 21	09 54	10 17
58	06 58	07 50	08 40	08 55	09 39	10 10	10 29
S 60	07 05	08 00	08 55	09 20	10 03	10 28	10 43

Sunset / Twilight / Moonset

Lat.	Sunset	Civil	Naut.	Moonset 9	10	11	12
°	h m	h m	h m	h m	h m	h m	h m
N 72	☐	☐	☐	☐	☐	☐	☐
N 70	☐	☐	☐	☐	☐	☐	☐
68	☐	☐	☐	☐	☐	☐	00 43
66	22 53	////	////	☐	☐	{00 32 / 23 50}	23 36
64	22 07	////	////	23 07	23 17	23 18	23 16
62	21 37	////	////	22 13	22 40	22 53	23 00
60	21 15	22 39	////	21 40	22 14	22 34	22 46
N 58	20 57	22 04	////	21 16	21 53	22 18	22 35
56	20 42	21 40	////	20 57	21 36	22 04	22 24
54	20 29	21 20	22 46	20 41	21 22	21 53	22 15
52	20 18	21 04	22 14	20 27	21 09	21 42	22 07
50	20 08	20 51	21 51	20 14	20 58	21 33	22 00
45	19 47	20 23	21 11	19 49	20 35	21 13	21 45
N 40	19 30	20 02	20 43	19 29	20 16	20 57	21 32
35	19 16	19 45	20 21	19 12	20 00	20 43	21 21
30	19 04	19 31	20 04	18 57	19 46	20 31	21 11
20	18 43	19 08	19 36	18 33	19 23	20 10	20 54
N 10	18 26	18 48	19 15	18 11	19 03	19 52	20 39
0	18 09	18 31	18 57	17 51	18 44	19 35	20 26
S 10	17 53	18 15	18 41	17 31	18 24	19 18	20 12
20	17 35	17 59	18 26	17 09	18 04	19 00	19 57
30	17 15	17 41	18 11	16 45	17 40	18 39	19 39
35	17 04	17 32	18 03	16 30	17 26	18 27	19 29
40	16 51	17 21	17 54	16 13	17 10	18 12	19 18
45	16 35	17 08	17 45	15 52	16 50	17 55	19 04
S 50	16 16	16 53	17 34	15 26	16 26	17 34	18 47
52	16 07	16 47	17 30	15 14	16 14	17 24	18 39
54	15 56	16 39	17 24	15 00	16 01	17 13	18 30
56	15 45	16 31	17 19	14 43	15 45	16 59	18 20
58	15 32	16 21	17 13	14 23	15 27	16 44	18 09
S 60	15 16	16 11	17 06	13 57	15 04	16 26	17 56

SUN / MOON

Day	Eqn. of Time 00h	Eqn. of Time 12h	Mer. Pass.	Mer. Pass. Upper	Mer. Pass. Lower	Age	Phase
d	m s	m s	h m	h m	h m	d	%
9	05 12	05 17	12 05	11 38	24 05	29	0
10	05 21	05 25	12 05	12 31	00 05	00	0
11	05 30	05 34	12 06	13 23	00 57	01	2

2021 JULY 12, 13, 14 (MON., TUES., WED.)

UT	ARIES	VENUS −3.9		MARS +1.8		JUPITER −2.7		SATURN +0.2		STARS		
	GHA	GHA	Dec	GHA	Dec	GHA	Dec	GHA	Dec	Name	SHA	Dec
d h	° ′	° ′	° ′	° ′	° ′	° ′	° ′	° ′	° ′		° ′	° ′
12 00	290 06.6	149 12.5	N17 02.3	148 27.3	N16 18.5	316 14.5	S11 56.6	335 43.7	S17 59.3	Acamar	315 14.2	S40 13.0
01	305 09.0	164 12.0	01.3	163 28.2	18.0	331 17.1	56.7	350 46.3	59.4	Achernar	335 22.5	S57 07.4
02	320 11.5	179 11.5	17 00.4	178 29.1	17.5	346 19.7	56.8	5 48.9	59.4	Acrux	173 03.3	S63 13.3
03	335 13.9	194 10.9	16 59.4	193 30.1	17.0	1 22.4	56.8	20 51.5	59.5	Adhara	255 08.5	S29 00.0
04	350 16.4	209 10.4	58.5	208 31.0	16.5	16 25.0	56.9	35 54.2	59.5	Aldebaran	290 43.1	N16 33.0
05	5 18.9	224 09.9	57.6	223 31.9	16.0	31 27.6	57.0	50 56.8	59.6			
06	20 21.3	239 09.3	N16 56.6	238 32.9	N16 15.5	46 30.2	S11 57.0	65 59.4	S17 59.6	Alioth	166 15.6	N55 51.0
07	35 23.8	254 08.8	55.7	253 33.8	15.0	61 32.8	57.1	81 02.1	59.7	Alkaid	152 54.3	N49 12.7
08	50 26.3	269 08.3	54.7	268 34.7	14.5	76 35.5	57.2	96 04.7	59.7	Alnair	27 36.2	S46 51.3
M 09	65 28.7	284 07.7	53.8	283 35.6	14.0	91 38.1	57.3	111 07.3	59.8	Alnilam	275 40.9	S 1 11.3
O 10	80 31.2	299 07.2	52.8	298 36.6	13.5	106 40.7	57.3	126 09.9	59.8	Alphard	217 50.8	S 8 45.0
N 11	95 33.7	314 06.7	51.9	313 37.5	13.0	121 43.3	57.4	141 12.6	59.9			
D 12	110 36.1	329 06.2	N16 50.9	328 38.4	N16 12.5	136 46.0	S11 57.5	156 15.2	S17 59.9	Alphecca	126 06.0	N26 38.8
A 13	125 38.6	344 05.6	50.0	343 39.4	12.0	151 48.6	57.5	171 17.8	18 00.0	Alpheratz	357 37.6	N29 12.3
Y 14	140 41.1	359 05.1	49.0	358 40.3	11.5	166 51.2	57.6	186 20.5	00.0	Altair	62 02.4	N 8 55.5
15	155 43.5	14 04.6	48.1	13 41.2	11.0	181 53.8	57.7	201 23.1	00.1	Ankaa	353 09.9	S42 11.2
16	170 46.0	29 04.1	47.1	28 42.1	10.5	196 56.4	57.7	216 25.7	00.1	Antares	112 19.0	S26 28.7
17	185 48.4	44 03.5	46.2	43 43.1	10.0	211 59.1	57.8	231 28.4	00.2			
18	200 50.9	59 03.0	N16 45.2	58 44.0	N16 09.5	227 01.7	S11 57.9	246 31.0	S18 00.2	Arcturus	145 50.4	N19 04.5
19	215 53.4	74 02.5	44.3	73 44.9	09.0	242 04.3	58.0	261 33.6	00.3	Atria	107 15.3	S69 04.0
20	230 55.8	89 02.0	43.3	88 45.9	08.5	257 06.9	58.0	276 36.3	00.3	Avior	234 16.5	S59 34.7
21	245 58.3	104 01.5	42.3	103 46.8	08.0	272 09.6	58.1	291 38.9	00.4	Bellatrix	278 26.2	N 6 22.1
22	261 00.8	119 00.9	41.4	118 47.7	07.5	287 12.2	58.2	306 41.5	00.4	Betelgeuse	270 55.5	N 7 24.6
23	276 03.2	134 00.4	40.4	133 48.6	07.0	302 14.8	58.3	321 44.1	00.5			
13 00	291 05.7	148 59.9	N16 39.5	148 49.6	N16 06.5	317 17.4	S11 58.3	336 46.8	S18 00.5	Canopus	263 54.2	S52 42.3
01	306 08.2	163 59.4	38.5	163 50.5	06.0	332 20.1	58.4	351 49.4	00.6	Capella	280 26.5	N46 01.0
02	321 10.6	178 58.9	37.5	178 51.4	05.5	347 22.7	58.5	6 52.0	00.6	Deneb	49 27.2	N45 21.3
03	336 13.1	193 58.3	36.6	193 52.4	05.0	2 25.3	58.5	21 54.7	00.7	Denebola	182 28.0	N14 27.3
04	351 15.6	208 57.8	35.6	208 53.3	04.5	17 28.0	58.6	36 57.3	00.7	Diphda	348 50.1	S17 52.1
05	6 18.0	223 57.3	34.7	223 54.2	04.0	32 30.6	58.7	51 59.9	00.8			
06	21 20.5	238 56.8	N16 33.7	238 55.2	N16 03.5	47 33.2	S11 58.8	67 02.6	S18 00.8	Dubhe	193 45.0	N61 38.4
07	36 22.9	253 56.3	32.7	253 56.1	03.0	62 35.8	58.8	82 05.2	00.9	Elnath	278 05.8	N28 37.4
T 08	51 25.4	268 55.8	31.8	268 57.0	02.5	77 38.5	58.9	97 07.8	00.9	Eltanin	90 43.0	N51 29.3
U 09	66 27.9	283 55.2	30.8	283 57.9	02.0	92 41.1	59.0	112 10.5	01.0	Enif	33 41.3	N 9 58.4
E 10	81 30.3	298 54.7	29.8	298 58.9	01.5	107 43.7	59.0	127 13.1	01.0	Fomalhaut	15 17.5	S29 30.4
S 11	96 32.8	313 54.2	28.9	313 59.8	01.0	122 46.4	59.1	142 15.7	01.1			
D 12	111 35.3	328 53.7	N16 27.9	329 00.7	N16 00.5	137 49.0	S11 59.2	157 18.4	S18 01.1	Gacrux	171 54.9	S57 14.2
A 13	126 37.7	343 53.2	26.9	344 01.7	16 00.0	152 51.6	59.3	172 21.0	01.2	Gienah	175 46.6	S17 39.6
Y 14	141 40.2	358 52.7	26.0	359 02.6	15 59.5	167 54.2	59.3	187 23.6	01.2	Hadar	148 39.8	S60 28.7
15	156 42.7	13 52.2	25.0	14 03.5	59.0	182 56.9	59.4	202 26.3	01.3	Hamal	327 54.5	N23 33.7
16	171 45.1	28 51.7	24.0	29 04.5	58.5	197 59.5	59.5	217 28.9	01.3	Kaus Aust.	83 35.9	S34 22.4
17	186 47.6	43 51.1	23.1	44 05.4	58.0	213 02.1	59.6	232 31.5	01.4			
18	201 50.0	58 50.6	N16 22.1	59 06.3	N15 57.5	228 04.8	S11 59.6	247 34.2	S18 01.4	Kochab	137 19.4	N74 04.4
19	216 52.5	73 50.1	21.1	74 07.3	57.0	243 07.4	59.7	262 36.8	01.5	Markab	13 32.5	N15 19.2
20	231 55.0	88 49.6	20.1	89 08.2	56.5	258 10.0	59.8	277 39.4	01.5	Menkar	314 09.3	N 4 10.4
21	246 57.4	103 49.1	19.2	104 09.1	55.9	273 12.7	59.9	292 42.1	01.6	Menkent	148 00.9	S36 28.6
22	261 59.9	118 48.6	18.2	119 10.1	55.4	288 15.3	11 59.9	307 44.7	01.7	Miaplacidus	221 39.6	S69 48.4
23	277 02.4	133 48.1	17.2	134 11.0	54.9	303 17.9	12 00.0	322 47.3	01.7			
14 00	292 04.8	148 47.6	N16 16.2	149 11.9	N15 54.4	318 20.6	S12 00.1	337 50.0	S18 01.8	Mirfak	308 32.6	N49 56.0
01	307 07.3	163 47.1	15.3	164 12.8	53.9	333 23.2	00.2	352 52.6	01.8	Nunki	75 50.9	S26 16.1
02	322 09.8	178 46.6	14.3	179 13.8	53.4	348 25.8	00.2	7 55.2	01.9	Peacock	53 09.7	S56 39.8
03	337 12.2	193 46.1	13.3	194 14.7	52.9	3 28.5	00.3	22 57.9	01.9	Pollux	243 21.2	N27 58.5
04	352 14.7	208 45.6	12.3	209 15.6	52.4	18 31.1	00.4	38 00.5	02.0	Procyon	244 54.2	N 5 10.2
05	7 17.2	223 45.1	11.3	224 16.6	51.9	33 33.7	00.5	53 03.1	02.0			
06	22 19.6	238 44.6	N16 10.4	239 17.5	N15 51.4	48 36.4	S12 00.5	68 05.8	S18 02.1	Rasalhague	96 00.9	N12 32.8
W 07	37 22.1	253 44.1	09.4	254 18.4	50.9	63 39.0	00.6	83 08.4	02.1	Regulus	207 37.7	N11 51.9
E 08	52 24.5	268 43.6	08.4	269 19.4	50.4	78 41.6	00.7	98 11.0	02.2	Rigel	281 06.9	S 8 10.6
D 09	67 27.0	283 43.1	07.4	284 20.3	49.9	93 44.3	00.8	113 13.7	02.2	Rigil Kent.	139 43.9	S60 55.6
N 10	82 29.5	298 42.6	06.4	299 21.2	49.4	108 46.9	00.8	128 16.3	02.3	Sabik	102 05.7	S15 45.0
E 11	97 31.9	313 42.1	05.4	314 22.2	48.9	123 49.5	00.9	143 18.9	02.3			
S 12	112 34.4	328 41.6	N16 04.5	329 23.1	N15 48.4	138 52.2	S12 01.0	158 21.6	S18 02.4	Schedar	349 34.1	N56 39.0
D 13	127 36.9	343 41.1	03.5	344 24.0	47.8	153 54.8	01.1	173 24.2	02.4	Shaula	96 13.8	S37 07.1
A 14	142 39.3	358 40.6	02.5	359 25.0	47.3	168 57.5	01.1	188 26.8	02.5	Sirius	258 29.1	S16 44.7
Y 15	157 41.8	13 40.1	01.5	14 25.9	46.8	184 00.1	01.2	203 29.5	02.5	Spica	158 25.3	S11 16.3
16	172 44.3	28 39.6	16 00.5	29 26.8	46.3	199 02.7	01.3	218 32.1	02.6	Suhail	222 48.8	S43 31.2
17	187 46.7	43 39.1	15 59.5	44 27.8	45.8	214 05.4	01.4	233 34.7	02.6			
18	202 49.2	58 38.6	N15 58.5	59 28.7	N15 45.3	229 08.0	S12 01.4	248 37.4	S18 02.7	Vega	80 34.7	N38 48.3
19	217 51.7	73 38.1	57.5	74 29.6	44.8	244 10.6	01.5	263 40.0	02.7	Zuben'ubi	136 59.0	S16 07.8
20	232 54.1	88 37.6	56.6	89 30.6	44.3	259 13.3	01.6	278 42.6	02.8		SHA	Mer. Pass.
21	247 56.6	103 37.1	55.6	104 31.5	43.8	274 15.9	01.7	293 45.3	02.8		° ′	h m
22	262 59.0	118 36.6	54.6	119 32.4	43.3	289 18.6	01.7	308 47.9	02.9	Venus	217 54.2	14 04
23	278 01.5	133 36.1	53.6	134 33.4	42.8	304 21.2	01.8	323 50.5	02.9	Mars	217 43.9	14 04
	h m									Jupiter	26 11.8	2 50
Mer. Pass.	4 34.9	v −0.5	d 1.0	v 0.9	d 0.5	v 2.6	d 0.1	v 2.6	d 0.1	Saturn	45 41.1	1 33

2021 JULY 12, 13, 14 (MON., TUES., WED.)

UT	SUN GHA	SUN Dec	MOON GHA	MOON v	MOON Dec	MOON d	MOON HP
d h	° '	° '	° '	'	° '	'	'
12 00	178 35.6	N21 57.9	153 46.7	10.3	N21 26.5	8.0	56.0
01	193 35.5	57.5	168 16.0	10.3	21 18.5	8.1	56.1
02	208 35.4	57.2	182 45.3	10.4	21 10.4	8.2	56.1
03	223 35.3	56.8	197 14.7	10.5	21 02.2	8.3	56.1
04	238 35.3	56.5	211 44.2	10.4	20 53.9	8.4	56.1
05	253 35.2	56.1	226 13.6	10.5	20 45.5	8.5	56.1
06	268 35.1	N21 55.8	240 43.1	10.6	N20 37.0	8.7	56.2
07	283 35.0	55.4	255 12.7	10.6	20 28.3	8.7	56.2
08	298 35.0	55.1	269 42.3	10.6	20 19.6	8.9	56.2
M 09	313 34.9	54.7	284 11.9	10.7	20 10.7	8.9	56.2
O 10	328 34.8	54.4	298 41.6	10.7	20 01.7	9.0	56.2
N 11	343 34.7	54.0	313 11.3	10.8	19 52.7	9.2	56.3
D 12	358 34.6	N21 53.7	327 41.1	10.8	N19 43.5	9.3	56.3
A 13	13 34.6	53.3	342 10.9	10.8	19 34.2	9.4	56.3
Y 14	28 34.5	52.9	356 40.7	10.9	19 24.8	9.5	56.3
15	43 34.4	52.6	11 10.6	10.9	19 15.3	9.6	56.3
16	58 34.3	52.2	25 40.5	11.0	19 05.7	9.7	56.4
17	73 34.3	51.9	40 10.5	11.0	18 56.0	9.8	56.4
18	88 34.2	N21 51.5	54 40.5	11.0	N18 46.2	9.9	56.4
19	103 34.1	51.2	69 10.5	11.1	18 36.3	10.0	56.4
20	118 34.0	50.8	83 40.6	11.1	18 26.3	10.1	56.5
21	133 34.0	50.4	98 10.7	11.2	18 16.2	10.2	56.5
22	148 33.9	50.1	112 40.9	11.2	18 06.0	10.3	56.5
23	163 33.8	49.7	127 11.1	11.2	17 55.7	10.4	56.5
13 00	178 33.7	N21 49.3	141 41.3	11.3	N17 45.3	10.4	56.5
01	193 33.7	49.0	156 11.6	11.4	17 34.9	10.6	56.6
02	208 33.6	48.6	170 42.0	11.3	17 24.3	10.7	56.6
03	223 33.5	48.2	185 12.3	11.5	17 13.6	10.8	56.6
04	238 33.4	47.9	199 42.8	11.4	17 02.8	10.8	56.6
05	253 33.4	47.5	214 13.2	11.5	16 52.0	11.0	56.6
06	268 33.3	N21 47.1	228 43.7	11.5	N16 41.0	11.0	56.7
07	283 33.2	46.8	243 14.2	11.6	16 30.0	11.1	56.7
T 08	298 33.1	46.4	257 44.8	11.6	16 18.9	11.2	56.7
U 09	313 33.1	46.0	272 15.4	11.7	16 07.7	11.3	56.7
E 10	328 33.0	45.7	286 46.1	11.7	15 56.4	11.4	56.8
S 11	343 32.9	45.3	301 16.8	11.7	15 45.0	11.5	56.8
D 12	358 32.8	N21 44.9	315 47.5	11.7	N15 33.5	11.5	56.8
A 13	13 32.8	44.6	330 18.2	11.8	15 22.0	11.6	56.8
Y 14	28 32.7	44.2	344 49.0	11.9	15 10.4	11.8	56.8
15	43 32.6	43.8	359 19.9	11.8	14 58.6	11.8	56.9
16	58 32.6	43.4	13 50.7	12.0	14 46.8	11.8	56.9
17	73 32.5	43.1	28 21.7	11.9	14 35.0	12.0	56.9
18	88 32.4	N21 42.7	42 52.6	12.0	N14 23.0	12.0	56.9
19	103 32.3	42.3	57 23.6	12.0	14 11.0	12.1	56.9
20	118 32.3	41.9	71 54.6	12.0	13 58.9	12.2	57.0
21	133 32.2	41.6	86 25.6	12.1	13 46.7	12.3	57.0
22	148 32.1	41.2	100 56.7	12.1	13 34.4	12.3	57.0
23	163 32.1	40.8	115 27.8	12.2	13 22.1	12.4	57.0
14 00	178 32.0	N21 40.4	129 59.0	12.2	N13 09.7	12.5	57.1
01	193 31.9	40.1	144 30.2	12.2	12 57.2	12.5	57.1
02	208 31.9	39.7	159 01.4	12.2	12 44.7	12.7	57.1
03	223 31.8	39.3	173 32.6	12.3	12 32.0	12.6	57.1
04	238 31.7	38.9	188 03.9	12.3	12 19.4	12.8	57.2
05	253 31.7	38.5	202 35.2	12.3	12 06.6	12.8	57.2
06	268 31.6	N21 38.1	217 06.5	12.3	N11 53.8	12.9	57.2
W 07	283 31.5	37.8	231 37.8	12.4	11 40.9	13.0	57.2
E 08	298 31.4	37.4	246 09.2	12.4	11 27.9	13.0	57.2
D 09	313 31.4	37.0	260 40.6	12.4	11 14.9	13.1	57.3
N 10	328 31.3	36.6	275 12.0	12.5	11 01.8	13.1	57.3
E 11	343 31.2	36.2	289 43.5	12.5	10 48.7	13.2	57.3
S 12	358 31.2	N21 35.8	304 15.0	12.5	N10 35.5	13.3	57.3
D 13	13 31.1	35.5	318 46.5	12.5	10 22.2	13.3	57.3
A 14	28 31.0	35.1	333 18.0	12.5	10 08.9	13.4	57.4
Y 15	43 31.0	34.7	347 49.5	12.6	9 55.5	13.4	57.4
16	58 30.9	34.3	2 21.1	12.6	9 42.1	13.5	57.4
17	73 30.8	33.9	16 52.7	12.6	9 28.6	13.6	57.4
18	88 30.8	N21 33.5	31 24.3	12.6	N 9 15.0	13.6	57.5
19	103 30.7	33.1	45 55.9	12.6	9 01.4	13.6	57.5
20	118 30.6	32.7	60 27.5	12.7	8 47.8	13.7	57.5
21	133 30.6	32.3	74 59.2	12.6	8 34.1	13.8	57.5
22	148 30.5	31.9	89 30.8	12.7	8 20.3	13.8	57.5
23	163 30.5	31.5	104 02.5	12.7	N 8 06.5	13.9	57.6
	SD 15.8	d 0.4	SD 15.3		15.5		15.6

Twilight / Sunrise / Moonrise

Lat.	Naut.	Civil	Sunrise	Moonrise 12	13	14	15
°	h m	h m	h m	h m	h m	h m	h m
N 72	□	□	□	□		06 57	09 13
N 70	□	□	□	□	05 00	07 18	09 22
68	□	□	□	03 07	05 33	07 35	09 28
66	////	////	01 27	03 59	05 57	07 48	09 34
64	////	////	02 10	04 31	06 16	07 58	09 39
62	////	00 33	02 39	04 54	06 31	08 07	09 43
60	////	01 39	03 00	05 13	06 44	08 15	09 46
N 58	////	02 12	03 18	05 28	06 55	08 22	09 49
56	00 31	02 35	03 32	05 42	07 04	08 28	09 52
54	01 31	02 54	03 45	05 53	07 12	08 33	09 55
52	02 01	03 10	03 56	06 03	07 20	08 38	09 57
50	02 23	03 23	04 06	06 12	07 27	08 42	09 59
45	03 03	03 50	04 26	06 31	07 41	08 52	10 03
N 40	03 30	04 10	04 42	06 46	07 52	09 00	10 07
35	03 51	04 27	04 56	06 59	08 02	09 06	10 10
30	04 09	04 41	05 08	07 10	08 11	09 12	10 13
20	04 35	05 04	05 28	07 30	08 26	09 22	10 18
N 10	04 56	05 23	05 46	07 46	08 39	09 31	10 22
0	05 14	05 40	06 02	08 02	08 51	09 39	10 26
S 10	05 30	05 56	06 18	08 17	09 03	09 47	10 30
20	05 44	06 12	06 35	08 34	09 16	09 56	10 34
30	05 59	06 29	06 55	08 53	09 31	10 06	10 39
35	06 07	06 39	07 06	09 04	09 39	10 11	10 42
40	06 16	06 49	07 19	09 16	09 49	10 18	10 45
45	06 25	07 01	07 34	09 31	10 00	10 25	10 48
S 50	06 35	07 16	07 53	09 49	10 14	10 34	10 53
52	06 40	07 23	08 02	09 57	10 20	10 38	10 54
54	06 45	07 30	08 12	10 07	10 27	10 43	10 57
56	06 50	07 38	08 23	10 17	10 34	10 48	10 59
58	06 56	07 47	08 36	10 29	10 43	10 53	11 02
S 60	07 02	07 57	08 51	10 43	10 53	10 59	11 04

Sunset / Twilight / Moonset

Lat.	Sunset	Civil	Naut.	Moonset 12	13	14	15
°	h m	h m	h m	h m	h m	h m	h m
N 72	□	□	□	□	01 33	(00 21 / 23 45)	23 16
N 70	□	□	□	□	(23 58 / 23 13)	23 34	23 13
68	□	□	□	00 43	(23 40 / 23 01)	23 25	23 11
66	22 41	////	////	23 36	23 26	23 17	23 09
64	21 59	////	////	23 16	23 13	23 10	23 07
62	21 31	23 29	////	23 00	23 03	23 05	23 06
60	21 10	22 30	////	22 46	22 54	23 00	23 04
N 58	20 53	21 58	////	22 35	22 46	22 56	23 03
56	20 38	21 35	23 32	22 24	22 40	22 52	23 02
54	20 26	21 16	22 38	22 15	22 33	22 48	23 01
52	20 15	21 01	22 09	22 07	22 28	22 45	23 00
50	20 05	20 48	21 47	22 00	22 23	22 42	23 00
45	19 45	20 21	21 08	21 45	22 12	22 35	22 58
N 40	19 29	20 01	20 41	21 32	22 02	22 30	22 56
35	19 15	19 44	20 20	21 21	21 54	22 25	22 55
30	19 03	19 30	20 03	21 11	21 47	22 21	22 54
20	18 43	19 07	19 36	20 54	21 35	22 14	22 52
N 10	18 26	18 48	19 15	20 39	21 24	22 08	22 50
0	18 09	18 32	18 58	20 26	21 14	22 01	22 48
S 10	17 53	18 16	18 42	20 12	21 04	21 55	22 46
20	17 36	18 00	18 27	19 57	20 53	21 49	22 44
30	17 17	17 43	18 12	19 39	20 40	21 41	22 42
35	17 06	17 33	18 05	19 29	20 33	21 37	22 41
40	16 53	17 23	17 56	19 18	20 25	21 32	22 39
45	16 37	17 10	17 47	19 04	20 15	21 26	22 38
S 50	16 19	16 56	17 37	18 47	20 03	21 19	22 36
52	16 10	16 49	17 32	18 39	19 57	21 16	22 35
54	16 00	16 42	17 27	18 30	19 51	21 12	22 34
56	15 49	16 34	17 22	18 20	19 44	21 08	22 32
58	15 36	16 25	17 16	18 09	19 36	21 03	22 31
S 60	15 21	16 15	17 10	17 56	19 27	20 58	22 30

SUN / MOON

Day	Eqn. of Time 00h	Eqn. of Time 12h	Mer. Pass.	Mer. Pass. Upper	Mer. Pass. Lower	Age	Phase
d	m s	m s	h m	h m	h m	d	%
12	05 37	05 41	12 06	14 14	01 49	02	6
13	05 45	05 48	12 06	15 03	02 38	03	12
14	05 52	05 55	12 06	15 50	03 27	04	20

2021 JULY 15, 16, 17 (THURS., FRI., SAT.)

UT	ARIES	VENUS −3.9		MARS +1.8		JUPITER −2.7		SATURN +0.2		STARS		
	GHA	GHA	Dec	GHA	Dec	GHA	Dec	GHA	Dec	Name	SHA	Dec
d h	° ′	° ′	° ′	° ′	° ′	° ′	° ′	° ′	° ′		° ′	° ′
15 00	293 04.0	148 35.6	N15 52.6	149 34.3	N15 42.2	319 23.8	S12 01.9	338 53.2	S18 03.0	Acamar	315 14.1	S40 12.9
01	308 06.4	163 35.1	51.6	164 35.2	41.7	334 26.5	02.0	353 55.8	03.0	Achernar	335 22.4	S57 07.4
02	323 08.9	178 34.6	50.6	179 36.2	41.2	349 29.1	02.1	8 58.4	03.1	Acrux	173 03.3	S63 13.3
03	338 11.4	193 34.1 ..	49.6	194 37.1 ..	40.7	4 31.8 ..	02.1	24 01.1 ..	03.1	Adhara	255 08.5	S29 00.0
04	353 13.8	208 33.7	48.6	209 38.1	40.2	19 34.4	02.2	39 03.7	03.2	Aldebaran	290 43.1	N16 33.1
05	8 16.3	223 33.2	47.6	224 39.0	39.7	34 37.0	02.3	54 06.3	03.3			
06	23 18.8	238 32.7	N15 46.6	239 39.9	N15 39.2	49 39.7	S12 02.4	69 09.0	S18 03.3	Alioth	166 15.6	N55 51.0
07	38 21.2	253 32.2	45.6	254 40.9	38.7	64 42.3	02.4	84 11.6	03.4	Alkaid	152 54.3	N49 12.7
T 08	53 23.7	268 31.7	44.6	269 41.8	38.2	79 45.0	02.5	99 14.3	03.4	Al Na'ir	27 36.2	S46 51.3
H 09	68 26.1	283 31.2 ..	43.6	284 42.7 ..	37.7	94 47.6 ..	02.6	114 16.9 ..	03.5	Alnilam	275 40.9	S 1 11.3
U 10	83 28.6	298 30.7	42.6	299 43.7	37.1	109 50.2	02.7	129 19.5	03.5	Alphard	217 50.8	S 8 45.0
R 11	98 31.1	313 30.2	41.6	314 44.6	36.6	124 52.9	02.8	144 22.2	03.6			
S 12	113 33.5	328 29.8	N15 40.6	329 45.5	N15 36.1	139 55.5	S12 02.8	159 24.8	S18 03.6	Alphecca	126 06.0	N26 38.8
D 13	128 36.0	343 29.3	39.6	344 46.5	35.6	154 58.2	02.9	174 27.4	03.7	Alpheratz	357 37.5	N29 12.4
A 14	143 38.5	358 28.8	38.6	359 47.4	35.1	170 00.8	03.0	189 30.1	03.7	Altair	62 02.4	N 8 55.6
Y 15	158 40.9	13 28.3 ..	37.6	14 48.3 ..	34.6	185 03.5 ..	03.1	204 32.7 ..	03.8	Ankaa	353 09.9	S42 11.2
16	173 43.4	28 27.8	36.6	29 49.3	34.1	200 06.1	03.1	219 35.3	03.8	Antares	112 19.0	S26 28.7
17	188 45.9	43 27.3	35.6	44 50.2	33.6	215 08.8	03.2	234 38.0	03.9			
18	203 48.3	58 26.9	N15 34.6	59 51.2	N15 33.0	230 11.4	S12 03.3	249 40.6	S18 03.9	Arcturus	145 50.5	N19 04.5
19	218 50.8	73 26.4	33.6	74 52.1	32.5	245 14.0	03.4	264 43.3	04.0	Atria	107 15.3	S69 04.0
20	233 53.3	88 25.9	32.6	89 53.0	32.0	260 16.7	03.5	279 45.9	04.0	Avior	234 16.5	S59 34.7
21	248 55.7	103 25.4 ..	31.6	104 54.0 ..	31.5	275 19.3 ..	03.5	294 48.5 ..	04.1	Bellatrix	278 26.2	N 6 22.1
22	263 58.2	118 24.9	30.5	119 54.9	31.0	290 22.0	03.6	309 51.2	04.1	Betelgeuse	270 55.5	N 7 24.6
23	279 00.6	133 24.5	29.5	134 55.8	30.5	305 24.6	03.7	324 53.8	04.2			
16 00	294 03.1	148 24.0	N15 28.5	149 56.8	N15 30.0	320 27.3	S12 03.8	339 56.4	S18 04.2	Canopus	263 54.2	S52 42.3
01	309 05.6	163 23.5	27.5	164 57.7	29.5	335 29.9	03.9	354 59.1	04.3	Capella	280 26.5	N46 01.0
02	324 08.0	178 23.0	26.5	179 58.6	28.9	350 32.6	03.9	10 01.7	04.3	Deneb	49 27.2	N45 21.3
03	339 10.5	193 22.5 ..	25.5	194 59.6 ..	28.4	5 35.2 ..	04.0	25 04.3 ..	04.4	Denebola	182 28.0	N14 27.3
04	354 13.0	208 22.1	24.5	210 00.5	27.9	20 37.9	04.1	40 07.0	04.4	Diphda	348 50.1	S17 52.1
05	9 15.4	223 21.6	23.5	225 01.5	27.4	35 40.5	04.2	55 09.6	04.5			
06	24 17.9	238 21.1	N15 22.4	240 02.4	N15 26.9	50 43.2	S12 04.2	70 12.3	S18 04.6	Dubhe	193 45.0	N61 38.4
07	39 20.4	253 20.6	21.4	255 03.3	26.4	65 45.8	04.3	85 14.9	04.6	Elnath	278 05.8	N28 37.4
08	54 22.8	268 20.2	20.4	270 04.3	25.8	80 48.5	04.4	100 17.5	04.7	Eltanin	90 43.0	N51 29.3
F 09	69 25.3	283 19.7 ..	19.4	285 05.2 ..	25.3	95 51.1 ..	04.5	115 20.2 ..	04.7	Enif	33 41.3	N 9 58.4
R 10	84 27.7	298 19.2	18.4	300 06.1	24.8	110 53.8	04.6	130 22.8	04.8	Fomalhaut	15 17.4	S29 30.4
I 11	99 30.2	313 18.7	17.4	315 07.1	24.3	125 56.4	04.6	145 25.4	04.8			
D 12	114 32.7	328 18.3	N15 16.3	330 08.0	N15 23.8	140 59.1	S12 04.7	160 28.1	S18 04.9	Gacrux	171 54.9	S57 14.2
A 13	129 35.1	343 17.8	15.3	345 09.0	23.3	156 01.7	04.8	175 30.7	04.9	Gienah	175 46.6	S17 39.6
Y 14	144 37.6	358 17.3	14.3	0 09.9	22.8	171 04.4	04.9	190 33.4	05.0	Hadar	148 39.9	S60 28.7
15	159 40.1	13 16.9 ..	13.3	15 10.8 ..	22.2	186 07.0 ..	05.0	205 36.0 ..	05.0	Hamal	327 54.4	N23 33.7
16	174 42.5	28 16.4	12.3	30 11.8	21.7	201 09.7	05.1	220 38.6	05.1	Kaus Aust.	83 35.9	S34 22.4
17	189 45.0	43 15.9	11.2	45 12.7	21.2	216 12.3	05.1	235 41.3	05.1			
18	204 47.5	58 15.5	N15 10.2	60 13.7	N15 20.7	231 15.0	S12 05.2	250 43.9	S18 05.2	Kochab	137 19.5	N74 04.4
19	219 49.9	73 15.0	09.2	75 14.6	20.2	246 17.6	05.3	265 46.5	05.2	Markab	13 32.5	N15 19.2
20	234 52.4	88 14.5	08.2	90 15.5	19.7	261 20.3	05.4	280 49.2	05.3	Menkar	314 09.3	N 4 10.4
21	249 54.9	103 14.0 ..	07.1	105 16.5 ..	19.1	276 22.9 ..	05.5	295 51.8 ..	05.3	Menkent	148 00.9	S36 28.6
22	264 57.3	118 13.6	06.1	120 17.4	18.6	291 25.6	05.5	310 54.5	05.4	Miaplacidus	221 39.6	S69 48.4
23	279 59.8	133 13.1	05.1	135 18.3	18.1	306 28.2	05.6	325 57.1	05.4			
17 00	295 02.2	148 12.6	N15 04.1	150 19.3	N15 17.6	321 30.9	S12 05.7	340 59.7	S18 05.5	Mirfak	308 32.5	N49 56.0
01	310 04.7	163 12.2	03.0	165 20.2	17.1	336 33.5	05.8	356 02.4	05.5	Nunki	75 50.9	S26 16.1
02	325 07.2	178 11.7	02.0	180 21.2	16.5	351 36.2	05.9	11 05.0	05.6	Peacock	53 09.7	S56 39.8
03	340 09.6	193 11.3 ..	01.0	195 22.1 ..	16.0	6 38.8 ..	05.9	26 07.6 ..	05.6	Pollux	243 21.2	N27 58.5
04	355 12.1	208 10.8	15 00.0	210 23.0	15.5	21 41.5	06.0	41 10.3	05.7	Procyon	244 54.1	N 5 10.2
05	10 14.6	223 10.3	14 58.9	225 24.0	15.0	36 44.1	06.1	56 12.9	05.8			
06	25 17.0	238 09.9	N14 57.9	240 24.9	N15 14.5	51 46.8	S12 06.2	71 15.6	S18 05.8	Rasalhague	96 00.9	N12 32.8
07	40 19.5	253 09.4	56.9	255 25.9	13.9	66 49.4	06.3	86 18.2	05.9	Regulus	207 37.7	N11 51.9
S 08	55 22.0	268 08.9	55.8	270 26.8	13.4	81 52.1	06.4	101 20.8	05.9	Rigel	281 06.9	S 8 10.6
A 09	70 24.4	283 08.5 ..	54.8	285 27.7 ..	12.9	96 54.8 ..	06.4	116 23.5 ..	06.0	Rigil Kent.	139 44.0	S60 55.6
T 10	85 26.9	298 08.0	53.8	300 28.7	12.4	111 57.4	06.5	131 26.1	06.0	Sabik	102 05.8	S15 45.0
U 11	100 29.4	313 07.6	52.7	315 29.6	11.9	127 00.1	06.6	146 28.8	06.1			
R 12	115 31.8	328 07.1	N14 51.7	330 30.6	N15 11.4	142 02.7	S12 06.7	161 31.4	S18 06.1	Schedar	349 34.1	N56 39.0
D 13	130 34.3	343 06.6	50.7	345 31.5	10.8	157 05.4	06.8	176 34.0	06.2	Shaula	96 13.9	S37 07.1
A 14	145 36.7	358 06.2	49.6	0 32.4	10.3	172 08.0	06.8	191 36.7	06.2	Sirius	258 29.1	S16 44.7
Y 15	160 39.2	13 05.7 ..	48.6	15 33.4 ..	09.8	187 10.7 ..	06.9	206 39.3 ..	06.3	Spica	158 25.3	S11 16.3
16	175 41.7	28 05.3	47.5	30 34.3	09.3	202 13.3	07.0	221 42.0	06.3	Suhail	222 48.8	S43 31.2
17	190 44.1	43 04.8	46.5	45 35.3	08.7	217 16.0	07.1	236 44.6	06.4			
18	205 46.6	58 04.4	N14 45.5	60 36.2	N15 08.2	232 18.7	S12 07.2	251 47.2	S18 06.4	Vega	80 34.7	N38 48.3
19	220 49.1	73 03.9	44.4	75 37.1	07.7	247 21.3	07.3	266 49.9	06.5	Zuben'ubi	136 59.0	S16 07.8
20	235 51.5	88 03.5	43.4	90 38.1	07.2	262 24.0	07.3	281 52.5	06.5		SHA	Mer.Pass.
21	250 54.0	103 03.0 ..	42.4	105 39.0 ..	06.7	277 26.6 ..	07.4	296 55.2 ..	06.6		° ′	h m
22	265 56.5	118 02.5	41.3	120 40.0	06.1	292 29.3	07.5	311 57.8	06.6	Venus	214 20.9	14 07
23	280 58.9	133 02.1	40.3	135 40.9	05.6	307 32.0	07.6	327 00.4	06.7	Mars	215 53.7	13 59
	h m									Jupiter	26 24.2	2 38
Mer.Pass.	4 23.1	v −0.5	d 1.0	v 0.9	d 0.5	v 2.6	d 0.1	v 2.6	d 0.1	Saturn	45 53.3	1 20

2021 JULY 15, 16, 17 (THURS., FRI., SAT.)

UT	SUN GHA	SUN Dec	MOON GHA	MOON v	MOON Dec	MOON d	MOON HP	Lat.	Twilight Naut.	Twilight Civil	Sunrise	Moonrise 15	Moonrise 16	Moonrise 17	Moonrise 18
d h	° ′	° ′	° ′	′	° ′	′	′	°	h m	h m	h m	h m	h m	h m	h m
								N 72	▢	▢	▢	09 13	11 23	13 36	16 09
15 00	178 30.4	N21 31.2	118 34.2	12.7	N 7 52.6	13.9	57.6	N 70	▢	▢	▢	09 22	11 21	13 25	15 40
01	193 30.3	30.8	133 05.9	12.7	7 38.7	13.9	57.6	68	▢	▢	▢	09 28	11 20	13 16	15 20
02	208 30.3	30.4	147 37.6	12.8	7 24.8	14.0	57.6	66	////	////	01 41	09 34	11 20	13 08	15 03
03	223 30.2 ..	30.0	162 09.4	12.7	7 10.8	14.0	57.7	64	////	////	02 19	09 39	11 19	13 02	14 50
04	238 30.1	29.6	176 41.1	12.7	6 56.8	14.1	57.7	62	////	00 58	02 45	09 43	11 18	12 56	14 39
05	253 30.1	29.2	191 12.8	12.8	6 42.7	14.2	57.7	60	////	01 49	03 06	09 46	11 18	12 52	14 29
06	268 30.0	N21 28.8	205 44.6	12.8	N 6 28.5	14.1	57.7	N 58	////	02 19	03 23	09 49	11 17	12 48	14 21
T 07	283 29.9	28.4	220 16.4	12.7	6 14.4	14.2	57.7	56	00 53	02 41	03 37	09 52	11 17	12 44	14 14
H 08	298 29.9	28.0	234 48.1	12.8	6 00.2	14.3	57.8	54	01 40	02 59	03 49	09 55	11 17	12 41	14 08
U 09	313 29.8 ..	27.6	249 19.9	12.8	5 45.9	14.3	57.8	52	02 08	03 14	03 59	09 57	11 16	12 38	14 02
R 10	328 29.8	27.2	263 51.7	12.7	5 31.6	14.3	57.8	50	02 29	03 27	04 09	09 59	11 16	12 35	13 57
S 11	343 29.7	26.8	278 23.4	12.8	5 17.3	14.3	57.8	45	03 06	03 53	04 29	10 03	11 16	12 30	13 46
D 12	358 29.6	N21 26.4	292 55.2	12.8	N 5 03.0	14.4	57.9	N 40	03 33	04 13	04 45	10 07	11 15	12 25	13 37
A 13	13 29.6	26.0	307 27.0	12.8	4 48.6	14.4	57.9	35	03 54	04 29	04 58	10 10	11 15	12 21	13 29
Y 14	28 29.5	25.6	321 58.8	12.8	4 34.2	14.5	57.9	30	04 11	04 43	05 10	10 13	11 14	12 17	13 22
15	43 29.5 ..	25.2	336 30.6	12.7	4 19.7	14.5	57.9	20	04 37	05 05	05 30	10 18	11 14	12 11	13 10
16	58 29.4	24.8	351 02.3	12.8	4 05.2	14.5	58.0	N 10	04 57	05 24	05 47	10 22	11 13	12 06	13 00
17	73 29.3	24.4	5 34.1	12.8	3 50.7	14.5	58.0	0	05 15	05 40	06 03	10 26	11 13	12 01	12 51
18	88 29.3	N21 24.0	20 05.9	12.7	N 3 36.2	14.6	58.0	S 10	05 30	05 56	06 18	10 30	11 12	11 56	12 41
19	103 29.2	23.5	34 37.6	12.8	3 21.6	14.6	58.0	20	05 44	06 11	06 35	10 34	11 12	11 50	12 32
20	118 29.2	23.1	49 09.4	12.7	3 07.0	14.7	58.0	30	05 59	06 28	06 54	10 39	11 11	11 45	12 20
21	133 29.1 ..	22.7	63 41.1	12.7	2 52.3	14.6	58.1	35	06 06	06 37	07 05	10 42	11 11	11 41	12 14
22	148 29.0	22.3	78 12.8	12.8	2 37.7	14.7	58.1	40	06 14	06 48	07 18	10 45	11 11	11 38	12 07
23	163 29.0	21.9	92 44.6	12.7	2 23.0	14.7	58.1	45	06 23	07 00	07 32	10 48	11 10	11 33	11 58
16 00	178 28.9	N21 21.5	107 16.3	12.7	N 2 08.3	14.7	58.1	S 50	06 33	07 14	07 51	10 53	11 10	11 28	11 48
01	193 28.9	21.1	121 48.0	12.7	1 53.6	14.7	58.2	52	06 38	07 20	07 59	10 54	11 10	11 26	11 44
02	208 28.8	20.7	136 19.7	12.6	1 38.9	14.8	58.2	54	06 42	07 27	08 09	10 57	11 10	11 23	11 38
03	223 28.7 ..	20.3	150 51.3	12.7	1 24.1	14.8	58.2	56	06 47	07 35	08 20	10 59	11 09	11 20	11 33
04	238 28.7	19.9	165 23.0	12.6	1 09.3	14.8	58.2	58	06 53	07 44	08 32	11 02	11 09	11 17	11 27
05	253 28.6	19.5	179 54.6	12.6	0 54.5	14.8	58.2	S 60	06 59	07 53	08 46	11 04	11 09	11 14	11 20

UT	SUN GHA	SUN Dec	MOON GHA	MOON v	MOON Dec	MOON d	MOON HP	Lat.	Sunset	Twilight Civil	Twilight Naut.	Moonset 15	Moonset 16	Moonset 17	Moonset 18
06	268 28.6	N21 19.0	194 26.2	12.6	N 0 39.7	14.8	58.3								
07	283 28.5	18.6	208 57.8	12.6	0 24.9	14.8	58.3	°	h m	h m	h m	h m	h m	h m	h m
08	298 28.5	18.2	223 29.4	12.6	N 0 10.1	14.9	58.3	N 72	▢	▢	▢	23 16	22 49	22 18	21 32
F 09	313 28.4 ..	17.8	238 01.0	12.5	S 0 04.8	14.8	58.3	N 70	▢	▢	▢	23 13	22 54	22 32	22 03
R 10	328 28.3	17.4	252 32.5	12.5	0 19.6	14.9	58.4	68	▢	▢	▢	23 11	22 58	22 43	22 25
I 11	343 28.3	17.0	267 04.0	12.5	0 34.5	14.9	58.4	66	22 28	////	////	23 09	23 01	22 53	22 43
D 12	358 28.2	N21 16.6	281 35.5	12.5	S 0 49.4	14.8	58.4	64	21 51	////	////	23 07	23 04	23 01	22 58
A 13	13 28.2	16.1	296 07.0	12.4	1 04.2	14.9	58.4	62	21 25	23 08	////	23 06	23 07	23 08	23 10
Y 14	28 28.1	15.7	310 38.4	12.4	1 19.1	14.9	58.4	60	21 05	22 21	////	23 04	23 09	23 14	23 21
15	43 28.1 ..	15.3	325 09.8	12.3	1 34.0	14.9	58.5	N 58	20 49	21 52	////	23 03	23 11	23 19	23 30
16	58 28.0	14.9	339 41.1	12.4	1 48.9	14.9	58.5	56	20 35	21 30	23 14	23 02	23 13	23 24	23 38
17	73 28.0	14.5	354 12.5	12.3	2 03.8	14.9	58.5	54	20 23	21 12	22 30	23 01	23 14	23 28	23 45
18	88 27.9	N21 14.0	8 43.8	12.3	S 2 18.7	14.9	58.5	52	20 12	20 57	22 03	23 00	23 16	23 32	23 52
19	103 27.8	13.6	23 15.1	12.2	2 33.6	14.9	58.6	50	20 03	20 44	21 42	23 00	23 17	23 36	23 58
20	118 27.8	13.2	37 46.3	12.2	2 48.5	14.9	58.6	45	19 43	20 19	21 05	22 58	23 20	23 43	24 10
21	133 27.7 ..	12.8	52 17.5	12.2	3 03.4	14.9	58.6								
22	148 27.7	12.3	66 48.7	12.1	3 18.3	14.9	58.6								
23	163 27.6	11.9	81 19.8	12.1	3 33.2	14.8	58.6								
17 00	178 27.6	N21 11.5	95 50.9	12.0	S 3 48.0	14.9	58.7	N 40	19 27	19 59	20 38	22 56	23 22	23 50	24 21
01	193 27.5	11.1	110 21.9	12.0	4 02.9	14.9	58.7	35	19 14	19 43	20 18	22 55	23 25	23 56	24 30
02	208 27.5	10.7	124 52.9	12.0	4 17.8	14.8	58.7	30	19 02	19 29	20 01	22 54	23 26	24 01	00 01
03	223 27.4 ..	10.2	139 23.9	11.9	4 32.6	14.9	58.7	20	18 43	19 07	19 35	22 52	23 30	24 09	00 09
04	238 27.4	09.8	153 54.8	11.8	4 47.5	14.8	58.8	N 10	18 25	18 48	19 15	22 50	23 33	24 17	00 17
05	253 27.3	09.4	168 25.6	11.8	5 02.3	14.8	58.8	0	18 10	18 32	18 58	22 48	23 35	24 24	00 24
06	268 27.3	N21 08.9	182 56.4	11.8	S 5 17.1	14.8	58.8	S 10	17 54	18 17	18 43	22 46	23 38	24 31	00 31
07	283 27.2	08.5	197 27.2	11.7	5 31.9	14.8	58.8	20	17 37	18 01	18 28	22 44	23 41	24 39	00 39
S 08	298 27.2	08.1	211 57.9	11.7	5 46.7	14.7	58.8	30	17 18	17 44	18 14	22 42	23 44	24 48	00 48
A 09	313 27.1 ..	07.7	226 28.6	11.6	6 01.4	14.8	58.9	35	17 07	17 35	18 06	22 41	23 46	24 53	00 53
T 10	328 27.1	07.2	240 59.2	11.6	6 16.2	14.7	58.9	40	16 55	17 25	17 58	22 39	23 48	24 59	00 59
U 11	343 27.0	06.8	255 29.8	11.5	6 30.9	14.7	58.9	45	16 40	17 13	17 49	22 38	23 51	25 05	01 05
R 12	358 27.0	N21 06.4	270 00.3	11.4	S 6 45.6	14.6	58.9	S 50	16 22	16 59	17 39	22 36	23 54	25 14	01 14
D 13	13 26.9	05.9	284 30.7	11.4	7 00.2	14.6	59.0	52	16 13	16 53	17 35	22 35	23 55	25 17	01 17
A 14	28 26.9	05.5	299 01.1	11.4	7 14.9	14.6	59.0	54	16 04	16 46	17 30	22 34	23 56	25 22	01 22
Y 15	43 26.8 ..	05.1	313 31.5	11.3	7 29.5	14.6	59.0	56	15 53	16 38	17 25	22 32	23 58	25 26	01 26
16	58 26.8	04.6	328 01.8	11.2	7 44.1	14.5	59.0	58	15 41	16 29	17 20	22 31	24 00	00 00	01 31
17	73 26.7	04.2	342 32.0	11.1	7 58.6	14.6	59.0	S 60	15 26	16 19	17 14	22 30	24 02	00 02	01 37
18	88 26.7	N21 03.8	357 02.1	11.1	S 8 13.2	14.5	59.1								
19	103 26.6	03.3	11 32.2	11.1	8 27.7	14.4	59.1								
20	118 26.6	02.9	26 02.3	10.9	8 42.1	14.4	59.1								
21	133 26.5 ..	02.4	40 32.2	10.9	8 56.5	14.6	59.1								
22	148 26.5	02.0	55 02.1	10.9	9 10.9	14.5	59.1								
23	163 26.4	01.6	69 32.0	10.7	S 9 25.3	14.3	59.2								
	SD 15.8	d 0.4	SD 15.8		15.9		16.1								

	SUN Eqn. of Time 00ʰ	SUN Eqn. of Time 12ʰ	Mer. Pass.	MOON Mer. Pass. Upper	MOON Mer. Pass. Lower	Age	Phase
Day	m s	m s	h m	h m	h m	d	%
15	05 58	06 01	12 06	16 37	04 14	05	29
16	06 04	06 07	12 06	17 24	05 00	06	40
17	06 10	06 12	12 06	18 12	05 48	07	51

2021 JULY 18, 19, 20 (SUN., MON., TUES.)

UT	ARIES GHA	VENUS −3.9 GHA / Dec	MARS +1.8 GHA / Dec	JUPITER −2.8 GHA / Dec	SATURN +0.2 GHA / Dec	STARS Name / SHA / Dec
18 00	296 01.4	148 01.6 N14 39.2	150 41.9 N15 05.1	322 34.6 S12 07.7	342 03.1 S18 06.8	Acamar 315 14.1 S40 12.9
01	311 03.8	163 01.2 38.2	165 42.8 04.6	337 37.3 07.8	357 05.7 06.8	Achernar 335 22.4 S57 07.4
02	326 06.3	178 00.7 37.1	180 43.7 04.1	352 39.9 07.8	12 08.3 06.9	Acrux 173 03.3 S63 13.3
03	341 08.8	193 00.3 .. 36.1	195 44.7 .. 03.5	7 42.6 .. 07.9	27 11.0 .. 06.9	Adhara 255 08.5 S29 00.0
04	356 11.2	207 59.8 35.1	210 45.6 03.0	22 45.3 08.0	42 13.6 07.0	Aldebaran 290 43.1 N16 33.1
05	11 13.7	222 59.4 34.0	225 46.6 02.5	37 47.9 08.1	57 16.3 07.0	
06	26 16.2	237 58.9 N14 33.0	240 47.5 N15 02.0	52 50.6 S12 08.2	72 18.9 S18 07.1	Alioth 166 15.7 N55 51.0
07	41 18.6	252 58.5 31.9	255 48.4 01.4	67 53.2 08.3	87 21.5 07.1	Alkaid 152 54.3 N49 12.7
08	56 21.1	267 58.0 30.9	270 49.4 00.9	82 55.9 08.4	102 24.2 07.2	Al Na'ir 27 36.1 S46 51.3
S 09	71 23.6	282 57.6 .. 29.8	285 50.3 15 00.4	97 58.6 .. 08.4	117 26.8 .. 07.2	Alnilam 275 40.9 S 1 11.3
U 10	86 26.0	297 57.1 28.8	300 51.3 14 59.9	113 01.2 08.5	132 29.5 07.3	Alphard 217 50.8 S 8 45.0
N 11	101 28.5	312 56.7 27.7	315 52.2 59.3	128 03.9 08.6	147 32.1 07.3	
D 12	116 31.0	327 56.3 N14 26.7	330 53.2 N14 58.8	143 06.5 S12 08.7	162 34.8 S18 07.4	Alphecca 126 06.0 N26 38.8
A 13	131 33.4	342 55.8 25.6	345 54.1 58.3	158 09.2 08.8	177 37.4 07.4	Alpheratz 357 37.5 N29 12.4
Y 14	146 35.9	357 55.4 24.6	0 55.0 57.8	173 11.9 08.9	192 40.0 07.5	Altair 62 02.4 N 8 55.6
15	161 38.3	12 54.9 .. 23.5	15 56.0 .. 57.2	188 14.5 .. 08.9	207 42.7 .. 07.5	Ankaa 353 09.9 S42 11.2
16	176 40.8	27 54.5 22.5	30 56.9 56.7	203 17.2 09.0	222 45.3 07.6	Antares 112 19.1 S26 28.7
17	191 43.3	42 54.0 21.4	45 57.9 56.2	218 19.9 09.1	237 48.0 07.6	
18	206 45.7	57 53.6 N14 20.4	60 58.8 N14 55.7	233 22.5 S12 09.2	252 50.6 S18 07.7	Arcturus 145 50.5 N19 04.5
19	221 48.2	72 53.2 19.3	75 59.8 55.1	248 25.2 09.3	267 53.2 07.8	Atria 107 15.4 S69 04.1
20	236 50.7	87 52.7 18.2	91 00.7 54.6	263 27.9 09.4	282 55.9 07.8	Avior 234 16.5 S59 34.7
21	251 53.1	102 52.3 .. 17.2	106 01.6 .. 54.1	278 30.5 .. 09.5	297 58.5 .. 07.9	Bellatrix 278 26.2 N 6 22.1
22	266 55.6	117 51.8 16.1	121 02.6 53.6	293 33.2 09.5	313 01.2 07.9	Betelgeuse 270 55.5 N 7 24.7
23	281 58.1	132 51.4 15.1	136 03.5 53.0	308 35.8 09.6	328 03.8 08.0	
19 00	297 00.5	147 51.0 N14 14.0	151 04.5 N14 52.5	323 38.5 S12 09.7	343 06.4 S18 08.0	Canopus 263 54.2 S52 42.3
01	312 03.0	162 50.5 13.0	166 05.4 52.0	338 41.2 09.8	358 09.1 08.1	Capella 280 26.5 N46 01.0
02	327 05.5	177 50.1 11.9	181 06.4 51.5	353 43.8 09.9	13 11.7 08.1	Deneb 49 27.2 N45 21.4
03	342 07.9	192 49.6 .. 10.8	196 07.3 .. 50.9	8 46.5 .. 10.0	28 14.4 .. 08.2	Denebola 182 28.0 N14 27.3
04	357 10.4	207 49.2 09.8	211 08.3 50.4	23 49.2 10.1	43 17.0 08.2	Diphda 348 50.1 S17 52.1
05	12 12.8	222 48.8 08.7	226 09.2 49.9	38 51.8 10.1	58 19.6 08.3	
06	27 15.3	237 48.3 N14 07.7	241 10.1 N14 49.4	53 54.5 S12 10.2	73 22.3 S18 08.3	Dubhe 193 45.0 N61 38.4
07	42 17.8	252 47.9 06.6	256 11.1 48.8	68 57.2 10.3	88 24.9 08.4	Elnath 278 05.8 N28 37.4
08	57 20.2	267 47.5 05.5	271 12.0 48.3	83 59.8 10.4	103 27.6 08.4	Eltanin 90 43.0 N51 29.3
M 09	72 22.7	282 47.0 .. 04.5	286 13.0 .. 47.8	99 02.5 .. 10.5	118 30.2 .. 08.5	Enif 33 41.3 N 9 58.4
O 10	87 25.2	297 46.6 03.4	301 13.9 47.2	114 05.2 10.6	133 32.9 08.5	Fomalhaut 15 17.4 S29 30.4
N 11	102 27.6	312 46.2 02.3	316 14.9 46.7	129 07.8 10.7	148 35.5 08.6	
D 12	117 30.1	327 45.7 N14 01.3	331 15.8 N14 46.2	144 10.5 S12 10.7	163 38.1 S18 08.7	Gacrux 171 54.9 S57 14.2
A 13	132 32.6	342 45.3 14 00.2	346 16.8 45.7	159 13.2 10.8	178 40.8 08.7	Gienah 175 46.6 S17 39.6
Y 14	147 35.0	357 44.9 13 59.1	1 17.7 45.1	174 15.9 10.9	193 43.4 08.8	Hadar 148 39.9 S60 28.7
15	162 37.5	12 44.4 .. 58.1	16 18.6 .. 44.6	189 18.5 .. 11.0	208 46.1 .. 08.8	Hamal 327 54.4 N23 33.7
16	177 39.9	27 44.0 57.0	31 19.6 44.1	204 21.2 11.1	223 48.7 08.9	Kaus Aust. 83 35.9 S34 22.4
17	192 42.4	42 43.6 55.9	46 20.5 43.6	219 23.9 11.2	238 51.3 08.9	
18	207 44.9	57 43.1 N13 54.9	61 21.5 N14 43.0	234 26.5 S12 11.3	253 54.0 S18 09.0	Kochab 137 19.5 N74 04.4
19	222 47.3	72 42.7 53.8	76 22.4 42.5	249 29.2 11.4	268 56.6 09.0	Markab 13 32.5 N15 19.2
20	237 49.8	87 42.3 52.7	91 23.4 42.0	264 31.9 11.4	283 59.3 09.1	Menkar 314 09.2 N 4 10.4
21	252 52.3	102 41.8 .. 51.7	106 24.3 .. 41.4	279 34.5 .. 11.5	299 01.9 .. 09.1	Menkent 148 00.9 S36 28.6
22	267 54.7	117 41.4 50.6	121 25.3 40.9	294 37.2 11.6	314 04.6 09.2	Miaplacidus 221 39.6 S69 48.4
23	282 57.2	132 41.0 49.5	136 26.2 40.4	309 39.9 11.7	329 07.2 09.2	
20 00	297 59.7	147 40.6 N13 48.4	151 27.2 N14 39.8	324 42.6 S12 11.8	344 09.8 S18 09.3	Mirfak 308 32.5 N49 56.0
01	313 02.1	162 40.1 47.4	166 28.1 39.3	339 45.2 11.9	359 12.5 09.3	Nunki 75 50.9 S26 16.1
02	328 04.6	177 39.7 46.3	181 29.1 38.8	354 47.9 12.0	14 15.1 09.4	Peacock 53 09.6 S56 39.9
03	343 07.1	192 39.3 .. 45.2	196 30.0 .. 38.3	9 50.6 .. 12.1	29 17.8 .. 09.4	Pollux 243 21.2 N27 58.5
04	358 09.5	207 38.9 44.1	211 30.9 37.7	24 53.2 12.1	44 20.4 09.5	Procyon 244 54.1 N 5 10.2
05	13 12.0	222 38.4 43.1	226 31.9 37.2	39 55.9 12.2	59 23.1 09.6	
06	28 14.4	237 38.0 N13 42.0	241 32.8 N14 36.7	54 58.6 S12 12.3	74 25.7 S18 09.6	Rasalhague 96 00.9 N12 32.8
07	43 16.9	252 37.6 40.9	256 33.8 36.1	70 01.3 12.4	89 28.3 09.7	Regulus 207 37.7 N11 51.9
08	58 19.4	267 37.2 39.8	271 34.7 35.6	85 03.9 12.5	104 31.0 09.7	Rigel 281 06.9 S 8 10.6
T 09	73 21.8	282 36.8 .. 38.8	286 35.7 .. 35.1	100 06.6 .. 12.6	119 33.6 .. 09.8	Rigil Kent. 139 44.0 S60 55.6
U 10	88 24.3	297 36.3 37.7	301 36.6 34.5	115 09.3 12.7	134 36.3 09.8	Sabik 102 05.8 S15 45.0
E 11	103 26.8	312 35.9 36.6	316 37.6 34.0	130 12.0 12.8	149 38.9 09.9	
S 12	118 29.2	327 35.5 N13 35.5	331 38.5 N14 33.5	145 14.6 S12 12.9	164 41.6 S18 09.9	Schedar 349 34.0 N56 39.0
D 13	133 31.7	342 35.1 34.4	346 39.5 32.9	160 17.3 12.9	179 44.2 10.0	Shaula 96 13.9 S37 07.1
A 14	148 34.2	357 34.7 33.4	1 40.4 32.4	175 20.0 13.0	194 46.8 10.0	Sirius 258 29.1 S16 44.7
Y 15	163 36.6	12 34.2 .. 32.3	16 41.4 .. 31.9	190 22.7 .. 13.1	209 49.5 .. 10.1	Spica 158 25.3 S11 16.3
16	178 39.1	27 33.8 31.2	31 42.3 31.3	205 25.3 13.2	224 52.1 10.1	Suhail 222 48.8 S43 31.2
17	193 41.6	42 33.4 30.1	46 43.3 30.8	220 28.0 13.3	239 54.8 10.2	
18	208 44.0	57 33.0 N13 29.0	61 44.2 N14 30.3	235 30.7 S12 13.4	254 57.4 S18 10.2	Vega 80 34.7 N38 48.3
19	223 46.5	72 32.6 28.0	76 45.2 29.7	250 33.4 13.5	270 00.1 10.3	Zuben'ubi 136 59.0 S16 07.8
20	238 48.9	87 32.2 26.9	91 46.1 29.2	265 36.0 13.6	285 02.7 10.4	SHA / Mer.Pass.
21	253 51.4	102 31.7 .. 25.8	106 47.0 .. 28.7	280 38.7 .. 13.7	300 05.4 .. 10.4	
22	268 53.9	117 31.3 24.7	121 48.0 28.1	295 41.4 13.7	315 08.0 10.5	Venus 210 50.4 14 09
23	283 56.3	132 30.9 23.6	136 48.9 27.6	310 44.1 13.8	330 10.6 10.5	Mars 214 04.0 13 55
Mer.Pass. 4h 11.3m	v −0.4 d 1.1	v 0.9 d 0.5	v 2.7 d 0.1	v 2.6 d 0.1	Jupiter 26 38.0 2 25
						Saturn 46 05.9 1 07

2021 JULY 18, 19, 20 (SUN., MON., TUES.)

UT	SUN GHA	SUN Dec	MOON GHA	MOON v	MOON Dec	MOON d	MOON HP	Lat.	Twilight Naut.	Twilight Civil	Sunrise	Moonrise 18	Moonrise 19	Moonrise 20	Moonrise 21
d h	° ′	° ′	° ′	′	° ′	′	′	°	h m	h m	h m	h m	h m	h m	h m
								N 72	▭	▭	▭	16 09	■■	■■	■■
18 00	178 26.4	N21 01.1	84 01.7	10.7	S 9 39.6	14.3	59.2	N 70	▭	▭	▭	15 40	18 39	■■	■■
01	193 26.3	00.7	98 31.4	10.7	9 53.9	14.2	59.2	68	////	////	00 48	15 20	17 43	■■	■■
02	208 26.3	21 00.3	113 01.1	10.5	10 08.1	14.2	59.2	66	////	////	01 54	15 03	17 10	19 41	■■
03	223 26.2	20 59.8	127 30.6	10.5	10 22.3	14.1	59.2	64	////	////	02 28	14 50	16 46	18 50	20 59
04	238 26.2	59.4	142 00.1	10.4	10 36.4	14.1	59.3	62	////	01 16	02 53	14 39	16 27	18 19	20 04
05	253 26.1	58.9	156 29.5	10.4	10 50.5	14.0	59.3	60	////	01 59	03 12	14 29	16 12	17 55	19 31
06	268 26.1	N20 58.5	170 58.9	10.2	S11 04.5	14.0	59.3	N 58	////	02 26	03 28	14 21	15 59	17 36	19 07
07	283 26.0	58.0	185 28.1	10.2	11 18.5	13.9	59.3	56	01 10	02 47	03 41	14 14	15 47	17 21	18 47
08	298 26.0	57.6	199 57.3	10.1	11 32.4	13.9	59.3	54	01 49	03 04	03 53	14 08	15 38	17 07	18 31
S 09	313 26.0	.. 57.2	214 26.4	10.0	11 46.3	13.8	59.4	52	02 14	03 19	04 03	14 02	15 29	16 56	18 17
U 10	328 25.9	56.7	228 55.4	10.0	12 00.1	13.8	59.4	50	02 34	03 31	04 12	13 57	15 21	16 45	18 05
N 11	343 25.9	56.3	243 24.4	9.9	12 13.9	13.7	59.4	45	03 10	03 56	04 32	13 46	15 05	16 24	17 40
D 12	358 25.8	N20 55.8	257 53.3	9.8	S12 27.6	13.6	59.4	N 40	03 36	04 16	04 47	13 37	14 51	16 06	17 20
A 13	13 25.8	55.4	272 22.1	9.7	12 41.2	13.6	59.4	35	03 56	04 31	05 00	13 29	14 40	15 52	17 03
Y 14	28 25.7	54.9	286 50.8	9.6	12 54.8	13.6	59.4	30	04 13	04 45	05 11	13 22	14 30	15 39	16 49
15	43 25.7	.. 54.5	301 19.4	9.5	13 08.4	13.4	59.5	20	04 38	05 07	05 31	13 10	14 13	15 18	16 24
16	58 25.6	54.0	315 47.9	9.5	13 21.8	13.4	59.5	N 10	04 58	05 25	05 47	13 00	13 58	14 59	16 03
17	73 25.6	53.6	330 16.4	9.3	13 35.2	13.3	59.5	0	05 15	05 41	06 03	12 51	13 45	14 42	15 44
18	88 25.6	N20 53.1	344 44.7	9.3	S13 48.5	13.3	59.5	S 10	05 30	05 56	06 18	12 41	13 31	14 25	15 24
19	103 25.5	52.7	359 13.0	9.2	14 01.8	13.1	59.5	20	05 44	06 11	06 34	12 32	13 17	14 07	15 04
20	118 25.5	52.2	13 41.2	9.1	14 14.9	13.1	59.6	30	05 58	06 27	06 53	12 20	13 00	13 46	14 40
21	133 25.4	.. 51.8	28 09.3	9.0	14 28.0	13.1	59.6	35	06 05	06 36	07 03	12 14	12 51	13 34	14 26
22	148 25.4	51.3	42 37.3	9.0	14 41.1	12.9	59.6	40	06 13	06 46	07 16	12 07	12 40	13 20	14 09
23	163 25.3	50.9	57 05.3	8.8	14 54.0	12.9	59.6	45	06 21	06 58	07 30	11 58	12 28	13 04	13 50
19 00	178 25.3	N20 50.4	71 33.1	8.8	S15 06.9	12.8	59.6	S 50	06 31	07 11	07 48	11 48	12 13	12 44	13 26
01	193 25.3	50.0	86 00.9	8.6	15 19.7	12.7	59.6	52	06 35	07 17	07 56	11 44	12 06	12 35	13 15
02	208 25.2	49.5	100 28.5	8.6	15 32.4	12.6	59.7	54	06 39	07 24	08 05	11 38	11 58	12 24	13 02
03	223 25.2	49.0	114 56.1	8.4	15 45.0	12.6	59.7	56	06 44	07 31	08 16	11 33	11 49	12 12	12 47
04	238 25.1	48.6	129 23.5	8.4	15 57.6	12.4	59.7	58	06 50	07 40	08 28	11 27	11 39	11 58	12 29
05	253 25.1	48.1	143 50.9	8.3	16 10.0	12.4	59.7	S 60	06 55	07 49	08 41	11 20	11 28	11 42	12 08

UT	SUN GHA	SUN Dec	MOON GHA	MOON v	MOON Dec	MOON d	MOON HP	Lat.	Sunset	Twilight Civil	Twilight Naut.	Moonset 18	Moonset 19	Moonset 20	Moonset 21
06	268 25.1	N20 47.7	158 18.2	8.2	S16 22.4	12.3	59.7								
07	283 25.0	47.2	172 45.4	8.1	16 34.7	12.1	59.7								
08	298 25.0	46.8	187 12.5	8.0	16 46.8	12.1	59.7	°	h m	h m	h m	h m	h m	h m	h m
M 09	313 24.9	.. 46.3	201 39.5	7.9	16 58.9	12.0	59.8	N 72	▭	▭	▭	21 32	■■	■■	■■
O 10	328 24.9	45.8	216 06.4	7.8	17 10.9	11.9	59.8	N 70	▭	▭	▭	22 03	20 58	■■	■■
N 11	343 24.9	45.4	230 33.2	7.7	17 22.8	11.8	59.8	68	23 15	////	////	22 25	21 55	■■	■■
D 12	358 24.8	N20 44.9	244 59.9	7.6	S17 34.6	11.7	59.8	66	22 16	////	////	22 43	22 30	22 01	■■
A 13	13 24.8	44.5	259 26.5	7.6	17 46.3	11.6	59.8	64	21 42	////	////	22 58	22 55	22 53	22 54
Y 14	28 24.8	44.0	273 53.1	7.4	17 57.9	11.5	59.8	62	21 18	22 52	////	23 10	23 15	23 25	23 50
15	43 24.7	.. 43.5	288 19.5	7.3	18 09.4	11.3	59.8	60	20 59	22 11	////	23 21	23 31	23 49	24 22
16	58 24.7	43.1	302 45.8	7.2	18 20.7	11.3	59.9								
17	73 24.6	42.6	317 12.0	7.2	18 32.0	11.2	59.9								
18	88 24.6	N20 42.1	331 38.2	7.0	S18 43.2	11.0	59.9	N 58	20 44	21 45	////	23 30	23 45	24 08	00 08
19	103 24.6	41.7	346 04.2	7.0	18 54.2	11.0	59.9	56	20 30	21 24	22 59	23 38	23 57	24 24	00 24
20	118 24.5	41.2	0 30.2	6.8	19 05.2	10.8	59.9	54	20 19	21 07	22 22	23 45	24 07	00 07	00 38
21	133 24.5	.. 40.7	14 56.0	6.7	19 16.0	10.7	59.9	52	20 09	20 53	21 57	23 52	24 16	00 16	00 50
22	148 24.5	40.3	29 21.7	6.7	19 26.7	10.6	59.9	50	20 00	20 41	21 37	23 58	24 25	00 25	01 01
23	163 24.4	39.8	43 47.4	6.5	19 37.3	10.4	59.9	45	19 41	20 16	21 01	24 10	00 10	00 43	01 23
20 00	178 24.4	N20 39.3	58 12.9	6.5	S19 47.7	10.4	60.0	N 40	19 25	19 57	20 36	24 21	00 21	00 57	01 42
01	193 24.3	38.9	72 38.4	6.3	19 58.1	10.2	60.0	35	19 12	19 41	20 16	24 30	00 30	01 10	01 57
02	208 24.3	38.4	87 03.7	6.3	20 08.3	10.1	60.0	30	19 01	19 28	20 00	00 01	00 38	01 21	02 10
03	223 24.3	.. 37.9	101 29.0	6.2	20 18.4	9.9	60.0	20	18 42	19 06	19 34	00 09	00 52	01 40	02 33
04	238 24.2	37.5	115 54.2	6.0	20 28.3	9.9	60.0	N 10	18 25	18 48	19 14	00 17	01 04	01 56	02 53
05	253 24.2	37.0	130 19.2	6.0	20 38.2	9.7	60.0	0	18 10	18 32	18 58	00 24	01 16	02 12	03 11
06	268 24.2	N20 36.5	144 44.2	5.9	S20 47.9	9.5	60.0	S 10	17 55	18 17	18 43	00 31	01 27	02 27	03 30
07	283 24.1	36.0	159 09.1	5.8	20 57.4	9.5	60.0	20	17 39	18 02	18 29	00 39	01 40	02 44	03 50
T 08	298 24.1	35.6	173 33.9	5.7	21 06.9	9.3	60.0	30	17 20	17 46	18 15	00 48	01 54	03 03	04 13
U 09	313 24.1	.. 35.1	187 58.6	5.6	21 16.2	9.1	60.1	35	17 09	17 37	18 08	00 53	02 02	03 14	04 26
E 10	328 24.0	34.6	202 23.2	5.5	21 25.3	9.1	60.1	40	16 57	17 27	18 00	00 59	02 12	03 27	04 42
S 11	343 24.0	34.1	216 47.7	5.4	21 34.4	8.8	60.1	45	16 43	17 16	17 52	01 05	02 23	03 42	05 00
D 12	358 24.0	N20 33.7	231 12.1	5.4	S21 43.2	8.8	60.1	S 50	16 25	17 02	17 42	01 14	02 36	04 01	05 24
A 13	13 23.9	33.2	245 36.5	5.2	21 52.0	8.6	60.1	52	16 17	16 56	17 38	01 17	02 43	04 10	05 35
Y 14	28 23.9	32.7	260 00.7	5.2	22 00.6	8.4	60.1	54	16 08	16 49	17 34	01 22	02 50	04 20	05 47
15	43 23.9	.. 32.2	274 24.9	5.0	22 09.0	8.3	60.1	56	15 58	16 42	17 29	01 26	02 58	04 31	06 02
16	58 23.9	31.8	288 48.9	5.0	22 17.3	8.2	60.1	58	15 46	16 33	17 24	01 31	03 07	04 44	06 19
17	73 23.8	31.3	303 12.9	4.9	22 25.5	8.0	60.1	S 60	15 32	16 24	17 18	01 37	03 17	05 00	06 40
18	88 23.8	N20 30.8	317 36.8	4.8	S22 33.5	7.8	60.1			SUN			MOON		
19	103 23.8	30.3	332 00.6	4.7	22 41.3	7.7	60.1	Day	Eqn. of Time	Eqn. of Time	Mer. Pass.	Mer. Pass. Upper	Mer. Pass. Lower	Age	Phase
20	118 23.7	29.8	346 24.3	4.7	22 49.0	7.6	60.1		00h	12h					
21	133 23.7	.. 29.4	0 48.0	4.6	22 56.6	7.4	60.1	d	m s	m s	h m	h m	h m	d	%
22	148 23.7	28.9	15 11.6	4.4	23 04.0	7.2	60.1	18	06 14	06 17	12 06	19 03	06 37	08	62
23	163 23.6	28.4	29 35.0	4.5	S23 11.2	7.1	60.1	19	06 19	06 21	12 06	19 58	07 30	09	73
	SD 15.8	d 0.5	SD 16.2		16.3		16.4	20	06 22	06 24	12 06	20 57	08 27	10	83

2021 JULY 21, 22, 23 (WED., THURS., FRI.)

UT	ARIES	VENUS −3.9		MARS +1.8		JUPITER −2.8		SATURN +0.2		STARS		
	GHA	GHA	Dec	GHA	Dec	GHA	Dec	GHA	Dec	Name	SHA	Dec
d h	° ′	° ′	° ′	° ′	° ′	° ′	° ′	° ′	° ′		° ′	° ′
21 00	298 58.8	147 30.5	N13 22.5	151 49.9	N14 27.1	325 46.8	S12 13.9	345 13.3	S18 10.6	Acamar	315 14.1	S40 12.9
01	314 01.3	162 30.1	21.4	166 50.8	26.5	340 49.4	14.0	0 15.9	10.6	Achernar	335 22.3	S57 07.4
02	329 03.7	177 29.7	20.3	181 51.8	26.0	355 52.1	14.1	15 18.6	10.7	Acrux	173 03.4	S63 13.3
03	344 06.2	192 29.3 ..	19.3	196 52.7 ..	25.5	10 54.8 ..	14.2	30 21.2 ..	10.7	Adhara	255 08.4	S29 00.0
04	359 08.7	207 28.8	18.2	211 53.7	24.9	25 57.5	14.3	45 23.9	10.8	Aldebaran	290 43.1	N16 33.1
05	14 11.1	222 28.4	17.1	226 54.6	24.4	41 00.1	14.4	60 26.5	10.8			
06	29 13.6	237 28.0	N13 16.0	241 55.6	N14 23.9	56 02.8	S12 14.5	75 29.1	S18 10.9	Alioth	166 15.7	N55 51.0
W 07	44 16.1	252 27.6	14.9	256 56.5	23.3	71 05.5	14.6	90 31.8	10.9	Alkaid	152 54.3	N49 12.7
E 08	59 18.5	267 27.2	13.8	271 57.5	22.8	86 08.2	14.6	105 34.4	11.0	Alnair	27 36.1	S46 51.3
D 09	74 21.0	282 26.8 ..	12.7	286 58.4 ..	22.3	101 10.9 ..	14.7	120 37.1 ..	11.0	Alnilam	275 40.9	S 1 11.3
N 10	89 23.4	297 26.4	11.6	301 59.4	21.7	116 13.5	14.8	135 39.7	11.1	Alphard	217 50.8	S 8 45.0
E 11	104 25.9	312 26.0	10.5	317 00.3	21.2	131 16.2	14.9	150 42.4	11.2			
S 12	119 28.4	327 25.6	N13 09.4	332 01.3	N14 20.7	146 18.9	S12 15.0	165 45.0	S18 11.2	Alphecca	126 06.0	N26 38.8
D 13	134 30.8	342 25.2	08.3	347 02.2	20.1	161 21.6	15.1	180 47.7	11.3	Alpheratz	357 37.5	N29 12.4
A 14	149 33.3	357 24.8	07.3	2 03.2	19.6	176 24.3	15.2	195 50.3	11.3	Altair	62 02.4	N 8 55.6
Y 15	164 35.8	12 24.3 ..	06.2	17 04.1 ..	19.0	191 26.9 ..	15.3	210 52.9 ..	11.4	Ankaa	353 09.8	S42 11.2
16	179 38.2	27 23.9	05.1	32 05.1	18.5	206 29.6	15.4	225 55.6	11.4	Antares	112 19.1	S26 28.7
17	194 40.7	42 23.5	04.0	47 06.0	18.0	221 32.3	15.5	240 58.2	11.5			
18	209 43.2	57 23.1	N13 02.9	62 07.0	N14 17.4	236 35.0	S12 15.6	256 00.9	S18 11.5	Arcturus	145 50.5	N19 04.5
19	224 45.6	72 22.7	01.8	77 07.9	16.9	251 37.7	15.6	271 03.5	11.6	Atria	107 15.4	S69 04.1
20	239 48.1	87 22.3	13 00.7	92 08.9	16.4	266 40.4	15.7	286 06.2	11.6	Avior	234 16.5	S59 34.7
21	254 50.6	102 21.9	12 59.6	107 09.8 ..	15.8	281 43.0 ..	15.8	301 08.8 ..	11.7	Bellatrix	278 26.2	N 6 22.1
22	269 53.0	117 21.5	58.5	122 10.8	15.3	296 45.7	15.9	316 11.5	11.7	Betelgeuse	270 55.4	N 7 24.7
23	284 55.5	132 21.1	57.4	137 11.7	14.8	311 48.4	16.0	331 14.1	11.8			
22 00	299 57.9	147 20.7	N12 56.3	152 12.7	N14 14.2	326 51.1	S12 16.1	346 16.7	S18 11.8	Canopus	263 54.1	S52 42.3
01	315 00.4	162 20.3	55.2	167 13.6	13.7	341 53.8	16.2	1 19.4	11.9	Capella	280 26.4	N46 01.0
02	330 02.9	177 19.9	54.1	182 14.6	13.1	356 56.5	16.3	16 22.0	12.0	Deneb	49 27.2	N45 21.4
03	345 05.3	192 19.5 ..	53.0	197 15.5 ..	12.6	11 59.1 ..	16.4	31 24.7 ..	12.0	Denebola	182 28.0	N14 27.3
04	0 07.8	207 19.1	51.9	212 16.5	12.1	27 01.8	16.5	46 27.3	12.1	Diphda	348 50.0	S17 52.0
05	15 10.3	222 18.7	50.8	227 17.4	11.5	42 04.5	16.6	61 30.0	12.1			
06	30 12.7	237 18.3	N12 49.7	242 18.4	N14 11.0	57 07.2	S12 16.7	76 32.6	S18 12.2	Dubhe	193 45.0	N61 38.4
07	45 15.2	252 17.9	48.6	257 19.3	10.4	72 09.9	16.7	91 35.3	12.2	Elnath	278 05.7	N28 37.4
T 08	60 17.7	267 17.5	47.4	272 20.3	09.9	87 12.6	16.8	106 37.9	12.3	Eltanin	90 43.0	N51 29.3
H 09	75 20.1	282 17.1 ..	46.3	287 21.2 ..	09.4	102 15.3 ..	16.9	121 40.6 ..	12.3	Enif	33 41.3	N 9 58.4
U 10	90 22.6	297 16.7	45.2	302 22.2	08.8	117 17.9	17.0	136 43.2	12.4	Fomalhaut	15 17.4	S29 30.4
R 11	105 25.1	312 16.3	44.1	317 23.1	08.3	132 20.6	17.1	151 45.8	12.4			
S 12	120 27.5	327 15.9	N12 43.0	332 24.1	N14 07.8	147 23.3	S12 17.2	166 48.5	S18 12.5	Gacrux	171 54.9	S57 14.2
D 13	135 30.0	342 15.5	41.9	347 25.0	07.2	162 26.0	17.3	181 51.1	12.5	Gienah	175 46.6	S17 39.6
A 14	150 32.4	357 15.1	40.8	2 26.0	06.7	177 28.7	17.4	196 53.8	12.6	Hadar	148 39.9	S60 28.7
Y 15	165 34.9	12 14.8 ..	39.7	17 26.9 ..	06.1	192 31.4 ..	17.5	211 56.4 ..	12.7	Hamal	327 54.4	N23 33.7
16	180 37.4	27 14.4	38.6	32 27.9	05.6	207 34.1	17.6	226 59.1	12.7	Kaus Aust.	83 35.9	S34 22.4
17	195 39.8	42 14.0	37.5	47 28.9	05.1	222 36.7	17.7	242 01.7	12.8			
18	210 42.3	57 13.6	N12 36.4	62 29.8	N14 04.5	237 39.4	S12 17.8	257 04.4	S18 12.8	Kochab	137 19.6	N74 04.4
19	225 44.8	72 13.2	35.3	77 30.8	04.0	252 42.1	17.9	272 07.0	12.9	Markab	13 32.5	N15 19.2
20	240 47.2	87 12.8	34.1	92 31.7	03.4	267 44.8	18.0	287 09.7	12.9	Menkar	314 09.2	N 4 10.4
21	255 49.7	102 12.4 ..	33.0	107 32.7 ..	02.9	282 47.5 ..	18.0	302 12.3 ..	13.0	Menkent	148 00.9	S36 28.6
22	270 52.2	117 12.0	31.9	122 33.6	02.3	297 50.2	18.1	317 14.9	13.0	Miaplacidus	221 39.6	S69 48.3
23	285 54.6	132 11.6	30.8	137 34.6	01.8	312 52.9	18.2	332 17.6	13.1			
23 00	300 57.1	147 11.2	N12 29.7	152 35.5	N14 01.3	327 55.6	S12 18.3	347 20.2	S18 13.1	Mirfak	308 32.5	N49 56.0
01	315 59.6	162 10.8	28.6	167 36.5	00.7	342 58.3	18.4	2 22.9	13.2	Nunki	75 50.9	S26 16.1
02	331 02.0	177 10.5	27.5	182 37.4	14 00.2	358 00.9	18.5	17 25.5	13.2	Peacock	53 09.6	S56 39.9
03	346 04.5	192 10.1 ..	26.3	197 38.4	13 59.6	13 03.6 ..	18.6	32 28.2 ..	13.3	Pollux	243 21.2	N27 58.5
04	1 06.9	207 09.7	25.2	212 39.3	59.1	28 06.3	18.7	47 30.8	13.3	Procyon	244 54.1	N 5 10.2
05	16 09.4	222 09.3	24.1	227 40.3	58.6	43 09.0	18.8	62 33.5	13.4			
06	31 11.9	237 08.9	N12 23.0	242 41.2	N13 58.0	58 11.7	S12 18.9	77 36.1	S18 13.5	Rasalhague	96 00.9	N12 32.8
07	46 14.3	252 08.5	21.9	257 42.2	57.5	73 14.4	19.0	92 38.8	13.5	Regulus	207 37.7	N11 51.9
08	61 16.8	267 08.1	20.8	272 43.1	56.9	88 17.1	19.1	107 41.4	13.6	Rigel	281 06.8	S 8 10.6
F 09	76 19.3	282 07.7 ..	19.6	287 44.1 ..	56.4	103 19.8 ..	19.2	122 44.1 ..	13.6	Rigil Kent.	139 44.0	S60 55.6
R 10	91 21.7	297 07.4	18.5	302 45.0	55.8	118 22.5	19.3	137 46.7	13.7	Sabik	102 05.8	S15 45.0
I 11	106 24.2	312 07.0	17.4	317 46.0	55.3	133 25.2	19.4	152 49.3	13.7			
D 12	121 26.7	327 06.6	N12 16.3	332 47.0	N13 54.8	148 27.9	S12 19.5	167 52.0	S18 13.8	Schedar	349 34.0	N56 39.0
A 13	136 29.1	342 06.2	15.2	347 47.9	54.2	163 30.5	19.6	182 54.6	13.8	Shaula	96 13.9	S37 07.1
Y 14	151 31.6	357 05.8	14.0	2 48.9	53.7	178 33.2	19.6	197 57.3	13.9	Sirius	258 29.1	S16 44.7
15	166 34.0	12 05.4 ..	12.9	17 49.8 ..	53.1	193 35.9 ..	19.7	212 59.9 ..	13.9	Spica	158 25.3	S11 16.3
16	181 36.5	27 05.1	11.8	32 50.8	52.6	208 38.6	19.8	228 02.6	14.0	Suhail	222 48.8	S43 31.1
17	196 39.0	42 04.7	10.7	47 51.7	52.0	223 41.3	19.9	243 05.2	14.0			
18	211 41.4	57 04.3	N12 09.6	62 52.7	N13 51.5	238 44.0	S12 20.0	258 07.9	S18 14.1	Vega	80 34.7	N38 48.3
19	226 43.9	72 03.9	08.4	77 53.6	50.9	253 46.7	20.1	273 10.5	14.2	Zuben'ubi	136 59.0	S16 07.8
20	241 46.4	87 03.5	07.3	92 54.6	50.4	268 49.4	20.2	288 13.2	14.2		SHA	Mer. Pass.
21	256 48.8	102 03.2 ..	06.2	107 55.5 ..	49.9	283 52.1 ..	20.3	303 15.8 ..	14.3		° ′	h m
22	271 51.3	117 02.8	05.1	122 56.5	49.3	298 54.8	20.4	318 18.5	14.3	Venus	207 22.8	14 11
23	286 53.8	132 02.4	03.9	137 57.5	48.8	313 57.5	20.5	333 21.1	14.4	Mars	212 14.7	13 50
	h m									Jupiter	26 53.1	2 12
Mer. Pass. 3 59.5		v −0.4	d 1.1	v 1.0	d 0.5	v 2.7	d 0.1	v 2.6	d 0.1	Saturn	46 18.8	0 55

2021 JULY 21, 22, 23 (WED., THURS., FRI.)

145

UT	SUN GHA	SUN Dec	MOON GHA	MOON v	MOON Dec	MOON d	MOON HP	Lat.	Twilight Naut.	Twilight Civil	Sunrise	Moonrise 21	Moonrise 22	Moonrise 23	Moonrise 24
d h	° ′	° ′	° ′	′	° ′	′	′	°	h m	h m	h m	h m	h m	h m	h m
21 00	178 23.6	N20 27.9	43 58.5	4.3	S23 18.3	6.9	60.1	N 72	☐	☐	☐	■	■	■	■
01	193 23.6	27.4	58 21.8	4.3	23 25.2	6.7	60.1	N 70	☐	☐	☐	■	■	■	23 54
02	208 23.5	27.0	72 45.1	4.1	23 31.9	6.6	60.1	68	////	////	01 16	■	■	■	23 03
03	223 23.5	.. 26.5	87 08.2	4.2	23 38.5	6.4	60.1	66	////	////	02 06	■	■	■	22 31
04	238 23.5	26.0	101 31.4	4.0	23 44.9	6.3	60.1	64	////	////	02 37	20 59	22 25	22 32	22 07
05	253 23.5	25.5	115 54.4	4.0	23 51.2	6.1	60.1	62	////	01 32	03 00	20 04	21 18	21 53	21 47
06	268 23.4	N20 25.0	130 17.4	3.9	S23 57.3	5.9	60.2	60	////	02 08	03 18	19 31	20 43	21 25	21 31
W 07	283 23.4	24.5	144 40.3	3.8	24 03.2	5.7	60.2	N 58	////	02 34	03 33	19 07	20 18	21 04	21 18
E 08	298 23.4	24.0	159 03.1	3.8	24 08.9	5.6	60.2	56	01 24	02 53	03 46	18 47	19 57	20 46	21 06
D 09	313 23.4	.. 23.6	173 25.9	3.8	24 14.5	5.4	60.2	54	01 58	03 10	03 57	18 31	19 40	20 31	20 55
N 10	328 23.3	23.1	187 48.7	3.6	24 19.9	5.3	60.2	52	02 21	03 23	04 07	18 17	19 26	20 18	20 46
E 11	343 23.3	22.6	202 11.3	3.6	24 25.2	5.0	60.2	50	02 40	03 35	04 16	18 05	19 13	20 07	20 26
S 12	358 23.3	N20 22.1	216 33.9	3.6	S24 30.2	4.9	60.2	45	03 14	03 59	04 35	17 40	18 47	19 43	20 10
D 13	13 23.2	21.6	230 56.5	3.5	24 35.1	4.7	60.2	N 40	03 39	04 18	04 50	17 20	18 27	19 23	19 56
A 14	28 23.2	21.1	245 19.0	3.4	24 39.8	4.6	60.2	35	03 59	04 34	05 02	17 03	18 09	19 07	19 24
Y 15	43 23.2	.. 20.6	259 41.4	3.5	24 44.4	4.3	60.2	30	04 15	04 47	05 13	16 49	17 54	18 53	19 06
16	58 23.2	20.1	274 03.9	3.3	24 48.7	4.2	60.1	20	04 40	05 08	05 32	16 24	17 29	18 30	18 49
17	73 23.1	19.6	288 26.2	3.3	24 52.9	4.0	60.1	N 10	04 59	05 25	05 48	16 03	17 07	18 09	
18	88 23.1	N20 19.1	302 48.5	3.3	S24 56.9	3.8	60.1	0	05 15	05 41	06 03	15 44	16 47	17 50	18 32
19	103 23.1	18.6	317 10.8	3.2	25 00.7	3.7	60.1	S 10	05 30	05 55	06 18	15 24	16 27	17 30	18 14
20	118 23.1	18.1	331 33.0	3.2	25 04.4	3.4	60.1	20	05 43	06 10	06 33	15 04	16 05	17 10	17 53
21	133 23.0	.. 17.6	345 55.2	3.2	25 07.8	3.3	60.1	30	05 57	06 26	06 51	14 40	15 40	16 46	17 41
22	148 23.0	17.2	0 17.4	3.1	25 11.1	3.1	60.1	35	06 04	06 34	07 02	14 26	15 25	16 32	17 27
23	163 23.0	16.7	14 39.5	3.1	25 14.2	2.9	60.1	40	06 11	06 44	07 14	14 09	15 08	16 15	17 10
								45	06 19	06 55	07 27	13 50	14 48	15 56	
22 00	178 23.0	N20 16.2	29 01.6	3.1	S25 17.1	2.7	60.1	S 50	06 28	07 08	07 44	13 26	14 22	15 31	16 50
01	193 23.0	15.7	43 23.7	3.1	25 19.8	2.6	60.1	52	06 32	07 14	07 52	13 15	14 10	15 20	16 40
02	208 22.9	15.2	57 45.8	3.0	25 22.4	2.3	60.1	54	06 36	07 20	08 01	13 02	13 55	15 06	16 28
03	223 22.9	.. 14.7	72 07.8	3.0	25 24.7	2.2	60.1	56	06 41	07 28	08 11	12 47	13 39	14 51	16 16
04	238 22.9	14.2	86 29.8	3.0	25 26.9	2.0	60.1	58	06 46	07 36	08 23	12 29	13 19	14 32	16 01
05	253 22.9	13.7	100 51.8	3.0	25 28.9	1.8	60.1	S 60	06 51	07 44	08 36	12 08	12 54	14 09	15 43
06	268 22.8	N20 13.2	115 13.8	3.0	S25 30.7	1.6	60.1	Lat.	Sunset	Twilight Civil	Twilight Naut.	Moonset 21	Moonset 22	Moonset 23	Moonset 24
07	283 22.8	12.7	129 35.8	2.9	25 32.3	1.4	60.1								
T 08	298 22.8	12.2	143 57.7	3.0	25 33.7	1.3	60.1	°	h m	h m	h m	h m	h m	h m	h m
H 09	313 22.8	.. 11.7	158 19.7	2.9	25 35.0	1.0	60.1	N 72	☐	☐	☐	■	■	■	■
U 10	328 22.8	11.2	172 41.6	2.9	25 36.0	0.9	60.1	N 70	☐	☐	☐	■	■	■	■
R 11	343 22.7	10.7	187 03.6	2.9	25 36.9	0.7	60.0	68	22 51	////	////	■	■	■	■
S 12	358 22.7	N20 10.2	201 25.5	3.0	S25 37.6	0.5	60.0	66	22 03	////	////	■	■	■	
D 13	13 22.7	09.6	215 47.5	2.9	25 38.1	0.3	60.0	64	21 33	////	////	22 54	23 42	25 45	01 45
A 14	28 22.7	09.1	230 09.4	3.0	25 38.4	0.1	60.0	62	21 11	22 37	////	23 50	24 48	00 48	02 23
Y 15	43 22.7	.. 08.6	244 31.4	3.0	25 38.5	0.0	60.0	60	20 53	22 02	////	24 22	00 22	01 23	02 50
16	58 22.6	08.1	258 53.4	3.0	25 38.5	0.3	60.0	N 58	20 38	21 37	////	00 08	00 47	01 49	03 12
17	73 22.6	07.6	273 15.4	3.0	25 38.2	0.4	60.0	56	20 26	21 18	22 45	00 24	01 07	02 09	03 29
18	88 22.6	N20 07.1	287 37.4	3.1	S25 37.8	0.6	60.0	54	20 15	21 02	22 13	00 38	01 23	02 26	03 43
19	103 22.6	06.6	301 59.5	3.0	25 37.2	0.8	60.0	52	20 05	20 48	21 50	00 50	01 37	02 40	03 56
20	118 22.6	06.1	316 21.5	3.1	25 36.4	1.0	59.9	50	19 56	20 37	21 32	01 01	01 50	02 53	04 07
21	133 22.5	.. 05.6	330 43.6	3.1	25 35.4	1.2	59.9	45	19 38	20 13	20 58	01 25	02 15	03 18	04 31
22	148 22.5	05.1	345 05.7	3.2	25 34.2	1.4	59.9	N 40	19 23	19 54	20 33	01 42	02 36	03 39	04 49
23	163 22.5	04.6	359 27.9	3.1	25 32.8	1.5	59.9	35	19 10	19 39	20 14	01 57	02 53	03 56	05 05
23 00	178 22.5	N20 04.1	13 50.0	3.3	S25 31.3	1.7	59.9	30	19 00	19 26	19 58	02 10	03 07	04 11	05 18
01	193 22.5	03.6	28 12.3	3.2	25 29.6	1.9	59.9	20	18 41	19 05	19 33	02 33	03 32	04 36	05 41
02	208 22.5	03.0	42 34.5	3.3	25 27.7	2.1	59.9	N 10	18 25	18 47	19 14	02 53	03 54	04 57	06 00
03	223 22.4	.. 02.5	56 56.8	3.3	25 25.6	2.3	59.8	0	18 10	18 32	18 58	03 11	04 14	05 17	06 19
04	238 22.4	02.0	71 19.1	3.4	25 23.3	2.5	59.8	S 10	17 55	18 18	18 43	03 30	04 34	05 37	06 37
05	253 22.4	01.5	85 41.5	3.5	25 20.8	2.6	59.8	20	17 40	18 03	18 30	03 50	04 56	05 59	06 56
06	268 22.4	N20 01.0	100 04.0	3.4	S25 18.2	2.8	59.8	30	17 22	17 47	18 17	04 13	05 20	06 23	07 18
07	283 22.4	00.5	114 26.4	3.6	25 15.4	3.0	59.8	35	17 11	17 39	18 10	04 26	05 35	06 38	07 31
F 08	298 22.4	20 00.0	128 49.0	3.6	25 12.4	3.1	59.8	40	17 00	17 29	18 02	04 42	05 52	06 54	07 46
R 09	313 22.3	19 59.4	143 11.6	3.6	25 09.3	3.4	59.7	45	16 46	17 18	17 54	05 00	06 13	07 14	08 04
I 10	328 22.3	58.9	157 34.2	3.7	25 05.9	3.5	59.7	S 50	16 29	17 05	17 45	05 24	06 38	07 39	08 27
D 11	343 22.3	58.4	171 56.9	3.8	25 02.4	3.7	59.7	52	16 21	16 59	17 41	05 35	06 51	07 51	08 36
A 12	358 22.3	N19 57.9	186 19.7	3.8	S24 58.7	3.9	59.7	54	16 12	16 53	17 37	05 47	07 05	08 05	08 47
Y 13	13 22.3	57.4	200 42.5	3.9	24 54.8	4.0	59.7	56	16 02	16 46	17 33	06 02	07 21	08 21	09 01
14	28 22.3	56.9	215 05.4	4.0	24 50.8	4.2	59.7	58	15 51	16 38	17 28	06 19	07 41	08 39	09 15
15	43 22.3	.. 56.3	229 28.4	4.0	24 46.6	4.4	59.6	S 60	15 38	16 29	17 22	06 40	08 06	09 03	09 34
16	58 22.2	55.8	243 51.4	4.2	24 42.2	4.5	59.6								
17	73 22.2	55.3	258 14.6	4.1	24 37.7	4.7	59.6		SUN			MOON			
18	88 22.2	N19 54.8	272 37.7	4.3	S24 33.0	4.9	59.6	Day	Eqn. of Time		Mer. Pass.	Mer. Pass. Upper	Mer. Pass. Lower	Age	Phase
19	103 22.2	54.2	287 01.0	4.4	24 28.1	5.1	59.6		00ʰ	12ʰ					
20	118 22.2	53.7	301 24.4	4.4	24 23.0	5.2	59.5								
21	133 22.2	.. 53.2	315 47.8	4.5	24 17.8	5.3	59.5	d	m s	m s	h m	h m	h m	d %	
22	148 22.2	52.7	330 11.3	4.6	24 12.5	5.6	59.5	21	06 26	06 27	12 06	21 59	09 27	11 91	
23	163 22.2	52.2	344 34.9	4.7	S24 06.9	5.7	59.5	22	06 28	06 29	12 06	23 02	10 31	12 96	◯
								23	06 30	06 31	12 07	24 04	11 34	13 99	
	SD 15.8	d 0.5	SD 16.4		16.4		16.3								

2021 JULY 24, 25, 26 (SAT., SUN., MON.)

UT	ARIES GHA	VENUS −3.9 GHA Dec	MARS +1.8 GHA Dec	JUPITER −2.8 GHA Dec	SATURN +0.2 GHA Dec	STARS Name	SHA	Dec
d h	° ′	° ′ ° ′	° ′ ° ′	° ′ ° ′	° ′ ° ′		° ′	° ′
24 00	301 56.2	147 02.0 N12 02.8	152 58.4 N13 48.2	329 00.2 S12 20.6	348 23.8 S18 14.4	Acamar	315 14.1	S40 12.9
01	316 58.7	162 01.7 01.7	167 59.4 47.7	344 02.9 20.7	3 26.4 14.5	Achernar	335 22.3	S57 07.4
02	332 01.2	177 01.3 12 00.6	183 00.3 47.1	359 05.6 20.8	18 29.0 14.5	Acrux	173 03.4	S63 13.3
03	347 03.6	192 00.9 11 59.4	198 01.3 . . 46.6	14 08.3 . . 20.9	33 31.7 . . 14.6	Adhara	255 08.4	S29 00.0
04	2 06.1	207 00.5 58.3	213 02.2 46.0	29 11.0 21.0	48 34.3 14.6	Aldebaran	290 43.1	N16 33.1
05	17 08.5	222 00.2 57.2	228 03.2 45.5	44 13.7 21.1	63 37.0 14.7			
06	32 11.0	236 59.8 N11 56.0	243 04.1 N13 45.0	59 16.4 S12 21.2	78 39.6 S18 14.7	Alioth	166 15.7	N55 51.0
07	47 13.5	251 59.4 54.9	258 05.1 44.4	74 19.0 21.3	93 42.3 14.8	Alkaid	152 54.3	N49 12.7
S 08	62 15.9	266 59.0 53.8	273 06.0 43.9	89 21.7 21.4	108 44.9 14.9	Al Na'ir	27 36.1	S46 51.3
A 09	77 18.4	281 58.7 . . 52.6	288 07.0 . . 43.3	104 24.4 . . 21.5	123 47.6 . . 14.9	Alnilam	275 40.8	S 1 11.3
T 10	92 20.9	296 58.3 51.5	303 08.0 42.8	119 27.1 21.6	138 50.2 15.0	Alphard	217 50.8	S 8 45.0
U 11	107 23.3	311 57.9 50.4	318 08.9 42.2	134 29.8 21.7	153 52.9 15.0			
R 12	122 25.8	326 57.5 N11 49.2	333 09.9 N13 41.7	149 32.5 S12 21.7	168 55.5 S18 15.1	Alphecca	126 06.0	N26 38.8
D 13	137 28.3	341 57.2 48.1	348 10.8 41.1	164 35.2 21.8	183 58.2 15.1	Alpheratz	357 37.5	N29 12.4
A 14	152 30.7	356 56.8 47.0	3 11.8 40.6	179 37.9 21.9	199 00.8 15.2	Altair	62 02.4	N 8 55.6
Y 15	167 33.2	11 56.4 . . 45.8	18 12.7 . . 40.0	194 40.6 . . 22.0	214 03.5 . . 15.2	Ankaa	353 09.8	S42 11.2
16	182 35.7	26 56.1 44.7	33 13.7 39.5	209 43.3 22.1	229 06.1 15.3	Antares	112 19.1	S26 28.7
17	197 38.1	41 55.7 43.6	48 14.6 38.9	224 46.0 22.2	244 08.8 15.3			
18	212 40.6	56 55.3 N11 42.4	63 15.6 N13 38.4	239 48.7 S12 22.3	259 11.4 S18 15.4	Arcturus	145 50.5	N19 04.5
19	227 43.0	71 55.0 41.3	78 16.6 37.8	254 51.4 22.4	274 14.1 15.4	Atria	107 15.4	S69 04.1
20	242 45.5	86 54.6 40.2	93 17.5 37.3	269 54.1 22.5	289 16.7 15.5	Avior	234 16.5	S59 34.6
21	257 48.0	101 54.2 . . 39.0	108 18.5 . . 36.7	284 56.8 . . 22.6	304 19.3 . . 15.6	Bellatrix	278 26.2	N 6 22.1
22	272 50.4	116 53.8 37.9	123 19.4 36.2	299 59.5 22.7	319 22.0 15.6	Betelgeuse	270 55.4	N 7 24.7
23	287 52.9	131 53.5 36.8	138 20.4 35.6	315 02.2 22.8	334 24.6 15.7			
25 00	302 55.4	146 53.1 N11 35.6	153 21.3 N13 35.1	330 04.9 S12 22.9	349 27.3 S18 15.7	Canopus	263 54.1	S52 42.3
01	317 57.8	161 52.8 34.5	168 22.3 34.5	345 07.6 23.0	4 29.9 15.8	Capella	280 26.4	N46 01.0
02	333 00.3	176 52.4 33.3	183 23.3 34.0	0 10.3 23.1	19 32.6 15.8	Deneb	49 27.2	N45 21.4
03	348 02.8	191 52.0 . . 32.2	198 24.2 . . 33.4	15 13.0 . . 23.2	34 35.2 . . 15.9	Denebola	182 28.0	N14 27.3
04	3 05.2	206 51.7 31.1	213 25.2 32.9	30 15.7 23.3	49 37.9 15.9	Diphda	348 50.0	S17 52.0
05	18 07.7	221 51.3 29.9	228 26.1 32.4	45 18.4 23.4	64 40.5 16.0			
06	33 10.2	236 50.9 N11 28.8	243 27.1 N13 31.8	60 21.1 S12 23.5	79 43.2 S18 16.0	Dubhe	193 45.0	N61 38.4
07	48 12.6	251 50.6 27.6	258 28.0 31.3	75 23.8 23.6	94 45.8 16.1	Elnath	278 05.7	N28 37.4
08	63 15.1	266 50.2 26.5	273 29.0 30.7	90 26.5 23.7	109 48.5 16.1	Eltanin	90 43.0	N51 29.4
S 09	78 17.5	281 49.8 . . 25.4	288 30.0 . . 30.2	105 29.2 . . 23.8	124 51.1 . . 16.2	Enif	33 41.2	N 9 58.4
U 10	93 20.0	296 49.5 24.2	303 30.9 29.6	120 31.9 23.9	139 53.8 16.3	Fomalhaut	15 17.4	S29 30.4
N 11	108 22.5	311 49.1 23.1	318 31.9 29.1	135 34.6 24.0	154 56.4 16.3			
D 12	123 24.9	326 48.8 N11 21.9	333 32.8 N13 28.5	150 37.3 S12 24.1	169 59.1 S18 16.4	Gacrux	171 54.9	S57 14.1
A 13	138 27.4	341 48.4 20.8	348 33.8 28.0	165 40.0 24.2	185 01.7 16.4	Gienah	175 46.6	S17 39.6
Y 14	153 29.9	356 48.0 19.6	3 34.7 27.4	180 42.8 24.3	200 04.4 16.5	Hadar	148 39.9	S60 28.8
15	168 32.3	11 47.7 . . 18.5	18 35.7 . . 26.8	195 45.5 . . 24.4	215 07.0 . . 16.5	Hamal	327 54.4	N23 33.7
16	183 34.8	26 47.3 17.3	33 36.7 26.3	210 48.2 24.5	230 09.7 16.6	Kaus Aust.	83 35.9	S34 22.4
17	198 37.3	41 47.0 16.2	48 37.6 25.7	225 50.9 24.6	245 12.3 16.6			
18	213 39.7	56 46.6 N11 15.0	63 38.6 N13 25.2	240 53.6 S12 24.7	260 15.0 S18 16.7	Kochab	137 19.6	N74 04.4
19	228 42.2	71 46.3 13.9	78 39.5 24.6	255 56.3 24.8	275 17.6 16.7	Markab	13 32.4	N15 19.2
20	243 44.7	86 45.9 12.7	93 40.5 24.1	270 59.0 24.9	290 20.3 16.8	Menkar	314 09.2	N 4 10.4
21	258 47.1	101 45.5 . . 11.6	108 41.5 . . 23.5	286 01.7 . . 25.0	305 22.9 . . 16.8	Menkent	148 00.9	S36 28.6
22	273 49.6	116 45.2 10.4	123 42.4 23.0	301 04.4 25.1	320 25.6 16.9	Miaplacidus	221 39.6	S69 48.3
23	288 52.0	131 44.8 09.3	138 43.4 22.4	316 07.1 25.2	335 28.2 17.0			
26 00	303 54.5	146 44.5 N11 08.1	153 44.3 N13 21.9	331 09.8 S12 25.3	350 30.8 S18 17.0	Mirfak	308 32.4	N49 56.0
01	318 57.0	161 44.1 07.0	168 45.3 21.3	346 12.5 25.4	5 33.5 17.1	Nunki	75 50.9	S26 16.1
02	333 59.4	176 43.8 05.8	183 46.2 20.8	1 15.2 25.5	20 36.1 17.1	Peacock	53 09.6	S56 39.9
03	349 01.9	191 43.4 . . 04.7	198 47.2 . . 20.2	16 17.9 . . 25.6	35 38.8 . . 17.2	Pollux	243 21.1	N27 58.5
04	4 04.4	206 43.1 03.5	213 48.2 19.7	31 20.6 25.7	50 41.4 17.2	Procyon	244 54.1	N 5 10.2
05	19 06.8	221 42.7 02.4	228 49.1 19.1	46 23.3 25.8	65 44.1 17.3			
06	34 09.3	236 42.4 N11 01.2	243 50.1 N13 18.6	61 26.0 S12 25.9	80 46.7 S18 17.3	Rasalhague	96 00.9	N12 32.8
07	49 11.8	251 42.0 11 00.1	258 51.0 18.0	76 28.7 26.0	95 49.4 17.4	Regulus	207 37.7	N11 51.9
08	64 14.2	266 41.6 10 58.9	273 52.0 17.5	91 31.5 26.1	110 52.0 17.4	Rigel	281 06.8	S 8 10.6
M 09	79 16.7	281 41.3 . . 57.8	288 53.0 . . 16.9	106 34.2 . . 26.2	125 54.7 . . 17.5	Rigil Kent.	139 45.0	S60 55.6
O 10	94 19.1	296 40.9 56.6	303 53.9 16.4	121 36.9 26.3	140 57.3 17.6	Sabik	102 05.8	S15 45.0
N 11	109 21.6	311 40.6 55.5	318 54.9 15.8	136 39.6 26.4	156 00.0 17.6			
D 12	124 24.1	326 40.2 N10 54.3	333 55.8 N13 15.2	151 42.3 S12 26.5	171 02.6 S18 17.7	Schedar	349 33.9	N56 39.0
A 13	139 26.5	341 39.9 53.1	348 56.8 14.7	166 45.0 26.6	186 05.3 17.7	Shaula	96 13.8	S37 07.1
Y 14	154 29.0	356 39.6 52.0	3 57.8 14.1	181 47.7 26.7	201 07.9 17.8	Sirius	258 29.0	S16 44.7
15	169 31.5	11 39.2 . . 50.8	18 58.7 . . 13.6	196 50.4 . . 26.8	216 10.6 . . 17.8	Spica	158 25.3	S11 16.3
16	184 33.9	26 38.9 49.7	33 59.7 13.0	211 53.1 26.9	231 13.2 17.9	Suhail	222 48.8	S43 31.1
17	199 36.4	41 38.5 48.5	49 00.6 12.5	226 55.8 27.0	246 15.9 17.9			
18	214 38.9	56 38.2 N10 47.4	64 01.6 N13 11.9	241 58.5 S12 27.1	261 18.5 S18 18.0	Vega	80 34.7	N38 48.4
19	229 41.3	71 37.8 46.2	79 02.6 11.4	257 01.2 27.2	276 21.2 18.0	Zuben'ubi	136 59.0	S16 07.8
20	244 43.8	86 37.5 45.0	94 03.5 10.8	272 04.0 27.3	291 23.8 18.1		SHA	Mer. Pass.
21	259 46.3	101 37.1 . . 43.9	109 04.5 . . 10.3	287 06.7 . . 27.4	306 26.5 . . 18.1		° ′	h m
22	274 48.7	116 36.8 42.7	124 05.4 09.7	302 09.4 27.5	321 29.1 18.2	Venus	203 57.7	14 13
23	289 51.2	131 36.4 41.6	139 06.4 09.1	317 12.1 27.6	336 31.8 18.3	Mars	210 26.0	13 46
	h m					Jupiter	27 09.6	1 59
Mer. Pass.	3 47.7	v −0.4 d 1.1	v 1.0 d 0.6	v 2.7 d 0.1	v 2.6 d 0.1	Saturn	46 31.9	0 42

2021 JULY 24, 25, 26 (SAT., SUN., MON.)

147

UT	SUN GHA	SUN Dec	MOON GHA	MOON v	MOON Dec	MOON d	MOON HP	Lat.	Twilight Naut.	Twilight Civil	Sunrise	Moonrise 24	Moonrise 25	Moonrise 26	Moonrise 27
d h	° '	° '	° '	'	° '	'	'	°	h m	h m	h m	h m	h m	h m	h m
24 00	178 22.2	N19 51.6	358 58.6	4.7	S24 01.2	5.8	59.4	N 72	☐	☐	☐	■	■	(00 30 / 23 26)	22 52
01	193 22.1	51.1	13 22.3	4.9	23 55.4	6.0	59.4	N 70	☐	☐	☐	■	23 41	23 05	22 42
02	208 22.1	50.6	27 46.2	4.9	23 49.4	6.2	59.4	68	////	////	01 36	23 54	23 10	22 49	22 34
03	223 22.1	50.1	42 10.1	5.0	23 43.2	6.3	59.4	66	////	////	02 18	23 03	22 46	22 36	22 27
04	238 22.1	49.5	56 34.1	5.2	23 36.9	6.5	59.4	64	////	00 46	02 46	22 31	22 28	22 25	22 21
05	253 22.1	49.0	70 58.3	5.2	23 30.4	6.6	59.3	62	////	01 46	03 08	22 07	22 12	22 15	22 16
06	268 22.1	N19 48.5	85 22.5	5.3	S23 23.8	6.8	59.3	60	////	02 18	03 25	21 47	22 00	22 07	22 12
S 07	283 22.1	47.9	99 46.8	5.4	23 17.0	6.9	59.3	N 58	00 42	02 41	03 39	21 31	21 48	22 00	22 08
A 08	298 22.1	47.4	114 11.2	5.5	23 10.1	7.0	59.3	56	01 37	03 00	03 51	21 18	21 39	21 53	22 05
T 09	313 22.1	46.9	128 35.7	5.6	23 03.1	7.2	59.2	54	02 06	03 15	04 02	21 06	21 30	21 47	22 01
U 10	328 22.1	46.4	143 00.3	5.7	22 55.9	7.4	59.2	52	02 28	03 28	04 12	20 55	21 22	21 42	21 59
R 11	343 22.0	45.8	157 25.0	5.9	22 48.5	7.5	59.2	50	02 46	03 40	04 20	20 46	21 15	21 38	21 56
D 12	358 22.0	N19 45.3	171 49.9	5.9	S22 41.0	7.6	59.2	45	03 19	04 03	04 38	20 26	21 00	21 27	21 50
A 13	13 22.0	44.8	186 14.8	6.0	22 33.4	7.8	59.1	N 40	03 43	04 21	04 52	20 10	20 48	21 19	21 45
Y 14	28 22.0	44.2	200 39.8	6.1	22 25.6	7.9	59.1	35	04 01	04 36	05 04	19 56	20 37	21 11	21 41
15	43 22.0	43.7	215 04.9	6.2	22 17.7	8.1	59.1	30	04 17	04 49	05 15	19 44	20 28	21 05	21 38
16	58 22.0	43.2	229 30.1	6.4	22 09.6	8.1	59.1	20	04 41	05 09	05 33	19 24	20 11	20 53	21 31
17	73 22.0	42.6	243 55.5	6.4	22 01.5	8.3	59.0	N 10	05 00	05 26	05 49	19 06	19 57	20 44	21 26
18	88 22.0	N19 42.1	258 20.9	6.6	S21 53.2	8.5	59.0	0	05 16	05 41	06 03	18 49	19 44	20 34	21 20
19	103 22.0	41.6	272 46.5	6.6	21 44.7	8.5	59.0	S 10	05 29	05 55	06 17	18 32	19 31	20 25	21 15
20	118 22.0	41.0	287 12.1	6.8	21 36.2	8.7	58.9	20	05 42	06 09	06 33	18 14	19 16	20 15	21 09
21	133 22.0	40.5	301 37.9	6.9	21 27.5	8.9	58.9	30	05 55	06 24	06 50	17 53	19 00	20 03	21 03
22	148 22.0	39.9	316 03.8	7.0	21 18.6	8.9	58.9	35	06 02	06 33	07 00	17 41	18 50	19 56	20 59
23	163 22.0	39.4	330 29.8	7.1	21 09.7	9.1	58.9	40	06 09	06 42	07 11	17 27	18 39	19 49	20 55
								45	06 17	06 52	07 25	17 10	18 26	19 40	20 50
25 00	178 22.0	N19 38.9	344 55.9	7.2	S21 00.6	9.1	58.8	S 50	06 25	07 05	07 41	16 50	18 10	19 29	20 44
01	193 22.0	38.3	359 22.1	7.3	20 51.5	9.3	58.8	52	06 29	07 10	07 48	16 40	18 03	19 24	20 41
02	208 22.0	37.8	13 48.4	7.4	20 42.2	9.5	58.8	54	06 33	07 17	07 57	16 28	17 54	19 18	20 38
03	223 21.9	37.3	28 14.8	7.6	20 32.7	9.5	58.7	56	06 37	07 23	08 06	16 16	17 45	19 12	20 35
04	238 21.9	36.7	42 41.4	7.6	20 23.2	9.6	58.7	58	06 42	07 31	08 17	16 01	17 34	19 05	20 31
05	253 21.9	36.2	57 08.0	7.8	20 13.6	9.8	58.7	S 60	06 47	07 39	08 30	15 43	17 22	18 57	20 27
06	268 21.9	N19 35.6	71 34.8	7.8	S20 03.8	9.8	58.7	Lat.	Sunset	Twilight Civil	Twilight Naut.	Moonset 24	Moonset 25	Moonset 26	Moonset 27
07	283 21.9	35.1	86 01.6	8.0	19 54.0	10.0	58.6								
08	298 21.9	34.5	100 28.6	8.1	19 44.0	10.1	58.6								
S 09	313 21.9	34.0	114 55.7	8.3	19 33.9	10.2	58.6	°	h m	h m	h m	h m	h m	h m	h m
U 10	328 21.9	33.5	129 23.0	8.3	19 23.7	10.2	58.5	N 72	☐	☐	☐	■	■	03 44	06 31
N 11	343 21.9	32.9	143 50.3	8.4	19 13.5	10.4	58.5	N 70	☐	☐	☐	■	■	04 32	06 50
D 12	358 21.9	N19 32.4	158 17.7	8.6	S19 03.1	10.5	58.5	68	22 31	////	////	■	02 26	05 02	07 04
A 13	13 21.9	31.8	172 45.3	8.6	18 52.6	10.5	58.4	66	21 51	////	////	■	03 16	05 24	07 16
Y 14	28 21.9	31.3	187 12.9	8.8	18 42.0	10.6	58.4	64	21 24	23 17	////	01 45	03 48	05 41	07 25
15	43 21.9	30.7	201 40.7	8.9	18 31.4	10.8	58.4	62	21 03	22 23	////	02 23	04 11	05 55	07 33
16	58 21.9	30.2	216 08.6	9.0	18 20.6	10.9	58.3	60	20 47	21 52	////	02 50	04 29	06 07	07 41
17	73 21.9	29.6	230 36.6	9.1	18 09.7	10.9	58.3								
18	88 21.9	N19 29.1	245 04.7	9.2	S17 58.8	11.0	58.3	N 58	20 32	21 30	23 21	03 12	04 45	06 18	07 47
19	103 21.9	28.5	259 32.9	9.3	17 47.8	11.2	58.2	56	20 20	21 11	22 33	03 29	04 58	06 27	07 52
20	118 21.9	28.0	274 01.2	9.5	17 36.6	11.2	58.2	54	20 10	20 56	22 04	03 43	05 09	06 35	07 57
21	133 21.9	27.4	288 29.7	9.5	17 25.4	11.3	58.2	52	20 01	20 43	21 43	03 56	05 19	06 42	08 01
22	148 21.9	26.9	302 58.2	9.7	17 14.1	11.3	58.2	50	19 52	20 32	21 26	04 07	05 28	06 48	08 05
23	163 21.9	26.3	317 26.9	9.8	17 02.8	11.5	58.1	45	19 35	20 09	20 53	04 31	05 46	07 02	08 14
26 00	178 21.9	N19 25.8	331 55.7	9.8	S16 51.3	11.5	58.1	N 40	19 20	19 51	20 30	04 49	06 02	07 13	08 21
01	193 21.9	25.2	346 24.5	10.0	16 39.8	11.6	58.1	35	19 08	19 37	20 11	05 05	06 14	07 22	08 27
02	208 21.9	24.7	0 53.5	10.1	16 28.2	11.7	58.0	30	18 58	19 24	19 56	05 18	06 25	07 30	08 32
03	223 21.9	24.1	15 22.6	10.2	16 16.5	11.7	58.0	20	18 40	19 04	19 32	05 41	06 44	07 45	08 41
04	238 21.9	23.6	29 51.8	10.3	16 04.8	11.9	58.0	N 10	18 24	18 47	19 13	06 00	07 01	07 57	08 49
05	253 21.9	23.0	44 21.1	10.4	15 52.9	11.9	57.9	0	18 10	18 32	18 58	06 19	07 16	08 08	08 57
06	268 21.9	N19 22.5	58 50.5	10.5	S15 41.0	11.9	57.9	S 10	17 56	18 18	18 44	06 37	07 31	08 20	09 04
07	283 21.9	21.9	73 20.0	10.6	15 29.1	12.1	57.9	20	17 41	18 04	18 31	06 56	07 47	08 32	09 12
08	298 21.9	21.3	87 49.6	10.7	15 17.0	12.0	57.8	30	17 24	17 49	18 18	07 18	08 05	08 45	09 20
M 09	313 21.9	20.8	102 19.3	10.9	15 05.0	12.2	57.8	35	17 14	17 41	18 11	07 31	08 16	08 53	09 25
O 10	328 21.9	20.2	116 49.2	10.9	14 52.8	12.2	57.8	40	17 02	17 32	18 04	07 46	08 28	09 02	09 31
N 11	343 21.9	19.7	131 19.1	11.0	14 40.6	12.3	57.7	45	16 49	17 21	17 57	08 04	08 42	09 13	09 38
D 12	358 21.9	N19 19.1	145 49.1	11.1	S14 28.3	12.3	57.7	S 50	16 33	17 09	17 49	08 25	08 59	09 25	09 45
A 13	13 22.0	18.6	160 19.2	11.2	14 16.0	12.4	57.7	52	16 25	17 03	17 45	08 36	09 08	09 31	09 49
Y 14	28 22.0	18.0	174 49.4	11.4	14 03.6	12.5	57.6	54	16 17	16 57	17 41	08 47	09 17	09 37	09 53
15	43 22.0	17.4	189 19.8	11.4	13 51.1	12.5	57.6	56	16 07	16 50	17 37	09 01	09 27	09 44	09 57
16	58 22.0	16.9	203 50.2	11.5	13 38.6	12.6	57.6	58	15 56	16 43	17 32	09 16	09 38	09 52	10 02
17	73 22.0	16.3	218 20.7	11.6	13 26.0	12.6	57.5	S 60	15 44	16 34	17 27	09 34	09 51	10 01	10 07
18	88 22.0	N19 15.8	232 51.3	11.7	S13 13.4	12.6	57.5		SUN	SUN	SUN	MOON	MOON	MOON	MOON
19	103 22.0	15.2	247 22.0	11.8	13 00.8	12.7	57.5	Day	Eqn. of Time 00h	Eqn. of Time 12h	Mer. Pass.	Mer. Pass. Upper	Mer. Pass. Lower	Age	Phase
20	118 22.0	14.6	261 52.8	11.9	12 48.1	12.8	57.4								
21	133 22.0	14.1	276 23.7	12.0	12 35.3	12.8	57.4	d	m s	m s	h m	h m	h m	d	%
22	148 22.0	13.5	290 54.7	12.0	12 22.5	12.9	57.4	24	06 31	06 32	12 07	00 04	12 34	14	100
23	163 22.0	12.9	305 25.7	12.2	S12 09.6	12.9	57.3	25	06 32	06 32	12 07	01 03	13 30	15	97
	SD 15.8	d 0.5	SD 16.1		15.9		15.7	26	06 32	06 32	12 07	01 56	14 21	16	93

2021 JULY 27, 28, 29 (TUES., WED., THURS.)

UT	ARIES	VENUS −3.9		MARS +1.8		JUPITER −2.8		SATURN +0.1		STARS		
	GHA	GHA	Dec	GHA	Dec	GHA	Dec	GHA	Dec	Name	SHA	Dec
d h	° ′	° ′	° ′	° ′	° ′	° ′	° ′	° ′	° ′		° ′	° ′
27 00	304 53.6	146 36.1	N10 40.4	154 07.4	N13 08.6	332 14.8	S12 27.7	351 34.4	S18 18.3	Acamar	315 14.0	S40 12.9
01	319 56.1	161 35.7	39.2	169 08.3	08.0	347 17.5	27.8	6 37.1	18.4	Achernar	335 22.3	S57 07.4
02	334 58.6	176 35.4	38.1	184 09.3	07.5	2 20.2	27.9	21 39.7	18.4	Acrux	173 03.4	S63 13.3
03	350 01.0	191 35.1 ..	36.9	199 10.2 ..	06.9	17 22.9 ..	28.0	36 42.4 ..	18.5	Adhara	255 08.4	S29 00.0
04	5 03.5	206 34.7	35.7	214 11.2	06.4	32 25.6	28.1	51 45.0	18.5	Aldebaran	290 43.0	N16 33.1
05	20 06.0	221 34.4	34.6	229 12.2	05.8	47 28.4	28.2	66 47.7	18.6			
06	35 08.4	236 34.0	N10 33.4	244 13.1	N13 05.2	62 31.1	S12 28.3	81 50.3	S18 18.6	Alioth	166 15.7	N55 51.0
07	50 10.9	251 33.7	32.3	259 14.1	04.7	77 33.8	28.4	96 53.0	18.7	Alkaid	152 54.3	N49 12.7
T 08	65 13.4	266 33.4	31.1	274 15.1	04.1	92 36.5	28.5	111 55.6	18.7	Al Na'ir	27 36.1	S46 51.3
U 09	80 15.8	281 33.0 ..	29.9	289 16.0 ..	03.6	107 39.2 ..	28.6	126 58.3 ..	18.8	Alnilam	275 40.8	S 1 11.3
E 10	95 18.3	296 32.7	28.8	304 17.0	03.0	122 41.9	28.7	142 00.9	18.8	Alphard	217 50.8	S 8 45.0
S 11	110 20.7	311 32.3	27.6	319 17.9	02.5	137 44.6	28.8	157 03.6	18.9			
D 12	125 23.2	326 32.0	N10 26.4	334 18.9	N13 01.9	152 47.3	S12 28.9	172 06.2	S18 19.0	Alphecca	126 06.0	N26 38.8
A 13	140 25.7	341 31.7	25.3	349 19.9	01.3	167 50.1	29.0	187 08.9	19.0	Alpheratz	357 37.5	N29 12.4
Y 14	155 28.1	356 31.3	24.1	4 20.8	00.8	182 52.8	29.1	202 11.5	19.1	Altair	62 02.4	N 8 55.6
15	170 30.6	11 31.0 ..	22.9	19 21.8	13 00.2	197 55.5 ..	29.2	217 14.2 ..	19.1	Ankaa	353 09.8	S42 11.2
16	185 33.1	26 30.6	21.7	34 22.7	12 59.7	212 58.2	29.3	232 16.8	19.2	Antares	112 19.1	S26 28.8
17	200 35.5	41 30.3	20.6	49 23.7	59.1	228 00.9	29.4	247 19.5	19.2			
18	215 38.0	56 30.0	N10 19.4	64 24.7	N12 58.6	243 03.6	S12 29.5	262 22.1	S18 19.3	Arcturus	145 50.5	N19 04.5
19	230 40.5	71 29.6	18.2	79 25.6	58.0	258 06.4	29.6	277 24.8	19.3	Atria	107 15.4	S69 04.1
20	245 42.9	86 29.3	17.1	94 26.6	57.4	273 09.1	29.7	292 27.4	19.4	Avior	234 16.5	S59 34.6
21	260 45.4	101 29.0 ..	15.9	109 27.6 ..	56.9	288 11.8 ..	29.8	307 30.1 ..	19.4	Bellatrix	278 26.1	N 6 22.1
22	275 47.9	116 28.6	14.7	124 28.5	56.3	303 14.5	29.9	322 32.7	19.5	Betelgeuse	270 55.4	N 7 24.7
23	290 50.3	131 28.3	13.6	139 29.5	55.8	318 17.2	30.0	337 35.4	19.6			
28 00	305 52.8	146 28.0	N10 12.4	154 30.4	N12 55.2	333 19.9	S12 30.1	352 38.0	S18 19.6	Canopus	263 54.1	S52 42.3
01	320 55.2	161 27.6	11.2	169 31.4	54.6	348 22.6	30.2	7 40.7	19.7	Capella	280 26.4	N46 01.0
02	335 57.7	176 27.3	10.0	184 32.4	54.1	3 25.4	30.3	22 43.3	19.7	Deneb	49 27.2	N45 21.4
03	351 00.2	191 27.0 ..	08.9	199 33.3 ..	53.5	18 28.1 ..	30.4	37 46.0 ..	19.8	Denebola	182 28.0	N14 27.3
04	6 02.6	206 26.6	07.7	214 34.3	53.0	33 30.8	30.5	52 48.6	19.8	Diphda	348 50.0	S17 52.0
05	21 05.1	221 26.3	06.5	229 35.3	52.4	48 33.5	30.6	67 51.3	19.9			
06	36 07.6	236 26.0	N10 05.3	244 36.2	N12 51.8	63 36.2	S12 30.7	82 53.9	S18 19.9	Dubhe	193 45.1	N61 38.4
07	51 10.0	251 25.6	04.2	259 37.2	51.3	78 38.9	30.8	97 56.6	20.0	Elnath	278 05.7	N28 37.4
W 08	66 12.5	266 25.3	03.0	274 38.1	50.7	93 41.7	30.9	112 59.2	20.0	Eltanin	90 43.0	N51 29.4
E 09	81 15.0	281 25.0 ..	01.8	289 39.1 ..	50.2	108 44.4 ..	31.0	128 01.9 ..	20.1	Enif	33 41.2	N 9 58.4
D 10	96 17.4	296 24.7	10 00.6	304 40.1	49.6	123 47.1	31.1	143 04.5	20.1	Fomalhaut	15 17.4	S29 30.4
N 11	111 19.9	311 24.3	9 59.5	319 41.0	49.0	138 49.8	31.2	158 07.2	20.2			
E 12	126 22.4	326 24.0	N 9 58.3	334 42.0	N12 48.5	153 52.5	S12 31.3	173 09.8	S18 20.3	Gacrux	171 55.0	S57 14.1
S 13	141 24.8	341 23.7	57.1	349 43.0	47.9	168 55.3	31.4	188 12.5	20.3	Gienah	175 46.6	S17 39.6
D 14	156 27.3	356 23.3	55.9	4 43.9	47.4	183 58.0	31.5	203 15.1	20.4	Hadar	148 39.9	S60 28.8
A 15	171 29.7	11 23.0 ..	54.7	19 44.9 ..	46.8	199 00.7 ..	31.6	218 17.8 ..	20.4	Hamal	327 54.3	N23 33.7
Y 16	186 32.2	26 22.7	53.6	34 45.9	46.2	214 03.4	31.7	233 20.4	20.5	Kaus Aust.	83 35.9	S34 22.4
17	201 34.7	41 22.4	52.4	49 46.8	45.7	229 06.1	31.9	248 23.1	20.5			
18	216 37.1	56 22.0	N 9 51.2	64 47.8	N12 45.1	244 08.9	S12 32.0	263 25.7	S18 20.6	Kochab	137 19.7	N74 04.4
19	231 39.6	71 21.7	50.0	79 48.7	44.5	259 11.6	32.1	278 28.4	20.6	Markab	13 32.4	N15 19.2
20	246 42.1	86 21.4	48.8	94 49.7	44.0	274 14.3	32.2	293 31.0	20.7	Menkar	314 09.2	N 4 10.4
21	261 44.5	101 21.1 ..	47.7	109 50.7 ..	43.4	289 17.0 ..	32.3	308 33.7 ..	20.7	Menkent	148 00.9	S36 28.6
22	276 47.0	116 20.7	46.5	124 51.6	42.9	304 19.7	32.4	323 36.3	20.8	Miaplacidus	221 39.7	S69 48.3
23	291 49.5	131 20.4	45.3	139 52.6	42.3	319 22.5	32.5	338 39.0	20.8			
29 00	306 51.9	146 20.1	N 9 44.1	154 53.6	N12 41.7	334 25.2	S12 32.6	353 41.6	S18 20.9	Mirfak	308 32.4	N49 56.0
01	321 54.4	161 19.8	42.9	169 54.5	41.2	349 27.9	32.7	8 44.3	21.0	Nunki	75 50.9	S26 16.1
02	336 56.8	176 19.4	41.7	184 55.5	40.6	4 30.6	32.8	23 46.9	21.0	Peacock	53 09.6	S56 39.9
03	351 59.3	191 19.1 ..	40.6	199 56.5 ..	40.0	19 33.3 ..	32.9	38 49.6 ..	21.1	Pollux	243 21.1	N27 58.5
04	7 01.8	206 18.8	39.4	214 57.4	39.5	34 36.1	33.0	53 52.2	21.1	Procyon	244 54.1	N 5 10.3
05	22 04.2	221 18.5	38.2	229 58.4	38.9	49 38.8	33.1	68 54.9	21.2			
06	37 06.7	236 18.2	N 9 37.0	244 59.4	N12 38.4	64 41.5	S12 33.2	83 57.5	S18 21.2	Rasalhague	96 00.9	N12 32.8
07	52 09.2	251 17.8	35.8	260 00.3	37.8	79 44.2	33.3	99 00.2	21.3	Regulus	207 37.7	N11 51.9
T 08	67 11.6	266 17.5	34.6	275 01.3	37.2	94 47.0	33.4	114 02.8	21.3	Rigel	281 06.8	S 8 10.5
H 09	82 14.1	281 17.2 ..	33.5	290 02.2 ..	36.7	109 49.7 ..	33.5	129 05.5 ..	21.4	Rigil Kent.	139 44.0	S60 55.6
U 10	97 16.6	296 16.9	32.3	305 03.2	36.1	124 52.4	33.6	144 08.1	21.4	Sabik	102 05.8	S15 45.0
R 11	112 19.0	311 16.6	31.1	320 04.2	35.5	139 55.1	33.7	159 10.8	21.5			
S 12	127 21.5	326 16.2	N 9 29.9	335 05.1	N12 35.0	154 57.8	S12 33.8	174 13.4	S18 21.6	Schedar	349 33.9	N56 39.0
D 13	142 24.0	341 15.9	28.7	350 06.1	34.4	170 00.6	33.9	189 16.1	21.6	Shaula	96 13.9	S37 07.2
A 14	157 26.4	356 15.6	27.5	5 07.1	33.8	185 03.3	34.0	204 18.7	21.7	Sirius	258 29.0	S16 44.6
Y 15	172 28.9	11 15.3 ..	26.3	20 08.0 ..	33.3	200 06.0 ..	34.1	219 21.4 ..	21.7	Spica	158 25.3	S11 16.3
16	187 31.3	26 15.0	25.1	35 09.0	32.7	215 08.7	34.2	234 24.0	21.8	Suhail	222 48.8	S43 31.1
17	202 33.8	41 14.7	23.9	50 10.0	32.1	230 11.5	34.4	249 26.7	21.8			
18	217 36.3	56 14.3	N 9 22.8	65 10.9	N12 31.6	245 14.2	S12 34.5	264 29.3	S18 21.9	Vega	80 34.7	N38 48.4
19	232 38.7	71 14.0	21.6	80 11.9	31.0	260 16.9	34.6	279 32.0	21.9	Zuben'ubi	136 59.1	S16 07.8
20	247 41.2	86 13.7	20.4	95 12.9	30.4	275 19.6	34.7	294 34.6	22.0		SHA	Mer. Pass.
21	262 43.7	101 13.4 ..	19.2	110 13.8 ..	29.9	290 22.4 ..	34.8	309 37.3 ..	22.0		° ′	h m
22	277 46.1	116 13.1	18.0	125 14.8	29.3	305 25.1	34.9	324 39.9	22.1	Venus	200 35.2	14 14
23	292 48.6	131 12.8	16.8	140 15.8	28.8	320 27.8	35.0	339 42.6	22.1	Mars	208 37.7	13 41
	h m									Jupiter	27 27.1	1 46
Mer. Pass. 3 35.9		v −0.3	d 1.2	v 1.0	d 0.6	v 2.7	d 0.1	v 2.7	d 0.1	Saturn	46 45.2	0 29

2021 JULY 27, 28, 29 (TUES., WED., THURS.)

149

UT	SUN GHA	SUN Dec	MOON GHA	MOON v	MOON Dec	MOON d	MOON HP	Lat.	Twilight Naut.	Twilight Civil	Sunrise	Moonrise 27	Moonrise 28	Moonrise 29	Moonrise 30
d h	° '	° '	° '	'	° '	'	'	°	h m	h m	h m	h m	h m	h m	h m
								N 72	☐	☐	☐	22 52	22 25	21 59	21 32
27 00	178 22.0	N19 12.4	319 56.9	12.2	S11 56.8	13.0	57.3	N 70	////	////	00 40	22 42	22 22	22 04	21 45
01	193 22.0	11.8	334 28.1	12.4	11 43.8	13.0	57.3	68	////	////	01 54	22 34	22 21	22 08	21 55
02	208 22.0	11.2	348 59.5	12.4	11 30.8	13.0	57.2	66	////	////	02 30	22 27	22 19	22 12	22 04
03	223 22.0	.. 10.7	3 30.9	12.5	11 17.8	13.0	57.2	64	////	01 14	02 56	22 21	22 18	22 14	22 11
04	238 22.0	10.1	18 02.4	12.6	11 04.8	13.1	57.1	62	////	01 59	03 16	22 16	22 17	22 17	22 17
05	253 22.1	09.5	32 34.0	12.7	10 51.7	13.1	57.1	60	////	02 28	03 32	22 12	22 16	22 19	22 23
06	268 22.1	N19 09.0	47 05.7	12.7	S10 38.6	13.2	57.1	N 58	01 07	02 49	03 45	22 08	22 15	22 21	22 28
07	283 22.1	08.4	61 37.4	12.9	10 25.4	13.2	57.0	56	01 49	03 07	03 57	22 05	22 14	22 23	22 32
T 08	298 22.1	07.8	76 09.3	12.9	10 12.2	13.2	57.0	54	02 15	03 21	04 07	22 01	22 13	22 25	22 36
U 09	313 22.1	.. 07.3	90 41.2	13.0	9 59.0	13.2	57.0	52	02 35	03 34	04 16	21 59	22 13	22 26	22 40
E 10	328 22.1	06.7	105 13.2	13.1	9 45.8	13.3	56.9	50	02 52	03 44	04 24	21 56	22 12	22 27	22 43
S 11	343 22.1	06.1	119 45.3	13.2	9 32.5	13.3	56.9	45	03 23	04 07	04 41	21 50	22 11	22 30	22 50
D 12	358 22.1	N19 05.6	134 17.5	13.2	S 9 19.2	13.3	56.9	N 40	03 46	04 24	04 55	21 45	22 10	22 33	22 56
A 13	13 22.1	05.0	148 49.7	13.3	9 05.9	13.4	56.8	35	04 04	04 38	05 06	21 41	22 09	22 35	23 01
Y 14	28 22.1	04.4	163 22.0	13.4	8 52.5	13.4	56.8	30	04 19	04 50	05 17	21 38	22 08	22 37	23 06
15	43 22.2	.. 03.8	177 54.4	13.4	8 39.1	13.4	56.8	20	04 42	05 10	05 34	21 31	22 06	22 40	23 14
16	58 22.2	03.3	192 26.8	13.6	8 25.7	13.4	56.7	N 10	05 01	05 27	05 49	21 26	22 05	22 43	23 21
17	73 22.2	02.7	206 59.4	13.6	8 12.3	13.5	56.7	0	05 16	05 41	06 03	21 20	22 04	22 46	23 28
18	88 22.2	N19 02.1	221 32.0	13.6	S 7 58.8	13.4	56.7	S 10	05 29	05 55	06 17	21 15	22 03	22 49	23 34
19	103 22.2	01.5	236 04.6	13.8	7 45.4	13.5	56.7	20	05 41	06 08	06 31	21 09	22 02	22 52	23 41
20	118 22.2	01.0	250 37.4	13.8	7 31.9	13.5	56.6	30	05 54	06 23	06 48	21 03	22 00	22 55	23 50
21	133 22.2	.. 19 00.4	265 10.2	13.9	7 18.4	13.5	56.6	35	06 00	06 31	06 58	20 59	21 59	22 57	23 55
22	148 22.2	18 59.8	279 43.1	13.9	7 04.9	13.5	56.6	40	06 07	06 39	07 09	20 55	21 58	23 00	24 00
23	163 22.3	59.2	294 16.0	14.0	6 51.4	13.6	56.5	45	06 14	06 49	07 21	20 50	21 57	23 02	24 06
28 00	178 22.3	N18 58.6	308 49.0	14.1	S 6 37.8	13.5	56.5	S 50	06 22	07 01	07 37	20 44	21 56	23 06	24 14
01	193 22.3	58.1	323 22.1	14.1	6 24.3	13.6	56.5	52	06 25	07 07	07 44	20 41	21 56	23 07	24 18
02	208 22.3	57.5	337 55.2	14.2	6 10.7	13.6	56.4	54	06 29	07 12	07 52	20 38	21 55	23 09	24 22
03	223 22.3	.. 56.9	352 28.4	14.2	5 57.1	13.6	56.4	56	06 33	07 19	08 01	20 35	21 54	23 11	24 26
04	238 22.3	56.3	7 01.6	14.3	5 43.5	13.6	56.4	58	06 37	07 26	08 12	20 31	21 53	23 13	24 31
05	253 22.3	55.7	21 34.9	14.4	5 29.9	13.6	56.3	S 60	06 42	07 34	08 23	20 27	21 53	23 15	24 36
06	268 22.4	N18 55.2	36 08.3	14.4	S 5 16.3	13.6	56.3	Lat.	Sunset	Twilight Civil	Twilight Naut.	Moonset 27	Moonset 28	Moonset 29	Moonset 30
W 07	283 22.4	54.6	50 41.7	14.5	5 02.7	13.6	56.3								
E 08	298 22.4	54.0	65 15.2	14.5	4 49.1	13.6	56.2								
D 09	313 22.4	.. 53.4	79 48.7	14.6	4 35.5	13.6	56.2	°	h m	h m	h m	h m	h m	h m	h m
N 10	328 22.4	52.8	94 22.3	14.6	4 21.9	13.7	56.2	N 72	☐	☐	☐	06 31	08 40	10 39	12 35
E 11	343 22.4	52.3	108 55.9	14.7	4 08.2	13.6	56.1	N 70	23 18	////	////	06 50	08 47	10 37	12 24
S 12	358 22.4	N18 51.7	123 29.6	14.7	S 3 54.6	13.6	56.1	68	22 14	////	////	07 04	08 53	10 36	12 16
D 13	13 22.5	51.1	138 03.3	14.8	3 41.0	13.7	56.1	66	21 39	////	////	07 16	08 58	10 35	12 09
A 14	28 22.5	50.5	152 37.1	14.8	3 27.3	13.6	56.1	64	21 15	22 52	////	07 25	09 02	10 34	12 03
Y 15	43 22.5	.. 49.9	167 10.9	14.9	3 13.7	13.6	56.0	62	20 55	22 10	////	07 33	09 05	10 33	11 58
16	58 22.5	49.3	181 44.8	14.9	3 00.1	13.6	56.0	60	20 40	21 43	////	07 41	09 08	10 32	11 54
17	73 22.5	48.7	196 18.7	14.9	2 46.5	13.7	56.0								
18	88 22.5	N18 48.1	210 52.6	15.0	S 2 32.8	13.6	55.9	N 58	20 26	21 22	23 00	07 47	09 11	10 32	11 50
19	103 22.6	47.6	225 26.6	15.1	2 19.2	13.6	55.9	56	20 15	21 05	22 21	07 52	09 13	10 31	11 47
20	118 22.6	47.0	240 00.7	15.0	2 05.6	13.6	55.9	54	20 05	20 50	21 56	07 57	09 15	10 31	11 44
21	133 22.6	.. 46.4	254 34.7	15.2	1 52.0	13.6	55.8	52	19 56	20 38	21 36	08 01	09 17	10 30	11 41
22	148 22.6	45.8	269 08.9	15.1	1 38.4	13.6	55.8	50	19 48	20 27	21 20	08 05	09 19	10 30	11 39
23	163 22.6	45.2	283 43.0	15.2	1 24.8	13.5	55.8	45	19 31	20 05	20 49	08 14	09 23	10 29	11 33
29 00	178 22.7	N18 44.6	298 17.2	15.2	S 1 11.3	13.6	55.8	N 40	19 18	19 48	20 26	08 21	09 26	10 28	11 29
01	193 22.7	44.0	312 51.4	15.3	0 57.7	13.6	55.7	35	19 06	19 34	20 08	08 27	09 28	10 27	11 25
02	208 22.7	43.4	327 25.7	15.3	0 44.1	13.5	55.7	30	18 56	19 22	19 53	08 32	09 31	10 27	11 22
03	223 22.7	.. 42.8	342 00.0	15.3	0 30.6	13.5	55.7	20	18 39	19 02	19 30	08 41	09 35	10 26	11 16
04	238 22.7	42.2	356 34.3	15.4	0 17.0	13.5	55.6	N 10	18 24	18 46	19 12	08 49	09 38	10 25	11 11
05	253 22.8	41.6	11 08.7	15.3	S 0 03.5	13.5	55.6	0	18 10	18 32	18 57	08 57	09 42	10 24	11 06
06	268 22.8	N18 41.1	25 43.0	15.5	N 0 10.0	13.5	55.6	S 10	17 56	18 18	18 44	09 04	09 45	10 23	11 01
07	283 22.8	40.5	40 17.5	15.4	0 23.5	13.5	55.6	20	17 42	18 05	18 32	09 12	09 48	10 22	10 56
T 08	298 22.8	39.9	54 51.9	15.5	0 37.0	13.4	55.5	30	17 25	17 51	18 21	09 20	09 52	10 21	10 50
H 09	313 22.8	.. 39.3	69 26.4	15.5	0 50.4	13.5	55.5	35	17 16	17 43	18 13	09 25	09 54	10 21	10 47
U 10	328 22.9	38.7	84 00.9	15.5	1 03.9	13.4	55.5	40	17 05	17 34	18 07	09 31	09 57	10 20	10 43
R 11	343 22.9	38.1	98 35.4	15.5	1 17.3	13.4	55.5	45	16 52	17 24	18 00	09 38	09 59	10 19	10 39
S 12	358 22.9	N18 37.5	113 09.9	15.6	N 1 30.7	13.4	55.4	S 50	16 37	17 12	17 52	09 45	10 03	10 18	10 34
D 13	13 22.9	36.9	127 44.5	15.6	1 44.1	13.4	55.4	52	16 29	17 07	17 48	09 49	10 04	10 18	10 31
A 14	28 23.0	36.3	142 19.1	15.6	1 57.5	13.3	55.4	54	16 21	17 01	17 45	09 53	10 06	10 17	10 29
Y 15	43 23.0	.. 35.7	156 53.7	15.6	2 10.8	13.3	55.4	56	16 12	16 55	17 41	09 57	10 08	10 17	10 26
16	58 23.0	35.1	171 28.3	15.6	2 24.1	13.3	55.3	58	16 02	16 48	17 36	10 02	10 10	10 16	10 23
17	73 23.0	34.5	186 02.9	15.7	2 37.4	13.3	55.3	S 60	15 50	16 40	17 32	10 07	10 12	10 16	10 19
18	88 23.1	N18 33.9	200 37.6	15.6	N 2 50.7	13.3	55.3	Day	SUN Eqn. of Time 00h	SUN Eqn. of Time 12h	SUN Mer. Pass.	MOON Mer. Pass. Upper	MOON Mer. Pass. Lower	MOON Age	MOON Phase
19	103 23.1	33.3	215 12.2	15.7	3 04.0	13.2	55.3								
20	118 23.1	32.7	229 46.9	15.7	3 17.2	13.2	55.2								
21	133 23.1	.. 32.1	244 21.6	15.7	3 30.4	13.2	55.2	d	m s	m s	h m	h m	h m	d	%
22	148 23.2	31.5	258 56.3	15.8	3 43.6	13.2	55.2	27	06 32	06 32	12 07	02 45	15 09	17	86
23	163 23.2	30.9	273 31.1	15.7	N 3 56.8	13.1	55.2	28	06 31	06 30	12 07	03 31	15 53	18	78
	SD 15.8	d 0.6	SD 15.5		15.3		15.1	29	06 29	06 28	12 06	04 14	16 35	19	70

2021 JULY 30, 31, AUG. 1 (FRI., SAT., SUN.)

UT	ARIES	VENUS −3.9		MARS +1.8		JUPITER −2.8		SATURN +0.1		STARS		
	GHA	GHA	Dec	GHA	Dec	GHA	Dec	GHA	Dec	Name	SHA	Dec
d h	° ′	° ′	° ′	° ′	° ′	° ′	° ′	° ′	° ′		° ′	° ′
30 00	307 51.1	146 12.5	N 9 15.6	155 16.7	N12 28.2	335 30.5	S12 35.1	354 45.2	S18 22.2	Acamar	315 14.0	S40 12.9
01	322 53.5	161 12.1	14.4	170 17.7	27.6	350 33.3	35.2	9 47.9	22.3	Achernar	335 22.2	S57 07.4
02	337 56.0	176 11.8	13.2	185 18.7	27.1	5 36.0	35.3	24 50.5	22.3	Acrux	173 03.4	S63 13.2
03	352 58.4	191 11.5	.. 12.0	200 19.6	.. 26.5	20 38.7	.. 35.4	39 53.2	.. 22.4	Adhara	255 08.4	S28 59.9
04	8 00.9	206 11.2	10.8	215 20.6	25.9	35 41.4	35.5	54 55.9	22.4	Aldebaran	290 43.0	N16 33.1
05	23 03.4	221 10.9	09.6	230 21.6	25.4	50 44.2	35.6	69 58.5	22.5			
06	38 05.8	236 10.6	N 9 08.4	245 22.5	N12 24.8	65 46.9	S12 35.7	85 01.2	S18 22.5	Alioth	166 15.7	N55 51.0
07	53 08.3	251 10.3	07.2	260 23.5	24.2	80 49.6	35.8	100 03.8	22.6	Alkaid	152 54.4	N49 12.7
08	68 10.8	266 10.0	06.1	275 24.5	23.7	95 52.4	35.9	115 06.5	22.6	Al Na'ir	27 36.0	S46 51.3
F 09	83 13.2	281 09.7	.. 04.9	290 25.4	.. 23.1	110 55.1	.. 36.0	130 09.1	.. 22.7	Alnilam	275 40.8	S 1 11.2
R 10	98 15.7	296 09.3	03.7	305 26.4	22.5	125 57.8	36.1	145 11.8	22.7	Alphard	217 50.8	S 8 45.0
I 11	113 18.2	311 09.0	02.5	320 27.4	21.9	141 00.5	36.2	160 14.4	22.8			
D 12	128 20.6	326 08.7	N 9 01.3	335 28.3	N12 21.4	156 03.3	S12 36.4	175 17.1	S18 22.8	Alphecca	126 06.0	N26 38.8
A 13	143 23.1	341 08.4	9 00.1	350 29.3	20.8	171 06.0	36.5	190 19.7	22.9	Alpheratz	357 37.4	N29 12.4
Y 14	158 25.6	356 08.1	8 58.9	5 30.3	20.2	186 08.7	36.6	205 22.4	23.0	Altair	62 02.4	N 8 55.6
15	173 28.0	11 07.8	.. 57.7	20 31.2	.. 19.7	201 11.4	.. 36.7	220 25.0	.. 23.0	Ankaa	353 09.7	S42 11.2
16	188 30.5	26 07.5	56.5	35 32.2	19.1	216 14.2	36.8	235 27.7	23.1	Antares	112 19.1	S26 28.8
17	203 32.9	41 07.2	55.3	50 33.2	18.5	231 16.9	36.9	250 30.3	23.1			
18	218 35.4	56 06.9	N 8 54.1	65 34.1	N12 18.0	246 19.6	S12 37.0	265 33.0	S18 23.2	Arcturus	145 50.5	N19 04.5
19	233 37.9	71 06.6	52.9	80 35.1	17.4	261 22.4	37.1	280 35.6	23.2	Atria	107 15.4	S69 04.1
20	248 40.3	86 06.3	51.7	95 36.1	16.8	276 25.1	37.2	295 38.3	23.3	Avior	234 16.5	S59 34.6
21	263 42.8	101 06.0	.. 50.5	110 37.0	.. 16.3	291 27.8	.. 37.3	310 40.9	.. 23.3	Bellatrix	278 26.1	N 6 22.2
22	278 45.3	116 05.7	49.3	125 38.0	15.7	306 30.6	37.4	325 43.6	23.4	Betelgeuse	270 55.4	N 7 24.7
23	293 47.7	131 05.4	48.1	140 39.0	15.1	321 33.3	37.5	340 46.2	23.4			
31 00	308 50.2	146 05.1	N 8 46.9	155 39.9	N12 14.6	336 36.0	S12 37.6	355 48.9	S18 23.5	Canopus	263 54.1	S52 42.2
01	323 52.7	161 04.8	45.7	170 40.9	14.0	351 38.7	37.7	10 51.5	23.5	Capella	280 26.3	N46 01.0
02	338 55.1	176 04.5	44.5	185 41.9	13.4	6 41.5	37.8	25 54.2	23.6	Deneb	49 27.2	N45 21.4
03	353 57.6	191 04.2	.. 43.3	200 42.8	.. 12.8	21 44.2	.. 37.9	40 56.8	.. 23.7	Denebola	182 28.0	N14 27.3
04	9 00.1	206 03.8	42.1	215 43.8	12.3	36 46.9	38.1	55 59.5	23.7	Diphda	348 50.0	S17 52.0
05	24 02.5	221 03.5	40.9	230 44.8	11.7	51 49.7	38.2	71 02.1	23.8			
06	39 05.0	236 03.2	N 8 39.6	245 45.7	N12 11.1	66 52.4	S12 38.3	86 04.8	S18 23.8	Dubhe	193 45.1	N61 38.4
07	54 07.4	251 02.9	38.4	260 46.7	10.6	81 55.1	38.4	101 07.4	23.9	Elnath	278 05.7	N28 37.4
S 08	69 09.9	266 02.6	37.2	275 47.7	10.0	96 57.9	38.5	116 10.1	23.9	Eltanin	90 43.1	N51 29.4
A 09	84 12.4	281 02.3	.. 36.0	290 48.6	.. 09.4	112 00.6	.. 38.6	131 12.7	.. 24.0	Enif	33 41.2	N 9 58.4
T 10	99 14.8	296 02.0	34.8	305 49.6	08.9	127 03.3	38.7	146 15.4	24.0	Fomalhaut	15 17.3	S29 30.4
U 11	114 17.3	311 01.7	33.6	320 50.6	08.3	142 06.1	38.8	161 18.0	24.1			
R 12	129 19.8	326 01.4	N 8 32.4	335 51.6	N12 07.7	157 08.8	S12 38.9	176 20.7	S18 24.1	Gacrux	171 55.0	S57 14.1
D 13	144 22.2	341 01.1	31.2	350 52.5	07.1	172 11.5	39.0	191 23.3	24.2	Gienah	175 46.6	S17 39.6
A 14	159 24.7	356 00.8	30.0	5 53.5	06.6	187 14.3	39.1	206 26.0	24.3	Hadar	148 40.0	S60 28.7
Y 15	174 27.2	11 00.5	.. 28.8	20 54.5	.. 06.0	202 17.0	.. 39.2	221 28.7	.. 24.3	Hamal	327 54.3	N23 33.7
16	189 29.6	26 00.3	27.6	35 55.4	05.4	217 19.7	39.3	236 31.3	24.4	Kaus Aust.	83 35.9	S34 22.4
17	204 32.1	41 00.0	26.4	50 56.4	04.9	232 22.5	39.5	251 34.0	24.4			
18	219 34.5	55 59.7	N 8 25.2	65 57.4	N12 04.3	247 25.2	S12 39.6	266 36.6	S18 24.5	Kochab	137 19.8	N74 04.4
19	234 37.0	70 59.4	24.0	80 58.3	03.7	262 27.9	39.7	281 39.3	24.5	Markab	13 32.4	N15 19.2
20	249 39.5	85 59.1	22.7	95 59.3	03.1	277 30.7	39.8	296 41.9	24.6	Menkar	314 09.1	N 4 10.4
21	264 41.9	100 58.8	.. 21.5	111 00.3	.. 02.6	292 33.4	.. 39.9	311 44.6	.. 24.6	Menkent	148 00.9	S36 28.6
22	279 44.4	115 58.5	20.3	126 01.2	02.0	307 36.1	40.0	326 47.2	24.7	Miaplacidus	221 39.7	S69 48.3
23	294 46.9	130 58.2	19.1	141 02.2	01.4	322 38.9	40.1	341 49.9	24.7			
1 00	309 49.3	145 57.9	N 8 17.9	156 03.2	N12 00.8	337 41.6	S12 40.2	356 52.5	S18 24.8	Mirfak	308 32.4	N49 56.0
01	324 51.8	160 57.6	16.7	171 04.2	12 00.3	352 44.3	40.3	11 55.2	24.8	Nunki	75 50.9	S26 16.1
02	339 54.3	175 57.3	15.5	186 05.1	11 59.7	7 47.1	40.4	26 57.8	24.9	Peacock	53 09.6	S56 39.9
03	354 56.7	190 57.0	.. 14.3	201 06.1	.. 59.1	22 49.8	.. 40.5	42 00.5	.. 25.0	Pollux	243 21.1	N27 58.5
04	9 59.2	205 56.7	13.1	216 07.1	58.6	37 52.5	40.6	57 03.1	25.0	Procyon	244 54.1	N 5 10.3
05	25 01.7	220 56.4	11.8	231 08.0	58.0	52 55.3	40.7	72 05.8	25.1			
06	40 04.1	235 56.1	N 8 10.6	246 09.0	N11 57.4	67 58.0	S12 40.9	87 08.4	S18 25.1	Rasalhague	96 00.9	N12 32.8
07	55 06.6	250 55.8	09.4	261 10.0	56.8	83 00.8	41.0	102 11.1	25.2	Regulus	207 37.7	N11 51.9
08	70 09.0	265 55.5	08.2	276 10.9	56.3	98 03.5	41.1	117 13.7	25.2	Rigel	281 06.8	S 8 10.5
S 09	85 11.5	280 55.2	.. 07.0	291 11.9	.. 55.7	113 06.2	.. 41.2	132 16.4	.. 25.3	Rigil Kent.	139 44.1	S60 55.6
U 10	100 14.0	295 55.0	05.8	306 12.9	55.1	128 09.0	41.3	147 19.0	25.3	Sabik	102 05.8	S15 45.0
N 11	115 16.4	310 54.7	04.6	321 13.8	54.5	143 11.7	41.4	162 21.7	25.4			
D 12	130 18.9	325 54.4	N 8 03.3	336 14.8	N11 54.0	158 14.4	S12 41.5	177 24.3	S18 25.4	Schedar	349 33.9	N56 39.0
A 13	145 21.4	340 54.1	02.1	351 15.8	53.4	173 17.2	41.6	192 27.0	25.5	Shaula	96 13.9	S37 07.2
Y 14	160 23.8	355 53.8	8 00.9	6 16.8	52.8	188 19.9	41.7	207 29.6	25.5	Sirius	258 29.0	S16 44.6
15	175 26.3	10 53.5	7 59.7	21 17.7	.. 52.2	203 22.6	.. 41.8	222 32.3	.. 25.6	Spica	158 25.3	S11 16.3
16	190 28.8	25 53.2	58.5	36 18.7	51.7	218 25.4	41.9	237 34.9	25.7	Suhail	222 48.8	S43 31.1
17	205 31.2	40 52.9	57.3	51 19.7	51.1	233 28.1	42.0	252 37.6	25.7			
18	220 33.7	55 52.6	N 7 56.1	66 20.6	N11 50.5	248 30.9	S12 42.2	267 40.2	S18 25.8	Vega	80 34.7	N38 48.4
19	235 36.2	70 52.4	54.8	81 21.6	49.9	263 33.6	42.3	282 42.9	25.8	Zuben'ubi	136 59.1	S16 07.8
20	250 38.6	85 52.1	53.6	96 22.6	49.4	278 36.3	42.4	297 45.6	25.9		SHA	Mer. Pass.
21	265 41.1	100 51.8	.. 52.4	111 23.6	.. 48.8	293 39.1	.. 42.5	312 48.2	.. 25.9		° ′	h m
22	280 43.5	115 51.5	51.2	126 24.5	48.2	308 41.8	42.6	327 50.9	26.0	Venus	197 14.9	14 16
23	295 46.0	130 51.2	50.0	141 25.5	47.6	323 44.6	42.7	342 53.5	26.0	Mars	206 49.7	13 36
	h m									Jupiter	27 45.8	1 33
Mer. Pass.	3 24.1	v −0.3	d 1.2	v 1.0	d 0.6	v 2.7	d 0.1	v 2.7	d 0.1	Saturn	46 58.7	0 17

2021 JULY 30, 31, AUG. 1 (FRI., SAT., SUN.)

UT	SUN GHA	SUN Dec	MOON GHA	MOON v	MOON Dec	MOON d	MOON HP	Lat.	Twilight Naut.	Twilight Civil	Sunrise	Moonrise 30	Moonrise 31	Moonrise 1	Moonrise 2
d h	° ′	° ′	° ′	′	° ′	′	′	°	h m	h m	h m	h m	h m	h m	h m
								N 72	▭	▭	▭	21 32	20 58	19 51	▭
30 00	178 23.2	N18 30.3	288 05.8	15.7	N 4 09.9	13.1	55.1	N 70	////	////	01 19	21 45	21 22	20 47	▭
01	193 23.2	29.7	302 40.5	15.8	4 23.0	13.1	55.1	68	////	////	02 11	21 55	21 40	21 21	20 45
02	208 23.3	29.1	317 15.3	15.7	4 36.1	13.1	55.1	66	////	////	02 42	22 04	21 56	21 46	21 32
03	223 23.3	.. 28.4	331 50.0	15.8	4 49.2	13.0	55.1	64	////	01 35	03 05	22 11	22 08	22 05	22 03
04	238 23.3	27.8	346 24.8	15.7	5 02.2	13.0	55.1	62	////	02 12	03 24	22 17	22 19	22 21	22 26
05	253 23.3	27.2	0 59.5	15.8	5 15.2	12.9	55.0	60	////	02 37	03 39	22 23	22 28	22 34	22 45
06	268 23.4	N18 26.6	15 34.3	15.8	N 5 28.1	12.9	55.0	N 58	01 26	02 57	03 51	22 28	22 36	22 46	23 00
07	283 23.4	26.0	30 09.1	15.8	5 41.0	12.9	55.0	56	02 00	03 13	04 02	22 32	22 43	22 56	23 14
08	298 23.4	25.4	44 43.9	15.7	5 53.9	12.9	55.0	54	02 24	03 27	04 12	22 36	22 49	23 05	23 25
F 09	313 23.5	.. 24.8	59 18.6	15.8	6 06.8	12.8	54.9	52	02 42	03 39	04 20	22 40	22 55	23 13	23 35
R 10	328 23.5	24.2	73 53.4	15.8	6 19.6	12.8	54.9	50	02 58	03 49	04 28	22 43	23 00	23 20	23 45
I 11	343 23.5	23.6	88 28.2	15.7	6 32.4	12.8	54.9	45	03 28	04 10	04 44	22 50	23 11	23 35	24 04
D 12	358 23.5	N18 23.0	103 02.9	15.8	N 6 45.2	12.7	54.9	N 40	03 50	04 27	04 58	22 56	23 21	23 48	24 20
A 13	13 23.6	22.4	117 37.7	15.8	6 57.9	12.7	54.9	35	04 07	04 41	05 09	23 01	23 29	23 59	24 33
Y 14	28 23.6	21.8	132 12.5	15.7	7 10.6	12.6	54.9	30	04 21	04 52	05 18	23 06	23 36	24 09	00 09
15	43 23.6	.. 21.1	146 47.2	15.8	7 23.2	12.7	54.8	20	04 44	05 12	05 35	23 14	23 48	24 25	00 25
16	58 23.7	20.5	161 22.0	15.7	7 35.9	12.5	54.8	N 10	05 01	05 27	05 50	23 21	23 59	24 40	00 40
17	73 23.7	19.9	175 56.7	15.7	7 48.4	12.6	54.8	0	05 16	05 41	06 03	23 28	24 10	00 10	00 53
18	88 23.7	N18 19.3	190 31.4	15.8	N 8 01.0	12.5	54.8	S 10	05 29	05 54	06 16	23 34	24 20	00 20	01 07
19	103 23.7	18.7	205 06.2	15.7	8 13.5	12.4	54.8	20	05 40	06 07	06 30	23 41	24 31	00 31	01 22
20	118 23.8	18.1	219 40.9	15.7	8 25.9	12.4	54.7	30	05 52	06 21	06 46	23 50	24 44	00 44	01 39
21	133 23.8	.. 17.5	234 15.6	15.7	8 38.3	12.4	54.7	35	05 58	06 28	06 55	23 55	24 51	00 51	01 49
22	148 23.8	16.8	248 50.3	15.6	8 50.7	12.3	54.7	40	06 04	06 37	07 06	24 00	00 00	01 00	02 00
23	163 23.9	16.2	263 24.9	15.7	9 03.0	12.3	54.7	45	06 11	06 46	07 18	24 06	00 06	01 10	02 14
31 00	178 23.9	N18 15.6	277 59.6	15.6	N 9 15.3	12.3	54.7	S 50	06 18	06 57	07 33	24 14	00 14	01 22	02 30
01	193 23.9	15.0	292 34.2	15.7	9 27.6	12.2	54.7	52	06 21	07 02	07 40	24 18	00 18	01 28	02 38
02	208 24.0	14.4	307 08.9	15.6	9 39.8	12.1	54.6	54	06 25	07 08	07 47	24 22	00 22	01 34	02 47
03	223 24.0	.. 13.8	321 43.5	15.6	9 51.9	12.1	54.6	56	06 28	07 14	07 56	24 26	00 26	01 41	02 56
04	238 24.0	13.1	336 18.1	15.5	10 04.0	12.1	54.6	58	06 32	07 21	08 05	24 31	00 31	01 49	03 08
05	253 24.1	12.5	350 52.6	15.6	10 16.1	12.0	54.6	S 60	06 37	07 28	08 17	24 36	00 36	01 58	03 21
06	268 24.1	N18 11.9	5 27.2	15.5	N10 28.1	12.0	54.6	Lat.	Sunset	Twilight Civil	Twilight Naut.	Moonset 30	Moonset 31	Moonset 1	Moonset 2
07	283 24.1	11.3	20 01.7	15.6	10 40.1	11.9	54.6								
S 08	298 24.2	10.7	34 36.3	15.4	10 52.0	11.9	54.6	°	h m	h m	h m	h m	h m	h m	h m
A 09	313 24.2	.. 10.0	49 10.7	15.5	11 03.9	11.8	54.5	N 72	▭	▭	▭	12 35	14 37	17 15	
T 10	328 24.2	09.4	63 45.2	15.4	11 15.7	11.8	54.5	N 70	22 46	////	////	12 24	14 15	16 20	▭
U 11	343 24.3	08.8	78 19.6	15.5	11 27.5	11.8	54.5	68	21 58	////	////	12 16	13 58	15 47	17 57
R 12	358 24.3	N18 08.2	92 54.1	15.4	N11 39.3	11.6	54.5	66	21 27	////	////	12 09	13 44	15 23	17 11
D 13	13 24.3	07.5	107 28.5	15.3	11 50.9	11.7	54.5	64	21 05	22 33	////	12 03	13 33	15 05	16 41
A 14	28 24.4	06.9	122 02.8	15.4	12 02.6	11.5	54.5	62	20 47	21 58	////	11 58	13 23	14 50	16 18
Y 15	43 24.4	.. 06.3	136 37.2	15.3	12 14.1	11.6	54.5	60	20 32	21 33	////	11 54	13 15	14 37	16 00
16	58 24.4	05.7	151 11.5	15.3	12 25.7	11.4	54.4								
17	73 24.5	05.1	165 45.7	15.3	12 37.1	11.4	54.4	N 58	20 20	21 13	22 42	11 50	13 08	14 27	15 45
18	88 24.5	N18 04.4	180 20.0	15.2	N12 48.5	11.4	54.4	56	20 09	20 58	22 10	11 47	13 02	14 17	15 32
19	103 24.5	03.8	194 54.2	15.2	12 59.9	11.3	54.4	54	20 00	20 44	21 47	11 44	12 56	14 09	15 21
20	118 24.6	03.2	209 28.4	15.1	13 11.2	11.3	54.4	52	19 51	20 33	21 28	11 41	12 51	14 01	15 11
21	133 24.6	.. 02.5	224 02.5	15.2	13 22.5	11.1	54.4	50	19 44	20 22	21 13	11 39	12 47	13 55	15 03
22	148 24.7	01.9	238 36.7	15.0	13 33.6	11.2	54.4	45	19 28	20 01	20 44	11 33	12 37	13 41	14 44
23	163 24.7	01.3	253 10.7	15.1	13 44.8	11.1	54.4								
1 00	178 24.7	N18 00.7	267 44.8	15.0	N13 55.9	11.0	54.4	N 40	19 15	19 45	20 22	11 29	12 29	13 29	14 29
01	193 24.8	18 00.0	282 18.8	15.0	14 06.9	10.9	54.4	35	19 04	19 31	20 05	11 25	12 22	13 19	14 17
02	208 24.8	17 59.4	296 52.8	14.9	14 17.8	10.9	54.3	30	18 54	19 20	19 51	11 22	12 16	13 10	14 06
03	223 24.9	.. 58.8	311 26.7	14.9	14 28.7	10.9	54.3	20	18 37	19 01	19 29	11 16	12 05	12 56	13 47
04	238 24.9	58.1	326 00.6	14.9	14 39.6	10.7	54.3	N 10	18 23	18 45	19 11	11 11	11 56	12 43	13 30
05	253 24.9	57.5	340 34.5	14.8	14 50.3	10.8	54.3	0	18 10	18 32	18 57	11 06	11 48	12 30	13 15
06	268 25.0	N17 56.9	355 08.3	14.8	N15 01.1	10.6	54.3	S 10	17 57	18 19	18 44	11 01	11 39	12 18	13 00
07	283 25.0	56.2	9 42.1	14.7	15 11.7	10.6	54.3	20	17 43	18 06	18 33	10 56	11 30	12 06	12 44
08	298 25.0	55.6	24 15.8	14.7	15 22.3	10.5	54.3	30	17 27	17 52	18 21	10 50	11 20	11 51	12 25
S 09	313 25.1	.. 55.0	38 49.5	14.6	15 32.8	10.5	54.3	35	17 18	17 45	18 15	10 47	11 14	11 43	12 15
U 10	328 25.1	54.3	53 23.1	14.7	15 43.3	10.4	54.3	40	17 08	17 36	18 09	10 43	11 07	11 33	12 02
N 11	343 25.2	53.7	67 56.8	14.5	15 53.7	10.3	54.3	45	16 55	17 27	18 02	10 39	10 59	11 22	11 48
D 12	358 25.2	N17 53.1	82 30.3	14.5	N16 04.0	10.3	54.3	S 50	16 41	17 16	17 55	10 34	10 50	11 08	11 30
A 13	13 25.3	52.4	97 03.8	14.5	16 14.3	10.2	54.3	52	16 34	17 11	17 52	10 31	10 46	11 02	11 22
Y 14	28 25.3	51.8	111 37.3	14.4	16 24.5	10.1	54.3	54	16 26	17 06	17 49	10 29	10 41	10 55	11 13
15	43 25.3	.. 51.2	126 10.7	14.4	16 34.6	10.1	54.3	56	16 18	17 00	17 45	10 26	10 36	10 47	11 02
16	58 25.4	50.5	140 44.1	14.4	16 44.7	9.9	54.3	58	16 08	16 53	17 41	10 23	10 30	10 39	10 51
17	73 25.4	49.9	155 17.5	14.3	16 54.6	10.0	54.3	S 60	15 57	16 45	17 37	10 19	10 24	10 29	10 37
18	88 25.5	N17 49.3	169 50.8	14.2	N17 04.6	9.8	54.2		SUN	SUN	SUN	MOON	MOON	MOON	MOON
19	103 25.5	48.6	184 24.0	14.2	17 14.4	9.8	54.2	Day	Eqn. of Time 00h	Eqn. of Time 12h	Mer. Pass.	Mer. Pass. Upper	Mer. Pass. Lower	Age	Phase
20	118 25.5	48.0	198 57.2	14.1	17 24.2	9.7	54.2								
21	133 25.6	.. 47.3	213 30.3	14.1	17 33.9	9.6	54.2	d	m s	m s	h m	h m	h m	d	%
22	148 25.6	46.7	228 03.4	14.1	17 43.5	9.6	54.2	30	06 27	06 26	12 06	04 56	17 17	20	60
23	163 25.7	46.1	242 36.5	13.9	N17 53.1	9.5	54.2	31	06 24	06 23	12 06	05 38	17 59	21	51
	SD 15.8	d 0.6	SD 15.0		14.8		14.8	1	06 21	06 19	12 06	06 20	18 42	22	41

2021 AUGUST 2, 3, 4 (MON., TUES., WED.)

UT	ARIES	VENUS −3.9		MARS +1.8		JUPITER −2.8		SATURN +0.1		STARS		
	GHA	GHA	Dec	GHA	Dec	GHA	Dec	GHA	Dec	Name	SHA	Dec
d h	° ′	° ′	° ′	° ′	° ′	° ′	° ′	° ′	° ′		° ′	° ′
2 00	310 48.5	145 50.9	N 7 48.7	156 26.5	N11 47.1	338 47.3	S12 42.8	357 56.2	S18 26.1	Acamar	315 14.0	S40 12.9
01	325 50.9	160 50.6	47.5	171 27.4	46.5	353 50.0	42.9	12 58.8	26.1	Achernar	335 22.2	S57 07.4
02	340 53.4	175 50.3	46.3	186 28.4	45.9	8 52.8	43.0	28 01.5	26.2	Acrux	173 03.5	S63 13.2
03	355 55.9	190 50.1 . .	45.1	201 29.4 . .	45.3	23 55.5 . .	43.1	43 04.1 . .	26.2	Adhara	255 08.4	S28 59.9
04	10 58.3	205 49.8	43.9	216 30.4	44.8	38 58.2	43.2	58 06.8	26.3	Aldebaran	290 43.0	N16 33.1
05	26 00.8	220 49.5	42.6	231 31.3	44.2	54 01.0	43.4	73 09.4	26.3			
06	41 03.3	235 49.2	N 7 41.4	246 32.3	N11 43.6	69 03.7	S12 43.5	88 12.1	S18 26.4	Alioth	166 15.8	N55 51.0
07	56 05.7	250 48.9	40.2	261 33.3	43.0	84 06.5	43.6	103 14.7	26.5	Alkaid	152 54.4	N49 12.7
08	71 08.2	265 48.6	39.0	276 34.2	42.4	99 09.2	43.7	118 17.4	26.5	Al Na'ir	27 36.0	S46 51.3
M 09	86 10.6	280 48.4 . .	37.8	291 35.2 . .	41.9	114 12.0 . .	43.8	133 20.0 . .	26.6	Alnilam	275 40.8	S 1 11.2
O 10	101 13.1	295 48.1	36.5	306 36.2	41.3	129 14.7	43.9	148 22.7	26.6	Alphard	217 50.8	S 8 45.0
N 11	116 15.6	310 47.8	35.3	321 37.2	40.7	144 17.4	44.0	163 25.3	26.7			
D 12	131 18.0	325 47.5	N 7 34.1	336 38.1	N11 40.1	159 20.2	S12 44.1	178 28.0	S18 26.7	Alphecca	126 06.0	N26 38.8
A 13	146 20.5	340 47.2	32.9	351 39.1	39.6	174 22.9	44.2	193 30.6	26.8	Alpheratz	357 37.4	N29 12.4
Y 14	161 23.0	355 47.0	31.6	6 40.1	39.0	189 25.7	44.3	208 33.3	26.8	Altair	62 02.4	N 8 55.6
15	176 25.4	10 46.7 . .	30.4	21 41.0 . .	38.4	204 28.4 . .	44.5	223 35.9 . .	26.9	Ankaa	353 09.7	S42 11.2
16	191 27.9	25 46.4	29.2	36 42.0	37.8	219 31.1	44.6	238 38.6	26.9	Antares	112 19.1	S26 28.7
17	206 30.4	40 46.1	28.0	51 43.0	37.2	234 33.9	44.7	253 41.2	27.0			
18	221 32.8	55 45.8	N 7 26.7	66 44.0	N11 36.7	249 36.6	S12 44.8	268 43.9	S18 27.0	Arcturus	145 50.5	N19 04.5
19	236 35.3	70 45.6	25.5	81 44.9	36.1	264 39.4	44.9	283 46.5	27.1	Atria	107 15.5	S69 04.1
20	251 37.8	85 45.3	24.3	96 45.9	35.5	279 42.1	45.0	298 49.2	27.2	Avior	234 16.5	S59 34.6
21	266 40.2	100 45.0 . .	23.1	111 46.9 . .	34.9	294 44.9 . .	45.1	313 51.8 . .	27.2	Bellatrix	278 26.1	N 6 22.2
22	281 42.7	115 44.7	21.8	126 47.8	34.4	309 47.6	45.2	328 54.5	27.3	Betelgeuse	270 55.4	N 7 24.7
23	296 45.1	130 44.4	20.6	141 48.8	33.8	324 50.3	45.3	343 57.2	27.3			
3 00	311 47.6	145 44.2	N 7 19.4	156 49.8	N11 33.2	339 53.1	S12 45.4	358 59.8	S18 27.4	Canopus	263 54.1	S52 42.2
01	326 50.1	160 43.9	18.2	171 50.8	32.6	354 55.8	45.6	14 02.5	27.4	Capella	280 26.3	N46 01.0
02	341 52.5	175 43.6	16.9	186 51.7	32.0	9 58.6	45.7	29 05.1	27.5	Deneb	49 27.2	N45 21.5
03	356 55.0	190 43.3 . .	15.7	201 52.7 . .	31.5	25 01.3 . .	45.8	44 07.8 . .	27.5	Denebola	182 30.0	N14 27.3
04	11 57.5	205 43.1	14.5	216 53.7	30.9	40 04.1	45.9	59 10.4	27.6	Diphda	348 50.0	S17 52.0
05	26 59.9	220 42.8	13.2	231 54.7	30.3	55 06.8	46.0	74 13.1	27.6			
06	42 02.4	235 42.5	N 7 12.0	246 55.6	N11 29.7	70 09.5	S12 46.1	89 15.7	S18 27.7	Dubhe	193 45.1	N61 38.4
07	57 04.9	250 42.2	10.8	261 56.6	29.1	85 12.3	46.2	104 18.4	27.7	Elnath	278 05.7	N28 37.4
T 08	72 07.3	265 42.0	09.6	276 57.6	28.6	100 15.0	46.3	119 21.0	27.8	Eltanin	90 43.1	N51 29.4
U 09	87 09.8	280 41.7 . .	08.3	291 58.5 . .	28.0	115 17.8 . .	46.4	134 23.7 . .	27.9	Enif	33 41.2	N 9 58.5
E 10	102 12.3	295 41.4	07.1	306 59.5	27.4	130 20.5	46.6	149 26.3	27.9	Fomalhaut	15 17.3	S29 30.4
S 11	117 14.7	310 41.1	05.9	322 00.5	26.8	145 23.3	46.7	164 29.0	28.0			
D 12	132 17.2	325 40.9	N 7 04.6	337 01.5	N11 26.2	160 26.0	S12 46.8	179 31.6	S18 28.0	Gacrux	171 55.0	S57 14.1
A 13	147 19.6	340 40.6	03.4	352 02.4	25.7	175 28.8	46.9	194 34.3	28.1	Gienah	175 46.7	S17 39.6
Y 14	162 22.1	355 40.3	02.2	7 03.4	25.1	190 31.5	47.0	209 36.9	28.1	Hadar	148 40.0	S60 28.7
15	177 24.6	10 40.0 . .	7 00.9	22 04.4 . .	24.5	205 34.2 . .	47.1	224 39.6 . .	28.2	Hamal	327 54.3	N23 33.7
16	192 27.0	25 39.8	6 59.7	37 05.4	23.9	220 37.0	47.2	239 42.2	28.2	Kaus Aust.	83 35.9	S34 22.4
17	207 29.5	40 39.5	58.5	52 06.3	23.3	235 39.7	47.3	254 44.9	28.3			
18	222 32.0	55 39.2	N 6 57.2	67 07.3	N11 22.7	250 42.5	S12 47.4	269 47.5	S18 28.3	Kochab	137 19.8	N74 04.4
19	237 34.4	70 39.0	56.0	82 08.3	22.2	265 45.2	47.6	284 50.2	28.4	Markab	13 32.4	N15 19.2
20	252 36.9	85 38.7	54.8	97 09.3	21.6	280 48.0	47.7	299 52.8	28.4	Menkar	314 09.1	N 4 10.4
21	267 39.4	100 38.4 . .	53.5	112 10.2 . .	21.0	295 50.7 . .	47.8	314 55.5 . .	28.5	Menkent	148 00.9	S36 28.6
22	282 41.8	115 38.1	52.3	127 11.2	20.4	310 53.5	47.9	329 58.1	28.5	Miaplacidus	221 39.7	S69 48.3
23	297 44.3	130 37.9	51.1	142 12.2	19.8	325 56.2	48.0	345 00.8	28.6			
4 00	312 46.8	145 37.6	N 6 49.8	157 13.1	N11 19.3	340 59.0	S12 48.1	0 03.5	S18 28.7	Mirfak	308 32.3	N49 56.0
01	327 49.2	160 37.3	48.6	172 14.1	18.7	356 01.7	48.2	15 06.1	28.7	Nunki	75 50.9	S26 16.1
02	342 51.7	175 37.1	47.4	187 15.1	18.1	11 04.5	48.3	30 08.8	28.8	Peacock	53 09.6	S56 39.9
03	357 54.1	190 36.8 . .	46.1	202 16.1 . .	17.5	26 07.2 . .	48.4	45 11.4 . .	28.8	Pollux	243 21.1	N27 58.5
04	12 56.6	205 36.5	44.9	217 17.0	16.9	41 10.0	48.6	60 14.1	28.9	Procyon	244 54.1	N 5 10.3
05	27 59.1	220 36.3	43.7	232 18.0	16.3	56 12.7	48.7	75 16.7	28.9			
06	43 01.5	235 36.0	N 6 42.4	247 19.0	N11 15.8	71 15.5	S12 48.8	90 19.4	S18 29.0	Rasalhague	96 00.9	N12 32.8
W 07	58 04.0	250 35.7	41.2	262 20.0	15.2	86 18.2	48.9	105 22.0	29.0	Regulus	207 37.7	N11 51.9
E 08	73 06.5	265 35.5	39.9	277 20.9	14.6	101 20.9	49.0	120 24.7	29.1	Rigel	281 06.8	S 8 10.5
D 09	88 08.9	280 35.2 . .	38.7	292 21.9 . .	14.0	116 23.7 . .	49.1	135 27.3 . .	29.1	Rigil Kent.	139 44.1	S60 55.6
N 10	103 11.4	295 34.9	37.5	307 22.9	13.4	131 26.4	49.2	150 30.0	29.2	Sabik	102 05.8	S15 45.0
E 11	118 13.9	310 34.7	36.2	322 23.9	12.8	146 29.2	49.3	165 32.6	29.2			
S 12	133 16.3	325 34.4	N 6 35.0	337 24.8	N11 12.3	161 31.9	S12 49.4	180 35.3	S18 29.3	Schedar	349 33.9	N56 39.0
D 13	148 18.8	340 34.1	33.8	352 25.8	11.7	176 34.7	49.6	195 37.9	29.3	Shaula	96 13.9	S37 07.2
A 14	163 21.3	355 33.9	32.5	7 26.8	11.1	191 37.4	49.7	210 40.6	29.4	Sirius	258 29.0	S16 44.6
Y 15	178 23.7	10 33.6 . .	31.3	22 27.8 . .	10.5	206 40.2 . .	49.8	225 43.2 . .	29.5	Spica	158 25.3	S11 16.3
16	193 26.2	25 33.3	30.0	37 28.7	09.9	221 42.9	49.9	240 45.9	29.5	Suhail	222 48.8	S43 31.1
17	208 28.6	40 33.1	28.8	52 29.7	09.3	236 45.7	50.0	255 48.5	29.6			
18	223 31.1	55 32.8	N 6 27.6	67 30.7	N11 08.8	251 48.4	S12 50.1	270 51.2	S18 29.6	Vega	80 34.7	N38 48.4
19	238 33.6	70 32.6	26.3	82 31.7	08.2	266 51.2	50.2	285 53.8	29.7	Zuben'ubi	136 59.1	S16 07.8
20	253 36.0	85 32.3	25.1	97 32.6	07.6	281 53.9	50.3	300 56.5	29.7		SHA	Mer. Pass.
21	268 38.5	100 32.0 . .	23.8	112 33.6 . .	07.0	296 56.7 . .	50.5	315 59.1 . .	29.8		° ′	h m
22	283 41.0	115 31.8	22.6	127 34.6	06.4	311 59.4	50.6	331 01.8	29.8	Venus	193 56.6	14 17
23	298 43.4	130 31.5	21.4	142 35.6	05.8	327 02.2	50.7	346 04.4	29.9	Mars	205 02.2	13 32
	h m									Jupiter	28 05.5	1 20
Mer. Pass. 3 12.3		v −0.3	d 1.2	v 1.0	d 0.6	v 2.7	d 0.1	v 2.7	d 0.1	Saturn	47 12.2	0 04

2021 AUGUST 2, 3, 4 (MON., TUES., WED.)

UT	SUN GHA	SUN Dec	MOON GHA	MOON v	MOON Dec	MOON d	MOON HP
d h	° ′	° ′	° ′	′	° ′	′	′
2 00	178 25.7	N17 45.4	257 09.4	14.0	N18 02.6	9.4	54.2
01	193 25.8	44.8	271 42.4	13.9	18 12.0	9.3	54.2
02	208 25.8	44.1	286 15.3	13.8	18 21.3	9.3	54.2
03	223 25.9	43.5	300 48.1	13.8	18 30.6	9.2	54.2
04	238 25.9	42.8	315 20.9	13.7	18 39.8	9.1	54.2
05	253 25.9	42.2	329 53.6	13.7	18 48.9	9.0	54.2
06	268 26.0	N17 41.6	344 26.3	13.6	N18 57.9	8.9	54.2
07	283 26.0	40.9	358 58.9	13.5	19 06.8	8.9	54.2
08	298 26.1	40.3	13 31.4	13.6	19 15.7	8.8	54.2
M 09	313 26.1	39.6	28 04.0	13.4	19 24.5	8.7	54.2
O 10	328 26.2	39.0	42 36.4	13.4	19 33.2	8.6	54.2
N 11	343 26.2	38.3	57 08.8	13.3	19 41.8	8.5	54.2
D 12	358 26.3	N17 37.7	71 41.1	13.3	N19 50.3	8.5	54.2
A 13	13 26.3	37.0	86 13.4	13.2	19 58.8	8.4	54.2
Y 14	28 26.4	36.4	100 45.6	13.2	20 07.2	8.2	54.2
15	43 26.4	35.7	115 17.8	13.1	20 15.4	8.2	54.2
16	58 26.5	35.1	129 49.9	13.1	20 23.6	8.1	54.2
17	73 26.5	34.4	144 22.0	12.9	20 31.7	8.1	54.2
18	88 26.6	N17 33.8	158 53.9	13.0	N20 39.8	7.9	54.2
19	103 26.6	33.1	173 25.9	12.9	20 47.7	7.9	54.2
20	118 26.7	32.5	187 57.8	12.8	20 55.6	7.7	54.2
21	133 26.7	31.8	202 29.6	12.7	21 03.3	7.7	54.2
22	148 26.8	31.2	217 01.3	12.7	21 11.0	7.5	54.2
23	163 26.8	30.5	231 33.0	12.7	21 18.5	7.5	54.3
3 00	178 26.9	N17 29.9	246 04.7	12.5	N21 26.0	7.4	54.3
01	193 26.9	29.2	260 36.2	12.5	21 33.4	7.3	54.3
02	208 27.0	28.6	275 07.7	12.5	21 40.7	7.2	54.3
03	223 27.0	27.9	289 39.2	12.4	21 47.9	7.1	54.3
04	238 27.1	27.3	304 10.6	12.3	21 55.0	7.0	54.3
05	253 27.1	26.6	318 41.9	12.3	22 02.0	7.0	54.3
06	268 27.2	N17 25.9	333 13.2	12.2	N22 09.0	6.8	54.3
07	283 27.2	25.3	347 44.4	12.2	22 15.8	6.7	54.3
08	298 27.3	24.6	2 15.6	12.1	22 22.5	6.6	54.3
T 09	313 27.3	24.0	16 46.7	12.0	22 29.1	6.5	54.3
U 10	328 27.4	23.3	31 17.7	12.0	22 35.6	6.5	54.3
E 11	343 27.4	22.7	45 48.7	11.9	22 42.1	6.3	54.3
S 12	358 27.5	N17 22.0	60 19.6	11.9	N22 48.4	6.2	54.3
D 13	13 27.5	21.3	74 50.5	11.7	22 54.6	6.1	54.3
A 14	28 27.6	20.7	89 21.2	11.8	23 00.7	6.0	54.3
Y 15	43 27.6	20.0	103 52.0	11.7	23 06.7	6.0	54.4
16	58 27.7	19.4	118 22.7	11.6	23 12.7	5.8	54.4
17	73 27.7	18.7	132 53.3	11.5	23 18.5	5.7	54.4
18	88 27.8	N17 18.0	147 23.8	11.5	N23 24.2	5.6	54.4
19	103 27.9	17.4	161 54.3	11.5	23 29.8	5.5	54.4
20	118 27.9	16.7	176 24.8	11.4	23 35.3	5.3	54.4
21	133 28.0	16.1	190 55.2	11.3	23 40.6	5.3	54.4
22	148 28.0	15.4	205 25.5	11.3	23 45.9	5.2	54.4
23	163 28.1	14.7	219 55.8	11.2	23 51.1	5.0	54.4
4 00	178 28.1	N17 14.1	234 26.0	11.1	N23 56.1	5.0	54.5
01	193 28.2	13.4	248 56.1	11.1	24 01.1	4.8	54.5
02	208 28.2	12.7	263 26.2	11.1	24 05.9	4.7	54.5
03	223 28.3	12.1	277 56.3	10.9	24 10.6	4.6	54.5
04	238 28.4	11.4	292 26.2	11.0	24 15.2	4.5	54.5
05	253 28.4	10.7	306 56.2	10.8	24 19.7	4.4	54.5
06	268 28.5	N17 10.1	321 26.0	10.9	N24 24.1	4.3	54.5
W 07	283 28.5	09.4	335 55.9	10.7	24 28.4	4.1	54.5
E 08	298 28.6	08.7	350 25.6	10.7	24 32.5	4.1	54.5
D 09	313 28.7	08.1	4 55.3	10.7	24 36.6	3.9	54.5
N 10	328 28.7	07.4	19 25.0	10.6	24 40.5	3.8	54.6
E 11	343 28.8	06.7	33 54.6	10.6	24 44.3	3.7	54.6
S 12	358 28.8	N17 06.0	48 24.2	10.5	N24 48.0	3.5	54.6
D 13	13 28.9	05.4	62 53.7	10.4	24 51.5	3.5	54.6
A 14	28 29.0	04.7	77 23.1	10.4	24 55.0	3.3	54.6
Y 15	43 29.0	04.0	91 52.5	10.4	24 58.3	3.2	54.6
16	58 29.1	03.4	106 21.9	10.3	25 01.5	3.1	54.6
17	73 29.1	02.7	120 51.2	10.3	25 04.6	3.0	54.7
18	88 29.2	N17 02.0	135 20.5	10.2	N25 07.6	2.8	54.7
19	103 29.3	01.3	149 49.7	10.2	25 10.4	2.8	54.7
20	118 29.3	00.7	164 18.9	10.1	25 13.2	2.6	54.7
21	133 29.4	00.0	178 48.0	10.1	25 15.8	2.4	54.7
22	148 29.4	16 59.3	193 17.1	10.0	25 18.2	2.4	54.7
23	163 29.5	N16 58.6	207 46.1	10.0	N25 20.6	2.2	54.7
	SD 15.8	d 0.7	SD 14.8	14.8		14.9	

Lat.	Twilight Naut.	Twilight Civil	Sunrise	Moonrise 2	Moonrise 3	Moonrise 4	Moonrise 5
°	h m	h m	h m	h m	h m	h m	h m
N 72	□	□	□	□	□	□	□
N 70	////	////	01 44	□	□	□	□
68	////	////	02 26	20 45	□	□	□
66	////	00 55	02 54	21 32	21 02	□	□
64	////	01 52	03 15	22 03	22 02	22 08	22 45
62	////	02 24	03 32	22 26	22 37	22 59	23 45
60	00 50	02 47	03 46	22 45	23 02	23 31	24 19
N 58	01 41	03 05	03 58	23 00	23 22	23 55	24 44
56	02 10	03 20	04 08	23 14	23 38	24 14	00 14
54	02 32	03 33	04 17	23 25	23 52	24 30	00 30
52	02 49	03 44	04 25	23 35	24 05	00 05	00 44
50	03 04	03 54	04 32	23 45	24 16	00 16	00 56
45	03 32	04 14	04 48	24 04	00 04	00 39	01 21
N 40	03 53	04 30	05 00	24 20	00 20	00 57	01 41
35	04 10	04 43	05 11	24 33	00 33	01 12	01 58
30	04 24	04 54	05 20	00 09	00 45	01 26	02 12
20	04 45	05 13	05 36	00 25	01 05	01 49	02 37
N 10	05 02	05 28	05 50	00 40	01 23	02 09	02 58
0	05 16	05 41	06 03	00 53	01 39	02 28	03 18
S 10	05 28	05 53	06 15	01 07	01 56	02 46	03 38
20	05 39	06 06	06 29	01 22	02 14	03 07	04 00
30	05 50	06 19	06 44	01 39	02 34	03 30	04 25
35	05 56	06 26	06 53	01 49	02 46	03 44	04 39
40	06 01	06 34	07 03	02 00	03 00	04 00	04 56
45	06 08	06 43	07 14	02 14	03 17	04 19	05 17
S 50	06 14	06 53	07 28	02 30	03 38	04 43	05 43
52	06 17	06 58	07 35	02 38	03 47	04 54	05 55
54	06 20	07 03	07 42	02 47	03 59	05 07	06 09
56	06 24	07 09	07 50	02 56	04 11	05 23	06 26
58	06 27	07 15	07 59	03 08	04 26	05 41	06 46
S 60	06 31	07 22	08 10	03 21	04 43	06 03	07 12

Lat.	Sunset	Twilight Civil	Twilight Naut.	Moonset 2	Moonset 3	Moonset 4	Moonset 5
°	h m	h m	h m	h m	h m	h m	h m
N 72	□	□	□	□	□	□	□
N 70	22 22	////	////	□	□	□	□
68	21 42	////	////	17 57	□	□	□
66	21 16	23 06	////	17 11	19 20	□	□
64	20 55	22 16	////	16 41	18 20	19 59	21 10
62	20 39	21 45	////	16 18	17 46	19 08	20 10
60	20 25	21 23	23 13	16 00	17 21	18 36	19 36
N 58	20 13	21 05	22 27	15 45	17 02	18 13	19 11
56	20 03	20 50	21 59	15 32	16 46	17 53	18 51
54	19 54	20 38	21 38	15 21	16 32	17 38	18 35
52	19 46	20 27	21 21	15 11	16 20	17 24	18 20
50	19 39	20 17	21 07	15 03	16 09	17 12	18 08
45	19 24	19 57	20 39	14 44	15 47	16 47	17 42
N 40	19 11	19 41	20 18	14 29	15 29	16 27	17 22
35	19 01	19 28	20 02	14 17	15 14	16 11	17 05
30	18 52	19 17	19 48	14 06	15 01	15 56	16 50
20	18 36	18 59	19 27	13 47	14 39	15 32	16 25
N 10	18 22	18 44	19 10	13 30	14 20	15 11	16 04
0	18 10	18 31	18 56	13 15	14 02	14 52	15 43
S 10	17 57	18 19	18 44	13 00	13 45	14 32	15 23
20	17 44	18 07	18 33	12 44	13 26	14 11	15 02
30	17 29	17 54	18 23	12 25	13 04	13 47	14 36
35	17 20	17 47	18 17	12 15	12 51	13 33	14 22
40	17 10	17 39	18 11	12 02	12 36	13 17	14 05
45	16 59	17 30	18 05	11 48	12 19	12 57	13 43
S 50	16 45	17 20	17 59	11 30	11 58	12 33	13 18
52	16 38	17 15	17 56	11 22	11 47	12 21	13 06
54	16 31	17 10	17 53	11 13	11 36	12 08	12 51
56	16 23	17 04	17 50	11 02	11 23	11 52	12 34
58	16 14	16 57	17 46	10 51	11 08	11 34	12 14
S 60	16 04	16 51	17 42	10 37	10 50	11 11	11 49

Day	SUN Eqn. of Time 00h	SUN Eqn. of Time 12h	SUN Mer. Pass.	MOON Mer. Pass. Upper	MOON Mer. Pass. Lower	Age	Phase
d	m s	m s	h m	h m	h m	d	%
2	06 17	06 15	12 06	07 04	19 27	23	32
3	06 13	06 10	12 06	07 51	20 15	24	24
4	06 08	06 05	12 06	08 40	21 05	25	16

153

2021 AUGUST 5, 6, 7 (THURS., FRI., SAT.)

UT	ARIES	VENUS −3.9		MARS +1.8		JUPITER −2.9		SATURN +0.1		STARS		
	GHA	GHA	Dec	GHA	Dec	GHA	Dec	GHA	Dec	Name	SHA	Dec
d h	° ′	° ′	° ′	° ′	° ′	° ′	° ′	° ′	° ′		° ′	° ′
5 00	313 45.9	145 31.2	N 6 20.1	157 36.5	N11 05.2	342 04.9	S12 50.8	1 07.1	S18 29.9	Acamar	315 13.9	S40 12.9
01	328 48.4	160 31.0	18.9	172 37.5	04.7	357 07.7	50.9	16 09.7	30.0	Achernar	335 22.2	S57 07.4
02	343 50.8	175 30.7	17.6	187 38.5	04.1	12 10.4	51.0	31 12.4	30.0	Acrux	173 03.5	S63 13.2
03	358 53.3	190 30.5 ..	16.4	202 39.5 ..	03.5	27 13.2 ..	51.1	46 15.0 ..	30.1	Adhara	255 08.4	S28 59.9
04	13 55.7	205 30.2	15.1	217 40.4	02.9	42 15.9	51.2	61 17.7	30.1	Aldebaran	290 43.0	N16 33.1
05	28 58.2	220 29.9	13.9	232 41.4	02.3	57 18.7	51.4	76 20.4	30.2			
06	44 00.7	235 29.7	N 6 12.7	247 42.4	N11 01.7	72 21.4	S12 51.5	91 23.0	S18 30.3	Alioth	166 15.8	N55 50.9
07	59 03.1	250 29.4	11.4	262 43.4	01.1	87 24.2	51.6	106 25.7	30.3	Alkaid	152 54.4	N49 12.7
T 08	74 05.6	265 29.2	10.2	277 44.3	00.6	102 27.0	51.7	121 28.3	30.4	Al Na'ir	27 36.0	S46 51.3
H 09	89 08.1	280 28.9 ..	08.9	292 45.3	11 00.0	117 29.7 ..	51.8	136 31.0 ..	30.4	Alnilam	275 40.8	S 1 11.2
U 10	104 10.5	295 28.6	07.7	307 46.3	10 59.4	132 32.5	51.9	151 33.6	30.5	Alphard	217 50.8	S 8 45.0
R 11	119 13.0	310 28.4	06.4	322 47.3	58.8	147 35.2	52.0	166 36.3	30.5			
S 12	134 15.5	325 28.1	N 6 05.2	337 48.3	N10 58.2	162 38.0	S12 52.1	181 38.9	S18 30.6	Alphecca	126 06.0	N26 38.8
D 13	149 17.9	340 27.9	03.9	352 49.2	57.6	177 40.7	52.3	196 41.6	30.6	Alpheratz	357 37.4	N29 12.4
14	164 20.4	355 27.6	02.7	7 50.2	57.0	192 43.5	52.4	211 44.2	30.7	Altair	62 02.3	N 8 55.6
A 15	179 22.9	10 27.4 ..	01.5	22 51.2 ..	56.4	207 46.2 ..	52.5	226 46.9 ..	30.7	Ankaa	353 09.7	S42 11.2
Y 16	194 25.3	25 27.1	6 00.2	37 52.2	55.9	222 49.0	52.6	241 49.5	30.8	Antares	112 19.1	S26 28.8
17	209 27.8	40 26.8	5 59.0	52 53.1	55.3	237 51.7	52.7	256 52.2	30.8			
18	224 30.2	55 26.6	N 5 57.7	67 54.1	N10 54.7	252 54.5	S12 52.8	271 54.8	S18 30.9	Arcturus	145 50.5	N19 04.5
19	239 32.7	70 26.3	56.5	82 55.1	54.1	267 57.2	52.9	286 57.5	30.9	Atria	107 15.5	S69 04.1
20	254 35.2	85 26.1	55.2	97 56.1	53.5	283 00.0	53.0	302 00.1	31.0	Avior	234 16.5	S59 34.6
21	269 37.6	100 25.8 ..	54.0	112 57.0 ..	52.9	298 02.7 ..	53.2	317 02.8 ..	31.1	Bellatrix	278 26.1	N 6 22.2
22	284 40.1	115 25.6	52.7	127 58.0	52.3	313 05.5	53.3	332 05.4	31.1	Betelgeuse	270 55.3	N 7 24.7
23	299 42.6	130 25.3	51.5	142 59.0	51.7	328 08.2	53.4	347 08.1	31.2			
6 00	314 45.0	145 25.1	N 5 50.2	158 00.0	N10 51.2	343 11.0	S12 53.5	2 10.7	S18 31.2	Canopus	263 54.1	S52 42.2
01	329 47.5	160 24.8	49.0	173 00.9	50.6	358 13.8	53.6	17 13.4	31.3	Capella	280 26.3	N46 01.0
02	344 50.0	175 24.5	47.7	188 01.9	50.0	13 16.5	53.7	32 16.0	31.3	Deneb	49 27.2	N45 21.5
03	359 52.4	190 24.3 ..	46.5	203 02.9 ..	49.4	28 19.3 ..	53.8	47 18.7 ..	31.4	Denebola	182 28.0	N14 27.3
04	14 54.9	205 24.0	45.2	218 03.9	48.8	43 22.0	54.0	62 21.3	31.4	Diphda	348 49.9	S17 52.0
05	29 57.4	220 23.8	44.0	233 04.9	48.2	58 24.8	54.1	77 24.0	31.5			
06	44 59.8	235 23.5	N 5 42.7	248 05.8	N10 47.6	73 27.5	S12 54.2	92 26.6	S18 31.5	Dubhe	193 45.1	N61 38.4
07	60 02.3	250 23.3	41.5	263 06.8	47.0	88 30.3	54.3	107 29.3	31.6	Elnath	278 05.6	N28 37.4
08	75 04.7	265 23.0	40.2	278 07.8	46.4	103 33.0	54.4	122 31.9	31.6	Eltanin	90 43.1	N51 29.4
F 09	90 07.2	280 22.8 ..	39.0	293 08.8 ..	45.9	118 35.8 ..	54.5	137 34.6 ..	31.7	Enif	33 41.2	N 9 58.5
R 10	105 09.7	295 22.5	37.7	308 09.7	45.3	133 38.6	54.6	152 37.2	31.7	Fomalhaut	15 17.3	S29 30.4
I 11	120 12.1	310 22.3	36.5	323 10.7	44.7	148 41.3	54.8	167 39.9	31.8			
D 12	135 14.6	325 22.0	N 5 35.2	338 11.7	N10 44.1	163 44.1	S12 54.9	182 42.6	S18 31.8	Gacrux	171 55.0	S57 14.1
A 13	150 17.1	340 21.8	34.0	353 12.7	43.5	178 46.8	55.0	197 45.2	31.9	Gienah	175 46.7	S17 39.6
Y 14	165 19.5	355 21.5	32.7	8 13.7	42.9	193 49.6	55.1	212 47.9	32.0	Hadar	148 40.0	S60 28.7
15	180 22.0	10 21.3 ..	31.5	23 14.6 ..	42.3	208 52.3 ..	55.2	227 50.5 ..	32.0	Hamal	327 54.3	N23 33.7
16	195 24.5	25 21.0	30.2	38 15.6	41.7	223 55.1	55.3	242 53.2	32.1	Kaus Aust.	83 35.9	S34 22.4
17	210 26.9	40 20.8	29.0	53 16.6	41.1	238 57.8	55.4	257 55.8	32.1			
18	225 29.4	55 20.5	N 5 27.7	68 17.6	N10 40.5	254 00.6	S12 55.5	272 58.5	S18 32.2	Kochab	137 19.9	N74 04.4
19	240 31.9	70 20.3	26.5	83 18.5	40.0	269 03.4	55.7	288 01.1	32.2	Markab	13 32.4	N15 19.2
20	255 34.3	85 20.0	25.2	98 19.5	39.4	284 06.1	55.8	303 03.8	32.3	Menkar	314 09.1	N 4 10.4
21	270 36.8	100 19.8 ..	24.0	113 20.5 ..	38.8	299 08.9 ..	55.9	318 06.4 ..	32.3	Menkent	148 01.0	S36 28.6
22	285 39.2	115 19.5	22.7	128 21.5	38.2	314 11.6	56.0	333 09.1	32.4	Miaplacidus	221 39.7	S69 48.3
23	300 41.7	130 19.3	21.5	143 22.5	37.6	329 14.4	56.1	348 11.7	32.4			
7 00	315 44.2	145 19.0	N 5 20.2	158 23.4	N10 37.0	344 17.1	S12 56.2	3 14.4	S18 32.5	Mirfak	308 32.3	N49 56.0
01	330 46.6	160 18.8	18.9	173 24.4	36.4	359 19.9	56.3	18 17.0	32.5	Nunki	75 50.9	S26 16.1
02	345 49.1	175 18.5	17.7	188 25.4	35.8	14 22.7	56.5	33 19.7	32.6	Peacock	53 09.6	S56 39.9
03	0 51.6	190 18.3 ..	16.4	203 26.4 ..	35.2	29 25.4 ..	56.6	48 22.3 ..	32.6	Pollux	243 21.1	N27 58.5
04	15 54.0	205 18.1	15.2	218 27.3	34.6	44 28.2	56.7	63 25.0	32.7	Procyon	244 54.1	N 5 10.3
05	30 56.5	220 17.8	13.9	233 28.3	34.0	59 30.9	56.8	78 27.6	32.7			
06	45 59.0	235 17.6	N 5 12.7	248 29.3	N10 33.4	74 33.7	S12 56.9	93 30.3	S18 32.8	Rasalhague	96 00.9	N12 32.8
07	61 01.4	250 17.3	11.4	263 30.3	32.9	89 36.5	57.0	108 32.9	32.9	Regulus	207 37.7	N11 51.9
S 08	76 03.9	265 17.1	10.2	278 31.3	32.3	104 39.2	57.1	123 35.6	32.9	Rigel	281 06.7	S 8 10.5
A 09	91 06.3	280 16.8 ..	08.9	293 32.2 ..	31.7	119 42.0 ..	57.3	138 38.2 ..	33.0	Rigil Kent.	139 44.1	S60 55.6
T 10	106 08.8	295 16.6	07.6	308 33.2	31.1	134 44.7	57.4	153 40.9	33.0	Sabik	102 05.8	S15 45.0
U 11	121 11.3	310 16.3	06.4	323 34.2	30.5	149 47.5	57.5	168 43.5	33.1			
R 12	136 13.7	325 16.1	N 5 05.1	338 35.2	N10 29.9	164 50.2	S12 57.6	183 46.2	S18 33.1	Schedar	349 33.8	N56 39.1
D 13	151 16.2	340 15.8	03.9	353 36.2	29.3	179 53.0	57.7	198 48.8	33.2	Shaula	96 13.9	S37 07.2
A 14	166 18.7	355 15.6	02.6	8 37.1	28.7	194 55.8	57.8	213 51.5	33.2	Sirius	258 29.0	S16 44.6
Y 15	181 21.1	10 15.4 ..	01.4	23 38.1 ..	28.1	209 58.5 ..	57.9	228 54.1 ..	33.3	Spica	158 25.4	S11 16.3
16	196 23.6	25 15.1	5 00.1	38 39.1	27.5	225 01.3	58.1	243 56.8	33.3	Suhail	222 48.8	S43 31.1
17	211 26.1	40 14.9	4 58.8	53 40.1	26.9	240 04.0	58.2	258 59.4	33.4			
18	226 28.5	55 14.6	N 4 57.6	68 41.0	N10 26.3	255 06.8	S12 58.3	274 02.1	S18 33.4	Vega	80 34.7	N38 48.4
19	241 31.0	70 14.4	56.3	83 42.0	25.7	270 09.6	58.4	289 04.7	33.5	Zuben'ubi	136 59.1	S16 07.8
20	256 33.5	85 14.2	55.1	98 43.0	25.1	285 12.3	58.5	304 07.4	33.5		SHA	Mer. Pass.
21	271 35.9	100 13.9 ..	53.8	113 44.0 ..	24.6	300 15.1 ..	58.6	319 10.0 ..	33.6		° ′	h m
22	286 38.4	115 13.7	52.6	128 45.0	24.0	315 17.8	58.8	334 12.7	33.6	Venus	190 40.0	14 19
23	301 40.8	130 13.4	51.3	143 45.9	23.4	330 20.6	58.9	349 15.3	33.7	Mars	203 14.9	13 27
	h m									Jupiter	28 26.0	1 07
Mer. Pass. 3 00.5		v −0.3	d 1.3	v 1.0	d 0.6	v 2.8	d 0.1	v 2.7	d 0.1	Saturn	47 25.7	23 47

2021 AUGUST 5, 6, 7 (THURS., FRI., SAT.)

UT	SUN GHA	SUN Dec	MOON GHA	MOON v	MOON Dec	MOON d	MOON HP	Lat.	Twilight Naut.	Twilight Civil	Sunrise	Moonrise 5	Moonrise 6	Moonrise 7	Moonrise 8
d h	° ′	° ′	° ′	′	° ′	′	′	°	h m	h m	h m	h m	h m	h m	h m
								N 72	////	////	01 01	☐	☐	☐	☐
5 00	178 29.6	N16 58.0	222 15.1	9.9	N25 22.8	2.1	54.8	N 70	////	////	02 05	☐	☐	☐	☐
01	193 29.6	57.3	236 44.0	9.9	25 24.9	2.0	54.8	68	////	////	02 40	☐	☐	☐	☐
02	208 29.7	56.6	251 12.9	9.9	25 26.9	1.8	54.8	66	////	01 25	03 05	☐	☐	☐	01 25
03	223 29.8	.. 55.9	265 41.8	9.8	25 28.7	1.8	54.8	64	////	02 07	03 24	22 45	24 17	00 17	02 05
04	238 29.8	55.2	280 10.6	9.8	25 30.5	1.6	54.8	62	////	02 35	03 40	23 45	25 00	01 00	02 32
05	253 29.9	54.6	294 39.4	9.8	25 32.1	1.4	54.8	60	01 16	02 56	03 53	24 19	00 19	01 29	02 53
T 06	268 29.9 N16 53.9		309 08.2	9.7	N25 33.5	1.4	54.9	N 58	01 55	03 13	04 04	24 44	00 44	01 51	03 11
H 07	283 30.0	53.2	323 36.9	9.7	25 34.9	1.2	54.9	56	02 21	03 27	04 14	00 14	01 04	02 09	03 25
U 08	298 30.1	52.5	338 05.6	9.6	25 36.1	1.1	54.9	54	02 40	03 39	04 22	00 30	01 20	02 24	03 38
R 09	313 30.1	.. 51.8	352 34.2	9.7	25 37.2	0.9	54.9	52	02 57	03 50	04 30	00 44	01 34	02 37	03 48
S 10	328 30.2	51.2	7 02.9	9.5	25 38.1	0.8	54.9	50	03 10	03 59	04 37	00 56	01 47	02 48	03 58
D 11	343 30.3	50.5	21 31.4	9.6	25 38.9	0.7	54.9	45	03 37	04 18	04 51	01 21	02 12	03 12	04 19
A 12	358 30.3 N16 49.8		36 00.0	9.5	N25 39.6	0.6	55.0	N 40	03 57	04 33	05 03	01 41	02 33	03 31	04 35
Y 13	13 30.4	49.1	50 28.5	9.5	25 40.2	0.4	55.0	35	04 13	04 46	05 13	01 58	02 50	03 47	04 49
14	28 30.5	48.4	64 57.0	9.4	25 40.6	0.3	55.0	30	04 26	04 56	05 22	02 12	03 04	04 01	05 01
15	43 30.5	.. 47.8	79 25.5	9.4	25 40.9	0.2	55.0	20	04 46	05 14	05 37	02 37	03 29	04 24	05 21
16	58 30.6	47.1	93 53.9	9.4	25 41.1	0.0	55.0	N 10	05 03	05 28	05 50	02 58	03 51	04 45	05 39
17	73 30.7	46.4	108 22.3	9.4	25 41.1	0.1	55.0	0	05 16	05 41	06 02	03 18	04 11	05 03	05 56
18	88 30.7 N16 45.7		122 50.7	9.4	N25 41.0	0.2	55.1	S 10	05 27	05 53	06 14	03 38	04 31	05 22	06 12
19	103 30.8	45.0	137 19.1	9.3	25 40.8	0.4	55.1	20	05 38	06 04	06 27	04 00	04 52	05 42	06 30
20	118 30.9	44.3	151 47.4	9.3	25 40.4	0.5	55.1	30	05 48	06 17	06 42	04 25	05 17	06 06	06 50
21	133 30.9	.. 43.6	166 15.7	9.3	25 39.9	0.6	55.1	35	05 53	06 23	06 50	04 39	05 32	06 19	07 02
22	148 31.0	43.0	180 44.0	9.3	25 39.3	0.7	55.1	40	05 58	06 31	06 59	04 56	05 49	06 35	07 15
23	163 31.1	42.3	195 12.3	9.2	25 38.6	0.9	55.2	45	06 04	06 39	07 10	05 17	06 09	06 54	07 31
6 00	178 31.1 N16 41.6		209 40.5	9.3	N25 37.7	1.1	55.2	S 50	06 10	06 49	07 23	05 43	06 34	07 17	07 51
01	193 31.2	40.9	224 08.8	9.2	25 36.6	1.1	55.2	52	06 13	06 53	07 30	05 55	06 47	07 28	08 00
02	208 31.3	40.2	238 37.0	9.2	25 35.5	1.3	55.2	54	06 15	06 58	07 36	06 09	07 01	07 41	08 10
03	223 31.3	.. 39.5	253 05.2	9.2	25 34.2	1.5	55.2	56	06 18	07 03	07 44	06 26	07 17	07 55	08 22
04	238 31.4	38.8	267 33.4	9.2	25 32.7	1.5	55.3	58	06 21	07 09	07 52	06 46	07 37	08 12	08 35
05	253 31.5	38.1	282 01.6	9.1	25 31.2	1.7	55.3	S 60	06 25	07 15	08 02	07 12	08 02	08 33	08 51
06	268 31.6 N16 37.4		296 29.7	9.2	N25 29.5	1.9	55.3			Twilight			Moonset		
07	283 31.6	36.8	310 57.9	9.1	25 27.6	1.9	55.3	Lat.	Sunset	Civil	Naut.	5	6	7	8
08	298 31.7	36.1	325 26.0	9.2	25 25.7	2.1	55.3								
F 09	313 31.8	.. 35.4	339 54.2	9.1	25 23.6	2.3	55.4	°	h m	h m	h m	h m	h m	h m	h m
R 10	328 31.8	34.7	354 22.3	9.1	25 21.3	2.4	55.4	N 72	22 58	////	////	☐	☐	☐	☐
I 11	343 31.9	34.0	8 50.4	9.2	25 18.9	2.5	55.4	N 70	22 01	////	////	☐	☐	☐	23 09
D 12	358 32.0 N16 33.3		23 18.6	9.1	N25 16.4	2.6	55.4	68	21 28	////	////	☐	☐	☐	22 22
A 13	13 32.1	32.6	37 46.7	9.1	25 13.8	2.8	55.4	66	21 04	22 40	////	☐	☐	22 10	21 51
Y 14	28 32.1	31.9	52 14.8	9.1	25 11.0	2.9	55.5	64	20 45	22 00	////	21 10	21 28	21 30	21 28
15	43 32.2	.. 31.2	66 42.9	9.1	25 08.1	3.1	55.5	62	20 30	21 34	////	20 10	20 45	21 02	21 10
16	58 32.3	30.5	81 11.0	9.2	25 05.0	3.1	55.5	60	20 17	21 13	22 49	19 36	20 16	20 40	20 54
17	73 32.3	29.8	95 39.2	9.1	25 01.9	3.4	55.5	N 58	20 06	20 57	22 13	19 11	19 54	20 22	20 41
18	88 32.4 N16 29.1		110 07.3	9.1	N24 58.5	3.4	55.6	56	19 57	20 43	21 48	18 51	19 36	20 07	20 30
19	103 32.5	28.4	124 35.4	9.1	24 55.1	3.6	55.6	54	19 48	20 31	21 29	18 35	19 20	19 54	20 20
20	118 32.6	27.7	139 03.5	9.2	24 51.5	3.7	55.6	52	19 41	20 21	21 13	18 20	19 07	19 43	20 11
21	133 32.6	.. 27.0	153 31.7	9.1	24 47.8	3.9	55.6	50	19 34	20 12	21 00	18 08	18 55	19 33	20 03
22	148 32.7	26.3	167 59.8	9.1	24 43.9	4.0	55.6	45	19 20	19 53	20 34	17 42	18 31	19 12	19 46
23	163 32.8	25.6	182 27.9	9.2	24 39.9	4.1	55.7	N 40	19 08	19 38	20 14	17 22	18 11	18 54	19 32
7 00	178 32.9 N16 24.9		196 56.1	9.2	N24 35.8	4.2	55.7	35	18 58	19 25	19 58	17 05	17 55	18 40	19 20
01	193 32.9	24.2	211 24.3	9.1	24 31.6	4.4	55.7	30	18 49	19 15	19 45	16 50	17 41	18 27	19 09
02	208 33.0	23.5	225 52.4	9.2	24 27.2	4.6	55.7	20	18 34	18 58	19 25	16 25	17 17	18 05	18 51
03	223 33.1	.. 22.8	240 20.6	9.2	24 22.6	4.6	55.7	N 10	18 21	18 43	19 09	16 04	16 56	17 46	18 35
04	238 33.2	22.1	254 48.8	9.2	24 18.0	4.8	55.8	0	18 09	18 31	18 56	15 43	16 36	17 29	18 20
05	253 33.2	21.4	269 17.0	9.3	24 13.2	4.9	55.8	S 10	17 57	18 19	18 45	15 23	16 16	17 11	18 05
06	268 33.3 N16 20.7		283 45.3	9.2	N24 08.3	5.1	55.8	20	17 45	18 08	18 34	15 02	15 55	16 52	17 49
S 07	283 33.4	20.0	298 13.5	9.3	24 03.2	5.2	55.8	30	17 31	17 56	18 24	14 36	15 31	16 29	17 30
A 08	298 33.5	19.3	312 41.8	9.3	23 58.0	5.3	55.9	35	17 22	17 49	18 19	14 22	15 16	16 16	17 19
T 09	313 33.5	.. 18.6	327 10.1	9.3	23 52.7	5.4	55.9	40	17 13	17 41	18 14	14 05	15 00	16 01	17 07
U 10	328 33.6	17.9	341 38.3	9.4	23 47.3	5.6	55.9	45	17 02	17 33	18 08	13 44	14 40	15 43	16 52
R 11	343 33.7	17.2	356 06.7	9.3	23 41.7	5.7	55.9	S 50	16 49	17 24	18 02	13 18	14 14	15 21	16 33
D 12	358 33.8 N16 16.5		10 35.0	9.3	N23 36.0	5.8	55.9	52	16 43	17 19	18 00	13 06	14 02	15 10	16 25
A 13	13 33.9	15.8	25 03.3	9.4	23 30.2	6.0	56.0	54	16 36	17 15	17 57	12 51	13 48	14 57	16 15
Y 14	28 33.9	15.1	39 31.7	9.4	23 24.2	6.1	56.0	56	16 28	17 09	17 54	12 34	13 32	14 43	16 04
15	43 34.0	.. 14.4	54 00.1	9.5	23 18.1	6.2	56.0	58	16 20	17 04	17 51	12 14	13 12	14 27	15 51
16	58 34.1	13.7	68 28.6	9.4	23 11.9	6.3	56.0	S 60	16 10	16 57	17 48	11 49	12 48	14 07	15 36
17	73 34.2	13.0	82 57.0	9.5	23 05.6	6.5	56.1			SUN			MOON		
18	88 34.2 N16 12.3		97 25.5	9.5	N22 59.1	6.6	56.1	Day	Eqn. of Time		Mer. Pass.	Mer. Pass. Upper	Mer. Pass. Lower	Age	Phase
19	103 34.3	11.6	111 54.0	9.5	22 52.5	6.8	56.1		00^h	12^h					
20	118 34.4	10.9	126 22.5	9.6	22 45.7	6.8	56.1	d	m s	m s	h m	h m	h m	d	%
21	133 34.5	.. 10.2	140 51.1	9.6	22 38.9	7.0	56.2	5	06 02	05 59	12 06	09 31	21 57	26	10
22	148 34.6	09.4	155 19.7	9.6	22 31.9	7.1	56.2	6	05 56	05 52	12 06	10 23	22 50	27	5
23	163 34.6	08.7	169 48.3	9.6	N22 24.8	7.2	56.2	7	05 49	05 45	12 06	11 16	23 42	28	1
	SD 15.8	d 0.7	SD 15.0		15.1		15.2								●

2021 AUGUST 8, 9, 10 (SUN., MON., TUES.)

UT	ARIES GHA	VENUS −3.9 GHA / Dec	MARS +1.8 GHA / Dec	JUPITER −2.9 GHA / Dec	SATURN +0.1 GHA / Dec	STARS Name	SHA	Dec
d h	° ′	° ′ / ° ′	° ′ / ° ′	° ′ / ° ′	° ′ / ° ′		° ′	° ′
8 00	316 43.3	145 13.2 N 4 50.0	158 46.9 N10 22.8	345 23.4 S12 59.0	4 18.0 S18 33.7	Acamar	315 13.9	S40 12.9
01	331 45.8	160 12.9 48.8	173 47.9 22.2	0 26.1 59.1	19 20.6 33.8	Achernar	335 22.1	S57 07.4
02	346 48.2	175 12.7 47.5	188 48.9 21.6	15 28.9 59.2	34 23.3 33.9	Acrux	173 03.5	S63 13.2
03	1 50.7	190 12.5 . . 46.3	203 49.9 . . 21.0	30 31.6 . . 59.3	49 25.9 . . 33.9	Adhara	255 08.4	S28 59.9
04	16 53.2	205 12.2 45.0	218 50.8 20.4	45 34.4 59.4	64 28.6 34.0	Aldebaran	290 42.9	N16 33.1
05	31 55.6	220 12.0 43.7	233 51.8 19.8	60 37.2 59.6	79 31.2 34.0			
06	46 58.1	235 11.7 N 4 42.5	248 52.8 N10 19.2	75 39.9 S12 59.7	94 33.9 S18 34.1	Alioth	166 15.8	N55 50.9
07	62 00.6	250 11.5 41.2	263 53.8 18.6	90 42.7 59.8	109 36.5 34.1	Alkaid	152 54.4	N49 12.7
08	77 03.0	265 11.3 39.9	278 54.8 18.0	105 45.5 12 59.9	124 39.2 34.2	Alnair	27 36.0	S46 51.3
S 09	92 05.5	280 11.0 . . 38.7	293 55.7 . . 17.4	120 48.2 13 00.0	139 41.8 . . 34.2	Alnilam	275 40.8	S 1 11.2
U 10	107 08.0	295 10.8 37.4	308 56.7 16.8	135 51.0 00.1	154 44.5 34.3	Alphard	217 50.8	S 8 45.0
N 11	122 10.4	310 10.6 36.2	323 57.7 16.2	150 53.7 00.2	169 47.1 34.3			
D 12	137 12.9	325 10.3 N 4 34.9	338 58.7 N10 15.6	165 56.5 S13 00.4	184 49.8 S18 34.4	Alphecca	126 06.1	N26 38.8
A 13	152 15.3	340 10.1 33.6	353 59.7 15.0	180 59.3 00.5	199 52.4 34.4	Alpheratz	357 37.4	N29 12.5
Y 14	167 17.8	355 09.8 32.4	9 00.6 14.4	196 02.0 00.6	214 55.1 34.5	Altair	62 02.3	N 8 55.6
15	182 20.3	10 09.6 . . 31.1	24 01.6 . . 13.8	211 04.8 . . 00.7	229 57.8 . . 34.5	Ankaa	353 09.7	S42 11.2
16	197 22.7	25 09.4 29.8	39 02.6 13.2	226 07.5 00.8	245 00.4 34.6	Antares	112 19.1	S26 28.8
17	212 25.2	40 09.1 28.6	54 03.6 12.7	241 10.3 00.9	260 03.1 34.6			
18	227 27.7	55 08.9 N 4 27.3	69 04.6 N10 12.1	256 13.1 S13 01.1	275 05.7 S18 34.7	Arcturus	145 50.5	N19 04.5
19	242 30.1	70 08.7 26.1	84 05.5 11.5	271 15.8 01.2	290 08.4 34.7	Atria	107 15.5	S69 04.1
20	257 32.6	85 08.4 24.8	99 06.5 10.9	286 18.6 01.3	305 11.0 34.8	Avior	234 16.4	S59 34.6
21	272 35.1	100 08.2 . . 23.5	114 07.5 . . 10.3	301 21.4 . . 01.4	320 13.7 . . 34.8	Bellatrix	278 26.1	N 6 22.2
22	287 37.5	115 08.0 22.3	129 08.5 09.7	316 24.1 01.5	335 16.3 34.9	Betelgeuse	270 55.3	N 7 24.7
23	302 40.0	130 07.7 21.0	144 09.5 09.1	331 26.9 01.6	350 19.0 35.0			
9 00	317 42.5	145 07.5 N 4 19.7	159 10.5 N10 08.5	346 29.7 S13 01.7	5 21.6 S18 35.0	Canopus	263 54.0	S52 42.2
01	332 44.9	160 07.3 18.5	174 11.4 07.9	1 32.4 01.9	20 24.3 35.1	Capella	280 26.3	N46 01.0
02	347 47.4	175 07.0 17.2	189 12.4 07.3	16 35.2 02.0	35 26.9 35.1	Deneb	49 27.2	N45 21.5
03	2 49.8	190 06.8 . . 15.9	204 13.4 . . 06.7	31 37.9 . . 02.1	50 29.6 . . 35.2	Denebola	182 28.0	N14 27.3
04	17 52.3	205 06.6 14.7	219 14.4 06.1	46 40.7 02.2	65 32.2 35.2	Diphda	348 49.9	S17 52.0
05	32 54.8	220 06.3 13.4	234 15.4 05.5	61 43.5 02.3	80 34.9 35.3			
06	47 57.2	235 06.1 N 4 12.1	249 16.3 N10 04.9	76 46.2 S13 02.4	95 37.5 S18 35.3	Dubhe	193 45.1	N61 38.3
07	62 59.7	250 05.9 10.9	264 17.3 04.3	91 49.0 02.6	110 40.2 35.4	Elnath	278 05.6	N28 37.4
08	78 02.2	265 05.6 09.6	279 18.3 03.7	106 51.8 02.7	125 42.8 35.4	Eltanin	90 43.1	N51 29.4
M 09	93 04.6	280 05.4 . . 08.3	294 19.3 . . 03.1	121 54.5 . . 02.8	140 45.5 . . 35.5	Enif	33 41.2	N 9 58.5
O 10	108 07.1	295 05.2 07.1	309 20.3 02.5	136 57.3 02.9	155 48.1 35.5	Fomalhaut	15 17.3	S29 30.4
N 11	123 09.6	310 04.9 05.8	324 21.2 01.9	152 00.1 03.0	170 50.8 35.6			
D 12	138 12.0	325 04.7 N 4 04.5	339 22.2 N10 01.3	167 02.8 S13 03.1	185 53.4 S18 35.6	Gacrux	171 55.0	S57 14.1
A 13	153 14.5	340 04.5 03.3	354 23.2 00.7	182 05.6 03.3	200 56.1 35.7	Gienah	175 46.7	S17 39.6
Y 14	168 16.9	355 04.2 02.0	9 24.2 10 00.1	197 08.3 03.4	215 58.7 35.7	Hadar	148 40.0	S60 28.7
15	183 19.4	10 04.0 4 00.7	24 25.2 9 59.5	212 11.1 . . 03.5	231 01.4 . . 35.8	Hamal	327 54.2	N23 33.7
16	198 21.9	25 03.8 3 59.5	39 26.2 58.9	227 13.9 03.6	246 04.0 35.8	Kaus Aust.	83 35.9	S34 22.4
17	213 24.3	40 03.5 58.2	54 27.1 58.3	242 16.6 03.7	261 06.7 35.9			
18	228 26.8	55 03.3 N 3 56.9	69 28.1 N 9 57.7	257 19.4 S13 03.8	276 09.3 S18 35.9	Kochab	137 19.9	N74 04.4
19	243 29.3	70 03.1 55.7	84 29.1 57.1	272 22.2 03.9	291 12.0 36.0	Markab	13 32.4	N15 19.3
20	258 31.7	85 02.9 54.4	99 30.1 56.5	287 24.9 04.1	306 14.6 36.1	Menkar	314 09.1	N 4 10.4
21	273 34.2	100 02.6 . . 53.1	114 31.1 . . 55.9	302 27.7 . . 04.2	321 17.3 . . 36.1	Menkent	148 01.0	S36 28.6
22	288 36.7	115 02.4 51.9	129 32.0 55.3	317 30.5 04.3	336 19.9 36.2	Miaplacidus	221 39.7	S69 48.3
23	303 39.1	130 02.2 50.6	144 33.0 54.7	332 33.2 04.4	351 22.6 36.2			
10 00	318 41.6	145 01.9 N 3 49.3	159 34.0 N 9 54.1	347 36.0 S13 04.5	6 25.2 S18 36.3	Mirfak	308 32.3	N49 56.0
01	333 44.1	160 01.7 48.1	174 35.0 53.5	2 38.8 04.6	21 27.9 36.3	Nunki	75 50.9	S26 16.1
02	348 46.5	175 01.5 46.8	189 36.0 52.9	17 41.5 04.8	36 30.5 36.4	Peacock	53 09.6	S56 39.9
03	3 49.0	190 01.3 . . 45.5	204 37.0 . . 52.3	32 44.3 . . 04.9	51 33.2 . . 36.4	Pollux	243 21.1	N27 58.5
04	18 51.4	205 01.0 44.2	219 37.9 51.7	47 47.1 05.0	66 35.8 36.5	Procyon	244 54.1	N 5 10.3
05	33 53.9	220 00.8 43.0	234 38.9 51.1	62 49.8 05.1	81 38.4 36.5			
06	48 56.4	235 00.6 N 3 41.7	249 39.9 N 9 50.5	77 52.6 S13 05.2	96 41.1 S18 36.6	Rasalhague	96 00.9	N12 32.9
07	63 58.8	250 00.3 40.4	264 40.9 49.9	92 55.4 05.3	111 43.7 36.6	Regulus	207 37.7	N11 51.9
08	79 01.3	265 00.1 39.2	279 41.9 49.3	107 58.1 05.5	126 46.4 36.7	Rigel	281 06.7	S 8 10.5
T 09	94 03.8	279 59.9 . . 37.9	294 42.9 . . 48.7	123 00.9 . . 05.6	141 49.0 . . 36.7	Rigil Kent.	139 44.1	S60 55.6
U 10	109 06.2	294 59.7 36.6	309 43.8 48.1	138 03.7 05.7	156 51.7 36.8	Sabik	102 05.8	S15 45.0
E 11	124 08.7	309 59.4 35.3	324 44.8 47.5	153 06.4 05.8	171 54.3 36.8			
S 12	139 11.2	324 59.2 N 3 34.1	339 45.8 N 9 46.9	168 09.2 S13 05.9	186 57.0 S18 36.9	Schedar	349 33.8	N56 39.1
D 13	154 13.6	339 59.0 32.8	354 46.8 46.3	183 12.0 06.0	201 59.6 36.9	Shaula	96 13.9	S37 07.2
A 14	169 16.1	354 58.8 31.5	9 47.8 45.7	198 14.7 06.2	217 02.3 37.0	Sirius	258 29.0	S16 44.6
Y 15	184 18.6	9 58.5 . . 30.3	24 48.7 . . 45.1	213 17.5 . . 06.3	232 04.9 . . 37.0	Spica	158 25.4	S11 16.3
16	199 21.0	24 58.3 29.0	39 49.7 44.5	228 20.3 06.4	247 07.6 37.1	Suhail	222 48.8	S43 31.1
17	214 23.5	39 58.1 27.7	54 50.7 43.9	243 23.0 06.5	262 10.2 37.1			
18	229 25.9	54 57.9 N 3 26.4	69 51.7 N 9 43.3	258 25.8 S13 06.6	277 12.9 S18 37.2	Vega	80 34.8	N38 48.4
19	244 28.4	69 57.6 25.2	84 52.7 42.7	273 28.6 06.7	292 15.5 37.2	Zuben'ubi	136 59.1	S16 07.8
20	259 30.9	84 57.4 23.9	99 53.7 42.1	288 31.3 06.9	307 18.2 37.3		SHA	Mer. Pass.
21	274 33.3	99 57.2 . . 22.6	114 54.6 . . 41.5	303 34.1 . . 07.0	322 20.8 . . 37.3		° ′	h m
22	289 35.8	114 57.0 21.4	129 55.6 40.9	318 36.9 07.1	337 23.5 37.4	Venus	187 25.0	14 20
23	304 38.3	129 56.8 20.1	144 56.6 40.3	333 39.6 07.2	352 26.1 37.5	Mars	201 28.0	13 22
	h m					Jupiter	28 47.2	0 54
Mer. Pass. 2 48.7		v −0.2 d 1.3	v 1.0 d 0.6	v 2.8 d 0.1	v 2.6 d 0.1	Saturn	47 39.2	23 34

2021 AUGUST 8, 9, 10 (SUN., MON., TUES.)

UT	SUN GHA	SUN Dec	MOON GHA	MOON v	MOON Dec	MOON d	MOON HP	Lat.	Twilight Naut.	Twilight Civil	Sunrise	Moonrise 8	Moonrise 9	Moonrise 10	Moonrise 11
d h	° '	° '	° '	'	° '	'	'	°	h m	h m	h m	h m	h m	h m	h m
								N 72	////	////	01 37	☐	☐	04 22	06 46
8 00	178 34.7	N16 08.0	184 16.9	9.7	N22 17.6	7.4	56.2	N 70	////	////	02 24	☐	02 15	04 49	06 58
01	193 34.8	07.3	198 45.6	9.7	22 10.2	7.4	56.2	68	////	00 34	02 54	☐	03 01	05 09	07 07
02	208 34.9	06.6	213 14.3	9.8	22 02.8	7.6	56.3	66	////	01 47	03 16	01 25	03 31	05 25	07 14
03	223 35.0	05.9	227 43.1	9.7	21 55.2	7.7	56.3	64	////	02 22	03 34	02 05	03 53	05 38	07 21
04	238 35.1	05.2	242 11.8	9.8	21 47.5	7.9	56.3	62	00 31	02 46	03 48	02 32	04 10	05 49	07 26
05	253 35.1	04.5	256 40.6	9.9	21 39.6	7.9	56.3	60	01 36	03 05	04 00	02 53	04 25	05 58	07 31
06	268 35.2	N16 03.8	271 09.5	9.9	N21 31.7	8.1	56.4	N 58	02 08	03 21	04 10	03 11	04 37	06 06	07 35
07	283 35.3	03.0	285 38.4	9.9	21 23.6	8.2	56.4	56	02 31	03 34	04 19	03 25	04 48	06 13	07 39
08	298 35.4	02.3	300 07.3	9.9	21 15.4	8.3	56.4	54	02 49	03 45	04 27	03 38	04 57	06 19	07 42
S 09	313 35.5	01.6	314 36.2	10.0	21 07.1	8.4	56.4	52	03 03	03 55	04 35	03 48	05 06	06 25	07 45
U 10	328 35.5	00.9	329 05.2	10.0	20 58.7	8.6	56.5	50	03 16	04 04	04 41	03 58	05 13	06 30	07 48
N 11	343 35.6	16 00.2	343 34.2	10.1	20 50.1	8.6	56.5	45	03 41	04 22	04 55	04 19	05 29	06 41	07 54
D 12	358 35.7	N15 59.5	358 03.3	10.1	N20 41.5	8.8	56.5	N 40	04 00	04 36	05 06	04 35	05 42	06 50	07 59
A 13	13 35.8	58.8	12 32.4	10.1	20 32.7	8.9	56.5	35	04 15	04 48	05 16	04 49	05 53	06 58	08 03
Y 14	28 35.9	58.0	27 01.5	10.1	20 23.8	9.0	56.5	30	04 28	04 58	05 24	05 01	06 03	07 05	08 06
15	43 36.0	57.3	41 30.6	10.2	20 14.8	9.1	56.6	20	04 48	05 15	05 38	05 21	06 19	07 16	08 13
16	58 36.1	56.6	55 59.8	10.3	20 05.7	9.2	56.6	N 10	05 03	05 29	05 51	05 39	06 33	07 26	08 18
17	73 36.1	55.9	70 29.1	10.3	19 56.5	9.4	56.6	0	05 16	05 41	06 02	05 56	06 47	07 36	08 24
18	88 36.2	N15 55.2	84 58.4	10.3	N19 47.1	9.4	56.6	S 10	05 26	05 52	06 13	06 12	07 00	07 45	08 29
19	103 36.3	54.4	99 27.7	10.3	19 37.7	9.6	56.7	20	05 36	06 03	06 25	06 30	07 14	07 55	08 34
20	118 36.4	53.7	113 57.0	10.4	19 28.1	9.6	56.7	30	05 46	06 14	06 39	06 50	07 30	08 07	08 41
21	133 36.5	53.0	128 26.4	10.5	19 18.5	9.8	56.7	35	05 50	06 20	06 47	07 02	07 39	08 13	08 44
22	148 36.6	52.3	142 55.9	10.4	19 08.7	9.9	56.7	40	05 55	06 27	06 56	07 15	07 50	08 21	08 48
23	163 36.7	51.6	157 25.3	10.6	18 58.8	10.0	56.7	45	06 00	06 35	07 06	07 31	08 02	08 29	08 53
9 00	178 36.7	N15 50.9	171 54.9	10.5	N18 48.8	10.1	56.8	S 50	06 06	06 44	07 18	07 51	08 17	08 40	08 59
01	193 36.8	50.1	186 24.4	10.6	18 38.7	10.1	56.8	52	06 08	06 48	07 24	08 00	08 25	08 44	09 01
02	208 36.9	49.4	200 54.0	10.6	18 28.6	10.3	56.8	54	06 10	06 53	07 31	08 10	08 32	08 50	09 04
03	223 37.0	48.7	215 23.6	10.7	18 18.3	10.4	56.8	56	06 13	06 57	07 38	08 22	08 41	08 55	09 07
04	238 37.1	48.0	229 53.3	10.7	18 07.9	10.5	56.9	58	06 16	07 03	07 46	08 35	08 51	09 02	09 10
05	253 37.2	47.2	244 23.0	10.8	17 57.4	10.6	56.9	S 60	06 19	07 09	07 55	08 51	09 02	09 09	09 14
06	268 37.3	N15 46.5	258 52.8	10.8	N17 46.8	10.7	56.9	Lat.	Sunset	Twilight Civil	Twilight Naut.	Moonset 8	Moonset 9	Moonset 10	Moonset 11
07	283 37.4	45.8	273 22.6	10.8	17 36.1	10.8	56.9								
08	298 37.4	45.1	287 52.4	10.9	17 25.3	10.9	57.0	°	h m	h m	h m	h m	h m	h m	h m
M 09	313 37.5	44.3	302 22.3	10.9	17 14.4	11.0	57.0	N 72	22 26	////	////	☐	22 48	22 06	21 35
O 10	328 37.6	43.6	316 52.2	11.0	17 03.4	11.1	57.0	N 70	21 42	////	////	23 09	22 19	21 52	21 30
N 11	343 37.7	42.9	331 22.2	11.0	16 52.3	11.1	57.0	68	21 13	23 18	////	22 22	21 57	21 40	21 26
D 12	358 37.8	N15 42.2	345 52.2	11.0	N16 41.2	11.3	57.0	66	20 52	22 18	////	21 51	21 40	21 31	21 22
A 13	13 37.9	41.4	0 22.2	11.1	16 29.9	11.4	57.1	64	20 35	21 46	////	21 28	21 26	21 23	21 19
Y 14	28 38.0	40.7	14 52.3	11.1	16 18.5	11.4	57.1	62	20 21	21 22	23 24	21 10	21 14	21 16	21 17
15	43 38.1	40.0	29 22.4	11.1	16 07.1	11.5	57.1	60	20 09	21 03	22 30	20 54	21 03	21 10	21 14
16	58 38.2	39.3	43 52.5	11.2	15 55.6	11.7	57.1	N 58	19 59	20 48	22 00	20 41	20 54	21 04	21 12
17	73 38.3	38.5	58 22.7	11.2	15 43.9	11.7	57.2	56	19 50	20 35	21 38	20 30	20 46	20 59	21 10
18	88 38.3	N15 37.8	72 52.9	11.3	N15 32.2	11.8	57.2	54	19 42	20 24	21 20	20 20	20 39	20 55	21 09
19	103 38.4	37.1	87 23.2	11.3	15 20.4	11.9	57.2	52	19 35	20 14	21 06	20 11	20 33	20 51	21 07
20	118 38.5	36.3	101 53.5	11.3	15 08.5	12.0	57.2	50	19 29	20 06	20 53	20 03	20 27	20 48	21 06
21	133 38.6	35.6	116 23.8	11.4	14 56.5	12.0	57.2	45	19 15	19 48	20 28	19 46	20 15	20 40	21 03
22	148 38.7	34.9	130 54.2	11.4	14 44.5	12.2	57.3								
23	163 38.8	34.2	145 24.6	11.5	14 32.3	12.2	57.3								
10 00	178 38.9	N15 33.4	159 55.1	11.5	N14 20.1	12.3	57.3	N 40	19 04	19 34	20 10	19 32	20 04	20 33	21 00
01	193 39.0	32.7	174 25.6	11.5	14 07.8	12.4	57.3	35	18 55	19 22	19 55	19 20	19 55	20 28	20 58
02	208 39.1	32.0	188 56.1	11.5	13 55.4	12.4	57.3	30	18 47	19 12	19 42	19 09	19 47	20 23	20 56
03	223 39.2	31.2	203 26.6	11.6	13 43.0	12.6	57.4	20	18 33	18 56	19 23	18 51	19 34	20 14	20 52
04	238 39.3	30.5	217 57.2	11.7	13 30.4	12.6	57.4	N 10	18 20	18 42	19 08	18 35	19 22	20 06	20 49
05	253 39.4	29.8	232 27.9	11.6	13 17.8	12.7	57.4	0	18 09	18 30	18 55	18 20	19 10	19 59	20 46
06	268 39.5	N15 29.0	246 58.5	11.7	N13 05.1	12.7	57.4	S 10	17 58	18 19	18 45	18 05	18 59	19 51	20 43
07	283 39.6	28.3	261 29.2	11.7	12 52.4	12.8	57.5	20	17 46	18 09	18 35	17 49	18 46	19 43	20 40
08	298 39.7	27.6	275 59.9	11.8	12 39.6	13.0	57.5	30	17 32	17 57	18 26	17 30	18 32	19 34	20 36
T 09	313 39.7	26.8	290 30.7	11.8	12 26.6	12.9	57.5	35	17 25	17 51	18 21	17 19	18 24	19 29	20 34
U 10	328 39.8	26.1	305 01.5	11.8	12 13.7	13.1	57.5	40	17 16	17 44	18 16	17 07	18 14	19 23	20 31
E 11	343 39.9	25.4	319 32.3	11.9	12 00.6	13.1	57.5	45	17 05	17 36	18 11	16 52	18 03	19 16	20 28
S 12	358 40.0	N15 24.6	334 03.2	11.9	N11 47.5	13.2	57.6	S 50	16 53	17 28	18 06	16 33	17 50	19 07	20 25
D 13	13 40.1	23.9	348 34.1	11.9	11 34.3	13.2	57.6	52	16 47	17 24	18 04	16 25	17 43	19 03	20 23
A 14	28 40.2	23.1	3 05.0	11.9	11 21.1	13.3	57.6	54	16 41	17 19	18 01	16 15	17 36	18 59	20 22
Y 15	43 40.3	22.4	17 35.9	12.0	11 07.8	13.4	57.6	56	16 34	17 14	17 59	16 04	17 28	18 54	20 20
16	58 40.4	21.7	32 06.9	12.0	10 54.4	13.4	57.6	58	16 26	17 09	17 56	15 51	17 19	18 48	20 17
17	73 40.5	20.9	46 37.9	12.0	10 41.0	13.5	57.7	S 60	16 17	17 03	17 53	15 36	17 09	18 42	20 15
18	88 40.6	N15 20.2	61 08.9	12.0	N10 27.5	13.6	57.7		SUN	SUN	SUN	MOON	MOON	MOON	MOON
19	103 40.7	19.5	75 39.9	12.1	10 13.9	13.6	57.7	Day	Eqn. of Time 00h	Eqn. of Time 12h	Mer. Pass.	Mer. Pass. Upper	Mer. Pass. Lower	Age	Phase
20	118 40.8	18.7	90 11.0	12.1	10 00.3	13.7	57.7								
21	133 40.9	18.0	104 42.1	12.1	9 46.6	13.7	57.7	d	m s	m s	h m	h m	h m	d	%
22	148 41.0	17.2	119 13.2	12.2	9 32.9	13.8	57.8	8	05 41	05 37	12 06	12 08	24 33	29	0
23	163 41.1	16.5	133 44.4	12.1	N 9 19.1	13.8	57.8	9	05 33	05 29	12 05	12 58	00 33	01	1
	SD 15.8	d 0.7	SD 15.4		15.5		15.7	10	05 25	05 20	12 05	13 47	01 23	02	4

2021 AUGUST 11, 12, 13 (WED., THURS., FRI.)

UT	ARIES	VENUS −3.9	MARS +1.8	JUPITER −2.9	SATURN +0.2	STARS
	GHA	GHA Dec	GHA Dec	GHA Dec	GHA Dec	Name SHA Dec
d h	° ′	° ′ ° ′	° ′ ° ′	° ′ ° ′	° ′ ° ′	° ′ ° ′
11 00	319 40.7	144 56.5 N 3 18.8	159 57.6 N 9 39.7	348 42.4 S13 07.3	7 28.8 S18 37.5	Acamar 315 13.9 S40 12.9
01	334 43.2	159 56.3 17.5	174 58.6 39.1	3 45.2 07.4	22 31.4 37.6	Achernar 335 22.1 S57 07.4
02	349 45.7	174 56.1 16.3	189 59.6 38.5	18 48.0 07.6	37 34.1 37.6	Acrux 173 03.5 S63 13.2
03	4 48.1	189 55.9 .. 15.0	205 00.5 .. 37.9	33 50.7 .. 07.7	52 36.7 .. 37.7	Adhara 255 08.4 S28 59.9
04	19 50.6	204 55.6 13.7	220 01.5 37.3	48 53.5 07.8	67 39.4 37.7	Aldebaran 290 42.9 N16 33.1
05	34 53.0	219 55.4 12.4	235 02.5 36.7	63 56.3 07.9	82 42.0 37.8	
06	49 55.5	234 55.2 N 3 11.2	250 03.5 N 9 36.1	78 59.0 S13 08.0	97 44.7 S18 37.8	Alioth 166 15.8 N55 50.9
W 07	64 58.0	249 55.0 09.9	265 04.5 35.5	94 01.8 08.1	112 47.3 37.9	Alkaid 152 54.4 N49 12.7
E 08	80 00.4	264 54.8 08.6	280 05.5 34.9	109 04.6 08.3	127 50.0 37.9	Al Na'ir 27 36.0 S46 51.3
D 09	95 02.9	279 54.5 .. 07.3	295 06.4 .. 34.3	124 07.3 .. 08.4	142 52.6 .. 38.0	Alnilam 275 40.7 S 1 11.2
N 10	110 05.4	294 54.3 06.1	310 07.4 33.7	139 10.1 08.5	157 55.3 38.0	Alphard 217 50.8 S 8 45.0
E 11	125 07.8	309 54.1 04.8	325 08.4 33.1	154 12.9 08.6	172 57.9 38.1	
S 12	140 10.3	324 53.9 N 3 03.5	340 09.4 N 9 32.5	169 15.6 S13 08.7	188 00.6 S18 38.1	Alphecca 126 06.1 N26 38.8
D 13	155 12.8	339 53.6 02.2	355 10.4 31.9	184 18.4 08.8	203 03.2 38.2	Alpheratz 357 37.4 N29 12.5
A 14	170 15.2	354 53.4 3 01.0	10 11.4 31.2	199 21.2 09.0	218 05.9 38.2	Altair 62 02.4 N 8 55.6
Y 15	185 17.7	9 53.2 2 59.7	25 12.4 .. 30.6	214 24.0 .. 09.1	233 08.5 .. 38.3	Ankaa 353 09.6 S42 11.2
16	200 20.2	24 53.0 58.4	40 13.3 30.0	229 26.7 09.2	248 11.2 38.3	Antares 112 19.1 S26 28.8
17	215 22.6	39 52.8 57.1	55 14.3 29.4	244 29.5 09.3	263 13.8 38.4	
18	230 25.1	54 52.6 N 2 55.9	70 15.3 N 9 28.8	259 32.3 S13 09.4	278 16.5 S18 38.4	Arcturus 145 50.6 N19 04.5
19	245 27.5	69 52.3 54.6	85 16.3 28.2	274 35.0 09.5	293 19.1 38.5	Atria 107 15.6 S69 04.1
20	260 30.0	84 52.1 53.3	100 17.3 27.6	289 37.8 09.7	308 21.8 38.5	Avior 234 16.4 S59 34.6
21	275 32.5	99 51.9 .. 52.0	115 18.3 .. 27.0	304 40.6 .. 09.8	323 24.4 .. 38.6	Bellatrix 278 26.0 N 6 22.2
22	290 34.9	114 51.7 50.8	130 19.2 26.4	319 43.3 09.9	338 27.1 38.6	Betelgeuse 270 55.3 N 7 24.7
23	305 37.4	129 51.5 49.5	145 20.2 25.8	334 46.1 10.0	353 29.7 38.7	
12 00	320 39.9	144 51.2 N 2 48.2	160 21.2 N 9 25.2	349 48.9 S13 10.1	8 32.3 S18 38.7	Canopus 263 54.0 S52 42.2
01	335 42.3	159 51.0 46.9	175 22.2 24.6	4 51.7 10.2	23 35.0 38.8	Capella 280 26.2 N46 01.0
02	350 44.8	174 50.8 45.6	190 23.2 24.0	19 54.4 10.4	38 37.6 38.8	Deneb 49 27.2 N45 21.5
03	5 47.3	189 50.6 .. 44.4	205 24.2 .. 23.4	34 57.2 .. 10.5	53 40.3 .. 38.9	Denebola 182 28.1 N14 27.3
04	20 49.7	204 50.4 43.1	220 25.1 22.8	50 00.0 10.6	68 42.9 38.9	Diphda 348 49.9 S17 52.0
05	35 52.2	219 50.2 41.8	235 26.1 22.2	65 02.7 10.7	83 45.6 39.0	
06	50 54.6	234 49.9 N 2 40.5	250 27.1 N 9 21.6	80 05.5 S13 10.8	98 48.2 S18 39.0	Dubhe 193 45.1 N61 38.3
07	65 57.1	249 49.7 39.3	265 28.1 21.0	95 08.3 10.9	113 50.9 39.1	Elnath 278 05.6 N28 37.4
T 08	80 59.6	264 49.5 38.0	280 29.1 20.4	110 11.1 11.1	128 53.5 39.1	Eltanin 90 43.1 N51 29.4
H 09	96 02.0	279 49.3 .. 36.7	295 30.1 .. 19.8	125 13.8 .. 11.2	143 56.2 .. 39.2	Enif 33 41.2 N 9 58.5
U 10	111 04.5	294 49.1 35.4	310 31.1 19.1	140 16.6 11.3	158 58.8 39.3	Fomalhaut 15 17.3 S29 30.4
R 11	126 07.0	309 48.9 34.1	325 32.0 18.5	155 19.4 11.4	174 01.5 39.3	
S 12	141 09.4	324 48.6 N 2 32.9	340 33.0 N 9 17.9	170 22.1 S13 11.5	189 04.1 S18 39.4	Gacrux 171 55.1 S57 14.1
D 13	156 11.9	339 48.4 31.6	355 34.0 17.3	185 24.9 11.6	204 06.8 39.4	Gienah 175 46.7 S17 39.6
A 14	171 14.4	354 48.2 30.3	10 35.0 16.7	200 27.7 11.8	219 09.4 39.5	Hadar 148 40.1 S60 28.7
Y 15	186 16.8	9 48.0 .. 29.0	25 36.0 .. 16.1	215 30.5 .. 11.9	234 12.1 .. 39.5	Hamal 327 54.2 N23 33.7
16	201 19.3	24 47.8 27.7	40 37.0 15.5	230 33.2 12.0	249 14.7 39.6	Kaus Aust. 83 35.9 S34 22.4
17	216 21.8	39 47.6 26.5	55 38.0 14.9	245 36.0 12.1	264 17.4 39.6	
18	231 24.2	54 47.4 N 2 25.2	70 38.9 N 9 14.3	260 38.8 S13 12.2	279 20.0 S18 39.7	Kochab 137 20.0 N74 04.4
19	246 26.7	69 47.1 23.9	85 39.9 13.7	275 41.5 12.4	294 22.7 39.7	Markab 13 32.4 N15 19.3
20	261 29.1	84 46.9 22.6	100 40.9 13.1	290 44.3 12.5	309 25.3 39.8	Menkar 314 09.0 N 4 10.5
21	276 31.6	99 46.7 .. 21.3	115 41.9 .. 12.5	305 47.1 .. 12.6	324 27.9 .. 39.8	Menkent 148 01.0 S36 28.6
22	291 34.1	114 46.5 20.1	130 42.9 11.9	320 49.9 12.7	339 30.6 39.9	Miaplacidus 221 39.7 S69 48.2
23	306 36.5	129 46.3 18.8	145 43.9 11.3	335 52.6 12.8	354 33.2 39.9	
13 00	321 39.0	144 46.1 N 2 17.5	160 44.9 N 9 10.7	350 55.4 S13 12.9	9 35.9 S18 40.0	Mirfak 308 32.2 N49 56.0
01	336 41.5	159 45.9 16.2	175 45.8 10.0	5 58.2 13.1	24 38.5 40.0	Nunki 75 50.9 S26 16.2
02	351 43.9	174 45.7 14.9	190 46.8 09.4	21 00.9 13.2	39 41.2 40.1	Peacock 53 09.6 S56 39.9
03	6 46.4	189 45.4 .. 13.7	205 47.8 .. 08.8	36 03.7 .. 13.3	54 43.8 .. 40.1	Pollux 243 21.1 N27 58.5
04	21 48.9	204 45.2 12.4	220 48.8 08.2	51 06.5 13.4	69 46.5 40.1	Procyon 244 54.0 N 5 10.3
05	36 51.3	219 45.0 11.1	235 49.8 07.6	66 09.3 13.5	84 49.1 40.2	
06	51 53.8	234 44.8 N 2 09.8	250 50.8 N 9 07.0	81 12.0 S13 13.6	99 51.8 S18 40.3	Rasalhague 96 00.9 N12 32.9
07	66 56.2	249 44.6 08.5	265 51.8 06.4	96 14.8 13.8	114 54.4 40.3	Regulus 207 37.7 N11 51.9
08	81 58.7	264 44.4 07.3	280 52.7 05.8	111 17.6 13.9	129 57.1 40.4	Rigel 281 06.7 S 8 10.5
F 09	97 01.2	279 44.2 .. 06.0	295 53.7 .. 05.2	126 20.4 .. 14.0	144 59.7 .. 40.4	Rigil Kent. 139 44.2 S60 55.6
R 10	112 03.6	294 44.0 04.7	310 54.7 04.6	141 23.1 14.1	160 02.4 40.5	Sabik 102 05.8 S15 45.0
I 11	127 06.1	309 43.8 03.4	325 55.7 04.0	156 25.9 14.2	175 05.0 40.5	
D 12	142 08.6	324 43.5 N 2 02.1	340 56.7 N 9 03.4	171 28.7 S13 14.3	190 07.7 S18 40.6	Schedar 349 33.8 N56 39.1
A 13	157 11.0	339 43.3 2 00.9	355 57.7 02.7	186 31.4 14.5	205 10.3 40.6	Shaula 96 13.9 S37 07.2
Y 14	172 13.5	354 43.1 1 59.6	10 58.7 02.1	201 34.2 14.6	220 12.9 40.7	Sirius 258 29.0 S16 44.6
15	187 16.0	9 42.9 .. 58.3	25 59.6 .. 01.5	216 37.0 .. 14.7	235 15.6 .. 40.7	Spica 158 25.4 S11 16.3
16	202 18.4	24 42.7 57.0	41 00.6 00.9	231 39.8 14.8	250 18.2 40.8	Suhail 222 48.8 S43 31.0
17	217 20.9	39 42.5 55.7	56 01.6 9 00.3	246 42.5 14.9	265 20.9 40.8	
18	232 23.4	54 42.3 N 1 54.4	71 02.6 N 8 59.7	261 45.3 S13 15.1	280 23.5 S18 40.9	Vega 80 34.8 N38 48.4
19	247 25.8	69 42.1 53.2	86 03.6 59.1	276 48.1 15.2	295 26.2 40.9	Zuben'ubi 136 59.1 S16 07.8
20	262 28.3	84 41.9 51.9	101 04.6 58.5	291 50.9 15.3	310 28.8 41.0	SHA Mer. Pass.
21	277 30.7	99 41.7 .. 50.6	116 05.6 .. 57.9	306 53.6 .. 15.4	325 31.5 .. 41.0	° ′ h m
22	292 33.2	114 41.4 49.3	131 06.6 57.3	321 56.4 15.5	340 34.1 41.1	Venus 184 11.4 14 21
23	307 35.7	129 41.2 48.0	146 07.5 56.7	336 59.2 15.6	355 36.8 41.1	Mars 199 41.3 13 18
	h m					Jupiter 29 09.0 0 41
Mer. Pass. 2 36.9	v −0.2 d 1.3	v 1.0 d 0.6	v 2.8 d 0.1	v 2.6 d 0.1	Saturn 47 52.5 23 22

2021 AUGUST 11, 12, 13 (WED., THURS., FRI.)

159

UT	SUN GHA	SUN Dec	MOON GHA	MOON v	MOON Dec	MOON d	MOON HP	Lat.	Twilight Naut.	Twilight Civil	Sunrise	Moonrise 11	Moonrise 12	Moonrise 13	Moonrise 14
d h	° ′	° ′	° ′	′	° ′	′	′	°	h m	h m	h m	h m	h m	h m	h m
								N 72	////	////	02 03	06 46	08 58	11 10	13 35
11 00	178 41.2	N15 15.8	148 15.5	12.2	N 9 05.3	13.9	57.8	N 70	////	////	02 41	06 58	08 59	11 02	13 13
01	193 41.3	15.0	162 46.7	12.2	8 51.4	14.0	57.8	68	////	01 18	03 07	07 07	09 01	10 55	12 56
02	208 41.4	14.3	177 17.9	12.3	8 37.4	14.0	57.8	66	////	02 05	03 27	07 14	09 02	10 50	12 42
03	223 41.5 ..	13.5	191 49.2	12.2	8 23.4	14.0	57.8	64	////	02 35	03 43	07 21	09 02	10 45	12 31
04	238 41.6	12.8	206 20.4	12.3	8 09.4	14.1	57.9	62	01 10	02 57	03 56	07 26	09 03	10 41	12 22
05	253 41.7	12.0	220 51.7	12.3	7 55.3	14.2	57.9	60	01 52	03 14	04 07	07 31	09 04	10 37	12 14
06	268 41.8	N15 11.3	235 23.0	12.3	N 7 41.1	14.2	57.9	N 58	02 19	03 29	04 17	07 35	09 04	10 34	12 07
W 07	283 41.9	10.6	249 54.3	12.3	7 26.9	14.2	57.9	56	02 40	03 41	04 25	07 39	09 05	10 32	12 00
E 08	298 42.0	09.8	264 25.6	12.3	7 12.7	14.3	57.9	54	02 57	03 51	04 33	07 42	09 05	10 29	11 55
D 09	313 42.1 ..	09.1	278 56.9	12.4	6 58.4	14.3	58.0	52	03 10	04 01	04 39	07 45	09 06	10 27	11 50
N 10	328 42.2	08.3	293 28.3	12.4	6 44.1	14.3	58.0	50	03 22	04 09	04 45	07 48	09 06	10 25	11 45
E 11	343 42.3	07.6	307 59.7	12.3	6 29.8	14.4	58.0	45	03 46	04 26	04 58	07 54	09 07	10 20	11 36
S 12	358 42.4	N15 06.8	322 31.0	12.4	N 6 15.4	14.5	58.0	N 40	04 04	04 40	05 09	07 59	09 07	10 17	11 28
D 13	13 42.5	06.1	337 02.4	12.4	6 00.9	14.5	58.0	35	04 18	04 51	05 18	08 03	09 08	10 14	11 21
A 14	28 42.6	05.3	351 33.8	12.4	5 46.4	14.5	58.1	30	04 30	05 00	05 26	08 06	09 08	10 11	11 15
Y 15	43 42.7 ..	04.6	6 05.2	12.4	5 31.9	14.5	58.1	20	04 49	05 16	05 39	08 13	09 09	10 06	11 05
16	58 42.8	03.8	20 36.6	12.4	5 17.4	14.6	58.1	N 10	05 03	05 29	05 51	08 18	09 10	10 02	10 56
17	73 42.9	03.1	35 08.1	12.4	5 02.8	14.6	58.1	0	05 15	05 40	06 02	08 24	09 11	09 58	10 48
18	88 43.0	N15 02.3	49 39.5	12.4	N 4 48.2	14.7	58.1	S 10	05 26	05 51	06 12	08 29	09 12	09 55	10 40
19	103 43.1	01.6	64 10.9	12.5	4 33.5	14.6	58.1	20	05 35	06 01	06 24	08 34	09 12	09 51	10 31
20	118 43.2	00.8	78 42.4	12.4	4 18.9	14.7	58.2	30	05 43	06 12	06 36	08 41	09 13	09 46	10 21
21	133 43.3	15 00.1	93 13.8	12.5	4 04.2	14.8	58.2	35	05 48	06 17	06 44	08 44	09 14	09 44	10 15
22	148 43.4	14 59.3	107 45.3	12.4	3 49.4	14.7	58.2	40	05 52	06 24	06 52	08 48	09 15	09 41	10 09
23	163 43.6	58.6	122 16.7	12.5	3 34.7	14.8	58.2	45	05 56	06 31	07 02	08 53	09 15	09 38	10 02
12 00	178 43.7	N14 57.8	136 48.2	12.4	N 3 19.9	14.8	58.2	S 50	06 01	06 39	07 13	08 59	09 16	09 34	09 53
01	193 43.8	57.1	151 19.6	12.5	3 05.1	14.9	58.3	52	06 03	06 43	07 19	09 01	09 17	09 32	09 49
02	208 43.9	56.3	165 51.1	12.4	2 50.2	14.8	58.3	54	06 05	06 47	07 25	09 04	09 17	09 30	09 45
03	223 44.0 ..	55.6	180 22.5	12.4	2 35.4	14.9	58.3	56	06 07	06 51	07 31	09 07	09 18	09 28	09 40
04	238 44.1	54.8	194 53.9	12.5	2 20.5	14.9	58.3	58	06 10	06 56	07 38	09 10	09 18	09 26	09 34
05	253 44.2	54.1	209 25.4	12.4	2 05.6	14.9	58.3	S 60	06 12	07 01	07 47	09 14	09 19	09 23	09 28
06	268 44.3	N14 53.3	223 56.8	12.5	N 1 50.7	14.9	58.3	Lat.	Sunset	Twilight Civil	Twilight Naut.	Moonset 11	Moonset 12	Moonset 13	Moonset 14
T 07	283 44.4	52.6	238 28.3	12.4	1 35.8	14.9	58.3
H 08	298 44.5	51.8	252 59.7	12.4	1 20.9	15.0	58.4								
U 09	313 44.6 ..	51.1	267 31.1	12.4	1 05.9	15.0	58.4	°	h m	h m	h m	h m	h m	h m	h m
R 10	328 44.7	50.3	282 02.5	12.4	0 50.9	14.9	58.4	N 72	22 00	////	////	21 35	21 07	20 38	19 58
S 11	343 44.8	49.5	296 33.9	12.4	0 36.0	15.0	58.4	N 70	21 24	////	////	21 30	21 10	20 49	20 22
D 12	358 44.9	N14 48.8	311 05.3	12.4	N 0 21.0	15.0	58.4	68	20 59	22 43	////	21 26	21 12	20 58	20 41
A 13	13 45.0	48.0	325 36.7	12.3	N 0 06.0	15.0	58.4	66	20 40	22 00	////	21 22	21 14	21 06	20 56
Y 14	28 45.2	47.3	340 08.0	12.4	S 0 09.0	15.0	58.4	64	20 25	21 31	////	21 19	21 16	21 12	21 09
15	43 45.3 ..	46.5	354 39.4	12.3	0 24.0	15.1	58.5	62	20 12	21 10	22 52	21 17	21 17	21 18	21 20
16	58 45.4	45.8	9 10.7	12.3	0 39.1	15.0	58.5	60	20 01	20 53	22 13	21 14	21 19	21 23	21 29
17	73 45.5	45.0	23 42.0	12.3	0 54.1	15.0	58.5
18	88 45.6	N14 44.2	38 13.3	12.3	S 1 09.1	15.0	58.5	N 58	19 52	20 39	21 47	21 12	21 20	21 28	21 37
19	103 45.7	43.5	52 44.6	12.2	1 24.1	15.1	58.5	56	19 43	20 27	21 27	21 10	21 21	21 32	21 44
20	118 45.8	42.7	67 15.8	12.2	1 39.2	15.0	58.5	54	19 36	20 17	21 11	21 09	21 22	21 35	21 51
21	133 45.9 ..	42.0	81 47.0	12.3	1 54.2	15.0	58.6	52	19 30	20 08	20 58	21 07	21 22	21 38	21 56
22	148 46.0	41.2	96 18.3	12.1	2 09.2	15.0	58.6	50	19 24	20 00	20 46	21 06	21 23	21 41	22 02
23	163 46.1	40.4	110 49.4	12.2	2 24.2	15.0	58.6	45	19 11	19 43	20 23	21 03	21 25	21 48	22 13
13 00	178 46.3	N14 39.7	125 20.6	12.1	S 2 39.2	15.0	58.6	N 40	19 01	19 30	20 05	21 00	21 26	21 53	22 23
01	193 46.4	38.9	139 51.7	12.2	2 54.2	15.0	58.6	35	18 52	19 19	19 51	20 58	21 27	21 58	22 31
02	208 46.5	38.2	154 22.9	12.0	3 09.2	15.0	58.6	30	18 44	19 09	19 39	20 56	21 28	22 02	22 38
03	223 46.6 ..	37.4	168 53.9	12.1	3 24.2	15.0	58.6	20	18 31	18 54	19 21	20 52	21 30	22 09	22 51
04	238 46.7	36.6	183 25.0	12.0	3 39.2	14.9	58.7	N 10	18 19	18 41	19 06	20 49	21 32	22 16	23 02
05	253 46.8	35.9	197 56.0	12.0	3 54.1	15.0	58.7	0	18 08	18 30	18 55	20 46	21 33	22 22	23 12
06	268 46.9	N14 35.1	212 27.0	12.0	S 4 09.1	14.9	58.7	S 10	17 58	18 19	18 45	20 43	21 35	22 28	23 22
07	283 47.0	34.3	226 58.0	11.9	4 24.0	14.9	58.7	20	17 47	18 09	18 36	20 40	21 36	22 34	23 34
08	298 47.1	33.6	241 28.9	11.9	4 38.9	14.9	58.7	30	17 34	17 59	18 27	20 36	21 38	22 41	23 46
F 09	313 47.3 ..	32.8	255 59.8	11.8	4 53.8	14.9	58.7	35	17 27	17 53	18 23	20 34	21 39	22 46	23 54
R 10	328 47.4	32.0	270 30.6	11.9	5 08.7	14.9	58.7	40	17 19	17 47	18 19	20 31	21 40	22 50	24 02
I 11	343 47.5	31.3	285 01.5	11.8	5 23.6	14.8	58.7	45	17 09	17 40	18 14	20 28	21 42	22 56	24 12
D 12	358 47.6	N14 30.5	299 32.3	11.7	S 5 38.4	14.8	58.8	S 50	16 57	17 32	18 10	20 25	21 43	23 03	24 24
A 13	13 47.7	29.7	314 03.0	11.7	5 53.2	14.8	58.8	52	16 52	17 28	18 08	20 23	21 44	23 06	24 30
Y 14	28 47.8	29.0	328 33.7	11.7	6 08.0	14.8	58.8	54	16 46	17 24	18 06	20 22	21 45	23 09	24 36
15	43 47.9 ..	28.2	343 04.4	11.6	6 22.8	14.7	58.8	56	16 40	17 20	18 04	20 20	21 46	23 13	24 43
16	58 48.1	27.4	357 35.0	11.6	6 37.5	14.7	58.8	58	16 32	17 15	18 01	20 17	21 47	23 18	24 51
17	73 48.2	26.7	12 05.6	11.5	6 52.2	14.7	58.8	S 60	16 24	17 09	17 59	20 15	21 48	23 22	25 00
18	88 48.3	N14 25.9	26 36.1	11.5	S 7 06.9	14.7	58.8	Day	SUN Eqn. of Time 00h	SUN Eqn. of Time 12h	SUN Mer. Pass.	MOON Mer. Pass. Upper	MOON Mer. Pass. Lower	Age	Phase
19	103 48.4	25.1	41 06.6	11.4	7 21.6	14.6	58.8
20	118 48.5	24.4	55 37.0	11.4	7 36.2	14.6	58.9
21	133 48.6 ..	23.6	70 07.4	11.4	7 50.8	14.5	58.9
22	148 48.8	22.8	84 37.8	11.3	8 05.3	14.5	58.9	d	m s	m s	h m	h m	h m	d	%
23	163 48.9	22.1	99 08.1	11.2	S 8 19.8	14.5	58.9	11	05 15	05 11	12 05	14 35	02 11	03	10
								12	05 06	05 00	12 05	15 22	02 58	04	17
	SD 15.8	d 0.8	SD 15.8		15.9		16.0	13	04 55	04 50	12 05	16 10	03 46	05	27

2021 AUGUST 14, 15, 16 (SAT., SUN., MON.)

UT	ARIES	VENUS −4.0		MARS +1.8		JUPITER −2.9		SATURN +0.2		STARS		
	GHA	GHA	Dec	GHA	Dec	GHA	Dec	GHA	Dec	Name	SHA	Dec
d h	° ′	° ′	° ′	° ′	° ′	° ′	° ′	° ′	° ′		° ′	° ′
14 00	322 38.1	144 41.0	N 1 46.7	161 08.5	N 8 56.0	352 02.0	S13 15.8	10 39.4	S18 41.2	Acamar	315 13.9	S40 12.9
01	337 40.6	159 40.8	45.5	176 09.5	55.4	7 04.7	15.9	25 42.1	41.2	Achernar	335 22.1	S57 07.4
02	352 43.1	174 40.6	44.2	191 10.5	54.8	22 07.5	16.0	40 44.7	41.3	Acrux	173 03.6	S63 13.2
03	7 45.5	189 40.4 . .	42.9	206 11.5 . .	54.2	37 10.3 . .	16.1	55 47.3 . .	41.3	Adhara	255 08.3	S28 59.9
04	22 48.0	204 40.2	41.6	221 12.5	53.6	52 13.1	16.2	70 50.0	41.4	Aldebaran	290 42.9	N16 33.1
05	37 50.5	219 40.0	40.3	236 13.5	53.0	67 15.8	16.3	85 52.6	41.4			
06	52 52.9	234 39.8	N 1 39.0	251 14.4	N 8 52.4	82 18.6	S13 16.5	100 55.3	S18 41.5	Alioth	166 15.8	N55 50.9
07	67 55.4	249 39.6	37.8	266 15.4	51.8	97 21.4	16.6	115 57.9	41.5	Alkaid	152 54.5	N49 12.7
S 08	82 57.9	264 39.4	36.5	281 16.4	51.2	112 24.2	16.7	131 00.6	41.6	Alnair	27 36.0	S46 51.3
A 09	98 00.3	279 39.2 . .	35.2	296 17.4 . .	50.5	127 26.9 . .	16.8	146 03.2 . .	41.6	Alnilam	275 40.7	S 1 11.2
T 10	113 02.8	294 39.0	33.9	311 18.4	49.9	142 29.7	16.9	161 05.9	41.7	Alphard	217 50.8	S 8 45.0
U 11	128 05.2	309 38.7	32.6	326 19.4	49.3	157 32.5	17.0	176 08.5	41.7			
R 12	143 07.7	324 38.5	N 1 31.3	341 20.4	N 8 48.7	172 35.3	S13 17.2	191 11.2	S18 41.8	Alphecca	126 06.1	N26 38.8
D 13	158 10.2	339 38.3	30.1	356 21.4	48.1	187 38.0	17.3	206 13.8	41.8	Alpheratz	357 37.3	N29 12.5
A 14	173 12.6	354 38.1	28.8	11 22.3	47.5	202 40.8	17.4	221 16.4	41.9	Altair	62 02.4	N 8 55.6
Y 15	188 15.1	9 37.9 . .	27.5	26 23.3 . .	46.9	217 43.6 . .	17.5	236 19.1 . .	41.9	Ankaa	353 09.6	S42 11.2
16	203 17.6	24 37.7	26.2	41 24.3	46.3	232 46.4	17.6	251 21.7	42.0	Antares	112 19.1	S26 28.8
17	218 20.0	39 37.5	24.9	56 25.3	45.7	247 49.1	17.8	266 24.4	42.0			
18	233 22.5	54 37.3	N 1 23.6	71 26.3	N 8 45.0	262 51.9	S13 17.9	281 27.0	S18 42.1	Arcturus	145 50.6	N19 04.5
19	248 25.0	69 37.1	22.3	86 27.3	44.4	277 54.7	18.0	296 29.7	42.1	Atria	107 15.6	S69 04.1
20	263 27.4	84 36.9	21.1	101 28.3	43.8	292 57.5	18.1	311 32.3	42.2	Avior	234 16.4	S59 34.5
21	278 29.9	99 36.7 . .	19.8	116 29.3 . .	43.2	308 00.2 . .	18.2	326 35.0 . .	42.2	Bellatrix	278 26.0	N 6 22.2
22	293 32.3	114 36.5	18.5	131 30.2	42.6	323 03.0	18.3	341 37.6	42.3	Betelgeuse	270 55.3	N 7 24.7
23	308 34.8	129 36.3	17.2	146 31.2	42.0	338 05.8	18.5	356 40.3	42.3			
15 00	323 37.3	144 36.1	N 1 15.9	161 32.2	N 8 41.4	353 08.6	S13 18.6	11 42.9	S18 42.4	Canopus	263 54.0	S52 42.2
01	338 39.7	159 35.9	14.6	176 33.2	40.8	8 11.3	18.7	26 45.5	42.4	Capella	280 26.2	N46 01.0
02	353 42.2	174 35.7	13.4	191 34.2	40.1	23 14.1	18.8	41 48.2	42.5	Deneb	49 27.2	N45 21.5
03	8 44.7	189 35.5 . .	12.1	206 35.2 . .	39.5	38 16.9 . .	18.9	56 50.8 . .	42.5	Denebola	182 28.1	N14 27.3
04	23 47.1	204 35.3	10.8	221 36.2	38.9	53 19.7	19.0	71 53.5	42.6	Diphda	348 49.9	S17 52.0
05	38 49.6	219 35.1	09.5	236 37.2	38.3	68 22.4	19.2	86 56.1	42.6			
06	53 52.1	234 34.9	N 1 08.2	251 38.2	N 8 37.7	83 25.2	S13 19.3	101 58.8	S18 42.7	Dubhe	193 45.1	N61 38.3
07	68 54.5	249 34.7	06.9	266 39.1	37.1	98 28.0	19.4	117 01.4	42.7	Elnath	278 05.6	N28 37.4
08	83 57.0	264 34.5	05.6	281 40.1	36.5	113 30.8	19.5	132 04.1	42.8	Eltanin	90 43.2	N51 29.4
S 09	98 59.5	279 34.2 . .	04.4	296 41.1 . .	35.9	128 33.5 . .	19.6	147 06.7 . .	42.8	Enif	33 41.2	N 9 58.5
U 10	114 01.9	294 34.0	03.1	311 42.1	35.2	143 36.3	19.8	162 09.3	42.9	Fomalhaut	15 17.3	S29 30.4
N 11	129 04.4	309 33.8	01.8	326 43.1	34.6	158 39.1	19.9	177 12.0	42.9			
D 12	144 06.8	324 33.6	N 1 00.5	341 44.1	N 8 34.0	173 41.9	S13 20.0	192 14.6	S18 43.0	Gacrux	171 55.1	S57 14.1
A 13	159 09.3	339 33.4	0 59.2	356 45.1	33.4	188 44.6	20.1	207 17.3	43.0	Gienah	175 46.7	S17 39.6
Y 14	174 11.8	354 33.2	57.9	11 46.1	32.8	203 47.4	20.2	222 19.9	43.1	Hadar	148 40.1	S60 28.7
15	189 14.2	9 33.0 . .	56.6	26 47.0 . .	32.2	218 50.2 . .	20.3	237 22.6 . .	43.1	Hamal	327 54.2	N23 33.7
16	204 16.7	24 32.8	55.4	41 48.0	31.6	233 53.0	20.5	252 25.2	43.2	Kaus Aust.	83 35.9	S34 22.5
17	219 19.2	39 32.6	54.1	56 49.0	30.9	248 55.7	20.6	267 27.9	43.2			
18	234 21.6	54 32.4	N 0 52.8	71 50.0	N 8 30.3	263 58.5	S13 20.7	282 30.5	S18 43.3	Kochab	137 20.0	N74 04.4
19	249 24.1	69 32.2	51.5	86 51.0	29.7	279 01.3	20.8	297 33.1	43.3	Markab	13 32.3	N15 19.3
20	264 26.6	84 32.0	50.2	101 52.0	29.1	294 04.1	20.9	312 35.8	43.4	Menkar	314 09.0	N 4 10.5
21	279 29.0	99 31.8 . .	48.9	116 53.0 . .	28.5	309 06.9 . .	21.0	327 38.4 . .	43.4	Menkent	148 01.0	S36 28.6
22	294 31.5	114 31.6	47.6	131 54.0	27.9	324 09.6	21.2	342 41.1	43.5	Miaplacidus	221 39.7	S69 48.2
23	309 34.0	129 31.4	46.3	146 55.0	27.3	339 12.4	21.3	357 43.7	43.5			
16 00	324 36.4	144 31.2	N 0 45.1	161 55.9	N 8 26.6	354 15.2	S13 21.4	12 46.4	S18 43.6	Mirfak	308 32.2	N49 56.0
01	339 38.9	159 31.0	43.8	176 56.9	26.0	9 18.0	21.5	27 49.0	43.6	Nunki	75 50.9	S26 16.2
02	354 41.3	174 30.8	42.5	191 57.9	25.4	24 20.7	21.6	42 51.6	43.7	Peacock	53 09.6	S56 39.9
03	9 43.8	189 30.6 . .	41.2	206 58.9 . .	24.8	39 23.5 . .	21.8	57 54.3 . .	43.7	Pollux	243 21.0	N27 58.5
04	24 46.3	204 30.4	39.9	221 59.9	24.2	54 26.3	21.9	72 56.9	43.8	Procyon	244 54.0	N 5 10.3
05	39 48.7	219 30.2	38.6	237 00.9	23.6	69 29.1	22.0	87 59.6	43.8			
06	54 51.2	234 30.0	N 0 37.3	252 01.9	N 8 23.0	84 31.8	S13 22.1	103 02.2	S18 43.9	Rasalhague	96 00.9	N12 32.9
07	69 53.7	249 29.8	36.0	267 02.9	22.3	99 34.6	22.2	118 04.9	43.9	Regulus	207 37.7	N11 51.9
08	84 56.1	264 29.6	34.8	282 03.9	21.7	114 37.4	22.3	133 07.5	44.0	Rigel	281 06.7	S 8 10.5
M 09	99 58.6	279 29.4 . .	33.5	297 04.8 . .	21.1	129 40.2 . .	22.5	148 10.2 . .	44.0	Rigil Kent.	139 44.2	S60 55.6
O 10	115 01.1	294 29.2	32.2	312 05.8	20.5	144 43.0	22.6	163 12.8	44.1	Sabik	102 05.8	S15 45.0
N 11	130 03.5	309 29.0	30.9	327 06.8	19.9	159 45.7	22.7	178 15.4	44.1			
D 12	145 06.0	324 28.8	N 0 29.6	342 07.8	N 8 19.3	174 48.5	S13 22.8	193 18.1	S18 44.2	Schedar	349 33.8	N56 39.1
A 13	160 08.4	339 28.6	28.3	357 08.8	18.6	189 51.3	22.9	208 20.7	44.2	Shaula	96 13.9	S37 07.2
Y 14	175 10.9	354 28.4	27.0	12 09.8	18.0	204 54.1	23.0	223 23.4	44.3	Sirius	258 28.9	S16 44.6
15	190 13.4	9 28.2 . .	25.7	27 10.8 . .	17.4	219 56.8 . .	23.2	238 26.0 . .	44.3	Spica	158 25.4	S11 16.3
16	205 15.8	24 28.0	24.5	42 11.8	16.8	234 59.6	23.3	253 28.7	44.4	Suhail	222 48.8	S43 31.0
17	220 18.3	39 27.8	23.2	57 12.8	16.2	250 02.4	23.4	268 31.3	44.4			
18	235 20.8	54 27.6	N 0 21.9	72 13.8	N 8 15.6	265 05.2	S13 23.5	283 33.9	S18 44.5	Vega	80 34.8	N38 48.4
19	250 23.2	69 27.4	20.6	87 14.7	14.9	280 08.0	23.6	298 36.6	44.5	Zuben'ubi	136 59.1	S16 07.8
20	265 25.7	84 27.2	19.3	102 15.7	14.3	295 10.7	23.8	313 39.2	44.6		SHA	Mer. Pass.
21	280 28.2	99 27.0 . .	18.0	117 16.7 . .	13.7	310 13.5 . .	23.9	328 41.9 . .	44.6		° ′	h m
22	295 30.6	114 26.8	16.7	132 17.7	13.1	325 16.3	24.0	343 44.5	44.7	Venus	180 58.8	14 22
23	310 33.1	129 26.7	15.4	147 18.7	12.5	340 19.1	24.1	358 47.2	44.7	Mars	197 54.9	13 13
		h m								Jupiter	29 31.3	0 27
Mer. Pass.	2 25.1	v −0.2	d 1.3	v 1.0	d 0.6	v 2.8	d 0.1	v 2.6	d 0.0	Saturn	48 05.6	23 09

2021 AUGUST 14, 15, 16 (SAT., SUN., MON.)

UT	SUN GHA	SUN Dec	MOON GHA	MOON v	MOON Dec	MOON d	MOON HP	Lat.	Twilight Naut.	Twilight Civil	Sunrise	Moonrise 14	Moonrise 15	Moonrise 16	Moonrise 17
d h	° ′	° ′	° ′	′	° ′	′	′	°	h m	h m	h m	h m	h m	h m	h m
								N 72	////	////	02 26	13 35	17 18	■	■
14 00	178 49.0	N14 21.3	113 38.3	11.2	S 8 34.3	14.5	58.9	N 70	////	////	02 57	13 13	15 49	■	■
01	193 49.1	20.5	128 08.5	11.1	8 48.8	14.4	58.9	68	////	01 45	03 20	12 56	15 10	■	■
02	208 49.2	19.7	142 38.6	11.1	9 03.2	14.3	58.9	66	////	02 22	03 38	12 42	14 43	17 02	■
03	223 49.3 ..	19.0	157 08.7	11.1	9 17.5	14.3	58.9	64	////	02 48	03 52	12 31	14 23	16 23	18 29
04	238 49.5	18.2	171 38.8	10.9	9 31.8	14.3	58.9	62	01 33	03 07	04 04	12 22	14 07	15 56	17 43
05	253 49.6	17.4	186 08.7	11.0	9 46.1	14.2	59.0	60	02 07	03 23	04 15	12 14	13 53	15 35	17 13
06	268 49.7	N14 16.7	200 38.7	10.8	S10 00.3	14.2	59.0	N 58	02 31	03 36	04 23	12 07	13 42	15 18	16 50
S 07	283 49.8	15.9	215 08.5	10.8	10 14.5	14.1	59.0	56	02 49	03 48	04 31	12 00	13 32	15 04	16 31
A 08	298 49.9	15.1	229 38.3	10.8	10 28.6	14.0	59.0	54	03 04	03 57	04 38	11 55	13 23	14 51	16 16
T 09	313 50.0 ..	14.3	244 08.1	10.7	10 42.6	14.1	59.0	52	03 17	04 06	04 44	11 50	13 15	14 40	16 02
U 10	328 50.2	13.6	258 37.8	10.6	10 56.7	13.9	59.0	50	03 28	04 14	04 50	11 45	13 08	14 31	15 50
R 11	343 50.3	12.8	273 07.4	10.5	11 10.6	13.9	59.0	45	03 50	04 30	05 02	11 36	12 53	14 11	15 26
D 12	358 50.4	N14 12.0	287 36.9	10.5	S11 24.5	13.9	59.0	N 40	04 07	04 43	05 12	11 28	12 41	13 54	15 07
A 13	13 50.5	11.2	302 06.4	10.5	11 38.4	13.8	59.0	35	04 21	04 53	05 21	11 21	12 30	13 41	14 51
Y 14	28 50.6	10.5	316 35.9	10.3	11 52.2	13.7	59.1	30	04 32	05 02	05 27	11 15	12 21	13 29	14 37
15	43 50.8 ..	09.7	331 05.2	10.3	12 05.9	13.7	59.1	20	04 50	05 17	05 40	11 05	12 06	13 08	14 13
16	58 50.9	08.9	345 34.5	10.3	12 19.6	13.6	59.1	N 10	05 04	05 29	05 51	10 56	11 52	12 51	13 52
17	73 51.0	08.1	0 03.8	10.1	12 33.2	13.5	59.1	0	05 15	05 40	06 01	10 48	11 40	12 35	13 33
18	88 51.1	N14 07.3	14 32.9	10.1	S12 46.7	13.5	59.1	S 10	05 24	05 49	06 11	10 40	11 27	12 19	13 15
19	103 51.3	06.6	29 02.0	10.0	13 00.2	13.4	59.1	20	05 33	05 59	06 22	10 31	11 14	12 02	12 54
20	118 51.4	05.8	43 31.0	10.0	13 13.6	13.3	59.1	30	05 41	06 09	06 33	10 21	10 59	11 42	12 31
21	133 51.5 ..	05.0	58 00.0	9.9	13 26.9	13.3	59.1	35	05 44	06 14	06 40	10 15	10 50	11 31	12 18
22	148 51.6	04.2	72 28.9	9.9	13 40.2	13.2	59.1	40	05 48	06 20	06 48	10 09	10 41	11 18	12 02
23	163 51.7	03.5	86 57.7	9.7	13 53.4	13.1	59.1	45	05 52	06 27	06 57	10 02	10 29	11 02	11 44
15 00	178 51.9	N14 02.7	101 26.4	9.7	S14 06.5	13.1	59.1	S 50	05 56	06 34	07 08	09 53	10 15	10 44	11 21
01	193 52.0	01.9	115 55.1	9.6	14 19.6	13.0	59.2	52	05 58	06 37	07 13	09 49	10 09	10 35	11 10
02	208 52.1	01.1	130 23.7	9.5	14 32.6	12.9	59.2	54	05 59	06 41	07 18	09 45	10 02	10 25	10 57
03	223 52.2 ..	14 00.3	144 52.2	9.4	14 45.5	12.8	59.2	56	06 01	06 45	07 24	09 40	09 54	10 14	10 43
04	238 52.4	13 59.5	159 20.6	9.4	14 58.3	12.7	59.2	58	06 03	06 49	07 31	09 34	09 46	10 02	10 27
05	253 52.5	58.8	173 49.0	9.3	15 11.0	12.7	59.2	S 60	06 05	06 54	07 39	09 28	09 36	09 47	10 07
06	268 52.6	N13 58.0	188 17.3	9.2	S15 23.7	12.5	59.2			Twilight			Moonset		
07	283 52.7	57.2	202 45.5	9.1	15 36.2	12.5	59.2	Lat.	Sunset	Civil	Naut.	14	15	16	17
08	298 52.8	56.4	217 13.6	9.1	15 48.7	12.4	59.2								
S 09	313 53.0 ..	55.6	231 41.7	8.9	16 01.1	12.3	59.2	°	h m	h m	h m	h m	h m	h m	h m
U 10	328 53.1	54.9	246 09.6	8.9	16 13.4	12.2	59.2	N 72	21 38	////	////	19 58	18 05	■	■
N 11	343 53.2	54.1	260 37.5	8.8	16 25.6	12.2	59.2	N 70	21 08	23 26	////	20 22	19 36	■	■
D 12	358 53.4	N13 53.3	275 05.3	8.8	S16 37.8	12.0	59.2	68	20 46	22 17	////	20 41	20 16	■	■
A 13	13 53.5	52.5	289 33.1	8.6	16 49.8	11.9	59.2	66	20 28	21 43	////	20 56	20 44	20 23	■
Y 14	28 53.6	51.7	304 00.7	8.6	17 01.7	11.9	59.3	64	20 14	21 18	23 31	21 09	21 06	21 02	21 00
15	43 53.7 ..	50.9	318 28.3	8.5	17 13.6	11.7	59.3	62	20 03	20 59	22 30	21 20	21 23	21 30	21 47
16	58 53.9	50.1	332 55.8	8.4	17 25.3	11.7	59.3	60	19 53	20 43	21 58	21 29	21 37	21 52	22 17
17	73 54.0	49.4	347 23.2	8.3	17 37.0	11.5	59.3								
18	88 54.1	N13 48.6	1 50.5	8.2	S17 48.5	11.4	59.3	N 58	19 44	20 31	21 35	21 37	21 50	22 09	22 41
19	103 54.3	47.8	16 17.7	8.2	17 59.9	11.4	59.3	56	19 36	20 20	21 17	21 44	22 01	22 24	22 59
20	118 54.4	47.0	30 44.9	8.0	18 11.3	11.2	59.3	54	19 30	20 10	21 03	21 51	22 10	22 37	23 15
21	133 54.5 ..	46.2	45 11.9	8.0	18 22.5	11.1	59.3	52	19 24	20 01	20 50	21 56	22 19	22 48	23 29
22	148 54.6	45.4	59 38.9	7.9	18 33.6	11.1	59.3	50	19 18	19 54	20 39	22 02	22 26	22 58	23 41
23	163 54.7	44.6	74 05.8	7.9	18 44.7	10.9	59.3	45	19 06	19 38	20 17	22 13	22 43	23 20	24 06
16 00	178 54.9	N13 43.8	88 32.7	7.7	S18 55.6	10.8	59.3	N 40	18 57	19 25	20 01	22 23	22 56	23 37	24 26
01	193 55.0	43.0	102 59.4	7.6	19 06.4	10.6	59.3	35	18 48	19 15	19 47	22 31	23 08	23 51	24 42
02	208 55.1	42.3	117 26.0	7.6	19 17.0	10.6	59.3	30	18 41	19 06	19 36	22 38	23 18	24 04	00 04
03	223 55.3 ..	41.5	131 52.6	7.5	19 27.6	10.5	59.3	20	18 29	18 51	19 18	22 51	23 36	24 26	00 26
04	238 55.4	40.7	146 19.1	7.4	19 38.1	10.3	59.3	N 10	18 18	18 40	19 05	23 02	23 51	24 45	00 45
05	253 55.5	39.9	160 45.5	7.3	19 48.4	10.2	59.3	0	18 08	18 29	18 54	23 12	24 05	00 05	01 02
06	268 55.6	N13 39.1	175 11.8	7.2	S19 58.6	10.1	59.3	S 10	17 58	18 20	18 44	23 22	24 20	00 20	01 20
07	283 55.8	38.3	189 38.0	7.2	20 08.7	10.0	59.3	20	17 48	18 10	18 36	23 34	24 35	00 35	01 39
08	298 55.9	37.5	204 04.2	7.0	20 18.7	9.8	59.3	30	17 36	18 00	18 29	23 46	24 53	00 53	02 01
M 09	313 56.0 ..	36.7	218 30.2	7.0	20 28.5	9.7	59.4	35	17 29	17 55	18 25	23 54	25 04	01 04	02 14
O 10	328 56.2	35.9	232 56.2	6.9	20 38.2	9.6	59.4	40	17 21	17 49	18 21	24 02	00 02	01 16	02 29
N 11	343 56.3	35.1	247 22.1	6.8	20 47.8	9.5	59.4	45	17 12	17 43	18 17	24 12	00 12	01 30	02 47
D 12	358 56.4	N13 34.3	261 47.9	6.8	S20 57.3	9.3	59.4	S 50	17 02	17 36	18 14	24 24	00 24	01 47	03 09
A 13	13 56.6	33.5	276 13.6	6.7	21 06.6	9.3	59.4	52	16 57	17 32	18 12	24 30	00 30	01 55	03 19
Y 14	28 56.7	32.7	290 39.3	6.6	21 15.9	9.0	59.4	54	16 51	17 29	18 10	24 36	00 36	02 04	03 31
15	43 56.8 ..	32.0	305 04.9	6.4	21 24.9	9.0	59.4	56	16 45	17 25	18 09	24 43	00 43	02 15	03 45
16	58 57.0	31.2	319 30.3	6.4	21 33.9	8.8	59.4	58	16 39	17 20	18 07	24 51	00 51	02 27	04 01
17	73 57.1	30.4	333 55.7	6.4	21 42.7	8.6	59.4	S 60	16 31	17 16	18 05	25 00	01 00	02 41	04 21
18	88 57.2	N13 29.6	348 21.1	6.2	S21 51.3	8.6	59.4			SUN			MOON		
19	103 57.4	28.8	2 46.3	6.2	21 59.9	8.4	59.4	Day	Eqn. of Time		Mer. Pass.	Mer. Pass. Upper	Mer. Pass. Lower	Age	Phase
20	118 57.5	28.0	17 11.5	6.1	22 08.3	8.2	59.4		00h	12h					
21	133 57.6 ..	27.2	31 36.6	6.0	22 16.5	8.1	59.4	d	m s	m s	h m	h m	h m	d	%
22	148 57.8	26.4	46 01.6	5.9	22 24.6	8.0	59.4	14	04 44	04 39	12 05	17 00	04 35	06	37
23	163 57.9	25.6	60 26.5	5.9	S22 32.6	7.8	59.4	15	04 33	04 27	12 04	17 52	05 26	07	49
	SD 15.8	d 0.8	SD 16.1		16.1		16.2	16	04 21	04 15	12 04	18 48	06 20	08	60

2021 AUGUST 17, 18, 19 (TUES., WED., THURS.)

UT	ARIES	VENUS −4.0	MARS +1.8	JUPITER −2.9	SATURN +0.2	STARS
	GHA	GHA Dec	GHA Dec	GHA Dec	GHA Dec	Name SHA Dec
d h	° ′	° ′ ° ′	° ′ ° ′	° ′ ° ′	° ′ ° ′	° ′ ° ′
17 00	325 35.6	144 26.5 N 0 14.2	162 19.7 N 8 11.9	355 21.8 S13 24.2	13 49.8 S18 44.8	Acamar 315 13.8 S40 12.9
01	340 38.0	159 26.3 12.9	177 20.7 11.2	10 24.6 24.3	28 52.4 44.8	Achernar 335 22.0 S57 07.4
02	355 40.5	174 26.1 11.6	192 21.7 10.6	25 27.4 24.5	43 55.1 44.9	Acrux 173 03.6 S63 13.2
03	10 42.9	189 25.9 .. 10.3	207 22.7 .. 10.0	40 30.2 .. 24.6	58 57.7 .. 44.9	Adhara 255 08.3 S28 59.9
04	25 45.4	204 25.7 09.0	222 23.7 09.4	55 32.9 24.7	74 00.4 45.0	Aldebaran 290 42.9 N16 33.1
05	40 47.9	219 25.5 07.7	237 24.6 08.8	70 35.7 24.8	89 03.0 45.0	
06	55 50.3	234 25.3 N 0 06.4	252 25.6 N 8 08.2	85 38.5 S13 24.9	104 05.6 S18 45.1	Alioth 166 15.8 N55 50.9
07	70 52.8	249 25.1 05.1	267 26.6 07.5	100 41.3 25.0	119 08.3 45.1	Alkaid 152 54.5 N49 12.7
T 08	85 55.3	264 24.9 03.8	282 27.6 06.9	115 44.1 25.2	134 10.9 45.2	Alnair 27 36.0 S46 51.3
U 09	100 57.7	279 24.7 .. 02.6	297 28.6 .. 06.3	130 46.8 .. 25.3	149 13.6 .. 45.2	Alnilam 275 40.7 S 1 11.2
E 10	116 00.2	294 24.5 N 01.3	312 29.6 05.7	145 49.6 25.4	164 16.2 45.2	Alphard 217 50.8 S 8 45.0
S 11	131 02.7	309 24.3 00.0	327 30.6 05.1	160 52.4 25.5	179 18.9 45.3	
D 12	146 05.1	324 24.1 S 0 01.3	342 31.6 N 8 04.4	175 55.2 S13 25.6	194 21.5 S18 45.3	Alphecca 126 06.1 N26 38.8
A 13	161 07.6	339 23.9 02.6	357 32.6 03.8	190 58.0 25.7	209 24.1 45.4	Alpheratz 357 37.3 N29 12.5
Y 14	176 10.1	354 23.7 03.9	12 33.6 03.2	206 00.7 25.9	224 26.8 45.4	Altair 62 02.4 N 8 55.6
15	191 12.5	9 23.5 .. 05.2	27 34.5 .. 02.6	221 03.5 .. 26.0	239 29.4 .. 45.5	Ankaa 353 09.6 S42 11.2
16	206 15.0	24 23.3 06.5	42 35.5 02.0	236 06.3 26.1	254 32.1 45.5	Antares 112 19.1 S26 28.8
17	221 17.4	39 23.1 07.8	57 36.5 01.4	251 09.1 26.2	269 34.7 45.6	
18	236 19.9	54 22.9 S 0 09.0	72 37.5 N 8 00.7	266 11.8 S13 26.3	284 37.3 S18 45.6	Arcturus 145 50.6 N19 04.5
19	251 22.4	69 22.7 10.3	87 38.5 8 00.1	281 14.6 26.5	299 40.0 45.7	Atria 107 15.6 S69 04.1
20	266 24.8	84 22.5 11.6	102 39.5 7 59.5	296 17.4 26.6	314 42.6 45.7	Avior 234 16.4 S59 34.5
21	281 27.3	99 22.3 .. 12.9	117 40.5 .. 58.9	311 20.2 .. 26.7	329 45.3 .. 45.8	Bellatrix 278 26.0 N 6 22.2
22	296 29.8	114 22.2 14.2	132 41.5 58.3	326 23.0 26.8	344 47.9 45.8	Betelgeuse 270 55.3 N 7 24.7
23	311 32.2	129 22.0 15.5	147 42.5 57.6	341 25.7 26.9	359 50.6 45.9	
18 00	326 34.7	144 21.8 S 0 16.8	162 43.5 N 7 57.0	356 28.5 S13 27.0	14 53.2 S18 45.9	Canopus 263 54.0 S52 42.2
01	341 37.2	159 21.6 18.1	177 44.5 56.4	11 31.3 27.2	29 55.8 46.0	Capella 280 26.2 N46 01.0
02	356 39.6	174 21.4 19.4	192 45.4 55.8	26 34.1 27.3	44 58.5 46.0	Deneb 49 27.2 N45 21.5
03	11 42.1	189 21.2 .. 20.6	207 46.4 .. 55.2	41 36.8 .. 27.4	60 01.1 .. 46.1	Denebola 182 28.1 N14 27.3
04	26 44.6	204 21.0 21.9	222 47.4 54.5	56 39.6 27.5	75 03.8 46.1	Diphda 348 49.9 S17 52.0
05	41 47.0	219 20.8 23.2	237 48.4 53.9	71 42.4 27.6	90 06.4 46.2	
06	56 49.5	234 20.6 S 0 24.5	252 49.4 N 7 53.3	86 45.2 S13 27.7	105 09.0 S18 46.2	Dubhe 193 45.1 N61 38.3
W 07	71 51.9	249 20.4 25.8	267 50.4 52.7	101 48.0 27.9	120 11.7 46.3	Elnath 278 05.5 N28 37.4
E 08	86 54.4	264 20.2 27.1	282 51.4 52.1	116 50.7 28.0	135 14.3 46.3	Eltanin 90 43.2 N51 29.4
D 09	101 56.9	279 20.0 .. 28.4	297 52.4 .. 51.4	131 53.5 .. 28.1	150 17.0 .. 46.4	Enif 33 41.2 N 9 58.5
N 10	116 59.3	294 19.8 29.7	312 53.4 50.8	146 56.3 28.2	165 19.6 46.4	Fomalhaut 15 17.2 S29 30.4
E 11	132 01.8	309 19.6 31.0	327 54.4 50.2	161 59.1 28.3	180 22.2 46.5	
S 12	147 04.3	324 19.4 S 0 32.2	342 55.4 N 7 49.6	177 01.9 S13 28.4	195 24.9 S18 46.5	Gacrux 171 55.1 S57 14.1
D 13	162 06.7	339 19.3 33.5	357 56.3 49.0	192 04.6 28.6	210 27.5 46.6	Gienah 175 46.7 S17 39.6
A 14	177 09.2	354 19.1 34.8	12 57.3 48.3	207 07.4 28.7	225 30.2 46.6	Hadar 148 40.1 S60 28.7
Y 15	192 11.7	9 18.9 .. 36.1	27 58.3 .. 47.7	222 10.2 .. 28.8	240 32.8 .. 46.7	Hamal 327 54.2 N23 33.8
16	207 14.1	24 18.7 37.4	42 59.3 47.1	237 13.0 28.9	255 35.4 46.7	Kaus Aust. 83 35.9 S34 22.5
17	222 16.6	39 18.5 38.7	58 00.3 46.5	252 15.8 29.0	270 38.1 46.8	
18	237 19.1	54 18.3 S 0 40.0	73 01.3 N 7 45.9	267 18.5 S13 29.1	285 40.7 S18 46.8	Kochab 137 20.1 N74 04.4
19	252 21.5	69 18.1 41.3	88 02.3 45.2	282 21.3 29.3	300 43.4 46.8	Markab 13 32.3 N15 19.3
20	267 24.0	84 17.9 42.6	103 03.3 44.6	297 24.1 29.4	315 46.0 46.9	Menkar 314 09.0 N 4 10.5
21	282 26.4	99 17.7 .. 43.8	118 04.3 .. 44.0	312 26.9 .. 29.5	330 48.6 .. 46.9	Menkent 148 01.0 S36 28.6
22	297 28.9	114 17.5 45.1	133 05.3 43.4	327 29.6 29.6	345 51.3 47.0	Miaplacidus 221 39.7 S69 48.2
23	312 31.4	129 17.3 46.4	148 06.3 42.8	342 32.4 29.7	0 53.9 47.0	
19 00	327 33.8	144 17.1 S 0 47.7	163 07.3 N 7 42.1	357 35.2 S13 29.9	15 56.6 S18 47.1	Mirfak 308 32.2 N49 56.0
01	342 36.3	159 16.9 49.0	178 08.2 41.5	12 38.0 30.0	30 59.2 47.1	Nunki 75 50.9 S26 16.2
02	357 38.8	174 16.8 50.3	193 09.2 40.9	27 40.8 30.1	46 01.8 47.2	Peacock 53 09.6 S56 40.0
03	12 41.2	189 16.6 .. 51.6	208 10.2 .. 40.3	42 43.5 .. 30.2	61 04.5 .. 47.2	Pollux 243 21.0 N27 58.5
04	27 43.7	204 16.4 52.9	223 11.2 39.6	57 46.3 30.3	76 07.1 47.3	Procyon 244 54.0 N 5 10.3
05	42 46.2	219 16.2 54.2	238 12.2 39.0	72 49.1 30.4	91 09.8 47.3	
06	57 48.6	234 16.0 S 0 55.5	253 13.2 N 7 38.4	87 51.9 S13 30.6	106 12.4 S18 47.4	Rasalhague 96 01.0 N12 32.9
07	72 51.1	249 15.8 56.7	268 14.2 37.8	102 54.7 30.7	121 15.0 47.4	Regulus 207 37.7 N11 51.9
T 08	87 53.6	264 15.6 58.0	283 15.2 37.2	117 57.4 30.8	136 17.7 47.5	Rigel 281 06.7 S 8 10.5
H 09	102 56.0	279 15.4 0 59.3	298 16.2 .. 36.5	133 00.2 .. 30.9	151 20.3 .. 47.5	Rigil Kent. 139 44.2 S60 55.5
U 10	117 58.5	294 15.2 1 00.6	313 17.2 35.9	148 03.0 31.0	166 22.9 47.6	Sabik 102 05.8 S15 45.0
R 11	133 00.9	309 15.0 01.9	328 18.2 35.3	163 05.8 31.1	181 25.6 47.6	
S 12	148 03.4	324 14.8 S 1 03.2	343 19.2 N 7 34.7	178 08.6 S13 31.3	196 28.2 S18 47.7	Schedar 349 33.7 N56 39.1
D 13	163 05.9	339 14.7 04.5	358 20.1 34.0	193 11.3 31.4	211 30.9 47.7	Shaula 96 13.9 S37 07.2
A 14	178 08.3	354 14.5 05.8	13 21.1 33.4	208 14.1 31.5	226 33.5 47.8	Sirius 258 28.9 S16 44.6
Y 15	193 10.8	9 14.3 .. 07.1	28 22.1 .. 32.8	223 16.9 .. 31.6	241 36.1 .. 47.8	Spica 158 25.4 S11 16.3
16	208 13.3	24 14.1 08.3	43 23.1 32.2	238 19.7 31.7	256 38.8 47.9	Suhail 222 48.7 S43 31.0
17	223 15.7	39 13.9 09.6	58 24.1 31.6	253 22.4 31.8	271 41.4 47.9	
18	238 18.2	54 13.7 S 1 10.9	73 25.1 N 7 30.9	268 25.2 S13 32.0	286 44.1 S18 47.9	Vega 80 34.8 N38 48.4
19	253 20.7	69 13.5 12.2	88 26.1 30.3	283 28.0 32.1	301 46.7 48.0	Zuben'ubi 136 59.1 S16 07.8
20	268 23.1	84 13.3 13.5	103 27.1 29.7	298 30.8 32.2	316 49.3 48.0	SHA Mer. Pass.
21	283 25.6	99 13.1 .. 14.8	118 28.1 .. 29.1	313 33.6 .. 32.3	331 52.0 .. 48.1	° ′ h m
22	298 28.0	114 13.0 16.1	133 29.1 28.4	328 36.3 32.4	346 54.6 48.1	Venus 177 47.1 14 23
23	313 30.5	129 12.8 17.4	148 30.1 27.8	343 39.1 32.5	1 57.2 48.2	Mars 196 08.8 13 08
	h m					Jupiter 29 53.8 0 14
Mer. Pass. 2 13.3	v −0.2 d 1.3	v 1.0 d 0.6	v 2.8 d 0.1	v 2.6 d 0.0	Saturn 48 18.5 22 56

2021 AUGUST 17, 18, 19 (TUES., WED., THURS.)

UT	SUN GHA	SUN Dec	MOON GHA	v	MOON Dec	d	HP	Lat.	Twilight Naut.	Twilight Civil	Sunrise	Moonrise 17	Moonrise 18	Moonrise 19	Moonrise 20
d h	° ′	° ′	° ′	′	° ′	′	′	°	h m	h m	h m	h m	h m	h m	h m
								N 72	////	////	02 45	■■■	■■■	■■■	■■■
17 00	178 58.0	N13 24.8	74 51.4	5.8	S22 40.4	7.7	59.4	N 70	////	01 15	03 12	■■■	■■■	■■■	■■■
01	193 58.2	24.0	89 16.2	5.7	22 48.1	7.5	59.4	68	////	02 06	03 33	■■■	■■■	■■■	■■■
02	208 58.3	23.2	103 40.9	5.6	22 55.6	7.4	59.4	66	////	02 37	03 49	■■■	■■■	■■■	21 28
03	223 58.4	22.4	118 05.5	5.6	23 03.0	7.2	59.4	64	01 06	03 00	04 02	18 29	20 28	20 46	20 44
04	238 58.6	21.6	132 30.1	5.5	23 10.2	7.1	59.4	62	01 52	03 17	04 12	17 43	19 09	19 56	20 14
05	253 58.7	20.8	146 54.6	5.4	23 17.3	6.9	59.4	60	02 20	03 32	04 22	17 13	18 33	19 24	19 52
06	268 58.8	N13 20.0	161 19.0	5.4	S23 24.2	6.8	59.4	N 58	02 41	03 44	04 30	16 50	18 07	19 00	19 33
07	283 59.0	19.2	175 43.4	5.3	23 31.0	6.6	59.4	56	02 58	03 54	04 37	16 31	17 46	18 41	19 18
T 08	298 59.1	18.4	190 07.7	5.2	23 37.6	6.5	59.4	54	03 12	04 04	04 43	16 16	17 29	18 25	19 05
U 09	313 59.2	17.6	204 31.9	5.2	23 44.1	6.3	59.4	52	03 24	04 12	04 49	16 02	17 14	18 11	18 53
E 10	328 59.4	16.8	218 56.1	5.1	23 50.4	6.2	59.4	50	03 34	04 19	04 54	15 50	17 01	17 59	18 42
S 11	343 59.5	16.0	233 20.2	5.0	23 56.6	5.9	59.4	45	03 55	04 34	05 05	15 26	16 35	17 34	18 21
D 12	358 59.6	N13 15.2	247 44.2	5.0	S24 02.5	5.9	59.4	N 40	04 11	04 46	05 15	15 07	16 14	17 14	18 03
A 13	13 59.8	14.4	262 08.2	4.9	24 08.4	5.6	59.4	35	04 24	04 56	05 22	14 51	15 57	16 57	17 48
Y 14	28 59.9	13.6	276 32.1	4.8	24 14.0	5.5	59.4	30	04 35	05 04	05 29	14 37	15 42	16 42	17 35
15	44 00.1	12.8	290 55.9	4.8	24 19.5	5.4	59.4	20	04 51	05 18	05 41	14 13	15 17	16 17	17 13
16	59 00.2	12.0	305 19.7	4.8	24 24.9	5.2	59.4	N 10	05 04	05 29	05 51	13 52	14 55	15 56	16 54
17	74 00.3	11.2	319 43.5	4.7	24 30.1	5.0	59.4	0	05 15	05 39	06 00	13 33	14 35	15 36	16 36
18	89 00.5	N13 10.4	334 07.2	4.6	S24 35.1	4.8	59.4	S 10	05 23	05 48	06 10	13 15	14 14	15 16	16 18
19	104 00.6	09.5	348 30.8	4.6	24 39.9	4.7	59.4	20	05 31	05 57	06 19	12 54	13 53	14 55	15 58
20	119 00.7	08.7	2 54.4	4.6	24 44.6	4.5	59.4	30	05 38	06 06	06 31	12 31	13 28	14 30	15 36
21	134 00.9	07.9	17 18.0	4.5	24 49.1	4.4	59.4	35	05 41	06 11	06 37	12 18	13 13	14 15	15 23
22	149 01.0	07.1	31 41.5	4.4	24 53.5	4.2	59.4	40	05 44	06 16	06 44	12 02	12 56	13 58	15 07
23	164 01.2	06.3	46 04.9	4.5	24 57.7	4.0	59.4	45	05 48	06 22	06 52	11 44	12 35	13 38	14 49
18 00	179 01.3	N13 05.5	60 28.4	4.3	S25 01.7	3.8	59.4	S 50	05 51	06 29	07 02	11 21	12 10	13 13	14 27
01	194 01.4	04.7	74 51.7	4.4	25 05.5	3.7	59.4	52	05 52	06 32	07 07	11 10	11 58	13 00	14 16
02	209 01.6	03.9	89 15.1	4.3	25 09.2	3.5	59.4	54	05 54	06 35	07 12	10 57	11 43	12 46	14 03
03	224 01.7	03.1	103 38.4	4.2	25 12.7	3.3	59.4	56	05 55	06 38	07 17	10 43	11 27	12 30	13 49
04	239 01.9	02.3	118 01.6	4.3	25 16.0	3.1	59.4	58	05 56	06 42	07 24	10 27	11 07	12 10	13 33
05	254 02.0	01.5	132 24.9	4.2	25 19.1	3.0	59.4	S 60	05 58	06 47	07 31	10 07	10 43	11 46	13 12
06	269 02.1	N13 00.7	146 48.1	4.2	S25 22.1	2.8	59.4			Twilight			Moonset		
W 07	284 02.3	12 59.9	161 11.3	4.1	25 24.9	2.6	59.4	Lat.	Sunset	Civil	Naut.	17	18	19	20
E 08	299 02.4	59.0	175 34.4	4.1	25 27.5	2.5	59.4	°	h m	h m	h m	h m	h m	h m	h m
D 09	314 02.6	58.2	189 57.5	4.1	25 30.0	2.2	59.4	N 72	21 17	////	////	■■■	■■■	■■■	■■■
N 10	329 02.7	57.4	204 20.6	4.1	25 32.2	2.1	59.3	N 70	20 51	22 42	////	■■■	■■■	■■■	■■■
E 11	344 02.9	56.6	218 43.7	4.1	25 34.3	2.0	59.3	68	20 32	21 56	////	■■■	■■■	■■■	■■■
S 12	359 03.0	N12 55.8	233 06.8	4.0	S25 36.3	1.7	59.3	66	20 17	21 27	////	■■■	■■■	■■■	■■■
D 13	14 03.1	55.0	247 29.8	4.1	25 38.0	1.6	59.3	64	20 04	21 05	22 52	21 00	21 10	23 01	25 06
A 14	29 03.3	54.2	261 52.9	4.0	25 39.6	1.4	59.3	62	19 53	20 48	22 11	21 47	22 29	23 51	25 35
Y 15	44 03.4	53.4	276 15.9	4.0	25 41.0	1.2	59.3	60	19 44	20 34	21 44	22 17	23 06	24 22	00 22
16	59 03.6	52.6	290 38.9	4.0	25 42.2	1.0	59.3	N 58	19 36	20 22	21 24	22 41	23 32	24 46	00 46
17	74 03.7	51.7	305 01.9	4.0	25 43.2	0.9	59.3	56	19 29	20 11	21 07	22 59	23 52	25 05	01 05
18	89 03.9	N12 50.9	319 24.9	4.0	S25 44.1	0.7	59.3	54	19 23	20 03	20 54	23 15	24 10	00 10	01 20
19	104 04.0	50.1	333 47.9	4.0	25 44.8	0.5	59.3	52	19 17	19 55	20 42	23 29	24 24	00 24	01 34
20	119 04.1	49.3	348 10.9	4.0	25 45.3	0.3	59.3	50	19 12	19 48	20 32	23 41	24 37	00 37	01 46
21	134 04.3	48.5	2 33.9	4.0	25 45.6	0.2	59.3	45	19 01	19 33	20 12	24 06	00 06	01 03	02 11
22	149 04.4	47.7	16 56.9	4.0	25 45.8	0.1	59.3	N 40	18 52	19 21	19 56	24 26	00 26	01 24	02 30
23	164 04.6	46.9	31 19.9	4.0	25 45.7	0.2	59.3	35	18 45	19 11	19 43	24 42	00 42	01 42	02 47
19 00	179 04.7	N12 46.0	45 42.9	4.1	S25 45.5	0.4	59.3	30	18 38	19 03	19 32	00 04	00 57	01 56	03 01
01	194 04.9	45.2	60 06.0	4.0	25 45.1	0.5	59.2	20	18 26	18 49	19 16	00 26	01 21	02 22	03 25
02	209 05.0	44.4	74 29.0	4.1	25 44.6	0.8	59.2	N 10	18 16	18 38	19 03	00 45	01 43	02 44	03 46
03	224 05.1	43.6	88 52.1	4.0	25 43.8	0.9	59.2	0	18 07	18 28	18 53	01 02	02 02	03 04	04 05
04	239 05.3	42.8	103 15.1	4.1	25 42.9	1.1	59.2	S 10	17 58	18 19	18 44	01 20	02 22	03 24	04 24
05	254 05.4	42.0	117 38.2	4.2	25 41.8	1.2	59.2	20	17 48	18 11	18 37	01 39	02 43	03 46	04 44
06	269 05.6	N12 41.1	132 01.4	4.1	S25 40.6	1.5	59.2	30	17 37	18 02	18 30	02 01	03 08	04 11	05 08
07	284 05.7	40.3	146 24.5	4.2	25 39.1	1.6	59.2	35	17 31	17 57	18 27	02 14	03 23	04 26	05 22
T 08	299 05.9	39.5	160 47.7	4.2	25 37.5	1.8	59.2	40	17 24	17 52	18 24	02 29	03 39	04 43	05 38
H 09	314 06.0	38.7	175 10.9	4.2	25 35.7	1.9	59.2	45	17 16	17 46	18 21	02 47	03 59	05 04	05 56
U 10	329 06.2	37.9	189 34.1	4.3	25 33.8	2.2	59.2	S 50	17 06	17 40	18 18	03 09	04 25	05 29	06 20
R 11	344 06.3	37.1	203 57.4	4.3	25 31.6	2.3	59.1	52	17 02	17 37	18 16	03 19	04 37	05 42	06 31
S 12	359 06.5	N12 36.2	218 20.7	4.3	S25 29.3	2.5	59.1	54	16 57	17 33	18 15	03 31	04 51	05 56	06 44
D 13	14 06.6	35.4	232 44.0	4.4	25 26.8	2.6	59.1	56	16 51	17 30	18 14	03 45	05 07	06 13	06 58
A 14	29 06.8	34.6	247 07.4	4.4	25 24.2	2.9	59.1	58	16 45	17 26	18 12	04 01	05 27	06 32	07 15
Y 15	44 06.9	33.8	261 30.8	4.5	25 21.3	3.0	59.1	S 60	16 38	17 22	18 11	04 21	05 51	06 57	07 36
16	59 07.1	33.0	275 54.3	4.5	25 18.3	3.1	59.1			SUN			MOON		
17	74 07.2	32.1	290 17.8	4.5	25 15.2	3.4	59.1	Day	Eqn. of Time		Mer.	Mer. Pass.		Age	Phase
18	89 07.4	N12 31.3	304 41.3	4.6	S25 11.8	3.5	59.1		00h	12h	Pass.	Upper	Lower		
19	104 07.5	30.5	319 04.9	4.7	25 08.3	3.7	59.1	d	m s	m s	h m	h m	h m	d	%
20	119 07.7	29.7	333 28.6	4.7	25 04.6	3.8	59.1	17	04 08	04 02	12 04	19 48	07 18	09	71
21	134 07.8	28.8	347 52.3	4.7	25 00.8	4.0	59.0	18	03 55	03 48	12 04	20 49	08 18	10	81
22	149 08.0	28.0	2 16.0	4.9	24 56.8	4.2	59.0	19	03 41	03 34	12 04	21 51	09 20	11	89
23	164 08.1	27.2	16 39.9	4.8	S24 52.6	4.3	59.0								
	SD 15.8	d 0.8	SD 16.2		16.2		16.1								

2021 AUGUST 20, 21, 22 (FRI., SAT., SUN.)

UT	ARIES	VENUS −4.0	MARS +1.8	JUPITER −2.9	SATURN +0.2	STARS
	GHA	GHA Dec	GHA Dec	GHA Dec	GHA Dec	Name SHA Dec
d h	° ′	° ′ ° ′	° ′ ° ′	° ′ ° ′	° ′ ° ′	° ′ ° ′
20 00	328 33.0	144 12.6 S 1 18.7	163 31.1 N 7 27.2	358 41.9 S13 32.7	16 59.9 S18 48.2	Acamar 315 13.8 S40 12.9
01	343 35.4	159 12.4 19.9	178 32.1 26.6	13 44.7 32.8	32 02.5 48.3	Achernar 335 22.0 S57 07.4
02	358 37.9	174 12.2 21.2	193 33.0 25.9	28 47.5 32.9	47 05.2 48.3	Acrux 173 03.6 S63 13.2
03	13 40.4	189 12.0 . . 22.5	208 34.0 . . 25.3	43 50.2 . . 33.0	62 07.8 . . 48.4	Adhara 255 08.3 S28 59.9
04	28 42.8	204 11.8 23.8	223 35.0 24.7	58 53.0 33.1	77 10.4 48.4	Aldebaran 290 42.8 N16 33.1
05	43 45.3	219 11.6 25.1	238 36.0 24.1	73 55.8 33.2	92 13.1 48.5	
06	58 47.8	234 11.4 S 1 26.4	253 37.0 N 7 23.4	88 58.6 S13 33.4	107 15.7 S18 48.5	Alioth 166 15.9 N55 50.9
07	73 50.2	249 11.3 27.7	268 38.0 22.8	104 01.4 33.5	122 18.3 48.6	Alkaid 152 54.5 N49 12.7
08	88 52.7	264 11.1 29.0	283 39.0 22.2	119 04.1 33.6	137 21.0 48.6	Alnair 27 35.9 S46 51.3
F 09	103 55.2	279 10.9 . . 30.3	298 40.0 . . 21.6	134 06.9 . . 33.7	152 23.6 . . 48.7	Alnilam 275 40.7 S 1 11.2
R 10	118 57.6	294 10.7 31.5	313 41.0 21.0	149 09.7 33.8	167 26.3 48.7	Alphard 217 50.8 S 8 45.0
I 11	134 00.1	309 10.5 32.8	328 42.0 20.3	164 12.5 33.9	182 28.9 48.8	
D 12	149 02.5	324 10.3 S 1 34.1	343 43.0 N 7 19.7	179 15.3 S13 34.1	197 31.5 S18 48.8	Alphecca 126 06.1 N26 38.8
A 13	164 05.0	339 10.1 35.4	358 44.0 19.1	194 18.0 34.2	212 34.2 48.8	Alpheratz 357 37.3 N29 12.5
Y 14	179 07.5	354 09.9 36.7	13 45.0 18.5	209 20.8 34.3	227 36.8 48.9	Altair 62 02.4 N 8 55.6
15	194 09.9	9 09.7 . . 38.0	28 46.0 . . 17.8	224 23.6 . . 34.4	242 39.4 . . 48.9	Ankaa 353 09.6 S42 11.2
16	209 12.4	24 09.6 39.3	43 46.9 17.2	239 26.4 34.5	257 42.1 49.0	Antares 112 19.1 S26 28.8
17	224 14.9	39 09.4 40.6	58 47.9 16.6	254 29.2 34.6	272 44.7 49.0	
18	239 17.3	54 09.2 S 1 41.9	73 48.9 N 7 16.0	269 31.9 S13 34.8	287 47.4 S18 49.1	Arcturus 145 50.6 N19 04.5
19	254 19.8	69 09.0 43.1	88 49.9 15.3	284 34.7 34.9	302 50.0 49.1	Atria 107 15.6 S69 04.1
20	269 22.3	84 08.8 44.4	103 50.9 14.7	299 37.5 35.0	317 52.6 49.2	Avior 234 16.4 S59 34.5
21	284 24.7	99 08.6 . . 45.7	118 51.9 . . 14.1	314 40.3 . . 35.1	332 55.3 . . 49.2	Bellatrix 278 26.0 N 6 22.2
22	299 27.2	114 08.4 47.0	133 52.9 13.5	329 43.0 35.2	347 57.9 49.3	Betelgeuse 270 55.2 N 7 24.7
23	314 29.7	129 08.2 48.3	148 53.9 12.8	344 45.8 35.3	3 00.5 49.3	
21 00	329 32.1	144 08.1 S 1 49.6	163 54.9 N 7 12.2	359 48.6 S13 35.5	18 03.2 S18 49.4	Canopus 263 53.9 S52 42.2
01	344 34.6	159 07.9 50.9	178 55.9 11.6	14 51.4 35.6	33 05.8 49.4	Capella 280 26.1 N46 01.0
02	359 37.0	174 07.7 52.2	193 56.9 10.9	29 54.2 35.7	48 08.4 49.5	Deneb 49 27.2 N45 21.5
03	14 39.5	189 07.5 . . 53.5	208 57.9 . . 10.3	44 56.9 . . 35.8	63 11.1 . . 49.5	Denebola 182 28.1 N14 27.3
04	29 42.0	204 07.3 54.7	223 58.9 09.7	59 59.7 35.9	78 13.7 49.6	Diphda 348 49.8 S17 52.0
05	44 44.4	219 07.1 56.0	238 59.9 09.1	75 02.5 36.0	93 16.4 49.6	
06	59 46.9	234 06.9 S 1 57.3	254 00.9 N 7 08.4	90 05.3 S13 36.2	108 19.0 S18 49.6	Dubhe 193 45.1 N61 38.3
07	74 49.4	249 06.7 58.6	269 01.8 07.8	105 08.1 36.3	123 21.6 49.7	Elnath 278 05.5 N28 37.4
S 08	89 51.8	264 06.6 1 59.9	284 02.8 07.2	120 10.8 36.4	138 24.3 49.7	Eltanin 90 43.2 N51 29.4
A 09	104 54.3	279 06.4 . . 2 01.2	299 03.8 . . 06.6	135 13.6 . . 36.5	153 26.9 . . 49.8	Enif 33 41.2 N 9 58.5
T 10	119 56.8	294 06.2 02.5	314 04.8 05.9	150 16.4 36.6	168 29.5 49.8	Fomalhaut 15 17.2 S29 30.4
U 11	134 59.2	309 06.0 03.8	329 05.8 05.3	165 19.2 36.7	183 32.2 49.9	
R 12	150 01.7	324 05.8 S 2 05.1	344 06.8 N 7 04.7	180 22.0 S13 36.9	198 34.8 S18 49.9	Gacrux 171 55.1 S57 14.1
D 13	165 04.2	339 05.6 06.3	359 07.8 04.1	195 24.7 37.0	213 37.4 50.0	Gienah 175 46.7 S17 39.6
A 14	180 06.6	354 05.4 07.6	14 08.8 03.4	210 27.5 37.1	228 40.1 50.0	Hadar 148 40.1 S60 28.7
Y 15	195 09.1	9 05.3 . . 08.9	29 09.8 . . 02.8	225 30.3 . . 37.2	243 42.7 . . 50.1	Hamal 327 54.1 N23 33.8
16	210 11.5	24 05.1 10.2	44 10.8 02.2	240 33.1 37.3	258 45.3 50.1	Kaus Aust. 83 35.9 S34 22.5
17	225 14.0	39 04.9 11.5	59 11.8 01.6	255 35.9 37.4	273 48.0 50.2	
18	240 16.5	54 04.7 S 2 12.8	74 12.8 N 7 00.9	270 38.6 S13 37.6	288 50.6 S18 50.2	Kochab 137 20.1 N74 04.4
19	255 18.9	69 04.5 14.1	89 13.8 7 00.3	285 41.4 37.7	303 53.2 50.3	Markab 13 32.3 N15 19.3
20	270 21.4	84 04.3 15.4	104 14.8 6 59.7	300 44.2 37.8	318 55.9 50.3	Menkar 314 09.0 N 4 10.5
21	285 23.9	99 04.1 . . 16.6	119 15.8 . . 59.0	315 47.0 . . 37.9	333 58.5 . . 50.3	Menkent 148 01.0 S36 28.6
22	300 26.3	114 03.9 17.9	134 16.7 58.4	330 49.8 38.0	349 01.2 50.4	Miaplacidus 221 39.7 S69 48.2
23	315 28.8	129 03.8 19.2	149 17.7 57.8	345 52.5 38.1	4 03.8 50.4	
22 00	330 31.3	144 03.6 S 2 20.5	164 18.7 N 6 57.2	0 55.3 S13 38.2	19 06.4 S18 50.5	Mirfak 308 32.1 N49 56.0
01	345 33.7	159 03.4 21.8	179 19.7 56.5	15 58.1 38.4	34 09.1 50.5	Nunki 75 50.9 S26 16.2
02	0 36.2	174 03.2 23.1	194 20.7 55.9	31 00.9 38.5	49 11.7 50.6	Peacock 53 09.6 S56 40.0
03	15 38.6	189 03.0 . . 24.4	209 21.7 . . 55.3	46 03.6 . . 38.6	64 14.3 . . 50.6	Pollux 243 21.0 N27 58.5
04	30 41.1	204 02.8 25.7	224 22.7 54.7	61 06.4 38.7	79 17.0 50.7	Procyon 244 54.0 N 5 10.3
05	45 43.6	219 02.6 26.9	239 23.7 54.0	76 09.2 38.8	94 19.6 50.7	
06	60 46.0	234 02.5 S 2 28.2	254 24.7 N 6 53.4	91 12.0 S13 38.9	109 22.2 S18 50.8	Rasalhague 96 01.0 N12 32.9
07	75 48.5	249 02.3 29.5	269 25.7 52.8	106 14.8 39.1	124 24.9 50.8	Regulus 207 37.7 N11 51.9
08	90 51.0	264 02.1 30.8	284 26.7 52.1	121 17.5 39.2	139 27.5 50.9	Rigel 281 06.6 S 8 10.5
S 09	105 53.4	279 01.9 . . 32.1	299 27.7 . . 51.5	136 20.3 . . 39.3	154 30.1 . . 50.9	Rigil Kent. 139 44.3 S60 55.5
U 10	120 55.9	294 01.7 33.4	314 28.7 50.9	151 23.1 39.4	169 32.8 50.9	Sabik 102 05.8 S15 45.0
N 11	135 58.4	309 01.5 34.7	329 29.7 50.3	166 25.9 39.5	184 35.4 51.0	
D 12	151 00.8	324 01.4 S 2 36.0	344 30.7 N 6 49.6	181 28.7 S13 39.6	199 38.0 S18 51.0	Schedar 349 33.7 N56 39.1
A 13	166 03.3	339 01.2 37.2	359 31.7 49.0	196 31.4 39.8	214 40.7 51.1	Shaula 96 13.9 S37 07.2
Y 14	181 05.8	354 01.0 38.5	14 32.7 48.4	211 34.2 39.9	229 43.3 51.1	Sirius 258 28.9 S16 44.6
15	196 08.2	9 00.8 . . 39.8	29 33.6 . . 47.7	226 37.0 . . 40.0	244 45.9 . . 51.2	Spica 158 25.4 S11 16.3
16	211 10.7	24 00.6 41.1	44 34.6 47.1	241 39.8 40.1	259 48.6 51.2	Suhail 222 48.7 S43 31.0
17	226 13.1	39 00.4 42.4	59 35.6 46.5	256 42.6 40.2	274 51.2 51.3	
18	241 15.6	54 00.2 S 2 43.7	74 36.6 N 6 45.9	271 45.3 S13 40.3	289 53.8 S18 51.3	Vega 80 34.8 N38 48.5
19	256 18.1	69 00.1 45.0	89 37.6 45.2	286 48.1 40.4	304 56.5 51.4	Zuben'ubi 136 59.1 S16 07.8
20	271 20.5	83 59.9 46.2	104 38.6 44.6	301 50.9 40.6	319 59.1 51.4	SHA Mer. Pass.
21	286 23.0	98 59.7 . . 47.5	119 39.6 . . 44.0	316 53.7 . . 40.7	335 01.7 . . 51.5	° ′ h m
22	301 25.5	113 59.5 48.8	134 40.6 43.3	331 56.4 40.8	350 04.4 51.5	Venus 174 35.9 14 24
23	316 27.9	128 59.3 50.1	149 41.6 42.7	346 59.2 40.9	5 07.0 51.5	Mars 194 22.8 13 03
	h m					Jupiter 30 16.5 0 01
Mer. Pass.	2 01.5	v −0.2 d 1.3	v 1.0 d 0.6	v 2.8 d 0.1	v 2.6 d 0.0	Saturn 48 31.1 22 44

2021 AUGUST 20, 21, 22 (FRI., SAT., SUN.)

165

UT	SUN GHA	SUN Dec	MOON GHA	MOON v	MOON Dec	MOON d	MOON HP	Lat.	Twilight Naut.	Twilight Civil	Sunrise	Moonrise 20	Moonrise 21	Moonrise 22	Moonrise 23
d h	° ′	° ′	° ′	′	° ′	′	′	°	h m	h m	h m	h m	h m	h m	h m
20 00	179 08.3	N12 26.4	31 03.7	5.0	S24 48.3	4.5	59.0	N 72	////	////	03 04	▬▬	▬▬	21 58	21 16
01	194 08.4	25.6	45 27.7	5.0	24 43.8	4.7	59.0	N 70	////	01 46	03 27	▬▬	22 24	21 30	21 02
02	209 08.6	24.7	59 51.7	5.1	24 39.1	4.8	59.0	68	////	02 25	03 45	▬▬	21 36	21 08	20 51
03	224 08.7	.. 23.9	74 15.8	5.1	24 34.3	5.0	59.0	66	////	02 51	03 59	21 28	21 04	20 51	20 42
04	239 08.9	23.1	88 39.9	5.2	24 29.3	5.2	58.9	64	01 33	03 11	04 11	20 44	20 41	20 37	20 34
05	254 09.0	22.3	103 04.1	5.3	24 24.1	5.3	58.9	62	02 08	03 27	04 21	20 14	20 22	20 25	20 27
06	269 09.2	N12 21.4	117 28.4	5.3	S24 18.8	5.4	58.9	60	02 32	03 40	04 29	19 52	20 07	20 15	20 21
07	284 09.3	20.6	131 52.7	5.4	24 13.4	5.6	58.9	N 58	02 51	03 51	04 36	19 33	19 53	20 06	20 15
08	299 09.5	19.8	146 17.1	5.5	24 07.8	5.8	58.9	56	03 06	04 01	04 43	19 18	19 42	19 58	20 11
F 09	314 09.6	.. 18.9	160 41.6	5.6	24 02.0	5.9	58.9	54	03 19	04 10	04 49	19 05	19 32	19 51	20 07
R 10	329 09.8	18.1	175 06.2	5.6	23 56.1	6.1	58.9	52	03 30	04 17	04 54	18 53	19 23	19 45	20 03
I 11	344 09.9	17.3	189 30.8	5.7	23 50.0	6.2	58.8	50	03 40	04 24	04 59	18 42	19 15	19 39	19 59
D								45	03 59	04 38	05 09	18 21	18 58	19 27	19 52
A 12	359 10.1	N12 16.5	203 55.5	5.8	S23 43.8	6.4	58.8	N 40	04 14	04 49	05 17	18 03	18 43	19 17	19 45
Y 13	14 10.2	15.6	218 20.3	5.9	23 37.4	6.5	58.8	35	04 27	04 58	05 25	17 48	18 31	19 08	19 40
14	29 10.4	14.8	232 45.2	6.0	23 30.9	6.7	58.8	30	04 37	05 06	05 31	17 35	18 21	19 00	19 35
15	44 10.5	.. 14.0	247 10.2	6.0	23 24.2	6.8	58.8	20	04 52	05 19	05 42	17 13	18 03	18 47	19 26
16	59 10.7	13.2	261 35.2	6.1	23 17.4	7.0	58.8	N 10	05 04	05 30	05 51	16 54	17 47	18 35	19 19
17	74 10.8	12.3	276 00.3	6.3	23 10.4	7.1	58.7	0	05 14	05 39	06 00	16 36	17 32	18 24	19 12
18	89 11.0	N12 11.5	290 25.6	6.3	S23 03.3	7.3	58.7	S 10	05 22	05 47	06 08	16 18	17 17	18 12	19 04
19	104 11.1	10.7	304 50.9	6.3	22 56.0	7.3	58.7	20	05 29	05 55	06 17	15 58	17 01	18 00	18 57
20	119 11.3	09.8	319 16.2	6.5	22 48.7	7.6	58.7	30	05 35	06 03	06 27	15 36	16 42	17 47	18 48
21	134 11.4	.. 09.0	333 41.7	6.6	22 41.1	7.6	58.7	35	05 38	06 07	06 33	15 23	16 31	17 38	18 43
22	149 11.6	08.2	348 07.3	6.6	22 33.5	7.8	58.7	40	05 40	06 12	06 41	15 07	16 19	17 29	18 37
23	164 11.8	07.3	2 32.9	6.8	22 25.7	8.0	58.6	45	05 43	06 17	06 47	14 49	16 04	17 19	18 31
21 00	179 11.9	N12 06.5	16 58.7	6.8	S22 17.7	8.0	58.6	S 50	05 46	06 23	06 56	14 27	15 46	17 05	18 23
01	194 12.1	05.7	31 24.5	6.9	22 09.7	8.2	58.6	52	05 47	06 26	07 01	14 16	15 37	16 59	18 19
02	209 12.2	04.8	45 50.4	7.1	22 01.5	8.4	58.6	54	05 47	06 29	07 05	14 03	15 28	16 53	18 15
03	224 12.4	.. 04.0	60 16.5	7.1	21 53.1	8.4	58.6	56	05 48	06 32	07 10	13 49	15 17	16 45	18 10
04	239 12.5	03.2	74 42.6	7.2	21 44.7	8.6	58.5	58	05 49	06 35	07 16	13 33	15 04	16 36	18 05
05	254 12.7	02.3	89 08.8	7.3	21 36.1	8.7	58.5	S 60	05 50	06 39	07 22	13 12	14 50	16 26	17 59
06	269 12.8	N12 01.5	103 35.1	7.4	S21 27.4	8.8	58.5	Lat.	Sunset	Twilight Civil	Twilight Naut.	Moonset 20	Moonset 21	Moonset 22	Moonset 23
07	284 13.0	12 00.7	118 01.5	7.5	21 18.6	9.0	58.5								
S 08	299 13.2	11 59.8	132 28.0	7.6	21 09.6	9.1	58.5	°	h m	h m	h m	h m	h m	h m	h m
A 09	314 13.3	.. 59.0	146 54.6	7.7	21 00.5	9.2	58.4	N 72	20 58	23 27	////	▬▬	▬▬	▬▬	03 37
T 10	329 13.5	58.2	161 21.3	7.8	20 51.3	9.3	58.4	N 70	20 36	22 13	////	▬▬	▬▬	01 24	04 03
U 11	344 13.6	57.3	175 48.1	7.9	20 42.0	9.4	58.4	68	20 19	21 36	////	▬▬	▬▬	02 11	04 23
R 12	359 13.8	N11 56.5	190 15.0	8.0	S20 32.6	9.6	58.4	66	20 05	21 11	23 32	▬▬	00 22	02 41	04 39
D 13	14 13.9	55.7	204 42.0	8.0	20 23.0	9.6	58.4	64	19 53	20 52	22 27	25 06	01 06	03 03	04 51
A 14	29 14.1	54.8	219 09.0	8.2	20 13.4	9.8	58.3	62	19 44	20 37	21 54	25 35	01 35	03 21	05 02
Y 15	44 14.3	.. 54.0	233 36.2	8.3	20 03.6	9.9	58.3	60	19 35	20 24	21 31	00 22	01 57	03 35	05 11
16	59 14.4	53.2	248 03.5	8.4	19 53.7	9.9	58.3	N 58	19 28	20 13	21 12	00 46	02 15	03 48	05 19
17	74 14.6	52.3	262 30.9	8.5	19 43.8	10.1	58.3	56	19 22	20 03	20 58	01 05	02 30	03 59	05 26
18	89 14.7	N11 51.5	276 58.4	8.5	S19 33.7	10.2	58.2	54	19 16	19 55	20 45	01 20	02 42	04 08	05 32
19	104 14.9	50.6	291 25.9	8.7	19 23.5	10.3	58.2	52	19 11	19 48	20 34	01 34	02 54	04 16	05 38
20	119 15.0	49.8	305 53.6	8.8	19 13.2	10.4	58.2	50	19 06	19 41	20 25	01 46	03 04	04 24	05 43
21	134 15.2	.. 49.0	320 21.4	8.9	19 02.8	10.5	58.2	45	18 56	19 28	20 06	02 11	03 24	04 40	05 53
22	149 15.4	48.1	334 49.3	8.9	18 52.3	10.6	58.2								
23	164 15.5	47.3	349 17.2	9.1	18 41.7	10.5	58.1	N 40	18 48	19 17	19 51	02 30	03 41	04 53	06 02
22 00	179 15.7	N11 46.5	3 45.3	9.2	S18 31.0	10.8	58.1	35	18 41	19 07	19 39	02 47	03 55	05 04	06 10
01	194 15.8	45.6	18 13.5	9.3	18 20.2	10.9	58.1	30	18 35	19 00	19 29	03 01	04 08	05 13	06 16
02	209 16.0	44.8	32 41.8	9.3	18 09.3	11.0	58.1	20	18 24	18 47	19 13	03 25	04 28	05 30	06 28
03	224 16.2	.. 43.9	47 10.1	9.5	17 58.3	11.1	58.0	N 10	18 15	18 36	19 02	03 46	04 46	05 44	06 38
04	239 16.3	43.1	61 38.6	9.6	17 47.2	11.1	58.0	0	18 06	18 28	18 52	04 05	05 03	05 57	06 47
05	254 16.5	42.3	76 07.2	9.6	17 36.1	11.3	58.0	S 10	17 58	18 19	18 44	04 24	05 19	06 10	06 56
06	269 16.6	N11 41.4	90 35.8	9.8	S17 24.8	11.3	58.0	20	17 49	18 12	18 37	04 44	05 37	06 24	07 06
07	284 16.8	40.6	105 04.6	9.9	17 13.5	11.4	57.9	30	17 39	18 04	18 32	05 08	05 57	06 40	07 17
08	299 17.0	39.7	119 33.5	9.9	17 02.1	11.6	57.9	35	17 33	17 59	18 29	05 22	06 09	06 49	07 23
S 09	314 17.1	.. 38.9	134 02.4	10.1	16 50.6	11.6	57.9	40	17 27	17 55	18 26	05 38	06 22	06 59	07 30
U 10	329 17.3	38.0	148 31.5	10.1	16 39.0	11.7	57.9	45	17 19	17 50	18 24	05 56	06 38	07 11	07 38
N 11	344 17.5	37.2	163 00.6	10.3	16 27.3	11.7	57.8								
D 12	359 17.6	N11 36.4	177 29.9	10.3	S16 15.6	11.8	57.8	S 50	17 10	17 44	18 21	06 20	06 58	07 26	07 48
A 13	14 17.8	35.5	191 59.2	10.4	16 03.8	11.9	57.8	52	17 06	17 41	18 21	06 31	07 07	07 33	07 53
Y 14	29 17.9	34.7	206 28.6	10.6	15 51.9	12.0	57.8	54	17 02	17 38	18 20	06 44	07 17	07 40	07 57
15	44 18.1	.. 33.8	220 58.2	10.6	15 39.9	12.0	57.7	56	16 57	17 35	18 19	06 58	07 28	07 49	08 03
16	59 18.3	33.0	235 27.8	10.7	15 27.9	12.1	57.7	58	16 51	17 32	18 18	07 15	07 41	07 58	08 09
17	74 18.4	32.1	249 57.5	10.8	15 15.8	12.2	57.7	S 60	16 45	17 28	18 17	07 36	07 57	08 09	08 16
18	89 18.6	N11 31.3	264 27.3	10.9	S15 03.6	12.2	57.7		SUN	SUN	SUN	MOON	MOON	MOON	MOON
19	104 18.8	30.4	278 57.2	11.0	14 51.4	12.3	57.6	Day	Eqn. of Time	Eqn. of Time	Mer. Pass.	Mer. Pass. Upper	Mer. Pass. Lower	Age	Phase
20	119 18.9	29.6	293 27.2	11.1	14 39.1	12.4	57.6		00h	12h					
21	134 19.1	.. 28.8	307 57.3	11.1	14 26.7	12.4	57.6	d	m s	m s	h m	h m	h m	d	%
22	149 19.2	27.9	322 27.4	11.3	14 14.3	12.5	57.6	20	03 27	03 20	12 03	22 49	10 20	12	95
23	164 19.4	27.1	336 57.7	11.4	S14 01.8	12.6	57.5	21	03 13	03 05	12 03	23 44	11 17	13	99
	SD 15.8	d 0.8	SD 16.0		15.9		15.8	22	02 58	02 50	12 03	24 35	12 10	14	100

2021 AUGUST 23, 24, 25 (MON., TUES., WED.)

UT	ARIES	VENUS −4.0	MARS +1.8	JUPITER −2.9	SATURN +0.2	STARS
	GHA	GHA Dec	GHA Dec	GHA Dec	GHA Dec	Name SHA Dec
d h	° ′	° ′ ° ′	° ′ ° ′	° ′ ° ′	° ′ ° ′	° ′ ° ′
23 00	331 30.4	143 59.1 S 2 51.4	164 42.6 N 6 42.1	2 02.0 S13 41.0	20 09.6 S18 51.6	Acamar 315 13.8 S40 12.9
01	346 32.9	158 58.9 52.7	179 43.6 41.4	17 04.8 41.1	35 12.3 51.6	Achernar 335 22.0 S57 07.4
02	1 35.3	173 58.8 54.0	194 44.6 40.8	32 07.6 41.3	50 14.9 51.7	Acrux 173 03.6 S63 13.2
03	16 37.8	188 58.6 .. 55.2	209 45.6 .. 40.2	47 10.3 .. 41.4	65 17.5 .. 51.7	Adhara 255 08.3 S28 59.9
04	31 40.3	203 58.4 56.5	224 46.6 39.6	62 13.1 41.5	80 20.2 51.8	Aldebaran 290 42.8 N16 33.1
05	46 42.7	218 58.2 57.8	239 47.6 38.9	77 15.9 41.6	95 22.8 51.8	
06	61 45.2	233 58.0 S 2 59.1	254 48.6 N 6 38.3	92 18.7 S13 41.7	110 25.4 S18 51.9	Alioth 166 15.9 N55 50.9
07	76 47.6	248 57.8 3 00.4	269 49.6 37.7	107 21.5 41.8	125 28.1 51.9	Alkaid 152 54.5 N49 12.7
08	91 50.1	263 57.7 01.7	284 50.5 37.0	122 24.2 41.9	140 30.7 52.0	Alnair 27 35.9 S46 51.3
M 09	106 52.6	278 57.5 .. 03.0	299 51.5 .. 36.4	137 27.0 .. 42.1	155 33.3 .. 52.0	Alnilam 275 40.7 S 1 11.2
O 10	121 55.0	293 57.3 04.2	314 52.5 35.8	152 29.8 42.2	170 36.0 52.0	Alphard 217 50.8 S 8 45.0
N 11	136 57.5	308 57.1 05.5	329 53.5 35.1	167 32.6 42.3	185 38.6 52.1	
D 12	152 00.0	323 56.9 S 3 06.8	344 54.5 N 6 34.5	182 35.3 S13 42.4	200 41.2 S18 52.1	Alphecca 126 06.1 N26 38.8
A 13	167 02.4	338 56.7 08.1	359 55.5 33.9	197 38.1 42.5	215 43.8 52.2	Alpheratz 357 37.3 N29 12.5
Y 14	182 04.9	353 56.5 09.4	14 56.5 33.3	212 40.9 42.6	230 46.5 52.2	Altair 62 02.4 N 8 55.7
15	197 07.4	8 56.4 .. 10.7	29 57.5 .. 32.6	227 43.7 .. 42.8	245 49.1 .. 52.3	Ankaa 353 09.6 S42 11.2
16	212 09.8	23 56.2 12.0	44 58.5 32.0	242 46.5 42.9	260 51.7 52.3	Antares 112 19.2 S26 28.8
17	227 12.3	38 56.0 13.2	59 59.5 31.4	257 49.2 43.0	275 54.4 52.4	
18	242 14.7	53 55.8 S 3 14.5	75 00.5 N 6 30.7	272 52.0 S13 43.1	290 57.0 S18 52.4	Arcturus 145 50.6 N19 04.5
19	257 17.2	68 55.6 15.8	90 01.5 30.1	287 54.8 43.2	305 59.6 52.5	Atria 107 15.7 S69 04.1
20	272 19.7	83 55.4 17.1	105 02.5 29.5	302 57.6 43.3	321 02.3 52.5	Avior 234 16.4 S59 34.5
21	287 22.1	98 55.3 .. 18.4	120 03.5 .. 28.8	318 00.4 .. 43.4	336 04.9 .. 52.5	Bellatrix 278 26.0 N 6 22.2
22	302 24.6	113 55.1 19.7	135 04.5 28.2	333 03.1 43.6	351 07.5 52.6	Betelgeuse 270 55.2 N 7 24.7
23	317 27.1	128 54.9 20.9	150 05.5 27.6	348 05.9 43.7	6 10.2 52.6	
24 00	332 29.5	143 54.7 S 3 22.2	165 06.5 N 6 26.9	3 08.7 S13 43.8	21 12.8 S18 52.7	Canopus 263 53.9 S52 42.1
01	347 32.0	158 54.5 23.5	180 07.5 26.3	18 11.5 43.9	36 15.4 52.7	Capella 280 26.1 N46 01.0
02	2 34.5	173 54.3 24.8	195 08.5 25.7	33 14.2 44.0	51 18.0 52.8	Deneb 49 27.2 N45 21.6
03	17 36.9	188 54.1 .. 26.1	210 09.4 .. 25.0	48 17.0 .. 44.1	66 20.7 .. 52.8	Denebola 182 28.1 N14 27.3
04	32 39.4	203 54.0 27.4	225 10.4 24.4	63 19.8 44.2	81 23.3 52.9	Diphda 348 49.8 S17 52.0
05	47 41.9	218 53.8 28.6	240 11.4 23.8	78 22.6 44.4	96 25.9 52.9	
06	62 44.3	233 53.6 S 3 29.9	255 12.4 N 6 23.2	93 25.4 S13 44.5	111 28.6 S18 53.0	Dubhe 193 45.1 N61 38.3
07	77 46.8	248 53.4 31.2	270 13.4 22.5	108 28.1 44.6	126 31.2 53.0	Elnath 278 05.5 N28 37.4
08	92 49.2	263 53.2 32.5	285 14.4 21.9	123 30.9 44.7	141 33.8 53.0	Eltanin 90 43.2 N51 29.4
T 09	107 51.7	278 53.0 .. 33.8	300 15.4 .. 21.3	138 33.7 .. 44.8	156 36.5 .. 53.1	Enif 33 41.2 N 9 58.5
U 10	122 54.2	293 52.9 35.1	315 16.4 20.6	153 36.5 44.9	171 39.1 53.1	Fomalhaut 15 17.2 S29 30.4
E 11	137 56.6	308 52.7 36.3	330 17.4 20.0	168 39.2 45.0	186 41.7 53.2	
S 12	152 59.1	323 52.5 S 3 37.6	345 18.4 N 6 19.4	183 42.0 S13 45.2	201 44.4 S18 53.2	Gacrux 171 55.1 S57 14.1
D 13	168 01.6	338 52.3 38.9	0 19.4 18.7	198 44.8 45.3	216 47.0 53.3	Gienah 175 46.7 S17 39.6
A 14	183 04.0	353 52.1 40.2	15 20.4 18.1	213 47.6 45.4	231 49.6 53.3	Hadar 148 40.2 S60 28.7
Y 15	198 06.5	8 51.9 .. 41.5	30 21.4 .. 17.5	228 50.4 .. 45.5	246 52.2 .. 53.4	Hamal 327 54.1 N23 33.8
16	213 09.0	23 51.8 42.8	45 22.4 16.8	243 53.1 45.6	261 54.9 53.4	Kaus Aust. 83 35.9 S34 22.5
17	228 11.4	38 51.6 44.0	60 23.4 16.2	258 55.9 45.7	276 57.5 53.4	
18	243 13.9	53 51.4 S 3 45.3	75 24.4 N 6 15.6	273 58.7 S13 45.8	292 00.1 S18 53.5	Kochab 137 20.2 N74 04.4
19	258 16.3	68 51.2 46.6	90 25.4 14.9	289 01.5 46.0	307 02.8 53.5	Markab 13 32.3 N15 19.3
20	273 18.8	83 51.0 47.9	105 26.4 14.3	304 04.2 46.1	322 05.4 53.6	Menkar 314 08.9 N 4 10.5
21	288 21.3	98 50.8 .. 49.2	120 27.4 .. 13.7	319 07.0 .. 46.2	337 08.0 .. 53.6	Menkent 148 01.0 S36 28.6
22	303 23.7	113 50.6 50.5	135 28.4 13.0	334 09.8 46.3	352 10.6 53.7	Miaplacidus 221 39.7 S69 48.2
23	318 26.2	128 50.5 51.7	150 29.3 12.4	349 12.6 46.4	7 13.3 53.7	
25 00	333 28.7	143 50.3 S 3 53.0	165 30.3 N 6 11.8	4 15.4 S13 46.5	22 15.9 S18 53.8	Mirfak 308 32.1 N49 56.0
01	348 31.1	158 50.1 54.3	180 31.3 11.1	19 18.1 46.6	37 18.5 53.8	Nunki 75 50.9 S26 16.2
02	3 33.6	173 49.9 55.6	195 32.3 10.5	34 20.9 46.8	52 21.2 53.8	Peacock 53 09.6 S56 40.0
03	18 36.1	188 49.7 .. 56.9	210 33.3 .. 09.9	49 23.7 .. 46.9	67 23.8 .. 53.9	Pollux 243 21.0 N27 58.5
04	33 38.5	203 49.5 58.1	225 34.3 09.2	64 26.5 47.0	82 26.4 53.9	Procyon 244 54.0 N 5 10.3
05	48 41.0	218 49.4 3 59.4	240 35.3 08.6	79 29.2 47.1	97 29.0 54.0	
06	63 43.5	233 49.2 S 4 00.7	255 36.3 N 6 08.0	94 32.0 S13 47.2	112 31.7 S18 54.0	Rasalhague 96 01.0 N12 32.9
W 07	78 45.9	248 49.0 02.0	270 37.3 07.3	109 34.8 47.3	127 34.3 54.1	Regulus 207 37.7 N11 51.9
E 08	93 48.4	263 48.8 03.3	285 38.3 06.7	124 37.6 47.4	142 36.9 54.1	Rigel 281 06.6 S 8 10.5
D 09	108 50.8	278 48.6 .. 04.5	300 39.3 .. 06.1	139 40.4 .. 47.6	157 39.6 .. 54.2	Rigil Kent. 139 44.3 S60 55.5
N 10	123 53.3	293 48.4 05.8	315 40.3 05.4	154 43.1 47.7	172 42.2 54.2	Sabik 102 05.8 S15 45.0
E 11	138 55.8	308 48.3 07.1	330 41.3 04.8	169 45.9 47.8	187 44.8 54.2	
S 12	153 58.2	323 48.1 S 4 08.4	345 42.3 N 6 04.2	184 48.7 S13 47.9	202 47.4 S18 54.3	Schedar 349 33.7 N56 39.2
D 13	169 00.7	338 47.9 09.7	0 43.3 03.5	199 51.5 48.0	217 50.1 54.3	Shaula 96 13.9 S37 07.2
A 14	184 03.2	353 47.7 10.9	15 44.3 02.9	214 54.2 48.1	232 52.7 54.4	Sirius 258 28.9 S16 44.6
Y 15	199 05.6	8 47.5 .. 12.2	30 45.3 .. 02.3	229 57.0 .. 48.2	247 55.3 .. 54.4	Spica 158 25.4 S11 16.3
16	214 08.1	23 47.3 13.5	45 46.3 01.6	244 59.8 48.4	262 58.0 54.5	Suhail 222 48.7 S43 31.0
17	229 10.6	38 47.2 14.8	60 47.3 01.0	260 02.6 48.5	278 00.6 54.5	
18	244 13.0	53 47.0 S 4 16.1	75 48.3 N 6 00.4	275 05.3 S13 48.6	293 03.2 S18 54.5	Vega 80 34.8 N38 48.5
19	259 15.5	68 46.8 17.3	90 49.3 5 59.7	290 08.1 48.7	308 05.8 54.6	Zuben'ubi 136 59.2 S16 07.8
20	274 17.9	83 46.6 18.6	105 50.3 59.1	305 10.9 48.8	323 08.5 54.6	SHA Mer.Pass.
21	289 20.4	98 46.4 .. 19.9	120 51.2 .. 58.5	320 13.7 .. 48.9	338 11.1 .. 54.7	° ′ h m
22	304 22.9	113 46.2 21.2	135 52.2 57.8	335 16.5 49.0	353 13.7 54.7	Venus 171 25.2 14 25
23	319 25.3	128 46.0 22.5	150 53.2 57.2	350 19.2 49.1	8 16.3 54.8	Mars 192 36.9 12 59
	h m					Jupiter 30 39.2 23 43
Mer.Pass. 1 49.7	v −0.2 d 1.3	v 1.0 d 0.6	v 2.8 d 0.1	v 2.6 d 0.0	Saturn 48 43.3 22 31

2021 AUGUST 23, 24, 25 (MON., TUES., WED.)

UT	SUN GHA Dec	MOON GHA v Dec d HP	Lat.	Twilight Naut.	Twilight Civil	Sunrise	Moonrise 23	Moonrise 24	Moonrise 25	Moonrise 26
d h	° ′ ° ′	° ′ ′ ° ′ ′ ′	°	h m	h m	h m	h m	h m	h m	h m
23 00	179 19.6 N11 26.2	351 28.1 11.4 S13 49.2 12.6 57.5	N 72	////	01 17	03 21	21 16	20 46	20 20	19 53
01	194 19.7 25.4	5 58.5 11.5 13 36.6 12.6 57.5	N 70	////	02 10	03 41	21 02	20 41	20 22	20 03
02	209 19.9 24.5	20 29.0 11.6 13 24.0 12.8 57.5	68	////	02 42	03 56	20 51	20 37	20 24	20 11
03	224 20.1 . . 23.7	34 59.6 11.7 13 11.2 12.7 57.4	66	01 07	03 05	04 09	20 42	20 33	20 25	20 17
04	239 20.2 22.8	49 30.3 11.8 12 58.5 12.9 57.4	64	01 54	03 22	04 20	20 34	20 30	20 26	20 23
05	254 20.4 22.0	64 01.1 11.9 12 45.6 12.8 57.4	62	02 22	03 37	04 29	20 27	20 27	20 27	20 27
06	269 20.6 N11 21.1	78 32.0 11.9 S12 32.8 13.0 57.4	60	02 44	03 49	04 36	20 21	20 25	20 28	20 32
07	284 20.7 20.3	93 02.9 12.0 12 19.8 12.9 57.3	N 58	03 01	03 59	04 43	20 15	20 23	20 29	20 35
08	299 20.9 19.4	107 33.9 12.1 12 06.9 13.1 57.3	56	03 15	04 08	04 49	20 11	20 21	20 30	20 39
M 09	314 21.1 . . 18.6	122 05.0 12.2 11 53.8 13.0 57.3	54	03 26	04 16	04 54	20 07	20 19	20 30	20 42
O 10	329 21.2 17.7	136 36.2 12.3 11 40.8 13.1 57.2	52	03 37	04 22	04 59	20 03	20 18	20 31	20 45
N 11	344 21.4 16.9	151 07.5 12.4 11 27.7 13.2 57.2	50	03 46	04 29	05 03	19 59	20 16	20 32	20 47
D 12	359 21.6 N11 16.0	165 38.9 12.4 S11 14.5 13.2 57.2	45	04 04	04 42	05 13	19 52	20 13	20 33	20 53
A 13	14 21.7 15.2	180 10.3 12.5 11 01.3 13.2 57.2	N 40	04 18	04 52	05 20	19 45	20 10	20 34	20 57
Y 14	29 21.9 14.3	194 41.8 12.6 10 48.1 13.3 57.1	35	04 29	05 01	05 27	19 40	20 08	20 35	21 01
15	44 22.1 . . 13.5	209 13.4 12.6 10 34.8 13.3 57.1	30	04 39	05 08	05 33	19 35	20 06	20 36	21 05
16	59 22.2 12.6	223 45.0 12.8 10 21.5 13.4 57.1	20	04 53	05 20	05 42	19 26	20 02	20 37	21 11
17	74 22.4 11.8	238 16.8 12.8 10 08.1 13.3 57.1	N 10	05 05	05 30	05 51	19 19	19 59	20 38	21 16
18	89 22.6 N11 10.9	252 48.6 12.8 S 9 54.8 13.4 57.0	0	05 13	05 38	05 59	19 12	19 56	20 40	21 22
19	104 22.7 10.1	267 20.4 13.0 9 41.4 13.5 57.0	S 10	05 21	05 45	06 07	19 04	19 54	20 41	21 27
20	119 22.9 09.2	281 52.4 13.0 9 27.9 13.5 57.0	20	05 27	05 53	06 15	18 57	19 50	20 42	21 33
21	134 23.1 . . 08.4	296 24.4 13.1 9 14.4 13.5 56.9	30	05 32	06 00	06 24	18 48	19 47	20 44	21 39
22	149 23.2 07.5	310 56.5 13.2 9 00.9 13.5 56.9	35	05 34	06 04	06 29	18 43	19 45	20 45	21 43
23	164 23.4 06.6	325 28.7 13.2 8 47.4 13.6 56.9	40	05 36	06 08	06 35	18 37	19 43	20 46	21 47
			45	05 38	06 12	06 42	18 31	19 40	20 47	21 52
24 00	179 23.6 N11 05.8	340 00.9 13.3 S 8 33.8 13.6 56.9	S 50	05 40	06 18	06 51	18 23	19 37	20 48	21 58
01	194 23.7 04.9	354 33.2 13.3 8 20.2 13.6 56.8	52	05 41	06 20	06 54	18 19	19 35	20 49	22 01
02	209 23.9 04.1	9 05.5 13.5 8 06.6 13.6 56.8	54	05 41	06 22	06 58	18 15	19 34	20 50	22 04
03	224 24.1 . . 03.2	23 38.0 13.4 7 53.0 13.7 56.8	56	05 42	06 25	07 03	18 10	19 32	20 50	22 07
04	239 24.2 02.4	38 10.4 13.6 7 39.3 13.6 56.8	58	05 42	06 28	07 08	18 05	19 30	20 51	22 11
05	254 24.4 01.5	52 43.0 13.6 7 25.7 13.7 56.7	S 60	05 43	06 31	07 14	17 59	19 28	20 52	22 15

UT	SUN GHA Dec	MOON GHA v Dec d HP	Lat.	Sunset	Twilight Civil	Twilight Naut.	Moonset 23	Moonset 24	Moonset 25	Moonset 26
06	269 24.6 N11 00.7	67 15.6 13.7 S 7 12.0 13.7 56.7								
07	284 24.8 10 59.8	81 48.3 13.7 6 58.3 13.8 56.7	°	h m	h m	h m	h m	h m	h m	h m
T 08	299 24.9 58.9	96 21.0 13.8 6 44.5 13.7 56.6	N 72	20 40	22 36	////	03 37	05 58	08 01	09 59
U 09	314 25.1 . . 58.1	110 53.8 13.9 6 30.8 13.8 56.6	N 70	20 21	21 48	////	04 03	06 09	08 03	09 52
E 10	329 25.3 57.2	125 26.7 13.9 6 17.0 13.8 56.6	68	20 05	21 19	////	04 23	06 18	08 04	09 47
S 11	344 25.4 56.4	139 59.6 13.9 6 03.2 13.8 56.6	66	19 53	20 57	22 48	04 39	06 25	08 06	09 42
D 12	359 25.6 N10 55.5	154 32.5 14.0 S 5 49.4 13.8 56.5	64	19 43	20 40	22 06	04 51	06 32	08 07	09 38
A 13	14 25.8 54.7	169 05.5 14.1 5 35.6 13.8 56.5	62	19 34	20 26	21 38	05 02	06 37	08 08	09 35
Y 14	29 25.9 53.8	183 38.6 14.1 5 21.8 13.8 56.5	60	19 27	20 14	21 18	05 11	06 42	08 08	09 32
15	44 26.1 . . 52.9	198 11.7 14.2 5 08.0 13.8 56.4	N 58	19 20	20 04	21 01	05 19	06 46	08 09	09 30
16	59 26.3 52.1	212 44.9 14.2 4 54.2 13.9 56.4	56	19 14	19 55	20 48	05 26	06 50	08 10	09 27
17	74 26.5 51.2	227 18.1 14.3 4 40.3 13.8 56.4	54	19 09	19 48	20 36	05 32	06 53	08 10	09 25
18	89 26.6 N10 50.4	241 51.4 14.3 S 4 26.5 13.9 56.4	52	19 05	19 41	20 26	05 38	06 56	08 11	09 24
19	104 26.8 49.5	256 24.7 14.4 4 12.6 13.8 56.3	50	19 00	19 35	20 18	05 43	06 58	08 11	09 22
20	119 27.0 48.6	270 58.1 14.4 3 58.8 13.9 56.3	45	18 51	19 22	20 00	05 53	07 04	08 12	09 18
21	134 27.1 . . 47.8	285 31.5 14.5 3 44.9 13.8 56.3	N 40	18 44	19 12	19 46	06 02	07 09	08 13	09 15
22	149 27.3 46.9	300 05.0 14.5 3 31.1 13.9 56.3	35	18 37	19 03	19 35	06 10	07 13	08 14	09 13
23	164 27.5 46.1	314 38.5 14.6 3 17.2 13.8 56.2	30	18 32	18 56	19 25	06 16	07 17	08 14	09 10
25 00	179 27.7 N10 45.2	329 12.1 14.6 S 3 03.4 13.8 56.2	20	18 22	18 44	19 11	06 28	07 23	08 15	09 06
01	194 27.8 44.3	343 45.7 14.6 2 49.5 13.8 56.2	N 10	18 13	18 35	19 00	06 38	07 28	08 16	09 03
02	209 28.0 43.5	358 19.3 14.7 2 35.7 13.9 56.1	0	18 06	18 27	18 51	06 47	07 33	08 17	09 00
03	224 28.2 . . 42.6	12 53.0 14.7 2 21.8 13.9 56.1	S 10	17 58	18 19	18 44	06 56	07 38	08 18	08 57
04	239 28.4 41.7	27 26.7 14.7 2 07.9 13.8 56.1	20	17 50	18 12	18 38	07 06	07 44	08 19	08 53
05	254 28.5 40.9	42 00.4 14.8 1 54.1 13.8 56.1	30	17 41	18 05	18 33	07 17	07 49	08 20	08 49
06	269 28.7 N10 40.0	56 34.2 14.8 S 1 40.3 13.9 56.0	35	17 36	18 01	18 31	07 23	07 53	08 20	08 47
W 07	284 28.9 39.2	71 08.0 14.8 1 26.4 13.8 56.0	40	17 30	17 57	18 29	07 30	07 57	08 21	08 44
E 08	299 29.1 38.3	85 41.9 14.9 1 12.6 13.8 56.0	45	17 23	17 52	18 27	07 38	08 01	08 22	08 41
D 09	314 29.2 . . 37.4	100 15.8 14.9 0 58.8 13.8 56.0	S 50	17 15	17 48	18 25	07 48	08 06	08 23	08 38
N 10	329 29.4 36.6	114 49.7 15.0 0 45.0 13.8 55.9	52	17 11	17 46	18 25	07 53	08 09	08 23	08 36
E 11	344 29.6 35.7	129 23.7 15.0 0 31.2 13.8 55.9	54	17 07	17 43	18 24	07 57	08 11	08 23	08 35
S 12	359 29.8 N10 34.8	143 57.7 15.0 S 0 17.4 13.8 55.9	56	17 02	17 41	18 24	08 03	08 14	08 24	08 33
D 13	14 29.9 34.0	158 31.7 15.0 S 0 03.6 13.7 55.9	58	16 57	17 38	18 24	08 09	08 17	08 24	08 31
A 14	29 30.1 33.1	173 05.7 15.1 N 0 10.1 13.8 55.8	S 60	16 52	17 35	18 23	08 16	08 21	08 25	08 28
Y 15	44 30.3 . . 32.2	187 39.8 15.1 0 23.9 13.7 55.8								
16	59 30.5 31.4	202 13.9 15.2 0 37.6 13.7 55.8			SUN			MOON		
17	74 30.6 30.5	216 48.1 15.1 0 51.3 13.7 55.8	Day	Eqn. of Time		Mer. Pass.	Mer. Pass. Upper	Mer. Pass. Lower	Age	Phase
18	89 30.8 N10 29.6	231 22.2 15.2 N 1 05.0 13.7 55.7		00h	12h					
19	104 31.0 28.8	245 56.4 15.2 1 18.7 13.6 55.7	d	m s	m s	h m	h m	h m	d	%
20	119 31.2 27.9	260 30.6 15.3 1 32.3 13.7 55.7	23	02 42	02 34	12 03	00 35	12 59	15	99
21	134 31.3 . . 27.0	275 04.8 15.3 1 46.0 13.6 55.7	24	02 26	02 18	12 02	01 22	13 45	16	95
22	149 31.5 26.2	289 39.1 15.2 1 59.6 13.6 55.6	25	02 10	02 01	12 02	02 07	14 28	17	90
23	164 31.7 25.3	304 13.3 15.3 N 2 13.2 13.6 55.6								
	SD 15.8 d 0.9	SD 15.6 15.4 15.2								

2021 AUGUST 26, 27, 28 (THURS., FRI., SAT.)

UT	ARIES	VENUS −4.0	MARS +1.8	JUPITER −2.9	SATURN +0.2	STARS		
	GHA	GHA Dec	GHA Dec	GHA Dec	GHA Dec	Name	SHA	Dec
d h	° ′	° ′ ° ′	° ′ ° ′	° ′ ° ′	° ′ ° ′		° ′	° ′
26 00	334 27.8	143 45.9 S 4 23.7	165 54.2 N 5 56.5	5 22.0 S13 49.3	23 19.0 S18 54.8	Acamar	315 13.8	S40 12.9
01	349 30.3	158 45.7 25.0	180 55.2 55.9	20 24.8 49.4	38 21.6 54.9	Achernar	335 21.9	S57 07.4
02	4 32.7	173 45.5 26.3	195 56.2 55.3	35 27.6 49.5	53 24.2 54.9	Acrux	173 03.6	S63 13.2
03	19 35.2	188 45.3 .. 27.6	210 57.2 .. 54.6	50 30.3 .. 49.6	68 26.8 .. 54.9	Adhara	255 08.3	S28 59.9
04	34 37.7	203 45.1 28.9	225 58.2 54.0	65 33.1 49.7	83 29.5 55.0	Aldebaran	290 42.8	N16 33.1
05	49 40.1	218 44.9 30.1	240 59.2 53.4	80 35.9 49.8	98 32.1 55.0			
06	64 42.6	233 44.8 S 4 31.4	256 00.2 N 5 52.7	95 38.7 S13 49.9	113 34.7 S18 55.1	Alioth	166 15.9	N55 50.9
07	79 45.1	248 44.6 32.7	271 01.2 52.1	110 41.4 50.0	128 37.4 55.1	Alkaid	152 54.5	N49 12.7
T 08	94 47.5	263 44.4 34.0	286 02.2 51.5	125 44.2 50.2	143 40.0 55.2	Alnair	27 35.9	S46 51.4
H 09	109 50.0	278 44.2 .. 35.2	301 03.2 .. 50.8	140 47.0 .. 50.3	158 42.6 .. 55.2	Alnilam	275 40.6	S 1 11.2
U 10	124 52.4	293 44.0 36.5	316 04.2 50.2	155 49.8 50.4	173 45.2 55.2	Alphard	217 50.8	S 8 45.0
R 11	139 54.9	308 43.8 37.8	331 05.2 49.6	170 52.5 50.5	188 47.9 55.3			
S 12	154 57.4	323 43.6 S 4 39.1	346 06.2 N 5 48.9	185 55.3 S13 50.6	203 50.5 S18 55.4	Alphecca	126 06.1	N26 38.8
D 13	169 59.8	338 43.5 40.4	1 07.2 48.3	200 58.1 50.7	218 53.1 55.4	Alpheratz	357 37.3	N29 12.5
A 14	185 02.3	353 43.3 41.6	16 08.2 47.6	216 00.9 50.8	233 55.7 55.4	Altair	62 02.4	N 8 55.7
Y 15	200 04.8	8 43.1 .. 42.9	31 09.2 .. 47.0	231 03.6 .. 51.0	248 58.4 .. 55.5	Ankaa	353 09.5	S42 11.2
16	215 07.2	23 42.9 44.2	46 10.2 46.4	246 06.4 51.1	264 01.0 55.5	Antares	112 19.2	S26 28.8
17	230 09.7	38 42.7 45.5	61 11.2 45.7	261 09.2 51.2	279 03.6 55.6			
18	245 12.2	53 42.5 S 4 46.7	76 12.2 N 5 45.1	276 12.0 S13 51.3	294 06.2 S18 55.6	Arcturus	145 50.6	N19 04.5
19	260 14.6	68 42.4 48.0	91 13.2 44.5	291 14.7 51.4	309 08.9 55.6	Atria	107 15.7	S69 04.1
20	275 17.1	83 42.2 49.3	106 14.1 43.8	306 17.5 51.5	324 11.5 55.7	Avior	234 16.4	S59 34.5
21	290 19.6	98 42.0 .. 50.6	121 15.1 .. 43.2	321 20.3 .. 51.6	339 14.1 .. 55.7	Bellatrix	278 25.9	N 6 22.2
22	305 22.0	113 41.8 51.8	136 16.1 42.6	336 23.1 51.7	354 16.7 55.8	Betelgeuse	270 55.2	N 7 24.7
23	320 24.5	128 41.6 53.1	151 17.1 41.9	351 25.8 51.9	9 19.4 55.8			
27 00	335 26.9	143 41.4 S 4 54.4	166 18.1 N 5 41.3	6 28.6 S13 52.0	24 22.0 S18 55.9	Canopus	263 53.9	S52 42.1
01	350 29.4	158 41.2 55.7	181 19.1 40.6	21 31.4 52.1	39 24.6 55.9	Capella	280 26.1	N46 01.0
02	5 31.9	173 41.1 56.9	196 20.1 40.0	36 34.2 52.2	54 27.2 55.9	Deneb	49 27.2	N45 21.6
03	20 34.3	188 40.9 .. 58.2	211 21.1 .. 39.4	51 36.9 .. 52.3	69 29.9 .. 56.0	Denebola	182 28.1	N14 27.3
04	35 36.8	203 40.7 4 59.5	226 22.1 38.7	66 39.7 52.4	84 32.5 56.0	Diphda	348 49.8	S17 52.0
05	50 39.3	218 40.5 5 00.8	241 23.1 38.1	81 42.5 52.5	99 35.1 56.1			
06	65 41.7	233 40.3 S 5 02.0	256 24.1 N 5 37.5	96 45.3 S13 52.6	114 37.7 S18 56.1	Dubhe	193 45.1	N61 38.3
07	80 44.2	248 40.1 03.3	271 25.1 36.8	111 48.0 52.7	129 40.4 56.2	Elnath	278 05.5	N28 37.4
08	95 46.7	263 40.0 04.6	286 26.1 36.2	126 50.8 52.9	144 43.0 56.2	Eltanin	90 43.2	N51 29.5
F 09	110 49.1	278 39.8 .. 05.9	301 27.1 .. 35.5	141 53.6 .. 53.0	159 45.6 .. 56.2	Enif	33 41.2	N 9 58.5
R 10	125 51.6	293 39.6 07.1	316 28.1 34.9	156 56.4 53.1	174 48.2 56.3	Fomalhaut	15 17.2	S29 30.4
I 11	140 54.0	308 39.4 08.4	331 29.1 34.3	171 59.1 53.2	189 50.8 56.3			
D 12	155 56.5	323 39.2 S 5 09.7	346 30.1 N 5 33.6	187 01.9 S13 53.3	204 53.5 S18 56.4	Gacrux	171 55.1	S57 14.0
A 13	170 59.0	338 39.0 11.0	1 31.1 33.0	202 04.7 53.4	219 56.1 56.4	Gienah	175 46.7	S17 39.6
Y 14	186 01.4	353 38.8 12.2	16 32.1 32.4	217 07.5 53.5	234 58.7 56.5	Hadar	148 40.2	S60 28.7
15	201 03.9	8 38.7 .. 13.5	31 33.1 .. 31.7	232 10.2 .. 53.6	250 01.3 .. 56.5	Hamal	327 54.1	N23 33.8
16	216 06.4	23 38.5 14.8	46 34.1 31.1	247 13.0 53.8	265 04.0 56.5	Kaus Aust.	83 36.0	S34 22.5
17	231 08.8	38 38.3 16.1	61 35.1 30.4	262 15.8 53.9	280 06.6 56.6			
18	246 11.3	53 38.1 S 5 17.3	76 36.1 N 5 29.8	277 18.6 S13 54.0	295 09.2 S18 56.6	Kochab	137 20.3	N74 04.4
19	261 13.8	68 37.9 18.6	91 37.1 29.2	292 21.3 54.1	310 11.8 56.7	Markab	13 32.3	N15 19.3
20	276 16.2	83 37.7 19.9	106 38.0 28.5	307 24.1 54.2	325 14.5 56.7	Menkar	314 08.9	N 4 10.5
21	291 18.7	98 37.5 .. 21.1	121 39.0 .. 27.9	322 26.9 .. 54.3	340 17.1 .. 56.8	Menkent	148 01.0	S36 28.5
22	306 21.2	113 37.4 22.4	136 40.0 27.3	337 29.7 54.4	355 19.7 56.8	Miaplacidus	221 39.6	S69 48.2
23	321 23.6	128 37.2 23.7	151 41.0 26.6	352 32.4 54.5	10 22.3 56.8			
28 00	336 26.1	143 37.0 S 5 25.0	166 42.0 N 5 26.0	7 35.2 S13 54.6	25 24.9 S18 56.9	Mirfak	308 32.1	N49 56.0
01	351 28.5	158 36.8 26.2	181 43.0 25.3	22 38.0 54.8	40 27.6 56.9	Nunki	75 50.9	S26 16.2
02	6 31.0	173 36.6 27.5	196 44.0 24.7	37 40.8 54.9	55 30.2 57.0	Peacock	53 09.6	S56 40.0
03	21 33.5	188 36.4 .. 28.8	211 45.0 .. 24.1	52 43.5 .. 55.0	70 32.8 .. 57.0	Pollux	243 21.0	N27 58.5
04	36 35.9	203 36.2 30.1	226 46.0 23.4	67 46.3 55.1	85 35.4 57.0	Procyon	244 54.0	N 5 10.3
05	51 38.4	218 36.1 31.3	241 47.0 22.8	82 49.1 55.2	100 38.1 57.1			
06	66 40.9	233 35.9 S 5 32.6	256 48.0 N 5 22.1	97 51.9 S13 55.3	115 40.7 S18 57.1	Rasalhague	96 01.0	N12 32.9
07	81 43.3	248 35.7 33.9	271 49.0 21.5	112 54.6 55.4	130 43.3 57.2	Regulus	207 37.7	N11 51.9
S 08	96 45.8	263 35.5 35.1	286 50.0 20.9	127 57.4 55.5	145 45.9 57.2	Rigel	281 06.6	S 8 10.5
A 09	111 48.3	278 35.3 .. 36.4	301 51.0 .. 20.2	143 00.2 .. 55.6	160 48.5 .. 57.3	Rigil Kent.	139 44.3	S60 55.5
T 10	126 50.7	293 35.1 37.7	316 52.0 19.6	158 02.9 55.8	175 51.2 57.3	Sabik	102 05.9	S15 45.0
U 11	141 53.2	308 34.9 38.9	331 53.0 19.0	173 05.7 55.9	190 53.8 57.3			
R 12	156 55.6	323 34.8 S 5 40.2	346 54.0 N 5 18.3	188 08.5 S13 56.0	205 56.4 S18 57.4	Schedar	349 33.7	N56 39.2
D 13	171 58.1	338 34.6 41.5	1 55.0 17.7	203 11.3 56.1	220 59.0 57.4	Shaula	96 14.0	S37 07.2
A 14	187 00.6	353 34.4 42.8	16 56.0 17.0	218 14.0 56.2	236 01.6 57.5	Sirius	258 28.9	S16 44.6
Y 15	202 03.0	8 34.2 .. 44.0	31 57.0 .. 16.4	233 16.8 .. 56.3	251 04.3 .. 57.5	Spica	158 25.4	S11 16.3
16	217 05.5	23 34.0 45.3	46 58.0 15.8	248 19.6 56.4	266 06.9 57.6	Suhail	222 48.7	S43 31.0
17	232 08.0	38 33.8 46.6	61 59.0 15.1	263 22.4 56.5	281 09.5 57.6			
18	247 10.4	53 33.6 S 5 47.8	77 00.0 N 5 14.5	278 25.1 S13 56.6	296 12.1 S18 57.6	Vega	80 34.8	N38 48.5
19	262 12.9	68 33.4 49.1	92 01.0 13.8	293 27.9 56.8	311 14.8 57.7	Zuben'ubi	136 59.2	S16 07.8
20	277 15.4	83 33.3 50.4	107 02.0 13.2	308 30.7 56.9	326 17.4 57.7		SHA	Mer.Pass.
21	292 17.8	98 33.1 .. 51.6	122 02.9 .. 12.6	323 33.4 .. 57.0	341 20.0 .. 57.8		° ′	h m
22	307 20.3	113 32.9 52.9	137 03.9 11.9	338 36.2 57.1	356 22.6 57.8	Venus	168 14.5	14 25
23	322 22.8	128 32.7 54.2	152 04.9 11.3	353 39.0 57.2	11 25.2 57.8	Mars	190 51.2	12 54
	h m					Jupiter	31 01.7	23 30
Mer.Pass. 1 37.9		v −0.2 d 1.3	v 1.0 d 0.6	v 2.8 d 0.1	v 2.6 d 0.0	Saturn	48 55.0	22 19

2021 AUGUST 26, 27, 28 (THURS., FRI., SAT.)

UT	SUN GHA	SUN Dec	MOON GHA	MOON v	MOON Dec	MOON d	MOON HP	Lat.	Twilight Naut.	Twilight Civil	Sunrise	Moonrise 26	Moonrise 27	Moonrise 28	Moonrise 29
d h	° '	° '	° '	'	° '	'	'	°	h m	h m	h m	h m	h m	h m	h m
26 00	179 31.9	N10 24.4	318 47.6	15.3	N 2 26.8	13.5	55.6	N 72	////	01 51	03 37	19 53	19 22	18 33	☐
01	194 32.0	23.6	333 21.9	15.3	2 40.3	13.6	55.6	N 70	////	02 31	03 54	20 03	19 41	19 11	18 02
02	209 32.2	22.7	347 56.2	15.3	2 53.9	13.5	55.5	68	////	02 57	04 08	20 11	19 56	19 38	19 10
03	224 32.4	. . 21.8	2 30.5	15.4	3 07.4	13.5	55.5	66	01 36	03 17	04 19	20 17	20 09	19 59	19 46
04	239 32.6	21.0	17 04.9	15.3	3 20.9	13.4	55.5	64	02 11	03 33	04 28	20 23	20 19	20 16	20 12
05	254 32.8	20.1	31 39.2	15.4	3 34.3	13.5	55.5	62	02 36	03 46	04 36	20 27	20 28	20 29	20 33
								60	02 55	03 57	04 43	20 32	20 36	20 41	20 50
06	269 32.9	N10 19.2	46 13.6	15.4	N 3 47.8	13.4	55.4	N 58	03 10	04 06	04 49	20 35	20 43	20 51	21 04
07	284 33.1	18.3	60 48.0	15.4	4 01.2	13.3	55.4	56	03 23	04 14	04 55	20 39	20 49	21 00	21 16
T 08	299 33.3	17.5	75 22.4	15.4	4 14.5	13.4	55.4	54	03 33	04 21	05 00	20 42	20 54	21 08	21 26
H 09	314 33.5	. . 16.6	89 56.8	15.4	4 27.9	13.3	55.4	52	03 43	04 28	05 04	20 45	20 59	21 16	21 36
U 10	329 33.6	15.7	104 31.2	15.4	4 41.2	13.3	55.3	50	03 51	04 33	05 08	20 47	21 03	21 22	21 44
R 11	344 33.8	14.9	119 05.6	15.4	4 54.5	13.2	55.3	45	04 08	04 45	05 16	20 53	21 13	21 36	22 03
S 12	359 34.0	N10 14.0	133 40.0	15.5	N 5 07.7	13.3	55.3	N 40	04 21	04 55	05 23	20 57	21 21	21 48	22 17
D 13	14 34.2	13.1	148 14.5	15.4	5 21.0	13.2	55.3	35	04 32	05 03	05 29	21 01	21 28	21 58	22 30
A 14	29 34.4	12.2	162 48.9	15.5	5 34.2	13.1	55.3	30	04 41	05 10	05 34	21 05	21 35	22 06	22 41
Y 15	44 34.5	. . 11.4	177 23.4	15.4	5 47.3	13.1	55.2	20	04 54	05 21	05 43	21 11	21 45	22 21	23 00
16	59 34.7	10.5	191 57.8	15.4	6 00.4	13.1	55.2	N 10	05 05	05 30	05 51	21 16	21 55	22 35	23 17
17	74 34.9	09.6	206 32.2	15.5	6 13.5	13.1	55.2	0	05 13	05 37	05 58	21 22	22 04	22 47	23 32
18	89 35.1	N10 08.7	221 06.7	15.4	N 6 26.6	13.0	55.2	S 10	05 19	05 44	06 05	21 27	22 13	23 00	23 48
19	104 35.3	07.9	235 41.1	15.5	6 39.6	13.0	55.2	20	05 25	05 50	06 13	21 33	22 23	23 13	24 05
20	119 35.4	07.0	250 15.6	15.4	6 52.6	12.9	55.1	30	05 29	05 57	06 21	21 39	22 34	23 29	24 25
21	134 35.6	. . 06.1	264 50.0	15.5	7 05.5	12.9	55.1	35	05 31	06 00	06 26	21 43	22 40	23 38	24 36
22	149 35.8	05.3	279 24.5	15.4	7 18.4	12.9	55.1	40	05 32	06 04	06 31	21 47	22 48	23 49	24 49
23	164 36.0	04.4	293 58.9	15.4	7 31.3	12.8	55.1	45	05 33	06 07	06 37	21 52	22 57	24 01	00 01
27 00	179 36.2	N10 03.5	308 33.3	15.5	N 7 44.1	12.8	55.0	S 50	05 34	06 12	06 44	21 58	23 07	24 16	00 16
01	194 36.3	02.6	323 07.8	15.4	7 56.9	12.8	55.0	52	05 34	06 14	06 48	22 01	23 12	24 23	00 23
02	209 36.5	01.7	337 42.2	15.4	8 09.7	12.7	55.0	54	05 35	06 16	06 52	22 04	23 17	24 31	00 31
03	224 36.7	. . 00.9	352 16.6	15.4	8 22.4	12.6	55.0	56	05 35	06 18	06 56	22 07	23 24	24 40	00 40
04	239 36.9	10 00.0	6 51.0	15.4	8 35.0	12.6	55.0	58	05 35	06 20	07 00	22 11	23 30	24 50	00 50
05	254 37.1	9 59.1	21 25.4	15.4	8 47.6	12.6	55.0	S 60	05 35	06 23	07 05	22 15	23 38	25 01	01 01
06	269 37.2	N 9 58.2	35 59.8	15.3	N 9 00.2	12.5	54.9	Lat.	Sunset	Twilight Civil	Twilight Naut.	Moonset 26	Moonset 27	Moonset 28	Moonset 29
07	284 37.4	57.4	50 34.1	15.3	9 12.7	12.5	54.9								
08	299 37.6	56.5	65 08.5	15.4	9 25.2	12.4	54.9								
F 09	314 37.8	. . 55.6	79 42.9	15.3	9 37.6	12.4	54.9	°	h m	h m	h m	h m	h m	h m	h m
R 10	329 38.0	54.7	94 17.2	15.3	9 50.0	12.4	54.9	N 72	20 22	22 04	////	09 59	12 00	14 19	☐
I 11	344 38.2	53.9	108 51.5	15.3	10 02.4	12.3	54.8	N 70	20 06	21 27	////	09 52	11 43	13 42	16 24
D 12	359 38.3	N 9 53.0	123 25.8	15.3	N10 14.7	12.2	54.8	68	19 52	21 02	23 24	09 47	11 29	13 17	15 17
A 13	14 38.5	52.1	138 00.1	15.3	10 26.9	12.2	54.8	66	19 41	20 43	22 20	09 42	11 18	12 57	14 42
Y 14	29 38.7	51.2	152 34.4	15.2	10 39.1	12.1	54.8	64	19 32	20 27	21 47	09 38	11 09	12 41	14 17
15	44 38.9	. . 50.3	167 08.6	15.3	10 51.2	12.1	54.8	62	19 25	20 15	21 24	09 35	11 02	12 29	13 57
16	59 39.1	49.5	181 42.9	15.2	11 03.3	12.1	54.8	60	19 18	20 04	21 05	09 32	10 55	12 18	13 41
17	74 39.3	48.6	196 17.1	15.2	11 15.4	12.0	54.7								
18	89 39.4	N 9 47.7	210 51.3	15.1	N11 27.4	11.9	54.7	N 58	19 12	19 55	20 51	09 30	10 49	12 08	13 27
19	104 39.6	46.8	225 25.4	15.2	11 39.3	11.9	54.7	56	19 07	19 47	20 38	09 27	10 44	12 00	13 16
20	119 39.8	45.9	239 59.6	15.1	11 51.2	11.8	54.7	54	19 02	19 40	20 28	09 25	10 39	11 53	13 06
21	134 40.0	. . 45.1	254 33.7	15.1	12 03.0	11.8	54.7	52	18 58	19 34	20 18	09 24	10 35	11 46	12 57
22	149 40.2	44.2	269 07.8	15.1	12 14.8	11.7	54.7	50	18 54	19 28	20 10	09 22	10 31	11 40	12 49
23	164 40.4	43.3	283 41.9	15.1	12 26.5	11.7	54.6	45	18 46	19 17	19 54	09 18	10 23	11 28	12 32
28 00	179 40.5	N 9 42.4	298 16.0	15.0	N12 38.2	11.6	54.6	N 40	18 39	19 07	19 41	09 15	10 16	11 17	12 18
01	194 40.7	41.5	312 50.0	15.0	12 49.8	11.5	54.6	35	18 33	18 59	19 30	09 13	10 11	11 08	12 06
02	209 40.9	40.6	327 24.0	14.9	13 01.3	11.5	54.6	30	18 28	18 53	19 22	09 10	10 06	11 01	11 56
03	224 41.1	. . 39.8	341 57.9	15.0	13 12.8	11.4	54.6	20	18 19	18 42	19 08	09 06	09 57	10 47	11 38
04	239 41.3	38.9	356 31.9	14.9	13 24.2	11.4	54.6	N 10	18 12	18 33	18 58	09 03	09 49	10 36	11 23
05	254 41.5	38.0	11 05.8	14.9	13 35.6	11.3	54.6	0	18 05	18 26	18 50	09 00	09 42	10 25	11 09
06	269 41.7	N 9 37.1	25 39.7	14.8	N13 46.9	11.3	54.6	S 10	17 58	18 19	18 44	08 57	09 35	10 14	10 55
07	284 41.8	36.2	40 13.5	14.9	13 58.2	11.2	54.5	20	17 51	18 13	18 39	08 53	09 27	10 02	10 40
S 08	299 42.0	35.3	54 47.4	14.8	14 09.4	11.1	54.5	30	17 42	18 07	18 34	08 49	09 19	09 49	10 22
A 09	314 42.2	. . 34.5	69 21.2	14.7	14 20.5	11.1	54.5	35	17 38	18 03	18 33	08 47	09 14	09 42	10 12
T 10	329 42.4	33.6	83 54.9	14.7	14 31.6	11.0	54.5	40	17 32	18 00	18 31	08 44	09 08	09 33	10 01
U 11	344 42.6	32.7	98 28.6	14.7	14 42.6	10.9	54.5	45	17 26	17 56	18 30	08 41	09 02	09 23	09 48
R 12	359 42.8	N 9 31.8	113 02.3	14.7	N14 53.5	10.9	54.5	S 50	17 19	17 52	18 30	08 38	08 54	09 11	09 31
D 13	14 43.0	30.9	127 36.0	14.6	15 04.4	10.8	54.5	52	17 16	17 50	18 29	08 36	08 50	09 06	09 24
A 14	29 43.1	30.0	142 09.6	14.6	15 15.2	10.7	54.5	54	17 12	17 48	18 29	08 35	08 46	08 59	09 15
Y 15	44 43.3	. . 29.1	156 43.2	14.6	15 25.9	10.7	54.4	56	17 08	17 46	18 29	08 33	08 42	08 53	09 06
16	59 43.5	28.3	171 16.7	14.5	15 36.6	10.6	54.4	58	17 04	17 44	18 29	08 31	08 37	08 45	08 55
17	74 43.7	27.4	185 50.2	14.5	15 47.2	10.5	54.4	S 60	16 59	17 41	18 30	08 28	08 32	08 36	08 43
18	89 43.9	N 9 26.5	200 23.7	14.4	N15 57.7	10.5	54.4		SUN			MOON			
19	104 44.1	25.6	214 57.1	14.4	16 08.2	10.4	54.4	Day	Eqn. of Time		Mer.	Mer. Pass.		Age	Phase
20	119 44.3	24.7	229 30.5	14.4	16 18.6	10.3	54.4		00h	12h	Pass.	Upper	Lower		
21	134 44.5	. . 23.8	244 03.9	14.3	16 28.9	10.3	54.4	d	m s	m s	h m	h m	h m	d	%
22	149 44.6	22.9	258 37.2	14.2	16 39.2	10.2	54.4	26	01 53	01 44	12 02	02 50	15 11	18	83
23	164 44.8	22.0	273 10.4	14.3	N16 49.4	10.1	54.4	27	01 36	01 27	12 01	03 32	15 53	19	76
	SD 15.9	d 0.9	SD 15.1		14.9		14.8	28	01 18	01 09	12 01	04 14	16 36	20	67

169

2021 AUGUST 29, 30, 31 (SUN., MON., TUES.)

UT	ARIES	VENUS −4.0	MARS +1.8	JUPITER −2.9	SATURN +0.2	STARS
	GHA	GHA Dec	GHA Dec	GHA Dec	GHA Dec	Name SHA Dec
d h	° ′	° ′ ° ′	° ′ ° ′	° ′ ° ′	° ′ ° ′	° ′ ° ′
29 00	337 25.2	143 32.5 S 5 55.4	167 05.9 N 5 10.6	8 41.8 S13 57.3	26 27.9 S18 57.9	Acamar 315 13.7 S40 12.9
01	352 27.7	158 32.3 56.7	182 06.9 10.0	23 44.5 57.4	41 30.5 57.9	Achernar 335 21.9 S57 07.4
02	7 30.1	173 32.1 58.0	197 07.9 09.4	38 47.3 57.5	56 33.1 58.0	Acrux 173 03.6 S63 13.1
03	22 32.6	188 31.9 . . 5 59.2	212 08.9 . . 08.7	53 50.1 . . 57.6	71 35.7 . . 58.0	Adhara 255 08.2 S28 59.8
04	37 35.1	203 31.8 6 00.5	227 09.9 08.1	68 52.8 57.8	86 38.3 58.1	Aldebaran 290 42.8 N16 33.1
05	52 37.5	218 31.6 01.8	242 10.9 07.4	83 55.6 57.9	101 41.0 58.1	
06	67 40.0	233 31.4 S 6 03.0	257 11.9 N 5 06.8	98 58.4 S13 58.0	116 43.6 S18 58.1	Alioth 166 15.9 N55 50.9
07	82 42.5	248 31.2 04.3	272 12.9 06.2	114 01.2 58.1	131 46.2 58.2	Alkaid 152 54.5 N49 12.7
08	97 44.9	263 31.0 05.6	287 13.9 05.5	129 03.9 58.2	146 48.8 58.2	Alnair 27 35.9 S46 51.4
S 09	112 47.4	278 30.8 . . 06.8	302 14.9 . . 04.9	144 06.7 . . 58.3	161 51.4 . . 58.3	Alnilam 275 40.6 S 1 11.2
U 10	127 49.9	293 30.6 08.1	317 15.9 04.2	159 09.5 58.4	176 54.0 58.3	Alphard 217 50.8 S 8 45.0
N 11	142 52.3	308 30.4 09.4	332 16.9 03.6	174 12.2 58.5	191 56.7 58.3	
D 12	157 54.8	323 30.3 S 6 10.6	347 17.9 N 5 02.9	189 15.0 S13 58.6	206 59.3 S18 58.4	Alphecca 126 06.2 N26 38.8
A 13	172 57.3	338 30.1 11.9	2 18.9 02.3	204 17.8 58.7	222 01.9 58.4	Alpheratz 357 37.3 N29 12.5
Y 14	187 59.7	353 29.9 13.2	17 19.9 01.7	219 20.6 58.8	237 04.5 58.5	Altair 62 02.4 N 8 55.7
15	203 02.2	8 29.7 . . 14.4	32 20.9 . . 01.0	234 23.3 . . 59.0	252 07.1 . . 58.5	Ankaa 353 09.5 S42 11.2
16	218 04.6	23 29.5 15.7	47 21.9 5 00.4	249 26.1 59.1	267 09.8 58.5	Antares 112 19.2 S26 28.7
17	233 07.1	38 29.3 17.0	62 22.9 4 59.7	264 28.9 59.2	282 12.4 58.6	
18	248 09.6	53 29.1 S 6 18.2	77 23.9 N 4 59.1	279 31.6 S13 59.3	297 15.0 S18 58.6	Arcturus 145 50.6 N19 04.5
19	263 12.0	68 28.9 19.5	92 24.9 58.5	294 34.4 59.4	312 17.6 58.7	Atria 107 15.8 S69 04.1
20	278 14.5	83 28.8 20.8	107 25.9 57.8	309 37.2 59.5	327 20.2 58.7	Avior 234 16.3 S59 34.5
21	293 17.0	98 28.6 . . 22.0	122 26.9 . . 57.2	324 39.9 . . 59.6	342 22.8 . . 58.8	Bellatrix 278 25.9 N 6 22.2
22	308 19.4	113 28.4 23.3	137 27.9 56.5	339 42.7 59.7	357 25.5 58.8	Betelgeuse 270 55.2 N 7 24.7
23	323 21.9	128 28.2 24.5	152 28.8 55.9	354 45.5 59.8	12 28.1 58.8	
30 00	338 24.4	143 28.0 S 6 25.8	167 29.8 N 4 55.3	9 48.3 S13 59.9	27 30.7 S18 58.9	Canopus 263 53.9 S52 42.1
01	353 26.8	158 27.8 27.1	182 30.8 54.6	24 51.0 14 00.1	42 33.3 58.9	Capella 280 26.0 N46 01.0
02	8 29.3	173 27.6 28.3	197 31.8 54.0	39 53.8 00.2	57 35.9 59.0	Deneb 49 27.2 N45 21.6
03	23 31.7	188 27.4 . . 29.6	212 32.8 . . 53.3	54 56.6 . . 00.3	72 38.6 . . 59.0	Denebola 182 28.1 N14 27.3
04	38 34.2	203 27.2 30.9	227 33.8 52.7	69 59.3 00.4	87 41.2 59.0	Diphda 348 49.8 S17 52.0
05	53 36.7	218 27.1 32.1	242 34.8 52.0	85 02.1 00.5	102 43.8 59.1	
06	68 39.1	233 26.9 S 6 33.4	257 35.8 N 4 51.4	100 04.9 S14 00.6	117 46.4 S18 59.1	Dubhe 193 45.1 N61 38.2
07	83 41.6	248 26.7 34.6	272 36.8 50.8	115 07.6 00.7	132 49.0 59.2	Elnath 278 05.4 N28 37.4
08	98 44.1	263 26.5 35.9	287 37.8 50.1	130 10.4 00.8	147 51.6 59.2	Eltanin 90 43.3 N51 29.5
M 09	113 46.5	278 26.3 . . 37.2	302 38.8 . . 49.5	145 13.2 . . 00.9	162 54.3 . . 59.2	Enif 33 41.2 N 9 58.5
O 10	128 49.0	293 26.1 38.4	317 39.8 48.8	160 16.0 01.0	177 56.9 59.3	Fomalhaut 15 17.2 S29 30.4
N 11	143 51.5	308 25.9 39.7	332 40.8 48.2	175 18.7 01.1	192 59.5 59.3	
D 12	158 53.9	323 25.7 S 6 41.0	347 41.8 N 4 47.5	190 21.5 S14 01.3	208 02.1 S18 59.4	Gacrux 171 55.1 S57 14.0
A 13	173 56.4	338 25.5 42.2	2 42.8 46.9	205 24.3 01.4	223 04.7 59.4	Gienah 175 46.7 S17 39.6
Y 14	188 58.9	353 25.3 43.5	17 43.8 46.3	220 27.0 01.5	238 07.3 59.4	Hadar 148 40.2 S60 28.7
15	204 01.3	8 25.2 . . 44.7	32 44.8 . . 45.6	235 29.8 . . 01.6	253 10.0 . . 59.5	Hamal 327 54.1 N23 33.8
16	219 03.8	23 25.0 46.0	47 45.8 45.0	250 32.6 01.7	268 12.6 59.5	Kaus Aust. 83 36.0 S34 22.5
17	234 06.2	38 24.8 47.3	62 46.8 44.3	265 35.3 01.8	283 15.2 59.6	
18	249 08.7	53 24.6 S 6 48.5	77 47.8 N 4 43.7	280 38.1 S14 01.9	298 17.8 S18 59.6	Kochab 137 20.3 N74 04.4
19	264 11.2	68 24.4 49.8	92 48.8 43.0	295 40.9 02.0	313 20.4 59.6	Markab 13 32.3 N15 19.3
20	279 13.6	83 24.2 51.0	107 49.8 42.4	310 43.6 02.1	328 23.0 59.7	Menkar 314 08.9 N 4 10.5
21	294 16.1	98 24.0 . . 52.3	122 50.8 . . 41.8	325 46.4 . . 02.2	343 25.6 . . 59.7	Menkent 148 01.1 S36 28.5
22	309 18.6	113 23.8 53.5	137 51.8 41.1	340 49.2 02.3	358 28.3 59.8	Miaplacidus 221 39.6 S69 48.1
23	324 21.0	128 23.6 54.8	152 52.8 40.5	355 51.9 02.4	13 30.9 59.8	
31 00	339 23.5	143 23.4 S 6 56.1	167 53.8 N 4 39.8	10 54.7 S14 02.6	28 33.5 S18 59.8	Mirfak 308 32.0 N49 56.0
01	354 26.0	158 23.2 57.3	182 54.7 39.2	25 57.5 02.7	43 36.1 59.9	Nunki 75 50.9 S26 16.2
02	9 28.4	173 23.1 58.6	197 55.7 38.5	41 00.2 02.8	58 38.7 18 59.9	Peacock 53 09.6 S56 40.0
03	24 30.9	188 22.9 . . 6 59.8	212 56.7 . . 37.9	56 03.0 . . 02.9	73 41.3 19 00.0	Pollux 243 21.0 N27 58.4
04	39 33.4	203 22.7 7 01.1	227 57.7 37.3	71 05.8 03.0	88 44.0 00.0	Procyon 244 53.9 N 5 10.3
05	54 35.8	218 22.5 02.4	242 58.7 36.6	86 08.5 03.1	103 46.6 00.0	
06	69 38.3	233 22.3 S 7 03.6	257 59.7 N 4 36.0	101 11.3 S14 03.2	118 49.2 S19 00.1	Rasalhague 96 01.0 N12 32.9
07	84 40.7	248 22.1 04.9	273 00.7 35.3	116 14.1 03.3	133 51.8 00.1	Regulus 207 37.7 N11 51.9
08	99 43.2	263 21.9 06.1	288 01.7 34.7	131 16.9 03.4	148 54.4 00.2	Rigel 281 06.6 S 8 10.5
T 09	114 45.7	278 21.7 . . 07.4	303 02.7 . . 34.0	146 19.6 . . 03.5	163 57.0 . . 00.2	Rigil Kent. 139 44.3 S60 55.5
U 10	129 48.1	293 21.5 08.6	318 03.7 33.4	161 22.4 03.6	178 59.6 00.2	Sabik 102 05.9 S15 45.0
E 11	144 50.6	308 21.3 09.9	333 04.7 32.8	176 25.2 03.7	194 02.3 00.3	
S 12	159 53.1	323 21.1 S 7 11.1	348 05.7 N 4 32.1	191 27.9 S14 03.8	209 04.9 S19 00.3	Schedar 349 33.6 N56 39.2
D 13	174 55.5	338 20.9 12.4	3 06.7 31.5	206 30.7 04.0	224 07.5 00.4	Shaula 96 14.0 S37 07.2
A 14	189 58.0	353 20.8 13.7	18 07.7 30.8	221 33.5 04.1	239 10.1 00.4	Sirius 258 28.8 S16 44.6
Y 15	205 00.5	8 20.6 . . 14.9	33 08.7 . . 30.2	236 36.2 . . 04.2	254 12.7 . . 00.4	Spica 158 25.4 S11 16.3
16	220 02.9	23 20.4 16.2	48 09.7 29.5	251 39.0 04.3	269 15.3 00.5	Suhail 222 48.7 S43 31.0
17	235 05.4	38 20.2 17.4	63 10.7 28.9	266 41.7 04.4	284 17.9 00.5	
18	250 07.9	53 20.0 S 7 18.7	78 11.7 N 4 28.2	281 44.5 S14 04.5	299 20.5 S19 00.6	Vega 80 34.9 N38 48.5
19	265 10.3	68 19.8 19.9	93 12.7 27.6	296 47.3 04.6	314 23.2 00.6	Zuben'ubi 136 59.2 S16 07.8
20	280 12.8	83 19.6 21.2	108 13.7 27.0	311 50.0 04.7	329 25.8 00.6	SHA Mer.Pass.
21	295 15.2	98 19.4 . . 22.4	123 14.7 . . 26.3	326 52.8 . . 04.8	344 28.4 . . 00.7	° ′ h m
22	310 17.7	113 19.2 23.7	138 15.7 25.7	341 55.6 04.9	359 31.0 00.7	Venus 165 03.6 14 26
23	325 20.2	128 19.0 24.9	153 16.7 25.0	356 58.3 05.0	14 33.6 00.8	Mars 189 05.5 12 49
	h m					Jupiter 31 23.9 23 16
Mer.Pass. 1 26.1	v −0.2 d 1.3	v 1.0 d 0.6	v 2.8 d 0.1	v 2.6 d 0.0	Saturn 49 06.3 22 06

2021 AUGUST 29, 30, 31 (SUN., MON., TUES.)

171

UT	SUN GHA	SUN Dec	MOON GHA	MOON v	MOON Dec	MOON d	MOON HP	Lat.	Twilight Naut.	Twilight Civil	Sunrise	Moonrise 29	Moonrise 30	Moonrise 31	Moonrise 1
d h	° ′	° ′	° ′	′	° ′	′	′	°	h m	h m	h m	h m	h m	h m	h m
29 00	179 45.0	N 9 21.2	287 43.7	14.1	N16 59.5	10.0	54.4	N 72	////	02 17	03 52	▭	▭	▭	▭
01	194 45.2	20.3	302 16.8	14.2	17 09.5	10.0	54.4	N 70	////	02 49	04 07	18 02	▭	▭	▭
02	209 45.4	19.4	316 50.0	14.1	17 19.5	9.9	54.4	68	01 11	03 12	04 19	19 10	▭	▭	▭
03	224 45.6	.. 18.5	331 23.1	14.0	17 29.4	9.8	54.3	66	01 58	03 29	04 29	19 46	19 24	▭	▭
04	239 45.8	17.6	345 56.1	14.0	17 39.2	9.7	54.3	64	02 27	03 43	04 37	20 12	20 10	20 09	20 22
05	254 46.0	16.7	0 29.1	14.0	17 48.9	9.7	54.3	62	02 48	03 55	04 44	20 33	20 40	20 56	21 30
06	269 46.2	N 9 15.8	15 02.1	13.9	N17 58.6	9.6	54.3	60	03 05	04 05	04 50	20 50	21 03	21 26	22 05
07	284 46.3	14.9	29 35.0	13.9	18 08.2	9.5	54.3	N 58	03 19	04 13	04 56	21 04	21 21	21 49	22 31
08	299 46.5	14.0	44 07.9	13.8	18 17.7	9.4	54.3	56	03 30	04 21	05 01	21 16	21 37	22 07	22 51
S 09	314 46.7	.. 13.2	58 40.7	13.7	18 27.1	9.4	54.3	54	03 40	04 27	05 05	21 26	21 50	22 23	23 08
U 10	329 46.9	12.3	73 13.4	13.8	18 36.5	9.3	54.3	52	03 49	04 33	05 09	21 36	22 02	22 37	23 22
N 11	344 47.1	11.4	87 46.2	13.6	18 45.8	9.2	54.3	50	03 57	04 38	05 12	21 44	22 13	22 49	23 35
D 12	359 47.3	N 9 10.5	102 18.8	13.7	N18 55.0	9.1	54.3	45	04 12	04 49	05 20	22 03	22 34	23 13	24 01
A 13	14 47.5	09.6	116 51.5	13.5	19 04.1	9.0	54.3	N 40	04 25	04 58	05 26	22 17	22 52	23 33	24 21
Y 14	29 47.7	08.7	131 24.0	13.6	19 13.1	9.0	54.3	35	04 35	05 05	05 31	22 30	23 07	23 50	24 39
15	44 47.9	.. 07.8	145 56.6	13.4	19 22.1	8.8	54.3	30	04 43	05 11	05 36	22 41	23 20	24 04	00 04
16	59 48.0	06.9	160 29.0	13.5	19 30.9	8.8	54.3	20	04 55	05 22	05 44	23 00	23 42	24 28	00 28
17	74 48.2	06.0	175 01.5	13.3	19 39.7	8.7	54.3	N 10	05 05	05 30	05 51	23 17	24 02	00 02	00 50
18	89 48.4	N 9 05.1	189 33.8	13.4	N19 48.4	8.6	54.3	0	05 12	05 36	05 57	23 32	24 20	00 20	01 09
19	104 48.6	04.2	204 06.2	13.2	19 57.0	8.6	54.3	S 10	05 18	05 42	06 04	23 48	24 38	00 38	01 29
20	119 48.8	03.3	218 38.4	13.3	20 05.6	8.4	54.3	20	05 22	05 48	06 10	24 05	00 05	00 57	01 50
21	134 49.0	.. 02.4	233 10.7	13.1	20 14.0	8.4	54.3	30	05 26	05 53	06 17	24 25	00 25	01 20	02 15
22	149 49.2	01.5	247 42.8	13.1	20 22.4	8.2	54.3	35	05 27	05 56	06 22	24 36	00 36	01 33	02 30
23	164 49.4	9 00.7	262 14.9	13.1	20 30.6	8.2	54.3	40	05 28	05 59	06 26	24 49	00 49	01 49	02 47
30 00	179 49.6	N 8 59.8	276 47.0	13.0	N20 38.8	8.1	54.3	45	05 28	06 02	06 32	00 01	01 05	02 07	03 07
01	194 49.8	58.9	291 19.0	13.0	20 46.9	8.0	54.3	S 50	05 28	06 06	06 38	00 16	01 24	02 30	03 32
02	209 50.0	58.0	305 51.0	12.9	20 54.9	7.9	54.3	52	05 28	06 07	06 41	00 23	01 33	02 41	03 45
03	224 50.2	.. 57.1	320 22.9	12.8	21 02.8	7.8	54.3	54	05 28	06 09	06 45	00 31	01 44	02 54	03 59
04	239 50.3	56.2	334 54.7	12.8	21 10.6	7.8	54.3	56	05 28	06 10	06 48	00 40	01 55	03 09	04 16
05	254 50.5	55.3	349 26.5	12.8	21 18.4	7.6	54.3	58	05 27	06 12	06 52	00 50	02 09	03 26	04 36
06	269 50.7	N 8 54.4	3 58.3	12.6	N21 26.0	7.5	54.3	S 60	05 26	06 14	06 57	01 01	02 25	03 47	05 01

UT	SUN GHA	SUN Dec	MOON GHA	MOON v	MOON Dec	MOON d	MOON HP	Lat.	Sunset	Twilight Civil	Twilight Naut.	Moonset 29	Moonset 30	Moonset 31	Moonset 1
07	284 50.9	53.5	18 29.9	12.7	21 33.5	7.5	54.3	°	h m	h m	h m	h m	h m	h m	h m
08	299 51.1	52.6	33 01.6	12.6	21 41.0	7.3	54.3	N 72	20 05	21 37	////	▭	▭	▭	▭
M 09	314 51.3	.. 51.7	47 33.2	12.5	21 48.3	7.3	54.3	N 70	19 51	21 08	////	16 24	▭	▭	▭
O 10	329 51.5	50.8	62 04.7	12.4	21 55.6	7.2	54.3	68	19 39	20 46	22 39	15 17	▭	▭	▭
N 11	344 51.7	49.9	76 36.1	12.5	22 02.8	7.1	54.3	66	19 30	20 29	21 57	14 42	16 41	▭	▭
D 12	359 51.9	N 8 49.0	91 07.6	12.3	N22 09.8	7.0	54.3	64	19 22	20 15	21 30	14 17	15 56	17 38	19 11
A 13	14 52.1	48.1	105 38.9	12.3	22 16.8	6.9	54.3	62	19 15	20 04	21 10	13 57	15 26	16 52	18 04
Y 14	29 52.3	47.2	120 10.2	12.3	22 23.7	6.7	54.3	60	19 09	19 54	20 53	13 41	15 04	16 22	17 29
15	44 52.5	.. 46.3	134 41.5	12.1	22 30.4	6.7	54.3	N 58	19 04	19 46	20 40	13 27	14 46	15 59	17 03
16	59 52.7	45.4	149 12.6	12.2	22 37.1	6.6	54.3	56	18 59	19 39	20 29	13 16	14 31	15 41	16 43
17	74 52.9	44.5	163 43.8	12.1	22 43.7	6.4	54.3	54	18 55	19 32	20 19	13 06	14 18	15 26	16 26
18	89 53.0	N 8 43.6	178 14.9	12.0	N22 50.1	6.4	54.3	52	18 51	19 27	20 10	12 57	14 06	15 12	16 12
19	104 53.2	42.7	192 45.9	12.0	22 56.5	6.3	54.3	50	18 48	19 22	20 03	12 49	13 56	15 00	15 59
20	119 53.4	41.8	207 16.9	11.9	23 02.8	6.1	54.3	45	18 41	19 11	19 48	12 32	13 35	14 36	15 33
21	134 53.6	.. 40.9	221 47.8	11.8	23 08.9	6.1	54.3	N 40	18 34	19 02	19 36	12 18	13 17	14 17	15 13
22	149 53.8	40.0	236 18.6	11.8	23 15.0	5.9	54.3	35	18 29	18 55	19 26	12 06	13 04	14 01	14 56
23	164 54.0	39.1	250 49.4	11.8	23 20.9	5.9	54.3	30	18 25	18 49	19 18	11 56	12 51	13 47	14 41
31 00	179 54.2	N 8 38.2	265 20.2	11.7	N23 26.8	5.7	54.3	20	18 17	18 39	19 05	11 38	12 30	13 23	14 16
01	194 54.4	37.3	279 50.9	11.6	23 32.5	5.7	54.3	N 10	18 10	18 31	18 56	11 23	12 12	13 02	13 54
02	209 54.6	36.4	294 21.5	11.6	23 38.2	5.5	54.3	0	18 04	18 25	18 49	11 09	11 55	12 43	13 34
03	224 54.8	.. 35.5	308 52.1	11.5	23 43.7	5.4	54.4	S 10	17 58	18 19	18 43	10 55	11 38	12 24	13 14
04	239 55.0	34.6	323 22.6	11.5	23 49.1	5.4	54.4	20	17 51	18 13	18 39	10 40	11 20	12 04	12 52
05	254 55.2	33.7	337 53.1	11.4	23 54.5	5.2	54.4	30	17 44	18 08	18 36	10 22	10 59	11 40	12 27
06	269 55.4	N 8 32.8	352 23.5	11.4	N23 59.7	5.1	54.4	35	17 40	18 05	18 35	10 12	10 47	11 26	12 12
07	284 55.6	31.9	6 53.9	11.3	24 04.8	5.0	54.4	40	17 35	18 03	18 34	10 01	10 33	11 11	11 55
08	299 55.8	31.0	21 24.2	11.3	24 09.8	4.8	54.4	45	17 30	18 00	18 34	09 48	10 16	10 52	11 35
T 09	314 56.0	.. 30.1	35 54.5	11.2	24 14.6	4.8	54.4	S 50	17 24	17 56	18 34	09 31	09 56	10 28	11 09
U 10	329 56.2	29.2	50 24.7	11.1	24 19.4	4.6	54.4	52	17 21	17 55	18 34	09 24	09 47	10 17	10 56
E 11	344 56.4	28.3	64 54.8	11.1	24 24.0	4.6	54.4	54	17 17	17 53	18 34	09 15	09 36	10 04	10 42
S 12	359 56.6	N 8 27.4	79 24.9	11.1	N24 28.6	4.4	54.4	56	17 14	17 52	18 35	09 06	09 24	09 49	10 25
D 13	14 56.8	26.5	93 55.0	11.0	24 33.0	4.3	54.4	58	17 10	17 50	18 35	08 55	09 10	09 31	10 05
A 14	29 56.9	25.6	108 25.0	11.0	24 37.3	4.2	54.5	S 60	17 06	17 48	18 36	08 43	08 53	09 10	09 40
Y 15	44 57.1	.. 24.7	122 55.0	10.9	24 41.5	4.1	54.5								
16	59 57.3	23.8	137 24.9	10.8	24 45.6	4.0	54.5			SUN			MOON		
17	74 57.5	22.9	151 54.7	10.8	24 49.6	3.8	54.5	Day	Eqn. of Time 00h	Eqn. of Time 12h	Mer. Pass.	Mer. Pass. Upper	Mer. Pass. Lower	Age	Phase
18	89 57.7	N 8 22.0	166 24.5	10.8	N24 53.4	3.8	54.5	d	m s	m s	h m	h m	h m	d	%
19	104 57.9	21.1	180 54.3	10.7	24 57.2	3.6	54.5	29	01 00	00 51	12 01	04 58	17 21	21	58
20	119 58.1	20.2	195 24.0	10.6	25 00.8	3.5	54.5	30	00 42	00 33	12 01	05 44	18 07	22	48
21	134 58.3	.. 19.2	209 53.6	10.6	25 04.3	3.4	54.5	31	00 24	00 14	12 00	06 31	18 56	23	39
22	149 58.5	18.3	224 23.2	10.5	25 07.7	3.2	54.5								
23	164 58.7	17.4	238 52.8	10.5	N25 10.9	3.2	54.6								
	SD 15.9	d 0.9	SD 14.8		14.8		14.6								

2021 SEPTEMBER 1, 2, 3 (WED., THURS., FRI.)

UT	ARIES	VENUS −4.0	MARS +1.7	JUPITER −2.9	SATURN +0.3	STARS
	GHA	GHA Dec	GHA Dec	GHA Dec	GHA Dec	Name SHA Dec
d h	° ′	° ′ ° ′	° ′ ° ′	° ′ ° ′	° ′ ° ′	° ′ ° ′
1 00	340 22.6	143 18.8 S 7 26.2	168 17.7 N 4 24.4	12 01.1 S14 05.1	29 36.2 S19 00.8	Acamar 315 13.7 S40 12.9
01	355 25.1	158 18.6 27.4	183 18.7 23.7	27 03.9 05.2	44 38.8 00.8	Achernar 335 21.9 S57 07.4
02	10 27.6	173 18.4 28.7	198 19.6 23.1	42 06.6 05.3	59 41.5 00.9	Acrux 173 03.7 S63 13.1
03	25 30.0	188 18.2 . . 30.0	213 20.6 . . 22.4	57 09.4 . . 05.4	74 44.1 . . 00.9	Adhara 255 08.2 S28 59.8
04	40 32.5	203 18.1 31.2	228 21.6 21.8	72 12.2 05.6	89 46.7 01.0	Aldebaran 290 42.8 N16 33.1
05	55 35.0	218 17.9 32.5	243 22.6 21.2	87 14.9 05.7	104 49.3 01.0	
06	70 37.4	233 17.7 S 7 33.7	258 23.6 N 4 20.5	102 17.7 S14 05.8	119 51.9 S19 01.0	Alioth 166 15.9 N55 50.8
W 07	85 39.9	248 17.5 35.0	273 24.6 19.9	117 20.5 05.9	134 54.5 01.1	Alkaid 152 54.5 N49 12.7
E 08	100 42.3	263 17.3 36.2	288 25.6 19.2	132 23.2 06.0	149 57.1 01.1	Alnair 27 35.9 S46 51.4
D 09	115 44.8	278 17.1 . . 37.5	303 26.6 . . 18.6	147 26.0 . . 06.1	164 59.7 . . 01.2	Alnilam 275 40.6 S 1 11.2
N 10	130 47.3	293 16.9 38.7	318 27.6 17.9	162 28.8 06.2	180 02.3 01.2	Alphard 217 50.7 S 8 45.0
E 11	145 49.7	308 16.7 40.0	333 28.6 17.3	177 31.5 06.3	195 05.0 01.2	
S 12	160 52.2	323 16.5 S 7 41.2	348 29.6 N 4 16.6	192 34.3 S14 06.4	210 07.6 S19 01.3	Alphecca 126 06.2 N26 38.8
D 13	175 54.7	338 16.3 42.5	3 30.6 16.0	207 37.0 06.5	225 10.2 01.3	Alpheratz 357 37.2 N29 12.6
A 14	190 57.1	353 16.1 43.7	18 31.6 15.3	222 39.8 06.6	240 12.8 01.4	Altair 62 02.4 N 8 55.7
Y 15	205 59.6	8 15.9 . . 45.0	33 32.6 . . 14.7	237 42.6 . . 06.7	255 15.4 . . 01.4	Ankaa 353 09.5 S42 11.2
16	221 02.1	23 15.7 46.2	48 33.6 14.1	252 45.3 06.8	270 18.0 01.4	Antares 112 19.2 S26 28.7
17	236 04.5	38 15.5 47.5	63 34.6 13.4	267 48.1 06.9	285 20.6 01.5	
18	251 07.0	53 15.3 S 7 48.7	78 35.6 N 4 12.8	282 50.9 S14 07.0	300 23.2 S19 01.5	Arcturus 145 50.6 N19 04.5
19	266 09.5	68 15.1 50.0	93 36.6 12.1	297 53.6 07.1	315 25.8 01.5	Atria 107 15.8 S69 04.1
20	281 11.9	83 14.9 51.2	108 37.6 11.5	312 56.4 07.3	330 28.5 01.6	Avior 234 16.3 S59 34.5
21	296 14.4	98 14.7 . . 52.4	123 38.6 . . 10.8	327 59.2 . . 07.4	345 31.1 . . 01.6	Bellatrix 278 25.9 N 6 22.2
22	311 16.8	113 14.5 53.7	138 39.6 10.2	343 01.9 07.5	0 33.7 01.7	Betelgeuse 270 55.2 N 7 24.7
23	326 19.3	128 14.3 54.9	153 40.6 09.5	358 04.7 07.6	15 36.3 01.7	
2 00	341 21.8	143 14.2 S 7 56.2	168 41.6 N 4 08.9	13 07.4 S14 07.7	30 38.9 S19 01.7	Canopus 263 53.8 S52 42.1
01	356 24.2	158 14.0 57.4	183 42.6 08.2	28 10.2 07.8	45 41.5 01.8	Capella 280 26.0 N46 01.0
02	11 26.7	173 13.8 58.7	198 43.6 07.6	43 13.0 07.9	60 44.1 01.8	Deneb 49 27.2 N45 21.6
03	26 29.2	188 13.6 7 59.9	213 44.5 . . 07.0	58 15.7 . . 08.0	75 46.7 . . 01.9	Denebola 182 28.1 N14 27.3
04	41 31.6	203 13.4 8 01.2	228 45.5 06.3	73 18.5 08.1	90 49.3 01.9	Diphda 348 49.8 S17 52.0
05	56 34.1	218 13.2 02.4	243 46.5 05.7	88 21.3 08.2	105 51.9 01.9	
06	71 36.6	233 13.0 S 8 03.7	258 47.5 N 4 05.0	103 24.0 S14 08.3	120 54.6 S19 02.0	Dubhe 193 45.1 N61 38.2
07	86 39.0	248 12.8 04.9	273 48.5 04.4	118 26.8 08.4	135 57.2 02.0	Elnath 278 05.4 N28 37.4
T 08	101 41.5	263 12.6 06.2	288 49.5 03.7	133 29.5 08.5	150 59.8 02.0	Eltanin 90 43.3 N51 29.5
H 09	116 44.0	278 12.4 . . 07.4	303 50.5 . . 03.1	148 32.3 . . 08.6	166 02.4 . . 02.1	Enif 33 41.2 N 9 58.5
U 10	131 46.4	293 12.2 08.6	318 51.5 02.4	163 35.1 08.7	181 05.0 02.1	Fomalhaut 15 17.2 S29 30.4
R 11	146 48.9	308 12.0 09.9	333 52.5 01.8	178 37.8 08.8	196 07.6 02.2	
S 12	161 51.3	323 11.8 S 8 11.1	348 53.5 N 4 01.1	193 40.6 S14 08.9	211 10.2 S19 02.2	Gacrux 171 55.1 S57 14.0
D 13	176 53.8	338 11.6 12.4	3 54.5 4 00.5	208 43.4 09.0	226 12.8 02.2	Gienah 175 46.7 S17 39.6
A 14	191 56.3	353 11.4 13.6	18 55.5 3 59.8	223 46.1 09.1	241 15.4 02.3	Hadar 148 40.2 S60 28.7
Y 15	206 58.7	8 11.2 . . 14.9	33 56.5 . . 59.2	238 48.9 . . 09.2	256 18.0 . . 02.3	Hamal 327 54.1 N23 33.8
16	222 01.2	23 11.0 16.1	48 57.5 58.5	253 51.6 09.4	271 20.6 02.4	Kaus Aust. 83 36.0 S34 22.5
17	237 03.7	38 10.8 17.3	63 58.5 57.9	268 54.4 09.5	286 23.2 02.4	
18	252 06.1	53 10.6 S 8 18.6	78 59.5 N 3 57.3	283 57.2 S14 09.6	301 25.9 S19 02.4	Kochab 137 20.4 N74 04.3
19	267 08.6	68 10.4 19.8	94 00.5 56.6	298 59.9 09.7	316 28.5 02.5	Markab 13 32.3 N15 19.3
20	282 11.1	83 10.2 21.1	109 01.5 56.0	314 02.7 09.8	331 31.1 02.5	Menkar 314 08.9 N 4 10.5
21	297 13.5	98 10.0 . . 22.3	124 02.5 . . 55.3	329 05.4 . . 09.9	346 33.7 . . 02.5	Menkent 148 01.1 S36 28.5
22	312 16.0	113 09.8 23.6	139 03.5 54.7	344 08.2 10.0	1 36.3 02.6	Miaplacidus 221 39.6 S69 48.1
23	327 18.5	128 09.6 24.8	154 04.5 54.0	359 11.0 10.1	16 38.9 02.6	
3 00	342 20.9	143 09.4 S 8 26.0	169 05.5 N 3 53.4	14 13.7 S14 10.2	31 41.5 S19 02.7	Mirfak 308 32.0 N49 56.0
01	357 23.4	158 09.2 27.3	184 06.5 52.7	29 16.5 10.3	46 44.1 02.7	Nunki 75 51.0 S26 16.2
02	12 25.8	173 09.0 28.5	199 07.4 52.1	44 19.2 10.4	61 46.7 02.7	Peacock 53 09.6 S56 40.0
03	27 28.3	188 08.8 . . 29.8	214 08.4 . . 51.4	59 22.0 . . 10.5	76 49.3 . . 02.8	Pollux 243 20.9 N27 58.4
04	42 30.8	203 08.6 31.0	229 09.4 50.8	74 24.8 10.6	91 51.9 02.8	Procyon 244 53.9 N 5 10.3
05	57 33.2	218 08.4 32.2	244 10.4 50.1	89 27.5 10.7	106 54.5 02.8	
06	72 35.7	233 08.2 S 8 33.5	259 11.4 N 3 49.5	104 30.3 S14 10.8	121 57.1 S19 02.9	Rasalhague 96 01.0 N12 32.9
07	87 38.2	248 08.0 34.7	274 12.4 48.8	119 33.0 10.9	136 59.7 02.9	Regulus 207 37.7 N11 51.9
08	102 40.6	263 07.8 35.9	289 13.4 48.2	134 35.8 11.0	152 02.4 03.0	Rigel 281 06.6 S 8 10.5
F 09	117 43.1	278 07.6 . . 37.2	304 14.4 . . 47.5	149 38.5 . . 11.1	167 05.0 . . 03.0	Rigil Kent. 139 44.4 S60 55.5
R 10	132 45.6	293 07.4 38.4	319 15.4 46.9	164 41.3 11.2	182 07.6 03.0	Sabik 102 05.9 S15 45.0
I 11	147 48.0	308 07.2 39.7	334 16.4 46.2	179 44.1 11.3	197 10.2 03.1	
D 12	162 50.5	323 07.0 S 8 40.9	349 17.4 N 3 45.6	194 46.8 S14 11.4	212 12.8 S19 03.1	Schedar 349 33.6 N56 39.2
A 13	177 52.9	338 06.8 42.1	4 18.4 44.9	209 49.6 11.5	227 15.4 03.1	Shaula 96 14.0 S37 07.2
Y 14	192 55.4	353 06.6 43.4	19 19.4 44.3	224 52.3 11.6	242 18.0 03.2	Sirius 258 28.8 S16 44.6
15	207 57.9	8 06.4 . . 44.6	34 20.4 . . 43.6	239 55.1 . . 11.7	257 20.6 . . 03.2	Spica 158 25.4 S11 16.3
16	223 00.3	23 06.2 45.8	49 21.4 43.0	254 57.9 11.8	272 23.2 03.3	Suhail 222 48.7 S43 31.0
17	238 02.8	38 06.0 47.1	64 22.4 42.4	270 00.6 11.9	287 25.8 03.3	
18	253 05.3	53 05.8 S 8 48.3	79 23.4 N 3 41.7	285 03.4 S14 12.1	302 28.4 S19 03.3	Vega 80 34.9 N38 48.5
19	268 07.7	68 05.6 49.5	94 24.4 41.1	300 06.1 12.2	317 31.0 03.4	Zuben'ubi 136 59.2 S16 07.8
20	283 10.2	83 05.4 50.8	109 25.4 40.4	315 08.9 12.3	332 33.6 03.4	SHA Mer. Pass.
21	298 12.7	98 05.2 . . 52.0	124 26.4 . . 39.8	330 11.6 . . 12.4	347 36.2 . . 03.4	° ′ h m
22	313 15.1	113 05.0 53.2	139 27.4 39.1	345 14.4 12.5	2 38.8 03.5	Venus 161 52.4 14 27
23	328 17.6	128 04.8 54.5	154 28.4 38.5	0 17.2 12.6	17 41.4 03.5	Mars 187 19.8 12 44
	h m					Jupiter 31 45.7 23 03
Mer. Pass.	1 14.3	v −0.2 d 1.2	v 1.0 d 0.6	v 2.8 d 0.1	v 2.6 d 0.0	Saturn 49 17.1 21 54

2021 SEPTEMBER 1, 2, 3 (WED., THURS., FRI.)

173

UT	SUN GHA	SUN Dec	MOON GHA	MOON v	MOON Dec	MOON d	MOON HP	Lat.	Twilight Naut.	Twilight Civil	Sunrise	Moonrise 1	Moonrise 2	Moonrise 3	Moonrise 4
d h	° '	° '	° '	'	° '	'	'	°	h m	h m	h m	h m	h m	h m	h m
								N 72	////	02 39	04 07	☐	☐	☐	☐
1 00	179 58.9	N 8 16.5	253 22.3	10.5	N25 14.1	3.0	54.6	N 70	00 22	03 06	04 20	☐	☐	☐	☐
01	194 59.1	15.6	267 51.8	10.4	25 17.1	2.9	54.6	68	01 41	03 25	04 30	☐	☐	☐	☐
02	209 59.3	14.7	282 21.2	10.4	25 20.0	2.8	54.6	66	02 17	03 41	04 39	☐	☐	22 29	24 51
03	224 59.5	13.8	296 50.6	10.3	25 22.8	2.6	54.6	64	02 41	03 53	04 46	20 22	21 40	23 29	25 19
04	239 59.7	12.9	311 19.9	10.3	25 25.4	2.6	54.6	62	03 00	04 04	04 52	21 30	22 34	24 02	00 02
05	254 59.9	12.0	325 49.2	10.3	25 28.0	2.4	54.6	60	03 15	04 13	04 58	22 05	23 07	24 27	00 27
06	270 00.1	N 8 11.1	340 18.5	10.2	N25 30.4	2.3	54.7	N 58	03 27	04 20	05 02	22 31	23 31	24 46	00 46
W 07	285 00.3	10.2	354 47.7	10.2	25 32.7	2.1	54.7	56	03 38	04 27	05 06	22 51	23 50	25 03	01 03
E 08	300 00.5	09.3	9 16.9	10.1	25 34.8	2.1	54.7	54	03 47	04 33	05 10	23 08	24 06	00 06	01 16
D 09	315 00.7	08.4	23 46.0	10.1	25 36.9	1.9	54.7	52	03 55	04 38	05 14	23 22	24 20	00 20	01 28
N 10	330 00.9	07.5	38 15.1	10.0	25 38.8	1.8	54.7	50	04 02	04 43	05 17	23 35	24 32	00 32	01 39
E 11	345 01.1	06.5	52 44.1	10.1	25 40.6	1.6	54.7	45	04 17	04 53	05 23	24 01	00 01	00 57	02 01
S 12	0 01.3	N 8 05.6	67 13.2	9.9	N25 42.2	1.6	54.8	N 40	04 28	05 01	05 29	24 21	00 21	01 17	02 19
D 13	15 01.5	04.7	81 42.1	10.0	25 43.8	1.4	54.8	35	04 37	05 08	05 33	24 39	00 39	01 34	02 34
A 14	30 01.7	03.8	96 11.1	9.9	25 45.2	1.3	54.8	30	04 45	05 13	05 38	00 04	00 53	01 48	02 47
Y 15	45 01.9	02.9	110 40.0	9.8	25 46.5	1.1	54.8	20	04 56	05 22	05 45	00 28	01 19	02 13	03 09
16	60 02.1	02.0	125 08.8	9.9	25 47.6	1.0	54.8	N 10	05 05	05 29	05 51	00 50	01 40	02 34	03 28
17	75 02.3	01.1	139 37.7	9.8	25 48.6	0.9	54.8	0	05 11	05 35	05 56	01 09	02 01	02 53	03 46
18	90 02.5	N 8 00.2	154 06.5	9.7	N25 49.5	0.8	54.9	S 10	05 16	05 41	06 02	01 29	02 21	03 13	04 04
19	105 02.7	7 59.3	168 35.2	9.8	25 50.3	0.6	54.9	20	05 20	05 45	06 08	01 50	02 43	03 34	04 22
20	120 02.9	58.4	183 04.0	9.7	25 50.9	0.5	54.9	30	05 22	05 50	06 14	02 15	03 08	03 58	04 44
21	135 03.1	57.4	197 32.7	9.7	25 51.4	0.4	54.9	35	05 23	05 52	06 18	02 30	03 23	04 12	04 57
22	150 03.3	56.5	212 01.4	9.6	25 51.8	0.3	54.9	40	05 23	05 55	06 22	02 47	03 40	04 29	05 12
23	165 03.5	55.6	226 30.0	9.6	25 52.1	0.1	54.9	45	05 23	05 57	06 26	03 07	04 01	04 49	05 29
2 00	180 03.7	N 7 54.7	240 58.6	9.6	N25 52.2	0.0	55.0	S 50	05 22	06 00	06 32	03 32	04 27	05 13	05 50
01	195 03.9	53.8	255 27.2	9.6	25 52.2	0.2	55.0	52	05 22	06 01	06 35	03 45	04 40	05 25	06 00
02	210 04.1	52.9	269 55.8	9.5	25 52.0	0.3	55.0	54	05 21	06 02	06 37	03 59	04 55	05 39	06 12
03	225 04.3	52.0	284 24.3	9.5	25 51.7	0.4	55.0	56	05 20	06 03	06 40	04 16	05 12	05 54	06 25
04	240 04.5	51.1	298 52.8	9.5	25 51.3	0.5	55.0	58	05 19	06 04	06 44	04 36	05 32	06 13	06 40
05	255 04.7	50.1	313 21.3	9.5	25 50.8	0.7	55.1	S 60	05 18	06 06	06 48	05 01	05 58	06 36	06 58
06	270 04.9	N 7 49.2	327 49.8	9.5	N25 50.1	0.8	55.1	Lat.	Sunset	Twilight Civil	Twilight Naut.	Moonset 1	Moonset 2	Moonset 3	Moonset 4
07	285 05.1	48.3	342 18.3	9.4	25 49.3	0.9	55.1								
T 08	300 05.3	47.4	356 46.7	9.4	25 48.4	1.1	55.1								
H 09	315 05.5	46.5	11 15.1	9.4	25 47.3	1.2	55.2	°	h m	h m	h m	h m	h m	h m	h m
U 10	330 05.7	45.6	25 43.5	9.4	25 46.1	1.3	55.2	N 72	19 49	21 14	////	☐	☐	☐	☐
R 11	345 05.9	44.7	40 11.9	9.3	25 44.8	1.5	55.2	N 70	19 36	20 49	23 11	☐	☐	☐	☐
S 12	0 06.1	N 7 43.8	54 40.2	9.4	N25 43.3	1.6	55.2	68	19 26	20 30	22 10	☐	☐	☐	20 54
D 13	15 06.3	42.8	69 08.6	9.3	25 41.7	1.8	55.2	66	19 18	20 15	21 38	☐	☐	20 44	20 11
A 14	30 06.5	41.9	83 36.9	9.3	25 39.9	1.8	55.3	64	19 11	20 03	21 14	19 11	19 43	19 44	19 42
Y 15	45 06.7	41.0	98 05.2	9.3	25 38.1	2.0	55.3	62	19 05	19 53	20 56	18 04	18 48	19 10	19 20
16	60 06.9	40.1	112 33.5	9.3	25 36.1	2.2	55.3	60	19 00	19 45	20 42	17 29	18 16	18 45	19 02
17	75 07.1	39.2	127 01.8	9.3	25 33.9	2.3	55.3	N 58	18 55	19 37	20 30	17 03	17 52	18 25	18 47
18	90 07.3	N 7 38.3	141 30.1	9.3	N25 31.6	2.4	55.4	56	18 51	19 31	20 19	16 43	17 32	18 08	18 34
19	105 07.5	37.3	155 58.4	9.2	25 29.2	2.5	55.4	54	18 48	19 25	20 10	16 26	17 16	17 54	18 23
20	120 07.7	36.4	170 26.6	9.3	25 26.7	2.7	55.4	52	18 45	19 20	20 03	16 12	17 02	17 42	18 13
21	135 07.9	35.5	184 54.9	9.3	25 24.0	2.8	55.4	50	18 42	19 15	19 56	15 59	16 50	17 31	18 04
22	150 08.1	34.6	199 23.2	9.2	25 21.2	3.0	55.4	45	18 35	19 05	19 41	15 33	16 24	17 08	17 45
23	165 08.3	33.7	213 51.4	9.2	25 18.2	3.1	55.5								
3 00	180 08.5	N 7 32.8	228 19.6	9.3	N25 15.1	3.2	55.5	N 40	18 30	18 57	19 30	15 13	16 04	16 50	17 29
01	195 08.8	31.8	242 47.9	9.2	25 11.9	3.4	55.5	35	18 25	18 51	19 21	14 56	15 47	16 34	17 16
02	210 09.0	30.9	257 16.1	9.3	25 08.5	3.4	55.5	30	18 21	18 45	19 14	14 41	15 33	16 21	17 04
03	225 09.2	30.0	271 44.4	9.2	25 05.1	3.7	55.6	20	18 14	18 37	19 03	14 16	15 08	15 57	16 44
04	240 09.4	29.1	286 12.6	9.2	25 01.4	3.7	55.6	N 10	18 08	18 30	18 54	13 54	14 46	15 37	16 27
05	255 09.6	28.2	300 40.8	9.3	24 57.7	3.9	55.6	0	18 03	18 24	18 48	13 34	14 26	15 19	16 11
06	270 09.8	N 7 27.3	315 09.1	9.2	N24 53.8	4.1	55.6	S 10	17 58	18 19	18 43	13 14	14 06	15 00	15 54
07	285 10.0	26.3	329 37.3	9.3	24 49.7	4.1	55.7	20	17 52	18 14	18 40	12 52	13 44	14 39	15 37
08	300 10.2	25.4	344 05.6	9.2	24 45.6	4.3	55.7	30	17 46	18 10	18 37	12 27	13 19	14 16	15 16
F 09	315 10.4	24.5	358 33.8	9.3	24 41.3	4.5	55.7	35	17 42	18 08	18 37	12 12	13 04	14 02	15 04
R 10	330 10.6	23.6	13 02.1	9.2	24 36.8	4.5	55.7	40	17 38	18 05	18 37	11 55	12 47	13 46	14 50
I 11	345 10.8	22.7	27 30.3	9.3	24 32.3	4.7	55.8	45	17 33	18 03	18 37	11 35	12 26	13 27	14 34
D 12	0 11.0	N 7 21.7	41 58.6	9.3	N24 27.6	4.9	55.8	S 50	17 28	18 00	18 38	11 09	12 00	13 03	14 14
A 13	15 11.2	20.8	56 26.9	9.3	24 22.7	4.9	55.8	52	17 25	17 59	18 38	10 56	11 48	12 51	14 04
Y 14	30 11.4	19.9	70 55.2	9.3	24 17.8	5.1	55.9	54	17 23	17 58	18 39	10 42	11 33	12 38	13 53
15	45 11.6	19.0	85 23.5	9.3	24 12.7	5.3	55.9	56	17 20	17 57	18 40	10 25	11 16	12 22	13 40
16	60 11.8	18.1	99 51.8	9.3	24 07.4	5.3	55.9	58	17 16	17 56	18 41	10 05	10 56	12 04	13 26
17	75 12.0	17.1	114 20.1	9.3	24 02.1	5.5	55.9	S 60	17 13	17 55	18 43	09 40	10 30	11 42	13 08
18	90 12.2	N 7 16.2	128 48.4	9.4	N23 56.6	5.6	56.0		SUN			MOON			
19	105 12.4	15.3	143 16.8	9.3	23 51.0	5.8	56.0	Day	Eqn. of Time 00h	Eqn. of Time 12h	Mer. Pass.	Mer. Pass. Upper	Mer. Pass. Lower	Age	Phase
20	120 12.6	14.4	157 45.1	9.4	23 45.2	5.9	56.0								
21	135 12.8	13.5	172 13.5	9.4	23 39.3	6.0	56.0	d	m s	m s	h m	h m	h m	d	%
22	150 13.0	12.5	186 41.9	9.4	23 33.3	6.2	56.1	1	00 05	00 05	12 00	07 22	19 47	24	30
23	165 13.3	11.6	201 10.3	9.4	N23 27.1	6.2	56.1	2	00 14	00 24	12 00	08 13	20 40	25	21
	SD 15.9	d 0.9	SD 14.9		15.0		15.2	3	00 34	00 44	11 59	09 06	21 32	26	14

2021 SEPTEMBER 4, 5, 6 (SAT., SUN., MON.)

UT	ARIES GHA	VENUS −4.0 GHA / Dec	MARS +1.7 GHA / Dec	JUPITER −2.8 GHA / Dec	SATURN +0.3 GHA / Dec	STARS Name	SHA	Dec
d h	° ′	° ′ / ° ′	° ′ / ° ′	° ′ / ° ′	° ′ / ° ′		° ′	° ′
4 00	343 20.1	143 04.6 S 8 55.7	169 29.4 N 3 37.8	15 19.9 S14 12.7	32 44.0 S19 03.6	Acamar	315 13.7	S40 12.9
01	358 22.5	158 04.4 56.9	184 30.3 37.2	30 22.7 12.8	47 46.6 03.6	Achernar	335 21.9	S57 07.4
02	13 25.0	173 04.2 58.2	199 31.3 36.5	45 25.4 12.9	62 49.2 03.6	Acrux	173 03.7	S63 13.1
03	28 27.4	188 04.0 8 59.4	214 32.3 .. 35.9	60 28.2 .. 13.0	77 51.8 .. 03.7	Adhara	255 08.2	S28 59.8
04	43 29.9	203 03.8 9 00.6	229 33.3 35.2	75 30.9 13.1	92 54.5 03.7	Aldebaran	290 42.7	N16 33.1
05	58 32.4	218 03.6 01.9	244 34.3 34.6	90 33.7 13.2	107 57.1 03.7			
06	73 34.8	233 03.4 S 9 03.1	259 35.3 N 3 33.9	105 36.5 S14 13.3	122 59.7 S19 03.8	Alioth	166 15.9	N55 50.8
S 07	88 37.3	248 03.2 04.3	274 36.3 33.3	120 39.2 13.4	138 02.3 03.8	Alkaid	152 54.5	N49 12.6
A 08	103 39.8	263 03.0 05.6	289 37.3 32.6	135 42.0 13.5	153 04.9 03.8	Alnair	27 35.9	S46 51.4
T 09	118 42.2	278 02.7 .. 06.8	304 38.3 .. 32.0	150 44.7 .. 13.6	168 07.5 .. 03.9	Alnilam	275 40.6	S 1 11.2
U 10	133 44.7	293 02.5 08.0	319 39.3 31.3	165 47.5 13.7	183 10.1 03.9	Alphard	217 50.7	S 8 44.9
R 11	148 47.2	308 02.3 09.3	334 40.3 30.7	180 50.2 13.8	198 12.7 04.0			
D 12	163 49.6	323 02.1 S 9 10.5	349 41.3 N 3 30.0	195 53.0 S14 13.9	213 15.3 S19 04.0	Alphecca	126 06.2	N26 38.8
A 13	178 52.1	338 01.9 11.7	4 42.3 29.4	210 55.7 14.0	228 17.9 04.0	Alpheratz	357 37.2	N29 12.6
Y 14	193 54.6	353 01.7 13.0	19 43.3 28.7	225 58.5 14.1	243 20.5 04.1	Altair	62 02.4	N 8 55.7
15	208 57.0	8 01.5 .. 14.2	34 44.3 .. 28.1	241 01.2 .. 14.2	258 23.1 .. 04.1	Ankaa	353 09.5	S42 11.2
16	223 59.5	23 01.3 15.4	49 45.3 27.4	256 04.0 14.3	273 25.7 04.1	Antares	112 19.2	S26 28.7
17	239 01.9	38 01.1 16.6	64 46.3 26.8	271 06.8 14.4	288 28.3 04.2			
18	254 04.4	53 00.9 S 9 17.9	79 47.3 N 3 26.1	286 09.5 S14 14.5	303 30.9 S19 04.2	Arcturus	145 50.6	N19 04.5
19	269 06.9	68 00.7 19.1	94 48.3 25.5	301 12.3 14.6	318 33.5 04.3	Atria	107 15.8	S69 04.1
20	284 09.3	83 00.5 20.3	109 49.3 24.8	316 15.0 14.7	333 36.1 04.3	Avior	234 16.3	S59 34.4
21	299 11.8	98 00.3 .. 21.6	124 50.3 .. 24.2	331 17.8 .. 14.8	348 38.7 .. 04.3	Bellatrix	278 25.9	N 6 22.2
22	314 14.3	113 00.1 22.8	139 51.2 23.5	346 20.5 14.9	3 41.3 04.4	Betelgeuse	270 55.1	N 7 24.7
23	329 16.7	127 59.9 24.0	154 52.2 22.9	1 23.3 15.0	18 43.9 04.4			
5 00	344 19.2	142 59.7 S 9 25.2	169 53.2 N 3 22.2	16 26.0 S14 15.1	33 46.5 S19 04.4	Canopus	263 53.8	S52 42.1
01	359 21.7	157 59.5 26.5	184 54.2 21.6	31 28.8 15.2	48 49.1 04.5	Capella	280 26.0	N46 01.0
02	14 24.1	172 59.3 27.7	199 55.2 20.9	46 31.5 15.3	63 51.7 04.5	Deneb	49 27.2	N45 21.6
03	29 26.6	187 59.0 .. 28.9	214 56.2 .. 20.3	61 34.3 .. 15.4	78 54.3 .. 04.5	Denebola	182 28.1	N14 27.3
04	44 29.0	202 58.8 30.1	229 57.2 19.6	76 37.0 15.5	93 56.9 04.6	Diphda	348 49.8	S17 52.0
05	59 31.5	217 58.6 31.4	244 58.2 19.0	91 39.8 15.6	108 59.5 04.6			
06	74 34.0	232 58.4 S 9 32.6	259 59.2 N 3 18.3	106 42.6 S14 15.7	124 02.1 S19 04.6	Dubhe	193 45.1	N61 38.2
07	89 36.4	247 58.2 33.8	275 00.2 17.7	121 45.3 15.8	139 04.7 04.7	Elnath	278 05.4	N28 37.4
08	104 38.9	262 58.0 35.0	290 01.2 17.0	136 48.1 15.9	154 07.3 04.7	Eltanin	90 43.3	N51 29.5
S 09	119 41.4	277 57.8 .. 36.3	305 02.2 .. 16.4	151 50.8 .. 16.0	169 09.9 .. 04.8	Enif	33 41.2	N 9 58.5
U 10	134 43.8	292 57.6 37.5	320 03.2 15.7	166 53.6 16.1	184 12.5 04.8	Fomalhaut	15 17.2	S29 30.4
N 11	149 46.3	307 57.4 38.7	335 04.2 15.1	181 56.3 16.2	199 15.1 04.8			
D 12	164 48.8	322 57.2 S 9 39.9	350 05.2 N 3 14.4	196 59.1 S14 16.3	214 17.7 S19 04.9	Gacrux	171 55.2	S57 14.0
A 13	179 51.2	337 57.0 41.1	5 06.2 13.8	212 01.8 16.4	229 20.3 04.9	Gienah	175 46.7	S17 39.5
Y 14	194 53.7	352 56.8 42.4	20 07.2 13.1	227 04.6 16.5	244 22.9 04.9	Hadar	148 40.3	S60 28.7
15	209 56.2	7 56.6 .. 43.6	35 08.2 .. 12.5	242 07.3 .. 16.6	259 25.5 .. 05.0	Hamal	327 54.0	N23 33.8
16	224 58.6	22 56.3 44.8	50 09.2 11.8	257 10.1 16.7	274 28.1 05.0	Kaus Aust.	83 36.0	S34 22.5
17	240 01.1	37 56.1 46.0	65 10.1 11.2	272 12.8 16.8	289 30.7 05.0			
18	255 03.5	52 55.9 S 9 47.2	80 11.1 N 3 10.5	287 15.6 S14 16.9	304 33.3 S19 05.1	Kochab	137 20.4	N74 04.3
19	270 06.0	67 55.7 48.5	95 12.1 09.9	302 18.3 17.0	319 35.9 05.1	Markab	13 32.3	N15 19.3
20	285 08.5	82 55.5 49.7	110 13.1 09.2	317 21.1 17.1	334 38.5 05.1	Menkar	314 08.9	N 4 10.5
21	300 10.9	97 55.3 .. 50.9	125 14.1 .. 08.6	332 23.8 .. 17.2	349 41.1 .. 05.2	Menkent	148 01.1	S36 28.5
22	315 13.4	112 55.1 52.1	140 15.1 07.9	347 26.6 17.3	4 43.7 05.2	Miaplacidus	221 39.6	S69 48.1
23	330 15.9	127 54.9 53.3	155 16.1 07.3	2 29.3 17.4	19 46.3 05.3			
6 00	345 18.3	142 54.7 S 9 54.6	170 17.1 N 3 06.6	17 32.1 S14 17.5	34 48.9 S19 05.3	Mirfak	308 32.0	N49 56.0
01	0 20.8	157 54.5 55.8	185 18.1 06.0	32 34.8 17.6	49 51.5 05.3	Nunki	75 51.0	S26 16.2
02	15 23.3	172 54.2 57.0	200 19.1 05.3	47 37.6 17.7	64 54.1 05.4	Peacock	53 09.6	S56 40.0
03	30 25.7	187 54.0 .. 58.2	215 20.1 .. 04.7	62 40.3 .. 17.8	79 56.7 .. 05.4	Pollux	243 20.9	N27 58.4
04	45 28.2	202 53.8 9 59.4	230 21.1 04.0	77 43.1 17.9	94 59.3 05.4	Procyon	244 53.9	N 5 10.3
05	60 30.7	217 53.6 10 00.7	245 22.1 03.4	92 45.8 18.0	110 01.9 05.5			
06	75 33.1	232 53.4 S10 01.9	260 23.1 N 3 02.7	107 48.6 S14 18.1	125 04.5 S19 05.5	Rasalhague	96 01.0	N12 32.9
07	90 35.6	247 53.2 03.1	275 24.1 02.1	122 51.3 18.2	140 07.1 05.5	Regulus	207 37.7	N11 51.9
08	105 38.0	262 53.0 04.3	290 25.1 01.4	137 54.1 18.3	155 09.7 05.6	Rigel	281 06.5	S 8 10.5
M 09	120 40.5	277 52.8 .. 05.5	305 26.1 .. 00.8	152 56.8 .. 18.4	170 12.3 .. 05.6	Rigil Kent.	139 44.4	S60 55.5
O 10	135 43.0	292 52.5 06.7	320 27.1 3 00.1	167 59.6 18.5	185 14.9 05.6	Sabik	102 05.9	S15 45.0
N 11	150 45.4	307 52.3 07.9	335 28.1 2 59.5	183 02.3 18.6	200 17.5 05.7			
D 12	165 47.9	322 52.1 S10 09.2	350 29.0 N 2 58.8	198 05.1 S14 18.7	215 20.1 S19 05.7	Schedar	349 33.6	N56 39.2
A 13	180 50.4	337 51.9 10.4	5 30.0 58.2	213 07.8 18.8	230 22.7 05.8	Shaula	96 14.0	S37 07.2
Y 14	195 52.8	352 51.7 11.6	20 31.0 57.5	228 10.6 18.9	245 25.3 05.8	Sirius	258 28.8	S16 44.5
15	210 55.3	7 51.5 .. 12.8	35 32.0 .. 56.9	243 13.3 .. 19.0	260 27.9 .. 05.8	Spica	158 25.4	S11 16.3
16	225 57.8	22 51.3 14.0	50 33.0 56.2	258 16.0 19.1	275 30.5 05.9	Suhail	222 48.7	S43 30.9
17	241 00.2	37 51.1 15.2	65 34.0 55.5	273 18.8 19.2	290 33.1 05.9			
18	256 02.7	52 50.8 S10 16.4	80 35.0 N 2 54.9	288 21.5 S14 19.3	305 35.7 S19 05.9	Vega	80 34.9	N38 48.5
19	271 05.1	67 50.6 17.7	95 36.0 54.2	303 24.3 19.4	320 38.3 06.0	Zuben'ubi	136 59.2	S16 07.8
20	286 07.6	82 50.4 18.9	110 37.0 53.6	318 27.0 19.5	335 40.9 06.0		SHA	Mer. Pass.
21	301 10.1	97 50.2 .. 20.1	125 38.0 .. 52.9	333 29.8 .. 19.6	350 43.4 .. 06.0		° ′	h m
22	316 12.5	112 50.0 21.3	140 39.0 52.3	348 32.5 19.7	5 46.0 06.1	Venus	158 40.5	14 28
23	331 15.0	127 49.8 22.5	155 40.0 51.6	3 35.3 19.8	20 48.6 06.1	Mars	185 34.0	12 40
	h m					Jupiter	32 06.8	22 50
Mer. Pass.	1 02.5	v −0.2 d 1.2	v 1.0 d 0.7	v 2.8 d 0.1	v 2.6 d 0.0	Saturn	49 27.3	21 41

2021 SEPTEMBER 4, 5, 6 (SAT., SUN., MON.)

175

UT	SUN GHA	SUN Dec	MOON GHA	MOON v	MOON Dec	MOON d	MOON HP	Lat.	Twilight Naut.	Twilight Civil	Sunrise	Moonrise 4	Moonrise 5	Moonrise 6	Moonrise 7
d h	° '	° '	° '	'	° '	'	'	°	h m	h m	h m	h m	h m	h m	h m
								N 72	////	02 59	04 22	▬	▬	01 24	04 05
4 00	180 13.5	N 7 10.7	215 38.7	9.4	N23 20.9	6.5	56.1	N 70	01 19	03 22	04 32	▬	▬	02 04	04 21
01	195 13.7	09.8	230 07.1	9.5	23 14.4	6.5	56.2	68	02 05	03 39	04 41	▬	00 09	02 31	04 34
02	210 13.9	08.8	244 35.6	9.5	23 07.9	6.7	56.2	66	02 33	03 52	04 49	24 51	00 51	02 51	04 45
03	225 14.1	.. 07.9	259 04.1	9.5	23 01.2	6.8	56.2	64	02 54	04 03	04 55	25 19	01 19	03 07	04 53
04	240 14.3	07.0	273 32.6	9.5	22 54.4	6.9	56.2	62	03 11	04 13	05 00	00 02	01 40	03 21	05 01
05	255 14.5	06.1	288 01.1	9.6	22 47.5	7.0	56.3	60	03 24	04 21	05 05	00 27	01 58	03 32	05 07
S 06	270 14.7	N 7 05.2	302 29.7	9.5	N22 40.5	7.2	56.3	N 58	03 36	04 27	05 09	00 46	02 12	03 42	05 13
A 07	285 14.9	04.2	316 58.2	9.6	22 33.3	7.3	56.3	56	03 45	04 33	05 12	01 03	02 24	03 50	05 18
T 08	300 15.1	03.3	331 26.8	9.6	22 26.0	7.5	56.3	54	03 54	04 39	05 16	01 16	02 35	03 58	05 22
U 09	315 15.3	.. 02.4	345 55.4	9.7	22 18.5	7.5	56.4	52	04 01	04 44	05 18	01 28	02 45	04 04	05 26
R 10	330 15.5	01.5	0 24.1	9.6	22 11.0	7.7	56.4	50	04 07	04 48	05 21	01 39	02 53	04 11	05 30
D 11	345 15.7	7 00.5	14 52.7	9.7	22 03.3	7.8	56.4	45	04 21	04 57	05 27	02 01	03 11	04 24	05 37
A 12	0 15.9	N 6 59.6	29 21.4	9.7	N21 55.5	7.9	56.5	N 40	04 31	05 04	05 32	02 19	03 25	04 34	05 44
Y 13	15 16.1	58.7	43 50.1	9.7	21 47.6	8.1	56.5	35	04 40	05 10	05 36	02 34	03 38	04 43	05 50
14	30 16.3	57.8	58 18.8	9.8	21 39.5	8.2	56.5	30	04 46	05 15	05 39	02 47	03 48	04 51	05 54
15	45 16.6	.. 56.8	72 47.6	9.8	21 31.3	8.3	56.5	20	04 57	05 23	05 45	03 09	04 07	05 05	06 03
16	60 16.8	55.9	87 16.4	9.8	21 23.0	8.4	56.6	N 10	05 05	05 29	05 51	03 28	04 23	05 17	06 10
17	75 17.0	55.0	101 45.2	9.9	21 14.6	8.5	56.6	0	05 10	05 35	05 55	03 46	04 38	05 28	06 17
18	90 17.2	N 6 54.1	116 14.1	9.8	N21 06.1	8.7	56.6	S 10	05 14	05 39	06 00	04 04	04 52	05 39	06 24
19	105 17.4	53.1	130 42.9	10.0	20 57.4	8.8	56.7	20	05 17	05 43	06 05	04 22	05 08	05 51	06 31
20	120 17.6	52.2	145 11.9	9.9	20 48.6	8.9	56.7	30	05 19	05 46	06 10	04 44	05 26	06 04	06 39
21	135 17.8	.. 51.3	159 40.8	9.9	20 39.7	9.0	56.7	35	05 19	05 48	06 13	04 57	05 36	06 12	06 44
22	150 18.0	50.4	174 09.7	10.0	20 30.7	9.1	56.8	40	05 19	05 50	06 17	05 12	05 48	06 21	06 50
23	165 18.2	49.4	188 38.7	10.1	20 21.6	9.3	56.8	45	05 18	05 52	06 21	05 29	06 02	06 31	06 56
5 00	180 18.4	N 6 48.5	203 07.8	10.0	N20 12.3	9.3	56.8	S 50	05 16	05 53	06 26	05 50	06 19	06 43	07 03
01	195 18.6	47.6	217 36.8	10.1	20 03.0	9.5	56.8	52	05 15	05 54	06 28	06 00	06 27	06 49	07 07
02	210 18.8	46.6	232 05.9	10.1	19 53.5	9.6	56.9	54	05 14	05 55	06 30	06 12	06 36	06 55	07 10
03	225 19.1	.. 45.7	246 35.0	10.2	19 43.9	9.7	56.9	56	05 13	05 56	06 33	06 25	06 46	07 02	07 14
04	240 19.3	44.8	261 04.2	10.2	19 34.2	9.9	56.9	58	05 11	05 56	06 36	06 40	06 57	07 10	07 19
05	255 19.5	43.9	275 33.4	10.2	19 24.3	9.9	57.0	S 60	05 09	05 57	06 39	06 58	07 10	07 19	07 24
06	270 19.7	N 6 42.9	290 02.6	10.2	N19 14.4	10.0	57.0	Lat.	Sunset	Twilight Civil	Twilight Naut.	Moonset 4	Moonset 5	Moonset 6	Moonset 7
07	285 19.9	42.0	304 31.8	10.3	19 04.4	10.2	57.0								
08	300 20.1	41.1	319 01.1	10.3	18 54.2	10.3	57.0								
S 09	315 20.3	.. 40.2	333 30.4	10.3	18 43.9	10.3	57.1	°	h m	h m	h m	h m	h m	h m	h m
U 10	330 20.5	39.2	347 59.7	10.4	18 33.6	10.5	57.1	N 72	19 32	20 53	////	▬	21 29	20 32	19 57
N 11	345 20.7	38.3	2 29.1	10.4	18 23.1	10.6	57.1	N 70	19 22	20 32	22 28	▬	20 47	20 13	19 49
D 12	0 20.9	N 6 37.4	16 58.5	10.5	N18 12.5	10.7	57.2	68	19 14	20 15	21 47	20 54	20 18	19 58	19 42
A 13	15 21.1	36.4	31 28.0	10.4	18 01.8	10.8	57.2	66	19 07	20 02	21 20	20 11	19 57	19 46	19 37
Y 14	30 21.3	35.5	45 57.4	10.5	17 51.0	10.9	57.2	64	19 01	19 52	21 00	19 42	19 39	19 36	19 32
15	45 21.6	.. 34.6	60 26.9	10.6	17 40.1	11.0	57.2	62	18 55	19 43	20 44	19 20	19 25	19 27	19 28
16	60 21.8	33.6	74 56.5	10.6	17 29.1	11.1	57.3	60	18 51	19 35	20 30	19 02	19 12	19 19	19 24
17	75 22.0	32.7	89 26.0	10.6	17 18.0	11.2	57.3	N 58	18 47	19 28	20 19	18 47	19 02	19 12	19 21
18	90 22.2	N 6 31.8	103 55.6	10.7	N17 06.8	11.3	57.3	56	18 44	19 22	20 10	18 34	18 52	19 06	19 18
19	105 22.4	30.9	118 25.3	10.6	16 55.5	11.4	57.4	54	18 41	19 17	20 02	18 23	18 44	19 01	19 15
20	120 22.6	29.9	132 54.9	10.7	16 44.1	11.5	57.4	52	18 38	19 12	19 55	18 13	18 37	18 56	19 13
21	135 22.8	.. 29.0	147 24.6	10.8	16 32.6	11.6	57.4	50	18 35	19 08	19 48	18 04	18 30	18 52	19 11
22	150 23.0	28.1	161 54.4	10.7	16 21.0	11.7	57.4	45	18 30	19 00	19 35	17 45	18 16	18 42	19 06
23	165 23.2	27.1	176 24.1	10.8	16 09.3	11.8	57.5								
6 00	180 23.4	N 6 26.2	190 53.9	10.8	N15 57.5	11.9	57.5	N 40	18 25	18 52	19 25	17 29	18 04	18 34	19 02
01	195 23.7	25.3	205 23.7	10.9	15 45.6	12.0	57.5	35	18 21	18 47	19 17	17 16	17 53	18 27	18 58
02	210 23.9	24.3	219 53.6	10.9	15 33.6	12.1	57.6	30	18 18	18 42	19 10	17 04	17 44	18 21	18 55
03	225 24.1	.. 23.4	234 23.5	10.9	15 21.5	12.2	57.6	20	18 12	18 34	19 00	16 44	17 29	18 10	18 50
04	240 24.3	22.5	248 53.4	11.0	15 09.3	12.2	57.6	N 10	18 07	18 28	18 52	16 27	17 15	18 00	18 45
05	255 24.5	21.5	263 23.4	10.9	14 57.1	12.4	57.6	0	18 02	18 23	18 47	16 11	17 02	17 51	18 40
06	270 24.7	N 6 20.6	277 53.3	11.0	N14 44.7	12.4	57.7	S 10	17 57	18 18	18 43	15 54	16 49	17 42	18 35
07	285 24.9	19.7	292 23.3	11.1	14 32.3	12.5	57.7	20	17 53	18 15	18 40	15 37	16 35	17 33	18 30
08	300 25.1	18.7	306 53.4	11.1	14 19.8	12.6	57.7	30	17 47	18 11	18 39	15 16	16 18	17 21	18 25
M 09	315 25.3	.. 17.8	321 23.5	11.0	14 07.2	12.7	57.7	35	17 44	18 10	18 39	15 04	16 09	17 15	18 21
O 10	330 25.6	16.9	335 53.5	11.2	13 54.5	12.8	57.8	40	17 41	18 08	18 39	14 50	15 58	17 07	18 17
N 11	345 25.8	15.9	350 23.7	11.1	13 41.7	12.9	57.8	45	17 37	18 06	18 40	14 34	15 45	16 59	18 13
D 12	0 26.0	N 6 15.0	4 53.8	11.2	N13 28.8	12.9	57.8	S 50	17 32	18 05	18 42	14 14	15 30	16 48	18 08
A 13	15 26.2	14.1	19 24.0	11.2	13 15.9	13.0	57.9	52	17 30	18 04	18 43	14 04	15 22	16 43	18 05
Y 14	30 26.4	13.1	33 54.2	11.3	13 02.9	13.1	57.9	54	17 28	18 03	18 44	13 53	15 14	16 38	18 02
15	45 26.6	.. 12.2	48 24.5	11.2	12 49.8	13.2	57.9	56	17 25	18 03	18 45	13 40	15 05	16 32	17 59
16	60 26.8	11.3	62 54.7	11.3	12 36.6	13.2	57.9	58	17 23	18 02	18 47	13 26	14 54	16 25	17 56
17	75 27.0	10.3	77 25.0	11.3	12 23.4	13.4	58.0	S 60	17 20	18 01	18 50	13 08	14 42	16 17	17 52
18	90 27.3	N 6 09.4	91 55.3	11.4	N12 10.0	13.4	58.0		SUN			MOON			
19	105 27.5	08.5	106 25.7	11.3	11 56.6	13.5	58.0	Day	Eqn. of Time 00h	Eqn. of Time 12h	Mer. Pass.	Mer. Pass. Upper	Mer. Pass. Lower	Age	Phase
20	120 27.7	07.5	120 56.0	11.4	11 43.1	13.5	58.0								
21	135 27.9	.. 06.6	135 26.4	11.4	11 29.6	13.6	58.1								
22	150 28.1	05.7	149 56.8	11.5	11 16.0	13.7	58.1	d	m s	m s	h m	h m	h m	d	%
23	165 28.3	04.7	164 27.3	11.4	N11 02.3	13.8	58.1	4	00 53	01 03	11 59	09 58	22 24	27	8
								5	01 13	01 23	11 59	10 50	23 15	28	3
	SD 15.9	d 0.9	SD 15.4		15.6		15.8	6	01 33	01 43	11 58	11 40	24 04	29	1

2021 SEPTEMBER 7, 8, 9 (TUES., WED., THURS.)

UT	ARIES GHA	VENUS −4.1 GHA / Dec	MARS +1.7 GHA / Dec	JUPITER −2.8 GHA / Dec	SATURN +0.3 GHA / Dec	STARS Name	SHA	Dec
7 00	346 17.5	142 49.6 S10 23.7	170 41.0 N 2 51.0	18 38.0 S14 19.9	35 51.2 S19 06.1	Acamar	315 13.7	S40 12.9
01	1 19.9	157 49.3 24.9	185 42.0 50.3	33 40.8 20.0	50 53.8 06.2	Achernar	335 21.8	S57 07.5
02	16 22.4	172 49.1 26.1	200 43.0 49.7	48 43.5 20.1	65 56.4 06.2	Acrux	173 03.7	S63 13.1
03	31 24.9	187 48.9 . . 27.3	215 44.0 . . 49.0	63 46.3 . . 20.2	80 59.0 . . 06.2	Adhara	255 08.2	S28 59.8
04	46 27.3	202 48.7 28.5	230 45.0 48.4	78 49.0 20.3	96 01.6 06.3	Aldebaran	290 42.7	N16 33.1
05	61 29.8	217 48.5 29.8	245 45.9 47.7	93 51.7 20.4	111 04.2 06.3			
06	76 32.3	232 48.3 S10 31.0	260 46.9 N 2 47.1	108 54.5 S14 20.5	126 06.8 S19 06.3	Alioth	166 15.9	N55 50.8
07	91 34.7	247 48.0 32.2	275 47.9 46.4	123 57.2 20.6	141 09.4 06.4	Alkaid	152 54.6	N49 12.6
08	106 37.2	262 47.8 33.4	290 48.9 45.8	139 00.0 20.7	156 12.0 06.4	Al Na'ir	27 35.9	S46 51.4
T 09	121 39.6	277 47.6 . . 34.6	305 49.9 . . 45.1	154 02.7 . . 20.8	171 14.6 . . 06.4	Alnilam	275 40.6	S 1 11.2
U 10	136 42.1	292 47.4 35.8	320 50.9 44.5	169 05.5 20.9	186 17.2 06.5	Alphard	217 50.7	S 8 44.9
E 11	151 44.6	307 47.2 37.0	335 51.9 43.8	184 08.2 21.0	201 19.8 06.5			
S 12	166 47.0	322 47.0 S10 38.2	350 52.9 N 2 43.2	199 11.0 S14 21.0	216 22.4 S19 06.5	Alphecca	126 06.2	N26 38.8
D 13	181 49.5	337 46.7 39.4	5 53.9 42.5	214 13.7 21.1	231 25.0 06.6	Alpheratz	357 37.2	N29 12.6
A 14	196 52.0	352 46.5 40.6	20 54.9 41.9	229 16.4 21.2	246 27.6 06.6	Altair	62 02.4	N 8 55.7
Y 15	211 54.4	7 46.3 . . 41.8	35 55.9 . . 41.2	244 19.2 . . 21.3	261 30.2 . . 06.6	Ankaa	353 09.5	S42 11.2
16	226 56.9	22 46.1 43.0	50 56.9 40.5	259 21.9 21.4	276 32.7 06.7	Antares	112 19.2	S26 28.7
17	241 59.4	37 45.9 44.2	65 57.9 39.9	274 24.7 21.5	291 35.3 06.7			
18	257 01.8	52 45.7 S10 45.4	80 58.9 N 2 39.2	289 27.4 S14 21.6	306 37.9 S19 06.7	Arcturus	145 50.6	N19 04.5
19	272 04.3	67 45.4 46.6	95 59.9 38.6	304 30.2 21.7	321 40.5 06.8	Atria	107 15.9	S69 04.1
20	287 06.7	82 45.2 47.8	111 00.9 37.9	319 32.9 21.8	336 43.1 06.8	Avior	234 16.3	S59 34.4
21	302 09.2	97 45.0 . . 49.0	126 01.9 . . 37.3	334 35.7 . . 21.9	351 45.7 . . 06.8	Bellatrix	278 25.8	N 6 22.2
22	317 11.7	112 44.8 50.2	141 02.8 36.6	349 38.4 22.0	6 48.3 06.9	Betelgeuse	270 55.1	N 7 24.7
23	332 14.1	127 44.6 51.4	156 03.8 36.0	4 41.1 22.1	21 50.9 06.9			
8 00	347 16.6	142 44.3 S10 52.6	171 04.8 N 2 35.3	19 43.9 S14 22.2	36 53.5 S19 06.9	Canopus	263 53.8	S52 42.1
01	2 19.1	157 44.1 53.8	186 05.8 34.7	34 46.6 22.3	51 56.1 07.0	Capella	280 26.0	N46 01.0
02	17 21.5	172 43.9 55.0	201 06.8 34.0	49 49.4 22.4	66 58.7 07.0	Deneb	49 27.3	N45 21.6
03	32 24.0	187 43.7 . . 56.2	216 07.8 . . 33.4	64 52.1 . . 22.5	82 01.3 . . 07.0	Denebola	182 28.1	N14 27.3
04	47 26.5	202 43.5 57.4	231 08.8 32.7	79 54.8 22.6	97 03.9 07.1	Diphda	348 49.8	S17 52.0
05	62 28.9	217 43.2 58.6	246 09.8 32.1	94 57.6 22.7	112 06.5 07.1			
06	77 31.4	232 43.0 S10 59.8	261 10.8 N 2 31.4	110 00.3 S14 22.8	127 09.0 S19 07.1	Dubhe	193 45.1	N61 38.2
W 07	92 33.9	247 42.8 11 01.0	276 11.8 30.8	125 03.1 22.9	142 11.6 07.2	Elnath	278 05.4	N28 37.5
E 08	107 36.3	262 42.6 02.2	291 12.8 30.1	140 05.8 23.0	157 14.2 07.2	Eltanin	90 43.3	N51 29.5
D 09	122 38.8	277 42.4 . . 03.4	306 13.8 . . 29.4	155 08.5 . . 23.1	172 16.8 . . 07.2	Enif	33 41.2	N 9 58.5
N 10	137 41.2	292 42.1 04.6	321 14.8 28.8	170 11.3 23.2	187 19.4 07.3	Fomalhaut	15 17.2	S29 30.4
E 11	152 43.7	307 41.9 05.8	336 15.8 28.1	185 14.0 23.3	202 22.0 07.3			
S 12	167 46.2	322 41.7 S11 07.0	351 16.8 N 2 27.5	200 16.8 S14 23.4	217 24.6 S19 07.3	Gacrux	171 55.2	S57 14.0
D 13	182 48.6	337 41.5 08.2	6 17.8 26.8	215 19.5 23.4	232 27.2 07.4	Gienah	175 46.7	S17 39.5
A 14	197 51.1	352 41.3 09.4	21 18.7 26.2	230 22.2 23.5	247 29.8 07.4	Hadar	148 40.3	S60 28.7
Y 15	212 53.6	7 41.0 . . 10.6	36 19.7 . . 25.5	245 25.0 . . 23.6	262 32.4 . . 07.4	Hamal	327 54.0	N23 33.8
16	227 56.0	22 40.8 11.8	51 20.7 24.9	260 27.7 23.7	277 35.0 07.5	Kaus Aust.	83 36.0	S34 22.5
17	242 58.5	37 40.6 13.0	66 21.7 24.2	275 30.5 23.8	292 37.5 07.5			
18	258 01.0	52 40.4 S11 14.2	81 22.7 N 2 23.6	290 33.2 S14 23.9	307 40.1 S19 07.5	Kochab	137 20.5	N74 04.3
19	273 03.4	67 40.1 15.4	96 23.7 22.9	305 35.9 24.0	322 42.7 07.6	Markab	13 32.3	N15 19.3
20	288 05.9	82 39.9 16.6	111 24.7 22.3	320 38.7 24.1	337 45.3 07.6	Menkar	314 08.8	N 4 10.5
21	303 08.3	97 39.7 . . 17.8	126 25.7 . . 21.6	335 41.4 . . 24.2	352 47.9 . . 07.6	Menkent	148 01.1	S36 28.5
22	318 10.8	112 39.5 19.0	141 26.7 20.9	350 44.2 24.3	7 50.5 07.7	Miaplacidus	221 39.6	S69 48.1
23	333 13.3	127 39.2 20.2	156 27.7 20.3	5 46.9 24.4	22 53.1 07.7			
9 00	348 15.7	142 39.0 S11 21.4	171 28.7 N 2 19.6	20 49.6 S14 24.5	37 55.7 S19 07.7	Mirfak	308 31.9	N49 56.1
01	3 18.2	157 38.8 22.6	186 29.7 19.0	35 52.4 24.6	52 58.3 07.8	Nunki	75 51.0	S26 16.2
02	18 20.7	172 38.6 23.8	201 30.7 18.3	50 55.1 24.7	68 00.9 07.8	Peacock	53 09.6	S56 40.0
03	33 23.1	187 38.3 . . 24.9	216 31.7 . . 17.7	65 57.8 . . 24.8	83 03.4 . . 07.8	Pollux	243 20.9	N27 58.4
04	48 25.6	202 38.1 26.1	231 32.6 17.0	81 00.6 24.9	98 06.0 07.9	Procyon	244 53.9	N 5 10.3
05	63 28.1	217 37.9 27.3	246 33.6 16.4	96 03.3 25.0	113 08.6 07.9			
06	78 30.5	232 37.7 S11 28.5	261 34.6 N 2 15.7	111 06.1 S14 25.1	128 11.2 S19 07.9	Rasalhague	96 01.0	N12 32.9
07	93 33.0	247 37.4 29.7	276 35.6 15.1	126 08.8 25.1	143 13.8 08.0	Regulus	207 37.7	N11 51.9
T 08	108 35.5	262 37.2 30.9	291 36.6 14.4	141 11.5 25.2	158 16.4 08.0	Rigel	281 06.5	S 8 10.5
H 09	123 37.9	277 37.0 . . 32.1	306 37.6 . . 13.8	156 14.3 . . 25.3	173 19.0 . . 08.0	Rigil Kent.	139 44.4	S60 55.5
U 10	138 40.4	292 36.8 33.3	321 38.6 13.1	171 17.0 25.4	188 21.6 08.1	Sabik	102 05.9	S15 45.0
R 11	153 42.8	307 36.5 34.5	336 39.6 12.4	186 19.7 25.5	203 24.1 08.1			
S 12	168 45.3	322 36.3 S11 35.6	351 40.6 N 2 11.8	201 22.5 S14 25.6	218 26.7 S19 08.1	Schedar	349 33.6	N56 39.2
D 13	183 47.8	337 36.1 36.8	6 41.6 11.1	216 25.2 25.7	233 29.3 08.2	Shaula	96 14.0	S37 07.2
A 14	198 50.2	352 35.9 38.0	21 42.6 10.5	231 27.9 25.8	248 31.9 08.2	Sirius	258 28.8	S16 44.5
Y 15	213 52.7	7 35.6 . . 39.2	36 43.6 . . 09.8	246 30.7 . . 25.9	263 34.5 . . 08.2	Spica	158 25.4	S11 16.3
16	228 55.2	22 35.4 40.4	51 44.6 09.2	261 33.4 26.0	278 37.1 08.3	Suhail	222 48.7	S43 30.9
17	243 57.6	37 35.2 41.6	66 45.6 08.5	276 36.2 26.1	293 39.7 08.3			
18	259 00.1	52 34.9 S11 42.8	81 46.6 N 2 07.9	291 38.9 S14 26.2	308 42.3 S19 08.3	Vega	80 34.9	N38 48.5
19	274 02.6	67 34.7 43.9	96 47.5 07.2	306 41.6 26.3	323 44.8 08.4	Zuben'ubi	136 59.2	S16 07.8
20	289 05.0	82 34.5 45.1	111 48.5 06.6	321 44.4 26.4	338 47.4 08.4		SHA	Mer. Pass.
21	304 07.5	97 34.3 . . 46.3	126 49.5 . . 05.9	336 47.1 . . 26.5	353 50.0 . . 08.4		° ′	h m
22	319 10.0	112 34.0 47.5	141 50.5 05.2	351 49.8 26.5	8 52.6 08.5	Venus	155 27.7	14 29
23	334 12.4	127 33.8 48.7	156 51.5 04.6	6 52.6 26.6	23 55.2 08.5	Mars	183 48.2	12 35
	h m					Jupiter	32 27.3	22 37
Mer. Pass. 0 50.8	v −0.2 d 1.2	v 1.0 d 0.7	v 2.7 d 0.1	v 2.6 d 0.0	Saturn	49 36.9	21 29

176

2021 SEPTEMBER 7, 8, 9 (TUES., WED., THURS.)

UT	SUN GHA	SUN Dec	MOON GHA	MOON v	MOON Dec	MOON d	MOON HP	Lat.	Naut.	Civil	Sunrise	Moonrise 7	Moonrise 8	Moonrise 9	Moonrise 10
d h	° ′	° ′	° ′	′	° ′	′	′	°	h m	h m	h m	h m	h m	h m	h m
								N 72	00 41	03 17	04 36	04 05	06 23	08 38	11 01
7 00	180 28.5	N 6 03.8	178 57.7 11.5		N10 48.5	13.8	58.1	N 70	01 50	03 36	04 45	04 21	06 28	08 33	10 44
01	195 28.7	02.9	193 28.2 11.5		10 34.7	13.9	58.2	68	02 24	03 51	04 52	04 34	06 32	08 29	10 31
02	210 28.9	01.9	207 58.7 11.5		10 20.8	14.0	58.2	66	02 48	04 03	04 58	04 45	06 35	08 26	10 20
03	225 29.2	.. 01.0	222 29.2 11.5		10 06.8	14.0	58.2	64	03 07	04 13	05 03	04 53	06 38	08 23	10 10
04	240 29.4	6 00.0	236 59.7 11.6		9 52.8	14.1	58.2	62	03 21	04 21	05 08	05 01	06 40	08 20	10 03
05	255 29.6	5 59.1	251 30.3 11.6		9 38.7	14.1	58.3	60	03 33	04 28	05 12	05 07	06 42	08 18	09 56
06	270 29.8	N 5 58.2	266 00.9 11.6	N	9 24.6	14.2	58.3	N 58	03 44	04 34	05 15	05 13	06 44	08 16	09 50
07	285 30.0	57.2	280 31.5 11.6		9 10.4	14.3	58.3	56	03 52	04 40	05 18	05 18	06 46	08 14	09 45
T 08	300 30.2	56.3	295 02.1 11.6		8 56.1	14.3	58.3	54	04 00	04 44	05 21	05 22	06 47	08 13	09 40
U 09	315 30.4	.. 55.4	309 32.7 11.6		8 41.8	14.3	58.4	52	04 07	04 49	05 23	05 26	06 48	08 12	09 36
E 10	330 30.7	54.4	324 03.3 11.7		8 27.5	14.5	58.4	50	04 13	04 53	05 26	05 30	06 50	08 10	09 32
S 11	345 30.9	53.5	338 34.0 11.7		8 13.0	14.5	58.4	45	04 25	05 01	05 30	05 37	06 52	08 08	09 24
D 12	0 31.1	N 5 52.6	353 04.7 11.7	N	7 58.5	14.5	58.4	N 40	04 34	05 07	05 34	05 44	06 54	08 05	09 18
A 13	15 31.3	51.6	7 35.4 11.7		7 44.0	14.6	58.4	35	04 42	05 12	05 38	05 50	06 56	08 03	09 12
Y 14	30 31.5	50.7	22 06.1 11.7		7 29.4	14.6	58.5	30	04 48	05 17	05 41	05 54	06 58	08 02	09 07
15	45 31.7	.. 49.7	36 36.8 11.7		7 14.8	14.7	58.5	20	04 58	05 24	05 46	06 03	07 01	07 59	08 58
16	60 31.9	48.8	51 07.5 11.7		7 00.1	14.7	58.5	N 10	05 05	05 29	05 50	06 10	07 03	07 56	08 51
17	75 32.1	47.9	65 38.2 11.7		6 45.4	14.8	58.5	0	05 09	05 34	05 54	06 17	07 05	07 54	08 44
18	90 32.4	N 5 46.9	80 08.9 11.8	N	6 30.6	14.8	58.6	S 10	05 13	05 37	05 58	06 24	07 08	07 52	08 37
19	105 32.6	46.0	94 39.7 11.8		6 15.8	14.9	58.6	20	05 15	05 40	06 02	06 31	07 10	07 49	08 30
20	120 32.8	45.0	109 10.5 11.7		6 00.9	14.9	58.6	30	05 15	05 43	06 07	06 39	07 13	07 47	08 21
21	135 33.0	.. 44.1	123 41.2 11.8		5 46.0	14.9	58.6	35	05 15	05 44	06 09	06 44	07 15	07 45	08 17
22	150 33.2	43.2	138 12.0 11.8		5 31.1	15.0	58.6	40	05 14	05 45	06 12	06 50	07 17	07 43	08 11
23	165 33.4	42.2	152 42.8 11.7		5 16.1	15.0	58.7	45	05 12	05 46	06 15	06 56	07 19	07 41	08 05
8 00	180 33.6	N 5 41.3	167 13.5 11.8	N	5 01.1	15.1	58.7	S 50	05 10	05 47	06 19	07 03	07 21	07 39	07 58
01	195 33.9	40.3	181 44.3 11.8		4 46.0	15.0	58.7	52	05 08	05 47	06 21	07 07	07 23	07 38	07 55
02	210 34.1	39.4	196 15.1 11.8		4 31.0	15.2	58.7	54	05 07	05 48	06 23	07 10	07 24	07 37	07 51
03	225 34.3	.. 38.5	210 45.9 11.8		4 15.8	15.1	58.7	56	05 05	05 48	06 25	07 14	07 25	07 36	07 47
04	240 34.5	37.5	225 16.7 11.8		4 00.7	15.2	58.8	58	05 03	05 48	06 27	07 19	07 27	07 34	07 42
05	255 34.7	36.6	239 47.5 11.8		3 45.5	15.2	58.8	S 60	05 00	05 48	06 30	07 24	07 29	07 33	07 37

UT	SUN GHA	SUN Dec	MOON GHA	MOON v	MOON Dec	MOON d	MOON HP	Lat.	Sunset	Civil	Naut.	Moonset 7	Moonset 8	Moonset 9	Moonset 10
06	270 34.9	N 5 35.6	254 18.3 11.7	N	3 30.3	15.2	58.8								
W 07	285 35.2	34.7	268 49.0 11.8		3 15.1	15.3	58.8								
E 08	300 35.4	33.8	283 19.8 11.8		2 59.8	15.3	58.8	°	h m	h m	h m	h m	h m	h m	h m
D 09	315 35.6	.. 32.8	297 50.6 11.8		2 44.5	15.3	58.9	N 72	19 16	20 33	22 55	19 57	19 28	18 58	18 21
N 10	330 35.8	31.9	312 21.4 11.7		2 29.2	15.3	58.9	N 70	19 08	20 15	21 58	19 49	19 28	19 06	18 41
E 11	345 36.0	30.9	326 52.1 11.8		2 13.9	15.4	58.9	68	19 01	20 01	21 26	19 42	19 28	19 13	18 57
S 12	0 36.2	N 5 30.0	341 22.9 11.8	N	1 58.5	15.4	58.9	66	18 55	19 49	21 03	19 37	19 28	19 19	19 10
D 13	15 36.4	29.1	355 53.7 11.7		1 43.1	15.4	58.9	64	18 50	19 40	20 45	19 32	19 28	19 24	19 20
A 14	30 36.7	28.1	10 24.4 11.8		1 27.7	15.4	58.9	62	18 46	19 32	20 31	19 28	19 28	19 29	19 29
Y 15	45 36.9	.. 27.2	24 55.2 11.7		1 12.3	15.4	59.0	60	18 42	19 25	20 19	19 24	19 28	19 32	19 37
16	60 37.1	26.2	39 25.9 11.7		0 56.9	15.4	59.0	N 58	18 39	19 19	20 09	19 21	19 28	19 36	19 45
17	75 37.3	25.3	53 56.6 11.7		0 41.5	15.5	59.0	56	18 36	19 14	20 01	19 18	19 28	19 39	19 51
18	90 37.5	N 5 24.3	68 27.3 11.7	N	0 26.0	15.4	59.0	54	18 33	19 09	19 53	19 15	19 28	19 42	19 56
19	105 37.7	23.4	82 58.0 11.7	N	0 10.6	15.5	59.0	52	18 31	19 05	19 47	19 13	19 28	19 44	20 01
20	120 38.0	22.5	97 28.7 11.6	S	0 04.9	15.4	59.0	50	18 29	19 02	19 41	19 11	19 28	19 46	20 06
21	135 38.2	.. 21.5	111 59.3 11.7		0 20.3	15.5	59.1	45	18 24	18 54	19 29	19 06	19 28	19 51	20 16
22	150 38.4	20.6	126 30.0 11.6		0 35.8	15.5	59.1								
23	165 38.6	19.6	141 00.6 11.5		0 51.3	15.5	59.1	N 40	18 20	18 47	19 20	19 02	19 28	19 56	20 24
9 00	180 38.8	N 5 18.7	155 31.2 11.6	S	1 06.8	15.5	59.1	35	18 17	18 42	19 12	18 58	19 29	19 59	20 32
01	195 39.0	17.7	170 01.8 11.6		1 22.3	15.5	59.1	30	18 14	18 38	19 06	18 55	19 29	20 02	20 38
02	210 39.2	16.8	184 32.4 11.5		1 37.8	15.4	59.1	20	18 09	18 31	18 57	18 50	19 29	20 08	20 49
03	225 39.5	.. 15.8	199 02.9 11.5		1 53.2	15.5	59.1	N 10	18 05	18 26	18 50	18 45	19 29	20 13	20 59
04	240 39.7	14.9	213 33.4 11.5		2 08.7	15.5	59.2	0	18 01	18 22	18 46	18 40	19 28	20 17	21 08
05	255 39.9	14.0	228 03.9 11.5		2 24.2	15.5	59.2	S 10	17 57	18 18	18 43	18 35	19 28	20 22	21 17
06	270 40.1	N 5 13.0	242 34.4 11.5	S	2 39.7	15.4	59.2	20	17 53	18 15	18 41	18 30	19 28	20 27	21 27
07	285 40.3	12.1	257 04.9 11.4		2 55.1	15.5	59.2	30	17 49	18 13	18 41	18 25	19 28	20 33	21 38
T 08	300 40.5	11.1	271 35.3 11.4		3 10.6	15.4	59.2	35	17 46	18 12	18 41	18 21	19 28	20 36	21 45
H 09	315 40.8	.. 10.2	286 05.7 11.4		3 26.0	15.5	59.2	40	17 44	18 11	18 42	18 17	19 28	20 40	21 53
U 10	330 41.0	09.2	300 36.1 11.3		3 41.5	15.4	59.2	45	17 41	18 10	18 44	18 13	19 28	20 44	22 01
R 11	345 41.2	08.3	315 06.4 11.3		3 56.9	15.4	59.2								
S 12	0 41.4	N 5 07.3	329 36.7 11.3	S	4 12.3	15.4	59.3	S 50	17 37	18 09	18 47	18 08	19 28	20 49	22 12
D 13	15 41.6	06.4	344 07.0 11.3		4 27.7	15.3	59.3	52	17 35	18 09	18 48	18 05	19 28	20 52	22 17
A 14	30 41.8	05.5	358 37.3 11.2		4 43.0	15.4	59.3	54	17 33	18 09	18 50	18 02	19 28	20 54	22 22
Y 15	45 42.1	.. 04.5	13 07.5 11.2		4 58.4	15.3	59.3	56	17 31	18 08	18 52	17 59	19 28	20 57	22 28
16	60 42.3	03.6	27 37.7 11.1		5 13.7	15.3	59.3	58	17 29	18 08	18 54	17 56	19 28	21 00	22 35
17	75 42.5	02.6	42 07.8 11.1		5 29.0	15.3	59.3	S 60	17 26	18 08	18 56	17 52	19 27	21 04	22 43
18	90 42.7	N 5 01.7	56 37.9 11.1	S	5 44.3	15.2	59.3			SUN			MOON		
19	105 42.9	5 00.7	71 08.0 11.0		5 59.5	15.2	59.3	Day	Eqn. of Time	Eqn. of Time	Mer.	Mer. Pass.	Mer. Pass.	Age	Phase
20	120 43.2	4 59.8	85 38.0 11.0		6 14.7	15.2	59.3		00ʰ	12ʰ	Pass.	Upper	Lower		
21	135 43.4	.. 58.8	100 08.0 11.0		6 29.9	15.2	59.4	d	m s	m s	h m	h m	h m	d	%
22	150 43.6	57.9	114 38.0 10.9		6 45.1	15.1	59.4	7	01 54	02 04	11 58	12 29	00 04	00	0
23	165 43.8	56.9	129 07.9 10.9	S	7 00.2	15.1	59.4	8	02 14	02 24	11 58	13 17	00 53	01	3
	SD 15.9	d 0.9	SD 15.9		16.1		16.1	9	02 35	02 45	11 57	14 06	01 41	02	8

2021 SEPTEMBER 10, 11, 12 (FRI., SAT., SUN.)

UT	ARIES	VENUS −4.1	MARS +1.7	JUPITER −2.8	SATURN +0.3	STARS
	GHA	GHA Dec	GHA Dec	GHA Dec	GHA Dec	Name SHA Dec
d h	° ′	° ′ ° ′	° ′ ° ′	° ′ ° ′	° ′ ° ′	° ′ ° ′
10 00	349 14.9	142 33.6 S11 49.9	171 52.5 N 2 03.9	21 55.3 S14 26.7	38 57.8 S19 08.5	Acamar 315 13.6 S40 12.9
01	4 17.3	157 33.3 51.0	186 53.5 03.3	36 58.0 26.8	54 00.4 08.5	Achernar 335 21.8 S57 07.5
02	19 19.8	172 33.1 52.2	201 54.5 02.6	52 00.8 26.9	69 02.9 08.6	Acrux 173 03.7 S63 13.1
03	34 22.3	187 32.9 .. 53.4	216 55.5 .. 02.0	67 03.5 .. 27.0	84 05.5 .. 08.6	Adhara 255 08.2 S28 59.8
04	49 24.7	202 32.7 54.6	231 56.5 01.3	82 06.2 27.1	99 08.1 08.6	Aldebaran 290 42.7 N16 33.1
05	64 27.2	217 32.4 55.8	246 57.5 00.7	97 09.0 27.2	114 10.7 08.7	
06	79 29.7	232 32.2 S11 57.0	261 58.5 N 2 00.0	112 11.7 S14 27.3	129 13.3 S19 08.7	Alioth 166 15.9 N55 50.8
07	94 32.1	247 32.0 58.1	276 59.5 1 59.4	127 14.4 27.4	144 15.9 08.7	Alkaid 152 54.6 N49 12.6
08	109 34.6	262 31.7 11 59.3	292 00.4 58.7	142 17.1 27.5	159 18.5 08.8	Alnair 27 35.9 S46 51.4
F 09	124 37.1	277 31.5 12 00.5	307 01.4 .. 58.0	157 19.9 .. 27.5	174 21.0 .. 08.8	Alnilam 275 40.5 S 1 11.2
R 10	139 39.5	292 31.3 01.7	322 02.4 57.4	172 22.6 27.6	189 23.6 08.8	Alphard 217 50.7 S 8 44.9
I 11	154 42.0	307 31.0 02.8	337 03.4 56.7	187 25.3 27.7	204 26.2 08.9	
D 12	169 44.4	322 30.8 S12 04.0	352 04.4 N 1 56.1	202 28.1 S14 27.8	219 28.8 S19 08.9	Alphecca 126 06.2 N26 38.8
A 13	184 46.9	337 30.6 05.2	7 05.4 55.4	217 30.8 27.9	234 31.4 08.9	Alpheratz 357 37.2 N29 12.6
Y 14	199 49.4	352 30.3 06.4	22 06.4 54.8	232 33.5 28.0	249 34.0 09.0	Altair 62 02.4 N 8 55.7
15	214 51.8	7 30.1 .. 07.6	37 07.4 .. 54.1	247 36.3 .. 28.1	264 36.6 .. 09.0	Ankaa 353 09.5 S42 11.2
16	229 54.3	22 29.9 08.7	52 08.4 53.5	262 39.0 28.2	279 39.1 09.0	Antares 112 19.2 S26 28.7
17	244 56.8	37 29.6 09.9	67 09.4 52.8	277 41.7 28.3	294 41.7 09.0	
18	259 59.2	52 29.4 S12 11.1	82 10.4 N 1 52.1	292 44.5 S14 28.4	309 44.3 S19 09.1	Arcturus 145 50.7 N19 04.5
19	275 01.7	67 29.2 12.3	97 11.4 51.5	307 47.2 28.5	324 46.9 09.1	Atria 107 15.9 S69 04.1
20	290 04.2	82 28.9 13.4	112 12.4 50.8	322 49.9 28.6	339 49.5 09.1	Avior 234 16.3 S59 34.4
21	305 06.6	97 28.7 .. 14.6	127 13.3 .. 50.2	337 52.6 .. 28.6	354 52.1 .. 09.2	Bellatrix 278 25.8 N 6 22.2
22	320 09.1	112 28.5 15.8	142 14.3 49.5	352 55.4 28.7	9 54.6 09.2	Betelgeuse 270 55.1 N 7 24.7
23	335 11.6	127 28.2 17.0	157 15.3 48.9	7 58.1 28.8	24 57.2 09.2	
11 00	350 14.0	142 28.0 S12 18.1	172 16.3 N 1 48.2	23 00.8 S14 28.9	39 59.8 S19 09.3	Canopus 263 53.8 S52 42.1
01	5 16.5	157 27.8 19.3	187 17.3 47.6	38 03.6 29.0	55 02.4 09.3	Capella 280 25.9 N46 01.0
02	20 18.9	172 27.5 20.5	202 18.3 46.9	53 06.3 29.1	70 05.0 09.3	Deneb 49 27.3 N45 21.6
03	35 21.4	187 27.3 .. 21.6	217 19.3 .. 46.2	68 09.0 .. 29.2	85 07.5 .. 09.4	Denebola 182 28.1 N14 27.3
04	50 23.9	202 27.1 22.8	232 20.3 45.6	83 11.7 29.3	100 10.1 09.4	Diphda 348 49.7 S17 52.0
05	65 26.3	217 26.8 24.0	247 21.3 44.9	98 14.5 29.4	115 12.7 09.4	
06	80 28.8	232 26.6 S12 25.1	262 22.3 N 1 44.3	113 17.2 S14 29.5	130 15.3 S19 09.5	Dubhe 193 45.1 N61 38.2
07	95 31.3	247 26.4 26.3	277 23.3 43.6	128 19.9 29.5	145 17.9 09.5	Elnath 278 05.3 N28 37.5
S 08	110 33.7	262 26.1 27.5	292 24.3 43.0	143 22.7 29.6	160 20.5 09.5	Eltanin 90 43.4 N51 29.5
A 09	125 36.2	277 25.9 .. 28.7	307 25.2 .. 42.3	158 25.4 .. 29.7	175 23.0 .. 09.5	Enif 33 41.2 N 9 58.5
T 10	140 38.7	292 25.7 29.8	322 26.2 41.7	173 28.1 29.8	190 25.6 09.6	Fomalhaut 15 17.2 S29 30.4
U 11	155 41.1	307 25.4 31.0	337 27.2 41.0	188 30.8 29.9	205 28.2 09.6	
R 12	170 43.6	322 25.2 S12 32.2	352 28.2 N 1 40.3	203 33.6 S14 30.0	220 30.8 S19 09.6	Gacrux 171 55.2 S57 14.0
D 13	185 46.0	337 24.9 33.3	7 29.2 39.7	218 36.3 30.1	235 33.4 09.7	Gienah 175 46.7 S17 39.5
A 14	200 48.5	352 24.7 34.5	22 30.2 39.0	233 39.0 30.2	250 35.9 09.7	Hadar 148 40.3 S60 28.7
Y 15	215 51.0	7 24.5 .. 35.7	37 31.2 .. 38.4	248 41.7 .. 30.3	265 38.5 .. 09.7	Hamal 327 54.0 N23 33.8
16	230 53.4	22 24.2 36.8	52 32.2 37.7	263 44.5 30.3	280 41.1 09.8	Kaus Aust. 83 36.0 S34 22.5
17	245 55.9	37 24.0 38.0	67 33.2 37.1	278 47.2 30.4	295 43.7 09.8	
18	260 58.4	52 23.8 S12 39.2	82 34.2 N 1 36.4	293 49.9 S14 30.5	310 46.3 S19 09.8	Kochab 137 20.5 N74 04.3
19	276 00.8	67 23.5 40.3	97 35.2 35.7	308 52.6 30.6	325 48.8 09.8	Markab 13 32.3 N15 19.4
20	291 03.3	82 23.3 41.5	112 36.2 35.1	323 55.4 30.7	340 51.4 09.9	Menkar 314 08.8 N 4 10.5
21	306 05.8	97 23.0 .. 42.6	127 37.1 .. 34.4	338 58.1 .. 30.8	355 54.0 .. 09.9	Menkent 148 01.1 S36 28.5
22	321 08.2	112 22.8 43.8	142 38.1 33.8	354 00.8 30.9	10 56.6 09.9	Miaplacidus 221 39.5 S69 48.1
23	336 10.7	127 22.6 45.0	157 39.1 33.1	9 03.5 31.0	25 59.2 10.0	
12 00	351 13.2	142 22.3 S12 46.1	172 40.1 N 1 32.5	24 06.3 S14 31.1	41 01.7 S19 10.0	Mirfak 308 31.9 N49 56.1
01	6 15.6	157 22.1 47.3	187 41.1 31.8	39 09.0 31.1	56 04.3 10.0	Nunki 75 51.0 S26 16.2
02	21 18.1	172 21.8 48.5	202 42.1 31.2	54 11.7 31.2	71 06.9 10.1	Peacock 53 09.6 S56 40.0
03	36 20.5	187 21.6 .. 49.6	217 43.1 .. 30.5	69 14.4 .. 31.3	86 09.5 .. 10.1	Pollux 243 20.9 N27 58.4
04	51 23.0	202 21.4 50.8	232 44.1 29.8	84 17.2 31.4	101 12.1 10.1	Procyon 244 53.9 N 5 10.3
05	66 25.5	217 21.1 51.9	247 45.1 29.2	99 19.9 31.5	116 14.6 10.1	
06	81 27.9	232 20.9 S12 53.1	262 46.1 N 1 28.5	114 22.6 S14 31.6	131 17.2 S19 10.2	Rasalhague 96 01.1 N12 32.9
07	96 30.4	247 20.6 54.3	277 47.1 27.9	129 25.3 31.7	146 19.8 10.2	Regulus 207 37.7 N11 51.9
08	111 32.9	262 20.4 55.4	292 48.1 27.2	144 28.0 31.8	161 22.4 10.2	Rigel 281 06.5 S 8 10.5
S 09	126 35.3	277 20.1 .. 56.6	307 49.0 .. 26.6	159 30.8 .. 31.8	176 25.0 .. 10.3	Rigil Kent. 139 44.4 S60 55.5
U 10	141 37.8	292 19.9 57.7	322 50.0 25.9	174 33.5 31.9	191 27.5 10.3	Sabik 102 05.9 S15 45.0
N 11	156 40.3	307 19.7 12 58.9	337 51.0 25.2	189 36.2 32.0	206 30.1 10.3	
D 12	171 42.7	322 19.4 S13 00.0	352 52.0 N 1 24.6	204 38.9 S14 32.1	221 32.7 S19 10.3	Schedar 349 33.6 N56 39.2
A 13	186 45.2	337 19.2 01.2	7 53.0 23.9	219 41.7 32.2	236 35.3 10.4	Shaula 96 14.0 S37 07.2
Y 14	201 47.7	352 18.9 02.4	22 54.0 23.3	234 44.4 32.3	251 37.8 10.4	Sirius 258 28.8 S16 44.5
15	216 50.1	7 18.7 .. 03.5	37 55.0 .. 22.6	249 47.1 .. 32.4	266 40.4 .. 10.4	Spica 158 25.4 S11 16.3
16	231 52.6	22 18.4 04.7	52 56.0 22.0	264 49.8 32.5	281 43.0 10.5	Suhail 222 48.7 S43 30.9
17	246 55.0	37 18.2 05.8	67 57.0 21.3	279 52.5 32.5	296 45.6 10.5	
18	261 57.5	52 18.0 S13 07.0	82 58.0 N 1 20.6	294 55.3 S14 32.6	311 48.2 S19 10.5	Vega 80 34.9 N38 48.5
19	277 00.0	67 17.7 08.1	97 59.0 20.0	309 58.0 32.7	326 50.7 10.6	Zuben'ubi 136 59.2 S16 07.8
20	292 02.4	82 17.5 09.3	112 59.9 19.3	325 00.7 32.8	341 53.3 10.6	SHA Mer. Pass.
21	307 04.9	97 17.2 .. 10.4	128 00.9 .. 18.7	340 03.4 .. 32.9	356 55.9 .. 10.6	° ′ h m
22	322 07.4	112 17.0 11.6	143 01.9 18.0	355 06.1 33.0	11 58.5 10.6	Venus 152 14.0 14 30
23	337 09.8	127 16.7 12.7	158 02.9 17.4	10 08.9 33.1	27 01.0 10.7	Mars 182 02.3 12 30
	h m					Jupiter 32 46.8 22 24
Mer. Pass. 0 39.0		v −0.2 d 1.2	v 1.0 d 0.7	v 2.7 d 0.1	v 2.6 d 0.0	Saturn 49 45.8 21 16

2021 SEPTEMBER 10, 11, 12 (FRI., SAT., SUN.)

UT	SUN GHA	SUN Dec	MOON GHA	MOON v	MOON Dec	MOON d	MOON HP	Lat.	Twilight Naut.	Twilight Civil	Sunrise	Moonrise 10	Moonrise 11	Moonrise 12	Moonrise 13
d h	° ′	° ′	° ′	′	° ′	′	′	°	h m	h m	h m	h m	h m	h m	h m
								N 72	01 30	03 34	04 50	11 01	14 01	■	■
10 00	180 44.0	N 4 56.0	143 37.8 10.8	S 7 15.3	15.1	59.4		N 70	02 14	03 51	04 57	10 44	13 13	■	■
01	195 44.2	55.0	158 07.6 10.8	7 30.4	15.0	59.4		68	02 42	04 03	05 03	10 31	12 43	15 31	■
02	210 44.5	54.1	172 37.4 10.7	7 45.4	15.0	59.4		66	03 02	04 14	05 08	10 20	12 21	14 36	■
03	225 44.7 ..	53.1	187 07.1 10.7	8 00.4	14.9	59.4		64	03 18	04 22	05 12	10 10	12 03	14 03	16 10
04	240 44.9	52.2	201 36.8 10.7	8 15.3	15.0	59.4		62	03 31	04 30	05 16	10 03	11 49	13 39	15 29
05	255 45.1	51.2	216 06.5 10.6	8 30.3	14.8	59.4		60	03 42	04 36	05 19	09 56	11 37	13 20	15 00
06	270 45.3	N 4 50.3	230 36.1 10.5	S 8 45.1	14.8	59.4		N 58	03 52	04 41	05 22	09 50	11 26	13 04	14 39
07	285 45.6	49.4	245 05.6 10.5	8 59.9	14.8	59.4		56	03 59	04 46	05 24	09 45	11 17	12 51	14 21
08	300 45.8	48.4	259 35.1 10.5	9 14.7	14.7	59.4		54	04 06	04 50	05 26	09 40	11 10	12 39	14 06
F 09	315 46.0 ..	47.5	274 04.6 10.4	9 29.4	14.7	59.4		52	04 12	04 54	05 28	09 36	11 02	12 29	13 53
R 10	330 46.2	46.5	288 34.0 10.3	9 44.1	14.6	59.4		50	04 18	04 57	05 30	09 32	10 56	12 20	13 42
I 11	345 46.4	45.6	303 03.4 10.3	9 58.7	14.6	59.5		45	04 29	05 04	05 34	09 24	10 42	12 01	13 18
D 12	0 46.6	N 4 44.6	317 32.7 10.2	S10 13.3	14.5	59.5		N 40	04 38	05 10	05 37	09 18	10 31	11 46	12 59
A 13	15 46.9	43.7	332 01.9 10.2	10 27.8	14.5	59.5		35	04 45	05 15	05 40	09 12	10 22	11 33	12 43
Y 14	30 47.1	42.7	346 31.1 10.1	10 42.3	14.4	59.5		30	04 50	05 18	05 42	09 07	10 14	11 22	12 30
15	45 47.3 ..	41.8	1 00.2 10.1	10 56.7	14.3	59.5		20	04 59	05 24	05 47	08 58	09 59	11 02	12 07
16	60 47.5	40.8	15 29.3 10.0	11 11.0	14.3	59.5		N 10	05 05	05 29	05 50	08 51	09 47	10 46	11 47
17	75 47.7	39.9	29 58.3 10.0	11 25.3	14.2	59.5		0	05 08	05 33	05 53	08 44	09 36	10 30	11 28
18	90 48.0	N 4 38.9	44 27.3 9.9	S11 39.5	14.2	59.5		S 10	05 11	05 35	05 56	08 37	09 24	10 15	11 10
19	105 48.2	38.0	58 56.2 9.8	11 53.7	14.1	59.5		20	05 12	05 38	06 00	08 30	09 12	09 59	10 50
20	120 48.4	37.0	73 25.0 9.8	12 07.8	14.0	59.5		30	05 12	05 39	06 03	08 21	08 59	09 40	10 28
21	135 48.6 ..	36.1	87 53.8 9.7	12 21.8	13.9	59.5		35	05 11	05 40	06 05	08 17	08 51	09 30	10 14
22	150 48.8	35.1	102 22.5 9.7	12 35.7	13.9	59.5		40	05 09	05 40	06 07	08 11	08 42	09 17	09 59
23	165 49.1	34.2	116 51.2 9.6	12 49.6	13.8	59.5		45	05 07	05 41	06 10	08 05	08 32	09 03	09 41
11 00	180 49.3	N 4 33.2	131 19.8 9.5	S13 03.4	13.8	59.5		S 50	05 03	05 41	06 13	07 58	08 19	08 45	09 19
01	195 49.5	32.3	145 48.3 9.5	13 17.2	13.6	59.5		52	05 01	05 40	06 14	07 55	08 13	08 37	09 09
02	210 49.7	31.3	160 16.8 9.4	13 30.8	13.6	59.5		54	04 59	05 40	06 16	07 51	08 07	08 28	08 57
03	225 49.9 ..	30.4	174 45.2 9.3	13 44.4	13.5	59.5		56	04 57	05 40	06 17	07 47	08 00	08 18	08 43
04	240 50.1	29.4	189 13.5 9.3	13 57.9	13.5	59.5		58	04 54	05 40	06 19	07 42	07 52	08 06	08 28
05	255 50.4	28.5	203 41.8 9.2	14 11.4	13.3	59.5		S 60	04 51	05 40	06 21	07 37	07 44	07 53	08 09
06	270 50.6	N 4 27.5	218 10.0 9.2	S14 24.7	13.3	59.5		Lat.	Sunset	Twilight Civil	Twilight Naut.	Moonset 10	Moonset 11	Moonset 12	Moonset 13
07	285 50.8	26.6	232 38.2 9.0	14 38.0	13.2	59.5									
S 08	300 51.0	25.6	247 06.2 9.0	14 51.2	13.1	59.5									
A 09	315 51.2 ..	24.6	261 34.2 9.0	15 04.3	13.0	59.5		°	h m	h m	h m	h m	h m	h m	h m
T 10	330 51.5	23.7	276 02.2 8.9	15 17.3	12.9	59.5		N 72	19 01	20 15	22 13	18 21	17 12	■	■
U 11	345 51.7	22.7	290 30.1 8.8	15 30.2	12.8	59.5		N 70	18 54	19 59	21 34	18 41	18 02	■	■
R 12	0 51.9	N 4 21.8	304 57.9 8.7	S15 43.0	12.8	59.5		68	18 48	19 47	21 07	18 57	18 34	17 42	■
D 13	15 52.1	20.8	319 25.6 8.6	15 55.8	12.6	59.5		66	18 43	19 37	20 47	19 10	18 57	18 38	■
A 14	30 52.3	19.9	333 53.2 8.6	16 08.4	12.6	59.5		64	18 39	19 29	20 32	19 20	19 16	19 12	19 06
Y 15	45 52.6 ..	18.9	348 20.8 8.6	16 21.0	12.4	59.5		62	18 36	19 22	20 19	19 29	19 32	19 36	19 48
16	60 52.8	18.0	2 48.4 8.4	16 33.4	12.4	59.5		60	18 33	19 16	20 09	19 37	19 45	19 56	20 17
17	75 53.0	17.0	17 15.8 8.4	16 45.8	12.2	59.5		N 58	18 30	19 10	20 00	19 45	19 56	20 13	20 39
18	90 53.2	N 4 16.1	31 43.2 8.3	S16 58.0	12.2	59.5		56	18 28	19 06	19 52	19 51	20 06	20 26	20 57
19	105 53.4	15.1	46 10.5 8.2	17 10.2	12.1	59.5		54	18 26	19 02	19 45	19 56	20 14	20 39	21 13
20	120 53.7	14.2	60 37.7 8.2	17 22.3	11.9	59.5		52	18 24	18 58	19 39	20 01	20 22	20 49	21 26
21	135 53.9 ..	13.2	75 04.9 8.1	17 34.2	11.8	59.5		50	18 22	18 55	19 34	20 06	20 29	20 59	21 38
22	150 54.1	12.3	89 32.0 8.0	17 46.0	11.8	59.5		45	18 18	18 48	19 23	20 16	20 45	21 19	22 02
23	165 54.3	11.3	103 59.0 7.9	17 57.8	11.6	59.5		N 40	18 15	18 42	19 15	20 24	20 57	21 35	22 22
12 00	180 54.5	N 4 10.4	118 25.9 7.9	S18 09.4	11.5	59.5		35	18 13	18 38	19 08	20 32	21 08	21 49	22 38
01	195 54.8	09.4	132 52.8 7.8	18 20.9	11.4	59.5		30	18 10	18 34	19 02	20 38	21 17	22 02	22 52
02	210 55.0	08.4	147 19.6 7.7	18 32.3	11.3	59.5		20	18 06	18 28	18 54	20 49	21 34	22 22	23 16
03	225 55.2 ..	07.5	161 46.3 7.6	18 43.6	11.2	59.5		N 10	18 03	18 24	18 48	20 59	21 48	22 41	23 37
04	240 55.4	06.5	176 12.9 7.6	18 54.8	11.0	59.5		0	18 00	18 21	18 45	21 08	22 01	22 58	23 57
05	255 55.7	05.6	190 39.5 7.5	19 05.8	11.0	59.5		S 10	17 57	18 18	18 42	21 17	22 15	23 15	24 16
06	270 55.9	N 4 04.6	205 06.0 7.5	S19 16.8	10.8	59.5		20	17 54	18 16	18 41	21 27	22 29	23 33	24 37
07	285 56.1	03.7	219 32.5 7.3	19 27.6	10.7	59.5		30	17 50	18 14	18 42	21 38	22 46	23 54	25 01
08	300 56.3	02.7	233 58.8 7.3	19 38.3	10.6	59.5		35	17 49	18 14	18 43	21 45	22 56	24 06	00 06
S 09	315 56.5 ..	01.8	248 25.1 7.2	19 48.9	10.4	59.5		40	17 46	18 13	18 45	21 53	23 07	24 21	00 21
U 10	330 56.8	4 00.8	262 51.3 7.1	19 59.3	10.4	59.4		45	17 44	18 13	18 47	22 01	23 20	24 38	00 38
N 11	345 57.0	3 59.9	277 17.4 7.1	20 09.7	10.2	59.4		S 50	17 41	18 13	18 51	22 12	23 36	24 59	00 59
D 12	0 57.2	N 3 58.9	291 43.5 7.0	S20 19.9	10.0	59.4		52	17 40	18 14	18 53	22 17	23 43	25 09	01 09
A 13	15 57.4	57.9	306 09.5 6.9	20 29.9	10.0	59.4		54	17 39	18 14	18 55	22 22	23 52	25 21	01 21
Y 14	30 57.6	57.0	320 35.4 6.9	20 39.9	9.8	59.4		56	17 37	18 14	18 57	22 28	24 01	00 01	01 34
15	45 57.9 ..	56.0	335 01.3 6.8	20 49.7	9.7	59.4		58	17 35	18 14	19 00	22 35	24 12	00 12	01 49
16	60 58.1	55.1	349 27.1 6.7	20 59.4	9.5	59.4		S 60	17 33	18 15	19 03	22 43	24 25	00 25	02 07
17	75 58.3	54.1	3 52.8 6.6	21 08.9	9.4	59.4									
18	90 58.5	N 3 53.2	18 18.4 6.6	S21 18.3	9.3	59.4		Day	SUN Eqn. of Time 00h	SUN Eqn. of Time 12h	SUN Mer. Pass.	MOON Mer. Pass. Upper	MOON Mer. Pass. Lower	Age	Phase
19	105 58.7	52.2	32 44.0 6.5	21 27.6	9.2	59.4									
20	120 59.0	51.3	47 09.5 6.4	21 36.8	9.0	59.4									
21	135 59.2 ..	50.3	61 34.9 6.4	21 45.8	8.8	59.4		d	m s	m s	h m	h m	h m	d	%
22	150 59.4	49.3	76 00.3 6.3	21 54.6	8.7	59.4		10	02 56	03 06	11 57	14 56	02 31	03	15
23	165 59.6	48.4	90 25.6 6.2	S22 03.3	8.6	59.4		11	03 17	03 27	11 57	15 48	03 22	04	24
	SD 15.9	d 1.0	SD 16.2		16.2		16.2	12	03 38	03 48	11 56	16 44	04 16	05	35

2021 SEPTEMBER 13, 14, 15 (MON., TUES., WED.)

UT	ARIES GHA	VENUS −4.1 GHA / Dec	MARS +1.7 GHA / Dec	JUPITER −2.8 GHA / Dec	SATURN +0.3 GHA / Dec	STARS Name / SHA / Dec
d h	° ′	° ′ / ° ′	° ′ / ° ′	° ′ / ° ′	° ′ / ° ′	° ′ / ° ′
13 00	352 12.3	142 16.5 S13 13.9	173 03.9 N 1 16.7	25 11.6 S14 33.1	42 03.6 S19 10.7	Acamar 315 13.6 S40 12.9
01	7 14.8	157 16.2 15.0	188 04.9 16.1	40 14.3 33.2	57 06.2 10.7	Achernar 335 21.8 S57 07.5
02	22 17.2	172 16.0 16.2	203 05.9 15.4	55 17.0 33.3	72 08.8 10.8	Acrux 173 03.7 S63 13.1
03	37 19.7	187 15.8 .. 17.3	218 06.9 .. 14.7	70 19.7 .. 33.4	87 11.3 .. 10.8	Adhara 255 08.1 S28 59.8
04	52 22.2	202 15.5 18.5	233 07.9 14.1	85 22.4 33.5	102 13.9 10.8	Aldebaran 290 42.7 N16 33.1
05	67 24.6	217 15.3 19.6	248 08.9 13.4	100 25.2 33.6	117 16.5 10.8	
06	82 27.1	232 15.0 S13 20.8	263 09.8 N 1 12.8	115 27.9 S14 33.7	132 19.1 S19 10.9	Alioth 166 15.9 N55 50.8
07	97 29.5	247 14.8 21.9	278 10.8 12.1	130 30.6 33.7	147 21.6 10.9	Alkaid 152 54.6 N49 12.6
08	112 32.0	262 14.5 23.1	293 11.8 11.5	145 33.3 33.8	162 24.2 10.9	Alnair 27 35.9 S46 51.4
M 09	127 34.5	277 14.3 .. 24.2	308 12.8 .. 10.8	160 36.0 .. 33.9	177 26.8 .. 11.0	Alnilam 275 40.5 S 1 11.2
O 10	142 36.9	292 14.0 25.4	323 13.8 10.1	175 38.8 34.0	192 29.4 11.0	Alphard 217 50.7 S 8 44.9
N 11	157 39.4	307 13.8 26.5	338 14.8 09.5	190 41.5 34.1	207 31.9 11.0	
D 12	172 41.9	322 13.5 S13 27.7	353 15.8 N 1 08.8	205 44.2 S14 34.2	222 34.5 S19 11.0	Alphecca 126 06.2 N26 38.8
A 13	187 44.3	337 13.3 28.8	8 16.8 08.2	220 46.9 34.3	237 37.1 11.1	Alpheratz 357 37.2 N29 12.6
Y 14	202 46.8	352 13.0 29.9	23 17.8 07.5	235 49.6 34.3	252 39.7 11.1	Altair 62 02.4 N 8 55.7
15	217 49.3	7 12.8 .. 31.1	38 18.8 .. 06.8	250 52.3 .. 34.4	267 42.2 .. 11.1	Ankaa 353 09.5 S42 11.2
16	232 51.7	22 12.5 32.2	53 19.7 06.2	265 55.0 34.5	282 44.8 11.2	Antares 112 19.3 S26 28.7
17	247 54.2	37 12.3 33.4	68 20.7 05.5	280 57.8 34.6	297 47.4 11.2	
18	262 56.6	52 12.0 S13 34.5	83 21.7 N 1 04.9	296 00.5 S14 34.7	312 50.0 S19 11.2	Arcturus 145 50.7 N19 04.5
19	277 59.1	67 11.8 35.7	98 22.7 04.2	311 03.2 34.8	327 52.5 11.2	Atria 107 16.0 S69 04.1
20	293 01.6	82 11.5 36.8	113 23.7 03.6	326 05.9 34.9	342 55.1 11.3	Avior 234 16.2 S59 34.4
21	308 04.0	97 11.3 .. 37.9	128 24.7 .. 02.9	341 08.6 .. 34.9	357 57.7 .. 11.3	Bellatrix 278 25.8 N 6 22.2
22	323 06.5	112 11.0 39.1	143 25.7 02.3	356 11.3 35.0	13 00.2 11.3	Betelgeuse 270 55.1 N 7 24.7
23	338 09.0	127 10.8 40.2	158 26.7 01.6	11 14.1 35.1	28 02.8 11.4	
14 00	353 11.4	142 10.5 S13 41.4	173 27.7 N 1 00.9	26 16.8 S14 35.2	43 05.4 S19 11.4	Canopus 263 53.7 S52 42.1
01	8 13.9	157 10.3 42.5	188 28.7 1 00.3	41 19.5 35.3	58 08.0 11.4	Capella 280 25.9 N46 01.0
02	23 16.4	172 10.0 43.6	203 29.6 0 59.6	56 22.2 35.4	73 10.5 11.4	Deneb 49 27.3 N45 21.6
03	38 18.8	187 09.8 .. 44.8	218 30.6 .. 59.0	71 24.9 .. 35.4	88 13.1 .. 11.5	Denebola 182 28.1 N14 27.3
04	53 21.3	202 09.5 45.9	233 31.6 58.3	86 27.6 35.5	103 15.7 11.5	Diphda 348 49.7 S17 52.0
05	68 23.8	217 09.3 47.1	248 32.6 57.6	101 30.3 35.6	118 18.3 11.5	
06	83 26.2	232 09.0 S13 48.2	263 33.6 N 0 57.0	116 33.0 S14 35.7	133 20.8 S19 11.6	Dubhe 193 45.1 N61 38.2
07	98 28.7	247 08.8 49.3	278 34.6 56.3	131 35.8 35.8	148 23.4 11.6	Elnath 278 05.3 N28 37.5
08	113 31.1	262 08.5 50.5	293 35.6 55.7	146 38.5 35.9	163 26.0 11.6	Eltanin 90 43.4 N51 29.5
T 09	128 33.6	277 08.3 .. 51.6	308 36.6 .. 55.0	161 41.2 .. 35.9	178 28.5 .. 11.6	Enif 33 41.2 N 9 58.6
U 10	143 36.1	292 08.0 52.7	323 37.6 54.4	176 43.9 36.0	193 31.1 11.7	Fomalhaut 15 17.2 S29 30.4
E 11	158 38.5	307 07.7 53.9	338 38.6 53.7	191 46.6 36.1	208 33.7 11.7	
S 12	173 41.0	322 07.5 S13 55.0	353 39.5 N 0 53.0	206 49.3 S14 36.2	223 36.2 S19 11.7	Gacrux 171 55.2 S57 14.0
D 13	188 43.5	337 07.2 56.1	8 40.5 52.4	221 52.0 36.3	238 38.8 11.7	Gienah 175 46.7 S17 39.5
A 14	203 45.9	352 07.0 57.3	23 41.5 51.7	236 54.7 36.4	253 41.4 11.8	Hadar 148 40.3 S60 28.7
Y 15	218 48.4	7 06.7 .. 58.4	38 42.5 .. 51.1	251 57.4 .. 36.4	268 44.0 .. 11.8	Hamal 327 54.0 N23 33.8
16	233 50.9	22 06.5 13 59.5	53 43.5 50.4	267 00.2 36.5	283 46.5 11.8	Kaus Aust. 83 36.0 S34 22.5
17	248 53.3	37 06.2 14 00.7	68 44.5 49.8	282 02.9 36.6	298 49.1 11.9	
18	263 55.8	52 06.0 S14 01.8	83 45.5 N 0 49.1	297 05.6 S14 36.7	313 51.7 S19 11.9	Kochab 137 20.6 N74 04.3
19	278 58.3	67 05.7 02.9	98 46.5 48.4	312 08.3 36.8	328 54.2 11.9	Markab 13 32.3 N15 19.4
20	294 00.7	82 05.5 04.0	113 47.5 47.8	327 11.0 36.9	343 56.8 11.9	Menkar 314 08.8 N 4 10.5
21	309 03.2	97 05.2 .. 05.2	128 48.4 .. 47.1	342 13.7 .. 36.9	358 59.4 .. 12.0	Menkent 148 01.1 S36 28.5
22	324 05.6	112 05.0 06.3	143 49.4 46.5	357 16.4 37.0	14 01.9 12.0	Miaplacidus 221 39.5 S69 48.1
23	339 08.1	127 04.7 07.4	158 50.4 45.8	12 19.1 37.1	29 04.5 12.0	
15 00	354 10.6	142 04.4 S14 08.6	173 51.4 N 0 45.1	27 21.8 S14 37.2	44 07.1 S19 12.0	Mirfak 308 31.9 N49 56.1
01	9 13.0	157 04.2 09.7	188 52.4 44.5	42 24.5 37.3	59 09.7 12.1	Nunki 75 51.0 S26 16.2
02	24 15.5	172 03.9 10.8	203 53.4 43.8	57 27.2 37.3	74 12.2 12.1	Peacock 53 09.6 S56 40.0
03	39 18.0	187 03.7 .. 11.9	218 54.4 .. 43.2	72 30.0 .. 37.4	89 14.8 .. 12.1	Pollux 243 20.8 N27 58.4
04	54 20.4	202 03.4 13.1	233 55.4 42.5	87 32.7 37.5	104 17.4 12.2	Procyon 244 53.9 N 5 10.3
05	69 22.9	217 03.1 14.2	248 56.4 41.9	102 35.4 37.6	119 19.9 12.2	
06	84 25.4	232 02.9 S14 15.3	263 57.3 N 0 41.2	117 38.1 S14 37.7	134 22.5 S19 12.2	Rasalhague 96 01.1 N12 32.9
07	99 27.8	247 02.6 16.4	278 58.3 40.5	132 40.8 37.8	149 25.1 12.2	Regulus 207 37.6 N11 51.9
08	114 30.3	262 02.4 17.6	293 59.3 39.9	147 43.5 37.8	164 27.6 12.3	Rigel 281 06.5 S 8 10.5
W 09	129 32.8	277 02.1 .. 18.7	309 00.3 .. 39.2	162 46.2 .. 37.9	179 30.2 .. 12.3	Rigil Kent. 139 44.4 S60 55.5
E 10	144 35.2	292 01.8 19.8	324 01.3 38.6	177 48.9 38.0	194 32.8 12.3	Sabik 102 05.9 S15 45.0
D 11	159 37.7	307 01.6 20.9	339 02.3 37.9	192 51.6 38.1	209 35.3 12.3	
N 12	174 40.1	322 01.3 S14 22.0	354 03.3 N 0 37.2	207 54.3 S14 38.2	224 37.9 S19 12.4	Schedar 349 33.5 N56 39.3
E 13	189 42.6	337 01.1 23.2	9 04.3 36.6	222 57.0 38.2	239 40.5 12.4	Shaula 96 14.0 S37 07.2
S 14	204 45.1	352 00.8 24.3	24 05.3 35.9	237 59.7 38.3	254 43.0 12.4	Sirius 258 28.7 S16 44.5
D 15	219 47.5	7 00.5 .. 25.4	39 06.2 .. 35.3	253 02.4 .. 38.4	269 45.6 .. 12.4	Spica 158 25.4 S11 16.3
A 16	234 50.0	22 00.3 26.5	54 07.2 34.6	268 05.1 38.5	284 48.2 12.5	Suhail 222 48.6 S43 30.9
Y 17	249 52.5	37 00.0 27.6	69 08.2 34.0	283 07.8 38.6	299 50.7 12.5	
18	264 54.9	51 59.8 S14 28.8	84 09.2 N 0 33.3	298 10.5 S14 38.6	314 53.3 S19 12.5	Vega 80 34.9 N38 48.5
19	279 57.4	66 59.5 29.9	99 10.2 32.6	313 13.2 38.7	329 55.9 12.6	Zuben'ubi 136 59.2 S16 07.8
20	294 59.9	81 59.2 31.0	114 11.2 32.0	328 15.9 38.8	344 58.4 12.6	SHA Mer. Pass.
21	310 02.3	96 59.0 .. 32.1	129 12.2 .. 31.3	343 18.7 .. 38.9	0 01.0 .. 12.6	° ′ h m
22	325 04.8	111 58.7 33.2	144 13.2 30.7	358 21.4 39.0	15 03.6 12.6	Venus 148 59.1 14 32
23	340 07.3	126 58.4 34.3	159 14.1 30.0	13 24.1 39.0	30 06.1 12.7	Mars 180 16.2 12 25
	h m					Jupiter 33 05.3 22 11
Mer. Pass.	0 27.2	v −0.3 d 1.1	v 1.0 d 0.7	v 2.7 d 0.1	v 2.6 d 0.0	Saturn 49 54.0 21 04

2021 SEPTEMBER 13, 14, 15 (MON., TUES., WED.)

UT	SUN GHA	SUN Dec	MOON GHA	MOON v	MOON Dec	MOON d	MOON HP	Lat.	Twilight Naut.	Twilight Civil	Sunrise	Moonrise 13	Moonrise 14	Moonrise 15	Moonrise 16
d h	° '	° '	° '	'	° '	'	'	°	h m	h m	h m	h m	h m	h m	h m
13 00	180 59.9	N 3 47.4	104 50.8	6.2	S22 11.9	8.5	59.4	N 72	02 00	03 51	05 03	■■■	■■■	■■■	■■■
01	196 00.1	46.5	119 16.0	6.1	22 20.4	8.2	59.4	N 70	02 34	04 04	05 09	■■■	■■■	■■■	■■■
02	211 00.3	45.5	133 41.1	6.0	22 28.6	8.2	59.4	68	02 57	04 15	05 13	■■■	■■■	■■■	■■■
03	226 00.5	.. 44.6	148 06.1	6.0	22 36.8	8.0	59.3	66	03 15	04 24	05 17	■■■	■■■	■■■	20 14
04	241 00.7	43.6	162 31.1	5.9	22 44.8	7.8	59.3	64	03 30	04 32	05 21	16 10	■■■	19 10	19 01
05	256 01.0	42.6	176 56.0	5.9	22 52.6	7.7	59.3	62	03 41	04 38	05 23	15 29	17 04	18 01	18 25
								60	03 51	04 43	05 26	15 00	16 27	17 26	17 59
06	271 01.2	N 3 41.7	191 20.9	5.8	S23 00.3	7.6	59.3	N 58	03 59	04 48	05 28	14 39	16 01	17 00	17 38
07	286 01.4	40.7	205 45.7	5.7	23 07.9	7.4	59.3	56	04 06	04 52	05 30	14 21	15 40	16 40	17 21
08	301 01.6	39.8	220 10.4	5.7	23 15.3	7.2	59.3	54	04 13	04 56	05 32	14 06	15 23	16 23	17 06
M 09	316 01.9	.. 38.8	234 35.1	5.6	23 22.5	7.1	59.3	52	04 18	04 59	05 33	13 53	15 08	16 08	16 54
O 10	331 02.1	37.9	248 59.7	5.6	23 29.6	7.0	59.3	50	04 23	05 02	05 35	13 42	14 55	15 56	16 42
N 11	346 02.3	36.9	263 24.3	5.5	23 36.6	6.8	59.3	45	04 33	05 08	05 38	13 18	14 29	15 30	16 19
D 12	1 02.5	N 3 35.9	277 48.8	5.4	S23 43.4	6.6	59.2	N 40	04 41	05 13	05 40	12 59	14 08	15 09	16 00
A 13	16 02.7	35.0	292 13.2	5.4	23 50.0	6.5	59.3	35	04 47	05 17	05 42	12 43	13 50	14 51	15 44
Y 14	31 03.0	34.0	306 37.6	5.4	23 56.5	6.3	59.3	30	04 52	05 20	05 44	12 30	13 36	14 36	15 31
15	46 03.2	.. 33.1	321 02.0	5.3	24 02.8	6.1	59.2	20	04 59	05 25	05 47	12 07	13 10	14 11	15 07
16	61 03.4	32.1	335 26.3	5.2	24 08.9	6.0	59.2	N 10	05 04	05 29	05 50	11 47	12 48	13 49	14 47
17	76 03.6	31.2	349 50.5	5.3	24 14.9	5.8	59.2	0	05 08	05 32	05 52	11 28	12 28	13 29	14 28
18	91 03.9	N 3 30.2	4 14.8	5.1	S24 20.7	5.7	59.2	S 10	05 09	05 34	05 55	11 10	12 08	13 08	14 09
19	106 04.1	29.2	18 38.9	5.1	24 26.4	5.5	59.2	20	05 09	05 35	05 57	10 50	11 46	12 46	13 48
20	121 04.3	28.3	33 03.0	5.1	24 31.9	5.4	59.2	30	05 08	05 36	05 59	10 28	11 21	12 21	13 25
21	136 04.5	.. 27.3	47 27.1	5.0	24 37.3	5.1	59.2	35	05 06	05 36	06 01	10 14	11 07	12 06	13 11
22	151 04.7	26.4	61 51.1	5.0	24 42.4	5.0	59.2	40	05 04	05 35	06 02	09 59	10 50	11 49	12 55
23	166 05.0	25.4	76 15.1	5.0	24 47.4	4.9	59.2	45	05 01	05 35	06 04	09 41	10 30	11 28	12 36
14 00	181 05.2	N 3 24.4	90 39.1	4.9	S24 52.3	4.7	59.2	S 50	04 57	05 34	06 06	09 19	10 04	11 02	12 12
01	196 05.4	23.5	105 03.0	4.9	24 57.0	4.5	59.2	52	04 54	05 34	06 07	09 09	09 52	10 49	12 00
02	211 05.6	22.5	119 26.9	4.9	25 01.5	4.3	59.1	54	04 52	05 33	06 08	08 57	09 38	10 35	11 47
03	226 05.9	.. 21.6	133 50.8	4.8	25 05.8	4.2	59.1	56	04 49	05 32	06 09	08 43	09 22	10 18	11 31
04	241 06.1	20.6	148 14.6	4.8	25 10.0	4.0	59.1	58	04 46	05 32	06 10	08 28	09 02	09 57	11 13
05	256 06.3	19.6	162 38.4	4.7	25 14.0	3.9	59.1	S 60	04 42	05 31	06 12	08 09	08 38	09 31	10 51
06	271 06.5	N 3 18.7	177 02.1	4.8	S25 17.9	3.6	59.1	Lat.	Sunset	Twilight Civil	Twilight Naut.	Moonset 13	Moonset 14	Moonset 15	Moonset 16
07	286 06.7	17.7	191 25.9	4.7	25 21.5	3.5	59.1								
T 08	301 07.0	16.8	205 49.6	4.7	25 25.0	3.4	59.1								
U 09	316 07.2	.. 15.8	220 13.3	4.6	25 28.4	3.1	59.1	°	h m	h m	h m	h m	h m	h m	h m
E 10	331 07.4	14.8	234 36.9	4.7	25 31.5	3.0	59.1	N 72	18 45	19 57	21 43	■■■	■■■	■■■	■■■
S 11	346 07.6	13.9	249 00.6	4.6	25 34.5	2.8	59.0	N 70	18 40	19 43	21 12	■■■	■■■	■■■	■■■
D 12	1 07.9	N 3 12.9	263 24.2	4.7	S25 37.3	2.7	59.0	68	18 35	19 33	20 49	■■■	■■■	■■■	■■■
A 13	16 08.1	12.0	277 47.9	4.6	25 40.0	2.4	59.0	66	18 32	19 24	20 32	■■■	■■■	■■■	21 19
Y 14	31 08.3	11.0	292 11.5	4.6	25 42.4	2.3	59.0	64	18 29	19 17	20 20	■■■	■■■	20 20	22 31
15	46 08.5	.. 10.0	306 35.1	4.5	25 44.7	2.1	59.0	62	18 26	19 11	20 07	19 06	■■■	21 28	23 07
16	61 08.8	09.1	320 58.6	4.6	25 46.8	2.0	59.0	60	18 24	19 06	19 58	19 48	20 19	22 04	23 33
17	76 09.0	08.1	335 22.2	4.6	25 48.8	1.8	59.0	N 58	18 22	19 01	19 50	20 17	20 56	22 29	23 53
18	91 09.2	N 3 07.2	349 45.8	4.6	S25 50.6	1.6	59.0	56	18 20	18 57	19 43	20 39	21 23	22 49	24 10
19	106 09.4	06.2	4 09.4	4.5	25 52.2	1.4	58.9	54	18 18	18 54	19 37	20 57	21 44	23 06	24 24
20	121 09.6	05.2	18 32.9	4.6	25 53.6	1.3	58.9	52	18 17	18 51	19 32	21 13	22 01	23 20	24 36
21	136 09.9	.. 04.3	32 56.5	4.6	25 54.9	1.0	58.9	50	18 15	18 48	19 27	21 26	22 16	23 33	24 47
22	151 10.1	03.3	47 20.1	4.5	25 55.9	1.0	58.9	45	18 13	18 42	19 17	21 38	22 29	23 59	25 10
23	166 10.3	02.3	61 43.6	4.6	25 56.9	0.7	58.9					22 02	22 55		
15 00	181 10.5	N 3 01.4	76 07.2	4.6	S25 57.6	0.6	58.9	N 40	18 10	18 37	19 09	22 22	23 16	24 19	00 19
01	196 10.8	3 00.4	90 30.8	4.6	25 58.2	0.3	58.9	35	18 08	18 34	19 03	22 38	23 34	24 36	00 36
02	211 11.0	2 59.5	104 54.4	4.6	25 58.5	0.3	58.9	30	18 06	18 30	18 58	22 52	23 49	24 51	00 51
03	226 11.2	.. 58.5	119 18.0	4.7	25 58.8	0.0	58.8	20	18 03	18 26	18 51	23 16	24 15	00 15	01 16
04	241 11.4	57.5	133 41.7	4.6	25 58.8	0.1	58.8	N 10	18 01	18 22	18 46	23 37	24 37	00 37	01 37
05	256 11.7	56.6	148 05.3	4.7	25 58.7	0.3	58.8	0	17 59	18 19	18 43	23 57	24 57	00 57	01 57
06	271 11.9	N 2 55.6	162 29.0	4.6	S25 58.4	0.5	58.8	S 10	17 57	18 18	18 42	24 16	00 16	01 18	02 17
W 07	286 12.1	54.7	176 52.6	4.7	25 57.9	0.6	58.8	20	17 54	18 16	18 42	24 37	00 37	01 40	02 38
E 08	301 12.3	53.7	191 16.3	4.8	25 57.3	0.7	58.8	30	17 52	18 16	18 44	25 01	01 01	02 05	03 03
D 09	316 12.5	.. 52.7	205 40.1	4.8	25 56.4	0.9	58.8	35	17 51	18 16	18 45	00 06	01 16	02 20	03 17
N 10	331 12.8	51.8	220 03.8	4.8	25 55.5	1.2	58.7	40	17 49	18 16	18 48	00 21	01 32	02 37	03 34
E 11	346 13.0	50.8	234 27.6	4.8	25 54.3	1.3	58.7	45	17 48	18 17	18 51	00 38	01 52	02 58	03 54
S 12	1 13.2	N 2 49.8	248 51.4	4.9	S25 53.0	1.5	58.7	S 50	17 46	18 18	18 55	00 59	02 17	03 25	04 18
D 13	16 13.4	48.9	263 15.3	4.8	25 51.5	1.7	58.7	52	17 45	18 18	18 58	01 09	02 29	03 37	04 30
A 14	31 13.7	47.9	277 39.1	5.0	25 49.8	1.8	58.7	54	17 44	18 19	19 00	01 21	02 43	03 52	04 44
Y 15	46 13.9	.. 47.0	292 03.1	4.9	25 48.0	2.1	58.7	56	17 43	18 20	19 03	01 34	02 59	04 09	04 59
16	61 14.1	46.0	306 27.0	5.0	25 45.9	2.1	58.7	58	17 42	18 21	19 07	01 49	03 18	04 29	05 18
17	76 14.3	45.0	320 51.0	5.0	25 43.8	2.4	58.7	S 60	17 40	18 22	19 11	02 07	03 42	04 55	05 41
18	91 14.6	N 2 44.1	335 15.0	5.1	S25 41.4	2.5	58.6		SUN			MOON			
19	106 14.8	43.1	349 39.1	5.1	25 38.9	2.7	58.6	Day	Eqn. of Time		Mer. Pass.	Mer. Pass. Upper	Mer. Pass. Lower	Age	Phase
20	121 15.0	42.1	4 03.2	5.2	25 36.2	2.8	58.6		00h	12h					
21	136 15.2	.. 41.2	18 27.4	5.2	25 33.4	3.0	58.6	d	m s	m s	h m	h m	h m	d	%
22	151 15.5	40.2	32 51.6	5.3	25 30.4	3.2	58.6	13	03 59	04 10	11 56	17 42	05 13	06	46
23	166 15.7	39.2	47 15.9	5.3	S25 27.2	3.3	58.6	14	04 20	04 31	11 55	18 43	06 12	07	57
	SD 15.9	d 1.0	SD 16.2		16.1		16.0	15	04 42	04 52	11 55	19 43	07 13	08	68

2021 SEPTEMBER 16, 17, 18 (THURS., FRI., SAT.)

UT	ARIES GHA	VENUS −4.1 GHA / Dec	MARS +1.7 GHA / Dec	JUPITER −2.8 GHA / Dec	SATURN +0.3 GHA / Dec	STARS Name / SHA / Dec
d h	° ′	° ′ ° ′	° ′ ° ′	° ′ ° ′	° ′ ° ′	° ′ ° ′
16 00	355 09.7	141 58.2 S14 35.5	174 15.1 N 0 29.3	28 26.8 S14 39.1	45 08.7 S19 12.7	Acamar 315 13.6 S40 12.9
01	10 12.2	156 57.9 36.6	189 16.1 28.7	43 29.5 39.2	60 11.3 12.7	Achernar 335 21.8 S57 07.5
02	25 14.6	171 57.7 37.7	204 17.1 28.0	58 32.2 39.3	75 13.8 12.7	Acrux 173 03.7 S63 13.1
03	40 17.1	186 57.4 .. 38.8	219 18.1 .. 27.4	73 34.9 .. 39.4	90 16.4 .. 12.8	Adhara 255 08.1 S28 59.8
04	55 19.6	201 57.1 39.9	234 19.1 26.7	88 37.6 39.4	105 19.0 12.8	Aldebaran 290 42.6 N16 33.2
05	70 22.0	216 56.9 41.0	249 20.1 26.1	103 40.3 39.5	120 21.5 12.8	
06	85 24.5	231 56.6 S14 42.1	264 21.1 N 0 25.4	118 43.0 S14 39.6	135 24.1 S19 12.8	Alioth 166 15.9 N55 50.8
07	100 27.0	246 56.3 43.2	279 22.0 24.7	133 45.7 39.7	150 26.7 12.9	Alkaid 152 54.6 N49 12.6
T 08	115 29.4	261 56.1 44.4	294 23.0 24.1	148 48.4 39.8	165 29.2 12.9	Alnair 27 35.9 S46 51.4
H 09	130 31.9	276 55.8 .. 45.5	309 24.0 .. 23.4	163 51.1 .. 39.8	180 31.8 .. 12.9	Alnilam 275 40.5 S 1 11.2
U 10	145 34.4	291 55.5 46.6	324 25.0 22.8	178 53.8 39.9	195 34.3 12.9	Alphard 217 50.7 S 8 44.9
R 11	160 36.8	306 55.3 47.7	339 26.0 22.1	193 56.5 40.0	210 36.9 13.0	
S 12	175 39.3	321 55.0 S14 48.8	354 27.0 N 0 21.4	208 59.2 S14 40.1	225 39.5 S19 13.0	Alphecca 126 06.2 N26 38.8
D 13	190 41.7	336 54.7 49.9	9 28.0 20.8	224 01.9 40.2	240 42.0 13.0	Alpheratz 357 37.2 N29 12.6
A 14	205 44.2	351 54.5 51.0	24 29.0 20.1	239 04.6 40.2	255 44.6 13.0	Altair 62 02.4 N 8 55.7
Y 15	220 46.7	6 54.2 .. 52.1	39 29.9 .. 19.5	254 07.3 .. 40.3	270 47.2 .. 13.1	Ankaa 353 09.4 S42 11.2
16	235 49.1	21 53.9 53.2	54 30.9 18.8	269 10.0 40.4	285 49.7 13.1	Antares 112 19.3 S26 28.7
17	250 51.6	36 53.7 54.3	69 31.9 18.1	284 12.7 40.5	300 52.3 13.1	
18	265 54.1	51 53.4 S14 55.4	84 32.9 N 0 17.5	299 15.4 S14 40.5	315 54.9 S19 13.1	Arcturus 145 50.7 N19 04.4
19	280 56.5	66 53.1 56.5	99 33.9 16.8	314 18.1 40.6	330 57.4 13.2	Atria 107 16.0 S69 04.1
20	295 59.0	81 52.9 57.6	114 34.9 16.2	329 20.8 40.7	346 00.0 13.2	Avior 234 16.2 S59 34.4
21	311 01.5	96 52.6 .. 58.7	129 35.9 .. 15.5	344 23.5 .. 40.8	1 02.5 .. 13.2	Bellatrix 278 25.8 N 6 22.2
22	326 03.9	111 52.3 14 59.8	144 36.9 14.9	359 26.2 40.9	16 05.1 13.2	Betelgeuse 270 55.0 N 7 24.7
23	341 06.4	126 52.1 15 00.9	159 37.8 14.2	14 28.9 40.9	31 07.7 13.3	
17 00	356 08.9	141 51.8 S15 02.1	174 38.8 N 0 13.5	29 31.6 S14 41.0	46 10.2 S19 13.3	Canopus 263 53.7 S52 42.1
01	11 11.3	156 51.5 03.2	189 39.8 12.9	44 34.3 41.1	61 12.8 13.3	Capella 280 25.8 N46 01.0
02	26 13.8	171 51.3 04.3	204 40.8 12.2	59 37.0 41.2	76 15.3 13.3	Deneb 49 27.3 N45 21.7
03	41 16.2	186 51.0 .. 05.4	219 41.8 .. 11.6	74 39.6 .. 41.2	91 17.9 .. 13.4	Denebola 182 28.1 N14 27.3
04	56 18.7	201 50.7 06.5	234 42.8 10.9	89 42.3 41.3	106 20.5 13.4	Diphda 348 49.7 S17 52.0
05	71 21.2	216 50.4 07.6	249 43.8 10.2	104 45.0 41.4	121 23.0 13.4	
06	86 23.6	231 50.2 S15 08.7	264 44.7 N 0 09.6	119 47.7 S14 41.5	136 25.6 S19 13.4	Dubhe 193 45.1 N61 38.1
07	101 26.1	246 49.9 09.7	279 45.7 08.9	134 50.4 41.5	151 28.2 13.5	Elnath 278 05.3 N28 37.5
08	116 28.6	261 49.6 10.8	294 46.7 08.3	149 53.1 41.6	166 30.7 13.5	Eltanin 90 43.4 N51 29.5
F 09	131 31.0	276 49.4 .. 11.9	309 47.7 .. 07.6	164 55.8 .. 41.7	181 33.3 .. 13.5	Enif 33 41.2 N 9 58.6
R 10	146 33.5	291 49.1 13.0	324 48.7 06.9	179 58.5 41.8	196 35.8 13.5	Fomalhaut 15 17.2 S29 30.4
I 11	161 36.0	306 48.8 14.1	339 49.7 06.3	195 01.2 41.9	211 38.4 13.6	
D 12	176 38.4	321 48.5 S15 15.2	354 50.7 N 0 05.6	210 03.9 S14 41.9	226 41.0 S19 13.6	Gacrux 171 55.2 S57 14.0
A 13	191 40.9	336 48.3 16.3	9 51.7 05.0	225 06.6 42.0	241 43.5 13.6	Gienah 175 46.7 S17 39.5
Y 14	206 43.4	351 48.0 17.4	24 52.6 04.3	240 09.3 42.1	256 46.1 13.6	Hadar 148 40.3 S60 28.6
15	221 45.8	6 47.7 .. 18.5	39 53.6 .. 03.7	255 12.0 .. 42.2	271 48.6 .. 13.7	Hamal 327 54.0 N23 33.8
16	236 48.3	21 47.4 19.6	54 54.6 03.0	270 14.7 42.2	286 51.2 13.7	Kaus Aust. 83 36.0 S34 22.5
17	251 50.7	36 47.2 20.7	69 55.6 02.3	285 17.4 42.3	301 53.8 13.7	
18	266 53.2	51 46.9 S15 21.8	84 56.6 N 0 01.7	300 20.1 S14 42.4	316 56.3 S19 13.7	Kochab 137 20.6 N74 04.3
19	281 55.7	66 46.6 22.9	99 57.6 01.0	315 22.8 42.5	331 58.9 13.8	Markab 13 32.3 N15 19.4
20	296 58.1	81 46.3 24.0	114 58.6 N 00.4	330 25.5 42.5	347 01.4 13.8	Menkar 314 08.8 N 4 10.5
21	312 00.6	96 46.1 .. 25.1	129 59.5 S 00.3	345 28.1 .. 42.6	2 04.0 .. 13.8	Menkent 148 01.1 S36 28.5
22	327 03.1	111 45.8 26.2	145 00.5 01.0	0 30.8 42.7	17 06.5 13.8	Miaplacidus 221 39.5 S69 48.1
23	342 05.5	126 45.5 27.2	160 01.5 01.6	15 33.5 42.8	32 09.1 13.9	
18 00	357 08.0	141 45.2 S15 28.3	175 02.5 S 0 02.3	30 36.2 S14 42.8	47 11.7 S19 13.9	Mirfak 308 31.8 N49 56.1
01	12 10.5	156 45.0 29.4	190 03.5 02.9	45 38.9 42.9	62 14.2 13.9	Nunki 75 51.0 S26 16.2
02	27 12.9	171 44.7 30.5	205 04.5 03.6	60 41.6 43.0	77 16.8 13.9	Peacock 53 09.6 S56 40.1
03	42 15.4	186 44.4 .. 31.6	220 05.5 .. 04.3	75 44.3 .. 43.1	92 19.3 .. 14.0	Pollux 243 20.8 N27 58.4
04	57 17.8	201 44.1 32.7	235 06.4 04.9	90 47.0 43.1	107 21.9 14.0	Procyon 244 53.8 N 5 10.3
05	72 20.3	216 43.9 33.8	250 07.4 05.6	105 49.7 43.2	122 24.5 14.0	
06	87 22.8	231 43.6 S15 34.8	265 08.4 S 0 06.2	120 52.4 S14 43.3	137 27.0 S19 14.0	Rasalhague 96 01.1 N12 32.9
07	102 25.2	246 43.3 35.9	280 09.4 06.9	135 55.0 43.4	152 29.6 14.1	Regulus 207 37.6 N11 51.8
S 08	117 27.7	261 43.0 37.0	295 10.4 07.6	150 57.7 43.4	167 32.1 14.1	Rigel 281 06.4 S 8 10.5
A 09	132 30.2	276 42.8 .. 38.1	310 11.4 .. 08.2	166 00.4 .. 43.5	182 34.7 .. 14.1	Rigil Kent. 139 44.5 S60 55.5
T 10	147 32.6	291 42.5 39.2	325 12.4 08.9	181 03.1 43.6	197 37.2 14.1	Sabik 102 05.9 S15 45.0
U 11	162 35.1	306 42.2 40.3	340 13.3 09.5	196 05.8 43.7	212 39.8 14.2	
R 12	177 37.6	321 41.9 S15 41.3	355 14.3 S 0 10.2	211 08.5 S14 43.7	227 42.3 S19 14.2	Schedar 349 33.5 N56 39.3
D 13	192 40.0	336 41.6 42.4	10 15.3 10.9	226 11.2 43.8	242 44.9 14.2	Shaula 96 14.1 S37 07.2
A 14	207 42.5	351 41.4 43.5	25 16.3 11.5	241 13.9 43.9	257 47.5 14.2	Sirius 258 28.7 S16 44.5
Y 15	222 45.0	6 41.1 .. 44.6	40 17.3 .. 12.2	256 16.6 .. 44.0	272 50.0 .. 14.2	Spica 158 25.4 S11 16.3
16	237 47.4	21 40.8 45.7	55 18.3 12.8	271 19.2 44.0	287 52.6 14.3	Suhail 222 48.6 S43 30.9
17	252 49.9	36 40.5 46.7	70 19.3 13.5	286 21.9 44.1	302 55.1 14.3	
18	267 52.3	51 40.2 S15 47.8	85 20.2 S 0 14.1	301 24.6 S14 44.2	317 57.7 S19 14.3	Vega 80 35.0 N38 48.5
19	282 54.8	66 40.0 48.9	100 21.2 14.8	316 27.3 44.3	333 00.2 14.3	Zuben'ubi 136 59.2 S16 07.8
20	297 57.3	81 39.7 50.0	115 22.2 15.5	331 30.0 44.3	348 02.8 14.4	
21	312 59.7	96 39.4 .. 51.0	130 23.2 .. 16.1	346 32.7 .. 44.4	3 05.4 .. 14.4	SHA / Mer. Pass.
22	328 02.2	111 39.1 52.1	145 24.2 16.8	1 35.4 44.5	18 07.9 14.4	Venus 145 42.9 / 14 33
23	343 04.7	126 38.8 53.2	160 25.2 17.4	16 38.0 44.5	33 10.5 14.4	Mars 178 30.0 / 12 21
Mer. Pass.	h m / 0 15.4	v −0.3 d 1.1	v 1.0 d 0.7	v 2.7 d 0.1	v 2.6 d 0.0	Jupiter 33 22.7 / 21 58 Saturn 50 01.4 / 20 52

2021 SEPTEMBER 16, 17, 18 (THURS., FRI., SAT.)

UT	SUN GHA	SUN Dec	MOON GHA	MOON v	MOON Dec	MOON d	MOON HP	Lat.	Twilight Naut.	Twilight Civil	Sunrise	Moonrise 16	Moonrise 17	Moonrise 18	Moonrise 19
d h	° '	° '	° '	'	° '	'	'	°	h m	h m	h m	h m	h m	h m	h m
16 00	181 15.9	N 2 38.3	61 40.2	5.4	S25 23.9	3.5	58.5	N 72	02 25	04 06	05 17	■■	■■	20 39	19 43
01	196 16.1	37.3	76 04.6	5.4	25 20.4	3.7	58.5	N 70	02 52	04 18	05 21	■■	■■	19 59	19 25
02	211 16.3	36.4	90 29.0	5.5	25 16.7	3.8	58.5	68	03 12	04 27	05 24	■■	20 09	19 30	19 10
03	226 16.6	35.4	104 53.5	5.5	25 12.9	4.0	58.5	66	03 28	04 34	05 27	20 14	19 25	19 09	18 58
04	241 16.8	34.4	119 18.0	5.6	25 08.9	4.1	58.5	64	03 40	04 41	05 29	19 01	18 56	18 52	18 47
05	256 17.0	33.5	133 42.6	5.7	25 04.8	4.3	58.5	62	03 51	04 46	05 31	18 25	18 34	18 37	18 39
06	271 17.2	N 2 32.5	148 07.3	5.7	S25 00.5	4.4	58.5	60	03 59	04 51	05 33	17 59	18 16	18 25	18 31
T 07	286 17.5	31.5	162 32.0	5.8	24 56.1	4.7	58.4	N 58	04 07	04 55	05 34	17 38	18 00	18 15	18 24
H 08	301 17.7	30.6	176 56.8	5.8	24 51.4	4.7	58.4	56	04 13	04 58	05 36	17 21	17 47	18 05	18 18
U 09	316 17.9	29.6	191 21.6	5.9	24 46.7	4.9	58.4	54	04 19	05 01	05 37	17 06	17 36	17 57	18 13
R 10	331 18.1	28.6	205 46.5	6.0	24 41.8	5.1	58.4	52	04 24	05 04	05 38	16 54	17 26	17 50	18 08
S 11	346 18.4	27.7	220 11.5	6.1	24 36.7	5.2	58.4	50	04 28	05 07	05 39	16 42	17 17	17 43	18 04
D 12	1 18.6	N 2 26.7	234 36.6	6.1	S24 31.5	5.4	58.4	45	04 37	05 12	05 41	16 19	16 58	17 29	17 54
A 13	16 18.8	25.7	249 01.7	6.2	24 26.1	5.5	58.3	N 40	04 44	05 16	05 43	16 00	16 42	17 17	17 46
Y 14	31 19.0	24.8	263 26.9	6.3	24 20.6	5.7	58.3	35	04 49	05 19	05 44	15 44	16 29	17 07	17 39
15	46 19.3	23.8	277 52.2	6.3	24 14.9	5.8	58.3	30	04 54	05 22	05 46	15 31	16 17	16 58	17 33
16	61 19.5	22.8	292 17.5	6.4	24 09.1	6.0	58.3	20	05 00	05 26	05 48	15 07	15 58	16 42	17 23
17	76 19.7	21.9	306 42.9	6.5	24 03.1	6.1	58.3	N 10	05 04	05 29	05 50	14 47	15 40	16 29	17 13
18	91 19.9	N 2 20.9	321 08.4	6.6	S23 57.0	6.3	58.3	0	05 06	05 30	05 51	14 28	15 24	16 16	17 05
19	106 20.2	20.0	335 34.0	6.6	23 50.7	6.4	58.2	S 10	05 07	05 32	05 53	14 09	15 08	16 03	16 56
20	121 20.4	19.0	349 59.6	6.8	23 44.3	6.5	58.2	20	05 07	05 32	05 54	13 48	14 50	15 50	16 46
21	136 20.6	18.0	4 25.4	6.8	23 37.8	6.7	58.2	30	05 04	05 32	05 56	13 25	14 30	15 34	16 36
22	151 20.8	17.1	18 51.2	6.9	23 31.1	6.8	58.2	35	05 02	05 31	05 56	13 11	14 18	15 25	16 29
23	166 21.1	16.1	33 17.1	6.9	23 24.3	7.0	58.2	40	04 59	05 30	05 57	12 55	14 04	15 14	16 22
								45	04 55	05 29	05 58	12 36	13 48	15 02	16 14
17 00	181 21.3	N 2 15.1	47 43.0	7.1	S23 17.3	7.1	58.2	S 50	04 50	05 27	06 00	12 12	13 28	14 47	16 04
01	196 21.5	14.2	62 09.1	7.1	23 10.2	7.2	58.1	52	04 47	05 26	06 00	12 00	13 19	14 39	15 59
02	211 21.7	13.2	76 35.2	7.3	23 03.0	7.4	58.1	54	04 44	05 26	06 01	11 47	13 08	14 32	15 54
03	226 21.9	12.2	91 01.5	7.3	22 55.6	7.5	58.1	56	04 41	05 24	06 01	11 31	12 56	14 23	15 48
04	241 22.2	11.3	105 27.8	7.4	22 48.1	7.6	58.1	58	04 37	05 23	06 02	11 13	12 41	14 13	15 42
05	256 22.4	10.3	119 54.2	7.5	22 40.5	7.8	58.1	S 60	04 33	05 21	06 03	10 51	12 25	14 01	15 34
06	271 22.6	N 2 09.3	134 20.7	7.5	S22 32.7	7.9	58.1	Lat.	Sunset	Twilight Civil	Twilight Naut.	Moonset 16	Moonset 17	Moonset 18	Moonset 19
07	286 22.8	08.4	148 47.2	7.7	22 24.8	8.0	58.0								
08	301 23.1	07.4	163 13.9	7.7	22 16.8	8.2	58.0	°	h m	h m	h m	h m	h m	h m	h m
F 09	316 23.3	06.4	177 40.6	7.9	22 08.6	8.2	58.0	N 72	18 29	19 39	21 18	■■	■■	■■	00 39
R 10	331 23.5	05.5	192 07.5	7.9	22 00.4	8.4	58.0	N 70	18 26	19 28	20 52	■■	■■	■■	01 18
I 11	346 23.7	04.5	206 34.4	8.0	21 52.0	8.5	58.0	68	18 23	19 19	20 33	■■	23 20	25 45	01 45
D 12	1 24.0	N 2 03.5	221 01.4	8.1	S21 43.5	8.7	58.0	66	18 20	19 12	20 18	21 19	24 03	00 03	02 05
A 13	16 24.2	02.6	235 28.5	8.2	21 34.8	8.8	57.9	64	18 18	19 06	20 06	22 31	24 31	00 31	02 21
Y 14	31 24.4	01.6	249 55.7	8.3	21 26.0	8.8	57.9	62	18 16	19 01	19 56	23 07	24 52	00 52	02 34
15	46 24.6	2 00.6	264 23.0	8.3	21 17.2	9.0	57.9	60	18 15	18 57	19 48	23 33	25 10	01 10	02 46
16	61 24.9	1 59.7	278 50.3	8.5	21 08.2	9.1	57.9	N 58	18 13	18 53	19 40	23 53	25 24	01 24	02 55
17	76 25.1	58.7	293 17.8	8.6	20 59.1	9.3	57.9	56	18 12	18 49	19 34	24 10	00 10	01 37	03 04
18	91 25.3	N 1 57.7	307 45.4	8.6	S20 49.8	9.3	57.8	54	18 11	18 46	19 29	24 24	00 24	01 47	03 11
19	106 25.5	56.8	322 13.0	8.8	20 40.5	9.4	57.8	52	18 10	18 44	19 24	24 36	00 36	01 57	03 18
20	121 25.8	55.8	336 40.8	8.8	20 31.1	9.6	57.8	50	18 09	18 41	19 20	24 47	00 47	02 05	03 24
21	136 26.0	54.8	351 08.6	8.9	20 21.5	9.7	57.8	45	18 07	18 36	19 11	25 10	01 10	02 23	03 36
22	151 26.2	53.9	5 36.5	9.0	20 11.8	9.7	57.8	N 40	18 05	18 32	19 04	00 19	01 28	02 38	03 47
23	166 26.4	52.9	20 04.5	9.1	20 02.1	9.9	57.7	35	18 04	18 29	18 59	00 36	01 43	02 50	03 56
18 00	181 26.6	N 1 51.9	34 32.6	9.2	S19 52.2	10.0	57.7	30	18 03	18 27	18 55	00 51	01 56	03 01	04 04
01	196 26.9	51.0	49 00.8	9.3	19 42.2	10.1	57.7	20	18 01	18 23	18 48	01 16	02 18	03 19	04 17
02	211 27.1	50.0	63 29.1	9.4	19 32.1	10.2	57.7	N 10	17 59	18 20	18 44	01 37	02 37	03 35	04 29
03	226 27.3	49.0	77 57.5	9.5	19 21.9	10.3	57.7	0	17 58	18 18	18 42	01 57	02 55	03 49	04 40
04	241 27.5	48.1	92 26.0	9.5	19 11.6	10.4	57.6	S 10	17 56	18 17	18 42	02 17	03 13	04 04	04 50
05	256 27.8	47.1	106 54.5	9.7	19 01.2	10.4	57.6	20	17 55	18 17	18 43	02 38	03 32	04 19	05 02
06	271 28.0	N 1 46.1	121 23.2	9.7	S18 50.8	10.6	57.6	30	17 54	18 18	18 45	03 03	03 53	04 37	05 15
S 07	286 28.2	45.2	135 51.9	9.9	18 40.2	10.7	57.6	35	17 53	18 18	18 48	03 17	04 06	04 47	05 22
A 08	301 28.4	44.2	150 20.8	9.9	18 29.5	10.7	57.6	40	17 52	18 19	18 51	03 34	04 21	04 59	05 31
T 09	316 28.7	43.2	164 49.7	10.0	18 18.8	10.9	57.5	45	17 51	18 20	18 55	03 54	04 38	05 12	05 40
U 10	331 28.9	42.3	179 18.7	10.1	18 07.9	10.9	57.5	S 50	17 50	18 22	19 00	04 18	04 59	05 29	05 52
R 11	346 29.1	41.3	193 47.8	10.2	17 57.0	11.1	57.5	52	17 50	18 23	19 03	04 30	05 09	05 37	05 58
D 12	1 29.3	N 1 40.3	208 17.0	10.3	S17 45.9	11.1	57.5	54	17 49	18 24	19 06	04 44	05 20	05 45	06 04
A 13	16 29.6	39.3	222 46.3	10.4	17 34.8	11.2	57.5	56	17 49	18 26	19 09	04 59	05 33	05 55	06 10
Y 14	31 29.8	38.4	237 15.7	10.4	17 23.6	11.3	57.5	58	17 48	18 27	19 13	05 18	05 47	06 06	06 18
15	46 30.0	37.4	251 45.1	10.6	17 12.3	11.4	57.4	S 60	17 47	18 29	19 18	05 41	06 05	06 18	06 26
16	61 30.2	36.4	266 14.7	10.6	17 00.9	11.4	57.4			SUN			MOON		
17	76 30.5	35.5	280 44.3	10.8	16 49.5	11.5	57.4	Day	Eqn. of Time 00h	Eqn. of Time 12h	Mer. Pass.	Mer. Pass. Upper	Mer. Pass. Lower	Age	Phase
18	91 30.7	N 1 34.5	295 14.1	10.8	S16 38.0	11.7	57.4								
19	106 30.9	33.5	309 43.9	10.9	16 26.3	11.6	57.4	d	m s	m s	h m	h m	h m	d	%
20	121 31.1	32.6	324 13.8	11.0	16 14.7	11.8	57.3	16	05 03	05 14	11 55	20 42	08 13	09	78
21	136 31.4	31.6	338 43.8	11.0	16 02.9	11.8	57.3	17	05 25	05 35	11 54	21 37	09 10	10	86
22	151 31.6	30.6	353 13.8	11.2	15 51.1	11.9	57.3	18	05 46	05 57	11 54	22 28	10 03	11	93
23	166 31.8	29.7	7 44.0	11.2	S15 39.2	12.0	57.3								
	SD 15.9	d 1.0	SD 15.9		15.8		15.7								

2021 SEPTEMBER 19, 20, 21 (SUN., MON., TUES.)

UT	ARIES GHA	VENUS −4.1 GHA / Dec	MARS +1.7 GHA / Dec	JUPITER −2.8 GHA / Dec	SATURN +0.3 GHA / Dec	STARS Name	SHA	Dec
d h	° ′	° ′ / ° ′	° ′ / ° ′	° ′ / ° ′	° ′ / ° ′		° ′	° ′
19 00	358 07.1	141 38.6 S15 54.3	175 26.1 S 0 18.1	31 40.7 S14 44.6	48 13.0 S19 14.5	Acamar	315 13.6	S40 12.9
01	13 09.6	156 38.3 55.3	190 27.1 18.8	46 43.4 44.7	63 15.6 14.5	Achernar	335 21.7	S57 07.5
02	28 12.1	171 38.0 56.4	205 28.1 19.4	61 46.1 44.8	78 18.1 14.5	Acrux	173 03.7	S63 13.1
03	43 14.5	186 37.7 .. 57.5	220 29.1 .. 20.1	76 48.8 .. 44.8	93 20.7 .. 14.5	Adhara	255 08.1	S28 59.8
04	58 17.0	201 37.4 58.6	235 30.1 20.7	91 51.5 44.9	108 23.2 14.5	Aldebaran	290 42.6	N16 33.2
05	73 19.5	216 37.1 15 59.6	250 31.1 21.4	106 54.2 45.0	123 25.8 14.6			
06	88 21.9	231 36.9 S16 00.7	265 32.1 S 0 22.1	121 56.8 S14 45.1	138 28.3 S19 14.6	Alioth	166 15.9	N55 50.8
07	103 24.4	246 36.6 01.8	280 33.0 22.7	136 59.5 45.1	153 30.9 14.6	Alkaid	152 54.6	N49 12.6
08	118 26.8	261 36.3 02.8	295 34.0 23.4	152 02.2 45.2	168 33.4 14.6	Alnair	27 35.9	S46 51.4
S 09	133 29.3	276 36.0 .. 03.9	310 35.0 .. 24.0	167 04.9 .. 45.3	183 36.0 .. 14.7	Alnilam	275 40.5	S 1 11.2
U 10	148 31.8	291 35.7 05.0	325 36.0 24.7	182 07.6 45.3	198 38.6 14.7	Alphard	217 50.7	S 8 44.9
N 11	163 34.2	306 35.4 06.1	340 37.0 25.4	197 10.3 45.4	213 41.1 14.7			
D 12	178 36.7	321 35.1 S16 07.1	355 38.0 S 0 26.0	212 12.9 S14 45.5	228 43.7 S19 14.7	Alphecca	126 06.2	N26 38.8
A 13	193 39.2	336 34.9 08.2	10 38.9 26.7	227 15.6 45.5	243 46.2 14.8	Alpheratz	357 37.2	N29 12.6
Y 14	208 41.6	351 34.6 09.3	25 39.9 27.3	242 18.3 45.6	258 48.8 14.8	Altair	62 02.4	N 8 55.7
15	223 44.1	6 34.3 .. 10.3	40 40.9 .. 28.0	257 21.0 .. 45.7	273 51.3 .. 14.8	Ankaa	353 09.4	S42 11.2
16	238 46.6	21 34.0 11.4	55 41.9 28.7	272 23.7 45.8	288 53.9 14.8	Antares	112 19.3	S26 28.7
17	253 49.0	36 33.7 12.4	70 42.9 29.3	287 26.3 45.8	303 56.4 14.8			
18	268 51.5	51 33.4 S16 13.5	85 43.9 S 0 30.0	302 29.0 S14 45.9	318 59.0 S19 14.9	Arcturus	145 50.7	N19 04.4
19	283 53.9	66 33.1 14.6	100 44.8 30.6	317 31.7 46.0	334 01.5 14.9	Atria	107 16.0	S69 04.1
20	298 56.4	81 32.9 15.6	115 45.8 31.3	332 34.4 46.1	349 04.1 14.9	Avior	234 16.2	S59 34.4
21	313 58.9	96 32.6 .. 16.7	130 46.8 .. 32.0	347 37.1 .. 46.1	4 06.6 .. 14.9	Bellatrix	278 25.7	N 6 22.2
22	329 01.3	111 32.3 17.8	145 47.8 32.6	2 39.7 46.2	19 09.2 15.0	Betelgeuse	270 55.0	N 7 24.7
23	344 03.8	126 32.0 18.8	160 48.8 33.3	17 42.4 46.3	34 11.7 15.0			
20 00	359 06.3	141 31.7 S16 19.9	175 49.8 S 0 33.9	32 45.1 S14 46.3	49 14.3 S19 15.0	Canopus	263 53.7	S52 42.1
01	14 08.7	156 31.4 20.9	190 50.7 34.6	47 47.8 46.4	64 16.8 15.0	Capella	280 25.8	N46 01.0
02	29 11.2	171 31.1 22.0	205 51.7 35.3	62 50.5 46.5	79 19.4 15.0	Deneb	49 27.3	N45 21.7
03	44 13.7	186 30.8 .. 23.1	220 52.7 .. 35.9	77 53.1 .. 46.6	94 21.9 .. 15.1	Denebola	182 28.0	N14 27.3
04	59 16.1	201 30.5 24.1	235 53.7 36.6	92 55.8 46.6	109 24.5 15.1	Diphda	348 49.7	S17 52.0
05	74 18.6	216 30.3 25.2	250 54.7 37.2	107 58.5 46.7	124 27.0 15.1			
06	89 21.1	231 30.0 S16 26.2	265 55.7 S 0 37.9	123 01.2 S14 46.8	139 29.6 S19 15.1	Dubhe	193 45.0	N61 38.1
07	104 23.5	246 29.7 27.3	280 56.6 38.6	138 03.9 46.8	154 32.1 15.2	Elnath	278 05.3	N28 37.5
08	119 26.0	261 29.4 28.3	295 57.6 39.2	153 06.5 46.9	169 34.7 15.2	Eltanin	90 43.4	N51 29.5
M 09	134 28.4	276 29.1 .. 29.4	310 58.6 .. 39.9	168 09.2 .. 47.0	184 37.2 .. 15.2	Enif	33 41.2	N 9 58.6
O 10	149 30.9	291 28.8 30.4	325 59.6 40.5	183 11.9 47.0	199 39.8 15.2	Fomalhaut	15 17.2	S29 30.4
N 11	164 33.4	306 28.5 31.5	341 00.6 41.2	198 14.6 47.1	214 42.3 15.2			
D 12	179 35.8	321 28.2 S16 32.6	356 01.6 S 0 41.8	213 17.2 S14 47.2	229 44.9 S19 15.3	Gacrux	171 55.2	S57 14.0
A 13	194 38.3	336 27.9 33.6	11 02.5 42.5	228 19.9 47.2	244 47.4 15.3	Gienah	175 46.7	S17 39.5
Y 14	209 40.8	351 27.6 34.7	26 03.5 43.2	243 22.6 47.3	259 50.0 15.3	Hadar	148 40.3	S60 28.6
15	224 43.2	6 27.3 .. 35.7	41 04.5 .. 43.8	258 25.3 .. 47.4	274 52.5 .. 15.3	Hamal	327 54.0	N23 33.9
16	239 45.7	21 27.0 36.8	56 05.5 44.5	273 27.9 47.5	289 55.1 15.4	Kaus Aust.	83 36.1	S34 22.5
17	254 48.2	36 26.8 37.8	71 06.5 45.1	288 30.6 47.5	304 57.6 15.4			
18	269 50.6	51 26.5 S16 38.9	86 07.4 S 0 45.8	303 33.3 S14 47.6	320 00.2 S19 15.4	Kochab	137 20.7	N74 04.3
19	284 53.1	66 26.2 39.9	101 08.4 46.5	318 36.0 47.7	335 02.7 15.4	Markab	13 32.3	N15 19.4
20	299 55.5	81 25.9 41.0	116 09.4 47.1	333 38.6 47.7	350 05.3 15.4	Menkar	314 08.8	N 4 10.5
21	314 58.0	96 25.6 .. 42.0	131 10.4 .. 47.8	348 41.3 .. 47.8	5 07.8 .. 15.5	Menkent	148 01.1	S36 28.5
22	330 00.5	111 25.3 43.0	146 11.4 48.4	3 44.0 47.9	20 10.4 15.5	Miaplacidus	221 39.5	S69 48.0
23	345 02.9	126 25.0 44.1	161 12.4 49.1	18 46.7 47.9	35 12.9 15.5			
21 00	0 05.4	141 24.7 S16 45.1	176 13.3 S 0 49.8	33 49.3 S14 48.0	50 15.4 S19 15.5	Mirfak	308 31.8	N49 56.1
01	15 07.9	156 24.4 46.2	191 14.3 50.4	48 52.0 48.1	65 18.0 15.5	Nunki	75 51.0	S26 16.2
02	30 10.3	171 24.1 47.2	206 15.3 51.1	63 54.7 48.1	80 20.5 15.6	Peacock	53 09.7	S56 40.1
03	45 12.8	186 23.8 .. 48.3	221 16.3 .. 51.7	78 57.4 .. 48.2	95 23.1 .. 15.6	Pollux	243 20.8	N27 58.1
04	60 15.3	201 23.5 49.3	236 17.3 52.4	94 00.0 48.3	110 25.6 15.6	Procyon	244 53.8	N 5 10.3
05	75 17.7	216 23.2 50.4	251 18.3 53.1	109 02.7 48.3	125 28.2 15.6			
06	90 20.2	231 22.9 S16 51.4	266 19.2 S 0 53.7	124 05.4 S14 48.4	140 30.7 S19 15.6	Rasalhague	96 01.1	N12 32.9
07	105 22.7	246 22.6 52.4	281 20.2 54.4	139 08.0 48.5	155 33.3 15.7	Regulus	207 37.6	N11 51.8
08	120 25.1	261 22.3 53.5	296 21.2 55.0	154 10.7 48.5	170 35.8 15.7	Rigel	281 06.4	S 8 10.5
T 09	135 27.6	276 22.0 .. 54.5	311 22.2 .. 55.7	169 13.4 .. 48.6	185 38.4 .. 15.7	Rigil Kent.	139 44.5	S60 55.5
U 10	150 30.0	291 21.7 55.6	326 23.2 56.4	184 16.0 48.7	200 40.9 15.7	Sabik	102 05.9	S15 45.0
E 11	165 32.5	306 21.4 56.6	341 24.1 57.0	199 18.7 48.7	215 43.5 15.8			
S 12	180 35.0	321 21.1 S16 57.6	356 25.1 S 0 57.7	214 21.4 S14 48.8	230 46.0 S19 15.8	Schedar	349 33.5	N56 39.3
D 13	195 37.4	336 20.8 58.7	11 26.1 58.3	229 24.1 48.9	245 48.5 15.8	Shaula	96 14.1	S37 07.2
A 14	210 39.9	351 20.5 16 59.7	26 27.1 59.0	244 26.7 48.9	260 51.1 15.8	Sirius	258 28.7	S16 44.5
Y 15	225 42.4	6 20.2 17 00.7	41 28.1 0 59.7	259 29.4 .. 49.0	275 53.6 .. 15.8	Spica	158 25.4	S11 16.3
16	240 44.8	21 19.9 01.8	56 29.0 1 00.3	274 32.1 49.1	290 56.2 15.9	Suhail	222 48.6	S43 30.9
17	255 47.3	36 19.6 02.8	71 30.0 01.0	289 34.7 49.1	305 58.7 15.9			
18	270 49.8	51 19.3 S17 03.8	86 31.0 S 1 01.6	304 37.4 S14 49.2	321 01.3 S19 15.9	Vega	80 35.0	N38 48.5
19	285 52.2	66 19.0 04.9	101 32.0 02.3	319 40.1 49.3	336 03.8 15.9	Zuben'ubi	136 59.2	S16 07.8
20	300 54.7	81 18.7 05.9	116 33.0 03.0	334 42.7 49.3	351 06.4 15.9		SHA	Mer. Pass.
21	315 57.1	96 18.4 .. 06.9	131 33.9 .. 03.6	349 45.4 .. 49.4	6 08.9 .. 16.0		° ′	h m
22	330 59.6	111 18.1 08.0	146 34.9 04.3	4 48.1 49.5	21 11.4 16.0	Venus	142 25.4	14 34
23	346 02.1	126 17.8 09.0	161 35.9 04.9	19 50.7 49.5	36 14.0 16.0	Mars	176 43.5	12 16
	h m					Jupiter	33 38.8	21 45
Mer. Pass.	0 03.6	v −0.3 d 1.1	v 1.0 d 0.7	v 2.7 d 0.1	v 2.5 d 0.0	Saturn	50 08.0	20 40

184

2021 SEPTEMBER 19, 20, 21 (SUN., MON., TUES.)

UT	SUN GHA	SUN Dec	MOON GHA	MOON v	MOON Dec	MOON d	MOON HP	Lat.	Twilight Naut.	Twilight Civil	Sunrise	Moonrise 19	Moonrise 20	Moonrise 21	Moonrise 22
d h	° '	° '	° '	'	° '	'	'	°	h m	h m	h m	h m	h m	h m	h m
19 00	181 32.0	N 1 28.7	22 14.2	11.3	S15 27.2	12.1	57.3	N 72	02 46	04 21	05 30	19 43	19 09	18 42	18 15
01	196 32.2	27.7	36 44.5	11.4	15 15.1	12.1	57.2	N 70	03 09	04 30	05 33	19 25	19 01	18 41	18 22
02	211 32.5	26.8	51 14.9	11.5	15 03.0	12.2	57.2	68	03 26	04 38	05 35	19 10	18 54	18 40	18 27
03	226 32.7	.. 25.8	65 45.4	11.6	14 50.8	12.2	57.2	66	03 40	04 44	05 36	18 58	18 48	18 40	18 31
04	241 32.9	24.8	80 16.0	11.7	14 38.6	12.3	57.2	64	03 50	04 50	05 38	18 47	18 43	18 39	18 35
05	256 33.1	23.8	94 46.7	11.7	14 26.3	12.4	57.2	62	04 00	04 54	05 39	18 39	18 39	18 39	18 38
06	271 33.4	N 1 22.9	109 17.4	11.8	S14 13.9	12.5	57.1	60	04 07	04 58	05 40	18 31	18 35	18 38	18 41
07	286 33.6	21.9	123 48.2	11.9	14 01.4	12.5	57.1	N 58	04 14	05 01	05 41	18 24	18 32	18 38	18 44
08	301 33.8	20.9	138 19.1	12.0	13 48.9	12.5	57.1	56	04 20	05 04	05 42	18 18	18 29	18 38	18 46
S 09	316 34.0	.. 20.0	152 50.1	12.0	13 36.4	12.6	57.1	54	04 25	05 07	05 42	18 13	18 26	18 37	18 48
U 10	331 34.3	19.0	167 21.1	12.1	13 23.8	12.7	57.0	52	04 29	05 09	05 43	18 08	18 23	18 37	18 50
N 11	346 34.5	18.0	181 52.2	12.2	13 11.1	12.7	57.0	50	04 33	05 11	05 43	18 04	18 21	18 37	18 52
D 12	1 34.7	N 1 17.1	196 23.4	12.3	S12 58.4	12.8	57.0	45	04 41	05 15	05 45	17 54	18 16	18 36	18 56
A 13	16 34.9	16.1	210 54.7	12.3	12 45.6	12.8	57.0	N 40	04 47	05 19	05 46	17 46	18 12	18 36	18 59
Y 14	31 35.2	15.1	225 26.0	12.5	12 32.8	12.9	57.0	35	04 52	05 21	05 47	17 39	18 08	18 35	19 02
15	46 35.4	.. 14.2	239 57.5	12.5	12 19.9	13.0	56.9	30	04 55	05 23	05 47	17 33	18 05	18 35	19 04
16	61 35.6	13.2	254 29.0	12.5	12 06.9	12.9	56.9	20	05 01	05 26	05 48	17 23	18 00	18 35	19 09
17	76 35.8	12.2	269 00.5	12.7	11 54.0	13.1	56.9	N 10	05 04	05 28	05 49	17 13	17 55	18 34	19 12
18	91 36.0	N 1 11.2	283 32.2	12.7	S11 40.9	13.0	56.9	0	05 05	05 29	05 50	17 05	17 50	18 34	19 16
19	106 36.3	10.3	298 03.9	12.8	11 27.9	13.2	56.9	S 10	05 05	05 30	05 51	16 56	17 46	18 33	19 20
20	121 36.5	09.3	312 35.7	12.8	11 14.7	13.1	56.8	20	05 04	05 29	05 51	16 46	17 41	18 33	19 24
21	136 36.7	.. 08.3	327 07.5	12.9	11 01.6	13.2	56.8	30	05 00	05 28	05 52	16 36	17 35	18 32	19 28
22	151 36.9	07.4	341 39.4	13.0	10 48.4	13.3	56.8	35	04 58	05 27	05 52	16 29	17 32	18 32	19 31
23	166 37.2	06.4	356 11.4	13.1	10 35.1	13.3	56.8	40	04 54	05 25	05 52	16 22	17 28	18 32	19 34
								45	04 49	05 23	05 53	16 14	17 24	18 31	19 37
20 00	181 37.4	N 1 05.4	10 43.5	13.1	S10 21.8	13.3	56.7	S 50	04 43	05 21	05 53	16 04	17 18	18 31	19 42
01	196 37.6	04.5	25 15.6	13.1	10 08.5	13.3	56.7	52	04 40	05 20	05 53	15 59	17 16	18 31	19 44
02	211 37.8	03.5	39 47.7	13.3	9 55.2	13.4	56.7	54	04 37	05 18	05 53	15 54	17 13	18 30	19 46
03	226 38.1	.. 02.5	54 20.0	13.3	9 41.8	13.5	56.7	56	04 33	05 16	05 53	15 48	17 11	18 30	19 48
04	241 38.3	01.5	68 52.3	13.4	9 28.3	13.4	56.7	58	04 28	05 14	05 54	15 42	17 07	18 30	19 51
05	256 38.5	1 00.6	83 24.7	13.4	9 14.9	13.5	56.6	S 60	04 23	05 12	05 54	15 34	17 04	18 30	19 54
06	271 38.7	N 0 59.6	97 57.1	13.5	S 9 01.4	13.6	56.6								
07	286 38.9	58.6	112 29.6	13.5	8 47.8	13.5	56.6	Lat.	Sunset	Twilight Civil	Twilight Naut.	Moonset 19	Moonset 20	Moonset 21	Moonset 22
08	301 39.2	57.7	127 02.1	13.6	8 34.3	13.6	56.6								
M 09	316 39.4	.. 56.7	141 34.7	13.7	8 20.7	13.6	56.6	°	h m	h m	h m	h m	h m	h m	h m
O 10	331 39.6	55.7	156 07.4	13.7	8 07.1	13.6	56.5	N 72	18 14	19 23	20 55	00 39	03 15	05 23	07 23
N 11	346 39.8	54.7	170 40.1	13.8	7 53.5	13.7	56.5	N 70	18 12	19 13	20 34	01 18	03 32	05 29	07 20
D 12	1 40.1	N 0 53.8	185 12.9	13.8	S 7 39.8	13.7	56.5	68	18 10	19 06	20 17	01 45	03 44	05 33	07 17
A 13	16 40.3	52.8	199 45.7	13.9	7 26.1	13.7	56.5	66	18 09	19 00	20 04	02 05	03 55	05 37	07 15
Y 14	31 40.5	51.8	214 18.6	13.9	7 12.4	13.7	56.4	64	18 07	18 55	19 54	02 21	04 04	05 40	07 13
15	46 40.7	.. 50.9	228 51.5	14.0	6 58.7	13.8	56.4	62	18 06	18 51	19 45	02 34	04 11	05 43	07 11
16	61 41.0	49.9	243 24.5	14.0	6 44.9	13.8	56.4	60	18 05	18 47	19 37	02 46	04 17	05 45	07 10
17	76 41.2	48.9	257 57.5	14.1	6 31.1	13.7	56.4	N 58	18 05	18 44	19 31	02 55	04 23	05 47	07 09
18	91 41.4	N 0 48.0	272 30.6	14.2	S 6 17.4	13.8	56.4	56	18 04	18 41	19 26	03 04	04 28	05 49	07 08
19	106 41.6	47.0	287 03.8	14.1	6 03.6	13.9	56.3	54	18 03	18 39	19 21	03 11	04 32	05 51	07 07
20	121 41.8	46.0	301 36.9	14.3	5 49.7	13.8	56.3	52	18 03	18 36	19 16	03 18	04 36	05 52	07 06
21	136 42.1	.. 45.0	316 10.2	14.3	5 35.9	13.9	56.3	50	18 02	18 35	19 13	03 24	04 40	05 53	07 05
22	151 42.3	44.1	330 43.5	14.3	5 22.0	13.8	56.3	45	18 01	18 30	19 05	03 36	04 48	05 56	07 03
23	166 42.5	43.1	345 16.8	14.3	5 08.2	13.9	56.2								
21 00	181 42.7	N 0 42.1	359 50.1	14.4	S 4 54.3	13.9	56.2	N 40	18 00	18 27	18 59	03 47	04 54	05 59	07 02
01	196 43.0	41.2	14 23.5	14.5	4 40.4	13.9	56.2	35	18 00	18 25	18 54	03 56	05 00	06 01	07 00
02	211 43.2	40.2	28 57.0	14.5	4 26.5	13.9	56.2	30	17 59	18 23	18 51	04 04	05 04	06 03	06 59
03	226 43.4	.. 39.2	43 30.5	14.5	4 12.6	13.9	56.2	20	17 58	18 20	18 46	04 17	05 13	06 06	06 57
04	241 43.6	38.2	58 04.0	14.6	3 58.7	13.9	56.1	N 10	17 57	18 18	18 43	04 29	05 20	06 09	06 56
05	256 43.8	37.3	72 37.6	14.6	3 44.8	13.9	56.1	0	17 57	18 17	18 41	04 40	05 27	06 11	06 54
06	271 44.1	N 0 36.3	87 11.2	14.6	S 3 30.9	13.9	56.1	S 10	17 56	18 17	18 41	04 50	05 33	06 14	06 52
07	286 44.3	35.3	101 44.8	14.7	3 17.0	14.0	56.1	20	17 56	18 18	18 43	05 02	05 40	06 16	06 51
08	301 44.5	34.4	116 18.5	14.7	3 03.0	13.9	56.0	30	17 55	18 19	18 47	05 15	05 48	06 19	06 49
T 09	316 44.7	.. 33.4	130 52.2	14.8	2 49.1	13.9	56.0	35	17 55	18 20	18 50	05 22	05 53	06 21	06 47
U 10	331 45.0	32.4	145 26.0	14.8	2 35.2	14.0	56.0	40	17 55	18 22	18 54	05 31	05 58	06 23	06 46
E 11	346 45.2	31.4	159 59.8	14.8	2 21.2	13.9	56.0	45	17 55	18 24	18 58	05 40	06 04	06 25	06 45
S 12	1 45.4	N 0 30.5	174 33.6	14.8	S 2 07.3	13.9	56.0	S 50	17 55	18 27	19 05	05 52	06 11	06 28	06 43
D 13	16 45.6	29.5	189 07.4	14.9	1 53.4	14.0	55.9	52	17 55	18 28	19 08	05 58	06 14	06 29	06 42
A 14	31 45.8	28.5	203 41.3	14.9	1 39.4	13.9	55.9	54	17 55	18 30	19 12	06 04	06 18	06 30	06 41
Y 15	46 46.1	.. 27.6	218 15.2	15.0	1 25.5	13.9	55.9	56	17 54	18 32	19 16	06 10	06 22	06 32	06 40
16	61 46.3	26.6	232 49.2	14.9	1 11.6	13.9	55.9	58	17 54	18 34	19 20	06 18	06 26	06 33	06 39
17	76 46.5	25.6	247 23.1	15.0	0 57.7	13.9	55.9	S 60	17 54	18 36	19 26	06 26	06 31	06 35	06 38
18	91 46.7	N 0 24.6	261 57.1	15.0	S 0 43.8	13.9	55.8			SUN			MOON		
19	106 47.0	23.7	276 31.1	15.1	0 29.9	13.9	55.8	Day	Eqn. of Time	Eqn. of Time	Mer. Pass.	Mer. Pass. Upper	Mer. Pass. Lower	Age	Phase
20	121 47.2	22.7	291 05.2	15.0	0 16.0	13.9	55.8		00h	12h					
21	136 47.4	.. 21.7	305 39.2	15.1	S 0 02.1	13.9	55.8	d	m s	m s	h m	h m	h m	d	%
22	151 47.6	20.8	320 13.3	15.1	N 0 11.8	13.8	55.7	19	06 08	06 18	11 54	23 16	10 52	12	97
23	166 47.8	19.8	334 47.4	15.2	N 0 25.6	13.9	55.7	20	06 29	06 40	11 53	24 01	11 38	13	100
	SD 16.0	d 1.0	SD 15.5		15.4		15.2	21	06 50	07 01	11 53	00 01	12 22	14	100

2021 SEPTEMBER 22, 23, 24 (WED., THURS., FRI.)

UT	ARIES	VENUS −4.2		MARS +1.6		JUPITER −2.8		SATURN +0.3		STARS		
	GHA	GHA	Dec	GHA	Dec	GHA	Dec	GHA	Dec	Name	SHA	Dec
d h	° ′	° ′	° ′	° ′	° ′	° ′	° ′	° ′	° ′		° ′	° ′
22 00	1 04.5	141 17.5	S17 10.0	176 36.9	S 1 05.6	34 53.4	S14 49.6	51 16.5	S19 16.0	Acamar	315 13.6	S40 12.9
01	16 07.0	156 17.2	11.1	191 37.9	06.3	49 56.1	49.7	66 19.1	16.0	Achernar	335 21.7	S57 07.5
02	31 09.5	171 16.9	12.1	206 38.9	06.9	64 58.7	49.7	81 21.6	16.1	Acrux	173 03.7	S63 13.0
03	46 11.9	186 16.6 . .	13.1	221 39.8 . .	07.6	80 01.4 . .	49.8	96 24.2 . .	16.1	Adhara	255 08.1	S28 59.8
04	61 14.4	201 16.3	14.2	236 40.8	08.2	95 04.1	49.9	111 26.7	16.1	Aldebaran	290 42.6	N16 33.2
05	76 16.9	216 16.0	15.2	251 41.8	08.9	110 06.7	49.9	126 29.2	16.1			
06	91 19.3	231 15.7	S17 16.2	266 42.8	S 1 09.6	125 09.4	S14 50.0	141 31.8	S19 16.1	Alioth	166 16.0	N55 50.7
W 07	106 21.8	246 15.4	17.2	281 43.8	10.2	140 12.1	50.1	156 34.3	16.2	Alkaid	152 54.6	N49 12.6
E 08	121 24.3	261 15.1	18.3	296 44.7	10.9	155 14.7	50.1	171 36.9	16.2	Al Na'ir	27 35.9	S46 51.4
D 09	136 26.7	276 14.8 . .	19.3	311 45.7 . .	11.5	170 17.4 . .	50.2	186 39.4 . .	16.2	Alnilam	275 40.4	S 1 11.2
N 10	151 29.2	291 14.5	20.3	326 46.7	12.2	185 20.1	50.3	201 42.0	16.2	Alphard	217 50.7	S 8 44.9
E 11	166 31.6	306 14.2	21.3	341 47.7	12.9	200 22.7	50.3	216 44.5	16.2			
S 12	181 34.1	321 13.9	S17 22.3	356 48.7	S 1 13.5	215 25.4	S14 50.4	231 47.0	S19 16.3	Alphecca	126 06.3	N26 38.8
D 13	196 36.6	336 13.6	23.4	11 49.6	14.2	230 28.0	50.5	246 49.6	16.3	Alpheratz	357 37.2	N29 12.6
A 14	211 39.0	351 13.3	24.4	26 50.6	14.8	245 30.7	50.5	261 52.1	16.3	Altair	62 02.5	N 8 55.7
Y 15	226 41.5	6 13.0 . .	25.4	41 51.6 . .	15.5	260 33.4 . .	50.6	276 54.7 . .	16.3	Ankaa	353 09.4	S42 11.3
16	241 44.0	21 12.7	26.4	56 52.6	16.2	275 36.0	50.6	291 57.2	16.3	Antares	112 19.3	S26 28.7
17	256 46.4	36 12.3	27.4	71 53.6	16.8	290 38.7	50.7	306 59.7	16.4			
18	271 48.9	51 12.0	S17 28.5	86 54.5	S 1 17.5	305 41.4	S14 50.8	322 02.3	S19 16.4	Arcturus	145 50.7	N19 04.4
19	286 51.4	66 11.7	29.5	101 55.5	18.1	320 44.0	50.8	337 04.8	16.4	Atria	107 16.1	S69 04.1
20	301 53.8	81 11.4	30.5	116 56.5	18.8	335 46.7	50.9	352 07.4	16.4	Avior	234 16.1	S59 34.4
21	316 56.3	96 11.1 . .	31.5	131 57.5 . .	19.5	350 49.3 . .	51.0	7 09.9 . .	16.4	Bellatrix	278 25.7	N 6 22.2
22	331 58.7	111 10.8	32.5	146 58.4	20.1	5 52.0	51.0	22 12.4	16.5	Betelgeuse	270 55.0	N 7 24.7
23	347 01.2	126 10.5	33.5	161 59.4	20.8	20 54.7	51.1	37 15.0	16.5			
23 00	2 03.7	141 10.2	S17 34.6	177 00.4	S 1 21.4	35 57.3	S14 51.2	52 17.5	S19 16.5	Canopus	263 53.6	S52 42.1
01	17 06.1	156 09.9	35.6	192 01.4	22.1	51 00.0	51.2	67 20.1	16.5	Capella	280 25.8	N46 01.0
02	32 08.6	171 09.6	36.6	207 02.4	22.8	66 02.6	51.3	82 22.6	16.5	Deneb	49 27.3	N45 21.7
03	47 11.1	186 09.3 . .	37.6	222 03.3 . .	23.4	81 05.3 . .	51.3	97 25.1 . .	16.5	Denebola	182 28.0	N14 27.3
04	62 13.5	201 09.0	38.6	237 04.3	24.1	96 08.0	51.4	112 27.7	16.6	Diphda	348 49.7	S17 52.0
05	77 16.0	216 08.6	39.6	252 05.3	24.7	111 10.6	51.5	127 30.2	16.6			
06	92 18.5	231 08.3	S17 40.6	267 06.3	S 1 25.4	126 13.3	S14 51.5	142 32.8	S19 16.6	Dubhe	193 45.0	N61 38.1
T 07	107 20.9	246 08.0	41.6	282 07.3	26.1	141 15.9	51.6	157 35.3	16.6	Elnath	278 05.2	N28 37.5
H 08	122 23.4	261 07.7	42.7	297 08.2	26.7	156 18.6	51.7	172 37.8	16.6	Eltanin	90 43.5	N51 29.5
U 09	137 25.9	276 07.4 . .	43.7	312 09.2 . .	27.4	171 21.3 . .	51.7	187 40.4 . .	16.7	Enif	33 41.2	N 9 58.6
R 10	152 28.3	291 07.1	44.7	327 10.2	28.0	186 23.9	51.8	202 42.9	16.7	Fomalhaut	15 17.2	S29 30.4
S 11	167 30.8	306 06.8	45.7	342 11.2	28.7	201 26.6	51.8	217 45.4	16.7			
D 12	182 33.2	321 06.5	S17 46.7	357 12.1	S 1 29.4	216 29.2	S14 51.9	232 48.0	S19 16.7	Gacrux	171 55.2	S57 13.9
A 13	197 35.7	336 06.2	47.7	12 13.1	30.0	231 31.9	52.0	247 50.5	16.7	Gienah	175 46.7	S17 39.5
Y 14	212 38.2	351 05.8	48.7	27 14.1	30.7	246 34.5	52.0	262 53.1	16.8	Hadar	148 40.4	S60 28.6
15	227 40.6	6 05.5 . .	49.7	42 15.1 . .	31.3	261 37.2 . .	52.1	277 55.6 . .	16.8	Hamal	327 53.9	N23 33.9
16	242 43.1	21 05.2	50.7	57 16.1	32.0	276 39.8	52.2	292 58.1	16.8	Kaus Aust.	83 36.1	S34 22.5
17	257 45.6	36 04.9	51.7	72 17.0	32.7	291 42.5	52.2	308 00.7	16.8			
18	272 48.0	51 04.5	S17 52.7	87 18.0	S 1 33.3	306 45.2	S14 52.3	323 03.2	S19 16.8	Kochab	137 20.7	N74 04.3
19	287 50.5	66 04.3	53.7	102 19.0	34.0	321 47.8	52.3	338 05.7	16.8	Markab	13 32.3	N15 19.4
20	302 53.0	81 04.0	54.7	117 20.0	34.6	336 50.5	52.4	353 08.3	16.9	Menkar	314 08.8	N 4 10.5
21	317 55.4	96 03.6 . .	55.7	132 20.9 . .	35.3	351 53.1 . .	52.5	8 10.8 . .	16.9	Menkent	148 01.1	S36 28.5
22	332 57.9	111 03.3	56.7	147 21.9	36.0	6 55.8	52.5	23 13.3	16.9	Miaplacidus	221 39.4	S69 48.0
23	348 00.4	126 03.0	57.7	162 22.9	36.6	21 58.4	52.6	38 15.9	16.9			
24 00	3 02.8	141 02.7	S17 58.7	177 23.9	S 1 37.3	37 01.1	S14 52.6	53 18.4	S19 16.9	Mirfak	308 31.8	N49 56.1
01	18 05.3	156 02.4	17 59.7	192 24.9	37.9	52 03.7	52.7	68 20.9	17.0	Nunki	75 51.0	S26 16.2
02	33 07.7	171 02.1	18 00.7	207 25.8	38.6	67 06.4	52.8	83 23.5	17.0	Peacock	53 09.7	S56 40.1
03	48 10.2	186 01.7 . .	01.7	222 26.8 . .	39.3	82 09.0 . .	52.8	98 26.0 . .	17.0	Pollux	243 20.8	N27 58.4
04	63 12.7	201 01.4	02.7	237 27.8	39.9	97 11.7	52.9	113 28.6	17.0	Procyon	244 53.8	N 5 10.3
05	78 15.1	216 01.1	03.7	252 28.8	40.6	112 14.3	52.9	128 31.1	17.0			
06	93 17.6	231 00.8	S18 04.7	267 29.7	S 1 41.2	127 17.0	S14 53.0	143 33.6	S19 17.0	Rasalhague	96 01.1	N12 32.9
07	108 20.1	246 00.5	05.7	282 30.7	41.9	142 19.7	53.1	158 36.2	17.1	Regulus	207 37.6	N11 51.8
08	123 22.5	261 00.2	06.7	297 31.7	42.6	157 22.3	53.1	173 38.7	17.1	Rigel	281 06.4	S 8 10.5
F 09	138 25.0	275 59.8 . .	07.7	312 32.7 . .	43.2	172 25.0 . .	53.2	188 41.2 . .	17.1	Rigil Kent.	139 44.5	S60 55.5
R 10	153 27.5	290 59.5	08.7	327 33.7	43.9	187 27.6	53.2	203 43.8	17.1	Sabik	102 06.0	S15 45.0
I 11	168 29.9	305 59.2	09.6	342 34.6	44.5	202 30.3	53.3	218 46.3	17.1			
D 12	183 32.4	320 58.9	S18 10.6	357 35.6	S 1 45.2	217 32.9	S14 53.4	233 48.8	S19 17.2	Schedar	349 33.5	N56 39.3
A 13	198 34.8	335 58.6	11.6	12 36.6	45.9	232 35.6	53.4	248 51.4	17.2	Shaula	96 14.1	S37 07.2
Y 14	213 37.3	350 58.2	12.6	27 37.6	46.5	247 38.2	53.5	263 53.9	17.2	Sirius	258 28.7	S16 44.5
15	228 39.8	5 57.9 . .	13.6	42 38.5 . .	47.2	262 40.9 . .	53.5	278 56.4 . .	17.2	Spica	158 25.5	S11 16.3
16	243 42.2	20 57.6	14.6	57 39.5	47.8	277 43.5	53.6	293 59.0	17.2	Suhail	222 48.6	S43 30.9
17	258 44.7	35 57.3	15.6	72 40.5	48.5	292 46.2	53.7	309 01.5	17.2			
18	273 47.2	50 57.0	S18 16.6	87 41.5	S 1 49.2	307 48.8	S14 53.7	324 04.0	S19 17.3	Vega	80 35.0	N38 48.5
19	288 49.6	65 56.6	17.5	102 42.4	49.8	322 51.4	53.8	339 06.6	17.3	Zuben'ubi	136 59.3	S16 07.8
20	303 52.1	80 56.3	18.5	117 43.4	50.5	337 54.1	53.8	354 09.1	17.3		SHA	Mer.Pass.
21	318 54.6	95 56.0 . .	19.5	132 44.4 . .	51.1	352 56.7 . .	53.9	9 11.6 . .	17.3		° ′	h m
22	333 57.0	110 55.7	20.5	147 45.4	51.8	7 59.4	54.0	24 14.2	17.3	Venus	139 06.5	14 36
23	348 59.5	125 55.4	21.5	162 46.3	52.5	23 02.0	54.0	39 16.7	17.3	Mars	174 56.7	12 11
	h m									Jupiter	33 53.6	21 32
Mer. Pass. 23 47.8		v −0.3	d 1.0	v 1.0	d 0.7	v 2.7	d 0.1	v 2.5	d 0.0	Saturn	50 13.8	20 27

2021 SEPTEMBER 22, 23, 24 (WED., THURS., FRI.)

UT	SUN GHA	SUN Dec	MOON GHA	MOON v	MOON Dec	MOON d	MOON HP	Lat.	Twilight Naut.	Twilight Civil	Sunrise	Moonrise 22	Moonrise 23	Moonrise 24	Moonrise 25
d h	° '	° '	° '	'	° '	'	'	°	h m	h m	h m	h m	h m	h m	h m
22 00	181 48.1	N 0 18.8	349 21.6 15.1		N 0 39.5	13.8	55.7	N 72	03 05	04 35	05 44	18 15	17 45	17 05	☐
01	196 48.3	17.8	3 55.7 15.2		0 53.3	13.8	55.7	N 70	03 24	04 43	05 44	18 22	18 00	17 34	16 48
02	211 48.5	16.9	18 29.9 15.2		1 07.1	13.8	55.7	68	03 39	04 49	05 45	18 27	18 12	17 55	17 31
03	226 48.7	15.9	33 04.1 15.2		1 20.9	13.8	55.6	66	03 51	04 54	05 46	18 31	18 22	18 13	18 01
04	241 48.9	14.9	47 38.3 15.2		1 34.7	13.8	55.6	64	04 00	04 59	05 46	18 35	18 31	18 27	18 23
05	256 49.2	13.9	62 12.5 15.2		1 48.5	13.7	55.6	62	04 08	05 02	05 47	18 38	18 38	18 39	18 41
06	271 49.4	N 0 13.0	76 46.7 15.3		N 2 02.2	13.8	55.6	60	04 15	05 05	05 47	18 41	18 45	18 49	18 56
W 07	286 49.6	12.0	91 21.0 15.3		2 16.0	13.7	55.6	N 58	04 21	05 08	05 47	18 44	18 50	18 58	19 08
E 08	301 49.8	11.0	105 55.3 15.2		2 29.7	13.7	55.5	56	04 26	05 10	05 47	18 46	18 55	19 06	19 19
D 09	316 50.1	10.1	120 29.5 15.3		2 43.4	13.6	55.5	54	04 30	05 12	05 48	18 48	19 00	19 13	19 29
N 10	331 50.3	09.1	135 03.8 15.3		2 57.0	13.7	55.5	52	04 34	05 14	05 48	18 50	19 04	19 19	19 38
E 11	346 50.5	08.1	149 38.1 15.3		3 10.7	13.6	55.5	50	04 38	05 16	05 48	18 52	19 08	19 25	19 46
S 12	1 50.7	N 0 07.1	164 12.4 15.4		N 3 24.3	13.6	55.5	45	04 45	05 19	05 48	18 56	19 16	19 37	20 02
D 13	16 50.9	06.2	178 46.8 15.3		3 37.9	13.6	55.4	N 40	04 50	05 22	05 49	18 59	19 23	19 48	20 16
A 14	31 51.2	05.2	193 21.1 15.3		3 51.5	13.5	55.4	35	04 54	05 24	05 49	19 02	19 28	19 57	20 28
Y 15	46 51.4	04.2	207 55.4 15.4		4 05.0	13.6	55.4	30	04 57	05 25	05 49	19 04	19 34	20 05	20 38
16	61 51.6	03.3	222 29.8 15.3		4 18.6	13.5	55.4	20	05 01	05 27	05 49	19 09	19 43	20 18	20 56
17	76 51.8	02.3	237 04.1 15.4		4 32.1	13.4	55.4	N 10	05 04	05 28	05 49	19 12	19 51	20 30	21 11
18	91 52.0	N 0 01.3	251 38.5 15.3		N 4 45.5	13.5	55.3	0	05 04	05 28	05 49	19 16	19 58	20 41	21 26
19	106 52.3	N 00.3	266 12.8 15.4		4 59.0	13.4	55.3	S 10	05 04	05 28	05 49	19 20	20 06	20 53	21 41
20	121 52.5	S 00.6	280 47.2 15.3		5 12.4	13.4	55.3	20	05 01	05 27	05 49	19 24	20 14	21 05	21 56
21	136 52.7	01.6	295 21.5 15.4		5 25.8	13.3	55.3	30	04 56	05 24	05 48	19 28	20 24	21 19	22 15
22	151 52.9	02.6	309 55.9 15.3		5 39.1	13.3	55.3	35	04 53	05 23	05 48	19 31	20 29	21 27	22 25
23	166 53.1	03.6	324 30.2 15.4		5 52.4	13.3	55.2	40	04 49	05 20	05 47	19 34	20 35	21 37	22 38
23 00	181 53.4	S 0 04.5	339 04.6 15.3		N 6 05.7	13.3	55.2	45	04 43	05 18	05 47	19 37	20 43	21 48	22 52
01	196 53.6	05.5	353 38.9 15.4		6 19.0	13.2	55.2	S 50	04 36	05 14	05 46	19 42	20 51	22 01	23 10
02	211 53.8	06.5	8 13.3 15.4		6 32.2	13.2	55.2	52	04 33	05 12	05 46	19 44	20 56	22 07	23 19
03	226 54.0	07.4	22 47.7 15.3		6 45.4	13.1	55.2	54	04 29	05 11	05 46	19 46	21 00	22 14	23 28
04	241 54.2	08.4	37 22.0 15.3		6 58.5	13.1	55.1	56	04 24	05 08	05 45	19 48	21 05	22 22	23 39
05	256 54.5	09.4	51 56.3 15.4		7 11.6	13.1	55.1	58	04 19	05 06	05 45	19 51	21 11	22 31	23 51
06	271 54.7	S 0 10.4	66 30.7 15.3		N 7 24.7	13.0	55.1	S 60	04 13	05 03	05 45	19 54	21 17	22 41	24 05

Lat.	Sunset	Twilight Civil	Twilight Naut.	Moonset 22	Moonset 23	Moonset 24	Moonset 25
°	h m	h m	h m	h m	h m	h m	h m
N 72	17 58	19 06	20 35	07 23	09 23	11 34	☐
N 70	17 58	18 59	20 16	07 20	09 10	11 06	13 24
68	17 57	18 53	20 02	07 17	09 00	10 46	12 42
66	17 57	18 48	19 51	07 15	08 52	10 30	12 14
64	17 57	18 44	19 42	07 13	08 45	10 17	11 52
62	17 57	18 41	19 34	07 11	08 39	10 06	11 35
60	17 56	18 38	19 27	07 10	08 34	09 57	11 21
N 58	17 56	18 35	19 22	07 09	08 29	09 49	11 09
56	17 56	18 33	19 17	07 08	08 25	09 42	10 59
54	17 56	18 31	19 13	07 07	08 21	09 36	10 50
52	17 56	18 29	19 09	07 06	08 18	09 30	10 42
50	17 56	18 28	19 06	07 05	08 15	09 25	10 34
45	17 55	18 25	18 59	07 03	08 09	09 14	10 19
N 40	17 55	18 22	18 54	07 02	08 04	09 05	10 06
35	17 55	18 20	18 50	07 00	07 59	08 57	09 55
30	17 55	18 19	18 47	06 59	07 55	08 50	09 46
20	17 55	18 17	18 43	06 57	07 48	08 39	09 30
N 10	17 55	18 16	18 41	06 56	07 42	08 28	09 16
0	17 56	18 16	18 40	06 54	07 36	08 19	09 03
S 10	17 56	18 17	18 41	06 52	07 31	08 09	08 50
20	17 56	18 18	18 44	06 51	07 25	07 59	08 36
30	17 57	18 21	18 49	06 49	07 18	07 48	08 20
35	17 57	18 23	18 52	06 47	07 14	07 41	08 11
40	17 58	18 25	18 57	06 46	07 09	07 34	08 00
45	17 58	18 28	19 02	06 45	07 04	07 25	07 48
S 50	17 59	18 31	19 10	06 43	06 58	07 15	07 33
52	17 59	18 33	19 13	06 42	06 55	07 10	07 27
54	18 00	18 35	19 17	06 41	06 52	07 05	07 19
56	18 00	18 38	19 22	06 40	06 49	06 59	07 11
58	18 01	18 40	19 27	06 39	06 45	06 52	07 01
S 60	18 01	18 43	19 33	06 38	06 41	06 45	06 50

THURSDAY							
07	286 54.9	11.3	81 05.0 15.3	7 37.7	13.0	55.1
08	301 55.1	12.3	95 39.3 15.3	7 50.7	12.9	55.1
09	316 55.3	13.3	110 13.6 15.3	8 03.6	13.0	55.0
10	331 55.6	14.3	124 47.9 15.3	8 16.6	12.8	55.0
11	346 55.8	15.2	139 22.2 15.3	8 29.4	12.8	55.0
12	1 56.0	S 0 16.2	153 56.5 15.3	N 8 42.2	12.8	55.0
13	16 56.2	17.2	168 30.8 15.2	8 55.0	12.8	55.0
14	31 56.4	18.1	183 05.0 15.3	9 07.8	12.7	55.0
15	46 56.7	19.1	197 39.3 15.2	9 20.5	12.6	54.9
16	61 56.9	20.1	212 13.5 15.2	9 33.1	12.6	54.9
17	76 57.1	21.1	226 47.7 15.2	9 45.7	12.5	54.9
18	91 57.3	S 0 22.0	241 21.9 15.2	N 9 58.2	12.6	54.9
19	106 57.5	23.0	255 56.1 15.2	10 10.8	12.4	54.9
20	121 57.8	24.0	270 30.3 15.1	10 23.2	12.4	54.9
21	136 58.0	25.0	285 04.4 15.1	10 35.6	12.4	54.8
22	151 58.2	25.9	299 38.5 15.1	10 48.0	12.3	54.8
23	166 58.4	26.9	314 12.6 15.1	11 00.3	12.2	54.8
24 00	181 58.6	S 0 27.9	328 46.7 15.1	N11 12.5	12.2	54.8
01	196 58.8	28.9	343 20.8 15.0	11 24.7	12.2	54.8
02	211 59.1	29.8	357 54.8 15.1	11 36.9	12.1	54.8
03	226 59.3	30.8	12 28.9 15.0	11 49.0	12.0	54.7
04	241 59.5	31.8	27 02.9 14.9	12 01.0	12.0	54.7
05	256 59.7	32.7	41 36.8 15.0	12 13.0	11.9	54.7
06	271 59.9	S 0 33.7	56 10.8 14.9	N12 24.9	11.9	54.7
07	287 00.2	34.7	70 44.7 14.9	12 36.8	11.8	54.7
08	302 00.4	35.7	85 18.6 14.9	12 48.6	11.7	54.7
F 09	317 00.6	36.6	99 52.5 14.8	13 00.3	11.7	54.7
R 10	332 00.8	37.6	114 26.3 14.8	13 12.0	11.7	54.6
I 11	347 01.0	38.6	129 00.1 14.8	13 23.7	11.6	54.6
D 12	2 01.2	S 0 39.6	143 33.9 14.8	N13 35.3	11.5	54.6
A 13	17 01.5	40.5	158 07.7 14.7	13 46.8	11.4	54.6
Y 14	32 01.7	41.5	172 41.4 14.7	13 58.2	11.4	54.6
15	47 01.9	42.5	187 15.1 14.7	14 09.6	11.3	54.6
16	62 02.1	43.4	201 48.8 14.6	14 20.9	11.3	54.6
17	77 02.3	44.4	216 22.4 14.6	14 32.1	11.2	54.5
18	92 02.6	S 0 45.4	230 56.0 14.6	N14 43.4	11.1	54.5
19	107 02.8	46.4	245 29.6 14.5	14 54.5	11.1	54.5
20	122 03.0	47.3	260 03.1 14.5	15 05.6	11.0	54.5
21	137 03.2	48.3	274 36.6 14.5	15 16.6	10.9	54.5
22	152 03.4	49.3	289 10.1 14.4	15 27.5	10.9	54.5
23	167 03.6	50.3	303 43.5 14.4	N15 38.4	10.8	54.5
	SD 16.0	d 1.0	SD 15.1	15.0	14.9	

Day	SUN Eqn. of Time 00h	SUN Eqn. of Time 12h	Mer. Pass.	MOON Mer. Pass. Upper	MOON Mer. Pass. Lower	Age	Phase
d	m s	m s	h m	h m	h m	d	%
22	07 12	07 22	11 53	00 44	13 05	15	98
23	07 33	07 44	11 52	01 26	13 47	16	94
24	07 54	08 05	11 52	02 09	14 30	17	88

187

2021 SEPTEMBER 25, 26, 27 (SAT., SUN., MON.)

UT	ARIES GHA	VENUS −4·2 GHA / Dec	MARS +1·6 GHA / Dec	JUPITER −2·7 GHA / Dec	SATURN +0·4 GHA / Dec	STARS Name / SHA / Dec
d h	° ′	° ′ / ° ′	° ′ / ° ′	° ′ / ° ′	° ′ / ° ′	° ′ / ° ′
25 00	4 02.0	140 55.0 S18 22.5	177 47.3 S 1 53.1	38 04.7 S14 54.1	54 19.2 S19 17.4	Acamar 315 13.5 S40 12.9
01	19 04.4	155 54.7 23.4	192 48.3 53.8	53 07.3 54.1	69 21.7 17.4	Achernar 335 21.7 S57 07.5
02	34 06.9	170 54.4 24.4	207 49.3 54.4	68 10.0 54.2	84 24.3 17.4	Acrux 173 03.7 S63 13.0
03	49 09.3	185 54.1 .. 25.4	222 50.2 .. 55.1	83 12.6 .. 54.2	99 26.8 .. 17.4	Adhara 255 08.1 S28 59.8
04	64 11.8	200 53.7 26.4	237 51.2 55.7	98 15.3 54.3	114 29.3 17.4	Aldebaran 290 42.6 N16 33.2
05	79 14.3	215 53.4 27.4	252 52.2 56.4	113 17.9 54.4	129 31.9 17.4	
06	94 16.7	230 53.1 S18 28.3	267 53.2 S 1 57.1	128 20.6 S14 54.4	144 34.4 S19 17.5	Alioth 166 16.0 N55 50.7
07	109 19.2	245 52.8 29.3	282 54.1 57.7	143 23.2 54.5	159 36.9 17.5	Alkaid 152 54.6 N49 12.6
S 08	124 21.7	260 52.4 30.3	297 55.1 58.4	158 25.8 54.5	174 39.5 17.5	Al Na'ir 27 36.0 S46 51.4
A 09	139 24.1	275 52.1 .. 31.3	312 56.1 .. 59.0	173 28.5 .. 54.6	189 42.0 .. 17.5	Alnilam 275 40.4 S 1 11.2
T 10	154 26.6	290 51.8 32.2	327 57.1 1 59.7	188 31.1 54.7	204 44.5 17.5	Alphard 217 50.6 S 8 44.9
U 11	169 29.1	305 51.5 33.2	342 58.0 2 00.4	203 33.8 54.7	219 47.1 17.5	
R 12	184 31.5	320 51.1 S18 34.2	357 59.0 S 2 01.0	218 36.4 S14 54.8	234 49.6 S19 17.6	Alphecca 126 06.3 N26 38.8
D 13	199 34.0	335 50.8 35.2	13 00.0 01.7	233 39.1 54.8	249 52.1 17.6	Alpheratz 357 37.2 N29 12.6
A 14	214 36.4	350 50.5 36.1	28 01.0 02.3	248 41.7 54.9	264 54.6 17.6	Altair 62 02.5 N 8 55.7
Y 15	229 38.9	5 50.2 .. 37.1	43 01.9 .. 03.0	263 44.4 .. 54.9	279 57.2 .. 17.6	Ankaa 353 09.4 S42 11.3
16	244 41.4	20 49.8 38.1	58 02.9 03.7	278 47.0 55.0	294 59.7 17.6	Antares 112 19.3 S26 28.7
17	259 43.8	35 49.5 39.0	73 03.9 04.3	293 49.6 55.0	310 02.2 17.6	
18	274 46.3	50 49.2 S18 40.0	88 04.9 S 2 05.0	308 52.3 S14 55.1	325 04.8 S19 17.7	Arcturus 145 50.7 N19 04.4
19	289 48.8	65 48.9 41.0	103 05.8 05.6	323 54.9 55.2	340 07.3 17.7	Atria 107 16.1 S69 04.1
20	304 51.2	80 48.5 41.9	118 06.8 06.3	338 57.6 55.2	355 09.8 17.7	Avior 234 16.1 S59 34.4
21	319 53.7	95 48.2 .. 42.9	133 07.8 .. 07.0	354 00.2 .. 55.3	10 12.3 .. 17.7	Bellatrix 278 25.7 N 6 22.2
22	334 56.2	110 47.9 43.9	148 08.8 07.6	9 02.8 55.3	25 14.9 17.7	Betelgeuse 270 55.0 N 7 24.7
23	349 58.6	125 47.5 44.8	163 09.7 08.3	24 05.5 55.4	40 17.4 17.7	
26 00	5 01.1	140 47.2 S18 45.8	178 10.7 S 2 08.9	39 08.1 S14 55.4	55 19.9 S19 17.8	Canopus 263 53.6 S52 42.1
01	20 03.6	155 46.9 46.8	193 11.7 09.6	54 10.8 55.5	70 22.5 17.8	Capella 280 25.8 N46 01.0
02	35 06.0	170 46.6 47.7	208 12.7 10.3	69 13.4 55.6	85 25.0 17.8	Deneb 49 27.4 N45 21.7
03	50 08.5	185 46.2 .. 48.7	223 13.6 .. 10.9	84 16.0 .. 55.6	100 27.5 .. 17.8	Denebola 182 28.0 N14 27.3
04	65 10.9	200 45.9 49.7	238 14.6 11.6	99 18.7 55.7	115 30.0 17.8	Diphda 348 49.7 S17 52.0
05	80 13.4	215 45.6 50.6	253 15.6 12.2	114 21.3 55.7	130 32.6 17.8	
06	95 15.9	230 45.2 S18 51.6	268 16.6 S 2 12.9	129 24.0 S14 55.8	145 35.1 S19 17.9	Dubhe 193 45.0 N61 38.1
07	110 18.3	245 44.9 52.5	283 17.5 13.6	144 26.6 55.8	160 37.6 17.9	Elnath 278 05.2 N28 37.5
08	125 20.8	260 44.6 53.5	298 18.5 14.2	159 29.2 55.9	175 40.1 17.9	Eltanin 90 43.5 N51 29.5
S 09	140 23.3	275 44.2 .. 54.5	313 19.5 .. 14.9	174 31.9 .. 55.9	190 42.7 .. 17.9	Enif 33 41.2 N 9 58.6
U 10	155 25.7	290 43.9 55.4	328 20.4 15.5	189 34.5 56.0	205 45.2 17.9	Fomalhaut 15 17.2 S29 30.5
N 11	170 28.2	305 43.6 56.4	343 21.4 16.2	204 37.1 56.0	220 47.7 17.9	
D 12	185 30.7	320 43.2 S18 57.3	358 22.4 S 2 16.9	219 39.8 S14 56.1	235 50.2 S19 17.9	Gacrux 171 55.2 S57 13.9
A 13	200 33.1	335 42.9 58.3	13 23.4 17.5	234 42.4 56.2	250 52.8 18.0	Gienah 175 46.7 S17 39.5
Y 14	215 35.6	350 42.6 18 59.2	28 24.3 18.2	249 45.1 56.2	265 55.3 18.0	Hadar 148 40.4 S60 28.6
15	230 38.1	5 42.2 19 00.2	43 25.3 .. 18.8	264 47.7 .. 56.3	280 57.8 .. 18.0	Hamal 327 53.9 N23 33.9
16	245 40.5	20 41.9 01.1	58 26.3 19.5	279 50.3 56.3	296 00.3 18.0	Kaus Aust. 83 36.1 S34 22.5
17	260 43.0	35 41.6 02.1	73 27.3 20.2	294 53.0 56.4	311 02.9 18.0	
18	275 45.4	50 41.2 S19 03.1	88 28.2 S 2 20.8	309 55.6 S14 56.4	326 05.4 S19 18.0	Kochab 137 20.7 N74 04.2
19	290 47.9	65 40.9 04.0	103 29.2 21.5	324 58.2 56.5	341 07.9 18.1	Markab 13 32.3 N15 19.4
20	305 50.4	80 40.6 05.0	118 30.2 22.1	340 00.9 56.5	356 10.4 18.1	Menkar 314 08.7 N 4 10.5
21	320 52.8	95 40.2 .. 05.9	133 31.1 .. 22.8	355 03.5 .. 56.6	11 13.0 .. 18.1	Menkent 148 01.1 S36 28.5
22	335 55.3	110 39.9 06.9	148 32.1 23.5	10 06.1 56.6	26 15.5 18.1	Miaplacidus 221 39.4 S69 48.0
23	350 57.8	125 39.6 07.8	163 33.1 24.1	25 08.8 56.7	41 18.0 18.1	
27 00	6 00.2	140 39.2 S19 08.7	178 34.1 S 2 24.8	40 11.4 S14 56.7	56 20.5 S19 18.1	Mirfak 308 31.8 N49 56.1
01	21 02.7	155 38.9 09.7	193 35.0 25.4	55 14.0 56.8	71 23.1 18.1	Nunki 75 51.1 S26 16.2
02	36 05.2	170 38.6 10.6	208 36.0 26.1	70 16.7 56.9	86 25.6 18.2	Peacock 53 09.7 S56 40.1
03	51 07.6	185 38.2 .. 11.6	223 37.0 .. 26.7	85 19.3 .. 56.9	101 28.1 .. 18.2	Pollux 243 20.8 N27 58.4
04	66 10.1	200 37.9 12.5	238 37.9 27.4	100 21.9 57.0	116 30.6 18.2	Procyon 244 53.8 N 5 10.3
05	81 12.6	215 37.5 13.5	253 38.9 28.1	115 24.6 57.0	131 33.2 18.2	
06	96 15.0	230 37.2 S19 14.4	268 39.9 S 2 28.7	130 27.2 S14 57.1	146 35.7 S19 18.2	Rasalhague 96 01.1 N12 32.9
07	111 17.5	245 36.9 15.4	283 40.9 29.4	145 29.8 57.1	161 38.2 18.2	Regulus 207 37.6 N11 51.8
08	126 19.9	260 36.5 16.3	298 41.8 30.0	160 32.4 57.2	176 40.7 18.2	Rigel 281 06.4 S 8 10.5
M 09	141 22.4	275 36.2 .. 17.2	313 42.8 .. 30.7	175 35.1 .. 57.2	191 43.2 .. 18.3	Rigil Kent. 139 44.5 S60 55.4
O 10	156 24.9	290 35.8 18.2	328 43.8 31.4	190 37.7 57.3	206 45.8 18.3	Sabik 102 06.0 S15 45.0
N 11	171 27.3	305 35.5 19.1	343 44.7 32.0	205 40.3 57.3	221 48.3 18.3	
D 12	186 29.8	320 35.2 S19 20.1	358 45.7 S 2 32.7	220 43.0 S14 57.4	236 50.8 S19 18.3	Schedar 349 33.5 N56 39.3
A 13	201 32.3	335 34.8 21.0	13 46.7 33.3	235 45.6 57.4	251 53.3 18.3	Shaula 96 14.1 S37 07.2
Y 14	216 34.7	350 34.5 21.9	28 47.7 34.0	250 48.2 57.5	266 55.8 18.3	Sirius 258 28.7 S16 44.5
15	231 37.2	5 34.1 .. 22.9	43 48.6 .. 34.7	265 50.9 .. 57.5	281 58.4 .. 18.3	Spica 158 25.5 S11 16.3
16	246 39.7	20 33.8 23.8	58 49.6 35.3	280 53.5 57.6	297 00.9 18.4	Suhail 222 48.6 S43 30.9
17	261 42.1	35 33.5 24.7	73 50.6 36.0	295 56.1 57.6	312 03.4 18.4	
18	276 44.6	50 33.1 S19 25.7	88 51.5 S 2 36.6	310 58.7 S14 57.7	327 05.9 S19 18.4	Vega 80 35.0 N38 48.5
19	291 47.0	65 32.8 26.6	103 52.5 37.3	326 01.4 57.7	342 08.5 18.4	Zuben'ubi 136 59.3 S16 07.8
20	306 49.5	80 32.4 27.5	118 53.5 38.0	341 04.0 57.8	357 11.0 18.4	SHA Mer. Pass.
21	321 52.0	95 32.1 .. 28.5	133 54.5 .. 38.6	356 06.6 .. 57.8	12 13.5 .. 18.4	° ′ h m
22	336 54.4	110 31.8 29.4	148 55.4 39.3	11 09.2 57.9	27 16.0 18.4	Venus 135 46.1 14 37
23	351 56.9	125 31.4 30.3	163 56.4 39.9	26 11.9 57.9	42 18.5 18.5	Mars 173 09.6 12 07
	h m					Jupiter 34 07.0 21 20
Mer. Pass. 23 36.1	v −0.3 d 1.0	v 1.0 d 0.7	v 2.6 d 0.1	v 2.5 d 0.0	Saturn 50 18.8 20 15

2021 SEPTEMBER 25, 26, 27 (SAT., SUN., MON.)

UT	SUN GHA	SUN Dec	MOON GHA	MOON v	MOON Dec	MOON d	MOON HP	Lat.	Twilight Naut.	Twilight Civil	Sunrise	Moonrise 25	Moonrise 26	Moonrise 27	Moonrise 28
d h	° ′	° ′	° ′	′	° ′	′	′	°	h m	h m	h m	h m	h m	h m	h m
								N 72	03 23	04 49	05 57	▨	▨	▨	▨
25 00	182 03.9	S 0 51.2	318 16.9	14.3	N15 49.2	10.7	54.5	N 70	03 39	04 55	05 56	16 48	▨	▨	▨
01	197 04.1	52.2	332 50.2	14.3	15 59.9	10.6	54.5	68	03 52	05 00	05 56	17 31	16 24	▨	▨
02	212 04.3	53.2	347 23.5	14.3	16 10.5	10.6	54.4	66	04 02	05 04	05 55	18 01	17 41	▨	▨
03	227 04.5	. 54.2	1 56.8	14.3	16 21.1	10.5	54.4	64	04 10	05 07	05 55	18 23	18 19	18 14	18 10
04	242 04.7	55.1	16 30.1	14.2	16 31.6	10.5	54.4	62	04 17	05 10	05 54	18 41	18 45	18 55	19 19
05	257 04.9	56.1	31 03.3	14.1	16 42.1	10.3	54.4	60	04 23	05 12	05 54	18 56	19 06	19 24	19 55
06	272 05.2	S 0 57.1	45 36.4	14.1	N16 52.4	10.3	54.4	N 58	04 28	05 14	05 54	19 08	19 23	19 45	20 20
S 07	287 05.4	58.0	60 09.5	14.1	17 02.7	10.2	54.4	56	04 32	05 16	05 53	19 19	19 37	20 03	20 41
A 08	302 05.6	0 59.0	74 42.6	14.1	17 12.9	10.2	54.4	54	04 36	05 18	05 53	19 29	19 50	20 18	20 57
T 09	317 05.8	. 1 00.0	89 15.7	14.0	17 23.1	10.0	54.4	52	04 40	05 19	05 53	19 38	20 01	20 32	21 12
U 10	332 06.0	01.0	103 48.7	13.9	17 33.1	10.0	54.4	50	04 42	05 20	05 53	19 46	20 11	20 43	21 25
R 11	347 06.2	01.9	118 21.6	13.9	17 43.1	9.9	54.4	45	04 48	05 23	05 52	20 02	20 32	21 07	21 51
D 12	2 06.5	S 1 02.9	132 54.5	13.9	N17 53.0	9.9	54.3	N 40	04 53	05 24	05 51	20 16	20 48	21 27	22 11
A 13	17 06.7	03.9	147 27.4	13.8	18 02.9	9.7	54.3	35	04 56	05 26	05 51	20 28	21 03	21 43	22 29
Y 14	32 06.9	04.8	162 00.2	13.8	18 12.6	9.7	54.3	30	04 59	05 27	05 51	20 38	21 15	21 57	22 44
15	47 07.1	. 05.8	176 33.0	13.8	18 22.3	9.6	54.3	20	05 02	05 28	05 50	20 56	21 36	22 21	23 09
16	62 07.3	06.8	191 05.8	13.7	18 31.9	9.5	54.3	N 10	05 04	05 28	05 49	21 11	21 55	22 41	23 31
17	77 07.5	07.8	205 38.5	13.6	18 41.4	9.4	54.3	0	05 03	05 27	05 48	21 26	22 12	23 01	23 51
18	92 07.7	S 1 08.8	220 11.1	13.6	N18 50.8	9.4	54.3	S 10	05 02	05 26	05 47	21 41	22 30	23 20	24 12
19	107 08.0	09.7	234 43.7	13.6	19 00.2	9.3	54.3	20	04 58	05 24	05 46	21 56	22 49	23 41	24 34
20	122 08.2	10.7	249 16.3	13.5	19 09.5	9.1	54.3	30	04 53	05 20	05 44	22 15	23 10	24 06	00 06
21	137 08.4	. 11.7	263 48.8	13.5	19 18.6	9.1	54.3	35	04 49	05 18	05 44	22 25	23 23	24 20	00 20
22	152 08.6	12.6	278 21.3	13.4	19 27.7	9.0	54.3	40	04 44	05 15	05 42	22 38	23 38	24 37	00 37
23	167 08.8	13.6	292 53.7	13.4	19 36.7	9.0	54.3	45	04 37	05 12	05 41	22 52	23 56	24 57	00 57
26 00	182 09.0	S 1 14.6	307 26.1	13.3	N19 45.7	8.8	54.3	S 50	04 29	05 07	05 40	23 10	24 18	00 18	01 23
01	197 09.3	15.6	321 58.4	13.3	19 54.5	8.8	54.2	52	04 25	05 05	05 39	23 19	24 28	00 28	01 34
02	212 09.5	16.5	336 30.7	13.2	20 03.3	8.6	54.2	54	04 21	05 03	05 38	23 28	24 40	00 40	01 48
03	227 09.7	. 17.5	351 02.9	13.2	20 11.9	8.6	54.2	56	04 16	05 00	05 37	23 39	24 54	00 54	02 04
04	242 09.9	18.5	5 35.1	13.2	20 20.5	8.5	54.2	58	04 10	04 57	05 36	23 51	25 10	01 10	02 23
05	257 10.1	19.5	20 07.3	13.1	20 29.0	8.4	54.2	S 60	04 03	04 54	05 35	24 05	00 05	01 29	02 48
06	272 10.3	S 1 20.4	34 39.4	13.0	N20 37.4	8.3	54.2	Lat.	Sunset	Twilight Civil	Twilight Naut.	Moonset 25	Moonset 26	Moonset 27	Moonset 28
07	287 10.5	21.4	49 11.4	13.0	20 45.7	8.2	54.2
08	302 10.8	22.4	63 43.4	13.0	20 53.9	8.2	54.2
S 09	317 11.0	. 23.4	78 15.4	12.9	21 02.1	8.0	54.2	°	h m	h m	h m	h m	h m	h m	h m
U 10	332 11.2	24.3	92 47.3	12.8	21 10.1	7.9	54.2	N 72	17 43	18 50	20 15				
N 11	347 11.4	25.3	107 19.1	12.8	21 18.0	7.9	54.2	N 70	17 44	18 45	20 00	13 24	▨	▨	▨
D 12	2 11.6	S 1 26.3	121 50.9	12.8	N21 25.9	7.7	54.2	68	17 45	18 40	19 48	12 42	15 24	▨	▨
A 13	17 11.8	27.2	136 22.7	12.7	21 33.6	7.7	54.2	66	17 46	18 36	19 38	12 14	14 08	▨	▨
Y 14	32 12.0	28.2	150 54.4	12.6	21 41.3	7.6	54.2	64	17 46	18 33	19 30	11 52	13 31	15 15	17 04
15	47 12.3	. 29.2	165 26.0	12.6	21 48.9	7.4	54.2	62	17 47	18 31	19 23	11 35	13 06	14 35	15 54
16	62 12.5	30.2	179 57.6	12.6	21 56.3	7.4	54.2	60	17 47	18 29	19 18	11 21	12 45	14 07	15 19
17	77 12.7	31.1	194 29.2	12.5	22 03.7	7.3	54.2
18	92 12.9	S 1 32.1	209 00.7	12.4	N22 11.0	7.1	54.2	N 58	17 48	18 27	19 13	11 09	12 29	13 45	14 54
19	107 13.1	33.1	223 32.1	12.4	22 18.1	7.1	54.2	56	17 48	18 25	19 09	10 59	12 15	13 28	14 34
20	122 13.3	34.1	238 03.5	12.4	22 25.2	7.0	54.2	54	17 48	18 24	19 05	10 50	12 03	13 13	14 17
21	137 13.5	. 35.0	252 34.9	12.3	22 32.2	6.9	54.2	52	17 49	18 22	19 02	10 42	11 52	13 00	14 02
22	152 13.7	36.0	267 06.2	12.2	22 39.1	6.7	54.2	50	17 49	18 21	18 59	10 34	11 43	12 49	13 50
23	167 14.0	37.0	281 37.4	12.2	22 45.8	6.7	54.2	45	17 50	18 19	18 53	10 19	11 23	12 25	13 24
27 00	182 14.2	S 1 37.9	296 08.6	12.2	N22 52.5	6.6	54.2	N 40	17 50	18 17	18 49	10 06	11 07	12 06	13 04
01	197 14.4	38.9	310 39.8	12.1	22 59.1	6.4	54.2	35	17 51	18 16	18 46	09 55	10 53	11 51	12 46
02	212 14.6	39.9	325 10.9	12.1	23 05.5	6.4	54.2	30	17 51	18 15	18 43	09 46	10 42	11 37	12 32
03	227 14.8	. 40.9	339 42.0	12.0	23 11.9	6.3	54.2	20	17 52	18 14	18 40	09 30	10 22	11 14	12 07
04	242 15.0	41.8	354 13.0	11.9	23 18.2	6.1	54.2	N 10	17 53	18 14	18 39	09 16	10 04	10 54	11 45
05	257 15.2	42.8	8 43.9	11.9	23 24.3	6.1	54.2	0	17 54	18 15	18 39	09 03	09 48	10 36	11 25
06	272 15.5	S 1 43.8	23 14.8	11.9	N23 30.4	5.9	54.2	S 10	17 56	18 17	18 41	08 50	09 32	10 17	11 05
07	287 15.7	44.8	37 45.7	11.8	23 36.3	5.9	54.2	20	17 57	18 19	18 45	08 36	09 15	09 57	10 43
08	302 15.9	45.7	52 16.5	11.8	23 42.2	5.7	54.2	30	17 59	18 22	18 50	08 20	08 55	09 34	10 18
M 09	317 16.1	. 46.7	66 47.3	11.7	23 47.9	5.6	54.2	35	18 00	18 25	18 54	08 11	08 44	09 21	10 04
O 10	332 16.3	47.7	81 18.0	11.6	23 53.5	5.5	54.2	40	18 01	18 28	19 00	08 00	08 30	09 06	09 47
N 11	347 16.5	48.7	95 48.6	11.7	23 59.0	5.4	54.2	45	18 02	18 31	19 06	07 48	08 15	08 47	09 27
D 12	2 16.7	S 1 49.6	110 19.3	11.5	N24 04.4	5.4	54.2	S 50	18 04	18 36	19 15	07 33	07 56	08 25	09 01
A 13	17 16.9	50.6	124 49.8	11.5	24 09.7	5.2	54.2	52	18 04	18 38	19 19	07 27	07 47	08 14	08 49
Y 14	32 17.1	51.6	139 20.3	11.5	24 14.9	5.1	54.2	54	18 05	18 41	19 23	07 19	07 37	08 01	08 35
15	47 17.4	. 52.5	153 50.8	11.5	24 20.0	5.0	54.2	56	18 06	18 44	19 29	07 11	07 26	07 47	08 18
16	62 17.6	53.5	168 21.3	11.3	24 25.0	4.8	54.2	58	18 07	18 47	19 35	07 01	07 13	07 31	07 58
17	77 17.8	54.5	182 51.6	11.4	24 29.8	4.8	54.2	S 60	18 08	18 50	19 42	06 50	06 58	07 11	07 34
18	92 18.0	S 1 55.5	197 22.0	11.3	N24 34.6	4.6	54.2		SUN			MOON			
19	107 18.2	56.4	211 52.3	11.2	24 39.2	4.5	54.3	Day	Eqn. of Time		Mer. Pass.	Mer. Pass. Upper	Mer. Pass. Lower	Age	Phase
20	122 18.4	57.4	226 22.5	11.2	24 43.7	4.4	54.3		00h	12h					
21	137 18.6	. 58.4	240 52.7	11.2	24 48.1	4.3	54.3	d	m s	m s	h m	h m	h m	d	%
22	152 18.8	1 59.4	255 22.9	11.1	24 52.4	4.2	54.3	25	08 15	08 25	11 52	02 52	15 14	18	81
23	167 19.0	S 2 00.3	269 53.0	11.1	N24 56.6	4.0	54.3	26	08 36	08 46	11 51	03 37	16 00	19	74
	SD 16.0	d 1.0	SD 14.8		14.8		14.8	27	08 56	09 06	11 51	04 24	16 48	20	65

2021 SEPTEMBER 28, 29, 30 (TUES., WED., THURS.)

UT	ARIES	VENUS −4.2	MARS +1.6	JUPITER −2.7	SATURN +0.4	STARS
	GHA	GHA Dec	GHA Dec	GHA Dec	GHA Dec	Name SHA Dec
d h	° ′	° ′ ° ′	° ′ ° ′	° ′ ° ′	° ′ ° ′	° ′ ° ′
28 00	6 59.4	140 31.1 S19 31.3	178 57.4 S 2 40.6	41 14.5 S14 58.0	57 21.1 S19 18.5	Acamar 315 13.5 S40 12.9
01	22 01.8	155 30.7 32.2	193 58.3 41.3	56 17.1 58.0	72 23.6 18.5	Achernar 335 21.7 S57 07.5
02	37 04.3	170 30.4 33.1	208 59.3 41.9	71 19.7 58.1	87 26.1 18.5	Acrux 173 03.7 S63 13.0
03	52 06.8	185 30.0 . . 34.0	224 00.3 . . 42.6	86 22.4 . . 58.1	102 28.6 . . 18.5	Adhara 255 08.0 S28 59.8
04	67 09.2	200 29.7 35.0	239 01.2 43.2	101 25.0 58.2	117 31.1 18.5	Aldebaran 290 42.6 N16 33.2
05	82 11.7	215 29.4 35.9	254 02.2 43.9	116 27.6 58.2	132 33.6 18.5	
06	97 14.2	230 29.0 S19 36.8	269 03.2 S 2 44.5	131 30.2 S14 58.3	147 36.2 S19 18.6	Alioth 166 16.0 N55 50.7
07	112 16.6	245 28.7 37.7	284 04.2 45.2	146 32.9 58.3	162 38.7 18.6	Alkaid 152 54.6 N49 12.5
T 08	127 19.1	260 28.3 38.7	299 05.1 45.9	161 35.5 58.4	177 41.2 18.6	Alnair 27 36.0 S46 51.5
U 09	142 21.5	275 28.0 . . 39.6	314 06.1 . . 46.5	176 38.1 . . 58.4	192 43.7 . . 18.6	Alnilam 275 40.4 S 1 11.2
E 10	157 24.0	290 27.6 40.5	329 07.1 47.2	191 40.7 58.5	207 46.2 18.6	Alphard 217 50.6 S 8 44.9
S 11	172 26.5	305 27.3 41.4	344 08.0 47.8	206 43.4 58.5	222 48.8 18.6	
D 12	187 28.9	320 26.9 S19 42.4	359 09.0 S 2 48.5	221 46.0 S14 58.6	237 51.3 S19 18.6	Alphecca 126 06.3 N26 38.8
A 13	202 31.4	335 26.6 43.3	14 10.0 49.2	236 48.6 58.6	252 53.8 18.7	Alpheratz 357 37.2 N29 12.7
Y 14	217 33.9	350 26.2 44.2	29 10.9 49.8	251 51.2 58.7	267 56.3 18.7	Altair 62 02.5 N 8 55.7
15	232 36.3	5 25.9 . . 45.1	44 11.9 . . 50.5	266 53.8 . . 58.7	282 58.8 . . 18.7	Ankaa 353 09.4 S42 11.3
16	247 38.8	20 25.6 46.0	59 12.9 51.1	281 56.5 58.8	298 01.3 18.7	Antares 112 19.3 S26 28.7
17	262 41.3	35 25.2 46.9	74 13.8 51.8	296 59.1 58.8	313 03.9 18.7	
18	277 43.7	50 24.9 S19 47.9	89 14.8 S 2 52.5	312 01.7 S14 58.9	328 06.4 S19 18.7	Arcturus 145 50.7 N19 04.4
19	292 46.2	65 24.5 48.8	104 15.8 53.1	327 04.3 58.9	343 08.9 18.7	Atria 107 16.1 S69 04.1
20	307 48.7	80 24.2 49.7	119 16.8 53.8	342 06.9 59.0	358 11.4 18.7	Avior 234 16.1 S59 34.4
21	322 51.1	95 23.8 . . 50.6	134 17.7 . . 54.4	357 09.6 . . 59.0	13 13.9 . . 18.8	Bellatrix 278 25.7 N 6 22.2
22	337 53.6	110 23.5 51.5	149 18.7 55.1	12 12.2 59.1	28 16.4 18.8	Betelgeuse 270 55.0 N 7 24.7
23	352 56.0	125 23.1 52.4	164 19.7 55.7	27 14.8 59.1	43 19.0 18.8	
29 00	7 58.5	140 22.8 S19 53.3	179 20.6 S 2 56.4	42 17.4 S14 59.2	58 21.5 S19 18.8	Canopus 263 53.6 S52 42.1
01	23 01.0	155 22.4 54.3	194 21.6 57.1	57 20.0 59.2	73 24.0 18.8	Capella 280 25.7 N46 01.0
02	38 03.4	170 22.1 55.2	209 22.6 57.7	72 22.7 59.3	88 26.5 18.8	Deneb 49 27.4 N45 21.7
03	53 05.9	185 21.7 . . 56.1	224 23.5 . . 58.4	87 25.3 . . 59.3	103 29.0 . . 18.8	Denebola 182 28.0 N14 27.3
04	68 08.4	200 21.4 57.0	239 24.5 59.0	102 27.9 59.4	118 31.5 18.8	Diphda 348 49.7 S17 52.0
05	83 10.8	215 21.0 57.9	254 25.5 2 59.7	117 30.5 59.4	133 34.0 18.9	
06	98 13.3	230 20.7 S19 58.8	269 26.4 S 3 00.4	132 33.1 S14 59.5	148 36.6 S19 18.9	Dubhe 193 45.0 N61 38.1
W 07	113 15.8	245 20.3 19 59.7	284 27.4 01.0	147 35.7 59.5	163 39.1 18.9	Elnath 278 05.2 N28 37.5
E 08	128 18.2	260 20.0 20 00.6	299 28.4 01.7	162 38.4 59.6	178 41.6 18.9	Eltanin 90 43.5 N51 29.5
D 09	143 20.7	275 19.6 . . 01.5	314 29.3 . . 02.3	177 41.0 . . 59.6	193 44.1 . . 18.9	Enif 33 41.2 N 9 58.6
N 10	158 23.2	290 19.3 02.4	329 30.3 03.0	192 43.6 59.6	208 46.6 18.9	Fomalhaut 15 17.2 S29 30.5
E 11	173 25.6	305 18.9 03.3	344 31.3 03.7	207 46.2 59.7	223 49.1 18.9	
S 12	188 28.1	320 18.5 S20 04.2	359 32.2 S 3 04.3	222 48.8 S14 59.7	238 51.6 S19 19.0	Gacrux 171 55.2 S57 13.9
D 13	203 30.5	335 18.2 05.1	14 33.2 05.0	237 51.4 59.8	253 54.2 19.0	Gienah 175 46.7 S17 39.5
A 14	218 33.0	350 17.8 06.0	29 34.2 05.6	252 54.1 59.8	268 56.7 19.0	Hadar 148 40.4 S60 28.6
Y 15	233 35.5	5 17.5 . . 06.9	44 35.1 . . 06.3	267 56.7 . . 59.9	283 59.2 . . 19.0	Hamal 327 53.9 N23 33.9
16	248 37.9	20 17.1 07.8	59 36.1 06.9	282 59.3 14 59.9	299 01.7 19.0	Kaus Aust. 83 36.1 S34 22.5
17	263 40.4	35 16.8 08.7	74 37.1 07.6	298 01.9 15 00.0	314 04.2 19.0	
18	278 42.9	50 16.4 S20 09.6	89 38.0 S 3 08.3	313 04.5 S15 00.0	329 06.7 S19 19.0	Kochab 137 20.8 N74 04.2
19	293 45.3	65 16.1 10.5	104 39.0 08.9	328 07.1 00.1	344 09.2 19.0	Markab 13 32.3 N15 19.4
20	308 47.8	80 15.7 11.4	119 40.0 09.6	343 09.7 00.1	359 11.7 19.0	Menkar 314 08.7 N 4 10.5
21	323 50.3	95 15.4 . . 12.3	134 40.9 . . 10.2	358 12.3 . . 00.2	14 14.3 . . 19.1	Menkent 148 01.1 S36 28.5
22	338 52.7	110 15.0 13.2	149 41.9 10.9	13 15.0 00.2	29 16.8 19.1	Miaplacidus 221 39.3 S69 48.0
23	353 55.2	125 14.6 14.1	164 42.9 11.6	28 17.6 00.2	44 19.3 19.1	
30 00	8 57.6	140 14.3 S20 15.0	179 43.8 S 3 12.2	43 20.2 S15 00.3	59 21.8 S19 19.1	Mirfak 308 31.7 N49 56.1
01	24 00.1	155 13.9 15.9	194 44.8 12.9	58 22.8 00.3	74 24.3 19.1	Nunki 75 51.1 S26 16.2
02	39 02.6	170 13.6 16.8	209 45.8 13.5	73 25.4 00.4	89 26.8 19.1	Peacock 53 09.7 S56 40.1
03	54 05.0	185 13.2 . . 17.7	224 46.7 . . 14.2	88 28.0 . . 00.4	104 29.3 . . 19.1	Pollux 243 20.7 N27 58.4
04	69 07.5	200 12.9 18.5	239 47.7 14.8	103 30.6 00.5	119 31.8 19.1	Procyon 244 53.8 N 5 10.3
05	84 10.0	215 12.5 19.4	254 48.7 15.5	118 33.2 00.5	134 34.3 19.2	
06	99 12.4	230 12.1 S20 20.3	269 49.6 S 3 16.2	133 35.8 S15 00.6	149 36.9 S19 19.2	Rasalhague 96 01.1 N12 32.9
07	114 14.9	245 11.8 21.2	284 50.6 16.8	148 38.4 00.6	164 39.4 19.2	Regulus 207 37.6 N11 51.8
T 08	129 17.4	260 11.4 22.1	299 51.6 17.5	163 41.1 00.6	179 41.9 19.2	Rigel 281 06.4 S 8 10.5
H 09	144 19.8	275 11.1 . . 23.0	314 52.5 . . 18.1	178 43.7 . . 00.7	194 44.4 . . 19.2	Rigil Kent. 139 44.5 S60 55.4
U 10	159 22.3	290 10.7 23.9	329 53.5 18.8	193 46.3 00.7	209 46.9 19.2	Sabik 102 06.0 S15 45.0
R 11	174 24.8	305 10.4 24.8	344 54.5 19.5	208 48.9 00.8	224 49.4 19.2	
S 12	189 27.2	320 10.0 S20 25.6	359 55.4 S 3 20.1	223 51.5 S15 00.8	239 51.9 S19 19.2	Schedar 349 33.5 N56 39.3
D 13	204 29.7	335 09.6 26.5	14 56.4 20.8	238 54.1 00.9	254 54.4 19.2	Shaula 96 14.1 S37 07.2
A 14	219 32.1	350 09.3 27.4	29 57.4 21.4	253 56.7 00.9	269 56.9 19.3	Sirius 258 28.6 S16 44.5
Y 15	234 34.6	5 08.9 . . 28.3	44 58.3 . . 22.1	268 59.3 . . 01.0	284 59.4 . . 19.3	Spica 158 25.5 S11 16.3
16	249 37.1	20 08.6 29.2	59 59.3 22.7	284 01.9 01.0	300 01.9 19.3	Suhail 222 48.5 S43 30.9
17	264 39.5	35 08.2 30.0	75 00.2 23.4	299 04.5 01.0	315 04.5 19.3	
18	279 42.0	50 07.8 S20 30.9	90 01.2 S 3 24.1	314 07.1 S15 01.1	330 07.0 S19 19.3	Vega 80 35.0 N38 48.5
19	294 44.5	65 07.5 31.8	105 02.2 24.7	329 09.7 01.1	345 09.5 19.3	Zuben'ubi 136 59.3 S16 07.7
20	309 46.9	80 07.1 32.7	120 03.1 25.4	344 12.3 01.2	0 12.0 19.3	SHA Mer.Pass.
21	324 49.4	95 06.8 . . 33.6	135 04.1 . . 26.0	359 14.9 . . 01.2	15 14.5 . . 19.3	° ′ h m
22	339 51.9	110 06.4 34.4	150 05.1 26.7	14 17.5 01.3	30 17.0 19.3	Venus 132 24.3 14 39
23	354 54.3	125 06.0 35.3	165 06.0 27.3	29 20.2 01.3	45 19.5 19.4	Mars 171 22.1 12 02
	h m					Jupiter 34 18.9 21 07
Mer.Pass. 23 24.3		v −0.4 d 0.9	v 1.0 d 0.7	v 2.6 d 0.0	v 2.5 d 0.0	Saturn 50 23.0 20 03

2021 SEPTEMBER 28, 29, 30 (TUES., WED., THURS.)

UT	SUN GHA	SUN Dec	MOON GHA	MOON v	MOON Dec	MOON d	MOON HP	Lat.	Twilight Naut.	Twilight Civil	Sunrise	Moonrise 28	Moonrise 29	Moonrise 30	Moonrise 1
d h	° '	° '	° '	'	° '	'	'	°	h m	h m	h m	h m	h m	h m	h m
28 00	182 19.3	S 2 01.3	284 23.1	11.0	N25 00.6	4.0	54.3	N 72	03 39	05 03	06 10	☐	☐	☐	☐
01	197 19.5	02.3	298 53.1	11.0	25 04.6	3.8	54.3	N 70	03 53	05 07	06 08	☐	☐	☐	☐
02	212 19.7	03.2	313 23.1	10.9	25 08.4	3.7	54.3	68	04 04	05 11	06 06	☐	☐	☐	☐
03	227 19.9	04.2	327 53.0	10.9	25 12.1	3.6	54.3	66	04 12	05 14	06 05	☐	☐	☐	21 59
04	242 20.1	05.2	342 22.9	10.9	25 15.7	3.4	54.3	64	04 20	05 16	06 03	18 10	18 52	20 46	22 38
05	257 20.3	06.2	356 52.8	10.8	25 19.1	3.4	54.3	62	04 25	05 18	06 02	19 19	20 10	21 30	23 05
								60	04 31	05 20	06 01	19 55	20 46	21 59	23 25
06	272 20.5	S 2 07.1	11 22.6	10.8	N25 22.5	3.2	54.3	N 58	04 35	05 21	06 00	20 20	21 12	22 21	23 42
07	287 20.7	08.1	25 52.4	10.7	25 25.7	3.1	54.3	56	04 39	05 22	05 59	20 41	21 32	22 39	23 57
T 08	302 20.9	09.1	40 22.1	10.7	25 28.8	3.0	54.4	54	04 42	05 23	05 58	20 57	21 49	22 54	24 09
U 09	317 21.1	10.0	54 51.8	10.7	25 31.8	2.9	54.4	52	04 45	05 24	05 58	21 12	22 04	23 07	24 20
E 10	332 21.4	11.0	69 21.5	10.6	25 34.7	2.8	54.4	50	04 47	05 25	05 57	21 25	22 17	23 19	24 30
S 11	347 21.6	12.0	83 51.1	10.6	25 37.5	2.6	54.4	45	04 52	05 26	05 56	21 51	22 43	23 43	24 50
D 12	2 21.8	S 2 13.0	98 20.7	10.5	N25 40.1	2.5	54.4	N 40	04 56	05 27	05 54	22 11	23 03	24 02	00 02
A 13	17 22.0	13.9	112 50.2	10.5	25 42.6	2.4	54.4	35	04 59	05 28	05 53	22 29	23 21	24 18	00 18
Y 14	32 22.2	14.9	127 19.7	10.5	25 45.0	2.3	54.4	30	05 01	05 28	05 52	22 44	23 36	24 32	00 32
15	47 22.4	15.9	141 49.2	10.5	25 47.3	2.1	54.4	20	05 03	05 28	05 50	23 09	24 01	00 01	00 55
16	62 22.6	16.9	156 18.7	10.4	25 49.4	2.0	54.4	N 10	05 03	05 28	05 49	23 31	24 23	00 23	01 16
17	77 22.8	17.8	170 48.1	10.4	25 51.4	1.9	54.5	0	05 02	05 26	05 47	23 51	24 43	00 43	01 35
18	92 23.0	S 2 18.8	185 17.5	10.3	N25 53.3	1.8	54.5	S 10	05 00	05 24	05 45	24 12	00 12	01 03	01 54
19	107 23.2	19.8	199 46.8	10.3	25 55.1	1.6	54.5	20	04 55	05 21	05 43	24 34	00 34	01 25	02 14
20	122 23.4	20.7	214 16.1	10.3	25 56.7	1.5	54.5	30	04 49	05 17	05 41	00 06	00 59	01 50	02 37
21	137 23.6	21.7	228 45.4	10.3	25 58.2	1.4	54.5	35	04 44	05 14	05 39	00 20	01 14	02 05	02 51
22	152 23.9	22.7	243 14.7	10.2	25 59.6	1.3	54.5	40	04 39	05 10	05 38	00 37	01 32	02 22	03 06
23	167 24.1	23.7	257 43.9	10.2	26 00.9	1.2	54.5	45	04 31	05 06	05 36	00 57	01 53	02 43	03 25
29 00	182 24.3	S 2 24.6	272 13.1	10.1	N26 02.1	1.0	54.6	S 50	04 22	05 01	05 33	01 22	02 19	03 08	03 48
01	197 24.5	25.6	286 42.2	10.2	26 03.1	0.9	54.6	52	04 18	04 58	05 32	01 34	02 32	03 21	03 59
02	212 24.7	26.6	301 11.4	10.1	26 04.0	0.7	54.6	54	04 13	04 55	05 31	01 48	02 47	03 35	04 12
03	227 24.9	27.5	315 40.5	10.1	26 04.7	0.7	54.6	56	04 07	04 52	05 29	02 04	03 05	03 52	04 27
04	242 25.1	28.5	330 09.6	10.0	26 05.4	0.5	54.6	58	04 00	04 48	05 28	02 23	03 26	04 12	04 43
05	257 25.3	29.5	344 38.6	10.1	26 05.9	0.3	54.6	S 60	03 53	04 44	05 26	02 48	03 53	04 38	05 04
06	272 25.5	S 2 30.5	359 07.7	10.0	N26 06.2	0.3	54.7								
W 07	287 25.7	31.4	13 36.7	10.0	26 06.5	0.1	54.7	Lat.	Sunset	Twilight Civil	Twilight Naut.	Moonset 28	Moonset 29	Moonset 30	Moonset 1
E 08	302 25.9	32.4	28 05.7	9.9	26 06.6	0.0	54.7								
D 09	317 26.1	33.4	42 34.6	10.0	26 06.6	0.1	54.7	°	h m	h m	h m	h m	h m	h m	h m
N 10	332 26.3	34.3	57 03.6	9.9	26 06.5	0.3	54.7	N 72	17 28	18 35	19 57	☐	☐	☐	☐
E 11	347 26.6	35.3	71 32.5	9.9	26 06.2	0.4	54.7	N 70	17 30	18 31	19 44	☐	☐	☐	☐
S 12	2 26.8	S 2 36.3	86 01.4	9.9	N26 05.8	0.5	54.8	68	17 32	18 27	19 34	☐	☐	☐	☐
D 13	17 27.0	37.3	100 30.3	9.9	26 05.3	0.7	54.8	66	17 34	18 25	19 26	☐	☐	☐	18 38
A 14	32 27.2	38.2	114 59.2	9.8	26 04.6	0.8	54.8	64	17 36	18 23	19 19	17 04	18 08	18 03	17 59
Y 15	47 27.4	39.2	129 28.0	9.9	26 03.8	0.9	54.8	62	17 37	18 21	19 13	15 54	16 51	17 19	17 31
16	62 27.6	40.2	143 56.9	9.8	26 02.9	1.0	54.8	60	17 38	18 19	19 08	15 19	16 14	16 49	17 10
17	77 27.8	41.1	158 25.7	9.8	26 01.9	1.2	54.9	N 58	17 39	18 18	19 04	14 54	15 48	16 27	16 52
18	92 28.0	S 2 42.1	172 54.5	9.8	N26 00.7	1.3	54.9	56	17 40	18 17	19 00	14 34	15 28	16 08	16 37
19	107 28.2	43.1	187 23.3	9.8	25 59.4	1.4	54.9	54	17 41	18 16	18 57	14 17	15 11	15 53	16 25
20	122 28.4	44.1	201 52.1	9.8	25 58.0	1.6	54.9	52	17 42	18 15	18 55	14 02	14 56	15 40	16 13
21	137 28.6	45.0	216 20.9	9.7	25 56.4	1.7	54.9	50	17 42	18 15	18 52	13 50	14 43	15 28	16 03
22	152 28.8	46.0	230 49.6	9.8	25 54.7	1.9	55.0	45	17 44	18 13	18 47	13 24	14 17	15 03	15 42
23	167 29.0	47.0	245 18.4	9.7	25 52.8	1.9	55.0	N 40	17 45	18 12	18 44	13 04	13 56	14 44	15 25
30 00	182 29.2	S 2 47.9	259 47.1	9.7	N25 50.9	2.1	55.0	35	17 47	18 12	18 41	12 46	13 39	14 27	15 10
01	197 29.4	48.9	274 15.8	9.8	25 48.8	2.2	55.0	30	17 48	18 12	18 39	12 32	13 24	14 13	14 58
02	212 29.6	49.9	288 44.6	9.7	25 46.6	2.4	55.0	20	17 50	18 12	18 37	12 07	12 59	13 49	14 36
03	227 29.8	50.8	303 13.3	9.7	25 44.2	2.5	55.1	N 10	17 52	18 13	18 37	11 45	12 37	13 27	14 17
04	242 30.0	51.8	317 42.0	9.7	25 41.7	2.6	55.1	0	17 53	18 14	18 38	11 25	12 16	13 08	13 59
05	257 30.2	52.8	332 10.7	9.7	25 39.1	2.8	55.1								
06	272 30.5	S 2 53.8	346 39.4	9.7	N25 36.3	2.9	55.1	S 10	17 55	18 16	18 41	11 05	11 55	12 48	13 42
07	287 30.7	54.7	1 08.1	9.7	25 33.4	3.0	55.2	20	17 58	18 20	18 45	10 43	11 33	12 27	13 22
T 08	302 30.9	55.7	15 36.8	9.7	25 30.4	3.1	55.2	30	18 00	18 24	18 52	10 18	11 08	12 02	13 00
H 09	317 31.1	56.7	30 05.5	9.7	25 27.3	3.3	55.2	35	18 02	18 27	18 57	10 04	10 53	11 48	12 47
U 10	332 31.3	57.6	44 34.2	9.7	25 24.0	3.4	55.2	40	18 04	18 31	19 03	09 47	10 35	11 31	12 32
R 11	347 31.5	58.6	59 02.9	9.7	25 20.6	3.6	55.3	45	18 06	18 35	19 10	09 27	10 14	11 10	12 14
S 12	2 31.7	S 2 59.6	73 31.6	9.7	N25 17.0	3.6	55.3	S 50	18 08	18 41	19 20	09 01	09 48	10 45	11 52
D 13	17 31.9	3 00.6	88 00.3	9.7	25 13.4	3.8	55.3	52	18 09	18 43	19 24	08 49	09 35	10 32	11 41
A 14	32 32.1	01.5	102 29.0	9.7	25 09.6	4.0	55.3	54	18 11	18 46	19 29	08 35	09 20	10 18	11 29
Y 15	47 32.3	02.5	116 57.7	9.7	25 05.6	4.1	55.4	56	18 12	18 50	19 35	08 18	09 02	10 02	11 14
16	62 32.5	03.5	131 26.4	9.7	25 01.5	4.2	55.4	58	18 14	18 54	19 42	07 58	08 41	09 42	10 58
17	77 32.7	04.4	145 55.1	9.8	24 57.3	4.3	55.4	S 60	18 16	18 58	19 50	07 34	08 14	09 17	10 38
18	92 32.9	S 3 05.4	160 23.9	9.7	N24 53.0	4.5	55.4			SUN			MOON		
19	107 33.1	06.4	174 52.6	9.7	24 48.5	4.6	55.5	Day	Eqn. of Time		Mer.	Mer. Pass.		Age	Phase
20	122 33.3	07.3	189 21.3	9.8	24 43.9	4.7	55.5		00h	12h	Pass.	Upper	Lower		
21	137 33.5	08.3	203 50.1	9.7	24 39.2	4.8	55.5	d	m s	m s	h m	h m	h m	d	%
22	152 33.7	09.3	218 18.8	9.8	24 34.4	5.0	55.5	28	09 17	09 27	11 51	05 13	17 38	21	56
23	167 33.9	10.3	232 47.6	9.7	N24 29.4	5.1	55.6	29	09 37	09 47	11 50	06 04	18 29	22	46
	SD 16.0	d 1.0	SD 14.8		14.9		15.1	30	09 56	10 06	11 50	06 55	19 21	23	37

2021 OCTOBER 1, 2, 3 (FRI., SAT., SUN.)

UT	ARIES GHA	VENUS −4.2 GHA Dec	MARS +1.6 GHA Dec	JUPITER −2.7 GHA Dec	SATURN +0.4 GHA Dec	STARS Name	SHA	Dec
d h	° ′	° ′ ° ′	° ′ ° ′	° ′ ° ′	° ′ ° ′		° ′	° ′
1 00	9 56.8	140 05.7 S20 36.2	180 07.0 S 3 28.0	44 22.8 S15 01.3	60 22.0 S19 19.4	Acamar	315 13.5	S40 12.9
01	24 59.3	155 05.3 37.0	195 08.0 28.7	59 25.4 01.4	75 24.5 19.4	Achernar	335 21.7	S57 07.5
02	40 01.7	170 04.9 37.9	210 08.9 29.3	74 28.0 01.4	90 27.0 19.4	Acrux	173 03.7	S63 13.0
03	55 04.2	185 04.6 .. 38.8	225 09.9 .. 30.0	89 30.6 .. 01.5	105 29.5 .. 19.4	Adhara	255 08.0	S28 59.8
04	70 06.6	200 04.2 39.7	240 10.8 30.6	104 33.2 01.5	120 32.0 19.4	Aldebaran	290 42.5	N16 33.2
05	85 09.1	215 03.8 40.5	255 11.8 31.3	119 35.8 01.6	135 34.5 19.4			
06	100 11.6	230 03.5 S20 41.4	270 12.8 S 3 32.0	134 38.4 S15 01.6	150 37.1 S19 19.4	Alioth	166 16.0	N55 50.7
07	115 14.0	245 03.1 42.3	285 13.7 32.6	149 41.0 01.6	165 39.6 19.4	Alkaid	152 54.6	N49 12.5
08	130 16.5	260 02.8 43.1	300 14.7 33.3	164 43.6 01.7	180 42.1 19.5	Alnair	27 36.0	S46 51.5
F 09	145 19.0	275 02.4 .. 44.0	315 15.7 .. 33.9	179 46.2 .. 01.7	195 44.6 .. 19.5	Alnilam	275 40.4	S 1 11.2
R 10	160 21.4	290 02.0 44.9	330 16.6 34.6	194 48.8 01.8	210 47.1 19.5	Alphard	217 50.6	S 8 44.9
I 11	175 23.9	305 01.7 45.7	345 17.6 35.2	209 51.4 01.8	225 49.6 19.5			
D 12	190 26.4	320 01.3 S20 46.6	0 18.6 S 3 35.9	224 54.0 S15 01.8	240 52.1 S19 19.5	Alphecca	126 06.3	N26 38.8
A 13	205 28.8	335 00.9 47.5	15 19.5 36.6	239 56.6 01.9	255 54.6 19.5	Alpheratz	357 37.2	N29 12.7
Y 14	220 31.3	350 00.6 48.3	30 20.5 37.2	254 59.2 01.9	270 57.1 19.5	Altair	62 02.5	N 8 55.7
15	235 33.7	5 00.2 .. 49.2	45 21.4 .. 37.9	270 01.8 .. 02.0	285 59.6 .. 19.5	Ankaa	353 09.4	S42 11.3
16	250 36.2	19 59.8 50.0	60 22.4 38.5	285 04.4 02.0	301 02.1 19.5	Antares	112 19.3	S26 28.7
17	265 38.7	34 59.5 50.9	75 23.4 39.2	300 07.0 02.1	316 04.6 19.5			
18	280 41.1	49 59.1 S20 51.8	90 24.3 S 3 39.8	315 09.6 S15 02.1	331 07.1 S19 19.6	Arcturus	145 50.7	N19 04.4
19	295 43.6	64 58.7 52.6	105 25.3 40.5	330 12.2 02.1	346 09.6 19.6	Atria	107 16.2	S69 04.1
20	310 46.1	79 58.4 53.5	120 26.3 41.2	345 14.8 02.2	1 12.1 19.6	Avior	234 16.1	S59 34.4
21	325 48.5	94 58.0 .. 54.3	135 27.2 .. 41.8	0 17.4 .. 02.2	16 14.6 .. 19.6	Bellatrix	278 25.7	N 6 22.2
22	340 51.0	109 57.6 55.2	150 28.2 42.5	15 20.0 02.3	31 17.1 19.6	Betelgeuse	270 54.9	N 7 24.7
23	355 53.5	124 57.3 56.0	165 29.1 43.1	30 22.6 02.3	46 19.6 19.6			
2 00	10 55.9	139 56.9 S20 56.9	180 30.1 S 3 43.8	45 25.2 S15 02.3	61 22.1 S19 19.6	Canopus	263 53.5	S52 42.1
01	25 58.4	154 56.5 57.8	195 31.1 44.4	60 27.7 02.4	76 24.6 19.6	Capella	280 25.7	N46 01.0
02	41 00.9	169 56.1 58.6	210 32.0 45.1	75 30.3 02.4	91 27.1 19.6	Deneb	49 27.4	N45 21.7
03	56 03.3	184 55.8 20 59.5	225 33.0 .. 45.8	90 32.9 .. 02.5	106 29.6 .. 19.6	Denebola	182 28.0	N14 27.2
04	71 05.8	199 55.4 21 00.4	240 33.9 46.4	105 35.5 02.5	121 32.1 19.7	Diphda	348 49.7	S17 52.0
05	86 08.2	214 55.0 01.2	255 34.9 47.1	120 38.1 02.5	136 34.6 19.7			
06	101 10.7	229 54.7 S21 02.1	270 35.9 S 3 47.7	135 40.7 S15 02.6	151 37.2 S19 19.7	Dubhe	193 45.0	N61 38.1
07	116 13.2	244 54.3 02.9	285 36.8 48.4	150 43.3 02.6	166 39.7 19.7	Elnath	278 05.2	N28 37.5
S 08	131 15.6	259 53.9 03.7	300 37.8 49.0	165 45.9 02.7	181 42.2 19.7	Eltanin	90 43.5	N51 29.5
A 09	146 18.1	274 53.6 .. 04.6	315 38.8 .. 49.7	180 48.5 .. 02.7	196 44.7 .. 19.7	Enif	33 41.2	N 9 58.6
T 10	161 20.6	289 53.2 05.4	330 39.7 50.4	195 51.1 02.7	211 47.2 19.7	Fomalhaut	15 17.2	S29 30.5
U 11	176 23.0	304 52.8 06.2	345 40.7 51.0	210 53.7 02.8	226 49.7 19.7			
R 12	191 25.5	319 52.4 S21 07.1	0 41.6 S 3 51.7	225 56.3 S15 02.8	241 52.2 S19 19.7	Gacrux	171 55.2	S57 13.9
D 13	206 28.0	334 52.1 07.9	15 42.6 52.3	240 58.9 02.8	256 54.7 19.7	Gienah	175 46.7	S17 39.5
A 14	221 30.4	349 51.7 08.8	30 43.6 53.0	256 01.5 02.9	271 57.2 19.7	Hadar	148 40.4	S60 28.6
Y 15	236 32.9	4 51.3 .. 09.6	45 44.5 .. 53.6	271 04.1 .. 02.9	286 59.7 .. 19.8	Hamal	327 53.9	N23 33.9
16	251 35.4	19 50.9 10.5	60 45.5 54.3	286 06.7 03.0	302 02.2 19.8	Kaus Aust.	83 36.1	S34 22.5
17	266 37.8	34 50.6 11.3	75 46.4 55.0	301 09.2 03.0	317 04.7 19.8			
18	281 40.3	49 50.2 S21 12.1	90 47.4 S 3 55.6	316 11.8 S15 03.0	332 07.2 S19 19.8	Kochab	137 20.8	N74 04.2
19	296 42.7	64 49.8 13.0	105 48.4 56.3	331 14.4 03.1	347 09.7 19.8	Markab	13 32.3	N15 19.4
20	311 45.2	79 49.5 13.8	120 49.3 56.9	346 17.0 03.1	2 12.2 19.8	Menkar	314 08.7	N 4 10.5
21	326 47.7	94 49.1 .. 14.7	135 50.3 .. 57.6	1 19.6 .. 03.2	17 14.7 .. 19.8	Menkent	148 01.1	S36 28.5
22	341 50.1	109 48.7 15.5	150 51.2 58.2	16 22.2 03.2	32 17.2 19.8	Miaplacidus	221 39.3	S69 48.0
23	356 52.6	124 48.3 16.3	165 52.2 58.9	31 24.8 03.2	47 19.7 19.8			
3 00	11 55.1	139 48.0 S21 17.2	180 53.2 S 3 59.6	46 27.4 S15 03.3	62 22.2 S19 19.8	Mirfak	308 31.7	N49 56.1
01	26 57.5	154 47.6 18.0	195 54.1 4 00.2	61 30.0 03.3	77 24.7 19.8	Nunki	75 51.1	S26 16.2
02	42 00.0	169 47.2 18.8	210 55.1 00.9	76 32.5 03.3	92 27.2 19.9	Peacock	53 09.7	S56 40.1
03	57 02.5	184 46.8 .. 19.7	225 56.0 .. 01.5	91 35.1 .. 03.4	107 29.7 .. 19.9	Pollux	243 20.7	N27 58.4
04	72 04.9	199 46.5 20.5	240 57.0 02.2	106 37.7 03.4	122 32.2 19.9	Procyon	244 53.7	N 5 10.3
05	87 07.4	214 46.1 21.3	255 57.9 02.8	121 40.3 03.4	137 34.6 19.9			
06	102 09.8	229 45.7 S21 22.1	270 58.9 S 4 03.5	136 42.9 S15 03.5	152 37.1 S19 19.9	Rasalhague	96 01.1	N12 32.9
07	117 12.3	244 45.3 23.0	285 59.9 04.2	151 45.5 03.5	167 39.6 19.9	Regulus	207 37.6	N11 51.8
08	132 14.8	259 45.0 23.8	301 00.8 04.8	166 48.1 03.6	182 42.1 19.9	Rigel	281 06.3	S 8 10.5
S 09	147 17.2	274 44.6 .. 24.6	316 01.8 .. 05.5	181 50.7 .. 03.6	197 44.6 .. 19.9	Rigil Kent.	139 44.5	S60 55.4
U 10	162 19.7	289 44.2 25.5	331 02.7 06.1	196 53.2 03.6	212 47.1 19.9	Sabik	102 06.0	S15 45.0
N 11	177 22.2	304 43.8 26.3	346 03.7 06.8	211 55.8 03.7	227 49.6 19.9			
D 12	192 24.6	319 43.4 S21 27.1	1 04.7 S 4 07.4	226 58.4 S15 03.7	242 52.1 S19 19.9	Schedar	349 33.5	N56 39.4
A 13	207 27.1	334 43.1 27.9	16 05.6 08.1	242 01.0 03.7	257 54.6 19.9	Shaula	96 14.1	S37 07.2
Y 14	222 29.6	349 42.7 28.8	31 06.6 08.7	257 03.6 03.8	272 57.1 20.0	Sirius	258 28.6	S16 44.5
15	237 32.0	4 42.3 .. 29.6	46 07.5 .. 09.4	272 06.2 .. 03.8	287 59.6 .. 20.0	Spica	158 25.4	S11 16.3
16	252 34.5	19 41.9 30.4	61 08.5 10.1	287 08.7 03.8	303 02.1 20.0	Suhail	222 48.5	S43 30.9
17	267 37.0	34 41.5 31.2	76 09.4 10.7	302 11.3 03.9	318 04.6 20.0			
18	282 39.4	49 41.2 S21 32.0	91 10.4 S 4 11.4	317 13.9 S15 03.9	333 07.1 S19 20.0	Vega	80 35.0	N38 48.5
19	297 41.9	64 40.8 32.9	106 11.4 12.0	332 16.5 04.0	348 09.6 20.0	Zuben'ubi	136 59.3	S16 07.7
20	312 44.3	79 40.4 33.7	121 12.3 12.7	347 19.1 04.0	3 12.1 20.0		SHA	Mer. Pass.
21	327 46.8	94 40.0 .. 34.5	136 13.3 .. 13.3	2 21.7 .. 04.0	18 14.6 .. 20.0		° ′	h m
22	342 49.3	109 39.7 35.3	151 14.2 14.0	17 24.2 04.1	33 17.1 20.0	Venus	129 01.0	14 41
23	357 51.7	124 39.3 36.1	166 15.2 14.7	32 26.8 04.1	48 19.6 20.0	Mars	169 34.2	11 57
	h m					Jupiter	34 29.2	20 55
Mer.Pass. 23 12.5	v −0.4 d 0.8	v 1.0 d 0.7	v 2.6 d 0.0	v 2.5 d 0.0	Saturn	50 26.2	19 51

192

2021 OCTOBER 1, 2, 3 (FRI., SAT., SUN.)

UT	SUN GHA	SUN Dec	MOON GHA	MOON v	MOON Dec	MOON d	MOON HP	Lat.	Twilight Naut.	Twilight Civil	Sunrise	Moonrise 1	Moonrise 2	Moonrise 3	Moonrise 4
d h	° ′	° ′	° ′	′	° ′	′	′	°	h m	h m	h m	h m	h m	h m	h m
								N 72	03 55	05 17	06 24	□	□	□	01 05
1 00	182 34.1	S 3 11.2	247 16.3	9.8	N24 24.3	5.3	55.6	N 70	04 06	05 19	06 20	□	22 56	25 29	01 29
01	197 34.3	12.2	261 45.1	9.8	24 19.0	5.4	55.6	68	04 15	05 21	06 17	□	23 38	25 48	01 48
02	212 34.5	13.2	276 13.9	9.8	24 13.6	5.5	55.6	66	04 23	05 23	06 14	21 59	24 06	00 06	02 03
03	227 34.7 ..	14.1	290 42.7	9.8	24 08.1	5.6	55.7	64	04 29	05 25	06 12	22 38	24 27	00 27	02 15
04	242 34.9	15.1	305 11.5	9.9	24 02.5	5.8	55.7	62	04 34	05 26	06 10	23 05	24 44	00 44	02 25
05	257 35.1	16.1	319 40.4	9.8	23 56.7	5.8	55.7	60	04 38	05 27	06 08	23 25	24 58	00 58	02 34
06	272 35.3	S 3 17.0	334 09.2	9.9	N23 50.9	6.1	55.8	N 58	04 42	05 27	06 07	23 42	25 10	01 10	02 41
07	287 35.5	18.0	348 38.1	9.8	23 44.8	6.1	55.8	56	04 45	05 28	06 05	23 57	25 21	01 21	02 48
08	302 35.7	19.0	3 06.9	9.9	23 38.7	6.3	55.8	54	04 48	05 29	06 04	24 09	00 09	01 30	02 54
F 09	317 35.9 ..	19.9	17 35.8	9.9	23 32.4	6.4	55.8	52	04 50	05 29	06 03	24 20	00 20	01 38	02 59
R 10	332 36.1	20.9	32 04.7	9.9	23 26.0	6.5	55.9	50	04 52	05 29	06 02	24 30	00 30	01 45	03 04
I 11	347 36.3	21.9	46 33.6	10.0	23 19.5	6.7	55.9	45	04 56	05 30	05 59	24 50	00 50	02 01	03 14
D 12	2 36.5	S 3 22.9	61 02.6	9.9	N23 12.8	6.8	55.9	N 40	04 59	05 30	05 57	00 02	01 06	02 13	03 23
A 13	17 36.7	23.8	75 31.5	10.0	23 06.0	6.9	56.0	35	05 01	05 30	05 56	00 18	01 20	02 24	03 30
Y 14	32 36.9	24.8	90 00.5	10.0	22 59.1	7.0	56.0	30	05 02	05 29	05 54	00 32	01 32	02 33	03 36
15	47 37.1 ..	25.8	104 29.5	10.0	22 52.1	7.2	56.0	20	05 04	05 29	05 51	00 55	01 52	02 50	03 47
16	62 37.3	26.7	118 58.5	10.0	22 44.9	7.2	56.1	N 10	05 03	05 28	05 49	01 16	02 10	03 04	03 57
17	77 37.5	27.7	133 27.5	10.1	22 37.7	7.5	56.1	0	05 01	05 25	05 46	01 35	02 26	03 17	04 06
18	92 37.7	S 3 28.7	147 56.6	10.0	N22 30.2	7.5	56.1	S 10	04 58	05 22	05 43	01 54	02 43	03 30	04 15
19	107 37.9	29.6	162 25.6	10.1	22 22.7	7.6	56.2	20	04 53	05 18	05 40	02 14	03 00	03 43	04 24
20	122 38.1	30.6	176 54.7	10.1	22 15.1	7.8	56.2	30	04 45	05 13	05 37	02 37	03 20	03 59	04 35
21	137 38.3 ..	31.6	191 23.8	10.2	22 07.3	7.9	56.2	35	04 40	05 10	05 35	02 51	03 32	04 08	04 42
22	152 38.5	32.5	205 53.0	10.1	21 59.4	8.0	56.3	40	04 33	05 05	05 33	03 06	03 45	04 19	04 49
23	167 38.7	33.5	220 22.1	10.2	21 51.4	8.2	56.3	45	04 25	05 00	05 30	03 25	04 01	04 31	04 57
2 00	182 38.9	S 3 34.5	234 51.3	10.2	N21 43.2	8.3	56.3	S 50	04 15	04 54	05 27	03 48	04 20	04 45	05 06
01	197 39.1	35.4	249 20.5	10.2	21 34.9	8.3	56.3	52	04 10	04 51	05 25	03 59	04 29	04 52	05 11
02	212 39.3	36.4	263 49.7	10.3	21 26.6	8.5	56.4	54	04 04	04 48	05 23	04 12	04 39	05 00	05 16
03	227 39.5 ..	37.4	278 19.0	10.3	21 18.1	8.7	56.4	56	03 58	04 44	05 22	04 27	04 51	05 08	05 21
04	242 39.7	38.3	292 48.3	10.3	21 09.4	8.7	56.4	58	03 51	04 40	05 19	04 43	05 04	05 17	05 27
05	257 39.9	39.3	307 17.6	10.3	21 00.7	8.9	56.5	S 60	03 42	04 35	05 17	05 04	05 19	05 28	05 34
06	272 40.1	S 3 40.3	321 46.9	10.3	N20 51.8	9.0	56.5	Lat.	Sunset	Twilight Civil	Twilight Naut.	Moonset 1	Moonset 2	Moonset 3	Moonset 4
07	287 40.3	41.2	336 16.2	10.4	20 42.8	9.1	56.5								
S 08	302 40.5	42.2	350 45.6	10.4	20 33.7	9.2	56.6								
A 09	317 40.7 ..	43.2	5 15.0	10.4	20 24.5	9.3	56.6	°	h m	h m	h m	h m	h m	h m	h m
T 10	332 40.9	44.1	19 44.4	10.4	20 15.2	9.4	56.6	N 72	17 12	18 19	19 40	□	□	19 07	18 25
U 11	347 41.1	45.1	34 13.8	10.5	20 05.8	9.6	56.7	N 70	17 16	18 17	19 29	□	19 29	18 41	18 12
R 12	2 41.3	S 3 46.1	48 43.3	10.5	N19 56.2	9.7	56.7	68	17 20	18 15	19 21	□	18 46	18 20	18 02
D 13	17 41.5	47.1	63 12.8	10.5	19 46.5	9.8	56.7	66	17 23	18 13	19 14	18 38	18 17	18 04	17 53
A 14	32 41.7	48.0	77 42.3	10.5	19 36.7	9.9	56.8	64	17 25	18 12	19 08	17 59	17 55	17 50	17 46
Y 15	47 41.9 ..	49.0	92 11.8	10.6	19 26.8	10.0	56.8	62	17 27	18 11	19 03	17 31	17 37	17 39	17 40
16	62 42.1	50.0	106 41.4	10.6	19 16.8	10.1	56.9	60	17 29	18 10	18 59	17 10	17 22	17 29	17 34
17	77 42.3	50.9	121 11.0	10.6	19 06.7	10.2	56.9								
18	92 42.5	S 3 51.9	135 40.6	10.6	N18 56.5	10.4	56.9	N 58	17 31	18 10	18 55	16 52	17 09	17 21	17 29
19	107 42.7	52.9	150 10.2	10.7	18 46.1	10.4	57.0	56	17 32	18 09	18 52	16 37	16 58	17 13	17 25
20	122 42.9	53.8	164 39.9	10.7	18 35.7	10.6	57.0	54	17 34	18 09	18 50	16 25	16 48	17 06	17 21
21	137 43.1 ..	54.8	179 09.6	10.7	18 25.1	10.7	57.0	52	17 35	18 08	18 47	16 13	16 39	17 00	17 17
22	152 43.2	55.8	193 39.3	10.7	18 14.4	10.7	57.1	50	17 36	18 08	18 45	16 03	16 31	16 54	17 14
23	167 43.4	56.7	208 09.0	10.8	18 03.7	10.9	57.1	45	17 38	18 07	18 42	15 42	16 15	16 42	17 07
3 00	182 43.6	S 3 57.7	222 38.8	10.8	N17 52.8	11.0	57.1	N 40	17 41	18 08	18 39	15 25	16 01	16 32	17 01
01	197 43.8	58.7	237 08.6	10.8	17 41.8	11.1	57.2	35	17 42	18 08	18 37	15 10	15 49	16 24	16 56
02	212 44.0	3 59.6	251 38.4	10.8	17 30.7	11.2	57.2	30	17 44	18 08	18 36	14 58	15 39	16 16	16 51
03	227 44.2 ..	4 00.6	266 08.2	10.9	17 19.5	11.3	57.2	20	17 47	18 09	18 35	14 36	15 21	16 03	16 43
04	242 44.4	01.6	280 38.1	10.9	17 08.2	11.4	57.3	N 10	17 50	18 11	18 35	14 17	15 05	15 51	16 36
05	257 44.6	02.5	295 08.0	10.9	16 56.8	11.5	57.3	0	17 53	18 13	18 37	13 59	14 50	15 40	16 29
06	272 44.8	S 4 03.5	309 37.9	10.9	N16 45.3	11.6	57.3	S 10	17 55	18 16	18 41	13 42	14 36	15 29	16 22
07	287 45.0	04.4	324 07.8	11.0	16 33.7	11.7	57.4	20	17 58	18 20	18 46	13 22	14 20	15 17	16 15
08	302 45.2	05.4	338 37.8	11.0	16 22.0	11.8	57.4	30	18 02	18 26	18 54	13 00	14 01	15 03	16 07
S 09	317 45.4 ..	06.4	353 07.8	11.0	16 10.2	11.9	57.4	35	18 04	18 30	18 59	12 47	13 50	14 55	16 02
U 10	332 45.6	07.3	7 37.8	11.0	15 58.3	12.0	57.5	40	18 07	18 34	19 06	12 32	13 38	14 46	15 56
N 11	347 45.8	08.3	22 07.8	11.0	15 46.3	12.1	57.5	45	18 09	18 39	19 14	12 14	13 23	14 35	15 50
D 12	2 46.0	S 4 09.3	36 37.8	11.1	N15 34.2	12.1	57.6	S 50	18 13	18 46	19 25	11 52	13 05	14 22	15 42
A 13	17 46.2	10.2	51 07.9	11.1	15 22.1	12.3	57.6	52	18 14	18 49	19 30	11 41	12 56	14 16	15 38
Y 14	32 46.4	11.2	65 38.0	11.1	15 09.8	12.4	57.6	54	18 16	18 52	19 36	11 29	12 47	14 09	15 34
15	47 46.6 ..	12.2	80 08.1	11.1	14 57.4	12.5	57.7	56	18 18	18 56	19 43	11 14	12 36	14 02	15 30
16	62 46.7	13.1	94 38.2	11.2	14 44.9	12.5	57.7	58	18 20	19 01	19 50	10 58	12 23	13 53	15 25
17	77 46.9	14.1	109 08.4	11.1	14 32.4	12.7	57.7	S 60	18 23	19 06	19 58	10 38	12 09	13 43	15 19
18	92 47.1	S 4 15.1	123 38.5	11.2	N14 19.7	12.7	57.8		SUN			MOON			
19	107 47.3	16.0	138 08.7	11.2	14 07.0	12.8	57.8	Day	Eqn. of Time		Mer. Pass.	Mer. Pass. Upper	Mer. Pass. Lower	Age	Phase
20	122 47.5	17.0	152 38.9	11.3	13 54.2	12.9	57.8		00h	12h					
21	137 47.7 ..	18.0	167 09.2	11.2	13 41.3	13.0	57.9	d	m s	m s	h m	h m	h m	d	%
22	152 47.9	18.9	181 39.4	11.3	13 28.3	13.1	57.9	1	10 16	10 26	11 50	07 47	20 13	24	27
23	167 48.1	19.9	196 09.7	11.2	N13 15.2	13.2	57.9	2	10 35	10 45	11 49	08 38	21 03	25	19
	SD 16.0	d 1.0	SD 15.2		15.5		15.7	3	10 54	11 03	11 49	09 28	21 53	26	11

2021 OCTOBER 4, 5, 6 (MON., TUES., WED.)

UT	ARIES	VENUS −4.3		MARS +1.6		JUPITER −2.7		SATURN +0.4		STARS		
	GHA	GHA	Dec	GHA	Dec	GHA	Dec	GHA	Dec	Name	SHA	Dec
d h	° ′	° ′	° ′	° ′	° ′	° ′	° ′	° ′	° ′		° ′	° ′
4 00	12 54.2	139 38.9	S21 36.9	181 16.2	S 4 15.3	47 29.4	S15 04.1	63 22.1	S19 20.0	Acamar	315 13.5	S40 12.9
01	27 56.7	154 38.5	37.7	196 17.1	16.0	62 32.0	04.2	78 24.6	20.0	Achernar	335 21.7	S57 07.6
02	42 59.1	169 38.1	38.6	211 18.1	16.6	77 34.6	04.2	93 27.1	20.0	Acrux	173 03.7	S63 13.0
03	58 01.6	184 37.7 ..	39.4	226 19.0 ..	17.3	92 37.1 ..	04.2	108 29.6 ..	20.1	Adhara	255 08.0	S28 59.8
04	73 04.1	199 37.4	40.2	241 20.0	17.9	107 39.7	04.3	123 32.1	20.1	Aldebaran	290 42.5	N16 33.2
05	88 06.5	214 37.0	41.0	256 20.9	18.6	122 42.3	04.3	138 34.6	20.1			
06	103 09.0	229 36.6	S21 41.8	271 21.9	S 4 19.2	137 44.9	S15 04.3	153 37.0	S19 20.1	Alioth	166 15.9	N55 50.7
07	118 11.5	244 36.2	42.6	286 22.8	19.9	152 47.5	04.4	168 39.5	20.1	Alkaid	152 54.6	N49 12.5
08	133 13.9	259 35.8	43.4	301 23.8	20.6	167 50.0	04.4	183 42.0	20.1	Al Na'ir	27 36.0	S46 51.5
M 09	148 16.4	274 35.5 ..	44.2	316 24.8 ..	21.2	182 52.6 ..	04.4	198 44.5 ..	20.1	Alnilam	275 40.4	S 1 11.2
O 10	163 18.8	289 35.1	45.0	331 25.7	21.9	197 55.2	04.5	213 47.0	20.1	Alphard	217 50.6	S 8 44.9
N 11	178 21.3	304 34.7	45.8	346 26.7	22.5	212 57.8	04.5	228 49.5	20.1			
D 12	193 23.8	319 34.3	S21 46.6	1 27.6	S 4 23.2	228 00.4	S15 04.5	243 52.0	S19 20.1	Alphecca	126 06.3	N26 38.8
A 13	208 26.2	334 33.9	47.4	16 28.6	23.8	243 03.0	04.6	258 54.5	20.1	Alpheratz	357 37.2	N29 12.7
Y 14	223 28.7	349 33.5	48.2	31 29.5	24.5	258 05.5	04.6	273 57.0	20.1	Altair	62 02.5	N 8 55.7
15	238 31.2	4 33.2 ..	49.0	46 30.5 ..	25.1	273 08.1 ..	04.6	288 59.5 ..	20.1	Ankaa	353 09.4	S42 11.3
16	253 33.6	19 32.8	49.8	61 31.5	25.8	288 10.7	04.7	304 02.0	20.2	Antares	112 19.3	S26 28.7
17	268 36.1	34 32.4	50.6	76 32.4	26.5	303 13.2	04.7	319 04.5	20.2			
18	283 38.6	49 32.0	S21 51.4	91 33.4	S 4 27.1	318 15.8	S15 04.7	334 07.0	S19 20.2	Arcturus	145 50.7	N19 04.4
19	298 41.0	64 31.6	52.2	106 34.3	27.8	333 18.4	04.8	349 09.4	20.2	Atria	107 16.2	S69 04.1
20	313 43.5	79 31.2	53.0	121 35.3	28.4	348 21.0	04.8	4 11.9	20.2	Avior	234 16.0	S59 34.4
21	328 45.9	94 30.8 ..	53.8	136 36.2 ..	29.1	3 23.5 ..	04.8	19 14.4 ..	20.2	Bellatrix	278 25.6	N 6 22.2
22	343 48.4	109 30.5	54.6	151 37.2	29.7	18 26.1	04.9	34 16.9	20.2	Betelgeuse	270 54.9	N 7 24.7
23	358 50.9	124 30.1	55.4	166 38.1	30.4	33 28.7	04.9	49 19.4	20.2			
5 00	13 53.3	139 29.7	S21 56.2	181 39.1	S 4 31.0	48 31.3	S15 04.9	64 21.9	S19 20.2	Canopus	263 53.5	S52 42.1
01	28 55.8	154 29.3	57.0	196 40.0	31.7	63 33.8	05.0	79 24.4	20.2	Capella	280 25.7	N46 01.0
02	43 58.3	169 28.9	57.8	211 41.0	32.3	78 36.4	05.0	94 26.9	20.2	Deneb	49 27.4	N45 21.7
03	59 00.7	184 28.5 ..	58.6	226 42.0 ..	33.0	93 39.0 ..	05.0	109 29.4 ..	20.2	Denebola	182 28.0	N14 27.2
04	74 03.2	199 28.1	21 59.4	241 42.9	33.7	108 41.5	05.0	124 31.9	20.2	Diphda	348 49.7	S17 52.0
05	89 05.7	214 27.8	22 00.2	256 43.9	34.3	123 44.1	05.1	139 34.3	20.2			
06	104 08.1	229 27.4	S22 01.0	271 44.8	S 4 35.0	138 46.7	S15 05.1	154 36.8	S19 20.2	Dubhe	193 45.0	N61 38.0
07	119 10.6	244 27.0	01.7	286 45.8	35.6	153 49.3	05.1	169 39.3	20.2	Elnath	278 05.1	N28 37.5
08	134 13.1	259 26.6	02.5	301 46.7	36.3	168 51.8	05.2	184 41.8	20.3	Eltanin	90 43.6	N51 29.5
T 09	149 15.5	274 26.2 ..	03.3	316 47.7 ..	36.9	183 54.4 ..	05.2	199 44.3 ..	20.3	Enif	33 41.2	N 9 58.6
U 10	164 18.0	289 25.8	04.1	331 48.6	37.6	198 57.0	05.2	214 46.8	20.3	Fomalhaut	15 17.2	S29 30.5
E 11	179 20.4	304 25.4	04.9	346 49.6	38.2	213 59.5	05.3	229 49.3	20.3			
S 12	194 22.9	319 25.0	S22 05.7	1 50.5	S 4 38.9	229 02.1	S15 05.3	244 51.8	S19 20.3	Gacrux	171 55.2	S57 13.9
D 13	209 25.4	334 24.6	06.5	16 51.5	39.6	244 04.7	05.3	259 54.3	20.3	Gienah	175 46.7	S17 39.5
A 14	224 27.8	349 24.3	07.2	31 52.4	40.2	259 07.2	05.4	274 56.7	20.3	Hadar	148 40.4	S60 28.6
Y 15	239 30.3	4 23.9 ..	08.0	46 53.4 ..	40.9	274 09.8 ..	05.4	289 59.2 ..	20.3	Hamal	327 53.9	N23 33.9
16	254 32.8	19 23.5	08.8	61 54.4	41.5	289 12.4	05.4	305 01.7	20.3	Kaus Aust.	83 36.1	S34 22.5
17	269 35.2	34 23.1	09.6	76 55.3	42.2	304 14.9	05.4	320 04.2	20.3			
18	284 37.7	49 22.7	S22 10.3	91 56.3	S 4 42.8	319 17.5	S15 05.5	335 06.7	S19 20.3	Kochab	137 20.8	N74 04.2
19	299 40.2	64 22.3	11.1	106 57.2	43.5	334 20.1	05.5	350 09.2	20.3	Markab	13 32.3	N15 19.4
20	314 42.6	79 21.9	11.9	121 58.2	44.1	349 22.6	05.5	5 11.7	20.3	Menkar	314 08.7	N 4 10.5
21	329 45.1	94 21.5 ..	12.7	136 59.1 ..	44.8	4 25.2 ..	05.6	20 14.2 ..	20.3	Menkent	148 01.2	S36 28.5
22	344 47.5	109 21.1	13.5	152 00.1	45.4	19 27.8	05.6	35 16.6	20.3	Miaplacidus	221 39.3	S69 48.0
23	359 50.0	124 20.7	14.2	167 01.0	46.1	34 30.3	05.6	50 19.1	20.3			
6 00	14 52.5	139 20.4	S22 15.0	182 02.0	S 4 46.7	49 32.9	S15 05.7	65 21.6	S19 20.3	Mirfak	308 31.7	N49 56.1
01	29 54.9	154 20.0	15.8	197 02.9	47.4	64 35.5	05.7	80 24.1	20.4	Nunki	75 51.1	S26 16.2
02	44 57.4	169 19.6	16.5	212 03.9	48.1	79 38.0	05.7	95 26.6	20.4	Peacock	53 09.8	S56 40.1
03	59 59.9	184 19.2 ..	17.3	227 04.8 ..	48.7	94 40.6 ..	05.7	110 29.1 ..	20.4	Pollux	243 20.7	N27 58.4
04	75 02.3	199 18.8	18.1	242 05.8	49.4	109 43.2	05.8	125 31.6	20.4	Procyon	244 53.7	N 5 10.3
05	90 04.8	214 18.4	18.8	257 06.7	50.0	124 45.7	05.8	140 34.0	20.4			
06	105 07.3	229 18.0	S22 19.6	272 07.7	S 4 50.7	139 48.3	S15 05.8	155 36.5	S19 20.4	Rasalhague	96 01.2	N12 32.9
W 07	120 09.7	244 17.6	20.4	287 08.6	51.3	154 50.9	05.9	170 39.0	20.4	Regulus	207 37.6	N11 51.8
E 08	135 12.2	259 17.2	21.1	302 09.6	52.0	169 53.4	05.9	185 41.5	20.4	Rigel	281 06.3	S 8 10.5
D 09	150 14.7	274 16.8 ..	21.9	317 10.5 ..	52.6	184 56.0 ..	05.9	200 44.0 ..	20.4	Rigil Kent.	139 44.6	S60 55.4
N 10	165 17.1	289 16.4	22.7	332 11.5	53.3	199 58.5	05.9	215 46.5	20.4	Sabik	102 06.0	S15 45.0
E 11	180 19.6	304 16.0	23.4	347 12.4	53.9	215 01.1	06.0	230 49.0	20.4			
S 12	195 22.0	319 15.6	S22 24.2	2 13.4	S 4 54.6	230 03.7	S15 06.0	245 51.4	S19 20.4	Schedar	349 33.5	N56 39.4
D 13	210 24.5	334 15.3	25.0	17 14.3	55.3	245 06.2	06.0	260 53.9	20.4	Shaula	96 14.2	S37 07.2
A 14	225 27.0	349 14.9	25.7	32 15.3	55.9	260 08.8	06.0	275 56.4	20.4	Sirius	258 28.6	S16 44.5
Y 15	240 29.4	4 14.5 ..	26.5	47 16.2 ..	56.6	275 11.4 ..	06.1	290 58.9 ..	20.4	Spica	158 25.5	S11 16.3
16	255 31.9	19 14.1	27.2	62 17.2	57.2	290 13.9	06.1	306 01.4	20.4	Suhail	222 48.5	S43 30.9
17	270 34.4	34 13.7	28.0	77 18.1	57.9	305 16.5	06.1	321 03.9	20.4			
18	285 36.8	49 13.3	S22 28.8	92 19.1	S 4 58.5	320 19.0	S15 06.2	336 06.3	S19 20.4	Vega	80 35.1	N38 48.5
19	300 39.3	64 12.9	29.5	107 20.0	59.2	335 21.6	06.2	351 08.8	20.4	Zuben'ubi	136 59.3	S16 07.7
20	315 41.8	79 12.5	30.3	122 21.0	4 59.8	350 24.1	06.2	6 11.3	20.4		SHA	Mer. Pass.
21	330 44.2	94 12.1 ..	31.0	137 21.9	5 00.5	5 26.7 ..	06.2	21 13.8 ..	20.5		° ′	h m
22	345 46.7	109 11.7	31.8	152 22.9	01.1	20 29.3	06.3	36 16.3	20.5	Venus	125 36.3	14 42
23	0 49.1	124 11.3	32.5	167 23.8	01.8	35 31.8	06.3	51 18.8	20.5	Mars	167 45.8	11 53
	h m									Jupiter	34 37.9	20 42
Mer. Pass. 23 00.7		v −0.4	d 0.8	v 1.0	d 0.7	v 2.6	d 0.0	v 2.5	d 0.0	Saturn	50 28.6	19 39

2021 OCTOBER 4, 5, 6 (MON., TUES., WED.)

UT	SUN GHA	SUN Dec	MOON GHA	MOON v	MOON Dec	MOON d	MOON HP	Lat.	Twilight Naut.	Twilight Civil	Sunrise	Moonrise 4	Moonrise 5	Moonrise 6	Moonrise 7
d h	° ′	° ′	° ′	′	° ′	′	′	°	h m	h m	h m	h m	h m	h m	h m
4 00	182 48.3	S 4 20.9	210 39.9	11.3	N13 02.0	13.2	58.0	N 72	04 10	05 30	06 38	01 05	03 31	05 49	08 12
01	197 48.5	21.8	225 10.2	11.3	12 48.8	13.4	58.0	N 70	04 19	05 31	06 32	01 29	03 41	05 49	08 00
02	212 48.7	22.8	239 40.5	11.4	12 35.4	13.4	58.0	68	04 27	05 32	06 28	01 48	03 49	05 48	07 51
03	227 48.9	.. 23.7	254 10.9	11.3	12 22.0	13.5	58.1	66	04 33	05 33	06 24	02 03	03 55	05 48	07 43
04	242 49.0	24.7	268 41.2	11.4	12 08.5	13.6	58.1	64	04 38	05 33	06 21	02 15	04 01	05 47	07 37
05	257 49.2	25.7	283 11.6	11.3	11 54.9	13.6	58.1	62	04 42	05 34	06 18	02 25	04 06	05 47	07 31
06	272 49.4	S 4 26.6	297 41.9	11.4	N11 41.3	13.7	58.2	60	04 45	05 34	06 15	02 34	04 10	05 47	07 26
07	287 49.6	27.6	312 12.3	11.4	11 27.6	13.8	58.2	N 58	04 48	05 34	06 13	02 41	04 13	05 47	07 22
M 08	302 49.8	28.6	326 42.7	11.4	11 13.8	13.9	58.2	56	04 51	05 34	06 11	02 48	04 16	05 46	07 19
O 09	317 50.0	.. 29.5	341 13.1	11.4	10 59.9	14.0	58.3	54	04 53	05 34	06 09	02 54	04 19	05 46	07 15
N 10	332 50.2	30.5	355 43.5	11.4	10 45.9	14.0	58.3	52	04 55	05 34	06 08	02 59	04 22	05 46	07 12
D 11	347 50.4	31.5	10 13.9	11.5	10 31.9	14.1	58.4	50	04 57	05 34	06 06	03 04	04 24	05 46	07 10
A 12	2 50.6	S 4 32.4	24 44.4	11.4	N10 17.8	14.2	58.4	45	05 00	05 34	06 03	03 14	04 29	05 46	07 04
Y 13	17 50.8	33.4	39 14.8	11.5	10 03.6	14.2	58.4	N 40	05 02	05 33	06 00	03 23	04 33	05 45	06 59
14	32 50.9	34.3	53 45.3	11.4	9 49.4	14.3	58.5	35	05 03	05 33	05 58	03 30	04 37	05 45	06 55
15	47 51.1	.. 35.3	68 15.7	11.5	9 35.1	14.4	58.5	30	05 04	05 32	05 56	03 36	04 40	05 45	06 51
16	62 51.3	36.3	82 46.2	11.5	9 20.7	14.4	58.5	20	05 04	05 30	05 52	03 47	04 46	05 44	06 45
17	77 51.5	37.2	97 16.7	11.5	9 06.3	14.5	58.6	N 10	05 03	05 27	05 48	03 57	04 50	05 44	06 39
18	92 51.7	S 4 38.2	111 47.2	11.5	N 8 51.8	14.5	58.6	0	05 00	05 24	05 45	04 06	04 55	05 44	06 34
19	107 51.9	39.2	126 17.7	11.4	8 37.3	14.7	58.6	S 10	04 56	05 21	05 42	04 15	04 59	05 44	06 29
20	122 52.1	40.1	140 48.1	11.5	8 22.6	14.6	58.6	20	04 50	05 16	05 38	04 24	05 04	05 44	06 24
21	137 52.3	.. 41.1	155 18.6	11.5	8 07.9	14.7	58.7	30	04 41	05 09	05 33	04 35	05 10	05 43	06 18
22	152 52.5	42.0	169 49.1	11.5	7 53.2	14.8	58.7	35	04 35	05 05	05 31	04 42	05 13	05 43	06 15
23	167 52.6	43.0	184 19.6	11.5	7 38.4	14.8	58.7	40	04 28	05 00	05 28	04 49	05 16	05 43	06 11
5 00	182 52.8	S 4 44.0	198 50.1	11.5	N 7 23.6	15.0	58.8	45	04 19	04 55	05 24	04 57	05 20	05 43	06 06
01	197 53.0	44.9	213 20.6	11.5	7 08.6	14.9	58.8	S 50	04 08	04 47	05 20	05 06	05 25	05 43	06 01
02	212 53.2	45.9	227 51.1	11.5	6 53.7	15.0	58.8	52	04 02	04 44	05 18	05 11	05 27	05 43	05 59
03	227 53.4	.. 46.9	242 21.6	11.5	6 38.7	15.1	58.9	54	03 56	04 40	05 16	05 16	05 30	05 43	05 56
04	242 53.6	47.8	256 52.1	11.5	6 23.6	15.1	58.9	56	03 49	04 36	05 14	05 21	05 33	05 43	05 53
05	257 53.8	48.8	271 22.6	11.5	6 08.5	15.2	58.9	58	03 41	04 31	05 11	05 27	05 35	05 43	05 50
06	272 54.0	S 4 49.7	285 53.1	11.5	N 5 53.3	15.2	59.0	S 60	03 32	04 25	05 08	05 34	05 39	05 43	05 47

UT	SUN GHA	SUN Dec	MOON GHA	MOON v	MOON Dec	MOON d	MOON HP	Lat.	Sunset	Twilight Civil	Twilight Naut.	Moonset 4	Moonset 5	Moonset 6	Moonset 7
07	287 54.1	50.7	300 23.6	11.4	5 38.1	15.2	59.0	°	h m	h m	h m	h m	h m	h m	h m
T 08	302 54.3	51.7	314 54.0	11.5	5 22.9	15.3	59.0	N 72	16 57	18 04	19 24	18 25	17 53	17 23	16 49
U 09	317 54.5	.. 52.6	329 24.5	11.5	5 07.6	15.4	59.1	N 70	17 03	18 03	19 15	18 12	17 49	17 27	17 03
E 10	332 54.7	53.6	343 55.0	11.4	4 52.2	15.4	59.1	68	17 07	18 03	19 07	18 02	17 46	17 31	17 15
S 11	347 54.9	54.5	358 25.4	11.4	4 36.8	15.4	59.1	66	17 11	18 02	19 02	17 53	17 44	17 35	17 25
D 12	2 55.1	S 4 55.5	12 55.8	11.5	N 4 21.4	15.5	59.1	64	17 15	18 02	18 57	17 46	17 42	17 37	17 33
A 13	17 55.3	56.5	27 26.3	11.4	4 05.9	15.5	59.2	62	17 18	18 02	18 53	17 40	17 40	17 40	17 40
Y 14	32 55.4	57.4	41 56.7	11.4	3 50.4	15.5	59.2	60	17 20	18 01	18 50	17 34	17 38	17 42	17 46
15	47 55.6	.. 58.4	56 27.1	11.4	3 34.9	15.6	59.2	N 58	17 22	18 01	18 47	17 29	17 37	17 44	17 52
16	62 55.8	4 59.4	70 57.5	11.4	3 19.3	15.6	59.3	56	17 24	18 01	18 44	17 25	17 36	17 46	17 57
17	77 56.0	5 00.3	85 27.9	11.3	3 03.7	15.6	59.3	54	17 26	18 01	18 42	17 21	17 34	17 47	18 01
18	92 56.2	S 5 01.3	99 58.2	11.4	N 2 48.1	15.7	59.3	52	17 28	18 02	18 41	17 17	17 33	17 49	18 05
19	107 56.4	02.2	114 28.6	11.3	2 32.4	15.7	59.3	50	17 29	18 02	18 39	17 14	17 32	17 50	18 09
20	122 56.6	03.2	128 58.9	11.3	2 16.7	15.7	59.4	45	17 33	18 02	18 36	17 07	17 30	17 53	18 17
21	137 56.7	.. 04.2	143 29.2	11.3	2 01.0	15.7	59.4	N 40	17 36	18 03	18 34	17 01	17 28	17 55	18 24
22	152 56.9	05.1	157 59.5	11.3	1 45.3	15.8	59.4	35	17 38	18 04	18 33	16 56	17 27	17 57	18 29
23	167 57.1	06.1	172 29.8	11.3	1 29.5	15.8	59.4	30	17 41	18 04	18 32	16 51	17 25	17 59	18 35
6 00	182 57.3	S 5 07.0	187 00.1	11.2	N 1 13.7	15.8	59.5	20	17 45	18 07	18 32	16 43	17 23	18 02	18 44
01	197 57.5	08.0	201 30.3	11.2	0 57.9	15.8	59.5	N 10	17 48	18 09	18 34	16 36	17 20	18 05	18 51
02	212 57.7	09.0	216 00.5	11.2	0 42.1	15.9	59.5	0	17 52	18 12	18 36	16 29	17 18	18 08	18 59
03	227 57.8	.. 09.9	230 30.7	11.2	0 26.2	15.8	59.5	S 10	17 55	18 16	18 41	16 22	17 16	18 10	19 06
04	242 58.0	10.9	245 00.9	11.1	N 0 10.4	15.9	59.6	20	17 59	18 21	18 47	16 15	17 14	18 13	19 14
05	257 58.2	11.8	259 31.0	11.1	S 0 05.5	15.9	59.6	30	18 04	18 28	18 56	16 07	17 11	18 16	19 23
06	272 58.4	S 5 12.8	274 01.1	11.1	S 0 21.4	15.9	59.6	35	18 06	18 32	19 02	16 02	17 09	18 18	19 29
W 07	287 58.6	13.7	288 31.2	11.0	0 37.3	15.9	59.6	40	18 10	18 37	19 09	15 56	17 07	18 20	19 35
E 08	302 58.8	14.7	303 01.2	11.1	0 53.2	16.0	59.7	45	18 13	18 43	19 18	15 50	17 05	18 22	19 42
D 09	317 58.9	.. 15.7	317 31.3	10.9	1 09.2	15.9	59.7	S 50	18 18	18 50	19 30	15 42	17 02	18 25	19 51
N 10	332 59.1	16.6	332 01.2	11.0	1 25.1	15.9	59.7	52	18 20	18 54	19 36	15 38	17 02	18 27	19 54
E 11	347 59.3	17.6	346 31.2	10.9	1 41.0	15.9	59.7	54	18 22	18 58	19 42	15 34	17 00	18 28	19 58
S 12	2 59.5	S 5 18.5	1 01.1	10.9	S 1 56.9	16.0	59.8	56	18 24	19 02	19 49	15 30	16 59	18 30	20 03
D 13	17 59.7	19.5	15 31.0	10.9	2 12.9	15.9	59.8	58	18 27	19 08	19 58	15 25	16 57	18 31	20 08
A 14	32 59.8	20.5	30 00.9	10.8	2 28.8	15.9	59.8	S 60	18 30	19 13	20 07	15 19	16 55	18 33	20 15
Y 15	48 00.0	.. 21.4	44 30.7	10.8	2 44.7	16.0	59.8			SUN			MOON		
16	63 00.2	22.4	59 00.5	10.8	3 00.7	15.9	59.8	Day	Eqn. of Time 00h	Eqn. of Time 12h	Mer. Pass.	Mer. Pass. Upper	Mer. Pass. Lower	Age	Phase
17	78 00.4	23.3	73 30.3	10.7	3 16.6	15.9	59.9		m s	m s	h m	h m	h m	d	%
18	93 00.6	S 5 24.3	88 00.0	10.6	S 3 32.5	15.9	59.9	4	11 13	11 22	11 49	10 18	22 42	27	5
19	108 00.7	25.2	102 29.6	10.7	3 48.4	15.9	59.9	5	11 31	11 40	11 48	11 07	23 31	28	1
20	123 00.9	26.2	116 59.3	10.6	4 04.3	15.9	59.9	6	11 49	11 58	11 48	11 56	24 21	00	0
21	138 01.1	.. 27.2	131 28.9	10.5	4 20.2	15.9	59.9								
22	153 01.3	28.1	145 58.4	10.5	4 36.1	15.8	60.0								
23	168 01.5	29.1	160 27.9	10.5	S 4 51.9	15.9	60.0								
	SD 16.0	d 1.0	SD 15.9		16.1		16.3								

2021 OCTOBER 7, 8, 9 (THURS., FRI., SAT.)

UT	ARIES GHA	VENUS −4.3 GHA / Dec	MARS +1.6 GHA / Dec	JUPITER −2.7 GHA / Dec	SATURN +0.4 GHA / Dec	STARS Name / SHA / Dec
7 00	15 51.6	139 10.9 S22 33.3	182 24.8 S 5 02.4	50 34.4 S15 06.3	66 21.2 S19 20.5	Acamar 315 13.5 S40 12.9
01	30 54.1	154 10.5 34.0	197 25.7 03.1	65 36.9 06.3	81 23.7 20.5	Achernar 335 21.7 S57 07.6
02	45 56.5	169 10.1 34.8	212 26.7 03.7	80 39.5 06.4	96 26.2 20.5	Acrux 173 03.7 S63 13.0
03	60 59.0	184 09.7 .. 35.5	227 27.6 .. 04.4	95 42.1 .. 06.4	111 28.7 .. 20.5	Adhara 255 08.0 S28 59.8
04	76 01.5	199 09.3 36.3	242 28.6 05.1	110 44.6 06.4	126 31.2 20.5	Aldebaran 290 42.5 N16 33.2
05	91 03.9	214 08.9 37.0	257 29.5 05.7	125 47.2 06.4	141 33.6 20.5	
06	106 06.4	229 08.5 S22 37.8	272 30.5 S 5 06.4	140 49.7 S15 06.5	156 36.1 S19 20.5	Alioth 166 16.0 N55 50.7
07	121 08.9	244 08.1 38.5	287 31.4 07.0	155 52.3 06.5	171 38.6 20.5	Alkaid 152 54.6 N49 12.5
T 08	136 11.3	259 07.7 39.3	302 32.4 07.7	170 54.8 06.5	186 41.1 20.5	Alnair 27 36.0 S46 51.5
H 09	151 13.8	274 07.3 .. 40.0	317 33.3 .. 08.3	185 57.4 .. 06.5	201 43.6 .. 20.5	Alnilam 275 40.3 S 1 11.2
U 10	166 16.3	289 06.9 40.7	332 34.3 09.0	200 59.9 06.6	216 46.0 20.5	Alphard 217 50.6 S 8 44.9
R 11	181 18.7	304 06.5 41.5	347 35.2 09.6	216 02.5 06.6	231 48.5 20.5	
S 12	196 21.2	319 06.1 S22 42.2	2 36.2 S 5 10.3	231 05.0 S15 06.6	246 51.0 S19 20.5	Alphecca 126 06.3 N26 38.8
D 13	211 23.6	334 05.7 43.0	17 37.1 10.9	246 07.6 06.6	261 53.5 20.5	Alpheratz 357 37.2 N29 12.7
A 14	226 26.1	349 05.3 43.7	32 38.1 11.6	261 10.2 06.7	276 56.0 20.5	Altair 62 02.5 N 8 55.7
Y 15	241 28.6	4 04.9 .. 44.4	47 39.0 .. 12.2	276 12.7 .. 06.7	291 58.4 .. 20.5	Ankaa 353 09.4 S42 11.3
16	256 31.0	19 04.5 45.2	62 40.0 12.9	291 15.3 06.7	307 00.9 20.5	Antares 112 19.4 S26 28.7
17	271 33.5	34 04.1 45.9	77 40.9 13.5	306 17.8 06.7	322 03.4 20.5	
18	286 36.0	49 03.7 S22 46.6	92 41.9 S 5 14.2	321 20.4 S15 06.8	337 05.9 S19 20.5	Arcturus 145 50.7 N19 04.4
19	301 38.4	64 03.3 47.4	107 42.8 14.8	336 22.9 06.8	352 08.4 20.5	Atria 107 16.3 S69 04.1
20	316 40.9	79 02.9 48.1	122 43.8 15.5	351 25.5 06.8	7 10.8 20.5	Avior 234 16.0 S59 34.4
21	331 43.4	94 02.5 .. 48.8	137 44.7 .. 16.1	6 28.0 .. 06.8	22 13.3 .. 20.5	Bellatrix 278 25.6 N 6 22.2
22	346 45.8	109 02.1 49.6	152 45.7 16.8	21 30.6 06.9	37 15.8 20.6	Betelgeuse 270 54.9 N 7 24.7
23	1 48.3	124 01.7 50.3	167 46.6 17.4	36 33.1 06.9	52 18.3 20.6	
8 00	16 50.7	139 01.3 S22 51.0	182 47.6 S 5 18.1	51 35.7 S15 06.9	67 20.7 S19 20.6	Canopus 263 53.5 S52 42.1
01	31 53.2	154 00.9 51.8	197 48.5 18.8	66 38.2 06.9	82 23.2 20.6	Capella 280 25.6 N46 01.0
02	46 55.7	169 00.5 52.5	212 49.5 19.4	81 40.8 07.0	97 25.7 20.6	Deneb 49 27.4 N45 21.7
03	61 58.1	184 00.1 .. 53.2	227 50.4 .. 20.1	96 43.3 .. 07.0	112 28.2 .. 20.6	Denebola 182 28.0 N14 27.2
04	77 00.6	198 59.7 53.9	242 51.3 20.7	111 45.9 07.0	127 30.7 20.6	Diphda 348 49.7 S17 52.0
05	92 03.1	213 59.3 54.7	257 52.3 21.4	126 48.4 07.0	142 33.1 20.6	
06	107 05.5	228 58.9 S22 55.4	272 53.2 S 5 22.0	141 51.0 S15 07.1	157 35.6 S19 20.6	Dubhe 193 44.9 N61 38.0
07	122 08.0	243 58.5 56.1	287 54.2 22.7	156 53.5 07.1	172 38.1 20.6	Elnath 278 05.1 N28 37.5
08	137 10.5	258 58.1 56.8	302 55.1 23.3	171 56.0 07.1	187 40.6 20.6	Eltanin 90 43.6 N51 29.5
F 09	152 12.9	273 57.7 .. 57.6	317 56.1 .. 24.0	186 58.6 .. 07.1	202 43.0 .. 20.6	Enif 33 41.2 N 9 58.6
R 10	167 15.4	288 57.3 58.3	332 57.0 24.6	202 01.1 07.1	217 45.5 20.6	Fomalhaut 15 17.2 S29 30.5
I 11	182 17.9	303 56.9 59.0	347 58.0 25.3	217 03.7 07.2	232 48.0 20.6	
D 12	197 20.3	318 56.5 S22 59.7	2 58.9 S 5 25.9	232 06.2 S15 07.2	247 50.5 S19 20.6	Gacrux 171 55.2 S57 13.9
A 13	212 22.8	333 56.1 23 00.4	17 59.9 26.6	247 08.8 07.2	262 52.9 20.6	Gienah 175 46.7 S17 39.5
Y 14	227 25.2	348 55.7 01.1	33 00.8 27.2	262 11.3 07.2	277 55.4 20.6	Hadar 148 40.4 S60 28.6
15	242 27.7	3 55.3 .. 01.9	48 01.8 .. 27.9	277 13.9 .. 07.3	292 57.9 .. 20.6	Hamal 327 53.9 N23 33.9
16	257 30.2	18 54.9 02.6	63 02.7 28.5	292 16.4 07.3	308 00.4 20.6	Kaus Aust. 83 36.2 S34 22.5
17	272 32.6	33 54.5 03.3	78 03.6 29.2	307 19.0 07.3	323 02.8 20.6	
18	287 35.1	48 54.1 S23 04.0	93 04.6 S 5 29.8	322 21.5 S15 07.3	338 05.3 S19 20.6	Kochab 137 20.9 N74 04.2
19	302 37.6	63 53.7 04.7	108 05.5 30.5	337 24.0 07.3	353 07.8 20.6	Markab 13 32.3 N15 19.4
20	317 40.0	78 53.3 05.4	123 06.5 31.1	352 26.6 07.4	8 10.3 20.6	Menkar 314 08.7 N 4 10.5
21	332 42.5	93 52.9 .. 06.1	138 07.4 .. 31.8	7 29.1 .. 07.4	23 12.7 .. 20.6	Menkent 148 01.2 S36 28.5
22	347 45.0	108 52.5 06.8	153 08.4 32.4	22 31.7 07.4	38 15.2 20.6	Miaplacidus 221 39.2 S69 48.0
23	2 47.4	123 52.1 07.6	168 09.3 33.1	37 34.2 07.4	53 17.7 20.6	
9 00	17 49.9	138 51.7 S23 08.3	183 10.3 S 5 33.7	52 36.7 S15 07.4	68 20.2 S19 20.6	Mirfak 308 31.7 N49 56.2
01	32 52.4	153 51.3 09.0	198 11.2 34.4	67 39.3 07.5	83 22.6 20.6	Nunki 75 51.1 S26 16.2
02	47 54.8	168 50.9 09.7	213 12.2 35.0	82 41.8 07.5	98 25.1 20.6	Peacock 53 09.8 S56 40.1
03	62 57.3	183 50.5 .. 10.4	228 13.1 .. 35.7	97 44.4 .. 07.5	113 27.6 .. 20.6	Pollux 243 20.7 N27 58.4
04	77 59.7	198 50.1 11.1	243 14.0 36.3	112 46.9 07.5	128 30.1 20.6	Procyon 244 53.7 N 5 10.3
05	93 02.2	213 49.7 11.8	258 15.0 37.0	127 49.5 07.5	143 32.5 20.6	
06	108 04.7	228 49.3 S23 12.5	273 15.9 S 5 37.6	142 52.0 S15 07.6	158 35.0 S19 20.6	Rasalhague 96 01.2 N12 32.9
07	123 07.1	243 48.9 13.2	288 16.9 38.3	157 54.5 07.6	173 37.5 20.6	Regulus 207 37.5 N11 51.8
S 08	138 09.6	258 48.5 13.9	303 17.8 39.0	172 57.1 07.6	188 39.9 20.6	Rigel 281 06.3 S 8 10.5
A 09	153 12.1	273 48.0 .. 14.6	318 18.8 .. 39.6	187 59.6 .. 07.6	203 42.4 .. 20.6	Rigil Kent. 139 44.6 S60 55.4
T 10	168 14.5	288 47.6 15.3	333 19.7 40.3	203 02.1 07.6	218 44.9 20.6	Sabik 102 06.0 S15 45.0
U 11	183 17.0	303 47.2 16.0	348 20.6 40.9	218 04.7 07.7	233 47.4 20.6	
R 12	198 19.5	318 46.8 S23 16.7	3 21.6 S 5 41.6	233 07.2 S15 07.7	248 49.8 S19 20.6	Schedar 349 33.5 N56 39.4
D 13	213 21.9	333 46.4 17.4	18 22.5 42.2	248 09.8 07.7	263 52.3 20.6	Shaula 96 14.2 S37 07.2
A 14	228 24.4	348 46.0 18.1	33 23.5 42.9	263 12.3 07.7	278 54.8 20.7	Sirius 258 28.6 S16 44.5
Y 15	243 26.9	3 45.6 .. 18.8	48 24.4 .. 43.5	278 14.8 .. 07.7	293 57.2 .. 20.7	Spica 158 25.5 S11 16.3
16	258 29.3	18 45.2 19.5	63 25.4 44.2	293 17.4 07.8	308 59.7 20.7	Suhail 222 48.5 S43 30.9
17	273 31.8	33 44.8 20.1	78 26.3 44.8	308 19.9 07.8	324 02.2 20.7	
18	288 34.2	48 44.4 S23 20.8	93 27.3 S 5 45.5	323 22.4 S15 07.8	339 04.6 S19 20.7	Vega 80 35.1 N38 48.5
19	303 36.7	63 44.0 21.5	108 28.2 46.1	338 25.0 07.8	354 07.1 20.7	Zuben'ubi 136 59.3 S16 07.7
20	318 39.2	78 43.6 22.2	123 29.1 46.8	353 27.5 07.8	9 09.6 20.7	SHA / Mer.Pass.
21	333 41.6	93 43.2 .. 22.9	138 30.1 .. 47.4	8 30.0 .. 07.8	24 12.1 .. 20.7	Venus 122 10.6 14 44
22	348 44.1	108 42.8 23.6	153 31.0 48.1	23 32.6 07.9	39 14.5 20.7	Mars 165 56.8 11 48
23	3 46.6	123 42.4 24.3	168 32.0 48.7	38 35.1 07.9	54 17.0 20.7	Jupiter 34 44.9 20 30
Mer.Pass. 22 48.9	v −0.4 d 0.7	v 0.9 d 0.7	v 2.5 d 0.0	v 2.5 d 0.0	Saturn 50 30.0 19 27

2021 OCTOBER 7, 8, 9 (THURS., FRI., SAT.)

UT	SUN GHA	SUN Dec	MOON GHA	MOON v	MOON Dec	MOON d	MOON HP
d h	° '	° '	° '	'	° '	'	'
7 00	183 01.6	S 5 30.0	174 57.4	10.4	S 5 07.8	15.8	60.0
01	198 01.8	31.0	189 26.8	10.4	5 23.6	15.8	60.0
02	213 02.0	31.9	203 56.2	10.3	5 39.4	15.8	60.0
03	228 02.2	32.9	218 25.5	10.3	5 55.2	15.7	60.0
04	243 02.4	33.9	232 54.8	10.2	6 10.9	15.7	60.1
05	258 02.5	34.8	247 24.0	10.2	6 26.6	15.7	60.1
06	273 02.7	S 5 35.8	261 53.2	10.1	S 6 42.3	15.7	60.1
07	288 02.9	36.7	276 22.3	10.1	6 58.0	15.6	60.1
T 08	303 03.1	37.7	290 51.4	10.0	7 13.6	15.6	60.1
H 09	318 03.3	38.6	305 20.4	9.9	7 29.2	15.6	60.1
U 10	333 03.4	39.6	319 49.3	9.9	7 44.8	15.5	60.1
R 11	348 03.6	40.5	334 18.2	9.9	8 00.3	15.5	60.2
S 12	3 03.8	S 5 41.5	348 47.1	9.8	S 8 15.8	15.5	60.2
D 13	18 04.0	42.5	3 15.9	9.7	8 31.3	15.4	60.2
A 14	33 04.1	43.4	17 44.6	9.7	8 46.7	15.3	60.2
Y 15	48 04.3	44.4	32 13.3	9.6	9 02.0	15.4	60.2
16	63 04.5	45.3	46 41.9	9.6	9 17.4	15.2	60.2
17	78 04.7	46.3	61 10.5	9.5	9 32.6	15.2	60.2
18	93 04.9	S 5 47.2	75 39.0	9.5	S 9 47.8	15.2	60.2
19	108 05.0	48.2	90 07.5	9.3	10 03.0	15.1	60.2
20	123 05.2	49.1	104 35.8	9.4	10 18.1	15.1	60.2
21	138 05.4	50.1	119 04.2	9.2	10 33.2	15.0	60.3
22	153 05.6	51.0	133 32.4	9.1	10 48.2	14.9	60.3
23	168 05.7	52.0	148 00.6	9.1	11 03.1	14.9	60.3
8 00	183 05.9	S 5 53.0	162 28.7	9.1	S11 18.0	14.8	60.3
01	198 06.1	53.9	176 56.8	9.0	11 32.8	14.8	60.3
02	213 06.3	54.9	191 24.8	8.9	11 47.6	14.7	60.3
03	228 06.4	55.8	205 52.7	8.9	12 02.3	14.6	60.3
04	243 06.6	56.8	220 20.6	8.7	12 16.9	14.5	60.3
05	258 06.8	57.7	234 48.3	8.8	12 31.4	14.5	60.3
06	273 07.0	S 5 58.7	249 16.1	8.6	S12 45.9	14.4	60.3
07	288 07.1	5 59.6	263 43.7	8.6	13 00.3	14.3	60.3
08	303 07.3	6 00.6	278 11.3	8.5	13 14.6	14.3	60.3
F 09	318 07.5	01.5	292 38.8	8.4	13 28.9	14.1	60.3
R 10	333 07.7	02.5	307 06.2	8.4	13 43.0	14.1	60.3
I 11	348 07.8	03.4	321 33.6	8.3	13 57.1	14.0	60.3
D 12	3 08.0	S 6 04.4	336 00.9	8.2	S14 11.1	13.9	60.3
A 13	18 08.2	05.3	350 28.1	8.2	14 25.0	13.9	60.3
Y 14	33 08.3	06.3	4 55.3	8.0	14 38.9	13.7	60.3
15	48 08.5	07.2	19 22.3	8.0	14 52.6	13.7	60.3
16	63 08.7	08.2	33 49.3	8.0	15 06.3	13.5	60.3
17	78 08.9	09.1	48 16.3	7.8	15 19.8	13.5	60.3
18	93 09.0	S 6 10.1	62 43.1	7.8	S15 33.3	13.3	60.3
19	108 09.2	11.1	77 09.9	7.7	15 46.6	13.3	60.3
20	123 09.4	12.0	91 36.6	7.6	15 59.9	13.2	60.3
21	138 09.5	13.0	106 03.2	7.6	16 13.1	13.1	60.3
22	153 09.7	13.9	120 29.8	7.5	16 26.2	12.9	60.3
23	168 09.9	14.9	134 56.3	7.4	16 39.1	12.9	60.3
9 00	183 10.1	S 6 15.8	149 22.7	7.3	S16 52.0	12.7	60.3
01	198 10.2	16.8	163 49.0	7.2	17 04.7	12.7	60.3
02	213 10.4	17.7	178 15.2	7.2	17 17.4	12.5	60.3
03	228 10.6	18.7	192 41.4	7.1	17 29.9	12.4	60.3
04	243 10.7	19.6	207 07.5	7.0	17 42.3	12.3	60.3
05	258 10.9	20.6	221 33.5	7.0	17 54.6	12.2	60.3
06	273 11.1	S 6 21.5	235 59.5	6.8	S18 06.8	12.1	60.3
07	288 11.3	22.5	250 25.3	6.8	18 18.9	12.0	60.3
S 08	303 11.4	23.4	264 51.1	6.7	18 30.9	11.8	60.3
A 09	318 11.6	24.4	279 16.8	6.7	18 42.7	11.7	60.3
T 10	333 11.8	25.3	293 42.5	6.6	18 54.4	11.6	60.3
U 11	348 11.9	26.3	308 08.1	6.4	19 06.0	11.5	60.3
R 12	3 12.1	S 6 27.2	322 33.5	6.5	S19 17.5	11.3	60.3
D 13	18 12.3	28.1	336 59.0	6.3	19 28.8	11.2	60.3
A 14	33 12.4	29.1	351 24.3	6.3	19 40.0	11.1	60.3
Y 15	48 12.6	30.0	5 49.6	6.2	19 51.1	10.9	60.2
16	63 12.8	31.0	20 14.8	6.1	20 02.0	10.8	60.2
17	78 12.9	31.9	34 39.9	6.0	20 12.8	10.7	60.2
18	93 13.1	S 6 32.9	49 04.9	6.0	S20 23.5	10.5	60.2
19	108 13.3	33.8	63 29.9	5.9	20 34.0	10.4	60.2
20	123 13.4	34.8	77 54.8	5.9	20 44.4	10.3	60.2
21	138 13.6	35.7	92 19.7	5.7	20 54.7	10.1	60.2
22	153 13.8	36.7	106 44.4	5.7	21 04.8	10.0	60.2
23	168 13.9	37.6	121 09.1	5.7	S21 14.8	9.8	60.2
	SD 16.0	d 1.0	SD 16.4		16.4		16.4

Twilight / Sunrise / Moonrise

Lat.	Naut.	Civil	Sunrise	Moonrise 7	8	9	10
°	h m	h m	h m	h m	h m	h m	h m
N 72	04 24	05 43	06 52	08 12	10 56	■	■
N 70	04 32	05 43	06 44	08 00	10 25	14 05	■
68	04 38	05 43	06 39	07 51	10 03	12 38	■
66	04 43	05 42	06 34	07 43	09 45	12 00	14 56
64	04 47	05 42	06 29	07 37	09 31	11 33	13 44
62	04 50	05 41	06 26	07 31	09 20	11 13	13 08
60	04 53	05 41	06 23	07 26	09 10	10 56	12 43
N 58	04 55	05 40	06 20	07 22	09 01	10 43	12 23
56	04 57	05 40	06 17	07 19	08 54	10 31	12 06
54	04 59	05 40	06 15	07 15	08 47	10 20	11 52
52	05 00	05 39	06 13	07 12	08 41	10 11	11 40
50	05 01	05 39	06 11	07 10	08 36	10 03	11 29
45	05 03	05 37	06 07	07 04	08 24	09 46	11 06
N 40	05 05	05 36	06 03	06 59	08 14	09 31	10 48
35	05 06	05 35	06 00	06 55	08 06	09 20	10 33
30	05 06	05 34	05 58	06 51	07 59	09 09	10 20
20	05 05	05 31	05 53	06 45	07 47	08 52	09 58
N 10	05 03	05 27	05 48	06 39	07 37	08 36	09 38
0	04 59	05 23	05 44	06 34	07 27	08 22	09 21
S 10	04 54	05 19	05 40	06 29	07 17	08 08	09 03
20	04 47	05 13	05 35	06 24	07 07	07 53	08 44
30	04 37	05 06	05 30	06 18	06 55	07 36	08 23
35	04 31	05 01	05 27	06 15	06 48	07 26	08 10
40	04 23	04 56	05 23	06 11	06 41	07 15	07 56
45	04 13	04 49	05 19	06 06	06 32	07 02	07 39
S 50	04 01	04 41	05 14	06 01	06 22	06 46	07 18
52	03 55	04 37	05 11	05 59	06 17	06 39	07 08
54	03 48	04 32	05 09	05 56	06 12	06 31	06 57
56	03 40	04 27	05 06	05 53	06 06	06 22	06 44
58	03 31	04 22	05 03	05 50	05 59	06 11	06 30
S 60	03 21	04 16	04 59	05 47	05 52	06 00	06 13

Sunset / Twilight / Moonset

Lat.	Sunset	Civil	Naut.	Moonset 7	8	9	10
°	h m	h m	h m	h m	h m	h m	h m
N 72	16 41	17 49	19 08	16 49	15 56	■	■
N 70	16 49	17 50	19 01	17 03	16 29	14 48	■
68	16 55	17 50	18 55	17 15	16 54	16 16	■
66	17 00	17 51	18 50	17 25	17 13	16 55	16 03
64	17 04	17 52	18 46	17 33	17 28	17 23	17 16
62	17 08	17 52	18 43	17 40	17 41	17 44	17 52
60	17 11	17 53	18 41	17 46	17 52	18 02	18 18
N 58	17 14	17 53	18 39	17 52	18 02	18 16	18 39
56	17 17	17 54	18 37	17 57	18 10	18 29	18 56
54	17 19	17 54	18 35	18 01	18 18	18 40	19 11
52	17 21	17 55	18 34	18 05	18 25	18 50	19 23
50	17 23	17 55	18 33	18 09	18 31	18 59	19 35
45	17 27	17 57	18 31	18 17	18 44	19 17	19 58
N 40	17 31	17 58	18 29	18 24	18 55	19 33	20 17
35	17 34	17 59	18 29	18 29	19 05	19 46	20 33
30	17 37	18 01	18 29	18 35	19 13	19 57	20 47
20	17 42	18 04	18 30	18 44	19 28	20 16	21 10
N 10	17 46	18 08	18 32	18 51	19 41	20 34	21 30
0	17 51	18 12	18 36	18 59	19 53	20 50	21 50
S 10	17 55	18 16	18 41	19 06	20 05	21 06	22 09
20	18 00	18 22	18 48	19 14	20 18	21 23	22 29
30	18 06	18 30	18 58	19 23	20 32	21 43	22 53
35	18 09	18 35	19 05	19 29	20 41	21 55	23 07
40	18 13	18 40	19 13	19 35	20 51	22 08	23 23
45	18 17	18 47	19 23	19 42	21 03	22 24	23 42
S 50	18 22	18 55	19 36	19 50	21 17	22 44	24 07
52	18 25	18 59	19 42	19 54	21 23	22 53	24 18
54	18 27	19 04	19 49	19 58	21 31	23 04	24 32
56	18 30	19 09	19 57	20 03	21 39	23 16	24 47
58	18 34	19 15	20 06	20 08	21 48	23 30	25 06
S 60	18 37	19 21	20 17	20 15	21 59	23 46	25 28

SUN / MOON

Day	Eqn. of Time 00h	Eqn. of Time 12h	Mer. Pass.	Mer. Pass. Upper	Mer. Pass. Lower	Age	Phase
d	m s	m s	h m	h m	h m	d	%
7	12 06	12 15	11 48	12 46	00 21	01	2
8	12 23	12 32	11 47	13 40	01 13	02	6
9	12 40	12 48	11 47	14 36	02 07	03	13

2021 OCTOBER 10, 11, 12 (SUN., MON., TUES.)

UT	ARIES	VENUS −4.3	MARS +1.6	JUPITER −2.6	SATURN +0.4	STARS		
	GHA	GHA Dec	GHA Dec	GHA Dec	GHA Dec	Name	SHA	Dec
d h	° ′	° ′ ° ′	° ′ ° ′	° ′ ° ′	° ′ ° ′		° ′	° ′
10 00	18 49.0	138 41.9 S23 25.0	183 32.9 S 5 49.4	53 37.6 S15 07.9	69 19.5 S19 20.7	Acamar	315 13.5	S40 12.9
01	33 51.5	153 41.5 25.6	198 33.8 50.0	68 40.2 07.9	84 21.9 20.7	Achernar	335 21.7	S57 07.6
02	48 54.0	168 41.1 26.3	213 34.8 50.7	83 42.7 07.9	99 24.4 20.7	Acrux	173 03.7	S63 13.0
03	63 56.4	183 40.7 . . 27.0	228 35.7 . . 51.3	98 45.2 . . 08.0	114 26.9 . . 20.7	Adhara	255 07.9	S28 59.8
04	78 58.9	198 40.3 27.7	243 36.7 52.0	113 47.8 08.0	129 29.3 20.7	Aldebaran	290 42.5	N16 33.2
05	94 01.3	213 39.9 28.4	258 37.6 52.6	128 50.3 08.0	144 31.8 20.7			
06	109 03.8	228 39.5 S23 29.1	273 38.6 S 5 53.3	143 52.8 S15 08.0	159 34.3 S19 20.7	Alioth	166 15.9	N55 50.6
07	124 06.3	243 39.1 29.7	288 39.5 53.9	158 55.4 08.0	174 36.7 20.7	Alkaid	152 54.6	N49 12.5
08	139 08.7	258 38.7 30.4	303 40.4 54.6	173 57.9 08.0	189 39.2 20.7	Alnair	27 36.0	S46 51.5
S 09	154 11.2	273 38.3 . . 31.1	318 41.4 . . 55.2	189 00.4 . . 08.1	204 41.7 . . 20.7	Alnilam	275 40.3	S 1 11.2
U 10	169 13.7	288 37.9 31.8	333 42.3 55.9	204 03.0 08.1	219 44.1 20.7	Alphard	217 50.6	S 8 44.9
N 11	184 16.1	303 37.5 32.4	348 43.3 56.5	219 05.5 08.1	234 46.6 20.7			
D 12	199 18.6	318 37.0 S23 33.1	3 44.2 S 5 57.2	234 08.0 S15 08.1	249 49.1 S19 20.7	Alphecca	126 06.3	N26 38.7
A 13	214 21.1	333 36.6 33.8	18 45.1 57.8	249 10.5 08.1	264 51.5 20.7	Alpheratz	357 37.2	N29 12.7
Y 14	229 23.5	348 36.2 34.5	33 46.1 58.5	264 13.1 08.1	279 54.0 20.7	Altair	62 02.5	N 8 55.7
15	244 26.0	3 35.8 . . 35.1	48 47.0 . . 59.1	279 15.6 . . 08.2	294 56.5 . . 20.7	Ankaa	353 09.4	S42 11.3
16	259 28.5	18 35.4 35.8	63 48.0 5 59.8	294 18.1 08.2	309 58.9 20.7	Antares	112 19.4	S26 28.7
17	274 30.9	33 35.0 36.5	78 48.9 6 00.4	309 20.7 08.2	325 01.4 20.7			
18	289 33.4	48 34.6 S23 37.1	93 49.8 S 6 01.1	324 23.2 S15 08.2	340 03.9 S19 20.7	Arcturus	145 50.7	N19 04.4
19	304 35.8	63 34.2 37.8	108 50.8 01.7	339 25.7 08.2	355 06.3 20.7	Atria	107 16.3	S69 04.1
20	319 38.3	78 33.8 38.5	123 51.7 02.3	354 28.2 08.2	10 08.8 20.7	Avior	234 15.9	S59 34.4
21	334 40.8	93 33.4 . . 39.1	138 52.7 . . 03.0	9 30.8 . . 08.3	25 11.3 . . 20.7	Bellatrix	278 25.6	N 6 22.2
22	349 43.2	108 33.0 39.8	153 53.6 03.6	24 33.3 08.3	40 13.7 20.7	Betelgeuse	270 54.9	N 7 24.7
23	4 45.7	123 32.5 40.5	168 54.5 04.3	39 35.8 08.3	55 16.2 20.7			
11 00	19 48.2	138 32.1 S23 41.1	183 55.5 S 6 04.9	54 38.3 S15 08.3	70 18.7 S19 20.7	Canopus	263 53.4	S52 42.1
01	34 50.6	153 31.7 41.8	198 56.4 05.6	69 40.9 08.3	85 21.1 20.7	Capella	280 25.6	N46 01.0
02	49 53.1	168 31.3 42.4	213 57.4 06.2	84 43.4 08.3	100 23.6 20.7	Deneb	49 27.4	N45 21.7
03	64 55.6	183 30.9 . . 43.1	228 58.3 . . 06.9	99 45.9 . . 08.3	115 26.1 . . 20.7	Denebola	182 28.0	N14 27.2
04	79 58.0	198 30.5 43.8	243 59.2 07.5	114 48.4 08.4	130 28.5 20.7	Diphda	348 49.7	S17 52.0
05	95 00.5	213 30.1 44.4	259 00.2 08.2	129 51.0 08.4	145 31.0 20.7			
06	110 03.0	228 29.7 S23 45.1	274 01.1 S 6 08.8	144 53.5 S15 08.4	160 33.5 S19 20.7	Dubhe	193 44.9	N61 38.0
07	125 05.4	243 29.3 45.7	289 02.0 09.5	159 56.0 08.4	175 35.9 20.7	Elnath	278 05.1	N28 37.5
08	140 07.9	258 28.8 46.4	304 03.0 10.1	174 58.5 08.4	190 38.4 20.7	Eltanin	90 43.6	N51 29.5
M 09	155 10.3	273 28.4 . . 47.0	319 03.9 . . 10.8	190 01.1 . . 08.4	205 40.8 . . 20.7	Enif	33 41.2	N 9 58.6
O 10	170 12.8	288 28.0 47.7	334 04.9 11.4	205 03.6 08.4	220 43.3 20.7	Fomalhaut	15 17.2	S29 30.5
N 11	185 15.3	303 27.6 48.3	349 05.8 12.1	220 06.1 08.5	235 45.8 20.7			
D 12	200 17.7	318 27.2 S23 49.0	4 06.7 S 6 12.7	235 08.6 S15 08.5	250 48.2 S19 20.7	Gacrux	171 55.1	S57 13.9
A 13	215 20.2	333 26.8 49.6	19 07.7 13.4	250 11.1 08.5	265 50.7 20.7	Gienah	175 46.7	S17 39.5
Y 14	230 22.7	348 26.4 50.3	34 08.6 14.0	265 13.7 08.5	280 53.2 20.7	Hadar	148 40.4	S60 28.5
15	245 25.1	3 26.0 . . 50.9	49 09.6 . . 14.7	280 16.2 . . 08.5	295 55.6 . . 20.7	Hamal	327 53.9	N23 33.9
16	260 27.6	18 25.6 51.6	64 10.5 15.3	295 18.7 08.5	310 58.1 20.7	Kaus Aust.	83 36.2	S34 22.5
17	275 30.1	33 25.1 52.2	79 11.4 16.0	310 21.2 08.5	326 00.5 20.7			
18	290 32.5	48 24.7 S23 52.9	94 12.4 S 6 16.6	325 23.7 S15 08.5	341 03.0 S19 20.7	Kochab	137 20.9	N74 04.2
19	305 35.0	63 24.3 53.5	109 13.3 17.3	340 26.3 08.6	356 05.5 20.7	Markab	13 32.3	N15 19.4
20	320 37.5	78 23.9 54.2	124 14.2 17.9	355 28.8 08.6	11 07.9 20.7	Menkar	314 08.7	N 4 10.5
21	335 39.9	93 23.5 . . 54.8	139 15.2 . . 18.6	10 31.3 . . 08.6	26 10.4 . . 20.7	Menkent	148 01.1	S36 28.4
22	350 42.4	108 23.1 55.4	154 16.1 19.2	25 33.8 08.6	41 12.8 20.7	Miaplacidus	221 39.2	S69 48.0
23	5 44.8	123 22.7 56.1	169 17.0 19.9	40 36.3 08.6	56 15.3 20.7			
12 00	20 47.3	138 22.3 S23 56.7	184 18.0 S 6 20.5	55 38.8 S15 08.6	71 17.8 S19 20.7	Mirfak	308 31.6	N49 56.2
01	35 49.8	153 21.8 57.4	199 18.9 21.1	70 41.4 08.6	86 20.2 20.7	Nunki	75 51.1	S26 16.2
02	50 52.2	168 21.4 58.0	214 19.9 21.8	85 43.9 08.6	101 22.7 20.7	Peacock	53 09.8	S56 40.1
03	65 54.7	183 21.0 . . 58.6	229 20.8 . . 22.4	100 46.4 . . 08.7	116 25.1 . . 20.7	Pollux	243 26.0	N27 58.4
04	80 57.2	198 20.6 59.3	244 21.7 23.1	115 48.9 08.7	131 27.6 20.7	Procyon	244 53.7	N 5 10.3
05	95 59.6	213 20.2 23 59.9	259 22.7 23.7	130 51.4 08.7	146 30.1 20.7			
06	111 02.1	228 19.8 S24 00.5	274 23.6 S 6 24.4	145 53.9 S15 08.7	161 32.5 S19 20.7	Rasalhague	96 01.2	N12 32.9
07	126 04.6	243 19.4 01.2	289 24.5 25.0	160 56.5 08.7	176 35.0 20.7	Regulus	207 37.5	N11 51.8
08	141 07.0	258 19.0 01.8	304 25.5 25.7	175 59.0 08.7	191 37.4 20.7	Rigel	281 06.3	S 8 10.5
T 09	156 09.5	273 18.5 . . 02.4	319 26.4 . . 26.3	191 01.5 . . 08.7	206 39.9 . . 20.7	Rigil Kent.	139 44.6	S60 55.4
U 10	171 12.0	288 18.1 03.1	334 27.3 27.0	206 04.0 08.7	221 42.4 20.7	Sabik	102 06.0	S15 45.0
E 11	186 14.4	303 17.7 03.7	349 28.3 27.6	221 06.5 08.8	236 44.8 20.6			
S 12	201 16.9	318 17.3 S24 04.3	4 29.2 S 6 28.3	236 09.0 S15 08.8	251 47.3 S19 20.6	Schedar	349 33.5	N56 39.4
D 13	216 19.3	333 16.9 04.9	19 30.1 28.9	251 11.5 08.8	266 49.7 20.6	Shaula	96 14.2	S37 07.2
A 14	231 21.8	348 16.5 05.6	34 31.1 29.6	266 14.0 08.8	281 52.2 20.6	Sirius	258 28.5	S16 44.5
Y 15	246 24.3	3 16.1 . . 06.2	49 32.0 . . 30.2	281 16.6 . . 08.8	296 54.7 . . 20.6	Spica	158 25.4	S11 16.3
16	261 26.7	18 15.7 06.8	64 33.0 30.9	296 19.1 08.8	311 57.1 20.6	Suhail	222 48.4	S43 30.9
17	276 29.2	33 15.2 07.4	79 33.9 31.5	311 21.6 08.8	326 59.6 20.6			
18	291 31.7	48 14.8 S24 08.1	94 34.8 S 6 32.1	326 24.1 S15 08.8	342 02.0 S19 20.6	Vega	80 35.1	N38 48.5
19	306 34.1	63 14.4 08.7	109 35.8 32.8	341 26.6 08.8	357 04.5 20.6	Zuben'ubi	136 59.3	S16 07.7
20	321 36.6	78 14.0 09.3	124 36.7 33.4	356 29.1 08.8	12 06.9 20.6		SHA	Mer. Pass.
21	336 39.1	93 13.6 . . 09.9	139 37.6 . . 34.1	11 31.6 . . 08.9	27 09.4 . . 20.6		° ′	h m
22	351 41.5	108 13.2 10.5	154 38.6 34.7	26 34.1 08.9	42 11.9 20.6	Venus	118 44.0	14 46
23	6 44.0	123 12.8 11.2	169 39.5 35.4	41 36.6 08.9	57 14.3 20.6	Mars	164 07.3	11 44
	h m					Jupiter	34 50.2	20 18
Mer. Pass. 22 37.1		v −0.4 d 0.7	v 0.9 d 0.6	v 2.5 d 0.0	v 2.5 d 0.0	Saturn	50 30.5	19 16

2021 OCTOBER 10, 11, 12 (SUN., MON., TUES.)

UT	SUN GHA	SUN Dec	MOON GHA	v	MOON Dec	d	HP	Lat.	Twilight Naut.	Twilight Civil	Sunrise	Moonrise 10	Moonrise 11	Moonrise 12	Moonrise 13
d h	° ′	° ′	° ′	′	° ′	′	′	°	h m	h m	h m	h m	h m	h m	h m
10 00	183 14.1	S 6 38.6	135 33.8	5.5	S21 24.6	9.7	60.2	N 72	04 38	05 57	07 06	■■■	■■■	■■■	■■■
01	198 14.3	39.5	149 58.3	5.5	21 34.3	9.5	60.2	N 70	04 44	05 55	06 57	■■■	■■■	■■■	■■■
02	213 14.4	40.5	164 22.8	5.5	21 43.8	9.4	60.1	68	04 49	05 53	06 49	■■■	■■■	■■■	■■■
03	228 14.6 ..	41.4	178 47.3	5.3	21 53.2	9.2	60.1	66	04 52	05 52	06 43	14 56	■■■	■■■	17 22
04	243 14.8	42.4	193 11.6	5.3	22 02.4	9.1	60.1	64	04 55	05 50	06 38	13 44	16 18	16 07	16 37
05	258 14.9	43.3	207 35.9	5.3	22 11.5	9.0	60.1	62	04 58	05 49	06 34	13 08	14 55	15 28	16 07
S 06	273 15.1	S 6 44.3	222 00.2	5.2	S22 20.5	8.7	60.1	60	05 00	05 48	06 30	12 43	14 19	15 01	15 44
U 07	288 15.3	45.2	236 24.4	5.1	22 29.2	8.7	60.1	N 58	05 02	05 47	06 26	12 23	13 53	14 39	15 25
N 08	303 15.4	46.1	250 48.5	5.0	22 37.9	8.4	60.1	56	05 03	05 46	06 23	12 06	13 32	15 10	
D 09	318 15.6 ..	47.1	265 12.5	5.0	22 46.3	8.3	60.1	54	05 04	05 45	06 21	11 52	13 15	14 22	14 56
A 10	333 15.8	48.0	279 36.5	5.0	22 54.6	8.2	60.0	52	05 05	05 44	06 18	11 40	13 00	14 07	14 44
Y 11	348 15.9	49.0	294 00.5	4.9	23 02.8	8.0	60.0	50	05 06	05 43	06 16	11 29	12 47	13 53	14 19
12	3 16.1	S 6 49.9	308 24.4	4.8	S23 10.8	7.8	60.0	45	05 07	05 41	06 11	11 06	12 21	13 26	14 00
13	18 16.2	50.9	322 48.2	4.8	23 18.6	7.7	60.0	N 40	05 08	05 39	06 06	10 48	12 01	13 05	13 43
14	33 16.4	51.8	337 12.0	4.7	23 26.3	7.5	60.0	35	05 08	05 37	06 03	10 33	11 43	12 47	13 29
15	48 16.6 ..	52.8	351 35.7	4.7	23 33.8	7.3	60.0	30	05 08	05 35	05 59	10 20	11 28	12 32	13 04
16	63 16.7	53.7	5 59.4	4.6	23 41.1	7.2	59.9	20	05 06	05 31	05 54	09 58	11 03	12 06	12 43
17	78 16.9	54.6	20 23.0	4.6	23 48.3	7.0	59.9	N 10	05 03	05 27	05 48	09 38	10 42	11 44	12 23
18	93 17.1	S 6 55.6	34 46.6	4.5	S23 55.3	6.8	59.9	0	04 58	05 23	05 43	09 21	10 22	11 23	12 04
19	108 17.2	56.5	49 10.1	4.5	24 02.1	6.7	59.9	S 10	04 52	05 17	05 38	09 03	10 02	11 03	11 42
20	123 17.4	57.5	63 33.6	4.5	24 08.8	6.5	59.9	20	04 45	05 11	05 33	08 44	09 40	10 40	11 18
21	138 17.6 ..	58.4	77 57.1	4.4	24 15.3	6.3	59.9	30	04 34	05 02	05 26	08 23	09 16	10 15	11 03
22	153 17.7	6 59.4	92 20.5	4.4	24 21.6	6.2	59.8	35	04 27	04 57	05 23	08 10	09 01	09 59	10 47
23	168 17.9	7 00.3	106 43.9	4.3	24 27.8	6.0	59.8	40	04 18	04 51	05 18	07 56	08 44	09 42	10 26
11 00	183 18.0	S 7 01.3	121 07.2	4.3	S24 33.8	5.8	59.8	45	04 07	04 43	05 13	07 39	08 25	09 21	10 01
01	198 18.2	02.2	135 30.5	4.3	24 39.6	5.7	59.8	S 50	03 54	04 34	05 07	07 18	08 00	08 54	09 49
02	213 18.4	03.1	149 53.8	4.2	24 45.3	5.4	59.8	52	03 47	04 30	05 05	07 08	07 48	08 41	09 35
03	228 18.5 ..	04.1	164 17.0	4.2	24 50.7	5.3	59.8	54	03 39	04 25	05 01	06 57	07 34	08 26	09 18
04	243 18.7	05.0	178 40.2	4.2	24 56.0	5.2	59.7	56	03 31	04 19	04 58	06 44	07 18	08 09	08 59
05	258 18.8	06.0	193 03.4	4.1	25 01.2	4.9	59.7	58	03 21	04 13	04 54	06 30	06 59	07 48	08 34
06	273 19.0	S 7 06.9	207 26.5	4.1	S25 06.1	4.8	59.7	S 60	03 09	04 06	04 50	06 13	06 36	07 21	
07	288 19.2	07.8	221 49.6	4.1	25 10.9	4.6	59.7	Lat.	Sunset	Twilight Civil	Twilight Naut.	Moonset 10	Moonset 11	Moonset 12	Moonset 13
08	303 19.3	08.8	236 12.7	4.1	25 15.5	4.4	59.7	°	h m	h m	h m	h m	h m	h m	h m
M 09	318 19.5 ..	09.7	250 35.8	4.0	25 19.9	4.2	59.6	N 72	16 26	17 34	18 52	■■■	■■■	■■■	■■■
O 10	333 19.6	10.7	264 58.8	4.1	25 24.1	4.1	59.6	N 70	16 35	17 37	18 47	■■■	■■■	■■■	■■■
N 11	348 19.8	11.6	279 21.9	4.0	25 28.2	3.9	59.6	68	16 42	17 38	18 43	■■■	■■■	■■■	■■■
D 12	3 20.0	S 7 12.6	293 44.9	4.0	S25 32.1	3.7	59.6	66	16 48	17 40	18 39	16 03	■■■	■■■	20 00
A 13	18 20.1	13.5	308 07.9	4.0	25 35.8	3.5	59.6	64	16 54	17 42	18 36	17 16	16 51	19 10	20 45
Y 14	33 20.3	14.4	322 30.9	4.0	25 39.3	3.4	59.5	62	16 58	17 43	18 34	17 52	18 14	19 10	20 45
15	48 20.4 ..	15.4	336 53.9	4.0	25 42.7	3.1	59.5	60	17 02	17 44	18 32	18 18	18 50	19 49	21 15
16	63 20.6	16.3	351 16.9	4.0	25 45.8	3.0	59.5	N 58	17 06	17 45	18 30	18 39	19 17	20 17	21 37
17	78 20.8	17.3	5 39.9	3.9	25 48.8	2.8	59.5	56	17 09	17 46	18 29	18 56	19 38	20 38	21 55
18	93 20.9	S 7 18.2	20 02.8	4.0	S25 51.6	2.7	59.5	54	17 12	17 47	18 28	19 11	19 55	20 56	22 11
19	108 21.1	19.1	34 25.8	4.0	25 54.3	2.4	59.4	52	17 14	17 48	18 27	19 23	20 10	21 11	22 24
20	123 21.2	20.1	48 48.8	4.0	25 56.7	2.3	59.4	50	17 17	17 49	18 27	19 35	20 22	21 24	22 36
21	138 21.4 ..	21.0	63 11.8	4.0	25 59.0	2.1	59.4	45	17 22	17 51	18 25	19 58	20 49	21 50	23 00
22	153 21.5	22.0	77 34.8	4.0	26 01.1	1.9	59.4	N 40	17 26	17 54	18 25	20 17	21 10	22 12	23 19
23	168 21.7	22.9	91 57.8	4.0	26 03.0	1.7	59.4	35	17 30	17 56	18 25	20 33	21 28	22 29	23 35
12 00	183 21.9	S 7 23.8	106 20.8	4.0	S26 04.7	1.5	59.3	30	17 34	17 58	18 25	20 47	21 43	22 44	23 49
01	198 22.0	24.8	120 43.8	4.0	26 06.2	1.4	59.3	20	17 40	18 02	18 27	21 10	22 08	23 10	24 12
02	213 22.2	25.7	135 06.8	4.1	26 07.6	1.2	59.3	N 10	17 45	18 06	18 30	21 30	22 30	23 32	24 32
03	228 22.3 ..	26.6	149 29.9	4.0	26 08.8	1.0	59.3	0	17 50	18 11	18 35	21 50	22 51	23 52	24 51
04	243 22.5	27.6	163 52.9	4.1	26 09.8	0.8	59.2	S 10	17 55	18 16	18 41	22 09	23 12	24 13	00 13
05	258 22.6	28.5	178 16.0	4.1	26 10.6	0.7	59.2	20	18 01	18 23	18 49	22 29	23 34	24 35	00 35
06	273 22.8	S 7 29.5	192 39.1	4.2	S26 11.3	0.5	59.2	30	18 07	18 32	19 00	22 53	23 59	25 00	01 00
T 07	288 22.9	30.4	207 02.3	4.1	26 11.8	0.2	59.2	35	18 11	18 37	19 08	23 07	24 15	00 15	01 15
U 08	303 23.1	31.3	221 25.4	4.2	26 12.0	0.2	59.1	40	18 16	18 43	19 16	23 23	24 32	00 32	01 32
E 09	318 23.3 ..	32.3	235 48.6	4.2	26 12.2	0.1	59.1	45	18 21	18 51	19 27	23 42	24 53	00 53	01 52
S 10	333 23.4	33.2	250 11.8	4.3	26 12.1	0.2	59.1	S 50	18 27	19 01	19 41	24 07	00 07	01 20	02 18
D 11	348 23.6	34.1	264 35.1	4.3	26 11.9	0.5	59.1	52	18 30	19 05	19 48	24 18	00 18	01 32	02 31
A 12	3 23.7	S 7 35.1	278 58.4	4.3	S26 11.4	0.5	59.1	54	18 33	19 10	19 56	24 32	00 32	01 47	02 45
Y 13	18 23.9	36.0	293 21.7	4.4	26 10.9	0.8	59.0	56	18 37	19 16	20 04	24 47	00 47	02 05	03 01
14	33 24.0	37.0	307 45.1	4.4	26 10.1	1.0	59.0	58	18 41	19 22	20 15	25 06	01 06	02 26	03 21
15	48 24.2 ..	37.9	322 08.5	4.4	26 09.1	1.1	59.0	S 60	18 45	19 29	20 26	25 28	01 28	02 52	03 46
16	63 24.3	38.8	336 31.9	4.5	26 08.0	1.3	59.0			SUN			MOON		
17	78 24.5	39.8	350 55.4	4.6	26 06.7	1.4	58.9	Day	Eqn. of Time 00h	Eqn. of Time 12h	Mer. Pass.	Mer. Pass. Upper	Mer. Pass. Lower	Age	Phase
18	93 24.6	S 7 40.7	5 19.0	4.6	S26 05.3	1.7	58.9		m s	m s	h m	h m	h m	d	%
19	108 24.8	41.6	19 42.6	4.6	26 03.6	1.8	58.9	10	12 56	13 04	11 47	15 35	03 05	04	21
20	123 24.9	42.6	34 06.2	4.7	26 01.8	2.0	58.9	11	13 12	13 20	11 47	16 36	04 06	05	32
21	138 25.1 ..	43.5	48 29.9	4.8	25 59.8	2.1	58.9	12	13 27	13 35	11 46	17 38	05 07	06	43
22	153 25.2	44.4	62 53.7	4.8	25 57.7	2.3	58.8								
23	168 25.4	45.4	77 17.5	4.8	S25 55.4	2.5	58.8								
	SD 16.0	d 0.9	SD 16.4		16.2		16.1								

2021 OCTOBER 13, 14, 15 (WED., THURS., FRI.)

UT	ARIES	VENUS −4.3	MARS +1.6	JUPITER −2.6	SATURN +0.4	STARS
	GHA	GHA Dec	GHA Dec	GHA Dec	GHA Dec	Name SHA Dec
d h	° ′	° ′ ° ′	° ′ ° ′	° ′ ° ′	° ′ ° ′	° ′ ° ′
13 00	21 46.4	138 12.3 S24 11.8	184 40.4 S 6 36.0	56 39.2 S15 08.9	72 16.8 S19 20.6	Acamar 315 13.4 S40 13.0
01	36 48.9	153 11.9 12.4	199 41.4 36.7	71 41.7 08.9	87 19.2 20.6	Achernar 335 21.7 S57 07.6
02	51 51.4	168 11.5 13.0	214 42.3 37.3	86 44.2 08.9	102 21.7 20.6	Acrux 173 03.6 S63 12.9
03	66 53.8	183 11.1 .. 13.6	229 43.2 .. 38.0	101 46.7 .. 08.9	117 24.1 .. 20.6	Adhara 255 07.9 S28 59.8
04	81 56.3	198 10.7 14.2	244 44.2 38.6	116 49.2 08.9	132 26.6 20.6	Aldebaran 290 42.4 N16 33.2
05	96 58.8	213 10.3 14.8	259 45.1 39.2	131 51.7 08.9	147 29.0 20.6	
06	112 01.2	228 09.9 S24 15.4	274 46.0 S 6 39.9	146 54.2 S15 08.9	162 31.5 S19 20.6	Alioth 166 15.9 N55 50.6
W 07	127 03.7	243 09.4 16.0	289 47.0 40.5	161 56.7 08.9	177 34.0 20.6	Alkaid 152 54.6 N49 12.5
E 08	142 06.2	258 09.0 16.7	304 47.9 41.2	176 59.2 09.0	192 36.4 20.6	Alnair 27 36.0 S46 51.5
D 09	157 08.6	273 08.6 .. 17.3	319 48.8 .. 41.8	192 01.7 .. 09.0	207 38.9 .. 20.6	Alnilam 275 40.3 S 1 11.2
N 10	172 11.1	288 08.2 17.9	334 49.8 42.5	207 04.2 09.0	222 41.3 20.6	Alphard 217 50.5 S 8 44.9
E 11	187 13.6	303 07.8 18.5	349 50.7 43.1	222 06.7 09.0	237 43.8 20.6	
S 12	202 16.0	318 07.3 S24 19.1	4 51.6 S 6 43.8	237 09.2 S15 09.0	252 46.2 S19 20.6	Alphecca 126 06.3 N26 38.7
D 13	217 18.5	333 07.0 19.7	19 52.6 44.4	252 11.7 09.0	267 48.7 20.6	Alpheratz 357 37.2 N29 12.7
A 14	232 20.9	348 06.5 20.3	34 53.5 45.1	267 14.2 09.0	282 51.1 20.6	Altair 62 02.5 N 8 55.7
Y 15	247 23.4	3 06.1 .. 20.9	49 54.4 .. 45.7	282 16.7 .. 09.0	297 53.6 .. 20.6	Ankaa 353 09.4 S42 11.3
16	262 25.9	18 05.7 21.5	64 55.3 46.3	297 19.2 09.0	312 56.0 20.6	Antares 112 19.4 S26 28.7
17	277 28.3	33 05.3 22.1	79 56.3 47.0	312 21.8 09.0	327 58.5 20.6	
18	292 30.8	48 04.9 S24 22.7	94 57.2 S 6 47.6	327 24.3 S15 09.0	343 00.9 S19 20.6	Arcturus 145 50.7 N19 04.4
19	307 33.3	63 04.5 23.3	109 58.1 48.3	342 26.8 09.0	358 03.4 20.6	Atria 107 16.3 S69 04.1
20	322 35.7	78 04.1 23.9	124 59.1 48.9	357 29.3 09.0	13 05.8 20.6	Avior 234 15.9 S59 34.3
21	337 38.2	93 03.6 .. 24.5	140 00.0 .. 49.6	12 31.8 .. 09.1	28 08.3 .. 20.6	Bellatrix 278 25.6 N 6 22.2
22	352 40.7	108 03.2 25.1	155 00.9 50.2	27 34.3 09.1	43 10.8 20.6	Betelgeuse 270 54.8 N 7 24.7
23	7 43.1	123 02.8 25.7	170 01.9 50.9	42 36.8 09.1	58 13.2 20.6	
14 00	22 45.6	138 02.4 S24 26.2	185 02.8 S 6 51.5	57 39.3 S15 09.1	73 15.7 S19 20.6	Canopus 263 53.4 S52 42.1
01	37 48.1	153 02.0 26.8	200 03.7 52.1	72 41.8 09.1	88 18.1 20.6	Capella 280 25.6 N46 01.0
02	52 50.5	168 01.6 27.4	215 04.7 52.8	87 44.3 09.1	103 20.6 20.6	Deneb 49 27.5 N45 21.7
03	67 53.0	183 01.2 .. 28.0	230 05.6 .. 53.4	102 46.8 .. 09.1	118 23.0 .. 20.6	Denebola 182 28.0 N14 27.2
04	82 55.4	198 00.7 28.6	245 06.5 54.1	117 49.3 09.1	133 25.5 20.5	Diphda 348 49.7 S17 52.0
05	97 57.9	213 00.3 29.2	260 07.4 54.7	132 51.8 09.1	148 27.9 20.5	
06	113 00.4	227 59.9 S24 29.8	275 08.4 S 6 55.4	147 54.3 S15 09.1	163 30.4 S19 20.5	Dubhe 193 44.9 N61 38.0
07	128 02.8	242 59.5 30.4	290 09.3 56.0	162 56.8 09.1	178 32.8 20.5	Elnath 278 05.1 N28 37.5
T 08	143 05.3	257 59.1 30.9	305 10.2 56.7	177 59.3 09.1	193 35.3 20.5	Eltanin 90 43.6 N51 29.5
H 09	158 07.8	272 58.7 .. 31.5	320 11.2 .. 57.3	193 01.8 .. 09.1	208 37.7 .. 20.5	Enif 33 41.2 N 9 58.6
U 10	173 10.2	287 58.2 32.1	335 12.1 57.9	208 04.3 09.1	223 40.2 20.5	Fomalhaut 15 17.2 S29 30.5
R 11	188 12.7	302 57.8 32.7	350 13.0 58.6	223 06.7 09.1	238 42.6 20.5	
S 12	203 15.2	317 57.4 S24 33.3	5 14.0 S 6 59.2	238 09.2 S15 09.1	253 45.1 S19 20.5	Gacrux 171 55.1 S57 13.9
D 13	218 17.6	332 57.0 33.9	20 14.9 6 59.9	253 11.7 09.2	268 47.5 20.5	Gienah 175 46.6 S17 39.5
A 14	233 20.1	347 56.6 34.4	35 15.8 7 00.5	268 14.2 09.2	283 50.0 20.5	Hadar 148 40.4 S60 28.5
Y 15	248 22.6	2 56.2 .. 35.0	50 16.7 .. 01.2	283 16.7 .. 09.2	298 52.4 .. 20.5	Hamal 327 53.9 N23 33.9
16	263 25.0	17 55.8 35.6	65 17.7 01.8	298 19.2 09.2	313 54.9 20.5	Kaus Aust. 83 36.2 S34 22.5
17	278 27.5	32 55.3 36.2	80 18.6 02.5	313 21.7 09.2	328 57.3 20.5	
18	293 29.9	47 54.9 S24 36.7	95 19.5 S 7 03.1	328 24.2 S15 09.2	343 59.8 S19 20.5	Kochab 137 20.9 N74 04.1
19	308 32.4	62 54.5 37.3	110 20.5 03.7	343 26.7 09.2	359 02.2 20.5	Markab 13 32.3 N15 19.4
20	323 34.9	77 54.1 37.9	125 21.4 04.4	358 29.2 09.2	14 04.7 20.5	Menkar 314 08.6 N 4 10.5
21	338 37.3	92 53.7 .. 38.5	140 22.3 .. 05.0	13 31.7 .. 09.2	29 07.1 .. 20.5	Menkent 148 01.1 S36 28.4
22	353 39.8	107 53.3 39.0	155 23.2 05.7	28 34.2 09.2	44 09.5 20.5	Miaplacidus 221 39.1 S69 48.0
23	8 42.3	122 52.9 39.6	170 24.2 06.3	43 36.7 09.2	59 12.0 20.5	
15 00	23 44.7	137 52.4 S24 40.2	185 25.1 S 7 07.0	58 39.2 S15 09.2	74 14.4 S19 20.5	Mirfak 308 31.6 N49 56.2
01	38 47.2	152 52.0 40.7	200 26.0 07.6	73 41.7 09.2	89 16.9 20.5	Nunki 75 51.1 S26 16.2
02	53 49.7	167 51.6 41.3	215 27.0 08.2	88 44.2 09.2	104 19.3 20.5	Peacock 53 09.8 S56 40.1
03	68 52.1	182 51.2 .. 41.9	230 27.9 .. 08.9	103 46.7 .. 09.2	119 21.8 .. 20.5	Pollux 243 20.6 N27 58.4
04	83 54.6	197 50.8 42.4	245 28.8 09.5	118 49.1 09.2	134 24.2 20.5	Procyon 244 53.6 N 5 10.3
05	98 57.0	212 50.4 43.0	260 29.7 10.2	133 51.6 09.2	149 26.7 20.4	
06	113 59.5	227 49.9 S24 43.5	275 30.7 S 7 10.8	148 54.1 S15 09.2	164 29.1 S19 20.4	Rasalhague 96 01.2 N12 32.9
07	129 02.0	242 49.5 44.1	290 31.6 11.5	163 56.6 09.2	179 31.6 20.4	Regulus 207 37.5 N11 51.8
08	144 04.4	257 49.1 44.7	305 32.5 12.1	178 59.1 09.2	194 34.0 20.4	Rigel 281 06.3 S 8 10.5
F 09	159 06.9	272 48.7 .. 45.2	320 33.4 .. 12.7	194 01.6 .. 09.2	209 36.5 .. 20.4	Rigil Kent. 139 44.6 S60 55.4
R 10	174 09.4	287 48.3 45.8	335 34.4 13.4	209 04.1 09.2	224 38.9 20.4	Sabik 102 06.0 S15 45.0
I 11	189 11.8	302 47.9 46.3	350 35.3 14.0	224 06.6 09.2	239 41.4 20.4	
D 12	204 14.3	317 47.5 S24 46.9	5 36.2 S 7 14.7	239 09.1 S15 09.2	254 43.8 S19 20.4	Schedar 349 33.5 N56 39.4
A 13	219 16.8	332 47.0 47.5	20 37.1 15.3	254 11.5 09.2	269 46.2 20.4	Shaula 96 14.2 S37 07.2
Y 14	234 19.2	347 46.6 48.0	35 38.1 15.9	269 14.0 09.2	284 48.7 20.4	Sirius 258 28.5 S16 44.5
15	249 21.7	2 46.2 .. 48.6	50 39.0 .. 16.6	284 16.5 .. 09.2	299 51.1 .. 20.4	Spica 158 25.4 S11 16.3
16	264 24.2	17 45.8 49.1	65 39.9 17.2	299 19.0 09.2	314 53.6 20.4	Suhail 222 48.4 S43 30.9
17	279 26.6	32 45.4 49.7	80 40.9 17.9	314 21.5 09.2	329 56.0 20.4	
18	294 29.1	47 45.0 S24 50.2	95 41.8 S 7 18.5	329 24.0 S15 09.3	344 58.5 S19 20.4	Vega 80 35.1 N38 48.5
19	309 31.5	62 44.6 50.8	110 42.7 19.2	344 26.5 09.3	0 00.9 20.4	Zuben'ubi 136 59.3 S16 07.7
20	324 34.0	77 44.1 51.3	125 43.6 19.8	359 29.0 09.3	15 03.4 20.4	SHA Mer. Pass.
21	339 36.5	92 43.7 .. 51.9	140 44.6 .. 20.4	14 31.4 .. 09.3	30 05.8 .. 20.4	° ′ h m
22	354 38.9	107 43.3 52.4	155 45.5 21.1	29 33.9 09.3	45 08.2 20.4	Venus 115 16.8 14 48
23	9 41.4	122 42.9 52.9	170 46.4 21.7	44 36.4 09.3	60 10.7 20.4	Mars 162 17.2 11 39
	h m					Jupiter 34 53.7 20 06
Mer. Pass. 22 25.3	v −0.4 d 0.6	v 0.9 d 0.6	v 2.5 d 0.0	v 2.4 d 0.0	Saturn 50 30.1 19 04

2021 OCTOBER 13, 14, 15 (WED., THURS., FRI.)

UT	SUN GHA	SUN Dec	MOON GHA	MOON v	MOON Dec	MOON d	MOON HP
d h	° '	° '	° '	'	° '	'	'
13 00	183 25.5	S 7 46.3	91 41.3	5.0	S25 52.9	2.7	58.8
01	198 25.7	47.2	106 05.3	4.9	25 50.2	2.8	58.8
02	213 25.8	48.2	120 29.2	5.1	25 47.4	3.0	58.7
03	228 26.0	49.1	134 53.3	5.1	25 44.4	3.1	58.7
04	243 26.1	50.0	149 17.4	5.2	25 41.3	3.4	58.7
05	258 26.3	51.0	163 41.6	5.2	25 37.9	3.4	58.7
06	273 26.4	S 7 51.9	178 05.8	5.3	S25 34.5	3.7	58.6
W 07	288 26.6	52.8	192 30.1	5.4	25 30.8	3.8	58.6
E 08	303 26.7	53.8	206 54.5	5.5	25 27.0	3.9	58.6
D 09	318 26.9	54.7	221 19.0	5.5	25 23.1	4.2	58.6
N 10	333 27.0	55.6	235 43.5	5.6	25 18.9	4.3	58.5
E 11	348 27.2	56.6	250 08.1	5.7	25 14.6	4.4	58.5
S 12	3 27.3	S 7 57.5	264 32.8	5.8	S25 10.2	4.6	58.5
D 13	18 27.5	58.4	278 57.6	5.8	25 05.6	4.7	58.5
A 14	33 27.6	7 59.4	293 22.4	6.0	25 00.9	4.9	58.4
Y 15	48 27.8	8 00.3	307 47.4	6.0	24 56.0	5.1	58.4
16	63 27.9	01.2	322 12.4	6.0	24 50.9	5.2	58.4
17	78 28.1	02.2	336 37.4	6.2	24 45.7	5.4	58.4
18	93 28.2	S 8 03.1	351 02.6	6.3	S24 40.3	5.5	58.3
19	108 28.4	04.0	5 27.9	6.3	24 34.8	5.6	58.3
20	123 28.5	05.0	19 53.2	6.4	24 29.2	5.8	58.3
21	138 28.7	05.9	34 18.6	6.6	24 23.4	6.0	58.3
22	153 28.8	06.8	48 44.2	6.6	24 17.4	6.0	58.2
23	168 29.0	07.7	63 09.8	6.6	24 11.4	6.3	58.2
14 00	183 29.1	S 8 08.7	77 35.4	6.8	S24 05.1	6.3	58.2
01	198 29.3	09.6	92 01.2	6.9	23 58.8	6.6	58.2
02	213 29.4	10.5	106 27.1	7.0	23 52.2	6.6	58.1
03	228 29.6	11.5	120 53.1	7.0	23 45.6	6.8	58.1
04	243 29.7	12.4	135 19.1	7.2	23 38.8	6.9	58.1
05	258 29.8	13.3	149 45.3	7.2	23 31.9	7.1	58.1
06	273 30.0	S 8 14.3	164 11.5	7.4	S23 24.8	7.2	58.0
T 07	288 30.1	15.2	178 37.9	7.4	23 17.6	7.3	58.0
H 08	303 30.3	16.1	193 04.3	7.5	23 10.3	7.4	58.0
U 09	318 30.4	17.0	207 30.8	7.6	23 02.9	7.6	58.0
R 10	333 30.6	18.0	221 57.4	7.8	22 55.3	7.7	57.9
S 11	348 30.7	18.9	236 24.2	7.8	22 47.6	7.9	57.9
D 12	3 30.8	S 8 19.8	250 51.0	7.9	S22 39.7	7.9	57.9
A 13	18 31.0	20.7	265 17.9	8.0	22 31.8	8.1	57.9
Y 14	33 31.1	21.7	279 44.9	8.1	22 23.7	8.2	57.9
15	48 31.3	22.6	294 12.0	8.2	22 15.5	8.3	57.8
16	63 31.4	23.5	308 39.2	8.3	22 07.2	8.5	57.8
17	78 31.6	24.5	323 06.5	8.4	21 58.7	8.5	57.8
18	93 31.7	S 8 25.4	337 33.9	8.5	S21 50.2	8.7	57.8
19	108 31.8	26.3	352 01.4	8.6	21 41.5	8.8	57.7
20	123 32.0	27.2	6 29.0	8.7	21 32.7	8.9	57.7
21	138 32.1	28.2	20 56.7	8.8	21 23.8	9.0	57.7
22	153 32.3	29.1	35 24.5	8.9	21 14.8	9.2	57.7
23	168 32.4	30.0	49 52.4	9.0	21 05.6	9.2	57.6
15 00	183 32.6	S 8 30.9	64 20.4	9.0	S20 56.4	9.4	57.6
01	198 32.7	31.9	78 48.4	9.2	20 47.0	9.4	57.6
02	213 32.8	32.8	93 16.6	9.3	20 37.6	9.6	57.6
03	228 33.0	33.7	107 44.9	9.4	20 28.0	9.6	57.5
04	243 33.1	34.6	122 13.3	9.5	20 18.4	9.8	57.5
05	258 33.3	35.5	136 41.8	9.5	20 08.6	9.9	57.5
06	273 33.4	S 8 36.5	151 10.3	9.7	S19 58.7	9.9	57.5
07	288 33.5	37.4	165 39.0	9.8	19 48.8	10.1	57.4
08	303 33.7	38.3	180 07.8	9.8	19 38.7	10.2	57.4
F 09	318 33.8	39.2	194 36.6	10.0	19 28.5	10.2	57.4
R 10	333 33.9	40.2	209 05.6	10.0	19 18.3	10.4	57.4
I 11	348 34.1	41.1	223 34.6	10.2	19 07.9	10.4	57.3
D 12	3 34.2	S 8 42.0	238 03.8	10.2	S18 57.5	10.6	57.3
A 13	18 34.4	42.9	252 33.0	10.4	18 46.9	10.6	57.3
Y 14	33 34.5	43.9	267 02.4	10.4	18 36.3	10.7	57.3
15	48 34.6	44.8	281 31.8	10.5	18 25.6	10.8	57.3
16	63 34.8	45.7	296 01.3	10.6	18 14.8	10.9	57.2
17	78 34.9	46.6	310 30.9	10.8	18 03.9	11.0	57.2
18	93 35.0	S 8 47.5	325 00.7	10.8	S17 52.9	11.0	57.2
19	108 35.2	48.5	339 30.5	10.9	17 41.9	11.1	57.2
20	123 35.3	49.4	354 00.4	10.9	17 30.8	11.3	57.1
21	138 35.4	50.3	8 30.3	11.1	17 19.5	11.2	57.1
22	153 35.6	51.2	23 00.4	11.2	17 08.3	11.4	57.1
23	168 35.7	52.1	37 30.6	11.2	S16 56.9	11.5	57.1
	SD 16.1	d 0.9	SD 15.9		15.8		15.6

Twilight / Sunrise / Moonrise

Lat.	Naut.	Civil	Sunrise	13	14	15	16
°	h m	h m	h m	h m	h m	h m	h m
N 72	04 52	06 10	07 20	■■	■■	19 40	18 12
N 70	04 56	06 06	07 09	■■	■■	18 32	17 48
68	04 59	06 04	07 01	■■	19 01	17 54	17 30
66	05 02	06 01	06 53	■■	17 50	17 28	17 15
64	05 04	05 59	06 47	17 22	17 13	17 07	17 02
62	05 06	05 57	06 42	16 37	16 47	16 51	16 52
60	05 07	05 55	06 37	16 07	16 26	16 37	16 43
N 58	05 08	05 53	06 33	15 44	16 09	16 25	16 35
56	05 09	05 52	06 29	15 25	15 55	16 14	16 28
54	05 10	05 50	06 26	15 10	15 42	16 05	16 22
52	05 10	05 49	06 23	14 56	15 31	15 57	16 16
50	05 10	05 48	06 20	14 44	15 21	15 49	16 11
45	05 11	05 45	06 15	14 19	15 01	15 33	15 59
N 40	05 11	05 42	06 09	14 00	14 44	15 20	15 50
35	05 10	05 40	06 05	13 43	14 30	15 09	15 42
30	05 09	05 37	06 01	13 29	14 17	14 59	15 35
20	05 07	05 32	05 54	13 04	13 56	14 42	15 23
N 10	05 03	05 27	05 48	12 43	13 37	14 27	15 12
0	04 58	05 22	05 43	12 23	13 20	14 13	15 02
S 10	04 51	05 16	05 37	12 04	13 03	13 59	14 51
20	04 42	05 08	05 30	11 42	12 44	13 44	14 40
30	04 30	04 59	05 23	11 18	12 22	13 26	14 28
35	04 22	04 53	05 19	11 03	12 10	13 16	14 20
40	04 13	04 46	05 14	10 47	11 55	13 04	14 12
45	04 01	04 38	05 08	10 26	11 38	12 51	14 02
S 50	03 46	04 27	05 01	10 01	11 16	12 34	13 50
52	03 39	04 23	04 58	09 49	11 06	12 26	13 45
54	03 31	04 17	04 54	09 35	10 54	12 17	13 39
56	03 22	04 11	04 50	09 18	10 41	12 07	13 32
58	03 11	04 04	04 46	08 59	10 25	11 55	13 24
S 60	02 58	03 56	04 41	08 34	10 06	11 42	13 16

Sunset / Twilight / Moonset

Lat.	Sunset	Civil	Naut.	13	14	15	16
°	h m	h m	h m	h m	h m	h m	h m
N 72	16 10	17 20	18 38	■■	■■	21 30	24 38
N 70	16 21	17 24	18 34	■■	■■	22 37	25 00
68	16 30	17 27	18 31	■■	20 19	23 13	25 17
66	16 37	17 29	18 28	■■	21 29	23 38	25 30
64	16 43	17 32	18 26	20 00	22 05	23 58	25 41
62	16 49	17 34	18 25	20 45	22 31	24 14	00 14
60	16 54	17 36	18 24	21 15	22 51	24 27	00 27
N 58	16 58	17 37	18 23	21 37	23 07	24 38	00 38
56	17 01	17 39	18 22	21 55	23 21	24 48	00 48
54	17 05	17 40	18 21	22 11	23 33	24 56	00 56
52	17 08	17 42	18 21	22 24	23 43	25 04	01 04
50	17 11	17 43	18 20	22 36	23 53	25 11	01 11
45	17 17	17 45	18 20	23 00	24 12	00 12	01 25
N 40	17 22	17 49	18 20	23 19	24 28	00 28	01 37
35	17 26	17 52	18 21	23 35	24 42	00 42	01 47
30	17 30	17 54	18 22	23 49	24 53	00 53	01 56
20	17 37	17 59	18 25	24 12	00 12	01 13	02 11
N 10	17 43	18 05	18 29	24 32	00 32	01 30	02 24
0	17 49	18 10	18 34	24 51	00 51	01 46	02 37
S 10	17 55	18 17	18 41	00 13	01 10	02 02	02 49
20	18 02	18 24	18 50	00 35	01 30	02 18	03 02
30	18 09	18 34	19 03	01 00	01 52	02 37	03 16
35	18 14	18 40	19 10	01 15	02 06	02 49	03 25
40	18 19	18 47	19 20	01 32	02 21	03 01	03 34
45	18 25	18 55	19 32	01 52	02 39	03 16	03 45
S 50	18 32	19 06	19 47	02 18	03 02	03 34	03 59
52	18 35	19 11	19 54	02 31	03 13	03 43	04 05
54	18 39	19 16	20 03	02 45	03 25	03 52	04 12
56	18 43	19 22	20 12	03 01	03 39	04 03	04 19
58	18 47	19 30	20 23	03 21	03 55	04 15	04 28
S 60	18 52	19 38	20 37	03 46	04 14	04 29	04 38

SUN / MOON

Day	Eqn. of Time 00h	Eqn. of Time 12h	Mer. Pass.	Mer. Pass. Upper	Mer. Pass. Lower	Age	Phase
d	m s	m s	h m	h m	h m	d	%
13	13 42	13 49	11 46	18 37	06 08	07	54
14	13 56	14 03	11 46	19 33	07 06	08	65
15	14 10	14 17	11 46	20 25	07 59	09	75

2021 OCTOBER 16, 17, 18 (SAT., SUN., MON.)

UT	ARIES GHA	VENUS −4.4 GHA / Dec	MARS +1.6 GHA / Dec	JUPITER −2.6 GHA / Dec	SATURN +0.5 GHA / Dec	STARS Name / SHA / Dec
d h	° ′	° ′ / ° ′	° ′ / ° ′	° ′ / ° ′	° ′ / ° ′	° ′ / ° ′
16 00	24 43.9	137 42.5 S24 53.5	185 47.3 S 7 22.4	59 38.9 S15 09.3	75 13.1 S19 20.4	Acamar 315 13.4 S40 13.0
01	39 46.3	152 42.1 54.0	200 48.3 23.0	74 41.4 09.3	90 15.6 20.3	Achernar 335 21.6 S57 07.6
02	54 48.8	167 41.7 54.6	215 49.2 23.6	89 43.9 09.3	105 18.0 20.3	Acrux 173 03.6 S63 12.9
03	69 51.3	182 41.2 .. 55.1	230 50.1 .. 24.3	104 46.3 .. 09.3	120 20.5 .. 20.3	Adhara 255 07.9 S28 59.8
04	84 53.7	197 40.8 55.7	245 51.0 24.9	119 48.8 09.3	135 22.9 20.3	Aldebaran 290 42.4 N16 33.2
05	99 56.2	212 40.4 56.2	260 51.9 25.6	134 51.3 09.3	150 25.3 20.3	
06	114 58.7	227 40.0 S24 56.7	275 52.9 S 7 26.2	149 53.8 S15 09.3	165 27.8 S19 20.3	Alioth 166 15.9 N55 50.6
07	130 01.1	242 39.6 57.3	290 53.8 26.8	164 56.3 09.3	180 30.2 20.3	Alkaid 152 54.6 N49 12.4
S 08	145 03.6	257 39.2 57.8	305 54.7 27.5	179 58.8 09.3	195 32.7 20.3	Alnair 27 36.0 S46 51.5
A 09	160 06.0	272 38.8 .. 58.3	320 55.6 .. 28.1	195 01.2 .. 09.3	210 35.1 .. 20.3	Alnilam 275 40.3 S 1 11.2
T 10	175 08.5	287 38.3 58.9	335 56.6 28.8	210 03.7 09.3	225 37.5 20.3	Alphard 217 50.5 S 8 44.9
U 11	190 11.0	302 37.9 59.4	350 57.5 29.4	225 06.2 09.3	240 40.0 20.3	
R 12	205 13.4	317 37.5 S24 59.9	5 58.4 S 7 30.0	240 08.7 S15 09.3	255 42.4 S19 20.3	Alphecca 126 06.3 N26 38.7
D 13	220 15.9	332 37.1 25 00.5	20 59.3 30.7	255 11.2 09.3	270 44.9 20.3	Alpheratz 357 37.2 N29 12.7
A 14	235 18.4	347 36.7 01.0	36 00.3 31.3	270 13.6 09.3	285 47.3 20.3	Altair 62 02.5 N 8 55.7
Y 15	250 20.8	2 36.3 .. 01.5	51 01.2 .. 32.0	285 16.1 .. 09.3	300 49.8 .. 20.3	Ankaa 353 09.4 S42 11.3
16	265 23.3	17 35.9 02.1	66 02.1 32.6	300 18.6 09.3	315 52.2 20.3	Antares 112 19.4 S26 28.7
17	280 25.8	32 35.4 02.6	81 03.0 33.2	315 21.1 09.3	330 54.6 20.3	
18	295 28.2	47 35.0 S25 03.1	96 03.9 S 7 33.9	330 23.6 S15 09.3	345 57.1 S19 20.3	Arcturus 145 50.7 N19 04.4
19	310 30.7	62 34.6 03.6	111 04.9 34.5	345 26.0 09.3	0 59.5 20.2	Atria 107 16.3 S69 04.1
20	325 33.1	77 34.2 04.2	126 05.8 35.2	0 28.5 09.3	16 02.0 20.2	Avior 234 15.9 S59 34.3
21	340 35.6	92 33.8 .. 04.7	141 06.7 .. 35.8	15 31.0 .. 09.3	31 04.4 .. 20.2	Bellatrix 278 25.6 N 6 22.2
22	355 38.1	107 33.4 05.2	156 07.6 36.4	30 33.5 09.3	46 06.8 20.2	Betelgeuse 270 54.8 N 7 24.7
23	10 40.5	122 33.0 05.7	171 08.6 37.1	45 35.9 09.3	61 09.3 20.2	
17 00	25 43.0	137 32.6 S25 06.2	186 09.5 S 7 37.7	60 38.4 S15 09.2	76 11.7 S19 20.2	Canopus 263 53.4 S52 42.1
01	40 45.5	152 32.1 06.8	201 10.4 38.4	75 40.9 09.2	91 14.1 20.2	Capella 280 25.5 N46 01.0
02	55 47.9	167 31.7 07.3	216 11.3 39.0	90 43.4 09.2	106 16.6 20.2	Deneb 49 27.5 N45 21.7
03	70 50.4	182 31.3 .. 07.8	231 12.2 .. 39.6	105 45.8 .. 09.2	121 19.0 .. 20.2	Denebola 182 28.0 N14 27.2
04	85 52.9	197 30.9 08.3	246 13.2 40.3	120 48.3 09.2	136 21.5 20.2	Diphda 348 49.7 S17 52.0
05	100 55.3	212 30.5 08.8	261 14.1 40.9	135 50.8 09.2	151 23.9 20.2	
06	115 57.8	227 30.1 S25 09.3	276 15.0 S 7 41.6	150 53.3 S15 09.2	166 26.3 S19 20.2	Dubhe 193 44.9 N61 38.0
07	131 00.3	242 29.7 09.8	291 15.9 42.2	165 55.7 09.2	181 28.8 20.2	Elnath 278 05.0 N28 37.5
08	146 02.7	257 29.2 10.4	306 16.8 42.8	180 58.2 09.2	196 31.2 20.2	Eltanin 90 43.7 N51 29.4
S 09	161 05.2	272 28.8 .. 10.9	321 17.8 .. 43.5	196 00.7 .. 09.2	211 33.7 .. 20.2	Enif 33 41.2 N 9 58.6
U 10	176 07.6	287 28.4 11.4	336 18.7 44.1	211 03.2 09.2	226 36.1 20.1	Fomalhaut 15 17.2 S29 30.5
N 11	191 10.1	302 28.0 11.9	351 19.6 44.8	226 05.6 09.2	241 38.5 20.1	
D 12	206 12.6	317 27.6 S25 12.4	6 20.5 S 7 45.4	241 08.1 S15 09.2	256 41.0 S19 20.1	Gacrux 171 55.1 S57 13.8
A 13	221 15.0	332 27.2 12.9	21 21.4 46.0	256 10.6 09.2	271 43.4 20.1	Gienah 175 46.6 S17 39.5
Y 14	236 17.5	347 26.8 13.4	36 22.4 46.7	271 13.0 09.2	286 45.8 20.1	Hadar 148 40.4 S60 28.5
15	251 20.0	2 26.4 .. 13.9	51 23.3 .. 47.3	286 15.5 .. 09.2	301 48.3 .. 20.1	Hamal 327 53.8 N23 33.9
16	266 22.4	17 26.0 14.4	66 24.2 47.9	301 18.0 09.2	316 50.7 20.1	Kaus Aust. 83 36.2 S34 22.5
17	281 24.9	32 25.5 14.9	81 25.1 48.6	316 20.5 09.2	331 53.1 20.1	
18	296 27.4	47 25.1 S25 15.4	96 26.0 S 7 49.2	331 22.9 S15 09.2	346 55.6 S19 20.1	Kochab 137 21.0 N74 04.1
19	311 29.8	62 24.7 15.9	111 27.0 49.9	346 25.4 09.2	1 58.0 20.1	Markab 13 32.3 N15 19.4
20	326 32.3	77 24.3 16.4	126 27.9 50.5	1 27.9 09.2	17 00.4 20.1	Menkar 314 08.6 N 4 10.5
21	341 34.7	92 23.9 .. 16.9	141 28.8 .. 51.1	16 30.3 .. 09.2	32 02.9 .. 20.1	Menkent 148 01.1 S36 28.4
22	356 37.2	107 23.5 17.4	156 29.7 51.8	31 32.8 09.2	47 05.3 20.1	Miaplacidus 221 39.1 S69 48.0
23	11 39.7	122 23.1 17.9	171 30.6 52.4	46 35.3 09.2	62 07.8 20.1	
18 00	26 42.1	137 22.7 S25 18.4	186 31.6 S 7 53.1	61 37.7 S15 09.2	77 10.2 S19 20.0	Mirfak 308 31.6 N49 56.2
01	41 44.6	152 22.2 18.9	201 32.5 53.7	76 40.2 09.2	92 12.6 20.0	Nunki 75 51.1 S26 16.2
02	56 47.1	167 21.8 19.4	216 33.4 54.3	91 42.7 09.2	107 15.1 20.0	Peacock 53 09.8 S56 40.1
03	71 49.5	182 21.4 .. 19.9	231 34.3 .. 55.0	106 45.1 .. 09.2	122 17.5 .. 20.0	Pollux 243 20.6 N27 58.4
04	86 52.0	197 21.0 20.4	246 35.2 55.6	121 47.6 09.2	137 19.9 20.0	Procyon 244 53.6 N 5 10.3
05	101 54.5	212 20.6 20.9	261 36.1 56.2	136 50.1 09.1	152 22.4 20.0	
06	116 56.9	227 20.2 S25 21.3	276 37.1 S 7 56.9	151 52.5 S15 09.1	167 24.8 S19 20.0	Rasalhague 96 01.2 N12 32.9
07	131 59.4	242 19.8 21.8	291 38.0 57.5	166 55.0 09.1	182 27.2 20.0	Regulus 207 37.5 N11 51.8
08	147 01.9	257 19.4 22.3	306 38.9 58.1	181 57.5 09.1	197 29.7 20.0	Rigel 281 06.2 S 8 10.5
M 09	162 04.3	272 19.0 .. 22.8	321 39.8 .. 58.8	196 59.9 .. 09.1	212 32.1 .. 20.0	Rigil Kent. 139 44.6 S60 55.4
O 10	177 06.8	287 18.6 23.3	336 40.7 7 59.4	212 02.4 09.1	227 34.5 20.0	Sabik 102 06.0 S15 45.0
N 11	192 09.2	302 18.1 23.8	351 41.7 8 00.1	227 04.9 09.1	242 37.0 20.0	
D 12	207 11.7	317 17.7 S25 24.2	6 42.6 S 8 00.7	242 07.3 S15 09.1	257 39.4 S19 20.0	Schedar 349 33.5 N56 39.4
A 13	222 14.2	332 17.3 24.7	21 43.5 01.3	257 09.8 09.1	272 41.8 19.9	Shaula 96 14.2 S37 07.2
Y 14	237 16.6	347 16.9 25.2	36 44.4 02.0	272 12.3 09.1	287 44.3 19.9	Sirius 258 28.5 S16 44.5
15	252 19.1	2 16.5 .. 25.7	51 45.3 .. 02.6	287 14.7 .. 09.1	302 46.7 .. 19.9	Spica 158 25.4 S11 16.3
16	267 21.6	17 16.1 26.2	66 46.2 03.2	302 17.2 09.1	317 49.1 19.9	Suhail 222 48.4 S43 30.9
17	282 24.0	32 15.7 26.6	81 47.1 03.9	317 19.6 09.1	332 51.5 19.9	
18	297 26.5	47 15.3 S25 27.1	96 48.1 S 8 04.5	332 22.1 S15 09.1	347 54.0 S19 19.9	Vega 80 35.1 N38 48.5
19	312 29.0	62 14.9 27.6	111 49.0 05.2	347 24.6 09.1	2 56.4 19.9	Zuben'ubi 136 59.3 S16 07.7
20	327 31.4	77 14.5 28.1	126 49.9 05.8	2 27.0 09.1	17 58.8 19.9	SHA Mer. Pass.
21	342 33.9	92 14.0 .. 28.5	141 50.8 .. 06.4	17 29.5 .. 09.1	33 01.3 .. 19.9	° ′ h m
22	357 36.3	107 13.6 29.0	156 51.7 07.1	32 32.0 09.0	48 03.7 19.9	Venus 111 49.5 14 50
23	12 38.8	122 13.2 29.5	171 52.6 07.7	47 34.4 09.0	63 06.1 19.9	Mars 160 26.5 11 35
Mer. Pass.	h m 22 13.5	v −0.4 d 0.5	v 0.9 d 0.6	v 2.5 d 0.0	v 2.4 d 0.0	Jupiter 34 55.4 19 54 Saturn 50 28.7 18 52

2021 OCTOBER 16, 17, 18 (SAT., SUN., MON.)

UT	SUN GHA	SUN Dec	MOON GHA	MOON v	MOON Dec	MOON d	MOON HP	Lat.	Twilight Naut.	Twilight Civil	Sunrise	Moonrise 16	Moonrise 17	Moonrise 18	Moonrise 19
d h	° ′	° ′	° ′	′	° ′	′	′	°	h m	h m	h m	h m	h m	h m	h m
								N 72	05 05	06 23	07 35	18 12	17 34	17 04	16 38
16 00	183 35.9	S 8 53.1	52 00.8	11.4	S16 45.4	11.5	57.0	N 70	05 07	06 18	07 22	17 48	17 22	17 01	16 41
01	198 36.0	54.0	66 31.2	11.4	16 33.9	11.6	57.0	68	05 09	06 14	07 12	17 30	17 13	16 58	16 44
02	213 36.1	54.9	81 01.6	11.5	16 22.3	11.7	57.0	66	05 11	06 10	07 03	17 15	17 05	16 55	16 47
03	228 36.3 . .	55.8	95 32.1	11.6	16 10.6	11.7	57.0	64	05 12	06 07	06 56	17 02	16 58	16 53	16 49
04	243 36.4	56.7	110 02.7	11.7	15 58.9	11.8	57.0	62	05 13	06 05	06 50	16 52	16 52	16 51	16 51
05	258 36.5	57.7	124 33.4	11.8	15 47.1	11.9	56.9	60	05 14	06 02	06 45	16 43	16 47	16 50	16 52
06	273 36.7	S 8 58.6	139 04.2	11.8	S15 35.2	11.9	56.9	N 58	05 14	06 00	06 40	16 35	16 42	16 48	16 54
07	288 36.8	8 59.5	153 35.0	12.0	15 23.3	12.0	56.9	56	05 15	05 58	06 36	16 28	16 38	16 47	16 55
S 08	303 36.9	9 00.4	168 06.0	12.0	15 11.3	12.1	56.9	54	05 15	05 56	06 32	16 22	16 35	16 46	16 56
A 09	318 37.1 . .	01.3	182 37.0	12.1	14 59.2	12.2	56.8	52	05 15	05 54	06 28	16 16	16 31	16 45	16 58
T 10	333 37.2	02.2	197 08.1	12.2	14 47.0	12.2	56.8	50	05 15	05 53	06 25	16 11	16 28	16 44	16 59
U 11	348 37.3	03.2	211 39.3	12.2	14 34.8	12.2	56.8	45	05 15	05 49	06 18	15 59	16 22	16 42	17 01
R 12	3 37.5	S 9 04.1	226 10.5	12.4	S14 22.6	12.3	56.8	N 40	05 14	05 45	06 13	15 50	16 16	16 40	17 03
D 13	18 37.6	05.0	240 41.9	12.4	14 10.3	12.4	56.8	35	05 13	05 42	06 08	15 42	16 11	16 38	17 04
A 14	33 37.7	05.9	255 13.3	12.5	13 57.9	12.5	56.7	30	05 11	05 39	06 03	15 35	16 07	16 37	17 06
Y 15	48 37.8 . .	06.8	269 44.8	12.5	13 45.4	12.5	56.7	20	05 08	05 33	05 55	15 23	16 00	16 35	17 08
16	63 38.0	07.7	284 16.3	12.7	13 32.9	12.5	56.7	N 10	05 03	05 27	05 49	15 12	15 53	16 32	17 10
17	78 38.1	08.7	298 48.0	12.7	13 20.4	12.6	56.7	0	04 57	05 21	05 42	15 02	15 47	16 30	17 13
18	93 38.2	S 9 09.6	313 19.7	12.8	S13 07.8	12.7	56.6	S 10	04 49	05 14	05 35	14 51	15 41	16 28	17 15
19	108 38.4	10.5	327 51.5	12.9	12 55.1	12.7	56.6	20	04 39	05 06	05 28	14 40	15 34	16 26	17 17
20	123 38.5	11.4	342 23.4	12.9	12 42.4	12.7	56.6	30	04 26	04 55	05 20	14 28	15 27	16 24	17 20
21	138 38.6 . .	12.3	356 55.3	13.0	12 29.7	12.8	56.6	35	04 18	04 49	05 15	14 20	15 23	16 23	17 21
22	153 38.8	13.2	11 27.3	13.1	12 16.9	12.9	56.6	40	04 08	04 41	05 09	14 12	15 18	16 21	17 23
23	168 38.9	14.1	25 59.4	13.2	12 04.0	12.9	56.5	45	03 55	04 32	05 03	14 02	15 12	16 19	17 25
17 00	183 39.0	S 9 15.1	40 31.6	13.2	S11 51.1	12.9	56.5	S 50	03 39	04 21	04 55	13 50	15 05	16 17	17 28
01	198 39.1	16.0	55 03.8	13.3	11 38.2	13.0	56.5	52	03 31	04 16	04 51	13 45	15 02	16 16	17 29
02	213 39.3	16.9	69 36.1	13.3	11 25.2	13.0	56.5	54	03 22	04 10	04 47	13 39	14 58	16 15	17 30
03	228 39.4 . .	17.8	84 08.4	13.5	11 12.2	13.1	56.5	56	03 12	04 03	04 43	13 32	14 54	16 14	17 31
04	243 39.5	18.7	98 40.9	13.4	10 59.1	13.1	56.4	58	03 00	03 55	04 38	13 24	14 50	16 12	17 33
05	258 39.7	19.6	113 13.3	13.6	10 46.0	13.1	56.4	S 60	02 46	03 46	04 32	13 16	14 45	16 11	17 35
06	273 39.8	S 9 20.5	127 45.9	13.6	S10 32.9	13.2	56.4	Lat.	Sunset	Twilight Civil	Twilight Naut.	Moonset 16	Moonset 17	Moonset 18	Moonset 19
07	288 39.9	21.5	142 18.5	13.7	10 19.7	13.2	56.4								
08	303 40.0	22.4	156 51.2	13.7	10 06.5	13.3	56.3	°	h m	h m	h m	h m	h m	h m	h m
S 09	318 40.2 . .	23.3	171 23.9	13.8	9 53.2	13.3	56.3	N 72	15 54	17 05	18 23	24 38	00 38	02 51	04 51
U 10	333 40.3	24.2	185 56.7	13.9	9 39.9	13.3	56.3	N 70	16 07	17 11	18 21	25 00	01 00	03 00	04 51
N 11	348 40.4	25.1	200 29.6	13.9	9 26.6	13.4	56.3	68	16 17	17 15	18 19	25 17	01 17	03 07	04 51
D 12	3 40.5	S 9 26.0	215 02.5	13.9	S 9 13.2	13.4	56.3	66	16 26	17 19	18 18	25 30	01 30	03 13	04 51
A 13	18 40.7	26.9	229 35.4	14.1	8 59.8	13.4	56.2	64	16 33	17 22	18 17	25 41	01 41	03 18	04 51
Y 14	33 40.8	27.8	244 08.5	14.0	8 46.4	13.5	56.2	62	16 39	17 25	18 16	00 14	01 51	03 23	04 51
15	48 40.9 . .	28.7	258 41.5	14.2	8 32.9	13.4	56.2	60	16 45	17 27	18 15	00 27	01 59	03 26	04 51
16	63 41.0	29.7	273 14.7	14.1	8 19.5	13.5	56.2	N 58	16 50	17 30	18 15	00 38	02 06	03 30	04 51
17	78 41.2	30.6	287 47.8	14.3	8 06.0	13.6	56.1	56	16 54	17 32	18 15	00 48	02 12	03 33	04 51
18	93 41.3	S 9 31.5	302 21.1	14.3	S 7 52.4	13.5	56.1	54	16 58	17 34	18 15	00 56	02 17	03 35	04 51
19	108 41.4	32.4	316 54.4	14.3	7 38.9	13.6	56.1	52	17 01	17 36	18 15	01 04	02 22	03 38	04 51
20	123 41.5	33.3	331 27.7	14.4	7 25.3	13.6	56.1	50	17 05	17 37	18 15	01 11	02 26	03 40	04 51
21	138 41.7 . .	34.2	346 01.1	14.4	7 11.7	13.6	56.1	45	17 12	17 41	18 15	01 25	02 36	03 44	04 51
22	153 41.8	35.1	0 34.5	14.5	6 58.1	13.6	56.1								
23	168 41.9	36.0	15 08.0	14.5	6 44.4	13.7	56.0	N 40	17 17	17 45	18 16	01 37	02 44	03 48	04 51
18 00	183 42.0	S 9 36.9	29 41.5	14.6	S 6 30.7	13.7	56.0	35	17 22	17 48	18 17	01 47	02 51	03 52	04 51
01	198 42.2	37.8	44 15.1	14.6	6 17.0	13.7	56.0	30	17 27	17 51	18 19	01 56	02 56	03 55	04 51
02	213 42.3	38.7	58 48.7	14.7	6 03.3	13.7	56.0	20	17 35	17 57	18 23	02 11	03 07	04 00	04 51
03	228 42.4 . .	39.6	73 22.4	14.7	5 49.6	13.7	56.0	N 10	17 42	18 03	18 28	02 24	03 15	04 04	04 51
04	243 42.5	40.6	87 56.1	14.7	5 35.9	13.8	55.9	0	17 49	18 10	18 34	02 37	03 24	04 08	04 51
05	258 42.6	41.5	102 29.8	14.8	5 22.1	13.7	55.9								
06	273 42.8	S 9 42.4	117 03.6	14.8	S 5 08.4	13.8	55.9	S 10	17 55	18 17	18 42	02 49	03 32	04 12	04 51
07	288 42.9	43.3	131 37.4	14.9	4 54.6	13.8	55.9	20	18 03	18 25	18 52	03 02	03 40	04 16	04 50
08	303 43.0	44.2	146 11.3	14.9	4 40.8	13.8	55.9	30	18 11	18 36	19 05	03 16	03 50	04 21	04 50
M 09	318 43.1 . .	45.1	160 45.2	14.9	4 27.0	13.8	55.8	35	18 16	18 42	19 13	03 25	03 56	04 24	04 50
O 10	333 43.2	46.0	175 19.1	15.0	4 13.2	13.8	55.8	40	18 22	18 50	19 24	03 34	04 02	04 27	04 50
N 11	348 43.4	46.9	189 53.1	15.0	3 59.4	13.9	55.8	45	18 29	18 59	19 36	03 45	04 09	04 31	04 50
D 12	3 43.5	S 9 47.8	204 27.1	15.0	S 3 45.5	13.8	55.8	S 50	18 37	19 11	19 53	03 59	04 18	04 35	04 50
A 13	18 43.6	48.7	219 01.1	15.1	3 31.7	13.9	55.8	52	18 41	19 16	20 01	04 05	04 22	04 37	04 50
Y 14	33 43.7	49.6	233 35.2	15.1	3 17.8	13.8	55.7	54	18 45	19 23	20 10	04 12	04 27	04 39	04 50
15	48 43.8 . .	50.5	248 09.3	15.1	3 04.0	13.9	55.7	56	18 49	19 29	20 20	04 19	04 31	04 41	04 50
16	63 44.0	51.4	262 43.4	15.1	2 50.1	13.8	55.7	58	18 54	19 37	20 33	04 28	04 37	04 44	04 49
17	78 44.1	52.3	277 17.5	15.2	2 36.3	13.9	55.7	S 60	19 00	19 46	20 47	04 38	04 43	04 47	04 49
18	93 44.2	S 9 53.2	291 51.7	15.2	S 2 22.4	13.8	55.7		SUN			MOON			
19	108 44.3	54.1	306 25.9	15.3	2 08.6	13.9	55.6	Day	Eqn. of Time 00ʰ	Eqn. of Time 12ʰ	Mer. Pass.	Mer. Pass. Upper	Mer. Pass. Lower	Age	Phase
20	123 44.4	55.0	321 00.2	15.2	1 54.7	13.8	55.6								
21	138 44.5 . .	55.9	335 34.4	15.3	1 40.9	13.9	55.6								
22	153 44.7	56.8	350 08.7	15.3	1 27.0	13.8	55.6	d	m s	m s	h m	h m	h m	d	%
23	168 44.8	57.7	4 43.0	15.3	S 1 13.2	13.9	55.6	16	14 23	14 30	11 46	21 13	08 49	10	83
								17	14 36	14 42	11 45	21 58	09 35	11	90
	SD 16.1	d 0.9	SD 15.5		15.3		15.2	18	14 48	14 54	11 45	22 41	10 19	12	95

2021 OCTOBER 19, 20, 21 (TUES., WED., THURS.)

UT	ARIES	VENUS −4.4		MARS +1.6		JUPITER −2.6		SATURN +0.5		STARS		
	GHA	GHA	Dec	GHA	Dec	GHA	Dec	GHA	Dec	Name	SHA	Dec
d h	° ′	° ′	° ′	° ′	° ′	° ′	° ′	° ′	° ′		° ′	° ′
19 00	27 41.3	137 12.8	S25 30.0	186 53.6	S 8 08.3	62 36.9	S15 09.0	78 08.6	S19 19.9	Acamar	315 13.4	S40 13.0
01	42 43.7	152 12.4	30.4	201 54.5	09.0	77 39.3	09.0	93 11.0	19.8	Achernar	335 21.6	S57 07.6
02	57 46.2	167 12.0	30.9	216 55.4	09.6	92 41.8	09.0	108 13.4	19.8	Acrux	173 03.6	S63 12.9
03	72 48.7	182 11.6 ..	31.4	231 56.3 ..	10.2	107 44.2 ..	09.0	123 15.9 ..	19.8	Adhara	255 07.9	S28 59.8
04	87 51.1	197 11.2	31.8	246 57.2	10.9	122 46.7	09.0	138 18.3	19.8	Aldebaran	290 42.4	N16 33.2
05	102 53.6	212 10.8	32.3	261 58.1	11.5	137 49.2	09.0	153 20.7	19.8			
06	117 56.1	227 10.4	S25 32.8	276 59.0	S 8 12.1	152 51.6	S15 09.0	168 23.1	S19 19.8	Alioth	166 15.9	N55 50.6
07	132 58.5	242 10.0	33.2	292 00.0	12.8	167 54.1	09.0	183 25.6	19.8	Alkaid	152 54.6	N49 12.4
T 08	148 01.0	257 09.6	33.7	307 00.9	13.4	182 56.5	09.0	198 28.0	19.8	Alnair	27 36.0	S46 51.5
U 09	163 03.5	272 09.2 ..	34.1	322 01.8 ..	14.0	197 59.0 ..	09.0	213 30.4 ..	19.8	Alnilam	275 40.2	S 1 11.2
E 10	178 05.9	287 08.7	34.6	337 02.7	14.7	213 01.4	09.0	228 32.9	19.8	Alphard	217 50.5	S 8 44.9
S 11	193 08.4	302 08.3	35.1	352 03.6	15.3	228 03.9	08.9	243 35.3	19.8			
D 12	208 10.8	317 07.9	S25 35.5	7 04.5	S 8 16.0	243 06.4	S15 08.9	258 37.7	S19 19.7	Alphecca	126 06.3	N26 38.7
A 13	223 13.3	332 07.5	36.0	22 05.4	16.6	258 08.8	08.9	273 40.1	19.7	Alpheratz	357 37.2	N29 12.7
Y 14	238 15.8	347 07.1	36.4	37 06.4	17.2	273 11.3	08.9	288 42.6	19.7	Altair	62 02.6	N 8 55.7
15	253 18.2	2 06.7 ..	36.9	52 07.3 ..	17.9	288 13.7 ..	08.9	303 45.0 ..	19.7	Ankaa	353 09.4	S42 11.4
16	268 20.7	17 06.3	37.3	67 08.2	18.5	303 16.2	08.9	318 47.4	19.7	Antares	112 19.4	S26 28.7
17	283 23.2	32 05.9	37.8	82 09.1	19.1	318 18.6	08.9	333 49.8	19.7			
18	298 25.6	47 05.5	S25 38.2	97 10.0	S 8 19.8	333 21.1	S15 08.9	348 52.3	S19 19.7	Arcturus	145 50.7	N19 04.4
19	313 28.1	62 05.1	38.7	112 10.9	20.4	348 23.5	08.9	3 54.7	19.7	Atria	107 16.4	S69 04.1
20	328 30.6	77 04.7	39.1	127 11.8	21.0	3 26.0	08.9	18 57.1	19.7	Avior	234 15.8	S59 34.3
21	343 33.0	92 04.3 ..	39.6	142 12.7 ..	21.7	18 28.4 ..	08.9	33 59.6 ..	19.7	Bellatrix	278 25.5	N 6 22.2
22	358 35.5	107 03.9	40.0	157 13.7	22.3	33 30.9	08.8	49 02.0	19.7	Betelgeuse	270 54.8	N 7 24.7
23	13 38.0	122 03.5	40.5	172 14.6	22.9	48 33.4	08.8	64 04.4	19.6			
20 00	28 40.4	137 03.1	S25 40.9	187 15.5	S 8 23.6	63 35.8	S15 08.8	79 06.8	S19 19.6	Canopus	263 53.4	S52 42.1
01	43 42.9	152 02.7	41.4	202 16.4	24.2	78 38.3	08.8	94 09.3	19.6	Capella	280 25.5	N46 01.0
02	58 45.3	167 02.3	41.8	217 17.3	24.8	93 40.7	08.8	109 11.7	19.6	Deneb	49 27.5	N45 21.7
03	73 47.8	182 01.9 ..	42.3	232 18.2 ..	25.5	108 43.2 ..	08.8	124 14.1 ..	19.6	Denebola	182 28.0	N14 27.2
04	88 50.3	197 01.4	42.7	247 19.1	26.1	123 45.6	08.8	139 16.5	19.6	Diphda	348 49.7	S17 52.0
05	103 52.7	212 01.0	43.1	262 20.0	26.7	138 48.1	08.8	154 19.0	19.6			
06	118 55.2	227 00.6	S25 43.6	277 20.9	S 8 27.4	153 50.5	S15 08.8	169 21.4	S19 19.6	Dubhe	193 44.8	N61 38.0
W 07	133 57.7	242 00.2	44.0	292 21.9	28.0	168 53.0	08.7	184 23.8	19.6	Elnath	278 05.0	N28 37.5
E 08	149 00.1	256 59.8	44.4	307 22.8	28.6	183 55.4	08.7	199 26.2	19.6	Eltanin	90 43.7	N51 29.4
D 09	164 02.6	271 59.4 ..	44.9	322 23.7 ..	29.3	198 57.9 ..	08.7	214 28.7 ..	19.5	Enif	33 41.3	N 9 58.6
N 10	179 05.1	286 59.0	45.3	337 24.6	29.9	214 00.3	08.7	229 31.1	19.5	Fomalhaut	15 17.2	S29 30.5
E 11	194 07.5	301 58.6	45.7	352 25.5	30.5	229 02.7	08.7	244 33.5	19.5			
S 12	209 10.0	316 58.2	S25 46.2	7 26.4	S 8 31.2	244 05.2	S15 08.7	259 35.9	S19 19.5	Gacrux	171 55.1	S57 13.8
D 13	224 12.4	331 57.8	46.6	22 27.3	31.8	259 07.6	08.7	274 38.4	19.5	Gienah	175 46.6	S17 39.5
A 14	239 14.9	346 57.4	47.0	37 28.2	32.4	274 10.1	08.7	289 40.8	19.5	Hadar	148 40.4	S60 28.5
Y 15	254 17.4	1 57.0 ..	47.5	52 29.1 ..	33.1	289 12.5 ..	08.7	304 43.2 ..	19.5	Hamal	327 53.8	N23 33.9
16	269 19.8	16 56.6	47.9	67 30.0	33.7	304 15.0	08.6	319 45.6	19.5	Kaus Aust.	83 36.2	S34 22.5
17	284 22.3	31 56.2	48.3	82 31.0	34.3	319 17.4	08.6	334 48.0	19.5			
18	299 24.8	46 55.8	S25 48.8	97 31.9	S 8 35.0	334 19.9	S15 08.6	349 50.5	S19 19.4	Kochab	137 21.0	N74 04.1
19	314 27.2	61 55.4	49.2	112 32.8	35.6	349 22.3	08.6	4 52.9	19.4	Markab	13 32.3	N15 19.4
20	329 29.7	76 55.0	49.6	127 33.7	36.2	4 24.8	08.6	19 55.3	19.4	Menkar	314 08.6	N 4 10.5
21	344 32.2	91 54.6 ..	50.0	142 34.6 ..	36.9	19 27.2 ..	08.6	34 57.7 ..	19.4	Menkent	148 01.1	S36 28.4
22	359 34.6	106 54.2	50.4	157 35.5	37.5	34 29.7	08.6	50 00.2	19.4	Miaplacidus	221 39.0	S69 48.0
23	14 37.1	121 53.8	50.9	172 36.4	38.1	49 32.1	08.6	65 02.6	19.4			
21 00	29 39.6	136 53.4	S25 51.3	187 37.3	S 8 38.7	64 34.5	S15 08.5	80 05.0	S19 19.4	Mirfak	308 31.6	N49 56.2
01	44 42.0	151 53.0	51.7	202 38.2	39.4	79 37.0	08.5	95 07.4	19.4	Nunki	75 51.2	S26 16.2
02	59 44.5	166 52.6	52.1	217 39.1	40.0	94 39.4	08.5	110 09.8	19.4	Peacock	53 09.9	S56 40.1
03	74 46.9	181 52.2 ..	52.5	232 40.0 ..	40.6	109 41.9 ..	08.5	125 12.3 ..	19.4	Pollux	243 20.6	N27 58.4
04	89 49.4	196 51.8	53.0	247 40.9	41.3	124 44.3	08.5	140 14.7	19.3	Procyon	244 53.6	N 5 10.3
05	104 51.9	211 51.4	53.4	262 41.9	41.9	139 46.7	08.5	155 17.1	19.3			
06	119 54.3	226 51.0	S25 53.8	277 42.8	S 8 42.5	154 49.2	S15 08.5	170 19.5	S19 19.3	Rasalhague	96 01.2	N12 32.9
07	134 56.8	241 50.6	54.2	292 43.7	43.2	169 51.6	08.5	185 22.0	19.3	Regulus	207 37.5	N11 51.8
T 08	149 59.3	256 50.2	54.6	307 44.6	43.8	184 54.1	08.4	200 24.4	19.3	Rigel	281 06.2	S 8 10.5
H 09	165 01.7	271 49.8 ..	55.0	322 45.5 ..	44.4	199 56.5 ..	08.4	215 26.8 ..	19.3	Rigil Kent.	139 44.6	S60 55.4
U 10	180 04.2	286 49.4	55.4	337 46.4	45.1	214 59.0	08.4	230 29.2	19.3	Sabik	102 06.1	S15 45.0
R 11	195 06.7	301 49.0	55.8	352 47.3	45.7	230 01.4	08.4	245 31.6	19.3			
S 12	210 09.1	316 48.6	S25 56.2	7 48.2	S 8 46.3	245 03.8	S15 08.4	260 34.1	S19 19.3	Schedar	349 33.5	N56 39.5
D 13	225 11.6	331 48.2	56.6	22 49.1	47.0	260 06.3	08.4	275 36.5	19.2	Shaula	96 14.2	S37 07.2
A 14	240 14.0	346 47.8	57.1	37 50.0	47.6	275 08.7	08.4	290 38.9	19.2	Sirius	258 28.5	S16 44.6
Y 15	255 16.5	1 47.4 ..	57.5	52 50.9 ..	48.2	290 11.1 ..	08.3	305 41.3 ..	19.2	Spica	158 25.4	S11 16.3
16	270 19.0	16 47.0	57.9	67 51.8	48.8	305 13.6	08.3	320 43.7	19.2	Suhail	222 48.4	S43 30.9
17	285 21.4	31 46.6	58.3	82 52.7	49.5	320 16.0	08.3	335 46.1	19.2			
18	300 23.9	46 46.2	S25 58.7	97 53.6	S 8 50.1	335 18.5	S15 08.3	350 48.6	S19 19.2	Vega	80 35.2	N38 48.5
19	315 26.4	61 45.8	59.1	112 54.5	50.7	350 20.9	08.3	5 51.0	19.2	Zuben'ubi	136 59.3	S16 07.7
20	330 28.8	76 45.4	59.5	127 55.4	51.4	5 23.3	08.3	20 53.4	19.2		SHA	Mer. Pass.
21	345 31.3	91 45.0 ..	25 59.9	142 56.4 ..	52.0	20 25.8 ..	08.2	35 55.8 ..	19.1		° ′	h m
22	0 33.8	106 44.6	26 00.3	157 57.3	52.6	35 28.2	08.2	50 58.2	19.1	Venus	108 22.7	14 52
23	15 36.2	121 44.3	S26 00.7	172 58.2	53.3	50 30.6	08.2	66 00.7	19.1	Mars	158 35.1	11 30
	h m									Jupiter	34 55.4	19 42
Mer. Pass. 22 01.7		v −0.4	d 0.4	v 0.9	d 0.6	v 2.4	d 0.0	v 2.4	d 0.0	Saturn	50 26.4	18 41

2021 OCTOBER 19, 20, 21 (TUES., WED., THURS.)

UT	SUN GHA	SUN Dec	MOON GHA	MOON v	MOON Dec	MOON d	MOON HP	Lat.	Twilight Naut.	Twilight Civil	Sunrise	Moonrise 19	Moonrise 20	Moonrise 21	Moonrise 22
d h	° ′	° ′	° ′	′	° ′	′	′	°	h m	h m	h m	h m	h m	h m	h m
								N 72	05 18	06 36	07 50	16 38	16 09	15 33	14 28
19 00	183 44.9	S 9 58.7	19 17.3	15.4	S 0 59.3	13.8	55.6	N 70	05 19	06 30	07 35	16 41	16 21	15 56	15 20
01	198 45.0	9 59.6	33 51.7	15.4	0 45.5	13.9	55.5	68	05 20	06 24	07 23	16 44	16 30	16 14	15 52
02	213 45.1	10 00.5	48 26.1	15.4	0 31.6	13.8	55.5	66	05 20	06 20	07 14	16 47	16 38	16 28	16 16
03	228 45.2	. . 01.4	63 00.5	15.4	0 17.8	13.8	55.5	64	05 21	06 16	07 05	16 49	16 44	16 40	16 35
04	243 45.4	02.3	77 34.9	15.4	S 0 04.0	13.9	55.5	62	05 21	06 12	06 58	16 51	16 50	16 50	16 51
05	258 45.5	03.2	92 09.3	15.4	N 0 09.9	13.8	55.5	60	05 21	06 09	06 52	16 52	16 55	16 59	17 04
06	273 45.6	S10 04.1	106 43.7	15.5	N 0 23.7	13.8	55.4	N 58	05 21	06 06	06 47	16 54	17 00	17 06	17 15
07	288 45.7	05.0	121 18.2	15.5	0 37.5	13.8	55.4	56	05 21	06 04	06 42	16 55	17 04	17 13	17 25
T 08	303 45.8	05.9	135 52.7	15.4	0 51.3	13.8	55.4	54	05 20	06 01	06 38	16 56	17 07	17 19	17 34
U 09	318 45.9	. . 06.8	150 27.1	15.5	1 05.1	13.7	55.4	52	05 20	05 59	06 34	16 58	17 11	17 25	17 42
E 10	333 46.0	07.7	165 01.6	15.6	1 18.8	13.8	55.4	50	05 20	05 57	06 30	16 59	17 14	17 30	17 49
S 11	348 46.2	08.6	179 36.2	15.5	1 32.6	13.7	55.4	45	05 18	05 53	06 22	17 01	17 20	17 41	18 04
D 12	3 46.3	S10 09.5	194 10.7	15.5	N 1 46.3	13.7	55.3	N 40	05 17	05 48	06 15	17 03	17 26	17 50	18 17
A 13	18 46.4	10.4	208 45.2	15.6	2 00.0	13.7	55.3	35	05 15	05 45	06 10	17 04	17 30	17 58	18 27
Y 14	33 46.5	11.3	223 19.8	15.6	2 13.7	13.7	55.3	30	05 13	05 41	06 05	17 06	17 34	18 04	18 37
15	48 46.6	. . 12.2	237 54.3	15.6	2 27.4	13.7	55.3	20	05 08	05 34	05 57	17 08	17 42	18 16	18 53
16	63 46.7	13.1	252 28.9	15.6	2 41.1	13.7	55.3	N 10	05 03	05 27	05 49	17 10	17 48	18 27	19 07
17	78 46.8	14.0	267 03.4	15.6	2 54.8	13.6	55.3	0	04 56	05 20	05 41	17 13	17 54	18 37	19 21
18	93 46.9	S10 14.9	281 38.0	15.6	N 3 08.4	13.6	55.2	S 10	04 48	05 13	05 34	17 15	18 01	18 47	19 35
19	108 47.1	15.7	296 12.6	15.5	3 22.0	13.6	55.2	20	04 37	05 03	05 26	17 17	18 07	18 58	19 49
20	123 47.2	16.6	310 47.1	15.6	3 35.6	13.6	55.2	30	04 23	04 52	05 16	17 20	18 15	19 10	20 06
21	138 47.3	. . 17.5	325 21.7	15.6	3 49.2	13.6	55.2	35	04 14	04 45	05 11	17 21	18 19	19 17	20 16
22	153 47.4	18.4	339 56.3	15.6	4 02.8	13.5	55.2	40	04 03	04 37	05 05	17 23	18 24	19 26	20 27
23	168 47.5	19.3	354 30.9	15.5	4 16.3	13.5	55.2	45	03 49	04 27	04 58	17 25	18 30	19 35	20 40
20 00	183 47.6	S10 20.2	9 05.4	15.6	N 4 29.8	13.5	55.1	S 50	03 32	04 14	04 49	17 28	18 37	19 47	20 57
01	198 47.7	21.1	23 40.0	15.6	4 43.3	13.4	55.1	52	03 24	04 09	04 45	17 29	18 41	19 53	21 04
02	213 47.8	22.0	38 14.6	15.6	4 56.7	13.4	55.1	54	03 14	04 02	04 40	17 30	18 44	19 59	21 13
03	228 47.9	. . 22.9	52 49.2	15.5	5 10.1	13.4	55.1	56	03 03	03 55	04 35	17 31	18 48	20 05	21 23
04	243 48.0	23.8	67 23.7	15.6	5 23.5	13.4	55.1	58	02 50	03 46	04 30	17 33	18 53	20 13	21 34
05	258 48.1	24.7	81 58.3	15.6	5 36.9	13.3	55.1	S 60	02 34	03 37	04 23	17 35	18 58	20 22	21 47
06	273 48.3	S10 25.6	96 32.9	15.5	N 5 50.2	13.4	55.0	Lat.	Sunset	Twilight Civil	Twilight Naut.	Moonset 19	Moonset 20	Moonset 21	Moonset 22
W 07	288 48.4	26.5	111 07.4	15.6	6 03.6	13.2	55.0								
E 08	303 48.5	27.4	125 42.0	15.5	6 16.8	13.3	55.0								
D 09	318 48.6	. . 28.3	140 16.5	15.5	6 30.1	13.2	55.0	°	h m	h m	h m	h m	h m	h m	h m
N 10	333 48.7	29.2	154 51.0	15.6	6 43.3	13.2	55.0	N 72	15 38	16 51	18 10	04 51	06 50	08 55	11 32
E 11	348 48.8	30.1	169 25.6	15.5	6 56.5	13.1	55.0	N 70	15 53	16 58	18 09	04 51	06 41	08 34	10 41
S 12	3 48.9	S10 31.0	184 00.1	15.5	N 7 09.6	13.1	54.9	68	16 05	17 03	18 08	04 51	06 34	08 18	10 10
D 13	18 49.0	31.9	198 34.6	15.5	7 22.7	13.1	54.9	66	16 15	17 08	18 08	04 51	06 28	08 05	09 47
A 14	33 49.1	32.7	213 09.1	15.4	7 35.8	13.0	54.9	64	16 23	17 12	18 07	04 51	06 23	07 55	09 29
Y 15	48 49.2	. . 33.6	227 43.5	15.5	7 48.8	13.0	54.9	62	16 30	17 16	18 07	04 51	06 18	07 46	09 14
16	63 49.3	34.5	242 18.0	15.4	8 01.8	13.0	54.9	60	16 36	17 19	18 07	04 51	06 15	07 38	09 02
17	78 49.4	35.4	256 52.4	15.5	8 14.8	12.9	54.9	N 58	16 42	17 22	18 08	04 51	06 11	07 31	08 52
18	93 49.5	S10 36.3	271 26.9	15.4	N 8 27.7	12.9	54.9	56	16 47	17 25	18 08	04 51	06 08	07 25	08 42
19	108 49.6	37.2	286 01.3	15.4	8 40.6	12.9	54.8	54	16 51	17 27	18 08	04 51	06 06	07 20	08 34
20	123 49.7	38.1	300 35.7	15.4	8 53.5	12.8	54.8	52	16 55	17 29	18 09	04 51	06 03	07 15	08 27
21	138 49.8	. . 39.0	315 10.1	15.3	9 06.3	12.7	54.8	50	16 59	17 32	18 09	04 51	06 01	07 11	08 21
22	153 49.9	39.9	329 44.4	15.4	9 19.0	12.7	54.8	45	17 06	17 36	18 10	04 51	05 57	07 02	08 07
23	168 50.1	40.8	344 18.8	15.3	9 31.7	12.7	54.8								
21 00	183 50.2	S10 41.7	358 53.1	15.3	N 9 44.4	12.6	54.8	N 40	17 13	17 41	18 12	04 51	05 53	06 54	07 55
01	198 50.3	42.5	13 27.4	15.3	9 57.0	12.6	54.8	35	17 19	17 44	18 14	04 51	05 49	06 47	07 46
02	213 50.4	43.4	28 01.7	15.3	10 09.6	12.5	54.7	30	17 24	17 48	18 16	04 51	05 46	06 42	07 37
03	228 50.5	. . 44.3	42 36.0	15.2	10 22.1	12.5	54.7	20	17 33	17 55	18 21	04 51	05 41	06 32	07 22
04	243 50.6	45.2	57 10.2	15.2	10 34.6	12.5	54.7	N 10	17 41	18 02	18 27	04 51	05 37	06 23	07 10
05	258 50.7	46.1	71 44.4	15.2	10 47.1	12.3	54.7	0	17 48	18 09	18 34	04 51	05 33	06 15	06 58
06	273 50.8	S10 47.0	86 18.6	15.2	N10 59.4	12.4	54.7	S 10	17 56	18 17	18 42	04 51	05 28	06 07	06 46
07	288 50.9	47.9	100 52.8	15.1	11 11.8	12.3	54.7	20	18 04	18 26	18 53	04 50	05 24	05 58	06 34
T 08	303 51.0	48.8	115 26.9	15.2	11 24.1	12.2	54.7	30	18 13	18 38	19 07	04 50	05 19	05 48	06 19
H 09	318 51.1	. . 49.7	130 01.1	15.0	11 36.3	12.2	54.6	35	18 19	18 45	19 16	04 50	05 16	05 43	06 11
U 10	333 51.2	50.5	144 35.1	15.1	11 48.5	12.1	54.6	40	18 25	18 54	19 27	04 50	05 13	05 36	06 02
R 11	348 51.3	51.4	159 09.2	15.0	12 00.6	12.1	54.6	45	18 33	19 04	19 41	04 50	05 09	05 29	05 51
S 12	3 51.4	S10 52.3	173 43.2	15.1	N12 12.7	12.0	54.6	S 50	18 42	19 16	19 59	04 50	05 05	05 20	05 38
D 13	18 51.5	53.2	188 17.3	14.9	12 24.7	12.0	54.6	52	18 46	19 22	20 08	04 50	05 03	05 16	05 31
A 14	33 51.6	54.1	202 51.2	15.0	12 36.7	11.9	54.6	54	18 51	19 29	20 18	04 50	05 00	05 12	05 25
Y 15	48 51.7	. . 55.0	217 25.2	14.9	12 48.6	11.9	54.6	56	18 56	19 36	20 29	04 50	04 58	05 07	05 17
16	63 51.8	55.9	231 59.1	14.9	13 00.5	11.7	54.5	58	19 01	19 45	20 42	04 49	04 55	05 01	05 09
17	78 51.9	56.7	246 33.0	14.8	13 12.2	11.8	54.5	S 60	19 08	19 55	20 59	04 49	04 52	04 55	04 59
18	93 52.0	S10 57.6	261 06.8	14.9	N13 24.0	11.7	54.5		SUN	SUN	SUN	MOON	MOON	MOON	MOON
19	108 52.1	58.5	275 40.7	14.7	13 35.7	11.6	54.5	Day	Eqn. of Time 00ʰ	Eqn. of Time 12ʰ	Mer. Pass.	Mer. Pass. Upper	Mer. Pass. Lower	Age	Phase
20	123 52.2	10 59.4	290 14.4	14.8	13 47.3	11.5	54.5								
21	138 52.2	11 00.3	304 48.2	14.7	13 58.8	11.5	54.5	d	m s	m s	h m	h m	h m	d	%
22	153 52.3	01.2	319 21.9	14.7	14 10.3	11.5	54.5	19	14 59	15 05	11 45	23 23	11 02	13	99
23	168 52.4	02.0	333 55.6	14.6	N14 21.8	11.4	54.5	20	15 10	15 15	11 45	24 05	11 44	14	100
	SD 16.1	d 0.9	SD 15.1		15.0		14.9	21	15 20	15 25	11 45	00 05	12 26	15	99

2021 OCTOBER 22, 23, 24 (FRI., SAT., SUN.)

UT	ARIES	VENUS −4.4		MARS +1.6		JUPITER −2.5		SATURN +0.5		STARS		
	GHA	GHA	Dec	GHA	Dec	GHA	Dec	GHA	Dec	Name	SHA	Dec
d h	° ′	° ′	° ′	° ′	° ′	° ′	° ′	° ′	° ′		° ′	° ′
22 00	30 38.7	136 43.9	S26 01.0	187 59.1	S 8 53.9	65 33.1	S15 08.2	81 03.1	S19 19.1	Acamar	315 13.4	S40 13.0
01	45 41.2	151 43.5	01.4	203 00.0	54.5	80 35.5	08.2	96 05.5	19.1	Achernar	335 21.6	S57 07.6
02	60 43.6	166 43.1	01.8	218 00.9	55.1	95 37.9	08.2	111 07.9	19.1	Acrux	173 03.6	S63 12.9
03	75 46.1	181 42.7 ..	02.2	233 01.8 ..	55.8	110 40.4 ..	08.2	126 10.3 ..	19.1	Adhara	255 07.8	S28 59.8
04	90 48.5	196 42.3	02.6	248 02.7	56.4	125 42.8	08.1	141 12.7	19.1	Aldebaran	290 42.4	N16 33.2
05	105 51.0	211 41.9	03.0	263 03.6	57.0	140 45.2	08.1	156 15.2	19.1			
06	120 53.5	226 41.5	S26 03.4	278 04.5	S 8 57.7	155 47.7	S15 08.1	171 17.6	S19 19.0	Alioth	166 15.9	N55 50.6
07	135 55.9	241 41.1	03.8	293 05.4	58.3	170 50.1	08.1	186 20.0	19.0	Alkaid	152 54.6	N49 12.4
08	150 58.4	256 40.7	04.2	308 06.3	58.9	185 52.5	08.1	201 22.4	19.0	Alnair	27 36.1	S46 51.5
F 09	166 00.9	271 40.3 ..	04.5	323 07.2	8 59.5	200 55.0 ..	08.1	216 24.8 ..	19.0	Alnilam	275 40.2	S 1 11.2
R 10	181 03.3	286 39.9	04.9	338 08.1	9 00.2	215 57.4	08.0	231 27.2	19.0	Alphard	217 50.5	S 8 45.0
I 11	196 05.8	301 39.5	05.3	353 09.0	00.8	230 59.8	08.0	246 29.7	19.0			
D 12	211 08.3	316 39.1	S26 05.7	8 09.9	S 9 01.4	246 02.3	S15 08.0	261 32.1	S19 19.0	Alphecca	126 06.3	N26 38.7
A 13	226 10.7	331 38.7	06.1	23 10.8	02.1	261 04.7	08.0	276 34.5	19.0	Alpheratz	357 37.2	N29 12.7
Y 14	241 13.2	346 38.4	06.5	38 11.7	02.7	276 07.1	08.0	291 36.9	18.9	Altair	62 02.6	N 8 55.7
15	256 15.7	1 38.0 ..	06.8	53 12.6 ..	03.3	291 09.6 ..	08.0	306 39.3 ..	18.9	Ankaa	353 09.4	S42 11.4
16	271 18.1	16 37.6	07.2	68 13.5	03.9	306 12.0	07.9	321 41.7	18.9	Antares	112 19.4	S26 28.7
17	286 20.6	31 37.2	07.6	83 14.4	04.6	321 14.4	07.9	336 44.1	18.9			
18	301 23.0	46 36.8	S26 08.0	98 15.3	S 9 05.2	336 16.9	S15 07.9	351 46.6	S19 18.9	Arcturus	145 50.7	N19 04.3
19	316 25.5	61 36.4	08.3	113 16.2	05.8	351 19.3	07.9	6 49.0	18.9	Atria	107 16.4	S69 04.1
20	331 28.0	76 36.0	08.7	128 17.1	06.5	6 21.7	07.9	21 51.4	18.9	Avior	234 15.8	S59 34.3
21	346 30.4	91 35.6 ..	09.1	143 18.0 ..	07.1	21 24.1 ..	07.8	36 53.8 ..	18.9	Bellatrix	278 25.5	N 6 22.2
22	1 32.9	106 35.2	09.5	158 18.9	07.7	36 26.6	07.8	51 56.2	18.8	Betelgeuse	270 54.8	N 7 24.7
23	16 35.4	121 34.8	09.8	173 19.8	08.3	51 29.0	07.8	66 58.6	18.8			
23 00	31 37.8	136 34.4	S26 10.2	188 20.7	S 9 09.0	66 31.4	S15 07.8	82 01.0	S19 18.8	Canopus	263 53.3	S52 42.1
01	46 40.3	151 34.1	10.6	203 21.6	09.6	81 33.8	07.8	97 03.5	18.8	Capella	280 25.5	N46 01.0
02	61 42.8	166 33.7	10.9	218 22.5	10.2	96 36.3	07.8	112 05.9	18.8	Deneb	49 27.5	N45 21.7
03	76 45.2	181 33.3 ..	11.3	233 23.4 ..	10.9	111 38.7 ..	07.7	127 08.3 ..	18.8	Denebola	182 27.9	N14 27.2
04	91 47.7	196 32.9	11.7	248 24.3	11.5	126 41.1	07.7	142 10.7	18.8	Diphda	348 49.7	S17 52.1
05	106 50.1	211 32.5	12.0	263 25.2	12.1	141 43.6	07.7	157 13.1	18.8			
06	121 52.6	226 32.1	S26 12.4	278 26.1	S 9 12.7	156 46.0	S15 07.7	172 15.5	S19 18.7	Dubhe	193 44.8	N61 38.0
07	136 55.1	241 31.7	12.8	293 27.0	13.4	171 48.4	07.7	187 17.9	18.7	Elnath	278 05.0	N28 37.5
S 08	151 57.5	256 31.3	13.1	308 27.9	14.0	186 50.8	07.6	202 20.3	18.7	Eltanin	90 43.7	N51 29.4
A 09	167 00.0	271 31.0 ..	13.5	323 28.8 ..	14.6	201 53.2 ..	07.6	217 22.7 ..	18.7	Enif	33 41.3	N 9 58.6
T 10	182 02.5	286 30.6	13.8	338 29.7	15.2	216 55.7	07.6	232 25.2	18.7	Fomalhaut	15 17.2	S29 30.5
U 11	197 04.9	301 30.2	14.2	353 30.6	15.9	231 58.1	07.6	247 27.6	18.7			
R 12	212 07.4	316 29.8	S26 14.5	8 31.5	S 9 16.5	247 00.5	S15 07.6	262 30.0	S19 18.7	Gacrux	171 55.1	S57 13.8
D 13	227 09.9	331 29.4	14.9	23 32.4	17.1	262 02.9	07.5	277 32.4	18.6	Gienah	175 46.6	S17 39.5
A 14	242 12.3	346 29.0	15.3	38 33.3	17.7	277 05.4	07.5	292 34.8	18.6	Hadar	148 40.4	S60 28.5
Y 15	257 14.8	1 28.6 ..	15.6	53 34.2 ..	18.4	292 07.8 ..	07.5	307 37.2 ..	18.6	Hamal	327 53.8	N23 33.9
16	272 17.3	16 28.3	16.0	68 35.1	19.0	307 10.2	07.5	322 39.6	18.6	Kaus Aust.	83 36.2	S34 22.5
17	287 19.7	31 27.9	16.3	83 36.0	19.6	322 12.6	07.5	337 42.0	18.6			
18	302 22.2	46 27.5	S26 16.7	98 36.9	S 9 20.3	337 15.0	S15 07.4	352 44.4	S19 18.6	Kochab	137 21.0	N74 04.1
19	317 24.6	61 27.1	17.0	113 37.8	20.9	352 17.5	07.4	7 46.9	18.6	Markab	13 32.3	N15 19.4
20	332 27.1	76 26.7	17.4	128 38.7	21.5	7 19.9	07.4	22 49.3	18.5	Menkar	314 08.6	N 4 10.5
21	347 29.6	91 26.3 ..	17.7	143 39.6 ..	22.1	22 22.3 ..	07.4	37 51.7 ..	18.5	Menkent	148 01.1	S36 28.4
22	2 32.0	106 26.0	18.1	158 40.5	22.8	37 24.7	07.4	52 54.1	18.5	Miaplacidus	221 39.0	S69 48.0
23	17 34.5	121 25.6	18.4	173 41.4	23.4	52 27.1	07.3	67 56.5	18.5			
24 00	32 37.0	136 25.2	S26 18.7	188 42.3	S 9 24.0	67 29.6	S15 07.3	82 58.9	S19 18.5	Mirfak	308 31.6	N49 56.2
01	47 39.4	151 24.8	19.1	203 43.2	24.6	82 32.0	07.3	98 01.3	18.5	Nunki	75 51.2	S26 16.2
02	62 41.9	166 24.4	19.4	218 44.1	25.3	97 34.4	07.3	113 03.7	18.5	Peacock	53 09.9	S56 40.1
03	77 44.4	181 24.1 ..	19.8	233 45.0 ..	25.9	112 36.8 ..	07.3	128 06.1 ..	18.5	Pollux	243 20.5	N27 58.4
04	92 46.8	196 23.7	20.1	248 45.9	26.5	127 39.2	07.2	143 08.5	18.4	Procyon	244 53.6	N 5 10.2
05	107 49.3	211 23.3	20.4	263 46.8	27.1	142 41.7	07.2	158 10.9	18.4			
06	122 51.8	226 22.9	S26 20.8	278 47.7	S 9 27.8	157 44.1	S15 07.2	173 13.3	S19 18.4	Rasalhague	96 01.2	N12 32.8
07	137 54.2	241 22.5	21.1	293 48.6	28.4	172 46.5	07.2	188 15.8	18.4	Regulus	207 37.4	N11 51.8
08	152 56.7	256 22.2	21.5	308 49.5	29.0	187 48.9	07.1	203 18.2	18.4	Rigel	281 06.2	S 8 10.5
S 09	167 59.1	271 21.8 ..	21.8	323 50.4 ..	29.6	202 51.3 ..	07.1	218 20.6 ..	18.4	Rigil Kent.	139 44.6	S60 55.3
U 10	183 01.6	286 21.4	22.1	338 51.3	30.3	217 53.7	07.1	233 23.0	18.4	Sabik	102 06.1	S15 45.0
N 11	198 04.1	301 21.0	22.5	353 52.2	30.9	232 56.2	07.1	248 25.4	18.3			
D 12	213 06.5	316 20.6	S26 22.8	8 53.1	S 9 31.5	247 58.6	S15 07.1	263 27.8	S19 18.3	Schedar	349 33.5	N56 39.5
A 13	228 09.0	331 20.3	23.1	23 54.0	32.1	263 01.0	07.0	278 30.2	18.3	Shaula	96 14.2	S37 07.2
Y 14	243 11.5	346 19.9	23.4	38 54.9	32.7	278 03.4	07.0	293 32.6	18.3	Sirius	258 28.5	S16 44.6
15	258 13.9	1 19.5 ..	23.8	53 55.8 ..	33.4	293 05.8 ..	07.0	308 35.0 ..	18.3	Spica	158 25.4	S11 16.3
16	273 16.4	16 19.1	24.1	68 56.6	34.0	308 08.2	07.0	323 37.4	18.3	Suhail	222 48.3	S43 30.9
17	288 18.9	31 18.8	24.4	83 57.5	34.6	323 10.6	06.9	338 39.8	18.2			
18	303 21.3	46 18.4	S26 24.7	98 58.4	S 9 35.2	338 13.1	S15 06.9	353 42.2	S19 18.2	Vega	80 35.2	N38 48.5
19	318 23.8	61 18.0	25.1	113 59.3	35.9	353 15.5	06.9	8 44.6	18.2	Zuben'ubi	136 59.3	S16 07.7
20	333 26.2	76 17.6	25.4	129 00.2	36.5	8 17.9	06.9	23 47.0	18.2		SHA	Mer. Pass.
21	348 28.7	91 17.3 ..	25.7	144 01.1 ..	37.1	23 20.3 ..	06.8	38 49.4 ..	18.2		° ′	h m
22	3 31.2	106 16.9	26.0	159 02.0	37.7	38 22.7	06.8	53 51.9	18.2	Venus	104 56.6	14 54
23	18 33.6	121 16.5	26.4	174 02.9	38.4	53 25.1	06.8	68 54.3	18.2	Mars	156 42.9	11 26
	h m									Jupiter	34 53.6	19 31
Mer. Pass. 21 49.9		v −0.4	d 0.4	v 0.9	d 0.6	v 2.4	d 0.0	v 2.4	d 0.0	Saturn	50 23.2	18 29

2021 OCTOBER 22, 23, 24 (FRI., SAT., SUN.)

UT	SUN GHA	SUN Dec	MOON GHA	MOON v	MOON Dec	MOON d	MOON HP	Lat.	Twilight Naut.	Twilight Civil	Sunrise	Moonrise 22	Moonrise 23	Moonrise 24	Moonrise 25
d h	° '	° '	° '	'	° '	'	'	° N 72	h m 05 30	h m 06 50	h m 08 06	h m 14 28	h m ▭	h m ▭	h m ▭
22 00	183 52.5	S11 02.9	348 29.2	14.7	N14 33.2	11.3	54.5	N 70	05 30	06 42	07 49	15 20	▭	▭	▭
01	198 52.6	03.8	3 02.9	14.5	14 44.5	11.2	54.4	68	05 30	06 35	07 35	15 52	15 12	▭	▭
02	213 52.7	04.7	17 36.4	14.6	14 55.7	11.2	54.4	66	05 29	06 29	07 24	16 16	16 00	15 17	▭
03	228 52.8 . .	05.6	32 10.0	14.5	15 06.9	11.1	54.4	64	05 29	06 24	07 15	16 35	16 30	16 25	16 15
04	243 52.9	06.5	46 43.5	14.4	15 18.0	11.0	54.4	62	05 28	06 20	07 07	16 51	16 53	17 00	17 16
05	258 53.0	07.3	61 16.9	14.5	15 29.0	11.0	54.4	60	05 28	06 16	07 00	17 04	17 12	17 26	17 50
06	273 53.1	S11 08.2	75 50.4	14.4	N15 40.0	10.9	54.4	N 58	05 27	06 13	06 54	17 15	17 28	17 46	18 15
07	288 53.2	09.1	90 23.8	14.3	15 50.9	10.9	54.4	56	05 26	06 10	06 48	17 25	17 41	18 03	18 35
08	303 53.3	10.0	104 57.1	14.3	16 01.8	10.7	54.4	54	05 26	06 07	06 43	17 34	17 52	18 17	18 52
F 09	318 53.4 . .	10.9	119 30.4	14.3	16 12.5	10.7	54.4	52	05 25	06 04	06 39	17 42	18 03	18 30	19 06
R 10	333 53.5	11.7	134 03.7	14.2	16 23.2	10.7	54.3	50	05 24	06 02	06 35	17 49	18 12	18 41	19 18
I 11	348 53.6	12.6	148 36.9	14.2	16 33.9	10.5	54.3	45	05 22	05 56	06 26	18 04	18 31	19 04	19 44
D 12	3 53.7	S11 13.5	163 10.1	14.1	N16 44.4	10.5	54.3	N 40	05 20	05 51	06 19	18 17	18 47	19 23	20 05
A 13	18 53.8	14.4	177 43.2	14.1	16 54.9	10.4	54.3	35	05 17	05 47	06 13	18 27	19 01	19 39	20 22
Y 14	33 53.9	15.3	192 16.3	14.1	17 05.3	10.3	54.3	30	05 15	05 43	06 07	18 37	19 12	19 52	20 37
15	48 53.9 . .	16.1	206 49.4	14.0	17 15.6	10.3	54.3	20	05 09	05 35	05 58	18 53	19 33	20 15	21 02
16	63 54.0	17.0	221 22.4	14.0	17 25.9	10.2	54.3	N 10	05 03	05 28	05 49	19 07	19 50	20 36	21 24
17	78 54.1	17.9	235 55.4	13.9	17 36.1	10.1	54.3	0	04 55	05 20	05 41	19 21	20 07	20 54	21 44
18	93 54.2	S11 18.8	250 28.3	13.9	N17 46.2	10.0	54.3	S 10	04 46	05 11	05 33	19 35	20 23	21 13	22 04
19	108 54.3	19.6	265 01.2	13.9	17 56.2	10.0	54.3	20	04 35	05 01	05 24	19 49	20 41	21 34	22 26
20	123 54.4	20.5	279 34.1	13.8	18 06.2	9.8	54.3	30	04 19	04 49	05 13	20 06	21 02	21 58	22 52
21	138 54.5 . .	21.4	294 06.9	13.7	18 16.0	9.8	54.2	35	04 10	04 41	05 07	20 16	21 14	22 11	23 07
22	153 54.6	22.3	308 39.6	13.7	18 25.8	9.7	54.2	40	03 58	04 32	05 01	20 27	21 28	22 28	23 24
23	168 54.7	23.2	323 12.3	13.7	18 35.5	9.7	54.2	45	03 44	04 21	04 53	20 40	21 45	22 47	23 45
23 00	183 54.8	S11 24.0	337 45.0	13.6	N18 45.2	9.5	54.2	S 50	03 25	04 08	04 43	20 57	22 05	23 11	24 12
01	198 54.8	24.9	352 17.6	13.6	18 54.7	9.5	54.2	52	03 16	04 02	04 38	21 04	22 15	23 23	24 25
02	213 54.9	25.8	6 50.2	13.5	19 04.2	9.4	54.2	54	03 05	03 55	04 33	21 13	22 26	23 37	24 40
03	228 55.0 . .	26.7	21 22.7	13.5	19 13.6	9.3	54.2	56	02 53	03 47	04 28	21 23	22 39	23 52	24 57
04	243 55.1	27.5	35 55.2	13.4	19 22.9	9.2	54.2	58	02 39	03 38	04 22	21 34	22 54	24 11	00 11
05	258 55.2	28.4	50 27.6	13.4	19 32.1	9.1	54.2	S 60	02 21	03 27	04 15	21 47	23 12	24 34	00 34
06	273 55.3	S11 29.3	65 00.0	13.3	N19 41.2	9.0	54.2	Lat.	Sunset	Twilight Civil	Twilight Naut.	Moonset 22	Moonset 23	Moonset 24	Moonset 25
07	288 55.4	30.2	79 32.3	13.3	19 50.2	9.0	54.2
S 08	303 55.5	31.0	94 04.6	13.3	19 59.2	8.9	54.2
A 09	318 55.5 . .	31.9	108 36.9	13.2	20 08.1	8.7	54.2	°	h m	h m	h m	h m	h m	h m	h m
T 10	333 55.6	32.8	123 09.1	13.1	20 16.8	8.7	54.2	N 72	15 21	16 37	17 56	11 32	▭	▭	▭
U 11	348 55.7	33.6	137 41.2	13.1	20 25.5	8.6	54.1	N 70	15 38	16 45	17 57	10 41	▭	▭	▭
R 12	3 55.8	S11 34.5	152 13.3	13.1	N20 34.1	8.5	54.1	68	15 52	16 52	17 57	10 10	12 24	▭	▭
D 13	18 55.9	35.4	166 45.4	13.0	20 42.6	8.4	54.1	66	16 03	16 58	17 58	09 47	11 37	13 58	▭
A 14	33 56.0	36.3	181 17.4	12.9	20 51.0	8.4	54.1	64	16 13	17 03	17 58	09 29	11 08	12 51	14 43
Y 15	48 56.0 . .	37.1	195 49.3	12.9	20 59.4	8.2	54.1	62	16 21	17 07	17 59	09 14	10 45	12 16	13 42
16	63 56.1	38.0	210 21.2	12.9	21 07.6	8.1	54.1	60	16 28	17 11	18 00	09 02	10 27	11 51	13 08
17	78 56.2	38.9	224 53.1	12.8	21 15.7	8.1	54.1
18	93 56.3	S11 39.7	239 24.9	12.8	N21 23.8	7.9	54.1	N 58	16 34	17 15	18 00	08 52	10 12	11 31	12 43
19	108 56.4	40.6	253 56.7	12.7	21 31.7	7.9	54.1	56	16 39	17 18	18 01	08 42	09 59	11 14	12 24
20	123 56.5	41.5	268 28.4	12.6	21 39.6	7.7	54.1	54	16 44	17 21	18 02	08 34	09 48	11 00	12 07
21	138 56.5 . .	42.4	283 00.0	12.7	21 47.3	7.7	54.1	52	16 49	17 23	18 03	08 27	09 39	10 48	11 53
22	153 56.6	43.2	297 31.7	12.5	21 55.0	7.6	54.1	50	16 53	17 26	18 04	08 21	09 30	10 37	11 41
23	168 56.7	44.1	312 03.2	12.6	22 02.6	7.4	54.1	45	17 02	17 32	18 06	08 07	09 11	10 15	11 15
24 00	183 56.8	S11 45.0	326 34.8	12.4	N22 10.0	7.4	54.1	N 40	17 09	17 37	18 08	07 55	08 57	09 57	10 55
01	198 56.9	45.8	341 06.2	12.5	22 17.4	7.3	54.1	35	17 15	17 41	18 11	07 46	08 44	09 42	10 38
02	213 57.0	46.7	355 37.7	12.3	22 24.7	7.1	54.1	30	17 21	17 45	18 13	07 37	08 33	09 29	10 24
03	228 57.0 . .	47.6	10 09.0	12.4	22 31.8	7.1	54.1	20	17 31	17 53	18 19	07 22	08 14	09 07	09 59
04	243 57.1	48.4	24 40.4	12.3	22 38.9	7.0	54.1	N 10	17 39	18 01	18 26	07 10	07 58	08 47	09 38
05	258 57.2	49.3	39 11.7	12.2	22 45.9	6.8	54.1	0	17 48	18 09	18 33	06 58	07 43	08 30	09 18
06	273 57.3	S11 50.2	53 42.9	12.2	N22 52.7	6.8	54.1	S 10	17 56	18 18	18 43	06 46	07 28	08 12	08 58
07	288 57.4	51.0	68 14.1	12.1	22 59.5	6.6	54.1	20	18 05	18 28	18 54	06 34	07 12	07 53	08 37
08	303 57.4	51.9	82 45.2	12.1	23 06.1	6.6	54.1	30	18 16	18 40	19 10	06 19	06 53	07 31	08 13
S 09	318 57.5 . .	52.8	97 16.3	12.1	23 12.7	6.4	54.1	35	18 22	18 48	19 20	06 11	06 42	07 18	07 58
U 10	333 57.6	53.6	111 47.4	12.0	23 19.1	6.4	54.1	40	18 29	18 57	19 31	06 02	06 30	07 03	07 42
N 11	348 57.7	54.5	126 18.4	12.0	23 25.5	6.2	54.1	45	18 37	19 08	19 46	05 51	06 16	06 46	07 22
D 12	3 57.7	S11 55.4	140 49.4	11.9	N23 31.7	6.1	54.1	S 50	18 47	19 22	20 05	05 38	05 58	06 24	06 57
A 13	18 57.8	56.2	155 20.3	11.8	23 37.8	6.1	54.1	52	18 51	19 28	20 15	05 31	05 50	06 14	06 45
Y 14	33 57.9	57.1	169 51.1	11.9	23 43.9	5.9	54.1	54	18 56	19 35	20 25	05 25	05 41	06 02	06 31
15	48 58.0 . .	58.0	184 22.0	11.7	23 49.8	5.8	54.1	56	19 02	19 44	20 38	05 17	05 31	05 49	06 16
16	63 58.1	58.8	198 52.7	11.8	23 55.6	5.7	54.1	58	19 08	19 53	20 53	05 09	05 19	05 34	05 57
17	78 58.1	11 59.7	213 23.5	11.7	24 01.3	5.6	54.1	S 60	19 16	20 04	21 11	04 59	05 06	05 16	05 34
18	93 58.2	S12 00.5	227 54.2	11.6	N24 06.9	5.5	54.1		SUN			MOON			
19	108 58.3	01.4	242 24.8	11.6	24 12.4	5.3	54.1	Day	Eqn. of Time		Mer. Pass.	Mer. Pass. Upper	Mer. Pass. Lower	Age	Phase
20	123 58.4	02.3	256 55.4	11.6	24 17.7	5.3	54.1		00ʰ	12ʰ					
21	138 58.4 . .	03.1	271 26.0	11.5	24 23.0	5.1	54.1	d	m s	m s	h m	h m	h m	d	%
22	153 58.5	04.0	285 56.5	11.5	24 28.1	5.1	54.1	22	15 30	15 34	11 44	00 47	13 09	16	97
23	168 58.6	04.9	300 27.0	11.4	N24 33.2	4.9	54.1	23	15 39	15 43	11 44	01 32	13 55	17	93
	SD 16.1	d 0.9	SD 14.8		14.8		14.7	24	15 47	15 51	11 44	02 18	14 42	18	87

2021 OCTOBER 25, 26, 27 (MON., TUES., WED.)

UT	ARIES GHA	VENUS −4.5 GHA / Dec	MARS +1.6 GHA / Dec	JUPITER −2.5 GHA / Dec	SATURN +0.5 GHA / Dec	STARS Name / SHA / Dec
25 00	33 36.1	136 16.1 S26 26.7	189 03.8 S 9 39.0	68 27.5 S15 06.8	83 56.7 S19 18.1	Acamar 315 13.4 S40 13.0
01	48 38.6	151 15.8 27.0	204 04.7 39.6	83 29.9 06.7	98 59.1 18.1	Achernar 335 21.6 S57 07.7
02	63 41.0	166 15.4 27.3	219 05.6 40.2	98 32.3 06.7	114 01.5 18.1	Acrux 173 03.6 S63 12.9
03	78 43.5	181 15.0 . . 27.6	234 06.5 . . 40.9	113 34.8 . . 06.7	129 03.9 . . 18.1	Adhara 255 07.8 S28 59.8
04	93 46.0	196 14.6 27.9	249 07.4 41.5	128 37.2 06.7	144 06.3 18.1	Aldebaran 290 42.4 N16 33.2
05	108 48.4	211 14.3 28.2	264 08.3 42.1	143 39.6 06.7	159 08.7 18.1	
06	123 50.9	226 13.9 S26 28.6	279 09.2 S 9 42.7	158 42.0 S15 06.6	174 11.1 S19 18.1	Alioth 166 15.9 N55 50.6
07	138 53.4	241 13.5 28.9	294 10.1 43.3	173 44.4 06.6	189 13.5 18.0	Alkaid 152 54.6 N49 12.4
08	153 55.8	256 13.2 29.2	309 10.9 44.0	188 46.8 06.6	204 15.9 18.0	Alnair 27 36.1 S46 51.5
M 09	168 58.3	271 12.8 . . 29.5	324 11.8 . . 44.6	203 49.2 . . 06.6	219 18.3 . . 18.0	Alnilam 275 40.2 S 1 11.2
O 10	184 00.7	286 12.4 29.8	339 12.7 45.2	218 51.6 06.5	234 20.7 18.0	Alphard 217 50.4 S 8 45.0
N 11	199 03.2	301 12.0 30.1	354 13.6 45.8	233 54.0 06.5	249 23.1 18.0	
D 12	214 05.7	316 11.7 S26 30.4	9 14.5 S 9 46.5	248 56.4 S15 06.5	264 25.5 S19 18.0	Alphecca 126 06.3 N26 38.7
A 13	229 08.1	331 11.3 30.7	24 15.4 47.1	263 58.8 06.5	279 27.9 17.9	Alpheratz 357 37.2 N29 12.7
Y 14	244 10.6	346 10.9 31.0	39 16.3 47.7	279 01.2 06.4	294 30.3 17.9	Altair 62 02.6 N 8 55.7
15	259 13.1	1 10.6 . . 31.3	54 17.2 . . 48.3	294 03.6 . . 06.4	309 32.7 . . 17.9	Ankaa 353 09.4 S42 11.4
16	274 15.5	16 10.2 31.6	69 18.1 48.9	309 06.0 06.4	324 35.1 17.9	Antares 112 19.4 S26 28.7
17	289 18.0	31 09.8 31.9	84 19.0 49.6	324 08.5 06.3	339 37.5 17.9	
18	304 20.5	46 09.5 S26 32.2	99 19.9 S 9 50.2	339 10.9 S15 06.3	354 39.9 S19 17.9	Arcturus 145 50.7 N19 04.3
19	319 22.9	61 09.1 32.5	114 20.7 50.8	354 13.3 06.3	9 42.3 17.8	Atria 107 16.4 S69 04.0
20	334 25.4	76 08.7 32.8	129 21.6 51.4	9 15.7 06.3	24 44.7 17.8	Avior 234 15.8 S59 34.4
21	349 27.9	91 08.4 . . 33.1	144 22.5 . . 52.0	24 18.1 . . 06.2	39 47.1 . . 17.8	Bellatrix 278 25.5 N 6 22.2
22	4 30.3	106 08.0 33.4	159 23.4 52.7	39 20.5 06.2	54 49.5 17.8	Betelgeuse 270 54.8 N 7 24.7
23	19 32.8	121 07.6 33.7	174 24.3 53.3	54 22.9 06.2	69 51.9 17.8	
26 00	34 35.2	136 07.3 S26 34.0	189 25.2 S 9 53.9	69 25.3 S15 06.2	84 54.3 S19 17.8	Canopus 263 53.3 S52 42.1
01	49 37.7	151 06.9 34.3	204 26.1 54.5	84 27.7 06.1	99 56.7 17.8	Capella 280 25.5 N46 01.0
02	64 40.2	166 06.5 34.6	219 27.0 55.1	99 30.1 06.1	114 59.1 17.7	Deneb 49 27.5 N45 21.7
03	79 42.6	181 06.2 . . 34.9	234 27.9 . . 55.8	114 32.5 . . 06.1	130 01.5 . . 17.7	Denebola 182 27.9 N14 27.2
04	94 45.1	196 05.8 35.2	249 28.8 56.4	129 34.9 06.1	145 03.9 17.7	Diphda 348 49.7 S17 52.1
05	109 47.6	211 05.4 35.4	264 29.6 57.0	144 37.3 06.0	160 06.3 17.7	
06	124 50.0	226 05.1 S26 35.7	279 30.5 S 9 57.6	159 39.7 S15 06.0	175 08.7 S19 17.7	Dubhe 193 44.8 N61 37.9
07	139 52.5	241 04.7 36.0	294 31.4 58.2	174 42.1 06.0	190 11.1 17.7	Elnath 278 05.0 N28 37.5
08	154 55.0	256 04.4 36.3	309 32.3 58.9	189 44.5 05.9	205 13.5 17.6	Eltanin 90 43.7 N51 29.4
T 09	169 57.4	271 04.0 . . 36.6	324 33.2 9 59.5	204 46.9 . . 05.9	220 15.9 . . 17.6	Enif 33 41.3 N 9 58.6
U 10	184 59.9	286 03.6 36.9	339 34.1 10 00.1	219 49.3 05.9	235 18.3 17.6	Fomalhaut 15 17.2 S29 30.5
E 11	200 02.4	301 03.3 37.1	354 35.0 00.7	234 51.7 05.9	250 20.7 17.6	
S 12	215 04.8	316 02.9 S26 37.4	9 35.9 S10 01.3	249 54.1 S15 05.8	265 23.1 S19 17.6	Gacrux 171 55.1 S57 13.8
D 13	230 07.3	331 02.6 37.7	24 36.8 02.0	264 56.5 05.8	280 25.5 17.6	Gienah 175 46.6 S17 39.5
A 14	245 09.7	346 02.2 38.0	39 37.6 02.6	279 58.9 05.8	295 27.9 17.5	Hadar 148 40.4 S60 28.5
Y 15	260 12.2	1 01.8 . . 38.3	54 38.5 . . 03.2	295 01.3 . . 05.8	310 30.3 . . 17.5	Hamal 327 53.8 N23 33.9
16	275 14.7	16 01.5 38.5	69 39.4 03.8	310 03.7 05.7	325 32.7 17.5	Kaus Aust. 83 36.2 S34 22.5
17	290 17.1	31 01.1 38.8	84 40.3 04.4	325 06.1 05.7	340 35.1 17.5	
18	305 19.6	46 00.8 S26 39.1	99 41.2 S10 05.1	340 08.5 S15 05.7	355 37.5 S19 17.5	Kochab 137 21.0 N74 04.1
19	320 22.1	61 00.4 39.4	114 42.1 05.7	355 10.9 05.6	10 39.9 17.5	Markab 13 32.3 N15 19.4
20	335 24.5	76 00.1 39.6	129 43.0 06.3	10 13.3 05.6	25 42.3 17.4	Menkar 314 08.6 N 4 10.5
21	350 27.0	90 59.7 . . 39.9	144 43.8 . . 06.9	25 15.7 . . 05.6	40 44.7 . . 17.4	Menkent 148 01.1 S36 28.4
22	5 29.5	105 59.3 40.2	159 44.7 07.5	40 18.1 05.5	55 47.1 17.4	Miaplacidus 221 38.9 S69 48.0
23	20 31.9	120 59.0 40.4	174 45.6 08.1	55 20.4 05.5	70 49.5 17.4	
27 00	35 34.4	135 58.6 S26 40.7	189 46.5 S10 08.8	70 22.8 S15 05.5	85 51.9 S19 17.4	Mirfak 308 31.5 N49 56.2
01	50 36.9	150 58.3 41.0	204 47.4 09.4	85 25.2 05.5	100 54.3 17.4	Nunki 75 51.2 S26 16.2
02	65 39.3	165 57.9 41.2	219 48.3 10.0	100 27.6 05.4	115 56.7 17.3	Peacock 53 09.9 S56 40.1
03	80 41.8	180 57.6 . . 41.5	234 49.2 . . 10.6	115 30.0 . . 05.4	130 59.1 . . 17.3	Pollux 243 20.5 N27 58.4
04	95 44.2	195 57.2 41.8	249 50.0 11.2	130 32.4 05.4	146 01.5 17.3	Procyon 244 53.5 N 5 10.2
05	110 46.7	210 56.9 42.0	264 50.9 11.9	145 34.8 05.3	161 03.9 17.3	
06	125 49.2	225 56.5 S26 42.3	279 51.8 S10 12.5	160 37.2 S15 05.3	176 06.3 S19 17.3	Rasalhague 96 01.2 N12 32.8
W 07	140 51.6	240 56.2 42.5	294 52.7 13.1	175 39.6 05.3	191 08.6 17.2	Regulus 207 37.4 N11 51.8
E 08	155 54.1	255 55.8 42.8	309 53.6 13.7	190 42.0 05.3	206 11.0 17.2	Rigel 281 06.2 S 8 10.5
D 09	170 56.6	270 55.5 . . 43.1	324 54.5 . . 14.3	205 44.4 . . 05.2	221 13.4 . . 17.2	Rigil Kent. 139 44.6 S60 55.3
N 10	185 59.0	285 55.1 43.3	339 55.4 14.9	220 46.8 05.2	236 15.8 17.2	Sabik 102 06.1 S15 45.0
E 11	201 01.5	300 54.8 43.6	354 56.2 15.6	235 49.2 05.2	251 18.2 17.2	
S 12	216 04.0	315 54.4 S26 43.8	9 57.1 S10 16.2	250 51.6 S15 05.1	266 20.6 S19 17.2	Schedar 349 33.5 N56 39.5
D 13	231 06.4	330 54.1 44.1	24 58.0 16.8	265 53.9 05.1	281 23.0 17.1	Shaula 96 14.2 S37 07.2
A 14	246 08.9	345 53.7 44.3	39 58.9 17.4	280 56.3 05.1	296 25.4 17.1	Sirius 258 28.4 S16 44.6
Y 15	261 11.3	0 53.4 . . 44.6	54 59.8 . . 18.0	295 58.7 . . 05.0	311 27.8 . . 17.1	Spica 158 25.4 S11 16.3
16	276 13.8	15 53.0 44.8	70 00.7 18.6	311 01.1 05.0	326 30.2 17.1	Suhail 222 48.3 S43 30.9
17	291 16.3	30 52.7 45.1	85 01.5 19.3	326 03.5 05.0	341 32.6 17.1	
18	306 18.7	45 52.3 S26 45.3	100 02.4 S10 19.9	341 05.9 S15 04.9	356 35.0 S19 17.1	Vega 80 35.2 N38 48.5
19	321 21.2	60 52.0 45.6	115 03.3 20.5	356 08.3 04.9	11 37.4 17.0	Zuben'ubi 136 59.3 S16 07.7
20	336 23.7	75 51.6 45.8	130 04.2 21.1	11 10.7 04.9	26 39.8 17.0	SHA Mer. Pass.
21	351 26.1	90 51.3 . . 46.1	145 05.1 . . 21.7	26 13.1 . . 04.8	41 42.2 . . 17.0	Venus 101 32.0 14 56
22	6 28.6	105 50.9 46.3	160 06.0 22.3	41 15.4 04.8	56 44.5 17.0	Mars 154 50.0 11 22
23	21 31.1	120 50.6 46.6	175 06.8 23.0	56 17.8 04.8	71 46.9 17.0	Jupiter 34 50.0 19 19
Mer. Pass. 21 38.1	v −0.4 d 0.3	v 0.9 d 0.6	v 2.4 d 0.0	v 2.4 d 0.0	Saturn 50 19.1 18 17

2021 OCTOBER 25, 26, 27 (MON., TUES., WED.)

UT	SUN GHA	SUN Dec	MOON GHA	MOON v	MOON Dec	MOON d	MOON HP	Lat.	Twilight Naut.	Twilight Civil	Sunrise	Moonrise 25	Moonrise 26	Moonrise 27	Moonrise 28
d h	° '	° '	° '	'	° '	'	'	°	h m	h m	h m	h m	h m	h m	h m
25 00	183 58.7	S12 05.7	314 57.4	11.4	N24 38.1	4.8	54.1	N 72	05 43	07 03	08 22	▭	▭	▭	▭
01	198 58.7	06.6	329 27.8	11.4	24 42.9	4.7	54.1	N 70	05 41	06 53	08 02	▭	▭	▭	▭
02	213 58.8	07.4	343 58.2	11.3	24 47.6	4.6	54.1	68	05 40	06 45	07 47	▭	▭	▭	▭
03	228 58.9	08.3	358 28.5	11.2	24 52.2	4.4	54.1	66	05 38	06 39	07 34	▭	▭	▭	18 58
04	243 58.9	09.2	12 58.7	11.3	24 56.6	4.4	54.1	64	05 37	06 33	07 24	16 15	▭	18 04	19 59
05	258 59.0	10.0	27 29.0	11.2	25 01.0	4.2	54.1	62	05 36	06 28	07 15	17 16	17 54	19 03	20 32
06	273 59.1	S12 10.9	41 59.2	11.1	N25 05.2	4.1	54.1	60	05 34	06 23	07 07	17 50	18 32	19 36	20 57
07	288 59.2	11.7	56 29.3	11.2	25 09.3	4.0	54.1	N 58	05 33	06 19	07 00	18 15	18 59	20 01	21 17
08	303 59.2	12.6	70 59.5	11.0	25 13.3	3.9	54.1	56	05 32	06 16	06 55	18 35	19 21	20 21	21 33
M 09	318 59.3	13.5	85 29.5	11.1	25 17.2	3.8	54.1	54	05 31	06 12	06 49	18 52	19 38	20 37	21 47
O 10	333 59.4	14.3	99 59.6	11.0	25 21.0	3.6	54.1	52	05 30	06 09	06 44	19 06	19 53	20 51	21 59
N 11	348 59.4	15.2	114 29.6	11.0	25 24.6	3.6	54.1	50	05 29	06 06	06 40	19 18	20 06	21 03	22 10
D 12	3 59.5	S12 16.0	128 59.6	10.9	N25 28.2	3.4	54.1	45	05 26	06 00	06 30	19 44	20 32	21 29	22 32
A 13	18 59.6	16.9	143 29.5	10.9	25 31.6	3.3	54.1	N 40	05 23	05 55	06 22	20 05	20 54	21 49	22 50
Y 14	33 59.7	17.7	157 59.4	10.9	25 34.9	3.2	54.1	35	05 20	05 50	06 16	20 22	21 11	22 06	23 05
15	48 59.7	18.6	172 29.3	10.9	25 38.1	3.0	54.1	30	05 17	05 45	06 09	20 37	21 26	22 20	23 18
16	63 59.8	19.5	186 59.2	10.8	25 41.1	2.9	54.1	20	05 10	05 36	05 59	21 02	21 52	22 45	23 40
17	78 59.9	20.3	201 29.0	10.7	25 44.0	2.9	54.1	N 10	05 03	05 28	05 49	21 24	22 14	23 06	23 59
18	93 59.9	S12 21.2	215 58.7	10.8	N25 46.9	2.6	54.1	0	04 55	05 19	05 41	21 44	22 35	23 26	24 16
19	109 00.0	22.0	230 28.5	10.7	25 49.5	2.6	54.1	S 10	04 45	05 10	05 32	22 04	22 55	23 46	24 34
20	124 00.1	22.9	244 58.2	10.7	25 52.1	2.5	54.2	20	04 32	04 59	05 22	22 26	23 18	24 07	00 07
21	139 00.1	23.7	259 27.9	10.7	25 54.6	2.3	54.2	30	04 16	04 46	05 11	22 52	23 43	24 31	00 31
22	154 00.2	24.6	273 57.6	10.6	25 56.9	2.2	54.2	35	04 06	04 37	05 04	23 07	23 58	24 45	00 45
23	169 00.3	25.4	288 27.2	10.6	25 59.1	2.1	54.2	40	03 53	04 28	04 56	23 24	24 16	00 16	01 02
								45	03 38	04 16	04 48	23 45	24 37	00 37	01 22
26 00	184 00.3	S12 26.3	302 56.8	10.6	N26 01.2	1.9	54.2	S 50	03 18	04 02	04 37	24 12	00 12	01 04	01 47
01	199 00.4	27.1	317 26.4	10.6	26 03.1	1.9	54.2	52	03 08	03 55	04 32	24 25	00 25	01 17	01 59
02	214 00.5	28.0	331 56.0	10.5	26 05.0	1.7	54.2	54	02 57	03 47	04 27	24 40	00 40	01 32	02 12
03	229 00.5	28.9	346 25.5	10.5	26 06.7	1.6	54.2	56	02 43	03 39	04 21	24 57	00 57	01 49	02 28
04	244 00.6	29.7	0 55.0	10.5	26 08.3	1.4	54.2	58	02 28	03 29	04 14	00 11	01 18	02 11	02 47
05	259 00.7	30.6	15 24.5	10.5	26 09.7	1.4	54.2	S 60	02 08	03 17	04 06	00 34	01 45	02 38	03 10
06	274 00.8	S12 31.4	29 54.0	10.4	N26 11.1	1.2	54.2								
07	289 00.8	32.3	44 23.4	10.4	26 12.3	1.0	54.2	Lat.	Sunset	Twilight Civil	Twilight Naut.	Moonset 25	Moonset 26	Moonset 27	Moonset 28
08	304 00.9	33.1	58 52.8	10.4	26 13.3	1.0	54.3								
T 09	319 00.9	34.0	73 22.2	10.4	26 14.3	0.8	54.3	°	h m	h m	h m	h m	h m	h m	h m
U 10	334 01.0	34.8	87 51.6	10.4	26 15.1	0.8	54.3	N 72	15 04	16 23	17 43	▭	▭	▭	▭
E 11	349 01.0	35.7	102 21.0	10.4	26 15.9	0.5	54.3	N 70	15 24	16 33	17 45	▭	▭	▭	▭
S 12	4 01.1	S12 36.5	116 50.4	10.3	N26 16.4	0.5	54.3	68	15 40	16 41	17 47	▭	▭	▭	▭
D 13	19 01.2	37.4	131 19.7	10.3	26 16.9	0.3	54.3	66	15 52	16 48	17 48	▭	▭	▭	17 18
A 14	34 01.2	38.2	145 49.0	10.3	26 17.2	0.2	54.3	64	16 03	16 54	17 50	14 43	▭	16 26	16 17
Y 15	49 01.3	39.1	160 18.3	10.3	26 17.4	0.1	54.3	62	16 12	16 59	17 51	13 42	14 49	15 26	15 42
16	64 01.4	39.9	174 47.6	10.3	26 17.5	0.1	54.4	60	16 20	17 03	17 52	13 08	14 11	14 53	15 17
17	79 01.4	40.8	189 16.9	10.2	26 17.4	0.1	54.4	N 58	16 26	17 08	17 53	12 43	13 44	14 28	14 57
18	94 01.5	S12 41.6	203 46.1	10.3	N26 17.3	0.3	54.4	56	16 32	17 11	17 55	12 24	13 23	14 08	14 40
19	109 01.5	42.4	218 15.4	10.2	26 17.0	0.5	54.4	54	16 38	17 15	17 56	12 07	13 05	13 51	14 26
20	124 01.6	43.3	232 44.6	10.3	26 16.5	0.5	54.4	52	16 43	17 18	17 57	11 53	12 50	13 37	14 14
21	139 01.7	44.1	247 13.9	10.2	26 16.0	0.7	54.4	50	16 47	17 21	17 58	11 41	12 37	13 25	14 03
22	154 01.7	45.0	261 43.1	10.2	26 15.3	0.8	54.4	45	16 57	17 27	18 01	11 15	12 11	12 59	13 40
23	169 01.8	45.8	276 12.3	10.2	26 14.5	1.0	54.4	N 40	17 05	17 33	18 04	10 55	11 50	12 38	13 21
27 00	184 01.8	S12 46.7	290 41.5	10.2	N26 13.5	1.1	54.5	35	17 12	17 38	18 07	10 38	11 32	12 21	13 06
01	199 01.9	47.5	305 10.7	10.2	26 12.4	1.2	54.5	30	17 18	17 42	18 11	10 24	11 17	12 07	12 52
02	214 01.9	48.4	319 39.9	10.2	26 11.2	1.3	54.5	20	17 29	17 51	18 17	09 59	10 51	11 41	12 29
03	229 02.0	49.2	334 09.1	10.2	26 09.9	1.5	54.5	N 10	17 38	18 00	18 25	09 38	10 29	11 20	12 09
04	244 02.1	50.1	348 38.3	10.2	26 08.4	1.5	54.5	0	17 47	18 09	18 33	09 18	10 08	10 59	11 50
05	259 02.1	50.9	3 07.5	10.2	26 06.9	1.7	54.5	S 10	17 56	18 18	18 43	08 58	09 48	10 39	11 31
06	274 02.2	S12 51.7	17 36.7	10.2	N26 05.2	1.9	54.6	20	18 06	18 29	18 56	08 37	09 26	10 17	11 11
07	289 02.2	52.6	32 05.9	10.2	26 03.3	2.0	54.6	30	18 18	18 43	19 12	08 13	09 00	09 52	10 47
W 08	304 02.3	53.4	46 35.1	10.1	26 01.3	2.1	54.6	35	18 24	18 51	19 23	07 58	08 45	09 37	10 34
E 09	319 02.3	54.3	61 04.2	10.2	25 59.2	2.2	54.6	40	18 32	19 01	19 35	07 42	08 27	09 19	10 17
D 10	334 02.4	55.1	75 33.4	10.2	25 57.0	2.3	54.6	45	18 41	19 13	19 51	07 22	08 06	08 58	09 58
N 11	349 02.5	56.0	90 02.6	10.2	25 54.7	2.5	54.6	S 50	18 52	19 27	20 12	06 57	07 39	08 32	09 34
E 12	4 02.5	S12 56.8	104 31.8	10.2	N25 52.2	2.6	54.7	52	18 57	19 34	20 22	06 45	07 26	08 19	09 22
S 13	19 02.6	57.6	119 01.0	10.2	25 49.6	2.8	54.7	54	19 02	19 42	20 33	06 31	07 11	08 04	09 09
D 14	34 02.6	58.5	133 30.2	10.2	25 46.8	2.8	54.7	56	19 09	19 51	20 47	06 16	06 54	07 47	08 53
A 15	49 02.7	12 59.3	147 59.4	10.2	25 44.0	3.0	54.7	58	19 15	20 01	21 03	05 57	06 33	07 25	08 35
Y 16	64 02.7	13 00.2	162 28.6	10.2	25 41.0	3.1	54.7	S 60	19 23	20 13	21 23	05 34	06 05	06 58	08 12
17	79 02.8	01.0	176 57.8	10.2	25 37.9	3.3	54.7								
18	94 02.8	S13 01.8	191 27.0	10.3	N25 34.6	3.4	54.8		SUN			MOON			
19	109 02.9	02.7	205 56.3	10.2	25 31.2	3.5	54.8	Day	Eqn. of Time 00h	Eqn. of Time 12h	Mer. Pass.	Mer. Pass. Upper	Mer. Pass. Lower	Age	Phase
20	124 02.9	03.5	220 25.5	10.2	25 27.7	3.6	54.8	d	m s	m s	h m	h m	h m	d	%
21	139 03.0	04.4	234 54.7	10.3	25 24.1	3.8	54.8	25	15 54	15 58	11 44	03 06	15 31	19	80
22	154 03.0	05.2	249 24.0	10.3	25 20.3	3.8	54.8	26	16 01	16 04	11 44	03 56	16 22	20	72
23	169 03.1	06.0	263 53.3	10.2	N25 16.5	4.1	54.9	27	16 07	16 10	11 44	04 47	17 13	21	63
	SD 16.1	d 0.8	SD 14.7		14.8		14.9								

2021 OCTOBER 28, 29, 30 (THURS., FRI., SAT.)

UT	ARIES GHA	VENUS −4.5 GHA Dec	MARS +1.6 GHA Dec	JUPITER −2.5 GHA Dec	SATURN +0.5 GHA Dec	STARS Name SHA Dec
d h	° ′	° ′ ° ′	° ′ ° ′	° ′ ° ′	° ′ ° ′	° ′ ° ′
28 00	36 33.5	135 50.2 S26 46.8	190 07.7 S10 23.6	71 20.2 S15 04.8	86 49.3 S19 16.9	Acamar 315 13.4 S40 13.0
01	51 36.0	150 49.9 47.0	205 08.6 24.2	86 22.6 04.7	101 51.7 16.9	Achernar 335 21.6 S57 07.7
02	66 38.5	165 49.6 47.3	220 09.5 24.8	101 25.0 04.7	116 54.1 16.9	Acrux 173 03.5 S63 12.9
03	81 40.9	180 49.2 .. 47.5	235 10.4 .. 25.4	116 27.4 .. 04.7	131 56.5 .. 16.9	Adhara 255 07.8 S28 59.8
04	96 43.4	195 48.9 47.8	250 11.2 26.0	131 29.8 04.6	146 58.9 16.9	Aldebaran 290 42.4 N16 33.2
05	111 45.8	210 48.5 48.0	265 12.1 26.6	146 32.1 04.6	162 01.3 16.9	
06	126 48.3	225 48.2 S26 48.2	280 13.0 S10 27.3	161 34.5 S15 04.6	177 03.7 S19 16.8	Alioth 166 15.9 N55 50.5
07	141 50.8	240 47.9 48.5	295 13.9 27.9	176 36.9 04.5	192 06.1 16.8	Alkaid 152 54.6 N49 12.4
T 08	156 53.2	255 47.5 48.7	310 14.8 28.5	191 39.3 04.5	207 08.5 16.8	Alnair 27 36.1 S46 51.5
H 09	171 55.7	270 47.2 .. 48.9	325 15.6 .. 29.1	206 41.7 .. 04.5	222 10.9 .. 16.8	Alnilam 275 40.2 S 1 11.2
U 10	186 58.2	285 46.8 49.2	340 16.5 29.7	221 44.1 04.4	237 13.2 16.8	Alphard 217 50.4 S 8 45.0
R 11	202 00.6	300 46.5 49.4	355 17.4 30.3	236 46.4 04.4	252 15.6 16.7	
S 12	217 03.1	315 46.2 S26 49.6	10 18.3 S10 30.9	251 48.8 S15 04.3	267 18.0 S19 16.7	Alphecca 126 06.3 N26 38.7
D 13	232 05.6	330 45.8 49.8	25 19.2 31.6	266 51.2 04.3	282 20.4 16.7	Alpheratz 357 37.2 N29 12.7
A 14	247 08.0	345 45.5 50.1	40 20.0 32.2	281 53.6 04.3	297 22.8 16.7	Altair 62 02.6 N 8 55.7
Y 15	262 10.5	0 45.1 .. 50.3	55 20.9 .. 32.8	296 56.0 .. 04.3	312 25.2 .. 16.7	Ankaa 353 09.4 S42 11.4
16	277 13.0	15 44.8 50.5	70 21.8 33.4	311 58.4 04.2	327 27.6 16.6	Antares 112 19.4 S26 28.7
17	292 15.4	30 44.5 50.7	85 22.7 34.0	327 00.7 04.2	342 30.0 16.6	
18	307 17.9	45 44.1 S26 51.0	100 23.6 S10 34.6	342 03.1 S15 04.2	357 32.4 S19 16.6	Arcturus 145 50.7 N19 04.3
19	322 20.3	60 43.8 51.2	115 24.4 35.2	357 05.5 04.1	12 34.7 16.6	Atria 107 16.4 S69 04.0
20	337 22.8	75 43.5 51.4	130 25.3 35.9	12 07.9 04.1	27 37.1 16.6	Avior 234 15.7 S59 34.4
21	352 25.3	90 43.1 .. 51.6	145 26.2 .. 36.5	27 10.3 .. 04.1	42 39.5 .. 16.6	Bellatrix 278 25.5 N 6 22.2
22	7 27.7	105 42.8 51.8	160 27.1 37.1	42 12.6 04.0	57 41.9 16.5	Betelgeuse 270 54.7 N 7 24.7
23	22 30.2	120 42.5 52.1	175 28.0 37.7	57 15.0 04.0	72 44.3 16.5	
29 00	37 32.7	135 42.1 S26 52.3	190 28.8 S10 38.3	72 17.4 S15 03.9	87 46.7 S19 16.5	Canopus 263 53.3 S52 42.1
01	52 35.1	150 41.8 52.5	205 29.7 38.9	87 19.8 03.9	102 49.1 16.5	Capella 280 25.4 N46 01.0
02	67 37.6	165 41.5 52.7	220 30.6 39.5	102 22.1 03.9	117 51.5 16.5	Deneb 49 27.6 N45 21.7
03	82 40.1	180 41.1 .. 52.9	235 31.5 .. 40.1	117 24.5 .. 03.8	132 53.9 .. 16.4	Denebola 182 27.9 N14 27.2
04	97 42.5	195 40.8 53.1	250 32.3 40.8	132 26.9 03.8	147 56.2 16.4	Diphda 348 49.7 S17 52.1
05	112 45.0	210 40.5 53.3	265 33.2 41.4	147 29.3 03.8	162 58.6 16.4	
06	127 47.5	225 40.2 S26 53.6	280 34.1 S10 42.0	162 31.7 S15 03.7	178 01.0 S19 16.4	Dubhe 193 44.7 N61 37.9
07	142 49.9	240 39.8 53.8	295 35.0 42.6	177 34.0 03.7	193 03.4 16.4	Elnath 278 04.9 N28 37.5
08	157 52.4	255 39.5 54.0	310 35.8 43.2	192 36.4 03.7	208 05.8 16.3	Eltanin 90 43.7 N51 29.4
F 09	172 54.8	270 39.2 .. 54.2	325 36.7 .. 43.8	207 38.8 .. 03.6	223 08.2 .. 16.3	Enif 33 41.3 N 9 58.6
R 10	187 57.3	285 38.9 54.4	340 37.6 44.4	222 41.2 03.6	238 10.6 16.3	Fomalhaut 15 17.2 S29 30.5
I 11	202 59.8	300 38.5 54.6	355 38.5 45.0	237 43.5 03.6	253 12.9 16.3	
D 12	218 02.2	315 38.2 S26 54.8	10 39.3 S10 45.7	252 45.9 S15 03.5	268 15.3 S19 16.3	Gacrux 171 55.1 S57 13.8
A 13	233 04.7	330 37.9 55.0	25 40.2 46.3	267 48.3 03.5	283 17.7 16.2	Gienah 175 46.6 S17 39.5
Y 14	248 07.2	345 37.6 55.2	40 41.1 46.9	282 50.7 03.4	298 20.1 16.2	Hadar 148 40.4 S60 28.5
15	263 09.6	0 37.2 .. 55.4	55 42.0 .. 47.5	297 53.0 .. 03.4	313 22.5 .. 16.2	Hamal 327 53.8 N23 33.9
16	278 12.1	15 36.9 55.6	70 42.9 48.1	312 55.4 03.4	328 24.9 16.2	Kaus Aust. 83 36.2 S34 22.5
17	293 14.6	30 36.6 55.8	85 43.7 48.7	327 57.8 03.3	343 27.3 16.2	
18	308 17.0	45 36.3 S26 56.0	100 44.6 S10 49.3	343 00.1 S15 03.3	358 29.6 S19 16.1	Kochab 137 21.0 N74 04.1
19	323 19.5	60 35.9 56.2	115 45.5 49.9	358 02.5 03.3	13 32.0 16.1	Markab 13 32.3 N15 19.4
20	338 21.9	75 35.6 56.4	130 46.3 50.5	13 04.9 03.2	28 34.4 16.1	Menkar 314 08.6 N 4 10.5
21	353 24.4	90 35.3 .. 56.6	145 47.2 .. 51.2	28 07.3 .. 03.2	43 36.8 .. 16.1	Menkent 148 01.1 S36 28.4
22	8 26.9	105 35.0 56.8	160 48.1 51.8	43 09.6 03.2	58 39.2 16.1	Miaplacidus 221 38.9 S69 48.0
23	23 29.3	120 34.7 57.0	175 49.0 52.4	58 12.0 03.1	73 41.6 16.0	
30 00	38 31.8	135 34.3 S26 57.2	190 49.8 S10 53.0	73 14.4 S15 03.1	88 43.9 S19 16.0	Mirfak 308 31.5 N49 56.2
01	53 34.3	150 34.0 57.3	205 50.7 53.6	88 16.7 03.0	103 46.3 16.0	Nunki 75 51.2 S26 16.2
02	68 36.7	165 33.7 57.5	220 51.6 54.2	103 19.1 03.0	118 48.7 16.0	Peacock 53 09.9 S56 40.1
03	83 39.2	180 33.4 .. 57.7	235 52.5 .. 54.8	118 21.5 .. 03.0	133 51.1 .. 16.0	Pollux 243 20.5 N27 58.4
04	98 41.7	195 33.1 57.9	250 53.3 55.4	133 23.8 02.9	148 53.5 15.9	Procyon 244 35.5 N 5 10.2
05	113 44.1	210 32.8 58.1	265 54.2 56.0	148 26.2 02.9	163 55.9 15.9	
06	128 46.6	225 32.4 S26 58.3	280 55.1 S10 56.6	163 28.6 S15 02.9	178 58.2 S19 15.9	Rasalhague 96 01.2 N12 32.8
07	143 49.1	240 32.1 58.5	295 56.0 57.3	178 31.0 02.8	194 00.6 15.9	Regulus 207 37.4 N11 51.8
S 08	158 51.5	255 31.8 58.6	310 56.8 57.9	193 33.3 02.8	209 03.0 15.9	Rigel 281 06.2 S 8 10.5
A 09	173 54.0	270 31.5 .. 58.8	325 57.7 .. 58.5	208 35.7 .. 02.7	224 05.4 .. 15.8	Rigil Kent. 139 44.6 S60 55.3
T 10	188 56.4	285 31.2 59.0	340 58.6 59.1	223 38.1 02.7	239 07.8 15.8	Sabik 102 06.1 S15 45.0
U 11	203 58.9	300 30.9 59.2	355 59.4 10 59.7	238 40.4 02.7	254 10.2 15.8	
R 12	219 01.4	315 30.6 S26 59.4	11 00.3 S11 00.3	253 42.8 S15 02.6	269 12.5 S19 15.8	Schedar 349 33.5 N56 39.5
D 13	234 03.8	330 30.2 59.5	26 01.2 00.9	268 45.2 02.6	284 14.9 15.8	Shaula 96 14.2 S37 07.2
A 14	249 06.3	345 29.9 59.7	41 02.1 01.5	283 47.5 02.5	299 17.3 15.7	Sirius 258 28.4 S16 44.6
Y 15	264 08.8	0 29.6 26 59.9	56 02.9 .. 02.1	298 49.9 .. 02.5	314 19.7 .. 15.7	Spica 158 25.4 S11 16.3
16	279 11.2	15 29.3 27 00.1	71 03.8 02.7	313 52.3 02.5	329 22.1 15.7	Suhail 222 48.3 S43 30.9
17	294 13.7	30 29.0 00.2	86 04.7 03.3	328 54.6 02.4	344 24.4 15.7	
18	309 16.2	45 28.7 S27 00.4	101 05.5 S11 03.9	343 57.0 S15 02.4	359 26.8 S19 15.6	Vega 80 35.2 N38 48.5
19	324 18.6	60 28.4 00.6	116 06.4 04.6	358 59.3 02.3	14 29.2 15.6	Zuben'ubi 136 59.3 S16 07.7
20	339 21.1	75 28.1 00.8	131 07.3 05.2	14 01.7 02.3	29 31.6 15.6	
21	354 23.6	90 27.8 .. 00.9	146 08.2 .. 05.8	29 04.1 .. 02.3	44 34.0 .. 15.6	SHA Mer.Pass.
22	9 26.0	105 27.5 01.1	161 09.0 06.4	44 06.4 02.2	59 36.3 15.6	° ′ h m
23	24 28.5	120 27.2 01.3	176 09.9 07.0	59 08.8 02.2	74 38.7 15.5	Venus 98 09.5 14 58
	h m					Mars 152 56.2 11 17
Mer.Pass. 21 26.3	v −0.3 d 0.2	v 0.9 d 0.6	v 2.4 d 0.0	v 2.4 d 0.0	Jupiter 34 44.7 19 08
						Saturn 50 14.0 18 06

2021 OCTOBER 28, 29, 30 (THURS., FRI., SAT.)

UT	SUN GHA	SUN Dec	MOON GHA	MOON v	MOON Dec	MOON d	MOON HP	Lat.	Twilight Naut.	Twilight Civil	Sunrise	Moonrise 28	Moonrise 29	Moonrise 30	Moonrise 31
d h	° ′	° ′	° ′	′	° ′	′	′	°	h m	h m	h m	h m	h m	h m	h m
								N 72	05 55	07 16	08 40	▬	▬	21 51	24 31
28 00	184 03.1	S13 06.9	278 22.5	10.3	N25 12.4	4.1	54.9	N 70	05 52	07 05	08 17	▬	▬	22 31	24 47
01	199 03.2	07.7	292 51.8	10.3	25 08.3	4.3	54.9	68	05 49	06 56	07 59	▬	20 39	22 58	25 00
02	214 03.2	08.5	307 21.1	10.3	25 04.0	4.3	54.9	66	05 47	06 48	07 45	18 58	21 20	23 18	25 10
03	229 03.3	09.4	321 50.4	10.4	24 59.7	4.6	55.0	64	05 45	06 41	07 33	19 59	21 48	23 34	25 19
04	244 03.3	10.2	336 19.8	10.3	24 55.1	4.6	55.0	62	05 43	06 35	07 23	20 32	22 09	23 48	25 26
05	259 03.4	11.0	350 49.1	10.4	24 50.5	4.8	55.0	60	05 41	06 30	07 15	20 57	22 26	23 59	25 33
06	274 03.4	S13 11.9	5 18.5	10.4	N24 45.7	4.9	55.0	N 58	05 39	06 26	07 07	21 17	22 41	24 09	00 09
T 07	289 03.5	12.7	19 47.9	10.3	24 40.8	5.0	55.0	56	05 38	06 22	07 01	21 33	22 53	24 17	00 17
H 08	304 03.5	13.6	34 17.2	10.5	24 35.8	5.1	55.1	54	05 36	06 18	06 55	21 47	23 04	24 25	00 25
U 09	319 03.6	14.4	48 46.7	10.4	24 30.7	5.3	55.1	52	05 35	06 14	06 50	21 59	23 13	24 31	00 31
R 10	334 03.6	15.2	63 16.1	10.4	24 25.4	5.4	55.1	50	05 33	06 11	06 45	22 10	23 22	24 37	00 37
S 11	349 03.7	16.1	77 45.5	10.5	24 20.0	5.5	55.1	45	05 30	06 04	06 34	22 32	23 40	24 50	00 50
D 12	4 03.7	S13 16.9	92 15.0	10.5	N24 14.5	5.6	55.2	N 40	05 26	05 58	06 26	22 50	23 54	25 01	01 01
A 13	19 03.8	17.7	106 44.5	10.5	24 08.9	5.8	55.2	35	05 22	05 52	06 18	23 05	24 06	00 06	01 10
Y 14	34 03.8	18.5	121 14.0	10.5	24 03.1	5.9	55.2	30	05 19	05 47	06 12	23 18	24 17	00 17	01 18
15	49 03.9	19.4	135 43.5	10.5	23 57.2	6.0	55.2	20	05 12	05 38	06 00	23 40	24 35	00 35	01 32
16	64 03.9	20.2	150 13.0	10.6	23 51.2	6.1	55.3	N 10	05 03	05 28	05 50	23 59	24 51	00 51	01 43
17	79 03.9	21.0	164 42.6	10.6	23 45.1	6.2	55.3	0	04 54	05 19	05 40	24 16	00 16	01 06	01 55
18	94 04.0	S13 21.9	179 12.2	10.6	N23 38.9	6.4	55.3	S 10	04 44	05 09	05 30	24 34	00 34	01 21	02 06
19	109 04.0	22.7	193 41.8	10.6	23 32.5	6.5	55.4	20	04 30	04 57	05 20	00 07	00 53	01 36	02 17
20	124 04.1	23.5	208 11.4	10.6	23 26.0	6.6	55.4	30	04 13	04 43	05 08	00 31	01 15	01 54	02 31
21	139 04.1	24.4	222 41.0	10.7	23 19.4	6.7	55.4	35	04 02	04 34	05 01	00 45	01 27	02 05	02 38
22	154 04.2	25.2	237 10.7	10.7	23 12.7	6.9	55.4	40	03 49	04 24	04 53	01 02	01 42	02 17	02 47
23	169 04.2	26.0	251 40.4	10.7	23 05.8	7.0	55.5	45	03 32	04 11	04 43	01 22	01 59	02 30	02 57
29 00	184 04.2	S13 26.9	266 10.1	10.8	N22 58.8	7.1	55.5	S 50	03 11	03 56	04 32	01 47	02 20	02 47	03 09
01	199 04.3	27.7	280 39.9	10.7	22 51.7	7.2	55.5	52	03 00	03 48	04 26	01 59	02 31	02 55	03 15
02	214 04.3	28.5	295 09.6	10.8	22 44.5	7.3	55.5	54	02 48	03 40	04 20	02 12	02 42	03 04	03 21
03	229 04.4	29.3	309 39.4	10.8	22 37.2	7.4	55.6	56	02 34	03 31	04 14	02 28	02 55	03 14	03 28
04	244 04.4	30.2	324 09.2	10.9	22 29.8	7.6	55.6	58	02 16	03 20	04 06	02 47	03 10	03 25	03 36
05	259 04.5	31.0	338 39.1	10.8	22 22.2	7.7	55.6	S 60	01 54	03 07	03 58	03 10	03 28	03 38	03 45
06	274 04.5	S13 31.8	353 08.9	10.9	N22 14.5	7.8	55.7	Lat.	Sunset	Twilight Civil	Twilight Naut.	Moonset 28	Moonset 29	Moonset 30	Moonset 31
07	289 04.5	32.6	7 38.8	10.9	22 06.7	7.9	55.7								
F 08	304 04.6	33.5	22 08.7	11.0	21 58.8	8.0	55.7								
R 09	319 04.6	34.3	36 38.7	10.9	21 50.8	8.2	55.8	°	h m	h m	h m	h m	h m	h m	h m
I 10	334 04.6	35.1	51 08.6	11.0	21 42.6	8.2	55.8	N 72	14 46	16 09	17 31	▬	▬	17 55	16 57
D 11	349 04.7	35.9	65 38.6	11.0	21 34.4	8.4	55.8	N 70	15 09	16 21	17 34	▬	▬	17 14	16 39
A 12	4 04.7	S13 36.8	80 08.6	11.1	N21 26.0	8.5	55.8	68	15 27	16 30	17 36	▬	17 22	16 45	16 24
Y 13	19 04.8	37.6	94 38.7	11.0	21 17.5	8.6	55.9	66	15 41	16 38	17 39	17 18	16 40	16 23	16 12
14	34 04.8	38.4	109 08.7	11.1	21 08.9	8.7	55.9	64	15 53	16 45	17 41	16 17	16 11	16 06	16 01
15	49 04.8	39.2	123 38.8	11.1	21 00.2	8.8	55.9	62	16 03	16 51	17 43	15 42	15 49	15 52	15 53
16	64 04.9	40.1	138 08.9	11.2	20 51.4	9.0	56.0	60	16 12	16 56	17 45	15 17	15 31	15 39	15 45
17	79 04.9	40.9	152 39.1	11.1	20 42.4	9.0	56.0								
18	94 04.9	S13 41.7	167 09.2	11.2	N20 33.4	9.2	56.0	N 58	16 19	17 01	17 47	14 57	15 16	15 29	15 38
19	109 05.0	42.5	181 39.4	11.2	20 24.2	9.3	56.1	56	16 26	17 05	17 49	14 40	15 03	15 20	15 32
20	124 05.0	43.3	196 09.6	11.3	20 14.9	9.3	56.1	54	16 32	17 09	17 50	14 26	14 52	15 11	15 27
21	139 05.1	44.2	210 39.9	11.2	20 05.6	9.5	56.1	52	16 37	17 12	17 52	14 14	14 42	15 04	15 22
22	154 05.1	45.0	225 10.1	11.3	19 56.1	9.6	56.2	50	16 42	17 15	17 53	14 03	14 33	14 57	15 17
23	169 05.1	45.8	239 40.4	11.4	19 46.5	9.7	56.2	45	16 52	17 23	17 57	13 40	14 14	14 43	15 08
30 00	184 05.2	S13 46.6	254 10.8	11.3	N19 36.8	9.8	56.2	N 40	17 01	17 29	18 01	13 21	13 58	14 31	15 00
01	199 05.2	47.4	268 41.1	11.4	19 27.0	9.9	56.3	35	17 09	17 35	18 04	13 06	13 45	14 21	14 53
02	214 05.2	48.3	283 11.5	11.4	19 17.1	10.1	56.3	30	17 15	17 40	18 08	12 52	13 34	14 12	14 47
03	229 05.3	49.1	297 41.9	11.4	19 07.0	10.1	56.3	20	17 27	17 50	18 16	12 29	13 14	13 56	14 36
04	244 05.3	49.9	312 12.3	11.4	18 56.9	10.2	56.4	N 10	17 37	17 59	18 24	12 09	12 57	13 42	14 26
05	259 05.3	50.7	326 42.7	11.5	18 46.7	10.4	56.4	0	17 47	18 08	18 33	11 50	12 40	13 29	14 17
06	274 05.4	S13 51.5	341 13.2	11.5	N18 36.3	10.4	56.4	S 10	17 57	18 19	18 44	11 31	12 24	13 16	14 08
S 07	289 05.4	52.4	355 43.7	11.5	18 25.9	10.5	56.5	20	18 08	18 31	18 57	11 11	12 06	13 02	13 59
A 08	304 05.4	53.2	10 14.2	11.5	18 15.4	10.7	56.5	30	18 20	18 45	19 15	10 47	11 46	12 46	13 47
T 09	319 05.5	54.0	24 44.7	11.6	18 04.7	10.7	56.5	35	18 27	18 54	19 26	10 34	11 34	12 37	13 41
U 10	334 05.5	54.8	39 15.3	11.6	17 54.0	10.9	56.6	40	18 35	19 04	19 40	10 17	11 20	12 26	13 34
R 11	349 05.5	55.6	53 45.9	11.6	17 43.1	10.9	56.6	45	18 45	19 17	19 56	09 58	11 04	12 13	13 25
D 12	4 05.5	S13 56.4	68 16.5	11.6	N17 32.2	11.1	56.7	S 50	18 57	19 33	20 18	09 34	10 43	11 57	13 14
A 13	19 05.6	57.2	82 47.1	11.7	17 21.1	11.1	56.7	52	19 02	19 40	20 29	09 22	10 34	11 50	13 09
Y 14	34 05.6	58.1	97 17.8	11.6	17 10.0	11.3	56.7	54	19 08	19 49	20 42	09 09	10 23	11 42	13 04
15	49 05.6	58.9	111 48.4	11.7	16 58.7	11.3	56.8	56	19 15	19 58	20 56	08 53	10 10	11 33	12 58
16	64 05.7	13 59.7	126 19.1	11.7	16 47.4	11.4	56.8	58	19 23	20 09	21 14	08 35	09 56	11 22	12 51
17	79 05.7	14 00.5	140 49.8	11.8	16 36.0	11.6	56.8	S 60	19 31	20 22	21 37	08 12	09 38	11 10	12 43
18	94 05.7	S14 01.3	155 20.6	11.7	N16 24.4	11.6	56.9		SUN			MOON			
19	109 05.7	02.1	169 51.3	11.8	16 12.8	11.7	56.9	Day	Eqn. of Time		Mer. Pass.	Mer. Pass. Upper	Mer. Pass. Lower	Age	Phase
20	124 05.8	02.9	184 22.1	11.8	16 01.1	11.9	56.9		00ʰ	12ʰ					
21	139 05.8	03.7	198 52.9	11.8	15 49.2	11.9	57.0		m s	m s	h m	h m	h m	d	%
22	154 05.8	04.6	213 23.7	11.8	15 37.3	12.0	57.0	28	16 12	16 15	11 44	05 38	18 03	22	53
23	169 05.9	05.4	227 54.5	11.9	N15 25.3	12.1	57.1	29	16 17	16 19	11 44	06 28	18 53	23	44
	SD 16.1	d 0.8	SD 15.0		15.2		15.4	30	16 21	16 22	11 44	07 18	19 42	24	34

2021 OCT. 31, NOV. 1, 2 (SUN., MON., TUES.)

UT	ARIES GHA	VENUS −4.5 GHA / Dec	MARS +1.6 GHA / Dec	JUPITER −2.5 GHA / Dec	SATURN +0.5 GHA / Dec	STARS Name / SHA / Dec
d h	° ′	° ′ / ° ′	° ′ / ° ′	° ′ / ° ′	° ′ / ° ′	° ′ / ° ′
31 00	39 30.9	135 26.9 S27 01.4	191 10.8 S11 07.6	74 11.2 S15 02.1	89 41.1 S19 15.5	Acamar 315 13.4 S40 13.0
01	54 33.4	150 26.6 01.6	206 11.6 08.2	89 13.5 02.1	104 43.5 15.5	Achernar 335 21.6 S57 07.7
02	69 35.9	165 26.3 01.7	221 12.5 08.8	104 15.9 02.1	119 45.9 15.5	Acrux 173 03.5 S63 12.9
03	84 38.3	180 26.0 .. 01.9	236 13.4 .. 09.4	119 18.2 .. 02.0	134 48.2 .. 15.5	Adhara 255 07.8 S28 59.9
04	99 40.8	195 25.7 02.1	251 14.2 10.0	134 20.6 02.0	149 50.6 15.4	Aldebaran 290 42.3 N16 33.2
05	114 43.3	210 25.4 02.2	266 15.1 10.6	149 23.0 01.9	164 53.0 15.4	
06	129 45.7	225 25.1 S27 02.4	281 16.0 S11 11.2	164 25.3 S15 01.9	179 55.4 S19 15.4	Alioth 166 15.9 N55 50.5
07	144 48.2	240 24.8 02.6	296 16.8 11.8	179 27.7 01.9	194 57.7 15.4	Alkaid 152 54.6 N49 12.4
08	159 50.7	255 24.5 02.7	311 17.7 12.4	194 30.0 01.8	210 00.1 15.3	Alnair 27 36.1 S46 51.5
S 09	174 53.1	270 24.2 .. 02.9	326 18.6 .. 13.1	209 32.4 .. 01.8	225 02.5 .. 15.3	Alnilam 275 40.2 S 1 11.2
U 10	189 55.6	285 23.9 03.0	341 19.4 13.7	224 34.8 01.7	240 04.9 15.3	Alphard 217 50.4 S 8 45.0
N 11	204 58.0	300 23.6 03.2	356 20.3 14.3	239 37.1 01.7	255 07.3 15.3	
D 12	220 00.5	315 23.3 S27 03.3	11 21.2 S11 14.9	254 39.5 S15 01.7	270 09.6 S19 15.3	Alphecca 126 06.4 N26 38.7
A 13	235 03.0	330 23.0 03.5	26 22.1 15.5	269 41.8 01.6	285 12.0 15.2	Alpheratz 357 37.2 N29 12.7
Y 14	250 05.4	345 22.7 03.6	41 22.9 16.1	284 44.2 01.6	300 14.4 15.2	Altair 62 02.6 N 8 55.7
15	265 07.9	0 22.4 .. 03.8	56 23.8 .. 16.7	299 46.6 .. 01.5	315 16.8 .. 15.2	Ankaa 353 09.4 S42 11.4
16	280 10.4	15 22.1 03.9	71 24.7 17.3	314 48.9 01.5	330 19.1 15.2	Antares 112 19.4 S26 28.7
17	295 12.8	30 21.8 04.1	86 25.5 17.9	329 51.3 01.4	345 21.5 15.2	
18	310 15.3	45 21.5 S27 04.2	101 26.4 S11 18.5	344 53.6 S15 01.4	0 23.9 S19 15.1	Arcturus 145 50.7 N19 04.3
19	325 17.8	60 21.2 04.4	116 27.3 19.1	359 56.0 01.4	15 26.3 15.1	Atria 107 16.4 S69 04.0
20	340 20.2	75 20.9 04.5	131 28.1 19.7	14 58.3 01.3	30 28.6 15.1	Avior 234 15.7 S59 34.4
21	355 22.7	90 20.6 .. 04.7	146 29.0 .. 20.3	30 00.7 .. 01.3	45 31.0 .. 15.1	Bellatrix 278 25.5 N 6 22.2
22	10 25.2	105 20.3 04.8	161 29.8 20.9	45 03.1 01.2	60 33.4 15.0	Betelgeuse 270 54.7 N 7 24.7
23	25 27.6	120 20.0 04.9	176 30.7 21.5	60 05.4 01.2	75 35.8 15.0	
1 00	40 30.1	135 19.7 S27 05.1	191 31.6 S11 22.1	75 07.8 S15 01.1	90 38.2 S19 15.0	Canopus 263 53.2 S52 42.1
01	55 32.5	150 19.5 05.2	206 32.4 22.7	90 10.1 01.1	105 40.5 15.0	Capella 280 25.4 N46 01.1
02	70 35.0	165 19.2 05.4	221 33.3 23.3	105 12.5 01.1	120 42.9 14.9	Deneb 49 27.6 N45 21.7
03	85 37.5	180 18.9 .. 05.5	236 34.2 .. 23.9	120 14.8 .. 01.0	135 45.3 .. 14.9	Denebola 182 27.9 N14 27.2
04	100 39.9	195 18.6 05.6	251 35.0 24.6	135 17.2 01.0	150 47.7 14.9	Diphda 348 49.7 S17 52.1
05	115 42.4	210 18.3 05.8	266 35.9 25.2	150 19.5 00.9	165 50.0 14.9	
06	130 44.9	225 18.0 S27 05.9	281 36.8 S11 25.8	165 21.9 S15 00.9	180 52.4 S19 14.9	Dubhe 193 44.7 N61 37.9
07	145 47.3	240 17.7 06.0	296 37.6 26.4	180 24.2 00.8	195 54.8 14.8	Elnath 278 04.9 N28 37.5
08	160 49.8	255 17.5 06.2	311 38.5 27.0	195 26.6 00.8	210 57.1 14.8	Eltanin 90 43.8 N51 29.4
M 09	175 52.3	270 17.2 .. 06.3	326 39.4 .. 27.6	210 28.9 .. 00.8	225 59.5 .. 14.8	Enif 33 41.3 N 9 58.6
O 10	190 54.7	285 16.9 06.4	341 40.2 28.2	225 31.3 00.7	241 01.9 14.8	Fomalhaut 15 17.2 S29 30.5
N 11	205 57.2	300 16.6 06.6	356 41.1 28.8	240 33.6 00.7	256 04.3 14.7	
D 12	220 59.6	315 16.3 S27 06.7	11 41.9 S11 29.4	255 36.0 S15 00.6	271 06.6 S19 14.7	Gacrux 171 55.0 S57 13.8
A 13	236 02.1	330 16.1 06.8	26 42.8 30.0	270 38.3 00.6	286 09.0 14.7	Gienah 175 46.6 S17 39.5
Y 14	251 04.6	345 15.8 06.9	41 43.7 30.6	285 40.7 00.5	301 11.4 14.7	Hadar 148 40.4 S60 28.5
15	266 07.0	0 15.5 .. 07.1	56 44.5 .. 31.2	300 43.0 .. 00.5	316 13.8 .. 14.7	Hamal 327 53.8 N23 33.9
16	281 09.5	15 15.2 07.2	71 45.4 31.8	315 45.4 00.4	331 16.1 14.6	Kaus Aust. 83 36.2 S34 22.5
17	296 12.0	30 14.9 07.3	86 46.3 32.4	330 47.7 00.4	346 18.5 14.6	
18	311 14.4	45 14.7 S27 07.4	101 47.1 S11 33.0	345 50.1 S15 00.4	1 20.9 S19 14.6	Kochab 137 21.0 N74 04.0
19	326 16.9	60 14.4 07.5	116 48.0 33.6	0 52.4 00.3	16 23.2 14.6	Markab 13 32.3 N15 19.4
20	341 19.4	75 14.1 07.7	131 48.8 34.2	15 54.8 00.3	31 25.6 14.5	Menkar 314 08.6 N 4 10.5
21	356 21.8	90 13.8 .. 07.8	146 49.7 .. 34.8	30 57.1 .. 00.2	46 28.0 .. 14.5	Menkent 148 01.1 S36 28.4
22	11 24.3	105 13.6 07.9	161 50.6 35.4	45 59.5 00.2	61 30.4 14.5	Miaplacidus 221 38.8 S69 48.0
23	26 26.8	120 13.3 08.0	176 51.4 36.0	61 01.8 00.1	76 32.7 14.5	
2 00	41 29.2	135 13.0 S27 08.1	191 52.3 S11 36.6	76 04.2 S15 00.1	91 35.1 S19 14.4	Mirfak 308 31.5 N49 56.2
01	56 31.7	150 12.7 08.2	206 53.2 37.2	91 06.5 00.0	106 37.5 14.4	Nunki 75 51.2 S26 16.2
02	71 34.1	165 12.5 08.4	221 54.0 37.8	106 08.9 15 00.0	121 39.8 14.4	Peacock 53 10.5 S56 40.1
03	86 36.6	180 12.2 .. 08.5	236 54.9 .. 38.4	121 11.2 14 59.9	136 42.2 .. 14.4	Pollux 243 20.4 N27 58.4
04	101 39.1	195 11.9 08.6	251 55.7 39.0	136 13.6 59.9	151 44.6 14.3	Procyon 244 53.5 N 5 10.2
05	116 41.5	210 11.7 08.7	266 56.6 39.6	151 15.9 59.9	166 47.0 14.3	
06	131 44.0	225 11.4 S27 08.8	281 57.5 S11 40.2	166 18.2 S14 59.8	181 49.3 S19 14.3	Rasalhague 96 01.3 N12 32.8
07	146 46.5	240 11.1 08.9	296 58.3 40.8	181 20.6 59.8	196 51.7 14.3	Regulus 207 37.4 N11 51.8
T 08	161 48.9	255 10.9 09.0	311 59.2 41.4	196 22.9 59.7	211 54.1 14.3	Rigel 281 06.1 S 8 10.5
U 09	176 51.4	270 10.6 .. 09.1	327 00.0 .. 42.0	211 25.3 .. 59.7	226 56.4 .. 14.2	Rigil Kent. 139 44.6 S60 55.3
E 10	191 53.9	285 10.3 09.2	342 00.9 42.6	226 27.6 59.6	241 58.8 14.2	Sabik 102 06.1 S15 45.0
S 11	206 56.3	300 10.1 09.3	357 01.8 43.2	241 30.0 59.6	257 01.2 14.2	
D 12	221 58.8	315 09.8 S27 09.4	12 02.6 S11 43.8	256 32.3 S14 59.5	272 03.5 S19 14.2	Schedar 349 33.5 N56 39.5
A 13	237 01.3	330 09.5 09.5	27 03.5 44.4	271 34.6 59.5	287 05.9 14.1	Shaula 96 14.3 S37 07.2
Y 14	252 03.7	345 09.3 09.6	42 04.3 45.0	286 37.0 59.4	302 08.3 14.1	Sirius 258 28.4 S16 44.6
15	267 06.2	0 09.0 .. 09.7	57 05.2 .. 45.6	301 39.3 .. 59.4	317 10.7 .. 14.1	Spica 158 25.4 S11 16.3
16	282 08.6	15 08.8 09.8	72 06.0 46.2	316 41.7 59.3	332 13.0 14.1	Suhail 222 48.3 S43 30.9
17	297 11.1	30 08.5 09.9	87 06.9 46.8	331 44.0 59.3	347 15.4 14.0	
18	312 13.6	45 08.2 S27 10.0	102 07.8 S11 47.4	346 46.4 S14 59.2	2 17.8 S19 14.0	Vega 80 35.2 N38 48.5
19	327 16.0	60 08.0 10.1	117 08.6 48.0	1 48.7 59.2	17 20.1 14.0	Zuben'ubi 136 59.3 S16 07.7
20	342 18.5	75 07.8 10.2	132 09.5 48.6	16 51.0 59.2	32 22.5 14.0	
21	357 21.0	90 07.5 .. 10.3	147 10.3 .. 49.2	31 53.4 .. 59.1	47 24.9 .. 13.9	SHA / Mer. Pass.
22	12 23.4	105 07.2 10.4	162 11.2 49.8	46 55.7 59.1	62 27.2 13.9	Venus 94 49.7 / 14 59
23	27 25.9	120 07.0 10.5	177 12.0 50.4	61 58.1 59.0	77 29.6 13.9	Mars 151 01.5 / 11 13
	h m					Jupiter 34 37.7 / 18 57
Mer. Pass. 21 14.5		v −0.3 d 0.1	v 0.9 d 0.6	v 2.4 d 0.0	v 2.4 d 0.0	Saturn 50 08.1 / 17 55

2021 OCT. 31, NOV. 1, 2 (SUN., MON., TUES.)

UT	SUN GHA	SUN Dec	MOON GHA	MOON v	MOON Dec	MOON d	MOON HP	Lat.	Twilight Naut.	Twilight Civil	Sunrise	Moonrise 31	Moonrise 1	Moonrise 2	Moonrise 3
d h	° ′	° ′	° ′	′	° ′	′	′	°	h m	h m	h m	h m	h m	h m	h m
31 00	184 05.9	S14 06.2	242 25.4	11.8	N15 13.2	12.1	57.1	N 72	06 07	07 30	08 58	24 31	00 31	02 50	05 08
01	199 05.9	07.0	256 56.2	11.9	15 01.1	12.3	57.1	N 70	06 03	07 17	08 31	24 47	00 47	02 54	05 03
02	214 05.9	07.8	271 27.1	11.9	14 48.8	12.4	57.2	68	05 59	07 06	08 11	25 00	01 00	02 58	04 58
03	229 06.0	08.6	285 58.0	11.9	14 36.4	12.4	57.2	66	05 56	06 57	07 56	25 10	01 10	03 01	04 54
04	244 06.0	09.4	300 28.9	11.9	14 24.0	12.6	57.3	64	05 53	06 50	07 43	25 19	01 19	03 04	04 51
05	259 06.0	10.2	314 59.8	12.0	14 11.4	12.6	57.3	62	05 50	06 43	07 32	25 26	01 26	03 06	04 48
								60	05 48	06 37	07 23	25 33	01 33	03 08	04 46
06	274 06.0	S14 11.0	329 30.8	11.9	N13 58.8	12.7	57.3	N 58	05 46	06 32	07 14	00 09	01 38	03 10	04 44
07	289 06.0	11.8	344 01.7	12.0	13 46.1	12.8	57.4	56	05 43	06 28	07 07	00 17	01 43	03 11	04 42
08	304 06.1	12.7	358 32.7	11.9	13 33.3	12.9	57.4	54	05 41	06 23	07 01	00 25	01 48	03 13	04 40
S 09	319 06.1	13.5	13 03.6	12.0	13 20.4	13.0	57.4	52	05 39	06 19	06 55	00 31	01 52	03 14	04 39
U 10	334 06.1	14.3	27 34.6	12.0	13 07.4	13.0	57.5	50	05 38	06 16	06 50	00 37	01 55	03 15	04 38
N 11	349 06.1	15.1	42 05.6	12.0	12 54.4	13.1	57.5	45	05 33	06 08	06 39	00 50	02 03	03 18	04 35
D 12	4 06.2	S14 15.9	56 36.6	12.0	N12 41.3	13.2	57.6	N 40	05 29	06 01	06 29	01 01	02 10	03 20	04 32
A 13	19 06.2	16.7	71 07.6	12.1	12 28.1	13.3	57.6	35	05 25	05 55	06 21	01 10	02 15	03 22	04 30
Y 14	34 06.2	17.5	85 38.7	12.0	12 14.8	13.4	57.6	30	05 21	05 49	06 14	01 18	02 20	03 23	04 28
15	49 06.2	18.3	100 09.7	12.0	12 01.4	13.4	57.7	20	05 13	05 39	06 02	01 32	02 28	03 26	04 25
16	64 06.2	19.1	114 40.7	12.1	11 48.0	13.6	57.7	N 10	05 04	05 29	05 51	01 43	02 36	03 28	04 22
17	79 06.3	19.9	129 11.8	12.0	11 34.4	13.6	57.8	0	04 54	05 19	05 40	01 55	02 43	03 31	04 20
18	94 06.3	S14 20.7	143 42.8	12.1	N11 20.8	13.6	57.8	S 10	04 42	05 08	05 30	02 06	02 49	03 33	04 17
19	109 06.3	21.5	158 13.9	12.0	11 07.2	13.8	57.8	20	04 28	04 55	05 18	02 17	02 57	03 35	04 15
20	124 06.3	22.3	172 44.9	12.1	10 53.4	13.8	57.9	30	04 10	04 40	05 05	02 31	03 05	03 38	04 12
21	139 06.3	23.1	187 16.0	12.0	10 39.6	13.9	57.9	35	03 58	04 31	04 58	02 38	03 10	03 40	04 10
22	154 06.4	23.9	201 47.0	12.1	10 25.7	14.0	58.0	40	03 44	04 20	04 49	02 47	03 15	03 42	04 08
23	169 06.4	24.7	216 18.1	12.1	10 11.7	14.0	58.0	45	03 27	04 07	04 39	02 57	03 21	03 44	04 06
1 00	184 06.4	S14 25.5	230 49.2	12.0	N 9 57.7	14.1	58.0	S 50	03 04	03 50	04 26	03 09	03 29	03 46	04 04
01	199 06.4	26.3	245 20.2	12.1	9 43.6	14.2	58.1	52	02 53	03 42	04 20	03 15	03 32	03 47	04 02
02	214 06.4	27.1	259 51.3	12.1	9 29.4	14.2	58.1	54	02 39	03 33	04 14	03 21	03 36	03 48	04 01
03	229 06.4	27.9	274 22.4	12.1	9 15.2	14.3	58.2	56	02 24	03 23	04 07	03 28	03 40	03 50	04 00
04	244 06.5	28.7	288 53.4	12.1	9 00.9	14.4	58.2	58	02 04	03 11	03 59	03 36	03 44	03 51	03 58
05	259 06.5	29.5	303 24.5	12.0	8 46.5	14.4	58.2	S 60	01 39	02 58	03 50	03 45	03 49	03 53	03 57
06	274 06.5	S14 30.3	317 55.5	12.1	N 8 32.1	14.5	58.3								
07	289 06.5	31.1	332 26.6	12.0	8 17.6	14.6	58.3	Lat.	Sunset	Twilight Civil	Twilight Naut.	Moonset 31	Moonset 1	Moonset 2	Moonset 3
08	304 06.5	31.9	346 57.6	12.0	8 03.0	14.6	58.4								
M 09	319 06.5	32.7	1 28.6	12.0	7 48.4	14.7	58.4	°	h m	h m	h m	h m	h m	h m	h m
O 10	334 06.5	33.5	15 59.6	12.1	7 33.7	14.7	58.4	N 72	14 28	15 56	17 18	16 57	16 22	15 51	15 19
N 11	349 06.6	34.3	30 30.7	12.0	7 19.0	14.8	58.5	N 70	14 54	16 09	17 23	16 39	16 14	15 51	15 28
D 12	4 06.6	S14 35.1	45 01.7	11.9	N 7 04.2	14.9	58.5	68	15 14	16 20	17 27	16 24	16 07	15 52	15 36
A 13	19 06.6	35.9	59 32.6	12.0	6 49.3	14.9	58.6	66	15 30	16 29	17 30	16 12	16 01	15 52	15 42
Y 14	34 06.6	36.7	74 03.6	12.0	6 34.4	15.0	58.6	64	15 43	16 36	17 33	16 01	15 57	15 52	15 47
15	49 06.6	37.5	88 34.6	11.9	6 19.4	15.0	58.6	62	15 54	16 43	17 36	15 53	15 53	15 52	15 52
16	64 06.6	38.3	103 05.5	12.0	6 04.4	15.0	58.7	60	16 04	16 49	17 38	15 45	15 49	15 52	15 56
17	79 06.6	39.1	117 36.5	11.9	5 49.4	15.2	58.7								
18	94 06.6	S14 39.9	132 07.4	11.9	N 5 34.2	15.1	58.8	N 58	16 12	16 54	17 41	15 38	15 46	15 52	16 00
19	109 06.7	40.7	146 38.3	11.9	5 19.1	15.2	58.8	56	16 19	16 59	17 43	15 32	15 43	15 53	16 03
20	124 06.7	41.5	161 09.2	11.9	5 03.9	15.3	58.8	54	16 25	17 03	17 45	15 27	15 40	15 53	16 06
21	139 06.7	42.2	175 40.1	11.8	4 48.6	15.3	58.9	52	16 31	17 07	17 47	15 22	15 38	15 53	16 08
22	154 06.7	43.0	190 10.9	11.8	4 33.3	15.4	58.9	50	16 37	17 11	17 49	15 18	15 36	15 53	16 11
23	169 06.7	43.8	204 41.7	11.8	4 17.9	15.4	58.9	45	16 48	17 19	17 53	15 08	15 31	15 53	16 16
2 00	184 06.7	S14 44.6	219 12.5	11.8	N 4 02.5	15.4	59.0	N 40	16 57	17 26	17 58	15 00	15 27	15 53	16 21
01	199 06.7	45.4	233 43.3	11.8	3 47.1	15.5	59.0	35	17 06	17 32	18 02	14 53	15 23	15 53	16 24
02	214 06.7	46.2	248 14.1	11.7	3 31.6	15.5	59.1	30	17 13	17 38	18 06	14 47	15 20	15 53	16 28
03	229 06.7	47.0	262 44.8	11.7	3 16.1	15.6	59.1	20	17 25	17 48	18 14	14 36	15 15	15 54	16 34
04	244 06.7	47.8	277 15.5	11.7	3 00.5	15.6	59.1	N 10	17 36	17 58	18 23	14 26	15 10	15 54	16 39
05	259 06.7	48.6	291 46.2	11.6	2 44.9	15.6	59.2	0	17 47	18 08	18 33	14 17	15 05	15 54	16 44
06	274 06.7	S14 49.4	306 16.8	11.6	N 2 29.3	15.6	59.2	S 10	17 58	18 19	18 45	14 08	15 01	15 54	16 49
07	289 06.8	50.1	320 47.4	11.6	2 13.7	15.7	59.2	20	18 09	18 32	18 59	13 59	14 56	15 54	16 54
T 08	304 06.8	50.9	335 18.0	11.6	1 58.0	15.8	59.3	30	18 22	18 48	19 19	13 47	14 50	15 54	17 00
U 09	319 06.8	51.7	349 48.6	11.5	1 42.2	15.7	59.3	35	18 30	18 57	19 29	13 41	14 47	15 54	17 04
E 10	334 06.8	52.5	4 19.1	11.5	1 26.5	15.8	59.4	40	18 39	19 08	19 44	13 34	14 43	15 54	17 08
S 11	349 06.8	53.3	18 49.6	11.4	1 10.7	15.8	59.4	45	18 49	19 22	20 01	13 25	14 38	15 54	17 12
D 12	4 06.8	S14 54.1	33 20.0	11.4	N 0 54.9	15.8	59.4	S 50	19 02	19 38	20 25	13 14	14 33	15 54	17 18
A 13	19 06.8	54.9	47 50.4	11.4	0 39.1	15.9	59.5	52	19 08	19 46	20 36	13 09	14 31	15 54	17 20
Y 14	34 06.8	55.7	62 20.8	11.3	0 23.2	15.9	59.5	54	19 14	19 56	20 50	13 04	14 28	15 54	17 23
15	49 06.8	56.4	76 51.1	11.3	N 0 07.3	15.9	59.5	56	19 22	20 06	21 06	12 58	14 25	15 54	17 26
16	64 06.8	57.2	91 21.4	11.3	S 0 08.6	15.9	59.6	58	19 30	20 18	21 26	12 51	14 21	15 54	17 30
17	79 06.8	58.0	105 51.7	11.2	0 24.5	15.9	59.6	S 60	19 39	20 32	21 52	12 43	14 18	15 54	17 34
18	94 06.8	S14 58.8	120 21.9	11.2	S 0 40.4	16.0	59.6		SUN			MOON			
19	109 06.8	14 59.6	134 52.1	11.1	0 56.4	16.0	59.7	Day	Eqn. of Time		Mer. Pass.	Mer. Pass. Upper	Mer. Pass. Lower	Age	Phase
20	124 06.8	15 00.4	149 22.2	11.1	1 12.4	16.0	59.7		00ʰ	12ʰ					
21	139 06.8	01.1	163 52.3	11.0	1 28.4	15.9	59.7	d	m s	m s	h m	h m	h m	d	%
22	154 06.8	01.9	178 22.3	11.0	1 44.3	16.0	59.8	31	16 23	16 25	11 44	08 06	20 30	25	24
23	169 06.8	02.7	192 52.3	11.0	S 2 00.3	16.1	59.8	1	16 26	16 26	11 44	08 54	21 18	26	15
	SD 16.1	d 0.8	SD 15.7		15.9		16.2	2	16 27	16 27	11 44	09 42	22 07	27	8

2021 NOVEMBER 3, 4, 5 (WED., THURS., FRI.)

UT	ARIES	VENUS −4.6		MARS +1.6		JUPITER −2.5		SATURN +0.5		STARS		
	GHA	GHA	Dec	GHA	Dec	GHA	Dec	GHA	Dec	Name	SHA	Dec
d h	° ′	° ′	° ′	° ′	° ′	° ′	° ′	° ′	° ′		° ′	° ′
3 00	42 28.4	135 06.7	S27 10.6	192 12.9	S11 51.0	77 00.4	S14 59.0	92 32.0	S19 13.9	Acamar	315 13.4	S40 13.0
01	57 30.8	150 06.4	10.7	207 13.8	51.6	92 02.7	58.9	107 34.3	13.8	Achernar	335 21.7	S57 07.7
02	72 33.3	165 06.2	10.8	222 14.6	52.2	107 05.1	58.9	122 36.7	13.8	Acrux	173 03.5	S63 12.9
03	87 35.7	180 05.9 ..	10.9	237 15.5 ..	52.8	122 07.4 ..	58.8	137 39.1 ..	13.8	Adhara	255 07.7	S28 59.9
04	102 38.2	195 05.7	10.9	252 16.3	53.4	137 09.7	58.8	152 41.4	13.8	Aldebaran	290 42.3	N16 33.2
05	117 40.7	210 05.4	11.0	267 17.2	54.0	152 12.1	58.7	167 43.8	13.7			
06	132 43.1	225 05.2	S27 11.1	282 18.0	S11 54.6	167 14.4	S14 58.7	182 46.2	S19 13.7	Alioth	166 15.8	N55 50.5
W 07	147 45.6	240 04.9	11.2	297 18.9	55.2	182 16.8	58.6	197 48.5	13.7	Alkaid	152 54.6	N49 12.3
E 08	162 48.1	255 04.7	11.3	312 19.8	55.8	197 19.1	58.6	212 50.9	13.7	Alnair	27 36.1	S46 51.6
D 09	177 50.5	270 04.4 ..	11.4	327 20.6 ..	56.4	212 21.4 ..	58.5	227 53.3 ..	13.6	Alnilam	275 40.2	S 1 11.2
N 10	192 53.0	285 04.2	11.4	342 21.5	57.0	227 23.8	58.5	242 55.6	13.6	Alphard	217 50.4	S 8 45.0
E 11	207 55.5	300 04.0	11.5	357 22.3	57.6	242 26.1	58.4	257 58.0	13.6			
S 12	222 57.9	315 03.7	S27 11.6	12 23.2	S11 58.2	257 28.4	S14 58.4	273 00.4	S19 13.6	Alphecca	126 06.4	N26 38.7
D 13	238 00.4	330 03.5	11.7	27 24.0	58.8	272 30.8	58.3	288 02.7	13.5	Alpheratz	357 37.2	N29 12.7
A 14	253 02.9	345 03.2	11.7	42 24.9	11 59.4	287 33.1	58.3	303 05.1	13.5	Altair	62 02.6	N 8 55.7
Y 15	268 05.3	0 03.0 ..	11.8	57 25.7	12 00.0	302 35.4 ..	58.2	318 07.4 ..	13.5	Ankaa	353 09.4	S42 11.4
16	283 07.8	15 02.7	11.9	72 26.6	00.6	317 37.8	58.2	333 09.8	13.5	Antares	112 19.4	S26 28.7
17	298 10.2	30 02.5	12.0	87 27.4	01.2	332 40.1	58.1	348 12.2	13.4			
18	313 12.7	45 02.3	S27 12.0	102 28.3	S12 01.7	347 42.4	S14 58.1	3 14.5	S19 13.4	Arcturus	145 50.7	N19 04.3
19	328 15.2	60 02.0	12.1	117 29.2	02.3	2 44.8	58.0	18 16.9	13.4	Atria	107 16.5	S69 04.0
20	343 17.6	75 01.8	12.2	132 30.0	02.9	17 47.1	58.0	33 19.3	13.4	Avior	234 15.7	S59 34.4
21	358 20.1	90 01.5 ..	12.2	147 30.9 ..	03.5	32 49.4 ..	57.9	48 21.6 ..	13.3	Bellatrix	278 25.4	N 6 22.2
22	13 22.6	105 01.3	12.3	162 31.7	04.1	47 51.8	57.9	63 24.0	13.3	Betelgeuse	270 54.7	N 7 24.7
23	28 25.0	120 01.1	12.4	177 32.6	04.7	62 54.1	57.8	78 26.4	13.3			
4 00	43 27.5	135 00.8	S27 12.4	192 33.4	S12 05.3	77 56.4	S14 57.8	93 28.7	S19 13.3	Canopus	263 53.2	S52 42.2
01	58 30.0	150 00.6	12.5	207 34.3	05.9	92 58.8	57.7	108 31.1	13.2	Capella	280 25.4	N46 01.1
02	73 32.4	165 00.4	12.6	222 35.1	06.5	108 01.1	57.7	123 33.4	13.2	Deneb	49 27.6	N45 21.7
03	88 34.9	180 00.1 ..	12.6	237 36.0 ..	07.1	123 03.4 ..	57.6	138 35.8 ..	13.2	Denebola	182 27.9	N14 27.1
04	103 37.3	194 59.9	12.7	252 36.8	07.7	138 05.7	57.6	153 38.2	13.2	Diphda	348 49.7	S17 52.1
05	118 39.8	209 59.7	12.8	267 37.7	08.3	153 08.1	57.5	168 40.5	13.1			
06	133 42.3	224 59.4	S27 12.8	282 38.5	S12 08.9	168 10.4	S14 57.5	183 42.9	S19 13.1	Dubhe	193 44.7	N61 37.9
07	148 44.7	239 59.2	12.9	297 39.4	09.5	183 12.7	57.4	198 45.3	13.1	Elnath	278 04.9	N28 37.5
T 08	163 47.2	254 59.0	12.9	312 40.2	10.1	198 15.1	57.4	213 47.6	13.1	Eltanin	90 43.8	N51 29.4
H 09	178 49.7	269 58.8 ..	13.0	327 41.1 ..	10.7	213 17.4 ..	57.3	228 50.0 ..	13.0	Enif	33 41.3	N 9 58.6
U 10	193 52.1	284 58.5	13.0	342 41.9	11.3	228 19.7	57.3	243 52.3	13.0	Fomalhaut	15 17.3	S29 30.5
R 11	208 54.6	299 58.3	13.1	357 42.8	11.9	243 22.0	57.2	258 54.7	13.0			
S 12	223 57.1	314 58.1	S27 13.1	12 43.6	S12 12.5	258 24.4	S14 57.1	273 57.1	S19 13.0	Gacrux	171 55.0	S57 13.8
D 13	238 59.5	329 57.9	13.2	27 44.5	13.0	273 26.7	57.1	288 59.4	12.9	Gienah	175 46.6	S17 39.5
A 14	254 02.0	344 57.6	13.3	42 45.3	13.6	288 29.0	57.0	304 01.8	12.9	Hadar	148 40.4	S60 28.5
Y 15	269 04.5	359 57.4 ..	13.3	57 46.2 ..	14.2	303 31.3 ..	57.0	319 04.1 ..	12.9	Hamal	327 53.8	N23 33.9
16	284 06.9	14 57.2	13.4	72 47.0	14.8	318 33.7	56.9	334 06.5	12.9	Kaus Aust.	83 36.3	S34 22.5
17	299 09.4	29 57.0	13.4	87 47.9	15.4	333 36.0	56.9	349 08.9	12.8			
18	314 11.8	44 56.7	S27 13.4	102 48.7	S12 16.0	348 38.3	S14 56.8	4 11.2	S19 12.8	Kochab	137 21.0	N74 04.0
19	329 14.3	59 56.5	13.5	117 49.6	16.6	3 40.6	56.8	19 13.6	12.8	Markab	13 32.3	N15 19.4
20	344 16.8	74 56.3	13.5	132 50.4	17.2	18 43.0	56.7	34 15.9	12.7	Menkar	314 08.6	N 4 10.5
21	359 19.2	89 56.1 ..	13.6	147 51.3 ..	17.8	33 45.3 ..	56.7	49 18.3 ..	12.7	Menkent	148 01.1	S36 28.4
22	14 21.7	104 55.9	13.6	162 52.1	18.4	48 47.6	56.6	64 20.7	12.7	Miaplacidus	221 38.8	S69 48.0
23	29 24.2	119 55.7	13.7	177 53.0	19.0	63 49.9	56.6	79 23.0	12.7			
5 00	44 26.6	134 55.4	S27 13.7	192 53.8	S12 19.6	78 52.3	S14 56.5	94 25.4	S19 12.6	Mirfak	308 31.5	N49 56.3
01	59 29.1	149 55.2	13.7	207 54.7	20.2	93 54.6	56.5	109 27.7	12.6	Nunki	75 51.2	S26 16.2
02	74 31.6	164 55.0	13.8	222 55.5	20.7	108 56.9	56.4	124 30.1	12.6	Peacock	53 10.0	S56 40.1
03	89 34.0	179 54.8 ..	13.8	237 56.4 ..	21.3	123 59.2 ..	56.4	139 32.5 ..	12.6	Pollux	243 20.4	N27 58.4
04	104 36.5	194 54.6	13.9	252 57.2	21.9	139 01.6	56.3	154 34.8	12.5	Procyon	244 53.5	N 5 10.2
05	119 39.0	209 54.4	13.9	267 58.1	22.5	154 03.9	56.2	169 37.2	12.5			
06	134 41.4	224 54.2	S27 13.9	282 58.9	S12 23.1	169 06.2	S14 56.2	184 39.5	S19 12.5	Rasalhague	96 01.3	N12 32.8
07	149 43.9	239 54.0	14.0	297 59.7	23.7	184 08.5	56.1	199 41.9	12.5	Regulus	207 37.4	N11 51.7
08	164 46.3	254 53.8	14.0	313 00.6	24.3	199 10.8	56.1	214 44.2	12.4	Rigel	281 06.1	S 8 10.5
F 09	179 48.8	269 53.5 ..	14.0	328 01.4 ..	24.9	214 13.2 ..	56.0	229 46.6 ..	12.4	Rigil Kent.	139 44.6	S60 55.3
R 10	194 51.3	284 53.3	14.1	343 02.3	25.5	229 15.5	56.0	244 49.0	12.4	Sabik	102 06.1	S15 45.0
I 11	209 53.7	299 53.1	14.1	358 03.1	26.1	244 17.8	55.9	259 51.3	12.3			
D 12	224 56.2	314 52.9	S27 14.1	13 04.0	S12 26.7	259 20.1	S14 55.9	274 53.7	S19 12.3	Schedar	349 33.5	N56 39.5
A 13	239 58.7	329 52.7	14.1	28 04.8	27.2	274 22.4	55.8	289 56.0	12.3	Shaula	96 14.3	S37 07.2
Y 14	255 01.1	344 52.5	14.2	43 05.7	27.8	289 24.8	55.7	304 58.4	12.3	Sirius	258 28.4	S16 44.6
15	270 03.6	359 52.3 ..	14.2	58 06.5 ..	28.4	304 27.1 ..	55.7	320 00.7 ..	12.2	Spica	158 25.4	S11 16.3
16	285 06.1	14 52.1	14.2	73 07.4	29.0	319 29.4	55.6	335 03.1	12.2	Suhail	222 48.2	S43 30.9
17	300 08.5	29 51.9	14.2	88 08.2	29.6	334 31.7	55.6	350 05.5	12.2			
18	315 11.0	44 51.7	S27 14.3	103 09.1	S12 30.2	349 34.0	S14 55.5	5 07.8	S19 12.2	Vega	80 35.2	N38 48.5
19	330 13.4	59 51.5	14.3	118 09.9	30.8	4 36.3	55.5	20 10.2	12.1	Zuben'ubi	136 59.3	S16 07.7
20	345 15.9	74 51.3	14.3	133 10.7	31.4	19 38.7	55.4	35 12.5	12.1		SHA	Mer. Pass.
21	0 18.4	89 51.1 ..	14.3	148 11.6 ..	32.0	34 41.0 ..	55.4	50 14.9 ..	12.1		° ′	h m
22	15 20.8	104 50.9	14.3	163 12.4	32.5	49 43.3	55.3	65 17.2	12.0	Venus	91 33.3	15 00
23	30 23.3	119 50.7	14.4	178 13.3	33.1	64 45.6	55.2	80 19.6	12.0	Mars	149 05.9	11 09
	h m									Jupiter	34 28.9	18 45
Mer. Pass.	21 02.7	v −0.2	d 0.1	v 0.9	d 0.6	v 2.3	d 0.1	v 2.4	d 0.0	Saturn	50 01.2	17 43

2021 NOVEMBER 3, 4, 5 (WED., THURS., FRI.)

UT	SUN GHA	SUN Dec	MOON GHA	MOON v	MOON Dec	MOON d	MOON HP	Lat.	Naut. Twilight	Civil Twilight	Sunrise	Moonrise 3	Moonrise 4	Moonrise 5	Moonrise 6
d h	° '	° '	° '	'	° '	'	'	°	h m	h m	h m	h m	h m	h m	h m
3 00	184 06.8	S15 03.5	207 22.3	10.9	S 2 16.4	16.0	59.8	N 72	06 19	07 44	09 18	05 08	07 40	11 16	■■■
01	199 06.8	04.3	221 52.2	10.8	2 32.4	16.0	59.9	N 70	06 13	07 29	08 47	05 03	07 21	10 07	■■■
02	214 06.8	05.0	236 22.0	10.8	2 48.4	16.0	59.9	68	06 08	07 17	08 24	04 58	07 06	09 30	■■■
03	229 06.8	.. 05.8	250 51.8	10.7	3 04.4	16.1	59.9	66	06 04	07 07	08 07	04 54	06 54	09 05	11 38
04	244 06.8	06.6	265 21.5	10.7	3 20.5	16.0	60.0	64	06 01	06 58	07 52	04 51	06 44	08 45	10 57
05	259 06.8	07.4	279 51.2	10.6	3 36.5	16.0	60.0	62	05 57	06 51	07 40	04 48	06 36	08 29	10 29
06	274 06.8	S15 08.2	294 20.8	10.6	S 3 52.5	16.0	60.0	60	05 54	06 44	07 30	04 46	06 29	08 16	10 08
W 07	289 06.8	08.9	308 50.4	10.5	4 08.5	16.0	60.1	N 58	05 52	06 39	07 21	04 44	06 22	08 05	09 50
E 08	304 06.8	09.7	323 19.9	10.5	4 24.5	16.1	60.1	56	05 49	06 33	07 14	04 42	06 17	07 55	09 36
D 09	319 06.8	.. 10.5	337 49.4	10.4	4 40.6	16.0	60.1	54	05 47	06 29	07 07	04 40	06 12	07 47	09 23
N 10	334 06.8	11.3	352 18.8	10.3	4 56.6	15.9	60.2	52	05 44	06 24	07 00	04 39	06 07	07 39	09 12
E 11	349 06.8	12.1	6 48.1	10.3	5 12.5	16.0	60.2	50	05 42	06 21	06 55	04 38	06 03	07 32	09 02
S 12	4 06.8	S15 12.8	21 17.4	10.2	S 5 28.5	16.0	60.2	45	05 37	06 12	06 43	04 35	05 55	07 18	08 45
D 13	19 06.8	13.6	35 46.6	10.1	5 44.5	15.9	60.2	N 40	05 32	06 04	06 33	04 32	05 48	07 06	08 25
A 14	34 06.8	14.4	50 15.7	10.1	6 00.4	16.0	60.3	35	05 28	05 58	06 24	04 30	05 41	06 56	08 12
Y 15	49 06.8	.. 15.2	64 44.8	10.0	6 16.4	15.9	60.3	30	05 23	05 51	06 16	04 28	05 36	06 47	08 00
16	64 06.8	15.9	79 13.8	10.0	6 32.3	15.9	60.3	20	05 14	05 40	06 03	04 25	05 27	06 32	07 39
17	79 06.8	16.7	93 42.8	9.8	6 48.2	15.8	60.4	N 10	05 04	05 29	05 51	04 22	05 19	06 19	07 22
18	94 06.8	S15 17.5	108 11.6	9.9	S 7 04.0	15.9	60.4	0	04 54	05 19	05 40	04 20	05 11	06 06	07 05
19	109 06.7	18.2	122 40.5	9.7	7 19.9	15.8	60.4	S 10	04 41	05 07	05 29	04 17	05 04	05 54	06 49
20	124 06.7	19.0	137 09.2	9.7	7 35.7	15.7	60.4	20	04 26	04 54	05 17	04 15	04 56	05 42	06 32
21	139 06.7	.. 19.8	151 37.9	9.6	7 51.4	15.8	60.5	30	04 07	04 37	05 03	04 12	04 48	05 27	06 12
22	154 06.7	20.6	166 06.5	9.5	8 07.2	15.7	60.5	35	03 55	04 28	04 55	04 10	04 43	05 19	06 01
23	169 06.7	21.3	180 35.0	9.4	8 22.9	15.7	60.5	40	03 40	04 16	04 45	04 08	04 37	05 09	05 48
								45	03 22	04 02	04 34	04 06	04 30	04 58	05 32
4 00	184 06.7	S15 22.1	195 03.4	9.4	S 8 38.6	15.6	60.5	S 50	02 57	03 44	04 21	04 04	04 23	04 45	05 14
01	199 06.7	22.9	209 31.8	9.3	8 54.2	15.6	60.6	52	02 45	03 36	04 15	04 02	04 19	04 39	05 05
02	214 06.7	23.6	224 00.1	9.2	9 09.8	15.6	60.6	54	02 31	03 26	04 08	04 01	04 15	04 32	04 55
03	229 06.7	.. 24.4	238 28.3	9.2	9 25.4	15.5	60.6	56	02 13	03 15	04 00	04 00	04 11	04 25	04 44
04	244 06.7	25.2	252 56.5	9.0	9 40.9	15.5	60.6	58	01 52	03 03	03 51	03 58	04 06	04 16	04 32
05	259 06.7	26.0	267 24.5	9.0	9 56.4	15.6	60.7	S 60	01 23	02 48	03 41	03 57	04 01	04 07	04 17
06	274 06.7	S15 26.7	281 52.5	8.9	S10 11.8	15.4	60.7	Lat.	Sunset	Twilight Civil	Twilight Naut.	Moonset 3	Moonset 4	Moonset 5	Moonset 6
07	289 06.6	27.5	296 20.4	8.8	10 27.2	15.3	60.7								
T 08	304 06.6	28.3	310 48.2	8.8	10 42.5	15.3	60.7								
H 09	319 06.6	.. 29.0	325 16.0	8.6	10 57.8	15.2	60.7	°	h m	h m	h m	h m	h m	h m	h m
U 10	334 06.6	29.8	339 43.6	8.5	11 13.0	15.2	60.8	N 72	14 08	15 42	17 07	15 19	14 38	13 00	■■■
R 11	349 06.6	30.6	354 11.2	8.5	11 28.2	15.1	60.8	N 70	14 39	15 57	17 12	15 28	15 00	14 11	■■■
S 12	4 06.6	S15 31.3	8 38.7	8.4	S11 43.3	15.1	60.8	68	15 02	16 09	17 17	15 36	15 17	14 49	■■■
D 13	19 06.6	32.1	23 06.1	8.3	11 58.4	14.9	60.8	66	15 19	16 19	17 22	15 42	15 31	15 16	14 48
A 14	34 06.6	32.9	37 33.4	8.2	12 13.3	14.9	60.8	64	15 34	16 28	17 25	15 47	15 42	15 37	15 29
Y 15	49 06.5	.. 33.6	52 00.6	8.2	12 28.2	14.9	60.9	62	15 46	16 35	17 29	15 52	15 52	15 54	15 58
16	64 06.5	34.4	66 27.8	8.0	12 43.1	14.8	60.9	60	15 56	16 42	17 32	15 56	16 01	16 08	16 20
17	79 06.5	35.1	80 54.8	8.0	12 57.9	14.7	60.9	N 58	16 05	16 48	17 35	16 00	16 08	16 20	16 38
18	94 06.5	S15 35.9	95 21.8	7.9	S13 12.6	14.6	60.9	56	16 13	16 53	17 37	16 03	16 15	16 31	16 54
19	109 06.5	36.7	109 48.7	7.8	13 27.2	14.5	60.9	54	16 20	16 58	17 40	16 06	16 21	16 40	17 07
20	124 06.5	37.4	124 15.5	7.7	13 41.7	14.5	60.9	52	16 26	17 02	17 42	16 08	16 26	16 48	17 18
21	139 06.5	.. 38.2	138 42.2	7.6	13 56.2	14.4	60.9	50	16 32	17 06	17 44	16 11	16 31	16 56	17 29
22	154 06.4	39.0	153 08.8	7.5	14 10.6	14.3	61.0	45	16 44	17 15	17 50	16 16	16 42	17 12	17 50
23	169 06.4	39.7	167 35.3	7.4	14 24.9	14.3	61.0								
5 00	184 06.4	S15 40.5	182 01.7	7.4	S14 39.2	14.1	61.0	N 40	16 54	17 22	17 54	16 21	16 51	17 26	18 08
01	199 06.4	41.2	196 28.1	7.2	14 53.3	14.0	61.0	35	17 03	17 29	17 59	16 24	16 58	17 37	18 22
02	214 06.4	42.0	210 54.3	7.1	15 07.3	14.0	61.0	30	17 11	17 35	18 04	16 28	17 05	17 47	18 35
03	229 06.4	.. 42.8	225 20.4	7.1	15 21.3	13.9	61.0	20	17 24	17 47	18 13	16 34	17 17	18 04	18 57
04	244 06.3	43.5	239 46.5	7.0	15 35.2	13.7	61.0	N 10	17 36	17 58	18 23	16 39	17 27	18 20	19 17
05	259 06.3	44.3	254 12.5	6.8	15 48.9	13.7	61.0	0	17 47	18 08	18 33	16 44	17 37	18 34	19 35
06	274 06.3	S15 45.0	268 38.3	6.8	S16 02.6	13.6	61.0	S 10	17 58	18 20	18 46	16 49	17 47	18 48	19 53
07	289 06.3	45.8	283 04.1	6.7	16 16.2	13.5	61.0	20	18 11	18 34	19 01	16 54	17 57	19 03	20 12
08	304 06.3	46.5	297 29.8	6.6	16 29.7	13.3	61.1	30	18 25	18 50	19 21	17 00	18 09	19 21	20 34
F 09	319 06.2	.. 47.3	311 55.4	6.5	16 43.0	13.3	61.1	35	18 33	19 00	19 33	17 04	18 16	19 32	20 47
R 10	334 06.2	48.1	326 20.9	6.4	16 56.3	13.1	61.1	40	18 42	19 12	19 48	17 08	18 24	19 43	21 03
I 11	349 06.2	48.8	340 46.3	6.3	17 09.4	13.1	61.1	45	18 54	19 26	20 07	17 12	18 34	19 57	21 21
D 12	4 06.2	S15 49.6	355 11.6	6.2	S17 22.5	12.9	61.1	S 50	19 07	19 44	20 32	17 18	18 45	20 15	21 43
A 13	19 06.2	50.3	9 36.8	6.1	17 35.4	12.8	61.1	52	19 13	19 53	20 44	17 20	18 50	20 23	21 54
Y 14	34 06.1	51.1	24 01.9	6.0	17 48.2	12.7	61.1	54	19 20	20 02	20 59	17 23	18 56	20 32	22 07
15	49 06.1	.. 51.8	38 26.9	5.9	18 00.9	12.6	61.1	56	19 28	20 14	21 17	17 26	19 03	20 42	22 21
16	64 06.1	52.6	52 51.8	5.9	18 13.5	12.5	61.1	58	19 37	20 27	21 39	17 30	19 10	20 54	22 38
17	79 06.1	53.3	67 16.7	5.7	18 26.0	12.3	61.1	S 60	19 47	20 42	22 10	17 34	19 18	21 08	22 58
18	94 06.0	S15 54.1	81 41.4	5.7	S18 38.3	12.2	61.1		SUN	SUN	SUN	MOON	MOON	MOON	MOON
19	109 06.0	54.8	96 06.1	5.5	18 50.5	12.1	61.1	Day	Eqn. of Time 00h	Eqn. of Time 12h	Mer. Pass.	Mer. Pass. Upper	Mer. Pass. Lower	Age	Phase
20	124 06.0	55.6	110 30.6	5.5	19 02.6	11.9	61.1								
21	139 06.0	.. 56.3	124 55.1	5.4	19 14.5	11.9	61.1	d	m s	m s	h m	h m	h m	d	%
22	154 05.9	57.1	139 19.5	5.3	19 26.4	11.7	61.1	3	16 27	16 27	11 44	10 32	22 58	28	3
23	169 05.9	57.8	153 43.8	5.1	S19 38.1	11.5	61.1	4	16 27	16 26	11 44	11 24	23 52	29	0
	SD 16.2	d 0.8	SD 16.4		16.6		16.6	5	16 26	16 25	11 44	12 20	24 49	01	1

215

2021 NOVEMBER 6, 7, 8 (SAT., SUN., MON.)

UT	ARIES GHA	VENUS −4.6 GHA	Dec	MARS +1.6 GHA	Dec	JUPITER −2.4 GHA	Dec	SATURN +0.5 GHA	Dec	STARS Name	SHA	Dec
d h	° ′	° ′	° ′	° ′	° ′	° ′	° ′	° ′	° ′		° ′	° ′
6 00	45 25.8	134 50.6	S27 14.4	193 14.1	S12 33.7	79 47.9	S14 55.2	95 21.9	S19 12.0	Acamar	315 13.4	S40 13.1
01	60 28.2	149 50.4	14.4	208 15.0	34.3	94 50.2	55.1	110 24.3	12.0	Achernar	335 21.7	S57 07.7
02	75 30.7	164 50.2	14.4	223 15.8	34.9	109 52.5	55.1	125 26.6	11.9	Acrux	173 03.5	S63 12.9
03	90 33.2	179 50.0	14.4	238 16.6	35.5	124 54.9	55.0	140 29.0	11.9	Adhara	255 07.7	S28 59.9
04	105 35.6	194 49.8	14.4	253 17.5	36.1	139 57.2	55.0	155 31.4	11.9	Aldebaran	290 42.3	N16 33.2
05	120 38.1	209 49.6	14.5	268 18.3	36.7	154 59.5	54.9	170 33.7	11.8			
06	135 40.6	224 49.4	S27 14.5	283 19.2	S12 37.3	170 01.8	S14 54.9	185 36.1	S19 11.8	Alioth	166 15.8	N55 50.5
07	150 43.0	239 49.2	14.5	298 20.0	37.8	185 04.1	54.8	200 38.4	11.8	Alkaid	152 54.6	N49 12.3
S 08	165 45.5	254 49.0	14.5	313 20.9	38.4	200 06.4	54.7	215 40.8	11.8	Alnair	27 36.1	S46 51.6
A 09	180 47.9	269 48.9	14.5	328 21.7	39.0	215 08.7	54.7	230 43.1	11.7	Alnilam	275 40.1	S 1 11.2
T 10	195 50.4	284 48.7	14.5	343 22.5	39.6	230 11.1	54.6	245 45.5	11.7	Alphard	217 50.4	S 8 45.0
U 11	210 52.9	299 48.5	14.5	358 23.4	40.2	245 13.4	54.6	260 47.8	11.7			
R 12	225 55.3	314 48.3	S27 14.5	13 24.2	S12 40.8	260 15.7	S14 54.5	275 50.2	S19 11.7	Alphecca	126 06.4	N26 38.6
D 13	240 57.8	329 48.1	14.5	28 25.1	41.4	275 18.0	54.5	290 52.5	11.6	Alpheratz	357 37.2	N29 12.8
A 14	256 00.3	344 48.0	14.5	43 25.9	42.0	290 20.3	54.4	305 54.9	11.6	Altair	62 02.6	N 8 55.7
Y 15	271 02.7	359 47.8	14.5	58 26.7	42.5	305 22.6	54.3	320 57.2	11.6	Ankaa	353 09.4	S42 11.4
16	286 05.2	14 47.6	14.5	73 27.6	43.1	320 24.9	54.3	335 59.6	11.5	Antares	112 19.4	S26 28.7
17	301 07.7	29 47.4	14.5	88 28.4	43.7	335 27.2	54.2	351 01.9	11.5			
18	316 10.1	44 47.2	S27 14.5	103 29.3	S12 44.3	350 29.5	S14 54.2	6 04.3	S19 11.5	Arcturus	145 50.7	N19 04.3
19	331 12.6	59 47.1	14.5	118 30.1	44.9	5 31.8	54.1	21 06.6	11.5	Atria	107 16.5	S69 04.0
20	346 15.1	74 46.9	14.5	133 30.9	45.5	20 34.2	54.0	36 09.0	11.4	Avior	234 15.6	S59 34.4
21	1 17.5	89 46.7	14.5	148 31.8	46.1	35 36.5	54.0	51 11.4	11.4	Bellatrix	278 25.4	N 6 22.2
22	16 20.0	104 46.6	14.5	163 32.6	46.6	50 38.8	53.9	66 13.7	11.4	Betelgeuse	270 54.7	N 7 24.7
23	31 22.4	119 46.4	14.5	178 33.5	47.2	65 41.1	53.9	81 16.1	11.3			
7 00	46 24.9	134 46.2	S27 14.5	193 34.3	S12 47.8	80 43.4	S14 53.8	96 18.4	S19 11.3	Canopus	263 53.2	S52 42.2
01	61 27.4	149 46.0	14.5	208 35.1	48.4	95 45.7	53.7	111 20.8	11.3	Capella	280 25.4	N46 01.1
02	76 29.8	164 45.9	14.5	223 36.0	49.0	110 48.0	53.7	126 23.1	11.3	Deneb	49 27.6	N45 21.7
03	91 32.3	179 45.7	14.4	238 36.8	49.6	125 50.3	53.6	141 25.5	11.2	Denebola	182 27.9	N14 27.1
04	106 34.8	194 45.5	14.4	253 37.7	50.1	140 52.6	53.6	156 27.8	11.2	Diphda	348 49.7	S17 52.1
05	121 37.2	209 45.4	14.4	268 38.5	50.7	155 54.9	53.5	171 30.2	11.2			
06	136 39.7	224 45.2	S27 14.4	283 39.3	S12 51.3	170 57.2	S14 53.5	186 32.5	S19 11.1	Dubhe	193 44.6	N61 37.9
07	151 42.2	239 45.1	14.4	298 40.2	51.9	185 59.5	53.4	201 34.9	11.1	Elnath	278 04.9	N28 37.5
08	166 44.6	254 44.9	14.4	313 41.0	52.5	201 01.8	53.3	216 37.2	11.1	Eltanin	90 43.8	N51 29.4
S 09	181 47.1	269 44.7	14.4	328 41.9	53.1	216 04.1	53.3	231 39.6	11.1	Enif	33 41.3	N 9 58.6
U 10	196 49.6	284 44.6	14.3	343 42.7	53.7	231 06.4	53.2	246 41.9	11.0	Fomalhaut	15 17.3	S29 30.5
N 11	211 52.0	299 44.4	14.3	358 43.5	54.2	246 08.7	53.2	261 44.3	11.0			
D 12	226 54.5	314 44.3	S27 14.3	13 44.4	S12 54.8	261 11.1	S14 53.1	276 46.6	S19 11.0	Gacrux	171 55.0	S57 13.8
A 13	241 56.9	329 44.1	14.3	28 45.2	55.4	276 13.4	53.0	291 48.9	10.9	Gienah	175 46.5	S17 39.5
Y 14	256 59.4	344 43.9	14.3	43 46.0	56.0	291 15.7	53.0	306 51.3	10.9	Hadar	148 40.3	S60 28.4
15	272 01.9	359 43.8	14.2	58 46.9	56.6	306 18.0	52.9	321 53.6	10.9	Hamal	327 53.8	N23 34.0
16	287 04.3	14 43.6	14.2	73 47.7	57.1	321 20.3	52.9	336 56.0	10.8	Kaus Aust.	83 36.3	S34 22.5
17	302 06.8	29 43.5	14.2	88 48.5	57.7	336 22.6	52.8	351 58.3	10.8			
18	317 09.3	44 43.3	S27 14.2	103 49.4	S12 58.3	351 24.9	S14 52.7	7 00.7	S19 10.8	Kochab	137 21.1	N74 04.0
19	332 11.7	59 43.2	14.1	118 50.2	58.9	6 27.2	52.7	22 03.0	10.8	Markab	13 32.3	N15 19.4
20	347 14.2	74 43.0	14.1	133 51.1	12 59.5	21 29.5	52.6	37 05.4	10.7	Menkar	314 08.6	N 4 10.5
21	2 16.7	89 42.9	14.1	148 51.9	13 00.1	36 31.8	52.5	52 07.7	10.7	Menkent	148 01.1	S36 28.4
22	17 19.1	104 42.7	14.1	163 52.7	00.6	51 34.1	52.5	67 10.1	10.7	Miaplacidus	221 38.7	S69 48.0
23	32 21.6	119 42.6	14.0	178 53.6	01.2	66 36.4	52.4	82 12.4	10.6			
8 00	47 24.1	134 42.5	S27 14.0	193 54.4	S13 01.8	81 38.7	S14 52.4	97 14.8	S19 10.6	Mirfak	308 31.5	N49 56.3
01	62 26.5	149 42.3	14.0	208 55.2	02.4	96 41.0	52.3	112 17.1	10.6	Nunki	75 51.2	S26 16.2
02	77 29.0	164 42.2	13.9	223 56.1	03.0	111 43.3	52.2	127 19.5	10.5	Peacock	53 10.0	S56 40.1
03	92 31.4	179 42.0	13.9	238 56.9	03.5	126 45.6	52.2	142 21.8	10.5	Pollux	243 20.4	N27 58.4
04	107 33.9	194 41.9	13.9	253 57.7	04.1	141 47.9	52.1	157 24.2	10.5	Procyon	244 53.5	N 5 10.2
05	122 36.4	209 41.7	13.8	268 58.6	04.7	156 50.2	52.1	172 26.5	10.5			
06	137 38.8	224 41.6	S27 13.8	283 59.4	S13 05.3	171 52.5	S14 52.0	187 28.8	S19 10.4	Rasalhague	96 01.3	N12 32.8
07	152 41.3	239 41.5	13.7	299 00.2	05.9	186 54.8	51.9	202 31.2	10.4	Regulus	207 37.3	N11 51.7
08	167 43.8	254 41.3	13.7	314 01.1	06.5	201 57.1	51.9	217 33.5	10.4	Rigel	281 06.1	S 8 10.5
M 09	182 46.2	269 41.2	13.7	329 01.9	07.0	216 59.4	51.8	232 35.9	10.3	Rigil Kent.	139 44.6	S60 55.3
O 10	197 48.7	284 41.1	13.6	344 02.7	07.6	232 01.7	51.7	247 38.2	10.3	Sabik	102 06.1	S15 45.0
N 11	212 51.2	299 40.9	13.6	359 03.6	08.2	247 03.9	51.7	262 40.6	10.3			
D 12	227 53.6	314 40.8	S27 13.5	14 04.4	S13 08.8	262 06.2	S14 51.6	277 42.9	S19 10.2	Schedar	349 33.5	N56 39.5
A 13	242 56.1	329 40.7	13.5	29 05.2	09.4	277 08.5	51.6	292 45.3	10.2	Shaula	96 14.3	S37 07.2
Y 14	257 58.6	344 40.5	13.5	44 06.1	09.9	292 10.8	51.5	307 47.6	10.2	Sirius	258 28.3	S16 44.6
15	273 01.0	359 40.4	13.4	59 06.9	10.5	307 13.1	51.4	322 50.0	10.2	Spica	158 25.4	S11 16.3
16	288 03.5	14 40.3	13.4	74 07.7	11.1	322 15.4	51.4	337 52.3	10.1	Suhail	222 48.2	S43 30.9
17	303 05.9	29 40.2	13.3	89 08.6	11.7	337 17.7	51.3	352 54.6	10.1			
18	318 08.4	44 40.0	S27 13.3	104 09.4	S13 12.2	352 20.0	S14 51.2	7 57.0	S19 10.1	Vega	80 35.3	N38 48.5
19	333 10.9	59 39.9	13.2	119 10.2	12.8	7 22.3	51.2	22 59.3	10.0	Zuben'ubi	136 59.3	S16 07.7
20	348 13.3	74 39.8	13.2	134 11.0	13.4	22 24.6	51.1	38 01.7	10.0		SHA	Mer. Pass.
21	3 15.8	89 39.7	13.1	149 11.9	14.0	37 26.9	51.0	53 04.0	10.0		° ′	h m
22	18 18.3	104 39.5	13.1	164 12.7	14.6	52 29.2	51.0	68 06.4	09.9	Venus	88 21.3	15 01
23	33 20.7	119 39.4	13.0	179 13.5	15.1	67 31.5	50.9	83 08.7	09.9	Mars	147 09.4	11 05
	h m									Jupiter	34 18.5	18 34
Mer. Pass. 20 50.9		v −0.2	d 0.0	v 0.8	d 0.6	v 2.3	d 0.1	v 2.3	d 0.0	Saturn	49 53.5	17 32

2021 NOVEMBER 6, 7, 8 (SAT., SUN., MON.)

UT	SUN GHA	SUN Dec	MOON GHA	MOON v	MOON Dec	MOON d	MOON HP	Lat.	Twilight Naut.	Twilight Civil	Sunrise	Moonrise 6	Moonrise 7	Moonrise 8	Moonrise 9
d h	° ′	° ′	° ′	′	° ′	′	′	°	h m	h m	h m	h m	h m	h m	h m
6 00	184 05.9	S15 58.6	168 07.9	5.2	S19 49.6	11.4	61.1	N 72	06 30	07 58	09 39	■	■	■	■
01	199 05.9	15 59.3	182 32.1	5.0	20 01.0	11.3	61.1	N 70	06 23	07 41	09 03	■	■	■	■
02	214 05.8	16 00.1	196 56.1	4.9	20 12.3	11.1	61.1	68	06 18	07 27	08 37	■	■	■	■
03	229 05.8	. . 00.8	211 20.0	4.8	20 23.4	11.0	61.1	66	06 13	07 16	08 18	11 38	■	■	■
04	244 05.8	01.6	225 43.8	4.8	20 34.4	10.9	61.1	64	06 08	07 06	08 02	10 57	13 24	■	15 48
05	259 05.8	02.3	240 07.6	4.7	20 45.3	10.7	61.1	62	06 04	06 58	07 49	10 29	12 28	14 02	14 45
06	274 05.7	S16 03.1	254 31.3	4.5	S20 56.0	10.6	61.1	60	06 01	06 51	07 38	10 08	11 55	13 20	14 11
S 07	289 05.7	03.8	268 54.8	4.5	21 06.6	10.4	61.1	N 58	05 58	06 45	07 28	09 50	11 30	12 52	13 46
A 08	304 05.7	04.6	283 18.3	4.4	21 17.0	10.2	61.1	56	05 55	06 39	07 20	09 36	11 11	12 30	13 25
T 09	319 05.6	. . 05.3	297 41.7	4.4	21 27.2	10.1	61.1	54	05 52	06 34	07 13	09 23	10 55	12 12	13 09
U 10	334 05.6	06.1	312 05.1	4.2	21 37.3	10.0	61.1	52	05 49	06 29	07 06	09 12	10 41	11 57	12 54
R 11	349 05.6	06.8	326 28.3	4.2	21 47.3	9.8	61.1	50	05 47	06 25	07 00	09 02	10 28	11 43	12 42
D 12	4 05.6	S16 07.5	340 51.5	4.1	S21 57.1	9.6	61.1	45	05 41	06 16	06 47	08 42	10 03	11 16	12 16
A 13	19 05.5	08.3	355 14.6	4.0	22 06.7	9.5	61.0	N 40	05 35	06 08	06 36	08 25	09 43	10 54	11 55
Y 14	34 05.5	09.0	9 37.6	4.0	22 16.2	9.3	61.0	35	05 30	06 00	06 27	08 12	09 27	10 37	11 38
15	49 05.5	. . 09.8	24 00.6	3.8	22 25.5	9.1	61.0	30	05 25	05 54	06 19	08 00	09 12	10 21	11 23
16	64 05.4	10.5	38 23.4	3.8	22 34.6	9.0	61.0	20	05 15	05 42	06 04	07 39	08 48	09 55	10 57
17	79 05.4	11.3	52 46.2	3.8	22 43.6	8.8	61.0	N 10	05 05	05 30	05 52	07 22	08 27	09 33	10 35
18	94 05.4	S16 12.0	67 09.0	3.6	S22 52.4	8.7	61.0	0	04 54	05 19	05 40	07 05	08 08	09 12	10 15
19	109 05.3	12.7	81 31.6	3.6	23 01.1	8.4	61.0	S 10	04 41	05 06	05 28	06 49	07 48	08 51	09 55
20	124 05.3	13.5	95 54.2	3.5	23 09.5	8.3	61.0	20	04 25	04 52	05 15	06 32	07 28	08 29	09 33
21	139 05.3	. . 14.2	110 16.7	3.5	23 17.8	8.2	61.0	30	04 05	04 35	05 01	06 12	07 04	08 03	09 07
22	154 05.2	15.0	124 39.2	3.4	23 26.0	7.9	61.0	35	03 52	04 25	04 52	06 01	06 50	07 48	08 52
23	169 05.2	15.7	139 01.6	3.3	23 33.9	7.8	60.9	40	03 36	04 12	04 42	05 48	06 34	07 30	08 35
								45	03 16	03 57	04 30	05 32	06 15	07 09	08 14
7 00	184 05.2	S16 16.4	153 23.9	3.3	S23 41.7	7.6	60.9	S 50	02 50	03 39	04 16	05 14	05 52	06 43	07 48
01	199 05.1	17.2	167 46.2	3.2	23 49.3	7.4	60.9	52	02 37	03 30	04 09	05 05	05 40	06 30	07 35
02	214 05.1	17.9	182 08.4	3.2	23 56.7	7.3	60.9	54	02 22	03 20	04 02	04 55	05 28	06 15	07 20
03	229 05.1	. . 18.6	196 30.6	3.1	24 04.0	7.1	60.9	56	02 03	03 08	03 54	04 44	05 13	05 58	07 03
04	244 05.0	19.4	210 52.7	3.0	24 11.1	6.9	60.9	58	01 39	02 54	03 44	04 32	04 56	05 37	06 42
05	259 05.0	20.1	225 14.7	3.1	24 18.0	6.7	60.9	S 60	01 04	02 38	03 34	04 17	04 35	05 11	06 16
06	274 05.0	S16 20.9	239 36.8	2.9	S24 24.7	6.5	60.8	Lat.	Sunset	Twilight Civil	Twilight Naut.	Moonset 6	Moonset 7	Moonset 8	Moonset 9
07	289 04.9	21.6	253 58.7	2.9	24 31.2	6.3	60.8
08	304 04.9	22.3	268 20.6	2.9	24 37.5	6.2	60.8
S 09	319 04.8	. . 23.1	282 42.5	2.9	24 43.7	6.0	60.8	°	h m	h m	h m	h m	h m	h m	h m
U 10	334 04.8	23.8	297 04.4	2.8	24 49.7	5.7	60.8	N 72	13 47	15 28	16 55	■	■	■	■
N 11	349 04.8	24.5	311 26.2	2.7	24 55.4	5.6	60.8	N 70	14 23	15 45	17 02	■	■	■	■
D 12	4 04.7	S16 25.3	325 47.9	2.8	S25 01.0	5.4	60.7	68	14 49	15 59	17 08	■	■	■	■
A 13	19 04.7	26.0	340 09.7	2.7	25 06.4	5.3	60.7	66	15 09	16 10	17 13	14 48	■	■	■
Y 14	34 04.7	26.7	354 31.4	2.6	25 11.7	5.0	60.7	64	15 24	16 20	17 18	15 29	15 15	■	17 18
15	49 04.6	. . 27.5	8 53.0	2.7	25 16.7	4.8	60.7	62	15 37	16 28	17 22	15 58	16 11	16 52	18 20
16	64 04.6	28.2	23 14.7	2.6	25 21.5	4.7	60.7	60	15 49	16 35	17 26	16 20	16 45	17 34	18 54
17	79 04.5	28.9	37 36.3	2.6	25 26.2	4.4	60.6	N 58	15 58	16 42	17 29	16 38	17 09	18 02	19 19
18	94 04.5	S16 29.6	51 57.9	2.6	S25 30.6	4.3	60.6	56	16 07	16 47	17 32	16 54	17 29	18 24	19 38
19	109 04.5	30.4	66 19.5	2.6	25 34.9	4.1	60.6	54	16 14	16 52	17 35	17 07	17 46	18 42	19 55
20	124 04.4	31.1	80 41.1	2.5	25 39.0	3.8	60.6	52	16 21	16 57	17 38	17 18	18 00	18 57	20 09
21	139 04.4	. . 31.8	95 02.6	2.6	25 42.8	3.7	60.6	50	16 27	17 02	17 40	17 29	18 13	19 11	20 22
22	154 04.3	32.6	109 24.2	2.5	25 46.5	3.5	60.5	45	16 40	17 11	17 46	17 50	18 38	19 38	20 47
23	169 04.3	33.3	123 45.7	2.6	25 50.0	3.3	60.5
8 00	184 04.2	S16 34.0	138 07.3	2.5	S25 53.3	3.1	60.5	N 40	16 51	17 19	17 52	18 08	18 59	19 59	21 07
01	199 04.2	34.7	152 28.8	2.6	25 56.4	2.9	60.5	35	17 00	17 27	17 57	18 22	19 16	20 17	21 24
02	214 04.2	35.5	166 50.3	2.6	25 59.3	2.7	60.4	30	17 08	17 33	18 02	18 35	19 31	20 33	21 39
03	229 04.1	. . 36.2	181 11.9	2.5	26 02.0	2.5	60.4	20	17 23	17 46	18 12	18 57	19 56	20 59	22 03
04	244 04.1	36.9	195 33.4	2.5	26 04.5	2.4	60.4	N 10	17 35	17 57	18 22	19 17	20 18	21 21	22 24
05	259 04.0	37.6	209 54.9	2.6	26 06.9	2.1	60.4	0	17 47	18 09	18 34	19 35	20 38	21 42	22 44
06	274 04.0	S16 38.4	224 16.5	2.6	S26 09.0	1.9	60.3	S 10	17 59	18 21	18 47	19 53	20 58	22 03	23 04
07	289 03.9	39.1	238 38.1	2.6	26 10.9	1.8	60.3	20	18 12	18 35	19 03	20 12	21 20	22 25	23 24
08	304 03.9	39.8	252 59.7	2.6	26 12.7	1.5	60.3	30	18 27	18 53	19 23	20 34	21 46	22 51	23 48
M 09	319 03.8	. . 40.5	267 21.3	2.6	26 14.2	1.4	60.3	35	18 36	19 03	19 36	20 47	22 00	23 06	24 03
O 10	334 03.8	41.2	281 42.9	2.7	26 15.6	1.1	60.2	40	18 46	19 16	19 52	21 03	22 18	23 24	24 19
N 11	349 03.7	42.0	296 04.6	2.7	26 16.7	0.9	60.2	45	18 58	19 31	20 12	21 21	22 39	23 45	24 38
D 12	4 03.7	S16 42.7	310 26.3	2.7	S26 17.6	0.8	60.2	S 50	19 12	19 50	20 39	21 43	23 05	24 12	00 12
A 13	19 03.7	43.4	324 48.0	2.7	26 18.4	0.6	60.2	52	19 19	19 59	20 52	21 54	23 17	24 25	00 25
Y 14	34 03.6	44.1	339 09.7	2.8	26 19.0	0.4	60.1	54	19 27	20 09	21 08	22 07	23 32	24 39	00 39
15	49 03.6	. . 44.8	353 31.5	2.8	26 19.4	0.3	60.1	56	19 35	20 21	21 27	22 21	23 49	24 57	00 57
16	64 03.5	45.6	7 53.3	2.9	26 19.7	0.1	60.1	58	19 45	20 35	21 53	22 38	24 10	00 10	01 18
17	79 03.5	46.3	22 15.2	2.9	26 19.7	0.2	60.0	S 60	19 56	20 52	22 30	22 58	24 36	00 36	01 44
18	94 03.4	S16 47.0	36 37.1	2.9	S26 19.5	0.4	60.0			SUN			MOON		
19	109 03.4	47.7	50 59.0	3.0	26 19.1	0.5	60.0	Day	Eqn. of Time	Eqn. of Time	Mer. Pass.	Mer. Pass. Upper	Mer. Pass. Lower	Age	Phase
20	124 03.3	48.4	65 21.0	3.0	26 18.6	0.8	60.0		00ʰ	12ʰ					
21	139 03.3	. . 49.2	79 43.0	3.1	26 17.8	0.9	59.9	d	m s	m s	h m	h m	h m	d	%
22	154 03.2	49.9	94 05.1	3.2	26 16.9	1.2	59.9	6	16 24	16 22	11 44	13 20	00 49	02	4
23	169 03.2	50.6	108 27.3	3.2	S26 15.7	1.3	59.9	7	16 21	16 19	11 44	14 23	01 51	03	10
	SD 16.2	d 0.7	SD 16.6		16.5		16.4	8	16 17	16 15	11 44	15 27	02 55	04	18

2021 NOVEMBER 9, 10, 11 (TUES., WED., THURS.)

UT	ARIES	VENUS −4.6		MARS +1.6		JUPITER −2.4		SATURN +0.6		STARS		
	GHA	GHA	Dec	GHA	Dec	GHA	Dec	GHA	Dec	Name	SHA	Dec
d h	° ′	° ′	° ′	° ′	° ′	° ′	° ′	° ′	° ′		° ′	° ′
9 00	48 23.2	134 39.3	S27 12.9	194 14.4	S13 15.7	82 33.8	S14 50.9	98 11.0	S19 09.9	Acamar	315 13.4	S40 13.1
01	63 25.7	149 39.2	12.9	209 15.2	16.3	97 36.1	50.8	113 13.4	09.9	Achernar	335 21.7	S57 07.7
02	78 28.1	164 39.1	12.8	224 16.0	16.9	112 38.4	50.7	128 15.7	09.8	Acrux	173 03.4	S63 12.9
03	93 30.6	179 39.0 ..	12.8	239 16.9 ..	17.4	127 40.6 ..	50.7	143 18.1 ..	09.8	Adhara	255 07.7	S28 59.9
04	108 33.1	194 38.9	12.7	254 17.7	18.0	142 42.9	50.6	158 20.4	09.8	Aldebaran	290 42.3	N16 33.2
05	123 35.5	209 38.7	12.7	269 18.5	18.6	157 45.2	50.5	173 22.8	09.7			
06	138 38.0	224 38.6	S27 12.6	284 19.3	S13 19.2	172 47.5	S14 50.5	188 25.1	S19 09.7	Alioth	166 15.8	N55 50.5
07	153 40.4	239 38.5	12.5	299 20.2	19.8	187 49.8	50.4	203 27.4	09.7	Alkaid	152 54.6	N49 12.3
T 08	168 42.9	254 38.4	12.5	314 21.0	20.3	202 52.1	50.3	218 29.8	09.6	Al Na'ir	27 36.1	S46 51.6
U 09	183 45.4	269 38.3 ..	12.4	329 21.8 ..	20.9	217 54.4 ..	50.3	233 32.1 ..	09.6	Alnilam	275 40.1	S 1 11.2
E 10	198 47.8	284 38.2	12.3	344 22.7	21.5	232 56.7	50.2	248 34.5	09.6	Alphard	217 50.3	S 8 45.0
S 11	213 50.3	299 38.1	12.3	359 23.5	22.1	247 59.0	50.1	263 36.8	09.5			
D 12	228 52.8	314 38.0	S27 12.2	14 24.3	S13 22.6	263 01.3	S14 50.1	278 39.1	S19 09.5	Alphecca	126 06.3	N26 38.6
A 13	243 55.2	329 37.9	12.1	29 25.1	23.2	278 03.5	50.0	293 41.5	09.5	Alpheratz	357 37.2	N29 12.8
Y 14	258 57.7	344 37.8	12.1	44 26.0	23.8	293 05.8	49.9	308 43.8	09.4	Altair	62 02.6	N 8 55.7
15	274 00.2	359 37.7 ..	12.0	59 26.8 ..	24.4	308 08.1 ..	49.9	323 46.2 ..	09.4	Ankaa	353 09.4	S42 11.4
16	289 02.6	14 37.6	11.9	74 27.6	24.9	323 10.4	49.8	338 48.5	09.4	Antares	112 19.4	S26 28.7
17	304 05.1	29 37.5	11.9	89 28.5	25.5	338 12.7	49.7	353 50.8	09.4			
18	319 07.5	44 37.4	S27 11.8	104 29.3	S13 26.1	353 15.0	S14 49.7	8 53.2	S19 09.3	Arcturus	145 50.7	N19 04.3
19	334 10.0	59 37.3	11.7	119 30.1	26.7	8 17.3	49.6	23 55.5	09.3	Atria	107 16.5	S69 04.0
20	349 12.5	74 37.2	11.6	134 30.9	27.2	23 19.6	49.5	38 57.9	09.3	Avior	234 15.6	S59 34.4
21	4 14.9	89 37.1 ..	11.6	149 31.8 ..	27.8	38 21.8 ..	49.5	54 00.2 ..	09.2	Bellatrix	278 25.4	N 6 22.2
22	19 17.4	104 37.0	11.5	164 32.6	28.4	53 24.1	49.4	69 02.5	09.2	Betelgeuse	270 54.7	N 7 24.7
23	34 19.9	119 36.9	11.4	179 33.4	29.0	68 26.4	49.3	84 04.9	09.2			
10 00	49 22.3	134 36.8	S27 11.3	194 34.2	S13 29.5	83 28.7	S14 49.3	99 07.2	S19 09.1	Canopus	263 53.2	S52 42.2
01	64 24.8	149 36.7	11.3	209 35.1	30.1	98 31.0	49.2	114 09.6	09.1	Capella	280 25.3	N46 01.1
02	79 27.3	164 36.6	11.2	224 35.9	30.7	113 33.3	49.1	129 11.9	09.1	Deneb	49 27.6	N45 21.7
03	94 29.7	179 36.6 ..	11.1	239 36.7 ..	31.3	128 35.5 ..	49.1	144 14.2 ..	09.0	Denebola	182 27.8	N14 27.1
04	109 32.2	194 36.5	11.0	254 37.5	31.8	143 37.8	49.0	159 16.6	09.0	Diphda	348 49.7	S17 52.1
05	124 34.7	209 36.4	10.9	269 38.4	32.4	158 40.1	48.9	174 18.9	09.0			
06	139 37.1	224 36.3	S27 10.8	284 39.2	S13 33.0	173 42.4	S14 48.9	189 21.3	S19 08.9	Dubhe	193 44.6	N61 37.9
W 07	154 39.6	239 36.2	10.8	299 40.0	33.6	188 44.7	48.8	204 23.6	08.9	Elnath	278 04.8	N28 37.5
E 08	169 42.0	254 36.1	10.7	314 40.8	34.1	203 47.0	48.7	219 25.9	08.9	Eltanin	90 43.8	N51 29.4
D 09	184 44.5	269 36.1 ..	10.6	329 41.7 ..	34.7	218 49.2 ..	48.7	234 28.3 ..	08.8	Enif	33 41.3	N 9 58.6
N 10	199 47.0	284 36.0	10.5	344 42.5	35.3	233 51.5	48.6	249 30.6	08.8	Fomalhaut	15 17.3	S29 30.6
E 11	214 49.4	299 35.9	10.4	359 43.3	35.8	248 53.8	48.5	264 32.9	08.8			
S 12	229 51.9	314 35.8	S27 10.3	14 44.1	S13 36.4	263 56.1	S14 48.5	279 35.3	S19 08.8	Gacrux	171 54.9	S57 13.8
D 13	244 54.4	329 35.8	10.2	29 44.9	37.0	278 58.4	48.4	294 37.6	08.7	Gienah	175 46.5	S17 39.5
A 14	259 56.8	344 35.7	10.1	44 45.8	37.6	294 00.6	48.3	309 39.9	08.7	Hadar	148 40.3	S60 28.4
Y 15	274 59.3	359 35.6 ..	10.0	59 46.6 ..	38.1	309 02.9 ..	48.3	324 42.3 ..	08.7	Hamal	327 53.8	N23 34.0
16	290 01.8	14 35.5	10.0	74 47.4	38.7	324 05.2	48.2	339 44.6	08.6	Kaus Aust.	83 36.3	S34 22.5
17	305 04.2	29 35.5	09.9	89 48.2	39.3	339 07.5	48.1	354 47.0	08.6			
18	320 06.7	44 35.4	S27 09.8	104 49.1	S13 39.8	354 09.8	S14 48.1	9 49.3	S19 08.6	Kochab	137 21.1	N74 04.0
19	335 09.2	59 35.3	09.7	119 49.9	40.4	9 12.0	48.0	24 51.6	08.5	Markab	13 32.3	N15 19.4
20	350 11.6	74 35.3	09.6	134 50.7	41.0	24 14.3	47.9	39 54.0	08.5	Menkar	314 08.6	N 4 10.5
21	5 14.1	89 35.2 ..	09.5	149 51.5 ..	41.6	39 16.6 ..	47.9	54 56.3 ..	08.5	Menkent	148 01.1	S36 28.4
22	20 16.5	104 35.1	09.4	164 52.3	42.1	54 18.9	47.8	69 58.6	08.4	Miaplacidus	221 38.7	S69 48.0
23	35 19.0	119 35.1	09.3	179 53.2	42.7	69 21.2	47.7	85 01.0	08.4			
11 00	50 21.5	134 35.0	S27 09.2	194 54.0	S13 43.3	84 23.4	S14 47.7	100 03.3	S19 08.4	Mirfak	308 31.5	N49 56.3
01	65 23.9	149 35.0	09.1	209 54.8	43.8	99 25.7	47.6	115 05.6	08.3	Nunki	75 51.2	S26 16.2
02	80 26.4	164 34.9	09.0	224 55.6	44.4	114 28.0	47.5	130 08.0	08.3	Peacock	53 10.0	S56 40.1
03	95 28.9	179 34.8 ..	08.9	239 56.5 ..	45.0	129 30.3 ..	47.4	145 10.3 ..	08.3	Pollux	243 20.4	N27 58.3
04	110 31.3	194 34.8	08.8	254 57.3	45.5	144 32.5	47.4	160 12.6	08.2	Procyon	244 53.4	N 5 10.2
05	125 33.8	209 34.7	08.7	269 58.1	46.1	159 34.8	47.3	175 15.0	08.2			
06	140 36.3	224 34.7	S27 08.5	284 58.9	S13 46.7	174 37.1	S14 47.2	190 17.3	S19 08.2	Rasalhague	96 01.3	N12 32.8
07	155 38.7	239 34.6	08.4	299 59.7	47.3	189 39.4	47.2	205 19.6	08.1	Regulus	207 37.3	N11 51.7
T 08	170 41.2	254 34.6	08.3	315 00.6	47.8	204 41.6	47.1	220 22.0	08.1	Rigel	281 06.1	S 8 10.9
H 09	185 43.7	269 34.5 ..	08.2	330 01.4 ..	48.4	219 43.9 ..	47.0	235 24.3 ..	08.1	Rigil Kent.	139 44.5	S60 55.3
U 10	200 46.1	284 34.5	08.1	345 02.2	49.0	234 46.2	47.0	250 26.6	08.0	Sabik	102 06.1	S15 45.0
R 11	215 48.6	299 34.4	08.0	0 03.0	49.5	249 48.5	46.9	265 29.0	08.0			
S 12	230 51.0	314 34.4	S27 07.9	15 03.8	S13 50.1	264 50.7	S14 46.8	280 31.3	S19 08.0	Schedar	349 33.5	N56 39.6
D 13	245 53.5	329 34.4	07.8	30 04.6	50.7	279 53.0	46.7	295 33.6	07.9	Shaula	96 14.3	S37 07.1
A 14	260 56.0	344 34.3	07.7	45 05.5	51.2	294 55.3	46.7	310 36.0	07.9	Sirius	258 28.3	S16 44.6
Y 15	275 58.4	359 34.3 ..	07.5	60 06.3 ..	51.8	309 57.6 ..	46.6	325 38.3 ..	07.9	Spica	158 25.4	S11 16.3
16	291 00.9	14 34.2	07.4	75 07.1	52.4	324 59.8	46.5	340 40.6	07.8	Suhail	222 48.2	S43 30.9
17	306 03.4	29 34.2	07.3	90 07.9	52.9	340 02.1	46.5	355 43.0	07.8			
18	321 05.8	44 34.2	S27 07.2	105 08.7	S13 53.5	355 04.4	S14 46.4	10 45.3	S19 07.8	Vega	80 35.3	N38 48.4
19	336 08.3	59 34.1	07.1	120 09.6	54.1	10 06.6	46.3	25 47.6	07.7	Zuben'ubi	136 59.3	S16 07.8
20	351 10.8	74 34.1	07.0	135 10.4	54.6	25 08.9	46.2	40 50.0	07.7		SHA	Mer. Pass.
21	6 13.2	89 34.0 ..	06.8	150 11.2 ..	55.2	40 11.2 ..	46.2	55 52.3 ..	07.7		° ′	h m
22	21 15.7	104 34.0	06.7	165 12.0	55.8	55 13.5	46.1	70 54.6	07.6	Venus	85 14.5	15 02
23	36 18.1	119 34.0	06.6	180 12.8	56.3	70 15.7	46.0	85 57.0	07.6	Mars	145 11.9	11 01
	h m									Jupiter	34 06.4	18 23
Mer. Pass. 20 39.1		v −0.1	d 0.1	v 0.8	d 0.6	v 2.3	d 0.1	v 2.3	d 0.0	Saturn	49 44.9	17 21

2021 NOVEMBER 9, 10, 11 (TUES., WED., THURS.)

UT	SUN GHA	SUN Dec	MOON GHA	MOON v	MOON Dec	MOON d	MOON HP	Lat.	Twilight Naut.	Twilight Civil	Sunrise	Moonrise 9	Moonrise 10	Moonrise 11	Moonrise 12
d h	° '	° '	° '	'	° '	'	'	°	h m	h m	h m	h m	h m	h m	h m
9 00	184 03.1	S16 51.3	122 49.5	3.2	S26 14.4	1.5	59.8	N 72	06 42	08 12	10 04	▓▓	▓▓	▓▓	16 44
01	199 03.1	52.0	137 11.7	3.4	26 12.9	1.6	59.8	N 70	06 34	07 53	09 20	▓▓	▓▓	17 15	16 13
02	214 03.0	52.7	151 34.1	3.4	26 11.3	1.9	59.8	68	06 27	07 37	08 51	▓▓	▓▓	16 21	15 50
03	229 02.9	53.4	165 56.5	3.4	26 09.4	2.0	59.7	66	06 21	07 25	08 29	▓▓	16 21	15 48	15 33
04	244 02.9	54.2	180 18.9	3.5	26 07.4	2.3	59.7	64	06 16	07 15	08 12	15 48	15 31	15 24	15 18
05	259 02.8	54.9	194 41.4	3.6	26 05.1	2.4	59.7	62	06 11	07 06	07 58	14 45	14 59	15 04	15 06
								60	06 07	06 58	07 46	14 11	14 36	14 48	14 55
06	274 02.8	S16 55.6	209 04.0	3.7	S26 02.7	2.6	59.7	N 58	06 03	06 51	07 35	13 46	14 17	14 35	14 46
07	289 02.7	56.3	223 26.7	3.7	26 00.1	2.7	59.6	56	06 00	06 45	07 26	13 25	14 01	14 23	14 38
T 08	304 02.7	57.0	237 49.4	3.8	25 57.4	3.0	59.6	54	05 57	06 40	07 18	13 09	13 47	14 13	14 30
U 09	319 02.6	57.7	252 12.2	3.9	25 54.4	3.1	59.6	52	05 54	06 34	07 11	12 54	13 35	14 03	14 24
E 10	334 02.6	58.4	266 35.1	4.0	25 51.3	3.3	59.5	50	05 51	06 30	07 05	12 42	13 24	13 55	14 18
S 11	349 02.5	59.1	280 58.1	4.1	25 48.0	3.4	59.5	45	05 44	06 20	06 51	12 16	13 02	13 37	14 05
D 12	4 02.5	S16 59.8	295 21.2	4.1	S25 44.6	3.7	59.5	N 40	05 38	06 11	06 39	11 55	12 44	13 23	13 55
A 13	19 02.4	17 00.5	309 44.3	4.3	25 40.9	3.8	59.4	35	05 33	06 03	06 30	11 38	12 29	13 11	13 46
Y 14	34 02.3	01.3	324 07.6	4.3	25 37.1	4.0	59.4	30	05 27	05 56	06 21	11 23	12 15	13 00	13 38
15	49 02.3	02.0	338 30.9	4.4	25 33.1	4.1	59.4	20	05 17	05 43	06 06	10 57	11 53	12 41	13 24
16	64 02.2	02.7	352 54.3	4.5	25 29.0	4.3	59.3	N 10	05 06	05 31	05 53	10 35	11 33	12 25	13 11
17	79 02.2	03.4	7 17.8	4.6	25 24.7	4.5	59.3	0	04 54	05 19	05 40	10 15	11 15	12 10	13 00
18	94 02.1	S17 04.1	21 41.4	4.6	S25 20.2	4.6	59.3	S 10	04 40	05 06	05 28	09 55	10 56	11 54	12 48
19	109 02.1	04.8	36 05.0	4.8	25 15.6	4.8	59.2	20	04 23	04 51	05 14	09 33	10 36	11 38	12 36
20	124 02.0	05.5	50 28.8	4.9	25 10.8	5.0	59.2	30	04 02	04 33	04 59	09 07	10 14	11 19	12 22
21	139 01.9	06.2	64 52.7	5.0	25 05.8	5.1	59.2	35	03 49	04 22	04 49	08 52	10 00	11 08	12 14
22	154 01.9	06.9	79 16.7	5.0	25 00.7	5.3	59.1	40	03 32	04 09	04 39	08 35	09 45	10 55	12 04
23	169 01.8	07.6	93 40.7	5.2	24 55.4	5.5	59.1	45	03 12	03 53	04 27	08 14	09 26	10 40	11 53
10 00	184 01.8	S17 08.3	108 04.9	5.3	S24 49.9	5.6	59.1	S 50	02 44	03 34	04 12	07 48	09 03	10 22	11 40
01	199 01.7	09.0	122 29.2	5.4	24 44.3	5.7	59.0	52	02 30	03 24	04 04	07 35	08 51	10 13	11 33
02	214 01.6	09.7	136 53.6	5.5	24 38.6	5.9	59.0	54	02 13	03 13	03 57	07 20	08 39	10 03	11 26
03	229 01.6	10.4	151 18.1	5.5	24 32.7	6.1	59.0	56	01 52	03 01	03 48	07 03	08 24	09 52	11 18
04	244 01.5	11.1	165 42.6	5.7	24 26.6	6.2	58.9	58	01 25	02 46	03 38	06 42	08 07	09 39	11 10
05	259 01.5	11.8	180 07.3	5.8	24 20.4	6.3	58.9	S 60	00 41	02 28	03 26	06 16	07 46	09 24	10 59
06	274 01.4	S17 12.5	194 32.1	5.9	S24 14.1	6.5	58.9	Lat.	Sunset	Twilight Civil	Twilight Naut.	Moonset 9	Moonset 10	Moonset 11	Moonset 12
W 07	289 01.3	13.2	208 57.0	6.1	24 07.6	6.7	58.8								
E 08	304 01.3	13.9	223 22.1	6.1	24 00.9	6.8	58.8	°	h m	h m	h m	h m	h m	h m	h m
D 09	319 01.2	14.6	237 47.2	6.2	23 54.1	6.9	58.8	N 72	13 22	15 15	16 45	▓▓	▓▓	▓▓	22 03
N 10	334 01.1	15.3	252 12.4	6.4	23 47.2	7.1	58.7	N 70	14 07	15 34	16 53	▓▓	▓▓	19 47	22 32
E 11	349 01.1	16.0	266 37.8	6.4	23 40.1	7.2	58.7	68	14 36	15 49	17 00	▓▓	▓▓	20 40	22 53
S 12	4 01.0	S17 16.7	281 03.2	6.6	S23 32.9	7.3	58.7	66	14 58	16 02	17 06	▓▓	18 48	21 12	23 09
D 13	19 00.9	17.4	295 28.8	6.7	23 25.6	7.5	58.6	64	15 15	16 12	17 11	17 18	19 37	21 35	23 22
A 14	34 00.9	18.1	309 54.5	6.8	23 18.1	7.6	58.6	62	15 29	16 21	17 16	18 20	20 08	21 54	23 34
Y 15	49 00.8	18.8	324 20.3	6.9	23 10.5	7.7	58.6	60	15 41	16 29	17 20	18 54	20 31	22 09	23 43
16	64 00.8	19.5	338 46.2	7.0	23 02.8	7.9	58.5								
17	79 00.7	20.2	353 12.2	7.2	22 54.9	8.0	58.5	N 58	15 52	16 36	17 24	19 19	20 49	22 22	23 51
18	94 00.6	S17 20.9	7 38.4	7.2	S22 46.9	8.1	58.5	56	16 01	16 42	17 27	19 38	21 05	22 33	23 58
19	109 00.6	21.6	22 04.6	7.4	22 38.8	8.3	58.4	54	16 09	16 48	17 30	19 55	21 18	22 43	24 05
20	124 00.5	22.3	36 31.0	7.5	22 30.5	8.4	58.4	52	16 16	16 53	17 33	20 09	21 29	22 51	24 11
21	139 00.4	22.9	50 57.5	7.6	22 22.1	8.5	58.4	50	16 22	16 57	17 36	20 22	21 40	22 59	24 16
22	154 00.3	23.6	65 24.1	7.7	22 13.6	8.6	58.3	45	16 36	17 08	17 43	20 47	22 01	23 15	24 27
23	169 00.3	24.3	79 50.8	7.8	22 05.0	8.7	58.3								
11 00	184 00.2	S17 25.0	94 17.6	8.0	S21 56.3	8.9	58.3	N 40	16 48	17 17	17 49	21 07	22 18	23 28	24 36
01	199 00.1	25.7	108 44.6	8.0	21 47.4	9.0	58.2	35	16 58	17 24	17 55	21 24	22 33	23 40	24 44
02	214 00.1	26.4	123 11.6	8.2	21 38.4	9.1	58.2	30	17 07	17 32	18 00	21 39	22 45	23 50	24 51
03	229 00.0	27.1	137 38.8	8.3	21 29.3	9.2	58.2	20	17 22	17 45	18 11	22 03	23 06	24 06	00 06
04	243 59.9	27.8	152 06.1	8.4	21 20.1	9.3	58.1	N 10	17 35	17 57	18 22	22 24	23 25	24 21	00 21
05	258 59.9	28.5	166 33.5	8.5	21 10.8	9.4	58.1	0	17 47	18 09	18 34	22 44	23 42	24 34	00 34
06	273 59.8	S17 29.1	181 01.0	8.7	S21 01.4	9.5	58.1	S 10	18 00	18 22	18 48	23 04	23 58	24 48	00 48
07	288 59.7	29.8	195 28.7	8.7	20 51.9	9.6	58.0	20	18 14	18 37	19 05	23 24	24 16	00 16	01 02
T 08	303 59.7	30.5	209 56.4	8.9	20 42.3	9.8	58.0	30	18 30	18 55	19 26	23 48	24 37	00 37	01 18
H 09	318 59.6	31.2	224 24.3	9.0	20 32.5	9.8	58.0	35	18 39	19 07	19 40	24 03	00 03	00 49	01 27
U 10	333 59.5	31.9	238 52.3	9.1	20 22.7	10.0	57.9	40	18 50	19 20	19 57	24 19	00 19	01 03	01 38
R 11	348 59.4	32.6	253 20.4	9.2	20 12.7	10.0	57.9	45	19 02	19 35	20 18	24 38	00 38	01 19	01 50
S 12	3 59.4	S17 33.3	267 48.6	9.3	S20 02.7	10.1	57.9	S 50	19 17	19 56	20 46	00 12	01 02	01 39	02 05
D 13	18 59.3	33.9	282 16.9	9.4	19 52.6	10.3	57.8	52	19 25	20 05	21 00	00 25	01 14	01 48	02 12
A 14	33 59.2	34.6	296 45.3	9.6	19 42.3	10.3	57.8	54	19 33	20 16	21 17	00 39	01 27	01 58	02 20
Y 15	48 59.1	35.3	311 13.9	9.6	19 32.0	10.4	57.8	56	19 42	20 29	21 39	00 57	01 42	02 10	02 29
16	63 59.1	36.0	325 42.5	9.8	19 21.6	10.5	57.7	58	19 52	20 44	22 07	01 18	02 00	02 24	02 38
17	78 59.0	36.7	340 11.3	9.8	19 11.1	10.6	57.7	S 60	20 04	21 02	22 57	01 44	02 21	02 40	02 49
18	93 58.9	S17 37.4	354 40.1	10.0	S19 00.5	10.7	57.7		SUN			MOON			
19	108 58.8	38.0	9 09.1	10.1	18 49.8	10.8	57.6	Day	Eqn. of Time		Mer. Pass.	Mer. Pass. Upper	Mer. Pass. Lower	Age	Phase
20	123 58.8	38.7	23 38.2	10.2	18 39.0	10.9	57.6		00h	12h					
21	138 58.7	39.4	38 07.4	10.3	18 28.1	10.9	57.6	d	m s	m s	h m	h m	h m	d	%
22	153 58.6	40.1	52 36.7	10.4	18 17.2	11.1	57.5	9	16 13	16 10	11 44	16 30	03 59	05	28
23	168 58.5	40.7	67 06.1	10.6	S18 06.1	11.1	57.5	10	16 07	16 04	11 44	17 28	04 59	06	39
								11	16 01	15 58	11 44	18 22	05 56	07	50
	SD 16.2	d 0.7	SD 16.2		16.0		15.8								

2021 NOVEMBER 12, 13, 14 (FRI., SAT., SUN.)

UT	ARIES GHA	VENUS −4.7 GHA / Dec	MARS +1.6 GHA / Dec	JUPITER −2.4 GHA / Dec	SATURN +0.6 GHA / Dec	STARS Name / SHA / Dec
d h	° ′	° ′ / ° ′	° ′ / ° ′	° ′ / ° ′	° ′ / ° ′	° ′ / ° ′
12 00	51 20.6	134 34.0 S27 06.5	195 13.6 S13 56.9	85 18.0 S14 46.0	100 59.3 S19 07.6	Acamar 315 13.4 S40 13.1
01	66 23.1	149 33.9 06.3	210 14.5 57.5	100 20.3 45.9	116 01.6 07.5	Achernar 335 21.7 S57 07.7
02	81 25.5	164 33.9 06.2	225 15.3 58.0	115 22.5 45.8	131 04.0 07.5	Acrux 173 03.4 S63 12.9
03	96 28.0	179 33.9 .. 06.1	240 16.1 .. 58.6	130 24.8 .. 45.7	146 06.3 .. 07.5	Adhara 255 07.7 S28 59.9
04	111 30.5	194 33.8 06.0	255 16.9 59.2	145 27.1 45.7	161 08.6 07.5	Aldebaran 290 42.3 N16 33.2
05	126 32.9	209 33.8 05.8	270 17.7 13 59.7	160 29.3 45.6	176 10.9 07.4	
06	141 35.4	224 33.8 S27 05.7	285 18.5 S14 00.3	175 31.6 S14 45.5	191 13.3 S19 07.4	Alioth 166 15.8 N55 50.4
07	156 37.9	239 33.8 05.6	300 19.3 00.9	190 33.9 45.5	206 15.6 07.3	Alkaid 152 54.6 N49 12.3
08	171 40.3	254 33.8 05.4	315 20.2 01.4	205 36.1 45.4	221 17.9 07.3	Alnair 27 36.2 S46 51.6
F 09	186 42.8	269 33.7 .. 05.3	330 21.0 .. 02.0	220 38.4 .. 45.3	236 20.3 .. 07.3	Alnilam 275 40.1 S 1 11.2
R 10	201 45.3	284 33.7 05.2	345 21.8 02.6	235 40.7 45.2	251 22.6 07.2	Alphard 217 50.3 S 8 45.0
I 11	216 47.7	299 33.7 05.0	0 22.6 03.1	250 42.9 45.2	266 24.9 07.2	
D 12	231 50.2	314 33.7 S27 04.9	15 23.4 S14 03.7	265 45.2 S14 45.1	281 27.3 S19 07.2	Alphecca 126 06.3 N26 38.6
A 13	246 52.6	329 33.7 04.8	30 24.2 04.2	280 47.5 45.0	296 29.6 07.1	Alpheratz 357 37.2 N29 12.8
Y 14	261 55.1	344 33.7 04.6	45 25.0 04.8	295 49.7 44.9	311 31.9 07.1	Altair 62 02.6 N 8 55.7
15	276 57.6	359 33.7 .. 04.5	60 25.9 .. 05.4	310 52.0 .. 44.9	326 34.2 .. 07.1	Ankaa 353 09.5 S42 11.4
16	292 00.0	14 33.7 04.4	75 26.7 05.9	325 54.3 44.8	341 36.6 07.0	Antares 112 19.4 S26 28.7
17	307 02.5	29 33.7 04.2	90 27.5 06.5	340 56.5 44.7	356 38.9 07.0	
18	322 05.0	44 33.7 S27 04.1	105 28.3 S14 07.1	355 58.8 S14 44.6	11 41.2 S19 07.0	Arcturus 145 50.6 N19 04.3
19	337 07.4	59 33.6 03.9	120 29.1 07.6	11 01.1 44.6	26 43.6 06.9	Atria 107 16.5 S69 04.0
20	352 09.9	74 33.6 03.8	135 29.9 08.2	26 03.3 44.5	41 45.9 06.9	Avior 234 15.5 S59 34.4
21	7 12.4	89 33.6 .. 03.7	150 30.7 .. 08.8	41 05.6 .. 44.4	56 48.2 .. 06.8	Bellatrix 278 25.4 N 6 22.2
22	22 14.8	104 33.6 03.5	165 31.5 09.3	56 07.9 44.4	71 50.5 06.8	Betelgeuse 270 54.6 N 7 24.7
23	37 17.3	119 33.6 03.4	180 32.4 09.9	71 10.1 44.3	86 52.9 06.8	
13 00	52 19.8	134 33.7 S27 03.2	195 33.2 S14 10.4	86 12.4 S14 44.2	101 55.2 S19 06.7	Canopus 263 53.1 S52 42.2
01	67 22.2	149 33.7 03.1	210 34.0 11.0	101 14.6 44.1	116 57.5 06.7	Capella 280 25.3 N46 01.1
02	82 24.7	164 33.7 02.9	225 34.8 11.6	116 16.9 44.1	131 59.9 06.7	Deneb 49 27.7 N45 21.7
03	97 27.1	179 33.7 .. 02.8	240 35.6 .. 12.1	131 19.2 .. 44.0	147 02.2 .. 06.6	Denebola 182 27.8 N14 27.1
04	112 29.6	194 33.7 02.6	255 36.4 12.7	146 21.4 43.9	162 04.5 06.6	Diphda 348 49.7 S17 52.1
05	127 32.1	209 33.7 02.5	270 37.2 13.3	161 23.7 43.8	177 06.8 06.6	
06	142 34.5	224 33.7 S27 02.3	285 38.0 S14 13.8	176 26.0 S14 43.8	192 09.2 S19 06.5	Dubhe 193 44.5 N61 37.8
07	157 37.0	239 33.7 02.2	300 38.8 14.4	191 28.2 43.7	207 11.5 06.5	Elnath 278 04.8 N28 37.5
S 08	172 39.5	254 33.7 02.0	315 39.7 14.9	206 30.5 43.6	222 13.8 06.5	Eltanin 90 43.8 N51 29.4
A 09	187 41.9	269 33.7 .. 01.9	330 40.5 .. 15.5	221 32.7 .. 43.5	237 16.1 .. 06.4	Enif 33 41.3 N 9 58.6
T 10	202 44.4	284 33.8 01.7	345 41.3 16.1	236 35.0 43.5	252 18.5 06.4	Fomalhaut 15 17.3 S29 30.6
U 11	217 46.9	299 33.8 01.6	0 42.1 16.6	251 37.3 43.4	267 20.8 06.4	
R 12	232 49.3	314 33.8 S27 01.4	15 42.9 S14 17.2	266 39.5 S14 43.3	282 23.1 S19 06.3	Gacrux 171 54.9 S57 13.8
D 13	247 51.8	329 33.8 01.2	30 43.7 17.7	281 41.8 43.2	297 25.4 06.3	Gienah 175 46.5 S17 39.5
A 14	262 54.2	344 33.8 01.1	45 44.5 18.3	296 44.0 43.2	312 27.8 06.3	Hadar 148 40.3 S60 28.4
Y 15	277 56.7	359 33.9 .. 00.9	60 45.3 .. 18.9	311 46.3 .. 43.1	327 30.1 .. 06.2	Hamal 327 53.8 N23 34.0
16	292 59.2	14 33.9 00.8	75 46.1 19.4	326 48.5 43.0	342 32.4 06.2	Kaus Aust. 83 36.3 S34 22.5
17	308 01.6	29 33.9 00.6	90 46.9 20.0	341 50.8 42.9	357 34.7 06.1	
18	323 04.1	44 34.0 S27 00.4	105 47.7 S14 20.5	356 53.1 S14 42.9	12 37.1 S19 06.1	Kochab 137 21.0 N74 04.0
19	338 06.6	59 34.0 00.3	120 48.6 21.1	11 55.3 42.8	27 39.4 06.1	Markab 13 32.4 N15 19.4
20	353 09.0	74 34.0 00.1	135 49.4 21.6	26 57.6 42.7	42 41.7 06.0	Menkar 314 08.5 N 4 10.5
21	8 11.5	89 34.0 27 00.0	150 50.2 .. 22.2	41 59.8 .. 42.6	57 44.0 .. 06.0	Menkent 148 01.1 S36 28.4
22	23 14.0	104 34.1 26 59.8	165 51.0 22.8	57 02.1 42.5	72 46.4 06.0	Miaplacidus 221 38.6 S69 48.0
23	38 16.4	119 34.1 59.6	180 51.8 23.3	72 04.3 42.5	87 48.7 05.9	
14 00	53 18.9	134 34.2 S26 59.5	195 52.6 S14 23.9	87 06.6 S14 42.4	102 51.0 S19 05.9	Mirfak 308 31.4 N49 56.3
01	68 21.4	149 34.2 59.3	210 53.4 24.4	102 08.9 42.3	117 53.3 05.9	Nunki 75 51.2 S26 16.2
02	83 23.8	164 34.2 59.1	225 54.2 25.0	117 11.1 42.2	132 55.7 05.8	Peacock 53 10.0 S56 40.1
03	98 26.3	179 34.3 .. 59.0	240 55.0 .. 25.6	132 13.4 .. 42.2	147 58.0 .. 05.8	Pollux 243 20.3 N27 58.3
04	113 28.7	194 34.3 58.8	255 55.8 26.1	147 15.6 42.1	163 00.3 05.8	Procyon 244 53.4 N 5 10.2
05	128 31.2	209 34.4 58.6	270 56.6 26.7	162 17.9 42.0	178 02.6 05.7	
06	143 33.7	224 34.4 S26 58.4	285 57.4 S14 27.2	177 20.1 S14 41.9	193 04.9 S19 05.7	Rasalhague 96 01.3 N12 32.8
07	158 36.1	239 34.5 58.3	300 58.2 27.8	192 22.4 41.9	208 07.3 05.6	Regulus 207 37.3 N11 51.7
08	173 38.6	254 34.5 58.1	315 59.0 28.3	207 24.6 41.8	223 09.6 05.6	Rigel 281 06.1 S 8 10.5
S 09	188 41.1	269 34.6 .. 57.9	330 59.8 .. 28.9	222 26.9 .. 41.7	238 11.9 .. 05.6	Rigil Kent. 139 44.5 S60 55.3
U 10	203 43.5	284 34.6 57.7	346 00.6 29.5	237 29.1 41.6	253 14.2 05.5	Sabik 102 06.1 S15 45.0
N 11	218 46.0	299 34.7 57.6	1 01.5 30.0	252 31.4 41.5	268 16.6 05.5	
D 12	233 48.5	314 34.7 S26 57.4	16 02.3 S14 30.6	267 33.6 S14 41.5	283 18.9 S19 05.5	Schedar 349 33.5 N56 39.6
A 13	248 50.9	329 34.8 57.2	31 03.1 31.1	282 35.9 41.4	298 21.2 05.4	Shaula 96 14.3 S37 07.1
Y 14	263 53.4	344 34.8 57.0	46 03.9 31.7	297 38.1 41.3	313 23.5 05.4	Sirius 258 28.3 S16 44.6
15	278 55.9	359 34.9 .. 56.8	61 04.7 .. 32.2	312 40.4 .. 41.2	328 25.8 .. 05.4	Spica 158 25.3 S11 16.3
16	293 58.3	14 35.0 56.7	76 05.5 32.8	327 42.6 41.1	343 28.2 05.3	Suhail 222 48.1 S43 30.9
17	309 00.8	29 35.0 56.5	91 06.3 33.3	342 44.9 41.1	358 30.5 05.3	
18	324 03.2	44 35.1 S26 56.3	106 07.1 S14 33.9	357 47.1 S14 41.0	13 32.8 S19 05.2	Vega 80 35.3 N38 48.4
19	339 05.7	59 35.2 56.1	121 07.9 34.5	12 49.4 40.9	28 35.1 05.2	Zuben'ubi 136 59.2 S16 07.8
20	354 08.2	74 35.2 55.9	136 08.7 35.0	27 51.6 40.8	43 37.4 05.2	SHA / Mer. Pass.
21	9 10.6	89 35.3 .. 55.7	151 09.5 .. 35.6	42 53.9 .. 40.8	58 39.8 .. 05.1	° ′ / h m
22	24 13.1	104 35.4 55.6	166 10.3 36.1	57 56.1 40.7	73 42.1 05.1	Venus 82 13.9 15 02
23	39 15.6	119 35.4 55.4	181 11.1 36.7	72 58.4 40.6	88 44.4 05.1	Mars 143 13.4 10 57
	h m					Jupiter 33 52.6 18 12
Mer. Pass. 20 27.3		v 0.0 d 0.2	v 0.8 d 0.6	v 2.3 d 0.1	v 2.3 d 0.0	Saturn 49 35.4 17 10

2021 NOVEMBER 12, 13, 14 (FRI., SAT., SUN.)

UT	SUN GHA	SUN Dec	MOON GHA	MOON v	MOON Dec	MOON d	MOON HP	Lat.	Twilight Naut.	Twilight Civil	Sunrise	Moonrise 12	Moonrise 13	Moonrise 14	Moonrise 15
d h	° ′	° ′	° ′	′	° ′	′	′	° N 72	h m 06 53	h m 08 26	h m 10 35	h m 16 44	h m 15 58	h m 15 27	h m 14 59
12 00	183 58.5	S17 41.4	81 35.7	10.6	S17 55.0	11.2	57.5	N 70	06 43	08 04	09 38	16 13	15 43	15 21	15 01
01	198 58.4	42.1	96 05.3	10.7	17 43.8	11.3	57.4	68	06 36	07 48	09 04	15 50	15 31	15 16	15 02
02	213 58.3	42.8	110 35.0	10.8	17 32.5	11.3	57.4	66	06 29	07 34	08 40	15 33	15 21	15 12	15 03
03	228 58.2	.. 43.5	125 04.8	11.0	17 21.2	11.4	57.4	64	06 23	07 23	08 21	15 18	15 13	15 08	15 03
04	243 58.1	44.1	139 34.8	11.0	17 09.8	11.5	57.3	62	06 18	07 13	08 06	15 06	15 06	15 05	15 04
05	258 58.1	44.8	154 04.8	11.1	16 58.3	11.6	57.3	60	06 13	07 05	07 53	14 55	14 59	15 02	15 05
06	273 58.0	S17 45.5	168 34.9	11.3	S16 46.7	11.6	57.3	N 58	06 09	06 57	07 42	14 46	14 54	15 00	15 05
07	288 57.9	46.2	183 05.2	11.3	16 35.1	11.8	57.2	56	06 05	06 51	07 33	14 38	14 49	14 58	15 06
08	303 57.8	46.8	197 35.5	11.5	16 23.3	11.7	57.2	54	06 02	06 45	07 24	14 30	14 44	14 56	15 06
F 09	318 57.7	.. 47.5	212 06.0	11.5	16 11.6	11.9	57.2	52	05 58	06 39	07 17	14 24	14 40	14 54	15 06
R 10	333 57.7	48.2	226 36.5	11.6	15 59.7	11.9	57.1	50	05 55	06 34	07 10	14 18	14 36	14 52	15 07
I 11	348 57.6	48.8	241 07.1	11.7	15 47.8	12.0	57.1	45	05 48	06 23	06 55	14 05	14 28	14 49	15 08
D 12	3 57.5	S17 49.5	255 37.8	11.9	S15 35.8	12.0	57.1	N 40	05 41	06 14	06 43	13 55	14 22	14 46	15 08
A 13	18 57.4	50.2	270 08.7	11.9	15 23.8	12.1	57.1	35	05 35	06 06	06 33	13 46	14 16	14 43	15 09
Y 14	33 57.3	50.9	284 39.6	12.0	15 11.7	12.2	57.0	30	05 29	05 58	06 23	13 38	14 11	14 41	15 09
15	48 57.3	.. 51.5	299 10.6	12.1	14 59.5	12.2	57.0	20	05 18	05 45	06 08	13 24	14 02	14 37	15 10
16	63 57.2	52.2	313 41.7	12.2	14 47.3	12.3	57.0	N 10	05 06	05 32	05 54	13 11	13 54	14 33	15 11
17	78 57.1	52.9	328 12.9	12.3	14 35.0	12.3	56.9	0	04 54	05 19	05 41	13 00	13 46	14 30	15 12
18	93 57.0	S17 53.5	342 44.2	12.3	S14 22.7	12.4	56.9	S 10	04 39	05 05	05 28	12 48	13 39	14 26	15 12
19	108 56.9	54.2	357 15.5	12.5	14 10.3	12.5	56.9	20	04 22	04 50	05 13	12 36	13 31	14 23	15 13
20	123 56.8	54.9	11 47.0	12.5	13 57.8	12.5	56.8	30	04 00	04 31	04 57	12 22	13 22	14 19	15 14
21	138 56.7	.. 55.5	26 18.5	12.7	13 45.3	12.5	56.8	35	03 46	04 19	04 47	12 14	13 16	14 16	15 15
22	153 56.7	56.2	40 50.2	12.7	13 32.8	12.7	56.8	40	03 29	04 06	04 36	12 04	13 10	14 14	15 16
23	168 56.6	56.9	55 21.9	12.8	13 20.1	12.6	56.8	45	03 07	03 49	04 23	11 53	13 03	14 11	15 16
13 00	183 56.5	S17 57.5	69 53.7	12.9	S13 07.5	12.7	56.7	S 50	02 38	03 29	04 07	11 40	12 55	14 07	15 17
01	198 56.4	58.2	84 25.6	12.9	12 54.8	12.8	56.7	52	02 23	03 18	04 00	11 33	12 51	14 05	15 18
02	213 56.3	58.9	98 57.5	13.1	12 42.0	12.7	56.7	54	02 04	03 07	03 51	11 26	12 46	14 03	15 18
03	228 56.2	17 59.5	113 29.6	13.1	12 29.3	12.9	56.6	56	01 41	02 54	03 42	11 18	12 42	14 01	15 19
04	243 56.1	18 00.2	128 01.7	13.2	12 16.4	12.9	56.6	58	01 10	02 38	03 31	11 10	12 36	13 59	15 19
05	258 56.1	00.8	142 33.9	13.3	12 03.5	12.9	56.6	S 60	////	02 18	03 19	10 59	12 30	13 57	15 20
06	273 56.0	S18 01.5	157 06.2	13.3	S11 50.6	13.0	56.6	Lat.	Sunset	Twilight Civil	Twilight Naut.	Moonset 12	Moonset 13	Moonset 14	Moonset 15
07	288 55.9	02.2	171 38.5	13.4	11 37.6	13.0	56.5								
S 08	303 55.8	02.8	186 10.9	13.5	11 24.6	13.0	56.5								
A 09	318 55.7	.. 03.5	200 43.4	13.6	11 11.6	13.1	56.5	°	h m	h m	h m	h m	h m	h m	h m
T 10	333 55.6	04.1	215 16.0	13.7	10 58.5	13.1	56.4	N 72	12 52	15 02	16 34	22 03	24 24	00 24	02 26
U 11	348 55.5	04.8	229 48.7	13.7	10 45.4	13.2	56.4	N 70	13 50	15 23	16 44	22 32	24 36	00 36	02 28
R 12	3 55.4	S18 05.5	244 21.4	13.8	S10 32.2	13.1	56.4	68	14 23	15 40	16 52	22 53	24 46	00 46	02 31
D 13	18 55.3	06.1	258 54.2	13.8	10 19.1	13.3	56.4	66	14 47	15 53	16 59	23 09	24 54	00 54	02 33
A 14	33 55.3	06.8	273 27.0	13.9	10 05.8	13.2	56.3	64	15 06	16 05	17 05	23 22	25 01	01 01	02 34
Y 15	48 55.2	.. 07.4	287 59.9	14.0	9 52.6	13.3	56.3	62	15 22	16 15	17 10	23 34	25 07	01 07	02 36
16	63 55.1	08.1	302 32.9	14.1	9 39.3	13.3	56.3	60	15 35	16 23	17 14	23 43	25 12	01 12	02 37
17	78 55.0	08.7	317 06.0	14.1	9 26.0	13.4	56.3								
18	93 54.9	S18 09.4	331 39.1	14.1	S 9 12.6	13.3	56.2	N 58	15 46	16 30	17 19	23 51	25 16	01 16	02 38
19	108 54.8	10.0	346 12.2	14.3	8 59.3	13.4	56.2	56	15 55	16 37	17 23	23 58	25 20	01 20	02 39
20	123 54.7	10.7	0 45.5	14.3	8 45.9	13.4	56.2	54	16 04	16 43	17 26	24 05	00 05	01 24	02 40
21	138 54.6	.. 11.4	15 18.8	14.3	8 32.5	13.5	56.2	52	16 11	16 49	17 30	24 11	00 11	01 27	02 40
22	153 54.5	12.0	29 52.1	14.4	8 19.0	13.5	56.1	50	16 18	16 54	17 33	24 16	00 16	01 30	02 41
23	168 54.4	12.7	44 25.5	14.5	8 05.5	13.5	56.1	45	16 33	17 05	17 40	24 27	00 27	01 36	02 42
14 00	183 54.3	S18 13.3	58 59.0	14.5	S 7 52.0	13.5	56.1	N 40	16 45	17 14	17 47	24 36	00 36	01 41	02 44
01	198 54.2	14.0	73 32.5	14.6	7 38.5	13.5	56.1	35	16 56	17 22	17 53	24 44	00 44	01 46	02 45
02	213 54.1	14.6	88 06.1	14.7	7 25.0	13.6	56.0	30	17 05	17 30	17 59	24 51	00 51	01 49	02 46
03	228 54.0	.. 15.3	102 39.8	14.6	7 11.4	13.6	56.0	20	17 21	17 44	18 10	00 06	01 03	01 56	02 47
04	243 53.9	15.9	117 13.4	14.8	6 57.8	13.6	56.0	N 10	17 35	17 57	18 22	00 21	01 13	02 02	02 49
05	258 53.8	16.6	131 47.2	14.8	6 44.2	13.6	56.0	0	17 48	18 10	18 35	00 34	01 22	02 07	02 50
06	273 53.7	S18 17.2	146 21.0	14.8	S 6 30.6	13.6	55.9	S 10	18 01	18 23	18 49	00 48	01 32	02 13	02 51
07	288 53.6	17.9	160 54.8	14.9	6 17.0	13.6	55.9	20	18 16	18 39	19 07	01 02	01 42	02 18	02 53
08	303 53.6	18.5	175 28.7	14.9	6 03.4	13.7	55.9	30	18 32	18 58	19 29	01 18	01 53	02 25	02 54
S 09	318 53.5	.. 19.1	190 02.6	15.0	5 49.7	13.7	55.9	35	18 42	19 10	19 44	01 27	02 00	02 28	02 55
U 10	333 53.4	19.8	204 36.6	15.0	5 36.0	13.7	55.8	40	18 53	19 23	20 01	01 38	02 07	02 33	02 56
N 11	348 53.3	20.4	219 10.6	15.1	5 22.3	13.6	55.8	45	19 06	19 40	20 23	01 50	02 16	02 37	02 57
D 12	3 53.2	S18 21.1	233 44.6	15.1	S 5 08.7	13.8	55.8	S 50	19 22	20 01	20 53	02 05	02 26	02 43	02 58
A 13	18 53.1	21.7	248 18.7	15.2	4 54.9	13.7	55.8	52	19 30	20 12	21 08	02 12	02 31	02 46	02 59
Y 14	33 53.0	22.4	262 52.9	15.2	4 41.2	13.7	55.7	54	19 39	20 23	21 27	02 20	02 36	02 48	02 59
15	48 52.9	.. 23.0	277 27.1	15.2	4 27.5	13.7	55.7	56	19 48	20 37	21 50	02 29	02 42	02 52	03 00
16	63 52.8	23.7	292 01.3	15.2	4 13.8	13.8	55.7	58	19 59	20 53	22 24	02 38	02 48	02 55	03 01
17	78 52.7	24.3	306 35.5	15.3	4 00.0	13.7	55.7	S 60	20 12	21 13	////	02 49	02 55	02 59	03 02
18	93 52.6	S18 24.9	321 09.8	15.4	S 3 46.3	13.8	55.6			SUN			MOON		
19	108 52.5	25.6	335 44.2	15.3	3 32.5	13.7	55.6	Day	Eqn. of Time		Mer. Pass.	Mer. Pass. Upper	Mer. Pass. Lower	Age	Phase
20	123 52.4	26.2	350 18.5	15.4	3 18.8	13.8	55.6		00h	12h					
21	138 52.2	.. 26.9	4 52.9	15.4	3 05.0	13.7	55.6	d	m s	m s	h m	h m	h m	d	%
22	153 52.1	27.5	19 27.3	15.5	2 51.3	13.8	55.6	12	15 54	15 50	11 44	19 11	06 47	08	60
23	168 52.0	28.1	34 01.8	15.5	S 2 37.5	13.8	55.5	13	15 46	15 42	11 44	19 57	07 34	09	70
	SD 16.2	d 0.7	SD 15.6		15.4		15.2	14	15 37	15 33	11 44	20 40	08 19	10	79

221

2021 NOVEMBER 15, 16, 17 (MON., TUES., WED.)

UT	ARIES GHA	VENUS −4.7 GHA	Dec	MARS +1.6 GHA	Dec	JUPITER −2.4 GHA	Dec	SATURN +0.6 GHA	Dec	STARS Name	SHA	Dec
d h	° ′	° ′	° ′	° ′	° ′	° ′	° ′	° ′	° ′		° ′	° ′
15 00	54 18.0	134 35.5	S26 55.2	196 11.9	S14 37.2	88 00.6	S14 40.5	103 46.7	S19 05.0	Acamar	315 13.4	S40 13.1
01	69 20.5	149 35.6	55.0	211 12.7	37.8	103 02.9	40.4	118 49.0	05.0	Achernar	335 21.7	S57 07.8
02	84 23.0	164 35.7	54.8	226 13.5	38.3	118 05.1	40.4	133 51.4	05.0	Acrux	173 03.4	S63 12.8
03	99 25.4	179 35.7 ..	54.6	241 14.3 ..	38.9	133 07.4 ..	40.3	148 53.7 ..	04.9	Adhara	255 07.7	S28 59.9
04	114 27.9	194 35.8	54.4	256 15.1	39.4	148 09.6	40.2	163 56.0	04.9	Aldebaran	290 42.3	N16 33.2
05	129 30.3	209 35.9	54.2	271 15.9	40.0	163 11.9	40.1	178 58.3	04.8			
06	144 32.8	224 36.0	S26 54.0	286 16.7	S14 40.5	178 14.1	S14 40.0	194 00.6	S19 04.8	Alioth	166 15.8	N55 50.4
07	159 35.3	239 36.1	53.8	301 17.5	41.1	193 16.4	40.0	209 03.0	04.8	Alkaid	152 54.6	N49 12.3
08	174 37.7	254 36.2	53.6	316 18.3	41.6	208 18.6	39.9	224 05.3	04.7	Alnair	27 36.2	S46 51.6
M 09	189 40.2	269 36.2 ..	53.4	331 19.1 ..	42.2	223 20.9 ..	39.8	239 07.6 ..	04.7	Alnilam	275 40.1	S 1 11.2
O 10	204 42.7	284 36.3	53.2	346 19.9	42.8	238 23.1	39.7	254 09.9	04.7	Alphard	217 50.3	S 8 45.0
N 11	219 45.1	299 36.4	53.0	1 20.7	43.3	253 25.4	39.6	269 12.2	04.6			
D 12	234 47.6	314 36.5	S26 52.8	16 21.5	S14 43.9	268 27.6	S14 39.6	284 14.5	S19 04.6	Alphecca	126 06.3	N26 38.6
A 13	249 50.1	329 36.6	52.6	31 22.3	44.4	283 29.8	39.5	299 16.9	04.5	Alpheratz	357 37.2	N29 12.8
Y 14	264 52.5	344 36.7	52.4	46 23.1	45.0	298 32.1	39.4	314 19.2	04.5	Altair	62 02.7	N 8 55.7
15	279 55.0	359 36.8 ..	52.2	61 23.9 ..	45.5	313 34.3 ..	39.3	329 21.5 ..	04.5	Ankaa	353 09.5	S42 11.4
16	294 57.5	14 36.9	52.0	76 24.7	46.1	328 36.6	39.2	344 23.8	04.4	Antares	112 19.4	S26 28.7
17	309 59.9	29 37.0	51.8	91 25.5	46.6	343 38.8	39.2	359 26.1	04.4			
18	325 02.4	44 37.1	S26 51.6	106 26.3	S14 47.2	358 41.1	S14 39.1	14 28.5	S19 04.4	Arcturus	145 50.6	N19 04.2
19	340 04.8	59 37.2	51.4	121 27.1	47.7	13 43.3	39.0	29 30.8	04.3	Atria	107 16.5	S69 04.0
20	355 07.3	74 37.3	51.2	136 27.9	48.3	28 45.5	38.9	44 33.1	04.3	Avior	234 15.5	S59 34.4
21	10 09.8	89 37.4 ..	51.0	151 28.7 ..	48.8	43 47.8 ..	38.8	59 35.4 ..	04.3	Bellatrix	278 25.4	N 6 22.2
22	25 12.2	104 37.5	50.8	166 29.5	49.4	58 50.0	38.7	74 37.7	04.2	Betelgeuse	270 54.6	N 7 24.7
23	40 14.7	119 37.6	50.6	181 30.3	49.9	73 52.3	38.7	89 40.0	04.2			
16 00	55 17.2	134 37.7	S26 50.4	196 31.1	S14 50.5	88 54.5	S14 38.6	104 42.4	S19 04.1	Canopus	263 53.1	S52 42.2
01	70 19.6	149 37.9	50.2	211 31.9	51.0	103 56.8	38.5	119 44.7	04.1	Capella	280 25.3	N46 01.1
02	85 22.1	164 38.0	50.0	226 32.7	51.6	118 59.0	38.4	134 47.0	04.1	Deneb	49 27.7	N45 21.7
03	100 24.6	179 38.1 ..	49.8	241 33.5 ..	52.1	134 01.2 ..	38.3	149 49.3 ..	04.0	Denebola	182 27.8	N14 27.1
04	115 27.0	194 38.2	49.6	256 34.3	52.7	149 03.5	38.3	164 51.6	04.0	Diphda	348 49.7	S17 52.1
05	130 29.5	209 38.3	49.3	271 35.1	53.2	164 05.7	38.2	179 53.9	03.9			
06	145 31.9	224 38.4	S26 49.1	286 35.9	S14 53.8	179 08.0	S14 38.1	194 56.2	S19 03.9	Dubhe	193 44.5	N61 37.8
07	160 34.4	239 38.6	48.9	301 36.7	54.3	194 10.2	38.0	209 58.6	03.9	Elnath	278 04.8	N28 37.5
08	175 36.9	254 38.7	48.7	316 37.5	54.9	209 12.4	37.9	225 00.9	03.8	Eltanin	90 43.8	N51 29.3
T 09	190 39.3	269 38.8 ..	48.5	331 38.2 ..	55.4	224 14.7 ..	37.8	240 03.2 ..	03.8	Enif	33 41.4	N 9 58.6
U 10	205 41.8	284 38.9	48.3	346 39.0	55.9	239 16.9	37.8	255 05.5	03.8	Fomalhaut	15 17.3	S29 30.6
E 11	220 44.3	299 39.1	48.0	1 39.8	56.5	254 19.1	37.7	270 07.8	03.7			
S 12	235 46.7	314 39.2	S26 47.8	16 40.6	S14 57.0	269 21.4	S14 37.6	285 10.1	S19 03.7	Gacrux	171 54.9	S57 13.8
D 13	250 49.2	329 39.3	47.6	31 41.4	57.6	284 23.6	37.5	300 12.4	03.6	Gienah	175 46.5	S17 39.5
A 14	265 51.7	344 39.5	47.4	46 42.2	58.1	299 25.9	37.4	315 14.8	03.6	Hadar	148 40.3	S60 28.4
Y 15	280 54.1	359 39.6 ..	47.2	61 43.0 ..	58.7	314 28.1 ..	37.3	330 17.1 ..	03.6	Hamal	327 53.8	N23 34.0
16	295 56.6	14 39.7	46.9	76 43.8	59.2	329 30.3	37.3	345 19.4	03.5	Kaus Aust.	83 36.3	S34 22.5
17	310 59.1	29 39.9	46.7	91 44.6	14 59.8	344 32.6	37.2	0 21.7	03.5			
18	326 01.5	44 40.0	S26 46.5	106 45.4	S15 00.3	359 34.8	S14 37.1	15 24.0	S19 03.5	Kochab	137 21.0	N74 03.9
19	341 04.0	59 40.2	46.3	121 46.2	00.9	14 37.0	37.0	30 26.3	03.4	Markab	13 32.4	N15 19.4
20	356 06.4	74 40.3	46.0	136 47.0	01.4	29 39.3	36.9	45 28.6	03.4	Menkar	314 08.5	N 4 10.5
21	11 08.9	89 40.5 ..	45.8	151 47.8 ..	02.0	44 41.5 ..	36.8	60 31.0 ..	03.3	Menkent	148 01.1	S36 28.4
22	26 11.4	104 40.6	45.6	166 48.6	02.5	59 43.7	36.8	75 33.3	03.3	Miaplacidus	221 38.6	S69 48.0
23	41 13.8	119 40.8	45.3	181 49.4	03.1	74 46.0	36.7	90 35.6	03.3			
17 00	56 16.3	134 40.9	S26 45.1	196 50.2	S15 03.6	89 48.2	S14 36.6	105 37.9	S19 03.2	Mirfak	308 31.4	N49 56.3
01	71 18.8	149 41.1	44.9	211 50.9	04.1	104 50.5	36.5	120 40.2	03.2	Nunki	75 51.2	S26 16.2
02	86 21.2	164 41.2	44.7	226 51.7	04.7	119 52.7	36.4	135 42.5	03.1	Peacock	53 10.5	S56 40.1
03	101 23.7	179 41.4 ..	44.4	241 52.5 ..	05.2	134 54.9 ..	36.3	150 44.8 ..	03.1	Pollux	243 20.3	N27 58.3
04	116 26.2	194 41.5	44.2	256 53.3	05.8	149 57.2	36.3	165 47.1	03.1	Procyon	244 53.4	N 5 10.2
05	131 28.6	209 41.7	44.0	271 54.1	06.3	164 59.4	36.2	180 49.5	03.0			
06	146 31.1	224 41.8	S26 43.7	286 54.9	S15 06.9	180 01.6	S14 36.1	195 51.8	S19 03.0	Rasalhague	96 01.3	N12 32.8
W 07	161 33.6	239 42.0	43.5	301 55.7	07.4	195 03.9	36.0	210 54.1	03.0	Regulus	207 37.3	N11 51.7
E 08	176 36.0	254 42.2	43.2	316 56.5	08.0	210 06.1	35.9	225 56.4	02.9	Rigel	281 06.1	S 8 10.5
D 09	191 38.5	269 42.3 ..	43.0	331 57.3 ..	08.5	225 08.3 ..	35.8	240 58.7 ..	02.9	Rigil Kent.	139 44.5	S60 55.3
N 10	206 40.9	284 42.5	42.8	346 58.1	09.0	240 10.5	35.7	256 01.0	02.8	Sabik	102 06.1	S15 45.0
E 11	221 43.4	299 42.7	42.5	1 58.9	09.6	255 12.8	35.7	271 03.3	02.8			
S 12	236 45.9	314 42.8	S26 42.3	16 59.6	S15 10.1	270 15.0	S14 35.6	286 05.6	S19 02.8	Schedar	349 33.5	N56 39.6
D 13	251 48.3	329 43.0	42.1	32 00.4	10.7	285 17.2	35.5	301 07.9	02.7	Shaula	96 14.3	S37 07.1
A 14	266 50.8	344 43.2	41.8	47 01.2	11.2	300 19.5	35.4	316 10.3	02.7	Sirius	258 28.3	S16 44.6
Y 15	281 53.3	359 43.4 ..	41.6	62 02.0 ..	11.8	315 21.7 ..	35.3	331 12.6 ..	02.6	Spica	158 25.3	S11 16.3
16	296 55.7	14 43.5	41.3	77 02.8	12.3	330 23.9	35.2	346 14.9	02.6	Suhail	222 48.1	S43 30.9
17	311 58.2	29 43.7	41.1	92 03.6	12.8	345 26.2	35.1	1 17.2	02.6			
18	327 00.7	44 43.9	S26 40.8	107 04.4	S15 13.4	0 28.4	S14 35.1	16 19.5	S19 02.5	Vega	80 35.3	N38 48.4
19	342 03.1	59 44.1	40.6	122 05.2	13.9	15 30.6	35.0	31 21.8	02.5	Zuben'ubi	136 59.2	S16 07.8
20	357 05.6	74 44.3	40.4	137 06.0	14.5	30 32.8	34.9	46 24.1	02.4		SHA	Mer.Pass.
21	12 08.0	89 44.5 ..	40.1	152 06.7 ..	15.0	45 35.1 ..	34.8	61 26.4 ..	02.4		° ′	h m
22	27 10.5	104 44.6	39.9	167 07.5	15.5	60 37.3	34.7	76 28.7	02.4	Venus	79 20.6	15 01
23	42 13.0	119 44.8	39.6	182 08.3	16.1	75 39.5	34.6	91 31.0	02.3	Mars	141 13.9	10 53
	h m									Jupiter	33 37.4	18 02
Mer.Pass. 20 15.5		v 0.1	d 0.2	v 0.8	d 0.5	v 2.2	d 0.1	v 2.3	d 0.0	Saturn	49 25.2	16 59

2021 NOVEMBER 15, 16, 17 (MON., TUES., WED.)

UT	SUN GHA	SUN Dec	MOON GHA	MOON v	MOON Dec	MOON d	MOON HP
d h	° '	° '	° '	'	° '	'	'
15 00	183 51.9	S18 28.8	48 36.3	15.5	S 2 23.7	13.7	55.5
01	198 51.8	29.4	63 10.8	15.5	2 10.0	13.8	55.5
02	213 51.7	30.1	77 45.3	15.6	1 56.2	13.8	55.5
03	228 51.6	30.7	92 19.9	15.6	1 42.4	13.7	55.5
04	243 51.5	31.3	106 54.5	15.6	1 28.7	13.8	55.4
05	258 51.4	32.0	121 29.1	15.7	1 14.9	13.7	55.4
M 06	273 51.3	S18 32.6	136 03.8	15.6	S 1 01.2	13.8	55.4
O 07	288 51.2	33.2	150 38.4	15.7	0 47.4	13.8	55.4
N 08	303 51.1	33.9	165 13.1	15.7	0 33.7	13.8	55.4
D 09	318 51.0	34.5	179 47.8	15.7	0 19.9	13.7	55.3
A 10	333 50.9	35.1	194 22.5	15.8	S 0 06.2	13.7	55.3
Y 11	348 50.8	35.8	208 57.3	15.7	N 0 07.5	13.7	55.3
12	3 50.7	S18 36.4	223 32.0	15.8	N 0 21.2	13.7	55.3
13	18 50.6	37.0	238 06.8	15.8	0 34.9	13.7	55.3
14	33 50.5	37.6	252 41.6	15.8	0 48.6	13.7	55.2
15	48 50.3	38.3	267 16.4	15.8	1 02.3	13.7	55.2
16	63 50.2	38.9	281 51.2	15.8	1 16.0	13.6	55.2
17	78 50.1	39.5	296 26.0	15.9	1 29.6	13.7	55.2
18	93 50.0	S18 40.2	311 00.9	15.8	N 1 43.3	13.6	55.2
19	108 49.9	40.8	325 35.7	15.9	1 56.9	13.6	55.1
20	123 49.8	41.4	340 10.6	15.8	2 10.5	13.6	55.1
21	138 49.7	42.0	354 45.4	15.9	2 24.1	13.6	55.1
22	153 49.6	42.7	9 20.3	15.9	2 37.7	13.6	55.1
23	168 49.5	43.3	23 55.2	15.9	2 51.3	13.5	55.1
16 00	183 49.4	S18 43.9	38 30.1	15.8	N 3 04.8	13.5	55.1
01	198 49.2	44.5	53 04.9	15.9	3 18.3	13.5	55.0
02	213 49.1	45.2	67 39.8	15.9	3 31.8	13.5	55.0
03	228 49.0	45.8	82 14.7	15.9	3 45.3	13.5	55.0
04	243 48.9	46.4	96 49.6	15.9	3 58.8	13.4	55.0
05	258 48.8	47.0	111 24.5	15.9	4 12.2	13.4	55.0
T 06	273 48.7	S18 47.7	125 59.4	15.8	N 4 25.6	13.4	54.9
U 07	288 48.6	48.3	140 34.2	15.9	4 39.0	13.4	54.9
E 08	303 48.4	48.9	155 09.1	15.9	4 52.4	13.3	54.9
S 09	318 48.3	49.5	169 44.0	15.9	5 05.7	13.3	54.9
D 10	333 48.2	50.1	184 18.9	15.8	5 19.0	13.3	54.9
A 11	348 48.1	50.7	198 53.7	15.9	5 32.3	13.3	54.9
Y 12	3 48.0	S18 51.4	213 28.6	15.8	N 5 45.6	13.2	54.9
13	18 47.9	52.0	228 03.4	15.9	5 58.8	13.2	54.8
14	33 47.7	52.6	242 38.3	15.8	6 12.0	13.2	54.8
15	48 47.6	53.2	257 13.1	15.8	6 25.2	13.1	54.8
16	63 47.5	53.8	271 47.9	15.8	6 38.3	13.1	54.8
17	78 47.4	54.4	286 22.7	15.8	6 51.4	13.1	54.8
18	93 47.3	S18 55.1	300 57.5	15.8	N 7 04.5	13.1	54.8
19	108 47.2	55.7	315 32.3	15.8	7 17.6	13.0	54.7
20	123 47.0	56.3	330 07.1	15.9	7 30.6	12.9	54.7
21	138 46.9	56.9	344 41.8	15.8	7 43.5	13.0	54.7
22	153 46.8	57.5	359 16.6	15.7	7 56.5	12.9	54.7
23	168 46.7	58.1	13 51.3	15.7	8 09.4	12.8	54.7
17 00	183 46.6	S18 58.7	28 26.0	15.7	N 8 22.2	12.9	54.7
01	198 46.4	59.3	43 00.7	15.7	8 35.1	12.8	54.7
02	213 46.3	18 59.9	57 35.4	15.6	8 47.9	12.7	54.6
03	228 46.2	19 00.6	72 10.0	15.6	9 00.6	12.7	54.6
04	243 46.1	01.2	86 44.6	15.6	9 13.3	12.7	54.6
05	258 46.0	01.8	101 19.2	15.6	9 26.0	12.6	54.6
W 06	273 45.8	S19 02.4	115 53.8	15.6	N 9 38.6	12.6	54.6
E 07	288 45.7	03.0	130 28.4	15.5	9 51.2	12.5	54.6
D 08	303 45.6	03.6	145 02.9	15.5	10 03.7	12.5	54.6
N 09	318 45.5	04.2	159 37.4	15.5	10 16.2	12.5	54.6
E 10	333 45.3	04.8	174 11.9	15.5	10 28.7	12.4	54.5
S 11	348 45.2	05.4	188 46.4	15.4	10 41.1	12.3	54.5
D 12	3 45.1	S19 06.0	203 20.8	15.4	N10 53.4	12.4	54.5
A 13	18 45.0	06.6	217 55.2	15.4	11 05.8	12.2	54.5
Y 14	33 44.8	07.2	232 29.6	15.3	11 18.0	12.2	54.5
15	48 44.7	07.8	247 03.9	15.3	11 30.2	12.2	54.5
16	63 44.6	08.4	261 38.2	15.3	11 42.4	12.1	54.5
17	78 44.5	09.0	276 12.5	15.3	11 54.5	12.1	54.5
18	93 44.3	S19 09.6	290 46.8	15.2	N12 06.6	12.0	54.4
19	108 44.2	10.2	305 21.0	15.2	12 18.6	12.0	54.4
20	123 44.1	10.8	319 55.2	15.2	12 30.6	11.9	54.4
21	138 43.9	11.4	334 29.4	15.1	12 42.5	11.8	54.4
22	153 43.8	12.0	349 03.5	15.1	12 54.3	11.8	54.4
23	168 43.7	12.6	3 37.6	15.0	N13 06.1	11.7	54.4
	SD 16.2	d 0.6	SD 15.1		14.9		14.9

Twilight / Sunrise / Moonrise

Lat.	Naut.	Civil	Sunrise	15	16	17	18
°	h m	h m	h m	h m	h m	h m	h m
N 72	07 04	08 40	■■	14 59	14 32	14 00	13 11
N 70	06 53	08 16	09 57	15 01	14 41	14 18	13 47
68	06 44	07 58	09 18	15 02	14 48	14 32	14 13
66	06 37	07 43	08 52	15 03	14 54	14 44	14 33
64	06 30	07 31	08 31	15 03	14 59	14 54	14 49
62	06 24	07 20	08 15	15 04	15 03	15 03	15 03
60	06 19	07 11	08 01	15 05	15 07	15 10	15 14
N 58	06 15	07 03	07 49	15 05	15 10	15 17	15 24
56	06 10	06 56	07 39	15 06	15 14	15 22	15 33
54	06 07	06 50	07 30	15 06	15 16	15 28	15 41
52	06 03	06 44	07 22	15 06	15 19	15 32	15 48
50	05 59	06 39	07 15	15 07	15 21	15 37	15 54
45	05 52	06 27	06 59	15 07	15 26	15 46	16 08
N 40	05 44	06 17	06 46	15 08	15 30	15 54	16 19
35	05 38	06 09	06 36	15 09	15 34	16 01	16 29
30	05 32	06 01	06 26	15 09	15 37	16 07	16 38
20	05 20	05 46	06 09	15 10	15 43	16 17	16 53
N 10	05 07	05 33	05 55	15 11	15 48	16 26	17 06
0	04 54	05 19	05 41	15 12	15 53	16 35	17 18
S 10	04 39	05 05	05 27	15 12	15 58	16 44	17 30
20	04 21	04 49	05 13	15 13	16 03	16 53	17 44
30	03 58	04 29	04 55	15 14	16 09	17 04	17 59
35	03 43	04 17	04 45	15 15	16 12	17 10	18 08
40	03 25	04 03	04 34	15 16	16 16	17 17	18 18
45	03 02	03 46	04 20	15 16	16 21	17 26	18 30
S 50	02 32	03 24	04 03	15 17	16 27	17 36	18 45
52	02 16	03 13	03 55	15 18	16 29	17 40	18 52
54	01 56	03 01	03 46	15 18	16 32	17 46	19 00
56	01 30	02 47	03 36	15 19	16 35	17 51	19 08
58	00 52	02 30	03 25	15 19	16 39	17 58	19 18
S 60	////	02 09	03 12	15 20	16 42	18 05	19 29

Sunset / Twilight / Moonset

Lat.	Sunset	Civil	Naut.	15	16	17	18
°	h m	h m	h m	h m	h m	h m	h m
N 72	■■	14 49	16 25	02 26	04 23	06 23	08 41
N 70	13 31	15 12	16 35	02 28	04 17	06 07	08 07
68	14 10	15 31	16 44	02 31	04 12	05 54	07 42
66	14 37	15 46	16 52	02 33	04 08	05 44	07 24
64	14 58	15 58	16 58	02 34	04 05	05 36	07 08
62	15 14	16 08	17 04	02 36	04 02	05 28	06 56
60	15 28	16 17	17 09	02 37	04 00	05 22	06 45
N 58	15 40	16 25	17 14	02 38	03 57	05 17	06 36
56	15 50	16 33	17 18	02 39	03 55	05 12	06 28
54	15 59	16 39	17 22	02 40	03 54	05 07	06 21
52	16 07	16 45	17 26	02 40	03 52	05 03	06 15
50	16 14	16 50	17 30	02 41	03 51	05 00	06 09
45	16 30	17 02	17 38	02 42	03 48	04 52	05 57
N 40	16 43	17 12	17 45	02 44	03 45	04 46	05 47
35	16 54	17 21	17 51	02 45	03 43	04 40	05 38
30	17 03	17 29	17 58	02 46	03 41	04 35	05 30
20	17 20	17 43	18 10	02 47	03 37	04 27	05 17
N 10	17 35	17 57	18 22	02 49	03 34	04 20	05 06
0	17 48	18 10	18 36	02 50	03 31	04 13	04 55
S 10	18 02	18 25	18 51	02 51	03 29	04 06	04 45
20	18 17	18 41	19 09	02 53	03 26	03 59	04 34
30	18 35	19 01	19 32	02 54	03 22	03 51	04 21
35	18 45	19 13	19 47	02 55	03 20	03 46	04 14
40	18 57	19 27	20 05	02 56	03 18	03 41	04 05
45	19 10	19 45	20 28	02 57	03 16	03 35	03 55
S 50	19 27	20 07	21 00	02 58	03 13	03 27	03 44
52	19 35	20 18	21 16	02 59	03 11	03 24	03 38
54	19 44	20 30	21 36	02 59	03 10	03 20	03 32
56	19 55	20 45	22 03	03 00	03 08	03 16	03 26
58	20 06	21 02	22 44	03 01	03 06	03 12	03 19
S 60	20 20	21 24	////	03 02	03 04	03 07	03 10

SUN / MOON

Day	Eqn. of Time 00h	Eqn. of Time 12h	Mer. Pass.	Mer. Pass. Upper	Mer. Pass. Lower	Age	Phase
d	m s	m s	h m	h m	h m	d	%
15	15 28	15 23	11 45	21 22	09 01	11	87
16	15 18	15 12	11 45	22 03	09 42	12	93
17	15 06	15 01	11 45	22 45	10 24	13	97

2021 NOVEMBER 18, 19, 20 (THURS., FRI., SAT.)

UT	ARIES	VENUS −4.8		MARS +1.6		JUPITER −2.3		SATURN +0.6		STARS		
	GHA	GHA	Dec	GHA	Dec	GHA	Dec	GHA	Dec	Name	SHA	Dec
d h	° ′	° ′	° ′	° ′	° ′	° ′	° ′	° ′	° ′		° ′	° ′
18 00	57 15.4	134 45.0	S26 39.4	197 09.1	S15 16.6	90 41.8	S14 34.5	106 33.3	S19 02.3	Acamar	315 13.4	S40 13.1
01	72 17.9	149 45.2	39.1	212 09.9	17.2	105 44.0	34.5	121 35.7	02.2	Achernar	335 21.7	S57 07.8
02	87 20.4	164 45.4	38.9	227 10.7	17.7	120 46.2	34.4	136 38.0	02.2	Acrux	173 03.3	S63 12.8
03	102 22.8	179 45.6 ..	38.6	242 11.5 ..	18.2	135 48.4 ..	34.3	151 40.3 ..	02.2	Adhara	255 07.6	S28 59.9
04	117 25.3	194 45.8	38.4	257 12.2	18.8	150 50.7	34.2	166 42.6	02.1	Aldebaran	290 42.3	N16 33.2
05	132 27.8	209 46.0	38.1	272 13.0	19.3	165 52.9	34.1	181 44.9	02.1			
06	147 30.2	224 46.2	S26 37.8	287 13.8	S15 19.9	180 55.1	S14 34.0	196 47.2	S19 02.0	Alioth	166 15.7	N55 50.4
T 07	162 32.7	239 46.4	37.6	302 14.6	20.4	195 57.3	33.9	211 49.5	02.0	Alkaid	152 54.5	N49 12.3
H 08	177 35.2	254 46.6	37.3	317 15.4	20.9	210 59.6	33.8	226 51.8	02.0	Alnair	27 36.2	S46 51.6
U 09	192 37.6	269 46.8 ..	37.1	332 16.2 ..	21.5	226 01.8 ..	33.8	241 54.1 ..	01.9	Alnilam	275 40.1	S 1 11.2
R 10	207 40.1	284 47.0	36.8	347 17.0	22.0	241 04.0	33.7	256 56.4	01.9	Alphard	217 50.3	S 8 45.0
S 11	222 42.5	299 47.2	36.6	2 17.7	22.6	256 06.2	33.6	271 58.7	01.8			
D 12	237 45.0	314 47.5	S26 36.3	17 18.5	S15 23.1	271 08.5	S14 33.5	287 01.0	S19 01.8	Alphecca	126 06.3	N26 38.6
A 13	252 47.5	329 47.7	36.0	32 19.3	23.6	286 10.7	33.4	302 03.3	01.8	Alpheratz	357 37.2	N29 12.8
Y 14	267 49.9	344 47.9	35.8	47 20.1	24.2	301 12.9	33.3	317 05.7	01.7	Altair	62 02.7	N 8 55.7
15	282 52.4	359 48.1 ..	35.5	62 20.9 ..	24.7	316 15.1 ..	33.2	332 08.0 ..	01.7	Ankaa	353 09.5	S42 11.5
16	297 54.9	14 48.3	35.3	77 21.7	25.3	331 17.4	33.1	347 10.3	01.6	Antares	112 19.4	S26 28.7
17	312 57.3	29 48.6	35.0	92 22.5	25.8	346 19.6	33.1	2 12.6	01.6			
18	327 59.8	44 48.8	S26 34.7	107 23.2	S15 26.3	1 21.8	S14 33.0	17 14.9	S19 01.6	Arcturus	145 50.6	N19 04.2
19	343 02.3	59 49.0	34.5	122 24.0	26.9	16 24.0	32.9	32 17.2	01.5	Atria	107 16.5	S69 04.0
20	358 04.7	74 49.2	34.2	137 24.8	27.4	31 26.2	32.8	47 19.5	01.5	Avior	234 15.5	S59 34.4
21	13 07.2	89 49.5 ..	33.9	152 25.6 ..	27.9	46 28.5 ..	32.7	62 21.8 ..	01.4	Bellatrix	278 25.4	N 6 22.2
22	28 09.7	104 49.7	33.7	167 26.4	28.5	61 30.7	32.6	77 24.1	01.4	Betelgeuse	270 54.6	N 7 24.7
23	43 12.1	119 49.9	33.4	182 27.1	29.0	76 32.9	32.5	92 26.4	01.4			
19 00	58 14.6	134 50.2	S26 33.1	197 27.9	S15 29.5	91 35.1	S14 32.4	107 28.7	S19 01.3	Canopus	263 53.1	S52 42.2
01	73 17.0	149 50.4	32.9	212 28.7	30.1	106 37.3	32.3	122 31.0	01.3	Capella	280 55.3	N46 01.1
02	88 19.5	164 50.6	32.6	227 29.5	30.6	121 39.6	32.3	137 33.3	01.2	Deneb	49 27.7	N45 21.7
03	103 22.0	179 50.9 ..	32.3	242 30.3 ..	31.2	136 41.8 ..	32.2	152 35.6 ..	01.2	Denebola	182 27.8	N14 27.1
04	118 24.4	194 51.1	32.1	257 31.1	31.7	151 44.0	32.1	167 37.9	01.2	Diphda	348 49.7	S17 52.1
05	133 26.9	209 51.4	31.8	272 31.8	32.2	166 46.2	32.0	182 40.2	01.1			
06	148 29.4	224 51.6	S26 31.5	287 32.6	S15 32.8	181 48.4	S14 31.9	197 42.5	S19 01.1	Dubhe	193 44.5	N61 37.8
07	163 31.8	239 51.8	31.2	302 33.4	33.3	196 50.7	31.8	212 44.8	01.0	Elnath	278 04.8	N28 37.5
08	178 34.3	254 52.1	31.0	317 34.2	33.8	211 52.9	31.7	227 47.2	01.0	Eltanin	90 43.9	N51 29.3
F 09	193 36.8	269 52.3 ..	30.7	332 35.0 ..	34.4	226 55.1 ..	31.6	242 49.5 ..	01.0	Enif	33 41.4	N 9 58.6
R 10	208 39.2	284 52.6	30.4	347 35.7	34.9	241 57.3	31.5	257 51.8	00.9	Fomalhaut	15 17.3	S29 30.6
I 11	223 41.7	299 52.9	30.1	2 36.5	35.4	256 59.5	31.4	272 54.1	00.9			
D 12	238 44.1	314 53.1	S26 29.9	17 37.3	S15 36.0	272 01.7	S14 31.4	287 56.4	S19 00.8	Gacrux	171 54.9	S57 13.8
A 13	253 46.6	329 53.4	29.6	32 38.1	36.5	287 04.0	31.3	302 58.7	00.8	Gienah	175 46.5	S17 39.5
Y 14	268 49.1	344 53.6	29.3	47 38.9	37.0	302 06.2	31.2	318 01.0	00.7	Hadar	148 40.2	S60 28.4
15	283 51.5	359 53.9 ..	29.0	62 39.6 ..	37.6	317 08.4 ..	31.1	333 03.3 ..	00.7	Hamal	327 53.8	N23 34.0
16	298 54.0	14 54.2	28.7	77 40.4	38.1	332 10.6	31.0	348 05.6	00.7	Kaus Aust.	83 36.3	S34 22.5
17	313 56.5	29 54.4	28.5	92 41.2	38.6	347 12.8	30.9	3 07.9	00.6			
18	328 58.9	44 54.7	S26 28.2	107 42.0	S15 39.2	2 15.0	S14 30.8	18 10.2	S19 00.6	Kochab	137 21.0	N74 03.9
19	344 01.4	59 55.0	27.9	122 42.8	39.7	17 17.3	30.7	33 12.5	00.5	Markab	13 32.4	N15 19.4
20	359 03.9	74 55.2	27.6	137 43.5	40.2	32 19.5	30.6	48 14.8	00.5	Menkar	314 08.5	N 4 10.5
21	14 06.3	89 55.5 ..	27.3	152 44.3 ..	40.8	47 21.7 ..	30.5	63 17.1 ..	00.5	Menkent	148 01.0	S36 28.4
22	29 08.8	104 55.8	27.0	167 45.1	41.3	62 23.9	30.4	78 19.4	00.4	Miaplacidus	221 38.5	S69 48.0
23	44 11.3	119 56.1	26.8	182 45.9	41.8	77 26.1	30.4	93 21.7	00.4			
20 00	59 13.7	134 56.3	S26 26.5	197 46.6	S15 42.4	92 28.3	S14 30.3	108 24.0	S19 00.3	Mirfak	308 31.4	N49 56.3
01	74 16.2	149 56.6	26.2	212 47.4	42.9	107 30.5	30.2	123 26.3	00.3	Nunki	75 51.3	S26 16.2
02	89 18.6	164 56.9	25.9	227 48.2	43.4	122 32.8	30.1	138 28.6	00.3	Peacock	53 10.1	S56 40.1
03	104 21.1	179 57.2 ..	25.6	242 49.0 ..	43.9	137 35.0 ..	30.0	153 30.9 ..	00.2	Pollux	243 20.3	N27 58.3
04	119 23.6	194 57.5	25.3	257 49.7	44.5	152 37.2	29.9	168 33.2	00.2	Procyon	244 53.4	N 5 10.2
05	134 26.0	209 57.8	25.0	272 50.5	45.0	167 39.4	29.8	183 35.5	00.1			
06	149 28.5	224 58.0	S26 24.7	287 51.3	S15 45.5	182 41.6	S14 29.7	198 37.8	S19 00.1	Rasalhague	96 01.3	N12 32.8
07	164 31.0	239 58.3	24.4	302 52.1	46.1	197 43.8	29.6	213 40.1	00.0	Regulus	207 37.2	N11 51.7
S 08	179 33.4	254 58.6	24.1	317 52.8	46.6	212 46.0	29.5	228 42.4	00.0	Rigel	281 06.1	S 8 10.5
A 09	194 35.9	269 58.9 ..	23.8	332 53.6 ..	47.1	227 48.2 ..	29.4	243 44.7	19 00.0	Rigil Kent.	139 44.5	S60 55.2
T 10	209 38.4	284 59.2	23.6	347 54.4	47.7	242 50.5	29.3	258 47.0	18 59.9	Sabik	102 06.1	S15 45.0
U 11	224 40.8	299 59.5	23.3	2 55.2	48.2	257 52.7	29.2	273 49.3	59.9			
R 12	239 43.3	314 59.8	S26 23.0	17 55.9	S15 48.7	272 54.9	S14 29.2	288 51.6	S18 59.8	Schedar	349 33.5	N56 39.6
D 13	254 45.8	330 00.1	22.7	32 56.7	49.2	287 57.1	29.1	303 53.9	59.8	Shaula	96 14.3	S37 07.1
A 14	269 48.2	345 00.4	22.4	47 57.5	49.8	302 59.3	29.0	318 56.2	59.7	Sirius	258 28.3	S16 44.6
Y 15	284 50.7	0 00.7 ..	22.1	62 58.3 ..	50.3	318 01.5 ..	28.9	333 58.5 ..	59.7	Spica	158 25.3	S11 16.3
16	299 53.1	15 01.1	21.8	77 59.0	50.8	333 03.7	28.8	349 00.8	59.7	Suhail	222 48.1	S43 30.9
17	314 55.6	30 01.4	21.5	92 59.8	51.4	348 05.9	28.7	4 03.1	59.6			
18	329 58.1	45 01.7	S26 21.2	108 00.6	S15 51.9	3 08.1	S14 28.6	19 05.4	S18 59.6	Vega	80 35.3	N38 48.4
19	345 00.5	60 02.0	20.9	123 01.4	52.4	18 10.3	28.5	34 07.7	59.5	Zuben'ubi	136 59.2	S16 07.8
20	0 03.0	75 02.3	20.6	138 02.1	52.9	33 12.5	28.4	49 10.0	59.5		SHA	Mer. Pass.
21	15 05.5	90 02.6 ..	20.3	153 02.9 ..	53.5	48 14.6 ..	28.3	64 12.3 ..	59.5		° ′	h m
22	30 07.9	105 03.0	20.0	168 03.7	54.0	63 17.0	28.2	79 14.6	59.4	Venus	76 35.6	15 00
23	45 10.4	120 03.3	19.7	183 04.5	54.5	78 19.2	28.1	94 16.9	59.4	Mars	139 13.4	10 50
	h m									Jupiter	33 20.5	17 51
Mer. Pass. 20 03.7		v 0.3	d 0.3	v 0.8	d 0.5	v 2.2	d 0.1	v 2.3	d 0.0	Saturn	49 14.1	16 48

2021 NOVEMBER 18, 19, 20 (THURS., FRI., SAT.)

UT	SUN GHA	SUN Dec	MOON GHA	MOON v	MOON Dec	MOON d	MOON HP	Lat.	Twilight Naut.	Twilight Civil	Sunrise	Moonrise 18	Moonrise 19	Moonrise 20	Moonrise 21
d h	° ′	° ′	° ′	′	° ′	′	′	°	h m	h m	h m	h m	h m	h m	h m
								N 72	07 14	08 54		13 11	▭	▭	▭
18 00	183 43.6	S19 13.2	18 11.6	15.0	N13 17.8	11.7	54.4	N 70	07 02	08 28	10 20	13 47	12 39	▭	▭
01	198 43.4	13.8	32 45.6	15.0	13 29.5	11.7	54.4	68	06 52	08 08	09 33	14 13	13 43	▭	▭
02	213 43.3	14.4	47 19.6	15.0	13 41.2	11.5	54.4	66	06 44	07 52	09 03	14 33	14 19	13 52	▭
03	228 43.2	15.0	61 53.6	14.9	13 52.7	11.5	54.3	64	06 37	07 39	08 41	14 49	14 44	14 39	14 30
04	243 43.0	15.6	76 27.5	14.8	14 04.2	11.5	54.3	62	06 31	07 27	08 23	15 03	15 04	15 09	15 21
05	258 42.9	16.2	91 01.3	14.9	14 15.7	11.4	54.3	60	06 25	07 18	08 08	15 14	15 21	15 32	15 52
06	273 42.8	S19 16.8	105 35.2	14.7	N14 27.1	11.3	54.3	N 58	06 20	07 09	07 56	15 24	15 35	15 51	16 16
07	288 42.6	17.3	120 08.9	14.8	14 38.4	11.3	54.3	56	06 15	07 02	07 45	15 33	15 47	16 07	16 35
T 08	303 42.5	17.9	134 42.7	14.7	14 49.7	11.2	54.3	54	06 11	06 55	07 35	15 41	15 58	16 21	16 51
H 09	318 42.4	18.5	149 16.4	14.7	15 00.9	11.1	54.3	52	06 07	06 49	07 27	15 48	16 07	16 32	17 04
U 10	333 42.2	19.1	163 50.1	14.6	15 12.0	11.1	54.3	50	06 04	06 43	07 19	15 54	16 16	16 42	17 17
R 11	348 42.1	19.7	178 23.7	14.6	15 23.1	11.0	54.3	45	05 55	06 31	07 03	16 08	16 34	17 04	17 42
S 12	3 42.0	S19 20.3	192 57.3	14.5	N15 34.1	10.9	54.3	N 40	05 48	06 20	06 50	16 19	16 48	17 22	18 02
D 13	18 41.8	20.9	207 30.8	14.5	15 45.0	10.9	54.3	35	05 41	06 11	06 38	16 29	17 01	17 37	18 18
A 14	33 41.7	21.5	222 04.3	14.5	15 55.9	10.8	54.3	30	05 34	06 03	06 28	16 38	17 12	17 50	18 33
Y 15	48 41.6	22.1	236 37.8	14.4	16 06.7	10.8	54.2	20	05 21	05 48	06 11	16 53	17 31	18 12	18 58
16	63 41.4	22.6	251 11.2	14.3	16 17.5	10.6	54.2	N 10	05 08	05 34	05 56	17 06	17 47	18 32	19 19
17	78 41.3	23.2	265 44.5	14.4	16 28.1	10.6	54.2	0	04 54	05 20	05 42	17 18	18 03	18 50	19 39
18	93 41.2	S19 23.8	280 17.9	14.2	N16 38.7	10.6	54.2	S 10	04 39	05 05	05 27	17 30	18 19	19 08	19 59
19	108 41.0	24.4	294 51.1	14.3	16 49.3	10.4	54.2	20	04 20	04 48	05 12	17 44	18 35	19 28	20 21
20	123 40.9	25.0	309 24.4	14.2	16 59.7	10.4	54.2	30	03 56	04 28	04 54	17 59	18 55	19 51	20 46
21	138 40.8	25.6	323 57.6	14.1	17 10.1	10.3	54.2	35	03 41	04 15	04 43	18 08	19 06	20 04	21 01
22	153 40.6	26.2	338 30.7	14.1	17 20.4	10.3	54.2	40	03 22	04 00	04 31	18 18	19 19	20 20	21 18
23	168 40.5	26.7	353 03.8	14.0	17 30.7	10.1	54.2	45	02 58	03 42	04 17	18 30	19 35	20 38	21 38
19 00	183 40.4	S19 27.3	7 36.8	14.0	N17 40.8	10.1	54.2	S 50	02 26	03 20	03 59	18 45	19 54	21 02	22 04
01	198 40.2	27.9	22 09.8	14.0	17 50.9	10.0	54.2	52	02 09	03 08	03 51	18 52	20 03	21 13	22 17
02	213 40.1	28.5	36 42.8	13.9	18 00.9	10.0	54.1	54	01 47	02 55	03 42	19 00	20 14	21 25	22 32
03	228 39.9	29.1	51 15.7	13.8	18 10.9	9.8	54.1	56	01 19	02 40	03 31	19 08	20 25	21 40	22 49
04	243 39.8	29.6	65 48.5	13.8	18 20.7	9.8	54.1	58	00 29	02 22	03 19	19 18	20 39	21 57	23 09
05	258 39.7	30.2	80 21.3	13.8	18 30.5	9.7	54.1	S 60	////	01 59	03 05	19 29	20 55	22 19	23 35
06	273 39.5	S19 30.8	94 54.1	13.7	N18 40.2	9.6	54.1	Lat.	Sunset	Twilight Civil	Twilight Naut.	Moonset 18	Moonset 19	Moonset 20	Moonset 21
07	288 39.4	31.4	109 26.8	13.6	18 49.8	9.5	54.1								
08	303 39.2	31.9	123 59.4	13.6	18 59.3	9.5	54.1								
F 09	318 39.1	32.5	138 32.0	13.6	19 08.8	9.4	54.1	°	h m	h m	h m	h m	h m	h m	h m
R 10	333 39.0	33.1	153 04.6	13.5	19 18.2	9.3	54.1	N 72		14 36	16 16	08 41	▭	▭	▭
I 11	348 38.8	33.7	167 37.1	13.4	19 27.5	9.2	54.1	N 70	13 10	15 02	16 27	08 07	10 48	▭	▭
D 12	3 38.7	S19 34.2	182 09.5	13.4	N19 36.7	9.1	54.1	68	13 57	15 22	16 37	07 42	09 45	▭	▭
A 13	18 38.5	34.8	196 41.9	13.4	19 45.8	9.0	54.1	66	14 27	15 38	16 46	07 24	09 10	11 14	▭
Y 14	33 38.4	35.4	211 14.3	13.3	19 54.8	9.0	54.1	64	14 49	15 51	16 53	07 08	08 45	10 27	12 16
15	48 38.2	36.0	225 46.6	13.2	20 03.8	8.8	54.1	62	15 07	16 03	16 59	06 56	08 26	09 57	11 27
16	63 38.1	36.5	240 18.8	13.2	20 12.6	8.8	54.1	60	15 22	16 12	17 05	06 45	08 10	09 35	10 56
17	78 38.0	37.1	254 51.0	13.2	20 21.4	8.7	54.1								
18	93 37.8	S19 37.7	269 23.2	13.1	N20 30.1	8.6	54.1	N 58	15 34	16 21	17 10	06 36	07 57	09 17	10 32
19	108 37.7	38.2	283 55.3	13.0	20 38.7	8.5	54.0	56	15 45	16 28	17 15	06 28	07 45	09 01	10 13
20	123 37.5	38.8	298 27.3	13.0	20 47.2	8.4	54.0	54	15 55	16 35	17 19	06 21	07 35	08 48	09 58
21	138 37.4	39.4	312 59.3	12.9	20 55.6	8.3	54.1	52	16 03	16 41	17 23	06 15	07 26	08 37	09 44
22	153 37.2	40.0	327 31.2	12.9	21 03.9	8.3	54.0	50	16 11	16 47	17 27	06 09	07 18	08 27	09 32
23	168 37.1	40.5	342 03.1	12.9	21 12.2	8.1	54.0	45	16 27	16 59	17 35	05 57	07 01	08 06	09 08
20 00	183 36.9	S19 41.1	356 35.0	12.8	N21 20.3	8.0	54.0	N 40	16 41	17 10	17 43	05 47	06 48	07 49	08 48
01	198 36.8	41.7	11 06.8	12.7	21 28.3	8.0	54.0	35	16 52	17 19	17 50	05 38	06 36	07 34	08 32
02	213 36.6	42.2	25 38.5	12.7	21 36.3	7.8	54.0	30	17 02	17 28	17 57	05 30	06 26	07 22	08 18
03	228 36.5	42.8	40 10.2	12.6	21 44.1	7.8	54.0	20	17 19	17 43	18 10	05 17	06 09	07 01	07 54
04	243 36.4	43.4	54 41.8	12.6	21 51.9	7.6	54.0	N 10	17 35	17 57	18 23	05 06	05 53	06 42	07 33
05	258 36.2	43.9	69 13.4	12.5	21 59.5	7.6	54.0	0	17 49	18 11	18 36	04 55	05 39	06 25	07 14
06	273 36.1	S19 44.5	83 44.9	12.5	N22 07.1	7.5	54.0	S 10	18 03	18 26	18 52	04 45	05 25	06 08	06 54
07	288 35.9	45.0	98 16.4	12.5	22 14.6	7.3	54.0	20	18 19	18 43	19 11	04 34	05 10	05 50	06 34
S 08	303 35.8	45.6	112 47.9	12.3	22 21.9	7.3	54.0	30	18 37	19 04	19 35	04 21	04 53	05 29	06 10
A 09	318 35.6	46.2	127 19.2	12.4	22 29.2	7.2	54.0	35	18 48	19 16	19 51	04 14	04 44	05 17	05 56
T 10	333 35.5	46.7	141 50.6	12.3	22 36.4	7.0	54.0	40	19 00	19 31	20 09	04 05	04 32	05 03	05 40
U 11	348 35.3	47.3	156 21.9	12.2	22 43.4	7.0	54.0	45	19 15	19 49	20 34	03 55	04 19	04 47	05 21
R 12	3 35.2	S19 47.8	170 53.1	12.2	N22 50.4	6.8	54.0	S 50	19 32	20 12	21 07	03 44	04 03	04 27	04 57
D 13	18 35.0	48.4	185 24.3	12.1	22 57.2	6.8	54.0	52	19 41	20 24	21 24	03 38	03 56	04 17	04 45
A 14	33 34.9	49.0	199 55.4	12.1	23 04.0	6.7	54.0	54	19 50	20 37	21 46	03 32	03 47	04 06	04 32
Y 15	48 34.7	49.5	214 26.5	12.1	23 10.7	6.5	54.0	56	20 01	20 52	22 16	03 26	03 38	03 54	04 17
16	63 34.6	50.1	228 57.6	11.9	23 17.2	6.4	54.0	58	20 13	21 11	23 11	03 19	03 27	03 40	04 00
17	78 34.4	50.6	243 28.5	12.0	23 23.6	6.4	54.0	S 60	20 27	21 34	////	03 10	03 15	03 24	03 38
18	93 34.2	S19 51.2	257 59.5	11.9	N23 30.0	6.2	54.0		SUN			MOON			
19	108 34.1	51.7	272 30.4	11.8	23 36.2	6.1	54.0	Day	Eqn. of Time 00h	Eqn. of Time 12h	Mer. Pass.	Mer. Pass. Upper	Mer. Pass. Lower	Age	Phase
20	123 33.9	52.3	287 01.2	11.8	23 42.3	6.0	54.0								
21	138 33.8	52.8	301 32.0	11.8	23 48.3	6.0	54.0								
22	153 33.6	53.4	316 02.8	11.7	23 54.3	5.8	54.0	d	m s	m s	h m	h m	h m	d %	
23	168 33.5	54.0	330 33.5	11.7	N24 00.1	5.6	54.0	18	14 54	14 48	11 45	23 29	11 07	14 99	
								19	14 42	14 35	11 45	24 14	11 51	15 100	◯
	SD 16.2	d 0.6	SD 14.8		14.7		14.7	20	14 28	14 21	11 46	00 14	12 38	16 99	

2021 NOVEMBER 21, 22, 23 (SUN., MON., TUES.)

UT	ARIES	VENUS −4.8		MARS +1.6		JUPITER −2.3		SATURN +0.6		STARS		
	GHA	GHA	Dec	GHA	Dec	GHA	Dec	GHA	Dec	Name	SHA	Dec
d h	° ′	° ′	° ′	° ′	° ′	° ′	° ′	° ′	° ′		° ′	° ′
21 00	60 12.9	135 03.6	S26 19.4	198 05.2	S15 55.1	93 21.4	S14 28.0	109 19.2	S18 59.3	Acamar	315 13.4	S40 13.1
01	75 15.3	150 03.9	19.0	213 06.0	55.6	108 23.6	27.9	124 21.5	59.3	Achernar	335 21.7	S57 07.8
02	90 17.8	165 04.3	18.7	228 06.8	56.1	123 25.8	27.9	139 23.8	59.2	Acrux	173 03.3	S63 12.8
03	105 20.3	180 04.6 ..	18.4	243 07.5 ..	56.6	138 28.0 ..	27.8	154 26.1 ..	59.2	Adhara	255 07.6	S28 59.9
04	120 22.7	195 04.9	18.1	258 08.3	57.2	153 30.2	27.7	169 28.4	59.2	Aldebaran	290 42.2	N16 33.2
05	135 25.2	210 05.3	17.8	273 09.1	57.7	168 32.4	27.6	184 30.7	59.1			
06	150 27.6	225 05.6	S26 17.5	288 09.8	S15 58.2	183 34.6	S14 27.5	199 33.0	S18 59.1	Alioth	166 15.7	N55 50.4
07	165 30.1	240 05.9	17.2	303 10.6	58.7	198 36.8	27.4	214 35.3	59.0	Alkaid	152 54.5	N49 12.2
08	180 32.6	255 06.3	16.9	318 11.4	59.3	213 39.0	27.3	229 37.6	59.0	Alnair	27 36.2	S46 51.6
S 09	195 35.0	270 06.6 ..	16.6	333 12.2	15 59.8	228 41.2 ..	27.2	244 39.9 ..	58.9	Alnilam	275 40.0	S 1 11.3
U 10	210 37.5	285 07.0	16.3	348 12.9	16 00.3	243 43.4	27.1	259 42.2	58.9	Alphard	217 50.2	S 8 45.0
N 11	225 40.0	300 07.3	15.9	3 13.7	00.8	258 45.6	27.0	274 44.5	58.9			
D 12	240 42.4	315 07.7	S26 15.6	18 14.5	S16 01.4	273 47.8	S14 26.9	289 46.8	S18 58.8	Alphecca	126 06.3	N26 38.6
A 13	255 44.9	330 08.0	15.3	33 15.2	01.9	288 50.0	26.8	304 49.1	58.8	Alpheratz	357 37.2	N29 12.8
Y 14	270 47.4	345 08.4	15.0	48 16.0	02.4	303 52.2	26.7	319 51.3	58.7	Altair	62 02.7	N 8 55.7
15	285 49.8	0 08.7 ..	14.7	63 16.8 ..	02.9	318 54.5 ..	26.6	334 53.6 ..	58.7	Ankaa	353 09.5	S42 11.5
16	300 52.3	15 09.1	14.4	78 17.5	03.5	333 56.7	26.5	349 55.9	58.6	Antares	112 19.4	S26 28.7
17	315 54.8	30 09.4	14.1	93 18.3	04.0	348 58.9	26.4	4 58.2	58.6			
18	330 57.2	45 09.8	S26 13.7	108 19.1	S16 04.5	4 01.1	S14 26.3	20 00.5	S18 58.6	Arcturus	145 50.6	N19 04.2
19	345 59.7	60 10.2	13.4	123 19.8	05.0	19 03.3	26.2	35 02.8	58.5	Atria	107 16.5	S69 03.9
20	1 02.1	75 10.5	13.1	138 20.6	05.5	34 05.5	26.1	50 05.1	58.5	Avior	234 15.4	S59 34.4
21	16 04.6	90 10.9 ..	12.8	153 21.4 ..	06.1	49 07.7 ..	26.0	65 07.4 ..	58.4	Bellatrix	278 25.3	N 6 22.2
22	31 07.1	105 11.3	12.5	168 22.1	06.6	64 09.9	26.0	80 09.7	58.4	Betelgeuse	270 54.6	N 7 24.7
23	46 09.5	120 11.6	12.1	183 22.9	07.1	79 12.1	25.9	95 12.0	58.3			
22 00	61 12.0	135 12.0	S26 11.8	198 23.7	S16 07.6	94 14.3	S14 25.8	110 14.3	S18 58.3	Canopus	263 53.1	S52 42.2
01	76 14.5	150 12.4	11.5	213 24.5	08.2	109 16.5	25.7	125 16.6	58.3	Capella	280 25.2	N46 01.1
02	91 16.9	165 12.8	11.2	228 25.2	08.7	124 18.7	25.6	140 18.9	58.2	Deneb	49 27.7	N45 21.7
03	106 19.4	180 13.1 ..	10.8	243 26.0 ..	09.2	139 20.9 ..	25.5	155 21.2 ..	58.2	Denebola	182 27.8	N14 27.1
04	121 21.9	195 13.5	10.5	258 26.7	09.7	154 23.1	25.4	170 23.5	58.1	Diphda	348 49.7	S17 52.1
05	136 24.3	210 13.9	10.2	273 27.5	10.2	169 25.3	25.3	185 25.8	58.1			
06	151 26.8	225 14.3	S26 09.9	288 28.3	S16 10.8	184 27.5	S14 25.2	200 28.1	S18 58.0	Dubhe	193 44.4	N61 37.8
07	166 29.2	240 14.7	09.5	303 29.0	11.3	199 29.7	25.1	215 30.4	58.0	Elnath	278 04.8	N28 37.5
08	181 31.7	255 15.1	09.2	318 29.8	11.8	214 31.9	25.0	230 32.7	57.9	Eltanin	90 43.9	N51 29.3
M 09	196 34.2	270 15.5 ..	08.9	333 30.6 ..	12.3	229 34.1 ..	24.9	245 34.9 ..	57.9	Enif	33 41.4	N 9 58.6
O 10	211 36.6	285 15.8	08.5	348 31.3	12.8	244 36.3	24.8	260 37.2	57.9	Fomalhaut	15 17.3	S29 30.6
N 11	226 39.1	300 16.2	08.2	3 32.1	13.4	259 38.5	24.7	275 39.5	57.8			
D 12	241 41.6	315 16.6	S26 07.9	18 32.9	S16 13.9	274 40.6	S14 24.6	290 41.8	S18 57.8	Gacrux	171 54.8	S57 13.8
A 13	256 44.0	330 17.0	07.6	33 33.6	14.4	289 42.8	24.5	305 44.1	57.7	Gienah	175 46.4	S17 39.5
Y 14	271 46.5	345 17.4	07.2	48 34.4	14.9	304 45.0	24.4	320 46.4	57.7	Hadar	148 40.2	S60 28.4
15	286 49.0	0 17.8 ..	06.9	63 35.2 ..	15.4	319 47.2 ..	24.3	335 48.7 ..	57.6	Hamal	327 53.8	N23 34.0
16	301 51.4	15 18.3	06.6	78 35.9	16.0	334 49.4	24.2	350 51.0	57.6	Kaus Aust.	83 36.3	S34 22.5
17	316 53.9	30 18.7	06.2	93 36.7	16.5	349 51.6	24.1	5 53.3	57.6			
18	331 56.4	45 19.1	S26 05.9	108 37.4	S16 17.0	4 53.8	S14 24.0	20 55.6	S18 57.5	Kochab	137 21.0	N74 03.9
19	346 58.8	60 19.5	05.6	123 38.2	17.5	19 56.0	23.9	35 57.9	57.5	Markab	13 32.4	N15 19.4
20	2 01.3	75 19.9	05.2	138 39.0	18.0	34 58.2	23.8	51 00.2	57.4	Menkar	314 08.5	N 4 10.5
21	17 03.7	90 20.3 ..	04.9	153 39.7 ..	18.5	50 00.4 ..	23.7	66 02.5 ..	57.4	Menkent	148 01.0	S36 28.4
22	32 06.2	105 20.7	04.5	168 40.5	19.1	65 02.6	23.6	81 04.7	57.3	Miaplacidus	221 38.5	S69 48.0
23	47 08.7	120 21.2	04.2	183 41.3	19.6	80 04.8	23.5	96 07.0	57.3			
23 00	62 11.1	135 21.6	S26 03.9	198 42.0	S16 20.1	95 07.0	S14 23.4	111 09.3	S18 57.2	Mirfak	308 31.4	N49 56.3
01	77 13.6	150 22.0	03.5	213 42.8	20.6	110 09.2	23.3	126 11.6	57.2	Nunki	75 51.3	S26 16.2
02	92 16.1	165 22.4	03.2	228 43.5	21.1	125 11.4	23.2	141 13.9	57.2	Peacock	53 10.1	S56 40.1
03	107 18.5	180 22.9 ..	02.8	243 44.3 ..	21.6	140 13.6 ..	23.1	156 16.2 ..	57.1	Pollux	243 20.3	N27 58.3
04	122 21.0	195 23.3	02.5	258 45.1	22.2	155 15.8	23.0	171 18.5	57.1	Procyon	244 53.3	N 5 10.2
05	137 23.5	210 23.7	02.2	273 45.8	22.7	170 18.0	22.9	186 20.8	57.0			
06	152 25.9	225 24.2	S26 01.8	288 46.6	S16 23.2	185 20.2	S14 22.8	201 23.1	S18 57.0	Rasalhague	96 01.3	N12 32.8
07	167 28.4	240 24.6	01.5	303 47.3	23.7	200 22.3	22.7	216 25.4	56.9	Regulus	207 37.2	N11 51.7
08	182 30.9	255 25.0	01.1	318 48.1	24.2	215 24.5	22.6	231 27.7	56.9	Rigel	281 06.0	S 8 10.6
T 09	197 33.3	270 25.5 ..	00.8	333 48.9 ..	24.7	230 26.7 ..	22.5	246 29.9 ..	56.8	Rigil Kent.	139 44.5	S60 55.2
U 10	212 35.8	285 25.9	00.4	348 49.6	25.3	245 28.9	22.4	261 32.2	56.8	Sabik	102 06.1	S15 45.0
E 11	227 38.2	300 26.4	26 00.1	3 50.4	25.8	260 31.1	22.3	276 34.5	56.8			
S 12	242 40.7	315 26.8	S25 59.7	18 51.1	S16 26.3	275 33.3	S14 22.2	291 36.8	S18 56.7	Schedar	349 33.6	N56 39.6
D 13	257 43.2	330 27.3	59.4	33 51.9	26.8	290 35.5	22.1	306 39.1	56.7	Shaula	96 14.3	S37 07.1
A 14	272 45.6	345 27.7	59.0	48 52.7	27.3	305 37.7	22.0	321 41.4	56.6	Sirius	258 28.2	S16 44.7
Y 15	287 48.1	0 28.2 ..	58.7	63 53.4 ..	27.8	320 39.9 ..	21.9	336 43.7 ..	56.6	Spica	158 25.3	S11 16.3
16	302 50.6	15 28.6	58.3	78 54.2	28.3	335 42.1	21.8	351 46.0	56.5	Suhail	222 48.1	S43 30.9
17	317 53.0	30 29.1	58.0	93 54.9	28.9	350 44.2	21.7	6 48.3	56.5			
18	332 55.5	45 29.6	S25 57.6	108 55.7	S16 29.4	5 46.4	S14 21.6	21 50.5	S18 56.4	Vega	80 35.3	N38 48.4
19	347 58.0	60 30.0	57.3	123 56.4	29.9	20 48.6	21.5	36 52.8	56.4	Zuben'ubi	136 59.2	S16 07.8
20	3 00.4	75 30.5	56.9	138 57.2	30.4	35 50.8	21.4	51 55.1	56.3		SHA	Mer. Pass.
21	18 02.9	90 31.0 ..	56.6	153 58.0 ..	30.9	50 53.0 ..	21.3	66 57.4 ..	56.3		° ′	h m
22	33 05.4	105 31.4	56.2	168 58.7	31.4	65 55.2	21.2	81 59.7	56.3	Venus	74 00.0	14 59
23	48 07.8	120 31.9	55.9	183 59.5	31.9	80 57.4	21.1	97 02.0	56.2	Mars	137 11.7	10 46
	h m									Jupiter	33 02.3	17 40
Mer. Pass. 19 51.9		v 0.4	d 0.3	v 0.8	d 0.5	v 2.2	d 0.1	v 2.3	d 0.0	Saturn	49 02.3	16 37

2021 NOVEMBER 21, 22, 23 (SUN., MON., TUES.)

UT	SUN GHA	SUN Dec	MOON GHA	MOON v	MOON Dec	MOON d	MOON HP	Lat.	Twilight Naut.	Twilight Civil	Sunrise	Moonrise 21	Moonrise 22	Moonrise 23	Moonrise 24
d h	° '	° '	° '	'	° '	'	'	°	h m	h m	h m	h m	h m	h m	h m
21 00	183 33.3	S19 54.5	345 04.2	11.6	N24 05.7	5.6	54.0	N 72	07 24	09 08	■■■	□	□	□	□
01	198 33.2	55.1	359 34.8	11.6	24 11.3	5.5	54.0	N 70	07 11	08 39	10 47	□	□	□	□
02	213 33.0	55.6	14 05.4	11.5	24 16.8	5.3	54.0	68	07 00	08 17	09 48	□	□	□	□
03	228 32.9	56.2	28 35.9	11.5	24 22.1	5.3	54.0	66	06 51	08 00	09 14	□	□	□	□
04	243 32.7	56.7	43 06.4	11.5	24 27.4	5.1	54.0	64	06 44	07 46	08 50	14 30	□	15 22	17 29
05	258 32.5	57.3	57 36.9	11.4	24 32.5	5.0	54.0	62	06 37	07 34	08 31	15 21	15 49	16 47	18 10
								60	06 31	07 24	08 15	15 52	16 27	17 23	18 38
06	273 32.4	S19 57.8	72 07.3	11.3	N24 37.5	4.9	54.0	N 58	06 25	07 15	08 02	16 16	16 54	17 49	19 00
07	288 32.2	58.4	86 37.6	11.4	24 42.4	4.8	54.0	56	06 20	07 07	07 51	16 35	17 15	18 10	19 18
08	303 32.1	58.9	101 08.0	11.3	24 47.2	4.7	54.0	54	06 16	07 00	07 41	16 51	17 32	18 27	19 33
S 09	318 31.9	19 59.4	115 38.3	11.2	24 51.9	4.6	54.0	52	06 12	06 53	07 32	17 04	17 47	18 41	19 45
U 10	333 31.8	20 00.0	130 08.5	11.2	24 56.5	4.4	54.0	50	06 08	06 48	07 24	17 17	18 00	18 54	19 57
N 11	348 31.6	00.5	144 38.7	11.2	25 00.9	4.4	54.0	45	05 59	06 35	07 07	17 42	18 27	19 20	20 20
D 12	3 31.4	S20 01.1	159 08.9	11.1	N25 05.3	4.2	54.0	N 40	05 50	06 24	06 53	18 02	18 48	19 41	20 39
A 13	18 31.3	01.6	173 39.0	11.1	25 09.5	4.1	54.0	35	05 43	06 14	06 41	18 18	19 06	19 58	20 55
Y 14	33 31.1	02.2	188 09.1	11.1	25 13.6	3.9	54.0	30	05 36	06 05	06 31	18 33	19 21	20 13	21 09
15	48 31.0	02.7	202 39.2	11.0	25 17.5	3.9	54.0	20	05 23	05 50	06 13	18 58	19 47	20 38	21 32
16	63 30.8	03.3	217 09.2	11.0	25 21.4	3.7	54.0	N 10	05 09	05 35	05 57	19 19	20 09	21 00	21 52
17	78 30.6	03.8	231 39.2	10.9	25 25.1	3.7	54.0	0	04 55	05 21	05 43	19 39	20 29	21 20	22 10
18	93 30.5	S20 04.3	246 09.1	11.0	N25 28.8	3.5	54.0	S 10	04 39	05 05	05 28	19 59	20 50	21 40	22 29
19	108 30.3	04.9	260 39.1	10.9	25 32.3	3.4	54.0	20	04 19	04 48	05 12	20 21	21 12	22 02	22 49
20	123 30.2	05.4	275 09.0	10.8	25 35.7	3.2	54.0	30	03 55	04 26	04 53	20 46	21 38	22 27	23 12
21	138 30.0	06.0	289 38.8	10.9	25 38.9	3.2	54.0	35	03 39	04 13	04 42	21 01	21 54	22 42	23 25
22	153 29.8	06.5	304 08.7	10.8	25 42.1	3.0	54.0	40	03 19	03 58	04 29	21 18	22 11	22 59	23 41
23	168 29.7	07.0	318 38.5	10.7	25 45.1	2.9	54.0	45	02 55	03 40	04 14	21 38	22 33	23 20	23 59
22 00	183 29.5	S20 07.6	333 08.2	10.8	N25 48.0	2.8	54.0	S 50	02 20	03 16	03 56	22 04	23 00	23 45	24 22
01	198 29.3	08.1	347 38.0	10.7	25 50.8	2.6	54.0	52	02 02	03 04	03 47	22 17	23 13	23 58	24 33
02	213 29.2	08.6	2 07.7	10.7	25 53.4	2.6	54.0	54	01 39	02 50	03 38	22 32	23 28	24 12	00 12
03	228 29.0	09.2	16 37.4	10.6	25 56.0	2.4	54.0	56	01 06	02 34	03 27	22 49	23 46	24 29	00 29
04	243 28.8	09.7	31 07.0	10.7	25 58.4	2.3	54.0	58	////	02 15	03 14	23 09	24 07	00 07	00 49
05	258 28.7	10.2	45 36.7	10.6	26 00.7	2.1	54.0	S 60	////	01 50	02 59	23 35	24 35	00 35	01 14
06	273 28.5	S20 10.8	60 06.3	10.6	N26 02.8	2.1	54.0			Twilight		Moonset			
07	288 28.4	11.3	74 35.9	10.5	26 04.9	1.9	54.0	Lat.	Sunset	Civil	Naut.	21	22	23	24
08	303 28.2	11.8	89 05.4	10.6	26 06.8	1.8	54.0								
M 09	318 28.0	12.4	103 35.0	10.5	26 08.6	1.6	54.1	°	h m	h m	h m	h m	h m	h m	h m
O 10	333 27.9	12.9	118 04.5	10.5	26 10.2	1.6	54.1	N 72	■■■	14 23	16 07	□	□	□	□
N 11	348 27.7	13.4	132 34.0	10.5	26 11.8	1.4	54.1	N 70	12 45	14 52	16 20	□	□	□	□
D 12	3 27.5	S20 14.0	147 03.5	10.5	N26 13.2	1.3	54.1	68	13 44	15 14	16 31	□	□	□	□
A 13	18 27.4	14.5	161 33.0	10.5	26 14.5	1.2	54.1	66	14 17	15 31	16 40	□	□	□	□
Y 14	33 27.2	15.0	176 02.5	10.4	26 15.7	1.0	54.1	64	14 42	15 45	16 48	12 16	□	14 56	14 33
15	48 27.0	15.5	190 31.9	10.4	26 16.7	0.9	54.1	62	15 01	15 57	16 55	11 27	12 43	13 30	13 52
16	63 26.8	16.1	205 01.3	10.4	26 17.6	0.8	54.1	60	15 16	16 08	17 01	10 56	12 05	12 54	13 23
17	78 26.7	16.6	219 30.7	10.4	26 18.4	0.7	54.1								
18	93 26.5	S20 17.1	234 00.1	10.4	N26 19.1	0.5	54.1	N 58	15 30	16 17	17 06	10 32	11 38	12 28	13 01
19	108 26.3	17.6	248 29.5	10.4	26 19.6	0.4	54.1	56	15 41	16 25	17 11	10 13	11 17	12 07	12 43
20	123 26.2	18.2	262 58.9	10.4	26 20.0	0.3	54.1	54	15 51	16 32	17 16	09 58	10 59	11 50	12 28
21	138 26.0	18.7	277 28.3	10.3	26 20.3	0.2	54.1	52	16 00	16 38	17 20	09 44	10 44	11 35	12 15
22	153 25.8	19.2	291 57.6	10.4	26 20.5	0.1	54.1	50	16 08	16 44	17 24	09 32	10 32	11 22	12 03
23	168 25.7	19.7	306 27.0	10.3	26 20.5	0.1	54.1	45	16 25	16 57	17 33	09 08	10 05	10 56	11 39
23 00	183 25.5	S20 20.3	320 56.3	10.4	N26 20.4	0.2	54.2	N 40	16 39	17 08	17 41	08 48	09 44	10 35	11 19
01	198 25.3	20.8	335 25.7	10.3	26 20.2	0.3	54.2	35	16 51	17 18	17 49	08 32	09 27	10 17	11 03
02	213 25.1	21.3	349 55.0	10.3	26 19.9	0.5	54.2	30	17 01	17 27	17 56	08 18	09 11	10 02	10 49
03	228 25.0	21.8	4 24.3	10.4	26 19.4	0.6	54.2	20	17 19	17 43	18 09	07 54	08 46	09 37	10 25
04	243 24.8	22.3	18 53.7	10.3	26 18.8	0.8	54.2	N 10	17 35	17 57	18 23	07 33	08 24	09 15	10 04
05	258 24.6	22.8	33 23.0	10.3	26 18.0	0.8	54.2	0	17 50	18 12	18 37	07 14	08 03	08 54	09 45
06	273 24.5	S20 23.4	47 52.3	10.3	N26 17.2	1.0	54.2	S 10	18 05	18 27	18 54	06 54	07 43	08 33	09 25
07	288 24.3	23.9	62 21.6	10.4	26 16.2	1.1	54.2	20	18 21	18 45	19 13	06 34	07 21	08 11	09 04
08	303 24.1	24.4	76 51.0	10.3	26 15.1	1.2	54.2	30	18 40	19 06	19 38	06 10	06 55	07 45	08 39
T 09	318 23.9	24.9	91 20.3	10.3	26 13.9	1.4	54.2	35	18 51	19 19	19 54	05 56	06 40	07 30	08 25
U 10	333 23.8	25.4	105 49.6	10.4	26 12.5	1.3	54.3	40	19 03	19 35	20 14	05 40	06 23	07 13	08 08
E 11	348 23.6	25.9	120 19.0	10.3	26 11.0	1.6	54.3	45	19 19	19 54	20 39	05 21	06 02	06 51	07 48
S 12	3 23.4	S20 26.5	134 48.3	10.3	N26 09.4	1.8	54.3	S 50	19 37	20 18	21 14	04 57	05 36	06 24	07 23
D 13	18 23.2	27.0	149 17.6	10.4	26 07.6	1.8	54.3	52	19 46	20 30	21 32	04 45	05 23	06 11	07 11
A 14	33 23.1	27.5	163 47.0	10.3	26 05.8	2.0	54.3	54	19 56	20 44	21 54	04 32	05 08	05 56	06 57
Y 15	48 22.9	28.0	178 16.3	10.4	26 03.8	2.2	54.3	56	20 07	21 00	22 30	04 17	04 51	05 38	06 40
16	63 22.7	28.5	192 45.7	10.4	26 01.6	2.2	54.3	58	20 20	21 20	////	04 00	04 30	05 17	06 20
17	78 22.5	29.0	207 15.1	10.4	25 59.4	2.4	54.3	S 60	20 35	21 45	////	03 38	04 04	04 49	05 56
18	93 22.3	S20 29.5	221 44.5	10.4	N25 57.0	2.5	54.3		SUN			MOON			
19	108 22.2	30.0	236 13.9	10.4	25 54.5	2.6	54.4	Day	Eqn. of Time		Mer.	Mer. Pass.		Age	Phase
20	123 22.0	30.5	250 43.3	10.4	25 51.9	2.8	54.4		00h	12h	Pass.	Upper	Lower		
21	138 21.8	31.0	265 12.7	10.4	25 49.1	2.9	54.4	d	m s	m s	h m	h m	h m	d	%
22	153 21.6	31.6	279 42.1	10.5	25 46.2	3.0	54.4	21	14 14	14 06	11 46	01 02	13 26	17	96
23	168 21.4	32.1	294 11.6	10.4	N25 43.2	3.1	54.4	22	13 58	13 50	11 46	01 51	14 16	18	92
	SD 16.2	d 0.5	SD 14.7		14.7		14.8	23	13 42	13 34	11 46	02 42	15 07	19	86

227

2021 NOVEMBER 24, 25, 26 (WED., THURS., FRI.)

UT	ARIES	VENUS −4.8		MARS +1.6		JUPITER −2.3		SATURN +0.6		STARS		
	GHA	GHA	Dec	GHA	Dec	GHA	Dec	GHA	Dec	Name	SHA	Dec
d h	° ′	° ′	° ′	° ′	° ′	° ′	° ′	° ′	° ′		° ′	° ′
24 00	63 10.3	135 32.4	S25 55.5	199 00.2	S16 32.4	95 59.6	S14 21.0	112 04.3	S18 56.2	Acamar	315 13.4	S40 13.1
01	78 12.7	150 32.9	55.2	214 01.0	33.0	111 01.8	20.9	127 06.6	56.1	Achernar	335 21.7	S57 07.8
02	93 15.2	165 33.3	54.8	229 01.7	33.5	126 03.9	20.8	142 08.9	56.1	Acrux	173 03.2	S63 12.8
03	108 17.7	180 33.8 ..	54.5	244 02.5 ..	34.0	141 06.1 ..	20.7	157 11.1 ..	56.0	Adhara	255 07.6	S28 59.9
04	123 20.1	195 34.3	54.1	259 03.3	34.5	156 08.3	20.6	172 13.4	56.0	Aldebaran	290 42.2	N16 33.2
05	138 22.6	210 34.8	53.7	274 04.0	35.0	171 10.5	20.5	187 15.7	55.9			
06	153 25.1	225 35.3	S25 53.4	289 04.8	S16 35.5	186 12.7	S14 20.4	202 18.0	S18 55.9	Alioth	166 15.7	N55 50.4
W 07	168 27.5	240 35.8	53.0	304 05.5	36.0	201 14.9	20.3	217 20.3	55.9	Alkaid	152 54.5	N49 12.2
E 08	183 30.0	255 36.3	52.7	319 06.3	36.5	216 17.1	20.2	232 22.6	55.8	Alnair	27 36.2	S46 51.6
D 09	198 32.5	270 36.8 ..	52.3	334 07.0 ..	37.0	231 19.2 ..	20.1	247 24.9 ..	55.8	Alnilam	275 40.0	S 1 11.3
N 10	213 34.9	285 37.3	51.9	349 07.8	37.6	246 21.4	20.0	262 27.1	55.7	Alphard	217 50.2	S 8 45.0
E 11	228 37.4	300 37.7	51.6	4 08.5	38.1	261 23.6	19.9	277 29.4	55.7			
S 12	243 39.9	315 38.3	S25 51.2	19 09.3	S16 38.6	276 25.8	S14 19.8	292 31.7	S18 55.6	Alphecca	126 06.3	N26 38.6
D 13	258 42.3	330 38.8	50.8	34 10.0	39.1	291 28.0	19.7	307 34.0	55.6	Alpheratz	357 37.2	N29 12.8
A 14	273 44.8	345 39.3	50.5	49 10.8	39.6	306 30.2	19.6	322 36.3	55.5	Altair	62 02.7	N 8 55.6
Y 15	288 47.2	0 39.8 ..	50.1	64 11.5 ..	40.1	321 32.3 ..	19.5	337 38.6 ..	55.5	Ankaa	353 09.5	S42 11.5
16	303 49.7	15 40.3	49.7	79 12.3	40.6	336 34.5	19.4	352 40.9	55.4	Antares	112 19.4	S26 28.7
17	318 52.2	30 40.8	49.4	94 13.1	41.1	351 36.7	19.3	7 43.1	55.4			
18	333 54.6	45 41.3	S25 49.0	109 13.8	S16 41.6	6 38.9	S14 19.2	22 45.4	S18 55.3	Arcturus	145 50.6	N19 04.2
19	348 57.1	60 41.8	48.6	124 14.6	42.1	21 41.1	19.1	37 47.7	55.3	Atria	107 16.5	S69 03.9
20	3 59.6	75 42.3	48.3	139 15.3	42.6	36 43.3	19.0	52 50.0	55.3	Avior	234 15.4	S59 34.4
21	19 02.0	90 42.9 ..	47.9	154 16.1 ..	43.1	51 45.4 ..	18.9	67 52.3 ..	55.2	Bellatrix	278 25.3	N 6 22.2
22	34 04.5	105 43.4	47.5	169 16.8	43.7	66 47.6	18.8	82 54.6	55.2	Betelgeuse	270 54.6	N 7 24.7
23	49 07.0	120 43.9	47.2	184 17.6	44.2	81 49.8	18.7	97 56.9	55.1			
25 00	64 09.4	135 44.4	S25 46.8	199 18.3	S16 44.7	96 52.0	S14 18.6	112 59.1	S18 55.1	Canopus	263 53.1	S52 42.3
01	79 11.9	150 45.0	46.4	214 19.1	45.2	111 54.2	18.5	128 01.4	55.0	Capella	280 25.2	N46 01.1
02	94 14.3	165 45.5	46.1	229 19.8	45.7	126 56.3	18.4	143 03.7	55.0	Deneb	49 27.7	N45 21.7
03	109 16.8	180 46.0 ..	45.7	244 20.6 ..	46.2	141 58.5 ..	18.3	158 06.0 ..	54.9	Denebola	182 27.7	N14 27.1
04	124 19.3	195 46.6	45.3	259 21.3	46.7	157 00.7	18.2	173 08.3	54.9	Diphda	348 49.7	S17 52.1
05	139 21.7	210 47.1	44.9	274 22.1	47.2	172 02.9	18.1	188 10.6	54.8			
06	154 24.2	225 47.7	S25 44.6	289 22.8	S16 47.7	187 05.1	S14 18.0	203 12.8	S18 54.8	Dubhe	193 44.4	N61 37.8
07	169 26.7	240 48.2	44.2	304 23.6	48.2	202 07.2	17.9	218 15.1	54.7	Elnath	278 04.8	N28 37.5
T 08	184 29.1	255 48.8	43.8	319 24.3	48.7	217 09.4	17.7	233 17.4	54.7	Eltanin	90 43.9	N51 29.3
H 09	199 31.6	270 49.3 ..	43.4	334 25.1 ..	49.2	232 11.6 ..	17.6	248 19.7 ..	54.7	Enif	33 41.4	N 9 58.6
U 10	214 34.1	285 49.9	43.1	349 25.8	49.7	247 13.8	17.5	263 22.0	54.6	Fomalhaut	15 17.3	S29 30.6
R 11	229 36.5	300 50.4	42.7	4 26.6	50.2	262 16.0	17.4	278 24.3	54.6			
S 12	244 39.0	315 51.0	S25 42.3	19 27.3	S16 50.7	277 18.1	S14 17.3	293 26.5	S18 54.5	Gacrux	171 54.8	S57 13.8
D 13	259 41.5	330 51.5	41.9	34 28.1	51.2	292 20.3	17.2	308 28.8	54.5	Gienah	175 46.4	S17 39.6
A 14	274 43.9	345 52.1	41.5	49 28.8	51.7	307 22.5	17.1	323 31.1	54.4	Hadar	148 40.2	S60 28.4
Y 15	289 46.4	0 52.6 ..	41.2	64 29.5 ..	52.2	322 24.7 ..	17.0	338 33.4 ..	54.4	Hamal	327 53.8	N23 34.0
16	304 48.8	15 53.2	40.8	79 30.3	52.8	337 26.8	16.9	353 35.7	54.3	Kaus Aust.	83 36.3	S34 22.5
17	319 51.3	30 53.8	40.4	94 31.0	53.3	352 29.0	16.8	8 38.0	54.3			
18	334 53.8	45 54.4	S25 40.0	109 31.8	S16 53.8	7 31.2	S14 16.7	23 40.2	S18 54.2	Kochab	137 21.0	N74 03.9
19	349 56.2	60 54.9	39.6	124 32.5	54.3	22 33.4	16.6	38 42.5	54.2	Markab	13 32.4	N15 19.4
20	4 58.7	75 55.5	39.2	139 33.3	54.8	37 35.5	16.5	53 44.8	54.1	Menkar	314 08.5	N 4 10.5
21	20 01.2	90 56.1 ..	38.9	154 34.0 ..	55.3	52 37.7 ..	16.4	68 47.1 ..	54.1	Menkent	148 01.0	S36 28.4
22	35 03.6	105 56.7	38.5	169 34.8	55.8	67 39.9	16.3	83 49.4	54.0	Miaplacidus	221 38.4	S69 48.0
23	50 06.1	120 57.2	38.1	184 35.5	56.3	82 42.1	16.2	98 51.6	54.0			
26 00	65 08.6	135 57.8	S25 37.7	199 36.3	S16 56.8	97 44.2	S14 16.1	113 53.9	S18 54.0	Mirfak	308 31.4	N49 56.3
01	80 11.0	150 58.4	37.3	214 37.0	57.3	112 46.4	16.0	128 56.2	53.9	Nunki	75 51.3	S26 16.2
02	95 13.5	165 59.0	36.9	229 37.8	57.8	127 48.6	15.9	143 58.5	53.9	Peacock	53 10.1	S56 40.1
03	110 16.0	180 59.6 ..	36.6	244 38.5 ..	58.3	142 50.8 ..	15.8	159 00.8 ..	53.8	Pollux	243 20.2	N27 58.3
04	125 18.4	196 00.2	36.2	259 39.2	58.8	157 52.9	15.7	174 03.0	53.8	Procyon	244 53.3	N 5 10.2
05	140 20.9	211 00.8	35.8	274 40.0	59.3	172 55.1	15.5	189 05.3	53.7			
06	155 23.3	226 01.4	S25 35.4	289 40.7	S16 59.8	187 57.3	S14 15.4	204 07.6	S18 53.7	Rasalhague	96 01.3	N12 32.8
07	170 25.8	241 02.0	35.0	304 41.5	17 00.3	202 59.5	15.3	219 09.9	53.6	Regulus	207 37.2	N11 51.7
08	185 28.3	256 02.6	34.6	319 42.2	00.8	218 01.6	15.2	234 12.2	53.6	Rigel	281 06.0	S 8 10.6
F 09	200 30.7	271 03.2 ..	34.2	334 43.0 ..	01.3	233 03.8 ..	15.1	249 14.4 ..	53.5	Rigil Kent.	139 44.4	S60 55.2
R 10	215 33.2	286 03.8	33.8	349 43.7	01.8	248 06.0	15.0	264 16.7	53.5	Sabik	102 06.1	S15 45.0
I 11	230 35.7	301 04.4	33.4	4 44.5	02.3	263 08.1	14.9	279 19.0	53.4			
D 12	245 38.1	316 05.0	S25 33.0	19 45.2	S17 02.8	278 10.3	S14 14.8	294 21.3	S18 53.4	Schedar	349 33.6	N56 39.6
A 13	260 40.6	331 05.6	32.6	34 45.9	03.3	293 12.5	14.7	309 23.6	53.3	Shaula	96 14.3	S37 07.1
Y 14	275 43.1	346 06.3	32.2	49 46.7	03.8	308 14.7	14.6	324 25.8	53.3	Sirius	258 28.2	S16 44.7
15	290 45.5	1 06.9 ..	31.9	64 47.4 ..	04.3	323 16.8 ..	14.5	339 28.1 ..	53.2	Spica	158 25.3	S11 16.3
16	305 48.0	16 07.5	31.5	79 48.2	04.8	338 19.0	14.4	354 30.4	53.2	Suhail	222 48.0	S43 30.9
17	320 50.5	31 08.1	31.1	94 48.9	05.3	353 21.2	14.3	9 32.7	53.1			
18	335 52.9	46 08.7	S25 30.7	109 49.7	S17 05.8	8 23.3	S14 14.2	24 35.0	S18 53.1	Vega	80 35.3	N38 48.4
19	350 55.4	61 09.4	30.3	124 50.4	06.3	23 25.5	14.1	39 37.2	53.1	Zuben'ubi	136 59.2	S16 07.8
20	5 57.8	76 10.0	29.9	139 51.1	06.8	38 27.7	13.9	54 39.5	53.0		SHA	Mer. Pass.
21	21 00.3	91 10.6 ..	29.5	154 51.9 ..	07.3	53 29.8 ..	13.8	69 41.8 ..	53.0		° ′	h m
22	36 02.8	106 11.3	29.1	169 52.6	07.8	68 32.0	13.7	84 44.1	52.9	Venus	71 35.0	14 57
23	51 05.2	121 11.9	28.7	184 53.4	08.2	83 34.2	13.6	99 46.4	52.9	Mars	135 08.9	10 42
	h m									Jupiter	32 42.6	17 30
Mer. Pass. 19 40.1		v 0.6	d 0.4	v 0.7	d 0.5	v 2.2	d 0.1	v 2.3	d 0.0	Saturn	48 49.7	16 26

2021 NOVEMBER 24, 25, 26 (WED., THURS., FRI.)

UT	SUN GHA	SUN Dec	MOON GHA	MOON v	MOON Dec	MOON d	MOON HP
d h	° '	° '	° '	'	° '	'	'
24 00	183 21.3	S20 32.6	308 41.0	10.5	N25 40.1	3.3	54.4
01	198 21.1	33.1	323 10.5	10.5	25 36.8	3.3	54.4
02	213 20.9	33.6	337 40.0	10.5	25 33.5	3.6	54.5
03	228 20.7	34.1	352 09.5	10.5	25 29.9	3.6	54.5
04	243 20.5	34.6	6 39.0	10.6	25 26.3	3.7	54.5
05	258 20.4	35.1	21 08.6	10.5	25 22.6	3.9	54.5
06	273 20.2	S20 35.6	35 38.1	10.6	N25 18.7	4.0	54.5
W 07	288 20.0	36.1	50 07.7	10.6	25 14.7	4.1	54.5
E 08	303 19.8	36.6	64 37.3	10.7	25 10.6	4.3	54.5
D 09	318 19.6	37.1	79 07.0	10.6	25 06.3	4.4	54.6
N 10	333 19.5	37.6	93 36.6	10.7	25 01.9	4.5	54.6
E 11	348 19.3	38.1	108 06.3	10.7	24 57.4	4.6	54.6
S 12	3 19.1	S20 38.6	122 36.0	10.7	N24 52.8	4.7	54.6
D 13	18 18.9	39.1	137 05.7	10.8	24 48.1	4.9	54.6
A 14	33 18.7	39.6	151 35.5	10.7	24 43.2	4.9	54.6
Y 15	48 18.5	40.1	166 05.2	10.8	24 38.3	5.1	54.7
16	63 18.3	40.6	180 35.0	10.9	24 33.2	5.3	54.7
17	78 18.2	41.1	195 04.9	10.8	24 27.9	5.3	54.7
18	93 18.0	S20 41.6	209 34.7	10.9	N24 22.6	5.5	54.7
19	108 17.8	42.0	224 04.6	10.9	24 17.1	5.5	54.7
20	123 17.6	42.5	238 34.5	10.9	24 11.6	5.7	54.7
21	138 17.4	43.0	253 04.4	11.0	24 05.9	5.8	54.8
22	153 17.2	43.5	267 34.4	11.0	24 00.1	6.0	54.8
23	168 17.0	44.0	282 04.4	11.0	23 54.1	6.0	54.8
25 00	183 16.9	S20 44.5	296 34.4	11.1	N23 48.1	6.2	54.8
01	198 16.7	45.0	311 04.5	11.1	23 41.9	6.3	54.8
02	213 16.5	45.5	325 34.6	11.1	23 35.6	6.4	54.9
03	228 16.3	46.0	340 04.7	11.1	23 29.2	6.5	54.9
04	243 16.1	46.5	354 34.8	11.2	23 22.7	6.6	54.9
05	258 15.9	46.9	9 05.0	11.2	23 16.1	6.7	54.9
06	273 15.7	S20 47.4	23 35.2	11.2	N23 09.4	6.9	54.9
07	288 15.5	47.9	38 05.4	11.3	23 02.5	7.0	55.0
T 08	303 15.3	48.4	52 35.7	11.3	22 55.5	7.1	55.0
H 09	318 15.2	48.9	67 06.0	11.4	22 48.4	7.2	55.0
U 10	333 15.0	49.4	81 36.4	11.3	22 41.2	7.3	55.0
R 11	348 14.8	49.8	96 06.7	11.4	22 33.9	7.4	55.1
S 12	3 14.6	S20 50.3	110 37.1	11.5	N22 26.5	7.5	55.1
D 13	18 14.4	50.8	125 07.6	11.5	22 19.0	7.6	55.1
A 14	33 14.2	51.3	139 38.1	11.5	22 11.4	7.8	55.1
Y 15	48 14.0	51.8	154 08.6	11.5	22 03.6	7.9	55.1
16	63 13.8	52.2	168 39.1	11.6	21 55.7	7.9	55.2
17	78 13.6	52.7	183 09.7	11.6	21 47.8	8.1	55.2
18	93 13.4	S20 53.2	197 40.3	11.6	N21 39.7	8.2	55.2
19	108 13.2	53.7	212 10.9	11.7	21 31.5	8.3	55.2
20	123 13.0	54.2	226 41.6	11.7	21 23.2	8.4	55.3
21	138 12.8	54.6	241 12.3	11.8	21 14.8	8.5	55.3
22	153 12.6	55.1	255 43.1	11.7	21 06.3	8.6	55.3
23	168 12.4	55.6	270 13.8	11.9	20 57.7	8.7	55.3
26 00	183 12.3	S20 56.1	284 44.7	11.8	N20 49.0	8.8	55.4
01	198 12.1	56.5	299 15.5	11.9	20 40.2	9.0	55.4
02	213 11.9	57.0	313 46.4	11.9	20 31.2	9.0	55.4
03	228 11.7	57.5	328 17.3	11.9	20 22.2	9.1	55.4
04	243 11.5	57.9	342 48.2	12.0	20 13.1	9.2	55.5
05	258 11.3	58.4	357 19.2	12.0	20 03.9	9.4	55.5
06	273 11.1	S20 58.9	11 50.2	12.1	N19 54.5	9.4	55.5
07	288 10.9	59.3	26 21.3	12.1	19 45.1	9.5	55.6
08	303 10.7	20 59.8	40 52.4	12.1	19 35.6	9.7	55.6
F 09	318 10.5	21 00.3	55 23.5	12.1	19 25.9	9.7	55.6
R 10	333 10.3	00.8	69 54.6	12.2	19 16.2	9.8	55.6
I 11	348 10.1	01.2	84 25.8	12.2	19 06.4	10.0	55.7
D 12	3 09.9	S21 01.7	98 57.0	12.2	N18 56.4	10.0	55.7
A 13	18 09.7	02.1	113 28.2	12.3	18 46.4	10.1	55.7
Y 14	33 09.5	02.6	127 59.5	12.3	18 36.3	10.2	55.7
15	48 09.3	03.1	142 30.8	12.3	18 26.1	10.3	55.8
16	63 09.1	03.5	157 02.1	12.4	18 15.8	10.5	55.8
17	78 08.9	04.0	171 33.5	12.4	18 05.3	10.5	55.8
18	93 08.7	S21 04.5	186 04.9	12.4	N17 54.8	10.5	55.9
19	108 08.5	04.9	200 36.3	12.4	17 44.3	10.7	55.9
20	123 08.3	05.4	215 07.7	12.5	17 33.6	10.8	55.9
21	138 08.1	05.8	229 39.2	12.5	17 22.8	10.9	56.0
22	153 07.9	06.3	244 10.7	12.5	17 11.9	10.9	56.0
23	168 07.7	06.8	258 42.2	12.6	N17 01.0	11.1	56.0
	SD 16.2	d 0.5	SD 14.9		15.0		15.2

Twilight / Sunrise / Moonrise

Lat.	Naut.	Civil	Sunrise	Moonrise 24	25	26	27
N 72	07 34	09 23	■	□	□	18 15	21 38
N 70	07 20	08 50	■	□	□	19 38	22 01
68	07 08	08 27	□	□	17 33	20 17	22 19
66	06 58	08 08	□	□	18 43	20 43	22 34
64	06 50	07 53	08 59	17 29	19 18	21 03	22 45
62	06 43	07 41	08 39	18 10	19 44	21 20	22 55
60	06 36	07 30	08 22	18 38	20 04	21 33	23 04
N 58	06 30	07 21	08 08	19 00	20 20	21 45	23 11
56	06 25	07 12	07 56	19 18	20 34	21 55	23 17
54	06 20	07 05	07 46	19 33	20 46	22 03	23 23
52	06 16	06 58	07 37	19 45	20 56	22 11	23 28
50	06 11	06 52	07 28	19 57	21 06	22 18	23 33
45	06 02	06 38	07 11	20 20	21 25	22 33	23 43
N 40	05 53	06 27	06 56	20 39	21 41	22 46	23 51
35	05 46	06 17	06 44	20 55	21 55	22 56	23 58
30	05 38	06 08	06 33	21 09	22 06	23 05	24 05
20	05 24	05 51	06 15	21 32	22 26	23 21	24 16
N 10	05 10	05 36	05 59	21 52	22 43	23 34	24 25
0	04 56	05 21	05 43	22 10	23 00	23 47	24 34
S 10	04 39	05 05	05 28	22 29	23 15	24 00	00 00
20	04 19	04 47	05 11	22 49	23 33	24 13	00 13
30	03 53	04 25	04 52	23 12	23 52	24 29	00 29
35	03 37	04 12	04 41	23 25	24 03	00 03	00 37
40	03 17	03 56	04 28	23 41	24 16	00 16	00 47
45	02 51	03 37	04 12	23 59	24 32	00 32	00 59
S 50	02 15	03 12	03 53	24 22	00 22	00 50	01 13
52	01 56	03 00	03 44	24 33	00 33	00 59	01 20
54	01 30	02 45	03 34	00 12	00 45	01 09	01 27
56	00 53	02 28	03 22	00 29	00 59	01 20	01 35
58	////	02 08	03 09	00 49	01 16	01 33	01 45
S 60	////	01 40	02 53	01 14	01 35	01 48	01 55

Sunset / Twilight / Moonset

Lat.	Sunset	Civil	Naut.	Moonset 24	25	26	27
N 72	■	14 10	15 59	□	□	17 14	15 30
N 70	■	14 43	16 13	□	□	15 49	15 05
68	13 30	15 06	16 25	□	16 13	15 10	14 45
66	14 08	15 25	16 35	□	15 03	14 42	14 29
64	14 34	15 40	16 43	14 33	14 27	14 21	14 16
62	14 55	15 53	16 51	13 52	14 00	14 04	14 05
60	15 11	16 04	16 57	13 23	13 40	13 50	13 56
N 58	15 25	16 13	17 03	13 01	13 23	13 37	13 47
56	15 37	16 21	17 08	12 43	13 09	13 26	13 40
54	15 48	16 29	17 13	12 28	12 56	13 17	13 33
52	15 57	16 36	17 18	12 15	12 45	13 09	13 27
50	16 05	16 42	17 22	12 03	12 35	13 01	13 22
45	16 23	16 55	17 32	11 39	12 15	12 45	13 10
N 40	16 37	17 07	17 40	11 19	11 58	12 31	13 00
35	16 50	17 17	17 48	11 03	11 44	12 20	12 52
30	17 00	17 26	17 56	10 49	11 31	12 10	12 45
20	17 19	17 43	18 10	10 25	11 10	11 52	12 32
N 10	17 35	17 58	18 24	10 04	10 52	11 37	12 20
0	17 51	18 13	18 39	09 45	10 34	11 23	12 10
S 10	18 06	18 29	18 55	09 25	10 17	11 08	11 59
20	18 23	18 47	19 15	09 04	09 58	10 53	11 47
30	18 42	19 09	19 41	08 39	09 36	10 35	11 34
35	18 54	19 22	19 58	08 25	09 23	10 24	11 26
40	19 07	19 38	20 18	08 08	09 09	10 12	11 17
45	19 22	19 58	20 44	07 48	08 51	09 58	11 07
S 50	19 42	20 23	21 20	07 23	08 29	09 40	10 54
52	19 51	20 36	21 40	07 11	08 19	09 32	10 48
54	20 01	20 50	22 06	06 57	08 07	09 23	10 41
56	20 13	21 07	22 46	06 40	07 53	09 12	10 34
58	20 27	21 29	////	06 20	07 37	09 00	10 25
S 60	20 43	21 57	////	05 56	07 18	08 46	10 16

SUN / MOON

Day	Eqn. of Time 00h	Eqn. of Time 12h	Mer. Pass.	Mer. Pass. Upper	Mer. Pass. Lower	Age	Phase
d	m s	m s	h m	h m	h m	d	%
24	13 25	13 17	11 47	03 32	15 58	20	78
25	13 08	12 59	11 47	04 22	16 47	21	70
26	12 49	12 40	11 47	05 11	17 35	22	60

2021 NOVEMBER 27, 28, 29 (SAT., SUN., MON.)

UT	ARIES	VENUS −4.9	MARS +1.6	JUPITER −2.3	SATURN +0.6	STARS		
	GHA	GHA Dec	GHA Dec	GHA Dec	GHA Dec	Name	SHA	Dec
d h	° ′	° ′ ° ′	° ′ ° ′	° ′ ° ′	° ′ ° ′		° ′	° ′
27 00	66 07.7	136 12.6 S25 28.3	199 54.1 S17 08.7	98 36.4 S14 13.5	114 48.6 S18 52.8	Acamar	315 13.4	S40 13.1
01	81 10.2	151 13.2 27.9	214 54.8 09.2	113 38.5 13.4	129 50.9 52.8	Achernar	335 21.7	S57 07.8
02	96 12.6	166 13.9 27.5	229 55.6 09.7	128 40.7 13.3	144 53.2 52.7	Acrux	173 03.2	S63 12.8
03	111 15.1	181 14.5 . . 27.1	244 56.3 . . 10.2	143 42.9 . . 13.2	159 55.5 . . 52.7	Adhara	255 07.6	S29 00.0
04	126 17.6	196 15.2 26.7	259 57.1 10.7	158 45.0 13.1	174 57.7 52.6	Aldebaran	290 42.2	N16 33.2
05	141 20.0	211 15.8 26.3	274 57.8 11.2	173 47.2 13.0	190 00.0 52.6			
06	156 22.5	226 16.5 S25 25.9	289 58.5 S17 11.7	188 49.4 S14 12.9	205 02.3 S18 52.5	Alioth	166 15.7	N55 50.4
07	171 24.9	241 17.1 25.5	304 59.3 12.2	203 51.5 12.8	220 04.6 52.5	Alkaid	152 54.5	N49 12.2
S 08	186 27.4	256 17.8 25.1	320 00.0 12.7	218 53.7 12.6	235 06.8 52.4	Alnair	27 36.2	S46 51.6
A 09	201 29.9	271 18.5 . . 24.7	335 00.7 . . 13.2	233 55.9 . . 12.5	250 09.1 . . 52.4	Alnilam	275 40.0	S 1 11.3
T 10	216 32.3	286 19.1 24.2	350 01.5 13.7	248 58.0 12.4	265 11.4 52.3	Alphard	217 50.2	S 8 45.0
U 11	231 34.8	301 19.8 23.8	5 02.2 14.2	264 00.2 12.3	280 13.7 52.3			
R 12	246 37.3	316 20.5 S25 23.4	20 03.0 S17 14.7	279 02.4 S14 12.2	295 16.0 S18 52.2	Alphecca	126 06.3	N26 38.5
D 13	261 39.7	331 21.1 23.0	35 03.7 15.2	294 04.5 12.1	310 18.2 52.2	Alpheratz	357 37.3	N29 12.8
A 14	276 42.2	346 21.8 22.6	50 04.4 15.7	309 06.7 12.0	325 20.5 52.1	Altair	62 02.7	N 8 55.6
Y 15	291 44.7	1 22.5 . . 22.2	65 05.2 . . 16.2	324 08.8 . . 11.9	340 22.8 . . 52.1	Ankaa	353 09.5	S42 11.5
16	306 47.1	16 23.2 21.8	80 05.9 16.7	339 11.0 11.8	355 25.1 52.0	Antares	112 19.4	S26 28.7
17	321 49.6	31 23.9 21.4	95 06.6 17.1	354 13.2 11.7	10 27.3 52.0			
18	336 52.1	46 24.5 S25 21.0	110 07.4 S17 17.6	9 15.3 S14 11.6	25 29.6 S18 51.9	Arcturus	145 50.6	N19 04.2
19	351 54.5	61 25.2 20.6	125 08.1 18.1	24 17.5 11.4	40 31.9 51.9	Atria	107 16.5	S69 03.9
20	6 57.0	76 25.9 20.2	140 08.9 18.6	39 19.7 11.3	55 34.2 51.8	Avior	234 15.4	S59 34.4
21	21 59.4	91 26.6 . . 19.7	155 09.6 . . 19.1	54 21.8 . . 11.2	70 36.4 . . 51.8	Bellatrix	278 25.3	N 6 22.2
22	37 01.9	106 27.3 19.3	170 10.3 19.6	69 24.0 11.1	85 38.7 51.7	Betelgeuse	270 54.6	N 7 24.7
23	52 04.4	121 28.0 18.9	185 11.1 20.1	84 26.2 11.0	100 41.0 51.7			
28 00	67 06.8	136 28.7 S25 18.5	200 11.8 S17 20.6	99 28.3 S14 10.9	115 43.3 S18 51.7	Canopus	263 53.0	S52 42.3
01	82 09.3	151 29.4 18.1	215 12.5 21.1	114 30.5 10.8	130 45.5 51.6	Capella	280 25.2	N46 01.1
02	97 11.8	166 30.1 17.7	230 13.3 21.6	129 32.6 10.7	145 47.8 51.6	Deneb	49 27.7	N45 21.7
03	112 14.2	181 30.8 . . 17.3	245 14.0 . . 22.1	144 34.8 . . 10.6	160 50.1 . . 51.5	Denebola	182 27.7	N14 27.1
04	127 16.7	196 31.5 16.9	260 14.7 22.6	159 37.0 10.5	175 52.4 51.5	Diphda	348 49.7	S17 52.1
05	142 19.2	211 32.3 16.4	275 15.5 23.1	174 39.1 10.3	190 54.6 51.4			
06	157 21.6	226 33.0 S25 16.0	290 16.2 S17 23.5	189 41.3 S14 10.2	205 56.9 S18 51.4	Dubhe	193 44.3	N61 37.8
07	172 24.1	241 33.7 15.6	305 16.9 24.0	204 43.4 10.1	220 59.2 51.3	Elnath	278 04.7	N28 37.5
08	187 26.6	256 34.4 15.2	320 17.7 24.5	219 45.6 10.0	236 01.4 51.3	Eltanin	90 43.9	N51 29.3
S 09	202 29.0	271 35.1 . . 14.8	335 18.4 . . 25.0	234 47.8 . . 09.9	251 03.7 . . 51.2	Enif	33 41.4	N 9 58.6
U 10	217 31.5	286 35.9 14.3	350 19.1 25.5	249 49.9 09.8	266 06.0 51.2	Fomalhaut	15 17.3	S29 30.6
N 11	232 33.9	301 36.6 13.9	5 19.9 26.0	264 52.1 09.7	281 08.3 51.1			
D 12	247 36.4	316 37.3 S25 13.5	20 20.6 S17 26.5	279 54.2 S14 09.6	296 10.5 S18 51.1	Gacrux	171 54.8	S57 13.8
A 13	262 38.9	331 38.1 13.1	35 21.3 27.0	294 56.4 09.5	311 12.8 51.0	Gienah	175 46.4	S17 39.6
Y 14	277 41.3	346 38.8 12.7	50 22.1 27.4	309 58.6 09.4	326 15.1 51.0	Hadar	148 40.2	S60 28.4
15	292 43.8	1 39.5 . . 12.2	65 22.8 . . 27.9	325 00.7 . . 09.2	341 17.4 . . 50.9	Hamal	327 53.8	N23 34.0
16	307 46.3	16 40.3 11.8	80 23.5 28.4	340 02.9 09.1	356 19.6 50.9	Kaus Aust.	83 36.3	S34 22.5
17	322 48.7	31 41.0 11.4	95 24.3 28.9	355 05.0 09.0	11 21.9 50.8			
18	337 51.2	46 41.8 S25 11.0	110 25.0 S17 29.4	10 07.2 S14 08.9	26 24.2 S18 50.8	Kochab	137 21.0	N74 03.9
19	352 53.7	61 42.5 10.6	125 25.7 29.9	25 09.3 08.8	41 26.4 50.7	Markab	13 32.4	N15 19.4
20	7 56.1	76 43.3 10.1	140 26.4 30.4	40 11.5 08.7	56 28.7 50.7	Menkar	314 08.5	N 4 10.5
21	22 58.6	91 44.0 . . 09.7	155 27.2 . . 30.8	55 13.7 . . 08.6	71 31.0 . . 50.6	Menkent	148 01.0	S36 28.4
22	38 01.0	106 44.8 09.3	170 27.9 31.3	70 15.8 08.5	86 33.3 50.6	Miaplacidus	221 38.4	S69 48.0
23	53 03.5	121 45.6 08.9	185 28.6 31.8	85 18.0 08.3	101 35.5 50.5			
29 00	68 06.0	136 46.3 S25 08.4	200 29.4 S17 32.3	100 20.1 S14 08.2	116 37.8 S18 50.5	Mirfak	308 31.4	N49 56.3
01	83 08.4	151 47.1 08.0	215 30.1 32.8	115 22.3 08.1	131 40.1 50.4	Nunki	75 51.3	S26 16.2
02	98 10.9	166 47.9 07.6	230 30.8 33.3	130 24.4 08.0	146 42.3 50.4	Peacock	53 10.1	S56 40.1
03	113 13.4	181 48.6 . . 07.1	245 31.5 . . 33.8	145 26.6 . . 07.9	161 44.6 . . 50.3	Pollux	243 20.2	N27 58.3
04	128 15.8	196 49.4 06.7	260 32.3 34.2	160 28.8 07.8	176 46.9 50.3	Procyon	244 53.3	N 5 10.2
05	143 18.3	211 50.2 06.3	275 33.0 34.7	175 30.9 07.7	191 49.2 50.2			
06	158 20.8	226 51.0 S25 05.9	290 33.7 S17 35.2	190 33.1 S14 07.6	206 51.4 S18 50.2	Rasalhague	96 01.3	N12 32.8
07	173 23.2	241 51.7 05.4	305 34.5 35.7	205 35.2 07.4	221 53.7 50.1	Regulus	207 37.2	N11 51.7
08	188 25.7	256 52.5 05.0	320 35.2 36.2	220 37.4 07.3	236 56.0 50.1	Rigel	281 06.0	S 8 10.6
M 09	203 28.2	271 53.3 . . 04.6	335 35.9 . . 36.7	235 39.5 . . 07.2	251 58.2 . . 50.0	Rigil Kent.	139 44.4	S60 55.2
O 10	218 30.6	286 54.1 04.1	350 36.6 37.1	250 41.7 07.1	267 00.5 50.0	Sabik	102 06.1	S15 45.0
N 11	233 33.1	301 54.9 03.7	5 37.4 37.6	265 43.8 07.0	282 02.8 49.9			
D 12	248 35.5	316 55.7 S25 03.3	20 38.1 S17 38.1	280 46.0 S14 06.9	297 05.0 S18 49.9	Schedar	349 33.6	N56 39.6
A 13	263 38.0	331 56.5 02.8	35 38.8 38.6	295 48.1 06.8	312 07.3 49.8	Shaula	96 14.3	S37 07.1
Y 14	278 40.5	346 57.3 02.4	50 39.6 39.1	310 50.3 06.7	327 09.6 49.8	Sirius	258 28.2	S16 44.7
15	293 42.9	1 58.1 . . 02.0	65 40.3 . . 39.6	325 52.4 . . 06.5	342 11.9 . . 49.7	Spica	158 25.2	S11 16.3
16	308 45.4	16 58.9 01.5	80 41.0 40.0	340 54.6 06.4	357 14.1 49.7	Suhail	222 48.0	S43 30.9
17	323 47.9	31 59.7 01.1	95 41.7 40.5	355 56.7 06.3	12 16.4 49.6			
18	338 50.3	47 00.5 S25 00.7	110 42.5 S17 41.0	10 58.9 S14 06.2	27 18.7 S18 49.6	Vega	80 35.3	N38 48.4
19	353 52.8	62 01.3 25 00.2	125 43.2 41.5	26 01.0 06.1	42 20.9 49.5	Zuben'ubi	136 59.2	S16 07.8
20	8 55.3	77 02.1 24 59.8	140 43.9 42.0	41 03.2 06.0	57 23.2 49.5		SHA	Mer. Pass.
21	23 57.7	92 03.0 . . 59.4	155 44.6 . . 42.4	56 05.3 . . 05.9	72 25.5 . . 49.4		° ′	h m
22	39 00.2	107 03.8 58.9	170 45.4 42.9	71 07.5 05.7	87 27.7 49.4	Venus	69 21.9	14 53
23	54 02.6	122 04.6 58.5	185 46.1 43.4	86 09.6 05.6	102 30.0 49.3	Mars	133 05.0	10 39
	h m					Jupiter	32 21.5	17 20
Mer. Pass. 19 28.3		v 0.7 d 0.4	v 0.7 d 0.5	v 2.2 d 0.1	v 2.3 d 0.0	Saturn	48 36.4	16 15

2021 NOVEMBER 27, 28, 29 (SAT., SUN., MON.)

UT	SUN GHA	SUN Dec	MOON GHA	MOON v	MOON Dec	MOON d	MOON HP	Lat.	Twilight Naut.	Twilight Civil	Sunrise	Moonrise 27	Moonrise 28	Moonrise 29	Moonrise 30
d h	° '	° '	° '	'	° '	'	'	°	h m	h m	h m	h m	h m	h m	h m
								N 72	07 43	09 37	■■	21 38	23 57	26 09	02 09
27 00	183 07.5	S21 07.2	273 13.8	12.6	N16 49.9	11.1	56.0	N 70	07 28	09 01	■■	22 01	24 06	00 06	02 09
01	198 07.3	07.7	287 45.4	12.6	16 38.8	11.3	56.1	68	07 15	08 36	10 20	22 19	24 14	00 14	02 09
02	213 07.1	08.1	302 17.0	12.6	16 27.5	11.3	56.1	66	07 05	08 16	09 37	22 34	24 21	00 21	02 09
03	228 06.8	08.6	316 48.6	12.7	16 16.2	11.4	56.1	64	06 56	08 00	09 08	22 45	24 26	00 26	02 08
04	243 06.6	09.0	331 20.3	12.7	16 04.8	11.5	56.2	62	06 48	07 47	08 46	22 55	24 31	00 31	02 08
05	258 06.4	09.5	345 52.0	12.7	15 53.3	11.5	56.2	60	06 41	07 36	08 29	23 04	24 35	00 35	02 08
06	273 06.2	S21 09.9	0 23.7	12.7	N15 41.8	11.7	56.2	N 58	06 35	07 26	08 14	23 11	24 38	00 38	02 08
S 07	288 06.0	10.4	14 55.4	12.8	15 30.1	11.7	56.3	56	06 29	07 17	08 02	23 17	24 41	00 41	02 08
A 08	303 05.8	10.8	29 27.2	12.7	15 18.4	11.9	56.3	54	06 24	07 09	07 51	23 23	24 44	00 44	02 08
T 09	318 05.6	11.3	43 58.9	12.8	15 06.5	11.9	56.3	52	06 20	07 01	07 41	23 28	24 47	00 47	02 08
U 10	333 05.4	11.7	58 30.7	12.9	14 54.6	12.0	56.4	50	06 15	06 56	07 33	23 33	24 49	00 49	02 08
R 11	348 05.2	12.2	73 02.6	12.8	14 42.6	12.0	56.4	45	06 05	06 42	07 15	23 43	24 54	00 54	02 07
D 12	3 05.0	S21 12.6	87 34.4	12.8	N14 30.6	12.2	56.4	N 40	05 56	06 30	07 00	23 51	24 58	00 58	02 07
A 13	18 04.8	13.1	102 06.2	12.9	14 18.4	12.2	56.5	35	05 48	06 19	06 47	23 58	25 02	01 02	02 07
Y 14	33 04.6	13.5	116 38.1	12.9	14 06.2	12.3	56.5	30	05 41	06 10	06 36	24 05	00 05	01 05	02 07
15	48 04.4	14.0	131 10.0	12.9	13 53.9	12.4	56.5	20	05 26	05 53	06 17	24 16	00 16	01 11	02 07
16	63 04.2	14.4	145 41.9	12.9	13 41.5	12.5	56.6	N 10	05 12	05 38	06 00	24 25	00 25	01 15	02 07
17	78 04.0	14.9	160 13.8	13.0	13 29.0	12.6	56.6	0	04 56	05 22	05 44	24 34	00 34	01 20	02 07
18	93 03.7	S21 15.3	174 45.8	12.9	N13 16.4	12.6	56.6	S 10	04 39	05 06	05 28	00 00	00 42	01 24	02 07
19	108 03.5	15.8	189 17.7	13.0	13 03.8	12.7	56.7	20	04 19	04 47	05 11	00 13	00 52	01 29	02 07
20	123 03.3	16.2	203 49.7	13.0	12 51.1	12.8	56.7	30	03 52	04 25	04 52	00 29	01 02	01 35	02 07
21	138 03.1	16.7	218 21.7	13.0	12 38.3	12.8	56.8	35	03 36	04 11	04 40	00 37	01 08	01 38	02 07
22	153 02.9	17.1	232 53.7	13.0	12 25.5	12.9	56.8	40	03 15	03 55	04 26	00 47	01 15	01 41	02 07
23	168 02.7	17.5	247 25.7	13.0	12 12.6	13.0	56.8	45	02 48	03 35	04 10	00 59	01 23	01 45	02 07
28 00	183 02.5	S21 18.0	261 57.7	13.0	N11 59.6	13.1	56.9	S 50	02 11	03 09	03 51	01 13	01 33	01 50	02 07
01	198 02.3	18.4	276 29.7	13.0	11 46.5	13.1	56.9	52	01 50	02 56	03 41	01 20	01 37	01 52	02 07
02	213 02.1	18.9	291 01.7	13.1	11 33.4	13.2	56.9	54	01 22	02 41	03 31	01 27	01 42	01 55	02 07
03	228 01.8	19.3	305 33.8	13.0	11 20.2	13.3	57.0	56	00 37	02 23	03 18	01 35	01 47	01 57	02 07
04	243 01.6	19.7	320 05.8	13.1	11 06.9	13.3	57.0	58	////	02 01	03 04	01 45	01 53	02 00	02 07
05	258 01.4	20.2	334 37.9	13.0	10 53.6	13.4	57.0	S 60	////	01 31	02 48	01 55	02 00	02 04	02 07
06	273 01.2	S21 20.6	349 09.9	13.1	N10 40.2	13.5	57.1	Lat.	Sunset	Twilight Civil	Twilight Naut.	Moonset 27	Moonset 28	Moonset 29	Moonset 30
07	288 01.0	21.0	3 42.0	13.1	10 26.7	13.6	57.1	°	h m	h m	h m	h m	h m	h m	h m
08	303 00.8	21.5	18 14.1	13.0	10 13.1	13.6	57.2	N 72	■■	13 58	15 52	15 30	14 50	14 18	13 48
S 09	318 00.6	21.9	32 46.1	13.1	9 59.5	13.7	57.2	N 70	■■	14 34	16 08	15 05	14 37	14 15	13 53
U 10	333 00.4	22.3	47 18.2	13.1	9 45.8	13.7	57.2	68	13 15	15 00	16 20	14 45	14 27	14 11	13 56
N 11	348 00.1	22.8	61 50.3	13.0	9 32.1	13.8	57.3	66	13 59	15 19	16 31	14 29	14 19	14 09	13 59
D 12	2 59.9	S21 23.2	76 22.3	13.1	N 9 18.3	13.9	57.3	64	14 27	15 35	16 39	14 16	14 11	14 07	14 02
A 13	17 59.7	23.6	90 54.4	13.1	9 04.4	13.9	57.3	62	14 49	15 48	16 47	14 05	14 05	14 05	14 04
Y 14	32 59.5	24.1	105 26.5	13.0	8 50.5	14.0	57.4	60	15 07	16 00	16 54	13 56	14 00	14 03	14 06
15	47 59.3	24.5	119 58.5	13.1	8 36.5	14.0	57.4	N 58	15 21	16 10	17 00	13 47	13 55	14 01	14 08
16	62 59.1	24.9	134 30.6	13.1	8 22.5	14.1	57.5	56	15 34	16 19	17 06	13 40	13 51	14 00	14 09
17	77 58.8	25.4	149 02.7	13.0	8 08.4	14.2	57.5	54	15 45	16 26	17 11	13 33	13 47	13 59	14 11
18	92 58.6	S21 25.8	163 34.7	13.0	N 7 54.2	14.2	57.5	52	15 54	16 33	17 16	13 27	13 43	13 58	14 12
19	107 58.4	26.2	178 06.7	13.1	7 40.0	14.2	57.6	50	16 03	16 40	17 20	13 22	13 40	13 56	14 13
20	122 58.2	26.6	192 38.8	13.0	7 25.8	14.4	57.6	45	16 21	16 54	17 31	13 10	13 33	13 54	14 16
21	137 58.0	27.1	207 10.8	13.0	7 11.4	14.3	57.7	N 40	16 36	17 06	17 39	13 00	13 27	13 52	14 18
22	152 57.8	27.5	221 42.8	13.0	6 57.1	14.5	57.7	35	16 49	17 16	17 48	12 52	13 22	13 51	14 20
23	167 57.6	27.9	236 14.8	13.0	6 42.6	14.4	57.7	30	17 00	17 26	17 55	12 45	13 17	13 49	14 22
29 00	182 57.3	S21 28.3	250 46.8	13.0	N 6 28.2	14.6	57.8	20	17 19	17 43	18 10	12 32	13 09	13 47	14 25
01	197 57.1	28.8	265 18.8	12.9	6 13.6	14.6	57.8	N 10	17 36	17 58	18 24	12 20	13 02	13 44	14 27
02	212 56.9	29.2	279 50.7	13.0	5 59.0	14.6	57.9	0	17 52	18 14	18 40	12 10	12 56	13 42	14 30
03	227 56.7	29.6	294 22.7	12.9	5 44.4	14.7	57.9	S 10	18 08	18 30	18 57	11 59	12 49	13 40	14 32
04	242 56.4	30.0	308 54.6	12.9	5 29.7	14.7	57.9	20	18 25	18 49	19 18	11 47	12 42	13 37	14 35
05	257 56.2	30.5	323 26.5	12.9	5 15.0	14.8	58.0	30	18 45	19 12	19 44	11 34	12 34	13 35	14 37
06	272 56.0	S21 30.9	337 58.4	12.8	N 5 00.2	14.8	58.0	35	18 56	19 25	20 01	11 26	12 29	13 33	14 39
07	287 55.8	31.3	352 30.2	12.9	4 45.4	14.8	58.1	40	19 10	19 42	20 22	11 17	12 23	13 31	14 41
08	302 55.6	31.7	7 02.1	12.8	4 30.6	15.0	58.1	45	19 26	20 02	20 49	11 07	12 17	13 29	14 43
M 09	317 55.3	32.1	21 33.9	12.8	4 15.6	14.9	58.1	S 50	19 46	20 28	21 27	10 54	12 09	13 26	14 46
O 10	332 55.1	32.5	36 05.7	12.7	4 00.7	15.0	58.2	52	19 56	20 41	21 48	10 48	12 06	13 25	14 47
N 11	347 54.9	33.0	50 37.4	12.8	3 45.7	15.0	58.2	54	20 06	20 56	22 17	10 41	12 02	13 24	14 48
D 12	2 54.7	S21 33.4	65 09.2	12.7	N 3 30.7	15.1	58.3	56	20 19	21 14	23 05	10 34	11 57	13 22	14 50
A 13	17 54.5	33.8	79 40.9	12.7	3 15.6	15.1	58.3	58	20 33	21 37	////	10 25	11 52	13 20	14 52
Y 14	32 54.2	34.2	94 12.6	12.6	3 00.5	15.1	58.3	S 60	20 50	22 08	////	10 16	11 47	13 19	14 53
15	47 54.0	34.6	108 44.2	12.7	2 45.4	15.2	58.4		SUN	SUN		MOON	MOON		
16	62 53.8	35.0	123 15.9	12.6	2 30.2	15.2	58.4	Day	Eqn. of Time 00h	Eqn. of Time 12h	Mer. Pass.	Mer. Pass. Upper	Mer. Pass. Lower	Age	Phase
17	77 53.6	35.4	137 47.5	12.5	2 15.0	15.2	58.5	d	m s	m s	h m	h m	h m	d	%
18	92 53.3	S21 35.8	152 19.0	12.5	N 1 59.8	15.3	58.5	27	12 30	12 20	11 48	05 58	18 22	23	50
19	107 53.1	36.3	166 50.5	12.5	1 44.5	15.3	58.5	28	12 10	12 00	11 48	06 45	19 08	24	40
20	122 52.9	36.7	181 22.0	12.5	1 29.2	15.3	58.6	29	11 50	11 39	11 48	07 31	19 54	25	30
21	137 52.7	37.1	195 53.5	12.3	1 13.9	15.4	58.6								
22	152 52.4	37.5	210 24.9	12.3	0 58.5	15.4	58.7								
23	167 52.2	37.9	224 56.2	12.4	N 0 43.1	15.4	58.7								
	SD 16.2	d 0.4	SD 15.4		15.6		15.9								

2021 NOV. 30, DEC. 1, 2 (TUES., WED., THURS.)

UT	ARIES GHA	VENUS −4.9 GHA / Dec	MARS +1.6 GHA / Dec	JUPITER −2.3 GHA / Dec	SATURN +0.6 GHA / Dec	STARS Name / SHA / Dec
d h	° ′	° ′ / ° ′	° ′ / ° ′	° ′ / ° ′	° ′ / ° ′	° ′ / ° ′
30 00	69 05.1	137 05.4 S24 58.0	200 46.8 S17 43.9	101 11.8 S14 05.5	117 32.3 S18 49.3	Acamar 315 13.4 S40 13.2
01	84 07.6	152 06.3 57.6	215 47.5 44.4	116 13.9 05.4	132 34.5 49.2	Achernar 335 21.7 S57 07.8
02	99 10.0	167 07.1 57.2	230 48.2 44.8	131 16.1 05.3	147 36.8 49.2	Acrux 173 03.2 S63 12.8
03	114 12.5	182 07.9 .. 56.7	245 49.0 .. 45.3	146 18.2 .. 05.2	162 39.1 .. 49.1	Adhara 255 07.6 S29 00.0
04	129 15.0	197 08.8 56.3	260 49.7 45.8	161 20.4 05.1	177 41.3 49.1	Aldebaran 290 42.2 N16 33.2
05	144 17.4	212 09.6 55.8	275 50.4 46.3	176 22.5 04.9	192 43.6 49.0	
06	159 19.9	227 10.5 S24 55.4	290 51.1 S17 46.8	191 24.7 S14 04.8	207 45.9 S18 49.0	Alioth 166 15.6 N55 50.3
07	174 22.4	242 11.3 55.0	305 51.9 47.2	206 26.8 04.7	222 48.1 48.9	Alkaid 152 54.5 N49 12.2
08	189 24.8	257 12.2 54.5	320 52.6 47.7	221 29.0 04.6	237 50.4 48.9	Alnair 27 36.1 S46 51.6
T 09	204 27.3	272 13.0 .. 54.1	335 53.3 .. 48.2	236 31.1 .. 04.5	252 52.7 .. 48.8	Alnilam 275 40.0 S 1 11.3
U 10	219 29.8	287 13.9 53.6	350 54.0 48.7	251 33.3 04.4	267 54.9 48.8	Alphard 217 50.2 S 8 45.1
E 11	234 32.2	302 14.7 53.2	5 54.8 49.1	266 35.4 04.2	282 57.2 48.7	
S 12	249 34.7	317 15.6 S24 52.8	20 55.5 S17 49.6	281 37.6 S14 04.1	297 59.5 S18 48.7	Alphecca 126 06.3 N26 38.5
D 13	264 37.1	332 16.4 52.3	35 56.2 50.1	296 39.7 04.0	313 01.7 48.6	Alpheratz 357 37.3 N29 12.8
A 14	279 39.6	347 17.3 51.9	50 56.9 50.6	311 41.9 03.9	328 04.0 48.6	Altair 62 02.7 N 8 55.6
Y 15	294 42.1	2 18.2 .. 51.4	65 57.6 .. 51.1	326 44.0 .. 03.8	343 06.3 .. 48.5	Ankaa 353 09.5 S42 11.5
16	309 44.5	17 19.0 51.0	80 58.3 51.5	341 46.2 03.7	358 08.5 48.4	Antares 112 19.4 S26 28.7
17	324 47.0	32 19.9 50.5	95 59.1 52.0	356 48.3 03.6	13 10.8 48.4	
18	339 49.5	47 20.8 S24 50.1	110 59.8 S17 52.5	11 50.5 S14 03.4	28 13.1 S18 48.3	Arcturus 145 50.6 N19 04.2
19	354 51.9	62 21.7 49.6	126 00.5 53.0	26 52.6 03.3	43 15.3 48.3	Atria 107 16.5 S69 03.9
20	9 54.4	77 22.6 49.2	141 01.2 53.4	41 54.7 03.2	58 17.6 48.2	Avior 234 15.3 S59 34.4
21	24 56.9	92 23.4 .. 48.7	156 02.0 .. 53.9	56 56.9 .. 03.1	73 19.9 .. 48.2	Bellatrix 278 25.3 N 6 22.2
22	39 59.3	107 24.3 48.3	171 02.7 54.4	71 59.0 03.0	88 22.1 48.1	Betelgeuse 270 54.5 N 7 24.7
23	55 01.8	122 25.2 47.8	186 03.4 54.9	87 01.2 02.9	103 24.4 48.1	
1 00	70 04.3	137 26.1 S24 47.4	201 04.1 S17 55.3	102 03.3 S14 02.7	118 26.7 S18 48.0	Canopus 263 53.0 S52 42.3
01	85 06.7	152 27.0 46.9	216 04.8 55.8	117 05.5 02.6	133 28.9 48.0	Capella 280 25.2 N46 01.1
02	100 09.2	167 27.9 46.5	231 05.5 56.3	132 07.6 02.5	148 31.2 47.9	Deneb 49 27.8 N45 21.7
03	115 11.6	182 28.8 .. 46.0	246 06.3 .. 56.8	147 09.7 .. 02.4	163 33.5 .. 47.9	Denebola 182 27.7 N14 27.0
04	130 14.1	197 29.7 45.6	261 07.0 57.2	162 11.9 02.3	178 35.7 47.8	Diphda 348 49.7 S17 52.1
05	145 16.6	212 30.6 45.1	276 07.7 57.7	177 14.0 02.1	193 38.0 47.8	
06	160 19.0	227 31.5 S24 44.7	291 08.4 S17 58.2	192 16.2 S14 02.0	208 40.3 S18 47.7	Dubhe 193 44.3 N61 37.8
W 07	175 21.5	242 32.5 44.2	306 09.1 58.6	207 18.3 01.9	223 42.5 47.7	Elnath 278 04.7 N28 37.5
E 08	190 24.0	257 33.4 43.8	321 09.9 59.1	222 20.5 01.8	238 44.8 47.6	Eltanin 90 43.9 N51 29.3
D 09	205 26.4	272 34.3 .. 43.3	336 10.6 17 59.6	237 22.6 .. 01.7	253 47.0 .. 47.6	Enif 33 41.4 N 9 58.6
N 10	220 28.9	287 35.2 42.9	351 11.3 18 00.1	252 24.7 01.6	268 49.3 47.5	Fomalhaut 15 17.4 S29 30.6
11	235 31.4	302 36.1 42.4	6 12.0 00.5	267 26.9 01.4	283 51.6 47.5	
12	250 33.8	317 37.1 S24 42.0	21 12.7 S18 01.0	282 29.0 S14 01.3	298 53.8 S18 47.4	Gacrux 171 54.7 S57 13.8
S 13	265 36.3	332 38.0 41.5	36 13.4 01.5	297 31.2 01.2	313 56.1 47.4	Gienah 175 46.4 S17 39.6
D 14	280 38.7	347 38.9 41.0	51 14.1 01.9	312 33.3 01.1	328 58.4 47.3	Hadar 148 40.1 S60 28.4
A 15	295 41.2	2 39.9 .. 40.6	66 14.9 .. 02.4	327 35.4 .. 01.0	344 00.6 .. 47.3	Hamal 327 53.8 N23 34.0
Y 16	310 43.7	17 40.8 40.1	81 15.6 02.9	342 37.6 00.9	359 02.9 47.2	Kaus Aust. 83 36.3 S34 22.5
17	325 46.1	32 41.7 39.7	96 16.3 03.4	357 39.7 00.7	14 05.1 47.2	
18	340 48.6	47 42.7 S24 39.2	111 17.0 S18 03.8	12 41.9 S14 00.6	29 07.4 S18 47.1	Kochab 137 21.0 N74 03.8
19	355 51.1	62 43.6 38.8	126 17.7 04.3	27 44.0 00.5	44 09.7 47.1	Markab 13 32.4 N15 19.4
20	10 53.5	77 44.5 38.3	141 18.4 04.8	42 46.1 00.4	59 11.9 47.0	Menkar 314 08.5 N 4 10.5
21	25 56.0	92 45.5 .. 37.8	156 19.2 .. 05.2	57 48.3 .. 00.3	74 14.2 .. 46.9	Menkent 148 01.0 S36 28.4
22	40 58.5	107 46.5 37.4	171 19.9 05.7	72 50.4 00.1	89 16.5 46.9	Miaplacidus 221 38.3 S69 48.0
23	56 00.9	122 47.5 36.9	186 20.6 06.2	87 52.6 14 00.0	104 18.7 46.8	
2 00	71 03.4	137 48.4 S24 36.5	201 21.3 S18 06.6	102 54.7 S13 59.9	119 21.0 S18 46.8	Mirfak 308 31.4 N49 56.3
01	86 05.9	152 49.4 36.0	216 22.0 07.1	117 56.8 59.8	134 23.2 46.7	Nunki 75 51.3 S26 16.2
02	101 08.3	167 50.4 35.5	231 22.7 07.6	132 59.0 59.7	149 25.5 46.7	Peacock 53 10.2 S56 40.1
03	116 10.8	182 51.3 .. 35.1	246 23.4 .. 08.0	148 01.1 .. 59.5	164 27.8 .. 46.6	Pollux 243 20.2 N27 58.3
04	131 13.2	197 52.3 34.6	261 24.1 08.5	163 03.2 59.4	179 30.0 46.6	Procyon 244 53.3 N 5 10.2
05	146 15.7	212 53.3 34.2	276 24.9 09.0	178 05.4 59.3	194 32.3 46.5	
06	161 18.2	227 54.3 S24 33.7	291 25.6 S18 09.4	193 07.5 S13 59.2	209 34.6 S18 46.5	Rasalhague 96 01.3 N12 32.7
07	176 20.6	242 55.2 33.2	306 26.3 09.9	208 09.7 59.1	224 36.8 46.4	Regulus 207 37.1 N11 51.7
T 08	191 23.1	257 56.2 32.8	321 27.0 10.4	223 11.8 59.0	239 39.1 46.4	Rigel 281 06.0 S 8 10.6
H 09	206 25.6	272 57.2 .. 32.3	336 27.7 .. 10.8	238 13.9 .. 58.8	254 41.3 .. 46.3	Rigil Kent. 139 44.4 S60 55.2
U 10	221 28.0	287 58.2 31.8	351 28.4 11.3	253 16.1 58.7	269 43.6 46.3	Sabik 102 06.1 S15 45.0
R 11	236 30.5	302 59.2 31.4	6 29.1 11.8	268 18.2 58.6	284 45.9 46.2	
S 12	251 33.0	318 00.2 S24 30.9	21 29.8 S18 12.2	283 20.3 S13 58.5	299 48.1 S18 46.2	Schedar 349 33.6 N56 39.6
D 13	266 35.4	333 01.2 30.4	36 30.5 12.7	298 22.5 58.4	314 50.4 46.1	Shaula 96 14.3 S37 07.1
A 14	281 37.9	348 02.1 30.0	51 31.3 13.2	313 24.6 58.2	329 52.6 46.1	Sirius 258 28.2 S16 44.7
Y 15	296 40.4	3 03.2 .. 29.5	66 32.0 .. 13.6	328 26.7 .. 58.1	344 54.9 .. 46.0	Spica 158 25.2 S11 16.3
16	311 42.8	18 04.2 29.0	81 32.7 14.1	343 28.9 58.0	359 57.2 45.9	Suhail 222 48.0 S43 30.9
17	326 45.3	33 05.2 28.6	96 33.4 14.6	358 31.0 57.9	14 59.4 45.9	
18	341 47.7	48 06.2 S24 28.1	111 34.1 S18 15.0	13 33.1 S13 57.7	30 01.7 S18 45.8	Vega 80 35.3 N38 48.4
19	356 50.2	63 07.3 27.6	126 34.8 15.5	28 35.3 57.6	45 03.9 45.8	Zuben'ubi 136 59.2 S16 07.8
20	11 52.7	78 08.3 27.2	141 35.5 16.0	43 37.4 57.5	60 06.2 45.7	SHA / Mer. Pass.
21	26 55.1	93 09.3 .. 26.7	156 36.2 .. 16.4	58 39.5 .. 57.4	75 08.5 .. 45.7	° ′ / h m
22	41 57.6	108 10.3 26.2	171 36.9 16.9	73 41.7 57.3	90 10.7 45.6	Venus 67 21.9 14 49
23	57 00.0	123 11.4 25.8	186 37.6 17.3	88 43.8 57.1	105 13.0 45.6	Mars 130 59.9 10 35
Mer. Pass. 19 16.6		v 0.9 d 0.5	v 0.7 d 0.5	v 2.1 d 0.1	v 2.3 d 0.1	Jupiter 31 59.1 17 09
						Saturn 48 22.4 16 04

2021 NOV. 30, DEC. 1, 2 (TUES., WED., THURS.)

UT	SUN GHA	SUN Dec	MOON GHA	MOON v	MOON Dec	MOON d	MOON HP
d h	° ′	° ′	° ′	′	° ′	′	′
30 00	182 52.0	S21 38.3	239 27.6	12.2	N 0 27.7	15.4	58.7
01	197 51.8	38.7	253 58.8	12.3	N 0 12.3	15.5	58.8
02	212 51.5	39.1	268 30.1	12.2	S 0 03.2	15.5	58.8
03	227 51.3	39.5	283 01.3	12.1	0 18.7	15.5	58.9
04	242 51.1	39.9	297 32.4	12.1	0 34.2	15.5	58.9
05	257 50.8	40.3	312 03.5	12.1	0 49.7	15.5	58.9
06	272 50.6	S21 40.7	326 34.6	12.0	S 1 05.2	15.6	59.0
07	287 50.4	41.1	341 05.6	11.9	1 20.8	15.6	59.0
08	302 50.2	41.5	355 36.5	11.9	1 36.4	15.5	59.1
T 09	317 49.9	41.9	10 07.4	11.9	1 51.9	15.6	59.1
U 10	332 49.7	42.3	24 38.3	11.8	2 07.5	15.7	59.1
E 11	347 49.5	42.7	39 09.1	11.7	2 23.2	15.6	59.2
S 12	2 49.2	S21 43.1	53 39.8	11.7	S 2 38.8	15.6	59.2
D 13	17 49.0	43.5	68 10.5	11.6	2 54.4	15.6	59.3
A 14	32 48.8	43.9	82 41.1	11.5	3 10.0	15.7	59.3
Y 15	47 48.6	44.3	97 11.6	11.5	3 25.7	15.6	59.3
16	62 48.3	44.7	111 42.1	11.5	3 41.3	15.7	59.4
17	77 48.1	45.1	126 12.6	11.3	3 57.0	15.6	59.4
18	92 47.9	S21 45.5	140 42.9	11.3	S 4 12.6	15.7	59.5
19	107 47.6	45.9	155 13.2	11.3	4 28.3	15.6	59.5
20	122 47.4	46.3	169 43.5	11.1	4 43.9	15.6	59.5
21	137 47.2	46.7	184 13.6	11.1	4 59.5	15.7	59.6
22	152 46.9	47.1	198 43.7	11.0	5 15.2	15.6	59.6
23	167 46.7	47.5	213 13.7	11.0	5 30.8	15.6	59.6
1 00	182 46.5	S21 47.8	227 43.7	10.9	S 5 46.4	15.6	59.7
01	197 46.2	48.2	242 13.6	10.8	6 02.0	15.6	59.7
02	212 46.0	48.6	256 43.4	10.7	6 17.6	15.6	59.8
03	227 45.8	49.0	271 13.1	10.7	6 33.2	15.6	59.8
04	242 45.5	49.4	285 42.8	10.5	6 48.8	15.5	59.8
05	257 45.3	49.8	300 12.3	10.5	7 04.3	15.6	59.9
06	272 45.1	S21 50.2	314 41.8	10.4	S 7 19.9	15.5	59.9
W 07	287 44.8	50.6	329 11.2	10.4	7 35.4	15.5	59.9
E 08	302 44.6	50.9	343 40.6	10.2	7 50.9	15.4	60.0
D 09	317 44.4	51.3	358 09.8	10.2	8 06.3	15.5	60.0
N 10	332 44.1	51.7	12 39.0	10.1	8 21.8	15.4	60.0
E 11	347 43.9	52.1	27 08.1	9.9	8 37.2	15.4	60.1
S 12	2 43.7	S21 52.5	41 37.0	10.0	S 8 52.6	15.3	60.1
D 13	17 43.4	52.8	56 06.0	9.8	9 07.9	15.4	60.1
A 14	32 43.2	53.2	70 34.8	9.7	9 23.3	15.3	60.2
Y 15	47 42.9	53.6	85 03.5	9.6	9 38.6	15.2	60.2
16	62 42.7	54.0	99 32.1	9.6	9 53.8	15.2	60.2
17	77 42.5	54.4	114 00.7	9.4	10 09.0	15.2	60.3
18	92 42.2	S21 54.7	128 29.1	9.4	S10 24.2	15.1	60.3
19	107 42.0	55.1	142 57.5	9.2	10 39.3	15.1	60.3
20	122 41.8	55.5	157 25.7	9.2	10 54.4	15.0	60.4
21	137 41.5	55.9	171 53.9	9.1	11 09.4	15.0	60.4
22	152 41.3	56.2	186 22.0	8.9	11 24.4	15.0	60.4
23	167 41.0	56.6	200 49.9	8.9	11 39.4	14.8	60.5
2 00	182 40.8	S21 57.0	215 17.8	8.8	S11 54.2	14.9	60.5
01	197 40.6	57.3	229 45.6	8.6	12 09.1	14.8	60.5
02	212 40.3	57.7	244 13.2	8.6	12 23.9	14.7	60.6
03	227 40.1	58.1	258 40.8	8.4	12 38.6	14.6	60.6
04	242 39.8	58.5	273 08.2	8.4	12 53.2	14.6	60.6
05	257 39.6	58.8	287 35.6	8.3	13 07.8	14.5	60.7
06	272 39.4	S21 59.2	302 02.9	8.1	S13 22.3	14.5	60.7
07	287 39.1	59.6	316 30.0	8.0	13 36.8	14.4	60.7
T 08	302 38.9	21 59.9	330 57.0	8.0	13 51.2	14.3	60.7
H 09	317 38.6	22 00.3	345 24.0	7.8	14 05.5	14.3	60.8
U 10	332 38.4	00.7	359 50.8	7.7	14 19.8	14.1	60.8
R 11	347 38.1	01.0	14 17.5	7.6	14 33.9	14.1	60.8
S 12	2 37.9	S22 01.4	28 44.1	7.5	S14 48.0	14.0	60.8
D 13	17 37.7	01.7	43 10.6	7.4	15 02.0	14.0	60.9
A 14	32 37.4	02.1	57 37.0	7.3	15 16.0	13.8	60.9
Y 15	47 37.2	02.5	72 03.3	7.1	15 29.8	13.8	60.9
16	62 36.9	02.8	86 29.4	7.1	15 43.6	13.6	60.9
17	77 36.7	03.2	100 55.5	6.9	15 57.2	13.6	61.0
18	92 36.4	S22 03.5	115 21.4	6.9	S16 10.8	13.5	61.0
19	107 36.2	03.9	129 47.3	6.7	16 24.3	13.4	61.0
20	122 35.9	04.3	144 13.0	6.6	16 37.7	13.3	61.0
21	137 35.7	04.6	158 38.6	6.5	16 51.0	13.2	61.1
22	152 35.5	05.0	173 04.1	6.3	17 04.2	13.1	61.1
23	167 35.2	05.3	187 29.4	6.3	S17 17.3	13.0	61.1
	SD 16.2	d 0.4	SD 16.1		16.4		16.6

Twilight, Sunrise, Moonrise

Lat.	Naut.	Civil	Sunrise	30	1	2	3
°	h m	h m	h m	h m	h m	h m	h m
N 72	07 51	09 51	////	02 09	04 28	07 12	////
N 70	07 35	09 11	////	02 09	04 17	06 42	10 25
68	07 22	08 44	10 37	02 09	04 08	06 20	08 59
66	07 11	08 23	09 47	02 09	04 01	06 03	08 22
64	07 01	08 07	09 17	02 08	03 55	05 50	07 55
62	06 53	07 53	08 54	02 08	03 50	05 38	07 35
60	06 46	07 41	08 35	02 08	03 45	05 28	07 18
N 58	06 40	07 31	08 20	02 08	03 41	05 20	07 04
56	06 34	07 22	08 07	02 08	03 38	05 13	06 52
54	06 28	07 13	07 56	02 08	03 35	05 06	06 42
52	06 23	07 06	07 46	02 08	03 32	05 00	06 33
50	06 19	06 59	07 37	02 08	03 29	04 55	06 25
45	06 08	06 45	07 18	02 07	03 24	04 44	06 07
N 40	05 59	06 33	07 03	02 07	03 19	04 34	05 53
35	05 51	06 22	06 50	02 07	03 15	04 26	05 41
30	05 43	06 12	06 38	02 07	03 12	04 20	05 31
20	05 28	05 55	06 19	02 07	03 06	04 08	05 14
N 10	05 13	05 39	06 02	02 07	03 00	03 57	04 58
0	04 57	05 23	05 45	02 07	02 56	03 48	04 44
S 10	04 40	05 06	05 29	02 07	02 51	03 38	04 30
20	04 19	04 47	05 12	02 07	02 46	03 28	04 15
30	03 52	04 24	04 51	02 07	02 40	03 17	03 58
35	03 34	04 10	04 39	02 07	02 37	03 10	03 49
40	03 13	03 53	04 25	02 07	02 33	03 03	03 37
45	02 46	03 33	04 09	02 07	02 29	02 54	03 24
S 50	02 06	03 06	03 49	02 07	02 24	02 44	03 09
52	01 44	02 53	03 39	02 07	02 22	02 39	03 01
54	01 14	02 37	03 28	02 07	02 19	02 34	02 53
56	00 15	02 18	03 15	02 07	02 17	02 29	02 44
58	////	01 55	03 01	02 07	02 14	02 22	02 34
S 60	////	01 22	02 43	02 07	02 10	02 15	02 23

Sunset, Twilight, Moonset

Lat.	Sunset	Civil	Naut.	30	1	2	3
°	h m	h m	h m	h m	h m	h m	h m
N 72	////	13 46	15 46	13 48	13 14	12 22	////
N 70	////	14 26	16 02	13 53	13 28	12 54	11 11
68	13 00	14 53	16 16	13 56	13 39	13 18	12 38
66	13 50	15 14	16 27	13 59	13 49	13 36	13 18
64	14 21	15 31	16 36	14 02	13 57	13 52	13 45
62	14 44	15 45	16 44	14 04	14 04	14 04	14 07
60	15 02	15 57	16 52	14 06	14 10	14 15	14 24
N 58	15 18	16 07	16 58	14 08	14 15	14 25	14 39
56	15 31	16 16	17 04	14 09	14 20	14 33	14 51
54	15 42	16 24	17 09	14 11	14 24	14 40	15 03
52	15 52	16 32	17 14	14 12	14 28	14 47	15 12
50	16 01	16 38	17 19	14 13	14 32	14 53	15 21
45	16 20	16 53	17 30	14 16	14 39	15 06	15 40
N 40	16 35	17 05	17 39	14 18	14 46	15 17	15 55
35	16 48	17 16	17 47	14 20	14 51	15 27	16 08
30	17 00	17 26	17 55	14 22	14 56	15 35	16 20
20	17 19	17 43	18 10	14 25	15 05	15 49	16 39
N 10	17 37	17 59	18 25	14 27	15 13	16 02	16 57
0	17 53	18 15	18 41	14 30	15 20	16 14	17 13
S 10	18 09	18 32	18 59	14 32	15 27	16 26	17 29
20	18 27	18 51	19 20	14 35	15 35	16 38	17 46
30	18 47	19 14	19 47	14 37	15 43	16 53	18 06
35	18 59	19 28	20 04	14 39	15 49	17 02	18 18
40	19 13	19 45	20 26	14 41	15 54	17 11	18 31
45	19 30	20 06	20 53	14 43	16 01	17 23	18 47
S 50	19 50	20 33	21 33	14 46	16 09	17 37	19 07
52	20 00	20 46	21 56	14 47	16 13	17 44	19 17
54	20 11	21 02	22 27	14 48	16 17	17 51	19 27
56	20 24	21 21	23 36	14 50	16 22	17 59	19 39
58	20 39	21 45	////	14 52	16 27	18 08	19 53
S 60	20 56	22 19	////	14 53	16 33	18 19	20 10

SUN / MOON

Day	Eqn. of Time 00h	Eqn. of Time 12h	Mer. Pass.	Mer. Pass. Upper	Mer. Pass. Lower	Age	Phase
d	m s	m s	h m	h m	h m	d	%
30	11 28	11 17	11 49	08 18	20 43	26	20
1	11 06	10 55	11 49	09 08	21 34	27	11
2	10 44	10 32	11 49	10 01	22 29	28	5

2021 DECEMBER 3, 4, 5 (FRI., SAT., SUN.)

UT	ARIES	VENUS −4.9	MARS +1.6	JUPITER −2.3	SATURN +0.6	STARS
	GHA	GHA Dec	GHA Dec	GHA Dec	GHA Dec	Name SHA Dec
d h	° ′	° ′ ° ′	° ′ ° ′	° ′ ° ′	° ′ ° ′	° ′ ° ′
3 00	72 02.5	138 12.4 S24 25.3	201 38.3 S18 17.8	103 45.9 S13 57.0	120 15.2 S18 45.5	Acamar 315 13.4 S40 13.2
01	87 05.0	153 13.4 24.8	216 39.0 18.3	118 48.1 56.9	135 17.5 45.5	Achernar 335 21.8 S57 07.8
02	102 07.5	168 14.5 24.3	231 39.8 18.7	133 50.2 56.8	150 19.7 45.4	Acrux 173 03.1 S63 12.8
03	117 09.9	183 15.5 . . 23.9	246 40.5 . . 19.2	148 52.3 . . 56.7	165 22.0 . . 45.4	Adhara 255 07.5 S29 00.0
04	132 12.4	198 16.6 23.4	261 41.2 19.7	163 54.5 56.5	180 24.3 45.3	Aldebaran 290 42.2 N16 33.2
05	147 14.9	213 17.6 22.9	276 41.9 20.1	178 56.6 56.4	195 26.5 45.3	
06	162 17.3	228 18.7 S24 22.5	291 42.6 S18 20.6	193 58.7 S13 56.3	210 28.8 S18 45.2	Alioth 166 15.6 N55 50.3
07	177 19.8	243 19.7 22.0	306 43.3 21.0	209 00.9 56.2	225 31.0 45.1	Alkaid 152 54.4 N49 12.2
08	192 22.2	258 20.8 21.5	321 44.0 21.5	224 03.0 56.1	240 33.3 45.1	Alnair 27 36.3 S46 51.6
F 09	207 24.7	273 21.8 . . 21.0	336 44.7 . . 22.0	239 05.1 . . 55.9	255 35.6 . . 45.0	Alnilam 275 40.0 S 1 11.3
R 10	222 27.2	288 22.9 20.6	351 45.4 22.4	254 07.2 55.8	270 37.8 45.0	Alphard 217 50.1 S 8 45.1
I 11	237 29.6	303 24.0 20.1	6 46.1 22.9	269 09.4 55.7	285 40.1 44.9	
D 12	252 32.1	318 25.0 S24 19.6	21 46.8 S18 23.3	284 11.5 S13 55.6	300 42.3 S18 44.9	Alphecca 126 06.3 N26 38.5
A 13	267 34.6	333 26.1 19.1	36 47.5 23.8	299 13.6 55.4	315 44.6 44.8	Alpheratz 357 37.3 N29 12.8
Y 14	282 37.0	348 27.2 18.7	51 48.2 24.3	314 15.8 55.3	330 46.8 44.8	Altair 62 02.7 N 8 55.6
15	297 39.5	3 28.3 . . 18.2	66 48.9 . . 24.7	329 17.9 . . 55.2	345 49.1 . . 44.7	Ankaa 353 09.5 S42 11.5
16	312 42.0	18 29.3 17.7	81 49.6 25.2	344 20.0 55.1	0 51.4 44.7	Antares 112 19.4 S26 28.7
17	327 44.4	33 30.4 17.2	96 50.3 25.6	359 22.1 54.9	15 53.6 44.6	
18	342 46.9	48 31.5 S24 16.8	111 51.0 S18 26.1	14 24.3 S13 54.8	30 55.9 S18 44.6	Arcturus 145 50.6 N19 04.2
19	357 49.3	63 32.6 16.3	126 51.7 26.5	29 26.4 54.7	45 58.1 44.5	Atria 107 16.4 S69 03.9
20	12 51.8	78 33.7 15.8	141 52.4 27.0	44 28.5 54.6	61 00.4 44.4	Avior 234 15.3 S59 34.5
21	27 54.3	93 34.8 . . 15.3	156 53.2 . . 27.5	59 30.7 . . 54.5	76 02.6 . . 44.4	Bellatrix 278 25.3 N 6 22.2
22	42 56.7	108 35.9 14.8	171 53.9 27.9	74 32.8 54.3	91 04.9 44.3	Betelgeuse 270 54.5 N 7 24.7
23	57 59.2	123 37.0 14.4	186 54.6 28.4	89 34.9 54.2	106 07.1 44.3	
4 00	73 01.7	138 38.1 S24 13.9	201 55.3 S18 28.8	104 37.0 S13 54.1	121 09.4 S18 44.2	Canopus 263 53.0 S52 42.3
01	88 04.1	153 39.2 13.4	216 56.0 29.3	119 39.2 54.0	136 11.7 44.2	Capella 280 25.7 N46 01.1
02	103 06.6	168 40.3 12.9	231 56.7 29.7	134 41.3 53.8	151 13.9 44.1	Deneb 49 27.8 N45 21.7
03	118 09.1	183 41.4 . . 12.4	246 57.4 . . 30.2	149 43.4 . . 53.7	166 16.2 . . 44.1	Denebola 182 27.7 N14 27.0
04	133 11.5	198 42.6 12.0	261 58.1 30.7	164 45.5 53.6	181 18.4 44.0	Diphda 348 49.7 S17 52.1
05	148 14.0	213 43.7 11.5	276 58.8 31.1	179 47.7 53.5	196 20.7 44.0	
06	163 16.5	228 44.8 S24 11.0	291 59.5 S18 31.6	194 49.8 S13 53.3	211 22.9 S18 43.9	Dubhe 193 44.3 N61 37.8
S 07	178 18.9	243 45.9 10.5	307 00.2 32.0	209 51.9 53.2	226 25.2 43.9	Elnath 278 04.7 N28 37.5
A 08	193 21.4	258 47.1 10.0	322 00.9 32.5	224 54.0 53.1	241 27.4 43.8	Eltanin 90 43.9 N51 29.3
T 09	208 23.8	273 48.2 . . 09.6	337 01.6 . . 32.9	239 56.2 . . 53.0	256 29.7 . . 43.7	Enif 33 41.4 N 9 58.6
U 10	223 26.3	288 49.3 09.1	352 02.3 33.4	254 58.3 52.8	271 32.0 43.7	Fomalhaut 15 17.4 S29 30.6
R 11	238 28.8	303 50.5 08.6	7 03.0 33.8	270 00.4 52.7	286 34.2 43.6	
D 12	253 31.2	318 51.6 S24 08.1	22 03.7 S18 34.3	285 02.5 S13 52.6	301 36.5 S18 43.6	Gacrux 171 54.7 S57 13.8
A 13	268 33.7	333 52.8 07.6	37 04.4 34.7	300 04.7 52.5	316 38.7 43.5	Gienah 175 46.3 S17 39.6
Y 14	283 36.2	348 53.9 07.1	52 05.1 35.2	315 06.8 52.4	331 41.0 43.5	Hadar 148 40.1 S60 28.4
15	298 38.6	3 55.1 . . 06.7	67 05.8 . . 35.6	330 08.9 . . 52.2	346 43.2 . . 43.4	Hamal 327 53.8 N23 34.0
16	313 41.1	18 56.2 06.2	82 06.5 36.1	345 11.0 52.1	1 45.5 43.4	Kaus Aust. 83 36.3 S34 22.4
17	328 43.6	33 57.4 05.7	97 07.2 36.6	0 13.1 52.0	16 47.7 43.3	
18	343 46.0	48 58.6 S24 05.2	112 07.9 S18 37.0	15 15.3 S13 51.9	31 50.0 S18 43.3	Kochab 137 20.9 N74 03.8
19	358 48.5	63 59.7 04.7	127 08.6 37.5	30 17.4 51.7	46 52.2 43.2	Markab 13 32.4 N15 19.4
20	13 51.0	79 00.9 04.2	142 09.3 37.9	45 19.5 51.6	61 54.5 43.1	Menkar 314 08.5 N 4 10.5
21	28 53.4	94 02.1 . . 03.7	157 10.0 . . 38.4	60 21.6 . . 51.5	76 56.7 . . 43.1	Menkent 148 00.9 S36 28.4
22	43 55.9	109 03.2 03.3	172 10.7 38.8	75 23.8 51.4	91 59.0 43.0	Miaplacidus 221 38.3 S69 48.0
23	58 58.3	124 04.4 02.8	187 11.4 39.3	90 25.9 51.2	107 01.2 43.0	
5 00	74 00.8	139 05.6 S24 02.3	202 12.1 S18 39.7	105 28.0 S13 51.1	122 03.5 S18 42.9	Mirfak 308 31.4 N49 56.4
01	89 03.3	154 06.8 01.8	217 12.7 40.2	120 30.1 51.0	137 05.8 42.9	Nunki 75 51.3 S26 16.2
02	104 05.7	169 08.0 01.3	232 13.4 40.6	135 32.2 50.8	152 08.0 42.8	Peacock 53 10.2 S56 40.1
03	119 08.2	184 09.2 . . 00.8	247 14.1 . . 41.1	150 34.4 . . 50.7	167 10.3 . . 42.8	Pollux 243 20.2 N27 58.3
04	134 10.7	199 10.4 24 00.3	262 14.8 41.5	165 36.5 50.6	182 12.5 42.7	Procyon 244 53.3 N 5 10.2
05	149 13.1	214 11.6 23 59.8	277 15.5 42.0	180 38.6 50.5	197 14.8 42.6	
06	164 15.6	229 12.8 S23 59.3	292 16.2 S18 42.4	195 40.7 S13 50.3	212 17.0 S18 42.6	Rasalhague 96 01.3 N12 32.7
07	179 18.1	244 14.0 58.9	307 16.9 42.9	210 42.8 50.2	227 19.3 42.5	Regulus 207 37.1 N11 51.6
08	194 20.5	259 15.2 58.4	322 17.6 43.3	225 44.9 50.1	242 21.5 42.5	Rigel 281 06.0 S 8 10.6
S 09	209 23.0	274 16.4 . . 57.9	337 18.3 . . 43.8	240 47.1 . . 50.0	257 23.8 . . 42.4	Rigil Kent. 139 44.4 S60 55.2
U 10	224 25.5	289 17.6 57.4	352 19.0 44.2	255 49.2 49.8	272 26.0 42.4	Sabik 102 06.1 S15 45.0
N 11	239 27.9	304 18.8 56.9	7 19.7 44.6	270 51.3 49.7	287 28.3 42.3	
D 12	254 30.4	319 20.1 S23 56.4	22 20.4 S18 45.1	285 53.4 S13 49.6	302 30.5 S18 42.3	Schedar 349 33.6 N56 39.6
A 13	269 32.8	334 21.3 55.9	37 21.1 45.5	300 55.5 49.5	317 32.8 42.2	Shaula 96 14.3 S37 07.1
Y 14	284 35.3	349 22.5 55.4	52 21.8 46.0	315 57.7 49.3	332 35.0 42.1	Sirius 258 28.2 S16 44.7
15	299 37.8	4 23.7 . . 54.9	67 22.5 . . 46.4	330 59.8 . . 49.2	347 37.3 . . 42.1	Spica 158 25.2 S11 16.3
16	314 40.2	19 25.0 54.4	82 23.2 46.9	346 01.9 49.1	2 39.5 42.0	Suhail 222 47.9 S43 31.0
17	329 42.7	34 26.2 53.9	97 23.9 47.3	1 04.0 49.0	17 41.8 42.0	
18	344 45.2	49 27.5 S23 53.4	112 24.6 S18 47.8	16 06.1 S13 48.8	32 44.0 S18 41.9	Vega 80 35.3 N38 48.4
19	359 47.6	64 28.7 52.9	127 25.3 48.2	31 08.2 48.7	47 46.3 41.9	Zuben'ubi 136 59.2 S16 07.8
20	14 50.1	79 30.0 52.5	142 25.9 48.7	46 10.4 48.6	62 48.5 41.8	
21	29 52.6	94 31.2 . . 52.0	157 26.6 . . 49.1	61 12.5 . . 48.4	77 50.8 . . 41.8	SHA Mer. Pass.
22	44 55.0	109 32.5 51.5	172 27.3 49.6	76 14.6 48.3	92 53.0 41.7	° ′ h m
23	59 57.8	124 33.7 51.0	187 28.0 50.0	91 16.7 48.2	107 55.3 41.6	Venus 65 36.4 14 44
	h m					Mars 128 53.6 10 32
Mer. Pass. 19 04.8		v 1.1 d 0.5	v 0.7 d 0.5	v 2.1 d 0.1	v 2.3 d 0.1	Jupiter 31 35.4 16 59
						Saturn 48 07.7 15 53

234

2021 DECEMBER 3, 4, 5 (FRI., SAT., SUN.)

UT	SUN GHA	SUN Dec	MOON GHA	MOON v	MOON Dec	MOON d	MOON HP	Lat.	Twilight Naut.	Twilight Civil	Sunrise	Moonrise 3	Moonrise 4	Moonrise 5	Moonrise 6
d h	° ′	° ′	° ′	′	° ′	′	′	°	h m	h m	h m	h m	h m	h m	h m
								N 72	07 59	10 05	■■	■■	■■	■■	■■
3 00	182 35.0	S22 05.7	201 54.7	6.1	S17 30.3	12.8	61.1	N 70	07 42	09 21	■■	10 25	■■	■■	■■
01	197 34.7	06.0	216 19.8	6.1	17 43.1	12.8	61.1	68	07 28	08 52	10 57	08 59	■■	■■	■■
02	212 34.5	06.4	230 44.9	5.9	17 55.9	12.7	61.2	66	07 16	08 30	09 58	08 22	11 49	■■	■■
03	227 34.2	06.7	245 09.8	5.8	18 08.6	12.5	61.2	64	07 07	08 13	09 24	07 55	10 14	■■	■■
04	242 34.0	07.1	259 34.6	5.7	18 21.1	12.4	61.2	62	06 58	07 58	09 00	07 35	09 37	11 31	12 43
05	257 33.7	07.4	273 59.3	5.5	18 33.5	12.3	61.2	60	06 50	07 46	08 41	07 18	09 11	10 53	12 03
06	272 33.5	S22 07.8	288 23.8	5.5	S18 45.8	12.2	61.2	N 58	06 44	07 35	08 25	07 04	08 50	10 25	11 36
07	287 33.2	08.1	302 48.3	5.3	18 58.0	12.1	61.2	56	06 38	07 26	08 12	06 52	08 33	10 04	11 14
08	302 33.0	08.5	317 12.6	5.3	19 10.1	11.9	61.3	54	06 32	07 17	08 00	06 42	08 18	09 47	10 56
F 09	317 32.7	08.8	331 36.9	5.1	19 22.0	11.8	61.3	52	06 27	07 10	07 50	06 33	08 06	09 32	10 41
R 10	332 32.5	09.2	346 01.0	5.0	19 33.8	11.7	61.3	50	06 22	07 03	07 41	06 25	07 55	09 19	10 28
I 11	347 32.2	09.5	0 25.0	4.9	19 45.5	11.6	61.3	45	06 11	06 48	07 21	06 07	07 32	08 52	10 01
D 12	2 32.0	S22 09.9	14 48.9	4.8	S19 57.1	11.4	61.3	N 40	06 02	06 35	07 06	05 53	07 14	08 31	09 39
A 13	17 31.7	10.2	29 12.7	4.7	20 08.5	11.3	61.3	35	05 53	06 24	06 52	05 41	06 58	08 13	09 21
Y 14	32 31.5	10.6	43 36.4	4.5	20 19.8	11.1	61.3	30	05 45	06 14	06 41	05 31	06 45	07 58	09 06
15	47 31.2	10.9	57 59.9	4.5	20 30.9	11.0	61.3	20	05 29	05 57	06 21	05 14	06 23	07 33	08 40
16	62 31.0	11.3	72 23.4	4.3	20 41.9	10.9	61.4	N 10	05 14	05 40	06 03	04 58	06 03	07 11	08 18
17	77 30.7	11.6	86 46.7	4.3	20 52.8	10.7	61.4	0	04 58	05 24	05 47	04 44	05 45	06 51	07 57
18	92 30.5	S22 11.9	101 10.0	4.1	S21 03.5	10.5	61.4	S 10	04 40	05 07	05 30	04 30	05 28	06 30	07 36
19	107 30.2	12.3	115 33.1	4.0	21 14.0	10.5	61.4	20	04 19	04 48	05 12	04 15	05 09	06 09	07 14
20	122 30.0	12.6	129 56.1	4.0	21 24.5	10.2	61.4	30	03 51	04 24	04 51	03 58	04 47	05 44	06 48
21	137 29.7	13.0	144 19.1	3.8	21 34.7	10.1	61.4	35	03 34	04 10	04 39	03 49	04 34	05 29	06 32
22	152 29.5	13.3	158 41.9	3.7	21 44.8	10.0	61.4	40	03 12	03 53	04 25	03 37	04 20	05 12	06 15
23	167 29.2	13.6	173 04.6	3.6	21 54.8	9.8	61.4	45	02 44	03 31	04 08	03 24	04 03	04 52	05 53
4 00	182 29.0	S22 14.0	187 27.2	3.5	S22 04.6	9.6	61.4	S 50	02 03	03 04	03 47	03 09	03 41	04 26	05 26
01	197 28.7	14.3	201 49.7	3.4	22 14.2	9.5	61.4	52	01 39	02 50	03 37	03 01	03 32	04 14	05 13
02	212 28.5	14.6	216 12.1	3.4	22 23.7	9.3	61.4	54	01 06	02 34	03 26	02 53	03 20	04 00	04 58
03	227 28.2	15.0	230 34.5	3.2	22 33.0	9.2	61.4	56	////	02 14	03 13	02 44	03 08	03 44	04 41
04	242 28.0	15.3	244 56.7	3.1	22 42.2	9.0	61.4	58	////	01 49	02 57	02 34	02 53	03 25	04 19
05	257 27.7	15.6	259 18.8	3.0	S22 51.2	8.8	61.4	S 60	////	01 14	02 39	02 23	02 36	03 01	03 52
06	272 27.5	S22 16.0						Lat.	Sunset	Twilight Civil	Twilight Naut.	Moonset 3	Moonset 4	Moonset 5	Moonset 6
07	287 27.2	16.3	A total eclipse of												
S 08	302 26.9	16.6	the Sun occurs on this												
A 09	317 26.7	17.0	date. See page 5.					°	h m	h m	h m	h m	h m	h m	h m
T 10	332 26.4	17.3						N 72	■■	13 35	15 41	■■	■■	■■	■■
U 11	347 26.2	17.6						N 70	■■	14 19	15 58	11 11	■■	■■	■■
R 12	2 25.9	S22 18.0	359 51.2	2.5	S23 49.2	7.6	61.5	68	12 43	14 48	16 12	12 38	■■	■■	■■
D 13	17 25.7	18.3	14 12.7	2.3	23 56.8	7.4	61.5	66	13 42	15 10	16 24	13 18	12 01	■■	■■
A 14	32 25.4	18.6	28 34.0	2.3	24 04.2	7.2	61.5	64	14 16	15 27	16 33	13 45	13 36	■■	■■
Y 15	47 25.2	18.9	42 55.3	2.2	24 11.4	7.1	61.4	62	14 40	15 42	16 42	14 07	14 14	14 38	15 45
16	62 24.9	19.3	57 16.5	2.2	24 18.5	6.8	61.4	60	14 59	15 54	16 50	14 24	14 41	15 17	16 24
17	77 24.6	19.6	71 37.7	2.1	24 25.3	6.7	61.4	N 58	15 15	16 05	16 56	14 39	15 02	15 44	16 52
18	92 24.4	S22 19.9	85 58.8	2.0	S24 32.0	6.4	61.4	56	15 28	16 14	17 03	14 51	15 20	16 05	17 13
19	107 24.1	20.2	100 19.8	1.9	24 38.4	6.3	61.4	54	15 40	16 23	17 08	15 03	15 35	16 23	17 31
20	122 23.9	20.5	114 40.7	1.9	24 44.7	6.1	61.4	52	15 50	16 30	17 13	15 12	15 48	16 38	17 46
21	137 23.6	20.9	129 01.6	1.9	24 50.8	5.9	61.4	50	16 00	16 37	17 18	15 21	15 59	16 51	17 59
22	152 23.4	21.2	143 22.5	1.8	24 56.7	5.7	61.4	45	16 19	16 52	17 29	15 40	16 23	17 18	18 26
23	167 23.1	21.5	157 43.3	1.7	25 02.4	5.5	61.4								
5 00	182 22.8	S22 21.8	172 04.0	1.7	S25 07.9	5.3	61.4	N 40	16 35	17 05	17 39	15 55	16 42	17 40	18 47
01	197 22.6	22.1	186 24.7	1.6	25 13.2	5.1	61.4	35	16 48	17 16	17 47	16 08	16 58	17 57	19 04
02	212 22.3	22.5	200 45.3	1.6	25 18.3	4.9	61.4	30	17 00	17 26	17 55	16 20	17 12	18 13	19 20
03	227 22.1	22.8	215 05.9	1.5	25 23.2	4.7	61.4	20	17 20	17 44	18 11	16 39	17 36	18 39	19 45
04	242 21.8	23.1	229 26.4	1.5	25 27.9	4.5	61.4	N 10	17 37	18 00	18 26	16 57	17 57	19 01	20 07
05	257 21.5	23.4	243 46.9	1.5	25 32.4	4.3	61.3	0	17 54	18 16	18 42	17 13	18 16	19 22	20 28
06	272 21.3	S22 23.7	258 07.4	1.5	S25 36.7	4.1	61.3	S 10	18 11	18 34	19 00	17 29	18 35	19 43	20 48
07	287 21.0	24.0	272 27.9	1.4	25 40.8	3.9	61.3	20	18 29	18 53	19 22	17 46	18 56	20 05	21 10
08	302 20.8	24.3	286 48.3	1.4	25 44.7	3.7	61.3	30	18 50	19 17	19 50	18 06	19 20	20 31	21 35
S 09	317 20.5	24.7	301 08.7	1.4	25 48.4	3.5	61.3	35	19 02	19 31	20 07	18 18	19 34	20 46	21 50
U 10	332 20.2	25.0	315 29.1	1.3	25 51.9	3.3	61.3	40	19 16	19 48	20 29	18 31	19 51	21 04	22 07
N 11	347 20.0	25.3	329 49.4	1.3	25 55.2	3.1	61.3	45	19 33	20 10	20 58	18 47	20 10	21 25	22 27
D 12	2 19.7	S22 25.6	344 09.7	1.4	S25 58.3	2.9	61.3	S 50	19 54	20 37	21 39	19 07	20 35	21 52	22 53
A 13	17 19.5	25.9	358 30.1	1.3	26 01.2	2.6	61.2	52	20 04	20 51	22 03	19 17	20 47	22 05	23 05
Y 14	32 19.2	26.2	12 50.4	1.3	26 03.8	2.5	61.2	54	20 16	21 08	22 37	19 27	21 01	22 20	23 19
15	47 18.9	26.5	27 10.7	1.3	26 06.3	2.3	61.2	56	20 29	21 27	////	19 39	21 16	22 38	23 36
16	62 18.7	26.8	41 31.0	1.3	26 08.6	2.0	61.2	58	20 44	21 53	////	19 53	21 35	22 59	23 55
17	77 18.4	27.1	55 51.3	1.3	26 10.6	1.9	61.2	S 60	21 03	22 30	////	20 10	21 58	23 26	24 19
18	92 18.2	S22 27.4	70 11.6	1.3	S26 12.5	1.6	61.2		SUN			MOON			
19	107 17.9	27.7	84 31.9	1.3	26 14.1	1.5	61.1	Day	Eqn. of Time		Mer.	Mer. Pass.		Age	Phase
20	122 17.6	28.0	98 52.2	1.3	26 15.6	1.2	61.1		00h	12h	Pass.	Upper	Lower		
21	137 17.4	28.3	113 12.5	1.4	26 16.8	1.0	61.1								
22	152 17.1	28.6	127 32.9	1.4	26 17.8	0.8	61.1	d	m s	m s	h m	h m	h m	d	%
23	167 16.8	28.9	141 53.3	1.4	S26 18.6	0.7	61.1	3	10 20	10 08	11 50	10 58	23 29	29	1
								4	09 56	09 44	11 50	12 01	24 33	00	0
	SD 16.3	d 0.3	SD 16.7		16.7		16.7	5	09 32	09 19	11 51	13 06	00 33	01	2

2021 DECEMBER 6, 7, 8 (MON., TUES., WED.)

UT	ARIES	VENUS −4.9	MARS +1.6	JUPITER −2.2	SATURN +0.6	STARS
	GHA	GHA Dec	GHA Dec	GHA Dec	GHA Dec	Name SHA Dec
d h	° ′	° ′ ° ′	° ′ ° ′	° ′ ° ′	° ′ ° ′	° ′ ° ′
6 00	75 00.0	139 35.0 S23 50.5	202 28.7 S18 50.4	106 18.8 S13 48.1	122 57.5 S18 41.6	Acamar 315 13.4 S40 13.2
01	90 02.4	154 36.2 50.0	217 29.4 50.9	121 20.9 47.9	137 59.8 41.5	Achernar 335 21.8 S57 07.8
02	105 04.9	169 37.5 49.5	232 30.1 51.3	136 23.0 47.8	153 02.0 41.5	Acrux 173 03.1 S63 12.8
03	120 07.3	184 38.8 .. 49.0	247 30.8 .. 51.8	151 25.2 .. 47.7	168 04.3 .. 41.4	Adhara 255 07.5 S29 00.0
04	135 09.8	199 40.1 48.5	262 31.5 52.2	166 27.3 47.5	183 06.5 41.4	Aldebaran 290 42.2 N16 33.2
05	150 12.3	214 41.3 48.0	277 32.2 52.7	181 29.4 47.4	198 08.8 41.3	
06	165 14.7	229 42.6 S23 47.5	292 32.9 S18 53.1	196 31.5 S13 47.3	213 11.0 S18 41.3	Alioth 166 15.6 N55 50.3
07	180 17.2	244 43.9 47.0	307 33.6 53.5	211 33.6 47.2	228 13.3 41.2	Alkaid 152 54.4 N49 12.1
08	195 19.7	259 45.2 46.5	322 34.2 54.0	226 35.7 47.0	243 15.5 41.1	Alnair 27 36.3 S46 51.6
M 09	210 22.1	274 46.5 .. 46.0	337 34.9 .. 54.4	241 37.8 .. 46.9	258 17.8 .. 41.1	Alnilam 275 40.0 S 1 11.3
O 10	225 24.6	289 47.8 45.5	352 35.6 54.9	256 40.0 46.8	273 20.0 41.0	Alphard 217 50.1 S 8 45.1
N 11	240 27.1	304 49.1 45.0	7 36.3 55.3	271 42.1 46.7	288 22.3 41.0	
D 12	255 29.5	319 50.4 S23 44.5	22 37.0 S18 55.7	286 44.2 S13 46.5	303 24.5 S18 40.9	Alphecca 126 06.3 N26 38.5
A 13	270 32.0	334 51.7 44.0	37 37.7 56.2	301 46.3 46.4	318 26.8 40.9	Alpheratz 357 37.3 N29 12.8
Y 14	285 34.5	349 53.0 43.5	52 38.4 56.6	316 48.4 46.3	333 29.0 40.8	Altair 62 02.7 N 8 55.6
15	300 36.9	4 54.3 .. 43.0	67 39.1 .. 57.1	331 50.5 .. 46.1	348 31.3 .. 40.7	Ankaa 353 09.5 S42 11.5
16	315 39.4	19 55.6 42.5	82 39.8 57.5	346 52.6 46.0	3 33.5 40.7	Antares 112 19.3 S26 28.7
17	330 41.8	34 56.9 42.0	97 40.4 58.0	1 54.7 45.9	18 35.8 40.6	
18	345 44.3	49 58.3 S23 41.5	112 41.1 S18 58.4	16 56.8 S13 45.7	33 38.0 S18 40.6	Arcturus 145 50.5 N19 04.1
19	0 46.8	64 59.6 41.0	127 41.8 58.8	31 59.0 45.6	48 40.3 40.5	Atria 107 16.4 S69 03.9
20	15 49.2	80 00.9 40.5	142 42.5 59.3	47 01.1 45.5	63 42.5 40.5	Avior 234 15.3 S59 34.5
21	30 51.7	95 02.2 .. 40.0	157 43.2 18 59.7	62 03.2 .. 45.4	78 44.7 .. 40.4	Bellatrix 278 25.3 N 6 22.1
22	45 54.2	110 03.6 39.5	172 43.9 19 00.1	77 05.3 45.2	93 47.0 40.4	Betelgeuse 270 54.5 N 7 24.7
23	60 56.6	125 04.9 39.0	187 44.6 00.6	92 07.4 45.1	108 49.2 40.3	
7 00	75 59.1	140 06.3 S23 38.5	202 45.3 S19 01.0	107 09.5 S13 45.0	123 51.5 S18 40.2	Canopus 263 53.0 S52 42.3
01	91 01.6	155 07.6 38.0	217 45.9 01.5	122 11.6 44.8	138 53.7 40.2	Capella 280 25.2 N46 01.1
02	106 04.0	170 09.0 37.5	232 46.6 01.9	137 13.7 44.7	153 56.0 40.1	Deneb 49 27.8 N45 21.7
03	121 06.5	185 10.3 .. 37.0	247 47.3 .. 02.3	152 15.8 .. 44.6	168 58.2 .. 40.1	Denebola 182 27.6 N14 27.0
04	136 09.0	200 11.7 36.5	262 48.0 02.8	167 17.9 44.5	184 00.5 40.0	Diphda 348 49.7 S17 52.1
05	151 11.4	215 13.0 36.0	277 48.7 03.2	182 20.1 44.3	199 02.7 40.0	
06	166 13.9	230 14.4 S23 35.5	292 49.4 S19 03.6	197 22.2 S13 44.2	214 05.0 S18 39.9	Dubhe 193 44.2 N61 37.8
07	181 16.3	245 15.8 35.0	307 50.0 04.1	212 24.3 44.1	229 07.2 39.8	Elnath 278 04.7 N28 37.5
08	196 18.8	260 17.1 34.5	322 50.7 04.5	227 26.4 43.9	244 09.5 39.8	Eltanin 90 43.9 N51 29.2
T 09	211 21.3	275 18.5 .. 34.0	337 51.4 .. 04.9	242 28.5 .. 43.8	259 11.7 .. 39.7	Enif 33 41.4 N 9 58.6
U 10	226 23.7	290 19.9 33.5	352 52.1 05.4	257 30.6 43.7	274 13.9 39.7	Fomalhaut 15 17.4 S29 30.6
E 11	241 26.2	305 21.3 33.0	7 52.8 05.8	272 32.7 43.5	289 16.2 39.6	
S 12	256 28.7	320 22.7 S23 32.5	22 53.5 S19 06.3	287 34.8 S13 43.4	304 18.4 S18 39.6	Gacrux 171 54.6 S57 13.8
D 13	271 31.1	335 24.0 32.0	37 54.2 06.7	302 36.9 43.3	319 20.7 39.5	Gienah 175 46.3 S17 39.6
A 14	286 33.6	350 25.4 31.4	52 54.8 07.1	317 39.0 43.1	334 22.9 39.4	Hadar 148 40.0 S60 28.4
Y 15	301 36.1	5 26.8 .. 30.9	67 55.5 .. 07.6	332 41.1 .. 43.0	349 25.2 .. 39.4	Hamal 327 53.8 N23 34.0
16	316 38.5	20 28.2 30.4	82 56.2 08.0	347 43.2 42.9	4 27.4 39.3	Kaus Aust. 83 36.3 S34 22.4
17	331 41.0	35 29.6 29.9	97 56.9 08.4	2 45.3 42.8	19 29.7 39.3	
18	346 43.5	50 31.0 S23 29.4	112 57.6 S19 08.9	17 47.4 S13 42.6	34 31.9 S18 39.2	Kochab 137 20.9 N74 03.8
19	1 45.9	65 32.4 28.9	127 58.3 09.3	32 49.5 42.5	49 34.2 39.2	Markab 13 32.4 N15 19.4
20	16 48.4	80 33.9 28.4	142 58.9 09.7	47 51.6 42.4	64 36.4 39.1	Menkar 314 08.5 N 4 10.5
21	31 50.8	95 35.3 .. 27.9	157 59.6 .. 10.2	62 53.8 .. 42.2	79 38.6 .. 39.0	Menkent 148 00.9 S36 28.4
22	46 53.3	110 36.7 27.4	173 00.3 10.6	77 55.9 42.1	94 40.9 39.0	Miaplacidus 221 38.2 S69 48.1
23	61 55.8	125 38.1 26.9	188 01.0 11.0	92 58.0 42.0	109 43.1 38.9	
8 00	76 58.2	140 39.5 S23 26.4	203 01.7 S19 11.4	108 00.1 S13 41.8	124 45.4 S18 38.9	Mirfak 308 31.4 N49 56.4
01	92 00.7	155 41.0 25.9	218 02.3 11.9	123 02.2 41.7	139 47.6 38.8	Nunki 75 51.3 S26 16.2
02	107 03.2	170 42.4 25.4	233 03.0 12.3	138 04.3 41.6	154 49.9 38.8	Peacock 53 10.2 S56 40.1
03	122 05.6	185 43.8 .. 24.8	248 03.7 .. 12.7	153 06.4 .. 41.4	169 52.1 .. 38.7	Pollux 243 20.1 N27 58.3
04	137 08.1	200 45.3 24.3	263 04.4 13.2	168 08.5 41.3	184 54.4 38.6	Procyon 244 53.2 N 5 10.1
05	152 10.6	215 46.7 23.8	278 05.1 13.6	183 10.6 41.2	199 56.6 38.6	
06	167 13.0	230 48.2 S23 23.3	293 05.7 S19 14.0	198 12.7 S13 41.0	214 58.8 S18 38.5	Rasalhague 96 01.3 N12 32.7
W 07	182 15.5	245 49.6 22.8	308 06.4 14.5	213 14.8 40.9	230 01.1 38.5	Regulus 207 37.1 N11 51.6
E 08	197 18.0	260 51.1 22.3	323 07.1 14.9	228 16.9 40.8	245 03.3 38.4	Rigel 281 06.0 S 8 10.6
D 09	212 20.4	275 52.6 .. 21.8	338 07.8 .. 15.3	243 19.0 .. 40.6	260 05.6 .. 38.4	Rigil Kent. 139 44.3 S60 55.2
N 10	227 22.9	290 54.0 21.3	353 08.5 15.7	258 21.1 40.5	275 07.8 38.3	Sabik 102 06.1 S15 45.0
E 11	242 25.3	305 55.5 20.8	8 09.1 16.2	273 23.2 40.4	290 10.1 38.2	
S 12	257 27.8	320 57.0 S23 20.3	23 09.8 S19 16.6	288 25.3 S13 40.2	305 12.3 S18 38.2	Schedar 349 33.6 N56 39.6
D 13	272 30.3	335 58.4 19.7	38 10.5 17.0	303 27.4 40.1	320 14.5 38.1	Shaula 96 14.2 S37 07.1
A 14	287 32.7	350 59.9 19.2	53 11.2 17.5	318 29.5 40.0	335 16.8 38.1	Sirius 258 28.2 S16 44.7
Y 15	302 35.2	6 01.4 .. 18.7	68 11.8 .. 17.9	333 31.6 .. 39.8	350 19.0 .. 38.0	Spica 158 25.2 S11 16.4
16	317 37.7	21 02.9 18.2	83 12.5 18.3	348 33.7 39.7	5 21.3 37.9	Suhail 222 47.9 S43 31.0
17	332 40.1	36 04.4 17.7	98 13.2 18.7	3 35.8 39.6	20 23.5 37.9	
18	347 42.6	51 05.9 S23 17.2	113 13.9 S19 19.2	18 37.9 S13 39.4	35 25.8 S18 37.8	Vega 80 35.3 N38 48.3
19	2 45.1	66 07.3 16.7	128 14.6 19.6	33 40.0 39.3	50 28.0 37.8	Zuben'ubi 136 59.1 S16 07.8
20	17 47.5	81 08.8 16.2	143 15.2 20.0	48 42.1 39.2	65 30.2 37.7	
21	32 50.0	96 10.4 .. 15.7	158 15.9 .. 20.4	63 44.2 .. 39.0	80 32.5 .. 37.7	SHA Mer. Pass.
22	47 52.4	111 11.9 15.1	173 16.6 20.9	78 46.3 38.9	95 34.7 37.6	Venus ° ′ h m
23	62 54.9	126 13.4 14.6	188 17.3 21.3	93 48.4 38.8	110 37.0 37.5	Venus 64 07.2 14 38
	h m					Mars 126 46.2 10 29
Mer. Pass. 18 53.0	v 1.4 d 0.5	v 0.7 d 0.4	v 2.1 d 0.1	v 2.2 d 0.1	Jupiter 31 10.4 16 49
						Saturn 47 52.4 15 42

2021 DECEMBER 6, 7, 8 (MON., TUES., WED.)

UT	SUN GHA	SUN Dec	MOON GHA	v	MOON Dec	d	HP	Lat.	Naut.	Civil	Sunrise	Moonrise 6	7	8	9
d h	° '	° '	° '	'	° '	'	'	°	h m	h m	h m	h m	h m	h m	h m
6 00	182 16.6	S22 29.2	156 13.7	1.4	S26 19.3	0.4	61.0	N 72	08 06	10 18	■	■	■	■	15 24
01	197 16.3	29.5	170 34.1	1.4	26 19.7	0.2	61.0	N 70	07 48	09 30	■	■	■	■	14 41
02	212 16.0	29.8	184 54.5	1.5	26 19.9	0.0	61.0	68	07 34	08 59	11 21	■	■	14 57	14 12
03	227 15.8	.. 30.1	199 15.0	1.5	26 19.9	0.2	61.0	66	07 21	08 36	10 07	■	■	14 10	13 50
04	242 15.5	30.4	213 35.5	1.6	26 19.7	0.4	60.9	64	07 11	08 18	09 32	■	13 48	13 39	13 32
05	257 15.2	30.7	227 56.1	1.6	26 19.3	0.6	60.9	62	07 02	08 03	09 06	12 43	13 07	13 15	13 18
								60	06 55	07 50	08 46	12 03	12 39	12 56	13 05
06	272 15.0	S22 31.0	242 16.7	1.6	S26 18.7	0.8	60.9	N 58	06 48	07 39	08 30	11 36	12 17	12 41	12 55
07	287 14.7	31.3	256 37.3	1.7	26 17.9	1.1	60.9	56	06 41	07 30	08 16	11 14	11 59	12 27	12 45
08	302 14.5	31.6	270 58.0	1.7	26 16.8	1.2	60.8	54	06 35	07 21	08 04	10 56	11 44	12 16	12 37
M 09	317 14.2	.. 31.9	285 18.7	1.8	26 15.6	1.4	60.8	52	06 30	07 13	07 54	10 41	11 31	12 05	12 29
O 10	332 13.9	32.2	299 39.5	1.8	26 14.2	1.6	60.8	50	06 25	07 06	07 44	10 28	11 19	11 56	12 23
N 11	347 13.7	32.5	314 00.3	1.9	26 12.6	1.8	60.8	45	06 14	06 51	07 24	10 01	10 55	11 36	12 08
D 12	2 13.4	S22 32.8	328 21.2	2.0	S26 10.8	2.0	60.7	N 40	06 04	06 38	07 08	09 39	10 36	11 20	11 56
A 13	17 13.1	33.1	342 42.2	2.0	26 08.8	2.2	60.7	35	05 55	06 27	06 55	09 21	10 19	11 07	11 46
Y 14	32 12.9	33.4	357 03.2	2.1	26 06.6	2.4	60.7	30	05 47	06 17	06 43	09 06	10 05	10 55	11 37
15	47 12.6	.. 33.7	11 24.3	2.2	26 04.2	2.6	60.7	20	05 31	05 59	06 22	08 40	09 41	10 35	11 21
16	62 12.3	33.9	25 45.5	2.3	26 01.6	2.8	60.6	N 10	05 16	05 42	06 05	08 18	09 20	10 17	11 07
17	77 12.1	34.2	40 06.8	2.3	25 58.8	2.9	60.6	0	04 59	05 25	05 48	07 57	09 01	10 00	10 54
18	92 11.8	S22 34.5	54 28.1	2.4	S25 55.9	3.2	60.6	S 10	04 41	05 08	05 31	07 36	08 41	09 44	10 41
19	107 11.5	34.8	68 49.5	2.5	25 52.7	3.3	60.5	20	04 19	04 48	05 13	07 14	08 20	09 26	10 27
20	122 11.2	35.1	83 11.0	2.5	25 49.4	3.6	60.5	30	03 51	04 24	04 51	06 48	07 56	09 05	10 11
21	137 11.0	.. 35.4	97 32.5	2.7	25 45.8	3.7	60.5	35	03 33	04 10	04 39	06 32	07 42	08 53	10 02
22	152 10.7	35.7	111 54.2	2.7	25 42.1	3.9	60.5	40	03 11	03 52	04 24	06 15	07 25	08 39	09 51
23	167 10.4	35.9	126 15.9	2.8	25 38.2	4.1	60.4	45	02 42	03 30	04 07	05 53	07 05	08 22	09 39
7 00	182 10.2	S22 36.2	140 37.7	3.0	S25 34.1	4.3	60.4	S 50	02 00	03 02	03 46	05 26	06 40	08 02	09 23
01	197 09.9	36.5	154 59.7	3.0	25 29.8	4.4	60.4	52	01 35	02 48	03 35	05 13	06 28	07 52	09 16
02	212 09.6	36.8	169 21.7	3.1	25 25.4	4.7	60.3	54	00 59	02 31	03 24	04 58	06 14	07 41	09 08
03	227 09.4	.. 37.1	183 43.8	3.2	25 20.7	4.8	60.3	56	////	02 11	03 10	04 41	05 58	07 28	08 59
04	242 09.1	37.3	198 06.0	3.3	25 15.9	5.0	60.3	58	////	01 45	02 55	04 19	05 39	07 13	08 49
05	257 08.8	37.6	212 28.3	3.4	25 10.9	5.1	60.2	S 60	////	01 06	02 36	03 52	05 15	06 56	08 37

UT	SUN GHA	SUN Dec	MOON GHA	v	MOON Dec	d	HP	Lat.	Sunset	Twilight Civil	Twilight Naut.	Moonset 6	7	8	9
06	272 08.6	S22 37.9	226 50.7	3.5	S25 05.8	5.4	60.2								
07	287 08.3	38.2	241 13.2	3.7	25 00.4	5.5	60.2								
08	302 08.0	38.4	255 35.9	3.7	24 54.9	5.6	60.1								
T 09	317 07.7	.. 38.7	269 58.6	3.8	24 49.3	5.9	60.1		h m	h m	h m	h m	h m	h m	h m
U 10	332 07.5	39.0	284 21.4	4.0	24 43.4	6.0	60.1	N 72	■	13 25	15 36	■	■	■	19 12
E 11	347 07.2	39.3	298 44.4	4.1	24 37.4	6.2	60.0	N 70	■	14 13	15 54	■	■	■	19 53
S 12	2 06.9	S22 39.5	313 07.5	4.1	S24 31.2	6.3	60.0	68	12 22	14 44	16 09	■	■	17 46	20 20
D 13	17 06.7	39.8	327 30.6	4.3	24 24.9	6.5	60.0	66	13 35	15 06	16 21	■	■	18 33	20 41
A 14	32 06.4	40.1	341 53.9	4.5	24 18.4	6.7	59.9	64	14 11	15 25	16 31	■	16 52	19 03	20 57
Y 15	47 06.1	.. 40.4	356 17.4	4.5	24 11.7	6.8	59.9	62	14 37	15 40	16 40	15 45	17 32	19 25	21 11
16	62 05.8	40.6	10 40.9	4.6	24 04.9	6.9	59.8	60	14 56	15 52	16 48	16 24	18 00	19 43	21 22
17	77 05.6	40.9	25 04.5	4.8	23 58.0	7.1	59.8								
18	92 05.3	S22 41.2	39 28.3	4.9	S23 50.9	7.3	59.8	N 58	15 13	16 03	16 55	16 52	18 21	19 58	21 32
19	107 05.0	41.4	53 52.2	5.0	23 43.6	7.4	59.7	56	15 27	16 13	17 02	17 13	18 39	20 11	21 41
20	122 04.7	41.7	68 16.2	5.2	23 36.2	7.6	59.7	54	15 39	16 22	17 07	17 31	18 54	20 22	21 48
21	137 04.5	.. 42.0	82 40.4	5.2	23 28.6	7.7	59.7	52	15 49	16 29	17 13	17 46	19 07	20 32	21 55
22	152 04.2	42.2	97 04.6	5.4	23 20.9	7.9	59.6	50	15 59	16 37	17 18	17 59	19 18	20 40	22 01
23	167 03.9	42.5	111 29.0	5.5	23 13.0	8.0	59.6	45	16 18	16 52	17 29	18 26	19 41	20 59	22 14
8 00	182 03.6	S22 42.8	125 53.5	5.7	S23 05.0	8.1	59.6	N 40	16 35	17 05	17 39	18 47	20 00	21 14	22 25
01	197 03.4	43.0	140 18.2	5.8	22 56.9	8.3	59.5	35	16 48	17 16	17 48	19 04	20 15	21 26	22 34
02	212 03.1	43.3	154 43.0	5.9	22 48.6	8.4	59.5	30	17 00	17 26	17 56	19 20	20 29	21 37	22 42
03	227 02.8	.. 43.5	169 07.9	6.0	22 40.2	8.5	59.4	20	17 21	17 44	18 12	19 45	20 52	21 56	22 55
04	242 02.6	43.8	183 32.9	6.1	22 31.7	8.7	59.4	N 10	17 38	18 01	18 27	20 07	21 12	22 12	23 07
05	257 02.3	44.1	197 58.0	6.3	22 23.0	8.8	59.4	0	17 55	18 18	18 44	20 28	21 30	22 27	23 18
06	272 02.0	S22 44.3	212 23.3	6.4	S22 14.2	9.0	59.3	S 10	18 12	18 35	19 02	20 48	21 48	22 41	23 29
07	287 01.7	44.6	226 48.7	6.6	22 05.2	9.0	59.3	20	18 31	18 55	19 24	21 10	22 07	22 57	23 41
W 08	302 01.5	44.8	241 14.3	6.6	21 56.2	9.2	59.2	30	18 52	19 19	19 52	21 35	22 30	23 15	23 54
E 09	317 01.2	.. 45.1	255 39.9	6.8	21 47.0	9.3	59.2	35	19 04	19 34	20 10	21 50	22 43	23 26	24 01
D 10	332 00.9	45.4	270 05.7	7.0	21 37.7	9.5	59.2	40	19 19	19 51	20 32	22 07	22 57	23 37	24 10
N 11	347 00.6	45.6	284 31.7	7.1	21 28.2	9.5	59.1	45	19 36	20 13	21 02	22 27	23 15	23 51	24 20
E 12	2 00.3	S22 45.9	298 57.7	7.2	S21 18.7	9.7	59.1	S 50	19 58	20 41	21 44	22 53	23 37	24 08	00 08
S 13	17 00.1	46.1	313 23.9	7.3	21 09.0	9.8	59.1	52	20 08	20 56	22 09	23 05	23 47	24 16	00 16
D 14	31 59.8	46.4	327 50.2	7.5	20 59.2	9.8	59.0	54	20 20	21 13	22 46	23 19	23 59	24 25	00 25
A 15	46 59.5	.. 46.6	342 16.7	7.6	20 49.4	10.1	59.0	56	20 33	21 33	////	23 36	24 12	00 12	00 35
Y 16	61 59.2	46.9	356 43.3	7.7	20 39.3	10.1	58.9	58	20 49	22 00	////	23 55	24 27	00 27	00 46
17	76 59.0	47.1	11 10.0	7.8	20 29.2	10.2	58.9	S 60	21 08	22 40	////	24 19	00 19	00 45	00 58
18	91 58.7	S22 47.4	25 36.8	8.0	S20 19.0	10.3	58.9								
19	106 58.4	47.6	40 03.8	8.1	20 08.7	10.4	58.8		SUN			MOON			
20	121 58.1	47.9	54 30.9	8.2	19 58.3	10.6	58.8	Day	Eqn. of Time 00h	12h	Mer. Pass.	Mer. Pass. Upper	Lower	Age	Phase
21	136 57.8	.. 48.1	68 58.1	8.4	19 47.7	10.6	58.7								
22	151 57.6	48.4	83 25.5	8.4	19 37.1	10.7	58.7	d	m s	m s	h m	h m	h m	d	%
23	166 57.3	48.6	97 52.9	8.7	S19 26.4	10.9	58.7	6	09 07	08 54	11 51	14 12	01 39	02	7
								7	08 41	08 28	11 52	15 15	02 44	03	15
	SD 16.3	d 0.3	SD 16.6		16.3		16.1	8	08 15	08 02	11 52	16 14	03 45	04	24

2021 DECEMBER 9, 10, 11 (THURS., FRI., SAT.)

UT	ARIES GHA	VENUS −4.9 GHA / Dec	MARS +1.6 GHA / Dec	JUPITER −2.2 GHA / Dec	SATURN +0.6 GHA / Dec	STARS Name / SHA / Dec
d h	° ′	° ′ / ° ′	° ′ / ° ′	° ′ / ° ′	° ′ / ° ′	° ′ / ° ′
9 00	77 57.4	141 14.9 S23 14.1	203 17.9 S19 21.7	108 50.5 S13 38.6	125 39.2 S18 37.5	Acamar 315 13.4 S40 13.2
01	92 59.8	156 16.4 13.6	218 18.6 22.1	123 52.6 38.5	140 41.4 37.4	Achernar 335 21.8 S57 07.8
02	108 02.3	171 17.9 13.1	233 19.3 22.6	138 54.7 38.4	155 43.7 37.4	Acrux 173 03.0 S63 12.8
03	123 04.8	186 19.4 .. 12.6	248 20.0 .. 23.0	153 56.8 .. 38.2	170 45.9 .. 37.3	Adhara 255 07.5 S29 00.0
04	138 07.2	201 21.0 12.1	263 20.6 23.4	168 58.9 38.1	185 48.2 37.2	Aldebaran 290 42.2 N16 33.2
05	153 09.7	216 22.5 11.5	278 21.3 23.8	184 01.0 38.0	200 50.4 37.2	
06	168 12.2	231 24.0 S23 11.0	293 22.0 S19 24.3	199 03.1 S13 37.8	215 52.6 S18 37.1	Alioth 166 15.5 N55 50.3
07	183 14.6	246 25.6 10.5	308 22.7 24.7	214 05.2 37.7	230 54.9 37.1	Alkaid 152 54.4 N49 12.1
T 08	198 17.1	261 27.1 10.0	323 23.3 25.1	229 07.3 37.6	245 57.1 37.0	Al Na'ir 27 36.3 S46 51.6
H 09	213 19.6	276 28.7 .. 09.5	338 24.0 .. 25.5	244 09.4 .. 37.4	260 59.4 .. 37.0	Alnilam 275 40.0 S 1 11.3
U 10	228 22.0	291 30.2 09.0	353 24.7 26.0	259 11.5 37.3	276 01.6 36.9	Alphard 217 50.1 S 8 45.1
R 11	243 24.5	306 31.8 08.5	8 25.4 26.4	274 13.6 37.2	291 03.8 36.8	
S 12	258 26.9	321 33.3 S23 07.9	23 26.0 S19 26.8	289 15.7 S13 37.0	306 06.1 S18 36.8	Alphecca 126 06.3 N26 38.5
D 13	273 29.4	336 34.9 07.4	38 26.7 27.2	304 17.8 36.9	321 08.3 36.7	Alpheratz 357 37.3 N29 12.8
A 14	288 31.9	351 36.5 06.9	53 27.4 27.6	319 19.9 36.8	336 10.6 36.7	Altair 62 02.7 N 8 55.6
Y 15	303 34.3	6 38.0 .. 06.4	68 28.1 .. 28.1	334 22.0 .. 36.6	351 12.8 .. 36.6	Ankaa 353 09.6 S42 11.5
16	318 36.8	21 39.6 05.9	83 28.7 28.5	349 24.0 36.5	6 15.0 36.5	Antares 112 19.3 S26 28.7
17	333 39.3	36 41.2 05.4	98 29.4 28.9	4 26.1 36.4	21 17.3 36.5	
18	348 41.7	51 42.8 S23 04.8	113 30.1 S19 29.3	19 28.2 S13 36.2	36 19.5 S18 36.4	Arcturus 145 50.5 N19 04.1
19	3 44.2	66 44.4 04.3	128 30.7 29.7	34 30.3 36.1	51 21.8 36.4	Atria 107 16.4 S69 03.9
20	18 46.7	81 46.0 03.8	143 31.4 30.2	49 32.4 35.9	66 24.0 36.3	Avior 234 15.2 S59 34.5
21	33 49.1	96 47.5 .. 03.3	158 32.1 .. 30.6	64 34.5 .. 35.8	81 26.2 .. 36.3	Bellatrix 278 25.3 N 6 22.1
22	48 51.6	111 49.1 02.8	173 32.8 31.0	79 36.6 35.7	96 28.5 36.2	Betelgeuse 270 54.5 N 7 24.6
23	63 54.1	126 50.7 02.3	188 33.4 31.4	94 38.7 35.5	111 30.7 36.1	
10 00	78 56.5	141 52.3 S23 01.7	203 34.1 S19 31.8	109 40.8 S13 35.4	126 33.0 S18 36.1	Canopus 263 53.0 S52 42.3
01	93 59.0	156 54.0 01.2	218 34.8 32.3	124 42.9 35.3	141 35.2 36.0	Capella 280 25.1 N46 01.1
02	109 01.4	171 55.6 00.7	233 35.4 32.7	139 45.0 35.1	156 37.4 36.0	Deneb 49 27.8 N45 21.7
03	124 03.9	186 57.2 23 00.2	248 36.1 .. 33.1	154 47.1 .. 35.0	171 39.7 .. 35.9	Denebola 182 27.6 N14 27.0
04	139 06.4	201 58.8 22 59.7	263 36.8 33.5	169 49.2 34.9	186 41.9 35.8	Diphda 348 49.7 S17 52.2
05	154 08.8	217 00.4 59.1	278 37.4 33.9	184 51.3 34.7	201 44.1 35.8	
06	169 11.3	232 02.1 S22 58.6	293 38.1 S19 34.3	199 53.4 S13 34.6	216 46.4 S18 35.7	Dubhe 193 44.2 N61 37.8
07	184 13.8	247 03.7 58.1	308 38.8 34.8	214 55.4 34.5	231 48.6 35.7	Elnath 278 04.7 N28 37.5
08	199 16.2	262 05.3 57.6	323 39.5 35.2	229 57.5 34.3	246 50.9 35.6	Eltanin 90 43.9 N51 29.2
F 09	214 18.7	277 07.0 .. 57.1	338 40.1 .. 35.6	244 59.6 .. 34.2	261 53.1 .. 35.5	Enif 33 41.4 N 9 58.5
R 10	229 21.2	292 08.6 56.6	353 40.8 36.0	260 01.7 34.0	276 55.3 35.5	Fomalhaut 15 17.4 S29 30.6
I 11	244 23.6	307 10.2 56.0	8 41.5 36.4	275 03.8 33.9	291 57.6 35.4	
D 12	259 26.1	322 11.9 S22 55.5	23 42.1 S19 36.8	290 05.9 S13 33.8	306 59.8 S18 35.4	Gacrux 171 54.6 S57 13.8
A 13	274 28.6	337 13.5 55.0	38 42.8 37.2	305 08.0 33.6	322 02.0 35.3	Gienah 175 46.3 S17 39.6
Y 14	289 31.0	352 15.2 54.5	53 43.5 37.7	320 10.1 33.5	337 04.3 35.2	Hadar 148 40.0 S60 28.4
15	304 33.5	7 16.9 .. 54.0	68 44.1 .. 38.1	335 12.2 .. 33.4	352 06.5 .. 35.2	Hamal 327 53.8 N23 34.0
16	319 35.9	22 18.5 53.4	83 44.8 38.5	350 14.3 33.2	7 08.8 35.1	Kaus Aust. 83 36.3 S34 22.4
17	334 38.4	37 20.2 52.9	98 45.5 38.9	5 16.4 33.1	22 11.0 35.1	
18	349 40.9	52 21.9 S22 52.4	113 46.1 S19 39.3	20 18.4 S13 32.9	37 13.2 S18 35.0	Kochab 137 20.9 N74 03.8
19	4 43.3	67 23.6 51.9	128 46.8 39.7	35 20.5 32.8	52 15.5 34.9	Markab 13 32.4 N15 19.4
20	19 45.8	82 25.2 51.3	143 47.5 40.1	50 22.6 32.7	67 17.7 34.9	Menkar 314 08.5 N 4 10.5
21	34 48.3	97 26.9 .. 50.8	158 48.1 .. 40.6	65 24.7 .. 32.5	82 19.9 .. 34.8	Menkent 148 00.9 S36 28.4
22	49 50.7	112 28.6 50.3	173 48.8 41.0	80 26.8 32.4	97 22.2 34.8	Miaplacidus 221 38.2 S69 48.1
23	64 53.2	127 30.3 49.8	188 49.5 41.4	95 28.9 32.3	112 24.4 34.7	
11 00	79 55.7	142 32.0 S22 49.3	203 50.1 S19 41.8	110 31.0 S13 32.1	127 26.7 S18 34.6	Mirfak 308 31.4 N49 56.4
01	94 58.1	157 33.7 48.7	218 50.8 42.2	125 33.1 32.0	142 28.9 34.6	Nunki 75 51.3 S26 16.2
02	110 00.6	172 35.4 48.2	233 51.5 42.6	140 35.2 31.8	157 31.1 34.5	Peacock 53 10.2 S56 40.1
03	125 03.0	187 37.1 .. 47.7	248 52.1 .. 43.0	155 37.2 .. 31.7	172 33.4 .. 34.5	Pollux 243 20.1 N27 58.3
04	140 05.5	202 38.8 47.2	263 52.8 43.4	170 39.3 31.6	187 35.6 34.4	Procyon 244 53.2 N 5 10.1
05	155 08.0	217 40.5 46.7	278 53.4 43.8	185 41.4 31.4	202 37.8 34.3	
06	170 10.4	232 42.3 S22 46.1	293 54.1 S19 44.2	200 43.5 S13 31.3	217 40.1 S18 34.3	Rasalhague 96 01.3 N12 32.7
07	185 12.9	247 44.0 45.6	308 54.8 44.7	215 45.6 31.1	232 42.3 34.2	Regulus 207 37.0 N11 51.6
S 08	200 15.4	262 45.7 45.1	323 55.4 45.1	230 47.7 31.0	247 44.5 34.2	Rigel 281 06.0 S 8 10.6
A 09	215 17.8	277 47.4 .. 44.6	338 56.1 .. 45.5	245 49.8 .. 30.9	262 46.8 .. 34.1	Rigil Kent. 139 44.3 S60 55.2
T 10	230 20.3	292 49.2 44.0	353 56.8 45.9	260 51.9 30.7	277 49.0 34.0	Sabik 102 06.0 S15 45.0
U 11	245 22.8	307 50.9 43.5	8 57.4 46.3	275 53.9 30.6	292 51.2 34.0	
R 12	260 25.2	322 52.7 S22 43.0	23 58.1 S19 46.7	290 56.0 S13 30.5	307 53.5 S18 33.9	Schedar 349 33.6 N56 39.6
D 13	275 27.7	337 54.4 42.5	38 58.8 47.1	305 58.1 30.3	322 55.7 33.9	Shaula 96 14.2 S37 07.1
A 14	290 30.2	352 56.2 42.0	53 59.4 47.5	321 00.2 30.2	337 57.9 33.8	Sirius 258 28.1 S16 44.7
Y 15	305 32.6	7 57.9 .. 41.4	69 00.1 .. 47.9	336 02.3 .. 30.0	353 00.2 .. 33.7	Spica 158 25.2 S11 16.4
16	320 35.1	22 59.7 40.9	84 00.7 48.3	351 04.4 29.9	8 02.4 33.7	Suhail 222 47.9 S43 31.0
17	335 37.5	38 01.4 40.4	99 01.4 48.7	6 06.4 29.8	23 04.6 33.6	
18	350 40.0	53 03.2 S22 39.9	114 02.1 S19 49.1	21 08.5 S13 29.6	38 06.9 S18 33.6	Vega 80 35.3 N38 48.3
19	5 42.5	68 05.0 39.3	129 02.7 49.6	36 10.6 29.5	53 09.1 33.5	Zuben'ubi 136 59.1 S16 07.8
20	20 44.9	83 06.8 38.8	144 03.4 50.0	51 12.7 29.3	68 11.3 33.4	
21	35 47.4	98 08.5 .. 38.3	159 04.0 .. 50.4	66 14.8 .. 29.2	83 13.6 .. 33.4	SHA / Mer.Pass.
22	50 49.9	113 10.3 37.8	174 04.7 50.8	81 16.9 29.1	98 15.8 33.3	Venus 62 55.8 14 31
23	65 52.3	128 12.1 37.2	189 05.4 51.2	96 19.0 28.9	113 18.0 33.3	Mars 124 37.6 10 25
	h m					Jupiter 30 44.3 16 39
Mer.Pass. 18 41.2		v 1.7 d 0.5	v 0.7 d 0.4	v 2.1 d 0.1	v 2.2 d 0.1	Saturn 47 36.4 15 31

2021 DECEMBER 9, 10, 11 (THURS., FRI., SAT.)

UT	SUN GHA	SUN Dec	MOON GHA	MOON v	MOON Dec	MOON d	MOON HP
d h	° '	° '	° '	'	° '	'	'
9 00	181 57.0	S22 48.8	112 20.6	8.7	S19 15.5	10.9	58.6
01	196 56.7	49.1	126 48.3	8.8	19 04.6	11.0	58.6
02	211 56.5	49.3	141 16.1	9.0	18 53.6	11.1	58.5
03	226 56.2	49.6	155 44.1	9.1	18 42.5	11.2	58.5
04	241 55.9	49.8	170 12.2	9.3	18 31.3	11.3	58.5
05	256 55.6	50.1	184 40.5	9.3	18 20.0	11.3	58.4
T 06	271 55.3	S22 50.3	199 08.8	9.5	S18 08.7	11.5	58.4
H 07	286 55.1	50.5	213 37.3	9.6	17 57.2	11.5	58.3
U 08	301 54.8	50.8	228 05.9	9.7	17 45.7	11.6	58.3
R 09	316 54.5	51.0	242 34.6	9.9	17 34.1	11.7	58.3
S 10	331 54.2	51.3	257 03.5	9.9	17 22.4	11.8	58.2
D 11	346 53.9	51.5	271 32.4	10.1	17 10.6	11.8	58.2
A 12	1 53.7	S22 51.7	286 01.5	10.2	S16 58.8	11.9	58.1
Y 13	16 53.4	52.0	300 30.7	10.3	16 46.9	12.0	58.1
14	31 53.1	52.2	315 00.0	10.4	16 34.9	12.1	58.1
15	46 52.8	52.4	329 29.4	10.6	16 22.8	12.1	58.0
16	61 52.5	52.7	343 59.0	10.6	16 10.7	12.2	58.0
17	76 52.2	52.9	358 28.6	10.8	15 58.5	12.2	57.9
18	91 52.0	S22 53.1	12 58.4	10.9	S15 46.3	12.4	57.9
19	106 51.7	53.4	27 28.3	11.0	15 33.9	12.3	57.9
20	121 51.4	53.6	41 58.3	11.1	15 21.6	12.5	57.8
21	136 51.1	53.8	56 28.4	11.2	15 09.1	12.5	57.8
22	151 50.8	54.0	70 58.6	11.3	14 56.6	12.6	57.7
23	166 50.6	54.3	85 28.9	11.4	14 44.0	12.6	57.7
10 00	181 50.3	S22 54.5	99 59.3	11.5	S14 31.4	12.6	57.7
01	196 50.0	54.7	114 29.8	11.6	14 18.8	12.8	57.6
02	211 49.7	54.9	129 00.4	11.8	14 06.0	12.8	57.6
03	226 49.4	55.2	143 31.2	11.8	13 53.2	12.8	57.6
04	241 49.1	55.4	158 02.0	11.9	13 40.4	12.9	57.5
05	256 48.9	55.6	172 32.9	12.1	13 27.5	12.9	57.5
06	271 48.6	S22 55.8	187 04.0	12.1	S13 14.6	13.0	57.4
07	286 48.3	56.0	201 35.1	12.2	13 01.6	13.0	57.4
08	301 48.0	56.3	216 06.3	12.3	12 48.6	13.0	57.4
F 09	316 47.7	56.5	230 37.6	12.5	12 35.6	13.1	57.3
R 10	331 47.4	56.7	245 09.1	12.5	12 22.5	13.2	57.3
I 11	346 47.1	56.9	259 40.6	12.6	12 09.3	13.2	57.3
D 12	1 46.9	S22 57.1	274 12.2	12.7	S11 56.1	13.2	57.2
A 13	16 46.6	57.4	288 43.9	12.7	11 42.9	13.3	57.2
Y 14	31 46.3	57.6	303 15.6	12.9	11 29.6	13.3	57.1
15	46 46.0	57.8	317 47.5	13.0	11 16.3	13.3	57.1
16	61 45.7	58.0	332 19.5	13.0	11 03.0	13.4	57.1
17	76 45.4	58.2	346 51.5	13.1	10 49.6	13.4	57.0
18	91 45.2	S22 58.4	1 23.6	13.2	S10 36.2	13.4	57.0
19	106 44.9	58.6	15 55.8	13.3	10 22.8	13.4	57.0
20	121 44.6	58.8	30 28.1	13.4	10 09.4	13.5	56.9
21	136 44.3	59.1	45 00.5	13.5	9 55.9	13.5	56.9
22	151 44.0	59.3	59 33.0	13.5	9 42.4	13.6	56.9
23	166 43.7	59.5	74 05.5	13.6	9 28.8	13.6	56.8
11 00	181 43.4	S22 59.7	88 38.1	13.7	S 9 15.2	13.5	56.8
01	196 43.1	22 59.9	103 10.8	13.7	9 01.7	13.7	56.7
02	211 42.9	23 00.1	117 43.5	13.8	8 48.0	13.6	56.7
03	226 42.6	00.3	132 16.3	13.9	8 34.4	13.7	56.7
04	241 42.3	00.5	146 49.2	14.0	8 20.7	13.6	56.6
05	256 42.0	00.7	161 22.2	14.0	8 07.1	13.7	56.6
06	271 41.7	S23 00.9	175 55.2	14.1	S 7 53.4	13.7	56.6
07	286 41.4	01.1	190 28.3	14.2	7 39.7	13.8	56.5
S 08	301 41.1	01.3	205 01.5	14.3	7 25.9	13.7	56.5
A 09	316 40.8	01.5	219 34.8	14.3	7 12.2	13.8	56.5
T 10	331 40.6	01.7	234 08.1	14.3	6 58.4	13.8	56.4
U 11	346 40.3	01.9	248 41.4	14.4	6 44.6	13.8	56.4
R 12	1 40.0	S23 02.1	263 14.8	14.5	S 6 30.8	13.8	56.4
D 13	16 39.7	02.3	277 48.3	14.6	6 17.0	13.8	56.3
A 14	31 39.4	02.5	292 21.9	14.6	6 03.2	13.8	56.3
Y 15	46 39.1	02.7	306 55.5	14.6	5 49.4	13.8	56.3
16	61 38.8	02.9	321 29.1	14.7	5 35.6	13.8	56.2
17	76 38.5	03.1	336 02.8	14.8	5 21.8	13.9	56.2
18	91 38.2	S23 03.3	350 36.6	14.8	S 5 07.9	13.8	56.2
19	106 38.0	03.5	5 10.4	14.9	4 54.1	13.9	56.2
20	121 37.7	03.6	19 44.3	14.9	4 40.2	13.9	56.1
21	136 37.4	03.8	34 18.2	14.9	4 26.3	13.8	56.1
22	151 37.1	04.0	48 52.1	15.0	4 12.5	13.9	56.1
23	166 36.8	04.2	63 26.1	15.1	S 3 58.6	13.9	56.0
	SD 16.3	d 0.2	SD 15.8		15.6		15.4

Twilight / Sunrise / Moonrise

Lat.	Naut.	Civil	Sunrise	Moonrise 9	10	11	12
°	h m	h m	h m	h m	h m	h m	h m
N 72	08 12	10 30	■■	15 24	14 23	13 49	13 20
N 70	07 53	09 38	■■	14 41	14 05	13 40	13 19
68	07 38	09 05	■■	14 12	13 50	13 33	13 19
66	07 26	08 42	10 16	13 50	13 37	13 27	13 18
64	07 15	08 23	09 38	13 32	13 27	13 22	13 17
62	07 06	08 07	09 12	13 18	13 18	13 18	13 17
60	06 58	07 54	08 51	13 05	13 10	13 14	13 16
N 58	06 51	07 43	08 34	12 55	13 04	13 10	13 16
56	06 44	07 33	08 20	12 45	12 58	13 07	13 16
54	06 39	07 24	08 08	12 37	12 52	13 04	13 15
52	06 33	07 16	07 57	12 29	12 47	13 02	13 15
50	06 28	07 09	07 47	12 23	12 43	13 00	13 15
45	06 17	06 54	07 27	12 08	12 33	12 55	13 14
N 40	06 07	06 41	07 11	11 56	12 25	12 50	13 14
35	05 57	06 29	06 57	11 46	12 18	12 47	13 13
30	05 49	06 19	06 45	11 37	12 12	12 44	13 13
20	05 33	06 00	06 24	11 21	12 01	12 38	13 12
N 10	05 17	05 43	06 06	11 07	11 52	12 33	13 11
0	05 01	05 27	05 49	10 54	11 43	12 28	13 11
S 10	04 42	05 09	05 32	10 41	11 34	12 24	13 10
20	04 20	04 49	05 13	10 27	11 25	12 19	13 10
30	03 51	04 25	04 52	10 11	11 14	12 13	13 09
35	03 33	04 10	04 39	10 02	11 08	12 10	13 09
40	03 11	03 52	04 25	09 51	11 00	12 06	13 09
45	02 41	03 30	04 07	09 39	10 52	12 02	13 08
S 50	01 58	03 01	03 45	09 23	10 42	11 56	13 08
52	01 32	02 47	03 35	09 16	10 37	11 54	13 07
54	00 53	02 29	03 23	09 08	10 32	11 51	13 07
56	////	02 08	03 09	08 59	10 26	11 48	13 07
58	////	01 41	02 53	08 49	10 19	11 45	13 07
S 60	////	00 58	02 33	08 37	10 12	11 41	13 06

Sunset / Twilight / Moonset

Lat.	Sunset	Civil	Naut.	Moonset 9	10	11	12
°	h m	h m	h m	h m	h m	h m	h m
N 72	■■	13 15	15 33	19 12	21 52	24 00	00 00
N 70	■■	14 08	15 52	19 53	22 09	24 06	00 06
68	■■	14 40	16 07	20 20	22 22	24 10	00 10
66	13 29	15 04	16 19	20 41	22 32	24 14	00 14
64	14 07	15 23	16 30	20 57	22 41	24 17	00 17
62	14 34	15 38	16 39	21 11	22 49	24 20	00 20
60	14 54	15 51	16 47	21 22	22 55	24 22	00 22
N 58	15 11	16 02	16 55	21 32	23 01	24 24	00 24
56	15 25	16 12	17 01	21 41	23 06	24 26	00 26
54	15 38	16 21	17 07	21 48	23 10	24 28	00 28
52	15 48	16 29	17 12	21 55	23 14	24 29	00 29
50	15 58	16 36	17 18	22 01	23 18	24 31	00 31
45	16 18	16 52	17 29	22 14	23 26	24 34	00 34
N 40	16 35	17 05	17 39	22 25	23 32	24 36	00 36
35	16 49	17 17	17 48	22 34	23 38	24 38	00 38
30	17 01	17 27	17 57	22 42	23 43	24 40	00 40
20	17 21	17 45	18 13	22 55	23 51	24 44	00 44
N 10	17 40	18 02	18 29	23 07	23 58	24 46	00 46
0	17 57	18 19	18 45	23 18	24 05	00 05	00 49
S 10	18 14	18 37	19 04	23 29	24 12	00 12	00 52
20	18 32	18 57	19 26	23 41	24 19	00 19	00 54
30	18 54	19 21	19 55	23 54	24 27	00 27	00 57
35	19 07	19 36	20 13	24 01	00 01	00 32	00 59
40	19 21	19 54	20 35	24 10	00 10	00 37	01 01
45	19 39	20 16	21 05	24 20	00 20	00 43	01 03
S 50	20 01	20 45	21 49	00 08	00 32	00 50	01 06
52	20 12	21 00	22 15	00 16	00 37	00 53	01 07
54	20 24	21 17	22 55	00 20	00 43	00 57	01 08
56	20 37	21 38	////	00 35	00 50	01 01	01 10
58	20 54	22 06	////	00 46	00 57	01 05	01 11
S 60	21 13	22 50	////	00 58	01 06	01 10	01 13

SUN / MOON

Day	Eqn. of Time 00h	Eqn. of Time 12h	Mer. Pass.	Mer. Pass. Upper	Mer. Pass. Lower	Age	Phase
d	m s	m s	h m	h m	h m	d	%
9	07 49	07 35	11 52	17 06	04 41	05	34
10	07 22	07 08	11 53	17 54	05 31	06	44
11	06 54	06 40	11 53	18 39	06 17	07	55

2021 DECEMBER 12, 13, 14 (SUN., MON., TUES.)

UT	ARIES	VENUS −4.9	MARS +1.6	JUPITER −2.2	SATURN +0.6	STARS
	GHA	GHA Dec	GHA Dec	GHA Dec	GHA Dec	Name SHA Dec
d h	° ′	° ′ ° ′	° ′ ° ′	° ′ ° ′	° ′ ° ′	° ′ ° ′
12 00	80 54.8	143 13.9 S22 36.7	204 06.0 S19 51.6	111 21.0 S13 28.8	128 20.3 S18 33.2	Acamar 315 13.4 S40 13.2
01	95 57.3	158 15.7 36.2	219 06.7 52.0	126 23.1 28.6	143 22.5 33.1	Achernar 335 21.8 S57 07.9
02	110 59.7	173 17.5 35.7	234 07.3 52.4	141 25.2 28.5	158 24.7 33.1	Acrux 173 03.0 S63 12.8
03	126 02.2	188 19.3 . . 35.1	249 08.0 . . 52.8	156 27.3 . . 28.4	173 27.0 . . 33.0	Adhara 255 07.5 S29 00.0
04	141 04.6	203 21.1 34.6	264 08.7 53.2	171 29.4 28.2	188 29.2 33.0	Aldebaran 290 42.2 N16 33.2
05	156 07.1	218 22.9 34.1	279 09.3 53.6	186 31.4 28.1	203 31.4 32.9	
06	171 09.6	233 24.7 S22 33.6	294 10.0 S19 54.0	201 33.5 S13 27.9	218 33.7 S18 32.8	Alioth 166 15.5 N55 50.3
07	186 12.0	248 26.6 33.0	309 10.6 54.4	216 35.6 27.8	233 35.9 32.8	Alkaid 152 54.4 N49 12.1
08	201 14.5	263 28.4 32.5	324 11.3 54.8	231 37.7 27.7	248 38.1 32.7	Alnair 27 36.3 S46 51.6
S 09	216 17.0	278 30.2 . . 32.0	339 12.0 . . 55.2	246 39.8 . . 27.5	263 40.4 . . 32.7	Alnilam 275 40.0 S 1 11.3
U 10	231 19.4	293 32.0 31.5	354 12.6 55.6	261 41.9 27.4	278 42.6 32.6	Alphard 217 50.1 S 8 45.1
N 11	246 21.9	308 33.9 30.9	9 13.3 56.0	276 43.9 27.2	293 44.8 32.5	
D 12	261 24.4	323 35.7 S22 30.4	24 13.9 S19 56.4	291 46.0 S13 27.1	308 47.1 S18 32.5	Alphecca 126 06.2 N26 38.5
A 13	276 26.8	338 37.6 29.9	39 14.6 56.8	306 48.1 27.0	323 49.3 32.4	Alpheratz 357 37.3 N29 12.8
Y 14	291 29.3	353 39.4 29.4	54 15.2 57.2	321 50.2 26.8	338 51.5 32.3	Altair 62 02.7 N 8 55.6
15	306 31.8	8 41.3 . . 28.8	69 15.9 . . 57.6	336 52.3 . . 26.7	353 53.8 . . 32.3	Ankaa 353 09.6 S42 11.5
16	321 34.2	23 43.1 28.3	84 16.6 58.0	351 54.3 26.5	8 56.0 32.2	Antares 112 19.3 S26 28.7
17	336 36.7	38 45.0 27.8	99 17.2 58.4	6 56.4 26.4	23 58.2 32.2	
18	351 39.1	53 46.8 S22 27.3	114 17.9 S19 58.8	21 58.5 S13 26.2	39 00.5 S18 32.1	Arcturus 145 50.5 N19 04.1
19	6 41.6	68 48.7 26.7	129 18.5 59.2	37 00.6 26.1	54 02.7 32.0	Atria 107 16.4 S69 03.9
20	21 44.1	83 50.6 26.2	144 19.2 19 59.6	52 02.7 26.0	69 04.9 32.0	Avior 234 15.2 S59 34.5
21	36 46.5	98 52.5 . . 25.7	159 19.8 20 00.0	67 04.7 . . 25.8	84 07.2 . . 31.9	Bellatrix 278 25.3 N 6 22.1
22	51 49.0	113 54.4 25.2	174 20.5 00.4	82 06.8 25.7	99 09.4 31.9	Betelgeuse 270 54.5 N 7 24.6
23	66 51.5	128 56.2 24.6	189 21.1 00.8	97 08.9 25.5	114 11.6 31.8	
13 00	81 53.9	143 58.1 S22 24.1	204 21.8 S20 01.2	112 11.0 S13 25.4	129 13.8 S18 31.7	Canopus 263 53.0 S52 42.3
01	96 56.4	159 00.0 23.6	219 22.5 01.6	127 13.1 25.3	144 16.1 31.7	Capella 280 25.1 N46 01.2
02	111 58.9	174 01.9 23.0	234 23.1 02.0	142 15.1 25.1	159 18.3 31.6	Deneb 49 27.8 N45 21.7
03	127 01.3	189 03.8 . . 22.5	249 23.8 . . 02.4	157 17.2 . . 25.0	174 20.5 . . 31.5	Denebola 182 27.6 N14 27.0
04	142 03.8	204 05.7 22.0	264 24.4 02.8	172 19.3 24.8	189 22.8 31.5	Diphda 348 49.7 S17 52.2
05	157 06.3	219 07.6 21.5	279 25.1 03.2	187 21.4 24.7	204 25.0 31.4	
06	172 08.7	234 09.6 S22 20.9	294 25.7 S20 03.6	202 23.4 S13 24.5	219 27.2 S18 31.4	Dubhe 193 44.1 N61 37.8
07	187 11.2	249 11.5 20.4	309 26.4 04.0	217 25.5 24.4	234 29.5 31.3	Elnath 278 04.7 N28 37.5
08	202 13.6	264 13.4 19.9	324 27.0 04.4	232 27.6 24.3	249 31.7 31.2	Eltanin 90 43.9 N51 29.2
M 09	217 16.1	279 15.3 . . 19.4	339 27.7 . . 04.8	247 29.7 . . 24.1	264 33.9 . . 31.2	Enif 33 41.4 N 9 58.5
O 10	232 18.6	294 17.3 18.8	354 28.3 05.2	262 31.7 24.0	279 36.1 31.1	Fomalhaut 15 17.4 S29 30.6
N 11	247 21.0	309 19.2 18.3	9 29.0 05.6	277 33.8 23.8	294 38.4 31.1	
D 12	262 23.5	324 21.1 S22 17.8	24 29.6 S20 06.0	292 35.9 S13 23.7	309 40.6 S18 31.0	Gacrux 171 54.6 S57 13.8
A 13	277 26.0	339 23.1 17.3	39 30.3 06.3	307 38.0 23.5	324 42.8 30.9	Gienah 175 46.3 S17 39.6
Y 14	292 28.4	354 25.0 16.7	54 30.9 06.7	322 40.0 23.4	339 45.1 30.9	Hadar 148 40.0 S60 28.4
15	307 30.9	9 27.0 . . 16.2	69 31.6 . . 07.1	337 42.1 . . 23.3	354 47.3 . . 30.8	Hamal 327 53.8 N23 34.0
16	322 33.4	24 28.9 15.7	84 32.2 07.5	352 44.2 23.1	9 49.5 30.7	Kaus Aust. 83 36.3 S34 22.4
17	337 35.8	39 30.9 15.1	99 32.9 07.9	7 46.3 23.0	24 51.8 30.7	
18	352 38.3	54 32.8 S22 14.6	114 33.5 S20 08.3	22 48.3 S13 22.8	39 54.0 S18 30.6	Kochab 137 20.8 N74 03.8
19	7 40.7	69 34.8 14.1	129 34.2 08.7	37 50.4 22.7	54 56.2 30.6	Markab 13 32.4 N15 19.4
20	22 43.2	84 36.8 13.6	144 34.8 09.1	52 52.5 22.5	69 58.4 30.5	Menkar 314 08.5 N 4 10.5
21	37 45.7	99 38.8 . . 13.0	159 35.5 . . 09.5	67 54.6 . . 22.4	85 00.7 . . 30.4	Menkent 148 00.9 S36 28.4
22	52 48.1	114 40.8 12.5	174 36.1 09.9	82 56.6 22.3	100 02.9 30.4	Miaplacidus 221 38.1 S69 48.1
23	67 50.6	129 42.7 12.0	189 36.8 10.3	97 58.7 22.1	115 05.1 30.3	
14 00	82 53.1	144 44.7 S22 11.4	204 37.4 S20 10.7	113 00.8 S13 22.0	130 07.4 S18 30.2	Mirfak 308 31.4 N49 56.4
01	97 55.5	159 46.7 10.9	219 38.1 11.1	128 02.9 21.8	145 09.6 30.2	Nunki 75 51.3 S26 16.2
02	112 58.0	174 48.7 10.4	234 38.7 11.4	143 04.9 21.7	160 11.8 30.1	Peacock 53 10.2 S56 40.1
03	128 00.5	189 50.7 . . 09.9	249 39.4 . . 11.8	158 07.0 . . 21.5	175 14.0 . . 30.1	Pollux 243 20.1 N27 58.3
04	143 02.9	204 52.7 09.3	264 40.0 12.2	173 09.1 21.4	190 16.3 30.0	Procyon 244 53.2 N 5 10.1
05	158 05.4	219 54.7 08.8	279 40.7 12.6	188 11.2 21.2	205 18.5 29.9	
06	173 07.9	234 56.8 S22 08.3	294 41.3 S20 13.0	203 13.2 S13 21.1	220 20.7 S18 29.9	Rasalhague 96 01.3 N12 32.7
07	188 10.3	249 58.8 07.8	309 42.0 13.4	218 15.3 21.0	235 22.9 29.8	Regulus 207 37.0 N11 51.6
08	203 12.8	265 00.8 07.2	324 42.6 13.8	233 17.4 20.8	250 25.2 29.8	Rigel 281 06.0 S 8 10.6
T 09	218 15.2	280 02.8 . . 06.7	339 43.3 . . 14.2	248 19.4 . . 20.7	265 27.4 . . 29.7	Rigil Kent. 139 44.3 S60 55.2
U 10	233 17.7	295 04.9 06.2	354 44.0 14.6	263 21.5 20.5	280 29.6 29.6	Sabik 102 06.0 S15 45.0
E 11	248 20.2	310 06.9 05.6	9 44.6 14.9	278 23.6 20.4	295 31.9 29.6	
S 12	263 22.6	325 08.9 S22 05.1	24 45.2 S20 15.3	293 25.7 S13 20.2	310 34.1 S18 29.5	Schedar 349 33.7 N56 39.6
D 13	278 25.1	340 11.0 04.6	39 45.9 15.7	308 27.7 20.1	325 36.3 29.4	Shaula 96 14.2 S37 07.1
A 14	293 27.6	355 13.0 04.1	54 46.5 16.1	323 29.8 19.9	340 38.5 29.4	Sirius 258 28.1 S16 44.7
Y 15	308 30.0	10 15.1 . . 03.5	69 47.2 . . 16.5	338 31.9 . . 19.8	355 40.8 . . 29.3	Spica 158 25.1 S11 16.4
16	323 32.5	25 17.1 03.0	84 47.8 16.9	353 33.9 19.7	10 43.0 29.3	Suhail 222 47.9 S43 31.0
17	338 35.0	40 19.2 02.5	99 48.5 17.3	8 36.0 19.5	25 45.2 29.2	
18	353 37.4	55 21.3 S22 01.9	114 49.1 S20 17.6	23 38.1 S13 19.4	40 47.4 S18 29.1	Vega 80 35.4 N38 48.3
19	8 39.9	70 23.3 01.4	129 49.7 18.0	38 40.1 19.2	55 49.7 29.1	Zuben'ubi 136 59.1 S16 07.8
20	23 42.4	85 25.4 00.9	144 50.4 18.4	53 42.2 19.1	70 51.9 29.0	SHA Mer. Pass.
21	38 44.8	100 27.5 22 00.4	159 51.0 . . 18.8	68 44.3 . . 18.9	85 54.1 . . 28.9	° ′ h m
22	53 47.3	115 29.6 21 59.8	174 51.7 19.2	83 46.4 18.8	100 56.3 28.9	Venus 62 04.2 14 22
23	68 49.7	130 31.7 S21 59.3	189 52.3 19.6	98 48.4 18.6	115 58.6 28.8	Mars 122 27.9 10 22
	h m					Jupiter 30 17.0 16 29
Mer. Pass. 18 29.4	v 1.9 d 0.5	v 0.7 d 0.4	v 2.1 d 0.1	v 2.2 d 0.1	Saturn 47 19.9 15 21

2021 DECEMBER 12, 13, 14 (SUN., MON., TUES.)

241

UT	SUN GHA	SUN Dec	MOON GHA	MOON v	MOON Dec	MOON d	MOON HP	Lat.	Twilight Naut.	Twilight Civil	Sunrise	Moonrise 12	Moonrise 13	Moonrise 14	Moonrise 15
d h	° '	° '	° '	'	° '	'	'	°	h m	h m	h m	h m	h m	h m	h m
								N 72	08 17	10 41	■■	13 20	12 53	12 23	11 43
12 00	181 36.5	S23 04.4	78 00.2	15.1	S 3 44.7	13.8	56.0	N 70	07 58	09 44	■■	13 19	13 00	12 38	12 11
01	196 36.2	04.6	92 34.3	15.1	3 30.9	13.9	56.0	68	07 43	09 11	■■	13 19	13 05	12 50	12 32
02	211 35.9	04.8	107 08.4	15.2	3 17.0	13.9	55.9	66	07 30	08 46	10 23	13 18	13 09	13 00	12 49
03	226 35.6	05.0	121 42.6	15.3	3 03.1	13.8	55.9	64	07 19	08 27	09 43	13 17	13 13	13 08	13 03
04	241 35.3	05.2	136 16.9	15.2	2 49.3	13.9	55.9	62	07 10	08 11	09 16	13 17	13 16	13 15	13 15
05	256 35.0	05.3	150 51.1	15.3	2 35.4	13.9	55.9	60	07 01	07 58	08 55	13 16	13 19	13 21	13 25
06	271 34.8	S23 05.5	165 25.4	15.4	S 2 21.5	13.8	55.8	N 58	06 54	07 46	08 38	13 16	13 21	13 27	13 34
07	286 34.5	05.7	179 59.8	15.3	2 07.7	13.9	55.8	56	06 47	07 36	08 23	13 16	13 23	13 32	13 42
08	301 34.2	05.9	194 34.1	15.5	1 53.8	13.8	55.8	54	06 41	07 27	08 11	13 15	13 25	13 36	13 49
S 09	316 33.9	06.1	209 08.6	15.4	1 40.0	13.8	55.7	52	06 36	07 19	08 00	13 15	13 27	13 40	13 55
U 10	331 33.6	06.2	223 43.0	15.5	1 26.2	13.9	55.7	50	06 31	07 12	07 50	13 15	13 29	13 44	14 01
N 11	346 33.3	06.4	238 17.5	15.5	1 12.3	13.8	55.7	45	06 19	06 56	07 30	13 14	13 33	13 52	14 13
D 12	1 33.0	S23 06.6	252 52.0	15.5	S 0 58.5	13.8	55.7	N 40	06 09	06 43	07 13	13 14	13 36	13 59	14 23
A 13	16 32.7	06.8	267 26.5	15.6	0 44.7	13.8	55.6	35	06 00	06 31	06 59	13 13	13 39	14 04	14 32
Y 14	31 32.4	07.0	282 01.1	15.6	0 30.9	13.8	55.6	30	05 51	06 21	06 47	13 13	13 41	14 10	14 40
15	46 32.1	07.1	296 35.7	15.6	0 17.1	13.8	55.6	20	05 35	06 02	06 26	13 12	13 45	14 19	14 53
16	61 31.8	07.3	311 10.3	15.7	S 0 03.3	13.8	55.5	N 10	05 19	05 45	06 08	13 11	13 49	14 26	15 05
17	76 31.5	07.5	325 45.0	15.6	N 0 10.5	13.7	55.5	0	05 02	05 28	05 51	13 11	13 52	14 34	15 16
18	91 31.2	S23 07.7	340 19.6	15.7	N 0 24.2	13.8	55.5	S 10	04 43	05 10	05 33	13 10	13 56	14 41	15 27
19	106 31.0	07.8	354 54.3	15.7	0 38.0	13.7	55.5	20	04 21	04 50	05 14	13 10	14 00	14 49	15 40
20	121 30.7	08.0	9 29.0	15.8	0 51.7	13.7	55.4	30	03 52	04 25	04 53	13 09	14 04	14 59	15 53
21	136 30.4	08.2	24 03.8	15.7	1 05.4	13.7	55.4	35	03 34	04 10	04 40	13 09	14 07	15 04	16 02
22	151 30.1	08.3	38 38.5	15.8	1 19.1	13.7	55.4	40	03 11	03 52	04 25	13 09	14 10	15 10	16 11
23	166 29.8	08.5	53 13.3	15.8	1 32.8	13.6	55.4	45	02 41	03 30	04 07	13 08	14 13	15 17	16 22
13 00	181 29.5	S23 08.7	67 48.1	15.8	N 1 46.4	13.7	55.3	S 50	01 56	03 01	03 45	13 08	14 17	15 26	16 35
01	196 29.2	08.8	82 22.9	15.8	2 00.1	13.6	55.3	52	01 30	02 46	03 34	13 07	14 19	15 30	16 43
02	211 28.9	09.0	96 57.7	15.9	2 13.7	13.6	55.3	54	00 47	02 28	03 22	13 07	14 21	15 35	16 48
03	226 28.6	09.2	111 32.6	15.8	2 27.3	13.6	55.3	56	////	02 07	03 08	13 07	14 24	15 39	16 56
04	241 28.3	09.3	126 07.4	15.9	2 40.9	13.6	55.2	58	////	01 38	02 52	13 07	14 26	15 45	17 04
05	256 28.0	09.5	140 42.3	15.8	2 54.5	13.5	55.2	S 60	////	00 52	02 32	13 06	14 29	15 51	17 14
06	271 27.7	S23 09.7	155 17.1	15.9	N 3 08.0	13.5	55.2	Lat.	Sunset	Twilight Civil	Twilight Naut.	Moonset 12	Moonset 13	Moonset 14	Moonset 15
07	286 27.4	09.8	169 52.0	15.9	3 21.5	13.5	55.2								
08	301 27.1	10.0	184 26.9	15.9	3 35.0	13.5	55.2	°	h m	h m	h m	h m	h m	h m	h m
M 09	316 26.8	10.2	199 01.8	15.9	3 48.5	13.4	55.1	N 72	■■	13 07	15 31	00 00	01 58	03 56	06 05
O 10	331 26.5	10.3	213 36.7	15.9	4 01.9	13.5	55.1	N 70	■■	14 04	15 50	00 06	01 55	03 44	05 39
N 11	346 26.2	10.5	228 11.6	15.9	4 15.4	13.4	55.1	68	■■	14 38	16 06	00 10	01 53	03 34	05 19
D 12	1 26.0	S23 10.6	242 46.5	15.9	N 4 28.8	13.3	55.1	66	13 25	15 02	16 19	00 14	01 51	03 26	05 03
A 13	16 25.7	10.8	257 21.4	15.9	4 42.1	13.4	55.0	64	14 05	15 21	16 29	00 17	01 49	03 19	04 51
Y 14	31 25.4	11.0	271 56.3	16.0	4 55.5	13.3	55.0	62	14 32	15 37	16 39	00 20	01 47	03 13	04 40
15	46 25.1	11.1	286 31.3	15.9	5 08.8	13.3	55.0	60	14 53	15 50	16 47	00 22	01 46	03 08	04 31
16	61 24.8	11.3	301 06.2	15.9	5 22.1	13.2	55.0	N 58	15 10	16 02	16 54	00 24	01 45	03 04	04 23
17	76 24.5	11.4	315 41.1	15.9	5 35.3	13.3	55.0	56	15 25	16 12	17 01	00 26	01 44	03 00	04 16
18	91 24.2	S23 11.6	330 16.0	15.9	N 5 48.6	13.1	54.9	54	15 37	16 21	17 07	00 28	01 43	02 56	04 10
19	106 23.9	11.7	344 50.9	15.9	6 01.7	13.2	54.9	52	15 48	16 29	17 13	00 29	01 42	02 53	04 04
20	121 23.6	11.9	359 25.8	15.9	6 14.9	13.1	54.9	50	15 58	16 36	17 18	00 31	01 41	02 50	03 59
21	136 23.3	12.0	14 00.7	15.9	6 28.0	13.1	54.9	45	16 19	16 52	17 29	00 34	01 40	02 44	03 48
22	151 23.0	12.2	28 35.6	15.9	6 41.1	13.0	54.9								
23	166 22.7	12.3	43 10.5	15.8	6 54.2	13.0	54.8	N 40	16 35	17 06	17 40	00 36	01 38	02 39	03 39
14 00	181 22.4	S23 12.5	57 45.3	15.9	N 7 07.2	13.0	54.8	35	16 49	17 17	17 49	00 38	01 37	02 34	03 32
01	196 22.1	12.6	72 20.2	15.9	7 20.2	13.0	54.8	30	17 01	17 28	17 58	00 40	01 36	02 31	03 25
02	211 21.8	12.8	86 55.1	15.8	7 33.2	12.9	54.8	20	17 22	17 46	18 14	00 44	01 34	02 24	03 14
03	226 21.5	12.9	101 29.9	15.8	7 46.1	12.9	54.8	N 10	17 41	18 04	18 30	00 46	01 32	02 18	03 03
04	241 21.2	13.1	116 04.7	15.8	7 59.0	12.8	54.7	0	17 58	18 21	18 47	00 49	01 31	02 12	02 54
05	256 20.9	13.2	130 39.5	15.8	8 11.8	12.8	54.7	S 10	18 15	18 38	19 05	00 52	01 29	02 07	02 45
06	271 20.6	S23 13.4	145 14.3	15.8	N 8 24.6	12.8	54.7	20	18 34	18 59	19 28	00 54	01 28	02 01	02 35
07	286 20.3	13.5	159 49.1	15.8	8 37.4	12.7	54.7	30	18 56	19 23	19 57	00 57	01 26	01 54	02 23
08	301 20.0	13.7	174 23.9	15.8	8 50.1	12.7	54.7	35	19 09	19 39	20 15	00 59	01 25	01 50	02 17
T 09	316 19.7	13.8	188 58.7	15.7	9 02.8	12.7	54.6	40	19 24	19 57	20 38	01 01	01 24	01 46	02 10
U 10	331 19.4	13.9	203 33.4	15.7	9 15.5	12.6	54.6	45	19 42	20 19	21 08	01 03	01 22	01 41	02 01
E 11	346 19.1	14.1	218 08.1	15.7	9 28.1	12.5	54.6								
S 12	1 18.8	S23 14.2	232 42.8	15.7	N 9 40.6	12.6	54.6	S 50	20 04	20 48	21 53	01 06	01 20	01 35	01 51
D 13	16 18.5	14.4	247 17.5	15.6	9 53.2	12.4	54.6	52	20 15	21 03	22 20	01 07	01 20	01 32	01 46
A 14	31 18.2	14.5	261 52.1	15.7	10 05.6	12.5	54.6	54	20 27	21 21	23 03	01 08	01 19	01 29	01 41
Y 15	46 17.9	14.6	276 26.8	15.6	10 18.1	12.3	54.6	56	20 41	21 43	////	01 10	01 18	01 26	01 35
16	61 17.6	14.8	291 01.4	15.6	10 30.4	12.4	54.6	58	20 57	22 11	////	01 11	01 17	01 22	01 29
17	76 17.3	14.9	305 36.0	15.5	10 42.8	12.3	54.5	S 60	21 17	22 58	////	01 13	01 16	01 18	01 21
18	91 17.0	S23 15.0	320 10.5	15.6	N10 55.1	12.2	54.5			SUN			MOON		
19	106 16.7	15.2	334 45.1	15.5	11 07.3	12.2	54.5	Day	Eqn. of Time	Eqn. of Time	Mer.	Mer. Pass.	Mer. Pass.	Age	Phase
20	121 16.4	15.3	349 19.6	15.4	11 19.5	12.1	54.5		00h	12h	Pass.	Upper	Lower		
21	136 16.1	15.4	3 54.0	15.5	11 31.6	12.1	54.5	d	m s	m s	h m	h m	h m	d	%
22	151 15.8	15.6	18 28.5	15.4	11 43.7	12.1	54.5	12	06 27	06 13	11 54	19 21	07 00	08	65
23	166 15.5	15.7	33 02.9	15.4	N11 55.8	12.0	54.4	13	05 59	05 44	11 54	20 02	07 42	09	74
	SD 16.3	d 0.2	SD 15.2		15.0		14.9	14	05 30	05 16	11 55	20 44	08 23	10	82

2021 DECEMBER 15, 16, 17 (WED., THURS., FRI.)

UT	ARIES	VENUS −4.9		MARS +1.6		JUPITER −2.2		SATURN +0.6		STARS		
	GHA	GHA	Dec	GHA	Dec	GHA	Dec	GHA	Dec	Name	SHA	Dec
d h	° ′	° ′	° ′	° ′	° ′	° ′	° ′	° ′	° ′		° ′	° ′
15 00	83 52.2	145 33.8	S21 58.8	204 53.0	S20 20.0	113 50.5	S13 18.5	131 00.8	S18 28.7	Acamar	315 13.4	S40 13.2
01	98 54.7	160 35.9	58.2	219 53.6	20.3	128 52.6	18.3	146 03.0	28.7	Achernar	335 21.8	S57 07.9
02	113 57.1	175 38.0	57.7	234 54.3	20.7	143 54.6	18.2	161 05.3	28.6	Acrux	173 02.9	S63 12.8
03	128 59.6	190 40.1 ..	57.2	249 54.9 ..	21.1	158 56.7 ..	18.1	176 07.5 ..	28.6	Adhara	255 07.5	S29 00.0
04	144 02.1	205 42.2	56.7	264 55.5	21.5	173 58.8	17.9	191 09.7	28.5	Aldebaran	290 42.2	N16 33.2
05	159 04.5	220 44.3	56.1	279 56.2	21.9	189 00.8	17.8	206 11.9	28.4			
06	174 07.0	235 46.4	S21 55.6	294 56.8	S20 22.2	204 02.9	S13 17.6	221 14.2	S18 28.4	Alioth	166 15.5	N55 50.3
W 07	189 09.5	250 48.5	55.1	309 57.5	22.6	219 05.0	17.5	236 16.4	28.3	Alkaid	152 54.3	N49 12.1
E 08	204 11.9	265 50.7	54.5	324 58.1	23.0	234 07.0	17.3	251 18.6	28.2	Alnair	27 36.3	S46 51.6
D 09	219 14.4	280 52.8 ..	54.0	339 58.8 ..	23.4	249 09.1 ..	17.2	266 20.8 ..	28.2	Alnilam	275 40.0	S 1 11.3
N 10	234 16.8	295 54.9	53.5	354 59.4	23.8	264 11.2	17.0	281 23.1	28.1	Alphard	217 50.0	S 8 45.1
E 11	249 19.3	310 57.1	53.0	10 00.0	24.2	279 13.2	16.9	296 25.3	28.1			
S 12	264 21.8	325 59.2	S21 52.4	25 00.7	S20 24.5	294 15.3	S13 16.7	311 27.5	S18 28.0	Alphecca	126 06.2	N26 38.5
D 13	279 24.2	341 01.4	51.9	40 01.3	24.9	309 17.4	16.6	326 29.7	27.9	Alpheratz	357 37.3	N29 12.8
A 14	294 26.7	356 03.5	51.4	55 02.0	25.3	324 19.4	16.4	341 32.0	27.9	Altair	62 02.7	N 8 55.6
Y 15	309 29.2	11 05.7 ..	50.8	70 02.6 ..	25.7	339 21.5 ..	16.3	356 34.2 ..	27.8	Ankaa	353 09.6	S42 11.5
16	324 31.6	26 07.8	50.3	85 03.2	26.1	354 23.6	16.1	11 36.4	27.7	Antares	112 19.3	S26 28.7
17	339 34.1	41 10.0	49.8	100 03.9	26.4	9 25.6	16.0	26 38.6	27.7			
18	354 36.6	56 12.2	S21 49.3	115 04.5	S20 26.8	24 27.7	S13 15.9	41 40.8	S18 27.6	Arcturus	145 50.5	N19 04.1
19	9 39.0	71 14.3	48.7	130 05.2	27.2	39 29.8	15.7	56 43.1	27.5	Atria	107 16.4	S69 03.8
20	24 41.5	86 16.5	48.2	145 05.8	27.6	54 31.8	15.6	71 45.3	27.5	Avior	234 15.2	S59 34.5
21	39 44.0	101 18.7 ..	47.7	160 06.4 ..	27.9	69 33.9 ..	15.4	86 47.5 ..	27.4	Bellatrix	278 25.2	N 6 22.1
22	54 46.4	116 20.9	47.1	175 07.1	28.3	84 36.0	15.3	101 49.7	27.4	Betelgeuse	270 54.5	N 7 24.6
23	69 48.9	131 23.1	46.6	190 07.7	28.7	99 38.0	15.1	116 52.0	27.3			
16 00	84 51.3	146 25.3	S21 46.1	205 08.4	S20 29.1	114 40.1	S13 15.0	131 54.2	S18 27.2	Canopus	263 53.0	S52 42.4
01	99 53.8	161 27.5	45.6	220 09.0	29.4	129 42.1	14.8	146 56.4	27.2	Capella	280 25.1	N46 01.2
02	114 56.3	176 29.7	45.0	235 09.6	29.8	144 44.2	14.7	161 58.6	27.1	Deneb	49 27.8	N45 21.6
03	129 58.7	191 31.9 ..	44.5	250 10.3 ..	30.2	159 46.3 ..	14.5	177 00.9 ..	27.0	Denebola	182 27.6	N14 27.0
04	145 01.2	206 34.1	44.0	265 10.9	30.6	174 48.3	14.4	192 03.1	27.0	Diphda	348 49.7	S17 52.2
05	160 03.7	221 36.3	43.4	280 11.6	30.9	189 50.4	14.2	207 05.3	26.9			
06	175 06.1	236 38.6	S21 42.9	295 12.2	S20 31.3	204 52.5	S13 14.1	222 07.5	S18 26.8	Dubhe	193 44.1	N61 37.7
07	190 08.6	251 40.8	42.4	310 12.8	31.7	219 54.5	13.9	237 09.7	26.8	Elnath	278 04.7	N28 37.5
T 08	205 11.1	266 43.0	41.9	325 13.5	32.1	234 56.6	13.8	252 12.0	26.7	Eltanin	90 43.9	N51 29.2
H 09	220 13.5	281 45.3 ..	41.3	340 14.1 ..	32.4	249 58.6 ..	13.6	267 14.2 ..	26.7	Enif	33 41.4	N 9 58.5
U 10	235 16.0	296 47.5	40.8	355 14.7	32.8	265 00.7	13.5	282 16.4	26.6	Fomalhaut	15 17.4	S29 30.6
R 11	250 18.5	311 49.7	40.3	10 15.4	33.2	280 02.8	13.3	297 18.6	26.5			
S 12	265 20.9	326 52.0	S21 39.7	25 16.0	S20 33.6	295 04.8	S13 13.2	312 20.9	S18 26.5	Gacrux	171 54.5	S57 13.8
D 13	280 23.4	341 54.3	39.2	40 16.6	33.9	310 06.9	13.0	327 23.1	26.4	Gienah	175 46.2	S17 39.6
A 14	295 25.8	356 56.5	38.7	55 17.3	34.3	325 09.0	12.9	342 25.3	26.3	Hadar	148 39.9	S60 28.4
Y 15	310 28.3	11 58.8 ..	38.2	70 17.9 ..	34.7	340 11.0 ..	12.7	357 27.5 ..	26.3	Hamal	327 53.8	N23 34.0
16	325 30.8	27 01.0	37.6	85 18.6	35.1	355 13.1	12.6	12 29.7	26.2	Kaus Aust.	83 36.3	S34 22.4
17	340 33.2	42 03.3	37.1	100 19.2	35.4	10 15.1	12.4	27 32.0	26.1			
18	355 35.7	57 05.6	S21 36.6	115 19.8	S20 35.8	25 17.2	S13 12.3	42 34.2	S18 26.1	Kochab	137 20.8	N74 03.7
19	10 38.2	72 07.9	36.1	130 20.5	36.2	40 19.3	12.1	57 36.4	26.0	Markab	13 32.5	N15 19.4
20	25 40.6	87 10.2	35.5	145 21.1	36.5	55 21.3	12.0	72 38.6	25.9	Menkar	314 08.5	N 4 10.5
21	40 43.1	102 12.4 ..	35.0	160 21.7 ..	36.9	70 23.4 ..	11.8	87 40.9 ..	25.9	Menkent	148 00.8	S36 28.4
22	55 45.6	117 14.7	34.5	175 22.4	37.3	85 25.4	11.7	102 43.1	25.8	Miaplacidus	221 38.1	S69 48.1
23	70 48.0	132 17.0	33.9	190 23.0	37.6	100 27.5	11.5	117 45.3	25.8			
17 00	85 50.5	147 19.3	S21 33.4	205 23.6	S20 38.0	115 29.6	S13 11.4	132 47.5	S18 25.7	Mirfak	308 31.4	N49 56.4
01	100 53.0	162 21.7	32.9	220 24.3	38.4	130 31.6	11.2	147 49.7	25.6	Nunki	75 51.3	S26 16.2
02	115 55.4	177 24.0	32.4	235 24.9	38.8	145 33.7	11.1	162 52.0	25.6	Peacock	53 10.2	S56 40.1
03	130 57.9	192 26.3 ..	31.8	250 25.5 ..	39.1	160 35.7 ..	10.9	177 54.2 ..	25.5	Pollux	243 20.1	N27 58.3
04	146 00.3	207 28.6	31.3	265 26.2	39.5	175 37.8	10.8	192 56.4	25.4	Procyon	244 53.2	N 5 10.1
05	161 02.8	222 30.9	30.8	280 26.8	39.9	190 39.8	10.6	207 58.6	25.4			
06	176 05.3	237 33.3	S21 30.3	295 27.4	S20 40.2	205 41.9	S13 10.5	223 00.8	S18 25.3	Rasalhague	96 01.2	N12 32.7
07	191 07.7	252 35.6	29.7	310 28.1	40.6	220 44.0	10.3	238 03.1	25.2	Regulus	207 37.0	N11 51.6
08	206 10.2	267 37.9	29.2	325 28.7	41.0	235 46.0	10.2	253 05.3	25.2	Rigel	281 06.0	S 8 10.6
F 09	221 12.7	282 40.3 ..	28.7	340 29.3 ..	41.3	250 48.1 ..	10.0	268 07.5 ..	25.1	Rigil Kent.	139 44.2	S60 55.2
R 10	236 15.1	297 42.6	28.1	355 30.0	41.7	265 50.1	09.9	283 09.7	25.0	Sabik	102 06.0	S15 45.0
I 11	251 17.6	312 45.0	27.6	10 30.6	42.1	280 52.2	09.7	298 11.9	25.0			
D 12	266 20.1	327 47.3	S21 27.1	25 31.2	S20 42.4	295 54.2	S13 09.6	313 14.2	S18 24.9	Schedar	349 33.7	N56 39.6
A 13	281 22.5	342 49.7	26.6	40 31.9	42.8	310 56.3	09.4	328 16.4	24.8	Shaula	96 14.2	S37 07.1
Y 14	296 25.0	357 52.1	26.0	55 32.5	43.2	325 58.4	09.3	343 18.6	24.8	Sirius	258 28.1	S16 44.7
15	311 27.4	12 54.4 ..	25.5	70 33.1 ..	43.5	341 00.4 ..	09.1	358 20.8 ..	24.7	Spica	158 25.1	S11 16.4
16	326 29.9	27 56.8	25.0	85 33.7	43.9	356 02.5	09.0	13 23.0	24.7	Suhail	222 47.8	S43 31.0
17	341 32.4	42 59.2	24.5	100 34.4	44.2	11 04.5	08.8	28 25.3	24.6			
18	356 34.8	58 01.6	S21 23.9	115 35.0	S20 44.6	26 06.6	S13 08.7	43 27.5	S18 24.5	Vega	80 35.4	N38 48.3
19	11 37.3	73 04.0	23.4	130 35.6	45.0	41 08.6	08.5	58 29.7	24.5	Zuben'ubi	136 59.1	S16 07.8
20	26 39.8	88 06.4	22.9	145 36.3	45.3	56 10.7	08.4	73 31.9	24.4		SHA	Mer.Pass.
21	41 42.2	103 08.8 ..	22.4	160 36.9 ..	45.7	71 12.8 ..	08.2	88 34.1 ..	24.3		° ′	h m
22	56 44.7	118 11.2	21.8	175 37.5	46.1	86 14.8	08.1	103 36.4	24.3	Venus	61 33.9	14 12
23	71 47.2	133 13.6	21.3	190 38.1	46.4	101 16.9	07.9	118 38.6	24.2	Mars	120 17.0	10 19
	h m									Jupiter	29 48.7	16 19
Mer.Pass. 18 17.6		v 2.3	d 0.5	v 0.6	d 0.4	v 2.1	d 0.1	v 2.2	d 0.1	Saturn	47 02.8	15 10

2021 DECEMBER 15, 16, 17 (WED., THURS., FRI.)

UT	SUN GHA	SUN Dec	MOON GHA	MOON v	MOON Dec	MOON d	MOON HP	Lat.	Twilight Naut.	Twilight Civil	Sunrise	Moonrise 15	Moonrise 16	Moonrise 17	Moonrise 18
d h	° ′	° ′	° ′	′	° ′	′	′	°	h m	h m	h m	h m	h m	h m	h m
								N 72	08 22	10 50	■■	11 43	▢	▢	▢
15 00	181 15.2	S23 15.8	47 37.3	15.4	N12 07.8	11.9	54.4	N 70	08 02	09 49	■■	12 11	11 25	▢	▢
01	196 14.9	16.0	62 11.7	15.3	12 19.7	11.9	54.4	68	07 46	09 15	■■	12 32	12 08	11 01	▢
02	211 14.6	16.1	76 46.0	15.3	12 31.6	11.8	54.4	66	07 33	08 50	10 29	12 49	12 37	12 16	▢
03	226 14.3	.. 16.2	91 20.3	15.3	12 43.4	11.8	54.4	64	07 22	08 30	09 48	13 03	12 59	12 53	12 47
04	241 14.0	16.4	105 54.6	15.2	12 55.2	11.7	54.4	62	07 12	08 14	09 20	13 15	13 16	13 20	13 28
05	256 13.7	16.5	120 28.8	15.2	13 06.9	11.7	54.4	60	07 04	08 01	08 58	13 25	13 31	13 40	13 57
06	271 13.4	S23 16.6	135 03.0	15.1	N13 18.6	11.6	54.4	N 58	06 57	07 49	08 41	13 34	13 44	13 57	14 19
W 07	286 13.1	16.7	149 37.1	15.2	13 30.2	11.6	54.3	56	06 50	07 39	08 26	13 42	13 55	14 12	14 37
E 08	301 12.8	16.9	164 11.3	15.1	13 41.8	11.5	54.3	54	06 44	07 30	08 14	13 49	14 04	14 24	14 52
D 09	316 12.5	.. 17.0	178 45.4	15.0	13 53.3	11.4	54.3	52	06 38	07 22	08 03	13 55	14 13	14 35	15 05
N 10	331 12.2	17.1	193 19.4	15.0	14 04.7	11.4	54.3	50	06 33	07 14	07 53	14 01	14 21	14 45	15 17
E 11	346 11.9	17.2	207 53.4	15.0	14 16.1	11.3	54.3	45	06 21	06 58	07 32	14 13	14 37	15 06	15 41
S 12	1 11.6	S23 17.3	222 27.4	14.9	N14 27.4	11.2	54.3	N 40	06 11	06 45	07 15	14 23	14 51	15 23	16 00
D 13	16 11.3	17.5	237 01.3	14.9	14 38.6	11.2	54.3	35	06 01	06 33	07 01	14 32	15 02	15 37	16 17
A 14	31 11.0	17.6	251 35.2	14.9	14 49.8	11.2	54.3	30	05 53	06 23	06 49	14 40	15 13	15 49	16 31
Y 15	46 10.7	.. 17.7	266 09.1	14.8	15 01.0	11.0	54.3	20	05 36	06 04	06 28	14 53	15 30	16 11	16 55
16	61 10.4	17.8	280 42.9	14.8	15 12.0	11.0	54.2	N 10	05 20	05 47	06 09	15 05	15 46	16 29	17 16
17	76 10.1	17.9	295 16.7	14.7	15 23.0	11.0	54.2	0	05 03	05 29	05 52	15 16	16 00	16 47	17 35
18	91 09.8	S23 18.0	309 50.4	14.7	N15 34.0	10.9	54.2	S 10	04 44	05 11	05 34	15 27	16 15	17 04	17 55
19	106 09.5	18.2	324 24.1	14.6	15 44.9	10.8	54.2	20	04 22	04 51	05 16	15 40	16 31	17 23	18 16
20	121 09.2	18.3	338 57.7	14.6	15 55.7	10.7	54.2	30	03 53	04 26	04 54	15 53	16 49	17 45	18 40
21	136 08.9	.. 18.4	353 31.3	14.6	16 06.4	10.7	54.2	35	03 34	04 11	04 41	16 02	16 59	17 57	18 55
22	151 08.6	18.5	8 04.9	14.5	16 17.1	10.6	54.2	40	03 11	03 53	04 26	16 11	17 12	18 12	19 11
23	166 08.3	18.6	22 38.4	14.4	16 27.7	10.5	54.2	45	02 41	03 30	04 08	16 22	17 26	18 30	19 31
16 00	181 08.0	S23 18.7	37 11.8	14.4	N16 38.2	10.5	54.2	S 50	01 56	03 01	03 45	16 35	17 44	18 52	19 57
01	196 07.7	18.8	51 45.2	14.4	16 48.7	10.4	54.2	52	01 28	02 46	03 34	16 41	17 52	19 02	20 09
02	211 07.4	18.9	66 18.6	14.3	16 59.1	10.3	54.2	54	00 43	02 28	03 22	16 48	18 02	19 14	20 23
03	226 07.1	.. 19.1	80 51.9	14.3	17 09.4	10.3	54.1	56	////	02 06	03 08	16 56	18 12	19 28	20 39
04	241 06.8	19.2	95 25.2	14.2	17 19.7	10.2	54.1	58	////	01 36	02 51	17 04	18 25	19 44	20 59
05	256 06.5	19.3	109 58.4	14.2	17 29.9	10.1	54.1	S 60	////	00 48	02 31	17 14	18 39	20 03	21 23

UT	SUN GHA	SUN Dec	MOON GHA	MOON v	MOON Dec	MOON d	MOON HP	Lat.	Sunset	Twilight Civil	Twilight Naut.	Moonset 15	Moonset 16	Moonset 17	Moonset 18
06	271 06.2	S23 19.4	124 31.6	14.1	N17 40.0	10.0	54.1								
07	286 05.9	19.5	139 04.7	14.1	17 50.0	10.0	54.1	°	h m	h m	h m	h m	h m	h m	h m
T 08	301 05.6	19.6	153 37.8	14.0	18 00.0	9.9	54.1	N 72	■■	13 01	15 30	06 05	▢	▢	▢
H 09	316 05.3	.. 19.7	168 10.8	14.0	18 09.9	9.8	54.1	N 70	■■	14 02	15 50	05 39	07 55	▢	▢
U 10	331 05.0	19.8	182 43.8	13.9	18 19.7	9.7	54.1	68	■■	14 36	16 05	05 19	07 14	09 56	▢
R 11	346 04.7	19.9	197 16.7	13.9	18 29.4	9.7	54.1	66	13 22	15 01	16 18	05 03	06 47	08 41	▢
S 12	1 04.4	S23 20.0	211 49.6	13.8	N18 39.1	9.5	54.1	64	14 04	15 21	16 29	04 51	06 25	08 05	09 51
D 13	16 04.1	20.1	226 22.4	13.8	18 48.6	9.5	54.1	62	14 32	15 37	16 39	04 40	06 09	07 39	09 10
A 14	31 03.8	20.2	240 55.2	13.7	18 58.1	9.4	54.1	60	14 53	15 51	16 47	04 31	05 55	07 19	08 42
Y 15	46 03.5	.. 20.3	255 27.9	13.7	19 07.5	9.4	54.1	N 58	15 10	16 02	16 55	04 23	05 43	07 03	08 20
16	61 03.2	20.4	270 00.6	13.6	19 16.9	9.2	54.1	56	15 25	16 12	17 01	04 16	05 32	06 49	08 03
17	76 02.9	20.5	284 33.2	13.5	19 26.1	9.2	54.1	54	15 38	16 21	17 08	04 10	05 23	06 37	07 48
18	91 02.6	S23 20.6	299 05.7	13.6	N19 35.3	9.1	54.0	52	15 49	16 30	17 13	04 04	05 15	06 26	07 35
19	106 02.3	20.7	313 38.3	13.4	19 44.4	9.0	54.0	50	15 59	16 37	17 19	03 59	05 08	06 17	07 23
20	121 02.0	20.8	328 10.7	13.4	19 53.4	8.9	54.0	45	16 19	16 53	17 30	03 48	04 53	05 57	07 00
21	136 01.6	.. 20.9	342 43.1	13.4	20 02.3	8.8	54.0	N 40	16 36	17 06	17 41	03 39	04 40	05 41	06 41
22	151 01.3	21.0	357 15.5	13.3	20 11.1	8.7	54.0	35	16 50	17 18	17 50	03 32	04 29	05 28	06 25
23	166 01.0	21.1	11 47.8	13.2	20 19.8	8.7	54.0	30	17 02	17 29	17 59	03 25	04 20	05 16	06 12
17 00	181 00.7	S23 21.1	26 20.0	13.2	N20 28.5	8.6	54.0	20	17 24	17 48	18 15	03 14	04 04	04 56	05 48
01	196 00.4	21.2	40 52.2	13.1	20 37.1	8.4	54.0	N 10	17 42	18 05	18 31	03 03	03 50	04 39	05 28
02	211 00.1	21.3	55 24.3	13.1	20 45.5	8.4	54.0	0	17 59	18 22	18 48	02 54	03 37	04 22	05 10
03	225 59.8	.. 21.4	69 56.4	13.0	20 53.9	8.3	54.0	S 10	18 17	18 40	19 07	02 45	03 24	04 06	04 51
04	240 59.5	21.5	84 28.4	13.0	21 02.2	8.2	54.0	20	18 36	19 00	19 30	02 35	03 11	03 49	04 31
05	255 59.2	21.6	99 00.4	12.9	21 10.4	8.1	54.0	30	18 58	19 25	19 59	02 23	02 55	03 30	04 09
06	270 58.9	S23 21.7	113 32.3	12.9	N21 18.5	8.1	54.0	35	19 11	19 41	20 17	02 17	02 46	03 18	03 55
07	285 58.6	21.8	128 04.2	12.8	21 26.6	7.9	54.0	40	19 26	19 59	20 40	02 10	02 36	03 05	03 40
08	300 58.3	21.8	142 36.0	12.7	21 34.5	7.8	54.0	45	19 44	20 21	21 11	02 01	02 23	02 50	03 21
F 09	315 58.0	.. 21.9	157 07.7	12.7	21 42.3	7.8	54.0	S 50	20 06	20 51	21 56	01 51	02 09	02 31	02 59
R 10	330 57.7	22.0	171 39.4	12.7	21 50.1	7.6	54.0	52	20 17	21 06	22 24	01 46	02 02	02 22	02 48
I 11	345 57.4	22.1	186 11.1	12.6	21 57.7	7.5	54.0	54	20 29	21 24	23 09	01 41	01 55	02 12	02 35
D 12	0 57.1	S23 22.2	200 42.7	12.5	N22 05.2	7.5	54.0	56	20 44	21 46	////	01 35	01 46	02 01	02 21
A 13	15 56.8	22.3	215 14.2	12.5	22 12.7	7.3	54.0	58	21 00	22 16	////	01 29	01 37	01 48	02 05
Y 14	30 56.5	22.3	229 45.7	12.4	22 20.0	7.3	54.0	S 60	21 21	23 05	////	01 21	01 26	01 33	01 45
15	45 56.2	.. 22.4	244 17.1	12.4	22 27.3	7.1	54.0								
16	60 55.9	22.5	258 48.5	12.3	22 34.4	7.1	54.0		SUN			MOON			
17	75 55.6	22.6	273 19.8	12.3	22 41.5	6.9	54.0	Day	Eqn. of Time		Mer. Pass.	Mer. Pass. Upper	Mer. Pass. Lower	Age	Phase
18	90 55.2	S23 22.7	287 51.1	12.2	N22 48.4	6.9	54.0		00h	12h					
19	105 54.9	22.7	302 22.3	12.2	22 55.3	6.7	54.0	d	m s	m s	h m	h m	h m	d %	
20	120 54.6	22.8	316 53.5	12.1	23 02.0	6.7	54.0	15	05 02	04 47	11 55	21 27	09 05	11 88	◯
21	135 54.3	.. 22.9	331 24.6	12.0	23 08.7	6.5	54.0	16	04 33	04 18	11 56	22 11	09 49	12 94	
22	150 54.0	23.0	345 55.6	12.0	23 15.2	6.5	54.0	17	04 04	03 49	11 56	22 58	10 34	13 97	
23	165 53.7	23.0	0 26.6	12.0	N23 21.7	6.3	54.0								
	SD 16.3	d 0.1	SD 14.8		14.7		14.7								

2021 DECEMBER 18, 19, 20 (SAT., SUN., MON.)

UT	ARIES	VENUS −4.8		MARS +1.6		JUPITER −2.2		SATURN +0.6		STARS		
	GHA	GHA	Dec	GHA	Dec	GHA	Dec	GHA	Dec	Name	SHA	Dec
d h	° ′	° ′	° ′	° ′	° ′	° ′	° ′	° ′	° ′		° ′	° ′
18 00	86 49.6	148 16.0	S21 20.8	205 38.8	S20 46.8	116 18.9	S13 07.8	133 40.8	S18 24.1	Acamar	315 13.4	S40 13.2
01	101 52.1	163 18.4	20.2	220 39.4	47.1	131 21.0	07.6	148 43.0	24.1	Achernar	335 21.9	S57 07.9
02	116 54.6	178 20.8	19.7	235 40.0	47.5	146 23.0	07.5	163 45.2	24.0	Acrux	173 02.9	S63 12.8
03	131 57.0	193 23.3 . .	19.2	250 40.7 . .	47.9	161 25.1 . .	07.3	178 47.4 . .	23.9	Adhara	255 07.5	S29 00.1
04	146 59.5	208 25.7	18.7	265 41.3	48.2	176 27.1	07.2	193 49.7	23.9	Aldebaran	290 42.2	N16 33.2
05	162 01.9	223 28.1	18.1	280 41.9	48.6	191 29.2	07.0	208 51.9	23.8			
06	177 04.4	238 30.6	S21 17.6	295 42.5	S20 49.0	206 31.2	S13 06.9	223 54.1	S18 23.7	Alioth	166 15.4	N55 50.3
07	192 06.9	253 33.0	17.1	310 43.2	49.3	221 33.3	06.7	238 56.3	23.7	Alkaid	152 54.3	N49 12.1
S 08	207 09.3	268 35.5	16.6	325 43.8	49.7	236 35.3	06.6	253 58.5	23.6	Alnair	27 36.3	S46 51.6
A 09	222 11.8	283 37.9 . .	16.0	340 44.4 . .	50.1	251 37.4 . .	06.4	269 00.8 . .	23.5	Alnilam	275 39.9	S 1 11.3
T 10	237 14.3	298 40.4	15.5	355 45.0	50.4	266 39.5	06.3	284 03.0	23.5	Alphard	217 50.0	S 8 45.1
U 11	252 16.7	313 42.8	15.0	10 45.7	50.7	281 41.5	06.1	299 05.2	23.4			
R 12	267 19.2	328 45.3	S21 14.5	25 46.3	S20 51.1	296 43.6	S13 06.0	314 07.4	S18 23.3	Alphecca	126 06.2	N26 38.4
D 13	282 21.7	343 47.8	13.9	40 46.9	51.5	311 45.6	05.8	329 09.6	23.3	Alpheratz	357 37.3	N29 12.8
A 14	297 24.1	358 50.2	13.4	55 47.6	51.8	326 47.7	05.6	344 11.8	23.2	Altair	62 02.7	N 8 55.6
Y 15	312 26.6	13 52.7 . .	12.9	70 48.2 . .	52.2	341 49.7 . .	05.5	359 14.1 . .	23.1	Ankaa	353 09.6	S42 11.5
16	327 29.1	28 55.2	12.4	85 48.8	52.5	356 51.8	05.3	14 16.3	23.1	Antares	112 19.3	S26 28.7
17	342 31.5	43 57.7	11.8	100 49.4	52.9	11 53.8	05.2	29 18.5	23.0			
18	357 34.0	59 00.2	S21 11.3	115 50.1	S20 53.2	26 55.9	S13 05.0	44 20.7	S18 23.0	Arcturus	145 50.4	N19 04.1
19	12 36.4	74 02.7	10.8	130 50.7	53.6	41 57.9	04.9	59 22.9	22.9	Atria	107 16.3	S69 03.8
20	27 38.9	89 05.2	10.3	145 51.3	54.0	57 00.0	04.7	74 25.1	22.8	Avior	234 15.2	S59 34.5
21	42 41.4	104 07.7 . .	09.7	160 51.9 . .	54.3	72 02.0 . .	04.6	89 27.4 . .	22.8	Bellatrix	278 25.2	N 6 22.1
22	57 43.8	119 10.2	09.2	175 52.5	54.7	87 04.1	04.4	104 29.6	22.7	Betelgeuse	270 54.5	N 7 24.6
23	72 46.3	134 12.7	08.7	190 53.2	55.0	102 06.1	04.3	119 31.8	22.6			
19 00	87 48.8	149 15.3	S21 08.2	205 53.8	S20 55.4	117 08.2	S13 04.1	134 34.0	S18 22.6	Canopus	263 52.9	S52 42.4
01	102 51.2	164 17.8	07.7	220 54.4	55.7	132 10.2	04.0	149 36.2	22.5	Capella	280 25.1	N46 01.2
02	117 53.7	179 20.3	07.1	235 55.0	56.1	147 12.3	03.8	164 38.4	22.4	Deneb	49 27.8	N45 21.6
03	132 56.2	194 22.8 . .	06.6	250 55.7 . .	56.4	162 14.3 . .	03.7	179 40.7 . .	22.4	Denebola	182 27.5	N14 27.0
04	147 58.6	209 25.4	06.1	265 56.3	56.8	177 16.4	03.5	194 42.9	22.3	Diphda	348 49.8	S17 52.2
05	163 01.1	224 27.9	05.6	280 56.9	57.1	192 18.4	03.4	209 45.1	22.2			
06	178 03.6	239 30.5	S21 05.0	295 57.5	S20 57.5	207 20.5	S13 03.2	224 47.3	S18 22.2	Dubhe	193 44.0	N61 37.7
07	193 06.0	254 33.0	04.5	310 58.2	57.9	222 22.5	03.0	239 49.5	22.1	Elnath	278 04.7	N28 37.5
08	208 08.5	269 35.6	04.0	325 58.8	58.2	237 24.6	02.9	254 51.7	22.0	Eltanin	90 43.9	N51 29.2
S 09	223 10.9	284 38.2 . .	03.5	340 59.4 . .	58.6	252 26.6 . .	02.7	269 54.0 . .	22.0	Enif	33 41.4	N 9 58.5
U 10	238 13.4	299 40.7	02.9	356 00.0	58.9	267 28.7	02.6	284 56.2	21.9	Fomalhaut	15 17.4	S29 30.6
N 11	253 15.9	314 43.3	02.4	11 00.6	59.3	282 30.7	02.4	299 58.4	21.8			
D 12	268 18.3	329 45.9	S21 01.9	26 01.3	S20 59.6	297 32.8	S13 02.3	315 00.6	S18 21.8	Gacrux	171 54.5	S57 13.8
A 13	283 20.8	344 48.5	01.4	41 01.9	21 00.0	312 34.8	02.1	330 02.8	21.7	Gienah	175 46.2	S17 39.6
Y 14	298 23.3	359 51.0	00.9	56 02.5	00.3	327 36.9	02.0	345 05.0	21.6	Hadar	148 39.9	S60 28.4
15	313 25.7	14 53.6 . .	21 00.3	71 03.1 . .	00.7	342 38.9 . .	01.8	0 07.2 . .	21.6	Hamal	327 53.8	N23 34.0
16	328 28.2	29 56.2	20 59.8	86 03.7	01.0	357 40.9	01.7	15 09.5	21.5	Kaus Aust.	83 36.3	S34 22.4
17	343 30.7	44 58.8	59.3	101 04.4	01.4	12 43.0	01.5	30 11.7	21.4			
18	358 33.1	60 01.4	S20 58.8	116 05.0	S21 01.7	27 45.0	S13 01.3	45 13.9	S18 21.4	Kochab	137 20.8	N74 03.7
19	13 35.6	75 04.0	58.2	131 05.6	02.1	42 47.1	01.2	60 16.1	21.3	Markab	13 32.5	N15 19.4
20	28 38.1	90 06.7	57.7	146 06.2	02.4	57 49.1	01.0	75 18.3	21.2	Menkar	314 08.5	N 4 10.5
21	43 40.5	105 09.3 . .	57.2	161 06.8 . .	02.8	72 51.2 . .	00.9	90 20.5 . .	21.2	Menkent	148 00.8	S36 28.4
22	58 43.0	120 11.9	56.7	176 07.5	03.1	87 53.2	00.7	105 22.7	21.1	Miaplacidus	221 38.1	S69 48.1
23	73 45.4	135 14.5	56.2	191 08.1	03.4	102 55.3	00.6	120 25.0	21.0			
20 00	88 47.9	150 17.2	S20 55.6	206 08.7	S21 03.8	117 57.3	S13 00.4	135 27.2	S18 21.0	Mirfak	308 31.4	N49 56.4
01	103 50.4	165 19.8	55.1	221 09.3	04.1	132 59.4	00.3	150 29.4	20.9	Nunki	75 51.2	S26 16.2
02	118 52.8	180 22.4	54.6	236 09.9	04.5	148 01.4	13 00.1	165 31.6	20.8	Peacock	53 10.2	S56 40.0
03	133 55.3	195 25.1 . .	54.1	251 10.5 . .	04.8	163 03.5	12 59.9	180 33.8 . .	20.8	Pollux	243 20.1	N27 58.3
04	148 57.8	210 27.7	53.6	266 11.2	05.2	178 05.5	59.8	195 36.0	20.7	Procyon	244 53.2	N 5 10.1
05	164 00.2	225 30.4	53.0	281 11.8	05.5	193 07.5	59.6	210 38.2	20.6			
06	179 02.7	240 33.1	S20 52.5	296 12.4	S21 05.9	208 09.6	S12 59.5	225 40.5	S18 20.6	Rasalhague	96 01.2	N12 32.7
07	194 05.2	255 35.7	52.0	311 13.0	06.2	223 11.6	59.3	240 42.7	20.5	Regulus	207 37.0	N11 51.6
08	209 07.6	270 38.4	51.5	326 13.6	06.6	238 13.7	59.2	255 44.9	20.4	Rigel	281 05.9	S 8 10.6
M 09	224 10.1	285 41.1 . .	51.0	341 14.2 . .	06.9	253 15.7 . .	59.0	270 47.1 . .	20.4	Rigil Kent.	139 44.2	S60 55.2
O 10	239 12.6	300 43.7	50.4	356 14.9	07.2	268 17.8	58.9	285 49.3	20.3	Sabik	102 06.0	S15 45.0
N 11	254 15.0	315 46.4	49.9	11 15.5	07.6	283 19.8	58.7	300 51.5	20.2			
D 12	269 17.5	330 49.1	S20 49.4	26 16.1	S21 07.9	298 21.9	S12 58.5	315 53.7	S18 20.2	Schedar	349 33.7	N56 39.6
A 13	284 19.9	345 51.8	48.9	41 16.7	08.3	313 23.9	58.4	330 56.0	20.1	Shaula	96 14.2	S37 07.1
Y 14	299 22.4	0 54.5	48.4	56 17.3	08.6	328 25.9	58.2	345 58.2	20.0	Sirius	258 28.1	S16 44.8
15	314 24.9	15 57.2 . .	47.8	71 17.9 . .	09.0	343 28.0 . .	58.1	1 00.4 . .	20.0	Spica	158 25.1	S11 16.4
16	329 27.3	30 59.9	47.3	86 18.6	09.3	358 30.0	57.9	16 02.6	19.9	Suhail	222 47.8	S43 31.0
17	344 29.8	46 02.6	46.8	101 19.2	09.6	13 32.1	57.8	31 04.8	19.8			
18	359 32.3	61 05.3	S20 46.3	116 19.8	S21 10.0	28 34.1	S12 57.6	46 07.0	S18 19.8	Vega	80 35.4	N38 48.3
19	14 34.7	76 08.1	45.8	131 20.4	10.3	43 36.2	57.4	61 09.2	19.7	Zuben'ubi	136 59.1	S16 07.8
20	29 37.2	91 10.8	45.3	146 21.0	10.7	58 38.2	57.3	76 11.4	19.6		SHA	Mer.Pass.
21	44 39.7	106 13.5 . .	44.7	161 21.6 . .	11.0	73 40.2 . .	57.1	91 13.7 . .	19.6		° ′	h m
22	59 42.1	121 16.2	44.2	176 22.2	11.3	88 42.3	57.0	106 15.9	19.5	Venus	61 26.5	14 01
23	74 44.6	136 19.0	43.7	191 22.8	11.7	103 44.3	56.8	121 18.1	19.4	Mars	118 05.0	10 16
	h m									Jupiter	29 19.4	16 09
Mer.Pass.	18 05.8	v 2.6	d 0.5	v 0.6	d 0.4	v 2.0	d 0.2	v 2.2	d 0.1	Saturn	46 45.2	15 00

2021 DECEMBER 18, 19, 20 (SAT., SUN., MON.)

UT	SUN GHA	SUN Dec	MOON GHA	v	MOON Dec	d	HP	Lat.	Twilight Naut.	Twilight Civil	Sunrise	Moonrise 18	Moonrise 19	Moonrise 20	Moonrise 21
d h	° '	° '	° '	'	° '	'	'	°	h m	h m	h m	h m	h m	h m	h m
18 00	180 53.4	S23 23.1	14 57.6	11.9	N23 28.0	6.2	54.0	N 72	08 24	10 56	■	□	□	□	□
01	195 53.1	23.2	29 28.5	11.9	23 34.2	6.1	54.0	N 70	08 04	09 53	■	□	□	□	□
02	210 52.8	23.2	43 59.4	11.8	23 40.3	6.1	54.0	68	07 48	09 18	■	□	□	□	□
03	225 52.5	23.3	58 30.2	11.7	23 46.4	5.9	54.0	66	07 35	08 52	10 33	□	□	□	15 07
04	240 52.2	23.4	73 00.9	11.7	23 52.3	5.8	54.0	64	07 24	08 33	09 51	12 47	12 29	□	15 55
05	255 51.9	23.4	87 31.6	11.7	23 58.1	5.7	54.0	62	07 15	08 17	09 22	13 28	13 50	14 38	16 26
								60	07 06	08 03	09 01	13 57	14 26	15 16	
06	270 51.6	S23 23.5	102 02.3	11.6	N24 03.8	5.5	54.0	N 58	06 59	07 51	08 43	14 19	14 52	15 42	16 49
07	285 51.3	23.6	116 32.9	11.6	24 09.3	5.5	54.0	56	06 52	07 41	08 29	14 37	15 13	16 03	17 08
S 08	300 51.0	23.6	131 03.5	11.5	24 14.8	5.4	54.0	54	06 46	07 32	08 16	14 52	15 30	16 21	17 23
A 09	315 50.7	23.7	145 34.0	11.4	24 20.2	5.2	54.0	52	06 40	07 24	08 05	15 05	15 45	16 36	17 37
T 10	330 50.4	23.8	160 04.4	11.5	24 25.4	5.1	54.0	50	06 35	07 16	07 55	15 17	15 58	16 48	17 49
U 11	345 50.0	23.8	174 34.9	11.3	24 30.5	5.1	54.0	45	06 23	07 00	07 34	15 41	16 24	17 15	18 13
R 12	0 49.7	S23 23.9	189 05.2	11.4	N24 35.6	4.9	54.0	N 40	06 13	06 47	07 17	16 00	16 45	17 36	18 33
D 13	15 49.4	24.0	203 35.6	11.3	24 40.5	4.8	54.0	35	06 03	06 35	07 03	16 17	17 02	17 53	18 49
A 14	30 49.1	24.0	218 05.9	11.2	24 45.3	4.6	54.0	30	05 54	06 24	06 51	16 31	17 17	18 08	19 03
Y 15	45 48.8	24.1	232 36.1	11.2	24 49.9	4.6	54.0	20	05 38	06 05	06 29	16 55	17 43	18 34	19 27
16	60 48.5	24.1	247 06.3	11.2	24 54.5	4.4	54.0	N 10	05 22	05 48	06 11	17 16	18 05	18 56	19 48
17	75 48.2	24.2	261 36.5	11.1	24 58.9	4.4	54.0	0	05 05	05 31	05 53	17 35	18 25	19 16	20 07
18	90 47.9	S23 24.3	276 06.6	11.0	N25 03.3	4.2	54.0	S 10	04 46	05 13	05 36	17 55	18 46	19 37	20 26
19	105 47.6	24.3	290 36.6	11.1	25 07.5	4.1	54.0	20	04 23	04 52	05 17	18 16	19 08	19 59	20 47
20	120 47.3	24.4	305 06.7	11.0	25 11.6	4.0	54.0	30	03 54	04 27	04 55	18 40	19 34	20 24	21 10
21	135 47.0	24.4	319 36.7	10.9	25 15.6	3.8	54.0	35	03 35	04 12	04 42	18 55	19 49	20 39	21 24
22	150 46.7	24.5	334 06.6	10.9	25 19.4	3.8	54.0	40	03 12	03 54	04 27	19 11	20 07	20 57	21 40
23	165 46.4	24.5	348 36.5	10.9	25 23.2	3.6	54.0	45	02 41	03 31	04 09	19 31	20 28	21 18	21 59
19 00	180 46.1	S23 24.6	3 06.4	10.9	N25 26.8	3.5	54.0	S 50	01 56	03 01	03 46	19 57	20 55	21 44	22 23
01	195 45.7	24.6	17 36.3	10.8	25 30.3	3.4	54.0	52	01 28	02 46	03 35	20 09	21 08	21 57	22 35
02	210 45.4	24.7	32 06.1	10.8	25 33.7	3.3	54.0	54	00 41	02 28	03 23	20 23	21 23	22 11	22 48
03	225 45.1	24.7	46 35.9	10.7	25 37.0	3.1	54.0	56	////	02 06	03 09	20 39	21 41	22 28	23 02
04	240 44.8	24.8	61 05.6	10.7	25 40.1	3.0	54.0	58	////	01 36	02 52	20 59	22 02	22 49	23 20
05	255 44.5	24.8	75 35.3	10.7	25 43.1	2.9	54.0	S 60	////	00 45	02 31	21 23	22 30	23 15	23 41

UT	SUN GHA	SUN Dec	MOON GHA	v	MOON Dec	d	HP	Lat.	Sunset	Twilight Civil	Twilight Naut.	Moonset 18	Moonset 19	Moonset 20	Moonset 21
06	270 44.2	S23 24.9	90 05.0	10.6	N25 46.0	2.8	54.0								
07	285 43.9	24.9	104 34.6	10.7	25 48.8	2.6	54.0	°	h m	h m	h m	h m	h m	h m	h m
08	300 43.6	25.0	119 04.3	10.5	25 51.4	2.6	54.0	N 72	■	12 58	15 30	□	□	□	□
S 09	315 43.3	25.0	133 33.8	10.6	25 54.0	2.4	54.0	N 70	■	14 01	15 50	□	□	□	□
U 10	330 43.0	25.1	148 03.4	10.5	25 56.4	2.3	54.0	68	■	14 37	16 06	□	□	□	□
N 11	345 42.7	25.1	162 32.9	10.5	25 58.7	2.1	54.0	66	13 21	15 02	16 19	□	□	□	□
D 12	0 42.4	S23 25.1	177 02.4	10.5	N26 00.8	2.1	54.0	64	14 04	15 22	16 30	09 51	11 52	□	12 47
A 13	15 42.1	25.2	191 31.9	10.5	26 02.9	1.9	54.1	62	14 32	15 38	16 40	09 10	10 32	11 30	11 58
Y 14	30 41.7	25.2	206 01.4	10.4	26 04.8	1.8	54.1	60	14 53	15 51	16 48	08 42	09 56	10 52	11 27
15	45 41.4	25.3	220 30.8	10.4	26 06.6	1.6	54.1								
16	60 41.1	25.3	235 00.2	10.4	26 08.2	1.6	54.1	N 58	15 11	16 03	16 56	08 20	09 30	10 25	11 04
17	75 40.8	25.4	249 29.6	10.4	26 09.8	1.4	54.1	56	15 26	16 13	17 02	08 03	09 09	10 04	10 45
18	90 40.5	S23 25.4	263 59.0	10.3	N26 11.2	1.2	54.1	54	15 38	16 22	17 09	07 48	08 52	09 47	10 29
19	105 40.2	25.4	278 28.3	10.4	26 12.4	1.2	54.1	52	15 50	16 31	17 14	07 35	08 38	09 32	10 15
20	120 39.9	25.5	292 57.7	10.3	26 13.6	1.0	54.1	50	15 59	16 38	17 20	07 23	08 25	09 19	10 03
21	135 39.6	25.5	307 27.0	10.3	26 14.6	0.9	54.1	45	16 20	16 54	17 31	07 00	07 59	08 52	09 38
22	150 39.3	25.5	321 56.3	10.3	26 15.5	0.8	54.1								
23	165 39.0	25.6	336 25.6	10.2	26 16.3	0.7	54.1	N 40	16 37	17 08	17 42	06 41	07 38	08 31	09 18
20 00	180 38.7	S23 25.6	350 54.8	10.3	N26 17.0	0.5	54.1	35	16 51	17 19	17 51	06 25	07 21	08 14	09 01
01	195 38.4	25.6	5 24.1	10.2	26 17.5	0.4	54.1	30	17 04	17 30	18 00	06 12	07 06	07 59	08 47
02	210 38.0	25.7	19 53.3	10.3	26 17.9	0.2	54.1	20	17 25	17 49	18 16	05 48	06 41	07 33	08 22
03	225 37.7	25.7	34 22.6	10.2	26 18.1	0.2	54.1	N 10	17 43	18 06	18 33	05 28	06 19	07 11	08 01
04	240 37.4	25.7	48 51.8	10.2	26 18.3	0.0	54.1	0	18 01	18 23	18 50	05 10	05 59	06 50	07 41
05	255 37.1	25.8	63 21.0	10.2	26 18.3	0.1	54.2								
06	270 36.8	S23 25.8	77 50.2	10.2	N26 18.2	0.3	54.2	S 10	18 19	18 42	19 09	04 51	05 39	06 29	07 21
07	285 36.5	25.8	92 19.4	10.2	26 17.9	0.4	54.2	20	18 38	19 02	19 31	04 31	05 17	06 07	06 59
08	300 36.2	25.8	106 48.6	10.2	26 17.5	0.5	54.2	30	19 00	19 27	20 00	04 09	04 52	05 41	06 34
M 09	315 35.9	25.9	121 17.8	10.2	26 17.0	0.6	54.2	35	19 13	19 42	20 19	03 55	04 38	05 26	06 20
O 10	330 35.6	25.9	135 47.0	10.2	26 16.4	0.8	54.2	40	19 28	20 01	20 42	03 40	04 21	05 08	06 02
N 11	345 35.3	25.9	150 16.2	10.2	26 15.6	0.8	54.2	45	19 46	20 23	21 13	03 21	04 00	04 47	05 42
D 12	0 35.0	S23 25.9	164 45.4	10.2	N26 14.8	1.1	54.2	S 50	20 08	20 53	21 59	02 59	03 34	04 20	05 16
A 13	15 34.6	26.0	179 14.6	10.2	26 13.7	1.1	54.2	52	20 19	21 08	22 27	02 48	03 22	04 07	05 03
Y 14	30 34.3	26.0	193 43.8	10.2	26 12.6	1.3	54.2	54	20 32	21 26	23 14	02 35	03 08	03 52	04 49
15	45 34.0	26.0	208 13.0	10.2	26 11.3	1.4	54.3	56	20 46	21 49	////	02 21	02 51	03 34	04 32
16	60 33.7	26.0	222 42.2	10.2	26 09.9	1.5	54.3	58	21 03	22 18	////	02 05	02 31	03 13	04 11
17	75 33.4	26.0	237 11.4	10.2	26 08.4	1.7	54.3	S 60	21 23	23 10	////	01 45	02 07	02 45	03 45
18	90 33.1	S23 26.1	251 40.6	10.2	N26 06.7	1.7	54.3			SUN			MOON		
19	105 32.8	26.1	266 09.8	10.2	26 05.0	1.8	54.3	Day	Eqn. of Time		Mer. Pass.	Mer. Pass. Upper	Mer. Pass. Lower	Age	Phase
20	120 32.5	26.1	280 39.0	10.3	26 03.0	2.0	54.3		00h	12h					
21	135 32.2	26.1	295 08.3	10.2	26 01.0	2.2	54.3	d	m s	m s	h m	h m	h m	d	%
22	150 31.9	26.1	309 37.5	10.2	25 58.8	2.3	54.3	18	03 34	03 20	11 57	23 47	11 22	14	100
23	165 31.6	26.1	324 06.7	10.3	N25 56.5	2.4	54.3	19	03 05	02 50	11 57	24 38	12 12	15	100
	SD 16.3	d 0.0	SD 14.7		14.7		14.8	20	02 35	02 20	11 58	00 38	13 03	16	98

2021 DECEMBER 21, 22, 23 (TUES., WED., THURS.)

UT	ARIES	VENUS −4.7	MARS +1.6	JUPITER −2.2	SATURN +0.7	STARS
	GHA	GHA Dec	GHA Dec	GHA Dec	GHA Dec	Name SHA Dec
d h	° ′	° ′ ° ′	° ′ ° ′	° ′ ° ′	° ′ ° ′	° ′ ° ′
21 00	89 47.1	151 21.7 S20 43.2	206 23.5 S21 12.0	118 46.4 S12 56.7	136 20.3 S18 19.4	Acamar 315 13.4 S40 13.2
01	104 49.5	166 24.5 42.7	221 24.1 12.4	133 48.4 56.5	151 22.5 19.3	Achernar 335 21.9 S57 07.9
02	119 52.0	181 27.2 42.1	236 24.7 12.7	148 50.4 56.4	166 24.7 19.2	Acrux 173 02.9 S63 12.9
03	134 54.4	196 30.0 . . 41.6	251 25.3 . . 13.0	163 52.5 . . 56.2	181 26.9 . . 19.2	Adhara 255 07.4 S29 00.1
04	149 56.9	211 32.8 41.1	266 25.9 13.4	178 54.5 56.0	196 29.1 19.1	Aldebaran 290 42.2 N16 33.2
05	164 59.4	226 35.5 40.6	281 26.5 13.7	193 56.6 55.9	211 31.3 19.0	
06	180 01.8	241 38.3 S20 40.1	296 27.1 S21 14.1	208 58.6 S12 55.7	226 33.6 S18 19.0	Alioth 166 15.4 N55 50.2
07	195 04.3	256 41.1 39.6	311 27.7 14.4	224 00.6 55.6	241 35.8 18.9	Alkaid 152 54.3 N49 12.1
T 08	210 06.8	271 43.9 39.0	326 28.4 14.7	239 02.7 55.4	256 38.0 18.8	Al Na'ir 27 36.3 S46 51.6
U 09	225 09.2	286 46.6 . . 38.5	341 29.0 . . 15.1	254 04.7 . . 55.2	271 40.2 . . 18.8	Alnilam 275 39.9 S 1 11.3
E 10	240 11.7	301 49.4 38.0	356 29.6 15.4	269 06.8 55.1	286 42.4 18.7	Alphard 217 50.0 S 8 45.1
S 11	255 14.2	316 52.2 37.5	11 30.2 15.7	284 08.8 54.9	301 44.6 18.6	
D 12	270 16.6	331 55.0 S20 37.0	26 30.8 S21 16.1	299 10.8 S12 54.8	316 46.8 S18 18.5	Alphecca 126 06.2 N26 38.4
A 13	285 19.1	346 57.8 36.5	41 31.4 16.4	314 12.9 54.6	331 49.0 18.5	Alpheratz 357 37.3 N29 12.8
Y 14	300 21.5	2 00.6 36.0	56 32.0 16.7	329 14.9 54.5	346 51.2 18.4	Altair 62 02.7 N 8 55.6
15	315 24.0	17 03.4 . . 35.4	71 32.6 . . 17.1	344 17.0 . . 54.3	1 53.5 . . 18.3	Ankaa 353 09.6 S42 11.5
16	330 26.5	32 06.3 34.9	86 33.2 17.4	359 19.0 54.1	16 55.7 18.3	Antares 112 19.3 S26 28.7
17	345 28.9	47 09.1 34.4	101 33.8 17.7	14 21.0 54.0	31 57.9 18.2	
18	0 31.4	62 11.9 S20 33.9	116 34.5 S21 18.1	29 23.1 S12 53.8	47 00.1 S18 18.1	Arcturus 145 50.4 N19 04.1
19	15 33.9	77 14.8 33.4	131 35.1 18.4	44 25.1 53.7	62 02.3 18.1	Atria 107 16.3 S69 03.8
20	30 36.3	92 17.6 32.9	146 35.7 18.7	59 27.1 53.5	77 04.5 18.0	Avior 234 15.1 S59 34.6
21	45 38.8	107 20.4 . . 32.4	161 36.3 . . 19.1	74 29.2 . . 53.3	92 06.7 . . 17.9	Bellatrix 278 25.2 N 6 22.1
22	60 41.3	122 23.3 31.8	176 36.9 19.4	89 31.2 53.2	107 08.9 17.9	Betelgeuse 270 54.5 N 7 24.6
23	75 43.7	137 26.1 31.3	191 37.5 19.7	104 33.3 53.0	122 11.1 17.8	
22 00	90 46.2	152 29.0 S20 30.8	206 38.1 S21 20.1	119 35.3 S12 52.9	137 13.3 S18 17.7	Canopus 263 52.9 S52 42.4
01	105 48.7	167 31.8 30.3	221 38.7 20.4	134 37.3 52.7	152 15.6 17.7	Capella 280 25.1 N46 01.2
02	120 51.1	182 34.7 29.8	236 39.3 20.7	149 39.4 52.6	167 17.8 17.6	Deneb 49 27.8 N45 21.6
03	135 53.6	197 37.6 . . 29.3	251 39.9 . . 21.1	164 41.4 . . 52.4	182 20.0 . . 17.5	Denebola 182 27.5 N14 27.0
04	150 56.0	212 40.5 28.8	266 40.5 21.4	179 43.4 52.2	197 22.2 17.5	Diphda 348 49.8 S17 52.2
05	165 58.5	227 43.3 28.2	281 41.1 21.7	194 45.5 52.1	212 24.4 17.4	
06	181 01.0	242 46.2 S20 27.7	296 41.8 S21 22.1	209 47.5 S12 51.9	227 26.6 S18 17.3	Dubhe 193 44.0 N61 37.7
W 07	196 03.4	257 49.1 27.2	311 42.4 22.4	224 49.6 51.8	242 28.8 17.3	Elnath 278 04.6 N28 37.5
E 08	211 05.9	272 52.0 26.7	326 43.0 22.7	239 51.6 51.6	257 31.0 17.2	Eltanin 90 43.9 N51 29.1
D 09	226 08.4	287 54.9 . . 26.2	341 43.6 . . 23.0	254 53.6 . . 51.4	272 33.2 . . 17.1	Enif 33 41.4 N 9 58.5
N 10	241 10.8	302 57.8 25.7	356 44.2 23.4	269 55.7 51.3	287 35.4 17.1	Fomalhaut 15 17.4 S29 30.6
E 11	256 13.3	318 00.7 25.2	11 44.8 23.7	284 57.7 51.1	302 37.6 17.0	
S 12	271 15.8	333 03.6 S20 24.7	26 45.4 S21 24.0	299 59.7 S12 51.0	317 39.9 S18 16.9	Gacrux 171 54.5 S57 13.8
D 13	286 18.2	348 06.5 24.2	41 46.0 24.4	315 01.8 50.8	332 42.1 16.8	Gienah 175 46.2 S17 39.6
A 14	301 20.7	3 09.4 23.6	56 46.6 24.7	330 03.8 50.6	347 44.3 16.8	Hadar 148 39.9 S60 28.4
Y 15	316 23.2	18 12.4 . . 23.1	71 47.2 . . 25.0	345 05.8 . . 50.5	2 46.5 . . 16.7	Hamal 327 53.8 N23 34.0
16	331 25.6	33 15.3 22.6	86 47.8 25.3	0 07.9 50.3	17 48.7 16.6	Kaus Aust. 83 36.3 S34 22.4
17	346 28.1	48 18.2 22.1	101 48.4 25.7	15 09.9 50.2	32 50.9 16.6	
18	1 30.5	63 21.2 S20 21.6	116 49.0 S21 26.0	30 11.9 S12 50.0	47 53.1 S18 16.5	Kochab 137 20.7 N74 03.7
19	16 33.0	78 24.1 21.1	131 49.6 26.3	45 14.0 49.8	62 55.3 16.4	Markab 13 32.5 N15 19.4
20	31 35.5	93 27.1 20.6	146 50.2 26.6	60 16.0 49.7	77 57.5 16.4	Menkar 314 08.5 N 4 10.5
21	46 37.9	108 30.0 . . 20.1	161 50.8 . . 27.0	75 18.0 . . 49.5	92 59.7 . . 16.3	Menkent 148 00.8 S36 28.4
22	61 40.4	123 33.0 19.6	176 51.4 27.3	90 20.1 49.4	108 01.9 16.2	Miaplacidus 221 38.0 S69 48.1
23	76 42.9	138 35.9 19.1	191 52.0 27.6	105 22.1 49.2	123 04.1 16.2	
23 00	91 45.3	153 38.9 S20 18.5	206 52.6 S21 27.9	120 24.1 S12 49.0	138 06.4 S18 16.1	Mirfak 308 31.4 N49 56.4
01	106 47.8	168 41.9 18.0	221 53.2 28.3	135 26.2 48.9	153 08.6 16.0	Nunki 75 51.2 S26 16.2
02	121 50.3	183 44.8 17.5	236 53.8 28.6	150 28.2 48.7	168 10.8 16.0	Peacock 53 10.2 S56 40.0
03	136 52.7	198 47.8 . . 17.0	251 54.4 . . 28.9	165 30.2 . . 48.6	183 13.0 . . 15.9	Pollux 243 20.0 N27 58.3
04	151 55.2	213 50.8 16.5	266 55.0 29.2	180 32.3 48.4	198 15.2 15.8	Procyon 244 53.1 N 5 10.1
05	166 57.7	228 53.8 16.0	281 55.6 29.6	195 34.3 48.2	213 17.4 15.8	
06	182 00.1	243 56.8 S20 15.5	296 56.2 S21 29.9	210 36.3 S12 48.1	228 19.6 S18 15.7	Rasalhague 96 01.2 N12 32.7
07	197 02.6	258 59.8 15.0	311 56.8 30.2	225 38.4 47.9	243 21.8 15.6	Regulus 207 37.0 N11 51.6
T 08	212 05.0	274 02.8 14.5	326 57.4 30.5	240 40.4 47.8	258 24.0 15.5	Rigel 281 05.9 S 8 10.6
H 09	227 07.5	289 05.8 . . 14.0	341 58.0 . . 30.8	255 42.4 . . 47.6	273 26.2 . . 15.5	Rigil Kent. 139 44.1 S60 55.2
U 10	242 10.0	304 08.8 13.5	356 58.6 31.2	270 44.5 47.4	288 28.4 15.4	Sabik 102 06.0 S15 45.0
R 11	257 12.4	319 11.8 13.0	11 59.2 31.5	285 46.5 47.3	303 30.6 15.3	
S 12	272 14.9	334 14.9 S20 12.5	26 59.8 S21 31.8	300 48.5 S12 47.1	318 32.8 S18 15.3	Schedar 349 33.7 N56 39.7
D 13	287 17.4	349 17.9 12.0	42 00.4 32.1	315 50.5 46.9	333 35.0 15.2	Shaula 96 14.2 S37 07.1
A 14	302 19.8	4 20.9 11.5	57 01.0 32.4	330 52.6 46.8	348 37.3 15.1	Sirius 258 28.1 S16 44.8
Y 15	317 22.3	19 24.0 . . 10.9	72 01.6 . . 32.8	345 54.6 . . 46.6	3 39.5 . . 15.1	Spica 158 25.1 S11 16.4
16	332 24.8	34 27.0 10.4	87 02.2 33.1	0 56.6 46.5	18 41.7 15.0	Suhail 222 47.8 S43 31.0
17	347 27.2	49 30.0 09.9	102 02.8 33.4	15 58.7 46.3	33 43.9 14.9	
18	2 29.7	64 33.1 S20 09.4	117 03.4 S21 33.7	31 00.7 S12 46.1	48 46.1 S18 14.9	Vega 80 35.3 N38 48.3
19	17 32.1	79 36.1 08.9	132 04.0 34.0	46 02.7 46.0	63 48.3 14.8	Zuben'ubi 136 59.0 S16 07.8
20	32 34.6	94 39.2 08.4	147 04.6 34.3	61 04.8 45.8	78 50.5 14.7	
21	47 37.1	109 42.3 . . 07.9	162 05.2 . . 34.7	76 06.8 . . 45.6	93 52.7 . . 14.6	SHA Mer. Pass.
22	62 39.5	124 45.3 07.4	177 05.8 35.0	91 08.8 45.5	108 54.9 14.6	° ′ h m
23	77 43.2	139 48.4 06.9	192 06.4 35.3	106 10.8 45.3	123 57.1 14.5	Venus 61 42.8 13 47
	h m					Mars 115 51.9 10 13
Mer. Pass. 17 54.0		v 2.9 d 0.5	v 0.6 d 0.3	v 2.0 d 0.2	v 2.2 d 0.1	Jupiter 28 49.1 15 59
						Saturn 46 27.2 14 49

2021 DECEMBER 21, 22, 23 (TUES., WED., THURS.)

247

UT	SUN		MOON				Lat.	Twilight		Sunrise	Moonrise			
	GHA	Dec	GHA	v	Dec	d	HP		Naut.	Civil		21	22	23	24
d h	° ′	° ′	° ′	′	° ′	′	′	°	h m	h m	h m	h m	h m	h m	h m
								N 72	08 26	10 58	■	□	□	□	18 59
21 00	180 31.2	S23 26.1	338 36.0	10.3	N25 54.1	2.5	54.3	N 70	08 06	09 55	■	□	□	16 52	19 30
01	195 30.9	26.2	353 05.3	10.3	25 51.6	2.7	54.3	68	07 50	09 20	■	□	□	17 46	19 52
02	210 30.6	26.2	7 34.6	10.3	25 48.9	2.8	54.3	66	07 37	08 54	10 35	□	16 13	18 19	20 10
03	225 30.3	26.2	22 03.9	10.3	25 46.1	2.9	54.3	64	07 26	08 34	09 53	15 07	16 58	18 43	20 24
04	240 30.0	26.2	36 33.2	10.4	25 43.2	3.1	54.4	62	07 16	08 18	09 24	15 55	17 27	19 02	20 36
05	255 29.7	26.2	51 02.6	10.3	25 40.1	3.2	54.4	60	07 08	08 05	09 03	16 26	17 49	19 17	20 46
06	270 29.4	S23 26.2	65 31.9	10.4	N25 36.9	3.3	54.4	N 58	07 00	07 53	08 45	16 49	18 07	19 30	20 54
07	285 29.1	26.2	80 01.3	10.4	25 33.6	3.4	54.4	56	06 53	07 43	08 30	17 08	18 22	19 41	21 02
T 08	300 28.8	26.2	94 30.7	10.4	25 30.2	3.6	54.4	54	06 47	07 34	08 17	17 23	18 35	19 51	21 09
U 09	315 28.5	26.2	109 00.1	10.4	25 26.6	3.6	54.4	52	06 42	07 25	08 06	17 37	18 46	19 59	21 15
E 10	330 28.1	26.2	123 29.5	10.5	25 23.0	3.8	54.4	50	06 36	07 18	07 56	17 49	18 56	20 07	21 20
S 11	345 27.8	26.2	137 59.0	10.5	25 19.2	4.0	54.4	45	06 24	07 02	07 36	18 13	19 17	20 24	21 32
D 12	0 27.5	S23 26.2	152 28.5	10.5	N25 15.2	4.0	54.4	N 40	06 14	06 48	07 19	18 33	19 34	20 37	21 41
A 13	15 27.2	26.2	166 58.0	10.5	25 11.2	4.2	54.5	35	06 05	06 36	07 05	18 49	19 48	20 49	21 50
Y 14	30 26.9	26.2	181 27.5	10.6	25 07.0	4.3	54.5	30	05 56	06 26	06 52	19 03	20 00	20 58	21 57
15	45 26.6	26.2	195 57.1	10.6	25 02.7	4.4	54.5	20	05 39	06 07	06 31	19 27	20 21	21 15	22 09
16	60 26.3	26.2	210 26.7	10.6	24 58.3	4.6	54.5	N 10	05 23	05 50	06 12	19 48	20 39	21 30	22 20
17	75 26.0	26.2	224 56.3	10.6	24 53.7	4.6	54.5	0	05 06	05 32	05 55	20 07	20 56	21 44	22 30
18	90 25.7	S23 26.2	239 25.9	10.7	N24 49.1	4.8	54.5	S 10	04 47	05 14	05 37	20 26	21 13	21 58	22 40
19	105 25.4	26.2	253 55.6	10.7	24 44.3	4.9	54.5	20	04 24	04 54	05 18	20 47	21 31	22 12	22 51
20	120 25.0	26.2	268 25.3	10.7	24 39.4	5.0	54.5	30	03 55	04 29	04 56	21 10	21 52	22 29	23 03
21	135 24.7	26.2	282 55.0	10.8	24 34.4	5.2	54.6	35	03 37	04 13	04 43	21 24	22 04	22 39	23 10
22	150 24.4	26.2	297 24.8	10.8	24 29.2	5.3	54.6	40	03 13	03 55	04 28	21 40	22 18	22 50	23 18
23	165 24.1	26.2	311 54.6	10.8	24 23.9	5.3	54.6	45	02 43	03 33	04 10	21 59	22 34	23 03	23 27
22 00	180 23.8	S23 26.2	326 24.4	10.9	N24 18.6	5.5	54.6	S 50	01 57	03 03	03 47	22 23	22 54	23 18	23 38
01	195 23.5	26.2	340 54.3	10.9	24 13.1	5.7	54.6	52	01 29	02 48	03 37	22 35	23 03	23 26	23 43
02	210 23.2	26.2	355 24.2	10.9	24 07.4	5.7	54.6	54	00 42	02 30	03 24	22 48	23 14	23 34	23 49
03	225 22.9	26.2	9 54.1	11.0	24 01.7	5.9	54.6	56	////	02 07	03 10	23 02	23 26	23 43	23 55
04	240 22.6	26.2	24 24.1	11.0	23 55.8	5.9	54.7	58	////	01 37	02 53	23 20	23 40	23 53	24 02
05	255 22.3	26.2	38 54.1	11.0	23 49.9	6.1	54.7	S 60	////	00 46	02 32	23 41	23 56	24 05	00 05
06	270 21.9	S23 26.2	53 24.1	11.1	N23 43.8	6.2	54.7	Lat.	Sunset	Twilight		Moonset			
W 07	285 21.6	26.2	67 54.2	11.1	23 37.6	6.4	54.7			Civil	Naut.	21	22	23	24
E 08	300 21.3	26.1	82 24.3	11.1	23 31.2	6.4	54.7								
D 09	315 21.0	26.1	96 54.4	11.2	23 24.8	6.5	54.7	°	h m	h m	h m	h m	h m	h m	h m
N 10	330 20.7	26.1	111 24.6	11.2	23 18.3	6.7	54.7	N 72	■	12 59	15 31	□	□	□	14 00
E 11	345 20.4	26.1	125 54.8	11.3	23 11.6	6.8	54.8	N 70	■	14 02	15 51	□	□	14 28	13 27
S 12	0 20.1	S23 26.1	140 25.1	11.3	N23 04.8	6.9	54.8	68	■	14 38	16 07	□	□	13 33	13 03
D 13	15 19.8	26.1	154 55.4	11.3	22 57.9	7.0	54.8	66	13 22	15 03	16 20	□	13 25	12 59	12 45
A 14	30 19.5	26.1	169 25.7	11.4	22 50.9	7.1	54.8	64	14 05	15 23	16 31	12 47	12 40	12 34	12 29
Y 15	45 19.2	26.0	183 56.1	11.4	22 43.8	7.2	54.8	62	14 33	15 39	16 41	11 58	12 10	12 15	12 16
16	60 18.8	26.0	198 26.5	11.4	22 36.6	7.3	54.8	60	14 55	15 53	16 50	11 27	11 47	11 59	12 06
17	75 18.5	26.0	212 56.9	11.5	22 29.3	7.5	54.9								
18	90 18.2	S23 26.0	227 27.4	11.6	N22 21.8	7.5	54.9	N 58	15 12	16 04	16 57	11 04	11 29	11 45	11 56
19	105 17.9	26.0	241 58.0	11.6	22 14.3	7.7	54.9	56	15 27	16 15	17 04	10 45	11 13	11 33	11 48
20	120 17.6	25.9	256 28.6	11.6	22 06.6	7.7	54.9	54	15 40	16 24	17 10	10 29	11 00	11 23	11 40
21	135 17.3	25.9	270 59.2	11.7	21 58.9	7.9	54.9	52	15 51	16 32	17 16	10 15	10 48	11 14	11 33
22	150 17.0	25.9	285 29.8	11.7	21 51.0	8.0	54.9	50	16 01	16 39	17 21	10 03	10 38	11 05	11 27
23	165 16.7	25.9	300 00.5	11.8	21 43.0	8.1	55.0	45	16 22	16 56	17 33	09 38	10 16	10 48	11 14
23 00	180 16.4	S23 25.8	314 31.3	11.8	N21 34.9	8.2	55.0	N 40	16 39	17 09	17 43	09 18	09 58	10 33	11 03
01	195 16.1	25.8	329 02.1	11.8	21 26.7	8.2	55.0	35	16 53	17 21	17 53	09 01	09 44	10 21	10 54
02	210 15.7	25.8	343 32.9	11.9	21 18.5	8.4	55.0	30	17 05	17 31	18 01	08 47	09 31	10 10	10 45
03	225 15.4	25.7	358 03.8	11.9	21 10.1	8.5	55.0	20	17 26	17 50	18 18	08 22	09 08	09 51	10 31
04	240 15.1	25.7	12 34.7	11.9	21 01.6	8.6	55.0	N 10	17 45	18 08	18 34	08 01	08 49	09 35	10 18
05	255 14.8	25.7	27 05.6	12.0	20 53.0	8.7	55.1	0	18 02	18 25	18 51	07 41	08 31	09 20	10 06
06	270 14.5	S23 25.7	41 36.6	12.1	N20 44.3	8.8	55.1	S 10	18 20	18 43	19 10	07 21	08 13	09 04	09 54
07	285 14.2	25.6	56 07.7	12.1	20 35.5	8.9	55.1	20	18 39	19 04	19 33	06 59	07 53	08 47	09 41
T 08	300 13.9	25.6	70 38.8	12.1	20 26.6	9.0	55.1	30	19 01	19 29	20 02	06 34	07 31	08 28	09 27
H 09	315 13.6	25.6	85 09.9	12.1	20 17.6	9.1	55.1	35	19 14	19 44	20 21	06 20	07 17	08 17	09 18
U 10	330 13.3	25.5	99 41.0	12.2	20 08.5	9.2	55.2	40	19 29	20 02	20 44	06 02	07 02	08 04	09 08
R 11	345 13.0	25.5	114 12.2	12.3	19 59.3	9.3	55.2	45	19 47	20 25	21 15	05 41	06 43	07 49	08 56
S 12	0 12.6	S23 25.5	128 43.5	12.3	N19 50.0	9.4	55.2	S 50	20 10	20 55	22 00	05 16	06 20	07 30	08 42
D 13	15 12.3	25.4	143 14.8	12.3	19 40.6	9.5	55.2	52	20 21	21 10	22 28	05 03	06 09	07 21	08 35
A 14	30 12.0	25.4	157 46.1	12.4	19 31.1	9.6	55.3	54	20 33	21 28	23 15	04 49	05 56	07 11	08 28
Y 15	45 11.7	25.3	172 17.5	12.4	19 21.5	9.6	55.3	56	20 47	21 50	////	04 32	05 42	06 59	08 19
16	60 11.4	25.3	186 48.9	12.5	19 11.9	9.8	55.3	58	21 04	22 20	////	04 11	05 25	06 46	08 10
17	75 11.1	25.3	201 20.4	12.6	19 02.1	9.9	55.3	S 60	21 25	23 11	////	03 45	05 04	06 30	07 59
18	90 10.8	S23 25.2	215 51.8	12.6	N18 52.2	9.9	55.3		SUN			MOON			
19	105 10.5	25.2	230 23.4	12.6	18 42.3	10.1	55.3	Day	Eqn. of Time		Mer.	Mer. Pass.		Age	Phase
20	120 10.2	25.1	244 55.0	12.6	18 32.2	10.1	55.4		00h	12h	Pass.	Upper	Lower		
21	135 09.9	25.1	259 26.6	12.6	18 22.1	10.2	55.4	d	m s	m s	h m	h m	h m	d	%
22	150 09.5	25.1	273 58.2	12.7	18 11.9	10.3	55.4	21	02 06	01 51	11 58	01 29	13 54	17	95
23	165 09.2	25.0	288 29.9	12.8	N18 01.6	10.4	55.4	22	01 36	01 21	11 59	02 19	14 44	18	90
	SD 16.3	d 0.0	SD 14.8		14.9		15.0	23	01 06	00 51	11 59	03 08	15 32	19	84

2021 DECEMBER 24, 25, 26 (FRI., SAT., SUN.)

UT	ARIES	VENUS −4.6		MARS +1.5		JUPITER −2.2		SATURN +0.7		STARS		
	GHA	GHA	Dec	GHA	Dec	GHA	Dec	GHA	Dec	Name	SHA	Dec
d h	° ′	° ′	° ′	° ′	° ′	° ′	° ′	° ′	° ′		° ′	° ′
24 00	92 44.5	154 51.5	S20 06.4	207 07.0	S21 35.6	121 12.9	S12 45.2	138 59.3	S18 14.4	Acamar	315 13.4	S40 13.2
01	107 46.9	169 54.6	05.9	222 07.6	35.9	136 14.9	45.0	154 01.5	14.4	Achernar	335 21.9	S57 07.9
02	122 49.4	184 57.6	05.4	237 08.2	36.2	151 16.9	44.8	169 03.7	14.3	Acrux	173 02.8	S63 12.9
03	137 51.9	200 00.7	.. 04.9	252 08.8	.. 36.6	166 19.0	.. 44.7	184 05.9	.. 14.2	Adhara	255 07.4	S29 00.1
04	152 54.3	215 03.8	04.4	267 09.4	36.9	181 21.0	44.5	199 08.1	14.2	Aldebaran	290 42.2	N16 33.2
05	167 56.8	230 06.9	03.9	282 10.0	37.2	196 23.0	44.3	214 10.3	14.1			
06	182 59.3	245 10.0	S20 03.4	297 10.6	S21 37.5	211 25.0	S12 44.2	229 12.5	S18 14.0	Alioth	166 15.3	N55 50.2
07	198 01.7	260 13.1	02.9	312 11.2	37.8	226 27.1	44.0	244 14.7	14.0	Alkaid	152 54.2	N49 12.1
08	213 04.2	275 16.3	02.4	327 11.8	38.1	241 29.1	43.9	259 17.0	13.9	Al Na'ir	27 36.3	S46 51.6
F 09	228 06.6	290 19.4	.. 01.9	342 12.4	.. 38.4	256 31.1	.. 43.7	274 19.2	.. 13.8	Alnilam	275 39.9	S 1 11.3
R 10	243 09.1	305 22.5	01.4	357 13.0	38.8	271 33.1	43.5	289 21.4	13.7	Alphard	217 50.0	S 8 45.1
I 11	258 11.6	320 25.6	00.9	12 13.6	39.1	286 35.2	43.4	304 23.6	13.7			
D 12	273 14.0	335 28.8	S20 00.4	27 14.2	S21 39.4	301 37.2	S12 43.2	319 25.8	S18 13.6	Alphecca	126 06.2	N26 38.4
A 13	288 16.5	350 31.9	19 59.9	42 14.8	39.7	316 39.2	43.0	334 28.0	13.5	Alpheratz	357 37.3	N29 12.8
Y 14	303 19.0	5 35.0	59.4	57 15.4	40.0	331 41.3	42.9	349 30.2	13.5	Altair	62 02.7	N 8 55.6
15	318 21.4	20 38.2	.. 58.9	72 16.0	.. 40.3	346 43.3	.. 42.7	4 32.4	.. 13.4	Ankaa	353 09.6	S42 11.5
16	333 23.9	35 41.3	58.4	87 16.6	40.6	1 45.3	42.6	19 34.6	13.3	Antares	112 19.2	S26 28.7
17	348 26.4	50 44.5	57.9	102 17.2	40.9	16 47.3	42.4	34 36.8	13.3			
18	3 28.8	65 47.6	S19 57.4	117 17.8	S21 41.2	31 49.4	S12 42.2	49 39.0	S18 13.2	Arcturus	145 50.4	N19 04.1
19	18 31.3	80 50.8	56.9	132 18.4	41.6	46 51.4	42.1	64 41.2	13.1	Atria	107 16.2	S69 03.8
20	33 33.8	95 54.0	56.4	147 18.9	41.9	61 53.4	41.9	79 43.4	13.0	Avior	234 15.1	S59 34.6
21	48 36.2	110 57.1	.. 55.9	162 19.5	.. 42.2	76 55.4	.. 41.7	94 45.6	.. 13.0	Bellatrix	278 25.2	N 6 22.1
22	63 38.7	126 00.3	55.4	177 20.1	42.5	91 57.5	41.6	109 47.8	12.9	Betelgeuse	270 54.4	N 7 24.6
23	78 41.1	141 03.5	54.9	192 20.7	42.8	106 59.5	41.4	124 50.0	12.8			
25 00	93 43.6	156 06.7	S19 54.4	207 21.3	S21 43.1	122 01.5	S12 41.2	139 52.2	S18 12.8	Canopus	263 52.9	S52 42.4
01	108 46.1	171 09.9	53.9	222 21.9	43.4	137 03.5	41.1	154 54.4	12.7	Capella	280 25.1	N46 01.2
02	123 48.5	186 13.1	53.4	237 22.5	43.7	152 05.6	40.9	169 56.6	12.6	Deneb	49 27.9	N45 21.6
03	138 51.0	201 16.3	.. 52.9	252 23.1	.. 44.0	167 07.6	.. 40.7	184 58.8	.. 12.6	Denebola	182 27.5	N14 27.0
04	153 53.5	216 19.5	52.4	267 23.7	44.3	182 09.6	40.6	200 01.0	12.5	Diphda	348 49.8	S17 52.2
05	168 55.9	231 22.7	51.9	282 24.3	44.6	197 11.6	40.4	215 03.2	12.4			
06	183 58.4	246 25.9	S19 51.4	297 24.9	S21 44.9	212 13.7	S12 40.3	230 05.4	S18 12.3	Dubhe	193 43.9	N61 37.7
07	199 00.9	261 29.1	50.9	312 25.5	45.2	227 15.7	40.1	245 07.6	12.3	Elnath	278 04.6	N28 37.5
S 08	214 03.3	276 32.3	50.4	327 26.1	45.6	242 17.7	39.9	260 09.8	12.2	Eltanin	90 43.9	N51 29.1
A 09	229 05.8	291 35.6	.. 49.9	342 26.6	.. 45.9	257 19.7	.. 39.8	275 12.1	.. 12.1	Enif	33 41.5	N 9 58.5
T 10	244 08.3	306 38.8	49.4	357 27.2	46.2	272 21.7	39.6	290 14.3	12.1	Fomalhaut	15 17.4	S29 30.6
U 11	259 10.7	321 42.0	48.9	12 27.8	46.5	287 23.8	39.4	305 16.5	12.0			
R 12	274 13.2	336 45.3	S19 48.4	27 28.4	S21 46.8	302 25.8	S12 39.3	320 18.7	S18 11.9	Gacrux	171 54.4	S57 13.8
D 13	289 15.6	351 48.5	48.0	42 29.0	47.1	317 27.8	39.1	335 20.9	11.9	Gienah	175 46.2	S17 39.6
A 14	304 18.1	6 51.7	47.5	57 29.6	47.4	332 29.8	38.9	350 23.1	11.8	Hadar	148 39.8	S60 28.4
Y 15	319 20.6	21 55.0	.. 47.0	72 30.2	.. 47.7	347 31.9	.. 38.8	5 25.3	.. 11.7	Hamal	327 53.8	N23 34.0
16	334 23.0	36 58.3	46.5	87 30.8	48.0	2 33.9	38.6	20 27.5	11.6	Kaus Aust.	83 36.2	S34 22.4
17	349 25.5	52 01.5	46.0	102 31.4	48.3	17 35.9	38.4	35 29.7	11.6			
18	4 28.0	67 04.8	S19 45.5	117 32.0	S21 48.6	32 37.9	S12 38.3	50 31.9	S18 11.5	Kochab	137 20.7	N74 03.7
19	19 30.4	82 08.0	45.0	132 32.5	48.9	47 39.9	38.1	65 34.1	11.4	Markab	13 32.5	N15 19.4
20	34 32.9	97 11.3	44.5	147 33.1	49.2	62 42.0	37.9	80 36.3	11.4	Menkar	314 08.5	N 4 10.5
21	49 35.4	112 14.6	.. 44.0	162 33.7	.. 49.5	77 44.0	.. 37.8	95 38.5	.. 11.3	Menkent	148 00.7	S36 28.4
22	64 37.8	127 17.9	43.5	177 34.3	49.8	92 46.0	37.6	110 40.7	11.2	Miaplacidus	221 38.0	S69 48.1
23	79 40.3	142 21.2	43.0	192 34.9	50.1	107 48.0	37.4	125 42.9	11.2			
26 00	94 42.7	157 24.5	S19 42.5	207 35.5	S21 50.4	122 50.1	S12 37.3	140 45.1	S18 11.1	Mirfak	308 31.4	N49 56.4
01	109 45.2	172 27.8	42.0	222 36.1	50.7	137 52.1	37.1	155 47.3	11.0	Nunki	75 51.2	S26 16.2
02	124 47.7	187 31.1	41.6	237 36.7	51.0	152 54.1	37.0	170 49.5	10.9	Peacock	53 10.2	S56 40.0
03	139 50.1	202 34.4	.. 41.1	252 37.2	.. 51.3	167 56.1	.. 36.8	185 51.7	.. 10.9	Pollux	243 20.0	N27 58.3
04	154 52.6	217 37.7	40.6	267 37.8	51.6	182 58.1	36.6	200 53.9	10.8	Procyon	244 53.1	N 5 10.1
05	169 55.1	232 41.0	40.1	282 38.4	51.9	198 00.2	36.5	215 56.1	10.7			
06	184 57.5	247 44.3	S19 39.6	297 39.0	S21 52.2	213 02.2	S12 36.3	230 58.3	S18 10.7	Rasalhague	96 01.2	N12 32.7
07	200 00.0	262 47.6	39.1	312 39.6	52.5	228 04.2	36.1	246 00.5	10.6	Regulus	207 36.9	N11 51.6
08	215 02.5	277 51.0	38.6	327 40.2	52.8	243 06.2	36.0	261 02.7	10.5	Rigel	281 05.9	S 8 10.6
S 09	230 04.9	292 54.3	.. 38.1	342 40.8	.. 53.1	258 08.2	.. 35.8	276 04.9	.. 10.4	Rigil Kent.	139 44.1	S60 55.2
U 10	245 07.4	307 57.6	37.6	357 41.3	53.4	273 10.2	35.6	291 07.1	10.4	Sabik	102 06.0	S15 45.0
N 11	260 09.9	323 01.0	37.1	12 41.9	53.7	288 12.3	35.5	306 09.3	10.3			
D 12	275 12.3	338 04.3	S19 36.7	27 42.5	S21 54.0	303 14.3	S12 35.3	321 11.5	S18 10.2	Schedar	349 33.7	N56 39.7
A 13	290 14.8	353 07.6	36.2	42 43.1	54.3	318 16.3	35.1	336 13.7	10.2	Shaula	96 14.2	S37 07.1
Y 14	305 17.2	8 11.0	35.7	57 43.7	54.6	333 18.3	35.0	351 15.9	10.1	Sirius	258 28.1	S16 44.8
15	320 19.7	23 14.4	.. 35.2	72 44.3	.. 54.9	348 20.3	.. 34.8	6 18.1	.. 10.0	Spica	158 25.0	S11 16.4
16	335 22.2	38 17.7	34.7	87 44.9	55.1	3 22.4	34.6	21 20.3	09.9	Suhail	222 47.8	S43 31.1
17	350 24.6	53 21.1	34.2	102 45.4	55.4	18 24.4	34.5	36 22.5	09.9			
18	5 27.1	68 24.5	S19 33.7	117 46.0	S21 55.7	33 26.4	S12 34.3	51 24.7	S18 09.8	Vega	80 35.3	N38 48.2
19	20 29.6	83 27.8	33.3	132 46.6	56.0	48 28.4	34.1	66 26.9	09.7	Zuben'ubi	136 59.0	S16 07.8
20	35 32.0	98 31.2	32.8	147 47.2	56.3	63 30.4	34.0	81 29.1	09.7		SHA	Mer. Pass.
21	50 34.5	113 34.6	.. 32.3	162 47.8	.. 56.6	78 32.4	.. 33.8	96 31.3	.. 09.6		° ′	h m
22	65 37.0	128 38.0	31.8	177 48.4	56.9	93 34.5	33.6	111 33.5	09.5	Venus	62 23.1	13 33
23	80 39.4	143 41.4	31.3	192 48.9	57.2	108 36.5	33.4	126 35.7	09.5	Mars	113 37.7	10 10
	h m									Jupiter	28 17.9	15 50
Mer. Pass. 17 42.2		v 3.2	d 0.5	v 0.6	d 0.3	v 2.0	d 0.2	v 2.2	d 0.1	Saturn	46 08.6	14 38

2021 DECEMBER 24, 25, 26 (FRI., SAT., SUN.)

UT	SUN GHA	SUN Dec	MOON GHA	MOON v	MOON Dec	MOON d	MOON HP	Lat.	Twilight Naut.	Twilight Civil	Sunrise	Moonrise 24	Moonrise 25	Moonrise 26	Moonrise 27
d h	° '	° '	° '	'	° '	'	'	°	h m	h m	h m	h m	h m	h m	h m
								N 72	08 27	10 57	■■■	18 59	21 21	23 30	25 39
24 00	180 08.9	S23 25.0	303 01.7	12.7	N17 51.2	10.5	55.5	N 70	08 07	09 55	■■■	19 30	21 35	23 33	25 33
01	195 08.6	24.9	317 33.4	12.8	17 40.7	10.6	55.5	68	07 51	09 20	■■■	19 52	21 46	23 36	25 28
02	210 08.3	24.9	332 05.2	12.9	17 30.1	10.7	55.5	66	07 38	08 55	10 35	20 10	21 55	23 38	25 24
03	225 08.0	.. 24.8	346 37.1	12.9	17 19.4	10.7	55.5	64	07 27	08 35	09 53	20 24	22 02	23 40	25 21
04	240 07.7	24.8	1 09.0	12.9	17 08.7	10.8	55.5	62	07 17	08 19	09 25	20 36	22 09	23 42	25 18
05	255 07.4	24.7	15 40.9	12.9	16 57.9	10.9	55.6	60	07 09	08 06	09 03	20 46	22 14	23 43	25 15
06	270 07.1	S23 24.7	30 12.8	13.0	N16 47.0	11.0	55.6	N 58	07 01	07 54	08 46	20 54	22 19	23 45	25 13
07	285 06.8	24.6	44 44.8	13.1	16 36.0	11.1	55.6	56	06 55	07 44	08 31	21 02	22 23	23 46	25 11
08	300 06.4	24.6	59 16.9	13.0	16 24.9	11.2	55.6	54	06 48	07 35	08 19	21 09	22 27	23 47	25 09
F 09	315 06.1	.. 24.5	73 48.9	13.1	16 13.7	11.2	55.7	52	06 43	07 27	08 07	21 15	22 31	23 48	25 07
R 10	330 05.8	24.5	88 21.0	13.1	16 02.5	11.4	55.7	50	06 38	07 19	07 58	21 20	22 34	23 49	25 06
I 11	345 05.5	24.4	102 53.1	13.2	15 51.1	11.4	55.7	45	06 26	07 03	07 37	21 32	22 41	23 50	25 02
D 12	0 05.2	S23 24.4	117 25.3	13.2	N15 39.7	11.4	55.7	N 40	06 15	06 50	07 20	21 41	22 46	23 52	25 00
A 13	15 04.9	24.3	131 57.5	13.2	15 28.3	11.6	55.8	35	06 06	06 38	07 06	21 50	22 51	23 53	24 57
Y 14	30 04.6	24.2	146 29.7	13.3	15 16.7	11.6	55.8	30	05 57	06 27	06 54	21 57	22 55	23 55	24 55
15	45 04.3	.. 24.2	161 02.0	13.3	15 05.1	11.7	55.8	20	05 41	06 08	06 32	22 09	23 03	23 57	24 52
16	60 04.0	24.1	175 34.3	13.3	14 53.4	11.8	55.8	N 10	05 25	05 51	06 14	22 20	23 09	23 58	24 49
17	75 03.7	24.1	190 06.6	13.4	14 41.6	11.9	55.9	0	05 08	05 34	05 56	22 30	23 15	24 00	00 00
18	90 03.3	S23 24.0	204 39.0	13.3	N14 29.7	11.9	55.9	S 10	04 49	05 16	05 39	22 40	23 21	24 02	00 02
19	105 03.0	24.0	219 11.3	13.4	14 17.8	12.0	55.9	20	04 26	04 55	05 20	22 51	23 28	24 04	00 04
20	120 02.7	23.9	233 43.7	13.5	14 05.8	12.1	55.9	30	03 57	04 30	04 58	23 03	23 35	24 06	00 06
21	135 02.4	.. 23.8	248 16.2	13.4	13 53.7	12.2	56.0	35	03 38	04 15	04 45	23 10	23 39	24 07	00 07
22	150 02.1	23.8	262 48.6	13.5	13 41.5	12.2	56.0	40	03 15	03 57	04 30	23 18	23 44	24 08	00 08
23	165 01.8	23.7	277 21.1	13.5	13 29.3	12.3	56.0	45	02 45	03 34	04 12	23 27	23 49	24 10	00 10
25 00	180 01.5	S23 23.6	291 53.6	13.6	N13 17.0	12.4	56.0	S 50	01 59	03 05	03 49	23 38	23 56	24 12	00 12
01	195 01.2	23.6	306 26.2	13.5	13 04.6	12.4	56.1	52	01 31	02 49	03 38	23 43	23 59	24 13	00 13
02	210 00.9	23.5	320 58.7	13.6	12 52.2	12.5	56.1	54	00 45	02 32	03 26	23 49	24 02	00 02	00 13
03	225 00.6	.. 23.4	335 31.3	13.6	12 39.7	12.5	56.1	56	////	02 09	03 12	23 55	24 05	00 05	00 15
04	240 00.3	23.4	350 03.9	13.7	12 27.2	12.7	56.1	58	////	01 39	02 55	24 02	00 02	00 09	00 16
05	254 59.9	23.3	4 36.6	13.6	12 14.5	12.7	56.2	S 60	////	00 49	02 35	00 05	00 10	00 14	00 17
06	269 59.6	S23 23.2	19 09.2	13.7	N12 01.8	12.7	56.2	Lat.	Sunset	Twilight Civil	Twilight Naut.	Moonset 24	Moonset 25	Moonset 26	Moonset 27
07	284 59.3	23.2	33 41.9	13.7	11 49.1	12.9	56.2								
S 08	299 59.0	23.1	48 14.6	13.7	11 36.2	12.9	56.3								
A 09	314 58.7	.. 23.0	62 47.3	13.7	11 23.3	12.9	56.3	°	h m	h m	h m	h m	h m	h m	h m
T 10	329 58.4	22.9	77 20.0	13.8	11 10.4	13.0	56.3	N 72	■■■	13 04	15 34	14 00	13 13	12 41	12 12
U 11	344 58.1	22.9	91 52.7	13.8	10 57.4	13.1	56.3	N 70	■■■	14 05	15 53	13 27	12 57	12 34	12 13
R 12	359 57.8	S23 22.8	106 25.5	13.7	N10 44.3	13.1	56.4	68	■■■	14 40	16 09	13 03	12 44	12 29	12 14
D 13	14 57.5	22.7	120 58.2	13.8	10 31.2	13.2	56.4	66	13 25	15 05	16 22	12 45	12 34	12 24	12 15
A 14	29 57.2	22.6	135 31.0	13.8	10 18.0	13.3	56.4	64	14 07	15 25	16 34	12 29	12 25	12 20	12 15
Y 15	44 56.9	.. 22.6	150 03.8	13.8	10 04.7	13.3	56.5	62	14 35	15 41	16 43	12 16	12 17	12 16	12 16
16	59 56.5	22.5	164 36.6	13.8	9 51.4	13.3	56.5	60	14 57	15 55	16 51	12 06	12 10	12 13	12 16
17	74 56.2	22.4	179 09.4	13.9	9 38.1	13.4	56.5	N 58	15 14	16 06	16 59	11 56	12 04	12 11	12 17
18	89 55.9	S23 22.3	193 42.3	13.8	N 9 24.7	13.5	56.5	56	15 29	16 17	17 06	11 48	11 59	12 08	12 17
19	104 55.6	22.2	208 15.1	13.8	9 11.2	13.5	56.6	54	15 42	16 26	17 12	11 40	11 54	12 06	12 17
20	119 55.3	22.2	222 47.9	13.9	8 57.7	13.6	56.6	52	15 53	16 34	17 18	11 33	11 50	12 04	12 18
21	134 55.0	.. 22.1	237 20.8	13.8	8 44.1	13.7	56.6	50	16 03	16 41	17 23	11 27	11 46	12 02	12 18
22	149 54.7	22.0	251 53.6	13.9	8 30.4	13.6	56.7	45	16 23	16 57	17 35	11 14	11 37	11 58	12 19
23	164 54.4	21.9	266 26.5	13.9	8 16.8	13.8	56.7								
26 00	179 54.1	S23 21.8	280 59.4	13.8	N 8 03.0	13.8	56.7	N 40	16 40	17 11	17 45	11 03	11 30	11 55	12 19
01	194 53.8	21.7	295 32.2	13.9	7 49.2	13.8	56.8	35	16 54	17 22	17 54	10 54	11 24	11 52	12 20
02	209 53.5	21.7	310 05.1	13.9	7 35.4	13.9	56.8	30	17 07	17 33	18 03	10 45	11 18	11 49	12 20
03	224 53.1	.. 21.6	324 38.0	13.8	7 21.5	13.9	56.8	20	17 28	17 52	18 19	10 31	11 08	11 44	12 21
04	239 52.8	21.5	339 10.8	13.9	7 07.6	14.0	56.8	N 10	17 46	18 09	18 36	10 18	11 00	11 40	12 21
05	254 52.5	21.4	353 43.7	13.9	6 53.6	14.0	56.9	0	18 04	18 26	18 53	10 06	10 52	11 37	12 22
06	269 52.2	S23 21.3	8 16.6	13.8	N 6 39.6	14.1	56.9	S 10	18 21	18 45	19 12	09 54	10 44	11 33	12 22
07	284 51.9	21.2	22 49.4	13.9	6 25.5	14.1	56.9	20	18 40	19 05	19 34	09 41	10 35	11 28	12 23
08	299 51.6	21.1	37 22.3	13.8	6 11.4	14.1	57.0	30	19 02	19 30	20 03	09 27	10 25	11 24	12 23
S 09	314 51.3	.. 21.0	51 55.1	13.9	5 57.3	14.2	57.0	35	19 15	19 45	20 22	09 18	10 19	11 21	12 24
U 10	329 51.0	20.9	66 28.0	13.8	5 43.1	14.2	57.0	40	19 30	20 03	20 45	09 08	10 12	11 18	12 24
N 11	344 50.7	20.9	81 00.8	13.8	5 28.9	14.3	57.1	45	19 48	20 26	21 16	08 56	10 05	11 14	12 25
D 12	359 50.4	S23 20.8	95 33.6	13.9	N 5 14.6	14.3	57.1	S 50	20 11	20 56	22 01	08 42	09 55	11 09	12 25
A 13	14 50.1	20.7	110 06.5	13.8	5 00.3	14.4	57.1	52	20 22	21 11	22 29	08 35	09 51	11 07	12 25
Y 14	29 49.8	20.6	124 39.3	13.7	4 45.9	14.4	57.2	54	20 34	21 28	23 14	08 28	09 46	11 05	12 26
15	44 49.4	.. 20.5	139 12.0	13.8	4 31.5	14.4	57.2	56	20 48	21 51	////	08 19	09 41	11 02	12 26
16	59 49.1	20.4	153 44.8	13.8	4 17.1	14.4	57.2	58	21 05	22 20	////	08 10	09 35	11 00	12 26
17	74 48.8	20.3	168 17.6	13.7	4 02.7	14.5	57.3	S 60	21 25	23 10	////	07 59	09 28	10 56	12 26
18	89 48.5	S23 20.2	182 50.3	13.8	N 3 48.2	14.6	57.3			SUN			MOON		
19	104 48.2	20.1	197 23.1	13.7	3 33.6	14.5	57.3	Day	Eqn. of Time 00h	Eqn. of Time 12h	Mer. Pass.	Mer. Pass. Upper	Mer. Pass. Lower	Age	Phase
20	119 47.9	20.0	211 55.8	13.8	3 19.1	14.6	57.4								
21	134 47.6	.. 19.9	226 28.6	13.6	3 04.5	14.6	57.4	d	m s	m s	h m	h m	h m	d	%
22	149 47.3	19.8	241 01.2	13.7	2 49.9	14.7	57.4	24	00 36	00 21	12 00	03 55	16 18	20	76
23	164 47.0	19.7	255 33.8	13.6	N 2 35.2	14.7	57.5	25	00 07	00 08	12 00	04 41	17 03	21	67
	SD 16.3	d 0.1	SD 15.2		15.4		15.6	26	00 23	00 38	12 01	05 26	17 48	22	56

2021 DECEMBER 27, 28, 29 (MON., TUES., WED.)

UT	ARIES	VENUS −4.5		MARS +1.5		JUPITER −2.1		SATURN +0.7		STARS		
	GHA	GHA	Dec	GHA	Dec	GHA	Dec	GHA	Dec	Name	SHA	Dec
d h	° ′	° ′	° ′	° ′	° ′	° ′	° ′	° ′	° ′		° ′	° ′
27 00	95 41.9	158 44.8	S19 30.8	207 49.5	S21 57.5	123 38.5	S12 33.3	141 37.9	S18 09.4	Acamar	315 13.4	S40 13.3
01	110 44.3	173 48.2	30.3	222 50.1	57.8	138 40.5	33.1	156 40.1	09.3	Achernar	335 21.9	S57 07.9
02	125 46.8	188 51.6	29.9	237 50.7	58.1	153 42.5	32.9	171 42.3	09.2	Acrux	173 02.8	S63 12.9
03	140 49.3	203 55.0 ..	29.4	252 51.3 ..	58.4	168 44.5 ..	32.8	186 44.5 ..	09.2	Adhara	255 07.4	S29 00.1
04	155 51.7	218 58.4	28.9	267 51.9	58.7	183 46.6	32.6	201 46.7	09.1	Aldebaran	290 42.2	N16 33.2
05	170 54.2	234 01.8	28.4	282 52.4	58.9	198 48.6	32.4	216 48.9	09.0			
06	185 56.7	249 05.2	S19 27.9	297 53.0	S21 59.2	213 50.6	S12 32.3	231 51.1	S18 09.0	Alioth	166 15.3	N55 50.2
07	200 59.1	264 08.6	27.4	312 53.6	59.5	228 52.6	32.1	246 53.3	08.9	Alkaid	152 54.2	N49 12.0
08	216 01.6	279 12.1	27.0	327 54.2	21 59.8	243 54.6	31.9	261 55.5	08.8	Al Na'ir	27 36.4	S46 51.6
M 09	231 04.1	294 15.5 ..	26.5	342 54.8	22 00.1	258 56.6 ..	31.8	276 57.7 ..	08.7	Alnilam	275 39.9	S 1 11.3
O 10	246 06.5	309 18.9	26.0	357 55.3	00.4	273 58.7	31.6	291 59.9	08.7	Alphard	217 50.0	S 8 45.2
N 11	261 09.0	324 22.4	25.5	12 55.9	00.7	289 00.7	31.4	307 02.1	08.6			
D 12	276 11.5	339 25.8	S19 25.0	27 56.5	S22 01.0	304 02.7	S12 31.3	322 04.3	S18 08.5	Alphecca	126 06.2	N26 38.4
A 13	291 13.9	354 29.3	24.6	42 57.1	01.3	319 04.7	31.1	337 06.5	08.4	Alpheratz	357 37.4	N29 12.8
Y 14	306 16.4	9 32.7	24.1	57 57.7	01.5	334 06.7	30.9	352 08.7	08.4	Altair	62 02.7	N 8 55.6
15	321 18.8	24 36.2 ..	23.6	72 58.2 ..	01.8	349 08.7 ..	30.8	7 10.9 ..	08.3	Ankaa	353 09.6	S42 11.5
16	336 21.3	39 39.6	23.1	87 58.8	02.1	4 10.7	30.6	22 13.1	08.2	Antares	112 19.2	S26 28.7
17	351 23.8	54 43.1	22.6	102 59.4	02.4	19 12.8	30.4	37 15.3	08.2			
18	6 26.2	69 46.6	S19 22.2	118 00.0	S22 02.7	34 14.8	S12 30.3	52 17.5	S18 08.1	Arcturus	145 50.4	N19 04.0
19	21 28.7	84 50.1	21.7	133 00.6	03.0	49 16.8	30.1	67 19.7	08.0	Atria	107 16.2	S69 03.8
20	36 31.2	99 53.5	21.2	148 01.1	03.3	64 18.8	29.9	82 21.9	07.9	Avior	234 15.1	S59 34.6
21	51 33.6	114 57.0 ..	20.7	163 01.7 ..	03.5	79 20.8 ..	29.7	97 24.1 ..	07.9	Bellatrix	278 25.2	N 6 22.1
22	66 36.1	130 00.5	20.3	178 02.3	03.8	94 22.8	29.6	112 26.3	07.8	Betelgeuse	270 54.4	N 7 24.6
23	81 38.6	145 04.0	19.8	193 02.9	04.1	109 24.8	29.4	127 28.5	07.7			
28 00	96 41.0	160 07.5	S19 19.3	208 03.5	S22 04.4	124 26.8	S12 29.2	142 30.7	S18 07.7	Canopus	263 52.9	S52 42.4
01	111 43.5	175 11.0	18.8	223 04.0	04.7	139 28.9	29.1	157 32.9	07.6	Capella	280 25.1	N46 01.2
02	126 46.0	190 14.5	18.3	238 04.6	05.0	154 30.9	28.9	172 35.1	07.5	Deneb	49 27.9	N45 21.6
03	141 48.4	205 18.0 ..	17.9	253 05.2 ..	05.2	169 32.9 ..	28.7	187 37.3 ..	07.4	Denebola	182 27.5	N14 26.9
04	156 50.9	220 21.5	17.4	268 05.8	05.5	184 34.9	28.6	202 39.5	07.4	Diphda	348 49.8	S17 52.2
05	171 53.3	235 25.0	16.9	283 06.3	05.8	199 36.9	28.4	217 41.7	07.3			
06	186 55.8	250 28.5	S19 16.4	298 06.9	S22 06.1	214 38.9	S12 28.2	232 43.9	S18 07.2	Dubhe	193 43.9	N61 37.7
07	201 58.3	265 32.1	16.0	313 07.5	06.4	229 40.9	28.1	247 46.1	07.2	Elnath	278 04.6	N28 37.5
T 08	217 00.7	280 35.6	15.5	328 08.1	06.7	244 42.9	27.9	262 48.2	07.1	Eltanin	90 43.9	N51 29.1
U 09	232 03.2	295 39.1 ..	15.0	343 08.6 ..	06.9	259 45.0 ..	27.7	277 50.4 ..	07.0	Enif	33 41.5	N 9 58.5
E 10	247 05.7	310 42.7	14.5	358 09.2	07.2	274 47.0	27.5	292 52.6	06.9	Fomalhaut	15 17.4	S29 30.6
S 11	262 08.1	325 46.2	14.1	13 09.8	07.5	289 49.0	27.4	307 54.8	06.9			
D 12	277 10.6	340 49.7	S19 13.6	28 10.4	S22 07.8	304 51.0	S12 27.2	322 57.0	S18 06.8	Gacrux	171 54.4	S57 13.8
A 13	292 13.1	355 53.3	13.1	43 10.9	08.1	319 53.0	27.0	337 59.2	06.7	Gienah	175 46.1	S17 39.7
Y 14	307 15.5	10 56.8	12.7	58 11.5	08.3	334 55.0	26.9	353 01.4	06.7	Hadar	148 39.8	S60 28.4
15	322 18.0	26 00.4 ..	12.2	73 12.1 ..	08.6	349 57.0 ..	26.7	8 03.6 ..	06.6	Hamal	327 53.8	N23 34.0
16	337 20.4	41 03.9	11.7	88 12.7	08.9	4 59.0	26.5	23 05.8	06.5	Kaus Aust.	83 36.2	S34 22.4
17	352 22.9	56 07.5	11.2	103 13.2	09.2	20 01.0	26.3	38 08.0	06.4			
18	7 25.4	71 11.1	S19 10.8	118 13.8	S22 09.4	35 03.1	S12 26.2	53 10.2	S18 06.4	Kochab	137 20.6	N74 03.7
19	22 27.8	86 14.6	10.3	133 14.4	09.7	50 05.1	26.0	68 12.4	06.3	Markab	13 32.5	N15 19.4
20	37 30.3	101 18.2	09.8	148 15.0	10.0	65 07.1	25.8	83 14.6	06.2	Menkar	314 08.5	N 4 10.5
21	52 32.8	116 21.8 ..	09.4	163 15.5 ..	10.3	80 09.1 ..	25.7	98 16.8 ..	06.1	Menkent	148 00.7	S36 28.4
22	67 35.2	131 25.4	08.9	178 16.1	10.5	95 11.1	25.5	113 19.0	06.1	Miaplacidus	221 38.0	S69 48.1
23	82 37.7	146 29.0	08.4	193 16.7	10.8	110 13.1	25.3	128 21.2	06.0			
29 00	97 40.2	161 32.6	S19 08.0	208 17.3	S22 11.1	125 15.1	S12 25.2	143 23.4	S18 05.9	Mirfak	308 31.4	N49 56.4
01	112 42.6	176 36.1	07.5	223 17.8	11.4	140 17.1	25.0	158 25.6	05.9	Nunki	75 51.2	S26 16.2
02	127 45.1	191 39.7	07.0	238 18.4	11.6	155 19.1	24.8	173 27.8	05.8	Peacock	53 10.2	S56 40.0
03	142 47.6	206 43.3 ..	06.5	253 19.0 ..	11.9	170 21.1 ..	24.6	188 30.0 ..	05.7	Pollux	243 20.0	N27 58.3
04	157 50.0	221 46.9	06.1	268 19.6	12.2	185 23.1	24.5	203 32.2	05.6	Procyon	244 53.1	N 5 10.1
05	172 52.5	236 50.6	05.6	283 20.1	12.5	200 25.2	24.3	218 34.4	05.6			
06	187 54.9	251 54.2	S19 05.1	298 20.7	S22 12.7	215 27.2	S12 24.1	233 36.6	S18 05.5	Rasalhague	96 01.2	N12 32.6
W 07	202 57.4	266 57.8	04.7	313 21.3	13.0	230 29.2	24.0	248 38.8	05.4	Regulus	207 36.9	N11 51.6
E 08	217 59.9	282 01.4	04.2	328 21.8	13.3	245 31.2	23.8	263 41.0	05.3	Rigel	281 05.9	S 8 10.6
D 09	233 02.3	297 05.0 ..	03.8	343 22.4 ..	13.6	260 33.2 ..	23.6	278 43.2 ..	05.3	Rigil Kent.	139 44.1	S60 55.2
N 10	248 04.8	312 08.7	03.3	358 23.0	13.8	275 35.2	23.4	293 45.4	05.2	Sabik	102 06.0	S15 45.1
E 11	263 07.3	327 12.3	02.8	13 23.6	14.1	290 37.2	23.3	308 47.5	05.1			
S 12	278 09.7	342 15.9	S19 02.4	28 24.1	S22 14.4	305 39.2	S12 23.1	323 49.7	S18 05.1	Schedar	349 33.8	N56 39.7
D 13	293 12.2	357 19.6	01.9	43 24.7	14.6	320 41.2	22.9	338 51.9	05.0	Shaula	96 14.2	S37 07.1
A 14	308 14.7	12 23.2	01.4	58 25.3	14.9	335 43.2	22.8	353 54.1	04.9	Sirius	258 28.1	S16 44.8
Y 15	323 17.1	27 26.8 ..	01.0	73 25.8 ..	15.2	350 45.2 ..	22.6	8 56.3 ..	04.8	Spica	158 25.0	S11 16.4
16	338 19.6	42 30.5	00.5	88 26.4	15.5	5 47.2	22.4	23 58.5	04.8	Suhail	222 47.8	S43 31.1
17	353 22.1	57 34.2	19 00.0	103 27.0	15.7	20 49.2	22.2	39 00.7	04.7			
18	8 24.5	72 37.8	S18 59.6	118 27.6	S22 16.0	35 51.2	S12 22.1	54 02.9	S18 04.6	Vega	80 35.3	N38 48.2
19	23 27.0	87 41.5	59.1	133 28.1	16.3	50 53.3	21.9	69 05.1	04.5	Zuben'ubi	136 59.0	S16 07.8
20	38 29.4	102 45.1	58.7	148 28.7	16.5	65 55.3	21.7	84 07.3	04.5		SHA	Mer. Pass.
21	53 31.9	117 48.8 ..	58.2	163 29.3 ..	16.8	80 57.3 ..	21.5	99 09.5 ..	04.4		° ′	h m
22	68 34.4	132 52.5	57.7	178 29.8	17.1	95 59.3	21.4	114 11.7	04.3	Venus	63 26.5	13 16
23	83 36.8	147 56.1	57.3	193 30.4	17.3	111 01.3	21.2	129 13.9	04.3	Mars	111 22.4	10 07
	h m									Jupiter	27 45.8	15 40
Mer. Pass.	17 30.4	v 3.5	d 0.5	v 0.6	d 0.3	v 2.0	d 0.2	v 2.2	d 0.1	Saturn	45 49.6	14 28

250

2021 DECEMBER 27, 28, 29 (MON., TUES., WED.)

UT	SUN GHA	SUN Dec	MOON GHA	MOON v	MOON Dec	MOON d	MOON HP	Lat.	Twilight Naut.	Twilight Civil	Sunrise	Moonrise 27	Moonrise 28	Moonrise 29	Moonrise 30
d h	° ′	° ′	° ′	′	° ′	′	′	°	h m	h m	h m	h m	h m	h m	h m
								N 72	08 26	10 52	■■	25 39	01 39	04 02	07 19
27 00	179 46.7	S23 19.6	270 06.4 13.6	N 2 20.5	14.7	57.5	N 70	08 07	09 54	■■	25 33	01 33	03 43	06 19
01	194 46.4	19.5	284 39.0 13.6	2 05.8	14.7	57.5	68	07 51	09 19	■■	25 28	01 28	03 28	05 45
02	209 46.1	19.4	299 11.6 13.5	1 51.1	14.8	57.6	66	07 38	08 55	10 33	25 24	01 24	03 16	05 21
03	224 45.8	19.2	313 44.1 13.5	1 36.3	14.8	57.6	64	07 27	08 35	09 52	25 21	01 21	03 07	05 02
04	239 45.4	19.1	328 16.6 13.5	1 21.5	14.8	57.6	62	07 18	08 19	09 25	25 18	01 18	02 58	04 47
05	254 45.1	19.0	342 49.1 13.5	1 06.7	14.8	57.7	60	07 09	08 06	09 03	25 15	01 15	02 51	04 34
06	269 44.8	S23 18.9	357 21.6 13.4	N 0 51.9	14.9	57.7	N 58	07 02	07 55	08 46	25 13	01 13	02 45	04 23
07	284 44.5	18.8	11 54.0 13.4	0 37.0	14.9	57.7	56	06 55	07 44	08 32	25 11	01 11	02 39	04 13
08	299 44.2	18.7	26 26.4 13.3	0 22.1	14.9	57.8	54	06 49	07 35	08 19	25 09	01 09	02 35	04 05
M 09	314 43.9	18.6	40 58.7 13.4	N 0 07.2	14.9	57.8	52	06 44	07 27	08 08	25 07	01 07	02 30	03 58
O 10	329 43.6	18.5	55 31.1 13.2	S 0 07.7	14.9	57.8	50	06 38	07 20	07 58	25 06	01 06	02 26	03 51
N 11	344 43.3	18.4	70 03.3 13.3	0 22.6	15.0	57.9	45	06 27	07 04	07 38	25 02	01 02	02 18	03 37
D 12	359 43.0	S23 18.3	84 35.6 13.2	S 0 37.6	14.9	57.9	N 40	06 16	06 51	07 21	25 00	01 00	02 10	03 25
A 13	14 42.7	18.1	99 07.8 13.1	0 52.5	15.0	57.9	35	06 07	06 39	07 07	24 57	00 57	02 04	03 15
Y 14	29 42.4	18.0	113 39.9 13.2	1 07.5	15.0	58.0	30	05 58	06 28	06 55	24 55	00 55	01 59	03 06
15	44 42.1	17.9	128 12.1 13.0	1 22.5	15.0	58.0	20	05 42	06 10	06 34	24 52	00 52	01 50	02 51
16	59 41.8	17.8	142 44.1 13.1	1 37.5	15.0	58.1	N 10	05 26	05 52	06 15	24 49	00 49	01 42	02 39
17	74 41.5	17.7	157 16.2 13.0	1 52.5	15.0	58.1	0	05 09	05 35	05 58	00 00	00 46	01 34	02 27
18	89 41.1	S23 17.6	171 48.2 12.9	S 2 07.5	15.1	58.1	S 10	04 50	05 17	05 40	00 02	00 43	01 27	02 15
19	104 40.8	17.4	186 20.1 12.9	2 22.6	15.0	58.2	20	04 28	04 57	05 22	00 04	00 40	01 19	02 02
20	119 40.5	17.3	200 52.0 12.8	2 37.6	15.1	58.2	30	03 59	04 32	05 00	00 06	00 37	01 11	01 48
21	134 40.2	17.2	215 23.8 12.8	2 52.7	15.0	58.2	35	03 40	04 17	04 47	00 07	00 35	01 06	01 40
22	149 39.9	17.1	229 55.6 12.7	3 07.7	15.1	58.3	40	03 17	03 59	04 32	00 08	00 33	01 00	01 31
23	164 39.6	16.9	244 27.3 12.7	3 22.8	15.0	58.3	45	02 47	03 37	04 14	00 10	00 31	00 53	01 20
28 00	179 39.3	S23 16.8	258 59.0 12.6	S 3 37.8	15.1	58.3	S 50	02 02	03 07	03 51	00 12	00 28	00 46	01 07
01	194 39.0	16.7	273 30.6 12.6	3 52.9	15.1	58.4	52	01 35	02 52	03 41	00 13	00 27	00 42	01 01
02	209 38.7	16.6	288 02.2 12.5	4 08.0	15.0	58.4	54	00 50	02 34	03 28	00 13	00 25	00 38	00 54
03	224 38.4	16.4	302 33.7 12.4	4 23.0	15.1	58.4	56	////	02 12	03 14	00 15	00 24	00 34	00 47
04	239 38.1	16.3	317 05.1 12.4	4 38.1	15.0	58.5	58	////	01 43	02 58	00 16	00 22	00 29	00 39
05	254 37.8	16.2	331 36.5 12.3	4 53.1	15.1	58.5	S 60	////	00 55	02 38	00 17	00 20	00 24	00 29
06	269 37.5	S23 16.1	346 07.8 12.3	S 5 08.2	15.0	58.6	Lat.	Sunset	Twilight Civil	Twilight Naut.	Moonset 27	Moonset 28	Moonset 29	Moonset 30
07	284 37.2	15.9	0 39.1 12.2	5 23.2	15.1	58.6								
T 08	299 36.9	15.8	15 10.3 12.1	5 38.3	15.0	58.6	°	h m	h m	h m	h m	h m	h m	h m
U 09	314 36.6	15.7	29 41.4 12.1	5 53.3	15.0	58.7	N 72	■■	13 11	15 37	12 12	11 41	11 02	09 36
E 10	329 36.3	15.5	44 12.5 12.0	6 08.3	15.0	58.7	N 70	■■	14 10	15 57	12 13	11 51	11 24	10 38
S 11	344 35.9	15.4	58 43.5 11.9	6 23.3	15.0	58.7	68	■■	14 44	16 12	12 14	11 58	11 40	11 14
D 12	359 35.6	S23 15.3	73 14.4 11.8	S 6 38.3	15.0	58.8	66	13 30	15 09	16 25	12 15	12 05	11 54	11 40
A 13	14 35.3	15.1	87 45.2 11.8	6 53.3	14.9	58.8	64	14 11	15 28	16 36	12 15	12 10	12 05	12 00
Y 14	29 35.0	15.0	102 16.0 11.7	7 08.2	14.9	58.8	62	14 39	15 44	16 46	12 16	12 15	12 15	12 16
15	44 34.7	14.9	116 46.7 11.6	7 23.2	14.9	58.9	60	15 00	15 57	16 54	12 16	12 19	12 24	12 30
16	59 34.4	14.7	131 17.3 11.6	7 38.1	14.9	58.9	N 58	15 17	16 09	17 01	12 17	12 23	12 31	12 42
17	74 34.1	14.6	145 47.9 11.4	7 53.0	14.9	58.9	56	15 32	16 19	17 08	12 17	12 26	12 38	12 52
18	89 33.8	S23 14.5	160 18.3 11.4	S 8 07.9	14.9	59.0	54	15 44	16 28	17 14	12 17	12 29	12 43	13 02
19	104 33.5	14.3	174 48.7 11.3	8 22.8	14.8	59.0	52	15 55	16 36	17 20	12 18	12 32	12 49	13 10
20	119 33.2	14.2	189 19.0 11.2	8 37.6	14.8	59.1	50	16 05	16 43	17 25	12 18	12 35	12 54	13 17
21	134 32.9	14.0	203 49.2 11.2	8 52.4	14.8	59.1	45	16 26	16 59	17 37	12 19	12 40	13 04	13 33
22	149 32.6	13.9	218 19.4 11.0	9 07.2	14.7	59.1								
23	164 32.3	13.8	232 49.4 11.0	9 21.9	14.8	59.2	N 40	16 42	17 13	17 47	12 19	12 45	13 13	13 46
29 00	179 32.0	S23 13.6	247 19.4 10.9	S 9 36.7	14.6	59.2	35	16 56	17 24	17 56	12 20	12 49	13 21	13 57
01	194 31.7	13.5	261 49.3 10.8	9 51.3	14.7	59.2	30	17 09	17 35	18 05	12 20	12 52	13 27	14 07
02	209 31.4	13.3	276 19.1 10.7	10 06.0	14.6	59.3	20	17 30	17 54	18 21	12 21	12 58	13 39	14 24
03	224 31.1	13.2	290 48.8 10.6	10 20.6	14.6	59.3	N 10	17 48	18 11	18 37	12 21	13 04	13 49	14 39
04	239 30.8	13.0	305 18.4 10.5	10 35.2	14.5	59.3	0	18 05	18 28	18 54	12 22	13 09	13 59	14 53
05	254 30.5	12.9	319 47.9 10.4	10 49.7	14.5	59.4	S 10	18 23	18 46	19 13	12 22	13 14	14 08	15 07
06	269 30.2	S23 12.7	334 17.3 10.3	S11 04.2	14.5	59.4	20	18 42	19 06	19 35	12 23	13 19	14 19	15 22
07	284 29.9	12.6	348 46.6 10.3	11 18.7	14.4	59.4	30	19 04	19 31	20 04	12 23	13 25	14 31	15 40
W 08	299 29.6	12.4	3 15.9 10.1	11 33.1	14.4	59.5	35	19 16	19 46	20 23	12 24	13 29	14 37	15 50
E 09	314 29.2	12.3	17 45.0 10.0	11 47.5	14.3	59.5	40	19 31	20 04	20 46	12 24	13 33	14 45	16 01
D 10	329 28.9	12.1	32 14.0 10.0	12 01.8	14.3	59.5	45	19 49	20 26	21 16	12 25	13 38	14 55	16 15
N 11	344 28.6	12.0	46 43.0 9.8	12 16.1	14.2	59.6								
E 12	359 28.3	S23 11.8	61 11.8 9.7	S12 30.3	14.2	59.6	S 50	20 12	20 56	22 01	12 25	13 43	15 06	16 32
S 13	14 28.0	11.7	75 40.5 9.7	12 44.5	14.1	59.6	52	20 22	21 11	22 28	12 25	13 46	15 11	16 40
D 14	29 27.7	11.5	90 09.2 9.5	12 58.6	14.0	59.7	54	20 34	21 28	23 11	12 26	13 49	15 17	16 49
A 15	44 27.4	11.4	104 37.7 9.4	13 12.6	14.0	59.7	56	20 48	21 50	////	12 26	13 52	15 23	16 59
Y 16	59 27.1	11.2	119 06.1 9.3	13 26.6	14.0	59.7	58	21 05	22 19	////	12 26	13 56	15 30	17 10
17	74 26.8	11.1	133 34.4 9.2	13 40.6	13.8	59.8	S 60	21 25	23 06	////	12 26	14 00	15 39	17 24
18	89 26.5	S23 10.9	148 02.6 9.1	S13 54.4	13.9	59.8			SUN			MOON		
19	104 26.2	10.7	162 30.7 9.0	14 08.3	13.7	59.8	Day	Eqn. of Time 00h	Eqn. of Time 12h	Mer. Pass.	Mer. Pass. Upper	Mer. Pass. Lower	Age	Phase
20	119 25.9	10.6	176 58.7 8.9	14 22.0	13.7	59.9								
21	134 25.6	10.4	191 26.6 8.8	14 35.7	13.6	59.9	d	m s	m s	h m	h m	h m	d %	
22	149 25.3	10.3	205 54.4 8.6	14 49.3	13.5	59.9	27	00 53	01 07	12 01	06 11	18 34	23 46	
23	164 25.0	10.1	220 22.0 8.6	S15 02.8	13.5	60.0	28	01 22	01 37	12 02	06 57	19 21	24 35	
	SD 16.3	d 0.1	SD 15.8		16.0	16.2	29	01 51	02 06	12 02	07 46	20 13	25 25	

2021 DEC. 30, 31, JAN. 1 (THURS., FRI., SAT.)

UT	ARIES	VENUS −4.3		MARS +1.5		JUPITER −2.1		SATURN +0.7		STARS		
	GHA	GHA	Dec	GHA	Dec	GHA	Dec	GHA	Dec	Name	SHA	Dec
d h	° ′	° ′	° ′	° ′	° ′	° ′	° ′	° ′	° ′		° ′	° ′
30 00	98 39.3	162 59.8	S18 56.8	208 31.0	S22 17.6	126 03.3	S12 21.0	144 16.1	S18 04.2	Acamar	315 13.4	S40 13.3
01	113 41.8	178 03.5	56.4	223 31.5	17.9	141 05.3	20.9	159 18.3	04.1	Achernar	335 21.9	S57 07.9
02	128 44.2	193 07.2	55.9	238 32.1	18.1	156 07.3	20.7	174 20.5	04.0	Acrux	173 02.7	S63 12.9
03	143 46.7	208 10.9 . .	55.4	253 32.7 . .	18.4	171 09.3 . .	20.5	189 22.7 . .	04.0	Adhara	255 07.4	S29 00.1
04	158 49.2	223 14.6	55.0	268 33.2	18.7	186 11.3	20.3	204 24.9	03.9	Aldebaran	290 42.2	N16 33.2
05	173 51.6	238 18.3	54.5	283 33.8	18.9	201 13.3	20.2	219 27.0	03.8			
06	188 54.1	253 22.0	S18 54.1	298 34.4	S22 19.2	216 15.3	S12 20.0	234 29.2	S18 03.7	Alioth	166 15.3	N55 50.2
T 07	203 56.6	268 25.7	53.6	313 34.9	19.5	231 17.3	19.8	249 31.4	03.7	Alkaid	152 54.2	N49 12.0
H 08	218 59.0	283 29.4	53.1	328 35.5	19.7	246 19.3	19.6	264 33.6	03.6	Al Na'ir	27 36.4	S46 51.5
U 09	234 01.5	298 33.1 . .	52.7	343 36.1 . .	20.0	261 21.3 . .	19.5	279 35.8 . .	03.5	Alnilam	275 39.9	S 1 11.3
R 10	249 03.9	313 36.8	52.2	358 36.6	20.3	276 23.3	19.3	294 38.0	03.4	Alphard	217 49.9	S 8 45.2
S 11	264 06.4	328 40.5	51.8	13 37.2	20.5	291 25.3	19.1	309 40.2	03.4			
D 12	279 08.9	343 44.3	S18 51.3	28 37.8	S22 20.8	306 27.3	S12 19.0	324 42.4	S18 03.3	Alphecca	126 06.1	N26 38.4
A 13	294 11.3	358 48.0	50.9	43 38.3	21.0	321 29.3	18.8	339 44.6	03.2	Alpheratz	357 37.4	N29 12.8
Y 14	309 13.8	13 51.7	50.4	58 38.9	21.3	336 31.3	18.6	354 46.8	03.1	Altair	62 02.7	N 8 55.6
15	324 16.3	28 55.4 . .	50.0	73 39.5 . .	21.6	351 33.3 . .	18.4	9 49.0 . .	03.1	Ankaa	353 09.7	S42 11.5
16	339 18.7	43 59.2	49.5	88 40.0	21.8	6 35.3	18.3	24 51.2	03.0	Antares	112 19.2	S26 28.7
17	354 21.2	59 02.9	49.0	103 40.6	22.1	21 37.3	18.1	39 53.4	02.9			
18	9 23.7	74 06.7	S18 48.6	118 41.2	S22 22.3	36 39.4	S12 17.9	54 55.6	S18 02.9	Arcturus	145 50.4	N19 04.0
19	24 26.1	89 10.4	48.1	133 41.7	22.6	51 41.4	17.7	69 57.8	02.8	Atria	107 16.2	S69 03.8
20	39 28.6	104 14.2	47.7	148 42.3	22.9	66 43.4	17.6	84 59.9	02.7	Avior	234 15.1	S59 34.6
21	54 31.0	119 17.9 . .	47.2	163 42.9 . .	23.1	81 45.4 . .	17.4	100 02.1 . .	02.6	Bellatrix	278 25.2	N 6 22.1
22	69 33.5	134 21.7	46.8	178 43.4	23.4	96 47.4	17.2	115 04.3	02.6	Betelgeuse	270 54.4	N 7 24.6
23	84 36.0	149 25.4	46.3	193 44.0	23.6	111 49.4	17.0	130 06.5	02.5			
31 00	99 38.4	164 29.2	S18 45.9	208 44.6	S22 23.9	126 51.4	S12 16.9	145 08.7	S18 02.4	Canopus	263 52.9	S52 42.5
01	114 40.9	179 32.9	45.4	223 45.1	24.2	141 53.4	16.7	160 10.9	02.3	Capella	280 25.1	N46 01.2
02	129 43.4	194 36.7	45.0	238 45.7	24.4	156 55.4	16.5	175 13.1	02.3	Deneb	49 27.9	N45 21.6
03	144 45.8	209 40.5 . .	44.5	253 46.2 . .	24.7	171 57.4 . .	16.3	190 15.3 . .	02.2	Denebola	182 27.4	N14 26.9
04	159 48.3	224 44.3	44.1	268 46.8	24.9	186 59.4	16.2	205 17.5	02.1	Diphda	348 49.8	S17 52.2
05	174 50.8	239 48.0	43.6	283 47.4	25.2	202 01.4	16.0	220 19.7	02.0			
06	189 53.2	254 51.8	S18 43.2	298 47.9	S22 25.4	217 03.4	S12 15.8	235 21.9	S18 02.0	Dubhe	193 43.9	N61 37.7
07	204 55.7	269 55.6	42.7	313 48.5	25.7	232 05.4	15.6	250 24.1	01.9	Elnath	278 04.6	N28 37.5
08	219 58.2	284 59.4	42.3	328 49.1	26.0	247 07.4	15.5	265 26.3	01.8	Eltanin	90 43.9	N51 29.1
F 09	235 00.6	300 03.2 . .	41.8	343 49.6 . .	26.2	262 09.4 . .	15.3	280 28.4 . .	01.7	Enif	33 41.5	N 9 58.5
R 10	250 03.1	315 07.0	41.4	358 50.2	26.5	277 11.4	15.1	295 30.6	01.7	Fomalhaut	15 17.4	S29 30.6
I 11	265 05.5	330 10.8	40.9	13 50.7	26.7	292 13.4	14.9	310 32.8	01.6			
D 12	280 08.0	345 14.6	S18 40.5	28 51.3	S22 27.0	307 15.4	S12 14.8	325 35.0	S18 01.5	Gacrux	171 54.3	S57 13.8
A 13	295 10.5	0 18.4	40.1	43 51.9	27.2	322 17.4	14.6	340 37.2	01.5	Gienah	175 46.1	S17 39.7
Y 14	310 12.9	15 22.2	39.6	58 52.4	27.5	337 19.4	14.4	355 39.4	01.4	Hadar	148 39.7	S60 28.4
15	325 15.4	30 26.0 . .	39.2	73 53.0 . .	27.7	352 21.4 . .	14.2	10 41.6 . .	01.3	Hamal	327 53.8	N23 34.0
16	340 17.9	45 29.8	38.7	88 53.5	28.0	7 23.4	14.1	25 43.8	01.2	Kaus Aust.	83 36.2	S34 22.4
17	355 20.3	60 33.6	38.3	103 54.1	28.2	22 25.4	13.9	40 46.0	01.2			
18	10 22.8	75 37.5	S18 37.8	118 54.7	S22 28.5	37 27.4	S12 13.7	55 48.2	S18 01.1	Kochab	137 20.6	N74 03.7
19	25 25.3	90 41.3	37.4	133 55.2	28.7	52 29.4	13.5	70 50.4	01.0	Markab	13 32.5	N15 19.4
20	40 27.7	105 45.1	37.0	148 55.8	29.0	67 31.4	13.4	85 52.6	00.9	Menkar	314 08.5	N 4 10.5
21	55 30.2	120 48.9 . .	36.5	163 56.4 . .	29.2	82 33.4 . .	13.2	100 54.7 . .	00.9	Menkent	148 00.7	S36 28.4
22	70 32.7	135 52.8	36.1	178 56.9	29.5	97 35.4	13.0	115 56.9	00.8	Miaplacidus	221 37.9	S69 48.2
23	85 35.1	150 56.6	35.6	193 57.5	29.7	112 37.4	12.8	130 59.1	00.7			
1 00	100 37.6	166 00.5	S18 35.2	208 58.0	S22 30.0	127 39.4	S12 12.7	146 01.3	S18 00.6	Mirfak	308 31.4	N49 56.4
01	115 40.0	181 04.3	34.7	223 58.6	30.2	142 41.4	12.5	161 03.5	00.6	Nunki	75 51.2	S26 16.2
02	130 42.5	196 08.1	34.3	238 59.1	30.5	157 43.4	12.3	176 05.7	00.5	Peacock	53 10.2	S56 40.0
03	145 45.0	211 12.0 . .	33.9	253 59.7 . .	30.7	172 45.4 . .	12.1	191 07.9 . .	00.4	Pollux	243 20.0	N27 58.3
04	160 47.4	226 15.8	33.4	269 00.3	31.0	187 47.3	12.0	206 10.1	00.4	Procyon	244 53.1	N 5 10.1
05	175 49.9	241 19.7	33.0	284 00.8	31.2	202 49.3	11.8	221 12.3	00.3			
06	190 52.4	256 23.6	S18 32.5	299 01.4	S22 31.5	217 51.3	S12 11.6	236 14.5	S18 00.2	Rasalhague	96 01.2	N12 32.6
07	205 54.8	271 27.4	32.1	314 01.9	31.7	232 53.3	11.4	251 16.6	00.1	Regulus	207 36.9	N11 51.6
S 08	220 57.3	286 31.3	31.7	329 02.5	32.0	247 55.3	11.3	266 18.8	00.0	Rigel	281 05.9	S 8 10.7
A 09	235 59.8	301 35.1 . .	31.2	344 03.1 . .	32.2	262 57.3 . .	11.1	281 21.0	18 00.0	Rigil Kent.	139 44.0	S60 55.2
T 10	251 02.2	316 39.0	30.8	359 03.6	32.5	277 59.3	10.9	296 23.2	17 59.9	Sabik	102 06.0	S15 45.1
U 11	266 04.7	331 42.9	30.3	14 04.2	32.7	293 01.3	10.7	311 25.4	59.8			
R 12	281 07.2	346 46.8	S18 29.9	29 04.7	S22 33.0	308 03.3	S12 10.5	326 27.6	S17 59.7	Schedar	349 33.8	N56 39.7
D 13	296 09.6	1 50.6	29.5	44 05.3	33.2	323 05.3	10.4	341 29.8	59.7	Shaula	96 14.2	S37 07.1
A 14	311 12.1	16 54.5	29.1	59 05.8	33.5	338 07.3	10.2	356 32.0	59.6	Sirius	258 28.1	S16 44.8
Y 15	326 14.5	31 58.4 . .	28.6	74 06.4 . .	33.7	353 09.3 . .	10.0	11 34.2 . .	59.5	Spica	158 25.0	S11 16.4
16	341 17.0	47 02.3	28.2	89 07.0	33.9	8 11.3	09.8	26 36.4	59.4	Suhail	222 47.7	S43 31.1
17	356 19.5	62 06.2	27.8	104 07.5	34.2	23 13.3	09.7	41 38.5	59.4			
18	11 21.9	77 10.1	S18 27.3	119 08.1	S22 34.4	38 15.3	S12 09.5	56 40.7	S17 59.3	Vega	80 35.3	N38 48.2
19	26 24.4	92 14.0	26.9	134 08.6	34.7	53 17.3	09.3	71 42.9	59.2	Zuben'ubi	136 59.0	S16 07.8
20	41 26.9	107 17.9	26.5	149 09.2	34.9	68 19.3	09.1	86 45.1	59.1		SHA	Mer.Pass.
21	56 29.3	122 21.8 . .	26.0	164 09.7 . .	35.2	83 21.3 . .	09.0	101 47.3 . .	59.1		° ′	h m
22	71 31.8	137 25.7	25.6	179 10.3	35.4	98 23.3	08.8	116 49.5	59.0	Venus	64 50.7	12 59
23	86 34.3	152 29.6	25.2	194 10.8	35.6	113 25.3	08.6	131 51.7	58.9	Mars	109 06.1	10 05
	h m									Jupiter	27 12.9	15 31
Mer.Pass. 17 18.6		v 3.8	d 0.4	v 0.6	d 0.3	v 2.0	d 0.2	v 2.2	d 0.1	Saturn	45 30.3	14 17

2021 DEC. 30, 31, JAN. 1 (THURS., FRI., SAT.)

UT	SUN GHA	SUN Dec	MOON GHA	MOON v	MOON Dec	MOON d	MOON HP	Lat.	Twilight Naut.	Twilight Civil	Sunrise	Moonrise 30	Moonrise 31	Moonrise 1	Moonrise 2
d h	° ′	° ′	° ′	′	° ′	′	′	°	h m	h m	h m	h m	h m	h m	h m
30 00	179 24.7	S23 09.9	234 49.6	8.4	S15 16.3	13.4	60.0	N 72	08 25	10 45	■	07 19	■	■	■
01	194 24.4	09.8	249 17.0	8.3	15 29.7	13.3	60.0	N 70	08 06	09 51	■	06 19	■	■	■
02	209 24.1	09.6	263 44.3	8.2	15 43.0	13.2	60.1	68	07 50	09 18	■	05 45	■	■	■
03	224 23.8	.. 09.5	278 11.5	8.1	15 56.2	13.2	60.1	66	07 38	08 54	10 29	05 21	07 48	■	■
04	239 23.5	09.3	292 38.6	7.9	16 09.4	13.0	60.1	64	07 27	08 35	09 50	05 02	07 10	09 35	■
05	254 23.2	09.1	307 05.5	7.9	16 22.4	13.0	60.1	62	07 18	08 19	09 23	04 47	06 43	08 42	10 21
								60	07 09	08 06	09 03	04 34	06 22	08 10	09 40
06	269 22.9	S23 09.0	321 32.4	7.7	S16 35.4	12.9	60.2	N 58	07 02	07 54	08 46	04 23	06 06	07 47	09 12
07	284 22.6	08.8	335 59.1	7.6	16 48.3	12.8	60.2	56	06 56	07 44	08 31	04 13	05 51	07 27	08 50
T 08	299 22.3	08.6	350 25.7	7.5	17 01.1	12.7	60.2	54	06 50	07 36	08 19	04 05	05 39	07 11	08 32
H 09	314 22.0	.. 08.4	4 52.2	7.4	17 13.8	12.6	60.3	52	06 44	07 28	08 08	03 58	05 28	06 58	08 16
U 10	329 21.7	08.3	19 18.6	7.3	17 26.4	12.5	60.3	50	06 39	07 20	07 59	03 51	05 19	06 45	08 03
R 11	344 21.4	08.1	33 44.9	7.1	17 38.9	12.5	60.3	45	06 27	07 05	07 38	03 37	04 59	06 21	07 36
S 12	359 21.1	S23 07.9	48 11.0	7.0	S17 51.4	12.3	60.4	N 40	06 17	06 51	07 22	03 25	04 43	06 01	07 14
D 13	14 20.8	07.8	62 37.0	6.9	18 03.7	12.2	60.4	35	06 08	06 40	07 08	03 15	04 29	05 44	06 56
A 14	29 20.5	07.6	77 02.9	6.8	18 15.9	12.1	60.4	30	06 00	06 29	06 56	03 06	04 17	05 30	06 41
Y 15	44 20.2	.. 07.4	91 28.7	6.6	18 28.0	12.0	60.4	20	05 43	06 11	06 35	02 51	03 57	05 06	06 15
16	59 19.9	07.2	105 54.3	6.6	18 40.0	11.9	60.5	N 10	05 27	05 54	06 16	02 39	03 40	04 45	05 53
17	74 19.6	07.1	120 19.9	6.4	18 51.9	11.8	60.5	0	05 11	05 37	05 59	02 27	03 24	04 26	05 32
18	89 19.3	S23 06.9	134 45.3	6.3	S19 03.7	11.7	60.5	S 10	04 52	05 19	05 42	02 15	03 08	04 07	05 11
19	104 19.0	06.7	149 10.6	6.1	19 15.4	11.5	60.5	20	04 30	04 59	05 23	02 02	02 51	03 46	04 49
20	119 18.7	06.5	163 35.7	6.1	19 26.9	11.5	60.6	30	04 01	04 34	05 02	01 48	02 32	03 23	04 23
21	134 18.4	.. 06.3	178 00.8	5.9	19 38.4	11.3	60.6	35	03 43	04 19	04 49	01 40	02 20	03 09	04 08
22	149 18.1	06.2	192 25.7	5.8	19 49.7	11.2	60.6	40	03 20	04 01	04 34	01 31	02 08	02 53	03 50
23	164 17.8	06.0	206 50.5	5.7	20 00.9	11.1	60.6	45	02 50	03 39	04 16	01 20	01 53	02 35	03 29
31 00	179 17.5	S23 05.8	221 15.2	5.5	S20 12.0	10.9	60.7	S 50	02 06	03 10	03 54	01 07	01 34	02 11	03 03
01	194 17.2	05.6	235 39.7	5.5	20 22.9	10.8	60.7	52	01 39	02 55	03 44	01 01	01 26	02 00	02 50
02	209 16.9	05.4	250 04.2	5.3	20 33.7	10.7	60.7	54	00 58	02 38	03 32	00 54	01 16	01 48	02 35
03	224 16.6	.. 05.3	264 28.5	5.2	20 44.4	10.6	60.7	56	////	02 16	03 18	00 47	01 05	01 33	02 18
04	239 16.3	05.1	278 52.7	5.0	20 55.0	10.4	60.8	58	////	01 48	03 01	00 39	00 53	01 17	01 58
05	254 16.0	04.9	293 16.7	5.0	21 05.4	10.3	60.8	S 60	////	01 03	02 41	00 29	00 39	00 56	01 32
06	269 15.7	S23 04.7	307 40.7	4.8	S21 15.7	10.1	60.8	Lat.	Sunset	Twilight Civil	Twilight Naut.	Moonset 30	Moonset 31	Moonset 1	Moonset 2
07	284 15.4	04.5	322 04.5	4.7	21 25.8	10.1	60.8								
08	299 15.1	04.3	336 28.2	4.6	21 35.9	9.8	60.8	°	h m	h m	h m	h m	h m	h m	h m
F 09	314 14.8	.. 04.1	350 51.8	4.5	21 45.7	9.7	60.9	N 72	■	13 21	15 42	09 36	■	■	■
R 10	329 14.5	03.9	5 15.3	4.4	21 55.4	9.6	60.9	N 70	■	14 16	16 01	10 38	■	■	■
I 11	344 14.2	03.8	19 38.7	4.2	22 05.0	9.4	60.9	68	■	14 49	16 16	11 14	■	■	■
D 12	359 13.9	S23 03.6	34 01.9	4.2	S22 14.4	9.3	60.9	66	13 37	15 13	16 29	11 40	11 14	■	■
A 13	14 13.6	03.4	48 25.1	4.0	22 23.7	9.1	60.9	64	14 16	15 32	16 40	12 00	11 53	11 40	■
Y 14	29 13.3	03.2	62 48.1	3.9	22 32.8	9.0	60.9	62	14 43	15 47	16 49	12 16	12 20	12 33	13 13
15	44 13.0	.. 03.0	77 11.0	3.8	22 41.8	8.8	61.0	60	15 04	16 01	16 57	12 30	12 42	13 05	13 55
16	59 12.7	02.8	91 33.8	3.7	22 50.6	8.7	61.0								
17	74 12.4	02.6	105 56.5	3.6	22 59.3	8.5	61.0								
18	89 12.1	S23 02.4	120 19.1	3.5	S23 07.8	8.3	61.0	N 58	15 21	16 12	17 04	12 42	12 59	13 30	14 23
19	104 11.8	02.2	134 41.6	3.4	23 16.1	8.1	61.0	56	15 35	16 22	17 11	12 52	13 14	13 49	14 45
20	119 11.5	02.0	149 04.0	3.2	23 24.2	8.0	61.0	54	15 47	16 31	17 17	13 02	13 27	14 06	15 03
21	134 11.2	.. 01.8	163 26.2	3.2	23 32.2	7.9	61.1	52	15 58	16 39	17 22	13 10	13 38	14 20	15 18
22	149 10.9	01.6	177 48.4	3.1	23 40.1	7.6	61.1	50	16 08	16 46	17 27	13 17	13 49	14 32	15 32
23	164 10.6	01.4	192 10.5	3.0	23 47.7	7.5	61.1	45	16 28	17 02	17 39	13 33	14 10	14 58	15 59
1 00	179 10.3	S23 01.2	206 32.5	2.8	S23 55.2	7.3	61.1	N 40	16 45	17 15	17 49	13 46	14 27	15 18	16 21
01	194 10.0	01.0	220 54.3	2.8	24 02.5	7.1	61.1	35	16 58	17 27	17 58	13 57	14 42	15 35	16 38
02	209 09.7	00.8	235 16.1	2.7	24 09.6	7.0	61.1	30	17 11	17 37	18 07	14 07	14 54	15 50	16 54
03	224 09.4	.. 00.6	249 37.8	2.6	24 16.6	6.8	61.1	20	17 31	17 55	18 23	14 24	15 16	16 15	17 20
04	239 09.1	00.4	263 59.4	2.5	24 23.4	6.6	61.1	N 10	17 50	18 12	18 39	14 39	15 35	16 37	17 42
05	254 08.8	00.2	278 20.9	2.4	24 30.0	6.4	61.2	0	18 07	18 29	18 55	14 53	15 53	16 57	18 03
06	269 08.6	S23 00.0	292 42.3	2.4	S24 36.4	6.2	61.2	S 10	18 24	18 47	19 14	15 07	16 10	17 17	18 24
07	284 08.3	22 59.8	307 03.7	2.2	24 42.6	6.0	61.2	20	18 43	19 07	19 36	15 22	16 30	17 39	18 47
S 08	299 08.0	59.6	321 24.9	2.2	24 48.6	5.9	61.2	30	19 04	19 32	20 05	15 40	16 52	18 04	19 12
A 09	314 07.7	.. 59.4	335 46.1	2.1	24 54.5	5.7	61.2	35	19 17	19 47	20 23	15 50	17 05	18 19	19 28
T 10	329 07.4	59.2	350 07.2	2.0	25 00.2	5.5	61.2	40	19 32	20 05	20 46	16 01	17 20	18 36	19 45
U 11	344 07.1	58.9	4 28.2	2.0	25 05.7	5.2	61.2	45	19 50	20 27	21 16	16 15	17 37	18 57	20 06
R 12	359 06.8	S22 58.7	18 49.2	1.9	S25 10.9	5.1	61.2	S 50	20 12	20 56	22 00	16 32	18 00	19 23	20 33
D 13	14 06.5	58.5	33 10.1	1.8	25 16.0	4.9	61.2	52	20 22	21 10	22 26	16 40	18 10	19 35	20 46
A 14	29 06.2	58.3	47 30.9	1.8	25 20.9	4.7	61.2	54	20 34	21 28	23 06	16 49	18 23	19 50	21 01
Y 15	44 05.9	.. 58.1	61 51.7	1.7	25 25.6	4.6	61.2	56	20 48	21 49	////	16 59	18 36	20 07	21 18
16	59 05.6	57.9	76 12.4	1.6	25 30.2	4.3	61.2	58	21 04	22 17	////	17 10	18 53	20 27	21 39
17	74 05.3	57.7	90 33.0	1.6	25 34.5	4.1	61.2	S 60	21 24	23 01	////	17 24	19 12	20 53	22 05
18	89 05.0	S22 57.5	104 53.6	1.5	S25 38.6	3.9	61.2		SUN	SUN	SUN	MOON	MOON	MOON	MOON
19	104 04.7	57.2	119 14.1	1.5	25 42.5	3.7	61.2	Day	Eqn. of Time 00h	Eqn. of Time 12h	Mer. Pass.	Mer. Pass. Upper	Mer. Pass. Lower	Age	Phase
20	119 04.4	57.0	133 34.6	1.4	25 46.2	3.5	61.2		m s	m s	h m	h m	h m	d	%
21	134 04.1	.. 56.8	147 55.0	1.4	25 49.7	3.3	61.2	30	02 21	02 35	12 03	08 40	21 08	26	15
22	149 03.8	56.6	162 15.4	1.4	25 53.0	3.2	61.2	31	02 49	03 04	12 03	09 38	22 09	27	8
23	164 03.5	56.4	176 35.8	1.3	S25 56.2	2.9	61.2	1	03 18	03 32	12 04	10 41	23 14	28	2
	SD 16.3	d 0.2	SD 16.4		16.6		16.7								

EXPLANATION

PRINCIPLE AND ARRANGEMENT

1. *Object.* The object of this Almanac is to provide, in a convenient form, the data required for the practice of astronomical navigation at sea.

2. *Principle.* The main contents of the Almanac consist of data from which the *Greenwich Hour Angle* (GHA) and the *Declination* (Dec) of all the bodies used for navigation can be obtained for any instant of *Universal Time* (UT, specifically UT1, or previously Greenwich Mean Time (GMT)).

The *Local Hour Angle* (LHA) can then be obtained by means of the formula:

$$\text{LHA} = \text{GHA} \begin{array}{c} - \text{ west} \\ + \text{ east} \end{array} \text{longitude}$$

The remaining data consist of: times of rising and setting of the Sun and Moon, and times of twilight; miscellaneous calendarial and planning data and auxiliary tables, including a list of Standard Times; corrections to be applied to observed altitude.

For the Sun, Moon, and planets, the GHA and Dec are tabulated directly for each hour of UT throughout the year. For the stars, the *Sidereal Hour Angle* (SHA) is given, and the GHA is obtained from:

$$\text{GHA Star} = \text{GHA Aries} + \text{SHA Star}$$

The SHA and Dec of the stars change slowly and may be regarded as constant over periods of several days. GHA Aries, or the Greenwich Hour Angle of the first point of Aries (the Vernal Equinox), is tabulated for each hour. Permanent tables give the appropriate increments and corrections to the tabulated hourly values of GHA and Dec for the minutes and seconds of UT.

The six-volume series of *Sight Reduction Tables for Marine Navigation* (published in U.S.A. as Pub. No. 229) has been designed for the solution of the navigational triangle and is intended for use with *The Nautical Almanac*.

Two alternative procedures for sight reduction are described on pages 277–318. The first requires the use of programmable calculators or computers, while the second uses a set of concise tables that is given on pages 286–317.

The tabular accuracy is $0\!'\!.1$ throughout. The time argument on the daily pages of this Almanac is UT1 denoted throughout by UT. This scale may differ from the broadcast time signals (UTC) by an amount which, if ignored, will introduce an error of up to $0\!'\!.2$ in longitude determined from astronomical observations. The difference arises because the time argument depends on the variable rate of rotation of the Earth while the broadcast time signals are based on an atomic time-scale. Step adjustments of exactly one second are made to the time signals as required (normally at 24^{h} on December 31 and June 30) so that the difference between the time signals and UT, as used in this Almanac, may not exceed $0^{\text{s}}\!.9$. Those who require to reduce observations to a precision of better than 1^{s} must therefore obtain the correction (DUT1) to the time signals from coding in the signal, or from other sources; the required time is given by UT1=UTC+DUT1 to a precision of $0^{\text{s}}\!.1$. Alternatively, the longitude, when determined from astronomical observations, may be corrected by the corresponding amount shown in the following table:

Correction to time signals	Correction to longitude
$-0^{\text{s}}\!.9$ to $-0^{\text{s}}\!.7$	$0\!'\!.2$ to east
$-0^{\text{s}}\!.6$ to $-0^{\text{s}}\!.3$	$0\!'\!.1$ to east
$-0^{\text{s}}\!.2$ to $+0^{\text{s}}\!.2$	no correction
$+0^{\text{s}}\!.3$ to $+0^{\text{s}}\!.6$	$0\!'\!.1$ to west
$+0^{\text{s}}\!.7$ to $+0^{\text{s}}\!.9$	$0\!'\!.2$ to west

EXPLANATION

3. *Lay-out.* The ephemeral data for three days are presented on an opening of two pages: the left-hand page contains the data for the planets and stars; the right-hand page contains the data for the Sun and Moon, together with times of twilight, sunrise, sunset, moonrise and moonset.

The remaining contents are arranged as follows: for ease of reference the altitude-correction tables are given on pages A2, A3, A4, xxxiv and xxxv; calendar, Moon's phases, eclipses, and planet notes (i.e. data of general interest) precede the main tabulations. The Explanation is followed by information on standard times, star charts and list of star positions, sight reduction procedures and concise sight reduction tables, polar phenomena information and graphs, tables of increments and corrections and other auxiliary tables that are frequently used.

MAIN DATA

4. *Daily pages.* The daily pages give the GHA of Aries, the GHA and Dec of the Sun, Moon, and the four navigational planets, for each hour of UT. For the Moon, values of v and d are also tabulated for each hour to facilitate the correction of GHA and Dec to intermediate times; v and d for the Sun and planets change so slowly that they are given, at the foot of the appropriate columns, once only on the page; v is zero for Aries and negligible for the Sun, and is omitted. The SHA and Dec of the 57 selected stars, arranged in alphabetical order of proper name, are also given.

5. *Stars.* The SHA and Dec of 173 stars, including the 57 selected stars, are tabulated for each month on pages 268–273; no interpolation is required and the data can be used in precisely the same way as those for the selected stars on the daily pages. The stars are arranged in order of SHA.

The list of 173 includes all stars down to magnitude 3·0, together with a few fainter ones to fill the larger gaps. The 57 selected stars have been chosen from amongst these on account of brightness and distribution in the sky; they will suffice for the majority of observations.

The 57 selected stars are known by their proper names, but they are also numbered in descending order of SHA. In the list of 173 stars, the constellation names are always given on the left-hand page; on the facing page proper names are given where well-known names exist. Numbers for the selected stars are given in both columns.

An index to the selected stars, containing lists in both alphabetical and numerical order, is given on page xxxiii and is also reprinted on the bookmark.

6. *Increments and corrections.* The tables printed on tinted paper (pages ii–xxxi) at the back of the Almanac provide the increments and corrections for minutes and seconds to be applied to the hourly values of GHA and Dec. They consist of sixty tables, one for each minute, separated into two parts: increments to GHA for Sun and planets, Aries, and Moon for every minute and second; and, for each minute, corrections to be applied to GHA and Dec corresponding to the values of v and d given on the daily pages.

The increments are based on the following adopted hourly rates of increase of the GHA: Sun and planets, 15° precisely; Aries, 15° 02′·46; Moon, 14° 19′·0. The values of v on the daily pages are the excesses of the actual hourly motions over the adopted values; they are generally positive, except for Venus. The tabulated hourly values of the Sun's GHA have been adjusted to reduce to a minimum the error caused by treating v as negligible. The values of d on the daily pages are the hourly differences of the Dec. For the Moon, the true values of v and d are given for each hour; otherwise mean values are given for the three days on the page.

7. *Method of entry.* The UT of an observation is expressed as a day and hour, followed by a number of minutes and seconds. The tabular values of GHA and Dec, and, where necessary, the corresponding values of v and d, are taken directly from the daily pages for the day and hour of UT; this hour is always *before* the time of observation. SHA and Dec of the selected stars are also taken from the daily pages.

EXPLANATION

The table of Increments and Corrections for the minute of UT is then selected. For the GHA, the increment for minutes and seconds is taken from the appropriate column opposite the seconds of UT; the v-correction is taken from the second part of the same table opposite the value of v as given on the daily pages. Both increment and v-correction are to be added to the GHA, except for Venus when v is prefixed by a minus sign and the v-correction is to be subtracted. For the Dec there is no increment, but a d-correction is applied in the same way as the v-correction; d is given without sign on the daily pages and the sign of the correction is to be supplied by inspection of the Dec column. In many cases the correction may be applied mentally.

8. *Examples.* (a) Sun and Moon. Required the GHA and Dec of the Sun and Moon on 2021 June 19 at 15^h 47^m 13^s UT.

		SUN			MOON			
		GHA	Dec	d	GHA	v	Dec	d
		° ′	° ′	′	° ′	′	° ′	′
Daily page, June 19^d 15^h		44 38·2	N 23 25·8	0·0	295 18·3	11·4	S 2 58·0	15·2
Increments for	47^m 13^s	11 48·3			11 16·0			
v or d corrections for	47^m		+0·0		+9·0		+12·0	
Sum for June 19^d 15^h 47^m 13^s		56 26·5	N 23 25·8		306 43·3		S 3 10·0	

(b) Planets. Required the LHA and Dec of (i) *Venus* on 2021 June 19 at 11^h 11^m 15^s UT in longitude E $124°$ $49'$; (ii) *Jupiter* on 2021 June 19 at 9^h 24^m 11^s UT in longitude W $80°$ $14'$.

		VENUS				JUPITER			
		GHA	v	Dec	d	GHA	v	Dec	d
		° ′	′	° ′	′	° ′	′	° ′	′
Daily page, June 19^d	(11^h)	320 21·7	−0·8	N 23 16·9	0·4	(9^h) 68 17·5	2·5	S 11 35·4	0·0
Increments (planets)	(11^m 15^s)	2 48·8				(24^m 11^s) 6 02·8			
v or d corrections	(11^m)	−0·2		−0·1		(24^m) +1·0		+0·0	
Sum = GHA and Dec.		323 10·3		N 23 16·8		74 21·3		S 11 35·4	
Longitude		(east) +124 49·0				(west) − 80 14·0			
Multiples of 360°		−360				+360			
LHA planet		87 59·3				354 07·3			

(c) Stars. Required the GHA and Dec of (i) *Antares* on 2021 June 19 at 1^h 45^m 37^s UT; (ii) *Vega* on 2021 June 19 at 10^h 47^m 26^s UT.

		Antares		Vega	
		GHA	Dec	GHA	Dec
		° ′	° ′	° ′	° ′
Daily page (SHA and Dec)		112 19·0	S 26 28·7	80 34·8	N 38 48·2
Daily page (GHA Aries)	(1^h)	282 28·8		(10^h) 57 51·0	
Increments (Aries)	(45^m 37^s)	11 26·1		(47^m 26^s) 11 53·4	
Sum = GHA star		406 13·9		150 19·2	
Multiples of 360°		−360			
GHA star		46 13·9		150 19·2	

9. *Polaris (Pole Star) tables.* The tables on pages 274–276 provide means by which the latitude can be deduced from an observed altitude of *Polaris*, and they also give its azimuth; their use is explained and illustrated on those pages. They are based on the following formula:

$$\text{Latitude} - H_O = -p \cos h + \tfrac{1}{2} p \sin p \sin^2 h \tan(\text{latitude})$$

where
H_O = Apparent altitude (corrected for refraction)
p = polar distance of *Polaris* = $90°$ − Dec
h = local hour angle of *Polaris* = LHA Aries + SHA

a_0, which is a function of LHA Aries only, is the value of both terms of the above formula calculated for mean values of the SHA ($315°$ $20'$) and Dec (N $89°$ $21'\!.3$) of *Polaris*, for a mean latitude of $50°$, and adjusted by the addition of a constant ($58'\!.8$).

EXPLANATION

a_1, which is a function of LHA Aries and latitude, is the excess of the value of the second term over its mean value for latitude 50°, increased by a constant (0.6) to make it always positive. a_2, which is a function of LHA Aries and date, is the correction to the first term for the variation of *Polaris* from its adopted mean position; it is increased by a constant (0.6) to make it positive. The sum of the added constants is 1°, so that:

Latitude = Apparent altitude (corrected for refraction) $- 1° + a_0 + a_1 + a_2$

RISING AND SETTING PHENOMENA

10. *General.* On the right-hand daily pages are given the times of sunrise and sunset, of the beginning and end of civil and nautical twilights, and of moonrise and moonset for a range of latitudes from N 72° to S 60°. These times, which are given to the nearest minute, are strictly the UT of the phenomena on the Greenwich meridian; they are given for every day for moonrise and moonset, but only for the middle day of the three on each page for the solar phenomena.

They are approximately the Local Mean Times (LMT) of the corresponding phenomena on other meridians; they can be formally interpolated if desired. The UT of a phenomenon is obtained from the LMT by:

$$UT = LMT \begin{array}{c} + \text{ west} \\ - \text{ east} \end{array} \text{longitude}$$

in which the longitude must first be converted to time by the table on page i or otherwise. Interpolation for latitude can be done mentally or with the aid of Table I on page xxxii.

The following symbols are used to indicate the conditions under which, in high latitudes, some of the phenomena do not occur:

□ Sun or Moon remains continuously above the horizon;

■ Sun or Moon remains continuously below the horizon;

//// twilight lasts all night.

Basis of the tabulations. At sunrise and sunset 16' is allowed for semi-diameter and 34' for horizontal refraction, so that at the times given the Sun's upper limb is on the visible horizon; all times refer to phenomena as seen from sea level with a clear horizon.

At the times given for the beginning and end of twilight, the Sun's zenith distance is 96° for civil, and 102° for nautical twilight. The degree of illumination at the times given for civil twilight (in good conditions and in the absence of other illumination) is such that the brightest stars are visible and the horizon is clearly defined. At the times given for nautical twilight, the horizon is in general not visible, and it is too dark for observation with a marine sextant.

Times corresponding to other depressions of the Sun may be obtained by interpolation or, for depressions of more than 12°, less reliably, by extrapolation; times so obtained will be subject to considerable uncertainty near extreme conditions.

At moonrise and moonset, allowance is made for semi-diameter, parallax, and refraction (34'), so that at the times given the Moon's upper limb is on the visible horizon as seen from sea level.

Polar phenomena. Information and graphs concerning the rising and setting of the Sun and Moon and the duration of civil twilight for high latitudes are given on pages 320–325.

11. *Sunrise, sunset, twilight.* The tabulated times may be regarded, without serious error, as the LMT of the phenomena on any of the three days on the page and in any longitude. Precise times may normally be obtained by interpolating the tabular values for latitude and to the correct day and longitude, the latter being expressed as a fraction of a day by dividing it by 360°, positive for west and negative for east longitudes. In the extreme conditions near □, ■ or //// interpolation may not be possible in one direction, but accurate times are of little value in these circumstances.

Examples. Required the UT of (a) the beginning of morning twilights and sunrise on 2021 January 13 for latitude S 48° 55', longitude E 75° 18'; (b) sunset and the end of evening twilights on 2021 January 15 for latitude N 67° 10', longitude W 168° 05'.

EXPLANATION

	(a)	Twilight Nautical	Civil	Sunrise	(b)	Sunset	Twilight Civil	Nautical
		d h m	d h m	d h m		d h m	d h m	d h m
From p. 19								
LMT for Lat	S 45°	13 03 10	13 03 56	13 04 32	N 66°	15 14 24	15 15 43	15 16 54
Corr. to	S 48° 55′	−30	−20	−16	N 67° 10′	−22	−12	−6
(p. xxxii, Table I)								
Long (p. i)	E 75° 18′	−5 01	−5 01	−5 01	W 168° 05′	+11 12	+11 12	+11 12
UT		12 21 39	12 22 35	12 23 15		16 01 14	16 02 43	16 04 00

The LMT are strictly for January 14 (middle date on page) and 0° longitude; for more precise times it is necessary to interpolate, but rounding errors may accumulate to about 2^m.

(a) to January $13^d - 75°/360° =$ Jan. $12^d\!\cdot\!8$, i.e. $\frac{1}{3}(1\cdot 2) = 0\cdot 4$ backwards towards the data for the same latitude interpolated similarly from page 17; the corrections are -2^m to nautical twilight, -2^m to civil twilight and -2^m to sunrise.

(b) to January $15^d + 168°/360° =$ Jan. $15^d\!\cdot\!5$, i.e. $\frac{1}{3}(1\cdot 5) = 0\cdot 5$ forwards towards the data for the same latitude interpolated similarly from page 21; the corrections are $+7^m$ to sunset, $+4^m$ to civil twilight, and $+4^m$ to nautical twilight.

12. *Moonrise, moonset.* Precise times of moonrise and moonset are rarely needed; a glance at the tables will generally give sufficient indication of whether the Moon is available for observation and of the hours of rising and setting. If needed, precise times may be obtained as follows. Interpolate for latitude, using Table I on page xxxii, on the day wanted and also on the preceding day in east longitudes or the following day in west longitudes; take the difference between these times and interpolate for longitude by applying to the time for the day wanted the correction from Table II on page xxxii, so that the resulting time is between the two times used. In extreme conditions near ☐ or ■ interpolation for latitude or longitude may be possible only in one direction; accurate times are of little value in these circumstances.

To facilitate this interpolation, the times of moonrise and moonset are given for four days on each page; where no phenomenon occurs during a particular day (as happens once a month) the time of the phenomenon on the following day, increased by 24^h, is given; extra care must be taken when interpolating between two values, when one of those values exceeds 24^h. In practice it suffices to use the daily difference between the times for the nearest tabular latitude, and generally, to enter Table II with the nearest tabular arguments as in the examples below.

Examples. Required the UT of moonrise and moonset in latitude S 47° 10′, longitudes E 124° 00′ and W 78° 31′ on 2021 January 17.

	Longitude E 124° 00′ Moonrise	Moonset	Longitude W 78° 31′ Moonrise	Moonset
	d h m	d h m	d h m	d h m
LMT for Lat. S 45°	17 09 01	17 22 27	17 09 01	17 22 27
Lat correction (p. xxxii, Table I)	−04	+02	−04	+02
Long correction (p. xxxii, Table II)	−23	−07	+16	+04
Correct LMT	17 08 34	17 22 22	17 09 13	17 22 33
Longitude (p. i)	−8 16	−8 16	+5 14	+5 14
UT	17 00 18	17 14 06	17 14 27	18 03 47

ALTITUDE CORRECTION TABLES

13. *General.* In general, two corrections are given for application to altitudes observed with a marine sextant; additional corrections are required for Venus and Mars and also for very low altitudes.

Tables of the correction for dip of the horizon, due to height of eye above sea level, are given on pages A2 and xxxiv. Strictly this correction should be applied first and subtracted from the sextant altitude to give apparent altitude, which is the correct argument for the other tables.

EXPLANATION

Separate tables are given of the second correction for the Sun, for stars and planets (on pages A2 and A3), and for the Moon (on pages xxxiv and xxxv). For the Sun, values are given for both lower and upper limbs, for two periods of the year. The star tables are used for the planets, but additional corrections for parallax (page A2) are required for Venus and Mars. The Moon tables are in two parts: the main correction is a function of apparent altitude only and is tabulated for the lower limb (30′ must be subtracted to obtain the correction for the upper limb); the other, which is given for both lower and upper limbs, depends also on the horizontal parallax, which has to be taken from the daily pages.

An additional correction, given on page A4, is required for the change in the refraction, due to variations of pressure and temperature from the adopted standard conditions; it may generally be ignored for altitudes greater than 10°, except possibly in extreme conditions. The correction tables for the Sun, stars, and planets are in two parts; only those for altitudes greater than 10° are reprinted on the bookmark.

14. *Critical tables.* Some of the altitude correction tables are arranged as critical tables. In these, an interval of apparent altitude (or height of eye) corresponds to a single value of the correction; no interpolation is required. At a "critical" entry the upper of the two possible values of the correction is to be taken. For example, in the table of dip, a correction of −4′.1 corresponds to all values of the height of eye from 5·3 to 5·5 metres (17·5 to 18·3 feet) inclusive.

15. *Examples.* The following examples illustrate the use of the altitude correction tables; the sextant altitudes given are assumed to be taken on 2021 August 9 with a marine sextant at height 5·4 metres (18 feet), temperature −3°C and pressure 982 mb, the Moon sights being taken at about 10^h UT.

	SUN lower limb	SUN upper limb	MOON lower limb	MOON upper limb	VENUS	*Polaris*
	° ′	° ′	° ′	° ′	° ′	° ′
Sextant altitude	21 19·7	3 20·2	33 27·6	26 06·7	4 32·6	49 36·5
Dip, height 5·4 metres (18 feet)	−4·1	−4·1	−4·1	−4·1	−4·1	−4·1
Main correction	+13·6	−29·3	+57·4	+60·5	−10·8	−0·8
−30′ for upper limb (Moon)	—	—	—	−30·0	—	—
L, U correction for Moon	—	—	+4·2	+3·2	—	—
Additional correction for Venus	—	—	—	—	+0·1	—
Additional refraction correction	−0·1	−0·6	−0·1	−0·1	−0·5	0·0
Corrected sextant altitude	21 29·1	2 46·2	34 25·0	26 36·2	4 17·3	49 31·6

The main corrections have been taken out with apparent altitude (sextant altitude corrected for index error and dip) as argument, interpolating where possible. These refinements are rarely necessary.

16. *Composition of the Corrections.* The table for the dip of the sea horizon is based on the formula:

Correction for dip = $-1'\!.76\sqrt{\text{(height of eye in metres)}} = -0'\!.97\sqrt{\text{(height of eye in feet)}}$

The correction table for the Sun includes the effects of semi-diameter, parallax and mean refraction.

The correction tables for the stars and planets allow for the effect of mean refraction.

The phase correction for Venus has been incorporated in the tabulations for GHA and Dec, and no correction for phase is required. The additional corrections for Venus and Mars allow for parallax. Alternatively, the correction for parallax may be calculated from $p \cos H$, where p is the parallax and H is the altitude. In 2021 the values for p are:

	Jan. 1	Sept. 19	Nov. 9	Dec. 2	Dec. 18	Dec. 31
Venus	0′.1	0′.2	0′.3	0′.4	0′.5	

	Jan. 1	Jan. 9	Dec. 31
Mars	0′.2	0′.1	

The correction table for the Moon includes the effect of semi-diameter, parallax, augmentation and mean refraction.

Mean refraction is calculated for a temperature of 10°C (50°F), a pressure of 1010 mb (29·83 inches), humidity of 80% and wavelength 0·50169 μm.

17. *Bubble sextant observations.* When observing with a bubble sextant, no correction is necessary for dip, semi-diameter, or augmentation. The altitude corrections for the stars and planets on page A2 and on the bookmark should be used for the Sun as well as for the stars and planets; for the Moon, it is easiest to take the mean of the corrections for lower and upper limbs and subtract 15′ from the altitude; the correction for dip must not be applied.

AUXILIARY AND PLANNING DATA

18. *Sun and Moon.* On the daily pages are given: hourly values of the horizontal parallax of the Moon; the semi-diameters and the times of meridian passage of both Sun and Moon over the Greenwich meridian; the equation of time; the age of the Moon, the percent (%) illuminated and a symbol indicating the phase. The times of the phases of the Moon are given in UT on page 4. For the Moon, the semi-diameters for each of the three days are given at the foot of the column; for the Sun a single value is sufficient. Table II on page xxxii may be used for interpolating the time of the Moon's meridian passage for longitude. The equation of time is given daily at 00^h and 12^h UT. The sign is *positive* for unshaded values and *negative* for shaded values. To obtain apparent time add the equation of time to mean time when the sign is *positive*. Subtract the equation of time from mean time when the sign is *negative*. At 12^h UT, when the sign is *positive*, meridian passage of the Sun occurs *before* 12^h UT, otherwise it occurs *after* 12^h UT.

19. *Planets.* The magnitudes of the planets are given immediately following their names in the headings on the daily pages; also given, for the middle day of the three on the page, are their SHA at 00^h UT and their times of meridian passage.

The planet notes and diagram on pages 8 and 9 provide descriptive information as to the suitability of the planets for observation during the year, and of their positions and movements.

20. *Stars.* The time of meridian passage of the first point of Aries over the Greenwich meridian is given on the daily pages, for the middle day of the three on the page, to $0^m\!\cdot\!1$. The interval between successive meridian passages is $23^h\ 56^m\!\cdot\!1$ (24^h less $3^m\!\cdot\!9$), so that times for intermediate days and other meridians can readily be derived. If a precise time is required, it may be obtained by finding the UT at which LHA Aries is zero.

The meridian passage of a star occurs when its LHA is zero, that is when LHA Aries + SHA = 360°. An approximate time can be obtained from the planet diagram on page 9.

The star charts on pages 266 and 267 are intended to assist identification. They show the relative positions of the stars in the sky as seen from the Earth and include all 173 stars used in the Almanac, together with a few others to complete the main constellation configurations. The local meridian at any time may be located on the chart by means of its SHA which is 360° − LHA Aries, or west longitude − GHA Aries.

21. *Star globe.* To set a star globe on which is printed a scale of LHA Aries, first set the globe for latitude and then rotate about the polar axis until the scale under the edge of the meridian circle reads LHA Aries.

To mark the positions of the Sun, Moon, and planets on the star globe, take the difference GHA Aries − GHA body and use this along the LHA Aries scale, in conjunction with the declination, to plot the position. GHA Aries − GHA body is most conveniently found by taking the difference when the GHA of the body is small (less than 15°), which happens once a day.

22. *Calendar.* On page 4 are given lists of ecclesiastical festivals, and of the principal anniversaries and holidays in the United Kingdom and the United States of America. The calendar on page 5 includes the day of the year as well as the day of the week.

EXPLANATION

Brief particulars are given, at the foot of page 5, of the solar and lunar eclipses occurring during the year; the times given are in UT. The principal features of the more important solar eclipses are shown on the maps on pages 6 and 7.

23. *Standard times.* The lists on pages 262–265 give the standard times used in most countries. In general no attempt is made to give details of the beginning and end of summer time, since they are liable to frequent changes at short notice. For the latest information consult Admiralty List of Radio Signals Volume 2 (NP 282) corrected by Section VI of the weekly edition of Admiralty Notices to Mariners.

The Date or Calendar Line is an arbitrary line, on either side of which the date differs by one day; when crossing this line on a westerly course, the date must be advanced one day; when crossing it on an easterly course, the date must be put back one day. The line is a modification of the line of the 180th meridian, and is drawn so as to include, as far as possible, islands of any one group, etc., on the same side of the line. It may be traced by starting at the South Pole and joining up to the following positions:

Lat	S 51·0	S 45·0	S 15·0	S 5·0	N 48·0	N 53·0	N 65·5
Long	180·0	W 172·5	W 172·5	180·0	180·0	E 170·0	W 169·0

thence through the middle of the Diomede Islands to Lat N 68°·0, Long W 169°·0, passing east of Ostrov Vrangelya (Wrangel Island) to Lat N 75°·0, Long 180°·0, and thence to the North Pole.

ACCURACY

24. *Main data.* The quantities tabulated in this Almanac are generally correct to the nearest $0'\!.1$; the exception is the Sun's GHA which is deliberately adjusted by up to $0'\!.15$ to reduce the error due to ignoring the v-correction. The GHA and Dec at intermediate times cannot be obtained to this precision, since at least two quantities must be added; moreover, the v- and d-corrections are based on mean values of v and d and are taken from tables for the whole minute only. The largest error that can occur in the GHA or Dec of any body other than the Sun or Moon is less than $0'\!.2$; it may reach $0'\!.25$ for the GHA of the Sun and $0'\!.3$ for that of the Moon.

In practice, it may be expected that only one third of the values of GHA and Dec taken out will have errors larger than $0'\!.05$ and less than one tenth will have errors larger than $0'\!.1$.

25. *Altitude corrections.* The errors in the altitude corrections are nominally of the same order as those in GHA and Dec, as they result from the addition of several quantities each correctly rounded off to $0'\!.1$. But the actual values of the dip and of the refraction at low altitudes may, in extreme atmospheric conditions, differ considerably from the mean values used in the tables.

USE OF THIS ALMANAC IN 2022

This Almanac may be used for the Sun and stars in 2022 in the following manner.

For the Sun, take out the GHA and Dec for the same date but for a time $5^h\ 48^m\ 00^s$ *earlier* than the UT of observation; add 87° 00′ to the GHA so obtained. The error, mainly due to planetary perturbations of the Earth, is unlikely to exceed $0'\!.4$.

For the stars, calculate the GHA and Dec for the same date and the same time, but *subtract* $15'\!.1$ from the GHA so found. The error due to incomplete correction for precession and nutation is unlikely to exceed $0'\!.4$. If preferred, the same result can be obtained by using a time $5^h\ 48^m\ 00^s$ earlier than the UT of observation (as for the Sun) and adding 86° 59′·2 to the GHA (or adding 87° as for the Sun and subtracting $0'\!.8$, for precession, from the SHA of the star).

The Almanac cannot be so used for the Moon or planets.

STANDARD TIMES (Corrected to October 2019)

LIST I — PLACES FAST ON UTC (mainly those EAST OF GREENWICH)

The times given below should be } added to UTC to give Standard Time / subtracted from Standard Time to give UTC.

	h	m
Admiralty Islands	10	
Afghanistan	04	30
Albania*	01	
Algeria	01	
Amirante Islands	04	
Andaman Islands	05	30
Angola	01	
Armenia	04	
Australia		
Australian Capital Territory*	10	
New South Wales*[1]	10	
Northern Territory	09	30
Queensland	10	
South Australia*	09	30
Tasmania*	10	
Victoria*	10	
Western Australia	08	
Whitsunday Islands	10	
Austria*†	01	
Azerbaijan	04	
Bahrain	03	
Balearic Islands*†	01	
Bangladesh	06	
Belarus	03	
Belgium*†	01	
Benin	01	
Bosnia and Herzegovina*	01	
Botswana, Republic of	02	
Brunei	08	
Bulgaria*†	02	
Burma (Myanmar)	06	30
Burundi	02	
Cambodia	07	
Cameroon Republic	01	
Caroline Islands[2]	10	
Central African Republic	01	
Chad	01	
Chagos Archipelago & Diego Garcia	06	
Chatham Islands*	12	45
China, People's Republic of	08	
Christmas Island, Indian Ocean	07	
Cocos (Keeling) Islands	06	30
Comoro Islands (Comoros)	03	
Congo, Democratic Republic		
West: Kinshasa, Equateur	01	
East: Orientale, Kasai, Kivu, Shaba	02	
Congo Republic	01	
Corsica*†	01	
Crete*†	02	
Croatia*†	01	
Cyprus†: Ercan*, Larnaca*	02	
Czech Republic*†	01	

	h	m
Denmark*†	01	
Djibouti	03	
Egypt, Arab Republic of	02	
Equatorial Guinea, Republic of	01	
Bioko	01	
Eritrea	03	
Estonia*†	02	
Eswatini	02	
Ethiopia	03	
Fiji*	12	
Finland*†	02	
France*†	01	
Gabon	01	
Georgia	04	
Germany*†	01	
Gibraltar*	01	
Greece*†	02	
Guam	10	
Hong Kong	08	
Hungary*†	01	
India	05	30
Indonesia, Republic of		
Bangka, Billiton, Java, West and Central Kalimantan, Madura, Sumatra	07	
Bali, Flores, South, North and East Kalimantan, Lombok, Sulawesi, Sumba, Sumbawa, West Timor	08	
Aru, Irian Jaya, Kai, Moluccas Tanimbar	09	
Iran*	03	30
Iraq	03	
Israel*	02	
Italy*†	01	
Jan Mayen Island*	01	
Japan	09	
Jordan*	02	
Kazakhstan		
Western: Aktau, Uralsk, Atyrau	05	
Eastern & Central: Astana	06	
Kenya	03	
Kerguelen Islands	05	
Kiribati Republic		
Gilbert Islands	12	
Phoenix Islands[3]	13	
Line Islands[3]	14	
Korea, North	09	
Korea, South	09	
Kuwait	03	
Kyrgyzstan	06	
Laccadive Islands	05	30
Laos	07	

* Daylight-saving time may be kept in these places.   † For Summer time dates see List II footnotes.
[1] Except Broken Hill Area* which keeps 09^h 30^m.
[2] Except Pohnpei, Pingelap and Kosrae which keep 11^h and Palau which keeps 09^h.
[3] The Line and Phoenix Is. not part of the Kiribati Republic may keep other time zones.

STANDARD TIMES (Corrected to October 2019)

LIST I — (continued)

	h	m
Latvia*†	02	
Lebanon*	02	
Lesotho	02	
Libya	02	
Liechtenstein*	01	
Lithuania*†	02	
Lord Howe Island*	10	30
Luxembourg*†	01	
Macau	08	
Macedonia*, former Yugoslav Republic	01	
Madagascar, Democratic Republic of	03	
Malawi	02	
Malaysia, Malaya, Sabah, Sarawak	08	
Maldives, Republic of The	05	
Malta*†	01	
Mariana Islands	10	
Marshall Islands	12	
Mauritius	04	
Moldova*	02	
Monaco*	01	
Mongolia	08	
Montenegro*	01	
Morocco	01	
Mozambique	02	
Namibia	02	
Nauru	12	
Nepal	05	45
Netherlands, The*†	01	
New Caledonia	11	
New Zealand*	12	
Nicobar Islands	05	30
Niger	01	
Nigeria, Republic of	01	
Norfolk Island*	11	
Norway*	01	
Novaya Zemlya	03	
Okinawa	09	
Oman	04	
Pagalu (Annobon Islands)	01	
Pakistan	05	
Palau Islands	09	
Papua New Guinea[4]	10	
Pescadores Islands	08	
Philippine Republic	08	
Poland*†	01	
Qatar	03	
Reunion	04	
Romania*†	02	
Russia[5]		
Kaliningrad	02	
Moscow, St. Petersburg, Arkhangelsk	03	
Samara, Astrakhan, Saratov, Volgograd	04	
Ekaterinburg, Ufa, Perm, Novyy Port	05	
Omsk	06	

	h	m
Norilsk, Krasnoyarsk, Dikson, Novosibirsk, Tomsk	07	
Irkutsk, Bratsk, Ulan-Ude	08	
Tiksi, Yakutsk, Chita	09	
Vladivostok, Khabarovsk, Okhotsk	10	
Severo-Kurilsk, Magadan, Sakhalin Island	11	
Petropavlovsk-K., Anadyr	12	
Rwanda	02	
Ryukyu Islands	09	
Samoa*	13	
Santa Cruz Islands	11	
São Tomé	00	
Sardinia*†	01	
Saudi Arabia	03	
Schouten Islands	09	
Serbia*	01	
Seychelles	04	
Sicily*†	01	
Singapore	08	
Slovakia*†	01	
Slovenia*†	01	
Socotra	03	
Solomon Islands	11	
Somalia Republic	03	
South Africa, Republic of	02	
South Sudan	03	
Spain*†	01	
Spanish Possessions in North Africa*	01	
Spitsbergen (Svalbard)*	01	
Sri Lanka	05	30
Sudan, Republic of	02	
Sweden*†	01	
Switzerland*	01	
Syria (Syrian Arab Republic)*	02	
Taiwan	08	
Tajikistan	05	
Tanzania	03	
Thailand	07	
Timor-Leste	09	
Tonga	13	
Tunisia	01	
Turkey	03	
Turkmenistan	05	
Tuvalu	12	
Uganda	03	
Ukraine*	02	
United Arab Emirates	04	
Uzbekistan	05	
Vanuatu, Republic of	11	
Vietnam, Socialist Republic of	07	
Yemen	03	
Zambia, Republic of	02	
Zimbabwe	02	

* Daylight-saving time may be kept in these places.   † For Summer time dates see List II footnotes.
[4] Excluding the Autonomous Region of Bougainville which keeps 11^h.
[5] The boundaries between the zones are irregular; listed are chief towns in each zone.

STANDARD TIMES (Corrected to October 2019)

LIST II — PLACES NORMALLY KEEPING UTC

Ascension Island	Ghana	Irish Republic*†	Portugal*†	Tristan da Cunha
Burkina-Faso	Great Britain†	Ivory Coast	Principe	
Canary Islands*†	Guinea-Bissau	Liberia	St. Helena	
Channel Islands†	Guinea Republic	Madeira*†	Senegal	
Faeroes*, The	Iceland	Mali	Sierra Leone	
Gambia, The	Ireland, Northern†	Mauritania	Togo Republic	

* Daylight-saving time may be kept in these places.
† Summer time (daylight-saving time), one hour in advance of UTC, will be kept from 2021 March 28^d 01^h to October 31^d 01^h UTC (Ninth Summer Time Directive of the European Union). Ratification by member countries has not been verified.

LIST III — PLACES SLOW ON UTC (WEST OF GREENWICH)

The times given below should be } subtracted from UTC to give Standard Time
added to Standard Time to give UTC.

	h	m		h	m
American Samoa	11		Canada (continued)		
Argentina	03		Prince Edward Island*	04	
Austral (Tubuai) Islands[1]	10		Quebec, east of long. W. 63°	04	
Azores*†	01		west of long. W. 63°* ...	05	
			Saskatchewan	06	
Bahamas*	05		Yukon*	08	
Barbados	04		Cape Verde Islands	01	
Belize	06		Cayman Islands	05	
Bermuda*	04		Chile		
Bolivia	04		General*	04	
Brazil			Magallanes and Chilean Antarctic ...	03	
Fernando de Noronha I., Trindade I.,			Colombia	05	
Oceanic Is.	02		Cook Islands	10	
N and NE coastal states, Tocantins,			Costa Rica	06	
Minas Gerais, Goiás, Brasilia,			Cuba*	05	
S and E coastal states	03		Curaçao Island	04	
Amazonas[2], Mato Grosso do Sul,					
Mato Grosso, Rondônia, Roraima	04		Dominican Republic	04	
Acre	05				
British Antarctic Territory[3,4]	03		Easter Island (I. de Pascua)*	06	
			Ecuador	05	
Canada[4]‡			El Salvador	06	
Alberta*	07				
British Columbia*	08		Falkland Islands	03	
Labrador*	04		Fernando de Noronha Island	02	
Manitoba*	06		French Guiana	03	
New Brunswick*	04				
Newfoundland*	03	30	Galápagos Islands	06	
Nunavut*			Greenland		
east of long. W. 85°	05		Danmarkshavn, Mesters Vig	00	
long. W. 85° to W. 102°	06		General*	03	
west of long. W. 102°	07		Scoresby Sound*	01	
Northwest Territories*	07		Thule*, Pituffik*	04	
Nova Scotia*	04		Grenada	04	
Ontario, east of long. W. 90°*	05		Guadeloupe	04	
Ontario, west of long. W. 90°* ...	06		Guatemala	06	
			Guyana, Republic of	04	

* Daylight-saving time may be kept in these places.   ‡ Dates for DST are given at the end of List III.
[1] This is the legal standard time, but local mean time is generally used.
[2] Except the cities of Eirunepe, Benjamin Constant and Tabatinga which keep 05^h.
[3] Stations may use UTC.
[4] Some areas may keep another time zone.

STANDARD TIMES (Corrected to October 2019)

LIST III — (continued)

	h	m		h	m
Haiti*	05		United States of America‡(continued)		
Honduras	06		Idaho, southern part	07	
			northern part	08	
Jamaica	05		Illinois	06	
Johnston Island	10		Indiana [6]	05	
Juan Fernandez Islands*	04		Iowa	06	
			Kansas [6]	06	
Leeward Islands	04		Kentucky, eastern part	05	
			western part	06	
Marquesas Islands	09	30	Louisiana	06	
Martinique	04		Maine	05	
Mexico			Maryland	05	
General*	06		Massachusetts	05	
Quintana Roo	05		Michigan [6]	05	
Baja California Sur*, Chihuahua*			Minnesota	06	
Nayarit*, Sinaloa* and Sonara	07		Mississippi	06	
Baja California Norte*	08		Missouri	06	
Midway Islands	11		Montana	07	
			Nebraska, eastern part	06	
Nicaragua	06		western part	07	
Niue	11		Nevada	08	
			New Hampshire	05	
Panama, Republic of	05		New Jersey	05	
Paraguay*	04		New Mexico	07	
Peru	05		New York	05	
Pitcairn Island	08		North Carolina	05	
Puerto Rico	04		North Dakota, eastern part	06	
			western part	07	
St. Pierre and Miquelon*	03		Ohio	05	
Society Islands	10		Oklahoma	06	
South Georgia	02		Oregon [6]	08	
Suriname	03		Pennsylvania	05	
			Rhode Island	05	
Trindade Island, South Atlantic	02		South Carolina	05	
Trinidad and Tobago	04		South Dakota, eastern part	06	
Tuamotu Archipelago	10		western part	07	
Tubuai (Austral) Islands	10		Tennessee, eastern part	05	
Turks and Caicos Islands*	05		western part	06	
			Texas [6]	06	
United States of America‡			Utah	07	
Alabama	06		Vermont	05	
Alaska	09		Virginia	05	
Aleutian Islands, east of W. 169° 30'	09		Washington D.C.	05	
Aleutian Islands, west of W. 169° 30'	10		Washington	08	
Arizona [5]	07		West Virginia	05	
Arkansas	06		Wisconsin	06	
California	08		Wyoming	07	
Colorado	07		Uruguay	03	
Connecticut	05				
Delaware	05		Venezuela	04	
District of Columbia	05		Virgin Islands	04	
Florida [6]	05				
Georgia	05		Windward Islands	04	
Hawaii [5]	10				

* Daylight-saving time may be kept in these places.
‡ Daylight-saving (Summer) time, one hour fast on the time given, is kept during 2021 from March 14 (second Sunday) to November 7 (first Sunday), changing at $02^h\ 00^m$ local clock time.
[5] Exempt from keeping daylight-saving time, except for a portion of Arizona.
[6] A small portion of the state is in another time zone.

STAR CHARTS

NORTHERN STARS

KEY
- ✪ Selected stars of magnitude 1.5 and brighter
- ★ Selected stars of magnitude 1.6 and fainter
- ★ Other tabulated stars of magnitude 2.5 and brighter
- ● Other tabulated stars of magnitude 2.6 and fainter
- · Untabulated stars

NOTE

The numbers enclosed in brackets refer to those stars of the selected list which are not used in Sight Reduction Tables A.P. 3270, N.P. 303.

EQUATORIAL STARS (SHA 0° to 180°)

STAR CHARTS

SOUTHERN STARS

EQUATORIAL STARS (SHA 180° to 360°)

KEY
- ✦ Selected stars of magnitude 1.5 and brighter
- ★ Selected stars of magnitude 1.6 and fainter
- ☆ Other tabulated stars of magnitude 2.5 and brighter
- • Other tabulated stars of magnitude 2.6 and fainter
- · Untabulated stars

NOTE
The numbers enclosed in brackets refer to those stars of the selected list which are not used in Sight Reduction Tables A.P. 3270, N.P. 303.

STARS, 2021 JANUARY — JUNE

Mag.	Name and Number		SHA JAN.	FEB.	MAR.	APR.	MAY	JUNE		Dec. JAN.	FEB.	MAR.	APR.	MAY	JUNE
3·2	γ Cephei		4° 57·6′	58·2′	58·4′	58·1′	57·5′	56·7′	N 77°	45·2′	45·1′	44·9′	44·8′	44·7′	44·7′
2·5	α Pegasi	57	13 33·3	33·3	33·3	33·2	33·0	32·7	N 15	19·0	19·0	18·9	18·9	19·0	19·0
2·4	β Pegasi		13 48·5	48·6	48·5	48·4	48·2	47·9	N 28	11·8	11·7	11·6	11·6	11·6	11·7
1·2	α Piscis Aust.	56	15 18·4	18·4	18·3	18·2	18·0	17·7	S 29	30·9	30·9	30·8	30·7	30·6	30·4
2·1	β Gruis		19 01·9	01·9	01·8	01·6	01·4	01·0	S 46	46·8	46·7	46·6	46·4	46·3	46·2
2·9	α Tucanæ		25 01·9	01·9	01·8	01·6	01·2	00·7	S 60	09·6	09·4	09·3	09·1	09·0	09·0
1·7	α Gruis	55	27 37·4	37·4	37·3	37·1	36·8	36·4	S 46	51·8	51·7	51·6	51·4	51·3	51·3
2·9	δ Capricorni		32 57·6	57·5	57·4	57·3	57·0	56·8	S 16	02·1	02·1	02·0	02·0	01·9	01·8
2·4	ε Pegasi	54	33 42·2	42·2	42·1	42·0	41·7	41·5	N 9	58·2	58·1	58·1	58·1	58·2	58·3
2·9	β Aquarii		36 50·6	50·5	50·4	50·2	50·0	49·8	S 5	28·8	28·9	28·9	28·8	28·7	28·6
2·4	α Cephei		40 14·6	14·6	14·5	14·2	13·8	13·4	N 62	40·5	40·4	40·2	40·1	40·2	40·3
2·5	ε Cygni		48 14·6	14·6	14·5	14·2	14·0	13·7	N 34	02·9	02·8	02·7	02·7	02·7	02·8
1·3	α Cygni	53	49 28·4	28·3	28·2	28·0	27·7	27·4	N 45	21·3	21·2	21·1	21·0	21·1	21·2
3·1	α Indi		50 15·2	15·1	14·9	14·6	14·3	14·0	S 47	13·2	13·1	13·0	12·9	12·8	12·8
1·9	α Pavonis	52	53 11·5	11·3	11·1	10·7	10·3	09·9	S 56	40·1	40·0	39·9	39·8	39·8	39·8
2·2	γ Cygni		54 15·9	15·8	15·6	15·4	15·1	14·9	N 40	19·4	19·3	19·2	19·1	19·2	19·3
0·8	α Aquilæ	51	62 03·4	03·3	03·2	02·9	02·7	02·5	N 8	55·4	55·3	55·3	55·3	55·4	55·5
2·7	γ Aquilæ		63 11·7	11·6	11·4	11·2	11·0	10·8	N 10	39·8	39·7	39·7	39·7	39·8	39·9
2·9	δ Cygni		63 36·2	36·1	35·9	35·6	35·3	35·1	N 45	10·9	10·7	10·6	10·6	10·7	10·8
3·1	β Cygni		67 07·0	06·9	06·7	06·5	06·3	06·1	N 28	00·2	00·1	00·0	00·0	00·1	00·2
2·9	π Sagittarii		72 15·4	15·3	15·1	14·8	14·6	14·4	S 20	59·4	59·4	59·4	59·4	59·3	59·3
3·0	ζ Aquilæ		73 24·9	24·8	24·6	24·4	24·1	24·0	N 13	53·6	53·6	53·5	53·5	53·6	53·7
2·6	ζ Sagittarii		74 01·5	01·3	01·1	00·8	00·5	00·3	S 29	51·0	51·0	50·9	50·9	50·9	50·9
2·0	σ Sagittarii	50	75 52·1	52·0	51·7	51·5	51·2	51·0	S 26	16·2	16·2	16·2	16·2	16·1	16·1
0·0	α Lyræ	49	80 35·8	35·6	35·4	35·2	34·9	34·8	N 38	48·1	48·0	47·9	47·9	48·0	48·2
2·8	λ Sagittarii		82 41·6	41·4	41·2	40·9	40·7	40·5	S 25	24·5	24·5	24·5	24·5	24·5	24·5
1·9	ε Sagittarii	48	83 37·2	37·0	36·7	36·5	36·2	36·0	S 34	22·4	22·4	22·4	22·3	22·4	22·4
2·7	δ Sagittarii		84 25·6	25·4	25·1	24·9	24·6	24·4	S 29	49·1	49·1	49·1	49·0	49·0	49·1
3·0	γ Sagittarii		88 13·3	13·1	12·8	12·5	12·3	12·1	S 30	25·3	25·3	25·3	25·3	25·3	25·3
2·2	γ Draconis	47	90 44·2	44·0	43·7	43·4	43·1	43·0	N 51	29·1	28·9	28·8	28·9	29·0	29·2
2·8	β Ophiuchi		93 52·8	52·7	52·4	52·2	52·0	51·9	N 4	33·5	33·4	33·4	33·4	33·5	33·5
2·4	κ Scorpii		94 01·5	01·3	01·0	00·7	00·5	00·3	S 39	02·3	02·3	02·3	02·3	02·3	02·4
1·9	θ Scorpii		95 18·3	18·0	17·7	17·4	17·1	17·0	S 43	00·5	00·5	00·5	00·5	00·5	00·6
2·1	α Ophiuchi	46	96 01·8	01·6	01·4	01·2	01·0	00·9	N 12	32·7	32·6	32·5	32·5	32·6	32·7
1·6	λ Scorpii	45	96 15·1	14·9	14·6	14·3	14·1	13·9	S 37	07·0	07·0	07·0	07·0	07·0	07·1
3·0	α Aræ		96 38·8	38·5	38·1	37·8	37·5	37·3	S 49	53·4	53·3	53·3	53·4	53·4	53·5
2·7	υ Scorpii		96 57·7	57·5	57·2	56·9	56·7	56·5	S 37	18·6	18·6	18·6	18·6	18·6	18·7
2·8	β Draconis		97 16·9	16·7	16·4	16·1	15·9	15·8	N 52	17·0	16·9	16·8	16·9	17·0	17·1
2·8	β Aræ		98 15·1	14·8	14·4	14·0	13·7	13·5	S 55	32·7	32·7	32·7	32·7	32·8	32·9
Var.‡	α Herculis		101 06·4	06·2	06·0	05·7	05·6	05·5	N 14	22·0	21·9	21·8	21·8	21·9	22·0
2·4	η Ophiuchi	44	102 06·8	06·5	06·3	06·1	05·9	05·8	S 15	45·0	45·0	45·0	45·0	45·0	45·0
3·1	ζ Aræ		104 55·4	55·0	54·6	54·2	54·0	53·8	S 56	01·1	01·1	01·1	01·2	01·3	01·4
2·3	ε Scorpii		107 07·7	07·4	07·2	06·9	06·7	06·6	S 34	19·7	19·7	19·7	19·8	19·8	19·9
1·9	α Triang. Aust.	43	107 17·6	17·0	16·5	15·9	15·5	15·3	S 69	03·6	03·6	03·6	03·7	03·8	03·9
2·8	ζ Herculis		109 29·3	29·0	28·8	28·6	28·4	28·4	N 31	33·8	33·7	33·6	33·7	33·8	33·9
2·6	ζ Ophiuchi		110 25·7	25·5	25·3	25·1	24·9	24·8	S 10	36·5	36·6	36·6	36·6	36·6	36·6
2·8	τ Scorpii		110 42·6	42·4	42·1	41·9	41·7	41·6	S 28	15·4	15·4	15·5	15·5	15·5	15·6
2·8	β Herculis		112 13·6	13·3	13·1	12·9	12·8	12·7	N 21	26·6	26·5	26·4	26·5	26·6	26·7
1·0	α Scorpii	42	112 20·0	19·8	19·5	19·3	19·1	19·0	S 26	28·5	28·6	28·6	28·7	28·7	28·7
2·7	η Draconis		113 56·3	56·0	55·6	55·3	55·1	55·1	N 61	27·8	27·7	27·7	27·7	27·9	28·1
2·7	δ Ophiuchi		116 08·7	08·5	08·3	08·1	07·9	07·9	S 3	44·8	44·9	45·0	45·0	44·9	44·9
2·6	β Scorpii		118 20·5	20·3	20·1	19·9	19·7	19·6	S 19	51·6	51·7	51·7	51·8	51·8	51·8
2·3	δ Scorpii		119 36·8	36·5	36·3	36·1	36·0	35·9	S 22	40·7	40·8	40·8	40·9	40·9	40·9
2·9	π Scorpii		119 58·6	58·3	58·1	57·9	57·7	57·7	S 26	10·3	10·3	10·4	10·4	10·5	10·5
2·8	β Trianguli Aust.		120 45·7	45·2	44·7	44·4	44·1	44·0	S 63	29·4	29·4	29·4	29·5	29·7	29·8
2·6	α Serpentis		123 40·8	40·6	40·4	40·2	40·1	40·0	N 6	21·6	21·5	21·5	21·5	21·5	21·6
2·8	γ Lupi		125 52·3	52·0	51·7	51·5	51·4	51·3	S 41	14·0	14·0	14·1	14·2	14·2	14·3
2·2	α Coronæ Bor.	41	126 06·7	06·4	06·2	06·0	05·9	05·9	N 26	38·6	38·5	38·4	38·5	38·6	38·7

‡ 2·9 — 3·6

STARS, 2021 JULY — DECEMBER

Mag.	Name and Number		SHA JULY	AUG.	SEPT.	OCT.	NOV.	DEC.		Declination JULY	AUG.	SEPT.	OCT.	NOV.	DEC.
			° ′	′	′	′	′	′		° ′	′	′	′	′	′
3·2	γ Cephei		4 56·0	55·4	55·2	55·3	55·8	56·4	N 77	44·8	44·9	45·1	45·3	45·4	45·5
2·5	Markab	57	13 32·5	32·3	32·3	32·3	32·4	32·5	N 15	19·2	19·3	19·4	19·4	19·4	19·4
2·4	Scheat		13 47·7	47·5	47·5	47·5	47·6	47·7	N 28	11·8	11·9	12·1	12·2	12·2	12·2
1·2	Fomalhaut	56	15 17·4	17·3	17·2	17·2	17·3	17·4	S 29	30·4	30·4	30·4	30·5	30·6	30·6
2·1	β Gruis		19 00·7	00·5	00·4	00·5	00·6	00·8	S 46	46·2	46·2	46·3	46·4	46·5	46·5
2·9	α Tucanæ		25 00·4	00·1	00·1	00·2	00·4	00·6	S 60	09·0	09·0	09·2	09·3	09·4	09·4
1·7	Alnair	55	27 36·2	36·0	35·9	36·0	36·2	36·3	S 46	51·3	51·3	51·4	51·5	51·6	51·6
2·9	δ Capricorni		32 56·6	56·4	56·4	56·5	56·6	56·7	S 16	01·7	01·7	01·7	01·7	01·8	01·8
2·4	Enif	54	33 41·3	41·2	41·2	41·2	41·3	41·4	N 9	58·4	58·5	58·6	58·6	58·6	58·5
2·9	β Aquarii		36 49·6	49·5	49·5	49·5	49·6	49·7	S 5	28·6	28·5	28·5	28·5	28·5	28·5
2·4	Alderamin		40 13·2	13·1	13·2	13·5	13·8	14·1	N 62	40·4	40·6	40·8	40·9	40·9	40·9
2·5	ε Cygni		48 13·6	13·5	13·6	13·7	13·9	14·0	N 34	03·0	03·1	03·3	03·3	03·3	03·2
1·3	Deneb	53	49 27·2	27·2	27·3	27·5	27·7	27·8	N 45	21·3	21·5	21·6	21·7	21·7	21·7
3·1	α Indi		50 13·7	13·6	13·7	13·8	14·0	14·1	S 47	12·9	12·9	13·0	13·1	13·1	13·1
1·9	Peacock	52	53 09·7	09·6	09·6	09·8	10·1	10·2	S 56	39·8	39·9	40·0	40·1	40·1	40·1
2·2	γ Cygni		54 14·7	14·7	14·8	15·0	15·2	15·3	N 40	19·5	19·6	19·8	19·8	19·8	19·7
0·8	Altair	51	62 02·4	02·4	02·4	02·5	02·7	02·7	N 8	55·6	55·6	55·7	55·7	55·7	55·6
2·7	γ Aquilæ		63 10·6	10·6	10·7	10·8	10·9	11·0	N 10	40·0	40·1	40·1	40·1	40·1	40·0
2·9	δ Cygni		63 35·0	35·0	35·1	35·3	35·5	35·7	N 45	11·0	11·1	11·3	11·3	11·3	11·2
3·1	Albireo		67 06·0	06·0	06·1	06·2	06·4	06·4	N 28	00·3	00·4	00·5	00·5	00·5	00·4
2·9	π Sagittarii		72 14·3	14·2	14·3	14·4	14·6	14·6	S 20	59·3	59·3	59·3	59·3	59·3	59·3
3·0	ζ Aquilæ		73 23·9	23·9	24·0	24·1	24·2	24·3	N 13	53·8	53·9	53·9	53·9	53·9	53·8
2·6	ζ Sagittarii		74 00·2	00·2	00·3	00·4	00·5	00·5	S 29	50·9	50·9	51·0	51·0	51·0	50·9
2·0	Nunki	50	75 50·9	50·9	51·0	51·1	51·2	51·3	S 26	16·1	16·2	16·2	16·2	16·2	16·2
0·0	Vega	49	80 34·7	34·8	34·9	35·1	35·3	35·4	N 38	48·3	48·4	48·5	48·5	48·4	48·3
2·8	λ Sagittarii		82 40·4	40·4	40·5	40·7	40·8	40·8	S 25	24·5	24·5	24·6	24·6	24·6	24·6
1·9	Kaus Australis	48	83 35·9	35·9	36·0	36·2	36·3	36·3	S 34	22·4	22·5	22·5	22·5	22·5	22·4
2·7	δ Sagittarii		84 24·3	24·4	24·5	24·6	24·7	24·7	S 29	49·1	49·1	49·1	49·1	49·1	49·1
3·0	γ Sagittarii		88 12·0	12·1	12·2	12·3	12·4	12·4	S 30	25·4	25·4	25·4	25·4	25·4	25·4
2·2	Eltanin	47	90 43·0	43·1	43·4	43·6	43·8	43·9	N 51	29·3	29·4	29·5	29·5	29·3	29·2
2·8	β Ophiuchi		93 51·9	51·9	52·0	52·1	52·2	52·2	N 4	33·6	33·7	33·7	33·7	33·6	33·5
2·4	κ Scorpii		94 00·2	00·3	00·4	00·6	00·7	00·6	S 39	02·4	02·5	02·5	02·5	02·4	02·4
1·9	θ Scorpii		95 16·9	17·0	17·1	17·3	17·4	17·3	S 43	00·7	00·7	00·7	00·7	00·7	00·6
2·1	Rasalhague	46	96 00·9	00·9	01·1	01·2	01·3	01·3	N 12	32·8	32·9	32·9	32·9	32·8	32·7
1·6	Shaula	45	96 13·8	13·9	14·0	14·2	14·3	14·2	S 37	07·1	07·2	07·2	07·2	07·1	07·1
3·0	α Aræ		96 37·3	37·3	37·5	37·7	37·8	37·8	S 49	53·6	53·6	53·7	53·6	53·6	53·5
2·7	υ Scorpii		96 56·5	56·6	56·7	56·8	56·9	56·9	S 37	18·7	18·8	18·8	18·8	18·8	18·7
2·8	β Draconis		97 15·8	16·0	16·2	16·5	16·7	16·7	N 52	17·3	17·4	17·4	17·4	17·3	17·1
2·8	β Aræ		98 13·5	13·6	13·8	14·0	14·1	14·1	S 55	33·0	33·1	33·1	33·1	33·0	32·9
Var.‡	α Herculis		101 05·5	05·5	05·7	05·8	05·8	05·8	N 14	22·1	22·2	22·2	22·1	22·1	22·0
2·4	Sabik	44	102 05·7	05·8	05·9	06·0	06·1	06·0	S 15	45·0	45·0	45·0	45·0	45·0	45·0
3·1	ζ Aræ		104 53·8	53·9	54·1	54·3	54·4	54·4	S 56	01·5	01·5	01·5	01·5	01·4	01·3
2·3	ε Scorpii		107 06·6	06·6	06·8	06·9	07·0	06·9	S 34	19·9	19·9	19·9	19·9	19·9	19·9
1·9	Atria	43	107 15·3	15·6	16·0	16·3	16·5	16·4	S 69	04·0	04·1	04·1	04·1	04·0	03·9
2·8	ζ Herculis		109 28·4	28·5	28·7	28·8	28·9	28·8	N 31	34·0	34·1	34·1	34·0	33·9	33·8
2·6	ζ Ophiuchi		110 24·8	24·9	25·0	25·1	25·1	25·0	S 10	36·5	36·5	36·5	36·5	36·5	36·6
2·8	τ Scorpii		110 41·6	41·7	41·8	41·9	42·0	41·9	S 28	15·6	15·6	15·6	15·6	15·6	15·6
2·8	β Herculis		112 12·7	12·8	13·0	13·1	13·1	13·1	N 21	26·8	26·8	26·8	26·8	26·7	26·5
1·0	Antares	42	112 19·0	19·1	19·3	19·4	19·4	19·3	S 26	28·7	28·8	28·7	28·7	28·7	28·7
2·7	η Draconis		113 55·2	55·5	55·8	56·1	56·3	56·3	N 61	28·2	28·2	28·2	28·1	28·0	27·8
2·7	δ Ophiuchi		116 07·9	08·0	08·1	08·2	08·2	08·1	S 3	44·9	44·8	44·8	44·8	44·9	44·9
2·6	β Scorpii		118 19·6	19·7	19·9	20·0	20·0	19·9	S 19	51·8	51·8	51·8	51·8	51·8	51·8
2·3	Dschubba		119 35·9	36·0	36·1	36·2	36·2	36·1	S 22	40·9	40·9	40·9	40·9	40·9	40·9
2·9	π Scorpii		119 57·7	57·8	57·9	58·0	58·0	57·9	S 26	10·5	10·5	10·5	10·5	10·5	10·5
2·8	β Trianguli Aust.		120 44·1	44·3	44·6	44·9	44·9	44·7	S 63	29·9	29·9	29·9	29·8	29·7	29·6
2·6	α Serpentis		123 40·1	40·2	40·3	40·4	40·4	40·3	N 6	21·6	21·7	21·7	21·6	21·6	21·5
2·8	γ Lupi		125 51·3	51·5	51·6	51·7	51·7	51·6	S 41	14·4	14·4	14·4	14·3	14·2	14·2
2·2	Alphecca	41	126 06·0	06·1	06·2	06·3	06·3	06·2	N 26	38·8	38·8	38·8	38·7	38·6	38·5

‡ 2·9 — 3·6

STARS, 2021 JANUARY — JUNE

Mag.	Name and Number			SHA JAN.	FEB.	MAR.	APR.	MAY	JUNE	Declination JAN.	FEB.	MAR.	APR.	MAY	JUNE
2·9	γ	Trianguli Aust.		129° 47·3′	46·8′	46·3′	45·9′	45·6′	45·6′	S 68° 45·0′	45·0′	45·1′	45·2′	45·4′	45·5′
3·1	γ	Ursae Minoris		129 49·8	49·2	48·7	48·3	48·2	48·4	N 71 45·3	45·2	45·2	45·4	45·5	45·7
2·6	β	Librae		130 28·3	28·0	27·8	27·7	27·6	27·5	S 9 27·5	27·6	27·7	27·7	27·7	27·7
2·7	β	Lupi		135 01·7	01·4	01·1	00·9	00·8	00·8	S 43 12·8	12·9	13·0	13·1	13·2	13·2
2·8	α	Librae	39	136 59·7	59·4	59·2	59·1	59·0	59·0	S 16 07·6	07·7	07·7	07·8	07·8	07·8
2·1	β	Ursae Minoris	40	137 20·4	19·7	19·1	18·8	18·7	19·0	N 74 03·9	03·9	03·9	04·0	04·2	04·3
2·4	ε	Bootis		138 31·7	31·5	31·3	31·1	31·1	31·1	N 26 59·1	59·0	59·0	59·1	59·2	59·3
2·3	α	Lupi		139 10·4	10·1	09·8	09·6	09·5	09·5	S 47 28·4	28·4	28·5	28·7	28·8	28·9
−0·3	α	Centauri	38	139 44·8	44·4	44·1	43·8	43·7	43·8	S 60 54·9	55·0	55·1	55·2	55·4	55·5
2·3	η	Centauri		140 47·7	47·4	47·1	46·9	46·8	46·8	S 42 14·7	14·8	14·9	15·0	15·1	15·2
3·0	γ	Bootis		141 46·4	46·1	45·9	45·8	45·7	45·8	N 38 12·8	12·8	12·8	12·9	13·0	13·1
0·0	α	Bootis	37	145 51·0	50·7	50·5	50·4	50·4	50·4	N 19 04·3	04·2	04·2	04·3	04·4	04·4
2·1	θ	Centauri	36	148 01·4	01·2	01·0	00·8	00·8	00·8	S 36 28·1	28·2	28·3	28·4	28·5	28·6
0·6	β	Centauri	35	148 40·6	40·2	39·8	39·6	39·6	39·7	S 60 28·1	28·2	28·3	28·4	28·6	28·7
2·6	ζ	Centauri		150 47·4	47·1	46·9	46·7	46·7	46·7	S 47 23·2	23·3	23·4	23·5	23·6	23·7
2·7	η	Bootis		151 04·9	04·7	04·5	04·4	04·4	04·4	N 18 17·5	17·4	17·4	17·5	17·5	17·6
1·9	η	Ursae Majoris	34	152 54·7	54·4	54·1	54·0	54·0	54·1	N 49 12·3	12·3	12·3	12·5	12·6	12·7
2·3	ε	Centauri		154 41·8	41·5	41·3	41·1	41·1	41·2	S 53 34·0	34·1	34·3	34·4	34·5	34·6
1·0	α	Virginis	33	158 25·7	25·4	25·3	25·2	25·2	25·2	S 11 16·1	16·2	16·3	16·3	16·4	16·3
2·3	ζ	Ursae Majoris		158 48·6	48·2	48·0	47·9	47·9	48·1	N 54 48·7	48·7	48·8	48·9	49·1	49·1
2·8	ι	Centauri		159 33·5	33·2	33·0	32·9	32·9	33·0	S 36 49·1	49·2	49·4	49·5	49·5	49·6
2·8	ε	Virginis		164 11·8	11·6	11·5	11·4	11·4	11·4	N 10 50·8	50·7	50·7	50·7	50·7	50·8
2·9	α	Canum Venat.		165 45·0	44·7	44·6	44·5	44·5	44·6	N 38 12·1	12·1	12·2	12·3	12·4	12·5
1·8	ε	Ursae Majoris	32	166 15·8	15·5	15·3	15·2	15·3	15·4	N 55 50·5	50·5	50·6	50·8	50·9	51·0
1·3	β	Crucis		167 45·7	45·4	45·2	45·1	45·1	45·3	S 59 47·8	48·0	48·1	48·3	48·4	48·5
2·9	γ	Virginis		169 19·3	19·0	18·9	18·9	18·9	18·9	S 1 33·8	33·9	34·0	34·0	34·0	33·9
2·2	γ	Centauri		169 19·9	19·6	19·4	19·4	19·4	19·5	S 49 04·2	04·3	04·5	04·6	04·7	04·8
2·7	α	Muscae		170 23·2	22·8	22·5	22·4	22·6	22·9	S 69 14·7	14·8	15·0	15·2	15·3	15·4
2·7	β	Corvi		171 07·7	07·5	07·4	07·3	07·3	07·4	S 23 30·6	30·7	30·8	30·9	30·9	31·0
1·6	γ	Crucis	31	171 54·9	54·6	54·5	54·4	54·5	54·7	S 57 13·5	13·6	13·8	14·0	14·1	14·2
1·3	α	Crucis	30	173 03·3	02·9	02·7	02·7	02·8	03·0	S 63 12·6	12·7	12·9	13·1	13·2	13·3
2·6	γ	Corvi	29	175 46·8	46·6	46·4	46·4	46·4	46·5	S 17 39·4	39·5	39·6	39·6	39·7	39·7
2·6	δ	Centauri		177 38·2	38·0	37·8	37·8	37·9	38·0	S 50 50·1	50·2	50·4	50·5	50·6	50·7
2·4	γ	Ursae Majoris		181 16·0	15·7	15·6	15·6	15·7	15·9	N 53 34·5	34·5	34·6	34·7	34·8	34·9
2·1	β	Leonis	28	182 28·1	27·9	27·8	27·8	27·9	27·9	N 14 27·2	27·2	27·2	27·2	27·3	27·3
2·6	δ	Leonis		191 11·7	11·5	11·4	11·4	11·5	11·6	N 20 24·4	24·4	24·4	24·5	24·5	24·6
3·0	ψ	Ursae Majoris		192 17·4	17·1	17·1	17·1	17·2	17·4	N 44 22·9	22·9	23·0	23·1	23·2	23·2
1·8	α	Ursae Majoris	27	193 44·7	44·4	44·3	44·4	44·6	44·8	N 61 38·1	38·1	38·3	38·4	38·5	38·5
2·4	β	Ursae Majoris		194 13·4	13·1	13·0	13·1	13·3	13·5	N 56 16·0	16·1	16·2	16·3	16·4	16·4
2·7	μ	Velorum		198 04·7	04·5	04·5	04·6	04·7	04·9	S 49 31·6	31·8	32·0	32·1	32·2	32·2
2·8	θ	Carinae		199 04·0	03·8	03·8	04·0	04·2	04·5	S 64 30·0	30·2	30·4	30·5	30·6	30·6
2·3	γ	Leonis		204 43·0	42·9	42·9	42·9	43·0	43·1	N 19 44·0	44·0	44·0	44·1	44·1	44·1
1·4	α	Leonis	26	207 37·6	37·5	37·5	37·5	37·6	37·7	N 11 51·8	51·8	51·8	51·8	51·8	51·9
3·0	ε	Leonis		213 14·3	14·2	14·2	14·3	14·4	14·5	N 23 40·6	40·6	40·6	40·6	40·7	40·7
3·1	N	Velorum		217 01·7	01·6	01·7	01·9	02·2	02·4	S 57 07·5	07·6	07·8	07·9	08·0	07·9
2·0	α	Hydrae	25	217 50·6	50·5	50·5	50·6	50·7	50·8	S 8 45·0	45·1	45·1	45·2	45·1	45·1
2·5	κ	Velorum		219 18·2	18·1	18·2	18·4	18·6	18·8	S 55 05·9	06·1	06·2	06·3	06·3	06·3
2·2	ι	Carinae		220 34·8	34·7	34·8	35·1	35·3	35·6	S 59 21·6	21·8	22·0	22·1	22·1	22·1
1·7	β	Carinae	24	221 37·9	37·8	38·0	38·4	38·9	39·3	S 69 48·0	48·2	48·4	48·5	48·5	48·5
2·2	λ	Velorum	23	222 48·2	48·1	48·2	48·4	48·5	48·7	S 43 31·0	31·1	31·2	31·3	31·3	31·3
3·1	ι	Ursae Majoris		224 50·2	50·1	50·2	50·3	50·5	50·6	N 47 57·4	57·5	57·6	57·7	57·7	57·7
2·0	δ	Velorum		228 40·3	40·3	40·4	40·7	40·9	41·1	S 54 47·1	47·2	47·4	47·5	47·5	47·4
1·9	ε	Carinae	22	234 15·3	15·3	15·5	15·8	16·1	16·4	S 59 34·5	34·7	34·9	34·9	34·9	34·8
1·8	γ	Velorum		237 26·9	27·0	27·1	27·3	27·5	27·7	S 47 23·9	24·0	24·2	24·2	24·2	24·1
2·8	ρ	Puppis		237 53·2	53·2	53·3	53·4	53·5	53·6	S 24 21·9	22·0	22·1	22·1	22·1	22·0
2·3	ζ	Puppis		238 54·9	54·9	55·0	55·2	55·3	55·5	S 40 03·7	03·9	04·0	04·0	04·0	03·9
1·1	β	Geminorum	21	243 20·9	20·9	20·9	21·1	21·2	21·2	N 27 58·4	58·5	58·5	58·5	58·5	58·5
0·4	α	Canis Minoris	20	244 53·9	53·9	53·9	54·1	54·2	54·2	N 5 10·2	10·1	10·1	10·1	10·2	10·2

STARS, 2021 JULY — DECEMBER

Mag.	Name and Number			SHA						Declination					
				JULY	AUG.	SEPT.	OCT.	NOV.	DEC.		JULY	AUG.	SEPT.	OCT.	NOV.	DEC.
			°	′	′	′	′	′	′	°	′	′	′	′	′	′
2·9	γ Trianguli Aust.		129	45·8	46·1	46·5	46·7	46·7	46·5	S 68	45·6	45·7	45·6	45·5	45·4	45·3
3·1	γ Ursæ Minoris		129	48·7	49·2	49·7	50·1	50·3	50·1	N 71	45·8	45·8	45·7	45·6	45·4	45·2
2·6	β Libræ		130	27·6	27·7	27·8	27·8	27·8	27·7	S 9	27·6	27·6	27·6	27·6	27·6	27·7
2·7	β Lupi		135	00·9	01·0	01·2	01·2	01·2	01·0	S 43	13·3	13·3	13·2	13·2	13·1	13·1
2·8	Zubenelgenubi	39	136	59·0	59·1	59·2	59·3	59·2	59·1	S 16	07·8	07·8	07·8	07·7	07·8	07·8
2·1	Kochab	40	137	19·5	20·0	20·6	20·9	21·0	20·8	N 74	04·4	04·4	04·3	04·1	03·9	03·8
2·4	ε Bootis		138	31·1	31·3	31·4	31·5	31·4	31·3	N 26	59·3	59·4	59·3	59·2	59·1	58·9
2·3	α Lupi		139	09·6	09·8	09·9	10·0	09·9	09·7	S 47	28·9	28·9	28·9	28·8	28·7	28·6
−0·3	Rigil Kent.	38	139	43·9	44·2	44·5	44·6	44·5	44·2	S 60	55·6	55·6	55·5	55·4	55·3	55·2
2·3	η Centauri		140	46·9	47·1	47·2	47·3	47·2	47·0	S 42	15·2	15·2	15·1	15·1	15·0	15·0
3·0	γ Bootis		141	45·9	46·0	46·1	46·2	46·2	46·0	N 38	13·2	13·2	13·1	13·0	12·8	12·7
0·0	Arcturus	37	145	50·5	50·6	50·7	50·7	50·6	50·5	N 19	04·5	04·5	04·5	04·4	04·2	04·1
2·1	Menkent	36	148	00·9	01·0	01·1	01·1	01·1	00·8	S 36	28·6	28·6	28·5	28·4	28·4	28·4
0·6	Hadar	35	148	39·8	40·1	40·3	40·4	40·3	40·0	S 60	28·7	28·7	28·7	28·5	28·4	28·4
2·6	ζ Centauri		150	46·9	47·0	47·2	47·2	47·1	46·8	S 47	23·8	23·7	23·6	23·6	23·5	23·5
2·7	η Bootis		151	04·5	04·6	04·7	04·7	04·6	04·5	N 18	17·6	17·7	17·6	17·5	17·4	17·3
1·9	Alkaid	34	152	54·3	54·4	54·6	54·6	54·6	54·3	N 49	12·7	12·7	12·6	12·5	12·3	12·1
2·3	ε Centauri		154	41·3	41·5	41·7	41·7	41·6	41·3	S 53	34·7	34·6	34·5	34·4	34·3	34·3
1·0	Spica	33	158	25·3	25·4	25·4	25·4	25·3	25·1	S 11	16·3	16·3	16·3	16·3	16·3	16·4
2·3	Mizar		158	48·3	48·5	48·6	48·7	48·5	48·3	N 54	49·2	49·1	49·0	48·9	48·7	48·5
2·8	ι Centauri		159	33·1	33·2	33·3	33·3	33·2	32·9	S 36	49·6	49·6	49·5	49·4	49·4	49·4
2·8	ε Virginis		164	11·5	11·6	11·7	11·6	11·5	11·3	N 10	50·8	50·8	50·8	50·7	50·6	50·5
2·9	Cor Caroli		165	44·7	44·9	44·9	44·9	44·8	44·5	N 38	12·5	12·4	12·3	12·2	12·1	11·9
1·8	Alioth	32	166	15·6	15·8	15·9	15·9	15·8	15·5	N 55	51·0	50·9	50·8	50·6	50·4	50·3
1·3	Mimosa		167	45·5	45·8	45·9	45·9	45·7	45·3	S 59	48·5	48·5	48·4	48·2	48·1	48·1
2·9	γ Virginis		169	19·0	19·1	19·1	19·1	18·9	18·7	S 1	33·9	33·9	33·9	33·9	34·0	34·1
2·2	Muhlifain		169	19·7	19·8	19·9	19·9	19·7	19·4	S 49	04·8	04·7	04·6	04·5	04·4	04·5
2·7	α Muscæ		170	23·2	23·6	23·8	23·7	23·5	23·0	S 69	15·4	15·4	15·2	15·1	15·0	15·0
2·7	β Corvi		171	07·5	07·6	07·6	07·6	07·4	07·2	S 23	30·9	30·9	30·8	30·8	30·8	30·8
1·6	Gacrux	31	171	54·9	55·1	55·2	55·1	54·9	54·6	S 57	14·2	14·1	14·0	13·9	13·8	13·8
1·3	Acrux	30	173	03·3	03·6	03·7	03·6	03·4	03·0	S 63	13·3	13·2	13·1	12·9	12·9	12·8
2·6	Gienah	29	175	46·6	46·7	46·7	46·6	46·5	46·2	S 17	39·6	39·6	39·5	39·5	39·5	39·6
2·6	δ Centauri		177	38·2	38·4	38·4	38·4	38·1	37·8	S 50	50·6	50·6	50·4	50·3	50·3	50·3
2·4	Phecda		181	16·1	16·2	16·2	16·1	15·9	15·5	N 53	34·9	34·8	34·7	34·5	34·3	34·2
2·1	Denebola	28	182	28·0	28·1	28·1	28·0	27·8	27·6	N 14	27·3	27·3	27·3	27·2	27·1	27·0
2·6	δ Leonis		191	11·6	11·7	11·6	11·5	11·3	11·1	N 20	24·6	24·6	24·5	24·4	24·3	24·2
3·0	ψ Ursæ Majoris		192	17·5	17·5	17·5	17·3	17·1	16·8	N 44	23·2	23·1	23·0	22·9	22·7	22·6
1·8	Dubhe	27	193	45·0	45·1	45·1	44·9	44·5	44·1	N 61	38·4	38·3	38·2	38·0	37·8	37·8
2·4	Merak		194	13·6	13·7	13·7	13·5	13·2	12·8	N 56	16·4	16·2	16·1	15·9	15·8	15·7
2·7	μ Velorum		198	05·1	05·2	05·1	05·0	04·7	04·4	S 49	32·1	32·0	31·9	31·8	31·8	31·8
2·8	θ Carinæ		199	04·8	05·0	05·0	04·8	04·4	03·9	S 64	30·6	30·4	30·3	30·2	30·1	30·2
2·3	Algieba		204	43·1	43·1	43·1	42·9	42·7	42·4	N 19	44·1	44·1	44·1	44·0	43·9	43·8
1·4	Regulus	26	207	37·7	37·7	37·6	37·5	37·3	37·0	N 11	51·9	51·9	51·9	51·8	51·7	51·6
3·0	ε Leonis		213	14·5	14·5	14·3	14·2	13·9	13·7	N 23	40·7	40·7	40·6	40·5	40·4	40·3
3·1	N Velorum		217	02·6	02·6	02·5	02·2	01·9	01·5	S 57	07·8	07·7	07·5	07·4	07·4	07·5
2·0	Alphard	25	217	50·8	50·8	50·7	50·5	50·3	50·1	S 8	45·0	45·0	44·9	44·9	45·0	45·1
2·5	κ Velorum		219	19·0	19·0	18·9	18·6	18·3	18·0	S 55	06·2	06·0	05·9	05·8	05·8	05·9
2·2	ι Carinæ		220	35·8	35·8	35·7	35·4	35·0	34·7	S 59	22·0	21·8	21·7	21·6	21·6	21·7
1·7	Miaplacidus	24	221	39·6	39·7	39·5	39·1	38·6	38·1	S 69	48·4	48·2	48·1	48·0	48·0	48·1
2·2	Suhail	23	222	48·8	48·8	48·6	48·4	48·1	47·9	S 43	31·2	31·0	30·9	30·9	30·9	31·0
3·1	ι Ursæ Majoris		224	50·6	50·6	50·4	50·1	49·8	49·4	N 47	57·6	57·5	57·4	57·3	57·2	57·2
2·0	δ Velorum		228	41·2	41·2	41·0	40·8	40·4	40·1	S 54	47·3	47·1	47·0	46·9	46·9	47·1
1·9	Avior	22	234	16·5	16·4	16·2	15·9	15·5	15·2	S 59	34·7	34·5	34·4	34·3	34·4	34·5
1·8	γ Velorum		237	27·7	27·6	27·5	27·2	26·9	26·6	S 47	24·0	23·8	23·7	23·7	23·7	23·8
2·8	ρ Puppis		237	53·6	53·6	53·4	53·2	52·9	52·7	S 24	21·9	21·8	21·7	21·7	21·8	21·9
2·3	ζ Puppis		238	55·5	55·4	55·2	55·0	54·7	54·5	S 40	03·8	03·6	03·5	03·5	03·6	03·7
1·1	Pollux	21	243	21·2	21·0	20·8	20·6	20·3	20·1	N 27	58·5	58·5	58·4	58·4	58·3	58·3
0·4	Procyon	20	244	54·1	54·0	53·9	53·6	53·4	53·2	N 5	10·2	10·3	10·3	10·3	10·2	10·1

STARS, 2021 JANUARY — JUNE

Mag.	Name and Number		SHA JAN.	FEB.	MAR.	APR.	MAY	JUNE		Declination JAN.	FEB.	MAR.	APR.	MAY	JUNE
			° ′	′	′	′	′	′		° ′	′	′	′	′	′
1·6	α Geminorum		246 00·8	00·8	00·9	01·1	01·2	01·2	N 31	50·4	50·5	50·5	50·5	50·5	50·5
3·3	σ Puppis		247 31·2	31·3	31·4	31·6	31·8	31·9	S 43	20·7	20·8	20·9	20·9	20·9	20·8
2·9	β Canis Minoris		247 55·5	55·5	55·6	55·7	55·8	55·9	N 8	14·7	14·7	14·7	14·7	14·7	14·8
2·4	η Canis Majoris		248 45·9	45·9	46·0	46·2	46·3	46·4	S 29	20·7	20·8	20·9	20·9	20·9	20·8
2·7	π Puppis		250 31·4	31·5	31·6	31·8	32·0	32·1	S 37	08·2	08·3	08·4	08·4	08·4	08·2
1·8	δ Canis Majoris		252 41·1	41·1	41·3	41·4	41·5	41·6	S 26	25·7	25·8	25·9	25·9	25·8	25·7
3·0	o Canis Majoris		254 01·3	01·3	01·4	01·6	01·7	01·7	S 23	51·9	52·0	52·1	52·1	52·0	51·9
1·5	ε Canis Majoris	19	255 08·0	08·0	08·2	08·3	08·5	08·5	S 29	00·1	00·2	00·3	00·3	00·3	00·2
2·9	τ Puppis		257 22·7	22·8	23·0	23·3	23·5	23·6	S 50	38·5	38·6	38·7	38·7	38·6	38·5
−1·5	α Canis Majoris	18	258 28·7	28·8	28·9	29·0	29·1	29·1	S 16	44·8	44·9	44·9	44·9	44·9	44·8
1·9	γ Geminorum		260 16·0	16·1	16·2	16·3	16·4	16·4	N 16	22·8	22·8	22·8	22·8	22·8	22·8
−0·7	α Carinæ	17	263 53·3	53·4	53·7	53·9	54·1	54·2	S 52	42·5	42·7	42·7	42·7	42·6	42·5
2·0	β Canis Majoris		264 05·5	05·5	05·6	05·8	05·9	05·9	S 17	58·1	58·2	58·2	58·2	58·2	58·1
2·6	θ Aurigæ		269 42·6	42·6	42·8	42·9	43·0	43·0	N 37	12·8	12·8	12·8	12·8	12·8	12·8
1·9	β Aurigæ		269 43·8	43·9	44·0	44·2	44·3	44·3	N 44	56·9	57·0	57·0	57·0	57·0	56·9
Var.‡	α Orionis	16	270 55·3	55·3	55·4	55·6	55·6	55·6	N 7	24·5	24·5	24·5	24·5	24·5	24·6
2·1	κ Orionis		272 48·6	48·6	48·8	48·9	49·0	48·9	S 9	39·9	39·9	40·0	39·9	39·9	39·8
1·9	ζ Orionis		274 32·6	32·7	32·8	32·9	33·0	32·9	S 1	56·0	56·1	56·1	56·1	56·0	55·9
2·6	α Columbæ		274 53·6	53·7	53·9	54·1	54·2	54·2	S 34	04·0	04·1	04·1	04·1	04·0	03·8
3·0	ζ Tauri		275 16·4	16·5	16·6	16·7	16·8	16·7	N 21	09·2	09·2	09·2	09·2	09·2	09·2
1·7	ε Orionis	15	275 40·7	40·8	40·9	41·0	41·1	41·0	S 1	11·4	11·5	11·5	11·5	11·4	11·4
2·8	ι Orionis		275 53·0	53·0	53·2	53·3	53·4	53·3	S 5	53·9	54·0	54·0	54·0	53·9	53·8
2·6	α Leporis		276 35·0	35·1	35·2	35·4	35·4	35·4	S 17	48·6	48·7	48·7	48·7	48·6	48·5
2·2	δ Orionis		276 43·7	43·8	43·9	44·0	44·1	44·0	S 0	17·1	17·2	17·2	17·2	17·1	17·1
2·8	β Leporis		277 42·7	42·8	42·9	43·0	43·1	43·1	S 20	44·7	44·8	44·8	44·8	44·7	44·6
1·7	β Tauri	14	278 05·6	05·7	05·8	05·9	06·0	05·9	N 28	37·4	37·5	37·5	37·5	37·4	37·4
1·6	γ Orionis	13	278 26·0	26·1	26·2	26·4	26·4	26·4	N 6	22·0	22·0	22·0	22·0	22·0	22·1
0·1	α Aurigæ	12	280 26·2	26·3	26·5	26·7	26·8	26·7	N 46	01·1	01·2	01·2	01·2	01·1	01·0
0·1	β Orionis	11	281 06·7	06·8	06·9	07·0	07·1	07·0	S 8	10·8	10·9	10·9	10·8	10·8	10·7
2·8	β Eridani		282 46·7	46·7	46·9	47·0	47·0	47·0	S 5	03·7	03·8	03·8	03·7	03·7	03·6
2·7	ι Aurigæ		285 24·5	24·6	24·7	24·9	24·9	24·8	N 33	11·9	11·9	11·9	11·9	11·9	11·9
0·9	α Tauri	10	290 43·1	43·1	43·3	43·4	43·4	43·3	N 16	33·0	33·0	33·0	33·0	33·0	33·0
2·9	ε Persei		300 11·0	11·1	11·3	11·4	11·4	11·2	N 40	04·3	04·3	04·3	04·2	04·1	04·1
3·0	γ Eridani		300 14·8	14·9	15·1	15·2	15·2	15·1	N 13	27·1	27·2	27·2	27·1	27·0	26·9
2·9	ζ Persei		301 08·2	08·3	08·4	08·5	08·5	08·4	N 31	56·7	56·7	56·7	56·7	56·6	56·6
2·9	η Tauri		302 49·0	49·1	49·2	49·3	49·3	49·2	N 24	10·1	10·1	10·1	10·1	10·1	10·1
1·8	α Persei	9	308 32·6	32·7	32·9	33·1	33·0	32·8	N 49	56·2	56·2	56·2	56·1	56·0	56·0
Var.§	β Persei		312 36·9	37·1	37·2	37·3	37·3	37·1	N 41	02·2	02·2	02·2	02·1	02·0	02·0
2·5	α Ceti	8	314 09·4	09·5	09·6	09·7	09·6	09·5	N 4	10·2	10·2	10·1	10·2	10·2	10·3
3·2	θ Eridani	7	315 14·1	14·3	14·4	14·5	14·5	14·4	S 40	13·6	13·6	13·5	13·4	13·3	13·1
2·0	α Ursæ Minoris		315 19·4	32·8	45·0	52·2	51·3	43·5	N 89	21·4	21·4	21·4	21·2	21·1	21·0
3·0	β Trianguli		327 18·2	18·3	18·4	18·5	18·4	18·2	N 35	05·2	05·2	05·1	05·1	05·0	05·0
2·0	α Arietis	6	327 54·7	54·9	55·0	55·0	54·9	54·7	N 23	33·7	33·6	33·6	33·6	33·5	33·6
2·3	γ Andromedæ		328 42·2	42·4	42·5	42·6	42·5	42·2	N 42	25·9	25·9	25·8	25·7	25·6	25·6
2·9	α Hydri		330 08·5	08·8	09·0	09·1	09·1	08·8	S 61	28·5	28·4	28·3	28·2	28·0	27·8
2·6	β Arietis		331 03·1	03·2	03·3	03·3	03·2	03·0	N 20	54·6	54·6	54·5	54·5	54·5	54·5
0·5	α Eridani	5	335 22·7	22·9	23·1	23·2	23·0	22·8	S 57	08·2	08·2	08·1	07·9	07·7	07·5
2·7	δ Cassiopeiæ		338 12·2	12·5	12·6	12·7	12·5	12·1	N 60	20·8	20·8	20·7	20·5	20·4	20·4
2·1	β Andromedæ		342 16·6	16·7	16·8	16·8	16·6	16·4	N 35	44·0	43·9	43·8	43·7	43·7	43·7
Var.‖	γ Cassiopeiæ		345 30·5	30·8	30·9	30·9	30·7	30·3	N 60	50·0	49·9	49·8	49·7	49·6	49·6
2·0	β Ceti	4	348 50·6	50·7	50·8	50·7	50·6	50·3	S 17	52·5	52·5	52·5	52·4	52·3	52·2
2·2	α Cassiopeiæ	3	349 34·7	34·9	35·0	35·0	34·8	34·4	N 56	39·3	39·2	39·1	39·0	38·9	38·9
2·4	α Phœnicis	2	353 10·5	10·6	10·7	10·6	10·5	10·2	S 42	11·9	11·8	11·7	11·6	11·4	11·3
2·8	β Hydri		353 18·1	18·6	18·8	18·7	18·3	17·6	S 77	08·6	08·5	08·3	08·1	07·9	07·8
2·8	γ Pegasi		356 25·5	25·6	25·6	25·6	25·4	25·2	N 15	18·0	17·9	17·9	17·8	17·9	18·0
2·3	β Cassiopeiæ		357 25·8	26·0	26·1	26·0	25·8	25·4	N 59	16·1	16·0	15·9	15·7	15·7	15·7
2·1	α Andromedæ	1	357 38·2	38·3	38·3	38·2	38·1	37·8	N 29	12·4	12·3	12·2	12·2	12·2	12·2

‡ 0·1 — 1·6   § 2·1 — 3·4   ‖ Irregular variable; 2019 mag. 2·2

STARS, 2021 JULY — DECEMBER

Mag.	Name and Number		SHA						Declination						
			JULY	AUG.	SEPT.	OCT.	NOV.	DEC.		JULY	AUG.	SEPT.	OCT.	NOV.	DEC.
			° ′	′	′	′	′	′		° ′	′	′	′	′	′
1·6	Castor		246 01·1	01·0	00·8	00·5	00·2	00·0	N 31	50·5	50·4	50·4	50·4	50·3	50·3
3·3	σ Puppis		247 31·9	31·8	31·6	31·3	31·1	30·8	S 43	20·6	20·5	20·4	20·4	20·4	20·6
2·9	β Canis Minoris		247 55·8	55·7	55·5	55·3	55·0	54·8	N 8	14·8	14·8	14·8	14·8	14·8	14·7
2·4	η Canis Majoris		248 46·4	46·2	46·1	45·8	45·6	45·4	S 29	20·6	20·5	20·4	20·4	20·5	20·6
2·7	π Puppis		250 32·0	31·9	31·7	31·5	31·2	31·0	S 37	08·1	08·0	07·9	07·9	07·9	08·1
1·8	Wezen		252 41·5	41·4	41·2	41·0	40·8	40·6	S 26	25·6	25·5	25·4	25·4	25·5	25·6
3·0	o Canis Majoris		254 01·7	01·6	01·4	01·1	00·9	00·7	S 23	51·8	51·7	51·6	51·6	51·7	51·8
1·5	Adhara	19	255 08·5	08·3	08·1	07·9	07·7	07·5	S 28	60·0	59·9	59·8	59·8	59·9	60·0
2·9	τ Puppis		257 23·6	23·4	23·2	22·9	22·6	22·4	S 50	38·3	38·2	38·1	38·1	38·2	38·3
−1·5	Sirius	18	258 29·1	28·9	28·7	28·5	28·3	28·1	S 16	44·7	44·6	44·5	44·5	44·6	44·7
1·9	Alhena		260 16·3	16·1	15·9	15·7	15·4	15·2	N 16	22·8	22·9	22·9	22·8	22·8	22·8
−0·7	Canopus	17	263 54·2	54·0	53·7	53·4	53·1	53·0	S 52	42·3	42·2	42·1	42·1	42·2	42·4
2·0	Mirzam		264 05·8	05·6	05·4	05·2	05·0	04·8	S 17	57·9	57·8	57·8	57·8	57·9	58·0
2·6	θ Aurigæ		269 42·8	42·6	42·3	42·0	41·8	41·6	N 37	12·7	12·7	12·7	12·7	12·7	12·8
1·9	Menkalinan		269 44·1	43·9	43·6	43·3	43·0	42·8	N 44	56·8	56·8	56·8	56·8	56·8	56·9
Var.‡	Betelgeuse	16	270 55·5	55·3	55·1	54·8	54·6	54·5	N 7	24·6	24·7	24·7	24·7	24·7	24·6
2·1	κ Orionis		272 48·8	48·7	48·4	48·2	48·0	47·9	S 9	39·7	39·6	39·6	39·6	39·6	39·7
1·9	Alnitak		274 32·8	32·6	32·4	32·2	32·0	31·9	S 1	55·9	55·8	55·8	55·8	55·8	55·9
2·6	Phact		274 54·1	53·9	53·6	53·4	53·2	53·1	S 34	03·7	03·5	03·5	03·5	03·6	03·7
3·0	ζ Tauri		275 16·6	16·4	16·1	15·9	15·7	15·5	N 21	09·3	09·3	09·3	09·3	09·3	09·3
1·7	Alnilam	15	275 40·9	40·7	40·5	40·3	40·1	40·0	S 1	11·3	11·2	11·2	11·2	11·2	11·3
2·8	ι Orionis		275 53·2	53·0	52·8	52·6	52·4	52·3	S 5	53·7	53·7	53·6	53·6	53·7	53·8
2·6	α Leporis		276 35·3	35·1	34·9	34·7	34·5	34·3	S 17	48·4	48·3	48·2	48·2	48·3	48·4
2·2	δ Orionis		276 43·9	43·7	43·5	43·3	43·1	42·9	S 0	17·0	16·9	16·9	16·9	16·9	17·0
2·8	β Leporis		277 43·0	42·8	42·5	42·3	42·1	42·0	S 20	44·5	44·4	44·3	44·3	44·4	44·5
1·7	Elnath	14	278 05·8	05·6	05·3	05·0	04·8	04·7	N 28	37·4	37·4	37·5	37·5	37·5	37·5
1·6	Bellatrix	13	278 26·2	26·0	25·8	25·6	25·4	25·3	N 6	22·1	22·2	22·2	22·2	22·2	22·1
0·1	Capella	12	280 26·5	26·2	25·9	25·6	25·3	25·1	N 46	01·0	01·0	01·0	01·0	01·1	01·2
0·1	Rigel	11	281 06·9	06·7	06·5	06·2	06·1	06·0	S 8	10·6	10·5	10·5	10·5	10·5	10·6
2·8	β Eridani		282 46·8	46·6	46·4	46·2	46·0	45·9	S 5	03·5	03·4	03·4	03·4	03·4	03·5
2·7	ι Aurigæ		285 24·6	24·4	24·1	23·8	23·6	23·5	N 33	11·8	11·9	11·9	11·9	12·0	12·0
0·9	Aldebaran	10	290 43·1	42·9	42·7	42·4	42·3	42·2	N 16	33·1	33·1	33·1	33·2	33·2	33·2
2·9	ε Persei		300 11·0	10·7	10·4	10·2	10·0	09·9	N 40	04·1	04·1	04·2	04·3	04·4	04·4
3·0	γ Eridani		300 14·9	14·7	14·4	14·2	14·1	14·1	S 13	26·8	26·7	26·7	26·7	26·8	26·9
2·9	ζ Persei		301 08·2	07·9	07·6	07·4	07·3	07·2	N 31	56·6	56·7	56·8	56·8	56·9	56·9
2·9	Alcyone		302 49·0	48·7	48·5	48·2	48·1	48·0	N 24	10·1	10·2	10·3	10·3	10·3	10·4
1·8	Mirfak	9	308 32·5	32·2	31·9	31·6	31·4	31·4	N 49	56·0	56·0	56·1	56·2	56·3	56·4
Var.§	Algol		312 36·8	36·5	36·3	36·0	35·9	35·9	N 41	02·0	02·1	02·2	02·3	02·4	02·4
2·5	Menkar	8	314 09·3	09·0	08·8	08·6	08·5	08·5	N 4	10·4	10·5	10·5	10·5	10·5	10·5
3·2	Acamar	7	315 14·1	13·9	13·6	13·4	13·4	13·4	S 40	13·0	12·9	12·9	13·0	13·1	13·2
2·0	Polaris		314 90·6	75·2	60·8	50·5	45·8	49·3	N 89	20·9	20·9	21·0	21·2	21·4	21·5
3·0	β Trianguli		327 17·9	17·6	17·4	17·2	17·2	17·2	N 35	05·1	05·2	05·3	05·4	05·5	05·5
2·0	Hamal	6	327 54·5	54·2	54·0	53·9	53·8	53·8	N 23	33·7	33·7	33·8	33·9	34·0	34·0
2·3	Almach		328 41·9	41·6	41·4	41·2	41·2	41·2	N 42	25·7	25·8	25·9	26·0	26·1	26·2
2·9	α Hydri		330 08·4	08·0	07·7	07·5	07·5	07·7	S 61	27·7	27·7	27·7	27·8	28·0	28·1
2·6	Sheratan		331 02·8	02·6	02·3	02·2	02·2	02·2	N 20	54·6	54·7	54·8	54·9	54·9	54·9
0·5	Achernar	5	335 22·4	22·1	21·8	21·6	21·7	21·8	S 57	07·4	07·4	07·5	07·6	07·7	07·9
2·7	Ruchbah		338 11·7	11·3	11·0	10·9	10·9	11·0	N 60	20·5	20·6	20·7	20·9	21·0	21·1
2·1	Mirach		342 16·1	15·8	15·6	15·5	15·5	15·6	N 35	43·8	43·9	44·1	44·2	44·3	44·3
Var.‖	γ Cassiopeiæ		345 29·9	29·5	29·3	29·2	29·2	29·4	N 60	49·6	49·7	49·9	50·1	50·2	50·3
2·0	Diphda	4	348 50·1	49·9	49·7	49·7	49·7	49·7	S 17	52·1	52·0	52·0	52·0	52·1	52·2
2·2	Schedar	3	349 34·1	33·8	33·5	33·5	33·5	33·7	N 56	39·0	39·1	39·3	39·4	39·6	39·6
2·4	Ankaa	2	353 09·9	09·6	09·5	09·5	09·5	09·6	S 42	11·2	11·2	11·2	11·3	11·4	11·5
2·8	β Hydri		353 16·8	16·0	15·6	15·5	15·9	16·4	S 77	07·8	07·8	07·9	08·1	08·2	08·3
2·8	Algenib		356 24·9	24·7	24·6	24·6	24·6	24·7	N 15	18·1	18·2	18·3	18·3	18·3	18·3
2·3	Caph		357 25·0	24·7	24·5	24·5	24·6	24·8	N 59	15·8	15·9	16·1	16·3	16·4	16·5
2·1	Alpheratz	1	357 37·6	37·3	37·2	37·2	37·2	37·3	N 29	12·4	12·5	12·6	12·7	12·8	12·8

‡ 0·1 — 1·6   § 2·1 — 3·4   ‖ Irregular variable; 2019 mag. 2·2

POLARIS (POLE STAR) TABLES, 2021
FOR DETERMINING LATITUDE FROM SEXTANT ALTITUDE AND FOR AZIMUTH

LHA ARIES	0°–9°	10°–19°	20°–29°	30°–39°	40°–49°	50°–59°	60°–69°	70°–79°	80°–89°	90°–99°	100°–109°	110°–119°
	a_0	a_0	a_0	a_0	a_0	a_0	a_0	a_0	a_0	a_0	a_0	a_0
°	° ′	° ′	° ′	° ′	° ′	° ′	° ′	° ′	° ′	° ′	° ′	° ′
0	0 31·4	0 27·1	0 23·7	0 21·4	0 20·2	0 20·3	0 21·5	0 23·9	0 27·3	0 31·7	0 37·0	0 42·9
1	30·9	26·7	23·4	21·2	20·2	20·3	21·7	24·2	27·7	32·2	37·5	43·5
2	30·5	26·3	23·1	21·1	20·1	20·4	21·9	24·5	28·1	32·7	38·1	44·1
3	30·0	25·9	22·9	20·9	20·1	20·5	22·1	24·8	28·5	33·2	38·7	44·7
4	29·6	25·6	22·6	20·8	20·1	20·6	22·3	25·1	29·0	33·7	39·3	45·4
5	0 29·1	0 25·2	0 22·4	0 20·7	0 20·1	0 20·7	0 22·5	0 25·5	0 29·4	0 34·3	0 39·8	0 46·0
6	28·7	24·9	22·2	20·5	20·1	20·9	22·8	25·8	29·9	34·8	40·4	46·6
7	28·3	24·6	21·9	20·5	20·1	21·0	23·0	26·2	30·3	35·3	41·0	47·3
8	27·9	24·3	21·7	20·4	20·2	21·2	23·3	26·5	30·8	35·9	41·6	47·9
9	27·4	24·0	21·6	20·3	20·2	21·3	23·6	26·9	31·2	36·4	42·2	48·6
10	0 27·1	0 23·7	0 21·4	0 20·2	0 20·3	0 21·5	0 23·9	0 27·3	0 31·7	0 37·0	0 42·9	0 49·2

Lat.	a_1	a_1	a_1	a_1	a_1	a_1	a_1	a_1	a_1	a_1	a_1	a_1
°	′	′	′	′	′	′	′	′	′	′	′	′
0	0·5	0·5	0·6	0·6	0·6	0·6	0·6	0·5	0·5	0·4	0·4	0·4
10	·5	·5	·6	·6	·6	·6	·6	·5	·5	·5	·4	·4
20	·5	·6	·6	·6	·6	·6	·6	·6	·5	·5	·4	·4
30	·5	·6	·6	·6	·6	·6	·6	·6	·5	·5	·5	·5
40	0·6	0·6	0·6	0·6	0·6	0·6	0·6	0·6	0·6	0·6	0·5	0·5
45	·6	·6	·6	·6	·6	·6	·6	·6	·6	·6	·6	·6
50	·6	·6	·6	·6	·6	·6	·6	·6	·6	·6	·6	·6
55	·6	·6	·6	·6	·6	·6	·6	·6	·6	·6	·6	·6
60	·6	·6	·6	·6	·6	·6	·6	·6	·6	·7	·7	·7
62	0·7	0·6	0·6	0·6	0·6	0·6	0·6	0·6	0·7	0·7	0·7	0·7
64	·7	·6	·6	·6	·6	·6	·6	·6	·7	·7	·7	·8
66	·7	·7	·6	·6	·6	·6	·6	·7	·7	·7	·8	·8
68	0·7	0·7	0·6	0·6	0·6	0·6	0·6	0·7	0·7	0·8	0·8	0·8

Month	a_2	a_2	a_2	a_2	a_2	a_2	a_2	a_2	a_2	a_2	a_2	a_2
	′	′	′	′	′	′	′	′	′	′	′	′
Jan.	0·7	0·7	0·7	0·7	0·7	0·7	0·7	0·7	0·7	0·6	0·6	0·6
Feb.	·6	·6	·7	·7	·7	·7	·8	·8	·8	·8	·8	·8
Mar.	·5	·5	·6	·6	·7	·7	·8	·8	·8	·9	·9	·9
Apr.	0·3	0·4	0·4	0·5	0·5	0·6	0·7	0·7	0·8	0·8	0·9	0·9
May	·2	·2	·3	·3	·4	·5	·5	·6	·7	·7	·8	·9
June	·2	·2	·2	·2	·3	·3	·4	·5	·5	·6	·7	·7
July	0·2	0·2	0·2	0·2	0·2	0·2	0·3	0·3	0·4	0·4	0·5	0·6
Aug.	·4	·3	·3	·3	·2	·2	·2	·3	·3	·3	·4	·4
Sept.	·5	·5	·4	·4	·3	·3	·3	·3	·3	·3	·3	·3
Oct.	0·7	0·7	0·6	0·5	0·5	0·4	0·4	0·3	0·3	0·3	0·3	0·2
Nov.	0·9	0·8	·8	·7	·7	·6	·5	·5	·4	·4	·3	·3
Dec.	1·0	1·0	0·9	0·9	0·8	0·8	0·7	0·6	0·6	0·5	0·4	0·4

Lat.					AZIMUTH							
°	°	°	°	°	°	°	°	°	°	°	°	°
0	0·4	0·3	0·2	0·1	0·0	359·9	359·8	359·7	359·6	359·5	359·4	359·4
20	0·4	0·3	0·2	0·1	0·0	359·9	359·8	359·7	359·6	359·5	359·4	359·4
40	0·5	0·4	0·3	0·1	0·0	359·8	359·7	359·6	359·5	359·3	359·3	359·2
50	0·6	0·5	0·3	0·2	0·0	359·8	359·6	359·5	359·3	359·2	359·1	359·1
55	0·7	0·6	0·4	0·2	0·0	359·8	359·6	359·4	359·3	359·1	359·0	358·9
60	0·8	0·6	0·4	0·2	0·0	359·8	359·5	359·3	359·2	359·0	358·9	358·8
65	1·0	0·8	0·5	0·3	0·0	359·7	359·5	359·2	359·0	358·8	358·7	358·6

Latitude = Apparent altitude (corrected for refraction) $-1° + a_0 + a_1 + a_2$

The table is entered with LHA Aries to determine the column to be used; each column refers to a range of 10°. a_0 is taken, with mental interpolation, from the upper table with the units of LHA Aries in degrees as argument; a_1, a_2 are taken, without interpolation, from the second and third tables with arguments latitude and month respectively. a_0, a_1, a_2, are always positive. The final table gives the azimuth of *Polaris*.

POLARIS (POLE STAR) TABLES, 2021
FOR DETERMINING LATITUDE FROM SEXTANT ALTITUDE AND FOR AZIMUTH

LHA ARIES	120°–129°	130°–139°	140°–149°	150°–159°	160°–169°	170°–179°	180°–189°	190°–199°	200°–209°	210°–219°	220°–229°	230°–239°
°	a_0	a_0	a_0	a_0	a_0	a_0	a_0	a_0	a_0	a_0	a_0	a_0
	° ′	° ′	° ′	° ′	° ′	° ′	° ′	° ′	° ′	° ′	° ′	° ′
0	0 49·2	0 55·9	1 02·7	1 09·3	1 15·6	1 21·4	1 26·5	1 30·7	1 34·0	1 36·3	1 37·4	1 37·3
1	49·9	56·6	03·3	09·9	16·2	21·9	26·9	31·1	34·3	36·4	37·4	37·3
2	50·6	57·3	04·0	10·6	16·8	22·4	27·4	31·5	34·5	36·6	37·5	37·2
3	51·2	57·9	04·7	11·2	17·4	23·0	27·8	31·8	34·8	36·7	37·5	37·1
4	51·9	58·6	05·3	11·8	18·0	23·5	28·3	32·2	35·0	36·8	37·5	37·0
5	0 52·6	0 59·3	1 06·0	1 12·5	1 18·5	1 24·0	1 28·7	1 32·5	1 35·3	1 37·0	1 37·5	1 36·9
6	53·2	1 00·0	06·7	13·1	19·1	24·5	29·1	32·8	35·5	37·1	37·5	36·8
7	53·9	00·6	07·3	13·7	19·7	25·0	29·5	33·1	35·7	37·2	37·5	36·6
8	54·6	01·3	08·0	14·3	20·2	25·5	29·9	33·4	35·9	37·2	37·4	36·5
9	55·2	02·0	08·6	15·0	20·8	26·0	30·3	33·7	36·1	37·3	37·4	36·3
10	0 55·9	1 02·7	1 09·3	1 15·6	1 21·4	1 26·5	1 30·7	1 34·0	1 36·3	1 37·4	1 37·3	1 36·1

Lat.	a_1	a_1	a_1	a_1	a_1	a_1	a_1	a_1	a_1	a_1	a_1	a_1
°	′	′	′	′	′	′	′	′	′	′	′	′
0	0·3	0·3	0·3	0·4	0·4	0·4	0·5	0·5	0·6	0·6	0·6	0·6
10	·4	·4	·4	·4	·4	·5	·5	·5	·6	·6	·6	·6
20	·4	·4	·4	·4	·5	·5	·5	·6	·6	·6	·6	·6
30	·5	·5	·5	·5	·5	·5	·5	·6	·6	·6	·6	·6
40	0·5	0·5	0·5	0·5	0·5	0·6	0·6	0·6	0·6	0·6	0·6	0·6
45	·6	·6	·6	·6	·6	·6	·6	·6	·6	·6	·6	·6
50	·6	·6	·6	·6	·6	·6	·6	·6	·6	·6	·6	·6
55	·7	·7	·6	·6	·6	·6	·6	·6	·6	·6	·6	·6
60	·7	·7	·7	·7	·7	·7	·6	·6	·6	·6	·6	·6
62	0·7	0·8	0·7	0·7	0·7	0·7	0·7	0·6	0·6	0·6	0·6	0·6
64	·8	·8	·8	·8	·7	·7	·7	·6	·6	·6	·6	·6
66	·8	·8	·8	·8	·8	·7	·7	·7	·6	·6	·6	·6
68	0·9	0·9	0·9	0·8	0·8	0·8	0·7	0·7	0·6	0·6	0·6	0·6

Month	a_2	a_2	a_2	a_2	a_2	a_2	a_2	a_2	a_2	a_2	a_2	a_2
	′	′	′	′	′	′	′	′	′	′	′	′
Jan.	0·6	0·6	0·6	0·6	0·6	0·5	0·5	0·5	0·5	0·5	0·5	0·5
Feb.	·8	·7	·7	·7	·7	·6	·6	·6	·5	·5	·5	·5
Mar.	·9	0·9	0·9	0·8	·8	·8	·7	·7	·6	·6	·5	·5
Apr.	0·9	1·0	1·0	1·0	0·9	0·9	0·9	0·8	0·8	0·7	0·7	0·6
May	·9	1·0	1·0	1·0	1·0	1·0	1·0	1·0	0·9	0·9	·8	·7
June	·8	0·9	0·9	1·0	1·0	1·0	1·0	1·0	1·0	1·0	0·9	0·9
July	0·7	0·7	0·8	0·8	0·9	0·9	1·0	1·0	1·0	1·0	1·0	1·0
Aug.	·5	·5	·6	·7	·7	·8	0·8	0·9	0·9	0·9	1·0	1·0
Sept.	·3	·4	·4	·5	·5	·6	·7	·7	·8	·8	0·9	0·9
Oct.	0·3	0·3	0·3	0·3	0·4	0·4	0·5	0·5	0·6	0·7	0·7	0·8
Nov.	·2	·2	·2	·2	·2	·3	·3	·4	·4	·5	·5	·6
Dec.	0·3	0·3	0·2	0·2	0·2	0·2	0·2	0·2	0·3	0·3	0·4	0·4

Lat.					AZIMUTH							
°	°	°	°	°	°	°	°	°	°	°	°	°
0	359·4	359·4	359·4	359·4	359·4	359·5	359·6	359·7	359·8	359·9	0·0	0·1
20	359·3	359·3	359·3	359·4	359·4	359·5	359·6	359·7	359·8	359·9	0·0	0·1
40	359·2	359·2	359·2	359·2	359·3	359·4	359·5	359·6	359·7	359·9	0·0	0·1
50	359·0	359·0	359·0	359·1	359·1	359·2	359·4	359·5	359·7	359·8	0·0	0·2
55	358·9	358·9	358·9	359·0	359·0	359·2	359·3	359·5	359·6	359·8	0·0	0·2
60	358·7	358·7	358·7	358·8	358·9	359·0	359·2	359·4	359·6	359·8	0·0	0·2
65	358·5	358·5	358·5	358·6	358·7	358·9	359·0	359·3	359·5	359·7	0·0	0·3

ILLUSTRATION

On 2021 April 21 at 23ʰ 18ᵐ 56ˢ UT in longitude W 37° 14′, the apparent altitude (corrected for refraction), H_O, of Polaris was 49° 31′·6

From the daily pages:	°	′
GHA Aries (23ʰ)	195	13·8
Increment (18ᵐ 56ˢ)	4	44·8
Longitude (west)	−37	14
LHA Aries	162	45

	°	′
H_O	49	31·6
a_0 (argument 162° 45′)	1	17·2
a_1 (Lat 50° approx.)		0·6
a_2 (April)		0·9
Sum − 1° = Lat =	49	50·3

POLARIS (POLE STAR) TABLES, 2021
FOR DETERMINING LATITUDE FROM SEXTANT ALTITUDE AND FOR AZIMUTH

LHA ARIES	240°–249°	250°–259°	260°–269°	270°–279°	280°–289°	290°–299°	300°–309°	310°–319°	320°–329°	330°–339°	340°–349°	350°–359°
	a_0	a_0	a_0	a_0	a_0	a_0	a_0	a_0	a_0	a_0	a_0	a_0
°	° ′	° ′	° ′	° ′	° ′	° ′	° ′	° ′	° ′	° ′	° ′	° ′
0	1 36·1	1 33·8	1 30·5	1 26·1	1 21·0	1 15·2	1 08·8	1 02·2	0 55·5	0 48·8	0 42·5	0 36·6
1	36·0	33·5	30·1	25·7	20·4	14·6	08·2	01·5	54·8	48·2	41·8	36·0
2	35·8	33·2	29·7	25·2	19·9	13·9	07·5	00·9	54·1	47·5	41·2	35·5
3	35·6	32·9	29·3	24·7	19·3	13·3	06·9	1 00·2	53·4	46·9	40·6	35·0
4	35·3	32·6	28·8	24·2	18·7	12·7	06·2	0 59·5	52·8	46·2	40·0	34·4
5	1 35·1	1 32·3	1 28·4	1 23·7	1 18·2	1 12·1	1 05·6	0 58·8	0 52·1	0 45·6	0 39·4	0 33·9
6	34·9	31·9	28·0	23·1	17·6	11·4	04·9	58·2	51·4	44·9	38·9	33·4
7	34·6	31·6	27·5	22·6	17·0	10·8	04·2	57·5	50·8	44·3	38·3	32·9
8	34·4	31·2	27·1	22·1	16·4	10·1	03·5	56·8	50·1	43·7	37·7	32·4
9	34·1	30·8	26·6	21·5	15·8	09·5	02·9	56·1	49·5	43·1	37·1	31·9
10	1 33·8	1 30·5	1 26·1	1 21·0	1 15·2	1 08·8	1 02·2	0 55·5	0 48·8	0 42·5	0 36·6	0 31·4

Lat.	a_1	a_1	a_1	a_1	a_1	a_1	a_1	a_1	a_1	a_1	a_1	a_1
°	′	′	′	′	′	′	′	′	′	′	′	′
0	0·6	0·5	0·5	0·4	0·4	0·4	0·3	0·3	0·3	0·4	0·4	0·4
10	·6	·5	·5	·5	·4	·4	·4	·4	·4	·4	·4	·5
20	·6	·6	·5	·5	·5	·4	·4	·4	·4	·4	·4	·5
30	·6	·6	·5	·5	·5	·5	·4	·4	·4	·4	·5	·5
40	0·6	0·6	0·6	0·6	0·5	0·5	0·5	0·5	0·5	0·5	0·5	·5
45	·6	·6	·6	·6	·6	·6	·6	·6	·6	·6	·6	·6
50	·6	·6	·6	·6	·6	·6	·6	·6	·6	·6	·6	·6
55	·6	·6	·6	·6	·6	·6	·6	·6	·6	·6	·6	·6
60	·6	·6	·6	·7	·7	·7	·7	·7	·7	·6	·6	·6
62	0·6	0·6	·7	·7	·7	·7	·7	·7	·7	·7	·7	·7
64	·6	·6	·7	·7	·7	·8	·8	·8	·7	·7	·7	·7
66	·6	·7	·7	·7	·8	·8	·8	·8	·8	·8	·7	·7
68	0·6	0·7	0·7	0·8	0·8	0·8	0·9	0·9	0·9	0·8	0·8	0·8

Month	a_2	a_2	a_2	a_2	a_2	a_2	a_2	a_2	a_2	a_2	a_2	a_2
	′	′	′	′	′	′	′	′	′	′	′	′
Jan.	0·5	0·5	0·5	0·6	0·6	0·6	0·6	0·6	0·6	0·6	0·6	0·7
Feb.	·4	·4	·4	·4	·4	·4	·4	·5	·5	·5	·5	·6
Mar.	·4	·4	·4	·3	·3	·3	·3	·3	·3	·4	·4	·4
Apr.	0·5	0·5	0·4	0·4	0·3	0·3	0·3	0·2	0·2	0·2	0·3	0·3
May	·7	·6	·5	·5	·4	·3	·3	·2	·2	·2	·2	·2
June	·8	·7	·7	·6	·5	·5	·4	·3	·3	·2	·2	·2
July	0·9	0·9	0·8	0·8	0·7	0·6	0·5	0·5	0·4	0·4	0·3	0·3
Aug.	1·0	·9	·9	·9	·8	·8	·7	·7	·6	·5	·5	·4
Sept.	0·9	·9	·9	·9	·9	0·9	·9	·8	·8	·7	·7	·6
Oct.	0·8	0·9	0·9	0·9	0·9	1·0	0·9	0·9	0·9	0·9	0·8	0·8
Nov.	·7	·7	·8	·8	·9	0·9	1·0	1·0	1·0	1·0	1·0	0·9
Dec.	0·5	0·6	0·6	0·7	0·8	0·8	0·9	0·9	1·0	1·0	1·0	1·0

Lat.					AZIMUTH							
°	°	°	°	°	°	°	°	°	°	°	°	°
0	0·2	0·3	0·4	0·5	0·6	0·6	0·6	0·6	0·6	0·6	0·6	0·5
20	0·2	0·3	0·4	0·5	0·6	0·6	0·7	0·7	0·7	0·6	0·6	0·5
40	0·3	0·4	0·5	0·6	0·7	0·8	0·8	0·8	0·8	0·8	0·7	0·6
50	0·3	0·5	0·6	0·8	0·9	0·9	1·0	1·0	1·0	0·9	0·9	0·8
55	0·4	0·6	0·7	0·9	1·0	1·1	1·1	1·1	1·1	1·1	1·0	0·9
60	0·4	0·6	0·8	1·0	1·1	1·2	1·3	1·3	1·3	1·2	1·1	1·0
65	0·5	0·8	1·0	1·2	1·3	1·4	1·5	1·5	1·5	1·4	1·3	1·2

Latitude = Apparent altitude (corrected for refraction) $-1° + a_0 + a_1 + a_2$

The table is entered with LHA Aries to determine the column to be used; each column refers to a range of 10°. a_0 is taken, with mental interpolation, from the upper table with the units of LHA Aries in degrees as argument; a_1, a_2 are taken, without interpolation, from the second and third tables with arguments latitude and month respectively. a_0, a_1, a_2, are always positive. The final table gives the azimuth of *Polaris*.

SIGHT REDUCTION PROCEDURES
METHODS AND FORMULAE FOR DIRECT COMPUTATION

1. *Introduction.* In this section, formulae and methods are provided for *calculating* position at sea from observed altitudes taken with a marine sextant using a computer or programmable calculator.

The method uses analogous concepts and similar terminology as that used in *manual* methods of astro-navigation, where position is found by plotting position lines from their intercept and azimuth on a marine chart.

The algorithms are presented in standard algebra suitable for translating into the programming language of the user's computer. The basic ephemeris data may be taken directly from the main tabular pages of a current version of *The Nautical Almanac*. Formulae are given for calculating altitude and azimuth from the *GHA* and *Dec* of a body, and the estimated position of the observer. Formulae are also given for reducing sextant observations to observed altitudes by applying the corrections for dip, refraction, parallax and semi-diameter.

The intercept and azimuth obtained from each observation determine a position line, and the observer should lie on or close to each position line. The method of least squares is used to calculate the fix by finding the position where the sum of the squares of the distances from the position lines is a minimum. The use of least squares has other advantages. For example, it is possible to improve the estimated position at the time of fix by repeating the calculation. It is also possible to include more observations in the solution and to reject doubtful ones.

2. *Notation.*

GHA = Greenwich hour angle. The range of *GHA* is from $0°$ to $360°$ starting at $0°$ on the Greenwich meridian increasing to the west, back to $360°$ on the Greenwich meridian.

SHA = sidereal hour angle. The range is $0°$ to $360°$.

Dec = declination. The sign convention for declination is north is positive, south is negative. The range is from $-90°$ at the south celestial pole to $+90°$ at the north celestial pole.

Long = longitude. The sign convention is east is positive, west is negative. The range is $-180°$ to $+180°$.

Lat = latitude. The sign convention is north is positive, south is negative. The range is from $-90°$ to $+90°$.

LHA = *GHA* + *Long* = local hour angle. The *LHA* increases to the west from $0°$ on the local meridian to $360°$.

H_c = calculated altitude. Above the horizon is positive, below the horizon is negative. The range is from $-90°$ in the nadir to $+90°$ in the zenith.

H_s = sextant altitude.

H = apparent altitude = sextant altitude corrected for instrumental error and dip.

H_o = observed altitude = apparent altitude corrected for refraction and, in appropriate cases, corrected for parallax and semi-diameter.

Z = Z_n = true azimuth. Z is measured from true north through east, south, west and back to north. The range is from $0°$ to $360°$.

I = sextant index error.

D = dip of horizon.

R = atmospheric refraction.

HP = horizontal parallax of the Sun, Moon, Venus or Mars.
PA = parallax in altitude of the Sun, Moon, Venus or Mars.
SD = semi-diameter of the Sun or Moon.
p = intercept = $H_O - H_C$. Towards is positive, away is negative.
T = course or track, measured as for azimuth from the north.
V = speed in knots.

3. *Entering Basic Data.* When quantities such as GHA are entered, which in *The Nautical Almanac* are given in degrees and minutes, convert them to degrees and decimals of a degree by dividing the minutes by 60 and adding to the degrees; for example, if $GHA = 123°\ 45'\!.6$, enter the two numbers 123 and 45·6 into the memory and set $GHA = 123 + 45·6/60 = 123°\!.7600$. Although four decimal places of a degree are shown in the examples, it is assumed that full precision is maintained in the calculations.

When using a computer or programmable calculator, write a subroutine to convert degrees and minutes to degrees and decimals. Scientific calculators usually have a special key for this purpose. For quantities like *Dec* which require a minus sign for southern declination, change the sign from plus to minus after the value has been converted to degrees and decimals, e.g. $Dec = S\,0°\ 12'\!.3 = S\,0°\!.2050 = -0°\!.2050$. Other quantities which require conversion are semi-diameter, horizontal parallax, longitude and latitude.

4. *Interpolation of GHA and Dec* The GHA and Dec of the Sun, Moon and planets are interpolated to the time of observation by direct calculation as follows: If the universal time is $a^h\ b^m\ c^s$, form the interpolation factor $x = b/60 + c/3600$. Enter the tabular value GHA_0 for the preceding hour (a) and the tabular value GHA_1 for the following hour ($a + 1$) then the interpolated value GHA is given by

$$GHA = GHA_0 + x(GHA_1 - GHA_0)$$

If the GHA passes through 360° between tabular values, add 360° to GHA_1 before interpolation. If the interpolated value exceeds 360°, subtract 360° from GHA.

Similarly for declination, enter the tabular value Dec_0 for the preceding hour (a) and the tabular value Dec_1 for the following hour ($a+1$), then the interpolated value *Dec* is given by

$$Dec = Dec_0 + x(Dec_1 - Dec_0)$$

5. *Example.* (a) Find the GHA and Dec of the Sun on 2021 January 17 at $10^h\ 47^m\ 13^s$ UT.

The interpolation factor $x = 47/60 + 13/3600 = 0^h\!.7869$

page 21 $10^h\ GHA_0 = 327°\ 27'\!.8 = 327°\!.4633$

$11^h\ GHA_1 = 342°\ 27'\!.6 = 342°\!.4600$

$10^h\!.7869\ GHA = 327·4633 + 0·7869(342·4600 - 327·4633) = 339°\!.2649$

$10^h\ Dec_0 = S\,20°\ 39'\!.4 = -20°\!.6567$

$11^h\ Dec_1 = S\,20°\ 38'\!.9 = -20°\!.6483$

$10^h\!.7869\ Dec = -20·6567 + 0·7869(-20·6483 + 20·6567) = -20°\!.6501$

GHA Aries is interpolated in the same way as GHA of a body. For a star the SHA and Dec are taken from the tabular page and do not require interpolation, then

$$GHA = GHA\ \text{Aries} + SHA$$

where GHA Aries is interpolated to the time of observation.

SIGHT REDUCTION PROCEDURES

(b) Find the *GHA* and *Dec* of *Vega* on 2021 June 19 at $6^h\ 47^m\ 13^s$ UT.
The interpolation factor $x = 0\overset{h}{.}7869$ as in the previous example

page 122
$$6^h\ GHA\ \text{Aries}_0 = 357°\ 41'\!.1 = 357°\!.6850$$
$$7^h\ GHA\ \text{Aries}_1 = 12°\ 43'\!.6 = 372°\!.7267 \quad (360°\ \text{added})$$
$$6^h\!.7869\ GHA\ \text{Aries} = 357·6850 + 0·7869(372·7267 - 357·6850) = 369°\!.5220$$
$$SHA = 80°\ 34'\!.8 = 80°\!.5800$$
$$GHA = GHA\ \text{Aries} + SHA = 90°\!.1020 \quad (\text{multiple of } 360°\ \text{removed})$$
$$Dec = N\ 38°\ 48'\!.2 = +38°\!.8033$$

6. *The calculated altitude and azimuth.* The calculated altitude H_C and true azimuth Z are determined from the *GHA* and *Dec* interpolated to the time of observation and from the *Long* and *Lat* estimated at the time of observation as follows:

Step 1. Calculate the local hour angle

$$LHA = GHA + Long$$

Add or subtract multiples of 360° to set *LHA* in the range 0° to 360°.

Step 2. Calculate S, C and the altitude H_C from

$$S = \sin Dec$$
$$C = \cos Dec \cos LHA$$
$$H_C = \sin^{-1}(S \sin Lat + C \cos Lat)$$

where $\sin^{-1}$ is the inverse function of sine.

Step 3. Calculate X and A from

$$X = (S \cos Lat - C \sin Lat)/\cos H_C$$
$$\text{If } X > +1 \quad \text{set} \quad X = +1$$
$$\text{If } X < -1 \quad \text{set} \quad X = -1$$
$$A = \cos^{-1} X$$

where $\cos^{-1}$ is the inverse function of cosine.

Step 4. Determine the azimuth Z

$$\text{If } LHA > 180° \quad \text{then} \quad Z = A$$
$$\text{Otherwise} \quad Z = 360° - A$$

7. *Example.* Find the calculated altitude H_C and azimuth Z when

$$GHA = 53° \quad Dec = S\ 15° \quad Lat = N\ 32° \quad Long = W\ 16°$$

For the calculation
$$GHA = 53°\!.0000 \quad Dec = -15°\!.0000 \quad Lat = +32°\!.0000 \quad Long = -16°\!.0000$$

Step 1. $\quad LHA = 53·0000 - 16·0000 = 37·0000$
Step 2. $\quad S = -0·2588$
$$C = +0·9659 \times 0·7986 = 0·7714$$
$$\sin H_C = -0·2588 \times 0·5299 + 0·7714 \times 0·8480 = 0·5171$$
$$H_C = 31°\!.1346$$

280 SIGHT REDUCTION PROCEDURES

Step 3. $\qquad X = (-0.2588 \times 0.8480 - 0.7714 \times 0.5299)/0.8560 = -0.7340$
$\qquad\qquad A = 137°\!.2239$

Step 4. Since $\quad LHA \leq 180°\quad$ then $\quad Z = 360° - A = 222°\!.7761$

8. *Reduction from sextant altitude to observed altitude.* The sextant altitude H_S is corrected for both dip and index error to produce the apparent altitude. The observed altitude H_O is calculated by applying a correction for refraction. For the Sun, Moon, Venus and Mars a correction for parallax is also applied to H, and for the Sun and Moon a further correction for semi-diameter is required. The corrections are calculated as follows:

Step 1. Calculate dip
$$D = 0°\!.0293\sqrt{h}$$
where h is the height of eye above the horizon in metres.

Step 2. Calculate apparent altitude
$$H = H_S + I - D$$
where I is the sextant index error.

Step 3. Calculate refraction (R) at a standard temperature of 10° Celsius (C) and pressure of 1010 millibars (mb)
$$R_0 = 0°\!.0167/\tan(H + 7\cdot32/(H + 4\cdot32))$$

If the temperature $T°$ C and pressure P mb are known calculate the refraction from
$$R = fR_0 \quad \text{where} \quad f = 0\cdot28P/(T + 273)$$
otherwise set $\quad R = R_0$

Step 4. Calculate the parallax in altitude (PA) from the horizontal parallax (HP) and the apparent altitude (H) for the Sun, Moon, Venus and Mars as follows:
$$PA = HP\cos H$$

For the Sun $HP = 0°\!.0024$. This correction is very small and could be ignored.

For the Moon HP is taken for the nearest hour from the main tabular page and converted to degrees.

For Venus and Mars the HP is taken from the critical table at the bottom of page 259 and converted to degrees.

For the navigational stars and the remaining planets, Jupiter and Saturn, set $PA = 0$.

If an error of $0'\!.2$ is significant the expression for the parallax in altitude for the Moon should include a small correction OB for the oblateness of the Earth as follows:
$$PA = HP\cos H + OB$$
where $\quad OB = -0°\!.0032\sin^2 Lat\,\cos H + 0°\!.0032\sin(2Lat)\cos Z\sin H$

At mid-latitudes and for altitudes of the Moon below 60° a simple approximation to OB is
$$OB = -0°\!.0017\cos H$$

SIGHT REDUCTION PROCEDURES

Step 5. Calculate the semi-diameter for the Sun and Moon as follows:

Sun: *SD* is taken from the main tabular page and converted to degrees.

Moon: $SD = 0°2724 HP$ where *HP* is taken for the nearest hour from the main tabular page and converted to degrees.

Step 6. Calculate the observed altitude

$$H_O = H - R + PA \pm SD$$

where the plus sign is used if the lower limb of the Sun or Moon was observed and the minus sign if the upper limb was observed.

9. *Example.* The following example illustrates how to use a calculator to reduce the sextant altitude (H_S) to observed altitude (H_O); the sextant altitudes given are assumed to be taken on 2021 August 9 with a marine sextant, zero index error, at height 5·4 m, temperature $-3°$ C and pressure 982 mb, the Moon sights are assumed to be taken at 10^h UT.

Body limb	Sun lower	Sun upper	Moon lower	Moon upper	Venus —	*Polaris* —
Sextant altitude: H_S	21·3283	3·3367	33·4600	26·1117	4·5433	49·6083
Step 1. Dip: $D = 0·0293\sqrt{h}$	0·0681	0·0681	0·0681	0·0681	0·0681	0·0681
Step 2. Apparent altitude: $H = H_S + I - D$	21·2602	3·2686	33·3919	26·0436	4·4752	49·5402
Step 3. Refraction: R_0	0·0423	0·2256	0·0251	0·0338	0·1798	0·0142
f	1·0184	1·0184	1·0184	1·0184	1·0184	1·0184
$R = fR_0$	0·0431	0·2298	0·0256	0·0344	0·1831	0·0144
Step 4. Parallax: HP	0·0024	0·0024	(57′·0) 0·9500	(57′·0) 0·9500	(0′·1) 0·0017	—
Parallax in altitude: $PA = HP \cos H$	0·0022	0·0024	0·7932	0·8535	0·0017	—
Step 5. Semi-diameter: Sun : $SD = 15·8/60$	0·2633	0·2633	—	—	—	—
Moon : $SD = 0·2724 HP$	—	—	0·2588	0·2588	—	—
Step 6. Observed altitude: $H_O = H - R + PA \pm SD$	21·4827	2·7779	34·4183	26·6039	4·2938	49·5258

Note that for the Moon the correction for the oblateness of the Earth of about $-0°0017 \cos H$, which equals $-0°0014$ for the lower limb and $-0°0015$ for the upper limb, has been ignored in the above calculation.

10. *Position from intercept and azimuth using a chart.* An estimate is made of the position at the adopted time of fix. The position at the time of observation is then calculated by dead reckoning from the time of fix. For example, if the course (track) *T* and the speed *V* (in knots) of the observer are constant, then *Long* and *Lat* at the time of observation are calculated from

$$\text{Long} = L_F + t(V/60)\sin T / \cos B_F$$
$$\text{Lat} = B_F + t(V/60)\cos T$$

where L_F and B_F are the estimated longitude and latitude at the time of fix and t is the time interval in hours from the time of fix to the time of observation, t is positive if the time of observation is after the time of fix and negative if it was before.

The position line of an observation is plotted on a chart using the intercept

$$p = H_O - H_C$$

and azimuth Z with origin at the calculated position (Long, Lat) at the time of observation, where H_C and Z are calculated using the method in section 6, page 279. Starting from this calculated position a line is drawn on the chart along the direction of the azimuth to the body. Convert p to nautical miles by multiplying by 60. The position line is drawn at right angles to the azimuth line, distance p from (Long, Lat) towards the body if p is positive and distance p away from the body if p is negative. Provided there are no gross errors, the navigator should be somewhere on or near the position line at the time of observation. Two or more position lines are required to determine a fix.

11. *Position from intercept and azimuth by calculation.* The position of the fix may be calculated from two or more sextant observations as follows.

If p_1, Z_1, are the intercept and azimuth of the first observation, p_2, Z_2, of the second observation and so on, form the summations

$$A = \cos^2 Z_1 + \cos^2 Z_2 + \cdots$$
$$B = \cos Z_1 \sin Z_1 + \cos Z_2 \sin Z_2 + \cdots$$
$$C = \sin^2 Z_1 + \sin^2 Z_2 + \cdots$$
$$D = p_1 \cos Z_1 + p_2 \cos Z_2 + \cdots$$
$$E = p_1 \sin Z_1 + p_2 \sin Z_2 + \cdots$$

where the number of terms in each summation is equal to the number of observations.

With $G = AC - B^2$, an improved estimate of the position at the time of fix (L_I, B_I) is given by

$$L_I = L_F + (AE - BD)/(G \cos B_F), \qquad B_I = B_F + (CD - BE)/G$$

Calculate the distance d between the initial estimated position (L_F, B_F) at the time of fix and the improved estimated position (L_I, B_I) in nautical miles from

$$d = 60 \sqrt{((L_I - L_F)^2 \cos^2 B_F + (B_I - B_F)^2)}$$

If d exceeds about 20 nautical miles set $L_F = L_I$, $B_F = B_I$ and repeat the calculation until d, the distance between the position at the previous estimate and the improved estimate, is less than about 20 nautical miles.

12. *Example of direct computation.* Using the method described above, calculate the position of a ship on 2021 July 4 at $21^h\ 00^m\ 00^s$ UT from the marine sextant observations of the three stars *Regulus* (No. 26) at $20^h\ 39^m\ 23^s$ UT, *Antares* (No. 42) at $20^h\ 45^m\ 47^s$ UT and *Kochab* (No. 40) at $21^h\ 10^m\ 34^s$ UT, where the observed altitudes of the three stars corrected for the effects of refraction, dip and instrumental error, are $26°8663$, $26°0401$ and $47°5471$ respectively. The ship was travelling at a constant speed of 20 knots on a course of $325°$ during the period of observation, and the position of the ship at the time of fix $21^h\ 00^m\ 00^s$ UT is only known to the nearest whole degree W $15°$, N $32°$.

SIGHT REDUCTION PROCEDURES

Intermediate values for the first iteration are shown in the table. *GHA* Aries was interpolated from the nearest tabular values on page 132. For the first iteration set $L_F = -15°0000$, $B_F = +32°0000$ at the time of fix at $21^h\ 00^m\ 00^s$ UT.

	First Iteration		
Body	*Regulus*	*Antares*	*Kochab*
No.	26	42	40
time of observation	$20^h\ 39^m\ 23^s$	$20^h\ 45^m\ 47^s$	$21^h\ 10^m\ 34^s$
H_O	26·8663	26·0401	47·5471
interpolation factor	0·6564	0·7631	0·1761
GHA Aries	232·9182	234·5226	240·7354
SHA (page 132)	207·6283	112·3167	137·3217
GHA	80·5465	346·8393	18·0570
Dec (page 132)	+11·8650	−26·4783	+74·0733
t	−0·3436	−0·2369	+0·1761
Long	−14·9225	−14·9466	−15·0397
Lat	+31·9062	+31·9353	+32·0481
Z	267·4991	152·0867	358·7643
H_C	26·8432	25·7343	47·9472
p	+0·0231	+0·3058	−0·4001

$A = 1·7823 \quad B = -0·3916 \quad C = 1·2177 \quad D = -0·6712 \quad E = 0·1287 \quad G = 2·0169$
$(AE - BD)/(G \cos B_F) = -0·0196, \qquad (CD - BE)/G = -0·3803$

An improved estimate of the position at the time of fix is

$$L_I = L_F - 0·0196 = -15·0196 \quad \text{and} \quad B_I = B_F - 0·3803 = +31·6197$$

Since the distance between the previous estimated position and the improved estimate is $d = 22·8$ nautical miles, set $L_F = -15·0196$, and $B_F = +31·6197$ and repeat the calculation. The table shows the intermediate values of the calculation for the second iteration. In each iteration the quantities H_O, *GHA*, *Dec* and t do not change.

	Second Iteration		
Body	*Regulus*	*Antares*	*Kochab*
No.	26	42	40
Long	−14·9424	−14·9664	−15·0591
Lat	+31·5259	+31·5550	+31·6678
Z	267·6807	151·9824	358·7812
H_C	26·8761	26·0623	47·5673
p	−0·0098	−0·0222	−0·0203

$A = 1·7805 \quad B = -0·3955 \quad C = 1·2195 \quad D = -0·0003 \quad E = -0·0002 \quad G = 2·0149$
$(AE - BD)/(G \cos B_F) = -0·0003, \qquad (CD - BE)/G = -0·0002$

An improved estimate of the position at the time of fix is

$$L_I = L_F - 0·0003 = -15·0198 \quad \text{and} \quad B_I = B_F - 0·0002 = +31·6195$$

The distance between the previous estimated position and the improved estimated position, $d = 0·02$ nautical miles, is so small that a third iteration would produce a negligible improvement to the estimate of the position.

USE OF CONCISE SIGHT REDUCTION TABLES

1. *Introduction.* The concise sight reduction tables given on pages 286 to 317 are intended for use when neither more extensive tables nor electronic computing aids are available. These "NAO sight reduction tables" provide for the reduction of the local hour angle and declination of a celestial object to azimuth and altitude, referred to an assumed position on the Earth, for use in the intercept method of celestial navigation which is now standard practice.

2. *Form of tables.* Entries in the reduction table are at a fixed interval of one degree for all latitudes and hour angles. A compact arrangement results from division of the navigational triangle into two right spherical triangles, so that the table has to be entered twice. Assumed latitude and local hour angle are the arguments for the first entry. The reduction table responds with the intermediate arguments A, B, and Z_1, where A is used as one of the arguments for the second entry to the table, B has to be incremented by the declination to produce the quantity F, and Z_1 is a component of the azimuth angle. The reduction table is then reentered with A and F and yields H, P, and Z_2 where H is the altitude, P is the complement of the parallactic angle, and Z_2 is the second component of the azimuth angle. It is usually necessary to adjust the tabular altitude for the fractional parts of the intermediate entering arguments to derive computed altitude, and an auxiliary table is provided for the purpose. Rules governing signs of the quantities which must be added or subtracted are given in the instructions and summarized on each tabular page. Azimuth angle is the sum of two components and is converted to true azimuth by familiar rules, repeated at the bottom of the tabular pages.

Tabular altitude and intermediate quantities are given to the nearest minute of arc, although errors of 2′ in computed altitude may accrue during adjustment for the minutes parts of entering arguments. Components of azimuth angle are stated to 0°.1; for derived true azimuth, only whole degrees are warranted. Since objects near the zenith are difficult to observe with a marine sextant, they should be avoided; altitudes greater than about 80° are not suited to reduction by this method.

In many circumstances, the accuracy provided by these tables is sufficient. However, to maintain the full accuracy (0′.1) of the ephemeral data in the almanac throughout their reduction to altitude and azimuth, more extensive tables or a calculator should be used.

3. *Use of Tables.*

Step 1. Determine the Greenwich hour angle (*GHA*) and Declination (*Dec*) of the body from the almanac. Select an assumed latitude (*Lat*) of integral degrees nearest to the estimated latitude. Choose an assumed longitude nearest to the estimated longitude such that the local hour angle

$$LHA = GHA \begin{array}{c} - \text{ west} \\ + \text{ east} \end{array} \text{longitude}$$

has integral degrees.

Step 2. Enter the reduction table with *Lat* and *LHA* as arguments. Record the quantities A, B and Z_1. Apply the rules for the sign of B and Z_1: B is minus if $90° < LHA < 270°$: Z_1 has the same sign as B. Set $A° =$ nearest whole degree of A and $A' =$ minutes part of A. This step may be repeated for all reductions before leaving the latitude opening of the table.

Step 3. Record the declination *Dec*. Apply the rules for the sign of *Dec*: *Dec* is minus if the name of *Dec* (*i.e.* N or S) is contrary to latitude. Add B and *Dec* algebraically to produce F. If F is negative, the object is below the horizon (in sight reduction, this can occur when the objects are close to the horizon). Regard F as positive until step 7. Set $F° =$ nearest whole degree of F and $F' =$ minutes part of F.

SIGHT REDUCTION PROCEDURES

Step 4. Enter the reduction table a second time with $A°$ and $F°$ as arguments and record H, P, and Z_2. Set $P° =$ nearest whole degree of P and $Z_2° =$ nearest whole degree of Z_2.

Step 5. Enter the auxiliary table with F' and $P°$ as arguments to obtain $corr_1$ to H for F'. Apply the rule for the sign of $corr_1$: $corr_1$ is minus if $F < 90°$ and $F' > 29'$ or if $F > 90°$ and $F' < 30'$, otherwise $corr_1$ is plus.

Step 6. Enter the auxiliary table with A' and $Z_2°$ as arguments to obtain $corr_2$ to H for A'. Apply the rule for the sign of $corr_2$: $corr_2$ is minus if $A' < 30'$, otherwise $corr_2$ is plus.

Step 7. Calculate the computed altitude H_C as the sum of H, $corr_1$ and $corr_2$. Apply the rule for the sign of H_C: H_C is minus if F is negative.

Step 8. Apply the rule for the sign of Z_2: Z_2 is minus if $F > 90°$. If F is negative, replace Z_2 by $180° - Z_2$. Set the azimuth angle Z equal to the algebraic sum of Z_1 and Z_2 and ignore the resulting sign. Obtain the true azimuth Z_n from the rules

For N latitude, if $LHA > 180°$ $Z_n = Z$
                if $LHA < 180°$ $Z_n = 360° - Z$

For S latitude, if $LHA > 180°$ $Z_n = 180° - Z$
                if $LHA < 180°$ $Z_n = 180° + Z$

Observed altitude H_O is compared with H_C to obtain the altitude difference, which, with Z_n, is used to plot the position line.

4. *Example.* (a) Required the altitude and azimuth of *Schedar* on 2021 February 4 at UT $06^h\ 33^m$ from the estimated position N 53°, E 5°.

1. Assumed latitude $Lat = \ \ 53°$ N
   From the almanac $GHA = 222°\ 29'$
   Assumed longitude $4°\ 31'$ E
   Local hour angle $LHA = 227$

2. Reduction table, 1st entry
   $(Lat, LHA) = (53, 227)$ $A = \ \ \ 26\ \ 07$ $A° = 26,\ A' = 7$
                                          $B = -27\ \ 12$ $Z_1 = -49 \cdot 4,$ $90° < LHA < 270°$
3. From the almanac $Dec = +56\ \ 39$ Lat and Dec same
   Sum $= B + Dec$ $F = +29\ \ 27$ $F° = 29,\ F' = 27$

4. Reduction table, 2nd entry
   $(A°, F°) = (26, 29)$ $H = \ \ \ 25\ \ 50$ $P° = 61$
                                                          $Z_2 = 76 \cdot 3, Z_2° = 76$

5. Auxiliary table, 1st entry
   $(F', P°) = (27, 61)$ $corr_1 = \ \ \underline{\ \ \ +24\ \ }$ $F < 90°,\ F' < 29'$
   Sum $26\ \ 14$
6. Auxiliary table, 2nd entry
   $(A', Z_2°) = (7, 76)$ $corr_2 = \ \ \ \underline{\ \ \ -2\ \ \ }$ $A' < 30'$
7. Sum = computed altitude $H_C = +26°\ 12'$ $F > 0°$

8. Azimuth, first component $Z_1 = -49 \cdot 4$ same sign as B
              second component $Z_2 = \underline{+76 \cdot 3}$ $F < 90°,\ F > 0°$
   Sum = azimuth angle $Z = \ \ \ 26 \cdot 9$

   True azimuth $Z_n = \ 027°$ N *Lat*, $LHA > 180°$

continued on page 318

SIGHT REDUCTION TABLE

SIGHT REDUCTION TABLE

LATITUDE / A: 6° – 11°

SIGHT REDUCTION TABLE

289

Lat. / A		6°			7°			8°			9°			10°			11°		Lat. / A
LHA/F	A/H	B/P	Z_1/Z_2	A/H	B/P	Z_1/Z_2	A/H	B/P	Z_1/Z_2	A/H	B/P	Z_1/Z_2	A/H	B/P	Z_1/Z_2	A/H	B/P	Z_1/Z_2	LHA
45 135	44 41	81 33	84.0	44 34	80 09	83.1	44 27	78 46	82.1	44 18	77 22	81.1	44 08	76 00	80.1	43 57	74 38	79.2	225 315
46 134	45 41	81 24	83.8	45 34	79 59	82.8	45 26	78 34	81.8	45 16	77 09	80.8	45 06	75 45	79.8	44 55	74 22	78.8	226 314
47 133	46 40	81 14	83.6	46 33	79 48	82.6	46 24	78 21	81.5	46 15	76 56	80.5	46 04	75 30	79.5	45 53	74 05	78.4	227 313
48 132	47 39	81 04	83.4	47 32	79 36	82.3	47 23	78 08	81.2	47 13	76 41	80.1	47 03	75 14	79.1	46 51	73 48	78.0	228 312
49 131	48 38	80 54	83.1	48 31	79 24	82.0	48 22	77 55	80.9	48 12	76 26	79.8	48 01	74 57	78.7	47 48	73 30	77.6	229 311
50 130	49 38	80 43	82.9	49 30	79 11	81.7	49 20	77 40	80.6	49 10	76 09	79.4	48 58	74 40	78.3	48 46	73 10	77.2	230 310
51 129	50 37	80 31	82.6	50 29	78 58	81.4	50 19	77 25	80.2	50 08	75 52	79.1	49 56	74 21	77.9	49 43	72 50	76.7	231 309
52 128	51 36	80 19	82.4	51 27	78 43	81.1	51 18	77 08	79.9	51 06	75 34	78.7	50 54	74 01	77.5	50 40	72 29	76.3	232 308
53 127	52 35	80 06	82.1	52 26	78 28	80.8	52 16	76 51	79.5	52 04	75 15	78.3	51 52	73 40	77.0	51 37	72 06	75.8	233 307
54 126	53 34	79 52	81.8	53 25	78 12	80.5	53 14	76 33	79.2	53 02	74 55	77.8	52 49	73 18	76.6	52 35	71 42	75.3	234 306
55 125	54 33	79 37	81.5	54 24	77 55	80.1	54 13	76 14	78.8	54 00	74 34	77.4	53 47	72 55	76.1	53 31	71 17	74.8	235 305
56 124	55 32	79 21	81.2	55 22	77 37	79.8	55 11	75 54	78.3	54 58	74 11	76.9	54 44	72 30	75.6	54 28	70 50	74.2	236 304
57 123	56 31	79 05	80.9	56 21	77 18	79.4	56 09	75 32	77.9	55 56	73 47	76.5	55 41	72 04	75.0	55 25	70 22	73.6	237 303
58 122	57 30	78 47	80.6	57 19	76 58	79.0	57 07	75 09	77.5	56 53	73 22	76.0	56 38	71 36	74.5	56 21	69 51	73.0	238 302
59 121	58 29	78 28	80.2	58 18	76 35	78.6	58 05	74 44	77.0	57 51	72 54	75.4	57 35	71 06	73.9	57 17	69 19	72.4	239 301
60 120	59 28	78 08	79.9	59 16	76 12	78.1	59 03	74 18	76.4	58 48	72 25	74.8	58 32	70 34	73.3	58 13	68 45	71.7	240 300
61 119	60 26	77 46	79.5	60 14	75 47	77.6	60 01	73 50	75.9	59 45	71 54	74.2	59 29	70 01	72.6	59 09	68 09	71.0	241 299
62 118	61 25	77 23	79.1	61 12	75 21	77.1	60 58	73 20	75.3	60 42	71 21	73.6	60 24	69 25	71.9	60 05	67 31	70.3	242 298
63 117	62 23	76 58	78.4	62 10	74 52	76.5	61 56	72 48	74.7	61 39	70 46	72.9	61 20	68 46	71.2	61 00	66 49	69.5	243 297
64 116	63 22	76 31	77.9	63 08	74 21	76.0	62 53	72 13	74.1	62 35	70 08	72.2	62 16	68 05	70.4	61 55	66 05	68.6	244 296
65 115	64 20	76 02	77.4	64 06	73 48	75.4	63 50	71 36	73.4	63 32	69 27	71.5	63 12	67 21	69.6	62 50	65 18	67.7	245 295
66 114	65 18	75 31	76.8	65 03	73 12	74.7	64 47	70 56	72.6	64 28	68 43	70.6	64 07	66 34	68.7	63 44	64 27	66.8	246 294
67 113	66 16	74 57	76.2	66 01	72 33	74.0	65 43	70 13	71.8	65 23	67 56	69.8	65 02	65 43	67.8	64 38	63 33	65.8	247 293
68 112	67 14	74 20	75.5	66 58	71 51	73.2	66 40	69 26	71.0	66 19	67 05	68.8	65 56	64 48	66.7	65 32	62 35	64.7	248 292
69 111	68 12	73 39	74.8	67 55	71 05	72.4	67 36	68 35	70.1	67 14	66 09	67.8	66 50	63 48	65.7	66 25	61 31	63.6	249 291
70 110	69 09	72 55	74.0	68 51	70 15	71.5	68 31	67 40	69.1	68 09	65 09	66.7	67 44	62 44	64.5	67 17	60 23	62.3	250 290
71 109	70 07	72 06	73.1	69 48	69 20	70.5	69 27	66 39	68.0	69 03	64 03	65.6	68 37	61 34	63.2	68 09	59 10	61.0	251 289
72 108	71 03	71 13	72.2	70 44	68 20	69.4	70 21	65 33	66.8	69 57	62 52	64.3	69 29	60 17	61.9	69 00	57 50	59.6	252 288
73 107	72 00	70 14	71.1	71 39	67 13	68.3	71 16	64 20	65.5	70 50	61 33	62.9	70 21	58 54	60.4	69 50	56 23	58.0	253 287
74 106	72 56	69 08	70.0	72 34	65 59	67.0	72 09	62 59	64.1	71 42	60 07	61.4	71 12	57 24	58.8	70 40	54 49	56.4	254 286
75 105	73 52	67 54	68.7	73 29	64 37	65.5	73 03	61 30	62.6	72 34	58 32	59.7	72 02	55 44	57.1	71 28	53 06	54.5	255 285
76 104	74 48	66 31	67.3	74 23	63 05	64.0	73 55	59 51	60.8	73 25	56 47	57.9	72 51	53 55	55.1	72 16	51 13	52.6	256 284
77 103	75 42	64 57	65.6	75 16	61 22	62.2	74 46	58 00	58.9	74 14	54 51	55.9	73 39	51 55	53.1	73 02	49 10	50.4	257 283
78 102	76 36	63 11	63.7	76 08	59 26	60.2	75 37	55 57	56.8	75 02	52 42	53.6	74 26	49 42	50.8	73 47	46 56	48.1	258 282
79 101	77 29	61 09	61.7	76 58	57 14	57.9	76 26	53 38	54.4	75 49	50 18	51.2	75 11	47 16	48.2	74 30	44 28	45.5	259 281
80 100	78 21	58 49	59.3	77 47	54 44	55.3	77 13	51 01	51.7	76 35	47 38	48.4	75 54	44 34	45.4	75 11	41 47	42.7	260 280
81 99	79 12	56 06	56.6	78 37	51 52	52.4	77 59	48 04	48.7	77 18	44 39	45.4	76 35	41 35	42.4	75 49	38 50	39.7	261 279
82 98	80 01	52 56	53.4	79 23	48 35	49.1	78 42	44 43	45.3	77 59	41 18	41.9	77 13	38 17	39.0	76 26	35 36	36.4	262 278
83 97	80 47	49 13	49.6	80 07	44 47	45.2	79 23	40 56	41.4	78 37	37 35	38.1	77 49	34 39	35.3	76 59	32 08	32.8	263 277
84 96	81 31	44 51	45.2	80 47	40 24	40.8	80 01	36 38	37.1	79 12	33 25	33.9	78 21	30 34	31.2	77 28	28 16	28.8	264 276
85 95	82 12	39 40	39.9	81 24	35 22	35.7	80 34	31 48	32.2	79 43	28 49	29.2	78 50	26 18	26.7	77 56	24 09	24.6	265 275
86 94	82 48	33 34	33.8	81 57	29 36	29.8	81 04	26 24	26.7	80 09	23 46	24.1	79 14	21 35	21.9	78 18	19 44	20.1	266 274
87 93	83 18	26 28	26.6	82 23	23 05	23.3	81 28	20 25	20.6	80 31	18 17	18.5	79 34	16 32	16.8	78 36	15 04	15.4	267 273
88 92	83 41	18 22	18.5	82 43	15 57	16.0	81 45	13 57	14.1	80 47	12 26	12.6	79 48	11 12	11.4	78 49	10 11	10.4	268 272
89 91	83 55	9 26	9.5	82 56	8 05	8.2	81 56	7 05	7.1	80 57	6 17	6.4	79 57	5 39	5.7	78 57	5 08	5.2	269 271
90 90	84 00	0 00	0.0	83 00	0 00	0.0	82 00	0 00	0.0	81 00	0 00	0.0	80 00	0 00	0.0	79 00	0 00	0.0	270 270

N. Lat.: for LHA > 180° ... $Z_n = Z$
for LHA < 180° ... $Z_n = 360° - Z$

S. Lat.: for LHA > 180° ... $Z_n = 180° - Z$
for LHA < 180° ... $Z_n = 180° + Z$

SIGHT REDUCTION TABLE

SIGHT REDUCTION TABLE

SIGHT REDUCTION TABLE — LATITUDE / A: 36° – 41°

SIGHT REDUCTION TABLE

299

Lat. / A		36°			37°			38°			39°			40°			41°		Lat. / A
LHA/F	A/H	B/P	Z₁/Z₂	A/H	B/P	Z₁/Z₂	A/H	B/P	Z₁/Z₂	A/H	B/P	Z₁/Z₂	A/H	B/P	Z₁/Z₂	A/H	B/P	Z₁/Z₂	LHA
°	° ′	° ′	°	° ′	° ′	°	° ′	° ′	°	° ′	° ′	°	° ′	° ′	°	° ′	° ′	°	°
45 135	34 54	44 13	59.6	34 23	43 11	59.0	33 52	42 09	58.4	33 20	41 08	57.8	32 48	40 07	57.3	32 15	39 08	56.7	225
46 134	35 35	43 43	58.7	35 04	42 40	58.1	34 32	41 38	57.5	33 59	40 37	56.9	33 26	39 37	56.4	32 53	38 38	55.8	226
47 133	36 17	43 11	57.8	35 45	42 09	57.2	35 12	41 07	56.6	34 38	40 06	56.0	34 04	39 06	55.4	33 30	38 07	54.9	227
48 132	36 57	42 39	56.9	36 24	41 36	56.2	35 51	40 35	55.6	35 17	39 34	55.0	34 42	38 34	54.5	34 07	37 35	53.9	228
49 131	37 38	42 05	55.9	37 04	41 03	55.3	36 30	40 01	54.7	35 55	39 01	54.1	35 19	38 01	53.5	34 43	37 03	53.0	229
50 130	38 18	41 30	55.0	37 43	40 28	54.4	37 08	39 27	53.7	36 32	38 27	53.1	35 56	37 27	52.5	35 19	36 29	52.0	230
51 129	38 57	40 54	54.0	38 22	39 52	53.4	37 46	38 51	52.8	37 09	37 51	52.1	36 32	36 52	51.6	35 55	35 54	51.0	231
52 128	39 36	40 17	53.0	39 00	39 15	52.4	38 23	38 14	51.8	37 46	37 15	51.1	37 08	36 16	50.6	36 30	35 18	50.0	232
53 127	40 15	39 38	52.0	39 38	38 37	51.4	39 00	37 36	50.8	38 22	36 37	50.1	37 43	35 39	49.5	37 04	34 42	49.0	233
54 126	40 53	38 58	51.0	40 15	37 57	50.4	39 36	36 57	49.7	38 57	35 59	49.1	38 18	35 01	48.5	37 38	34 04	47.9	234
55 125	41 30	38 17	50.0	40 52	37 17	49.3	40 12	36 17	48.7	39 32	35 19	48.1	38 52	34 22	47.4	38 11	33 25	46.9	235
56 124	42 07	37 35	48.9	41 28	36 35	48.3	40 47	35 36	47.6	40 07	34 38	47.0	39 26	33 41	46.4	38 44	32 45	45.8	236
57 123	42 44	36 51	47.9	42 03	35 51	47.2	41 22	34 53	46.5	40 41	33 55	45.9	39 59	32 59	45.3	39 16	32 04	44.7	237
58 122	43 19	36 06	46.8	42 38	35 07	46.1	41 56	34 09	45.4	41 14	33 12	44.8	40 31	32 16	44.2	39 48	31 22	43.6	238
59 121	43 54	35 20	45.6	43 12	34 22	45.0	42 29	33 24	44.3	41 46	32 27	43.7	41 02	31 32	43.1	40 19	30 39	42.5	239
60 120	44 29	34 32	44.5	43 46	33 34	43.8	43 02	32 37	43.2	42 18	31 42	42.5	41 34	30 47	41.9	40 49	29 54	41.3	240
61 119	45 02	33 43	43.3	44 18	32 45	42.6	43 34	31 49	42.0	42 49	30 55	41.4	42 04	30 01	40.8	41 18	29 09	40.2	241
62 118	45 35	32 52	42.1	44 51	31 55	41.5	44 05	31 00	40.8	43 20	30 06	40.2	42 34	29 14	39.6	41 47	28 22	39.0	242
63 117	46 07	32 00	40.9	45 22	31 04	40.3	44 36	30 10	39.6	43 49	29 17	39.0	43 03	28 25	38.4	42 15	27 35	37.8	243
64 116	46 39	31 06	39.7	45 52	30 11	39.1	45 06	29 18	38.4	44 18	28 26	37.8	43 31	27 35	37.2	42 43	26 46	36.6	244
65 115	47 09	30 11	38.4	46 22	29 17	37.8	45 35	28 25	37.1	44 47	27 34	36.5	43 58	26 44	36.0	43 09	25 56	35.4	245
66 114	47 39	29 14	37.1	46 51	28 21	36.5	46 03	27 30	35.9	45 14	26 40	35.3	44 25	25 52	34.7	43 35	25 04	34.2	246
67 113	48 08	28 16	35.8	47 19	27 24	35.2	46 30	26 34	34.6	45 40	25 45	34.0	44 50	24 58	33.4	44 00	24 12	32.9	247
68 112	48 36	27 17	34.5	47 46	26 26	33.9	46 56	25 37	33.3	46 06	24 50	32.7	45 15	24 03	32.2	44 24	23 19	31.6	248
69 111	49 03	26 15	33.1	48 13	25 26	32.5	47 22	24 38	31.9	46 31	23 52	31.4	45 39	23 08	30.8	44 48	22 24	30.3	249
70 110	49 29	25 13	31.8	48 38	24 25	31.2	47 46	23 39	30.6	46 55	22 54	30.0	46 03	22 11	29.5	45 10	21 29	29.0	250
71 109	49 54	24 08	30.4	49 02	23 22	29.8	48 10	22 37	29.2	47 17	21 54	28.7	46 25	21 12	28.2	45 32	20 32	27.7	251
72 108	50 18	23 02	29.0	49 25	22 18	28.4	48 33	21 35	27.9	47 40	20 53	27.3	46 46	20 13	26.8	45 52	19 34	26.3	252
73 107	50 41	21 55	27.5	49 48	21 12	27.0	48 54	20 31	26.4	48 00	19 51	25.9	47 06	19 13	25.4	46 12	18 35	25.0	253
74 106	51 03	20 47	26.0	50 09	20 06	25.5	49 15	19 26	25.0	48 20	18 48	24.5	47 25	18 11	24.0	46 30	17 36	23.6	254
75 105	51 24	19 36	24.5	50 29	18 57	24.0	49 34	18 20	23.5	48 39	17 43	23.1	47 44	17 09	22.6	46 48	16 35	22.2	255
76 104	51 43	18 25	23.0	50 48	17 48	22.5	49 52	17 12	22.0	48 57	16 38	21.6	48 01	16 05	21.2	47 05	15 33	20.8	256
77 103	52 02	17 12	21.4	51 06	16 37	21.0	50 09	16 04	20.6	49 13	15 31	20.1	48 20	15 00	19.8	47 20	14 31	19.4	257
78 102	52 19	15 58	19.9	51 22	15 25	19.5	50 25	14 54	19.0	49 29	14 24	18.7	48 32	13 55	18.3	47 35	13 27	18.0	258
79 101	52 35	14 43	18.3	51 37	14 13	17.9	50 40	13 43	17.5	49 43	13 16	17.2	48 46	12 49	16.8	47 48	12 23	16.5	259
80 100	52 49	13 27	16.7	51 52	12 59	16.3	50 54	12 32	16.0	49 56	12 06	15.7	48 58	11 42	15.3	48 01	11 18	15.0	260
81 99	53 02	12 09	15.1	52 04	11 44	14.7	51 06	11 19	14.4	50 08	10 56	14.1	49 10	10 34	13.8	48 12	10 12	13.6	261
82 98	53 14	10 51	13.4	52 16	10 28	13.1	51 18	10 06	12.9	50 19	9 45	12.6	49 20	9 25	12.3	48 22	9 06	12.1	262
83 97	53 25	9 31	11.8	52 26	9 11	11.5	51 27	8 52	11.3	50 29	8 34	11.0	49 30	8 16	10.8	48 31	7 59	10.6	263
84 96	53 34	8 11	10.1	52 35	7 54	9.9	51 36	7 37	9.7	50 37	7 21	9.5	49 38	7 06	9.3	48 38	6 51	9.1	264
85 95	53 42	6 50	8.5	52 43	6 36	8.3	51 43	6 22	8.1	50 44	6 09	7.9	49 44	5 56	7.8	48 45	5 44	7.6	265
86 94	53 49	5 29	6.8	52 49	5 17	6.6	51 49	5 06	6.5	50 50	4 55	6.3	49 50	4 45	6.2	48 50	4 35	6.1	266
87 93	53 54	4 07	5.1	52 54	3 58	5.0	51 54	3 50	4.9	50 54	3 42	4.8	49 54	3 34	4.7	48 55	3 27	4.6	267
88 92	53 57	2 45	3.4	52 57	2 39	3.3	51 57	2 33	3.2	50 57	2 28	3.2	49 58	2 23	3.1	48 58	2 18	3.0	268
89 91	53 59	1 23	1.7	52 59	1 20	1.7	51 59	1 17	1.6	50 59	1 14	1.6	49 59	1 11	1.6	48 59	1 09	1.5	269
90 90	54 00	0 00	0.0	53 00	0 00	0.0	52 00	0 00	0.0	51 00	0 00	0.0	50 00	0 00	0.0	49 00	0 00	0.0	270

N. Lat: for LHA > 180° ... $Z_n = Z$
for LHA < 180° ... $Z_n = 360° - Z$

S. Lat.: for LHA > 180° ... $Z_n = 180° - Z$
for LHA < 180° ... $Z_n = 180° + Z$

SIGHT REDUCTION TABLE

SIGHT REDUCTION TABLE

SIGHT REDUCTION TABLE

LATITUDE / A: 54° – 59°

B: (−) for 90° < LHA < 270°
Dec:(−) for Lat. contrary name

Z₁: same sign as B
Z₂: (−) for F > 90°

Lat./A		54°			55°			56°			57°			58°			59°		Lat./A
LHA/F	A/H	B/P	Z₁/Z₂	A/H	B/P	Z₁/Z₂	A/H	B/P	Z₁/Z₂	A/H	B/P	Z₁/Z₂	A/H	B/P	Z₁/Z₂	A/H	B/P	Z₁/Z₂	LHA
0 180	0 00	36 00	90·0	0 00	35 00	90·0	0 00	34 00	90·0	0 00	33 00	90·0	0 00	32 00	90·0	0 00	31 00	90·0	180 360
1 179	0 35	36 00	89·2	0 34	35 00	89·2	0 34	34 00	89·2	0 33	33 00	89·2	0 32	32 00	89·2	0 31	31 00	89·1	181 359
2 178	1 11	35 59	88·4	1 09	34 59	88·4	1 07	33 59	88·3	1 05	32 59	88·3	1 04	31 59	88·3	1 02	30 59	88·3	182 358
3 177	1 46	35 58	87·6	1 43	34 58	87·5	1 41	33 58	87·5	1 38	32 58	87·5	1 35	31 58	87·5	1 33	30 58	87·4	183 357
4 176	2 21	35 56	86·8	2 18	34 56	86·7	2 14	33 56	86·6	2 11	32 56	86·6	2 07	31 56	86·6	2 04	30 56	86·6	184 356
5 175	2 56	35 54	86·0	2 52	34 54	85·9	2 48	33 54	85·9	2 43	32 54	85·8	2 39	31 54	85·8	2 34	30 54	85·7	185 355
6 174	3 31	35 51	85·1	3 26	34 51	85·1	3 21	33 51	85·0	3 16	32 51	85·0	3 11	31 52	84·9	3 05	30 52	84·9	186 354
7 173	4 06	35 48	84·3	4 00	34 48	84·3	3 54	33 48	84·2	3 48	32 48	84·1	3 42	31 48	84·1	3 36	30 49	84·0	187 353
8 172	4 42	35 44	83·5	4 35	34 44	83·4	4 28	33 44	83·4	4 21	32 45	83·3	4 14	31 45	83·2	4 07	30 45	83·1	188 352
9 171	5 17	35 40	82·7	5 09	34 40	82·6	5 01	33 40	82·5	4 53	32 41	82·4	4 45	31 41	82·3	4 37	30 41	82·3	189 351
10 170	5 51	35 35	81·9	5 43	34 35	81·8	5 34	33 36	81·7	5 26	32 36	81·6	5 17	31 36	81·5	5 08	30 37	81·4	190 350
11 169	6 26	35 30	81·1	6 17	34 30	81·0	6 08	33 31	80·8	5 58	32 31	80·7	5 48	31 31	80·6	5 38	30 32	80·5	191 349
12 168	7 01	35 24	80·2	6 51	34 24	80·1	6 41	33 25	80·0	6 30	32 25	79·9	6 20	31 26	79·8	6 09	30 27	79·7	192 348
13 167	7 36	35 18	79·4	7 25	34 18	79·3	7 14	33 19	79·2	7 02	32 19	79·0	6 51	31 20	78·9	6 39	30 21	78·8	193 347
14 166	8 11	35 11	78·6	7 59	34 12	78·5	7 46	33 12	78·3	7 34	32 13	78·2	7 22	31 14	78·1	7 09	30 15	77·9	194 346
15 165	8 45	35 04	77·8	8 32	34 04	77·6	8 19	33 05	77·5	8 06	32 06	77·3	7 53	31 07	77·2	7 40	30 08	77·1	195 345
16 164	9 19	34 56	76·9	9 06	33 57	76·8	8 52	32 58	76·6	8 38	31 59	76·5	8 24	31 00	76·3	8 10	30 01	76·2	196 344
17 163	9 54	34 47	76·1	9 39	33 48	75·9	9 25	32 49	75·8	9 10	31 50	75·6	8 55	30 52	75·5	8 40	29 53	75·3	197 343
18 162	10 28	34 39	75·3	10 13	33 40	75·1	9 57	32 41	74·9	9 41	31 42	74·8	9 25	30 43	74·6	9 09	29 45	74·4	198 342
19 161	11 02	34 29	74·4	10 46	33 30	74·2	10 29	33 32	74·1	10 13	31 33	73·9	9 56	30 35	73·7	9 39	29 36	73·6	199 341
20 160	11 36	34 19	73·6	11 19	33 21	73·4	11 02	33 22	73·2	10 44	32 24	73·0	10 27	30 25	72·8	10 09	29 27	72·7	200 340
21 159	12 10	34 09	72·7	11 52	33 11	72·5	11 34	33 12	72·3	11 15	31 14	72·2	10 57	30 15	72·0	10 38	29 17	71·8	201 339
22 158	12 43	33 58	71·9	12 24	33 00	71·7	12 06	33 01	71·5	11 46	31 03	71·3	11 27	30 05	71·1	11 07	29 07	70·9	202 338
23 157	13 17	33 46	71·0	12 57	32 48	70·8	12 37	32 50	70·6	12 17	31 52	70·4	11 57	30 54	70·2	11 37	28 57	70·0	203 337
24 156	13 50	33 34	70·2	13 29	32 36	70·0	13 09	32 38	69·7	12 48	31 41	69·5	12 27	30 43	69·3	12 06	28 46	69·1	204 336
25 155	14 23	33 22	69·3	14 02	32 24	69·1	13 40	32 26	68·9	13 18	31 29	68·6	12 56	30 31	68·4	12 34	28 34	68·2	205 335
26 154	14 56	33 09	68·5	14 34	32 11	68·3	14 11	32 14	68·0	13 49	31 16	67·8	13 25	30 19	67·5	13 03	28 22	67·3	206 334
27 153	15 29	32 55	67·6	15 06	31 58	67·4	14 42	33 00	67·1	14 19	31 03	66·9	13 55	30 06	66·6	13 31	28 10	66·4	207 333
28 152	16 01	32 41	66·7	15 37	31 44	66·5	15 13	31 47	66·3	14 49	30 50	66·0	14 24	29 53	65·7	14 00	27 57	65·5	208 332
29 151	16 33	32 26	65·8	16 09	31 29	65·6	15 44	31 32	65·4	15 19	30 36	65·1	14 53	29 39	64·8	14 28	27 43	64·6	209 331
30 150	17 05	32 11	65·0	16 40	31 14	64·7	16 14	31 17	64·4	15 48	30 21	64·2	15 22	29 25	63·9	14 55	27 29	63·7	210 330
31 149	17 37	31 55	64·1	17 11	30 58	63·8	16 44	31 02	63·5	16 17	30 06	63·3	15 50	29 10	63·0	15 23	27 15	62·7	211 329
32 148	18 09	31 38	63·2	17 42	30 42	62·9	17 14	30 46	62·6	16 47	29 51	62·3	16 19	28 55	62·1	15 50	27 00	61·8	212 328
33 147	18 40	31 21	62·3	18 12	30 25	62·0	17 44	30 30	61·7	17 15	29 34	61·4	16 47	28 39	61·2	16 17	26 45	60·9	213 327
34 146	19 11	31 04	61·4	18 42	30 08	61·1	18 13	30 13	60·8	17 44	29 18	60·5	17 15	28 23	60·2	16 44	26 29	60·0	214 326
35 145	19 42	30 46	60·5	19 12	29 50	60·2	18 42	29 55	59·9	18 12	29 01	59·6	17 42	28 06	59·3	17 11	26 12	59·0	215 325
36 144	20 13	30 27	59·6	19 42	29 32	59·2	19 11	29 37	58·9	18 40	28 43	58·6	18 09	27 49	58·4	17 37	25 55	58·1	216 324
37 143	20 43	30 07	58·6	20 12	29 13	58·3	19 40	29 19	58·0	19 08	28 25	57·7	18 36	27 31	57·4	18 03	25 38	57·1	217 323
38 142	21 13	29 48	57·7	20 41	28 53	57·4	20 08	29 00	57·1	19 35	28 06	56·8	19 02	27 13	56·5	18 29	25 20	56·2	218 322
39 141	21 43	29 27	56·8	21 10	28 33	56·4	20 36	28 40	56·1	20 03	27 47	55·8	19 29	26 54	55·5	18 55	25 02	55·2	219 321
40 140	22 12	29 06	55·8	21 38	28 13	55·5	21 04	28 20	55·2	20 30	27 27	54·9	19 55	26 35	54·6	19 20	24 43	54·3	220 320
41 139	22 41	28 44	54·9	22 06	27 51	54·5	21 31	27 59	54·2	20 56	27 07	53·9	20 21	26 15	53·6	19 45	24 24	53·3	221 319
42 138	23 10	28 22	53·9	22 34	27 29	53·6	21 58	27 37	53·3	21 22	26 46	52·9	20 46	25 55	52·6	20 10	24 04	52·3	222 318
43 137	23 38	27 59	53·0	23 02	27 07	52·6	22 25	27 15	52·3	21 48	26 24	52·0	21 11	25 34	51·7	20 34	23 43	51·4	223 317
44 136	24 06	27 36	52·0	23 29	26 44	51·7	22 51	26 53	51·3	22 14	26 02	51·0	21 36	25 12	50·7	20 58	23 23	50·4	224 316
45 135	24 34	27 11	51·0	23 56	26 20	50·7	23 17	26 30	50·3	22 39	25 40	50·0	22 00	24 50	49·7	21 21	23 01	49·4	225 315

SIGHT REDUCTION TABLE

Lat. / A		54°			55°			56°			57°			58°			59°		Lat. / A
LHA/F	A/H	B/P	Z₁/Z₂	A/H	B/P	Z₁/Z₂	A/H	B/P	Z₁/Z₂	A/H	B/P	Z₁/Z₂	A/H	B/P	Z₁/Z₂	A/H	B/P	Z₁/Z₂	LHA
45 135	° ′ 24 34	° ′ 27 11	° 51·0	° ′ 23 56	° ′ 26 20	° 50·7	° ′ 23 17	° ′ 25 30	° 50·3	° ′ 22 39	° ′ 24 40	° 50·0	° ′ 22 00	° ′ 23 50	° 49·7	° ′ 21 21	° ′ 23 01	° 49·4	° 225 315
46 134	25 01	26 47	50·0	24 22	25 56	49·7	23 43	25 06	49·4	23 04	24 17	49·0	22 24	23 28	48·7	21 45	22 39	48·4	226 314
47 133	25 28	26 22	49·1	24 48	25 31	48·8	24 08	24 42	48·4	23 28	23 53	48·1	22 48	23 05	47·7	22 08	22 17	47·4	227 313
48 132	25 54	25 56	48·1	25 14	25 06	47·7	24 33	24 17	47·4	23 53	23 29	47·0	23 11	22 41	46·7	22 30	21 54	46·4	228 312
49 131	26 20	25 29	47·1	25 39	24 40	46·7	24 58	23 52	46·4	24 16	23 05	46·0	23 34	22 17	45·7	22 52	21 31	45·4	229 311
50 130	26 46	25 02	46·0	26 04	24 14	45·7	25 22	23 26	45·3	24 40	22 39	45·0	23 57	21 53	44·7	23 14	21 07	44·4	230 310
51 129	27 11	24 34	45·0	26 28	23 47	44·7	25 45	23 00	44·3	25 02	22 14	44·0	24 19	21 28	43·7	23 36	20 43	43·4	231 309
52 128	27 36	24 06	44·0	26 52	23 19	43·6	26 09	22 33	43·3	25 25	21 48	42·9	24 41	21 03	42·7	23 57	20 18	42·3	232 308
53 127	28 00	23 37	43·0	27 16	22 51	42·6	26 32	22 06	42·3	25 47	21 21	41·9	25 02	20 37	41·6	24 17	19 53	41·3	233 307
54 126	28 24	23 07	41·9	27 39	22 22	41·6	26 54	21 38	41·2	26 09	20 54	40·9	25 23	20 10	40·6	24 37	19 27	40·3	234 306
55 125	28 47	22 37	40·9	28 01	21 53	40·5	27 16	21 09	40·2	26 30	20 26	39·9	25 44	19 43	39·5	24 57	19 01	39·2	235 305
56 124	29 10	22 07	39·8	28 24	21 23	39·5	27 37	20 40	39·1	26 50	19 57	38·8	26 04	19 16	38·5	25 17	18 34	38·2	236 304
57 123	29 32	21 35	38·8	28 45	20 52	38·4	27 58	20 10	38·1	27 11	19 29	37·8	26 23	18 48	37·4	25 35	18 07	37·1	237 303
58 122	29 54	21 03	37·7	29 06	20 21	37·3	28 19	19 40	37·0	27 31	18 59	36·7	26 42	18 19	36·4	25 54	17 40	36·1	238 302
59 121	30 15	20 31	36·6	29 27	19 50	36·3	28 38	19 09	35·9	27 50	18 30	35·6	27 01	17 50	35·3	26 12	17 12	35·0	239 301
60 120	30 36	19 58	35·5	29 47	19 18	35·2	28 58	18 38	34·9	28 09	18 00	34·5	27 19	17 21	34·2	26 29	16 43	34·0	240 300
61 119	30 56	19 24	34·4	30 07	18 45	34·1	29 17	18 06	33·8	28 27	17 29	33·5	27 37	16 51	33·2	26 46	16 14	32·9	241 299
62 118	31 16	18 50	33·3	30 26	18 12	33·0	29 35	17 34	32·7	28 45	16 57	32·4	27 54	16 21	32·1	27 03	15 45	31·8	242 298
63 117	31 35	18 15	32·2	30 44	17 38	31·9	29 53	17 02	31·6	29 02	16 26	31·3	28 10	15 50	31·0	27 19	15 15	30·7	243 297
64 116	31 53	17 40	31·1	31 02	17 04	30·8	30 10	16 28	30·5	29 19	15 53	30·2	28 27	15 19	29·9	27 35	14 45	29·6	244 296
65 115	32 11	17 04	30·0	31 19	16 29	29·7	30 27	15 55	29·4	29 35	15 21	29·1	28 42	14 48	28·8	27 50	14 15	28·5	245 295
66 114	32 29	16 28	28·8	31 36	15 54	28·5	30 43	15 20	28·2	29 50	14 48	28·0	28 57	14 16	27·7	28 04	13 44	27·4	246 294
67 113	32 45	15 51	27·7	31 52	15 18	27·4	30 59	14 46	27·1	30 05	14 14	26·8	29 12	13 43	26·6	28 18	13 13	26·3	247 293
68 112	33 01	15 14	26·5	32 08	14 42	26·3	31 14	14 11	26·0	30 20	13 40	25·7	29 26	13 10	25·5	28 31	12 41	25·2	248 292
69 111	33 17	14 36	25·4	32 23	14 05	25·1	31 28	13 35	24·8	30 34	13 06	24·6	29 39	12 37	24·4	28 44	12 09	24·1	249 291
70 110	33 33	13 57	24·2	32 37	13 28	24·0	31 42	12 59	23·7	30 47	12 31	23·5	29 52	12 04	23·2	28 57	11 37	23·0	250 290
71 109	33 46	13 18	23·1	32 51	12 51	22·8	31 55	12 23	22·6	31 00	11 56	22·3	30 04	11 30	22·1	29 09	11 04	21·9	251 289
72 108	33 59	12 39	21·9	33 04	12 13	21·6	32 08	11 46	21·4	31 12	11 21	21·2	30 16	10 56	20·9	29 20	10 31	20·7	252 288
73 107	34 12	12 00	20·7	33 16	11 34	20·5	32 20	11 09	20·2	31 23	10 45	20·0	30 27	10 21	19·8	29 30	9 58	19·6	253 287
74 106	34 24	11 19	19·5	33 28	10 55	19·3	32 31	10 32	19·1	31 34	10 09	18·9	30 37	9 46	18·7	29 41	9 24	18·5	254 286
75 105	34 36	10 39	18·3	33 39	10 16	18·1	32 42	9 54	17·9	31 44	9 32	17·7	30 47	9 11	17·5	29 50	8 50	17·4	255 285
76 104	34 46	9 58	17·1	33 49	9 37	16·9	32 52	9 16	16·7	31 54	8 56	16·6	30 57	8 36	16·4	29 59	8 16	16·2	256 284
77 103	34 56	9 17	15·9	33 59	8 57	15·7	33 01	8 38	15·6	32 03	8 19	15·4	31 05	8 00	15·2	30 07	7 42	15·1	257 283
78 102	35 06	8 35	14·7	34 08	8 17	14·5	33 10	7 59	14·4	32 11	7 41	14·2	31 13	7 24	14·1	30 15	7 07	13·9	258 282
79 101	35 14	7 54	13·5	34 16	7 37	13·3	33 18	7 20	13·2	32 19	7 04	13·0	31 21	6 48	12·9	30 22	6 32	12·8	259 281
80 100	35 22	7 11	12·3	34 24	6 56	12·1	33 25	6 41	11·9	32 26	6 26	11·9	31 27	6 12	11·7	30 29	5 57	11·6	260 280
81 99	35 29	6 29	11·1	34 30	6 15	10·9	33 32	6 01	10·8	32 33	5 48	10·7	31 34	5 35	10·6	30 35	5 22	10·5	261 279
82 98	35 36	5 46	9·9	34 37	5 34	9·7	33 37	5 22	9·6	32 38	5 10	9·5	31 39	4 58	9·4	30 40	4 47	9·3	262 278
83 97	35 41	5 04	8·6	34 42	4 53	8·5	33 43	4 42	8·4	32 43	4 32	8·3	31 44	4 21	8·2	30 45	4 11	8·2	263 277
84 96	35 46	4 21	7·4	34 47	4 11	7·3	33 47	4 02	7·2	32 48	3 53	7·1	31 48	3 44	7·1	30 49	3 36	7·0	264 276
85 95	35 51	3 37	6·2	34 51	3 30	6·1	33 51	3 22	6·0	32 52	3 14	6·0	31 52	3 07	5·9	30 52	3 00	5·8	265 275
86 94	35 54	2 54	4·9	34 54	2 48	4·9	33 54	2 42	4·8	32 55	2 36	4·8	31 55	2 30	4·7	30 55	2 24	4·7	266 274
87 93	35 57	2 11	3·7	34 57	2 06	3·7	33 57	2 01	3·6	32 57	1 57	3·6	31 57	1 52	3·5	30 57	1 48	3·5	267 273
88 92	35 58	1 27	2·5	34 59	1 24	2·4	33 59	1 21	2·4	32 59	1 18	2·4	31 59	1 15	2·3	30 59	1 12	2·3	268 272
89 91	36 00	0 44	1·2	35 00	0 42	1·2	34 00	0 40	1·2	33 00	0 39	1·2	32 00	0 37	1·2	31 00	0 36	1·2	269 271
90 90	36 00	0 00	0·0	35 00	0 00	0·0	34 00	0 00	0·0	33 00	0 00	0·0	32 00	0 00	0·0	31 00	0 00	0·0	270 270

N. Lat.: for LHA > 180° ... $Z_n = Z$
for LHA < 180° ... $Z_n = 360° - Z$

S. Lat.: for LHA > 180° ... $Z_n = 180° - Z$
for LHA < 180° ... $Z_n = 180° + Z$

SIGHT REDUCTION TABLE

Lat. / A		60°			61°			62°			63°			64°			65°		Lat. / A
LHA/F	A/H	B/P	Z_1/Z_2	A/H	B/P	Z_1/Z_2	A/H	B/P	Z_1/Z_2	A/H	B/P	Z_1/Z_2	A/H	B/P	Z_1/Z_2	A/H	B/P	Z_1/Z_2	LHA
45 135	20 42	22 12	49.1	20 03	21 24	48.8	19 23	20 36	48.6	18 43	19 49	48.3	18 03	19 02	48.1	17 23	18 15	47.8	225 315
46 134	21 05	21 51	48.1	20 25	21 01	47.8	19 44	20 16	47.6	19 04	19 29	47.3	18 23	18 43	47.1	17 42	17 57	46.8	226 314
47 133	21 27	21 30	47.1	20 46	20 43	46.6	20 05	19 56	46.6	19 24	19 10	46.3	18 42	18 24	46.1	18 00	17 39	45.8	227 313
48 132	21 49	21 07	46.1	21 07	20 21	45.8	20 25	19 35	45.6	19 43	18 50	45.3	19 01	18 04	45.1	18 18	17 20	44.8	228 312
49 131	22 10	20 45	45.1	21 28	19 59	44.8	20 45	19 14	44.6	20 02	18 29	44.3	19 19	17 45	44.0	18 36	17 01	43.8	229 311
50 130	22 31	20 22	44.1	21 48	19 37	43.8	21 05	18 52	43.5	20 21	18 08	43.3	19 37	17 24	43.0	18 53	16 41	42.8	230 310
51 129	22 52	19 58	43.1	22 08	19 14	42.8	21 24	18 30	42.5	20 40	17 47	42.3	19 55	17 04	42.0	19 10	16 21	41.8	231 309
52 128	23 12	19 34	42.1	22 28	18 51	41.8	21 43	18 08	41.5	20 58	17 25	41.2	20 13	16 43	41.0	19 27	16 01	40.8	232 308
53 127	23 32	19 10	41.0	22 47	18 27	40.7	22 01	17 45	40.5	21 15	17 03	40.2	20 30	16 21	40.0	19 44	15 41	39.7	233 307
54 126	23 52	18 45	40.0	23 06	18 03	39.7	22 19	17 21	39.4	21 33	16 40	39.2	20 46	16 00	39.0	20 00	15 21	38.7	234 306
55 125	24 11	18 19	39.0	23 24	17 38	38.7	22 37	16 58	38.4	21 50	16 17	38.2	21 03	15 38	37.9	20 15	14 58	37.7	235 305
56 124	24 29	17 54	37.9	23 42	17 13	37.6	22 54	16 34	37.4	22 07	15 54	37.1	21 19	15 15	36.9	20 31	14 37	36.7	236 304
57 123	24 48	17 27	36.9	23 59	16 48	36.6	23 11	16 09	36.3	22 23	15 31	36.1	21 34	14 53	35.8	20 46	14 15	35.6	237 303
58 122	25 05	17 01	35.8	24 17	16 22	35.5	23 28	15 44	35.3	22 39	15 07	35.0	21 49	14 29	34.8	21 00	13 53	34.6	238 302
59 121	25 23	16 34	34.8	24 33	15 56	34.5	23 44	15 19	34.2	22 54	14 42	34.0	22 04	14 06	33.8	21 14	13 30	33.5	239 301
60 120	25 40	16 06	33.7	24 50	15 29	33.4	23 59	14 53	33.2	23 09	14 18	32.9	22 19	13 42	32.7	21 28	13 07	32.5	240 300
61 119	25 56	15 38	32.6	25 05	15 03	32.4	24 15	14 27	32.1	23 24	13 53	31.9	22 33	13 18	31.7	21 42	12 44	31.5	241 299
62 118	26 12	15 10	31.5	25 21	14 35	31.3	24 29	14 01	31.1	23 38	13 27	30.8	22 46	12 54	30.6	21 55	12 21	30.4	242 298
63 117	26 27	14 41	30.5	25 36	14 08	30.2	24 44	13 34	30.0	23 52	13 01	29.8	23 00	12 29	29.5	22 07	11 57	29.3	243 297
64 116	26 42	14 12	29.4	25 50	13 39	29.1	24 57	13 07	28.9	24 05	12 35	28.7	23 12	12 04	28.5	22 19	11 33	28.3	244 296
65 115	26 57	13 43	28.3	26 04	13 11	28.1	25 11	12 40	27.8	24 18	12 09	27.6	23 25	11 39	27.4	22 31	11 09	27.2	245 295
66 114	27 11	13 13	27.2	26 17	12 42	27.0	25 24	12 12	26.8	24 30	11 43	26.6	23 36	11 13	26.4	22 43	10 44	26.2	246 294
67 113	27 24	12 43	26.1	26 30	12 13	25.9	25 36	11 44	25.7	24 42	11 16	25.5	23 48	10 47	25.3	22 54	10 20	25.1	247 293
68 112	27 37	12 12	25.0	26 43	11 44	24.8	25 48	11 16	24.6	24 54	10 48	24.4	23 59	10 21	24.2	23 04	9 55	24.0	248 292
69 111	27 50	11 41	23.9	26 55	11 14	23.7	26 00	10 47	23.5	25 05	10 21	23.3	24 09	9 55	23.1	23 14	9 29	23.0	249 291
70 110	28 01	11 10	22.8	27 06	10 44	22.6	26 11	10 18	22.4	25 15	9 53	22.2	24 20	9 28	22.0	23 24	9 04	21.9	250 290
71 109	28 13	10 39	21.7	27 17	10 14	21.5	26 21	9 49	21.3	25 25	9 25	21.1	24 29	9 01	21.0	23 33	8 38	20.8	251 289
72 108	28 24	10 07	20.6	27 27	9 43	20.4	26 31	9 20	20.2	25 35	8 57	20.0	24 38	8 34	19.9	23 42	8 12	19.7	252 288
73 107	28 34	9 35	19.4	27 37	9 12	19.3	26 41	8 50	19.1	25 44	8 28	18.9	24 47	8 07	18.8	23 50	7 46	18.6	253 287
74 106	28 44	9 03	18.3	27 47	8 41	18.2	26 50	8 20	18.0	25 52	7 59	17.8	24 55	7 39	17.7	23 58	7 19	17.6	254 286
75 105	28 53	8 30	17.2	27 55	8 10	17.0	26 58	7 50	16.9	26 01	7 31	16.7	25 03	7 12	16.6	24 06	6 53	16.5	255 285
76 104	29 01	7 57	16.1	28 04	7 38	15.9	27 06	7 20	15.8	26 08	7 02	15.6	25 10	6 44	15.5	24 13	6 26	15.4	256 284
77 103	29 09	7 24	14.9	28 11	7 06	14.8	27 13	6 49	14.7	26 15	6 32	14.5	25 17	6 16	14.4	24 19	5 59	14.3	257 283
78 102	29 17	6 51	13.8	28 18	6 34	13.7	27 20	6 19	13.5	26 22	6 03	13.4	25 23	5 47	13.3	24 25	5 32	13.2	258 282
79 101	29 24	6 17	12.7	28 25	6 02	12.5	27 27	5 48	12.4	26 28	5 33	12.3	25 29	5 19	12.2	24 31	5 05	12.1	259 281
80 100	29 30	5 44	11.5	28 31	5 30	11.4	27 32	5 17	11.3	26 33	5 03	11.2	25 35	4 50	11.1	24 36	4 38	11.0	260 280
81 99	29 36	5 10	10.4	28 37	4 57	10.3	27 38	4 45	10.2	26 38	4 33	10.1	25 39	4 22	10.0	24 40	4 10	9.9	261 279
82 98	29 41	4 36	9.2	28 41	4 25	9.1	27 42	4 14	9.0	26 43	4 03	9.0	25 44	3 53	8.9	24 44	3 43	8.8	262 278
83 97	29 45	4 01	8.1	28 46	3 52	8.0	27 46	3 42	8.0	26 47	3 33	7.9	25 48	3 24	7.8	24 48	3 15	7.7	263 277
84 96	29 49	3 27	6.9	28 50	3 19	6.9	27 50	3 11	6.8	26 50	3 03	6.7	25 51	2 55	6.7	24 51	2 47	6.6	264 276
85 95	29 52	2 53	5.8	28 53	2 46	5.7	27 53	2 39	5.7	26 53	2 33	5.6	25 54	2 26	5.6	24 54	2 20	5.5	265 275
86 94	29 55	2 18	4.6	28 55	2 13	4.6	27 56	2 07	4.5	26 56	2 02	4.5	25 56	1 57	4.4	24 56	1 52	4.4	266 274
87 93	29 57	1 44	3.5	28 57	1 40	3.4	27 57	1 36	3.4	26 58	1 32	3.4	25 58	1 28	3.3	24 58	1 24	3.3	267 273
88 92	29 59	1 09	2.3	28 59	1 06	2.3	27 59	1 04	2.3	26 59	1 01	2.2	25 59	0 59	2.2	24 59	0 56	2.2	268 272
89 91	30 00	0 35	1.2	29 00	0 33	1.1	28 00	0 32	1.1	27 00	0 31	1.1	26 00	0 29	1.1	25 00	0 28	1.1	269 271
90 90	30 00	0 00	0.0	29 00	0 00	0.0	28 00	0 00	0.0	27 00	0 00	0.0	26 00	0 00	0.0	25 00	0 00	0.0	270 270

N. Lat.: for LHA > 180° ... $Z_n = Z$
for LHA < 180° ... $Z_n = 360° - Z$

S. Lat.: for LHA > 180° ... $Z_n = 180° - Z$
for LHA < 180° ... $Z_n = 180° + Z$

SIGHT REDUCTION TABLE

LATITUDE / A: 66° – 71°

B: (−) for 90° < LHA < 270°
Dec:(−) for Lat. contrary name

Z₁: same sign as B
Z₂: (−) for F > 90°

Lat./A	66°			67°			68°			69°			70°			71°			Lat./A
LHA/F	A/H	B/P	Z₁/Z₂	A/H	B/P	Z₁/Z₂	A/H	B/P	Z₁/Z₂	A/H	B/P	Z₁/Z₂	A/H	B/P	Z₁/Z₂	A/H	B/P	Z₁/Z₂	LHA
0 180	0 00	24 00	90·0	0 00	23 00	90·0	0 00	22 00	90·0	0 00	21 00	90·0	0 00	20 00	90·0	0 00	19 00	90·0	180 360
1 179	0 24	24 00	89·1	0 23	23 00	89·1	0 22	22 00	89·1	0 22	21 00	89·1	0 21	20 00	89·1	0 20	19 00	89·1	181 359
2 178	0 49	23 59	88·2	0 47	22 59	88·2	0 45	21 59	88·1	0 43	20 59	88·1	0 41	19 59	88·1	0 39	18 59	88·1	182 358
3 177	1 13	23 58	87·3	1 10	22 58	87·3	1 07	21 58	87·2	1 04	20 58	87·2	1 02	19 58	87·2	0 59	18 59	87·2	183 357
4 176	1 38	23 57	86·3	1 34	22 57	86·3	1 30	21 57	86·3	1 26	20 57	86·3	1 22	19 57	86·2	1 18	18 57	86·2	184 356
5 175	2 02	23 55	85·4	1 57	22 55	85·4	1 52	21 55	85·4	1 47	20 56	85·3	1 42	19 56	85·3	1 38	18 56	85·3	185 355
6 174	2 26	23 53	84·5	2 20	22 53	84·5	2 15	21 53	84·4	2 09	20 54	84·4	2 03	19 54	84·4	1 57	18 54	84·3	186 354
7 173	2 50	23 50	83·6	2 44	22 51	83·6	2 37	21 51	83·5	2 30	20 51	83·5	2 23	19 52	83·4	2 16	18 52	83·4	187 353
8 172	3 15	23 48	82·6	3 07	22 48	82·6	2 59	21 48	82·6	2 52	20 49	82·5	2 44	19 49	82·5	2 36	18 50	82·4	188 352
9 171	3 39	23 44	81·8	3 30	22 45	81·7	3 22	21 45	81·6	3 13	20 46	81·6	3 04	19 46	81·5	2 55	18 47	81·5	189 351
10 170	4 03	23 41	80·8	3 53	22 41	80·8	3 44	21 42	80·7	3 34	20 42	80·7	3 24	19 43	80·6	3 14	18 44	80·5	190 350
11 169	4 27	23 36	79·9	4 17	22 37	79·9	4 06	21 38	79·8	3 55	20 39	79·7	3 45	19 40	79·6	3 34	18 41	79·6	191 349
12 168	4 51	23 32	79·0	4 40	22 33	78·9	4 28	21 34	78·9	4 16	20 35	78·8	4 05	19 36	78·7	3 53	18 37	78·6	192 348
13 167	5 15	23 27	78·1	5 03	22 28	78·0	4 50	21 29	77·9	4 37	20 30	77·8	4 25	19 32	77·8	4 12	18 33	77·7	193 347
14 166	5 39	23 22	77·2	5 25	22 23	77·1	5 12	21 24	77·0	4 58	20 26	76·9	4 45	19 27	76·8	4 31	18 28	76·7	194 346
15 165	6 03	23 16	76·2	5 48	22 18	76·1	5 34	21 19	76·0	5 19	20 21	75·9	5 05	19 22	75·9	4 50	18 24	75·8	195 345
16 164	6 26	23 10	75·3	6 11	22 12	75·2	5 56	21 13	75·1	5 40	20 15	75·0	5 25	19 17	74·9	5 09	18 19	74·8	196 344
17 163	6 50	23 04	74·4	6 34	22 06	74·3	6 17	21 08	74·2	6 01	20 09	74·1	5 44	19 11	74·0	5 28	18 14	73·9	197 343
18 162	7 13	22 57	73·5	6 56	21 59	73·3	6 39	21 01	73·2	6 21	20 03	73·1	6 04	19 06	73·0	5 46	18 08	72·9	198 342
19 161	7 37	22 50	72·5	7 19	21 52	72·4	7 00	20 54	72·3	6 42	19 57	72·1	6 24	18 59	72·1	6 05	18 02	72·0	199 341
20 160	8 00	22 42	71·6	7 41	21 45	71·5	7 22	20 47	71·4	7 02	19 50	71·2	6 43	18 53	71·1	6 24	17 56	71·0	200 340
21 159	8 23	22 34	70·7	8 03	21 37	70·5	7 43	20 40	70·4	7 23	19 43	70·3	7 02	18 46	70·2	6 42	17 49	70·1	201 339
22 158	8 46	22 26	69·7	8 25	21 29	69·6	8 04	20 32	69·5	7 43	19 35	69·3	7 22	18 39	69·2	7 00	17 42	69·1	202 338
23 157	9 09	22 17	68·8	8 47	21 21	68·7	8 25	20 24	68·5	8 03	19 28	68·4	7 41	18 31	68·3	7 19	17 35	68·1	203 337
24 156	9 31	22 08	67·9	9 09	21 12	67·7	8 46	20 16	67·6	8 23	19 19	67·4	8 00	18 24	67·3	7 37	17 28	67·2	204 336
25 155	9 54	21 58	66·9	9 30	21 03	66·8	9 07	20 07	66·6	8 43	19 11	66·5	8 20	18 15	66·3	7 55	17 20	66·2	205 335
26 154	10 16	21 49	66·0	9 52	20 53	65·8	9 27	19 57	65·7	9 02	19 02	65·5	8 37	18 07	65·4	8 12	17 12	65·2	206 334
27 153	10 38	21 38	65·0	10 13	20 43	64·9	9 48	19 48	64·7	9 22	18 53	64·6	8 56	17 58	64·4	8 30	17 03	64·3	207 333
28 152	11 00	21 28	64·1	10 34	20 33	63·9	10 08	19 38	63·8	9 41	18 43	63·6	9 14	17 49	63·5	8 48	16 55	63·3	208 332
29 151	11 22	21 17	63·1	10 55	20 22	63·0	10 28	19 28	62·8	10 00	18 34	62·6	9 33	17 39	62·5	9 05	16 46	62·3	209 331
30 150	11 44	21 05	62·2	11 16	20 11	62·0	10 48	19 17	61·8	10 19	18 23	61·7	9 51	17 30	61·5	9 22	16 36	61·4	210 330
31 149	12 06	20 53	61·2	11 37	20 00	61·1	11 07	19 06	60·9	10 38	18 13	60·7	10 09	17 20	60·5	9 39	16 27	60·4	211 329
32 148	12 27	20 41	60·3	11 57	19 48	60·1	11 27	18 55	59·9	10 57	18 02	59·7	10 27	17 09	59·6	9 56	16 17	59·4	212 328
33 147	12 48	20 29	59·3	12 17	19 36	59·1	11 46	18 43	58·9	11 15	17 51	58·8	10 44	16 58	58·6	10 13	16 06	58·4	213 327
34 146	13 09	20 16	58·4	12 37	19 23	58·2	12 06	18 31	58·0	11 34	17 39	57·8	11 02	16 47	57·6	10 29	15 56	57·5	214 326
35 145	13 29	20 02	57·4	12 57	19 10	57·2	12 24	18 19	57·0	11 52	17 27	56·8	11 19	16 36	56·7	10 46	15 45	56·5	215 325
36 144	13 50	19 49	56·4	13 17	18 57	56·2	12 43	18 06	56·0	12 10	17 15	55·9	11 36	16 24	55·7	11 02	15 34	55·5	216 324
37 143	14 10	19 34	55·5	13 36	18 44	55·3	13 02	17 53	55·1	12 27	17 03	54·9	11 53	16 12	54·7	11 18	15 23	54·5	217 323
38 142	14 30	19 20	54·5	13 55	18 30	54·3	13 20	17 40	54·1	12 45	16 50	53·9	12 09	16 00	53·7	11 34	15 11	53·5	218 322
39 141	14 50	19 05	53·5	14 14	18 15	53·3	13 38	17 26	53·1	13 02	16 37	52·9	12 26	15 48	52·7	11 49	14 59	52·6	219 321
40 140	15 09	18 50	52·5	14 33	18 01	52·3	13 56	17 12	52·1	13 19	16 23	51·9	12 42	15 35	51·7	12 05	14 47	51·6	220 320
41 139	15 29	18 34	51·5	14 51	17 46	51·3	14 14	16 57	51·1	13 36	16 09	50·9	12 58	15 22	50·8	12 20	14 34	50·6	221 319
42 138	15 48	18 18	50·6	15 09	17 30	50·3	14 31	16 43	50·1	13 52	15 55	49·9	13 14	15 08	49·8	12 35	14 21	49·6	222 318
43 137	16 06	18 02	49·6	15 27	17 15	49·4	14 48	16 28	49·2	14 09	15 41	49·0	13 29	14 54	48·8	12 50	14 08	48·6	223 317
44 136	16 25	17 46	48·6	15 45	16 59	48·4	15 05	16 12	48·2	14 25	15 26	48·0	13 45	14 40	47·8	13 04	13 55	47·6	224 316
45 135	16 43	17 29	47·6	16 02	16 42	47·4	15 22	15 57	47·2	14 41	15 11	47·0	14 00	14 26	46·8	13 19	13 41	46·6	225 315

SIGHT REDUCTION TABLE

SIGHT REDUCTION TABLE
LATITUDE / A: 72° – 77°

SIGHT REDUCTION TABLE

SIGHT REDUCTION TABLE

LATITUDE / A: 78° – 83°

B: (−) for 90° < LHA < 270°
Dec:(−) for Lat. contrary name

Z_1: same sign as B
Z_2: (−) for F > 90°

Lat./A LHA/F	78° A/H	78° B/P	78° Z₁/Z₂	79° A/H	79° B/P	79° Z₁/Z₂	80° A/H	80° B/P	80° Z₁/Z₂	81° A/H	81° B/P	81° Z₁/Z₂	82° A/H	82° B/P	82° Z₁/Z₂	83° A/H	83° B/P	83° Z₁/Z₂	LHA Lat./A
0 180	0 00	12 00	90.0	0 00	11 00	90.0	0 00	10 00	90.0	0 00	9 00	90.0	0 00	8 00	90.0	0 00	7 00	90.0	180 360
1 179	0 12	12 00	89.0	0 11	11 00	89.0	0 10	10 00	89.0	0 09	9 00	89.0	0 08	8 00	89.0	0 07	7 00	89.0	181 359
2 178	0 25	12 00	88.0	0 23	11 00	88.0	0 21	9 59	88.0	0 19	9 00	88.0	0 17	7 59	88.0	0 15	7 00	88.0	182 358
3 177	0 37	11 59	87.1	0 34	10 59	87.1	0 31	9 59	87.0	0 28	8 59	87.0	0 25	7 59	87.0	0 22	6 59	87.0	183 357
4 176	0 50	11 58	86.1	0 46	10 58	86.1	0 42	9 59	86.1	0 38	8 59	86.0	0 33	7 59	86.0	0 29	6 59	86.0	184 356
5 175	1 02	11 57	85.1	0 57	10 58	85.1	0 52	9 58	85.1	0 47	8 58	85.1	0 42	7 58	85.0	0 37	6 58	85.0	185 355
6 174	1 15	11 56	84.1	1 09	10 56	84.1	1 02	9 57	84.1	0 56	8 57	84.1	0 50	7 57	84.1	0 44	6 58	84.0	186 354
7 173	1 27	11 55	83.2	1 20	10 55	83.1	1 13	9 56	83.1	1 06	8 56	83.1	0 58	7 56	83.1	0 51	6 57	83.1	187 353
8 172	1 39	11 53	82.2	1 31	10 54	82.2	1 23	9 54	82.1	1 15	8 55	82.1	1 07	7 55	82.1	0 58	6 56	82.1	188 352
9 171	1 52	11 51	81.2	1 43	10 52	81.2	1 33	9 53	81.1	1 24	8 53	81.1	1 15	7 54	81.1	1 06	6 55	81.1	189 351
10 170	2 04	11 49	80.2	1 54	10 50	80.2	1 44	9 51	80.1	1 33	8 52	80.1	1 23	7 53	80.1	1 13	6 54	80.1	190 350
11 169	2 16	11 47	79.2	2 05	10 48	79.2	1 54	9 49	79.2	1 43	8 50	79.1	1 31	7 51	79.1	1 20	6 52	79.1	191 349
12 168	2 29	11 45	78.3	2 16	10 46	78.2	2 04	9 47	78.2	1 52	8 48	78.1	1 39	7 50	78.1	1 27	6 51	78.1	192 348
13 167	2 41	11 42	77.3	2 28	10 43	77.2	2 14	9 45	77.2	2 01	8 46	77.1	1 48	7 48	77.1	1 34	6 49	77.1	193 347
14 166	2 53	11 39	76.3	2 39	10 41	76.3	2 24	9 43	76.2	2 10	8 44	76.2	1 56	7 46	76.1	1 41	6 48	76.1	194 346
15 165	3 05	11 36	75.3	2 50	10 38	75.3	2 35	9 40	75.2	2 19	8 42	75.2	2 04	7 44	75.1	1 48	6 46	75.1	195 345
16 164	3 17	11 33	74.3	3 01	10 35	74.3	2 45	9 37	74.2	2 28	8 40	74.2	2 12	7 42	74.1	1 56	6 44	74.1	196 344
17 163	3 29	11 29	73.4	3 12	10 32	73.3	2 55	9 34	73.3	2 37	8 37	73.2	2 20	7 39	73.2	2 03	6 42	73.1	197 343
18 162	3 41	11 26	72.4	3 23	10 28	72.3	3 05	9 31	72.3	2 46	8 34	72.2	2 28	7 37	72.2	2 09	6 40	72.1	198 342
19 161	3 53	11 22	71.4	3 34	10 25	71.4	3 14	9 28	71.3	2 55	8 31	71.2	2 36	7 34	71.2	2 16	6 37	71.1	199 341
20 160	4 05	11 18	70.4	3 45	10 21	70.4	3 24	9 24	70.3	3 04	8 28	70.2	2 44	7 31	70.2	2 23	6 35	70.1	200 340
21 159	4 16	11 13	69.4	3 55	10 17	69.4	3 34	9 21	69.3	3 13	8 25	69.3	2 52	7 28	69.2	2 30	6 32	69.2	201 339
22 158	4 28	11 09	68.4	4 06	10 13	68.4	3 44	9 17	68.3	3 22	8 21	68.3	2 59	7 25	68.2	2 37	6 30	68.1	202 338
23 157	4 40	11 04	67.5	4 17	10 09	67.4	3 53	9 13	67.3	3 30	8 18	67.3	3 07	7 22	67.2	2 44	6 27	67.2	203 337
24 156	4 51	10 59	66.5	4 27	10 04	66.4	4 03	9 09	66.4	3 39	8 14	66.3	3 15	7 19	66.2	2 50	6 24	66.2	204 336
25 155	5 02	10 54	65.5	4 38	9 59	65.5	4 13	9 05	65.4	3 47	8 10	65.3	3 22	7 16	65.2	2 57	6 21	65.2	205 335
26 154	5 14	10 49	64.5	4 48	9 55	64.5	4 22	9 00	64.4	3 56	8 06	64.3	3 30	7 12	64.3	3 04	6 18	64.2	206 334
27 153	5 25	10 43	63.5	4 58	9 50	63.5	4 31	8 56	63.4	4 04	8 02	63.3	3 37	7 08	63.3	3 10	6 15	63.2	207 333
28 152	5 36	10 38	62.5	5 08	9 44	62.5	4 41	8 51	62.4	4 13	7 58	62.3	3 45	7 04	62.3	3 17	6 11	62.2	208 332
29 151	5 47	10 32	61.5	5 18	9 39	61.5	4 50	8 46	61.4	4 21	7 53	61.3	3 52	7 00	61.3	3 23	6 08	61.2	209 331
30 150	5 58	10 26	60.5	5 28	9 33	60.5	4 59	8 41	60.4	4 29	7 49	60.3	3 59	6 56	60.3	3 30	6 04	60.2	210 330
31 149	6 09	10 20	59.6	5 38	9 28	59.5	5 08	8 36	59.5	4 37	7 44	59.4	4 07	6 52	59.3	3 36	6 00	59.2	211 329
32 148	6 20	10 13	58.6	5 48	9 22	58.6	5 17	8 30	58.5	4 45	7 39	58.4	4 14	6 48	58.3	3 42	5 57	58.2	212 328
33 147	6 30	10 07	57.6	5 58	9 16	57.6	5 26	8 25	57.5	4 53	7 34	57.4	4 21	6 43	57.3	3 48	5 53	57.2	213 327
34 146	6 41	10 00	56.6	6 08	9 09	56.6	5 34	8 19	56.5	5 01	7 29	56.4	4 28	6 39	56.3	3 54	5 49	56.2	214 326
35 145	6 51	9 53	55.6	6 17	9 03	55.6	5 43	8 13	55.5	5 09	7 24	55.4	4 35	6 34	55.3	4 00	5 45	55.2	215 325
36 144	7 01	9 45	54.6	6 26	8 56	54.6	5 51	8 07	54.5	5 17	7 18	54.4	4 42	6 29	54.3	4 06	5 40	54.2	216 324
37 143	7 11	9 38	53.6	6 36	8 49	53.6	6 00	8 01	53.5	5 24	7 13	53.5	4 48	6 24	53.4	4 12	5 36	53.2	217 323
38 142	7 21	9 31	52.6	6 45	8 43	52.6	6 08	7 55	52.5	5 32	7 07	52.5	4 55	6 19	52.4	4 18	5 32	52.2	218 322
39 141	7 31	9 23	51.6	6 54	8 35	51.6	6 16	7 48	51.6	5 39	7 01	51.5	5 01	6 14	51.4	4 24	5 27	51.2	219 321
40 140	7 41	9 15	50.6	7 03	8 28	50.6	6 25	7 42	50.6	5 46	6 55	50.5	5 08	6 09	50.3	4 30	5 22	50.2	220 320
41 139	7 50	9 07	49.6	7 11	8 21	49.6	6 32	7 35	49.6	5 53	6 49	49.5	5 14	6 03	49.3	4 35	5 18	49.2	221 319
42 138	8 00	8 59	48.6	7 20	8 13	48.6	6 40	7 28	48.5	6 01	6 43	48.4	5 21	5 58	48.3	4 41	5 13	48.2	222 318
43 137	8 09	8 50	47.6	7 29	8 05	47.6	6 48	7 21	47.5	6 07	6 36	47.4	5 27	5 52	47.3	4 46	5 08	47.2	223 317
44 136	8 18	8 42	46.6	7 37	7 58	46.6	6 56	7 14	46.4	6 14	6 30	46.4	5 33	5 46	46.3	4 51	5 03	46.2	224 316
45 135	8 27	8 33	45.6	7 45	7 50	45.5	7 03	7 06	45.4	6 21	6 23	45.4	5 39	5 41	45.3	4 57	4 58	45.2	225 315

SIGHT REDUCTION TABLE

ADJUSTMENT TO TABULAR ALTITUDE

AUXILIARY TABLE

SIGHT REDUCTION TABLE

317

Table content omitted - dense numerical sight reduction table with columns for F'/−/+, P°, and Z₂° values with corresponding A' entries.

For $Z_2 < 10°$, use $10°$

For $P > 80°$, use $80°$

USE OF CONCISE SIGHT REDUCTION TABLES (continued)

4. *Example.* (b) Required the altitude and azimuth of *Vega* on 2021 July 29 at UT $04^h\ 48^m$ from the estimated position S 15°, W 152°.

1. Assumed latitude $Lat =$ 15° S
   From the almanac $GHA =$ 99° 39′
   Assumed longitude   151° 39′ W
   Local hour angle $LHA =$ 308

2. Reduction table, 1st entry
   $(Lat, LHA) = (15, 308)$ $A =$ 49 34 $A° = 50, A' = 34$
        $B = +66\ 29$ $Z_1 = +71·7,$ $LHA > 270°$

3. From the almanac $Dec = -38\ 48$ *Lat* and *Dec* contrary
   Sum $= B + Dec$ $F = +27\ 41$ $F° = 28, F' = 41$

4. Reduction table, 2nd entry
   $(A°, F°) = (50, 28)$ $H =$ 17 34 $P° = 37$
        $Z_2 = 67·8, Z_2° = 68$

5. Auxiliary table, 1st entry
   $(F', P°) = (41, 37)$ $corr_1 = \underline{-11}$ $F < 90°, F' > 29'$
   Sum   17 23

6. Auxiliary table, 2nd entry
   $(A', Z_2°) = (34, 68)$ $corr_2 = \underline{+10}$ $A' > 30'$
7. Sum $=$ computed altitude $H_c = +17°\ 33'$ $F > 0°$

8. Azimuth, first component $Z_1 = +71·7$ same sign as B
        second component $Z_2 = +67·8$ $F < 90°, F > 0°$
   Sum $=$ azimuth angle $Z = 139·5$

   True azimuth $Z_n = 040°$ S *Lat*, $LHA > 180°$

5. *Form for use with the Concise Sight Reduction Tables.* The form on the following page lays out the procedure explained on pages 284–285. Each step is shown, with notes and rules to ensure accuracy, rather than speed, throughout the calculation. The form is mainly intended for the calculation of star positions. It therefore includes the formation of the Greenwich hour of Aries (*GHA* Aries), and thus the Greenwich hour angle of the star (*GHA*) from its tabular sidereal hour angle (*SHA*). These calculations, included in step 1 of the form, can easily be replaced by the interpolation of *GHA* and *Dec* for the Sun, Moon or planets.

The form may be freely copied; however, acknowledgement of the source is requested.

NAO CONCISE SIGHT REDUCTION FORM 319

Date & UT of observation		Body	Estimated Latitude & Longitude
	h m s		° ' ° '

Step	Calculate Altitude & Azimuth			Summary of Rules & Notes
Assumed latitude	$Lat =$	°		Nearest estimated latitude, integral number of degrees.
Assumed longitude	$Long =$	° '		Choose $Long$ so that LHA has integral number of degrees.
1. From the almanac:	$Dec =$	° '		Record the Dec for use in Step 3.
GHA Aries h	$=$	° '		Needed if using SHA. Tabular value.
Increment m s	$=$	° '		for minutes and seconds of time.
SHA	$SHA =$	° '		
$GHA = GHA\ Aries + SHA$	$GHA =$	° '		Remove multiples of 360°.
Assumed longitude	$Long =$	° '		West longitudes are negative.
$LHA = GHA + Long$	$LHA =$	°		Remove multiples of 360°.
2. Reduction table, 1st entry $(Lat, LHA) = (\quad °,\quad °)$ record A, B and Z_1.	$A =$	° '	$A° =$ °	nearest whole degree of A.
			$A' =$ '	minutes part of A.
	$B =$	° '		B is minus if $90° < LHA < 270°$.
			$Z_1 =$ °	Z_1 has the same sign as B.
3. From step 1	$Dec =$	° '		Dec is minus if contrary to Lat.
$F = B + Dec$	$F =$	° '		Regard F as positive until step 7.
			$F° =$ °	nearest whole degree of F.
			$F' =$ '	minutes part of F.
4. Reduction table, 2nd entry $(A°, F°) = (\quad °,\quad °)$ record H, P and Z_2.	$H =$	° '	$P° =$ °	nearest whole degree of P.
	$Z_2 =$	°		
5. Auxiliary table, 1st entry $(F', P°) = (\quad ',\quad °)$ record $corr_1$	$corr_1 =$	'		$corr_1$ is minus if $F < 90°$ & $F' > 29'$, or if $F > 90°$ & $F' < 30'$.
6. Auxiliary table, 2nd entry $(A', Z_2°) = (\quad ',\quad °)$ record $corr_2$	$corr_2 =$	'		$Z_2°$ nearest whole degree of Z_2. $corr_2$ is minus if $A' < 30'$.
7. Calculated altitude $=$ $H_C = H + corr_1 + corr_2$	$H_C =$	° '		H_C is minus if F is negative, and object is below the horizon.
8. Azimuth, 1st component	$Z_1 =$	°		Z_1 has the same sign as B.
2nd component	$Z_2 =$	°		Z_2 is minus if $F > 90°$. If F is negative, $Z_2 = 180° - Z_2$
$Z = Z_1 + Z_2$	$Z =$	°		Ignore the sign of Z.
				N Lat: If $LHA > 180°$, $Z_n = Z$, or if $LHA < 180°$, $Z_n = 360° - Z$,
				S Lat: If $LHA > 180°$, $Z_n = 180° - Z$, or if $LHA < 180°$, $Z_n = 180° + Z$.
True azimuth	$Z_n =$	°		©HMNAO

For use with *The Nautical Almanac's* Concise Sight Reduction Tables pages 284–318.

POLAR PHENOMENA
EXPLANATION

1. *Introduction.* The graphs on pages 322-325 give data concerning the rising and setting of the Sun and Moon and the duration of civil twilight for high latitudes. Graphs are given instead of tables for high latitudes because they give a clearer picture of the phenomena and of the attainable accuracy in any given case. In the regions of the graph that are difficult to read accurately, the phenomenon itself is generally uncertain.

2. *Semiduration of sunlight.* The graphs for the semiduration of sunlight (page 322) give for latitudes north of N 65° the number of hours from sunrise to meridian passage or from meridian passage to sunset. There is continuous daylight in an area marked "Sun above horizon", and no direct sunlight in an area marked "Sun below horizon". The figures near the top indicate, for several convenient dates, the local mean times of meridian passage; with the aid of the intermediate dots the LMT on any given day may be obtained to the nearest minute. The LMT of sunrise may be found by subtracting the semiduration from the time of meridian passage, and the time of sunset by adding. The equation of time is given by subtracting the time of meridian passage from noon.

Examples. (a) Estimate the time of sunrise and sunset on 2021 March 10 at latitude N 77°. The semiduration of sunlight (page 322) is about $5^h 00^m$. The time of meridian passage is $12^h 10^m$, and hence the LMT of sunrise is $07^h 10^m$, and of sunset $17^h 10^m$. (b) Estimate the dates, for the first half of 2021, when the Sun is continuously below and above the horizon at latitude N 80°. The semiduration of sunlight graph (page 322) indicates the Sun is continuously below the horizon until about February 21, and is continuously above the horizon after April 14.

3. *Duration of civil twilight.* The graphs for the duration of twilight (page 322) give the interval from the beginning of morning civil twilight (Sun 6° below the horizon) to the time of sunrise or from the time of sunset to the end of evening civil twilight. In a region marked "No twilight or sunlight", the Sun is continuously below the horizon by more than 6°. In a region marked "Continuous twilight or sunlight", the Sun never goes lower than 6° below the horizon.

Adjacent to a region marked "No twilight or sunlight" is a region in which the Sun is continuously below the horizon, but so near to the horizon during a portion of the day that there is twilight. This area is the shaded region. The value given by the graph in this shaded region is the interval from the beginning of morning twilight to meridian passage of the Sun, or from meridian passage to the end of evening twilight, the total duration of twilight being twice the value given by the graph. The border between this shaded region and the remainder of the graph indicates that the Sun only just rises at meridian passage at the date and latitude shown. The remainder of the graph gives the total duration of civil twilight.

Examples. (a) Estimate the time of the beginning of morning civil twilight at latitude N 77° on 2021 March 10. The duration of twilight (page 322) is about $1^h 35^m$. Applying this to the time of sunrise, $07^h 10^m$, found in the preceding example, the beginning of morning civil twilight is $05^h 35^m$ LMT. (b) Estimate, for the first half of 2021, the limiting dates of civil twilight and sunlight at latitude N 80°. The graphs (page 322) indicate there is no sunlight or twilight till about February 5, there is twilight but no sunlight from February 5 until February 21, sunlight and twilight till March 31, continuous twilight or sunlight till April 14, and then continuous sunlight. (c) Estimate the time of the beginning and end of civil twilight on 2021 February 14 at latitude N 80°. The graph (page 322) indicates there is no direct sunlight at this date and latitude, but three hours of twilight before and after meridian passage occurring at $12^h 14^m$. Thus civil twilight begins at about $09^h 14^m$ and ends at about $15^h 14^m$ LMT.

POLAR PHENOMENA

4. *Semiduration of moonlight* The graphs, for each month, for the semiduration of moonlight give for the Moon the same data as the graphs for the semiduration of sunlight give for the Sun. The scale near the top gives the LMT of meridian passage. In addition, the phase symbols are placed on the graphs to show the day on which each phase occurs. Since the times of meridian passage and the semiduration change more rapidly from day to day for the Moon than for the Sun, special care will be required in reading the graphs accurately.

For most purposes, in these high latitudes, a rough idea of the time of moonrise or moonset is all that is required, and this may be obtained by a glance at the graph.

Example. Estimate the moon phase and the time of moonrise and moonset on 2021 March 13 at latitude N 77°. The phase is found from pages 323-325 to be near new moon, and the Moon crosses the meridian at 12^h LMT. The semiduration of moonlight taken for the time of meridian passage is 4 hours, giving moonrise at 08^h LMT on March 13 and moonset at 16^h on March 13.

If greater accuracy is required, it is necessary to read the graph for the UT of each phenomenon at the desired meridian. The dates indicated on the graph are for 00^h UT, and intermediate values of the UT may be located by estimation.

Example. Required to improve the results obtained in the preceding example, assuming the observer to be in longitude W 90° (6^h) west.

The values found previously were:

			d	h			d	h
Time of meridian passage	2021	Mar.	13	12 LMT	=	Mar.	13	18 UT
Semiduration of moonlight				4				
Time of moonrise		Mar.	13	08 LMT	=	Mar.	13	14 UT
Time of moonset		Mar.	13	16 LMT	=	Mar.	13	22 UT

Returning to the graphs (pages 323-325) with these three values of the UT, the following results are obtained:

			d	h	m			d	h	m
Time of meridian passage	2021	Mar.	13	12	10 LMT	=	Mar.	13	18	10 UT
Semiduration for moonrise				04	10					
Time of moonrise		Mar.	13	08	00 LMT	=	Mar.	13	14	00 UT
Semiduration for moonset				04	50					
Time of moonset		Mar.	13	17	00 LMT	=	Mar.	13	23	00 UT

SEMIDURATION OF SUNLIGHT AND TWILIGHT

SEMIDURATION OF MOONLIGHT

323

SEMIDURATION OF MOONLIGHT

SEMIDURATION OF MOONLIGHT

NOTES

CONVERSION OF ARC TO TIME

0°–59°			60°–119°			120°–179°			180°–239°			240°–299°			300°–359°				0′.00		0′.25		0′.50		0′.75	
°	h	m	°	h	m	°	h	m	°	h	m	°	h	m	°	h	m	′	m	s	m	s	m	s	m	s
0	0	00	60	4	00	120	8	00	180	12	00	240	16	00	300	20	00	0	0	00	0	01	0	02	0	03
1	0	04	61	4	04	121	8	04	181	12	04	241	16	04	301	20	04	1	0	04	0	05	0	06	0	07
2	0	08	62	4	08	122	8	08	182	12	08	242	16	08	302	20	08	2	0	08	0	09	0	10	0	11
3	0	12	63	4	12	123	8	12	183	12	12	243	16	12	303	20	12	3	0	12	0	13	0	14	0	15
4	0	16	64	4	16	124	8	16	184	12	16	244	16	16	304	20	16	4	0	16	0	17	0	18	0	19
5	0	20	65	4	20	125	8	20	185	12	20	245	16	20	305	20	20	5	0	20	0	21	0	22	0	23
6	0	24	66	4	24	126	8	24	186	12	24	246	16	24	306	20	24	6	0	24	0	25	0	26	0	27
7	0	28	67	4	28	127	8	28	187	12	28	247	16	28	307	20	28	7	0	28	0	29	0	30	0	31
8	0	32	68	4	32	128	8	32	188	12	32	248	16	32	308	20	32	8	0	32	0	33	0	34	0	35
9	0	36	69	4	36	129	8	36	189	12	36	249	16	36	309	20	36	9	0	36	0	37	0	38	0	39
10	0	40	70	4	40	130	8	40	190	12	40	250	16	40	310	20	40	10	0	40	0	41	0	42	0	43
11	0	44	71	4	44	131	8	44	191	12	44	251	16	44	311	20	44	11	0	44	0	45	0	46	0	47
12	0	48	72	4	48	132	8	48	192	12	48	252	16	48	312	20	48	12	0	48	0	49	0	50	0	51
13	0	52	73	4	52	133	8	52	193	12	52	253	16	52	313	20	52	13	0	52	0	53	0	54	0	55
14	0	56	74	4	56	134	8	56	194	12	56	254	16	56	314	20	56	14	0	56	0	57	0	58	0	59
15	1	00	75	5	00	135	9	00	195	13	00	255	17	00	315	21	00	15	1	00	1	01	1	02	1	03
16	1	04	76	5	04	136	9	04	196	13	04	256	17	04	316	21	04	16	1	04	1	05	1	06	1	07
17	1	08	77	5	08	137	9	08	197	13	08	257	17	08	317	21	08	17	1	08	1	09	1	10	1	11
18	1	12	78	5	12	138	9	12	198	13	12	258	17	12	318	21	12	18	1	12	1	13	1	14	1	15
19	1	16	79	5	16	139	9	16	199	13	16	259	17	16	319	21	16	19	1	16	1	17	1	18	1	19
20	1	20	80	5	20	140	9	20	200	13	20	260	17	20	320	21	20	20	1	20	1	21	1	22	1	23
21	1	24	81	5	24	141	9	24	201	13	24	261	17	24	321	21	24	21	1	24	1	25	1	26	1	27
22	1	28	82	5	28	142	9	28	202	13	28	262	17	28	322	21	28	22	1	28	1	29	1	30	1	31
23	1	32	83	5	32	143	9	32	203	13	32	263	17	32	323	21	32	23	1	32	1	33	1	34	1	35
24	1	36	84	5	36	144	9	36	204	13	36	264	17	36	324	21	36	24	1	36	1	37	1	38	1	39
25	1	40	85	5	40	145	9	40	205	13	40	265	17	40	325	21	40	25	1	40	1	41	1	42	1	43
26	1	44	86	5	44	146	9	44	206	13	44	266	17	44	326	21	44	26	1	44	1	45	1	46	1	47
27	1	48	87	5	48	147	9	48	207	13	48	267	17	48	327	21	48	27	1	48	1	49	1	50	1	51
28	1	52	88	5	52	148	9	52	208	13	52	268	17	52	328	21	52	28	1	52	1	53	1	54	1	55
29	1	56	89	5	56	149	9	56	209	13	56	269	17	56	329	21	56	29	1	56	1	57	1	58	1	59
30	2	00	90	6	00	150	10	00	210	14	00	270	18	00	330	22	00	30	2	00	2	01	2	02	2	03
31	2	04	91	6	04	151	10	04	211	14	04	271	18	04	331	22	04	31	2	04	2	05	2	06	2	07
32	2	08	92	6	08	152	10	08	212	14	08	272	18	08	332	22	08	32	2	08	2	09	2	10	2	11
33	2	12	93	6	12	153	10	12	213	14	12	273	18	12	333	22	12	33	2	12	2	13	2	14	2	15
34	2	16	94	6	16	154	10	16	214	14	16	274	18	16	334	22	16	34	2	16	2	17	2	18	2	19
35	2	20	95	6	20	155	10	20	215	14	20	275	18	20	335	22	20	35	2	20	2	21	2	22	2	23
36	2	24	96	6	24	156	10	24	216	14	24	276	18	24	336	22	24	36	2	24	2	25	2	26	2	27
37	2	28	97	6	28	157	10	28	217	14	28	277	18	28	337	22	28	37	2	28	2	29	2	30	2	31
38	2	32	98	6	32	158	10	32	218	14	32	278	18	32	338	22	32	38	2	32	2	33	2	34	2	35
39	2	36	99	6	36	159	10	36	219	14	36	279	18	36	339	22	36	39	2	36	2	37	2	38	2	39
40	2	40	100	6	40	160	10	40	220	14	40	280	18	40	340	22	40	40	2	40	2	41	2	42	2	43
41	2	44	101	6	44	161	10	44	221	14	44	281	18	44	341	22	44	41	2	44	2	45	2	46	2	47
42	2	48	102	6	48	162	10	48	222	14	48	282	18	48	342	22	48	42	2	48	2	49	2	50	2	51
43	2	52	103	6	52	163	10	52	223	14	52	283	18	52	343	22	52	43	2	52	2	53	2	54	2	55
44	2	56	104	6	56	164	10	56	224	14	56	284	18	56	344	22	56	44	2	56	2	57	2	58	2	59
45	3	00	105	7	00	165	11	00	225	15	00	285	19	00	345	23	00	45	3	00	3	01	3	02	3	03
46	3	04	106	7	04	166	11	04	226	15	04	286	19	04	346	23	04	46	3	04	3	05	3	06	3	07
47	3	08	107	7	08	167	11	08	227	15	08	287	19	08	347	23	08	47	3	08	3	09	3	10	3	11
48	3	12	108	7	12	168	11	12	228	15	12	288	19	12	348	23	12	48	3	12	3	13	3	14	3	15
49	3	16	109	7	16	169	11	16	229	15	16	289	19	16	349	23	16	49	3	16	3	17	3	18	3	19
50	3	20	110	7	20	170	11	20	230	15	20	290	19	20	350	23	20	50	3	20	3	21	3	22	3	23
51	3	24	111	7	24	171	11	24	231	15	24	291	19	24	351	23	24	51	3	24	3	25	3	26	3	27
52	3	28	112	7	28	172	11	28	232	15	28	292	19	28	352	23	28	52	3	28	3	29	3	30	3	31
53	3	32	113	7	32	173	11	32	233	15	32	293	19	32	353	23	32	53	3	32	3	33	3	34	3	35
54	3	36	114	7	36	174	11	36	234	15	36	294	19	36	354	23	36	54	3	36	3	37	3	38	3	39
55	3	40	115	7	40	175	11	40	235	15	40	295	19	40	355	23	40	55	3	40	3	41	3	42	3	43
56	3	44	116	7	44	176	11	44	236	15	44	296	19	44	356	23	44	56	3	44	3	45	3	46	3	47
57	3	48	117	7	48	177	11	48	237	15	48	297	19	48	357	23	48	57	3	48	3	49	3	50	3	51
58	3	52	118	7	52	178	11	52	238	15	52	298	19	52	358	23	52	58	3	52	3	53	3	54	3	55
59	3	56	119	7	56	179	11	56	239	15	56	299	19	56	359	23	56	59	3	56	3	57	3	58	3	59

The above table is for converting expressions in arc to their equivalent in time; its main use in this Almanac is for the conversion of longitude for application to LMT (*added* if *west*, *subtracted* if *east*) to give UT or vice versa, particularly in the case of sunrise, sunset, etc.

0ᵐ INCREMENTS AND CORRECTIONS 1ᵐ

m 0	SUN PLANETS	ARIES	MOON	v or d	Corrⁿ	v or d	Corrⁿ	v or d	Corrⁿ	m 1	SUN PLANETS	ARIES	MOON	v or d	Corrⁿ	v or d	Corrⁿ	v or d	Corrⁿ
s	° ′	° ′	° ′	′	′	′	′	′	′	s	° ′	° ′	° ′	′	′	′	′	′	′
00	0 00·0	0 00·0	0 00·0	0·0	0·0	6·0	0·1	12·0	0·1	00	0 15·0	0 15·0	0 14·3	0·0	0·0	6·0	0·2	12·0	0·3
01	0 00·3	0 00·3	0 00·2	0·1	0·0	6·1	0·1	12·1	0·1	01	0 15·3	0 15·3	0 14·6	0·1	0·0	6·1	0·2	12·1	0·3
02	0 00·5	0 00·5	0 00·5	0·2	0·0	6·2	0·1	12·2	0·1	02	0 15·5	0 15·5	0 14·8	0·2	0·0	6·2	0·2	12·2	0·3
03	0 00·8	0 00·8	0 00·7	0·3	0·0	6·3	0·1	12·3	0·1	03	0 15·8	0 15·8	0 15·0	0·3	0·0	6·3	0·2	12·3	0·3
04	0 01·0	0 01·0	0 01·0	0·4	0·0	6·4	0·1	12·4	0·1	04	0 16·0	0 16·0	0 15·3	0·4	0·0	6·4	0·2	12·4	0·3
05	0 01·3	0 01·3	0 01·2	0·5	0·0	6·5	0·1	12·5	0·1	05	0 16·3	0 16·3	0 15·5	0·5	0·0	6·5	0·2	12·5	0·3
06	0 01·5	0 01·5	0 01·4	0·6	0·0	6·6	0·1	12·6	0·1	06	0 16·5	0 16·5	0 15·7	0·6	0·0	6·6	0·2	12·6	0·3
07	0 01·8	0 01·8	0 01·7	0·7	0·0	6·7	0·1	12·7	0·1	07	0 16·8	0 16·8	0 16·0	0·7	0·0	6·7	0·2	12·7	0·3
08	0 02·0	0 02·0	0 01·9	0·8	0·0	6·8	0·1	12·8	0·1	08	0 17·0	0 17·0	0 16·2	0·8	0·0	6·8	0·2	12·8	0·3
09	0 02·3	0 02·3	0 02·1	0·9	0·0	6·9	0·1	12·9	0·1	09	0 17·3	0 17·3	0 16·5	0·9	0·0	6·9	0·2	12·9	0·3
10	0 02·5	0 02·5	0 02·4	1·0	0·0	7·0	0·1	13·0	0·1	10	0 17·5	0 17·5	0 16·7	1·0	0·0	7·0	0·2	13·0	0·3
11	0 02·8	0 02·8	0 02·6	1·1	0·0	7·1	0·1	13·1	0·1	11	0 17·8	0 17·8	0 16·9	1·1	0·0	7·1	0·2	13·1	0·3
12	0 03·0	0 03·0	0 02·9	1·2	0·0	7·2	0·1	13·2	0·1	12	0 18·0	0 18·0	0 17·2	1·2	0·0	7·2	0·2	13·2	0·3
13	0 03·3	0 03·3	0 03·1	1·3	0·0	7·3	0·1	13·3	0·1	13	0 18·3	0 18·3	0 17·4	1·3	0·0	7·3	0·2	13·3	0·3
14	0 03·5	0 03·5	0 03·3	1·4	0·0	7·4	0·1	13·4	0·1	14	0 18·5	0 18·6	0 17·7	1·4	0·0	7·4	0·2	13·4	0·3
15	0 03·8	0 03·8	0 03·6	1·5	0·0	7·5	0·1	13·5	0·1	15	0 18·8	0 18·8	0 17·9	1·5	0·0	7·5	0·2	13·5	0·3
16	0 04·0	0 04·0	0 03·8	1·6	0·0	7·6	0·1	13·6	0·1	16	0 19·0	0 19·1	0 18·1	1·6	0·0	7·6	0·2	13·6	0·3
17	0 04·3	0 04·3	0 04·1	1·7	0·0	7·7	0·1	13·7	0·1	17	0 19·3	0 19·3	0 18·4	1·7	0·0	7·7	0·2	13·7	0·3
18	0 04·5	0 04·5	0 04·3	1·8	0·0	7·8	0·1	13·8	0·1	18	0 19·5	0 19·6	0 18·6	1·8	0·0	7·8	0·2	13·8	0·3
19	0 04·8	0 04·8	0 04·5	1·9	0·0	7·9	0·1	13·9	0·1	19	0 19·8	0 19·8	0 18·9	1·9	0·0	7·9	0·2	13·9	0·3
20	0 05·0	0 05·0	0 04·8	2·0	0·0	8·0	0·1	14·0	0·1	20	0 20·0	0 20·1	0 19·1	2·0	0·1	8·0	0·2	14·0	0·4
21	0 05·3	0 05·3	0 05·0	2·1	0·0	8·1	0·1	14·1	0·1	21	0 20·3	0 20·3	0 19·3	2·1	0·1	8·1	0·2	14·1	0·4
22	0 05·5	0 05·5	0 05·2	2·2	0·0	8·2	0·1	14·2	0·1	22	0 20·5	0 20·6	0 19·6	2·2	0·1	8·2	0·2	14·2	0·4
23	0 05·8	0 05·8	0 05·5	2·3	0·0	8·3	0·1	14·3	0·1	23	0 20·8	0 20·8	0 19·8	2·3	0·1	8·3	0·2	14·3	0·4
24	0 06·0	0 06·0	0 05·7	2·4	0·0	8·4	0·1	14·4	0·1	24	0 21·0	0 21·1	0 20·0	2·4	0·1	8·4	0·2	14·4	0·4
25	0 06·3	0 06·3	0 06·0	2·5	0·0	8·5	0·1	14·5	0·1	25	0 21·3	0 21·3	0 20·3	2·5	0·1	8·5	0·2	14·5	0·4
26	0 06·5	0 06·5	0 06·2	2·6	0·0	8·6	0·1	14·6	0·1	26	0 21·5	0 21·6	0 20·5	2·6	0·1	8·6	0·2	14·6	0·4
27	0 06·8	0 06·8	0 06·4	2·7	0·0	8·7	0·1	14·7	0·1	27	0 21·8	0 21·8	0 20·8	2·7	0·1	8·7	0·2	14·7	0·4
28	0 07·0	0 07·0	0 06·7	2·8	0·0	8·8	0·1	14·8	0·1	28	0 22·0	0 22·1	0 21·0	2·8	0·1	8·8	0·2	14·8	0·4
29	0 07·3	0 07·3	0 06·9	2·9	0·0	8·9	0·1	14·9	0·1	29	0 22·3	0 22·3	0 21·2	2·9	0·1	8·9	0·2	14·9	0·4
30	0 07·5	0 07·5	0 07·2	3·0	0·0	9·0	0·1	15·0	0·1	30	0 22·5	0 22·6	0 21·5	3·0	0·1	9·0	0·2	15·0	0·4
31	0 07·8	0 07·8	0 07·4	3·1	0·0	9·1	0·1	15·1	0·1	31	0 22·8	0 22·8	0 21·7	3·1	0·1	9·1	0·2	15·1	0·4
32	0 08·0	0 08·0	0 07·6	3·2	0·0	9·2	0·1	15·2	0·1	32	0 23·0	0 23·1	0 22·0	3·2	0·1	9·2	0·2	15·2	0·4
33	0 08·3	0 08·3	0 07·9	3·3	0·0	9·3	0·1	15·3	0·1	33	0 23·3	0 23·3	0 22·2	3·3	0·1	9·3	0·2	15·3	0·4
34	0 08·5	0 08·5	0 08·1	3·4	0·0	9·4	0·1	15·4	0·1	34	0 23·5	0 23·6	0 22·4	3·4	0·1	9·4	0·2	15·4	0·4
35	0 08·8	0 08·8	0 08·4	3·5	0·0	9·5	0·1	15·5	0·1	35	0 23·8	0 23·8	0 22·7	3·5	0·1	9·5	0·2	15·5	0·4
36	0 09·0	0 09·0	0 08·6	3·6	0·0	9·6	0·1	15·6	0·1	36	0 24·0	0 24·1	0 22·9	3·6	0·1	9·6	0·2	15·6	0·4
37	0 09·3	0 09·3	0 08·8	3·7	0·0	9·7	0·1	15·7	0·1	37	0 24·3	0 24·3	0 23·1	3·7	0·1	9·7	0·2	15·7	0·4
38	0 09·5	0 09·5	0 09·1	3·8	0·0	9·8	0·1	15·8	0·1	38	0 24·5	0 24·6	0 23·4	3·8	0·1	9·8	0·2	15·8	0·4
39	0 09·8	0 09·8	0 09·3	3·9	0·0	9·9	0·1	15·9	0·1	39	0 24·8	0 24·8	0 23·6	3·9	0·1	9·9	0·2	15·9	0·4
40	0 10·0	0 10·0	0 09·5	4·0	0·0	10·0	0·1	16·0	0·1	40	0 25·0	0 25·1	0 23·9	4·0	0·1	10·0	0·3	16·0	0·4
41	0 10·3	0 10·3	0 09·8	4·1	0·0	10·1	0·1	16·1	0·1	41	0 25·3	0 25·3	0 24·1	4·1	0·1	10·1	0·3	16·1	0·4
42	0 10·5	0 10·5	0 10·0	4·2	0·0	10·2	0·1	16·2	0·1	42	0 25·5	0 25·6	0 24·3	4·2	0·1	10·2	0·3	16·2	0·4
43	0 10·8	0 10·8	0 10·3	4·3	0·0	10·3	0·1	16·3	0·1	43	0 25·8	0 25·8	0 24·6	4·3	0·1	10·3	0·3	16·3	0·4
44	0 11·0	0 11·0	0 10·5	4·4	0·0	10·4	0·1	16·4	0·1	44	0 26·0	0 26·1	0 24·8	4·4	0·1	10·4	0·3	16·4	0·4
45	0 11·3	0 11·3	0 10·7	4·5	0·0	10·5	0·1	16·5	0·1	45	0 26·3	0 26·3	0 25·1	4·5	0·1	10·5	0·3	16·5	0·4
46	0 11·5	0 11·5	0 11·0	4·6	0·0	10·6	0·1	16·6	0·1	46	0 26·5	0 26·6	0 25·3	4·6	0·1	10·6	0·3	16·6	0·4
47	0 11·8	0 11·8	0 11·2	4·7	0·0	10·7	0·1	16·7	0·1	47	0 26·8	0 26·8	0 25·5	4·7	0·1	10·7	0·3	16·7	0·4
48	0 12·0	0 12·0	0 11·5	4·8	0·0	10·8	0·1	16·8	0·1	48	0 27·0	0 27·1	0 25·8	4·8	0·1	10·8	0·3	16·8	0·4
49	0 12·3	0 12·3	0 11·7	4·9	0·0	10·9	0·1	16·9	0·1	49	0 27·3	0 27·3	0 26·0	4·9	0·1	10·9	0·3	16·9	0·4
50	0 12·5	0 12·5	0 11·9	5·0	0·0	11·0	0·1	17·0	0·1	50	0 27·5	0 27·6	0 26·2	5·0	0·1	11·0	0·3	17·0	0·4
51	0 12·8	0 12·8	0 12·2	5·1	0·0	11·1	0·1	17·1	0·1	51	0 27·8	0 27·8	0 26·5	5·1	0·1	11·1	0·3	17·1	0·4
52	0 13·0	0 13·0	0 12·4	5·2	0·0	11·2	0·1	17·2	0·1	52	0 28·0	0 28·1	0 26·7	5·2	0·1	11·2	0·3	17·2	0·4
53	0 13·3	0 13·3	0 12·6	5·3	0·0	11·3	0·1	17·3	0·1	53	0 28·3	0 28·3	0 27·0	5·3	0·1	11·3	0·3	17·3	0·4
54	0 13·5	0 13·5	0 12·9	5·4	0·0	11·4	0·1	17·4	0·1	54	0 28·5	0 28·6	0 27·2	5·4	0·1	11·4	0·3	17·4	0·4
55	0 13·8	0 13·8	0 13·1	5·5	0·0	11·5	0·1	17·5	0·1	55	0 28·8	0 28·8	0 27·4	5·5	0·1	11·5	0·3	17·5	0·4
56	0 14·0	0 14·0	0 13·4	5·6	0·0	11·6	0·1	17·6	0·1	56	0 29·0	0 29·1	0 27·7	5·6	0·1	11·6	0·3	17·6	0·4
57	0 14·3	0 14·3	0 13·6	5·7	0·0	11·7	0·1	17·7	0·1	57	0 29·3	0 29·3	0 27·9	5·7	0·1	11·7	0·3	17·7	0·4
58	0 14·5	0 14·5	0 13·8	5·8	0·0	11·8	0·1	17·8	0·1	58	0 29·5	0 29·6	0 28·2	5·8	0·1	11·8	0·3	17·8	0·4
59	0 14·8	0 14·8	0 14·1	5·9	0·0	11·9	0·1	17·9	0·1	59	0 29·8	0 29·8	0 28·4	5·9	0·1	11·9	0·3	17·9	0·4
60	0 15·0	0 15·0	0 14·3	6·0	0·1	12·0	0·1	18·0	0·2	60	0 30·0	0 30·1	0 28·6	6·0	0·2	12·0	0·3	18·0	0·5

INCREMENTS AND CORRECTIONS

2ᵐ

s	SUN PLANETS	ARIES	MOON	v or d	Corrⁿ	v or d	Corrⁿ	v or d	Corrⁿ
	° ′	° ′	° ′	′	′	′	′	′	′
00	0 30.0	0 30.1	0 28.6	0.0	0.0	6.0	0.3	12.0	0.5
01	0 30.3	0 30.3	0 28.9	0.1	0.0	6.1	0.3	12.1	0.5
02	0 30.5	0 30.6	0 29.1	0.2	0.0	6.2	0.3	12.2	0.5
03	0 30.8	0 30.8	0 29.3	0.3	0.0	6.3	0.3	12.3	0.5
04	0 31.0	0 31.1	0 29.6	0.4	0.0	6.4	0.3	12.4	0.5
05	0 31.3	0 31.3	0 29.8	0.5	0.0	6.5	0.3	12.5	0.5
06	0 31.5	0 31.6	0 30.1	0.6	0.0	6.6	0.3	12.6	0.5
07	0 31.8	0 31.8	0 30.3	0.7	0.0	6.7	0.3	12.7	0.5
08	0 32.0	0 32.1	0 30.5	0.8	0.0	6.8	0.3	12.8	0.5
09	0 32.3	0 32.3	0 30.8	0.9	0.0	6.9	0.3	12.9	0.5
10	0 32.5	0 32.6	0 31.0	1.0	0.0	7.0	0.3	13.0	0.5
11	0 32.8	0 32.8	0 31.3	1.1	0.0	7.1	0.3	13.1	0.5
12	0 33.0	0 33.1	0 31.5	1.2	0.1	7.2	0.3	13.2	0.6
13	0 33.3	0 33.3	0 31.7	1.3	0.1	7.3	0.3	13.3	0.6
14	0 33.5	0 33.6	0 32.0	1.4	0.1	7.4	0.3	13.4	0.6
15	0 33.8	0 33.8	0 32.2	1.5	0.1	7.5	0.3	13.5	0.6
16	0 34.0	0 34.1	0 32.5	1.6	0.1	7.6	0.3	13.6	0.6
17	0 34.3	0 34.3	0 32.7	1.7	0.1	7.7	0.3	13.7	0.6
18	0 34.5	0 34.6	0 32.9	1.8	0.1	7.8	0.3	13.8	0.6
19	0 34.8	0 34.8	0 33.2	1.9	0.1	7.9	0.3	13.9	0.6
20	0 35.0	0 35.1	0 33.4	2.0	0.1	8.0	0.3	14.0	0.6
21	0 35.3	0 35.3	0 33.6	2.1	0.1	8.1	0.3	14.1	0.6
22	0 35.5	0 35.6	0 33.9	2.2	0.1	8.2	0.3	14.2	0.6
23	0 35.8	0 35.8	0 34.1	2.3	0.1	8.3	0.3	14.3	0.6
24	0 36.0	0 36.1	0 34.4	2.4	0.1	8.4	0.4	14.4	0.6
25	0 36.3	0 36.3	0 34.6	2.5	0.1	8.5	0.4	14.5	0.6
26	0 36.5	0 36.6	0 34.8	2.6	0.1	8.6	0.4	14.6	0.6
27	0 36.8	0 36.9	0 35.1	2.7	0.1	8.7	0.4	14.7	0.6
28	0 37.0	0 37.1	0 35.3	2.8	0.1	8.8	0.4	14.8	0.6
29	0 37.3	0 37.4	0 35.6	2.9	0.1	8.9	0.4	14.9	0.6
30	0 37.5	0 37.6	0 35.8	3.0	0.1	9.0	0.4	15.0	0.6
31	0 37.8	0 37.9	0 36.0	3.1	0.1	9.1	0.4	15.1	0.6
32	0 38.0	0 38.1	0 36.3	3.2	0.1	9.2	0.4	15.2	0.6
33	0 38.3	0 38.4	0 36.5	3.3	0.1	9.3	0.4	15.3	0.6
34	0 38.5	0 38.6	0 36.7	3.4	0.1	9.4	0.4	15.4	0.6
35	0 38.8	0 38.9	0 37.0	3.5	0.1	9.5	0.4	15.5	0.6
36	0 39.0	0 39.1	0 37.2	3.6	0.2	9.6	0.4	15.6	0.7
37	0 39.3	0 39.4	0 37.5	3.7	0.2	9.7	0.4	15.7	0.7
38	0 39.5	0 39.6	0 37.7	3.8	0.2	9.8	0.4	15.8	0.7
39	0 39.8	0 39.9	0 37.9	3.9	0.2	9.9	0.4	15.9	0.7
40	0 40.0	0 40.1	0 38.2	4.0	0.2	10.0	0.4	16.0	0.7
41	0 40.3	0 40.4	0 38.4	4.1	0.2	10.1	0.4	16.1	0.7
42	0 40.5	0 40.6	0 38.7	4.2	0.2	10.2	0.4	16.2	0.7
43	0 40.8	0 40.9	0 38.9	4.3	0.2	10.3	0.4	16.3	0.7
44	0 41.0	0 41.1	0 39.1	4.4	0.2	10.4	0.4	16.4	0.7
45	0 41.3	0 41.4	0 39.4	4.5	0.2	10.5	0.4	16.5	0.7
46	0 41.5	0 41.6	0 39.6	4.6	0.2	10.6	0.4	16.6	0.7
47	0 41.8	0 41.9	0 39.8	4.7	0.2	10.7	0.4	16.7	0.7
48	0 42.0	0 42.1	0 40.1	4.8	0.2	10.8	0.5	16.8	0.7
49	0 42.3	0 42.4	0 40.3	4.9	0.2	10.9	0.5	16.9	0.7
50	0 42.5	0 42.6	0 40.6	5.0	0.2	11.0	0.5	17.0	0.7
51	0 42.8	0 42.9	0 40.8	5.1	0.2	11.1	0.5	17.1	0.7
52	0 43.0	0 43.1	0 41.0	5.2	0.2	11.2	0.5	17.2	0.7
53	0 43.3	0 43.4	0 41.3	5.3	0.2	11.3	0.5	17.3	0.7
54	0 43.5	0 43.6	0 41.5	5.4	0.2	11.4	0.5	17.4	0.7
55	0 43.8	0 43.9	0 41.8	5.5	0.2	11.5	0.5	17.5	0.7
56	0 44.0	0 44.1	0 42.0	5.6	0.2	11.6	0.5	17.6	0.7
57	0 44.3	0 44.4	0 42.2	5.7	0.2	11.7	0.5	17.7	0.7
58	0 44.5	0 44.6	0 42.5	5.8	0.2	11.8	0.5	17.8	0.7
59	0 44.8	0 44.9	0 42.7	5.9	0.2	11.9	0.5	17.9	0.7
60	0 45.0	0 45.1	0 43.0	6.0	0.3	12.0	0.5	18.0	0.8

3ᵐ

s	SUN PLANETS	ARIES	MOON	v or d	Corrⁿ	v or d	Corrⁿ	v or d	Corrⁿ
	° ′	° ′	° ′	′	′	′	′	′	′
00	0 45.0	0 45.1	0 43.0	0.0	0.0	6.0	0.4	12.0	0.7
01	0 45.3	0 45.4	0 43.2	0.1	0.0	6.1	0.4	12.1	0.7
02	0 45.5	0 45.6	0 43.4	0.2	0.0	6.2	0.4	12.2	0.7
03	0 45.8	0 45.9	0 43.7	0.3	0.0	6.3	0.4	12.3	0.7
04	0 46.0	0 46.1	0 43.9	0.4	0.0	6.4	0.4	12.4	0.7
05	0 46.3	0 46.4	0 44.1	0.5	0.0	6.5	0.4	12.5	0.7
06	0 46.5	0 46.6	0 44.4	0.6	0.0	6.6	0.4	12.6	0.7
07	0 46.8	0 46.9	0 44.6	0.7	0.0	6.7	0.4	12.7	0.7
08	0 47.0	0 47.1	0 44.9	0.8	0.0	6.8	0.4	12.8	0.7
09	0 47.3	0 47.4	0 45.1	0.9	0.1	6.9	0.4	12.9	0.8
10	0 47.5	0 47.6	0 45.3	1.0	0.1	7.0	0.4	13.0	0.8
11	0 47.8	0 47.9	0 45.6	1.1	0.1	7.1	0.4	13.1	0.8
12	0 48.0	0 48.1	0 45.8	1.2	0.1	7.2	0.4	13.2	0.8
13	0 48.3	0 48.4	0 46.1	1.3	0.1	7.3	0.4	13.3	0.8
14	0 48.5	0 48.6	0 46.3	1.4	0.1	7.4	0.4	13.4	0.8
15	0 48.8	0 48.9	0 46.5	1.5	0.1	7.5	0.4	13.5	0.8
16	0 49.0	0 49.1	0 46.8	1.6	0.1	7.6	0.4	13.6	0.8
17	0 49.3	0 49.4	0 47.0	1.7	0.1	7.7	0.4	13.7	0.8
18	0 49.5	0 49.6	0 47.2	1.8	0.1	7.8	0.5	13.8	0.8
19	0 49.8	0 49.9	0 47.5	1.9	0.1	7.9	0.5	13.9	0.8
20	0 50.0	0 50.1	0 47.7	2.0	0.1	8.0	0.5	14.0	0.8
21	0 50.3	0 50.4	0 48.0	2.1	0.1	8.1	0.5	14.1	0.8
22	0 50.5	0 50.6	0 48.2	2.2	0.1	8.2	0.5	14.2	0.8
23	0 50.8	0 50.9	0 48.4	2.3	0.1	8.3	0.5	14.3	0.8
24	0 51.0	0 51.1	0 48.7	2.4	0.1	8.4	0.5	14.4	0.8
25	0 51.3	0 51.4	0 48.9	2.5	0.1	8.5	0.5	14.5	0.8
26	0 51.5	0 51.6	0 49.2	2.6	0.2	8.6	0.5	14.6	0.9
27	0 51.8	0 51.9	0 49.4	2.7	0.2	8.7	0.5	14.7	0.9
28	0 52.0	0 52.1	0 49.6	2.8	0.2	8.8	0.5	14.8	0.9
29	0 52.3	0 52.4	0 49.9	2.9	0.2	8.9	0.5	14.9	0.9
30	0 52.5	0 52.6	0 50.1	3.0	0.2	9.0	0.5	15.0	0.9
31	0 52.8	0 52.9	0 50.3	3.1	0.2	9.1	0.5	15.1	0.9
32	0 53.0	0 53.1	0 50.6	3.2	0.2	9.2	0.5	15.2	0.9
33	0 53.3	0 53.4	0 50.8	3.3	0.2	9.3	0.5	15.3	0.9
34	0 53.5	0 53.6	0 51.1	3.4	0.2	9.4	0.5	15.4	0.9
35	0 53.8	0 53.9	0 51.3	3.5	0.2	9.5	0.6	15.5	0.9
36	0 54.0	0 54.1	0 51.5	3.6	0.2	9.6	0.6	15.6	0.9
37	0 54.3	0 54.4	0 51.8	3.7	0.2	9.7	0.6	15.7	0.9
38	0 54.5	0 54.6	0 52.0	3.8	0.2	9.8	0.6	15.8	0.9
39	0 54.8	0 54.9	0 52.3	3.9	0.2	9.9	0.6	15.9	0.9
40	0 55.0	0 55.2	0 52.5	4.0	0.2	10.0	0.6	16.0	0.9
41	0 55.3	0 55.4	0 52.7	4.1	0.2	10.1	0.6	16.1	0.9
42	0 55.5	0 55.7	0 53.0	4.2	0.2	10.2	0.6	16.2	0.9
43	0 55.8	0 55.9	0 53.2	4.3	0.3	10.3	0.6	16.3	1.0
44	0 56.0	0 56.2	0 53.4	4.4	0.3	10.4	0.6	16.4	1.0
45	0 56.3	0 56.4	0 53.7	4.5	0.3	10.5	0.6	16.5	1.0
46	0 56.5	0 56.7	0 53.9	4.6	0.3	10.6	0.6	16.6	1.0
47	0 56.8	0 56.9	0 54.2	4.7	0.3	10.7	0.6	16.7	1.0
48	0 57.0	0 57.2	0 54.4	4.8	0.3	10.8	0.6	16.8	1.0
49	0 57.3	0 57.4	0 54.6	4.9	0.3	10.9	0.6	16.9	1.0
50	0 57.5	0 57.7	0 54.9	5.0	0.3	11.0	0.6	17.0	1.0
51	0 57.8	0 57.9	0 55.1	5.1	0.3	11.1	0.6	17.1	1.0
52	0 58.0	0 58.2	0 55.4	5.2	0.3	11.2	0.7	17.2	1.0
53	0 58.3	0 58.4	0 55.6	5.3	0.3	11.3	0.7	17.3	1.0
54	0 58.5	0 58.7	0 55.8	5.4	0.3	11.4	0.7	17.4	1.0
55	0 58.8	0 58.9	0 56.1	5.5	0.3	11.5	0.7	17.5	1.0
56	0 59.0	0 59.2	0 56.3	5.6	0.3	11.6	0.7	17.6	1.0
57	0 59.3	0 59.4	0 56.6	5.7	0.3	11.7	0.7	17.7	1.0
58	0 59.5	0 59.7	0 56.8	5.8	0.3	11.8	0.7	17.8	1.0
59	0 59.8	0 59.9	0 57.0	5.9	0.3	11.9	0.7	17.9	1.0
60	1 00.0	1 00.2	0 57.3	6.0	0.4	12.0	0.7	18.0	1.1

INCREMENTS AND CORRECTIONS

4ᵐ

s	SUN PLANETS	ARIES	MOON	v or d	Corrⁿ	v or d	Corrⁿ	v or d	Corrⁿ
	° ′	° ′	° ′	′	′	′	′	′	′
00	1 00·0	1 00·2	0 57·3	0·0	0·0	6·0	0·5	12·0	0·9
01	1 00·3	1 00·4	0 57·5	0·1	0·0	6·1	0·5	12·1	0·9
02	1 00·5	1 00·7	0 57·7	0·2	0·0	6·2	0·5	12·2	0·9
03	1 00·8	1 00·9	0 58·0	0·3	0·0	6·3	0·5	12·3	0·9
04	1 01·0	1 01·2	0 58·2	0·4	0·0	6·4	0·5	12·4	0·9
05	1 01·3	1 01·4	0 58·5	0·5	0·0	6·5	0·5	12·5	0·9
06	1 01·5	1 01·7	0 58·7	0·6	0·0	6·6	0·5	12·6	0·9
07	1 01·8	1 01·9	0 58·9	0·7	0·1	6·7	0·5	12·7	1·0
08	1 02·0	1 02·2	0 59·2	0·8	0·1	6·8	0·5	12·8	1·0
09	1 02·3	1 02·4	0 59·4	0·9	0·1	6·9	0·5	12·9	1·0
10	1 02·5	1 02·7	0 59·7	1·0	0·1	7·0	0·5	13·0	1·0
11	1 02·8	1 02·9	0 59·9	1·1	0·1	7·1	0·5	13·1	1·0
12	1 03·0	1 03·2	1 00·1	1·2	0·1	7·2	0·5	13·2	1·0
13	1 03·3	1 03·4	1 00·4	1·3	0·1	7·3	0·5	13·3	1·0
14	1 03·5	1 03·7	1 00·6	1·4	0·1	7·4	0·6	13·4	1·0
15	1 03·8	1 03·9	1 00·8	1·5	0·1	7·5	0·6	13·5	1·0
16	1 04·0	1 04·2	1 01·1	1·6	0·1	7·6	0·6	13·6	1·0
17	1 04·3	1 04·4	1 01·3	1·7	0·1	7·7	0·6	13·7	1·0
18	1 04·5	1 04·7	1 01·6	1·8	0·1	7·8	0·6	13·8	1·0
19	1 04·8	1 04·9	1 01·8	1·9	0·1	7·9	0·6	13·9	1·0
20	1 05·0	1 05·2	1 02·0	2·0	0·2	8·0	0·6	14·0	1·1
21	1 05·3	1 05·4	1 02·3	2·1	0·2	8·1	0·6	14·1	1·1
22	1 05·5	1 05·7	1 02·5	2·2	0·2	8·2	0·6	14·2	1·1
23	1 05·8	1 05·9	1 02·8	2·3	0·2	8·3	0·6	14·3	1·1
24	1 06·0	1 06·2	1 03·0	2·4	0·2	8·4	0·6	14·4	1·1
25	1 06·3	1 06·4	1 03·2	2·5	0·2	8·5	0·6	14·5	1·1
26	1 06·5	1 06·7	1 03·5	2·6	0·2	8·6	0·6	14·6	1·1
27	1 06·8	1 06·9	1 03·7	2·7	0·2	8·7	0·7	14·7	1·1
28	1 07·0	1 07·2	1 03·9	2·8	0·2	8·8	0·7	14·8	1·1
29	1 07·3	1 07·4	1 04·2	2·9	0·2	8·9	0·7	14·9	1·1
30	1 07·5	1 07·7	1 04·4	3·0	0·2	9·0	0·7	15·0	1·1
31	1 07·8	1 07·9	1 04·7	3·1	0·2	9·1	0·7	15·1	1·1
32	1 08·0	1 08·2	1 04·9	3·2	0·2	9·2	0·7	15·2	1·1
33	1 08·3	1 08·4	1 05·1	3·3	0·2	9·3	0·7	15·3	1·1
34	1 08·5	1 08·7	1 05·4	3·4	0·3	9·4	0·7	15·4	1·2
35	1 08·8	1 08·9	1 05·6	3·5	0·3	9·5	0·7	15·5	1·2
36	1 09·0	1 09·2	1 05·9	3·6	0·3	9·6	0·7	15·6	1·2
37	1 09·3	1 09·4	1 06·1	3·7	0·3	9·7	0·7	15·7	1·2
38	1 09·5	1 09·7	1 06·3	3·8	0·3	9·8	0·7	15·8	1·2
39	1 09·8	1 09·9	1 06·6	3·9	0·3	9·9	0·7	15·9	1·2
40	1 10·0	1 10·2	1 06·8	4·0	0·3	10·0	0·8	16·0	1·2
41	1 10·3	1 10·4	1 07·0	4·1	0·3	10·1	0·8	16·1	1·2
42	1 10·5	1 10·7	1 07·3	4·2	0·3	10·2	0·8	16·2	1·2
43	1 10·8	1 10·9	1 07·5	4·3	0·3	10·3	0·8	16·3	1·2
44	1 11·0	1 11·2	1 07·8	4·4	0·3	10·4	0·8	16·4	1·2
45	1 11·3	1 11·4	1 08·0	4·5	0·3	10·5	0·8	16·5	1·2
46	1 11·5	1 11·7	1 08·2	4·6	0·3	10·6	0·8	16·6	1·2
47	1 11·8	1 11·9	1 08·5	4·7	0·4	10·7	0·8	16·7	1·3
48	1 12·0	1 12·2	1 08·7	4·8	0·4	10·8	0·8	16·8	1·3
49	1 12·3	1 12·4	1 09·0	4·9	0·4	10·9	0·8	16·9	1·3
50	1 12·5	1 12·7	1 09·2	5·0	0·4	11·0	0·8	17·0	1·3
51	1 12·8	1 12·9	1 09·4	5·1	0·4	11·1	0·8	17·1	1·3
52	1 13·0	1 13·2	1 09·7	5·2	0·4	11·2	0·8	17·2	1·3
53	1 13·3	1 13·5	1 09·9	5·3	0·4	11·3	0·8	17·3	1·3
54	1 13·5	1 13·7	1 10·2	5·4	0·4	11·4	0·9	17·4	1·3
55	1 13·8	1 14·0	1 10·4	5·5	0·4	11·5	0·9	17·5	1·3
56	1 14·0	1 14·2	1 10·6	5·6	0·4	11·6	0·9	17·6	1·3
57	1 14·3	1 14·5	1 10·9	5·7	0·4	11·7	0·9	17·7	1·3
58	1 14·5	1 14·7	1 11·1	5·8	0·4	11·8	0·9	17·8	1·3
59	1 14·8	1 15·0	1 11·3	5·9	0·4	11·9	0·9	17·9	1·3
60	1 15·0	1 15·2	1 11·6	6·0	0·5	12·0	0·9	18·0	1·4

5ᵐ

s	SUN PLANETS	ARIES	MOON	v or d	Corrⁿ	v or d	Corrⁿ	v or d	Corrⁿ
	° ′	° ′	° ′	′	′	′	′	′	′
00	1 15·0	1 15·2	1 11·6	0·0	0·0	6·0	0·6	12·0	1·1
01	1 15·3	1 15·5	1 11·8	0·1	0·0	6·1	0·6	12·1	1·1
02	1 15·5	1 15·7	1 12·1	0·2	0·0	6·2	0·6	12·2	1·1
03	1 15·8	1 16·0	1 12·3	0·3	0·0	6·3	0·6	12·3	1·1
04	1 16·0	1 16·2	1 12·5	0·4	0·0	6·4	0·6	12·4	1·1
05	1 16·3	1 16·5	1 12·8	0·5	0·0	6·5	0·6	12·5	1·1
06	1 16·5	1 16·7	1 13·0	0·6	0·1	6·6	0·6	12·6	1·2
07	1 16·8	1 17·0	1 13·3	0·7	0·1	6·7	0·6	12·7	1·2
08	1 17·0	1 17·2	1 13·5	0·8	0·1	6·8	0·6	12·8	1·2
09	1 17·3	1 17·5	1 13·7	0·9	0·1	6·9	0·6	12·9	1·2
10	1 17·5	1 17·7	1 14·0	1·0	0·1	7·0	0·6	13·0	1·2
11	1 17·8	1 18·0	1 14·2	1·1	0·1	7·1	0·7	13·1	1·2
12	1 18·0	1 18·2	1 14·4	1·2	0·1	7·2	0·7	13·2	1·2
13	1 18·3	1 18·5	1 14·7	1·3	0·1	7·3	0·7	13·3	1·2
14	1 18·5	1 18·7	1 14·9	1·4	0·1	7·4	0·7	13·4	1·2
15	1 18·8	1 19·0	1 15·2	1·5	0·1	7·5	0·7	13·5	1·2
16	1 19·0	1 19·2	1 15·4	1·6	0·1	7·6	0·7	13·6	1·2
17	1 19·3	1 19·5	1 15·6	1·7	0·2	7·7	0·7	13·7	1·3
18	1 19·5	1 19·7	1 15·9	1·8	0·2	7·8	0·7	13·8	1·3
19	1 19·8	1 20·0	1 16·1	1·9	0·2	7·9	0·7	13·9	1·3
20	1 20·0	1 20·2	1 16·4	2·0	0·2	8·0	0·7	14·0	1·3
21	1 20·3	1 20·5	1 16·6	2·1	0·2	8·1	0·7	14·1	1·3
22	1 20·5	1 20·7	1 16·8	2·2	0·2	8·2	0·8	14·2	1·3
23	1 20·8	1 21·0	1 17·1	2·3	0·2	8·3	0·8	14·3	1·3
24	1 21·0	1 21·2	1 17·3	2·4	0·2	8·4	0·8	14·4	1·3
25	1 21·3	1 21·5	1 17·5	2·5	0·2	8·5	0·8	14·5	1·3
26	1 21·5	1 21·7	1 17·8	2·6	0·2	8·6	0·8	14·6	1·3
27	1 21·8	1 22·0	1 18·0	2·7	0·2	8·7	0·8	14·7	1·3
28	1 22·0	1 22·2	1 18·3	2·8	0·3	8·8	0·8	14·8	1·4
29	1 22·3	1 22·5	1 18·5	2·9	0·3	8·9	0·8	14·9	1·4
30	1 22·5	1 22·7	1 18·7	3·0	0·3	9·0	0·8	15·0	1·4
31	1 22·8	1 23·0	1 19·0	3·1	0·3	9·1	0·8	15·1	1·4
32	1 23·0	1 23·2	1 19·2	3·2	0·3	9·2	0·8	15·2	1·4
33	1 23·3	1 23·5	1 19·5	3·3	0·3	9·3	0·9	15·3	1·4
34	1 23·5	1 23·7	1 19·7	3·4	0·3	9·4	0·9	15·4	1·4
35	1 23·8	1 24·0	1 19·9	3·5	0·3	9·5	0·9	15·5	1·4
36	1 24·0	1 24·2	1 20·2	3·6	0·3	9·6	0·9	15·6	1·4
37	1 24·3	1 24·5	1 20·4	3·7	0·3	9·7	0·9	15·7	1·4
38	1 24·5	1 24·7	1 20·7	3·8	0·3	9·8	0·9	15·8	1·4
39	1 24·8	1 25·0	1 20·9	3·9	0·4	9·9	0·9	15·9	1·5
40	1 25·0	1 25·2	1 21·1	4·0	0·4	10·0	0·9	16·0	1·5
41	1 25·3	1 25·5	1 21·4	4·1	0·4	10·1	0·9	16·1	1·5
42	1 25·5	1 25·7	1 21·6	4·2	0·4	10·2	0·9	16·2	1·5
43	1 25·8	1 26·0	1 21·8	4·3	0·4	10·3	0·9	16·3	1·5
44	1 26·0	1 26·2	1 22·1	4·4	0·4	10·4	1·0	16·4	1·5
45	1 26·3	1 26·5	1 22·3	4·5	0·4	10·5	1·0	16·5	1·5
46	1 26·5	1 26·7	1 22·6	4·6	0·4	10·6	1·0	16·6	1·5
47	1 26·8	1 27·0	1 22·8	4·7	0·4	10·7	1·0	16·7	1·5
48	1 27·0	1 27·2	1 23·0	4·8	0·4	10·8	1·0	16·8	1·5
49	1 27·3	1 27·5	1 23·3	4·9	0·4	10·9	1·0	16·9	1·5
50	1 27·5	1 27·7	1 23·5	5·0	0·5	11·0	1·0	17·0	1·6
51	1 27·8	1 28·0	1 23·8	5·1	0·5	11·1	1·0	17·1	1·6
52	1 28·0	1 28·2	1 24·0	5·2	0·5	11·2	1·0	17·2	1·6
53	1 28·3	1 28·5	1 24·2	5·3	0·5	11·3	1·0	17·3	1·6
54	1 28·5	1 28·7	1 24·5	5·4	0·5	11·4	1·0	17·4	1·6
55	1 28·8	1 29·0	1 24·7	5·5	0·5	11·5	1·1	17·5	1·6
56	1 29·0	1 29·2	1 24·9	5·6	0·5	11·6	1·1	17·6	1·6
57	1 29·3	1 29·5	1 25·2	5·7	0·5	11·7	1·1	17·7	1·6
58	1 29·5	1 29·7	1 25·4	5·8	0·5	11·8	1·1	17·8	1·6
59	1 29·8	1 30·0	1 25·7	5·9	0·5	11·9	1·1	17·9	1·6
60	1 30·0	1 30·2	1 25·9	6·0	0·6	12·0	1·1	18·0	1·7

iv

INCREMENTS AND CORRECTIONS

6ᵐ

s	SUN PLANETS ° '	ARIES ° '	MOON ° '	v or d '	Corrⁿ '	v or d '	Corrⁿ '	v or d '	Corrⁿ '
00	1 30·0	1 30·2	1 25·9	0·0	0·0	6·0	0·7	12·0	1·3
01	1 30·3	1 30·5	1 26·1	0·1	0·0	6·1	0·7	12·1	1·3
02	1 30·5	1 30·7	1 26·4	0·2	0·0	6·2	0·7	12·2	1·3
03	1 30·8	1 31·0	1 26·6	0·3	0·0	6·3	0·7	12·3	1·3
04	1 31·0	1 31·2	1 26·9	0·4	0·0	6·4	0·7	12·4	1·3
05	1 31·3	1 31·5	1 27·1	0·5	0·1	6·5	0·7	12·5	1·4
06	1 31·5	1 31·8	1 27·3	0·6	0·1	6·6	0·7	12·6	1·4
07	1 31·8	1 32·0	1 27·6	0·7	0·1	6·7	0·7	12·7	1·4
08	1 32·0	1 32·3	1 27·8	0·8	0·1	6·8	0·7	12·8	1·4
09	1 32·3	1 32·5	1 28·0	0·9	0·1	6·9	0·7	12·9	1·4
10	1 32·5	1 32·8	1 28·3	1·0	0·1	7·0	0·8	13·0	1·4
11	1 32·8	1 33·0	1 28·5	1·1	0·1	7·1	0·8	13·1	1·4
12	1 33·0	1 33·3	1 28·8	1·2	0·1	7·2	0·8	13·2	1·4
13	1 33·3	1 33·5	1 29·0	1·3	0·1	7·3	0·8	13·3	1·4
14	1 33·5	1 33·8	1 29·2	1·4	0·2	7·4	0·8	13·4	1·5
15	1 33·8	1 34·0	1 29·5	1·5	0·2	7·5	0·8	13·5	1·5
16	1 34·0	1 34·3	1 29·7	1·6	0·2	7·6	0·8	13·6	1·5
17	1 34·3	1 34·5	1 30·0	1·7	0·2	7·7	0·8	13·7	1·5
18	1 34·5	1 34·8	1 30·2	1·8	0·2	7·8	0·8	13·8	1·5
19	1 34·8	1 35·0	1 30·4	1·9	0·2	7·9	0·9	13·9	1·5
20	1 35·0	1 35·3	1 30·7	2·0	0·2	8·0	0·9	14·0	1·5
21	1 35·3	1 35·5	1 30·9	2·1	0·2	8·1	0·9	14·1	1·5
22	1 35·5	1 35·8	1 31·1	2·2	0·2	8·2	0·9	14·2	1·5
23	1 35·8	1 36·0	1 31·4	2·3	0·2	8·3	0·9	14·3	1·5
24	1 36·0	1 36·3	1 31·6	2·4	0·3	8·4	0·9	14·4	1·6
25	1 36·3	1 36·5	1 31·9	2·5	0·3	8·5	0·9	14·5	1·6
26	1 36·5	1 36·8	1 32·1	2·6	0·3	8·6	0·9	14·6	1·6
27	1 36·8	1 37·0	1 32·3	2·7	0·3	8·7	0·9	14·7	1·6
28	1 37·0	1 37·3	1 32·6	2·8	0·3	8·8	1·0	14·8	1·6
29	1 37·3	1 37·5	1 32·8	2·9	0·3	8·9	1·0	14·9	1·6
30	1 37·5	1 37·8	1 33·1	3·0	0·3	9·0	1·0	15·0	1·6
31	1 37·8	1 38·0	1 33·3	3·1	0·3	9·1	1·0	15·1	1·6
32	1 38·0	1 38·3	1 33·5	3·2	0·3	9·2	1·0	15·2	1·6
33	1 38·3	1 38·5	1 33·8	3·3	0·4	9·3	1·0	15·3	1·7
34	1 38·5	1 38·8	1 34·0	3·4	0·4	9·4	1·0	15·4	1·7
35	1 38·8	1 39·0	1 34·3	3·5	0·4	9·5	1·0	15·5	1·7
36	1 39·0	1 39·3	1 34·5	3·6	0·4	9·6	1·0	15·6	1·7
37	1 39·3	1 39·5	1 34·7	3·7	0·4	9·7	1·1	15·7	1·7
38	1 39·5	1 39·8	1 35·0	3·8	0·4	9·8	1·1	15·8	1·7
39	1 39·8	1 40·0	1 35·2	3·9	0·4	9·9	1·1	15·9	1·7
40	1 40·0	1 40·3	1 35·4	4·0	0·4	10·0	1·1	16·0	1·7
41	1 40·3	1 40·5	1 35·7	4·1	0·4	10·1	1·1	16·1	1·7
42	1 40·5	1 40·8	1 35·9	4·2	0·5	10·2	1·1	16·2	1·8
43	1 40·8	1 41·0	1 36·2	4·3	0·5	10·3	1·1	16·3	1·8
44	1 41·0	1 41·3	1 36·4	4·4	0·5	10·4	1·1	16·4	1·8
45	1 41·3	1 41·5	1 36·6	4·5	0·5	10·5	1·1	16·5	1·8
46	1 41·5	1 41·8	1 36·9	4·6	0·5	10·6	1·1	16·6	1·8
47	1 41·8	1 42·0	1 37·1	4·7	0·5	10·7	1·2	16·7	1·8
48	1 42·0	1 42·3	1 37·4	4·8	0·5	10·8	1·2	16·8	1·8
49	1 42·3	1 42·5	1 37·6	4·9	0·5	10·9	1·2	16·9	1·8
50	1 42·5	1 42·8	1 37·8	5·0	0·5	11·0	1·2	17·0	1·8
51	1 42·8	1 43·0	1 38·1	5·1	0·6	11·1	1·2	17·1	1·9
52	1 43·0	1 43·3	1 38·3	5·2	0·6	11·2	1·2	17·2	1·9
53	1 43·3	1 43·5	1 38·5	5·3	0·6	11·3	1·2	17·3	1·9
54	1 43·5	1 43·8	1 38·8	5·4	0·6	11·4	1·2	17·4	1·9
55	1 43·8	1 44·0	1 39·0	5·5	0·6	11·5	1·2	17·5	1·9
56	1 44·0	1 44·3	1 39·3	5·6	0·6	11·6	1·3	17·6	1·9
57	1 44·3	1 44·5	1 39·5	5·7	0·6	11·7	1·3	17·7	1·9
58	1 44·5	1 44·8	1 39·7	5·8	0·6	11·8	1·3	17·8	1·9
59	1 44·8	1 45·0	1 40·0	5·9	0·6	11·9	1·3	17·9	1·9
60	1 45·0	1 45·3	1 40·2	6·0	0·7	12·0	1·3	18·0	2·0

7ᵐ

s	SUN PLANETS ° '	ARIES ° '	MOON ° '	v or d '	Corrⁿ '	v or d '	Corrⁿ '	v or d '	Corrⁿ '
00	1 45·0	1 45·3	1 40·2	0·0	0·0	6·0	0·8	12·0	1·5
01	1 45·3	1 45·5	1 40·5	0·1	0·0	6·1	0·8	12·1	1·5
02	1 45·5	1 45·8	1 40·7	0·2	0·0	6·2	0·8	12·2	1·5
03	1 45·8	1 46·0	1 40·9	0·3	0·0	6·3	0·8	12·3	1·5
04	1 46·0	1 46·3	1 41·2	0·4	0·1	6·4	0·8	12·4	1·6
05	1 46·3	1 46·5	1 41·4	0·5	0·1	6·5	0·8	12·5	1·6
06	1 46·5	1 46·8	1 41·6	0·6	0·1	6·6	0·8	12·6	1·6
07	1 46·8	1 47·0	1 41·9	0·7	0·1	6·7	0·8	12·7	1·6
08	1 47·0	1 47·3	1 42·1	0·8	0·1	6·8	0·9	12·8	1·6
09	1 47·3	1 47·5	1 42·4	0·9	0·1	6·9	0·9	12·9	1·6
10	1 47·5	1 47·8	1 42·6	1·0	0·1	7·0	0·9	13·0	1·6
11	1 47·8	1 48·0	1 42·8	1·1	0·1	7·1	0·9	13·1	1·6
12	1 48·0	1 48·3	1 43·1	1·2	0·2	7·2	0·9	13·2	1·7
13	1 48·3	1 48·5	1 43·3	1·3	0·2	7·3	0·9	13·3	1·7
14	1 48·5	1 48·8	1 43·6	1·4	0·2	7·4	0·9	13·4	1·7
15	1 48·8	1 49·0	1 43·8	1·5	0·2	7·5	0·9	13·5	1·7
16	1 49·0	1 49·3	1 44·0	1·6	0·2	7·6	1·0	13·6	1·7
17	1 49·3	1 49·5	1 44·3	1·7	0·2	7·7	1·0	13·7	1·7
18	1 49·5	1 49·8	1 44·5	1·8	0·2	7·8	1·0	13·8	1·7
19	1 49·8	1 50·1	1 44·8	1·9	0·2	7·9	1·0	13·9	1·7
20	1 50·0	1 50·3	1 45·0	2·0	0·3	8·0	1·0	14·0	1·8
21	1 50·3	1 50·6	1 45·2	2·1	0·3	8·1	1·0	14·1	1·8
22	1 50·5	1 50·8	1 45·5	2·2	0·3	8·2	1·0	14·2	1·8
23	1 50·8	1 51·1	1 45·7	2·3	0·3	8·3	1·0	14·3	1·8
24	1 51·0	1 51·3	1 45·9	2·4	0·3	8·4	1·1	14·4	1·8
25	1 51·3	1 51·6	1 46·2	2·5	0·3	8·5	1·1	14·5	1·8
26	1 51·5	1 51·8	1 46·4	2·6	0·3	8·6	1·1	14·6	1·8
27	1 51·8	1 52·1	1 46·7	2·7	0·3	8·7	1·1	14·7	1·8
28	1 52·0	1 52·3	1 46·9	2·8	0·4	8·8	1·1	14·8	1·9
29	1 52·3	1 52·6	1 47·1	2·9	0·4	8·9	1·1	14·9	1·9
30	1 52·5	1 52·8	1 47·4	3·0	0·4	9·0	1·1	15·0	1·9
31	1 52·8	1 53·1	1 47·6	3·1	0·4	9·1	1·1	15·1	1·9
32	1 53·0	1 53·3	1 47·9	3·2	0·4	9·2	1·2	15·2	1·9
33	1 53·3	1 53·6	1 48·1	3·3	0·4	9·3	1·2	15·3	1·9
34	1 53·5	1 53·8	1 48·3	3·4	0·4	9·4	1·2	15·4	1·9
35	1 53·8	1 54·1	1 48·6	3·5	0·4	9·5	1·2	15·5	1·9
36	1 54·0	1 54·3	1 48·8	3·6	0·5	9·6	1·2	15·6	2·0
37	1 54·3	1 54·6	1 49·0	3·7	0·5	9·7	1·2	15·7	2·0
38	1 54·5	1 54·8	1 49·3	3·8	0·5	9·8	1·2	15·8	2·0
39	1 54·8	1 55·1	1 49·5	3·9	0·5	9·9	1·2	15·9	2·0
40	1 55·0	1 55·3	1 49·8	4·0	0·5	10·0	1·3	16·0	2·0
41	1 55·3	1 55·6	1 50·0	4·1	0·5	10·1	1·3	16·1	2·0
42	1 55·5	1 55·8	1 50·2	4·2	0·5	10·2	1·3	16·2	2·0
43	1 55·8	1 56·1	1 50·5	4·3	0·5	10·3	1·3	16·3	2·0
44	1 56·0	1 56·3	1 50·7	4·4	0·6	10·4	1·3	16·4	2·1
45	1 56·3	1 56·6	1 51·0	4·5	0·6	10·5	1·3	16·5	2·1
46	1 56·5	1 56·8	1 51·2	4·6	0·6	10·6	1·3	16·6	2·1
47	1 56·8	1 57·1	1 51·4	4·7	0·6	10·7	1·3	16·7	2·1
48	1 57·0	1 57·3	1 51·7	4·8	0·6	10·8	1·4	16·8	2·1
49	1 57·3	1 57·6	1 51·9	4·9	0·6	10·9	1·4	16·9	2·1
50	1 57·5	1 57·8	1 52·1	5·0	0·6	11·0	1·4	17·0	2·1
51	1 57·8	1 58·1	1 52·4	5·1	0·6	11·1	1·4	17·1	2·1
52	1 58·0	1 58·3	1 52·6	5·2	0·7	11·2	1·4	17·2	2·2
53	1 58·3	1 58·6	1 52·9	5·3	0·7	11·3	1·4	17·3	2·2
54	1 58·5	1 58·8	1 53·1	5·4	0·7	11·4	1·4	17·4	2·2
55	1 58·8	1 59·1	1 53·3	5·5	0·7	11·5	1·4	17·5	2·2
56	1 59·0	1 59·3	1 53·6	5·6	0·7	11·6	1·5	17·6	2·2
57	1 59·3	1 59·6	1 53·8	5·7	0·7	11·7	1·5	17·7	2·2
58	1 59·5	1 59·8	1 54·1	5·8	0·7	11·8	1·5	17·8	2·2
59	1 59·8	2 00·1	1 54·3	5·9	0·7	11·9	1·5	17·9	2·2
60	2 00·0	2 00·3	1 54·5	6·0	0·8	12·0	1·5	18·0	2·3

v

INCREMENTS AND CORRECTIONS

8ᵐ

s	SUN PLANETS	ARIES	MOON	v or d	Corrⁿ	v or d	Corrⁿ	v or d	Corrⁿ
	° ′	° ′	° ′	′	′	′	′	′	′
00	2 00·0	2 00·3	1 54·5	0·0	0·0	6·0	0·9	12·0	1·7
01	2 00·3	2 00·6	1 54·8	0·1	0·0	6·1	0·9	12·1	1·7
02	2 00·5	2 00·8	1 55·0	0·2	0·0	6·2	0·9	12·2	1·7
03	2 00·8	2 01·1	1 55·2	0·3	0·0	6·3	0·9	12·3	1·7
04	2 01·0	2 01·3	1 55·5	0·4	0·1	6·4	0·9	12·4	1·8
05	2 01·3	2 01·6	1 55·7	0·5	0·1	6·5	0·9	12·5	1·8
06	2 01·5	2 01·8	1 56·0	0·6	0·1	6·6	0·9	12·6	1·8
07	2 01·8	2 02·1	1 56·2	0·7	0·1	6·7	0·9	12·7	1·8
08	2 02·0	2 02·3	1 56·4	0·8	0·1	6·8	1·0	12·8	1·8
09	2 02·3	2 02·6	1 56·7	0·9	0·1	6·9	1·0	12·9	1·8
10	2 02·5	2 02·8	1 56·9	1·0	0·1	7·0	1·0	13·0	1·8
11	2 02·8	2 03·1	1 57·2	1·1	0·2	7·1	1·0	13·1	1·9
12	2 03·0	2 03·3	1 57·4	1·2	0·2	7·2	1·0	13·2	1·9
13	2 03·3	2 03·6	1 57·6	1·3	0·2	7·3	1·0	13·3	1·9
14	2 03·5	2 03·8	1 57·9	1·4	0·2	7·4	1·0	13·4	1·9
15	2 03·8	2 04·1	1 58·1	1·5	0·2	7·5	1·1	13·5	1·9
16	2 04·0	2 04·3	1 58·4	1·6	0·2	7·6	1·1	13·6	1·9
17	2 04·3	2 04·6	1 58·6	1·7	0·2	7·7	1·1	13·7	1·9
18	2 04·5	2 04·8	1 58·8	1·8	0·3	7·8	1·1	13·8	2·0
19	2 04·8	2 05·1	1 59·1	1·9	0·3	7·9	1·1	13·9	2·0
20	2 05·0	2 05·3	1 59·3	2·0	0·3	8·0	1·1	14·0	2·0
21	2 05·3	2 05·6	1 59·5	2·1	0·3	8·1	1·1	14·1	2·0
22	2 05·5	2 05·8	1 59·8	2·2	0·3	8·2	1·2	14·2	2·0
23	2 05·8	2 06·1	2 00·0	2·3	0·3	8·3	1·2	14·3	2·0
24	2 06·0	2 06·3	2 00·3	2·4	0·3	8·4	1·2	14·4	2·0
25	2 06·3	2 06·6	2 00·5	2·5	0·4	8·5	1·2	14·5	2·1
26	2 06·5	2 06·8	2 00·7	2·6	0·4	8·6	1·2	14·6	2·1
27	2 06·8	2 07·1	2 01·0	2·7	0·4	8·7	1·2	14·7	2·1
28	2 07·0	2 07·3	2 01·2	2·8	0·4	8·8	1·2	14·8	2·1
29	2 07·3	2 07·6	2 01·5	2·9	0·4	8·9	1·3	14·9	2·1
30	2 07·5	2 07·8	2 01·7	3·0	0·4	9·0	1·3	15·0	2·1
31	2 07·8	2 08·1	2 01·9	3·1	0·4	9·1	1·3	15·1	2·1
32	2 08·0	2 08·4	2 02·2	3·2	0·5	9·2	1·3	15·2	2·2
33	2 08·3	2 08·6	2 02·4	3·3	0·5	9·3	1·3	15·3	2·2
34	2 08·5	2 08·9	2 02·6	3·4	0·5	9·4	1·3	15·4	2·2
35	2 08·8	2 09·1	2 02·9	3·5	0·5	9·5	1·3	15·5	2·2
36	2 09·0	2 09·4	2 03·1	3·6	0·5	9·6	1·4	15·6	2·2
37	2 09·3	2 09·6	2 03·4	3·7	0·5	9·7	1·4	15·7	2·2
38	2 09·5	2 09·9	2 03·6	3·8	0·5	9·8	1·4	15·8	2·2
39	2 09·8	2 10·1	2 03·8	3·9	0·6	9·9	1·4	15·9	2·3
40	2 10·0	2 10·4	2 04·1	4·0	0·6	10·0	1·4	16·0	2·3
41	2 10·3	2 10·6	2 04·3	4·1	0·6	10·1	1·4	16·1	2·3
42	2 10·5	2 10·9	2 04·6	4·2	0·6	10·2	1·4	16·2	2·3
43	2 10·8	2 11·1	2 04·8	4·3	0·6	10·3	1·5	16·3	2·3
44	2 11·0	2 11·4	2 05·0	4·4	0·6	10·4	1·5	16·4	2·3
45	2 11·3	2 11·6	2 05·3	4·5	0·6	10·5	1·5	16·5	2·3
46	2 11·5	2 11·9	2 05·5	4·6	0·7	10·6	1·5	16·6	2·4
47	2 11·8	2 12·1	2 05·7	4·7	0·7	10·7	1·5	16·7	2·4
48	2 12·0	2 12·4	2 06·0	4·8	0·7	10·8	1·5	16·8	2·4
49	2 12·3	2 12·6	2 06·2	4·9	0·7	10·9	1·5	16·9	2·4
50	2 12·5	2 12·9	2 06·5	5·0	0·7	11·0	1·6	17·0	2·4
51	2 12·8	2 13·1	2 06·7	5·1	0·7	11·1	1·6	17·1	2·4
52	2 13·0	2 13·4	2 06·9	5·2	0·7	11·2	1·6	17·2	2·4
53	2 13·3	2 13·6	2 07·2	5·3	0·8	11·3	1·6	17·3	2·5
54	2 13·5	2 13·9	2 07·4	5·4	0·8	11·4	1·6	17·4	2·5
55	2 13·8	2 14·1	2 07·7	5·5	0·8	11·5	1·6	17·5	2·5
56	2 14·0	2 14·4	2 07·9	5·6	0·8	11·6	1·6	17·6	2·5
57	2 14·3	2 14·6	2 08·1	5·7	0·8	11·7	1·7	17·7	2·5
58	2 14·5	2 14·9	2 08·4	5·8	0·8	11·8	1·7	17·8	2·5
59	2 14·8	2 15·1	2 08·6	5·9	0·8	11·9	1·7	17·9	2·5
60	2 15·0	2 15·4	2 08·9	6·0	0·9	12·0	1·7	18·0	2·6

9ᵐ

s	SUN PLANETS	ARIES	MOON	v or d	Corrⁿ	v or d	Corrⁿ	v or d	Corrⁿ
	° ′	° ′	° ′	′	′	′	′	′	′
00	2 15·0	2 15·4	2 08·9	0·0	0·0	6·0	1·0	12·0	1·9
01	2 15·3	2 15·6	2 09·1	0·1	0·0	6·1	1·0	12·1	1·9
02	2 15·5	2 15·9	2 09·3	0·2	0·0	6·2	1·0	12·2	1·9
03	2 15·8	2 16·1	2 09·6	0·3	0·0	6·3	1·0	12·3	1·9
04	2 16·0	2 16·4	2 09·8	0·4	0·1	6·4	1·0	12·4	2·0
05	2 16·3	2 16·6	2 10·0	0·5	0·1	6·5	1·0	12·5	2·0
06	2 16·5	2 16·9	2 10·3	0·6	0·1	6·6	1·0	12·6	2·0
07	2 16·8	2 17·1	2 10·5	0·7	0·1	6·7	1·1	12·7	2·0
08	2 17·0	2 17·4	2 10·8	0·8	0·1	6·8	1·1	12·8	2·0
09	2 17·3	2 17·6	2 11·0	0·9	0·1	6·9	1·1	12·9	2·0
10	2 17·5	2 17·9	2 11·2	1·0	0·2	7·0	1·1	13·0	2·1
11	2 17·8	2 18·1	2 11·5	1·1	0·2	7·1	1·1	13·1	2·1
12	2 18·0	2 18·4	2 11·7	1·2	0·2	7·2	1·1	13·2	2·1
13	2 18·3	2 18·6	2 12·0	1·3	0·2	7·3	1·2	13·3	2·1
14	2 18·5	2 18·9	2 12·2	1·4	0·2	7·4	1·2	13·4	2·1
15	2 18·8	2 19·1	2 12·4	1·5	0·2	7·5	1·2	13·5	2·1
16	2 19·0	2 19·4	2 12·7	1·6	0·3	7·6	1·2	13·6	2·2
17	2 19·3	2 19·6	2 12·9	1·7	0·3	7·7	1·2	13·7	2·2
18	2 19·5	2 19·9	2 13·1	1·8	0·3	7·8	1·2	13·8	2·2
19	2 19·8	2 20·1	2 13·4	1·9	0·3	7·9	1·3	13·9	2·2
20	2 20·0	2 20·4	2 13·6	2·0	0·3	8·0	1·3	14·0	2·2
21	2 20·3	2 20·6	2 13·9	2·1	0·3	8·1	1·3	14·1	2·2
22	2 20·5	2 20·9	2 14·1	2·2	0·3	8·2	1·3	14·2	2·2
23	2 20·8	2 21·1	2 14·3	2·3	0·4	8·3	1·3	14·3	2·3
24	2 21·0	2 21·4	2 14·6	2·4	0·4	8·4	1·3	14·4	2·3
25	2 21·3	2 21·6	2 14·8	2·5	0·4	8·5	1·3	14·5	2·3
26	2 21·5	2 21·9	2 15·1	2·6	0·4	8·6	1·4	14·6	2·3
27	2 21·8	2 22·1	2 15·3	2·7	0·4	8·7	1·4	14·7	2·3
28	2 22·0	2 22·4	2 15·5	2·8	0·4	8·8	1·4	14·8	2·3
29	2 22·3	2 22·6	2 15·8	2·9	0·5	8·9	1·4	14·9	2·4
30	2 22·5	2 22·9	2 16·0	3·0	0·5	9·0	1·4	15·0	2·4
31	2 22·8	2 23·1	2 16·2	3·1	0·5	9·1	1·4	15·1	2·4
32	2 23·0	2 23·4	2 16·5	3·2	0·5	9·2	1·5	15·2	2·4
33	2 23·3	2 23·6	2 16·7	3·3	0·5	9·3	1·5	15·3	2·4
34	2 23·5	2 23·9	2 17·0	3·4	0·5	9·4	1·5	15·4	2·4
35	2 23·8	2 24·1	2 17·2	3·5	0·6	9·5	1·5	15·5	2·5
36	2 24·0	2 24·4	2 17·4	3·6	0·6	9·6	1·5	15·6	2·5
37	2 24·3	2 24·6	2 17·7	3·7	0·6	9·7	1·5	15·7	2·5
38	2 24·5	2 24·9	2 17·9	3·8	0·6	9·8	1·6	15·8	2·5
39	2 24·8	2 25·1	2 18·2	3·9	0·6	9·9	1·6	15·9	2·5
40	2 25·0	2 25·4	2 18·4	4·0	0·6	10·0	1·6	16·0	2·5
41	2 25·3	2 25·6	2 18·6	4·1	0·6	10·1	1·6	16·1	2·5
42	2 25·5	2 25·9	2 18·9	4·2	0·7	10·2	1·6	16·2	2·6
43	2 25·8	2 26·1	2 19·1	4·3	0·7	10·3	1·6	16·3	2·6
44	2 26·0	2 26·4	2 19·3	4·4	0·7	10·4	1·6	16·4	2·6
45	2 26·3	2 26·7	2 19·6	4·5	0·7	10·5	1·7	16·5	2·6
46	2 26·5	2 26·9	2 19·8	4·6	0·7	10·6	1·7	16·6	2·6
47	2 26·8	2 27·2	2 20·1	4·7	0·7	10·7	1·7	16·7	2·6
48	2 27·0	2 27·4	2 20·3	4·8	0·8	10·8	1·7	16·8	2·7
49	2 27·3	2 27·7	2 20·5	4·9	0·8	10·9	1·7	16·9	2·7
50	2 27·5	2 27·9	2 20·8	5·0	0·8	11·0	1·7	17·0	2·7
51	2 27·8	2 28·2	2 21·0	5·1	0·8	11·1	1·8	17·1	2·7
52	2 28·0	2 28·4	2 21·3	5·2	0·8	11·2	1·8	17·2	2·7
53	2 28·3	2 28·7	2 21·5	5·3	0·8	11·3	1·8	17·3	2·7
54	2 28·5	2 28·9	2 21·7	5·4	0·9	11·4	1·8	17·4	2·8
55	2 28·8	2 29·2	2 22·0	5·5	0·9	11·5	1·8	17·5	2·8
56	2 29·0	2 29·4	2 22·2	5·6	0·9	11·6	1·8	17·6	2·8
57	2 29·3	2 29·7	2 22·5	5·7	0·9	11·7	1·9	17·7	2·8
58	2 29·5	2 29·9	2 22·7	5·8	0·9	11·8	1·9	17·8	2·8
59	2 29·8	2 30·2	2 22·9	5·9	0·9	11·9	1·9	17·9	2·8
60	2 30·0	2 30·4	2 23·2	6·0	1·0	12·0	1·9	18·0	2·9

INCREMENTS AND CORRECTIONS

10ᵐ

s	SUN PLANETS	ARIES	MOON	v or d	Corrⁿ	v or d	Corrⁿ	v or d	Corrⁿ
	° ′	° ′	° ′	′	′	′	′	′	′
00	2 30·0	2 30·4	2 23·2	0·0	0·0	6·0	1·1	12·0	2·1
01	2 30·3	2 30·7	2 23·4	0·1	0·0	6·1	1·1	12·1	2·1
02	2 30·5	2 30·9	2 23·6	0·2	0·0	6·2	1·1	12·2	2·1
03	2 30·8	2 31·2	2 23·9	0·3	0·1	6·3	1·1	12·3	2·2
04	2 31·0	2 31·4	2 24·1	0·4	0·1	6·4	1·1	12·4	2·2
05	2 31·3	2 31·7	2 24·4	0·5	0·1	6·5	1·1	12·5	2·2
06	2 31·5	2 31·9	2 24·6	0·6	0·1	6·6	1·2	12·6	2·2
07	2 31·8	2 32·2	2 24·8	0·7	0·1	6·7	1·2	12·7	2·2
08	2 32·0	2 32·4	2 25·1	0·8	0·1	6·8	1·2	12·8	2·2
09	2 32·3	2 32·7	2 25·3	0·9	0·2	6·9	1·2	12·9	2·3
10	2 32·5	2 32·9	2 25·6	1·0	0·2	7·0	1·2	13·0	2·3
11	2 32·8	2 33·2	2 25·8	1·1	0·2	7·1	1·2	13·1	2·3
12	2 33·0	2 33·4	2 26·0	1·2	0·2	7·2	1·3	13·2	2·3
13	2 33·3	2 33·7	2 26·3	1·3	0·2	7·3	1·3	13·3	2·3
14	2 33·5	2 33·9	2 26·5	1·4	0·2	7·4	1·3	13·4	2·3
15	2 33·8	2 34·2	2 26·7	1·5	0·3	7·5	1·3	13·5	2·4
16	2 34·0	2 34·4	2 27·0	1·6	0·3	7·6	1·3	13·6	2·4
17	2 34·3	2 34·7	2 27·2	1·7	0·3	7·7	1·3	13·7	2·4
18	2 34·5	2 34·9	2 27·5	1·8	0·3	7·8	1·4	13·8	2·4
19	2 34·8	2 35·2	2 27·7	1·9	0·3	7·9	1·4	13·9	2·4
20	2 35·0	2 35·4	2 27·9	2·0	0·4	8·0	1·4	14·0	2·5
21	2 35·3	2 35·7	2 28·2	2·1	0·4	8·1	1·4	14·1	2·5
22	2 35·5	2 35·9	2 28·4	2·2	0·4	8·2	1·4	14·2	2·5
23	2 35·8	2 36·2	2 28·7	2·3	0·4	8·3	1·5	14·3	2·5
24	2 36·0	2 36·4	2 28·9	2·4	0·4	8·4	1·5	14·4	2·5
25	2 36·3	2 36·7	2 29·1	2·5	0·4	8·5	1·5	14·5	2·5
26	2 36·5	2 36·9	2 29·4	2·6	0·5	8·6	1·5	14·6	2·6
27	2 36·8	2 37·2	2 29·6	2·7	0·5	8·7	1·5	14·7	2·6
28	2 37·0	2 37·4	2 29·8	2·8	0·5	8·8	1·5	14·8	2·6
29	2 37·3	2 37·7	2 30·1	2·9	0·5	8·9	1·6	14·9	2·6
30	2 37·5	2 37·9	2 30·3	3·0	0·5	9·0	1·6	15·0	2·6
31	2 37·8	2 38·2	2 30·6	3·1	0·5	9·1	1·6	15·1	2·6
32	2 38·0	2 38·4	2 30·8	3·2	0·6	9·2	1·6	15·2	2·7
33	2 38·3	2 38·7	2 31·0	3·3	0·6	9·3	1·6	15·3	2·7
34	2 38·5	2 38·9	2 31·3	3·4	0·6	9·4	1·6	15·4	2·7
35	2 38·8	2 39·2	2 31·5	3·5	0·6	9·5	1·7	15·5	2·7
36	2 39·0	2 39·4	2 31·8	3·6	0·6	9·6	1·7	15·6	2·7
37	2 39·3	2 39·7	2 32·0	3·7	0·6	9·7	1·7	15·7	2·7
38	2 39·5	2 39·9	2 32·2	3·8	0·7	9·8	1·7	15·8	2·8
39	2 39·8	2 40·2	2 32·5	3·9	0·7	9·9	1·7	15·9	2·8
40	2 40·0	2 40·4	2 32·7	4·0	0·7	10·0	1·8	16·0	2·8
41	2 40·3	2 40·7	2 32·9	4·1	0·7	10·1	1·8	16·1	2·8
42	2 40·5	2 40·9	2 33·2	4·2	0·7	10·2	1·8	16·2	2·8
43	2 40·8	2 41·2	2 33·4	4·3	0·8	10·3	1·8	16·3	2·9
44	2 41·0	2 41·4	2 33·7	4·4	0·8	10·4	1·8	16·4	2·9
45	2 41·3	2 41·7	2 33·9	4·5	0·8	10·5	1·8	16·5	2·9
46	2 41·5	2 41·9	2 34·1	4·6	0·8	10·6	1·9	16·6	2·9
47	2 41·8	2 42·2	2 34·4	4·7	0·8	10·7	1·9	16·7	2·9
48	2 42·0	2 42·4	2 34·6	4·8	0·8	10·8	1·9	16·8	2·9
49	2 42·3	2 42·7	2 34·9	4·9	0·9	10·9	1·9	16·9	3·0
50	2 42·5	2 42·9	2 35·1	5·0	0·9	11·0	1·9	17·0	3·0
51	2 42·8	2 43·2	2 35·3	5·1	0·9	11·1	1·9	17·1	3·0
52	2 43·0	2 43·4	2 35·6	5·2	0·9	11·2	2·0	17·2	3·0
53	2 43·3	2 43·7	2 35·8	5·3	0·9	11·3	2·0	17·3	3·0
54	2 43·5	2 43·9	2 36·1	5·4	0·9	11·4	2·0	17·4	3·0
55	2 43·8	2 44·2	2 36·3	5·5	1·0	11·5	2·0	17·5	3·1
56	2 44·0	2 44·4	2 36·5	5·6	1·0	11·6	2·0	17·6	3·1
57	2 44·3	2 44·7	2 36·8	5·7	1·0	11·7	2·0	17·7	3·1
58	2 44·5	2 45·0	2 37·0	5·8	1·0	11·8	2·1	17·8	3·1
59	2 44·8	2 45·2	2 37·2	5·9	1·0	11·9	2·1	17·9	3·1
60	2 45·0	2 45·5	2 37·5	6·0	1·1	12·0	2·1	18·0	3·2

11ᵐ

s	SUN PLANETS	ARIES	MOON	v or d	Corrⁿ	v or d	Corrⁿ	v or d	Corrⁿ
	° ′	° ′	° ′	′	′	′	′	′	′
00	2 45·0	2 45·5	2 37·5	0·0	0·0	6·0	1·2	12·0	2·3
01	2 45·3	2 45·7	2 37·7	0·1	0·0	6·1	1·2	12·1	2·3
02	2 45·5	2 46·0	2 38·0	0·2	0·0	6·2	1·2	12·2	2·3
03	2 45·8	2 46·2	2 38·2	0·3	0·1	6·3	1·2	12·3	2·4
04	2 46·0	2 46·5	2 38·4	0·4	0·1	6·4	1·2	12·4	2·4
05	2 46·3	2 46·7	2 38·7	0·5	0·1	6·5	1·2	12·5	2·4
06	2 46·5	2 47·0	2 38·9	0·6	0·1	6·6	1·3	12·6	2·4
07	2 46·8	2 47·2	2 39·2	0·7	0·1	6·7	1·3	12·7	2·4
08	2 47·0	2 47·5	2 39·4	0·8	0·2	6·8	1·3	12·8	2·5
09	2 47·3	2 47·7	2 39·6	0·9	0·2	6·9	1·3	12·9	2·5
10	2 47·5	2 48·0	2 39·9	1·0	0·2	7·0	1·3	13·0	2·5
11	2 47·8	2 48·2	2 40·1	1·1	0·2	7·1	1·4	13·1	2·5
12	2 48·0	2 48·5	2 40·3	1·2	0·2	7·2	1·4	13·2	2·5
13	2 48·3	2 48·7	2 40·6	1·3	0·2	7·3	1·4	13·3	2·5
14	2 48·5	2 49·0	2 40·8	1·4	0·3	7·4	1·4	13·4	2·6
15	2 48·8	2 49·2	2 41·1	1·5	0·3	7·5	1·4	13·5	2·6
16	2 49·0	2 49·5	2 41·3	1·6	0·3	7·6	1·5	13·6	2·6
17	2 49·3	2 49·7	2 41·5	1·7	0·3	7·7	1·5	13·7	2·6
18	2 49·5	2 50·0	2 41·8	1·8	0·3	7·8	1·5	13·8	2·6
19	2 49·8	2 50·2	2 42·0	1·9	0·4	7·9	1·5	13·9	2·7
20	2 50·0	2 50·5	2 42·3	2·0	0·4	8·0	1·5	14·0	2·7
21	2 50·3	2 50·7	2 42·5	2·1	0·4	8·1	1·6	14·1	2·7
22	2 50·5	2 51·0	2 42·7	2·2	0·4	8·2	1·6	14·2	2·7
23	2 50·8	2 51·2	2 43·0	2·3	0·4	8·3	1·6	14·3	2·7
24	2 51·0	2 51·5	2 43·2	2·4	0·5	8·4	1·6	14·4	2·8
25	2 51·3	2 51·7	2 43·4	2·5	0·5	8·5	1·6	14·5	2·8
26	2 51·5	2 52·0	2 43·7	2·6	0·5	8·6	1·6	14·6	2·8
27	2 51·8	2 52·2	2 43·9	2·7	0·5	8·7	1·7	14·7	2·8
28	2 52·0	2 52·5	2 44·2	2·8	0·5	8·8	1·7	14·8	2·8
29	2 52·3	2 52·7	2 44·4	2·9	0·6	8·9	1·7	14·9	2·9
30	2 52·5	2 53·0	2 44·6	3·0	0·6	9·0	1·7	15·0	2·9
31	2 52·8	2 53·2	2 44·9	3·1	0·6	9·1	1·7	15·1	2·9
32	2 53·0	2 53·5	2 45·1	3·2	0·6	9·2	1·8	15·2	2·9
33	2 53·3	2 53·7	2 45·4	3·3	0·6	9·3	1·8	15·3	2·9
34	2 53·5	2 54·0	2 45·6	3·4	0·7	9·4	1·8	15·4	3·0
35	2 53·8	2 54·2	2 45·8	3·5	0·7	9·5	1·8	15·5	3·0
36	2 54·0	2 54·5	2 46·1	3·6	0·7	9·6	1·8	15·6	3·0
37	2 54·3	2 54·7	2 46·3	3·7	0·7	9·7	1·9	15·7	3·0
38	2 54·5	2 55·0	2 46·6	3·8	0·7	9·8	1·9	15·8	3·0
39	2 54·8	2 55·2	2 46·8	3·9	0·7	9·9	1·9	15·9	3·0
40	2 55·0	2 55·5	2 47·0	4·0	0·8	10·0	1·9	16·0	3·1
41	2 55·3	2 55·7	2 47·3	4·1	0·8	10·1	1·9	16·1	3·1
42	2 55·5	2 56·0	2 47·5	4·2	0·8	10·2	2·0	16·2	3·1
43	2 55·8	2 56·2	2 47·7	4·3	0·8	10·3	2·0	16·3	3·1
44	2 56·0	2 56·5	2 48·0	4·4	0·8	10·4	2·0	16·4	3·1
45	2 56·3	2 56·7	2 48·2	4·5	0·9	10·5	2·0	16·5	3·2
46	2 56·5	2 57·0	2 48·5	4·6	0·9	10·6	2·0	16·6	3·2
47	2 56·8	2 57·2	2 48·7	4·7	0·9	10·7	2·1	16·7	3·2
48	2 57·0	2 57·5	2 48·9	4·8	0·9	10·8	2·1	16·8	3·2
49	2 57·3	2 57·7	2 49·2	4·9	0·9	10·9	2·1	16·9	3·2
50	2 57·5	2 58·0	2 49·4	5·0	1·0	11·0	2·1	17·0	3·3
51	2 57·8	2 58·2	2 49·7	5·1	1·0	11·1	2·1	17·1	3·3
52	2 58·0	2 58·5	2 49·9	5·2	1·0	11·2	2·1	17·2	3·3
53	2 58·3	2 58·7	2 50·1	5·3	1·0	11·3	2·2	17·3	3·3
54	2 58·5	2 59·0	2 50·4	5·4	1·0	11·4	2·2	17·4	3·3
55	2 58·8	2 59·2	2 50·6	5·5	1·1	11·5	2·2	17·5	3·4
56	2 59·0	2 59·5	2 50·8	5·6	1·1	11·6	2·2	17·6	3·4
57	2 59·3	2 59·7	2 51·1	5·7	1·1	11·7	2·2	17·7	3·4
58	2 59·5	3 00·0	2 51·3	5·8	1·1	11·8	2·3	17·8	3·4
59	2 59·8	3 00·2	2 51·6	5·9	1·1	11·9	2·3	17·9	3·4
60	3 00·0	3 00·5	2 51·8	6·0	1·2	12·0	2·3	18·0	3·5

INCREMENTS AND CORRECTIONS

12ᵐ

s	SUN PLANETS ° ′	ARIES ° ′	MOON ° ′	v or d ′	Corrⁿ ′	v or d ′	Corrⁿ ′	v or d ′	Corrⁿ ′
00	3 00.0	3 00.5	2 51.8	0.0	0.0	6.0	1.3	12.0	2.5
01	3 00.3	3 00.7	2 52.0	0.1	0.0	6.1	1.3	12.1	2.5
02	3 00.5	3 01.0	2 52.3	0.2	0.0	6.2	1.3	12.2	2.5
03	3 00.8	3 01.2	2 52.5	0.3	0.1	6.3	1.3	12.3	2.6
04	3 01.0	3 01.5	2 52.8	0.4	0.1	6.4	1.3	12.4	2.6
05	3 01.3	3 01.7	2 53.0	0.5	0.1	6.5	1.4	12.5	2.6
06	3 01.5	3 02.0	2 53.2	0.6	0.1	6.6	1.4	12.6	2.6
07	3 01.8	3 02.2	2 53.5	0.7	0.1	6.7	1.4	12.7	2.6
08	3 02.0	3 02.5	2 53.7	0.8	0.2	6.8	1.4	12.8	2.7
09	3 02.3	3 02.7	2 53.9	0.9	0.2	6.9	1.4	12.9	2.7
10	3 02.5	3 03.0	2 54.2	1.0	0.2	7.0	1.5	13.0	2.7
11	3 02.8	3 03.3	2 54.4	1.1	0.2	7.1	1.5	13.1	2.7
12	3 03.0	3 03.5	2 54.7	1.2	0.3	7.2	1.5	13.2	2.8
13	3 03.3	3 03.8	2 54.9	1.3	0.3	7.3	1.5	13.3	2.8
14	3 03.5	3 04.0	2 55.1	1.4	0.3	7.4	1.5	13.4	2.8
15	3 03.8	3 04.3	2 55.4	1.5	0.3	7.5	1.6	13.5	2.8
16	3 04.0	3 04.5	2 55.6	1.6	0.3	7.6	1.6	13.6	2.8
17	3 04.3	3 04.8	2 55.9	1.7	0.4	7.7	1.6	13.7	2.9
18	3 04.5	3 05.0	2 56.1	1.8	0.4	7.8	1.6	13.8	2.9
19	3 04.8	3 05.3	2 56.3	1.9	0.4	7.9	1.6	13.9	2.9
20	3 05.0	3 05.5	2 56.6	2.0	0.4	8.0	1.7	14.0	2.9
21	3 05.3	3 05.8	2 56.8	2.1	0.4	8.1	1.7	14.1	2.9
22	3 05.5	3 06.0	2 57.0	2.2	0.5	8.2	1.7	14.2	3.0
23	3 05.8	3 06.3	2 57.3	2.3	0.5	8.3	1.7	14.3	3.0
24	3 06.0	3 06.5	2 57.5	2.4	0.5	8.4	1.8	14.4	3.0
25	3 06.3	3 06.8	2 57.8	2.5	0.5	8.5	1.8	14.5	3.0
26	3 06.5	3 07.0	2 58.0	2.6	0.5	8.6	1.8	14.6	3.0
27	3 06.8	3 07.3	2 58.2	2.7	0.6	8.7	1.8	14.7	3.1
28	3 07.0	3 07.5	2 58.5	2.8	0.6	8.8	1.8	14.8	3.1
29	3 07.3	3 07.8	2 58.7	2.9	0.6	8.9	1.9	14.9	3.1
30	3 07.5	3 08.0	2 59.0	3.0	0.6	9.0	1.9	15.0	3.1
31	3 07.8	3 08.3	2 59.2	3.1	0.6	9.1	1.9	15.1	3.1
32	3 08.0	3 08.5	2 59.4	3.2	0.7	9.2	1.9	15.2	3.2
33	3 08.3	3 08.8	2 59.7	3.3	0.7	9.3	1.9	15.3	3.2
34	3 08.5	3 09.0	2 59.9	3.4	0.7	9.4	2.0	15.4	3.2
35	3 08.8	3 09.3	3 00.2	3.5	0.7	9.5	2.0	15.5	3.2
36	3 09.0	3 09.5	3 00.4	3.6	0.8	9.6	2.0	15.6	3.3
37	3 09.3	3 09.8	3 00.6	3.7	0.8	9.7	2.0	15.7	3.3
38	3 09.5	3 10.0	3 00.9	3.8	0.8	9.8	2.0	15.8	3.3
39	3 09.8	3 10.3	3 01.1	3.9	0.8	9.9	2.1	15.9	3.3
40	3 10.0	3 10.5	3 01.3	4.0	0.8	10.0	2.1	16.0	3.3
41	3 10.3	3 10.8	3 01.6	4.1	0.9	10.1	2.1	16.1	3.4
42	3 10.5	3 11.0	3 01.8	4.2	0.9	10.2	2.1	16.2	3.4
43	3 10.8	3 11.3	3 02.1	4.3	0.9	10.3	2.1	16.3	3.4
44	3 11.0	3 11.5	3 02.3	4.4	0.9	10.4	2.2	16.4	3.4
45	3 11.3	3 11.8	3 02.5	4.5	0.9	10.5	2.2	16.5	3.4
46	3 11.5	3 12.0	3 02.8	4.6	1.0	10.6	2.2	16.6	3.5
47	3 11.8	3 12.3	3 03.0	4.7	1.0	10.7	2.2	16.7	3.5
48	3 12.0	3 12.5	3 03.3	4.8	1.0	10.8	2.3	16.8	3.5
49	3 12.3	3 12.8	3 03.5	4.9	1.0	10.9	2.3	16.9	3.5
50	3 12.5	3 13.0	3 03.7	5.0	1.0	11.0	2.3	17.0	3.5
51	3 12.8	3 13.3	3 04.0	5.1	1.1	11.1	2.3	17.1	3.6
52	3 13.0	3 13.5	3 04.2	5.2	1.1	11.2	2.3	17.2	3.6
53	3 13.3	3 13.8	3 04.4	5.3	1.1	11.3	2.4	17.3	3.6
54	3 13.5	3 14.0	3 04.7	5.4	1.1	11.4	2.4	17.4	3.6
55	3 13.8	3 14.3	3 04.9	5.5	1.1	11.5	2.4	17.5	3.6
56	3 14.0	3 14.5	3 05.2	5.6	1.2	11.6	2.4	17.6	3.7
57	3 14.3	3 14.8	3 05.4	5.7	1.2	11.7	2.4	17.7	3.7
58	3 14.5	3 15.0	3 05.6	5.8	1.2	11.8	2.5	17.8	3.7
59	3 14.8	3 15.3	3 05.9	5.9	1.2	11.9	2.5	17.9	3.7
60	3 15.0	3 15.5	3 06.1	6.0	1.3	12.0	2.5	18.0	3.8

13ᵐ

s	SUN PLANETS ° ′	ARIES ° ′	MOON ° ′	v or d ′	Corrⁿ ′	v or d ′	Corrⁿ ′	v or d ′	Corrⁿ ′
00	3 15.0	3 15.5	3 06.1	0.0	0.0	6.0	1.4	12.0	2.7
01	3 15.3	3 15.8	3 06.4	0.1	0.0	6.1	1.4	12.1	2.7
02	3 15.5	3 16.0	3 06.6	0.2	0.0	6.2	1.4	12.2	2.8
03	3 15.8	3 16.3	3 06.8	0.3	0.1	6.3	1.4	12.3	2.8
04	3 16.0	3 16.5	3 07.1	0.4	0.1	6.4	1.4	12.4	2.8
05	3 16.3	3 16.8	3 07.3	0.5	0.1	6.5	1.5	12.5	2.8
06	3 16.5	3 17.0	3 07.5	0.6	0.1	6.6	1.5	12.6	2.8
07	3 16.8	3 17.3	3 07.8	0.7	0.2	6.7	1.5	12.7	2.9
08	3 17.0	3 17.5	3 08.0	0.8	0.2	6.8	1.5	12.8	2.9
09	3 17.3	3 17.8	3 08.3	0.9	0.2	6.9	1.6	12.9	2.9
10	3 17.5	3 18.0	3 08.5	1.0	0.2	7.0	1.6	13.0	2.9
11	3 17.8	3 18.3	3 08.7	1.1	0.2	7.1	1.6	13.1	2.9
12	3 18.0	3 18.5	3 09.0	1.2	0.3	7.2	1.6	13.2	3.0
13	3 18.3	3 18.8	3 09.2	1.3	0.3	7.3	1.6	13.3	3.0
14	3 18.5	3 19.0	3 09.5	1.4	0.3	7.4	1.7	13.4	3.0
15	3 18.8	3 19.3	3 09.7	1.5	0.3	7.5	1.7	13.5	3.0
16	3 19.0	3 19.5	3 09.9	1.6	0.4	7.6	1.7	13.6	3.1
17	3 19.3	3 19.8	3 10.2	1.7	0.4	7.7	1.7	13.7	3.1
18	3 19.5	3 20.0	3 10.4	1.8	0.4	7.8	1.8	13.8	3.1
19	3 19.8	3 20.3	3 10.7	1.9	0.4	7.9	1.8	13.9	3.1
20	3 20.0	3 20.5	3 10.9	2.0	0.5	8.0	1.8	14.0	3.2
21	3 20.3	3 20.8	3 11.1	2.1	0.5	8.1	1.8	14.1	3.2
22	3 20.5	3 21.0	3 11.4	2.2	0.5	8.2	1.8	14.2	3.2
23	3 20.8	3 21.3	3 11.6	2.3	0.5	8.3	1.9	14.3	3.2
24	3 21.0	3 21.6	3 11.8	2.4	0.5	8.4	1.9	14.4	3.2
25	3 21.3	3 21.8	3 12.1	2.5	0.6	8.5	1.9	14.5	3.3
26	3 21.5	3 22.1	3 12.3	2.6	0.6	8.6	1.9	14.6	3.3
27	3 21.8	3 22.3	3 12.6	2.7	0.6	8.7	2.0	14.7	3.3
28	3 22.0	3 22.6	3 12.8	2.8	0.6	8.8	2.0	14.8	3.3
29	3 22.3	3 22.8	3 13.0	2.9	0.7	8.9	2.0	14.9	3.4
30	3 22.5	3 23.1	3 13.3	3.0	0.7	9.0	2.0	15.0	3.4
31	3 22.8	3 23.3	3 13.5	3.1	0.7	9.1	2.0	15.1	3.4
32	3 23.0	3 23.6	3 13.8	3.2	0.7	9.2	2.1	15.2	3.4
33	3 23.3	3 23.8	3 14.0	3.3	0.7	9.3	2.1	15.3	3.4
34	3 23.5	3 24.1	3 14.2	3.4	0.8	9.4	2.1	15.4	3.5
35	3 23.8	3 24.3	3 14.5	3.5	0.8	9.5	2.1	15.5	3.5
36	3 24.0	3 24.6	3 14.7	3.6	0.8	9.6	2.2	15.6	3.5
37	3 24.3	3 24.8	3 14.9	3.7	0.8	9.7	2.2	15.7	3.5
38	3 24.5	3 25.1	3 15.2	3.8	0.9	9.8	2.2	15.8	3.6
39	3 24.8	3 25.3	3 15.4	3.9	0.9	9.9	2.2	15.9	3.6
40	3 25.0	3 25.6	3 15.7	4.0	0.9	10.0	2.3	16.0	3.6
41	3 25.3	3 25.8	3 15.9	4.1	0.9	10.1	2.3	16.1	3.6
42	3 25.5	3 26.1	3 16.1	4.2	0.9	10.2	2.3	16.2	3.6
43	3 25.8	3 26.3	3 16.4	4.3	1.0	10.3	2.3	16.3	3.7
44	3 26.0	3 26.6	3 16.6	4.4	1.0	10.4	2.3	16.4	3.7
45	3 26.3	3 26.8	3 16.9	4.5	1.0	10.5	2.4	16.5	3.7
46	3 26.5	3 27.1	3 17.1	4.6	1.0	10.6	2.4	16.6	3.7
47	3 26.8	3 27.3	3 17.3	4.7	1.1	10.7	2.4	16.7	3.8
48	3 27.0	3 27.6	3 17.6	4.8	1.1	10.8	2.4	16.8	3.8
49	3 27.3	3 27.8	3 17.8	4.9	1.1	10.9	2.5	16.9	3.8
50	3 27.5	3 28.1	3 18.0	5.0	1.1	11.0	2.5	17.0	3.8
51	3 27.8	3 28.3	3 18.3	5.1	1.1	11.1	2.5	17.1	3.8
52	3 28.0	3 28.6	3 18.5	5.2	1.2	11.2	2.5	17.2	3.9
53	3 28.3	3 28.8	3 18.8	5.3	1.2	11.3	2.5	17.3	3.9
54	3 28.5	3 29.1	3 19.0	5.4	1.2	11.4	2.6	17.4	3.9
55	3 28.8	3 29.3	3 19.2	5.5	1.2	11.5	2.6	17.5	3.9
56	3 29.0	3 29.6	3 19.5	5.6	1.3	11.6	2.6	17.6	4.0
57	3 29.3	3 29.8	3 19.7	5.7	1.3	11.7	2.6	17.7	4.0
58	3 29.5	3 30.1	3 20.0	5.8	1.3	11.8	2.7	17.8	4.0
59	3 29.8	3 30.3	3 20.2	5.9	1.3	11.9	2.7	17.9	4.0
60	3 30.0	3 30.6	3 20.4	6.0	1.4	12.0	2.7	18.0	4.1

14ᵐ INCREMENTS AND CORRECTIONS 15ᵐ

14ᵐ s	SUN PLANETS ° ′	ARIES ° ′	MOON ° ′	v or d ′	Corrⁿ ′	v or d ′	Corrⁿ ′	v or d ′	Corrⁿ ′	15ᵐ s	SUN PLANETS ° ′	ARIES ° ′	MOON ° ′	v or d ′	Corrⁿ ′	v or d ′	Corrⁿ ′	v or d ′	Corrⁿ ′
00	3 30·0	3 30·6	3 20·4	0·0	0·0	6·0	1·5	12·0	2·9	00	3 45·0	3 45·6	3 34·8	0·0	0·0	6·0	1·6	12·0	3·1
01	3 30·3	3 30·8	3 20·7	0·1	0·0	6·1	1·5	12·1	2·9	01	3 45·3	3 45·9	3 35·0	0·1	0·0	6·1	1·6	12·1	3·1
02	3 30·5	3 31·1	3 20·9	0·2	0·0	6·2	1·5	12·2	2·9	02	3 45·5	3 46·1	3 35·2	0·2	0·1	6·2	1·6	12·2	3·2
03	3 30·8	3 31·3	3 21·1	0·3	0·1	6·3	1·5	12·3	3·0	03	3 45·8	3 46·4	3 35·5	0·3	0·1	6·3	1·6	12·3	3·2
04	3 31·0	3 31·6	3 21·4	0·4	0·1	6·4	1·5	12·4	3·0	04	3 46·0	3 46·6	3 35·7	0·4	0·1	6·4	1·7	12·4	3·2
05	3 31·3	3 31·8	3 21·6	0·5	0·1	6·5	1·6	12·5	3·0	05	3 46·3	3 46·9	3 35·9	0·5	0·1	6·5	1·7	12·5	3·2
06	3 31·5	3 32·1	3 21·9	0·6	0·1	6·6	1·6	12·6	3·0	06	3 46·5	3 47·1	3 36·2	0·6	0·2	6·6	1·7	12·6	3·3
07	3 31·8	3 32·3	3 22·1	0·7	0·2	6·7	1·6	12·7	3·1	07	3 46·8	3 47·4	3 36·4	0·7	0·2	6·7	1·7	12·7	3·3
08	3 32·0	3 32·6	3 22·3	0·8	0·2	6·8	1·6	12·8	3·1	08	3 47·0	3 47·6	3 36·7	0·8	0·2	6·8	1·8	12·8	3·3
09	3 32·3	3 32·8	3 22·6	0·9	0·2	6·9	1·7	12·9	3·1	09	3 47·3	3 47·9	3 36·9	0·9	0·2	6·9	1·8	12·9	3·3
10	3 32·5	3 33·1	3 22·8	1·0	0·2	7·0	1·7	13·0	3·1	10	3 47·5	3 48·1	3 37·1	1·0	0·3	7·0	1·8	13·0	3·4
11	3 32·8	3 33·3	3 23·1	1·1	0·3	7·1	1·7	13·1	3·2	11	3 47·8	3 48·4	3 37·4	1·1	0·3	7·1	1·8	13·1	3·4
12	3 33·0	3 33·6	3 23·3	1·2	0·3	7·2	1·7	13·2	3·2	12	3 48·0	3 48·6	3 37·6	1·2	0·3	7·2	1·9	13·2	3·4
13	3 33·3	3 33·8	3 23·5	1·3	0·3	7·3	1·8	13·3	3·2	13	3 48·3	3 48·9	3 37·9	1·3	0·3	7·3	1·9	13·3	3·4
14	3 33·5	3 34·1	3 23·8	1·4	0·3	7·4	1·8	13·4	3·2	14	3 48·5	3 49·1	3 38·1	1·4	0·4	7·4	1·9	13·4	3·5
15	3 33·8	3 34·3	3 24·0	1·5	0·4	7·5	1·8	13·5	3·3	15	3 48·8	3 49·4	3 38·3	1·5	0·4	7·5	1·9	13·5	3·5
16	3 34·0	3 34·6	3 24·3	1·6	0·4	7·6	1·8	13·6	3·3	16	3 49·0	3 49·6	3 38·6	1·6	0·4	7·6	2·0	13·6	3·5
17	3 34·3	3 34·8	3 24·5	1·7	0·4	7·7	1·9	13·7	3·3	17	3 49·3	3 49·9	3 38·8	1·7	0·4	7·7	2·0	13·7	3·5
18	3 34·5	3 35·1	3 24·7	1·8	0·4	7·8	1·9	13·8	3·3	18	3 49·5	3 50·1	3 39·0	1·8	0·5	7·8	2·0	13·8	3·6
19	3 34·8	3 35·3	3 25·0	1·9	0·5	7·9	1·9	13·9	3·4	19	3 49·8	3 50·4	3 39·3	1·9	0·5	7·9	2·0	13·9	3·6
20	3 35·0	3 35·6	3 25·2	2·0	0·5	8·0	1·9	14·0	3·4	20	3 50·0	3 50·6	3 39·5	2·0	0·5	8·0	2·1	14·0	3·6
21	3 35·3	3 35·8	3 25·4	2·1	0·5	8·1	2·0	14·1	3·4	21	3 50·3	3 50·9	3 39·8	2·1	0·5	8·1	2·1	14·1	3·6
22	3 35·5	3 36·1	3 25·7	2·2	0·5	8·2	2·0	14·2	3·4	22	3 50·5	3 51·1	3 40·0	2·2	0·6	8·2	2·1	14·2	3·7
23	3 35·8	3 36·3	3 25·9	2·3	0·6	8·3	2·0	14·3	3·5	23	3 50·8	3 51·4	3 40·2	2·3	0·6	8·3	2·1	14·3	3·7
24	3 36·0	3 36·6	3 26·2	2·4	0·6	8·4	2·0	14·4	3·5	24	3 51·0	3 51·6	3 40·5	2·4	0·6	8·4	2·2	14·4	3·7
25	3 36·3	3 36·8	3 26·4	2·5	0·6	8·5	2·1	14·5	3·5	25	3 51·3	3 51·9	3 40·7	2·5	0·6	8·5	2·2	14·5	3·7
26	3 36·5	3 37·1	3 26·6	2·6	0·6	8·6	2·1	14·6	3·5	26	3 51·5	3 52·1	3 41·0	2·6	0·7	8·6	2·2	14·6	3·8
27	3 36·8	3 37·3	3 26·9	2·7	0·7	8·7	2·1	14·7	3·6	27	3 51·8	3 52·4	3 41·2	2·7	0·7	8·7	2·2	14·7	3·8
28	3 37·0	3 37·6	3 27·1	2·8	0·7	8·8	2·1	14·8	3·6	28	3 52·0	3 52·6	3 41·4	2·8	0·7	8·8	2·3	14·8	3·8
29	3 37·3	3 37·8	3 27·4	2·9	0·7	8·9	2·2	14·9	3·6	29	3 52·3	3 52·9	3 41·7	2·9	0·7	8·9	2·3	14·9	3·8
30	3 37·5	3 38·1	3 27·6	3·0	0·7	9·0	2·2	15·0	3·6	30	3 52·5	3 53·1	3 41·9	3·0	0·8	9·0	2·3	15·0	3·9
31	3 37·8	3 38·3	3 27·8	3·1	0·7	9·1	2·2	15·1	3·6	31	3 52·8	3 53·4	3 42·1	3·1	0·8	9·1	2·4	15·1	3·9
32	3 38·0	3 38·6	3 28·1	3·2	0·8	9·2	2·2	15·2	3·7	32	3 53·0	3 53·6	3 42·4	3·2	0·8	9·2	2·4	15·2	3·9
33	3 38·3	3 38·8	3 28·3	3·3	0·8	9·3	2·2	15·3	3·7	33	3 53·3	3 53·9	3 42·6	3·3	0·9	9·3	2·4	15·3	4·0
34	3 38·5	3 39·1	3 28·5	3·4	0·8	9·4	2·3	15·4	3·7	34	3 53·5	3 54·1	3 42·9	3·4	0·9	9·4	2·4	15·4	4·0
35	3 38·8	3 39·3	3 28·8	3·5	0·8	9·5	2·3	15·5	3·7	35	3 53·8	3 54·4	3 43·1	3·5	0·9	9·5	2·5	15·5	4·0
36	3 39·0	3 39·6	3 29·0	3·6	0·9	9·6	2·3	15·6	3·8	36	3 54·0	3 54·6	3 43·3	3·6	0·9	9·6	2·5	15·6	4·0
37	3 39·3	3 39·9	3 29·3	3·7	0·9	9·7	2·3	15·7	3·8	37	3 54·3	3 54·9	3 43·6	3·7	1·0	9·7	2·5	15·7	4·1
38	3 39·5	3 40·1	3 29·5	3·8	0·9	9·8	2·4	15·8	3·8	38	3 54·5	3 55·1	3 43·8	3·8	1·0	9·8	2·5	15·8	4·1
39	3 39·8	3 40·4	3 29·7	3·9	0·9	9·9	2·4	15·9	3·8	39	3 54·8	3 55·4	3 44·1	3·9	1·0	9·9	2·6	15·9	4·1
40	3 40·0	3 40·6	3 30·0	4·0	1·0	10·0	2·4	16·0	3·9	40	3 55·0	3 55·6	3 44·3	4·0	1·0	10·0	2·6	16·0	4·1
41	3 40·3	3 40·9	3 30·2	4·1	1·0	10·1	2·4	16·1	3·9	41	3 55·3	3 55·9	3 44·5	4·1	1·1	10·1	2·6	16·1	4·2
42	3 40·5	3 41·1	3 30·5	4·2	1·0	10·2	2·5	16·2	3·9	42	3 55·5	3 56·1	3 44·8	4·2	1·1	10·2	2·6	16·2	4·2
43	3 40·8	3 41·4	3 30·7	4·3	1·0	10·3	2·5	16·3	3·9	43	3 55·8	3 56·4	3 45·0	4·3	1·1	10·3	2·7	16·3	4·2
44	3 41·0	3 41·6	3 30·9	4·4	1·1	10·4	2·5	16·4	4·0	44	3 56·0	3 56·6	3 45·2	4·4	1·1	10·4	2·7	16·4	4·2
45	3 41·3	3 41·9	3 31·2	4·5	1·1	10·5	2·5	16·5	4·0	45	3 56·3	3 56·9	3 45·5	4·5	1·2	10·5	2·7	16·5	4·3
46	3 41·5	3 42·1	3 31·4	4·6	1·1	10·6	2·6	16·6	4·0	46	3 56·5	3 57·1	3 45·7	4·6	1·2	10·6	2·7	16·6	4·3
47	3 41·8	3 42·4	3 31·6	4·7	1·1	10·7	2·6	16·7	4·0	47	3 56·8	3 57·4	3 46·0	4·7	1·2	10·7	2·8	16·7	4·3
48	3 42·0	3 42·6	3 31·9	4·8	1·2	10·8	2·6	16·8	4·1	48	3 57·0	3 57·6	3 46·2	4·8	1·2	10·8	2·8	16·8	4·3
49	3 42·3	3 42·9	3 32·1	4·9	1·2	10·9	2·6	16·9	4·1	49	3 57·3	3 57·9	3 46·4	4·9	1·3	10·9	2·8	16·9	4·4
50	3 42·5	3 43·1	3 32·4	5·0	1·2	11·0	2·7	17·0	4·1	50	3 57·5	3 58·2	3 46·7	5·0	1·3	11·0	2·8	17·0	4·4
51	3 42·8	3 43·4	3 32·6	5·1	1·2	11·1	2·7	17·1	4·1	51	3 57·8	3 58·4	3 46·9	5·1	1·3	11·1	2·9	17·1	4·4
52	3 43·0	3 43·6	3 32·8	5·2	1·3	11·2	2·7	17·2	4·2	52	3 58·0	3 58·7	3 47·2	5·2	1·3	11·2	2·9	17·2	4·4
53	3 43·3	3 43·9	3 33·1	5·3	1·3	11·3	2·7	17·3	4·2	53	3 58·3	3 58·9	3 47·4	5·3	1·4	11·3	2·9	17·3	4·5
54	3 43·5	3 44·1	3 33·3	5·4	1·3	11·4	2·8	17·4	4·2	54	3 58·5	3 59·2	3 47·6	5·4	1·4	11·4	2·9	17·4	4·5
55	3 43·8	3 44·4	3 33·6	5·5	1·3	11·5	2·8	17·5	4·2	55	3 58·8	3 59·4	3 47·9	5·5	1·4	11·5	3·0	17·5	4·5
56	3 44·0	3 44·6	3 33·8	5·6	1·4	11·6	2·8	17·6	4·3	56	3 59·0	3 59·7	3 48·1	5·6	1·4	11·6	3·0	17·6	4·5
57	3 44·3	3 44·9	3 34·0	5·7	1·4	11·7	2·8	17·7	4·3	57	3 59·3	3 59·9	3 48·4	5·7	1·5	11·7	3·0	17·7	4·6
58	3 44·5	3 45·1	3 34·3	5·8	1·4	11·8	2·9	17·8	4·3	58	3 59·5	4 00·2	3 48·6	5·8	1·5	11·8	3·0	17·8	4·6
59	3 44·8	3 45·4	3 34·5	5·9	1·4	11·9	2·9	17·9	4·3	59	3 59·8	4 00·4	3 48·8	5·9	1·5	11·9	3·1	17·9	4·6
60	3 45·0	3 45·6	3 34·8	6·0	1·5	12·0	2·9	18·0	4·4	60	4 00·0	4 00·7	3 49·1	6·0	1·6	12·0	3·1	18·0	4·7

ix

INCREMENTS AND CORRECTIONS

16ᵐ

s	SUN PLANETS	ARIES	MOON	v or d	Corrⁿ	v or d	Corrⁿ	v or d	Corrⁿ
	° ′	° ′	° ′	′	′	′	′	′	′
00	4 00·0	4 00·7	3 49·1	0·0	0·0	6·0	1·7	12·0	3·3
01	4 00·3	4 00·9	3 49·3	0·1	0·0	6·1	1·7	12·1	3·3
02	4 00·5	4 01·2	3 49·5	0·2	0·1	6·2	1·7	12·2	3·4
03	4 00·8	4 01·4	3 49·8	0·3	0·1	6·3	1·7	12·3	3·4
04	4 01·0	4 01·7	3 50·0	0·4	0·1	6·4	1·8	12·4	3·4
05	4 01·3	4 01·9	3 50·3	0·5	0·1	6·5	1·8	12·5	3·4
06	4 01·5	4 02·2	3 50·5	0·6	0·2	6·6	1·8	12·6	3·5
07	4 01·8	4 02·4	3 50·7	0·7	0·2	6·7	1·8	12·7	3·5
08	4 02·0	4 02·7	3 51·0	0·8	0·2	6·8	1·9	12·8	3·5
09	4 02·3	4 02·9	3 51·2	0·9	0·2	6·9	1·9	12·9	3·5
10	4 02·5	4 03·2	3 51·5	1·0	0·3	7·0	1·9	13·0	3·6
11	4 02·8	4 03·4	3 51·7	1·1	0·3	7·1	2·0	13·1	3·6
12	4 03·0	4 03·7	3 51·9	1·2	0·3	7·2	2·0	13·2	3·6
13	4 03·3	4 03·9	3 52·2	1·3	0·4	7·3	2·0	13·3	3·7
14	4 03·5	4 04·2	3 52·4	1·4	0·4	7·4	2·0	13·4	3·7
15	4 03·8	4 04·4	3 52·6	1·5	0·4	7·5	2·1	13·5	3·7
16	4 04·0	4 04·7	3 52·9	1·6	0·4	7·6	2·1	13·6	3·7
17	4 04·3	4 04·9	3 53·1	1·7	0·5	7·7	2·1	13·7	3·8
18	4 04·5	4 05·2	3 53·4	1·8	0·5	7·8	2·1	13·8	3·8
19	4 04·8	4 05·4	3 53·6	1·9	0·5	7·9	2·2	13·9	3·8
20	4 05·0	4 05·7	3 53·8	2·0	0·6	8·0	2·2	14·0	3·9
21	4 05·3	4 05·9	3 54·1	2·1	0·6	8·1	2·2	14·1	3·9
22	4 05·5	4 06·2	3 54·3	2·2	0·6	8·2	2·3	14·2	3·9
23	4 05·8	4 06·4	3 54·6	2·3	0·6	8·3	2·3	14·3	3·9
24	4 06·0	4 06·7	3 54·8	2·4	0·7	8·4	2·3	14·4	4·0
25	4 06·3	4 06·9	3 55·0	2·5	0·7	8·5	2·3	14·5	4·0
26	4 06·5	4 07·2	3 55·3	2·6	0·7	8·6	2·4	14·6	4·0
27	4 06·8	4 07·4	3 55·5	2·7	0·7	8·7	2·4	14·7	4·0
28	4 07·0	4 07·7	3 55·7	2·8	0·8	8·8	2·4	14·8	4·1
29	4 07·3	4 07·9	3 56·0	2·9	0·8	8·9	2·4	14·9	4·1
30	4 07·5	4 08·2	3 56·2	3·0	0·8	9·0	2·5	15·0	4·1
31	4 07·8	4 08·4	3 56·5	3·1	0·9	9·1	2·5	15·1	4·2
32	4 08·0	4 08·7	3 56·7	3·2	0·9	9·2	2·5	15·2	4·2
33	4 08·3	4 08·9	3 56·9	3·3	0·9	9·3	2·6	15·3	4·2
34	4 08·5	4 09·2	3 57·2	3·4	0·9	9·4	2·6	15·4	4·2
35	4 08·8	4 09·4	3 57·4	3·5	1·0	9·5	2·6	15·5	4·3
36	4 09·0	4 09·7	3 57·7	3·6	1·0	9·6	2·6	15·6	4·3
37	4 09·3	4 09·9	3 57·9	3·7	1·0	9·7	2·7	15·7	4·3
38	4 09·5	4 10·2	3 58·1	3·8	1·0	9·8	2·7	15·8	4·3
39	4 09·8	4 10·4	3 58·4	3·9	1·1	9·9	2·7	15·9	4·4
40	4 10·0	4 10·7	3 58·6	4·0	1·1	10·0	2·8	16·0	4·4
41	4 10·3	4 10·9	3 58·8	4·1	1·1	10·1	2·8	16·1	4·4
42	4 10·5	4 11·2	3 59·1	4·2	1·2	10·2	2·8	16·2	4·5
43	4 10·8	4 11·4	3 59·3	4·3	1·2	10·3	2·8	16·3	4·5
44	4 11·0	4 11·7	3 59·6	4·4	1·2	10·4	2·9	16·4	4·5
45	4 11·3	4 11·9	3 59·8	4·5	1·2	10·5	2·9	16·5	4·5
46	4 11·5	4 12·2	4 00·0	4·6	1·3	10·6	2·9	16·6	4·6
47	4 11·8	4 12·4	4 00·3	4·7	1·3	10·7	2·9	16·7	4·6
48	4 12·0	4 12·7	4 00·5	4·8	1·3	10·8	3·0	16·8	4·6
49	4 12·3	4 12·9	4 00·8	4·9	1·3	10·9	3·0	16·9	4·6
50	4 12·5	4 13·2	4 01·0	5·0	1·4	11·0	3·0	17·0	4·7
51	4 12·8	4 13·4	4 01·2	5·1	1·4	11·1	3·1	17·1	4·7
52	4 13·0	4 13·7	4 01·5	5·2	1·4	11·2	3·1	17·2	4·7
53	4 13·3	4 13·9	4 01·7	5·3	1·5	11·3	3·1	17·3	4·8
54	4 13·5	4 14·2	4 02·0	5·4	1·5	11·4	3·1	17·4	4·8
55	4 13·8	4 14·4	4 02·2	5·5	1·5	11·5	3·2	17·5	4·8
56	4 14·0	4 14·7	4 02·4	5·6	1·5	11·6	3·2	17·6	4·8
57	4 14·3	4 14·9	4 02·7	5·7	1·6	11·7	3·2	17·7	4·9
58	4 14·5	4 15·2	4 02·9	5·8	1·6	11·8	3·2	17·8	4·9
59	4 14·8	4 15·4	4 03·1	5·9	1·6	11·9	3·3	17·9	4·9
60	4 15·0	4 15·7	4 03·4	6·0	1·7	12·0	3·3	18·0	5·0

17ᵐ

s	SUN PLANETS	ARIES	MOON	v or d	Corrⁿ	v or d	Corrⁿ	v or d	Corrⁿ
	° ′	° ′	° ′	′	′	′	′	′	′
00	4 15·0	4 15·7	4 03·4	0·0	0·0	6·0	1·8	12·0	3·5
01	4 15·3	4 15·9	4 03·6	0·1	0·0	6·1	1·8	12·1	3·5
02	4 15·5	4 16·2	4 03·9	0·2	0·1	6·2	1·8	12·2	3·6
03	4 15·8	4 16·5	4 04·1	0·3	0·1	6·3	1·8	12·3	3·6
04	4 16·0	4 16·7	4 04·3	0·4	0·1	6·4	1·9	12·4	3·6
05	4 16·3	4 17·0	4 04·6	0·5	0·1	6·5	1·9	12·5	3·6
06	4 16·5	4 17·2	4 04·8	0·6	0·2	6·6	1·9	12·6	3·7
07	4 16·8	4 17·5	4 05·1	0·7	0·2	6·7	2·0	12·7	3·7
08	4 17·0	4 17·7	4 05·3	0·8	0·2	6·8	2·0	12·8	3·7
09	4 17·3	4 18·0	4 05·5	0·9	0·3	6·9	2·0	12·9	3·8
10	4 17·5	4 18·2	4 05·8	1·0	0·3	7·0	2·0	13·0	3·8
11	4 17·8	4 18·5	4 06·0	1·1	0·3	7·1	2·1	13·1	3·8
12	4 18·0	4 18·7	4 06·2	1·2	0·4	7·2	2·1	13·2	3·9
13	4 18·3	4 19·0	4 06·5	1·3	0·4	7·3	2·1	13·3	3·9
14	4 18·5	4 19·2	4 06·7	1·4	0·4	7·4	2·2	13·4	3·9
15	4 18·8	4 19·5	4 07·0	1·5	0·4	7·5	2·2	13·5	3·9
16	4 19·0	4 19·7	4 07·2	1·6	0·5	7·6	2·2	13·6	4·0
17	4 19·3	4 20·0	4 07·4	1·7	0·5	7·7	2·2	13·7	4·0
18	4 19·5	4 20·2	4 07·7	1·8	0·5	7·8	2·3	13·8	4·0
19	4 19·8	4 20·5	4 07·9	1·9	0·6	7·9	2·3	13·9	4·1
20	4 20·0	4 20·7	4 08·2	2·0	0·6	8·0	2·3	14·0	4·1
21	4 20·3	4 21·0	4 08·4	2·1	0·6	8·1	2·4	14·1	4·1
22	4 20·5	4 21·2	4 08·6	2·2	0·6	8·2	2·4	14·2	4·1
23	4 20·8	4 21·5	4 08·9	2·3	0·7	8·3	2·4	14·3	4·2
24	4 21·0	4 21·7	4 09·1	2·4	0·7	8·4	2·5	14·4	4·2
25	4 21·3	4 22·0	4 09·3	2·5	0·7	8·5	2·5	14·5	4·2
26	4 21·5	4 22·2	4 09·6	2·6	0·8	8·6	2·5	14·6	4·3
27	4 21·8	4 22·5	4 09·8	2·7	0·8	8·7	2·5	14·7	4·3
28	4 22·0	4 22·7	4 10·1	2·8	0·8	8·8	2·6	14·8	4·3
29	4 22·3	4 23·0	4 10·3	2·9	0·8	8·9	2·6	14·9	4·3
30	4 22·5	4 23·2	4 10·5	3·0	0·9	9·0	2·6	15·0	4·4
31	4 22·8	4 23·5	4 10·8	3·1	0·9	9·1	2·7	15·1	4·4
32	4 23·0	4 23·7	4 11·0	3·2	0·9	9·2	2·7	15·2	4·4
33	4 23·3	4 24·0	4 11·3	3·3	1·0	9·3	2·7	15·3	4·5
34	4 23·5	4 24·2	4 11·5	3·4	1·0	9·4	2·7	15·4	4·5
35	4 23·8	4 24·5	4 11·7	3·5	1·0	9·5	2·8	15·5	4·5
36	4 24·0	4 24·7	4 12·0	3·6	1·1	9·6	2·8	15·6	4·6
37	4 24·3	4 25·0	4 12·2	3·7	1·1	9·7	2·8	15·7	4·6
38	4 24·5	4 25·2	4 12·5	3·8	1·1	9·8	2·9	15·8	4·6
39	4 24·8	4 25·5	4 12·7	3·9	1·1	9·9	2·9	15·9	4·6
40	4 25·0	4 25·7	4 12·9	4·0	1·2	10·0	2·9	16·0	4·7
41	4 25·3	4 26·0	4 13·2	4·1	1·2	10·1	2·9	16·1	4·7
42	4 25·5	4 26·2	4 13·4	4·2	1·2	10·2	3·0	16·2	4·7
43	4 25·8	4 26·5	4 13·6	4·3	1·3	10·3	3·0	16·3	4·8
44	4 26·0	4 26·7	4 13·9	4·4	1·3	10·4	3·0	16·4	4·8
45	4 26·3	4 27·0	4 14·1	4·5	1·3	10·5	3·1	16·5	4·8
46	4 26·5	4 27·2	4 14·4	4·6	1·3	10·6	3·1	16·6	4·8
47	4 26·8	4 27·5	4 14·6	4·7	1·4	10·7	3·1	16·7	4·9
48	4 27·0	4 27·7	4 14·8	4·8	1·4	10·8	3·2	16·8	4·9
49	4 27·3	4 28·0	4 15·1	4·9	1·4	10·9	3·2	16·9	4·9
50	4 27·5	4 28·2	4 15·3	5·0	1·5	11·0	3·2	17·0	5·0
51	4 27·8	4 28·5	4 15·6	5·1	1·5	11·1	3·2	17·1	5·0
52	4 28·0	4 28·7	4 15·8	5·2	1·5	11·2	3·3	17·2	5·0
53	4 28·3	4 29·0	4 16·0	5·3	1·5	11·3	3·3	17·3	5·0
54	4 28·5	4 29·2	4 16·3	5·4	1·6	11·4	3·3	17·4	5·1
55	4 28·8	4 29·5	4 16·5	5·5	1·6	11·5	3·4	17·5	5·1
56	4 29·0	4 29·7	4 16·7	5·6	1·6	11·6	3·4	17·6	5·1
57	4 29·3	4 30·0	4 17·0	5·7	1·7	11·7	3·4	17·7	5·2
58	4 29·5	4 30·2	4 17·2	5·8	1·7	11·8	3·4	17·8	5·2
59	4 29·8	4 30·5	4 17·5	5·9	1·7	11·9	3·5	17·9	5·2
60	4 30·0	4 30·7	4 17·7	6·0	1·8	12·0	3·5	18·0	5·3

x

18ᵐ INCREMENTS AND CORRECTIONS 19ᵐ

18ᵐ s	SUN PLANETS ° ′	ARIES ° ′	MOON ° ′	v or d ′	Corrⁿ ′	v or d ′	Corrⁿ ′	v or d ′	Corrⁿ ′	19ᵐ s	SUN PLANETS ° ′	ARIES ° ′	MOON ° ′	v or d ′	Corrⁿ ′	v or d ′	Corrⁿ ′	v or d ′	Corrⁿ ′
00	4 30·0	4 30·7	4 17·7	0·0	0·0	6·0	1·9	12·0	3·7	00	4 45·0	4 45·8	4 32·0	0·0	0·0	6·0	2·0	12·0	3·9
01	4 30·3	4 31·0	4 17·9	0·1	0·0	6·1	1·9	12·1	3·7	01	4 45·3	4 46·0	4 32·3	0·1	0·0	6·1	2·0	12·1	3·9
02	4 30·5	4 31·2	4 18·2	0·2	0·1	6·2	1·9	12·2	3·8	02	4 45·5	4 46·3	4 32·5	0·2	0·1	6·2	2·0	12·2	4·0
03	4 30·8	4 31·5	4 18·4	0·3	0·1	6·3	1·9	12·3	3·8	03	4 45·8	4 46·5	4 32·7	0·3	0·1	6·3	2·0	12·3	4·0
04	4 31·0	4 31·7	4 18·7	0·4	0·1	6·4	2·0	12·4	3·8	04	4 46·0	4 46·8	4 33·0	0·4	0·1	6·4	2·1	12·4	4·0
05	4 31·3	4 32·0	4 18·9	0·5	0·2	6·5	2·0	12·5	3·9	05	4 46·3	4 47·0	4 33·2	0·5	0·2	6·5	2·1	12·5	4·1
06	4 31·5	4 32·2	4 19·1	0·6	0·2	6·6	2·0	12·6	3·9	06	4 46·5	4 47·3	4 33·4	0·6	0·2	6·6	2·1	12·6	4·1
07	4 31·8	4 32·5	4 19·4	0·7	0·2	6·7	2·1	12·7	3·9	07	4 46·8	4 47·5	4 33·7	0·7	0·2	6·7	2·2	12·7	4·1
08	4 32·0	4 32·7	4 19·6	0·8	0·2	6·8	2·1	12·8	3·9	08	4 47·0	4 47·8	4 33·9	0·8	0·3	6·8	2·2	12·8	4·2
09	4 32·3	4 33·0	4 19·8	0·9	0·3	6·9	2·1	12·9	4·0	09	4 47·3	4 48·0	4 34·2	0·9	0·3	6·9	2·2	12·9	4·2
10	4 32·5	4 33·2	4 20·1	1·0	0·3	7·0	2·2	13·0	4·0	10	4 47·5	4 48·3	4 34·4	1·0	0·3	7·0	2·3	13·0	4·2
11	4 32·8	4 33·5	4 20·3	1·1	0·3	7·1	2·2	13·1	4·0	11	4 47·8	4 48·5	4 34·6	1·1	0·4	7·1	2·3	13·1	4·3
12	4 33·0	4 33·7	4 20·6	1·2	0·4	7·2	2·2	13·2	4·1	12	4 48·0	4 48·8	4 34·9	1·2	0·4	7·2	2·3	13·2	4·3
13	4 33·3	4 34·0	4 20·8	1·3	0·4	7·3	2·3	13·3	4·1	13	4 48·3	4 49·0	4 35·1	1·3	0·4	7·3	2·4	13·3	4·3
14	4 33·5	4 34·2	4 21·0	1·4	0·4	7·4	2·3	13·4	4·1	14	4 48·5	4 49·3	4 35·4	1·4	0·5	7·4	2·4	13·4	4·4
15	4 33·8	4 34·5	4 21·3	1·5	0·5	7·5	2·3	13·5	4·2	15	4 48·8	4 49·5	4 35·6	1·5	0·5	7·5	2·4	13·5	4·4
16	4 34·0	4 34·8	4 21·5	1·6	0·5	7·6	2·3	13·6	4·2	16	4 49·0	4 49·8	4 35·8	1·6	0·5	7·6	2·5	13·6	4·4
17	4 34·3	4 35·0	4 21·8	1·7	0·5	7·7	2·4	13·7	4·2	17	4 49·3	4 50·0	4 36·1	1·7	0·6	7·7	2·5	13·7	4·5
18	4 34·5	4 35·3	4 22·0	1·8	0·6	7·8	2·4	13·8	4·3	18	4 49·5	4 50·3	4 36·3	1·8	0·6	7·8	2·5	13·8	4·5
19	4 34·8	4 35·5	4 22·2	1·9	0·6	7·9	2·4	13·9	4·3	19	4 49·8	4 50·5	4 36·6	1·9	0·6	7·9	2·6	13·9	4·5
20	4 35·0	4 35·8	4 22·5	2·0	0·6	8·0	2·5	14·0	4·3	20	4 50·0	4 50·8	4 36·8	2·0	0·7	8·0	2·6	14·0	4·6
21	4 35·3	4 36·0	4 22·7	2·1	0·6	8·1	2·5	14·1	4·3	21	4 50·3	4 51·0	4 37·0	2·1	0·7	8·1	2·6	14·1	4·6
22	4 35·5	4 36·3	4 22·9	2·2	0·7	8·2	2·5	14·2	4·4	22	4 50·5	4 51·3	4 37·3	2·2	0·7	8·2	2·7	14·2	4·6
23	4 35·8	4 36·5	4 23·2	2·3	0·7	8·3	2·6	14·3	4·4	23	4 50·8	4 51·5	4 37·5	2·3	0·7	8·3	2·7	14·3	4·6
24	4 36·0	4 36·8	4 23·4	2·4	0·7	8·4	2·6	14·4	4·4	24	4 51·0	4 51·8	4 37·7	2·4	0·8	8·4	2·7	14·4	4·7
25	4 36·3	4 37·0	4 23·7	2·5	0·8	8·5	2·6	14·5	4·5	25	4 51·3	4 52·0	4 38·0	2·5	0·8	8·5	2·8	14·5	4·7
26	4 36·5	4 37·3	4 23·9	2·6	0·8	8·6	2·7	14·6	4·5	26	4 51·5	4 52·3	4 38·2	2·6	0·8	8·6	2·8	14·6	4·7
27	4 36·8	4 37·5	4 24·1	2·7	0·8	8·7	2·7	14·7	4·5	27	4 51·8	4 52·5	4 38·5	2·7	0·9	8·7	2·8	14·7	4·8
28	4 37·0	4 37·8	4 24·4	2·8	0·9	8·8	2·7	14·8	4·6	28	4 52·0	4 52·8	4 38·7	2·8	0·9	8·8	2·9	14·8	4·8
29	4 37·3	4 38·0	4 24·6	2·9	0·9	8·9	2·7	14·9	4·6	29	4 52·3	4 53·1	4 38·9	2·9	0·9	8·9	2·9	14·9	4·8
30	4 37·5	4 38·3	4 24·9	3·0	0·9	9·0	2·8	15·0	4·6	30	4 52·5	4 53·3	4 39·2	3·0	1·0	9·0	2·9	15·0	4·9
31	4 37·8	4 38·5	4 25·1	3·1	1·0	9·1	2·8	15·1	4·7	31	4 52·8	4 53·6	4 39·4	3·1	1·0	9·1	3·0	15·1	4·9
32	4 38·0	4 38·8	4 25·3	3·2	1·0	9·2	2·8	15·2	4·7	32	4 53·0	4 53·8	4 39·7	3·2	1·0	9·2	3·0	15·2	4·9
33	4 38·3	4 39·0	4 25·6	3·3	1·0	9·3	2·9	15·3	4·7	33	4 53·3	4 54·1	4 39·9	3·3	1·1	9·3	3·0	15·3	5·0
34	4 38·5	4 39·3	4 25·8	3·4	1·0	9·4	2·9	15·4	4·7	34	4 53·5	4 54·3	4 40·1	3·4	1·1	9·4	3·1	15·4	5·0
35	4 38·8	4 39·5	4 26·1	3·5	1·1	9·5	2·9	15·5	4·8	35	4 53·8	4 54·6	4 40·4	3·5	1·1	9·5	3·1	15·5	5·0
36	4 39·0	4 39·8	4 26·3	3·6	1·1	9·6	3·0	15·6	4·8	36	4 54·0	4 54·8	4 40·6	3·6	1·2	9·6	3·1	15·6	5·1
37	4 39·3	4 40·0	4 26·5	3·7	1·1	9·7	3·0	15·7	4·8	37	4 54·3	4 55·1	4 40·8	3·7	1·2	9·7	3·2	15·7	5·1
38	4 39·5	4 40·3	4 26·8	3·8	1·2	9·8	3·0	15·8	4·9	38	4 54·5	4 55·3	4 41·1	3·8	1·2	9·8	3·2	15·8	5·1
39	4 39·8	4 40·5	4 27·0	3·9	1·2	9·9	3·1	15·9	4·9	39	4 54·8	4 55·6	4 41·3	3·9	1·3	9·9	3·2	15·9	5·2
40	4 40·0	4 40·8	4 27·2	4·0	1·2	10·0	3·1	16·0	4·9	40	4 55·0	4 55·8	4 41·6	4·0	1·3	10·0	3·3	16·0	5·2
41	4 40·3	4 41·0	4 27·5	4·1	1·3	10·1	3·1	16·1	5·0	41	4 55·3	4 56·1	4 41·8	4·1	1·3	10·1	3·3	16·1	5·2
42	4 40·5	4 41·3	4 27·7	4·2	1·3	10·2	3·1	16·2	5·0	42	4 55·5	4 56·3	4 42·0	4·2	1·4	10·2	3·3	16·2	5·3
43	4 40·8	4 41·5	4 28·0	4·3	1·3	10·3	3·2	16·3	5·0	43	4 55·8	4 56·6	4 42·3	4·3	1·4	10·3	3·3	16·3	5·3
44	4 41·0	4 41·8	4 28·2	4·4	1·4	10·4	3·2	16·4	5·1	44	4 56·0	4 56·8	4 42·5	4·4	1·4	10·4	3·4	16·4	5·3
45	4 41·3	4 42·0	4 28·4	4·5	1·4	10·5	3·2	16·5	5·1	45	4 56·3	4 57·1	4 42·8	4·5	1·5	10·5	3·4	16·5	5·4
46	4 41·5	4 42·3	4 28·7	4·6	1·4	10·6	3·3	16·6	5·1	46	4 56·5	4 57·3	4 43·0	4·6	1·5	10·6	3·4	16·6	5·4
47	4 41·8	4 42·5	4 28·9	4·7	1·4	10·7	3·3	16·7	5·1	47	4 56·8	4 57·6	4 43·2	4·7	1·5	10·7	3·5	16·7	5·4
48	4 42·0	4 42·8	4 29·2	4·8	1·5	10·8	3·3	16·8	5·2	48	4 57·0	4 57·8	4 43·5	4·8	1·6	10·8	3·5	16·8	5·5
49	4 42·3	4 43·0	4 29·4	4·9	1·5	10·9	3·4	16·9	5·2	49	4 57·3	4 58·1	4 43·7	4·9	1·6	10·9	3·5	16·9	5·5
50	4 42·5	4 43·3	4 29·6	5·0	1·5	11·0	3·4	17·0	5·2	50	4 57·5	4 58·3	4 43·9	5·0	1·6	11·0	3·6	17·0	5·5
51	4 42·8	4 43·5	4 29·9	5·1	1·6	11·1	3·4	17·1	5·3	51	4 57·8	4 58·6	4 44·2	5·1	1·7	11·1	3·6	17·1	5·6
52	4 43·0	4 43·8	4 30·1	5·2	1·6	11·2	3·5	17·2	5·3	52	4 58·0	4 58·8	4 44·4	5·2	1·7	11·2	3·6	17·2	5·6
53	4 43·3	4 44·0	4 30·3	5·3	1·6	11·3	3·5	17·3	5·3	53	4 58·3	4 59·1	4 44·7	5·3	1·7	11·3	3·7	17·3	5·6
54	4 43·5	4 44·3	4 30·6	5·4	1·7	11·4	3·5	17·4	5·4	54	4 58·5	4 59·3	4 44·9	5·4	1·8	11·4	3·7	17·4	5·7
55	4 43·8	4 44·5	4 30·8	5·5	1·7	11·5	3·5	17·5	5·4	55	4 58·8	4 59·6	4 45·1	5·5	1·8	11·5	3·7	17·5	5·7
56	4 44·0	4 44·8	4 31·1	5·6	1·7	11·6	3·6	17·6	5·4	56	4 59·0	4 59·8	4 45·4	5·6	1·8	11·6	3·8	17·6	5·7
57	4 44·3	4 45·0	4 31·3	5·7	1·8	11·7	3·6	17·7	5·5	57	4 59·3	5 00·1	4 45·6	5·7	1·9	11·7	3·8	17·7	5·8
58	4 44·5	4 45·3	4 31·5	5·8	1·8	11·8	3·6	17·8	5·5	58	4 59·5	5 00·3	4 45·9	5·8	1·9	11·8	3·8	17·8	5·8
59	4 44·8	4 45·5	4 31·8	5·9	1·8	11·9	3·7	17·9	5·5	59	4 59·8	5 00·6	4 46·1	5·9	1·9	11·9	3·9	17·9	5·8
60	4 45·0	4 45·8	4 32·0	6·0	1·9	12·0	3·7	18·0	5·6	60	5 00·0	5 00·8	4 46·3	6·0	2·0	12·0	3·9	18·0	5·9

xi

INCREMENTS AND CORRECTIONS

20m

s	SUN PLANETS	ARIES	MOON	v or d	Corrn	v or d	Corrn	v or d	Corrn
00	5 00·0	5 00·8	4 46·3	0·0	0·0	6·0	2·1	12·0	4·1
01	5 00·3	5 01·1	4 46·6	0·1	0·0	6·1	2·1	12·1	4·1
02	5 00·5	5 01·3	4 46·8	0·2	0·1	6·2	2·1	12·2	4·2
03	5 00·8	5 01·6	4 47·0	0·3	0·1	6·3	2·2	12·3	4·2
04	5 01·0	5 01·8	4 47·3	0·4	0·1	6·4	2·2	12·4	4·2
05	5 01·3	5 02·1	4 47·5	0·5	0·2	6·5	2·2	12·5	4·3
06	5 01·5	5 02·3	4 47·8	0·6	0·2	6·6	2·3	12·6	4·3
07	5 01·8	5 02·6	4 48·0	0·7	0·2	6·7	2·3	12·7	4·3
08	5 02·0	5 02·8	4 48·2	0·8	0·3	6·8	2·3	12·8	4·4
09	5 02·3	5 03·1	4 48·5	0·9	0·3	6·9	2·4	12·9	4·4
10	5 02·5	5 03·3	4 48·7	1·0	0·3	7·0	2·4	13·0	4·4
11	5 02·8	5 03·6	4 49·0	1·1	0·4	7·1	2·4	13·1	4·5
12	5 03·0	5 03·8	4 49·2	1·2	0·4	7·2	2·5	13·2	4·5
13	5 03·3	5 04·1	4 49·4	1·3	0·4	7·3	2·5	13·3	4·5
14	5 03·5	5 04·3	4 49·7	1·4	0·5	7·4	2·5	13·4	4·6
15	5 03·8	5 04·6	4 49·9	1·5	0·5	7·5	2·6	13·5	4·6
16	5 04·0	5 04·8	4 50·2	1·6	0·5	7·6	2·6	13·6	4·6
17	5 04·3	5 05·1	4 50·4	1·7	0·6	7·7	2·6	13·7	4·7
18	5 04·5	5 05·3	4 50·6	1·8	0·6	7·8	2·7	13·8	4·7
19	5 04·8	5 05·6	4 50·9	1·9	0·6	7·9	2·7	13·9	4·7
20	5 05·0	5 05·8	4 51·1	2·0	0·7	8·0	2·7	14·0	4·8
21	5 05·3	5 06·1	4 51·3	2·1	0·7	8·1	2·8	14·1	4·8
22	5 05·5	5 06·3	4 51·6	2·2	0·8	8·2	2·8	14·2	4·9
23	5 05·8	5 06·6	4 51·8	2·3	0·8	8·3	2·8	14·3	4·9
24	5 06·0	5 06·8	4 52·1	2·4	0·8	8·4	2·9	14·4	4·9
25	5 06·3	5 07·1	4 52·3	2·5	0·9	8·5	2·9	14·5	5·0
26	5 06·5	5 07·3	4 52·5	2·6	0·9	8·6	2·9	14·6	5·0
27	5 06·8	5 07·6	4 52·8	2·7	0·9	8·7	3·0	14·7	5·0
28	5 07·0	5 07·8	4 53·0	2·8	1·0	8·8	3·0	14·8	5·1
29	5 07·3	5 08·1	4 53·3	2·9	1·0	8·9	3·0	14·9	5·1
30	5 07·5	5 08·3	4 53·5	3·0	1·0	9·0	3·1	15·0	5·1
31	5 07·8	5 08·6	4 53·7	3·1	1·1	9·1	3·1	15·1	5·2
32	5 08·0	5 08·8	4 54·0	3·2	1·1	9·2	3·1	15·2	5·2
33	5 08·3	5 09·1	4 54·2	3·3	1·1	9·3	3·2	15·3	5·2
34	5 08·5	5 09·3	4 54·4	3·4	1·2	9·4	3·2	15·4	5·3
35	5 08·8	5 09·6	4 54·7	3·5	1·2	9·5	3·2	15·5	5·3
36	5 09·0	5 09·8	4 54·9	3·6	1·2	9·6	3·3	15·6	5·3
37	5 09·3	5 10·1	4 55·2	3·7	1·3	9·7	3·3	15·7	5·4
38	5 09·5	5 10·3	4 55·4	3·8	1·3	9·8	3·3	15·8	5·4
39	5 09·8	5 10·6	4 55·6	3·9	1·3	9·9	3·4	15·9	5·4
40	5 10·0	5 10·8	4 55·9	4·0	1·4	10·0	3·4	16·0	5·5
41	5 10·3	5 11·1	4 56·1	4·1	1·4	10·1	3·5	16·1	5·5
42	5 10·5	5 11·4	4 56·4	4·2	1·4	10·2	3·5	16·2	5·5
43	5 10·8	5 11·6	4 56·6	4·3	1·5	10·3	3·5	16·3	5·6
44	5 11·0	5 11·9	4 56·8	4·4	1·5	10·4	3·6	16·4	5·6
45	5 11·3	5 12·1	4 57·1	4·5	1·5	10·5	3·6	16·5	5·6
46	5 11·5	5 12·4	4 57·3	4·6	1·6	10·6	3·6	16·6	5·7
47	5 11·8	5 12·6	4 57·5	4·7	1·6	10·7	3·7	16·7	5·7
48	5 12·0	5 12·9	4 57·8	4·8	1·6	10·8	3·7	16·8	5·7
49	5 12·3	5 13·1	4 58·0	4·9	1·7	10·9	3·7	16·9	5·8
50	5 12·5	5 13·4	4 58·3	5·0	1·7	11·0	3·8	17·0	5·8
51	5 12·8	5 13·6	4 58·5	5·1	1·7	11·1	3·8	17·1	5·8
52	5 13·0	5 13·9	4 58·7	5·2	1·8	11·2	3·8	17·2	5·9
53	5 13·3	5 14·1	4 59·0	5·3	1·8	11·3	3·9	17·3	5·9
54	5 13·5	5 14·4	4 59·2	5·4	1·8	11·4	3·9	17·4	5·9
55	5 13·8	5 14·6	4 59·5	5·5	1·9	11·5	3·9	17·5	6·0
56	5 14·0	5 14·9	4 59·7	5·6	1·9	11·6	4·0	17·6	6·0
57	5 14·3	5 15·1	4 59·9	5·7	1·9	11·7	4·0	17·7	6·0
58	5 14·5	5 15·4	5 00·2	5·8	2·0	11·8	4·0	17·8	6·1
59	5 14·8	5 15·6	5 00·4	5·9	2·0	11·9	4·1	17·9	6·1
60	5 15·0	5 15·9	5 00·7	6·0	2·1	12·0	4·1	18·0	6·2

21m

s	SUN PLANETS	ARIES	MOON	v or d	Corrn	v or d	Corrn	v or d	Corrn
00	5 15·0	5 15·9	5 00·7	0·0	0·0	6·0	2·2	12·0	4·3
01	5 15·3	5 16·1	5 00·9	0·1	0·0	6·1	2·2	12·1	4·3
02	5 15·5	5 16·4	5 01·1	0·2	0·1	6·2	2·2	12·2	4·4
03	5 15·8	5 16·6	5 01·4	0·3	0·1	6·3	2·3	12·3	4·4
04	5 16·0	5 16·9	5 01·6	0·4	0·1	6·4	2·3	12·4	4·4
05	5 16·3	5 17·1	5 01·8	0·5	0·2	6·5	2·3	12·5	4·5
06	5 16·5	5 17·4	5 02·1	0·6	0·2	6·6	2·4	12·6	4·5
07	5 16·8	5 17·6	5 02·3	0·7	0·3	6·7	2·4	12·7	4·6
08	5 17·0	5 17·9	5 02·6	0·8	0·3	6·8	2·4	12·8	4·6
09	5 17·3	5 18·1	5 02·8	0·9	0·3	6·9	2·5	12·9	4·6
10	5 17·5	5 18·4	5 03·0	1·0	0·4	7·0	2·5	13·0	4·7
11	5 17·8	5 18·6	5 03·3	1·1	0·4	7·1	2·5	13·1	4·7
12	5 18·0	5 18·9	5 03·5	1·2	0·4	7·2	2·6	13·2	4·7
13	5 18·3	5 19·1	5 03·8	1·3	0·5	7·3	2·6	13·3	4·8
14	5 18·5	5 19·4	5 04·0	1·4	0·5	7·4	2·7	13·4	4·8
15	5 18·8	5 19·6	5 04·2	1·5	0·5	7·5	2·7	13·5	4·8
16	5 19·0	5 19·9	5 04·5	1·6	0·6	7·6	2·7	13·6	4·9
17	5 19·3	5 20·1	5 04·7	1·7	0·6	7·7	2·8	13·7	4·9
18	5 19·5	5 20·4	5 04·9	1·8	0·6	7·8	2·8	13·8	4·9
19	5 19·8	5 20·6	5 05·2	1·9	0·7	7·9	2·8	13·9	5·0
20	5 20·0	5 20·9	5 05·4	2·0	0·7	8·0	2·9	14·0	5·0
21	5 20·3	5 21·1	5 05·7	2·1	0·8	8·1	2·9	14·1	5·1
22	5 20·5	5 21·4	5 05·9	2·2	0·8	8·2	2·9	14·2	5·1
23	5 20·8	5 21·6	5 06·1	2·3	0·8	8·3	3·0	14·3	5·1
24	5 21·0	5 21·9	5 06·4	2·4	0·9	8·4	3·0	14·4	5·2
25	5 21·3	5 22·1	5 06·6	2·5	0·9	8·5	3·0	14·5	5·2
26	5 21·5	5 22·4	5 06·9	2·6	0·9	8·6	3·1	14·6	5·2
27	5 21·8	5 22·6	5 07·1	2·7	1·0	8·7	3·1	14·7	5·3
28	5 22·0	5 22·9	5 07·3	2·8	1·0	8·8	3·2	14·8	5·3
29	5 22·3	5 23·1	5 07·6	2·9	1·0	8·9	3·2	14·9	5·3
30	5 22·5	5 23·4	5 07·8	3·0	1·1	9·0	3·2	15·0	5·4
31	5 22·8	5 23·6	5 08·0	3·1	1·1	9·1	3·3	15·1	5·4
32	5 23·0	5 23·9	5 08·3	3·2	1·1	9·2	3·3	15·2	5·4
33	5 23·3	5 24·1	5 08·5	3·3	1·2	9·3	3·3	15·3	5·5
34	5 23·5	5 24·4	5 08·8	3·4	1·2	9·4	3·4	15·4	5·5
35	5 23·8	5 24·6	5 09·0	3·5	1·3	9·5	3·4	15·5	5·6
36	5 24·0	5 24·9	5 09·2	3·6	1·3	9·6	3·4	15·6	5·6
37	5 24·3	5 25·1	5 09·5	3·7	1·3	9·7	3·5	15·7	5·6
38	5 24·5	5 25·4	5 09·7	3·8	1·4	9·8	3·5	15·8	5·7
39	5 24·8	5 25·6	5 10·0	3·9	1·4	9·9	3·5	15·9	5·7
40	5 25·0	5 25·9	5 10·2	4·0	1·4	10·0	3·6	16·0	5·7
41	5 25·3	5 26·1	5 10·4	4·1	1·5	10·1	3·6	16·1	5·8
42	5 25·5	5 26·4	5 10·7	4·2	1·5	10·2	3·7	16·2	5·8
43	5 25·8	5 26·6	5 10·9	4·3	1·5	10·3	3·7	16·3	5·8
44	5 26·0	5 26·9	5 11·1	4·4	1·6	10·4	3·7	16·4	5·9
45	5 26·3	5 27·1	5 11·4	4·5	1·6	10·5	3·8	16·5	5·9
46	5 26·5	5 27·4	5 11·6	4·6	1·6	10·6	3·8	16·6	5·9
47	5 26·8	5 27·6	5 11·9	4·7	1·7	10·7	3·8	16·7	6·0
48	5 27·0	5 27·9	5 12·1	4·8	1·7	10·8	3·9	16·8	6·0
49	5 27·3	5 28·1	5 12·3	4·9	1·8	10·9	3·9	16·9	6·1
50	5 27·5	5 28·4	5 12·6	5·0	1·8	11·0	3·9	17·0	6·1
51	5 27·8	5 28·6	5 12·8	5·1	1·8	11·1	4·0	17·1	6·1
52	5 28·0	5 28·9	5 13·1	5·2	1·9	11·2	4·0	17·2	6·2
53	5 28·3	5 29·1	5 13·3	5·3	1·9	11·3	4·0	17·3	6·2
54	5 28·5	5 29·4	5 13·5	5·4	1·9	11·4	4·1	17·4	6·2
55	5 28·8	5 29·7	5 13·8	5·5	2·0	11·5	4·1	17·5	6·3
56	5 29·0	5 29·9	5 14·0	5·6	2·0	11·6	4·2	17·6	6·3
57	5 29·3	5 30·2	5 14·3	5·7	2·0	11·7	4·2	17·7	6·3
58	5 29·5	5 30·4	5 14·5	5·8	2·1	11·8	4·2	17·8	6·4
59	5 29·8	5 30·7	5 14·7	5·9	2·1	11·9	4·3	17·9	6·4
60	5 30·0	5 30·9	5 15·0	6·0	2·2	12·0	4·3	18·0	6·5

INCREMENTS AND CORRECTIONS

22ᵐ

s	SUN PLANETS	ARIES	MOON	v or d	Corrⁿ	v or d	Corrⁿ	v or d	Corrⁿ
	° ′	° ′	° ′	′	′	′	′	′	′
00	5 30.0	5 30.9	5 15.0	0.0	0.0	6.0	2.3	12.0	4.5
01	5 30.3	5 31.2	5 15.2	0.1	0.0	6.1	2.3	12.1	4.5
02	5 30.5	5 31.4	5 15.4	0.2	0.1	6.2	2.3	12.2	4.6
03	5 30.8	5 31.7	5 15.7	0.3	0.1	6.3	2.4	12.3	4.6
04	5 31.0	5 31.9	5 15.9	0.4	0.2	6.4	2.4	12.4	4.7
05	5 31.3	5 32.2	5 16.2	0.5	0.2	6.5	2.4	12.5	4.7
06	5 31.5	5 32.4	5 16.4	0.6	0.2	6.6	2.5	12.6	4.7
07	5 31.8	5 32.7	5 16.6	0.7	0.3	6.7	2.5	12.7	4.8
08	5 32.0	5 32.9	5 16.9	0.8	0.3	6.8	2.6	12.8	4.8
09	5 32.3	5 33.2	5 17.1	0.9	0.3	6.9	2.6	12.9	4.8
10	5 32.5	5 33.4	5 17.4	1.0	0.4	7.0	2.6	13.0	4.9
11	5 32.8	5 33.7	5 17.6	1.1	0.4	7.1	2.7	13.1	4.9
12	5 33.0	5 33.9	5 17.8	1.2	0.5	7.2	2.7	13.2	5.0
13	5 33.3	5 34.2	5 18.1	1.3	0.5	7.3	2.7	13.3	5.0
14	5 33.5	5 34.4	5 18.3	1.4	0.5	7.4	2.8	13.4	5.0
15	5 33.8	5 34.7	5 18.5	1.5	0.6	7.5	2.8	13.5	5.1
16	5 34.0	5 34.9	5 18.8	1.6	0.6	7.6	2.9	13.6	5.1
17	5 34.3	5 35.2	5 19.0	1.7	0.6	7.7	2.9	13.7	5.1
18	5 34.5	5 35.4	5 19.3	1.8	0.7	7.8	2.9	13.8	5.2
19	5 34.8	5 35.7	5 19.5	1.9	0.7	7.9	3.0	13.9	5.2
20	5 35.0	5 35.9	5 19.7	2.0	0.8	8.0	3.0	14.0	5.3
21	5 35.3	5 36.2	5 20.0	2.1	0.8	8.1	3.0	14.1	5.3
22	5 35.5	5 36.4	5 20.2	2.2	0.8	8.2	3.1	14.2	5.3
23	5 35.8	5 36.7	5 20.5	2.3	0.9	8.3	3.1	14.3	5.4
24	5 36.0	5 36.9	5 20.7	2.4	0.9	8.4	3.2	14.4	5.4
25	5 36.3	5 37.2	5 20.9	2.5	0.9	8.5	3.2	14.5	5.4
26	5 36.5	5 37.4	5 21.2	2.6	1.0	8.6	3.2	14.6	5.5
27	5 36.8	5 37.7	5 21.4	2.7	1.0	8.7	3.3	14.7	5.5
28	5 37.0	5 37.9	5 21.6	2.8	1.0	8.8	3.3	14.8	5.6
29	5 37.3	5 38.2	5 21.9	2.9	1.1	8.9	3.3	14.9	5.6
30	5 37.5	5 38.4	5 22.1	3.0	1.1	9.0	3.4	15.0	5.6
31	5 37.8	5 38.7	5 22.4	3.1	1.2	9.1	3.4	15.1	5.7
32	5 38.0	5 38.9	5 22.6	3.2	1.2	9.2	3.5	15.2	5.7
33	5 38.3	5 39.2	5 22.8	3.3	1.2	9.3	3.5	15.3	5.7
34	5 38.5	5 39.4	5 23.1	3.4	1.3	9.4	3.5	15.4	5.8
35	5 38.8	5 39.7	5 23.3	3.5	1.3	9.5	3.6	15.5	5.8
36	5 39.0	5 39.9	5 23.6	3.6	1.4	9.6	3.6	15.6	5.9
37	5 39.3	5 40.2	5 23.8	3.7	1.4	9.7	3.6	15.7	5.9
38	5 39.5	5 40.4	5 24.0	3.8	1.4	9.8	3.7	15.8	5.9
39	5 39.8	5 40.7	5 24.3	3.9	1.5	9.9	3.7	15.9	6.0
40	5 40.0	5 40.9	5 24.5	4.0	1.5	10.0	3.8	16.0	6.0
41	5 40.3	5 41.2	5 24.7	4.1	1.5	10.1	3.8	16.1	6.0
42	5 40.5	5 41.4	5 25.0	4.2	1.6	10.2	3.8	16.2	6.1
43	5 40.8	5 41.7	5 25.2	4.3	1.6	10.3	3.9	16.3	6.1
44	5 41.0	5 41.9	5 25.5	4.4	1.7	10.4	3.9	16.4	6.1
45	5 41.3	5 42.2	5 25.7	4.5	1.7	10.5	3.9	16.5	6.2
46	5 41.5	5 42.4	5 25.9	4.6	1.7	10.6	4.0	16.6	6.2
47	5 41.8	5 42.7	5 26.2	4.7	1.8	10.7	4.0	16.7	6.3
48	5 42.0	5 42.9	5 26.4	4.8	1.8	10.8	4.1	16.8	6.3
49	5 42.3	5 43.2	5 26.7	4.9	1.8	10.9	4.1	16.9	6.3
50	5 42.5	5 43.4	5 26.9	5.0	1.9	11.0	4.1	17.0	6.4
51	5 42.8	5 43.7	5 27.1	5.1	1.9	11.1	4.2	17.1	6.4
52	5 43.0	5 43.9	5 27.4	5.2	2.0	11.2	4.2	17.2	6.5
53	5 43.3	5 44.2	5 27.6	5.3	2.0	11.3	4.2	17.3	6.5
54	5 43.5	5 44.4	5 27.9	5.4	2.0	11.4	4.3	17.4	6.5
55	5 43.8	5 44.7	5 28.1	5.5	2.1	11.5	4.3	17.5	6.6
56	5 44.0	5 44.9	5 28.3	5.6	2.1	11.6	4.4	17.6	6.6
57	5 44.3	5 45.2	5 28.6	5.7	2.1	11.7	4.4	17.7	6.6
58	5 44.5	5 45.4	5 28.8	5.8	2.2	11.8	4.4	17.8	6.7
59	5 44.8	5 45.7	5 29.0	5.9	2.2	11.9	4.5	17.9	6.7
60	5 45.0	5 45.9	5 29.3	6.0	2.3	12.0	4.5	18.0	6.8

23ᵐ

s	SUN PLANETS	ARIES	MOON	v or d	Corrⁿ	v or d	Corrⁿ	v or d	Corrⁿ
	° ′	° ′	° ′	′	′	′	′	′	′
00	5 45.0	5 45.9	5 29.3	0.0	0.0	6.0	2.4	12.0	4.7
01	5 45.3	5 46.2	5 29.5	0.1	0.0	6.1	2.4	12.1	4.7
02	5 45.5	5 46.4	5 29.8	0.2	0.1	6.2	2.4	12.2	4.8
03	5 45.8	5 46.7	5 30.0	0.3	0.1	6.3	2.5	12.3	4.8
04	5 46.0	5 46.9	5 30.2	0.4	0.2	6.4	2.5	12.4	4.9
05	5 46.3	5 47.2	5 30.5	0.5	0.2	6.5	2.5	12.5	4.9
06	5 46.5	5 47.4	5 30.7	0.6	0.2	6.6	2.6	12.6	4.9
07	5 46.8	5 47.7	5 31.0	0.7	0.3	6.7	2.6	12.7	5.0
08	5 47.0	5 48.0	5 31.2	0.8	0.3	6.8	2.7	12.8	5.0
09	5 47.3	5 48.2	5 31.4	0.9	0.4	6.9	2.7	12.9	5.1
10	5 47.5	5 48.5	5 31.7	1.0	0.4	7.0	2.7	13.0	5.1
11	5 47.8	5 48.7	5 31.9	1.1	0.4	7.1	2.8	13.1	5.1
12	5 48.0	5 49.0	5 32.1	1.2	0.5	7.2	2.8	13.2	5.2
13	5 48.3	5 49.2	5 32.4	1.3	0.5	7.3	2.9	13.3	5.2
14	5 48.5	5 49.5	5 32.6	1.4	0.5	7.4	2.9	13.4	5.2
15	5 48.8	5 49.7	5 32.9	1.5	0.6	7.5	2.9	13.5	5.3
16	5 49.0	5 50.0	5 33.1	1.6	0.6	7.6	3.0	13.6	5.3
17	5 49.3	5 50.2	5 33.3	1.7	0.7	7.7	3.0	13.7	5.4
18	5 49.5	5 50.5	5 33.6	1.8	0.7	7.8	3.1	13.8	5.4
19	5 49.8	5 50.7	5 33.8	1.9	0.7	7.9	3.1	13.9	5.4
20	5 50.0	5 51.0	5 34.1	2.0	0.8	8.0	3.1	14.0	5.5
21	5 50.3	5 51.2	5 34.3	2.1	0.8	8.1	3.2	14.1	5.5
22	5 50.5	5 51.5	5 34.5	2.2	0.9	8.2	3.2	14.2	5.6
23	5 50.8	5 51.7	5 34.8	2.3	0.9	8.3	3.3	14.3	5.6
24	5 51.0	5 52.0	5 35.0	2.4	0.9	8.4	3.3	14.4	5.6
25	5 51.3	5 52.2	5 35.2	2.5	1.0	8.5	3.3	14.5	5.7
26	5 51.5	5 52.5	5 35.5	2.6	1.0	8.6	3.4	14.6	5.7
27	5 51.8	5 52.7	5 35.7	2.7	1.1	8.7	3.4	14.7	5.8
28	5 52.0	5 53.0	5 36.0	2.8	1.1	8.8	3.4	14.8	5.8
29	5 52.3	5 53.2	5 36.2	2.9	1.1	8.9	3.5	14.9	5.8
30	5 52.5	5 53.5	5 36.4	3.0	1.2	9.0	3.5	15.0	5.9
31	5 52.8	5 53.7	5 36.7	3.1	1.2	9.1	3.6	15.1	5.9
32	5 53.0	5 54.0	5 36.9	3.2	1.3	9.2	3.6	15.2	6.0
33	5 53.3	5 54.2	5 37.2	3.3	1.3	9.3	3.6	15.3	6.0
34	5 53.5	5 54.5	5 37.4	3.4	1.3	9.4	3.7	15.4	6.0
35	5 53.8	5 54.7	5 37.6	3.5	1.4	9.5	3.7	15.5	6.1
36	5 54.0	5 55.0	5 37.9	3.6	1.4	9.6	3.8	15.6	6.1
37	5 54.3	5 55.2	5 38.1	3.7	1.4	9.7	3.8	15.7	6.1
38	5 54.5	5 55.5	5 38.4	3.8	1.5	9.8	3.8	15.8	6.2
39	5 54.8	5 55.7	5 38.6	3.9	1.5	9.9	3.9	15.9	6.2
40	5 55.0	5 56.0	5 38.8	4.0	1.6	10.0	3.9	16.0	6.3
41	5 55.3	5 56.2	5 39.1	4.1	1.6	10.1	4.0	16.1	6.3
42	5 55.5	5 56.5	5 39.3	4.2	1.6	10.2	4.0	16.2	6.3
43	5 55.8	5 56.7	5 39.5	4.3	1.7	10.3	4.0	16.3	6.4
44	5 56.0	5 57.0	5 39.8	4.4	1.7	10.4	4.1	16.4	6.4
45	5 56.3	5 57.2	5 40.0	4.5	1.8	10.5	4.1	16.5	6.5
46	5 56.5	5 57.5	5 40.3	4.6	1.8	10.6	4.2	16.6	6.5
47	5 56.8	5 57.7	5 40.5	4.7	1.8	10.7	4.2	16.7	6.5
48	5 57.0	5 58.0	5 40.7	4.8	1.9	10.8	4.2	16.8	6.6
49	5 57.3	5 58.2	5 41.0	4.9	1.9	10.9	4.3	16.9	6.6
50	5 57.5	5 58.5	5 41.2	5.0	2.0	11.0	4.3	17.0	6.7
51	5 57.8	5 58.7	5 41.5	5.1	2.0	11.1	4.3	17.1	6.7
52	5 58.0	5 59.0	5 41.7	5.2	2.0	11.2	4.4	17.2	6.7
53	5 58.3	5 59.2	5 41.9	5.3	2.1	11.3	4.4	17.3	6.8
54	5 58.5	5 59.5	5 42.2	5.4	2.1	11.4	4.5	17.4	6.8
55	5 58.8	5 59.7	5 42.4	5.5	2.2	11.5	4.5	17.5	6.9
56	5 59.0	6 00.0	5 42.6	5.6	2.2	11.6	4.5	17.6	6.9
57	5 59.3	6 00.2	5 42.9	5.7	2.2	11.7	4.6	17.7	6.9
58	5 59.5	6 00.5	5 43.1	5.8	2.3	11.8	4.6	17.8	7.0
59	5 59.8	6 00.7	5 43.4	5.9	2.3	11.9	4.7	17.9	7.0
60	6 00.0	6 01.0	5 43.6	6.0	2.4	12.0	4.7	18.0	7.1

INCREMENTS AND CORRECTIONS

24m

s	SUN PLANETS ° '	ARIES ° '	MOON ° '	v or d '	Corrⁿ '	v or d '	Corrⁿ '	v or d '	Corrⁿ '
00	6 00·0	6 01·0	5 43·6	0·0	0·0	6·0	2·5	12·0	4·9
01	6 00·3	6 01·2	5 43·8	0·1	0·0	6·1	2·5	12·1	4·9
02	6 00·5	6 01·5	5 44·1	0·2	0·1	6·2	2·5	12·2	5·0
03	6 00·8	6 01·7	5 44·3	0·3	0·1	6·3	2·6	12·3	5·0
04	6 01·0	6 02·0	5 44·6	0·4	0·2	6·4	2·6	12·4	5·1
05	6 01·3	6 02·2	5 44·8	0·5	0·2	6·5	2·7	12·5	5·1
06	6 01·5	6 02·5	5 45·0	0·6	0·2	6·6	2·7	12·6	5·1
07	6 01·8	6 02·7	5 45·3	0·7	0·3	6·7	2·7	12·7	5·2
08	6 02·0	6 03·0	5 45·5	0·8	0·3	6·8	2·8	12·8	5·2
09	6 02·3	6 03·2	5 45·7	0·9	0·4	6·9	2·8	12·9	5·3
10	6 02·5	6 03·5	5 46·0	1·0	0·4	7·0	2·9	13·0	5·3
11	6 02·8	6 03·7	5 46·2	1·1	0·4	7·1	2·9	13·1	5·3
12	6 03·0	6 04·0	5 46·5	1·2	0·5	7·2	2·9	13·2	5·4
13	6 03·3	6 04·2	5 46·7	1·3	0·5	7·3	3·0	13·3	5·4
14	6 03·5	6 04·5	5 46·9	1·4	0·6	7·4	3·0	13·4	5·5
15	6 03·8	6 04·7	5 47·2	1·5	0·6	7·5	3·1	13·5	5·5
16	6 04·0	6 05·0	5 47·4	1·6	0·7	7·6	3·1	13·6	5·6
17	6 04·3	6 05·2	5 47·7	1·7	0·7	7·7	3·1	13·7	5·6
18	6 04·5	6 05·5	5 47·9	1·8	0·7	7·8	3·2	13·8	5·6
19	6 04·8	6 05·7	5 48·1	1·9	0·8	7·9	3·2	13·9	5·7
20	6 05·0	6 06·0	5 48·4	2·0	0·8	8·0	3·3	14·0	5·7
21	6 05·3	6 06·3	5 48·6	2·1	0·9	8·1	3·3	14·1	5·8
22	6 05·5	6 06·5	5 48·8	2·2	0·9	8·2	3·3	14·2	5·8
23	6 05·8	6 06·8	5 49·1	2·3	0·9	8·3	3·4	14·3	5·8
24	6 06·0	6 07·0	5 49·3	2·4	1·0	8·4	3·4	14·4	5·9
25	6 06·3	6 07·3	5 49·6	2·5	1·0	8·5	3·5	14·5	5·9
26	6 06·5	6 07·5	5 49·8	2·6	1·1	8·6	3·5	14·6	6·0
27	6 06·8	6 07·8	5 50·0	2·7	1·1	8·7	3·6	14·7	6·0
28	6 07·0	6 08·0	5 50·3	2·8	1·1	8·8	3·6	14·8	6·0
29	6 07·3	6 08·3	5 50·5	2·9	1·2	8·9	3·6	14·9	6·1
30	6 07·5	6 08·5	5 50·8	3·0	1·2	9·0	3·7	15·0	6·1
31	6 07·8	6 08·8	5 51·0	3·1	1·3	9·1	3·7	15·1	6·2
32	6 08·0	6 09·0	5 51·2	3·2	1·3	9·2	3·8	15·2	6·2
33	6 08·3	6 09·3	5 51·5	3·3	1·3	9·3	3·8	15·3	6·2
34	6 08·5	6 09·5	5 51·7	3·4	1·4	9·4	3·8	15·4	6·3
35	6 08·8	6 09·8	5 52·0	3·5	1·4	9·5	3·9	15·5	6·3
36	6 09·0	6 10·0	5 52·2	3·6	1·5	9·6	3·9	15·6	6·4
37	6 09·3	6 10·3	5 52·4	3·7	1·5	9·7	4·0	15·7	6·4
38	6 09·5	6 10·5	5 52·7	3·8	1·6	9·8	4·0	15·8	6·5
39	6 09·8	6 10·8	5 52·9	3·9	1·6	9·9	4·0	15·9	6·5
40	6 10·0	6 11·0	5 53·1	4·0	1·6	10·0	4·1	16·0	6·5
41	6 10·3	6 11·3	5 53·4	4·1	1·7	10·1	4·1	16·1	6·6
42	6 10·5	6 11·5	5 53·6	4·2	1·7	10·2	4·2	16·2	6·6
43	6 10·8	6 11·8	5 53·9	4·3	1·8	10·3	4·2	16·3	6·7
44	6 11·0	6 12·0	5 54·1	4·4	1·8	10·4	4·2	16·4	6·7
45	6 11·3	6 12·3	5 54·3	4·5	1·8	10·5	4·3	16·5	6·7
46	6 11·5	6 12·5	5 54·6	4·6	1·9	10·6	4·3	16·6	6·8
47	6 11·8	6 12·8	5 54·8	4·7	1·9	10·7	4·4	16·7	6·8
48	6 12·0	6 13·0	5 55·1	4·8	2·0	10·8	4·4	16·8	6·9
49	6 12·3	6 13·3	5 55·3	4·9	2·0	10·9	4·5	16·9	6·9
50	6 12·5	6 13·5	5 55·5	5·0	2·0	11·0	4·5	17·0	6·9
51	6 12·8	6 13·8	5 55·8	5·1	2·1	11·1	4·5	17·1	7·0
52	6 13·0	6 14·0	5 56·0	5·2	2·1	11·2	4·6	17·2	7·0
53	6 13·3	6 14·3	5 56·2	5·3	2·2	11·3	4·6	17·3	7·1
54	6 13·5	6 14·5	5 56·5	5·4	2·2	11·4	4·7	17·4	7·1
55	6 13·8	6 14·8	5 56·7	5·5	2·2	11·5	4·7	17·5	7·1
56	6 14·0	6 15·0	5 57·0	5·6	2·3	11·6	4·7	17·6	7·2
57	6 14·3	6 15·3	5 57·2	5·7	2·3	11·7	4·8	17·7	7·2
58	6 14·5	6 15·5	5 57·4	5·8	2·4	11·8	4·8	17·8	7·3
59	6 14·8	6 15·8	5 57·7	5·9	2·4	11·9	4·9	17·9	7·3
60	6 15·0	6 16·0	5 57·9	6·0	2·5	12·0	4·9	18·0	7·4

25m

s	SUN PLANETS ° '	ARIES ° '	MOON ° '	v or d '	Corrⁿ '	v or d '	Corrⁿ '	v or d '	Corrⁿ '
00	6 15·0	6 16·0	5 57·9	0·0	0·0	6·0	2·6	12·0	5·1
01	6 15·3	6 16·3	5 58·2	0·1	0·0	6·1	2·6	12·1	5·1
02	6 15·5	6 16·5	5 58·4	0·2	0·1	6·2	2·6	12·2	5·2
03	6 15·8	6 16·8	5 58·6	0·3	0·1	6·3	2·7	12·3	5·2
04	6 16·0	6 17·0	5 58·9	0·4	0·2	6·4	2·7	12·4	5·3
05	6 16·3	6 17·3	5 59·1	0·5	0·2	6·5	2·8	12·5	5·3
06	6 16·5	6 17·5	5 59·3	0·6	0·3	6·6	2·8	12·6	5·4
07	6 16·8	6 17·8	5 59·6	0·7	0·3	6·7	2·8	12·7	5·4
08	6 17·0	6 18·0	5 59·8	0·8	0·3	6·8	2·9	12·8	5·4
09	6 17·3	6 18·3	6 00·1	0·9	0·4	6·9	2·9	12·9	5·5
10	6 17·5	6 18·5	6 00·3	1·0	0·4	7·0	3·0	13·0	5·5
11	6 17·8	6 18·8	6 00·5	1·1	0·5	7·1	3·0	13·1	5·6
12	6 18·0	6 19·0	6 00·8	1·2	0·5	7·2	3·1	13·2	5·6
13	6 18·3	6 19·3	6 01·0	1·3	0·6	7·3	3·1	13·3	5·7
14	6 18·5	6 19·5	6 01·3	1·4	0·6	7·4	3·1	13·4	5·7
15	6 18·8	6 19·8	6 01·5	1·5	0·6	7·5	3·2	13·5	5·7
16	6 19·0	6 20·0	6 01·7	1·6	0·7	7·6	3·2	13·6	5·8
17	6 19·3	6 20·3	6 02·0	1·7	0·7	7·7	3·3	13·7	5·8
18	6 19·5	6 20·5	6 02·2	1·8	0·8	7·8	3·3	13·8	5·9
19	6 19·8	6 20·8	6 02·5	1·9	0·8	7·9	3·4	13·9	5·9
20	6 20·0	6 21·0	6 02·7	2·0	0·9	8·0	3·4	14·0	6·0
21	6 20·3	6 21·3	6 02·9	2·1	0·9	8·1	3·4	14·1	6·0
22	6 20·5	6 21·5	6 03·2	2·2	0·9	8·2	3·5	14·2	6·0
23	6 20·8	6 21·8	6 03·4	2·3	1·0	8·3	3·5	14·3	6·1
24	6 21·0	6 22·0	6 03·6	2·4	1·0	8·4	3·6	14·4	6·1
25	6 21·3	6 22·3	6 03·9	2·5	1·1	8·5	3·6	14·5	6·2
26	6 21·5	6 22·5	6 04·1	2·6	1·1	8·6	3·7	14·6	6·2
27	6 21·8	6 22·8	6 04·4	2·7	1·1	8·7	3·7	14·7	6·2
28	6 22·0	6 23·0	6 04·6	2·8	1·2	8·8	3·7	14·8	6·3
29	6 22·3	6 23·3	6 04·8	2·9	1·2	8·9	3·8	14·9	6·3
30	6 22·5	6 23·5	6 05·1	3·0	1·3	9·0	3·8	15·0	6·4
31	6 22·8	6 23·8	6 05·3	3·1	1·3	9·1	3·9	15·1	6·4
32	6 23·0	6 24·0	6 05·6	3·2	1·4	9·2	3·9	15·2	6·5
33	6 23·3	6 24·3	6 05·8	3·3	1·4	9·3	4·0	15·3	6·5
34	6 23·5	6 24·5	6 06·0	3·4	1·4	9·4	4·0	15·4	6·5
35	6 23·8	6 24·8	6 06·3	3·5	1·5	9·5	4·0	15·5	6·6
36	6 24·0	6 25·1	6 06·5	3·6	1·5	9·6	4·1	15·6	6·6
37	6 24·3	6 25·3	6 06·7	3·7	1·6	9·7	4·1	15·7	6·7
38	6 24·5	6 25·6	6 07·0	3·8	1·6	9·8	4·2	15·8	6·7
39	6 24·8	6 25·8	6 07·2	3·9	1·7	9·9	4·2	15·9	6·8
40	6 25·0	6 26·1	6 07·5	4·0	1·7	10·0	4·3	16·0	6·8
41	6 25·3	6 26·3	6 07·7	4·1	1·7	10·1	4·3	16·1	6·8
42	6 25·5	6 26·6	6 07·9	4·2	1·8	10·2	4·3	16·2	6·9
43	6 25·8	6 26·8	6 08·2	4·3	1·8	10·3	4·4	16·3	6·9
44	6 26·0	6 27·1	6 08·4	4·4	1·9	10·4	4·4	16·4	7·0
45	6 26·3	6 27·3	6 08·7	4·5	1·9	10·5	4·5	16·5	7·0
46	6 26·5	6 27·6	6 08·9	4·6	2·0	10·6	4·5	16·6	7·1
47	6 26·8	6 27·8	6 09·1	4·7	2·0	10·7	4·5	16·7	7·1
48	6 27·0	6 28·1	6 09·4	4·8	2·0	10·8	4·6	16·8	7·1
49	6 27·3	6 28·3	6 09·6	4·9	2·1	10·9	4·6	16·9	7·2
50	6 27·5	6 28·6	6 09·8	5·0	2·1	11·0	4·7	17·0	7·2
51	6 27·8	6 28·8	6 10·1	5·1	2·2	11·1	4·7	17·1	7·3
52	6 28·0	6 29·1	6 10·3	5·2	2·2	11·2	4·8	17·2	7·3
53	6 28·3	6 29·3	6 10·6	5·3	2·3	11·3	4·8	17·3	7·4
54	6 28·5	6 29·6	6 10·8	5·4	2·3	11·4	4·8	17·4	7·4
55	6 28·8	6 29·8	6 11·0	5·5	2·3	11·5	4·9	17·5	7·4
56	6 29·0	6 30·1	6 11·3	5·6	2·4	11·6	4·9	17·6	7·5
57	6 29·3	6 30·3	6 11·5	5·7	2·4	11·7	5·0	17·7	7·5
58	6 29·5	6 30·6	6 11·8	5·8	2·5	11·8	5·0	17·8	7·6
59	6 29·8	6 30·8	6 12·0	5·9	2·5	11·9	5·1	17·9	7·6
60	6 30·0	6 31·1	6 12·2	6·0	2·6	12·0	5·1	18·0	7·7

INCREMENTS AND CORRECTIONS

26m

26s	SUN PLANETS ° '	ARIES ° '	MOON ° '	v or d '	Corrn '	v or d '	Corrn '	v or d '	Corrn '
00	6 30.0	6 31.1	6 12.2	0.0	0.0	6.0	2.7	12.0	5.3
01	6 30.3	6 31.3	6 12.5	0.1	0.0	6.1	2.7	12.1	5.3
02	6 30.5	6 31.6	6 12.7	0.2	0.1	6.2	2.7	12.2	5.4
03	6 30.8	6 31.8	6 12.9	0.3	0.1	6.3	2.8	12.3	5.4
04	6 31.0	6 32.1	6 13.2	0.4	0.2	6.4	2.8	12.4	5.5
05	6 31.3	6 32.3	6 13.4	0.5	0.2	6.5	2.9	12.5	5.5
06	6 31.5	6 32.6	6 13.7	0.6	0.3	6.6	2.9	12.6	5.6
07	6 31.8	6 32.8	6 13.9	0.7	0.3	6.7	3.0	12.7	5.6
08	6 32.0	6 33.1	6 14.1	0.8	0.4	6.8	3.0	12.8	5.7
09	6 32.3	6 33.3	6 14.4	0.9	0.4	6.9	3.0	12.9	5.7
10	6 32.5	6 33.6	6 14.6	1.0	0.4	7.0	3.1	13.0	5.7
11	6 32.8	6 33.8	6 14.9	1.1	0.5	7.1	3.1	13.1	5.8
12	6 33.0	6 34.1	6 15.1	1.2	0.5	7.2	3.2	13.2	5.8
13	6 33.3	6 34.3	6 15.3	1.3	0.6	7.3	3.2	13.3	5.9
14	6 33.5	6 34.6	6 15.6	1.4	0.6	7.4	3.3	13.4	5.9
15	6 33.8	6 34.8	6 15.8	1.5	0.7	7.5	3.3	13.5	6.0
16	6 34.0	6 35.1	6 16.1	1.6	0.7	7.6	3.4	13.6	6.0
17	6 34.3	6 35.3	6 16.3	1.7	0.8	7.7	3.4	13.7	6.1
18	6 34.5	6 35.6	6 16.5	1.8	0.8	7.8	3.4	13.8	6.1
19	6 34.8	6 35.8	6 16.8	1.9	0.8	7.9	3.5	13.9	6.1
20	6 35.0	6 36.1	6 17.0	2.0	0.9	8.0	3.5	14.0	6.2
21	6 35.3	6 36.3	6 17.2	2.1	0.9	8.1	3.6	14.1	6.2
22	6 35.5	6 36.6	6 17.5	2.2	1.0	8.2	3.6	14.2	6.3
23	6 35.8	6 36.8	6 17.7	2.3	1.0	8.3	3.7	14.3	6.3
24	6 36.0	6 37.1	6 18.0	2.4	1.1	8.4	3.7	14.4	6.4
25	6 36.3	6 37.3	6 18.2	2.5	1.1	8.5	3.8	14.5	6.4
26	6 36.5	6 37.6	6 18.4	2.6	1.1	8.6	3.8	14.6	6.4
27	6 36.8	6 37.8	6 18.7	2.7	1.2	8.7	3.8	14.7	6.5
28	6 37.0	6 38.1	6 18.9	2.8	1.2	8.8	3.9	14.8	6.5
29	6 37.3	6 38.3	6 19.2	2.9	1.3	8.9	3.9	14.9	6.6
30	6 37.5	6 38.6	6 19.4	3.0	1.3	9.0	4.0	15.0	6.6
31	6 37.8	6 38.8	6 19.6	3.1	1.4	9.1	4.0	15.1	6.7
32	6 38.0	6 39.1	6 19.9	3.2	1.4	9.2	4.1	15.2	6.7
33	6 38.3	6 39.3	6 20.1	3.3	1.5	9.3	4.1	15.3	6.8
34	6 38.5	6 39.6	6 20.3	3.4	1.5	9.4	4.2	15.4	6.8
35	6 38.8	6 39.8	6 20.6	3.5	1.5	9.5	4.2	15.5	6.8
36	6 39.0	6 40.1	6 20.8	3.6	1.6	9.6	4.2	15.6	6.9
37	6 39.3	6 40.3	6 21.1	3.7	1.6	9.7	4.3	15.7	6.9
38	6 39.5	6 40.6	6 21.3	3.8	1.7	9.8	4.3	15.8	7.0
39	6 39.8	6 40.8	6 21.5	3.9	1.7	9.9	4.4	15.9	7.0
40	6 40.0	6 41.1	6 21.8	4.0	1.8	10.0	4.4	16.0	7.1
41	6 40.3	6 41.3	6 22.0	4.1	1.8	10.1	4.5	16.1	7.1
42	6 40.5	6 41.6	6 22.3	4.2	1.9	10.2	4.5	16.2	7.2
43	6 40.8	6 41.8	6 22.5	4.3	1.9	10.3	4.5	16.3	7.2
44	6 41.0	6 42.1	6 22.7	4.4	1.9	10.4	4.6	16.4	7.2
45	6 41.3	6 42.3	6 23.0	4.5	2.0	10.5	4.6	16.5	7.3
46	6 41.5	6 42.6	6 23.2	4.6	2.0	10.6	4.7	16.6	7.3
47	6 41.8	6 42.8	6 23.4	4.7	2.1	10.7	4.7	16.7	7.4
48	6 42.0	6 43.1	6 23.7	4.8	2.1	10.8	4.8	16.8	7.4
49	6 42.3	6 43.4	6 23.9	4.9	2.2	10.9	4.8	16.9	7.5
50	6 42.5	6 43.6	6 24.2	5.0	2.2	11.0	4.9	17.0	7.5
51	6 42.8	6 43.9	6 24.4	5.1	2.3	11.1	4.9	17.1	7.6
52	6 43.0	6 44.1	6 24.6	5.2	2.3	11.2	4.9	17.2	7.6
53	6 43.3	6 44.4	6 24.9	5.3	2.3	11.3	5.0	17.3	7.6
54	6 43.5	6 44.6	6 25.1	5.4	2.4	11.4	5.0	17.4	7.7
55	6 43.8	6 44.9	6 25.4	5.5	2.4	11.5	5.1	17.5	7.7
56	6 44.0	6 45.1	6 25.6	5.6	2.5	11.6	5.1	17.6	7.8
57	6 44.3	6 45.4	6 25.8	5.7	2.5	11.7	5.2	17.7	7.8
58	6 44.5	6 45.6	6 26.1	5.8	2.6	11.8	5.2	17.8	7.9
59	6 44.8	6 45.9	6 26.3	5.9	2.6	11.9	5.3	17.9	7.9
60	6 45.0	6 46.1	6 26.6	6.0	2.7	12.0	5.3	18.0	8.0

27m

27s	SUN PLANETS ° '	ARIES ° '	MOON ° '	v or d '	Corrn '	v or d '	Corrn '	v or d '	Corrn '
00	6 45.0	6 46.1	6 26.6	0.0	0.0	6.0	2.8	12.0	5.5
01	6 45.3	6 46.4	6 26.8	0.1	0.0	6.1	2.8	12.1	5.5
02	6 45.5	6 46.6	6 27.0	0.2	0.1	6.2	2.8	12.2	5.6
03	6 45.8	6 46.9	6 27.3	0.3	0.1	6.3	2.9	12.3	5.6
04	6 46.0	6 47.1	6 27.5	0.4	0.2	6.4	2.9	12.4	5.7
05	6 46.3	6 47.4	6 27.7	0.5	0.2	6.5	3.0	12.5	5.7
06	6 46.5	6 47.6	6 28.0	0.6	0.3	6.6	3.0	12.6	5.8
07	6 46.8	6 47.9	6 28.2	0.7	0.3	6.7	3.1	12.7	5.8
08	6 47.0	6 48.1	6 28.5	0.8	0.4	6.8	3.1	12.8	5.9
09	6 47.3	6 48.4	6 28.7	0.9	0.4	6.9	3.2	12.9	5.9
10	6 47.5	6 48.6	6 28.9	1.0	0.5	7.0	3.2	13.0	6.0
11	6 47.8	6 48.9	6 29.2	1.1	0.5	7.1	3.3	13.1	6.0
12	6 48.0	6 49.1	6 29.4	1.2	0.6	7.2	3.3	13.2	6.1
13	6 48.3	6 49.4	6 29.7	1.3	0.6	7.3	3.3	13.3	6.1
14	6 48.5	6 49.6	6 29.9	1.4	0.6	7.4	3.4	13.4	6.1
15	6 48.8	6 49.9	6 30.1	1.5	0.7	7.5	3.4	13.5	6.2
16	6 49.0	6 50.1	6 30.4	1.6	0.7	7.6	3.5	13.6	6.2
17	6 49.3	6 50.4	6 30.6	1.7	0.8	7.7	3.5	13.7	6.3
18	6 49.5	6 50.6	6 30.8	1.8	0.8	7.8	3.6	13.8	6.3
19	6 49.8	6 50.9	6 31.1	1.9	0.9	7.9	3.6	13.9	6.4
20	6 50.0	6 51.1	6 31.3	2.0	0.9	8.0	3.7	14.0	6.4
21	6 50.3	6 51.4	6 31.6	2.1	1.0	8.1	3.7	14.1	6.5
22	6 50.5	6 51.6	6 31.8	2.2	1.0	8.2	3.8	14.2	6.5
23	6 50.8	6 51.9	6 32.0	2.3	1.1	8.3	3.8	14.3	6.6
24	6 51.0	6 52.1	6 32.3	2.4	1.1	8.4	3.9	14.4	6.6
25	6 51.3	6 52.4	6 32.5	2.5	1.1	8.5	3.9	14.5	6.6
26	6 51.5	6 52.6	6 32.8	2.6	1.2	8.6	3.9	14.6	6.7
27	6 51.8	6 52.9	6 33.0	2.7	1.2	8.7	4.0	14.7	6.7
28	6 52.0	6 53.1	6 33.2	2.8	1.3	8.8	4.0	14.8	6.8
29	6 52.3	6 53.4	6 33.5	2.9	1.3	8.9	4.1	14.9	6.8
30	6 52.5	6 53.6	6 33.7	3.0	1.4	9.0	4.1	15.0	6.9
31	6 52.8	6 53.9	6 33.9	3.1	1.4	9.1	4.2	15.1	6.9
32	6 53.0	6 54.1	6 34.2	3.2	1.5	9.2	4.2	15.2	7.0
33	6 53.3	6 54.4	6 34.4	3.3	1.5	9.3	4.3	15.3	7.0
34	6 53.5	6 54.6	6 34.7	3.4	1.6	9.4	4.3	15.4	7.1
35	6 53.8	6 54.9	6 34.9	3.5	1.6	9.5	4.4	15.5	7.1
36	6 54.0	6 55.1	6 35.1	3.6	1.7	9.6	4.4	15.6	7.2
37	6 54.3	6 55.4	6 35.4	3.7	1.7	9.7	4.4	15.7	7.2
38	6 54.5	6 55.6	6 35.6	3.8	1.7	9.8	4.5	15.8	7.2
39	6 54.8	6 55.9	6 35.9	3.9	1.8	9.9	4.5	15.9	7.3
40	6 55.0	6 56.1	6 36.1	4.0	1.8	10.0	4.6	16.0	7.3
41	6 55.3	6 56.4	6 36.3	4.1	1.9	10.1	4.6	16.1	7.4
42	6 55.5	6 56.6	6 36.6	4.2	1.9	10.2	4.7	16.2	7.4
43	6 55.8	6 56.9	6 36.8	4.3	2.0	10.3	4.7	16.3	7.5
44	6 56.0	6 57.1	6 37.0	4.4	2.0	10.4	4.8	16.4	7.5
45	6 56.3	6 57.4	6 37.3	4.5	2.1	10.5	4.8	16.5	7.6
46	6 56.5	6 57.6	6 37.5	4.6	2.1	10.6	4.9	16.6	7.6
47	6 56.8	6 57.9	6 37.8	4.7	2.2	10.7	4.9	16.7	7.7
48	6 57.0	6 58.1	6 38.0	4.8	2.2	10.8	5.0	16.8	7.7
49	6 57.3	6 58.4	6 38.2	4.9	2.2	10.9	5.0	16.9	7.7
50	6 57.5	6 58.6	6 38.5	5.0	2.3	11.0	5.0	17.0	7.8
51	6 57.8	6 58.9	6 38.7	5.1	2.3	11.1	5.1	17.1	7.8
52	6 58.0	6 59.1	6 39.0	5.2	2.4	11.2	5.1	17.2	7.9
53	6 58.3	6 59.4	6 39.2	5.3	2.4	11.3	5.2	17.3	7.9
54	6 58.5	6 59.6	6 39.4	5.4	2.5	11.4	5.2	17.4	8.0
55	6 58.8	6 59.9	6 39.7	5.5	2.5	11.5	5.3	17.5	8.0
56	6 59.0	7 00.1	6 39.9	5.6	2.6	11.6	5.3	17.6	8.1
57	6 59.3	7 00.4	6 40.2	5.7	2.6	11.7	5.4	17.7	8.1
58	6 59.5	7 00.6	6 40.4	5.8	2.7	11.8	5.4	17.8	8.2
59	6 59.8	7 00.9	6 40.6	5.9	2.7	11.9	5.5	17.9	8.2
60	7 00.0	7 01.1	6 40.9	6.0	2.8	12.0	5.5	18.0	8.3

INCREMENTS AND CORRECTIONS

28m

s	SUN PLANETS	ARIES	MOON	v or d	Corrn	v or d	Corrn	v or d	Corrn
	° ′	° ′	° ′	′	′	′	′	′	′
00	7 00·0	7 01·1	6 40·9	0·0	0·0	6·0	2·9	12·0	5·7
01	7 00·3	7 01·4	6 41·1	0·1	0·0	6·1	2·9	12·1	5·7
02	7 00·5	7 01·7	6 41·3	0·2	0·1	6·2	2·9	12·2	5·8
03	7 00·8	7 01·9	6 41·6	0·3	0·1	6·3	3·0	12·3	5·8
04	7 01·0	7 02·2	6 41·8	0·4	0·2	6·4	3·0	12·4	5·9
05	7 01·3	7 02·4	6 42·1	0·5	0·2	6·5	3·1	12·5	5·9
06	7 01·5	7 02·7	6 42·3	0·6	0·3	6·6	3·1	12·6	6·0
07	7 01·8	7 02·9	6 42·5	0·7	0·3	6·7	3·2	12·7	6·0
08	7 02·0	7 03·2	6 42·8	0·8	0·4	6·8	3·2	12·8	6·1
09	7 02·3	7 03·4	6 43·0	0·9	0·4	6·9	3·3	12·9	6·1
10	7 02·5	7 03·7	6 43·3	1·0	0·5	7·0	3·3	13·0	6·2
11	7 02·8	7 03·9	6 43·5	1·1	0·5	7·1	3·4	13·1	6·2
12	7 03·0	7 04·2	6 43·7	1·2	0·6	7·2	3·4	13·2	6·3
13	7 03·3	7 04·4	6 44·0	1·3	0·6	7·3	3·5	13·3	6·3
14	7 03·5	7 04·7	6 44·2	1·4	0·7	7·4	3·5	13·4	6·4
15	7 03·8	7 04·9	6 44·4	1·5	0·7	7·5	3·6	13·5	6·4
16	7 04·0	7 05·2	6 44·7	1·6	0·8	7·6	3·6	13·6	6·5
17	7 04·3	7 05·4	6 44·9	1·7	0·8	7·7	3·7	13·7	6·5
18	7 04·5	7 05·7	6 45·2	1·8	0·9	7·8	3·7	13·8	6·6
19	7 04·8	7 05·9	6 45·4	1·9	0·9	7·9	3·8	13·9	6·6
20	7 05·0	7 06·2	6 45·6	2·0	1·0	8·0	3·8	14·0	6·7
21	7 05·3	7 06·4	6 45·9	2·1	1·0	8·1	3·8	14·1	6·7
22	7 05·5	7 06·7	6 46·1	2·2	1·0	8·2	3·9	14·2	6·7
23	7 05·8	7 06·9	6 46·4	2·3	1·1	8·3	3·9	14·3	6·8
24	7 06·0	7 07·2	6 46·6	2·4	1·1	8·4	4·0	14·4	6·8
25	7 06·3	7 07·4	6 46·8	2·5	1·2	8·5	4·0	14·5	6·9
26	7 06·5	7 07·7	6 47·1	2·6	1·2	8·6	4·1	14·6	6·9
27	7 06·8	7 07·9	6 47·3	2·7	1·3	8·7	4·1	14·7	7·0
28	7 07·0	7 08·2	6 47·5	2·8	1·3	8·8	4·2	14·8	7·0
29	7 07·3	7 08·4	6 47·8	2·9	1·4	8·9	4·2	14·9	7·1
30	7 07·5	7 08·7	6 48·0	3·0	1·4	9·0	4·3	15·0	7·1
31	7 07·8	7 08·9	6 48·3	3·1	1·5	9·1	4·3	15·1	7·2
32	7 08·0	7 09·2	6 48·5	3·2	1·5	9·2	4·4	15·2	7·2
33	7 08·3	7 09·4	6 48·7	3·3	1·6	9·3	4·4	15·3	7·3
34	7 08·5	7 09·7	6 49·0	3·4	1·6	9·4	4·5	15·4	7·3
35	7 08·8	7 09·9	6 49·2	3·5	1·7	9·5	4·5	15·5	7·4
36	7 09·0	7 10·2	6 49·5	3·6	1·7	9·6	4·6	15·6	7·4
37	7 09·3	7 10·4	6 49·7	3·7	1·8	9·7	4·6	15·7	7·5
38	7 09·5	7 10·7	6 49·9	3·8	1·8	9·8	4·7	15·8	7·5
39	7 09·8	7 10·9	6 50·2	3·9	1·9	9·9	4·7	15·9	7·6
40	7 10·0	7 11·2	6 50·4	4·0	1·9	10·0	4·8	16·0	7·6
41	7 10·3	7 11·4	6 50·6	4·1	1·9	10·1	4·8	16·1	7·6
42	7 10·5	7 11·7	6 50·9	4·2	2·0	10·2	4·8	16·2	7·7
43	7 10·8	7 11·9	6 51·1	4·3	2·0	10·3	4·9	16·3	7·7
44	7 11·0	7 12·2	6 51·4	4·4	2·1	10·4	4·9	16·4	7·8
45	7 11·3	7 12·4	6 51·6	4·5	2·1	10·5	5·0	16·5	7·8
46	7 11·5	7 12·7	6 51·8	4·6	2·2	10·6	5·0	16·6	7·9
47	7 11·8	7 12·9	6 52·1	4·7	2·2	10·7	5·1	16·7	7·9
48	7 12·0	7 13·2	6 52·3	4·8	2·3	10·8	5·1	16·8	8·0
49	7 12·3	7 13·4	6 52·6	4·9	2·3	10·9	5·2	16·9	8·0
50	7 12·5	7 13·7	6 52·8	5·0	2·4	11·0	5·2	17·0	8·1
51	7 12·8	7 13·9	6 53·0	5·1	2·4	11·1	5·3	17·1	8·1
52	7 13·0	7 14·2	6 53·3	5·2	2·5	11·2	5·3	17·2	8·2
53	7 13·3	7 14·4	6 53·5	5·3	2·5	11·3	5·4	17·3	8·2
54	7 13·5	7 14·7	6 53·8	5·4	2·6	11·4	5·4	17·4	8·3
55	7 13·8	7 14·9	6 54·0	5·5	2·6	11·5	5·5	17·5	8·3
56	7 14·0	7 15·2	6 54·2	5·6	2·7	11·6	5·5	17·6	8·4
57	7 14·3	7 15·4	6 54·5	5·7	2·7	11·7	5·6	17·7	8·4
58	7 14·5	7 15·7	6 54·7	5·8	2·8	11·8	5·6	17·8	8·5
59	7 14·8	7 15·9	6 54·9	5·9	2·8	11·9	5·7	17·9	8·5
60	7 15·0	7 16·2	6 55·2	6·0	2·9	12·0	5·7	18·0	8·6

29m

s	SUN PLANETS	ARIES	MOON	v or d	Corrn	v or d	Corrn	v or d	Corrn
	° ′	° ′	° ′	′	′	′	′	′	′
00	7 15·0	7 16·2	6 55·2	0·0	0·0	6·0	3·0	12·0	5·9
01	7 15·3	7 16·4	6 55·4	0·1	0·0	6·1	3·0	12·1	5·9
02	7 15·5	7 16·7	6 55·7	0·2	0·1	6·2	3·0	12·2	6·0
03	7 15·8	7 16·9	6 55·9	0·3	0·1	6·3	3·1	12·3	6·0
04	7 16·0	7 17·2	6 56·1	0·4	0·2	6·4	3·1	12·4	6·1
05	7 16·3	7 17·4	6 56·4	0·5	0·2	6·5	3·2	12·5	6·1
06	7 16·5	7 17·7	6 56·6	0·6	0·3	6·6	3·2	12·6	6·2
07	7 16·8	7 17·9	6 56·9	0·7	0·3	6·7	3·3	12·7	6·2
08	7 17·0	7 18·2	6 57·1	0·8	0·4	6·8	3·3	12·8	6·3
09	7 17·3	7 18·4	6 57·3	0·9	0·4	6·9	3·4	12·9	6·3
10	7 17·5	7 18·7	6 57·6	1·0	0·5	7·0	3·4	13·0	6·4
11	7 17·8	7 18·9	6 57·8	1·1	0·5	7·1	3·5	13·1	6·4
12	7 18·0	7 19·2	6 58·0	1·2	0·6	7·2	3·5	13·2	6·5
13	7 18·3	7 19·4	6 58·3	1·3	0·6	7·3	3·6	13·3	6·5
14	7 18·5	7 19·7	6 58·5	1·4	0·7	7·4	3·6	13·4	6·6
15	7 18·8	7 20·0	6 58·8	1·5	0·7	7·5	3·7	13·5	6·6
16	7 19·0	7 20·2	6 59·0	1·6	0·8	7·6	3·7	13·6	6·7
17	7 19·3	7 20·5	6 59·2	1·7	0·8	7·7	3·8	13·7	6·7
18	7 19·5	7 20·7	6 59·5	1·8	0·9	7·8	3·8	13·8	6·8
19	7 19·8	7 21·0	6 59·7	1·9	0·9	7·9	3·9	13·9	6·8
20	7 20·0	7 21·2	7 00·0	2·0	1·0	8·0	3·9	14·0	6·9
21	7 20·3	7 21·5	7 00·2	2·1	1·0	8·1	4·0	14·1	6·9
22	7 20·5	7 21·7	7 00·4	2·2	1·1	8·2	4·0	14·2	7·0
23	7 20·8	7 22·0	7 00·7	2·3	1·1	8·3	4·1	14·3	7·0
24	7 21·0	7 22·2	7 00·9	2·4	1·2	8·4	4·1	14·4	7·1
25	7 21·3	7 22·5	7 01·1	2·5	1·2	8·5	4·2	14·5	7·1
26	7 21·5	7 22·7	7 01·4	2·6	1·3	8·6	4·2	14·6	7·2
27	7 21·8	7 23·0	7 01·6	2·7	1·3	8·7	4·3	14·7	7·2
28	7 22·0	7 23·2	7 01·9	2·8	1·4	8·8	4·3	14·8	7·3
29	7 22·3	7 23·5	7 02·1	2·9	1·4	8·9	4·4	14·9	7·3
30	7 22·5	7 23·7	7 02·3	3·0	1·5	9·0	4·4	15·0	7·4
31	7 22·8	7 24·0	7 02·6	3·1	1·5	9·1	4·5	15·1	7·4
32	7 23·0	7 24·2	7 02·8	3·2	1·6	9·2	4·5	15·2	7·5
33	7 23·3	7 24·5	7 03·1	3·3	1·6	9·3	4·6	15·3	7·5
34	7 23·5	7 24·7	7 03·3	3·4	1·7	9·4	4·6	15·4	7·6
35	7 23·8	7 25·0	7 03·5	3·5	1·7	9·5	4·7	15·5	7·6
36	7 24·0	7 25·2	7 03·8	3·6	1·8	9·6	4·7	15·6	7·7
37	7 24·3	7 25·5	7 04·0	3·7	1·8	9·7	4·8	15·7	7·7
38	7 24·5	7 25·7	7 04·3	3·8	1·9	9·8	4·8	15·8	7·8
39	7 24·8	7 26·0	7 04·5	3·9	1·9	9·9	4·9	15·9	7·8
40	7 25·0	7 26·2	7 04·7	4·0	2·0	10·0	4·9	16·0	7·9
41	7 25·3	7 26·5	7 05·0	4·1	2·0	10·1	5·0	16·1	7·9
42	7 25·5	7 26·7	7 05·2	4·2	2·1	10·2	5·0	16·2	8·0
43	7 25·8	7 27·0	7 05·4	4·3	2·1	10·3	5·1	16·3	8·0
44	7 26·0	7 27·2	7 05·7	4·4	2·2	10·4	5·1	16·4	8·1
45	7 26·3	7 27·5	7 05·9	4·5	2·2	10·5	5·2	16·5	8·1
46	7 26·5	7 27·7	7 06·2	4·6	2·3	10·6	5·2	16·6	8·2
47	7 26·8	7 28·0	7 06·4	4·7	2·3	10·7	5·3	16·7	8·2
48	7 27·0	7 28·2	7 06·6	4·8	2·4	10·8	5·3	16·8	8·3
49	7 27·3	7 28·5	7 06·9	4·9	2·4	10·9	5·4	16·9	8·3
50	7 27·5	7 28·7	7 07·1	5·0	2·5	11·0	5·4	17·0	8·4
51	7 27·8	7 29·0	7 07·4	5·1	2·5	11·1	5·5	17·1	8·4
52	7 28·0	7 29·2	7 07·6	5·2	2·6	11·2	5·5	17·2	8·5
53	7 28·3	7 29·5	7 07·8	5·3	2·6	11·3	5·6	17·3	8·5
54	7 28·5	7 29·7	7 08·1	5·4	2·7	11·4	5·6	17·4	8·6
55	7 28·8	7 30·0	7 08·3	5·5	2·7	11·5	5·7	17·5	8·6
56	7 29·0	7 30·2	7 08·5	5·6	2·8	11·6	5·7	17·6	8·7
57	7 29·3	7 30·5	7 08·8	5·7	2·8	11·7	5·8	17·7	8·7
58	7 29·5	7 30·7	7 09·0	5·8	2·9	11·8	5·8	17·8	8·8
59	7 29·8	7 31·0	7 09·3	5·9	2·9	11·9	5·9	17·9	8·8
60	7 30·0	7 31·2	7 09·5	6·0	3·0	12·0	5·9	18·0	8·9

INCREMENTS AND CORRECTIONS

30m

30 s	SUN PLANETS ° ′	ARIES ° ′	MOON ° ′	v or d ′	Corrⁿ ′	v or d ′	Corrⁿ ′	v or d ′	Corrⁿ ′
00	7 30·0	7 31·2	7 09·5	0·0	0·0	6·0	3·1	12·0	6·1
01	7 30·3	7 31·5	7 09·7	0·1	0·1	6·1	3·1	12·1	6·2
02	7 30·5	7 31·7	7 10·0	0·2	0·1	6·2	3·2	12·2	6·2
03	7 30·8	7 32·0	7 10·2	0·3	0·2	6·3	3·2	12·3	6·3
04	7 31·0	7 32·2	7 10·5	0·4	0·2	6·4	3·3	12·4	6·3
05	7 31·3	7 32·5	7 10·7	0·5	0·3	6·5	3·3	12·5	6·4
06	7 31·5	7 32·7	7 10·9	0·6	0·3	6·6	3·4	12·6	6·4
07	7 31·8	7 33·0	7 11·2	0·7	0·4	6·7	3·4	12·7	6·5
08	7 32·0	7 33·2	7 11·4	0·8	0·4	6·8	3·5	12·8	6·5
09	7 32·3	7 33·5	7 11·6	0·9	0·5	6·9	3·5	12·9	6·6
10	7 32·5	7 33·7	7 11·9	1·0	0·5	7·0	3·6	13·0	6·6
11	7 32·8	7 34·0	7 12·1	1·1	0·6	7·1	3·6	13·1	6·7
12	7 33·0	7 34·2	7 12·4	1·2	0·6	7·2	3·7	13·2	6·7
13	7 33·3	7 34·5	7 12·6	1·3	0·7	7·3	3·7	13·3	6·8
14	7 33·5	7 34·7	7 12·8	1·4	0·7	7·4	3·8	13·4	6·8
15	7 33·8	7 35·0	7 13·1	1·5	0·8	7·5	3·8	13·5	6·9
16	7 34·0	7 35·2	7 13·3	1·6	0·8	7·6	3·9	13·6	6·9
17	7 34·3	7 35·5	7 13·6	1·7	0·9	7·7	3·9	13·7	7·0
18	7 34·5	7 35·7	7 13·8	1·8	0·9	7·8	4·0	13·8	7·0
19	7 34·8	7 36·0	7 14·0	1·9	1·0	7·9	4·0	13·9	7·1
20	7 35·0	7 36·2	7 14·3	2·0	1·0	8·0	4·1	14·0	7·1
21	7 35·3	7 36·5	7 14·5	2·1	1·1	8·1	4·1	14·1	7·2
22	7 35·5	7 36·7	7 14·7	2·2	1·1	8·2	4·2	14·2	7·2
23	7 35·8	7 37·0	7 15·0	2·3	1·2	8·3	4·2	14·3	7·3
24	7 36·0	7 37·2	7 15·2	2·4	1·2	8·4	4·3	14·4	7·3
25	7 36·3	7 37·5	7 15·5	2·5	1·3	8·5	4·3	14·5	7·4
26	7 36·5	7 37·7	7 15·7	2·6	1·3	8·6	4·4	14·6	7·4
27	7 36·8	7 38·0	7 15·9	2·7	1·4	8·7	4·4	14·7	7·5
28	7 37·0	7 38·3	7 16·2	2·8	1·4	8·8	4·5	14·8	7·5
29	7 37·3	7 38·5	7 16·4	2·9	1·5	8·9	4·5	14·9	7·6
30	7 37·5	7 38·8	7 16·7	3·0	1·5	9·0	4·6	15·0	7·6
31	7 37·8	7 39·0	7 16·9	3·1	1·6	9·1	4·6	15·1	7·7
32	7 38·0	7 39·3	7 17·1	3·2	1·6	9·2	4·7	15·2	7·7
33	7 38·3	7 39·5	7 17·4	3·3	1·7	9·3	4·7	15·3	7·8
34	7 38·5	7 39·8	7 17·6	3·4	1·7	9·4	4·8	15·4	7·8
35	7 38·8	7 40·0	7 17·9	3·5	1·8	9·5	4·8	15·5	7·9
36	7 39·0	7 40·3	7 18·1	3·6	1·8	9·6	4·9	15·6	7·9
37	7 39·3	7 40·5	7 18·3	3·7	1·9	9·7	4·9	15·7	8·0
38	7 39·5	7 40·8	7 18·6	3·8	1·9	9·8	5·0	15·8	8·0
39	7 39·8	7 41·0	7 18·8	3·9	2·0	9·9	5·0	15·9	8·1
40	7 40·0	7 41·3	7 19·0	4·0	2·0	10·0	5·1	16·0	8·1
41	7 40·3	7 41·5	7 19·3	4·1	2·1	10·1	5·1	16·1	8·2
42	7 40·5	7 41·8	7 19·5	4·2	2·1	10·2	5·2	16·2	8·2
43	7 40·8	7 42·0	7 19·8	4·3	2·2	10·3	5·2	16·3	8·3
44	7 41·0	7 42·3	7 20·0	4·4	2·2	10·4	5·3	16·4	8·3
45	7 41·3	7 42·5	7 20·2	4·5	2·3	10·5	5·3	16·5	8·4
46	7 41·5	7 42·8	7 20·5	4·6	2·3	10·6	5·4	16·6	8·4
47	7 41·8	7 43·0	7 20·7	4·7	2·4	10·7	5·4	16·7	8·5
48	7 42·0	7 43·3	7 21·0	4·8	2·4	10·8	5·5	16·8	8·5
49	7 42·3	7 43·5	7 21·2	4·9	2·5	10·9	5·5	16·9	8·6
50	7 42·5	7 43·8	7 21·4	5·0	2·5	11·0	5·6	17·0	8·6
51	7 42·8	7 44·0	7 21·7	5·1	2·6	11·1	5·6	17·1	8·7
52	7 43·0	7 44·3	7 21·9	5·2	2·6	11·2	5·7	17·2	8·7
53	7 43·3	7 44·5	7 22·1	5·3	2·7	11·3	5·7	17·3	8·8
54	7 43·5	7 44·8	7 22·4	5·4	2·7	11·4	5·8	17·4	8·8
55	7 43·8	7 45·0	7 22·6	5·5	2·8	11·5	5·8	17·5	8·9
56	7 44·0	7 45·3	7 22·9	5·6	2·8	11·6	5·9	17·6	8·9
57	7 44·3	7 45·5	7 23·1	5·7	2·9	11·7	5·9	17·7	9·0
58	7 44·5	7 45·8	7 23·3	5·8	2·9	11·8	6·0	17·8	9·0
59	7 44·8	7 46·0	7 23·6	5·9	3·0	11·9	6·0	17·9	9·1
60	7 45·0	7 46·3	7 23·8	6·0	3·1	12·0	6·1	18·0	9·2

31m

31 s	SUN PLANETS ° ′	ARIES ° ′	MOON ° ′	v or d ′	Corrⁿ ′	v or d ′	Corrⁿ ′	v or d ′	Corrⁿ ′
00	7 45·0	7 46·3	7 23·8	0·0	0·0	6·0	3·2	12·0	6·3
01	7 45·3	7 46·5	7 24·1	0·1	0·1	6·1	3·2	12·1	6·4
02	7 45·5	7 46·8	7 24·3	0·2	0·1	6·2	3·3	12·2	6·4
03	7 45·8	7 47·0	7 24·5	0·3	0·2	6·3	3·3	12·3	6·5
04	7 46·0	7 47·3	7 24·8	0·4	0·2	6·4	3·4	12·4	6·5
05	7 46·3	7 47·5	7 25·0	0·5	0·3	6·5	3·4	12·5	6·6
06	7 46·5	7 47·8	7 25·2	0·6	0·3	6·6	3·5	12·6	6·6
07	7 46·8	7 48·0	7 25·5	0·7	0·4	6·7	3·5	12·7	6·7
08	7 47·0	7 48·3	7 25·7	0·8	0·4	6·8	3·6	12·8	6·7
09	7 47·3	7 48·5	7 26·0	0·9	0·5	6·9	3·6	12·9	6·8
10	7 47·5	7 48·8	7 26·2	1·0	0·5	7·0	3·7	13·0	6·8
11	7 47·8	7 49·0	7 26·4	1·1	0·6	7·1	3·7	13·1	6·9
12	7 48·0	7 49·3	7 26·7	1·2	0·6	7·2	3·8	13·2	6·9
13	7 48·3	7 49·5	7 26·9	1·3	0·7	7·3	3·8	13·3	7·0
14	7 48·5	7 49·8	7 27·2	1·4	0·7	7·4	3·9	13·4	7·0
15	7 48·8	7 50·0	7 27·4	1·5	0·8	7·5	3·9	13·5	7·1
16	7 49·0	7 50·3	7 27·6	1·6	0·8	7·6	4·0	13·6	7·1
17	7 49·3	7 50·5	7 27·9	1·7	0·9	7·7	4·0	13·7	7·2
18	7 49·5	7 50·8	7 28·1	1·8	0·9	7·8	4·1	13·8	7·2
19	7 49·8	7 51·0	7 28·4	1·9	1·0	7·9	4·1	13·9	7·3
20	7 50·0	7 51·3	7 28·6	2·0	1·1	8·0	4·2	14·0	7·4
21	7 50·3	7 51·5	7 28·8	2·1	1·1	8·1	4·3	14·1	7·4
22	7 50·5	7 51·8	7 29·1	2·2	1·2	8·2	4·3	14·2	7·5
23	7 50·8	7 52·0	7 29·3	2·3	1·2	8·3	4·4	14·3	7·5
24	7 51·0	7 52·3	7 29·5	2·4	1·3	8·4	4·4	14·4	7·6
25	7 51·3	7 52·5	7 29·8	2·5	1·3	8·5	4·5	14·5	7·6
26	7 51·5	7 52·8	7 30·0	2·6	1·4	8·6	4·5	14·6	7·7
27	7 51·8	7 53·0	7 30·3	2·7	1·4	8·7	4·6	14·7	7·7
28	7 52·0	7 53·3	7 30·5	2·8	1·5	8·8	4·6	14·8	7·8
29	7 52·3	7 53·5	7 30·7	2·9	1·5	8·9	4·7	14·9	7·8
30	7 52·5	7 53·8	7 31·0	3·0	1·6	9·0	4·7	15·0	7·9
31	7 52·8	7 54·0	7 31·2	3·1	1·6	9·1	4·8	15·1	7·9
32	7 53·0	7 54·3	7 31·5	3·2	1·7	9·2	4·8	15·2	8·0
33	7 53·3	7 54·5	7 31·7	3·3	1·7	9·3	4·9	15·3	8·0
34	7 53·5	7 54·8	7 31·9	3·4	1·8	9·4	4·9	15·4	8·1
35	7 53·8	7 55·0	7 32·2	3·5	1·8	9·5	5·0	15·5	8·1
36	7 54·0	7 55·3	7 32·4	3·6	1·9	9·6	5·0	15·6	8·2
37	7 54·3	7 55·5	7 32·6	3·7	1·9	9·7	5·1	15·7	8·2
38	7 54·5	7 55·8	7 32·9	3·8	2·0	9·8	5·1	15·8	8·3
39	7 54·8	7 56·0	7 33·1	3·9	2·0	9·9	5·2	15·9	8·3
40	7 55·0	7 56·3	7 33·4	4·0	2·1	10·0	5·3	16·0	8·4
41	7 55·3	7 56·6	7 33·6	4·1	2·2	10·1	5·3	16·1	8·5
42	7 55·5	7 56·8	7 33·8	4·2	2·2	10·2	5·4	16·2	8·5
43	7 55·8	7 57·1	7 34·1	4·3	2·3	10·3	5·4	16·3	8·6
44	7 56·0	7 57·3	7 34·3	4·4	2·3	10·4	5·5	16·4	8·6
45	7 56·3	7 57·6	7 34·6	4·5	2·4	10·5	5·5	16·5	8·7
46	7 56·5	7 57·8	7 34·8	4·6	2·4	10·6	5·6	16·6	8·7
47	7 56·8	7 58·1	7 35·0	4·7	2·5	10·7	5·6	16·7	8·8
48	7 57·0	7 58·3	7 35·3	4·8	2·5	10·8	5·7	16·8	8·8
49	7 57·3	7 58·6	7 35·5	4·9	2·6	10·9	5·7	16·9	8·9
50	7 57·5	7 58·8	7 35·7	5·0	2·6	11·0	5·8	17·0	8·9
51	7 57·8	7 59·1	7 36·0	5·1	2·7	11·1	5·8	17·1	9·0
52	7 58·0	7 59·3	7 36·2	5·2	2·7	11·2	5·9	17·2	9·0
53	7 58·3	7 59·6	7 36·5	5·3	2·8	11·3	5·9	17·3	9·1
54	7 58·5	7 59·8	7 36·7	5·4	2·8	11·4	6·0	17·4	9·1
55	7 58·8	8 00·1	7 36·9	5·5	2·9	11·5	6·0	17·5	9·2
56	7 59·0	8 00·3	7 37·2	5·6	2·9	11·6	6·1	17·6	9·2
57	7 59·3	8 00·6	7 37·4	5·7	3·0	11·7	6·1	17·7	9·3
58	7 59·5	8 00·8	7 37·7	5·8	3·0	11·8	6·2	17·8	9·3
59	7 59·8	8 01·1	7 37·9	5·9	3·1	11·9	6·2	17·9	9·4
60	8 00·0	8 01·3	7 38·1	6·0	3·2	12·0	6·3	18·0	9·5

INCREMENTS AND CORRECTIONS

32ᵐ

32ˢ	SUN PLANETS	ARIES	MOON	v or d / Corrⁿ	v or d / Corrⁿ	v or d / Corrⁿ
s	° ′	° ′	° ′	′ ′	′ ′	′ ′
00	8 00·0	8 01·3	7 38·1	0·0 0·0	6·0 3·3	12·0 6·5
01	8 00·3	8 01·6	7 38·4	0·1 0·1	6·1 3·3	12·1 6·6
02	8 00·5	8 01·8	7 38·6	0·2 0·1	6·2 3·4	12·2 6·6
03	8 00·8	8 02·1	7 38·8	0·3 0·2	6·3 3·4	12·3 6·7
04	8 01·0	8 02·3	7 39·1	0·4 0·2	6·4 3·5	12·4 6·7
05	8 01·3	8 02·6	7 39·3	0·5 0·3	6·5 3·5	12·5 6·8
06	8 01·5	8 02·8	7 39·6	0·6 0·3	6·6 3·6	12·6 6·8
07	8 01·8	8 03·1	7 39·8	0·7 0·4	6·7 3·6	12·7 6·9
08	8 02·0	8 03·3	7 40·0	0·8 0·4	6·8 3·7	12·8 6·9
09	8 02·3	8 03·6	7 40·3	0·9 0·5	6·9 3·7	12·9 7·0
10	8 02·5	8 03·8	7 40·5	1·0 0·5	7·0 3·8	13·0 7·0
11	8 02·8	8 04·1	7 40·8	1·1 0·6	7·1 3·8	13·1 7·1
12	8 03·0	8 04·3	7 41·0	1·2 0·7	7·2 3·9	13·2 7·2
13	8 03·3	8 04·6	7 41·2	1·3 0·7	7·3 4·0	13·3 7·2
14	8 03·5	8 04·8	7 41·5	1·4 0·8	7·4 4·0	13·4 7·3
15	8 03·8	8 05·1	7 41·7	1·5 0·8	7·5 4·1	13·5 7·3
16	8 04·0	8 05·3	7 42·0	1·6 0·9	7·6 4·1	13·6 7·4
17	8 04·3	8 05·6	7 42·2	1·7 0·9	7·7 4·2	13·7 7·4
18	8 04·5	8 05·8	7 42·4	1·8 1·0	7·8 4·2	13·8 7·5
19	8 04·8	8 06·1	7 42·7	1·9 1·0	7·9 4·3	13·9 7·5
20	8 05·0	8 06·3	7 42·9	2·0 1·1	8·0 4·3	14·0 7·6
21	8 05·3	8 06·6	7 43·1	2·1 1·1	8·1 4·4	14·1 7·6
22	8 05·5	8 06·8	7 43·4	2·2 1·2	8·2 4·4	14·2 7·7
23	8 05·8	8 07·1	7 43·6	2·3 1·2	8·3 4·5	14·3 7·7
24	8 06·0	8 07·3	7 43·9	2·4 1·3	8·4 4·6	14·4 7·8
25	8 06·3	8 07·6	7 44·1	2·5 1·4	8·5 4·6	14·5 7·9
26	8 06·5	8 07·8	7 44·3	2·6 1·4	8·6 4·7	14·6 7·9
27	8 06·8	8 08·1	7 44·6	2·7 1·5	8·7 4·7	14·7 8·0
28	8 07·0	8 08·3	7 44·8	2·8 1·5	8·8 4·8	14·8 8·0
29	8 07·3	8 08·6	7 45·1	2·9 1·6	8·9 4·8	14·9 8·1
30	8 07·5	8 08·8	7 45·3	3·0 1·6	9·0 4·9	15·0 8·1
31	8 07·8	8 09·1	7 45·5	3·1 1·7	9·1 4·9	15·1 8·2
32	8 08·0	8 09·3	7 45·8	3·2 1·7	9·2 5·0	15·2 8·2
33	8 08·3	8 09·6	7 46·0	3·3 1·8	9·3 5·0	15·3 8·3
34	8 08·5	8 09·8	7 46·2	3·4 1·8	9·4 5·1	15·4 8·3
35	8 08·8	8 10·1	7 46·5	3·5 1·9	9·5 5·1	15·5 8·4
36	8 09·0	8 10·3	7 46·7	3·6 2·0	9·6 5·2	15·6 8·5
37	8 09·3	8 10·6	7 47·0	3·7 2·0	9·7 5·3	15·7 8·5
38	8 09·5	8 10·8	7 47·2	3·8 2·1	9·8 5·3	15·8 8·6
39	8 09·8	8 11·1	7 47·4	3·9 2·1	9·9 5·4	15·9 8·6
40	8 10·0	8 11·3	7 47·7	4·0 2·2	10·0 5·4	16·0 8·7
41	8 10·3	8 11·6	7 47·9	4·1 2·2	10·1 5·5	16·1 8·7
42	8 10·5	8 11·8	7 48·2	4·2 2·3	10·2 5·5	16·2 8·8
43	8 10·8	8 12·1	7 48·4	4·3 2·3	10·3 5·6	16·3 8·8
44	8 11·0	8 12·3	7 48·6	4·4 2·4	10·4 5·6	16·4 8·9
45	8 11·3	8 12·6	7 48·9	4·5 2·4	10·5 5·7	16·5 8·9
46	8 11·5	8 12·8	7 49·1	4·6 2·5	10·6 5·7	16·6 9·0
47	8 11·8	8 13·1	7 49·3	4·7 2·5	10·7 5·8	16·7 9·0
48	8 12·0	8 13·3	7 49·6	4·8 2·6	10·8 5·9	16·8 9·1
49	8 12·3	8 13·6	7 49·8	4·9 2·7	10·9 5·9	16·9 9·2
50	8 12·5	8 13·8	7 50·1	5·0 2·7	11·0 6·0	17·0 9·2
51	8 12·8	8 14·1	7 50·3	5·1 2·8	11·1 6·0	17·1 9·3
52	8 13·0	8 14·3	7 50·5	5·2 2·8	11·2 6·1	17·2 9·3
53	8 13·3	8 14·6	7 50·8	5·3 2·9	11·3 6·1	17·3 9·4
54	8 13·5	8 14·9	7 51·0	5·4 2·9	11·4 6·2	17·4 9·4
55	8 13·8	8 15·1	7 51·3	5·5 3·0	11·5 6·2	17·5 9·5
56	8 14·0	8 15·4	7 51·5	5·6 3·0	11·6 6·3	17·6 9·5
57	8 14·3	8 15·6	7 51·7	5·7 3·1	11·7 6·3	17·7 9·6
58	8 14·5	8 15·9	7 52·0	5·8 3·1	11·8 6·4	17·8 9·6
59	8 14·8	8 16·1	7 52·2	5·9 3·2	11·9 6·4	17·9 9·7
60	8 15·0	8 16·4	7 52·5	6·0 3·3	12·0 6·5	18·0 9·8

33ᵐ

33ˢ	SUN PLANETS	ARIES	MOON	v or d / Corrⁿ	v or d / Corrⁿ	v or d / Corrⁿ
s	° ′	° ′	° ′	′ ′	′ ′	′ ′
00	8 15·0	8 16·4	7 52·5	0·0 0·0	6·0 3·4	12·0 6·7
01	8 15·3	8 16·6	7 52·7	0·1 0·1	6·1 3·4	12·1 6·8
02	8 15·5	8 16·9	7 52·9	0·2 0·1	6·2 3·5	12·2 6·8
03	8 15·8	8 17·1	7 53·2	0·3 0·2	6·3 3·5	12·3 6·9
04	8 16·0	8 17·4	7 53·4	0·4 0·2	6·4 3·6	12·4 6·9
05	8 16·3	8 17·6	7 53·6	0·5 0·3	6·5 3·6	12·5 7·0
06	8 16·5	8 17·9	7 53·9	0·6 0·3	6·6 3·7	12·6 7·0
07	8 16·8	8 18·1	7 54·1	0·7 0·4	6·7 3·7	12·7 7·1
08	8 17·0	8 18·4	7 54·4	0·8 0·4	6·8 3·8	12·8 7·1
09	8 17·3	8 18·6	7 54·6	0·9 0·5	6·9 3·9	12·9 7·2
10	8 17·5	8 18·9	7 54·8	1·0 0·6	7·0 3·9	13·0 7·3
11	8 17·8	8 19·1	7 55·1	1·1 0·6	7·1 4·0	13·1 7·3
12	8 18·0	8 19·4	7 55·3	1·2 0·7	7·2 4·0	13·2 7·4
13	8 18·3	8 19·6	7 55·6	1·3 0·7	7·3 4·1	13·3 7·4
14	8 18·5	8 19·9	7 55·8	1·4 0·8	7·4 4·1	13·4 7·5
15	8 18·8	8 20·1	7 56·0	1·5 0·8	7·5 4·2	13·5 7·5
16	8 19·0	8 20·4	7 56·3	1·6 0·9	7·6 4·2	13·6 7·6
17	8 19·3	8 20·6	7 56·5	1·7 0·9	7·7 4·3	13·7 7·6
18	8 19·5	8 20·9	7 56·7	1·8 1·0	7·8 4·4	13·8 7·7
19	8 19·8	8 21·1	7 57·0	1·9 1·1	7·9 4·4	13·9 7·8
20	8 20·0	8 21·4	7 57·2	2·0 1·1	8·0 4·5	14·0 7·8
21	8 20·3	8 21·6	7 57·5	2·1 1·2	8·1 4·5	14·1 7·9
22	8 20·5	8 21·9	7 57·7	2·2 1·2	8·2 4·6	14·2 7·9
23	8 20·8	8 22·1	7 57·9	2·3 1·3	8·3 4·6	14·3 8·0
24	8 21·0	8 22·4	7 58·2	2·4 1·3	8·4 4·7	14·4 8·0
25	8 21·3	8 22·6	7 58·4	2·5 1·4	8·5 4·7	14·5 8·1
26	8 21·5	8 22·9	7 58·7	2·6 1·5	8·6 4·8	14·6 8·2
27	8 21·8	8 23·1	7 58·9	2·7 1·5	8·7 4·9	14·7 8·2
28	8 22·0	8 23·4	7 59·1	2·8 1·6	8·8 4·9	14·8 8·3
29	8 22·3	8 23·6	7 59·4	2·9 1·6	8·9 5·0	14·9 8·3
30	8 22·5	8 23·9	7 59·6	3·0 1·7	9·0 5·0	15·0 8·4
31	8 22·8	8 24·1	7 59·8	3·1 1·7	9·1 5·1	15·1 8·4
32	8 23·0	8 24·4	8 00·1	3·2 1·8	9·2 5·1	15·2 8·5
33	8 23·3	8 24·6	8 00·3	3·3 1·8	9·3 5·2	15·3 8·5
34	8 23·5	8 24·9	8 00·6	3·4 1·9	9·4 5·2	15·4 8·6
35	8 23·8	8 25·1	8 00·8	3·5 2·0	9·5 5·3	15·5 8·7
36	8 24·0	8 25·4	8 01·0	3·6 2·0	9·6 5·4	15·6 8·7
37	8 24·3	8 25·6	8 01·3	3·7 2·1	9·7 5·4	15·7 8·8
38	8 24·5	8 25·9	8 01·5	3·8 2·1	9·8 5·5	15·8 8·8
39	8 24·8	8 26·1	8 01·8	3·9 2·2	9·9 5·5	15·9 8·9
40	8 25·0	8 26·4	8 02·0	4·0 2·2	10·0 5·6	16·0 8·9
41	8 25·3	8 26·6	8 02·2	4·1 2·3	10·1 5·6	16·1 9·0
42	8 25·5	8 26·9	8 02·5	4·2 2·3	10·2 5·7	16·2 9·0
43	8 25·8	8 27·1	8 02·7	4·3 2·4	10·3 5·8	16·3 9·1
44	8 26·0	8 27·4	8 02·9	4·4 2·5	10·4 5·8	16·4 9·2
45	8 26·3	8 27·6	8 03·2	4·5 2·5	10·5 5·9	16·5 9·2
46	8 26·5	8 27·9	8 03·4	4·6 2·6	10·6 5·9	16·6 9·3
47	8 26·8	8 28·1	8 03·7	4·7 2·6	10·7 6·0	16·7 9·3
48	8 27·0	8 28·4	8 03·9	4·8 2·7	10·8 6·0	16·8 9·4
49	8 27·3	8 28·6	8 04·1	4·9 2·7	10·9 6·1	16·9 9·4
50	8 27·5	8 28·9	8 04·4	5·0 2·8	11·0 6·1	17·0 9·5
51	8 27·8	8 29·1	8 04·6	5·1 2·8	11·1 6·2	17·1 9·5
52	8 28·0	8 29·4	8 04·9	5·2 2·9	11·2 6·3	17·2 9·6
53	8 28·3	8 29·6	8 05·1	5·3 3·0	11·3 6·3	17·3 9·7
54	8 28·5	8 29·9	8 05·3	5·4 3·0	11·4 6·4	17·4 9·7
55	8 28·8	8 30·1	8 05·6	5·5 3·1	11·5 6·4	17·5 9·8
56	8 29·0	8 30·4	8 05·8	5·6 3·1	11·6 6·5	17·6 9·8
57	8 29·3	8 30·6	8 06·1	5·7 3·2	11·7 6·5	17·7 9·9
58	8 29·5	8 30·9	8 06·3	5·8 3·2	11·8 6·6	17·8 9·9
59	8 29·8	8 31·1	8 06·5	5·9 3·3	11·9 6·6	17·9 10·0
60	8 30·0	8 31·4	8 06·8	6·0 3·4	12·0 6·7	18·0 10·1

INCREMENTS AND CORRECTIONS

34m

34 s	SUN PLANETS ° ′	ARIES ° ′	MOON ° ′	v or d ′	Corrⁿ ′	v or d ′	Corrⁿ ′	v or d ′	Corrⁿ ′
00	8 30·0	8 31·4	8 06·8	0·0	0·0	6·0	3·5	12·0	6·9
01	8 30·3	8 31·6	8 07·0	0·1	0·1	6·1	3·5	12·1	7·0
02	8 30·5	8 31·9	8 07·2	0·2	0·1	6·2	3·6	12·2	7·0
03	8 30·8	8 32·1	8 07·5	0·3	0·2	6·3	3·6	12·3	7·1
04	8 31·0	8 32·4	8 07·7	0·4	0·2	6·4	3·7	12·4	7·1
05	8 31·3	8 32·6	8 08·0	0·5	0·3	6·5	3·7	12·5	7·2
06	8 31·5	8 32·9	8 08·2	0·6	0·3	6·6	3·8	12·6	7·2
07	8 31·8	8 33·2	8 08·4	0·7	0·4	6·7	3·9	12·7	7·3
08	8 32·0	8 33·4	8 08·7	0·8	0·5	6·8	3·9	12·8	7·4
09	8 32·3	8 33·7	8 08·9	0·9	0·5	6·9	4·0	12·9	7·4
10	8 32·5	8 33·9	8 09·2	1·0	0·6	7·0	4·0	13·0	7·5
11	8 32·8	8 34·2	8 09·4	1·1	0·6	7·1	4·1	13·1	7·5
12	8 33·0	8 34·4	8 09·6	1·2	0·7	7·2	4·1	13·2	7·6
13	8 33·3	8 34·7	8 09·9	1·3	0·7	7·3	4·2	13·3	7·6
14	8 33·5	8 34·9	8 10·1	1·4	0·8	7·4	4·3	13·4	7·7
15	8 33·8	8 35·2	8 10·3	1·5	0·9	7·5	4·3	13·5	7·8
16	8 34·0	8 35·4	8 10·6	1·6	0·9	7·6	4·4	13·6	7·8
17	8 34·3	8 35·7	8 10·8	1·7	1·0	7·7	4·4	13·7	7·9
18	8 34·5	8 35·9	8 11·1	1·8	1·0	7·8	4·5	13·8	7·9
19	8 34·8	8 36·2	8 11·3	1·9	1·1	7·9	4·5	13·9	8·0
20	8 35·0	8 36·4	8 11·5	2·0	1·2	8·0	4·6	14·0	8·1
21	8 35·3	8 36·7	8 11·8	2·1	1·2	8·1	4·7	14·1	8·1
22	8 35·5	8 36·9	8 12·0	2·2	1·3	8·2	4·7	14·2	8·2
23	8 35·8	8 37·2	8 12·3	2·3	1·3	8·3	4·8	14·3	8·2
24	8 36·0	8 37·4	8 12·5	2·4	1·4	8·4	4·8	14·4	8·3
25	8 36·3	8 37·7	8 12·7	2·5	1·4	8·5	4·9	14·5	8·3
26	8 36·5	8 37·9	8 13·0	2·6	1·5	8·6	4·9	14·6	8·4
27	8 36·8	8 38·2	8 13·2	2·7	1·6	8·7	5·0	14·7	8·5
28	8 37·0	8 38·4	8 13·4	2·8	1·6	8·8	5·1	14·8	8·5
29	8 37·3	8 38·7	8 13·7	2·9	1·7	8·9	5·1	14·9	8·6
30	8 37·5	8 38·9	8 13·9	3·0	1·7	9·0	5·2	15·0	8·6
31	8 37·8	8 39·2	8 14·2	3·1	1·8	9·1	5·2	15·1	8·7
32	8 38·0	8 39·4	8 14·4	3·2	1·8	9·2	5·3	15·2	8·7
33	8 38·3	8 39·7	8 14·6	3·3	1·9	9·3	5·3	15·3	8·8
34	8 38·5	8 39·9	8 14·9	3·4	2·0	9·4	5·4	15·4	8·9
35	8 38·8	8 40·2	8 15·1	3·5	2·0	9·5	5·5	15·5	8·9
36	8 39·0	8 40·4	8 15·4	3·6	2·1	9·6	5·5	15·6	9·0
37	8 39·3	8 40·7	8 15·6	3·7	2·1	9·7	5·6	15·7	9·0
38	8 39·5	8 40·9	8 15·8	3·8	2·2	9·8	5·6	15·8	9·1
39	8 39·8	8 41·2	8 16·1	3·9	2·2	9·9	5·7	15·9	9·1
40	8 40·0	8 41·4	8 16·3	4·0	2·3	10·0	5·8	16·0	9·2
41	8 40·3	8 41·7	8 16·5	4·1	2·4	10·1	5·8	16·1	9·3
42	8 40·5	8 41·9	8 16·8	4·2	2·4	10·2	5·9	16·2	9·3
43	8 40·8	8 42·2	8 17·0	4·3	2·5	10·3	5·9	16·3	9·4
44	8 41·0	8 42·4	8 17·3	4·4	2·5	10·4	6·0	16·4	9·4
45	8 41·3	8 42·7	8 17·5	4·5	2·6	10·5	6·0	16·5	9·5
46	8 41·5	8 42·9	8 17·7	4·6	2·6	10·6	6·1	16·6	9·5
47	8 41·8	8 43·2	8 18·0	4·7	2·7	10·7	6·2	16·7	9·6
48	8 42·0	8 43·4	8 18·2	4·8	2·8	10·8	6·2	16·8	9·7
49	8 42·3	8 43·7	8 18·5	4·9	2·8	10·9	6·3	16·9	9·7
50	8 42·5	8 43·9	8 18·7	5·0	2·9	11·0	6·3	17·0	9·8
51	8 42·8	8 44·2	8 18·9	5·1	2·9	11·1	6·4	17·1	9·8
52	8 43·0	8 44·4	8 19·2	5·2	3·0	11·2	6·4	17·2	9·9
53	8 43·3	8 44·7	8 19·4	5·3	3·0	11·3	6·5	17·3	9·9
54	8 43·5	8 44·9	8 19·7	5·4	3·1	11·4	6·6	17·4	10·0
55	8 43·8	8 45·2	8 19·9	5·5	3·2	11·5	6·6	17·5	10·1
56	8 44·0	8 45·4	8 20·1	5·6	3·2	11·6	6·7	17·6	10·1
57	8 44·3	8 45·7	8 20·4	5·7	3·3	11·7	6·7	17·7	10·2
58	8 44·5	8 45·9	8 20·6	5·8	3·3	11·8	6·8	17·8	10·2
59	8 44·8	8 46·2	8 20·8	5·9	3·4	11·9	6·8	17·9	10·3
60	8 45·0	8 46·4	8 21·1	6·0	3·5	12·0	6·9	18·0	10·4

35m

35 s	SUN PLANETS ° ′	ARIES ° ′	MOON ° ′	v or d ′	Corrⁿ ′	v or d ′	Corrⁿ ′	v or d ′	Corrⁿ ′
00	8 45·0	8 46·4	8 21·1	0·0	0·0	6·0	3·6	12·0	7·1
01	8 45·3	8 46·7	8 21·3	0·1	0·1	6·1	3·6	12·1	7·2
02	8 45·5	8 46·9	8 21·6	0·2	0·1	6·2	3·7	12·2	7·2
03	8 45·8	8 47·2	8 21·8	0·3	0·2	6·3	3·7	12·3	7·3
04	8 46·0	8 47·4	8 22·0	0·4	0·2	6·4	3·8	12·4	7·3
05	8 46·3	8 47·7	8 22·3	0·5	0·3	6·5	3·8	12·5	7·4
06	8 46·5	8 47·9	8 22·5	0·6	0·4	6·6	3·9	12·6	7·5
07	8 46·8	8 48·2	8 22·8	0·7	0·4	6·7	4·0	12·7	7·5
08	8 47·0	8 48·4	8 23·0	0·8	0·5	6·8	4·0	12·8	7·6
09	8 47·3	8 48·7	8 23·2	0·9	0·5	6·9	4·1	12·9	7·6
10	8 47·5	8 48·9	8 23·5	1·0	0·6	7·0	4·1	13·0	7·7
11	8 47·8	8 49·2	8 23·7	1·1	0·7	7·1	4·2	13·1	7·8
12	8 48·0	8 49·4	8 23·9	1·2	0·7	7·2	4·3	13·2	7·8
13	8 48·3	8 49·7	8 24·2	1·3	0·8	7·3	4·3	13·3	7·9
14	8 48·5	8 49·9	8 24·4	1·4	0·8	7·4	4·4	13·4	7·9
15	8 48·8	8 50·2	8 24·7	1·5	0·9	7·5	4·4	13·5	8·0
16	8 49·0	8 50·4	8 24·9	1·6	0·9	7·6	4·5	13·6	8·0
17	8 49·3	8 50·7	8 25·1	1·7	1·0	7·7	4·6	13·7	8·1
18	8 49·5	8 50·9	8 25·4	1·8	1·1	7·8	4·6	13·8	8·2
19	8 49·8	8 51·2	8 25·6	1·9	1·1	7·9	4·7	13·9	8·2
20	8 50·0	8 51·5	8 25·9	2·0	1·2	8·0	4·7	14·0	8·3
21	8 50·3	8 51·7	8 26·1	2·1	1·2	8·1	4·8	14·1	8·3
22	8 50·5	8 52·0	8 26·3	2·2	1·3	8·2	4·9	14·2	8·4
23	8 50·8	8 52·2	8 26·6	2·3	1·4	8·3	4·9	14·3	8·5
24	8 51·0	8 52·5	8 26·8	2·4	1·4	8·4	5·0	14·4	8·5
25	8 51·3	8 52·7	8 27·0	2·5	1·5	8·5	5·0	14·5	8·6
26	8 51·5	8 53·0	8 27·3	2·6	1·5	8·6	5·1	14·6	8·6
27	8 51·8	8 53·2	8 27·5	2·7	1·6	8·7	5·1	14·7	8·7
28	8 52·0	8 53·5	8 27·8	2·8	1·7	8·8	5·2	14·8	8·8
29	8 52·3	8 53·7	8 28·0	2·9	1·7	8·9	5·3	14·9	8·8
30	8 52·5	8 54·0	8 28·2	3·0	1·8	9·0	5·3	15·0	8·9
31	8 52·8	8 54·2	8 28·5	3·1	1·8	9·1	5·4	15·1	8·9
32	8 53·0	8 54·5	8 28·7	3·2	1·9	9·2	5·4	15·2	9·0
33	8 53·3	8 54·7	8 29·0	3·3	2·0	9·3	5·5	15·3	9·1
34	8 53·5	8 55·0	8 29·2	3·4	2·0	9·4	5·6	15·4	9·1
35	8 53·8	8 55·2	8 29·4	3·5	2·1	9·5	5·6	15·5	9·2
36	8 54·0	8 55·5	8 29·7	3·6	2·1	9·6	5·7	15·6	9·2
37	8 54·3	8 55·7	8 29·9	3·7	2·2	9·7	5·7	15·7	9·3
38	8 54·5	8 56·0	8 30·2	3·8	2·2	9·8	5·8	15·8	9·3
39	8 54·8	8 56·2	8 30·4	3·9	2·3	9·9	5·9	15·9	9·4
40	8 55·0	8 56·5	8 30·6	4·0	2·4	10·0	5·9	16·0	9·5
41	8 55·3	8 56·7	8 30·9	4·1	2·4	10·1	6·0	16·1	9·5
42	8 55·5	8 57·0	8 31·1	4·2	2·5	10·2	6·0	16·2	9·6
43	8 55·8	8 57·2	8 31·3	4·3	2·5	10·3	6·1	16·3	9·6
44	8 56·0	8 57·5	8 31·6	4·4	2·6	10·4	6·2	16·4	9·7
45	8 56·3	8 57·7	8 31·8	4·5	2·7	10·5	6·2	16·5	9·8
46	8 56·5	8 58·0	8 32·1	4·6	2·7	10·6	6·3	16·6	9·8
47	8 56·8	8 58·2	8 32·3	4·7	2·8	10·7	6·3	16·7	9·9
48	8 57·0	8 58·5	8 32·5	4·8	2·8	10·8	6·4	16·8	9·9
49	8 57·3	8 58·7	8 32·8	4·9	2·9	10·9	6·4	16·9	10·0
50	8 57·5	8 59·0	8 33·0	5·0	3·0	11·0	6·5	17·0	10·1
51	8 57·8	8 59·2	8 33·3	5·1	3·0	11·1	6·6	17·1	10·1
52	8 58·0	8 59·5	8 33·5	5·2	3·1	11·2	6·6	17·2	10·2
53	8 58·3	8 59·7	8 33·7	5·3	3·1	11·3	6·7	17·3	10·2
54	8 58·5	9 00·0	8 34·0	5·4	3·2	11·4	6·7	17·4	10·3
55	8 58·8	9 00·2	8 34·2	5·5	3·3	11·5	6·8	17·5	10·4
56	8 59·0	9 00·5	8 34·4	5·6	3·3	11·6	6·9	17·6	10·4
57	8 59·3	9 00·7	8 34·7	5·7	3·4	11·7	6·9	17·7	10·5
58	8 59·5	9 01·0	8 34·9	5·8	3·4	11·8	7·0	17·8	10·5
59	8 59·8	9 01·2	8 35·2	5·9	3·5	11·9	7·0	17·9	10·6
60	9 00·0	9 01·5	8 35·4	6·0	3·6	12·0	7·1	18·0	10·7

36ᵐ INCREMENTS AND CORRECTIONS 37ᵐ

36ˢ	SUN PLANETS	ARIES	MOON	v or d / Corrⁿ	v or d / Corrⁿ	v or d / Corrⁿ	37ˢ	SUN PLANETS	ARIES	MOON	v or d / Corrⁿ	v or d / Corrⁿ	v or d / Corrⁿ
00	9 00·0	9 01·5	8 35·4	0·0 0·0	6·0 3·7	12·0 7·3	00	9 15·0	9 16·5	8 49·7	0·0 0·0	6·0 3·8	12·0 7·5
01	9 00·3	9 01·7	8 35·6	0·1 0·1	6·1 3·7	12·1 7·4	01	9 15·3	9 16·8	8 50·0	0·1 0·1	6·1 3·8	12·1 7·6
02	9 00·5	9 02·0	8 35·9	0·2 0·1	6·2 3·8	12·2 7·4	02	9 15·5	9 17·0	8 50·2	0·2 0·1	6·2 3·9	12·2 7·6
03	9 00·8	9 02·2	8 36·1	0·3 0·2	6·3 3·8	12·3 7·5	03	9 15·8	9 17·3	8 50·4	0·3 0·2	6·3 3·9	12·3 7·7
04	9 01·0	9 02·5	8 36·4	0·4 0·2	6·4 3·9	12·4 7·5	04	9 16·0	9 17·5	8 50·7	0·4 0·3	6·4 4·0	12·4 7·8
05	9 01·3	9 02·7	8 36·6	0·5 0·3	6·5 4·0	12·5 7·6	05	9 16·3	9 17·8	8 50·9	0·5 0·3	6·5 4·1	12·5 7·8
06	9 01·5	9 03·0	8 36·8	0·6 0·4	6·6 4·0	12·6 7·7	06	9 16·5	9 18·0	8 51·1	0·6 0·4	6·6 4·1	12·6 7·9
07	9 01·8	9 03·2	8 37·1	0·7 0·4	6·7 4·1	12·7 7·7	07	9 16·8	9 18·3	8 51·4	0·7 0·4	6·7 4·2	12·7 7·9
08	9 02·0	9 03·5	8 37·3	0·8 0·5	6·8 4·1	12·8 7·8	08	9 17·0	9 18·5	8 51·6	0·8 0·5	6·8 4·3	12·8 8·0
09	9 02·3	9 03·7	8 37·5	0·9 0·5	6·9 4·2	12·9 7·8	09	9 17·3	9 18·8	8 51·9	0·9 0·6	6·9 4·3	12·9 8·1
10	9 02·5	9 04·0	8 37·8	1·0 0·6	7·0 4·3	13·0 7·9	10	9 17·5	9 19·0	8 52·1	1·0 0·6	7·0 4·4	13·0 8·1
11	9 02·8	9 04·2	8 38·0	1·1 0·7	7·1 4·3	13·1 8·0	11	9 17·8	9 19·3	8 52·3	1·1 0·7	7·1 4·4	13·1 8·2
12	9 03·0	9 04·5	8 38·3	1·2 0·7	7·2 4·4	13·2 8·0	12	9 18·0	9 19·5	8 52·6	1·2 0·8	7·2 4·5	13·2 8·3
13	9 03·3	9 04·7	8 38·5	1·3 0·8	7·3 4·4	13·3 8·1	13	9 18·3	9 19·8	8 52·8	1·3 0·8	7·3 4·6	13·3 8·3
14	9 03·5	9 05·0	8 38·7	1·4 0·9	7·4 4·5	13·4 8·2	14	9 18·5	9 20·0	8 53·1	1·4 0·9	7·4 4·6	13·4 8·4
15	9 03·8	9 05·2	8 39·0	1·5 0·9	7·5 4·6	13·5 8·2	15	9 18·8	9 20·3	8 53·3	1·5 0·9	7·5 4·7	13·5 8·4
16	9 04·0	9 05·5	8 39·2	1·6 1·0	7·6 4·6	13·6 8·3	16	9 19·0	9 20·5	8 53·5	1·6 1·0	7·6 4·8	13·6 8·5
17	9 04·3	9 05·7	8 39·5	1·7 1·0	7·7 4·7	13·7 8·3	17	9 19·3	9 20·8	8 53·8	1·7 1·1	7·7 4·8	13·7 8·6
18	9 04·5	9 06·0	8 39·7	1·8 1·1	7·8 4·7	13·8 8·4	18	9 19·5	9 21·0	8 54·0	1·8 1·1	7·8 4·9	13·8 8·6
19	9 04·8	9 06·2	8 39·9	1·9 1·2	7·9 4·8	13·9 8·5	19	9 19·8	9 21·3	8 54·3	1·9 1·2	7·9 4·9	13·9 8·7
20	9 05·0	9 06·5	8 40·2	2·0 1·2	8·0 4·9	14·0 8·5	20	9 20·0	9 21·5	8 54·5	2·0 1·3	8·0 5·0	14·0 8·8
21	9 05·3	9 06·7	8 40·4	2·1 1·3	8·1 4·9	14·1 8·6	21	9 20·3	9 21·8	8 54·7	2·1 1·3	8·1 5·1	14·1 8·8
22	9 05·5	9 07·0	8 40·6	2·2 1·3	8·2 5·0	14·2 8·6	22	9 20·5	9 22·0	8 55·0	2·2 1·4	8·2 5·1	14·2 8·9
23	9 05·8	9 07·2	8 40·9	2·3 1·4	8·3 5·0	14·3 8·7	23	9 20·8	9 22·3	8 55·2	2·3 1·4	8·3 5·2	14·3 8·9
24	9 06·0	9 07·5	8 41·1	2·4 1·5	8·4 5·1	14·4 8·8	24	9 21·0	9 22·5	8 55·4	2·4 1·5	8·4 5·3	14·4 9·0
25	9 06·3	9 07·7	8 41·4	2·5 1·5	8·5 5·2	14·5 8·8	25	9 21·3	9 22·8	8 55·7	2·5 1·6	8·5 5·3	14·5 9·1
26	9 06·5	9 08·0	8 41·6	2·6 1·6	8·6 5·2	14·6 8·9	26	9 21·5	9 23·0	8 55·9	2·6 1·6	8·6 5·4	14·6 9·1
27	9 06·8	9 08·2	8 41·8	2·7 1·6	8·7 5·3	14·7 8·9	27	9 21·8	9 23·3	8 56·2	2·7 1·7	8·7 5·4	14·7 9·2
28	9 07·0	9 08·5	8 42·1	2·8 1·7	8·8 5·4	14·8 9·0	28	9 22·0	9 23·5	8 56·4	2·8 1·8	8·8 5·5	14·8 9·3
29	9 07·3	9 08·7	8 42·3	2·9 1·8	8·9 5·4	14·9 9·1	29	9 22·3	9 23·8	8 56·6	2·9 1·8	8·9 5·6	14·9 9·3
30	9 07·5	9 09·0	8 42·6	3·0 1·8	9·0 5·5	15·0 9·1	30	9 22·5	9 24·0	8 56·9	3·0 1·9	9·0 5·6	15·0 9·4
31	9 07·8	9 09·2	8 42·8	3·1 1·9	9·1 5·5	15·1 9·2	31	9 22·8	9 24·3	8 57·1	3·1 1·9	9·1 5·7	15·1 9·4
32	9 08·0	9 09·5	8 43·0	3·2 1·9	9·2 5·6	15·2 9·2	32	9 23·0	9 24·5	8 57·4	3·2 2·0	9·2 5·8	15·2 9·5
33	9 08·3	9 09·8	8 43·3	3·3 2·0	9·3 5·7	15·3 9·3	33	9 23·3	9 24·8	8 57·6	3·3 2·1	9·3 5·8	15·3 9·6
34	9 08·5	9 10·0	8 43·5	3·4 2·1	9·4 5·7	15·4 9·4	34	9 23·5	9 25·0	8 57·8	3·4 2·1	9·4 5·9	15·4 9·6
35	9 08·8	9 10·3	8 43·8	3·5 2·1	9·5 5·8	15·5 9·4	35	9 23·8	9 25·3	8 58·1	3·5 2·2	9·5 5·9	15·5 9·7
36	9 09·0	9 10·5	8 44·0	3·6 2·2	9·6 5·8	15·6 9·5	36	9 24·0	9 25·5	8 58·3	3·6 2·3	9·6 6·0	15·6 9·8
37	9 09·3	9 10·8	8 44·2	3·7 2·3	9·7 5·9	15·7 9·6	37	9 24·3	9 25·8	8 58·5	3·7 2·3	9·7 6·1	15·7 9·8
38	9 09·5	9 11·0	8 44·5	3·8 2·3	9·8 6·0	15·8 9·6	38	9 24·5	9 26·0	8 58·8	3·8 2·4	9·8 6·1	15·8 9·9
39	9 09·8	9 11·3	8 44·7	3·9 2·4	9·9 6·0	15·9 9·7	39	9 24·8	9 26·3	8 59·0	3·9 2·4	9·9 6·2	15·9 9·9
40	9 10·0	9 11·5	8 44·9	4·0 2·4	10·0 6·1	16·0 9·7	40	9 25·0	9 26·5	8 59·3	4·0 2·5	10·0 6·3	16·0 10·0
41	9 10·3	9 11·8	8 45·2	4·1 2·5	10·1 6·1	16·1 9·8	41	9 25·3	9 26·8	8 59·5	4·1 2·6	10·1 6·3	16·1 10·1
42	9 10·5	9 12·0	8 45·4	4·2 2·6	10·2 6·2	16·2 9·9	42	9 25·5	9 27·0	8 59·7	4·2 2·6	10·2 6·4	16·2 10·1
43	9 10·8	9 12·3	8 45·7	4·3 2·6	10·3 6·3	16·3 9·9	43	9 25·8	9 27·3	9 00·0	4·3 2·7	10·3 6·4	16·3 10·2
44	9 11·0	9 12·5	8 45·9	4·4 2·7	10·4 6·3	16·4 10·0	44	9 26·0	9 27·5	9 00·2	4·4 2·8	10·4 6·5	16·4 10·3
45	9 11·3	9 12·8	8 46·1	4·5 2·7	10·5 6·4	16·5 10·0	45	9 26·3	9 27·8	9 00·5	4·5 2·8	10·5 6·6	16·5 10·3
46	9 11·5	9 13·0	8 46·4	4·6 2·8	10·6 6·4	16·6 10·1	46	9 26·5	9 28·1	9 00·7	4·6 2·9	10·6 6·6	16·6 10·4
47	9 11·8	9 13·3	8 46·6	4·7 2·9	10·7 6·5	16·7 10·2	47	9 26·8	9 28·3	9 00·9	4·7 2·9	10·7 6·7	16·7 10·4
48	9 12·0	9 13·5	8 46·9	4·8 2·9	10·8 6·6	16·8 10·2	48	9 27·0	9 28·6	9 01·2	4·8 3·0	10·8 6·8	16·8 10·5
49	9 12·3	9 13·8	8 47·1	4·9 3·0	10·9 6·6	16·9 10·3	49	9 27·3	9 28·8	9 01·4	4·9 3·1	10·9 6·8	16·9 10·6
50	9 12·5	9 14·0	8 47·3	5·0 3·0	11·0 6·7	17·0 10·3	50	9 27·5	9 29·1	9 01·6	5·0 3·1	11·0 6·9	17·0 10·6
51	9 12·8	9 14·3	8 47·6	5·1 3·1	11·1 6·8	17·1 10·4	51	9 27·8	9 29·3	9 01·9	5·1 3·2	11·1 6·9	17·1 10·7
52	9 13·0	9 14·5	8 47·8	5·2 3·2	11·2 6·8	17·2 10·5	52	9 28·0	9 29·6	9 02·1	5·2 3·3	11·2 7·0	17·2 10·8
53	9 13·3	9 14·8	8 48·0	5·3 3·2	11·3 6·9	17·3 10·5	53	9 28·3	9 29·8	9 02·4	5·3 3·3	11·3 7·1	17·3 10·8
54	9 13·5	9 15·0	8 48·3	5·4 3·3	11·4 6·9	17·4 10·6	54	9 28·5	9 30·1	9 02·6	5·4 3·4	11·4 7·1	17·4 10·9
55	9 13·8	9 15·3	8 48·5	5·5 3·3	11·5 7·0	17·5 10·6	55	9 28·8	9 30·3	9 02·8	5·5 3·4	11·5 7·2	17·5 10·9
56	9 14·0	9 15·5	8 48·8	5·6 3·4	11·6 7·1	17·6 10·7	56	9 29·0	9 30·6	9 03·1	5·6 3·5	11·6 7·3	17·6 11·0
57	9 14·3	9 15·8	8 49·0	5·7 3·5	11·7 7·1	17·7 10·8	57	9 29·3	9 30·8	9 03·3	5·7 3·6	11·7 7·3	17·7 11·1
58	9 14·5	9 16·0	8 49·2	5·8 3·5	11·8 7·2	17·8 10·8	58	9 29·5	9 31·1	9 03·6	5·8 3·6	11·8 7·4	17·8 11·1
59	9 14·8	9 16·3	8 49·5	5·9 3·6	11·9 7·2	17·9 10·9	59	9 29·8	9 31·3	9 03·8	5·9 3·7	11·9 7·4	17·9 11·2
60	9 15·0	9 16·5	8 49·7	6·0 3·7	12·0 7·3	18·0 11·0	60	9 30·0	9 31·6	9 04·0	6·0 3·8	12·0 7·5	18·0 11·3

xx

INCREMENTS AND CORRECTIONS

38m

38 s	SUN PLANETS ° '	ARIES ° '	MOON ° '	v or d '	Corrn '	v or d '	Corrn '	v or d '	Corrn '
00	9 30.0	9 31.6	9 04.0	0.0	0.0	6.0	3.9	12.0	7.7
01	9 30.3	9 31.8	9 04.3	0.1	0.1	6.1	3.9	12.1	7.8
02	9 30.5	9 32.1	9 04.5	0.2	0.1	6.2	4.0	12.2	7.8
03	9 30.8	9 32.3	9 04.7	0.3	0.2	6.3	4.0	12.3	7.9
04	9 31.0	9 32.6	9 05.0	0.4	0.3	6.4	4.1	12.4	8.0
05	9 31.3	9 32.8	9 05.2	0.5	0.3	6.5	4.2	12.5	8.0
06	9 31.5	9 33.1	9 05.5	0.6	0.4	6.6	4.2	12.6	8.1
07	9 31.8	9 33.3	9 05.7	0.7	0.4	6.7	4.3	12.7	8.1
08	9 32.0	9 33.6	9 05.9	0.8	0.5	6.8	4.4	12.8	8.2
09	9 32.3	9 33.8	9 06.2	0.9	0.6	6.9	4.4	12.9	8.3
10	9 32.5	9 34.1	9 06.4	1.0	0.6	7.0	4.5	13.0	8.3
11	9 32.8	9 34.3	9 06.7	1.1	0.7	7.1	4.6	13.1	8.4
12	9 33.0	9 34.6	9 06.9	1.2	0.8	7.2	4.6	13.2	8.5
13	9 33.3	9 34.8	9 07.1	1.3	0.8	7.3	4.7	13.3	8.5
14	9 33.5	9 35.1	9 07.4	1.4	0.9	7.4	4.7	13.4	8.6
15	9 33.8	9 35.3	9 07.6	1.5	1.0	7.5	4.8	13.5	8.7
16	9 34.0	9 35.6	9 07.9	1.6	1.0	7.6	4.9	13.6	8.7
17	9 34.3	9 35.8	9 08.1	1.7	1.1	7.7	4.9	13.7	8.8
18	9 34.5	9 36.1	9 08.3	1.8	1.2	7.8	5.0	13.8	8.9
19	9 34.8	9 36.3	9 08.6	1.9	1.2	7.9	5.1	13.9	8.9
20	9 35.0	9 36.6	9 08.8	2.0	1.3	8.0	5.1	14.0	9.0
21	9 35.3	9 36.8	9 09.0	2.1	1.3	8.1	5.2	14.1	9.0
22	9 35.5	9 37.1	9 09.3	2.2	1.4	8.2	5.3	14.2	9.1
23	9 35.8	9 37.3	9 09.5	2.3	1.5	8.3	5.3	14.3	9.2
24	9 36.0	9 37.6	9 09.8	2.4	1.5	8.4	5.4	14.4	9.2
25	9 36.3	9 37.8	9 10.0	2.5	1.6	8.5	5.5	14.5	9.3
26	9 36.5	9 38.1	9 10.2	2.6	1.7	8.6	5.5	14.6	9.4
27	9 36.8	9 38.3	9 10.5	2.7	1.7	8.7	5.6	14.7	9.4
28	9 37.0	9 38.6	9 10.7	2.8	1.8	8.8	5.6	14.8	9.5
29	9 37.3	9 38.8	9 11.0	2.9	1.9	8.9	5.7	14.9	9.6
30	9 37.5	9 39.1	9 11.2	3.0	1.9	9.0	5.8	15.0	9.6
31	9 37.8	9 39.3	9 11.4	3.1	2.0	9.1	5.8	15.1	9.7
32	9 38.0	9 39.6	9 11.7	3.2	2.1	9.2	5.9	15.2	9.8
33	9 38.3	9 39.8	9 11.9	3.3	2.1	9.3	6.0	15.3	9.8
34	9 38.5	9 40.1	9 12.1	3.4	2.2	9.4	6.0	15.4	9.9
35	9 38.8	9 40.3	9 12.4	3.5	2.2	9.5	6.1	15.5	9.9
36	9 39.0	9 40.6	9 12.6	3.6	2.3	9.6	6.2	15.6	10.0
37	9 39.3	9 40.8	9 12.9	3.7	2.4	9.7	6.2	15.7	10.1
38	9 39.5	9 41.1	9 13.1	3.8	2.4	9.8	6.3	15.8	10.1
39	9 39.8	9 41.3	9 13.3	3.9	2.5	9.9	6.4	15.9	10.2
40	9 40.0	9 41.6	9 13.6	4.0	2.6	10.0	6.4	16.0	10.3
41	9 40.3	9 41.8	9 13.8	4.1	2.6	10.1	6.5	16.1	10.3
42	9 40.5	9 42.1	9 14.1	4.2	2.7	10.2	6.5	16.2	10.4
43	9 40.8	9 42.3	9 14.3	4.3	2.8	10.3	6.6	16.3	10.5
44	9 41.0	9 42.6	9 14.5	4.4	2.8	10.4	6.7	16.4	10.5
45	9 41.3	9 42.8	9 14.8	4.5	2.9	10.5	6.7	16.5	10.6
46	9 41.5	9 43.1	9 15.0	4.6	3.0	10.6	6.8	16.6	10.7
47	9 41.8	9 43.3	9 15.2	4.7	3.0	10.7	6.9	16.7	10.7
48	9 42.0	9 43.6	9 15.5	4.8	3.1	10.8	6.9	16.8	10.8
49	9 42.3	9 43.8	9 15.7	4.9	3.1	10.9	7.0	16.9	10.8
50	9 42.5	9 44.1	9 16.0	5.0	3.2	11.0	7.1	17.0	10.9
51	9 42.8	9 44.3	9 16.2	5.1	3.3	11.1	7.1	17.1	11.0
52	9 43.0	9 44.6	9 16.4	5.2	3.3	11.2	7.2	17.2	11.0
53	9 43.3	9 44.8	9 16.7	5.3	3.4	11.3	7.3	17.3	11.1
54	9 43.5	9 45.1	9 16.9	5.4	3.5	11.4	7.3	17.4	11.2
55	9 43.8	9 45.3	9 17.2	5.5	3.5	11.5	7.4	17.5	11.2
56	9 44.0	9 45.6	9 17.4	5.6	3.6	11.6	7.4	17.6	11.3
57	9 44.3	9 45.8	9 17.6	5.7	3.7	11.7	7.5	17.7	11.4
58	9 44.5	9 46.1	9 17.9	5.8	3.7	11.8	7.6	17.8	11.4
59	9 44.8	9 46.4	9 18.1	5.9	3.8	11.9	7.6	17.9	11.5
60	9 45.0	9 46.6	9 18.4	6.0	3.9	12.0	7.7	18.0	11.6

39m

39 s	SUN PLANETS ° '	ARIES ° '	MOON ° '	v or d '	Corrn '	v or d '	Corrn '	v or d '	Corrn '
00	9 45.0	9 46.6	9 18.4	0.0	0.0	6.0	4.0	12.0	7.9
01	9 45.3	9 46.9	9 18.6	0.1	0.1	6.1	4.0	12.1	8.0
02	9 45.5	9 47.1	9 18.8	0.2	0.1	6.2	4.1	12.2	8.0
03	9 45.8	9 47.4	9 19.1	0.3	0.2	6.3	4.1	12.3	8.1
04	9 46.0	9 47.6	9 19.3	0.4	0.3	6.4	4.2	12.4	8.2
05	9 46.3	9 47.9	9 19.5	0.5	0.3	6.5	4.3	12.5	8.2
06	9 46.5	9 48.1	9 19.8	0.6	0.4	6.6	4.3	12.6	8.3
07	9 46.8	9 48.4	9 20.0	0.7	0.5	6.7	4.4	12.7	8.4
08	9 47.0	9 48.6	9 20.3	0.8	0.5	6.8	4.5	12.8	8.4
09	9 47.3	9 48.9	9 20.5	0.9	0.6	6.9	4.5	12.9	8.5
10	9 47.5	9 49.1	9 20.7	1.0	0.7	7.0	4.6	13.0	8.6
11	9 47.8	9 49.4	9 21.0	1.1	0.7	7.1	4.7	13.1	8.6
12	9 48.0	9 49.6	9 21.2	1.2	0.8	7.2	4.7	13.2	8.7
13	9 48.3	9 49.9	9 21.5	1.3	0.9	7.3	4.8	13.3	8.8
14	9 48.5	9 50.1	9 21.7	1.4	0.9	7.4	4.9	13.4	8.8
15	9 48.8	9 50.4	9 21.9	1.5	1.0	7.5	4.9	13.5	8.9
16	9 49.0	9 50.6	9 22.2	1.6	1.1	7.6	5.0	13.6	9.0
17	9 49.3	9 50.9	9 22.4	1.7	1.1	7.7	5.1	13.7	9.0
18	9 49.5	9 51.1	9 22.6	1.8	1.2	7.8	5.1	13.8	9.1
19	9 49.8	9 51.4	9 22.9	1.9	1.3	7.9	5.2	13.9	9.2
20	9 50.0	9 51.6	9 23.1	2.0	1.3	8.0	5.3	14.0	9.2
21	9 50.3	9 51.9	9 23.4	2.1	1.4	8.1	5.3	14.1	9.3
22	9 50.5	9 52.1	9 23.6	2.2	1.4	8.2	5.4	14.2	9.3
23	9 50.8	9 52.4	9 23.8	2.3	1.5	8.3	5.5	14.3	9.4
24	9 51.0	9 52.6	9 24.1	2.4	1.6	8.4	5.5	14.4	9.5
25	9 51.3	9 52.9	9 24.3	2.5	1.6	8.5	5.6	14.5	9.5
26	9 51.5	9 53.1	9 24.6	2.6	1.7	8.6	5.7	14.6	9.6
27	9 51.8	9 53.4	9 24.8	2.7	1.8	8.7	5.7	14.7	9.7
28	9 52.0	9 53.6	9 25.0	2.8	1.8	8.8	5.8	14.8	9.7
29	9 52.3	9 53.9	9 25.3	2.9	1.9	8.9	5.9	14.9	9.8
30	9 52.5	9 54.1	9 25.5	3.0	2.0	9.0	5.9	15.0	9.9
31	9 52.8	9 54.4	9 25.7	3.1	2.0	9.1	6.0	15.1	9.9
32	9 53.0	9 54.6	9 26.0	3.2	2.1	9.2	6.1	15.2	10.0
33	9 53.3	9 54.9	9 26.2	3.3	2.2	9.3	6.1	15.3	10.1
34	9 53.5	9 55.1	9 26.5	3.4	2.2	9.4	6.2	15.4	10.1
35	9 53.8	9 55.4	9 26.7	3.5	2.3	9.5	6.3	15.5	10.2
36	9 54.0	9 55.6	9 26.9	3.6	2.4	9.6	6.3	15.6	10.3
37	9 54.3	9 55.9	9 27.2	3.7	2.4	9.7	6.4	15.7	10.3
38	9 54.5	9 56.1	9 27.4	3.8	2.5	9.8	6.5	15.8	10.4
39	9 54.8	9 56.4	9 27.7	3.9	2.6	9.9	6.5	15.9	10.5
40	9 55.0	9 56.6	9 27.9	4.0	2.6	10.0	6.6	16.0	10.5
41	9 55.3	9 56.9	9 28.1	4.1	2.7	10.1	6.6	16.1	10.6
42	9 55.5	9 57.1	9 28.4	4.2	2.8	10.2	6.7	16.2	10.7
43	9 55.8	9 57.4	9 28.6	4.3	2.8	10.3	6.8	16.3	10.7
44	9 56.0	9 57.6	9 28.8	4.4	2.9	10.4	6.8	16.4	10.8
45	9 56.3	9 57.9	9 29.1	4.5	3.0	10.5	6.9	16.5	10.9
46	9 56.5	9 58.1	9 29.3	4.6	3.0	10.6	7.0	16.6	10.9
47	9 56.8	9 58.4	9 29.6	4.7	3.1	10.7	7.0	16.7	11.0
48	9 57.0	9 58.6	9 29.8	4.8	3.2	10.8	7.1	16.8	11.1
49	9 57.3	9 58.9	9 30.0	4.9	3.2	10.9	7.2	16.9	11.1
50	9 57.5	9 59.1	9 30.3	5.0	3.3	11.0	7.2	17.0	11.2
51	9 57.8	9 59.4	9 30.5	5.1	3.4	11.1	7.3	17.1	11.3
52	9 58.0	9 59.6	9 30.8	5.2	3.4	11.2	7.4	17.2	11.3
53	9 58.3	9 59.9	9 31.0	5.3	3.5	11.3	7.4	17.3	11.4
54	9 58.5	10 00.1	9 31.2	5.4	3.6	11.4	7.5	17.4	11.5
55	9 58.8	10 00.4	9 31.5	5.5	3.6	11.5	7.6	17.5	11.5
56	9 59.0	10 00.6	9 31.7	5.6	3.7	11.6	7.6	17.6	11.6
57	9 59.3	10 00.9	9 32.0	5.7	3.8	11.7	7.7	17.7	11.7
58	9 59.5	10 01.1	9 32.2	5.8	3.8	11.8	7.8	17.8	11.7
59	9 59.8	10 01.4	9 32.4	5.9	3.9	11.9	7.8	17.9	11.8
60	10 00.0	10 01.6	9 32.7	6.0	4.0	12.0	7.9	18.0	11.9

INCREMENTS AND CORRECTIONS

40ᵐ

40ᵐ	SUN PLANETS	ARIES	MOON	v or d	Corrⁿ	v or d	Corrⁿ	v or d	Corrⁿ
s	° ′	° ′	° ′	′	′	′	′	′	′
00	10 00·0	10 01·6	9 32·7	0·0	0·0	6·0	4·1	12·0	8·1
01	10 00·3	10 01·9	9 32·9	0·1	0·1	6·1	4·1	12·1	8·2
02	10 00·5	10 02·1	9 33·1	0·2	0·1	6·2	4·2	12·2	8·2
03	10 00·8	10 02·4	9 33·4	0·3	0·2	6·3	4·3	12·3	8·3
04	10 01·0	10 02·6	9 33·6	0·4	0·3	6·4	4·3	12·4	8·4
05	10 01·3	10 02·9	9 33·9	0·5	0·3	6·5	4·4	12·5	8·4
06	10 01·5	10 03·1	9 34·1	0·6	0·4	6·6	4·5	12·6	8·5
07	10 01·8	10 03·4	9 34·3	0·7	0·5	6·7	4·5	12·7	8·6
08	10 02·0	10 03·6	9 34·6	0·8	0·5	6·8	4·6	12·8	8·6
09	10 02·3	10 03·9	9 34·8	0·9	0·6	6·9	4·7	12·9	8·7
10	10 02·5	10 04·1	9 35·1	1·0	0·7	7·0	4·7	13·0	8·8
11	10 02·8	10 04·4	9 35·3	1·1	0·7	7·1	4·8	13·1	8·8
12	10 03·0	10 04·7	9 35·5	1·2	0·8	7·2	4·9	13·2	8·9
13	10 03·3	10 04·9	9 35·8	1·3	0·9	7·3	4·9	13·3	9·0
14	10 03·5	10 05·2	9 36·0	1·4	0·9	7·4	5·0	13·4	9·0
15	10 03·8	10 05·4	9 36·2	1·5	1·0	7·5	5·1	13·5	9·1
16	10 04·0	10 05·7	9 36·5	1·6	1·1	7·6	5·1	13·6	9·2
17	10 04·3	10 05·9	9 36·7	1·7	1·1	7·7	5·2	13·7	9·2
18	10 04·5	10 06·2	9 37·0	1·8	1·2	7·8	5·3	13·8	9·3
19	10 04·8	10 06·4	9 37·2	1·9	1·3	7·9	5·3	13·9	9·4
20	10 05·0	10 06·7	9 37·4	2·0	1·4	8·0	5·4	14·0	9·5
21	10 05·3	10 06·9	9 37·7	2·1	1·4	8·1	5·5	14·1	9·5
22	10 05·5	10 07·2	9 37·9	2·2	1·5	8·2	5·5	14·2	9·6
23	10 05·8	10 07·4	9 38·2	2·3	1·6	8·3	5·6	14·3	9·7
24	10 06·0	10 07·7	9 38·4	2·4	1·6	8·4	5·7	14·4	9·7
25	10 06·3	10 07·9	9 38·6	2·5	1·7	8·5	5·7	14·5	9·8
26	10 06·5	10 08·2	9 38·9	2·6	1·8	8·6	5·8	14·6	9·9
27	10 06·8	10 08·4	9 39·1	2·7	1·8	8·7	5·9	14·7	9·9
28	10 07·0	10 08·7	9 39·3	2·8	1·9	8·8	5·9	14·8	10·0
29	10 07·3	10 08·9	9 39·6	2·9	2·0	8·9	6·0	14·9	10·1
30	10 07·5	10 09·2	9 39·8	3·0	2·0	9·0	6·1	15·0	10·1
31	10 07·8	10 09·4	9 40·1	3·1	2·1	9·1	6·1	15·1	10·2
32	10 08·0	10 09·7	9 40·3	3·2	2·2	9·2	6·2	15·2	10·3
33	10 08·3	10 09·9	9 40·5	3·3	2·2	9·3	6·3	15·3	10·3
34	10 08·5	10 10·2	9 40·8	3·4	2·3	9·4	6·3	15·4	10·4
35	10 08·8	10 10·4	9 41·0	3·5	2·4	9·5	6·4	15·5	10·5
36	10 09·0	10 10·7	9 41·3	3·6	2·4	9·6	6·5	15·6	10·5
37	10 09·3	10 10·9	9 41·5	3·7	2·5	9·7	6·5	15·7	10·6
38	10 09·5	10 11·2	9 41·7	3·8	2·6	9·8	6·6	15·8	10·7
39	10 09·8	10 11·4	9 42·0	3·9	2·6	9·9	6·7	15·9	10·7
40	10 10·0	10 11·7	9 42·2	4·0	2·7	10·0	6·8	16·0	10·8
41	10 10·3	10 11·9	9 42·4	4·1	2·8	10·1	6·8	16·1	10·9
42	10 10·5	10 12·2	9 42·7	4·2	2·8	10·2	6·9	16·2	10·9
43	10 10·8	10 12·4	9 42·9	4·3	2·9	10·3	7·0	16·3	11·0
44	10 11·0	10 12·7	9 43·2	4·4	3·0	10·4	7·0	16·4	11·1
45	10 11·3	10 12·9	9 43·4	4·5	3·0	10·5	7·1	16·5	11·1
46	10 11·5	10 13·2	9 43·6	4·6	3·1	10·6	7·2	16·6	11·2
47	10 11·8	10 13·4	9 43·9	4·7	3·2	10·7	7·2	16·7	11·3
48	10 12·0	10 13·7	9 44·1	4·8	3·2	10·8	7·3	16·8	11·3
49	10 12·3	10 13·9	9 44·4	4·9	3·3	10·9	7·4	16·9	11·4
50	10 12·5	10 14·2	9 44·6	5·0	3·4	11·0	7·4	17·0	11·5
51	10 12·8	10 14·4	9 44·8	5·1	3·4	11·1	7·5	17·1	11·5
52	10 13·0	10 14·7	9 45·1	5·2	3·5	11·2	7·6	17·2	11·6
53	10 13·3	10 14·9	9 45·3	5·3	3·6	11·3	7·6	17·3	11·7
54	10 13·5	10 15·2	9 45·6	5·4	3·6	11·4	7·7	17·4	11·7
55	10 13·8	10 15·4	9 45·8	5·5	3·7	11·5	7·8	17·5	11·8
56	10 14·0	10 15·7	9 46·0	5·6	3·8	11·6	7·8	17·6	11·9
57	10 14·3	10 15·9	9 46·3	5·7	3·8	11·7	7·9	17·7	11·9
58	10 14·5	10 16·2	9 46·5	5·8	3·9	11·8	8·0	17·8	12·0
59	10 14·8	10 16·4	9 46·7	5·9	4·0	11·9	8·0	17·9	12·1
60	10 15·0	10 16·7	9 47·0	6·0	4·1	12·0	8·1	18·0	12·2

41ᵐ

41ᵐ	SUN PLANETS	ARIES	MOON	v or d	Corrⁿ	v or d	Corrⁿ	v or d	Corrⁿ
s	° ′	° ′	° ′	′	′	′	′	′	′
00	10 15·0	10 16·7	9 47·0	0·0	0·0	6·0	4·2	12·0	8·3
01	10 15·3	10 16·9	9 47·2	0·1	0·1	6·1	4·2	12·1	8·4
02	10 15·5	10 17·2	9 47·5	0·2	0·1	6·2	4·3	12·2	8·4
03	10 15·8	10 17·4	9 47·7	0·3	0·2	6·3	4·4	12·3	8·5
04	10 16·0	10 17·7	9 47·9	0·4	0·3	6·4	4·4	12·4	8·6
05	10 16·3	10 17·9	9 48·2	0·5	0·3	6·5	4·5	12·5	8·6
06	10 16·5	10 18·2	9 48·4	0·6	0·4	6·6	4·6	12·6	8·7
07	10 16·8	10 18·4	9 48·7	0·7	0·5	6·7	4·6	12·7	8·8
08	10 17·0	10 18·7	9 48·9	0·8	0·6	6·8	4·7	12·8	8·9
09	10 17·3	10 18·9	9 49·1	0·9	0·6	6·9	4·8	12·9	8·9
10	10 17·5	10 19·2	9 49·4	1·0	0·7	7·0	4·8	13·0	9·0
11	10 17·8	10 19·4	9 49·6	1·1	0·8	7·1	4·9	13·1	9·1
12	10 18·0	10 19·7	9 49·8	1·2	0·8	7·2	5·0	13·2	9·1
13	10 18·3	10 19·9	9 50·1	1·3	0·9	7·3	5·0	13·3	9·2
14	10 18·5	10 20·2	9 50·3	1·4	1·0	7·4	5·1	13·4	9·3
15	10 18·8	10 20·4	9 50·6	1·5	1·0	7·5	5·2	13·5	9·3
16	10 19·0	10 20·7	9 50·8	1·6	1·1	7·6	5·3	13·6	9·4
17	10 19·3	10 20·9	9 51·0	1·7	1·2	7·7	5·3	13·7	9·5
18	10 19·5	10 21·2	9 51·3	1·8	1·2	7·8	5·4	13·8	9·5
19	10 19·8	10 21·4	9 51·5	1·9	1·3	7·9	5·5	13·9	9·6
20	10 20·0	10 21·7	9 51·8	2·0	1·4	8·0	5·5	14·0	9·7
21	10 20·3	10 21·9	9 52·0	2·1	1·5	8·1	5·6	14·1	9·8
22	10 20·5	10 22·2	9 52·2	2·2	1·5	8·2	5·7	14·2	9·8
23	10 20·8	10 22·4	9 52·5	2·3	1·6	8·3	5·7	14·3	9·9
24	10 21·0	10 22·7	9 52·7	2·4	1·7	8·4	5·8	14·4	10·0
25	10 21·3	10 23·0	9 52·9	2·5	1·7	8·5	5·9	14·5	10·0
26	10 21·5	10 23·2	9 53·2	2·6	1·8	8·6	5·9	14·6	10·1
27	10 21·8	10 23·5	9 53·4	2·7	1·9	8·7	6·0	14·7	10·2
28	10 22·0	10 23·7	9 53·7	2·8	1·9	8·8	6·1	14·8	10·2
29	10 22·3	10 24·0	9 53·9	2·9	2·0	8·9	6·2	14·9	10·3
30	10 22·5	10 24·2	9 54·1	3·0	2·1	9·0	6·2	15·0	10·4
31	10 22·8	10 24·5	9 54·4	3·1	2·1	9·1	6·3	15·1	10·4
32	10 23·0	10 24·7	9 54·6	3·2	2·2	9·2	6·4	15·2	10·5
33	10 23·3	10 25·0	9 54·9	3·3	2·3	9·3	6·4	15·3	10·6
34	10 23·5	10 25·2	9 55·1	3·4	2·4	9·4	6·5	15·4	10·7
35	10 23·8	10 25·5	9 55·3	3·5	2·4	9·5	6·6	15·5	10·7
36	10 24·0	10 25·7	9 55·6	3·6	2·5	9·6	6·6	15·6	10·8
37	10 24·3	10 26·0	9 55·8	3·7	2·6	9·7	6·7	15·7	10·9
38	10 24·5	10 26·2	9 56·1	3·8	2·6	9·8	6·8	15·8	10·9
39	10 24·8	10 26·5	9 56·3	3·9	2·7	9·9	6·8	15·9	11·0
40	10 25·0	10 26·7	9 56·5	4·0	2·8	10·0	6·9	16·0	11·1
41	10 25·3	10 27·0	9 56·8	4·1	2·8	10·1	7·0	16·1	11·1
42	10 25·5	10 27·2	9 57·0	4·2	2·9	10·2	7·1	16·2	11·2
43	10 25·8	10 27·5	9 57·2	4·3	3·0	10·3	7·1	16·3	11·3
44	10 26·0	10 27·7	9 57·5	4·4	3·0	10·4	7·2	16·4	11·3
45	10 26·3	10 28·0	9 57·7	4·5	3·1	10·5	7·3	16·5	11·4
46	10 26·5	10 28·2	9 58·0	4·6	3·2	10·6	7·3	16·6	11·5
47	10 26·8	10 28·5	9 58·2	4·7	3·3	10·7	7·4	16·7	11·6
48	10 27·0	10 28·7	9 58·4	4·8	3·3	10·8	7·5	16·8	11·6
49	10 27·3	10 29·0	9 58·7	4·9	3·4	10·9	7·5	16·9	11·7
50	10 27·5	10 29·2	9 58·9	5·0	3·5	11·0	7·6	17·0	11·8
51	10 27·8	10 29·5	9 59·2	5·1	3·5	11·1	7·7	17·1	11·8
52	10 28·0	10 29·7	9 59·4	5·2	3·6	11·2	7·7	17·2	11·9
53	10 28·3	10 30·0	9 59·6	5·3	3·7	11·3	7·8	17·3	12·0
54	10 28·5	10 30·2	9 59·9	5·4	3·7	11·4	7·9	17·4	12·0
55	10 28·8	10 30·5	10 00·1	5·5	3·8	11·5	8·0	17·5	12·1
56	10 29·0	10 30·7	10 00·3	5·6	3·9	11·6	8·0	17·6	12·2
57	10 29·3	10 31·0	10 00·6	5·7	3·9	11·7	8·1	17·7	12·2
58	10 29·5	10 31·2	10 00·8	5·8	4·0	11·8	8·2	17·8	12·3
59	10 29·8	10 31·5	10 01·1	5·9	4·1	11·9	8·2	17·9	12·4
60	10 30·0	10 31·7	10 01·3	6·0	4·2	12·0	8·3	18·0	12·5

INCREMENTS AND CORRECTIONS

42ᵐ

42	SUN PLANETS	ARIES	MOON	v or d	Corrⁿ	v or d	Corrⁿ	v or d	Corrⁿ
s	° ′	° ′	° ′	′	′	′	′	′	′
00	10 30·0	10 31·7	10 01·3	0·0	0·0	6·0	4·3	12·0	8·5
01	10 30·3	10 32·0	10 01·5	0·1	0·1	6·1	4·3	12·1	8·6
02	10 30·5	10 32·2	10 01·8	0·2	0·1	6·2	4·4	12·2	8·6
03	10 30·8	10 32·5	10 02·0	0·3	0·2	6·3	4·5	12·3	8·7
04	10 31·0	10 32·7	10 02·3	0·4	0·3	6·4	4·5	12·4	8·8
05	10 31·3	10 33·0	10 02·5	0·5	0·4	6·5	4·6	12·5	8·9
06	10 31·5	10 33·2	10 02·7	0·6	0·4	6·6	4·7	12·6	8·9
07	10 31·8	10 33·5	10 03·0	0·7	0·5	6·7	4·7	12·7	9·0
08	10 32·0	10 33·7	10 03·2	0·8	0·6	6·8	4·8	12·8	9·1
09	10 32·3	10 34·0	10 03·4	0·9	0·6	6·9	4·9	12·9	9·1
10	10 32·5	10 34·2	10 03·7	1·0	0·7	7·0	5·0	13·0	9·2
11	10 32·8	10 34·5	10 03·9	1·1	0·8	7·1	5·0	13·1	9·3
12	10 33·0	10 34·7	10 04·2	1·2	0·9	7·2	5·1	13·2	9·4
13	10 33·3	10 35·0	10 04·4	1·3	0·9	7·3	5·2	13·3	9·4
14	10 33·5	10 35·2	10 04·6	1·4	1·0	7·4	5·2	13·4	9·5
15	10 33·8	10 35·5	10 04·9	1·5	1·1	7·5	5·3	13·5	9·6
16	10 34·0	10 35·7	10 05·1	1·6	1·1	7·6	5·4	13·6	9·6
17	10 34·3	10 36·0	10 05·4	1·7	1·2	7·7	5·5	13·7	9·7
18	10 34·5	10 36·2	10 05·6	1·8	1·3	7·8	5·5	13·8	9·8
19	10 34·8	10 36·5	10 05·8	1·9	1·3	7·9	5·6	13·9	9·8
20	10 35·0	10 36·7	10 06·1	2·0	1·4	8·0	5·7	14·0	9·9
21	10 35·3	10 37·0	10 06·3	2·1	1·5	8·1	5·7	14·1	10·0
22	10 35·5	10 37·2	10 06·5	2·2	1·6	8·2	5·8	14·2	10·1
23	10 35·8	10 37·5	10 06·8	2·3	1·6	8·3	5·9	14·3	10·1
24	10 36·0	10 37·7	10 07·0	2·4	1·7	8·4	6·0	14·4	10·2
25	10 36·3	10 38·0	10 07·3	2·5	1·8	8·5	6·0	14·5	10·3
26	10 36·5	10 38·2	10 07·5	2·6	1·8	8·6	6·1	14·6	10·3
27	10 36·8	10 38·5	10 07·7	2·7	1·9	8·7	6·2	14·7	10·4
28	10 37·0	10 38·7	10 08·0	2·8	2·0	8·8	6·2	14·8	10·5
29	10 37·3	10 39·0	10 08·2	2·9	2·1	8·9	6·3	14·9	10·6
30	10 37·5	10 39·2	10 08·5	3·0	2·1	9·0	6·4	15·0	10·6
31	10 37·8	10 39·5	10 08·7	3·1	2·2	9·1	6·4	15·1	10·7
32	10 38·0	10 39·7	10 08·9	3·2	2·3	9·2	6·5	15·2	10·8
33	10 38·3	10 40·0	10 09·2	3·3	2·3	9·3	6·6	15·3	10·8
34	10 38·5	10 40·2	10 09·4	3·4	2·4	9·4	6·7	15·4	10·9
35	10 38·8	10 40·5	10 09·7	3·5	2·5	9·5	6·7	15·5	11·0
36	10 39·0	10 40·7	10 09·9	3·6	2·6	9·6	6·8	15·6	11·1
37	10 39·3	10 41·0	10 10·1	3·7	2·6	9·7	6·9	15·7	11·1
38	10 39·5	10 41·3	10 10·4	3·8	2·7	9·8	6·9	15·8	11·2
39	10 39·8	10 41·5	10 10·6	3·9	2·8	9·9	7·0	15·9	11·3
40	10 40·0	10 41·8	10 10·8	4·0	2·8	10·0	7·1	16·0	11·3
41	10 40·3	10 42·0	10 11·1	4·1	2·9	10·1	7·2	16·1	11·4
42	10 40·5	10 42·3	10 11·3	4·2	3·0	10·2	7·2	16·2	11·5
43	10 40·8	10 42·5	10 11·6	4·3	3·0	10·3	7·3	16·3	11·5
44	10 41·0	10 42·8	10 11·8	4·4	3·1	10·4	7·4	16·4	11·6
45	10 41·3	10 43·0	10 12·0	4·5	3·2	10·5	7·4	16·5	11·7
46	10 41·5	10 43·3	10 12·3	4·6	3·3	10·6	7·5	16·6	11·8
47	10 41·8	10 43·5	10 12·5	4·7	3·3	10·7	7·6	16·7	11·8
48	10 42·0	10 43·8	10 12·8	4·8	3·4	10·8	7·7	16·8	11·9
49	10 42·3	10 44·0	10 13·0	4·9	3·5	10·9	7·7	16·9	12·0
50	10 42·5	10 44·3	10 13·2	5·0	3·5	11·0	7·8	17·0	12·0
51	10 42·8	10 44·5	10 13·5	5·1	3·6	11·1	7·9	17·1	12·1
52	10 43·0	10 44·8	10 13·7	5·2	3·7	11·2	7·9	17·2	12·2
53	10 43·3	10 45·0	10 13·9	5·3	3·8	11·3	8·0	17·3	12·3
54	10 43·5	10 45·3	10 14·2	5·4	3·8	11·4	8·1	17·4	12·3
55	10 43·8	10 45·5	10 14·4	5·5	3·9	11·5	8·1	17·5	12·4
56	10 44·0	10 45·8	10 14·7	5·6	4·0	11·6	8·2	17·6	12·5
57	10 44·3	10 46·0	10 14·9	5·7	4·0	11·7	8·3	17·7	12·5
58	10 44·5	10 46·3	10 15·1	5·8	4·1	11·8	8·4	17·8	12·6
59	10 44·8	10 46·5	10 15·4	5·9	4·2	11·9	8·4	17·9	12·7
60	10 45·0	10 46·8	10 15·6	6·0	4·3	12·0	8·5	18·0	12·8

43ᵐ

43	SUN PLANETS	ARIES	MOON	v or d	Corrⁿ	v or d	Corrⁿ	v or d	Corrⁿ
s	° ′	° ′	° ′	′	′	′	′	′	′
00	10 45·0	10 46·8	10 15·6	0·0	0·0	6·0	4·4	12·0	8·7
01	10 45·3	10 47·0	10 15·9	0·1	0·1	6·1	4·4	12·1	8·8
02	10 45·5	10 47·3	10 16·1	0·2	0·1	6·2	4·5	12·2	8·8
03	10 45·8	10 47·5	10 16·3	0·3	0·2	6·3	4·6	12·3	8·9
04	10 46·0	10 47·8	10 16·6	0·4	0·3	6·4	4·6	12·4	9·0
05	10 46·3	10 48·0	10 16·8	0·5	0·4	6·5	4·7	12·5	9·1
06	10 46·5	10 48·3	10 17·0	0·6	0·4	6·6	4·8	12·6	9·1
07	10 46·8	10 48·5	10 17·3	0·7	0·5	6·7	4·9	12·7	9·2
08	10 47·0	10 48·8	10 17·5	0·8	0·6	6·8	4·9	12·8	9·3
09	10 47·3	10 49·0	10 17·8	0·9	0·7	6·9	5·0	12·9	9·4
10	10 47·5	10 49·3	10 18·0	1·0	0·7	7·0	5·1	13·0	9·4
11	10 47·8	10 49·5	10 18·2	1·1	0·8	7·1	5·1	13·1	9·5
12	10 48·0	10 49·8	10 18·5	1·2	0·9	7·2	5·2	13·2	9·6
13	10 48·3	10 50·0	10 18·7	1·3	0·9	7·3	5·3	13·3	9·6
14	10 48·5	10 50·3	10 19·0	1·4	1·0	7·4	5·4	13·4	9·7
15	10 48·8	10 50·5	10 19·2	1·5	1·1	7·5	5·4	13·5	9·8
16	10 49·0	10 50·8	10 19·4	1·6	1·2	7·6	5·5	13·6	9·9
17	10 49·3	10 51·0	10 19·7	1·7	1·2	7·7	5·6	13·7	9·9
18	10 49·5	10 51·3	10 19·9	1·8	1·3	7·8	5·7	13·8	10·0
19	10 49·8	10 51·5	10 20·2	1·9	1·4	7·9	5·7	13·9	10·1
20	10 50·0	10 51·8	10 20·4	2·0	1·5	8·0	5·8	14·0	10·2
21	10 50·3	10 52·0	10 20·6	2·1	1·5	8·1	5·9	14·1	10·2
22	10 50·5	10 52·3	10 20·9	2·2	1·6	8·2	5·9	14·2	10·3
23	10 50·8	10 52·5	10 21·1	2·3	1·7	8·3	6·0	14·3	10·4
24	10 51·0	10 52·8	10 21·3	2·4	1·7	8·4	6·1	14·4	10·4
25	10 51·3	10 53·0	10 21·6	2·5	1·8	8·5	6·2	14·5	10·5
26	10 51·5	10 53·3	10 21·8	2·6	1·9	8·6	6·2	14·6	10·6
27	10 51·8	10 53·5	10 22·1	2·7	2·0	8·7	6·3	14·7	10·7
28	10 52·0	10 53·8	10 22·3	2·8	2·0	8·8	6·4	14·8	10·7
29	10 52·3	10 54·0	10 22·5	2·9	2·1	8·9	6·5	14·9	10·8
30	10 52·5	10 54·3	10 22·8	3·0	2·2	9·0	6·5	15·0	10·9
31	10 52·8	10 54·5	10 23·0	3·1	2·2	9·1	6·6	15·1	10·9
32	10 53·0	10 54·8	10 23·3	3·2	2·3	9·2	6·7	15·2	11·0
33	10 53·3	10 55·0	10 23·5	3·3	2·4	9·3	6·7	15·3	11·1
34	10 53·5	10 55·3	10 23·7	3·4	2·5	9·4	6·8	15·4	11·2
35	10 53·8	10 55·5	10 24·0	3·5	2·5	9·5	6·9	15·5	11·2
36	10 54·0	10 55·8	10 24·2	3·6	2·6	9·6	7·0	15·6	11·3
37	10 54·3	10 56·0	10 24·4	3·7	2·7	9·7	7·0	15·7	11·4
38	10 54·5	10 56·3	10 24·7	3·8	2·8	9·8	7·1	15·8	11·5
39	10 54·8	10 56·5	10 24·9	3·9	2·8	9·9	7·2	15·9	11·5
40	10 55·0	10 56·8	10 25·2	4·0	2·9	10·0	7·3	16·0	11·6
41	10 55·3	10 57·0	10 25·4	4·1	3·0	10·1	7·3	16·1	11·7
42	10 55·5	10 57·3	10 25·6	4·2	3·0	10·2	7·4	16·2	11·7
43	10 55·8	10 57·5	10 25·9	4·3	3·1	10·3	7·5	16·3	11·8
44	10 56·0	10 57·8	10 26·1	4·4	3·2	10·4	7·5	16·4	11·9
45	10 56·3	10 58·0	10 26·4	4·5	3·3	10·5	7·6	16·5	12·0
46	10 56·5	10 58·3	10 26·6	4·6	3·3	10·6	7·7	16·6	12·0
47	10 56·8	10 58·5	10 26·8	4·7	3·4	10·7	7·8	16·7	12·1
48	10 57·0	10 58·8	10 27·1	4·8	3·5	10·8	7·8	16·8	12·2
49	10 57·3	10 59·0	10 27·3	4·9	3·6	10·9	7·9	16·9	12·2
50	10 57·5	10 59·3	10 27·5	5·0	3·6	11·0	8·0	17·0	12·3
51	10 57·8	10 59·6	10 27·8	5·1	3·7	11·1	8·0	17·1	12·4
52	10 58·0	10 59·8	10 28·0	5·2	3·8	11·2	8·1	17·2	12·5
53	10 58·3	11 00·1	10 28·3	5·3	3·8	11·3	8·2	17·3	12·5
54	10 58·5	11 00·3	10 28·5	5·4	3·9	11·4	8·3	17·4	12·6
55	10 58·8	11 00·6	10 28·7	5·5	4·0	11·5	8·3	17·5	12·7
56	10 59·0	11 00·8	10 29·0	5·6	4·1	11·6	8·4	17·6	12·8
57	10 59·3	11 01·1	10 29·2	5·7	4·1	11·7	8·5	17·7	12·8
58	10 59·5	11 01·3	10 29·5	5·8	4·2	11·8	8·6	17·8	12·9
59	10 59·8	11 01·6	10 29·7	5·9	4·3	11·9	8·6	17·9	13·0
60	11 00·0	11 01·8	10 29·9	6·0	4·4	12·0	8·7	18·0	13·1

INCREMENTS AND CORRECTIONS

44m

s	SUN PLANETS	ARIES	MOON	v or d	Corrn	v or d	Corrn	v or d	Corrn
	° ′	° ′	° ′	′	′	′	′	′	′
00	11 00·0	11 01·8	10 29·9	0·0	0·0	6·0	4·5	12·0	8·9
01	11 00·3	11 02·1	10 30·2	0·1	0·1	6·1	4·5	12·1	9·0
02	11 00·5	11 02·3	10 30·4	0·2	0·1	6·2	4·6	12·2	9·0
03	11 00·8	11 02·6	10 30·6	0·3	0·2	6·3	4·7	12·3	9·1
04	11 01·0	11 02·8	10 30·9	0·4	0·3	6·4	4·7	12·4	9·2
05	11 01·3	11 03·1	10 31·1	0·5	0·4	6·5	4·8	12·5	9·3
06	11 01·5	11 03·3	10 31·4	0·6	0·4	6·6	4·9	12·6	9·3
07	11 01·8	11 03·6	10 31·6	0·7	0·5	6·7	5·0	12·7	9·4
08	11 02·0	11 03·8	10 31·8	0·8	0·6	6·8	5·0	12·8	9·5
09	11 02·3	11 04·1	10 32·1	0·9	0·7	6·9	5·1	12·9	9·6
10	11 02·5	11 04·3	10 32·3	1·0	0·7	7·0	5·2	13·0	9·6
11	11 02·8	11 04·6	10 32·6	1·1	0·8	7·1	5·3	13·1	9·7
12	11 03·0	11 04·8	10 32·8	1·2	0·9	7·2	5·3	13·2	9·8
13	11 03·3	11 05·1	10 33·0	1·3	1·0	7·3	5·4	13·3	9·9
14	11 03·5	11 05·3	10 33·3	1·4	1·0	7·4	5·5	13·4	9·9
15	11 03·8	11 05·6	10 33·5	1·5	1·1	7·5	5·6	13·5	10·0
16	11 04·0	11 05·8	10 33·8	1·6	1·2	7·6	5·6	13·6	10·1
17	11 04·3	11 06·1	10 34·0	1·7	1·3	7·7	5·7	13·7	10·2
18	11 04·5	11 06·3	10 34·2	1·8	1·3	7·8	5·8	13·8	10·2
19	11 04·8	11 06·6	10 34·5	1·9	1·4	7·9	5·9	13·9	10·3
20	11 05·0	11 06·8	10 34·7	2·0	1·5	8·0	5·9	14·0	10·4
21	11 05·3	11 07·1	10 34·9	2·1	1·6	8·1	6·0	14·1	10·5
22	11 05·5	11 07·3	10 35·2	2·2	1·6	8·2	6·1	14·2	10·5
23	11 05·8	11 07·6	10 35·4	2·3	1·7	8·3	6·2	14·3	10·6
24	11 06·0	11 07·8	10 35·7	2·4	1·8	8·4	6·2	14·4	10·7
25	11 06·3	11 08·1	10 35·9	2·5	1·9	8·5	6·3	14·5	10·8
26	11 06·5	11 08·3	10 36·1	2·6	1·9	8·6	6·4	14·6	10·8
27	11 06·8	11 08·6	10 36·4	2·7	2·0	8·7	6·5	14·7	10·9
28	11 07·0	11 08·8	10 36·6	2·8	2·1	8·8	6·5	14·8	11·0
29	11 07·3	11 09·1	10 36·9	2·9	2·2	8·9	6·6	14·9	11·1
30	11 07·5	11 09·3	10 37·1	3·0	2·2	9·0	6·7	15·0	11·1
31	11 07·8	11 09·6	10 37·3	3·1	2·3	9·1	6·7	15·1	11·2
32	11 08·0	11 09·8	10 37·6	3·2	2·4	9·2	6·8	15·2	11·3
33	11 08·3	11 10·1	10 37·8	3·3	2·4	9·3	6·9	15·3	11·3
34	11 08·5	11 10·3	10 38·0	3·4	2·5	9·4	7·0	15·4	11·4
35	11 08·8	11 10·6	10 38·3	3·5	2·6	9·5	7·0	15·5	11·5
36	11 09·0	11 10·8	10 38·5	3·6	2·7	9·6	7·1	15·6	11·6
37	11 09·3	11 11·1	10 38·8	3·7	2·7	9·7	7·2	15·7	11·6
38	11 09·5	11 11·3	10 39·0	3·8	2·8	9·8	7·3	15·8	11·7
39	11 09·8	11 11·6	10 39·2	3·9	2·9	9·9	7·3	15·9	11·8
40	11 10·0	11 11·8	10 39·5	4·0	3·0	10·0	7·4	16·0	11·9
41	11 10·3	11 12·1	10 39·7	4·1	3·0	10·1	7·5	16·1	11·9
42	11 10·5	11 12·3	10 40·0	4·2	3·1	10·2	7·6	16·2	12·0
43	11 10·8	11 12·6	10 40·2	4·3	3·2	10·3	7·6	16·3	12·1
44	11 11·0	11 12·8	10 40·4	4·4	3·3	10·4	7·7	16·4	12·2
45	11 11·3	11 13·1	10 40·7	4·5	3·3	10·5	7·8	16·5	12·2
46	11 11·5	11 13·3	10 40·9	4·6	3·4	10·6	7·9	16·6	12·3
47	11 11·8	11 13·6	10 41·1	4·7	3·5	10·7	7·9	16·7	12·4
48	11 12·0	11 13·8	10 41·4	4·8	3·6	10·8	8·0	16·8	12·5
49	11 12·3	11 14·1	10 41·6	4·9	3·6	10·9	8·1	16·9	12·5
50	11 12·5	11 14·3	10 41·9	5·0	3·7	11·0	8·2	17·0	12·6
51	11 12·8	11 14·6	10 42·1	5·1	3·8	11·1	8·2	17·1	12·7
52	11 13·0	11 14·8	10 42·3	5·2	3·9	11·2	8·3	17·2	12·8
53	11 13·3	11 15·1	10 42·6	5·3	3·9	11·3	8·4	17·3	12·8
54	11 13·5	11 15·3	10 42·8	5·4	4·0	11·4	8·5	17·4	12·9
55	11 13·8	11 15·6	10 43·1	5·5	4·1	11·5	8·5	17·5	13·0
56	11 14·0	11 15·8	10 43·3	5·6	4·2	11·6	8·6	17·6	13·1
57	11 14·3	11 16·1	10 43·5	5·7	4·2	11·7	8·7	17·7	13·1
58	11 14·5	11 16·3	10 43·8	5·8	4·3	11·8	8·8	17·8	13·2
59	11 14·8	11 16·6	10 44·0	5·9	4·4	11·9	8·8	17·9	13·3
60	11 15·0	11 16·8	10 44·3	6·0	4·5	12·0	8·9	18·0	13·4

45m

s	SUN PLANETS	ARIES	MOON	v or d	Corrn	v or d	Corrn	v or d	Corrn
	° ′	° ′	° ′	′	′	′	′	′	′
00	11 15·0	11 16·8	10 44·3	0·0	0·0	6·0	4·6	12·0	9·1
01	11 15·3	11 17·1	10 44·5	0·1	0·1	6·1	4·6	12·1	9·2
02	11 15·5	11 17·3	10 44·7	0·2	0·2	6·2	4·7	12·2	9·3
03	11 15·8	11 17·6	10 45·0	0·3	0·2	6·3	4·8	12·3	9·3
04	11 16·0	11 17·9	10 45·2	0·4	0·3	6·4	4·9	12·4	9·4
05	11 16·3	11 18·1	10 45·4	0·5	0·4	6·5	4·9	12·5	9·5
06	11 16·5	11 18·4	10 45·7	0·6	0·5	6·6	5·0	12·6	9·6
07	11 16·8	11 18·6	10 45·9	0·7	0·5	6·7	5·1	12·7	9·6
08	11 17·0	11 18·9	10 46·2	0·8	0·6	6·8	5·2	12·8	9·7
09	11 17·3	11 19·1	10 46·4	0·9	0·7	6·9	5·2	12·9	9·8
10	11 17·5	11 19·4	10 46·6	1·0	0·8	7·0	5·3	13·0	9·9
11	11 17·8	11 19·6	10 46·9	1·1	0·8	7·1	5·4	13·1	9·9
12	11 18·0	11 19·9	10 47·1	1·2	0·9	7·2	5·5	13·2	10·0
13	11 18·3	11 20·1	10 47·4	1·3	1·0	7·3	5·5	13·3	10·1
14	11 18·5	11 20·4	10 47·6	1·4	1·1	7·4	5·6	13·4	10·2
15	11 18·8	11 20·6	10 47·8	1·5	1·1	7·5	5·7	13·5	10·2
16	11 19·0	11 20·9	10 48·1	1·6	1·2	7·6	5·8	13·6	10·3
17	11 19·3	11 21·1	10 48·3	1·7	1·3	7·7	5·8	13·7	10·4
18	11 19·5	11 21·4	10 48·5	1·8	1·4	7·8	5·9	13·8	10·5
19	11 19·8	11 21·6	10 48·8	1·9	1·4	7·9	6·0	13·9	10·5
20	11 20·0	11 21·9	10 49·0	2·0	1·5	8·0	6·1	14·0	10·6
21	11 20·3	11 22·1	10 49·3	2·1	1·6	8·1	6·1	14·1	10·7
22	11 20·5	11 22·4	10 49·5	2·2	1·7	8·2	6·2	14·2	10·8
23	11 20·8	11 22·6	10 49·7	2·3	1·7	8·3	6·3	14·3	10·8
24	11 21·0	11 22·9	10 50·0	2·4	1·8	8·4	6·4	14·4	10·9
25	11 21·3	11 23·1	10 50·2	2·5	1·9	8·5	6·4	14·5	11·0
26	11 21·5	11 23·4	10 50·5	2·6	2·0	8·6	6·5	14·6	11·1
27	11 21·8	11 23·6	10 50·7	2·7	2·0	8·7	6·6	14·7	11·1
28	11 22·0	11 23·9	10 50·9	2·8	2·1	8·8	6·7	14·8	11·2
29	11 22·3	11 24·1	10 51·2	2·9	2·2	8·9	6·7	14·9	11·3
30	11 22·5	11 24·4	10 51·4	3·0	2·3	9·0	6·8	15·0	11·4
31	11 22·8	11 24·6	10 51·6	3·1	2·4	9·1	6·9	15·1	11·5
32	11 23·0	11 24·9	10 51·9	3·2	2·4	9·2	7·0	15·2	11·5
33	11 23·3	11 25·1	10 52·1	3·3	2·5	9·3	7·1	15·3	11·6
34	11 23·5	11 25·4	10 52·4	3·4	2·6	9·4	7·1	15·4	11·7
35	11 23·8	11 25·6	10 52·6	3·5	2·7	9·5	7·2	15·5	11·8
36	11 24·0	11 25·9	10 52·8	3·6	2·7	9·6	7·3	15·6	11·8
37	11 24·3	11 26·1	10 53·1	3·7	2·8	9·7	7·4	15·7	11·9
38	11 24·5	11 26·4	10 53·3	3·8	2·9	9·8	7·4	15·8	12·0
39	11 24·8	11 26·6	10 53·6	3·9	3·0	9·9	7·5	15·9	12·1
40	11 25·0	11 26·9	10 53·8	4·0	3·0	10·0	7·6	16·0	12·1
41	11 25·3	11 27·1	10 54·0	4·1	3·1	10·1	7·7	16·1	12·2
42	11 25·5	11 27·4	10 54·3	4·2	3·2	10·2	7·7	16·2	12·3
43	11 25·8	11 27·6	10 54·5	4·3	3·3	10·3	7·8	16·3	12·4
44	11 26·0	11 27·9	10 54·7	4·4	3·3	10·4	7·9	16·4	12·4
45	11 26·3	11 28·1	10 55·0	4·5	3·4	10·5	8·0	16·5	12·5
46	11 26·5	11 28·4	10 55·2	4·6	3·5	10·6	8·0	16·6	12·6
47	11 26·8	11 28·6	10 55·5	4·7	3·6	10·7	8·1	16·7	12·7
48	11 27·0	11 28·9	10 55·7	4·8	3·6	10·8	8·2	16·8	12·7
49	11 27·3	11 29·1	10 55·9	4·9	3·7	10·9	8·3	16·9	12·8
50	11 27·5	11 29·4	10 56·2	5·0	3·8	11·0	8·3	17·0	12·9
51	11 27·8	11 29·6	10 56·4	5·1	3·9	11·1	8·4	17·1	13·0
52	11 28·0	11 29·9	10 56·7	5·2	3·9	11·2	8·5	17·2	13·0
53	11 28·3	11 30·1	10 56·9	5·3	4·0	11·3	8·6	17·3	13·1
54	11 28·5	11 30·4	10 57·1	5·4	4·1	11·4	8·6	17·4	13·2
55	11 28·8	11 30·6	10 57·4	5·5	4·2	11·5	8·7	17·5	13·3
56	11 29·0	11 30·9	10 57·6	5·6	4·2	11·6	8·8	17·6	13·3
57	11 29·3	11 31·1	10 57·9	5·7	4·3	11·7	8·9	17·7	13·4
58	11 29·5	11 31·4	10 58·1	5·8	4·4	11·8	8·9	17·8	13·5
59	11 29·8	11 31·6	10 58·3	5·9	4·5	11·9	9·0	17·9	13·6
60	11 30·0	11 31·9	10 58·6	6·0	4·6	12·0	9·1	18·0	13·7

INCREMENTS AND CORRECTIONS

46m

s	SUN PLANETS	ARIES	MOON	v or d	Corrn	v or d	Corrn	v or d	Corrn
	° ′	° ′	° ′	′	′	′	′	′	′
00	11 30.0	11 31.9	10 58.6	0.0	0.0	6.0	4.7	12.0	9.3
01	11 30.3	11 32.1	10 58.8	0.1	0.1	6.1	4.7	12.1	9.4
02	11 30.5	11 32.4	10 59.0	0.2	0.2	6.2	4.8	12.2	9.5
03	11 30.8	11 32.6	10 59.3	0.3	0.2	6.3	4.9	12.3	9.5
04	11 31.0	11 32.9	10 59.5	0.4	0.3	6.4	5.0	12.4	9.6
05	11 31.3	11 33.1	10 59.8	0.5	0.4	6.5	5.0	12.5	9.7
06	11 31.5	11 33.4	11 00.0	0.6	0.5	6.6	5.1	12.6	9.8
07	11 31.8	11 33.6	11 00.2	0.7	0.5	6.7	5.2	12.7	9.8
08	11 32.0	11 33.9	11 00.5	0.8	0.6	6.8	5.3	12.8	9.9
09	11 32.3	11 34.1	11 00.7	0.9	0.7	6.9	5.3	12.9	10.0
10	11 32.5	11 34.4	11 01.0	1.0	0.8	7.0	5.4	13.0	10.1
11	11 32.8	11 34.6	11 01.2	1.1	0.9	7.1	5.5	13.1	10.2
12	11 33.0	11 34.9	11 01.4	1.2	0.9	7.2	5.6	13.2	10.2
13	11 33.3	11 35.1	11 01.7	1.3	1.0	7.3	5.7	13.3	10.3
14	11 33.5	11 35.4	11 01.9	1.4	1.1	7.4	5.7	13.4	10.4
15	11 33.8	11 35.6	11 02.1	1.5	1.2	7.5	5.8	13.5	10.5
16	11 34.0	11 35.9	11 02.4	1.6	1.2	7.6	5.9	13.6	10.5
17	11 34.3	11 36.2	11 02.6	1.7	1.3	7.7	6.0	13.7	10.6
18	11 34.5	11 36.4	11 02.9	1.8	1.4	7.8	6.0	13.8	10.7
19	11 34.8	11 36.7	11 03.1	1.9	1.5	7.9	6.1	13.9	10.8
20	11 35.0	11 36.9	11 03.3	2.0	1.6	8.0	6.2	14.0	10.9
21	11 35.3	11 37.2	11 03.6	2.1	1.6	8.1	6.3	14.1	10.9
22	11 35.5	11 37.4	11 03.8	2.2	1.7	8.2	6.4	14.2	11.0
23	11 35.8	11 37.7	11 04.1	2.3	1.8	8.3	6.4	14.3	11.1
24	11 36.0	11 37.9	11 04.3	2.4	1.9	8.4	6.5	14.4	11.2
25	11 36.3	11 38.2	11 04.5	2.5	1.9	8.5	6.6	14.5	11.2
26	11 36.5	11 38.4	11 04.8	2.6	2.0	8.6	6.7	14.6	11.3
27	11 36.8	11 38.7	11 05.0	2.7	2.1	8.7	6.7	14.7	11.4
28	11 37.0	11 38.9	11 05.2	2.8	2.2	8.8	6.8	14.8	11.5
29	11 37.3	11 39.2	11 05.5	2.9	2.2	8.9	6.9	14.9	11.5
30	11 37.5	11 39.4	11 05.7	3.0	2.3	9.0	7.0	15.0	11.6
31	11 37.8	11 39.7	11 06.0	3.1	2.4	9.1	7.1	15.1	11.7
32	11 38.0	11 39.9	11 06.2	3.2	2.5	9.2	7.1	15.2	11.8
33	11 38.3	11 40.2	11 06.4	3.3	2.6	9.3	7.2	15.3	11.9
34	11 38.5	11 40.4	11 06.7	3.4	2.6	9.4	7.3	15.4	11.9
35	11 38.8	11 40.7	11 06.9	3.5	2.7	9.5	7.4	15.5	12.0
36	11 39.0	11 40.9	11 07.2	3.6	2.8	9.6	7.4	15.6	12.1
37	11 39.3	11 41.2	11 07.4	3.7	2.9	9.7	7.5	15.7	12.2
38	11 39.5	11 41.4	11 07.6	3.8	2.9	9.8	7.6	15.8	12.2
39	11 39.8	11 41.7	11 07.9	3.9	3.0	9.9	7.7	15.9	12.3
40	11 40.0	11 41.9	11 08.1	4.0	3.1	10.0	7.8	16.0	12.4
41	11 40.3	11 42.2	11 08.3	4.1	3.2	10.1	7.8	16.1	12.5
42	11 40.5	11 42.4	11 08.6	4.2	3.3	10.2	7.9	16.2	12.6
43	11 40.8	11 42.7	11 08.8	4.3	3.3	10.3	8.0	16.3	12.6
44	11 41.0	11 42.9	11 09.1	4.4	3.4	10.4	8.1	16.4	12.7
45	11 41.3	11 43.2	11 09.3	4.5	3.5	10.5	8.1	16.5	12.8
46	11 41.5	11 43.4	11 09.5	4.6	3.6	10.6	8.2	16.6	12.9
47	11 41.8	11 43.7	11 09.8	4.7	3.6	10.7	8.3	16.7	12.9
48	11 42.0	11 43.9	11 10.0	4.8	3.7	10.8	8.4	16.8	13.0
49	11 42.3	11 44.2	11 10.3	4.9	3.8	10.9	8.4	16.9	13.1
50	11 42.5	11 44.4	11 10.5	5.0	3.9	11.0	8.5	17.0	13.2
51	11 42.8	11 44.7	11 10.7	5.1	4.0	11.1	8.6	17.1	13.3
52	11 43.0	11 44.9	11 11.0	5.2	4.0	11.2	8.7	17.2	13.3
53	11 43.3	11 45.2	11 11.2	5.3	4.1	11.3	8.8	17.3	13.4
54	11 43.5	11 45.4	11 11.5	5.4	4.2	11.4	8.8	17.4	13.5
55	11 43.8	11 45.7	11 11.7	5.5	4.3	11.5	8.9	17.5	13.6
56	11 44.0	11 45.9	11 11.9	5.6	4.3	11.6	9.0	17.6	13.6
57	11 44.3	11 46.2	11 12.2	5.7	4.4	11.7	9.1	17.7	13.7
58	11 44.5	11 46.4	11 12.4	5.8	4.5	11.8	9.1	17.8	13.8
59	11 44.8	11 46.7	11 12.6	5.9	4.6	11.9	9.2	17.9	13.9
60	11 45.0	11 46.9	11 12.9	6.0	4.7	12.0	9.3	18.0	14.0

47m

s	SUN PLANETS	ARIES	MOON	v or d	Corrn	v or d	Corrn	v or d	Corrn
	° ′	° ′	° ′	′	′	′	′	′	′
00	11 45.0	11 46.9	11 12.9	0.0	0.0	6.0	4.8	12.0	9.5
01	11 45.3	11 47.2	11 13.1	0.1	0.1	6.1	4.8	12.1	9.6
02	11 45.5	11 47.4	11 13.4	0.2	0.2	6.2	4.9	12.2	9.7
03	11 45.8	11 47.7	11 13.6	0.3	0.2	6.3	5.0	12.3	9.7
04	11 46.0	11 47.9	11 13.8	0.4	0.3	6.4	5.1	12.4	9.8
05	11 46.3	11 48.2	11 14.1	0.5	0.4	6.5	5.1	12.5	9.9
06	11 46.5	11 48.4	11 14.3	0.6	0.5	6.6	5.2	12.6	10.0
07	11 46.8	11 48.7	11 14.6	0.7	0.6	6.7	5.3	12.7	10.1
08	11 47.0	11 48.9	11 14.8	0.8	0.6	6.8	5.4	12.8	10.1
09	11 47.3	11 49.2	11 15.0	0.9	0.7	6.9	5.5	12.9	10.2
10	11 47.5	11 49.4	11 15.3	1.0	0.8	7.0	5.5	13.0	10.3
11	11 47.8	11 49.7	11 15.5	1.1	0.9	7.1	5.6	13.1	10.4
12	11 48.0	11 49.9	11 15.7	1.2	1.0	7.2	5.7	13.2	10.5
13	11 48.3	11 50.2	11 16.0	1.3	1.0	7.3	5.8	13.3	10.5
14	11 48.5	11 50.4	11 16.2	1.4	1.1	7.4	5.9	13.4	10.6
15	11 48.8	11 50.7	11 16.5	1.5	1.2	7.5	5.9	13.5	10.7
16	11 49.0	11 50.9	11 16.7	1.6	1.3	7.6	6.0	13.6	10.8
17	11 49.3	11 51.2	11 16.9	1.7	1.3	7.7	6.1	13.7	10.8
18	11 49.5	11 51.4	11 17.2	1.8	1.4	7.8	6.2	13.8	10.9
19	11 49.8	11 51.7	11 17.4	1.9	1.5	7.9	6.3	13.9	11.0
20	11 50.0	11 51.9	11 17.7	2.0	1.6	8.0	6.3	14.0	11.1
21	11 50.3	11 52.2	11 17.9	2.1	1.7	8.1	6.4	14.1	11.2
22	11 50.5	11 52.4	11 18.1	2.2	1.7	8.2	6.5	14.2	11.2
23	11 50.8	11 52.7	11 18.4	2.3	1.8	8.3	6.6	14.3	11.3
24	11 51.0	11 52.9	11 18.6	2.4	1.9	8.4	6.7	14.4	11.4
25	11 51.3	11 53.2	11 18.8	2.5	2.0	8.5	6.7	14.5	11.5
26	11 51.5	11 53.4	11 19.1	2.6	2.1	8.6	6.8	14.6	11.6
27	11 51.8	11 53.7	11 19.3	2.7	2.1	8.7	6.9	14.7	11.6
28	11 52.0	11 53.9	11 19.6	2.8	2.2	8.8	7.0	14.8	11.7
29	11 52.3	11 54.2	11 19.8	2.9	2.3	8.9	7.0	14.9	11.8
30	11 52.5	11 54.5	11 20.0	3.0	2.4	9.0	7.1	15.0	11.9
31	11 52.8	11 54.7	11 20.3	3.1	2.5	9.1	7.2	15.1	12.0
32	11 53.0	11 55.0	11 20.5	3.2	2.5	9.2	7.3	15.2	12.0
33	11 53.3	11 55.2	11 20.8	3.3	2.6	9.3	7.4	15.3	12.1
34	11 53.5	11 55.5	11 21.0	3.4	2.7	9.4	7.4	15.4	12.2
35	11 53.8	11 55.7	11 21.2	3.5	2.8	9.5	7.5	15.5	12.3
36	11 54.0	11 56.0	11 21.5	3.6	2.9	9.6	7.6	15.6	12.4
37	11 54.3	11 56.2	11 21.7	3.7	2.9	9.7	7.7	15.7	12.4
38	11 54.5	11 56.5	11 22.0	3.8	3.0	9.8	7.8	15.8	12.5
39	11 54.8	11 56.7	11 22.2	3.9	3.1	9.9	7.8	15.9	12.6
40	11 55.0	11 57.0	11 22.4	4.0	3.2	10.0	7.9	16.0	12.7
41	11 55.3	11 57.2	11 22.7	4.1	3.2	10.1	8.0	16.1	12.7
42	11 55.5	11 57.5	11 22.9	4.2	3.3	10.2	8.1	16.2	12.8
43	11 55.8	11 57.7	11 23.1	4.3	3.4	10.3	8.2	16.3	12.9
44	11 56.0	11 58.0	11 23.4	4.4	3.5	10.4	8.2	16.4	13.0
45	11 56.3	11 58.2	11 23.6	4.5	3.6	10.5	8.3	16.5	13.1
46	11 56.5	11 58.5	11 23.9	4.6	3.6	10.6	8.4	16.6	13.1
47	11 56.8	11 58.7	11 24.1	4.7	3.7	10.7	8.5	16.7	13.2
48	11 57.0	11 59.0	11 24.3	4.8	3.8	10.8	8.6	16.8	13.3
49	11 57.3	11 59.2	11 24.6	4.9	3.9	10.9	8.6	16.9	13.4
50	11 57.5	11 59.5	11 24.8	5.0	4.0	11.0	8.7	17.0	13.5
51	11 57.8	11 59.7	11 25.1	5.1	4.0	11.1	8.8	17.1	13.5
52	11 58.0	12 00.0	11 25.3	5.2	4.1	11.2	8.9	17.2	13.6
53	11 58.3	12 00.2	11 25.5	5.3	4.2	11.3	8.9	17.3	13.7
54	11 58.5	12 00.5	11 25.8	5.4	4.3	11.4	9.0	17.4	13.8
55	11 58.8	12 00.7	11 26.0	5.5	4.4	11.5	9.1	17.5	13.9
56	11 59.0	12 01.0	11 26.2	5.6	4.4	11.6	9.2	17.6	13.9
57	11 59.3	12 01.2	11 26.5	5.7	4.5	11.7	9.3	17.7	14.0
58	11 59.5	12 01.5	11 26.7	5.8	4.6	11.8	9.3	17.8	14.1
59	11 59.8	12 01.7	11 27.0	5.9	4.7	11.9	9.4	17.9	14.2
60	12 00.0	12 02.0	11 27.2	6.0	4.8	12.0	9.5	18.0	14.3

INCREMENTS AND CORRECTIONS

48ᵐ

s	SUN PLANETS	ARIES	MOON	v or d	Corrⁿ	v or d	Corrⁿ	v or d	Corrⁿ
00	12 00·0	12 02·0	11 27·2	0·0	0·0	6·0	4·9	12·0	9·7
01	12 00·3	12 02·2	11 27·4	0·1	0·1	6·1	4·9	12·1	9·8
02	12 00·5	12 02·5	11 27·7	0·2	0·2	6·2	5·0	12·2	9·9
03	12 00·8	12 02·7	11 27·9	0·3	0·2	6·3	5·1	12·3	9·9
04	12 01·0	12 03·0	11 28·2	0·4	0·3	6·4	5·2	12·4	10·0
05	12 01·3	12 03·2	11 28·4	0·5	0·4	6·5	5·3	12·5	10·1
06	12 01·5	12 03·5	11 28·6	0·6	0·5	6·6	5·3	12·6	10·2
07	12 01·8	12 03·7	11 28·9	0·7	0·6	6·7	5·4	12·7	10·3
08	12 02·0	12 04·0	11 29·1	0·8	0·6	6·8	5·5	12·8	10·3
09	12 02·3	12 04·2	11 29·3	0·9	0·7	6·9	5·6	12·9	10·4
10	12 02·5	12 04·5	11 29·6	1·0	0·8	7·0	5·7	13·0	10·5
11	12 02·8	12 04·7	11 29·8	1·1	0·9	7·1	5·7	13·1	10·6
12	12 03·0	12 05·0	11 30·1	1·2	1·0	7·2	5·8	13·2	10·7
13	12 03·3	12 05·3	11 30·3	1·3	1·1	7·3	5·9	13·3	10·8
14	12 03·5	12 05·5	11 30·5	1·4	1·1	7·4	6·0	13·4	10·8
15	12 03·8	12 05·7	11 30·8	1·5	1·2	7·5	6·1	13·5	10·9
16	12 04·0	12 06·0	11 31·0	1·6	1·3	7·6	6·1	13·6	11·0
17	12 04·3	12 06·2	11 31·3	1·7	1·4	7·7	6·2	13·7	11·1
18	12 04·5	12 06·5	11 31·5	1·8	1·5	7·8	6·3	13·8	11·2
19	12 04·8	12 06·7	11 31·7	1·9	1·5	7·9	6·4	13·9	11·2
20	12 05·0	12 07·0	11 32·0	2·0	1·6	8·0	6·5	14·0	11·3
21	12 05·3	12 07·2	11 32·2	2·1	1·7	8·1	6·5	14·1	11·4
22	12 05·5	12 07·5	11 32·4	2·2	1·8	8·2	6·6	14·2	11·5
23	12 05·8	12 07·7	11 32·7	2·3	1·9	8·3	6·7	14·3	11·6
24	12 06·0	12 08·0	11 32·9	2·4	1·9	8·4	6·8	14·4	11·6
25	12 06·3	12 08·2	11 33·2	2·5	2·0	8·5	6·9	14·5	11·7
26	12 06·5	12 08·5	11 33·4	2·6	2·1	8·6	7·0	14·6	11·8
27	12 06·8	12 08·7	11 33·6	2·7	2·2	8·7	7·0	14·7	11·9
28	12 07·0	12 09·0	11 33·9	2·8	2·3	8·8	7·1	14·8	12·0
29	12 07·3	12 09·2	11 34·1	2·9	2·3	8·9	7·2	14·9	12·0
30	12 07·5	12 09·5	11 34·4	3·0	2·4	9·0	7·3	15·0	12·1
31	12 07·8	12 09·7	11 34·6	3·1	2·5	9·1	7·4	15·1	12·2
32	12 08·0	12 10·0	11 34·8	3·2	2·6	9·2	7·4	15·2	12·3
33	12 08·3	12 10·2	11 35·1	3·3	2·7	9·3	7·5	15·3	12·4
34	12 08·5	12 10·5	11 35·3	3·4	2·7	9·4	7·6	15·4	12·4
35	12 08·8	12 10·7	11 35·6	3·5	2·8	9·5	7·7	15·5	12·5
36	12 09·0	12 11·0	11 35·8	3·6	2·9	9·6	7·8	15·6	12·6
37	12 09·3	12 11·2	11 36·0	3·7	3·0	9·7	7·8	15·7	12·7
38	12 09·5	12 11·5	11 36·3	3·8	3·1	9·8	7·9	15·8	12·8
39	12 09·8	12 11·7	11 36·5	3·9	3·2	9·9	8·0	15·9	12·9
40	12 10·0	12 12·0	11 36·7	4·0	3·2	10·0	8·1	16·0	12·9
41	12 10·3	12 12·2	11 37·0	4·1	3·3	10·1	8·2	16·1	13·0
42	12 10·5	12 12·5	11 37·2	4·2	3·4	10·2	8·2	16·2	13·1
43	12 10·8	12 12·8	11 37·5	4·3	3·5	10·3	8·3	16·3	13·2
44	12 11·0	12 13·0	11 37·7	4·4	3·6	10·4	8·4	16·4	13·3
45	12 11·3	12 13·3	11 37·9	4·5	3·6	10·5	8·5	16·5	13·3
46	12 11·5	12 13·5	11 38·2	4·6	3·7	10·6	8·6	16·6	13·4
47	12 11·8	12 13·8	11 38·4	4·7	3·8	10·7	8·6	16·7	13·5
48	12 12·0	12 14·0	11 38·7	4·8	3·9	10·8	8·7	16·8	13·6
49	12 12·3	12 14·3	11 38·9	4·9	4·0	10·9	8·8	16·9	13·7
50	12 12·5	12 14·5	11 39·1	5·0	4·0	11·0	8·9	17·0	13·7
51	12 12·8	12 14·8	11 39·4	5·1	4·1	11·1	9·0	17·1	13·8
52	12 13·0	12 15·0	11 39·6	5·2	4·2	11·2	9·1	17·2	13·9
53	12 13·3	12 15·3	11 39·8	5·3	4·3	11·3	9·1	17·3	14·0
54	12 13·5	12 15·5	11 40·1	5·4	4·4	11·4	9·2	17·4	14·1
55	12 13·8	12 15·8	11 40·3	5·5	4·4	11·5	9·3	17·5	14·1
56	12 14·0	12 16·0	11 40·6	5·6	4·5	11·6	9·4	17·6	14·2
57	12 14·3	12 16·3	11 40·8	5·7	4·6	11·7	9·5	17·7	14·3
58	12 14·5	12 16·5	11 41·0	5·8	4·7	11·8	9·5	17·8	14·4
59	12 14·8	12 16·8	11 41·3	5·9	4·8	11·9	9·6	17·9	14·5
60	12 15·0	12 17·0	11 41·5	6·0	4·9	12·0	9·7	18·0	14·6

49ᵐ

s	SUN PLANETS	ARIES	MOON	v or d	Corrⁿ	v or d	Corrⁿ	v or d	Corrⁿ
00	12 15·0	12 17·0	11 41·5	0·0	0·0	6·0	5·0	12·0	9·9
01	12 15·3	12 17·3	11 41·8	0·1	0·1	6·1	5·0	12·1	10·0
02	12 15·5	12 17·5	11 42·0	0·2	0·2	6·2	5·1	12·2	10·1
03	12 15·8	12 17·8	11 42·2	0·3	0·2	6·3	5·2	12·3	10·1
04	12 16·0	12 18·0	11 42·5	0·4	0·3	6·4	5·3	12·4	10·2
05	12 16·3	12 18·3	11 42·7	0·5	0·4	6·5	5·4	12·5	10·3
06	12 16·5	12 18·5	11 42·9	0·6	0·5	6·6	5·4	12·6	10·4
07	12 16·8	12 18·8	11 43·2	0·7	0·6	6·7	5·5	12·7	10·5
08	12 17·0	12 19·0	11 43·4	0·8	0·7	6·8	5·6	12·8	10·6
09	12 17·3	12 19·3	11 43·7	0·9	0·7	6·9	5·7	12·9	10·6
10	12 17·5	12 19·5	11 43·9	1·0	0·8	7·0	5·8	13·0	10·7
11	12 17·8	12 19·8	11 44·1	1·1	0·9	7·1	5·9	13·1	10·8
12	12 18·0	12 20·0	11 44·4	1·2	1·0	7·2	5·9	13·2	10·9
13	12 18·3	12 20·3	11 44·6	1·3	1·1	7·3	6·0	13·3	11·0
14	12 18·5	12 20·5	11 44·9	1·4	1·2	7·4	6·1	13·4	11·1
15	12 18·8	12 20·8	11 45·1	1·5	1·2	7·5	6·2	13·5	11·1
16	12 19·0	12 21·0	11 45·3	1·6	1·3	7·6	6·3	13·6	11·2
17	12 19·3	12 21·3	11 45·6	1·7	1·4	7·7	6·4	13·7	11·3
18	12 19·5	12 21·5	11 45·8	1·8	1·5	7·8	6·4	13·8	11·4
19	12 19·8	12 21·8	11 46·1	1·9	1·6	7·9	6·5	13·9	11·5
20	12 20·0	12 22·0	11 46·3	2·0	1·7	8·0	6·6	14·0	11·6
21	12 20·3	12 22·3	11 46·5	2·1	1·7	8·1	6·7	14·1	11·6
22	12 20·5	12 22·5	11 46·8	2·2	1·8	8·2	6·8	14·2	11·7
23	12 20·8	12 22·8	11 47·0	2·3	1·9	8·3	6·8	14·3	11·8
24	12 21·0	12 23·0	11 47·2	2·4	2·0	8·4	6·9	14·4	11·9
25	12 21·3	12 23·3	11 47·5	2·5	2·1	8·5	7·0	14·5	12·0
26	12 21·5	12 23·5	11 47·7	2·6	2·1	8·6	7·1	14·6	12·0
27	12 21·8	12 23·8	11 48·0	2·7	2·2	8·7	7·2	14·7	12·1
28	12 22·0	12 24·0	11 48·2	2·8	2·3	8·8	7·3	14·8	12·2
29	12 22·3	12 24·3	11 48·4	2·9	2·4	8·9	7·3	14·9	12·3
30	12 22·5	12 24·5	11 48·7	3·0	2·5	9·0	7·4	15·0	12·4
31	12 22·8	12 24·8	11 48·9	3·1	2·6	9·1	7·5	15·1	12·5
32	12 23·0	12 25·0	11 49·2	3·2	2·6	9·2	7·6	15·2	12·5
33	12 23·3	12 25·3	11 49·4	3·3	2·7	9·3	7·7	15·3	12·6
34	12 23·5	12 25·5	11 49·6	3·4	2·8	9·4	7·8	15·4	12·7
35	12 23·8	12 25·8	11 49·9	3·5	2·9	9·5	7·8	15·5	12·8
36	12 24·0	12 26·0	11 50·1	3·6	3·0	9·6	7·9	15·6	12·9
37	12 24·3	12 26·3	11 50·3	3·7	3·1	9·7	8·0	15·7	13·0
38	12 24·5	12 26·5	11 50·6	3·8	3·1	9·8	8·1	15·8	13·0
39	12 24·8	12 26·8	11 50·8	3·9	3·2	9·9	8·2	15·9	13·1
40	12 25·0	12 27·0	11 51·1	4·0	3·3	10·0	8·3	16·0	13·2
41	12 25·3	12 27·3	11 51·3	4·1	3·4	10·1	8·3	16·1	13·3
42	12 25·5	12 27·5	11 51·5	4·2	3·5	10·2	8·4	16·2	13·4
43	12 25·8	12 27·8	11 51·8	4·3	3·5	10·3	8·5	16·3	13·4
44	12 26·0	12 28·0	11 52·0	4·4	3·6	10·4	8·6	16·4	13·5
45	12 26·3	12 28·3	11 52·3	4·5	3·7	10·5	8·7	16·5	13·6
46	12 26·5	12 28·5	11 52·5	4·6	3·8	10·6	8·7	16·6	13·7
47	12 26·8	12 28·8	11 52·7	4·7	3·9	10·7	8·8	16·7	13·8
48	12 27·0	12 29·0	11 53·0	4·8	4·0	10·8	8·9	16·8	13·9
49	12 27·3	12 29·3	11 53·2	4·9	4·0	10·9	9·0	16·9	13·9
50	12 27·5	12 29·5	11 53·4	5·0	4·1	11·0	9·1	17·0	14·0
51	12 27·8	12 29·8	11 53·7	5·1	4·2	11·1	9·2	17·1	14·1
52	12 28·0	12 30·0	11 53·9	5·2	4·3	11·2	9·2	17·2	14·2
53	12 28·3	12 30·3	11 54·2	5·3	4·4	11·3	9·3	17·3	14·3
54	12 28·5	12 30·5	11 54·4	5·4	4·5	11·4	9·4	17·4	14·4
55	12 28·8	12 30·8	11 54·6	5·5	4·5	11·5	9·5	17·5	14·4
56	12 29·0	12 31·1	11 54·9	5·6	4·6	11·6	9·6	17·6	14·5
57	12 29·3	12 31·3	11 55·1	5·7	4·7	11·7	9·7	17·7	14·6
58	12 29·5	12 31·6	11 55·4	5·8	4·8	11·8	9·7	17·8	14·7
59	12 29·8	12 31·8	11 55·6	5·9	4·9	11·9	9·8	17·9	14·8
60	12 30·0	12 32·1	11 55·8	6·0	5·0	12·0	9·9	18·0	14·9

xxvi

50ᵐ INCREMENTS AND CORRECTIONS 51ᵐ

50	SUN PLANETS	ARIES	MOON	v or d	Corrⁿ	v or d	Corrⁿ	v or d	Corrⁿ	51	SUN PLANETS	ARIES	MOON	v or d	Corrⁿ	v or d	Corrⁿ	v or d	Corrⁿ
s	° ′	° ′	° ′	′	′	′	′	′	′	s	° ′	° ′	° ′	′	′	′	′	′	′
00	12 30·0	12 32·1	11 55·8	0·0	0·0	6·0	5·1	12·0	10·1	00	12 45·0	12 47·1	12 10·2	0·0	0·0	6·0	5·2	12·0	10·3
01	12 30·3	12 32·3	11 56·1	0·1	0·1	6·1	5·1	12·1	10·2	01	12 45·3	12 47·3	12 10·4	0·1	0·1	6·1	5·2	12·1	10·4
02	12 30·5	12 32·6	11 56·3	0·2	0·2	6·2	5·2	12·2	10·3	02	12 45·5	12 47·6	12 10·6	0·2	0·2	6·2	5·3	12·2	10·5
03	12 30·8	12 32·8	11 56·5	0·3	0·3	6·3	5·3	12·3	10·4	03	12 45·8	12 47·8	12 10·9	0·3	0·3	6·3	5·4	12·3	10·6
04	12 31·0	12 33·1	11 56·8	0·4	0·3	6·4	5·4	12·4	10·4	04	12 46·0	12 48·1	12 11·1	0·4	0·3	6·4	5·5	12·4	10·6
05	12 31·3	12 33·3	11 57·0	0·5	0·4	6·5	5·5	12·5	10·5	05	12 46·3	12 48·3	12 11·3	0·5	0·4	6·5	5·6	12·5	10·7
06	12 31·5	12 33·6	11 57·3	0·6	0·5	6·6	5·6	12·6	10·6	06	12 46·5	12 48·6	12 11·6	0·6	0·5	6·6	5·7	12·6	10·8
07	12 31·8	12 33·8	11 57·5	0·7	0·6	6·7	5·6	12·7	10·7	07	12 46·8	12 48·8	12 11·8	0·7	0·6	6·7	5·8	12·7	10·9
08	12 32·0	12 34·1	11 57·7	0·8	0·7	6·8	5·7	12·8	10·8	08	12 47·0	12 49·1	12 12·1	0·8	0·7	6·8	5·8	12·8	11·0
09	12 32·3	12 34·3	11 58·0	0·9	0·8	6·9	5·8	12·9	10·9	09	12 47·3	12 49·4	12 12·3	0·9	0·8	6·9	5·9	12·9	11·1
10	12 32·5	12 34·6	11 58·2	1·0	0·8	7·0	5·9	13·0	10·9	10	12 47·5	12 49·6	12 12·5	1·0	0·9	7·0	6·0	13·0	11·2
11	12 32·8	12 34·8	11 58·5	1·1	0·9	7·1	6·0	13·1	11·0	11	12 47·8	12 49·9	12 12·8	1·1	0·9	7·1	6·1	13·1	11·2
12	12 33·0	12 35·1	11 58·7	1·2	1·0	7·2	6·1	13·2	11·1	12	12 48·0	12 50·1	12 13·0	1·2	1·0	7·2	6·2	13·2	11·3
13	12 33·3	12 35·3	11 58·9	1·3	1·1	7·3	6·1	13·3	11·2	13	12 48·3	12 50·4	12 13·3	1·3	1·1	7·3	6·3	13·3	11·4
14	12 33·5	12 35·6	11 59·2	1·4	1·2	7·4	6·2	13·4	11·3	14	12 48·5	12 50·6	12 13·5	1·4	1·2	7·4	6·4	13·4	11·5
15	12 33·8	12 35·8	11 59·4	1·5	1·3	7·5	6·3	13·5	11·4	15	12 48·8	12 50·9	12 13·7	1·5	1·3	7·5	6·4	13·5	11·6
16	12 34·0	12 36·1	11 59·7	1·6	1·3	7·6	6·4	13·6	11·4	16	12 49·0	12 51·1	12 14·0	1·6	1·4	7·6	6·5	13·6	11·7
17	12 34·3	12 36·3	11 59·9	1·7	1·4	7·7	6·5	13·7	11·5	17	12 49·3	12 51·4	12 14·2	1·7	1·5	7·7	6·6	13·7	11·8
18	12 34·5	12 36·6	12 00·1	1·8	1·5	7·8	6·6	13·8	11·6	18	12 49·5	12 51·6	12 14·4	1·8	1·5	7·8	6·7	13·8	11·8
19	12 34·8	12 36·8	12 00·4	1·9	1·6	7·9	6·6	13·9	11·7	19	12 49·8	12 51·9	12 14·7	1·9	1·6	7·9	6·8	13·9	11·9
20	12 35·0	12 37·1	12 00·6	2·0	1·7	8·0	6·7	14·0	11·8	20	12 50·0	12 52·1	12 14·9	2·0	1·7	8·0	6·9	14·0	12·0
21	12 35·3	12 37·3	12 00·8	2·1	1·8	8·1	6·8	14·1	11·9	21	12 50·3	12 52·4	12 15·2	2·1	1·8	8·1	7·0	14·1	12·1
22	12 35·5	12 37·6	12 01·1	2·2	1·9	8·2	6·9	14·2	12·0	22	12 50·5	12 52·6	12 15·4	2·2	1·9	8·2	7·0	14·2	12·2
23	12 35·8	12 37·8	12 01·3	2·3	1·9	8·3	7·0	14·3	12·0	23	12 50·8	12 52·9	12 15·6	2·3	2·0	8·3	7·1	14·3	12·3
24	12 36·0	12 38·1	12 01·6	2·4	2·0	8·4	7·1	14·4	12·1	24	12 51·0	12 53·1	12 15·9	2·4	2·1	8·4	7·2	14·4	12·4
25	12 36·3	12 38·3	12 01·8	2·5	2·1	8·5	7·2	14·5	12·2	25	12 51·3	12 53·4	12 16·1	2·5	2·1	8·5	7·3	14·5	12·4
26	12 36·5	12 38·6	12 02·0	2·6	2·2	8·6	7·2	14·6	12·3	26	12 51·5	12 53·6	12 16·4	2·6	2·2	8·6	7·4	14·6	12·5
27	12 36·8	12 38·8	12 02·3	2·7	2·3	8·7	7·3	14·7	12·4	27	12 51·8	12 53·9	12 16·6	2·7	2·3	8·7	7·5	14·7	12·6
28	12 37·0	12 39·1	12 02·5	2·8	2·4	8·8	7·4	14·8	12·5	28	12 52·0	12 54·1	12 16·8	2·8	2·4	8·8	7·6	14·8	12·7
29	12 37·3	12 39·3	12 02·8	2·9	2·4	8·9	7·5	14·9	12·5	29	12 52·3	12 54·4	12 17·1	2·9	2·5	8·9	7·6	14·9	12·8
30	12 37·5	12 39·6	12 03·0	3·0	2·5	9·0	7·6	15·0	12·6	30	12 52·5	12 54·6	12 17·3	3·0	2·6	9·0	7·7	15·0	12·9
31	12 37·8	12 39·8	12 03·2	3·1	2·6	9·1	7·7	15·1	12·7	31	12 52·8	12 54·9	12 17·5	3·1	2·7	9·1	7·8	15·1	13·0
32	12 38·0	12 40·1	12 03·5	3·2	2·7	9·2	7·7	15·2	12·8	32	12 53·0	12 55·1	12 17·8	3·2	2·7	9·2	7·9	15·2	13·0
33	12 38·3	12 40·3	12 03·7	3·3	2·8	9·3	7·8	15·3	12·9	33	12 53·3	12 55·4	12 18·0	3·3	2·8	9·3	8·0	15·3	13·1
34	12 38·5	12 40·6	12 03·9	3·4	2·9	9·4	7·9	15·4	13·0	34	12 53·5	12 55·6	12 18·3	3·4	2·9	9·4	8·1	15·4	13·2
35	12 38·8	12 40·8	12 04·2	3·5	2·9	9·5	8·0	15·5	13·0	35	12 53·8	12 55·9	12 18·5	3·5	3·0	9·5	8·2	15·5	13·3
36	12 39·0	12 41·1	12 04·4	3·6	3·0	9·6	8·1	15·6	13·1	36	12 54·0	12 56·1	12 18·7	3·6	3·1	9·6	8·2	15·6	13·4
37	12 39·3	12 41·3	12 04·7	3·7	3·1	9·7	8·2	15·7	13·2	37	12 54·3	12 56·4	12 19·0	3·7	3·2	9·7	8·3	15·7	13·5
38	12 39·5	12 41·6	12 04·9	3·8	3·2	9·8	8·2	15·8	13·3	38	12 54·5	12 56·6	12 19·2	3·8	3·3	9·8	8·4	15·8	13·6
39	12 39·8	12 41·8	12 05·1	3·9	3·3	9·9	8·3	15·9	13·4	39	12 54·8	12 56·9	12 19·5	3·9	3·3	9·9	8·5	15·9	13·6
40	12 40·0	12 42·1	12 05·4	4·0	3·4	10·0	8·4	16·0	13·5	40	12 55·0	12 57·1	12 19·7	4·0	3·4	10·0	8·6	16·0	13·7
41	12 40·3	12 42·3	12 05·6	4·1	3·5	10·1	8·5	16·1	13·6	41	12 55·3	12 57·4	12 19·9	4·1	3·5	10·1	8·7	16·1	13·8
42	12 40·5	12 42·6	12 05·9	4·2	3·5	10·2	8·6	16·2	13·6	42	12 55·5	12 57·6	12 20·2	4·2	3·6	10·2	8·8	16·2	13·9
43	12 40·8	12 42·8	12 06·1	4·3	3·6	10·3	8·7	16·3	13·7	43	12 55·8	12 57·9	12 20·4	4·3	3·7	10·3	8·8	16·3	14·0
44	12 41·0	12 43·1	12 06·3	4·4	3·7	10·4	8·8	16·4	13·8	44	12 56·0	12 58·1	12 20·6	4·4	3·8	10·4	8·9	16·4	14·1
45	12 41·3	12 43·3	12 06·6	4·5	3·8	10·5	8·8	16·5	13·9	45	12 56·3	12 58·4	12 20·9	4·5	3·9	10·5	9·0	16·5	14·2
46	12 41·5	12 43·6	12 06·8	4·6	3·9	10·6	8·9	16·6	14·0	46	12 56·5	12 58·6	12 21·1	4·6	3·9	10·6	9·1	16·6	14·2
47	12 41·8	12 43·8	12 07·0	4·7	4·0	10·7	9·0	16·7	14·1	47	12 56·8	12 58·9	12 21·4	4·7	4·0	10·7	9·2	16·7	14·3
48	12 42·0	12 44·1	12 07·3	4·8	4·0	10·8	9·1	16·8	14·1	48	12 57·0	12 59·1	12 21·6	4·8	4·1	10·8	9·3	16·8	14·4
49	12 42·3	12 44·3	12 07·5	4·9	4·1	10·9	9·2	16·9	14·2	49	12 57·3	12 59·4	12 21·8	4·9	4·2	10·9	9·4	16·9	14·5
50	12 42·5	12 44·6	12 07·8	5·0	4·2	11·0	9·3	17·0	14·3	50	12 57·5	12 59·6	12 22·1	5·0	4·3	11·0	9·4	17·0	14·6
51	12 42·8	12 44·8	12 08·0	5·1	4·3	11·1	9·3	17·1	14·4	51	12 57·8	12 59·9	12 22·3	5·1	4·4	11·1	9·5	17·1	14·7
52	12 43·0	12 45·1	12 08·2	5·2	4·4	11·2	9·4	17·2	14·5	52	12 58·0	13 00·1	12 22·6	5·2	4·5	11·2	9·6	17·2	14·8
53	12 43·3	12 45·3	12 08·5	5·3	4·5	11·3	9·5	17·3	14·6	53	12 58·3	13 00·4	12 22·8	5·3	4·5	11·3	9·7	17·3	14·8
54	12 43·5	12 45·6	12 08·7	5·4	4·5	11·4	9·6	17·4	14·6	54	12 58·5	13 00·6	12 23·0	5·4	4·6	11·4	9·8	17·4	14·9
55	12 43·8	12 45·8	12 09·0	5·5	4·6	11·5	9·7	17·5	14·7	55	12 58·8	13 00·9	12 23·3	5·5	4·7	11·5	9·9	17·5	15·0
56	12 44·0	12 46·1	12 09·2	5·6	4·7	11·6	9·8	17·6	14·8	56	12 59·0	13 01·1	12 23·5	5·6	4·8	11·6	10·0	17·6	15·1
57	12 44·3	12 46·3	12 09·4	5·7	4·8	11·7	9·8	17·7	14·9	57	12 59·3	13 01·4	12 23·8	5·7	4·9	11·7	10·0	17·7	15·2
58	12 44·5	12 46·6	12 09·7	5·8	4·9	11·8	9·9	17·8	15·0	58	12 59·5	13 01·6	12 24·0	5·8	5·0	11·8	10·1	17·8	15·3
59	12 44·8	12 46·8	12 09·9	5·9	5·0	11·9	10·0	17·9	15·1	59	12 59·8	13 01·9	12 24·2	5·9	5·1	11·9	10·2	17·9	15·4
60	12 45·0	12 47·1	12 10·2	6·0	5·1	12·0	10·1	18·0	15·2	60	13 00·0	13 02·1	12 24·5	6·0	5·2	12·0	10·3	18·0	15·5

xxvii

INCREMENTS AND CORRECTIONS

52m

s	SUN PLANETS	ARIES	MOON	v or d	Corrn	v or d	Corrn	v or d	Corrn
	° ′	° ′	° ′	′	′	′	′	′	′
00	13 00.0	13 02.1	12 24.5	0.0	0.0	6.0	5.3	12.0	10.5
01	13 00.3	13 02.4	12 24.7	0.1	0.1	6.1	5.3	12.1	10.6
02	13 00.5	13 02.6	12 24.9	0.2	0.2	6.2	5.4	12.2	10.7
03	13 00.8	13 02.9	12 25.2	0.3	0.3	6.3	5.5	12.3	10.8
04	13 01.0	13 03.1	12 25.4	0.4	0.4	6.4	5.6	12.4	10.9
05	13 01.3	13 03.4	12 25.7	0.5	0.4	6.5	5.7	12.5	10.9
06	13 01.5	13 03.6	12 25.9	0.6	0.5	6.6	5.8	12.6	11.0
07	13 01.8	13 03.9	12 26.1	0.7	0.6	6.7	5.9	12.7	11.1
08	13 02.0	13 04.1	12 26.4	0.8	0.7	6.8	6.0	12.8	11.2
09	13 02.3	13 04.4	12 26.6	0.9	0.8	6.9	6.0	12.9	11.3
10	13 02.5	13 04.6	12 26.9	1.0	0.9	7.0	6.1	13.0	11.4
11	13 02.8	13 04.9	12 27.1	1.1	1.0	7.1	6.2	13.1	11.5
12	13 03.0	13 05.1	12 27.3	1.2	1.1	7.2	6.3	13.2	11.6
13	13 03.3	13 05.4	12 27.6	1.3	1.1	7.3	6.4	13.3	11.6
14	13 03.5	13 05.6	12 27.8	1.4	1.2	7.4	6.5	13.4	11.7
15	13 03.8	13 05.9	12 28.0	1.5	1.3	7.5	6.6	13.5	11.8
16	13 04.0	13 06.1	12 28.3	1.6	1.4	7.6	6.7	13.6	11.9
17	13 04.3	13 06.4	12 28.5	1.7	1.5	7.7	6.7	13.7	12.0
18	13 04.5	13 06.6	12 28.8	1.8	1.6	7.8	6.8	13.8	12.1
19	13 04.8	13 06.9	12 29.0	1.9	1.7	7.9	6.9	13.9	12.2
20	13 05.0	13 07.1	12 29.2	2.0	1.8	8.0	7.0	14.0	12.3
21	13 05.3	13 07.4	12 29.5	2.1	1.8	8.1	7.1	14.1	12.3
22	13 05.5	13 07.7	12 29.7	2.2	1.9	8.2	7.2	14.2	12.4
23	13 05.8	13 07.9	12 30.0	2.3	2.0	8.3	7.3	14.3	12.5
24	13 06.0	13 08.2	12 30.2	2.4	2.1	8.4	7.4	14.4	12.6
25	13 06.3	13 08.4	12 30.4	2.5	2.2	8.5	7.4	14.5	12.7
26	13 06.5	13 08.7	12 30.7	2.6	2.3	8.6	7.5	14.6	12.8
27	13 06.8	13 08.9	12 30.9	2.7	2.4	8.7	7.6	14.7	12.9
28	13 07.0	13 09.2	12 31.1	2.8	2.5	8.8	7.7	14.8	13.0
29	13 07.3	13 09.4	12 31.4	2.9	2.5	8.9	7.8	14.9	13.0
30	13 07.5	13 09.7	12 31.6	3.0	2.6	9.0	7.9	15.0	13.1
31	13 07.8	13 09.9	12 31.9	3.1	2.7	9.1	8.0	15.1	13.2
32	13 08.0	13 10.2	12 32.1	3.2	2.8	9.2	8.0	15.2	13.3
33	13 08.3	13 10.4	12 32.3	3.3	2.9	9.3	8.1	15.3	13.4
34	13 08.5	13 10.7	12 32.6	3.4	3.0	9.4	8.2	15.4	13.5
35	13 08.8	13 10.9	12 32.8	3.5	3.1	9.5	8.3	15.5	13.6
36	13 09.0	13 11.2	12 33.1	3.6	3.2	9.6	8.4	15.6	13.7
37	13 09.3	13 11.4	12 33.3	3.7	3.2	9.7	8.5	15.7	13.7
38	13 09.5	13 11.7	12 33.5	3.8	3.3	9.8	8.6	15.8	13.8
39	13 09.8	13 11.9	12 33.8	3.9	3.4	9.9	8.7	15.9	13.9
40	13 10.0	13 12.2	12 34.0	4.0	3.5	10.0	8.8	16.0	14.0
41	13 10.3	13 12.4	12 34.2	4.1	3.6	10.1	8.8	16.1	14.1
42	13 10.5	13 12.7	12 34.5	4.2	3.7	10.2	8.9	16.2	14.2
43	13 10.8	13 12.9	12 34.7	4.3	3.8	10.3	9.0	16.3	14.3
44	13 11.0	13 13.2	12 35.0	4.4	3.9	10.4	9.1	16.4	14.3
45	13 11.3	13 13.4	12 35.2	4.5	3.9	10.5	9.2	16.5	14.4
46	13 11.5	13 13.7	12 35.4	4.6	4.0	10.6	9.3	16.6	14.5
47	13 11.8	13 13.9	12 35.7	4.7	4.1	10.7	9.4	16.7	14.6
48	13 12.0	13 14.2	12 35.9	4.8	4.2	10.8	9.5	16.8	14.7
49	13 12.3	13 14.4	12 36.2	4.9	4.3	10.9	9.5	16.9	14.8
50	13 12.5	13 14.7	12 36.4	5.0	4.4	11.0	9.6	17.0	14.9
51	13 12.8	13 14.9	12 36.6	5.1	4.5	11.1	9.7	17.1	15.0
52	13 13.0	13 15.2	12 36.9	5.2	4.6	11.2	9.8	17.2	15.1
53	13 13.3	13 15.4	12 37.1	5.3	4.6	11.3	9.9	17.3	15.1
54	13 13.5	13 15.7	12 37.4	5.4	4.7	11.4	10.0	17.4	15.2
55	13 13.8	13 15.9	12 37.6	5.5	4.8	11.5	10.1	17.5	15.3
56	13 14.0	13 16.2	12 37.8	5.6	4.9	11.6	10.2	17.6	15.4
57	13 14.3	13 16.4	12 38.1	5.7	5.0	11.7	10.2	17.7	15.5
58	13 14.5	13 16.7	12 38.3	5.8	5.1	11.8	10.3	17.8	15.6
59	13 14.8	13 16.9	12 38.5	5.9	5.2	11.9	10.4	17.9	15.7
60	13 15.0	13 17.2	12 38.8	6.0	5.3	12.0	10.5	18.0	15.8

53m

s	SUN PLANETS	ARIES	MOON	v or d	Corrn	v or d	Corrn	v or d	Corrn
	° ′	° ′	° ′	′	′	′	′	′	′
00	13 15.0	13 17.2	12 38.8	0.0	0.0	6.0	5.4	12.0	10.7
01	13 15.3	13 17.4	12 39.0	0.1	0.1	6.1	5.4	12.1	10.8
02	13 15.5	13 17.7	12 39.3	0.2	0.2	6.2	5.5	12.2	10.9
03	13 15.8	13 17.9	12 39.5	0.3	0.3	6.3	5.6	12.3	11.0
04	13 16.0	13 18.2	12 39.7	0.4	0.4	6.4	5.7	12.4	11.1
05	13 16.3	13 18.4	12 40.0	0.5	0.4	6.5	5.8	12.5	11.1
06	13 16.5	13 18.7	12 40.2	0.6	0.5	6.6	5.9	12.6	11.2
07	13 16.8	13 18.9	12 40.5	0.7	0.6	6.7	6.0	12.7	11.3
08	13 17.0	13 19.2	12 40.7	0.8	0.7	6.8	6.1	12.8	11.4
09	13 17.3	13 19.4	12 40.9	0.9	0.8	6.9	6.2	12.9	11.5
10	13 17.5	13 19.7	12 41.2	1.0	0.9	7.0	6.2	13.0	11.6
11	13 17.8	13 19.9	12 41.4	1.1	1.0	7.1	6.3	13.1	11.7
12	13 18.0	13 20.2	12 41.6	1.2	1.1	7.2	6.4	13.2	11.8
13	13 18.3	13 20.4	12 41.9	1.3	1.2	7.3	6.5	13.3	11.9
14	13 18.5	13 20.7	12 42.1	1.4	1.2	7.4	6.6	13.4	11.9
15	13 18.8	13 20.9	12 42.4	1.5	1.3	7.5	6.7	13.5	12.0
16	13 19.0	13 21.2	12 42.6	1.6	1.4	7.6	6.8	13.6	12.1
17	13 19.3	13 21.4	12 42.8	1.7	1.5	7.7	6.9	13.7	12.2
18	13 19.5	13 21.7	12 43.1	1.8	1.6	7.8	7.0	13.8	12.3
19	13 19.8	13 21.9	12 43.3	1.9	1.7	7.9	7.0	13.9	12.4
20	13 20.0	13 22.2	12 43.6	2.0	1.8	8.0	7.1	14.0	12.5
21	13 20.3	13 22.4	12 43.8	2.1	1.9	8.1	7.2	14.1	12.6
22	13 20.5	13 22.7	12 44.0	2.2	2.0	8.2	7.3	14.2	12.7
23	13 20.8	13 22.9	12 44.3	2.3	2.1	8.3	7.4	14.3	12.8
24	13 21.0	13 23.2	12 44.5	2.4	2.1	8.4	7.5	14.4	12.8
25	13 21.3	13 23.4	12 44.7	2.5	2.2	8.5	7.6	14.5	12.9
26	13 21.5	13 23.7	12 45.0	2.6	2.3	8.6	7.7	14.6	13.0
27	13 21.8	13 23.9	12 45.2	2.7	2.4	8.7	7.8	14.7	13.1
28	13 22.0	13 24.2	12 45.5	2.8	2.5	8.8	7.8	14.8	13.2
29	13 22.3	13 24.4	12 45.7	2.9	2.6	8.9	7.9	14.9	13.3
30	13 22.5	13 24.7	12 45.9	3.0	2.7	9.0	8.0	15.0	13.4
31	13 22.8	13 24.9	12 46.2	3.1	2.8	9.1	8.1	15.1	13.5
32	13 23.0	13 25.2	12 46.4	3.2	2.9	9.2	8.2	15.2	13.6
33	13 23.3	13 25.4	12 46.7	3.3	2.9	9.3	8.3	15.3	13.6
34	13 23.5	13 25.7	12 46.9	3.4	3.0	9.4	8.4	15.4	13.7
35	13 23.8	13 26.0	12 47.1	3.5	3.1	9.5	8.5	15.5	13.8
36	13 24.0	13 26.2	12 47.4	3.6	3.2	9.6	8.6	15.6	13.9
37	13 24.3	13 26.5	12 47.6	3.7	3.3	9.7	8.6	15.7	14.0
38	13 24.5	13 26.7	12 47.9	3.8	3.4	9.8	8.7	15.8	14.1
39	13 24.8	13 27.0	12 48.1	3.9	3.5	9.9	8.8	15.9	14.2
40	13 25.0	13 27.2	12 48.3	4.0	3.6	10.0	8.9	16.0	14.3
41	13 25.3	13 27.5	12 48.6	4.1	3.7	10.1	9.0	16.1	14.4
42	13 25.5	13 27.7	12 48.8	4.2	3.7	10.2	9.1	16.2	14.4
43	13 25.8	13 28.0	12 49.0	4.3	3.8	10.3	9.2	16.3	14.5
44	13 26.0	13 28.2	12 49.3	4.4	3.9	10.4	9.3	16.4	14.6
45	13 26.3	13 28.5	12 49.5	4.5	4.0	10.5	9.4	16.5	14.7
46	13 26.5	13 28.7	12 49.8	4.6	4.1	10.6	9.5	16.6	14.8
47	13 26.8	13 29.0	12 50.0	4.7	4.2	10.7	9.5	16.7	14.9
48	13 27.0	13 29.2	12 50.2	4.8	4.3	10.8	9.6	16.8	15.0
49	13 27.3	13 29.5	12 50.5	4.9	4.4	10.9	9.7	16.9	15.1
50	13 27.5	13 29.7	12 50.7	5.0	4.5	11.0	9.8	17.0	15.2
51	13 27.8	13 30.0	12 51.0	5.1	4.5	11.1	9.9	17.1	15.2
52	13 28.0	13 30.2	12 51.2	5.2	4.6	11.2	10.0	17.2	15.3
53	13 28.3	13 30.5	12 51.4	5.3	4.7	11.3	10.1	17.3	15.4
54	13 28.5	13 30.7	12 51.7	5.4	4.8	11.4	10.2	17.4	15.5
55	13 28.8	13 31.0	12 51.9	5.5	4.9	11.5	10.3	17.5	15.6
56	13 29.0	13 31.2	12 52.1	5.6	5.0	11.6	10.3	17.6	15.7
57	13 29.3	13 31.5	12 52.4	5.7	5.1	11.7	10.4	17.7	15.8
58	13 29.5	13 31.7	12 52.6	5.8	5.2	11.8	10.5	17.8	15.9
59	13 29.8	13 32.0	12 52.9	5.9	5.3	11.9	10.6	17.9	16.0
60	13 30.0	13 32.2	12 53.1	6.0	5.4	12.0	10.7	18.0	16.1

INCREMENTS AND CORRECTIONS

54ᵐ

54 s	SUN PLANETS ° ′	ARIES ° ′	MOON ° ′	v or d ′	Corrⁿ ′	v or d ′	Corrⁿ ′	v or d ′	Corrⁿ ′
00	13 30·0	13 32·2	12 53·1	0·0	0·0	6·0	5·5	12·0	10·9
01	13 30·3	13 32·5	12 53·3	0·1	0·1	6·1	5·5	12·1	11·0
02	13 30·5	13 32·7	12 53·6	0·2	0·2	6·2	5·6	12·2	11·1
03	13 30·8	13 33·0	12 53·8	0·3	0·3	6·3	5·7	12·3	11·2
04	13 31·0	13 33·2	12 54·1	0·4	0·4	6·4	5·8	12·4	11·3
05	13 31·3	13 33·5	12 54·3	0·5	0·5	6·5	5·9	12·5	11·4
06	13 31·5	13 33·7	12 54·5	0·6	0·5	6·6	6·0	12·6	11·4
07	13 31·8	13 34·0	12 54·8	0·7	0·6	6·7	6·1	12·7	11·5
08	13 32·0	13 34·2	12 55·0	0·8	0·7	6·8	6·2	12·8	11·6
09	13 32·3	13 34·5	12 55·2	0·9	0·8	6·9	6·3	12·9	11·7
10	13 32·5	13 34·7	12 55·5	1·0	0·9	7·0	6·4	13·0	11·8
11	13 32·8	13 35·0	12 55·7	1·1	1·0	7·1	6·4	13·1	11·9
12	13 33·0	13 35·2	12 56·0	1·2	1·1	7·2	6·5	13·2	12·0
13	13 33·3	13 35·5	12 56·2	1·3	1·2	7·3	6·6	13·3	12·1
14	13 33·5	13 35·7	12 56·4	1·4	1·3	7·4	6·7	13·4	12·2
15	13 33·8	13 36·0	12 56·7	1·5	1·4	7·5	6·8	13·5	12·3
16	13 34·0	13 36·2	12 56·9	1·6	1·5	7·6	6·9	13·6	12·4
17	13 34·3	13 36·5	12 57·2	1·7	1·5	7·7	7·0	13·7	12·4
18	13 34·5	13 36·7	12 57·4	1·8	1·6	7·8	7·1	13·8	12·5
19	13 34·8	13 37·0	12 57·6	1·9	1·7	7·9	7·2	13·9	12·6
20	13 35·0	13 37·2	12 57·9	2·0	1·8	8·0	7·3	14·0	12·7
21	13 35·3	13 37·5	12 58·1	2·1	1·9	8·1	7·4	14·1	12·8
22	13 35·5	13 37·7	12 58·3	2·2	2·0	8·2	7·4	14·2	12·9
23	13 35·8	13 38·0	12 58·6	2·3	2·1	8·3	7·5	14·3	13·0
24	13 36·0	13 38·2	12 58·8	2·4	2·2	8·4	7·6	14·4	13·1
25	13 36·3	13 38·5	12 59·1	2·5	2·3	8·5	7·7	14·5	13·2
26	13 36·5	13 38·7	12 59·3	2·6	2·4	8·6	7·8	14·6	13·3
27	13 36·8	13 39·0	12 59·5	2·7	2·5	8·7	7·9	14·7	13·4
28	13 37·0	13 39·2	12 59·8	2·8	2·5	8·8	8·0	14·8	13·4
29	13 37·3	13 39·5	13 00·0	2·9	2·6	8·9	8·1	14·9	13·5
30	13 37·5	13 39·7	13 00·3	3·0	2·7	9·0	8·2	15·0	13·6
31	13 37·8	13 40·0	13 00·5	3·1	2·8	9·1	8·3	15·1	13·7
32	13 38·0	13 40·2	13 00·7	3·2	2·9	9·2	8·4	15·2	13·8
33	13 38·3	13 40·5	13 01·0	3·3	3·0	9·3	8·4	15·3	13·9
34	13 38·5	13 40·7	13 01·2	3·4	3·1	9·4	8·5	15·4	14·0
35	13 38·8	13 41·0	13 01·5	3·5	3·2	9·5	8·6	15·5	14·1
36	13 39·0	13 41·2	13 01·7	3·6	3·3	9·6	8·7	15·6	14·2
37	13 39·3	13 41·5	13 01·9	3·7	3·4	9·7	8·8	15·7	14·3
38	13 39·5	13 41·7	13 02·2	3·8	3·5	9·8	8·9	15·8	14·4
39	13 39·8	13 42·0	13 02·4	3·9	3·5	9·9	9·0	15·9	14·4
40	13 40·0	13 42·2	13 02·6	4·0	3·6	10·0	9·1	16·0	14·5
41	13 40·3	13 42·5	13 02·9	4·1	3·7	10·1	9·2	16·1	14·6
42	13 40·5	13 42·7	13 03·1	4·2	3·8	10·2	9·3	16·2	14·7
43	13 40·8	13 43·0	13 03·4	4·3	3·9	10·3	9·4	16·3	14·8
44	13 41·0	13 43·2	13 03·6	4·4	4·0	10·4	9·4	16·4	14·9
45	13 41·3	13 43·5	13 03·8	4·5	4·1	10·5	9·5	16·5	15·0
46	13 41·5	13 43·7	13 04·1	4·6	4·2	10·6	9·6	16·6	15·1
47	13 41·8	13 44·0	13 04·3	4·7	4·3	10·7	9·7	16·7	15·2
48	13 42·0	13 44·3	13 04·6	4·8	4·4	10·8	9·8	16·8	15·3
49	13 42·3	13 44·5	13 04·8	4·9	4·5	10·9	9·9	16·9	15·4
50	13 42·5	13 44·8	13 05·0	5·0	4·5	11·0	10·0	17·0	15·4
51	13 42·8	13 45·0	13 05·3	5·1	4·6	11·1	10·1	17·1	15·5
52	13 43·0	13 45·3	13 05·5	5·2	4·7	11·2	10·2	17·2	15·6
53	13 43·3	13 45·5	13 05·7	5·3	4·8	11·3	10·3	17·3	15·7
54	13 43·5	13 45·8	13 06·0	5·4	4·9	11·4	10·4	17·4	15·8
55	13 43·8	13 46·0	13 06·2	5·5	5·0	11·5	10·4	17·5	15·9
56	13 44·0	13 46·3	13 06·5	5·6	5·1	11·6	10·5	17·6	16·0
57	13 44·3	13 46·5	13 06·7	5·7	5·2	11·7	10·6	17·7	16·1
58	13 44·5	13 46·8	13 06·9	5·8	5·3	11·8	10·7	17·8	16·2
59	13 44·8	13 47·0	13 07·2	5·9	5·4	11·9	10·8	17·9	16·3
60	13 45·0	13 47·3	13 07·4	6·0	5·5	12·0	10·9	18·0	16·4

55ᵐ

55 s	SUN PLANETS ° ′	ARIES ° ′	MOON ° ′	v or d ′	Corrⁿ ′	v or d ′	Corrⁿ ′	v or d ′	Corrⁿ ′
00	13 45·0	13 47·3	13 07·4	0·0	0·0	6·0	5·6	12·0	11·1
01	13 45·3	13 47·5	13 07·7	0·1	0·1	6·1	5·6	12·1	11·2
02	13 45·5	13 47·8	13 07·9	0·2	0·2	6·2	5·7	12·2	11·3
03	13 45·8	13 48·0	13 08·1	0·3	0·3	6·3	5·8	12·3	11·4
04	13 46·0	13 48·3	13 08·4	0·4	0·4	6·4	5·9	12·4	11·5
05	13 46·3	13 48·5	13 08·6	0·5	0·5	6·5	6·0	12·5	11·6
06	13 46·5	13 48·8	13 08·8	0·6	0·6	6·6	6·1	12·6	11·7
07	13 46·8	13 49·0	13 09·1	0·7	0·6	6·7	6·2	12·7	11·7
08	13 47·0	13 49·3	13 09·3	0·8	0·7	6·8	6·3	12·8	11·8
09	13 47·3	13 49·5	13 09·6	0·9	0·8	6·9	6·4	12·9	11·9
10	13 47·5	13 49·8	13 09·8	1·0	0·9	7·0	6·5	13·0	12·0
11	13 47·8	13 50·0	13 10·0	1·1	1·0	7·1	6·6	13·1	12·1
12	13 48·0	13 50·3	13 10·3	1·2	1·1	7·2	6·7	13·2	12·2
13	13 48·3	13 50·5	13 10·5	1·3	1·2	7·3	6·8	13·3	12·3
14	13 48·5	13 50·8	13 10·8	1·4	1·3	7·4	6·8	13·4	12·4
15	13 48·8	13 51·0	13 11·0	1·5	1·4	7·5	6·9	13·5	12·5
16	13 49·0	13 51·3	13 11·2	1·6	1·5	7·6	7·0	13·6	12·6
17	13 49·3	13 51·5	13 11·5	1·7	1·6	7·7	7·1	13·7	12·7
18	13 49·5	13 51·8	13 11·7	1·8	1·7	7·8	7·2	13·8	12·8
19	13 49·8	13 52·0	13 12·0	1·9	1·8	7·9	7·3	13·9	12·9
20	13 50·0	13 52·3	13 12·2	2·0	1·9	8·0	7·4	14·0	13·0
21	13 50·3	13 52·5	13 12·4	2·1	1·9	8·1	7·5	14·1	13·0
22	13 50·5	13 52·8	13 12·7	2·2	2·0	8·2	7·6	14·2	13·1
23	13 50·8	13 53·0	13 12·9	2·3	2·1	8·3	7·7	14·3	13·2
24	13 51·0	13 53·3	13 13·1	2·4	2·2	8·4	7·8	14·4	13·3
25	13 51·3	13 53·5	13 13·4	2·5	2·3	8·5	7·9	14·5	13·4
26	13 51·5	13 53·8	13 13·6	2·6	2·4	8·6	8·0	14·6	13·5
27	13 51·8	13 54·0	13 13·9	2·7	2·5	8·7	8·0	14·7	13·6
28	13 52·0	13 54·3	13 14·1	2·8	2·6	8·8	8·1	14·8	13·7
29	13 52·3	13 54·5	13 14·3	2·9	2·7	8·9	8·2	14·9	13·8
30	13 52·5	13 54·8	13 14·6	3·0	2·8	9·0	8·3	15·0	13·9
31	13 52·8	13 55·0	13 14·8	3·1	2·9	9·1	8·4	15·1	14·0
32	13 53·0	13 55·3	13 15·1	3·2	3·0	9·2	8·5	15·2	14·1
33	13 53·3	13 55·5	13 15·3	3·3	3·1	9·3	8·6	15·3	14·2
34	13 53·5	13 55·8	13 15·5	3·4	3·1	9·4	8·7	15·4	14·2
35	13 53·8	13 56·0	13 15·8	3·5	3·2	9·5	8·8	15·5	14·3
36	13 54·0	13 56·3	13 16·0	3·6	3·3	9·6	8·9	15·6	14·4
37	13 54·3	13 56·5	13 16·2	3·7	3·4	9·7	9·0	15·7	14·5
38	13 54·5	13 56·8	13 16·5	3·8	3·5	9·8	9·1	15·8	14·6
39	13 54·8	13 57·0	13 16·7	3·9	3·6	9·9	9·2	15·9	14·7
40	13 55·0	13 57·3	13 17·0	4·0	3·7	10·0	9·3	16·0	14·8
41	13 55·3	13 57·5	13 17·2	4·1	3·8	10·1	9·3	16·1	14·9
42	13 55·5	13 57·8	13 17·4	4·2	3·9	10·2	9·4	16·2	15·0
43	13 55·8	13 58·0	13 17·7	4·3	4·0	10·3	9·5	16·3	15·1
44	13 56·0	13 58·3	13 17·9	4·4	4·1	10·4	9·6	16·4	15·2
45	13 56·3	13 58·5	13 18·2	4·5	4·2	10·5	9·7	16·5	15·3
46	13 56·5	13 58·8	13 18·4	4·6	4·3	10·6	9·8	16·6	15·4
47	13 56·8	13 59·0	13 18·6	4·7	4·3	10·7	9·9	16·7	15·4
48	13 57·0	13 59·3	13 18·9	4·8	4·4	10·8	10·0	16·8	15·5
49	13 57·3	13 59·5	13 19·1	4·9	4·5	10·9	10·1	16·9	15·6
50	13 57·5	13 59·8	13 19·3	5·0	4·6	11·0	10·2	17·0	15·7
51	13 57·8	14 00·0	13 19·6	5·1	4·7	11·1	10·3	17·1	15·8
52	13 58·0	14 00·3	13 19·8	5·2	4·8	11·2	10·4	17·2	15·9
53	13 58·3	14 00·5	13 20·1	5·3	4·9	11·3	10·5	17·3	16·0
54	13 58·5	14 00·8	13 20·3	5·4	5·0	11·4	10·5	17·4	16·1
55	13 58·8	14 01·0	13 20·5	5·5	5·1	11·5	10·6	17·5	16·2
56	13 59·0	14 01·3	13 20·8	5·6	5·2	11·6	10·7	17·6	16·3
57	13 59·3	14 01·5	13 21·0	5·7	5·3	11·7	10·8	17·7	16·4
58	13 59·5	14 01·8	13 21·3	5·8	5·4	11·8	10·9	17·8	16·5
59	13 59·8	14 02·0	13 21·5	5·9	5·5	11·9	11·0	17·9	16·6
60	14 00·0	14 02·3	13 21·7	6·0	5·6	12·0	11·1	18·0	16·7

INCREMENTS AND CORRECTIONS

56m

56 s	SUN PLANETS	ARIES	MOON	v or d / Corrn	v or d / Corrn	v or d / Corrn
	° ′	° ′	° ′	′ ′	′ ′	′ ′
00	14 00·0	14 02·3	13 21·7	0·0 0·0	6·0 5·7	12·0 11·3
01	14 00·3	14 02·6	13 22·0	0·1 0·1	6·1 5·7	12·1 11·4
02	14 00·5	14 02·8	13 22·2	0·2 0·2	6·2 5·8	12·2 11·5
03	14 00·8	14 03·1	13 22·4	0·3 0·3	6·3 5·9	12·3 11·6
04	14 01·0	14 03·3	13 22·7	0·4 0·4	6·4 6·0	12·4 11·7
05	14 01·3	14 03·6	13 22·9	0·5 0·5	6·5 6·1	12·5 11·8
06	14 01·5	14 03·8	13 23·2	0·6 0·6	6·6 6·2	12·6 11·9
07	14 01·8	14 04·1	13 23·4	0·7 0·7	6·7 6·3	12·7 12·0
08	14 02·0	14 04·3	13 23·6	0·8 0·8	6·8 6·4	12·8 12·1
09	14 02·3	14 04·6	13 23·9	0·9 0·8	6·9 6·5	12·9 12·1
10	14 02·5	14 04·8	13 24·1	1·0 0·9	7·0 6·6	13·0 12·2
11	14 02·8	14 05·1	13 24·4	1·1 1·0	7·1 6·7	13·1 12·3
12	14 03·0	14 05·3	13 24·6	1·2 1·1	7·2 6·8	13·2 12·4
13	14 03·3	14 05·6	13 24·8	1·3 1·2	7·3 6·9	13·3 12·5
14	14 03·5	14 05·8	13 25·1	1·4 1·3	7·4 7·0	13·4 12·6
15	14 03·8	14 06·1	13 25·3	1·5 1·4	7·5 7·1	13·5 12·7
16	14 04·0	14 06·3	13 25·6	1·6 1·5	7·6 7·2	13·6 12·8
17	14 04·3	14 06·6	13 25·8	1·7 1·6	7·7 7·3	13·7 12·9
18	14 04·5	14 06·8	13 26·0	1·8 1·7	7·8 7·3	13·8 13·0
19	14 04·8	14 07·1	13 26·3	1·9 1·8	7·9 7·4	13·9 13·1
20	14 05·0	14 07·3	13 26·5	2·0 1·9	8·0 7·5	14·0 13·2
21	14 05·3	14 07·6	13 26·7	2·1 2·0	8·1 7·6	14·1 13·3
22	14 05·5	14 07·8	13 27·0	2·2 2·1	8·2 7·7	14·2 13·4
23	14 05·8	14 08·1	13 27·2	2·3 2·2	8·3 7·8	14·3 13·5
24	14 06·0	14 08·3	13 27·5	2·4 2·3	8·4 7·9	14·4 13·6
25	14 06·3	14 08·6	13 27·7	2·5 2·4	8·5 8·0	14·5 13·7
26	14 06·5	14 08·8	13 27·9	2·6 2·4	8·6 8·1	14·6 13·7
27	14 06·8	14 09·1	13 28·2	2·7 2·5	8·7 8·2	14·7 13·8
28	14 07·0	14 09·3	13 28·4	2·8 2·6	8·8 8·3	14·8 13·9
29	14 07·3	14 09·6	13 28·7	2·9 2·7	8·9 8·4	14·9 14·0
30	14 07·5	14 09·8	13 28·9	3·0 2·8	9·0 8·5	15·0 14·1
31	14 07·8	14 10·1	13 29·1	3·1 2·9	9·1 8·6	15·1 14·2
32	14 08·0	14 10·3	13 29·4	3·2 3·0	9·2 8·7	15·2 14·3
33	14 08·3	14 10·6	13 29·6	3·3 3·1	9·3 8·8	15·3 14·4
34	14 08·5	14 10·8	13 29·8	3·4 3·2	9·4 8·9	15·4 14·5
35	14 08·8	14 11·1	13 30·1	3·5 3·3	9·5 8·9	15·5 14·6
36	14 09·0	14 11·3	13 30·3	3·6 3·4	9·6 9·0	15·6 14·7
37	14 09·3	14 11·6	13 30·6	3·7 3·5	9·7 9·1	15·7 14·8
38	14 09·5	14 11·8	13 30·8	3·8 3·6	9·8 9·2	15·8 14·9
39	14 09·8	14 12·1	13 31·0	3·9 3·7	9·9 9·3	15·9 15·0
40	14 10·0	14 12·3	13 31·3	4·0 3·8	10·0 9·4	16·0 15·1
41	14 10·3	14 12·6	13 31·5	4·1 3·9	10·1 9·5	16·1 15·2
42	14 10·5	14 12·8	13 31·8	4·2 4·0	10·2 9·6	16·2 15·3
43	14 10·8	14 13·1	13 32·0	4·3 4·0	10·3 9·7	16·3 15·3
44	14 11·0	14 13·3	13 32·2	4·4 4·1	10·4 9·8	16·4 15·4
45	14 11·3	14 13·6	13 32·5	4·5 4·2	10·5 9·9	16·5 15·5
46	14 11·5	14 13·8	13 32·7	4·6 4·3	10·6 10·0	16·6 15·6
47	14 11·8	14 14·1	13 32·9	4·7 4·4	10·7 10·1	16·7 15·7
48	14 12·0	14 14·3	13 33·2	4·8 4·5	10·8 10·2	16·8 15·8
49	14 12·3	14 14·6	13 33·4	4·9 4·6	10·9 10·3	16·9 15·9
50	14 12·5	14 14·8	13 33·7	5·0 4·7	11·0 10·4	17·0 16·0
51	14 12·8	14 15·1	13 33·9	5·1 4·8	11·1 10·5	17·1 16·1
52	14 13·0	14 15·3	13 34·1	5·2 4·9	11·2 10·5	17·2 16·2
53	14 13·3	14 15·6	13 34·4	5·3 5·0	11·3 10·6	17·3 16·3
54	14 13·5	14 15·8	13 34·6	5·4 5·1	11·4 10·7	17·4 16·4
55	14 13·8	14 16·1	13 34·9	5·5 5·2	11·5 10·8	17·5 16·5
56	14 14·0	14 16·3	13 35·1	5·6 5·3	11·6 10·9	17·6 16·6
57	14 14·3	14 16·6	13 35·3	5·7 5·4	11·7 11·0	17·7 16·7
58	14 14·5	14 16·8	13 35·6	5·8 5·5	11·8 11·1	17·8 16·8
59	14 14·8	14 17·1	13 35·8	5·9 5·6	11·9 11·2	17·9 16·9
60	14 15·0	14 17·3	13 36·1	6·0 5·7	12·0 11·3	18·0 17·0

57m

57 s	SUN PLANETS	ARIES	MOON	v or d / Corrn	v or d / Corrn	v or d / Corrn
	° ′	° ′	° ′	′ ′	′ ′	′ ′
00	14 15·0	14 17·3	13 36·1	0·0 0·0	6·0 5·8	12·0 11·5
01	14 15·3	14 17·6	13 36·3	0·1 0·1	6·1 5·8	12·1 11·6
02	14 15·5	14 17·8	13 36·5	0·2 0·2	6·2 5·9	12·2 11·7
03	14 15·8	14 18·1	13 36·8	0·3 0·3	6·3 6·0	12·3 11·8
04	14 16·0	14 18·3	13 37·0	0·4 0·4	6·4 6·1	12·4 11·9
05	14 16·3	14 18·6	13 37·2	0·5 0·5	6·5 6·2	12·5 12·0
06	14 16·5	14 18·8	13 37·5	0·6 0·6	6·6 6·3	12·6 12·1
07	14 16·8	14 19·1	13 37·7	0·7 0·7	6·7 6·4	12·7 12·2
08	14 17·0	14 19·3	13 38·0	0·8 0·8	6·8 6·5	12·8 12·3
09	14 17·3	14 19·6	13 38·2	0·9 0·9	6·9 6·6	12·9 12·4
10	14 17·5	14 19·8	13 38·4	1·0 1·0	7·0 6·7	13·0 12·5
11	14 17·8	14 20·1	13 38·7	1·1 1·1	7·1 6·8	13·1 12·6
12	14 18·0	14 20·3	13 38·9	1·2 1·2	7·2 6·9	13·2 12·7
13	14 18·3	14 20·6	13 39·2	1·3 1·2	7·3 7·0	13·3 12·7
14	14 18·5	14 20·9	13 39·4	1·4 1·3	7·4 7·1	13·4 12·8
15	14 18·8	14 21·1	13 39·6	1·5 1·4	7·5 7·2	13·5 12·9
16	14 19·0	14 21·4	13 39·9	1·6 1·5	7·6 7·3	13·6 13·0
17	14 19·3	14 21·6	13 40·1	1·7 1·6	7·7 7·4	13·7 13·1
18	14 19·5	14 21·9	13 40·3	1·8 1·7	7·8 7·5	13·8 13·2
19	14 19·8	14 22·1	13 40·6	1·9 1·8	7·9 7·6	13·9 13·3
20	14 20·0	14 22·4	13 40·8	2·0 1·9	8·0 7·7	14·0 13·4
21	14 20·3	14 22·6	13 41·1	2·1 2·0	8·1 7·8	14·1 13·5
22	14 20·5	14 22·9	13 41·3	2·2 2·1	8·2 7·9	14·2 13·6
23	14 20·8	14 23·1	13 41·5	2·3 2·2	8·3 8·0	14·3 13·7
24	14 21·0	14 23·4	13 41·8	2·4 2·3	8·4 8·1	14·4 13·8
25	14 21·3	14 23·6	13 42·0	2·5 2·4	8·5 8·1	14·5 13·9
26	14 21·5	14 23·9	13 42·3	2·6 2·5	8·6 8·2	14·6 14·0
27	14 21·8	14 24·1	13 42·5	2·7 2·6	8·7 8·3	14·7 14·1
28	14 22·0	14 24·4	13 42·7	2·8 2·7	8·8 8·4	14·8 14·2
29	14 22·3	14 24·6	13 43·0	2·9 2·8	8·9 8·5	14·9 14·3
30	14 22·5	14 24·9	13 43·2	3·0 2·9	9·0 8·6	15·0 14·4
31	14 22·8	14 25·1	13 43·4	3·1 3·0	9·1 8·7	15·1 14·5
32	14 23·0	14 25·4	13 43·7	3·2 3·1	9·2 8·8	15·2 14·6
33	14 23·3	14 25·6	13 43·9	3·3 3·2	9·3 8·9	15·3 14·7
34	14 23·5	14 25·9	13 44·2	3·4 3·3	9·4 9·0	15·4 14·8
35	14 23·8	14 26·1	13 44·4	3·5 3·4	9·5 9·1	15·5 14·9
36	14 24·0	14 26·4	13 44·6	3·6 3·5	9·6 9·2	15·6 15·0
37	14 24·3	14 26·6	13 44·9	3·7 3·5	9·7 9·3	15·7 15·0
38	14 24·5	14 26·9	13 45·1	3·8 3·6	9·8 9·4	15·8 15·1
39	14 24·8	14 27·1	13 45·4	3·9 3·7	9·9 9·5	15·9 15·2
40	14 25·0	14 27·4	13 45·6	4·0 3·8	10·0 9·6	16·0 15·3
41	14 25·3	14 27·6	13 45·8	4·1 3·9	10·1 9·7	16·1 15·4
42	14 25·5	14 27·9	13 46·1	4·2 4·0	10·2 9·8	16·2 15·5
43	14 25·8	14 28·1	13 46·3	4·3 4·1	10·3 9·9	16·3 15·6
44	14 26·0	14 28·4	13 46·5	4·4 4·2	10·4 10·0	16·4 15·7
45	14 26·3	14 28·6	13 46·8	4·5 4·3	10·5 10·1	16·5 15·8
46	14 26·5	14 28·9	13 47·0	4·6 4·4	10·6 10·2	16·6 15·9
47	14 26·8	14 29·1	13 47·3	4·7 4·5	10·7 10·3	16·7 16·0
48	14 27·0	14 29·4	13 47·5	4·8 4·6	10·8 10·4	16·8 16·1
49	14 27·3	14 29·6	13 47·7	4·9 4·7	10·9 10·4	16·9 16·2
50	14 27·5	14 29·9	13 48·0	5·0 4·8	11·0 10·5	17·0 16·3
51	14 27·8	14 30·1	13 48·2	5·1 4·9	11·1 10·6	17·1 16·4
52	14 28·0	14 30·4	13 48·5	5·2 5·0	11·2 10·7	17·2 16·5
53	14 28·3	14 30·6	13 48·7	5·3 5·1	11·3 10·8	17·3 16·6
54	14 28·5	14 30·9	13 48·9	5·4 5·2	11·4 10·9	17·4 16·7
55	14 28·8	14 31·1	13 49·2	5·5 5·3	11·5 11·0	17·5 16·8
56	14 29·0	14 31·4	13 49·4	5·6 5·4	11·6 11·1	17·6 16·9
57	14 29·3	14 31·6	13 49·7	5·7 5·5	11·7 11·2	17·7 17·0
58	14 29·5	14 31·9	13 49·9	5·8 5·6	11·8 11·3	17·8 17·1
59	14 29·8	14 32·1	13 50·1	5·9 5·7	11·9 11·4	17·9 17·2
60	14 30·0	14 32·4	13 50·4	6·0 5·8	12·0 11·5	18·0 17·3

xxx

INCREMENTS AND CORRECTIONS

58m

s	SUN PLANETS	ARIES	MOON	v or d / Corrn	v or d / Corrn	v or d / Corrn
	° '	° '	° '	' '	' '	' '
00	14 30.0	14 32.4	13 50.4	0.0 0.0	6.0 5.9	12.0 11.7
01	14 30.3	14 32.6	13 50.6	0.1 0.1	6.1 5.9	12.1 11.8
02	14 30.5	14 32.9	13 50.8	0.2 0.2	6.2 6.0	12.2 11.9
03	14 30.8	14 33.1	13 51.1	0.3 0.3	6.3 6.1	12.3 12.0
04	14 31.0	14 33.4	13 51.3	0.4 0.4	6.4 6.2	12.4 12.1
05	14 31.3	14 33.6	13 51.6	0.5 0.5	6.5 6.3	12.5 12.2
06	14 31.5	14 33.9	13 51.8	0.6 0.6	6.6 6.4	12.6 12.3
07	14 31.8	14 34.1	13 52.0	0.7 0.7	6.7 6.5	12.7 12.4
08	14 32.0	14 34.4	13 52.3	0.8 0.8	6.8 6.6	12.8 12.5
09	14 32.3	14 34.6	13 52.5	0.9 0.9	6.9 6.7	12.9 12.6
10	14 32.5	14 34.9	13 52.8	1.0 1.0	7.0 6.8	13.0 12.7
11	14 32.8	14 35.1	13 53.0	1.1 1.1	7.1 6.9	13.1 12.8
12	14 33.0	14 35.4	13 53.2	1.2 1.2	7.2 7.0	13.2 12.9
13	14 33.3	14 35.6	13 53.5	1.3 1.3	7.3 7.1	13.3 13.0
14	14 33.5	14 35.9	13 53.7	1.4 1.4	7.4 7.2	13.4 13.1
15	14 33.8	14 36.1	13 53.9	1.5 1.5	7.5 7.3	13.5 13.2
16	14 34.0	14 36.4	13 54.2	1.6 1.6	7.6 7.4	13.6 13.3
17	14 34.3	14 36.6	13 54.4	1.7 1.7	7.7 7.5	13.7 13.4
18	14 34.5	14 36.9	13 54.7	1.8 1.8	7.8 7.6	13.8 13.5
19	14 34.8	14 37.1	13 54.9	1.9 1.9	7.9 7.7	13.9 13.6
20	14 35.0	14 37.4	13 55.1	2.0 2.0	8.0 7.8	14.0 13.7
21	14 35.3	14 37.6	13 55.4	2.1 2.0	8.1 7.9	14.1 13.7
22	14 35.5	14 37.9	13 55.6	2.2 2.1	8.2 8.0	14.2 13.8
23	14 35.8	14 38.1	13 55.9	2.3 2.2	8.3 8.1	14.3 13.9
24	14 36.0	14 38.4	13 56.1	2.4 2.3	8.4 8.2	14.4 14.0
25	14 36.3	14 38.6	13 56.3	2.5 2.4	8.5 8.3	14.5 14.1
26	14 36.5	14 38.9	13 56.6	2.6 2.5	8.6 8.4	14.6 14.2
27	14 36.8	14 39.2	13 56.8	2.7 2.6	8.7 8.5	14.7 14.3
28	14 37.0	14 39.4	13 57.0	2.8 2.7	8.8 8.6	14.8 14.4
29	14 37.3	14 39.7	13 57.3	2.9 2.8	8.9 8.7	14.9 14.5
30	14 37.5	14 39.9	13 57.5	3.0 2.9	9.0 8.8	15.0 14.6
31	14 37.8	14 40.2	13 57.8	3.1 3.0	9.1 8.9	15.1 14.7
32	14 38.0	14 40.4	13 58.0	3.2 3.1	9.2 9.0	15.2 14.8
33	14 38.3	14 40.7	13 58.2	3.3 3.2	9.3 9.1	15.3 14.9
34	14 38.5	14 40.9	13 58.5	3.4 3.3	9.4 9.2	15.4 15.0
35	14 38.8	14 41.2	13 58.7	3.5 3.4	9.5 9.3	15.5 15.1
36	14 39.0	14 41.4	13 59.0	3.6 3.5	9.6 9.4	15.6 15.2
37	14 39.3	14 41.7	13 59.2	3.7 3.6	9.7 9.5	15.7 15.3
38	14 39.5	14 41.9	13 59.4	3.8 3.7	9.8 9.6	15.8 15.4
39	14 39.8	14 42.2	13 59.7	3.9 3.8	9.9 9.7	15.9 15.5
40	14 40.0	14 42.4	13 59.9	4.0 3.9	10.0 9.8	16.0 15.6
41	14 40.3	14 42.7	14 00.1	4.1 4.0	10.1 9.8	16.1 15.7
42	14 40.5	14 42.9	14 00.4	4.2 4.1	10.2 9.9	16.2 15.8
43	14 40.8	14 43.2	14 00.6	4.3 4.2	10.3 10.0	16.3 15.9
44	14 41.0	14 43.4	14 00.9	4.4 4.3	10.4 10.1	16.4 16.0
45	14 41.3	14 43.7	14 01.1	4.5 4.4	10.5 10.2	16.5 16.1
46	14 41.5	14 43.9	14 01.3	4.6 4.5	10.6 10.3	16.6 16.2
47	14 41.8	14 44.2	14 01.6	4.7 4.6	10.7 10.4	16.7 16.3
48	14 42.0	14 44.4	14 01.8	4.8 4.7	10.8 10.5	16.8 16.4
49	14 42.3	14 44.7	14 02.1	4.9 4.8	10.9 10.6	16.9 16.5
50	14 42.5	14 44.9	14 02.3	5.0 4.9	11.0 10.7	17.0 16.6
51	14 42.8	14 45.2	14 02.5	5.1 5.0	11.1 10.8	17.1 16.7
52	14 43.0	14 45.4	14 02.8	5.2 5.1	11.2 10.9	17.2 16.8
53	14 43.3	14 45.7	14 03.0	5.3 5.2	11.3 11.0	17.3 16.9
54	14 43.5	14 45.9	14 03.3	5.4 5.3	11.4 11.1	17.4 17.0
55	14 43.8	14 46.2	14 03.5	5.5 5.4	11.5 11.2	17.5 17.1
56	14 44.0	14 46.4	14 03.7	5.6 5.5	11.6 11.3	17.6 17.2
57	14 44.3	14 46.7	14 04.0	5.7 5.6	11.7 11.4	17.7 17.3
58	14 44.5	14 46.9	14 04.2	5.8 5.7	11.8 11.5	17.8 17.4
59	14 44.8	14 47.2	14 04.4	5.9 5.8	11.9 11.6	17.9 17.5
60	14 45.0	14 47.4	14 04.7	6.0 5.9	12.0 11.7	18.0 17.6

59m

s	SUN PLANETS	ARIES	MOON	v or d / Corrn	v or d / Corrn	v or d / Corrn
	° '	° '	° '	' '	' '	' '
00	14 45.0	14 47.4	14 04.7	0.0 0.0	6.0 6.0	12.0 11.9
01	14 45.3	14 47.7	14 04.9	0.1 0.1	6.1 6.0	12.1 12.0
02	14 45.5	14 47.9	14 05.2	0.2 0.2	6.2 6.1	12.2 12.1
03	14 45.8	14 48.2	14 05.4	0.3 0.3	6.3 6.2	12.3 12.2
04	14 46.0	14 48.4	14 05.6	0.4 0.4	6.4 6.3	12.4 12.3
05	14 46.3	14 48.7	14 05.9	0.5 0.5	6.5 6.4	12.5 12.4
06	14 46.5	14 48.9	14 06.1	0.6 0.6	6.6 6.5	12.6 12.5
07	14 46.8	14 49.2	14 06.4	0.7 0.7	6.7 6.6	12.7 12.6
08	14 47.0	14 49.4	14 06.6	0.8 0.8	6.8 6.7	12.8 12.7
09	14 47.3	14 49.7	14 06.8	0.9 0.9	6.9 6.8	12.9 12.8
10	14 47.5	14 49.9	14 07.1	1.0 1.0	7.0 6.9	13.0 12.9
11	14 47.8	14 50.2	14 07.3	1.1 1.1	7.1 7.0	13.1 13.0
12	14 48.0	14 50.4	14 07.5	1.2 1.2	7.2 7.1	13.2 13.1
13	14 48.3	14 50.7	14 07.8	1.3 1.3	7.3 7.2	13.3 13.2
14	14 48.5	14 50.9	14 08.0	1.4 1.4	7.4 7.3	13.4 13.3
15	14 48.8	14 51.2	14 08.3	1.5 1.5	7.5 7.4	13.5 13.4
16	14 49.0	14 51.4	14 08.5	1.6 1.6	7.6 7.5	13.6 13.5
17	14 49.3	14 51.7	14 08.7	1.7 1.7	7.7 7.6	13.7 13.6
18	14 49.5	14 51.9	14 09.0	1.8 1.8	7.8 7.7	13.8 13.7
19	14 49.8	14 52.2	14 09.2	1.9 1.9	7.9 7.8	13.9 13.8
20	14 50.0	14 52.4	14 09.5	2.0 2.0	8.0 7.9	14.0 13.9
21	14 50.3	14 52.7	14 09.7	2.1 2.1	8.1 8.0	14.1 14.0
22	14 50.5	14 52.9	14 09.9	2.2 2.2	8.2 8.1	14.2 14.1
23	14 50.8	14 53.2	14 10.2	2.3 2.3	8.3 8.2	14.3 14.2
24	14 51.0	14 53.4	14 10.4	2.4 2.4	8.4 8.3	14.4 14.3
25	14 51.3	14 53.7	14 10.6	2.5 2.5	8.5 8.4	14.5 14.4
26	14 51.5	14 53.9	14 10.9	2.6 2.6	8.6 8.5	14.6 14.5
27	14 51.8	14 54.2	14 11.1	2.7 2.7	8.7 8.6	14.7 14.6
28	14 52.0	14 54.4	14 11.4	2.8 2.8	8.8 8.7	14.8 14.7
29	14 52.3	14 54.7	14 11.6	2.9 2.9	8.9 8.8	14.9 14.8
30	14 52.5	14 54.9	14 11.8	3.0 3.0	9.0 8.9	15.0 14.9
31	14 52.8	14 55.2	14 12.1	3.1 3.1	9.1 9.0	15.1 15.0
32	14 53.0	14 55.4	14 12.3	3.2 3.2	9.2 9.1	15.2 15.1
33	14 53.3	14 55.7	14 12.6	3.3 3.3	9.3 9.2	15.3 15.2
34	14 53.5	14 55.9	14 12.8	3.4 3.4	9.4 9.3	15.4 15.3
35	14 53.8	14 56.2	14 13.0	3.5 3.5	9.5 9.4	15.5 15.4
36	14 54.0	14 56.4	14 13.3	3.6 3.6	9.6 9.5	15.6 15.5
37	14 54.3	14 56.7	14 13.5	3.7 3.7	9.7 9.6	15.7 15.6
38	14 54.5	14 56.9	14 13.8	3.8 3.8	9.8 9.7	15.8 15.7
39	14 54.8	14 57.2	14 14.0	3.9 3.9	9.9 9.8	15.9 15.8
40	14 55.0	14 57.5	14 14.2	4.0 4.0	10.0 9.9	16.0 15.9
41	14 55.3	14 57.7	14 14.5	4.1 4.1	10.1 10.0	16.1 16.0
42	14 55.5	14 58.0	14 14.7	4.2 4.2	10.2 10.1	16.2 16.1
43	14 55.8	14 58.2	14 14.9	4.3 4.3	10.3 10.2	16.3 16.2
44	14 56.0	14 58.5	14 15.2	4.4 4.4	10.4 10.3	16.4 16.3
45	14 56.3	14 58.7	14 15.4	4.5 4.5	10.5 10.4	16.5 16.4
46	14 56.5	14 59.0	14 15.7	4.6 4.6	10.6 10.5	16.6 16.5
47	14 56.8	14 59.2	14 15.9	4.7 4.7	10.7 10.6	16.7 16.6
48	14 57.0	14 59.5	14 16.1	4.8 4.8	10.8 10.7	16.8 16.7
49	14 57.3	14 59.7	14 16.4	4.9 4.9	10.9 10.8	16.9 16.8
50	14 57.5	15 00.0	14 16.6	5.0 5.0	11.0 10.9	17.0 16.9
51	14 57.8	15 00.2	14 16.9	5.1 5.1	11.1 11.0	17.1 17.0
52	14 58.0	15 00.5	14 17.1	5.2 5.2	11.2 11.1	17.2 17.1
53	14 58.3	15 00.7	14 17.3	5.3 5.3	11.3 11.2	17.3 17.2
54	14 58.5	15 01.0	14 17.6	5.4 5.4	11.4 11.3	17.4 17.3
55	14 58.8	15 01.2	14 17.8	5.5 5.5	11.5 11.4	17.5 17.4
56	14 59.0	15 01.5	14 18.0	5.6 5.6	11.6 11.5	17.6 17.5
57	14 59.3	15 01.7	14 18.3	5.7 5.7	11.7 11.6	17.7 17.6
58	14 59.5	15 02.0	14 18.5	5.8 5.8	11.8 11.7	17.8 17.7
59	14 59.8	15 02.2	14 18.8	5.9 5.9	11.9 11.8	17.9 17.8
60	15 00.0	15 02.5	14 19.0	6.0 6.0	12.0 11.9	18.0 17.9

TABLES FOR INTERPOLATING SUNRISE, MOONRISE, ETC.
TABLE I—FOR LATITUDE

Tabular Interval			Difference between the times for consecutive latitudes														
10°	5°	2°	5^m	10^m	15^m	20^m	25^m	30^m	35^m	40^m	45^m	50^m	55^m	60^m	1^{h}05^m	1^{h}10^m	1^{h}15^m	1^{h}20^m
° ′	° ′	° ′	m	m	m	m	m	m	m	m	m	m	m	m	h m	h m	h m	h m
0 30	0 15	0 06	0	0	1	1	1	1	1	2	2	2	2	2	0 02	0 02	0 02	0 02
1 00	0 30	0 12	0	1	1	2	2	3	3	3	4	4	4	5	05	05	05	05
1 30	0 45	0 18	1	1	2	3	3	4	4	5	5	6	7	7	07	07	07	07
2 00	1 00	0 24	1	2	3	4	5	5	6	7	7	8	9	10	10	10	10	10
2 30	1 15	0 30	1	2	4	5	6	7	8	9	9	10	11	12	12	13	13	13
3 00	1 30	0 36	1	3	4	6	7	8	9	10	11	12	13	14	0 15	0 15	0 16	0 16
3 30	1 45	0 42	2	3	5	7	8	10	11	12	13	14	16	17	18	18	19	19
4 00	2 00	0 48	2	4	6	8	9	11	13	14	15	16	18	19	20	21	22	22
4 30	2 15	0 54	2	4	7	9	11	13	15	16	18	19	21	22	23	24	25	26
5 00	2 30	1 00	2	5	7	10	12	14	16	18	20	22	23	25	26	27	28	29
5 30	2 45	1 06	3	5	8	11	13	16	18	20	22	24	26	28	0 29	0 30	0 31	0 32
6 00	3 00	1 12	3	6	9	12	14	17	20	22	24	26	29	31	32	33	34	36
6 30	3 15	1 18	3	6	10	13	16	19	22	24	26	29	31	34	36	37	38	40
7 00	3 30	1 24	3	7	10	14	17	20	23	26	29	31	34	37	39	41	42	44
7 30	3 45	1 30	4	7	11	15	18	22	25	28	31	34	37	40	43	44	46	48
8 00	4 00	1 36	4	8	12	16	20	23	27	30	34	37	41	44	0 47	0 48	0 51	0 53
8 30	4 15	1 42	4	8	13	17	21	25	29	33	36	40	44	48	0 51	0 53	0 56	0 58
9 00	4 30	1 48	4	9	13	18	22	27	31	35	39	43	47	52	0 55	0 58	1 01	1 04
9 30	4 45	1 54	5	9	14	19	24	28	33	38	42	47	51	56	1 00	1 04	1 08	1 12
10 00	5 00	2 00	5	10	15	20	25	30	35	40	45	50	55	60	1 05	1 10	1 15	1 20

Table I is for interpolating the LMT of sunrise, twilight, moonrise, etc., for latitude. It is to be entered, in the appropriate column on the left, with the difference between true latitude and the nearest tabular latitude which is *less* than the true latitude; and with the argument at the top which is the nearest value of the difference between the times for the tabular latitude and the next higher one; the correction so obtained is applied to the time for the tabular latitude; the sign of the correction can be seen by inspection. It is to be noted that the interpolation is not linear, so that when using this table it is essential to take out the tabular phenomenon for the latitude *less* than the true latitude.

TABLE II—FOR LONGITUDE

Long. East or West	Difference between the times for given date and preceding date (for east longitude) or for given date and following date (for west longitude)																	
	10^m	20^m	30^m	40^m	50^m	60^m	1^h+10^m	20^m	30^m	1^h+40^m	50^m	60^m	2^{h}10^m	2^{h}20^m	2^{h}30^m	2^{h}40^m	2^{h}50^m	3^{h}00^m
°	m	m	m	m	m	m	m	m	m	m	m	m	h m	h m	h m	h m	h m	h m
0	0	0	0	0	0	0	0	0	0	0	0	0	0 00	0 00	0 00	0 00	0 00	0 00
10	0	1	1	1	1	2	2	2	2	3	3	3	04	04	04	04	05	05
20	1	1	2	2	3	3	4	4	5	6	6	7	07	08	08	09	09	10
30	1	2	2	3	4	5	6	7	7	8	9	10	11	12	12	13	14	15
40	1	2	3	4	6	7	8	9	10	11	12	13	14	16	17	18	19	20
50	1	3	4	6	7	8	10	11	12	14	15	17	0 18	0 19	0 21	0 22	0 24	0 25
60	2	3	5	7	8	10	12	13	15	17	18	20	22	23	25	27	28	30
70	2	4	6	8	10	12	14	16	17	19	21	23	25	27	29	31	33	35
80	2	4	7	9	11	13	16	18	20	22	24	27	29	31	33	36	38	40
90	2	5	7	10	12	15	17	20	22	25	27	30	32	35	37	40	42	45
100	3	6	8	11	14	17	19	22	25	28	31	33	0 36	0 39	0 42	0 44	0 47	0 50
110	3	6	9	12	15	18	21	24	27	31	34	37	40	43	46	49	0 52	0 55
120	3	7	10	13	17	20	23	27	30	33	37	40	43	47	50	53	0 57	1 00
130	4	7	11	14	18	22	25	29	32	36	40	43	47	51	54	0 58	1 01	1 05
140	4	8	12	16	19	23	27	31	35	39	43	47	51	54	0 58	1 02	1 06	1 10
150	4	8	13	17	21	25	29	33	38	42	46	50	0 54	0 58	1 03	1 07	1 11	1 15
160	4	9	13	18	22	27	31	36	40	44	49	53	0 58	1 02	1 07	1 11	1 16	1 20
170	5	9	14	19	24	28	33	38	42	47	52	57	1 01	1 06	1 11	1 16	1 20	1 25
180	5	10	15	20	25	30	35	40	45	50	55	60	1 05	1 10	1 15	1 20	1 25	1 30

Table II is for interpolating the LMT of moonrise, moonset and the Moon's meridian passage for longitude. It is entered with longitude and with the difference between the times for the given date and for the preceding date (in east longitudes) or following date (in west longitudes). The correction is normally *added* for west longitudes and *subtracted* for east longitudes, but if, as occasionally happens, the times become earlier each day instead of later, the signs of the corrections must be reversed.

INDEX TO SELECTED STARS, 2021

Name	No	Mag	SHA	Dec
Acamar	7	3.2	315°	S 40°
Achernar	5	0.5	335	S 57
Acrux	30	1.3	173	S 63
Adhara	19	1.5	255	S 29
Aldebaran	10	0.9	291	N 17
Alioth	32	1.8	166	N 56
Alkaid	34	1.9	153	N 49
Alnair	55	1.7	28	S 47
Alnilam	15	1.7	276	S 1
Alphard	25	2.0	218	S 9
Alphecca	41	2.2	126	N 27
Alpheratz	1	2.1	358	N 29
Altair	51	0.8	62	N 9
Ankaa	2	2.4	353	S 42
Antares	42	1.0	112	S 26
Arcturus	37	0.0	146	N 19
Atria	43	1.9	107	S 69
Avior	22	1.9	234	S 60
Bellatrix	13	1.6	278	N 6
Betelgeuse	16	Var.*	271	N 7
Canopus	17	−0.7	264	S 53
Capella	12	0.1	280	N 46
Deneb	53	1.3	49	N 45
Denebola	28	2.1	182	N 14
Diphda	4	2.0	349	S 18
Dubhe	27	1.8	194	N 62
Elnath	14	1.7	278	N 29
Eltanin	47	2.2	91	N 51
Enif	54	2.4	34	N 10
Fomalhaut	56	1.2	15	S 30
Gacrux	31	1.6	172	S 57
Gienah	29	2.6	176	S 18
Hadar	35	0.6	149	S 60
Hamal	6	2.0	328	N 24
Kaus Australis	48	1.9	84	S 34
Kochab	40	2.1	137	N 74
Markab	57	2.5	14	N 15
Menkar	8	2.5	314	N 4
Menkent	36	2.1	148	S 36
Miaplacidus	24	1.7	222	S 70
Mirfak	9	1.8	309	N 50
Nunki	50	2.0	76	S 26
Peacock	52	1.9	53	S 57
Pollux	21	1.1	243	N 28
Procyon	20	0.4	245	N 5
Rasalhague	46	2.1	96	N 13
Regulus	26	1.4	208	N 12
Rigel	11	0.1	281	S 8
Rigil Kentaurus	38	−0.3	140	S 61
Sabik	44	2.4	102	S 16
Schedar	3	2.2	350	N 57
Shaula	45	1.6	96	S 37
Sirius	18	−1.5	258	S 17
Spica	33	1.0	158	S 11
Suhail	23	2.2	223	S 44
Vega	49	0.0	81	N 39
Zubenelgenubi	39	2.8	137	S 16

No	Name	Mag	SHA	Dec
1	Alpheratz	2.1	358°	N 29°
2	Ankaa	2.4	353	S 42
3	Schedar	2.2	350	N 57
4	Diphda	2.0	349	S 18
5	Achernar	0.5	335	S 57
6	Hamal	2.0	328	N 24
7	Acamar	3.2	315	S 40
8	Menkar	2.5	314	N 4
9	Mirfak	1.8	309	N 50
10	Aldebaran	0.9	291	N 17
11	Rigel	0.1	281	S 8
12	Capella	0.1	280	N 46
13	Bellatrix	1.6	278	N 6
14	Elnath	1.7	278	N 29
15	Alnilam	1.7	276	S 1
16	Betelgeuse	Var.*	271	N 7
17	Canopus	−0.7	264	S 53
18	Sirius	−1.5	258	S 17
19	Adhara	1.5	255	S 29
20	Procyon	0.4	245	N 5
21	Pollux	1.1	243	N 28
22	Avior	1.9	234	S 60
23	Suhail	2.2	223	S 44
24	Miaplacidus	1.7	222	S 70
25	Alphard	2.0	218	S 9
26	Regulus	1.4	208	N 12
27	Dubhe	1.8	194	N 62
28	Denebola	2.1	182	N 14
29	Gienah	2.6	176	S 18
30	Acrux	1.3	173	S 63
31	Gacrux	1.6	172	S 57
32	Alioth	1.8	166	N 56
33	Spica	1.0	158	S 11
34	Alkaid	1.9	153	N 49
35	Hadar	0.6	149	S 60
36	Menkent	2.1	148	S 36
37	Arcturus	0.0	146	N 19
38	Rigil Kentaurus	−0.3	140	S 61
39	Zubenelgenubi	2.8	137	S 16
40	Kochab	2.1	137	N 74
41	Alphecca	2.2	126	N 27
42	Antares	1.0	112	S 26
43	Atria	1.9	107	S 69
44	Sabik	2.4	102	S 16
45	Shaula	1.6	96	S 37
46	Rasalhague	2.1	96	N 13
47	Eltanin	2.2	91	N 51
48	Kaus Australis	1.9	84	S 34
49	Vega	0.0	81	N 39
50	Nunki	2.0	76	S 26
51	Altair	0.8	62	N 9
52	Peacock	1.9	53	S 57
53	Deneb	1.3	49	N 45
54	Enif	2.4	34	N 10
55	Alnair	1.7	28	S 47
56	Fomalhaut	1.2	15	S 30
57	Markab	2.5	14	N 15

*0.1 — 1.6

xxxiii

ALTITUDE CORRECTION TABLES 0°–35°— MOON

App. Alt.	0°–4° Corrⁿ	5°–9° Corrⁿ	10°–14° Corrⁿ	15°–19° Corrⁿ	20°–24° Corrⁿ	25°–29° Corrⁿ	30°–34° Corrⁿ	App. Alt.
00	0° 34.5	5° 58.2	10° 62.1	15° 62.8	20° 62.2	25° 60.8	30° 58.9	00
10	36.5	58.5	62.2	62.8	62.2	60.8	58.8	10
20	38.3	58.7	62.2	62.8	62.1	60.7	58.8	20
30	40.0	58.9	62.3	62.8	62.1	60.7	58.7	30
40	41.5	59.1	62.3	62.8	62.0	60.6	58.6	40
50	42.9	59.3	62.4	62.7	62.0	60.6	58.5	50
00	1° 44.2	6° 59.5	11° 62.4	16° 62.7	21° 62.0	26° 60.5	31° 58.5	00
10	45.4	59.7	62.4	62.7	61.9	60.4	58.4	10
20	46.5	59.9	62.5	62.7	61.9	60.4	58.3	20
30	47.5	60.0	62.5	62.7	61.9	60.3	58.2	30
40	48.4	60.2	62.5	62.7	61.8	60.3	58.2	40
50	49.3	60.3	62.6	62.7	61.8	60.2	58.1	50
00	2° 50.1	7° 60.5	12° 62.6	17° 62.7	22° 61.7	27° 60.1	32° 58.0	00
10	50.8	60.6	62.6	62.6	61.7	60.1	57.9	10
20	51.5	60.7	62.6	62.6	61.6	60.0	57.8	20
30	52.2	60.9	62.7	62.6	61.6	59.9	57.8	30
40	52.8	61.0	62.7	62.6	61.6	59.9	57.7	40
50	53.4	61.1	62.7	62.6	61.5	59.8	57.6	50
00	3° 53.9	8° 61.2	13° 62.7	18° 62.5	23° 61.5	28° 59.7	33° 57.5	00
10	54.4	61.3	62.7	62.5	61.4	59.7	57.4	10
20	54.9	61.4	62.7	62.5	61.4	59.6	57.4	20
30	55.3	61.5	62.8	62.5	61.3	59.5	57.3	30
40	55.7	61.6	62.8	62.4	61.3	59.5	57.2	40
50	56.1	61.6	62.8	62.4	61.2	59.4	57.1	50
00	4° 56.4	9° 61.7	14° 62.8	19° 62.4	24° 61.2	29° 59.3	34° 57.0	00
10	56.8	61.8	62.8	62.4	61.1	59.3	56.9	10
20	57.1	61.9	62.8	62.3	61.1	59.2	56.9	20
30	57.4	61.9	62.8	62.3	61.0	59.1	56.8	30
40	57.7	62.0	62.8	62.3	61.0	59.1	56.7	40
50	58.0	62.1	62.8	62.2	60.9	59.0	56.6	50

HP	L U	L U	L U	L U	L U	L U	L U	HP
54.0	0.3 0.9	0.3 0.9	0.4 1.0	0.5 1.1	0.6 1.2	0.7 1.3	0.9 1.5	54.0
54.3	0.7 1.1	0.7 1.2	0.8 1.2	0.8 1.3	0.9 1.4	1.1 1.5	1.2 1.7	54.3
54.6	1.1 1.4	1.1 1.4	1.1 1.4	1.2 1.5	1.3 1.6	1.4 1.7	1.5 1.8	54.6
54.9	1.4 1.6	1.5 1.6	1.5 1.6	1.6 1.7	1.6 1.8	1.8 1.9	1.9 2.0	54.9
55.2	1.8 1.8	1.8 1.8	1.9 1.8	1.9 1.9	2.0 2.0	2.1 2.1	2.2 2.2	55.2
55.5	2.2 2.0	2.2 2.0	2.3 2.1	2.3 2.1	2.4 2.2	2.4 2.3	2.5 2.4	55.5
55.8	2.6 2.2	2.6 2.2	2.6 2.3	2.7 2.3	2.7 2.4	2.8 2.4	2.9 2.5	55.8
56.1	3.0 2.4	3.0 2.5	3.0 2.5	3.0 2.5	3.1 2.6	3.1 2.6	3.2 2.7	56.1
56.4	3.3 2.7	3.4 2.7	3.4 2.7	3.4 2.7	3.4 2.8	3.5 2.8	3.5 2.9	56.4
56.7	3.7 2.9	3.7 2.9	3.8 2.9	3.8 2.9	3.8 3.0	3.8 3.0	3.9 3.0	56.7
57.0	4.1 3.1	4.1 3.1	4.1 3.1	4.1 3.1	4.2 3.2	4.2 3.2	4.2 3.2	57.0
57.3	4.5 3.3	4.5 3.3	4.5 3.3	4.5 3.3	4.5 3.3	4.5 3.4	4.6 3.4	57.3
57.6	4.9 3.5	4.9 3.5	4.9 3.5	4.9 3.5	4.9 3.5	4.9 3.5	4.9 3.6	57.6
57.9	5.3 3.8	5.3 3.8	5.2 3.8	5.2 3.7	5.2 3.7	5.2 3.7	5.2 3.7	57.9
58.2	5.6 4.0	5.6 4.0	5.6 4.0	5.6 4.0	5.6 3.9	5.6 3.9	5.6 3.9	58.2
58.5	6.0 4.2	6.0 4.2	6.0 4.2	6.0 4.2	6.0 4.1	5.9 4.1	5.9 4.1	58.5
58.8	6.4 4.4	6.4 4.4	6.4 4.4	6.3 4.4	6.3 4.3	6.3 4.3	6.2 4.2	58.8
59.1	6.8 4.6	6.8 4.6	6.7 4.6	6.7 4.6	6.7 4.5	6.6 4.5	6.6 4.4	59.1
59.4	7.2 4.8	7.1 4.8	7.1 4.8	7.1 4.8	7.0 4.7	7.0 4.7	6.9 4.6	59.4
59.7	7.5 5.1	7.5 5.0	7.5 5.0	7.5 5.0	7.4 4.9	7.3 4.8	7.2 4.8	59.7
60.0	7.9 5.3	7.9 5.3	7.9 5.2	7.8 5.2	7.8 5.1	7.7 5.0	7.6 4.9	60.0
60.3	8.3 5.5	8.3 5.5	8.2 5.4	8.2 5.4	8.1 5.3	8.0 5.2	7.9 5.1	60.3
60.6	8.7 5.7	8.7 5.7	8.6 5.7	8.6 5.6	8.5 5.5	8.4 5.4	8.2 5.3	60.6
60.9	9.1 5.9	9.0 5.9	9.0 5.9	8.9 5.8	8.8 5.7	8.7 5.6	8.6 5.4	60.9
61.2	9.5 6.2	9.4 6.1	9.4 6.1	9.3 6.0	9.2 5.9	9.1 5.8	8.9 5.6	61.2
61.5	9.8 6.4	9.8 6.3	9.7 6.3	9.7 6.2	9.5 6.1	9.4 5.9	9.2 5.8	61.5

DIP

Ht. of Eye	Corrⁿ	Ht. of Eye	Ht. of Eye	Corrⁿ	Ht. of Eye
m		ft.	m		ft.
2.4	−2.8	8.0	9.5	−5.5	31.5
2.6	−2.9	8.6	9.9	−5.6	32.7
2.8	−3.0	9.2	10.3	−5.7	33.9
3.0	−3.1	9.8	10.6	−5.8	35.1
3.2	−3.2	10.5	11.0	−5.9	36.3
3.4	−3.3	11.2	11.4	−6.0	37.6
3.6	−3.4	11.9	11.8	−6.1	38.9
3.8	−3.5	12.6	12.2	−6.2	40.1
4.0	−3.6	13.3	12.6	−6.3	41.5
4.3	−3.7	14.1	13.0	−6.4	42.8
4.5	−3.8	14.9	13.4	−6.5	44.2
4.7	−3.9	15.7	13.8	−6.6	45.5
5.0	−4.0	16.5	14.2	−6.7	46.9
5.2	−4.1	17.4	14.7	−6.8	48.4
5.5	−4.2	18.3	15.1	−6.9	49.8
5.8	−4.3	19.1	15.5	−7.0	51.3
6.1	−4.4	20.1	16.0	−7.1	52.8
6.3	−4.5	21.0	16.5	−7.2	54.3
6.6	−4.6	22.0	16.9	−7.3	55.8
6.9	−4.7	22.9	17.4	−7.4	57.4
7.2	−4.8	23.9	17.9	−7.5	58.9
7.5	−4.9	24.9	18.4	−7.6	60.5
7.9	−5.0	26.0	18.8	−7.7	62.1
8.2	−5.1	27.1	19.3	−7.8	63.8
8.5	−5.2	28.1	19.8	−7.9	65.4
8.8	−5.3	29.2	20.4	−8.0	67.1
9.2	−5.4	30.4	20.9	−8.1	68.8
9.5		31.5	21.4		70.5

MOON CORRECTION TABLE

The correction is in two parts; the first correction is taken from the upper part of the table with argument apparent altitude, and the second from the lower part, with argument HP, in the same column as that from which the first correction was taken. Separate corrections are given in the lower part for lower (L) and upper (U) limbs. All corrections are to be **added** to apparent altitude, *but 30′ is to be subtracted from the altitude of the upper limb.*

For corrections for pressure and temperature see page A4.

For bubble sextant observations ignore dip, take the mean of upper and lower limb corrections and subtract 15′ from the altitude.

App. Alt. = Apparent altitude = Sextant altitude corrected for index error and dip.

ALTITUDE CORRECTION TABLES 35°–90°— MOON

App. Alt.	35°–39° Corrⁿ	40°–44° Corrⁿ	45°–49° Corrⁿ	50°–54° Corrⁿ	55°–59° Corrⁿ	60°–64° Corrⁿ	65°–69° Corrⁿ	70°–74° Corrⁿ	75°–79° Corrⁿ	80°–84° Corrⁿ	85°–89° Corrⁿ	App. Alt.
00	35 56.5	40 53.7	45 50.5	50 46.9	55 43.1	60 38.9	65 34.6	70 30.0	75 25.3	80 20.5	85 15.6	00
10	56.4	53.6	50.4	46.8	42.9	38.8	34.4	29.9	25.2	20.4	15.5	10
20	56.3	53.5	50.2	46.7	42.8	38.7	34.3	29.7	25.0	20.2	15.3	20
30	56.2	53.4	50.1	46.5	42.7	38.5	34.1	29.6	24.9	20.0	15.1	30
40	56.2	53.3	50.0	46.4	42.5	38.4	34.0	29.4	24.7	19.9	15.0	40
50	56.1	53.2	49.9	46.3	42.4	38.2	33.8	29.3	24.5	19.7	14.8	50
00	36 56.0	41 53.1	46 49.8	51 46.2	56 42.3	61 38.1	66 33.7	71 29.1	76 24.4	81 19.6	86 14.6	00
10	55.9	53.0	49.7	46.0	42.1	37.9	33.5	29.0	24.2	19.4	14.5	10
20	55.8	52.9	49.5	45.9	42.0	37.8	33.4	28.8	24.1	19.2	14.3	20
30	55.7	52.8	49.4	45.8	41.9	37.7	33.2	28.7	23.9	19.1	14.2	30
40	55.6	52.6	49.3	45.7	41.7	37.5	33.1	28.5	23.8	18.9	14.0	40
50	55.5	52.5	49.2	45.5	41.6	37.4	32.9	28.3	23.6	18.7	13.8	50
00	37 55.4	42 52.4	47 49.1	52 45.4	57 41.4	62 37.2	67 32.8	72 28.2	77 23.4	82 18.6	87 13.7	00
10	55.3	52.3	49.0	45.3	41.3	37.1	32.6	28.0	23.3	18.4	13.5	10
20	55.2	52.2	48.8	45.2	41.2	36.9	32.5	27.9	23.1	18.2	13.3	20
30	55.1	52.1	48.7	45.0	41.0	36.8	32.3	27.7	22.9	18.1	13.2	30
40	55.0	52.0	48.6	44.9	40.9	36.6	32.2	27.6	22.8	17.9	13.0	40
50	55.0	51.9	48.5	44.8	40.8	36.5	32.0	27.4	22.6	17.8	12.8	50
00	38 54.9	43 51.8	48 48.4	53 44.6	58 40.6	63 36.4	68 31.9	73 27.2	78 22.5	83 17.6	88 12.7	00
10	54.8	51.7	48.3	44.5	40.5	36.2	31.7	27.1	22.3	17.4	12.5	10
20	54.7	51.6	48.1	44.4	40.3	36.1	31.6	26.9	22.1	17.3	12.3	20
30	54.6	51.5	48.0	44.2	40.2	35.9	31.4	26.8	22.0	17.1	12.2	30
40	54.5	51.4	47.9	44.1	40.1	35.8	31.3	26.6	21.8	16.9	12.0	40
50	54.4	51.2	47.8	44.0	39.9	35.6	31.1	26.5	21.7	16.8	11.8	50
00	39 54.3	44 51.1	49 47.7	54 43.9	59 39.8	64 35.5	69 31.0	74 26.3	79 21.5	84 16.6	89 11.7	00
10	54.2	51.0	47.5	43.7	39.6	35.3	30.8	26.1	21.3	16.4	11.5	10
20	54.1	50.9	47.4	43.6	39.5	35.2	30.7	26.0	21.2	16.3	11.4	20
30	54.0	50.8	47.3	43.5	39.4	35.0	30.5	25.8	21.0	16.1	11.2	30
40	53.9	50.7	47.2	43.3	39.2	34.9	30.4	25.7	20.9	16.0	11.0	40
50	53.8	50.6	47.0	43.2	39.1	34.7	30.2	25.5	20.7	15.8	10.9	50

HP	L U	L U	L U	L U	L U	L U	L U	L U	L U	L U	L U	HP
54.0	1.1 1.7	1.3 1.9	1.5 2.1	1.7 2.4	2.0 2.6	2.3 2.9	2.6 3.2	2.9 3.5	3.2 3.8	3.5 4.1	3.8 4.5	54.0
54.3	1.4 1.8	1.6 2.0	1.8 2.2	2.0 2.5	2.2 2.7	2.5 3.0	2.8 3.2	3.1 3.5	3.3 3.8	3.6 4.1	3.9 4.4	54.3
54.6	1.7 2.0	1.9 2.2	2.1 2.4	2.3 2.6	2.5 2.8	2.7 3.0	3.0 3.3	3.2 3.5	3.5 3.8	3.8 4.0	4.0 4.3	54.6
54.9	2.0 2.2	2.2 2.3	2.3 2.5	2.5 2.7	2.7 2.9	2.9 3.1	3.2 3.3	3.4 3.5	3.6 3.8	3.9 4.0	4.1 4.3	54.9
55.2	2.3 2.3	2.5 2.4	2.6 2.6	2.8 2.8	3.0 2.9	3.2 3.1	3.4 3.3	3.6 3.5	3.8 3.7	4.0 4.0	4.2 4.2	55.2
55.5	2.7 2.5	2.8 2.6	2.9 2.7	3.1 2.9	3.2 3.0	3.4 3.2	3.6 3.4	3.7 3.5	3.9 3.7	4.1 3.9	4.3 4.1	55.5
55.8	3.0 2.6	3.1 2.7	3.2 2.8	3.3 3.0	3.5 3.1	3.6 3.3	3.8 3.4	3.9 3.6	4.1 3.7	4.2 3.9	4.4 4.0	55.8
56.1	3.3 2.8	3.4 2.9	3.5 3.0	3.6 3.1	3.7 3.2	3.8 3.3	4.0 3.4	4.1 3.6	4.2 3.7	4.4 3.8	4.5 4.0	56.1
56.4	3.6 2.9	3.7 3.0	3.8 3.1	3.9 3.2	3.9 3.3	4.0 3.4	4.1 3.5	4.3 3.6	4.4 3.7	4.5 3.8	4.6 3.9	56.4
56.7	3.9 3.1	4.0 3.1	4.1 3.2	4.1 3.3	4.2 3.3	4.3 3.4	4.3 3.5	4.4 3.6	4.5 3.7	4.6 3.8	4.7 3.8	56.7
57.0	4.3 3.2	4.3 3.3	4.3 3.3	4.4 3.4	4.4 3.4	4.5 3.5	4.5 3.5	4.6 3.6	4.7 3.6	4.7 3.7	4.8 3.8	57.0
57.3	4.6 3.4	4.6 3.4	4.6 3.4	4.6 3.5	4.7 3.5	4.7 3.5	4.7 3.6	4.8 3.6	4.8 3.6	4.8 3.7	4.9 3.7	57.3
57.6	4.9 3.6	4.9 3.6	4.9 3.6	4.9 3.6	4.9 3.6	4.9 3.6	4.9 3.6	5.0 3.6	5.0 3.6	5.0 3.6	57.6
57.9	5.2 3.7	5.2 3.7	5.2 3.7	5.2 3.7	5.2 3.7	5.1 3.6	5.1 3.6	5.1 3.6	5.1 3.6	5.1 3.6	5.1 3.6	57.9
58.2	5.5 3.9	5.5 3.8	5.5 3.8	5.4 3.8	5.4 3.7	5.3 3.7	5.3 3.7	5.3 3.6	5.2 3.6	5.2 3.5	5.2 3.5	58.2
58.5	5.9 4.0	5.8 4.0	5.8 3.9	5.7 3.9	5.6 3.8	5.6 3.8	5.5 3.7	5.5 3.6	5.4 3.6	5.3 3.5	5.3 3.4	58.5
58.8	6.2 4.2	6.1 4.1	6.0 4.1	6.0 4.0	5.9 3.9	5.8 3.8	5.7 3.7	5.6 3.6	5.5 3.5	5.4 3.5	5.3 3.4	58.8
59.1	6.5 4.3	6.4 4.3	6.3 4.2	6.2 4.1	6.1 4.0	6.0 3.9	5.9 3.8	5.8 3.6	5.7 3.5	5.6 3.4	5.4 3.3	59.1
59.4	6.8 4.5	6.7 4.4	6.6 4.3	6.5 4.2	6.4 4.1	6.2 3.9	6.1 3.8	6.0 3.7	5.8 3.5	5.7 3.4	5.5 3.2	59.4
59.7	7.1 4.7	7.0 4.5	6.9 4.4	6.8 4.3	6.6 4.1	6.5 4.0	6.3 3.8	6.1 3.7	6.0 3.5	5.8 3.3	5.6 3.2	59.7
60.0	7.5 4.8	7.3 4.7	7.2 4.5	7.0 4.4	6.9 4.2	6.7 4.0	6.5 3.9	6.3 3.7	6.1 3.5	5.9 3.3	5.7 3.1	60.0
60.3	7.8 5.0	7.6 4.8	7.5 4.7	7.3 4.5	7.1 4.3	6.9 4.1	6.7 3.9	6.5 3.7	6.3 3.5	6.0 3.2	5.8 3.0	60.3
60.6	8.1 5.1	7.9 5.0	7.7 4.8	7.6 4.6	7.3 4.4	7.1 4.2	6.9 3.9	6.7 3.7	6.4 3.4	6.2 3.2	5.9 2.9	60.6
60.9	8.4 5.3	8.2 5.1	8.0 4.9	7.8 4.7	7.6 4.5	7.3 4.2	7.1 4.0	6.8 3.7	6.6 3.4	6.3 3.2	6.0 2.9	60.9
61.2	8.7 5.4	8.5 5.2	8.3 5.0	8.1 4.8	7.8 4.5	7.6 4.3	7.3 4.0	7.0 3.7	6.7 3.4	6.4 3.1	6.1 2.8	61.2
61.5	9.1 5.6	8.8 5.4	8.6 5.1	8.3 4.9	8.1 4.6	7.8 4.3	7.5 4.0	7.2 3.7	6.9 3.4	6.5 3.1	6.2 2.7	61.5

XXXV

LIST OF CONTENTS

Pages	
1 – 3	Title page, preface, etc.
4	Phases of the Moon
4 – 5	Calendars
5 – 7	Eclipses
8 – 9	Planet notes and diagram
10 – 253	Daily pages: Ephemerides of Sun, Moon, Aries and planets; sunrise, sunset, twilights, moonrise, moonset, etc.
254 – 261	Explanation
262 – 265	Standard times
266 – 267	Star charts
268 – 273	Stars: SHA and Dec of 173 stars, in order of SHA (accuracy 0′.1)
274 – 276	*Polaris* (Pole Star) tables
277 – 283	Sight reduction procedures; direct computation
284 – 318	Concise sight reduction tables
319	Form for use with concise sight reduction tables
320 – 321	Polar Phenomena
322	Semi-duration of sunlight and twilight
323 – 325	Semi-duration of moonlight
i	Conversion of arc to time
ii – xxxi	Tables of increments and corrections for Sun, planets, Aries, Moon
xxxii	Tables for interpolating sunrise, sunset, twilights, moonrise, moonset, Moon's meridian passage
xxxiii	Index to selected stars
xxxiv – xxxv	Altitude correction tables for the Moon

Auxiliary pages, preceding page 1

A2 – A3	Altitude correction tables for Sun, stars, planets
A4	Additional refraction corrections for non-standard conditions
Bookmark	Same as pages A2 and xxxiii

SUBSCRIBE TO
CRUISING WORLD
TODAY!

SAVE 64%!

1 year for only $19.97 – that's 64% off the cover price!

ORDER NOW: CRUISINGWORLD.COM/ALMANAC

DISCOVER A NEW WORLD
OF GEAR, VOYAGING TIPS & DESTINATIONS

OCEAN NAVIGATOR
MARINE NAVIGATION AND OCEAN VOYAGING

www.oceannavigator.com/subscribe

SUBSCRIBE NOW
AND SAVE 37% OFF THE NEWSSTAND PRICE

PROFESSIONAL MARINER
JOURNAL OF THE MARITIME INDUSTRY

Take control

Professional Mariner provides all you need to know to stay informed about regulations, casualties, legislation, and technologies to take your career to the next level.

Subscribe Today www.professionalmariner.com/Subscribe/

INDUMAR

The only place to cover all your maritime needs!

CHARTS & PUBLICATIONS

ADMIRALTY
CHART AGENT
DIGITAL DISTRIBUTOR

Paper and electronic format, Print On Demand service, CNITA active member.

Charts & Publications
- ADMIRALTY
- OceanGrafix
- SEMAR Mexico
- IMO
- Witherbys
- Marisec
- Shipping Guides LTD
- I.C. Brindle & Co.
- ITU

Electronic Services

Installation and maintenance of navigation & communication equipment.
Class inspections approved by: ABS • BV • CCS • DNV GL • LR • RINA • NKK

- Sperry Marine
- Terma
- JRC
- Wärtsilä
- Consilium
- Entel
- Cobham Sailor
- Kelvin Hughes
- Tokyo Keiki
- Simrad
- Danelec
- Yokogawa

Maritime Products
- DHR lights
- Annin Flags
- PC Maritime
- Videotel
- Maritime Progress
- Weems & Plath

SOLAS signage, safety equipment, nautical instruments & marine training software.

ISO 9001 2015 CERTIFIED

Veracruz, Ver. | MX
Cd. del Carmen, Camp. | MX
Manzanillo, Col. | MX
Lima | PE

info@indumarver.com
www.indumarver.com

Captain

Deck Hand

Qualified Assessor

Engineer

Gain the professional maritime training you need for the level of success you want to achieve.

MPT is the most complete full-service private maritime school in the country. Our training programs are internationally acclaimed and are utilized by government agencies, global maritime businesses and individual crew members. Our campuses boast over 61,000 sq ft of classrooms, deck and engineering training labs, student service facilities and several off-site training facilites. Whether it's captaining a vessel, safeguarding marine environments, designing advanced ocean engineering structures, crewing a luxury megayacht or keeping the world's goods moving; MPT can provide the training you need.

EST. 1983

MPT
MARITIME PROFESSIONAL TRAINING
Fort Lauderdale, Florida

USCG | MCA | RYA | PYA | NI | MARSHALL ISLANDS

YACHTING | MERCHANT | COMMERCIAL | PASSENGER VESSEL

To get started, call or email us today! info@mptusa.com

Sea The World

954.525.1014 | 1915 South Andrews Avenue, Fort Lauderdale, FL 33316 | mptusa.com

SEATTLE MARINE & FISHING SUPPLY CO.

Four Locations to Meet Your Needs

Seattle
206-285-5010

Bellingham
360-734-2400

Kodiak
907-486-5752

Naknek
907-246-4230
(Seasonal, April - August)

b2b.seamar.com • seamar.com

Clothing – Electrical – Fishing Gear
Engine Controls – Steering Equipment
Hydraulics – Hardware – Netting
Knives and Cutlery – Safety Gear
Maintenance – Paints and Solvents
Plumbing – Rope and Twine

Islamorada

NAVIGATIONAL SUPPLIES & SERVICE | TELS: (507)228-4348 / 228-6069

Business Office: Bldg 808 Balboa Road, (former Canal Zone), Republic of Panama

Business Hours: 0800 - 1700 hours (Local) or 1300 - 2200 hours (UTC). Fax: 507-228-1234

Islamorada is the appointed Admiralty chart agent in the Republic of Panama, and the largest nautical bookstore in Latin America. Located in Balboa, and on the Panama Canal, Islamorada is ideally positioned to provide products and services to ships in transit through the Isthmus, as well as to other countries throughout the region.

Digital Charts | Paper Charts | Nautical Publications | Maritime Software | Instruments | Flags & Pennants | IMO Signs

Nautical Books

Navigation, Seamanship

Towing & Salvage

Ship Design & Naval Architecture

Yachting & Leisure

Marine Engineering

Cargo Work

Log Books

Maritime Business, Maritime Law

Publications

Almanacs & Sight Reduction Tables

ITU - Call Signs, Ship Stations, Coastal Stations, MMS

Shipping Guides - Atlas, Guide to Port Entry

IMO - Solas, Marpol, STCW95 (Wide Range of Stock)

Plotting Instrument

Binoculars & Magnifying Glasses

Sextants

Weather Instruments

Clocks & Chronometers

Global Positioning Systems (GPS)

Iridium Satellite Telephones

Brands

C. Plath

B. Cooke & Sons

Blundell Harley

ACR

Admiralty

Oceangrafix

Maui Jim

Reactor Watches

Davis Instruments

and more.

Software For:

Electronic Chart Viewers and ECDIS Software/Hardware

Interactive Diesel Engine Training

Tide Tables & Tidal Current Tables

Electronic Charts

Port Guides

Vessel Traffic Services

Superyacht operations

Fleet Tracking

Nautical Surveys

Because of our strategic location, we are able to provide fast delivery of charts and other important products to ships calling on ports throughout Latin America and the Caribbean Basin.

DNV | NOAA | ADMIRALTY INTERNATIONAL CHART AGENT | IMO PUBLISHING | OceanGrafix | PC PC MARITIME | Seamanship INTERNATIONAL

SAFE IN SAFETY
SAVE IN SAFETY

Meeting Point of All Routes

TUNA SHIP SUPPLY LTD. CO.

Your Safety Partner in TURKEY

- Admiralty Charts & Publications
- IMO/ITU/ICS/TSO Publications
- Safety & Fire Equipment
- Bridge & Navigational Equipment
- Communication Equipment
- Oil Pollution Equipment
- Security Equipment (ISPS)
- Pilot & Embarkation Ladders
- IMO Symbols & Safety Posters, Flags
- Measurement Equipment

TUNA GEMI IKMAL SAN.TIC.LTD.STI.
Evliya Celebi Mah. Comert Sokak Giptas Sanayi Sitesi A Blok No.16
Tuzla , 34944 ISTANBUL / TURKEY
Tel : +90 (216) 446 7403 - Fax : +90 (216) 446 76 08
supply@tunashipping.com / www.tunashipping.com

Nautical Charts

NOAA Print on Demand Charts

Order online at paracay.com
or call (707) 822-9063

NGA Print on Demand Charts

NOAA BookletCharts™
A reduced-scale nautical chart for small boaters

Made to help recreational boaters locate themselves on the water. It has been reduced in scale for convenience, but otherwise contains all the information of the full-scale nautical chart. The bar scales have also been reduced, and are accurate when used to measure distances in these BookletCharts™.

- Professionally printed and staple-bound
- High quality, durable paper
- Includes Notices to Mariners
- Printed on-demand with the latest data from NOAA
- Handy 8.5" x 11" size

Full-Scale NOAA Charts
Always current. Always printed on-demand

- Charts ship rolled in a sturdy cardboard tube
- Choose Traditional paper or Waterproof material

Small-Format NOAA Charts
Scaled down versions of the full-sized charts

- Handy for small craft and recreational use
- Choose Traditional paper or Waterproof material

NOAA Booklet & Folio Charts

Multi-page charts that cover rivers and other waterways that are too extensive to fit onto one full-scale chart.

- 12 x 18" Booklets are spiral-bound
- 36 x 12" Folios are staple bound

Canadian Hydrographic Super Dealer

FAWCETT
BOAT SUPPLIES SINCE 1948

Local Ownership • Expert Service

- Anchoring & Docking
- Sailboat Hardware
- Safety Equipment
- Techincal Clothing & Footwear
- Electrical & Plumbing Supplies
- Navigation Instruments & Publications
- Rigging Supplies
- Honda & Yamaha Outboard Sales & Service
- Inflatable Boat Sales & Service

919 Bay Ridge Rd.   Annapolis, MD
P: 410 267 8681 • www.fawcettboat.com

Storm Tactics
Handbook, 3rd Ed.
PDB011 • 9781929214471
256 pages
$22.95

Voyaging With Kids:
A Guide to Family Life Afloat
PDB019 • 9781929214334
320 pages
$35.95

Taleisin's Tales:
Sailing towards the Southern Cross
PDB021 • 9781929214112
220 pages
$18.95

Self Sufficient Sailor, 3rd Edition
PDB101 • 9781929214877
320 pages
$29.95

Capable Cruiser,
3rd Edition
PDB012 • 9781929214778
400 pages
$29.95

Details of Classic Boat
Construction: The Hull
PDB020 • 9781929214440
452 pages
$49.95

The Care and Feeding
of Sailing Crew, 4th Ed.
PDB017 • 9781929214341
416 pages
$24.95

Cruising in Seraffyn,
Tribute Edition
PDB100 • 9781929214150
224 pages
$18.95

Cost Control While You
Cruise DVD
PDV011 • 9781929214242
70 minutes
$24.95

Get Ready to
CROSS OCEANS DVD
PDV008 • 9781929214228
90 minutes
$29.95

Get Ready to
CRUISE DVD
PDV007 • 9781929214198
90 minutes
$29.95

Cruising has
NO LIMITS DVD
PDV009 • 718122916429
74 minutes
$22.95

Storm Tactics,
Cape Horn Tested DVD
PDV006 • 9781929214105
84 minutes
$29.95

Seraffyn's
Oriental Adventure
PDB006 • 9780964603639
256 pages
$16.95

Seraffyn's
European Adventure
PDB007 • 9780964603646
319 pages
$16.95

Seraffyn's
Mediterranean Adventure
PDB015 • 9781929214167
256 pages
$16.95

Lin and Larry Pardey are a longtime cruising couple who have been dubbed "The Enablers" because of their enthusiasm and willingness to share their secrets for exploring the far corners of the world on a limited budget.

L&L

for sailing stories
& cruising tips
landlpardey.com

BUY PARDEY BOOKS AND DVD'S at www.paracay.com

World Cruising Routes: 8th Edition

1000 Sailing Routes in All Oceans of The World

Long established as the bible for long-distance cruisers and a bestseller since its first publication in 1987, World Cruising Routes is a comprehensive guide to over 1,000 routes covering all the oceans of the world from the tropical South Seas to the high-latitudes of the Arctic and Antarctic.

The most important changes in the fully revised eighth edition (2018) focus on the effects of climate change, especially on routes that are vulnerable to changing weather conditions. All routes influenced by tropical cyclones have been updated to take into account the risk of less predictable tropical storm seasons. The information on certain routes has also been updated in view of the current global weather data used in the latest edition of Cornells' Ocean Atlas.

CORNELL SAILING

Jimmy Cornell books available from
PARADISE CAY PUBLICATIONS
Buy online at
www.paracay.com

Thousands of sailors have fulfilled their dream of blue water cruising with the help of Jimmy Cornell's books, among them the international bestseller World Cruising Routes. Now in its 7th edition, and with 200,000 copies sold to date, this is one of the best selling nautical publications in the world.

GET THE LATEST NEWS ON CORNELL SAILING EVENTS

SUBSCRIBE TO THE NEWSLETTER
at **CORNELLSAILING.COM**

ISLANDS ODYSSEY · PACIFIC ODYSSEY · ATLANTIC ODYSSEY CARIBBEAN ODYSSEY

Cruising Canada's Atlantic Provinces?

Nova Scotia
Newfoundland
Labrador
Gulf of St. Lawrence
New Brunswick
Quebec Shore
Prince Edward Island
Magdalens
Sable Island

The CRUISING CLUB OF AMERICA now publishes these definitive cruising guides available since 1952. All are updated regularly.

New editions are on chandlery shelves and available online at:
Paradise Cay (800) 736-4509 www.parcay.com
For more information: www.cruisingclub.org/book/ccaguides

WE'VE ALWAYS BEEN THANKFUL FOR LUCKY STARS.

Through calm and choppy waters, count on The Binnacle for all your navigational needs. As an authorized print-on-demand chart dealer, we can print and ship NOAA and Canadian nautical charts to wherever your lucky stars lead you.
Find us onshore and online at **binnacle.com**.

binnacle.com
a part of *The* BINNACLE

binnacle.com 1065 PURCELL'S COVE ROAD, HALIFAX, NOVA SCOTIA 1.800.665.6464

CHARTWATCH BY EW LINER
UKHO VERIFIED BACK-OF-BRIDGE SOFTWARE

The Ideal Replacement for Admiralty Gateway

- ChartWatch has been developed with one main objective: to provide Mariners with an **effective yet user friendly application** for the maintenance of ENCs and Paper Chart outfits on-board vessels.
- The ChartWatch software facilitates efficient inventory management including ordering and updating through three main modules:

PAPER CHART MODULE | DIGITAL MODULE | DIGITAL CATALOGUE

- The Digital and Paper Modules allow for easy maintenance of both digital and paper chart holdings of vessels ensuring navigational safety and compliance.
- ChartWatch works on vessels with fleet broadband as well as on vessels with restricted email connectivity.

Digital Catalogue
- A comprehensive, multi-functional digital catalogue
- View, browse and select for purchase of all Admiralty digital products
- Automated port-to-port routing
- Highlights the existing on-board Admiralty digital product holdings
- Request & receive automated quotations in real time with our B2B application

Digital Module
- Maintain & update ENCs
- Download base data for AVCS & AIO, reducing the need to send AVCS DVDs on-board
- All base ENC & AIO data is backed up on-board reducing weekly data size and resulting in significant air time costs savings
- Generate complete base and updates for ENCs & AIO if ECDIS is corrupted
- Integrated Admiralty e-NP reader

Paper Chart Module
- Vessel can maintain & update its own inventory
- Check updated status of inventory
- Download weekly corrections complete with Tracings
- Download weekly publication corrections
- Maintain an up-to-date Chart Correction Log
- Request and download historical chart corrections

Support
- Video tutorials for set-up, installation and training mariners. This saves time & eliminates the need to review detailed user guides.
- Further training through video conferencing or a suitable location.
- 24/7 technical support through email or remote access using Team Viewer or similar

E.W.LINER

Contact digitalsales@ewliner.com for a free 3-month trial
Subscribe to the full version Chartwatch on a quarterly or annual basis

TRUST THE EXPERTS

For more than 30 years our staff's trans-ocean pedigree has developed Landfall into the industry source for expertise and product knowledge. Blue-water sailors and professional mariners know and trust Landfall to outfit help guide their ships away from shore and across the sea.

Print On Demand Charts	Electronic Navigation Software	Chart Chips	Sextants
Liferafts	PFDs	Flares	VHF	Tethers	EPIRBs	Satelite Phones	PLBs	AIS
Traditional Navigation Tools	First Aid Kits	Foul Weather Gear	Damage Control

WINSLOW Life Raft Company   ADMIRALTY CHARTS AND PUBLICATIONS   spinlock   PainsWessex MARINE DISTRESS SIGNALS   NOAA

MAPTECH   ICOM   iridium

STANDARD HORIZON   NOBELTEC

NAVIONICS THE LEADER IN ELECTRONIC CHARTS   MUSTANG SURVIVAL   C-MAP by JEPPESEN   OceanGrafix CHARTS ON DEMAND Patent Pending

Landfall
YOUR JOURNEY STARTS HERE

151 Harvard Ave | Stamford, CT | 1800.941.2219 | LandfallNav.com

Chesapeake Marine Training Institute

"PROUDLY TRAINING PROFESSIONAL MARINERS FOR MORE THAN 25 YEARS."

Visit our website for complete course listings,

including Celestial Navigation,

license prep programs, Able Seaman, Tankerman,

STCW, Radar, ECDIS and more.

FOR MORE INFORMATION
Call 800-642-CMTI

(800) 642-CMTI (2684) | www.chesapeakemarineinst.com | 3566 George Washington Memorial Hwy Hayes, VA 23072

Boat Books Australia

Australia's Leading Nautical Booksellers, Chart Agency and one stop Navigation Centre

Order securely online all our titles and Charts

Sydney
Ground Floor, 38 Oxley St,
St Leonards, NSW 2065.
Phone; 02 94391133
Fax; 02 94398517
charts@boatbooks-aust.com.au

www.boatbooks-aust.com.au

- Worldwide coverage of British Admiralty Charts
- Full Range of Australian and NZ Charts
- Complete Library of Marine Technical Publications – IMO, ITU, HMSO, Seamanship, Lloyds, Fairplay etc.
- Bridgewatch – Chart Correcting & Folio Management System
- Electronic Charts – AVCS & AUS ENC
- Over 5000 Marine Titles for every boating aspect

Fast and reliable service throughout Australia and the Asia Pacific Region

Commercial

Boat Books has a wide range of commercial charts, software and services, including BridgeWatch and more.

Recreational

Check out online shopping for a great range of products for all recreational interests; sailing, fishing, diving, rowing and more.